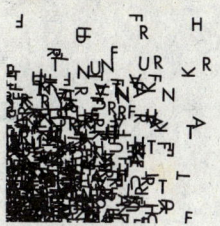

Ulrich Stascheit (Hrsg.)

Gesetze für Sozialberufe

Die Gesetzessammlung
für Studium und Praxis
Teilband 1

Fachhochschulverlag
Der Verlag für Angewandte Wissenschaften
Redaktion: NOMOS Verlagsgesellschaft

Ulrich Stascheit (Hrsg.):
Gesetze für Sozialberufe
Die Gesetzessammlung
für Studium und Praxis
Band 30, Teilband 1
6. überarb. Aufl. 1999
ISBN 3-923098-66-9

© 1999 Fachhochschulverlag
Der Verlag für Angewandte Wissenschaften
Kleiststraße 31
60318 Frankfurt am Main
Telefon (0 69) 15 33 – 28 20
Telefax (0 69) 15 33 – 28 40
E-mail: fhverlag@verlag.fh-frankfurt.de

Umschlagentwurf: Ulrike Posselt,
»Projekt Buchgestaltung«, Leitung: Prof. H. P. Willberg,
Fachbereich Kommunikationsdesign,
Fachhochschule Rheinland-Pfalz, Abteilung Mainz I
Redaktion, Satz und Druck: NOMOS Verlagsgesellschaft,
76484 Baden-Baden

Bestellungen
Die Gesetzessammlung kostet 49,– DM
(beide Teilbände, inklusive Versandkosten).
Bestellungen bitte unter der Angabe »Band 30«
an den Verlag (Adresse s. o.).

Vorwort zur 6. Auflage

Kaum jemand überblickt noch die Vielfalt der Arbeitsfelder in der sozialen Arbeit und kaum jemand die wachsende Zahl der Gesetze, die die soziale Arbeit fortschreitend verrechtlichen. Lehrende, Studierende und Praktiker/Praktikerinnen der sozialen Arbeit müssen daher an ihrem Arbeitsplatz die einschlägigen Gesetzestexte griffbereit haben, um sich schnell auch juristisch zu informieren.

Auch für die 6. Auflage gilt unverändert der Anspruch: »Eine Gesetzessammlung für Sozialberufe sollte umfassend, leicht handhabbar, aktuell und preiswert sein«.

Umfassend? – Um die Gesetzessammlung nicht zu sehr aufzublähen, muß eine Auswahl sowohl der einzelnen aufzunehmenden Gesetze als auch der aufzunehmenden Paragraphen getroffen werden. Wie die Reaktion zeigt, scheint die Auswahl gelungen zu sein. »Die Gesetzessammlung ist inhaltlich auf die besonderen Bedürfnisse der Ausbildung für soziale Berufe und der Berufspraxis gleichermaßen konzipiert und läßt insofern keine Wünsche offen«, urteilt der 'Nachrichtendienst des Deutschen Vereins für öffentliche und private Fürsorge'.

In die 6. Auflage wurden neu aufgenommen:
+ Berliner Tabelle
+ Richtlinien für das Straf- und das Bußgeldverfahren

Leicht handhabbar? – Mit 1750 Seiten ist die Gesetzessammlung gerade noch tragbar. Die Handhabung wird dadurch erleichtert, daß die Gesetze und Verordnungen in 20 überwiegend an Arbeitsfeldern orientierten Gruppen gegliedert und über die alphabetische Schnellübersicht auf der vorderen und hinteren Umschlagseite leicht zu erschließen sind.

Aktuell? – Angesichts der raschen Folge von Gesetzesänderungen bleibt Aktualität ein Wunschtraum. Selbst Loseblatt-Ausgaben hinken – von der Gesetzesflut überrollt – hinterher. Zudem: Nachlieferungen sind teuer und ihr Einordnen erfordert ein gehöriges Maß an Disziplin. Diese Nachteile werden durch Neuauflagen im Ein- bis Zweijahresrhythmus vermieden.

Preiswert? – »Konkurrenzlos preisgünstig« nennt der 'Nachrichtendienst des Deutschen Vereins' die Gesetze für soziale Berufe. Wollte man über Loseblatt-Ausgaben den Zugriff auf die fast 110 einschlägigen Gesetze und Verordnungen sichern, so müßte man – die Nachlieferungen nicht berechnet – gut viermal so tief in die Tasche greifen.

Die 6. Auflage bringt die »Gesetze für Sozialberufe« auf den Stand 1. September 1999

Danken möchte ich der Nomos Verlagsgesellschaft und hier namentlich wieder Charlotte Frickinger, die durch ihre umsichtige und tatkräftige Arbeit zur Aktualisierung der 6. Auflage der »Gesetze für Sozialberufe« beigetragen hat.

Ulrich Stascheit

Inhalt

Band 1

Vorwort

Inhalt

Verfassungsrecht
1 Grundgesetz für die Bundesrepublik Deutschland (GG)

Grundlagen des Sozialrechts
10 Sozialgesetzbuch I (SGB I) – Allgemeiner Teil (Auszug)
11 Sozialgesetzbuch IV (SGB IV)
   – Gemeinsame Vorschriften für die Sozialversicherung (Auszug)
12 Sozialgesetzbuch X (SGB X) – Verwaltungsverfahren (Auszug)

Sozialhilferecht
20 Bundessozialhilfegesetz (BSHG) (Auszug)
21 Regelsatztabelle aller Bundesländer
22 Verordnung zur Durchführung des § 22 Abs. 2 des BSHG (Regelsatzverordnung) (Auszug)
23 Verordnung zur Durchführung des § 76 Abs. 2a Nr. 3 Buchstabe b des BSHG (Auszug)
24 Verordnung nach § 47 des BSHG (Eingliederungshilfe-Verordnung) (Auszug)
25 Verordnung zur Durchführung des § 72 des BSHG (Auszug)
26 Verordnung zur Durchführung des § 76 des BSHG (Auszug)
27 Verordnung zur Durchführung des § 81 Abs. 1 Nr. 3 des BSHG (Auszug)
28 Verordnung zur Durchführung des § 88 Abs. 2 Nr. 8 des BSHG (Auszug)
29 Ausführungsgesetze der Bundesländer zum BSHG (Fundstellenverzeichnis)
32 Gesetz zum Europäischen Fürsorgeabkommen vom 11. Dezember 1953 (Auszug)

Arbeitslosenrecht
40 Sozialgesetzbuch III (SGB III) – Arbeitsförderung
41 Arbeitslosenhilfe-Verordnung (Auszug)

Kranken- und Pflegeversicherungsrecht
50 Sozialgesetzbuch V (SGB V) – Gesetzliche Krankenversicherung (Auszug)
51 Gesetz zur Hilfe für Frauen bei Schwangerschaftsabbrüchen in besonderen Fällen
52 Sozialgesetzbuch XI (SGB XI) – Soziale Pflegeversicherung

Renten- und Unfallversicherungsrecht, Opferentschädigungsrecht
60 Sozialgesetzbuch VI (SGB VI) – Gesetzliche Rentenversicherung (Auszug)
61 Reichsversicherungsordnung (RVO) (Auszug)
62 Sozialgesetzbuch VII (SGB VII) – Gesetzliche Unfallversicherung (Auszug)
63 Gesetz über die Entschädigung für Opfer von Gewalttaten
   (Opferentschädigungsgesetz – OEG)

Zivilrecht, Grundlagen
70 Bürgerliches Gesetzbuch (BGB) (Auszug)

Inhalt

Familienrecht außerhalb des BGB
- 81 Einführungsgesetz zum Bürgerlichen Gesetzbuche (EGBGB) (Auszug)
- 82 Verordnung über die Behandlung der Ehewohnung und des Hausrats
- 83 Regelbetrag-Verordnung
- 84 Düsseldorfer Tabelle
- 85 Berliner Tabelle
- 86 Gesetz zur Sicherung des Unterhalts von Kindern alleinstehender Mütter und Väter durch Unterhaltsvorschüsse oder -ausfalleistungen (Unterhaltsvorschußgesetz)
- 90 Gesetz über die Vermittlung der Annahme als Kind und über das Verbot der Vermittlung von Ersatzmüttern (Adoptionsvermittlungsgesetz – AdVermiG) (Auszug)
- 91 Gesetz über die religiöse Kindererziehung
- 92 Personenstandsgesetz (Auszug)

Nachwuchsförderungsrecht
- 100 Gesetz zur Vermeidung und Bewältigung von Schwangerschaftskonflikten (Schwangerschaftskonfliktgesetz – SchKG)
- 101 Gesetz zum Schutze der erwerbstätigen Mutter (Mutterschutzgesetz – MuSchG)
- 102 Gesetz zur Errichtung einer Stiftung »Mutter und Kind – Schutz des ungeborenen Lebens«
- 103 Gesetz über die Gewährung von Erziehungsgeld und Erziehungsurlaub (Bundeserziehungsgeldgesetz – BErzGG) (Auszug) mit Anhang: Landeserziehungsgeld
- 104 Bundeskindergeldgesetz (BKGG)
- 105 Bundesgesetz über individuelle Förderung der Ausbildung (Bundesausbildungsförderungsgesetz – BAföG) (Auszug)

Kinder- und Jugendhilferecht
- 110 Sozialgesetzbuch VIII (SGB VIII) – Kinder- und Jugendhilfe
- 111 Ausführungsgesetze der Bundesländer zum KJHG (Fundstellenverzeichnis)
- 112 Gesetz zum Schutze der Jugend in der Öffentlichkeit (Jugendschutzgesetz – JÖSchG)
- 113 Gesetz über die Verbreitung jugendgefährdender Schriften und Medieninhalte

Verbraucherschutzrecht
- 120 Verbraucherkreditgesetz (VerbrKrG)
- 121 Gesetz über den Widerruf von Haustürgeschäften und ähnlichen Geschäften (Auszug)
- 122 Gesetz zur Regelung des Rechts der Allgemeinen Geschäftsbedingungen (AGB-Gesetz) (Auszug)
- 123 Insolvenzordnung (InsO) (Auszug)

Wohnförderungsrecht
- 130 Wohngeldgesetz (WoGG)
- 131 Wohngeldverordnung (WoGV) (Auszug)
- 132 Gesetz zur Regelung der Miethöhe (Auszug)

Inhalt

Band 2

Heimrecht

140 Heimgesetz (HeimG) (Auszug)
141 Verordnung über die Mitwirkung der Heimbewohner in Angelegenheiten des Heimbetriebes (Heimmitwirkungsverordnung – HeimmitwV)
142 Verordnung über bauliche Mindestanforderungen für Altenheime, Altenwohnheime und Pflegeheime für Volljährige (Heimmindestbauverordnung – HeimMindBauV) (Auszug)
143 Verordnung über die Pflichten der Träger von Altenheimen, Altenwohnheimen und Pflegeheimen für Volljährige im Falle der Entgegennahme von Leistungen zum Zwecke der Unterbringung eines Bewohners oder Bewerbers (HeimsicherungsV) (Auszug)
144 Verordnung über personelle Anforderungen für Heime (Heimpersonalverordnung – HeimPersV)

Behindertenrecht

150 Gesetz zur Sicherung der Eingliederung Schwerbehinderter in Arbeit, Beruf und Gesellschaft (Schwerbehindertengesetz – SchwbG) (Auszug)
151 Zweite Verordnung zur Durchführung des Schwerbehindertengesetzes (Schwerbehinderten-Ausgleichsabgabeverordnung – SchwbAV) (Auszug)
152 Dritte Verordnung zur Durchführung des Schwerbehindertengesetzes (Werkstättenverordnung Schwerbehindertengesetz – SchwbWV) (Auszug)
153 Vierte Verordnung zur Durchführung des Schwerbehindertengesetzes (Ausweisverordnung Schwerbehindertengesetz – SchwbAwV) (Auszug)
154 Gesetz über die Angleichung der Leistungen zur Rehabilitation (Auszug)
155 Verordnung über Kraftfahrzeughilfe zur beruflichen Rehabilitation (Kraftfahrzeughilfe-Verordnung – KfzHV) (Auszug)

Staatsangehörigkeits-, Ausländer- und Spätaussiedlerrecht

160 Staatsangehörigkeitsgesetz (StAG)
161 Gesetz über die Einreise und den Aufenthalt von Ausländern im Bundesgebiet (Ausländergesetz – AuslG)
162 Verordnung zur Durchführung des Ausländergesetzes (DVAuslG) (Auszug)
163 Gesetz über Einreise und Aufenthalt von Staatsangehörigen der Mitgliedsstaaten der Europäischen Wirtschaftsgemeinschaft (Aufenthaltsgesetz/EWG – AufenthG/EWG)
163 a Verordnung über die allgemeine Freizügigkeit von Staatsangehörigen der Mitgliedsstaaten der Europäischen Union (Freizügigkeitsverordnung/EG – FreizügV/EG)
164 Verordnung über die Arbeitsgenehmigung für ausländische Arbeitnehmer (Arbeitsgenehmigungsverordnung – ArGV)
165 Verordnung über Aufenthaltsgenehmigungen zur Ausübung einer unselbständigen Erwerbstätigkeit (Arbeitsaufenthalteverordnung – AAV) (Auszug)
166 Verordnung über Datenübermittlungen an die Ausländerbehörden (Ausländerdatenübermittlungsverordnung – AuslDÜV) (Auszug)
167 Asylverfahrensgesetz (AsylVfG)
168 Asylbewerberleistungsgesetz (AsylblG)
169 Gesetz über die Angelegenheiten der Vertriebenen und Flüchtlinge (Bundesvertriebenengesctz – BVFG)

Inhalt

Gesundheitsschutzrecht

170 Gesetz zur Verhütung und Bekämpfung übertragbarer Krankheiten beim Menschen (Bundes-Seuchengesetz) (Auszug)
172 Gesetz zur Bekämpfung der Geschlechtskrankheiten (Auszug)

Straf- und Straffälligenrecht

180 Strafgesetzbuch (StGB)
181 Gesetz über den Verkehr mit Betäubungsmitteln (Betäubungsmittelgesetz – BtMG) (Auszug)
182 Gesetz über den Vollzug der Freiheitsstrafe und der freiheitsentziehenden Maßregeln der Besserung und Sicherung (Strafvollzugsgesetz – StVollzG) (Auszug)
183 Verordnung über den Vollzug des Jugendarrestes (Jugendarrestvollzugsordnung – JAVollzO)
184 Verordnung über die Vergütungsstufen des Arbeitsentgelts und der Ausbildungsbeihilfe nach dem Strafvollzugsgesetz (Strafvollzugsvergütungsordnung – StVollzVergO)
185 Gesetz über das Zentralregister und das Erziehungsregister (Bundeszentralregistergesetz – BZRG) (Auszug)

Arbeits-, Ausbildungs- und Berufsrecht der sozialen Arbeit

193 Anlage 1 a zu § 22 BAT: Eingruppierung der Angestellten im Sozial-, Erziehungs- und handwerklichen Erziehungsdienst für den Bereich der Vereinigung der kommunalen Arbeitgeberverbände
194 Eingruppierungs-Schemata
195 Vergütungen für die Angestellten der Gemeinden
197 Tarifvertrag über die Regelung der Arbeitsbedingungen der Praktikantinnen/Praktikanten (TV Prakt)
198 Tarifvertrag über eine Zuwendung für Praktikantinnen (Praktikanten)
199 Tarifvertrag über vermögenswirksame Leistungen an Auszubildende
205 Berufsbildungsgesetz (Auszug)
206 Gesetz über den Zivildienst der Kriegsdienstverweigerer (Zivildienstgesetz – ZDG) (Auszug)
207 Gesetz zur Förderung eines freiwilligen sozialen Jahres (Auszug)

Steuerrecht

210 Abgabenordnung (AO 1977) (Auszug)
211 Einkommensteuergesetz 1997 (EStG 1997) (Auszug)

Rechtshilfe, Verfahren und Rechtsschutz

220 Rechtsberatungsgesetz (RBerG) (Auszug)
221 Gesetz über Rechtsberatung und Vertretung für Bürger mit geringem Einkommen (Beratungshilfegesetz) (Auszug)
223 Gesetz über das Bundesverfassungsgericht (Bundesverfassungsgerichtsgesetz – BVerfGG) (Auszug)
224 Gerichtsverfassungsgesetz (GVG) (Auszug)
225 Einführungsgesetz zum Gerichtsverfassungsgesetz (EGGVG) (Auszug)
226 Gesetz über die Angelegenheiten der freiwilligen Gerichtsbarkeit (FGG) (Auszug)
227 Gesetz über die Wahrnehmung behördlicher Aufgaben bei der Betreuung Volljähriger (Betreuungsbehördengesetz – BtBG) (Auszug)
228 Ausführungsgesetze der Bundesländer zum Betreuungsgesetz (Fundstellenverzeichnis)
229 Strafprozeßordnung (StPO) (Auszug)
229 a Richtlinien für das Strafverfahren und das Bußgeldverfahren (RiStBV) (Auszug)
230 Gesetz über das gerichtliche Verfahren bei Freiheitsentziehungen (Auszug)

231	Freiheitsentziehungsgesetze der Bundesländer (Fundstellenverzeichnis)
232	Jugendgerichtsgesetz (JGG) (Auszug)
233	Bundesdatenschutzgesetz (BDSG)
234	Datenschutzgesetze der Länder und der Kirchen (Fundstellenverzeichnis)
235	Verwaltungsgerichtsordnung (VwGO) (Auszug)
236	Sozialgerichtsgesetz (SGG) (Auszug)
237	Zivilprozeßordnung (ZPO) (Auszug)

2.31 Polizeiverordnungsgesetze der Länder (hier Grundrechtsverordnung)
2.32 Tagungsgesetzte zur (JGG) (Auszug)
2.33 Bundes-Datenschutzgesetz (BDSG)
2.34 Datenschutzgesetze der Länder und der Kirchen (Bedarfsüberverzeichnis)
2.35 Verwaltungsgerichtsordnung (VwGO) (Auszug)
2.36 Sozialgerichtsgesetz (SGG) (Auszug)
2.37 Zivilprozessordnung (ZPO) (Auszug)

Grundgesetz für die Bundesrepublik Deutschland

Vom 23. Mai 1949 (BGBl. I S. 1)
(BGBl. III 100-1)
zuletzt geändert durch Änderungsgesetz vom 16. Juli 1998 (BGBl. I S. 1822)

Der Parlamentarische Rat hat am 23. Mai 1949 in Bonn am Rhein in öffentlicher Sitzung festgestellt, daß das am 8. Mai des Jahres 1949 vom Parlamentarischen Rat beschlossene Grundgesetz für die Bundesrepublik Deutschland in der Woche vom 16. bis 22. Mai 1949 durch die Volksvertretungen von mehr als Zweidritteln der beteiligten deutschen Länder angenommen worden ist.
Auf Grund dieser Feststellung hat der Parlamentarische Rat, vertreten durch seine Präsidenten, das Grundgesetz ausgefertigt und verkündet.
Das Grundgesetz wird hiermit gemäß Artikel 145 Abs. 3 im Bundesgesetzblatt veröffentlicht.

Präambel

Im Bewußtsein seiner Verantwortung vor Gott und den Menschen, von dem Willen beseelt, als gleichberechtigtes Glied in einem vereinten Europa dem Frieden der Welt zu dienen, hat sich das Deutsche Volk kraft seiner verfassungsgebenden Gewalt dieses Grundgesetz gegeben.
Die Deutschen in den Ländern Baden-Württemberg, Bayern, Berlin, Brandenburg, Bremen, Hamburg, Hessen, Mecklenburg-Vorpommern, Niedersachsen, Nordrhein-Westfalen, Rheinland-Pfalz, Saarland, Sachsen, Sachsen-Anhalt, Schleswig-Holstein und Thüringen haben in freier Selbstbestimmung die Einheit und Freiheit Deutschlands vollendet. Damit gilt dieses Grundgesetz für das gesamte Deutsche Volk.

I. Die Grundrechte

Artikel 1 [Menschenwürde – Rechtsverbindlichkeit der Grundrechte]
(1)   Die Würde des Menschen ist unantastbar. Sie zu achten und zu schützen ist Verpflichtung aller staatlichen Gewalt.
(2)   Das Deutsche Volk bekennt sich darum zu unverletzlichen und unveräußerlichen Menschenrechten als Grundlage jeder menschlichen Gemeinschaft, des Friedens und der Gerechtigkeit in der Welt.
(3)   Die nachfolgenden Grundrechte binden Gesetzgebung, vollziehende Gewalt und Rechtsprechung als unmittelbar geltendes Recht.

Artikel 2 [Allgemeines Freiheitsrecht]
(1)   Jeder hat das Recht auf die freie Entfaltung seiner Persönlichkeit, soweit er nicht die Rechte anderer verletzt und nicht gegen die verfassungsmäßige Ordnung oder das Sittengesetz verstößt.
(2)   Jeder hat das Recht auf Leben und körperliche Unversehrtheit. Die Freiheit der Person ist unverletzlich. In diese Rechte darf nur auf Grund eines Gesetzes eingegriffen werden.

Artikel 3 [Gleichheit vor dem Gesetz]
(1)   Alle Menschen sind vor dem Gesetz gleich.
(2)   Männer und Frauen sind gleichberechtigt. Der Staat fördert die tatsächliche Durchsetzung der Gleichberechtigung von Frauen und Männern und wirkt auf die Beseitigung bestehender Nachteile hin.
(3)   Niemand darf wegen seines Geschlechtes, seiner Abstammung, seiner Rasse, seiner Sprache, seiner Heimat und Herkunft, seines Glaubens, seiner religiösen oder politischen Anschauungen benachteiligt oder bevorzugt werden. Niemand darf wegen seiner Behinderung benachteiligt werden.

Artikel 4 [Glaubens- und Gewissensfreiheit]
(1)   Die Freiheit des Glaubens, des Gewissens und die Freiheit des religiösen und weltanschaulichen Bekenntnisses sind unverletzlich.
(2)   Die ungestörte Religionsausübung wird gewährleistet.
(3)   Niemand darf gegen sein Gewissen zum Kriegsdienst mit der Waffe gezwungen werden. Das Nähere regelt ein Bundesgesetz.

Artikel 5 [Meinungsfreiheit]
(1) Jeder hat das Recht, seine Meinung in Wort, Schrift und Bild frei zu äußern und zu verbreiten und sich aus allgemein zugänglichen Quellen ungehindert zu unterrichten. Die Pressefreiheit und die Freiheit der Berichterstattung durch Rundfunk und Film werden gewährleistet. Eine Zensur findet nicht statt.
(2) Diese Rechte finden ihre Schranken in den Vorschriften der allgemeinen Gesetze, den gesetzlichen Bestimmungen zum Schutze der Jugend und in dem Recht der persönlichen Ehre.
(3) Kunst und Wissenschaft, Forschung und Lehre sind frei. Die Freiheit der Lehre entbindet nicht von der Treue zur Verfassung.

Artikel 6 [Ehe – Familie – Kinder]
(1) Ehe und Familie stehen unter dem besonderen Schutze der staatlichen Ordnung.
(2) Pflege und Erziehung der Kinder sind das natürliche Recht der Eltern und die zuvörderst ihnen obliegende Pflicht. Über ihre Betätigung wacht die staatliche Gemeinschaft.
(3) Gegen den Willen der Erziehungsberechtigten dürfen Kinder nur auf Grund eines Gesetzes von der Familie getrennt werden, wenn die Erziehungsberechtigten versagen oder wenn die Kinder aus anderen Gründen zu verwahrlosen drohen.
(4) Jede Mutter hat Anspruch auf den Schutz und die Fürsorge der Gemeinschaft.
(5) Den nichtehelichen Kindern sind durch die Gesetzgebung die gleichen Bedingungen für ihre leibliche und seelische Entwicklung und ihre Stellung in der Gesellschaft zu schaffen wie den ehelichen Kindern.

Artikel 7 [Schulwesen]
(1) Das gesamte Schulwesen steht unter der Aufsicht des Staates.
(2) Die Erziehungsberechtigten haben das Recht, über die Teilnahme des Kindes am Religionsunterricht zu bestimmen.
(3) Der Religionsunterricht ist in den öffentlichen Schulen mit Ausnahme der bekenntnisfreien Schulen ordentliches Lehrfach. Unbeschadet des staatlichen Aufsichtsrechtes wird der Religionsunterricht in Übereinstimmung mit den Grundsätzen der Religionsgemeinschaften erteilt. Kein Lehrer darf gegen seinen Willen verpflichtet werden, Religionsunterricht zu erteilen.
(4) Das Recht zur Errichtung von privaten Schulen wird gewährleistet. Private Schulen als Ersatz für öffentliche Schulen bedürfen der Genehmigung des Staates und unterstehen den Landesgesetzen. Die Genehmigung ist zu erteilen, wenn die privaten Schulen in ihren Lehrzielen und Einrichtungen sowie in der wissenschaftlichen Ausbildung ihrer Lehrkräfte nicht hinter den öffentlichen Schulen zurückstehen und eine Sonderung der Schüler nach den Besitzverhältnissen der Eltern nicht gefördert wird. Die Genehmigung ist zu versagen, wenn die wirtschaftliche und rechtliche Stellung der Lehrkräfte nicht genügend gesichert ist.
(5) Eine private Volksschule ist nur zuzulassen, wenn die Unterrichtsverwaltung ein besonderes pädagogisches Interesse anerkennt oder, auf Antrag von Erziehungsberechtigten, wenn sie als Gemeinschaftsschule, als Bekenntnis- oder Weltanschauungsschule errichtet werden soll und eine öffentliche Volksschule dieser Art in der Gemeinde nicht besteht.
(6) Vorschulen bleiben aufgehoben.

Artikel 8 [Versammlungsfreiheit]
(1) Alle Deutschen haben das Recht, sich ohne Anmeldung oder Erlaubnis friedlich und ohne Waffen zu versammeln.
(2) Für Versammlungen unter freiem Himmel kann dieses Recht durch Gesetz oder auf Grund eines Gesetzes beschränkt werden.

Artikel 9 [Vereinigungs- und Koalitionsfreiheit]
(1) Alle Deutschen haben das Recht, Vereine und Gesellschaften zu bilden.
(2) Vereinigungen, deren Zwecke oder deren Tätigkeit den Strafgesetzen zuwiderlaufen oder die sich gegen die verfassungsmäßige Ordnung oder gegen den Gedanken der Völkerverständigung richten, sind verboten.
(3) Das Recht, zur Wahrung und Förderung der Arbeits- und Wirtschaftsbedingungen Vereinigungen zu bilden, ist für jedermann und für alle Berufe gewährleistet. Abreden, die dieses Recht einschränken oder zu behindern suchen, sind nichtig, hierauf gerichtete Maßnahmen sind rechtswidrig.

Maßnahmen nach den Artikeln 12 a, 35 Abs. 2 und 3, Artikel 87 a Abs. 4 und Artikel 91 dürfen sich nicht gegen Arbeitskämpfe richten, die zur Wahrung und Förderung der Arbeits- und Wirtschaftsbedingungen von Vereinigungen im Sinne des Satzes 1 geführt werden.

Artikel 10 [Brief-, Post- und Fernmeldegeheimnis]
(1) Das Briefgeheimnis sowie das Post- und Fernmeldegeheimnis sind unverletzlich.
(2) Beschränkungen dürfen nur auf Grund eines Gesetzes angeordnet werden. Dient die Beschränkung dem Schutze der freiheitlichen demokratischen Grundordnung oder des Bestandes oder der Sicherung des Bundes oder eines Landes, so kann das Gesetz bestimmen, daß sie dem Betroffenen nicht mitgeteilt wird und daß an die Stelle des Rechtsweges die Nachprüfung durch von der Volksvertretung bestellte Organe und Hilfsorgane tritt.

Artikel 11 [Freizügigkeit]
(1) Alle Deutschen genießen Freizügigkeit im ganzen Bundesgebiet.
(2) Dieses Recht darf nur durch Gesetz oder auf Grund eines Gesetzes und nur für die Fälle eingeschränkt werden, in denen eine ausreichende Lebensgrundlage nicht vorhanden ist und der Allgemeinheit daraus besondere Lasten entstehen würden oder in denen es zur Abwehr einer drohenden Gefahr für den Bestand oder die freiheitliche demokratische Grundordnung des Bundes oder eines Landes, zur Bekämpfung von Seuchengefahr, Naturkatastrophen oder besonders schweren Unglücksfällen, zum Schutze der Jugend vor Verwahrlosung oder um strafbaren Handlungen vorzubeugen, erforderlich ist.

Artikel 12 [Berufsfreiheit]
(1) Alle Deutschen haben das Recht, Beruf, Arbeitsplatz und Ausbildungsstätte frei zu wählen. Die Berufsausübung kann durch Gesetz oder auf Grund eines Gesetzes geregelt werden.
(2) Niemand darf zu einer bestimmten Arbeit gezwungen werden, außer im Rahmen einer herkömmlichen allgemeinen, für alle gleichen öffentlichen Dienstleistungspflicht.
(3) Zwangsarbeit ist nur bei einer gerichtlich angeordneten Freiheitsentziehung zulässig.

Artikel 12 a [Zivile und militärische Dienstpflichten]
(1) Männer können vom vollendeten achtzehnten Lebensjahr an zum Dienst in den Streitkräften, im Bundesgrenzschutz oder in einem Zivilschutzverband verpflichtet werden.
(2) Wer aus Gewissensgründen den Kriegsdienst mit der Waffe verweigert, kann zu einem Ersatzdienst verpflichtet werden. Die Dauer des Ersatzdienstes darf die Dauer des Wehrdienstes nicht übersteigen. Das Nähere regelt ein Gesetz, das die Freiheit der Gewissensentscheidung nicht beeinträchtigen darf und auch eine Möglichkeit des Ersatzdienstes vorsehen muß, die in keinem Zusammenhang mit den Verbänden der Streitkräfte und des Bundesgrenzschutzes steht.
(3) Wehrpflichtige, die nicht zu einem Dienst nach Absatz 1 oder 2 herangezogen sind, können im Verteidigungsfalle durch Gesetz oder auf Grund eines Gesetzes zu zivilen Dienstleistungen für Zwecke der Verteidigung einschließlich des Schutzes der Zivilbevölkerung in Arbeitsverhältnisse verpflichtet werden; Verpflichtungen in öffentlich-rechtliche Dienstverhältnisse sind nur zur Wahrnehmung polizeilicher Aufgaben oder solcher hoheitlichen Aufgaben der öffentlichen Verwaltung, die nur in einem öffentlich-rechtlichen Dienstverhältnis erfüllt werden können, zulässig. Arbeitsverhältnisse nach Satz 1 können bei den Streitkräften, im Bereich ihrer Versorgung sowie bei der öffentlichen Verwaltung begründet werden; Verpflichtungen in Arbeitsverhältnisse im Bereiche der Versorgung der Zivilbevölkerung sind nur zulässig, um ihren lebensnotwendigen Bedarf zu decken oder ihren Schutz sicherzustellen.
(4) Kann im Verteidigungsfalle der Bedarf an zivilen Dienstleistungen im zivilen Sanitäts- und Heilwesen sowie in der ortsfesten militärischen Lazarettorganisation nicht auf freiwilliger Grundlage gedeckt werden, so können Frauen vom vollendeten achtzehnten bis zum vollendeten fünfundfünfzigsten Lebensjahr durch Gesetz oder auf Grund eines Gesetzes zu derartigen Dienstleistungen herangezogen werden. Sie dürfen auf keinen Fall Dienst mit der Waffe leisten.
(5) Für die Zeit vor dem Verteidigungsfalle können Verpflichtungen nach Absatz 3 nur nach Maßgabe des Artikels 80 a Abs. 1 begründet werden. Zur Vorbereitung auf Dienstleistungen nach Absatz 3, für die besondere Kenntnisse oder Fertigkeiten erforderlich sind, kann durch Gesetz oder auf Grund eines Gesetzes die Teilnahme an Ausbildungsveranstaltungen zur Pflicht gemacht werden. Satz 1 findet insoweit keine Anwendung.

(6) Kann im Verteidigungsfalle der Bedarf an Arbeitskräften für die in Absatz 3 Satz 2 genannten Bereiche auf freiwilliger Grundlage nicht gedeckt werden, so kann zur Sicherung dieses Bedarfs die Freiheit der Deutschen, die Ausübung eines Berufs oder den Arbeitsplatz aufzugeben, durch Gesetz oder auf Grund eines Gesetzes eingeschränkt werden. Vor Eintritt des Verteidigungsfalles gilt Absatz 5 Satz 1 entsprechend.

Artikel 13 [Unverletzlichkeit der Wohnung]
(1) Die Wohnung ist unverletzlich.
(2) Durchsuchungen dürfen nur durch den Richter, bei Gefahr im Verzuge auch durch die in den Gesetzen vorgesehenen anderen Organe angeordnet und nur in der dort vorgeschriebenen Form durchgeführt werden.
(3) Begründen bestimmte Tatsachen den Verdacht, daß jemand eine durch Gesetz einzeln bestimmte besonders schwere Straftat begangen hat, so dürfen zur Verfolgung der Tat auf Grund richterlicher Anordnung technische Mittel zur akustischen Überwachung von Wohnungen, in denen der Beschuldigte sich vermutlich aufhält, eingesetzt werden, wenn die Erforschung des Sachverhalts auf andere Weise unverhältnismäßig erschwert oder aussichtslos wäre. Die Maßnahme ist zu befristen. Die Anordnung erfolgt durch einen mit drei Richtern besetzten Spruchkörper. Bei Gefahr im Verzuge kann sie auch durch einen einzelnen Richter getroffen werden.
(4) Zur Abwehr dringender Gefahren für die öffentliche Sicherheit, insbesondere einer gemeinen Gefahr oder einer Lebensgefahr, dürfen technische Mittel zur Überwachung von Wohnungen nur auf Grund richterlicher Anordnung eingesetzt werden. Bei Gefahr im Verzuge kann die Maßnahme auch durch eine andere gesetzlich bestimmte Stelle angeordnet werden; eine richterliche Entscheidung ist unverzüglich nachzuholen.
(5) Sind technische Mittel ausschließlich zum Schutze der bei einem Einsatz in Wohnungen tätigen Personen vorgesehen, kann die Maßnahme durch eine gesetzlich bestimmte Stelle angeordnet werden. Eine anderweitige Verwertung der hierbei erlangten Erkenntnisse ist nur zum Zwecke der Strafverfolgung oder der Gefahrenabwehr und nur zulässig, wenn zuvor die Rechtmäßigkeit der Maßnahme richterlich festgestellt ist; bei Gefahr im Verzuge ist die richterliche Entscheidung unverzüglich nachzuholen.
(6) Die Bundesregierung unterrichtet den Bundestag jährlich über den nach Absatz 3 sowie über den im Zuständigkeitsbereich des Bundes nach Absatz 4 und, soweit richterlich überprüfungsbedürftig, nach Absatz 5 erfolgten Einsatz technischer Mittel. Ein vom Bundestag gewähltes Gremium übt auf Grundlage dieses Berichts die parlamentarische Kontrolle aus. Die Länder gewährleisten eine gleichwertige parlamentarische Kontrolle.
(7) Eingriffe und Beschränkungen dürfen im übrigen nur zur Abwehr einer gemeinen Gefahr oder einer Lebensgefahr für einzelne Personen, auf Grund eines Gesetzes auch zur Verhütung dringender Gefahren für die öffentliche Sicherheit und Ordnung, insbesondere zur Behebung der Raumnot, zur Bekämpfung von Seuchengefahr oder zum Schutze gefährdeter Jugendlicher vorgenommen werden.

Artikel 14 [Eigentum – Erbrecht – Enteignung]
(1) Das Eigentum und das Erbrecht werden gewährleistet. Inhalt und Schranken werden durch die Gesetze bestimmt.
(2) Eigentum verpflichtet. Sein Gebrauch soll zugleich dem Wohle der Allgemeinheit dienen.
(3) Eine Enteignung ist nur zum Wohle der Allgemeinheit zulässig. Sie darf nur durch Gesetz oder auf Grund eines Gesetzes erfolgen, das Art und Ausmaß der Entschädigung regelt. Die Entschädigung ist unter gerechter Abwägung der Interessen der Allgemeinheit und der Beteiligten zu bestimmen. Wegen der Höhe der Entschädigung steht im Streitfalle der Rechtsweg vor den ordentlichen Gerichten offen.

Artikel 15 [Vergesellschaftung]
Grund und Boden, Naturschätze und Produktionsmittel können zum Zwecke der Vergesellschaftung durch ein Gesetz, das Art und Ausmaß der Entschädigung regelt, in Gemeineigentum oder in andere Formen der Gemeinwirtschaft überführt werden. Für die Entschädigung gilt Artikel 14 Abs. 3 Satz 3 und 4 entsprechend.

Artikel 16 [Staatsangehörigkeit – Auslieferung]
(1) Die deutsche Staatsangehörigkeit darf nicht entzogen werden. Der Verlust der Staatsangehörigkeit darf nur auf Grund eines Gesetzes und gegen den Willen des Betroffenen nur dann eintreten, wenn der Betroffene dadurch nicht staatenlos wird.
(2) Kein Deutscher darf an das Ausland ausgeliefert werden.

Artikel 16 a [Asylrecht]
(1) Politisch Verfolgte genießen Asylrecht.
(2) . Auf Absatz 1 kann sich nicht berufen, wer aus einem Mitgliedstaat der Europäischen Gemeinschaften oder aus einem anderen Drittstaat einreist, in dem die Anwendung des Abkommens über die Rechtsstellung der Flüchtlinge und der Konvention zum Schutze der Menschenrechte und Grundfreiheiten sichergestellt ist. Die Staaten außerhalb der Europäischen Gemeinschaften, auf die die Voraussetzungen des Satzes 1 zutreffen, werden durch Gesetz, das der Zustimmung des Bundesrates bedarf, bestimmt. In den Fällen des Satzes 1 können aufenthaltsbeendende Maßnahmen unabhängig von einem hiergegen eingelegten Rechtsbehelf vollzogen werden.
(3) Durch Gesetz, das der Zustimmung des Bundesrates bedarf, können Staaten bestimmt werden, bei denen auf Grund der Rechtslage, der Rechtsanwendung und der allgemeinen politischen Verhältnisse gewährleistet erscheint, daß dort weder politische Verfolgung noch unmenschliche oder erniedrigende Bestrafung oder Behandlung stattfindet. Es wird vermutet, daß ein Ausländer aus einem solchen Staat nicht verfolgt wird, solange er nicht Tatsachen vorträgt, die die Annahme begründen, daß er entgegen dieser Vermutung politisch verfolgt wird.
(4) Die Vollziehung aufenthaltsbeendender Maßnahmen wird in den Fällen des Absatzes 3 und in anderen Fällen, die offensichtlich unbegründet sind oder als offensichtlich unbegründet gelten, durch das Gericht nur ausgesetzt, wenn ernstliche Zweifel an der Rechtmäßigkeit der Maßnahme bestehen; der Prüfungsumfang kann eingeschränkt werden und verspätetes Vorbringen unberücksichtigt bleiben. Das Nähere ist durch Gesetz zu bestimmen.
(5) Die Absätze 1 bis 4 stehen völkerrechtlichen Verträgen von Mitgliedstaaten der Europäischen Gemeinschaften untereinander und mit dritten Staaten nicht entgegen, die unter Beachtung der Verpflichtungen aus dem Abkommen über die Rechtsstellung der Flüchtlinge und der Konvention zum Schutze der Menschenrechte und Grundfreiheiten, deren Anwendung in den Vertragsstaaten sichergestellt sein muß, Zuständigkeitsregelungen für die Prüfung von Asylbegehren einschließlich der gegenseitigen Anerkennung von Asylentscheidungen treffen.

Artikel 17 [Petitionsrecht]
Jedermann hat das Recht, sich einzeln oder in Gemeinschaft mit anderen schriftlich mit Bitten oder Beschwerden an die zuständigen Stellen und an die Volksvertretung zu wenden.

Artikel 17 a [Einschränkung der Grundrechte im Wehr- und Ersatzdienst]
(1) Gesetze über Wehrdienst und Ersatzdienst können bestimmen, daß für die Angehörigen der Streitkräfte und des Ersatzdienstes während der Zeit des Wehr- oder Ersatzdienstes das Grundrecht, seine Meinung in Wort, Schrift und Bild frei zu äußern und zu verbreiten (Artikel 5 Abs. 1 Satz 1 erster Halbsatz), das Grundrecht der Versammlungsfreiheit (Artikel 8) und das Petitionsrecht (Artikel 17), soweit es das Recht gewährt, Bitten oder Beschwerden in Gemeinschaft mit anderen vorzubringen, eingeschränkt werden.
(2) Gesetze, die der Verteidigung einschließlich des Schutzes der Zivilbevölkerung dienen, können bestimmen, daß die Grundrechte der Freizügigkeit (Artikel 11) und der Unverletzlichkeit der Wohnung (Artikel 13) eingeschränkt werden.

Artikel 18 [Grundrechtsverwirkung]
Wer die Freiheit der Meinungsäußerung, insbesondere die Pressefreiheit (Artikel 5 Abs. 1), die Lehrfreiheit (Artikel 5 Abs. 3), die Versammlungsfreiheit (Artikel 8), die Vereinigungsfreiheit (Artikel 9), das Brief-, Post- und Fernmeldegeheimnis (Artikel 10), das Eigentum (Artikel 14) oder das Asylrecht (Artikel 16 a) zum Kampfe gegen die freiheitliche demokratische Grundordnung mißbraucht, verwirkt diese Grundrechte. Die Verwirkung und ihr Ausmaß werden durch das Bundesverfassungsgericht ausgesprochen.

Artikel 19 [Einschränkung von Grundrechten – Rechtsweg]
(1) Soweit nach diesem Grundgesetz ein Grundrecht durch Gesetz oder auf Grund eines Gesetzes eingeschränkt werden kann, muß das Gesetz allgemein und nicht nur für den Einzelfall gelten. Außerdem muß das Gesetz das Grundrecht unter Angabe des Artikels nennen.
(2) In keinem Falle darf ein Grundrecht in seinem Wesensgehalt angetastet werden.
(3) Die Grundrechte gelten auch für inländische juristische Personen, soweit sie ihrem Wesen nach auf diese anwendbar sind.
(4) Wird jemand durch die öffentliche Gewalt in seinen Rechten verletzt, so steht ihm der Rechtsweg offen. Soweit eine andere Zuständigkeit nicht begründet ist, ist der ordentliche Rechtsweg gegeben. Artikel 10 Abs. 2 Satz 2 bleibt unberührt.

II. Der Bund und die Länder

Artikel 20 [Verfassungsgrundsätze – Widerstandsrecht]
(1) Die Bundesrepublik Deutschland ist ein demokratischer und sozialer Bundesstaat.
(2) Alle Staatsgewalt geht vom Volke aus. Sie wird vom Volke in Wahlen und Abstimmungen und durch besondere Organe der Gesetzgebung, der vollziehenden Gewalt und der Rechtsprechung ausgeübt.
(3) Die Gesetzgebung ist an die verfassungsmäßige Ordnung, die vollziehende Gewalt und die Rechtsprechung sind an Gesetz und Recht gebunden.
(4) Gegen jeden, der es unternimmt, diese Ordnung zu beseitigen, haben alle Deutschen das Recht zum Widerstand, wenn andere Abhilfe nicht möglich ist.

Artikel 20 a [Schutz der natürlichen Lebensgrundlagen]
Der Staat schützt auch in Verantwortung für die künftigen Generationen die natürlichen Lebensgrundlagen im Rahmen der verfassungsmäßigen Ordnung durch die Gesetzgebung und nach Maßgabe von Gesetz und Recht durch die vollziehende Gewalt und die Rechtsprechung.

Artikel 21 [Parteien]
(1) Die Parteien wirken bei der politischen Willensbildung des Volkes mit. Ihre Gründung ist frei. Ihre innere Ordnung muß demokratischen Grundsätzen entsprechen. Sie müssen über die Herkunft und Verwendung ihrer Mittel sowie über ihr Vermögen öffentlich Rechenschaft geben.
(2) Parteien, die nach ihren Zielen oder nach dem Verhalten ihrer Anhänger darauf ausgehen, die freiheitliche demokratische Grundordnung zu beeinträchtigen oder zu beseitigen oder den Bestand der Bundesrepublik Deutschland zu gefährden, sind verfassungswidrig. Über die Frage der Verfassungswidrigkeit entscheidet das Bundesverfassungsgericht.
(3) Das Nähere regeln Bundesgesetze.

Artikel 22 [Bundesflagge]
Die Bundesflagge ist schwarz-rot-gold.

Artikel 23 [Europäische Union]
(1) Zur Verwirklichung eines vereinten Europas wirkt die Bundesrepublik Deutschland bei der Entwicklung der Europäischen Union mit, die demokratischen, rechtsstaatlichen, sozialen und föderativen Grundsätzen und dem Grundsatz der Subsidiarität verpflichtet ist und einen diesem Grundgesetz im wesentlichen vergleichbaren Grundrechtsschutz gewährleistet. Der Bund kann hierzu durch Gesetz mit Zustimmung des Bundesrates Hoheitsrechte übertragen. Für die Begründung der Europäischen Union sowie für Änderungen ihrer vertraglichen Grundlagen und vergleichbare Regelungen, durch die dieses Grundgesetz seinem Inhalt nach geändert oder ergänzt wird oder solche Änderungen oder Ergänzungen ermöglicht werden, gilt Artikel 79 Abs. 2 und 3.
(2) In Angelegenheiten der Europäischen Union wirken der Bundestag und durch den Bundesrat die Länder mit. Die Bundesregierung hat den Bundestag und den Bundesrat umfassend und zum frühestmöglichen Zeitpunkt zu unterrichten.
(3) Die Bundesregierung gibt dem Bundestag Gelegenheit zur Stellungnahme vor ihrer Mitwirkung an Rechtsetzungsakten der Europäischen Union. Die Bundesregierung berücksichtigt die Stellungnahmen des Bundestages bei den Verhandlungen. Das Nähere regelt ein Gesetz.

(4) Der Bundesrat ist an der Willensbildung des Bundes zu beteiligen, soweit er an einer entsprechenden innerstaatlichen Maßnahme mitzuwirken hätte oder soweit die Länder innerstaatlich zuständig wären.
(5) Soweit in einem Bereich ausschließlicher Zuständigkeiten des Bundes Interessen der Länder berührt sind oder soweit im übrigen der Bund das Recht zur Gesetzgebung hat, berücksichtigt die Bundesregierung die Stellungnahme des Bundesrates. Wenn im Schwerpunkt Gesetzgebungsbefugnisse der Länder, die Einrichtung ihrer Behörden oder ihre Verwaltungsverfahren betroffen sind, ist bei der Willensbildung des Bundes insoweit die Auffassung des Bundesrates maßgeblich zu berücksichtigen; dabei ist die gesamtstaatliche Verantwortung des Bundes zu wahren. In Angelegenheiten, die zu Ausgabenerhöhungen oder Einnahmeminderungen für den Bund führen können, ist die Zustimmung der Bundesregierung erforderlich.
(6) Wenn im Schwerpunkt ausschließliche Gesetzgebungsbefugnisse der Länder betroffen sind, soll die Wahrnehmung der Rechte, die der Bundesrepublik Deutschland als Mitgliedstaat der Europäischen Union zustehen, vom Bund auf einen vom Bundesrat benannten Vertreter der Länder übertragen werden. Die Wahrnehmung der Rechte erfolgt unter Beteiligung und in Abstimmung mit der Bundesregierung; dabei ist die gesamtstaatliche Verantwortung des Bundes zu wahren.
(7) Das Nähere zu den Absätzen 4 bis 6 regelt ein Gesetz, das der Zustimmung des Bundesrates bedarf.

Artikel 24 [Übertragung von Hoheitsrechten – Kollektives Sicherheitssystem]
(1) Der Bund kann durch Gesetz Hoheitsrechte auf zwischenstaatliche Einrichtungen übertragen.
(1 a) Soweit die Länder für die Ausübung der staatlichen Befugnisse und die Erfüllung der staatlichen Aufgaben zuständig sind, können sie mit Zustimmung der Bundesregierung Hoheitsrechte auf grenznachbarschaftliche Einrichtungen übertragen.
(2) Der Bund kann sich zur Wahrung des Friedens einem System gegenseitiger kollektiver Sicherheit einordnen; er wird hierbei in die Beschränkungen seiner Hoheitsrechte einwilligen, die eine friedliche und dauerhafte Ordnung in Europa und zwischen den Völkern der Welt herbeiführen und sichern.
(3) Zur Regelung zwischenstaatlicher Streitigkeiten wird der Bund Vereinbarungen über eine allgemeine, umfassende, obligatorische, internationale Schiedsgerichtsbarkeit beitreten.

Artikel 25 [Vorrang des Völkerrechts]
Die allgemeinen Regeln des Völkerrechtes sind Bestandteil des Bundesrechtes.[1] Sie gehen den Gesetzen vor und erzeugen Rechte und Pflichten unmittelbar für die Bewohner des Bundesgebietes.

Artikel 26 [Friedenssicherung]
(1) Handlungen, die geeignet sind und in der Absicht vorgenommen werden, das friedliche Zusammenleben der Völker zu stören, insbesondere die Führung eines Angriffskrieges vorzubereiten, sind verfassungswidrig. Sie sind unter Strafe zu stellen.
(2) Zur Kriegführung bestimmte Waffen dürfen nur mit Genehmigung der Bundesregierung hergestellt, befördert und in Verkehr gebracht werden. Das Nähere regelt ein Bundesgesetz.

Artikel 27 [Handelsflotte]
Alle deutschen Kauffahrteischiffe bilden eine einheitliche Handelsflotte.

Artikel 28 [Landesverfassungen – Selbstverwaltung der Gemeinden]
(1) Die verfassungsmäßige Ordnung in den Ländern muß den Grundsätzen des republikanischen, demokratischen und sozialen Rechtsstaates im Sinne dieses Grundgesetzes entsprechen. In den Län-

---

1) Hierzu Beschluß des Bundesverfassungsgerichts vom 31. 3. 1987 – 2BvM 2/86 – (BGBl. I S. 1338):
»Eine allgemeine Regel des Völkerrechts des Inhalts, daß eine Person wegen desselben Lebenssachverhalts, dessentwegen sie bereits in einem dritten Staat zu einer Freiheitsentziehung verurteilt wurde und diese auch verbüßt hat, in einem anderen Staat nicht neuerlich angeklagt oder verurteilt werden darf, oder jedenfalls die Zeit der im dritten Staat erlittenen Freiheitsentziehung im Falle einer neuerlichen Verurteilung angerechnet oder berücksichtigt werden muß, ist nicht Bestandteil des Bundesrechts. Ebensowenig ist eine allgemeine Regel des Völkerrechts, die der Zulässigkeit einer Auslieferung nach dem Europäischen Auslieferungsübereinkommen vom 13. Dezember 1957 entgegensteht, wenn der Verfolgte wegen desselben Lebenssachverhalts, der dem Auslieferungsersuchen zugrunde liegt, bereits in einem dritten Staat eine Freiheitsentziehung erlitten hat, und deren Zeit bei einer neuerlichen Verurteilung im ersuchenden Staat nicht angerechnet oder berücksichtigt wird, Bestandteil des Bundesrechts.«

dern, Kreisen und Gemeinden muß das Volk eine Vertretung haben, die aus allgemeinen, unmittelbaren, freien, gleichen und geheimen Wahlen hervorgegangen ist. Bei Wahlen in Kreisen und Gemeinden sind auch Personen, die die Staatsangehörigkeit eines Mitgliedstaates der Europäischen Gemeinschaft besitzen, nach Maßgabe von Recht der Europäischen Gemeinschaft wahlberechtigt und wählbar. In Gemeinden kann an die Stelle einer gewählten Körperschaft die Gemeindeversammlung treten.
(2) Den Gemeinden muß das Recht gewährleistet sein, alle Angelegenheiten der örtlichen Gemeinschaft im Rahmen der Gesetze in eigener Verantwortung zu regeln. Auch die Gemeindeverbände haben im Rahmen ihres gesetzlichen Aufgabenbereiches nach Maßgabe der Gesetze das Recht der Selbstverwaltung. Die Gewährleistung der Selbstverwaltung umfaßt auch die Grundlagen der finanziellen Eigenverantwortung; zu diesen Grundlagen gehört eine den Gemeinden mit Hebesatzrecht zustehende wirtschaftskraftbezogene Steuerquelle.
(3) Der Bund gewährleistet, daß die verfassungsmäßige Ordnung der Länder den Grundrechten und den Bestimmungen der Absätze 1 und 2 entspricht.

Artikel 29 [Neugliederung des Bundesgebietes]
(1) Das Bundesgebiet kann neu gegliedert werden, um zu gewährleisten, daß die Länder nach Größe und Leistungsfähigkeit die ihnen obliegenden Aufgaben wirksam erfüllen können. Dabei sind die landsmannschaftliche Verbundenheit, die geschichtlichen und kulturellen Zusammenhänge, die wirtschaftliche Zweckmäßigkeit sowie die Erfordernisse der Raumordnung und der Landesplanung zu berücksichtigen.
(2) Maßnahmen zur Neugliederung des Bundesgebietes ergehen durch Bundesgesetz, das der Bestätigung durch Volksentscheid bedarf. Die betroffenen Länder sind zu hören.
(3) Der Volksentscheid findet in den Ländern statt, aus deren Gebieten oder Gebietsteilen ein neues oder neu umgrenztes Land gebildet werden soll (betroffene Länder). Abzustimmen ist über die Frage, ob die betroffenen Länder wie bisher bestehenbleiben sollen oder ob das neue oder neu umgrenzte Land gebildet werden soll. Der Volksentscheid für die Bildung eines neuen oder neu umgrenzten Landes kommt zustande, wenn in dessen künftigem Gebiet und insgesamt in den Gebieten oder Gebietsteilen eines betroffenen Landes, deren Landeszugehörigkeit im gleichen Sinne geändert werden soll, jeweils eine Mehrheit der Änderung zustimmt. Er kommt nicht zustande, wenn im Gebiet eines der betroffenen Länder eine Mehrheit der Änderung ablehnt; die Ablehnung ist jedoch unbeachtlich, wenn in einem Gebietsteil, dessen Zugehörigkeit zu dem betroffenen Land geändert werden soll, eine Mehrheit von zwei Dritteln der Änderung zustimmt, es sei denn, daß im Gesamtgebiet des betroffenen Landes eine Mehrheit von zwei Dritteln die Änderung ablehnt.
(4) Wird in einem zusammenhängenden, abgegrenzten Siedlungs- und Wirtschaftsraum, dessen Teile in mehreren Ländern liegen und der mindestens eine Million Einwohner hat, von einem Zehntel der in ihm zum Bundestag Wahlberechtigten durch Volksbegehren gefordert, daß für diesen Raum eine einheitliche Landeszugehörigkeit herbeigeführt werde, so ist durch Bundesgesetz innerhalb von zwei Jahren entweder zu bestimmen, ob die Landeszugehörigkeit gemäß Absatz 2 geändert wird, oder daß in den betroffenen Ländern eine Volksbefragung stattfindet.
(5) Die Volksbefragung ist darauf gerichtet festzustellen, ob eine in dem Gesetz vorzuschlagende Änderung der Landeszugehörigkeit Zustimmung findet. Das Gesetz kann verschiedene, jedoch nicht mehr als zwei Vorschläge der Volksbefragung vorlegen. Stimmt eine Mehrheit einem vorgeschlagenen Änderung der Landeszugehörigkeit zu, so ist durch Bundesgesetz innerhalb von zwei Jahren zu bestimmen, ob die Landeszugehörigkeit gemäß Absatz 2 geändert wird. Findet ein der Volksbefragung vorgelegter Vorschlag eine den Maßgaben des Absatzes 3 Satz 3 und 4 entsprechende Zustimmung, so ist innerhalb von zwei Jahren nach der Durchführung der Volksbefragung ein Bundesgesetz zur Bildung des vorgeschlagenen Landes zu erlassen, das der Bestätigung durch Volksentscheid nicht mehr bedarf.
(6) Mehrheit im Volksentscheid und in der Volksbefragung ist die Mehrheit der abgegebenen Stimmen, wenn sie mindestens ein Viertel der zum Bundestag Wahlberechtigten umfaßt. Im übrigen wird das Nähere über Volksentscheid, Volksbegehren und Volksbefragung durch ein Bundesgesetz geregelt; dieses kann auch vorsehen, daß Volksbegehren innerhalb eines Zeitraumes von fünf Jahren nicht wiederholt werden können.

(7) Sonstige Änderungen des Gebietsbestandes der Länder können durch Staatsverträge der beteiligten Länder oder durch Bundesgesetz mit Zustimmung des Bundesrates erfolgen, wenn das Gebiet, dessen Landeszugehörigkeit geändert werden soll, nicht mehr als 50 000 Einwohner hat. Das Nähere regelt ein Bundesgesetz, das der Zustimmung des Bundesrates und der Mehrheit der Mitglieder des Bundestages bedarf. Es muß die Anhörung der betroffenen Gemeinden und Kreise vorsehen.
(8) Die Länder können eine Neugliederung für das jeweils von ihnen umfaßte Gebiet oder für Teilgebiete abweichend von den Vorschriften der Absätze 2 bis 7 durch Staatsvertrag regeln. Die betroffenen Gemeinden und Kreise sind zu hören. Der Staatsvertrag bedarf der Bestätigung durch Volksentscheid in jedem beteiligten Land. Betrifft der Staatsvertrag Teilgebiete der Länder, kann die Bestätigung auf Volksentscheide in diesen Teilgebieten beschränkt werden; Satz 5 zweiter Halbsatz findet keine Anwendung. Bei einem Volksentscheid entscheidet die Mehrheit der abgegebenen Stimmen, wenn sie mindestens ein Viertel der zum Bundestag Wahlberechtigten umfaßt; das Nähere regelt ein Bundesgesetz. Der Staatsvertrag bedarf der Zustimmung des Bundestages.

Artikel 30 [Hoheitsrechte der Länder]
Die Ausübung der staatlichen Befugnisse und die Erfüllung der staatlichen Aufgaben ist Sache der Länder, soweit dieses Grundgesetz keine andere Regelung trifft oder zuläßt.

Artikel 31 [Vorrang des Bundesrechts]
Bundesrecht bricht Landesrecht.

Artikel 32 [Auswärtige Beziehungen]
(1) Die Pflege der Beziehungen zu auswärtigen Staaten ist Sache des Bundes.
(2) Vor dem Abschlusse eines Vertrages, der die besonderen Verhältnisse eines Landes berührt, ist das Land rechtzeitig zu hören.
(3) Soweit die Länder für die Gesetzgebung zuständig sind, können sie mit Zustimmung der Bundesregierung mit auswärtigen Staaten Verträge abschließen.

Artikel 33 [Gleichstellung als Staatsbürger – Öffentlicher Dienst]
(1) Jeder Deutsche hat in jedem Lande die gleichen staatsbürgerlichen Rechte und Pflichten.
(2) Jeder Deutsche hat nach seiner Eignung, Befähigung und fachlicher Leistung gleichen Zugang zu jedem öffentlichen Amte.
(3) Der Genuß bürgerlicher und staatsbürgerlicher Rechte, die Zulassung zu öffentlichen Ämtern sowie die im öffentlichen Dienste erworbenen Rechte sind unabhängig von dem religiösen Bekenntnis. Niemandem darf aus seiner Zugehörigkeit oder Nichtzugehörigkeit zu einem Bekenntnisse oder einer Weltanschauung ein Nachteil erwachsen.
(4) Die Ausübung hoheitsrechtlicher Befugnisse ist als ständige Aufgabe in der Regel Angehörigen des öffentlichen Dienstes zu übertragen, die in einem öffentlich-rechtlichen Dienst- und Treueverhältnis stehen.
(5) Das Recht des öffentlichen Dienstes ist unter Berücksichtigung der hergebrachten Grundsätze des Berufsbeamtentums zu regeln.

Artikel 34 [Haftung bei Amtspflichtverletzung]
Verletzt jemand in Ausübung eines ihm anvertrauten öffentlichen Amtes die ihm einem Dritten gegenüber obliegende Amtspflicht, so trifft die Verantwortlichkeit grundsätzlich den Staat oder die Körperschaft, in deren Dienst er steht. Bei Vorsatz oder grober Fahrlässigkeit bleibt der Rückgriff vorbehalten. Für den Anspruch auf Schadensersatz und für den Rückgriff darf der ordentliche Rechtsweg nicht ausgeschlossen werden.

Artikel 35 [Rechts-, Amts- und Katastrophenhilfe]
(1) Alle Behörden des Bundes und der Länder leisten sich gegenseitig Rechts- und Amtshilfe.
(2) Zur Aufrechterhaltung oder Wiederherstellung der öffentlichen Sicherheit oder Ordnung kann ein Land in Fällen von besonderer Bedeutung Kräfte und Einrichtungen des Bundesgrenzschutzes zur Unterstützung seiner Polizei anfordern, wenn die Polizei ohne diese Unterstützung eine Aufgabe nicht oder nur unter erheblichen Schwierigkeiten erfüllen könnte. Zur Hilfe bei einer Naturkatastrophe oder bei einem besonders schweren Unglücksfall kann ein Land Polizeikräfte anderer Länder, Kräfte und Einrichtungen anderer Verwaltungen sowie des Bundesgrenzschutzes und der Streitkräfte anfordern.

(3) Gefährdet die Naturkatastrophe oder der Unglücksfall das Gebiet mehr als eines Landes, so kann die Bundesregierung, soweit es zur wirksamen Bekämpfung erforderlich ist, den Landesregierungen die Weisung erteilen, Polizeikräfte anderen Ländern zur Verfügung zu stellen, sowie Einheiten des Bundesgrenzschutzes und der Streitkräfte zur Unterstützung der Polizeikräfte einsetzen. Maßnahmen der Bundesregierung nach Satz 1 sind jederzeit auf Verlangen des Bundesrates, im übrigen unverzüglich nach Beseitigung der Gefahr aufzuheben.

Artikel 36 [Bundesbeamte]
(1) Bei den obersten Bundesbehörden sind Beamte aus allen Ländern in angemessenem Verhältnis zu verwenden. Die bei den übrigen Bundesbehörden beschäftigten Personen sollen in der Regel aus dem Lande genommen werden, in dem sie tätig sind.
(2) Die Wehrgesetze haben auch die Gliederung des Bundes in Länder und ihre besonderen landsmannschaftlichen Verhältnisse zu berücksichtigen.

Artikel 37 [Bundeszwang]
(1) Wenn ein Land die ihm nach dem Grundgesetze oder einem anderen Bundesgesetze obliegenden Bundespflichten nicht erfüllt, kann die Bundesregierung mit Zustimmung des Bundesrates die notwendigen Maßnahmen treffen, um das Land im Wege des Bundeszwanges zur Erfüllung seiner Pflichten anzuhalten.
(2) Zur Durchführung des Bundeszwanges hat die Bundesregierung oder ihr Beauftragter das Weisungsrecht gegenüber allen Ländern und ihren Behörden.

III. Der Bundestag

Artikel 38 [Wahl]
(1) Die Abgeordneten des Deutschen Bundestages werden in allgemeiner, unmittelbarer, freier, gleicher und geheimer Wahl gewählt. Sie sind Vertreter des ganzen Volkes, an Aufträge und Weisungen nicht gebunden und nur ihrem Gewissen unterworfen.
(2) Wahlberechtigt ist, wer das achtzehnte Lebensjahr vollendet hat; wählbar ist, wer das Alter erreicht hat, mit dem die Volljährigkeit eintritt.
(3) Das Nähere bestimmt ein Bundesgesetz.

Artikel 39 [Wahlperiode – Zusammentritt – Einberufung]
(1) Der Bundestag wird vorbehaltlich der nachfolgenden Bestimmungen auf vier Jahre gewählt. Seine Wahlperiode endet mit dem Zusammentritt eines neuen Bundestages. Die Neuwahl findet frühestens sechsundvierzig, spätestens achtundvierzig Monate nach Beginn der Wahlperiode statt. Im Falle einer Auflösung des Bundestages findet die Neuwahl innerhalb von sechzig Tagen statt.
(2) Der Bundestag tritt spätestens am dreißigsten Tage nach der Wahl zusammen.
(3) Der Bundestag bestimmt den Schluß und den Wiederbeginn seiner Sitzungen. Der Präsident des Bundestages kann ihn früher einberufen. Er ist hierzu verpflichtet, wenn ein Drittel der Mitglieder, der Bundespräsident oder der Bundeskanzler es verlangen.

Artikel 40 [Präsidium – Geschäftsordnung]
(1) Der Bundestag wählt seinen Präsidenten, dessen Stellvertreter und die Schriftführer. Er gibt sich eine Geschäftsordnung.
(2) Der Präsident übt das Hausrecht und die Polizeigewalt im Gebäude des Bundestages aus. Ohne seine Genehmigung darf in den Räumen des Bundestages keine Durchsuchung oder Beschlagnahme stattfinden.

Artikel 41 [Wahlprüfung]
(1) Die Wahlprüfung ist Sache des Bundestages. Er entscheidet auch, ob ein Abgeordneter des Bundestages die Mitgliedschaft verloren hat.
(2) Gegen die Entscheidung des Bundestages ist die Beschwerde an das Bundesverfassungsgericht zulässig.
(3) Das Nähere regelt ein Bundesgesetz.

Artikel 42 [Öffentliche Sitzungen – Mehrheitsbeschlüsse]
(1) Der Bundestag verhandelt öffentlich. Auf Antrag eines Zehntels seiner Mitglieder oder auf Antrag der Bundesregierung kann mit Zweidrittelmehrheit die Öffentlichkeit ausgeschlossen werden. Über den Antrag wird in nichtöffentlicher Sitzung entschieden.
(2) Zu einem Beschlusse des Bundestages ist die Mehrheit der abgegebenen Stimmen erforderlich, soweit dieses Grundgesetz nichts anderes bestimmt. Für die vom Bundestage vorzunehmenden Wahlen kann die Geschäftsordnung Ausnahmen zulassen.
(3) Wahrheitsgetreue Berichte über die öffentlichen Sitzungen des Bundestages und seiner Ausschüsse bleiben von jeder Verantwortlichkeit frei.

Artikel 43 [Teilnahme der Regierungs- und Bundesratsmitglieder]
(1) Der Bundestag und seine Ausschüsse können die Anwesenheit jedes Mitgliedes der Bundesregierung verlangen.
(2) Die Mitglieder des Bundesrates und der Bundesregierung sowie ihre Beauftragten haben zu allen Sitzungen des Bundestages und seiner Ausschüsse Zutritt. Sie müssen jederzeit gehört werden.

Artikel 44 [Untersuchungsausschüsse]
(1) Der Bundestag hat das Recht und auf Antrag eines Viertels seiner Mitglieder die Pflicht, einen Untersuchungsausschuß einzusetzen, der in öffentlicher Verhandlung die erforderlichen Beweise erhebt. Die Öffentlichkeit kann ausgeschlossen werden.
(2) Auf Beweiserhebungen finden die Vorschriften über den Strafprozeß sinngemäß Anwendung. Das Brief-, Post- und Fernmeldegeheimnis bleibt unberührt.
(3) Gerichte und Verwaltungsbehörden sind zur Rechts- und Amtshilfe verpflichtet.
(4) Die Beschlüsse der Untersuchungsausschüsse sind der richterlichen Erörterung entzogen. In der Würdigung und Beurteilung des der Untersuchung zugrunde liegenden Sachverhaltes sind die Gerichte frei.

Artikel 45 [Ausschuß »Europäische Union«]
Der Bundestag bestellt einen Ausschuß für die Angelegenheiten der Europäischen Union. Er kann ihn ermächtigen, die Rechte des Bundestages gemäß Artikel 23 gegenüber der Bundesregierung wahrzunehmen.

Artikel 45 a [Ausschüsse für Auswärtiges und für Verteidigung]
(1) Der Bundestag bestellt einen Ausschuß für auswärtige Angelegenheiten und einen Ausschuß für Verteidigung.
(2) Der Ausschuß für Verteidigung hat auch die Rechte eines Untersuchungsausschusses. Auf Antrag eines Viertels seiner Mitglieder hat er die Pflicht, eine Angelegenheit zum Gegenstand seiner Untersuchung zu machen.
(3) Artikel 44 Abs. 1 findet auf dem Gebiet der Verteidigung keine Anwendung.

Artikel 45 b [Wehrbeauftragter]
Zum Schutz der Grundrechte und als Hilfsorgan des Bundestages bei der Ausübung der parlamentarischen Kontrolle wird ein Wehrbeauftragter des Bundestages berufen. Das Nähere regelt ein Bundesgesetz.

Artikel 45 c [Petitionsausschuß]
(1) Der Bundestag bestellt einen Petitionsausschuß, dem die Behandlung der nach Artikel 17 an den Bundestag gerichteten Bitten und Beschwerden obliegt.
(2) Die Befugnisse des Ausschusses zur Überprüfung von Beschwerden regelt ein Bundesgesetz.

Artikel 46 [Indemnität und Immunität der Abgeordneten]
(1) Ein Abgeordneter darf zu keiner Zeit wegen seiner Abstimmung oder wegen einer Äußerung, die er im Bundestage oder in einem seiner Ausschüsse getan hat, gerichtlich oder dienstlich verfolgt oder sonst außerhalb des Bundestages zur Verantwortung gezogen werden. Dies gilt nicht für verleumderische Beleidigungen.
(2) Wegen einer mit Strafe bedrohten Handlung darf ein Abgeordneter nur mit Genehmigung des Bundestages zur Verantwortung gezogen oder verhaftet werden, es sei denn, daß er bei Begehung der Tat oder im Laufe des folgenden Tages festgenommen wird.

(3) Die Genehmigung des Bundestages ist ferner bei jeder anderen Beschränkung der persönlichen Freiheit eines Abgeordneten oder zur Einleitung eines Verfahrens gegen einen Abgeordneten gemäß Artikel 18 erforderlich.
(4) Jedes Strafverfahren und jedes Verfahren gemäß Artikel 18 gegen einen Abgeordneten, jede Haft und jede sonstige Beschränkung seiner persönlichen Freiheit sind auf Verlangen des Bundestages auszusetzen.

Artikel 47 [Zeugnisverweigerungsrecht]
Die Abgeordneten sind berechtigt, über Personen, die ihnen in ihrer Eigenschaft als Abgeordnete oder denen sie in dieser Eigenschaft Tatsachen anvertraut haben, sowie über diese Tatsachen selbst das Zeugnis zu verweigern. Soweit dieses Zeugnisverweigerungsrecht reicht, ist die Beschlagnahme von Schriftstücken unzulässig.

Artikel 48 [Kandidatur – Mandatsschutz – Entschädigung]
(1) Wer sich um einen Sitz im Bundestage bewirbt, hat Anspruch auf den zur Vorbereitung seiner Wahl erforderlichen Urlaub.
(2) Niemand darf gehindert werden, das Amt eines Abgeordneten zu übernehmen und auszuüben. Eine Kündigung oder Entlassung aus diesem Grunde ist unzulässig.
(3) Die Abgeordneten haben Anspruch auf eine angemessene, ihre Unabhängigkeit sichernde Entschädigung. Sie haben das Recht der freien Benutzung aller staatlichen Verkehrsmittel. Das Nähere regelt ein Bundesgesetz.

Artikel 49 (aufgehoben)

IV. Der Bundesrat

Artikel 50 [Aufgabe]
Durch den Bundesrat wirken die Länder bei der Gesetzgebung und Verwaltung des Bundes und in Angelegenheiten der Europäischen Union mit.

Artikel 51 [Zusammensetzung – Stimmgewicht]
(1) Der Bundesrat besteht aus Mitgliedern der Regierungen der Länder, die sie bestellen und abberufen. Sie können durch andere Mitglieder ihrer Regierungen vertreten werden.
(2) Jedes Land hat mindestens drei Stimmen, Länder mit mehr als zwei Millionen Einwohnern haben vier, Länder mit mehr als sechs Millionen Einwohnern fünf, Länder mit mehr als sieben Millionen Einwohnern sechs Stimmen.
(3) Jedes Land kann so viele Mitglieder entsenden, wie es Stimmen hat. Die Stimmen eines Landes können nur einheitlich und nur durch anwesende Mitglieder oder deren Vertreter abgegeben werden.

Artikel 52 [Präsident – Mehrheitsbeschlüsse – Geschäftsordnung]
(1) Der Bundesrat wählt seinen Präsidenten auf ein Jahr.
(2) Der Präsident beruft den Bundesrat ein. Er hat ihn einzuberufen, wenn die Vertreter von mindestens zwei Ländern oder die Bundesregierung es verlangen.
(3) Der Bundesrat faßt seine Beschlüsse mit mindestens der Mehrheit seiner Stimmen. Er gibt sich eine Geschäftsordnung. Er verhandelt öffentlich. Die Öffentlichkeit kann ausgeschlossen werden.
(3 a) Für Angelegenheiten der Europäischen Union kann der Bundesrat eine Europakammer bilden, deren Beschlüsse als Beschlüsse des Bundesrates gelten; Artikel 51 Abs. 2 und 3 Satz 2 gilt entsprechend.
(4) Den Ausschüssen des Bundesrates können andere Mitglieder oder Beauftragte der Regierungen der Länder angehören.

Artikel 53 [Teilnahme der Regierungsmitglieder]
Die Mitglieder der Bundesregierung haben das Recht und auf Verlangen die Pflicht, an den Verhandlungen des Bundesrates und seiner Ausschüsse teilzunehmen. Sie müssen jederzeit gehört werden. Der Bundesrat ist von der Bundesregierung über die Führung der Geschäfte auf dem laufenden zu halten.

IV a. Gemeinsamer Ausschuß

Artikel 53 a [Zusammensetzung – Geschäftsordnung]
(1) Der Gemeinsame Ausschuß besteht zu zwei Dritteln aus Abgeordneten des Bundestages, zu einem Drittel aus Mitgliedern des Bundesrates. Die Abgeordneten werden vom Bundestage entsprechend dem Stärkeverhältnis der Fraktionen bestimmt; sie dürfen nicht der Bundesregierung angehören. Jedes Land wird durch ein von ihm bestelltes Mitglied des Bundesrates vertreten; diese Mitglieder sind nicht an Weisungen gebunden. Die Bildung des Gemeinsamen Ausschusses und sein Verfahren werden durch eine Geschäftsordnung geregelt, die vom Bundestage zu beschließen ist und der Zustimmung des Bundesrates bedarf.
(2) Die Bundesregierung hat den Gemeinsamen Ausschuß über ihre Planungen für den Verteidigungsfall zu unterrichten. Die Rechte des Bundestages und seiner Ausschüsse nach Artikel 43 Abs. 1 bleiben unberührt.

V. Der Bundespräsident

Artikel 54 [Wahl – Amtsdauer]
(1) Der Bundespräsident wird ohne Aussprache von der Bundesversammlung gewählt. Wählbar ist jeder Deutsche, der das Wahlrecht zum Bundestage besitzt und das vierzigste Lebensjahr vollendet hat.
(2) Das Amt des Bundespräsidenten dauert fünf Jahre. Anschließende Wiederwahl ist nur einmal zulässig.
(3) Die Bundesversammlung besteht aus den Mitgliedern des Bundestages und einer gleichen Anzahl von Mitgliedern, die von den Volksvertretungen der Länder nach den Grundsätzen der Verhältniswahl gewählt werden.
(4) Die Bundesversammlung tritt spätestens dreißig Tage vor Ablauf der Amtszeit des Bundespräsidenten, bei vorzeitiger Beendigung spätestens dreißig Tage nach diesem Zeitpunkt zusammen. Sie wird von dem Präsidenten des Bundestages einberufen.
(5) Nach Ablauf der Wahlperiode beginnt die Frist des Absatzes 4 Satz 1 mit dem ersten Zusammentritt des Bundestages.
(6) Gewählt ist, wer die Stimmen der Mehrheit der Mitglieder der Bundesversammlung erhält. Wird diese Mehrheit in zwei Wahlgängen von keinem Bewerber erreicht, so ist gewählt, wer in einem weiteren Wahlgang die meisten Stimmen auf sich vereinigt.
(7) Das Nähere regelt ein Bundesgesetz.

Artikel 55 [Unvereinbarkeiten]
(1) Der Bundespräsident darf weder der Regierung noch einer gesetzgebenden Körperschaft des Bundes oder eines Landes angehören.
(2) Der Bundespräsident darf kein anderes besoldetes Amt, kein Gewerbe und keinen Beruf ausüben und weder der Leitung noch dem Aufsichtsrate eines auf Erwerb gerichteten Unternehmens angehören.

Artikel 56 [Amtseid]
Der Bundespräsident leistet bei seinem Amtsantritt vor den versammelten Mitgliedern des Bundestages und des Bundesrates folgenden Eid:
»Ich schwöre, daß ich meine Kraft dem Wohle des deutschen Volkes widmen, seinen Nutzen mehren, Schaden von ihm wenden, das Grundgesetz und die Gesetze des Bundes wahren und verteidigen, meine Pflichten gewissenhaft erfüllen und Gerechtigkeit gegen jedermann üben werde. So wahr mir Gott helfe.«
Der Eid kann auch ohne religiöse Beteuerung geleistet werden.

Artikel 57 [Vertretung]
Die Befugnisse des Bundespräsidenten werden im Falle seiner Verhinderung oder bei vorzeitiger Erledigung des Amtes durch den Präsidenten des Bundesrates wahrgenommen.

Artikel 58 [Gegenzeichnung]
Anordnungen und Verfügungen des Bundespräsidenten bedürfen zu ihrer Gültigkeit der Gegenzeichnung durch den Bundeskanzler oder durch den zuständigen Bundesminister. Dies gilt nicht für die

Ernennung und Entlassung des Bundeskanzlers, die Auflösung des Bundestages gemäß Artikel 63 und das Ersuchen gemäß Artikel 69 Abs. 3.

Artikel 59 [Völkerrechtliche Vertretung des Bundes]
(1) Der Bundespräsident vertritt den Bund völkerrechtlich. Er schließt im Namen des Bundes die Verträge mit auswärtigen Staaten. Er beglaubigt und empfängt die Gesandten.
(2) Verträge, welche die politischen Beziehungen des Bundes regeln oder sich auf Gegenstände der Bundesgesetzgebung beziehen, bedürfen der Zustimmung oder der Mitwirkung der jeweils für die Bundesgesetzgebung zuständigen Körperschaften in der Form eines Bundesgesetzes. Für Verwaltungsabkommen gelten die Vorschriften über die Bundesverwaltung entsprechend.

Artikel 59 a (aufgehoben)

Artikel 60 [Beamtenernennung – Begnadigungsrecht – Immunität]
(1) Der Bundespräsident ernennt und entläßt die Bundesrichter, die Bundesbeamten, die Offiziere und Unteroffiziere, soweit gesetzlich nichts anderes bestimmt ist.
(2) Er übt im Einzelfalle für den Bund das Begnadigungsrecht aus.
(3) Er kann diese Befugnisse auf andere Behörden übertragen.
(4) Die Absätze 2 bis 4 des Artikels 46 finden auf den Bundespräsidenten entsprechende Anwendung.

Artikel 61 [Anklage vor dem Bundesverfassungsgericht]
(1) Der Bundestag oder der Bundesrat können den Bundespräsidenten wegen vorsätzlicher Verletzung des Grundgesetzes oder eines anderen Bundesgesetzes vor dem Bundesverfassungsgericht anklagen. Der Antrag auf Erhebung der Anklage muß von mindestens einem Viertel der Mitglieder des Bundestages oder einem Viertel der Stimmen des Bundesrates gestellt werden. Der Beschluß auf Erhebung der Anklage bedarf der Mehrheit von zwei Dritteln der Mitglieder des Bundestages oder von zwei Dritteln der Stimmen des Bundesrates. Die Anklage wird von einem Beauftragten der anklagenden Körperschaft vertreten.
(2) Stellt das Bundesverfassungsgericht fest, daß der Bundespräsident einer vorsätzlichen Verletzung des Grundgesetzes oder eines anderen Bundesgesetzes schuldig ist, so kann es ihn des Amtes für verlustig erklären. Durch einstweilige Anordnung kann es nach der Erhebung der Anklage bestimmen, daß er an der Ausübung seines Amtes verhindert ist.

VI. Die Bundesregierung

Artikel 62 [Zusammensetzung]
Die Bundesregierung besteht aus dem Bundeskanzler und aus den Bundesministern.

Artikel 63 [Wahl des Bundeskanzlers]
(1) Der Bundeskanzler wird auf Vorschlag des Bundespräsidenten vom Bundestage ohne Aussprache gewählt.
(2) Gewählt ist, wer die Stimmen der Mehrheit der Mitglieder des Bundestages auf sich vereinigt. Der Gewählte ist vom Bundespräsidenten zu ernennen.
(3) Wird der Vorgeschlagene nicht gewählt, so kann der Bundestag binnen vierzehn Tagen nach dem Wahlgange mit mehr als der Hälfte seiner Mitglieder einen Bundeskanzler wählen.
(4) Kommt eine Wahl innerhalb dieser Frist nicht zustande, so findet unverzüglich ein neuer Wahlgang statt, in dem gewählt ist, wer die meisten Stimmen erhält. Vereinigt der Gewählte die Stimmen der Mehrheit der Mitglieder des Bundestages auf sich, so muß der Bundespräsident ihn binnen sieben Tagen nach der Wahl ernennen. Erreicht der Gewählte diese Mehrheit nicht, so hat der Bundespräsident binnen sieben Tagen entweder ihn zu ernennen oder den Bundestag aufzulösen.

Artikel 64 [Ernennung der Bundesminister – Amtseid]
(1) Die Bundesminister werden auf Vorschlag des Bundeskanzlers vom Bundespräsidenten ernannt und entlassen.
(2) Der Bundeskanzler und die Bundesminister leisten bei der Amtsübernahme vor dem Bundestage den in Artikel 56 vorgesehenen Eid.

Artikel 65 [Richtlinienkompetenz, Ressort- und Kollegialprinzip]
Der Bundeskanzler bestimmt die Richtlinien der Politik und trägt dafür die Verantwortung. Innerhalb dieser Richtlinien leitet jeder Bundesminister seinen Geschäftsbereich selbständig und unter eigener Verantwortung. Über Meinungsverschiedenheiten zwischen den Bundesministern entscheidet die Bundesregierung. Der Bundeskanzler leitet ihre Geschäfte nach einer von der Bundesregierung beschlossenen und vom Bundespräsidenten genehmigten Geschäftsordnung.

Artikel 65 a [Befehls- und Kommandogewalt]
(1) Der Bundesminister für Verteidigung hat die Befehls- und Kommandogewalt über die Streitkräfte.
(2) (gestrichen)

Artikel 66 [Unvereinbarkeiten]
Der Bundeskanzler und die Bundesminister dürfen kein anderes besoldetes Amt, kein Gewerbe und keinen Beruf ausüben und weder der Leitung noch ohne Zustimmung des Bundestages dem Aufsichtsrate eines auf Erwerb gerichteten Unternehmens angehören.

Artikel 67 [Mißtrauensvotum]
(1) Der Bundestag kann dem Bundeskanzler das Mißtrauen nur dadurch aussprechen, daß er mit der Mehrheit seiner Mitglieder einen Nachfolger wählt und den Bundespräsidenten ersucht, den Bundeskanzler zu entlassen. Der Bundespräsident muß dem Ersuchen entsprechen und den Gewählten ernennen.
(2) Zwischen dem Antrage und der Wahl müssen achtundvierzig Stunden liegen.

Artikel 68 [Vertrauensfrage]
(1) Findet ein Antrag des Bundeskanzlers, ihm das Vertrauen auszusprechen, nicht die Zustimmung der Mehrheit der Mitglieder des Bundestages, so kann der Bundespräsident auf Vorschlag des Bundeskanzlers binnen einundzwanzig Tagen den Bundestag auflösen. Das Recht zur Auflösung erlischt, sobald der Bundestag mit der Mehrheit seiner Mitglieder einen anderen Bundeskanzler wählt.
(2) Zwischen dem Antrage und der Abstimmung müssen achtundvierzig Stunden liegen.

Artikel 69 [Stellvertreter des Bundeskanzlers – Amtsdauer]
(1) Der Bundeskanzler ernennt einen Bundesminister zu seinem Stellvertreter.
(2) Das Amt des Bundeskanzlers oder eines Bundesministers endigt in jedem Falle mit dem Zusammentritt eines neuen Bundestages, das Amt eines Bundesministers auch mit jeder anderen Erledigung des Amtes des Bundeskanzlers.
(3) Auf Ersuchen des Bundespräsidenten ist der Bundeskanzler, auf Ersuchen des Bundeskanzlers oder des Bundespräsidenten ein Bundesminister verpflichtet, die Geschäfte bis zur Ernennung seines Nachfolgers weiterzuführen.

VII. Die Gesetzgebung des Bundes

Artikel 70 [Gesetzgebungsrecht der Länder]
(1) Die Länder haben das Recht der Gesetzgebung, soweit dieses Grundgesetz nicht dem Bunde Gesetzgebungsbefugnisse verleiht.
(2) Die Abgrenzung der Zuständigkeit zwischen Bund und Ländern bemißt sich nach den Vorschriften dieses Grundgesetzes über die ausschließliche und die konkurrierende Gesetzgebung.

Artikel 71 [Ausschließliche Gesetzgebung des Bundes]
Im Bereiche der ausschließlichen Gesetzgebung des Bundes haben die Länder die Befugnis zur Gesetzgebung nur, wenn und soweit sie hierzu in einem Bundesgesetze ausdrücklich ermächtigt werden.

Artikel 72 [Konkurrierende Gesetzgebung]
(1) Im Bereich der konkurrierenden Gesetzgebung haben die Länder die Befugnis zur Gesetzgebung, solange und soweit der Bund von seiner Gesetzgebungszuständigkeit nicht durch Gesetz Gebrauch gemacht hat.
(2) Der Bund hat in diesem Bereich das Gesetzgebungsrecht, wenn und soweit die Herstellung gleichwertiger Lebensverhältnisse im Bundesgebiet oder die Wahrung der Rechts- oder Wirtschaftseinheit im gesamtstaatlichen Interesse eine bundesgesetzliche Regelung erforderlich macht.

(3) Durch Bundesgesetz kann bestimmt werden, daß eine bundesgesetzliche Regelung, für die eine Erforderlichkeit im Sinne des Absatzes 2 nicht mehr besteht, durch Landesrecht ersetzt werden kann.

Artikel 73 [Gebiete der ausschließlichen Gesetzgebung des Bundes]
Der Bund hat die ausschließliche Gesetzgebung über:
1. die auswärtigen Angelegenheiten sowie die Verteidigung einschließlich des Schutzes der Zivilbevölkerung;
2. die Staatsangehörigkeit im Bunde;
3. die Freizügigkeit, das Paßwesen, die Ein- und Auswanderung und die Auslieferung;
4. das Währungs-, Geld- und Münzwesen, Maße und Gewichte sowie die Zeitbestimmung;
5. die Einheit des Zoll- und Handelsgebietes, die Handels- und Schiffahrtsverträge, die Freizügigkeit des Warenverkehrs und den Waren- und Zahlungsverkehr mit dem Auslande einschließlich des Zoll- und Grenzschutzes;
6. den Luftverkehr;
6 a. den Verkehr von Eisenbahnen, die ganz oder mehrheitlich im Eigentum des Bundes stehen (Eisenbahnen des Bundes), den Bau, die Unterhaltung und das Betreiben von Schienenwegen der Eisenbahnen des Bundes sowie die Erhebung von Entgelten für die Benutzung dieser Schienenwege;
7. das Postwesen und die Telekommunikation;
8. die Rechtsverhältnisse der im Dienste des Bundes und der bundesunmittelbaren Körperschaften des öffentlichen Rechtes stehenden Personen;
9. den gewerblichen Rechtsschutz, das Urheberrecht und das Verlagsrecht;
10. die Zusammenarbeit des Bundes und der Länder
    a) in der Kriminalpolizei,
    b) zum Schutze der freiheitlichen demokratischen Grundordnung, des Bestandes und der Sicherheit des Bundes oder eines Landes (Verfassungsschutz) und
    c) zum Schutze gegen Bestrebungen im Bundesgebiet, die durch Anwendung von Gewalt oder darauf gerichtete Vorbereitungshandlungen auswärtige Belange der Bundesrepublik Deutschland gefährden,
    sowie die Einrichtung eines Bundeskriminalpolizeiamtes und die internationale Verbrechensbekämpfung;
11. die Statistik für Bundeszwecke.

Artikel 74 [Gebiete der konkurrierenden Gesetzgebung]
(1) Die konkurrierende Gesetzgebung erstreckt sich auf folgende Gebiete:
1. das bürgerliche Recht, das Strafrecht und den Strafvollzug, die Gerichtsverfassung, das gerichtliche Verfahren, die Rechtsanwaltschaft, das Notariat und die Rechtsberatung;
2. das Personenstandswesen;
3. das Vereins- und Versammlungsrecht;
4. das Aufenthalts- und Niederlassungsrecht der Ausländer;
4 a. das Waffen- und das Sprengstoffrecht;
5. (aufgehoben)
6. die Angelegenheiten der Flüchtlinge und Vertriebenen;
7. die öffentliche Fürsorge;
8. (aufgehoben)
9. die Kriegsschäden und die Wiedergutmachung;
10. die Versorgung der Kriegsbeschädigten und Kriegshinterbliebenen und die Fürsorge für die ehemaligen Kriegsgefangenen;
10 a. die Kriegsgräber und Gräber anderer Opfer des Krieges und Opfer von Gewaltherrschaft;
11. das Recht der Wirtschaft (Bergbau, Industrie, Energiewirtschaft, Handwerk, Gewerbe, Handel, Bank- und Börsenwesen, privatrechtliches Versicherungswesen);
11 a. die Erzeugung und Nutzung der Kernenergie zu friedlichen Zwecken, die Errichtung und den Betrieb von Anlagen, die diesen Zwecken dienen, den Schutz gegen Gefahren, die bei Freiwerden von Kernenergie oder durch ionisierende Strahlen entstehen, und die Beseitigung radioaktiver Stoffe;

12. das Arbeitsrecht einschließlich der Betriebsverfassung, des Arbeitsschutzes und der Arbeitsvermittlung sowie die Sozialversicherung einschließlich der Arbeitslosenversicherung;
13. die Regelung der Ausbildungsbeihilfen und die Förderung der wissenschaftlichen Forschung;
14. das Recht der Enteignung, soweit sie auf den Sachgebieten der Artikel 73 und 74 in Betracht kommt;
15. die Überführung von Grund und Boden, von Naturschätzen und Produktionsmitteln in Gemeineigentum oder in andere Formen der Gemeinwirtschaft;
16. die Verhütung des Mißbrauchs wirtschaftlicher Machtstellung;
17. die Förderung der land- und forstwirtschaftlichen Erzeugung, die Sicherung der Ernährung, die Ein- und Ausfuhr land- und forstwirtschaftlicher Erzeugnisse, die Hochsee- und Küstenfischerei und den Küstenschutz;
18. den Grundstücksverkehr, das Bodenrecht (ohne das Recht der Erschließungsbeiträge) und das landwirtschaftliche Pachtwesen, das Wohnungswesen, das Siedlungs- und Heimstättenwesen;
19. die Maßnahmen gegen gemeingefährliche und übertragbare Krankheiten bei Menschen und Tieren, die Zulassung zu ärztlichen und anderen Heilberufen und zum Heilgewerbe, den Verkehr mit Arzneien, Heil- und Betäubungsmitteln und Giften;
19a. die wirtschaftliche Sicherung der Krankenhäuser und die Regelung der Krankenhauspflegesätze;
20. den Schutz beim Verkehr mit Lebens- und Genußmitteln, Bedarfsgegenständen, Futtermitteln und land- und forstwirtschaftlichem Saat- und Pflanzgut, den Schutz der Pflanzen gegen Krankheiten und Schädlinge sowie den Tierschutz;
21. die Hochsee- und Küstenschiffahrt sowie die Seezeichen, die Binnenschiffahrt, den Wetterdienst, die Seewasserstraßen und die dem allgemeinen Verkehr dienenden Binnenwasserstraßen;
22. den Straßenverkehr, das Kraftfahrwesen, den Bau und die Unterhaltung von Landstraßen für den Fernverkehr sowie die Erhebung und Verteilung von Gebühren für die Benutzung öffentlicher Straßen mit Fahrzeugen;
23. die Schienenbahnen, die nicht Eisenbahnen des Bundes sind, mit Ausnahme der Bergbahnen;
24. die Abfallbeseitigung, die Luftreinhaltung und die Lärmbekämpfung;
25. die Staatshaftung;
26. die künstliche Befruchtung beim Menschen, die Untersuchung und die künstliche Veränderung von Erbinformationen sowie Regelungen zur Transplantation von Organen und Geweben.

(2) Gesetze nach Absatz 1 Nr. 25 bedürfen der Zustimmung des Bundesrates.

Artikel 74a [Besoldung und Versorgung im öffentlichen Dienst]
(1) Die konkurrierende Gesetzgebung erstreckt sich ferner auf die Besoldung und Versorgung der Angehörigen des öffentlichen Dienstes, die in einem öffentlich-rechtlichen Dienst- und Treueverhältnis stehen, soweit dem Bund nicht nach Artikel 73 Nr. 8 die ausschließliche Gesetzgebung zusteht.
(2) Bundesgesetze nach Absatz 1 bedürfen der Zustimmung des Bundesrates.
(3) Der Zustimmung des Bundesrates bedürfen auch Bundesgesetze nach Artikel 73 Nr. 8, soweit sie andere Maßstäbe für den Aufbau oder die Bemessung der Besoldung und Versorgung einschließlich der Bewertung der Ämter oder andere Mindest- oder Höchstbeträge vorsehen als Bundesgesetze nach Absatz 1.
(4) Die Absätze 1 und 2 gelten entsprechend für die Besoldung und Versorgung der Landesrichter. Für Gesetze nach Artikel 98 Abs. 1 gilt Absatz 3 entsprechend.

Artikel 75 [Rahmenvorschriften des Bundes]
(1) Der Bund hat das Recht, unter den Voraussetzungen des Artikels 72 Rahmenvorschriften für die Gesetzgebung der Länder zu erlassen über:
1. die Rechtsverhältnisse der im öffentlichen Dienste der Länder, Gemeinden und anderen Körperschaften des öffentlichen Rechtes stehenden Personen, soweit Artikel 74a nichts anderes bestimmt;
1a. die allgemeinen Grundsätze des Hochschulwesens;
2. die allgemeinen Rechtsverhältnisse der Presse;
3. das Jagdwesen, den Naturschutz und die Landschaftspflege;
4. die Bodenverteilung, die Raumordnung und den Wasserhaushalt;

5. das Melde- und Ausweiswesen;
6. den Schutz deutschen Kulturgutes gegen Abwanderung ins Ausland.
Artikel 72 Abs. 3 gilt entsprechend.
(2) Rahmenvorschriften dürfen nur in Ausnahmefällen in Einzelheiten gehende oder unmittelbar geltende Regelungen enthalten.
(3) Erläßt der Bund Rahmenvorschriften, so sind die Länder verpflichtet, innerhalb einer durch das Gesetz bestimmten angemessenen Frist die erforderlichen Landesgesetze zu erlassen.

Artikel 76 [Gesetzesvorlagen]
(1) Gesetzesvorlagen werden beim Bundestage durch die Bundesregierung, aus der Mitte des Bundestages oder durch den Bundesrat eingebracht.
(2) Vorlagen der Bundesregierung sind zunächst dem Bundesrat zuzuleiten. Der Bundesrat ist berechtigt, innerhalb von sechs Wochen zu diesen Vorlagen Stellung zu nehmen. Verlangt er aus wichtigem Grunde, insbesondere mit Rücksicht auf den Umfang einer Vorlage, eine Fristverlängerung, so beträgt die Frist neun Wochen. Die Bundesregierung kann eine Vorlage, die sie bei der Zuleitung an den Bundesrat ausnahmsweise als besonders eilbedürftig bezeichnet hat, nach drei Wochen oder, wenn der Bundesrat ein Verlangen nach Satz 3 geäußert hat, nach sechs Wochen dem Bundestag zuleiten, auch wenn die Stellungnahme des Bundesrates noch nicht bei ihr eingegangen ist; sie hat die Stellungnahme des Bundesrates unverzüglich nach Eingang dem Bundestag nachzureichen. Bei Vorlagen zur Änderung dieses Grundgesetzes und zur Übertragung von Hoheitsrechten nach Artikel 23 oder Artikel 24 beträgt die Frist zur Stellungnahme neun Wochen; Satz 4 findet keine Anwendung.
(3) Vorlagen des Bundesrates sind dem Bundestag durch die Bundesregierung innerhalb von sechs Wochen zuzuleiten. Sie soll hierbei ihre Auffassung darlegen. Verlangt sie aus wichtigem Grunde, insbesondere mit Rücksicht auf den Umfang einer Vorlage, eine Fristverlängerung, so beträgt die Frist neun Wochen. Wenn der Bundesrat eine Vorlage ausnahmsweise als besonders eilbedürftig bezeichnet hat, beträgt die Frist drei Wochen oder, wenn die Bundesregierung ein Verlangen nach Satz 3 geäußert hat, sechs Wochen. Bei Vorlagen zur Änderung dieses Grundgesetzes und zur Übertragung von Hoheitsrechten nach Artikel 23 oder Artikel 24 beträgt die Frist neun Wochen; Satz 4 findet keine Anwendung. Der Bundestag hat über die Vorlagen in angemessener Frist zu beraten und Beschluß zu fassen.

Artikel 77 [Gang der Gesetzgebung – Vermittlungsausschuß]
(1) Die Bundesgesetze werden vom Bundestage beschlossen. Sie sind nach ihrer Annahme durch den Präsidenten des Bundestages unverzüglich dem Bundesrate zuzuleiten.
(2) Der Bundesrat kann binnen drei Wochen nach Eingang des Gesetzesbeschlusses verlangen, daß ein aus Mitgliedern des Bundestages und des Bundesrates für die gemeinsame Beratung von Vorlagen gebildeter Ausschuß einberufen wird. Die Zusammensetzung und das Verfahren dieses Ausschusses regelt eine Geschäftsordnung, die vom Bundestag beschlossen wird und der Zustimmung des Bundesrates bedarf. Die in diesen Ausschuß entsandten Mitglieder des Bundesrates sind nicht an Weisungen gebunden. Ist zu einem Gesetze die Zustimmung des Bundesrates erforderlich, so können auch der Bundestag und die Bundesregierung die Einberufung verlangen. Schlägt der Ausschuß eine Änderung des Gesetzesbeschlusses vor, so hat der Bundestag erneut Beschluß zu fassen.
(2 a) Soweit zu einem Gesetz die Zustimmung des Bundesrates erforderlich ist, hat der Bundesrat, wenn ein Verlangen nach Absatz 2 Satz 1 nicht gestellt oder das Vermittlungsverfahren ohne einen Vorschlag zur Änderung des Gesetzesbeschlusses beendet ist, in angemessener Frist über die Zustimmung Beschluß zu fassen.
(3) Soweit zu einem Gesetze die Zustimmung des Bundesrates nicht erforderlich ist, kann der Bundesrat, wenn das Verfahren nach Absatz 2 beendigt ist, gegen ein vom Bundestage beschlossenes Gesetz binnen zwei Wochen Einspruch einlegen. Die Einspruchsfrist beginnt im Falle des Absatzes 2 letzter Satz mit dem Eingange des vom Bundestage erneut gefaßten Beschlusses, in allen anderen Fällen mit dem Eingange der Mitteilung des Vorsitzenden des in Absatz 2 vorgesehenen Ausschusses, daß das Verfahren vor dem Ausschusse abgeschlossen ist.
(4) Wird der Einspruch mit der Mehrheit der Stimmen des Bundesrates beschlossen, so kann er durch Beschluß der Mehrheit der Mitglieder des Bundestages zurückgewiesen werden. Hat der Bundesrat den Einspruch mit einer Mehrheit von mindestens zwei Dritteln seiner Stimmen beschlossen,

so bedarf die Zurückweisung durch den Bundestag einer Mehrheit von zwei Dritteln, mindestens der Mehrheit der Mitglieder des Bundestages.

Artikel 78 [Zustandekommen der Gesetze]
Ein vom Bundestage beschlossenes Gesetz kommt zustande, wenn der Bundesrat zustimmt, den Antrag gemäß Artikel 77 Abs. 2 nicht stellt, innerhalb der Frist des Artikels 77 Abs. 3 keinen Einspruch einlegt oder ihn zurücknimmt oder wenn der Einspruch vom Bundestage überstimmt wird.

Artikel 79 [Änderung des Grundgesetzes]
(1) Das Grundgesetz kann nur durch ein Gesetz geändert werden, das den Wortlaut des Grundgesetzes ausdrücklich ändert oder ergänzt. Bei völkerrechtlichen Verträgen, die eine Friedensregelung, die Vorbereitung einer Friedensregelung oder den Abbau einer besatzungsrechtlichen Ordnung zum Gegenstand haben oder der Verteidigung der Bundesrepublik zu dienen bestimmt sind, genügt zur Klarstellung, daß die Bestimmungen des Grundgesetzes dem Abschluß und dem Inkraftsetzen der Verträge nicht entgegenstehen, eine Ergänzung des Wortlautes des Grundgesetzes, die sich auf diese Klarstellung beschränkt.
(2) Ein solches Gesetz bedarf der Zustimmung von zwei Dritteln der Mitglieder des Bundestages und zwei Dritteln der Stimmen des Bundesrates.
(3) Eine Änderung dieses Grundgesetzes, durch welche die Gliederung des Bundes in Länder, die grundsätzliche Mitwirkung der Länder bei der Gesetzgebung oder die in den Artikeln 1 und 20 niedergelegten Grundsätze berührt werden, ist unzulässig.

Artikel 80 [Erlaß von Rechtsverordnungen]
(1) Durch Gesetz können die Bundesregierung, ein Bundesminister oder die Landesregierungen ermächtigt werden, Rechtsverordnungen zu erlassen. Dabei müssen Inhalt, Zweck und Ausmaß der erteilten Ermächtigung im Gesetze bestimmt werden. Die Rechtsgrundlage ist in der Verordnung anzugeben. Ist durch Gesetz vorgesehen, daß eine Ermächtigung weiter übertragen werden kann, so bedarf es zur Übertragung der Ermächtigung einer Rechtsverordnung.
(2) Der Zustimmung des Bundesrates bedürfen, vorbehaltlich anderweitiger bundesgesetzlicher Regelung, Rechtsverordnungen der Bundesregierung oder eines Bundesministers über Grundsätze und Gebühren für die Benutzung der Einrichtungen des Postwesens und der Telekommunikation, über die Grundsätze der Erhebung des Entgelts für die Benutzung der Einrichtungen der Eisenbahnen des Bundes, über den Bau und Betrieb der Eisenbahnen, sowie Rechtsverordnungen auf Grund von Bundesgesetzen, die der Zustimmung des Bundesrates bedürfen oder die von den Ländern im Auftrage des Bundes oder als eigene Angelegenheit ausgeführt werden.
(3) Der Bundesrat kann der Bundesregierung Vorlagen für den Erlaß von Rechtsverordnungen zuleiten, die seiner Zustimmung bedürfen.
(4) Soweit durch Bundesgesetz oder auf Grund von Bundesgesetzen Landesregierungen ermächtigt werden, Rechtsverordnungen zu erlassen, sind die Länder zu einer Regelung auch durch Gesetz befugt.

Artikel 80 a [Spannungsfall]
(1) Ist in diesem Grundgesetz oder in einem Bundesgesetz über die Verteidigung einschließlich des Schutzes der Zivilbevölkerung bestimmt, daß Rechtsvorschriften nur nach Maßgabe dieses Artikels angewandt werden dürfen, so ist die Anwendung außer im Verteidigungsfalle nur zulässig, wenn der Bundestag den Eintritt des Spannungsfalles festgestellt oder wenn er der Anwendung besonders zugestimmt hat. Die Feststellung des Spannungsfalles und die besondere Zustimmung in den Fällen des Artikels 12 a Abs. 5 Satz 1 und Abs. 6 Satz 2 bedürfen einer Mehrheit von zwei Dritteln der abgegebenen Stimmen.
(2) Maßnahmen auf Grund von Rechtsvorschriften nach Absatz 1 sind aufzuheben, wenn der Bundestag es verlangt.
(3) Abweichend von Absatz 1 ist die Anwendung solcher Rechtsvorschriften auch auf der Grundlage und nach Maßgabe eines Beschlusses zulässig, der von einem internationalen Organ im Rahmen eines Bündnisvertrages mit Zustimmung der Bundesregierung gefaßt wird. Maßnahmen nach diesem Absatz sind aufzuheben, wenn der Bundestag es mit der Mehrheit seiner Mitglieder verlangt.

Artikel 81 [Gesetzgebungsnotstand]
(1) Wird im Falle des Artikels 68 der Bundestag nicht aufgelöst, so kann der Bundespräsident auf Antrag der Bundesregierung mit Zustimmung des Bundesrates für eine Gesetzesvorlage den Gesetzgebungsnotstand erklären, wenn der Bundestag sie ablehnt, obwohl die Bundesregierung sie als dringlich bezeichnet hat. Das gleiche gilt, wenn eine Gesetzesvorlage abgelehnt worden ist, obwohl der Bundeskanzler mit ihr den Antrag des Artikels 68 verbunden hatte.
(2) Lehnt der Bundestag die Gesetzesvorlage nach Erklärung des Gesetzgebungsnotstandes erneut ab oder nimmt er sie in einer für die Bundesregierung als unannehmbar bezeichneten Fassung an, so gilt das Gesetz als zustande gekommen, soweit der Bundesrat ihm zustimmt. Das gleiche gilt, wenn die Vorlage vom Bundestage nicht innerhalb von vier Wochen nach der erneuten Einbringung verabschiedet wird.
(3) Während der Amtszeit eines Bundeskanzlers kann auch jede andere vom Bundestage abgelehnte Gesetzesvorlage innerhalb einer Frist von sechs Monaten nach der ersten Erklärung des Gesetzgebungsnotstandes gemäß Absatz 1 und 2 verabschiedet werden. Nach Ablauf der Frist ist während der Amtszeit des gleichen Bundeskanzlers eine weitere Erklärung des Gesetzgebungsnotstandes unzulässig.
(4) Das Grundgesetz darf durch ein Gesetz, das nach Absatz 2 zustande kommt, weder geändert, noch ganz oder teilweise außer Kraft oder außer Anwendung gesetzt werden.

Artikel 82 [Ausfertigung – Verkündung – Inkrafttreten]
(1) Die nach den Vorschriften dieses Grundgesetzes zustande gekommenen Gesetze werden vom Bundespräsidenten nach Gegenzeichnung ausgefertigt und im Bundesgesetzblatte verkündet. Rechtsverordnungen werden von der Stelle, die sie erläßt, ausgefertigt und vorbehaltlich anderweitiger gesetzlicher Regelung im Bundesgesetzblatte verkündet.
(2) Jedes Gesetz und jede Rechtsverordnung soll den Tag des Inkrafttretens bestimmen. Fehlt eine solche Bestimmung, so treten sie mit dem vierzehnten Tage nach Ablauf des Tages in Kraft, an dem das Bundesgesetzblatt ausgegeben worden ist.

VIII. Die Ausführung der Bundesgesetze und die Bundesverwaltung

Artikel 83 [Ausführung durch die Länder]
Die Länder führen die Bundesgesetze als eigene Angelegenheit aus, soweit dieses Grundgesetz nichts anderes bestimmt oder zuläßt.

Artikel 84 [Landeseigene Verwaltung – Bundesaufsicht]
(1) Führen die Länder die Bundesgesetze als eigene Angelegenheit aus, so regeln sie die Einrichtung der Behörden und das Verwaltungsverfahren, soweit nicht Bundesgesetze mit Zustimmung des Bundesrates etwas anderes bestimmen.
(2) Die Bundesregierung kann mit Zustimmung des Bundesrates allgemeine Verwaltungsvorschriften erlassen.
(3) Die Bundesregierung übt die Aufsicht darüber aus, daß die Länder die Bundesgesetze dem geltenden Rechte gemäß ausführen. Die Bundesregierung kann zu diesem Zwecke Beauftragte zu den obersten Landesbehörden entsenden, mit deren Zustimmung und, falls diese Zustimmung versagt wird, mit Zustimmung des Bundesrates auch zu den nachgeordneten Behörden.
(4) Werden Mängel, die die Bundesregierung bei der Ausführung der Bundesgesetze in den Ländern festgestellt hat, nicht beseitigt, so beschließt auf Antrag der Bundesregierung oder des Landes der Bundesrat, ob das Land das Recht verletzt hat. Gegen den Beschluß des Bundesrates kann das Bundesverfassungsgericht angerufen werden.
(5) Der Bundesregierung kann durch Bundesgesetz, das der Zustimmung des Bundesrates bedarf, zur Ausführung von Bundesgesetzen die Befugnis verliehen werden, für besondere Fälle Einzelweisungen zu erteilen. Sie sind, außer wenn die Bundesregierung den Fall für dringlich erachtet, an die obersten Landesbehörden zu richten.

Artikel 85 [Auftragsverwaltung]
(1) Führen die Länder die Bundesgesetze im Auftrage des Bundes aus, so bleibt die Einrichtung der Behörden Angelegenheit der Länder, soweit nicht Bundesgesetze mit Zustimmung des Bundesrates etwas anderes bestimmen.

(2) Die Bundesregierung kann mit Zustimmung des Bundesrates allgemeine Verwaltungsvorschriften erlassen. Sie kann die einheitliche Ausbildung der Beamten und Angestellten regeln. Die Leiter der Mittelbehörden sind mit ihrem Einvernehmen zu bestellen.
(3) Die Landesbehörden unterstehen den Weisungen der zuständigen obersten Bundesbehörden. Die Weisungen sind, außer wenn die Bundesregierung es für dringlich erachtet, an die obersten Landesbehörden zu richten. Der Vollzug der Weisung ist durch die obersten Landesbehörden sicherzustellen.
(4) Die Bundesaufsicht erstreckt sich auf Gesetzmäßigkeit und Zweckmäßigkeit der Ausführung. Die Bundesregierung kann zu diesem Zwecke Bericht und Vorlage der Akten verlangen und Beauftragte zu allen Behörden entsenden.

Artikel 86 [Bundeseigene Verwaltung]
Führt der Bund die Gesetze durch bundeseigene Verwaltung oder durch bundesunmittelbare Körperschaften oder Anstalten des öffentlichen Rechtes aus, so erläßt die Bundesregierung, soweit nicht das Gesetz Besonderes vorschreibt, die allgemeinen Verwaltungsvorschriften. Sie regelt, soweit das Gesetz nichts anderes bestimmt, die Einrichtung der Behörden.

Artikel 87 [Sachgebiete]
(1) In bundeseigener Verwaltung mit eigenem Verwaltungsunterbau werden geführt der Auswärtige Dienst, die Bundesfinanzverwaltung und nach Maßgabe des Artikels 89 die Verwaltung der Bundeswasserstraßen und der Schiffahrt. Durch Bundesgesetz können Bundesgrenzschutzbehörden, Zentralstellen für das polizeiliche Auskunfts- und Nachrichtenwesen, für die Kriminalpolizei und zur Sammlung von Unterlagen für Zwecke des Verfassungsschutzes und des Schutzes gegen Bestrebungen im Bundesgebiet, die durch Anwendung von Gewalt oder darauf gerichtete Vorbereitungshandlungen auswärtige Belange der Bundesrepublik Deutschland gefährden, eingerichtet werden.
(2) Als bundesunmittelbare Körperschaften des öffentlichen Rechtes werden diejenigen sozialen Versicherungsträger geführt, deren Zuständigkeitsbereich sich über das Gebiet eines Landes hinaus erstreckt. Soziale Versicherungsträger, deren Zuständigkeitsbereich sich über das Gebiet eines Landes, aber nicht über mehr als drei Länder hinaus erstreckt, werden abweichend von Satz 1 als landesunmittelbare Körperschaften des öffentlichen Rechts geführt, wenn das aufsichtsführende Land durch die beteiligten Länder bestimmt ist.
(3) Außerdem können für Angelegenheiten, für die dem Bunde die Gesetzgebung zusteht, selbständige Bundesoberbehörden und neue bundesunmittelbare Körperschaften und Anstalten des öffentlichen Rechtes durch Bundesgesetz errichtet werden. Erwachsen dem Bunde auf Gebieten, für die ihm die Gesetzgebung zusteht, neue Aufgaben, so können bei dringendem Bedarf bundeseigene Mittel- und Unterbehörden mit Zustimmung des Bundesrates und der Mehrheit der Mitglieder des Bundestages errichtet werden.

Artikel 87 a [Streitkräfte]
(1) Der Bund stellt Streitkräfte zur Verteidigung auf. Ihre zahlenmäßige Stärke und die Grundzüge ihrer Organisation müssen sich aus dem Haushaltsplan ergeben.
(2) Außer zur Verteidigung dürfen die Streitkräfte nur eingesetzt werden, soweit dieses Grundgesetz es ausdrücklich zuläßt.
(3) Die Streitkräfte haben im Verteidigungsfalle und im Spannungsfalle die Befugnis, zivile Objekte zu schützen und Aufgaben der Verkehrsregelung wahrzunehmen, soweit dies zur Erfüllung ihres Verteidigungsauftrages erforderlich ist. Außerdem kann den Streitkräften im Verteidigungsfalle und im Spannungsfalle der Schutz ziviler Objekte auch zur Unterstützung polizeilicher Maßnahmen übertragen werden; die Streitkräfte wirken dabei mit den zuständigen Behörden zusammen.
(4) Zur Abwehr einer drohenden Gefahr für den Bestand oder die freiheitliche demokratische Grundordnung des Bundes oder eines Landes kann die Bundesregierung, wenn die Voraussetzungen des Artikels 91 Abs. 2 vorliegen und die Polizeikräfte sowie der Bundesgrenzschutz nicht ausreichen, Streitkräfte zur Unterstützung der Polizei und des Bundesgrenzschutzes beim Schutze von zivilen Objekten und bei der Bekämpfung organisierter und militärisch bewaffneter Aufständischer einsetzen. Der Einsatz von Streitkräften ist einzustellen, wenn der Bundestag oder der Bundesrat es verlangen.

Artikel 87 b [Bundeswehrverwaltung]
(1) Die Bundeswehrverwaltung wird in bundeseigener Verwaltung mit eigenem Verwaltungsunterbau geführt. Sie dient den Aufgaben des Personalwesens und der unmittelbaren Deckung des Sach-

bedarfs der Streitkräfte. Aufgaben der Beschädigtenversorgung und des Bauwesens können der Bundeswehrverwaltung nur durch Bundesgesetz, das der Zustimmung des Bundesrates bedarf, übertragen werden. Der Zustimmung des Bundesrates bedürfen ferner Gesetze, soweit sie die Bundeswehrverwaltung zu Eingriffen in Rechte Dritter ermächtigen; das gilt nicht für Gesetze auf dem Gebiete des Personalwesens.

(2) Im übrigen können Bundesgesetze, die der Verteidigung einschließlich des Wehrersatzwesens und des Schutzes der Zivilbevölkerung dienen, mit Zustimmung des Bundesrates bestimmen, daß sie ganz oder teilweise in bundeseigener Verwaltung mit eigenem Verwaltungsunterbau oder von den Ländern im Auftrage des Bundes ausgeführt werden. Werden solche Gesetze von den Ländern im Auftrage des Bundes ausgeführt, so können sie mit Zustimmung des Bundesrates bestimmen, daß die der Bundesregierung und den zuständigen obersten Bundesbehörden auf Grund des Artikels 85 zustehenden Befugnisse ganz oder teilweise Bundesoberbehörden übertragen werden; dabei kann bestimmt werden, daß diese Behörden beim Erlaß allgemeiner Verwaltungsvorschriften gemäß Artikel 85 Abs. 2 Satz 1 nicht der Zustimmung des Bundesrates bedürfen.

Artikel 87 c [Erzeugung und Nutzung der Kernenergie]
Gesetze, die auf Grund des Artikels 74 Nr. 11 a ergehen, können mit Zustimmung des Bundesrates bestimmen, daß sie von den Ländern im Auftrage des Bundes ausgeführt werden.

Artikel 87 d [Luftverkehrsverwaltung]
(1) Die Luftverkehrsverwaltung wird in bundeseigener Verwaltung geführt. Über die öffentlich-rechtliche oder privat-rechtliche Organisationsform wird durch Bundesgesetz entschieden.
(2) Durch Bundesgesetz, das der Zustimmung des Bundesrates bedarf, können Aufgaben der Luftverkehrsverwaltung den Ländern als Auftragsverwaltung übertragen werden.

Artikel 87 e [Eisenbahnverkehrsverwaltung]
(1) Die Eisenbahnverkehrsverwaltung für Eisenbahnen des Bundes wird in bundeseigener Verwaltung geführt. Durch Bundesgesetz können Aufgaben der Eisenbahnverkehrsverwaltung den Ländern als eigene Angelegenheit übertragen werden.
(2) Der Bund nimmt die über den Bereich der Eisenbahnen des Bundes hinausgehenden Aufgaben der Eisenbahnverkehrsverwaltung wahr, die ihm durch Bundesgesetz übertragen werden.
(3) Eisenbahnen des Bundes werden als Wirtschaftsunternehmen in privat-rechtlicher Form geführt. Diese stehen im Eigentum des Bundes, soweit die Tätigkeit des Wirtschaftsunternehmens den Bau, die Unterhaltung und das Betreiben von Schienenwegen umfaßt. Die Veräußerung von Anteilen des Bundes an den Unternehmen nach Satz 2 erfolgt auf Grund eines Gesetzes; die Mehrheit der Anteile an diesen Unternehmen verbleibt beim Bund. Das Nähere wird durch Bundesgesetz geregelt.
(4) Der Bund gewährleistet, daß dem Wohl der Allgemeinheit, insbesondere den Verkehrsbedürfnissen, beim Ausbau und Erhalt des Schienennetzes der Eisenbahnen des Bundes sowie bei deren Verkehrsangeboten auf diesem Schienennetz, soweit diese nicht den Schienenpersonennahverkehr betreffen, Rechnung getragen wird. Das Nähere wird durch Bundesgesetz geregelt.
(5) Gesetze auf Grund der Absätze 1 bis 4 bedürfen der Zustimmung des Bundesrates. Der Zustimmung des Bundesrates bedürfen ferner Gesetze, die die Auflösung, die Verschmelzung und die Aufspaltung von Eisenbahnunternehmen des Bundes, die Übertragung von Schienenwegen der Eisenbahnen des Bundes an Dritte sowie die Stillegung von Schienenwegen der Eisenbahnen des Bundes regeln oder Auswirkungen auf den Schienenpersonennahverkehr haben.

Artikel 87 f [Dienstleistungsgewähr im Bereich des Postwesens und der Telekommunikation]
(1) Nach Maßgabe eines Bundesgesetzes, das der Zustimmung des Bundesrates bedarf, gewährleistet der Bund im Bereich des Postwesens und der Telekommunikation flächendeckend angemessene und ausreichende Dienstleistungen.
(2) Dienstleistungen im Sinne des Absatzes 1 werden als privatwirtschaftliche Tätigkeiten durch die aus dem Sondervermögen Deutsche Bundespost hervorgegangenen Unternehmen und durch andere private Anbieter erbracht. Hoheitsaufgaben im Bereich des Postwesens und der Telekommunikation werden in bundeseigener Verwaltung ausgeführt.
(3) Unbeschadet des Absatzes 2 Satz 2 führt der Bund in der Rechtsform einer bundesunmittelbaren Anstalt des öffentlichen Rechts einzelne Aufgaben in bezug auf die aus dem Sondervermögen Deutsche Bundespost hervorgegangenen Unternehmen nach Maßgabe eines Bundesgesetzes aus.

Artikel 88 [Bundesbank]
Der Bund errichtet eine Währungs- und Notenbank als Bundesbank. Ihre Aufgaben und Befugnisse können im Rahmen der Europäischen Union der Europäischen Zentralbank übertragen werden, die unabhängig ist und dem vorrangigen Ziel der Sicherung der Preisstabilität verpflichtet.

Artikel 89 [Bundeswasserstraßen]
(1) Der Bund ist Eigentümer der bisherigen Reichswasserstraßen.
(2) Der Bund verwaltet die Bundeswasserstraßen durch eigene Behörden. Er nimmt die über den Bereich eines Landes hinausgehenden staatlichen Aufgaben der Binnenschiffahrt und die Aufgaben der Seeschiffahrt wahr, die ihm durch Gesetz übertragen werden. Er kann die Verwaltung von Bundeswasserstraßen, soweit sie im Gebiete eines Landes liegen, diesem Lande auf Antrag als Auftragsverwaltung übertragen. Berührt eine Wasserstraße das Gebiet mehrerer Länder, so kann der Bund das Land beauftragen, für das die beteiligten Länder es beantragen.
(3) Bei der Verwaltung, dem Ausbau und dem Neubau von Wasserstraßen sind die Bedürfnisse der Landeskultur und der Wasserwirtschaft im Einvernehmen mit den Ländern zu wahren.

Artikel 90 [Bundesstraßen]
(1) Der Bund ist Eigentümer der bisherigen Reichsautobahnen und Reichsstraßen.
(2) Die Länder oder die nach Landesrecht zuständigen Selbstverwaltungskörperschaften verwalten die Bundesautobahnen und sonstigen Bundesstraßen des Fernverkehrs im Auftrage des Bundes.
(3) Auf Antrag eines Landes kann der Bund Bundesautobahnen und sonstige Bundesstraßen des Fernverkehrs, soweit sie im Gebiet dieses Landes liegen, in bundeseigene Verwaltung übernehmen.

Artikel 91 [Einsatz von Polizeikräften im Staatsnotstand]
(1) Zur Abwehr einer drohenden Gefahr für den Bestand oder die freiheitliche demokratische Grundordnung des Bundes oder eines Landes kann ein Land Polizeikräfte anderer Länder sowie Kräfte und Einrichtungen anderer Verwaltungen und des Bundesgrenzschutzes anfordern.
(2) Ist das Land, in dem die Gefahr droht, nicht selbst zur Bekämpfung der Gefahr bereit oder in der Lage, so kann die Bundesregierung die Polizei in diesem Lande und die Polizeikräfte anderer Länder ihren Weisungen unterstellen sowie Einheiten des Bundesgrenzschutzes einsetzen. Die Anordnung ist nach Beseitigung der Gefahr, im übrigen jederzeit auf Verlangen des Bundesrates aufzuheben. Erstreckt sich die Gefahr auf das Gebiet mehr als eines Landes, so kann die Bundesregierung, soweit es zur wirksamen Bekämpfung erforderlich ist, den Landesregierungen Weisungen erteilen; Satz 1 und Satz 2 bleiben unberührt.

VIII a. Gemeinschaftsaufgaben
Artikel 91 a [Mitwirkung des Bundes – Kostenverteilung]
(1) Der Bund wirkt auf folgenden Gebieten bei der Erfüllung von Aufgaben der Länder mit, wenn diese Aufgaben für die Gesamtheit bedeutsam sind und die Mitwirkung des Bundes zur Verbesserung der Lebensverhältnisse erforderlich ist (Gemeinschaftsaufgaben):
1. Ausbau und Neubau von Hochschulen einschließlich der Hochschulkliniken,
2. Verbesserung der regionalen Wirtschaftsstruktur,
3. Verbesserung der Agrarstruktur und des Küstenschutzes.
(2) Durch Bundesgesetz mit Zustimmung des Bundesrates werden die Gemeinschaftsaufgaben näher bestimmt. Das Gesetz soll allgemeine Grundsätze für ihre Erfüllung enthalten.
(3) Das Gesetz trifft Bestimmungen über das Verfahren und über Einrichtungen für eine gemeinsame Rahmenplanung. Die Aufnahme eines Vorhabens in die Rahmenplanung bedarf der Zustimmung des Landes, in dessen Gebiet es durchgeführt wird.
(4) Der Bund trägt in den Fällen des Absatzes 1 Nr. 1 und 2 die Hälfte der Ausgaben in jedem Land. In den Fällen des Absatzes 1 Nr. 3 trägt der Bund mindestens die Hälfte; die Beteiligung ist für alle Länder einheitlich festzusetzen. Das Nähere regelt das Gesetz. Die Bereitstellung der Mittel bleibt der Feststellung in den Haushaltsplänen des Bundes und der Länder vorbehalten.
(5) Bundesregierung und Bundesrat sind auf Verlangen über die Durchführung der Gemeinschaftsaufgaben zu unterrichten.

Artikel 91 b [Bildungsplanung und Förderung der Forschung]
Bund und Länder können auf Grund von Vereinbarungen bei der Bildungsplanung und bei der Förderung von Einrichtungen und Vorhaben der wissenschaftlichen Forschung von überregionaler Bedeutung zusammenwirken. Die Aufteilung der Kosten wird in der Vereinbarung geregelt.

IX. Die Rechtsprechung

Artikel 92 [Organe der rechtsprechenden Gewalt]
Die rechtsprechende Gewalt ist den Richtern anvertraut; sie wird durch das Bundesverfassungsgericht, durch die in diesem Grundgesetze vorgesehenen Bundesgerichte und durch die Gerichte der Länder ausgeübt.

Artikel 93 [Zuständigkeit des Bundesverfassungsgerichts]
(1) Das Bundesverfassungsgericht entscheidet:
1. über die Auslegung dieses Grundgesetzes aus Anlaß von Streitigkeiten über den Umfang der Rechte und Pflichten eines obersten Bundesorgans oder anderer Beteiligter, die durch dieses Grundgesetz oder in der Geschäftsordnung eines obersten Bundesorgans mit eigenen Rechten ausgestattet sind;
2. bei Meinungsverschiedenheiten oder Zweifeln über die förmliche und sachliche Vereinbarkeit von Bundesrecht oder Landesrecht mit diesem Grundgesetze oder die Vereinbarkeit von Landesrecht mit sonstigem Bundesrechte auf Antrag der Bundesregierung, einer Landesregierung oder eines Drittels der Mitglieder des Bundestages;
2 a. bei Meinungsverschiedenheiten, ob ein Gesetz den Voraussetzungen des Artikels 72 Abs. 2 entspricht, auf Antrag des Bundesrates, einer Landesregierung oder der Volksvertretung eines Landes;
3. bei Meinungsverschiedenheiten über Rechte und Pflichten des Bundes und der Länder, insbesondere bei der Ausführung von Bundesrecht durch die Länder und bei der Ausübung der Bundesaufsicht;
4. in anderen öffentlich-rechtlichen Streitigkeiten zwischen dem Bunde und den Ländern, zwischen verschiedenen Ländern oder innerhalb eines Landes, soweit nicht ein anderer Rechtsweg gegeben ist;
4 a. über Verfassungsbeschwerden, die von jedermann mit der Behauptung erhoben werden können, durch die öffentliche Gewalt in einem seiner Grundrechte oder in einem seiner in Artikel 20 Abs. 4, 33, 38, 101, 103 und 104 enthaltenen Rechte verletzt zu sein;
4 b. über Verfassungsbeschwerden von Gemeinden und Gemeindeverbänden wegen Verletzung des Rechts auf Selbstverwaltung nach Artikel 28 durch ein Gesetz, bei Landesgesetzen jedoch nur, soweit nicht Beschwerde beim Landesverfassungsgericht erhoben werden kann;
5. in den übrigen in diesem Grundgesetze vorgesehenen Fällen.
(2) Das Bundesverfassungsgericht wird ferner in den ihm sonst durch Bundesgesetz zugewiesenen Fällen tätig.

Artikel 94 [Zusammensetzung des Bundesverfassungsgerichts]
(1) Das Bundesverfassungsgericht besteht aus Bundesrichtern und anderen Mitgliedern. Die Mitglieder des Bundesverfassungsgerichtes werden je zur Hälfte vom Bundestage und vom Bundesrate gewählt. Sie dürfen weder dem Bundestage, dem Bundesrate, der Bundesregierung noch entsprechenden Organen eines Landes angehören.
(2) Ein Bundesgesetz regelt seine Verfassung und das Verfahren und bestimmt, in welchen Fällen seine Entscheidungen Gesetzeskraft haben. Es kann für Verfassungsbeschwerden die vorherige Erschöpfung des Rechtsweges zur Voraussetzung machen und ein besonderes Annahmeverfahren vorsehen.

Artikel 95 [Oberste Gerichtshöfe]
(1) Für die Gebiete der ordentlichen, der Verwaltungs-, der Finanz-, der Arbeits- und der Sozialgerichtsbarkeit errichtet der Bund als oberste Gerichtshöfe den Bundesgerichtshof, das Bundesverwaltungsgericht, den Bundesfinanzhof, das Bundesarbeitsgericht und das Bundessozialgericht.
(2) Über die Berufung der Richter dieser Gerichte entscheidet der für das jeweilige Sachgebiet zuständige Bundesminister gemeinsam mit einem Richterwahlausschuß, der aus den für das jeweilige

Sachgebiet zuständigen Ministern der Länder und einer gleichen Anzahl von Mitgliedern besteht, die vom Bundestage gewählt werden.
(3) Zur Wahrung der Einheitlichkeit der Rechtsprechung ist ein Gemeinsamer Senat der in Absatz 1 genannten Gerichte zu bilden. Das Nähere regelt ein Bundesgesetz.

Artikel 96 [Bundesgerichte]
(1) Der Bund kann für Angelegenheiten des gewerblichen Rechtsschutzes ein Bundesgericht errichten.
(2) Der Bund kann Wehrstrafgerichte für die Streitkräfte als Bundesgerichte errichten. Sie können die Strafgerichtsbarkeit nur im Verteidigungsfalle sowie über Angehörige der Streitkräfte ausüben, die in das Ausland entsandt oder an Bord von Kriegsschiffen eingeschifft sind. Das Nähere regelt ein Bundesgesetz. Diese Gerichte gehören zum Geschäftsbereich des Bundesjustizministers. Ihre hauptamtlichen Richter müssen die Befähigung zum Richteramt haben.
(3) Oberster Gerichtshof für die in Absatz 1 und 2 genannten Gerichte ist der Bundesgerichtshof.
(4) Der Bund kann für Personen, die zu ihm in einem öffentlich-rechtlichen Dienstverhältnis stehen, Bundesgerichte zur Entscheidung in Disziplinarverfahren und Beschwerdeverfahren errichten.
(5) Für Strafverfahren auf den Gebieten des Artikels 26 Abs. 1 und des Staatsschutzes kann ein Bundesgesetz mit Zustimmung des Bundesrates vorsehen, daß Gerichte der Länder Gerichtsbarkeit des Bundes ausüben.

Artikel 97 [Richterliche Unabhängigkeit]
(1) Die Richter sind unabhängig und nur dem Gesetze unterworfen.
(2) Die hauptamtlich und planmäßig endgültig angestellten Richter können wider ihren Willen nur kraft richterlicher Entscheidung und nur aus Gründen und unter den Formen, welche die Gesetze bestimmen, vor Ablauf ihrer Amtszeit entlassen oder dauernd oder zeitweise ihres Amtes enthoben oder an eine andere Stelle oder in den Ruhestand versetzt werden. Die Gesetzgebung kann Altersgrenzen festsetzen, bei deren Erreichung auf Lebenszeit angestellte Richter in den Ruhestand treten. Bei Veränderung der Einrichtung der Gerichte oder ihrer Bezirke können Richter an ein anderes Gericht versetzt oder aus dem Amte entfernt werden, jedoch nur unter Belassung des vollen Gehaltes.

Artikel 98 [Rechtsstellung der Richter – Richteranklage]
(1) Die Rechtsstellung der Bundesrichter ist durch besonderes Bundesgesetz zu regeln.
(2) Wenn ein Bundesrichter im Amte oder außerhalb des Amtes gegen die Grundsätze des Grundgesetzes oder gegen die verfassungsmäßige Ordnung eines Landes verstößt, so kann das Bundesverfassungsgericht mit Zweidrittelmehrheit auf Antrag des Bundestages anordnen, daß der Richter in ein anderes Amt oder in den Ruhestand zu versetzen ist. Im Falle eines vorsätzlichen Verstoßes kann auf Entlassung erkannt werden.
(3) Die Rechtsstellung der Richter in den Ländern ist durch besondere Landesgesetze zu regeln. Der Bund kann Rahmenvorschriften erlassen, soweit Artikel 74 a Abs. 4 nichts anderes bestimmt.
(4) Die Länder können bestimmen, daß über die Anstellung der Richter in den Ländern der Landesjustizminister gemeinsam mit einem Richterwahlausschuß entscheidet.
(5) Die Länder können für Landesrichter eine Absatz 2 entsprechende Regelung treffen. Geltendes Landesverfassungsrecht bleibt unberührt. Die Entscheidung über eine Richteranklage steht dem Bundesverfassungsgericht zu.

Artikel 99 [Verfassungsstreit innerhalb eines Landes]
Dem Bundesverfassungsgerichte kann durch Landesgesetz die Entscheidung von Verfassungsstreitigkeiten innerhalb eines Landes, den in Artikel 95 Abs. 1 genannten obersten Gerichtshöfen für den letzten Rechtszug die Entscheidung in solchen Sachen zugewiesen werden, bei denen es sich um die Anwendung von Landesrecht handelt.

Artikel 100 [Konkrete Normenkontrolle]
(1) Hält ein Gericht ein Gesetz, auf dessen Gültigkeit es bei der Entscheidung ankommt, für verfassungswidrig, so ist das Verfahren auszusetzen und, wenn es sich um die Verletzung der Verfassung eines Landes handelt, die Entscheidung des für Verfassungsstreitigkeiten zuständigen Gerichtes des Landes, wenn es sich um die Verletzung dieses Grundgesetzes handelt, die Entscheidung des Bundesverfassungsgerichtes einzuholen. Dies gilt auch, wenn es sich um die Verletzung dieses Grundgeset-

zes durch Landesrecht oder um die Unvereinbarkeit eines Landesgesetzes mit einem Bundesgesetze handelt.
(2) Ist in einem Rechtsstreit zweifelhaft, ob eine Regel des Völkerrechtes Bestandteil des Bundesrechtes ist und ob sie unmittelbar Rechte und Pflichten für den Einzelnen erzeugt (Artikel 25), so hat das Gericht die Entscheidung des Bundesverfassungsgerichtes einzuholen.
(3) Will das Verfassungsgericht eines Landes bei der Auslegung des Grundgesetzes von einer Entscheidung des Bundesverfassungsgerichtes oder des Verfassungsgerichtes eines anderen Landes abweichen, so hat das Verfassungsgericht die Entscheidung des Bundesverfassungsgerichtes einzuholen.

Artikel 101 [Unzulässigkeit von Ausnahmegerichten]
(1) Ausnahmegerichte sind unzulässig. Niemand darf seinem gesetzlichen Richter entzogen werden.
(2) Gerichte für besondere Sachgebiete können nur durch Gesetz errichtet werden.

Artikel 102 [Abschaffung der Todesstrafe]
Die Todesstrafe ist abgeschafft.

Artikel 103 [Grundrechte vor Gericht]
(1) Vor Gericht hat jedermann Anspruch auf rechtliches Gehör.
(2) Eine Tat kann nur bestraft werden, wenn die Strafbarkeit gesetzlich bestimmt war, bevor die Tat begangen wurde.
(3) Niemand darf wegen derselben Tat auf Grund der allgemeinen Strafgesetze mehrmals bestraft werden.

Artikel 104 [Freiheitsentziehung]
(1) Die Freiheit der Person kann nur auf Grund eines förmlichen Gesetzes und nur unter Beachtung der darin vorgeschriebenen Formen beschränkt werden. Festgehaltene Personen dürfen weder seelisch noch körperlich mißhandelt werden.
(2) Über die Zulässigkeit und Fortdauer einer Freiheitsentziehung hat nur der Richter zu entscheiden. Bei jeder nicht auf richterlicher Anordnung beruhenden Freiheitsentziehung ist unverzüglich eine richterliche Entscheidung herbeizuführen. Die Polizei darf aus eigener Machtvollkommenheit niemanden länger als bis zum Ende des Tages nach dem Ergreifen in eigenem Gewahrsam halten. Das Nähere ist gesetzlich zu regeln.
(3) Jeder wegen des Verdachtes einer strafbaren Handlung vorläufig Festgenommene ist spätestens am Tage nach der Festnahme dem Richter vorzuführen, der ihm die Gründe der Festnahme mitzuteilen, ihn zu vernehmen und ihm Gelegenheit zu Einwendungen zu geben hat. Der Richter hat unverzüglich entweder einen mit Gründen versehenen schriftlichen Haftbefehl zu erlassen oder die Freilassung anzuordnen.
(4) Von jeder richterlichen Entscheidung über die Anordnung oder Fortdauer einer Freiheitsentziehung ist unverzüglich ein Angehöriger des Festgehaltenen oder eine Person seines Vertrauens zu benachrichtigen.

X. Das Finanzwesen

Artikel 104 a [Ausgabenverteilung – Finanzhilfe des Bundes]
(1) Der Bund und die Länder tragen gesondert die Ausgaben, die sich aus der Wahrnehmung ihrer Aufgaben ergeben, soweit dieses Grundgesetz nichts anderes bestimmt.
(2) Handeln die Länder im Auftrage des Bundes, trägt der Bund die sich daraus ergebenden Ausgaben.
(3) Bundesgesetze, die Geldleistungen gewähren und von den Ländern ausgeführt werden, können bestimmen, daß die Geldleistungen ganz oder zum Teil vom Bund getragen werden. Bestimmt das Gesetz, daß der Bund die Hälfte der Ausgaben oder mehr trägt, wird es im Auftrage des Bundes durchgeführt. Bestimmt das Gesetz, daß die Länder ein Viertel der Ausgaben oder mehr tragen, so bedarf es der Zustimmung des Bundesrates.
(4) Der Bund kann den Ländern Finanzhilfen für besonders bedeutsame Investitionen der Länder und Gemeinden (Gemeindeverbände) gewähren, die zur Abwehr einer Störung des gesamtwirtschaftlichen Gleichgewichts oder zum Ausgleich unterschiedlicher Wirtschaftskraft im Bundesgebiet oder zur Förderung des wirtschaftlichen Wachstums erforderlich sind. Das Nähere, insbesondere die Ar-

ten der zu fördernden Investitionen, wird durch Bundesgesetz, das der Zustimmung des Bundesrates bedarf, oder auf Grund des Bundeshaushaltsgesetzes durch Verwaltungsvereinbarung geregelt.
(5) Der Bund und die Länder tragen die bei ihren Behörden entstehenden Verwaltungsausgaben und haften im Verhältnis zueinander für eine ordnungsmäßige Verwaltung. Das Nähere bestimmt ein Bundesgesetz, das der Zustimmung des Bundesrates bedarf.

Artikel 105 [Zuständigkeitsverteilung in der Finanzgesetzgebung]
(1) Der Bund hat die ausschließliche Gesetzgebung über die Zölle und Finanzmonopole.
(2) Der Bund hat die konkurrierende Gesetzgebung über die übrigen Steuern, wenn ihm das Aufkommen dieser Steuern ganz oder zum Teil zusteht oder die Voraussetzungen des Artikels 72 Abs. 2 vorliegen.
(2 a) Die Länder haben die Befugnis zur Gesetzgebung über die örtlichen Verbrauch- und Aufwandsteuern, solange und soweit sie nicht bundesgesetzlich geregelten Steuern gleichartig sind.
(3) Bundesgesetze über Steuern, deren Aufkommen den Ländern oder den Gemeinden (Gemeindeverbänden) ganz oder zum Teil zufließt, bedürfen der Zustimmung des Bundesrates.

Artikel 106 [Verteilung der Steuern]
(1) Der Ertrag der Finanzmonopole und das Aufkommen der folgenden Steuern stehen dem Bund zu:
1. die Zölle,
2. die Verbrauchsteuern, soweit sie nicht nach Absatz 2 den Ländern, nach Absatz 3 Bund und Ländern gemeinsam oder nach Absatz 6 den Gemeinden zustehen,
3. die Straßengüterverkehrsteuer,
4. die Kapitalverkehrsteuern, die Versicherungsteuer und die Wechselsteuer,
5. die einmaligen Vermögensabgaben und die zur Durchführung des Lastenausgleichs erhobenen Ausgleichsabgaben,
6. die Ergänzungsabgabe zur Einkommensteuer und zur Körperschaftsteuer,
7. Abgaben im Rahmen der Europäischen Gemeinschaften.

(2) Das Aufkommen der folgenden Steuern steht den Ländern zu:
1. die Vermögensteuer,
2. die Erbschaftsteuer,
3. die Kraftfahrzeugsteuer,
4. die Verkehrsteuern, soweit sie nicht nach Absatz 1 dem Bund oder nach Absatz 3 Bund und Ländern gemeinsam zustehen,
5. die Biersteuer,
6. die Abgabe von Spielbanken.

(3) Das Aufkommen der Einkommensteuer, der Körperschaftsteuer und der Umsatzsteuer steht dem Bund und den Ländern gemeinsam zu (Gemeinschaftsteuern), soweit das Aufkommen der Einkommensteuer nicht nach Absatz 5 und das Aufkommen der Umsatzsteuer nicht nach Absatz 5 a den Gemeinden zugewiesen wird. Am Aufkommen der Einkommensteuer und der Körperschaftsteuer sind der Bund und die Länder je zur Hälfte beteiligt. Die Anteile von Bund und Ländern an der Umsatzsteuer werden durch Bundesgesetz, das der Zustimmung des Bundesrates bedarf, festgesetzt. Bei der Festsetzung ist von folgenden Grundsätzen auszugehen:
1. Im Rahmen der laufenden Einnahmen haben der Bund und die Länder gleichmäßig Anspruch auf Deckung ihrer notwendigen Ausgaben. Dabei ist der Umfang der Ausgaben unter Berücksichtigung einer mehrjährigen Finanzplanung zu ermitteln.
2. Die Deckungsbedürfnisse des Bundes und der Länder sind so aufeinander abzustimmen, daß ein billiger Ausgleich erzielt, eine Überbelastung der Steuerpflichtigen vermieden und die Einheitlichkeit der Lebensverhältnisse im Bundesgebiet gewahrt wird.

Zusätzlich werden in die Festsetzung der Anteile von Bund und Ländern an der Umsatzsteuer Steuermindereinnahmen einbezogen, die den Ländern ab 1. Januar 1996 aus der Berücksichtigung von Kindern im Einkommensteuerrecht entstehen. Das Nähere bestimmt das Bundesgesetz nach Satz 3.
(4) Die Anteile von Bund und Ländern an der Umsatzsteuer sind neu festzusetzen, wenn sich das Verhältnis zwischen den Einnahmen und Ausgaben des Bundes und der Länder wesentlich anders entwickelt; Steuermindereinnahmen, die nach Absatz 3 Satz 5 in die Festsetzung der Umsatzsteuer-

anteile zusätzlich einbezogen werden, bleiben hierbei unberücksichtigt. Werden den Ländern durch Bundesgesetz zusätzliche Ausgaben auferlegt oder Einnahmen entzogen, so kann die Mehrbelastung durch Bundesgesetz, das der Zustimmung des Bundesrates bedarf, auch mit Finanzzuweisungen des Bundes ausgeglichen werden, wenn sie auf einen kurzen Zeitraum begrenzt ist. In dem Gesetz sind die Grundsätze für die Bemessung dieser Finanzzuweisungen und für ihre Verteilung auf die Länder zu bestimmen.

(5) Die Gemeinden erhalten einen Anteil an dem Aufkommen der Einkommensteuer, der von den Ländern an ihre Gemeinden auf der Grundlage der Einkommensteuerleistungen ihrer Einwohner weiterzuleiten ist. Das Nähere bestimmt ein Bundesgesetz, das der Zustimmung des Bundesrates bedarf. Es kann bestimmen, daß die Gemeinden Hebesätze für den Gemeindeanteil festsetzen.

(5 a) Die Gemeinden erhalten ab dem 1. Januar 1998 einen Anteil an dem Aufkommen der Umsatzsteuer. Er wird von den Ländern auf der Grundlage eines orts- und wirtschaftsbezogenen Schlüssels an ihre Gemeinden weitergeleitet. Das Nähere wird durch Bundesgesetz, das der Zustimmung des Bundesrates bedarf, bestimmt.

(6) Das Aufkommen der Grundsteuer und Gewerbesteuer steht den Gemeinden, das Aufkommen der örtlichen Verbrauch- und Aufwandsteuern steht den Gemeinden oder nach Maßgabe der Landesgesetzgebung den Gemeindeverbänden zu. Den Gemeinden ist das Recht einzuräumen, die Hebesätze der Grundsteuer und Gewerbesteuer im Rahmen der Gesetze festzusetzen. Bestehen in einem Land keine Gemeinden, so steht das Aufkommen der Grundsteuer und Gewerbesteuer sowie der örtlichen Verbrauch- und Aufwandsteuern dem Land zu. Bund und Länder können durch eine Umlage an dem Aufkommen der Gewerbesteuer beteiligt werden. Das Nähere über die Umlage bestimmt ein Bundesgesetz, das der Zustimmung des Bundesrates bedarf. Nach Maßgabe der Landesgesetzgebung können die Grundsteuer und Gewerbesteuer sowie der Gemeindeanteil vom Aufkommen der Einkommensteuer und der Umsatzsteuer als Bemessungsgrundlagen für Umlagen zugrunde gelegt werden.

(7) Von dem Länderanteil am Gesamtaufkommen der Gemeinschaftsteuern fließt den Gemeinden und Gemeindeverbänden insgesamt ein von der Landesgesetzgebung zu bestimmender Hundertsatz zu. Im übrigen bestimmt die Landesgesetzgebung, ob und inwieweit das Aufkommen der Landessteuern den Gemeinden (Gemeindeverbänden) zufließt.

(8) Veranlaßt der Bund in einzelnen Ländern oder Gemeinden (Gemeindeverbänden) besondere Einrichtungen, die diesen Ländern oder Gemeinden (Gemeindeverbänden) unmittelbar Mehrausgaben oder Mindereinnahmen (Sonderbelastungen) verursachen, gewährt der Bund den erforderlichen Ausgleich, wenn und soweit den Ländern oder Gemeinden (Gemeindeverbänden) nicht zugemutet werden kann, die Sonderbelastungen zu tragen. Entschädigungsleistungen Dritter und finanzielle Vorteile, die diesen Ländern oder Gemeinden (Gemeindeverbänden) als Folge der Einrichtungen erwachsen, werden bei dem Ausgleich berücksichtigt.

(9) Als Einnahmen und Ausgaben der Länder im Sinne dieses Artikels gelten auch die Einnahmen und Ausgaben der Gemeinden (Gemeindeverbände).

Artikel 106 a [Steueranteil für Personennahverkehr]

Den Ländern steht ab 1. Januar 1996 für den öffentlichen Personennahverkehr ein Betrag aus dem Steueraufkommen des Bundes zu. Das Nähere regelt ein Bundesgesetz, das der Zustimmung des Bundesrates bedarf. Der Betrag nach Satz 1 bleibt bei der Bemessung der Finanzkraft nach Artikel 107 Abs. 2 unberücksichtigt.

Artikel 107 [Finanzausgleich]

(1) Das Aufkommen der Landessteuern und der Länderanteil am Aufkommen der Einkommensteuer und der Körperschaftsteuer stehen den einzelnen Ländern insoweit zu, als die Steuern von den Finanzbehörden in ihrem Gebiet vereinnahmt werden (örtliches Aufkommen). Durch Bundesgesetz, das der Zustimmung des Bundesrates bedarf, sind für die Körperschaftsteuer und die Lohnsteuer nähere Bestimmungen über die Abgrenzung sowie über Art und Umfang der Zerlegung des örtlichen Aufkommens zu treffen. Das Gesetz kann auch Bestimmungen über die Abgrenzung und Zerlegung des örtlichen Aufkommens anderer Steuern treffen. Der Länderanteil am Aufkommen der Umsatzsteuer steht den einzelnen Ländern nach Maßgabe ihrer Einwohnerzahl zu; für einen Teil, höchstens jedoch für ein Viertel dieses Länderanteils, können durch Bundesgesetz, das der Zustimmung des Bundesrates bedarf, Ergänzungsanteile für die Länder vorgesehen werden, deren Einnahmen aus den Landessteu-

ern und aus der Einkommensteuer und der Körperschaftsteuer je Einwohner unter dem Durchschnitt der Länder liegen.
(2) Durch das Gesetz ist sicherzustellen, daß die unterschiedliche Finanzkraft der Länder angemessen ausgeglichen wird; hierbei sind die Finanzkraft und der Finanzbedarf der Gemeinden (Gemeindeverbände) zu berücksichtigen. Die Voraussetzungen für die Ausgleichsansprüche der ausgleichsberechtigten Länder und für die Ausgleichsverbindlichkeiten der ausgleichspflichtigen Länder sowie die Maßstäbe für die Höhe der Ausgleichsleistungen sind in dem Gesetz zu bestimmen. Es kann auch bestimmen, daß der Bund aus seinen Mitteln leistungsschwachen Ländern Zuweisungen zur ergänzenden Deckung ihres allgemeinen Finanzbedarfs (Ergänzungszuweisungen) gewährt.

Artikel 108 [Bundes- und Landesfinanzverwaltung – Finanzgerichtsbarkeit]
(1) Zölle, Finanzmonopole, die bundesgesetzlich geregelten Verbrauchsteuern einschließlich der Einfuhrumsatzsteuer und die Abgaben im Rahmen der Europäischen Gemeinschaften werden durch Bundesfinanzbehörden verwaltet. Der Aufbau dieser Behörden wird durch Bundesgesetz geregelt. Die Leiter der Mittelbehörden sind im Benehmen mit den Landesregierungen zu bestellen.
(2) Die übrigen Steuern werden durch Landesfinanzbehörden verwaltet. Der Aufbau dieser Behörden und die einheitliche Ausbildung der Beamten können durch Bundesgesetz mit Zustimmung des Bundesrates geregelt werden. Die Leiter der Mittelbehörden sind im Einvernehmen mit der Bundesregierung zu bestellen.
(3) Verwalten die Landesfinanzbehörden Steuern, die ganz oder zum Teil dem Bund zufließen, so werden sie im Auftrage des Bundes tätig. Artikel 85 Abs. 3 und 4 gilt mit der Maßgabe, daß an die Stelle der Bundesregierung der Bundesminister der Finanzen tritt.
(4) Durch Bundesgesetz, das der Zustimmung des Bundesrates bedarf, kann bei der Verwaltung von Steuern ein Zusammenwirken von Bundes- und Landesfinanzbehörden sowie für Steuern, die unter Absatz 1 fallen, die Verwaltung durch Landesfinanzbehörden und für andere Steuern die Verwaltung durch Bundesfinanzbehörden vorgesehen werden, wenn und soweit dadurch der Vollzug der Steuergesetze erheblich verbessert oder erleichtert wird. Für die den Gemeinden (Gemeindeverbänden) allein zufließenden Steuern kann die den Landesfinanzbehörden zustehende Verwaltung durch die Länder ganz oder zum Teil den Gemeinden (Gemeindeverbänden) übertragen werden.
(5) Das von den Bundesfinanzbehörden anzuwendende Verfahren wird durch Bundesgesetz geregelt. Das von den Landesfinanzbehörden und in den Fällen des Absatzes 4 Satz 2 von den Gemeinden (Gemeindeverbänden) anzuwendende Verfahren kann durch Bundesgesetz mit Zustimmung des Bundesrates geregelt werden.
(6) Die Finanzgerichtsbarkeit wird durch Bundesgesetz einheitlich geregelt.
(7) Die Bundesregierung kann allgemeine Verwaltungsvorschriften erlassen, und zwar mit Zustimmung des Bundesrates, soweit die Verwaltung den Landesfinanzbehörden oder Gemeinden (Gemeindeverbänden) obliegt.

Artikel 109 [Haushaltswirtschaft in Bund und Ländern]
(1) Bund und Länder sind in ihrer Haushaltswirtschaft selbständig und voneinander unabhängig.
(2) Bund und Länder haben bei ihrer Haushaltswirtschaft den Erfordernissen des gesamtwirtschaftlichen Gleichgewichts Rechnung zu tragen.
(3) Durch Bundesgesetz, das der Zustimmung des Bundesrates bedarf, können für Bund und Länder gemeinsam geltende Grundsätze für das Haushaltsrecht, für eine konjunkturgerechte Haushaltswirtschaft und für eine mehrjährige Finanzplanung aufgestellt werden.
(4) Zur Abwehr einer Störung des gesamtwirtschaftlichen Gleichgewichts können durch Bundesgesetz, das der Zustimmung des Bundesrates bedarf, Vorschriften über
1. Höchstbeträge, Bedingungen und Zeitfolge der Aufnahme von Krediten durch Gebietskörperschaften und Zweckverbände und
2. eine Verpflichtung von Bund und Ländern, unverzinsliche Guthaben bei der Deutschen Bundesbank zu unterhalten (Konjunkturausgleichsrücklagen),

erlassen werden. Ermächtigungen zum Erlaß von Rechtsverordnungen können nur der Bundesregierung erteilt werden. Die Rechtsverordnungen bedürfen der Zustimmung des Bundesrates. Sie sind aufzuheben, soweit der Bundestag es verlangt; das Nähere bestimmt das Bundesgesetz.

Artikel 110 [Haushaltsplan]

(1) Alle Einnahmen und Ausgaben des Bundes sind in den Haushaltsplan einzustellen; bei Bundesbetrieben und bei Sondervermögen brauchen nur die Zuführungen oder die Ablieferungen eingestellt zu werden. Der Haushaltsplan ist in Einnahme und Ausgabe auszugleichen.

(2) Der Haushaltsplan wird für ein oder mehrere Rechnungsjahre, nach Jahren getrennt, vor Beginn des ersten Rechnungsjahres durch das Haushaltsgesetz festgestellt. Für Teile des Haushaltsplanes kann vorgesehen werden, daß sie für unterschiedliche Zeiträume, nach Rechnungsjahren getrennt, gelten.

(3) Die Gesetzesvorlage nach Absatz 2 Satz 1 sowie Vorlagen zur Änderung des Haushaltsgesetzes und des Haushaltsplanes werden gleichzeitig mit der Zuleitung an den Bundesrat beim Bundestage eingebracht; der Bundesrat ist berechtigt, innerhalb von sechs Wochen, bei Änderungsvorlagen innerhalb von drei Wochen, zu den Vorlagen Stellung zu nehmen.

(4) In das Haushaltsgesetz dürfen nur Vorschriften aufgenommen werden, die sich auf die Einnahmen und die Ausgaben des Bundes und auf den Zeitraum beziehen, für den das Haushaltsgesetz beschlossen wird. Das Haushaltsgesetz kann vorschreiben, daß die Vorschriften erst mit der Verkündung des nächsten Haushaltsgesetzes oder bei Ermächtigung nach Artikel 115 zu einem späteren Zeitpunkt außer Kraft treten.

Artikel 111 [Haushaltsvorgriff]

(1) Ist bis zum Schluß eines Rechnungsjahres der Haushaltsplan für das folgende Jahr nicht durch Gesetz festgestellt, so ist bis zu seinem Inkrafttreten die Bundesregierung ermächtigt, alle Ausgaben zu leisten, die nötig sind,
a) um gesetzlich bestehende Einrichtungen zu erhalten und gesetzlich beschlossene Maßnahmen durchzuführen,
b) um die rechtlich begründeten Verpflichtungen des Bundes zu erfüllen,
c) um Bauten, Beschaffungen und sonstige Leistungen fortzusetzen oder Beihilfen für diese Zwecke weiter zu gewähren, sofern durch den Haushaltsplan eines Vorjahres bereits Beträge bewilligt worden sind.

(2) Soweit nicht auf besonderem Gesetz beruhende Einnahmen aus Steuern, Abgaben und sonstigen Quellen oder die Betriebsmittelrücklage die Ausgaben unter Absatz 1 decken, darf die Bundesregierung die zur Aufrechterhaltung der Wirtschaftsführung erforderlichen Mittel bis zur Höhe eines Viertels der Endsumme des abgelaufenen Haushaltsplanes im Wege des Kredits flüssig machen.

Artikel 112 [Überplanmäßige und außerplanmäßige Ausgaben]

Überplanmäßige und außerplanmäßige Ausgaben bedürfen der Zustimmung des Bundesministers der Finanzen. Sie darf nur im Falle eines unvorhergesehenen und unabweisbaren Bedürfnisses erteilt werden. Näheres kann durch Bundesgesetz bestimmt werden.

Artikel 113 [Erhöhung der Ausgaben]

(1) Gesetze, welche die von der Bundesregierung vorgeschlagenen Ausgaben des Haushaltsplanes erhöhen oder neue Ausgaben in sich schließen oder für die Zukunft mit sich bringen, bedürfen der Zustimmung der Bundesregierung. Das gleiche gilt für Gesetze, die Einnahmeminderungen in sich schließen oder für die Zukunft mit sich bringen. Die Bundesregierung kann verlangen, daß der Bundestag die Beschlußfassung über solche Gesetze aussetzt. In diesem Fall hat die Bundesregierung innerhalb von sechs Wochen dem Bundestage eine Stellungnahme zuzuleiten.

(2) Die Bundesregierung kann innerhalb von vier Wochen, nachdem der Bundestag das Gesetz beschlossen hat, verlangen, daß der Bundestag erneut Beschluß faßt.

(3) Ist das Gesetz nach Artikel 78 zustande gekommen, kann die Bundesregierung ihre Zustimmung nur innerhalb von sechs Wochen und nur dann versagen, wenn sie vorher das Verfahren nach Absatz 1 Satz 3 und 4 oder nach Absatz 2 eingeleitet hat. Nach Ablauf dieser Frist gilt die Zustimmung als erteilt.

Artikel 114 [Rechnungslegung – Rechnungsprüfung]

(1) Der Bundesminister der Finanzen hat dem Bundestage und dem Bundesrate über alle Einnahmen und Ausgaben sowie über das Vermögen und die Schulden im Laufe des nächsten Rechnungsjahres zur Entlastung der Bundesregierung Rechnung zu legen.

(2) Der Bundesrechnungshof, dessen Mitglieder richterliche Unabhängigkeit besitzen, prüft die Rechnung sowie die Wirtschaftlichkeit und Ordnungsmäßigkeit der Haushalts- und Wirtschaftsführung. Er hat außer der Bundesregierung unmittelbar dem Bundestage und dem Bundesrate jährlich zu berichten. Im übrigen werden die Befugnisse des Bundesrechnungshofes durch Bundesgesetz geregelt.

Artikel 115 [Kreditaufnahme – Bürgschaften]
(1) Die Aufnahme von Krediten sowie die Übernahme von Bürgschaften, Garantien oder sonstigen Gewährleistungen, die zu Ausgaben in künftigen Rechnungsjahren führen können, bedürfen einer der Höhe nach bestimmten oder bestimmbaren Ermächtigung durch Bundesgesetz. Die Einnahmen aus Krediten dürfen die Summe der im Haushaltsplan veranschlagten Ausgaben für Investitionen nicht überschreiten; Ausnahmen sind nur zulässig zur Abwehr einer Störung des gesamtwirtschaftlichen Gleichgewichts. Das Nähere wird durch Bundesgesetz geregelt.
(2) Für Sondervermögen des Bundes können durch Bundesgesetz Ausnahmen von Absatz 1 zugelassen werden.

X a. Verteidigungsfall

Artikel 115 a [Feststellung]
(1) Die Feststellung, daß das Bundesgebiet mit Waffengewalt angegriffen wird oder ein solcher Angriff unmittelbar droht (Verteidigungsfall), trifft der Bundestag mit Zustimmung des Bundesrates. Die Feststellung erfolgt auf Antrag der Bundesregierung und bedarf einer Mehrheit von zwei Dritteln der abgegebenen Stimmen, mindestens der Mehrheit der Mitglieder des Bundestages.
(2) Erfordert die Lage unabweisbar ein sofortiges Handeln und stehen einem rechtzeitigen Zusammentritt des Bundestages unüberwindliche Hindernisse entgegen oder ist er nicht beschlußfähig, so trifft der Gemeinsame Ausschuß diese Feststellung mit einer Mehrheit von zwei Dritteln der abgegebenen Stimmen, mindestens der Mehrheit seiner Mitglieder.
(3) Die Feststellung wird vom Bundespräsidenten gemäß Artikel 82 im Bundesgesetzblatte verkündet. Ist dies nicht rechtzeitig möglich, so erfolgt die Verkündung in anderer Weise; sie ist im Bundesgesetzblatte nachzuholen, sobald die Umstände es zulassen.
(4) Wird das Bundesgebiet mit Waffengewalt angegriffen und sind die zuständigen Bundesorgane außerstande, sofort die Feststellung nach Absatz 1 Satz 1 zu treffen, so gilt diese Feststellung als getroffen und als zu dem Zeitpunkt verkündet, in dem der Angriff begonnen hat. Der Bundespräsident gibt diesen Zeitpunkt bekannt, sobald die Umstände es zulassen.
(5) Ist die Feststellung des Verteidigungsfalles verkündet und wird das Bundesgebiet mit Waffengewalt angegriffen, so kann der Bundespräsident völkerrechtliche Erklärungen über das Bestehen des Verteidigungsfalles mit Zustimmung des Bundestages abgeben. Unter den Voraussetzungen des Absatzes 2 tritt an die Stelle des Bundestages der Gemeinsame Ausschuß.

Artikel 115 b [Kommandogewalt des Bundeskanzlers]
Mit der Verkündung des Verteidigungsfalles geht die Befehls- und Kommandogewalt über die Streitkräfte auf den Bundeskanzler über.

Artikel 115 c [Erweiterung der Gesetzgebungskompetenz des Bundes]
(1) Der Bund hat für den Verteidigungsfall das Recht der konkurrierenden Gesetzgebung auch auf den Sachgebieten, die zur Gesetzgebungszuständigkeit der Länder gehören. Diese Gesetze bedürfen der Zustimmung des Bundesrates.
(2) Soweit es die Verhältnisse während des Verteidigungsfalles erfordern, kann durch Bundesgesetz für den Verteidigungsfall
1. bei Enteignungen abweichend von Artikel 14 Abs. 3 Satz 2 die Entschädigung vorläufig geregelt werden,
2. für Freiheitsentziehungen eine von Artikel 104 Abs. 2 Satz 3 und Abs. 3 Satz 1 abweichende Frist, höchstens jedoch eine solche von vier Tagen, für den Fall festgesetzt werden, daß ein Richter nicht innerhalb der für Normalzeiten geltenden Frist tätig werden konnte.

(3) Soweit es zur Abwehr eines gegenwärtigen oder unmittelbar drohenden Angriffs erforderlich ist, kann für den Verteidigungsfall durch Bundesgesetz mit Zustimmung des Bundesrates die Verwaltung und das Finanzwesen des Bundes und der Länder abweichend von den Abschnitten VIII, VIII a

und X geregelt werden, wobei die Lebensfähigkeit der Länder, Gemeinden und Gemeindeverbände, insbesondere auch in finanzieller Hinsicht, zu wahren ist.
(4) Bundesgesetze nach den Absätzen 1 und 2 Nr. 1 dürfen zur Vorbereitung ihres Vollzuges schon vor Eintritt des Verteidigungsfalles angewandt werden.

Artikel 115 d [Dringliche Gesetzesvorlagen]
(1) Für die Gesetzgebung des Bundes gilt im Verteidigungsfalle abweichend von Artikel 76 Abs. 2, Artikel 77 Abs. 1 Satz 2 und Abs. 2 bis 4, Artikel 78 und Artikel 82 Abs. 1 die Regelung der Absätze 2 und 3.
(2) Gesetzesvorlagen der Bundesregierung, die sie als dringlich bezeichnet, sind gleichzeitig mit der Einbringung beim Bundestage dem Bundesrate zuzuleiten. Bundestag und Bundesrat beraten diese Vorlagen unverzüglich gemeinsam. Soweit zu einem Gesetze die Zustimmung des Bundesrates erforderlich ist, bedarf es zum Zustandekommen des Gesetzes der Zustimmung der Mehrheit seiner Stimmen. Das Nähere regelt eine Geschäftsordnung, die vom Bundestage beschlossen wird und der Zustimmung des Bundesrates bedarf.
(3) Für die Verkündung der Gesetze gilt Artikel 115 a Abs. 3 Satz 2 entsprechend.

Artikel 115 e [Gemeinsamer Ausschuß]
(1) Stellt der Gemeinsame Ausschuß im Verteidigungsfalle mit einer Mehrheit von zwei Dritteln der abgegebenen Stimmen, mindestens mit der Mehrheit seiner Mitglieder fest, daß dem rechtzeitigen Zusammentritt des Bundestages unüberwindliche Hindernisse entgegenstehen oder daß dieser nicht beschlußfähig ist, so hat der Gemeinsame Ausschuß die Stellung von Bundestag und Bundesrat und nimmt deren Rechte einheitlich wahr.
(2) Durch ein Gesetz des Gemeinsamen Ausschusses darf das Grundgesetz weder geändert noch ganz oder teilweise außer Kraft oder außer Anwendung gesetzt werden. Zum Erlaß von Gesetzen nach Artikel 23 Abs. 1 Satz 2, Artikel 24 Abs. 1 oder Artikel 29 ist der Gemeinsame Ausschuß nicht befugt.

Artikel 115 f [Einsatz des Bundesgrenzschutzes – Erweiterte Weisungsbefugnis]
(1) Die Bundesregierung kann im Verteidigungsfalle, soweit es die Verhältnisse erfordern,
1. den Bundesgrenzschutz im gesamten Bundesgebiete einsetzen;
2. außer der Bundesverwaltung auch den Landesregierungen und, wenn sie es für dringlich erachtet, den Landesbehörden Weisungen erteilen und diese Befugnis auf von ihr zu bestimmende Mitglieder der Landesregierungen übertragen.

(2) Bundestag, Bundesrat und der Gemeinsame Ausschuß sind unverzüglich von den nach Absatz 1 getroffenen Maßnahmen zu unterrichten.

Artikel 115 g [Bundesverfassungsgericht]
Die verfassungsmäßige Stellung und die Erfüllung der verfassungsmäßigen Aufgaben des Bundesverfassungsgerichtes und seiner Richter dürfen nicht beeinträchtigt werden. Das Gesetz über das Bundesverfassungsgericht darf durch ein Gesetz des Gemeinsamen Ausschusses nur insoweit geändert werden, als dies auch nach Auffassung des Bundesverfassungsgerichtes zur Aufrechterhaltung der Funktionsfähigkeit des Gerichtes erforderlich ist. Bis zum Erlaß eines solchen Gesetzes kann das Bundesverfassungsgericht die zur Erhaltung der Arbeitsfähigkeit des Gerichtes erforderlichen Maßnahmen treffen. Beschlüsse nach Satz 2 und Satz 3 faßt das Bundesverfassungsgericht mit der Mehrheit der anwesenden Richter.

Artikel 115 h [Ablaufende Wahlperioden und Amtszeiten]
(1) Während des Verteidigungsfalles ablaufende Wahlperioden des Bundestages oder der Volksvertretungen der Länder enden sechs Monate nach Beendigung des Verteidigungsfalles. Die im Verteidigungsfalle ablaufende Amtszeit des Bundespräsidenten sowie bei vorzeitiger Erledigung seines Amtes die Wahrnehmung seiner Befugnisse durch den Präsidenten des Bundesrates enden neun Monate nach Beendigung des Verteidigungsfalles. Die im Verteidigungsfalle ablaufende Amtszeit eines Mitgliedes des Bundesverfassungsgerichtes endet sechs Monate nach Beendigung des Verteidigungsfalles.
(2) Wird eine Neuwahl des Bundeskanzlers durch den Gemeinsamen Ausschuß erforderlich, so wählt dieser einen neuen Bundeskanzler mit der Mehrheit seiner Mitglieder; der Bundespräsident macht dem Gemeinsamen Ausschuß einen Vorschlag. Der Gemeinsame Ausschuß kann dem Bun-

deskanzler das Mißtrauen nur dadurch aussprechen, daß er mit der Mehrheit von zwei Dritteln seiner Mitglieder einen Nachfolger wählt.
(3) Für die Dauer des Verteidigungsfalles ist die Auflösung des Bundestages ausgeschlossen.

Artikel 115 i [Maßnahmenbefugnis der Landesregierungen]
(1) Sind die zuständigen Bundesorgane außerstande, die notwendigen Maßnahmen zur Abwehr der Gefahr zu treffen, und erfordert die Lage unabweisbar ein sofortiges selbständiges Handeln in einzelnen Teilen des Bundesgebietes, so sind die Landesregierungen oder die von ihnen bestimmten Behörden oder Beauftragten befugt, für ihren Zuständigkeitsbereich Maßnahmen im Sinne des Artikels 115 f Abs. 1 zu treffen.
(2) Maßnahmen nach Absatz 1 können durch die Bundesregierung, im Verhältnis zu Landesbehörden und nachgeordneten Bundesbehörden auch durch die Ministerpräsidenten der Länder, jederzeit aufgehoben werden.

Artikel 115 k [Rang und Geltungsdauer von Notstandsbestimmungen]
(1) Für die Dauer ihrer Anwendbarkeit setzen Gesetze nach den Artikeln 115 c, 115 e und 115 g und Rechtsverordnungen, die auf Grund solcher Gesetze ergehen, entgegenstehendes Recht außer Anwendung. Dies gilt nicht gegenüber früherem Recht, das auf Grund der Artikel 115 c, 115 e und 115 g erlassen worden ist.
(2) Gesetze, die der Gemeinsame Ausschuß beschlossen hat, und Rechtsverordnungen, die auf Grund solcher Gesetze ergangen sind, treten spätestens sechs Monate nach Beendigung des Verteidigungsfalles außer Kraft.
(3) Gesetze, die von den Artikeln 91 a, 91 b, 104 a, 106 und 107 abweichende Regelungen enthalten, gelten längstens bis zum Ende des zweiten Rechnungsjahres, das auf die Beendigung des Verteidigungsfalles folgt. Sie können nach Beendigung des Verteidigungsfalles durch Bundesgesetz mit Zustimmung des Bundesrates geändert werden, um zu der Regelung gemäß den Abschnitten VIII a und X überzuleiten.

Artikel 115 l [Aufhebung außerordentlicher Maßnahmen – Friedensschluß]
(1) Der Bundestag kann jederzeit mit Zustimmung des Bundesrates Gesetze des Gemeinsamen Ausschusses aufheben. Der Bundesrat kann verlangen, daß der Bundestag hierüber beschließt. Sonstige zur Abwehr der Gefahr getroffene Maßnahmen des Gemeinsamen Ausschusses oder der Bundesregierung sind aufzuheben, wenn der Bundestag und der Bundesrat es beschließen.
(2) Der Bundestag kann mit Zustimmung des Bundesrates jederzeit durch einen vom Bundespräsidenten zu verkündenden Beschluß den Verteidigungsfall für beendet erklären. Der Bundesrat kann verlangen, daß der Bundestag hierüber beschließt. Der Verteidigungsfall ist unverzüglich für beendet zu erklären, wenn die Voraussetzungen für seine Feststellung nicht mehr gegeben sind.
(3) Über den Friedensschluß wird durch Bundesgesetz entschieden.

XI. Übergangs- und Schlußbestimmungen

Artikel 116 [Begriff »Deutscher« – Wiedereinbürgerung]
(1) Deutscher im Sinne dieses Grundgesetzes ist vorbehaltlich anderweitiger gesetzlicher Regelung, wer die deutsche Staatsangehörigkeit besitzt oder als Flüchtling oder Vertriebener deutscher Volkszugehörigkeit oder als dessen Ehegatte oder Abkömmling in dem Gebiete des Deutschen Reiches nach dem Stande vom 31. Dezember 1937 Aufnahme gefunden hat.
(2) Frühere deutsche Staatsangehörige, denen zwischen dem 30. Januar 1933 und dem 8. Mai 1945 die Staatsangehörigkeit aus politischen, rassischen oder religiösen Gründen entzogen worden ist, und ihre Abkömmlinge sind auf Antrag wieder einzubürgern. Sie gelten als nicht ausgebürgert, sofern sie nach dem 8. Mai 1945 ihren Wohnsitz in Deutschland genommen haben und nicht einen entgegengesetzten Willen zum Ausdruck gebracht haben.

Artikel 117 [Aussetzung des Inkrafttretens zweier Grundrechte]
(1) Das dem Artikel 3 Abs. 2 entgegenstehende Recht bleibt bis zu seiner Anpassung an diese Bestimmung des Grundgesetzes in Kraft, jedoch nicht länger als bis zum 31. März 1953.
(2) Gesetze, die das Recht der Freizügigkeit mit Rücksicht auf die gegenwärtige Raumnot einschränken, bleiben bis zu ihrer Aufhebung durch Bundesgesetz in Kraft.

Artikel 118 [Neugliederung von Baden und Württemberg]
Die Neugliederung in dem die Länder Baden, Württemberg-Baden und Württemberg-Hohenzollern umfassenden Gebiete kann abweichend von den Vorschriften des Artikels 29 durch Vereinbarung der beteiligten Länder erfolgen. Kommt eine Vereinbarung nicht zustande, so wird die Neugliederung durch Bundesgesetz geregelt, das eine Volksbefragung vorsehen muß.

Artikel 118 a [Neugliederung von Berlin und Brandenburg]
Die Neugliederung in dem die Länder Berlin und Brandenburg umfassenden Gebiet kann abweichend von den Vorschriften des Artikels 29 unter Beteiligung ihrer Wahlberechtigten durch Vereinbarung beider Länder erfolgen.

Artikel 119 [Flüchtlinge und Vertriebene]
In Angelegenheiten der Flüchtlinge und Vertriebenen, insbesondere zu ihrer Verteilung auf die Länder, kann bis zu einer bundesgesetzlichen Regelung die Bundesregierung mit Zustimmung des Bundesrates Verordnungen mit Gesetzeskraft erlassen. Für besondere Fälle kann dabei die Bundesregierung ermächtigt werden, Einzelweisungen zu erteilen. Die Weisungen sind außer bei Gefahr im Verzuge an die obersten Landesbehörden zu richten.

Artikel 120 [Besatzungskosten – Kriegsfolgelasten]
(1) Der Bund trägt die Aufwendungen für Besatzungskosten und die sonstigen inneren und äußeren Kriegsfolgelasten nach näherer Bestimmung von Bundesgesetzen. Soweit diese Kriegsfolgelasten bis zum 1. Oktober 1969 durch Bundesgesetze geregelt worden sind, tragen Bund und Länder im Verhältnis zueinander die Aufwendungen nach Maßgabe dieser Bundesgesetze. Soweit Aufwendungen für Kriegsfolgelasten, die in Bundesgesetzen weder geregelt worden sind noch geregelt werden, bis zum 1. Oktober 1965 von den Ländern, Gemeinden (Gemeindeverbänden) oder sonstigen Aufgabenträgern, die Aufgaben von Ländern oder Gemeinden erfüllen, erbracht worden sind, ist der Bund zur Übernahme von Aufwendungen dieser Art auch nach diesem Zeitpunkt nicht verpflichtet. Der Bund trägt die Zuschüsse zu den Lasten der Sozialversicherung mit Einschluß der Arbeitslosenversicherung und der Arbeitslosenhilfe. Die durch diesen Absatz geregelte Verteilung der Kriegsfolgelasten auf Bund und Länder läßt die gesetzliche Regelung von Entschädigungsansprüchen für Kriegsfolgen unberührt.
(2) Die Einnahmen gehen auf den Bund zu demselben Zeitpunkte über, an dem der Bund die Ausgaben übernimmt.

Artikel 120 a [Lastenausgleich]
(1) Die Gesetze, die der Durchführung des Lastenausgleichs dienen, können mit Zustimmung des Bundesrates bestimmen, daß sie auf dem Gebiete der Ausgleichsleistungen teils durch den Bund, teils im Auftrage des Bundes durch die Länder ausgeführt werden und daß die der Bundesregierung und den zuständigen obersten Bundesbehörden auf Grund des Artikels 85 insoweit zustehenden Befugnisse ganz oder teilweise dem Bundesausgleichsamt übertragen werden. Das Bundesausgleichsamt bedarf bei Ausübung dieser Befugnisse nicht der Zustimmung des Bundesrates; seine Weisungen sind, abgesehen von den Fällen der Dringlichkeit, an die obersten Landesbehörden (Landesausgleichsämter) zu richten.
(2) Artikel 87 Abs. 3 Satz 2 bleibt unberührt.

Artikel 121 [Begriff »Mehrheit der Mitglieder«]
Mehrheit der Mitglieder des Bundestages und der Bundesversammlung im Sinne dieses Grundgesetzes ist die Mehrheit ihrer gesetzlichen Mitgliederzahl.

Artikel 122 [Zeitpunkt der Überleitung der Gesetzgebung]
(1) Vom Zusammentritt des Bundestages an werden die Gesetze ausschließlich von den in diesem Grundgesetze anerkannten gesetzgebenden Gewalten beschlossen.
(2) Gesetzgebende und bei der Gesetzgebung beratend mitwirkende Körperschaften, deren Zuständigkeit nach Absatz 1 endet, sind mit diesem Zeitpunkt aufgelöst.

Artikel 123 [Fortgeltung bisherigen Rechts]
(1) Recht aus der Zeit vor dem Zusammentritt des Bundestages gilt fort, soweit es dem Grundgesetze nicht widerspricht.

(2) Die vom Deutschen Reich abgeschlossenen Staatsverträge, die sich auf Gegenstände beziehen, für die nach diesem Grundgesetze die Landesgesetzgebung zuständig ist, bleiben, wenn sie nach allgemeinen Rechtsgrundsätzen gültig sind und fortgelten, unter Vorbehalt aller Rechte und Einwendungen der Beteiligten in Kraft, bis neue Staatsverträge durch die nach diesem Grundgesetze zuständigen Stellen abgeschlossen werden oder ihre Beendigung auf Grund der in ihnen enthaltenen Bestimmungen anderweitig erfolgt.

Artikel 124 [Fortgeltendes Recht der ausschließlichen Gesetzgebung]
Recht, das Gegenstände der ausschließlichen Gesetzgebung des Bundes betrifft, wird innerhalb seines Geltungsbereiches Bundesrecht.

Artikel 125 [Fortgeltendes Recht der konkurrierenden Gesetzgebung]
Recht, das Gegenstände der konkurrierenden Gesetzgebung des Bundes betrifft, wird innerhalb seines Geltungsbereiches Bundesrecht,
1. soweit es innerhalb einer oder mehrerer Besatzungszonen einheitlich gilt,
2. soweit es sich um Recht handelt, durch das nach dem 8. Mai 1945 früheres Reichsrecht abgeändert worden ist.

Artikel 125 a [Weitergeltung alten Bundesrechts]
(1) Recht, das als Bundesrecht erlassen worden ist, aber wegen Änderung des Artikels 74 Abs. 1 oder des Artikels 75 Abs. 1 nicht mehr als Bundesrecht erlassen werden könnte, gilt als Bundesrecht fort. Es kann durch Landesrecht ersetzt werden.
(2) Recht, das auf Grund des Artikels 72 Abs. 2 in der bis zum 15. November 1994 geltenden Fassung erlassen worden ist, gilt als Bundesrecht fort. Durch Bundesgesetz kann bestimmt werden, daß es durch Landesrecht ersetzt werden kann. Entsprechendes gilt für Bundesrecht, das vor diesem Zeitpunkt erlassen worden ist und das nach Artikel 75 Abs. 2 nicht mehr erlassen werden könnte.

Artikel 126 [Entscheidung über Fortgelten von Recht als Bundesrecht]
Meinungsverschiedenheiten über das Fortgelten von Recht als Bundesrecht entscheidet das Bundesverfassungsgericht.

Artikel 127 [Rechtsangleichung in der französischen Zone und in Berlin]
Die Bundesregierung kann mit Zustimmung der Regierungen der beteiligten Länder Recht der Verwaltung des Vereinigten Wirtschaftsgebietes, soweit es nach Artikel 124 oder 125 als Bundesrecht fortgilt, innerhalb eines Jahres nach Verkündung dieses Grundgesetzes in den Ländern Baden, Groß-Berlin, Rheinland-Pfalz und Württemberg-Hohenzollern in Kraft setzen.

Artikel 128 [Fortgeltende Weisungsrechte]
Soweit fortgeltendes Recht Weisungsrechte im Sinne des Artikels 84 Abs. 5 vorsieht, bleiben sie bis zu einer anderweitigen gesetzlichen Regelung bestehen.

Artikel 129 [Ermächtigungen in fortgeltendem Recht]
(1) Soweit in Rechtsvorschriften, die als Bundesrecht fortgelten, eine Ermächtigung zum Erlasse von Rechtsverordnungen oder allgemeinen Verwaltungsvorschriften sowie zur Vornahme von Verwaltungsakten enthalten ist, geht sie auf die nunmehr sachlich zuständigen Stellen über. In Zweifelsfällen entscheidet die Bundesregierung im Einvernehmen mit dem Bundesrate; die Entscheidung ist zu veröffentlichen.
(2) Soweit in Rechtsvorschriften, die als Landesrecht fortgelten, eine solche Ermächtigung enthalten ist, wird sie von den nach Landesrecht zuständigen Stellen ausgeübt.
(3) Soweit Rechtsvorschriften im Sinne der Absätze 1 und 2 zu ihrer Änderung oder Ergänzung oder zum Erlaß von Rechtsvorschriften an Stelle von Gesetzen ermächtigen, sind diese Ermächtigungen erloschen.
(4) Die Vorschriften der Absätze 1 und 2 gelten entsprechend, soweit in Rechtsvorschriften auf nicht mehr geltende Vorschriften oder nicht mehr bestehende Einrichtungen verwiesen ist.

Artikel 130 [Unterstellung bestehender Verwaltungseinrichtungen]
(1) Verwaltungsorgane und sonstige der öffentlichen Verwaltung oder Rechtspflege dienende Einrichtungen, die nicht auf Landesrecht oder Staatsverträgen zwischen Ländern beruhen, sowie die Betriebsvereinigung der südwestdeutschen Eisenbahnen und der Verwaltungsrat für das Post- und Fern-

meldewesen für das französische Besatzungsgebiet unterstehen der Bundesregierung. Diese regelt mit Zustimmung des Bundesrates die Überführung, Auflösung oder Abwicklung.
(2) Oberster Disziplinarvorgesetzter der Angehörigen dieser Verwaltungen und Einrichtungen ist der zuständige Bundesminister.
(3) Nicht landesunmittelbare und nicht auf Staatsverträgen zwischen den Ländern beruhende Körperschaften und Anstalten des öffentlichen Rechtes unterstehen der Aufsicht der zuständigen obersten Bundesbehörde.

Artikel 131 [Ehemalige Angehörige des öffentlichen Dienstes]
Die Rechtsverhältnisse von Personen einschließlich der Flüchtlinge und Vertriebenen, die am 8. Mai 1945 im öffentlichen Dienste standen, aus anderen als beamten- oder tarifrechtlichen Gründen ausgeschieden sind und bisher nicht oder nicht ihrer früheren Stellung entsprechend verwendet werden, sind durch Bundesgesetz zu regeln. Entsprechendes gilt für Personen einschließlich der Flüchtlinge und Vertriebenen, die am 8. Mai 1945 versorgungsberechtigt waren und aus anderen als beamten- oder tarifrechtlichen Gründen keine oder keine entsprechende Versorgung mehr erhalten. Bis zum Inkrafttreten des Bundesgesetzes können vorbehaltlich anderweitiger landesrechtlicher Regelung Rechtsansprüche nicht geltend gemacht werden.

Artikel 132 [Pensionierung von Beamten][1)]
(1) Beamte und Richter, die im Zeitpunkte des Inkrafttretens dieses Grundgesetzes auf Lebenszeit angestellt sind, können binnen sechs Monaten nach dem ersten Zusammentritt des Bundestages in den Ruhestand oder Wartestand oder in ein Amt mit niedrigerem Diensteinkommen versetzt werden, wenn ihnen die persönliche oder fachliche Eignung für ihr Amt fehlt. Auf Angestellte, die in einem unkündbaren Dienstverhältnis stehen, findet diese Vorschrift entsprechende Anwendung. Bei Angestellten, deren Dienstverhältnis kündbar ist, können über die tarifmäßige Regelung hinausgehende Kündigungsfristen innerhalb der gleichen Frist aufgehoben werden.
(2) Diese Bestimmung findet keine Anwendung auf Angehörige des öffentlichen Dienstes, die von den Vorschriften über die »Befreiung von Nationalsozialismus und Militarismus« nicht betroffen oder die anerkannte Verfolgte des Nationalsozialismus sind, sofern nicht ein wichtiger Grund in ihrer Person vorliegt.
(3) Den Betroffenen steht der Rechtsweg gemäß Artikel 19 Abs. 4 offen.
(4) Das Nähere bestimmt eine Verordnung der Bundesregierung, die der Zustimmung des Bundesrates bedarf.

Artikel 133 [Rechtsnachfolge der Verwaltung des Vereinigten Wirtschaftsgebietes]
Der Bund tritt in die Rechte und Pflichten der Verwaltung des Vereinigten Wirtschaftsgebietes ein.

Artikel 134 [Überleitung des Reichsvermögens]
(1) Das Vermögen des Reiches wird grundsätzlich Bundesvermögen.
(2) Soweit es nach seiner ursprünglichen Zweckbestimmung überwiegend für Verwaltungsaufgaben bestimmt war, die nach diesem Grundgesetze nicht Verwaltungsaufgaben des Bundes sind, ist es unentgeltlich auf die nunmehr zuständigen Aufgabenträger und, soweit es nach seiner gegenwärtigen, nicht nur vorübergehenden Benutzung Verwaltungsaufgaben dient, die nach diesem Grundgesetze nunmehr von den Ländern zu erfüllen sind, auf die Länder zu übertragen. Der Bund kann auch sonstiges Vermögen den Ländern übertragen.
(3) Vermögen, das dem Reich von den Ländern und Gemeinden (Gemeindeverbänden) unentgeltlich zur Verfügung gestellt wurde, wird wiederum Vermögen der Länder und Gemeinden (Gemeindeverbände), soweit es nicht der Bund für eigene Verwaltungsaufgaben benötigt.
(4) Das Nähere regelt ein Bundesgesetz, das der Zustimmung des Bundesrates bedarf.

Artikel 135 [Vermögensregelung bei Wechsel der Landeszugehörigkeit]
(1) Hat sich nach dem 8. Mai 1945 bis zum Inkrafttreten dieses Grundgesetzes die Landeszugehörigkeit eines Gebietes geändert, so steht in diesem Gebiete das Vermögen des Landes, dem das Gebiet angehört hat, dem Lande zu, dem es jetzt angehört.

---

1) Zeitlich überholt.

(2) Das Vermögen nicht mehr bestehender Länder und nicht mehr bestehender anderer Körperschaften und Anstalten des öffentlichen Rechtes geht, soweit es nach seiner ursprünglichen Zweckbestimmung überwiegend für Verwaltungsaufgaben bestimmt war, oder nach seiner gegenwärtigen, nicht nur vorübergehenden Benutzung überwiegend Verwaltungsaufgaben dient, auf das Land oder die Körperschaft oder Anstalt des öffentlichen Rechtes über, die nunmehr diese Aufgaben erfüllen.
(3) Grundvermögen nicht mehr bestehender Länder geht einschließlich des Zubehörs, soweit es nicht bereits zu Vermögen im Sinne des Absatzes 1 gehört, auf das Land über, in dessen Gebiet es belegen ist.
(4) Sofern ein überwiegendes Interesse des Bundes oder das besondere Interesse eines Gebietes es erfordert, kann durch Bundesgesetz eine von den Absätzen 1 bis 3 abweichende Regelung getroffen werden.
(5) Im übrigen wird die Rechtsnachfolge und die Auseinandersetzung, soweit sie nicht bis zum 1. Januar 1952 durch Vereinbarung zwischen den beteiligten Ländern oder Körperschaften oder Anstalten des öffentlichen Rechtes erfolgt, durch Bundesgesetz geregelt, das der Zustimmung des Bundesrates bedarf.
(6) Beteiligungen des ehemaligen Landes Preußen an Unternehmen des privaten Rechtes gehen auf den Bund über. Das Nähere regelt ein Bundesgesetz, das auch Abweichendes bestimmen kann.
(7) Soweit über Vermögen, das einem Lande oder einer Körperschaft oder Anstalt des öffentlichen Rechtes nach den Absätzen 1 bis 3 zufallen würde, von dem danach Berechtigten durch ein Landesgesetz, auf Grund eines Landesgesetzes oder in anderer Weise bei Inkrafttreten des Grundgesetzes verfügt worden war, gilt der Vermögensübergang als vor der Verfügung erfolgt.

Artikel 135 a [Alte Verbindlichkeiten]
(1) Durch die in Artikel 134 Abs. 4 und Artikel 135 Abs. 5 vorbehaltene Gesetzgebung des Bundes kann auch bestimmt werden, daß nicht oder nicht in voller Höhe zu erfüllen sind
1. Verbindlichkeiten des Reiches sowie Verbindlichkeiten des ehemaligen Landes Preußen und sonstiger nicht mehr bestehender Körperschaften und Anstalten des öffentlichen Rechts,
2. Verbindlichkeiten des Bundes oder anderer Körperschaften und Anstalten des öffentlichen Rechts, welche mit dem Übergang von Vermögenswerten nach Artikel 89, 90, 134 und 135 im Zusammenhang stehen, und Verbindlichkeiten dieser Rechtsträger, die auf Maßnahmen der in Nummer 1 bezeichneten Rechtsträger beruhen,
3. Verbindlichkeiten der Länder und Gemeinden (Gemeindeverbände), die aus Maßnahmen entstanden sind, welche diese Rechtsträger vor dem 1. August 1945 zur Durchführung von Anordnungen der Besatzungsmächte oder zur Beseitigung eines kriegsbedingten Notstandes im Rahmen dem Reich obliegender oder vom Reich übertragener Verwaltungsaufgaben getroffen haben.
(2) Absatz 1 findet entsprechende Anwendung auf Verbindlichkeiten der Deutschen Demokratischen Republik oder ihrer Rechtsträger sowie auf Verbindlichkeiten des Bundes oder anderer Körperschaften und Anstalten des öffentlichen Rechts, die mit dem Übergang von Vermögenswerten der Deutschen Demokratischen Republik auf Bund, Länder und Gemeinden im Zusammenhang stehen, und auf Verbindlichkeiten, die auf Maßnahmen der Deutschen Demokratischen Republik oder ihrer Rechtsträger beruhen.

Artikel 136 [Erster Zusammentritt des Bundesrates]
(1) Der Bundesrat tritt erstmalig am Tage des ersten Zusammentrittes des Bundestages zusammen.
(2) Bis zur Wahl des ersten Bundespräsidenten werden dessen Befugnisse von dem Präsidenten des Bundesrates ausgeübt. Das Recht der Auflösung des Bundestages steht ihm nicht zu.

Artikel 137 [Wählbarkeit von Beamten, Soldaten]
(1) Die Wählbarkeit von Beamten, Angestellten des öffentlichen Dienstes, Berufssoldaten, freiwilligen Soldaten auf Zeit und Richtern im Bund, in den Ländern und den Gemeinden kann gesetzlich beschränkt werden.
(2) Für die Wahl des ersten Bundestages, der ersten Bundesversammlung und des ersten Bundespräsidenten der Bundesrepublik gilt das vom Parlamentarischen Rat zu beschließende Wahlgesetz.
(3) Die dem Bundesverfassungsgerichte gemäß Artikel 41 Abs. 2 zustehende Befugnis wird bis zu seiner Errichtung von dem Deutschen Obergericht für das Vereinigte Wirtschaftsgebiet wahrgenommen, das nach Maßgabe seiner Verfahrensordnung entscheidet.

Artikel 138 [Süddeutsches Notariat]
Änderungen der Einrichtungen des jetzt bestehenden Notariats in den Ländern Baden, Bayern, Württemberg-Baden und Württemberg-Hohenzollern bedürfen der Zustimmung der Regierungen dieser Länder.

Artikel 139 [Fortgelten der Vorschriften über Entnazifizierung]
Die zur »Befreiung des deutschen Volkes vom Nationalsozialismus und Militarismus« erlassenen Rechtsvorschriften werden von den Bestimmungen dieses Grundgesetzes nicht berührt.

Artikel 140 [Recht der Religionsgemeinschaften][1]
Die Bestimmungen der Artikel 136, 137, 138, 139 und 141 der deutschen Verfassung vom 11. August 1919 sind Bestandteil dieses Grundgesetzes.

Artikel 141 [»Bremer Klausel«]
Artikel 7 Abs. 3 Satz 1 findet keine Anwendung in einem Lande, in dem am 1. Januar 1949 eine andere landesrechtliche Regelung bestand.

---

1) Die aufgeführten Artikel der deutschen Verfassung vom 11. 8. 1919 (RGBl. S. 1383) lauten:

»Artikel 136

(1) Die bürgerlichen und staatsbürgerlichen Rechte und Pflichten werden durch die Ausübung der Religionsfreiheit weder bedingt noch beschränkt.

(2) Der Genuß bürgerlicher und staatsbürgerlicher Rechte sowie die Zulassung zu öffentlichen Ämtern sind unabhängig von dem religiösen Bekenntnis.

(3) Niemand ist verpflichtet, seine religiöse Überzeugung zu offenbaren. Die Behörden haben nur soweit das Recht, nach der Zugehörigkeit zu einer Religionsgesellschaft zu fragen, als davon Rechte und Pflichten abhängen oder eine gesetzlich angeordnete statistische Erhebung dies erfordert.

(4) Niemand darf zu einer kirchlichen Handlung oder Feierlichkeit oder zur Teilnahme an religiösen Übungen oder zur Benutzung einer religiösen Eidesform gezwungen werden.

Artikel 137

(1) Es besteht keine Staatskirche.

(2) Die Freiheit der Vereinigung zu Religionsgesellschaften wird gewährleistet. Der Zusammenschluß von Religionsgesellschaften innerhalb des Reichsgebiets unterliegt keinen Beschränkungen.

(3) Jede Religionsgesellschaft ordnet und verwaltet ihre Angelegenheiten selbständig innerhalb der Schranken des für alle geltenden Gesetzes. Sie verleiht ihre Ämter ohne Mitwirkung des Staates oder der bürgerlichen Gemeinde.

(4) Religionsgesellschaften erwerben die Rechtsfähigkeit nach den allgemeinen Vorschriften des bürgerlichen Rechtes.

(5) Die Religionsgesellschaften bleiben Körperschaften des öffentlichen Rechtes, soweit sie solche bisher waren. Anderen Religionsgesellschaften sind auf ihren Antrag gleiche Rechte zu gewähren, wenn sie durch ihre Verfassung und die Zahl ihrer Mitglieder die Gewähr der Dauer bieten. Schließen sich mehrere derartige öffentlich-rechtliche Religionsgesellschaften zu einem Verbande zusammen, so ist auch dieser Verband eine öffentlich-rechtliche Körperschaft.

(6) Die Religionsgesellschaften, welche Körperschaften des öffentlichen Rechtes sind, sind berechtigt, auf Grund der bürgerlichen Steuerlisten nach Maßgabe der landesrechtlichen Bestimmungen Steuern zu erheben.

(7) Den Religionsgesellschaften werden die Vereinigungen gleichgestellt, die sich die gemeinschaftliche Pflege einer Weltanschauung zur Aufgabe machen.

(8) Soweit die Durchführung dieser Bestimmungen eine weitere Regelung erfordert, liegt diese der Landesgesetzgebung ob.

Artikel 138

(1) Die auf Gesetz, Vertrag oder besonderen Rechtstiteln beruhenden Staatsleistungen an die Religionsgesellschaften werden durch die Landesgesetzgebung abgelöst. Die Grundsätze hierfür stellt das Reich auf.

(2) Das Eigentum und andere Rechte der Religionsgesellschaften und religiösen Vereine an ihren für Kultus-, Unterrichts- und Wohltätigkeitszwecke bestimmten Anstalten, Stiftungen und sonstigen Vermögen werden gewährleistet.

Artikel 139

Der Sonntag und die staatlich anerkannten Feiertage bleiben als Tage der Arbeitsruhe und der seelischen Erhebung gesetzlich geschützt.

Artikel 141

Soweit das Bedürfnis nach Gottesdienst und Seelsorge im Heer, in Krankenhäusern, Strafanstalten oder sonstigen öffentlichen Anstalten besteht, sind die Religionsgesellschaften zur Vornahme religiöser Handlungen zuzulassen, wobei jeder Zwang fernzuhalten ist.«

Artikel 142 [Vorbehalt zugunsten landesrechtlicher Grundrechte]
Ungeachtet der Vorschrift des Artikels 31 bleiben Bestimmungen der Landesverfassungen auch insoweit in Kraft, als sie in Übereinstimmung mit den Artikeln 1 bis 18 dieses Grundgesetzes Grundrechte gewährleisten.

Artikel 142 a (aufgehoben)

Artikel 143 [Geltungsdauer von Abweichungen]
(1) Recht in dem in Artikel 3 des Einigungsvertrags genannten Gebiet kann längstens bis zum 31. Dezember 1992 von Bestimmungen dieses Grundgesetzes abweichen, soweit und solange infolge der unterschiedlichen Verhältnisse die völlige Anpassung an die grundgesetzliche Ordnung noch nicht erreicht werden kann. Abweichungen dürfen nicht gegen Artikel 19 Abs. 2 verstoßen und müssen mit den in Artikel 79 Abs. 3 genannten Grundsätzen vereinbar sein.
(2) Abweichungen von den Abschnitten II, VIII, VIII a, IX, X und XI sind längstens bis zum 31. Dezember 1995 zulässig.
(3) Unabhängig von Absatz 1 und 2 haben Artikel 41 des Einigungsvertrags und Regelungen zu seiner Durchführung auch insoweit Bestand, als sie vorsehen, daß Eingriffe in das Eigentum auf dem in Artikel 3 dieses Vertrags genannten Gebiet nicht mehr rückgängig gemacht werden.

Artikel 143 a [Ausschließliche Gesetzgebung bei Bundeseisenbahnen]
(1) Der Bund hat die ausschließliche Gesetzgebung über alle Angelegenheiten, die sich aus der Umwandlung der in bundeseigener Verwaltung geführten Bundeseisenbahnen in Wirtschaftsunternehmen ergeben. Artikel 87 e Abs. 5 findet entsprechende Anwendung. Beamte der Bundeseisenbahnen können durch Gesetz unter Wahrung ihrer Rechtsstellung und der Verantwortung des Dienstherrn einer privat-rechtlich organisierten Eisenbahn des Bundes zur Dienstleistung zugewiesen werden.
(2) Gesetze nach Absatz 1 führt der Bund aus.
(3) Die Erfüllung der Aufgaben im Bereich des Schienenpersonennahverkehrs der bisherigen Bundeseisenbahnen ist bis zum 31. Dezember 1995 Sache des Bundes. Dies gilt auch für die entsprechenden Aufgaben der Eisenbahnverkehrsverwaltung. Das Nähere wird durch Bundesgesetz geregelt, das der Zustimmung des Bundesrates bedarf.

Artikel 143 b [Umwandlung der Deutschen Bundespost]
(1) Das Sondervermögen Deutsche Bundespost wird nach Maßgabe eines Bundesgesetzes in Unternehmen privater Rechtsform umgewandelt. Der Bund hat die ausschließliche Gesetzgebung über alle sich hieraus ergebenden Angelegenheiten.
(2) Die vor der Umwandlung bestehenden ausschließlichen Rechte des Bundes können durch Bundesgesetz für eine Übergangszeit den aus der Deutschen Bundespost POSTDIENST und der Deutschen Bundespost TELEKOM hervorgegangenen Unternehmen verliehen werden. Die Kapitalmehrheit am Nachfolgeunternehmen der Deutschen Bundespost POSTDIENST darf der Bund frühestens fünf Jahre nach Inkrafttreten des Gesetzes aufgeben. Dazu bedarf es eines Bundesgesetzes mit Zustimmung des Bundesrates.
(3) Die bei der Deutschen Bundespost tätigen Bundesbeamten werden unter Wahrung ihrer Rechtsstellung und der Verantwortung des Dienstherrn bei den privaten Unternehmen beschäftigt. Die Unternehmen üben Dienstherrenbefugnisse aus. Das Nähere bestimmt ein Bundesgesetz.

Artikel 144 [Annahme des Grundgesetzes – Berlin]
(1) Dieses Grundgesetz bedarf der Annahme durch die Volksvertretungen in zwei Dritteln der deutschen Länder, in denen es zunächst gelten soll.
(2) Soweit die Anwendung dieses Grundgesetzes in einem der in Artikel 23 aufgeführten Länder oder in einem Teile eines dieser Länder Beschränkungen unterliegt, hat das Land oder der Teil des Landes das Recht, gemäß Artikel 38 Vertreter in den Bundestag und gemäß Artikel 50 Vertreter in den Bundesrat zu entsenden.

Artikel 145 [Inkrafttreten des Grundgesetzes]
(1) Der Parlamentarische Rat stellt in öffentlicher Sitzung unter Mitwirkung der Abgeordneten Groß-Berlins die Annahme dieses Grundgesetzes fest, fertigt es aus und verkündet es.

(2) Dieses Grundgesetz tritt mit Ablauf des Tages der Verkündung in Kraft.[1]
(3) Es ist im Bundesgesetzblatte zu veröffentlichen.

Artikel 146 [Geltungsdauer des Grundgesetzes]
Dieses Grundgesetz, das nach Vollendung der Einheit und Freiheit Deutschlands für das gesamte deutsche Volk gilt, verliert seine Gültigkeit an dem Tage, an dem eine Verfassung in Kraft tritt, die von dem deutschen Volke in freier Entscheidung beschlossen worden ist.

---

1) Verkündet am 23. 5. 1949.

Sozialgesetzbuch (SGB)
– Allgemeiner Teil –

Vom 11. Dezember 1975 (BGBl. I S. 3015)
(BGBl. III 860-1)
zuletzt geändert durch Rentenreformgesetz 1999 vom 16. Dezember 1997
(BGBl. I S. 2998, 3023, geä. 1998 S. 3843)[1)]
– Auszug –

Artikel I
Sozialgesetzbuch (SGB)

Erstes Buch (I)
Allgemeiner Teil

Erster Abschnitt
Aufgaben des Sozialgesetzbuchs und soziale Rechte

§ 1 Aufgaben des Sozialgesetzbuchs
(1) Das Recht des Sozialgesetzbuchs soll zur Verwirklichung sozialer Gerechtigkeit und sozialer Sicherheit Sozialleistungen einschließlich sozialer und erzieherischer Hilfen gestalten. Es soll dazu beitragen,
    ein menschenwürdiges Dasein zu sichern,
    gleiche Voraussetzungen für die freie Entfaltung der Persönlichkeit, insbesondere auch für junge Menschen, zu schaffen,
    die Familie zu schützen und zu fördern,
    den Erwerb des Lebensunterhalts durch eine frei gewählte Tätigkeit zu ermöglichen
    und
    besondere Belastungen des Lebens, auch durch Hilfe zur Selbsthilfe, abzuwenden oder auszugleichen.
(2) Das Recht des Sozialgesetzbuchs soll auch dazu beitragen, daß die zur Erfüllung der in Absatz 1 genannten Aufgaben erforderlichen sozialen Dienste und Einrichtungen rechtzeitig und ausreichend zur Verfügung stehen.

§ 2 Soziale Rechte
(1) Der Erfüllung der in § 1 genannten Aufgaben dienen die nachfolgenden sozialen Rechte. Aus ihnen können Ansprüche nur insoweit geltend gemacht oder hergeleitet werden, als deren Voraussetzungen und Inhalt durch die Vorschriften der besonderen Teile dieses Gesetzbuchs im einzelnen bestimmt sind.
(2) Die nachfolgenden sozialen Rechte sind bei der Auslegung der Vorschriften dieses Gesetzbuchs und bei der Ausübung von Ermessen zu beachten; dabei ist sicherzustellen, daß die sozialen Rechte möglichst weitgehend verwirklicht werden.

§ 3 Bildungs- und Arbeitsförderung
(1) Wer an einer Ausbildung teilnimmt, die seiner Neigung, Eignung und Leistung entspricht, hat ein Recht auf individuelle Förderung seiner Ausbildung, wenn ihm die hierfür erforderlichen Mittel nicht anderweitig zur Verfügung stehen.
(2) Wer am Arbeitsleben teilnimmt oder teilnehmen will, hat ein Recht auf
1. Beratung bei der Wahl des Bildungswegs und des Berufs,
2. individuelle Förderung seiner beruflichen Weiterbildung,
3. Hilfe zur Erlangung und Erhaltung eines angemessenen Arbeitsplatzes und
4. wirtschaftliche Sicherung bei Arbeitslosigkeit und bei Zahlungsunfähigkeit des Arbeitgebers.

---
1) Die Änderung tritt am 1. 1. 2001 in Kraft und ist noch nicht eingearbeitet.

§ 4 Sozialversicherung
(1) Jeder hat im Rahmen dieses Gesetzbuchs ein Recht auf Zugang zur Sozialversicherung.
(2) Wer in der Sozialversicherung versichert ist, hat im Rahmen der gesetzlichen Kranken-, Pflege-, Unfall- und Rentenversicherung einschließlich der Alterssicherung der Landwirte ein Recht auf
1. die notwendigen Maßnahmen zum Schutz, zur Erhaltung, zur Besserung und zur Wiederherstellung der Gesundheit und der Leistungsfähigkeit und
2. wirtschaftliche Sicherung bei Krankheit, Mutterschaft, Minderung der Erwerbsfähigkeit und Alter.

Ein Recht auf wirtschaftliche Sicherung haben auch die Hinterbliebenen eines Versicherten.

§ 5 Soziale Entschädigung bei Gesundheitsschäden
Wer einen Gesundheitsschaden erleidet, für dessen Folgen die staatliche Gemeinschaft in Abgeltung eines besonderen Opfers oder aus anderen Gründen nach versorgungsrechtlichen Grundsätzen einsteht, hat ein Recht auf
1. die notwendigen Maßnahmen zur Erhaltung, zur Besserung und zur Wiederherstellung der Gesundheit und der Leistungsfähigkeit und
2. angemessene wirtschaftliche Versorgung.

Ein Recht auf angemessene wirtschaftliche Versorgung haben auch die Hinterbliebenen eines Beschädigten.

§ 6 Minderung des Familienaufwands
Wer Kindern Unterhalt zu leisten hat oder leistet, hat ein Recht auf Minderung der dadurch entstehenden wirtschaftlichen Belastungen.

§ 7 Zuschuß für eine angemessene Wohnung
Wer für eine angemessene Wohnung Aufwendungen erbringen muß, die ihm nicht zugemutet werden können, hat ein Recht auf Zuschuß zur Miete oder zu vergleichbaren Aufwendungen.

§ 8 Kinder- und Jugendhilfe
Junge Menschen und Personensorgeberechtigte haben im Rahmen dieses Gesetzbuchs ein Recht, Leistungen der öffentlichen Jugendhilfe in Anspruch zu nehmen. Sie sollen die Entwicklung junger Menschen fördern und die Erziehung in der Familie unterstützen und ergänzen.

§ 9 Sozialhilfe
Wer nicht in der Lage ist, aus eigenen Kräften seinen Lebensunterhalt zu bestreiten oder in besonderen Lebenslagen sich selbst zu helfen, und auch von anderer Seite keine ausreichende Hilfe erhält, hat ein Recht auf persönliche und wirtschaftliche Hilfe, die seinem besonderen Bedarf entspricht, ihn zur Selbsthilfe befähigt, die Teilnahme am Leben in der Gemeinschaft ermöglicht und die Führung eines menschenwürdigen Lebens sichert.

§ 10 Eingliederung Behinderter
Wer körperlich, geistig oder seelisch behindert ist oder wem eine solche Behinderung droht, hat unabhängig von der Ursache der Behinderung ein Recht auf die Hilfe, die notwendig ist, um
1. die Behinderung abzuwenden, zu beseitigen, zu bessern, ihre Verschlimmerung zu verhüten oder ihre Folgen zu mildern,
2. ihm einen seinen Neigungen und Fähigkeiten entsprechenden Platz in der Gemeinschaft, insbesondere im Arbeitsleben, zu sichern.

Zweiter Abschnitt
Einweisungsvorschriften

Erster Titel
Allgemeines über Sozialleistungen und Leistungsträger

§ 11 Leistungsarten
Gegenstand der sozialen Rechte sind die in diesem Gesetzbuch vorgesehenen Dienst-, Sach- und Geldleistungen (Sozialleistungen). Die persönliche und erzieherische Hilfe gehört zu den Dienstleistungen.

§ 12 Leistungsträger
Zuständig für die Sozialleistungen sind die in den §§ 18 bis 29 genannten Körperschaften, Anstalten und Behörden (Leistungsträger). Die Abgrenzung ihrer Zuständigkeit ergibt sich aus den besonderen Teilen dieses Gesetzbuchs.

§ 13 Aufklärung
Die Leistungsträger, ihre Verbände und die sonstigen in diesem Gesetzbuch genannten öffentlich-rechtlichen Vereinigungen sind verpflichtet, im Rahmen ihrer Zuständigkeit die Bevölkerung über die Rechte und Pflichten nach diesem Gesetzbuch aufzuklären.

§ 14 Beratung
Jeder hat Anspruch auf Beratung über seine Rechte und Pflichten nach diesem Gesetzbuch. Zuständig für die Beratung sind die Leistungsträger, denen gegenüber die Rechte geltend zu machen oder die Pflichten zu erfüllen sind.

§ 15 Auskunft
(1) Die nach Landesrecht zuständigen Stellen, die Träger der gesetzlichen Krankenversicherung und der sozialen Pflegeversicherung sind verpflichtet, über alle sozialen Angelegenheiten nach diesem Gesetzbuch Auskünfte zu erteilen.

(2) Die Auskunftspflicht erstreckt sich auf die Benennung der für die Sozialleistungen zuständigen Leistungsträger sowie auf alle Sach- und Rechtsfragen, die für die Auskunftsuchenden von Bedeutung sein können und zu deren Beantwortung die Auskunftsstelle imstande ist.

(3) Die Auskunftsstellen sind verpflichtet, untereinander und mit den anderen Leistungsträgern mit dem Ziel zusammenzuarbeiten, eine möglichst umfassende Auskunftserteilung durch eine Stelle sicherzustellen.

§ 16 Antragstellung
(1) Anträge auf Sozialleistungen sind beim zuständigen Leistungsträger zu stellen. Sie werden auch von allen anderen Leistungsträgern, von allen Gemeinden und bei Personen, die sich im Ausland aufhalten, auch von den amtlichen Vertretungen der Bundesrepublik Deutschland im Ausland entgegengenommen.

(2) Anträge, die bei einem unzuständigen Leistungsträger, bei einer für die Sozialleistung nicht zuständigen Gemeinde oder bei einer amtlichen Vertretung der Bundesrepublik Deutschland im Ausland gestellt werden, sind unverzüglich an den zuständigen Leistungsträger weiterzuleiten. Ist die Sozialleistung von einem Antrag abhängig, gilt der Antrag als zu dem Zeitpunkt gestellt, in dem er bei einer der in Satz 1 genannten Stellen eingegangen ist.

(3) Die Leistungsträger sind verpflichtet, darauf hinzuwirken, daß unverzüglich klare und sachdienliche Anträge gestellt und unvollständige Angaben ergänzt werden.

§ 17 Ausführung der Sozialleistungen
(1) Die Leistungsträger sind verpflichtet, darauf hinzuwirken, daß
1. jeder Berechtigte die ihm zustehenden Sozialleistungen in zeitgemäßer Weise, umfassend und schnell erhält,
2. die zur Ausführung von Sozialleistungen erforderlichen sozialen Dienste und Einrichtungen rechtzeitig und ausreichend zur Verfügung stehen und
3. der Zugang zu den Sozialleistungen möglichst einfach gestaltet wird, insbesondere durch Verwendung allgemein verständlicher Antragsvordrucke.

(2) (gestrichen)

(3) In der Zusammenarbeit mit gemeinnützigen und freien Einrichtungen und Organisationen wirken die Leistungsträger darauf hin, daß sich ihre Tätigkeit und die der genannten Einrichtungen und Organisationen zum Wohl der Leistungsempfänger wirksam ergänzen. Sie haben dabei deren Selbständigkeit in Zielsetzung und Durchführung ihrer Aufgaben zu achten. Die Nachprüfung zweckentsprechender Verwendung bei der Inanspruchnahme öffentlicher Mittel bleibt unberührt. Im übrigen ergibt sich ihr Verhältnis zueinander aus den besonderen Teilen dieses Gesetzbuchs; § 97 Abs. 2 des Zehnten Buches findet keine Anwendung.

Zweiter Titel
Einzelne Sozialleistungen und zuständige Leistungsträger

§ 18 Leistungen der Ausbildungsförderung
(1) Nach dem Recht der Ausbildungsförderung können Zuschüsse und Darlehen für den Lebensunterhalt und die Ausbildung in Anspruch genommen werden.
(2) Zuständig sind die Ämter und die Landesämter für Ausbildungsförderung nach Maßgabe der §§ 39, 40, 40 a und 45 des Bundesausbildungsförderungsgesetzes.

§ 19 Leistungen der Arbeitsförderung
(1) Nach dem Recht der Arbeitsförderung können in Anspruch genommen werden:
1. Berufsberatung und Arbeitsmarktberatung,
2. Ausbildungsvermittlung und Arbeitsvermittlung,
3. Leistungen zur
   a) Unterstützung der Beratung und Vermittlung,
   b) Verbesserung der Eingliederungsaussichten,
   c) Förderung der Aufnahme einer Beschäftigung und einer selbständigen Tätigkeit,
   d) Förderung der Berufsausbildung und der beruflichen Weiterbildung,
   e) Förderung der beruflichen Eingliederung Behinderter,
   f) Eingliederung von Arbeitnehmern,
   g) Förderung von Maßnahmen zur Eingliederung oder Verbesserung der Eingliederungsaussichten in Sozialplänen, Arbeitsbeschaffungs- und Strukturanpassungsmaßnahmen,
4. weitere Leistungen der freien Förderung,
5. Wintergeld und Winterausfallgeld in der Bauwirtschaft,
6. als Entgeltersatzleistungen Arbeitslosengeld, Teilarbeitslosengeld, Unterhaltsgeld, Übergangsgeld, Kurzarbeitergeld, Insolvenzgeld und Arbeitslosenhilfe.
(2) Zuständig sind die Arbeitsämter und die sonstigen Dienststellen der Bundesanstalt für Arbeit.

§ 19 a (aufgehoben)

§ 19 b Leistungen bei gleitendem Übergang älterer Arbeitnehmer in den Ruhestand
(1) Nach dem Recht der Förderung eines gleitenden Übergangs älterer Arbeitnehmer in den Ruhestand können in Anspruch genommen werden:
1. Erstattung der Beiträge zur Höherversicherung in der gesetzlichen Rentenversicherung und der nicht auf das Arbeitsentgelt entfallenden Beiträge zur gesetzlichen Rentenversicherung für ältere Arbeitnehmer, die ihre Arbeitszeit verkürzt haben.
2. Erstattung der Aufstockungsbeträge zum Arbeitsentgelt für die Altersteilzeitarbeit.
(2) Zuständig sind die Arbeitsämter und die sonstigen Dienststellen der Bundesanstalt für Arbeit.

§ 20 Zusätzliche Leistungen für Schwerbehinderte
(1) Nach dem Schwerbehindertenrecht können in Anspruch genommen werden:
1. zusätzliche Hilfen zur Beschaffung eines angemessenen Arbeitsplatzes,
2. zusätzliche Hilfen zur Erhaltung des Arbeitsplatzes,
3. begleitende Hilfe im Arbeitsleben.
(2) Zuständig sind die Arbeitsämter und die Hauptfürsorgestellen.

§ 21 Leistungen der gesetzlichen Krankenversicherung
(1) Nach dem Recht der gesetzlichen Krankenversicherung können in Anspruch genommen werden:
1. Leistungen zur Förderung der Gesundheit, zur Verhütung und zur Früherkennung von Krankheiten,
2. bei Krankheit Krankenbehandlung, insbesondere
   a) ärztliche und zahnärztliche Behandlung,
   b) Versorgung mit Arznei-, Verband-, Heil- und Hilfsmitteln,
   c) häusliche Krankenpflege und Haushaltshilfe,
   d) Krankenhausbehandlung,
   e) medizinische und ergänzende Leistungen zur Rehabilitation,
   f) Betriebshilfe für Landwirte,
   g) Krankengeld,

3. bei Schwangerschaft und Mutterschaft ärztliche Betreuung, Hebammenhilfe, stationäre Entbindung, häusliche Pflege, Haushaltshilfe, Betriebshilfe für Landwirte, Mutterschaftsgeld, Entbindungsgeld,
4. Hilfe zur Familienplanung und Leistungen bei nicht rechtswidriger Sterilisation und bei nicht rechtswidrigem Schwangerschaftsabbruch,
5. Sterbegeld.

(2) Zuständig sind die Orts-, Betriebs- und Innungskrankenkassen, die See-Krankenkasse, die landwirtschaftlichen Krankenkassen, die Bundesknappschaft und die Ersatzkassen.

§ 21 a Leistungen der sozialen Pflegeversicherung
(1) Nach dem Recht der sozialen Pflegeversicherung können in Anspruch genommen werden:
1. Leistungen bei häuslicher Pflege:
    a) Pflegesachleistung,
    b) Pflegegeld für selbst beschaffte Pflegehilfen,
    c) häusliche Pflege bei Verhinderung der Pflegeperson,
    d) Pflegehilfsmittel und technische Hilfen,
2. teilstationäre Pflege und Kurzzeitpflege,
3. Leistungen für Pflegepersonen, insbesondere
    a) soziale Sicherung und
    b) Pflegekurse,
4. vollstationäre Pflege.

(2) Zuständig sind die bei den Krankenkassen errichteten Pflegekassen.

§ 21 b Leistungen bei Schwangerschaftsabbrüchen
(1) Nach dem Gesetz zur Hilfe für Frauen bei Schwangerschaftsabbrüchen in besonderen Fällen können bei einem nicht rechtswidrigen oder unter den Voraussetzungen des § 218 a Abs. 1 des Strafgesetzbuches vorgenommenen Abbruch einer Schwangerschaft Leistungen in Anspruch genommen werden.

(2) Zuständig sind die Orts-, Betriebs- und Innungskrankenkassen, die See-Krankenkasse, die landwirtschaftliche Krankenkasse, die Bundesknappschaft und die Ersatzkassen.

§ 22 Leistungen der gesetzlichen Unfallversicherung
(1) Nach dem Recht der gesetzlichen Unfallversicherung können in Anspruch genommen werden:
1. Maßnahmen zur Verhütung von Arbeitsunfällen, Berufskrankheiten und arbeitsbedingten Gesundheitsgefahren und zur Ersten Hilfe sowie Maßnahmen zur Früherkennung von Berufskrankheiten und arbeitsbedingten Gesundheitsgefahren,
2. Heilbehandlung, Berufsförderung und andere Leistungen zur Erhaltung, Besserung und Wiederherstellung der Erwerbsfähigkeit sowie zur Erleichterung der Verletzungsfolgen einschließlich wirtschaftlicher Hilfen,
3. Renten wegen Minderung der Erwerbsfähigkeit,
4. Renten an Hinterbliebene, Sterbegeld und Beihilfen,
5. Rentenabfindungen,
6. Haushaltshilfe,
7. Betriebshilfe für Landwirte.

(2) Zuständig sind die gewerblichen und die landwirtschaftlichen Berufsgenossenschaften, die Gemeindeunfallversicherungsverbände, die Feuerwehr-Unfallkassen, die Eisenbahn-Unfallkasse, die Unfallkasse Post und Telekom, die Unfallkassen der Länder und Gemeinden, die gemeinsamen Unfallkassen für den Landes- und kommunalen Bereich und die Ausführungsbehörden des Bundes.

§ 23 Leistungen der gesetzlichen Rentenversicherung einschließlich der Alterssicherung der Landwirte
(1) Nach dem Recht der gesetzlichen Rentenversicherung einschließlich der Alterssicherung der Landwirte können in Anspruch genommen werden:
1. in der gesetzlichen Rentenversicherung:
    a) Heilbehandlung, Berufsförderung und andere Leistungen zur Erhaltung, Besserung und Wiederherstellung der Erwerbsfähigkeit einschließlich wirtschaftlicher Hilfen,

b) Renten wegen Alters, Renten wegen verminderter Erwerbsfähigkeit und Knappschaftsausgleichsleistung,
  c) Renten wegen Todes,
  d) Witwen- und Witwerrentenabfindungen sowie Beitragserstattungen,
  e) Zuschüsse zu den Aufwendungen für die Krankenversicherung,
  f) Leistungen für Kindererziehung,
2. in der Alterssicherung für Landwirte:
  a) Heilbehandlung und andere Leistungen zur Erhaltung, Besserung und Wiederherstellung der Erwerbsfähigkeit einschließlich Betriebs- oder Haushaltshilfe,
  b) Renten wegen Erwerbsunfähigkeit und Alters,
  c) Renten wegen Todes,
  d) Betriebs- oder Haushaltshilfe zur Aufrechterhaltung des Betriebes im Falle des Todes des landwirtschaftlichen Unternehmers,
  e) Leistungen zur Aufrechterhaltung des Unternehmens der Landwirtschaft.
(2) Zuständig sind
1. in der Rentenversicherung der Arbeiter die Landesversicherungsanstalten, die Seekasse und die Bahnversicherungsanstalt,
2. in der Rentenversicherung der Angestellten die Bundesversicherungsanstalt für Angestellte,
3. in der knappschaftlichen Rentenversicherung die Bundesknappschaft,
4. in der Alterssicherung der Landwirte die landwirtschaftlichen Alterskassen.

§ 24 Versorgungsleistungen bei Gesundheitsschäden
(1) Nach dem Recht der sozialen Entschädigung bei Gesundheitsschäden können in Anspruch genommen werden:
1. Heil- und Krankenbehandlung sowie andere Leistungen zur Erhaltung, Besserung und Wiederherstellung der Leistungsfähigkeit einschließlich wirtschaftlicher Hilfen,
2. besondere Hilfen im Einzelfall einschließlich Berufsförderung,
3. Renten wegen Minderung der Erwerbsfähigkeit,
4. Renten an Hinterbliebene, Bestattungsgeld und Sterbegeld,
5. Kapitalabfindung, insbesondere zur Wohnraumbeschaffung.
(2) Zuständig sind die Versorgungsämter, die Landesversorgungsämter und die orthopädischen Versorgungsstellen, für die besonderen Hilfen im Einzelfall die Kreise und kreisfreien Städte sowie die Hauptfürsorgestellen. Bei der Durchführung der Heil- und Krankenbehandlung wirken die Träger der gesetzlichen Krankenversicherung mit.

§ 25 Kindergeld und Erziehungsgeld
(1) Nach dem Bundeskindergeldgesetz kann nur dann Kindergeld in Anspruch genommen werden, wenn nicht der Familienleistungsausgleich nach § 31 des Einkommensteuergesetzes zur Anwendung kommt.
(2) Nach dem Recht des Erziehungsgeldes kann grundsätzlich für jedes Kind Erziehungsgeld in Anspruch genommen werden.
(3) Für die Ausführung des Absatzes 1 sind die Familienkassen und für die Ausführungen des Absatzes 2 die nach § 10 des Bundeserziehungsgeldgesetzes bestimmten Stellen zuständig.

§ 26 Wohngeld
(1) Nach dem Wohngeldrecht kann als Zuschuß zur Miete oder als Zuschuß zu den Aufwendungen für den eigengenutzten Wohnraum Wohngeld in Anspruch genommen werden.
(2) Zuständig sind die durch Landesrecht bestimmten Behörden.

§ 27 Leistungen der Kinder- und Jugendhilfe
(1) Nach dem Recht der Kinder- und Jugendhilfe können in Anspruch genommen werden:
1. Angebote der Jugendarbeit, der Jugendsozialarbeit und des erzieherischen Jugendschutzes,
2. Angebote zur Förderung der Erziehung in der Familie,
3. Angebote zur Förderung von Kindern in Tageseinrichtungen und in Tagespflege,
4. Hilfe zur Erziehung, Eingliederungshilfe für seelisch behinderte Kinder und Jugendliche sowie Hilfe für junge Volljährige.

(2) Zuständig sind die Kreise und die kreisfreien Städte, nach Maßgabe des Landesrechts auch kreisangehörige Gemeinden; sie arbeiten mit der freien Jugendhilfe zusammen.

§ 28 Leistungen der Sozialhilfe
(1) Nach dem Recht der Sozialhilfe können in Anspruch genommen werden:
1. Hilfe zum Lebensunterhalt,
2. Hilfe in besonderen Lebenslagen; sie umfaßt
   a) Hilfe zum Aufbau oder zur Sicherung der Lebensgrundlage,
   b) vorbeugende Gesundheitshilfe, Krankenhilfe, Hilfe bei nicht rechtswidriger Sterilisation, Hilfe zur Familienplanung und Hilfe für werdende Mütter und Wöchnerinnen,
   c) Eingliederungshilfe für Behinderte, insbesondere auch Hilfe zur Teilnahme am Leben in der Gemeinschaft,
   d) (gestrichen)
   e) Blindenhilfe, Hilfe zur Pflege und Hilfe zur Weiterführung des Haushalts,
   f) Hilfe zur Überwindung besonderer sozialer Schwierigkeiten,
   g) Altenhilfe,
   h) Hilfe in anderen besonderen Lebenslagen,
3. Beratung Behinderter oder ihrer Personensorgeberechtigten,
4. Hilfe bei der Beschaffung und Erhaltung einer Wohnung.

(2) Zuständig sind die Kreise und kreisfreien Städte, die überörtlichen Träger der Sozialhilfe und für besondere Aufgaben die Gesundheitsämter; sie arbeiten mit den Trägern der freien Wohlfahrtspflege zusammen.

§ 29 Leistungen zur Eingliederung Behinderter
(1) Nach dem Recht der Eingliederung Behinderter können in Anspruch genommen werden:
1. medizinische Leistungen, insbesondere
   a) ärztliche und zahnärztliche Behandlung,
   b) Arznei- und Verbandmittel,
   c) Heilmittel einschließlich Krankengymnastik, Bewegungs-, Sprach- und Beschäftigungstherapie;
   d) Körperersatzstücke, orthopädische und andere Hilfsmittel,
   e) Belastungserprobung und Arbeitstherapie,
      auch in Krankenhäusern und Vorsorge- oder Rehabilitationseinrichtungen,
2. berufsfördernde Leistungen, insbesondere
   a) Hilfen zur Erhaltung oder Erlangung eines Arbeitsplatzes,
   b) Berufsvorbereitung,
   c) berufliche Anpassung, Ausbildung, Fortbildung und Umschulung,
   d) sonstige Hilfen zur Förderung einer Erwerbs- oder Berufstätigkeit auf dem allgemeinen Arbeitsmarkt oder in einer Werkstatt für Behinderte,
3. Leistungen zur allgemeinen sozialen Eingliederung, insbesondere Hilfen
   a) zur Entwicklung der geistigen und körperlichen Fähigkeiten vor Beginn der Schulpflicht,
   b) zur angemessenen Schulbildung einschließlich der Vorbereitung hierzu,
   c) für Behinderte, die nur praktisch bildbar sind, zur Ermöglichung einer Teilnahme am Leben in der Gemeinschaft,
   d) zur Ausübung einer angemessenen Tätigkeit, soweit berufsfördernde Leistungen nicht möglich sind,
   e) zur Ermöglichung und Erleichterung der Verständigung mit der Umwelt,
   f) zur Erhaltung, Besserung und Wiederherstellung der körperlichen und geistigen Beweglichkeit sowie des seelischen Gleichgewichts,
   g) zur Ermöglichung und Erleichterung der Besorgung des Haushalts,
   h) zur Verbesserung der wohnungsmäßigen Unterbringung,
   i) zur Freizeitgestaltung und zur sonstigen Teilnahme am gesellschaftlichen und kulturellen Leben,
4. ergänzende Leistungen, insbesondere
   a) Übergangs- oder Krankengeld,

b) sonstige Hilfen zum Lebensunterhalt,
c) Beiträge zur gesetzlichen Kranken-, Unfall- und Rentenversicherung sowie zur Bundesanstalt für Arbeit,
d) Übernahme der mit einer berufsfördernden Leistung zusammenhängenden Kosten,
e) Übernahme der Reisekosten,
f) Behindertensport in Gruppen unter ärztlicher Betreuung,
g) Haushaltshilfe.

(2) Zuständig sind die in den §§ 19 bis 24, 27 und 28 genannten Leistungsträger.

Dritter Abschnitt
Gemeinsame Vorschriften für alle Sozialleistungsbereiche dieses Gesetzbuchs

Erster Titel
Allgemeine Grundsätze

§ 30 Geltungsbereich

(1) Die Vorschriften dieses Gesetzbuchs gelten für alle Personen, die ihren Wohnsitz oder gewöhnlichen Aufenthalt in seinem Geltungsbereich haben.

(2) Regelungen des über- und zwischenstaatlichen Rechts bleiben unberührt.

(3) Einen Wohnsitz hat jemand dort, wo er eine Wohnung unter Umständen innehat, die darauf schließen lassen, daß er die Wohnung beibehalten und benutzen wird. Den gewöhnlichen Aufenthalt hat jemand dort, wo er sich unter Umständen aufhält, die erkennen lassen, daß er an diesem Ort oder in diesem Gebiet nicht nur vorübergehend verweilt.

§ 31 Vorbehalt des Gesetzes

Rechte und Pflichten in den Sozialleistungsbereichen dieses Gesetzes dürfen nur begründet, festgestellt, geändert oder aufgehoben werden, soweit ein Gesetz es vorschreibt oder zuläßt.

§ 32 Verbot nachteiliger Vereinbarungen

Privatrechtliche Vereinbarungen, die zum Nachteil des Sozialleistungsberechtigten von Vorschriften dieses Gesetzbuchs abweichen, sind nichtig.

§ 33 Ausgestaltung von Rechten und Pflichten

Ist der Inhalt von Rechten oder Pflichten nach Art oder Umfang nicht im einzelnen bestimmt, sind bei ihrer Ausgestaltung die persönlichen Verhältnisse des Berechtigten oder Verpflichteten, sein Bedarf und seine Leistungsfähigkeit sowie die örtlichen Verhältnisse zu berücksichtigen, soweit Rechtsvorschriften nicht entgegenstehen. Dabei soll den Wünschen des Berechtigten oder Verpflichteten entsprochen werden, soweit sie angemessen sind.

§ 33 a Altersabhängige Rechte und Pflichten

(1) Sind Rechte oder Pflichten davon abhängig, daß eine bestimmte Altersgrenze erreicht oder nicht überschritten ist, ist das Geburtsdatum maßgebend, das sich aus der ersten Angabe des Berechtigten oder Verpflichteten oder seiner Angehörigen gegenüber einem Sozialleistungsträger oder, soweit es sich um eine Angabe im Rahmen des Dritten oder Sechsten Abschnittes des Vierten Buches handelt, gegenüber dem Arbeitgeber ergibt.

(2) Von einem nach Absatz 1 maßgebenden Geburtsdatum darf nur abgewichen werden, wenn der zuständige Leistungsträger feststellt, daß
1. ein Schreibfehler vorliegt oder
2. sich aus einer Urkunde, deren Original vor dem Zeitpunkt der Angabe nach Absatz 1 ausgestellt worden ist, ein anderes Geburtsdatum ergibt.

(3) Die Absätze 1 und 2 gelten für Geburtsdaten, die Bestandteil der Versicherungsnummer oder eines anderen in den Sozialleistungsbereichen dieses Gesetzbuchs verwendeten Kennzeichens sind, entsprechend.

§ 34 Begrenzung von Rechten und Pflichten

(1) Soweit Rechte und Pflichten nach diesem Gesetzbuch ein familienrechtliches Rechtsverhältnis voraussetzen, reicht ein Rechtsverhältnis, das gemäß Internationalem Privatrecht dem Recht eines anderen Staates unterliegt und nach diesem Recht besteht, nur aus, wenn es dem Rechtsverhältnis im Geltungsbereich dieses Gesetzbuchs entspricht.

(2) Ansprüche mehrerer Ehegatten auf Witwenrente oder Witwerrente werden anteilig und endgültig aufgeteilt.

§ 35 Sozialgeheimnis

(1) Jeder hat Anspruch darauf, daß die ihn betreffenden Sozialdaten (§ 67 Abs. 1 Zehntes Buch) von den Leistungsträgern nicht unbefugt erhoben, verarbeitet oder genutzt werden (Sozialgeheimnis). Die Wahrung des Sozialgeheimnisses umfaßt die Verpflichtung, auch innerhalb des Leistungsträgers sicherzustellen, daß die Sozialdaten nur Befugten zugänglich sind oder nur an diese weitergegeben werden. Sozialdaten der Beschäftigten und ihrer Angehörigen dürfen Personen, die Personalentscheidungen treffen oder daran mitwirken können, weder zugänglich sein noch von Zugriffsberechtigten weitergegeben werden. Der Anspruch richtet sich auch gegen die Verbände der Leistungsträger, die Arbeitsgemeinschaften der Leistungsträger und ihrer Verbände, die in diesem Gesetzbuch genannten öffentlich-rechtlichen Vereinigungen, die Künstlersozialkasse, die Deutsche Bundespost, soweit sie mit der Berechnung oder Auszahlung von Sozialleistungen betraut ist, die Hauptzollämter, soweit sie Aufgaben nach § 304 des Dritten Buches, nach § 107 Abs. 1 des Vierten Buches und § 66 des Zehnten Buches durchführen, und die Stellen, die Aufgaben nach § 67 c Abs. 3 des Zehnten Buches wahrnehmen. Die Beschäftigten haben auch nach Beendigung ihrer Tätigkeit bei den genannten Stellen das Sozialgeheimnis zu wahren.
(2) Eine Erhebung, Verarbeitung und Nutzung von Sozialdaten ist nur unter den Voraussetzungen des Zweiten Kapitels des Zehnten Buches zulässig.
(3) Soweit eine Übermittlung nicht zulässig ist, besteht keine Auskunftspflicht, keine Zeugnispflicht und keine Pflicht zur Vorlegung oder Auslieferung von Schriftstücken, Akten und Dateien.
(4) Betriebs- und Geschäftsgeheimnisse stehen Sozialdaten gleich.
(5) Sozialdaten Verstorbener dürfen nach Maßgabe des Zweiten Kapitels des Zehnten Buches verarbeitet und genutzt werden. Sie dürfen außerdem verarbeitet und genutzt werden, wenn schutzwürdige Interessen des Verstorbenen oder seiner Angehörigen dadurch nicht beeinträchtigt werden können.

§ 36 Handlungsfähigkeit

(1) Wer das fünfzehnte Lebensjahr vollendet hat, kann Anträge auf Sozialleistungen stellen und verfolgen sowie Sozialleistungen entgegennehmen. Der Leistungsträger soll den gesetzlichen Vertreter über die Antragstellung und die erbrachten Sozialleistungen unterrichten.
(2) Die Handlungsfähigkeit nach Absatz 1 Satz 1 kann vom gesetzlichen Vertreter durch schriftliche Erklärung gegenüber dem Leistungsträger eingeschränkt werden. Die Rücknahme von Anträgen, der Verzicht auf Sozialleistungen und die Entgegennahme von Darlehen bedürfen der Zustimmung des gesetzlichen Vertreters.

§ 37 Vorbehalt abweichender Regelungen

Das Erste und Zehnte Buch gelten für alle Sozialleistungsbereiche dieses Gesetzbuches, soweit sich aus dem Zweiten bis Neunten und Elften Buch nichts Abweichendes ergibt; Artikel II § 1 bleibt unberührt. Der Vorbehalt gilt nicht für die §§ 1 bis 17 und 31 bis 36. Das Zweite Kapitel des Zehnten Buches geht dessen Erstem Kapitel vor, soweit sich die Ermittlung des Sachverhaltes auf Sozialdaten erstreckt.

Zweiter Titel
Grundsätze des Leistungsrechts

§ 38 Rechtsanspruch

Auf Sozialleistungen besteht ein Anspruch, soweit nicht nach den besonderen Teilen dieses Gesetzbuchs die Leistungsträger ermächtigt sind, bei der Entscheidung über die Leistung nach ihrem Ermessen zu handeln.

§ 39 Ermessensleistungen

(1) Sind die Leistungsträger ermächtigt, bei der Entscheidung über Sozialleistungen nach ihrem Ermessen zu handeln, haben sie ihr Ermessen entsprechend dem Zweck der Ermächtigung auszuüben und die gesetzlichen Grenzen des Ermessens einzuhalten. Auf pflichtgemäße Ausübung des Ermessens besteht ein Anspruch.

(2) Für Ermessensleistungen gelten die Vorschriften über Sozialleistungen, auf die ein Anspruch besteht, entsprechend, soweit sich aus den Vorschriften dieses Gesetzbuchs nichts Abweichendes ergibt.

§ 40 Entstehen der Ansprüche
(1) Ansprüche auf Sozialleistungen entstehen, sobald ihre im Gesetz oder auf Grund eines Gesetzes bestimmten Voraussetzungen vorliegen.
(2) Bei Ermessensleistungen ist der Zeitpunkt maßgebend, in dem die Entscheidung über die Leistung bekanntgegeben wird, es sei denn, daß in der Entscheidung ein anderer Zeitpunkt bestimmt ist.
(3) Für Stundung, Niederschlagung und den Erlaß des Erstattungsanspruchs gilt § 76 Abs. 2 des Vierten Buches entsprechend.

§ 41 Fälligkeit
Soweit die besonderen Teile dieses Gesetzbuchs keine Regelung enthalten, werden Ansprüche auf Sozialleistungen mit ihrem Entstehen fällig.

§ 42 Vorschüsse
(1) Besteht ein Anspruch auf Geldleistungen dem Grunde nach und ist zur Feststellung seiner Höhe voraussichtlich längere Zeit erforderlich, kann der zuständige Leistungsträger Vorschüsse zahlen, deren Höhe er nach pflichtgemäßem Ermessen bestimmt. Er hat Vorschüsse nach Satz 1 zu zahlen, wenn der Berechtigte es beantragt; die Vorschußzahlung beginnt spätestens nach Ablauf eines Kalendermonats nach Eingang des Antrags.
(2) Die Vorschüsse sind auf die zustehende Leistung anzurechnen. Soweit sie diese übersteigen, sind sie vom Empfänger zu erstatten. § 50 Abs. 4 des Zehnten Buches gilt entsprechend.
(3) Für die Stundung, Niederschlagung und den Erlaß des Erstattungsanspruchs gilt § 76 Abs. 2 des Vierten Buches entsprechend.

§ 43 Vorläufige Leistungen
(1) Besteht ein Anspruch auf Sozialleistungen und ist zwischen mehreren Leistungsträgern streitig, wer zur Leistung verpflichtet ist, kann der unter ihnen zuerst angegangene Leistungsträger vorläufig Leistungen erbringen, deren Umfang er nach pflichtgemäßen Ermessen bestimmt. Er hat Leistungen nach Satz 1 zu erbringen, wenn der Berechtigte es beantragt; die vorläufigen Leistungen beginnen spätestens nach Ablauf eines Kalendermonats nach Eingang des Antrags.
(2) Für die Leistungen nach Absatz 1 gilt § 42 Abs. 2 und 3 entsprechend. Ein Erstattungsanspruch gegen den Empfänger steht nur dem zur Leistung verpflichteten Leistungsträger zu.
(3) (gestrichen)

§ 44 Verzinsung
(1) Ansprüche auf Geldleistungen sind nach Ablauf eines Kalendermonats nach dem Eintritt ihrer Fälligkeit bis zum Ablauf des Kalendermonats vor der Zahlung mit vier vom Hundert zu verzinsen.
(2) Die Verzinsung beginnt frühestens nach Ablauf von sechs Kalendermonaten nach Eingang des vollständigen Leistungsantrags beim zuständigen Leistungsträger, beim Fehlen eines Antrags nach Ablauf eines Kalendermonats nach der Bekanntgabe der Entscheidung über die Leistung.
(3) Verzinst werden volle Deutsche-Mark-Beträge. Dabei ist der Kalendermonat mit dreißig Tagen zugrunde zu legen.

§ 45 Verjährung
(1) Ansprüche auf Sozialleistungen verjähren in vier Jahren nach Ablauf des Kalenderjahrs, in dem sie entstanden sind.
(2) Für die Hemmung, die Unterbrechung und die Wirkung der Verjährung gelten die Vorschriften des Bürgerlichen Gesetzbuchs sinngemäß.
(3) Die Verjährung wird auch durch schriftlichen Antrag auf die Sozialleistung oder durch Erhebung eines Widerspruchs unterbrochen. Die Unterbrechung dauert bis zur Bekanntgabe der Entscheidung über den Antrag oder den Widerspruch.
(4) (gestrichen)

§ 46 Verzicht

(1) Auf Ansprüche auf Sozialleistungen kann durch schriftliche Erklärung gegenüber dem Leistungsträger verzichtet werden; der Verzicht kann jederzeit mit Wirkung für die Zukunft widerrufen werden.
(2) Der Verzicht ist unwirksam, soweit durch ihn andere Personen oder Leistungsträger belastet oder Rechtsvorschriften umgangen werden.

§ 47 Auszahlung von Geldleistungen

Soweit die besonderen Teile dieses Gesetzbuchs keine Regelung enthalten, sollen Geldleistungen kostenfrei auf ein Konto des Empfängers bei einem Geldinstitut überwiesen oder, wenn der Empfänger es verlangt, kostenfrei an seinen Wohnsitz übermittelt werden.

§ 48 Auszahlung bei Verletzung der Unterhaltspflicht

(1) Laufende Geldleistungen, die der Sicherung des Lebensunterhalts zu dienen bestimmt sind, können in angemessener Höhe an den Ehegatten oder die Kinder des Leistungsberechtigten ausgezahlt werden, wenn er ihnen gegenüber seiner gesetzlichen Unterhaltspflicht nicht nachkommt. Kindergeld, Kinderzuschläge und vergleichbare Rentenbestandteile (Geldleistungen für Kinder) können an Kinder, die bei der Festsetzung der Geldleistungen berücksichtigt werden, bis zur Höhe des Betrages, der sich bei entsprechender Anwendung des § 54 Abs. 5 Satz 2 ergibt, ausgezahlt werden. Für das Kindergeld gilt dies auch dann, wenn der Kindergeldberechtigte mangels Leistungsfähigkeit nicht unterhaltspflichtig ist oder nur Unterhalt in Höhe eines Betrages zu leisten braucht, der geringer ist als das für die Auszahlung in Betracht kommende Kindergeld. Die Auszahlung kann auch an die Person oder Stelle erfolgen, die dem Ehegatten oder den Kindern Unterhalt gewährt.
(2) Absatz 1 Satz 1, 2 und 4 gilt entsprechend, wenn unter Berücksichtigung von Kindern, denen gegenüber der Leistungsberechtigte nicht kraft Gesetzes unterhaltspflichtig ist, Geldleistungen erbracht werden und der Leistungsberechtigte diese Kinder nicht unterhält.

§ 49 Auszahlung bei Unterbringung

(1) Ist ein Leistungsberechtigter auf Grund richterlicher Anordnung länger als einen Kalendermonat in einer Anstalt oder Einrichtung untergebracht, sind laufende Geldleistungen, die der Sicherung des Lebensunterhalts zu dienen bestimmt sind, an die Unterhaltsberechtigten auszuzahlen, soweit der Leistungsberechtigte kraft Gesetzes unterhaltspflichtig ist und er oder die Unterhaltsberechtigten es beantragen.
(2) Absatz 1 gilt entsprechend, wenn für Kinder, denen gegenüber der Leistungsberechtigte nicht kraft Gesetzes unterhaltspflichtig ist, Geldleistungen erbracht werden.
(3) § 48 Abs. 1 Satz 4 bleibt unberührt.

§ 50 Überleitung bei Unterbringung

(1) Ist der Leistungsberechtigte untergebracht (§ 49 Abs. 1), kann die Stelle, der die Kosten der Unterbringung zur Last fallen, seine Ansprüche auf laufende Geldleistungen, die der Sicherung des Lebensunterhalts zu dienen bestimmt sind, durch schriftliche Anzeige an den zuständigen Leistungsträger auf sich überleiten.
(2) Die Anzeige bewirkt den Anspruchsübergang nur insoweit, als die Leistung nicht an Unterhaltsberechtigte oder die in § 49 Abs. 2 genannten Kinder zu zahlen ist, der Leistungsberechtigte die Kosten der Unterbringung zu erstatten hat und die Leistung auf den für die Erstattung maßgebenden Zeitraum entfällt.
(3) Die Absätze 1 und 2 gelten entsprechend, wenn für ein Kind (§ 56 Abs. 1 Satz 1 Nr. 2, Abs. 2), das untergebracht ist (§ 49 Abs. 1), ein Anspruch auf eine laufende Geldleistung besteht.

§ 51 Aufrechnung

(1) Gegen Ansprüche auf Geldleistungen kann der zuständige Leistungsträger mit Ansprüchen gegen den Berechtigten aufrechnen, soweit die Ansprüche auf Geldleistungen nach § 54 Abs. 2 und 4 pfändbar sind.
(2) Mit Ansprüchen auf Erstattung zu Unrecht erbrachter Sozialleistungen und mit Beitragsansprüchen nach diesem Gesetzbuch kann der zuständige Leistungsträger gegen Ansprüche auf laufende Geldleistungen bis zu deren Hälfte aufrechnen, soweit der Leistungsberechtigte dadurch nicht hilfebe-

dürftig im Sinne der Vorschriften des Bundessozialhilfegesetzes über die Hilfe zum Lebensunterhalt wird.

§ 52 Verrechnung
Der für eine Geldleistung zuständige Leistungsträger kann mit Ermächtigung eines anderen Leistungsträgers dessen Ansprüche gegen den Berechtigten mit der ihm obliegenden Geldleistung verrechnen, soweit nach § 51 die Aufrechnung zulässig ist.

§ 53 Übertragung und Verpfändung
(1) Ansprüche auf Dienst- und Sachleistungen können weder übertragen noch verpfändet werden.
(2) Ansprüche auf Geldleistungen können übertragen und verpfändet werden
1. zur Erfüllung oder zur Sicherung von Ansprüchen auf Rückzahlung von Darlehen und auf Erstattung von Aufwendungen, die im Vorgriff auf fällig gewordene Sozialleistungen zu einer angemessenen Lebensführung gegeben oder gemacht worden sind oder,
2. wenn der zuständige Leistungsträger feststellt, daß die Übertragung oder Verpfändung im wohlverstandenen Interesse des Berechtigten liegt.

(3) Ansprüche auf laufende Geldleistungen, die der Sicherung des Lebensunterhalts zu dienen bestimmt sind, können in anderen Fällen übertragen und verpfändet werden, soweit sie den für Arbeitseinkommen geltenden unpfändbaren Betrag übersteigen.
(4) Der Leistungsträger ist zur Auszahlung an den neuen Gläubiger nicht vor Ablauf des Monats verpflichtet, der dem Monat folgt, in dem er von der Übertragung oder Verpfändung Kenntnis erlangt hat.
(5) Eine Übertragung oder Verpfändung von Ansprüchen auf Geldleistungen steht einer Aufrechnung oder Verrechnung auch dann nicht entgegen, wenn der Leistungsträger beim Erwerb des Anspruchs von der Übertragung oder Verpfändung Kenntnis hatte.

§ 54 Pfändung
(1) Ansprüche auf Dienst- und Sachleistungen können nicht gepfändet werden.
(2) Ansprüche auf einmalige Geldleistungen können nur gepfändet werden, soweit nach den Umständen des Falles, insbesondere nach den Einkommens- und Vermögensverhältnissen des Leistungsberechtigten, der Art des beizutreibenden Anspruchs sowie der Höhe und der Zweckbestimmung der Geldleistung, die Pfändung der Billigkeit entspricht.
(3) Unpfändbar sind Ansprüche auf
1. Erziehungsgeld und vergleichbare Leistungen der Länder,
2. Mutterschaftsgeld nach § 13 Abs. 1 des Mutterschutzgesetzes, soweit das Mutterschaftsgeld nicht aus einer Teilzeitbeschäftigung während des Erziehungsurlaubs herrührt oder anstelle von Arbeitslosenhilfe gewährt wird, bis zur Höhe des Erziehungsgeldes nach § 5 Abs. 1 des Bundeserziehungsgeldgesetzes,
3. Geldleistungen, die dafür bestimmt sind, den durch einen Körper- oder Gesundheitsschaden bedingten Mehraufwand auszugleichen.

(4) Im übrigen können Ansprüche auf laufende Geldleistungen wie Arbeitseinkommen gepfändet werden.
(5) Ein Anspruch des Leistungsberechtigten auf Geldleistungen für Kinder (§ 48 Abs. 1 Satz 2) kann nur wegen gesetzlicher Unterhaltsansprüche eines Kindes, das bei der Festsetzung der Geldleistungen berücksichtigt wird, gepfändet werden. Für die Höhe des pfändbaren Betrages bei Kindergeld gilt:
1. Gehört das unterhaltsberechtigte Kind zum Kreis der Kinder, für die dem Leistungsberechtigten Kindergeld gezahlt wird, so ist eine Pfändung bis zu dem Betrag möglich, der bei gleichmäßiger Verteilung des Kindergeldes auf jedes dieser Kinder entfällt. Ist das Kindergeld durch die Berücksichtigung eines weiteren Kindes erhöht, für das einer dritten Person Kindergeld oder dieser oder dem Leistungsberechtigten eine andere Geldleistung für Kinder zusteht, so bleibt der Erhöhungsbetrag bei der Bestimmung des pfändbaren Betrages des Kindergeldes nach Satz 1 außer Betracht.
2. Der Erhöhungsbetrag (Nummer 1 Satz 2) ist zugunsten jedes bei der Festsetzung des Kindergeldes berücksichtigten unterhaltsberechtigten Kindes zu dem Anteil pfändbar, der sich bei gleichmäßiger Verteilung auf alle Kinder, die bei der Festsetzung des Kindergeldes zugunsten des Leistungsberechtigten berücksichtigt werden, ergibt.

§ 55 Kontenpfändung und Pfändung von Bargeld
(1) Wird eine Geldleistung auf das Konto des Berechtigten bei einem Geldinstitut überwiesen, ist die Forderung, die durch die Gutschrift entsteht, für die Dauer von sieben Tagen seit der Gutschrift der Überweisung unpfändbar. Eine Pfändung des Guthabens gilt als mit der Maßgabe ausgesprochen, daß sie das Guthaben in Höhe der in Satz 1 bezeichneten Forderung während der sieben Tage nicht erfaßt.
(2) Das Geldinstitut ist dem Schuldner innerhalb der sieben Tage zur Leistung aus dem nach Absatz 1 Satz 2 von der Pfändung nicht erfaßten Guthaben nur soweit verpflichtet, als der Schuldner nachweist oder dem Geldinstitut sonst bekannt ist, daß das Guthaben von der Pfändung nicht erfaßt ist. Soweit das Geldinstitut hiernach geleistet hat, gilt Absatz 1 Satz 2 nicht.
(3) Eine Leistung, die das Geldinstitut innerhalb der sieben Tage aus dem nach Absatz 1 Satz 2 von der Pfändung nicht erfaßten Guthaben an den Gläubiger bewirkt, ist dem Schuldner gegenüber unwirksam. Das gilt auch für eine Hinterlegung.
(4) Bei Empfängern laufender Geldleistungen sind die in Absatz 1 genannten Forderungen nach Ablauf von sieben Tagen seit der Gutschrift sowie Bargeld insoweit nicht der Pfändung unterworfen, als ihr Betrag dem unpfändbaren Teil der Leistungen für die Zeit von der Pfändung bis zum nächsten Zahlungstermin entspricht.

§ 56 Sonderrechtsnachfolge
(1) Fällige Ansprüche auf laufende Geldleistungen stehen beim Tode des Berechtigten nacheinander
1. dem Ehegatten,
2. den Kindern,
3. den Eltern,
4. dem Haushaltsführer

zu, wenn diese mit dem Berechtigten zur Zeit seines Todes in einem gemeinsamen Haushalt gelebt haben oder von ihm wesentlich unterhalten worden sind. Mehreren Personen einer Gruppe stehen die Ansprüche zu gleichen Teilen zu.
(2) Als Kinder im Sinne des Absatzes 1 Nr. 2 gelten auch
1. Stiefkinder und Enkel, die in den Haushalt des Berechtigten aufgenommen sind,
2. Pflegekinder (Personen, die mit dem Berechtigten durch ein auf längere Dauer angelegtes Pflegeverhältnis mit häuslicher Gemeinschaft wie Kinder mit Eltern verbunden sind),
3. Geschwister des Berechtigten, die in seinen Haushalt aufgenommen worden sind.

(3) Als Eltern im Sinne des Absatzes 1 Nr. 3 gelten auch
1. sonstige Verwandte der geraden aufsteigenden Linie,
2. Stiefeltern,
3. Pflegeeltern (Personen, die den Berechtigten als Pflegekind aufgenommen haben).

(4) Haushaltsführer im Sinne des Absatzes 1 Nr. 4 ist derjenige Verwandte oder Verschwägerte, der an Stelle des verstorbenen oder geschiedenen oder an der Führung des Haushalts durch Krankheit, Gebrechen oder Schwäche dauernd gehinderten Ehegatten den Haushalt des Berechtigten mindestens ein Jahr lang vor dessen Tode geführt hat und von ihm überwiegend unterhalten worden ist.

§ 57 Verzicht und Haftung des Sonderrechtsnachfolgers
(1) Der nach § 56 Berechtigte kann auf die Sonderrechtsnachfolge innerhalb von sechs Wochen nach ihrer Kenntnis durch schriftliche Erklärung gegenüber dem Leistungsträger verzichten. Verzichtet er innerhalb dieser Frist, gelten die Ansprüche als auf ihn nicht übergegangen. Sie stehen den Personen zu, die ohne den Verzichtenden nach § 56 berechtigt wären.
(2) Soweit Ansprüche auf den Sonderrechtsnachfolger übergegangen sind, haftet er für die nach diesem Gesetzbuch bestehenden Verbindlichkeiten des Verstorbenen gegenüber dem für die Ansprüche zuständigen Leistungsträger. Insoweit entfällt eine Haftung des Erben. Eine Aufrechnung und Verrechnung nach den §§ 51 und 52 ist ohne die dort genannten Beschränkungen der Höhe zulässig.

§ 58 Vererbung
Soweit fällige Ansprüche auf Geldleistungen nicht nach den §§ 56 und 57 einem Sonderrechtsnachfolger zustehen, werden sie nach den Vorschriften des Bürgerlichen Gesetzbuchs vererbt. Der Fiskus als gesetzlicher Erbe kann die Ansprüche nicht geltend machen.

§ 59 Ausschluß der Rechtsfolge
Ansprüche auf Dienst- und Sachleistungen erlöschen mit dem Tode des Berechtigten. Ansprüche auf Geldleistungen erlöschen nur, wenn sie im Zeitpunkt des Todes des Berechtigten weder festgestellt sind noch ein Verwaltungsverfahren über sie anhängig ist.

Dritter Titel
Mitwirkung des Leistungsberechtigten

§ 60 Angabe von Tatsachen
(1) Wer Sozialleistungen beantragt oder erhält, hat
1. alle Tatsachen anzugeben, die für die Leistung erheblich sind, und auf Verlangen des zuständigen Leistungsträgers der Erteilung der erforderlichen Auskünfte durch Dritte zuzustimmen,
2. Änderungen in den Verhältnissen, die für die Leistung erheblich sind oder über die im Zusammenhang mit der Leistung Erklärungen abgegeben worden sind, unverzüglich mitzuteilen,
3. Beweismittel zu bezeichnen und auf Verlangen des zuständigen Leistungsträgers Beweisurkunden vorzulegen oder ihrer Vorlage zuzustimmen.

Satz 1 gilt entsprechend für denjenigen, der Leistungen zu erstatten hat.
(2) Soweit für die in Absatz 1 Nr. 1 und 2 genannten Angaben Vordrucke vorgesehen sind, sollen diese benutzt werden.

§ 61 Persönliches Erscheinen
Wer Sozialleistungen beantragt oder erhält, soll auf Verlangen des zuständigen Leistungsträgers zur mündlichen Erörterung des Antrags oder zur Vornahme anderer für die Entscheidung über die Leistung notwendiger Maßnahmen persönlich erscheinen.

§ 62 Untersuchungen
Wer Sozialleistungen beantragt oder erhält, soll sich auf Verlangen des zuständigen Leistungsträgers ärztlichen und psychologischen Untersuchungsmaßnahmen unterziehen, soweit diese für die Entscheidung über die Leistung erforderlich sind.

§ 63 Heilbehandlung
Wer wegen Krankheit oder Behinderung Sozialleistungen beantragt oder erhält, soll sich auf Verlangen des zuständigen Leistungsträgers einer Heilbehandlung unterziehen, wenn zu erwarten ist, daß sie eine Besserung seines Gesundheitszustands herbeiführen oder eine Verschlechterung verhindern wird.

§ 64 Berufsfördernde Maßnahmen
Wer wegen Minderung der Erwerbsfähigkeit oder wegen Arbeitslosigkeit Sozialleistungen beantragt oder erhält, soll auf Verlangen des zuständigen Leistungsträgers an berufsfördernden Maßnahmen teilnehmen, wenn bei angemessener Berücksichtigung seiner beruflichen Neigung und seiner Leistungsfähigkeit zu erwarten ist, daß sie eine Erwerbs- oder Vermittlungsfähigkeit auf Dauer fördern oder erhalten werden.

§ 65 Grenzen der Mitwirkung
(1) Die Mitwirkungspflichten nach den §§ 60 bis 64 bestehen nicht, soweit
1. ihre Erfüllung nicht in einem angemessenen Verhältnis zu der in Anspruch genommenen Sozialleistung oder ihrer Erstattung steht oder
2. ihre Erfüllung dem Betroffenen aus einem wichtigen Grund nicht zugemutet werden kann oder
3. der Leistungsträger sich durch einen geringeren Aufwand als der Antragsteller oder Leistungsberechtigte die erforderlichen Kenntnisse selbst beschaffen kann.

(2) Behandlungen und Untersuchungen,
1. bei denen im Einzelfall ein Schaden für Leben oder Gesundheit nicht mit hoher Wahrscheinlichkeit ausgeschlossen werden kann,
2. die mit erheblichen Schmerzen verbunden sind oder
3. die einen erheblichen Eingriff in die körperliche Unversehrtheit bedeuten, können abgelehnt werden.

(3) Angaben, die dem Antragsteller, dem Leistungsberechtigten oder ihnen nahestehende Personen (§ 383 Abs. 1 Nr. 1 bis 3 der Zivilprozeßordnung) die Gefahr zuziehen würde, wegen einer Straftat oder einer Ordnungswidrigkeit verfolgt zu werden, können verweigert werden.

§ 65 a Aufwendungsersatz

(1) Wer einem Verlangen des zuständigen Leistungsträgers nach den §§ 61 oder 62 nachkommt, kann auf Antrag Ersatz seiner notwendigen Auslagen und seines Verdienstausfalles in angemessenem Umfang erhalten. Bei einem Verlangen des zuständigen Leistungsträgers nach § 61 sollen Aufwendungen nur in Härtefällen ersetzt werden.
(2) Absatz 1 gilt auch, wenn der zuständige Leistungsträger ein persönliches Erscheinen oder eine Untersuchung nachträglich als notwendig anerkennt.

§ 66 Folgen fehlender Mitwirkung

(1) Kommt derjenige, der eine Sozialleistung beantragt oder erhält, seinen Mitwirkungspflichten nach den §§ 60 bis 62, 65 nicht nach und wird hierdurch die Aufklärung des Sachverhalts erheblich erschwert, kann der Leistungsträger ohne weitere Ermittlungen die Leistung bis zu Nachholung der Mitwirkung ganz oder teilweise versagen oder entziehen, soweit die Voraussetzungen der Leistung nicht nachgewiesen sind. Dies gilt entsprechend, wenn der Antragsteller oder Leistungsberechtigte in anderer Weise absichtlich die Aufklärung des Sachverhalts erheblich erschwert.
(2) Kommt derjenige, der eine Sozialleistung wegen Pflegebedürftigkeit, wegen Arbeitsunfähigkeit, wegen Gefährdung oder Minderung der Erwerbsfähigkeit oder wegen Arbeitslosigkeit beantragt oder erhält, seinen Mitwirkungspflichten nach den §§ 62 bis 65 nicht nach und ist unter Würdigung aller Umstände mit Wahrscheinlichkeit anzunehmen, daß deshalb die Fähigkeit zur selbständigen Lebensführung, die Arbeits-, Erwerbs- oder Vermittlungsfähigkeit beeinträchtigt oder nicht verbessert wird, kann der Leistungsträger die Leistung bis zur Nachholung der Mitwirkung ganz oder teilweise versagen oder entziehen.
(3) Sozialleistungen dürfen wegen fehlender Mitwirkung nur versagt oder entzogen werden, nachdem der Leistungsberechtigte auf diese Folge schriftlich hingewiesen worden ist und seiner Mitwirkungspflicht nicht innerhalb einer ihm gesetzten angemessenen Frist nachgekommen ist.

§ 67 Nachholung der Mitwirkung

Wird die Mitwirkung nachgeholt und liegen die Leistungsvoraussetzungen vor, kann der Leistungsträger Sozialleistungen, die er nach § 66 versagt oder entzogen hat, nachträglich ganz oder teilweise erbringen.

Artikel II
Übergangs- und Schlußvorschriften

Erster Abschnitt
Besondere Teile des Sozialgesetzbuchs

§ 1

Bis zu ihrer Einordnung in das Sozialgesetzbuch gelten die nachfolgenden Gesetze mit den zu ihrer Ergänzung und Änderung erlassenen Gesetzen als besondere Teile des Sozialgesetzbuchs:
1. das Bundesausbildungsförderungsgesetz,
2. (aufgehoben)
3. das Schwerbehindertengesetz,
4. die Reichsversicherungsordnung,
5. das Gesetz zur Zahlung eines Sozialzuschlags zu Renten im Beitrittsgebiet,
6. und 7. (aufgehoben)
8. das Gesetz über die Alterssicherung der Landwirte,
9. das Gesetz über die Krankenversicherung der Landwirte,
10. (aufgehoben)
11. das Bundesversorgungsgesetz, auch soweit andere Gesetze insbesondere
    a) § 80 des Soldatenversorgungsgesetzes,
    b) § 59 Abs. 1 des Bundesgrenzschutzgesetzes,
    c) § 47 des Zivildienstgesetzes,
    d) § 51 des Bundes-Seuchengesetzes,
    e) §§ 4 und 5 des Häftlingshilfegesetzes,

die entsprechende Anwendung der Leistungsvorschriften des Bundesversorgungsgesetzes vorsehen,
   f) § 1 des Opferentschädigungsgesetzes,
   g) §§ 21 und 22 des Strafrechtlichen Rehabilitierungsgesetzes,
12. das Gesetz über das Verwaltungsverfahren der Kriegsopferversorgung,
13. das Bundeskindergeldgesetz,
14. das Wohngeldgesetz und des Wohngeldsondergesetz,
15. das Bundessozialhilfegesetz, auch soweit § 9 Abs. 4 des Asylbewerberleistungsgesetzes die entsprechende Anwendung des Bundessozialhilfegesetzes vorsieht,
16. das Adoptionsvermittlungsgesetz,
17. das Gesetz über die Angleichung der Leistungen zur Rehabilitation,
18. das Unterhaltsvorschußgesetz,
19. (aufgehoben)
20. der Erste Abschnitt des Bundeserziehungsgeldgesetzes.
21. das Altersteilzeitgesetz,
22. Gesetz zur Hilfe für Frauen bei Schwangerschaftsabbrüchen in besonderen Fällen.

...

Sozialgesetzbuch (SGB)
Viertes Buch (IV)
– Gemeinsame Vorschriften für die Sozialversicherung –

Vom 23. Dezember 1976 (BGBl. I S. 3845)
(BGBl. III 860-4-1)
zuletzt geändert durch Gesetz zur Neuregelung der geringfügigen Beschäftigungsverhältnisse vom 24. März 1999 (BGBl. I S. 388)

– Auszug –

Artikel I

Viertes Buch (IV)
Gemeinsame Vorschriften für die Sozialversicherung

Erster Abschnitt
Grundsätze und Begriffsbestimmungen

Erster Titel
Geltungsbereich und Umfang der Versicherung

§ 1 Sachlicher Geltungsbereich
(1) Die Vorschriften dieses Buches gelten für die gesetzliche Kranken-, Unfall- und Rentenversicherung einschließlich der Alterssicherung der Landwirte sowie die soziale Pflegeversicherung (Versicherungszweige). Die Vorschriften dieses Buches gelten mit Ausnahme des Ersten und Zweiten Titels des Vierten Abschnitts und des Fünften Abschnitts auch für die Arbeitsförderung. Die Bundesanstalt für Arbeit gilt im Sinne dieses Buches als Versicherungsträger.
(2) Die Vorschriften des Sechsten Abschnitts gelten auch für die Sozialhilfe.
(3) Regelungen in den Sozialleistungsbereichen dieses Gesetzbuches, die in den Absätzen 1 und 2 genannt sind, bleiben unberührt, soweit sie von den Vorschriften dieses Buches abweichen.

§ 2 Versicherter Personenkreis
(1) Die Sozialversicherung umfaßt Personen, die kraft Gesetzes oder Satzung (Versicherungspflicht) oder auf Grund freiwilligen Beitritts oder freiwilliger Fortsetzung der Versicherung (Versicherungsberechtigung) versichert sind.
(1 a) Deutsche im Sinne der Vorschriften über die Sozialversicherung und die Arbeitsförderung sind Deutsche im Sinne des Artikels 116 des Grundgesetzes.
(2) In allen Zweigen der Sozialversicherung sind nach Maßgabe der besonderen Vorschriften für die einzelnen Versicherungszweige versichert
1. Personen, die gegen Arbeitsentgelt oder zu ihrer Berufsausbildung beschäftigt sind,
2. Behinderte, die in geschützten Einrichtungen beschäftigt werden,
3. Landwirte,
4. bis 7. (aufgehoben)
(3) Deutsche Seeleute, die auf einem Seeschiff beschäftigt sind, das nicht berechtigt ist, die Bundesflagge zu führen, werden auf Antrag des Reeders
1. in der gesetzlichen Kranken-, Renten- und Pflegeversicherung versichert und die Versicherungspflicht nach dem Dritten Buch einbezogen,
2. in der gesetzlichen Unfallversicherung versichert, wenn der Reeder das Seeschiff der Unfallverhütung und Schiffssicherheitsüberwachung durch die See-Berufsgenossenschaft unterstellt hat und der Staat, dessen Flagge das Seeschiff führt, dem nicht widerspricht.

Ein Reeder mit Sitz im Ausland hat für die Erfüllung seiner Verbindlichkeiten gegenüber den Versicherungsträgern einen Bevollmächtigten im Inland zu bestellen. Der Reeder und der Bevollmächtigte haften gegenüber den Versicherungsträgern als Gesammtschuldner; sie haben auf Verlangen entsprechende Sicherheit zu leisten.

(4) Die Versicherung weiterer Personengruppen in einzelnen Versicherungszweigen ergibt sich aus den für sie geltenden besonderen Vorschriften.

§ 3 Persönlicher und räumlicher Geltungsbereich
Die Vorschriften über die Versicherungspflicht und die Versicherungsberechtigung gelten,
1. soweit sie eine Beschäftigung oder eine selbständige Tätigkeit voraussetzen, für alle Personen, die im Geltungsbereich dieses Gesetzbuchs beschäftigt oder selbständig tätig sind,
2. soweit sie eine Beschäftigung oder eine selbständige Tätigkeit nicht voraussetzen, für alle Personen, die ihren Wohnsitz oder gewöhnlichen Aufenthalt im Geltungsbereich dieses Gesetzbuchs haben.

§ 4 Ausstrahlung
(1) Soweit die Vorschriften über die Versicherungspflicht und die Versicherungsberechtigung eine Beschäftigung voraussetzen, gelten sie auch für Personen, die im Rahmen eines im Geltungsbereich dieses Gesetzbuchs bestehenden Beschäftigungsverhältnisses in ein Gebiet außerhalb dieses Geltungsbereichs entsandt werden, wenn die Entsendung infolge der Eigenart der Beschäftigung oder vertraglich im voraus zeitlich begrenzt ist.
(2) Für Personen, die eine selbständige Tätigkeit ausüben, gilt Absatz 1 entsprechend.

§ 5 Einstrahlung
(1) Soweit die Vorschriften über die Versicherungspflicht und die Versicherungsberechtigung eine Beschäftigung voraussetzen, gelten sie nicht für Personen, die im Rahmen eines außerhalb des Geltungsbereichs dieses Gesetzbuchs bestehenden Beschäftigungsverhältnisses in diesen Geltungsbereich entsandt werden, wenn die Entsendung infolge der Eigenart der Beschäftigung oder vertraglich im voraus zeitlich begrenzt ist.
(2) Für Personen, die eine selbständige Tätigkeit ausüben, gilt Absatz 1 entsprechend.

§ 6 Vorbehalt abweichender Regelungen
Regelungen des über- und zwischenstaatlichen Rechts bleiben unberührt.

Zweiter Titel
Beschäftigung und selbständige Tätigkeit

§ 7 Beschäftigung
(1) Beschäftigung ist die nichtselbständige Arbeit, insbesondere in einem Arbeitsverhältnis.
(1 a) Ist für Zeiten einer Freistellung von der Arbeitsleistung Arbeitsentgelt fällig, das mit einer vor oder nach diesen Zeiten erbrachten Arbeitsleistung erzielt wird (Wertguthaben), besteht während der Freistellung eine Beschäftigung gegen Arbeitsentgelt, wenn
1. die Freistellung auf Grund einer schriftlichen Vereinbarung erfolgt und
2. die Höhe des für die Zeit der Freistellung und des für die vorausgegangenen zwölf Kalendermonate monatlich fälligen Arbeitsentgelts nicht unangemessen voneinander abweichen und diese Arbeitsentgelte 630 Deutsche Mark übersteigen.

Beginnt ein Beschäftigungsverhältnis mit einer Zeit der Freistellung, gilt Satz 1 Nr. 2 mit der Maßgabe, daß die Höhe des für die Zeit der Freistellung und des für die Zeit der Arbeitsleistung, mit der das Arbeitsentgelt später erzielt werden soll, monatlich fälligen Arbeitsentgelts nicht unangemessen voneinander abweichen darf und diese Arbeitsentgelte 630 Deutsche Mark übersteigen müssen. Eine Beschäftigung gegen Arbeitsentgelt besteht während der Zeit der Freistellung auch, wenn die Arbeitsleistung, mit der das Arbeitsentgelt später erzielt werden soll, wegen einer im Zeitpunkt der Vereinbarung nicht vorhersehbaren vorzeitigen Beendigung des Beschäftigungsverhältnisses nicht mehr erbracht werden kann. Die Sätze 1 bis 3 gelten nicht für Beschäftigte, auf die Wertguthaben übertragen werden.

(1 b) Die Möglichkeit eines Arbeitnehmers zur Vereinbarung flexibler Arbeitszeiten gilt nicht als eine die Kündigung des Arbeitsverhältnisses durch den Arbeitgeber begründende Tatsache im Sinne des § 1 Abs. 2 Satz 1 des Kündigungsschutzgesetzes.
(2) Als Beschäftigung gilt auch der Erwerb beruflicher Kenntnisse, Fertigkeiten oder Erfahrungen im Rahmen betrieblicher Berufsbildung.
(3) Eine Beschäftigung gegen Arbeitsentgelt gilt als fortbestehend, solange das Beschäftigungsverhältnis ohne Anspruch auf Arbeitsentgelt fortdauert, jedoch nicht länger als einen Monat. Satz 1

gilt nicht, wenn Krankengeld, Verletztengeld, Versorgungskrankengeld, Übergangsgeld oder Mutterschaftsgeld oder nach gesetzlichen Vorschriften Erziehungsgeld bezogen oder Erziehungsurlaub in Anspruch genommen wird.
(4) Bei Personen, die erwerbsmäßig tätig sind und
1. im Zusammenhang mit ihrer Tätigkeit mit Ausnahme von Familienangehörigen keinen versicherungspflichtigen Arbeitnehmer beschäftigen,
2. regelmäßig und im wesentlichen nur für einen Auftraggeber tätig sind,
3. für Beschäftigte typische Arbeitsleistungen erbringen, insbesondere Weisungen des Auftraggebers unterliegen und in die Arbeitsorganisation des Auftraggebers eingegliedert sind, oder
4. nicht aufgrund unternehmerischer Tätigkeit am Markt auftreten,
wird vermutet, daß sie gegen Arbeitsentgelt beschäftigt sind, wenn mindestens zwei der genannten Merkmale vorliegen. Satz 1 gilt nicht für Handelsvertreter, die im wesentlichen frei ihre Tätigkeit gestalten und über ihre Arbeitszeit bestimmen können. Familienangehörige im Sinne des Satzes 1 Nr. 1 sind
1. der Ehegatte sowie
2. Verwandte bis zum zweiten Grade,
3. Verschwägerte bis zum zweiten Grade,
4. Pflegekinder (§ 56 Abs. 2 Nr. 2 des Ersten Buches) des Versicherten oder seines Ehegatten.
Auftraggeber gelten als Arbeitgeber. Geringfügig Beschäftigte, die nach § 5 Abs. 2 Satz 2 des Sechsten Buches auf die Versicherungsfreiheit verzichtet haben, gelten nicht als versicherungspflichtige Arbeitnehmer im Sinne des Satzes 1 Nr. 1.

§ 7 a Insolvenzschutz
(1) Die Vertragsparteien treffen im Rahmen ihrer Vereinbarungen nach § 7 Abs. 1 a Vorkehrungen, die der Erfüllung der Wertguthaben einschließlich des auf sie entfallenden Arbeitgeberanteils am Gesamtsozialversicherungsbeitrag bei Zahlungsunfähigkeit des Arbeitgebers dienen, soweit
1. ein Anspruch auf Insolvenzgeld nicht besteht und
2. das Wertguthaben des Beschäftigten einschließlich des darauf entfallenden Arbeitgeberanteils am Gesamtsozialversicherungsbeitrag einen Betrag in Höhe des Dreifachen der monatlichen Bezugsgröße und der vereinbarte Zeitraum, in dem das Wertguthaben auszugleichen ist, 27 Kalendermonate nach der ersten Gutschrift übersteigt.
(2) Absatz 1 findet keine Anwendung gegenüber dem Bund, einem Land oder einer juristischen Person des öffentlichen Rechts, bei der das Insolvenzverfahren nicht zulässig ist.
(3) Das Bundesministerium für Arbeit und Sozialordnung berichtet den gesetzgebenden Körperschaften bis zum 31. Dezember 2001 über die nach Absatz 1 getroffenen Vereinbarungen zur Absicherung von Wertguthaben und gibt Vorschläge zur Weiterentwicklung des Insolvenzschutzes ab.

§ 8 Geringfügige Beschäftigung und geringfügige selbständige Tätigkeit
(1) Eine geringfügige Beschäftigung liegt vor, wenn
1. die Beschäftigung regelmäßig weniger als fünfzehn Stunden in der Woche ausgeübt wird und das Arbeitsentgelt regelmäßig im Monat 630 Deutsche Mark nicht übersteigt,
2. die Beschäftigung innerhalb eines Jahres seit ihrem Beginn auf längstens zwei Monate oder 50 Arbeitstage nach ihrer Eigenart begrenzt zu sein pflegt oder im voraus vertraglich begrenzt ist, es sei denn, daß die Beschäftigung berufsmäßig ausgeübt wird und ihr Entgelt 630 Deutsche Mark im Monat übersteigt.
(2) Bei der Anwendung des Absatzes 1 sind mehrere geringfügige Beschäftigungen nach Nummer 1 oder Nummer 2 sowie geringfügige Beschäftigungen nach Nummer 1 und nicht geringfügige Beschäftigungen zusammenzurechnen. Eine geringfügige Beschäftigung liegt nicht mehr vor, sobald die Voraussetzungen des Absatzes 1 entfallen.
(3) Die Absätze 1 und 2 gelten entsprechend, soweit anstelle einer Beschäftigung eine selbständige Tätigkeit ausgeübt wird. Dies gilt nicht für das Recht der Arbeitsförderung.
(4) (gestrichen)

§ 9 Beschäftigungsort
(1) Beschäftigungsort ist der Ort, an dem die Beschäftigung tatsächlich ausgeübt wird.

(2) Als Beschäftigungsort gilt der Ort, an dem eine feste Arbeitsstätte errichtet ist, wenn Personen
1. von ihr aus mit einzelnen Arbeiten außerhalb der festen Arbeitsstätte beschäftigt werden oder
2. außerhalb der festen Arbeitsstätte beschäftigt werden und diese Arbeitsstätte sowie der Ort, an dem die Beschäftigung tatsächlich ausgeübt wird, im Bezirk desselben Versicherungsamts liegen.
(3) Sind Personen bei einem Arbeitgeber an mehreren festen Arbeitsstätten beschäftigt, gilt als Beschäftigungsort die Arbeitsstätte, in der sie überwiegend beschäftigt sind.
(4) Erstreckt sich eine feste Arbeitsstätte über den Bezirk mehrerer Gemeinden, gilt als Beschäftigungsort der Ort, an dem die Arbeitsstätte ihren wirtschaftlichen Schwerpunkt hat.
(5) Ist eine feste Arbeitsstätte nicht vorhanden und wird die Beschäftigung an verschiedenen Orten ausgeübt, gilt als Beschäftigungsort der Ort, an dem der Betrieb seinen Sitz hat. Leitet eine Außenstelle des Betriebs die Arbeiten unmittelbar, ist der Sitz der Außenstelle maßgebend. Ist nach den Sätzen 1 und 2 ein Beschäftigungsort im Geltungsbereich dieses Gesetzbuchs nicht vorhanden, gilt als Beschäftigungsort der Ort, an dem die Beschäftigung erstmals im Geltungsbereich dieses Gesetzbuchs ausgeübt wird.
(6) In den Fällen der Ausstrahlung gilt der bisherige Beschäftigungsort als fortbestehend. Ist ein solcher nicht vorhanden, gilt als Beschäftigungsort der Ort, an dem der Betrieb, von dem der Beschäftigte entsandt wird, seinen Sitz hat.

§ 10 Beschäftigungsort für besondere Personengruppen
(1) Für Personen, die ein freiwilliges soziales Jahr im Sinne des Gesetzes zur Förderung eines freiwilligen sozialen Jahres oder ein freiwilliges ökologisches Jahr im Sinne des Gesetzes zur Förderung eines freiwilligen ökologischen Jahres leisten, gilt als Beschäftigungsort der Ort, an dem der Träger des freiwilligen sozialen Jahres oder des freiwilligen ökologischen Jahres seinen Sitz hat.
(2) Für Entwicklungshelfer gilt als Beschäftigungsort der Sitz des Trägers des Entwicklungsdienstes. Für auf Antrag im Ausland versicherte Deutsche gilt als Beschäftigungsort der Sitz der antragstellenden Stelle.
(3) Für Seeleute gilt als Beschäftigungsort der Heimathafen des Seeschiffes. Ist ein Heimathafen im Geltungsbereich dieses Gesetzbuchs nicht vorhanden, gilt als Beschäftigungsort Hamburg.

§ 11 Tätigkeitsort
(1) Die Vorschriften über den Beschäftigungsort gelten für selbständige Tätigkeiten entsprechend, soweit sich nicht aus Absatz 2 Abweichendes ergibt.
(2) Ist eine feste Arbeitsstätte nicht vorhanden und wird die selbständige Tätigkeit an verschiedenen Orten ausgeübt, gilt als Tätigkeitsort der Ort des Wohnsitzes oder des gewöhnlichen Aufenthalts.

§ 12 Hausgewerbetreibende, Heimarbeiter und Zwischenmeister
(1) Hausgewerbetreibende sind selbständig Tätige, die in eigener Arbeitsstätte im Auftrag und für Rechnung von Gewerbetreibenden, gemeinnützigen Unternehmen oder öffentlich-rechtlichen Körperschaften gewerblich arbeiten, auch wenn sie Roh- oder Hilfsstoffe selbst beschaffen oder vorübergehend für eigene Rechnung tätig sind.
(2) Heimarbeiter sind sonstige Personen, die in eigener Arbeitsstätte im Auftrag und für Rechnung von Gewerbetreibenden, gemeinnützigen Unternehmen oder öffentlich-rechtlichen Körperschaften erwerbsmäßig arbeiten, auch wenn sie Roh- oder Hilfsstoffe selbst beschaffen; sie gelten als Beschäftigte.
(3) Als Arbeitgeber der Hausgewerbetreibenden oder Heimarbeiter gilt, wer die Arbeit unmittelbar an sie vergibt, als Auftraggeber der, in dessen Auftrag und für dessen Rechnung sie arbeiten.
(4) Zwischenmeister ist, wer, ohne Arbeitnehmer zu sein, die ihm übertragene Arbeit an Hausgewerbetreibende oder Heimarbeiter weitergibt.
(5) Als Hausgewerbetreibende, Heimarbeiter oder Zwischenmeister gelten auch die nach § 1 Abs. 2 Buchstaben a, c und d des Heimarbeitsgesetzes gleichgestellten Personen. Dies gilt nicht für das Recht der Arbeitsförderung.

§ 13 Reeder, Seeleute und Deutsche Seeschiffe
(1) Reeder sind Eigentümer von Seeschiffen. Seeleute sind Kapitäne und Besatzungsmitglieder von Seeschiffen sowie sonstige Arbeitnehmer, die an Bord von Seeschiffen während der Reise im Rahmen des Schiffsbetriebs beschäftigt sind, mit Ausnahme der Lotsen.

(2) Als deutsche Seeschiffe gelten alle zur Seefahrt bestimmten Schiffe, die berechtigt sind, die Bundesflagge zu führen.

Dritter Titel
Arbeitsentgelt und sonstiges Einkommen

§ 14 Arbeitsentgelt
(1) Arbeitsentgelt sind alle laufenden oder einmaligen Einnahmen aus einer Beschäftigung, gleichgültig, ob ein Rechtsanspruch auf die Einnahmen besteht, unter welcher Bezeichnung oder in welcher Form sie geleistet werden und ob sie unmittelbar aus der Beschäftigung oder im Zusammenhang mit ihr erzielt werden. Steuerfreie Aufwandsentschädigungen gelten nicht als Arbeitsentgelt.
(2) Ist ein Nettoarbeitsentgelt vereinbart, gelten als Arbeitsentgelt die Einnahmen des Beschäftigten einschließlich der darauf entfallenden Steuern und der seinem gesetzlichen Anteil entsprechenden Beiträge zur Sozialversicherung und zur Arbeitsförderung.
(3) Bei Verwendung eines Haushaltsschecks (§ 28 a Abs. 7) gilt der ausgezahlte Betrag zuzüglich der durch Abzug vom Arbeitslohn einbehaltenen Steuern als Arbeitsentgelt.
(4) In den Fällen des § 7 Abs. 4 gilt bei einer Beschäftigung, die nach dem Einkommensteuerrecht als selbständige Tätigkeit bewertet wird, als Arbeitsentgelt ein Einkommen in Höhe der Bezugsgröße, bei Nachweis eines niedrigeren oder höheren Einkommens jedoch dieses Einkommen. § 165 Abs. 1 Satz 2 bis 10 des Sechsten Buches gilt entsprechend.

§ 15 Arbeitseinkommen
(1) Arbeitseinkommen ist der nach den allgemeinen Gewinnermittlungsvorschriften des Einkommensteuerrechts ermittelte Gewinn aus einer selbständigen Tätigkeit. Einkommen ist als Arbeitseinkommen zu werten, wenn es als solches nach dem Einkommensteuerrecht zu bewerten ist.
(2) Bei Landwirten, deren Gewinn aus Land- und Forstwirtschaft nach § 13 a des Einkommensteuergesetzes ermittelt wird, ist als Arbeitseinkommen der sich aus § 32 Abs. 6 des Gesetzes über die Alterssicherung der Landwirte ergebende Wert anzusetzen.

§ 16 Gesamteinkommen
Gesamteinkommen ist die Summe der Einkünfte im Sinne des Einkommensteuerrechts; es umfaßt insbesondere das Arbeitsentgelt und das Arbeitseinkommen.

§ 17 Verordnungsermächtigung
(1) Die Bundesregierung wird ermächtigt, durch Rechtsverordnung mit Zustimmung des Bundesrates zur Wahrung der Belange der Sozialversicherung und der Arbeitsförderung, insbesondere zur Vereinfachung des Beitragseinzugs, zu bestimmen,
1. daß einmalige Einnahmen oder laufende Zulagen, Zuschläge, Zuschüsse oder ähnliche Einnahmen, die zusätzlich zu Löhnen oder Gehältern gewährt werden, ganz oder teilweise nicht dem Arbeitsentgelt zuzurechnen sind,
2. wie das Arbeitsentgelt, das Arbeitseinkommen und das Gesamteinkommen zu ermitteln und zeitlich zuzurechnen sind,
3. den Wert der Sachbezüge nach dem tatsächlichen Verkehrswert im voraus für jedes Kalenderjahr. Dabei ist eine möglichst weitgehende Übereinstimmung mit den Regelungen des Steuerrechts sicherzustellen.
(2) Der Bundesminister für Arbeit und Sozialordnung bestimmt im voraus für jedes Kalenderjahr durch Rechtsverordnung mit Zustimmung des Bundesrates die Bezugsgröße (§ 18). Der Bundesminister für Arbeit und Sozialordnung wird ermächtigt, durch Rechtsverordnung mit Zustimmung des Bundesrates auch sonstige aus der Bezugsgröße abzuleitende Beträge zu bestimmen.

§ 17 a Umrechnung von ausländischen Einkommen
(1) Ist Einkommen zu berücksichtigen, das in fremder Währung erzielt wird, wird es in Euro nach dem Referenzkurs umgerechnet, den die Europäische Zentralbank öffentlich bekanntgibt. Wird für die fremde Währung von der Europäischen Zentralbank ein Referenzkurs nicht veröffentlicht, wird das Einkommen nach dem von der Deutschen Bundesbank ermittelten Mittelkurs für die Währung des betreffenden Landes umgerechnet; für Länder mit differenziertem Kurssystem ist der Kurs für den nichtkommerziellen Bereich zugrunde zu legen. Ist in der Übergangszeit im Sinne der Verordnung (EG) Nr. 974/98 des Rates vom 3. Mai 1998 über die Einführung des Euro Einkommen in Deutsche

Mark umzurechnen, wird der nach den Sätzen 1 und 2 in Euro ermittelte Betrag nach den Artikeln 4 und 5 der Verordnung (EG) Nr. 1103/97 des Rates vom 17. Juni 1997 über bestimmte Vorschriften im Zusammenhang mit der Einführung des Euro umgerechnet.
(2) Bei Berücksichtigung von Einkommen ist in den Fällen, in denen der Beginn der Leistung oder der neu berechneten Leistung in der Vergangenheit liegt, der Umrechnungskurs für den Kalendermonat maßgebend, in dem die Anrechnung des Einkommens beginnt. Bei Berücksichtigung von Einkommen ist in den Fällen, in denen der Beginn der Leistung oder der neu berechneten Leistung nicht in der Vergangenheit liegt, der Umrechnungskurs für den ersten Monat des Kalendervierteljahres maßgebend, das dem Beginn der Berücksichtigung von Einkommen vorausgeht. Überstaatliches Recht bleibt unberührt.
(3) Der angewandte Umrechnungskurs bleibt solange maßgebend, bis
1. die Sozialleistung zu ändern ist,
2. sich das zu berücksichtigende Einkommen ändert oder
3. eine Kursveränderung von mehr als 10 vom Hundert gegenüber der letzten Umrechnung eintritt, jedoch nicht vor Ablauf von drei Kalendermonaten.
Die Kursveränderung nach Nummer 3 sowie der neue Umrechnungskurs werden in entsprechender Anwendung von Absatz 2 ermittelt.
(4) Die Absätze 1 bis 3 finden entsprechende Anwendung auf
1. Unterhaltsleistungen,
2. Prämien für eine Krankenversicherung.
Sie finden keine Anwendung bei der Ermittlung von Bemessungsgrundlagen von Sozialleistungen.
(5) Die Absätze 1 bis 4 sind auch anzuwenden, wenn der Versicherungsfall vor dem 1. Juli 1985 eingetreten ist.

§ 18 Bezugsgröße[1]

(1) Bezugsgröße im Sinne der Vorschriften für die Sozialversicherung ist, soweit in den besonderen Vorschriften für die einzelnen Versicherungszweige nichts Abweichendes bestimmt ist, das Durchschnittsentgelt der gesetzlichen Rentenversicherung im vorvergangenen Kalenderjahr, aufgerundet auf den nächsthöheren, durch achthundertvierzig teilbaren Betrag.
(2) Die Bezugsgröße für das Beitrittsgebiet (Bezugsgröße (Ost)) verändert sich zum 1. Januar eines jeden Kalenderjahres auf den Wert, der sich ergibt, wenn der für das vorvergangene Kalenderjahr geltende Wert der Anlage 1 zum Sechsten Buch Sozialgesetzbuch durch den für das Kalenderjahr der Veränderung bestimmten vorläufigen Wert der Anlage 10 zum Sechsten Buch Sozialgesetzbuch geteilt wird, aufgerundet auf den nächsthöheren, durch achthundertvierzig teilbaren Betrag.
(3) Beitrittsgebiet ist das in Artikel 3 des Einigungsvertrages genannte Gebiet.

...

Fünfter Titel
Erhebung, Verarbeitung und Nutzung der Versicherungsnummer
§ 18 f Zulässigkeit der Erhebung, Verarbeitung und Nutzung

(1) Die Sozialversicherungsträger, ihre Verbände, ihre Arbeitsgemeinschaften, die Bundesanstalt für Arbeit, die Deutsche Post AG, soweit sie mit der Berechnung oder Auszahlung von Sozialleistungen betraut ist, die Versorgungsträger nach § 8 Abs. 4 des Gesetzes zur Überführung der Ansprüche und Anwartschaften aus Zusatz- und Sonderversorgungssystemen des Beitrittsgebiets und die Künstlersozialkasse dürfen die Versicherungsnummer nur erheben, verarbeiten oder nutzen, soweit dies zur personenbezogenen Zuordnung der Daten für die Erfüllung einer gesetzlichen Aufgabe nach diesem Gesetzbuch erforderlich ist. Aufgaben nach diesem Gesetzbuch sind auch diejenigen aufgrund von über- und zwischenstaatlichem Recht im Bereich der sozialen Sicherheit. Bei Untersuchungen für Zwecke der Prävention, der Rehabilitation und der Forschung, die dem Ziel dienen, gesundheitlichen Schäden bei Versicherten vorzubeugen oder diese zu beheben, und für entsprechende Dateien darf die Versicherungsnummer nur erhoben, verarbeitet oder genutzt werden, soweit ein einheitliches Ordnungsmerkmal zur personenbezogenen Zuordnung der Daten bei langfristigen Beobachtungen erforderlich ist und der Aufbau eines besonderen Ordnungsmerkmals mit erheblichem organisatorischem Aufwand

---

[1] Hierzu Sozialversicherungs-Rechengrößenverordnung.

verbunden wäre oder mehrere der in Satz 1 genannten Stellen beteiligt sind, die nicht über ein einheitliches Ordnungsmerkmal verfügen. Die Versicherungsnummer darf nach Maßgabe von Satz 3 von überbetrieblichen arbeitsmedizinischen Diensten nach § 24 des Siebten Buches, auch soweit sie das Arbeitssicherheitsgesetz anwenden, erhoben, verarbeitet oder genutzt werden.

(2) Die anderen in § 35 des Ersten Buches genannten Stellen dürfen die Versicherungsnummer nur erheben, verarbeiten oder nutzen, soweit im Einzelfall oder in festgelegten Verfahren eine Übermittlung von Daten gegenüber den in Absatz 1 genannten Stellen oder ihren Aufsichtsbehörden, auch unter Einschaltung von Vermittlungsstellen, für die Erfüllung einer gesetzlichen Aufgabe nach diesem Gesetzbuch erforderlich ist. Satz 1 gilt für die in § 69 Abs. 2 des Zehnten Buches genannten Stellen für die Erfüllung ihrer dort genannten Aufgaben entsprechend.

(3) Andere Behörden, Gerichte, Arbeitgeber oder Dritte dürfen die Versicherungsnummer nur erheben, verarbeiten oder nutzen, soweit dies für die Erfüllung einer gesetzlichen Aufgabe der in Absatz 1 genannten Stellen erforderlich ist
1. bei Mitteilungen, für die die Verarbeitung oder Nutzung von Versicherungsnummern in Rechtsvorschriften vorgeschrieben ist,
2. im Rahmen der Beitragszahlung oder
3. bei der Leistungserbringung einschließlich Abrechnung und Erstattung.

Ist anderen Behörden, Gerichten, Arbeitgebern oder Dritten die Versicherungsnummer vom Versicherten oder seinen Hinterbliebenen oder nach dem Zweiten Kapitel des Zehnten Buches befugt übermittelt worden, darf die Versicherungsnummer, soweit die Übermittlung von Daten gegenüber den in Absatz 1 und den in § 69 Abs. 2 des Zehnten Buches genannten Stellen erforderlich ist, verarbeitet oder genutzt werden.

(4) Die Versicherungsnummer darf auch bei der Verarbeitung von Sozialdaten im Auftrag gemäß § 80 des Zehnten Buches verarbeitet oder genutzt werden.

(5) Die in Absatz 2 oder 3 genannten Stellen dürfen die Versicherungsnummer nicht verarbeiten oder nutzen, um ihre Dateien danach zu ordnen oder für den Zugriff zu erschließen.

§ 18 g Angabe der Versicherungsnummer

Vertragsbestimmungen, durch die der einzelne zur Angabe der Versicherungsnummer für eine nicht nach § 18 f zugelassene Erhebung, Verarbeitung oder Nutzung verpflichtet werden soll, sind unwirksam. Eine befugte Übermittlung der Versicherungsnummer begründet kein Recht, die Versicherungsnummer in anderen als den in § 18 f genannten Fällen zu speichern.

Sechster Titel
Einführung des Euro

§ 18 h Maßgebende Werte und Umrechnungen

(1) Führt ein Arbeitgeber seine Lohn- und Gehaltsabrechnung in Euro, sind die durch Rechtsvorschriften festgelegten oder auf Grund von Rechtsvorschriften ermittelten Werte in Deutscher Mark, die für die Feststellung des Arbeitsentgelts von Bedeutung sind, in Euro umzurechnen. Satz 1 gilt entsprechend für die die Versicherungs- und Beitragspflicht bestimmenden Grenzwerte, wenn sie auf Einkommen anzuwenden sind, die in Euro erzielt werden. Soweit Werte aus den in Deutscher Mark festgelegten Werten abgeleitet werden, sind die Euro-Werte aus dem nach Satz 1 oder 2 errechneten Euro-Wert entsprechend abzuleiten. Die umgerechneten Werte sind stets mit zwei Dezimalstellen darzustellen.

(2) In Euro erzieltes Arbeitsentgelt, das einem vorhergehenden Entgeltabrechnungszeitraum zugeordnet wird, insbesondere das Arbeitsentgelt nach § 23 a Abs. 4, ist in Deutsche Mark umzurechnen, wenn das Arbeitsentgelt für diesen Zeitraum in Deutscher Mark erzielt worden ist.

(3) Erzielt ein Versicherter beitragspflichtige Einnahmen sowohl in Deutscher Mark als auch in Euro, sind die Grenzwerte für die Versicherungs- und Beitragspflicht in Deutscher Mark anzuwenden; das in Euro erzielte Einkommen ist in Deutsche Mark umzurechnen.

(4) Beiträge von in Euro erzielten beitragspflichtigen Einnahmen der Beschäftigten werden in Euro erhoben. Beträge in Bescheiden, die sich auf Beiträge beziehen, können in Deutscher Mark oder in Euro festgelegt werden.

(5) Sind bei der Berechnung von Sozialleistungen in Euro angegebene Beträge von Bedeutung, werden diese in Deutsche Mark umgerechnet.

Zweiter Abschnitt
Leistungen und Beiträge

Erster Titel
Leistungen

§ 19 Leistungen auf Antrag oder von Amts wegen
Leistungen in der gesetzlichen Kranken- und Rentenversicherung, nach dem Recht der Arbeitsförderung sowie in der sozialen Pflegeversicherung werden auf Antrag erbracht, soweit sich aus den Vorschriften für die einzelnen Versicherungszweige nichts Abweichendes ergibt. Leistungen in der gesetzlichen Unfallversicherung werden von Amts wegen erbracht, soweit sich aus den Vorschriften für die gesetzliche Unfallversicherung nichts Abweichendes ergibt.

Zweiter Titel
Beiträge

§ 20 Aufbringung der Mittel
(1) Die Mittel der Sozialversicherung einschließlich der Arbeitsförderung werden nach Maßgabe der besonderen Vorschriften für die einzelnen Versicherungszweige durch Beiträge der Versicherten, der Arbeitgeber und Dritter, durch staatliche Zuschüsse und durch sonstige Einnahmen aufgebracht.
(2) Bei Verwendung eines Haushaltsschecks (§ 28 a Abs. 7) trägt der Arbeitgeber abweichend von den besonderen Vorschriften für Beschäftigte für die einzelnen Versicherungszweige den Gesamtsozialversicherungsbeitrag allein.
...

Vierter Abschnitt
Träger der Sozialversicherung

Erster Titel
Verfassung

§ 29 Rechtsstellung
(1) Die Träger der Sozialversicherung (Versicherungsträger) sind rechtsfähige Körperschaften des öffentlichen Rechts mit Selbstverwaltung.
(2) Die Selbstverwaltung wird, soweit § 44 nichts Abweichendes bestimmt, durch die Versicherten und die Arbeitgeber ausgeübt.
(3) Die Versicherungsträger erfüllen im Rahmen des Gesetzes und des sonstigen für sie maßgebenden Rechts ihre Aufgaben in eigener Verantwortung.
(4) Die besonderen Vorschriften für den Bund als Unfallversicherungsträger bleiben unberührt.
...

Sechster Abschnitt
Sozialversicherungsausweis, Meldungen

Erster Titel
Sozialversicherungsausweis

§ 95 Grundsatz
(1) Jeder Beschäftigte erhält einen Sozialversicherungsausweis. Der Sozialversicherungsausweis ist nach Maßgabe der nachfolgenden Vorschriften bei Ausübung der Beschäftigung mitzuführen, beim Arbeitgeber und bei Kontrollen zur Aufdeckung von illegalen Beschäftigungsverhältnissen vorzulegen sowie zur Verhinderung von Leistungsmißbrauch bei dem zuständigen Leistungsträger zu hinterlegen.
(2) Der Sozialversicherungsausweis darf nur für die in Absatz 1 genannten Zwecke und zur Erhebung der Versicherungsnummer verwendet werden.

(3) Der Sozialversicherungsausweis darf nicht zum automatischen Abruf personenbezogener Daten verwendet werden. Abweichend von Satz 1 dürfen die Bundesanstalt für Arbeit, die Hauptzollämter, die Einzugsstellen und die Träger der Rentenversicherung den Sozialversicherungsausweis zum automatischen Abruf von Daten über die Meldungen zur Sozialversicherung (§ 28 a), über die Kontrollmeldung (§ 102), über die Sofortmeldung (§ 103) sowie von Daten über Leistungsbezug bei der Bundesanstalt für Arbeit und über erteilte Arbeitserlaubnisse und -berechtigungen verwenden, soweit dies zur Aufdeckung von illegalen Beschäftigungsverhältnissen und von Leistungsmißbrauch erforderlich ist. Aufzeichnungen über personenbezogene Daten, die nach Satz 2 abgerufen worden sind, sind unverzüglich zu vernichten, soweit sich keine Anhaltspunkte für illegale Beschäftigung oder Leistungsmißbrauch ergeben haben.

§ 96 Ausstellung des Sozialversicherungsausweises

(1) Der zuständige Rentenversicherungsträger stellt den Sozialversicherungsausweis bei Vergabe einer Versicherungsnummer aus. Geringfügig Beschäftigte erhalten in entsprechender Anwendung des Rentenversicherungsrechts eine Versicherungsnummer. Die erstmalige Ausstellung eines Sozialversicherungsausweises erfolgt auch auf eigenen Antrag.

(2) Ist der Sozialversicherungsausweis zerstört, abhanden gekommen oder unbrauchbar geworden, wird auf Antrag ein neuer Sozialversicherungsausweis ausgestellt. Eine Neuausstellung ist von Amts wegen vorzunehmen, wenn sich die Versicherungsnummer, der Familienname oder der Vorname geändert haben. Unbrauchbare und weitere Sozialversicherungsausweise sind zurückzugeben. Jeder Beschäftigte darf nur einen, auf seinen Namen ausgestellten Sozialversicherungsausweis besitzen.

(3) Der Antrag auf Ausstellung des Sozialversicherungsausweises ist bei der in § 28 i Abs. 1 bestimmten Einzugsstelle zu stellen. § 36 des Ersten Buches gilt entsprechend. Der Beschäftigte ist verpflichtet, der Einzugsstelle den Verlust des Sozialversicherungsausweises oder sein Wiederauffinden unverzüglich anzuzeigen.

§ 97 Inhalt

(1) Der Sozialversicherungsausweis enthält für jeden Beschäftigten ausschließlich folgende Angaben:
1. seine Versicherungsnummer,
2. seinen Familiennamen, gegebenenfalls seinen Geburtsnamen und
3. seinen Vornamen.

(2) Der Sozialversicherungsausweis wird nach Maßgabe der Rechtsverordnung nach § 101 Nr. 1 mit einem Lichtbild ausgestattet, wenn der Beschäftigte nach § 99 Abs. 2 zur Mitführung des Sozialversicherungsausweises verpflichtet ist.

(3) Der Sozialversicherungsausweis enthält darüber hinaus die in der Rechtsverordnung nach § 101 Nr. 1 bestimmten Angaben, die sich nicht auf den Beschäftigten beziehen.

§ 98 Pflichten des Arbeitgebers

(1) Der Arbeitgeber hat sich bei Beginn der Beschäftigung den Sozialversicherungsausweis des Beschäftigten vorlegen zu lassen.

(2) Der Arbeitgeber hat den Beschäftigten, für den eine Mitführungspflicht nach § 99 Abs. 2 oder Abs. 3 Satz 2 besteht, hierüber zu belehren.

§ 99 Pflichten des Beschäftigten

(1) Der Beschäftigte hat seinen Sozialversicherungsausweis bei Beginn der Beschäftigung dem Arbeitgeber vorzulegen. Kann der Beschäftigte seinen Sozialversicherungsausweis nicht vorlegen, hat er dies unverzüglich nachzuholen.

(2) Der Beschäftigte hat seinen Sozialversicherungsausweis bei Ausübung einer Beschäftigung im Baugewerbe, im Gaststätten- und Beherbergungsgewerbe, im Personen- und Güterbeförderungsgewerbe, im Schaustellergewerbe und im Gebäudereinigungsgewerbe mitzuführen und auf Verlangen den in § 107 Abs. 1 und 2 genannten Behörden vorzulegen. Satz 1 gilt auch
1. für Beschäftigte von Unternehmen, die sich am Auf- und Abbau von Messen und Ausstellungen beteiligen,
2. für nicht im Güterbeförderungsgewerbe mit Ausnahme des Werkverkehrs im Sinne des Güterkraftverkehrsgesetzes beschäftigte Personen, die an der Beförderung von Gütern mit Kraftfahr-

zeugen einschließlich des Be- und Entladens von Gütern beteiligt sind, es sei denn, die Personen werden auf Grundstücken im Besitz ihres Arbeitgebers tätig,
3. für Beschäftigte in Wirtschaftsbereichen oder einzelnen Wirtschaftszweigen, die das Bundesministerium für Arbeit und Sozialordnung durch Rechtsverordnung nach § 101 Nr. 2 bestimmt.

Betreiben Unternehmen neben den in Satz 1 genannten Gewerbebereichen weitere Gewerbebereiche, beschränkt sich die Mitführungspflicht auf die Beschäftigten, die in den in Satz 1 genannten Bereichen tätig sind, wenn diese Bereiche von den übrigen Bereichen räumlich erkennbar abgegrenzt sind.

(3) Der geringfügig Beschäftigte kann mit seinem Arbeitgeber die Aufbewahrung seines Sozialversicherungsausweises durch den Arbeitgeber vereinbaren. In diesem Fall gilt Absatz 2 mit der Maßgabe, daß der Beschäftigte ein anderes, mit einem Lichtbild ausgestattetes Personaldokument mitzuführen und vorzulegen hat.

§ 100 Hinterlegung

(1) Gewährt
1. die Bundesanstalt für Arbeit Arbeitslosengeld, Arbeitslosenhilfe, Unterhaltsgeld oder Übergangsgeld oder
2. ein Träger der Sozialhilfe laufende Hilfe zum Lebensunterhalt,

soll der Leistungsträger die Hinterlegung des Sozialversicherungsausweises verlangen; hiervon darf nur abgesehen werden, wenn überwiegende Interessen des Leistungsberechtigten einer Hinterlegung entgegenstehen. Gewährt eine Krankenkasse Krankengeld oder Verletztengeld, kann sie die Hinterlegung des Sozialversicherungsausweises verlangen. Der Sozialversicherungsausweis ist spätestens bei Wegfall der Leistung unverzüglich zurückzugeben. Kommt der Leistungsempfänger der Aufforderung zur Hinterlegung aus von ihm zu vertretenden Gründen nicht nach, können die Bundesanstalt für Arbeit und die Krankenkasse die Leistung bis zur Nachholung der Hinterlegung ganz oder teilweise versagen oder entziehen, der Träger der Sozialhilfe kann die Leistung bis zu dem in § 25 Abs. 2 und 3 des Bundessozialhilfegesetzes genannten Umfang beschränken; § 66 Abs. 3 und § 67 des Ersten Buches gelten.

(2) Während einer Lohn- oder Gehaltsfortzahlung wegen Arbeitsunfähigkeit kann der Arbeitgeber die Hinterlegung des Sozialversicherungsausweises verlangen; er ist spätestens bei Beendigung der Lohnfortzahlung unverzüglich zurückzugeben. Hat der Arbeitgeber die Hinterlegung des Sozialversicherungsausweises verlangt, ist er berechtigt, die Lohn- oder Gehaltsfortzahlung zu verweigern, solange der Arbeitnehmer den Sozialversicherungsausweis nicht hinterlegt; dies gilt nicht, wenn der Arbeitnehmer die Verletzung seiner Hinterlegungspflicht nicht zu vertreten hat.

§ 101 Verordnungsermächtigung

Der Bundesminister für Arbeit und Sozialordnung wird ermächtigt, durch Rechtsverordnung mit Zustimmung des Bundesrates zu bestimmen:
1. a) das Muster des Sozialversicherungsausweises und die Form der Eintragungen,
   b) das Nähere über die Ausstattung des Sozialversicherungsausweises mit einem Lichtbild,
   c) das Nähere über den Inhalt des Sozialversicherungsausweises, soweit er nicht Angaben über den Beschäftigten betrifft,
2. die Wirtschaftsbereiche oder einzelne Wirtschaftszweige, in denen neben den in § 99 Abs. 2 ausdrücklich genannten Wirtschaftsbereichen der Sozialversicherungsausweis mitzuführen ist, soweit wegen Verstößen, die nach Ausmaß und Schwere mit denen vergleichbar sind, die in den in § 99 Abs. 2 ausdrücklich genannten Wirtschaftsbereichen anzutreffen sind, zusätzliche Kontrollmöglichkeiten erforderlich werden,
3. den Wegfall der Mitführungspflicht in den in § 99 Abs. 2 ausdrücklich genannten Wirtschaftsbereichen oder einzelnen Zweigen dieser Wirtschaftsbereiche, wenn zusätzliche Kontrollmöglichkeiten nicht mehr erforderlich sind, weil die dafür maßgebenden Voraussetzungen nicht mehr vorliegen.

Zweiter Titel
Meldungen

§ 102 Kontrollmeldung
(1) Der Arbeitgeber hat der Einzugsstelle die Nichtvorlage des Sozialversicherungsausweises unverzüglich zu melden, wenn der Beschäftigte den Sozialversicherungsausweis bei Beginn des Beschäftigungsverhältnisses nicht vorlegt und die Vorlage nicht innerhalb von drei Tagen nachholt. Die Meldung enthält für den Beschäftigten
1. seine Versicherungsnummer, soweit bekannt,
2. seinen Familien- und Vornamen sowie
3. seine Anschrift.

Die Meldung ist spätestens am Tag der Beschäftigungsaufnahme unverzüglich abzugeben, wenn eine Meldung nach § 103 Abs. 1 zu erstatten ist und mit dieser zu verbinden. Mit einer Anmeldung nach § 28 a Abs. 1 kann sie verbunden werden. Ist die Versicherungsnummer nicht bekannt, ist das Geburtsdatum anzugeben. Die Angaben zur Person sollen amtlichen Unterlagen entnommen werden.

(2) Zuständige Einzugsstelle nach Absatz 1 ist für geringfügig Beschäftigte die Krankenkasse, von der die Krankenversicherung durchgeführt wird. Für Beschäftigte, die bei keiner Krankenkasse versichert sind, ist die Krankenkasse zuständig, bei der zuletzt eine Versicherung bestand. Läßt sich nach den Sätzen 1 und 2 eine zuständige Krankenkasse nicht bestimmen, so hat die zur Meldung verpflichtete Stelle den bei Versicherungspflicht des Beschäftigten, Beschäftigten einer nach § 173 des Fünften Buches wählbaren Krankenkassen zu melden.

§ 103 Sofortmeldung
(1) Der Arbeitgeber hat der Einzugsstelle für jeden Beschäftigten, der zur Mitführung seines Sozialversicherungsausweises verpflichtet ist (§ 99 Abs. 2, § 101 Nr. 2 und 3), spätestens am Tag der Beschäftigungsaufnahme unverzüglich eine Meldung zu erstatten. § 102 Abs. 2 gilt.

(2) Die Meldung enthält für jeden Beschäftigten
1. seine Versicherungsnummer, soweit bekannt,
2. seinen Familien- und Vornamen,
3. den Arbeitgeber sowie
4. den Beginn der Beschäftigung.

§ 102 Abs. 1 Satz 5 und 6 gilt.

(3) Eine Meldung nach Absatz 1 ist nicht erforderlich, wenn eine Anmeldung nach § 28 a Abs. 1 innerhalb der Frist des Absatzes 1 erstattet wird.

§ 104 (aufgehoben)

§ 105 Auskunftspflicht des Beschäftigten und Aufgaben der Einzugsstellen
(1) Bei Meldungen nach § 102 hat der Beschäftigte auf Verlangen der Einzugsstelle unverzüglich Auskunft über die Art einer Leistung nach § 100 Abs. 1 und den zuständigen Leistungsträger zu erteilen; § 98 Abs. 2 Satz 2 Zehntes Buch gilt entsprechend. Darüber hinaus kann die Einzugsstelle den zuständigen Leistungsträger über die Nichtvorlage des Sozialversicherungsausweises informieren und die ihr bekannten, zur Beurteilung der Berechtigung eines weiteren Leistungsbezugs erforderlichen Daten offenbaren.

(2) Die Einzugsstelle hat die Meldungen nach § 103 auf maschinell verwertbare Datenträger zu übernehmen und mit den Anmeldungen zu vergleichen; sofern eine Anmeldung nach Ablauf der Meldefrist nicht eingegangen ist, hat sie die unverzügliche Abgabe der Anmeldung durch den Arbeitgeber zu veranlassen.

(3) Die Datenstelle der Rentenversicherungsträger löscht am 2. Januar 2004 die in der besonderen Datei gespeicherten Meldungen nach § 104 in der am 31. März 1999 geltenden Fassung.

§ 106 Verordnungsermächtigung
Das Bundesministerium für Arbeit und Sozialordnung wird ermächtigt, durch Rechtsverordnung mit Zustimmung des Bundesrates das Nähere über das Meldungsverfahren zu bestimmen, insbesondere
1. (aufgehoben)
2. (aufgehoben)
3. welche zusätzlichen, für die Verarbeitung der Meldungen erforderlichen Angaben zu machen sind,

4. das Verfahren über die Prüfung, Sicherung und Weiterleitung der Daten,
5. unter welchen Voraussetzungen Meldungen auf maschinell verwertbaren Datenträgern oder durch Datenübertragung erstattet werden,
6. in welchen Fällen auf einzelne Meldungen oder Angaben verzichtet wird,
7. in welcher Form und Frist der Arbeitgeber die Beschäftigten über die Meldungen zu unterrichten hat.
8. (aufgehoben)

Dritter Titel
Gemeinsame Vorschriften

§ 107 Prüfungen
(1) Die Behörden, die Aufgaben nach § 304 des Dritten Buches zu erfüllen haben, prüfen die Erfüllung der Pflichten nach den §§ 28 a, 99, 102 und 103. Die Behörden, Arbeitgeber und Dritte haben dabei Rechte und Pflichten nach den §§ 305 bis 308 des Dritten Buches.
(2) Die Einzugsstellen und die Träger der Rentenversicherung kontrollieren die Erstattung der Meldungen nach § 103 im Rahmen der Aufgaben nach § 28 p.
(3) Für die Träger der Rentenversicherung und die Bundesanstalt für Arbeit gilt § 28 q für die Meldungen nach den §§ 102 und 103 entsprechend.

§ 108 Leistungserstattung
(1) War der Sozialversicherungsausweis bei einem Leistungsträger hinterlegt und hat der Arbeitgeber die Meldung nach § 102 vorsätzlich oder grob fahrlässig unterlassen, hat er die wegen der unterlassenen Meldung zu Unrecht erbrachten Leistungen zu erstatten, soweit sie vom Leistungsempfänger nicht erstattet wurden oder eine Erstattung nicht zu erreichen ist.
(2) § 50 Abs. 3 Satz 1 des Zehnten Buches gilt entsprechend.

§ 109 Ausnahmen
(1) Die Regelungen dieses Abschnitts gelten nicht für
1. Beschäftigte, die in der jeweiligen Beschäftigung in der Krankenversicherung und Rentenversicherung sowie nach dem Recht der Arbeitsförderung versicherungsfrei oder von der Versicherungspflicht befreit sind, es sei denn, die jeweilige Beschäftigung wird geringfügig ausgeübt,
2. Beschäftigte im Haushalt, wenn die einzelne Beschäftigung die Grenzen des § 8 Abs. 1 nicht überschreitet,
3. mitarbeitende Familienangehörige eines landwirtschaftlichen Unternehmers,
4. Beschäftigte, die im Rahmen eines außerhalb des Geltungsbereichs dieses Gesetzes bestehenden Beschäftigungsverhältnisses in den Geltungsbereich dieses Gesetzes entsandt worden sind, und
5. Beschäftigte bis zum vollendeten 16. Lebensjahr, die eine allgemeinbildende Schule besuchen, wenn die einzelne Beschäftigung die Grenzen des § 8 Abs. 1 nicht überschreitet.
soweit in dem folgenden Absatz keine abweichenden Regelungen getroffen worden sind.
(2) Ein Beschäftigter nach Absatz 1 Nr. 4 ist verpflichtet, sich einen Ersatzausweis einer Krankenkasse nach § 4 Abs. 2 des Fünften Buches, die für diesen Zweck gewählt werden kann, ausstellen zu lassen. Die Ausstellung des Ersatzausweises erfolgt, wenn die Zulässigkeit der Aufnahme der Beschäftigung im Geltungsbereich dieses Gesetzes nachgewiesen wird; die Erteilung des Ersatzausweises wird auf dem Nachweisdokument vermerkt. Der Ersatzausweis enthält den Familien- und Vornamen, das Geburtsdatum, den Arbeitgeber, die voraussichtliche Dauer der Entsendung und die ausstellende Krankenkasse. Der Ersatzausweis wird für die Dauer der Entsendung ausgestellt; er ist nach Beendigung der Beschäftigung der ausstellenden Krankenkasse zurückzugeben. § 96 Abs. 2 und 3 Satz 3, 99 Abs. 2 gelten entsprechend. Bis zur Ausstellung des Ersatzausweises kann die Vorlagepflicht auch durch die Vorlage der Bescheinigung über die anzuwendenden Rechtsvorschriften für ihre Arbeit oder der Arbeitserlaubnis erfüllt werden. § 111 gilt. Satz 1 gilt nicht für entsandte Werkvertragsarbeitnehmer, die auf der Grundlage einer zwischenstaatlichen Vereinbarung über die Beschäftigung von Arbeitnehmern auf der Grundlage von Werkverträgen tätig werden sowie für entsandte Beschäftigte, die keine Genehmigung zur Ausübung einer Beschäftigung bedürfen, mit Ausnahme von Beschäftigten, die firmeneigene Messestände aufbauen, abbauen und betreuen oder die im Zusammenhang mit Montage- und Instandhaltungsarbeiten sowie Reparaturen an gelieferten Anlagen

und Maschinen beschäftigt werden. Entsandte Werkvertragsarbeitnehmer nach Satz 8 haben bei Ausübung der Beschäftigung die Arbeitserlaubnis mitzuführen und auf Verlangen den in § 107 Abs. 1 und 2 genannten Behörden vorzulegen. § 107 Abs. 1 bis 4 gilt entsprechend.

(3) Die Regelungen des Zweiten Titels dieses Abschnitts gelten nicht für Beschäftigte, die ihre Beschäftigung im Schaustellergewerbe oder im Rahmen des Auf- und Abbaus von Messen und Ausstellungen ausüben und deren Beschäftigung innerhalb eines Monats nach ihrer Eigenart auf längstens sechs Tage begrenzt zu sein pflegt oder im voraus auf diesen Zeitraum vertraglich begrenzt ist, es sei denn, daß die Beschäftigung berufsmäßig ausgeübt wird. Satz 1 gilt auch für Beschäftigte in der Land- und Forstwirtschaft, deren Beschäftigung innerhalb von drei Monaten nach ihrer Eigenart auf längstens 18 Tage begrenzt zu sein pflegt oder im voraus auf diesen Zeitraum vertraglich begrenzt ist, es sei denn, daß die Beschäftigung berufsmäßig ausgeübt wird.

§ 110 Verordnungsermächtigung

Der Bundesminister für Arbeit und Sozialordnung wird ermächtigt, durch Rechtsverordnung mit Zustimmung des Bundesrates zu bestimmen, daß die Regelung des § 109 Abs. 3 auch auf gleichartige Beschäftigungen in anderen Wirtschaftszweigen erstreckt werden kann.

Siebter Abschnitt
Bußgeldvorschriften

§ 111 Bußgeldvorschriften

(1) Ordnungswidrig handelt, wer vorsätzlich oder leichtfertig
1. entgegen § 18 f Abs. 1 bis 3 Satz 1 oder Abs. 5 die Versicherungsnummer erhebt, verarbeitet oder nutzt,
2. entgegen § 28 a Abs. 1 bis 4 und 9 jeweils in Verbindung mit einer Rechtsverordnung nach § 28 c Abs. 1 Nr. 1, § 103 Abs. 1 Satz 1, Abs. 2 Satz 1 oder 2 in Verbindung mit § 102 Abs. 1 Satz 5 eine Meldung nicht, nicht richtig, nicht vollständig oder nicht rechtzeitig erstattet,
2 a. entgegen § 28 a Abs. 7 und 8 eine Meldung nicht richtig oder nicht vollständig erstattet,
3. entgegen § 28 f Abs. 1 Satz 1 Lohnunterlagen nicht führt oder nicht aufbewahrt,
4. entgegen § 28 o Abs. 2,
    a) eine Auskunft nicht, nicht richtig, nicht vollständig oder nicht rechtzeitig erteilt oder
    b) die erforderlichen Unterlagen nicht, nicht vollständig oder nicht rechtzeitig vorlegt,
5. entgegen § 95 Abs. 3 den Sozialversicherungsausweis zum automatischen Abruf personenbezogener Daten verwendet,
5 a. entgegen § 96 Abs. 2 Satz 3 auch in Verbindung mit § 109 Abs. 2 Satz 5 einen Sozialversicherungsausweis oder Ersatzausweis nicht zurückgibt,
5 b. entgegen § 96 Abs. 2 Satz 4 mehr als einen Sozialversicherungsausweis besitzt,
5 c. entgegen § 96 Abs. 3 Satz 3 auch in Verbindung mit § 109 Abs. 2 Satz 5 den Verlust eines Sozialversicherungsausweises oder Ersatzausweises oder sein Wiederauffinden nicht oder nicht rechtzeitig anzeigt,
6. entgegen § 99 Abs. 2, auch in Verbindung mit Abs. 3 Satz 2 oder § 109 Abs. 2 Satz 5 den Sozialversicherungsausweis, den Ersatzausweis oder ein anderes Personaldokument nicht vorlegt, es sei denn, daß er seine Personalien auf andere Weise nachweist,
6 a. entgegen § 109 Abs. 2 Satz 9 die Arbeitserlaubnis nicht vorlegt,
7. entgegen § 107 Abs. 1 Satz 2 in Verbindung mit § 306 Abs. 1 Satz 1 oder 2 des Dritten Buches eine Prüfung oder das Betreten eines Grundstücks oder eines Geschäftsraums nicht duldet oder bei einer Prüfung nicht mitwirkt,
8. einer Rechtsverordnung nach § 28 c Abs. 1 Nr. 3 bis 5, 7 oder 8, § 28 n Satz 1 Nr. 7 oder § 28 p Abs. 9 oder § 106 Nr. 3, 5 oder 7 oder einer vollziehbaren Anordnung auf Grund einer solchen Rechtsverordnung zuwiderhandelt, soweit die Rechtsverordnung für einen bestimmten Tatbestand auf diese Bußgeldvorschrift verweist oder
9. entgegen Artikel II § 15 b Lohnunterlagen nicht aufbewahrt.

(2) Ordnungswidrig handelt, wer als Arbeitgeber einem Beschäftigten oder Hausgewerbetreibenden einen höheren Betrag von dessen Arbeitsentgelt abzieht, als den Teil, den der Beschäftigte oder Hausgewerbetreibende vom Gesamtsozialversicherungsbeitrag zu tragen hat.

(3) Ordnungswidrig handelt, wer entgegen § 40 Abs. 2 einen anderen in der Übernahme oder Ausübung eines Ehrenamtes in der Sozialversicherung behindert oder wegen der Übernahme oder Ausübung benachteiligt.
(3 a) Ordnungswidrig handelt, wer
1. entgegen § 55 Abs. 2 in Verbindung mit einer Rechtsverordnung nach § 56 als Arbeitgeber eine Wahlunterlage nicht, nicht richtig, nicht vollständig oder nicht rechtzeitig ausstellt oder
2. entgegen § 55 Abs. 3 in Verbindung mit einer Rechtsverordnung nach § 56 eine Angabe nicht, nicht richtig, nicht vollständig oder nicht rechtzeitig macht.
(4) Die Ordnungswidrigkeit kann in den Fällen des Absatzes 1 Nr. 5 a bis 6 a mit einer Geldbuße bis zu zweitausend Deutsche Mark, in den Fällen des Absatzes 1 Nr. 7 mit einer Geldbuße bis zu fünfzigtausend Deutschen Mark, in den übrigen Fällen mit einer Geldbuße bis zu zehntausend Deutsche Mark geahndet werden.

§ 112 Allgemeines über Bußgeldvorschriften
(1) Verwaltungsbehörde im Sinne des § 36 Abs. 1 Nr. 1 des Gesetzes über Ordnungswidrigkeiten ist
1. der Versicherungsträger, soweit das Gesetz nichts anderes bestimmt,
2. die nach Landesrecht zuständige Stelle bei Ordnungswidrigkeiten nach § 111 Abs. 1 Nr. 1 und 5; mangels einer Regelung im Landesrecht bestimmt die Landesregierung die zuständige Stelle,
3. die Hauptstelle der Bundesanstalt für Arbeit, die Landesarbeitsämter und die Arbeitsämter jeweils für ihren Geschäftsbereich sowie die Hauptzollämter bei Ordnungswidrigkeiten nach § 111 Abs. 1 Nr. 6, 6 a und 7,
4. die Einzugsstelle bei Ordnungswidrigkeiten nach § 111 Abs. 1 Nr. 2 bis 4, 5 a bis 5 c, 8, 9 und Abs. 2 sowie der Träger der Rentenversicherung bei Ordnungswidrigkeiten nach § 111 Abs. 1 Nr. 2, soweit Meldungen nach § 28 a Abs. 1 bis 4 betroffen sind, und Nr. 3, 4, 5 a bis 5 c, 8, 9 und Abs. 2, wenn die Prüfung nach § 28 p vom Träger der Rentenversicherung durchgeführt wird,
5. die Aufsichtsbehörde des Versicherungsträgers bei Ordnungswidrigkeiten nach § 111 Abs. 3.
(2) Wird in den Fällen des Absatzes 1 Nr. 1 und 4 gegen den Bußgeldbescheid ein zulässiger Einspruch eingelegt, nimmt die von der Vertreterversammlung bestimmte Stelle die weiteren Aufgaben der Verwaltungsbehörde (§ 69 Abs. 2, 3 und 4 Satz 3 zweiter Halbsatz des Gesetzes über Ordnungswidrigkeiten) wahr.
(3) Die Geldbußen fließen in den Fällen des Absatzes 1 Nr. 1, 3 und 4 in die Kasse der Verwaltungsbehörde, die den Bußgeldbescheid erlassen hat; § 66 des Zehnten Buches gilt entsprechend. Diese Kasse trägt abweichend von § 105 Abs. 2 des Gesetzes über Ordnungswidrigkeiten die notwendigen Auslagen; sie ist auch ersatzpflichtig im Sinne des § 110 Abs. 4 des Gesetzes über Ordnungswidrigkeiten.

§ 113 Zusammenarbeit mit anderen Behörden
Zur Verfolgung und Ahndung der Ordnungswidrigkeiten nach § 111 arbeiten die Bundesanstalt für Arbeit, die Hauptzollämter, die Einzugsstellen und die Träger der Rentenversicherung zusammen, wenn sich im Einzelfall konkrete Anhaltspunkte für Verstöße gegen die Vorschriften des Sechsten Abschnitts ergeben. Sie unterrichten sich gegenseitig über die für die Verfolgung und Ahndung der Ordnungswidrigkeiten notwendigen Tatsachen. Ergeben sich Anhaltspunkte für Verstöße gegen die Mitwirkungspflicht nach § 60 Abs. 1 Satz 1 Nr. 2 des Ersten Buches gegenüber einem Träger der Sozialhilfe oder die Meldepflicht nach § 8 a des Asylbewerberleistungsgesetzes, unterrichten sie die Träger der Sozialhilfe oder die für die Durchführung des Asylbewerberleistungsgesetzes zuständigen Behörden.

...

Sozialgesetzbuch (SGB)
Zehntes Buch (X)
– Verwaltungsverfahren –

Vom 18. August 1980 (BGBl. I S. 1469, 2218) – §§ 1 bis 85 –
(BGBl. III 860-10-1/2)
Vom 4. November 1982 (BGBl. I S. 1450) – §§ 86 bis 119 –
(BGBl. III 860-10-3)
zuletzt geändert durch Zweites Gesetz zur Änderung verwaltungsrechtlicher Vorschriften vom 6. August 1998 (BGBl. I S. 2022, 2024)
– Auszug –

Zehntes Buch (X)
Verwaltungsverfahren, Schutz der Sozialdaten, Zusammenarbeit der Leistungsträger und ihre Beziehungen zu Dritten
Erstes Kapitel
Verwaltungsverfahren

Erster Abschnitt
Anwendungsbereich, Zuständigkeit, Amtshilfe

§ 1 Anwendungsbereich
(1) Die Vorschriften dieses Kapitels gelten für die öffentlich-rechtliche Verwaltungstätigkeit der Behörden, die nach diesem Gesetzbuch ausgeübt wird. Für die öffentlich-rechtliche Verwaltungstätigkeit der Behörden der Länder, der Gemeinden und Gemeindeverbände, der sonstigen der Aufsicht des Landes unterstehenden juristischen Personen des öffentlichen Rechts zur Ausführung von besonderen Teilen dieses Gesetzbuchs, die nach Inkrafttreten der Vorschriften dieses Kapitels Bestandteil des Sozialgesetzbuchs werden, gilt dies nur, soweit diese besonderen Teile mit Zustimmung des Bundesrates die Vorschriften dieses Kapitels für anwendbar erklären. Die Vorschriften gelten nicht für die Verfolgung und Ahndung von Ordnungswidrigkeiten.
(2) Behörde im Sinne dieses Gesetzbuchs ist jede Stelle, die Aufgaben der öffentlichen Verwaltung wahrnimmt.

§ 2 Örtliche Zuständigkeit
(1) Sind mehrere Behörden örtlich zuständig, entscheidet die Behörde, die zuerst mit der Sache befaßt worden ist, es sei denn, die gemeinsame Aufsichtsbehörde bestimmt, daß eine andere örtlich zuständige Behörde zu entscheiden hat. Diese Aufsichtsbehörde entscheidet ferner über die örtliche Zuständigkeit, wenn sich mehrere Behörden für zuständig oder für unzuständig halten oder wenn die Zuständigkeit aus anderen Gründen zweifelhaft ist. Fehlt eine gemeinsame Aufsichtsbehörde, treffen die Aufsichtsbehörden die Entscheidung gemeinsam.
(2) Ändern sich im Lauf des Verwaltungsverfahrens die Zuständigkeit begründenden Umstände, kann die bisher zuständige Behörde das Verwaltungsverfahren fortführen, wenn dies unter Wahrung der Interessen der Beteiligten der einfachen und zweckmäßigen Durchführung des Verfahrens dient und die nunmehr zuständige Behörde zustimmt.
(3) Hat die örtliche Zuständigkeit gewechselt, muß die bisher zuständige Behörde die Leistungen noch solange erbringen, bis sie von der nunmehr zuständigen Behörde fortgesetzt werden. Diese hat der bisher zuständigen Behörde die nach dem Zuständigkeitswechsel noch erbrachten Leistungen auf Anforderung zu erstatten. § 102 Abs. 2 gilt entsprechend.
(4) Bei Gefahr im Verzug ist für unaufschiebbare Maßnahmen jede Behörde örtlich zuständig, in deren Bezirk der Anlaß für die Amtshandlung hervortritt. Die nach den besonderen Teilen dieses Gesetzbuchs örtlich zuständige Behörde ist unverzüglich zu unterrichten.

§ 3 Amtshilfepflicht
(1) Jede Behörde leistet anderen Behörden auf Ersuchen ergänzende Hilfe (Amtshilfe).

(2) Amtshilfe liegt nicht vor, wenn
1. Behörden einander innerhalb eines bestehenden Weisungsverhältnisses Hilfe leisten,
2. die Hilfeleistung in Handlungen besteht, die der ersuchten Behörde als eigene Aufgabe obliegen.

§ 4 Voraussetzungen und Grenzen der Amtshilfe
(1) Eine Behörde kann um Amtshilfe insbesondere dann ersuchen, wenn sie
1. aus rechtlichen Gründen die Amtshandlung nicht selbst vornehmen kann,
2. aus tatsächlichen Gründen, besonders weil die zur Vornahme der Amtshandlung erforderlichen Dienstkräfte oder Einrichtungen fehlen, die Amtshandlung nicht selbst vornehmen kann,
3. zur Durchführung ihrer Aufgaben auf die Kenntnis von Tatsachen angewiesen ist, die ihr unbekannt sind und die sie selbst nicht ermitteln kann,
4. zur Durchführung ihrer Aufgaben Urkunden oder sonstige Beweismittel benötigt, die sich im Besitz der ersuchten Behörde befinden,
5. die Amtshandlung nur mit wesentlich größerem Aufwand vornehmen könnte als die ersuchte Behörde.

(2) Die ersuchte Behörde darf Hilfe nicht leisten, wenn
1. sie hierzu aus rechtlichen Gründen nicht in der Lage ist,
2. durch die Hilfeleistung dem Wohl des Bundes oder eines Landes erhebliche Nachteile bereitet würden.

Die ersuchte Behörde ist insbesondere zur Vorlage von Urkunden oder Akten sowie zur Erteilung von Auskünften nicht verpflichtet, wenn die Vorgänge nach einem Gesetz oder ihrem Wesen nach geheimgehalten werden müssen.

(3) Die ersuchte Behörde braucht Hilfe nicht zu leisten, wenn
1. eine andere Behörde die Hilfe wesentlich einfacher oder mit wesentlich geringerem Aufwand leisten kann,
2. sie die Hilfe nur mit unverhältnismäßig großem Aufwand leisten könnte,
3. sie unter Berücksichtigung der Aufgaben der ersuchenden Behörde durch die Hilfeleistung die Erfüllung ihrer eigenen Aufgaben ernstlich gefährden würde.

(4) Die ersuchte Behörde darf die Hilfe nicht deshalb verweigern, weil sie das Ersuchen aus anderen als den in Absatz 3 genannten Gründen oder weil sie die mit der Amtshilfe zu verwirklichende Maßnahme für unzweckmäßig hält.

(5) Hält die ersuchte Behörde sich zur Hilfe nicht für verpflichtet, teilt sie der ersuchenden Behörde ihre Auffassung mit. Besteht diese auf der Amtshilfe, entscheidet über die Verpflichtung zur Amtshilfe die gemeinsame Aufsichtsbehörde oder, sofern eine solche nicht besteht, die für die ersuchte Behörde zuständige Aufsichtsbehörde.

§ 5 Auswahl der Behörde
Kommen für die Amtshilfe mehrere Behörden in Betracht, soll nach Möglichkeit eine Behörde der untersten Verwaltungsstufe des Verwaltungszweiges ersucht werden, dem die ersuchende Behörde angehört.

§ 6 Durchführung der Amtshilfe
(1) Die Zulässigkeit der Maßnahme, die durch die Amtshilfe verwirklicht werden soll, richtet sich nach dem für die ersuchende Behörde, die Durchführung der Amtshilfe nach dem für die ersuchte Behörde geltenden Recht.

(2) Die ersuchende Behörde trägt gegenüber der ersuchten Behörde die Verantwortung für die Rechtmäßigkeit der zu treffenden Maßnahme. Die ersuchte Behörde ist für die Durchführung der Amtshilfe verantwortlich.

§ 7 Kosten der Amtshilfe
(1) Die ersuchende Behörde hat der ersuchten Behörde für die Amtshilfe keine Verwaltungsgebühr zu entrichten. Auslagen hat sie der ersuchten Behörde auf Anforderung zu erstatten, wenn sie im Einzelfall fünfzig Deutsche Mark, bei Amtshilfe zwischen Versicherungsträgern einhundertfünfzig Deutsche Mark übersteigen. Abweichende Vereinbarungen werden dadurch nicht berührt. Leisten Behörden desselben Rechtsträgers einander Amtshilfe, werden die Auslagen nicht erstattet.

(2) Nimmt die ersuchte Behörde zur Durchführung der Amtshilfe eine kostenpflichtige Amtshandlung vor, stehen ihr die von einem Dritten hierfür geschuldeten Kosten (Verwaltungsgebühren, Benutzungsgebühren und Auslagen) zu.

Zweiter Abschnitt
Allgemeine Vorschriften über das Verwaltungsverfahren
Erster Titel
Verfahrensgrundsätze

§ 8 Begriff des Verwaltungsverfahrens
Das Verwaltungsverfahren im Sinne dieses Gesetzbuchs ist die nach außen wirkende Tätigkeit der Behörden, die auf die Prüfung der Voraussetzungen, die Vorbereitung und den Erlaß eines Verwaltungsaktes oder auf den Abschluß eines öffentlich-rechtlichen Vertrages gerichtet ist; es schließt den Erlaß des Verwaltungsaktes oder den Abschluß des öffentlich-rechtlichen Vertrages ein.

§ 9 Nichtförmlichkeit des Verwaltungsverfahrens
Das Verwaltungsverfahren ist an bestimmte Formen nicht gebunden, soweit keine besonderen Rechtsvorschriften für die Form des Verfahrens bestehen. Es ist einfach und zweckmäßig durchzuführen.

§ 10 Beteiligungsfähigkeit
Fähig, am Verfahren beteiligt zu sein, sind
1. natürliche und juristische Personen,
2. Vereinigungen, soweit ihnen ein Recht zustehen kann,
3. Behörden.

§ 11 Vornahme von Verfahrenshandlungen
(1) Fähig zur Vornahme von Verfahrenshandlungen sind
1. natürliche Personen, die nach bürgerlichem Recht geschäftsfähig sind,
2. natürliche Personen, die nach bürgerlichem Recht in der Geschäftsfähigkeit beschränkt sind, soweit sie für den Gegenstand des Verfahrens durch Vorschriften des bürgerlichen Rechts als geschäftsfähig oder durch Vorschriften des öffentlichen Rechts als handlungsfähig anerkannt sind,
3. juristische Personen und Vereinigungen (§ 10 Nr. 2) durch ihre gesetzlichen Vertreter oder durch besonders Beauftragte,
4. Behörden durch ihre Leiter, deren Vertreter oder Beauftragte.

(2) Betrifft ein Einwilligungsvorbehalt nach § 1903 des Bürgerlichen Gesetzbuchs den Gegenstand des Verfahrens, so ist ein geschäftsfähiger Betreuter nur insoweit zur Vornahme von Verfahrenshandlungen fähig, als er nach den Vorschriften des bürgerlichen Rechts ohne Einwilligung des Betreuers handeln kann oder durch Vorschriften des öffentlichen Rechts als handlungsfähig anerkannt ist.

(3) Die §§ 53 und 55 der Zivilprozeßordnung gelten entsprechend.

§ 12 Beteiligte
(1) Beteiligte sind
1. Antragsteller und Antragsgegner,
2. diejenigen, an die die Behörde den Verwaltungsakt richten will oder gerichtet hat,
3. diejenigen, mit denen die Behörde einen öffentlich-rechtlichen Vertrag schließen will oder geschlossen hat,
4. diejenigen, die nach Absatz 2 von der Behörde zu dem Verfahren hinzugezogen worden sind.

(2) Die Behörde kann von Amts wegen oder auf Antrag diejenigen, deren rechtliche Interessen durch den Ausgang des Verfahrens berührt werden können, als Beteiligte hinzuziehen. Hat der Ausgang des Verfahrens rechtsgestaltende Wirkung für einen Dritten, ist dieser auf Antrag als Beteiligter zu dem Verfahren hinzuzuziehen; soweit er der Behörde bekannt ist, hat diese ihn von der Einleitung des Verfahrens zu benachrichtigen.

(3) Wer anzuhören ist, ohne daß die Voraussetzungen des Absatzes 1 vorliegen, wird dadurch nicht Beteiligter.

§ 13 Bevollmächtigte und Beistände
(1) Ein Beteiligter kann sich durch einen Bevollmächtigten vertreten lassen. Die Vollmacht ermächtigt zu allen das Verwaltungsverfahren betreffenden Verfahrenshandlungen, sofern sich aus ihrem In-

halt nicht etwas anderes ergibt. Der Bevollmächtigte hat auf Verlangen seine Vollmacht schriftlich nachzuweisen. Ein Widerruf der Vollmacht wird der Behörde gegenüber erst wirksam, wenn er ihr zugeht.
(2) Die Vollmacht wird weder durch den Tod des Vollmachtgebers noch durch eine Veränderung in seiner Handlungsfähigkeit oder seiner gesetzlichen Vertretung aufgehoben; der Bevollmächtigte hat jedoch, wenn er für den Rechtsnachfolger im Verwaltungsverfahren auftritt, dessen Vollmacht auf Verlangen schriftlich beizubringen.
(3) Ist für das Verfahren ein Bevollmächtigter bestellt, muß sich die Behörde an ihn wenden. Sie kann sich an den Beteiligten selbst wenden, soweit er zur Mitwirkung verpflichtet ist. Wendet sich die Behörde an den Beteiligten, muß der Bevollmächtigte verständigt werden. Vorschriften über die Zustellung an Bevollmächtigte bleiben unberührt.
(4) Ein Beteiligter kann zu Verhandlungen und Besprechungen mit einem Beistand erscheinen. Das von dem Beistand Vorgetragene gilt als von dem Beteiligten vorgebracht, soweit dieser nicht unverzüglich widerspricht.
(5) Bevollmächtigte und Beistände sind zurückzuweisen, wenn sie geschäftsmäßig fremde Rechtsangelegenheiten besorgen, ohne dazu befugt zu sein. Befugt im Sinne des Satzes 1 sind auch die in § 73 Abs. 6 Satz 3 des Sozialgerichtsgesetzes bezeichneten Personen, sofern sie kraft Satzung oder Vollmacht zur Vertretung im Verwaltungsverfahren ermächtigt sind.
(6) Bevollmächtigte und Beistände können vom schriftlichen Vortrag zurückgewiesen werden, wenn sie hierzu ungeeignet sind; vom mündlichen Vortrag können sie zurückgewiesen werden, wenn sie zum sachgemäßen Vortrag nicht fähig sind. Nicht zurückgewiesen werden können Personen, die zur geschäftsmäßigen Besorgung fremder Rechtsangelegenheiten befugt sind.
(7) Die Zurückweisung nach den Absätzen 5 und 6 ist auch dem Beteiligten, dessen Bevollmächtigter oder Beistand zurückgewiesen wird, schriftlich mitzuteilen. Verfahrenshandlungen des zurückgewiesenen Bevollmächtigten oder Beistandes, die dieser nach der Zurückweisung vornimmt, sind unwirksam.

§ 14 Bestellung eines Empfangsbevollmächtigten
Ein Beteiligter ohne Wohnsitz oder gewöhnlichen Aufenthalt, Sitz oder Geschäftsleitung im Inland hat der Behörde auf Verlangen innerhalb einer angemessenen Frist einen Empfangsbevollmächtigten im Geltungsbereich dieses Gesetzbuchs zu benennen. Unterläßt er dies, gilt ein an ihn gerichtetes Schriftstück am siebenten Tag nach der Aufgabe zur Post als zugegangen, es sei denn, daß feststeht, daß das Schriftstück den Empfänger nicht oder zu einem späteren Zeitpunkt erreicht hat. Auf die Rechtsfolgen der Unterlassung ist der Beteiligte hinzuweisen.

§ 15 Bestellung eines Vertreters von Amts wegen
(1) Ist ein Vertreter nicht vorhanden, hat das Vormundschaftsgericht auf Ersuchen der Behörde einen geeigneten Vertreter zu bestellen
1. für einen Beteiligten, dessen Person unbekannt ist,
2. für einen abwesenden Beteiligten, dessen Aufenthalt unbekannt ist oder der an der Besorgung seiner Angelegenheiten verhindert ist,
3. für einen Beteiligten ohne Aufenthalt im Inland, wenn er der Aufforderung der Behörde, einen Vertreter zu bestellen, innerhalb der ihm gesetzten Frist nicht nachgekommen ist,
4. für einen Beteiligten, der infolge einer psychischen Krankheit oder körperlichen, geistigen oder seelischen Behinderung nicht in der Lage ist, in dem Verwaltungsverfahren selbst tätig zu werden.

(2) Für die Bestellung des Vertreters ist in den Fällen des Absatzes 1 Nr. 4 das Vormundschaftsgericht zuständig, in dessen Bezirk der Beteiligte seinen gewöhnlichen Aufenthalt hat; im übrigen ist das Vormundschaftsgericht zuständig, in dessen Bezirk die ersuchende Behörde ihren Sitz hat.
(3) Der Vertreter hat gegen den Rechtsträger der Behörde, die um seine Bestellung ersucht hat, Anspruch auf eine angemessene Vergütung und auf die Erstattung seiner baren Auslagen. Die Behörde kann von dem Vertretenen Ersatz ihrer Aufwendungen verlangen. Sie bestimmt die Vergütung und stellt die Auslagen und Aufwendungen fest.
(4) Im übrigen gelten für die Bestellung und für das Amt des Vertreters in den Fällen des Absatzes 1 Nr. 4 die Vorschriften über die Betreuung, in den übrigen Fällen die Vorschriften über die Pflegschaft entsprechend.

§ 16 Ausgeschlossene Personen

(1) In einem Verwaltungsverfahren darf für eine Behörde nicht tätig werden,
1. wer selbst Beteiligter ist,
2. wer Angehöriger eines Beteiligten ist,
3. wer einen Beteiligten kraft Gesetzes oder Vollmacht allgemein oder in diesem Verwaltungsverfahren vertritt oder als Beistand zugezogen ist,
4. wer Angehöriger einer Person ist, die einen Beteiligten in diesem Verfahren vertritt,
5. wer bei einem Beteiligten gegen Entgelt beschäftigt ist oder bei ihm als Mitglied des Vorstandes, des Aufsichtsrates oder eines gleichartigen Organs tätig ist; dies gilt nicht für den, dessen Anstellungskörperschaft Beteiligte ist, und nicht für Beschäftigte bei Betriebskrankenkassen,
6. wer außerhalb seiner amtlichen Eigenschaft in der Angelegenheit ein Gutachten abgegeben hat oder sonst tätig geworden ist.

Dem Beteiligten steht gleich, wer durch die Tätigkeit oder durch die Entscheidung einen unmittelbaren Vorteil oder Nachteil erlangen kann. Dies gilt nicht, wenn der Vor- oder Nachteil nur darauf beruht, daß jemand einer Berufs- oder Bevölkerungsgruppe angehört, deren gemeinsame Interessen durch die Angelegenheit berührt werden.

(2) Absatz 1 gilt nicht für Wahlen zu einer ehrenamtlichen Tätigkeit und für die Abberufung von ehrenamtlich Tätigen. Absatz 1 Nr. 3 und 5 gilt auch nicht für das Verwaltungsverfahren auf Grund der Bezeichnungen zwischen Ärzten, Zahnärzten und Krankenkassen.

(3) Wer nach Absatz 1 ausgeschlossen ist, darf bei Gefahr im Verzug unaufschiebbare Maßnahmen treffen.

(4) Hält sich ein Mitglied eines Ausschusses oder Beirats für ausgeschlossen oder bestehen Zweifel, ob die Voraussetzungen des Absatzes 1 gegeben sind, ist dies dem Ausschuß oder Beirat mitzuteilen. Der Ausschuß oder Beirat entscheidet über den Ausschluß. Der Betroffene darf an dieser Entscheidung nicht mitwirken. Das ausgeschlossene Mitglied darf bei der weiteren Beratung und Beschlußfassung nicht zugegen sein.

(5) Angehörige im Sinne des Absatzes 1 Nr. 2 und 4 sind
1. der Verlobte,
2. der Ehegatte,
3. Verwandte und Verschwägerte gerader Linie,
4. Geschwister,
5. Kinder der Geschwister,
6. Ehegatten der Geschwister und Geschwister der Ehegatten,
7. Geschwister der Eltern,
8. Personen, die durch ein auf längere Dauer angelegtes Pflegeverhältnis mit häuslicher Gemeinschaft wie Eltern und Kind miteinander verbunden sind (Pflegeeltern und Pflegekinder).

Angehörige sind die in Satz 1 aufgeführten Personen auch dann, wenn
1. in den Fällen der Nummern 2, 3 und 6 die die Beziehung begründende Ehe nicht mehr besteht,
2. in den Fällen der Nummern 3 bis 7 die Verwandtschaft oder Schwägerschaft durch Annahme als Kind erloschen ist,
3. im Falle der Nummer 8 die häusliche Gemeinschaft nicht mehr besteht, sofern die Personen weiterhin wie Eltern und Kind miteinander verbunden sind.

§ 17 Besorgnis der Befangenheit

(1) Liegt ein Grund vor, der geeignet ist, Mißtrauen gegen eine unparteiische Amtsausübung zu rechtfertigen, oder wird von einem Beteiligten das Vorliegen eines solchen Grundes behauptet, hat, wer in einem Verwaltungsverfahren für eine Behörde tätig werden soll, dem Leiter der Behörde oder den von diesem Beauftragten zu unterrichten und sich auf dessen Anordnung der Mitwirkung zu enthalten. Betrifft die Besorgnis der Befangenheit den Leiter der Behörde, trifft diese Anordnung die Aufsichtsbehörde, sofern sich der Behördenleiter nicht selbst einer Mitwirkung enthält. Bei den Geschäftsführern der Versicherungsträger und bei dem Präsidenten der Bundesanstalt für Arbeit tritt an die Stelle der Aufsichtsbehörde der Vorstand.

(2) Für Mitglieder eines Ausschusses oder Beirats gilt § 16 Abs. 4 entsprechend.

§ 18 Beginn des Verfahrens
Die Behörde entscheidet nach pflichtgemäßem Ermessen, ob und wann sie ein Verwaltungsverfahren durchführt. Dies gilt nicht, wenn die Behörde auf Grund von Rechtsvorschriften
1. von Amts wegen oder auf Antrag tätig werden muß,
2. nur auf Antrag tätig werden darf und ein Antrag nicht vorliegt.

§ 19 Amtssprache
(1) Die Amtssprache ist deutsch.
(2) Werden bei einer Behörde in einer fremden Sprache Anträge gestellt oder Eingaben, Belege, Urkunden oder sonstige Schriftstücke vorgelegt, soll die Behörde unverzüglich die Vorlage einer Übersetzung innerhalb einer von ihr zu setzenden angemessenen Frist verlangen, sofern sie nicht in der Lage ist, die Anträge oder Schriftstücke zu verstehen. In begründeten Fällen kann die Vorlage einer beglaubigten oder von einem öffentlich bestellten oder beeidigten Dolmetscher oder Übersetzer angefertigten Übersetzung verlangt werden. Wird die verlangte Übersetzung nicht innerhalb der gesetzten Frist vorgelegt, kann die Behörde eine Übersetzung beschaffen und hierfür Ersatz ihrer Aufwendungen in angemessenem Umfang verlangen. Falls die Behörde Dolmetscher oder Übersetzer herangezogen hat, werden sie auf Antrag in entsprechender Anwendung des Gesetzes über die Entschädigung von Zeugen und Sachverständigen entschädigt; mit Dolmetschern oder Übersetzern kann die Behörde eine Entschädigung vereinbaren.
(3) Soll durch eine Anzeige, einen Antrag oder die Abgabe einer Willenserklärung eine Frist in Lauf gesetzt werden, innerhalb deren die Behörde in einer bestimmten Weise tätig werden muß, und gehen diese in einer fremden Sprache ein, beginnt der Lauf der Frist erst mit dem Zeitpunkt, in dem der Behörde eine Übersetzung vorliegt.
(4) Soll durch eine Anzeige, einen Antrag oder eine Willenserklärung, die in fremder Sprache eingehen, zugunsten eines Beteiligten eine Frist gegenüber der Behörde gewahrt, ein öffentlich-rechtlicher Anspruch geltend gemacht oder eine Sozialleistung begehrt werden, gelten die Anzeige, der Antrag oder die Willenserklärung als zum Zeitpunkt des Eingangs bei der Behörde abgegeben, wenn die Behörde in der Lage ist, die Anzeige, den Antrag oder die Willenserklärung zu verstehen, oder wenn innerhalb der gesetzten Frist eine Übersetzung vorgelegt wird. Anderenfalls ist der Zeitpunkt des Eingangs der Übersetzung maßgebend. Auf diese Rechtsfolge ist bei der Fristsetzung hinzuweisen.

§ 20 Untersuchungsgrundsatz
(1) Die Behörde ermittelt den Sachverhalt von Amts wegen. Sie bestimmt Art und Umfang der Ermittlungen; an das Vorbringen und an die Beweisanträge der Beteiligten ist sie nicht gebunden.
(2) Die Behörde hat alle für den Einzelfall bedeutsamen, auch die für die Beteiligten günstigen Umstände zu berücksichtigen.
(3) Die Behörde darf die Entgegennahme von Erklärungen oder Anträgen, die in ihren Zuständigkeitsbereich fallen, nicht deshalb verweigern, weil sie die Erklärung oder den Antrag in der Sache für unzulässig oder unbegründet hält.

§ 21 Beweismittel
(1) Die Behörde bedient sich der Beweismittel, die sie nach pflichtgemäßem Ermessen zur Ermittlung des Sachverhalts für erforderlich hält. Sie kann insbesondere
1. Auskünfte jeder Art einholen,
2. Beteiligte anhören, Zeugen und Sachverständige vernehmen oder die schriftliche Äußerung von Beteiligten, Sachverständigen und Zeugen einholen,
3. Urkunden und Akten beiziehen,
4. den Augenschein einnehmen.
(2) Die Beteiligten sollen bei der Ermittlung des Sachverhalts mitwirken. Sie sollen insbesondere ihnen bekannte Tatsachen und Beweismittel angeben. Eine weitergehende Pflicht, bei der Ermittlung des Sachverhalts mitzuwirken, insbesondere eine Pflicht zum persönlichen Erscheinen oder zur Aussage, besteht nur, soweit sie durch Rechtsvorschrift besonders vorgesehen ist.
(3) Für Zeugen und Sachverständige besteht eine Pflicht zur Aussage oder zur Erstattung von Gutachten, wenn sie durch Rechtsvorschrift vorgesehen ist. Eine solche Pflicht besteht auch dann, wenn die Aussage oder die Erstattung von Gutachten im Rahmen von § 407 der Zivilprozeßordnung zur Entscheidung über die Entstehung, Erbringung, Fortsetzung, das Ruhen, die Entziehung oder den

Wegfall einer Sozialleistung sowie deren Höhe unabweisbar ist. Die Vorschriften der Zivilprozeßordnung über das Recht, ein Zeugnis oder ein Gutachten zu verweigern, über die Ablehnung von Sachverständigen sowie über die Vernehmung von Angehörigen des öffentlichen Dienstes als Zeugen oder Sachverständige gelten entsprechend. Falls die Behörde Zeugen und Sachverständige herangezogen hat, werden sie auf Antrag in entsprechender Anwendung des Gesetzes über die Entschädigung von Zeugen und Sachverständigen entschädigt; mit Sachverständigen kann die Behörde eine Entschädigung vereinbaren.

(4) Die Finanzbehörden haben, soweit es im Verfahren nach diesem Gesetzbuch erforderlich ist, Auskunft über die ihnen bekannten Einkommens- oder Vermögensverhältnisse des Antragstellers, Leistungsempfängers, Erstattungspflichtigen, Unterhaltsverpflichteten, Unterhaltsberechtigten oder der zum Haushalt rechnenden Familienmitglieder zu erteilen.

§ 22 Vernehmung durch das Sozial- oder Verwaltungsgericht

(1) Verweigern Zeugen oder Sachverständige in den Fällen des § 21 Abs. 3 ohne Vorliegen eines der in den §§ 376, 383 bis 385 und 408 der Zivilprozeßordnung bezeichneten Gründe die Aussage oder die Erstattung des Gutachtens, kann die Behörde je nach dem gegebenen Rechtsweg das für den Wohnsitz oder den Aufenthaltsort des Zeugen oder des Sachverständigen zuständige Sozial- oder Verwaltungsgericht um die Vernehmung ersuchen. Befindet sich der Wohnsitz oder der Aufenthaltsort des Zeugen oder des Sachverständigen nicht am Sitz eines Sozial- oder Verwaltungsgerichts oder einer Zweigstelle eines Sozialgerichts oder einer besonders errichteten Kammer eines Verwaltungsgerichts, kann auch das zuständige Amtsgericht um die Vernehmung ersucht werden. In dem Ersuchen hat die Behörde den Gegenstand der Vernehmung darzulegen sowie die Namen und Anschriften der Beteiligten anzugeben. Das Gericht hat die Beteiligten von den Beweisterminen zu benachrichtigen.

(2) Hält die Behörde mit Rücksicht auf die Bedeutung der Aussage eines Zeugen oder des Gutachtens eines Sachverständigen oder zur Herbeiführung einer wahrheitsgemäßen Aussage die Beeidigung für geboten, kann sie das nach Absatz 1 zuständige Gericht um die eidliche Vernehmung ersuchen.

(3) Das Gericht entscheidet über die Rechtmäßigkeit einer Verweigerung des Zeugnisses, des Gutachtens oder der Eidesleistung.

(4) Ein Ersuchen nach Absatz 1 oder 2 an das Gericht darf nur von dem Behördenleiter, seinem allgemeinen Vertreter oder einem Angehörigen des öffentlichen Dienstes gestellt werden, der die Befähigung zum Richteramt hat oder die Voraussetzungen des § 110 Satz 1 des Deutschen Richtergesetzes erfüllt.

§ 23 Glaubhaftmachung, Versicherung an Eides Statt

(1) Sieht eine Rechtsvorschrift vor, daß für die Feststellung der erheblichen Tatsachen deren Glaubhaftmachung genügt, kann auch die Versicherung an Eides Statt zugelassen werden. Eine Tatsache ist dann als glaubhaft anzusehen, wenn ihr Vorliegen nach dem Ergebnis der Ermittlungen, die sich auf sämtliche erreichbaren Beweismittel erstrecken sollen, überwiegend wahrscheinlich ist.

(2) Die Behörde darf bei der Ermittlung des Sachverhalts eine Versicherung an Eides Statt nur verlangen und abnehmen, wenn die Abnahme der Versicherung über den betreffenden Gegenstand und in dem betreffenden Verfahren durch Gesetz oder Rechtsverordnung vorgesehen und die Behörde durch Rechtsvorschrift für zuständig erklärt worden ist. Eine Versicherung an Eides Statt soll nur gefordert werden, wenn andere Mittel zur Erforschung der Wahrheit nicht vorhanden sind, zu keinem Ergebnis geführt haben oder einen unverhältnismäßigen Aufwand erfordern. Von eidesunfähigen Personen im Sinne des § 393 der Zivilprozeßordnung darf eine eidesstattliche Versicherung nicht verlangt werden.

(3) Wird die Versicherung an Eides Statt von einer Behörde zur Niederschrift aufgenommen, sind zur Aufnahme nur der Behördenleiter, sein allgemeiner Vertreter sowie Angehörige des öffentlichen Dienstes befugt, welche die Befähigung zum Richteramt haben oder die Voraussetzungen des § 110 Satz 1 des Deutschen Richtergesetzes erfüllen. Andere Angehörige des öffentlichen Dienstes kann der Behördenleiter oder sein allgemeiner Vertreter hierzu allgemein oder im Einzelfall schriftlich ermächtigen.

(4) Die Versicherung besteht darin, daß der Versichernde die Richtigkeit seiner Erklärung über den betreffenden Gegenstand bestätigt und erklärt: »Ich versichere an Eides Statt, daß ich nach bestem Wissen die reine Wahrheit gesagt und nichts verschwiegen habe.« Bevollmächtigte und Beistände sind berechtigt, an der Aufnahme der Versicherung an Eides Statt teilzunehmen.

(5) Vor der Aufnahme der Versicherung an Eides Statt ist der Versichernde über die Bedeutung der eidesstattlichen Versicherung und die strafrechtlichen Folgen einer unrichtigen oder unvollständigen eidesstattlichen Versicherung zu belehren. Die Belehrung ist in der Niederschrift zu vermerken.
(6) Die Niederschrift hat ferner die Namen der anwesenden Personen sowie den Ort und den Tag der Niederschrift zu enthalten. Die Niederschrift ist demjenigen, der die eidesstattliche Versicherung abgibt, zur Genehmigung vorzulesen oder auf Verlangen zur Durchsicht vorzulegen. Die erteilte Genehmigung ist zu vermerken und von dem Versichernden zu unterschreiben. Die Niederschrift ist sodann von demjenigen, der die Versicherung an Eides Statt aufgenommen hat, sowie von dem Schriftführer zu unterschreiben.

§ 24 Anhörung Beteiligter
(1) Bevor ein Verwaltungsakt erlassen wird, der in Rechte eines Beteiligten eingreift, ist diesem Gelegenheit zu geben, sich zu den für die Entscheidung erheblichen Tatsachen zu äußern.
(2) Von der Anhörung kann abgesehen werden, wenn
1. eine sofortige Entscheidung wegen Gefahr im Verzug oder im öffentlichen Interesse notwendig erscheint,
2. durch die Anhörung die Einhaltung einer für die Entscheidung maßgeblichen Frist in Frage gestellt würde,
3. von den tatsächlichen Angaben eines Beteiligten, die dieser in einem Antrag oder einer Erklärung gemacht hat, nicht zu seinen Ungunsten abgewichen werden soll,
4. Allgemeinverfügungen oder gleichartige Verwaltungsakte in größerer Zahl erlassen werden sollen,
5. einkommensabhängige Leistungen den geänderten Verhältnissen angepaßt werden sollen,
6. Maßnahmen in der Verwaltungsvollstreckung getroffen werden sollen, oder
7. gegen Ansprüche oder mit Ansprüchen von weniger als 100 Deutsche Mark aufgerechnet oder verrechnet werden soll; Nummer 5 bleibt unberührt.

§ 25 Akteneinsicht durch Beteiligte
(1) Die Behörde hat den Beteiligten Einsicht in die das Verfahren betreffenden Akten zu gestatten, soweit deren Kenntnis zur Geltendmachung oder Verteidigung ihrer rechtlichen Interessen erforderlich ist. Satz 1 gilt bis zum Abschluß des Verwaltungsverfahrens nicht für Entwürfe zu Entscheidungen sowie die Arbeiten zu ihrer unmittelbaren Vorbereitung.
(2) Soweit die Akten Angaben über gesundheitliche Verhältnisse eines Beteiligten enthalten, kann die Behörde statt dessen den Inhalt der Akten dem Beteiligten durch einen Arzt vermitteln lassen. Sie soll den Inhalt der Akten durch einen Arzt vermitteln lassen, soweit zu befürchten ist, daß die Akteneinsicht dem Beteiligten einen unverhältnismäßigen Nachteil, insbesondere an der Gesundheit, zufügen würde. Soweit die Akten Angaben enthalten, die die Entwicklung und Entfaltung der Persönlichkeit des Beteiligten beeinträchtigen können, gelten die Sätze 1 und 2 mit der Maßgabe entsprechend, daß der Inhalt der Akten auch durch einen Bediensteten der Behörde vermittelt werden kann, der durch Vorbildung sowie Lebens- und Berufserfahrung dazu geeignet und befähigt ist. Das Recht nach Absatz 1 wird nicht beschränkt.
(3) Die Behörde ist zur Gestattung der Akteneinsicht nicht verpflichtet, soweit die Vorgänge wegen der berechtigten Interessen der Beteiligten oder dritter Personen geheimgehalten werden müssen.
(4) Die Akteneinsicht erfolgt bei der Behörde, die die Akten führt. Im Einzelfall kann die Einsicht auch bei einer anderen Behörde oder bei einer diplomatischen oder berufskonsularischen Vertretung der Bundesrepublik Deutschland im Ausland erfolgen; weitere Ausnahmen kann die Behörde, die die Akten führt, gestatten.
(5) Soweit die Akteneinsicht zu gestatten ist, können die Beteiligten Auszüge oder Abschriften selbst fertigen oder sich Ablichtungen durch die Behörde erteilen lassen. Die Behörde kann Ersatz ihrer Aufwendungen in angemessenem Umfang verlangen.

Zweiter Titel
Fristen, Termine, Wiedereinsetzung

§ 26 Fristen und Termine
(1) Für die Berechnung von Fristen und für die Bestimmung von Terminen gelten die §§ 187 bis 193 des Bürgerlichen Gesetzbuchs entsprechend, soweit nicht durch die Absätze 2 bis 5 etwas anderes bestimmt ist.
(2) Der Lauf einer Frist, die von einer Behörde gesetzt wird, beginnt mit dem Tag, der auf die Bekanntgabe der Frist folgt, außer wenn dem Betroffenen etwas anderes mitgeteilt wird.
(3) Fällt das Ende einer Frist auf einen Sonntag, einen gesetzlichen Feiertag oder einen Sonnabend, endet die Frist mit dem Ablauf des nächstfolgenden Werktages. Dies gilt nicht, wenn dem Betroffenen unter Hinweis auf diese Vorschrift ein bestimmter Tag als Ende der Frist mitgeteilt worden ist.
(4) Hat eine Behörde Leistungen nur für einen bestimmten Zeitraum zu erbringen, endet dieser Zeitraum auch dann mit dem Ablauf seines letzten Tages, wenn dieser auf einen Sonntag, einen gesetzlichen Feiertag oder einen Sonnabend fällt.
(5) Der von einer Behörde gesetzte Termin ist auch dann einzuhalten, wenn er auf einen Sonntag, gesetzlichen Feiertag oder Sonnabend fällt.
(6) Ist eine Frist nach Stunden bestimmt, werden Sonntage, gesetzliche Feiertage oder Sonnabende mitgerechnet.
(7) Fristen, die von einer Behörde gesetzt sind, können verlängert werden. Sind solche Fristen bereits abgelaufen, können sie rückwirkend verlängert werden, insbesondere wenn es unbillig wäre, die durch den Fristablauf eingetretenen Rechtsfolgen bestehen zu lassen. Die Behörde kann die Verlängerung der Frist nach § 32 mit einer Nebenbestimmung verbinden.

§ 27 Wiedereinsetzung in den vorigen Stand
(1) War jemand ohne Verschulden verhindert, eine gesetzliche Frist einzuhalten, ist ihm auf Antrag Wiedereinsetzung in den vorigen Stand zu gewähren. Das Verschulden eines Vertreters ist dem Vertretenen zuzurechnen.
(2) Der Antrag ist innerhalb von zwei Wochen nach Wegfall des Hindernisses zu stellen. Die Tatsachen zur Begründung des Antrages sind bei der Antragstellung oder im Verfahren über den Antrag glaubhaft zu machen. Innerhalb der Antragsfrist ist die versäumte Handlung nachzuholen. Ist dies geschehen, kann Wiedereinsetzung auch ohne Antrag gewährt werden.
(3) Nach einem Jahr seit dem Ende der versäumten Frist kann die Wiedereinsetzung nicht mehr beantragt oder die versäumte Handlung nicht mehr nachgeholt werden, außer wenn dies vor Ablauf der Jahresfrist infolge höherer Gewalt unmöglich war.
(4) Über den Antrag auf Wiedereinsetzung entscheidet die Behörde, die über die versäumte Handlung zu befinden hat.
(5) Die Wiedereinsetzung ist unzulässig, wenn sich aus einer Rechtsvorschrift ergibt, daß sie ausgeschlossen ist.

§ 28 Wiederholte Antragstellung
Hat ein Leistungsberechtigter von der Stellung eines Antrages auf eine Sozialleistung abgesehen, weil ein Anspruch auf eine andere Sozialleistung geltend gemacht worden ist, und wird diese Leistung versagt oder ist sie zu erstatten, wirkt der nunmehr nachgeholte Antrag bis zu einem Jahr zurück, wenn er innerhalb von sechs Monaten nach Ablauf des Monats gestellt ist, in dem die Ablehnung oder Erstattung der anderen Leistung bindend geworden ist. Satz 1 gilt auch dann, wenn der rechtzeitige Antrag auf eine andere Leistung aus Unkenntnis über deren Anspruchsvoraussetzung unterlassen wurde und die zweite Leistung gegenüber der ersten Leistung, wenn diese erbracht worden wäre, nachrangig gewesen wäre.

Dritter Titel
Amtliche Beglaubigung

§ 29 Beglaubigung von Abschriften, Ablichtungen, Vervielfältigungen, Negativen und Ausdrucken
(1) Jede Behörde ist befugt, Abschriften von Urkunden, die sie selbst ausgestellt hat, zu beglaubigen. Darüber hinaus sind die von der Bundesregierung durch Rechtsverordnung bestimmten Behör-

den des Bundes, der bundesunmittelbaren Körperschaften, Anstalten und Stiftungen des öffentlichen Rechts und die nach Landesrecht zuständigen Behörden befugt, Abschriften zu beglaubigen, wenn die Urschrift von einer Behörde ausgestellt ist oder die Abschrift zur Vorlage bei einer Behörde benötigt wird, sofern nicht durch Rechtsvorschrift die Erteilung beglaubigter Abschriften aus amtlichen Registern und Archiven anderen Behörden ausschließlich vorbehalten ist; die Rechtsverordnung bedarf nicht der Zustimmung des Bundesrates.

(2) Abschriften dürfen nicht beglaubigt werden, wenn Umstände zu der Annahme berechtigen, daß der ursprüngliche Inhalt des Schriftstückes, dessen Abschnitt beglaubigt werden soll, geändert worden ist, insbesondere wenn dieses Schriftstück Lücken, Durchstreichungen, Einschaltungen, Änderungen, unleserliche Wörter, Zahlen oder Zeichen, Spuren der Beseitigung von Wörtern, Zahlen und Zeichen enthält oder wenn der Zusammenhang eines aus mehreren Blättern bestehenden Schriftstückes aufgehoben ist.

(3) Eine Abschrift wird beglaubigt durch einen Beglaubigungsvermerk, der unter die Abschrift zu setzen ist. Der Vermerk muß enthalten
1. die genaue Bezeichnung des Schriftstückes, dessen Abschrift beglaubigt wird,
2. die Feststellung, daß die beglaubigte Abschrift mit dem vorgelegten Schriftstück übereinstimmt,
3. den Hinweis, daß die beglaubigte Abschrift nur zur Vorlage bei der angegebenen Behörde erteilt wird, wenn die Urschrift nicht von einer Behörde ausgestellt worden ist,
4. den Ort und den Tag der Beglaubigung, die Unterschrift des für die Beglaubigung zuständigen Bediensteten und das Dienstsiegel.

(4) Die Absätze 1 bis 3 gelten entsprechend für die Beglaubigung von
1. Ablichtungen, Lichtdrucken und ähnlichen in technischen Verfahren hergestellten Vervielfältigungen,
2. auf fototechnischem Wege von Schriftstücken hergestellten Negativen, die bei einer Behörde aufbewahrt werden,
3. mit Datenverarbeitungsanlagen, insbesondere Schnelldruckern, hergestellten Ausdrucken von auf Datenträgern gespeicherten Daten.

Die nach den Nummern 1 bis 3 hergestellten Unterlagen stehen, sofern sie beglaubigt sind, beglaubigten Abschriften gleich.

§ 30 Beglaubigung von Unterschriften

(1) Die von der Bundesregierung durch Rechtsverordnung bestimmen Behörden des Bundes, der bundesunmittelbaren Körperschaften, Anstalten und Stiftungen des öffentlichen Rechts und die nach Landesrecht zuständigen Behörden sind befugt, Unterschriften zu beglaubigen, wenn das unterzeichnete Schriftstück zur Vorlage bei einer Behörde oder bei einer sonstigen Stelle, der auf Grund einer Rechtsvorschrift das unterzeichnete Schriftstück vorzulegen ist, benötigt wird. Dies gilt nicht für
1. Unterschriften ohne zugehörigen Text,
2. Unterschriften, die der öffentlichen Beglaubigung (§ 129 des Bürgerlichen Gesetzbuchs) bedürfen.

(2) Eine Unterschrift soll nur beglaubigt werden, wenn sie in Gegenwart des beglaubigenden Bediensteten vollzogen oder anerkannt wird.

(3) Der Beglaubigungsvermerk ist unmittelbar bei der Unterschrift, die beglaubigt werden soll anzubringen. Er muß enthalten
1. die Bestätigung, daß die Unterschrift echt ist,
2. die genaue Bezeichnung desjenigen, dessen Unterschrift beglaubigt wird, sowie die Angabe, ob sich der für die Beglaubigung zuständige Bedienstete Gewißheit über diese Person verschafft hat und ob die Unterschrift in seiner Gegenwart vollzogen oder anerkannt worden ist,
3. den Hinweis, daß die Beglaubigung nur zur Vorlage bei der angegebenen Behörde oder Stelle bestimmt ist,
4. den Ort und den Tag der Beglaubigung, die Unterschrift des für die Beglaubigung zuständigen Bediensteten und das Dienstsiegel.

(4) Die Absätze 1 bis 3 gelten für die Beglaubigung von Handzeichen entsprechend.

(5) Die Rechtsverordnungen nach den Absätzen 1 und 4 bedürfen nicht der Zustimmung des Bundesrates.

Dritter Abschnitt
Verwaltungsakt

Erster Titel
Zustandekommen des Verwaltungsaktes

§ 31 Begriff des Verwaltungsaktes
Verwaltungsakt ist jede Verfügung, Entscheidung oder andere hoheitliche Maßnahme, die eine Behörde zur Regelung eines Einzelfalles auf dem Gebiet des öffentlichen Rechts trifft und die auf unmittelbare Rechtswirkung nach außen gerichtet ist. Allgemeinverfügung ist ein Verwaltungsakt, der sich an einen nach allgemeinen Merkmalen bestimmten oder bestimmbaren Personenkreis richtet oder die öffentlich-rechtliche Eigenschaft einer Sache oder ihre Benutzung durch die Allgemeinheit betrifft.

§ 32 Nebenbestimmungen zum Verwaltungsakt
(1) Ein Verwaltungsakt, auf den ein Anspruch besteht, darf mit einer Nebenbestimmung nur versehen werden, wenn sie durch Rechtsvorschrift zugelassen ist oder wenn sie sicherstellen soll, daß die gesetzlichen Voraussetzungen des Verwaltungsaktes erfüllt werden.
(2) Unbeschadet des Absatzes 1 darf ein Verwaltungsakt nach pflichtgemäßem Ermessen erlassen werden mit
1. einer Bestimmung, nach der eine Vergünstigung oder Belastung zu einem bestimmten Zeitpunkt beginnt, endet oder für einen bestimmten Zeitraum gilt (Befristung),
2. einer Bestimmung, nach der der Eintritt oder der Wegfall einer Vergünstigung oder einer Belastung von dem ungewissen Eintritt eines zukünftigen Ereignisses abhängt (Bedingung),
3. einem Vorbehalt des Widerrufs

oder verbunden werden mit

4. einer Bestimmung, durch die dem Begünstigten ein Tun, Dulden oder Unterlassen vorgeschrieben wird (Auflage),
5. einem Vorbehalt der nachträglichen Aufnahme, Änderung oder Ergänzung einer Auflage.

(3) Eine Nebenbestimmung darf dem Zweck des Verwaltungsaktes nicht zuwiderlaufen.

§ 33 Bestimmtheit und Form des Verwaltungsaktes
(1) Ein Verwaltungsakt muß inhaltlich hinreichend bestimmt sein.
(2) Ein Verwaltungsakt kann schriftlich, mündlich oder in anderer Weise erlassen werden. Ein mündlicher Verwaltungsakt ist schriftlich zu bestätigen, wenn hieran ein berechtigtes Interesse besteht und der Betroffene dies unverzüglich verlangt.
(3) Ein schriftlicher Verwaltungsakt muß die erlassende Behörde erkennen lassen und die Unterschrift oder die Namenswiedergabe des Behördenleiters, seines Vertreters oder seines Beauftragten enthalten.
(4) Bei einem schriftlichen Verwaltungsakt, der mit Hilfe automatischer Einrichtungen erlassen wird, können abweichend von Absatz 3 Unterschrift und Namenswiedergabe fehlen. Zur Inhaltsangabe können Schlüsselzeichen verwendet werden, wenn derjenige, für den der Verwaltungsakt bestimmt ist oder der von ihm betroffen wird, auf Grund der dazu gegebenen Erläuterungen den Inhalt des Verwaltungsaktes eindeutig erkennen kann.

§ 34 Zusicherung
(1) Eine von der zuständigen Behörde erteilte Zusage, einen bestimmten Verwaltungsakt später zu erlassen oder zu unterlassen (Zusicherung), bedarf zu ihrer Wirksamkeit der schriftlichen Form. Ist vor dem Erlaß des zugesicherten Verwaltungsaktes die Anhörung Beteiligter oder die Mitwirkung einer anderen Behörde oder eines Ausschusses auf Grund einer Rechtsvorschrift erforderlich, darf die Zusicherung erst nach Anhörung der Beteiligten oder nach Mitwirkung dieser Behörde oder des Ausschusses gegeben werden.
(2) Auf die Unwirksamkeit der Zusicherung finden, unbeschadet des Absatzes 1 Satz 1, § 40, auf die Heilung von Mängeln bei der Anhörung Beteiligter und der Mitwirkung anderer Behörden oder Ausschüsse § 41 Abs. 1 Nr. 3 bis 6 sowie Abs. 2, auf die Rücknahme §§ 44 und 45, auf den Widerruf, unbeschadet des Absatzes 3, §§ 46 und 47 entsprechende Anwendung.
(3) Ändert sich nach Abgabe der Zusicherung die Sach- oder Rechtslage derart, daß die Behörde bei Kenntnis der nachträglich eingetretenen Änderung die Zusicherung nicht gegeben hätte oder aus

rechtlichen Gründen nicht hätte geben dürfen, ist die Behörde an die Zusicherung nicht mehr gebunden.

§ 35 Begründung des Verwaltungsaktes
(1) Ein schriftlicher oder schriftlich bestätigter Verwaltungsakt ist schriftlich zu begründen. In der Begründung sind die wesentlichen tatsächlichen und rechtlichen Gründe mitzuteilen, die die Behörde zu ihrer Entscheidung bewogen haben. Die Begründung von Ermessensentscheidungen muß auch die Gesichtspunkte erkennen lassen, von denen die Behörde bei der Ausübung ihres Ermessens ausgegangen ist.
(2) Einer Begründung bedarf es nicht,
1. soweit die Behörde einem Antrag entspricht oder einer Erklärung folgt und der Verwaltungsakt nicht in Rechte eines anderen eingreift,
2. soweit demjenigen, für den der Verwaltungsakt bestimmt ist oder der von ihm betroffen wird, die Auffassung der Behörde über die Sach- und Rechtslage bereits bekannt oder auch ohne schriftliche Begründung für ihn ohne weiteres erkennbar ist,
3. wenn die Behörde gleichartige Verwaltungsakte in größerer Zahl oder Verwaltungsakte mit Hilfe automatischer Einrichtungen erläßt und die Begründung nach den Umständen des Einzelfalles nicht geboten ist,
4. wenn sich dies aus einer Rechtsvorschrift ergibt,
5. wenn eine Allgemeinverfügung öffentlich bekanntgegeben wird.
(3) In den Fällen des Absatzes 2 Nr. 1 bis 3 ist der Verwaltungsakt schriftlich zu begründen, wenn der Beteiligte, dem der Verwaltungsakt bekanntgegeben ist, es innerhalb eines Jahres seit Bekanntgabe verlangt.

§ 36 Rechtsbehelfsbelehrung
Erläßt die Behörde einen schriftlichen Verwaltungsakt oder bestätigt sie schriftlich einen Verwaltungsakt, ist der durch ihn beschwerte Beteiligte über den Rechtsbehelf und die Behörde oder das Gericht, bei denen der Rechtsbehelf anzubringen ist, deren Sitz, die einzuhaltende Frist und die Form schriftlich zu belehren.

§ 37 Bekanntgabe des Verwaltungsaktes
(1) Ein Verwaltungsakt ist demjenigen Beteiligten bekanntzugeben, für den er bestimmt ist oder der von ihm betroffen wird. Ist ein Bevollmächtigter bestellt, kann die Bekanntgabe ihm gegenüber vorgenommen werden.
(2) Ein schriftlicher Verwaltungsakt, der durch die Post im Inland übermittelt wird, gilt mit dem dritten Tag nach der Aufgabe zur Post als bekanntgegeben, außer wenn er nicht oder zu einem späteren Zeitpunkt zugegangen ist; im Zweifel hat die Behörde den Zugang des Verwaltungsaktes und den Zeitpunkt des Zugangs nachzuweisen.
(3) Ein Verwaltungsakt darf öffentlich bekanntgegeben werden, wenn dies durch Rechtsvorschrift zugelassen ist. Eine Allgemeinverfügung darf auch dann öffentlich bekanntgegeben werden, wenn eine Bekanntgabe an die Beteiligten untunlich ist.
(4) Die öffentliche Bekanntgabe eines schriftlichen Verwaltungsaktes wird dadurch bewirkt, daß sein verfügender Teil in der jeweils vorgeschriebenen Weise entweder ortsüblich oder in der sonst für amtliche Veröffentlichungen vorgeschriebenen Art bekanntgemacht wird. In der Bekanntmachung ist anzugeben, wo der Verwaltungsakt und seine Begründung eingesehen werden können. Der Verwaltungsakt gilt zwei Wochen nach der Bekanntmachung als bekanntgegeben. In einer Allgemeinverfügung kann ein hiervon abweichender Tag, jedoch frühestens der auf die Bekanntmachung folgende Tag bestimmt werden.
(5) Vorschriften über die Bekanntgabe eines Verwaltungsaktes mittels Zustellung bleiben unberührt.

§ 38 Offenbare Unrichtigkeiten im Verwaltungsakt
Die Behörde kann Schreibfehler, Rechenfehler und ähnliche offenbare Unrichtigkeiten in einem Verwaltungsakt jederzeit berichtigen. Bei berechtigtem Interesse des Beteiligten ist zu berichtigen. Die Behörde ist berechtigt, die Vorlage des Schriftstückes zu verlangen, das berichtigt werden soll.

Zweiter Titel
Bestandskraft des Verwaltungsaktes
§ 39 Wirksamkeit des Verwaltungsaktes
(1) Ein Verwaltungsakt wird gegenüber demjenigen, für den er bestimmt ist oder der von ihm betroffen wird, in dem Zeitpunkt wirksam, in dem er ihm bekanntgegeben wird. Der Verwaltungsakt wird mit dem Inhalt wirksam, mit dem er bekanntgegeben wird.
(2) Ein Verwaltungsakt bleibt wirksam, solange und soweit er nicht zurückgenommen, widerrufen, anderweitig aufgehoben oder durch Zeitablauf oder auf andere Weise erledigt ist.
(3) Ein nichtiger Verwaltungsakt ist unwirksam.

§ 40 Nichtigkeit des Verwaltungsaktes
(1) Ein Verwaltungsakt ist nichtig, soweit er an einem besonders schwerwiegenden Fehler leidet und dies bei verständiger Würdigung aller in Betracht kommenden Umstände offensichtlich ist.
(2) Ohne Rücksicht auf das Vorliegen der Voraussetzungen des Absatzes 1 ist ein Verwaltungsakt nichtig,
1. der schriftlich erlassen worden ist, die erlassende Behörde aber nicht erkennen läßt,
2. der nach einer Rechtsvorschrift nur durch die Aushändigung einer Urkunde erlassen werden kann, aber dieser Form nicht genügt,
3. den aus tatsächlichen Gründen niemand ausführen kann,
4. der die Begehung einer rechtswidrigen Tat verlangt, die einen Straf- oder Bußgeldtatbestand verwirklicht,
5. der gegen die guten Sitten verstößt.
(3) Ein Verwaltungsakt ist nicht schon deshalb nichtig, weil
1. Vorschriften über die örtliche Zuständigkeit nicht eingehalten worden sind,
2. eine nach § 16 Abs. 1 Satz 1 Nr. 2 bis 6 ausgeschlossene Person mitgewirkt hat,
3. ein durch Rechtsvorschrift zur Mitwirkung berufener Ausschuß den für den Erlaß des Verwaltungsaktes vorgeschriebenen Beschluß nicht gefaßt hat oder nicht beschlußfähig war,
4. die nach einer Rechtsvorschrift erforderliche Mitwirkung einer anderen Behörde unterblieben ist.
(4) Betrifft die Nichtigkeit nur einen Teil des Verwaltungsaktes, ist er im ganzen nichtig, wenn der nichtige Teil so wesentlich ist, daß die Behörde den Verwaltungsakt ohne den nichtigen Teil nicht erlassen hätte.
(5) Die Behörde kann die Nichtigkeit jederzeit von Amts wegen feststellen; auf Antrag ist sie festzustellen, wenn der Antragsteller hieran ein berechtigtes Interesse hat.

§ 41 Heilung von Verfahrens- und Formfehlern
(1) Eine Verletzung von Verfahrens- und Formvorschriften, die nicht den Verwaltungsakt nach § 40 nichtig macht, ist unbeachtlich, wenn
1. der für den Erlaß des Verwaltungsaktes erforderliche Antrag nachträglich gestellt wird,
2. die erforderliche Begründung nachträglich gegeben wird,
3. die erforderliche Anhörung eines Beteiligten nachgeholt wird,
4. der Beschluß eines Ausschusses, dessen Mitwirkung für den Erlaß des Verwaltungsaktes erforderlich ist, nachträglich gefaßt wird,
5. die erforderliche Mitwirkung einer anderen Behörde nachgeholt wird,
6. die erforderliche Hinzuziehung eines Beteiligten nachgeholt wird.
(2) Handlungen nach Absatz 1 Nr. 2 bis 6 dürfen nur bis zum Abschluß eines Vorverfahrens oder, falls ein Vorverfahren nicht stattfindet, bis zur Erhebung der Klage nachgeholt werden.
(3) Fehlt einem Verwaltungsakt die erforderliche Begründung oder ist die erforderliche Anhörung eines Beteiligten vor Erlaß des Verwaltungsaktes unterblieben und ist dadurch die rechtzeitige Anfechtung des Verwaltungsaktes versäumt worden, gilt die Versäumung der Rechtsbehelfsfrist als nicht verschuldet. Das für die Wiedereinsetzungsfrist maßgebende Ereignis tritt im Zeitpunkt der Nachholung der unterlassenen Verfahrenshandlung ein.

§ 42 Folgen von Verfahrens- und Formfehlern
Die Aufhebung eines Verwaltungsaktes, der nicht nach § 40 nichtig ist, kann nicht allein deshalb beansprucht werden, weil er unter Verletzung von Vorschriften über das Verfahren, die Form oder die örtliche Zuständigkeit zustande gekommen ist, wenn keine andere Entscheidung in der Sache hätte

getroffen werden können. Satz 1 gilt nicht, wenn die erforderliche Anhörung unterblieben oder nicht wirksam nachgeholt ist.

§ 43 Umdeutung eines fehlerhaften Verwaltungsaktes
(1) Ein fehlerhafter Verwaltungsakt kann in einen anderen Verwaltungsakt umgedeutet werden, wenn er auf das gleiche Ziel gerichtet ist, von der erlassenden Behörde in der geschehenen Verfahrensweise und Form rechtmäßig hätte erlassen werden können und wenn die Voraussetzungen für dessen Erlaß erfüllt sind.
(2) Absatz 1 gilt nicht, wenn der Verwaltungsakt, in den der fehlerhafte Verwaltungsakt umzudeuten wäre, der erkennbaren Absicht der erlassenden Behörde widerspräche oder seine Rechtsfolgen für den Betroffenen ungünstiger wären als die des fehlerhaften Verwaltungsaktes. Eine Umdeutung ist ferner unzulässig, wenn der fehlerhafte Verwaltungsakt nicht zurückgenommen werden dürfte.
(3) Eine Entscheidung, die nur als gesetzlich gebundene Entscheidung ergehen kann, kann nicht in eine Ermessensentscheidung umgedeutet werden.
(4) § 24 ist entsprechend anzuwenden.

§ 44 Rücknahme eines rechtswidrigen nicht begünstigenden Verwaltungsaktes
(1) Soweit sich im Einzelfall ergibt, daß bei Erlaß eines Verwaltungsaktes das Recht unrichtig angewandt oder von einem Sachverhalt ausgegangen worden ist, der sich als unrichtig erweist, und soweit deshalb Sozialleistungen zu Unrecht nicht erbracht oder Beiträge zu Unrecht erhoben worden sind, ist der Verwaltungsakt, auch nachdem er unanfechtbar geworden ist, mit Wirkung für die Vergangenheit zurückzunehmen. Dies gilt nicht, wenn
1. der Verwaltungsakt auf Angaben beruht, die der Betroffene vorsätzlich in wesentlicher Beziehung unrichtig oder unvollständig gemacht hat, oder
2. Beiträge für Wertguthaben, die nicht gemäß einer Vereinbarung über flexible Arbeitszeitregelungen verwendet werden, nachträglich gezahlt worden sind, ausgenommen bei laufenden Renten der Rentenversicherung.

(2) Im übrigen ist ein rechtswidriger nicht begünstigender Verwaltungsakt, auch nachdem er unanfechtbar geworden ist, ganz oder teilweise mit Wirkung für die Zukunft zurückzunehmen. Er kann auch für die Vergangenheit zurückgenommen werden.
(3) Über die Rücknahme entscheidet nach Unanfechtbarkeit des Verwaltungsaktes die zuständige Behörde; dies gilt auch dann, wenn der zurückzunehmende Verwaltungsakt von einer anderen Behörde erlassen worden ist.
(4) Ist ein Verwaltungsakt mit Wirkung für die Vergangenheit zurückgenommen worden, werden Sozialleistungen nach den Vorschriften der besonderen Teile dieses Gesetzbuchs längstens für einen Zeitraum bis zu vier Jahren vor der Rücknahme erbracht. Dabei wird der Zeitpunkt der Rücknahme von Beginn des Jahres an gerechnet, in dem der Verwaltungsakt zurückgenommen wird. Erfolgt die Rücknahme auf Antrag, tritt bei der Berechnung des Zeitraumes, für den rückwirkend Leistungen zu erbringen sind, anstelle der Rücknahme der Antrag.

§ 45 Rücknahme eines rechtswidrigen begünstigenden Verwaltungsaktes
(1) Soweit ein Verwaltungsakt, der ein Recht oder einen rechtlich erheblichen Vorteil begründet oder bestätigt hat (begünstigender Verwaltungsakt), rechtswidrig ist, darf er, auch nachdem er unanfechtbar geworden ist, nur unter den Einschränkungen der Absätze 2 bis 4 ganz oder teilweise mit Wirkung für die Zukunft oder für die Vergangenheit zurückgenommen werden.
(2) Ein rechtswidriger begünstigender Verwaltungsakt darf nicht zurückgenommen werden, soweit der Begünstigte auf den Bestand des Verwaltungsaktes vertraut hat und sein Vertrauen unter Abwägung mit dem öffentlichen Interesse an einer Rücknahme schutzwürdig ist. Das Vertrauen ist in der Regel schutzwürdig, wenn der Begünstigte erbrachte Leistungen verbraucht oder eine Vermögensdisposition getroffen hat, die er nicht mehr oder nur unter unzumutbaren Nachteilen rückgängig machen kann. Auf Vertrauen kann sich der Begünstigte nicht berufen, soweit
1. er den Verwaltungsakt durch arglistige Täuschung, Drohung oder Bestechung erwirkt hat,
2. der Verwaltungsakt auf Angaben beruht, die der Begünstigte vorsätzlich oder grob fahrlässig in wesentlicher Beziehung unrichtig oder unvollständig gemacht hat, oder

3. er die Rechtswidrigkeit des Verwaltungsaktes kannte oder infolge grober Fahrlässigkeit nicht kannte; grobe Fahrlässigkeit liegt vor, wenn der Begünstigte die erforderliche Sorgfalt in besonders schwerem Maße verletzt hat.

(3) Ein rechtswidriger begünstigender Verwaltungsakt mit Dauerwirkung kann nach Absatz 2 nur bis zum Ablauf von zwei Jahren nach seiner Bekanntgabe zurückgenommen werden. Satz 1 gilt nicht, wenn Wiederaufnahmegründe entsprechend § 580 der Zivilprozeßordnung vorliegen. Bis zum Ablauf von zehn Jahren nach seiner Bekanntgabe kann ein rechtswidriger begünstigender Verwaltungsakt mit Dauerwirkung nach Absatz 2 zurückgenommen werden, wenn
1. die Voraussetzungen des Absatzes 2 Satz 3 Nr. 2 oder 3 gegeben sind oder
2. der Verwaltungsakt mit einem zulässigen Vorbehalt des Widerrufs erlassen wurde.

In den Fällen des Satzes 3 kann ein Verwaltungsakt über eine laufende Geldleistung auch nach Ablauf der Frist von zehn Jahren zurückgenommen werden, wenn diese Geldleistung mindestens bis zum Beginn des Verwaltungsverfahrens über die Rücknahme gezahlt wurde. War die Frist von zehn Jahren am 15. April 1998 bereits abgelaufen, gilt Satz 4 mit der Maßgabe, daß der Verwaltungsakt nur mit Wirkung für die Zukunft aufgehoben wird.

(4) Nur in den Fällen von Absatz 2 Satz 3 und Absatz 3 Satz 2 wird der Verwaltungsakt mit Wirkung für die Vergangenheit zurückgenommen. Die Behörde muß dies innerhalb eines Jahres seit Kenntnis der Tatsachen tun, welche die Rücknahme eines rechtswidrigen begünstigenden Verwaltungsaktes für die Vergangenheit rechtfertigen.

(5) § 44 Abs. 3 gilt entsprechend.

§ 46 Widerruf eines rechtmäßigen nicht begünstigenden Verwaltungsaktes

(1) Ein rechtmäßiger nicht begünstigender Verwaltungsakt kann, auch nachdem er unanfechtbar geworden ist, ganz oder teilweise mit Wirkung für die Zukunft widerrufen werden, außer wenn ein Verwaltungsakt gleichen Inhalts erneut erlassen werden müßte oder aus anderen Gründen ein Widerruf unzulässig ist.

(2) § 44 Abs. 3 gilt entsprechend.

§ 47 Widerruf eines rechtmäßigen begünstigenden Verwaltungsaktes

(1) Ein rechtmäßiger begünstigender Verwaltungsakt darf, auch nachdem er unanfechtbar geworden ist, ganz oder teilweise mit Wirkung für die Zukunft nur widerrufen werden, soweit
1. der Widerruf durch Rechtsvorschrift zugelassen oder im Verwaltungsakt vorbehalten ist,
2. mit dem Verwaltungsakt eine Auflage verbunden ist und der Begünstigte diese nicht oder nicht innerhalb einer ihm gesetzten Frist erfüllt hat.

(2) Ein rechtmäßiger begünstigender Verwaltungsakt, der eine Geld- oder Sachleistung zur Erfüllung eines bestimmten Zweckes zuerkennt oder hierfür Voraussetzung ist, kann, auch nachdem er unanfechtbar geworden ist, ganz oder teilweise auch mit Wirkung für die Vergangenheit widerrufen werden, wenn
1. die Leistung nicht, nicht alsbald nach der Erbringung oder nicht mehr für den in dem Verwaltungsakt bestimmten Zweck verwendet wird,
2. mit dem Verwaltungsakt eine Auflage verbunden ist und der Begünstigte diese nicht oder nicht innerhalb einer ihm gesetzten Frist erfüllt hat.

Der Verwaltungsakt darf mit Wirkung für die Vergangenheit nicht widerrufen werden, soweit der Begünstigte auf den Bestand des Verwaltungsaktes vertraut hat und sein Vertrauen unter Abwägung mit dem öffentlichen Interesse an einem Widerruf schutzwürdig ist. Das Vertrauen ist in der Regel schutzwürdig, wenn der Begünstigte erbrachte Leistungen verbraucht oder eine Vermögensdisposition getroffen hat, die er nicht mehr oder nur unter unzumutbaren Nachteilen rückgängig machen kann. Auf Vertrauen kann sich der Begünstigte nicht berufen, soweit er die Umstände kannte oder infolge grober Fahrlässigkeit nicht kannte, die zum Widerruf des Verwaltungsaktes geführt haben. § 45 Abs. 4 Satz 2 gilt entsprechend.

(3) § 44 Abs. 3 gilt entsprechend.

§ 48 Aufhebung eines Verwaltungsaktes mit Dauerwirkung bei Änderung der Verhältnisse

(1) Soweit in den tatsächlichen oder rechtlichen Verhältnissen, die beim Erlaß eines Verwaltungsaktes mit Dauerwirkung vorgelegen haben, eine wesentliche Änderung eintritt, ist der Verwaltungsakt

mit Wirkung für die Zukunft aufzuheben. Der Verwaltungsakt soll mit Wirkung vom Zeitpunkt der Änderung der Verhältnisse aufgehoben werden, soweit
1. die Änderung zugunsten des Betroffenen erfolgt,
2. der Betroffene einer durch Rechtsvorschrift vorgeschriebenen Pflicht zur Mitteilung wesentlicher für ihn nachteiliger Änderungen der Verhältnisse vorsätzlich oder grob fahrlässig nicht nachgekommen ist,
3. nach Antragstellung oder Erlaß des Verwaltungsaktes Einkommen oder Vermögen erzielt worden ist, das zum Wegfall oder zur Minderung des Anspruchs geführt haben würde, oder
4. der Betroffene wußte oder nicht wußte, weil er die erforderliche Sorgfalt in besonders schwerem Maße verletzt hat, daß der sich aus dem Verwaltungsakt ergebende Anspruch kraft Gesetzes zum Ruhen gekommen oder ganz oder teilweise weggefallen ist.

Als Zeitpunkt der Änderung der Verhältnisse gilt in Fällen, in denen Einkommen oder Vermögen auf einen zurückliegenden Zeitraum auf Grund der besonderen Teile dieses Gesetzbuchs anzurechnen ist, der Beginn des Anrechnungszeitraumes.

(2) Der Verwaltungsakt ist im Einzelfall mit Wirkung für die Zukunft auch dann aufzuheben, wenn der zuständige oberste Gerichtshof des Bundes in ständiger Rechtsprechung nachträglich das Recht anders auslegt als die Behörde bei Erlaß des Verwaltungsaktes und sich dieses zugunsten des Berechtigten auswirkt; § 44 bleibt unberührt.

(3) Kann ein rechtswidriger begünstigender Verwaltungsakt nach § 45 nicht zurückgenommen werden und ist eine Änderung nach Absatz 1 oder 2 zugunsten des Betroffenen eingetreten, darf die neu festzustellende Leistung nicht über den Betrag hinausgehen, wie er sich der Höhe nach ohne Berücksichtigung der Bestandskraft ergibt. Satz 1 gilt entsprechend, soweit einem rechtmäßigen begünstigenden Verwaltungsakt ein rechtswidriger begünstigender Verwaltungsakt zugrunde liegt, der nach § 45 nicht zurückgenommen werden kann.

(4) § 44 Abs. 3 und 4, § 45 Abs. 3 Satz 3 bis 5 und Abs. 4 Satz 2 gelten entsprechend. § 45 Abs. 4 Satz 2 gilt nicht im Fall des Absatzes 1 Satz 2 Nr. 1.

§ 49 Rücknahme und Widerruf im Rechtsbehelfsverfahren

§ 45 Abs. 1 bis 4, §§ 47 und 48 gelten nicht, wenn ein begünstigender Verwaltungsakt, der von einem Dritten angefochten worden ist, während des Vorverfahrens oder während des sozial- oder verwaltungsgerichtlichen Verfahrens aufgehoben wird, soweit dadurch dem Widerspruch abgeholfen oder der Klage stattgegeben wird.

§ 50 Erstattung zu Unrecht erbrachter Leistungen

(1) Soweit ein Verwaltungsakt aufgehoben worden ist, sind bereits erbrachte Leistungen zu erstatten. Sach- und Dienstleistungen sind in Geld zu erstatten.

(2) Soweit Leistungen ohne Verwaltungsakt zu Unrecht erbracht worden sind, sind sie zu erstatten. §§ 45 und 48 gelten entsprechend.

(2 a) Der zu erstattende Betrag ist vom Eintritt der Unwirksamkeit eines Verwaltungsaktes, auf Grund dessen Leistungen zur Förderung von Einrichtungen oder ähnliche Leistungen erbracht worden sind, mit 3 vom Hundert über dem jeweiligen Diskontsatz der Deutschen Bundesbank jährlich zu verzinsen. Von der Geltendmachung des Zinsanspruchs kann insbesondere dann abgesehen werden, wenn der Begünstigte die Umstände, die zur Rücknahme, zum Widerruf oder zur Unwirksamkeit des Verwaltungsaktes geführt haben, nicht zu vertreten hat und den zu erstattenden Betrag innerhalb der von der Behörde festgesetzten Frist leistet. Wird eine Leistung nicht alsbald nach der Auszahlung für den bestimmten Zweck verwendet, so können für die Zeit bis zur zweckentsprechenden Verwendung Zinsen nach Satz 1 verlangt werden; § 47 Abs. 2 Satz 1 Nr. 1 bleibt unberührt.

(3) Die zu erstattende Leistung ist durch schriftlichen Verwaltungsakt festzusetzen. Die Festsetzung soll, sofern die Leistung auf Grund eines Verwaltungsaktes erbracht worden ist, mit der Aufhebung des Verwaltungsaktes verbunden werden.

(4) Der Erstattungsanspruch verjährt in vier Jahren nach Ablauf des Kalenderjahres, in dem der Verwaltungsakt nach Absatz 3 unanfechtbar geworden ist. Für die Hemmung, die Unterbrechung und die Wirkung der Verjährung gelten die Vorschriften des Bürgerlichen Gesetzbuchs sinngemäß. § 52 bleibt unberührt.

(5) Die Absätze 1 bis 4 gelten bei Berichtigungen nach § 38 entsprechend.

§ 51 Rückgabe von Urkunden und Sachen
Ist ein Verwaltungsakt unanfechtbar widerrufen oder zurückgenommen oder ist seine Wirksamkeit aus einem anderen Grund nicht oder nicht mehr gegeben, kann die Behörde die auf Grund dieses Verwaltungsaktes erteilten Urkunden oder Sachen, die zum Nachweis der Rechte aus dem Verwaltungsakt oder zu deren Ausübung bestimmt sind, zurückfordern. Der Inhaber und, sofern er nicht der Besitzer ist, auch der Besitzer dieser Urkunden oder Sachen sind zu ihrer Herausgabe verpflichtet. Der Inhaber oder der Besitzer kann jedoch verlangen, daß ihm die Urkunden oder Sachen wieder ausgehändigt werden, nachdem sie von der Behörde als ungültig gekennzeichnet sind; dies gilt nicht bei Sachen, bei denen eine solche Kennzeichnung nicht oder nicht mit der erforderlichen Offensichtlichkeit oder Dauerhaftigkeit möglich ist.

Dritter Titel
Verjährungsrechtliche Wirkungen des Verwaltungsaktes

§ 52 Unterbrechung der Verjährung durch Verwaltungsakt
(1) Ein Verwaltungsakt, der zur Durchsetzung des Anspruchs eines öffentlich-rechtlichen Rechtsträgers erlassen wird, unterbricht die Verjährung dieses Anspruchs. Die Unterbrechung dauert fort, bis der Verwaltungsakt unanfechtbar geworden ist oder das Verwaltungsverfahren, das zu seinem Erlaß geführt hat, anderweitig erledigt ist. Die §§ 212 und 217 des Bürgerlichen Gesetzbuchs gelten entsprechend.
(2) Ist ein Verwaltungsakt im Sinne des Absatzes 1 unanfechtbar geworden, gilt § 218 des Bürgerlichen Gesetzbuchs entsprechend.

Vierter Abschnitt
Öffentlich-rechtlicher Vertrag

§ 53 Zulässigkeit des öffentlich-rechtlichen Vertrages
(1) Ein Rechtsverhältnis auf dem Gebiet des öffentlichen Rechts kann durch Vertrag begründet, geändert oder aufgehoben werden (öffentlich-rechtlicher Vertrag), soweit Rechtsvorschriften nicht entgegenstehen. Insbesondere kann die Behörde, anstatt einen Verwaltungsakt zu erlassen, einen öffentlich-rechtlichen Vertrag mit demjenigen schließen, an den sie sonst den Verwaltungsakt richten würde.
(2) Ein öffentlich-rechtlicher Vertrag über Sozialleistungen kann nur geschlossen werden, soweit die Erbringung der Leistungen im Ermessen des Leistungsträgers steht.

§ 54 Vergleichsvertrag
(1) Ein öffentlich-rechtlicher Vertrag im Sinne des § 53 Abs. 1 Satz 2, durch den eine bei verständiger Würdigung des Sachverhalts oder der Rechtslage bestehende Ungewißheit durch gegenseitiges Nachgeben beseitigt wird (Vergleich), kann geschlossen werden, wenn die Behörde den Abschluß des Vergleichs zur Beseitigung der Ungewißheit nach pflichtgemäßem Ermessen für zweckmäßig hält.
(2) § 53 Abs. 2 gilt im Fall des Absatzes 1 nicht.

§ 55 Austauschvertrag
(1) Ein öffentlich-rechtlicher Vertrag im Sinne des § 53 Abs. 1 Satz 2, in dem sich der Vertragspartner der Behörde zu einer Gegenleistung verpflichtet, kann geschlossen werden, wenn die Gegenleistung für einen bestimmten Zweck im Vertrag vereinbart wird und der Behörde zur Erfüllung ihrer öffentlichen Aufgaben dient. Die Gegenleistung muß den gesamten Umständen nach angemessen sein und im sachlichen Zusammenhang mit der vertraglichen Leistung der Behörde stehen.
(2) Besteht auf die Leistung der Behörde ein Anspruch, kann nur eine solche Gegenleistung vereinbart werden, die bei Erlaß eines Verwaltungsaktes Inhalt einer Nebenbestimmung nach § 32 sein könnte.
(3) § 53 Abs. 2 gilt in den Fällen der Absätze 1 und 2 nicht.

§ 56 Schriftform
Ein öffentlich-rechtlicher Vertrag ist schriftlich zu schließen, soweit nicht durch Rechtsvorschrift eine andere Form vorgeschrieben ist.

§ 57 Zustimmung von Dritten und Behörden
(1) Ein öffentlich-rechtlicher Vertrag, der in Rechte eines Dritten eingreift, wird erst wirksam, wenn der Dritte schriftlich zustimmt.
(2) Wird anstatt eines Verwaltungsaktes, bei dessen Erlaß nach einer Rechtsvorschrift die Genehmigung, die Zustimmung oder das Einvernehmen einer anderen Behörde erforderlich ist, ein Vertrag geschlossen, so wird dieser erst wirksam, nachdem die andere Behörde in der vorgeschriebenen Form mitgewirkt hat.

§ 58 Nichtigkeit des öffentlich-rechtlichen Vertrages
(1) Ein öffentlich-rechtlicher Vertrag ist nichtig, wenn sich die Nichtigkeit aus der entsprechenden Anwendung von Vorschriften des Bürgerlichen Gesetzbuchs ergibt.
(2) Ein Vertrag im Sinne des § 53 Abs. 1 Satz 2 ist ferner nichtig, wenn
1. ein Verwaltungsakt mit entsprechendem Inhalt nichtig wäre,
2. ein Verwaltungsakt mit entsprechendem Inhalt nicht nur wegen eines Verfahrens- oder Formfehlers im Sinne des § 42 rechtswidrig wäre und dies den Vertragschließenden bekannt war,
3. die Voraussetzungen zum Abschluß eines Vergleichsvertrages nicht vorlagen und ein Verwaltungsakt mit entsprechendem Inhalt nicht nur wegen eines Verfahrens- oder Formfehlers im Sinne des § 42 rechtswidrig wäre,
4. sich die Behörde eine nach § 55 unzulässige Gegenleistung versprechen läßt.
(3) Betrifft die Nichtigkeit nur einen Teil des Vertrages, so ist er im ganzen nichtig, wenn nicht anzunehmen ist, daß er auch ohne den nichtigen Teil geschlossen worden wäre.

§ 59 Anpassung und Kündigung in besonderen Fällen
(1) Haben die Verhältnisse, die für die Festsetzung des Vertragsinhalts maßgebend gewesen sind, sich seit Abschluß des Vertrages so wesentlich geändert, daß einer Vertragspartei das Festhalten an der ursprünglichen vertraglichen Regelung nicht zuzumuten ist, so kann diese Vertragspartei eine Anpassung des Vertragsinhalts an die geänderten Verhältnisse verlangen oder, sofern eine Anpassung nicht möglich oder einer Vertragspartei nicht zuzumuten ist, den Vertrag kündigen. Die Behörde kann den Vertrag auch kündigen, um schwere Nachteile für das Gemeinwohl zu verhüten oder zu beseitigen.
(2) Die Kündigung bedarf der Schriftform, soweit nicht durch Rechtsvorschrift eine andere Form vorgeschrieben ist. Sie soll begründet werden.

§ 60 Unterwerfung unter die sofortige Vollstreckung
(1) Jeder Vertragschließende kann sich der sofortigen Vollstreckung aus einem öffentlich-rechtlichen Vertrag im Sinne des § 53 Abs. 1 Satz 2 unterwerfen. Die Behörde muß hierbei von dem Behördenleiter, seinem allgemeinen Vertreter oder einem Angehörigen des öffentlichen Dienstes, der die Befähigung zum Richteramt hat oder die Voraussetzungen des § 110 Satz 1 des Deutschen Richtergesetzes erfüllt, vertreten werden. Die Unterwerfung der Behörde unter die sofortige Vollstreckung ist nur wirksam, wenn sie von der Aufsichtsbehörde der vertragschließenden Behörde genehmigt worden ist. Die Genehmigung ist nicht erforderlich, wenn die Unterwerfung von einer obersten Bundes- oder Landesbehörde erklärt wird.
(2) Auf öffentlich-rechtliche Verträge im Sinne des Absatzes 1 Satz 1 ist § 66 entsprechend anzuwenden. Will eine natürliche oder juristische Person des Privatrechts oder eine nichtrechtsfähige Vereinigung die Vollstreckung wegen einer Geldforderung betreiben, so ist § 170 Abs. 1 bis 3 der Verwaltungsgerichtsordnung entsprechend anzuwenden. Richtet sich die Vollstreckung wegen der Erzwingung einer Handlung, Duldung oder Unterlassung gegen eine Behörde, ist § 172 der Verwaltungsgerichtsordnung entsprechend anzuwenden.

§ 61 Ergänzende Anwendung von Vorschriften
Soweit sich aus den §§ 53 bis 60 nichts Abweichendes ergibt, gelten die übrigen Vorschriften dieses Gesetzbuchs. Ergänzend gelten die Vorschriften des Bürgerlichen Gesetzbuchs entsprechend.

Fünfter Abschnitt
Rechtsbehelfsverfahren
§ 62 Rechtsbehelfe gegen Verwaltungsakte
Für förmliche Rechtsbehelfe gegen Verwaltungsakte gelten, wenn der Sozialrechtsweg gegeben ist, das Sozialgerichtsgesetz, wenn der Verwaltungsrechtsweg gegeben ist, die Verwaltungsgerichtsordnung und die zu ihrer Ausführung ergangenen Rechtsvorschriften, soweit nicht durch Gesetz etwas anderes bestimmt ist; im übrigen gelten die Vorschriften dieses Gesetzbuchs.

§ 63 Erstattung von Kosten im Vorverfahren
(1) Soweit der Widerspruch erfolgreich ist, hat der Rechtsträger, dessen Behörde den angefochtenen Verwaltungsakt erlassen hat, demjenigen, der Widerspruch erhoben hat, die zur zweckentsprechenden Rechtsverfolgung oder Rechtsverteidigung notwendigen Aufwendungen zu erstatten. Dies gilt auch, wenn der Widerspruch nur deshalb keinen Erfolg hat, weil die Verletzung einer Verfahrens- oder Formvorschrift nach § 41 unbeachtlich ist. Aufwendungen, die durch das Verschulden eines Erstattungsberechtigten entstanden sind, hat dieser selbst zu tragen; das Verschulden eines Vertreters ist dem Vertretenen zuzurechnen.
(2) Die Gebühren und Auslagen eines Rechtsanwalts oder eines sonstigen Bevollmächtigten im Vorverfahren sind erstattungsfähig, wenn die Zuziehung eines Bevollmächtigten notwendig war.
(3) Die Behörde, die die Kostenentscheidung getroffen hat, setzt auf Antrag den Betrag der zu erstattenden Aufwendungen fest; hat ein Ausschuß oder Beirat die Kostenentscheidung getroffen, obliegt die Kostenfestsetzung der Behörde, bei der der Ausschuß oder Beirat gebildet ist. Die Kostenentscheidung bestimmt auch, ob die Zuziehung eines Rechtsanwalts oder eines sonstigen Bevollmächtigten notwendig war.

Sechster Abschnitt
Kosten, Zustellung und Vollstreckung
§ 64 Kostenfreiheit
(1) Für das Verfahren bei den Behörden nach diesem Gesetzbuch werden keine Gebühren und Auslagen erhoben.
(2) Geschäfte und Verhandlungen, die aus Anlaß der Beantragung, Erbringung oder der Erstattung einer Sozialleistung nötig werden, sind kostenfrei. Dies gilt auch für die in der Kostenordnung bestimmten Gerichtskosten. Von Beurkundungs- und Beglaubigungskosten sind befreit Urkunden, die
1. in der Sozialversicherung bei den Versicherungsträgern und Versicherungsbehörden erforderlich werden, um die Rechtsverhältnisse zwischen den Versicherungsträgern einerseits und den Arbeitgebern, Versicherten oder ihren Hinterbliebenen andererseits abzuwickeln,
2. im Sozial- und im Kinder- und Jugendhilferecht sowie im Recht der Kriegsopferfürsorge aus Anlaß der Beantragung, Erbringung oder Erstattung einer nach dem Bundessozialhilfegesetz, dem Achten Buch oder dem Bundesversorgungsgesetz vorgesehenen Leistung benötigt werden,
3. im Schwerbehindertenrecht von der zuständigen Stelle im Zusammenhang mit der Verwendung der Ausgleichsabgabe für erforderlich gehalten werden,
4. im Recht der sozialen Entschädigung bei Gesundheitsschäden für erforderlich gehalten werden,
5. im Kindergeldrecht für erforderlich gehalten werden.
(3) Absatz 2 Satz 1 gilt auch für gerichtliche Verfahren, auf die das Gesetz über die Angelegenheiten der freiwilligen Gerichtsbarkeit anzuwenden ist. Im Verfahren nach der Zivilprozeßordnung sowie im Verfahren vor Gerichten der Sozial- und Finanzgerichtsbarkeit sind die Träger der Sozialhilfe, der Jugendhilfe und der Kriegsopferfürsorge von den Gerichtskosten befreit.

§ 65 Zustellung
(1) Soweit Zustellungen durch Behörden des Bundes, der bundesunmittelbaren Körperschaften, Anstalten und Stiftungen des öffentlichen Rechts vorgeschrieben sind, gelten die §§ 2 bis 15 des Verwaltungszustellungsgesetzes. Diese Vorschriften gelten auch, soweit Zustellungen durch Verwaltungsbehörden der Kriegsopferversorgung vorgeschrieben sind.
(2) Für die übrigen Behörden gelten die jeweiligen landesrechtlichen Vorschriften über das Zustellungsverfahren.

§ 66 Vollstreckung
(1) Für die Vollstreckung zugunsten der Behörden des Bundes, der bundesunmittelbaren Körperschaften, Anstalten und Stiftungen des öffentlichen Rechts gilt das Verwaltungs-Vollstreckungsgesetz. In Angelegenheiten des § 51 des Sozialgerichtsgesetzes ist für die Anordnung der Ersatzzwangshaft das Sozialgericht zuständig. Die oberste Verwaltungsbehörde kann bestimmen, daß die Aufsichtsbehörde nach Anhören der in Satz 1 genannten Behörden die geschäftsleitenden Bediensteten als Vollstreckungsbeamte und sonstige Bedienstete dieser Behörde als Vollziehungsbeamte bestellen darf.
(2) Absatz 1 gilt auch für die Vollstreckung durch Verwaltungsbehörden der Kriegsopferversorgung; das Land bestimmt die Vollstreckungsbehörde.
(3) Für die Vollstreckung zugunsten der übrigen Behörden gelten die jeweiligen landesrechtlichen Vorschriften über das Verwaltungsvollstreckungsverfahren. Absatz 1 Satz 2 und 3 gilt entsprechend.
(4) Aus einem Verwaltungsakt kann auch die Zwangsvollstreckung in entsprechender Anwendung der Zivilprozeßordnung stattfinden. Der Vollstreckungsschuldner soll vor Beginn der Vollstreckung mit einer Zahlungsfrist von einer Woche gemahnt werden. Die vollstreckbare Ausfertigung erteilt der Behördenleiter, sein allgemeiner Vertreter oder ein anderer auf Antrag eines Leistungsträgers von der Aufsichtsbehörde ermächtigter Angehöriger des öffentlichen Dienstes. Bei den Versicherungsträgern und der Bundesanstalt für Arbeit tritt in Satz 3 an die Stelle der Aufsichtsbehörden der Vorstand.

Zweites Kapitel
Schutz der Sozialdaten

Erster Abschnitt
Begriffsbestimmungen

§ 67 Begriffsbestimmungen
(1) Sozialdaten sind Einzelangaben über persönliche oder sachliche Verhältnisse einer bestimmten oder bestimmbaren natürlichen Person (Betroffener), die von einer in § 35 des Ersten Buches genannten Stelle im Hinblick auf ihre Aufgaben nach diesem Gesetzbuch erhoben, verarbeitet oder genutzt werden. Betriebs- und Geschäftsgeheimnisse sind alle betriebs- oder geschäftsbezogenen Daten, auch von juristischen Personen, die Geheimnischarakter haben.
(2) Aufgaben nach diesem Gesetzbuch sind, soweit dieses Kapitel angewandt wird, auch
1. Aufgaben aufgrund von Verordnungen, deren Ermächtigungsgrundlage sich im Sozialgesetzbuch befindet,
2. Aufgaben aufgrund von über- und zwischenstaatlichem Recht im Bereich der sozialen Sicherheit,
3. Aufgaben aufgrund von Rechtsvorschriften, die das Erste und Zehnte Buch des Sozialgesetzbuchs für entsprechend anwendbar erklären, und
4. Aufgaben aufgrund des Arbeitssicherheitsgesetzes und Aufgaben, soweit sie den in § 35 des Ersten Buches genannten Stellen durch Gesetz zugewiesen sind. § 8 Abs. 1 Satz 3 des Arbeitssicherheitsgesetzes bleibt unberührt.

(3) Eine Datei ist
1. eine Sammlung von Sozialdaten, die durch automatisierte Verfahren nach bestimmten Merkmalen ausgewertet werden kann (automatisierte Datei), oder
2. jede sonstige Sammlung von Sozialdaten, die gleichartig aufgebaut ist und nach bestimmten Merkmalen geordnet, umgeordnet und ausgewertet werden kann (nicht-automatisierte Datei).

Nicht hierzu gehören Akten und Aktensammlungen, es sei denn, daß sie durch automatisierte Verfahren umgeordnet und ausgewertet werden können.
(4) Eine Akte ist jede sonstige amtlichen oder dienstlichen Zwecken dienende Unterlage; dazu zählen auch Bild- und Tonträger. Nicht hierunter fallen Vorentwürfe und Notizen, die nicht Bestandteil eines Vorganges werden sollen.
(5) Erheben ist das Beschaffen von Daten über den Betroffenen.
(6) Verarbeiten ist das Speichern, Verändern, Übermitteln, Sperren und Löschen von Sozialdaten. Im einzelnen ist, ungeachtet der dabei angewendeten Verfahren
1. Speichern das Erfassen, Aufnehmen oder Aufbewahren von Sozialdaten auf einem Datenträger zum Zwecke ihrer weiteren Verarbeitung oder Nutzung,
2. Verändern das inhaltliche Umgestalten gespeicherter Sozialdaten,

3. Übermitteln das Bekanntgeben gespeicherter oder durch Datenverarbeitung gewonnener Sozialdaten an einen Dritten (Empfänger) in der Weise, daß
   a) die Daten durch die speichernde Stelle an den Empfänger weitergegeben werden oder
   b) der Empfänger von der speichernden Stelle zur Einsicht oder zum Abruf bereitgehaltene Daten einsieht oder abruft;
   Übermitteln im Sinne dieses Gesetzbuchs ist auch das Bekanntgeben nicht gespeicherter Sozialdaten,
4. Sperren das vollständige oder teilweise Untersagen der weiteren Verarbeitung oder Nutzung von Sozialdaten durch entsprechende Kennzeichnung,
5. Löschen das Unkenntlichmachen gespeicherter Sozialdaten.

(7) Nutzen ist jede Verwendung von Sozialdaten, soweit es sich nicht um Verarbeitung handelt, auch die Weitergabe innerhalb der speichernden Stelle.
(8) Anonymisieren ist das Verändern von Sozialdaten derart, daß die Einzelangaben über persönliche oder sachliche Verhältnisse nicht mehr oder nur mit einem unverhältnismäßig großen Aufwand an Zeit, Kosten und Arbeitskraft einer bestimmten oder bestimmbaren natürlichen Person zugeordnet werden können.
(9) Speichernde Stelle ist jede Person oder Stelle, die Sozialdaten für sich selbst speichert oder durch andere im Auftrag speichern läßt. Werden Sozialdaten bei einem Leistungsträger im Sinne des § 12 des Ersten Buches gespeichert, ist speichernde Stelle der Leistungsträger. Ist der Leistungsträger eine Gebietskörperschaft, so sind eine speichernde Stelle die Organisationseinheiten, die eine Aufgabe nach einem der besonderen Teile dieses Gesetzbuchs funktional durchführen.
(10) Dritter ist jede Person oder Stelle außerhalb der speichernden Stelle. Dritte sind nicht der Betroffene sowie diejenigen Personen und Stellen, die im Inland Sozialdaten im Auftrag verarbeiten oder nutzen.
(11) Nicht-öffentliche Stellen sind natürliche und juristische Personen, Gesellschaften und andere Personenvereinigungen des privaten Rechts, soweit sie nicht unter § 81 Abs. 3 fallen.

Zweiter Abschnitt
Datenerhebung, -verarbeitung und -nutzung

§ 67 a Datenerhebung

(1) Das Erheben von Sozialdaten durch in § 35 des Ersten Buches genannte Stellen ist zulässig, wenn ihre Kenntnis zur Erfüllung einer Aufgabe der erhebenden Stelle nach diesem Gesetzbuch erforderlich ist.
(2) Sozialdaten sind beim Betroffenen zu erheben. Ohne seine Mitwirkung dürfen sie nur erhoben werden,
1. bei den in § 35 des Ersten Buches oder in § 69 Abs. 2 genannten Stellen, wenn
   a) diese zur Übermittlung der Daten an die erhebende Stelle befugt sind,
   b) die Erhebung beim Betroffenen einen unverhältnismäßigen Aufwand erfordern würde und
   c) keine Anhaltspunkte dafür bestehen, daß überwiegende schutzwürdige Interessen des Betroffenen beeinträchtigt werden,
2. bei anderen Personen oder Stellen, wenn
   a) eine Rechtsvorschrift die Erhebung bei ihnen zuläßt oder die Übermittlung an die erhebende Stelle ausdrücklich vorschreibt oder
   b) aa) die Aufgaben nach diesem Gesetzbuch ihrer Art nach eine Erhebung bei anderen Personen oder Stellen erforderlich machen oder
      bb) die Erhebung beim Betroffenen einen unverhältnismäßigen Aufwand erfordern würde und keine Anhaltspunkte dafür bestehen, daß überwiegende schutzwürdige Interessen des Betroffenen beeinträchtigt werden.

(3) Werden Sozialdaten beim Betroffenen mit seiner Kenntnis erhoben, so ist der Erhebungszweck ihm gegenüber anzugeben. Werden sie beim Betroffenen aufgrund einer Rechtsvorschrift erhoben, die zur Auskunft verpflichtet, oder ist die Erteilung der Auskunft Voraussetzung für die Gewährung von Rechtsvorteilen, so ist der Betroffene hierauf sowie auf die Rechtsvorschrift, die zur Auskunft ver-

pflichtet und die Folgen der Verweigerung von Angaben, sonst auf die Freiwilligkeit seiner Angaben hinzuweisen.
(4) Werden Sozialdaten statt beim Betroffenen bei einer nicht-öffentlichen Stelle erhoben, so ist die Stelle auf die Rechtsvorschrift, die zur Auskunft verpflichtet, sonst auf die Freiwilligkeit ihrer Angaben hinzuweisen.

§ 67 b Zulässigkeit der Datenverarbeitung und -nutzung
(1) Die Verarbeitung von Sozialdaten und deren Nutzung sind nur zulässig, soweit die nachfolgenden Vorschriften oder eine andere Rechtsvorschrift in diesem Gesetzbuch es erlauben oder anordnen oder soweit der Betroffene eingewilligt hat.
(2) Wird die Einwilligung bei dem Betroffenen eingeholt, ist er auf den Zweck der Speicherung und einer vorgesehenen Übermittlung sowie auf die Folgen der Verweigerung der Einwilligung hinzuweisen. Die Einwilligung und der Hinweis bedürfen der Schriftform, soweit nicht wegen besonderer Umstände eine andere Form angemessen ist. Soll die Einwilligung zusammen mit anderen Erklärungen schriftlich erteilt werden, ist die Einwilligungserklärung im äußeren Erscheinungsbild der Erklärung hervorzuheben.
(3) Im Bereich der wissenschaftlichen Forschung liegt ein besonderer Umstand im Sinne des Absatzes 2 Satz 2 auch dann vor, wenn durch die Schriftform der bestimmte Forschungszweck erheblich beeinträchtigt würde. In diesem Fall sind der Hinweis nach Absatz 2 Satz 1 und die Gründe, aus denen sich die erhebliche Beeinträchtigung des bestimmten Forschungszweckes ergibt, schriftlich festzuhalten.

§ 67 c Datenspeicherung, -veränderung und -nutzung
(1) Das Speichern, Verändern oder Nutzen von Sozialdaten durch die in § 35 des Ersten Buches genannten Stellen ist zulässig, wenn es zur Erfüllung der in der Zuständigkeit der speichernden Stelle liegenden gesetzlichen Aufgaben nach diesem Gesetzbuch erforderlich ist und es für die Zwecke erfolgt, für die die Daten erhoben worden sind. Ist keine Erhebung vorausgegangen, dürfen die Daten nur für die Zwecke geändert oder genutzt werden, für die sie gespeichert worden sind.
(2) Die nach Absatz 1 gespeicherten Daten dürfen von derselben Stelle für andere Zwecke nur gespeichert, verändert oder genutzt werden, wenn
1. die Daten für die Erfüllung von Aufgaben nach anderen Rechtsvorschriften dieses Gesetzbuches als diejenigen, für die sie erhoben wurden, erforderlich sind,
2. der Betroffene im Einzelfall eingewilligt hat oder
3. es zur Durchführung eines bestimmten Vorhabens der wissenschaftlichen Forschung oder Planung im Sozialleistungsbereich erforderlich ist und die Voraussetzungen des § 75 Abs. 1 vorliegen.

(3) Eine Speicherung, Veränderung oder Nutzung für andere Zwecke liegt nicht vor, wenn sie für die Wahrnehmung von Aufsichts-, Kontroll- und Disziplinarbefugnissen, der Rechnungsprüfung oder der Durchführung von Organisationsuntersuchungen für die speichernde Stelle erforderlich ist. Das gilt auch für die Veränderung oder Nutzung zu Ausbildungs- und Prüfungszwecken durch die speichernde Stelle, soweit nicht überwiegende schutzwürdige Interessen des Betroffenen entgegenstehen.
(4) Sozialdaten, die ausschließlich zu Zwecken der Datenschutzkontrolle, der Datensicherung oder zur Sicherstellung eines ordnungsgemäßen Betriebes einer Datenverarbeitungsanlage gespeichert werden, dürfen nur für diese Zwecke verwendet werden.
(5) Für Zwecke der wissenschaftlichen Forschung oder Planung im Sozialleistungsbereich erhobene oder gespeicherte Sozialdaten dürfen von den in § 35 des Ersten Buches genannten Stellen nur für ein bestimmtes Vorhaben der wissenschaftlichen Forschung im Sozialleistungsbereich oder der Planung im Sozialleistungsbereich verändert oder genutzt werden. Die Sozialdaten sind zu anonymisieren, sobald dies nach dem Forschungs- oder Planungszweck möglich ist. Bis dahin sind die Merkmale gesondert zu speichern, mit denen Einzelangaben über persönliche oder sachliche Verhältnisse einer bestimmten oder bestimmbaren Person zugeordnet werden können. Sie dürfen mit den Einzelangaben nur zusammengeführt werden, soweit der Forschungs- oder Planungszweck dies erfordert.

§ 67 d Übermittlungsgrundsätze
(1) Eine Übermittlung von Sozialdaten ist nur zulässig, soweit eine gesetzliche Übermittlungsbefugnis nach den §§ 68 bis 77 oder nach einer anderen Rechtsvorschrift in diesem Gesetzbuch vorliegt.

(2) Die Verantwortung für die Zulässigkeit der Übermittlung trägt die übermittelnde Stelle. Erfolgt die Übermittlung auf Ersuchen des Empfängers, trägt dieser die Verantwortung für die Richtigkeit der Angaben in seinem Ersuchen.

(3) Sind mit Sozialdaten, die nach Absatz 1 übermittelt werden dürfen, weitere personenbezogene Daten des Betroffenen oder eines Dritten in Akten so verbunden, daß eine Trennung nicht oder nur mit unvertretbarem Aufwand möglich ist, so ist die Übermittlung auch dieser Daten nur zulässig, wenn schutzwürdige Interessen des Betroffenen oder eines Dritten an deren Geheimhaltung nicht überwiegen; eine Veränderung oder Nutzung dieser Daten ist unzulässig.

(4) Die Übermittlung von Sozialdaten auf maschinell verwertbaren Datenträgern oder im Wege der Datenübertragung ist auch über Vermittlungsstellen zulässig. Für die Auftragserteilung an die Vermittlungsstelle gilt § 80 Abs. 2 Satz 1, für deren Anzeigepflicht § 80 Abs. 3 und für die Verarbeitung und Nutzung durch die Vermittlungsstelle § 80 Abs. 4 entsprechend.

§ 67 e Erhebung und Übermittlung zur Bekämpfung von Leistungsmißbrauch und illegaler Ausländerbeschäftigung

Bei der Prüfung nach § 304 des Dritten Buches oder nach den §§ 28 p oder 107 des Vierten Buches darf bei der überprüften Person zusätzlich erfragt werden,
1. ob und welche Art von Sozialleistungen nach diesem Gesetzbuch oder Leistungen nach dem Asylbewerberleistungsgesetz sie bezieht und von welcher Stelle sie diese Leistungen bezieht,
2. bei welcher Krankenkasse sie versichert oder ob sie als Selbständige tätig ist,
3. ob und welche Art von Beiträgen nach diesem Gesetzbuch sie abführt und
4. ob und welche ausländischen Arbeitnehmer sie mit einer für ihre Tätigkeit erforderlichen Genehmigung und nicht zu ungünstigeren Arbeitsbedingungen als vergleichbare deutsche Arbeitnehmer beschäftigt.

Zu Prüfzwecken dürfen die Antworten auf Fragen nach Satz 1 Nr. 1 an den jeweils zuständigen Leistungsträger und nach Satz 1 Nr. 2 bis 4 an die jeweils zuständige Einzugsstelle und die Bundesanstalt für Arbeit übermittelt werden. Der Empfänger hat die Prüfung unverzüglich durchzuführen.

§ 68 Übermittlung für Aufgaben der Polizeibehörden, der Staatsanwaltschaften und Gerichte, der Behörden der Gefahrenabwehr oder zur Durchsetzung öffentlich-rechtlicher Ansprüche

(1) Zur Erfüllung von Aufgaben der Polizeibehörden, der Staatsanwaltschaften und Gerichte, der Behörden der Gefahrenabwehr, der Justizvollzugsanstalten oder zur Durchsetzung von öffentlich-rechtlichen Ansprüchen in Höhe von mindestens eintausend Deutsche Mark ist es zulässig, im Einzelfall auf Ersuchen Name, Vorname, Geburtsdatum, Geburtsort, derzeitige Anschrift des Betroffenen, seinen derzeitigen oder zukünftigen Aufenthalt sowie Namen und Anschriften seiner derzeitigen Arbeitgeber zu übermitteln, soweit kein Grund zur Annahme besteht, daß dadurch schutzwürdige Interessen des Betroffenen beeinträchtigt werden, und wenn das Ersuchen nicht länger als sechs Monate zurückliegt. Die ersuchte Stelle ist über § 4 Abs. 3 hinaus zur Übermittlung auch dann nicht verpflichtet, wenn sich die ersuchende Stelle die Angaben auf andere Weise beschaffen kann. Satz 2 findet keine Anwendung, wenn das Amtshilfeersuchen zur Durchführung einer Vollstreckung nach § 66 erforderlich ist.

(2) Über das Übermittlungsersuchen entscheidet der Leiter der ersuchten Stelle, sein allgemeiner Stellvertreter oder ein besonders bevollmächtigter Bediensteter.

§ 69 Übermittlung für die Erfüllung sozialer Aufgaben

(1) Eine Übermittlung von Sozialdaten ist zulässig, soweit sie erforderlich ist
1. für die Erfüllung der Zwecke, für die sie erhoben worden sind oder für die Erfüllung einer gesetzlichen Aufgabe der übermittelnden Stelle nach diesem Gesetzbuch oder einer solchen Aufgabe des Empfängers, wenn er eine in § 35 des Ersten Buches genannte Stelle ist,
2. für die Durchführung eines mit der Erfüllung einer Aufgabe nach Nummer 1 zusammenhängenden gerichtlichen Verfahrens einschließlich eines Strafverfahrens oder
3. für die Richtigstellung unwahrer Tatsachenbehauptungen des Betroffenen im Zusammenhang mit einem Verfahren über die Erbringung von Sozialleistungen; die Übermittlung bedarf der vorherigen Genehmigung durch die zuständige oberste Bundes- oder Landesbehörde.

(2) Für die Erfüllung einer gesetzlichen oder sich aus einem Tarifvertrag ergebenden Aufgabe sind den in § 35 des Ersten Buches genannten Stellen gleichgestellt
1. die Stellen, die Leistungen nach dem Lastenausgleichsgesetz, dem Bundesentschädigungsgesetz, dem Gesetz über die Entschädigung für Strafverfolgungsmaßnahmen, dem Unterhaltssicherungsgesetz, dem Beamtenversorgungsgesetz und den Vorschriften, die auf das Beamtenversorgungsgesetz verweisen, dem Soldatenversorgungsgesetz, dem Anspruchs- und Anwartschaftsüberführungsgesetz und den Vorschriften der Länder über die Gewährung von Blinden- und Pflegegeldleistungen zu erbringen haben,
2. die gemeinsamen Einrichtungen der Tarifvertragsparteien im Sinne des § 4 Abs. 2 des Tarifvertragsgesetzes, die Zusatzversorgungseinrichtungen des öffentlichen Dienstes und die öffentlich-rechtlichen Zusatzversorgungseinrichtungen,
3. die Bezügestellen des öffentlichen Dienstes, soweit sie kindergeldabhängige Leistungen des Besoldungs-, Versorgungs- und Tarifrechts unter Verwendung von personenbezogenen Kindergelddaten festzusetzen haben.

(3) Die Übermittlung von Sozialdaten durch die Bundesanstalt für Arbeit an die Krankenkassen ist zulässig, soweit sie erforderlich ist, den Krankenkassen die Feststellung der Arbeitgeber zu ermöglichen, die am Ausgleich der Arbeitgeberaufwendungen nach dem Zweiten Abschnitt des Lohnfortzahlungsgesetzes teilnehmen.

(4) Die Krankenkassen sind befugt, einem Arbeitgeber mitzuteilen, ob die Fortdauer einer Arbeitsunfähigkeit oder eine erneute Arbeitsunfähigkeit eines Arbeitnehmers auf derselben Krankheit beruht; die Übermittlung von Diagnosedaten an den Arbeitgeber ist nicht zulässig.

(5) Die Übermittlung von Sozialdaten ist zulässig für die Erfüllung der gesetzlichen Aufgaben der Rechnungshöfe und der anderen Stellen, auf die § 67 c Abs. 3 Satz 1 Anwendung findet.

§ 70 Übermittlung für die Durchführung des Arbeitsschutzes

Eine Übermittlung von Sozialdaten ist zulässig, soweit sie zur Erfüllung der gesetzlichen Aufgaben der für den Arbeitsschutz zuständigen staatlichen Behörden oder der Bergbehörden bei der Durchführung des Arbeitsschutzes erforderlich ist und schutzwürdige Interessen des Betroffenen nicht beeinträchtigt werden oder das öffentliche Interesse an der Durchführung des Arbeitsschutzes das Geheimhaltungsinteresse des Betroffenen erheblich überwiegt.

§ 71 Übermittlung für die Erfüllung besonderer gesetzlicher Pflichten und Mitteilungsbefugnisse

(1) Eine Übermittlung von Sozialdaten ist zulässig, soweit sie erforderlich ist für die Erfüllung der gesetzlichen Mitteilungspflichten
1. zur Abwendung geplanter Straftaten nach § 138 des Strafgesetzbuchs,
2. zum Schutz der öffentlichen Gesundheit nach § 4 Abs. 1 Nr. 1 bis 4 und Abs. 2 des Bundes-Seuchengesetzes, nach § 11 Abs. 2, §§ 12 bis 14 Abs. 1 des Gesetzes zur Bekämpfung von Geschlechtskrankheiten,
3. zur Sicherung des Steueraufkommens nach den §§ 93, 97, 105, 111 Abs. 1 und 5 und § 116 der Abgabenordnung, soweit diese Vorschriften unmittelbar anwendbar sind, und zur Mitteilung von Daten der ausländischen Unternehmen, die aufgrund bilateraler Regierungsvereinbarungen über die Beschäftigung von Arbeitnehmern zur Ausführung von Werkverträgen tätig werden, nach § 93 a der Abgabenordnung,
4. zur Wehrüberwachung nach § 24 Abs. 8 des Wehrpflichtgesetzes,
5. zur Überprüfung der Voraussetzungen für die Einziehung der Ausgleichszahlungen im Sinne des § 37 b Satz 1 des Wohngeldgesetzes,
6. zur Verfolgung von Ordnungswidrigkeiten nach dem Gesetz zur Bekämpfung der Schwarzarbeit,
7. zur Mitteilung in das Gewerbezentralregister einzutragender Tatsachen an die Registerbehörde,
8. zur Erfüllung der Aufgaben der statistischen Ämter der Länder und des Statistischen Bundesamtes gemäß § 3 Abs. 1 des Statistikregistergesetzes zum Aufbau und zur Führung des Statistikregisters oder
9. zur Aktualisierung des Betriebsregisters nach § 97 Abs. 5 des Agrarstatistikgesetzes.

Erklärungspflichten als Drittschuldner, welche das Vollstreckungsrecht vorsieht, werden durch Bestimmungen dieses Gesetzbuchs nicht berührt. Eine Übermittlung von Sozialdaten ist zulässig, soweit

sie erforderlich ist für die Erfüllung der gesetzlichen Pflichten zur Sicherung und Nutzung von Archivgut nach den §§ 2 und 5 des Bundesarchivgesetzes oder entsprechenden gesetzlichen Vorschriften der Länder, die die Schutzfristen dieses Gesetzes nicht unterschreiten.
(2) Eine Übermittlung von Sozialdaten eines Ausländers ist auch zulässig, soweit sie erforderlich ist
1. im Einzelfall auf Ersuchen der mit der Ausführung des Ausländergesetzes betrauten Behörden nach § 76 Abs. 1 des Ausländergesetzes mit der Maßgabe, daß über die Angaben nach § 68 hinaus nur mitgeteilt werden können
   a) für die Entscheidung über den Aufenthalt des Ausländers oder eines Familienangehörigen des Ausländers Daten über die Gewährung oder Nichtgewährung von Leistungen, Daten über frühere und bestehende Versicherungen und das Nichtbestehen einer Versicherung,
   b) für die Entscheidung über den Aufenthalt oder über die ausländerrechtliche Zulassung oder Beschränkung einer Erwerbstätigkeit des Ausländers Daten über die Arbeitserlaubnis, die Arbeitsberechtigung oder eine sonstige Berufsausübungserlaubnis,
   c) für eine Entscheidung über den Aufenthalt des Ausländers Angaben darüber, ob die in § 46 Nr. 4 des Ausländergesetzes bezeichneten Voraussetzungen vorliegen, und
   d) durch die Jugendämter für die Entscheidung über den weiteren Aufenthalt oder die Beendigung des Aufenthaltes eines Ausländers, bei dem ein Ausweisungsgrund nach den §§ 45 bis 48 des Ausländergesetzes vorliegt, Angaben über das zu erwartende soziale Verhalten,
2. für die Erfüllung der in § 76 Abs. 2 des Ausländergesetzes bezeichneten Mitteilungspflichten oder
3. für die Erfüllung der in § 76 Abs. 5 Nr. 4 und 6 des Ausländergesetzes bezeichneten Mitteilungspflichten, wenn die Mitteilung, die Erteilung, den Wegfall oder Beschränkungen der Arbeitserlaubnis oder der Arbeitsberechtigung, einer sonstigen Berufsausübungserlaubnis oder eines Versicherungsschutzes oder die Gewährung von Arbeitslosenhilfe betrifft.
Daten über die Gesundheit eines Ausländers dürfen nur übermittelt werden,
1. wenn der Ausländer die öffentliche Gesundheit gefährdet und besondere Schutzmaßnahmen zum Ausschluß der Gefährdung nicht möglich sind oder von dem Ausländer nicht eingehalten werden oder
2. soweit sie für die Feststellung erforderlich sind, ob die Voraussetzungen des § 46 Nr. 4 des Ausländergesetzes vorliegen.
(2 a) Eine Übermittlung personenbezogener Daten eines Leistungsberechtigten nach § 1 des Asylbewerberleistungsgesetzes ist zulässig, soweit sie für die Durchführung des Asylbewerberleistungsgesetzes erforderlich ist.
(3) Eine Übermittlung von Sozialdaten ist auch zulässig, soweit es nach pflichtgemäßem Ermessen eines Leistungsträgers erforderlich ist, dem Vormundschaftsgericht die Bestellung eines Betreuers oder eine andere Maßnahme in Betreuungssachen zu ermöglichen. § 7 des Betreuungsbehördengesetzes gilt entsprechend.

§ 72 Übermittlung für den Schutz der inneren und äußeren Sicherheit
(1) Eine Übermittlung von Sozialdaten ist zulässig, soweit sie im Einzelfall für die rechtmäßige Erfüllung der in der Zuständigkeit der Behörden für Verfassungsschutz, des Bundesnachrichtendienstes, des Militärischen Abschirmdienstes und des Bundeskriminalamtes liegenden Aufgaben erforderlich ist. Die Übermittlung ist auf Angaben über Name und Vorname sowie früher geführte Namen, Geburtsdatum, Geburtsort, derzeitige und frühere Anschriften des Betroffenen sowie Namen und Anschriften seiner derzeitigen und früheren Arbeitgeber beschränkt.
(2) Über die Erforderlichkeit des Übermittlungsersuchens entscheidet ein vom Leiter der ersuchenden Stelle bestimmter Beauftragter, der die Befähigung zum Richteramt haben oder die Voraussetzungen des § 110 des Deutschen Richtergesetzes erfüllen soll. Wenn eine oberste Bundes- oder Landesbehörde für die Aufsicht über die ersuchende Stelle zuständig ist, ist sie über die gestellten Übermittlungsersuchen zu unterrichten. Bei der ersuchten Stelle entscheidet über das Übermittlungsersuchen der Behördenleiter oder sein allgemeiner Stellvertreter.

§ 73 Übermittlung für die Durchführung eines Strafverfahrens
(1) Eine Übermittlung von Sozialdaten ist zulässig, soweit sie zur Durchführung eines Strafverfahrens wegen eines Verbrechens oder wegen einer sonstigen Straftat von erheblicher Bedeutung erforderlich ist.

(2) Eine Übermittlung von Sozialdaten zur Durchführung eines Strafverfahrens wegen einer anderen Straftat ist zulässig, soweit die Übermittlung auf die in § 72 Abs. 1 Satz 2 genannten Angaben und die Angaben über erbrachte oder demnächst zu erbringende Geldleistungen beschränkt ist.
(3) Die Übermittlung nach den Absätzen 1 und 2 ordnet der Richter an.

§ 74 Übermittlung bei Verletzung der Unterhaltspflicht und beim Versorgungsausgleich
Eine Übermittlung von Sozialdaten ist zulässig, soweit sie erforderlich ist
1. für die Durchführung
    a) eines gerichtlichen Verfahrens oder eines Vollstreckungsverfahrens wegen eines gesetzlichen oder vertraglichen Unterhaltsanspruchs oder eines an seine Stelle getretenen Ersatzanspruchs oder
    b) eines Verfahrens über den Versorgungsausgleich nach § 53 b des Gesetzes über die Angelegenheiten der freiwilligen Gerichtsbarkeit oder nach § 11 Abs. 2 des Gesetzes zur Regelung von Härten im Versorgungsausgleich oder
2. für die Geltendmachung
    a) eines gesetzlichen oder vertraglichen Unterhaltsanspruchs außerhalb eines Verfahrens nach Nummer 1 Buchstabe a, soweit der Betroffene nach den Vorschriften des bürgerlichen Rechts, insbesondere nach § 1605 oder nach § 1361 Abs. 4 Satz 4, § 1580 Satz 2, § 1615 a oder § 1615 l Abs. 3 Satz 1 in Verbindung mit § 1605 des Bürgerlichen Gesetzbuchs, zur Auskunft verpflichtet ist, oder
    b) eines Ausgleichsanspruchs im Rahmen des Versorgungsausgleichs außerhalb eines Verfahrens nach Nummer 1 Buchstabe b, soweit der Betroffene nach § 1587 e Abs. 1 oder § 1587 k Abs. 1 in Verbindung mit § 1580 des Bürgerlichen Gesetzbuchs oder nach § 3 a Abs. 8 oder § 10 a Abs. 11 des Gesetzes zur Regelung von Härten im Versorgungsausgleich zur Auskunft verpflichtet ist,

und diese Pflicht, nachdem er unter Hinweis auf die in diesem Gesetzbuch enthaltene Übermittlungsbefugnis der in § 35 des Ersten Buches genannten Stellen gemahnt wurde, innerhalb angemessener Frist, nicht oder nicht vollständig erfüllt hat. Diese Stellen dürfen die Anschrift des Auskunftspflichtigen zum Zwecke der Mahnung übermitteln.

§ 75 Übermittlung von Sozialdaten für die Forschung und Planung
(1) Eine Übermittlung von Sozialdaten ist zulässig, soweit sie erforderlich ist für ein bestimmtes Vorhaben
1. der wissenschaftlichen Forschung im Sozialleistungsbereich oder
2. der Planung im Sozialleistungsbereich durch eine öffentliche Stelle im Rahmen ihrer Aufgaben

und schutzwürdige Interessen des Betroffenen nicht beeinträchtigt werden oder das öffentliche Interesse an der Forschung oder Planung das Geheimhaltungsinteresse des Betroffenen erheblich überwiegt. Eine Übermittlung ohne Einwilligung des Betroffenen ist nicht zulässig, soweit es zumutbar ist, die Einwilligung des Betroffenen nach § 67 b einzuholen oder den Zweck der Forschung oder Planung auf andere Weise zu erreichen.
(2) Die Übermittlung bedarf der vorherigen Genehmigung durch die oberste Bundes- oder Landesbehörde, die für den Bereich, aus dem die Daten herrühren, zuständig ist. Die Genehmigung darf im Hinblick auf die Wahrung des Sozialgeheimnisses nur versagt werden, wenn die Voraussetzungen des Absatzes 1 nicht vorliegen. Sie muß
1. den Empfänger,
2. die Art der zu übermittelnden Sozialdaten und den Kreis der Betroffenen,
3. die wissenschaftliche Forschung oder die Planung, zu der die übermittelten Sozialdaten verwendet werden dürfen, und
4. den Tag, bis zu dem die übermittelten Sozialdaten aufbewahrt werden dürfen,

genau bezeichnen und steht auch ohne besonderen Hinweis unter dem Vorbehalt der nachträglichen Aufnahme, Änderung oder Ergänzung einer Auflage.
(3) Wird die Übermittlung von Daten an nicht-öffentliche Stellen genehmigt, hat die genehmigende Stelle durch Auflagen sicherzustellen, daß der der Genehmigung durch Absatz 1 gesetzten Grenzen beachtet und die Daten nur für den Übermittlungszweck gespeichert, verändert oder genutzt werden.

(4) Ist der Empfänger eine nicht-öffentliche Stelle, kontrolliert die Einhaltung der Zweckbindung nach diesem Gesetzbuch durch den Empfänger und der sonstigen für den Empfänger geltenden Rechtsvorschriften die nach Landesrecht zuständige Aufsichtsbehörde. Die Kontrolle kann auch erfolgen, wenn keine Anhaltspunkte dafür vorliegen, daß eine der in Satz 1 genannten Vorschriften durch die nicht-öffentliche Stelle verletzt ist.

§ 76 Einschränkung der Übermittlungsbefugnis bei besonders schutzwürdigen Sozialdaten

(1) Die Übermittlung der Sozialdaten, die einer in § 35 des Ersten Buches genannten Stelle von einem Arzt oder einer anderen in § 203 Abs. 1 und 3 des Strafgesetzbuchs genannten Person zugänglich gemacht worden sind, ist nur unter den Voraussetzungen zulässig, unter denen diese Person selbst übermittlungsbefugt wäre.

(2) Absatz 1 gilt nicht
1. im Rahmen des § 69 Abs. 1 Nr. 1 und 2 für Sozialdaten, die im Zusammenhang mit einer Begutachtung wegen der Erbringung von Sozialleistungen oder wegen der Ausstellung einer Bescheinigung übermittelt worden sind, es sei denn, daß der Betroffene der Übermittlung widerspricht; der Betroffene ist von der speichernden Stelle zu Beginn des Verwaltungsverfahrens in allgemeiner Form schriftlich auf das Widerspruchsrecht hinzuweisen,
2. im Rahmen des § 69 Abs. 4 und 5 und des § 71 Abs. 1 Satz 3.

(3) Ein Widerspruchsrecht besteht nicht in den Fällen des § 279 Abs. 5 in Verbindung mit § 275 Abs. 1 bis 3 des Fünften Buches.

§ 77 Einschränkung der Übermittlungsbefugnis ins Ausland sowie an über- und zwischenstaatliche Stellen

(1) Eine Übermittlung von Sozialdaten an Personen oder Stellen im Ausland oder an überstaatliche und zwischenstaatliche Stellen ist zulässig, soweit dies für die Erfüllung einer Aufgabe der übermittelnden Stelle nach diesem Gesetzbuch erforderlich ist. Sie ist darüber hinaus zulässig, wenn die Datenübermittlung für die Erfüllung der Aufgaben der ausländischen Stelle erforderlich ist und
1. diese Aufgaben der ausländischen Stelle denen der in § 35 des Ersten Buches genannten Stellen entsprechen oder
2. die Voraussetzungen des § 69 Abs. 1 Nr. 2 und 3, der §§ 70, 73 oder einer Übermittlungsvorschrift nach dem Dritten Buch oder dem Arbeitnehmerüberlassungsgesetz vorliegen und die Aufgaben der ausländischen Stelle denen in diesen Vorschriften Genannten entsprechen.

Die Übermittlung unterbleibt, wenn dadurch schutzwürdige Interessen des Betroffenen beeinträchtigt werden.

(2) Eine Übermittlung ist unzulässig, soweit Grund zu der Annahme besteht, daß durch sie gegen den Zweck eines deutschen Gesetzes verstoßen würde.

(3) Der Empfänger ist darauf hinzuweisen, daß die übermittelten Daten nur zu dem Zweck verarbeitet oder genutzt werden dürfen, zu dessen Erfüllung sie ihm übermittelt werden.

§ 78 Zweckbindung und Geheimhaltungspflicht des Empfängers

(1) Personen oder Stellen, die nicht in § 35 des Ersten Buches genannt und denen Sozialdaten übermittelt worden sind, dürfen diese nur zu dem Zweck verarbeiten oder nutzen, zu dem sie ihnen befugt übermittelt worden sind. Die Empfänger haben die Daten in demselben Umfang geheimzuhalten wie die in § 35 des Ersten Buches genannten Stellen. Sind Sozialdaten an Gerichte oder Staatsanwaltschaften übermittelt worden, dürfen diese gerichtliche Entscheidungen, die Sozialdaten enthalten, weiter übermitteln, wenn eine in § 35 des Ersten Buches genannte Stelle zur Übermittlung an den weiteren Empfänger befugt wäre. Abweichend von Satz 3 ist eine Übermittlung nach § 125 c des Beamtenrechtsrahmengesetzes und nach Vorschriften, die auf diese Vorschrift verweisen, zulässig. Sind Sozialdaten an Polizeibehörden, Staatsanwaltschaften, Gerichte oder Behörden der Gefahrenabwehr übermittelt worden, dürfen diese die Daten unabhängig vom Zweck der Übermittlung sowohl für Zwecke der Gefahrenabwehr als auch für Zwecke der Strafverfolgung und der Strafvollstreckung verarbeiten und nutzen.

(2) Werden Daten an eine nicht-öffentliche Stelle übermittelt, so sind die dort beschäftigten Personen, welche diese Daten verarbeiten oder nutzen, von dieser Stelle vor, spätestens bei der Übermittlung auf die Einhaltung der Pflichten nach Absatz 1 hinzuweisen.

(3) Ergibt sich im Rahmen eines Vollstreckungsverfahrens nach § 66 die Notwendigkeit, daß eine Strafanzeige zum Schutz des Vollstreckungsbeamten erforderlich ist, so dürfen die zum Zwecke der Vollstreckung übermittelten Sozialdaten auch zum Zweck der Strafverfolgung verarbeitet oder genutzt werden, soweit dies erforderlich ist. Das gleiche gilt auch für die Klärung von Fragen im Rahmen eines Disziplinarverfahrens.

Dritter Abschnitt
Organisatorische Vorkehrungen zum Schutz der Sozialdaten, besondere Datenverarbeitungsarten

§ 78 a Technische und organisatorische Maßnahmen

Die in § 35 des Ersten Buches genannten Stellen, die selbst oder im Auftrag Sozialdaten verarbeiten, haben die technischen und organisatorischen Maßnahmen einschließlich der Dienstanweisungen zu treffen, die erforderlich sind, um die Ausführung der Vorschriften dieses Gesetzbuches, insbesondere die in der Anlage zu dieser Vorschrift genannten Anforderungen, zu gewährleisten. Maßnahmen sind nicht erforderlich, wenn ihr Aufwand in keinem angemessenen Verhältnis zu dem angestrebten Schutzzweck steht.

Anlage

Werden Sozialdaten automatisiert verarbeitet, sind Maßnahmen zu treffen, die je nach der Art der zu schützenden Sozialdaten geeignet sind,
1. Unbefugten den Zugang zu Datenverarbeitungsanlagen, mit denen Sozialdaten verarbeitet werden, zu verwehren (Zugangskontrolle),
2. zu verhindern, daß Datenträger unbefugt gelesen, kopiert, verändert oder entfernt werden können (Datenträgerkontrolle),
3. die unbefugte Eingabe in den Speicher sowie die unbefugte Kenntnisnahme, Veränderung oder Löschung gespeicherter Sozialdaten zu verhindern (Speicherkontrolle),
4. zu verhindern, daß Datenverarbeitungssysteme mit Hilfe von Einrichtungen zur Datenübertragung von Unbefugten genutzt werden können (Benutzerkontrolle),
5. zu gewährleisten, daß die zur Benutzung eines Datenverarbeitungssystems Berechtigten ausschließlich auf die ihrer Zugriffsberechtigung unterliegenden Daten zugreifen können (Zugriffskontrolle),
6. zu gewährleisten, daß überprüft und festgestellt werden kann, an welche Stellen Sozialdaten durch Einrichtungen zur Datenübertragung übermittelt werden können (Übermittlungskontrolle),
7. zu gewährleisten, daß nachträglich überprüft und festgestellt werden kann, welche Sozialdaten zu welcher Zeit von wem in Datenverarbeitungssysteme eingegeben worden sind (Eingabekontrolle),
8. zu gewährleisten, daß Sozialdaten, die im Auftrag verarbeitet werden, nur entsprechend den Weisungen des Auftraggebers verarbeitet werden können (Auftragskontrolle),
9. zu verhindern, daß bei der Übertragung von Sozialdaten sowie beim Transport von Datenträgern die Daten unbefugt gelesen, kopiert, verändert oder gelöscht werden können (Transportkontrolle),
10. die innerbehördliche oder innerbetriebliche Organisation so zu gestalten, daß sie den besonderen Anforderungen des Datenschutzes gerecht wird (Organisationskontrolle).

§ 79 Einrichtung automatisierter Abrufverfahren

(1) Die Einrichtung eines automatisierten Verfahrens, das die Übermittlung von Sozialdaten durch Abruf ermöglicht, ist zwischen den in § 35 des Ersten Buches genannten Stellen zulässig, soweit dieses Verfahren unter Berücksichtigung der schutzwürdigen Interessen der Betroffenen wegen der Vielzahl der Übermittlungen oder wegen ihrer besonderen Eilbedürftigkeit angemessen ist und wenn die jeweiligen Aufsichtsbehörden die Teilnahme unter ihrer Aufsicht stehenden Stellen genehmigt haben. Das gleiche gilt gegenüber den in § 69 Abs. 2 und 3 genannten Stellen.
(2) Die beteiligten Stellen haben zu gewährleisten, daß die Zulässigkeit des Abrufverfahrens kontrolliert werden kann. Hierzu haben sie schriftlich festzulegen:
1. Anlaß und Zweck des Abrufverfahrens,
2. Datenempfänger,

3. Art der zu übermittelnden Daten,
4. nach § 78 a erforderliche technische und organisatorische Maßnahmen.
(3) Über die Einrichtung von Abrufverfahren ist in Fällen, in denen die in § 35 des Ersten Buches genannten Stellen beteiligt sind, die der Kontrolle des Bundesbeauftragten für den Datenschutz unterliegen, dieser, sonst die nach Landesrecht für die Kontrolle des Datenschutzes zuständige Stelle rechtzeitig vorher unter Mitteilung der Festlegungen nach Absatz 2 zu unterrichten.
(4) Die Verantwortung für die Zulässigkeit des einzelnen Abrufs trägt der Empfänger. Die speichernde Stelle prüft die Zulässigkeit der Abrufe nur, wenn dazu Anlaß besteht. Sie hat mindestens bei jedem zehnten Abruf den Zeitpunkt, die abgerufenen Daten sowie Angaben zur Feststellung des Verfahrens und der für den Abruf verantwortlichen Personen zu protokollieren; die protokollierten Daten sind spätestens nach 6 Monaten zu löschen. Wird ein Gesamtbestand von Sozialdaten abgerufen oder übermittelt (Stapelverarbeitung), so bezieht sich die Gewährleistung der Feststellung und Überprüfung nur auf die Zulässigkeit des Abrufes oder der Übermittlung des Gesamtbestandes.
(5) Die Absätze 1 bis 4 gelten nicht für den Abruf aus Datenbeständen, die mit Einwilligung der Betroffenen angelegt werden und die jedermann, sei es ohne oder nach besonderer Zulassung, zur Benutzung offenstehen.

§ 80 Verarbeitung oder Nutzung von Sozialdaten im Auftrag

(1) Werden Sozialdaten im Auftrag durch andere Stellen verarbeitet oder genutzt, ist der Auftraggeber für die Einhaltung der Vorschriften dieses Gesetzbuches und anderer Vorschriften über den Datenschutz verantwortlich. Die in den §§ 82 bis 84 genannten Rechte sind ihm gegenüber geltend zu machen.
(2) Eine Auftragserteilung für die Verarbeitung und Nutzung von Sozialdaten ist nur zulässig, wenn der Datenschutz beim Auftragnehmer nach der Art der zu verarbeitenden Daten den Anforderungen genügt, die für den Auftraggeber gelten. Der Auftrag ist schriftlich zu erteilen, wobei die Datenverarbeitung oder -nutzung, die technischen und organisatorischen Maßnahmen und etwaige Unterauftragsverhältnisse festzulegen sind. Der Auftraggeber ist verpflichtet, erforderlichenfalls Weisungen zur Ergänzung der beim Auftragnehmer vorhandenen technischen und organisatorischen Maßnahmen zu erteilen. Die Auftragserteilung an eine nicht-öffentliche Stelle setzt außerdem voraus, daß der Auftragnehmer dem Auftraggeber schriftlich das Recht eingeräumt hat,
1. Auskünfte bei ihm einzuholen,
2. während der Betriebs- oder Geschäftszeiten seine Grundstücke oder Geschäftsräume zu betreten und dort Besichtigungen und Prüfungen vorzunehmen und
3. geschäftliche Unterlagen sowie die gespeicherten Sozialdaten und Datenverarbeitungsprogramme einzusehen,
soweit es im Rahmen des Auftrags für die Überwachung des Datenschutzes erforderlich ist.
(3) Der Auftraggeber hat seiner Aufsichtsbehörde rechtzeitig vor der Auftragserteilung
1. den Auftragnehmer, die bei diesem vorhandenen technischen und organisatorischen Maßnahmen und ergänzenden Weisungen nach Absatz 2 Satz 2 und 3,
2. die Art der Daten, die im Auftrag verarbeitet werden sollen, und den Kreis der Betroffenen,
3. die Aufgabe, zu deren Erfüllung die Verarbeitung der Daten im Auftrag erfolgen soll sowie
4. den Abschluß von etwaigen Unterauftragsverhältnissen
schriftlich anzuzeigen. Wenn der Auftragnehmer eine öffentliche Stelle ist, hat er auch schriftliche Anzeige an seine Aufsichtsbehörde zu richten.
(4) Der Auftragnehmer darf die zur Datenverarbeitung überlassenen Sozialdaten nicht für andere Zwecke verarbeiten oder nutzen und nicht länger speichern, als der Auftraggeber schriftlich bestimmt.
(5) Die Verarbeitung oder Nutzung von Sozialdaten im Auftrag durch nicht-öffentliche Stellen ist nur zulässig, wenn
1. beim Auftraggeber sonst Störungen im Betriebsablauf auftreten können oder
2. die übertragenen Arbeiten beim Auftragnehmer erheblich kostengünstiger besorgt werden können und der Auftrag nicht die Speicherung des gesamten Datenbestandes des Auftraggebers umfaßt. Der überwiegende Teil der Speicherung des gesamten Datenbestandes muß beim Auftraggeber oder beim Auftragnehmer, der eine öffentliche Stelle ist, und die Daten zur weiteren Datenverarbeitung im Auftrag an nicht-öffentliche Auftragnehmer weitergibt, verbleiben.

12 SGB X §§ 81–82

(6) Ist der Auftragnehmer eine in § 35 des Ersten Buches genannte Stelle, gelten neben den §§ 85 und 85 a nur § 18 Abs. 2 und 3 und die §§ 24, 25, 26 Abs. 1 bis 4 des Bundesdatenschutzgesetzes. Bei den in § 35 des Ersten Buches genannten Stellen, die nicht solche des Bundes sind, treten anstelle des Bundesbeauftragten für den Datenschutz insoweit die Landesbeauftragten für den Datenschutz. Ihre Aufgaben und Befugnisse richten sich nach dem jeweiligen Landesrecht. Ist der Auftragnehmer eine nicht-öffentliche Stelle, kontrolliert die Einhaltung der Absätze 1 bis 5 die nach Landesrecht zuständige Aufsichtsbehörde. Bei öffentlichen Stellen der Länder, die nicht Sozialversicherungsträger oder deren Verbände sind, gelten die landesrechtlichen Vorschriften über Verzeichnisse der eingesetzten Datenverarbeitungsanlagen und Dateien.

Vierter Abschnitt
Rechte des Betroffenen, Datenschutzbeauftragte und Schlußvorschriften

§ 81 Rechte des einzelnen, Datenschutzbeauftragte

(1) Ist jemand der Ansicht, bei der Erhebung, Verarbeitung oder Nutzung seiner personenbezogenen Sozialdaten in seinen Rechten verletzt worden zu sein, kann er sich
1. an den Bundesbeauftragten für den Datenschutz wenden, wenn er eine Verletzung seiner Rechte durch eine in § 35 des Ersten Buches genannten Stelle des Bundes bei der Wahrnehmung von Aufgaben nach diesem Gesetzbuch behauptet,
2. an die nach Landesrecht für die Kontrolle des Datenschutzes zuständigen Stellen wenden, wenn er die Verletzung seiner Rechte durch eine andere in § 35 des Ersten Buches genannte Stelle bei der Wahrnehmung von Aufgaben nach diesem Gesetzbuch behauptet.

(2) Bei der Wahrnehmung von Aufgaben nach diesem Gesetzbuch gelten für die in § 35 des Ersten Buches genannten Stellen § 24 Abs. 1 und 2 Satz 1, Abs. 3 bis 6 sowie die §§ 25 und 26 des Bundesdatenschutzgesetzes. Bei öffentlichen Stellen der Länder, die unter § 35 des Ersten Buches fallen, treten an die Stelle des Bundesbeauftragten für den Datenschutz, die Landesbeauftragten für den Datenschutz. Ihre Aufgaben und Befugnisse richten sich nach dem jeweiligen Landesrecht.

(3) Verbände und Arbeitsgemeinschaften der in § 35 des Ersten Buches genannten Stellen oder ihrer Verbände gelten, soweit sie Aufgaben nach diesem Gesetzbuch wahrnehmen und an ihnen Stellen des Bundes beteiligt sind, unbeschadet ihrer Rechtsform als öffentliche Stellen des Bundes, wenn sie über den Bereich eines Landes hinaus tätig werden, anderenfalls als öffentliche Stellen der Länder. Sonstige Einrichtungen der in § 35 des Ersten Buches genannten Stellen oder ihrer Verbände gelten als öffentliche Stellen des Bundes, wenn die absolute Mehrheit der Anteile oder der Stimmen einer oder mehrerer öffentlicher Stellen dem Bund zusteht, anderenfalls als öffentliche Stellen der Länder. Die Datenstelle der Rentenversicherungsträger nach § 146 Abs. 2 des Sechsten Buches gilt als öffentliche Stelle des Bundes.

(4) Auf die in § 35 des Ersten Buches genannten Stellen und die Vermittlungsstellen nach § 67 d Abs. 4 sind § 18 Abs. 2 und 3 sowie die §§ 36 und 37 Abs. 1 des Bundesdatenschutzgesetzes entsprechend anzuwenden. In räumlich getrennten Organisationseinheiten ist sicherzustellen, daß der Beauftragte für den Datenschutz bei der Erfüllung seiner Aufgaben unterstützt wird. In das Verzeichnis nach § 18 Abs. 2 des Bundesdatenschutzgesetzes sind automatisierte Dateien, die ausschließlich aus verarbeitungstechnischen Gründen vorübergehend erstellt und nach ihrer verarbeitungstechnischen Nutzung automatisch gelöscht werden, und nicht-automatisierte Dateien, deren Sozialdaten nicht zur Übermittlung an Dritte bestimmt sind, nicht aufzunehmen. Die Sätze 1 bis 3 gelten nicht für öffentliche Stellen der Länder mit Ausnahme der Sozialversicherungsträger und ihrer Verbände; im übrigen bleiben landesrechtliche Vorschriften über Verzeichnisse der eingesetzten Datenverarbeitungsanlagen und Dateien sowie über behördliche Datenschutzbeauftragte unberührt.

§ 82 Schadensersatz

Fügt eine in § 35 des Ersten Buches genannte Stelle des Bundes dem Betroffenen durch eine nach den Vorschriften dieses Gesetzbuchs oder nach anderen Vorschriften über den Datenschutz unzulässige oder unrichtige automatisierte Verarbeitung seiner personenbezogenen Sozialdaten einen Schaden zu, ist § 7 des Bundesdatenschutzgesetzes entsprechend anzuwenden.

§ 83 Auskunft an den Betroffenen

(1) Dem Betroffenen ist auf Antrag Auskunft zu erteilen über
1. die zu seiner Person gespeicherten Sozialdaten, auch soweit sie sich auf Herkunft oder Empfänger dieser Daten beziehen, und
2. den Zweck der Speicherung.

In dem Antrag soll die Art der Sozialdaten, über die Auskunft erteilt werden soll, näher bezeichnet werden. Sind die Sozialdaten in Akten gespeichert, wird die Auskunft nur erteilt, soweit der Betroffene Angaben macht, die das Auffinden der Daten ermöglichen, und der für die Erteilung der Auskunft erforderliche Aufwand nicht außer Verhältnis zu dem vom Betroffenen geltend gemachten Informationsinteresse steht. Die speichernde Stelle bestimmt das Verfahren, insbesondere die Form der Auskunftserteilung, nach pflichtgemäßem Ermessen. § 25 Abs. 2 gilt entsprechend.

(2) Absatz 1 gilt nicht für Sozialdaten, die nur deshalb gespeichert sind, weil sie aufgrund gesetzlicher, satzungsmäßiger oder vertraglicher Aufbewahrungsvorschriften nicht gelöscht werden dürfen, oder die ausschließlich Zwecken der Datensicherung oder der Datenschutzkontrolle dienen. Absatz 1 gilt auch nicht für Sozialdaten aus automatisierten Dateien, die ausschließlich aus verarbeitungstechnischen Gründen vorübergehend erstellt und nach ihrer verarbeitungstechnischen Nutzung automatisch gelöscht werden.

(3) Bezieht sich die Auskunftserteilung auf die Übermittlung von Sozialdaten an Staatsanwaltschaften und Gerichte im Bereich der Strafverfolgung, an Polizeibehörden, Verfassungsschutzbehörden, den Bundesnachrichtendienst und den Militärischen Abschirmdienst, ist sie nur mit Zustimmung dieser Stellen zulässig.

(4) Die Auskunftserteilung unterbleibt, soweit
1. die Auskunft die ordnungsgemäße Erfüllung der in der Zuständigkeit der speichernden Stelle liegenden Aufgaben gefährden würde,
2. die Auskunft die öffentliche Sicherheit gefährden oder sonst dem Wohle des Bundes oder eines Landes Nachteile bereiten würde oder
3. die Daten oder die Tatsache ihrer Speicherung nach einer Rechtsvorschrift oder ihrem Wesen nach, insbesondere wegen der überwiegenden berechtigten Interessen eines Dritten, geheimgehalten werden müssen,

und deswegen das Interesse des Betroffenen an der Auskunftserteilung zurücktreten muß.

(5) Die Ablehnung der Auskunftserteilung bedarf keiner Begründung, soweit durch die Mitteilung der tatsächlichen und rechtlichen Gründe, auf die die Entscheidung gestützt wird, der mit der Auskunftsverweigerung verfolgte Zweck gefährdet würde. In diesem Falle ist der Betroffene darauf hinzuweisen, daß er sich, wenn die in § 35 des Ersten Buches genannten Stellen der Kontrolle des Bundesbeauftragten für den Datenschutz unterliegen, an diesen, sonst an die nach Landesrecht für die Kontrolle des Datenschutzes zuständige Stelle wenden kann.

(6) Wird einem Auskunftsberechtigten keine Auskunft erteilt, so kann, soweit es sich um in § 35 des Ersten Buches genannte Stellen handelt, die der Kontrolle des Bundesbeauftragten für den Datenschutz unterliegen, dieser, sonst die nach Landesrecht für die Kontrolle des Datenschutzes zuständige Stelle auf Verlangen der Auskunftsberechtigten prüfen, ob die Ablehnung der Auskunftserteilung rechtmäßig war.

(7) Die Auskunft ist unentgeltlich.

§ 84 Berichtigung, Löschung und Sperrung von Daten

(1) Sozialdaten sind zu berichtigen, wenn sie unrichtig sind. Wird die Richtigkeit von Sozialdaten von dem Betroffenen bestritten und läßt sich weder die Richtigkeit noch die Unrichtigkeit feststellen, so ist dies in der Datei oder Akte zu vermerken oder auf sonstige Weise festzuhalten. Die bestrittenen Daten dürfen nur mit einem Hinweis hierauf genutzt und übermittelt werden.

(2) Sozialdaten sind zu löschen, wenn ihre Speicherung unzulässig ist. Sie sind auch zu löschen, wenn ihre Kenntnis für die speichernde Stelle zur rechtmäßigen Erfüllung der in ihrer Zuständigkeit liegenden Aufgaben nicht mehr erforderlich ist und kein Grund zu der Annahme besteht, daß durch die Löschung schutzwürdige Interessen des Betroffenen beeinträchtigt werden.

(3) An die Stelle einer Löschung tritt eine Sperrung, soweit
1. einer Löschung gesetzliche, satzungsmäßige oder vertragliche Aufbewahrungsfristen entgegenstehen,
2. Grund zu der Annahme besteht, daß durch eine Löschung schutzwürdige Interessen des Betroffenen beeinträchtigt würden, oder
3. eine Löschung wegen der besonderen Art der Speicherung nicht oder nicht mit angemessenem Aufwand möglich ist.

(4) Gesperrte Sozialdaten dürfen ohne Einwilligung des Betroffenen nur übermittelt oder genutzt werden, wenn
1. es zu wissenschaftlichen Zwecken, zur Behebung einer bestehenden Beweisnot oder aus sonstigen im überwiegenden Interesse der speichernden Stelle oder eines Dritten liegenden Gründen unerläßlich ist und
2. die Sozialdaten hierfür übermittelt oder genutzt werden dürften, wenn sie nicht gesperrt wären.

(5) Von der Tatsache, daß Sozialdaten bestritten oder nicht mehr bestritten sind, von der Berichtigung unrichtiger Sozialdaten sowie der Löschung oder Sperrung wegen Unzulässigkeit der Speicherung sind die Stellen zu verständigen, denen im Rahmen einer regelmäßigen Datenübermittlung diese Daten zur Speicherung weitergegeben werden, wenn dies zur Wahrung schutzwürdiger Interessen des Betroffenen erforderlich ist.

(6) § 71 Abs. 1 Satz 3 bleibt unberührt.

§ 84 a Unabdingbare Rechte des Betroffenen

(1) Die Rechte des Betroffenen nach diesem Kapitel können nicht durch Rechtsgeschäft ausgeschlossen oder beschränkt werden.

(2) Sind die Daten des Betroffenen in einer Datei gespeichert, bei der mehrere Stellen speicherungsberechtigt sind, und ist der Betroffene nicht in der Lage, die speichernde Stelle festzustellen, so kann er sich an jede dieser Stellen wenden. Diese ist verpflichtet, das Vorbringen des Betroffenen an die speichernde Stelle weiterzuleiten. Der Betroffene ist über die Weiterleitung und die speichernde Stelle zu unterrichten.

§ 85 Strafvorschriften

(1) Wer von diesem Gesetzbuch geschützte Sozialdaten, die nicht offenkundig sind, unbefugt
1. speichert, verändert oder übermittelt,
2. zum Abruf mittels automatisierten Verfahrens bereithält oder
3. abruft oder sich oder einem anderen aus Dateien verschafft,
wird mit Freiheitsstrafe bis zu einem Jahr oder mit Geldstrafe bestraft.

(2) Ebenso wird bestraft, wer
1. die Übermittlung von durch dieses Gesetzbuch geschützten Sozialdaten, die nicht offenkundig sind, durch unrichtige Angaben erschleicht oder
2. entgegen § 67 c Abs. 5 Satz 1 oder § 78 Abs. 1 Satz 1 Sozialdaten für andere Zwecke nutzt, indem er sie übermittelt.

(3) Handelt der Täter gegen Entgelt oder in der Absicht, sich oder einen anderen zu bereichern oder einen anderen zu schädigen, so ist die Strafe Freiheitsstrafe bis zu zwei Jahren oder Geldstrafe.

(4) Die Tat wird nur auf Antrag verfolgt.

§ 85 a Bußgeldvorschriften

(1) Ordnungswidrig handelt, wer vorsätzlich oder fahrlässig
1. entgegen § 78 Abs. 1 Satz 1 Sozialdaten verarbeitet oder nutzt, wenn die Tat nicht in § 85 Abs. 2 Nr. 2 mit Strafe bedroht ist,
2. entgegen § 80 Abs. 4, auch in Verbindung mit § 67 d Abs. 4 Satz 2, Sozialdaten anderweitig verarbeitet, nutzt oder länger speichert oder
3. entgegen § 81 Abs. 4 Satz 1 in Verbindung mit § 36 Abs. 1 des Bundesdatenschutzgesetzes einen Beauftragten für den Datenschutz nicht oder nicht rechtzeitig bestellt.

(2) Die Ordnungswidrigkeit kann mit einer Geldbuße bis zu fünfzigtausend Deutsche Mark geahndet werden.

Drittes Kapitel
Zusammenarbeit der Leistungsträger und ihre Beziehungen zu Dritten

Erster Abschnitt
Zusammenarbeit der Leistungsträger untereinander und mit Dritten

Erster Titel
Allgemeine Vorschriften

§ 86 Zusammenarbeit

Die Leistungsträger, ihre Verbände und die in diesem Gesetzbuch genannten öffentlich-rechtlichen Vereinigungen sind verpflichtet, bei der Erfüllung ihrer Aufgaben nach diesem Gesetzbuch eng zusammenzuarbeiten.

Zweiter Titel
Zusammenarbeit der Leistungsträger untereinander

§ 87 Beschleunigung der Zusammenarbeit

(1) Ersucht ein Leistungsträger einen anderen Leistungsträger um Verrechnung mit einer Nachzahlung und kann er die Höhe des zu verrechnenden Anspruchs noch nicht bestimmen, ist der ersuchte Leistungsträger dagegen bereits in der Lage, die Nachzahlung zu erbringen, ist die Nachzahlung spätestens innerhalb von zwei Monaten nach Zugang des Verrechnungsersuchens zu leisten. Soweit die Nachzahlung nach Auffassung der beteiligten Leistungsträger die Ansprüche der ersuchenden Leistungsträger übersteigt, ist sie unverzüglich auszuzahlen.

(2) Ist ein Anspruch auf eine Geldleistung auf einen anderen Leistungsträger übergegangen und ist der Anspruchsübergang sowohl diesem als auch dem verpflichteten Leistungsträger bekannt, hat der verpflichtete Leistungsträger die Geldleistung nach Ablauf von zwei Monaten seit dem Zeitpunkt, in dem die Auszahlung frühestens möglich ist, an den Berechtigten auszuzahlen, soweit ihm bis zu diesem Zeitpunkt nicht bekannt ist, in welcher Höhe der Anspruch dem anderen Leistungsträger zusteht. Die Auszahlung hat gegenüber dem anderen Leistungsträger befreiende Wirkung. Absatz 1 Satz 2 gilt entsprechend.

§ 88 Auftrag

(1) Ein Leistungsträger (Auftraggeber) kann ihm obliegende Aufgaben durch einen anderen Leistungsträger oder seinen Verband (Beauftragter) mit dessen Zustimmung wahrnehmen lassen, wenn dies
1. wegen des sachlichen Zusammenhangs der Aufgaben vom Auftraggeber und Beauftragten,
2. zur Durchführung der Aufgaben und
3. im wohlverstandenen Interesse der Betroffenen

zweckmäßig ist. Satz 1 gilt nicht im Recht der Ausbildungsförderung, der Kriegsopferfürsorge, des Kindergeldes, der Unterhaltsvorschüsse und Unterhaltsausfalleistungen, im Wohngeldrecht sowie im Recht der Jugendhilfe und der Sozialhilfe.

(2) Der Auftrag kann für Einzelfälle sowie für gleichartige Fälle erteilt werden. Ein wesentlicher Teil des gesamten Aufgabenbereichs muß beim Auftraggeber verbleiben.

(3) Verbände dürfen Verwaltungsakte nur erlassen, soweit sie hierzu durch Gesetz oder auf Grund eines Gesetzes berechtigt sind. Darf der Verband Verwaltungsakte erlassen, ist die Berechtigung in der für die amtlichen Veröffentlichungen des Verbandes sowie der Mitglieder vorgeschriebenen Weise bekanntzumachen.

(4) Der Auftraggeber hat einen Auftrag für gleichartige Fälle in der für seine amtlichen Veröffentlichungen vorgeschriebenen Weise bekanntzumachen.

§ 89 Ausführung des Auftrags

(1) Verwaltungsakte, die der Beauftragte zur Ausführung des Auftrags erläßt, ergehen im Namen des Auftraggebers.

(2) Durch den Auftrag wird der Auftraggeber nicht von seiner Verantwortung gegenüber dem Betroffenen entbunden.

(3) Der Beauftragte hat dem Auftraggeber die erforderlichen Mitteilungen zu machen, auf Verlangen über die Ausführung des Auftrags Auskunft zu erteilen und nach der Ausführung des Auftrags Rechenschaft abzulegen.
(4) Der Auftraggeber ist berechtigt, die Ausführung des Auftrags jederzeit zu prüfen.
(5) Der Auftraggeber ist berechtigt, den Beauftragten an seine Auffassung zu binden.

§ 90 Anträge und Widerspruch beim Auftrag
Der Beteiligte kann auch beim Beauftragten Anträge stellen. Erhebt der Beteiligte gegen eine Entscheidung des Beauftragten Widerspruch und hilft der Beauftragte diesem nicht ab, erläßt den Widerspruchsbescheid die für den Auftraggeber zuständige Widerspruchsstelle.

§ 91 Erstattung von Aufwendungen
(1) Erbringt ein Beauftragter Sozialleistungen für einen Auftraggeber, ist dieser zur Erstattung verpflichtet. Sach- und Dienstleistungen sind in Geld zu erstatten. Eine Erstattungspflicht besteht nicht, soweit Sozialleistungen zu Unrecht erbracht worden sind und den Beauftragten hierfür ein Verschulden trifft.
(2) Die bei der Ausführung des Auftrags entstehenden Kosten sind zu erstatten. Absatz 1 Satz 3 gilt entsprechend.
(3) Für die zur Ausführung des Auftrags erforderlichen Aufwendungen hat der Auftraggeber dem Beauftragten auf Verlangen einen angemessenen Vorschuß zu zahlen.
(4) Abweichende Vereinbarungen, insbesondere über pauschalierte Erstattungen, sind zulässig.

§ 92 Kündigung des Auftrags
Der Auftraggeber oder der Beauftragte kann den Auftrag kündigen. Die Kündigung darf nur zu einem Zeitpunkt erfolgen, der es ermöglicht, daß der Auftraggeber für die Erledigung der Aufgabe auf andere Weise rechtzeitig Vorsorge treffen und der Beauftragte sich auf den Wegfall des Auftrags in angemessener Zeit einstellen kann. Liegt ein wichtiger Grund vor, kann mit sofortiger Wirkung gekündigt werden. § 88 Abs. 4 gilt entsprechend.

§ 93 Gesetzlicher Auftrag
Handelt ein Leistungsträger auf Grund gesetzlichen Auftrags für einen anderen, gelten § 89 Abs. 3 und 5 sowie § 91 Abs. 1 und 3 entsprechend.

§ 94 Arbeitsgemeinschaften
(1) Die Leistungsträger und ihre Verbände können zur gemeinsamen Wahrnehmung von Aufgaben zur Eingliederung Behinderter Arbeitsgemeinschaften bilden.
(2) Die Arbeitsgemeinschaften unterliegen staatlicher Aufsicht, die sich auf die Beachtung von Gesetz und sonstigem Recht erstreckt, das für die Arbeitsgemeinschaften, die Leistungsträger und ihre Verbände maßgebend ist; die §§ 88, 90 und 90a des Vierten Buches gelten entsprechend. Fehlt ein Zuständigkeitsbereich im Sinne von § 90 des Vierten Buches, führen die Aufsicht die für die Sozialversicherung zuständigen obersten Verwaltungsbehörden oder die von der Landesregierung durch Rechtsverordnung bestimmten Behörden des Landes, in dem die Arbeitsgemeinschaften ihren Sitz haben; die Landesregierungen können diese Ermächtigung durch Rechtsverordnung auf die obersten Landesbehörden weiter übertragen.
(3) Soweit erforderlich, stellt eine Arbeitsgemeinschaft unter entsprechender Anwendung von § 67 des Vierten Buches einen Haushaltsplan auf.
(4) § 88 Abs. 1 Satz 1 und Abs. 2 gilt entsprechend.

§ 95 Zusammenarbeit bei Planung und Forschung
(1) Die in § 86 genannten Stellen sollen
1. Planungen, die auch für die Willensbildung und Durchführung von Aufgaben der anderen von Bedeutung sind, im Benehmen miteinander abstimmen sowie
2. gemeinsame örtliche und überörtliche Pläne in ihrem Aufgabenbereich über soziale Dienste und Einrichtungen, insbesondere deren Bereitstellung und Inanspruchnahme anstreben.

Die jeweiligen Gebietskörperschaften sowie die gemeinnützigen und freien Einrichtungen und Organisationen sollen insbesondere hinsichtlich der Bedarfsermittlung beteiligt werden.
(2) Die in § 86 genannten Stellen sollen Forschungsvorhaben über den gleichen Gegenstand aufeinander abstimmen.

§ 96 Ärztliche Untersuchungen, psychologische Eignungsuntersuchungen
(1) Veranlaßt ein Leistungsträger eine ärztliche Untersuchungsmaßnahme oder eine psychologische Eignungsuntersuchungsmaßnahme, um festzustellen, ob die Voraussetzungen für eine Sozialleistung vorliegen, sollen die Untersuchungen in der Art und Weise vorgenommen und deren Ergebnisse so festgehalten werden, daß sie auch bei der Prüfung der Voraussetzungen anderer Sozialleistungen verwendet werden können. Der Umfang der Untersuchungsmaßnahme richtet sich nach der Aufgabe, die der Leistungsträger, der die Untersuchung veranlaßt hat, zu erfüllen hat. Die Untersuchungsbefunde sollen bei der Feststellung, ob die Voraussetzungen einer anderen Sozialleistung vorliegen, verwertet werden.
(2) Durch Vereinbarungen haben die Leistungsträger sicherzustellen, daß Untersuchungen unterbleiben, soweit bereits verwertbare Untersuchungsergebnisse vorliegen. Für den Einzelfall sowie nach Möglichkeit für eine Vielzahl von Fällen haben die Leistungsträger zu vereinbaren, daß bei der Begutachtung der Voraussetzungen von Sozialleistungen die Untersuchungen nach einheitlichen und vergleichbaren Grundlagen, Maßstäben und Verfahren vorgenommen und die Ergebnisse der Untersuchungen festgehalten werden. Sie können darüber hinaus vereinbaren, daß sich der Umfang der Untersuchungsmaßnahme nach den Aufgaben der beteiligten Leistungsträger richtet; soweit die Untersuchungsmaßnahme hierdurch erweitert ist, ist die Zustimmung des Betroffenen erforderlich.
(3) Die Bildung einer Zentraldatei mehrerer Leistungsträger für Daten der ärztlich untersuchten Leistungsempfänger ist nicht zulässig.

Dritter Titel
Zusammenarbeit der Leistungsträger mit Dritten
§ 97 Durchführung von Aufgaben durch Dritte
(1) Kann ein Leistungsträger oder eine Arbeitsgemeinschaft von einem Dritten Aufgaben wahrnehmen lassen, muß sichergestellt sein, daß der Dritte die Gewähr für eine sachgerechte, die Rechte und Interessen des Betroffenen wahrende Erfüllung der Aufgaben bietet.
(2) § 89 Abs. 3 bis 5, § 91 Abs. 1 bis 3 sowie § 92 gelten entsprechend.

§ 98 Auskunftspflicht des Arbeitgebers
(1) Soweit es in der Sozialversicherung einschließlich der Arbeitslosenversicherung im Einzelfall für die Erbringung von Sozialleistungen erforderlich ist, hat der Arbeitgeber auf Verlangen dem Leistungsträger oder der zuständigen Einzugsstelle Auskunft über die Art und Dauer der Beschäftigung, den Beschäftigungsort und das Arbeitsentgelt zu erteilen. Wegen der Entrichtung von Beiträgen hat der Arbeitgeber über alle Tatsachen Auskunft zu geben, die für die Erhebung der Beiträge notwendig sind. Der Arbeitgeber hat die Geschäftsbücher, Listen oder andere Unterlagen, aus denen die Angaben über die Beschäftigung hervorgehen, während der Betriebszeit nach seiner Wahl den in Satz 1 bezeichneten Stellen entweder in deren oder in seinen eigenen Geschäftsräumen zur Einsicht vorzulegen. Das Wahlrecht nach Satz 3 entfällt, wenn besondere Gründe eine Prüfung in den Geschäftsräumen des Arbeitgebers gerechtfertigt erscheinen lassen. Satz 4 gilt nicht gegenüber Arbeitgebern des öffentlichen Dienstes.
(1 a) Soweit die Träger der Rentenversicherung nach § 28 p des Vierten Buches prüfberechtigt sind, bestehen die Verpflichtungen des Arbeitgebers nach Absatz 1 Satz 3 bis 5 gegenüber den Einzugsstellen wegen der Entrichtung des Gesamtsozialversicherungsbeitrags nicht; die Verpflichtung nach Absatz 1 Satz 2 besteht gegenüber den Einzugsstellen nur im Einzelfall.
(2) Wird die Auskunft wegen der Erbringung von Sozialleistungen verlangt, gilt § 65 Abs. 1 des Ersten Buches entsprechend. Auskünfte auf Fragen, deren Beantwortung dem Arbeitgeber selbst oder einer ihm nahestehenden Person (§ 383 Abs. 1 Nr. 1 bis 3 der Zivilprozeßordnung) die Gefahr zuziehen würde, wegen einer Straftat oder einer Ordnungswidrigkeit verfolgt zu werden, können verweigert werden.
(3) Hinsichtlich des Absatzes 1 Satz 2 und 3 sowie des Absatzes 2 stehen einem Arbeitgeber die Personen gleich, die wie ein Arbeitgeber Beiträge für eine kraft Gesetzes versicherte Person zu entrichten haben. Absatz 5 Satz 1 und 2 findet keine Anwendung.

(4) Der Bundesminister für Arbeit und Sozialordnung kann durch Rechtsverordnung mit Zustimmung des Bundesrates das Nähere über die Durchführung der in Absatz 1 genannten Mitwirkung bestimmen.
(5) Ordnungswidrig handelt, wer vorsätzlich oder leichtfertig der Auskunfts- oder Vorlagepflicht nicht nachkommt. Die Ordnungswidrigkeit kann mit einer Geldbuße bis zu 5 000 Deutsche Mark geahndet werden. Die Sätze 1 und 2 gelten auch für den Entleiher, wenn er seiner Auskunfts- und Vorlagepflicht nach Absatz 1 Satz 2 und 3 vorsätzlich oder leichtfertig nicht nachkommt.

§ 99 Auskunftspflicht von Angehörigen, Unterhaltspflichtigen oder sonstigen Personen

Ist nach dem Recht der Sozialversicherung einschließlich der Arbeitslosenversicherung oder dem sozialen Entschädigungsrecht
1. das Einkommen oder das Vermögen von Angehörigen des Leistungsempfängers oder sonstiger Personen bei einer Sozialleistung oder ihrer Erstattung zu berücksichtigen oder
2. die Sozialleistung oder ihre Erstattung von der Höhe eines Unterhaltsanspruchs abhängig, der dem Leistungsempfänger gegen einen Unterhaltspflichtigen zusteht,

gelten für diese Personen § 60 Abs. 1 Nr. 1 und 3 sowie § 65 Abs. 1 des Ersten Buches entsprechend. Das gleiche gilt für den in Satz 1 genannten Anwendungsbereich in den Fällen, in denen Unterhaltspflichtige, Angehörige, der frühere Ehegatte oder Erben zum Ersatz der Aufwendungen des Leistungsträgers herangezogen werden. Auskünfte auf Fragen, deren Beantwortung einem nach Satz 1 oder Satz 2 Auskunftspflichtigen oder einer ihm nahestehenden Person (§ 383 Abs. 1 Nr. 1 bis 3 der Zivilprozeßordnung) die Gefahr zuziehen würde, wegen einer Straftat oder einer Ordnungswidrigkeit verfolgt zu werden, können verweigert werden.

§ 100 Auskunftspflicht des Arztes oder Angehörigen eines anderen Heilberufs

(1) Der Arzt oder Angehörige eines anderen Heilberufs ist verpflichtet, dem Leistungsträger im Einzelfall auf Verlangen Auskunft zu erteilen, soweit es für die Durchführung von dessen Aufgaben nach diesem Gesetzbuch erforderlich und
1. es gesetzlich zugelassen ist oder
2. der Betroffene im Einzelfall eingewilligt hat.

Die Einwilligung bedarf der Schriftform, soweit nicht wegen besonderer Umstände eine andere Form angemessen ist. Die Sätze 1 und 2 gelten entsprechend für Krankenhäuser sowie für Vorsorge- oder Rehabilitationseinrichtungen.
(2) Auskünfte auf Fragen, deren Beantwortung dem Arzt, dem Angehörigen eines anderen Heilberufs oder ihnen nahestehenden Personen (§ 383 Abs. 1 Nr. 1 bis 3 der Zivilprozeßordnung) die Gefahr zuziehen würde, wegen einer Straftat oder einer Ordnungswidrigkeit verfolgt zu werden, können verweigert werden.

§ 100 a (aufgehoben)

§ 101 Auskunftspflicht der Leistungsträger

Die Leistungsträger haben auf Verlangen eines behandelnden Arztes Untersuchungsbefunde, die für die Behandlung von Bedeutung sein können, mitzuteilen, sofern der Betroffene im Einzelfall in die Mitteilung eingewilligt hat. § 100 Abs. 1 Satz 2 gilt entsprechend.

§ 101 a Sterbefallmitteilungen der Meldebehörden

(1) Die Meldebehörden haben die von ihnen erfaßten Sterbefälle unverzüglich der Deutschen Post AG mitzuteilen (Sterbefallmitteilungen). In den Sterbefallmitteilungen sind Familiennamen, Vornamen, Tag der Geburt, Geburtsort, Geschlecht, letzte Anschrift und Sterbetag der Verstorbenen anzugeben.
(2) Die Sterbefallmitteilungen dürfen von der Deutschen Post AG
1. nur dazu verwendet werden, um laufende Geldleistungen der Leistungsträger oder der in § 69 Abs. 2 genannten Stellen einzustellen oder deren Einstellung zu veranlassen, und darüber hinaus
2. nur weiterübermittelt werden, um den Trägern der Rentenversicherung und Unfallversicherung, den landwirtschaftlichen Altersklassen und den in § 69 Abs. 2 genannten Zusatzversorgungseinrichtungen eine Aktualisierung ihrer Versichertenbestände oder Mitgliederbestände zu ermöglichen.

(3) Die Verwendung und Übermittlung der Mitteilungen erfolgt
1. in der Rentenversicherung der Arbeiter und der Angestellten im Rahmen des gesetzlichen Auftrags der Deutschen Post AG nach § 119 Abs. 1 Satz 1 des Sechsten Buches,
2. im übrigen im Rahmen eines öffentlich-rechtlichen oder privatrechtlichen Vertrages der Deutschen Post AG mit den Leistungsträgern oder den in § 69 Abs. 2 genannten Stellen.

Zweiter Abschnitt
Erstattungsansprüche der Leistungsträger untereinander

§ 102 Anspruch des vorläufigen leistenden Leistungsträgers
(1) Hat ein Leistungsträger auf Grund gesetzlicher Vorschriften vorläufig Sozialleistungen erbracht, ist der zur Leistung verpflichtete Leistungsträger erstattungspflichtig.
(2) Der Umfang des Erstattungsanspruchs richtet sich nach den für den vorleistenden Leistungsträger geltenden Rechtsvorschriften.

§ 103 Anspruch des Leistungsträgers, dessen Leistungsverpflichtung nachträglich entfallen ist
(1) Hat ein Leistungsträger Sozialleistungen erbracht und ist der Anspruch auf diese nachträglich ganz oder teilweise entfallen, ist der für die entsprechende Leistung zuständige Leistungsträger erstattungspflichtig, soweit dieser nicht bereits selbst geleistet hat, bevor er von der Leistung des anderen Leistungsträgers Kenntnis erlangt hat.
(2) Der Umfang des Erstattungsanspruchs richtet sich nach den für den zuständigen Leistungsträger geltenden Rechtsvorschriften.
(3) Die Absätze 1 und 2 gelten gegenüber den Trägern der Sozialhilfe, der Kriegsopferfürsorge und der Jugendhilfe nur von dem Zeitpunkt ab, von dem ihnen bekannt war, daß die Voraussetzungen für ihre Leistungspflicht vorlagen.

§ 104 Anspruch des nachrangig verpflichteten Leistungsträgers
(1) Hat ein nachrangig verpflichteter Leistungsträger Sozialleistungen erbracht, ohne daß die Voraussetzungen von § 103 Abs. 1 vorliegen, ist der Leistungsträger erstattungspflichtig, gegen den der Berechtigte vorrangig einen Anspruch hat oder hatte, soweit der Leistungsträger nicht bereits selbst geleistet hat, bevor er von der Leistung des anderen Leistungsträgers Kenntnis erlangt hat. Nachrangig verpflichtet ist ein Leistungsträger, soweit dieser bei rechtzeitiger Erfüllung der Leistungsverpflichtung eines anderen Leistungsträgers selbst nicht zur Leistung verpflichtet gewesen wäre. Ein Erstattungsanspruch besteht nicht, soweit der nachrangige Leistungsträger seine Leistungen auch bei Leistung des vorrangig verpflichteten Leistungsträgers hätte erbringen müssen. Satz 1 gilt entsprechend, wenn von den Trägern der Sozialhilfe, der Kriegsopferfürsorge und der Jugendhilfe Aufwendungsersatz geltend gemacht oder ein Kostenbeitrag erhoben werden kann; Satz 3 gilt in diesen Fällen nicht.
(2) Absatz 1 gilt auch dann, wenn von einem nachrangig verpflichteten Leistungsträger für einen Angehörigen Sozialleistungen erbracht worden sind und ein anderer mit Rücksicht auf diesen Angehörigen einen Anspruch auf Sozialleistungen, auch auf besonders bezeichnete Leistungsteile, gegenüber einem vorrangig verpflichteten Leistungsträger hat oder hatte.
(3) Der Umfang des Erstattungsanspruchs richtet sich nach den für den vorrangig verpflichteten Leistungsträger geltenden Rechtsvorschriften.
(4) Sind mehrere Leistungsträger vorrangig verpflichtet, kann der Leistungsträger, der die Sozialleistung erbracht hat, Erstattung nur von dem Leistungsträger verlangen, für den er nach § 107 Abs. 2 mit befreiender Wirkung geleistet hat.

§ 105 Anspruch des unzuständigen Leistungsträgers
(1) Hat ein unzuständiger Leistungsträger Sozialleistungen erbracht, ohne daß die Voraussetzungen von § 102 Abs. 1 vorliegen, ist der zuständige oder zuständig gewesene Leistungsträger erstattungspflichtig, soweit dieser nicht bereits selbst geleistet hat, bevor er von der Leistung des anderen Leistungsträgers Kenntnis erlangt hat. § 104 Abs. 2 gilt entsprechend.
(2) Der Umfang des Erstattungsanspruchs richtet sich nach den für den zuständigen Leistungsträger geltenden Rechtsvorschriften.
(3) Die Absätze 1 und 2 gelten gegenüber den Trägern der Sozialhilfe, der Kriegsopferfürsorge und der Jugendhilfe nur von dem Zeitpunkt ab, von dem ihnen bekannt war, daß die Voraussetzungen für ihre Leistungspflicht vorlagen.

§ 106 Rangfolge bei mehreren Erstattungsberechtigten
(1) Ist ein Leistungsträger mehreren Leistungsträgern zur Erstattung verpflichtet, sind die Ansprüche in folgender Rangfolge zu befriedigen:
1. (aufgehoben)
2. der Anspruch des vorläufig leistenden Leistungsträgers nach § 102,
3. der Anspruch des Leistungsträgers, dessen Leistungsverpflichtung nachträglich entfallen ist, nach § 103,
4. der Anspruch des nachrangig verpflichteten Leistungsträgers nach § 104,
5. der Anspruch des unzuständigen Leistungsträgers nach § 105.

(2) Treffen ranggleiche Ansprüche von Leistungsträgern zusammen, sind diese anteilsmäßig zu befriedigen. Machen mehrere Leistungsträger Ansprüche nach § 104 geltend, ist zuerst derjenige zu befriedigen, der im Verhältnis der nachrangigen Leistungsträger untereinander einen Erstattungsanspruch nach § 104 hätte.

(3) Der Erstattungspflichtige muß insgesamt nicht mehr erstatten, als er nach den für ihn geltenden Erstattungsvorschriften einzeln zu erbringen hätte.

§ 107 Erfüllung
(1) Soweit ein Erstattungsanspruch besteht, gilt der Anspruch des Berechtigten gegen den zur Leistung verpflichteten Leistungsträger als erfüllt.

(2) Hat der Berechtigte Ansprüche gegen mehrere Leistungsträger, gilt der Anspruch als erfüllt, den der Träger, der die Sozialleistung erbracht hat, bestimmt. Die Bestimmung ist dem Berechtigten gegenüber unverzüglich vorzunehmen und den übrigen Leistungsträgern mitzuteilen.

§ 108 Erstattung in Geld, Verzinsung
(1) Sach- und Dienstleistungen sind in Geld zu erstatten.

(2) Ein Erstattungsanspruch der Träger der Sozialhilfe, der Kriegsopferfürsorge und der Jugendhilfe ist von anderen Leistungsträgern
1. für die Dauer des Erstattungszeitraums und
2. für den Zeitraum nach Ablauf eines Kalendermonats nach Eingang des vollständigen, den gesamten Erstattungszeitraum umfassenden Erstattungsantrags beim zuständigen Erstattungsverpflichteten bis zum Ablauf des Kalendermonats vor der Zahlung

auf Antrag mit 4 von Hundert zu verzinsen Die Verzinsung beginnt frühestens nach Ablauf von sechs Kalendermonaten nach Eingang des vollständigen Leistungsantrags des Leistungsberechtigten beim zuständigen Leistungsträger, beim Fehlen eines Antrags nach Ablauf eines Kalendermonats nach Bekanntgabe der Entscheidung über die Leistung. § 44 Abs. 3 des Ersten Buches findet Anwendung; § 16 des Ersten Buches gilt nicht.

§ 109 Verwaltungskosten und Auslagen
Verwaltungskosten sind nicht zu erstatten. Auslagen sind auf Anforderung zu erstatten, wenn sie im Einzelfall 200 Deutsche Mark übersteigen. Die Bundesregierung kann durch Rechtsverordnung mit Zustimmung des Bundesrates den in Satz 2 genannten Betrag entsprechend der jährlichen Steigerung der monatlichen Bezugsgröße nach § 18 des Vierten Buches anheben und dabei auf zehn Deutsche Mark nach unten oder oben runden.

§ 110 Pauschalierung
Die Leistungsträger haben ihre Erstattungsansprüche pauschal abzugelten, soweit dies zweckmäßig ist. Beträgt im Einzelfall ein Erstattungsanspruch voraussichtlich weniger als 50 Deutsche Mark, erfolgt keine Erstattung. Die Leistungsträger können abweichend von Satz 2 höhere Beträge vereinbaren. Die Bundesregierung kann durch Rechtsverordnung mit Zustimmung des Bundesrates den in Satz 2 genannten Betrag entsprechend der jährlichen Steigerung der monatlichen Bezugsgröße nach § 18 des Vierten Buches anheben und dabei auf zehn Deutsche Mark nach unten oder oben runden.

§ 111 Ausschlußfrist
Der Anspruch auf Erstattung ist ausgeschlossen, wenn der Erstattungsberechtigte ihn nicht spätestens zwölf Monate nach Ablauf des letzten Tages, für den die Leistung erbracht wurde, geltend macht. Der Lauf der Frist beginnt frühestens mit Entstehung des Erstattungsanspruchs.

§ 112 Rückerstattung
Soweit eine Erstattung zu Unrecht erfolgt ist, sind die gezahlten Beträge zurückzuerstatten.

§ 113 Verjährung
(1) Erstattungs- und Rückerstattungsansprüche verjähren in vier Jahren nach Ablauf des Kalenderjahres, in dem sie entstanden sind.
(2) Für die Hemmung, die Unterbrechung und die Wirkung der Verjährung gelten die Vorschriften des Bürgerlichen Gesetzbuchs sinngemäß.

§ 114 Rechtsweg
Für den Erstattungsanspruch ist derselbe Rechtsweg wie für den Anspruch auf die Sozialleistung gegeben. Maßgebend ist im Falle des § 102 der Anspruch gegen den vorleistenden Leistungsträger und im Falle der §§ 103 bis 105 der Anspruch gegen den erstattungspflichtigen Leistungsträger.

Dritter Abschnitt
Erstattungs- und Ersatzansprüche der Leistungsträger gegen Dritte

§ 115 Ansprüche gegen den Arbeitgeber
(1) Soweit der Arbeitgeber den Anspruch des Arbeitnehmers auf Arbeitsentgelt nicht erfüllt und deshalb ein Leistungsträger Sozialleistungen erbracht hat, geht der Anspruch des Arbeitnehmers gegen den Arbeitgeber auf den Leistungsträger bis zur Höhe der erbrachten Sozialleistungen über.
(2) Der Übergang wird nicht dadurch ausgeschlossen, daß der Anspruch nicht übertragen, verpfändet oder gepfändet werden kann.
(3) An Stelle der Ansprüche des Arbeitnehmers auf Sachbezüge tritt im Falle des Absatzes 1 der Anspruch auf Geld; die Höhe bestimmt sich nach den nach § 17 Satz 1 Nr. 3 des Vierten Buches festgelegten Werten der Sachbezüge.

§ 116 Ansprüche gegen Schadensersatzpflichtige
(1) Ein auf anderen gesetzlichen Vorschriften beruhender Anspruch auf Ersatz eines Schadens geht auf den Versicherungsträger oder Träger der Sozialhilfe über, soweit dieser auf Grund des Schadensereignisses Sozialleistungen zu erbringen hat, die der Behebung eines Schadens der gleichen Art dienen und sich auf denselben Zeitraum wie der vom Schädiger zu leistende Schadensersatz beziehen. Dazu gehören auch die Beiträge, die von Sozialleistungen zu zahlen sind.
(2) Ist der Anspruch auf Ersatz eines Schadens durch Gesetz der Höhe nach begrenzt, geht er auf den Versicherungsträger oder Träger der Sozialhilfe über, soweit er nicht zum Ausgleich des Schadens des Geschädigten oder seiner Hinterbliebenen erforderlich ist.
(3) Ist der Anspruch auf Ersatz eines Schadens durch ein mitwirkendes Verschulden oder eine mitwirkende Verantwortlichkeit des Geschädigten begrenzt, geht auf den Versicherungsträger oder Träger der Sozialhilfe von dem nach Absatz 1 bei unbegrenzter Haftung übergehenden Ersatzanspruch der Anteil über, welcher dem Vomhundertsatz entspricht, für den der Schädiger ersatzpflichtig ist. Dies gilt auch, wenn der Ersatzanspruch durch Gesetz der Höhe nach begrenzt ist. Der Anspruchsübergang ist ausgeschlossen, soweit der Geschädigte oder seine Hinterbliebenen dadurch hilfebedürftig im Sinne der Vorschriften des Bundessozialhilfegesetzes werden.
(4) Stehen der Durchsetzung der Ansprüche auf Ersatz eines Schadens tatsächliche Hindernisse entgegen, hat die Durchsetzung der Ansprüche des Geschädigten und seiner Hinterbliebenen Vorrang vor den übergegangenen Ansprüchen nach Absatz 1.
(5) Hat ein Versicherungsträger oder Träger der Sozialhilfe auf Grund des Schadensereignisses dem Geschädigten oder seinen Hinterbliebenen keine höheren Sozialleistungen zu erbringen als vor diesem Ereignis, geht in den Fällen des Absatzes 3 Satz 1 und 2 der Schadensersatzanspruch nur insoweit über, als der geschuldete Schadensersatz nicht zur vollen Deckung des eigenen Schadens des Geschädigten oder seiner Hinterbliebenen erforderlich ist.
(6) Ein Übergang nach Absatz 1 ist bei nicht vorsätzlichen Schädigungen durch Familienangehörige, die im Zeitpunkt des Schadensereignisses mit dem Geschädigten oder seinen Hinterbliebenen in häuslicher Gemeinschaft leben, ausgeschlossen. Ein Ersatzanspruch nach Absatz 1 kann dann nicht geltend gemacht werden, wenn der Schädiger mit dem Geschädigten oder einem Hinterbliebenen nach Eintritt des Schadensereignisses die Ehe geschlossen hat und in häuslicher Gemeinschaft lebt.

(7) Haben der Geschädigte oder seine Hinterbliebenen von dem zum Schadensersatz Verpflichteten auf einen übergegangenen Anspruch mit befreiender Wirkung gegenüber dem Versicherungsträger oder Träger der Sozialhilfe Leistungen erhalten, haben sie insoweit dem Versicherungsträger oder Träger der Sozialhilfe die erbrachten Leistungen zu erstatten. Haben die Leistungen gegenüber dem Versicherungsträger oder Träger der Sozialhilfe keine befreiende Wirkung, haften der zum Schadensersatz Verpflichtete und der Geschädigte oder dessen Hinterbliebene dem Versicherungsträger oder Träger der Sozialhilfe als Gesamtschuldner.

(8) Weist der Versicherungsträger oder Träger der Sozialhilfe nicht höhere Leistungen nach, sind vorbehaltlich der Absätze 2 und 3 je Schadensfall für nicht stationäre ärztliche Behandlung und Versorgung mit Arznei- und Verbandmitteln fünf vom Hundert der monatlichen Bezugsgröße nach § 18 des Vierten Buches zu ersetzen.

(9) Die Vereinbarung einer Pauschalierung der Ersatzansprüche ist zulässig.

(10) Die Bundesanstalt für Arbeit gilt als Versicherungsträger im Sinne dieser Vorschrift.

§ 117 Schadensersatzansprüche mehrerer Leistungsträger

Haben im Einzelfall mehrere Leistungsträger Sozialleistungen erbracht und ist in den Fällen des § 116 Abs. 2 und 3 der übergegangene Anspruch auf Ersatz des Schadens begrenzt, sind die Leistungsträger Gesamtgläubiger. Untereinander sind sie im Verhältnis der von ihnen erbrachten Sozialleistungen zum Ausgleich verpflichtet. Soweit jedoch eine Sozialleistung allein von einem Leistungsträger erbracht ist, steht der Ersatzanspruch im Innenverhältnis nur diesem zu. Die Leistungsträger können ein anderes Ausgleichsverhältnis vereinbaren.

§ 118 Bindung der Gerichte

Hat ein Gericht über einen nach § 116 übergegangenen Anspruch zu entscheiden, ist es an eine unanfechtbare Entscheidung gebunden, daß und in welchem Umfang der Leistungsträger zur Leistung verpflichtet ist.

§ 119 Übergang von Beitragsansprüchen

(1) Soweit der Schadensersatzanspruch eines Sozialversicherten, der der Versicherungspflicht unterliegt, den Anspruch auf Ersatz von Beiträgen zur Sozialversicherung umfaßt, geht dieser auf den Versicherungsträger über; dies gilt nicht, wenn und soweit der Arbeitgeber das Arbeitsentgelt fortzahlt oder sonstige der Beitragspflicht unterliegende Leistungen erbringt. Der Übergang des Anspruchs auf Ersatz von Beiträgen nach § 116 geht dem Übergang nach dieser Vorschrift vor.

(2) Der Versicherungsträger, auf den ein Teil des Anspruchs auf Ersatz von Beiträgen zur Rentenversicherung nach § 116 übergeht, hat den von ihm festgestellten Sachverhalt dem Träger der Rentenversicherung auf einem einheitlichen Meldevordruck zu übermitteln. Das Nähere über den Inhalt des Meldevordrucks und das Mitteilungsverfahren haben die Spitzenverbände der Sozialversicherungsträger zu bestimmen.

(3) Die eingegangenen Beiträge oder Beitragsanteile gelten in der Rentenversicherung als Pflichtbeiträge, wenn der Geschädigte im Zeitpunkt des Schadensereignisses pflichtversichert war. Durch den Übergang des Anspruchs auf Ersatz von Beiträgen darf der Sozialversicherte nicht schlechter gestellt werden, als er ohne den Schadensersatzanspruch gestanden hätte.

...

Bundessozialhilfegesetz (BSHG)

Vom 30. Juni 1961 (BGBl. I S. 815, ber. S. 1815)
in der Fassung der Bekanntmachung vom 23. März 1994 (BGBl. I S. 646, ber. S. 2975)
(BGBl. III 2170-1)
zuletzt geändert durch 4. SGB XI-Änderungsgesetz vom 21. Juli 1999 (BGBl. I S. 1656)
– Auszug –

Abschnitt 1
Allgemeines

§ 1 Inhalt und Aufgabe der Sozialhilfe
(1) Die Sozialhilfe umfaßt Hilfe zum Lebensunterhalt und Hilfe in besonderen Lebenslagen.
(2) Aufgabe der Sozialhilfe ist es, dem Empfänger der Hilfe die Führung eines Lebens zu ermöglichen, das der Würde des Menschen entspricht. Die Hilfe soll ihn soweit wie möglich befähigen, unabhängig von ihr zu leben; hierbei muß er nach seinen Kräften mitwirken.

§ 2 Nachrang der Sozialhilfe
(1) Sozialhilfe erhält nicht, wer sich selbst helfen kann oder wer die erforderliche Hilfe von anderen, besonders von Angehörigen oder von Trägern anderer Sozialleistungen erhält.
(2) Verpflichtungen anderer, besonders Unterhaltspflichtiger oder der Träger anderer Sozialleistungen, werden durch dieses Gesetz nicht berührt. Auf Rechtsvorschriften beruhende Leistungen anderer, auf die jedoch kein Anspruch besteht, dürfen nicht deshalb versagt werden, weil nach diesem Gesetz entsprechende Leistungen vorgesehen sind.

§ 3 Sozialhilfe nach der Besonderheit des Einzelfalles
(1) Art, Form und Maß der Sozialhilfe richten sich nach der Besonderheit des Einzelfalles, vor allem nach der Person des Hilfempfängers, der Art seines Bedarfs und den örtlichen Verhältnissen. Wird die Leistung an den Hilfempfänger durch eine Einrichtung erbracht, ist durch die Vereinbarungen nach Abschnitt 7 zu gewährleisten, daß diese Leistung den Grundsätzen des Satzes 1 entspricht.
(2) Wünschen des Hilfempfängers, die sich auf die Gestaltung der Hilfe richten, soll entsprochen werden, soweit sie angemessen sind. Wünschen des Hilfempfängers, Hilfe in einer Anstalt, einem Heim oder einer gleichartigen Einrichtung zu erhalten, soll nur entsprochen werden, wenn dies nach der Besonderheit des Einzelfalls erforderlich ist, weil andere Hilfen nicht möglich sind oder nicht ausreichen und wenn mit der Anstalt, dem Heim oder der gleichartigen Einrichtung Vereinbarungen nach Abschnitt 7 bestehen. Der Träger der Sozialhilfe braucht Wünschen nicht zu entsprechen, deren Erfüllung mit unverhältnismäßigen Mehrkosten verbunden wäre.
(3) Auf seinen Wunsch soll der Hilfempfänger in einer solchen Einrichtung untergebracht werden, in der er durch Geistliche seines Bekenntnisses betreut werden kann.

§ 3 a Vorrang der offenen Hilfe
Die erforderliche Hilfe ist soweit wie möglich außerhalb von Anstalten, Heimen oder gleichartigen Einrichtungen zu gewähren. Dies gilt nicht, wenn eine geeignete stationäre Hilfe zumutbar und eine ambulante Hilfe mit unverhältnismäßigen Mehrkosten verbunden ist. Bei der Prüfung der Zumutbarkeit sind die persönlichen, familiären und örtlichen Umstände angemessen zu berücksichtigen.

§ 4 Anspruch auf Sozialhilfe
(1) Auf Sozialhilfe besteht ein Anspruch, soweit dieses Gesetz bestimmt, daß die Hilfe zu gewähren ist. Der Anspruch kann nicht übertragen, verpfändet oder gepfändet werden.
(2) Über Form und Maß der Sozialhilfe ist nach pflichtmäßigem Ermessen zu entscheiden, soweit dieses Gesetz das Ermessen nicht ausschließt.

§ 5 Einsetzen der Sozialhilfe
(1) Die Sozialhilfe setzt ein, sobald dem Träger der Sozialhilfe oder den von ihm beauftragten Stellen bekannt wird, daß die Voraussetzungen für die Gewährung vorliegen.
(2) Wird einem nicht zuständigen Träger der Sozialhilfe oder einer nicht zuständigen Gemeinde im Einzelfall bekannt, daß Sozialhilfe beansprucht wird, so sind die darüber bekannten Umstände dem zuständigen Träger der Sozialhilfe oder der von ihm beauftragten Stelle unverzüglich mitzuteilen und

vorhandene Unterlagen zu übersenden. Ergeben sich daraus die Voraussetzungen für die Gewährung, ist für das Einsetzen der Sozialhilfe die Kenntnis der nicht zuständigen Stelle maßgebend.

§ 6 Vorbeugende Hilfe, nachgehende Hilfe
(1) Die Sozialhilfe soll vorbeugend gewährt werden, wenn dadurch eine dem einzelnen drohende Notlage ganz oder teilweise abgewendet werden kann. Die Sonderbestimmung des § 36 geht der Regelung des Satzes 1 vor.
(2) Die Sozialhilfe soll auch nach Beseitigung einer Notlage gewährt werden, wenn dies geboten ist, um die Wirksamkeit der zuvor gewährten Hilfe zu sichern. Die Sonderbestimmung des § 40 geht der Regelung des Satzes 1 vor.

§ 7 Familiengerechte Hilfe
Bei Gewährung der Sozialhilfe sollen die besonderen Verhältnisse in der Familie des Hilfesuchenden berücksichtigt werden. Die Sozialhilfe soll die Kräfte der Familie zur Selbsthilfe anregen und den Zusammenhalt der Familie festigen.

§ 8 Formen der Sozialhilfe
(1) Formen der Sozialhilfe sind persönliche Hilfe, Geldleistung oder Sachleistung.
(2) Zur persönlichen Hilfe gehört außer der Beratung in Fragen der Sozialhilfe (§ 14 des Ersten Buches Sozialgesetzbuch) auch die Beratung in sonstigen sozialen Angelegenheiten, soweit letztere nicht von anderen Stellen oder Personen wahrzunehmen ist. Wird Beratung in sonstigen sozialen Angelegenheiten auch von Verbänden der freien Wohlfahrtspflege wahrgenommen, ist der Ratsuchende zunächst hierauf hinzuweisen.

§ 9 Träger der Sozialhilfe
Die Sozialhilfe wird von örtlichen und überörtlichen Trägern gewährt.

§ 10 Verhältnis zur freien Wohlfahrtspflege
(1) Die Stellung der Kirchen und Religionsgesellschaften des öffentlichen Rechts sowie der Verbände der freien Wohlfahrtspflege als Träger eigener sozialer Aufgaben und ihre Tätigkeit zur Erfüllung dieser Aufgaben werden durch dieses Gesetz nicht berührt.
(2) Die Träger der Sozialhilfe sollen bei der Durchführung dieses Gesetzes mit den Kirchen und Religionsgesellschaften des öffentlichen Rechts sowie den Verbänden der freien Wohlfahrtspflege zusammenarbeiten und dabei deren Selbständigkeit in Zielsetzung und Durchführung ihrer Aufgaben achten.
(3) Die Zusammenarbeit soll darauf gerichtet sein, daß sich die Sozialhilfe und die Tätigkeit der freien Wohlfahrtspflege zum Wohle des Hilfesuchenden wirksam ergänzen. Die Träger der Sozialhilfe sollen die Verbände der freien Wohlfahrtspflege in ihrer Tätigkeit auf dem Gebiet der Sozialhilfe angemessen unterstützen.
(4) Wird die Hilfe im Einzelfalle durch die freie Wohlfahrtspflege gewährleistet, sollen die Träger der Sozialhilfe von der Durchführung eigener Maßnahmen absehen; dies gilt nicht für die Gewährung von Geldleistungen.
(5) Die Träger der Sozialhilfe können allgemein an der Durchführung ihrer Aufgaben nach diesem Gesetz die Verbände der freien Wohlfahrtspflege beteiligen oder ihnen die Durchführung solcher Aufgaben übertragen, wenn die Verbände mit der Beteiligung oder Übertragung einverstanden sind. Die Träger der Sozialhilfe bleiben dem Hilfesuchenden gegenüber verantwortlich.

Abschnitt 2
Hilfe zum Lebensunterhalt

Unterabschnitt 1
Personenkreis, Gegenstand der Hilfe

§ 11 Personenkreis
(1) Hilfe zum Lebensunterhalt ist dem zu gewähren, der seinen notwendigen Lebensunterhalt nicht oder nicht ausreichend aus eigenen Kräften und Mitteln, vor allem aus seinem Einkommen und Vermögen, beschaffen kann. Bei nicht getrennt lebenden Ehegatten sind das Einkommen und das Vermögen beider Ehegatten zu berücksichtigen; soweit minderjährige unverheiratete Kinder, die dem Haushalt ihrer Eltern oder eines Elternteiles angehören, den notwendigen Lebensunterhalt aus ihrem

Einkommen und Vermögen nicht beschaffen können, sind auch das Einkommen und das Vermögen der Eltern oder des Elternteiles zu berücksichtigen. Das Einkommen und Vermögen der Eltern oder des Elternteils sind nicht zu berücksichtigen, wenn eine Hilfesuchende schwanger ist oder ihr leibliches Kind bis zur Vollendung seines 6. Lebensjahres betreut.
(2) Hilfe zum Lebensunterhalt kann in begründeten Fällen auch insoweit gewährt werden, als der notwendige Lebensunterhalt aus dem nach Absatz 1 zu berücksichtigenden Einkommen und Vermögen beschafft werden kann. In diesem Umfange haben die in Absatz 1 genannten Personen dem Träger der Sozialhilfe die Aufwendungen zu ersetzen; mehrere Verpflichtete haften als Gesamtschuldner.
(3) Hilfe zum Lebensunterhalt kann auch dem gewährt werden, der ein für den notwendigen Lebensunterhalt ausreichendes Einkommen oder Vermögen hat, jedoch einzelne für seinen Lebensunterhalt erforderliche Tätigkeiten nicht verrichten kann; von dem Hilfeempfänger kann ein angemessener Kostenbeitrag verlangt werden.

§ 12 Notwendiger Lebensunterhalt
(1) Der notwendige Lebensunterhalt umfaßt besonders Ernährung, Unterkunft, Kleidung, Körperpflege, Hausrat, Heizung und persönliche Bedürfnisse des täglichen Lebens. Zu den persönlichen Bedürfnissen des täglichen Lebens gehören in vertretbarem Umfange auch Beziehungen zur Umwelt und eine Teilnahme am kulturellen Leben.
(2) Bei Kindern und Jugendlichen umfaßt der notwendige Lebensunterhalt auch den besonderen, vor allem den durch ihre Entwicklung und ihr Heranwachsen bedingten Bedarf.

§ 13 Übernahme von Kranken- und Pflegeversicherungsbeiträgen
(1) Für Weiterversicherte im Sinne des § 9 Abs. 1 Nr. 1 des Fünften Buches Sozialgesetzbuch sowie für Rentenantragsteller, die nach § 189 des Fünften Buches Sozialgesetzbuch als Mitglied einer Krankenkasse gelten, sind die Krankenversicherungsbeiträge zu übernehmen, soweit die genannten Personen die Voraussetzungen des § 11 Abs. 1 erfüllen. § 76 Abs. 2 Nr. 2 und 3 gilt insoweit nicht.
(2) In sonstigen Fällen können Beiträge für eine freiwillige Krankenversicherung übernommen werden, soweit sie angemessen sind; zur Aufrechterhaltung einer freiwilligen Krankenversicherung sind solche Beiträge zu übernehmen, wenn laufende Hilfe zum Lebensunterhalt voraussichtlich nur für kurze Dauer zu gewähren ist. § 76 Abs. 2 Nr. 3 gilt insoweit nicht.
(3) Soweit nach den Absätzen 1 und 2 Krankenversicherungsbeiträge übernommen werden, sind auch die damit zusammenhängenden Beiträge zur Pflegeversicherung zu übernehmen.

§ 14 Alterssicherung
Als Hilfe zum Lebensunterhalt können auch die Kosten übernommen werden, die erforderlich sind, um die Voraussetzungen eines Anspruchs auf eine angemessene Alterssicherung oder auf ein angemessenes Sterbegeld zu erfüllen.

§ 15 Bestattungskosten
Die erforderlichen Kosten einer Bestattung sind zu übernehmen, soweit dem hierzu Verpflichteten nicht zugemutet werden kann, die Kosten zu tragen.

§ 15 a Hilfe zum Lebensunterhalt in Sonderfällen
(1) Hilfe zum Lebensunterhalt kann in Fällen, in denen nach den vorstehenden Bestimmungen die Gewährung von Hilfe nicht möglich ist, gewährt werden, wenn dies zur Sicherung der Unterkunft oder zur Behebung einer vergleichbaren Notlage gerechtfertigt ist. Sie soll gewährt werden, wenn sie gerechtfertigt und notwendig ist und ohne sie Wohnungslosigkeit einzutreten droht. Die Hilfe nach Satz 1 soll an den Vermieter oder andere Empfangsberechtigte gezahlt werden, wenn die zweckentsprechende Verwendung durch den Hilfesuchenden nicht sichergestellt ist; der Hilfesuchende ist hiervon schriftlich zu unterrichten. Geldleistungen können als Beihilfe oder als Darlehen gewährt werden.
(2) Geht bei einem Gericht eine Klage auf Räumung von Wohnraum im Falle der Kündigung des Mietverhältnisses nach § 554 des Bürgerlichen Gesetzbuchs ein, so teilt das Gericht dem zuständigen örtlichen Träger der Sozialhilfe oder der von diesem beauftragten Stelle zur Wahrnehmung der in Absatz 1 bestimmten Aufgaben unverzüglich
1. den Tag des Eingangs der Klage,
2. die Namen und die Anschriften der Parteien,
3. die Höhe des monatlich zu entrichtenden Mietzinses,

4. die Höhe des geltend gemachten Mietzinsrückstandes und der geltend gemachten Entschädigung und
5. den Termin zur mündlichen Verhandlung, sofern dieser bereits bestimmt ist,

mit. Außerdem kann der Tag der Rechtshängigkeit mitgeteilt werden. Die Übermittlung unterbleibt, wenn die Nichtzahlung des Mietzinses nach dem Inhalt der Klageschrift offensichtlich nicht auf Zahlungsunfähigkeit des Mieters beruht. Die übermittelten Daten dürfen auch für entsprechende Zwecke der Kriegsopferfürsorge nach dem Bundesversorgungsgesetz verwendet werden.

§ 15 b Darlehen bei vorübergehender Notlage
Sind laufende Leistungen zum Lebensunterhalt voraussichtlich nur für kurze Dauer zu gewähren, können Geldleistungen als Darlehen gewährt werden. Darlehen an Mitglieder von Haushaltsgemeinschaften im Sinne des § 11 Abs. 1 Satz 2 können an einzelne Mitglieder oder an mehrere gemeinsam vergeben werden.

§ 16 Haushaltsgemeinschaft
Lebt ein Hilfesuchender in Haushaltsgemeinschaft mit Verwandten oder Verschwägerten, so wird vermutet, daß er von ihnen Leistungen zum Lebensunterhalt erhält, soweit dies nach ihrem Einkommen und Vermögen erwartet werden kann. Soweit jedoch der Hilfesuchende von den in Satz 1 genannten Personen Leistungen zum Lebensunterhalt nicht erhält, ist ihm Hilfe zum Lebensunterhalt zu gewähren.

§ 17 Beratung und Unterstützung
(1) Die Vermeidung und Überwindung von Lebenslagen, in denen Leistungen der Hilfe zum Lebensunterhalt erforderlich oder zu erwarten sind, soll durch Beratung und Unterstützung gefördert werden; dazu gehört auch der Hinweis auf das Beratungsangebot von Verbänden der freien Wohlfahrtspflege, von Angehörigen der rechtsberatenden Berufe und von sonstigen Stellen. Ist die weitere Beratung durch eine Schuldnerberatungsstelle oder andere Fachberatungsstellen geboten, ist auf ihre Inanspruchnahme hinzuwirken. Angemessene Kosten einer Beratung nach Satz 2 sollen übernommen werden, wenn eine Lebenslage im Sinne des Satzes 1 sonst nicht überwunden werden kann; in anderen Fällen können Kosten übernommen werden. Die Kostenübernahme kann auch in Form einer pauschalierten Abgeltung der Leistung der Schuldnerberatungsstelle oder anderer Fachberatungsstellen erfolgen.
(2) Wenn zur Überwindung von Hilfebedürftigkeit ein besonderes Zusammenwirken des Hilfebedürftigen und des Trägers der Sozialhilfe erforderlich ist, soll hierüber in geeigneten Fällen eine schriftliche Vereinbarung abgeschlossen werden.

Unterabschnitt 2
Hilfe zur Arbeit

§ 18 Beschaffung des Lebensunterhalts durch Arbeit
(1) Jeder Hilfesuchende muß seine Arbeitskraft zur Beschaffung des Lebensunterhalts für sich und seine unterhaltsberechtigten Angehörigen einsetzen.
(2) Es ist darauf hinzuwirken, daß der Hilfesuchende sich um Arbeit bemüht und Arbeit findet. Hilfesuchende, die keine Arbeit finden können, sind zur Annahme einer für sie zumutbaren Arbeitsgelegenheit nach § 19 oder § 20 verpflichtet. Für Hilfesuchende, denen eine Arbeitserlaubnis oder Arbeitsberechtigung nicht erteilt werden kann, gilt Satz 2 entsprechend, wenn kein Arbeitsverhältnis im Sinne des Arbeitsrechts begründet wird. Die Träger der Sozialhilfe und die Dienststellen der Bundesanstalt für Arbeit, gegebenenfalls auch die Träger der Jugendhilfe und andere auf diesem Gebiet tätige Stellen sollen hierbei zusammenwirken.
(3) Dem Hilfesuchenden darf eine Arbeit oder eine Arbeitsgelegenheit nicht zugemutet werden, wenn er körperlich oder geistig hierzu nicht in der Lage ist oder wenn ihm die künftige Ausübung seiner bisherigen überwiegenden Tätigkeit wesentlich erschwert würde oder wenn der Arbeit oder der Arbeitsgelegenheit ein sonstiger wichtiger Grund entgegensteht. Ihm darf eine Arbeit oder Arbeitsgelegenheit vor allem nicht zugemutet werden, soweit dadurch die geordnete Erziehung eines Kindes gefährdet würde. Die geordnete Erziehung eines Kindes, das das dritte Lebensjahr vollendet hat, ist in der Regel dann nicht gefährdet, wenn und soweit unter Berücksichtigung der besonderen Verhältnisse in der Familie des Hilfesuchenden die Betreuung des Kindes in einer Tageseinrichtung

oder in Tagespflege im Sinne der Vorschriften des Achten Buches Sozialgesetzbuch sichergestellt ist; die Träger der Sozialhilfe sollen darauf hinwirken, daß Alleinerziehenden vorrangig ein Platz zur Tagesbetreuung des Kindes angeboten wird. Auch sonst sind die Pflichten zu berücksichtigen, die dem Hilfesuchenden die Führung eines Haushalts oder die Pflege eines Angehörigen auferlegt. Eine Arbeit oder Arbeitsgelegenheit ist insbesondere nicht allein deshalb unzumutbar, weil
1. sie nicht einer früheren beruflichen Tätigkeit des Hilfeempfängers entspricht,
2. sie im Hinblick auf die Ausbildung des Hilfeempfängers als geringerwertig anzusehen ist,
3. der Beschäftigungsort vom Wohnort des Hilfeempfängers weiter entfernt ist als ein früherer Beschäftigungs- oder Ausbildungsort,
4. die Arbeitsbedingungen ungünstiger sind als bei den bisherigen Beschäftigungen des Hilfeempfängers.

(4) Soweit es im Einzelfall geboten ist, kann auch durch Zuschüsse an den Arbeitgeber sowie durch sonstige geeignete Maßnahmen darauf hingewirkt werden, daß der Hilfeempfänger Arbeit findet. Die Bestimmungen des Dritten Buches Sozialgesetzbuch bleiben unberührt.

(5) Der Träger der Sozialhilfe soll Hilfeempfänger zur Überwindung von Hilfebedürftigkeit bei der Eingliederung in den allgemeinen Arbeitsmarkt fördern. Zu diesem Zweck kann dem Hilfeempfänger bei Aufnahme einer sozialversicherungspflichtigen oder selbständigen Erwerbstätigkeit ein Zuschuß bis zur Höhe des Regelsatzes für einen Haushaltsvorstand und bis zur Dauer von 12 Monaten gewährt werden. Von den Maßgaben des Satzes 2 kann befristet abgewichen werden, soweit es zur Erprobung von Maßnahmen oder im Einzelfall zur Eingliederung in den allgemeinen Arbeitsmarkt gerechtfertigt ist; die Erprobung von Maßnahmen ist unter Beteiligung des Landes auszuwerten. Satz 3 tritt am 31. Dezember 2002 außer Kraft.

§ 19 Schaffung von Arbeitsgelegenheiten

(1) Für Hilfesuchende, insbesondere für junge Menschen, die keine Arbeit finden können, sollen Arbeitsgelegenheiten geschaffen werden. Zur Schaffung und Erhaltung von Arbeitsgelegenheiten können auch Kosten übernommen werden. Die Arbeitsgelegenheiten sollen in der Regel von vorübergehender Dauer und für eine bessere Eingliederung des Hilfesuchenden in das Arbeitsleben geeignet sein.

(2) Wird für den Hilfesuchenden Gelegenheit zu gemeinnütziger und zusätzlicher Arbeit geschaffen, kann ihm entweder das übliche Arbeitsentgelt oder Hilfe zum Lebensunterhalt zuzüglich einer angemessenen Entschädigung für Mehraufwendungen gewährt werden; zusätzlich ist nur die Arbeit, die sonst nicht, nicht in diesem Umfang oder nicht zu diesem Zeitpunkt verrichtet werden würde. Von dem Erfordernis der Zusätzlichkeit kann im Einzelfall abgesehen werden, wenn dadurch die Eingliederung in das Arbeitsleben besser gefördert wird oder dies nach den besonderen Verhältnissen des Leistungsberechtigten und seiner Familie geboten ist.

(3) Wird im Falle des Absatzes 2 Hilfe zum Lebensunterhalt gewährt, so wird kein Arbeitsverhältnis im Sinne des Arbeitsrechts und kein Beschäftigungsverhältnis im Sinne der gesetzlichen Kranken- und Rentenversicherung begründet. Die Vorschriften über den Arbeitsschutz finden jedoch Anwendung.

(4) Bei der Schaffung und Erhaltung von Arbeitsgelegenheiten sollen die Träger der Sozialhilfe, die Dienststellen der Bundesanstalt für Arbeit und gegebenenfalls andere auf diesem Gebiet tätige Stellen zusammenwirken. In geeigneten Fällen ist für den Hilfesuchenden unter Mitwirkung aller Beteiligten ein Gesamtplan zu erstellen.

§ 20 Besondere Arbeitsgelegenheiten

(1) Ist es im Einzelfall erforderlich, die Gewöhnung eines Hilfesuchenden an eine berufliche Tätigkeit besonders zu fördern oder seine Bereitschaft zur Arbeit zu prüfen, soll ihm für eine notwendige Dauer eine hierfür geeignete Tätigkeit oder Maßnahme angeboten werden. § 19 Abs. 4 gilt entsprechend.

(2) Während dieser Tätigkeit werden dem Hilfesuchenden Hilfe zum Lebensunterhalt und eine angemessene Entschädigung für Mehraufwendungen gewährt. § 19 Abs. 3 gilt entsprechend.

Unterabschnitt 3
Form und Maß der Leistungen

§ 21 Laufende und einmalige Leistungen

(1) Hilfe zum Lebensunterhalt kann durch laufende und einmalige Leistungen gewährt werden.

(1a) Einmalige Leistungen werden insbesondere zur
1. Instandsetzung von Bekleidung, Wäsche und Schuhen in nicht kleinem Umfang und deren Beschaffung von nicht geringem Anschaffungspreis,
2. Beschaffung von Brennstoffen für Einzelheizungen,
3. Beschaffung von besonderen Lernmitteln für Schüler,
4. Instandsetzung von Hausrat in nicht kleinem Umfang,
5. Instandhaltung der Wohnung,
6. Beschaffung von Gebrauchsgütern von längerer Gebrauchsdauer und von höherem Anschaffungswert sowie
7. für besondere Anlässe

gewährt.

(1b) Die Bundesregierung regelt durch Rechtsverordnung mit Zustimmung des Bundesrates das Nähere über den Inhalt, den Umfang, die Pauschalierung und die Gewährung der einmaligen Leistungen.

(2) Einmalige Leistungen sind auch zu gewähren, wenn der Hilfesuchende zwar keine laufenden Leistungen zum Lebensunterhalt benötigt, den Lebensunterhalt jedoch aus eigenen Kräften und Mitteln nicht voll beschaffen kann. In diesem Falle kann das Einkommen berücksichtigt werden, das die in § 11 Abs. 1 genannten Personen innerhalb eines Zeitraums von bis zu 6 Monaten nach Ablauf des Monats erwerben, in dem über die Hilfe entschieden worden ist.

(3) Die Hilfe zum Lebensunterhalt in einer Anstalt, einem Heim oder einer gleichartigen Einrichtung umfaßt auch einen angemessenen Barbetrag zur persönlichen Verfügung, es sei denn, daß dessen bestimmungsmäßige Verwendung durch oder für den Hilfeempfänger nicht möglich ist. Hilfeempfänger, die das 18. Lebensjahr vollendet haben, erhalten den Barbetrag in Höhe von mindestens 30 vom Hundert des Regelsatzes eines Haushaltsvorstandes. Für Hilfeempfänger, die das 18. Lebensjahr noch nicht vollendet haben, setzen die zuständigen Landesbehörden oder die von ihnen bestimmten Stellen für die in ihrem Bereich vorhandenen Einrichtungen die Höhe des Barbetrages fest. Trägt der Hilfeempfänger einen Teil der Kosten des Aufenthalts in der Einrichtung selbst, erhält er einen zusätzlichen Barbetrag in Höhe von 5 vom Hundert seines Einkommens, höchstens jedoch in Höhe von 15 vom Hundert des Regelsatzes eines Haushaltsvorstandes. Bei Hilfeempfängern mit Einkünften aus Renten der gesetzlichen Rentenversicherung oder aus Versorgungsbezügen des öffentlichen Dienstes oder mit sonstigem regelmäßigem Einkommen kann anstelle des im Einzelfalle maßgebenden Barbetrages ein entsprechender Teil dieser Einkünfte unberücksichtigt gelassen werden.

§ 22 Regelbedarf

(1) Laufende Leistungen zum Lebensunterhalt außerhalb von Anstalten, Heimen und gleichartigen Einrichtungen werden nach Regelsätzen gewährt. Sie sind abweichend von den Regelsätzen zu bemessen, soweit dies nach der Besonderheit des Einzelfalles geboten ist.

(2) Die Landesregierungen setzen durch Rechtsverordnung zum 1. Juli eines Jahres die Höhe der Regelsätze im Rahmen der Rechtsverordnung nach Absatz 5 fest. Sie können dabei die Träger der Sozialhilfe ermächtigen, auf der Grundlage von in der Rechtsverordnung festgelegten Mindestregelsätzen regionale Regelsätze zu bestimmen.

(3) Die Regelsätze sind so zu bemessen, daß der laufende Bedarf dadurch gedeckt werden kann. Die Regelsatzbemessung hat Stand und Entwicklung von Nettoeinkommen, Verbraucherverhalten und Lebenshaltungskosten zu berücksichtigen. Grundlage sind die tatsächlichen, statistisch ermittelten Verbrauchsausgaben von Haushalten in unteren Einkommensgruppen. Datengrundlage ist die Einkommens- und Verbrauchsstichprobe. Die Bemessung ist zu überprüfen und gegebenenfalls weiterzuentwickeln, sobald die Ergebnisse einer neuen Einkommens- und Verbrauchsstichprobe vorliegen.

(4) Die Regelsatzbemessung hat zu gewährleisten, daß bei Haushaltsgemeinschaften von Ehepaaren mit drei Kindern die Regelsätze zusammen mit Durchschnittsbeträgen für Kosten von Unterkunft und Heizung sowie für einmalige Leistungen und unter Berücksichtigung des abzusetzenden Betrages

nach § 76 Abs. 2 a Nr. 1 unter den erzielten monatlichen durchschnittlichen Nettoarbeitsentgelten unterer Lohn- und Gehaltsgruppen einschließlich anteiliger einmaliger Zahlungen zuzüglich Kindergeld und Wohngeld in einer entsprechenden Haushaltsgemeinschaft mit einem alleinverdienenden Vollzeitbeschäftigten bleiben.
(5) Das Bundesministerium für Arbeit und Sozialordnung erläßt im Einvernehmen mit dem Bundesministerium der Finanzen mit Zustimmung des Bundesrates Vorschriften über Inhalt und Aufbau der Regelsätze sowie ihre Bemessung und Fortschreibung. Die Regelsatzverordnung kann einzelne laufende Leistungen von der Gewährung nach Regelsätzen ausnehmen und über die Gestaltung Näheres bestimmen.
(6) Zum 1. Juli 1999 und zum 1. Juli 2000 erhöhen sich die Regelsätze um den Vomhundertsatz, um den sich die Renten aus der gesetzlichen Rentenversicherung im Bundesgebiet ohne das in Artikel 1 Abs. 1 des Einigungsvertrages genannte Gebiet und ohne Berücksichtigung der Veränderung der Belastung bei Renten verändern.

§ 23 Mehrbedarf
(1) Für Personen, die
1. das 65. Lebensjahr vollendet haben oder
2. unter 65 Jahren und erwerbsunfähig im Sinne der gesetzlichen Rentenversicherung sind
und einen Ausweis nach § 4 Abs. 5 des Schwerbehindertengesetzes mit dem Merkzeichen G besitzen, ist ein Mehrbedarf von 20 vom Hundert des maßgebenden Regelsatzes anzuerkennen, soweit nicht im Einzelfall ein abweichender Bedarf besteht. Absatz 1 in der am 31. Juli 1996 geltenden Fassung gilt für Personen weiter, für die zu diesem Zeitpunkt ein Mehrbedarf nach dieser Vorschrift anerkannt war.
(1 a) Für werdende Mütter nach der 12. Schwangerschaftswoche ist ein Mehrbedarf von 20 vom Hundert des maßgebenden Regelsatzes anzuerkennen, soweit nicht im Einzelfall ein abweichender Bedarf besteht.
(2) Für Personen, die mit einem Kind unter 7 Jahren oder die mit 2 oder 3 Kindern unter 16 Jahren zusammenleben und allein für deren Pflege und Erziehung sorgen, ist ein Mehrbedarf von 40 vom Hundert des maßgebenden Regelsatzes anzuerkennen, soweit nicht im Einzelfall ein abweichender Bedarf besteht; bei 4 oder mehr Kindern erhöht sich der Mehrbedarf auf 60 vom Hundert des maßgebenden Regelsatzes.
(3) Für Behinderte, die das 15. Lebensjahr vollendet haben und denen Eingliederungshilfe nach § 40 Abs. 1 Nr. 3 bis 5 gewährt wird, ist ein Mehrbedarf von 40 vom Hundert des maßgebenden Regelsatzes anzuerkennen, soweit nicht im Einzelfall ein abweichender Bedarf besteht. Satz 1 kann auch nach Beendigung der in § 40 Abs. 1 Nr. 3 bis 5 genannten Maßnahmen während einer angemessenen Übergangszeit, vor allem einer Einarbeitungszeit, angewendet werden.
(4) Für Kranke, Genesende, Behinderte oder von einer Krankheit oder Behinderung Bedrohte, die einer kostenaufwendigen Ernährung bedürfen, ist ein Mehrbedarf in angemessener Höhe anzuerkennen.
(5) In den Fällen des Absatzes 3 ist Absatz 1 Nr. 2 nicht anzuwenden. Im übrigen sind die Absätze 1 bis 4 nebeneinander anzuwenden; die Summe des insgesamt anzuerkennenden Mehrbedarfs darf jedoch die Höhe des maßgebenden Regelsatzes nicht übersteigen.

§ 24 (weggefallen)

Unterabschnitt 4
Ausschluß des Leistungsanspruchs, Einschränkung der Leistung, Aufrechnung

§ 25
(1) Wer sich weigert, zumutbare Arbeit zu leisten oder zumutbaren Maßnahmen nach den §§ 19 und 20 nachzukommen, hat keinen Anspruch auf Hilfe zum Lebensunterhalt. Die Hilfe ist in einer ersten Stufe um mindestens 25 vom Hundert des maßgebenden Regelsatzes zu kürzen. Der Hilfeempfänger ist vorher entsprechend zu belehren.
(2) Die Hilfe soll bis auf das zum Lebensunterhalt Unerläßliche eingeschränkt werden
1. bei einem Hilfesuchenden, der nach Vollendung des 18. Lebensjahres sein Einkommen oder Vermögen vermindert hat in der Absicht, die Voraussetzungen für die Gewährung oder Erhöhung der Hilfe herbeizuführen,

2. bei einem Hilfeempfänger, der trotz Belehrung sein unwirtschaftliches Verhalten fortsetzt,
3. für bis zu zwölf Wochen bei einem Hilfesuchenden,
   a) dessen Anspruch auf Arbeitslosengeld, Arbeitslosenhilfe oder Eingliederungshilfe ruht oder erloschen ist, weil das Arbeitsamt den Eintritt einer Sperrzeit oder das Erlöschen des Anspruchs nach den Vorschriften des Dritten Buches Sozialgesetzbuch festgestellt hat, oder
   b) der die in dem Dritten Buch Sozialgesetzbuch genannten Voraussetzungen für den Eintritt einer Sperrzeit erfüllt, die das Ruhen oder Erlöschen eines Anspruchs auf Arbeitslosengeld, Arbeitslosenhilfe oder Eingliederungshilfe begründen.

(3) Soweit wie möglich ist zu verhüten, daß die unterhaltsberechtigten Angehörigen der in den Absätzen 1 und 2 genannten Personen oder andere mit ihnen in Haushaltsgemeinschaft lebende Hilfeempfänger durch die Versagung oder die Einschränkung der Hilfe mitbetroffen werden.

§ 25 a Aufrechnung
(1) Die Hilfe kann bis auf das zum Lebensunterhalt Unerläßliche mit Ansprüchen des Trägers der Sozialhilfe gegen den Hilfeempfänger aufgerechnet werden, wenn es sich um Ansprüche auf Erstattung oder auf Schadensersatz auf Grund zu Unrecht erbrachter Leistungen der Sozialhilfe handelt, die der Hilfeempfänger durch vorsätzlich oder grob fahrlässig unrichtige oder unvollständige Angaben veranlaßt hat. Die Aufrechnungsmöglichkeit wegen eines Anspruchs ist auf zwei Jahre beschränkt; ein neuer Anspruch des Träges der Sozialhilfe auf Erstattung oder Schadensersatz kann erneut aufgerechnet werden.
(2) Eine Aufrechnung nach Absatz 1 kann auch erfolgen, wenn nach § 15 a Schulden für Verpflichtungen übernommen werden, die durch vorangegangene Leistungen der Sozialhilfe an den Hilfeempfänger bereits gedeckt worden waren.
(3) § 25 Abs. 3 gilt entsprechend.

§ 26 Sonderregelung für Auszubildende
(1) Auszubildende, deren Ausbildung im Rahmen des Bundesausbildungsförderungsgesetzes oder des §§ 60 bis 62 des Dritten Buches Sozialgesetzbuch dem Grunde nach förderungsfähig ist, haben keinen Anspruch auf Hilfe zum Lebensunterhalt als Beihilfe oder als Darlehen. In besonderen Härtefällen kann Hilfe zum Lebensunterhalt gewährt werden.
(2) Absatz 1 findet keine Anwendung auf Auszubildende,
1. die auf Grund von § 2 Abs. 1 a des Bundesausbildungsförderungsgesetzes keinen Anspruch auf Ausbildungsförderung oder auf Grund von § 64 Abs. 1 des Dritten Buches Sozialgesetzbuch keinen Anspruch auf Berufsausbildungsbeihilfe haben oder
2. deren Bedarf sich nach § 12 Abs. 1 Nr. 1 des Bundesausbildungsförderungsgesetzes oder § 66 Abs. 1 Satz 1 des Dritten Buches Sozialgesetzbuch bemißt.

Abschnitt 3
Hilfe in besonderen Lebenslagen

Unterabschnitt 1
Allgemeines

§ 27 Arten der Hilfe
(1) Die Hilfe in besonderen Lebenslagen umfaßt
1. Hilfe zum Aufbau oder zur Sicherung der Lebensgrundlage,
2. (weggefallen)
3. vorbeugende Gesundheitshilfe,
4. Krankenhilfe, sonstige Hilfe,
4a. Hilfe zur Familienplanung,
5. Hilfe für werdende Mütter und Wöchnerinnen,
6. Eingliederungshilfe für Behinderte,
7. (weggefallen)
8. Blindenhilfe,
9. Hilfe zur Pflege,
10. Hilfe zur Weiterführung des Haushalts,
11. Hilfe zur Überwindung besonderer sozialer Schwierigkeiten,

12. Altenhilfe.
(2) Hilfe kann auch in anderen besonderen Lebenslagen gewährt werden, wenn sie den Einsatz öffentlicher Mittel rechtfertigen. Geldleistungen können als Beihilfe oder als Darlehen gewährt werden.
(3) Wird die Hilfe in einer Anstalt, einem Heim oder einer gleichartigen Einrichtung oder in einer Einrichtung zur teilstationären Betreuung gewährt, umfaßt die Hilfe in besonderen Lebenslagen auch den in der Einrichtung gewährten Lebensunterhalt einschließlich der einmaligen Leistungen nach Abschnitt 2. Satz 1 findet auch Anwendung, wenn Hilfe zur Pflege nur deshalb nicht gewährt wird, weil entsprechende Leistungen nach dem Elften Buch Sozialgesetzbuch erbracht werden.

§ 28 Personenkreis
(1) Hilfe in besonderen Lebenslagen wird nach den Bestimmungen dieses Abschnitts gewährt, soweit dem Hilfesuchenden, seinem nicht getrennt lebenden Ehegatten und, wenn er minderjährig und unverheiratet ist, auch seinen Eltern die Aufbringung der Mittel aus dem Einkommen und Vermögen nach den Bestimmungen des Abschnitts 4 nicht zuzumuten ist. Das Einkommen und Vermögen der Eltern oder des Elternteils, bei dem eine Hilfesuchende lebt, sind nicht zu berücksichtigen, wenn die Hilfesuchende schwanger ist oder ihr leibliches Kind bis zur Vollendung seines 6. Lebensjahres betreut.
(2) Der Anspruch des Berechtigten auf Hilfe in einer Einrichtung oder auf Pflegegeld steht, soweit die Leistung dem Berechtigten gewährt worden wäre, nach seinem Tode demjenigen zu, der die Hilfe erbracht oder die Pflege geleistet hat.

§ 29 Erweiterte Hilfe, Aufwendungsersatz
In begründeten Fällen kann Hilfe über § 28 hinaus auch insoweit gewährt werden, als den dort genannten Personen die Aufbringung der Mittel aus dem Einkommen oder Vermögen zuzumuten ist. In diesem Umfange haben sie dem Träger der Sozialhilfe die Aufwendungen zu ersetzen; mehrere Verpflichtete haften als Gesamtschuldner.

§ 29 a Einschränkung oder Aufrechnung der Hilfe
Die Hilfe kann bei einem Hilfeempfänger, auf den die Voraussetzungen des § 25 Abs. 2 Nr. 1 oder des § 25 a zutreffen, eingeschränkt oder aufgerechnet werden, soweit dadurch der Gesundheit dienender Maßnahmen nicht gefährdet werden.

Unterabschnitt 2
Hilfe zum Aufbau oder zur Sicherung der Lebensgrundlage

§ 30
(1) Personen, denen eine ausreichende wirtschaftliche Lebensgrundlage fehlt oder bei denen sie gefährdet ist, kann Hilfe gewährt werden. Die Hilfe soll dazu dienen, ihnen den Aufbau oder die Sicherung einer Lebensgrundlage durch eigene Tätigkeit zu ermöglichen.
(2) Die Hilfe soll in der Regel nur gewährt werden, wenn dem Hilfesuchenden sonst voraussichtlich Hilfe zum Lebensunterhalt gewährt werden müßte.
(3) Geldleistungen können als Beihilfe oder Darlehen gewährt werden.

Unterabschnitt 3
(weggefallen)

Unterabschnitt 4
Vorbeugende Gesundheitshilfe

§ 36
(1) Personen, bei denen nach ärztlichem Urteil eine Erkrankung oder ein sonstiger Gesundheitsschaden einzutreten droht, soll vorbeugende Gesundheitshilfe gewährt werden. Außerdem können zur Früherkennung von Krankheiten Vorsorgeuntersuchungen gewährt werden; sie sind zu gewähren, soweit Versicherte nach den Vorschriften der gesetzlichen Krankenversicherung Anspruch auf Leistungen zur Förderung der Gesundheit sowie zur Verhütung und Früherkennung von Krankheiten haben.
(2) Zu den Maßnahmen der vorbeugenden Gesundheitshilfe gehören vor allem die nach dem Gutachten des Gesundheitsamtes oder des Medizinischen Dienstes der Krankenversicherung im Einzelfall erforderlichen Erholungskuren, besonders für Kinder, Jugendliche und alte Menschen sowie für

Mütter in geeigneten Müttergenesungsheimen. Die Leistungen sollen in der Regel den Leistungen entsprechen, die nach den Vorschriften über die gesetzliche Krankenversicherung gewährt werden.
(3) Die gesetzlichen Aufgaben der Gesundheitsämter bleiben unberührt.

Unterabschnitt 5
Krankenhilfe, sonstige Hilfe
§ 37 Krankenhilfe
(1) Kranken ist Krankenhilfe zu gewähren.
(2) Die Krankenhilfe umfaßt ärztliche und zahnärztliche Behandlung, Versorgung mit Arzneimitteln, Verbandmitteln und Zahnersatz, Krankenhausbehandlung sowie sonstige zur Genesung, zur Besserung oder zur Linderung der Krankheitsfolgen erforderliche Leistungen. Die Leistungen sollen in der Regel den Leistungen entsprechen, die nach den Vorschriften über die gesetzliche Krankenversicherung gewährt werden.
(3) Ärzte und Zahnärzte haben für ihre Leistungen Anspruch auf die Vergütung, welche die Ortskrankenkasse, in deren Bereich der Arzt oder der Zahnarzt niedergelassen ist, für ihre Mitglieder zahlt. Der Kranke hat die freie Wahl unter den Ärzten und Zahnärzten, die sich zur ärztlichen oder zahnärztlichen Behandlung im Rahmen der Krankenhilfe zu der in Satz 1 genannten Vergütung bereit erklären.
(4) Absatz 3 gilt entsprechend bei ärztlichen oder zahnärztlichen Leistungen in den Fällen der §§ 36, 37 a, 37 b, 38 und 40 Abs. 1 Nr. 1 und 2.

§ 37 a Hilfe bei Sterilisation
Bei einer nicht rechtswidrigen Sterilisation ist Hilfe in dem Leistungsumfang und in der Leistungsform nach § 24 b Abs. 2 Satz 1 des Fünften Buches Sozialgesetzbuch zu gewähren.

Unterabschnitt 5 a
Hilfe zur Familienplanung
§ 37 b
Zur Familienplanung ist Hilfe zu gewähren. Maßnahmen der Hilfe sind vor allem Übernahme der Kosten
1. der notwendigen ärztlichen Beratung einschließlich der erforderlichen Untersuchung und Verordnung,
2. der ärztlich verordneten empfängnisregelnden Mittel.

Unterabschnitt 6
Hilfe für werdende Mütter und Wöchnerinnen
§ 38
(1) Werdenden Müttern und Wöchnerinnen ist Hilfe zu gewähren.
(2) Die Hilfe umfaßt
1. ärztliche Betreuung und Hilfe sowie Hebammenhilfe,
2. Versorgung mit Arznei-, Verband- und Heilmitteln,
3. (weggefallen)
4. Pflege in einer Anstalt oder einem Heim sowie häusliche Pflege nach den Bestimmungen des § 69 b Abs. 1,
5. Entbindungsgeld.
Die Leistungen sollen in der Regel den Leistungen entsprechen, die nach den Vorschriften über die gesetzliche Krankenversicherung gewährt werden. Satz 1 Nr. 5 und § 23 Abs. 1 Nr. 3 sind nebeneinander anzuwenden.

Unterabschnitt 7
Eingliederungshilfe für Behinderte
§ 39 Personenkreis und Aufgabe
(1) Personen, die nicht nur vorübergehend körperlich, geistig oder seelisch wesentlich behindert sind, ist Eingliederungshilfe zu gewähren. Personen mit einer anderen körperlichen, geistigen oder seelischen Behinderung kann sie gewährt werden.

(2) Den Behinderten stehen die von einer Behinderung Bedrohten gleich. Dies gilt bei Personen, bei denen Maßnahmen der in den §§ 36 und 37 genannten Art erforderlich sind, nur, wenn auch bei Durchführung dieser Maßnahmen eine Behinderung einzutreten droht.
(3) Aufgabe der Eingliederungshilfe ist es, eine drohende Behinderung zu verhüten oder eine vorhandene Behinderung oder deren Folgen zu beseitigen oder zu mildern und den Behinderten in die Gesellschaft einzugliedern. Hierzu gehört vor allem, dem Behinderten die Teilnahme am Leben in der Gemeinschaft zu ermöglichen oder zu erleichtern, ihm die Ausübung eines angemessenen Berufs oder einer sonstigen angemessenen Tätigkeit zu ermöglichen oder ihn soweit wie möglich unabhängig von Pflege zu machen.
(4) Eingliederungshilfe wird gewährt, wenn und solange nach der Besonderheit des Einzelfalles, vor allem nach Art und Schwere der Behinderung, Aussicht besteht, daß die Aufgabe der Eingliederungshilfe erfüllt werden kann.

§ 40 Maßnahmen der Hilfe

(1) Maßnahmen der Eingliederungshilfe sind vor allem
1. ambulante oder stationäre Behandlung oder sonstige ärztliche oder ärztlich verordnete Maßnahmen zur Verhütung, Beseitigung oder Milderung der Behinderung,
2. Versorgung mit Körperersatzstücken sowie mit orthopädischen oder anderen Hilfsmitteln,
2 a. heilpädagogische Maßnahmen für Kinder, die noch nicht im schulpflichtigen Alter sind,
3. Hilfe zu einer angemessenen Schulbildung, vor allem im Rahmen der allgemeinen Schulpflicht und durch Hilfe zum Besuch weiterführender Schulen einschließlich der Vorbereitung hierzu; die Bestimmungen über die Ermöglichung der Schulbildung im Rahmen der allgemeinen Schulpflicht bleiben unberührt,
4. Hilfe zur Ausbildung für einen angemessenen Beruf oder für eine sonstige angemessene Tätigkeit,
5. Hilfe zur Fortbildung im früheren oder einem diesem verwandten Beruf oder zur Umschulung für einen angemessenen Beruf oder eine sonstige angemessene Tätigkeit; Hilfe kann auch zum Aufstieg im Berufsleben gewährt werden, wenn die Besonderheit des Einzelfalles dies rechtfertigt,
6. Hilfe zur Erlangung eines geeigneten Platzes im Arbeitsleben, insbesondere in einer anerkannten Werkstatt für Behinderte oder in einer sonstigen Beschäftigungsstätte (§ 41),
6 a. Hilfe bei der Beschaffung und Erhaltung einer Wohnung, die den besonderen Bedürfnissen des Behinderten entspricht,
7. nachgehende Hilfe zur Sicherung der Wirksamkeit der ärztlichen oder ärztlich verordneten Maßnahmen und zur Sicherung der Eingliederung des Behinderten in das Arbeitsleben,
8. Hilfe zur Teilnahme am Leben in der Gemeinschaft.
(2) und (3) (aufgehoben)
(4) Soweit es im Einzelfall gerechtfertigt ist, können Beihilfen an den Behinderten oder seine Angehörigen zum Besuch während der Durchführung der Maßnahmen der Eingliederungshilfe in einer Anstalt, einem Heim oder einer gleichartigen Einrichtung gewährt werden.

§ 41 Hilfe zur Beschäftigung in einer Werkstatt für Behinderte

(1) Behinderten, bei denen wegen Art oder Schwere ihrer Behinderung arbeits- und berufsfördernde Maßnahmen mit dem Ziel der Eingliederung auf dem allgemeinen Arbeitsmarkt nicht in Betracht kommen, die aber die Voraussetzungen für eine Beschäftigung in einer Werkstatt für Behinderte erfüllen (Aufnahmevoraussetzungen), wird Hilfe zur Beschäftigung in einer anerkannten Werkstatt für Behinderte gewährt. Die Hilfe in einer sonstigen Beschäftigungsstätte kann gewährt werden.
(2) Begriff und Aufgaben der Werkstatt für Behinderte, die für sie geltenden fachlichen Anforderungen und die Aufnahmevoraussetzungen richten sich nach den §§ 54 bis 57 des Schwerbehindertengesetzes und den zu seiner Durchführung nach § 57 Abs. 2 des Schwerbehindertengesetzes erlassenen Vorschriften in ihrer jeweiligen Fassung.
(3) Bei der Hilfe zur Beschäftigung in einer Werkstatt für Behinderte hat der Träger der Sozialhilfe alle für die Erfüllung der Aufgaben und der fachlichen Anforderungen der Werkstatt für Behinderte notwendigen Personal- und Sachkosten im Rahmen der Vereinbarungen nach Abschnitt 7 zu übernehmen. Dazu gehören auch die mit der wirtschaftlichen Betätigung der Werkstatt in Zusammenhang

stehenden Aufwendungen, wenn und soweit diese unter Berücksichtigung der besonderen Verhältnisse in der Werkstatt und der dort beschäftigten Behinderten nach Art und Umfang über die in einem Wirtschaftsunternehmen üblicherweise entstehenden Kosten hinausgehen. Vereinbarungen über die Inanspruchnahme des Arbeitsergebnisses der Werkstatt zur Minderung der Vergütungen nach § 93 a Abs. 2 (Nettoerlösrückführung) sind unzulässig.

(4) Das Bundesministerium für Arbeit und Sozialordnung bestimmt durch Rechtsverordnung mit Zustimmung des Bundesrates im einzelnen, welche Arten oder Bestandteile der nach Absatz 3 zu übernehmenden Kosten zu berücksichtigen sind.

§ 42 (aufgehoben)

§ 43 Erweitere Hilfe

(1) Erfordert die Behinderung Gewährung der Hilfe in einer Anstalt, einem Heim oder einer gleichartigen Einrichtung, einer Tageseinrichtung für Behinderte oder ärztliche oder ärztlich verordnete Maßnahmen, ist die Hilfe hierfür auch dann in vollem Umfang zu gewähren, wenn den in § 28 genannten Personen die Aufbringung der Mittel zu einem Teil zuzumuten ist. In Höhe dieses Teils haben sie zu den Kosten der Hilfe beizutragen; mehrere Verpflichtete haften als Gesamtschuldner.

(2) Hat der Behinderte das 21. Lebensjahr noch nicht vollendet, so ist den in § 28 genannten Personen die Aufbringung der Mittel nur für die Kosten des Lebensunterhalts zuzumuten

1. bei heilpädagogischen Maßnahmen für Kinder, die noch nicht im schulpflichtigen Alter sind (§ 40 Abs. 1 Nr. 2 a),
2. bei der Hilfe zu einer angemessenen Schulbildung einschließlich der Vorbereitung hierzu (§ 40 Abs. 1 Nr. 3),
3. bei der Hilfe, die dem Behinderten die für ihn erreichbare Teilnahme am Leben in der Gemeinschaft ermöglichen soll, wenn die Behinderung eine Schulbildung voraussichtlich nicht zulassen wird oder nicht zuläßt,
4. bei der Hilfe zur Ausbildung für einen angemessenen Beruf oder für eine sonstige angemessene Tätigkeit (§ 40 Abs. 1 Nr. 4), wenn die hierzu erforderlichen Maßnahmen in besonderen Einrichtungen für Behinderte durchgeführt werden.

Die Kosten des in einer Einrichtung gewährten Lebensunterhalts sind nur in Höhe der für den häuslichen Lebensunterhalt ersparten Aufwendungen anzusetzen; dies gilt nicht für den Zeitraum, in dem gleichzeitig mit den Maßnahmen nach Satz 1 in der Einrichtung durchgeführte andere Maßnahmen überwiegen. Die zuständigen Landesbehörden können Näheres über die Bemessung der für den häuslichen Lebensunterhalt ersparten Aufwendungen bestimmen. Die Sätze 1 bis 3 sollen auch dann Anwendung finden, wenn die Maßnahmen erst nach Vollendung des 21. Lebensjahres des Behinderten abgeschlossen werden können; in anderen Fällen können sie Anwendung finden, wenn dies aus besonderen Gründen des Einzelfalles gerechtfertigt ist.

(3) Hat ein anderer als ein nach bürgerlichem Recht Unterhaltspflichtiger nach sonstigen Vorschriften Leistungen für denselben Zweck zu gewähren, dem die in Absatz 2 genannten Maßnahmen dienen, wird seine Verpflichtung durch Absatz 2 nicht berührt. Soweit er solche Leistungen gewährt, kann abweichend von Absatz 2 von den in § 28 genannten Personen die Aufbringung der Mittel verlangt werden.

§ 44 Vorläufige Hilfeleistung

(1) Steht spätestens 4 Wochen nach Bekanntwerden des Bedarfs beim Träger der Sozialhilfe nicht fest, ob ein anderer als der Träger der Sozialhilfe oder welcher andere zur Hilfe verpflichtet ist, hat der Träger der Sozialhilfe die notwendigen Maßnahmen unverzüglich durchzuführen, wenn zu befürchten ist, daß sie sonst nicht oder nicht rechtzeitig durchgeführt werden.

(2) Für Erstattungsansprüche ist § 102 des Zehnten Buches Sozialgesetzbuch maßgeblich.

§ 45 (weggefallen)

§ 46 Gesamtplan

(1) Der Träger der Sozialhilfe stellt so frühzeitig wie möglich einen Gesamtplan zur Durchführung der einzelnen Maßnahmen auf.

(2) Bei der Aufstellung des Gesamtplans und der Durchführung der Maßnahmen wirkt der Träger der Sozialhilfe mit dem Behinderten und den sonst im Einzelfalle Beteiligten, vor allem mit dem

behandelnden Arzt, dem Gesundheitsamt, dem Landesarzt (§ 126 a), dem Jugendamt und den Dienststellen der Bundesanstalt für Arbeit, zusammen.

§ 47 Bestimmungen über die Durchführung der Hilfe
Die Bundesregierung kann durch Rechtsverordnung mit Zustimmung des Bundesrates Bestimmungen über die Abgrenzung des Personenkreises der Behinderten, über Art und Umfang der Maßnahmen der Eingliederungshilfe sowie über das Zusammenwirken mit anderen Stellen, die der Eingliederungshilfe entsprechende Maßnahmen durchführen, erlassen.

Unterabschnitt 8 (weggefallen)

Unterabschnitt 9
Blindenhilfe

§ 67
(1) Blinden ist zum Ausgleich der durch die Blindheit bedingten Mehraufwendungen Blindenhilfe zu gewähren, soweit sie keine gleichartigen Leistungen nach anderen Rechtsvorschriften erhalten. Auf die Blindenhilfe sind Leistungen bei häuslicher Pflege nach dem Elften Buch Sozialgesetzbuch mit bis zu 70 vom Hundert anzurechnen.
(2) Die Blindenhilfe wird Blinden nach Vollendung des 18. Lebensjahres in Höhe eines Betrages von 750[1]) Deutsche Mark, Blinden, die das 18. Lebensjahr noch nicht vollendet haben, in Höhe eines Betrages von 375[2]) Deutsche Mark gewährt.
(3) Befindet sich der Blinde in einer Anstalt, einem Heim oder einer gleichartigen Einrichtung und werden die Kosten des Aufenthalts ganz oder teilweise aus Mitteln öffentlich-rechtlicher Leistungsträger getragen, so verringert sich die Blindenhilfe nach Absatz 2 um die aus diesen Mitteln getragenen Kosten, höchstens jedoch um 50 vom Hundert der Beträge nach Absatz 2; dies gilt von dem ersten Tage des zweiten Monats an, der auf den Eintritt in die Einrichtung folgt, für jeden vollen Kalendermonat des Aufenthalts in der Einrichtung. Für jeden vollen Tag vorübergehender Abwesenheit von der Einrichtung wird die Blindenhilfe in Höhe von je einem Dreißigstel des Betrages nach Absatz 2 gewährt, wenn die vorübergehende Abwesenheit länger als 6 volle zusammenhängende Tage dauert; der Betrag nach Satz 1 wird im gleichen Verhältnis gekürzt.
(4) Ein Blinder, der sich weigert, eine ihm zumutbare Arbeit zu leisten oder sich zu einem angemessenen Beruf oder zu einer sonstigen angemessenen Tätigkeit ausbilden, fortbilden oder umschulen zu lassen, hat keinen Anspruch auf Blindenhilfe. Die Blindenhilfe kann versagt werden, soweit ihre bestimmungsmäßige Verwendung durch oder für den Blinden nicht möglich ist.
(5) Neben der Blindenhilfe werden Hilfe zur Pflege wegen Blindheit (§§ 68 und 69) außerhalb von Anstalten, Heimen und gleichartigen Einrichtungen sowie ein Barbetrag (§ 21 Abs. 3) nicht gewährt. Neben Absatz 1 ist § 23 Abs. 1 Nr. 2 nur anzuwenden, wenn der Blinde nicht allein wegen Blindheit erwerbsunfähig ist. Die Sätze 1 und 2 gelten entsprechend für Blinde, die nicht Blindenhilfe, sondern gleichartige Leistungen nach anderen Rechtsvorschriften erhalten.
(6) Die Blindenhilfe nach Absatz 2 verändert sich jeweils, erstmals mit Wirkung vom 1. Juli 1992 an, um den Vomhundertsatz, um den sich der aktuelle Rentenwert in der gesetzlichen Rentenversicherung verändert; ein nicht auf volle Deutsche Mark errechneter Betrag ist bis zu 0,49 Deutsche Mark abzurunden und von 0,50 Deutsche Mark an aufzurunden.
(7) Die Absätze 1 bis 6 finden auf alle in § 76 Abs. 2 a Nr. 3 Buchstabe a genannten Personen Anwendung.

Unterabschnitt 10
Hilfe zur Pflege

§ 68 Inhalt
(1) Personen, die wegen einer körperlichen, geistigen oder seelischen Krankheit oder Behinderung für die gewöhnlichen und regelmäßig wiederkehrenden Verrichtungen im Ablauf des täglichen Lebens auf Dauer, voraussichtlich für mindestens sechs Monate, in erheblichem oder höherem Maße der Hilfe bedürfen, ist Hilfe zur Pflege zu gewähren. Hilfe zur Pflege ist auch Kranken und Behinderten zu

---
1) Seit 1. Juli 1999 gemäß § 67 Abs. 6   1082 Deutsche Mark.
2) Seit 1. Juli 1999 gemäß § 67 Abs. 6   539 Deutsche Mark.

gewähren, die voraussichtlich für weniger als sechs Monate der Pflege bedürfen oder einen geringeren Hilfebedarf als nach Satz 1 haben oder die der Hilfe für andere Verrichtungen als nach Absatz 5 bedürfen; für die Hilfe in einer Anstalt, einem Heim oder einer gleichartigen Einrichtung oder in einer Einrichtung zur teilstationären Betreuung gilt dies nur, wenn es nach der Besonderheit des Einzelfalles erforderlich ist, insbesondere ambulante oder teilstationäre Hilfen nicht zumutbar sind oder nicht ausreichen.

(2) Die Hilfe zur Pflege umfaßt häusliche Pflege, Hilfsmittel, teilstationäre Pflege, Kurzzeitpflege und vollstationäre Pflege. Der Inhalt der Hilfen nach Satz 1 bestimmt sich nach den Regelungen der Pflegeversicherung für die in § 28 Abs. 1 Nr. 1, 5 bis 8 des Elften Buches Sozialgesetzbuch aufgeführten Leistungen; § 28 Abs. 4 des Elften Buches Sozialgesetzbuch gilt entsprechend.

(3) Krankheiten oder Behinderungen im Sinne des Absatzes 1 sind:
1. Verluste, Lähmungen oder andere Funktionsstörungen am Stütz- und Bewegungsapparat,
2. Funktionsstörungen der inneren Organe oder der Sinnesorgane,
3. Störungen des Zentralnervensystems wie Antriebs-, Gedächtnis- oder Orientierungsstörungen sowie endogene Psychosen, Neurosen oder geistige Behinderungen,
4. andere Krankheiten oder Behinderungen, infolge derer Personen pflegebedürftig im Sinne des Absatzes 1 sind.

(4) Der Hilfebedarf des Absatzes 1 besteht in der Unterstützung, in der teilweisen oder vollständigen Übernahme der Verrichtungen im Ablauf des täglichen Lebens oder in Beaufsichtigung oder Anleitung mit dem Ziel der eigenständigen Übernahme dieser Verrichtungen.

(5) Gewöhnliche und regelmäßig wiederkehrende Verrichtungen im Sinne des Absatzes 1 sind:
1. im Bereich der Körperpflege das Waschen, Duschen, Baden, die Zahnpflege, das Kämmen, Rasieren, die Darm- und Blasenentleerung,
2. im Bereich der Ernährung das mundgerechte Zubereiten oder die Aufnahme der Nahrung,
3. im Bereich der Mobilität das selbständige Aufstehen und Zu-Bett-Gehen, An- und Auskleiden, Gehen, Stehen, Treppensteigen oder das Verlassen und Wiederaufsuchen der Wohnung,
4. im Bereich der hauswirtschaftlichen Versorgung das Einkaufen, Kochen, Reinigen der Wohnung, Spülen, Wechseln und Waschen der Wäsche und Kleidung oder das Beheizen.

(6) Die Verordnung nach § 16 des Elften Buches Sozialgesetzbuch, die Richtlinien der Pflegekassen nach § 17 des Elften Buches Sozialgesetzbuch, die Verordnung nach § 30 des Elften Buches Sozialgesetzbuch, die Rahmenverträge und Bundesempfehlungen über die pflegerische Versorgung nach § 75 des Elften Buches Sozialgesetzbuch und die Vereinbarungen über die Qualitätssicherung nach § 80 des Elften Buches Sozialgesetzbuch finden zur näheren Bestimmung des Begriffs der Pflegebedürftigkeit, des Inhalts der Pflegeleistung, der Unterkunft und Verpflegung und zur Abgrenzung, Höhe und Anpassung der Pflegegelder nach § 69 a entsprechende Anwendung.

§ 68 a Bindungswirkung
Die Entscheidung der Pflegekasse über das Ausmaß der Pflegebedürftigkeit nach dem Elften Buch Sozialgesetzbuch ist auch der Entscheidung im Rahmen der Hilfe zur Pflege zugrunde zu legen, soweit sie auf Tatsachen beruht, die bei beiden Entscheidungen zu berücksichtigen sind.

§ 69 Häusliche Pflege
Reicht im Falle des § 68 Abs. 1 häusliche Pflege aus, soll der Träger der Sozialhilfe darauf hinwirken, daß die Pflege einschließlich der hauswirtschaftlichen Versorgung durch Personen, die dem Pflegebedürftigen nahestehen, oder im Wege der Nachbarschaftshilfe übernommen wird. Das Nähere regeln die §§ 69 a bis 69 c. In einer Anstalt, einem Heim oder einer gleichartigen Einrichtung oder in einer Einrichtung zur teilstationären Betreuung erhalten Pflegebedürftige keine Hilfen zur häuslichen Pflege.

§ 69 a Pflegegeld
(1) Pflegebedürftige, die bei der Körperpflege, der Ernährung oder der Mobilität für wenigstens zwei Verrichtungen aus einem oder mehreren Bereichen mindestens einmal täglich der Hilfe bedürfen und zusätzlich mehrfach in der Woche Hilfe bei der hauswirtschaftlichen Versorgung benötigen (erheblich Pflegebedürftige), erhalten ein Pflegegeld in Höhe von 400 Deutsche Mark monatlich.

(2) Pflegebedürftige, die bei der Körperpflege, der Ernährung oder der Mobilität für mehrere Verrichtungen mindestens dreimal täglich zu verschiedenen Tageszeiten der Hilfe bedürfen und zusätz-

lich mehrfach in der Woche Hilfe bei der hauswirtschaftlichen Versorgung benötigen (Schwerpflegebedürftige), erhalten ein Pflegegeld in Höhe von 800 Deutsche Mark monatlich.
(3) Pflegebedürftige, die bei der Körperpflege, der Ernährung oder der Mobilität für mehrere Verrichtungen täglich rund um die Uhr, auch nachts, der Hilfe bedürfen und zusätzlich mehrfach in der Woche Hilfe bei der hauswirtschaftlichen Versorgung benötigen (Schwerstpflegebedürftige), erhalten ein Pflegegeld in Höhe von 1 300 Deutsche Mark monatlich.
(4) Bei pflegebedürftigen Kindern ist der infolge Krankheit oder Behinderung gegenüber einem gesunden gleichaltrigen Kind zusätzliche Pflegebedarf maßgebend.
(5) Der Anspruch auf das Pflegegeld setzt voraus, daß der Pflegebedürftige und die Sorgeberechtigten bei pflegebedürftigen Kindern mit dem Pflegegeld dessen Umfang entsprechend die erforderliche Pflege in geeigneter Weise selbst sicherstellen. Besteht der Anspruch nicht für den vollen Kalendermonat, ist der Geldbetrag entsprechend zu kürzen; dabei ist der Kalendermonat mit 30 Tagen anzusetzen. Das Pflegegeld wird bis zum Ende des Kalendermonats geleistet, in dem der Pflegebedürftige gestorben ist. Stellt die Pflegekasse ihre Leistungen nach § 37 Abs. 3 Satz 7 des Elften Buches Sozialgesetzbuch ganz oder teilweise ein, entfällt die Leistungspflicht nach den Absätzen 1 bis 4.

§ 69 b Andere Leistungen
(1) Pflegebedürftigen im Sinne des § 68 Abs. 1 sind die angemessenen Aufwendungen der Pflegeperson zu erstatten; auch können angemessene Beihilfen gewährt sowie Beiträge der Pflegeperson für eine angemessene Alterssicherung übernommen werden, wenn diese nicht anderweitig sichergestellt ist. Ist neben oder anstelle der Pflege nach § 69 Satz 1 die Heranziehung einer besonderen Pflegekraft erforderlich oder eine Beratung oder zeitweilige Entlastung der Pflegeperson geboten, so sind die angemessenen Kosten zu übernehmen.
(2) Pflegebedürftigen, die Pflegegeld nach § 69 a erhalten, sind zusätzlich die Aufwendungen für die Beiträge einer Pflegeperson oder einer besonderen Pflegekraft für eine angemessene Alterssicherung zu erstatten, wenn diese nicht anderweitig sichergestellt ist.
(3) (aufgehoben)

§ 69 c Leistungskonkurrenz
(1) Leistungen nach § 69 a und § 69 b Abs. 2 werden nicht gewährt, soweit der Pflegebedürftige gleichartige Leistungen nach anderen Rechtsvorschriften erhält. Auf das Pflegegeld sind Leistungen nach § 67 oder gleichartige Leistungen nach anderen Rechtsvorschriften mit 70 vom Hundert, Pflegegelder nach dem Elften Buch Sozialgesetzbuch jedoch in dem Umfang, in dem sie gewährt werden, anzurechnen.
(2) Die Leistungen nach § 69 b werden neben den Leistungen nach § 69 a gewährt. Werden Leistungen nach § 69 b Abs. 1 oder gleichartige Leistungen nach anderen Rechtsvorschriften gewährt, kann das Pflegegeld um bis zu zwei Drittel gekürzt werden.
(3) Bei teilstationärer Betreuung des Pflegebedürftigen kann das Pflegegeld nach § 69 a angemessen gekürzt werden.
(4) Leistungen nach § 69 b Abs. 1 werden insoweit nicht gewährt, als der Pflegebedürftige in der Lage ist, zweckentsprechende Leistungen nach anderen Rechtsvorschriften in Anspruch zu nehmen. Stellt der Pflegebedürftige seine Pflege durch von ihm beschäftigte besondere Pflegekräfte sicher, kann er nicht auf die Inanspruchnahme von Sachleistungen nach dem Elften Buch Sozialgesetzbuch verwiesen werden; in diesem Fall ist ein nach dem Elften Buch Sozialgesetzbuch geleistetes Pflegegeld vorrangig auf die Leistung nach § 69 b Abs. 1 anzurechnen.

Unterabschnitt 11
Hilfe zur Weiterführung des Haushalts

§ 70 Inhalt und Aufgabe
(1) Personen mit eigenem Haushalt soll Hilfe zur Weiterführung des Haushalts gewährt werden, wenn keiner der Haushaltsangehörigen den Haushalt führen kann und die Weiterführung des Haushalts geboten ist. Die Hilfe soll in der Regel nur vorübergehend gewährt werden, wenn durch sie die Unterbringung in einer Anstalt, einem Heim oder einer gleichartigen Einrichtung nicht vermieden oder verzögert werden kann.

(2) Die Hilfe umfaßt die persönliche Betreuung von Haushaltsangehörigen sowie die sonstige zur Weiterführung des Haushalts erforderliche Tätigkeit.
(3) § 69 b Abs. 1 gilt entsprechend.

§ 71 Hilfe durch anderweitige Unterbringung Haushaltsangehöriger
Die Hilfe kann auch durch Übernahme der angemessenen Kosten für eine vorübergehende anderweitige Unterbringung von Haushaltsangehörigen gewährt werden, wenn diese Unterbringung in besonderen Fällen neben oder statt der Weiterführung des Haushalts geboten ist.

Unterabschnitt 12
Hilfe zur Überwindung besonderer sozialer Schwierigkeiten

§ 72
(1) Personen, bei denen besondere Lebensverhältnisse mit sozialen Schwierigkeiten verbunden sind, ist Hilfe zur Überwindung dieser Schwierigkeiten zu gewähren, wenn sie aus eigener Kraft hierzu nicht fähig sind. Soweit der Hilfebedarf durch Leistungen nach anderen Bestimmungen dieses Gesetzes oder nach dem Achten Buch Sozialgesetzbuch (Kinder- und Jugendhilfe) gedeckt wird, gehen diese der Hilfe nach Satz 1 vor.
(2) Die Hilfe umfaßt alle Maßnahmen, die notwendig sind, um die Schwierigkeiten abzuwenden, zu beseitigen, zu mildern oder ihre Verschlimmerung zu verhüten, vor allem Beratung und persönliche Betreuung für den Hilfesuchenden und seine Angehörigen, Hilfen zur Ausbildung, Erlangung und Sicherung eines Arbeitsplatzes sowie Maßnahmen bei der Erhaltung und Beschaffung einer Wohnung. Zur Durchführung der erforderlichen Maßnahmen ist in geeigneten Fällen ein Gesamtplan zu erstellen.
(3) Die Hilfe wird ohne Rücksicht auf Einkommen und Vermögen gewährt, soweit im Einzelfalle persönliche Hilfe erforderlich ist; im übrigen ist Einkommen und Vermögen der in § 28 genannten Personen nicht zu berücksichtigen sowie von der Inanspruchnahme nach bürgerlichem Recht Unterhaltspflichtiger abzusehen, soweit dies den Erfolg der Hilfe gefährden würde.
(4) Die Träger der Sozialhilfe sollen mit den Vereinigungen, die sich die gleichen Aufgaben zum Ziel gesetzt haben, und mit den sonst beteiligten Stellen zusammenarbeiten und darauf hinwirken, daß sich die Sozialhilfe und die Tätigkeit dieser Vereinigungen und Stellen wirksam ergänzen.
(5) Das Bundesministerium für Arbeit und Sozialordnung kann durch Rechtsverordnung mit Zustimmung des Bundesrates Bestimmungen über die Abgrenzung des Personenkreises sowie über Art und Umfang der Maßnahmen nach Absatz 2 erlassen.

§§ 73 und 74 (aufgehoben)

Unterabschnitt 13
Altenhilfe

§ 75
(1) Alten Menschen soll außer der Hilfe nach den übrigen Bestimmungen dieses Gesetzes Altenhilfe gewährt werden. Sie soll dazu beitragen, Schwierigkeiten, die durch das Alter entstehen, zu verhüten, zu überwinden oder zu mildern und alten Menschen die Möglichkeit zu erhalten, am Leben in der Gemeinschaft teilzunehmen.
(2) Als Maßnahmen der Hilfe kommen vor allem in Betracht:
1. Hilfe bei der Beschaffung und zur Erhaltung einer Wohnung, die den Bedürfnissen des alten Menschen entspricht,
2. Hilfe in allen Fragen der Aufnahme in eine Einrichtung, die der Betreuung alter Menschen dient, insbesondere bei der Beschaffung eines geeigneten Heimplatzes,
3. Hilfe in allen Fragen der Inanspruchnahme altersgerechter Dienste,
4. Hilfe zum Besuch von Veranstaltungen oder Einrichtungen, die der Geselligkeit, der Unterhaltung, der Bildung oder den kulturellen Bedürfnissen alter Menschen dienen,
5. Hilfe, die alten Menschen die Verbindung mit nahestehenden Personen ermöglicht,
6. Hilfe zu einer Betätigung, wenn sie vom alten Menschen gewünscht wird.
(3) Hilfe nach Absatz 1 soll auch gewährt werden, wenn sie der Vorbereitung auf das Alter dient.

(4) Altenhilfe soll ohne Rücksicht auf vorhandenes Einkommen oder Vermögen gewährt werden, soweit im Einzelfall persönliche Hilfe erforderlich ist.

Abschnitt 4
Einsatz des Einkommens und des Vermögens

Unterabschnitt 1
Allgemeine Bestimmungen über den Einsatz des Einkommens

§ 76 Begriff des Einkommens

(1) Zum Einkommen im Sinne dieses Gesetzes gehören alle Einkünfte in Geld oder Geldeswert mit Ausnahme der Leistungen nach diesem Gesetz, der Grundrente nach dem Bundesversorgungsgesetz und der Renten oder Beihilfen, die nach dem Bundesentschädigungsgesetz für Schaden an Leben sowie an Körper oder Gesundheit gewährt werden, bis zur Höhe der vergleichbaren Grundrente nach dem Bundesversorgungsgesetz.

(2) Von dem Einkommen sind abzusetzen
1. auf das Einkommen entrichtete Steuern,
2. Pflichtbeiträge zur Sozialversicherung einschließlich der Arbeitslosenversicherung,
3. Beiträge zu öffentlichen oder privaten Versicherungen oder ähnlichen Einrichtungen, soweit diese Beiträge gesetzlich vorgeschrieben oder nach Grund und Höhe angemessen sind,
4. die mit der Erzielung des Einkommens verbundenen notwendigen Ausgaben.

(2 a) Bei Personen, die Leistungen der Hilfe zum Lebensunterhalt erhalten, sind von dem Einkommen ferner Beträge in jeweils angemessener Höhe abzusetzen
1. für Erwerbstätige,
2. für Personen, die trotz beschränkten Leistungsvermögens einem Erwerb nachgehen,
3. für Erwerbstätige,
   a) die blind sind oder deren Sehschärfe auf dem besseren Auge nicht mehr als 1/50 beträgt oder bei denen dem Schweregrad dieser Sehschärfe gleichzuachtende, nicht nur vorübergehende Störungen des Sehvermögens vorliegen, oder
   b) deren Behinderung so schwer ist, daß sie als Beschädigte die Pflegezulage nach den Stufen III bis VI nach § 35 Abs. 1 Satz 2 des Bundesversorgungsgesetzes erhielten.

(3) Die Bundesregierung kann durch Rechtsverordnung mit Zustimmung des Bundesrates Näheres über die Berechnung des Einkommens, besonders der Einkünfte aus Land- und Forstwirtschaft, aus Gewerbebetrieb und aus selbständiger Arbeit, sowie über die Beträge und Abgrenzung der Personenkreise nach Absatz 2 a bestimmen.

§ 77 Nach Zweck und Inhalt bestimmte Leistungen

(1) Leistungen, die auf Grund öffentlich-rechtlicher Vorschriften zu einem ausdrücklich genannten Zweck gewährt werden, sind nur soweit als Einkommen zu berücksichtigen, als die Sozialhilfe im Einzelfall demselben Zweck dient.

(2) Eine Entschädigung, die wegen eines Schadens, der nicht Vermögensschaden ist, nach § 847 des Bürgerlichen Gesetzbuchs geleistet wird, ist nicht als Einkommen zu berücksichtigen.

§ 78 Zuwendungen

(1) Zuwendungen der freien Wohlfahrtspflege bleiben als Einkommen außer Betracht; dies gilt nicht, soweit die Zuwendung die Lage des Empfängers so günstig beeinflußt, daß daneben Sozialhilfe ungerechtfertigt wäre.

(2) Zuwendungen, die ein anderer gewährt, ohne hierzu eine rechtliche oder sittliche Pflicht zu haben, sollen als Einkommen außer Betracht bleiben, soweit ihre Berücksichtigung für den Empfänger eine besondere Härte bedeuten würde.

Unterabschnitt 2
Einkommensgrenzen für die Hilfe in besonderen Lebenslagen

§ 79 Allgemeine Einkommensgrenze

(1) Bei der Hilfe in besonderen Lebenslagen ist dem Hilfesuchenden und seinem nicht getrennt lebenden Ehegatten die Aufbringung der Mittel nicht zuzumuten, wenn während der Dauer des Bedarfs ihr monatliches Einkommen zusammen eine Einkommensgrenze nicht übersteigt, die sich ergibt aus
1. einem Grundbetrag in Höhe von 736[1] Deutsche Mark,
2. den Kosten der Unterkunft, soweit die Aufwendungen hierfür den der Besonderheit des Einzelfalles angemessenen Umfang nicht übersteigen, und
3. einem Familienzuschlag in Höhe des auf volle Deutsche Mark aufgerundeten Betrages von 80 vom Hundert des Regelsatzes eines Haushaltsvorstandes für den nicht getrennt lebenden Ehegatten und für jede Person, die vom Hilfesuchenden oder seinem nicht getrennt lebenden Ehegatten überwiegend unterhalten worden ist oder der sie nach der Entscheidung über die Gewährung der Sozialhilfe unterhaltspflichtig werden.

(2) Ist der Hilfesuchende minderjährig und unverheiratet, so ist ihm und seinen Eltern die Aufbringung der Mittel nicht zuzumuten, wenn während der Dauer des Bedarfs das monatliche Einkommen des Hilfesuchenden und seiner Eltern zusammen eine Einkommensgrenze nicht übersteigt, die sich ergibt aus
1. einem Grundbetrag in Höhe von 736[1] Deutsche Mark,
2. den Kosten der Unterkunft, soweit die Aufwendungen hierfür den der Besonderheit des Einzelfalles angemessenen Umfang nicht übersteigen, und
3. einem Familienzuschlag in Höhe des auf volle Deutsche Mark aufgerundeten Betrages von 80 vom Hundert des Regelsatzes eines Haushaltsvorstandes für einen Elternteil, wenn die Eltern zusammenleben, sowie für den Hilfesuchenden und für jede Person, die von den Eltern oder dem Hilfesuchenden überwiegend unterhalten worden ist oder der sie nach der Entscheidung über die Gewährung der Sozialhilfe unterhaltspflichtig werden.

Leben die Eltern nicht zusammen, richtet sich die Einkommensgrenze nach dem Elternteil, bei dem der Hilfesuchende lebt; lebt er bei keinem Elternteil, bestimmt sich die Einkommensgrenze nach Absatz 1.

(3) Der für den Familienzuschlag maßgebende Regelsatz bestimmt sich nach dem Ort, an dem der Hilfeempfänger die Hilfe erhält. Bei der Hilfe in einer Anstalt, einem Heim oder einer gleichartigen Einrichtung sowie bei Unterbringung in einer anderen Familie oder bei den in § 104 genannten anderen Personen bestimmt er sich nach dem gewöhnlichen Aufenthalt des Hilfeempfängers oder, wenn im Falle des Absatzes 2 auch das Einkommen seiner Eltern oder eines Elternteils maßgebend ist, nach deren gewöhnlichem Aufenthalt; ist ein gewöhnlicher Aufenthalt im Geltungsbereich dieses Gesetzes nicht vorhanden oder nicht zu ermitteln, gilt Satz 1.

(4) Die Länder und, soweit nicht landesrechtliche Vorschriften entgegenstehen, auch die Träger der Sozialhilfe sind nicht gehindert, für bestimmte Arten der Hilfe in besonderen Lebenslagen der Einkommensgrenze einen höheren Grundbetrag zugrunde zu legen.

§ 80 (weggefallen)

§ 81 Besondere Einkommensgrenze

(1) An die Stelle des Grundbetrages nach § 79 tritt ein Grundbetrag in Höhe von 1 104[2] Deutsche Mark
1. bei der Eingliederungshilfe für Behinderte nach § 39 Abs. 1 Satz 1 und Abs. 2, wenn die Hilfe in einer Anstalt, einem Heim oder einer gleichartigen Einrichtung oder in einer Einrichtung zur teilstationären Betreuung gewährt wird,
2. bei der ambulanten Behandlung der in § 39 Abs. 1 Satz 1 und Abs. 2 genannten Personen sowie bei den für diese durchzuführenden sonstigen ärztlichen und ärztlich verordneten Maßnahmen (§ 40 Abs. 1 Nr. 1),

---

[1] Seit 1. Juli 1999 gemäß § 82 1050 Deutsche Mark.
[2] Seit 1. Juli 1999 gemäß § 82 1573 Deutsche Mark.

3. bei der Versorgung der in § 39 Abs. 1 Satz 1 und Abs. 2 genannten Personen mit Körperersatzstücken sowie mit größeren orthopädischen oder größeren anderen Hilfsmitteln (§ 40 Abs. 1 Nr. 2),
4. (weggefallen)
5. bei der Pflege (§ 68) in einer Anstalt, einem Heim oder einer gleichartigen Einrichtung, wenn sie voraussichtlich auf längere Zeit erforderlich ist, sowie bei der häuslichen Pflege (§ 69), wenn ein in § 69 a genannter Schweregrad der Pflegebedürftigkeit besteht,
6. bei der Krankenhilfe (§ 37), nachdem die Krankheit während eines zusammenhängenden Zeitraumes von 3 Monaten entweder dauerndes Krankenlager oder wegen ihrer besonderen Schwere ständige ärztliche Betreuung erfordert hat, außerdem bei der Heilbehandlung für Tuberkulosekranke.

(2) An die Stelle des Grundbetrages nach § 79 tritt bei der Blindenhilfe nach § 67 und bei dem Pflegegeld nach § 69 a Abs. 3 ein Grundbetrag in Höhe von 2 208[1)] Deutsche Mark. Absatz 1 Nr. 5 gilt insoweit nicht.

(3) Der Familienzuschlag beträgt in den Fällen des Absatzes 2 für den nicht getrennt lebenden Ehegatten die Hälfte des Grundbetrages nach Absatz 1, wenn jeder Ehegatte blind oder behindert im Sinne des § 76 Abs. 2 a Nr. 3 ist.

(4) § 79 Abs. 4 gilt nicht.

(5) Die Bundesregierung kann durch Rechtsverordnung mit Zustimmung des Bundesrates bestimmen, welche orthopädischen und anderen Hilfsmittel die Voraussetzungen des Absatzes 1 Nr. 3 erfüllen.

§ 82 Änderung der Grundbeträge

Die Grundbeträge nach den §§ 79 und 81 Abs. 1 und 2 verändern sich jeweils, erstmals mit Wirkung vom 1. Juli 1992 an, um den Vomhundertsatz, um den sich der aktuelle Rentenwert in der gesetzlichen Rentenversicherung verändert; ein nicht auf volle Deutsche Mark errechneter Betrag ist bis zu 0,49 Deutsche Mark abzurunden und von 0,50 Deutsche Mark an aufzurunden.

§ 83 Zusammentreffen mehrerer Einkommensgrenzen

Kann dieselbe Leistung gleichzeitig nach mehreren Bestimmungen gewährt werden, für die unterschiedliche Einkommensgrenzen maßgebend sind, so wird sie nach der Bestimmung gewährt, für welche die höhere Einkommensgrenze maßgebend ist.

§ 84 Einsatz des Einkommens über der Einkommensgrenze

(1) Soweit das zu berücksichtigende Einkommen die maßgebende Einkommensgrenze übersteigt, ist die Aufbringung der Mittel in angemessenem Umfang zuzumuten. Bei der Prüfung, welcher Umfang angemessen ist, sind vor allem die Art des Bedarfs, die Dauer und Höhe der erforderlichen Aufwendungen sowie besondere Belastungen des Hilfesuchenden und seiner unterhaltsberechtigten Angehörigen zu berücksichtigen.

(2) Verliert der Hilfesuchende durch den Eintritt eines Bedarfsfalles sein Einkommen ganz oder teilweise und ist sein Bedarf nur von kurzer Dauer, so kann die Aufbringung der Mittel auch aus dem Einkommen verlangt werden, das er innerhalb eines angemessenen Zeitraumes nach dem Wegfall des Bedarfs erwirbt und das die maßgebende Einkommensgrenze übersteigt, jedoch nur insoweit, als ihm ohne den Verlust des Einkommens die Aufbringung der Mittel zuzumuten gewesen wäre.

(3) Bei einmaligen Leistungen zur Beschaffung von Bedarfsgegenständen, deren Gebrauch für mindestens ein Jahr bestimmt ist, kann die Aufbringung der Mittel nach Maßgabe des Absatzes 1 auch aus dem Einkommen verlangt werden, das die in § 28 genannten Personen innerhalb eines Zeitraumes von bis zu 3 Monaten nach Ablauf des Monats, in dem über die Hilfe entschieden worden ist, erwerben.

§ 85 Einsatz des Einkommens unter der Einkommensgrenze

(1) Die Aufbringung der Mittel kann, auch soweit das Einkommen unter der Einkommensgrenze liegt, verlangt werden,
1. soweit von einem anderen Leistungen für einen besonderen Zweck gewährt werden, für den sonst Sozialhilfe zu gewähren wäre,

---

1) Seit 1. Juli 1999 gemäß § 82 in den alten Bundesländern in Höhe von 3 148 Deutsche Mark, in den neuen Bundesländern in Höhe von 2 739 Deutsche Mark.

2. wenn zur Deckung des Bedarfs nur geringfügige Mittel erforderlich sind,
3. soweit bei der Hilfe in einer Anstalt, einem Heim oder einer gleichartigen Einrichtung oder in einer Einrichtung zur teilstationären Betreuung Aufwendungen für den häuslichen Lebensunterhalt erspart werden. Darüber hinaus soll in angemessenem Umfange die Aufbringung der Mittel verlangt werden von Personen, die auf voraussichtlich längere Zeit der Pflege in einer Anstalt, einem Heim oder einer gleichartigen Einrichtung bedürfen, solange sie nicht einen anderen überwiegend unterhalten.

(2) Bei der Hilfe in einer Anstalt, einem Heim oder einer gleichartigen Einrichtung wird von dem Einkommen, das der Hilfeempfänger aus einer entgeltlichen Beschäftigung erzielt, die Aufbringung der Mittel in Höhe von einem Achtel des Regelsatzes für einen Haushaltsvorstand zuzüglich 25 vom Hundert des diesen Betrag übersteigenden Einkommens aus der Beschäftigung nicht verlangt.

§ 86 (weggefallen)

§ 87 Einsatz des Einkommens bei mehrfachem Bedarf

(1) Wird im Einzelfalle der Einsatz eines Teils des Einkommens zur Deckung eines bestimmten Bedarfs zugemutet oder verlangt, darf dieser Teil des Einkommens bei der Prüfung, inwieweit der Einsatz des Einkommens für einen anderen, gleichzeitig bestehenden Bedarf zuzumuten ist oder verlangt werden kann, nicht berücksichtigt werden.

(2) Sind im Falle des Absatzes 1 für die Bedarfsfälle unterschiedliche Einkommensgrenzen maßgebend, so ist zunächst über die Hilfe zu entscheiden, für welche die niedrigere Einkommensgrenze maßgebend ist.

(3) Sind im Falle des Absatzes 1 für die Bedarfsfälle gleiche Einkommensgrenzen maßgebend, jedoch für die Gewährung der Hilfe verschiedene Träger der Sozialhilfe zuständig, so hat die Entscheidung über die Hilfe für den zuerst eingetretenen Bedarf den Vorrang; treten die Bedarfsfälle gleichzeitig ein, so ist das über der Einkommensgrenze liegende Einkommen zu gleichen Teilen bei den Bedarfsfällen zu berücksichtigen.

Unterabschnitt 3
Einsatz des Vermögens

§ 88 Einzusetzendes Vermögen, Ausnahmen

(1) Zum Vermögen im Sinne dieses Gesetzes gehört das gesamte verwertbare Vermögen.
(2) Die Sozialhilfe darf nicht abhängig gemacht werden vom Einsatz oder von der Verwertung
1. eines Vermögens, das aus öffentlichen Mitteln zum Aufbau oder zur Sicherung einer Lebensgrundlage oder zur Gründung eines Hausstandes gewährt wird,
2. eines sonstigen Vermögens, solange es nachweislich zur baldigen Beschaffung oder Erhaltung eines Hausgrundstücks im Sinne der Nummer 7 bestimmt ist, soweit dieses Wohnzwecken Behinderter (§ 39 Abs. 1 Satz 1 und Abs. 2), Blinder (§ 67) oder Pflegebedürftiger (§ 69) dient oder dienen soll und dieser Zweck durch den Einsatz oder die Verwertung des Vermögens gefährdet würde,
3. eines angemessenen Hausrats; dabei sind die bisherigen Lebensverhältnisse des Hilfesuchenden zu berücksichtigen,
4. von Gegenständen, die zur Aufnahme oder Fortsetzung der Berufsausbildung oder der Erwerbstätigkeit unentbehrlich sind,
5. von Familien- und Erbstücken, deren Veräußerung für den Hilfesuchenden oder seine Familie eine besondere Härte bedeuten würde,
6. von Gegenständen, die zur Befriedigung geistiger, besonders wissenschaftlicher oder künstlerischer Bedürfnisse dienen und deren Besitz nicht Luxus ist,
7. eines angemessenen Hausgrundstücks, das vom Hilfesuchenden oder einer anderen in den §§ 11, 28 genannten Personen allein oder zusammen mit Angehörigen ganz oder teilweise bewohnt wird und nach seinem Tod bewohnt werden soll. Die Angemessenheit bestimmt sich nach der Zahl der Bewohner, dem Wohnbedarf (zum Beispiel Behinderter, Blinder oder Pflegebedürftiger), der Grundstücksgröße, der Hausgröße, dem Zuschnitt und der Ausstattung des Wohngebäudes sowie dem Wert des Grundstücks einschließlich des Wohngebäudes. Familienheime und Eigentumswohnungen im Sinne der §§ 7 und 12 des Zweiten Wohnungsbaugesetzes sind in der Regel nicht

unangemessen groß, wenn ihre Wohnfläche die Grenzen des § 39 Abs. 1 Satz 1 Nr. 1 und 3 in Verbindung mit Absatz 2 des Zweiten Wohnungsbaugesetzes, bei der häuslichen Pflege (§ 69) die Grenzen des § 39 Abs. 1 Nr. 1 und 3 in Verbindung mit § 82 des Zweiten Wohnungsbaugesetzes nicht übersteigt,

8. kleinerer Barbeträge oder sonstiger Geldwerte; dabei ist eine besondere Notlage des Hilfesuchenden zu berücksichtigen.

(3) Die Sozialhilfe darf ferner nicht vom Einsatz oder von der Verwertung eines Vermögens abhängig gemacht werden, soweit dies für den, der das Vermögen einzusetzen hat, und für seine unterhaltsberechtigten Angehörigen eine Härte bedeuten würde. Dies ist bei der Hilfe in besonderen Lebenslagen vor allem der Fall, soweit eine angemessene Lebensführung oder die Aufrechterhaltung einer angemessenen Alterssicherung wesentlich erschwert würde. Bei der Eingliederungshilfe zur Beschäftigung in einer Werkstatt für Behinderte liegt im Regelfall auch dann eine Härte vor, wenn das einzusetzende Vermögen den zehnfachen Betrag des Geldwertes nicht übersteigt, der sich bei der Hilfe in besonderen Lebenslagen aus § 1 Abs. 1 Satz 1 Nr. 1 Buchstabe b der Verordnung zur Durchführung des § 88 Abs. 2 Nr. 8 des Bundessozialhilfegesetzes ergibt.

(4) Das Bundesministerium für Arbeit und Sozialordnung kann durch Rechtsverordnung mit Zustimmung des Bundesrates die Höhe der Barbeträge oder sonstigen Geldwerte im Sinne des Absatzes 2 Nr. 8 bestimmen.

§ 89 Darlehen

Soweit nach § 88 für den Bedarf des Hilfesuchenden Vermögen einzusetzen ist, jedoch der sofortige Verbrauch oder die sofortige Verwertung des Vermögens nicht möglich ist oder für den, der es einzusetzen hat, eine Härte bedeuten würde, soll die Sozialhilfe als Darlehen gewährt werden. Die Gewährung kann davon abhängig gemacht werden, daß der Anspruch auf Rückzahlung dinglich oder in anderer Weise gesichert wird.

Abschnitt 5
Verpflichtungen anderer

§ 90 Übergang von Ansprüchen

(1) Hat ein Hilfeempfänger oder haben bei Gewährung von Hilfe in besonderen Lebenslagen auch seine Eltern oder sein nicht getrennt lebender Ehegatte für die Zeit, für die Hilfe gewährt wird, einen Anspruch gegen einen anderen, der kein Leistungsträger im Sinne des § 12 des Ersten Buches Sozialgesetzbuch ist, kann der Träger der Sozialhilfe durch schriftliche Anzeige an den anderen bewirken, daß dieser Anspruch bis zur Höhe seiner Aufwendungen auf ihn übergeht. Er kann den Übergang dieses Anspruchs auch wegen seiner Aufwendungen für diejenige Hilfe zum Lebensunterhalt bewirken, die er gleichzeitig mit der Hilfe für den in Satz 1 genannten Hilfeempfänger, dessen nicht getrennt lebendem Ehegatten und dessen minderjährigen unverheirateten Kindern gewährt. Der Übergang des Anspruchs darf nur insoweit bewirkt werden, als bei rechtzeitiger Leistung des anderen entweder die Hilfe nicht gewährt worden wäre oder in den Fällen des § 11 Abs. 2, des § 29 und des § 43 Abs. 1 Aufwendungsersatz oder ein Kostenbeitrag zu leisten wäre. Der Übergang ist nicht dadurch ausgeschlossen, daß der Anspruch nicht übertragen, verpfändet oder gepfändet werden kann.

(2) Die schriftliche Anzeige bewirkt den Übergang des Anspruchs für die Zeit, für die dem Hilfeempfänger die Hilfe ohne Unterbrechung gewährt wird; als Unterbrechung gilt ein Zeitraum von mehr als 2 Monaten.

(3) Widerspruch und Anfechtungsklage gegen den Verwaltungsakt, der den Übergang des Anspruchs bewirkt, haben keine aufschiebende Wirkung.

(4) Absatz 1 gilt nicht, wenn in den Fällen des § 19 Abs. 2 und des § 20 Abs. 2 Hilfe zum Lebensunterhalt zuzüglich einer Entschädigung für Mehraufwendungen gewährt wird oder in den Fällen des § 18 Abs. 5 ein Zuschuß gezahlt wird. Die §§ 115 und 116 des Zehnten Buches Sozialgesetzbuch gehen der Regelung des Absatzes 1 vor.

§ 91 Übergang von Ansprüchen gegen einen nach bürgerlichem Recht Unterhaltspflichtigen

(1) Hat der Hilfeempfänger für die Zeit, für die Hilfe gewährt wird, nach bürgerlichem Recht einen Unterhaltsanspruch, geht dieser bis Höhe der geleisteten Aufwendungen zusammen mit dem unterhaltsrechtlichen Auskunftsanspruch auf den Träger der Sozialhilfe über. Der Übergang des An-

spruchs ist ausgeschlossen, soweit der Unterhaltsanspruch durch laufende Zahlung erfüllt wird. Der Übergang des Anspruchs ist auch ausgeschlossen, wenn der Unterhaltspflichtige zum Personenkreis des § 11 Abs. 1 oder des § 28 gehört oder der Unterhaltspflichtige mit dem Hilfeempfänger im zweiten oder in einem entfernteren Grade verwandt ist; gleiches gilt für Unterhaltsansprüche gegen Verwandte ersten Grades einer Hilfeempfängerin, die schwanger ist oder ihr leibliches Kind bis zur Vollendung seines 6. Lebensjahres betreut. § 90 Abs. 4 gilt entsprechend.

(2) Der Anspruch geht nur über, soweit ein Hilfeempfänger sein Einkommen und Vermögen nach den Bestimmungen des Abschnitts 4 mit Ausnahme des § 84 Abs. 2 oder des § 85 Abs. 1 Nr. 3 Satz 2 einzusetzen hat; § 76 Abs. 2 a ist nicht anzuwenden. Der Übergang des Anspruchs gegen einen nach bürgerlichem Recht Unterhaltspflichtigen ist ausgeschlossen, wenn dies eine unbillige Härte bedeuten würde; sie liegt in der Regel bei unterhaltspflichtigen Eltern vor, soweit einem Behinderten, einem von einer Behinderung Bedrohten oder einem Pflegebedürftigen nach Vollendung des 21. Lebensjahres Eingliederungshilfe für Behinderte oder Hilfe zur Pflege gewährt wird.

(3) Für die Vergangenheit kann der Träger der Sozialhilfe den übergegangenen Unterhalt außer unter den Voraussetzungen des Bürgerlichen Rechts nur von der Zeit an fordern, zu welcher er dem Unterhaltspflichtigen die Gewährung der Hilfe schriftlich mitgeteilt hat. Wenn die Hilfe voraussichtlich auf längere Zeit gewährt werden muß, kann der Träger der Sozialhilfe bis zur Höhe der bisherigen monatlichen Aufwendungen auch auf künftige Leistungen klagen.

(4) Der Träger der Sozialhilfe kann den auf ihn übergegangenen Unterhaltsanspruch im Einvernehmen mit dem Hilfeempfänger auf diesen zur gerichtlichen Geltendmachung rückübertragen und sich den geltend gemachten Unterhaltsanspruch abtreten lassen. Kosten, mit denen der Hilfeempfänger dadurch selbst belastet wird, sind zu übernehmen. Über die Ansprüche nach den Absätzen 1 bis 3 ist im Zivilrechtsweg zu entscheiden.

§ 91 a Feststellung der Sozialleistungen

Der erstattungsberechtigte Träger der Sozialhilfe kann die Feststellung einer Sozialleistung betreiben sowie Rechtsmittel einlegen. Der Ablauf der Fristen, die ohne sein Verschulden verstrichen sind, wirkt nicht gegen ihn; dies gilt nicht für die Verfahrensfristen, soweit der Träger der Sozialhilfe das Verfahren selbst betreibt.

Abschnitt 6
Kostenersatz

§ 92 Allgemeines

(1) Eine Verpflichtung zum Ersatz der Kosten der Sozialhilfe nach diesem Gesetz besteht nur in den Fällen der §§ 92 a und 92 c; eine Verpflichtung zum Kostenersatz nach anderen Rechtsvorschriften bleibt unberührt.

(2) Eine Verpflichtung zum Kostenersatz besteht in den Fällen der §§ 92 a und 92 c nicht, wenn nach § 19 Abs. 2 oder nach § 20 Abs. 2 Hilfe zum Lebensunterhalt zuzüglich einer Entschädigung für Mehraufwendungen gewährt wird.

§ 92 a Kostenersatz bei schuldhaftem Verhalten

(1) Zum Ersatz der Kosten der Sozialhilfe ist verpflichtet, wer nach Vollendung des 18. Lebensjahres die Voraussetzungen für die Gewährung der Sozialhilfe an sich selbst oder an seine unterhaltsberechtigten Angehörigen durch vorsätzliches oder grob fahrlässiges Verhalten herbeigeführt hat. Von der Heranziehung zum Kostenersatz kann abgesehen werden, soweit sie eine Härte bedeuten würde; es ist davon abzusehen, soweit die Heranziehung die Fähigkeit des Ersatzpflichtigen beeinträchtigen würde, künftig unabhängig von Sozialhilfe am Leben in der Gemeinschaft teilzunehmen.

(2) Eine nach Absatz 1 eingetretene Verpflichtung zum Ersatz der Kosten geht auf den Erben über. § 92 c Abs. 2 Satz 2 findet Anwendung.

(3) Der Anspruch auf Kostenersatz erlischt in 3 Jahren vom Ablauf des Jahres an, in dem die Hilfe gewährt worden ist. Die Bestimmungen des Bürgerlichen Gesetzbuchs über die Hemmung und Unterbrechung der Verjährung gelten entsprechend; der Erhebung der Klage steht der Erlaß eines Leistungsbescheides gleich.

(4) Zum Ersatz der Kosten zu Unrecht erbrachter Leistungen der Sozialhilfe § 50 des Zehnten Buches Sozialgesetzbuch) ist in entsprechender Anwendung der Absätze 1 bis 3 verpflichtet, wer die

Leistung durch vorsätzliches oder grob fahrlässiges Verhalten herbeigeführt hat. Zum Kostenersatz nach Satz 1 und zur Erstattung derselben Kosten nach § 50 des Zehnten Buches Sozialgesetzbuch Verpflichtete haften als Gesamtschuldner.

§ 92 b (weggefallen)

§ 92 c Kostenersatz durch Erben

(1) Der Erbe des Hilfeempfängers oder seines Ehegatten, falls dieser vor dem Hilfeempfänger stirbt, ist zum Ersatz der Kosten der Sozialhilfe mit Ausnahme der vor dem 1. Januar 1987 entstandenen Kosten der Tuberkulosehilfe verpflichtet. Die Ersatzpflicht besteht nur für die Kosten der Sozialhilfe, die innerhalb eines Zeitraumes von 10 Jahren vor dem Erbfall aufgewendet worden sind und die das Zweifache des Grundbetrages nach § 81 Abs. 1 übersteigen. Die Ersatzpflicht des Erben des Ehegatten besteht nicht für die Kosten der Sozialhilfe, die während des Getrenntlebens der Ehegatten gewährt worden sind. Ist der Hilfeempfänger der Erbe seines Ehegatten, so ist er zum Ersatz der Kosten nach Satz 1 nicht verpflichtet.

(2) Die Ersatzpflicht des Erben gehört zu den Nachlaßverbindlichkeiten. Der Erbe haftet mit dem Wert des im Zeitpunkt des Erbfalles vorhandenen Nachlasses.

(3) Der Anspruch auf Kostenersatz ist nicht geltend zu machen,
1. soweit der Wert des Nachlasses unter dem Zweifachen des Grundbetrages nach § 81 Abs. 1 liegt,
2. soweit der Wert des Nachlasses unter dem Betrage von 30 000 Deutsche Mark liegt, wenn der Erbe der Ehegatte des Hilfeempfängers oder mit diesem verwandt ist und nicht nur vorübergehend bis zum Tode des Hilfeempfängers mit diesem in häuslicher Gemeinschaft gelebt und ihn gepflegt hat,
3. soweit die Inanspruchnahme des Erben nach der Besonderheit des Einzelfalles eine besondere Härte bedeuten würde.

(4) Der Anspruch auf Kostenersatz erlischt in 3 Jahren nach dem Tode des Hilfeempfängers oder seines Ehegatten. § 92 a Abs. 3 Satz 2 gilt entsprechend.

Abschnitt 7
Einrichtungen, Arbeitsgemeinschaften

§ 93 Einrichtungen

(1) Zur Gewährung von Sozialhilfe sollen die Träger der Sozialhilfe eigene Einrichtungen einschließlich Dienste nicht neu schaffen, soweit geeignete Einrichtungen anderer Träger vorhanden sind, ausgebaut oder geschaffen werden können. Vereinbarungen nach Absatz 2 sind nur mit Trägern von Einrichtungen abzuschließen, die insbesondere unter Berücksichtigung ihrer Leistungsfähigkeit und der Gewährleistung der Grundsätze des § 3 Abs. 1 zur Erbringung der Leistungen geeignet sind. Sind Einrichtungen vorhanden, die in gleichem Maße geeignet sind, soll der Träger der Sozialhilfe Vereinbarungen vorrangig mit Trägern abschließen, deren Vergütung bei gleichem Inhalt, Umfang und Qualität der Leistung nicht höher ist als die anderer Träger.

(2) Wird die Leistung von einer Einrichtung erbracht, ist der Träger der Sozialhilfe zur Übernahme der Vergütung für die Leistung nur verpflichtet, wenn mit dem Träger der Einrichtung oder seinem Verband eine Vereinbarung über
1. Inhalt, Umfang und Qualität der Leistungen (Leistungsvereinbarung),
2. die Vergütung, die sich aus Pauschalen und Beträgen für einzelne Leistungsbereiche zusammensetzt (Vergütungsvereinbarung) und
3. die Prüfung der Wirtschaftlichkeit und Qualität der Leistungen (Prüfungsvereinbarung)
besteht. Die Vereinbarungen müssen den Grundsätzen der Wirtschaftlichkeit, Sparsamkeit und Leistungsfähigkeit entsprechen.

(3) Ist eine der in Absatz 2 genannten Vereinbarungen nicht abgeschlossen, kann der Träger der Sozialhilfe Hilfe durch diese Einrichtung nur gewähren, wenn dies nach der Besonderheit des Einzelfalles geboten ist. Hierzu hat der Träger der Einrichtung ein Leistungsangebot vorzulegen, das die Voraussetzung des § 93 a Abs. 1 erfüllt, und sich schriftlich zu verpflichten, Leistungen entsprechend diesem Angebot zu erbringen. Vergütungen dürfen nur bis zu der Höhe übernommen werden, wie sie der Sozialhilfeträger am Ort der Unterbringung oder in seiner nächsten Umgebung für vergleichbare Leistungen nach den nach Absatz 2 abgeschlossenen Vereinbarungen mit anderen Einrichtungen trägt.

Für die Prüfung der Wirtschaftlichkeit und Qualität der Leistungen gelten die Vereinbarungsinhalte des Sozialhilfeträgers mit vergleichbaren Einrichtungen entsprechend. Der Sozialhilfeträger hat die Einrichtung über Inhalt und Umfang dieser Prüfung zu unterrichten. Absatz 7 gilt entsprechend.
(4) und (5) (aufgehoben)
(6) Die am 18. Juli 1995 vereinbarten oder durch die Schiedsstelle festgesetzten Pflegesätze dürfen bezogen auf das Jahr 1995 beginnend mit dem 1. April 1996 in den Jahren 1996, 1997 und 1998 jährlich nicht höher steigen als 2 vom Hundert im Beitrittsgebiet und 1 vom Hundert im übrigen Bundesgebiet. In begründeten Einzelfällen, insbesondere um den Nachholbedarf bei der Anpassung der Personalstruktur zu berücksichtigen, kann im Beitrittsgebiet der jährliche Steigerungssatz um bis zu 0,5 vom Hundert erhöht werden. Werden nach dem 31. Dezember 1995 für Einrichtungen oder für Teile von Einrichtungen erstmals Vereinbarungen abgeschlossen, sind als Basis die Vereinbarungen des Jahres 1995 von vergleichbaren Einrichtungen zugrunde zu legen. Wird im Einvernehmen mit dem Träger der Sozialhilfe, mit dem eine Vereinbarung besteht, der Zweck der Einrichtung wesentlich geändert oder werden erhebliche bauliche Investitionen vorgenommen, gilt Satz 3 entsprechend. Werden nach dem 31. Dezember 1995 erstmals unterschiedliche Pflegesätze für einzelne Leistungsbereiche oder Leistungsangebote mit einer Einrichtung vereinbart, dürfen die sich hieraus ergebenden Veränderungen den Rahmen nicht übersteigen, der sich aus einer einheitlichen Veranlagung der Gesamtleistungsangebote nach Satz 1 ergeben würde.
(7) Bei zugelassenen Pflegeeinrichtungen im Sinne des § 72 des Elften Buches Sozialgesetzbuch richten sich Art, Inhalt, Umfang und Vergütung der ambulanten und teilstationären Pflegeleistungen sowie der Leistungen der Kurzzeitpflege ab 1. April 1995 und der vollstationären Pflegeleistungen sowie der Leistungen bei Unterkunft und Verpflegung und der Zusatzleistungen in Pflegeheimen ab Inkrafttreten des § 43 des Elften Buches Sozialgesetzbuch nach den Vorschriften des Achten Kapitels des Elften Buches Sozialgesetzbuch, soweit nicht nach § 68 weitergehende Leistungen zu gewähren sind. Satz 1 gilt nicht, soweit Vereinbarungen nach dem Achten Kapitel des Elften Buches Sozialgesetzbuch nicht im Einvernehmen mit dem Träger der Sozialhilfe getroffen worden sind. Absatz 6 findet Anwendung. Der Träger der Sozialhilfe ist zur Übernahme gesondert berechneter Investitionskosten nach § 82 Abs. 4 des Elften Buches Sozialgesetzbuch nur verpflichtet, wenn hierüber entsprechende Vereinbarungen nach Abschnitt 7 getroffen worden sind.

§ 93 a Inhalt der Vereinbarungen
(1) Die Vereinbarung über die Leistung muß die wesentlichen Leistungsmerkmale festlegen, mindestens jedoch die betriebsnotwendigen Anlagen der Einrichtung, den von ihr zu betreuenden Personenkreis, Art, Ziel und Qualität der Leistung, Qualifikation des Personals sowie die erforderliche sächliche und personelle Ausstattung. In die Vereinbarung ist die Verpflichtung der Einrichtung aufzunehmen, im Rahmen des vereinbarten Leistungsangebotes Hilfeempfänger aufzunehmen und zu betreuen. Die Leistungen müssen ausreichend, zweckmäßig und wirtschaftlich sein und dürfen das Maß des Notwendigen nicht überschreiten.
(2) Vergütungen für die Leistungen nach Absatz 1 bestehen mindestens aus den Pauschalen für Unterkunft und Verpflegung (Grundpauschale) und für die Maßnahmen (Maßnahmepauschale) sowie aus einem Betrag für betriebsnotwendige Anlagen einschließlich ihrer Ausstattung (Investitionsbetrag). Förderungen aus öffentlichen Mitteln sind anzurechnen. Die Maßnahmepauschale wird nach Gruppen für Hilfeempfänger mit vergleichbarem Hilfebedarf kalkuliert. Einer verlangten Erhöhung der Vergütung auf Grund von Investitionsmaßnahmen braucht der Träger der Sozialhilfe nur zuzustimmen, wenn er der Maßnahme zuvor zugestimmt hat.
(3) Die Träger der Sozialhilfe vereinbaren mit dem Träger der Einrichtung Grundsätze und Maßstäbe für die Wirtschaftlichkeit und die Qualitätssicherung der Leistungen sowie für das Verfahren zur Durchführung von Wirtschaftlichkeits- und Qualitätsprüfungen. Das Ergebnis der Prüfung ist festzuhalten und in geeigneter Form auch den Leistungsempfängern der Einrichtung zugänglich zu machen.

§ 93 b Abschluß von Vereinbarungen
(1) Die Vereinbarungen nach § 93 Abs. 2 sind vor Beginn der jeweiligen Wirtschaftsperiode für einen zukünftigen Zeitraum (Vereinbarungszeitraum) abzuschließen; nachträgliche Ausgleiche sind nicht zulässig. Kommt eine Vereinbarung nach § 93 a Abs. 2 innerhalb von sechs Wochen nicht zustande, nachdem eine Partei schriftlich zu Verhandlungen aufgefordert hat, entscheidet die Schieds-

stelle nach § 94 auf Antrag einer Partei unverzüglich über die Gegenstände, über die keine Einigung erreicht werden konnte. Gegen die Entscheidung ist der Rechtsweg zu den Verwaltungsgerichten gegeben. Die Klage richtet sich gegen eine der beiden Vertragsparteien, nicht gegen die Schiedsstelle. Einer Nachprüfung der Entscheidung in einem Vorverfahren bedarf es nicht.
(2) Vereinbarungen und Schiedsstellenentscheidungen treten zu dem darin bestimmten Zeitpunkt in Kraft. Wird ein Zeitpunkt nicht bestimmt, so werden Vereinbarungen mit dem Tag ihres Abschlusses, Festsetzungen der Schiedsstelle mit dem Tag wirksam, an dem der Antrag bei der Schiedsstelle eingegangen ist. Ein jeweils vor diesem Zeitpunkt zurückwirkendes Vereinbaren oder Festsetzen von Vergütungen ist nicht zulässig. Nach Ablauf des Vereinbarungszeitraums gelten die vereinbarten oder festgesetzten Vergütungen bis zum Inkrafttreten neuer Vergütungen weiter.
(3) Bei unvorhersehbaren wesentlichen Veränderungen der Annahmen, die der Vereinbarung oder Entscheidung über die Vergütung zugrunde lagen, sind die Vergütungen auf Verlangen einer Vertragspartei für den laufenden Vereinbarungszeitraum neu zu verhandeln. Die Absätze 1 und 2 gelten entsprechend.

§ 93 c Außerordentliche Kündigung der Vereinbarungen
Der Träger der Sozialhilfe kann die Vereinbarungen nach § 93 Abs. 2 ohne Einhaltung einer Kündigungsfrist kündigen, wenn die Einrichtung ihre gesetzlichen oder vertraglichen Verpflichtungen gegenüber den Leistungsempfängern und deren Kostenträgern derart gröblich verletzt, daß ein Festhalten an den Vereinbarungen nicht zumutbar ist. Das gilt insbesondere dann, wenn in der Prüfung nach § 93 a Abs. 3 oder auf andere Weise festgestellt wird, daß Leistungsempfänger infolge der Pflichtverletzung zu Schaden kommen, gravierende Mängel bei der Leistungserbringung vorhanden sind, dem Täger der Einrichtung nach Heimgesetz die Betriebserlaubnis entzogen oder der Betrieb der Einrichtung untersagt wird oder die Einrichtung nicht erbrachte Leistungen gegenüber den Kostenträgern abrechnet. Die Kündigung bedarf der Schriftform. § 59 des Zehnten Buches Sozialgesetzbuch bleibt unberührt.

§ 93 d Verordnungsermächtigung, Rahmenverträge
(1) Das Bundesministerium für Arbeit und Sozialordnung wird ermächtigt, durch Rechtsverordnung mit Zustimmung des Bundesrates zu § 93 Abs. 2 und § 93 a Abs. 2 in der jeweils ab 1. Januar 1999 geltenden Fassung Vorschriften zu erlassen über
1. die nähere Abgrenzung der den Vergütungspauschalen und -beträgen nach § 93 Abs. 2 zugrunde zu legenden Kostenarten und -bestandteile sowie die Zusammensetzung der Investitionsbeträge nach § 93 a Abs. 2;
2. den Inhalt und die Kriterien für die Ermittlung und Zusammensetzung der Maßnahmepauschalen, die Merkmale für die Bildung von Gruppen mit vergleichbarem Hilfebedarf nach § 93 a Abs. 2 sowie die Zahl dieser zu bildenden Gruppen.
(2) Die überörtlichen Träger der Sozialhilfe und die kommunalen Spitzenverbände auf Landesebene schließen mit den Vereinigungen der Träger der Einrichtungen auf Landesebene gemeinsam und einheitlich Rahmenverträge zu den Leistungs-, Vergütungs- und Prüfungsvereinbarungen nach § 93 Abs. 2 in der ab 1. Januar 1999 geltenden Fassung ab. Für Einrichtungen, die einer Kirche oder Religionsgemeinschaft des öffentlichen Rechts oder einem sonstigen freigemeinnützigen Träger zuzuordnen sind, können die Rahmenverträge auch von der Kirche oder Religionsgemeinschaft oder von dem Wohlfahrtsverband abgeschlossen werden, dem die Einrichtung angehört. In den Rahmenverträgen sollen die Merkmale und Besonderheiten der jeweiligen Hilfeart berücksichtigt werden.
(3) Die Bundesarbeitsgemeinschaft der überörtlichen Träger der Sozialhilfe, die Bundesvereinigung der kommunalen Spitzenverbände und die Vereinigungen der Träger der Einrichtungen auf Bundesebene vereinbaren gemeinsam und einheitlich Empfehlungen zum Inhalt der Verträge nach Absatz 2.

§ 94 Schiedsstelle
(1) Für jedes Land oder für Teile eines Landes wird bei der zuständigen Landesbehörde eine Schiedsstelle gebildet.
(2) Die Schiedsstelle besteht aus Vertretern der Träger der Einrichtungen und Vertretern der örtlichen und überörtlichen Träger der Sozialhilfe in gleicher Zahl sowie einem unparteiischen Vorsitzenden. Die Vertreter der Einrichtungen und deren Stellvertreter werden von den Vereinigungen der Träger der Einrichtungen, die Vertreter der Träger der Sozialhilfe und deren Stellvertreter werden von

diesem bestellt; bei der Bestellung der Vertreter der Einrichtungen ist die Trägervielfalt zu beachten. Der Vorsitzende und sein Stellvertreter werden von den beteiligten Organisationen gemeinsam bestellt. Kommt eine Einigung nicht zustande, werden sie durch Los bestimmt. Soweit beteiligte Organisationen keinen Vertreter bestellen oder im Verfahren nach Satz 3 keine Kandidaten für das Amt des Vorsitzenden und des Stellvertreters benennen, bestellt die zuständige Landesbehörde auf Antrag einer der beteiligten Organisationen die Vertreter und benennt die Kandidaten.

(3) Die Mitglieder der Schiedsstelle führen ihr Amt als Ehrenamt. Sie sind an Weisungen nicht gebunden. Jedes Mitglied hat eine Stimme. Die Entscheidungen werden mit der Mehrheit der Mitglieder getroffen. Ergibt sich keine Mehrheit, gibt die Stimme des Vorsitzenden den Ausschlag.

(4) Die Landesregierungen werden ermächtigt, durch Rechtsverordnung das Nähere über die Zahl, die Bestellung, die Amtsdauer und die Amtsführung, die Erstattung der baren Auslagen und die Entschädigung für Zeitaufwand der Mitglieder der Schiedsstelle, die Rechtsaufsicht, die Geschäftsführung, das Verfahren, die Erhebung und die Höhe der Gebühren sowie über die Verteilung der Kosten zu bestimmen.

§ 95 Arbeitsgemeinschaften

Die Träger der Sozialhilfe sollen die Bildung von Arbeitsgemeinschaften anstreben, wenn es geboten ist, die gleichmäßige oder gemeinsame Durchführung von Maßnahmen zu beraten oder zu sichern. Zu den Maßnahmen im Sinne des Satzes 1 gehören auch die Verhinderung und die Aufdeckung des Leistungsmißbrauchs in der Sozialhilfe. In den Arbeitsgemeinschaften sollen vor allem die Stellen vertreten sein, deren gesetzliche Aufgaben dem gleichen Ziel dienen oder die an der Durchführung der Maßnahmen beteiligt sind, besonders die Verbände der freien Wohlfahrtspflege.

Abschnitt 8
Träger der Sozialhilfe

§ 96 Örtliche und überörtliche Träger

(1) Örtliche Träger der Sozialhilfe sind die kreisfreien Städte und die Landkreise. Die Länder können bestimmen, daß und inwieweit die Landkreise ihnen zugehörige Gemeinden oder Gemeindeverbände zur Durchführung von Aufgaben nach diesem Gesetz heranziehen und ihnen dabei Weisungen erteilen können; in diesen Fällen erlassen die Landkreise den Widerspruchsbescheid nach der Verwaltungsgerichtsordnung, soweit nicht nach Landesrecht etwas anderes bestimmt wird.

(2) Die Länder bestimmen die überörtlichen Träger. Sie können bestimmen, daß und inwieweit die überörtlichen Träger örtliche Träger sowie diesen zugehörige Gemeinden und Gemeindeverbände zur Durchführung von Aufgaben nach diesem Gesetz heranziehen und ihnen dabei Weisungen erteilen können; in diesen Fällen erlassen die überörtlichen Träger den Widerspruchsbescheid nach der Verwaltungsgerichtsordnung.

§ 97 Örtliche Zuständigkeit

(1) Für die Sozialhilfe örtlich zuständig ist der Träger der Sozialhilfe, in dessen Bereich sich der Hilfeempfänger tatsächlich aufhält. Diese Zuständigkeit bleibt bis zur Beendigung der Hilfe auch dann bestehen, wenn die Hilfe außerhalb seines Bereichs sichergestellt wird.

(2) Für die Hilfe in einer Anstalt, einem Heim oder einer gleichartigen Einrichtung ist der Träger der Sozialhilfe örtlich zuständig, in dessen Bereich der Hilfeempfänger seinen gewöhnlichen Aufenthalt im Zeitpunkt der Aufnahme hat oder in den zwei Monaten vor der Aufnahme zuletzt gehabt hat. War bei Einsetzen der Sozialhilfe der Hilfeempfänger aus einer Einrichtung im Sinne des Satzes 1 in eine andere Einrichtung oder von dort in weitere Einrichtungen übergetreten oder tritt nach dem Hilfebeginn ein solcher Fall ein, dann ist der gewöhnliche Aufenthalt, der für die erste Einrichtung maßgebend war, entscheidend. Steht nicht spätestens innerhalb von vier Wochen fest, ob und wo der gewöhnliche Aufenthalt nach Satz 1 oder 2 begründet worden ist, oder liegt ein Eilfall vor, hat der nach Absatz 1 zuständige Träger der Sozialhilfe über die Hilfe unverzüglich zu entscheiden und vorläufig einzutreten. Wird ein Kind in einer Einrichtung im Sinne des Satzes 1 geboren, tritt an die Stelle von dessen gewöhnlichem Aufenthalt der gewöhnliche Aufenthalt der Mutter.

(3) In den Fällen des § 15 ist der Träger örtlich zuständig, der bis zum Tod des Hilfeempfängers Sozialhilfe gewährte, in den anderen Fällen der Träger, in dessen Bereich der Sterbeort liegt.

(4) Anstalten, Heime oder gleichartige Einrichtungen im Sinne des Absatzes 2 sind alle Einrichtungen, die der Pflege, der Behandlung oder sonstigen in diesem Gesetz vorgesehenen Maßnahmen oder der Erziehung dienen.
(5) Für Hilfen an Personen, die sich in Einrichtungen zum Vollzug richterlich angeordneter Freiheitsentziehung aufhalten oder aufgehalten haben, gelten die Absätze 1 und 2 sowie die §§ 103 und 109 entsprechend.

§ 98 (weggefallen)

§ 99 Sachliche Zuständigkeit des örtlichen Trägers
Für die Sozialhilfe sachlich zuständig ist der örtliche Träger der Sozialhilfe, soweit nicht nach § 100 oder nach Landesrecht der überörtliche Träger sachlich zuständig ist.

§ 100 Sachliche Zuständigkeit des überörtlichen Trägers
(1) Der überörtliche Träger der Sozialhilfe ist sachlich zuständig, soweit nicht nach Landesrecht der örtliche Träger sachlich zuständig ist,
1. für die Hilfe in besonderen Lebenslagen für die in § 39 Abs. 1 Satz 1 und Abs. 2 genannten Personen, für Geisteskranke, Personen mit einer sonstigen geistigen oder seelischen Behinderung oder Störung, Anfallskranke und Suchtkranke, wenn es wegen der Behinderung oder des Leidens dieser Personen in Verbindung mit den Besonderheiten des Einzelfalles erforderlich ist, die Hilfe in einer Anstalt, einem Heim oder einer gleichartigen Einrichtung oder in einer Einrichtung zur teilstationären Betreuung zu gewähren; dies gilt nicht, wenn die Hilfegewährung in der Einrichtung überwiegend aus anderem Grunde erforderlich ist,
2. für die Versorgung Behinderter mit Körperersatzstücken, größeren orthopädischen und größeren anderen Hilfsmitteln im Sinne des § 81 Abs. 1 Nr. 3,
3. (weggefallen)
4. für die Blindenhilfe nach § 67,
5. für die Hilfe zur Überwindung besonderer sozialer Schwierigkeiten nach § 72, wenn es erforderlich ist, die Hilfe in einer Anstalt, einem Heim oder einer gleichartigen Einrichtung oder in einer Einrichtung zur teilstationären Betreuung zu gewähren,
6. für die Hilfe zum Besuch einer Hochschule im Rahmen der Eingliederungshilfe für Behinderte.
(2) In den Fällen des Absatzes 1 Nr. 1 und 5 erstreckt sich die Zuständigkeit des überörtlichen Trägers auf alle Leistungen an den Hilfeempfänger, für welche die Voraussetzungen nach diesem Gesetz gleichzeitig vorliegen, sowie auf die Hilfe nach § 15; dies gilt nicht, wenn die Hilfe in einer Einrichtung zur teilstationären Betreuung gewährt wird.

§ 101 Allgemeine Aufgaben des überörtlichen Trägers
Die überörtlichen Träger sollen zur Weiterentwicklung von Maßnahmen der Sozialhilfe, vor allem bei verbreiteten Krankheiten, beitragen; hierfür können sie die erforderlichen Einrichtungen schaffen oder fördern.

§ 101 a Experimentierklausel[1)]
Zur Weiterentwicklung der Sozialhilfe soll die Pauschalierung weiterer Leistungen nach diesem Gesetz im Rahmen der Sätze 2 bis 6 erprobt werden. Zu diesem Zweck können die Landesregierungen die Träger der Sozialhilfe durch Rechtsverordnung ermächtigen, in Modellvorhaben solche Leistungen der Sozialhilfe pauschaliert zu erbringen, für die Beträge nicht schon durch dieses Gesetz festgesetzt oder auf Grund dieses Gesetzes festzusetzen sind. Die Pauschalbeträge sind für einen bestimmten Bedarf festzusetzen und müssen dem Grundsatz der Bedarfsdeckung gerecht werden. Die Modellvorhaben sind so auszuwerten, daß sie eine bundesweite Bewertung zulassen; hierzu haben die Träger der Sozialhilfe, die jeweils zuständige oberste Landesbehörde und das Bundesministerium für Arbeit und Sozialordnung zusammenzuwirken. Die Modellvorhaben enden einschließlich ihrer Auswertung spätestens am 31. Dezember 2004. Das Nähere über Dauer und Ausgestaltung der Modellvorhaben, über die Bemessung der Pauschalbeträge für Einzelne oder für Haushalte im Sinne von § 11 Abs. 1 Satz 2, über die Voraussetzungen für die Teilnahme von Hilfeberechtigten und über die Auswertung der Modellvorhaben sind in der Rechtsverordnung nach Satz 2 festzulegen; die Rechtsverordnung

---
1) Tritt am 1. 1. 2005 außer Kraft.

kann auch für die jeweiligen Teilnehmer der Modellvorhaben die Vermögensgrenzen nach § 88 Abs. 2 Nr. 8 in Verbindung mit der dazu ergangenen Rechtsverordnung um bis zu 80 vom Hundert erhöhen.

§ 102 Fachkräfte
(1) Bei der Durchführung dieses Gesetzes sollen Personen beschäftigt werden, die sich hierfür nach ihrer Persönlichkeit eignen und in der Regel entweder eine ihren Aufgaben entsprechende Ausbildung erhalten haben oder besondere Erfahrungen im Sozialwesen besitzen.
(2) Die Träger der Sozialhilfe gewährleisten eine angemessene fachliche Fortbildung ihrer Fachkräfte, die auch die Aufgaben nach § 17 einschließt.

Abschnitt 9
Kostenerstattung zwischen den Trägern der Sozialhilfe

§ 103 Kostenerstattung bei Aufenthalt in einer Anstalt
(1) Der nach § 97 Abs. 2 Satz 1 zuständige Träger der Sozialhilfe hat dem Träger, der nach § 97 Abs. 2 Satz 3 die Leistung zu erbringen hat, die aufgewendeten Kosten zu erstatten. Ist in den Fällen des § 97 Abs. 2 Satz 3 und 4 ein gewöhnlicher Aufenthalt nicht vorhanden oder nicht zu ermitteln und war für die Hilfegewährung ein örtlicher Träger der Sozialhilfe sachlich zuständig, dann sind diesem die aufgewendeten Kosten von dem überörtlichen Träger der Sozialhilfe zu erstatten, zu dessen Bereich der örtliche Träger gehört.
(2) Als Aufenthalt in einer Anstalt, einem Heim oder einer gleichartigen Einrichtung gilt auch, wenn jemand außerhalb der Einrichtung untergebracht wird, aber in ihrer Betreuung bleibt, oder aus der Einrichtung beurlaubt wird.
(3) Verläßt in den Fällen des § 97 Abs. 2 der Hilfeempfänger die Einrichtung und bedarf er im Bereich des örtlichen Trägers, in dem die Einrichtung liegt, innerhalb von einem Monat danach der Sozialhilfe, sind dem örtlichen Träger der Sozialhilfe die aufgewendeten Kosten von dem Träger der Sozialhilfe zu erstatten, in dessen Bereich der Hilfeempfänger seinen gewöhnlichen Aufenthalt im Sinne des § 97 Abs. 2 Satz 1 hatte. Absatz 1 Satz 2 gilt entsprechend. Die Erstattungspflicht wird nicht durch einen Aufenthalt außerhalb dieses Bereichs oder in einer Einrichtung im Sinne des § 97 Abs. 2 Satz 1 unterbrochen, wenn dieser zwei Monate nicht übersteigt; sie endet, wenn für einen zusammenhängenden Zeitraum von zwei Monaten Hilfe nicht zu gewähren war, spätestens nach Ablauf von zwei Jahren seit dem Verlassen der Einrichtung.

§ 104 Kostenerstattung bei Unterbringung in einer anderen Familie
§ 97 Abs. 2 und § 103 gelten entsprechend, wenn ein Kind oder ein Jugendlicher in einer anderen Familie oder bei anderen Personen als bei seinen Eltern oder bei einem Elternteil untergebracht ist.

§§ 105 und 106 (weggefallen)

§ 107 Kostenerstattung bei Umzug
(1) Verzieht eine Person vom Ort ihres bisherigen gewöhnlichen Aufenthalts, ist der Träger der Sozialhilfe des bisherigen Aufenthaltsortes verpflichtet, dem nunmehr zuständigen örtlichen Träger der Sozialhilfe die dort erforderlich werdende Hilfe außerhalb von Einrichtungen im Sinne des § 97 Abs. 2 Satz 1 zu erstatten, wenn die Person innerhalb eines Monats nach dem Aufenthaltswechsel der Hilfe bedarf.
(2) Die Verpflichtung nach Absatz 1 entfällt, wenn für einen zusammenhängenden Zeitraum von zwei Monaten keine Hilfe zu gewähren war. Sie endet spätestens nach Ablauf von zwei Jahren seit dem Aufenthaltswechsel.

§ 108 Kostenerstattung bei Übertritt aus dem Ausland
(1) Tritt jemand, der weder im Ausland noch im Geltungsbereich dieses Gesetzes einen gewöhnlichen Aufenthalt hat, aus dem Ausland in den Geltungsbereich dieses Gesetzes über und bedarf er innerhalb eines Monats nach seinem Übertritt der Sozialhilfe, so sind die aufgewendeten Kosten von dem überörtlichen Träger der Sozialhilfe zu erstatten, der von einer Schiedsstelle bestimmt wird. Bei ihrer Entscheidung hat die Schiedsstelle die Einwohnerzahl und die Belastungen, die sich im vorangegangenen Haushaltsjahr für die Träger nach den Absätzen 1, 2 und 4 sowie den §§ 119, 147 und 147 b ergeben haben, zu berücksichtigen. Satz 1 gilt nicht für Personen, die im Geltungsbereich dieses Gesetzes geboren sind oder bei Eintritt des Bedarfs an Sozialhilfe mit einer solchen Person als Ehegatte,

Verwandte oder Verschwägerte zusammenleben. Leben Ehegatten, Verwandte oder Verschwägerte, bei Eintritt des Bedarfs an Sozialhilfe zusammen, ist ein gemeinsamer erstattungspflichtiger Träger zu bestimmen.
(2) Schiedsstelle im Sinne des Absatzes 1 ist das Bundesverwaltungsamt. Die Länder können durch Verwaltungsvereinbarung eine andere Schiedsstelle bestimmen.
(3) (weggefallen)
(4) Ist ein Träger der Sozialhilfe nach Absatz 1 zur Erstattung der für einen Hilfeempfänger aufgewendeten Kosten verpflichtet, so hat er auch die für den Ehegatten oder die minderjährigen Kinder des Hilfeempfängers aufgewendeten Kosten zu erstatten, wenn diese Personen später in den Geltungsbereich dieses Gesetzes übertreten und innerhalb eines Monats der Sozialhilfe bedürfen.
(5) Die Verpflichtung zur Erstattung der für einen Hilfeempfänger aufgewendeten Kosten fällt weg, wenn ihm inzwischen für einen zusammenhängenden Zeitraum von 3 Monaten Sozialhilfe nicht zu gewähren war.
(6) Die Absätze 1, 2, 4 und 5 gelten nicht für Personen, deren Unterbringung nach dem Übertritt in den Geltungsbereich dieses Gesetzes bundesrechtlich oder durch Vereinbarung zwischen Bund und Ländern geregelt ist.

§ 109 Ausschluß des gewöhnlichen Aufenthalts
Als gewöhnlicher Aufenthalt im Sinne der Abschnitte 8 und 9 gelten nicht der Aufenthalt in einer Einrichtung der in § 97 Abs. 2 genannten Art und der auf richterlich angeordneter Freiheitsentziehung beruhende Aufenthalt in einer Vollzugsanstalt.

§ 110 (weggefallen)

§ 111 Umfang der Kostenerstattung
(1) Die aufgewendeten Kosten sind zu erstatten, soweit die Hilfe diesem Gesetz entspricht. Dabei gelten die Grundsätze für die Gewährung von Sozialhilfe, die am Aufenthaltsort des Hilfeempfängers zur Zeit der Hilfegewährung bestehen.
(2) Kosten unter 5 000 Deutsche Mark, bezogen auf einen Zeitraum der Leistungsgewährung von bis zu zwölf Monaten, sind außer in den Fällen einer vorläufigen Leistungsgewährung nach § 97 Abs. 2 Satz 3 nicht zu erstatten. Die Begrenzung auf 5 000 Deutsche Mark gilt, wenn die Kosten für die Mitglieder eines Haushalts im Sinne des § 11 Abs. 1 Satz 2 zu erstatten sind, abweichend von Satz 1 für die Mitglieder des Haushalts zusammen.

§ 112 (weggefallen)

§ 113 [Landesrechtliche Regelung der Kostenerstattung]
Die Länder können darüber hinaus Näheres über die Kostenerstattung zwischen den Trägern der Sozialhilfe ihres Bereichs regeln.

§ 113 a (aufgehoben)

Abschnitt 10
Verfahrensbestimmungen

§ 114 Beteiligung sozial erfahrener Personen
(1) Vor dem Erlaß allgemeiner Verwaltungsvorschriften und der Festsetzung der Regelsätze sind sozial erfahrene Personen zu hören, besonders aus Vereinigungen, die Bedürftige betreuen, oder aus Vereinigungen von Sozialleistungsempfängern.
(2) Vor dem Erlaß des Bescheides über einen Widerspruch gegen die Ablehnung der Sozialhilfe oder gegen die Festsetzung ihrer Art und Höhe sind Personen, wie sie in Absatz 1 bezeichnet sind, beratend zu beteiligen.

§ 115 (weggefallen)

§ 116 Pflicht zur Auskunft
(1) Die Unterhaltspflichtigen, ihre nicht getrennt lebenden Ehegatten und die Kostenersatzpflichtigen sind verpflichtet, dem Träger der Sozialhilfe über ihre Einkommens- und Vermögensverhältnisse Auskunft zu geben, soweit die Durchführung dieses Gesetzes es erfordert. Die Pflicht zur Auskunft umfaßt die Verpflichtung, auf Verlangen des Trägers der Sozialhilfe Beweisurkunden vorzulegen oder ihrer Vorlage zuzustimmen. Auskunftspflichtig nach den Sätzen 1 und 2 sind auch Personen, von de-

nen nach § 16 trotz Aufforderung unwiderlegt vermutet wird, daß sie Leistungen zum Lebensunterhalt an andere Mitglieder der Haushaltsgemeinschaft erbringen; die Auskunftspflicht der Finanzbehörden nach § 21 Abs. 4 des Zehnten Buches Sozialgesetzbuch erstreckt sich auch auf diese Personen.
(2) Der Arbeitgeber ist verpflichtet, dem Träger der Sozialhilfe über die Art und Dauer der Beschäftigung, die Arbeitsstätte und den Arbeitsverdienst des bei ihm beschäftigten Hilfesuchenden oder Hilfeempfängers, Unterhaltspflichtigen und deren nicht getrennt lebenden Ehegatten sowie Kostenersatzpflichtigen Auskunft zu geben, soweit die Durchführung dieses Gesetzes es erfordert.
(3) Die nach den Absätzen 1 und 2 zur Erteilung einer Auskunft Verpflichteten können Angaben verweigern, die ihnen oder ihnen nahestehenden Personen (§ 383 Abs. 1 Nr. 1 bis 3 der Zivilprozeßordnung) die Gefahr zuziehen würden, wegen einer Straftat oder einer Ordnungswidrigkeit verfolgt zu werden.
(4) Ordnungswidrig handelt, wer als Arbeitgeber vorsätzlich oder fahrlässig die Auskunft nach Absatz 2 nicht, unrichtig, unvollständig oder nicht fristgemäß erteilt. Die Ordnungswidrigkeit kann mit einer Geldbuße geahndet werden.

§ 117 Überprüfung, Verwaltungshilfe

(1) Die Träger der Sozialhilfe sind befugt, Personen, die Leistungen nach diesem Gesetz beziehen, auch regelmäßig im Wege des automatisierten Datenabgleichs daraufhin zu überprüfen, ob und in welcher Höhe und für welche Zeiträume von ihnen Leistungen der Bundesanstalt für Arbeit (Auskunftsstelle) oder der Träger der gesetzlichen Unfall- oder Rentenversicherung (Auskunftsstellen) bezogen werden oder wurden und in welchem Umfang Zeiten des Leistungsbezuges nach diesem Gesetz mit Zeiten einer Versicherungspflicht oder Zeiten einer geringfügigen Beschäftigung zusammentreffen. Sie dürfen für die Überprüfung nach Satz 1 Name, Vorname (Rufname), Geburtsdatum, Geburtsort, Nationalität, Geschlecht, Anschrift und Versicherungsnummer der Personen, die Leistungen nach diesem Gesetz beziehen, den Auskunftsstellen übermitteln. Die Auskunftsstellen führen den Abgleich mit den nach Satz 2 übermittelten Daten durch und übermitteln die Daten über Feststellungen im Sinne des Satzes 1 an die Träger der Sozialhilfe. Die ihnen überlassenen Daten und Datenträger sind nach Durchführung des Abgleichs unverzüglich zurückzugeben, zu löschen oder zu vernichten. Die Sozialhilfeträger dürfen die ihnen übermittelten Daten nur zur Überprüfung nach Satz 1 nutzen. Die übermittelten Daten der Personen, bei denen die Überprüfung zu keinen abweichenden Feststellungen führt, sind unverzüglich zu löschen. Das Bundesministerium für Arbeit und Sozialordnung wird ermächtigt, das Nähere über das Verfahren des automatisierten Datenabgleichs und die Kosten des Verfahrens durch Rechtsverordnung[1] und mit Zustimmung des Bundesrates zu regeln; dabei ist vorzusehen, daß die Zuleitung an die Auskunftsstellen durch eine zentrale Vermittlungsstelle (Kopfstelle) zu erfolgen hat, deren Zuständigkeitsbereich zumindest das Gebiet eines Bundeslandes umfaßt.
(2) Die Träger der Sozialhilfe sind befugt, Personen, die Leistungen nach diesem Gesetz beziehen, auch regelmäßig im Wege des automatisierten Datenabgleich daraufhin zu überprüfen, ob und in welcher Höhe und für welche Zeiträume von ihnen Leistungen nach diesem Gesetz durch andere Träger der Sozialhilfe bezogen werden oder wurden. Hierzu dürfen die erforderlichen Daten gemäß Absatz 1 Satz 2 anderen Sozialhilfeträgern oder einer zentralen Vermittlungsstelle im Sinne des Absatzes 1 Satz 7 übermittelt werden. Diese führen den Abgleich der ihnen übermittelten Daten durch und leiten Feststellungen im Sinne des Satzes 1 an die übermittelnden Träger der Sozialhilfe zurück. Sind die ihnen übermittelten Daten oder Datenträger für die Überprüfung nach Satz 1 nicht mehr erforderlich, sind diese unverzüglich zurückzugeben, zu löschen oder zu vernichten. Überprüfungsverfahren nach diesem Absatz können zusammengefaßt und mit Überprüfungsverfahren nach Absatz 1 verbunden werden. Das Bundesministerium für Arbeit und Sozialordnung wird ermächtigt, das Nähere über das Verfahren durch Rechtsverordnung[1] mit Zustimmung des Bundesrates zu regeln.
(2 a) Die Datenstelle der Rentenversicherungsträger darf als Vermittlungsstelle für das Bundesgebiet die nach den Absätzen 1 und 2 übermittelten Daten speichern und nutzen, soweit dies für die Datenabgleiche nach den Absätzen 1 und 2 erforderlich ist. Sie darf die Daten der Stammsatzdatei (§ 150 des Sechsten Buches Sozialgesetzbuch) und der bei ihr für die Prüfung bei den Arbeitgebern geführten Datei (§ 28 p Abs. 8 Satz 2 des Vierten Buches Sozialgesetzbuch) nutzen, soweit die Daten für die

---

[1] Vgl. Verordung zur Durchführung des § 117 Abs. 1 und 2 des Bundessozialhilfegesetzes (Sozialhilfedatenabgleichsverordnung – SozhiDAV –) vom 21. 1. 1998 (BGBl. I S. 103).

Datenabgleiche erforderlich sind. Die nach Satz 1 bei der Datenstelle der Rentenversicherungsträger gespeicherten Daten sind unverzüglich nach Abschluß der Datenabgleiche zu löschen.
(3) Die Träger der Sozialhilfe sind befugt, zur Vermeidung rechtswidriger Inanspruchnahme von Sozialhilfe Daten von Personen, die Leistungen nach diesem Gesetz beziehen, bei anderen Stellen ihrer Verwaltung, bei ihren wirtschaftlichen Unternehmen und bei den Kreisen, Kreisverwaltungsbehörden und Gemeinden zu überprüfen, soweit diese für die Erfüllung dieser Aufgaben erforderlich sind. Sie dürfen für die Überprüfung die in Absatz 1 Satz 2 genannten Daten übermitteln. Die Überprüfung kann auch regelmäßig im Wege des automatisierten Datenabgleichs mit den Stellen durchgeführt werden, bei denen die in Satz 4 jeweils genannten Daten zuständigkeitshalber vorliegen. Nach Satz 1 ist die Überprüfung folgender Daten zulässig:
a) Geburtsdatum und -ort;
b) Personen- und Familienstand;
c) Wohnsitz;
d) Dauer und Kosten von Miet- oder Überlassungsverhältnissen von Wohnraum;
e) Dauer und Kosten von bezogenen Leistungen über Elektrizität, Gas, Wasser, Fernwärme oder Abfallentsorgung;
f) Eigenschaft als Kraftfahrzeughalter.
Die in Satz 1 genannten Stellen sind verpflichtet, die in Satz 4 genannten Daten zu übermitteln. Sie haben die ihnen im Rahmen der Überprüfung übermittelten Daten nach Vorlage der Mitteilung unverzüglich zu löschen. Eine Übermittlung durch diese Stellen unterbleibt, soweit ihr besondere gesetzliche Verwendungsregelungen entgegenstehen.

§ 118 (weggefallen)

Abschnitt 11
Sonstige Bestimmungen
§ 119 **Sozialhilfe für Deutsche im Ausland**
(1) Deutschen, die ihren gewöhnlichen Aufenthalt im Ausland haben und im Ausland der Hilfe bedürfen, kann in besonderen Notfällen Sozialhilfe gewährt werden.
(2) Soweit es im Einzelfall der Billigkeit entspricht, kann Sozialhilfe unter den Voraussetzungen des Absatzes 1 auch Familienangehörigen von Deutschen gewährt werden, wenn sie mit diesen in Haushaltsgemeinschaft leben.
(3) Hilfe wird nicht gewährt, soweit sie von dem hierzu verpflichteten Aufenthaltsland oder von anderen gewährt wird oder zu erwarten ist. Hilfe wird ferner nicht gewährt, wenn die Heimführung des Hilfesuchenden geboten ist.
(4) Art, Form und Maß der Hilfe sowie der Einsatz des Einkommens und des Vermögens richten sich nach den besonderen Verhältnissen im Aufenthaltsland.
(5) Für die Gewährung der Hilfe sachlich zuständig ist der überörtliche Träger der Sozialhilfe. Örtlich zuständig ist der Träger, in dessen Bereich der Hilfesuchende geboren ist. Liegt der Geburtsort des Hilfesuchenden nicht im Geltungsbereich dieses Gesetzes oder ist er nicht zu ermitteln, wird der örtlich zuständige Träger von einer Schiedsstelle bestimmt. § 108 Abs. 1 Satz 2 gilt entsprechend.
(5 a) Leben Ehegatten, Verwandte und Verschwägerte bei Eintritt des Bedarfs an Sozialhilfe zusammen, richtet sich die örtliche Zuständigkeit nach dem ältesten von ihnen, der im Geltungsbereich dieses Gesetzes geboren ist. Ist keiner von ihnen im Geltungsbereich dieses Gesetzes geboren, so ist ein gemeinsamer örtlich zuständiger Träger nach Absatz 5 zu bestimmen. Die Zuständigkeit bleibt bestehen, solange einer von ihnen der Sozialhilfe bedarf.
(6) Die Träger der Sozialhilfe arbeiten mit den deutschen Dienststellen im Ausland zusammen.
(7) Auf Deutsche, die außerhalb des Geltungsbereichs dieses Gesetzes, aber innerhalb des in Artikel 116 Abs. 1 des Grundgesetzes genannten Gebiets geboren sind und dort ihren gewöhnlichen Aufenthalt haben, findet Absatz 3 Satz 2 keine Anwendung. Die Bundesregierung wird ermächtigt, durch Rechtsverordnung mit Zustimmung des Bundesrates zu bestimmen, daß für diesen Personenkreis unter Übernahme der Kosten durch den Bund Sozialhilfe nach den Absätzen 1 bis 6 über Träger der freien Wohlfahrtspflege mit Sitz im Geltungsbereich dieses Gesetzes geleistet wird.

§ 120 Sozialhilfe für Ausländer

(1) Ausländern, die sich in der Bundesrepublik Deutschland tatsächlich aufhalten, ist Hilfe zum Lebensunterhalt, Krankenhilfe, Hilfe für werdende Mütter und Wöchnerinnen und Hilfe zur Pflege nach diesem Gesetz zu gewähren. Im übrigen kann Sozialhilfe gewährt werden, soweit dies im Einzelfall gerechtfertigt ist. Rechtsvorschriften, nach denen außer den in Satz 1 genannten Leistungen auch sonstige Sozialhilfe zu gewähren ist oder gewährt werden soll, bleiben unberührt.
(2) Leistungsberechtigte nach § 1 des Asylbewerberleistungsgesetzes erhalten keine Leistungen der Sozialhilfe.
(3) Ausländer, die sich in die Bundesrepublik Deutschland begeben haben, um Sozialhilfe zu erlangen, haben keinen Anspruch. Haben sie sich zum Zwecke einer Behandlung oder Linderung einer Krankheit in die Bundesrepublik Deutschland begeben, soll Krankenhilfe insoweit nur zur Behebung eines akut lebensbedrohlichen Zustandes oder für eine unaufschiebbare und unabweisbar gebotene Behandlung einer schweren oder ansteckenden Erkrankung geleistet werden.
(4) Im Rahmen von Leistungen der Sozialhilfe an Ausländer ist auf die Leistungen bestehender Rückführungs- und Weiterwanderungsprogramme, die ihnen gewährt werden können, hinzuweisen; in geeigneten Fällen ist auf eine Inanspruchnahme solcher Programme hinzuwirken.
(5) Ausländern darf in den Teilen der Bundesrepublik Deutschland, in denen sie sich einer ausländerrechtlichen räumlichen Beschränkung zuwider aufhalten, der für den tatsächlichen Aufenthaltsort zuständige Träger der Sozialhilfe nur die nach den Umständen unabweisbar gebotene Hilfe leisten. Das gleiche gilt für Ausländer, die eine räumlich nicht beschränkte Aufenthaltsbefugnis besitzen, wenn sie sich außerhalb des Landes aufhalten, in dem die Aufenthaltsbefugnis erteilt worden ist.

§ 121 Erstattung von Aufwendungen anderer

Hat jemand in einem Eilfall einem anderen Hilfe gewährt, die der Träger der Sozialhilfe bei rechtzeitiger Kenntnis nach diesem Gesetz gewährt haben würde, sind ihm auf Antrag die Aufwendungen in gebotenem Umfange zu erstatten, wenn er sie nicht auf Grund rechtlicher oder sittlicher Pflicht selbst zu tragen hat. Dies gilt nur, wenn er den Antrag innerhalb angemessener Frist stellt.

§ 122 Eheähnliche Gemeinschaft

Personen, die in eheähnlicher Gemeinschaft leben, dürfen hinsichtlich der Voraussetzungen sowie des Umfanges der Sozialhilfe nicht besser gestellt werden als Ehegatten. § 16 gilt entsprechend.

§ 122 a Vorrang der Ersatzansprüche

Erstattungsansprüche der Träger der Sozialhilfe gegen andere Leistungsträger nach § 104 des Zehnten Buches Sozialgesetzbuch gehen einer Übertragung, Pfändung oder Verpfändung des Anspruchs vor, auch wenn sie vor Entstehen des Erstattungsanspruchs erfolgt ist.

Abschnitt 12
Sonderbestimmungen zur Sicherung der Eingliederung Behinderter

§ 123 Allgemeines

Bis zu einer anderweitigen gesetzlichen Regelung gelten zur Sicherung der Eingliederung Behinderter die §§ 124 bis 126 b. Sie gelten nicht für Personen, die für sich oder ihre Familienangehörigen Leistungen von der gesetzlichen Krankenversicherung erhalten oder die wegen ihrer Behinderung Leistungen zur Rehabilitation von der gesetzlichen Unfallversicherung oder der gesetzlichen Rentenversicherung oder als Beschädigte nach dem Bundesversorgungsgesetz oder nach Gesetzen, die das Bundesversorgungsgesetz für anwendbar erklären, Entschädigungsleistungen erhalten. Den Behinderten im Sinne der §§ 124 bis 126 b stehen die von einer Behinderung Bedrohten gleich.

§ 124 Sicherung der Beratung Behinderter

(1) Eltern und Vormünder, die bei einer ihrer Personensorge anvertrauten Person eine Behinderung wahrnehmen oder durch die in Absatz 2 genannten Personen hierauf hingewiesen werden, haben den Behinderten unverzüglich dem Gesundheitsamt oder einem Arzt zur Beratung über die geeigneten Eingliederungsmaßnahmen vorzustellen.
(2) Hebammen, Medizinalpersonen außer Ärzten, Lehrer, Sozialarbeiter (Wohlfahrtspfleger), Jugendleiterinnen, Kindergärtnerinnen, Hortnerinnen und Heimerzieher, die bei Ausübung ihres Berufs bei den in Absatz 1 genannten Behinderten eine Behinderung wahrnehmen, haben die Personensorge-

berechtigten auf die Behinderung und auf ihre Verpflichtung nach Absatz 1 hinzuweisen. Stellen die Personensorgeberechtigten auch nach wiederholtem Hinweis auf ihre Verpflichtung den Behinderten nicht dem Gesundheitsamt oder einem Arzt zur Beratung vor, haben die in Satz 1 genannten Personen das Gesundheitsamt zu benachrichtigen.
(3) Nehmen Medizinalpersonen außer Ärzten und Sozialarbeiter (Wohlfahrtspfleger) bei Ausübung ihres Berufs eine Behinderung bei volljährigen Personen wahr, so haben sie diesen Personen oder den für sie bestellten Betreuern anzuraten, das Gesundheitsamt oder einen Arzt zur Beratung über die geeigneten Eingliederungsmaßnahmen aufzusuchen. Mit ausdrücklicher Zustimmung dieser Personen oder ihrer Betreuer haben sie das Gesundheitsamt und, wenn berufliche Eingliederungsmaßnahmen in Betracht kommen, das Arbeitsamt zu benachrichtigen.
(4) Behinderungen im Sinne der Absätze 1 bis 3 sind
1. eine nicht nur vorübergehende erhebliche Beeinträchtigung der Bewegungsfähigkeit, die auf dem Fehlen oder auf Funktionsstörungen von Gliedmaßen oder auf anderen Ursachen beruht,
2. Mißbildungen, Entstellungen und Rückgratverkrümmungen, wenn die Behinderungen erheblich sind,
3. eine nicht nur vorübergehende erhebliche Beeinträchtigung der Seh-, Hör- und Sprachfähigkeit,
4. eine erhebliche Beeinträchtigung der geistigen oder seelischen Kräfte
oder drohende Behinderungen dieser Art.

§ 125 Aufgaben der Ärzte
(1) Ärzte haben die in § 124 Abs. 1 genannten Personensorgeberechtigten sowie die in § 124 Abs. 3 genannten Behinderten über die nach Art und Schwere der Behinderung geeigneten ärztlichen und sonstigen Eingliederungsmaßnahmen zu beraten oder sie auf die Möglichkeit der Beratung durch das Gesundheitsamt und, wenn berufliche Eingliederungsmaßnahmen in Betracht kommen, durch das Arbeitsamt hinzuweisen; sie haben ihnen ein amtliches Merkblatt auszuhändigen, das über die Möglichkeiten gesetzlicher Hilfe einschließlich der Berufsberatung und über die Durchführung von Eingliederungsmaßnahmen, insbesondere ärztlicher, schulischer und beruflicher Art, unterrichtet.
(2) Zur Sicherung der in § 126 Nr. 3 genannten Zwecke haben die Ärzte die ihnen nach Absatz 1 bekannt werdenden Behinderungen und wesentliche Angaben zur Person des Behinderten alsbald dem Gesundheitsamt mitzuteilen; dabei sind die Namen der Behinderten und der Personensorgeberechtigten nicht anzugeben.
(3) Läßt ein Personensorgeberechtigter trotz wiederholter Aufforderung durch den Arzt die zur Eingliederung erforderlichen ärztlichen Maßnahmen nicht durchführen oder vernachlässigt er sie, so hat der Arzt das Gesundheitsamt alsbald zu benachrichtigen; er kann das Gesundheitsamt benachrichtigen, wenn ein Personensorgeberechtigter zur Eingliederung erforderliche sonstige Maßnahmen nicht durchführen läßt oder vernachlässigt.
(4) Das Bundesministerium für Arbeit und Sozialordnung erläßt mit Zustimmung des Bundesrates Verwaltungsvorschriften zur Durchführung der Absätze 1 und 2.

§ 126 Aufgaben des Gesundheitsamtes
Das Gesundheitsamt hat die Aufgabe,
1. Behinderte oder Personensorgeberechtigte über die nach Art und Schwere der Behinderung geeigneten ärztlichen und sonstigen Eingliederungsmaßnahmen im Benehmen mit dem behandelnden Arzt auch während und nach der Durchführung von Heil- und Eingliederungsmaßnahmen zu beraten; die Beratung ist mit Zustimmung des Behinderten oder des Personensorgeberechtigten im Benehmen mit den an der Durchführung der Eingliederungsmaßnahmen beteiligten Stellen oder Personen vorzunehmen. Steht der Behinderte schon in ärztlicher Behandlung, setzt sich das Gesundheitsamt mit dem behandelnden Arzt in Verbindung. Bei der Beratung ist ein amtliches Merkblatt (§ 125 Abs. 1 Halbsatz 2) auszuhändigen. Für die Beratung sind im Benehmen mit den Landesärzten die erforderlichen Sprechtage durchzuführen;
2. zur Einleitung der erforderlichen Eingliederungsmaßnahmen den zuständigen Sozialleistungsträger und, wenn berufliche Eingliederungsmaßnahmen in Betracht kommen, auch die Bundesanstalt für Arbeit mit Zustimmung des Behinderten oder des Personensorgeberechtigten zu verständigen;
3. die Unterlagen auszuwerten und sie zur Planung der erforderlichen Einrichtungen und zur weiteren wissenschaftlichen Auswertung nach näherer Bestimmung der zuständigen obersten Landes-

behörden weiterzuleiten. Bei der Weiterleitung der Unterlagen sind die Namen der Behinderten und der Personensorgeberechtigten nicht anzugeben.

§ 126 a Landesärzte
(1) In den Ländern sind Landesärzte zu bestellen, die über besondere Erfahrungen in der Hilfe für Behinderte verfügen.
(2) Die Landesärzte haben vor allem die Aufgabe,
1. die Gesundheitsämter bei der Einrichtung und Durchführung der erforderlichen Sprechtage zur Beratung Behinderter und Personensorgeberechtigter zu unterstützen und sich an den Sprechtagen zu beteiligen,
2. Gutachten für die Landesbehörden, die für das Gesundheitswesen und die Sozialhilfe zuständig sind, sowie für die zuständigen Sozialleistungsträger zu erstatten,
3. die für das Gesundheitswesen zuständigen Landesbehörden über den Erfolg der Erfassungs-, Vorbeugungs- und Bekämpfungsmaßnahmen in der Hilfe für Behinderte regelmäßig zu unterrichten.

§ 126 b Unterrichtung der Bevölkerung
Die Bevölkerung ist über die Möglichkeiten der Eingliederung von Behinderten und über die nach diesem Abschnitt bestehenden Verpflichtungen in geeigneter Weise regelmäßig zu unterrichten.

§ 126 c (weggefallen)
...

Abschnitt 14
Übergangs- und Schlußbestimmungen

...

§ 140 Ersatzansprüche der Träger der Sozialhilfe nach sonstigen Vorschriften
Bestimmt sich das Recht des Trägers der Sozialhilfe, Ersatz seiner Aufwendungen von einem anderen zu verlangen, gegen den der Empfänger von Sozialhilfe einen Anspruch hat, nach sonstigen gesetzlichen Vorschriften, die dem § 90 vorgehen, so gelten als Aufwendungen außer den Kosten der Hilfe für denjenigen, den den Anspruch gegen den anderen hat, auch die Kosten der gleichzeitig mit dieser Hilfe seinem nicht getrennt lebenden Ehegatten und seinen minderjährigen unverheirateten Kindern gewährten Hilfe zum Lebensunterhalt.

...

§ 151 Behördenbestimmung und Stadtstaaten-Klausel
(1) Welche Stellen zuständige Behörden im Sinne dieses Gesetzes sind, bestimmt, soweit eine landesrechtliche Regelung nicht besteht, die Landesregierung.
(2) Die Senate der Länder Berlin, Bremen und Hamburg werden ermächtigt, die Vorschriften dieses Gesetzes über die Zuständigkeit von Behörden dem besonderen Verwaltungsaufbau ihrer Länder anzupassen.

§ 152 Maßgaben des Einigungsvertrages
Die Maßgaben nach Anlage I Kapitel X Sachgebiet H Abschnitt III Nr. 3 Buchstaben d und g in Verbindung mit Artikel 3 des Einigungsvertrages sind nicht mehr anzuwenden. Die darüber hinaus noch bestehenden Maßgaben nach Anlage I Kapitel X Sachgebiet H Abschnitt III Nr. 3 in Verbindung mit Artikel 3 des Einigungsvertrages sind im Land Berlin nicht mehr anzuwenden.

Anhang[1]

Auf Grund der Anlage I Kapitel X Sachgebiet H Abschnitt III Nr. 3 in Verbindung mit Artikel 3 des Einigungsvertrages gilt das Bundessozialhilfegesetz in den Ländern Brandenburg, Mecklenburg-Vorpommern, Sachsen, Sachsen-Anhalt und Thüringen sowie in dem Teil des Landes Berlin, in dem es bisher nicht galt, vom 1. Januar 1991 an mit folgenden Maßgaben:

a) Bis zu einer anderweitigen landesrechtlichen Regelung sind die in Artikel 3 des Vertrages genannten Länder überörtliche Träger der Sozialhilfe. Sie können zur Durchführung ihrer Aufgaben örtliche Träger der Sozialhilfe heranziehen und ihnen dabei Weisungen erteilen; in diesen Fällen erlassen die Länder den Widerspruchsbescheid.

b) Gesetzliche Ansprüche sind von den Trägern der Sozialhilfe nur insoweit zu erfüllen, als die im Einzelfall dafür erforderlichen sozialen Dienste und Einrichtungen in dem in Artikel 3 des Vertrages genannten Gebiet vorhanden oder sonst mit den zur Verfügung stehenden Mitteln erreichbar sind; die Verpflichtung der Träger der Sozialhilfe, auf die Schaffung ausreichender sozialer Dienste und Einrichtungen hinzuwirken (§ 17 Abs. 1 Nr. 2 des Ersten Buches Sozialgesetzbuch), bleibt unberührt.

c) Der monatliche Regelsatz für den Haushaltsvorstand (§ 22 Abs. 1) beträgt 400 Deutsche Mark. Notwendige Neufestsetzungen erfolgen gemäß § 22 Abs. 3 in Verbindung mit der Regelsatzverordnung.

d) § 23 Abs. 1 Nr. 1 und 2 ist nicht anzuwenden.

e) Für Hilfeempfänger in Anstalten, Heimen oder gleichartigen Einrichtungen, die das 18. Lebensjahr noch nicht vollendet haben, beträgt die Höhe des monatlichen Barbetrages zur persönlichen Verfügung (§ 21 Abs. 3)
   aa) bis zur Vollendung des 7. Lebensjahres 10 Deutsche Mark
   bb) vom Beginn des 8. bis zur Vollendung des 14. Lebensjahres 20 Deutsche Mark
   cc) vom Beginn des 15. bis zur Vollendung des 18. Lebensjahres 40 Deutsche Mark.
   Neufestsetzungen erfolgen gemäß § 21 Abs. 3 Satz 3.

f) Der Grundbetrag nach § 79 Abs. 1 und 2 beträgt 700 Deutsche Mark, der Grundbetrag nach § 81 Abs. 1 1 050 Deutsche Mark und der Grundbetrag nach § 81 Abs. 2 1 450 Deutsche Mark.

g) Blindenhilfe (§ 67) und Pflegegeld (§ 69) betragen:
   aa) Blindenhilfe nach Vollendung des 18. Lebensjahres 442 Deutsche Mark
   bb) Blindenhilfe bis zur Vollendung des 18. Lebensjahres 220 Deutsche Mark
   cc) Pflegegeld nach § 69 Abs. 4 Satz 1 163 Deutsche Mark
   dd) Pflegegeld für die in § 24 Abs. 2 genannten Personen 442 Deutsche Mark.

h) Der Bundesminister für Jugend, Familie, Frauen und Gesundheit setzt für das in Artikel 3 des Vertrages genannte Gebiet im Einvernehmen mit dem Bundesminister für Wirtschaft und dem Bundesminister der Finanzen durch Rechtsverordnung mit Zustimmung des Bundesrates die Grundbeträge der Einkommensgrenzen und die Höhe der Blindenhilfe und des Pflegegeldes unter Berücksichtigung der Einkommensentwicklung in dem bezeichneten Gebiet jeweils zum 1. Juli eines Jahres, erstmals zum 1. Juli 1991, solange neu fest, bis Übereinstimmung mit den im übrigen Geltungsbereich des Gesetzes geltenden Beträgen besteht.

---

[1] Siehe hierzu § 152.

Regelsatztabelle

Regelsätze nach § 22 Bundessozialhilfegesetz BSHG ab 1. Juli 1999

Land	Haushaltsvorstände und Alleinstehende	sonstige Haushaltsangehörige			
		bis zur Vollendung des 7. Lebensjahres	bis zur Vollendung des 7. Lebensjahres beim Zusammenleben mit einer Person, die allein für die Pflege und Erziehung des Kindes sorgt	vom Beginn des 8. bis zur Vollendung des 14. Lebensjahres	vom Beginn des 15. bis zur Vollendung des 18. Lebensjahres	vom Beginn des 19. Lebensjahres an
	DM	DM	DM	DM	DM	DM
1	2	3	4	5	6	7
Baden-Württemberg	548	274	301	356	493	438
Bayern (Landesregelsatz)	530	265	292	345	477	424
Berlin	547	274	301	356	492	438
Brandenburg	524	262	288	341	472	419
Bremen	547	274	301	356	492	438
Hamburg	547	274	301	356	492	438
Hessen	548	274	301	356	493	438
Mecklenburg-Vorpommern	522	261	287	339	470	418
Niedersachsen	547	274	301	356	492	438
Nordrhein-Westfalen	547	274	301	356	492	438
Rheinland-Pfalz	547	274	301	356	492	438
Saarland	547	274	301	356	492	438
Sachsen	522	261	287	339	470	418
Sachsen-Anhalt	527	264	290	343	474	422
Schleswig-Holstein	547	274	301	356	492	438
Thüringen	522	261	287	339	470	418

Verordnung zur Durchführung des § 22 des Bundessozialhilfegesetzes (Regelsatzverordnung)

Vom 20. Juli 1962 (BGBl. I S. 515)
(BGBl. III 2170-1-3)
zuletzt geändert durch Gesetz zur Reform des Sozialhilferechts vom 23. Juli 1996
(BGBl. I S. 1088, 1098)
– Auszug –

Auf Grund des § 22 Abs. 2 des Bundessozialhilfegesetzes vom 30. Juni 1961 (BGBl. I S. 815) wird im Einvernehmen mit dem Bundesminister für Arbeit und Sozialordnung und dem Bundesminister der Finanzen mit Zustimmung des Bundesrates verordnet:

§ 1 [Umfang der Regelsätze]
(1) Die Regelsätze umfassen die laufenden Leistungen für Ernährung, hauswirtschaftlichen Bedarf einschließlich Haushaltsenergie sowie für persönliche Bedürfnisse des täglichen Lebens. Dazu gehören auch die laufenden Leistungen für die Beschaffung von Wäsche und Hausrat von geringem Anschaffungswert, für die Instandsetzung von Kleidung, Schuhen und Hausrat in kleinerem Umfang sowie für Körperpflege und für Reinigung.
(2) Laufende Leistungen der in Absatz 1 genannten Art sind nach Regelsätzen zu gewähren, soweit nicht das Gesetz oder diese Verordnung anderes bestimmt.

§ 2 [Festsetzung der Regelsätze]
(1) Regelsätze sind für den Haushaltsvorstand und für sonstige Haushaltsangehörige festzusetzen. Die Regelsätze für den Haushaltsvorstand gelten auch für den Alleinstehenden.
(2) (aufgehoben)
(3) Die Regelsätze für sonstige Haushaltsangehörige betragen
1. bis zur Vollendung des 7. Lebensjahres 50 vom Hundert, beim Zusammenleben mit einer Person, die allein für die Pflege und Erziehung des Kindes sorgt, 55 vom Hundert,
2. vom Beginn des 8. bis zur Vollendung des 14. Lebensjahres 65 vom Hundert,
3. vom Beginn des 15. bis zur Vollendung des 18. Lebensjahres 90 vom Hundert und
4. vom Beginn des 19. Lebensjahres an 80 vom Hundert
des Regelsatzes für einen Haushaltsvorstand.
(4) Beträge nach den Absätzen 1 und 3, die nicht volle Deutsche Mark ergeben, sind bis zu 0,49 Deutsche Mark abzurunden und von 0,50 Deutsche Mark an aufzurunden.

§ 3 [Laufende Leistung für Unterkunft]
(1) Laufende Leistungen für die Unterkunft werden in Höhe der tatsächlichen Aufwendungen gewährt. Soweit die Aufwendungen für die Unterkunft den der Besonderheit des Einzelfalles angemessenen Umfang übersteigen, sind sie als Bedarf der Personen, deren Einkommen und Vermögen nach § 11 Abs. 1 des Gesetzes zu berücksichtigen sind, so lange anzuerkennen, als es diesen Personen nicht möglich oder nicht zuzumuten ist, durch einen Wohnungswechsel, durch Vermieten oder auf andere Weise die Aufwendungen zu senken. Vor Abschluß eines Vertrages über eine neue Unterkunft hat der Hilfeempfänger den dort zuständigen Träger der Sozialhilfe über die nach Satz 2 maßgeblichen Umstände in Kenntnis zu setzen; sind die Aufwendungen für die neue Unterkunft unangemessen hoch, ist der Träger der Sozialhilfe nur zur Übernahme angemessener Aufwendungen verpflichtet, es sei denn, er hat den darüber hinausgehenden Aufwendungen vorher zugestimmt. § 15 a Abs. 1 Satz 3 des Gesetzes ist auf die Gewährung von Leistungen für die Unterkunft entsprechend anzuwenden. Wohnungsbeschaffungskosten und Mietkautionen können mit vorheriger Zustimmung übernommen werden. Eine Zustimmung soll erteilt werden, wenn der Umzug durch den Träger der Sozialhilfe veranlaßt wird oder aus anderen Gründen notwendig ist und wenn ohne die Zustimmung eine Unterkunft in einem angemessenen Zeitraum nicht gefunden werden kann.

22 Regelsatzverordnung § 3

(2) Sind laufende Leistungen für Heizung zu gewähren, gilt Absatz 1 entsprechend.
(3) Wird jemand in einer anderen Familie oder bei anderen Personen als bei seinen Eltern oder einem Elternteil untergebracht, so werden in der Regel die laufenden Leistungen zum Lebensunterhalt abweichend von den Regelsätzen in Höhe der tatsächlichen Kosten der Unterbringung gewährt, sofern sie einen angemessenen Umfang nicht übersteigen.
...

Verordnung zur Durchführung des § 76 Abs. 2 a Nr. 3 Buchstabe b des Bundessozialhilfegesetzes

Vom 28. Juni 1974 (BGBl. I S. 1365)
(BGBl. III 2170-1-13)
geändert durch Gesetz zur Umsetzung des Föderalen Konsolidierungsprogramms vom 23. Juni 1993 (BGBl. I S. 944, 958)
– Auszug –

Auf Grund des § 24 Abs. 2 Satz 2 des Bundessozialhilfegesetzes in der Fassung der Bekanntmachung vom 18. September 1969 (BGBl. I S. 1688), zuletzt geändert durch das Gesetz zur Weiterentwicklung des Schwerbeschädigtenrechts vom 24. April 1974 (BGBl. I S. 981), verordnet die Bundesregierung mit Zustimmung des Bundesrates:

§ 1 [Begriffsbestimmung]
Behinderte im Sinne des § 76 Abs. 2 a Nr. 3 Buchstabe b des Gesetzes sind
1. Personen mit Verlust beider Beine im Oberschenkel, bei denen eine prothetische Versorgung nicht möglich ist oder die eine weitere wesentliche Behinderung haben,
2. Ohnhänder,
3. Personen mit Verlust dreier Gliedmaßen,
4. Personen mit Lähmungen oder sonstigen Bewegungsbehinderungen, wenn diese Behinderungen denjenigen der in den Nummern 1 bis 3 genannten Personen gleichkommen,
5. Hirnbeschädigte mit schweren körperlichen und schweren geistigen oder seelischen Störungen und Gebrauchsbehinderung mehrerer Gliedmaßen,
6. Personen mit schweren geistigen oder seelischen Behinderungen, die wegen dauernder und außergewöhnlicher motorischer Unruhe ständiger Aufsicht bedürfen,
7. andere Personen, deren dauerndes Krankenlager erfordernder Leidenszustand oder deren Pflegebedürftigkeit so außergewöhnlich ist, daß ihre Behinderung der Behinderung der in den Nummern 1 bis 5 genannten Personen vergleichbar ist.

Als Gliedmaße gilt mindestens die ganze Hand oder der ganze Fuß.

...

Verordnung nach § 47 des Bundessozialhilfegesetzes (Eingliederungshilfe-Verordnung)

Vom 27. Mai 1964 (BGBl. I S. 339)
in der Fassung der Bekanntmachung vom 1. Februar 1975 (BGBl. I S. 434)
(BGBl. III 2170-1-6)
zuletzt geändert durch Arbeitsförderungs-Reformgesetz vom 24. März 1997
(BGBl. I S. 594, 706)
– Auszug –

Abschnitt I
Personenkreis

§ 1 Körperlich wesentlich Behinderte

Körperlich wesentlich behindert im Sinne des § 39 Abs. 1 Satz 1 des Gesetzes sind Personen, bei denen infolge einer körperlichen Regelwidrigkeit die Fähigkeit zur Eingliederung in die Gesellschaft in erheblichem Umfange beeinträchtigt ist. Die Voraussetzung des Satzes 1 ist erfüllt bei

1. Personen, deren Bewegungsfähigkeit durch eine Beeinträchtigung des Stütz- oder Bewegungssystems in erheblichem Umfange eingeschränkt ist,
2. Personen mit erheblichen Spaltbildungen des Gesichts oder des Rumpfes oder mit abstoßend wirkenden Entstellungen vor allem des Gesichts,
3. Personen, deren körperliches Leistungsvermögen infolge Erkrankung, Schädigung oder Fehlfunktion eines inneren Organs oder der Haut in erheblichem Umfange eingeschränkt ist,
4. Blinden oder solchen Sehbehinderten, bei denen mit Gläserkorrektion ohne besondere optische Hilfsmittel
    a) auf dem besseren Auge oder beidäugig im Nahbereich bei einem Abstand von mindestens 30 cm oder im Fernbereich eine Sehschärfe von nicht mehr als 0,3 besteht
    oder
    b) durch Buchstabe a nicht erfaßte Störungen der Sehfunktion von entsprechendem Schweregrad vorliegen,
5. Personen, die gehörlos sind oder denen eine sprachliche Verständigung über das Gehör nur mit Hörhilfen möglich ist,
6. Personen, die nicht sprechen können, Seelentauben und Hörstummen, Personen mit erheblichen Stimmstörungen sowie Personen, die stark stammeln, stark stottern oder deren Sprache stark unartikuliert ist.

§ 2 Geistig wesentlich Behinderte

Geistig wesentlich behindert im Sinne des § 39 Abs. 1 Satz 1 des Gesetzes sind Personen, bei denen infolge einer Schwäche ihrer geistigen Kräfte die Fähigkeit zur Eingliederung in die Gesellschaft in erheblichem Umfange beeinträchtigt ist.

§ 3 Seelisch wesentlich Behinderte

Seelisch wesentlich behindert im Sinne des § 39 Abs. 1 Satz 1 des Gesetzes sind Personen, bei denen infolge seelischer Störungen die Fähigkeit zur Eingliederung in die Gesellschaft in erheblichem Umfange beeinträchtigt ist. Seelische Störungen, die eine Behinderung im Sinne des Satzes 1 zur Folge haben können, sind
1. körperlich nicht begründbare Psychosen,
2. seelische Störungen als Folge von Krankheiten oder Verletzungen des Gehirns, von Anfallsleiden oder von anderen Krankheiten oder körperlichen Beeinträchtigungen,
3. Suchtkrankheiten,
4. Neurosen und Persönlichkeitsstörungen.

§ 4 Dauer der Behinderung

Als nicht nur vorübergehend im Sinne des § 39 Abs. 1 Satz 1 des Gesetzes ist ein Zeitraum von mehr als 6 Monaten anzusehen.

§ 5 Von Behinderung Bedrohte
Von Behinderung bedroht im Sinne des § 39 Abs. 2 Satz 1 des Gesetzes sind Personen, bei denen der Eintritt der Behinderung nach allgemeiner ärztlicher oder sonstiger fachlicher Erkenntnis mit hoher Wahrscheinlichkeit zu erwarten ist.

Abschnitt II
Maßnahmen der Eingliederungshilfe

§ 6 Kuren, Leibesübungen
Zu den Maßnahmen im Sinne des § 40 Abs. 1 Nr. 1 des Gesetzes gehören auch
1. Kuren in geeigneten Kur- oder Badeorten oder in geeigneten Sondereinrichtungen, wenn andere Maßnahmen nicht ausreichen und die Kur im Einzelfall nach ärztlichem Gutachten zur Verhütung, Beseitigung oder Milderung der Behinderung oder ihrer Folgen erforderlich ist,
2. Leibesübungen, die ärztlich verordnet sind und für Behinderte sowie für von einer Behinderung bedrohte Personen unter ärztlicher Überwachung in Gruppen durchgeführt werden.

§ 7 Krankenfahrzeug
Zu den orthopädischen Hilfsmitteln im Sinne des § 40 Abs. 1 Nr. 2 des Gesetzes gehören auch handbetriebene oder motorisierte Krankenfahrzeuge für den häuslichen Gebrauch und für den Straßengebrauch.

§ 8 Hilfe zur Beschaffung eines Kraftfahrzeuges
(1) Die Hilfe zur Beschaffung eines Kraftfahrzeuges gilt als Hilfe im Sinne des § 40 Abs. 1 Nr. 2 des Gesetzes. Sie wird in angemessenem Umfange gewährt, wenn der Behinderte wegen Art und Schwere seiner Behinderung zum Zwecke seiner Eingliederung, vor allem in das Arbeitsleben, auf die Benutzung eines Kraftfahrzeuges angewiesen ist.
(2) Die Hilfe nach Absatz 1 kann auch als Darlehen gewährt werden.
(3) Die Hilfe nach Absatz 1 ist in der Regel davon abhängig, daß der Behinderte das Kraftfahrzeug selbst bedienen kann.
(4) Eine erneute Hilfe zur Beschaffung eines Kraftfahrzeuges soll in der Regel nicht vor Ablauf von 5 Jahren nach Gewährung der letzten Hilfe gewährt werden.

§ 9 Andere Hilfsmittel
(1) Andere Hilfsmittel im Sinne des § 40 Abs. 1 Nr. 2 des Gesetzes sind nur solche Hilfsmittel, die dazu bestimmt sind, zum Ausgleich der durch die Behinderung bedingten Mängel beizutragen.
(2) Zu den anderen Hilfsmitteln im Sinne des Absatzes 1 gehören auch
1. Schreibmaschinen für Blinde, Ohnhänder und solche Behinderte, die wegen Art und Schwere ihrer Behinderung auf eine Schreibmaschine angewiesen sind,
2. Verständigungsgeräte für Taubblinde,
3. Blindenschrift-Bogenmaschinen,
4. Blindenuhren mit Zubehör, Blindenweckuhren,
5. Tonbandgeräte mit Zubehör für Blinde,
6. Blindenführhunde mit Zubehör,
7. besondere optische Hilfsmittel, vor allem Fernrohrlupenbrillen,
8. Hörgeräte, Hörtrainer,
9. Weckuhren für Hörbehinderte,
10. Sprachübungsgeräte für Sprachbehinderte,
11. besondere Bedienungseinrichtungen und Zusatzgeräte für Kraftfahrzeuge, wenn der Behinderte wegen Art und Schwere seiner Behinderung auf ein Kraftfahrzeug angewiesen ist,
12. Gebrauchsgegenstände des täglichen Lebens und zur nichtberuflichen Verwendung bestimmte Hilfsgeräte für Behinderte, wenn der Behinderte wegen Art und Schwere seiner Behinderung auf diese Gegenstände angewiesen ist.

(3) Die Versorgung mit einem anderen Hilfsmittel im Sinne des § 40 Abs. 1 Nr. 2 des Gesetzes wird nur gewährt, wenn das Hilfsmittel im Einzelfall erforderlich und geeignet ist, zu dem in Absatz 1 genannten Ausgleich beizutragen, und wenn der Behinderte das Hilfsmittel bedienen kann.

§ 10 Umfang der Versorgung mit Körperersatzstücken, orthopädischen oder anderen Hilfsmitteln

(1) Zu der Versorgung mit Körperersatzstücken sowie mit orthopädischen oder anderen Hilfsmitteln im Sinne des § 40 Abs. 1 Nr. 2 des Gesetzes gehört auch eine notwendige Unterweisung in ihrem Gebrauch.

(2) Soweit im Einzelfall erforderlich, wird eine Doppelausstattung mit Körperersatzstücken, orthopädischen oder anderen Hilfsmitteln gewährt.

(3) Zu der Versorgung mit Körperersatzstücken sowie mit orthopädischen oder anderen Hilfsmitteln gehört auch deren notwendige Instandhaltung oder Änderung. Die Versorgung mit einem anderen Hilfsmittel umfaßt auch ein Futtergeld für einen Blindenführhund in Höhe des Betrages, den blinde Beschädigte nach dem Bundesversorgungsgesetz zum Unterhalt eines Führhundes erhalten, soweit die Kosten für die notwendige tierärztliche Behandlung des Führhundes und für eine angemessene Haftpflichtversicherung, soweit die Beiträge hierfür nicht nach § 76 Abs. 2 Nr. 3 des Gesetzes vom Einkommen abzusetzen sind.

(4) Eine erneute Versorgung wird gewährt, wenn sie infolge der körperlichen Entwicklung des Behinderten notwendig oder wenn aus anderen Gründen das Körperersatzstück oder Hilfsmittel ungeeignet oder unbrauchbar geworden ist.

(5) Bei der Hilfe nach § 7 umfaßt die Versorgung auch die Betriebskosten des motorisierten Krankenfahrzeuges.

(6) Als Versorgung kann Hilfe in angemessenem Umfange auch zur Erlangung der Fahrerlaubnis, zur Instandhaltung sowie durch Übernahme von Betriebskosten eines Kraftfahrzeuges gewährt werden, wenn der Behinderte wegen seiner Behinderung auf die regelmäßige Benutzung eines Kraftfahrzeuges angewiesen ist oder angewiesen sein wird.

§ 11 Heilpädagogische Maßnahmen

Heilpädagogische Maßnahmen im Sinne des § 40 Abs. 1 Nr. 2 a des Gesetzes werden gewährt, wenn nach allgemeiner ärztlicher oder sonstiger fachlicher Erkenntnis zu erwarten ist, daß hierdurch eine drohende Behinderung im Sinne des § 39 Abs. 1 des Gesetzes verhütet werden kann oder die Folgen einer solchen Behinderung beseitigt oder gemildert werden können. Sie werden auch gewährt, wenn die Behinderung eine spätere Schulbildung oder eine Ausbildung für einen angemessenen Beruf oder für eine sonstige angemessene Tätigkeit voraussichtlich nicht zulassen wird.

§ 12 Schulbildung

Die Hilfe zu einer angemessenen Schulbildung im Sinne des § 40 Abs. 1 Nr. 3 des Gesetzes umfaßt auch

1. heilpädagogische sowie sonstige Maßnahmen zugunsten behinderter Kinder und Jugendlicher, wenn die Maßnahmen erforderlich und geeignet sind, dem Behinderten den Schulbesuch im Rahmen der allgemeinen Schulpflicht zu ermöglichen oder zu erleichtern,
2. Maßnahmen der Schulbildung zugunsten behinderter Kinder und Jugendlicher, wenn die Maßnahmen erforderlich und geeignet sind, dem Behinderten eine im Rahmen der allgemeinen Schulpflicht üblicherweise erreichbare Bildung zu ermöglichen,
3. Hilfe zum Besuch einer Realschule, eines Gymnasiums, einer Fachoberschule oder einer Ausbildungsstätte, deren Ausbildungsabschluß dem einer der oben genannten Schulen gleichgestellt ist, oder, soweit im Einzelfalle der Besuch einer solchen Schule oder Ausbildungsstätte nicht zumutbar ist, sonstige Hilfe zur Vermittlung einer entsprechenden Schulbildung; die Hilfe wird nur gewährt, wenn nach den Fähigkeiten und den Leistungen des Behinderten zu erwarten ist, daß er das Bildungsziel erreichen wird.

§ 13 Ausbildung für einen Beruf oder für eine sonstige Tätigkeit

(1) Die Hilfe zur Ausbildung für einen angemessenen Beruf im Sinne des § 40 Abs. 1 Nr. 4 des Gesetzes umfaßt vor allem Hilfe

1. zur Berufsausbildung im Sinne des Berufsbildungsgesetzes,
2. zur Ausbildung an einer Berufsfachschule,
3. zur Ausbildung an einer Berufsaufbauschule,
4. zur Ausbildung an einer Fachschule oder höheren Fachschule,
5. zur Ausbildung an einer Hochschule oder einer Akademie,

6. zum Besuch sonstiger öffentlicher, staatlich anerkannter oder staatlich genehmigter Ausbildungsstätten,
7. zur Ableistung eines Praktikums, das Voraussetzung für den Besuch einer Fachschule oder einer Hochschule oder für die Berufszulassung ist,
8. zur Teilnahme am Fernunterricht; § 86 des Dritten Buches Sozialgesetzbuch gilt entsprechend,
9. zur Teilnahme an Maßnahmen, die geboten sind, um die Ausbildung für einen angemessenen Beruf vorzubereiten.

(2) Die Hilfe nach Absatz 1 wird nur gewährt, wenn
1. nach den körperlichen und geistigen Fähigkeiten und den Leistungen des Behinderten zu erwarten ist, daß er das Ziel der Ausbildung oder der Vorbereitungsmaßnahmen erreichen wird,
2. der beabsichtigte Ausbildungsweg erforderlich ist,
3. der Beruf oder die Tätigkeit voraussichtlich eine ausreichende Lebensgrundlage bieten oder, falls dies wegen Art und Schwere der Behinderung nicht möglich ist, zur Lebensgrundlage in angemessenem Umfange beitragen wird.

(3) Die Hilfe zur Ausbildung für eine sonstige angemessene Tätigkeit im Sinne des § 40 Abs. 1 Nr. 4 des Gesetzes wird insbesondere gewährt, wenn die Ausbildung für einen Beruf aus besonderen Gründen, vor allem wegen Art und Schwere der Behinderung, unterbleibt. Absatz 2 gilt entsprechend.

§ 14 Fortbildung, Umschulung

(1) Für die Gewährung der Hilfe zur Fortbildung oder Umschulung im Sinne des § 40 Abs. 1 Nr. 5 des Gesetzes gilt § 13 entsprechend.

(2) Hilfe zur Fortbildung im früheren oder einem diesem verwandten Beruf wird gewährt, wenn der Behinderte ohne die Fortbildung den früheren Beruf wegen der Behinderung nicht oder nur unzureichend ausüben kann.

(3) Hilfe zur Umschulung für einen angemessenen Beruf oder eine sonstige angemessene Tätigkeit wird gewährt, wenn der Behinderte den früheren Beruf oder die frühere sonstige Tätigkeit wegen der Behinderung nicht oder nur unzureichend ausüben kann.

§ 15 Besondere Maßnahmen außerhalb der Hilfe nach den §§ 11 bis 14

Kommen wegen der Art oder der Schwere der Behinderung Maßnahmen nach den §§ 11 bis 14 nicht in Betracht, so umfaßt die Hilfe auch Maßnahmen zum Erwerb praktischer Kenntnisse und Fähigkeiten, die erforderlich und geeignet sind, dem Behinderten die für ihn erreichbare Teilnahme am Leben in der Gemeinschaft zu ermöglichen.

§ 16 Allgemeine Ausbildung

Zu den Maßnahmen der Eingliederungshilfe für Behinderte gehören auch
1. die blindentechnische Grundausbildung,
2. Kurse und ähnliche Maßnahmen zugunsten der in § 1 Nr. 5 und 6 genannten Personen, wenn die Maßnahmen erforderlich und geeignet sind, die Verständigung mit anderen Personen zu ermöglichen oder zu erleichtern,
3. hauswirtschaftliche Lehrgänge, die erforderlich und geeignet sind, dem Behinderten die Besorgung des Haushalts ganz oder teilweise zu ermöglichen,
4. Lehrgänge und ähnliche Maßnahmen, die erforderlich und geeignet sind, den Behinderten zu befähigen, sich ohne fremde Hilfe sicher im Verkehr zu bewegen.

§ 17 Eingliederung in das Arbeitsleben

(1) Zu der Hilfe im Sinne des § 40 Abs. 1 Nr. 6 und 7 des Gesetzes gehören auch die Hilfe zur Beschaffung von Gegenständen sowie andere Leistungen, wenn sie wegen der Behinderung zur Aufnahme oder Fortsetzung einer angemessenen Beschäftigung im Arbeitsleben erforderlich sind; für die Hilfe zur Beschaffung eines Kraftfahrzeuges ist § 8, für die Hilfe zur Beschaffung von Gegenständen, die zugleich Gegenstände im Sinne des § 9 Abs. 2 Nr. 12 sind, ist § 9 maßgebend. Die Hilfe nach Satz 1 kann auch als Darlehen gewährt werden.

(2) Hilfe in einer sonstigen Beschäftigungsstätte nach § 41 Abs. 1 Satz 2 des Gesetzes können Behinderte erhalten, die mindestens die Voraussetzungen zur Aufnahme in einer Werkstatt für Behinderte (§ 54 a des Schwerbehindertengesetzes) erfüllen.

§ 18 Wohnungsmäßige Unterbringung Behinderter
Die Hilfe bei der Beschaffung und Erhaltung einer Wohnung im Sinne des § 40 Abs. 1 Nr. 6 a des Gesetzes umfaßt auch notwendige Umbauten. Kommen für die Hilfe nach § 40 Abs. 1 Nr. 6a des Gesetzes Geldleistungen in Betracht, können sie als Beihilfe oder als Darlehen gewährt werden.

§ 19 Hilfe zur Teilnahme am Leben in der Gemeinschaft
Die Hilfe zur Teilnahme am Leben in der Gemeinschaft im Sinne des § 40 Abs. 1 Nr. 8 des Gesetzes umfaßt vor allem
1. Maßnahmen, die geeignet sind, dem Behinderten die Begegnung und den Umgang mit nichtbehinderten Personen zu ermöglichen, zu erleichtern oder diese vorzubereiten,
2. Hilfe zum Besuch von Veranstaltungen oder Einrichtungen, die der Geselligkeit, der Unterhaltung oder kulturellen Zwecken dienen,
3. die Bereitstellung von Hilfsmitteln, die der Unterrichtung über das Zeitgeschehen und über kulturelle Ereignisse dienen, wenn wegen der Schwere der Behinderung anders eine Teilnahme am Leben in der Gemeinschaft nicht oder unzureichend möglich ist,
4. Tätigkeiten zur Vorbereitung auf Maßnahmen der Eingliederung in das Arbeitsleben nach § 40 Abs. 1 Nr. 6 des Gesetzes.

§ 20 Anleitung von Betreuungspersonen
Bedarf ein Behinderter wegen der Schwere der Behinderung in erheblichem Umfange der Betreuung, so gehört zu den Maßnahmen der Eingliederungshilfe auch, Personen, denen die Betreuung obliegt, mit den durch Art und Schwere der Behinderung bedingten Besonderheiten der Betreuung vertraut zu machen.

§ 21 Verständigung mit der Umwelt
Bedürfen Gehörlose oder andere Personen mit besonders starker Beeinträchtigung der Hörfähigkeit oder Sprachfähigkeit aus besonderem Anlaß, vor allem im Verkehr mit Behörden, zur Verständigung mit der Umwelt der Hilfe eines anderen, sind ihnen die angemessenen Aufwendungen hierfür zu erstatten.

§ 22 Kosten der Begleitpersonen
Erfordern die Maßnahmen der Eingliederungshilfe die Begleitung des Behinderten, so gehören zu seinem Bedarf auch
1. die notwendigen Fahrtkosten und die sonstigen mit der Fahrt verbundenen notwendigen Auslagen der Begleitperson,
2. weitere Kosten der Begleitperson, soweit sie nach den Besonderheiten des Einzelfalles notwendig sind.

§ 23 Eingliederungsmaßnahmen im Ausland
Maßnahmen der Eingliederungshilfe für Behinderte können auch im Ausland durchgeführt werden, wenn dies im Interesse der Eingliederung des Behinderten geboten ist, die Dauer der Eingliederungsmaßnahmen durch den Auslandsaufenthalt nicht wesentlich verlängert wird und keine unvertretbaren Mehrkosten entstehen.

§ 24 Anhörung von Sachverständigen
Bei der Prüfung von Art und Umfang der in Betracht kommenden Maßnahmen der Eingliederungshilfe sollen, soweit nach den Besonderheiten des Einzelfalles geboten, ein Arzt, ein Pädagoge, jeweils der entsprechenden Fachrichtung, ein Psychologe oder sonstige sachverständige Personen gehört werden.

...

Verordnung zur Durchführung des § 72 des Bundessozialhilfegesetzes

Vom 9. Juni 1976 (BGBl. I S. 1469)
(BGBl. III 2170-1-17)

zuletzt geändert durch Erstes Gesetz zur Änderung des Achten Buches Sozialgesetzbuch vom 16. Februar 1993 (BGBl. I S. 239)

– Auszug –

Auf Grund des § 72 Abs. 5 des Bundessozialhilfegesetzes in der Fassung der Bekanntmachung vom 13. Februar 1976 (BGBl. I S. 289, 1150) wird mit Zustimmung des Bundesrates verordnet:

Abschnitt 1
Personenkreis

§ 1 Allgemeine Abgrenzung
(1) Personen im Sinne des § 72 Abs. 1 Satz 1 des Gesetzes sind Hilfesuchende, deren besondere Lebensverhältnisse zu sozialen Schwierigkeiten, vor allem in der Familie, in der Nachbarschaft oder am Arbeitsplatz, führen, so daß eine Teilnahme am Leben in der Gemeinschaft nicht möglich oder erheblich beeinträchtigt ist, und die diese Schwierigkeiten aus eigenen Kräften und Mitteln nicht überwinden können. Besondere Lebensverhältnisse im Sinne des Satzes 1 können ihre Ursache in nachteiligen äußeren Umständen oder in der Person des Hiffesuchenden haben.
(2) Besondere Lebensverhältnisse können vor allem bestehen bei
1. Personen ohne ausreichende Unterkunft (§ 2),
2. Landfahrern (§ 3),
3. Nichtseßhaften (§ 4),
4. aus Freiheitsentziehung Entlassenen (§ 5),
5. verhaltensgestörten jungen Menschen, denen Hilfe zur Erziehung oder Hilfe für junge Volljährige nicht gewährt werden kann (§ 6).

Bestehen besondere Lebensverhältnisse, wird Hilfe nur gewährt, wenn auch die sonstigen Voraussetzungen des Absatzes 1 Satz 1 erfüllt sind und § 72 Abs. 1 Satz 2 des Gesetzes nicht entgegensteht.

§ 2 Personen ohne ausreichende Unterkunft
Personen ohne ausreichende Unterkunft im Sinne des § 1 Abs. 2 Satz 1 Nr. 1 sind Personen, die in Obdachlosen- und sonstigen Behelfsunterkünften oder in vergleichbaren Unterkünften leben.

§ 3 Landfahrer
(1) Landfahrer im Sinne des § 1 Abs. 2 Satz 1 Nr. 2 sind Personen, die im Sippen- oder Familienverband oder in sonstigen Gruppen nach besonderen, vor allem ethnisch bedingten, gemeinsamen Wertvorstellungen leben und mit einer beweglichen Unterkunft zumindest zeitweise umherziehen.
(2) Den Landfahrern stehen Personen gleich, die als frühere Landfahrer oder als deren Angehörige auf Wohnplätzen oder in für sie bestimmten Siedlungen wohnen.

§ 4 Nichseßhafte
Nichtseßhafte im Sinne des § 1 Abs. 2 Satz 1 Nr. 3 sind Personen, die ohne gesicherte wirtschaftliche Lebensgrundlage umherziehen oder die sich zur Vorbereitung auf eine Teilnahme am Leben in der Gemeinschaft oder zur dauernden persönlichen Betreuung in einer Einrichtung für Nichtseßhafte aufhalten.

§ 5 Aus Freiheitsentziehung Entlassene
Aus Freiheitsentziehung Entlassene im Sinne des § 1 Abs. 2 Satz 1 Nr. 4 sind Personen, die aus einer richterlich angeordneten Freiheitsentziehung in ungesicherte Lebensverhältnisse entlassen werden oder entlassen worden sind.

§ 6 Verhaltensgestörte junge Menschen
Personen im Sinne des § 1 Abs. 2 Satz 1 Nr. 5 sind Minderjährige und junge Volljährige mit erheblichen Verhaltensstörungen, denen nach dem Achten Buch Sozialgesetzbuch Hilfe zur Erziehung oder Hilfe für junge Volljährige nicht oder nicht mehr gewährt werden kann.

Abschnitt 2
Art und Umfang der Maßnahmen

§ 7 Beratung, persönliche Betreuung
(1) Zur Beratung im Sinne des § 72 Abs. 2 des Gesetzes gehört es vor allem, den Hilfeempfänger über die zur Überwindung seiner sozialen Schwierigkeiten in Betracht kommenden Maßnahmen zu unterrichten.

(2) Die persönliche Betreuung im Sinne des § 72 Abs. 2 des Gesetzes umfaßt vor allem Maßnahmen, die darauf gerichtet sind,
1. die Ursachen der Schwierigkeiten des Hilfeempfängers festzustellen, sie ihm bewußt zu machen und auf die Inanspruchnahme der für ihn in Betracht kommenden Sozialleistungen hinzuwirken,
2. die Bereitschaft und Fähigkeit des Hilfeempfängers zu entwickeln und zu festigen, bei der Überwindung seiner Schwierigkeiten nach seinen Kräften mitzuwirken und soweit wie möglich unabhängig von der Hilfe am Leben in der Gemeinschaft teilzunehmen.

(3) Soweit es im Einzelfall erforderlich ist, erstreckt sich die persönliche Betreuung auch darauf, in der Umgebung des Hilfeempfängers
1. Verständnis für seine Schwierigkeiten zu wecken und Vorurteilen entgegenzuwirken,
2. Einflüssen zu begegnen, die seine Bereitschaft oder Fähigkeit zur Teilnahme am Leben in der Gemeinschaft beeinträchtigen.

(4) Hilfeempfänger können auch in Gruppen betreut werden, wenn diese Art der Hilfegewährung besonders geeignet ist, den Erfolg der Maßnahmen herbeizuführen.

§ 8 Beschaffung und Erhaltung einer Wohnung
Zu den Maßnahmen bei der Beschaffung und Erhaltung einer Wohnung im Sinne des § 72 Abs. 2 des Gesetzes gehören auch die Übernahme der Kosten für den Umzug in eine ausreichende Wohnung sowie Maßnahmen, die den Hilfeempfänger befähigen sollen, die Wohngewohnheiten seiner Umgebung anzunehmen. Kommen als Maßnahmen bei der Beschaffung und Erhaltung einer Wohnung im Sinne des § 72 Abs. 2 des Gesetzes Geldleistungen in Betracht, können sie als Beihilfe oder als Darlehen gewährt werden.

§ 9 Erlangung und Sicherung eines Platzes im Arbeitsleben
Zu den Maßnahmen im Sinne des § 72 Abs. 2 des Gesetzes gehört auch die Hilfe zur Erlangung und Sicherung eines Platzes im Arbeitsleben. Die Hilfe umfaßt vor allem Maßnahmen, die darauf gerichtet sind,
1. die Bereitschaft des Hilfeempfängers zu entwickeln und zu festigen, einer geregelten Arbeit nachzugehen und den Lebensbedarf für sich und seine Angehörigen aus regelmäßigem Erwerbseinkommen zu bestreiten,
2. einen geeigneten Arbeits- oder Ausbildungsplatz zu erlangen und zu sichern,
3. dem drohenden Verlust eines Arbeits- oder Ausbildungsplatzes entgegenzuwirken.

Bei der Gewährung der Hilfe sollen die schulische und berufliche Bildung des Hilfeempfängers, seine besonderen Fähigkeiten und Neigungen sowie Besonderheiten, die ihm als Angehörigen einer bestimmten Personengruppe eigen sind, berücksichtigt werden.

§ 10 Ausbildung
Zu den Maßnahmen im Sinne des § 72 Abs. 2 des Gesetzes gehören auch Hilfen,
1. die es dem Hilfeempfänger erleichtern, den Ausbildungsabschluß allgemeinbildender Schulen nachzuholen,
2. die den Hilfeempfänger zu einer Ausbildung für einen angemessenen Beruf oder für eine sonstige angemessene Tätigkeit anregen oder seine Teilnahme an ihr sichern.

§ 11 Hilfe zur Begegnung und zur Gestaltung der Freizeit
Zu den Maßnahmen im Sinne des § 72 Abs. 2 des Gesetzes gehört auch die Hilfe zur Begegnung und zur Gestaltung der Freizeit. Sie umfaßt vor allem Maßnahmen der persönlichen Hilfe,
1. welche die Begegnung und den Umgang des Hilfeempfängers mit anderen Personen anregen oder ermöglichen,
2. die dem Hilfeempfänger den Besuch von Einrichtungen oder Veranstaltungen der Gemeinschaft ermöglichen, die der Geselligkeit, der Unterhaltung oder kulturellen Zwecken dienen,
3. die den Hilfeempfänger zur geselligen, sportlichen oder kulturellen Betätigung anregen.

...

Verordnung zur Durchführung des § 76 des Bundessozialhilfegesetzes

Vom 28. November 1962 (BGBl. I S. 692)
(BGBl. III 2170-1-4)

zuletzt geändert durch Sechstes Überleitungsgesetz vom 25. September 1990 (BGBl. I S. 2106)

– Auszug –

Auf Grund des § 76 Abs. 3 des Bundessozialhilfegesetzes vom 30. Juni 1961 (BGBl. I S. 815) verordnet die Bundesregierung mit Zustimmung des Bundesrates:

§ 1 Einkommen

Bei der Berechnung der Einkünfte in Geld oder Geldeswert, die nach § 76 Abs. 1 des Gesetzes zum Einkommen gehören, sind alle Einnahmen ohne Rücksicht auf ihre Herkunft und Rechtsnatur sowie ohne Rücksicht darauf, ob sie zu den Einkunftsarten im Sinne des Einkommensteuergesetzes gehören und ob sie der Steuerpflicht unterliegen, zugrunde zu legen.

§ 2 Bewertung von Sachbezügen

(1) Für die Bewertung von Einnahmen, die nicht in Geld bestehen (Kost, Wohnung und sonstige Sachbezüge), sind die auf Grund des § 160 Abs.2 der Reichsversicherungsordnung für die Sozialversicherung zuletzt festgesetzten Werte der Sachbezüge maßgebend; soweit der Wert der Sachbezüge nicht festgesetzt ist, sind der Bewertung die üblichen Mittelpreise des Verbrauchsortes zugrunde zu legen. Die Verpflichtung, den notwendigen Lebensunterhalt im Einzelfall nach Abschnitt 2 des Gesetzes sicherzustellen, bleibt unberührt.

(2) Absatz 1 gilt auch dann, wenn in einem Tarifvertrag, einer Tarifordnung, einer Betriebs- oder Dienstordnung, einer Betriebsvereinbarung, einem Arbeitsvertrag oder einem sonstigen Vertrag andere Werte festgesetzt worden sind.

§ 3 Einkünfte aus nichtselbständiger Arbeit

(1) Welche Einkünfte zu den Einkünften aus nichtselbständiger Arbeit gehören, bestimmt sich nach § 19 Abs. 1 Ziff. 1 des Einkommensteuergesetzes.

(2) Als nichtselbständige Arbeit gilt auch die Arbeit, die in einer Familiengemeinschaft von einem Familienangehörigen des Betriebsinhabers gegen eine Vergütung geleistet wird. Wird die Arbeit nicht nur vorübergehend geleistet, so ist in Zweifelsfällen anzunehmen, daß der Familienangehörige eine Vergütung erhält, wie sie einem Gleichaltrigen für eine gleichartige Arbeit gleichen Umfangs in einem fremden Betrieb ortsüblich gewährt wird.

(3) Bei der Berechnung der Einkünfte ist von den monatlichen Bruttoeinnahmen auszugehen. Einmalige Einnahmen sind von dem Monat an zu berücksichtigen, in dem sie anfallen; sie sind, soweit nicht im Einzelfall eine andere Regelung angezeigt ist, auf einen angemessenen Zeitraum aufzuteilen und monatlich mit einem entsprechenden Teilbetrag anzusetzen. Satz 2 gilt auch für Sonderzuwendungen, Gratifikationen und gleichartige Bezüge und Vorteile, die in größeren als monatlichen Zeitabständen gewährt werden.

(4) Zu den mit der Erzielung der Einkünfte aus nichtselbständiger Arbeit verbundenen Ausgaben im Sinne des § 76 Abs. 2 Nr. 4 des Gesetzes gehören vor allem
1. notwendige Aufwendungen für Arbeitsmittel,
2. notwendige Aufwendungen für Fahrten zwischen Wohnung und Arbeitsstätte,
3. notwendige Beiträge für Berufsverbände,
4. notwendige Mehraufwendungen infolge Führung eines doppelten Haushalts nach näherer Bestimmung des Absatzes 7.

Ausgaben im Sinne des Satzes 1 sind nur insoweit zu berücksichtigen, als sie von dem Bezieher des Einkommens selbst getragen werden.

(5) Als Aufwendungen für Arbeitsmittel (Absatz 4 Nr. 1) kann ein monatlicher Pauschbetrag von zehn Deutsche Mark berücksichtigt werden, wenn nicht im Einzelfall höhere Aufwendungen nachgewiesen werden.

(6) Wird für die Fahrt zwischen Wohnung und Arbeitsstätte (Absatz 4 Nr. 2) ein eigenes Kraftfahrzeug benutzt, gilt folgendes:
1. Wäre bei Nichtvorhandensein eines Kraftfahrzeuges die Benutzung eines öffentlichen Verkehrsmittels notwendig, so ist ein Betrag in Höhe der Kosten der tariflich günstigsten Zeitkarte abzusetzen.
2. Ist ein öffentliches Verkehrsmittel nicht vorhanden oder dessen Benutzung im Einzelfall nicht zumutbar und deshalb die Benutzung eines Kraftfahrzeuges notwendig, so sind folgende monatliche Pauschbeträge abzusetzen:
   a) bei Benutzung eines Kraftwagens   10,– Deutsche Mark,
   b) bei Benutzung eines Kleinstkraftwagens (drei- oder vierrädriges Kraftfahrzeug, dessen Motor einen Hubraum von nicht mehr als 500 ccm hat)   7,20 Deutsche Mark,
   c) bei Benutzung eines Motorrades oder eines Motorrollers   4,40 Deutsche Mark,
   d) bei Benutzung eines Fahrrades mit Motor   2,40 Deutsche Mark

für jeden vollen Kilometer, den die Wohnung von der Arbeitsstätte entfernt liegt, jedoch für nicht mehr als 40 Kilometer. Bei einer Beschäftigungsdauer von weniger als einem Monat sind die Beträge anteilmäßig zu kürzen.

(7) Ist der Bezieher des Einkommens außerhalb des Ortes beschäftigt, an dem er einen eigenen Hausstand unterhält, und kann ihm weder der Umzug noch die tägliche Rückkehr an den Ort des eigenen Hausstandes zugemutet werden, so sind die durch Führung des doppelten Haushalts ihm nachweislich entstehenden Mehraufwendungen, höchstens ein Betrag von zweihundertfünfzig Deutsche Mark monatlich, sowie die unter Ausnutzung bestehender Tarifvergünstigungen entstehenden Aufwendungen für Fahrtkosten der zweiten Wagenklasse für eine Familienheimfahrt im Kalendermonat abzusetzen. Ein eigener Hausstand ist dann anzunehmen, wenn der Bezieher des Einkommens eine Wohnung mit eigener oder selbstbeschaffter Möbelausstattung besitzt. Eine doppelte Haushaltsführung kann auch dann anerkannt werden, wenn der Bezieher des Einkommens nachweislich ganz oder überwiegend die Kosten für einen Haushalt trägt, den er gemeinsam mit nächsten Angehörigen führt.

§ 4 Einkünfte aus Land- und Forstwirtschaft, Gewerbebetrieb und selbständiger Arbeit

(1) Welche Einkünfte zu den Einkünften aus Land- und Forstwirtschaft, Gewerbebetrieb und selbständiger Arbeit gehören, bestimmt sich nach § 13 Abs. 1 und 2, § 15 Abs. 1 und § 18 Abs. 1 des Einkommensteuergesetzes; der Nutzungswert der Wohnung im eigenen Haus bleibt unberücksichtigt.

(2) Die Einkünfte sind für das Jahr zu berechnen, in dem der Bedarfszeitraum liegt (Berechnungsjahr).

(3) Als Einkünfte ist bei den einzelnen Einkunftsarten ein Betrag anzusetzen, der auf der Grundlage früherer Betriebsergebnisse aus der Gegenüberstellung der im Rahmen des Betriebes im Berechnungsjahr bereits erzielten Einnahmen und geleisteten notwendigen Ausgaben sowie der im Rahmen des Betriebes im Berechnungsjahr noch zu erwartenden Einnahmen und notwendigen Ausgaben zu errechnen ist. Bei der Ermittlung früherer Betriebsergebnisse (Satz 1) kann ein durch das Finanzamt festgestellter Gewinn berücksichtigt werden.

(4) Soweit im Einzelfall geboten, kann abweichend von der Regelung des Absatzes 3 als Einkünfte ein Betrag angesetzt werden, der nach Ablauf des Berechnungsjahres aus der Gegenüberstellung der im Rahmen des Betriebes im Berechnungsjahr erzielten Einnahmen und geleisteten notwendigen Ausgaben zu errechnen ist. Als Einkünfte im Sinne des Satzes 1 kann auch der vom Finanzamt für das Berechnungsjahr festgestellte Gewinn angesetzt werden.

(5) Wird der vom Finanzamt festgestellte Gewinn nach Absatz 3 Satz 2 berücksichtigt oder nach Absatz 4 Satz 2 als Einkünfte angesetzt, so sind Absetzungen, die bei Gebäuden und sonstigen Wirtschaftsgütern durch das Finanzamt nach
1. den §§ 7, 7 b und 7 e des Einkommensteuergesetzes,
2. den Vorschriften des Berlinförderungsgesetzes,

3. den §§ 76, 77 und 78 Abs. 1 der Einkommensteuer-Durchführungsverordnung,
4. der Verordnung über Steuervergünstigungen zur Förderung des Baues von Landarbeiterwohnungen in der Fassung der Bekanntmachung vom 6. August 1974 (BGBl. I S. 1869)

vorgenommen worden sind, dem durch das Finanzamt festgestellten Gewinn wieder hinzuzurechnen. Soweit jedoch in diesen Fällen notwendige Ausgaben für die Anschaffung oder Herstellung der in Satz 1 genannten Wirtschaftsgüter im Feststellungszeitraum geleistet worden sind, sind sie vom Gewinn abzusetzen.

§ 5 Sondervorschrift für die Einkünfte aus Land- und Forstwirtschaft

(1) Die Träger der Sozialhilfe können mit Zustimmung der zuständigen Landesbehörde die Einkünfte aus Land- und Forstwirtschaft abweichend von § 4 nach § 7 der Dritten Verordnung über Ausgleichsleistungen nach dem Lastenausgleichsgesetz (3. LeistungsDV-LA) berechnen; der Nutzungswert der Wohnung im eigenen Haus bleibt jedoch unberücksichtigt.

(2) Von der Berechnung der Einkünfte nach Absatz 1 ist abzusehen,
1. wenn sie im Einzelfall offenbar nicht den besonderen persönlichen oder wirtschaftlichen Verhältnissen entspricht oder
2. wenn der Bezieher der Einkünfte zur Einkommensteuer veranlagt wird, es sei denn, daß der Gewinn auf Grund von Durchschnittssätzen ermittelt wird.

§ 6 Einkünfte aus Kapitalvermögen

(1) Welche Einkünfte zu den Einkünften aus Kapitalvermögen gehören, bestimmt sich nach § 20 Abs. 1 bis 3 des Einkommensteuergesetzes.

(2) Als Einkünfte aus Kapitalvermögen sind die Jahresroheinnahmen anzusetzen, vermindert um die Kapitalertragsteuer sowie um die mit der Erzielung der Einkünfte verbundenen notwendigen Ausgaben (§ 76 Abs. 2 Nr. 4 des Gesetzes).

(3) Die Einkünfte sind auf der Grundlage der vor dem Berechnungsjahr erzielten Einkünfte unter Berücksichtigung der im Berechnungsjahr bereits eingetretenen und noch zu erwartenden Veränderungen zu errechnen. Soweit im Einzelfall geboten, können hiervon abweichend die Einkünfte für das Berechnungsjahr auch nachträglich errechnet werden.

§ 7 Einkünfte aus Vermietung und Verpachtung

(1) Welche Einkünfte zu den Einkünften aus Vermietung und Verpachtung gehören, bestimmt sich nach § 21 Abs. 1 und 3 des Einkommensteuergesetzes.

(2) Als Einkünfte aus Vermietung und Verpachtung ist der Überschuß der Einnahmen über die mit ihrer Erzielung verbundenen notwendigen Ausgaben (§ 76 Abs. 2 Nr. 4 des Gesetzes) anzusetzen; zu den Ausgaben gehören
1. Schuldzinsen und dauernde Lasten,
2. Steuern vom Grundbesitz, sonstige öffentliche Abgaben und Versicherungsbeiträge,
3. Leistungen auf die Hypothekengewinnabgabe und die Kreditgewinnabgabe, soweit es sich um Zinsen nach § 211 Abs. 1 Nr. 2 des Lastenausgleichsgesetzes handelt,
4. der Erhaltungsaufwand,
5. sonstige Aufwendungen zur Bewirtschaftung des Haus- und Grundbesitzes, ohne besonderen Nachweis Aufwendungen in Höhe von 1 vom Hundert der Jahresroheinnahmen.

Zum Erhaltungsaufwand im Sinne des Satzes 1 Nr.4 gehören die Ausgaben für Instandsetzung und Instandhaltung, nicht jedoch die Ausgaben für Verbesserungen; ohne Nachweis können bei Wohnungsgrundstücken, die vor dem 1. Januar 1925 bezugsfähig geworden sind, 15 vom Hundert, bei Wohnungsgrundstücken, die nach dem 31. Dezember 1924 bezugsfähig geworden sind, 10 vom Hundert der Jahresroheinnahmen als Erhaltungsaufwand berücksichtigt werden.

(3) Die in Absatz 2 genannten Ausgaben sind von den Einnahmen insoweit nicht abzusetzen, als sie auf den vom Vermieter oder Verpächter selbst genutzten Teil des vermieteten oder verpachteten Gegenstandes entfallen.

(4) Als Einkünfte aus der Vermietung von möblierten Wohnungen und von Zimmern sind anzusetzen

      bei möblierten Wohnungen   80 vom Hundert,
      bei möblierten Zimmern   70 vom Hundert,
      bei Leerzimmern   90 vom Hundert

der Roheinnahmen. Dies gilt nicht, wenn geringere Einkünfte nachgewiesen werden.
(5) Die Einkünfte sind als Jahreseinkünfte, bei der Vermietung von möblierten Wohnungen und von Zimmern jedoch als Monatseinkünfte zu berechnen. Sind sie als Jahreseinkünfte zu berechnen, gilt § 6 Abs. 3 entsprechend.

§ 8 Andere Einkünfte
(1) Andere als die in den §§ 3, 4, 6 und 7 genannten Einkünfte sind, wenn sie nicht monatlich oder wenn sie monatlich in unterschiedlicher Höhe erzielt werden, als Jahreseinkünfte zu berechnen. Zu den anderen Einkünften im Sinne des Satzes 1 gehören auch die in § 19 Abs. 1 Ziff. 2 des Einkommensteuergesetzes genannten Bezüge sowie Renten und sonstige wiederkehrende Bezüge. § 3 Abs. 3 Satz 2 und 3 gilt entsprechend.
(2) Sind die Einkünfte als Jahreseinkünfte zu berechnen, gilt § 6 Abs. 3 entsprechend.

§ 9 Einkommensberechnung in besonderen Fällen
Ist der Bedarf an Sozialhilfe einmalig oder nur von kurzer Dauer und duldet die Entscheidung über die Hilfe keinen Aufschub, so kann der Träger der Sozialhilfe nach Anhörung des Beziehers des Einkommens die Einkünfte schätzen.

§ 10 Verlustausgleich
Ein Verlustausgleich zwischen einzelnen Einkaufsarten ist nicht vorzunehmen. In Härtefällen kann jedoch die gesamtwirtschaftliche Lage des Beziehers des Einkommens berücksichtigt werden.

§ 11 Maßgebender Zeitraum
(1) Soweit die Einkünfte als Jahreseinkünfte berechnet werden, gilt der zwölfte Teil dieser Einkünfte zusammen mit den monatlich berechneten Einkünften als monatliches Einkommen im Sinne des Gesetzes. § 8 Abs. 1 Satz 3 geht der Regelung des Satzes 1 vor.
(2) Ist der Betrieb oder die sonstige Grundlage der als Jahreseinkünfte zu berechnenden Einkünfte nur während eines Teils des Jahres vorhanden oder zur Einkommenserzielung genutzt, so sind die Einkünfte aus der betreffenden Einkunftsart nur für diesen Zeitraum zu berechnen; für ihn gilt als monatliches Einkommen im Sinne des Gesetzes derjenige Teil der Einkünfte, der der Anzahl der in den genannten Zeitraum fallenden Monate entspricht. Satz 1 gilt nicht für Einkünfte aus Saisonbetrieben und andere ihrer Natur nach auf einen Teil des Jahres beschränkte Einkünfte, wenn die Einkünfte den Hauptbestandteil des Einkommens bilden.

§ 12 Ausgaben nach § 76 Abs. 2 Nrn. 1 bis 3 des Gesetzes
Die in § 76 Abs. 2 Nrn. 1 bis 3 des Gesetzes bezeichneten Ausgaben sind von der Summe der Einkünfte abzusetzen, soweit sie nicht bereits nach den Bestimmungen dieser Verordnung bei den einzelnen Einkunftsarten abzuziehen sind.

...

Verordnung zur Durchführung des § 81 Abs. 1 Nr. 3 des Bundessozialhilfegesetzes

Vom 12. Mai 1975 (BGBl. I S. 1109)
(BGBl. III 2170-1-16)
geändert durch Sechstes Überleitungsgesetz vom 25. September 1990
(BGBl. I S. 2106)

– Auszug –

Auf Grund des § 81 Abs. 6 des Bundessozialhilfegesetzes in der Fassung der Bekanntmachung vom 18. September 1969 (BGBl. I S. 1688), zuletzt geändert durch das Gesetz zur Änderung des Einführungsgesetzes zum Strafgesetzbuch vom 15. August 1974 (BGBl. I S. 1942), verordnet die Bundesregierung mit Zustimmung des Bundesrates:

§ 1 [Größere orthopädische oder größere andere Hilfsmittel]
(1) Größere orthopädische oder größere andere Hilfsmittel im Sinne des § 81 Abs. 1 Nr. 3 des Gesetzes sind solche, deren Preis mindestens 350 Deutsche Mark beträgt.
(2) Die Hilfe zur Beschaffung eines Kraftfahrzeuges nach § 8 Abs. 1 der Eingliederungshilfe-Verordnung in der Fassung der Bekanntmachung vom 1. Februar 1975 (BGBl. I S. 433) gilt als Hilfe im Sinne des § 81 Abs. 1 Nr. 3 des Gesetzes; das gleiche gilt für Leistungen nach § 10 Abs. 6 der Eingliederungshilfe-Verordnung.

...

Verordnung
zur Durchführung des § 81 Abs. 1 Nr. 2
des Bundessozialhilfegesetzes

Vom 17. Mai 1975 (BGBl. I S. (100))
(BGBl. III 2170-1-1)
geändert durch Sechstes Übertragungsgesetz vom 25. September 1990
(BGBl. I S. 2106)

– Auszug –

Auf Grund des § 81 Abs. 6 des Bundessozialhilfegesetzes in der Fassung der Bekanntmachung vom 18. September 1969 (BGBl. I S. 1688), zuletzt geändert durch das Gesetz zur Änderung des Einführungsgesetzes zum Strafgesetzbuch vom 15. August 1974 (BGBl. I S. 1942), verordnet die Bundesregierung mit Zustimmung des Bundesrates:

§ 1 Größere orthopädische oder größere andere Hilfsmittel

(1) Größere orthopädische oder größere andere Hilfsmittel im Sinne des § 81 Abs. 1 Nr. 2 BSHG sind solche, deren Preis unmittelbar 550 Deutsche Mark übersteigt.

(2) Die Pflicht zur Beschaffung eines Krankenfahrstuhls nach § 5 Abs. 2 der Eingliederungshilfe-Verordnung in der Fassung der Bekanntmachung vom 1. Februar 1975 (BGBl. I S. 433) gilt als Hilfe im Sinne des § 61 Abs. 1 Nr. 2 des Gesetzes; das gleiche gilt für Leistungen nach § 10 Abs. 6 der Eingliederungshilfe-Verordnung.

Verordnung
zur Durchführung des § 88 Abs. 2 Nr. 8
des Bundessozialhilfegesetzes

Vom 11. Februar 1988 (BGBl. I S. 150)
(BGBl. III 2170-1-20)
zuletzt geändert durch Gesetz zur Reform des Sozialhilferechts vom 23. Juli 1996
(BGBl. I S. 1088, 1099)

– Auszug –

Auf Grund des § 88 Abs. 4 des Bundessozialhilfegesetzes in der Fassung der Bekanntmachung vom 20. Januar 1987 (BGBl. I S. 401) wird mit Zustimmung des Bundesrates verordnet:

§ 1 [Kleinere Barbeträge oder sonstige Geldwerte]
(1)   Kleinere Barbeträge oder sonstige Geldwerte im Sinne des § 88 Abs. 2 Nr. 8 des Gesetzes sind,
1. wenn die Sozialhilfe vom Vermögen des Hilfesuchenden abhängig ist,
   a) bei der Hilfe zum Lebensunterhalt 2 500 Deutsche Mark, jedoch 4 500 Deutsche Mark bei Hilfesuchenden, die das 60. Lebensjahr vollendet haben, sowie bei Erwerbsunfähigen im Sinne der gesetzlichen Rentenversicherung und den diesem Personenkreis vergleichbaren Invalidenrentnern,
   b) bei der Hilfe in besonderen Lebenslagen 4 500 Deutsche Mark, im Falle des § 67 und des § 69 a Abs. 3 des Gesetzes jedoch 8 000 Deutsche Mark,
   zuzüglich eines Betrages von 500 Deutsche Mark für jede Person, die vom Hilfesuchenden überwiegend unterhalten wird,
2. wenn die Sozialhilfe vom Vermögen des Hilfesuchenden und seines nicht getrennt lebenden Ehegatten abhängig ist, der nach Nummer 1 Buchstabe a oder b maßgebende Betrag zuzüglich eines Betrages von 1 200 Deutsche Mark für den Ehegatten und eines Betrages von 500 Deutsche Mark für jede Person, die vom Hilfesuchenden oder seinem Ehegatten überwiegend unterhalten wird,
3. wenn die Sozialhilfe vom Vermögen eines minderjährigen unverheirateten Hilfesuchenden und seiner Eltern abhängig ist, der nach Nummer 1 Buchstabe a oder b maßgebende Betrag zuzüglich eines Betrages von 1 200 Deutsche Mark für einen Elternteil und eines Betrages von 500 Deutsche Mark für den Hilfesuchenden und für jede Person, die von den Eltern oder vom Hilfesuchenden überwiegend unterhalten wird.

Im Falle des § 67 und des § 69 a Abs. 3 des Gesetzes tritt an die Stelle des in Satz 1 genannten Betrages von 1 200 Deutsche Mark ein Betrag von 3 000 Deutsche Mark, wenn beide Eheleute (Nummer 2) oder beide Elternteile (Nummer 3) blind oder behindert im Sinne des § 24 Abs. 1 Satz 2 oder Abs. 2 Satz 1 des Gesetzes sind.

(2)   Ist im Falle des Absatzes 1 Satz 1 Nr. 3 das Vermögen nur eines Elternteils zu berücksichtigen, so ist der Betrag von 1 200 Deutsche Mark, im Falle des § 67 und des § 69 a Abs. 3 des Gesetzes von 3 000 Deutsche Mark, nicht anzusetzen. Leben im Falle der Hilfe in besonderen Lebenslagen die Eltern nicht zusammen, so ist das Vermögen des Elternteils zu berücksichtigen, bei dem der Hilfesuchende lebt; lebt er bei keinem Elternteil, so ist Absatz 1 Satz 1 Nr. 1 anzuwenden.

§ 2 [Erhöhung oder Herabsetzung des Barbetrags für Hilfe zum Lebensunterhalt]
(1)   Der nach § 1 Abs. 1 Satz 1 Nr. 1 Buchstabe a oder b maßgebende Betrag ist angemessen zu erhöhen, wenn im Einzelfall eine besondere Notlage des Hilfesuchenden besteht. Bei der Prüfung, ob eine besondere Notlage besteht, sowie bei der Entscheidung über den Umfang der Erhöhung sind vor allem Art und Dauer des Bedarfs sowie besondere Belastungen zu berücksichtigen.
(2)   Der nach § 1 Abs. 1 Satz 1 Nr. 1 Buchstabe a oder b maßgebende Betrag kann angemessen herabgesetzt werden, wenn die Voraussetzungen des § 92 a Abs. 1 Satz 1 des Gesetzes vorliegen.

...

Ausführungsgesetze der Länder zum BSHG (Fundstellenverzeichnis)

Baden-Württemberg:
Gesetz zur Ausführung des Bundessozialhilfegesetzes v. 23. 4. 1963 (GBl. S. 33, ber. S. 54), geändert durch Gesetze v. 30. 3. 1971 (GBl. S. 95), v. 14. 3. 1972 (GBl. S. 65), v. 3. 3. 1976 (GBl. S. 235), v. 4. 7. 1983 (GBl. S. 265) und v. 7. 2. 1994 (GBl. S. 84)

Bayern:
Gesetz zur Ausführung des Bundessozialhilfegesetzes (AGBSHG) i. d. F. der Bekanntmachung v. 25. 1. 1989 (GVBl. S. 21), geändert durch Gesetz v. 27. 12. 1991 (GVBl. S. 4), geändert durch Gesetz v. 23. 7. 1993 (GVBl. S. 519), Neufassung bekannt gemacht am 29. 11. 1993 (GVBl. S. 868, berichtigt S. 1113), zuletzt i. d. F v. 9. 8. 1996 (GVBl. S. 328)

Berlin:
Gesetz zur Ausführung des Bundessozialhilfegesetzes v. 21. 5. 1962 (GVBl. S. 471), zuletzt geändert durch Gesetz v. 15. 7. 1994 (GVBl. Nr. 38 S. 238)

Brandenburg:
Gesetz zur Ausführung des Bundessozialhilfegesetzes v. 24. 7. 1991 (GVBl. S. 318), in der Neufassung des Gesetzes zur Ausführung des Bundessozialhilfegesetzes v. 3. 4. 1996 (GVBl. S. 175)

Bremen:
Bremisches Ausführungsgesetz zum Bundessozialhilfegesetz v. 5. 6. 1962 (GBl. S. 149) i. d. F. der Bekanntmachung vom 2. 7. 1984 (GBl. S. 173), geändert durch Gesetze v. 24. 3. 1987 (GBl. S. 59), v. 14. 12. 1990 (GBl. S. 468), zuletzt i. d. F. 26. 3. 1996 (GBl. S. 85)

Hamburg:
Anordnung zur Durchführung des Bundessozialhilfegesetzes v. 14. 12. 1971 (Amtl. Anz. S. 1697), geändert durch Anordnung v. 9. 3. 1976 (Amtl. Anz. S. 279), vom 19. 2. 1980 (Amtl. Anz. S. 326), vom 25. 3. 1980 (Amtl. Anz. S. 545), vom 30. 12. 1983 (Amtl. Anz. 1984, S. 25) und vom 28. 4. 1989 (Amtl. Anz. S. 909)

Hessen:
Hessisches Ausführungsgesetz zum Bundessozialhilfegesetz (AGBSHG) i. d. F. v. 16. 9. 1970 (GVBl. I S. 573), geändert durch Gesetze v. 5. 10. 1970 (GVBl. I S. 598), v. 15. 5. 1974 (GVBl. I S. 241), v. 10. 7. 1989 (GVBl. S. 179), vom 1. 9. 1992 (GVBl. I S. 370) und vom 15. 12. 1992 (GVBl. I S. 629)

Mecklenburg-Vorpommern:
Gesetz zur Ausführung des Bundessozialhilfegesetzes v. 31. 1. 1992 (GVBl. S. 60)

Niedersachsen:
Niedersächsisches Gesetz zur Ausführung des Bundessozialhilfegesetzes v. 29. 6. 1962 (GVBl. S. 69), in der Neufassung v. 20. 3. 1997 (GVBl. Nr. 6 S. 85)

Nordrhein-Westfalen:
Gesetz zur Ausführung des Bundessozialhilfegesetzes (AGBSHG) v. 25. 6. 1962 (GVBl. S. 344), geändert durch Gesetz v. 21. 12. 1976 (GVBl. S. 438) und v. 13. 12. 1977 (GVBl. S. 490) und v. 18. 12. 1984 (GVBl. 1985 S. 14)

Rheinland-Pfalz:
Landesgesetz zur Ausführung des Bundessozialhilfegesetzes v. 30. 6. 1961 – AGBSHG – v. 8. 3. 1963 (GVBl. S. 79), geändert durch Gesetze v. 15. 12. 1972 (GVBl. S. 374), v. 5. 11. 1974 (GVBl. S. 469), v. 7. 2. 1983 (GVBl. S. 17), v. 23. 9. 1986 (GVBl. S. 223), v. 22. 7. 1988 (GVBl. S. 140) und v. 17. 11. 1995 (GVBl. S. 473)

Saarland:
Gesetz Nr. 776 zur Ausführung des Bundessozialhilfegesetzes v. 6. 2. 1963 (Amtsbl. S. 143) i. d. F. v. 1. 6. 1974 (Amtsbl. S. 586, ber. S. 685), geändert durch Gesetz v. 9. 7. 1993 (Amtsbl. S. 758), durch Gesetz v. 10. 5. 1995 (Amtsbl. S. 818) und durch Gesetz v. 24. 11. 1995 (Amtsbl. S. 1231)

Sachsen:
Gesetz zur Ausführung des Bundessozialhilfegesetzes v. 6. 8. 1991 (GVBl. S. 301), geändert durch Gesetz v. 28. 2. 1994 (GVBl. S. 359) und durch Gesetz v. 30. 10. 1995 (GVBl. S. 356)

Sachsen-Anhalt:
Gesetz zur Ausführung des Bundessozialhilfegesetzes v. 30. 4. 1991 (GVBl. S. 31)

Schleswig-Holstein:
Gesetz zur Ausführung des Bundessozialhilfegesetzes (AGBSHG) v. 6. 7. 1962 (GVOBl. S. 271) i. d. F. v. 21. 1. 1985 (GVOBl. S. 26), geändert durch Art. 3 des Gesetzes v. 12. 12. 1990 (GVOBl. S. 615)

Thüringen:
Thüringer Gesetz zur Ausführung des Bundessozialgesetzes (ThürAGBSHG) v. 18. 6. 1993 (GVBl. S. 321)

Gesetz zum Europäischen Fürsorgeabkommen vom 11. Dezember 1953

Vom 15. Mai 1956 (BGBl. II S. 563)
zuletzt geändert durch Bekanntmachung vom 8. Mai 1991 (BGBl. II S. 686)
– Auszug –

Artikel 1
Dem in Paris am 11. Dezember 1953 unterzeichneten Europäischen Fürsorgeabkommen sowie dem gleichzeitig unterzeichneten Zusatzprotokoll zu dem Europäischen Fürsorgeabkommen wird zugestimmt. Das Abkommen und das Zusatzprogramm werden nachstehend veröffentlicht.

Europäisches Fürsorgeabkommen[1)]

Teil I
Allgemeine Bestimmungen

Artikel 1
Jeder der Vertragschließenden verpflichtet sich, den Staatsangehörigen der anderen Vertragschließenden, die sich in irgendeinem Teil seines Gebietes, auf das dieses Abkommen Anwendung findet, erlaubt aufhalten und nicht über ausreichende Mittel verfügen, in gleicher Weise wie seinen eigenen Staatsangehörigen und unter den gleichen Bedingungen die Leistungen der sozialen und Gesundheitsfürsorge (im folgenden als »Fürsorge« bezeichnet) zu gewähren, die in der in diesem Teil seines Gebietes geltenden Gesetzgebung vorgesehen sind.

Artikel 2
G(a)   Im Sinne des Abkommens haben die Ausdrücke »Fürsorge«, »Staatsangehörige«, »Gebiet« und »Heimatstaat« folgende Bedeutung:
(i) Als »Fürsorge« wird jede Fürsorge bezeichnet, die jeder der Vertragschließenden nach den in dem jeweiligen Teile seines Gebietes geltenden Rechtsvorschriften gewährt und wonach Personen ohne ausreichende Mittel die Mittel für ihren Lebensbedarf sowie die Betreuung erhalten, die ihre Lage erfordert. Ausgenommen sind beitragsfreie Renten und Leistungen zugunsten der Kriegsopfer und der Besatzungsgeschädigten.
(ii) Die Ausdrücke »Staatsangehörige« und »Gebiet« eines Vertragschließenden haben die Bedeutung, die dieser Vertragschließende ihnen in einer Erklärung gibt, die an den Generalsekretär des Europarates zu richten ist. Dieser hat sie allen anderen Vertragschließenden bekanntzugeben. Es ist jedoch ausdrücklich festgelegt, daß ehemalige Staatsangehörige eines Staates, die ihre Staatsangehörigkeit verloren haben, ohne daß sie ihnen aberkannt wurde, und die dadurch staatenlos geworden sind, bis zum Erwerb einer neuen Staatsangehörigkeit wie Staatsangehörige zu behandeln sind.
(iii) Als »Heimatstaat« wird der Staat bezeichnet, dessen Staatsangehörigkeit eine Person, auf die sich die Bestimmungen dieses Abkommens beziehen, besitzt.
(b)   Die Rechtsvorschriften, die in den Gebieten der Vertragschließenden, auf die dieses Abkommen Anwendung findet, in Kraft sind, sowie die von den Vertragschließenden formulierten Vorbehalte sind in Anhang I und II aufgeführt.

Artikel 3
Der Nachweis der Staatsangehörigkeit richtet sich nach den einschlägigen Bestimmungen der Gesetzgebung des Heimatstaates.

Artikel 4
Die Kosten der Fürsorge für Staatsangehörige eines Vertragschließenden werden von dem Vertragschließenden getragen, der die Fürsorge gewährt.

---

1) Vertragsparteien sind: Belgien, Bundesrepublik Deutschland, Dänemark, Finnland, Frankreich, Griechenland, Irland, Island, Italien, Luxemburg, Malta, Niederlande, Norwegen, Österreich, Portugal, Schweden, Spanien, Türkei, Vereinigtes Königreich.

Artikel 5
Die Vertragschließenden verpflichten sich, sich gegenseitig die nach ihrer Gesetzgebung zulässige Hilfe zu gewähren, um den Ersatz der Fürsorgekosten durch Dritte, die dem Unterstützten gegenüber finanzielle Verpflichtungen haben, oder durch Personen, die dem Beteiligten gegenüber unterhaltspflichtig sind, so weit wie möglich zu erleichtern.

Teil II
Rückschaffung

Artikel 6
(a) Ein Vertragschließender darf einen Staatsangehörigen eines anderen Vertragschließenden, der in seinem Gebiet erlaubt seinen gewöhnlichen Aufenthalt hat, nicht allein aus dem Grunde der Hilfsbedürftigkeit rückschaffen.
(b) Die Vorschriften dieses Abkommens stehen in keiner Weise dem Recht zur Ausweisung aus einem anderen als dem im vorstehenden Absatz erwähnten Grund entgegen.

Artikel 7
(a) Abweichend von den Bestimmungen des Artikels 6 Abs. (a) kann ein Vertragschließender einen Staatsangehörigen eines anderen Vertragschließenden, der in seinem Gebiet seinen gewöhnlichen Aufenthalt hat, allein aus dem in Artikel 6 Abs. (a) erwähnten Grund rückschaffen, wenn die folgenden Bedingungen erfüllt sind:
(i) Der Beteiligte hat seinen gewöhnlichen Aufenthalt im Gebiet dieses Vertragschließenden, falls er vor Vollendung des 55. Lebensjahres in dieses Gebiet gekommen ist, ununterbrochen seit weniger als fünf Jahren, oder, falls er nach Erreichung dieses Alters in das Gebiet gekommen ist, ununterbrochen seit weniger als zehn Jahren;
(ii) er ist nach seinem Gesundheitszustand transportfähig;
(iii) er hat keine engen Bindungen in dem Land seines gewöhnlichen Aufenthaltes.
(b) Die Vertragschließenden vereinbaren, daß sie nur mit großer Zurückhaltung zur Rückschaffung schreiten und nur dann, wenn Gründe der Menschlichkeit dem nicht entgegenstehen.
(c) In gleichem Geiste sind die Vertragschließenden darüber einig, daß bei der Rückschaffung eines Unterstützten seinem Ehegatten und seinen Kindern jede Möglichkeit gegeben werden soll, ihn zu begleiten.

Artikel 8
(a) Der Vertragschließende, der einen Staatsangehörigen auf Grund der Vorschriften des Artikels 7 rückschafft, hat die Kosten der Rückschaffung bis zur Grenze des Gebietes zu tragen, in das der Staatsangehörige rückgeschafft wird.
(b) Jeder Vertragschließende verpflichtet sich, jeden seiner Staatsangehörigen zu übernehmen, der auf Grund der Vorschriften des Artikels 7 rückgeschafft wird.
(c) Jeder Vertragschließende verpflichtet sich, allen gemäß Artikel 7 rückgeschafften Personen die Durchreise durch sein Gebiet zu gestatten.

Artikel 9
Erkennt der Staat, dessen Staatsangehörigkeit der Unterstützte nach seinen Angaben besitzt, diesen nicht als seinen Staatsangehörigen an, so hat dieser Staat die notwendige Begründung dem Aufenthaltsstaat innerhalb von 30 Tagen oder innerhalb der kürzestmöglichen Frist mitzuteilen.

Artikel 10
(a) Ist die Rückschaffung beschlossen, so sind die diplomatischen oder konsularischen Behörden des Heimatstaates möglichst drei Wochen im voraus von der Rückschaffung ihres Staatsangehörigen in Kenntnis zu setzen.
(b) Die Behörden des Heimatstaates haben hiervon die Behörden des Durchreiselandes oder der Durchreiseländer zu verständigen.
(c) Die Orte für die Übergabe sind durch eine Vereinbarung zwischen den zuständigen Behörden des Aufenthaltsstaates oder des Heimatstaates zu bestimmen.

Teil III
Aufenthalt

Artikel 11

(a) Der Aufenthalt eines Ausländers im Gebiet eines der Vertragschließenden gilt solange als erlaubt im Sinne dieses Abkommens, als der Beteiligte im Besitz einer gültigen Aufenthaltserlaubnis oder einer anderen in den Rechtsvorschriften des betreffenden Staates vorgesehenen Erlaubnis ist, auf Grund welcher ihm der Aufenthalt in diesem Gebiet gestattet ist. Die Fürsorge darf nicht deswegen versagt werden, weil die Verlängerung einer solchen Erlaubnis lediglich infolge einer Nachlässigkeit des Beteiligten unterblieben ist.

(b) Der Aufenthalt gilt als nicht erlaubt von dem Tage an, mit dem eine gegen den Beteiligten erlassene Anordnung des Landes wirksam wird, sofern nicht ihre Durchführung ausgesetzt ist.

Artikel 12

Der Zeitpunkt des Beginns der in Artikel 7 festgelegten Dauer des gewöhnlichen Aufenthalts wird in jedem Land, vorbehaltlich des Nachweises des Gegenteils, entweder auf Grund des Ergebnisses behördlicher Ermittlungen oder durch die in Anhang III aufgeführten Urkunden oder durch Urkunden, die nach den Rechtsvorschriften des Staates als Nachweis des gewöhnlichen Aufenthaltes anerkannt werden, bestimmt.

Artikel 13

(a) Der ununterbrochene gewöhnliche Aufenthalt wird durch alle im Aufenthaltsland üblichen Beweismittel nachgewiesen, insbesondere durch den Nachweis der beruflichen Tätigkeit oder die Vorlage von Mietquittungen.

(b)
(i) Der gewöhnliche Aufenthalt gilt auch bei Abwesenheit von weniger als drei Monaten als ununterbrochen, sofern die Abwesenheit nicht auf Rückschaffung oder Ausweisung beruht.
(ii) Bei Abwesenheit von mindestens sechs Monaten gilt der gewöhnliche Aufenthalt als unterbrochen.
(iii) Bei der Prüfung, ob bei Abwesenheit von mindestens drei und weniger als sechs Monaten der gewöhnliche Aufenthalt als unterbrochen gilt, sind die Absicht des Beteiligten, in das Land des gewöhnlichen Aufenthaltes zurückzukehren, und das Maß, in dem er seine Bindungen zu diesem Lande während seiner Abwesenheit aufrechterhalten hat, zu berücksichtigen.
(iv) Durch den Dienst auf Schiffen, die im Schiffsregister des Landes des gewöhnlichen Aufenthalts eingetragen sind, wird der gewöhnliche Aufenthalt nicht unterbrochen. Auf den Dienst auf anderen Schiffen finden die Vorschriften der vorstehenden Nummern (i) bis (iii) entsprechende Anwendung.

Artikel 14

Bei der Berechnung der Dauer des gewöhnlichen Aufenthaltes werden solche Zeiten nicht berücksichtigt, für die der Beteiligte Fürsorgeleistungen aus öffentlichen Mitteln auf Grund der in Anhang I aufgeführten Bestimmungen erhalten hat, ausgenommen ärztliche Behandlung bei akuter Krankheit oder kurzfristige Behandlung.

Teil IV
Sonstige Bestimmungen

...

Artikel 18

Die Bestimmungen dieses Abkommens stehen in keiner Weise den Vorschriften der innerstaatlichen Gesetzgebung, der internationalen Übereinkommen oder der zwei- oder mehrseitigen Abkommen entgegen, die für den Beteiligten günstiger sind.

...

Artikel 20

(a) Alle Streitfragen, die sich bei der Auslegung oder Durchführung dieses Abkommens ergeben, sollen von den zuständigen Behörden der Vertragschließenden auf dem Verhandlungswege geregelt werden.

(b) Wird eine Streitfrage nicht innerhalb von drei Monaten auf diesem Wege geregelt, so ist sie einer Schiedsstelle zu unterbreiten, deren Zusammensetzung und Verfahren von den beteiligten Vertragschließenden vereinbart werden. Kommt innerhalb einer weiteren Frist von drei Monaten hierüber keine Einigung zustande, so ist der Streitfall einem Schiedsrichter zu unterbreiten, der auf Antrag eines beteiligten Vertragschließenden von dem Präsidenten des Internationalen Gerichtshofs bestellt wird. Besitzt dieser die Staatsangehörigkeit einer der am Streitfall beteiligten Parteien, so fällt diese Aufgabe dem Vizepräsidenten des Gerichtshofs oder dem nach dem Dienstalter nächstfolgenden Richter zu, der nicht Staatsangehöriger einer der am Streitfall beteiligten Parteien ist.
(c) Die Entscheidung der Schiedsstelle oder des Schiedsrichters soll im Einklang mit den Grundsätzen und im Geiste dieses Abkommens ergehen; sie ist verbindlich und endgültig.
...

ANHANG II[1)]
Vorbehalte der Vertragschließenden
1. Die Regierung der Bundesrepublik Deutschland hat den nachstehenden Vorbehalt gemacht: Die Regierung der Bundesrepublik Deutschland übernimmt keine Verpflichtung, die in dem Bundessozialhilfegesetz in der jeweils geltenden Fassung vorgesehene Hilfe zum Aufbau oder zur Sicherung der Lebensgrundlage, Ausbildungshilfe und Hilfe zur Überwindung besonderer sozialer Schwierigkeiten an Staatsangehörige der übrigen Vertragsstaaten in gleicher Weise und unter den gleichen Bedingungen wie den eigenen Staatsangehörigen zuzuwenden, ohne jedoch auszuschließen, daß auch diese Hilfen in geeigneten Fällen gewährt werden.
2. ...

---

1) Bekanntmachung der Neufassung des Anhangs II vom 8. 5. 1991 (BGBl. II S. 686)

Sozialgesetzbuch (SGB)
Drittes Buch (III)
– Arbeitsförderung –[1)]

Vom 24. März 1997 (BGBl. I S. 595)
(BGBl. III 860-3)
zuletzt geändert durch Zweites SGB III-Änderungsgesetz vom 21. Juli 1999 (BGBl. I S. 1648)[2)]

Inhaltsübersicht

Erstes Kapitel
Allgemeine Vorschriften

Erster Abschnitt
Grundsätze

§	1	Aufgaben der Arbeitsförderung
§	2	Besondere Verantwortung von Arbeitgebern und Arbeitnehmern
§	3	Leistungen der Arbeitsförderung
§	4	Vorrang der Vermittlung
§	5	Vorrang der aktiven Arbeitsförderung
§	6	Vermeidung von Langzeitarbeitslosigkeit
§	7	Auswahl von Leistung der aktiven Arbeitsförderung
§	8	Frauenförderung
§	9	Ortsnahe Leistungserbringung
§	10	Freie Förderung
§	11	Eingliederungsbilanz

Zweiter Abschnitt
Berechtigte

§	12	Geltung der Begriffsbestimmungen
§	13	Heimarbeiter
§	14	Auszubildende
§	15	Ausbildung- und Arbeitsuchende
§	16	Arbeitslose
§	17	Von Arbeitslosigkeit bedrohte Arbeitnehmer
§	18	Langzeitarbeitslose
§	19	Behinderte
§	20	Berufsrückkehrer
§	21	Träger

Dritter Abschnitt
Verhältnis der Leistungen aktiver Arbeitsförderung zu anderen Leistungen

§	22	Verhältnis zu anderen Leistungen
§	23	Vorleistungspflicht der Arbeitsförderung

Zweites Kapitel
Versicherungspflicht

§	24	Versicherungspflichtverhältnis
§	25	Beschäftigte
§	26	Sonstige Versicherungspflichtige
§	27	Versicherungsfreie Beschäftigte
§	28	Sonstige versicherungsfreie Personen

Drittes Kapitel
Beratung und Vermittlung

Erster Abschnitt
Beratung

§	29	Beratungsangebot
§	30	Berufsberatung
§	31	Grundsätze der Berufsberatung
§	32	Eignungsfeststellung
§	33	Berufsorientierung
§	34	Arbeitsmarktberatung

Zweiter Abschnitt
Vermittlung

§	35	Vermittlungsangebot
§	36	Grundsätze der Vermittlung
§	37	Unterstützung der Vermittlung
§	38	Mitwirkung des Ausbildung- und Arbeitsuchenden
§	39	Mitwirkung des Arbeitgebers
§	40	Beratung des Arbeitgebers bei der Vermittlung

Dritter Abschnitt
Gemeinsame Vorschriften

§	41	Allgemeine Unterrichtung
§	42	Einschränkung des Fragerechts
§	43	Ausnahme von der Unentgeltlichkeit
§	44	Anordnungsermächtigung

Viertes Kapitel
Leistungen an Arbeitnehmer

Erster Abschnitt
Unterstützung der Beratung und Vermittlung

§	45	Leistungen
§	46	Höhe
§	47	Anordnungsermächtigung

---

1) Verkündet als Art. 1 des Arbeitsförderungs-Reformgesetzes – AFRG vom 24. März 1997 (BGBl. I S. 594). In Kraft am 1. 1. 1998. Davon abweichende Inkrafttretensdaten sind an der jeweiligen Vorschrift als Fußnote vermerkt.
2) Die zum 1. 1. 2001 in Kraft tretenden Änderungen durch das Rentenreformgesetz 1999 vom 16. 12. 1997 (BGBl. I S. 2998, 3023, geä. 1998 I S. 3843, geä. 1999 I S. 1654) sind noch nicht eingearbeitet.

40 SGB III

Zweiter Abschnitt
Verbesserung der Eingliederungsaussichten

- § 48   Trainingsmaßnahmen
- § 49   Förderungsfähigkeit
- § 50   Maßnahmekosten
- § 51   Förderungsausschluß
- § 52   Anordnungsermächtigung

Dritter Abschnitt
Förderung der Aufnahme einer Beschäftigung

Erster Unterabschnitt
Mobilitätshilfen

- § 53   Mobilitätshilfen
- § 54   Mobilitätshilfen bei Aufnahme einer Beschäftigung
- § 55   Anordnungsermächtigung

Zweiter Unterabschnitt
Arbeitnehmerhilfe

- § 56   Arbeitnehmerhilfe

Vierter Abschnitt
Förderung der Aufnahme einer selbständigen Tätigkeit

- § 57   Überbrückungsgeld
- § 58   Anordnungsermächtigung

Fünfter Abschnitt
Förderung der Berufsausbildung

- § 59   Anspruch auf Berufsausbildungsbeihilfe
- § 60   Berufliche Ausbildung
- § 61   Berufsvorbereitende Bildungsmaßnahme
- § 62   Förderung im Ausland
- § 63   Förderungsfähiger Personenkreis
- § 64   Sonstige persönliche Voraussetzungen
- § 65   Bedarf für den Lebensunterhalt bei beruflicher Ausbildung
- § 66   Bedarf für den Lebensunterhalt bei berufsvorbereitenden Bildungsmaßnahmen
- § 67   Fahrkosten
- § 68   Sonstige Aufwendungen
- § 69   Lehrgangskosten
- § 70   Anpassung der Bedarfssätze
- § 71   Einkommensanrechnung
- § 72   Vorausleistung von Berufsausbildungsbeihilfe
- § 73   Dauer der Förderung
- § 74   Berufsausbildungsbeihilfe für Arbeitslose
- § 75   Auszahlung
- § 76   Anordnungsermächtigung

Sechster Abschnitt
Förderung der beruflichen Weiterbildung

Erster Unterabschnitt
Allgemeine Förderungsvoraussetzungen

- § 77   Grundsatz
- § 78   Vorbeschäftigungszeit
- § 79   Ergänzende Förderung
- § 80   Personen ohne Vorbeschäftigungszeit

Zweiter Unterabschnitt
Leistungen

- § 81   Weiterbildungskosten
- § 82   Lehrgangskosten
- § 83   Fahrkosten
- § 84   Kosten für auswärtige Unterbringung und Verpflegung
- § 85   Kinderbetreuungskosten

Dritter Unterabschnitt
Anerkennung von Maßnahmen

- § 86   Anerkennung für die Weiterbildungsförderung
- § 87   Ziele der Weiterbildungsförderung
- § 88   Maßnahmen im Ausland
- § 89   Praktikum
- § 90   Fernunterricht und Selbstlernmaßnahmen
- § 91   Maßnahmeteile
- § 92   Angemessene Dauer
- § 93   Qualitätsprüfung
- § 94   Beauftragung von Trägern

Vierter Unterabschnitt
Förderungsausschluß

- § 95   Vermeidung der Wettbewerbsverzerrung

Fünfter Unterabschnitt
Anordnungsermächtigung

- § 96   Anordnungsermächtigung

Siebter Abschnitt
Förderung der beruflichen Eingliederung Behinderter

Erster Unterabschnitt
Grundsätze

- § 97   Berufliche Eingliederung Behinderter
- § 98   Leistungen zur beruflichen Eingliederung
- § 99   Leistungsrahmen

Zweiter Unterabschnitt
Allgemeine Leistungen

- § 100   Leistungen
- § 101   Besonderheiten

Dritter Unterabschnitt
Besondere Leistungen

Erster Titel
Allgemeines

- § 102   Grundsatz
- § 103   Leistungen

Zweiter Titel
Ausbildungsgeld

- § 104   Ausbildungsgeld
- § 105   Bedarf bei beruflicher Ausbildung

§ 106	Bedarf bei berufsvorbereitenden Bildungsmaßnahmen und bei Grundausbildung
§ 107	Bedarf bei Maßnahmen in anerkannten Werkstätten für Behinderte
§ 108	Einkommensanrechnung

Dritter Titel
Teilnahmekosten

§ 109	Teilnahmekosten
§ 110	Reisekosten
§ 111	Unterbringung und Verpflegung
§ 112	Haushaltshilfe oder Kinderbetreuungskosten
§ 113	Kranken- und Pflegeversicherung

Vierter Titel
Sonstige Hilfen

§ 114	Sonstige Hilfen

Fünfter Titel
Anordnungsermächtigung

§ 115	Anordnungsermächtigung

Achter Abschnitt
Entgeltersatzleistungen

Erster Unterabschnitt
Leistungsübersicht

§ 116	Leistungsarten

Zweiter Unterabschnitt
Arbeitslosengeld

Erster Titel
Regelvoraussetzungen

§ 117	Anspruch auf Arbeitslosengeld
§ 118	Arbeitslosigkeit
§ 119	Beschäftigungssuche
§ 120	Sonderfälle der Verfügbarkeit
§ 121	Zumutbare Beschäftigungen
§ 122	Persönliche Arbeitslosmeldung
§ 123	Anwartschaftszeit
§ 124	Rahmenfrist

Zweiter Titel
Sonderformen des Arbeitslosengeldes

§ 125	Minderung der Leistungsfähigkeit
§ 126	Leistungsfortzahlung bei Arbeitsunfähigkeit

Dritter Titel
Anspruchsdauer

§ 127	Grundsatz
§ 128	Minderung der Anspruchsdauer

Vierter Titel
Höhe des Arbeitslosengeldes

§ 129	Grundsatz
§ 130	Bemessungszeitraum
§ 131	Bemessungszeitraum in Sonderfällen
§ 132	Bemessungsentgelt
§ 133	Sonderfälle des Bemessungsentgelts
§ 134	Entgelt bei versicherungspflichtiger Beschäftigung
§ 135	Besonderes Entgelt bei sonstigen Versicherungspflichtverhältnissen
§ 136	Leistungsentgelt
§ 137	Leistungsgruppe
§ 138	Anpassung
§ 139	Berechnung und Leistung

Fünfter Titel
Zusammentreffen des Anspruchs mit sonstigem Einkommen und Ruhen des Anspruchs

§ 140	(aufgehoben)
§ 141	Anrechnung von Nebeneinkommen
§ 142	Ruhen des Anspruchs bei anderen Sozialleistungen
§ 143	Ruhen des Anspruchs bei Arbeitslosenentgelt und Urlaubsabgeltung
§ 143 a	Ruhen des Anspruchs bei Entlassungsentschädigung
§ 144	Ruhen des Anspruchs bei Sperrzeit
§ 145	Ruhen des Anspruchs bei Säumniszeit
§ 146	Ruhen bei Arbeitskämpfen

Sechster Titel
Erlöschen des Anspruchs

§ 147	Erlöschen des Anspruchs

Siebter Titel
Erstattungspflichten für Arbeitgeber

§ 147 a	Erstattungspflicht des Arbeitgebers
§ 148	Erstattungspflicht bei Konkurrenzklausel
§ 149	Wirkung von Widerspruch und Klage

Achter Titel
Teilarbeitslosengeld

§ 150	Teilarbeitslosengeld

Neunter Titel
Verordnungsermächtigung und Anordnungsermächtigung

§ 151	Verordnungsermächtigung
§ 152	Anordnungsermächtigung

Dritter Unterabschnitt
Unterhaltsgeld

Erster Titel
Regelvoraussetzung

§ 153	Voraussetzungen

Zweiter Titel
Sonderformen des Unterhaltsgeldes

§ 154	Teilunterhaltsgeld
§ 155	Unterhaltsgeld in Sonderfällen
§ 156	Anschlußunterhaltsgeld

Dritter Titel
Anwendung von Vorschriften und Besonderheiten

§ 157 Grundsatz
§ 158 Besonderheiten bei der Höhe
§ 159 Besonderheiten bei der Einkommensanrechnung

Vierter Unterabschnitt
Übergangsgeld

§ 160 Voraussetzungen
§ 161 Vorbeschäftigungszeit für das Übergangsgeld
§ 162 Behinderte ohne Vorschäftigungszeit
§ 163 Höhe des Übergangsgeldes
§ 164 Berechnungsgrundlage für das Übergangsgeld
§ 165 Berechnungsgrundlage in Sonderfällen
§ 166 Weitergeltung der Berechnungsgrundlage
§ 167 Anpassung des Übergangsgeldes
§ 168 Einkommensanrechnung

Fünfter Unterabschnitt
Kurzarbeitergeld

Erster Titel
Regelvoraussetzungen

§ 169 Anspruch
§ 170 Erheblicher Arbeitsausfall
§ 171 Betriebliche Voraussetzungen
§ 172 Persönliche Voraussetzungen
§ 173 Anzeige
§ 174 Kurzarbeitergeld bei Arbeitskämpfen

Zweiter Titel
Sonderformen des Kurzarbeitergeldes

§ 175 Kurzarbeitergeld in einer betriebsorganisatorisch eigenständigen Einheit
§ 176 Kurzarbeitergeld für Heimarbeiter

Dritter Titel
Leistungsumfang

§ 177 Dauer
§ 178 Höhe
§ 179 Nettoentgeltdifferenz

Vierter Titel
Anwendung anderer Vorschriften

§ 180 Anwendung anderer Vorschriften

Fünfter Titel
Verfügung über das Kurzarbeitergeld

§ 181 Verfügung über das Kurzarbeitergeld

Sechster Titel
Verordnungsermächtigung

§ 182 Verordnungsermächtigung

Sechster Unterabschnitt
Insolvenzgeld

§ 183 Anspruch
§ 184 Anspruchsausschluß
§ 185 Höhe
§ 186 Vorschuß
§ 187 Anspruchsübergang
§ 188 Verfügungen über das Arbeitsentgelt
§ 189 Verfügungen über das Insolvenzgeld

Siebter Unterabschnitt
Arbeitslosenhilfe

Erster Titel
Voraussetzungen

§ 190 Anspruch
§ 191 Besondere Anspruchsvoraussetzungen
§ 192 Vorfrist
§ 193 Bedürftigkeit
§ 194 Zu berücksichtigendes Einkommen

Zweiter Titel
Höhe der Arbeitslosenhilfe

§ 195 Höhe

Dritter Titel
Erlöschen des Anspruchs und Anspruchsdauer

§ 196 Erlöschen des Anspruchs
§ 197 Anspruchsdauer

Vierter Titel
Anwendung von Vorschriften und Besonderheiten

§ 198 Grundsatz
§ 199 Besonderheiten zur Arbeitslosigkeit
§ 200 Besonderheiten zum Bemessungsentgelt
§ 201 Besonderheiten zur Anpassung
§ 202 Besonderheiten zum Ruhen des Anspruchs bei anderen Sozialleistungen

Fünfter Titel
Übergang von Ansprüchen auf den Bund

§ 203 Übergang von Ansprüchen des Arbeitslosen
§ 204 Übergang von sonstigen Ansprüchen

Sechster Titel
Auftragsverwaltung

§ 205 Auftragsverwaltung

Siebter Titel
Verordnungsermächtigung

§ 206 Verordnungsermächtigung

Achter Unterabschnitt
Ergänzende Regelungen zur Sozialversicherung bei Entgeltersatzleistungen

§ 207 Übernahme und Erstattung von Beiträgen bei Befreiung von der Versicherungspflicht in der Rentenversicherung

§ 207 a Übernahme von Beiträgen bei Befreiung von der Versicherungspflicht in der Kranken- und Pflegeversicherung
§ 208 Zahlung von Pflichtbeiträgen bei Insolvenzereignis

Neunter Abschnitt
Förderung der ganzjährigen Beschäftigung der Bauwirtschaft

Erster Unterabschnitt
Grundsätze

§ 209 Anspruch
§ 210 Allgemeine Förderungsvoraussetzungen
§ 211 Begriffe

Zweiter Unterabschnitt
Wintergeld

§ 212 Mehraufwands-Wintergeld
§ 213 Zuschuß-Wintergeld

Dritter Unterabschnitt
Winterausfallgeld und ergänzende Regelungen zur Sozialversicherung

§ 214 Winterausfallgeld
§ 214 a Erstattung von Arbeitgeberbeiträgen zur Sozialversicherung

Vierter Unterabschnitt
Anwendungen anderer Vorschriften

§ 215 Anwendung anderer Vorschriften

Fünfter Unterabschnitt
Verordnungsermächtigung

§ 216 Verordnungsermächtigung

Fünftes Kapitel
Leistungen an Arbeitgeber

Erster Abschnitt
Eingliederung von Arbeitnehmern

Erster Unterabschnitt
Eingliederungszuschüsse

§ 217 Grundsatz
§ 218 Eingliederungszuschüsse
§ 219 Umfang der Förderung
§ 220 Regelförderung
§ 221 Erhöhte Förderung
§ 222 Verlängerte Förderung
§ 223 Förderungsausschluß und Rückzahlung
§ 224 Anordnungsermächtigung und Verordnungsermächtigung

Zweiter Unterabschnitt
Einstellungszuschuß bei Neugründungen

§ 225 Grundsatz
§ 226 Einstellungszuschuß bei Neugründungen
§ 227 Umfang der Förderung
§ 228 Anordnungsermächtigung

Dritter Unterabschnitt
Eingliederungsvertrag

§ 229 Grundsatz
§ 230 Förderungsbedürftige Arbeitslose
§ 231 Eingliederungsvertrag
§ 232 Dauer und Auflösung des Eingliederungsvertrages, Rechtsweg
§ 233 Förderung
§ 234 Anordnungsermächtigung

Zweiter Abschnitt
Berufliche Ausbildung und Leistungen zur beruflichen Eingliederung Behinderter

Erster Unterabschnitt
Förderung der Berufsausbildung

§ 235 Zuschüsse zur Ausbildungsvergütung

Zweiter Unterabschnitt
Förderung der beruflichen Eingliederung Behinderter

§ 236 Ausbildung Behinderter
§ 237 Arbeitshilfen für Behinderter
§ 238 Probebeschäftigung Behinderter
§ 239 Anordnungsermächtigung

Sechstes Kapitel
Leistungen an Träger

Erster Abschnitt
Förderung der Berufsausbildung

§ 240 Grundsatz
§ 241 Förderungsfähige Maßnahmen
§ 242 Förderungsbedürftige Auszubildende
§ 243 Leistungen
§ 244 Zuschüsse zur Ausbildungsvergütung
§ 245 Maßnahmekosten
§ 246 Sonstige Kosten
§ 247 Anordnungsermächtigung

Zweiter Abschnitt
Förderung von Einrichtungen der beruflichen Aus- oder Weiterbildung oder zur beruflichen Eingliederung Behinderter

§ 248 Grundsatz
§ 249 Förderungsausschluß
§ 250 Bundesanstalt als Träger von Einrichtungen
§ 251 Anordnungsermächtigung

Dritter Abschnitt
Förderung von Jugendwohnheimen

§ 252 Grundsatz
§ 253 Anordnungsermächtigung

Vierter Abschnitt
Zuschüsse zu Sozialplanmaßnahmen

§ 254 Grundsatz
§ 255 Förderungsfähige Maßnahmen
§ 256 Beratung und Vorabentscheidung
§ 257 Zuschuß

40 SGB III

§ 258 Verhältnis zu anderen Leistungen der aktiven Arbeitsförderung
§ 259 Anordnungsermächtigung

Fünfter Abschnitt
Förderung von Arbeitsbeschaffungsmaßnahmen

§ 260 Grundsatz
§ 261 Förderungsfähige Maßnahmen
§ 262 Vergabe von Arbeiten
§ 263 Förderungsbedürftige Arbeitnehmer
§ 264 Zuschüsse
§ 265 Berücksichtigungsfähiges Arbeitsentgelt
§ 266 Verstärkte Förderung
§ 267 Dauer der Förderung
§ 268 Rückzahlung
§ 269 Zuweisung und Abberufung
§ 270 Besondere Kündigungsrechte
§ 271 Anordnungsermächtigung

Sechster Abschnitt
Förderung von Strukturanpassungsmaßnahmen

§ 272 Grundsatz
§ 273 Förderungsfähige Maßnahmen
§ 274 Förderungsbedürftige Arbeitnehmer
§ 275 Höhe der Förderung
§ 276 Dauer der Förderung
§ 277 Zuweisung
§ 278 Anwendung anderer Vorschriften
§ 279 Anordnungsermächtigung

Siebtes Kapitel
Weitere Aufgaben der Bundesanstalt

Erster Abschnitt
Statistiken, Arbeitsmarkt- und Berufsforschung, Berichterstattung

§ 280 Aufgaben
§ 281 Arbeitsmarktstatistiken
§ 282 Arbeitsmarkt- und Berufsforschung
§ 282 a Übermittlung von Daten
§ 283 Arbeitsmarktberichterstattung, Weisungsrecht

Zweiter Abschnitt
Erteilung von Genehmigungen und Erlaubnissen

Erster Unterabschnitt
Ausländerbeschäftigung

§ 284 Genehmigungspflicht
§ 285 Arbeitserlaubnis
§ 286 Arbeitsberechtigung
§ 287 Arbeitserlaubnisgebühr
§ 288 Verordnungsermächtigung und Weisungsrecht

Zweiter Unterabschnitt
Beratung und Vermittlung durch Dritte

Erster Titel
Berufsberatung

§ 288 a Untersagung der Berufsberatung

§ 289 Offenbarungspflicht
§ 290 Vergütungen

Zweiter Titel
Ausbildungsvermittlung und Arbeitsvermittlung

§ 291 Erlaubnispflicht
§ 292 Auslandsvermittlung, Erlaubniserteilung
§ 293 Voraussetzungen der Erlaubniserteilung
§ 294 Verfahren der Erlaubniserteilung
§ 295 Aufhebung der Erlaubnis
§ 296 Vergütung
§ 297 Unwirksamkeit von Vereinbarungen
§ 298 Behandlung von Daten
§ 299 Meldung statistischer Daten
§ 300 Pflichten

Dritter Titel
Verordnungsermächtigung und Weisungsrecht

§ 301 Verordnungsermächtigung und Weisungsrecht

Vierter Titel
Anwerbung aus dem Ausland

§ 302 Befugnis zur Anwerbung
§ 303 Weisungsrecht

Dritter Abschnitt
Bekämpfung von Leistungsmißbrauch und illegaler Ausländerbeschäftigung

§ 304 Prüfung
§ 305 Betretens- und Prüfungsrecht
§ 306 Duldungs- und Mitwirkungspflichten
§ 307 Zusammenarbeit mit den Hauptzollämtern
§ 308 Unterrichtung und Zusammenarbeit von Behörden

Achtes Kapitel
Pflichten

Erster Abschnitt
Pflichten im Leistungsverfahren

Erster Unterabschnitt
Meldepflichten

§ 309 Allgemeine Meldepflicht
§ 310 Meldepflicht bei Wechsel der Zuständigkeit

Zweiter Unterabschnitt
Anzeige- und Bescheinigungspflichten

§ 311 Anzeige- und Bescheinigungspflichten bei Arbeitsunfähigkeit
§ 312 Arbeitsbescheinigung
§ 313 Nebeneinkommensbescheinigung
§ 314 Insolvenzgeldbescheinigung

Dritter Unterabschnitt
Auskunftspflichten

§ 315 Allgemeine Auskunftspflichten Dritter
§ 316 Auskunftspflicht bei Leistungen von Insolvenzgeld

§ 317 Auskunftspflicht für Arbeitnehmer bei Feststellung von Leistungsansprüchen
§ 318 Auskunftspflicht bei beruflicher Aus- oder Weiterbildung oder beruflicher Eingliederung Behinderter
§ 319 Mitwirkungspflichten

Vierter Unterabschnitt
Sonstige Pflichten

§ 320 Berechnungs-, Auszahlungs-, Aufzeichnungs- und Anzeigepflichten

Zweiter Abschnitt
Schadensersatz bei Pflichtverletzungen

§ 321 Schadensersatz

Dritter Abschnitt
Verordnungsermächtigung und Anordnungsermächtigung

§ 321 a Verordnungsermächtigung
§ 322 Anordnungsermächtigung

Neuntes Kapitel
Gemeinsame Vorschriften für Leistungen

Erster Abschnitt
Antrag und Fristen

§ 323 Antragserfordernis
§ 324 Antrag vor Leistung
§ 325 Wirkung des Antrages
§ 326 Ausschlußfrist für Gesamtabrechnung

Zweiter Abschnitt
Zuständigkeit

§ 327 Grundsatz

Dritter Abschnitt
Leistungsverfahren in Sonderfällen

§ 328 Vorläufige Entscheidung
§ 329 Einkommensberechnung in besonderen Fällen
§ 330 Sonderregelungen für die Aufhebung von Verwaltungsakten
§ 331 Vorläufige Zahlungseinstellung
§ 332 Übergang von Ansprüchen
§ 333 Aufrechnung
§ 334 Pfändung von Leistungen
§ 335 Erstattung von Beiträgen zur Kranken-, Renten- und Pflegeversicherung
§ 336 Leistungsrechtliche Bindung der Bundesanstalt

Vierter Abschnitt
Auszahlung von Geldleistungen

§ 337 Auszahlung in Regelfall

Fünfter Abschnitt
Berechnungsgrundsätze

§ 338 Allgemeine Berechnungsgrundsätze
§ 339 Berechnung von Zeiten

Zehntes Kapitel
Finanzierung

Erster Abschnitt
Finanzierungsgrundsatz

§ 340 Aufbringung der Mittel

Zweiter Abschnitt
Beiträge und Verfahren

Erster Unterabschnitt
Beiträge

§ 341 Beitragssatz und Beitragsbemessung
§ 342 Beitragspflichtige Einnahmen Beschäftigter
§ 343 (gestrichen)
§ 344 Sonderregelung für beitragspflichtige Einnahmen Beschäftigter
§ 345 Beitragspflichtige Einnahmen sonstiger Versicherungspflichtiger

Zweiter Unterabschnitt
Verfahren

§ 346 Beitragstragung bei Beschäftigten
§ 347 Beitragstragung bei sonstigen Versicherten
§ 348 Beitragszahlung für Beschäftigte
§ 349 Beitragszahlung für sonstige Versicherungspflichtige
§ 350 Meldungen der Sozialversicherungsträger
§ 351 Beitragserstattung

Dritter Unterabschnitt
Verordnungsermächtigung und Ermächtigung zum Erlaß von Verwaltungsvorschriften

§ 352 Verordnungsermächtigung
§ 353 Ermächtigung zum Erlaß von Verwaltungsvorschriften

Dritter Abschnitt
Umlagen

Erster Unterabschnitt
Winterbau-Umlage

§ 354 Grundsatz
§ 355 Höhe der Umlage
§ 356 Umlageabführung
§ 357 Verordnungsermächtigung

Zweiter Unterabschnitt
Umlage für das Insolvenzgeld

§ 358 Grundsatz
§ 359 Aufbringung der Mittel
§ 360 Anteile der Unternehmer
§ 361 Verfahren
§ 362 Verordnungsermächtigung

Vierter Abschnitt
Beteiligung des Bundes

§ 363 Finanzierung aus Bundesmitteln
§ 364 Liquiditätshilfen
§ 365 Bundeszuschuß

Fünfter Abschnitt
Rücklage

§ 366   Bildung und Anlage der Rücklage

Elftes Kapitel
Organisation und Datenschutz

Erster Abschnitt
Bundesanstalt für Arbeit

§ 367   Träger der Arbeitsförderung
§ 368   Gliederung der Bundesanstalt
§ 369   Sitz und bezirkliche Gliederung
§ 370   Aufgaben der Bundesanstalt
§ 371   Wahrnehmung der Aufgaben
§ 372   Besonderheiten zum Gerichtsstand
§ 373   Beteiligung an Gesellschaften

Zweiter Abschnitt
Selbstverwaltung

Erster Unterabschnitt
Verfassung

§ 374   Selbstverwaltungsorgane
§ 375   Satzung und Anordnungen
§ 376   Verwaltungsrat
§ 377   Vorstand
§ 378   Verwaltungsausschüsse
§ 379   Besondere Ausschüsse
§ 380   Zusammensetzung der Selbstverwaltungsorgane
§ 381   Amtsdauer
§ 382   Vorsitzende der Selbstverwaltungsorgane
§ 383   Beratung
§ 384   Beschlußfassung
§ 385   Beanstandung von Beschlüssen
§ 386   Verfahren bei Versagen von Selbstverwaltungsorganen
§ 387   Ehrenämter
§ 388   Entschädigung der ehrenamtlich Tätigen
§ 389   Haftung

Zweiter Unterabschnitt
Berufung und Abberufung

§ 390   Berufung und Abberufung der Mitglieder
§ 391   Berufungsfähigkeit
§ 392   Vorschlagsberechtigte Stellen

Dritter Unterabschnitt
Neutralitätsausschuß

§ 393   Neutralitätsausschuß

Dritter Abschnitt
Verwaltung

§ 394   Präsident der Bundesanstalt
§ 395   Präsidenten der Landesarbeitsämter
§ 396   Direktoren der Arbeitsämter
§ 397   Beauftragte für Frauenbelange
§ 398   Innenrevision
§ 399   Personal der Bundesanstalt
§ 400   Ernennung der Beamten

Vierter Abschnitt
Aufsicht

§ 401   Aufsicht

Fünfter Abschnitt
Datenschutz

§ 402   Erhebung, Verarbeitung und Nutzung von Daten durch die Bundesanstalt
§ 403   Kennzeichnungs- und Maßregelungsverbot

Zwölftes Kapitel
Straf- und Bußgeldvorschriften

Erster Abschnitt
Bußgeldvorschriften

§ 404   Bußgeldvorschriften
§ 405   Zuständigkeit und Vollstreckung

Zweiter Abschnitt
Strafvorschriften

§ 406   Unerlaubte Auslandsvermittlung, Anwerbung und Beschäftigung von Ausländern ohne Genehmigung und zu ungünstigen Arbeitsbedingungen
§ 407   Beschäftigung von Ausländern ohne Genehmigung in größerem Umfang

Dreizehntes Kapitel
Sonderregelungen

Erster Abschnitt
Sonderregelungen im Zusammenhang mit der Herstellung der Einheit Deutschlands

§ 408   Besondere Bezugsgröße und Beitragsbemessungsgrenze
§ 409   Besondere Leistungsbemessungsgrenze
§ 410   Besondere Entgeltabzüge
§ 411   Besonderer Anpassungsfaktor
§ 412   (gestrichen)
§ 413   Besonderer Bedarf für den Lebensunterhalt bei der Förderung der Berufsausbildung
§ 414   Besonderer Bedarf bei der Förderung der beruflichen Eingliederung Behinderter
§ 415   Besonderheiten bei der Förderungsfähigkeit von Strukturanpassungsmaßnahmen
§ 416   Besonderheiten bei der Förderung von Arbeitsbeschaffungsmaßnahmen
§ 416 a Besonderheiten bei der Bemessung des Arbeitslosengeldes

Zweiter Abschnitt
Ergänzungen für übergangsweise mögliche Leistungen

§ 417   Angemessene Dauer beruflicher Weiterbildung in Sonderfällen
§ 418   Eingliederungshilfe

§ 419	Sprachförderung		
§ 420	Eingliederungshilfe und Sprachförderung in Sonderfällen		
§ 421	Anwendung von Vorschriften und Maßgaben		
§ 421 a	Übernahme von Beiträgen bei Befreiung von der Versicherungspflicht in der Kranken- und Pflegeversicherung in Sonderfällen		
§ 421 b	Sonderregelung zur Arbeitnehmerhilfe für die Jahre 1998 bis 2002		
§ 421 c	Sonderregelung zur Finanzierung eines befristeten Arbeitsmarktprogramms		

Dritter Abschnitt
Grundsätze bei Rechtsänderungen

§ 422 Leistungen der aktiven Arbeitsförderung
§ 423 (aufgehoben)
§ 424 Organisation

Vierter Abschnitt
Sonderregelungen im Zusammenhang mit der Einordnung des Arbeitsförderungsrechts in das Sozialgesetzbuch

§ 425 Übergang von der Beitrags- zur Versicherungspflicht
§ 426 Grundsätze für einzelne Leistungen nach dem Arbeitsförderungsgesetz
§ 427 Arbeitslosengeld und Arbeitslosenhilfe
§ 428 Arbeitslosengeld unter erleichterten Voraussetzungen
§ 429 Altersübergangsgeld
§ 430 Sonstige Entgeltersatzleistungen
§ 431 Erstattungsansprüche
§ 432 Weitergeltung von Arbeitserlaubnissen
§ 433 Anlage der Rücklage

Fünfter Abschnitt
Übergangsregelungen aufgrund von Änderungsgesetzen

§ 434 Zweites SGB III-Änderungsgesetz

Erstes Kapitel
Allgemeine Vorschriften

Erster Abschnitt
Grundsätze

§ 1 Aufgaben der Arbeitsförderung
(1) Durch die Leistungen der Arbeitsförderung soll vor allem der Ausgleich am Arbeitsmarkt unterstützt werden, indem Ausbildung- und Arbeitsuchende über Lage und Entwicklung des Arbeitsmarktes und der Berufe beraten, offene Stellen zügig besetzt und die Möglichkeiten von benachteiligten Ausbildung- und Arbeitsuchenden für eine Erwerbstätigkeit verbessert und dadurch Zeiten der Arbeitslosigkeit sowie des Bezugs von Arbeitslosengeld, Teilarbeitslosengeld und Arbeitslosenhilfe vermieden oder verkürzt werden.
(2) Die Leistungen der Arbeitsförderung sind so einzusetzen, daß sie der beschäftigungspolitischen Zielsetzung der Sozial-, Wirtschafts- und Finanzpolitik der Bundesregierung entsprechen sowie der besonderen Verantwortung der Arbeitgeber für Beschäftigungsmöglichkeiten und der Arbeitnehmer für ihre eigenen beruflichen Möglichkeiten Rechnung tragen und die Erhaltung und Schaffung von wettbewerbsfähigen Arbeitsplätzen nicht gefährden.

§ 2 Besondere Verantwortung von Arbeitgebern und Arbeitnehmern
(1) Die Arbeitgeber haben bei ihren Entscheidungen verantwortungsvoll deren Auswirkungen auf die Beschäftigung der Arbeitnehmer und von Arbeitslosen und damit die Inanspruchnahme von Leistungen der Arbeitsförderung einzubeziehen. Sie sollen dabei insbesondere
1. im Rahmen ihrer Mitverantwortung für die Entwicklung der beruflichen Leistungsfähigkeit der Arbeitnehmer zur Anpassung an sich ändernde Anforderungen sorgen,
2. vorrangig durch betriebliche Maßnahmen die Inanspruchnahme von Leistungen der Arbeitsförderung sowie Entlassungen von Arbeitnehmern vermeiden und
3. durch frühzeitige Meldung von freien Arbeitsplätzen deren zügige Besetzung und den Abbau von Arbeitslosigkeit unterstützen.
(2) Die Arbeitnehmer haben bei ihren Entscheidungen verantwortungsvoll deren Auswirkungen auf ihre beruflichen Möglichkeiten einzubeziehen. Sie sollen insbesondere ihre berufliche Leistungsfähigkeit den sich ändernden Anforderungen anpassen.

(3) Die Arbeitnehmer haben zur Vermeidung von Arbeitslosigkeit
1. jede zumutbare Möglichkeit bei der Suche und Aufnahme einer Beschäftigung zu nutzen,
2. ein Beschäftigungsverhältnis, dessen Fortsetzung ihnen zumutbar ist, nicht zu beenden, bevor sie eine neue Beschäftigung haben und
3. jede zumutbare Beschäftigung anzunehmen.

§ 3 Leistungen der Arbeitsförderung

(1) Arbeitnehmer erhalten folgende Leistungen:
1. Berufsberatung sowie Ausbildungs- und Arbeitsvermittlung und diese unterstützende Leistungen,
2. Trainingsmaßnahmen zur Verbesserung der Eingliederungsaussichten,
3. Mobilitätshilfen und Arbeitnehmerhilfe zur Aufnahme einer Beschäftigung,
4. Überbrückungsgeld zur Aufnahme einer selbständigen Tätigkeit,
5. Berufsausbildungsbeihilfe während einer beruflichen Ausbildung oder einer berufsvorbereitenden Bildungsmaßnahme,
6. Übernahme der Weiterbildungskosten und Unterhaltsgeld während der Teilnahme an einer beruflichen Weiterbildung,
7. allgemeine und besondere Leistungen zur beruflichen Eingliederung Behinderter, insbesondere Ausbildungsgeld, Übernahme der Teilnahmekosten und Übergangsgeld,
8. Arbeitslosengeld und Arbeitslosenhilfe während Arbeitslosigkeit sowie Teilarbeitslosengeld während Teilarbeitslosigkeit (Leistungen zum Ersatz des Arbeitsentgelts bei Arbeitslosigkeit),
9. Kurzarbeitergeld bei Arbeitsausfall,
10. Insolvenzgeld bei Zahlungsunfähigkeit des Arbeitgebers,[1]
11. Wintergeld und Winterausfallgeld in der Bauwirtschaft.

(2) Arbeitgeber erhalten folgende Leistungen:
1. Arbeitsmarktberatung sowie Ausbildungs- und Arbeitsvermittlung,
2. Zuschüsse zu den Arbeitsentgelten bei Eingliederung von leistungsgeminderten Arbeitnehmern sowie bei Neugründungen,
3. Erstattung von Arbeitsentgelt für Zeiten ohne Arbeitsleistung und weitere Leistungen bei Abschluß eines Eingliederungsvertrages mit Zustimmung des Arbeitsamtes,
4. Zuschüsse zur Ausbildungsvergütung bei Durchführung von Maßnahmen während der betrieblichen Ausbildungszeit sowie weitere Zuschüsse bei Behinderten.

(3) Träger von Arbeitsförderungsmaßnahmen erhalten folgende Leistungen:
1. Darlehen und Zuschüsse zu zusätzlichen Maßnahmen der betrieblichen Ausbildung,
2. Übernahme der Kosten für die Ausbildung in einer außerbetrieblichen Einrichtung,
3. Darlehen und Zuschüsse für Einrichtungen der beruflichen Aus- oder Weiterbildung oder zur beruflichen Eingliederung Behinderter sowie für Jugendwohnheime,
4. Zuschüsse zu Eingliederungsmaßnahmen auf Grund eines Sozialplans,
5. Darlehen und Zuschüsse zu Arbeitsbeschaffungsmaßnahmen sowie zu Strukturanpassungsmaßnahmen.

(4) Leistungen der aktiven Arbeitsförderung sind alle Leistungen der Arbeitsförderung mit Ausnahme von Arbeitslosengeld, Teilarbeitslosengeld, Arbeitslosenhilfe und Insolvenzgeld.[1]

(5) Ermessensleistungen der aktiven Arbeitsförderung sind alle Leistungen der aktiven Arbeitsförderung mit Ausnahme von Berufsausbildungsbeihilfe, besonderen Leistungen zur beruflichen Eingliederung Behinderter, Kurzarbeitergeld, Wintergeld, Winterausfallgeld und Eingliederungszuschuß bei Einarbeitung von Berufsrückkehrern.

§ 4 Vorrang der Vermittlung

(1) Die Vermittlung in Ausbildung und Arbeit hat Vorrang vor den Leistungen zum Ersatz des Arbeitsentgelts bei Arbeitslosigkeit.
(2) Der Vermittlungsvorrang gilt auch im Verhältnis zu den sonstigen Leistungen der aktiven Arbeitsförderung, es sei denn, die Leistung ist für eine dauerhafte Eingliederung erforderlich.

---

1) In Kraft ab 1. 1. 1999.

§ 5 Vorrang der aktiven Arbeitsförderung
Die Leistungen der aktiven Arbeitsförderung sind entsprechend ihrer jeweiligen Zielbestimmung einzusetzen, um sonst erforderliche Leistungen zum Ersatz des Arbeitsentgelts bei Arbeitslosigkeit nicht nur vorübergehend zu vermeiden.

§ 6 Vermeidung von Langzeitarbeitslosigkeit
Das Arbeitsamt hat spätestens nach sechsmonatiger Arbeitslosigkeit zusammen mit dem Arbeitslosen festzustellen, durch welche Maßnahmen, Leistungen oder eigene Bemühungen des Arbeitslosen eine drohende Langzeitarbeitslosigkeit vermieden werden kann. Sind Maßnahmen oder Leistungen des Arbeitsamtes noch nicht erforderlich oder möglich, sind entsprechende Feststellungen nach angemessener Zeit, spätestens nach sechs Monaten, zu wiederholen.

§ 7 Auswahl von Leistungen der aktiven Arbeitsförderung
(1) Bei der Auswahl von Leistungen der aktiven Arbeitsförderung hat das Arbeitsamt unter Beachtung des Grundsatzes der Wirtschaftlichkeit und Sparsamkeit die für den Einzelfall am besten geeignete Leistung oder Kombination von Leistungen zu wählen. Dabei sind vorrangig die Fähigkeiten der zu fördernden Personen und die Erfolgsaussichten einer Eingliederung zugrunde zu legen.
(2) Ist bei Ermessensleistungen der aktiven Arbeitsförderung eine Auswahl unter den Personen, die einer Förderung bedürfen, erforderlich, so hat diese vorrangig danach zu erfolgen, inwieweit unter Berücksichtigung der Förderungsbedürftigkeit eher mit einem Eingliederungserfolg zu rechnen ist.
(3) Bei Ermessensleistungen der aktiven Arbeitsförderung sollen besonders förderungsbedürftige Personengruppen, insbesondere Langzeitarbeitslose, Schwerbehinderte, Ältere mit Vermittlungserschwernissen und Berufsrückkehrer hinsichtlich ihres Anteils an der jeweiligen Gesamtzahl der Arbeitslosen angemessen vertreten sein.

§ 8 Frauenförderung
(1) Die Leistungen der aktiven Arbeitsförderung sollen die tatsächliche Durchsetzung der Gleichberechtigung von Frauen und Männern am Arbeitsmarkt fördern. Zur Verbesserung der beruflichen Situation von Frauen ist durch sie auf die Beseitigung bestehender Nachteile sowie auf die Überwindung des geschlechtsspezifischen Ausbildungs- und Arbeitsmarktes hinzuwirken.
(2) Frauen sollen entsprechend ihrem Anteil an den Arbeitslosen gefördert werden.
(3) Die Leistungen der aktiven Arbeitsförderung sollen in ihrer zeitlichen, inhaltlichen und organisatorischen Ausgestaltung die Lebensverhältnisse von Frauen und Männern berücksichtigen, die aufsichtsbedürftige Kinder betreuen und erziehen oder pflegebedürftige Angehörige betreuen oder nach diesen Zeiten wieder in die Erwerbstätigkeit zurückkehren wollen.

§ 9 Ortsnahe Leistungserbringung
(1) Die Leistungen der Arbeitsförderung sollen vorrangig durch die örtlichen Arbeitsämter erbracht werden. Dabei haben die Arbeitsämter die Gegebenheiten des örtlichen und überörtlichen Arbeitsmarktes zu berücksichtigen.
(2) Die Arbeitsämter sollen die Vorgänge am Arbeitsmarkt besser durchschaubar machen. Sie haben zum Ausgleich von Angebot und Nachfrage auf dem örtlichen und überörtlichen Arbeitsmarkt beizutragen.
(3) Die Arbeitsämter haben zur Erfüllung ihrer Aufgaben mit den Beteiligten des örtlichen Arbeitsmarktes, insbesondere den Vertretern der Arbeitgeber und der Arbeitnehmer, den Kammern und berufsständischen Organisationen sowie den Gemeinden, Kreisen und Bezirken zusammenzuarbeiten. Sie sollen ihre Planungen rechtzeitig mit Trägern von Maßnahmen der Arbeitsförderung erörtern.

§ 10 Freie Förderung
(1) Die Arbeitsämter können bis zu zehn Prozent der im Eingliederungstitel enthaltenen Mittel für Ermessensleistungen der aktiven Arbeitsförderung einsetzen, um die Möglichkeiten der gesetzlich geregelten aktiven Arbeitsförderungsleistungen durch freie Leistungen der aktiven Arbeitsförderung zu erweitern. Die freien Leistungen müssen den Zielen und Grundsätzen der gesetzlichen Leistungen entsprechen und dürfen nicht gesetzliche Leistungen aufstocken. Bei Leistungen an Arbeitgeber ist darauf zu achten, Wettbewerbsverfälschungen zu vermeiden. Projektförderungen sind zulässig.

(2) Das Bundesministerium für Arbeit und Sozialordnung wird ermächtigt, durch Rechtsverordnung das Nähere zu der freien Förderung, insbesondere zu den Voraussetzungen, den Grenzen und zum Verfahren, zu regeln.

§ 11 Eingliederungsbilanz
(1) Jedes Arbeitsamt erstellt über seine Ermessensleistungen der aktiven Arbeitsförderung nach Abschluß eines Haushaltsjahres eine Eingliederungsbilanz. Die Eingliederungsbilanzen müssen vergleichbar sein und sollen Aufschluß über den Mitteleinsatz, die geförderten Personengruppen und die Wirksamkeit der Förderung geben.
(2) Die Eingliederungsbilanzen sollen insbesondere Angaben enthalten zu
1. dem Anteil der Gesamtausgaben an den zugewiesenen Mitteln sowie den Ausgaben für die einzelnen Leistungen und ihrem Anteil an den Gesamtausgaben,
2. den durchschnittlichen Ausgaben für die einzelnen Leistungen je geförderten Arbeitnehmer unter Berücksichtigung der besonders förderungsbedürftigen Personengruppen,
3. der Beteiligung besonders förderungsbedürftiger Personengruppen an den einzelnen Leistungen unter Berücksichtigung ihres Anteils an den Arbeitslosen,
4. der Beteiligung von Frauen an Maßnahmen der aktiven Arbeitsförderung unter Berücksichtigung des Frauenanteils an den Arbeitslosen sowie über Maßnahmen, die zu einer gleichberechtigten Teilhabe von Frauen am Arbeitsmarkt beigetragen haben,
5. dem Verhältnis der Zahl der in eine nicht geförderte Beschäftigung vermittelten Arbeitslosen zu der Zahl der Abgänge aus Arbeitslosigkeit in eine nicht geförderte Beschäftigung (Vermittlungsquote). Dabei sind besonders förderungsbedürftige Personengruppen gesondert auszuweisen,
6. dem Verhältnis der Zahl der Arbeitnehmer, die in angemessener Zeit im Anschluß an die Maßnahme eine Beschäftigung aufgenommen haben oder nicht mehr arbeitslos sind, zu der Zahl geförderter Arbeitnehmer in den einzelnen Maßnahmebereichen. Dabei sind besonders förderungsbedürftige Personengruppen gesondert auszuweisen,
7. der Entwicklung der Rahmenbedingungen für die Eingliederung auf dem regionalen Arbeitsmarkt,
8. der Veränderung der Maßnahmen im Zeitverlauf.

Die Bundesanstalt stellt den Arbeitsämtern zur Sicherstellung der Vergleichbarkeit der Eingliederungsbilanzen einheitliche Berechnungsmaßstäbe zu den einzelnen Angaben zur Verfügung.
(3) Die Eingliederungsbilanz ist mit den Beteiligten des örtlichen Arbeitsmarktes zu erörtern. Dazu ist sie um einen Teil zu ergänzen, der weiteren Aufschluß über die Leistungen und ihre Wirkungen auf den örtlichen Arbeitsmarkt sowie Aufschluß über die Konzentration der Maßnahmen auf einzelne Träger gibt.
(4) Die Eingliederungsbilanzen sind bis Mitte des nachfolgenden Jahres zu veröffentlichen.

Zweiter Abschnitt
Berechtigte

§ 12 Geltung der Begriffsbestimmungen
Die in diesem Abschnitt enthaltenen Begriffsbestimmungen sind nur für dieses Buch maßgeblich.

§ 13 Heimarbeiter
Arbeitnehmer im Sinne dieses Buches sind auch Heimarbeiter (§ 12 Abs. 2 des Vierten Buches).

§ 14 Auszubildende
Auszubildende sind die zur Berufsausbildung Beschäftigten und Teilnehmer an nach diesem Buch förderungsfähigen berufsvorbereitenden Bildungsmaßnahmen.

§ 15 Ausbildung- und Arbeitsuchende
Ausbildungsuchende sind Personen, die eine Berufsausbildung suchen. Arbeitsuchende sind Personen, die eine Beschäftigung als Arbeitnehmer suchen. Dies gilt auch, wenn sie bereits eine Beschäftigung oder eine selbständige Tätigkeit ausüben.

§ 16 Arbeitslose
Arbeitslose sind Personen, die wie beim Anspruch auf Arbeitslosengeld
1. vorübergehend nicht in einem Beschäftigungsverhältnis stehen,

2. eine versicherungspflichtige Beschäftigung suchen und dabei den Vermittlungsbemühungen des Arbeitsamtes zur Verfügung stehen und
3. sich beim Arbeitsamt arbeitslos gemeldet haben.

§ 17 Von Arbeitslosigkeit bedrohte Arbeitnehmer
Von Arbeitslosigkeit bedrohte Arbeitnehmer sind Personen, die
1. versicherungspflichtig beschäftigt sind,
2. alsbald mit der Beendigung der Beschäftigung rechnen müssen und
3. voraussichtlich nach Beendigung der Beschäftigung arbeitslos werden.

§ 18 Langzeitarbeitslose
(1) Langzeitarbeitslose sind Arbeitslose, die ein Jahr und länger arbeitslos sind.
(2) Für Leistungen der aktiven Arbeitsförderung, die Langzeitarbeitslosigkeit voraussetzen, bleiben folgende Unterbrechungen der Arbeitslosigkeit innerhalb eines Zeitraums von fünf Jahren unberücksichtigt:
1. Zeiten einer aktiven Arbeitsförderung,
2. Zeiten einer Krankheit oder eines Beschäftigungsverbots nach dem Mutterschutzgesetz,
3. Zeiten der Betreuung und Erziehung aufsichtsbedürftiger Kinder oder der Betreuung pflegebedürftiger Angehöriger,
4. Beschäftigungen oder selbständige Tätigkeiten bis zu einer Dauer von insgesamt sechs Monaten,
5. Zeiten, in denen eine Beschäftigung rechtlich nicht möglich war, und
6. kurze Unterbrechungen der Arbeitslosigkeit ohne Nachweis.
(3) Ergibt sich der Sachverhalt einer unschädlichen Unterbrechung üblicherweise nicht aus den Unterlagen der Arbeitsvermittlung, so reicht Glaubhaftmachung aus.

§ 19 Behinderte
(1) Behinderte sind körperlich, geistig oder seelisch beeinträchtigte Personen, deren Aussichten, beruflich eingegliedert zu werden oder zu bleiben, wegen Art oder Schwere ihrer Behinderung nicht nur vorübergehend wesentlich gemindert sind und die deshalb Hilfen zur beruflichen Eingliederung benötigen.
(2) Den Behinderten stehen diejenigen Personen gleich, denen eine Behinderung mit den in Absatz 1 genannten Folgen droht.

§ 20 Berufsrückkehrer
Berufsrückkehrer sind Frauen und Männer, die
1. ihre Erwerbstätigkeit oder Arbeitslosigkeit oder eine betriebliche Berufsausbildung wegen der Betreuung und Erziehung von aufsichtsbedürftigen Kindern oder der Betreuung pflegebedürftiger Angehöriger unterbrochen haben und
2. in angemessener Zeit danach in die Erwerbstätigkeit zurückkehren wollen.

§ 21 Träger
Träger sind natürliche oder juristische Personen, die Maßnahmen der Arbeitsförderung selbst durchführen oder durch Dritte durchführen lassen.

Dritter Abschnitt
Verhältnis der Leistungen aktiver Arbeitsförderung zu anderen Leistungen

§ 22 Verhältnis zu anderen Leistungen
(1) Leistungen der aktiven Arbeitsförderung dürfen nur erbracht werden, wenn nicht andere Leistungsträger oder andere öffentlich-rechtliche Stellen zur Erbringung gleichartiger Leistungen gesetzlich verpflichtet sind.
(2) Allgemeine und besondere Leistungen zur beruflichen Eingliederung Behinderter einschließlich der Leistungen an Arbeitgeber und der Leistungen an Träger dürfen nur erbracht werden, sofern nicht ein anderer Rehabilitationsträger im Sinne des Gesetzes über die Angleichung der Leistungen zur Rehabilitation zuständig ist.
(3) Soweit Leistungen zur Förderung der Berufsausbildung und zur Förderung der beruflichen Weiterbildung der Sicherung des Lebensunterhaltes dienen, gehen sie der Ausbildungsbeihilfe nach § 44 des Strafvollzugsgesetzes vor. Die Leistungen für Gefangene dürfen die Höhe der Ausbildungsbei-

hilfe nach § 44 des Strafvollzugsgesetzes nicht übersteigen. Sie werden den Gefangenen nach einer Förderzusage des Arbeitsamtes in Vorleistung von den Ländern erbracht und von der Bundesanstalt erstattet.

§ 23 Vorleistungspflicht der Arbeitsförderung
(1) Solange und soweit eine vorrangige Stelle Leistungen nicht gewährt, sind Leistungen der aktiven Arbeitsförderung so zu erbringen, als wenn die Verpflichtung dieser Stelle nicht bestünde.
(2) Hat das Arbeitsamt für eine andere öffentlich-rechtliche Stelle vorgeleistet, ist die zur Leistung verpflichtete öffentlich-rechtliche Stelle der Bundesanstalt erstattungspflichtig. Für diese Erstattungsansprüche gelten die Vorschriften des Zehnten Buches über die Erstattungsansprüche der Sozialleistungsträger untereinander entsprechend.

Zweites Kapitel
Versicherungspflicht

§ 24 Versicherungspflichtverhältnis
(1) In einem Versicherungspflichtverhältnis stehen Personen, die als Beschäftigte oder aus sonstigen Gründen versicherungspflichtig sind.
(2) Das Versicherungspflichtverhältnis beginnt für Beschäftigte mit dem Tag des Eintritts in das Beschäftigungsverhältnis oder mit dem Tag nach dem Erlöschen der Versicherungsfreiheit, für die sonstigen Versicherungspflichtigen mit dem Tag, an dem erstmals die Voraussetzungen für die Versicherungspflicht erfüllt sind.
(3) Das Versicherungspflichtverhältnis für Beschäftigte besteht während eines erheblichen Arbeitsausfalls mit Entgeltausfall im Sinne der Vorschriften über das Kurzarbeitergeld oder eines witterungsbedingten Arbeitsausfalls im Sinne der Vorschriften über das Winterausfallgeld fort.
(4) Das Versicherungspflichtverhältnis endet für Beschäftigte mit dem Tag des Ausscheidens aus dem Beschäftigungsverhältnis oder mit dem Tag vor Eintritt der Versicherungsfreiheit, für die sonstigen Versicherungspflichtigen mit dem Tag, an dem die Voraussetzungen für die Versicherungspflicht letztmals erfüllt waren.

§ 25 Beschäftigte
(1) Versicherungspflichtig sind Personen, die gegen Arbeitsentgelt oder zu ihrer Berufsausbildung beschäftigt (versicherungspflichtige Beschäftigung) sind.
(2) Bei Wehrdienstleistenden und Zivildienstleistenden, denen nach gesetzlichen Vorschriften für die Zeit ihres Dienstes Arbeitsentgelt weiterzugewähren ist, gilt das Beschäftigungsverhältnis durch den Wehrdienst oder Zivildienst als nicht unterbrochen. Personen, die im Rahmen einer besonderen Auslandsverwendung im Sinne des Soldatengesetzes freiwillig Wehrdienst leisten, sind in dieser Beschäftigung nicht nach Absatz 1 versicherungspflichtig; sie gelten als Wehrdienstleistende im Sinne des § 26 Abs. 1 Nr. 2 und Abs. 4.

§ 26 Sonstige Versicherungspflichtige
(1) Versicherungspflichtig sind
1. jugendliche Behinderte, die in Einrichtungen für Behinderte, insbesondere in Berufsbildungswerken, an einer berufsfördernden Maßnahme teilnehmen, die ihnen eine Erwerbstätigkeit auf dem allgemeinen Arbeitsmarkt ermöglichen soll, sowie Personen, die in Einrichtungen der Jugendhilfe für eine Erwerbstätigkeit befähigt werden sollen,
2. Personen, die auf Grund gesetzlicher Pflicht länger als drei Tage Wehrdienst oder Zivildienst leisten und während dieser Zeit nicht als Beschäftigte versicherungspflichtig sind, wenn sie
   a) unmittelbar vor Dienstantritt versicherungspflichtig waren oder eine Entgeltersatzleistung nach diesem Buch bezogen haben, oder
   b) eine Beschäftigung gesucht haben, die Versicherungspflicht nach diesem Buch begründet,
3. Personen während des Wehrdienstes in der Verfügungsbereitschaft nach § 5 a Abs. 1 des Wehrpflichtgesetzes und des freiwilligen zusätzlichen Wehrdienstes nach § 6 b Abs. 1 des Wehrpflichtgesetzes, wenn sie während des vorangegangenen Grundwehrdienstes versicherungspflichtig waren,

4. Gefangene, die Arbeitsentgelt, Ausbildungsbeihilfe oder Ausfallentschädigung (§§ 43 bis 45, 176 und 177 des Strafvollzugsgesetzes) erhalten oder Ausbildungsbeihilfe nur wegen des Vorrangs von Leistungen zur Förderung der Berufsausbildung nach diesem Buch nicht erhalten. Gefangene im Sinne dieses Buches sind Personen, die im Vollzug von Untersuchungshaft, Freiheitsstrafen und freiheitsentziehenden Maßregeln der Besserung und Sicherung oder einstweilig nach § 126 a Abs. 1 der Strafprozeßordnung untergebracht sind.

(2) Versicherungspflichtig sind Personen in der Zeit, für die sie
1. von einem Leistungsträger Krankengeld, Versorgungskrankengeld, Verletztengeld oder von einem Träger der medizinischen Rehabilitation Übergangsgeld beziehen, wenn sie unmittelbar vor Beginn der Leistung versicherungspflichtig waren oder eine laufende Entgeltersatzleistung nach diesem Buch bezogen haben,
2. von einem privaten Krankenversicherungsunternehmen Krankentagegeld beziehen, wenn sie unmittelbar vor Beginn der Leistung versicherungspflichtig waren oder eine laufende Entgeltersatzleistung nach diesem Buch bezogen haben.

(3) Nach Absatz 1 Nr. 1 ist nicht versicherungspflichtig, wer nach § 25 Abs. 1 versicherungspflichtig ist. Nach Absatz 1 Nr. 4 ist nicht versicherungspflichtig, wer nach anderen Vorschriften dieses Buches versicherungspflichtig ist. Nach Absatz 2 Nr. 2 ist nicht versicherungspflichtig, wer nach Absatz 2 Nr. 1 versicherungspflichtig ist.

(4) Versicherungspflicht nach Absatz 1 Nr. 2 Buchstabe b tritt nicht ein, wenn der Dienstleistende
1. in den letzten zwei Monaten vor Beginn des Dienstes eine Ausbildung an einer allgemeinbildenden Schule beendet oder ein Studium als ordentlicher Studierender an einer Hochschule oder einer der fachlichen Ausbildung dienenden Schule unterbrochen hat und
2. innerhalb der letzten zwei Jahre vor Beginn der Ausbildung weniger als zwölf Monate in einem Versicherungspflichtverhältnis gestanden hat.

§ 27 Versicherungsfreie Beschäftigte

(1) Versicherungsfrei sind Personen in einer Beschäftigung als
1. Beamter, Richter, Soldat auf Zeit sowie Berufssoldat der Bundeswehr und als sonstig Beschäftigter des Bundes, eines Landes, eines Gemeindeverbandes, einer Gemeinde, einer öffentlich-rechtlichen Körperschaft, Anstalt, Stiftung oder eines Verbandes öffentlich-rechtlicher Körperschaften oder deren Spitzenverbänden, wenn sie nach beamtenrechtlichen Vorschriften oder Grundsätzen bei Krankheit Anspruch auf Fortzahlung der Bezüge und auf Beihilfe oder Heilfürsorge haben,
2. Geistliche der als öffentlich-rechtliche Körperschaften anerkannten Religionsgesellschaften, wenn sie nach beamtenrechtlichen Vorschriften oder Grundsätzen bei Krankheit Anspruch auf Fortzahlung der Bezüge und auf Beihilfe haben,
3. Lehrer an privaten genehmigten Ersatzschulen, wenn sie hauptamtlich beschäftigt sind und nach beamtenrechtlichen Vorschriften oder Grundsätzen bei Krankheit Anspruch auf Fortzahlung der Bezüge und auf Beihilfe haben,
4. satzungsmäßige Mitglieder von geistlichen Genossenschaften, Diakonissen und ähnliche Personen, wenn sie sich aus überwiegend religiösen oder sittlichen Beweggründen mit Krankenpflege, Unterricht oder anderen gemeinnützigen Tätigkeiten beschäftigen und nicht mehr als freien Unterhalt oder ein geringes Entgelt beziehen, das nur zur Beschaffung der unmittelbaren Lebensbedürfnisse an Wohnung, Verpflegung, Kleidung und dergleichen ausreicht,
5. Mitglieder des Vorstandes einer Aktiengesellschaft für das Unternehmen, dessen Vorstand sie angehören. Konzernunternehmen im Sinne des § 18 des Aktiengesetzes gelten als ein Unternehmen.

(2) Versicherungsfrei sind Personen in einer geringfügigen Beschäftigung; abweichend von § 8 Abs. 2 Satz 1 des Vierten Buches werden geringfügige Beschäftigungen und nicht geringfügige Beschäftigungen nicht zusammengerechnet. Versicherungsfreiheit besteht nicht für Personen, die
1. im Rahmen betrieblicher Berufsbildung, nach dem Gesetz zur Förderung eines freiwilligen sozialen Jahres, nach dem Gesetz zur Förderung eines freiwilligen ökologischen Jahres,
2. wegen eines erheblichen Arbeitsausfalls mit Entgeltausfall im Sinne der Vorschriften über das Kurzarbeitergeld oder eines witterungsbedingten Arbeitsausfalls im Sinne der Vorschriften über das Winterausfallgeld oder

3. wegen stufenweiser Wiedereingliederung in das Erwerbsleben (§ 74 Fünftes Buch) oder aus einem sonstigen der in § 126 Abs. 1 genannten Gründe

nur geringfügig beschäftigt sind.

(3) Versicherungsfrei sind Personen in einer
1. unständigen Beschäftigung, die sie berufsmäßig ausüben. Unständig ist eine Beschäftigung, die auf weniger als eine Woche der Natur der Sache nach beschränkt zu sein pflegt oder im voraus durch Arbeitsvertrag beschränkt ist,
2. Beschäftigung als Heimarbeiter, die gleichzeitig mit einer Tätigkeit als Zwischenmeister (§ 12 Abs. 4 Viertes Buch) ausgeübt wird, wenn der überwiegende Teil des Verdienstes aus der Tätigkeit als Zwischenmeister bezogen wird,
3. Beschäftigung als ausländischer Arbeitnehmer zur beruflichen Aus- oder Fortbildung, wenn
   a) die berufliche Aus- oder Fortbildung aus Mitteln des Bundes, eines Landes, einer Gemeinde oder eines Gemeindeverbandes oder aus Mitteln einer Einrichtung oder einer Organisation, die sich der Aus- oder Fortbildung von Ausländern widmet, gefördert wird,
   b) sie verpflichtet sind, nach Beendigung der geförderten Aus- oder Fortbildung das Inland zu verlassen, und
   c) die im Inland zurückgelegten Versicherungszeiten weder nach dem Recht der Europäischen Gemeinschaft noch nach zwischenstaatlichen Abkommen oder dem Recht des Wohnlandes des Arbeitnehmers einen Anspruch auf Leistungen für den Fall der Arbeitslosigkeit in dem Wohnland des Betreffenden begründen können,
4. Beschäftigung als ehrenamtlicher Bürgermeister oder ehrenamtlicher Beigeordneter.

(4) Versicherungsfrei sind Personen, die während der Dauer
1. ihrer Ausbildung an einer allgemeinbildenden Schule oder
2. ihres Studiums als ordentliche Studierende einer Hochschule oder einer der fachlichen Ausbildung dienenden Schule

eine Beschäftigung ausüben. Satz 1 Nr. 1 gilt nicht, wenn der Beschäftigte schulische Einrichtungen besucht, die der Fortbildung außerhalb der üblichen Arbeitszeit dienen.

(5) Versicherungsfrei sind Personen, die während der Zeit, in der ein Anspruch auf Arbeitslosengeld oder Arbeitslosenhilfe besteht, eine mehr als geringfügige, aber weniger als 15 Stunden wöchentlich umfassende Beschäftigung ausüben; gelegentliche Abweichungen von geringer Dauer bleiben unberücksichtigt. Satz 1 gilt nicht für Beschäftigungen, die während der Zeit, in der ein Anspruch auf Teilarbeitslosengeld besteht, ausgeübt werden.

§ 28 Sonstige versicherungsfreie Personen

Versicherungsfrei sind Personen,
1. die das 65. Lebensjahr vollendet haben, mit Ablauf des Monats, in dem sie dieses Lebensjahr vollenden,
2. während der Zeit, für die ihnen ein Anspruch auf Rente wegen Erwerbsunfähigkeit aus der gesetzlichen Rentenversicherung oder eine vergleichbare Leistung eines ausländischen Leistungsträgers zuerkannt ist,
3. die wegen einer Minderung ihrer Leistungsfähigkeit dauernd nicht mehr verfügbar sind, von dem Zeitpunkt an, an dem das Arbeitsamt diese Minderung der Leistungsfähigkeit und der zuständige Träger der gesetzlichen Rentenversicherung Berufsunfähigkeit oder Erwerbsunfähigkeit im Sinne der gesetzlichen Rentenversicherung festgestellt haben.

Drittes Kapitel
Beratung und Vermittlung

Erster Abschnitt
Beratung

§ 29 Beratungsangebot

(1) Das Arbeitsamt hat Jugendlichen und Erwachsenen, die am Arbeitsleben teilnehmen oder teilnehmen wollen, Berufsberatung und Arbeitgebern Arbeitsmarktberatung anzubieten.

(2) Art und Umfang der Beratung richten sich nach dem Beratungsbedarf des einzelnen Ratsuchenden.
(3) Das Arbeitsamt soll bei der Beratung die Kenntnisse über den Arbeitsmarkt des europäischen Wirtschaftsraumes und die Erfahrungen aus der Zusammenarbeit mit den Arbeitsverwaltungen anderer Staaten nutzen.

§ 30 Berufsberatung
Die Berufsberatung umfaßt die Erteilung von Auskunft und Rat
1. zur Berufswahl, beruflichen Entwicklung und zum Berufswechsel,
2. zur Lage und Entwicklung des Arbeitsmarktes und der Berufe,
3. zu den Möglichkeiten der beruflichen Bildung,
4. zur Ausbildungs- und Arbeitsplatzsuche,
5. zu Leistungen der Arbeitsförderung.

Die Berufsberatung erstreckt sich auch auf die Erteilung von Auskunft und Rat zu Fragen der Ausbildungsförderung und der schulischen Bildung, soweit sie für die Berufswahl und die berufliche Bildung von Bedeutung sind.

§ 31 Grundsätze der Berufsberatung
(1) Bei der Berufsberatung sind Neigung, Eignung und Leistungsfähigkeit der Ratsuchenden sowie die Beschäftigungsmöglichkeiten zu berücksichtigen.
(2) Das Arbeitsamt kann sich auch nach Beginn einer Berufsausbildung oder der Aufnahme einer Arbeit um den Auszubildenden oder den Arbeitnehmer mit dessen Einverständnis bemühen und ihn beraten, soweit dies für die Festigung des Ausbildungs- oder Arbeitsverhältnisses erforderlich ist.

§ 32 Eignungsfeststellung
Das Arbeitsamt soll ratsuchende Jugendliche und Erwachsene mit ihrem Einverständnis ärztlich und psychologisch untersuchen und begutachten, soweit dies für die Feststellung der Berufseignung oder Vermittlungsfähigkeit erforderlich ist.

§ 33 Berufsorientierung
Das Arbeitsamt hat zur Vorbereitung der Jugendlichen und Erwachsenen auf die Berufswahl sowie zur Unterrichtung der Ausbildungsuchenden, Arbeitsuchenden, Arbeitnehmer und Arbeitgeber Berufsorientierung zu betreiben. Dabei soll es über Fragen der Berufswahl, über die Berufe und ihre Anforderungen und Aussichten, über Wege und Förderung der beruflichen Bildung sowie über beruflich bedeutsame Entwicklungen in den Betrieben, Verwaltungen und auf dem Arbeitsmarkt umfassend unterrichten.

§ 34 Arbeitsmarktberatung
(1) Die Arbeitsmarktberatung soll dazu beitragen, die Arbeitgeber bei der Besetzung von Ausbildungs- und Arbeitsstellen zu unterstützen. Sie umfaßt die Erteilung von Auskunft und Rat
1. zur Lage und Entwicklung des Arbeitsmarktes und der Berufe,
2. zur Besetzung von Ausbildungs- und Arbeitsplätzen,
3. zur Gestaltung von Arbeitsplätzen, Arbeitsbedingungen und der Arbeitszeit,
4. zur betrieblichen Aus- und Weiterbildung,
5. zur Eingliederung förderungsbedürftiger Auszubildender und Arbeitnehmer,
6. zu Leistungen der Arbeitsförderung.

(2) Das Arbeitsamt soll die Beratung zur Gewinnung von Ausbildungs- und Arbeitsplätzen für die Vermittlung nutzen. Es soll auch von sich aus Verbindung zu den Arbeitgebern aufnehmen und unterhalten.

Zweiter Abschnitt
Vermittlung

§ 35 Vermittlungsangebot
(1) Das Arbeitsamt hat Ausbildungsuchenden, Arbeitsuchenden und Arbeitgebern Ausbildungsvermittlung und Arbeitsvermittlung (Vermittlung) anzubieten. Die Vermittlung umfaßt alle Tätigkeiten, die darauf gerichtet sind, Ausbildungsuchende mit Arbeitgebern zur Begründung eines Ausbildungs-

verhältnisses und Arbeitsuchende mit Arbeitgebern zur Begründung eines Beschäftigungsverhältnisses zusammenzuführen.
(2) Das Arbeitsamt hat durch Vermittlung darauf hinzuwirken, daß Ausbildungsuchende eine Ausbildungsstelle, Arbeitsuchende eine Arbeitsstelle und Arbeitgeber geeignete Arbeitnehmer und Auszubildende erhalten. Es hat dabei die Neigung, Eignung und Leistungsfähigkeit der Ausbildungsuchenden und Arbeitsuchenden sowie die Anforderungen der angebotenen Stellen zu berücksichtigen.

§ 36 Grundsätze der Vermittlung
(1) Das Arbeitsamt darf nicht vermitteln, wenn ein Ausbildungs- oder Arbeitsverhältnis begründet werden soll, das gegen ein Gesetz oder die guten Sitten verstößt.
(2) Das Arbeitsamt darf Einschränkungen, die der Arbeitgeber für eine Vermittlung hinsichtlich Geschlecht, Alter, Gesundheitszustand oder Staatsangehörigkeit des Ausbildungsuchenden und Arbeitsuchenden oder ähnlicher Merkmale vornimmt, die regelmäßig nicht die berufliche Qualifikation betreffen, nur berücksichtigen, wenn diese Einschränkungen nach Art der auszuübenden Tätigkeit unerläßlich sind. Ist eine Religionsgemeinschaft Arbeitgeber, dürfen außerdem Einschränkungen der Vermittlung zu ihr und zu ihren karitativen und sozialen Einrichtungen hinsichtlich der Zugehörigkeit zu einer Religionsgemeinschaft berücksichtigt werden. Im übrigen darf eine Einschränkung hinsichtlich der Zugehörigkeit zu einer Gewerkschaft, Partei, Religionsgemeinschaft oder vergleichbaren Vereinigung nur berücksichtigt werden, wenn
1. der Ausbildungs- oder Arbeitsplatz in einem Tendenzunternehmen oder -betrieb im Sinne des § 118 Abs. 1 Satz 1 des Betriebsverfassungsgesetzes besteht und
2. die Art der auszuübenden Tätigkeit diese Einschränkung rechtfertigt.

(3) Das Arbeitsamt darf in einem durch einen Arbeitskampf unmittelbar betroffenen Bereich nur dann vermitteln, wenn der Arbeitsuchende und der Arbeitgeber dies trotz eines Hinweises auf den Arbeitskampf verlangen.
(4) Das Arbeitsamt ist auch bei der Vermittlung von unständig Beschäftigten nicht verpflichtet zu prüfen, ob der vorgesehene Vertrag ein Arbeitsvertrag ist. Soll jedoch erkennbar ein Arbeitsverhältnis nicht begründet werden, darf es unständig Beschäftigte nur vermitteln, wenn bei ihnen der Anteil selbständiger Tätigkeiten nicht überwiegt.

§ 37 Unterstützung der Vermittlung
(1) Das Arbeitsamt kann Ausbildungsuchenden und Arbeitsuchenden bei ihren Bewerbungen zur Verbesserung der Vermittlungsaussichten Hilfen anbieten.
(2) Das Arbeitsamt kann zu seiner Unterstützung mit Einwilligung des Ausbildungsuchenden oder des Arbeitsuchenden Dritte an der Vermittlung beteiligen.
(3) Für die Vermittlung sollen auch Ausbildungsplatz- und Arbeitsmarktbörsen sowie ähnliche Veranstaltungen genutzt werden.

§ 38 Mitwirkung des Ausbildung- und Arbeitsuchenden
(1) Der Ausbildungsuchende und Arbeitsuchende hat die für eine Vermittlung erforderlichen Auskünfte zu erteilen und Unterlagen vorzulegen. Er kann die Weitergabe seiner Unterlagen von ihrer Rückgabe an das Arbeitsamt abhängig machen oder ihre Weitergabe an namentlich benannte Arbeitgeber ausschließen.
(2) Das Arbeitsamt kann die Vermittlung einstellen, solange der Ausbildungsuchende oder Arbeitsuchende nicht ausreichend mitwirkt.
(3) Die Ausbildungsvermittlung ist durchzuführen,
1. bis der Ausbildungsuchende in Ausbildung, schulische Bildung oder Arbeit einmündet oder sich die Vermittlung anderweitig erledigt oder
2. solange der Ausbildungsuchende dies verlangt.
(4) Die Arbeitsvermittlung ist durchzuführen,
1. solange der Arbeitsuchende Leistungen zum Ersatz des Arbeitsentgelts bei Arbeitslosigkeit beansprucht oder
2. wenn der Arbeitsuchende eine ihm nicht zumutbare Beschäftigung angenommen hat und die Weiterführung verlangt, jedoch nicht länger als sechs Monate.

Im übrigen ist sie nach drei Monaten einzustellen. Der Arbeitsuchende kann sie erneut in Anspruch nehmen.

§ 39 Mitwirkung des Arbeitgebers
(1) Der Arbeitgeber hat die für eine Vermittlung erforderlichen Auskünfte zu erteilen und Unterlagen vorzulegen. Er kann ihre Überlassung an namentlich benannte Arbeitsuchende ausschließen oder die Vermittlung auf die Überlassung von Daten geeigneter Arbeitsuchender an ihn begrenzen.
(2) Das Arbeitsamt kann die Vermittlung einstellen, wenn sie erfolglos bleibt, weil die Arbeitsbedingungen der angebotenen Stelle gegenüber denen vergleichbarer Ausbildungs- oder Arbeitsplätze so ungünstig sind, daß sie den Arbeitsuchenden nicht zumutbar sind, und wenn es den Arbeitgeber darauf hingewiesen hat. Es kann die Vermittlung einstellen, wenn der Arbeitgeber keine oder unzutreffende Mitteilungen über das Nichtzustandekommen eines Ausbildungs- oder Arbeitsvertrages mit einem vorgeschlagenen Ausbildung- oder Arbeitsuchenden macht und die Vermittlung dadurch erschwert wird. Im übrigen kann es sie nach Ablauf von sechs Monaten einstellen, die Ausbildungsvermittlung jedoch frühestens drei Monate nach Beginn eines Ausbildungsjahres. Der Arbeitgeber kann sie erneut in Anspruch nehmen.

§ 40 Beratung des Arbeitgebers bei der Vermittlung
Das Arbeitsamt soll dem Arbeitgeber eine Arbeitsmarktberatung anbieten, wenn erkennbar wird, daß ein gemeldeter freier Ausbildungs- oder Arbeitsplatz durch seine Vermittlung nicht in angemessener Zeit besetzt werden kann. Es soll diese Beratung spätestens nach drei Monaten anbieten.

Dritter Abschnitt
Gemeinsame Vorschriften

§ 41 Allgemeine Unterrichtung
(1) Das Arbeitsamt soll Ausbildungsuchenden und Arbeitsuchenden sowie Arbeitgebern in geeigneter Weise Gelegenheit geben, sich über freie Ausbildungs- und Arbeitsplätze sowie über Ausbildung- und Arbeitsuchende zu unterrichten.
(2) Bei der Beratung, Vermittlung und Berufsorientierung sind Selbstinformationseinrichtungen einzusetzen.
(3) Das Arbeitsamt darf in die Selbstinformationseinrichtungen Daten über Ausbildungsuchende, Arbeitsuchende und Arbeitgeber nur aufnehmen, soweit sie für die Vermittlung erforderlich sind. Daten, die eine Identifizierung des Betroffenen ermöglichen, dürfen nur mit seiner Einwilligung aufgenommen werden. Er kann auch die Aufnahme seiner anonymisierten Daten ausschließen. Ein Arbeitsuchender, der Arbeitslosengeld oder Arbeitslosenhilfe beansprucht, kann nur die Aufnahme von Daten ausschließen, die seine Identifizierung ermöglichen. Dem Betroffenen ist auf Verlangen ein Ausdruck der aufgenommenen Daten zuzusenden. Das Arbeitsamt kann von der Aufnahme von Daten über Ausbildungs- und Arbeitsplätze, die dafür nicht geeignet sind, absehen.

§ 42 Einschränkung des Fragerechts
Das Arbeitsamt darf von Ausbildungsuchenden und Arbeitsuchenden Daten nicht erheben, die ein Arbeitgeber vor Begründung eines Ausbildungs- oder Arbeitsverhältnisses nicht erfragen darf. Daten über die Zugehörigkeit zu einer Gewerkschaft, Partei, Religionsgemeinschaft oder vergleichbaren Vereinigung dürfen nur beim Ausbildungsuchenden und Arbeitsuchenden erhoben werden. Das Arbeitsamt darf diese Daten nur erheben und nutzen, wenn
1. eine Vermittlung auf einen Ausbildungs- oder Arbeitsplatz
   a) in einem Tendenzunternehmen oder -betrieb im Sinne des § 118 Abs. 1 Satz 1 des Betriebsverfassungsgesetzes oder
   b) bei einer Religionsgemeinschaft oder in einer zu ihr gehörenden karitativen oder erzieherischen Einrichtung
   vorgesehen ist,
2. der Ausbildungsuchende oder Arbeitsuchende bereit ist, auf einen solchen Ausbildungs- oder Arbeitsplatz vermittelt zu werden und
3. bei einer Vermittlung nach Nummer 1 Buchstabe a die Art der auszuübenden Tätigkeit diese Beschränkung rechtfertigt.

§ 43 Ausnahmen von der Unentgeltlichkeit
(1) Das Arbeitsamt übt die Beratung und Vermittlung unentgeltlich aus.

(2) Das Arbeitsamt kann vom Arbeitgeber die Erstattung besonderer bei einer Arbeitsvermittlung entstehender Aufwendungen (Aufwendungsersatz) verlangen, wenn
1. die Aufwendungen den gewöhnlichen Umfang erheblich übersteigen und
2. es den Arbeitgeber bei Beginn der Arbeitsvermittlung über die Erstattungspflicht unterrichtet hat.
(3) Das Arbeitsamt kann von einem Arbeitgeber, der die Auslandsvermittlung auf Grund zwischenstaatlicher Vereinbarungen oder Vermittlungsabsprachen der Bundesanstalt mit ausländischen Arbeitsverwaltungen in Anspruch nimmt, eine Gebühr (Vermittlungsgebühr) erheben. Die Vorschriften des Verwaltungskostengesetzes sind anzuwenden.
(4) Der Arbeitgeber darf sich den Aufwendungsersatz oder die Vermittlungsgebühr von dem vermittelten Arbeitnehmer oder einem Dritten weder ganz noch teilweise erstatten lassen.

§ 44 Anordnungsermächtigung
Die Bundesanstalt wird ermächtigt, durch Anordnung die gebührenpflichtigen Tatbestände für die Vermittlungsgebühr zu bestimmen und dabei feste Sätze vorzusehen. Für die Bestimmung der Gebührenhöhe können auch Aufwendungen für Maßnahmen, die geeignet sind, die Eingliederung ausländischer Arbeitnehmer in die Wirtschaft und in die Gesellschaft zu erleichtern oder die der Überwachung der Einhaltung der zwischenstaatlichen Vereinbarungen oder Absprachen über die Vermittlung dienen, berücksichtigt werden.

Viertes Kapitel
Leistungen an Arbeitnehmer

Erster Abschnitt
Unterstützung der Beratung und Vermittlung

§ 45 Leistungen
Arbeitslose und von Arbeitslosigkeit bedrohte Arbeitsuchende sowie Ausbildungsuchende können zur Beratung und Vermittlung unterstützende Leistungen erhalten, soweit der Arbeitgeber gleichartige Leistungen nicht oder voraussichtlich nicht erbringen wird und sie die erforderlichen Mittel nicht selbst aufbringen können. Als unterstützende Leistungen können Kosten
1. für die Erstellung und Versendung von Bewerbungsunterlagen (Bewerbungskosten),
2. im Zusammenhang mit Fahrten zur Berufsberatung, Vermittlung, Eignungsfeststellung und zu Vorstellungsgesprächen (Reisekosten)
übernommen werden.

§ 46 Höhe
(1) Bewerbungskosten können bis zu einem Betrag von 500 Deutsche Mark jährlich übernommen werden.
(2) Als Reisekosten können die berücksichtigungsfähigen Fahrkosten übernommen werden. Berücksichtigungsfähig sind die bei Benutzung eines regelmäßig verkehrenden öffentlichen Verkehrsmittels anfallenden Kosten der niedrigsten Klasse des zweckmäßigsten öffentlichen Verkehrsmittels, wobei mögliche Fahrpreisermäßigungen zu berücksichtigen sind. Bei Benutzung sonstiger Verkehrsmittel ist ein Betrag in Höhe der Wegstreckenentschädigung nach § 6 Abs. 1 des Bundesreisekostengesetzes berücksichtigungsfähig. Bei mehrtägigen Fahrten können zusätzlich für jeden vollen Kalendertag ein Betrag von 30 Deutsche Mark und für den Tag des Antritts und den Tag der Beendigung der Fahrt ein Betrag von jeweils 15 Deutsche Mark erbracht werden. Daneben können die Übernachtungskosten erstattet werden. Übersteigen die nachgewiesenen Übernachtungskosten je Nacht den Betrag von 30 Deutsche Mark, können sie erstattet werden, soweit sie unvermeidbar sind. Übernachtungskosten, die die Kosten des Frühstücks einschließen, sind vorab um 9 Deutsche Mark zu kürzen.

§ 47 Anordnungsermächtigung
Die Bundesanstalt wird ermächtigt, durch Anordnung das Nähere über Voraussetzungen, Art, Umfang und Verfahren der Förderung zu bestimmen. Dabei kann die Zahlung von Pauschalen festgelegt werden.

Zweiter Abschnitt
Verbesserung der Eingliederungsaussichten

§ 48 Trainingsmaßnahmen
(1) Arbeitslose können bei Tätigkeiten und bei Teilnahme an Maßnahmen, die zur Verbesserung ihrer Eingliederungsaussichten beitragen (Trainingsmaßnahmen), durch Weiterleistung von Arbeitslosengeld oder Arbeitslosenhilfe und durch Übernahme von Maßnahmekosten gefördert werden, wenn die Tätigkeit oder Maßnahme
1. geeignet und angemessen ist, die Eingliederungsaussichten des Arbeitslosen zu verbessern und
2. auf Vorschlag oder mit Einwilligung des Arbeitsamtes erfolgt.

Die Förderung kann auf die Weiterleistung von Arbeitslosengeld oder Arbeitslosenhilfe beschränkt werden. Arbeitslose, die Arbeitslosengeld oder Arbeitslosenhilfe nicht beziehen, können durch die Übernahme von Maßnahmekosten gefördert werden.

(2) Als Trainingsmaßnahmen können auch Maßnahmen gefördert werden, die in einem anderen Mitgliedstaat der Europäischen Union durchgeführt und für die Fördermittel der Europäischen Kommission gewährt werden.

(3) Über die Tätigkeit oder die Teilnahme an einer Maßnahme soll dem Arbeitslosen eine Bescheinigung ausgestellt werden, aus der sich mindestens Art und Inhalt der Tätigkeit oder Maßnahme ergeben.

§ 49 Förderungsfähigkeit
(1) Gefördert werden Trainingsmaßnahmen, die
1. die Eignung des Arbeitslosen für eine berufliche Tätigkeit oder eine Leistung der aktiven Arbeitsförderung feststellen,
2. die Selbstsuche des Arbeitslosen sowie seine Vermittlung, insbesondere durch Bewerbungstraining und Beratung über Möglichkeiten der Arbeitsplatzsuche, unterstützen oder die Arbeitsbereitschaft und Arbeitsfähigkeit des Arbeitslosen prüfen,
3. dem Arbeitslosen notwendige Kenntnisse und Fähigkeiten vermitteln, um eine Vermittlung in Arbeit oder einen erfolgreichen Abschluß einer beruflichen Aus- oder Weiterbildung erheblich zu erleichtern.

(2) Die Dauer der Trainingsmaßnahmen muß ihrem Zweck und ihrem Inhalt entsprechen. Die Dauer darf in der Regel in den Fällen des
1. Absatzes 1 Nr. 1 vier Wochen,
2. Absatzes 1 Nr. 2 zwei Wochen,
3. Absatzes 1 Nr. 3 acht Wochen

nicht übersteigen. Werden Trainingsmaßnahmen in mehreren zeitlichen Abschnitten durchgeführt, zählen fünf Tage als eine Woche. Insgesamt darf die Förderung die Dauer von zwölf Wochen nicht übersteigen.

§ 50 Maßnahmekosten
Maßnahmekosten sind
1. erforderliche und angemessene Lehrgangskosten und Prüfungsgebühren,
2. berücksichtigungsfähige Fahrkosten für die tägliche Hin- und Rückfahrt des Teilnehmers zwischen Wohnung und Maßnahmestätte und
3. Kosten für die Betreuung der aufsichtsbedürftigen Kinder des Arbeitslosen bis zu 120 Deutsche Mark monatlich je Kind, in besonderen Härtefällen bis zu 200 Deutsche Mark monatlich je Kind.

§ 51 Förderungsausschluß
Eine Förderung ist ausgeschlossen, wenn die Trainingsmaßnahme zu einer Einstellung bei einem Arbeitgeber führen soll,
1. der den Arbeitslosen in den letzten vier Jahren bereits mehr als drei Monate versicherungspflichtig beschäftigt hat,
2. der dem Arbeitslosen vor Eintritt der Arbeitslosigkeit eine Beschäftigung angeboten hat,
3. von dem eine Beschäftigung üblicherweise ohne solche Tätigkeiten oder Maßnahmen erwartet werden kann oder
4. dem geeignete Fachkräfte vermittelt werden können.

§ 52 Anordnungsermächtigung
Die Bundesanstalt wird ermächtigt, durch Anordnung das Nähere über Voraussetzungen, Art, Umfang und Verfahren der Förderung zu bestimmen.

Dritter Abschnitt
Förderung der Aufnahme einer Beschäftigung

Erster Unterabschnitt
Mobilitätshilfen

§ 53 Mobilitätshilfen
(1) Arbeitslose, die eine versicherungspflichtige Beschäftigung aufnehmen, können durch Mobilitätshilfen gefördert werden, soweit
1. dies zur Aufnahme der Beschäftigung notwendig ist und
2. sie die erforderlichen Mittel nicht selbst aufbringen können.

(2) Die Mobilitätshilfen bei Aufnahme einer Beschäftigung umfassen
1. Leistungen für den Lebensunterhalt bis zur ersten Arbeitsentgeltzahlung (Übergangsbeihilfe),
2. Leistungen für Arbeitskleidung und Arbeitsgerät (Ausrüstungsbeihilfe),
3. bei auswärtiger Arbeitsaufnahme die Übernahme der Kosten für
   a) tägliche Fahrten zwischen Wohnung und Arbeitsstelle (Fahrkostenbeihilfe),
   b) eine getrennte Haushaltsführung (Trennungskostenbeihilfe),
   c) einen Umzug (Umzugskostenbeihilfe).

(3) Leistungen nach Absatz 2 Nr. 1, 2 und 3 Buchstabe c können auch an Ausbildungsuchende erbracht werden, die in ein Ausbildungsverhältnis eintreten, wenn sie beim Arbeitsamt als Bewerber um eine berufliche Ausbildungsstelle gemeldet sind.

§ 54 Mobilitätshilfen bei einer Beschäftigung
(1) Als Übergangsbeihilfe kann ein Darlehen bis zur Höhe von 80 Prozent des bis zur ersten Entgeltabrechnung voraussichtlich zu beanspruchenden Bruttoarbeitsentgelts erbracht werden.
(2) Als Ausrüstungsbeihilfe können Kosten bis zur Höhe von 500 Deutsche Mark übernommen werden.
(3) Als Fahrkostenbeihilfe können für die ersten sechs Monate der Beschäftigung die berücksichtigungsfähigen Fahrkosten übernommen werden.
(4) Als monatliche Trennungskostenbeihilfe können für die ersten sechs Monate der Beschäftigung die Kosten bis zu einem Betrag von 500 Deutsche Mark übernommen werden.
(5) Als Umzugskostenbeihilfe kann ein Darlehen für das Befördern des Umzugsgutes im Sinne des § 6 Abs. 3 Satz 1 des Bundesumzugskostengesetzes von der bisherigen zur neuen Wohnung geleistet werden, wenn der Umzug innerhalb von zwei Jahren nach Aufnahme der Beschäftigung stattfindet.

§ 55 Anordnungsermächtigung
Die Bundesanstalt wird ermächtigt, durch Anordnung das Nähere über Voraussetzungen, Art, Umfang und Verfahren der Förderung zu bestimmen.

Zweiter Unterabschnitt
Arbeitnehmerhilfe

§ 56 Arbeitnehmerhilfe
(1) Arbeitnehmer, die Arbeitslosenhilfe für die Zeit unmittelbar vor Beginn einer nach ihrer Eigenart auf längstens drei Monate befristeten, versicherungspflichtigen, mindestens 15 Stunden wöchentlich umfassenden Beschäftigung bezogen haben, können durch eine Arbeitnehmerhilfe gefördert werden.
(2) Die Arbeitnehmerhilfe beträgt 25 Deutsche Mark täglich und wird für jeden Tag geleistet, an dem der Arbeitnehmer mindestens sechs Stunden beschäftigt gewesen ist. Die Arbeitnehmerhilfe wird auch für die Tage der Kalenderwoche geleistet, an denen der Arbeitnehmer weniger als sechs Stunden beschäftigt war, wenn er bei einer Arbeitszeit von mindestens 30 Stunden in der Kalenderwoche durchschnittlich mindestens sechs Stunden täglich beschäftigt war.
(3) Die Arbeitnehmerhilfe ist bei der Beurteilung der Zumutbarkeit der Beschäftigung zu berücksichtigen.

(3 a) Zur Erprobung von Maßnahmen zur Beschäftigung von Arbeitslosenhilfebeziehern können bis zum 31. Dezember 2002 durch eine Arbeitnehmerhilfe auch Arbeitnehmer gefördert werden, soweit sie
1. unmittelbar vor Beginn der Maßnahme Arbeitslosenhilfe bezogen haben,
2. im Rahmen der Maßnahme Arbeiten erledigen, die üblicherweise in einer auf längstens drei Monate befristeten versicherungspflichtigen, mindestens 15 Stunden wöchentlich umfassenden Beschäftigung erledigt werden.

Die Förderung setzt voraus, daß das Bundesministerium für Arbeit und Sozialordnung der Maßnahme zugestimmt hat. Die Zustimmung kann mit Nebenbestimmungen erteilt werden. Das Bundesministerium kann seine Befugnis auf die Hauptstelle der Bundesanstalt übertragen.

(4) Die Bundesanstalt erbringt die Arbeitnehmerhilfe im Auftrag des Bundes. Das Bundesministerium für Arbeit und Sozialordnung kann der Bundesanstalt Weisungen erteilen und sie an seine Auffassung binden.

Vierter Abschnitt
Förderung der Aufnahme einer selbständigen Tätigkeit

§ 57 Überbrückungsgeld

(1) Arbeitnehmer, die durch Aufnahme einer selbständigen Tätigkeit die Arbeitslosigkeit beenden oder vermeiden, können zur Sicherung des Lebensunterhalts und zur sozialen Sicherung in der Zeit nach der Existenzgründung Überbrückungsgeld erhalten.

(2) Überbrückungsgeld kann geleistet werden, wenn der Arbeitnehmer
1. in engem zeitlichen Zusammenhang mit der Aufnahme der selbständigen Tätigkeit oder der vorgeschalteten Teilnahme an einer Maßnahme zu deren Vorbereitung mindestens vier Wochen
   a) Arbeitslosengeld, Arbeitslosenhilfe oder Kurzarbeitergeld in einer betriebsorganisatorisch eigenständigen Einheit bezogen hat oder
   b) eine Beschäftigung ausgeübt hat, die als Arbeitsbeschaffungsmaßnahme oder als Strukturanpassungsmaßnahme gefördert worden ist,
   und
2. eine Stellungnahme einer fachkundigen Stelle über die Tragfähigkeit der Existenzgründung vorgelegt hat; fachkundige Stellen sind insbesondere die Industrie- und Handelskammern, Handwerkskammern, berufsständischen Kammern, Fachverbände und Kreditinstitute.

(3) Das Überbrückungsgeld wird für die Dauer von sechs Monaten geleistet.

(4) Das Überbrückungsgeld setzt sich zusammen aus einem Betrag, den der Arbeitnehmer als Arbeitslosengeld oder Arbeitslosenhilfe zuletzt bezogen hat oder bei Arbeitslosigkeit hätte beziehen können, und den darauf entfallenden pauschalierten Sozialversicherungsbeiträgen. Die pauschalierten Sozialversicherungsbeiträge werden als prozentualer Zuschlag ermittelt, dem der jeweils im ersten Halbjahr des Vorjahres für Bezieher von Arbeitslosengeld oder Arbeitslosenhilfe insgesamt geleistete durchschnittliche Gesamtsozialversicherungsbeitrag zugrunde zu legen ist.

§ 58 Anordnungsermächtigung
Die Bundesanstalt wird ermächtigt, durch Anordnung das Nähere über Voraussetzungen, Umfang und Verfahren der Förderung zu bestimmen.

Fünfter Abschnitt
Förderung der Berufsausbildung

§ 59 Anspruch auf Berufsausbildungsbeihilfe
Auszubildende haben Anspruch auf Berufsausbildungsbeihilfe während einer beruflichen Ausbildung oder einer berufsvorbereitenden Bildungsmaßnahme, wenn
1. die berufliche Ausbildung oder die berufsvorbereitende Bildungsmaßnahme förderungsfähig ist,
2. sie zum förderungsfähigen Personenkreis gehören und die sonstigen persönlichen Voraussetzungen für eine Förderung erfüllt sind und
3. ihnen die erforderlichen Mittel zur Deckung des Bedarfs für den Lebensunterhalt, die Fahrkosten, die sonstigen Aufwendungen und die Lehrgangskosten (Gesamtbedarf) nicht anderweitig zur Verfügung stehen.

§ 60 Berufliche Ausbildung

(1) Eine berufliche Ausbildung ist förderungsfähig, wenn sie in einem nach dem Berufsbildungsgesetz, der Handwerksordnung oder dem Seemannsgesetz staatlich anerkannten Ausbildungsberuf betrieblich oder außerbetrieblich durchgeführt wird und der dafür vorgeschriebene Berufsausbildungsvertrag abgeschlossen worden ist.

(2) Förderungsfähig ist die erstmalige Ausbildung. Nach der vorzeitigen Lösung eines Ausbildungsverhältnisses darf erneut gefördert werden, wenn für die Lösung ein berechtigter Grund bestand.

§ 61 Berufsvorbereitende Bildungsmaßnahme

(1) Eine berufsvorbereitende Bildungsmaßnahme ist förderungsfähig, wenn sie
1. auf die Aufnahme einer Ausbildung vorbereitet oder der beruflichen Eingliederung dient und nicht den Schulgesetzen der Länder unterliegt,
2. nach Ausbildung und Berufserfahrung des Leiters und des Ausbildungs- und Betreuungspersonals, Gestaltung des Lehrplans, Unterrichtsmethode und Güte der zum Einsatz vorgesehenen Lehr- und Lernmittel eine erfolgreiche berufliche Bildung erwarten läßt und
3. nach den Grundsätzen der Wirtschaftlichkeit und Sparsamkeit geplant und im Auftrag des Arbeitsamtes durchgeführt wird und die Kosten angemessen sind.

(2) Berufsvorbereitende Bildungsmaßnahmen können zur Erleichterung der beruflichen Eingliederung, insbesondere von Jugendlichen ohne Hauptschulabschluß, auch allgemeinbildende Fächer enthalten, soweit ihr Anteil nicht überwiegt. Wenn dabei zugleich auf den nachträglichen Erwerb des Hauptschulabschlusses vorbereitet wird, schließt dies die Förderung nicht aus.

§ 62 Förderung im Ausland

(1) Eine berufliche Ausbildung oder eine berufsvorbereitende Bildungsmaßnahme, die teilweise im Ausland durchgeführt wird, ist auch für den im Ausland durchgeführten Teil förderungsfähig, wenn dieser Teil im Verhältnis zur Gesamtdauer der Ausbildung oder der berufsvorbereitenden Bildungsmaßnahme angemessen ist und die Dauer von einem Jahr nicht übersteigt.

(2) Eine betriebliche Ausbildung, die vollständig im angrenzenden Ausland durchgeführt wird, ist förderungsfähig, wenn
1. eine nach dem Landesrecht zuständige Stelle bestätigt, daß die Ausbildung einer entsprechenden betrieblichen Ausbildung gleichwertig ist,
2. der Auszubildende von seinem im Inland liegenden Wohnsitz aus täglich eine im angrenzenden Ausland liegende Ausbildungsstätte besucht,
3. eine entsprechende Ausbildung im Inland für den Auszubildenden nicht möglich oder nicht zumutbar ist und
4. der Auszubildende vor Beginn der Ausbildung insgesamt drei Jahre seinen Wohnsitz im Inland hatte.

§ 63 Förderungsfähiger Personenkreis

(1) Gefördert werden
1. Deutsche,
2. Ausländer im Sinne des § 1 des Gesetzes über die Rechtsstellung heimatloser Ausländer im Bundesgebiet in der im Bundesgesetzblatt Teil III, Gliederungsnummer 243-1, veröffentlichten bereinigten Fassung, zuletzt geändert durch Artikel 4 des Gesetzes vom 9. Juli 1990 (BGBl. I S. 1354),
3. Ausländer, die ihren gewöhnlichen Aufenthalt im Inland haben und unanfechtbar als Asylberechtigte anerkannt sind,
4. Ausländer, die ihren gewöhnlichen Aufenthalt im Inland haben und Flüchtlinge im Sinne des § 1 des Gesetzes über Maßnahmen für im Rahmen humanitärer Hilfsaktionen aufgenommene Flüchtlinge vom 22. Juli 1980 (BGBl. I S. 1057), zuletzt geändert durch § 43 des Gesetzes vom 2. September 1994 (BGBl. I S. 2265), sind,
5. Ausländer, die ihren gewöhnlichen Aufenthalt im Inland haben und die außerhalb des Bundesgebietes als ausländische Flüchtlinge im Sinne des Abkommens über die Rechtsstellung der Flüchtlinge vom 28. Juli 1951 (BGBl. 1953 II S. 559) anerkannt und im Gebiet der Bundesrepublik Deutschland nicht nur vorübergehend zum Aufenthalt berechtigt sind,
6. Ausländer, die ihren gewöhnlichen Aufenthalt im Inland haben und bei denen festgestellt ist, daß Abschiebungsschutz nach § 51 Abs. 1 des Ausländergesetzes besteht,

7. Ausländer, die ihren Wohnsitz im Inland haben, wenn ein Elternteil oder der Ehegatte Deutscher ist,
8. Ausländer, denen nach dem Aufenthaltsgesetz /EWG Freizügigkeit gewährt wird.

(2) Andere Ausländer werden gefördert, wenn
1. sie sich vor Beginn der förderungsfähigen Ausbildung insgesamt fünf Jahre im Inland aufgehalten haben und rechtmäßig erwerbstätig gewesen sind oder
2. ein Elternteil sich insgesamt drei Jahre im Inland aufgehalten hat und rechtmäßig erwerbstätig gewesen ist; im übrigen von dem Zeitpunkt an, in dem im weiteren Verlauf der Ausbildung diese Voraussetzungen vorgelegen haben,

und sie voraussichtlich nach der Ausbildung im Inland rechtmäßig erwerbstätig sein werden. Von dem Erfordernis der rechtmäßigen Erwerbstätigkeit eines Elternteils kann insoweit abgesehen werden, als die Erwerbstätigkeit aus einem von dem Erwerbstätigen nicht zu vertretenden Grund nicht ausgeübt worden ist. Ist der Auszubildende in den Haushalt eines Verwandten aufgenommen, so kann dieser zur Erfüllung der Voraussetzungen nach Satz 1 Nr. 2 an die Stelle des Elternteils treten, sofern der Auszubildende sich in den letzten drei Jahren vor Beginn der Ausbildung rechtmäßig im Inland aufgehalten hat.

§ 64 Sonstige persönliche Voraussetzungen
(1) Der Auszubildende wird bei einer beruflichen Ausbildung nur gefördert, wenn er
1. außerhalb des Haushaltes der Eltern oder eines Elternteils wohnt und
2. die Ausbildungsstätte von der Wohnung der Eltern oder eines Elternteils aus nicht in angemessener Zeit erreichen kann.

Die Voraussetzung nach Nummer 2 gilt jedoch nicht, wenn der Auszubildende
1. das 18. Lebensjahr vollendet hat,
2. verheiratet ist oder war,
3. mit mindestens einem Kind zusammenlebt oder
4. aus schwerwiegenden sozialen Gründen nicht auf die Wohnung der Eltern oder eines Elternteils verwiesen werden kann.

(2) Der Auszubildende wird bei einer berufsvorbereitenden Bildungsmaßnahme nur gefördert, wenn die Maßnahme zur Vorbereitung auf eine Berufsausbildung oder zur beruflichen Eingliederung erforderlich ist und seine Fähigkeiten erwarten lassen, daß er das Ziel der Maßnahme erreicht.

§ 65 Bedarf für den Lebensunterhalt bei beruflicher Ausbildung[1)]
(1) Bei Unterbringung außerhalb des Haushalts der Eltern oder eines Elternteils, ausgenommen bei Unterbringung mit voller Verpflegung in einem Wohnheim, einem Internat oder beim Ausbildenden, werden bei einer beruflichen Ausbildung als Bedarf für den Lebensunterhalt 815 Deutsche Mark monatlich zugrunde gelegt. Ist der Auszubildende verheiratet oder hat er das 21. Lebensjahr vollendet, werden 860 Deutsche Mark monatlich zugrunde gelegt. Hinzuzurechnen sind die Kosten der Unterbringung, soweit sie 245 Deutsche Mark monatlich übersteigen, höchstens jedoch 75 Deutsche Mark monatlich.
(2) Bei Unterbringung beim Ausbildenden mit voller Verpflegung werden als Bedarf für den Lebensunterhalt die Werte der Sachbezugsverordnung für Verpflegung und Unterbringung oder Wohnung zuzüglich 155 Deutsche Mark für sonstige Bedürfnisse zugrunde gelegt.
(3) Bei Unterbringung mit voller Verpflegung in einem Wohnheim oder einem Internat werden als Bedarf für den Lebensunterhalt die amtlich festgesetzten Kosten für Verpflegung und Unterbringung zuzüglich 155 Deutsche Mark monatlich für sonstige Bedürfnisse zugrunde gelegt.

---

1) Gemäß Art. 8 i. V. m. Art. 7 des Zwanzigsten Gesetzes zur Änderung des Bundesausbildungsförderungsgesetzes vom 7. 5. 1999 (BGBl. I S. 850) in Kraft am 13. 5. 1999 mit der Maßgabe, daß die Änderungen nur bei Entscheidungen für die Bewilligungszeiträume zu berücksichtigen sind, die nach dem 30. Juni 1999 beginnen. Vom 1.10. 1999 an sind die bestimmten Änderungen ohne die einschränkende Maßnahme zu berücksichtigen.

§ 66 Bedarf für den Lebensunterhalt bei berufsvorbereitenden Bildungsmaßnahmen[1]
(1) Bei Unterbringung im Haushalt der Eltern oder eines Elternteils werden bei einer berufsvorbereitenden Bildungsmaßnahme als Bedarf für den Lebensunterhalt 355 Deutsche Mark monatlich zugrunde gelegt. Ist der Auszubildende verheiratet oder hat er das 21. Lebensjahr vollendet, werden 695 Deutsche Mark monatlich zugrunde gelegt.
(2) Bei Unterbringung mit voller Verpflegung in einem Wohnheim oder einem Internat werden als Bedarf für den Lebensunterhalt die amtlich festgesetzten Kosten für Verpflegung und Unterbringung zuzüglich 155 Deutsche Mark monatlich für sonstige Bedürfnisse zugrunde gelegt.
(3) Bei Unterbringung außerhalb des Haushalts der Eltern oder eines Elternteils, ausgenommen bei Unterbringung mit voller Verpflegung in einem Wohnheim oder Internat, werden als Bedarf für den Lebensunterhalt 640 Deutsche Mark monatlich zugrunde gelegt. Ist der Auszubildende verheiratet oder hat er das 21. Lebensjahr vollendet, werden 860 Deutsche Mark zugrunde gelegt. Hinzuzurechnen sind die Kosten der Unterbringung, soweit sie bei dem Bedarfssatz von
1. 640 Deutsche Mark den Betrag von 80 Deutsche Mark,
2. 860 Deutsche Mark den Betrag von 245 Deutsche Mark
monatlich übersteigen, höchstens jedoch 75 Deutsche Mark monatlich.

§ 67 Fahrkosten
(1) Als Bedarf für die Fahrkosten werden die Kosten des Auszubildenden
1. für Fahrten zwischen Unterkunft, Ausbildungsstätte und Berufsschule (Pendelfahrten),
2. bei einer erforderlichen auswärtigen Unterbringung für die An- und Abreise und für eine monatliche Familienheimfahrt oder anstelle der Familienheimfahrt für eine monatliche Fahrt eines Angehörigen zum Aufenthaltsort des Auszubildenden
zugrunde gelegt.
(2) Die Fahrkosten werden in Höhe des Betrages zugrunde gelegt, der bei Benutzung eines regelmäßig verkehrenden öffentlichen Verkehrsmittels der niedrigsten Klasse des zweckmäßigsten öffentlichen Verkehrsmittels zu zahlen ist, bei Benutzung sonstiger Verkehrsmittel in Höhe der Wegstreckenentschädigung nach § 6 Abs. 1 des Bundesreisekostengesetzes. Für Pendelfahrten wird für den Bewilligungszeitraum eine monatliche Pauschale in Höhe der Fahrkosten zugrunde gelegt, die im ersten Monat des Bewilligungszeitraums anfallen. Bei nicht geringfügigen Fahrpreiserhöhungen ist die Pauschale auf Antrag anzupassen, wenn der Bewilligungszeitraum noch mindestens drei weitere Monate andauert.

§ 68 Sonstige Aufwendungen
(1) Bei einer beruflichen Ausbildung werden als Bedarf für sonstige Aufwendungen Gebühren für die Teilnahme des Auszubildenden an einem Fernunterricht bis zu einer Höhe von 30 Deutsche Mark monatlich zugrunde gelegt, wenn
1. die nach Landesrecht zuständige Stelle bestätigt, daß der Fernunterricht zur Erreichung des Ausbildungsziels zweckmäßig ist und
2. der Fernunterricht nach § 12 des Fernunterrichtsschutzgesetzes zugelassen ist oder, ohne unter die Bestimmungen des Fernunterrichtsschutzgesetzes zu fallen, von einem öffentlich-rechtlichen Träger veranstaltet wird.
(2) Bei einer berufsvorbereitenden Bildungsmaßnahme werden als Bedarf für sonstige Aufwendungen
1. eine Pauschale für Lernmittel in Höhe von 15 Deutsche Mark monatlich,
2. bei Auszubildenden, deren Schutz im Krankheits- oder Pflegefalle nicht anderweitig sichergestellt ist, die Beiträge für eine freiwillige Krankenversicherung ohne Anspruch auf Krankengeld und zur Pflegepflichtversicherung bei einem Träger der gesetzlichen Kranken- und Pflegeversicherung oder, wenn dort im Einzelfall ein Schutz nicht gewährleistet ist, bei einem privaten Krankenversicherungsunternehmen
zugrunde gelegt.

---
1) Gemäß Art. 8 i. V. m. Art. 7 des Zwanzigsten Gesetzes zur Änderung des Bundesausbildungsförderungsgesetzes vom 7. 5. 1999 (BGBl. I S. 850) in Kraft am 13. 5. 1999 mit der Maßgabe, daß die Änderungen nur bei Entscheidungen für die Bewilligungszeiträume zu berücksichtigen sind, die nach dem 30. Juni 1999 beginnen. Vom 1.10. 1999 an sind die bestimmten Änderungen ohne die einschränkende Maßnahme zu berücksichtigen.

(3) Bei einer beruflichen Ausbildung und einer berufsvorbereitenden Bildungsmaßnahme wird als Bedarf für sonstige Aufwendungen eine Pauschale für Kosten der Arbeitskleidung in Höhe von 20 Deutsche Mark monatlich zugrunde gelegt. Außerdem können sonstige Kosten anerkannt werden, soweit sie durch die Ausbildung oder Teilnahme an der berufsvorbereitenden Bildungsmaßnahme unvermeidbar entstehen, die Ausbildung oder Teilnahme an der Maßnahme andernfalls gefährdet ist und wenn die Aufwendungen vom Auszubildenden oder seinen Erziehungsberechtigten zu tragen sind. Darüber hinaus können Kosten für die Betreuung der aufsichtsbedürftigen Kinder des Auszubildenden bis zu 120 Deutsche Mark monatlich je Kind übernommen werden. In besonderen Härtefällen können sie bis zu 200 Deutsche Mark monatlich je Kind übernommen werden.

§ 69 Lehrgangskosten
Bei einer berufsvorbereitenden Bildungsmaßnahme werden die Lehrgangskosten übernommen.

§ 70 Anpassung der Bedarfssätze
Für die Anpassung der Bedarfssätze gilt § 35 des Bundesausbildungsförderungsgesetzes entsprechend.

§ 71 Einkommensanrechnung
(1) Auf den Gesamtbedarf sind das Einkommen des Auszubildenden, seines nicht dauernd von ihm getrennt lebenden Ehegatten und seiner Eltern in dieser Reihenfolge anzurechnen.
(2) Für die Ermittlung des Einkommens und dessen Anrechnung sowie die Berücksichtigung von Freibeträgen gelten die Vorschriften des Vierten Abschnitts des Bundesausbildungsförderungsgesetzes mit den hierzu ergangenen Rechtsverordnungen entsprechend. Abweichend von
1. § 22 Abs. 1 des Bundesausbildungsförderungsgesetzes ist das Einkommen des Auszubildenden maßgebend, das zum Zeitpunkt der Antragstellung absehbar ist, Änderungen bis zum Zeitpunkt der Entscheidung sind jedoch zu berücksichtigen;
2. § 23 Abs. 3 des Bundesausbildungsförderungsgesetzes bleiben 90 Deutsche Mark der Ausbildungsvergütung und abweichend von § 25 Abs. 1 des Bundesausbildungsförderungsgesetzes zusätzlich 1 000 Deutsche Mark anrechnungsfrei, wenn die Vermittlung einer geeigneten beruflichen Ausbildungsstelle oder die Teilnahme an einer geeigneten berufsvorbereitenden Bildungsmaßnahme nur bei Unterbringung des Auszubildenden außerhalb des Haushalts der Eltern oder eines Elternteils möglich ist.
(3) Bei einer beruflichen Ausbildung im Betrieb der Eltern oder des Ehegatten ist für die Feststellung des Einkommens des Auszubildenden mindestens die tarifliche oder, soweit eine tarifliche Regelung nicht besteht, die ortsübliche Bruttoausbildungsvergütung, die in diesem Ausbildungsberuf bei einer Ausbildung in einem fremden Betrieb geleistet wird, als vereinbart zugrunde zu legen.
(4) Für die Teilnehmer an berufsvorbereitenden Bildungsmaßnahmen wird bei den Lehrgangskosten, Fahrkosten sowie den Kosten für Lernmittel und Arbeitskleidung von einer Anrechnung des Einkommens abgesehen.

§ 72 Vorausleistung von Berufsausbildungsbeihilfe
(1) Macht der Auszubildende glaubhaft, daß seine Eltern den nach den Vorschriften dieses Gesetzes angerechneten Unterhaltsbetrag nicht leisten, oder kann das Einkommen der Eltern nicht berechnet werden, weil diese die erforderlichen Auskünfte nicht erteilen oder Urkunden nicht vorlegen, und ist die Ausbildung, auch unter Berücksichtigung des Ehegatten im Bewilligungszeitraum, gefährdet, so wird nach Anhörung der Eltern ohne Anrechnung dieses Betrags Berufsausbildungsbeihilfe geleistet. Von der Anhörung der Eltern kann aus wichtigem Grund abgesehen werden.
(2) Das Arbeitsamt hat den Eltern die Förderung anzuzeigen. Die Anzeige bewirkt, daß ein Anspruch des Auszubildenden auf Unterhaltsleistung gegen die Eltern bis zur Höhe des anzurechnenden Unterhaltsbetrags auf das Arbeitsamt übergeht. Der Übergang wird nicht dadurch ausgeschlossen, daß der Anspruch nicht übertragen, verpfändet oder gepfändet werden kann. Ist die Unterhaltsleistung trotz des Rechtsübergangs mit befreiender Wirkung an den Auszubildenden gezahlt worden, hat der Auszubildende diese insoweit zu erstatten.
(3) Berufsausbildungsbeihilfe wird nicht vorausgeleistet, soweit
1. die Eltern bereit sind, Unterhalt entsprechend einer gemäß § 1612 Abs. 2 des Bürgerlichen Gesetzbuches getroffenen Bestimmung zu leisten, oder

2. die Unterhaltsleistung der Eltern hinter den auf den Auszubildenden entfallenden Kindergeldleistungen nach dem Einkommensteuergesetz oder Bundeskindergeldgesetz, Kinderzulagen aus der gesetzlichen Unfallversicherung oder Kinderzuschüssen aus den gesetzlichen Rentenversicherungen, die sie für den Auszubildenden erhalten, zurückbleibt.

§ 73 Dauer der Förderung
(1) Anspruch auf Berufsausbildungsbeihilfe besteht für die Dauer der beruflichen Ausbildung und der berufsvorbereitenden Bildungsmaßnahme. Über den Anspruch wird in der Regel für ein Jahr (Bewilligungszeitraum) entschieden.
(2) Für Fehlzeiten besteht Anspruch auf Berufsausbildungsbeihilfe
1. bei Krankheit längstens bis zum Ende des dritten auf den Eintritt der Krankheit folgenden Kalendermonats, im Falle einer beruflichen Ausbildung jedoch nur, solange das Ausbildungsverhältnis fortbesteht, oder
2. für Zeiten einer Schwangerschaft oder nach der Entbindung, wenn
   a) bei einer beruflichen Ausbildung nach den Bestimmungen des Mutterschutzgesetzes Anspruch auf Fortzahlung der Ausbildungsvergütung oder Anspruch auf Mutterschaftsgeld besteht oder
   b) bei einer berufsvorbereitenden Bildungsmaßnahme die Maßnahme nicht länger als 14 Wochen oder im Falle von Früh- oder Mehrlingsgeburten 18 Wochen (§ 3 Abs. 2 und § 6 Abs. 1 Mutterschutzgesetz) unterbrochen wird, oder
3. wenn bei einer beruflichen Ausbildung der Auszubildende aus einem sonstigen Grund der Ausbildung fernbleibt und die Ausbildungsvergütung weitergezahlt wird oder
4. wenn bei einer berufsvorbereitenden Bildungsmaßnahme ein sonstiger wichtiger Grund für das Fernbleiben des Auszubildenden vorliegt.

§ 74 Berufsausbildungsbeihilfe für Arbeitslose
(1) Ein Arbeitsloser hat für die Teilnahme an einer berufsvorbereitenden Bildungsmaßnahme mit der Dauer von längstens einem Jahr Anspruch auf Berufsausbildungsbeihilfe ohne Anrechnung von Einkommen des Ehegatten oder der Eltern, wenn er innerhalb der letzten drei Jahre vor Beginn der Maßnahme mindestens vier Monate in einem Versicherungspflichtverhältnis gestanden hat.
(2) Ein Arbeitsloser, der zu Beginn der Maßnahme ansonsten Anspruch auf Arbeitslosengeld oder Arbeitslosenhilfe gehabt hätte, der höher ist als der zugrunde zu legende Bedarf für den Lebensunterhalt, hat Anspruch auf Berufsausbildungsbeihilfe in Höhe des Arbeitslosengeldes oder der Arbeitslosenhilfe. In diesem Fall wird Einkommen, das der Arbeitslose aus einer neben der berufsvorbereitenden Bildungsmaßnahme ausgeübten Beschäftigung oder selbständigen Tätigkeit erzielt, in gleicher Weise angerechnet wie bei der Leistung von Arbeitslosengeld.

§ 75 Auszahlung
Die errechnete monatliche Berufsausbildungsbeihilfe ist auf volle Deutsche Mark nach unten zu runden. Eine sich danach ergebende monatliche Berufsausbildungsbeihilfe von weniger als 20 Deutsche Mark wird nicht ausgezahlt.

§ 76 Anordnungsermächtigung
Die Bundesanstalt wird ermächtigt, durch Anordnung das Nähere über Voraussetzungen, Umfang und Verfahren der Förderung sowie über Art und Inhalt der berufsvorbereitenden Bildungsmaßnahmen und die an sie gestellten Anforderungen zu bestimmen.

Sechster Abschnitt
Förderung der beruflichen Weiterbildung

Erster Unterabschnitt
Allgemeine Förderungsvoraussetzungen

§ 77 Grundsatz
(1) Arbeitnehmer können bei Teilnahme an Maßnahmen der beruflichen Weiterbildung durch Übernahme der Weiterbildungskosten und Leistung von Unterhaltsgeld gefördert werden, wenn
1. die Weiterbildung notwendig ist, um sie bei Arbeitslosigkeit beruflich einzugliedern, eine ihnen drohende Arbeitslosigkeit abzuwenden, oder weil bei ihnen wegen fehlenden Berufsabschlusses die Notwendigkeit der Weiterbildung anerkannt ist,
2. die Vorbeschäftigungszeit erfüllt ist,
3. vor Beginn der Teilnahme eine Beratung durch das Arbeitsamt erfolgt ist und das Arbeitsamt der Teilnahme zugestimmt hat und
4. die Maßnahme für die Weiterbildungsförderung durch das Arbeitsamt anerkannt ist.

(2) Anerkannt wird die Notwendigkeit der Weiterbildung bei Arbeitnehmern wegen fehlenden Berufsabschlusses, wenn sie
1. nicht über einen Berufsabschluß verfügen, für den nach bundes- oder landesrechtlichen Vorschriften eine Ausbildungsdauer von mindestens zwei Jahren festgelegt ist, oder
2. über einen Berufsabschluß verfügen, jedoch auf Grund einer mehr als sechs Jahre ausgeübten Beschäftigung in an- oder ungelernter Tätigkeit eine entsprechende Beschäftigung voraussichtlich nicht mehr ausüben können.

(3) Arbeitnehmer ohne Berufsabschluß, die noch nicht drei Jahre beruflich tätig gewesen sind, können nur gefördert werden, wenn eine berufliche Ausbildung oder eine berufsvorbereitende Bildungsmaßnahme aus in der Person des Arbeitnehmers liegenden Gründen nicht möglich oder nicht zumutbar ist.

(4) Arbeitnehmer können auch durch Übernahme der Weiterbildungskosten gefördert werden, wenn die Voraussetzung nach Absatz 1 Nr. 1 nicht erfüllt ist und sie bei Teilnahme an einer Teilzeitmaßnahme durch Leistung von Teilunterhaltsgeld gefördert werden, weil die Teilnahme an der Maßnahme zur Aufnahme einer Vollzeitbeschäftigung notwendig ist.

§ 78 Vorbeschäftigungszeit
Die Vorbeschäftigungszeit ist erfüllt, wenn der Arbeitnehmer innerhalb der letzten drei Jahre vor Beginn der Teilnahme
1. mindestens zwölf Monate in einem Versicherungspflichtverhältnis gestanden hat oder
2. die Voraussetzungen für einen Anspruch auf Arbeitslosengeld oder Arbeitslosenhilfe im Anschluß an den Bezug von Arbeitslosengeld erfüllt und Leistungen beantragt hat.

Der Zeitraum von drei Jahren gilt nicht für Berufsrückkehrer. Er verlängert sich um die Dauer einer Beschäftigung als Arbeitnehmer im Ausland, die für die weitere Ausübung des Berufes oder für den beruflichen Aufstieg nützlich und üblich ist, längstens jedoch um zwei Jahre.

§ 79 Ergänzende Förderung
(1) Ist der Arbeitnehmer innerhalb der letzten drei Jahre vor Beginn der Teilnahme bereits als Teilnehmer an einer Maßnahme der beruflichen Weiterbildung durch das Arbeitsamt gefördert worden, so kann er erneut nur gefördert werden, wenn wegen der besonderen Schwierigkeiten einer beruflichen Eingliederung die Teilnahme an einer weiteren Maßnahme der beruflichen Weiterbildung unerläßlich ist. Diese Einschränkung gilt nicht, wenn der Arbeitnehmer bei der vorherigen Förderung
1. an einem für die Weiterbildungsförderung anerkannten Maßnahmeteil teilgenommen hat,
2. an einer Maßnahme zur Feststellung beruflicher Kenntnisse, Fertigkeiten und Fähigkeiten (Feststellungsmaßnahme) teilgenommen hat oder
3. die Maßnahme aus einem wichtigen Grund nicht beenden und nicht fortsetzen konnte.

(2) Der Arbeitnehmer wird bei Wiederholung eines Teils einer Maßnahme nur gefördert, wenn
1. die Wiederholung erforderlich ist, um das Bildungsziel zu erreichen,
2. der Arbeitnehmer den Grund für die Wiederholung nicht zu vertreten hat und
3. der zu wiederholende Teil insgesamt nicht länger als sechs Monate dauert.

Der zu wiederholende Teil darf bis zur Hälfte der Dauer der Maßnahme, längstens jedoch zwölf Monate dauern, wenn in bundes- oder landesgesetzlichen Regelungen eine längere Dauer als sechs Monate für die Zulassung zu einer Wiederholungsprüfung vorgeschrieben ist.

§ 80 Personen ohne Vorbeschäftigungszeit
(1) Arbeitnehmer, die die Vorbeschäftigungszeit nicht erfüllen, können durch Übernahme der Weiterbildungskosten gefördert werden.
(2) Arbeitnehmer, die die Vorbeschäftigungszeit nicht erfüllen, jedoch bis zum Beginn der Teilnahme Arbeitslosenhilfe bezogen haben, können durch Übernahme der Weiterbildungskosten und Leistung von Unterhaltsgeld gefördert werden.

Zweiter Unterabschnitt
Leistungen

§ 81 Weiterbildungskosten
(1) Weiterbildungskosten sind die durch die Weiterbildung unmittelbar entstehenden
1. Lehrgangskosten und Kosten für die Eignungsfeststellung,
2. Fahrkosten,
3. Kosten für auswärtige Unterbringung und Verpflegung,
4. Kosten für die Betreuung von Kindern.
(2) Leistungen können unmittelbar an den Träger der Maßnahme ausgezahlt werden, soweit Kosten bei dem Träger unmittelbar entstehen. Soweit ein Bescheid über die Bewilligung von unmittelbar an den Träger erbrachten Leistungen aufgehoben worden ist, sind diese Leistungen ausschließlich von dem Träger zu erstatten.

§ 82 Lehrgangskosten
Als Lehrgangskosten können Lehrgangsgebühren einschließlich der Kosten für erforderliche Lernmittel, Arbeitskleidung, Prüfungsstücke und der Prüfungsgebühren für gesetzlich geregelte oder allgemein anerkannte Zwischen- und Abschlußprüfungen übernommen werden. Es können auch die Kosten für eine notwendige Eignungsfeststellung übernommen werden.

§ 83 Fahrkosten
(1) Fahrkosten können übernommen werden
1. für Fahrten zwischen Wohnung und Bildungsstätte (Pendelfahrten),
2. bei einer erforderlichen auswärtigen Unterbringung für die An- und Abreise und für eine monatliche Familienheimfahrt oder anstelle der Familienheimfahrt für eine monatliche Fahrt eines Angehörigen zum Aufenthaltsort des Arbeitnehmers.
(2) Die Fahrkosten können bis zur Höhe des Betrages übernommen werden, der bei Benutzung eines regelmäßig verkehrenden öffentlichen Verkehrsmittels der niedrigsten Klasse des zweckmäßigsten öffentlichen Verkehrsmittels anfällt, bei Benutzung sonstiger Verkehrsmittel bis zur Höhe der Wegstreckenentschädigung nach § 6 Abs. 1 des Bundesreisekostengesetzes. Werden Kosten für Pendelfahrten übernommen, sind die Kosten monatlich in Höhe der zu Beginn der Teilnahme anfallenden Kosten zu übernehmen. Bei nicht geringfügigen Fahrpreiserhöhungen hat auf Antrag eine Anpassung zu erfolgen, wenn die Maßnahme mindestens drei weitere Monate andauert.
(3) Kosten für Pendelfahrten können nur bis zu der Höhe des Betrags übernommen werden, der bei auswärtiger Unterbringung für Unterbringung und Verpflegung zu leisten wäre.

§ 84 Kosten für auswärtige Unterbringung und Verpflegung
Ist eine auswärtige Unterbringung erforderlich, so können
1. für die Unterbringung je Tag ein Betrag in Höhe von 60 Deutsche Mark, je Kalendermonat jedoch höchstens ein Betrag in Höhe von 400 Deutsche Mark und
2. für die Verpflegung je Tag ein Betrag in Höhe 35 Deutsche Mark, je Kalendermonat höchstens ein Betrag in Höhe von 265 Deutsche Mark
erbracht werden.

§ 85 Kinderbetreuungskosten
Kosten für die Betreuung der aufsichtsbedürftigen Kinder des Arbeitnehmers können bis zu 120 Deutsche Mark monatlich je Kind übernommen werden. In besonderen Härtefällen können sie bis zu 200 Deutsche Mark monatlich je Kind übernommen werden.

Dritter Unterabschnitt
Anerkennung von Maßnahmen

§ 86 Anerkennung für die Weiterbildungsförderung
(1) Die Anerkennung einer Maßnahme für die Weiterbildungsförderung setzt voraus, daß das Arbeitsamt vor Beginn festgestellt hat, daß
1. die Maßnahme den Zielen der Weiterbildungsförderung entspricht,
2. die Dauer der Maßnahme angemessen ist,
3. der Träger der Maßnahme die erforderliche Leistungsfähigkeit besitzt,
4. die Maßnahme nach
    a) Ausbildung und Berufserfahrung des Leiters und der Lehrkräfte und
    b) Gestaltung des Lehrplans, Unterrichtsmethode und der Güte der zum Einsatz vorgesehenen Lehr- und Lernmittel
    eine erfolgreiche berufliche Bildung erwarten läßt,
5. die Maßnahme angemessene Teilnahmebedingungen bietet,
6. die Maßnahme mit einem Zeugnis abschließt, das Auskunft über den Inhalt des vermittelten Lehrstoffs gibt,
7. die Maßnahme nach den Grundsätzen der Wirtschaftlichkeit und Sparsamkeit geplant und durchgeführt wird und die Kosten angemessen sind und
8. die Maßnahme nach Lage und Entwicklung des Arbeitsmarktes zweckmäßig ist.

(2) Soweit andere fachkundige Stellen das Vorliegen einzelner Voraussetzungen, die für die Anerkennung erheblich sind, festgestellt haben, kann das Arbeitsamt insoweit von eigenen Feststellungen absehen.

(3) Die Anerkennung für die Weiterbildungsförderung ist ausgeschlossen, wenn eine Förderung von Arbeitnehmern bei Teilnahme an dieser Maßnahme nicht zu erwarten ist.

§ 87 Ziele der Weiterbildungsförderung
(1) Eine Maßnahme entspricht den Zielen der Weiterbildungsförderung nur, wenn sie das Ziel hat,
1. berufliche Kenntnisse, Fertigkeiten und Fähigkeiten festzustellen, zu erhalten, zu erweitern, der technischen Entwicklung anzupassen oder einen beruflichen Aufstieg zu ermöglichen,
2. einen beruflichen Abschluß zu vermitteln oder
3. zu einer anderen beruflichen Tätigkeit zu befähigen.

(2) Den Zielen der Weiterbildungsförderung entspricht eine Maßnahme nicht, in der überwiegend
1. Wissen vermittelt wird, das dem von allgemeinbildenden Schulen angestrebten Bildungsziel oder den berufsqualifizierenden Studiengängen an Hochschulen oder ähnlichen Bildungsstätten entspricht,
2. nicht berufsbezogene Inhalte vermittelt werden oder
3. Inhalte vermittelt werden, die zur Vorbereitung der Aufnahme einer selbständigen Tätigkeit dienen.

§ 88 Maßnahmen im Ausland
Wird eine Maßnahme im Inland und im Ausland durchgeführt, so wird die Anerkennung für die Weiterbildungsförderung des Teils, der im Inland durchgeführt wird, dadurch nicht ausgeschlossen. Eine Maßnahme oder ein Maßnahmeteil im Ausland ist für die Weiterbildungsförderung nur anerkennungsfähig, soweit
1. der Bildungsabschluß nur im Ausland erreicht werden kann,
2. die Durchführung nach bundes- oder landesrechtlichen Vorschriften im Ausland vorgeschrieben ist oder
3. die Maßnahme im Ausland für die in Betracht kommenden Arbeitnehmer wesentlich günstiger zu erreichen ist als inländische Maßnahmen.

und die Kosten vergleichbarer inländischer Maßnahmen nicht überschritten werden. Die Anerkennung setzt voraus, daß der Träger einen Sitz im Inland hat oder in anderer Weise die Überprüfung sichergestellt ist.

§ 89 Praktikum
(1) Eine Maßnahme, die Zeiten betrieblicher Vor- und Zwischenpraktika enthält, kann für die Weiterbildungsförderung nur anerkannt werden, wenn Dauer und Inhalt der Praktika in Ausbildungs- oder Prüfungsbestimmungen festgelegt sind oder die Erfolgsaussichten einer Eingliederung dadurch verbessert werden. Die Praktika dürfen regelmäßig die Hälfte der Dauer der Maßnahme nicht übersteigen. Bei einer Maßnahme, die einem besonderen arbeitsmarktpolitischen Interesse an der überwiegenden Vermittlung berufspraktischer Fertigkeiten entspricht oder die der beruflichen Weiterbildung auf einem Arbeitsplatz dient, der infolge einer Weiterbildung des auf diesem Arbeitsplatz beschäftigten Arbeitnehmers vorübergehend freigeworden ist, dürfen die Praktika drei Viertel der Dauer der Maßnahme nicht übersteigen.
(2) Zeiten einer der beruflichen Weiterbildung folgenden Beschäftigung, die der Erlangung der staatlichen Anerkennung oder der staatlichen Erlaubnis zur Ausübung des Berufes dienen, sind für die Weiterbildungsförderung nicht anerkennungsfähig.

§ 90 Fernunterricht und Selbstlernmaßnahmen
Eine Maßnahme, die in Fernunterricht durchgeführt wird, ist für die Weiterbildungsförderung nur anerkennungsfähig, wenn sie in ausreichendem Umfang durch Nahunterricht ergänzt wird. Eine Maßnahme, die unter Einsatz geeigneter Selbstlernprogramme und Medien durchgeführt wird, ist für die Weiterbildungsförderung nur anerkennungsfähig, wenn sie in ausreichendem Umfang durch Nahunterricht oder entsprechende mediengestützte Kommunikation ergänzt wird und regelmäßige Erfolgskontrollen durchgeführt werden.

§ 91 Maßnahmeteile
Für die Weiterbildungsförderung ist auch ein Maßnahmeteil anerkennungsfähig, wenn
1. die in diesem Teil vermittelten Kenntnisse und Fertigkeiten für sich bereits auf dem Arbeitsmarkt verwertbar sind oder
2. der Teil so ergänzt werden kann, daß ein anerkannter Berufsabschluß erreicht werden kann.

§ 92 Angemessene Dauer
(1) Die Dauer der Maßnahme ist angemessen, wenn sie sich auf den für das Erreichen des Bildungsziels erforderlichen Umfang beschränkt. Eine Vollzeitmaßnahme, die nicht in Fernunterricht oder unter Einsatz von Selbstlernprogrammen und Medien durchgeführt wird, ist für die Weiterbildungsförderung nur anerkennungsfähig, wenn Unterricht von im Regelfall 35 Stunden und im Ausnahmefall von mindestens 25 Stunden wöchentlich erteilt wird.
(2) Die Dauer einer Vollzeitmaßnahme, die zu einem Abschluß in einem allgemein anerkannten Ausbildungsberuf führt, ist angemessen, wenn sie gegenüber einer entsprechenden Berufsausbildung um mindestens ein Drittel der Ausbildungszeit verkürzt ist.
(3) Die Dauer einer anderen Vollzeitmaßnahme ist nur angemessen, wenn sie ein Jahr nicht übersteigt. Sie kann bis zu zwei Jahre dauern, wenn
1. das Bildungsziel innerhalb eines Jahres nicht erreicht werden kann und
2. in der Maßnahme Kenntnisse und Fertigkeiten vermittelt werden, die zu einer Qualifikation führen, die einem anerkannten Berufsabschluß vergleichbar ist.
(4) Bei Teilzeitmaßnahmen ist eine angemessene Verlängerung der Dauer zulässig.

§ 93 Qualitätsprüfung
(1) Das Arbeitsamt soll durch geeignete Maßnahmen die Durchführung der Maßnahme überwachen sowie den Erfolg beobachten. Es kann insbesondere
1. von dem Träger der Maßnahme und den Teilnehmern Auskunft über den Verlauf der Maßnahme und den Eingliederungserfolg verlangen und
2. die Einhaltung der Voraussetzungen, die für die Anerkennung der Maßnahme für die Weiterbildungsförderung erfüllt sein müssen, durch Einsicht in alle die Maßnahme betreffenden Unterlagen des Trägers prüfen.

Das Arbeitsamt ist berechtigt, zu diesem Zwecke Grundstücke, Geschäfts- und Unterrichtsräume des Trägers während der Geschäfts- und Unterrichtszeit zu betreten. Wird die Maßnahme bei einem Dritten durchgeführt, ist das Arbeitsamt berechtigt, die Grundstücke, Geschäfts- und Unterrichtsräume des Dritten während dieser Zeit zu betreten. Stellt das Arbeitsamt bei der Prüfung der Maßnahme hinreichende Anhaltspunkte für Verstöße gegen datenschutzrechtliche Vorschriften fest, soll es die zuständige Kontrollbehörde für den Datenschutz hiervon unterrichten.
(2) Das Arbeitsamt kann vom Träger die Beseitigung festgestellter Mängel innerhalb angemessener Frist verlangen. Kommt der Träger diesem Verlangen nicht nach, werden die in Absatz 1 genannten Auskünfte nicht, nicht rechtzeitig oder nicht vollständig erteilt oder das Prüfungen oder das Betreten der Grundstücke, Geschäfts- und Unterrichtsräume durch das Arbeitsamt nicht geduldet, kann das Arbeitsamt die Anerkennung für die Weiterbildungsförderung widerrufen.

§ 94 Beauftragung von Trägern
Das Arbeitsamt kann Träger mit der Durchführung von beruflichen Weiterbildungsmaßnahmen beauftragen, wenn dies zur Förderung besonderer Personengruppen erforderlich ist oder damit zu rechnen ist, daß geeignete Maßnahmen, die die Voraussetzungen für eine Anerkennung für die Weiterbildungsförderung erfüllen, innerhalb angemessener Zeit nicht angeboten werden.

Vierter Unterabschnitt
Förderungsausschluß

§ 95 Vermeidung der Wettbewerbsverzerrung
(1) Durch die Weiterbildungsförderung darf die Erhaltung oder Schaffung wettbewerbsfähiger Arbeitsplätze und die Bereitstellung von betrieblichen Ausbildungsmöglichkeiten für die berufliche Erstausbildung nicht gefährdet werden. Soweit Auszubildenden nach gesetzlichen oder tarifvertraglichen Regelungen eine Ausbildungsvergütung zu zahlen ist, sollen Teilnehmer an entsprechenden betrieblichen Maßnahmen der beruflichen Weiterbildung nur gefördert werden, wenn ihnen eine vergleichbare Vergütung gezahlt wird. Das Arbeitsamt kann vom Arbeitgeber die Vorlage einer Stellungnahme des Betriebsrats insbesondere dann verlangen, wenn die Maßnahme überwiegend Zeiten betrieblicher Praktika enthält.
(2) Arbeitnehmer dürfen nicht gefördert werden, wenn die Weiterbildung überwiegend im Interesse des Betriebes liegt, dem die Arbeitnehmer angehören. Eine Maßnahme liegt insbesondere im Interesse des Betriebes, wenn sie unmittelbar oder mittelbar von dem Betrieb getragen wird. Arbeitnehmer können gefördert werden, wenn dafür ein besonderes arbeitsmarktpolitisches Interesse besteht.

Fünfter Unterabschnitt
Anordnungsermächtigung

§ 96 Anordnungsermächtigung
Die Bundesanstalt wird ermächtigt, durch Anordnung das Nähere über Voraussetzungen, Art, Umfang und Verfahren der Förderung und das Verfahren der Anerkennung der Maßnahmen zu bestimmen.

Siebter Abschnitt
Förderung der beruflichen Eingliederung Behinderter

Erster Unterabschnitt
Grundsätze

§ 97 Berufliche Eingliederung Behinderter
(1) Behinderten können Leistungen zur Förderung der beruflichen Eingliederung erbracht werden, die wegen Art oder Schwere der Behinderung erforderlich sind, um ihre Erwerbsfähigkeit entsprechend ihrer Leistungsfähigkeit zu erhalten, zu bessern, herzustellen oder wiederherzustellen und ihre berufliche Eingliederung zu sichern.
(2) Bei der Auswahl der Leistungen sind Eignung, Neigung, bisherige Tätigkeit sowie Lage und Entwicklung des Arbeitsmarktes angemessen zu berücksichtigen. Soweit es erforderlich ist, schließt das Verfahren zur Auswahl der Leistungen eine Berufsfindung oder Arbeitserprobung ein.

§ 98 Leistungen zur beruflichen Eingliederung
(1) Als Leistungen zur beruflichen Eingliederung können erbracht werden
1. allgemeine Leistungen und
2. besondere Leistungen.

(2) Die besonderen Leistungen zur beruflichen Eingliederung werden nur erbracht, soweit nicht bereits durch die allgemeinen Leistungen eine berufliche Eingliederung erreicht werden kann.

§ 99 Leistungsrahmen
Die allgemeinen und besonderen Leistungen richten sich nach den Vorschriften des ersten bis sechsten Abschnitts, soweit nachfolgend nichts Abweichendes bestimmt ist.

Zweiter Unterabschnitt
Allgemeine Leistungen

§ 100 Leistungen
Die allgemeinen Leistungen umfassen die Leistungen zur
1. Unterstützung der Beratung und Vermittlung,
2. Verbesserung der Eingliederungsaussichten,
3. Förderung der Aufnahme einer Beschäftigung mit Ausnahme der Arbeitnehmerhilfe,
4. Förderung der Aufnahme einer selbständigen Tätigkeit,
5. Förderung der Berufsausbildung,
6. Förderung der beruflichen Weiterbildung.

§ 101 Besonderheiten
(1) Mobilitätshilfe bei Aufnahme einer Beschäftigung kann auch erbracht werden, wenn der Behinderte nicht arbeitslos ist und durch Mobilitätshilfen eine dauerhafte Eingliederung erreicht werden kann.

(2)[1] Förderungsfähig sind auch berufliche Aus- und Weiterbildungen, die im Rahmen des Berufsbildungsgesetzes oder der Handwerksordnung abweichend von den Ausbildungsordnungen für staatlich anerkannte Ausbildungsberufe oder in Sonderformen für Behinderte durchgeführt werden. Die Förderung kann bei Bedarf ausbildungsbegleitende Hilfen und Übergangshilfen nach dem Ersten Abschnitt des Sechsten Kapitels umfassen. Anspruch auf Berufsausbildungsbeihilfe besteht auch, wenn der Behinderte während der beruflichen Ausbildung im Haushalt der Eltern oder eines Elternteils wohnt. In diesen Fällen beträgt der allgemeine Bedarf 520 Deutsche Mark monatlich. Er beträgt 695 Deutsche Mark, wenn der Behinderte verheiratet ist oder das 21. Lebensjahr vollendet hat. Eine Verlängerung der Ausbildung über das vorgesehene Ausbildungsende hinaus, eine Wiederholung der Ausbildung ganz oder in Teilen sowie eine erneute berufliche Ausbildung wird gefördert, wenn Art oder Schwere der Behinderung es erfordern und ohne die Förderung eine dauerhafte berufliche Eingliederung nicht erreicht werden kann.

(3) Eine berufliche Weiterbildung kann auch gefördert werden, wenn der Behinderte
1. nicht arbeitslos ist,
2. als Arbeitnehmer ohne Berufsabschluß noch nicht drei Jahre beruflich tätig gewesen ist oder
3. einer längeren Förderung als Nichtbehinderte oder der erneuten Förderung bedarf, um beruflich eingegliedert zu werden oder zu bleiben.

Unterhaltsgeld kann an den Behinderten auch erbracht werden, wenn er bei Teilnahme an einer Maßnahme, für die die besonderen Leistungen zur beruflichen Eingliederung erbracht werden, Übergangsgeld erhalten würde. Weiterbildungskosten können auch übernommen werden, wenn die Vorbeschäftigungszeit nicht erfüllt ist. Förderungsfähig sind auch schulische Ausbildungen, deren Abschluß für die Weiterbildung erforderlich ist.

---

1) Gemäß Art. 8 i. V. m. Art. 7 des Zwanzigsten Gesetzes zur Änderung des Bundesausbildungsförderungsgesetzes vom 7. 5. 1999 (BGBl. I S. 850) in Kraft am 13. 5. 1999 mit der Maßgabe, daß die Änderungen nur bei Entscheidungen für die Bewilligungszeiträume zu berücksichtigen sind, die nach dem 30. Juni 1999 beginnen. Vom 1.10. 1999 an sind die bestimmten Änderungen ohne die einschränkende Maßnahme zu berücksichtigen.

Dritter Unterabschnitt
Besondere Leistungen
Erster Titel
Allgemeines

§ 102 Grundsatz
(1) Die besonderen Leistungen sind anstelle der allgemeinen Leistungen insbesondere zur Förderung der beruflichen Aus- und Weiterbildung einschließlich Berufsvorbereitung sowie blindentechnischer und vergleichbarer spezieller Grundausbildungen zu erbringen, wenn
1. Art oder Schwere der Behinderung oder die Sicherung des Eingliederungserfolges die Teilnahme an
   a) einer Maßnahme in einer besonderen Einrichtung für Behinderte oder
   b) einer sonstigen auf die besonderen Bedürfnisse Behinderter ausgerichteten Maßnahme
   unerläßlich machen oder
2. die allgemeinen Leistungen die wegen Art oder Schwere der Behinderung erforderlichen Leistungen nicht oder nicht im erforderlichen Umfang vorsehen.

In besonderen Einrichtungen für Behinderte können auch Aus- und Weiterbildungen außerhalb des Berufsbildungsgesetzes und der Handwerksordnung gefördert werden.

(2) Leistungen für die Teilnahme an Maßnahmen in anerkannten Werkstätten für Behinderte im Sinne des Schwerbehindertengesetzes können nur erbracht werden
1. im Eingangsverfahren bis zur Dauer von vier Wochen, wenn die Leistungen erforderlich sind, um im Zweifelsfall festzustellen, ob die Werkstatt die geeignete Einrichtung für die Eingliederung des Behinderten in das Arbeitsleben ist, sowie welche Bereiche der Werkstatt und welche berufsfördernden und ergänzenden Maßnahmen zur Eingliederung für den Behinderten in Betracht kommen,
2. im Arbeitstrainingsbereich bis zur Dauer von zwei Jahren, wenn die Maßnahmen erforderlich sind, um die Leistungsfähigkeit oder Erwerbsfähigkeit des Behinderten soweit wie möglich zu entwickeln, zu erhöhen oder wiederzugewinnen und erwartet werden kann, daß der Behinderte nach Teilnahme an diesen Maßnahmen in der Lage ist, wenigstens ein Mindestmaß wirtschaftlich verwertbarer Arbeitsleistung im Sinne des § 54 des Schwerbehindertengesetzes zu erbringen. Über ein Jahr hinaus werden Leistungen nur erbracht, wenn die Leistungsfähigkeit des Behinderten weiterentwickelt oder wiedergewonnen werden kann.

§ 103 Leistungen
Die besonderen Leistungen umfassen
1. das Übergangsgeld nach dem Achten Abschnitt,
2. das Ausbildungsgeld, wenn ein Übergangsgeld nicht erbracht werden kann,
3. die Übernahme der Teilnahmekosten für eine Maßnahme und
4. die sonstigen Hilfen.

Zweiter Titel
Ausbildungsgeld

§ 104 Ausbildungsgeld
(1) Behinderte haben Anspruch auf Ausbildungsgeld während
1. einer beruflichen Ausbildung oder berufsvorbereitenden Bildungsmaßnahme einschließlich einer Grundausbildung und
2. einer Maßnahme im Eingangsverfahren oder Arbeitstrainingsbereich einer anerkannten Werkstatt für Behinderte,

wenn ein Übergangsgeld nicht erbracht werden kann.
(2) Für das Ausbildungsgeld gelten die Vorschriften über die Berufsausbildungsbeihilfe entsprechend, soweit nachfolgend nichts Abweichendes bestimmt ist.

§ 105 Bedarf bei beruflicher Ausbildung[1]
(1) Als Bedarf werden bei beruflicher Ausbildung zugrunde gelegt
1. bei Unterbringung im Haushalt der Eltern oder eines Elternteils 520 Deutsche Mark monatlich, wenn der Behinderte unverheiratet ist und das 21. Lebensjahr noch nicht vollendet hat, im übrigen 695 Deutsche Mark monatlich,
2. bei Unterbringung in einem Wohnheim, Internat, beim Ausbildenden oder in einer besonderen Einrichtung für Behinderte 180 Deutsche Mark monatlich, wenn die Kosten für Unterbringung und Verpflegung vom Arbeitsamt oder einem anderen Leistungsträger übernommen werden,
3. bei anderweitiger Unterbringung und Kostenerstattung für Unterbringung und Verpflegung 380 Deutsche Mark monatlich, wenn der Behinderte unverheiratet ist und das 21. Lebensjahr noch nicht vollendet hat, im übrigen 435 Deutsche Mark monatlich und
4. bei anderweitiger Unterbringung ohne Kostenerstattung für Unterbringung und Verpflegung 815 Deutsche Mark monatlich, wenn der Behinderte unverheiratet ist und das 21. Lebensjahr noch nicht vollendet hat, im übrigen 860 Deutsche Mark monatlich. Hinzuzurechnen sind die Kosten der Unterbringung, soweit sie 245 Deutsche Mark monatlich übersteigen, höchstens jedoch 75 Deutsche Mark monatlich.

(2) Für einen Behinderten, der das 18. Lebensjahr noch nicht vollendet hat, wird anstelle des Bedarfs nach Absatz 1 Nr. 4 ein Bedarf in Höhe von 520 Deutsche Mark monatlich zugrunde gelegt, wenn
1. er die Ausbildungsstätte von der Wohnung der Eltern oder eines Elternteils aus in angemessener Zeit erreichen könnte oder
2. Leistungen der Jugendhilfe nach dem Achten Buch gewährt werden, die mit einer anderweitigen Unterbringung verbunden sind.

§ 106 Bedarf bei berufsvorbereitenden Bildungsmaßnahmen und bei Grundausbildung[1]
(1) Als Bedarf werden bei berufsvorbereitenden Bildungsmaßnahmen und bei Grundausbildung zugrunde gelegt
1. bei Unterbringung im Haushalt der Eltern oder eines Elternteils 355 Deutsche Mark monatlich,
2. bei anderweitiger Unterbringung außerhalb eines Wohnheims oder Internats ohne Kostenerstattung für Unterbringung und Verpflegung 640 Deutsche Mark monatlich. Hinzuzurechnen sind die Kosten der Unterbringung, soweit sie 80 Deutsche Mark monatlich übersteigen, höchstens jedoch 75 Deutsche Mark monatlich,
3. bei anderweitiger Unterbringung außerhalb eines Wohnheims oder Internats und Kostenerstattung für Unterbringung und Verpflegung 285 Deutsche Mark monatlich,

wenn der Behinderte unverheiratet ist und das 21. Lebensjahr noch nicht vollendet hat.

(2) Für einen Behinderten, der das 18. Lebensjahr noch nicht vollendet hat, wird anstelle des Bedarfs nach Absatz 1 Nr. 2 ein Bedarf in Höhe von 335 Deutsche Mark monatlich zugrunde gelegt, wenn
1. er die Ausbildungsstätte von der Wohnung der Eltern oder eines Elternteils aus in angemessener Zeit erreichen könnte oder
2. für ihn Erziehungshilfe durch das Jugendamt gewährt wird oder Freiwillige Erziehungshilfe vereinbart oder Fürsorgeerziehung angeordnet ist.

(3) In den übrigen Fällen ist ein Bedarf wie bei einer beruflichen Ausbildung zugrunde zu legen.

§ 107 Bedarf bei Maßnahmen in anerkannten Werkstätten für Behinderte[1]
Als Bedarf werden bei Maßnahmen in einer Werkstatt für Behinderte im ersten Jahr 105 Deutsche Mark monatlich und danach 125 Deutsche Mark monatlich zugrunde gelegt.

§ 108 Einkommensanrechnung
(1) Auf den Bedarf wird bei Maßnahmen in einer anerkannten Werkstatt für Behinderte Einkommen nicht angerechnet.

---

1) Gemäß Art. 8 i. V. m. Art. 7 des Zwanzigsten Gesetzes zur Änderung des Bundesausbildungsförderungsgesetzes vom 7. 5. 1999 (BGBl. I S. 850) in Kraft am 13. 5. 1999 mit der Maßgabe, daß die Änderungen nur bei Entscheidungen für die Bewilligungszeiträume zu berücksichtigen sind, die nach dem 30. Juni 1999 beginnen. Vom 1.10. 1999 an sind die bestimmten Änderungen ohne die einschränkende Maßnahme zu berücksichtigen.

(2) Im übrigen bleibt bei der Einkommensanrechnung das Einkommen
1. des Behinderten aus Waisenrenten, Waisengeld oder aus Unterhaltsleistungen bis 385 Deutsche Mark monatlich, bei Teilnahme an einer berufsvorbereitenden Bildungsmaßnahme einschließlich einer Grundausbildung weitere 195 Deutsche Mark monatlich,
2. der Eltern bis 5 110 Deutsche Mark monatlich, des verwitweten Elternteils oder bei getrennt lebenden Eltern, das Einkommen des Elternteils, bei dem der Behinderte lebt, ohne Anrechnung des Einkommens des anderen Elternteils, bis 3 180 Deutsche Mark monatlich und
3. des Ehegatten bis 3 180 Deutsche Mark monatlich
anrechnungsfrei.

Dritter Titel
Teilnahmekosten

§ 109 Teilnahmekosten
(1) Teilnahmekosten sind die durch die Maßnahme unmittelbar entstehenden
1. Lehrgangskosten einschließlich Prüfungsgebühren, die vom Arbeitsamt als angemessen anerkannt oder mit dem Träger der Maßnahme oder der Einrichtung vereinbart sind,
2. Kosten für erforderliche Lernmittel,
3. Kosten für erforderliche Arbeitsausrüstung,
4. Reisekosten,
5. Kosten für Unterbringung und Verpflegung,
6. Kosten für eine Haushaltshilfe oder Kosten für die Betreuung von aufsichtsbedürftigen Kindern,
7. Kosten für eine erforderliche Kranken- und Pflegeversicherung,
8. weiteren Aufwendungen, die wegen der Art oder Schwere der Behinderung unvermeidbar entstehen.
(2) Die Teilnahmekosten nach Absatz 1 können Aufwendungen für erforderliche eingliederungsbegleitende Dienste während und im Anschluß an die Maßnahme einschließen. Für Leistungen im Anschluß an die Maßnahme gelten die Vorschriften für die Übergangshilfen nach dem ersten Abschnitt des Sechsten Kapitels entsprechend.

§ 110 Reisekosten
(1) Als Reisekosten können erforderliche Fahr-, Verpflegungs- und Übernachtungskosten sowie Kosten des Gepäcktransports für
1. An- und Abreise,
2. monatlich zwei Familienheimfahrten bei einer erforderlichen auswärtigen Unterbringung oder monatlich zwei Fahrten eines Angehörigen zum Aufenthaltsort des Behinderten,
3. Fahrten zwischen Wohnung oder Unterbringung und der Bildungsstätte, soweit das Arbeitsamt nicht die Kosten für Fahrdienste in Werkstätten für Behinderte übernimmt und
4. die persönliche Vorstellung bei einem Träger oder einer Einrichtung zur Erlangung eines Platzes in einer Bildungsmaßnahme, wenn das Arbeitsamt zugestimmt hat,
übernommen werden.
(2) Als Reisekosten können auch die Kosten für besondere Beförderungsmittel, zu deren Inanspruchnahme der Behinderte wegen Art oder Schwere der Behinderung gezwungen ist, und die Fahr-, Verpflegungs- und Übernachtungskosten für eine erforderliche Begleitperson übernommen werden.

§ 111 Unterbringung und Verpflegung
Ist für die Teilnahme an einer Maßnahme eine auswärtige Unterbringung erforderlich, so können erbracht werden
1. bei Unterbringung in einem Wohnheim, Internat, einer besonderen Einrichtung für Behinderte oder beim Ausbildenden mit voller Verpflegung ein Betrag in Höhe der vom Arbeitsamt als angemessen anerkannten Kosten, wenn Unterbringung und Verpflegung im Einvernehmen mit dem Arbeitsamt bereitgestellt werden,
2. in den übrigen Fällen ein Betrag in Höhe von 495 Deutsche Mark monatlich zuzüglich der nachgewiesenen behinderungsbedingten Mehraufwendungen.

§ 112 Haushaltshilfe oder Kinderbetreuungskosten
(1) Haushaltshilfe kann erbracht werden, wenn
1. der Behinderte wegen der Teilnahme an einer Maßnahme außerhalb des eigenen Haushalts untergebracht ist und ihm deshalb die Weiterführung des Haushalts nicht möglich ist,
2. eine andere im Haushalt lebende Person den Haushalt nicht weiterführen kann und
3. im Haushalt ein Kind lebt, das bei Beginn der Haushaltshilfe das zwölfte Lebensjahr noch nicht vollendet hat oder das behindert und auf Hilfe angewiesen ist.

(2) Anstelle der Haushaltshilfe können in besonders begründeten Einzelfällen die Kosten für die Mitnahme oder anderweitige Unterbringung des Kindes bis zur Höhe des Aufwandes für die sonst zu erbringende Haushaltshilfe übernommen werden, wenn sich die Mitnahme des Kindes auf den Maßnahmeerfolg voraussichtlich nicht nachteilig auswirkt und die Unterbringung und Betreuung des Kindes sichergestellt ist.

(3) Liegen die Voraussetzungen nach Absatz 1 oder 2 nicht vor, können die Kosten für notwendige Kinderbetreuung bis zur Höhe von 120 Deutsche Mark monatlich je Kind übernommen werden. In besonderen Härtefällen können sie bis zu 200 Deutsche Mark monatlich je Kind übernommen werden.

§ 113 Kranken- und Pflegeversicherung
Ist der Schutz des Behinderten im Krankheits- oder Pflegefalle während der Teilnahme an einer Maßnahme nicht anderweitig sichergestellt, können die Beiträge für eine freiwillige Krankenversicherung ohne Anspruch auf Krankengeld und zur Pflegepflichtversicherung bei einem Träger der gesetzlichen Kranken- und Pflegeversicherung oder, wenn dort im Einzelfall ein Schutz nicht gewährleistet ist, die Beiträge zu einem privaten Krankenversicherungsunternehmen erbracht werden.

Vierter Titel
Sonstige Hilfen

§ 114 Sonstige Hilfen
Als sonstige Hilfen können insbesondere erbracht werden
1. Kraftfahrzeughilfe nach der Verordnung über Kraftfahrzeughilfe zur beruflichen Rehabilitation,
2. unvermeidbarer Verdienstausfall des Behinderten oder einer erforderlichen Begleitperson wegen Fahrten der An- und Abreise zu einer Bildungsmaßnahme und wegen Fahrten zur persönlichen Vorstellung bei einem Arbeitgeber, einem Träger oder einer Einrichtung für Behinderte,
3. Kostenübernahme für nichtorthopädische Hilfsmittel, die wegen Art oder Schwere der Behinderung zur Berufsausübung einschließlich zur Erhöhung der Sicherheit auf dem Weg vom und zum Arbeitsplatz und am Arbeitsplatz erforderlich sind,
4. Kostenübernahme für technische Arbeitshilfen, die wegen Art oder Schwere der Behinderung zur Berufsausübung erforderlich sind, und
5. Kostenübernahme in angemessenem Umfang für die Beschaffung oder den Ausbau einer Wohnung (Wohnkosten), wenn die Leistung für die berufliche Eingliederung erforderlich ist und die Wohnung wegen Art oder Schwere der Behinderung besonderer Ausstattung bedarf, bis zu 10 000 Deutsche Mark, in besonders begründeten Ausnahmefällen bis zu 20 000 Deutsche Mark, wobei der 10 000 Deutsche Mark übersteigende Betrag als Darlehen erbracht wird.

Wohnkosten können neben einer Kraftfahrzeughilfe nur erbracht werden, wenn die berufliche Eingliederung nur durch beide Leistungen erreicht oder gesichert werden kann.

Fünfter Titel
Anordnungsermächtigung

§ 115 Anordnungsermächtigung
Die Bundesanstalt wird ermächtigt, durch Anordnung das Nähere über Voraussetzungen, Art, Umfang und Ausführung der Leistungen in Übereinstimmung mit den für die anderen Träger der Leistungen zur beruflichen Eingliederung geltenden Regelungen zu bestimmen.

Achter Abschnitt
Entgeltersatzleistungen

Erster Unterabschnitt
Leistungsübersicht

§ 116 Leistungsarten
Entgeltersatzleistungen sind
1. Arbeitslosengeld für Arbeitslose und Teilarbeitslosengeld für Teilarbeitslose,
2. Unterhaltsgeld für Arbeitnehmer bei Teilnahme an Maßnahmen der beruflichen Weiterbildung,
3. Übergangsgeld für Behinderte bei Teilnahme an Maßnahmen zur beruflichen Eingliederung Behinderter,
4. Kurzarbeitergeld für Arbeitnehmer, die infolge eines Arbeitsausfalles einen Entgeltausfall haben,
5. Insolvenzgeld für Arbeitnehmer, die wegen Zahlungsunfähigkeit des Arbeitgebers kein Arbeitsentgelt erhalten,[1)]
6. Arbeitslosenhilfe für Arbeitslose.

Zweiter Unterabschnitt
Arbeitslosengeld

Erster Titel
Regelvoraussetzungen

§ 117 Anspruch auf Arbeitslosengeld
(1) Anspruch auf Arbeitslosengeld haben Arbeitnehmer, die
1. arbeitslos sind,
2. sich beim Arbeitsamt arbeitslos gemeldet und
3. die Anwartschaftszeit erfüllt haben.
(2) Arbeitnehmer, die das fünfundsechzigste Lebensjahr vollendet haben, haben vom Beginn des folgenden Monats an keinen Anspruch auf Arbeitslosengeld.

§ 118 Arbeitslosigkeit
(1) Arbeitslos ist ein Arbeitnehmer, der
1. vorübergehend nicht in einem Beschäftigungsverhältnis steht (Beschäftigungslosigkeit) und
2. eine versicherungspflichtige, mindestens 15 Stunden wöchentlich umfassende Beschäftigung sucht (Beschäftigungssuche).
(2) Die Ausübung einer weniger als 15 Stunden wöchentlich umfassenden Beschäftigung schließt Beschäftigungslosigkeit nicht aus; gelegentliche Abweichungen von geringer Dauer bleiben unberücksichtigt. Mehrere Beschäftigungen werden zusammengerechnet.
(3) Eine selbständige Tätigkeit und eine Tätigkeit als mithelfender Familienangehöriger stehen einer Beschäftigung gleich. Die Fortführung einer mindestens 15 Stunden wöchentlich, aber weniger als 18 Stunden wöchentlich umfassenden selbständigen Tätigkeit oder Tätigkeit als mithelfender Familienangehöriger, die unmittelbar vor dem Tag der Erfüllung aller sonstigen Voraussetzungen für den Anspruch auf Arbeitslosengeld innerhalb der letzten zwölf Monate mindestens zehn Monate neben der Beschäftigung, die den Anspruch begründet, ausgeübt worden ist, schließt Beschäftigungslosigkeit nicht aus.

§ 119 Beschäftigungssuche
(1) Eine Beschäftigung sucht, wer
1. alle Möglichkeiten nutzt und nutzen will, um seine Beschäftigungslosigkeit zu beenden und
2. den Vermittlungsbemühungen des Arbeitsamtes zur Verfügung steht (Verfügbarkeit).
(2) Den Vermittlungsbemühungen des Arbeitsamtes steht zur Verfügung, wer arbeitsfähig und seiner Arbeitsfähigkeit entsprechend arbeitsbereit ist.
(3) Arbeitsfähig ist ein Arbeitsloser, der
1. eine versicherungspflichtige, mindestens 15 Stunden wöchentlich umfassende Beschäftigung unter den üblichen Bedingungen des für ihn in Betracht kommenden Arbeitsmarktes aufnehmen und ausüben,

---
1) In Kraft ab 1. 1. 1999.

2. an Maßnahmen zur beruflichen Eingliederung in das Erwerbsleben teilnehmen und
3. Vorschlägen des Arbeitsamtes zur beruflichen Eingliederung zeit- und ortsnah Folge leisten kann und darf.
(4) Arbeitsbereit und arbeitsfähig ist der Arbeitslose auch dann, wenn er bereit oder in der Lage ist, unter den üblichen Bedingungen des für ihn in Betracht kommenden Arbeitsmarktes nur
1. zumutbare Beschäftigungen aufzunehmen und auszuüben,
2. versicherungspflichtige, mindestens 15 Stunden wöchentlich umfassende Beschäftigungen mit bestimmter Dauer, Lage und Verteilung der Arbeitszeit aufzunehmen und auszuüben, wenn dies wegen der Betreuung und Erziehung eines aufsichtsbedürftigen Kindes oder Pflege eines pflegebedürftigen Angehörigen erforderlich ist,
3. versicherungspflichtige, mindestens 15 Stunden wöchentlich umfassende Teilzeitbeschäftigungen aufzunehmen und auszuüben, wenn er die Anwartschaftszeit durch eine Teilzeitbeschäftigung erfüllt hat und das Arbeitslosengeld nach einer Teilzeitbeschäftigung bemessen worden ist,
4. Heimarbeit auszuüben, wenn er die Anwartschaftszeit durch eine Beschäftigung als Heimarbeiter erfüllt hat.
In Fällen des Satzes 1 Nr. 3 und 4 sind Einschränkungen der Arbeitsbereitschaft oder Arbeitsfähigkeit längstens für die Dauer von sechs Monaten zulässig.
(5) Das Arbeitsamt hat den Arbeitslosen bei der Arbeitslosmeldung auf seine Verpflichtung nach Absatz 1 Nr. 1 besonders hinzuweisen. Auf Verlangen des Arbeitsamtes hat der Arbeitslose seine Eigenbemühungen nachzuweisen, wenn er rechtzeitig auf die Nachweispflicht hingewiesen worden ist.

§ 120 Sonderfälle der Verfügbarkeit

(1) Nimmt der Arbeitslose an einer Trainingsmaßnahme oder an einer Berufsfindung oder Arbeitserprobung im Sinne des Rechts der beruflichen Rehabilitation teil, leistet er vorübergehend zur Verhütung oder Beseitigung öffentlicher Notstände Dienste, die nicht auf einem Arbeitsverhältnis beruhen, übt er eine freie Arbeit im Sinne des Artikels 293 Abs. 1 des Einführungsgesetzes zum Strafgesetzbuch oder auf Grund einer Anordnung im Gnadenwege aus oder erbringt er gemeinnützige Leistungen oder Arbeitsleistungen nach den in Artikel 293 Abs. 3 des Einführungsgesetzes zum Strafgesetzbuch genannten Vorschriften oder auf Grund deren entsprechender Anwendung, so schließt dies die Verfügbarkeit nicht aus.
(2) Ist der Arbeitslose Schüler oder Student einer Schule, Hochschule oder sonstigen Ausbildungsstätte, so wird vermutet, daß er nur versicherungsfreie Beschäftigungen ausüben kann. Die Vermutung ist widerlegt, wenn der Arbeitslose darlegt und nachweist, daß der Ausbildungsgang die Ausübung einer versicherungspflichtigen, mindestens 15 Stunden wöchentlich umfassenden Beschäftigung bei ordnungsgemäßer Erfüllung der in den Ausbildungs- und Prüfungsbestimmungen vorgeschriebenen Anforderungen zuläßt.

§ 121 Zumutbare Beschäftigungen

(1) Einem Arbeitslosen sind alle seiner Arbeitsfähigkeit entsprechenden Beschäftigungen zumutbar, soweit allgemeine oder personenbezogene Gründe der Zumutbarkeit einer Beschäftigung nicht entgegenstehen.
(2) Aus allgemeinen Gründen ist eine Beschäftigung einem Arbeitslosen insbesondere nicht zumutbar, wenn die Beschäftigung gegen gesetzliche, tarifliche oder in Betriebsvereinbarungen festgelegte Bestimmungen über Arbeitsbedingungen oder gegen Bestimmungen des Arbeitsschutzes verstößt.
(3) Aus personenbezogenen Gründen ist eine Beschäftigung einem Arbeitslosen insbesondere nicht zumutbar, wenn das daraus erzielbare Arbeitsentgelt erheblich niedriger ist als das der Bemessung des Arbeitslosengeldes zugrunde liegende Arbeitsentgelt. In den ersten drei Monaten der Arbeitslosigkeit ist eine Minderung um mehr als 20 Prozent und in den folgenden drei Monaten um mehr als 30 Prozent dieses Arbeitsentgeltes nicht zumutbar. Vom siebten Monat der Arbeitslosigkeit an ist dem Arbeitslosen eine Beschäftigung nur dann nicht zumutbar, wenn das daraus erzielbare Nettoeinkommen unter Berücksichtigung der mit der Beschäftigung zusammenhängenden Aufwendungen niedriger ist als das Arbeitslosengeld.
(4) Aus personenbezogenen Gründen ist einem Arbeitslosen eine Beschäftigung auch nicht zumutbar, wenn die täglichen Pendelzeiten zwischen seiner Wohnung und der Arbeitsstätte im Vergleich zur

Arbeitszeit unverhältnismäßig lang sind. Als unverhältnismäßig lang sind im Regelfall Pendelzeiten von insgesamt mehr als zweieinhalb Stunden bei einer Arbeitszeit von mehr als sechs Stunden und Pendelzeiten von mehr als zwei Stunden bei einer Arbeitszeit von sechs Stunden und weniger anzusehen. Sind in einer Region unter vergleichbaren Arbeitnehmern längere Pendelzeiten üblich, bilden diese den Maßstab.

(5) Eine Beschäftigung ist nicht schon deshalb unzumutbar, weil sie befristet ist, vorübergehend eine getrennte Haushaltsführung erfordert oder nicht zum Kreis der Beschäftigungen gehört, für die der Arbeitnehmer ausgebildet ist oder die er bisher ausgeübt hat.

§ 122 Persönliche Arbeitslosmeldung

(1) Der Arbeitslose hat sich persönlich beim zuständigen Arbeitsamt arbeitslos zu melden. Eine Meldung ist auch zulässig, wenn die Arbeitslosigkeit noch nicht eingetreten, der Eintritt der Arbeitslosigkeit aber innerhalb der nächsten zwei Monate zu erwarten ist.

(2) Die Wirkung der Meldung erlischt
1. bei einer mehr als sechswöchigen Unterbrechung der Arbeitslosigkeit,
2. mit der Aufnahme der Beschäftigung, selbständigen Tätigkeit oder Tätigkeit als mithelfender Familienangehöriger, wenn der Arbeitslose diese dem Arbeitsamt nicht unverzüglich mitgeteilt hat.

(3) Ist das zuständige Arbeitsamt am ersten Tag der Beschäftigungslosigkeit des Arbeitslosen nicht dienstbereit, so wirkt eine persönliche Meldung an dem nächsten Tag, an dem das Arbeitsamt dienstbereit ist, auf den Tag zurück, an dem das Arbeitsamt nicht dienstbereit war.

§ 123 Anwartschaftszeit

Die Anwartschaftszeit hat erfüllt, wer in der Rahmenfrist
1. mindestens zwölf Monate,
2. als Wehrdienstleistender oder Zivildienstleistender (§ 25 Abs. 2 Satz 2, § 26 Abs. 1 Nr. 2 und 3 und Abs. 4) mindestens zehn Monate oder
3. als Saisonarbeitnehmer mindestens sechs Monate

in einem Versicherungspflichtverhältnis gestanden hat. Zeiten, die vor dem Tag liegen, an dem der Anspruch auf Arbeitslosengeld oder Arbeitslosenhilfe wegen des Eintritts einer Sperrzeit erloschen ist, dienen nicht zur Erfüllung der Anwartschaftszeit.

§ 124 Rahmenfrist

(1) Die Rahmenfrist beträgt drei Jahre und beginnt mit dem Tag vor der Erfüllung aller sonstigen Voraussetzungen für den Anspruch auf Arbeitslosengeld.

(2) Die Rahmenfrist reicht nicht in eine vorangegangene Rahmenfrist hinein, in der der Arbeitslose eine Anwartschaftszeit erfüllt hatte.

(3) In die Rahmenfrist werden nicht eingerechnet
1. Zeiten, in denen der Arbeitslose als Pflegeperson einen der Pflegestufe I bis III im Sinne des Elften Buches zugeordneten Angehörigen, der Leistungen aus der sozialen oder einer privaten Pflegeversicherung nach dem Elften Buch oder Hilfe zur Pflege nach dem Bundessozialhilfegesetz oder gleichartige Leistungen nach anderen Vorschriften bezieht, wenigstens 14 Stunden wöchentlich gepflegt hat,
2. Zeiten der Betreuung und Erziehung eines Kindes des Arbeitslosen, das das dritte Lebensjahr noch nicht vollendet hat,
3. Zeiten einer mindestens 15 Stunden wöctlich umfassenden selbständigen Tätigkeit,
4. Zeiten, in denen der Arbeitslose Unterhaltsgeld nach diesem Buch bezogen oder nur wegen des Vorrangs anderer Leistungen nicht bezogen hat,
5. Zeiten, in denen der Arbeitslose von einem Rehabilitationsträger Übergangsgeld wegen einer berufsfördernden Maßnahme bezogen hat.

Die Rahmenfrist endet im Falle der Nummern 3 bis 5 spätestens nach fünf Jahren seit ihrem Beginn.

Zweiter Titel
Sonderformen des Arbeitslosengeldes
§ 125 Minderung der Leistungsfähigkeit

(1) Anspruch auf Arbeitslosengeld hat auch, wer allein deshalb nicht arbeitslos ist, weil er wegen einer mehr als sechsmonatigen Minderung seiner Leistungsfähigkeit versicherungspflichtige, mindestens 15 Stunden wöchentlich umfassende Beschäftigungen nicht unter den Bedingungen ausüben kann, die auf dem für ihn in Betracht kommenden Arbeitsmarkt ohne Berücksichtigung der Minderung der Leistungsfähigkeit üblich sind, wenn weder Berufsunfähigkeit noch Erwerbsunfähigkeit im Sinne der gesetzlichen Rentenversicherung festgestellt worden ist. Die Feststellung, ob Berufsunfähigkeit oder Erwerbsunfähigkeit vorliegt, trifft der zuständige Träger der gesetzlichen Rentenversicherung. Kann sich der Leistungsgeminderte wegen gesundheitlicher Einschränkungen nicht persönlich arbeitslos melden, so kann die Meldung durch einen Vertreter erfolgen. Der Leistungsgeminderte hat sich unverzüglich persönlich beim Arbeitsamt zu melden, sobald der Grund für die Verhinderung entfallen ist.

(2) Das Arbeitsamt soll den Arbeitslosen unverzüglich auffordern, innerhalb eines Monats einen Antrag auf Maßnahmen zur Rehabilitation oder zur beruflichen Eingliederung Behinderter zu stellen. Stellt der Arbeitslose diesen Antrag fristgemäß, so gilt er im Zeitpunkt des Antrags auf Arbeitslosengeld als gestellt. Stellt der Arbeitslose den Antrag nicht, ruht der Anspruch auf Arbeitslosengeld vom Tage nach Ablauf der Frist an bis zum Tage, an dem der Arbeitslose einen Antrag auf Maßnahmen zur Rehabilitation oder zur beruflichen Eingliederung Behinderter oder einen Antrag auf Rente wegen Berufsunfähigkeit oder Erwerbsunfähigkeit stellt.

(3) Wird dem Arbeitslosen von einem Träger der gesetzlichen Rentenversicherung wegen einer Maßnahme zur Rehabilitation Übergangsgeld oder eine Rente wegen Berufsunfähigkeit oder Erwerbsunfähigkeit zuerkannt, steht der Bundesanstalt ein Erstattungsanspruch entsprechend § 103 des Zehnten Buches zu. Hat der Träger der gesetzlichen Rentenversicherung Leistungen nach Satz 1 mit befreiender Wirkung an den Arbeitslosen oder einen Dritten gezahlt, hat der Bezieher des Arbeitslosengeldes dieses insoweit zu erstatten.

§ 126 Leistungsfortzahlung bei Arbeitsunfähigkeit

(1) Wird ein Arbeitsloser während des Bezugs von Arbeitslosengeld infolge Krankheit arbeitsunfähig, ohne daß ihn ein Verschulden trifft, oder wird er während des Bezugs von Arbeitslosengeld auf Kosten der Krankenkasse stationär behandelt, verliert er dadurch nicht den Anspruch auf Arbeitslosengeld für die Zeit der Arbeitsunfähigkeit oder stationären Behandlung bis zur Dauer von sechs Wochen (Leistungsfortzahlung). Als unverschuldet im Sinne des Satzes 1 gilt auch eine Arbeitsunfähigkeit, die infolge einer nicht rechtswidrigen Sterilisation durch einen Arzt oder eines nicht rechtswidrigen Abbruchs der Schwangerschaft eintritt. Dasselbe gilt für einen Abbruch der Schwangerschaft, wenn die Schwangerschaft innerhalb von zwölf Wochen nach der Empfängnis durch einen Arzt abgebrochen wird, die Schwangere den Abbruch verlangt und dem Arzt durch eine Bescheinigung nachgewiesen hat, daß sie sich mindestens drei Tage vor dem Eingriff von einer anerkannten Beratungsstelle beraten lassen hat.

(2) Eine Leistungsfortzahlung erfolgt auch im Falle einer nach ärztlichem Zeugnis erforderlichen Beaufsichtigung, Betreuung oder Pflege eines erkrankten Kindes des Arbeitslosen bis zur Dauer von zehn, bei alleinerziehenden Arbeitslosen bis zur Dauer von 20 Tagen für jedes Kind in jedem Kalenderjahr, wenn eine andere im Haushalt des Arbeitslosen lebende Person diese Aufgabe nicht übernehmen kann und das Kind das zwölfte Lebensjahr noch nicht vollendet hat. Arbeitslosengeld wird jedoch für nicht mehr als 25, für alleinerziehende Arbeitslose für nicht mehr als 50 Tage in jedem Kalenderjahr fortgezahlt.

(3) Die Vorschriften des Fünften Buches, die bei Fortzahlung des Arbeitsentgelts durch den Arbeitgeber im Krankheitsfall sowie bei Zahlung von Krankengeld im Falle der Erkrankung eines Kindes anzuwenden sind, gelten entsprechend.

Dritter Titel
Anspruchsdauer

§ 127 Grundsatz
(1) Die Dauer des Anspruchs auf Arbeitslosengeld richtet sich
1. nach der Dauer der Versicherungspflichtverhältnisse innerhalb der um vier Jahre erweiterten Rahmenfrist und
2. dem Lebensalter, das der Arbeitslose bei der Entstehung des Anspruchs vollendet hat.

Die Vorschriften des Ersten Titels zum Ausschluß von Zeiten bei der Erfüllung der Anwartschaftszeit und zur Begrenzung der Rahmenfrist durch eine vorangegangene Rahmenfrist gelten entsprechend.

(2) Die Dauer des Anspruchs auf Arbeitslosengeld beträgt

nach Versicherungspflicht-verhältnissen mit einer Dauer von insgesamt mindestens ... Monaten	und nach Vollendung des ... Lebensjahres	... Monate
12		6
16		8
20		10
24		12
28	45.	14
32	45.	16
36	45.	18
40	47.	20
44	47.	22
48	52.	24
52	52.	26
56	57.	28
60	57.	30
64	57.	32

(2 a) Für einen Anspruch, der allein auf Zeiten eines Versicherungspflichtverhältnisses als Wehrdienstleistender oder Zivildienstleistender beruht (§ 123 Satz 1 Nr. 2), beträgt die Dauer des Anspruchs mindestens sechs Monate.

(3) Für einen Anspruch auf Grund einer Beschäftigung als Saisonarbeitnehmer beträgt die Dauer des Anspruchs
1. nach Versicherungspflichtverhältnissen mit einer Dauer von insgesamt mindestens sechs Monaten drei Monate und
2. nach Versicherungspflichtverhältnissen mit einer Dauer von insgesamt mindestens acht Monaten vier Monate.

(4) Die Dauer des Anspruchs verlängert sich um die Restdauer des wegen Entstehung eines neuen Anspruchs erloschenen Anspruchs, wenn nach der Entstehung des erloschenen Anspruchs noch nicht sieben Jahre verstrichen sind; sie verlängert sich längstens bis zu der dem Lebensalter des Arbeitslosen zugeordneten Höchstdauer.

§ 128 Minderung der Anspruchsdauer
(1) Die Dauer des Anspruchs auf Arbeitslosengeld mindert sich um
1. die Anzahl von Tagen, für die der Anspruch auf Arbeitslosengeld erfüllt worden ist,
2. jeweils einen Tag für jeweils zwei Tage, für die ein Anspruch auf Teilarbeitslosengeld innerhalb der letzten zwei Jahre vor der Entstehung des Anspruchs erfüllt worden ist,
3. die Anzahl von Tagen einer Sperrzeit wegen Arbeitsablehnung, Ablehnung oder Abbruchs einer beruflichen Eingliederungsmaßnahme,

4. die Anzahl von Tagen einer Sperrzeit wegen Arbeitsaufgabe; in Fällen einer Sperrzeit von zwölf Wochen mindestens jedoch um ein Viertel der Anspruchsdauer, die dem Arbeitslosen bei erstmaliger Erfüllung der Voraussetzungen für den Anspruch auf Arbeitslosengeld nach dem Ereignis, das die Sperrzeit begründet, zusteht,
5. die Anzahl von Tagen einer Säumniszeit, höchstens um acht Wochen,
6. die Anzahl von Tagen, für die dem Arbeitslosen das Arbeitslosengeld wegen fehlender Mitwirkung (§ 66 Erstes Buch) oder wegen Nichtbefolgen einer Aufforderung zur Hinterlegung des Sozialversicherungsausweises (§ 100 Abs. 1 Satz 4 Viertes Buch) versagt oder entzogen worden ist.
7. die Anzahl von Tagen der Beschäftigungslosigkeit nach der Erfüllung der Voraussetzungen für den Anspruch auf Arbeitslosengeld, an denen der Arbeitslose nicht arbeitsbereit ist, ohne für sein Verhalten einen wichtigen Grund zu haben,
8. die Anzahl von Tagen, für die Unterhaltsgeld auf Grund einer vorläufigen Entscheidung zu Unrecht bezogen worden, aber nach § 329 Abs. 3 Satz 3 nicht zu erstatten ist.

(2) In den Fällen des Absatzes 1 Nr. 6 und 7 mindert sich die Dauer des Anspruchs auf Arbeitslosengeld höchstens um vier Wochen. In den Fällen des Absatzes 1 Nr. 3 und 4 entfällt die Minderung bei Sperrzeiten wegen Abbruchs einer beruflichen Eingliederungsmaßnahme oder wegen Arbeitsaufgabe, wenn das Ereignis, das die Sperrzeit begründet, bei Erfüllung der Voraussetzungen für den Anspruch auf Arbeitslosengeld länger als ein Jahr zurückliegt.

Vierter Titel
Höhe des Arbeitslosengeldes

§ 129 Grundsatz
Das Arbeitslosengeld beträgt
1. für Arbeitslose, die mindestens ein Kind im Sinne des § 32 Abs. 1, 3 bis 5 des Einkommensteuergesetzes haben, sowie für Arbeitslose, deren Ehegatte mindestens ein Kind im Sinne des § 32 Abs. 1, 3 bis 5 des Einkommensteuergesetzes hat, wenn beide Ehegatten unbeschränkt einkommensteuerpflichtig sind und nicht dauernd getrennt leben, 67 Prozent (erhöhter Leistungssatz),
2. für die übrigen Arbeitslosen 60 Prozent (allgemeiner Leistungssatz)

des pauschalierten Nettoentgelts (Leistungsentgelt), das sich aus dem Bruttoentgelt ergibt, das der Arbeitslose im Bemessungszeitraum erzielt hat (Bemessungsentgelt).

§ 130 Bemessungszeitraum
(1) Der Bemessungszeitraum umfaßt die Entgeltabrechnungszeiträume, die in den letzten 52 Wochen vor der Entstehung des Anspruches, in denen Versicherungspflicht bestand, enthalten sind und beim Ausscheiden des Arbeitslosen aus dem Versicherungspflichtverhältnis vor der Entstehung des Anspruches abgerechnet waren.

(2) Enthält der Bemessungszeitraum weniger als 39 Wochen mit Anspruch auf Entgelt, so verlängert er sich um weitere Entgeltabrechnungszeiträume, bis 39 Wochen mit Anspruch auf Entgelt erreicht sind. Eine Woche, in der nicht für alle Tage Entgelt beansprucht werden kann, ist mit dem Teil zu berücksichtigen, der dem Verhältnis der Tage mit Anspruch auf Entgelt zu den Tagen entspricht, für die Entgelt in einer vollen Woche beansprucht werden kann.

(2 a) Bei Wehrdienstleistenden und Zivildienstleistenden (§ 123 Satz 1 Nr. 2) treten an die Stelle der in Absatz 1 genannten 52 Wochen 43 Wochen und an die Stelle der in Absatz 2 genannten 39 Wochen 33 Wochen.

(3) Bei Saisonarbeitnehmern treten an die Stelle der in Absatz 1 genannten 52 Wochen 26 Wochen und an die Stelle der in Absatz 2 genannten 39 Wochen 20 Wochen.

§ 131 Bemessungszeitraum in Sonderfällen
(1) Wäre es mit Rücksicht auf das Entgelt, das der Arbeitslose in Zeiten der Versicherungspflichtverhältnisse in den letzten zwei Jahren vor dem Ende des Bemessungszeitraumes überwiegend erzielt hat, unbillig hart, von dem Entgelt im Bemessungszeitraum auszugehen, oder umfaßt der Bemessungszeitraum Zeiten des Wehrdienstes oder des Zivildienstes, ist der Bemessungszeitraum auf diese zwei Jahre zu erweitern, wenn der Arbeitslose dies verlangt und die zur Bemessung erforderlichen Unterlagen vorlegt.

(2) Bei der Ermittlung des Bemessungszeitraumes bleiben Zeiten außer Betracht, in denen
1. der Arbeitslose Erziehungsgeld bezogen oder nur wegen der Berücksichtigung von Einkommen nicht bezogen hat, soweit wegen der Betreuung oder Erziehung eines Kindes das Arbeitsentgelt oder die durchschnittliche regelmäßige wöchentliche Arbeitszeit gemindert war oder
2. die durchschnittliche regelmäßige wöchentliche Arbeitszeit auf Grund einer Teilzeitvereinbarung nicht nur vorübergehend auf weniger als 80 Prozent der durchschnittlichen regelmäßigen Arbeitszeit einer vergleichbaren Vollzeitbeschäftigung, mindestens um fünf Stunden wöchentlich, vermindert war, wenn der Arbeitslose Beschäftigungen mit einer höheren Arbeitszeit innerhalb der letzten dreieinhalb Jahre vor der Entstehung des Anspruchs während eines sechs Monate umfassenden zusammenhängenden Zeitraums ausgeübt hat.

§ 132 Bemessungsentgelt

(1) Bemessungsentgelt ist das im Bemessungszeitraum durchschnittlich auf die Woche entfallende Entgelt. Entgelt, von dem Beiträge nicht zu erheben sind, bleibt außer Betracht.
(2) Für die Berechnung des Bemessungsentgelts ist das Entgelt im Bemessungszeitraum durch die Zahl der Wochen zu teilen, für die es gezahlt worden ist. Eine Woche, in der nicht für alle Tage Entgelt beansprucht werden kann, ist mit dem Teil zu berücksichtigen, der dem Verhältnis der Tage mit Anspruch auf Entgelt zu den Tagen entspricht, für die Entgelt in einer vollen Woche beansprucht werden kann.
(3) Das Bemessungsentgelt ist auf den nächsten durch zehn teilbaren Deutsche-Mark-Betrag zu runden.

§ 133 Sonderfälle des Bemessungsentgelts

(1) Hat der Arbeitslose innerhalb der letzten drei Jahre vor der Entstehung des Anspruchs Arbeitslosengeld oder Arbeitslosenhilfe bezogen, ist Bemessungsentgelt mindestens das Entgelt, nach dem das Arbeitslosengeld oder die Arbeitslosenhilfe zuletzt bemessen worden ist.
(2) (aufgehoben)[1]
(3) Kann der Arbeitslose nicht mehr die im Bemessungszeitraum durchschnittlich auf die Woche entfallende Zahl von Arbeitsstunden leisten, weil er tatsächlich oder rechtlich gebunden oder sein Leistungsvermögen eingeschränkt ist, vermindert sich das Bemessungsentgelt für die Zeit, während der die Bindungen vorliegen oder das Leistungsvermögen eingeschränkt ist, entsprechend dem Verhältnis der Zahl der durchschnittlichen regelmäßigen wöchentlichen Arbeitsstunden, die der Arbeitslose künftig leisten kann, zu der Zahl der durchschnittlich auf die Woche entfallenden Arbeitsstunden im Bemessungszeitraum. Kann für Zeiten eines Versicherungspflichtverhältnisses im Bemessungszeitraum eine Arbeitszeit nicht zugeordnet werden, ist insoweit die tarifliche regelmäße wöchentliche Arbeitszeit maßgebend, die bei Entstehung des Anspruchs für Angestellte im öffentlichen Dienst gilt. Einschränkungen des Leistungsvermögens bleiben unberücksichtigt, wenn Arbeitslosengeld nach den Vorschriften des Zweiten Titels bei Minderung der Leistungsfähigkeit geleistet wird.
(4) Kann ein Bemessungszeitraum von mindestens 39 Wochen mit Anspruch auf Entgelt, bei Saisonarbeitnehmern von 20 Wochen mit Anspruch auf Entgelt, innerhalb der letzten drei Jahre vor der Entstehung des Anspruchs nicht festgestellt werden, ist Bemessungsentgelt das tarifliche Arbeitsentgelt derjenigen Beschäftigung, auf die das Arbeitsamt die Vermittlungsbemühungen für den Arbeitslosen in erster Linie zu erstrecken hat.

§ 134 Entgelt bei versicherungspflichtiger Beschäftigung

(1) Für Zeiten einer Beschäftigung ist als Entgelt nur das beitragspflichtige Arbeitsentgelt zu berücksichtigen, das der Arbeitslose erzielt hat. Arbeitsentgelte, auf die der Arbeitslose beim Ausscheiden aus dem Beschäftigungsverhältnis Anspruch hatte, gelten als erzielt, wenn sie zugeflossen oder nur wegen Zahlungsunfähigkeit des Arbeitgebers nicht zugeflossen sind. Außer Betracht bleiben
1. Arbeitsentgelte, die einmalig gezahlt werden,
2. Arbeitsentgelte, die der Arbeitslose wegen der Beendigung des Arbeitsverhältnisses erhält oder die im Hinblick auf die Arbeitslosigkeit vereinbart worden sind,
3. Wertguthaben nach § 7 Abs. 1 a des Vierten Buches, die nicht gemäß einer Vereinbarung über flexible Arbeitszeitregelungen verwendet werden (§ 23 b Abs. 2 des Vierten Buches).

---
[1] In Kraft ab 1. 1. 1998

(2) Als Entgelt ist zugrunde zu legen,
1. für Zeiten einer Beschäftigung bei dem Ehegatten oder einem Verwandten in gerader Linie das Arbeitsentgelt aus der Beschäftigung, höchsten das Arbeitsentgelt, das familienfremde Arbeitnehmer bei gleichartiger Beschäftigung gewöhnlich erhalten,
2. für Zeiten einer Beschäftigung zur Berufsausbildung, wenn der Arbeitslose die Abschlußprüfung bestanden hat, die Hälfte des tariflichen Arbeitsentgelts derjenigen Beschäftigung, auf die das Arbeitsamt die Vermittlungsbemühungen für den Arbeitslosen in erster Linie zu erstrecken hat, mindestens das Arbeitsentgelt der Beschäftigung zur Berufsausbildung,
3. für Zeiten, in denen der Arbeitslose Kurzarbeitergeld oder eine Winterausfallgeld-Vorausleistung (§ 211 Abs. 3) bezogen hat, das Arbeitsentgelt, das der Arbeitslose ohne den Arbeitsausfall und ohne Mehrarbeit erzielt hätte,
4. für Zeiten einer Vereinbarung nach § 7 Abs. 1 a des Vierten Buches das Arbeitsentgelt, das der Arbeitslose für die geleistete Arbeitszeit ohne eine Vereinbarung nach § 7 Abs. 1 a des Vierten Buches erzielt hätte; für Zeiten einer Freistellung das erzielte Arbeitsentgelt,
5. für Zeiten einer Beschäftigung zur Berufsausbildung mit Leistung von Unterhaltsgeld nach diesem Buch das Arbeitsentgelt, nach dem das Unterhaltsgeld bemessen worden ist, mindestens das Arbeitsentgelt der Beschäftigung zur Berufsausbildung,
6. für Zeiten einer Teilzeitbeschäftigung, in denen der Arbeitslose Teilunterhaltsgeld oder Teilübergangsgeld bezogen hat, zusätzlich zum Arbeitsentgelt das Entgelt, nach dem Teilleistung zuletzt bemessen worden ist,
7. für Zeiten einer Beschäftigung zur Berufsbildung mit Anspruch auf Übergangsgeld wegen einer berufsfördernden Maßnahme zur Rehabilitation oder wegen einer Maßnahme zur Förderung der beruflichen Eingliederung Behinderter das Arbeitsentgelt, nach dem das Übergangsgeld zuletzt bemessen worden ist, mindestens das Arbeitsentgelt der Beschäftigung zur Berufsbildung,
8. für Zeiten, für die dem Arbeitslosen eine Teilrente wegen Alters aus der gesetzlichen Rentenversicherung oder eine ähnliche Leistung öffentlich-rechtlicher Art zuerkannt ist, das Arbeitsentgelt aus der Beschäftigung, höchstens ein Entgelt in Höhe der Hinzuverdienstgrenze,
9. für Zeiten einer Beschäftigung, neben der Teilarbeitslosengeld geleistet worden ist, zusätzlich zum Arbeitsentgelt der Beschäftigung das Entgelt, nach dem das Teilarbeitslosengeld bemessen worden ist und
10. für Zeiten einer Beschäftigung als Helfer im Sinne des Gesetzes zur Förderung eines freiwilligen sozialen Jahres oder als Teilnehmer im Sinne des Gesetzes zur Förderung eines freiwilligen ökologischen Jahres, deren beitragspflichtige Einnahme sich nach § 344 Abs. 2 bestimmt, das Entgelt, das der Arbeitslose während des letzten Versicherungspflichtverhältnisses vor Beginn des freiwilligen sozialen oder ökologischen Jahres zuletzt erzielt hat.

§ 135 Besonderes Entgelt bei sonstigen Versicherungspflichtverhältnissen
Als Entgelt ist zugrunde zu legen,
1. für Zeiten, in denen Versicherungspflicht nach § 26 Abs. 1 Satz 1 Nr. 1 bestand, ein Entgelt in Höhe von 20 Prozent der monatlichen Bezugsgröße,
2. für Zeiten, in denen Versicherungspflicht als Wehrdienstleistender oder Zivildienstleistender bestand, ein Entgelt in Höhe des durchschnittlichen Bemessungsentgelts aller Bezieher von Arbeitslosengeld am 1. Juli vor der Entstehung des Anspruchs,
3. für Zeiten, in denen Versicherungspflicht als Gefangener bestand, das tarifliche Arbeitsentgelt derjenigen Beschäftigung, auf die das Arbeitsamt die Vermittlungsbemühungen für den Arbeitslosen in erster Linie zu erstrecken hat,
4. für Zeiten, in denen Versicherungspflicht wegen des Bezuges von Sozialleistungen bestand, das Entgelt, das der Bemessung der Sozialleistungen zugrunde gelegt worden ist, mindestens aber das Entgelt, das der Beitragsberechnung zugrunde zu legen war, und
5. für Zeiten, in denen Versicherungspflicht wegen des Bezuges von Krankentagegeld bestand, ein Entgelt in Höhe von einem Dreihundertsechzigstel der Jahresarbeitsentgeltgrenze der gesetzlichen Krankenversicherung für jeden Tag des Bezuges von Krankentagegeld.

§ 136 Leistungsentgelt
(1) Leistungsentgelt ist das um die gesetzlichen Entgeltabzüge, die bei Arbeitnehmern gewöhnlich anfallen, verminderte Bemessungsentgelt.
(2) Entgeltabzüge sind Steuern, die Beiträge zur Sozialversicherung und zur Arbeitsförderung sowie die sonstigen gewöhnlich anfallenden Abzüge, die zu Beginn des Kalenderjahres maßgeblich sind, soweit in Satz 2 Nr. 2 und 3 nichts Abweichendes bestimmt ist. Dabei ist zugrunde zu legen
1. für die Lohnsteuer die Steuer, die sich nach der für den Arbeitslosen maßgeblichen Leistungsgruppe ergibt,
2. für die Kirchensteuer die Steuer nach dem im Vorjahr in den Ländern geltenden niedrigsten Kirchensteuer-Hebesatz,
3. für die Beiträge zur gesetzlichen Krankenversicherung die Hälfte des gewogenen Mittels der am 1. Juli des Vorjahres geltenden allgemeinen Beitragssätze,
4. für die Beiträge zur gesetzlichen Rentenversicherung die Hälfte des geltenden Beitragssatzes der Rentenversicherung der Arbeiter und der Angestellten,
5. für die Beiträge zur sozialen Pflegeversicherung die Hälfte des geltenden Beitragssatzes,
6. für die Beiträge zur Arbeitsförderung die Hälfte des geltenden Beitragssatzes,
7. als Geringverdienergrenze die Entgeltgrenze, bis zu der der Arbeitgeber zur alleinigen Beitragstragung verpflichtet ist und
8. als Leistungsbemessungsgrenze die für den Beitrag zur Arbeitsförderung geltende Beitragsbemessungsgrenze.
(3) Gewöhnlicher Lohnsteuerabzug ist
1. in Leistungsgruppe A die Steuer nach der allgemeinen Lohnsteuertabelle für die Lohnsteuerklasse I,
2. in Leistungsgruppe B die Steuer nach der allgemeinen Lohnsteuertabelle für die Lohnsteuerklasse II
3. in Leistungsgruppe C die Steuer nach der allgemeinen Lohnsteuertabelle für die Lohnsteuerklasse III,
4. in Leistungsgruppe D die Steuer nach der allgemeinen Lohnsteuertabelle für die Lohnsteuerklasse V sowie
5. in Leistungsgruppe E die Steuer nach der allgemeinen Lohnsteuertabelle für die Lohnsteuerklasse VI.

§ 137 Leistungsgruppe
(1) Die als gewöhnlicher Abzug zugrunde zu legende Steuer richtet sich nach der Leistungsgruppe, der der Arbeitslose zuzuordnen ist.
(2) Zuzuordnen sind
1. Arbeitnehmer, auf deren Lohnsteuerkarte die Lohnsteuerklasse I oder IV eingetragen ist, der Leistungsgruppe A,
2. Arbeitnehmer, auf deren Lohnsteuerkarte die Lohnsteuerklasse II eingetragen ist, der Leistungsgruppe B,
3. Arbeitnehmer,
    a) auf deren Lohnsteuerkarte die Lohnsteuerklasse III eingetragen ist oder
    b) die von ihrem im Ausland lebenden und daher nicht unbeschränkt einkommensteuerpflichtigen Ehegatten nicht dauernd getrennt leben, wenn sie darlegen und nachweisen, daß der Arbeitslohn des Ehegatten weniger als 40 Prozent des Arbeitslohns beider Ehegatten beträgt, wobei bei der Bewertung des Arbeitslohns des Ehegatten die Einkommenverhältnisse des Wohnsitzstaates zu berücksichtigen sind,
    der Leistungsgruppe C,
4. Arbeitnehmer, auf deren Lohnsteuerkarte die Lohnsteuerklasse V eingetragen ist, der Leistungsgruppe D sowie
5. Arbeitnehmer, auf deren Lohnsteuerkarte die Lohnsteuerklasse VI eingetragen ist, weil sie noch aus einem weiteren Dienstverhältnis Arbeitslohn beziehen, der Leistungsgruppe E.
(3) Die Zuordnung richtet sich nach der Lohnsteuerklasse, die zu Beginn des Kalenderjahres, in dem der Anspruch entstanden ist, auf der Lohnsteuerkarte des Arbeitslosen eingetragen war. Spätere

Änderungen der eingetragenen Lohnsteuerklasse werden mit Wirkung des Tages berücksichtigt, an dem erstmals die Voraussetzungen für die Änderung vorlagen. Das gleiche gilt, wenn auf der für spätere Kalenderjahre ausgestellten Lohnsteuerkarten eine andere Lohnsteuerklasse eingetragen wird.
(4) Haben Ehegatten die Steuerklassen gewechselt, so werden die neu eingetragenen Lohnsteuerklassen von dem Tage an berücksichtigt, an dem sie wirksam werden, wenn
1. die neu eingetragenen Lohnsteuerklassen dem Verhältnis der monatlichen Arbeitsentgelte beider Ehegatten entsprechen oder
2. sich auf Grund der neu eingetragenen Lohnsteuerklassen ein Arbeitslosengeld ergibt, das geringer ist, als das Arbeitslosengeld, das sich ohne den Wechsel der Steuerklasse ergäbe.

Ein Ausfall des Arbeitsentgelts, der den Anspruch auf eine lohnsteuerfreie Entgeltersatzleistung begründet, bleibt bei der Beurteilung des Verhältnisses der monatlichen Arbeitsentgelte außer Betracht. Absatz 3 Satz 3 gilt entsprechend.

§ 138 Anpassung
(1) Das Bemessungsentgelt, das sich vor der Rundung ergibt, wird jeweils nach Ablauf eines Jahres seit dem Ende des Bemessungszeitraumes (Anpassungstag) entsprechend der Veränderung der Bruttolohn- und -gehaltsumme je durchschnittlich beschäftigten Arbeitnehmer vom vorvergangenen zum vergangenen Kalenderjahr an die Entwicklung der Bruttoarbeitsentgelte angepaßt. Ist das Bemessungsentgelt nach dem tariflichen Arbeitsentgelt derjenigen Beschäftigung bemessen worden, auf die sich die Vermittlungsbemühungen für den Arbeitslosen in erster Linie erstrecken, ist Anpassungstag der Tag, der dem Zeitraum vorausgeht, für den das Arbeitslosengeld bemessen worden ist.
(2) Der Anpassungsfaktor errechnet sich, indem die Bruttolohn- und -gehaltsumme je durchschnittlich beschäftigten Arbeitnehmer für das vergangene Kalenderjahr durch die Bruttolohn- und -gehaltsumme für das vorvergangene Kalenderjahr geteilt wird; § 68 Abs. 7 und § 121 Abs. 1 des Sechsten Buches gelten entsprechend.
(3) Eine Minderung des Arbeitslosengeldes infolge einer Erhöhung des Bemessungsentgelts ist ausgeschlossen.

§ 139 Berechnung und Leistung
Das Arbeitslosengeld wird für die Woche berechnet und für Kalendertage geleistet. Auf jeden Kalendertag entfällt ein Siebtel des wöchentlichen Arbeitslosengeldes.

Fünfter Titel
Zusammentreffen des Anspruchs mit sonstigem Einkommen und Ruhen des Anspruchs
§ 140 (aufgehoben)
§ 141 Anrechnung von Nebeneinkommen
(1) Übt der Arbeitslose während einer Zeit, für die ihm Arbeitslosengeld zusteht, eine weniger als 15 Stunden wöchentlich umfassende Beschäftigung aus, ist das Arbeitsentgelt aus der Beschäftigung nach Abzug der Steuern, der Sozialversicherungsbeiträge und der Werbungskosten sowie eines Freibetrages in Höhe von 20 Prozent des monatlichen Arbeitslosengeldes, mindestens aber von 315 Deutsche Mark auf das Arbeitslosengeld für den Kalendermonat, in dem die Beschäftigung ausgeübt wird, anzurechnen. Arbeitsentgelte, die einmalig gezahlt werden, bleiben außer Betracht. Die Sätze 1 und 2 gelten für selbständige Tätigkeiten als mithelfender Familienangehöriger entsprechend.
(2) Hat der Arbeitslose in den letzten zwölf Monaten vor der Entstehung des Anspruches neben einem Versicherungspflichtverhältnis eine geringfügige Beschäftigung mindestens zehn Monate lang ausgeübt, so bleibt das Arbeitsentgelt bis zu dem Betrag anrechnungsfrei, der in den letzten zehn Monaten vor der Entstehung des Anspruches aus einer geringfügigen Beschäftigung durchschnittlich auf den Monat entfällt, mindestens jedoch ein Betrag in Höhe des Freibetrages, der sich nach Absatz 1 ergeben würde.
(3) Hat der Arbeitslose in den letzten zwölf Monaten vor der Entstehung des Anspruches neben einem Versicherungspflichtverhältnis eine selbständige Tätigkeit oder Tätigkeit als mithelfender Familienangehöriger von weniger als 18 Stunden wöchentlich mindestens zehn Monate lang ausgeübt, so bleibt das Arbeitseinkommen bis zu dem Betrag anrechnungsfrei, der in den letzten zehn Monaten

vor der Entstehung des Anspruches durchschnittlich auf den Monat entfällt, mindestens jedoch ein Betrag in Höhe des Freibetrages, der sich nach Absatz 1 ergeben würde.
(4) (aufgehoben)

§ 142 Ruhen des Anspruchs bei anderen Sozialleistungen
(1) Der Anspruch auf Arbeitslosengeld ruht während der Zeit, für die dem Arbeitslosen ein Anspruch auf eine der folgenden Leistungen zuerkannt ist:
1. Berufsausbildungsbeihilfe für Arbeitslose oder Unterhaltsgeld,
2. Krankengeld, Versorgungskrankengeld, Verletztengeld, Mutterschaftsgeld oder Übergangsgeld nach diesem oder einem anderen Gesetz,
3. Rente wegen Erwerbsunfähigkeit aus der gesetzlichen Rentenversicherung oder
4. Altersrente aus der gesetzlichen Rentenversicherung oder Knappschaftsausgleichsleistung oder ähnliche Leistungen öffentlich-rechtlicher Art.

(2) Abweichend von Absatz 1 ruht der Anspruch
1. im Falle der Nummer 2 nicht, wenn für denselben Zeitraum Anspruch auf Verletztengeld und Arbeitslosengeld nach § 126 besteht,
2. im Falle der Nummer 3 von Beginn der laufenden Zahlungen der Rente an und
3. im Falle der Nummer 4
   a) mit Ablauf des dritten Kalendermonats nach Erfüllung der Voraussetzungen für den Anspruch auf Arbeitslosengeld, wenn dem Arbeitslosen für die letzten sechs Monate einer versicherungspflichtigen Beschäftigung eine Teilrente oder eine ähnliche Leistung öffentlich-rechtlicher Art zuerkannt ist,
   b) nur bis zur Höhe der zuerkannten Leistung, wenn die Leistung auch während einer Beschäftigung und ohne Rücksicht auf die Höhe des Arbeitsentgelts gewährt wird.

(3) Die Absätze 1 und 2 gelten auch für einen vergleichbaren Anspruch auf eine andere Sozialleistung, den ein ausländischer Träger zuerkannt hat.

(4) Dem Anspruch auf Rente wegen Erwerbsunfähigkeit im Sinne des Absatzes 1 Nr. 3 steht eine Invalidenrente, Bergmannsinvalidenrente oder Invalidenrente für Behinderte nach Artikel 2 des Renten-Überleitungsgesetzes gleich, wenn der zuständige Träger der gesetzlichen Rentenversicherung Erwerbsunfähigkeit festgestellt hat. Hat der zuständige Träger der gesetzlichen Rentenversicherung weder Erwerbsunfähigkeit noch Berufsunfähigkeit festgestellt, ruht der Anspruch auf Arbeitslosengeld abweichend von Absatz 1 zu dem Teil des Versorgungsbezuges, um den der für das Arbeitslosengeld des Arbeitslosen maßgebliche Prozentsatz den Satz von 100 unterschreitet.

(5) Der Anspruch auf Arbeitslosengeld ruht auch während der Zeit, für die der Arbeitslose wegen seines Ausscheidens aus dem Erwerbsleben Vorruhestandsgeld oder eine vergleichbare Leistung des Arbeitgebers mindestens in Höhe von 65 Prozent des Bemessungsentgelts bezieht.

§ 143 Ruhen des Anspruchs bei Arbeitsentgelt und Urlaubsabgeltung
(1) Der Anspruch auf Arbeitslosengeld ruht während der Zeit, für die der Arbeitslose Arbeitsentgelt erhält oder zu beanspruchen hat.

(2) Hat der Arbeitslose wegen Beendigung des Arbeitsverhältnisses eine Urlaubsabgeltung erhalten oder zu beanspruchen, so ruht der Anspruch auf Arbeitslosengeld für die Zeit des abgegoltenen Urlaubs. Der Ruhenszeitraum beginnt mit dem Ende des die Urlaubsabgeltung begründenden Arbeitsverhältnisses.

(3) Soweit der Arbeitslose die in den Absätzen 1 und 2 genannten Leistungen (Arbeitsentgelt im Sinne des § 115 des Zehnten Buches) tatsächlich nicht erhält, wird das Arbeitslosengeld auch für die Zeit geleistet, in der der Anspruch auf Arbeitslosengeld ruht. Hat der Arbeitgeber die in den Absätzen 1 und 2 genannten Leistungen trotz des Rechtsübergangs mit befreiender Wirkung an den Arbeitslosen oder an einen Dritten gezahlt, hat der Bezieher des Arbeitslosengeldes dieses insoweit zu erstatten.

§ 143 a Ruhen des Anspruchs bei Entlassungsentschädigung
(1) Hat der Arbeitslose wegen der Beendigung des Arbeitsverhältnisses eine Abfindung, Entschädigung oder ähnliche Leistung (Entlassungsentschädigung) erhalten oder zu beanspruchen und ist das Arbeitsverhältnis ohne Einhaltung einer der ordentlichen Kündigungsfrist des Arbeitgebers entsprechenden Frist beendet worden, so ruht der Anspruch auf Arbeitslosengeld von dem Ende des

Arbeitsverhältnisses an bis zu dem Tage, an dem das Arbeitsverhältnis bei Einhaltung dieser Frist geendet hätte. Diese Frist beginnt mit der Kündigung, die der Beendigung des Arbeitsverhältnisses vorausgegangen ist, bei Fehlen einer solchen Kündigung mit dem Tage der Vereinbarung über die Beendigung des Arbeitsverhältnisses. Ist die ordentliche Kündigung des Arbeitsverhältnisses durch den Arbeitgeber ausgeschlossen, so gilt bei
1. zeitlich unbegrenztem Ausschluß eine Kündigungsfrist von 18 Monaten,
2. zeitlich begrenztem Ausschluß oder bei Vorliegen der Voraussetzungen für eine fristgebundene Kündigung aus wichtigem Grund die Kündigungsfrist, die ohne den Ausschluß der ordentlichen Kündigung maßgebend gewesen wäre.

Kann dem Arbeitnehmer nur bei Zahlung einer Entlassungsentschädigung ordentlich gekündigt werden, so gilt eine Kündigungsfrist von einem Jahr. Hat der Arbeitslose auch eine Urlaubsabgeltung (§ 143 Abs. 2) erhalten oder zu beanspruchen, verlängert sich der Ruhenszeitraum nach Satz 1 um die Zeit des abgegoltenen Urlaubs. Leistungen, die der Arbeitgeber für den Arbeitslosen, dessen Arbeitsverhältnis frühestens mit Vollendung des 55. Lebensjahres beendet wird, unmittelbar für dessen Rentenversicherung nach § 187 a Abs. 1 des Sechsten Buches aufwendet, bleiben unberücksichtigt. Satz 6 gilt entsprechend für Beiträge des Arbeitgebers zu einer berufsständischen Versorgungseinrichtung.

(2) Der Anspruch auf Arbeitslosengeld ruht nach Absatz 1 längstens ein Jahr. Er ruht nicht über den Tag hinaus,
1. bis zu dem der Arbeitslose bei Weiterzahlung des während der letzten Beschäftigungszeit kalendertäglich verdienten Arbeitsentgelts einen Betrag in Höhe von sechzig Prozent der nach Absatz 1 zu berücksichtigenden Entlassungsentschädigung als Arbeitsentgelt verdient hätte,
2. an dem das Arbeitsverhältnis infolge einer Befristung, die unabhängig von der Vereinbarung über die Beendigung des Arbeitsverhältnisses bestanden hat, geendet hätte oder
3. an dem der Arbeitgeber das Arbeitsverhältnis aus wichtigem Grunde ohne Einhaltung einer Kündigungsfrist hätte kündigen können.

Der nach Satz 2 Nr. 1 zu berücksichtigende Anteil der Entlassungsentschädigung vermindert sich sowohl für je fünf Jahre des Arbeitsverhältnisses in demselben Betrieb oder Unternehmen als auch für je fünf Lebensjahre nach Vollendung des fünfunddreißigsten Lebensjahres um je fünf Prozent; er beträgt nicht weniger als fünfundzwanzig Prozent der nach Absatz 1 zu berücksichtigenden Entlassungsentschädigung. Letzte Beschäftigungszeit sind die am Tage des Ausscheidens aus dem Beschäftigungsverhältnis abgerechneten Entgeltabrechnungszeiträume der letzten 52 Wochen; § 130 Abs. 2 und § 131 Abs. 2 Nr. 1 gelten entsprechend. Arbeitsentgeltkürzungen infolge von Krankheit, Kurzarbeit, Arbeitsausfall oder Arbeitsversäumnis sowie einmalig gezahlte Arbeitsentgelte bleiben außer Betracht.

(3) Hat der Arbeitslose wegen Beendigung des Beschäftigungsverhältnisses unter Aufrechterhaltung des Arbeitsverhältnisses eine Entlassungsentschädigung erhalten oder zu beanspruchen, gelten die Absätze 1 und 2 entprechend.

(4) Soweit der Arbeitslose die Entlassungsentschädigung (Arbeitsentgelt im Sinne des § 115 des Zehnten Buches) tatsächlich nicht erhält, wird das Arbeitslosengeld auch für die Zeit geleistet, in der Anspruch auf Arbeitslosengeld ruht. Hat der Verpflichtete die Entlassungsentschädigung trotz des Rechtsübergangs mit befreiender Wirkung an den Arbeitslosen oder an einen Dritten gezahlt, hat der Bezieher des Arbeitslosengeldes dieses insoweit zu erstatten.

§ 144 Ruhen des Anspruchs bei Sperrzeit

(1) Hat der Arbeitslose
1. das Beschäftigungsverhältnis gelöst oder durch ein arbeitsvertragswidriges Verhalten Anlaß für die Lösung des Beschäftigungsverhältnisses gegeben und hat er dadurch vorsätzlich oder grobfahrlässig die Arbeitslosigkeit herbeigeführt (Sperrzeit wegen Arbeitsaufgabe),
2. trotz Belehrung über die Rechtsfolgen eine vom Arbeitsamt unter Benennung des Arbeitgebers und der Art der Tätigkeit angebotene Beschäftigung nicht angenommen oder nicht angetreten (Sperrzeit wegen Arbeitsablehnung),
3. sich trotz Belehrung über die Rechtsfolgen geweigert, an einer Trainingsmaßnahme oder einer Maßnahme zur beruflichen Ausbildung oder Weiterbildung oder einer Maßnahme zur beruflichen Eingliederung Behinderter teilzunehmen (Sperrzeit wegen Ablehnung einer beruflichen Eingliederungsmaßnahme), oder

4. die Teilnahme an einer in Nummer 3 genannten Maßnahme abgebrochen oder durch maßnahmewidriges Verhalten Anlaß für den Ausschluß aus einer dieser Maßnahmen gegeben (Sperrzeit wegen Abbruchs einer beruflichen Eingliederungsmaßnahme),

ohne für sein Verhalten einen wichtigen Grund zu haben, so tritt eine Sperrzeit von zwölf Wochen ein.

(2) Die Sperrzeit beginnt mit dem Tag nach dem Ereignis, das die Sperrzeit begründet, oder, wenn dieser Tag in eine Sperrzeit fällt, mit dem Ende dieser Sperrzeit. Während der Sperrzeit ruht der Anspruch auf Arbeitslosengeld.

(3) Würde eine Sperrzeit von zwölf Wochen für den Arbeitslosen nach den für den Eintritt der Sperrzeit maßgebenden Tatsachen eine besondere Härte bedeuten, so umfaßt die Sperrzeit sechs Wochen. Die Sperrzeit umfaßt drei Wochen

1. im Falle einer Sperrzeit wegen Arbeitsaufgabe oder wegen Abbruchs einer beruflichen Eingliederungsmaßnahme, wenn das Arbeitsverhältnis oder die Maßnahme innerhalb von sechs Wochen nach dem Ereignis, das die Sperrzeit begründet, ohne eine Sperrzeit geendet hätte,
2. im Falle einer Sperrzeit wegen Arbeitsablehnung oder wegen Ablehnung einer beruflichen Eingliederungsmaßnahme, wenn der Arbeitslose eine bis zu sechs Wochen befristete Arbeit oder Maßnahme nicht angenommen oder nicht angetreten hat.

§ 145 Ruhen des Anspruchs bei Säumniszeit

(1) Kommt der Arbeitslose einer Aufforderung des Arbeitsamts, sich zu melden oder zu einem ärztlichen oder psychologischen Untersuchungstermin zu erscheinen (allgemeine Meldepflicht) trotz Belehrung über die Rechtsfolgen ohne wichtigen Grund nicht nach, so ruht der Anspruch auf Arbeitslosengeld während einer Säumniszeit von zwei Wochen, die mit dem Tag nach dem Meldeversäumnis beginnt.

(2) Versäumt der Arbeitslose innerhalb einer Säumniszeit nach Absatz 1 von zwei Wochen einen weiteren Meldetermin trotz Belehrung über die Rechtsfolgen und ohne wichtigen Grund, so verlängert sich die Säumniszeit nach Absatz 1 bis zur persönlichen Meldung des Arbeitslosen beim Arbeitsamt, mindestens um vier Wochen.

(3) Würde die Dauer einer Säumniszeit von zwei Wochen nach Absatz 1 oder die Verlängerung dieser Säumniszeit nach Absatz 2 nach den für den Eintritt oder für die Verlängerung der Säumniszeit maßgebenden Tatsachen für den Arbeitslosen eine besondere Härte bedeuten, so umfaßt die Säumniszeit im Falle des Absatzes 1 eine Woche, im Falle des Absatzes 2 längstens vier Wochen.

§ 146 Ruhen bei Arbeitskämpfen

(1) Durch die Leistung von Arbeitslosengeld darf nicht in Arbeitskämpfe eingegriffen werden. Ein Eingriff in den Arbeitskampf liegt nicht vor, wenn Arbeitslosengeld Arbeitslosen geleistet wird, die zuletzt in einem Betrieb beschäftigt waren, der nicht dem fachlichen Geltungsbereich des umkämpften Tarifvertrags zugeordnet ist.

(2) Ist der Arbeitnehmer durch Beteiligung an einem inländischen Arbeitskampf arbeitslos geworden, so ruht der Anspruch auf Arbeitslosengeld bis zur Beendigung des Arbeitskampfes.

(3) Ist der Arbeitnehmer durch einen inländischen Arbeitskampf, an dem er nicht beteiligt ist, arbeitslos geworden, so ruht der Anspruch auf Arbeitslosengeld bis zur Beendigung des Arbeitskampfes nur, wenn der Betrieb, in dem der Arbeitslose zuletzt beschäftigt war,

1. dem räumlichen und fachlichen Geltungsbereich des umkämpften Tarifvertrages zuzuordnen ist oder
2. nicht dem räumlichen, aber dem fachlichen Geltungsbereich des umkämpften Tarifvertrages zuzuordnen ist und im räumlichen Geltungsbereich des Tarifvertrags, dem der Betrieb zuzuordnen ist,
   a) eine Forderung erhoben worden ist, die einer Hauptforderung des Arbeitskampfes nach Art und Umfang gleich ist, ohne mit ihr übereinstimmen zu müssen, und
   b) das Arbeitskampfergebnis aller Voraussicht nach in dem räumlichen Geltungsbereich des nicht umkämpften Tarifvertrages im wesentlichen übernommen wird.

Eine Forderung ist erhoben, wenn sie von der zur Entscheidung berufenen Stelle beschlossen worden ist oder auf Grund des Verhaltens der Tarifvertragspartei im Zusammenhang mit dem angestrebten Abschluß des Tarifvertrags als beschlossen anzusehen ist. Der Anspruch auf Arbeitslosengeld ruht nach Satz 1 nur, wenn die umkämpften oder geforderten Arbeitsbedingungen nach Abschluß eines entsprechenden Tarifvertrages für den Arbeitnehmer gelten oder auf ihn angewendet würden.

(4) Ist bei einem Arbeitskampf das Ruhen des Anspruchs nach Absatz 3 für eine bestimmte Gruppe von Arbeitnehmern ausnahmsweise nicht gerechtfertigt, so kann der Verwaltungsausschuß des Landesarbeitsamtes bestimmen, daß ihnen Arbeitslosengeld zu leisten ist. Erstreckten sich die Auswirkungen eines Arbeitskampfes über den Bezirk eines Landesarbeitsamtes hinaus, so entscheidet der Verwaltungsrat. Dieser kann auch in Fällen des Satzes 1 die Entscheidung an sich ziehen.

(5) Die Feststellung, ob die Voraussetzungen nach Absatz 3 Satz 1 Nr. 2 Buchstaben a und b erfüllt sind, trifft der Neutralitätsausschuß (§ 393). Er hat vor seiner Entscheidung den Fachspitzenverbänden der am Arbeitskampf beteiligten Tarifvertragsparteien Gelegenheit zur Stellungnahme zu geben.

(6) Die Fachspitzenverbände der am Arbeitskampf beteiligten Tarifvertragsparteien können durch Klage die Aufhebung der Entscheidung des Neutralitätsausschusses nach Absatz 5 und eine andere Feststellung begehren. Die Klage ist gegen die Bundesanstalt zu richten. Ein Vorverfahren findet nicht statt. Über die Klage entscheidet das Bundessozialgericht im ersten und letzten Rechtszug. Das Verfahren ist vorrangig zu erledigen. Auf Antrag eines Fachspitzenverbandes kann das Bundessozialgericht eine einstweilige Anordnung erlassen.

Sechster Titel
Erlöschen des Anspruchs

§ 147 Erlöschen des Anspruchs

(1) Der Anspruch auf Arbeitslosengeld erlischt
1. mit der Entstehung eines neuen Anspruchs,
2. wenn der Arbeitslose nach der Entstehung des Anspruchs Anlaß für den Eintritt von Sperrzeiten mit einer Dauer von insgesamt mindestens 24 Wochen gegeben hat, der Arbeitslose über den Eintritt der Sperrzeiten nach Entstehung des Anspruchs schriftliche Bescheide erhalten hat und auf die Rechtsfolgen des Eintritts von Sperrzeiten mit einer Dauer von insgesamt mindestens 24 Wochen hingewiesen worden ist.

(2) Der Anspruch auf Arbeitslosengeld kann nicht mehr geltend gemacht werden, wenn nach seiner Entstehung vier Jahre verstrichen sind.

Siebter Titel
Erstattungspflichten für Arbeitgeber

§ 147 a Erstattungspflicht des Arbeitgebers

(1) Der Arbeitgeber, bei dem der Arbeitslose innerhalb der letzten vier Jahre vor dem Tag der Arbeitslosigkeit, durch den nach § 124 Abs. 1 die Rahmenfrist bestimmt wird, mindestens 24 Monate in einem Versicherungspflichtverhältnis gestanden hat, erstattet der Bundesanstalt vierteljährlich das Arbeitslosengeld für die Zeit nach Vollendung des 58. Lebensjahres des Arbeitslosen, längstens für 24 Monate. Die Erstattungspflicht tritt nicht ein, wenn das Arbeitsverhältnis vor Vollendung des 56. Lebensjahrs des Arbeitslosen beendet worden ist, der Arbeitslose auch die Voraussetzungen für eine der in § 142 Abs. 1 Nr. 2 bis 4 genannten Leistungen oder für eine Rente wegen Berufsunfähigkeit erfüllt oder der Arbeitgeber darlegt und nachweist, daß
1. a) bei Arbeitslosen, deren Arbeitsverhältnis vor Vollendung des 57. Lebensjahres beendet worden ist: der Arbeitslose innerhalb der letzten 18 Jahre vor dem Tag der Arbeitslosigkeit, durch den nach § 124 Abs. 1 die Rahmenfrist bestimmt wird, insgesamt weniger als 15 Jahre
   b) bei den übrigen Arbeitslosen: der Arbeitslose innerhalb der letzten zwölf Jahre vor dem Tag der Arbeitslosigkeit, durch den nach § 124 Abs. 1 die Rahmenfrist bestimmt wird, insgesamt weniger als zehn Jahre
   zu ihm in einem Arbeitsverhältnis gestanden hat; Zeiten vor dem 3. Oktober 1990 bei Arbeitgebern in dem in Artikel 3 des Einigungsvertrages genannten Gebiet bleiben unberücksichtigt,
2. er in der Regel nicht mehr als 20 Arbeitnehmer ausschließlich der zu ihrer Berufsausbildung Beschäftigten beschäftigt; § 10 Abs. 2 Satz 2 bis 6 des Lohnfortzahlungsgesetzes gilt entsprechend mit der Maßgabe, daß das Kalenderjahr maßgebend ist, das dem Kalenderjahr vorausgeht, in dem die Voraussetzungen des Satzes 1 für die Erstattungspflicht erfüllt sind,

3. der Arbeitslose das Arbeitsverhältnis durch Kündigung beendet und weder eine Abfindung noch eine Entschädigung oder ähnliche Leistung wegen der Beendigung des Arbeitsverhältnisses erhalten oder zu beanspruchen hat,
4. er das Arbeitsverhältnis durch sozial gerechtfertigte Kündigung beendet hat; § 7 des Kündigungsschutzgesetzes findet keine Anwendung; das Arbeitsamt ist an eine rechtskräftige Entscheidung des Arbeitsgerichts über die soziale Rechtfertigung einer Kündigung gebunden,
5. er bei Beendigung des Arbeitsverhältnisses berechtigt war, das Arbeitsverhältnis aus wichtigem Grund ohne Einhaltung einer Kündigungsfrist oder mit sozialer Auslauffrist zu kündigen,
6. sich die Zahl der Arbeitnehmer in dem Betrieb, in dem der Arbeitslose zuletzt mindestens zwei Jahre beschäftigt war, um mehr als drei Prozent innerhalb eines Jahres vermindert und unter den in diesem Zeitraum ausscheidenden Arbeitnehmern der Anteil der Arbeitnehmer, die das 56. Lebensjahr vollendet haben, nicht höher ist als es ihrem Anteil an der Gesamtzahl der im Betrieb Beschäftigten zu Beginn des Jahreszeitraumes entspricht. Vermindert sich die Zahl der Beschäftigten im gleichen Zeitraum um mindestens zehn Prozent, verdoppelt sich der Anteil der älteren Arbeitnehmer, der bei der Verminderung der Zahl der Arbeitnehmer nicht überschritten werden darf. Rechnerische Bruchteile werden aufgerundet. Wird der gerundete Anteil überschritten, ist in allen Fällen eine Einzelfallentscheidung erforderlich,
7. der Arbeitnehmer im Rahmen eines kurzfristigen drastischen Personalabbaus von mindestens 20 Prozent aus dem Betrieb, in dem er zuletzt mindestens zwei Jahre beschäftigt war, ausgeschieden ist und dieser Personalabbau für den örtlichen Arbeitsmarkt von erheblicher Bedeutung ist.

(2) Die Erstattungspflicht entfällt, wenn der Arbeitgeber darlegt und nachweist, daß
1. in dem Kalenderjahr, das dem Kalenderjahr vorausgeht, für das der Wegfall geltend gemacht wird, die Voraussetzungen für den Nichteintritt der Erstattungspflicht nach Absatz 1 Satz 2 Nr. 2 erfüllt sind, oder
2. die Erstattung für ihn eine unzumutbare Belastung bedeuten würde, weil durch die Erstattung der Fortbestand des Unternehmens oder die nach Durchführung des Personalabbaus verbleibenden Arbeitsplätze gefährdet wären. Insoweit ist zum Nachweis die Vorlage einer Stellungnahme einer fachkundigen Stelle erforderlich.

(3) Die Erstattungsforderung mindert sich, wenn der Arbeitgeber darlegt und nachweist, daß er
1. nicht mehr als 40 Arbeitnehmer oder
2. nicht mehr als 60 Arbeitnehmer

im Sinne des Absatzes 1 Satz 2 Nr. 2 beschäftigt, um zwei Drittel im Falle der Nummer 1 und um ein Drittel im Falle der Nummer 2. Für eine nachträgliche Minderung der Erstattungsforderung gilt Absatz 2 Nr. 1 entsprechend.

(4) Die Verpflichtung zur Erstattung des Arbeitslosengeldes schließt die auf diese Leistung entfallenden Beiträge zur Kranken-, Pflege- und Rentenversicherung ein.

(5) Konzernunternehmen im Sinne des § 18 des Aktiengesetzes gelten bei der Ermittlung der Beschäftigungszeiten als ein Arbeitgeber. Die Erstattungspflicht richtet sich gegen den Arbeitgeber, bei dem der Arbeitnehmer zuletzt in einem Arbeitsverhältnis gestanden hat.

(6) Das Arbeitsamt berät den Arbeitgeber auf Verlangen über Voraussetzungen und Umfang der Erstattungsregelung. Auf Antrag des Arbeitgebers entscheidet das Arbeitsamt im voraus, ob die Voraussetzungen des Absatzes 1 Satz 2 Nr. 6 oder 7 erfüllt sind.

(7) Der Arbeitslose ist auf Verlangen des Arbeitsamtes verpflichtet, Auskünfte zu erteilen, sich beim Arbeitsamt persönlich zu melden oder sich einer ärztlichen oder psychologischen Untersuchung zu unterziehen, soweit das Entstehen oder der Wegfall des Erstattungsanspruchs von dieser Mitwirkung abhängt. Voraussetzung für das Verlangen des Arbeitsamtes ist, daß dem Arbeitsamt Umstände in der Person des Arbeitslosen bekannt sind, die für das Entstehen oder den Wegfall der Erstattungspflicht von Bedeutung sind. Die §§ 65 und 65 a des Ersten Buches gelten entsprechend.

§ 148 Erstattungspflicht bei Konkurrenzklausel[1)]
(1) Ist der Arbeitslose durch eine Vereinbarung mit dem bisherigen Arbeitgeber in seiner beruflichen Tätigkeit als Arbeitnehmer beschränkt, so erstattet der bisherige Arbeitgeber der Bundesanstalt vierteljährlich das Arbeitslosengeld, das dem Arbeitslosen für die Zeit gezahlt worden ist, in der diese Beschränkung besteht. Das Arbeitslosengeld, das der Arbeitgeber erstattet, muß sich der Arbeitnehmer wie Arbeitsentgelt auf die Entschädigung für die Wettbewerbsbeschränkung anrechnen lassen.
(2) Die Verpflichtung zur Erstattung des Arbeitslosengeldes schließt die auf diese Leistung entfallenden Beiträge zur Kranken-, Pflege- und Rentenversicherung ein.

§ 149 Wirkung von Widerspruch und Klage
(1) Widerspruch und Klage gegen Entscheidungen auf Erstattung des Arbeitslosengeldes durch Arbeitgeber haben keine aufschiebende Wirkung.
(2) Das Gericht der Hauptsache kann auf Antrag die aufschiebende Wirkung ganz oder teilweise anordnen. Der Antrag ist schon vor Klageerhebung zulässig. Ist der Verwaltungsakt im Zeitpunkt der Entscheidung schon vollzogen oder befolgt worden, so kann das Gericht die Aufhebung der Vollziehung anordnen. Die Anordnung der aufschiebenden Wirkung oder die Aufhebung der sofortigen Vollziehung kann mit Auflagen versehen oder befristet werden. Das Gericht der Hauptsache kann Beschlüsse über Anträge nach Satz 1 jederzeit ändern oder aufheben. Jeder Beteiligte kann die Änderung oder Aufhebung wegen veränderter oder im ursprünglichen Verfahren ohne Verschulden nicht geltend gemachter Umstände beantragen. In dringenden Fällen kann der Vorsitzende entscheiden.

Achter Titel
Teilarbeitslosengeld

§ 150 Teilarbeitslosengeld
(1) Anspruch auf Teilarbeitslosengeld hat ein Arbeitnehmer, der
1. teilarbeitslos ist,
2. sich teilarbeitslos gemeldet hat,
3. die Anwartschaftszeit für Teilarbeitslosengeld erfüllt hat.

(2) Für das Teilarbeitslosengeld gelten die Vorschriften über das Arbeitslosengeld und für Empfänger dieser Leistung entsprechend, soweit sich aus den Besonderheiten des Teilarbeitslosengeldes nichts anderes ergibt, mit folgenden Maßgaben:
1. Teilarbeitslos ist, wer eine versicherungspflichtige Beschäftigung verloren hat, die er neben einer weiteren versicherungspflichtigen Beschäftigung ausgeübt hat, und eine versicherungspflichtige Beschäftigung sucht.
2. Die Anwartschaftszeit für das Teilarbeitslosengeld hat erfüllt, wer in der Teilarbeitslosengeld-Rahmenfrist von zwei Jahren neben der weiterhin ausgeübten versicherungspflichtigen Beschäftigung mindestens zwölf Monate eine weitere versicherungspflichtige Beschäftigung ausgeübt hat. Für die Teilarbeitslosengeld-Rahmenfrist gelten die Regelungen zum Arbeitslosengeld über die Rahmenfrist entsprechend.
3. Die Dauer des Anspruchs auf Teilarbeitslosengeld beträgt sechs Monate.
4. Für die Zuordnung zur Leistungsgruppe ist die Lohnsteuerklasse maßgebend, die auf der Lohnsteuerkarte für das Beschäftigungsverhältnis, das den Anspruch auf Teilarbeitslosengeld begründet, zuletzt eingetragen war.
5. Der Anspruch auf Teilarbeitslosengeld erlischt,
    a) wenn der Arbeitnehmer nach der Entstehung des Anspruchs eine Beschäftigung, selbständige Tätigkeit oder Tätigkeit als mithelfender Familienangehöriger für mehr als zwei Wochen oder mit einer Arbeitszeit von mehr als fünf Stunden wöchentlich aufnimmt,

---
1) Hierzu Beschluß des Bundesverfassungsgerichts vom 10. 11. 1998 – 1 BvR 2296/96 und 1 BvR 1081/97 – (BGBl. 1999 I S. 61):
»§ 128 a Absatz 1 und 2 des Arbeitsförderungsgesetzes in der Fassung des Gesetzes zur Änderung arbeitsförderungsrechtlicher und anderer sozialrechtlicher Vorschriften (AFG u. a. ÄndG) vom 21. Juni 1991 (Bundesgesetzblatt I Seite 1306) und § 148 des Dritten Buches Sozialgesetzbuch vom 24. März 1997 (Bundesgesetzblatt I Seite 594) sind mit Artikel 12 Absatz 1 des Grundgesetzes unvereinbar.
Der Gesetzgeber ist verpflichtet, die verfassungswidrige Regelung spätestens bis zum 1. Januar 2001 durch eine verfassungsgemäße Regelung zu ersetzen.«

b) wenn die Voraussetzungen für einen Anspruch auf Arbeitslosengeld erfüllt sind oder
c) spätestens nach Ablauf eines Jahres seit Entstehung des Anspruchs.

Neunter Titel
Verordnungsermächtigung und Anordnungsermächtigung

§ 151 Verordnungsermächtigung
(1) Das Bundesministerium für Arbeit und Sozialordnung wird ermächtigt, durch Rechtsverordnung das Nähere zur Abgrenzung des Personenkreises der Saisonarbeitnehmer zu bestimmen.
(2) Das Bundesministerium für Arbeit und Sozialordnung wird ermächtigt, durch Rechtsverordnung
1. jeweils zum 30. Juni eines Kalenderjahres den Anpassungsfaktor festzusetzen, der für die folgenden zwölf Monate maßgebend ist,
2. jeweils für ein Kalenderjahr die für die Bemessung des Arbeitslosengeldes maßgeblichen Leistungsentgelte zu bestimmen; es kann dabei bestimmt werden, daß geänderte Leistungsentgelte vom Beginn des Zahlungszeitraumes an gelten, in dem die Rechtsverordnung in Kraft tritt; es kann auch bestimmt, daß für Arbeitslose, die bei Inkrafttreten der Rechtsverordnung die Anwartschaftszeit für einen Anspruch auf Arbeitslosengeld erfüllen, bisherige günstigere Leistungsentgelte weiterhin maßgebend sind, soweit dies zur Vermeidung von Härten erforderlich ist, und
3. Versorgungen im Sinne des § 9 Abs. 1 des Anspruchs- und Anwartschaftsüberführungsgesetzes der Altersrente oder der Rente wegen Erwerbsunfähigkeit gleichzustellen, soweit dies zur Vermeidung von Doppelleistungen erforderlich ist. Es hat dabei zu bestimmen, ob das Arbeitslosengeld voll oder nur bis zur Höhe der Versorgungsleistung ruht.
(3) (aufgehoben)

§ 152 Anordnungsermächtigung
Die Bundesanstalt wird ermächtigt, durch Anordnung Näheres zu bestimmen zu den Pflichten des Arbeitslosen,
1. alle Möglichkeiten zu nutzen und nutzen zu wollen, um seine Beschäftigungslosigkeit zu beenden (§ 119 Abs. 1 Nr. 1) und
2. Vorschlägen des Arbeitsamtes zur beruflichen Eingliederung zeit- und ortsnah Folge leisten zu können (§ 119 Abs. 3 Nr. 3).

Dritter Unterabschnitt
Unterhaltsgeld

Erster Titel
Regelvoraussetzungen

§ 153 Voraussetzungen
Arbeitnehmer können bei Teilnahme an einer für die Weiterbildungsförderung anerkannten Vollzeitmaßnahme ein Unterhaltsgeld erhalten, wenn sie die allgemeinen Förderungsvoraussetzungen für die Förderung der beruflichen Weiterbildung einschließlich der Vorbeschäftigungszeit erfüllen. Arbeitnehmer, die die Vorbeschäftigungszeit nicht erfüllen, können Unterhaltsgeld erhalten, wenn sie bis zum Beginn der Teilnahme Arbeitslosenhilfe bezogen haben.

Zweiter Titel
Sonderformen des Unterhaltsgeldes

§ 154 Teilunterhaltsgeld
Arbeitnehmer können bei Teilnahme an einer für die Weiterbildungsförderung anerkannten Teilzeitmaßnahme, die mindestens zwölf Stunden wöchentlich umfaßt, ein Teilunterhaltsgeld erhalten, wenn
1. sie die allgemeinen Fördervoraussetzungen für die Förderung der beruflichen Weiterbildung einschließlich der Vorbeschäftigungszeit erfüllen und
   a) ihnen wegen der Betreuung und Erziehung von aufsichtsbedürftigen Kindern, der Betreuung von pflegebedürftigen Angehörigen oder der Einschränkung des Leistungsvermögens die Teilnahme an einer Vollzeitmaßnahme nicht zumutbar ist,

b) sie die Vorbeschäftigungszeit durch eine versicherungspflichtige Beschäftigung mit einer Arbeitszeit, die auf weniger als 80 Prozent der durchschnittlichen regelmäßigen Arbeitszeit einer vergleichbaren Vollzeitbeschäftigung vermindert war, erfüllt haben oder
c) sie eine Teilzeitbeschäftigung ausüben und die Notwendigkeit der Weiterbildung wegen fehlenden Berufsabschlusses anerkannt ist,
oder
2. sie nach Erfüllen der Vorbeschäftigungszeit
a) bei Beginn der Teilnahme das 25. Lebensjahr nicht vollendet haben oder
b) die Teilzeitbeschäftigung im Rahmen einer Arbeitsbeschaffungsmaßnahme oder einer Strukturanpassungsmaßnahme ausüben
und die Teilnahme an der Maßnahme zur Aufnahme einer Vollzeitbeschäftigung notwendig ist.
Arbeitnehmer, die die Vorbeschäftigungszeit nicht erfüllen, können Teilunterhaltsgeld erhalten, wenn sie bis zum Beginn der Teilnahme Arbeitslosenhilfe bezogen haben und die Voraussetzungen des Satzes 1 mit Ausnahme der Vorbeschäftigungszeit erfüllen.

§ 155 Unterhaltsgeld in Sonderfällen
Unterhaltsgeld wird auch für Zeiten erbracht,
1. in denen der Arbeitnehmer aus einem wichtigen Grund nicht an der Maßnahme teilnehmen kann,
2. in denen die Voraussetzungen für eine Leistungsfortzahlung des Arbeitslosengeldes bei Arbeitsunfähigkeit vorliegen würden, längstens jedoch bis zur Beendigung der Maßnahme,
3. die das Arbeitsamt als Ferien anerkannt hat,
4. die zwischen dem Ende des Unterrichts und dem Ende der Prüfung liegen, wenn die Prüfung innerhalb von drei Wochen nach dem Ende des Unterrichts abgeschlossen wird und
5. die zwischen dem Ende der Maßnahme und dem darauf folgenden Montag liegen, wenn die Maßnahme an einem Freitag beendet worden ist.

§ 156 Anschlußunterhaltsgeld
(1) Anspruch auf Anschlußunterhaltsgeld haben Arbeitnehmer, die
1. im Anschluß an eine abgeschlossene Maßnahme mit Bezug von Unterhaltsgeld arbeitslos sind,
2. sich beim Arbeitsamt arbeitslos gemeldet haben und
3. nicht einen Anspruch auf Arbeitslosengeld von mindestens drei Monaten geltend machen können.
(2) Die Dauer des Anspruchs auf Anschlußunterhaltsgeld beträgt drei Monate. Sie mindert sich um die Anzahl von Tagen, für die der Arbeitnehmer im Anschluß an eine abgeschlossene Maßnahme mit Bezug von Unterhaltsgeld einen Anspruch auf Arbeitslosengeld geltend machen kann.

Dritter Titel
Anwendung von Vorschriften und Besonderheiten

§ 157 Grundsatz
(1) Auf das Unterhaltsgeld sind die Vorschriften über das Arbeitslosengeld hinsichtlich
1. der Leistungsfortzahlung bei Arbeitsunfähigkeit,
2. der Höhe,
3. der Anrechnung von Nebeneinkommen,
4. des Ruhens des Anspruchs bei anderen Sozialleistungen und
5. des Ruhens des Anspruchs bei Urlaubsabgeltung entsprechend anzuwenden, soweit nachfolgend nichts Abweichendes bestimmt ist.
(2) Der Anspruch auf Arbeitslosengeld und der Anspruch auf Anschlußunterhaltsgeld gelten als einheitlicher Anspruch. Auf das Anschlußunterhaltsgeld sind die Vorschriften über das Arbeitslosengeld und für Bezieher dieser Leistung entsprechend anzuwenden, soweit die Besonderheiten des Anschlußunterhaltsgeldes nicht entgegenstehen.

§ 158 Besonderheiten bei der Höhe
(1) Hat der Arbeitnehmer innerhalb der letzten drei Jahre vor Beginn der Teilnahme Arbeitslosengeld oder Arbeitslosenhilfe im Anschluß an den Bezug von Arbeitslosengeld bezogen und hat er danach nicht erneut die Anwartschaftszeit für einen Anspruch auf Arbeitslosengeld erfüllt, so ist dem Unterhaltsgeld das Bemessungsentgelt zugrunde zu legen, nach dem das Arbeitslosengeld oder die

Arbeitslosenhilfe zuletzt bemessen worden ist. Zwischenzeitliche Anpassungen sind zu berücksichtigen.
(2) Wäre es mit Rücksicht auf den durchschnittlichen wöchentlichen Umfang der Maßnahme unbillig hart, von dem im Bemessungszeitraum erzielten Entgelt oder dem für das Arbeitslosengeld oder die Arbeitslosenhilfe im Anschluß an den Bezug von Arbeitslosengeld maßgeblichen Bemessungsentgelt auszugehen, ist als Entgelt das tarifliche Arbeitsentgelt derjenigen Beschäftigung zugrunde zu legen, auf die das Arbeitsamt die Vermittlungsbemühungen zu Beginn der Teilnahme an der Maßnahme in erster Linie zu erstrecken hätte.
(3) Unterhaltsgeld an Arbeitnehmer, die die Vorbeschäftigungszeit nicht erfüllen, jedoch bis zum Beginn der Teilnahme Arbeitslosenhilfe bezogen haben, wird in Höhe des Betrages geleistet, den sie als Arbeitslosenhilfe zuletzt bezogen haben. Hätte sich die Arbeitslosenhilfe in der Zeit der Teilnahme an der Maßnahme erhöht, so erhöht sich das Unterhaltsgeld vom gleichen Tage an entsprechend.
(4) Für das Teilunterhaltsgeld ist als Bemessungsentgelt zugrunde zu legen,
1. bei Teilnahme an einer Teilzeitmaßnahme neben einer Teilzeitbeschäftigung die Hälfte des Arbeitsentgelts, das bei durchschnittlicher regelmäßiger Arbeitszeit einer Vollzeitbeschäftigung der Bemessung des Arbeitslosengeldes bei Arbeitslosigkeit zugrunde zu legen wäre,
2. bei Teilnahme an einer Teilzeitmaßnahme, wenn der Arbeitnehmer eine Beschäftigung nicht ausübt, das Entgelt, das der Bemessung des Arbeitslosengeldes bei Arbeitslosigkeit zugrunde zu legen wäre.
(4 a) Dem Anschlußunterhaltsgeld ist das Bemessungsentgelt zugrunde zu legen, nach dem das Unterhaltsgeld zuletzt bemessen worden ist. Ist Unterhaltsgeld in Höhe der Arbeitslosenhilfe geleistet worden, wird das Anschlußunterhaltsgeld in Höhe des zuletzt erbrachten Betrages geleistet; hätte sich die Arbeitslosenhilfe während des Bezugs von Anschlußunterhaltsgeld erhöht, so erhöht sich das Anschlußunterhaltsgeld vom gleichen Tage an entsprechend.
(5) Für die Änderung der Leistungsgruppe gelten der Anspruch auf Arbeitslosengeld oder Arbeitslosenhilfe und die Inanspruchnahme von Unterhaltsgeld als ein Anspruch, wenn der Arbeitnehmer nach dem Bezug von Arbeitslosengeld oder Arbeitslosenhilfe nicht mindestens zwölf Monate in einem Versicherungspflichtverhältnis gestanden hat.

§ 159 Besonderheiten bei der Einkommensanrechnung
(1) Die Vorschrift über die Anrechnung von Nebeneinkommen auf das Arbeitslosengeld ist unbeschadet des wöchentlichen Umfangs der Beschäftigung entsprechend anzuwenden.
(2) Leistungen, die der Bezieher von Unterhaltsgeld
1. von seinem Arbeitgeber wegen der Teilnahme an der Maßnahme oder
2. auf Grund eines früheren oder bestehenden Arbeitsverhältnisses ohne Ausübung einer Beschäftigung für die Zeit der Teilnahme
erhält oder zu beanspruchen hat, werden auf das Unterhaltsgeld angerechnet, soweit sie nach Abzug der Steuern und der Beitragsanteile zur Sozialversicherung und zur Arbeitsförderung zusammen mit dem Unterhaltsgeld das dem Unterhaltsgeld zugrundeliegende Leistungsentgelt übersteigen. Arbeitsentgelte und Leistungen, die einmalig gezahlt werden, bleiben außer Betracht.
(3) Soweit der Arbeitnehmer die in Absatz 2 genannten Leistungen tatsächlich nicht erhält, wird das Unterhaltsgeld ohne Anrechnung geleistet. § 115 des Zehnten Buches findet auf andere Leistungen als Arbeitsentgelt entsprechende Anwendung. Hat der Arbeitgeber die in Absatz 2 genannten Leistungen trotz des Rechtsübergangs nach § 115 des Zehnten Buches mit befreiender Wirkung an den Arbeitnehmer oder an einen Dritten gezahlt, hat der Bezieher des Unterhaltsgeldes dieses insoweit zu erstatten, als es im Falle der Anrechnung gemindert worden wäre.
(4) Einkommen eines Beziehers von Teilunterhaltsgeld aus einer Teilzeitbeschäftigung im Sinne der Vorschrift über das Teilunterhaltsgeld bleibt anrechnungsfrei.

Vierter Unterabschnitt
Übergangsgeld

§ 160 Voraussetzungen
(1) Behinderte haben Anspruch auf Übergangsgeld, wenn
1. die Vorbeschäftigungszeit für das Übergangsgeld erfüllt ist und

2. sie an einer Maßnahme der
   a) Berufsausbildung, der Berufsvorbereitung einschließlich einer wegen der Behinderung erforderlichen Grundausbildung oder an einer Maßnahme der beruflichen Weiterbildung teilnehmen, für die die besonderen Leistungen erbracht werden, und deshalb eine ganztägige Erwerbstätigkeit nicht ausüben können oder
   b) Berufsfindung oder Arbeitserprobung teilnehmen und deshalb kein oder ein geringeres Arbeitsentgelt erzielen

und deshalb eine ganztägige Erwerbstätigkeit nicht ausüben können. Behinderte, die die allgemeinen Voraussetzungen für den Anspruch auf Übergangsgeld erfüllen, haben bei Teilnahme an einer Teilzeitmaßnahme, die mindestens zwölf Stunden wöchentlich umfaßt, Anspruch auf ein Teilübergangsgeld, wenn

1. ihnen wegen Art oder Schwere der Behinderung oder der Betreuung und Erziehung von aufsichtsbedürftigen Kindern oder der Betreuung von pflegebedürftigen Angehörigen die Teilnahme an einer Vollzeitmaßnahme nicht zumutbar ist oder
2. sie eine Teilzeitbeschäftigung ausüben.

(2) Das Übergangsgeld wird für den Zeitraum weiter erbracht, in dem Behinderte

1. an einer Maßnahme aus gesundheitlichen Gründen nicht weiter teilnehmen können, bis zu sechs Wochen, längstens jedoch bis zum Tag der Beendigung der Maßnahme,
2. im Anschluß an eine abgeschlossene berufsfördernde Leistung arbeitslos sind, bis zu drei Monate, wenn sie sich beim Arbeitsamt arbeitslos gemeldet haben und einen Anspruch auf Arbeitslosengeld von mindestens drei Monaten nicht geltend machen können; die Dauer von drei Monaten vermindert sich um die Anzahl von Tagen, für die Behinderte im Anschluß an eine abgeschlossene berufsfördernde Leistung einen Anspruch auf Arbeitslosengeld geltend machen können,
3. nach Abschluß einer Maßnahme
   a) arbeitsunfähig sind und ein Anspruch auf Krankengeld nicht besteht oder
   b) beim Arbeitsamt arbeitslos gemeldet sind und in eine zumutbare Beschäftigung aus Gründen, die sie nicht zu vertreten haben, nicht vermittelt werden können,

wenn weitere Leistungen zur beruflichen Eingliederung Behinderter erforderlich sind, die dem Grunde nach einen Anspruch auf Übergangsgeld bewirken, und diese aus Gründen, die die Behinderten nicht zu vertreten haben, nicht unmittelbar anschließend durchgeführt werden können. Die Behinderten haben die Verzögerung insbesondere zu vertreten, wenn sie zumutbare Angebote förderungsfähiger Maßnahmen in größerer Entfernung von ihrem Wohnort ablehnen.

(3) Der Anspruch auf Übergangsgeld ruht, solange ein Anspruch auf Mutterschaftsgeld besteht.

§ 161 Vorbeschäftigungszeit für das Übergangsgeld

(1) Die Vorbeschäftigungszeit für das Übergangsgeld ist erfüllt, wenn der Behinderte innerhalb der letzten drei Jahre vor Beginn der Teilnahme

1. mindestens zwölf Monate in einem Versicherungspflichtverhältnis gestanden hat oder
2. die Voraussetzungen für einen Anspruch auf Arbeitslosengeld oder Arbeitslosenhilfe im Anschluß an den Bezug von Arbeitslosengeld erfüllt und Leistungen beantragt hat.

(2) Der Zeitraum von drei Jahren gilt nicht für behinderte Berufsrückkehrer. Er verlängert sich um die Dauer einer Beschäftigung als Arbeitnehmer im Ausland, die für die weitere Ausübung des Berufes oder für den beruflichen Aufstieg nützlich und üblich ist, längstens jedoch um zwei Jahre.

§ 162 Behinderte ohne Vorbeschäftigungszeit

Behinderte können auch dann Übergangsgeld erhalten, wenn die Vorbeschäftigungszeit nicht erfüllt ist, jedoch innerhalb des letzten Jahres vor Beginn der Teilnahme

1. durch den Behinderten ein Berufsausbildungsabschluß auf Grund einer Zulassung zur Prüfung nach § 40 Abs. 3 des Berufsbildungsgesetzes oder § 37 Abs. 3 der Handwerksordnung erworben worden ist oder
2. ihr Prüfungszeugnis auf Grund einer Rechtsverordnung nach § 43 Abs. 1 des Berufsbildungsgesetzes oder § 40 Abs. 1 der Handwerksordnung dem Zeugnis über das Bestehen der Abschlußprüfung in einem nach dem Berufsbildungsgesetz oder der Handwerksordnung anerkannten Ausbildungsberuf gleichgestellt worden ist.

Der Zeitraum von einem Jahr verlängert sich um Zeiten, in denen der Behinderte nach dem Erwerb des Prüfungszeugnisses beim Arbeitsamt arbeitslos gemeldet war. Behinderte können auch dann Übergangsgeld erhalten, wenn sie die Vorbeschäftigungszeit für das Übergangsgeld nicht erfüllen, jedoch bis zum Beginn der Teilnahme Arbeitslosenhilfe bezogen haben.

§ 163 Höhe des Übergangsgeldes
(1) Das Übergangsgeld beträgt
1. für Behinderte,
   a) die beim Arbeitslosengeld die Voraussetzungen für den erhöhten Leistungssatz erfüllen würden, oder
   b) deren Ehegatte, mit dem er in häuslicher Gemeinschaft lebt, eine Erwerbstätigkeit nicht ausüben kann, weil er den Behinderten pflegt oder selbst pflegebedürftig ist und einen Anspruch auf Leistungen der Pflegeversicherung nicht hat,

   75 Prozent, bei Arbeitslosigkeit im Anschluß an die Maßnahme 67 Prozent und
2. für die übrigen Behinderten 68 Prozent, bei Arbeitslosigkeit im Anschluß an die Maßnahme 60 Prozent der maßgeblichen Berechnungsgrundlage.

(2) Das Übergangsgeld an Behinderte, die die Vorbeschäftigungszeit für das Übergangsgeld nicht erfüllen, jedoch bis zum Beginn der Teilnahme Arbeitslosenhilfe bezogen haben, wird in Höhe des Betrages geleistet, den sie als Arbeitslosenhilfe zuletzt bezogen haben. Hätte sich die Arbeitslosenhilfe in der Zeit der Teilnahme an der Maßnahme erhöht, so erhöht sich das Übergangsgeld vom gleichen Tage an entsprechend.

§ 164 Berechnungsgrundlage für das Übergangsgeld
(1) Die Berechnungsgrundlage für das Übergangsgeld wird für Behinderte, die Arbeitsentgelt erzielt oder Mutterschaftsgeld bezogen haben, wie das Krankengeld für Arbeitnehmer (§ 47 Abs. 1 und 2 Fünftes Buch) mit der Maßgabe ermittelt, daß der Berechnung 80 Prozent des Regelentgelts, höchstens jedoch das bei entsprechender Anwendung des § 47 Abs. 2 des Fünften Buches berechnete Nettoarbeitsentgelt zugrunde zu legen ist; hierbei gilt die Beitragsbemessungsgrenze der Arbeitsförderung. Für Behinderte, die Kurzarbeitergeld bezogen haben, wird das regelmäßige Arbeitsentgelt zugrunde gelegt, das zuletzt vor dem Arbeitsausfall erzielt wurde.

(2) Berechnungsgrundlage für das Teilübergangsgeld ist die Hälfte des Betrages, der nach Absatz 1 oder nach § 165 bei Teilnahme an einer Vollzeitmaßnahme unter Berücksichtigung der regelmäßigen Arbeitszeit einer Vollzeitbeschäftigung der Berechnung des Übergangsgeldes zugrunde zu legen wäre. Wurde bis zum Beginn der Teilnahme an einer Teilzeitmaßnahme Arbeitslosengeld oder Arbeitslosenhilfe im Anschluß an den Bezug von Arbeitslosengeld bezogen, wird Teilübergangsgeld mindestens in Höhe des zuletzt bezogenen Betrages geleistet; dies gilt nicht, wenn dieser Leistung ein Arbeitsentgelt aus einer Vollzeitbeschäftigung zugrunde liegt.

§ 165 Berechnungsgrundlage in Sonderfällen
Die Berechnungsgrundlage für das Übergangsgeld beträgt 65 Prozent des auf ein Jahr bezogenen tariflichen oder, wenn es an einer tariflichen Regelung fehlt, des ortsüblichen Arbeitsentgelts, das für den Wohnsitz oder gewöhnlichen Aufenthaltsort der Behinderten gilt, wenn
1. der letzte Tag des Bemessungszeitraums (§ 47 Abs. 2 Fünftes Buch) zu Beginn der Maßnahme länger als drei Jahre zurückliegt,
2. Arbeitsentgelt nach § 47 Abs. 2 des Fünften Buches nicht erzielt worden ist oder
3. es unbillig hart wäre, das Arbeitsentgelt nach § 47 Abs. 2 des Fünften Buches der Bemessung des Übergangsgeldes zugrunde zu legen.

Maßgebend ist das Arbeitsentgelt in dem letzten Kalendermonat vor dem Beginn der Maßnahme für die Beschäftigung, für die die Behinderten ohne die Behinderung nach ihren beruflichen Fähigkeiten und nach ihrem Lebensalter in Betracht kämen.

§ 166 Weitergeltung der Berechnungsgrundlage
Haben Behinderte Übergangsgeld, Verletztengeld, Versorgungskrankengeld oder Krankengeld bezogen und im Anschluß an diese Leistungen Anspruch auf Übergangsgeld nach diesem Buch, ist bei der Berechnung des Übergangsgeldes von dem bisher zugrunde gelegten Arbeitsentgelt auszugehen; es gilt die Beitragsbemessungsgrenze der Arbeitsförderung.

§ 167 Anpassung des Übergangsgeldes
Das Übergangsgeld wird jeweils nach Ablauf eines Jahres seit dem Ende des Bemessungszeitraums (§ 47 Abs. 2 Fünftes Buch) um den Prozentsatz erhöht, um den die Renten der gesetzlichen Rentenversicherung zuletzt vor diesem Zeitpunkt ohne Berücksichtigung der Veränderung der Belastung bei Renten und der Veränderung der durchschnittlichen Lebenserwartung der 65jährigen anzupassen gewesen wären.

§ 168 Einkommensanrechnung
(1) Auf das Übergangsgeld werden angerechnet
1. Arbeitsentgelt aus einer während des Bezugs von Übergangsgeld ausgeübten Beschäftigung, vermindert um die gesetzlichen Abzüge und Arbeitsentgelte, die einmalig gezahlt werden,
2. Erwerbseinkommen aus einer während des Bezugs von Übergangsgeld ausgeübten selbständigen Tätigkeit, vermindert um 20 Prozent,
3. Leistungen des Arbeitgebers zum Übergangsgeld, soweit sie zusammen mit dem Übergangsgeld das vor Beginn der Maßnahme erzielte, um die gesetzlichen Abzüge verminderte Arbeitsentgelt übersteigen,
4. Renten, wenn dem Übergangsgeld ein vor Beginn der Rentenleistung erzieltes Arbeitsentgelt oder Arbeitseinkommen zugrunde liegt,
5. Rente wegen verminderter Erwerbsfähigkeit, die aus demselben Anlaß wie die Leistungen zur beruflichen Eingliederung erbracht wird, wenn die Anrechnung eine unbillige Doppelleistung vermeidet,
6. sonstige Geldleistungen, die eine öffentlich-rechtliche Stelle im Zusammenhang mit einer Leistung zur beruflichen Eingliederung des Behinderten erbringt.

Arbeitsentgelt aus einer während des Bezugs von Teilübergangsgeld ausgeübten Teilzeitbeschäftigung bleibt anrechnungsfrei.

(2) Soweit der Anspruch des Behinderten auf eine Leistung, die nach Absatz 1 Nr. 6 auf das Übergangsgeld anzurechnen ist, nicht erfüllt wird, geht er mit Zahlung des Übergangsgeldes auf die Bundesanstalt über. Die §§ 104 und 115 des Zehnten Buches bleiben unberührt.

Fünfter Unterabschnitt
Kurzarbeitergeld

Erster Titel
Regelvoraussetzungen

§ 169 Anspruch
Arbeitnehmer haben Anspruch auf Kurzarbeitergeld, wenn
1. ein erheblicher Arbeitsausfall mit Entgeltausfall vorliegt,
2. die betrieblichen Voraussetzungen erfüllt sind,
3. die persönlichen Voraussetzungen erfüllt sind und
4. der Arbeitsausfall dem Arbeitsamt angezeigt worden ist.

§ 170 Erheblicher Arbeitsausfall
(1) Ein Arbeitsausfall ist erheblich, wenn
1. er auf wirtschaftlichen Gründen oder einem unabwendbaren Ereignis beruht,
2. er vorübergehend ist,
3. er nicht vermeidbar ist und
4. im jeweiligen Kalendermonat (Anspruchszeitraum) mindestens ein Drittel der in dem Betrieb beschäftigten Arbeitnehmer von einem Entgeltausfall von jeweils mehr als zehn Prozent ihres monatlichen Bruttoentgelts betroffen ist; dabei sind Auszubildende nicht mitzuzählen.

(2) Ein Arbeitsausfall beruht auch auf wirtschaftlichen Gründen, wenn er durch eine Veränderung der betrieblichen Strukturen verursacht wird, die durch die allgemeine wirtschaftliche Entwicklung bedingt ist.

(3) Ein unabwendbares Ereignis liegt insbesondere vor, wenn ein Arbeitsausfall auf ungewöhnlichen, dem üblichen Witterungsverlauf nicht entsprechenden Witterungsgründen beruht. Ein unabwendbares Ereignis liegt auch vor, wenn ein Arbeitsausfall durch behördliche oder behördlich anerkannte Maßnahmen verursacht ist, die vom Arbeitgeber nicht zu vertreten sind.

(4) Ein Arbeitsausfall ist nicht vermeidbar, wenn in einem Betrieb alle zumutbaren Vorkehrungen getroffen wurden, um den Eintritt des Arbeitsausfalls zu verhindern. Als vermeidbar gilt insbesondere ein Arbeitsausfall, der
1. überwiegend branchenüblich, betriebsüblich oder saisonbedingt ist oder ausschließlich auf betriebsorganisatorischen Gründen beruht,
2. bei Gewährung von bezahltem Erholungsurlaub ganz oder teilweise verhindert werden kann, soweit vorrangige Urlaubswünsche der Arbeitnehmer der Urlaubsgewährung nicht entgegenstehen, oder
3. bei der Nutzung von im Betrieb zulässigen Arbeitszeitschwankungen ganz oder teilweise vermieden werden kann.

Die Auflösung eines Arbeitszeitguthabens kann vom Arbeitnehmer nicht verlangt werden, soweit es
1. ausschließlich für eine vorzeitige Freistellung eines Arbeitnehmers vor einer altersbedingten Beendigung des Arbeitsverhältnisses bestimmt ist,
2. zur Finanzierung einer Winterausfallgeld-Vorausleistung angespart worden ist,
3. den Umfang von zehn Prozent der ohne Mehrarbeit geschuldeten Jahresarbeitszeit eines Arbeitnehmers übersteigt oder
4. länger als ein Jahr unverändert bestanden hat.

In einem Betrieb, in dem keine Vereinbarung über Arbeitszeitschwankungen gilt, nach der mindestens zehn Prozent der ohne Mehrarbeit geschuldeten Jahresarbeitszeit für einen unterschiedlichen Arbeitsanfall eingesetzt werden, gilt ein Arbeitsausfall, der im Rahmen dieser Arbeitszeitschwankungen nicht mehr ausgeglichen werden kann, als nicht vermeidbar.

§ 171 Betriebliche Voraussetzungen
Die betrieblichen Voraussetzungen sind erfüllt, wenn in dem Betrieb regelmäßig mindestens ein Arbeitnehmer beschäftigt ist. Betrieb im Sinne der Vorschriften über das Kurzarbeitergeld ist auch eine Betriebsabteilung.

§ 172 Persönliche Voraussetzungen
(1) Die persönlichen Voraussetzungen sind erfüllt, wenn
1. der Arbeitnehmer nach Beginn des Arbeitsausfalls eine versicherungspflichtige Beschäftigung
   a) fortsetzt,
   b) aus zwingenden Gründen aufnimmt oder
   c) im Anschluß an die Beendigung eines Berufsausbildungsverhältnisses aufnimmt,
2. das Arbeitsverhältnis nicht gekündigt oder durch Aufhebungsvertrag aufgelöst ist und
3. der Arbeitnehmer nicht vom Kurzarbeitergeldbezug ausgeschlossen ist.
(2) Ausgeschlossen sind Arbeitnehmer,
1. die als Teilnehmer an einer beruflichen Weiterbildungsmaßnahme Unterhaltsgeld oder Übergangsgeld beziehen, wenn diese Leistung nicht für eine neben der Beschäftigung durchgeführte Teilzeitmaßnahme gezahlt wird,
2. während der Zeit, in der sie Krankengeld beziehen, oder
3. die in einem Betrieb des Schaustellergewerbes oder einem Theater-, Lichtspiel- oder Konzertunternehmen beschäftigt sind.
(3) Ausgeschlossen sind Arbeitnehmer, wenn und solange sie bei einer Vermittlung nicht in der vom Arbeitsamt verlangten und gebotenen Weise mitwirken. Arbeitnehmer, die von einem erheblichen Arbeitsausfall mit Entgeltausfall betroffen sind, sind in die Vermittlungsbemühungen des Arbeitsamtes einzubeziehen. Hat der Arbeitnehmer trotz Belehrung über die Rechtsfolgen eine vom Arbeitsamt unter Benennung des Arbeitgebers und der Art der Tätigkeit angebotene zumutbare Beschäftigung nicht angenommen oder nicht angetreten, ohne für sein Verhalten einen wichtigen Grund zu haben, sind die Vorschriften über die Sperrzeit beim Arbeitslosengeld entsprechend anzuwenden.

§ 173 Anzeige
(1) Der Arbeitsausfall ist bei dem Arbeitsamt, in dessen Bezirk der Betrieb liegt, schriftlich anzuzeigen. Die Anzeige kann nur vom Arbeitgeber oder der Betriebsvertretung erstattet werden. Der Anzeige des Arbeitgebers ist eine Stellungnahme der Betriebsvertretung beizufügen. Mit der Anzeige sind das Vorliegen eines erheblichen Arbeitsausfalls und die betrieblichen Voraussetzungen für das Kurzarbeitergeld glaubhaft zu machen.

(2) Kurzarbeitergeld wird frühestens von dem Kalendermonat an geleistet, in dem die Anzeige über den Arbeitsausfall beim Arbeitsamt eingegangen ist. Beruht der Arbeitsausfall auf einem unabwendbaren Ereignis, gilt die Anzeige für den entsprechenden Kalendermonat als erstattet, wenn sie unverzüglich erstattet worden ist.
(3) Das Arbeitsamt hat dem Anzeigenden unverzüglich einen schriftlichen Bescheid darüber zu erteilen, ob auf Grund der vorgetragenen und glaubhaft gemachten Tatsachen ein erheblicher Arbeitsausfall vorliegt und die betrieblichen Voraussetzungen erfüllt sind.

§ 174 Kurzarbeitergeld bei Arbeitskämpfen
(1) Die Vorschriften über das Ruhen des Anspruchs auf Arbeitslosengeld bei Arbeitskämpfen gelten entsprechend für den Anspruch auf Kurzarbeitergeld bei einem Arbeitnehmer, dessen Arbeitsausfall Folge eines inländischen Arbeitskampfes ist, an dem er nicht beteiligt ist.
(2) Macht der Arbeitgeber geltend, der Arbeitsausfall sei die Folge eines Arbeitskampfes, so hat er dies darzulegen und glaubhaft zu machen. Der Erklärung ist eine Stellungnahme der Betriebsvertretung beizufügen. Der Arbeitgeber hat der Betriebsvertretung die für die Stellungnahme erforderlichen Angaben zu machen. Bei der Feststellung des Sachverhalts kann das Arbeitsamt insbesondere auch Feststellungen im Betrieb treffen.
(3) Stellt das Arbeitsamt fest, daß ein Arbeitsausfall entgegen der Erklärung des Arbeitgebers nicht Folge eines Arbeitskampfes ist, und liegen die Anspruchsvoraussetzungen für das Kurzarbeitergeld allein deshalb nicht vor, weil der Arbeitsausfall nicht unvermeidbar ist, wird das Kurzarbeitergeld auch insoweit geleistet, als der Arbeitnehmer Arbeitsentgelt (Arbeitsentgelt im Sinne des § 115 des Zehnten Buches) tatsächlich nicht erhält. Bei der Feststellung nach Satz 1 hat das Arbeitsamt auch die wirtschaftliche Vertretbarkeit einer Fortführung der Arbeit zu berücksichtigen. Hat der Arbeitgeber das Arbeitsentgelt trotz des Rechtsübergangs mit befreiender Wirkung an den Arbeitnehmer oder an einen Dritten gezahlt, hat der Empfänger des Kurzarbeitergeldes dieses insoweit zu erstatten.

Zweiter Titel
Sonderformen des Kurzarbeitergeldes
§ 175 Kurzarbeitergeld in einer betriebsorganisatorisch eigenständigen Einheit
(1) Anspruch auf Kurzarbeitergeld besteht bis zum 31. Dezember 2002 auch in Fällen eines nicht nur vorübergehenden Arbeitsausfalles, wenn
1. Strukturveränderungen für einen Betrieb mit einer Einschränkung und Stillegung des ganzen Betriebs oder von wesentlichen Betriebsteilen verbunden sind und mit Personalanpassungsmaßnahmen in erheblichem Umfang einhergehen und
2. die von dem Arbeitsausfall betroffenen Arbeitnehmer zur Vermeidung von Entlassungen einer erheblichen Anzahl von Arbeitnehmern des Betriebes (§ 17 Abs. 1 des Kündigungsschutzgesetzes) in einer betriebsorganisatorisch eigenständigen Einheit zusammengefaßt sind.

Die Zahlung von Kurzarbeitergeld soll dazu beitragen, die Schaffung und Besetzung neuer Arbeitsplätze zu erleichtern. Die Zeiten des Arbeitsausfalls sollen vom Betrieb dazu genutzt werden, die Vermittlungsaussichten der Arbeitnehmer insbesondere durch eine berufliche Qualifizierung, zu der auch eine zeitlich begrenzte Beschäftigung bei einem anderen Arbeitgeber gehören kann, zu verbessern.
(2) Der Anspruch ist ausgeschlossen, wenn die Arbeitnehmer nur vorübergehend in der betriebsorganisatorisch eigenständigen Einheit zusammengefaßt werden, um anschließend einen anderen Arbeitsplatz des Betriebes zu besetzen.
(3) Der Anspruch besteht auch für Arbeitnehmer, deren Arbeitsverhältnis gekündigt oder durch Aufhebungsvertrag aufgelöst ist.

§ 176 Kurzarbeitergeld für Heimarbeiter
(1) Anspruch auf Kurzarbeitergeld haben auch Heimarbeiter, wenn sie ihren Lebensunterhalt ausschließlich oder weitaus überwiegend aus dem Beschäftigungsverhältnis als Heimarbeiter beziehen und soweit nicht nachfolgend Abweichendes bestimmt ist.
(2) Eine versicherungspflichtige Beschäftigung als Heimarbeiter gilt während des Entgeltausfalls als fortbestehend, solange der Auftraggeber bereit ist, dem Heimarbeiter so bald wie möglich Aufträge in

dem vor Eintritt der Kurzarbeit üblichen Umfang zu erteilen, und solange der Heimarbeiter bereit ist, solche Aufträge zu übernehmen.
(3) An die Stelle der im Betrieb beschäftigten Arbeitnehmer treten die für den Auftraggeber beschäftigten Heimarbeiter. Im übrigen tritt an die Stelle des erheblichen Arbeitsausfalls mit Entgeltausfall der erhebliche Entgeltausfall und an die Stelle des Betriebes und des Arbeitgebers der Auftraggeber; Auftraggeber kann ein Gewerbetreibender oder ein Zwischenmeister sein. Ein Entgeltausfall ist erheblich, wenn das Entgelt des Heimarbeiters im Anspruchszeitraum um mehr als zwanzig Prozent gegenüber dem durchschnittlichen monatlichen Bruttoentgelt der letzten sechs Kalendermonate vermindert ist.

Dritter Titel
Leistungsumfang

§ 177 Dauer
(1) Kurzarbeitergeld wird für den Arbeitsausfall während der Bezugsfrist geleistet. Die Bezugsfrist gilt einheitlich für alle in einem Betrieb beschäftigten Arbeitnehmer. Sie beginnt mit dem ersten Kalendermonat, für den in einem Betrieb Kurzarbeitergeld gezahlt wird, und beträgt längstens sechs Monate, beim Kurzarbeitergeld in einer betriebsorganisatorisch eigenständigen Einheit längstens zwölf Monate. Ein Anspruch auf Kurzarbeitergeld in einer betriebsorganisatorisch eigenständigen Einheit besteht über die Dauer von sechs Monaten hinaus nur, wenn für die Arbeitnehmer Maßnahmen der beruflichen Qualifizierung oder andere geeignete Maßnahmen zur Eingliederung vorgesehen sind.
(2) Wird innerhalb der Bezugsfrist für einen zusammenhängenden Zeitraum von mindestens einem Monat Kurzarbeitergeld nicht geleistet, verlängert sich die Bezugsfrist um diesen Zeitraum.
(3) Sind seit dem letzten Kalendermonat, für den Kurzarbeitergeld geleistet worden ist, drei Monate vergangen und liegen die Anspruchsvoraussetzungen erneut vor, beginnt eine neue Bezugsfrist.
(4) Die Bezugsfrist für das Kurzarbeitergeld in einer betriebsorganisatorisch eigenständigen Einheit verkürzt sich um die vorangegangene Bezugsdauer des Kurzarbeitergeldes, wenn seit dem letzten Kalendermonat des Bezugs noch nicht drei Monate vergangen sind. Die Bezugsfrist für Kurzarbeitergeld darf in einem Zeitraum von drei Jahren insgesamt zwei Jahre nicht überschreiten; der Zeitraum von zwei Jahren verlängert sich in dem Betrieb oder der betriebsorganisatorisch eigenständigen Einheit um Zeiten,
1. um die eine durch Rechtsverordnung bis zur Höchstdauer verlängerte Bezugsfrist die gesetzliche Bezugsfrist übersteigt oder
2. für die ein Sozialplan eine Maßnahme vorsieht, die der beruflichen Eingliederung von Arbeitnehmern dient.

§ 178 Höhe
Das Kurzarbeitergeld beträgt
1. für Arbeitnehmer, die beim Arbeitslosengeld die Voraussetzungen für den erhöhten Leistungssatz erfüllen würden, 67 Prozent,
2. für die übrigen Arbeitnehmer 60 Prozent der Nettoentgeltdifferenz im Anspruchszeitraum.

§ 179 Nettoentgeltdifferenz
(1) Die Nettoentgeltdifferenz entspricht dem Unterschiedsbetrag zwischen
1. dem pauschalierten Nettoentgelt aus dem Sollentgelt und
2. dem pauschalierten Nettoentgelt aus dem Istentgelt.

Sollentgelt ist das Bruttoarbeitsentgelt, das der Arbeitnehmer ohne den Arbeitsausfall und vermindert um Entgelt für Mehrarbeit in dem Anspruchszeitraum erzielt hätte. Istentgelt ist das in dem Anspruchszeitraum tatsächlich erzielte Bruttoarbeitsentgelt des Arbeitnehmers zuzüglich aller ihm zustehenden Entgeltanteile. Sollentgelt und Istentgelt sind auf den nächsten durch 50 teilbaren Deutsche-Mark-Betrag zu runden. Die Vorschriften beim Arbeitslosengeld über die Berechnung des Leistungsentgelts und über die Leistungsgruppen gelten mit Ausnahme der Regelungen über den Zeitpunkt der Zuordnung der Lohnsteuerklassen und den Steuerklassenwechsel für die Berechnung der pauschalierten Nettoarbeitsentgelte beim Kurzarbeitergeld entsprechend.
(2) Erzielt der Arbeitnehmer aus anderen als wirtschaftlichen Gründen kein Arbeitsentgelt, ist das Istentgelt um den Betrag zu erhöhen, um den das Arbeitsentgelt aus diesen Gründen gemindert ist.

Arbeitsentgelt, das unter Anrechnung des Kurzarbeitergeldes gezahlt wird, bleibt bei der Berechnung des Istentgelts außer Betracht.

(3) Erzielt der Arbeitnehmer für Zeiten des Arbeitsausfalls ein Entgelt aus einer anderen während des Bezuges von Kurzarbeitergeld aufgenommenen Beschäftigung, selbständigen Tätigkeit oder Tätigkeit als mithelfender Familienangehöriger, ist das Istentgelt um dieses Entgelt zu erhöhen.

(4) Läßt sich das Sollentgelt eines Arbeitnehmers in dem Anspruchszeitraum nicht hinreichend bestimmt feststellen, ist als Sollentgelt das Arbeitsentgelt maßgebend, das der Arbeitnehmer in den letzten drei abgerechneten Kalendermonaten vor Beginn des Arbeitsausfalls, vermindert um Entgelt für Mehrarbeit, in dem Betrieb durchschnittlich erzielt hat. Ist eine Berechnung nach Satz 1 nicht möglich, ist das durchschnittliche Sollentgelt eines vergleichbaren Arbeitnehmers zugrunde zu legen. Änderungen der Grundlage für die Berechnung des Arbeitsentgelts sind zu berücksichtigen, wenn und solange sie auch während des Arbeitsausfalls wirksam sind.

(5) Die Absätze 1 bis 4 gelten für Heimarbeiter mit der Maßgabe, daß als Sollentgelt das durchschnittliche Bruttoarbeitsentgelt der letzten sechs abgerechneten Kalendermonate vor Beginn des Entgeltausfalls zugrunde zu legen ist. War der Heimarbeiter noch nicht sechs Kalendermonate für den Auftraggeber tätig, so ist das in der kürzeren Zeit erzielte Arbeitsentgelt maßgebend.

Vierter Titel
Anwendung anderer Vorschriften

§ 180 Anwendung anderer Vorschriften
Die Vorschriften über das Ruhen des Anspruchs auf Arbeitslosengeld bei Säumniszeiten und Zusammentreffen mit anderen Sozialleistungen gelten für den Anspruch auf Kurzarbeitergeld entsprechend. Die Vorschriften über das Ruhen des Anspruchs bei Zusammentreffen mit anderen Sozialleistungen gelten jedoch nur für die Fälle, in denen eine Altersrente als Vollrente zuerkannt ist.

Fünfter Titel
Verfügung über das Kurzarbeitergeld

§ 181 Verfügung über das Kurzarbeitergeld
(1) Die Vorschrift des § 48 des Ersten Buches zur Auszahlung von Leistungen bei Verletzung der Unterhaltspflicht ist auf das Kurzarbeitergeld nicht anzuwenden.

(2) Für die Zwangsvollstreckung in den Anspruch auf Kurzarbeitergeld gilt der Arbeitgeber als Drittschuldner. Die Abtretung oder Verpfändung des Anspruchs ist nur wirksam, wenn der Gläubiger sie dem Arbeitgeber anzeigt.

(3) Hat ein Arbeitgeber oder eine von ihm bestellte Person durch eine der in § 45 Abs. 2 Satz 3 des Zehnten Buches bezeichneten Handlungen bewirkt, daß Kurzarbeitergeld zu Unrecht geleistet worden ist, so ist der zu Unrecht geleistete Betrag vom Arbeitgeber zu ersetzen. Sind die zu Unrecht geleisteten Beträge sowohl vom Arbeitgeber zu ersetzen als auch vom Bezieher der Leistung zu erstatten, so haften beide als Gesamtschuldner.

(4) Wird über das Vermögen eines Arbeitgebers, der von der Bundesanstalt Beträge zur Auszahlung an die Arbeitnehmer erhalten hat, diese aber noch nicht ausgezahlt hat, das Insolvenzverfahren eröffnet, so kann die Bundesanstalt diese Beträge als Insolvenzgläubiger zurückverlangen.

Sechster Titel
Verordnungsermächtigung

§ 182 Verordnungsermächtigung
Das Bundesministerium für Arbeit und Sozialordnung wird ermächtigt, durch Rechtsverordnung
1. jeweils für ein Kalenderjahr die für die Berechnung des Kurzarbeitergeldes maßgeblichen pauschalierten monatlichen Nettoarbeitsentgelte festzulegen,
2. (gestrichen)
3. die Bezugsfrist für das Kurzarbeitergeld über die gesetzliche Bezugsfrist hinaus
   a) bis zur Dauer von zwölf Monaten zu verlängern, wenn in bestimmten Wirtschaftszweigen oder Bezirken außergewöhnliche Verhältnisse auf dem Arbeitsmarkt vorliegen und
   b) bis zur Dauer von 24 Monaten zu verlängern, wenn außergewöhnliche Verhältnisse auf dem gesamten Arbeitsmarkt vorliegen.

Sechster Unterabschnitt[1]
Insolvenzgeld

§ 183 Anspruch
(1) Arbeitnehmer haben Anspruch auf Insolvenzgeld, wenn sie bei
1. Eröffnung des Insolvenzverfahrens über das Vermögen ihres Arbeitgebers,
2. Abweisung des Antrags auf Eröffnung des Insolvenzverfahrens mangels Masse oder
3. vollständiger Beendigung der Betriebstätigkeit im Inland, wenn ein Antrag auf Eröffnung des Insolvenzverfahrens nicht gestellt worden ist und ein Insolvenzverfahren offensichtlich mangels Masse nicht in Betracht kommt,

(Insolvenzereignis) für die vorausgehenden drei Monate des Arbeitsverhältnisses noch Ansprüche auf Arbeitsentgelt haben. Zu den Ansprüchen auf Arbeitsentgelt gehören alle Ansprüche auf Bezüge aus dem Arbeitsverhältnis.

(2) Hat ein Arbeitnehmer in Unkenntnis eines Insolvenzereignisses weitergearbeitet oder die Arbeit aufgenommen, besteht der Anspruch für die dem Tag der Kenntnisnahme vorausgehenden drei Monate des Arbeitsverhältnisses.

(3) Anspruch auf Insolvenzgeld hat auch der Erbe des Arbeitnehmers.

(4) Der Arbeitgeber ist verpflichtet, einen Beschluß des Insolvenzgerichts über die Abweisung des Antrags auf Insolvenzeröffnung mangels Masse dem Betriebsrat oder, wenn ein Betriebsrat nicht besteht, den Arbeitnehmern unverzüglich bekanntzugeben.

§ 184 Anspruchsausschluß
(1) Der Arbeitnehmer hat keinen Anspruch auf Insolvenzgeld für Ansprüche auf Arbeitsentgelt, die
1. er wegen der Beendigung des Arbeitsverhältnisses oder für die Zeit nach der Beendigung des Arbeitsverhältnisses hat,
2. er durch eine nach der Insolvenzordnung angefochtene Rechtshandlung oder eine Rechtshandlung erworben hat, die im Falle der Eröffnung des Insolvenzverfahrens anfechtbar wäre oder
3. der Insolvenzverwalter wegen eines Rechts zur Leistungsverweigerung nicht erfüllt.

(2) Soweit Insolvenzgeld auf Grund eines für das Insolvenzgeld ausgeschlossenen Anspruchs auf Arbeitsentgelt erbracht worden ist, ist es zu erstatten.

§ 185 Höhe
(1) Insolvenzgeld wird in Höhe des Nettoarbeitsentgelts geleistet, das sich ergibt, wenn das Arbeitsentgelt um die gesetzlichen Abzüge vermindert wird.

(2) Ist der Arbeitnehmer
1. im Inland einkommensteuerpflichtig, ohne daß Steuern durch Abzug vom Arbeitsentgelt erhoben werden oder
2. im Inland nicht einkommensteuerpflichtig und unterliegt das Insolvenzgeld nach den für ihn maßgebenden Vorschriften nicht der Steuer,

ist das Arbeitsentgelt um die Steuern zu vermindern, die bei Einkommensteuerpflicht im Inland durch Abzug vom Arbeitsentgelt erhoben würden.

§ 186 Vorschuß
Das Arbeitsamt kann einen Vorschuß auf das Insolvenzgeld erbringen, wenn
1. die Eröffnung des Insolvenzverfahrens über das Vermögen des Arbeitgebers beantragt ist,
2. das Arbeitsverhältnis beendet ist und
3. die Voraussetzungen für den Anspruch auf Insolvenzgeld mit hinreichender Wahrscheinlichkeit erfüllt werden.

Das Arbeitsamt bestimmt die Höhe des Vorschusses nach pflichtgemäßem Ermessen. Der Vorschuß ist auf das Insolvenzgeld anzurechnen. Er ist zu erstatten, soweit ein Anspruch auf Insolvenzgeld nicht oder nur in geringer Höhe zuerkannt wird.

---

1) In Kraft ab 1. 1. 1999.

§ 187 Anspruchsübergang
Ansprüche auf Arbeitsentgelt, die einen Anspruch auf Insolvenzgeld begründen, gehen mit dem Antrag auf Insolvenzgeld auf die Bundesanstalt über. Die gegen den Arbeitnehmer begründete Anfechtung nach der Insolvenzordnung findet gegen die Bundesanstalt statt.

§ 188 Verfügungen über das Arbeitsentgelt
(1) Soweit der Arbeitnehmer vor seinem Antrag auf Insolvenzgeld Ansprüche auf Arbeitsentgelt einem Dritten übertragen hat, steht der Anspruch auf Insolvenzgeld diesem zu.
(2) Von einer vor dem Antrag auf Insolvenzgeld vorgenommenen Pfändung oder Verpfändung des Anspruchs auf Arbeitsentgelt wird auch der Anspruch auf Insolvenzgeld erfaßt.
(3) Die an den Ansprüchen auf Arbeitsentgelt bestehenden Pfandrechte erlöschen, wenn die Ansprüche auf die Bundesanstalt übergegangen sind und sie Insolvenzgeld an den Berechtigten erbracht hat.
(4) Der neue Gläubiger oder Pfandgläubiger hat keinen Anspruch auf Insolvenzgeld für Ansprüche auf Arbeitsentgelt, die ihm vor dem Insolvenzereignis ohne Zustimmung des Arbeitsamtes zur Vorfinanzierung der Arbeitsentgelte übertragen oder verpfändet wurden. Das Arbeitsamt darf der Übertragung oder Verpfändung nur zustimmen, wenn Tatsachen die Annahme rechtfertigen, daß durch die Vorfinanzierung der Arbeitsentgelte ein erheblicher Teil der Arbeitsplätze erhalten bleibt.

§ 189 Verfügungen über das Insolvenzgeld
Nachdem das Insolvenzgeld beantragt worden ist, kann der Anspruch auf Insolvenzgeld wie Arbeitseinkommen gepfändet, verpfändet oder übertragen werden. Eine Pfändung des Anspruchs vor diesem Zeitpunkt wird erst mit dem Antrag wirksam.

Siebter Unterabschnitt
Arbeitslosenhilfe

Erster Titel
Voraussetzungen

§ 190 Anspruch
(1) Anspruch auf Arbeitslosenhilfe haben Arbeitnehmer, die
1. arbeitslos sind,
2. sich beim Arbeitsamt arbeitslos gemeldet haben,
3. einen Anspruch auf Arbeitslosengeld nicht haben, weil sie die Anwartschaftszeit nicht erfüllt haben,
4. die besonderen Anspruchsvoraussetzungen erfüllt haben und
5. bedürftig sind.

(2) Arbeitnehmer, die das fünfundsechzigste Lebensjahr vollendet haben, haben vom Beginn des folgenden Monats an keinen Anspruch auf Arbeitslosenhilfe.
(3) Die Arbeitslosenhilfe soll jeweils für längstens ein Jahr bewilligt werden. Vor einer erneuten Bewilligung sind die Voraussetzungen des Anspruchs zu prüfen.

§ 191 Besondere Anspruchsvoraussetzungen
(1) Die besonderen Anspruchsvoraussetzungen hat ein Arbeitnehmer erfüllt, der in der Vorfrist
1. Arbeitslosengeld bezogen hat, ohne daß der Anspruch wegen des Eintritts von Sperrzeiten mit einer Dauer von insgesamt 24 Wochen erloschen ist,
2. mindestens fünf Monate, sofern der letzte Anspruch auf Arbeitslosengeld oder Arbeitslosenhilfe wegen des Eintritts von Sperrzeiten mit einer Dauer von insgesamt 24 Wochen erloschen ist, danach mindestens acht Monate in einer Beschäftigung gestanden oder eine Zeit zurückgelegt hat, die zur Erfüllung der Anwartschaftszeit dienen können.

(2) Einer Beschäftigung im Sinne des Absatzes 1 Nr. 2 stehen gleich
1. Zeiten eines öffentlich-rechtlichen Dienstverhältnisses, insbesondere als Beamter, Richter, Berufssoldat und Soldat auf Zeit,
2. Zeiten des Wehrdienstes oder Zivildienstes auf Grund der Wehrpflicht sowie des Polizeivollzugsdienstes im Bundesgrenzschutz auf Grund der Grenzschutzdienstpflicht.

(3) Eine vorherige Beschäftigung ist zur Begründung des Anspruchs auf Arbeitslosenhilfe nicht erforderlich, wenn der Arbeitslose innerhalb der Vorfrist für mindestens acht Monate, sofern der letzte

Anspruch auf Arbeitslosengeld oder Arbeitslosenhilfe wegen des Eintritts von Sperrzeiten mit einer Dauer von insgesamt 24 Wochen erloschen ist, danach für mindestens acht Monate
1. wegen Krankheit, Minderung der Erwerbsfähigkeit, Berufsunfähigkeit oder Erwerbsunfähigkeit Leistungen der Sozialversicherung,
2. wegen Arbeitsunfähigkeit oder Minderung der Erwerbsfähigkeit Leistungen nach dem Bundesversorgungsgesetz oder einem Gesetz, das das Bundesversorgungsgesetz für anwendbar erklärt,
3. wegen einer Maßnahme zur Rehabilitation Leistungen eines öffentlich-rechtlichen Rehabilitationsträgers

zur Bestreitung seines Lebensunterhalts bezogen hat und solche Leistungen nicht mehr bezieht, weil die für ihre Gewährung maßgebliche Beeinträchtigung der Leistungsfähigkeit nicht mehr vorliegt oder die Maßnahme zur Rehabilitation abgeschlossen ist; dies gilt im Falle der Minderung der Erwerbsfähigkeit nur, wenn der Arbeitslose infolge seines Gesundheitszustands, seines fortgeschrittenen Alters oder aus einem von ihm nicht zu vertretenden sonstigen Grund eine zumutbare Beschäftigung im Sinne des Absatzes 1 Nr. 2 nicht ausüben konnte. Zeiten nach Absatz 1 Nr. 2 und Absatz 2 werden auf die Mindestzeit nach Satz 1 angerechnet.

(4) Eine Beschäftigung im Ausland, die bei Ausübung im Inland zur Erfüllung der Anwartschaftszeit dienen könnte, steht einer Beschäftigung im Sinne des Absatzes 1 Nr. 2 gleich, wenn der Arbeitslose
1. insgesamt mindestens zwanzig Jahre seinen Wohnsitz oder gewöhnlichen Aufenthalt im Inland gehabt hat,
2. innerhalb der auf fünf Jahre erweiterten Vorfrist im Inland mindestens 18 Monate rechtmäßig in einer Beschäftigung gestanden oder eine Zeit zurückgelegt hat, die zur Erfüllung der Anwartschaftszeit dienen können, oder innerhalb der auf vier Jahre erweiterten Vorfrist Arbeitslosengeld oder Arbeitslosenhilfe bezogen hat und
3. innerhalb von drei Monaten nach dem Ende des Arbeitsverhältnisses, das im Ausland ausgeübt wurde, im Inland in einem Beschäftigungsverhältnis gestanden oder sich arbeitslos gemeldet hat.

Für die Beschäftigung nach Satz 1 Nr. 2 gelten die Absätze 2 und 3 entsprechend. Satz 1 gilt nur für Beschäftigungen, die vor dem 1. Juli 2002 ausgeübt worden sind.

§ 192 Vorfrist

Die Vorfrist beträgt ein Jahr und beginnt mit dem Tag vor der Erfüllung aller sonstigen Voraussetzungen für den Anspruch auf Arbeitslosenhilfe. Sie verlängert sich um Zeiten, in denen der Arbeitslose innerhalb der letzten drei Jahre vor dem Tag, an dem die sonstigen Voraussetzungen für den Anspruch auf Arbeitslosenhilfe erfüllt sind,
1. nur deshalb einen Anspruch auf Arbeitslosenhilfe nicht hatte, weil er nicht bedürftig war, oder
2. nach dem Erwerb des Anspruchs auf Arbeitslosengeld eine mindestens 15 Stunden wöchentlich umfassende selbständige Tätigkeit ausgeübt hat,
3. ein Kind, das das dritte Lebensjahr noch nicht vollendet hat, betreut oder erzogen hat oder als Pflegeperson einen der Pflegestufe I bis III im Sinne des Elften Buches zugeordneten Angehörigen, der Leistungen aus der sozialen oder einer privaten Pflegeversicherung nach dem Elften Buch oder Hilfe zur Pflege nach dem Bundessozialhilfegesetz oder gleichartige Leistungen nach anderen Vorschriften bezieht, wenigstens 14 Stunden wöchentlich gepflegt hat,
4. Unterhaltsgeld nach diesem Buch bezogen oder nur wegen des Vorrangs anderer Leistungen nicht bezogen hat oder
5. von einem Rehabilitationsträger Übergangsgeld wegen einer berufsfördernden Maßnahme bezogen hat,

längstens jedoch um zwei Jahre. Satz 2 Nr. 3 gilt nur für Kinder und pflegebedürftige Angehörige des Arbeitslosen, seines nicht dauernd getrennt lebenden Ehegatten oder einer Person, die mit dem Arbeitslosen in eheähnlicher Gemeinschaft lebt. Für die Vorfrist gilt § 124 Abs. 2 entsprechend; für die erweiterte Vorfrist (§ 191 Abs. 4 Satz 1 Nr. 2) gilt § 124 Abs. 2 nicht.

§ 193 Bedürftigkeit

(1) Bedürftig ist ein Arbeitsloser, soweit er seinen Lebensunterhalt nicht auf andere Weise als durch Arbeitslosenhilfe bestreitet oder bestreiten kann und das zu berücksichtigende Einkommen die Arbeitslosenhilfe nicht erreicht.

(2) Nicht bedürftig ist ein Arbeitsloser, solange mit Rücksicht auf sein Vermögen, das Vermögen seines nicht dauernd getrennt lebenden Ehegatten oder das Vermögen einer Person, die mit dem Arbeitslosen in eheähnlicher Gemeinschaft lebt, die Erbringung von Arbeitslosenhilfe nicht gerechtfertigt ist.

§ 194 Zu berücksichtigendes Einkommen

(1) Zu berücksichtigendes Einkommen sind das
1. Einkommen des Arbeitslosen, soweit es nicht als Nebeneinkommen anzurechnen ist,
2. Einkommen des vom Arbeitslosen nicht dauernd getrennt lebenden Ehegatten oder einer Person, die mit dem Arbeitslosen in eheähnlicher Gemeinschaft lebt, soweit es den Freibetrag übersteigt.

Freibetrag ist ein Betrag in Höhe der Arbeitslosenhilfe, die dem Einkommen des vom Arbeitslosen nicht dauernd getrennt lebenden Ehegatten oder der Person, die mit dem Arbeitslosen in eheähnlicher Gemeinschaft lebt, entspricht, mindestens aber in Höhe des Betrags, bis zu dem auf Erwerbsbezüge eines Alleinstehenden Einkommensteuer nicht festzusetzen wäre (§ 32 a Abs. 1 Satz 2 Nr.1 des Einkommensteuergesetzes). Der Freibetrag erhöht sich um Unterhaltsleistungen, die der Ehegatte oder die Person, die mit dem Arbeitslosen in eheähnlicher Gemeinschaft lebt, Dritten auf Grund einer rechtlichen Pflicht zu erbringen hat.

(2) Einkommen im Sinne der Vorschriften über die Arbeitslosenhilfe sind alle Einnahmen in Geld oder Geldeswert einschließlich der Leistungen, die von Dritten beansprucht werden können. Abzusetzen sind
1. die auf das Einkommen entfallenden Steuern,
2. Pflichtbeiträge zur Sozialversicherung und zur Arbeitsförderung sowie Beiträge zu öffentlichen oder privaten Versicherungen oder ähnlichen Einrichtungen, soweit diese Beiträge gesetzlich vorgeschrieben oder nach Grund und Höhe angemessen sind,
3. die notwendigen Aufwendungen für den Erwerb, zur Sicherung und Erhaltung der Einnahmen und
4. ein Betrag in angemessener Höhe von den Erwerbsbezügen des vom Arbeitslosen nicht dauernd getrennt lebenden Ehegatten oder der Person, die mit dem Arbeitslosen in eheähnlicher Gemeinschaft lebt.

(3) Nicht als Einkommen gelten
1. Leistungen, die nach bundes- oder landesgesetzlichen Vorschriften erbracht werden, um einen Mehrbedarf zu decken, der durch einen Gesundheitsschaden oder Pflegebedürftigkeit verursacht ist,
2. Leistungen der vorbeugenden oder nachgehenden Gesundheitsfürsorge,
3. zweckgebundene Leistungen, insbesondere nichtsteuerpflichtige Aufwandsentschädigungen und Leistungen zur Erziehung, Erwerbsbefähigung und Berufsausbildung,
4. die Eigenheimzulage, soweit sie nachweislich zur Herstellung oder Anschaffung einer zu eigenen Wohnzwecken genutzen Wohnung in einem im Inland gelegenen eigenen Haus oder in einer eigenen Eigentumswohnung oder zu einem Ausbau oder einer Erweiterung an einer solchen Wohnung verwendet wird,
5. Leistungen, die nach bundes- oder landesgesetzlichen Vorschriften unter Anrechnung der Arbeitslosenhilfe erbracht werden,
6. die Grundrenten und die Schwerstbeschädigtenzulage nach dem Bundesversorgungsgesetz, die Renten, die in entsprechender Anwendung der Vorschriften des Bundesversorgungsgesetzes über die Grundrente und die Schwerstbeschädigtenzulage erbracht werden, und die Renten, die an Opfern nationalsozialistischer Verfolgung wegen einer durch die Verfolgung erlittenen Gesundheitsschädigung erbracht werden, bis zur Höhe des Betrags, der in der Kriegsopferversorgung bei gleicher Minderung der Erwerbsfähigkeit als Grundrente und Schwerstbeschädigtenzulage erbracht würde,
7. Leistungen zum Ausgleich eines Schadens, soweit sie nicht für entgangenes oder entgehendes Einkommen oder für den Verlust gesetzlicher Unterhaltsansprüche erbracht werden; die Vorschriften über die Berücksichtigung von Vermögen bleiben unberührt,
8. Unterstützungen auf Grund eigener Vorsorge für den Fall der Arbeitslosigkeit und Zuwendungen, die die freie Wohlfahrtspflege erbringt oder die ein Dritter zur Ergänzung der Arbeitslosenhilfe erbringt, ohne dazu rechtlich oder sittlich verpflichtet zu sein,

9. das Kindergeld sowie Leistungen für Kinder, die den Anspruch auf Kindergeld ausschließen, jedoch nur bis zur Höhe des Kindergeldes, das ohne den Anspruch auf die Leistung zu zahlen wäre,
10. die Arbeitslosenhilfe des nicht dauernd getrennt lebenden Ehegatten oder der Person, die mit dem Arbeitslosen in eheähnlicher Gemeinschaft lebt,
11. Unterhaltsansprüche gegen Verwandte zweiten und entfernteren Grades sowie Unterhaltsansprüche, die ein volljähriger Arbeitsloser gegen Verwandte hat, aber nicht geltend macht.

Zweiter Titel
Höhe der Arbeitslosenhilfe

§ 195 Höhe
Die Arbeitslosenhilfe beträgt
1. für Arbeitslose, die beim Arbeitslosengeld die Voraussetzungen für den erhöhten Leistungssatz erfüllen würden, 57 Prozent,
2. für die übrigen Arbeitslosen 53 Prozent

des Leistungsentgelts. Sie vermindert sich um das im Rahmen der Bedürftigkeitsprüfung zu berücksichtigende Einkommen und Vermögen.

Dritter Titel
Erlöschen des Anspruchs und Anspruchsdauer

§ 196 Erlöschen des Anspruchs
(1) Der Anspruch auf Arbeitslosenhilfe erlischt, wenn
1. der Arbeitslose durch Erfüllung der Anwartschaftszeit einen Anspruch auf Arbeitslosengeld erwirbt,
2. seit dem letzten Tag des Bezugs von Arbeitslosenhilfe ein Jahr vergangen ist oder
3. der Arbeitslose nach der Entstehung des Anspruchs auf Arbeitslosengeld oder Arbeitslosenhilfe Anlaß für den Eintritt von Sperrzeiten mit einer Dauer von insgesamt 24 Wochen gegeben hat, der Arbeitslose über den Eintritt der ersten Sperrzeit nach Entstehung des Anspruchs einen schriftlichen Bescheid erhalten hat und auf die Rechtsfolgen des Eintritts von Sperrzeiten von insgesamt 24 Wochen hingewiesen worden ist.

Die Frist nach Satz 1 Nr. 2 verlängert sich um Zeiten, in denen der Arbeitslose nach dem letzten Tag des Bezuges von Arbeitslosenhilfe
1. nur deshalb einen Anspruch auf Arbeitslosenhilfe nicht hatte, weil er nicht bedürftig war,
2. mindestens 15 Stunden wöchentlich selbständig erwerbstätig war,
3. ein Kind, das das dritte Lebensjahr noch nicht vollendet hat, betreut oder erzogen hat oder als Pflegeperson einen der Pflegestufe I bis III im Sinne des Elften Buches zugeordneten Angehörigen, der Leistungen aus der sozialen oder einer privaten Pflegeversicherung nach dem Elften Buch oder Hilfe zur Pflege nach dem Bundessozialhilfegesetz oder gleichartige Leistungen nach anderen Vorschriften bezieht, wenigstens 14 Stunden wöchentlich gepflegt hat,
4. Unterhaltsgeld nach diesem Buch bezogen oder nur wegen des Vorrangs anderer Leistungen nicht bezogen hat oder
5. von einem Rehabilitationsträger Übergangsgeld wegen einer berufsfördernden Maßnahme bezogen hat,

längstens jedoch um zwei Jahre. Satz 2 Nr. 3 gilt nur für Kinder und pflegebedürftige Angehörige des Arbeitslosen, seines nicht dauernd getrennt lebenden Ehegatten oder einer Person, die mit dem Arbeitslosen in eheähnlicher Gemeinschaft lebt.
(2) Ein Anspruch auf Arbeitslosenhilfe, der auf der Erfüllung der Voraussetzungen nach § 191 Abs. 1 Nr. 1 beruht, erlischt nicht durch die Erfüllung der Voraussetzungen nach § 191 Abs. 1 Nr. 2, Abs. 2, 3 und 4.

§ 197 Anspruchsdauer
Die Dauer des Anspruchs auf Arbeitslosenhilfe nach § 191 Abs. 1 Nr. 2, Abs. 2, 3 und 4 beträgt zwölf Monate.

Vierter Titel
Anwendung von Vorschriften und Besonderheiten

§ 198 Grundsatz
Der Anspruch auf Arbeitslosengeld, der Anspruch auf Anschlußunterhaltsgeld und der Anspruch auf Arbeitslosenhilfe gelten, soweit nichts anderes bestimmt ist, als einheitlicher Anspruch auf Entgeltersatzleistungen bei Arbeitslosigkeit. Auf die Arbeitslosenhilfe sind die Vorschriften über das Arbeitslosengeld insbesondere hinsichtlich
1. der Arbeitslosigkeit,
2. der persönlichen Arbeitslosmeldung,
3. des Anspruchs bei Minderung der Leistungsfähigkeit, der Leistungsfortzahlung bei Arbeitsunfähigkeit und des Anspruchs unter erleichterten Voraussetzungen,
4. des Leistungsentgelts und der Leistungsgruppe,
5. der Anpassung und Zahlung,
6. des Zusammentreffens des Anspruchs mit sonstigem Einkommen und des Ruhens des Anspruchs und
7. der Erstattungspflichten für Arbeitgeber

entsprechend anzuwenden, soweit die Besonderheiten der Arbeitslosenhilfe nicht entgegenstehen. § 119 Abs. 4 Satz 1 Nr. 4 gilt nicht. § 121 Abs. 3 gilt mit der Maßgabe, daß an die Stelle des Arbeitslosengeldes die Arbeitslosenhilfe tritt. Auf die Arbeitslosenhilfe nach § 191 Abs. 1 Nr. 2, Abs. 2, 3 und 4 ist die Vorschrift über die Minderung der Anspruchsdauer beim Arbeitslosengeld entsprechend anzuwenden.

§ 199 Besonderheiten zur Arbeitslosigkeit
Der Anspruch auf Arbeitslosenhilfe wird nicht dadurch ausgeschlossen, daß der Arbeitslose mit Zustimmung des Arbeitsamtes gemeinnützige und zusätzliche Arbeit im Sinne des § 19 Abs. 3 des Bundessozialhilfegesetzes verrichtet.

§ 200 Besonderheiten zum Bemessungsentgelt
(1) Bemessungsentgelt für die Arbeitslosenhilfe ist das Bemessungsentgelt, nach dem das Arbeitslosengeld zuletzt bemessen worden ist oder ohne die Vorschrift über die Verminderung des Bemessungsentgelts wegen tatsächlicher oder rechtlicher Bindungen oder wegen Einschränkung des Leistungsvermögens bemessen worden wäre. Auf die Arbeitslosenhilfe nach § 191 Abs. 1 Nr. 2, Abs. 2 bis 4 sind die Vorschriften über die Bemessung des Arbeitslosengeldes mit der Maßgabe anzuwenden, daß in § 133 Abs. 4 an die Stelle des Bemessungszeitraumes von mindestens 39 Wochen ein Bemessungszeitraum von mindestens 17 Wochen tritt.
(2) Solange der Arbeitslose aus Gründen, die in seiner Person liegen, nicht mehr das maßgebliche Bemessungsentgelt erzielen kann, ist Bemessungsentgelt das tarifliche Arbeitsentgelt derjenigen Beschäftigung, auf die das Arbeitsamt die Vermittlungsbemühungen für den Arbeitslosen in erster Linie zu erstrecken hat; alle Umstände des Einzelfalles sind zu berücksichtigen. Einschränkungen des Leistungsvermögens bleiben unberücksichtigt, wenn Arbeitslosenhilfe nach der Vorschrift über den Anspruch bei Minderung der Leistungsfähigkeit geleistet wird.

§ 201 Besonderheiten zur Anpassung
Das Bemessungsentgelt für die Arbeitslosenhilfe, das sich vor der Rundung ergibt, wird jeweils nach Ablauf eines Jahres seit dem Entstehen des Anspruchs auf Arbeitslosenhilfe mit einem 0,03 verminderten Anpassungsfaktor angepaßt. Das Arbeitsentgelt darf nicht durch die Anpassung 50 Prozent der Bezugsgröße unterschreiten. Für eine Teilzeitbeschäftigung wird der in Satz 2 genannte Betrag entsprechend gemindert. Die Anpassung des für die Arbeitslosenhilfe maßgebenden Arbeitsentgelts unterbleibt, wenn der nach Satz 1 verminderte Anpassungsfaktor zwischen 0,99 und 1,01 beträgt. Auf die Arbeitslosenhilfe nach § 191 Abs. 1 Nr. 2, Abs. 2, 3 und 4 sind die Vorschriften über die Anpassung des Bemessungsentgelts beim Arbeitslosengeld und bei der Arbeitslosenhilfe nach § 191 Abs. 1 Nr. 1 nicht anzuwenden.

§ 202 Besonderheiten zum Ruhen des Anspruchs bei anderen Sozialleistungen
(1) Das Arbeitsamt soll den Arbeitslosen, der in absehbarer Zeit die Voraussetzungen für den Anspruch auf Rente wegen Alters voraussichtlich erfüllt, auffordern, diese Rente innerhalb eines Mo-

nats zu beantragen; dies gilt nicht für Altersrenten, die vor dem für den Versicherten maßgebenden Rentenalter in Anspruch genommen werden können. Stellt der Arbeitslose den Antrag nicht, ruht der Anspruch auf Arbeitslosenhilfe vom Tage nach Ablauf der Frist bis zu dem Tage, an dem der Arbeitslose Rente wegen Alters beantragt. Fällt der zuerkannte Anspruch auf Rente wegen Alters weg, ruht der Anspruch auf Arbeitslosenhilfe weiterhin, wenn die Voraussetzungen für den Rentenanspruch nach dem Zweiten Unterabschnitt des Zweiten Abschnitts des Zweiten Kapitels des Sechsten Buches weiterhin erfüllt sind.
(2) § 141 Abs. 3 und § 142 Abs. 2 Nr. 2 und 3 finden auf die Arbeitslosenhilfe keine Anwendung; § 141 Abs. 2 ist auf geringfügige Tätigkeiten als Selbständiger oder mithelfender Familienangehöriger entsprechend anzuwenden.

Fünfter Titel
Übergang von Ansprüchen auf den Bund

§ 203 Übergang von Ansprüchen des Arbeitslosen
(1) Solange und soweit der Arbeitslose Leistungen, auf die er einen Anspruch hat, nicht erhält, kann das Arbeitsamt ohne Rücksicht auf diese Leistungen Arbeitslosenhilfe erbringen. Das Arbeitsamt hat die Erbringung der Arbeitslosenhilfe dem Leistungspflichtigen unverzüglich anzuzeigen. Die Anzeige bewirkt, daß die Ansprüche des Arbeitslosen gegen jemanden, der nicht Leistungsträger im Sinne des § 12 des Ersten Buches ist, in Höhe der Aufwendungen an Arbeitslosenhilfe, die infolge der Nichtberücksichtigung der Leistungen entstanden sind oder entstehen, auf den Bund übergehen. Der Übergang wird nicht dadurch ausgeschlossen, daß der Anspruch nicht übertragen, verpfändet oder gepfändet werden kann. Die Bundesanstalt ist berechtigt und verpflichtet, die Ansprüche für den Bund geltend zu machen.
(2) Hat der Leistungspflichtige die in Absatz 1 Satz 1 genannten Leistungen trotz des Rechtsübergangs mit befreiender Wirkung an den Arbeitslosen oder an einen Dritten gezahlt, hat der Empfänger der Arbeitslosenhilfe diese insoweit zu erstatten.

§ 204 Übergang von sonstigen Ansprüchen
Soweit die Vorschriften dieses oder des Zehnten Buches bestimmen, daß Ansprüche auf die Bundesanstalt übergehen, daß ihr Aufwendungen zu erstatten sind oder daß ihr Schadenersatz zu leisten ist, finden diese Vorschriften für die Arbeitslosenhilfe mit der Maßgabe entsprechende Anwendung, daß die Ansprüche dem Bund zustehen, die Aufwendungen dem Bund zu erstatten sind oder dem Bund Schadenersatz zu leisten ist. Die Bundesanstalt ist berechtigt und verpflichtet, die Ansprüche für den Bund geltend zu machen.

Sechster Titel
Auftragsverwaltung

§ 205 Auftragsverwaltung
Die Bundesanstalt erbringt die Arbeitslosenhilfe im Auftrag des Bundes. Das Bundesministerium für Arbeit und Sozialordnung kann der Bundesanstalt Weisungen erteilen und sie an seine Auffassung binden.

Siebter Titel
Verordnungsermächtigung

§ 206 Verordnungsermächtigung
Das Bundesministerium für Arbeit und Sozialordnung wird ermächtigt, im Einvernehmen mit dem Bundesministerium der Finanzen durch Rechtsverordnung zu bestimmen,
1. inwieweit Vermögen zu berücksichtigen und unter welchen Voraussetzungen anzunehmen ist, daß der Arbeitslose seinen Lebensunterhalt auf andere Weise bestreitet oder bestreiten kann,
2. welche weitere Einnahmen nicht als Einkommen gelten,
3. wie das Einkommen im einzelnen zu berechnen ist,
4. ob und welche Pauschbeträge für die von dem Einkommen abzusetzenden Beträge zu berücksichtigen sind,
5. wie und in welchen Zeitabständen der Arbeitslose nachzuweisen hat, daß er alle Möglichkeiten nutzt, um seine Beschäftigungslosigkeit zu beenden, und

6. unter welchen Voraussetzungen davon auszugehen ist, daß der Arbeitslose Vorschlägen des Arbeitsamtes zur beruflichen Eingliederung zeit- und ortsnah Folge leisten kann.

Achter Unterabschnitt
Ergänzende Regelungen zur Sozialversicherung bei Entgeltersatzleistungen

§ 207 Übernahme und Erstattung von Beiträgen bei Befreiung von der Versicherungspflicht in der Rentenversicherung

(1) Bezieher von Arbeitslosengeld, Arbeitslosenhilfe, Unterhaltsgeld oder Übergangsgeld, die von der Versicherungspflicht in der gesetzlichen Rentenversicherung befreit sind (§ 6 Abs. 1 Satz 1 Nr. 1, § 231 Abs. 1 und Abs. 2 Sechstes Buch), haben Anspruch auf
1. Übernahme der Beiträge, die für die Dauer des Leistungsbezugs an eine öffentlich-rechtliche Versicherungs- oder Versorgungseinrichtung einer Berufsgruppe oder an ein Versicherungsunternehmen zu zahlen sind, und
2. Erstattung der vom Leistungsbezieher für die Dauer des Leistungsbezugs freiwillig an die gesetzliche Rentenversicherung gezahlten Beiträge.

Freiwillig an die gesetzliche Rentenversicherung gezahlte Beiträge werden nur bei Nachweis auf Antrag des Leistungsbeziehers erstattet.

(2) Die Bundesanstalt übernimmt höchstens die vom Leistungsbezieher nach der Satzung der Versicherungs- oder Versorgungseinrichtung geschuldeten oder im Lebensversicherungsvertrag spätestens sechs Monate vor Beginn des Leistungsbezugs vereinbarten Beiträge. Sie erstattet höchstens die vom Leistungsbezieher freiwillig an die gesetzliche Rentenversicherung gezahlten Beiträge.

(3) Die von der Bundesanstalt zu übernehmenden und zu erstattenden Beiträge sind auf die Höhe der Beiträge begrenzt, die die Bundesanstalt ohne die Befreiung von der Versicherungspflicht in der gesetzlichen Rentenversicherung für die Dauer des Leistungsbezugs zu tragen hätte. Der Leistungsbezieher kann bestimmen, ob vorrangig Beiträge übernommen oder erstattet werden sollen. Trifft der Leistungsbezieher keine Bestimmung, sind die Beiträge in dem Verhältnis zu übernehmen und zu erstatten, in dem die vom Leistungsbezieher zu zahlenden oder freiwillig gezahlten Beiträge stehen.

(4) Der Leistungsbezieher wird insoweit von der Verpflichtung befreit, Beiträge an die Versicherungs- oder Versorgungseinrichtung oder an das Versicherungsunternehmen zu zahlen, als die Bundesanstalt die Beitragszahlung für ihn übernommen hat.

§ 207 a Übernahme von Beiträgen bei Befreiung von der Versicherungspflicht in der Kranken- und Pflegeversicherung[1]

(1) Bezieher von Arbeitslosengeld, Arbeitslosenhilfe oder Unterhaltsgeld, die
1. nach § 8 Abs. 1 Nr. 1a des Fünften Buches von der Versicherungspflicht in der gesetzlichen Krankenversicherung befreit sind,
2. nach § 22 Abs. 1 des Elften Buches oder nach Artikel 42 des Pflege-Versicherungsgesetzes von der Versicherungspflicht in der sozialen Pflegeversicherung befreit oder nach § 23 Abs. 1 des Elften Buches bei einem privaten Krankenversicherungsunternehmen gegen das Risiko der Pflegebedürftigkeit versichert sind, haben Anspruch auf Übernahme der Beiträge, die für die Dauer des Leistungsbezugs für eine Versicherung gegen Krankheit oder Pflegebedürftigkeit an ein privates Krankenversicherungsunternehmen zu zahlen sind.

(2) Die Bundesanstalt übernimmt die vom Leistungsbezieher an das private Krankenversicherungsunternehmen zu zahlenden Beiträge, höchstens jedoch die Beiträge, die sie ohne die Befreiung von der Versicherungspflicht in der gesetzlichen Krankenversicherung oder in der sozialen Pflegeversicherung zu tragen hätte. Hierbei sind zugrunde zu legen
1. für die Beiträge zur gesetzlichen Krankenversicherung der durchschnittliche allgemeine Beitragssatz der Krankenkassen (§ 245 des Fünften Buches); der zum 1. Januar des Vorjahres festgestellte Beitragssatz gilt jeweils vom 1. Januar bis zum 31. Dezember des laufenden Kalenderjahres,
2. für die Beiträge zur sozialen Pflegeversicherung der Beitragssatz nach § 55 Abs. 1 Satz 1 des Elften Buches.

---

1) In Kraft ab 1. 4. 1998.

(3) Der Leistungsbezieher wird insoweit von seiner Verpflichtung befreit, Beiträge an das private Krankenversicherungsunternehmen zu zahlen, als die Bundesanstalt die Beitragszahlung für ihn übernommen hat.

§ 208 Zahlung von Pflichtbeiträgen bei Insolvenzereignis[1)]

(1) Den Gesamtsozialversicherungsbeitrag, der auf Arbeitsentgelte für die letzten dem Insolvenzereignis vorausgehenden drei Monate des Arbeitsverhältnisses entfällt und bei Eintritt des Insolvenzereignisses noch nicht gezahlt worden ist, zahlt das Arbeitsamt auf Antrag der zuständigen Einzugsstelle. Die Einzugsstelle hat dem Arbeitsamt die Beiträge nachzuweisen und dafür zu sorgen, daß die Beschäftigungszeit und das beitragspflichtige Bruttoarbeitsentgelt einschließlich des Arbeitsentgelts, für das Beiträge nach Satz 1 gezahlt werden, dem zuständigen Rentenversicherungsträger mitgeteilt werden. §§ 184, 314, 324 Abs. 1 Satz 1 und § 327 Abs. 3 gelten entsprechend.

(2) Die Ansprüche auf die in Absatz 1 Satz 1 genannten Beiträge bleiben gegenüber dem Arbeitgeber bestehen. Soweit Zahlungen geleistet werden, hat die Einzugsstelle dem Arbeitsamt die nach Absatz 1 Satz 1 gezahlten Beiträge zu erstatten.

Neunter Abschnitt
Förderung der ganzjährigen Beschäftigung in der Bauwirtschaft

Erster Unterabschnitt
Grundsätze

§ 209 Anspruch

Arbeitnehmer in der Bauwirtschaft haben
1. Anspruch auf Wintergeld
    a) in der Förderungzeit zur Abgeltung witterungsbedingter Mehraufwendungen für geleistete Arbeitsstunden (Mehraufwands-Wintergeld) und
    b) in der Schlechtwetterzeit als Zuschuß zu einer Winterausfallgeld-Vorausleistung (Zuschuß-Wintergeld),
2. Anspruch auf Winterausfallgeld bei witterungsbedingtem Arbeitsausfall in der Schlechtwetterzeit im Anschluß an eine Winterausfallgeld-Vorausleistung,

wenn die allgemeinen Förderungsvoraussetzungen und die besonderen Anspruchsvoraussetzungen der einzelnen Leistungen erfüllt sind.

§ 210 Allgemeine Förderungsvoraussetzungen

Die allgemeinen Förderungsvoraussetzungen sind erfüllt, wenn
1. der Arbeitnehmer in einem Betrieb des Baugewerbes auf einem witterungsabhängigen Arbeitsplatz beschäftigt ist und
2. das Arbeitsverhältnis des Arbeitnehmers in der Schlechtwetterzeit nicht aus witterungsbedingten Gründen gekündigt werden kann.

§ 211 Begriffe

(1) Ein Betrieb des Baugewerbes ist ein Betrieb, der gewerblich überwiegend Bauleistungen auf dem Baumarkt erbringt. Bauleistungen sind alle Leistungen, die der Herstellung, Instandsetzung, Instandhaltung, Änderung oder Beseitigung von Bauwerken dienen. Betriebe, die überwiegend Bauvorrichtungen, Baumaschinen, Baugeräte oder sonstige Baubetriebsmittel ohne Personal Betrieben des Baugewerbes gewerblich zur Verfügung stellen oder überwiegend Baustoffe oder Bauteile für den Markt herstellen, sowie Betriebe, die Betonentladegeräte gewerblich zur Verfügung stellen, sind nicht Betriebe im Sinne des Satzes 1. Betrieb im Sinne der Vorschriften über die Förderung der ganzjährigen Beschäftigung in der Bauwirtschaft ist auch eine Betriebsabteilung.

(2) Förderungzeit ist die Zeit vom 15. Dezember bis zum letzten Kalendertag des Monats Februar. Schlechtwetterzeit ist die Zeit vom 1. November bis 31. März.

(3) Winterausfallgeld-Vorausleistung ist eine Leistung, die das Arbeitsentgelt bei witterungsbedingtem Arbeitsausfall in der Schlechtwetterzeit für mindestens 120 Stunden ersetzt, in angemessener Höhe im Verhältnis zum Winterausfallgeld steht und durch Tarifvertrag, Betriebsvereinbarung oder

---
1) In Kraft ab 1. 1. 1999.

Arbeitsvertrag geregelt ist. Abweichend von Satz 1 sind Winterausfallgeld-Vorausleistungen auch gegeben, wenn das Arbeitsentgelt für weniger als 120, mindestens jedoch für 50 Stunden in voller Höhe ersetzt wird und ein über 50 Stunden hinausgehendes Arbeitszeitguthaben des Arbeitnehmers für die Schlechtwetterzeit nicht vorhanden ist.

(4) Witterungsbedingter Arbeitsausfall liegt nur vor, wenn
1. dieser ausschließlich durch zwingende Witterungsgründe verursacht ist und
2. an einem Arbeitstag mindestens eine Stunde der regelmäßigen betrieblichen Arbeitszeit ausfällt (Ausfalltag).

Zwingende Witterungsgründe im Sinne von Satz 1 Nr. 1 liegen nur vor, wenn atmosphärische Einwirkungen (insbesondere Regen, Schnee, Frost) oder deren Folgewirkungen so stark oder so nachhaltig sind, daß trotz einfacher Schutzvorkehrungen (insbesondere Tragen von Schutzkleidung, Abdichten der Fenster- und Türöffnungen, Abdecken von Baumaterialien und Baugeräten), die Fortführung der Bauarbeiten technisch unmöglich oder wirtschaftlich unvertretbar ist oder den Arbeitnehmern nicht zugemutet werden kann. Der Arbeitsausfall ist nicht ausschließlich durch zwingende Witterungsgründe verursacht, wenn er durch Beachtung der besonderen arbeitsschutzrechtlichen Anforderungen an witterungsabhängige Arbeitsplätze auf Baustellen vermieden werden kann.

Zweiter Unterabschnitt
Wintergeld

§ 212 Mehraufwands-Wintergeld

(1) Anspruch auf Mehraufwands-Wintergeld besteht für die vom Arbeitnehmer innerhalb der regelmäßigen betrieblichen Arbeitszeit im Kalendermonat geleisteten Arbeitsstunden. Übersteigt die regelmäßige betriebliche Arbeitszeit die tarifliche Arbeitszeit, so ist der Anspruch auf die innerhalb der regelmäßigen tariflichen Arbeitszeit geleisteten Arbeitsstunden begrenzt.

(2) Das Mehraufwands-Wintergeld beträgt zwei Deutsche Mark je Arbeitsstunde.

§ 213 Zuschuß-Wintergeld

(1) Die besonderen Voraussetzungen für einen Anspruch auf Zuschuß-Wintergeld erfüllen Arbeitnehmer, die Anspruch auf eine Winterausfallgeld-Vorausleistung haben, die niedriger ist, als der Anspruch auf das ohne den witterungsbedingten Arbeitsausfall erzielte Arbeitsentgelt.

(2) Anspruch auf Zuschuß-Wintergeld besteht für die innerhalb der regelmäßigen betrieblichen Arbeitszeit liegenden Arbeitsstunden, die aus Witterungsgründen ausgefallen sind und für die ein Anspruch auf Winterausfallgeld-Vorausleistung besteht.

(3) Das Zuschuß-Wintergeld beträgt zwei Deutsche Markt je Ausfallstunde.

Dritter Unterabschnitt
Winterausfallgeld und ergänzende Regelungen zur Sozialversicherung

§ 214 Winterausfallgeld

(1) Die besonderen Voraussetzungen für einen Anspruch auf Winterausfallgeld erfüllen Arbeitnehmer,
1. die bei Beginn des Arbeitsausfalls versicherungspflichtig beschäftigt sind,
2. deren Anspruch auf eine Winterausfallgeld-Vorausleistung in der jeweiligen Schlechtwetterzeit ausgeschöpft ist,
3. die nicht Bezieher von Krankengeld sind und
4. bei denen durch die Leistung von Winterausfallgeld nicht in Arbeitskämpfe eingegriffen wird. Ein Eingriff in den Arbeitskampf liegt nicht vor, wenn der Arbeitnehmer in einem Betrieb beschäftigt ist, der nicht dem fachlichen Geltungsbereich des umkämpften Tarifvertrags zuzuordnen ist.

Abweichend von Satz 1 Nr. 2 erfüllen die besonderen Voraussetzungen für einen Anspruch auf Winterausfallgeld auch Arbeitnehmer, deren Anspruch auf eine Winterausfallgeld-Vorausleistung in den zur Schlechtwetterzeit gehörenden Kalendermonaten im jeweiligen Kalenderjahr ausgeschöpft ist, wenn die in einem Zweig des Baugewerbes getroffenen Regelungen über die Abrechnung der Winterausfallgeld-Vorausleistung auf das jeweilige Kalenderjahr abstellen.

(2) Für die Bemessung und die Höhe des Winterausfallgeldes und die Einkommensanrechnung gelten die Vorschriften für das Kurzarbeitergeld entsprechend. Fallen in einen Anspruchszeitraum neben

Zeiten, für die der Arbeitnehmer Anspruch auf Winterausfallgeld hat, auch Zeiten, für die er Anspruch auf eine Winterausfallgeld-Vorausleistung hat, so ist beim Istentgelt anstelle des tatsächlich erzielten Arbeitsentgeltes aus der Winterausfallgeld-Vorausleistung das Arbeitsentgelt zu berücksichtigen, das der Arbeitnehmer ohne den Arbeitsausfall erzielt hätte.

§ 214 a Erstattung von Arbeitgeberbeiträgen zur Sozialversicherung
Soweit Winterausfallgeld aus einer Umlage nach § 354 gezahlt wird, erstattet die Bundesanstalt dem Arbeitgeber auf Antrag 50 Prozent der von ihm allein zu tragenden Beiträge zur Sozialversicherung.

Vierter Unterabschnitt
Anwendung anderer Vorschriften

§ 215 Anwendung anderer Vorschriften
(1) Die Vorschriften über das Ruhen des Anspruchs auf Arbeitslosengeld bei Säumniszeiten und Zusammentreffen mit anderen Sozialleistungen gelten für den Anspruch auf Winterausfallgeld entsprechend. Die Vorschriften über das Ruhen des Anspruchs bei Zusammentreffen mit anderen Sozialleistungen gelten jedoch nur für die Fälle, in denen eine Altersrente als Vollrente zuerkannt ist.
(2) Die Vorschriften über die Verfügung über das Kurzarbeitergeld gelten für die Verfügung über das Winterausfallgeld entsprechend.

Fünfter Unterabschnitt
Verordnungsermächtigung

§ 216 Verordnungsermächtigung
(1) Das Bundesministerium für Arbeit und Sozialordnung wird ermächtigt, durch Rechtsverordnung mit Zustimmung des Bundesrates zu bestimmen, daß Wintergeld auch für Arbeitsstunden gezahlt wird, die entsandte Arbeitnehmer im Sinne des § 4 Abs. 1 des Vierten Buches außerhalb des Geltungsbereiches dieses Gesetzes in Gebieten leisten, in denen die Bauarbeiten während der Förderungszeit in gleicher Weise witterungsbedingten Erschwernissen ausgesetzt sind, wie im Geltungsbereich dieses Gesetzes.
(2) Das Bundesministerium für Arbeit und Sozialordnung wird ermächtigt, durch Rechtsverordnung festzulegen, in welchen Zweigen des Baugewerbes die Leistungen nach diesem Abschnitt erbracht werden sollen. Es hat hierbei zu berücksichtigen, ob dadurch die Bautätigkeit in der Schlechtwetterzeit voraussichtlich in wirtschafts- und sozialpolitisch erwünschter Weise belebt werden kann. Nach Möglichkeit sollen hierbei der fachliche Geltungsbereich tariflicher Regelungen berücksichtigt und die Tarifvertragsparteien des Baugewerbes vorher angehört werden. Abweichungen vom fachlichen Geltungsbereich tariflicher Regelungen kommen insbesondere in Betracht, wenn die Leistungen nach diesem Abschnitt
1. in einem tarifvertraglich erfaßten Zweig des Baugewerbes nicht dazu beitragen können, oder
2. in einem tarifvertraglich nicht erfaßten Zweig des Baugewerbes dazu beitragen können,
die Bauarbeiten auch bei witterungsbedingten Erschwernissen durchzuführen und die Beschäftigungsverhältnisse der Arbeitnehmer auch bei witterungsbedingten Unterbrechungen der Bauarbeiten aufrechtzuerhalten.

Fünftes Kapitel
Leistungen an Arbeitgeber

Erster Abschnitt
Eingliederung von Arbeitnehmern

Erster Unterabschnitt
Eingliederungszuschüsse

§ 217 Grundsatz
Arbeitgeber können zur Eingliederung von förderungsbedürftigen Arbeitnehmern Zuschüsse zu den Arbeitsentgelten zum Ausgleich von Minderleistungen erhalten. Förderungsbedürftig sind Arbeitnehmer, die ohne die Leistung nicht oder nicht dauerhaft in den Arbeitsmarkt eingegliedert werden können.

§ 218 Eingliederungszuschüsse

(1) Eingliederungszuschüsse können erbracht werden, wenn
1. Arbeitnehmer einer besonderen Einarbeitung zur Eingliederung bedürfen (Eingliederungszuschuß bei Einarbeitung),
2. Arbeitnehmer, insbesondere Langzeitarbeitslose, Schwerbehinderte oder sonstige Behinderte, wegen in ihrer Person liegender Umstände nur erschwert vermittelt werden können (Eingliederungszuschuß bei erschwerter Vermittlung) oder
3. Arbeitnehmer das 55. Lebensjahr vollendet haben und vor Beginn des Arbeitsverhältnisses langzeitarbeitslos oder innerhalb der letzten zwölf Monate mindestens sechs Monate beim Arbeitsamt arbeitslos gemeldet waren (Eingliederungszuschuß für ältere Arbeitnehmer).

(2) Der Eingliederungszuschuß bei Einarbeitung von Berufsrückkehrern ist zu erbringen, wenn sie einer besonderen Einarbeitung zur Eingliederung bedürfen.

(3) Für die Zuschüsse sind berücksichtigungsfähig,
1. die vom Arbeitgeber regelmäßig gezahlten Arbeitsentgelte, soweit sie die tariflichen Arbeitsentgelte oder, wenn eine tarifliche Regelung nicht besteht, die für vergleichbare Tätigkeiten ortsüblichen Arbeitsentgelte und soweit sie die Beitragsbemessungsgrenze in der Arbeitsförderung nicht übersteigen,
2. der Anteil des Arbeitgebers am Gesamtsozialversicherungsbeitrag.

Arbeitsentgelt, das einmalig gezahlt wird, ist nicht berücksichtigungsfähig.

(4) Die Zuschüsse werden zu Beginn der Maßnahme in monatlichen Festbeträgen für die Förderungsdauer festgelegt. Die monatlichen Festbeträge werden nur angepaßt, wenn sich das berücksichtigungsfähige Arbeitsentgelt verringert. § 222 Abs. 2 bleibt unberührt.

§ 219 Umfang der Förderung

Höhe und Dauer der Förderung richten sich nach dem Umfang einer Minderleistung des Arbeitnehmers und den jeweiligen Eingliederungserfordernissen.

§ 220 Regelförderung

(1) Die Förderungshöhe darf im Regelfall
1. beim Eingliederungszuschuß bei Einarbeitung 30 Prozent,
2. beim Eingliederungszuschuß bei erschwerter Vermittlung und beim Eingliederungszuschuß für ältere Arbeitnehmer 50 Prozent,

des berücksichtigungsfähigen Arbeitsentgelts nicht übersteigen (Regelförderungshöhe).

(2) Die Förderungsdauer darf im Regelfall
1. beim Eingliederungszuschuß bei Einarbeitung sechs Monate,
2. beim Eingliederungszuschuß bei erschwerter Vermittlung zwölf Monate und
3. beim Eingliederungszuschuß für ältere Arbeitnehmer 24 Monate

nicht übersteigen (Regelförderungsdauer).

§ 221 Erhöhte Förderung

(1) Ist die Regelförderungshöhe nach dem Umfang der Minderleistung der Arbeitnehmer, der Eingliederungserfordernisse oder des Einarbeitungsaufwands nicht ausreichend, können die Eingliederungszuschüsse um bis zu 20 Prozentpunkte höher festgelegt werden.

(2) (aufgehoben)

§ 222 Verlängerte Förderung

(1) In begründeten Fällen besonders schwerer Vermittelbarkeit kann bei den Eingliederungszuschüssen eine verlängerte Förderungsdauer festgelegt werden. Sie darf das Doppelte der Regelförderungsdauer und beim Eingliederungszuschuß für ältere Arbeitnehmer insgesamt 60 Monate nicht übersteigen.

(2) Nach der Regelförderungsdauer sind die Eingliederungszuschüsse entsprechend der zu erwartenden Zunahme der Leistungsfähigkeit des Arbeitnehmers und den abnehmenden Eingliederungserfordernissen gegenüber der bisherigen Förderungshöhe, mindestens aber um zehn Prozentpunkte, zu vermindern. Der Eingliederungszuschuß für ältere Arbeitnehmer ist nach der Regelförderungsdauer und jeweils nach Ablauf von zwölf Monaten um mindestens zehn Prozentpunkte zu vermindern.

§ 223 Förderungsausschluß und Rückzahlung
(1) Eine Förderung ist ausgeschlossen, wenn
1. zu vermuten ist, daß der Arbeitgeber die Beendigung eines Beschäftigungsverhältnisses veranlaßt hat, um einen Eingliederungszuschuß zu erhalten oder
2. die Einstellung bei einem früheren Arbeitgeber erfolgt, bei dem der Arbeitnehmer während der letzten vier Jahre vor Förderungsbeginn mehr als drei Monate versicherungspflichtig beschäftigt war.

(2) Der Eingliederungszuschuß bei Einarbeitung und der Eingliederungszuschuß bei erschwerter Vermittlung sind teilweise zurückzuzahlen, wenn das Beschäftigungsverhältnis während des Förderungszeitraums oder innerhalb eines Zeitraums, der der Förderungsdauer entspricht, längstens jedoch von zwölf Monaten, nach Ende des Förderungszeitraums beendet wird. Dies gilt nicht, wenn
1. der Arbeitgeber berechtigt war, das Arbeitsverhältnis aus Gründen, die in der Person oder dem Verhalten des Arbeitnehmers liegen, oder aus dringenden betrieblichen Erfordernissen, die einer Weiterbeschäftigung in diesem Betrieb entgegenstehen, zu kündigen,
2. die Beendigung des Arbeitsverhältnisses auf das Bestreben des Arbeitnehmers hin erfolgt, ohne daß der Arbeitgeber den Grund hierfür zu vertreten hat, oder
3. der Arbeitnehmer das Mindestalter für den Bezug der gesetzlichen Altersrente erreicht hat.

Die Rückzahlung ist auf die Hälfte des Förderungsbetrages, höchstens aber den in den letzten zwölf Monaten vor der Beendigung des Beschäftigungsverhältnisses gewährten Förderungsbetrag begrenzt. Ungeförderte Nachbeschäftigungszeiten sind anteilig zu berücksichtigen.

§ 224 Anordnungsermächtigung und Verordnungsermächtigung
Die Bundesanstalt wird ermächtigt, durch Anordnung das Nähere über Voraussetzungen, Art, Umfang und Verfahren der Förderung zu bestimmen. Das Bundesministerium für Arbeit und Sozialordnung wird ermächtigt, durch Rechtsverordnung beim Eingliederungszuschuß für ältere Arbeitnehmer die Altersgrenze auf bis zu 50 Jahre herabzusetzen, wenn dies nach Lage und Entwicklung des Arbeitsmarktes erforderlich ist, um die Arbeitslosigkeit älterer Arbeitnehmer zu beheben.

Zweiter Unterabschnitt
Einstellungszuschuß bei Neugründungen

§ 225 Grundsatz
Arbeitgeber, die vor nicht mehr als zwei Jahren eine selbständige Tätigkeit aufgenommen haben, können für die unbefristete Beschäftigung eines zuvor arbeitslosen förderungsbedürftigen Arbeitnehmers auf einem neu geschaffenen Arbeitsplatz einen Zuschuß zum Arbeitsentgelt erhalten.

§ 226 Einstellungszuschuß bei Neugründungen
(1) Ein Einstellungszuschuß bei Neugründungen kann erbracht werden, wenn
1. der Arbeitnehmer unmittelbar vor der Einstellung insgesamt mindestens drei Monate
   a) Arbeitslosengeld, Arbeitslosenhilfe oder Kurzarbeitergeld in einer betriebsorganisatorisch eigenständigen Einheit bezogen hat,
   b) eine Beschäftigung ausgeübt hat, die als Arbeitsbeschaffungsmaßnahme oder als Strukturanpassungsmaßnahme gefördert worden ist,
   c) an einer nach diesem Buch geförderten Maßnahme der beruflichen Weiterbildung teilgenommen hat oder
   d) die Voraussetzungen für Entgeltersatzleistungen bei beruflicher Weiterbildung oder bei beruflicher Eingliederung Behinderter erfüllt
   und ohne die Leistung nicht oder nicht dauerhaft in den Arbeitsmarkt eingegliedert werden kann,
2. der Arbeitgeber nicht mehr als fünf Arbeitnehmer beschäftigt.

(2) Der Einstellungszuschuß kann höchstens für zwei Arbeitnehmer gleichzeitig geleistet werden.
(3) Ein Einstellungszuschuß bei Neugründungen kann neben einem anderen Lohnkostenzuschuß auf Grund dieses Gesetzes für denselben Arbeitnehmer nicht geleistet werden. Die Vorschriften über den Förderungsausschluß bei Eingliederungszuschüssen sind anzuwenden.
(4) Bei der Feststellung der Zahl der förderbaren und der beschäftigten Arbeitnehmer sind teilzeitbeschäftigte Arbeitnehmer mit einer regelmäßigen wöchentlichen Arbeitszeit von nicht mehr als

10 Stunden mit 0,25, nicht mehr als 20 Stunden mit 0,5 und nicht mehr als 30 Stunden mit 0,75 zu berücksichtigen.

§ 227 Umfang der Förderung
Der Einstellungszuschuß bei Neugründungen kann für höchstens zwölf Monate in Höhe von 50 Prozent des berücksichtigungsfähigen Arbeitsentgelts geleistet werden. Die Vorschriften über das berücksichtigungsfähige Arbeitsentgelt und über Festbeträge bei Eingliederungszuschüssen sind anzuwenden.

§ 228 Anordnungsermächtigung
Die Bundesanstalt wird ermächtigt, durch Anordnung das Nähere über Voraussetzungen, Art, Umfang und Verfahren der Förderung zu bestimmen.

Dritter Unterabschnitt
Eingliederungsvertrag

§ 229 Grundsatz
Das Arbeitsamt kann die Eingliederung von förderungsbedürftigen Arbeitslosen fördern, die vom Arbeitgeber unter Mitwirkung des Arbeitsamtes auf Grund eines Eingliederungsvertrages mit dem Ziel beschäftigt werden, sie nach erfolgreichem Abschluß der Eingliederung in ein Arbeitsverhältnis zu übernehmen.

§ 230 Förderungsbedürftige Arbeitslose
Förderungsbedürftige Arbeitslose sind Langzeitarbeitslose sowie andere Arbeitslose, die mindestens sechs Monate arbeitslos sind und bei denen mindestens ein Vermittlungserschwernis vorliegt.

§ 231 Eingliederungsvertrag
(1) Zur Eingliederung von förderungsbedürftigen Arbeitslosen können der Arbeitgeber und der Arbeitslose mit Zustimmung des Arbeitsamtes einen Eingliederungsvertrag abschließen. Der Abschluß eines Eingliederungsvertrages ist nicht dadurch ausgeschlossen, daß der Arbeitslose zuvor an einer Trainingsmaßnahme teilgenommen hat. Für die Zeit der Eingliederung besteht ein Beschäftigungsverhältnis nach § 7 des Vierten Buches.
(2) Soweit sich aus den nachfolgenden Bestimmungen nichts anderes ergibt, sind auf den Eingliederungsvertrag die Vorschriften und Grundsätze des Arbeitsrechts anzuwenden. Ist die Geltung arbeitsrechtlicher Vorschriften von der Zahl der Arbeitnehmer im Betrieb oder Unternehmen abhängig, werden Arbeitslose, die auf Grund eines Eingliederungsvertrages beschäftigt werden, nicht berücksichtigt.
(3) Durch den Eingliederungsvertrag verpflichtet sich der Arbeitgeber, dem auf Grund des Vertrages Beschäftigten die Gelegenheit zu geben, sich unter betriebsüblichen Arbeitsbedingungen zu qualifizieren und einzuarbeiten mit dem Ziel, ihn nach erfolgreichem Abschluß der Eingliederung in ein Arbeitsverhältnis zu übernehmen. Der Arbeitgeber hat den Beschäftigten während der Eingliederung in geeigneter Weise zu betreuen und eine Betreuung durch das Arbeitsamt oder einen von diesem benannten Dritten zuzulassen. Der Arbeitgeber hat den Beschäftigten für eine berufliche Weiterbildungsmaßnahme, die das Arbeitsamt mit ihm zeitlich abgestimmt hat, freizustellen.
(4) Der Arbeitslose verpflichtet sich, die vereinbarte Tätigkeit zu verrichten. Dabei kann er beim Arbeitgeber im Rahmen flexibler Einsatzzeiten und an wechselnden Stellen eingesetzt werden. Der Arbeitslose ist verpflichtet, an vom Arbeitgeber vorgeschlagenen betrieblichen Qualifizierungsmaßnahmen teilzunehmen.

§ 232 Dauer und Auflösung des Eingliederungsvertrages, Rechtsweg
(1) Der Eingliederungsvertrag ist auf mindestens zwei Wochen, längstens auf sechs Monate zu befristen. Ist seine Laufzeit kürzer als sechs Monate, kann er bis zu einer Gesamtdauer von sechs Monaten verlängert werden. Schließt sich das Eingliederungsverhältnis unmittelbar an eine Trainingsmaßnahme bei demselben Arbeitgeber an, dürfen sie zusammen eine Dauer von sechs Monaten nicht überschreiten.
(2) Der Arbeitslose und der Arbeitgeber können die Eingliederung ohne Angabe von Gründen für gescheitert erklären und dadurch den Eingliederungsvertrag auflösen.

(3) Für Rechtsstreitigkeiten aus dem Eingliederungsvertrag ist der Rechtsweg zu den Gerichten für Arbeitssachen gegeben.

§ 233 Förderung
(1) Das Arbeitsamt erstattet dem Arbeitgeber, der einen Eingliederungsvertrag abgeschlossen hat, das für Zeiten ohne Arbeitsleistung von ihm zu tragende Entgelt, den darauf entfallenden Arbeitgeberanteil am Gesamtsozialversicherungsbeitrag sowie die Beiträge, die er im Rahmen eines Ausgleichssystems für die Entgeltfortzahlung im Krankheitsfalle und für die Zahlung von Urlaubsvergütung zu leisten hat. Die Erstattung durch das Arbeitsamt mindert sich um den Betrag, den der Arbeitgeber nach § 6 des Entgeltfortzahlungsgesetzes von einem Dritten erhält.
(2) Das Arbeitsamt kann für die Zeiten mit Beschäftigung einen Eingliederungszuschuß erbringen. Der Arbeitgeber ist zur Rückzahlung nicht verpflichtet, wenn der Eingliederungsvertrag aufgelöst wird.
(3) Das Arbeitsamt kann die Förderung einstellen, wenn voraussichtlich das Eingliederungsziel, insbesondere wegen Fehlzeiten, nicht erreicht werden kann.

§ 234 Anordnungsermächtigung
Die Bundesanstalt wird ermächtigt, durch Anordnung das Nähere über Voraussetzungen, Art, Umfang und Verfahren der Förderung zu bestimmen.

Zweiter Abschnitt
Berufliche Ausbildung und Leistungen zur beruflichen Eingliederung Behinderter

Erster Unterabschnitt
Förderung der Berufsausbildung

§ 235 Zuschüsse zur Ausbildungsvergütung
(1) Arbeitgeber können für die berufliche Ausbildung von Auszubildenden durch Zuschüsse zur Ausbildungsvergütung gefördert werden, soweit vom Arbeitsamt geförderte ausbildungsbegleitende Hilfen während der betrieblichen Ausbildungszeit durchgeführt oder durch Abschnitte der Berufsausbildung in einer außerbetrieblichen Einrichtung ergänzt werden und die Ausbildungsvergütung weitergezahlt wird.
(2) Die Zuschüsse können in Höhe des Betrages erbracht werden, der sich als anteilige Ausbildungsvergütung einschließlich des darauf entfallenden Arbeitgeberanteils am Gesamtsozialversicherungsbeitrag errechnet.

Zweiter Unterabschnitt
Förderung der beruflichen Eingliederung Behinderter

§ 236 Ausbildung Behinderter
(1) Arbeitgeber können für die betriebliche Aus- oder Weiterbildung von Behinderten in Ausbildungsberufen durch Zuschüsse zur Ausbildungsvergütung gefördert werden, wenn die Aus- oder Weiterbildung sonst nicht zu erreichen ist.
(2) Die Zuschüsse sollen regelmäßig 60 Prozent der monatlichen Ausbildungsvergütung für das letzte Ausbildungsjahr nicht übersteigen. In begründeten Ausnahmefällen können Zuschüsse bis zur Höhe der Ausbildungsvergütung für das letzte Ausbildungsjahr erbracht werden.

§ 237 Arbeitshilfen für Behinderte
Arbeitgebern können Zuschüsse für eine behindertengerechte Ausgestaltung von Ausbildungs- oder Arbeitsplätzen erbracht werden, soweit dies erforderlich ist, um die dauerhafte berufliche Eingliederung Behinderter zu erreichen oder zu sichern und eine entsprechende Verpflichtung des Arbeitgebers nach dem Schwerbehindertengesetz nicht besteht.

§ 238 Probebeschäftigung Behinderter
Arbeitgebern können die Kosten für eine befristete Probebeschäftigung Behinderter bis zu einer Dauer von drei Monaten erstattet werden, wenn dadurch die Möglichkeit einer beruflichen Eingliederung verbessert wird oder eine vollständige und dauerhafte berufliche Eingliederung zu erreichen ist.

§ 239 Anordnungsermächtigung
Die Bundesanstalt wird ermächtigt, durch Anordnung das Nähere über Voraussetzungen, Art, Umfang und Verfahren der Förderung zu bestimmen.

Sechstes Kapitel
Leistungen an Träger

Erster Abschnitt
Förderung der Berufsausbildung

§ 240 Grundsatz
Träger von Maßnahmen der beruflichen Ausbildung können durch Zuschüsse gefördert werden, wenn sie durch zusätzliche Maßnahmen zur betrieblichen Ausbildung für förderungsbedürftige Auszubildende diesen eine berufliche Ausbildung ermöglichen und ihre Eingliederungsaussichten verbessern.

§ 241 Förderungsfähige Maßnahmen
(1) Förderungsfähig sind Maßnahmen, die eine betriebliche Ausbildung in einem nach dem Berufsbildungsgesetz, der Handwerksordnung oder dem Seemannsgesetz staatlich anerkannten Ausbildungsberuf im Rahmen eines Berufsausbildungsvertrages nach dem Berufsbildungsgesetz unterstützen und über betriebs- und ausbildungsübliche Inhalte hinausgehen (ausbildungsbegleitende Hilfen). Hierzu gehören Maßnahmen
1. zum Abbau von Sprach- und Bildungsdefiziten,
2. zur Förderung der Fachpraxis und Fachtheorie und
3. zur sozialpädagogischen Begleitung.

Ausbildungsbegleitende Hilfen können durch Abschnitte der Berufsausbildung in einer außerbetrieblichen Einrichtung ergänzt werden, wobei die Dauer je Ausbildungsabschnitt drei Monate nicht übersteigen soll. Nicht als solche Abschnitte gelten Ausbildungsmaßnahmen außerhalb der Ausbildungsstätte, die durchgeführt werden, weil der Betrieb die erforderlichen Kenntnisse und Fertigkeiten nicht in vollem Umfange vermitteln kann oder weil dies nach der Ausbildungsordnung so vorgesehen ist.

(2) Maßnahmen, die anstelle einer Ausbildung in einem Betrieb als berufliche Ausbildung im ersten Jahr in einer außerbetrieblichen Einrichtung im Rahmen eines Berufsausbildungsvertrages nach dem Berufsbildungsgesetz durchgeführt werden, sind förderungsfähig, wenn
1. den an der Maßnahme teilnehmenden Auszubildenden auch mit ausbildungsbegleitenden Hilfen eine Ausbildungsstelle in einem Betrieb nicht vermittelt werden kann und
2. die Auszubildenden nach Erfüllung der allgemeinbildenden Vollzeitschulpflicht an einer berufsvorbereitenden Bildungsmaßnahme mit einer Dauer von mindestens sechs Monaten teilgenommen haben.

Nach Ablauf des ersten Jahres der Ausbildung in einer außerbetrieblichen Einrichtung ist eine weitere Förderung nur möglich, solange dem Auszubildenden auch mit ausbildungsbegleitenden Hilfen eine Ausbildungsstelle in einem Betrieb nicht vermittelt werden kann. Im Zusammenwirken mit den Trägern der Maßnahmen sind alle Möglichkeiten wahrzunehmen, um den Übergang der Auszubildenden auf einen betrieblichen Ausbildungsplatz zu fördern. Falls erforderlich, ist dieser Übergang mit ausbildungsbegleitenden Hilfen zu unterstützen.

(3) Außerhalb einer betrieblichen oder außerbetrieblichen Ausbildung sind Maßnahmen förderungsfähig, die ausbildungsbegleitende Hilfen
1. nach einem Abbruch einer Ausbildung in einem Betrieb oder einer außerbetrieblichen Einrichtung bis zur Aufnahme eine weiteren Ausbildung oder
2. nach erfolgreicher Beendigung einer Ausbildung zur Begründung oder Festigung eines Arbeitsverhältnisses

fortsetzen (Übergangshilfen) und für die weitere Ausbildung oder die Begründung oder Festigung eines Arbeitsverhältnisses erforderlich sind. Die Förderung darf eine Dauer von sechs Monaten nicht übersteigen. Übergangshilfen nach Satz 1 Nr. 1 sind nicht förderungsfähig, wenn zugunsten des Auszubildenden Maßnahmen nach dieser Vorschrift bereits einmal gefördert worden sind.

(4) Die Maßnahmen sind nur förderungsfähig, wenn sie
1. nach Ausbildung und Berufserfahrung des Leiters und des Ausbildungs- und Betreuungspersonals, Gestaltung des Lehrplans, Unterrichtsmethode und Güte der zum Einsatz vorgesehenen Lehr- und Lernmittel eine erfolgreiche berufliche Bildung erwarten lassen und
2. nach den Grundsätzen der Wirtschaftlichkeit und Sparsamkeit geplant, im Auftrag des Arbeitsamtes durchgeführt werden und die Kosten angemessen sind.

§ 242 Förderungsbedürftige Auszubildende

(1) Förderungsbedürftig sind lernbeeinträchtigte und sozial benachteiligte Auszubildende, die wegen der in ihrer Person liegenden Gründe ohne die Förderung
1. eine Berufsausbildung nicht beginnen, fortsetzen, erfolgreich beenden können oder
2. nach dem Abbruch einer Berufsausbildung eine weitere Ausbildung nicht beginnen oder
3. nach erfolgreicher Beendigung einer Ausbildung ein Arbeitsverhältnis nicht begründen oder festigen können.
Förderungsbedürftig sind auch Auszubildende, bei denen ohne die Förderung mit ausbildungsbegleitenden Hilfen ein Abbruch ihrer Ausbildung droht. Auszubildende nach Satz 1 und Absolventen berufsvorbereitender Bildungsmaßnahmen sollen vorrangig gefördert werden.
(2) Zugunsten von Ausländern im Sinne des § 63 Abs. 2 dürfen Maßnahmen nur gefördert werden, wenn die Auszubildenden voraussichtlich nach Abschluß der Ausbildung im Inland rechtmäßig erwerbstätig sein werden.

§ 243 Leistungen

Die Förderung umfaßt
1. die Zuschüsse zur Ausbildungsvergütung zuzüglich des Gesamtsozialversicherungsbeitrags und des Beitrags zur Unfallversicherung,
2. die Maßnahmekosten und
3. sonstige Kosten.
Leistungen können nur erbracht werden, soweit sie nicht für den gleichen Zweck durch Dritte erbracht werden. Leistungen Dritter zur Aufstockung der Leistungen bleiben anrechnungsfrei.

§ 244 Zuschüsse zur Ausbildungsvergütung

Wird eine Ausbildung in einer außerbetrieblichen Einrichtung durchgeführt, so kann als Zuschuß zur Ausbildungsvergütung höchstens ein Betrag übernommen werden, der nach § 105 Abs. 1 Nr. 1 dem Bedarf für den Lebensunterhalt eines unverheirateten Auszubildenden zugrunde zu legen ist, wenn er das 21. Lebensjahr noch nicht vollendet hat und im Haushalt der Eltern untergebracht ist, zuzüglich fünf Prozent jährlich ab dem zweiten Ausbildungsjahr. Der Betrag erhöht sich um den vom Träger zu tragenden Gesamtsozialversicherungsbeitrag und den Beitrag zur Unfallversicherung.

§ 245 Maßnahmekosten

Als Maßnahmekosten können die angemessenen Aufwendungen für das zur Durchführung der Maßnahme eingesetzte erforderliche Ausbildungs- und Betreuungspersonals sowie das insoweit erforderliche Leitungs- und Verwaltungspersonal sowie die angemessenen Sach- und Verwaltungskosten übernommen werden.

§ 246 Sonstige Kosten

Als sonstige Kosten können übernommen werden
1. Zuschüsse für die Teilnahme des Ausbildungs- und Betreuungspersonals an besonderen von der Bundesanstalt anerkannten Weiterbildungsmaßnahmen,
2. bei ausbildungsbegleitenden Hilfen zur Weitergabe an den Auszubildenden ein Zuschuß zu den Fahrkosten, wenn dem Auszubildenden durch die Teilnahme an der Maßnahme Fahrkosten zusätzlich entstehen.

§ 247 Anordnungsermächtigung

Die Bundesanstalt wird ermächtigt, durch Anordnung das Nähere über Voraussetzungen, Umfang und Verfahren der Förderung zu bestimmen. Sie kann auch bestimmen, daß einzelne Kosten pauschaliert zu erstatten sind.

Zweiter Abschnitt
Förderung von Einrichtungen der beruflichen Aus- oder Weiterbildung oder zur beruflichen Eingliederung Behinderter

§ 248 Grundsatz
(1) Träger von Einrichtungen der beruflichen Aus- oder Weiterbildung oder zur beruflichen Eingliederung Behinderter können durch Darlehen und Zuschüsse gefördert werden, wenn dies für die Erbringung von anderen Leistungen der aktiven Arbeitsförderung erforderlich ist und die Träger sich in angemessenem Umfang an den Kosten beteiligen. Leistungen können erbracht werden für
1. den Aufbau, die Erweiterung und die Ausstattung der Einrichtungen sowie den der beruflichen Bildung Behinderter dienenden begleitenden Dienste, Internate, Wohnheime und Nebeneinrichtungen und
2. Maßnahmen zur Entwicklung oder Weiterentwicklung von Lehrgängen, Lehrprogrammen und Lehrmethoden zur beruflichen Bildung Behinderter.

(2) In die Förderung von Trägern von Einrichtungen zur beruflichen Eingliederung Behinderter können nur Vorhaben einbezogen werden, die im Rahmen der überregionalen Planung mit dem Bundesministerium für Arbeit und Sozialordnung abgestimmt sind und bei deren Gestaltung und Durchführung der Bundesanstalt hinreichend Einfluß eingeräumt wird.

§ 249 Förderungsausschluß
Die Förderung ist ausgeschlossen, wenn die Einrichtung der beruflichen Aus- oder Weiterbildung in berufsbildenden Schulen oder die Einrichtung überwiegend den Zwecken eines Betriebes, mehrerer Betriebe, eines Verbandes oder zu Erwerbszwecken dient. Eine Förderung ist jedoch möglich, soweit Maßnahmen der Arbeitsförderung auf andere Weise nicht, nicht in ausreichendem Umfang oder nicht rechtzeitig durchgeführt werden können.

§ 250 Bundesanstalt als Träger von Einrichtungen
Die Bundesanstalt soll Einrichtungen der beruflichen Aus- oder Weiterbildung sowie zur beruflichen Eingliederung Behinderter mit anderen Trägern oder alleine errichten, wenn bei dringendem Bedarf geeignete Einrichtungen nicht zur Verfügung stehen. Die Bundesanstalt kann darüber hinaus alleine oder mit anderen Trägern Einrichtungen errichten, die als Modell für andere Träger dienen.

§ 251 Anordnungsermächtigung
Die Bundesanstalt wird ermächtigt, durch Anordnung das Nähere über Voraussetzungen, Art, Umfang und Verfahren der Förderung zu bestimmen.

Dritter Abschnitt
Förderung von Jugendwohnheimen

§ 252 Grundsatz
Träger von Jugendwohnheimen können durch Darlehen und Zuschüsse gefördert werden, wenn dies zum Ausgleich auf dem Ausbildungsstellenmarkt und zur Förderung der Berufsausbildung erforderlich ist und die Träger sich in angemessenem Umfang an den Kosten beteiligen. Leistungen können erbracht werden für den Aufbau, die Erweiterung, den Umbau und Ausstattung von Jugendwohnheimen.

§ 253 Anordnungsermächtigung
Die Bundesanstalt wird ermächtigt, durch Anordnung das Nähere über Voraussetzungen, Art, Umfang und Verfahren der Förderung zu bestimmen.

Vierter Abschnitt
Zuschüsse zu Sozialplanmaßnahmen

§ 254 Grundsatz
Die in einem Sozialplan vorgesehenen Maßnahmen, die der Eingliederung von ohne die Förderung nicht oder nicht dauerhaft in den Arbeitsmarkt einzugliedernden Arbeitnehmern dienen, können durch Zuschüsse gefördert werden, wenn anstelle dieser Maßnahmen für diese Arbeitnehmer voraussichtlich andere Leistungen der aktiven Arbeitsförderung zu erbringen wären.

§ 255 Förderungsfähige Maßnahme
(1) Eine Maßnahme ist förderungsfähig, wenn
1. die in der Maßnahme zu fördernden Arbeitnehmer infolge einer geplanten Betriebsänderung von Arbeitslosigkeit bedroht sind,
2. über die Betriebsänderung ein Interessenausgleich nach § 112 des Betriebsverfassungsgesetzes versucht worden ist,
3. für die zu fördernden Arbeitnehmer ein Sozialplan mit dem Betriebsrat vereinbart worden ist,
4. die im Sozialplan vorgesehene Maßnahme nach Art, Umfang und Inhalt zur Eingliederung der Arbeitnehmer arbeitsmarktlich zweckmäßig ist und nach den Grundsätzen der Sparsamkeit und Wirtschaftlichkeit geplant ist,
5. der Unternehmer im Rahmen des Sozialplans in angemessenem Umfang Mittel zur Finanzierung der Eingliederungsmaßnahme zur Verfügung stellt und
6. die Durchführung der Maßnahme gesichert ist.
(2) Eine Förderung ist ausgeschlossen, wenn
1. die Maßnahme überwiegend betrieblichen Interessen dient,
2. die Maßnahme den gesetzlichen Zielen der Arbeitsförderung zuwiderläuft oder
3. der Sozialplan ein Wahlrecht für den einzelnen Arbeitnehmer zwischen Abfindung und Eingliederungsmaßnahme vorsieht.
(3) Für Maßnahmen, die in einem außerhalb des Anwendungsbereichs des Betriebsverfassungsgesetzes vereinbarten Sozialplan oder in einer sozialplanähnlichen Vereinbarung vorgesehen sind, gelten die Absätze 1 und 2 entsprechend.

§ 256 Beratung und Vorabentscheidung
(1) Das Landesarbeitsamt berät den Unternehmer und den Betriebsrat auf Verlangen über die Förderungsmöglichkeiten von Eingliederungsmaßnahmen im Rahmen der Sozialplanverhandlungen.
(2) Auf Antrag des Unternehmers entscheidet das Landesarbeitsamt im voraus, ob und unter welchen Voraussetzungen eine Maßnahme gefördert werden kann.

§ 257 Zuschuß
(1) Als Zuschuß kann ein Betrag geleistet werden, der in einem angemessenen Verhältnis zu den durch die Maßnahme entstehenden Gesamtkosten und zur Dauer der Maßnahme steht. Hierbei ist zu berücksichtigen, in welchem Umfang der Sozialplan Mittel zur Eingliederung von Arbeitnehmern anstelle von Abfindungen vorsieht.
(2) Als Zuschuß kann höchstens ein Betrag geleistet werden, der sich errechnet, indem die Zahl der Teilnehmer zu Beginn der Maßnahme mit den durchschnittlichen jährlichen Aufwendungen an Arbeitslosengeld je Bezieher von Arbeitslosengeld des Kalenderjahres, in dem die Maßnahme beginnt, vervielfacht wird.

§ 258 Verhältnis zu anderen Leistungen der aktiven Arbeitsförderung
Während der Eingliederungsmaßnahme sind für die Teilnehmer andere Leistungen der aktiven Arbeitsförderung mit gleichartiger Zielsetzung ausgeschlossen.

§ 259 Anordnungsermächtigung
Die Bundesanstalt wird ermächtigt, durch Anordnung das Nähere über Voraussetzungen, Art, Umfang und Verfahren der Förderung zu bestimmen.

Fünfter Abschnitt
Förderung von Arbeitsbeschaffungsmaßnahmen

§ 260 Grundsatz
(1) Träger von Arbeitsbeschaffungsmaßnahmen können für die Beschäftigung von zugewiesenen Arbeitnehmern durch Zuschüsse und Darlehen gefördert werden, wenn
1. in den Maßnahmen zusätzliche und im öffentlichen Interesse liegende Arbeiten durchgeführt werden und
2. die Träger oder durchführenden Unternehmen Arbeitsverhältnisse mit vom Arbeitsamt zugewiesenen förderungsbedürftigen Arbeitnehmern begründen, die durch die Arbeit beruflich stabilisiert oder qualifiziert und deren Eingliederungaussichten dadurch verbessert werden können.

(2) Maßnahmen sind bevorzugt zu fördern, wenn
1. durch sie die Voraussetzungen für die Schaffung von Dauerarbeitsplätzen erheblich verbessert werden,
2. durch sie Arbeitsgelegenheiten für Arbeitnehmer mit besonderen Vermittlungserschwernissen geschaffen werden oder
3. sie strukturverbessernde Arbeiten vorbereiten oder ergänzen, die soziale Infrastruktur verbessern oder der Verbesserung der Umwelt dienen.

§ 261 Förderungsfähige Maßnahmen
(1) Maßnahmen sind förderungsfähig, wenn die in ihnen verrichteten Arbeiten zusätzlich sind und im öffentlichen Interesse liegen.
(2) Arbeiten sind zusätzlich, wenn sie ohne die Förderung nicht oder erst zu einem späteren Zeitpunkt durchgeführt werden. Arbeiten, die auf Grund einer rechtlichen Verpflichtung durchzuführen sind oder die üblicherweise von juristischen Personen des öffentlichen Rechts durchgeführt werden, sind nur förderungsfähig, wenn sie ohne die Förderung voraussichtlich erst nach zwei Jahren durchgeführt werden.
(3) Arbeiten liegen im öffentlichen Interesse, wenn das Arbeitsergebnis der Allgemeinheit dient. Arbeiten, deren Ergebnis überwiegend erwerbswirtschaftlichen Interessen oder den Interessen eines begrenzten Personenkreises dienen, liegen nicht im öffentlichen Interesse. Das Vorliegen des öffentlichen Interesses wird nicht allein dadurch ausgeschlossen, daß das Arbeitsergebnis auch den in der Maßnahme beschäftigten Arbeitnehmern zugute kommt, wenn sichergestellt ist, daß die Arbeiten nicht zu einer Bereicherung einzelner führen.
(4) Die Förderungsfähigkeit einer Maßnahme wird nicht dadurch ausgeschlossen, daß sie Zeiten einer begleitenden beruflichen Qualifizierung oder eines betrieblichen Praktikums enthält, wenn hierdurch die Eingliederungsaussichten der zugewiesenen Arbeitnehmer erheblich verbessert werden. Die Zeiten einer begleitenden beruflichen Qualifizierung dürfen 20 Prozent, die Zeiten eines betrieblichen Praktikums 40 Prozent und zusammen 50 Prozent der Zuweisungsdauer eines Arbeitnehmers nicht überschreiten.

§ 262 Vergabe von Arbeiten
(1) Maßnahmen im gewerblichen Bereich sind nur förderungsfähig, wenn sie an ein Wirtschaftsunternehmen vergeben werden. Eine Maßnahme kann jedoch in eigener Regie des Trägers durchgeführt werden, wenn
1. sie sinnvoll nur sozialpädagogisch betreut durchgeführt werden kann oder Qualifizierungs- oder Praktikumsanteile von mindestens 20 Prozent der Zuweisungsdauer enthält,
2. überwiegend Arbeitnehmer zugewiesen werden, die behindert sind oder bei Beginn der Maßnahme das 25. Lebensjahr noch nicht vollendet und die keine abgeschlossene Berufsausbildung haben oder die das 50. Lebensjahr vollendet haben, oder
3. eine Vergabe an ein Wirtschaftsunternehmen aufgrund von fehlendem Interesse des in Frage kommenden Wirtschaftszweiges nicht möglich oder die Vergabe wirtschaftlich nicht zumutbar ist; dabei sind die für diesen Bereich nach Landesrecht zuständige Behörde und der jeweils zuständige Fachverband zu beteiligen.

Eine Maßnahme darf nicht in eigener Regie des Trägers durchgeführt werden, wenn in dem in Frage kommenden Wirtschaftszweig und dem regional betroffenen Arbeitsmarkt die Zahl der durch Arbeitsbeschaffungsmaßnahmen geförderten Arbeitnehmer bereits unverhältnismäßig hoch im Vergleich zu der Zahl der in dem Wirtschaftszweig tätigen nicht geförderten Arbeitnehmer ist.
(2) Ist bei der Durchführung einer Maßnahme die Vergabe eines öffentlichen Auftrags an ein Wirtschaftsunternehmen vorgesehen, kann die Zuweisung geförderter Arbeitnehmer nichtdiskriminierend für alle Bewerber als vertragliche Nebenbedingung aufgenommen werden.

§ 263 Förderungsbedürftige Arbeitnehmer
(1) Arbeitnehmer sind förderungsbedürftig, wenn sie
1. langzeitarbeitslos sind oder innerhalb der letzten zwölf Monate vor der Zuweisung mindestens sechs Monate beim Arbeitsamt arbeitslos gemeldet waren und
2. die Voraussetzungen für Entgeltersatzleistungen bei Arbeitslosigkeit, bei beruflicher Weiterbildung oder bei beruflicher Eingliederung Behinderter erfüllen.

(2) Das Arbeitsamt kann unabhängig vom Vorliegen der Voraussetzungen nach Absatz 1 die Förderungsbedürftigkeit von Arbeitnehmern feststellen, wenn
1. dadurch fünf Prozent der Zahl aller in dem Haushaltsjahr zugewiesenen Teilnehmer in Arbeitsbeschaffungsmaßnahmen nicht überschritten werden,
2. die Arbeitnehmer in den letzten sechs Monaten mindestens drei Monate beim Arbeitsamt arbeitslos gemeldet waren und ihre Zuweisung wegen der Wahrnehmung von Anleitungs- oder Betreuungsaufgaben für die Durchführung der Maßnahme notwendig ist,
3. die Arbeitnehmer bei Beginn der Maßnahme das 25. Lebensjahr noch nicht vollendet und keine abgeschlossene Berufsausbildung haben und die Maßnahme mit einer berufsvorbereitenden Bildungsmaßnahme verbunden ist oder
4. die Arbeitnehmer wegen Art oder Schwere ihrer Behinderung nur durch Zuweisung in die Maßnahme beruflich stabilisiert oder qualifiziert werden können.

§ 264 Zuschüsse
(1) Zuschüsse können zum berücksichtigungsfähigen Arbeitsentgelt eines zugewiesenen Arbeitnehmers erbracht werden.
(2) Der Zuschuß soll mindestens 30 Prozent des berücksichtigungsfähigen Arbeitsentgelts betragen und darf regelmäßig 75 Prozent des berücksichtigungsfähigen Arbeitsentgelts nicht übersteigen.
(3) Der Zuschuß darf 90 Prozent des berücksichtigungsfähigen Arbeitsentgelts betragen, wenn
1. der Arbeitnehmer besonders förderungsbedürftig ist und
2. der Träger finanziell nicht in der Lage ist, einen höheren Teil des berücksichtigungsfähigen Arbeitsentgelts zu übernehmen.

In besonderen Ausnahmefällen, insbesondere bei Maßnahmen, die bevorzugt zu fördern sind, darf der Zuschuß auch bis zu 100 Prozent des berücksichtigungsfähigen Arbeitsentgelts betragen. Ist eine Maßnahme auf die Beschäftigung besonders förderungsbedürftiger Arbeitnehmer ausgerichtet, kann der Zuschuß für alle zugewiesenen Arbeitnehmer nach einem einheitlichen Prozentsatz bemessen werden.
(4) Der Zuschuß kann zu Beginn der Maßnahme für jeweils ein Jahr oder für die Förderungsdauer, wenn diese kürzer als ein Jahr ist, in monatlichen Festbeträgen festgelegt werden. Sie werden nur angepaßt, wenn sich das berücksichtigungsfähige Arbeitsentgelt verringert.

§ 265 Berücksichtigungsfähiges Arbeitsentgelt
(1) Arbeitsentgelt ist berücksichtigungsfähig, soweit es 80 Prozent des bis zu einer Obergrenze von 150 Prozent der Bezugsgröße nach § 18 des Vierten Buches maßgeblichen Arbeitsentgelts für eine gleiche oder vergleichbare ungeförderte Tätigkeit, höchstens jedoch 80 Prozent des tariflichen Arbeitsentgelts, nicht übersteigt. Arbeitsentgelt, das auf Grundlage abgesenkter Einstiegstarife für Langzeitarbeitslose gezahlt wird, ist bis zu 90 Prozent dieses Betrages berücksichtigungsfähig. Arbeitsentgelt ist bis zu 100 Prozent des Arbeitsentgelts für eine gleiche oder vergleichbare ungeförderte Tätigkeit, höchstens jedoch 100 Prozent des tariflichen Arbeitsentgelts berücksichtigungsfähig, soweit das nach Satz 1 und 2 berücksichtigungsfähige Arbeitsentgelt 50 Prozent der Bezugsgröße nach § 18 des Vierten Buches unterschreitet. Berücksichtigungsfähiges Arbeitsentgelt sind auch die hierauf entfallenden pauschalierten Beitragsanteile des Arbeitgebers zur Sozialversicherung und zur Arbeitsförderung sowie die pauschalierten Beiträge des Arbeitgebers, die er im Rahmen eines Ausgleichssystems für die Entgeltfortzahlung im Krankheitsfalle und für die Zahlung von Urlaubsentgelt zu leisten hat.
(2) Für Zeiten ohne Arbeitsleistung ist Arbeitsentgelt nur berücksichtigungsfähig, wenn der Arbeitnehmer
1. auf Grund einer gesetzlichen Vorschrift oder tarifvertraglichen Vereinbarung einen Anspruch auf Fortzahlung des Arbeitsentgelts für diese Zeiten hat oder
2. an einer im Rahmen der Arbeitsbeschaffungsmaßnahme förderungsfähigen begleitenden beruflichen Qualifizierung oder einem betrieblichen Praktikum teilnimmt.

Das berücksichtigungsfähige Arbeitsentgelt mindert sich um das Arbeitsentgelt, das dem Arbeitgeber auf Grund eines Ausgleichssystems erstattet wird.

§ 266 Verstärkte Förderung
(1) Zusätzliche Zuschüsse und Darlehen können erbracht werden, wenn
1. die Finanzierung einer Maßnahme auf andere Weise nicht erreicht werden kann,

2. an der Durchführung der Arbeiten ein besonderes arbeitsmarktpolitisches Interesse besteht und
3. das Land, in dem die Maßnahme durchgeführt wird, Darlehen und Zuschüsse in gleicher Höhe und zu vergleichbar günstigen Bedingungen erbringt

oder die zusätzliche Förderung zum Ausgleich von Mehraufwendungen des Trägers bei einer Vergabe der Arbeiten erforderlich ist. Die zusätzlichen Zuschüsse und Darlehen dürfen zusammen 30 Prozent der Gesamtkosten einer Maßnahme nicht übersteigen; hiervon kann im Einzelfall abgewichen werden, wenn die Arbeitsverhältnisse mit zugewiesenen Arbeitnehmern vor Ablauf der Förderungsdauer beendet werden, ohne daß der Träger dies zu vertreten hätte, und eine Ersatzzuweisung nicht möglich oder nicht sinnvoll ist.

(2) Im übrigen können Darlehen erbracht werden, wenn
1. die Maßnahme sonst nicht oder nicht in einem arbeitsmarktpolitisch erforderlichen Umfang durchgeführt werden kann,
2. in der Maßnahme überwiegend besonders förderungsbedürftige Arbeitnehmer beschäftigt werden und
3. sich der Träger oder ein Dritter angemessen an der Finanzierung der Gesamtkosten der Maßnahme beteiligt.

§ 267 Dauer der Förderung
(1) Die Förderung darf in der Regel nur zwölf Monate dauern.
(2) Die Förderung darf bis zur Gesamtdauer von 24 Monaten verlängert werden, wenn die Maßnahme bevorzugt zu fördern ist. In besonderen Ausnahmefällen darf die Förderungsdauer bereits zu Beginn der Maßnahme auf mehr als zwölf Monate festgesetzt werden.
(3) Eine bevorzugt zu fördernde Maßnahme darf bis zur Gesamtdauer von 36 Monaten verlängert werden, wenn der Träger die Verpflichtung übernimmt, daß die zugewiesenen Arbeitnehmer anschließend in ein Dauerarbeitsverhältnis bei ihm oder dem durchführenden Unternehmen übernommen werden.
(4) Die Förderung von Maßnahmen für arbeitslose Ausbilder und Betreuer, die der beruflichen Ausbildung dienen, darf bis zum Ende der Ausbildungsverhältnisse dauern.
(5) Eine Maßnahme kann ohne zeitliche Unterbrechung wiederholt gefördert werden, wenn sie darauf ausgerichtet ist,
1. während einer längeren Dauer Arbeitsplätze für wechselnde besonders förderungsbedürftige Arbeitnehmer zu schaffen und
2. die Eingliederungaussichten dieser Arbeitnehmer erheblich zu verbessern.

§ 268 Rückzahlung
Die im Rahmen der Verlängerung einer Förderung erbrachten Zuschüsse sind zurückzuzahlen, wenn die vom Träger bei Antragstellung abgegebene Verpflichtung zur Übernahme eines zugewiesenen Arbeitnehmers in ein Dauerarbeitsverhältnis nicht erfüllt wird oder das Arbeitsverhältnis innerhalb von zwölf Monaten nach Ende des Förderzeitraums beendet wird. Dies gilt nicht,
1. der Arbeitgeber bei Beendigung des Beschäftigungsverhältnisses berechtigt war, das Arbeitsverhältnis aus wichtigem Grund ohne Einhaltung einer Kündigungsfrist zu kündigen,
2. die Beendigung des Arbeitsverhältnisses auf das Bestreben des Arbeitnehmers hin erfolgt, ohne daß der Arbeitgeber den Grund hierfür zu vertreten hat,
3. der Arbeitnehmer das für ihn maßgebliche Rentenalter für eine Altersrente erreicht hat oder
4. es für den Arbeitgeber bei einer Ersatzzuweisung während des dritten Förderjahres unter Würdigung der Umstände des Einzelfalles unzumutbar wäre, den zuletzt zugewiesenen Arbeitnehmer anstelle des zuvor zugewiesenen Arbeitnehmers im Anschluß an die Förderung in ein Dauerarbeitsverhältnis zu übernehmen.

§ 269 Zuweisung und Abberufung
(1) Das Arbeitsamt kann einen förderungsbedürftigen Arbeitnehmer für die Dauer der Förderung in die Maßnahme zuweisen.
(2) Das Arbeitsamt soll einen zugewiesenen Arbeitnehmer abberufen, wenn es ihm einen zumutbaren Ausbildungs- oder Arbeitsplatz vermittelt oder ihn durch eine zumutbare Berufsausbildung oder

Maßnahme der beruflichen Weiterbildung fördern kann. Eine Abberufung soll jedoch nicht erfolgen, wenn
1. der zugewiesene Arbeitnehmer im Anschluß an die Förderung in ein Dauerarbeitsverhältnis beim Träger oder beim durchführenden Unternehmen übernommen wird oder
2. die Dauer der zu vermittelnden Arbeit kürzer als die Restdauer der Zuweisung oder kürzer als sechs Monate ist.

Das Arbeitsamt kann einen zugewiesenen Arbeitnehmer auch abberufen, wenn dieser einer Einladung zur Berufsberatung trotz Belehrung über die Rechtsfolgen ohne wichtigen Grund nicht nachkommt.

§ 270 Besondere Kündigungsrechte
(1) Das Arbeitsverhältnis kann vom Arbeitnehmer ohne Einhaltung einer Frist gekündigt werden, wenn er
1. eine Ausbildung oder Arbeit aufnehmen kann,
2. an einer Maßnahme der Berufsausbildung oder der beruflichen Weiterbildung teilnehmen kann oder
3. aus der Arbeitsbeschaffungsmaßnahme abberufen wird.

(2) Das Arbeitsverhältnis kann vom Arbeitgeber ohne Einhaltung einer Frist gekündigt werden, wenn der Arbeitnehmer abberufen wird.

§ 271 Anordnungsermächtigung
Die Bundesanstalt wird ermächtigt, durch Anordnung das Nähere über Voraussetzungen, Art, Umfang und Verfahren der Förderung zu bestimmen. Sie kann insbesondere für die Berücksichtigungsfähigkeit von Arbeitsentgelten eine niedrigere Obergrenze festsetzen und Leistungen zur Abgeltung nicht gewährten Urlaubs in die Förderung einbeziehen. Sie kann ferner zur pauschalen Abgeltung der Beitragsanteile und Beiträge nach § 265 Abs. 1 bundeseinheitlich Prozentsätze festsetzen und bekanntgeben.

Sechster Abschnitt
Förderung von Strukturanpassungsmaßnahmen

§ 272 Grundsatz
Träger von Strukturanpassungsmaßnahmen können für die Beschäftigung von zugewiesenen Arbeitnehmern bis zum 31. Dezember 2002 durch Zuschüsse gefördert werden, wenn die Träger oder durchführenden Unternehmen Arbeitsverhältnisse mit vom Arbeitsamt zugewiesenen förderungsbedürftigen Arbeitnehmern begründen und
1. die Durchführung der Maßnahme dazu beiträgt, neue Arbeitsplätze zu schaffen, oder
2. dies zum Ausgleich von Arbeitsplatzverlusten erforderlich ist, die infolge von Personalanpassungsmaßnahmen in einem erheblichen Umfang entstanden sind oder entstehen und sich auf den örtlichen Arbeitsmarkt erheblich nachteilig auswirken.

§ 273 Förderungsfähige Maßnahmen
Förderungsfähig sind Maßnahmen zur
1. Erhaltung und Verbesserung der Umwelt,
2. Verbesserung des Angebots bei den sozialen Diensten und in der Jugendhilfe,
3. Erhöhung des Angebots im Breitensport und in der freien Kulturarbeit,
4. Vorbereitung und Durchführung der Denkmalpflege, der städtebaulichen Erneuerung und des städtebaulichen Denkmalschutzes,
5. Verbesserung des Wohnumfeldes und
6. Verbesserung der wirtschaftsnahen Infrastruktur einschließlich der touristischen Infrastruktur.

Die Maßnahmen nach Satz 1 Nr. 4 bis 6 sind mit Ausnahme der Maßnahmen zur Vorbereitung der Denkmalpflege und zur Verbesserung der touristischen Infrastruktur nur förderungsfähig, wenn die Arbeiten an ein Wirtschaftsunternehmen vergeben werden.

§ 274 Förderungsbedürftige Arbeitnehmer
(1) Arbeitnehmer sind förderungsbedürftig, wenn sie
1. arbeitslos geworden oder von Arbeitslosigkeit bedroht sind,

2. vor der Zuweisung die Voraussetzungen für Arbeitslosengeld oder Arbeitslosenhilfe erfüllt haben oder bei Arbeitsosigkeit erfüllt hätten oder die Voraussetzungen für Anschlußunterhaltsgeld oder Anschlußübergangsgeld erfüllen und
3. ohne die Zuweisung auf absehbare Zeit nicht in Arbeit vermittelt werden können.

(2) Der Anteil der Arbeitnehmer, die unmittelbar vor der Zuweisung Arbeitslosenhilfe bezogen haben, an den zugewiesenen Arbeitnehmern hat mindestens dem Anteil der Arbeitslosenhilfebezieher an der Gesamtzahl der Bezieher von Arbeitslosengeld und Arbeitslosenhilfe zu entsprechen. Bei der Berechnung des Anteils nach Satz 1 bleiben außer Betracht
1. Arbeitnehmer in Maßnahmen, die in einem nicht unerheblichen Umfang von einem Wirtschaftsunternehmen mitfinanziert werden und der sozialverträglichen Begleitung von Personalanpassungsmaßnahmen dieses Unternehmens dienen,
2. Arbeitnehmer mit Anleitungs- oder Betreuungsaufgaben, deren Zuweisung für die Durchführung der Maßnahme notwendig ist, und
3. Arbeitnehmer, bei denen der Träger die Verpflichtung übernimmt, daß sie anschließend in ein Dauerarbeitsverhältnis bei ihm oder dem durchführenden Unternehmen übernommen werden.

§ 275 Höhe der Förderung
(1) Der Zuschuß wird höchstens in Höhe des Betrags erbracht, der sich für den einzelnen zugewiesenen Arbeitnehmer nach den durchschnittlichen monatlichen Aufwendungen an Arbeitslosengeld und Arbeitslosenhilfe einschließlich der Beiträge zur Sozialversicherung aller Empfänger von Arbeitslosengeld und Arbeitslosenhilfe des Kalenderjahres errechnet. Der Zuschuß wird an den kalenderjährlich neu nach Satz 1 errechneten Betrag nicht angepaßt.
(2) Der Zuschuß darf die bei der Förderung von Arbeitsbeschaffungsmaßnahmen für die zugewiesenen Arbeitnehmer berücksichtigungsfähigen Arbeitsentgelte nicht übersteigen. Ist die Arbeitszeit eines zugewiesenen Arbeitnehmers gegenüber der Arbeitszeit eines vergleichbaren, mit voller Arbeitszeit beschäftigten Arbeitnehmers herabgesetzt, ist der Zuschuß entsprechend zu kürzen.

§ 276 Dauer der Förderung
(1) Die Förderung darf in der Regel nur 36 Monate dauern.
(2) Die Förderung darf bis zur Gesamtdauer von 48 Monaten verlängert werden, wenn der Träger die Verpflichtung übernimmt, daß die zugewiesenen Arbeitnehmer anschließend in ein Dauerarbeitsverhältnis bei ihm oder dem durchführenden Unternehmen übernommen werden.

§ 277 Zuweisung
Das Arbeitsamt kann einen förderungsbedürftigen Arbeitnehmer für die Dauer der Förderung in die Maßnahme zuweisen. Eine Zuweisung ist ausgeschlossen, soweit der Arbeitnehmer bereits in eine andere Strukturanpassungsmaßnahme oder in eine andere vergleichbare Maßnahme zugewiesen wurde und die für ihn maßgebliche Zuweisungshöchstdauer hierbei ausgeschöpft wurde.

§ 278 Anwendung anderer Vorschriften
Die Vorschriften zur Förderung von Arbeitsbeschaffungsmaßnahmen über die begleitende berufliche Qualifizierung oder betriebliche Praktika der zugewiesenen Arbeitnehmer, die Kündigung des Arbeitsverhältnisses, die Abberufung durch das Arbeitsamt, die Vergabe der Arbeiten und die Rückzahlung erbrachter Zuschüsse sind entsprechend anzuwenden.

§ 279 Anordnungsermächtigung
Die Bundesanstalt wird ermächtigt, durch Anordnung das Nähere über Voraussetzungen, Art, Umfang und Verfahren der Förderung zu bestimmen.

Siebtes Kapitel
Weitere Aufgaben der Bundesanstalt

Erster Abschnitt
Statistiken, Arbeitsmarkt- und Berufsforschung, Berichterstattung

§ 280 Aufgaben
Die Bundesanstalt hat Lage und Entwicklung der Beschäftigung und des Arbeitsmarktes im allgemeinen und nach Berufen, Wirtschaftszweigen und Regionen sowie die Wirkungen der aktiven Arbeitsförderung zu beobachten, zu untersuchen und auszuwerten, indem sie
1. Statistiken erstellt,
2. Arbeitsmarkt- und Berufsforschung betreibt und
3. Bericht erstattet.

§ 281 Arbeitsmarktstatistiken
Die Bundesanstalt hat aus den in ihrem Geschäftsbereich anfallenden Daten Statistiken, insbesondere über Beschäftigung und Arbeitslosigkeit der Arbeitnehmer und über die Leistungen der Arbeitsförderung, zu erstellen. Sie hat auf der Grundlage der Meldungen nach § 28 a des Vierten Buches eine Statistik der sozialversicherungspflichtig Beschäftigten zu führen.

§ 282 Arbeitsmarkt- und Berufsforschung
(1) Die Bundesanstalt hat bei der Festlegung von Inhalt, Art und Umfang der Arbeitsmarkt- und Berufsforschung ihren eigenen Informationsbedarf und den des Bundesministeriums für Arbeit und Sozialordnung zu berücksichtigen. Sie hat den Forschungsbedarf mindestens in jährlichen Zeitabständen mit dem Bundesministerium für Arbeit und Sozialordnung abzustimmen.
(2) Innerhalb der Bundesanstalt dürfen die Daten aus ihrem Geschäftsbereich dem Institut für Arbeitsmarkt- und Berufsforschung zur Verfügung gestellt und dort für dessen Zwecke genutzt und verarbeitet werden. Das Institut für Arbeitsmarkt- und Berufsforschung darf ergänzend Erhebungen ohne Auskunftspflicht der zu Befragenden durchführen, wenn sich die Informationen nicht bereits aus den im Geschäftsbereich der Bundesanstalt vorhandenen Daten oder aus anderen statistischen Quellen gewinnen lassen. Das Institut, das räumlich, organisatorisch und personell vom Verwaltungsbereich der Bundesanstalt zu trennen ist, hat die Daten vor unbefugter Kenntnisnahme durch Dritte zu schützen. Die Daten dürfen nur für den Zweck der wissenschaftlichen Forschung genutzt werden. Die personenbezogenen Daten sind zu anonymisieren, sobald dies nach dem Forschungszweck möglich ist. Bis dahin sind die Merkmale gesondert zu speichern, mit denen Einzelangaben über persönliche oder sachliche Verhältnisse einer bestimmten oder bestimmbaren Person zugeordnet werden können. Das Statistische Bundesamt und die statistischen Ämter der Länder dürfen dem Institut für Arbeitsmarkt- und Berufsforschung Daten entsprechend § 16 Abs. 6 des Bundesstatistikgesetzes übermitteln.
(3) Das Institut hat die nach den §§ 28 a und 104 des Vierten Buches gemeldeten und der Bundesanstalt weiter übermittelten Daten der in der Bundesrepublik Deutschland Beschäftigten ohne Vor- und Zunamen nach der Versicherungsnummer langfristig in einer besonders geschützten Datei zu speichern. Die in dieser Datei gespeicherten Daten dürfen nur für Zwecke der wissenschaftlichen Forschung, der Arbeitsmarktstatistik und der nicht einzelfallbezogenen Planung verarbeitet und genutzt werden. Sie sind zu anonymisieren, sobald dies mit dem genannten Zweck vereinbar ist.

§ 282 a Übermittlung von Daten
(1) Die Bundesanstalt ist berechtigt, dem Statistischen Bundesamt und den statistischen Ämtern der Länder anonymisierte Einzeldaten zu sozialversicherungspflichtig Beschäftigten zu übermitteln, soweit diese Daten dort für die Erstellung der Erwerbstätigenstatistiken erforderlich sind.
(2) Das Statistische Bundesamt und die statistischen Ämter der Länder sind berechtigt, der zur Durchführung ausschließlich statistischer Aufgaben zuständigen Stelle der Bundesanstalt nach Gemeinden zusammengefaßte statistische Daten über Selbständige, mithelfende Familienangehörige, Beamte und geringfügig Beschäftigte zu übermitteln, soweit sie für die Berechnung von Arbeitslosenquoten im Rahmen der Arbeitsmarktstatistik erforderlich sind. Diese Daten dürfen bei der Bundesanstalt ausschließlich für statistische Zwecke durch eine von Verwaltungsaufgaben räumlich, organisatorisch und personell getrennte Einheit genutzt werden.

(3) Für die Verwendung gegenüber den gesetzgebenden Körperschaften und für Zwecke der Planung, jedoch nicht für die Regelung von Einzelfällen, dürfen den obersten Bundes- oder Landesbehörden von der Bundesanstalt Tabellen der Arbeitsmarktstatistiken übermittelt werden, auch soweit Tabellenfelder nur einen einzigen Fall ausweisen.
(4) Auf die übermittelten Daten und Tabellen finden die Geheimhaltungsnormen des § 16 des Bundesstatistikgesetzes entsprechende Anwendung.
(5) Bedarf die Übermittlung einer Datenaufbereitung in erheblichem Umfang, ist über die Daten- oder Tabellenübermittlung eine schriftliche Vereinbarung zu schließen, die eine Regelung zur Erstattung der durch die Aufbereitung entstehenden Kosten vorsehen kann.

§ 283 Arbeitsmarktberichterstattung, Weisungsrecht
(1) Die Bundesanstalt hat die Arbeitsmarktstatistiken und die Ergebnisse der Arbeitsmarkt- und Berufsforschung dem Bundesministerium für Arbeit und Sozialordnung vorzulegen und in geeigneter Form zu veröffentlichen. Sie hat zu gewährleisten, daß bei der Wahrnehmung der Aufgaben dieses Abschnitts auch einem kurzfristigen arbeitsmarktpolitischen Informationsbedarf der Bundesanstalt und des Bundesministeriums für Arbeit und Sozialordnung entsprochen werden kann.
(2) Das Bundesministerium für Arbeit und Sozialordnung kann Art und Umfang sowie Tatbestände und Merkmale der Statistiken und der Arbeitsmarktberichterstattung näher bestimmen und der Bundesanstalt entsprechende fachliche Weisungen erteilen.

Zweiter Abschnitt
Erteilung von Genehmigungen und Erlaubnissen
Erster Unterabschnitt
Ausländerbeschäftigung

§ 284 Genehmigungspflicht
(1) Ausländer dürfen eine Beschäftigung nur mit Genehmigung des Arbeitsamtes ausüben und von Arbeitgebern nur beschäftigt werden, wenn sie eine solche Genehmigung besitzen. Einer Genehmigung bedürfen nicht
1. Ausländer, denen nach den Rechtsvorschriften der Europäischen Gemeinschaften oder nach dem Abkommen über den Europäischen Wirtschaftsraum Freizügigkeit zu gewähren ist,
2. Ausländer, die eine unbefristete Aufenthaltserlaubnis oder eine Aufenthaltsberechtigung besitzen, und
3. andere Ausländer, wenn dies in zwischenstaatlichen Vereinbarungen, auf Grund eines Gesetzes oder durch Rechtsverordnung bestimmt ist.

(2) Die Genehmigung ist vor der Aufnahme der Beschäftigung einzuholen.
(3) Der Arbeitgeber, bei dem ein Ausländer beschäftigt werden soll, der dafür eine Genehmigung benötigt, hat Auskunft über Arbeitsentgelt, Arbeitszeiten und sonstige Arbeitsbedingungen zu erteilen.
(4) Die Genehmigung wird als Arbeitserlaubnis erteilt, wenn nicht Anspruch auf die Erteilung als Arbeitsberechtigung besteht.
(5) Die Genehmigung darf nur erteilt werden, wenn der Ausländer eine Aufenthaltsgenehmigung nach § 5 des Ausländergesetzes besitzt, soweit durch Rechtsverordnung nichts anderes bestimmt ist, und wenn die Ausübung einer Beschäftigung nicht durch eine ausländerrechtliche Auflage ausgeschlossen ist.

§ 285 Arbeitserlaubnis
(1) Die Arbeitserlaubnis kann erteilt werden, wenn
1. sich durch die Beschäftigung von Ausländern nachteilige Auswirkungen auf den Arbeitsmarkt, insbesondere hinsichtlich der Beschäftigungsstruktur, der Regionen und der Wirtschaftszweige, nicht ergeben,
2. für die Beschäftigung deutsche Arbeitnehmer sowie Ausländer, die diesen hinsichtlich der Arbeitsaufnahme rechtlich gleichgestellt sind, nicht zur Verfügungen stehen, und
3. der Ausländer nicht zu ungünstigeren Arbeitsbedingungen als vergleichbare deutsche Arbeitnehmer beschäftigt wird.

Für eine Beschäftigung stehen deutsche Arbeitnehmer und diesen gleichgestellte Ausländer auch dann zur Verfügung, wenn sie nur mit Förderung des Arbeitsamtes vermittelt werden können.
(2) Die Arbeitserlaubnis kann abweichend von Absatz 1 Satz 1 Nr. 1 und 2 erteilt werden, soweit dies durch Rechtsverordnung oder in zwischenstaatlichen Vereinbarungen bestimmt ist.
(3) Ausländern, die ihren Wohnsitz oder gewöhnlichen Aufenthalt im Ausland haben und eine Beschäftigung im Bundesgebiet aufnehmen wollen, darf eine Arbeitserlaubnis nicht erteilt werden, soweit durch Rechtsverordnung nichts anderes bestimmt ist.
(4) Für die erstmalige Beschäftigung kann die Erteilung der Arbeitserlaubnis für einzelne Personengruppen durch Rechtsverordnung davon abhängig gemacht werden, daß sich der Ausländer unmittelbar vor der Antragstellung eine bestimmte Zeit, die fünf Jahre nicht überschreiten darf, erlaubt oder geduldet im Bundesgebiet aufgehalten hat oder vor einem bestimmten Zeitpunkt in den Geltungsbereich dieses Gesetzes eingereist ist.
(5) Die Arbeitserlaubnis kann befristet und auf bestimmte Betriebe, Berufsgruppen, Wirtschaftszweige oder Bezirke beschränkt werden.

§ 286 Arbeitsberechtigung
(1) Die Arbeitsberechtigung wird erteilt, wenn der Ausländer
1. eine Aufenthaltserlaubnis oder Aufenthaltsbefugnis besitzt und
    a) fünf Jahre rechtmäßig eine versicherungspflichtige Beschäftigung im Bundesgebiet ausgeübt hat oder
    b) sich seit sechs Jahren im Bundesgebiet ununterbrochen aufhält und
2. nicht zu ungünstigeren Arbeitsbedingungen als vergleichbare deutsche Arbeitnehmer beschäftigt wird.

Für einzelne Personengruppen können durch Rechtsverordnung Ausnahmen von Satz 1 Nr. 1 zugelassen werden.
(2) Auf die Beschäftigungszeit nach Absatz 1 Satz 1 Nr. 1 Buchstabe a werden nicht angerechnet Zeiten
1. einer Beschäftigung, die vor dem Zeitpunkt liegen, in dem der Ausländer aus dem Bundesgebiet unter Aufgabe seines gewöhnlichen Aufenthalts ausgereist war,
2. einer auf Grund einer Rechtsverordnung nach § 288 Abs. 1 Nr. 3 zeitlich begrenzten Beschäftigung sowie
3. einer Beschäftigung, für die der Ausländer auf Grund einer Rechtsverordnung nach § 288 Abs. 1 Nr. 7 oder auf Grund einer zwischenstaatlichen Vereinbarung von der Genehmigungspflicht für eine Beschäftigung befreit war.

(3) Die Arbeitsberechtigung wird unbefristet und ohne betriebliche, berufliche und regionale Beschränkungen erteilt, soweit durch Rechtsverordnung nichts anderes bestimmt ist.

§ 287 Arbeitserlaubnisgebühr
(1) Für die Erteilung einer Arbeitserlaubnis an ausländische Arbeitnehmer, die auf der Grundlage einer zwischenstaatlichen Vereinbarung über die Beschäftigung von Arbeitnehmern auf der Grundlage von Werkverträgen tätig werden, kann beim Arbeitgeber eine Gebühr (Arbeitserlaubnisgebühr) erhoben werden.
(2) Die Gebühr wird für die Aufwendungen erhoben, die im Zusammenhang mit der Durchführung der Vereinbarungen stehen. Bei der Festsetzung der Gebührenhöhe können auch Aufwendungen für Maßnahmen berücksichtigt werden, die der Überwachung der Einhaltung der Vereinbarungen dienen sollen. Die Bundesanstalt wird ermächtigt, durch Anordnung die gebührenpflichtigen Tatbestände für die Arbeitserlaubnisgebühr zu bestimmen und dabei feste Sätze vorzusehen.
(3) Der Arbeitgeber darf sich die Gebühr nach Absatz 1 und 2 von dem ausländischen Arbeitnehmer oder einem Dritten weder ganz noch teilweise erstatten lassen.
(4) Die Vorschriften des Verwaltungskostengesetzes sind anzuwenden.

§ 288 Verordnungsermächtigung und Weisungsrecht
(1) Das Bundesministerium für Arbeit und Sozialordnung kann durch Rechtsverordnung
1. Ausnahmen für die Erteilung einer Arbeitserlaubnis an Ausländer, die keine Aufenthaltsgenehmigung besitzen,
2. Ausnahmen für die Erteilung einer Arbeitserlaubnis unabhängig von der Arbeitsmarktlage,

3. Ausnahmen für die Erteilung einer Arbeitserlaubnis an Ausländer mit Wohnsitz oder gewöhnlichem Aufenthalt im Ausland,
4. die Voraussetzungen für die Erteilung einer Arbeitserlaubnis sowie das Erfordernis einer ärztlichen Untersuchung von Ausländern mit Wohnsitz oder gewöhnlichem Aufenthalt im Ausland mit deren Einwilligung für die erstmalige Beschäftigung,
5. das Nähere über Umfang und Geltungsdauer der Arbeitserlaubnis,
6. weitere Personengruppen, denen eine Arbeitsberechtigung erteilt wird, sowie die zeitliche, betriebliche, berufliche und regionale Beschränkung der Arbeitsberechtigung,
7. weitere Ausnahmen von der Genehmigungspflicht sowie
8. die Voraussetzungen für das Verfahren und die Aufhebung einer Genehmigung näher bestimmen.
(2) Das Bundesministerium für Arbeit und Sozialordnung kann der Bundesanstalt zur Durchführung der Bestimmungen dieses Unterabschnittes und der hierzu erlassenen Rechtsverordnungen sowie der von den Organen der Europäischen Gemeinschaften erlassenen Bestimmungen über den Zugang zum Arbeitsmarkt und der zwischenstaatlichen Vereinbarungen über die Beschäftigung von Arbeitnehmern Weisungen erteilen.

Zweiter Unterabschnitt
Beratung und Vermittlung durch Dritte

Erster Titel
Berufsberatung

§ 288 a Untersagung der Berufsberatung

(1) Das Arbeitsamt hat einer natürlichen oder juristischen Person oder Personengesellschaft, die Berufsberatung betreibt (Berufsberater), die Ausübung dieser Tätigkeit ganz oder teilweise zu untersagen, sofern dies zum Schutz der Ratsuchenden erforderlich ist. Bei einer juristischen Person oder Personengesellschaft kann auch einer von ihr für die Leitung des Betriebes bestellten Person die Ausübung der Tätigkeit ganz oder teilweise untersagt werden, sofern dies zum Schutz der Ratsuchenden erforderlich ist.
(2) Im Untersagungsverfahren hat die betreffende Person auf Verlangen des Arbeitsamtes
1. die Auskünfte zu erteilen, die zur Durchführung des Verfahrens erforderlich sind, und
2. die geschäftlichen Unterlagen vorzulegen, aus denen sich die Richtigkeit ihrer Angaben ergibt.
Sie kann die Auskunft auf solche Fragen verweigern, deren Beantwortung sie selbst oder einen in § 383 Abs. 1 Nr. 1 bis 3 der Zivilprozeßordnung bezeichneten Angehörigen der Gefahr strafrechtlicher Verfolgung oder eines Verfahrens nach dem Gesetz über Ordnungswidrigkeiten aussetzen würde.
(3) Soweit es zur Durchführung der Überprüfung erforderlich ist, sind die vom Arbeitsamt beauftragten Personen befugt, Geschäftsräume der betreffenden Person während der üblichen Geschäftszeiten zu betreten. Die Person hat Maßnahmen nach Satz 1 zu dulden.
(4) Untersagt das Arbeitsamt die Ausübung der Berufsberatung, so hat es die weitere Ausübung dieser Tätigkeit nach den Vorschriften des Verwaltungs-Vollstreckungsgesetzes zu verhindern.

§ 289 Offenbarungspflicht

Der Berufsberater, der die Interessen eines Arbeitgebers oder einer Einrichtung wahrnimmt, ist verpflichtet, dem Ratsuchenden deren Identität mitzuteilen; er hat darauf hinzuweisen, daß sich die Interessenwahrnehmung auf die Beratungstätigkeit auswirken kann. Die Pflicht zur Offenbarung besteht auch, wenn der Berufsberater zu einer Einrichtung Verbindungen unterhält, deren Kenntnis für die Ratsuchenden zur Beurteilung einer Beratung von Bedeutung sein kann.

§ 290 Vergütungen

Für eine Berufsberatung dürfen Vergütungen vom Ratsuchenden nur dann verlangt oder entgegengenommen werden, wenn der Berufsberater nicht zugleich eine Vermittlung von Ausbildungs- oder Arbeitsplätzen betreibt oder eine entsprechende Vermittlung in damit zusammenhängenden Geschäftsräumen betrieben wird. Entgegen Satz 1 geschlossene Vereinbarungen sind unwirksam.

Zweiter Titel
Ausbildungsvermittlung und Arbeitsvermittlung

§ 291 Erlaubnispflicht

(1) Ausbildungsvermittlung und Arbeitsvermittlung durch eine natürliche oder juristische Person oder eine Personengesellschaft (Vermittler) ist nur mit einer Erlaubnis zulässig.

(2) Nicht erlaubnispflichtig sind

1. Maßnahmen öffentlich-rechtlicher Träger der sozialen Sicherung, die auf das Zustandekommen von Ausbildungs- oder Arbeitsverhältnissen gerichtet sind, soweit sie zur Durchführung der ihnen gesetzlich übertragenen Aufgaben erforderlich sind,
2. die im alleinigen Interesse und Auftrag eines Arbeitgebers erfolgende Unterstützung bei einer Selbstsuche des Arbeitgebers nach Auszubildenden und Arbeitnehmern, wenn hierfür eine weit überwiegend erfolgsunabhängige Vergütung vereinbart und gewährt wird,
3. die Herausgabe und der Vertrieb von Listen über Stellenanbieter, Ausbildungsuchende und Arbeitsuchende, wenn für die Aufnahme in die Liste, ihren Vertrieb und ihren Erwerb die Ausbildungsuchenden und Arbeitsuchenden sich allenfalls in geringem Umfang an den Kosten beteiligen müssen,
4. die gelegentliche und unentgeltliche Empfehlung von Ausbildungsuchenden und Arbeitsuchenden, die ihren Wohnsitz oder gewöhnlichen Aufenthalt in Deutschland haben oder die Staatsangehörige eines Mitgliedstaates der Europäischen Union oder eines Vertragsstaates des Abkommens über den Europäischen Wirtschaftsraum sind,
5. Ausbildungsvermittlung durch die nach dem Berufsbildungsgesetz, der Handwerksordnung oder dem Seemannsgesetz für die berufliche Ausbildung zuständige Stelle.

Für Tätigkeiten nach den Nummern 1 bis 5 sind die nachfolgenden Bestimmungen dieses Titels nicht anzuwenden. Abweichend von Satz 2 gilt für die Ausbildungsvermittlung nach Nummer 5 die Verpflichtung zur Meldung statistischer Daten nach § 299.

(3) Die Aufnahme von Stellenangeboten und Stellengesuchen in Medien, die der Verbreitung von Informationen dienen, allgemein zugänglich sind und regelmäßig angeboten werden, gilt nicht als Vermittlung.

§ 292 Auslandsvermittlung, Erlaubniserteilung

(1) Die Vermittlung für eine Beschäftigung im Ausland außerhalb der Europäischen Gemeinschaft oder eines anderen Vertragsstaates des Abkommens über den Europäischen Wirtschaftsraum sowie aus diesem Ausland für eine Beschäftigung im Inland (Auslandsvermittlung) darf nur von der Bundesanstalt durchgeführt werden.

(2) Ein Vermittler darf Vermittlung für eine Beschäftigung in diesem Ausland und aus diesem Ausland für eine Beschäftigung im Inland nur mit einer besonderen Erlaubnis betreiben. Sie kann erteilt werden, wenn unter Berücksichtigung der schutzwürdigen Interessen der Arbeitnehmer und der deutschen Wirtschaft nachteilige Auswirkungen auf den Arbeitsmarkt nicht zu erwarten sind. Das Bundesministerium für Arbeit und Sozialordnung kann durch Rechtsverordnung bestimmen, für welche Berufe und Tätigkeiten eine besondere Erlaubnis erteilt wird.

§ 293 Voraussetzungen der Erlaubniserteilung

(1) Eine Erlaubnis zur Vermittlung ist zu erteilen, wenn der Antragsteller die hierfür erforderliche Eignung und Zuverlässigkeit besitzt, in geordneten Vermögensverhältnissen lebt und über angemessene Geschäftsräume verfügt. Ist der Antragsteller eine juristische Person oder Personengesellschaft, müssen für die Vermittlungstätigkeit verantwortliche, zuverlässige natürliche Personen bestellt werden, die die erforderliche Eignung besitzen.

(2) Die Erlaubnis kann unter Bedingungen erteilt sowie mit Auflagen oder einem Widerrufsvorbehalt verbunden werden, soweit dies zum Schutz der Beteiligten erforderlich ist.

§ 294 Verfahren der Erlaubniserteilung

(1) Die Erlaubnis wird vom Landesarbeitsamt auf Antrag erteilt. Sie ist zunächst auf drei Jahre befristet. Auf Antrag wird sie unbefristet verlängert. Der Verlängerungsantrag kann frühestens sechs Monate vor Ablauf der Frist gestellt werden.

(2) Für die Bearbeitung eines Antrages auf Erteilung einer Erlaubnis wird eine Gebühr erhoben. Die Höhe der Gebühr beträgt für die Erteilung einer befristeten Erlaubnis 1 000 Deutsche Mark

und für die Erteilung einer unbefristeten Erlaubnis 2 000 Deutsche Mark. Auf die Erhebung der Gebühr kann verzichtet werden, wenn die Vermittlung unentgeltlich erfolgen soll. Die Vorschriften des Verwaltungskostengesetzes sind anzuwenden.

§ 295 Aufhebung der Erlaubnis
Die Erlaubnis kann aufgehoben werden, wenn die Vermittlungstätigkeit während eines Zeitraums von länger als zwei Jahren nicht ausgeübt worden ist. Die Erlaubnis ist aufzuheben, wenn
1. die Voraussetzungen zur Erteilung einer Erlaubnis von vornherein nicht vorgelegen haben oder später weggefallen sind oder
2. der Vermittler wiederholt oder in schwerwiegender Weise gegen gesetzliche Bestimmungen oder eine Auflage verstoßen hat.

§ 296 Vergütungen
Für die Leistungen zur Vermittlung dürfen nur vom Arbeitgeber Vergütungen verlangt oder entgegengenommen werden. Dies gilt nicht, soweit durch Rechtsverordnung etwas anderes bestimmt ist. Zu den Leistungen zur Vermittlung gehören auch alle Leistungen, die zur Vorbereitung und Durchführung der Vermittlung erforderlich sind, insbesondere die Feststellung der Kenntnisse des Ausbildungsuchenden und Arbeitsuchenden sowie die mit der Vermittlung verbundene Berufsberatung.

§ 297 Unwirksamkeit von Vereinbarungen
Unwirksam sind
1. Vereinbarungen mit einem Vermittler, soweit dieser nicht eine entsprechende Erlaubnis besitzt,
2. Vereinbarungen zwischen einem Vermittler und einem Ausbildungsuchenden oder Arbeitsuchenden über die Zahlung einer Vergütung, es sei denn, sie darf nach Zulassung durch eine Rechtsverordnung verlangt werden,
3. Vereinbarungen zwischen einem Vermittler und einem Arbeitgeber, wenn der Vermittler eine Vergütung mit einem Arbeitnehmer vereinbart oder von diesem entgegennimmt, obwohl dies nicht zulässig ist, und
4. Vereinbarungen, die sicherstellen sollen, daß ein Arbeitgeber oder ein Arbeitnehmer sich ausschließlich eines bestimmten Vermittlers bedient.

§ 298 Behandlung von Daten
(1) Vermittler dürfen Daten über zu besetzende Ausbildungs- und Arbeitsplätze und über Ausbildungsuchende und Arbeitnehmer nur erheben, verarbeiten und nutzen, soweit dies für die Verrichtung ihrer erlaubten Vermittlungstätigkeit erforderlich ist. Sind diese Daten personenbezogen oder Geschäfts- oder Betriebsgeheimnisse, dürfen sie nur erhoben, verarbeitet oder genutzt werden, soweit der Betroffene im Einzelfall nach Maßgabe des § 4 des Bundesdatenschutzgesetzes eingewilligt hat. Übermittelt der Vermittler diese Daten im Rahmen seiner Vermittlungstätigkeit einer weiteren Person oder Einrichtung, darf diese sie nur zu dem Zweck verarbeiten oder nutzen, zu dem sie ihr befugt übermittelt worden sind.
(2) Nach Abschluß der Vermittlungstätigkeit sind die dem Vermittler zur Verfügung gestellten Unterlagen dem Betroffenen zurückzugeben. Personenbezogene Daten sind zu löschen. Dies gilt nicht, soweit gesetzliche Aufbewahrungspflichten oder ein berechtigtes Interesse des Vermittlers entgegenstehen. Der Betroffene kann nach Abschluß der Vermittlungstätigkeit hinsichtlich der Unterlagen und der personenbezogenen Daten schriftlich etwas anderes zulassen.

§ 299 Meldung statistischer Daten
Die Berufsberater und Vermittler haben der Bundesanstalt die nicht personenbezogenen Daten über Ratsuchende, Beratungen, Bewerber, offene Stellen und Vermittlungen, die für die Durchführung der Arbeitsmarktbeobachtung erforderlich sind, nach Maßgabe einer Rechtsverordnung nach § 301 Abs. 1 Satz 2 Nr. 4 zu melden.

§ 300 Pflichten
(1) Auf Verlangen des Landesarbeitsamtes hat der Vermittler
1. die Auskünfte zu erteilen, die zur Durchführung und Überprüfung der Einhaltung der Bestimmungen dieses Titels und einer hierzu nach § 301 Abs. 1 ergangenen Rechtsverordnung erforderlich sind und
2. die geschäftlichen Unterlagen vorzulegen, aus denen sich die Richtigkeit seiner Angaben ergibt.

Er kann die Auskunft auf solche Fragen verweigern, deren Beantwortung ihn selbst oder einen in § 383 Abs. 1 Nr. 1 bis 3 der Zivilprozeßordnung bezeichneten Angehörigen der Gefahr strafrechtlicher Verfolgung oder eines Verfahrens nach dem Gesetz über Ordnungswidrigkeiten aussetzen würde.
(2) Soweit es zur Durchführung der Überprüfung im Einzelfall erforderlich ist, sind die vom Landesarbeitsamt beauftragten Personen befugt, Geschäftsräume des Vermittlers während der üblichen Geschäftszeiten zu betreten. Der Vermittler hat die Maßnahmen nach Satz 1 zu dulden.

Dritter Titel
Verordnungsermächtigung und Weisungsrecht

§ 301 Verordnungsermächtigung und Weisungsrecht

(1) Das Bundesministerium für Arbeit und Sozialordnung wird ermächtigt, durch Rechtsverordnung mit Zustimmung des Bundesrates das Nähere über die Erlaubniserteilung zu bestimmen. Es kann dabei insbesondere regeln
1. die näheren Voraussetzungen für die Erteilung einer Erlaubnis, ihren Umfang und ihre Aufhebung, für die Eignung sowie das Verfahren,
2. die näheren Voraussetzungen für die Vereinbarung von Vergütungen, ihre Höhe und Fälligkeit sowie die Erlaubnisgebühr,
3. die Berufe oder Personengruppen, bei denen die Vereinbarung von Vergütungen mit den Arbeitnehmern wegen der bestehenden Besonderheiten der Vermittlung zulässig ist und
4. Art und Umfang sowie Tatbestände, Merkmale und Zeitpunkte bei der Meldung statistischer Daten durch Berufsberater und Vermittler.

(2) Das Bundesministerium für Arbeit und Sozialordnung kann der Bundesanstalt für die Durchführung der Aufgaben nach dem ersten und zweiten Titel dieses Unterabschnitts sowie der Rechtsverordnung nach Absatz 1 Weisungen erteilen.

Vierter Titel
Anwerbung aus dem Ausland

§ 302 Befugnis zur Anwerbung

(1) Die Anwerbung
1. von Ausländern, die nicht Staatsangehörige eines Mitgliedstaats der Europäischen Union oder eines anderen Vertragsstaates des Abkommens über den Europäischen Wirtschaftsraum sind, im Ausland für eine Beschäftigung im Inland sowie
2. von Arbeitnehmern im Inland für eine Beschäftigung im Ausland außerhalb der Europäischen Union oder eines anderen Vertragsstaates des Abkommens über den Europäischen Wirtschaftsraum

darf nur die Bundesanstalt durchführen.
(2) Die Bundesanstalt kann Arbeitgebern für die Einstellung von Arbeitnehmern im eigenen Unternehmen die Zustimmung zur Anwerbung erteilen. Die Zustimmung muß vor der Anwerbung eingeholt werden. Sie kann erteilt werden, wenn sich unter Berücksichtigung der schutzwürdigen Interessen der Arbeitnehmer und der Interessen der deutschen Wirtschaft keine nachteiligen Auswirkungen auf den Arbeitsmarkt oder den Ausbildungsstellenmarkt ergeben.
(3) Die Zustimmung kann mit Bedingungen und Auflagen erteilt werden, soweit dies zum Schutz der Arbeitnehmer, des Arbeitsmarktes oder Ausbildungsstellenmarkt erforderlich ist.

§ 303 Weisungsrecht

Das Bundesministerium für Arbeit und Sozialordnung kann der Bundesanstalt zur Durchführung der Anwerbung und Auslandsvermittlung sowie der dazu von den Organen der Europäischen Gemeinschaften erlassenen Bestimmungen und der zwischenstaatlichen Vereinbarungen über Anwerbung und Arbeitsvermittlung Weisungen erteilen.

Dritter Abschnitt
Bekämpfung von Leistungsmißbrauch und illegaler Ausländerbeschäftigung
§ 304 Prüfung
(1) Die Arbeits- und die Hauptzollämter prüfen, ob
1. Sozialleistungen nach diesem Buch zu Unrecht bezogen werden oder wurden,
2. ausländische Arbeitnehmer mit einer erforderlichen Genehmigung und nicht zu ungünstigeren Arbeitsbedingungen als vergleichbare deutsche Arbeitnehmer beschäftigt werden oder wurden,
3. die Angaben des Arbeitgebers, die für die Leistungen erheblich sind, zutreffend bescheinigt wurden.

(2) Die Arbeits- und die Hauptzollämter werden hierbei von den
1. nach Landesrecht für die Verfolgung und Ahndung von Ordnungswidrigkeiten nach dem Gesetz zur Bekämpfung der Schwarzarbeit zuständigen Behörden,
2. Krankenkassen,
3. Trägern der Rentenversicherung,
4. Finanzbehörden,
5. in § 63 des Ausländergesetzes genannten Behörden,
6. Trägern der Unfallversicherung,
7. für den Arbeitsschutz zuständigen Landesbehörden

unterstützt. Die Aufgaben dieser Behörden nach anderen Rechtsvorschriften bleiben unberührt.

(3) Die Prüfungen können mit anderen Prüfungen der in Absatz 2 genannten Behörden verbunden werden; die Vorschriften über die Unterrichtung und Zusammenarbeit bleiben hiervon unberührt.

§ 305 Betretens- und Prüfungsrecht
(1) Zur Durchführung des § 304 Abs. 1 sind die Arbeits- und die Hauptzollämter sowie die sie unterstützenden Behörden berechtigt, Grundstücke und Geschäftsräume des Arbeitgebers während der Geschäftszeit zu betreten und dort Einsicht in die Lohn-, Melde- oder vergleichbare Unterlagen zu nehmen. Ist ein Arbeitnehmer bei Dritten tätig, sind die Arbeits- und Hauptzollämter sowie die sie unterstützenden Behörden zur Prüfung nach § 304 Abs. 1 berechtigt, deren Grundstücke und Geschäftsräume während der Geschäftszeit zu betreten. Die Arbeits- und Hauptzollämter sowie die sie unterstützenden Behörden sind ferner ermächtigt, die Personalien der in den Geschäftsräumen oder auf dem Grundstück des Arbeitgebers oder des Dritten tätigen Personen zu überprüfen.

(2) Auftraggeber von Selbständigen stehen Arbeitgebern gleich, wenn die Auftraggeber juristische Personen oder im Handelsregister eingetragen sind.

(3) Im Verteidigungsbereich darf ein Betretensrecht nur im Einvernehmen mit dem Bundesministerium der Verteidigung ausgeübt werden.

§ 306 Duldungs- und Mitwirkungspflichten
(1) Arbeitgeber, Arbeitnehmer und Dritte, die bei einer Prüfung nach § 304 Abs. 1 angetroffen werden, haben die Prüfung zu dulden und dabei mitzuwirken, insbesondere auf Verlagen Auskünfte über Tatsachen zu erteilen, die darüber Aufschluß geben, ob Leistungen nach diesem Buch zu Unrecht bezogen werden oder wurden, ob die Angaben des Arbeitgebers, die für die Leistungen erheblich sind, zutreffend bescheinigt wurden, ob ausländische Arbeitnehmer mit einer erforderlichen Genehmigung und nicht zu ungünstigeren Arbeitsbedingungen als vergleichbare deutsche Arbeitnehmer beschäftigt werden oder wurden, und die in § 305 Abs. 1 Satz 1 genannten Unterlagen vorzulegen. Sie haben auch das Betreten der Grundstücke und der Geschäftsräume nach Maßgabe von § 305 Abs. 1 zu dulden. Auskünfte, die den Verpflichteten oder eine ihm nahestehende Person (§ 383 Abs. 1 Nr. 1 bis 3 Zivilprozeßordnung) der Gefahr aussetzen, wegen einer Straftat oder Ordnungswidrigkeit verfolgt zu werden, können verweigert werden. Ausländische Arbeitnehmer sind ferner verpflichtet, ihren Paß, Paßersatz oder Ausweisersatz und ihre Aufenthaltsgenehmigung oder Duldung den Arbeits- und Hauptzollämtern auf Verlangen vorzulegen, auszuhändigen und, sofern sich Anhaltspunkte für einen Verstoß gegen ausländerrechtliche Vorschriften ergeben, vorübergehend zu überlassen.

(2) In automatisierten Dateien gespeicherte Daten hat der Arbeitgeber auf Verlangen und auf Kosten der Arbeits- oder Hautzollämter auszusondern und auf maschinenverwertbaren Datenträgern oder in Listen zur Verfügung zu stellen. Der Arbeitgeber darf maschinenverwertbare Datenträger oder Datenlisten, die die erforderlichen Daten enthalten, ungesondert zur Verfügung stellen, wenn die Ausson-

derung mit einem unverhältnismäßigen Aufwand verbunden wäre und überwiegende schutzwürdige Interessen des Betroffenen nicht entgegenstehen. In diesem Fall haben die Arbeitsämter die erforderlichen Daten auszusondern. Die übrigen Daten dürfen darüber hinaus nicht verarbeitet und genutzt werden. Sind die zur Verfügung gestellten Datenträger oder Datenlisten für die in § 304 Abs. 1 genannten Zwecke nicht mehr erforderlich, sind sie unverzüglich zu vernichten oder auf Verlangen des Arbeitgebers zurückzugeben.

§ 307 Zusammenarbeit mit den Hauptzollämtern
(1) Die Prüfungen der Hauptzollämter erfolgen eigenverantwortlich im Einvernehmen mit der Bundesanstalt. Die Hauptzollämter sind an Erklärungen der Bundesanstalt zu Rechtsfragen von grundsätzlicher Bedeutung, die ihnen über das Bundesministerium der Finanzen zugeleitet werden, gebunden. Bei unterschiedlicher Rechtsauffassung entscheidet das Bundesministerium für Arbeit und Sozialordnung.
(2) Die Beamten der Hauptzollämter haben im Rahmen der Prüfungen nach § 304 Abs. 1 die Rechte und Pflichten der Beamten des Polizeidienstes nach den Bestimmungen der Strafprozeßordnung und des Gesetzes über Ordnungswidrigkeiten. Sie sind insoweit Hilfsbeamte der Staatsanwaltschaft.

§ 308 Unterrichtung und Zusammenarbeit von Behörden
(1) Die in § 304 genannten Behörden sind berechtigt, die für Prüfungen erforderlichen Daten einschließlich personenbezogener Daten und die Ergebnisse der Prüfung einander zu übermitteln. Im übrigen arbeiten die in § 304 genannten Behörden mit anderen Behörden sachdienlich und eng zusammen.
(2) Die Arbeits- und die Hauptzollämter regen die Zusammenarbeit der sie bei Prüfungen unterstützenden Behörden an. Die Arbeitsämter koordinieren einvernehmlich die Ermittlungen, wenn dies zweckmäßig ist. Verwaltungskosten werden nicht erstattet.
(3) Die Arbeits- und Hauptzollämter unterrichten die jeweils zuständigen Behörden, wenn sich bei der Durchführung ihrer Aufgaben nach diesem Buch Anhaltspunkte für Verstöße gegen
1. das Gesetz zur Bekämpfung der Schwarzarbeit,
2. das Arbeitnehmerüberlassungsgesetz,
3. Bestimmungen des Vierten und des Siebten Buches über die Verpflichtung zur Zahlung von Sozialversicherungsbeiträgen,
4. Steuergesetze,
5. das Ausländergesetz oder
6. die Mitwirkungspflicht nach § 60 Abs. 1 Satz 1 Nr. 2 des Ersten Buches gegenüber einem Träger der gesetzlichen Kranken-, Pflege-, Unfall- oder Rentenversicherung oder einem Träger der Sozialhilfe oder die Meldepflicht nach § 8 a des Asylbewerberleistungsgesetzes

ergeben. Nach § 306 Abs. 1 Satz 4 in Verwahrung genommene Urkunden sind der Ausländerbehörde unverzüglich zu übermitteln.
(4) In Strafsachen, die Straftaten nach den §§ 406 und 407 zum Gegenstand haben, sind der Bundesanstalt zur Verfolgung von Ordnungswidrigkeiten
1. bei Einleitung des Strafverfahrens die Personendaten des Beschuldigten, der Straftatbestand, die Tatzeit und der Tatort,
2. im Falle der Erhebung der öffentlichen Klage die das Verfahren abschließende Entscheidung mit Begründung

zu übermitteln. Ist mit der in Nummer 2 genannten Entscheidung ein Rechtsmittel verworfen worden oder wird darin auf die angefochtene Entscheidung Bezug genommen, so ist auch die angefochtene Entscheidung zu übermitteln. Die Übermittlung veranlaßt die Strafvollstreckungs- oder die Strafverfolgungsbehörde. Eine Verwendung
1. der Daten der Arbeitnehmer für Maßnahmen zu ihren Gunsten,
2. der Daten des Arbeitgebers zur Besetzung seiner offenen Arbeitsplätze, die im Zusammenhang mit dem Strafverfahren bekanntgeworden sind,
3. der in den Nummern 1 und 2 genannten Daten für Entscheidungen über die Einstellung oder Rückforderung von Leistungen der Bundesanstalt

ist zulässig.

(5) Gerichte, Strafverfolgungs- oder Strafvollstreckungsbehörden sollen der Bundesanstalt Erkenntnisse aus sonstigen Verfahren, die aus ihrer Sicht zur Verfolgung von Ordnungswidrigkeiten nach § 404 Abs. 1 Nr. 2, Abs. 2 Nr. 2, 8, 9 und 12 erforderlich sind, übermitteln, soweit nicht für die übermittelnde Stelle erkennbar ist, daß schutzwürdige Interessen des Betroffenen oder anderer Verfahrensbeteiligter an dem Ausschluß der Übermittlung überwiegen. Dabei ist zu berücksichtigen, wie gesichert die zu übermittelnden Erkenntnisse sind.

Achtes Kapitel
Pflichten

Erster Abschnitt
Pflichten im Leistungsverfahren

Erster Unterabschnitt
Meldepflichten

§ 309 Allgemeine Meldepflicht

(1) Der Arbeitslose hat sich während der Zeit, für die er Anspruch auf Arbeitslosengeld oder Arbeitslosenhilfe erhebt, beim Arbeitsamt oder einer sonstigen Dienststelle der Bundesanstalt persönlich zu melden oder zu einem ärztlichen oder psychologischen Untersuchungstermin zu erscheinen, wenn das Arbeitsamt ihn dazu auffordert (allgemeine Meldepflicht). Der Arbeitslose hat sich bei der in der Aufforderung zur Meldung bezeichneten Stelle zu melden. Die allgemeine Meldepflicht besteht auch in Zeiten, in denen der Anspruch auf Arbeitslosengeld oder Arbeitslosenhilfe ruht.
(2) Die Aufforderung zur Meldung kann zum Zwecke der
1. Berufsberatung,
2. Vermittlung in Ausbildung oder Arbeit,
3. Vorbereitung aktiver Arbeitsförderungsleistungen,
4. Vorbereitung von Entscheidungen im Leistungsverfahren und
5. Prüfung des Vorliegens der Voraussetzungen für den Leistungsanspruch
erfolgen.
(3) Der Arbeitslose hat sich zu der vom Arbeitsamt bestimmten Zeit zu melden. Ist diese nach Tag und Tageszeit bestimmt, so ist er seiner allgemeinen Meldepflicht auch dann nachgekommen, wenn er sich zu einer anderen Zeit am selben Tag meldet und der Zweck der Meldung erreicht wird.
(4) Die notwendigen Reisekosten, die dem Arbeitslosen und der erforderlichen Begleitperson aus Anlaß der Meldung entstehen, können auf Antrag übernommen werden, soweit sie nicht bereits nach anderen Vorschriften oder auf Grund anderer Vorschriften dieses Buches übernommen werden können.

§ 310 Meldepflicht bei Wechsel der Zuständigkeit
Wird für den Arbeitslosen nach der Arbeitslosmeldung ein anderes Arbeitsamt zuständig, hat er sich bei dem nunmehr zuständigen Arbeitsamt unverzüglich zu melden.

Zweiter Unterabschnitt
Anzeige- und Bescheinigungspflichten

§ 311 Anzeige- und Bescheinigungspflicht bei Arbeitsunfähigkeit
Wer Arbeitslosengeld, Arbeitslosenhilfe, Unterhaltsgeld oder Übergangsgeld beantragt hat oder bezieht, ist verpflichtet, dem Arbeitsamt
1. eine eingetretene Arbeitsunfähigkeit und deren voraussichtliche Dauer unverzüglich anzuzeigen und
2. spätestens vor Ablauf des dritten Kalendertages nach Eintritt der Arbeitsunfähigkeit eine ärztliche Bescheinigung über die Arbeitsunfähigkeit und deren voraussichtliche Dauer vorzulegen.

Das Arbeitsamt ist berechtigt, die Vorlage der ärztlichen Bescheinigung früher zu verlangen. Dauert die Arbeitsunfähigkeit länger als in der Bescheinigung angegeben, so ist dem Arbeitsamt eine neue ärztliche Bescheinigung vorzulegen. Die Bescheinigungen müssen einen Vermerk des behandelnden Arztes darüber enthalten, daß dem Träger der Krankenversicherung unverzüglich eine Bescheinigung über die Arbeitsunfähigkeit mit Angaben über den Befund und die voraussichtliche Dauer der Arbeitsunfähigkeit übersandt wird.

§ 312 Arbeitsbescheinigung
(1) Bei Beendigung eines Beschäftigungsverhältnisses hat der Arbeitgeber alle Tatsachen zu bescheinigen, die für die Entscheidung über den Anspruch auf Arbeitslosengeld, Arbeitslosenhilfe, Unterhaltsgeld oder Übergangsgeld erheblich sein können (Arbeitsbescheinigung); dabei hat er den von der Bundesanstalt hierfür vorgesehenen Vordruck zu benutzen. In der Arbeitsbescheinigung sind insbesondere
1. die Art der Tätigkeit des Arbeitnehmers,
2. Beginn, Ende, Unterbrechungen und Grund für die Beendigung des Beschäftigungsverhältnisses und
3. das Arbeitsentgelt und die sonstigen Geldleistungen, die der Arbeitnehmer erhalten oder zu beanspruchen hat,

anzugeben. Die Arbeitsbescheinigung ist dem Arbeitnehmer vom Arbeitgeber bei Beendigung des Beschäftigungsverhältnisses auszuhändigen.
(2) Macht der Arbeitgeber geltend, die Arbeitslosigkeit sei die Folge eines Arbeitskampfes, so hat er dies darzulegen, glaubhaft zu machen und eine Stellungnahme der Betriebsvertretung beizufügen. Der Arbeitgeber hat der Betriebsvertretung die für die Stellungnahme erforderlichen Angaben zu machen.
(3) Für Zwischenmeister und andere Auftraggeber von Heimarbeitern sowie für Leistungsträger und Unternehmen, die Beiträge nach diesem Buch für Bezieher von Sozialleistungen oder Krankentagegeld zu entrichten haben, gelten die Absätze 1 und 2 entsprechend.
(4) Nach Beendigung des Vollzuges einer Untersuchungshaft, Freiheitsstrafe, Jugendstrafe oder freiheitsentziehenden Maßregel der Besserung und Sicherung oder einer einstweiligen Unterbringung nach § 126 a der Strafprozeßordnung hat die Vollzugsanstalt dem Entlassenen eine Bescheinigung über die Zeiten auszustellen, in denen er innerhalb der letzten sieben Jahre vor der Entlassung als Gefangener versicherungspflichtig war.

§ 313 Nebeneinkommensbescheinigung
(1) Wer jemanden, der Berufsausbildungsbeihilfe, Ausbildungsgeld, Arbeitslosengeld, Arbeitslosenhilfe, Unterhaltsgeld oder Übergangsgeld (laufende Geldleistungen) beantragt hat oder bezieht, gegen Arbeitsentgelt beschäftigt oder gegen Vergütung eine selbständige Tätigkeit überträgt, ist verpflichtet, diesem unverzüglich Art und Dauer der Beschäftigung oder der selbständigen Tätigkeit sowie die Höhe des Arbeitsentgelts oder der Vergütung für die Zeiten zu bescheinigen, für die diese Leistung beantragt worden ist oder bezogen wird. Er hat dabei den von der Bundesanstalt vorgesehenen Vordruck zu benutzen. Die Bescheinigung über das Nebeneinkommen ist dem Bezieher der Leistung vom Dienstberechtigten oder Besteller unverzüglich auszuhändigen.
(2) Wer eine laufende Geldleistung beantragt hat oder bezieht und Dienst- oder Werkleistungen gegen Vergütung erbringt, ist verpflichtet, dem Dienstberechtigten oder Besteller den für die Bescheinigung des Arbeitsentgelts oder der Vergütung vorgeschriebenen Vordruck unverzüglich vorzulegen.
(3) Absätze 1 und 2 gelten für Personen, die Kurzarbeitergeld oder Winterausfallgeld beziehen oder für die eine solche Leistung beantragt worden ist, entsprechend.

§ 314[1)] Insolvenzgeldbescheinigung
(1) Der Insolvenzverwalter hat auf Verlangen des Arbeitsamtes für jeden Arbeitnehmer, für den ein Anspruch auf Insolvenzgeld in Betracht kommt, die Höhe des Arbeitsentgelts für die letzten der Eröffnung des Insolvenzverfahrens vorausgehenden drei Monate des Arbeitsverhältnisses sowie die Höhe der gesetzlichen Abzüge und der zur Erfüllung der Ansprüche auf Arbeitsentgelt erbrachten Leistungen zu bescheinigen. Er hat auch zu bescheinigen, inwieweit die Ansprüche auf Arbeitsentgelt gepfändet, verpfändet oder abgetreten sind. Dabei hat er den von der Bundesanstalt vorgesehenen Vordruck zu benutzen.
(2) In den Fällen, in denen ein Insolvenzverfahren nicht eröffnet wird oder nach § 207 der Insolvenzordnung eingestellt worden ist, sind die Pflichten des Insolvenzverwalters vom Arbeitgeber zu erfüllen.

---

1) In Kraft ab 1. 1. 1999.

Dritter Unterabschnitt
Auskunftspflichten
§ 315 Allgemeine Auskunftspflicht Dritter
(1) Wer jemanden, der eine laufende Geldleistung beantragt hat oder bezieht, Leistungen erbringt, die geeignet sind, die laufende Geldleistung auszuschließen oder zu mindern, hat dem Arbeitsamt auf Verlangen hierüber Auskunft zu erteilen, soweit es zur Durchführung der Aufgaben nach diesem Buch erforderlich ist.
(2) Wer jemandem, der eine laufende Geldleistung beantragt hat oder bezieht, zu Leistungen verpflichtet ist, die geeignet sind, die laufende Geldleistung auszuschließen oder zu mindern, oder für ihn Guthaben führt oder Vermögensgegenstände verwahrt, hat dem Arbeitsamt auf Verlangen hierüber sowie über dessen Einkommen oder Vermögen Auskunft zu erteilen, soweit es zur Durchführung der Aufgaben nach diesem Buch erforderlich ist. § 21 Abs. 3 Satz 4 des Zehnten Buches gilt entsprechend. Für die Feststellung einer Unterhaltsverpflichtung ist § 1605 Abs. 1 des Bürgerlichen Gesetzbuchs anzuwenden.
(3) Wer jemanden, der
1. eine laufende Geldleistung beantragt hat oder bezieht, oder dessen Ehegatten oder
2. nach Absatz 2 zur Auskunft verpflichtet ist,
beschäftigt, hat dem Arbeitsamt auf Verlangen über die Beschäftigung, insbesondere über das Arbeitsentgelt, Auskunft zu erteilen, soweit es zur Durchführung der Aufgaben nach diesem Buch erforderlich ist.
(4) Die Absätze 1 bis 3 gelten entsprechend, wenn jemand anstelle einer laufenden Geldleistung Kurzarbeitergeld oder Winterausfallgeld bezieht oder für ihn eine dieser Leistungen beantragt worden ist.
(5) Sind im Rahmen einer Bedürftigkeitsprüfung Einkommen oder Vermögen des Ehegatten oder des Partners einer eheähnlichen Gemeinschaft zu berücksichtigen, haben
1. dieser Ehegatte oder Partner,
2. Dritte, die für diesen Ehegatten oder Partner Guthaben führen oder Vermögensgegenstände verwahren,
dem Arbeitsamt auf Verlangen hierüber Auskunft zu erteilen, soweit es zur Durchführung dieses Buches erforderlich ist. § 21 Abs. 3 Satz 4 des Zehnten Buches gilt entsprechend.

§ 316[1)] Auskunftspflicht bei Leistung von Insolvenzgeld
(1) Der Arbeitgeber, der Insolvenzverwalter, die Arbeitnehmer sowie sonstige Personen, die Einblick in die Arbeitsentgeltunterlagen hatten, sind verpflichtet, dem Arbeitsamt auf Verlangen alle Auskünfte zu erteilen, die für die Durchführung der §§ 183 bis 189, 208, 320 Abs. 2, 327 Abs. 3 erforderlich sind.
(2) Der Arbeitgeber und die Arbeitnehmer sowie sonstige Personen, die Einblick in die Arbeitsentgeltunterlagen hatten, sind verpflichtet, dem Insolvenzverwalter auf Verlangen alle Auskünfte zu erteilen, die er für die Insolvenzgeldbescheinigung nach § 314 benötigt.

§ 317 Auskunftspflicht für Arbeitnehmer bei Feststellung von Leistungsansprüchen
Ein Arbeitnehmer, der Kurzarbeitergeld, Wintergeld oder Winterausfallgeld bezieht oder für den diese Leistungen beantragt worden sind, hat dem zur Errechnung und Auszahlung der Leistungen Verpflichteten auf Verlangen die erforderlichen Auskünfte zu erteilen.

§ 318 Auskunftspflicht bei beruflicher Aus- oder Weiterbildung oder beruflicher Eingliederung Behinderter
Arbeitgeber und Träger, bei denen eine berufliche Aus- oder Weiterbildung oder eine Maßnahme zur beruflichen Eingliederung Behinderter durchgeführt wurde oder wird, haben dem Arbeitsamt unverzüglich Auskünfte über Tatsachen zu erteilen, die Aufschluß darüber geben, ob und inwieweit Leistungen zu Recht erbracht worden sind oder werden. Sie haben Änderungen, die für die Leistungen erheblich sind, unverzüglich dem Arbeitsamt mitzuteilen.

---
1) In Kraft ab 1. 1. 1999.

§ 319 Mitwirkungspflichten
Wer jemanden, der eine laufende Geldleistung beantragt hat, bezieht oder bezogen hat, beschäftigt oder mit Arbeiten beauftragt, hat dem Arbeitsamt auf Verlangen Einsicht in Geschäftsbücher, Geschäftsunterlagen und Belege sowie in Listen, Entgeltverzeichnisse und Entgeltbelege für Heimarbeiter zu gewähren, soweit es zur Durchführung der Aufgaben nach diesem Buch erforderlich ist. Dies gilt entsprechend für jemanden, der Kurzarbeitergeld oder Winterausfallgeld bezieht oder bezogen hat oder jemanden, für den Kurzarbeitergeld oder Winterausfallgeld beantragt worden ist, beschäftigt oder mit Arbeiten beauftragt.

Vierter Unterabschnitt
Sonstige Pflichten

§ 320 Berechnungs-, Auszahlungs-, Aufzeichnungs- und Anzeigepflichten
(1) Der Arbeitgeber hat dem Arbeitsamt auf Verlangen die Voraussetzungen für die Erbringung von Kurzarbeitergeld, Wintergeld und Winterausfallgeld nachzuweisen. Er hat diese Leistungen kostenlos zu errechnen und auszuzahlen. Dabei hat er beim Kurzarbeitergeld und beim Winterausfallgeld von den Eintragungen auf der Lohnsteuerkarte in dem maßgeblichen Antragszeitraum auszugehen; auf Grund einer Bescheinigung des für den Arbeitnehmer zuständigen Arbeitsamtes hat er den erhöhten Leistungssatz auch anzuwenden, wenn ein Kind auf der Lohnsteuerkarte des Arbeitnehmers nicht bescheinigt ist, und die Lohnsteuerklasse III in allen Fällen zugrunde zu legen, in denen der Bezieher von Kurzarbeitergeld oder Winterausfallgeld bei einem Anspruch auf Arbeitslosengeld der Leistungsgruppe C zuzuordnen wäre.
(2)[1]) Der Insolvenzverwalter hat auf Verlangen des Arbeitsamtes das Insolvenzgeld zu errechnen und auszuzahlen, wenn ihm dafür geeignete Arbeitnehmer des Betriebes zur Verfügung stehen und das Arbeitsamt die Mittel für die Auszahlung des Insolvenzgeldes bereitstellt. Für die Abrechnung hat er den von der Bundesanstalt vorgesehenen Vordruck zu benutzen. Kosten werden nicht erstattet.
(3) Arbeitgeber, in deren Betrieben Wintergeld geleistet wird, haben für jeden Arbeitstag während der Dauer der beantragten Förderung Aufzeichnungen über die auf der Baustelle geleisteten sowie die ausgefallenen Arbeitsstunden zu führen. Arbeitgeber, in deren Betrieben Winterausfallgeld geleistet wird, haben diese Aufzeichnungen für jeden Arbeitstag während der Schlechtwetterzeit zu führen. Die Aufzeichnungen nach Satz 1 und 2 sind drei Jahre aufzubewahren.
(4) Arbeitgeber, in deren Betrieben Kurzarbeitergeld geleistet wird, haben dem Arbeitsamt monatlich während der Dauer des Leistungsbezugs Auskünfte über Betriebsart, Beschäftigtenzahl, Zahl der Kurzarbeiter, Ausfall der Arbeitszeit und bisherige Dauer, Unterbrechung oder Beendigung der Kurzarbeit zu erteilen.
(5) Arbeitgeber, in deren Betrieben ein Arbeitskampf stattfindet, haben bei dessen Ausbruch und Beendigung dem Arbeitsamt unverzüglich Anzeige zu erstatten. Die Anzeige bei Ausbruch des Arbeitskampfes muß Name und Anschrift des Betriebes, Datum des Beginns der Arbeitseinstellung und Zahl der betroffenen Arbeitnehmer enthalten. Die Anzeige bei Beendigung des Arbeitskampfes muß außer Name und Anschrift des Betriebes, Datum der Beendigung der Arbeitseinstellung, Zahl der an den einzelnen Tagen betroffenen Arbeitnehmer und Zahl der durch Arbeitseinstellung ausgefallenen Arbeitstage enthalten.

Zweiter Abschnitt
Schadensersatz bei Pflichtverletzungen

§ 321 Schadensersatz
Wer vorsätzlich oder fahrlässig
1.[1]) eine Arbeitsbescheinigung nach § 312, eine Nebeneinkommensbescheinigung nach § 313 oder eine Insolvenzgeldbescheinigung nach § 314 nicht, nicht richtig oder nicht vollständig ausfüllt,
2.[1]) eine Auskunft auf Grund der allgemeinen Auskunftspflicht Dritter nach § 315, der Auskunftspflicht bei beruflicher Aus- und Weiterbildung und beruflicher Eingliederung Behinderter nach § 318 oder der Auskunftspflicht bei Leistung von Insolvenzgeld nach § 316 nicht, nicht richtig oder nicht vollständig erteilt,

---
1) In Kraft ab 1. 1. 1999

3. als Arbeitgeber seine Berechnungs-, Auszahlungs- und Aufzeichnungspflichten bei Kurzarbeitergeld, Wintergeld und Winterausfallgeld nach § 320 Abs. 1 Satz 2 und 3 und Abs. 3 nicht erfüllt oder
4.[1] als Insolvenzverwalter die Verpflichtung zur Errechnung und Auszahlung des Insolvenzgeldes nach § 320 Abs. 2 Satz 1 nicht erfüllt,

ist der Bundesanstalt zum Ersatz des daraus entstandenen Schadens verpflichtet.

Dritter Abschnitt
Verordnungsermächtigung und Anordnungsermächtigung

§ 321 a Verordnungsermächtigung

Das Bundesministerium für Arbeit und Sozialordnung wird ermächtigt, durch Rechtsverordnung mit Zustimmung des Bundesrates das Nähere über Art und Umfang der Pflichten nach dem Zweiten bis Vierten Unterabschnitt des Ersten Abschnitts sowie dem Zweiten Abschnitt dieses Kapitels einschließlich des zu beachtenden Verfahrens und der einzuhaltenden Fristen zu bestimmen.

§ 322 Verordnungsermächtigung und Anordnungsermächtigung

Die Bundesanstalt wird ermächtigt, durch Anordnung Näheres über die Meldepflicht des Arbeitslosen zu bestimmen. Sie kann auch bestimmen, inwieweit Einrichtungen außerhalb der Bundesanstalt auf ihren Antrag zur Entgegennahme der Meldung zuzulassen sind.

Neuntes Kapitel
Gemeinsame Vorschriften für Leistungen

Erster Abschnitt
Antrag und Fristen

§ 323 Antragserfordernis

(1) Leistungen der Arbeitsförderung werden auf Antrag erbracht. Arbeitslosengeld oder Arbeitslosenhilfe gelten mit der persönlichen Arbeitslosmeldung als beantragt, wenn der Arbeitslose keine andere Erklärung abgibt. Leistungen der aktiven Arbeitsförderung können auch von Amts wegen erbracht werden, wenn die Berechtigten zustimmen. Die Zustimmung gilt insoweit als Antrag.
(2) Kurzarbeitergeld, Wintergeld, Winterausfallgeld und die Erstattung von 50 Prozent der vom Arbeitgeber allein zu tragenden Beiträge zur Sozialversicherung sind vom Arbeitgeber schriftlich unter Beifügung einer Stellungnahme der Betriebsvertretung zu beantragen. Der Antrag kann auch von der Betriebsvertretung gestellt werden. Mit einem Antrag auf Wintergeld, Winterausfallgeld oder auf die Erstattung von 50 Prozent der vom Arbeitgeber allein zu tragenden Beiträge zur Sozialversicherung sind die Namen, Anschriften und Sozialversicherungsnummern der Arbeitnehmer mitzuteilen, für die die Leistung beantragt wird. Einem Antrag auf Winterausfallgeld sind Aufzeichnungen über die ausgefallenen Arbeitsstunden und über die mit einem Anspruch auf eine Winterausfallgeld-Vorausleistung belegten Ausfallstunden nach Art der ausgefallenen Arbeiten, Zeitpunkt und Dauer des Arbeitsausfalles und den hiervon betroffenen Arbeitnehmern beizufügen, wenn in einem Betrieb kein Zuschuß-Wintergeld gewährt wird.

§ 324 Antrag vor Leistung

(1) Leistungen der Arbeitsförderung werden nur erbracht, wenn sie vor Eintritt des leistungsbegründenden Ereignisses beantragt worden sind. Zur Vermeidung unbilliger Härten kann das Arbeitsamt eine verspätete Antragstellung zulassen.
(2) Berufsausbildungsbeihilfe, Ausbildungsgeld, Arbeitslosengeld und Arbeitslosenhilfe können auch nachträglich beantragt werden. Kurzarbeitergeld, Wintergeld und Winterausfallgeld sind nachträglich zu beantragen.
(3)[1] Insolvenzgeld ist abweichend von Absatz 1 Satz 1 innerhalb einer Ausschlußfrist von zwei Monaten nach dem Insolvenzereignis zu beantragen. Hat der Arbeitnehmer die Frist aus Gründen versäumt, die er nicht zu vertreten hat, so wird Insolvenzgeld geleistet, wenn der Antrag innerhalb von zwei Monaten nach Wegfall des Hinderungsgrundes gestellt wird. Der Arbeitnehmer hat die Versäu-

---

1) In Kraft ab 1. 1. 1999.

mung der Frist zu vertreten, wenn er sich nicht mit der erforderlichen Sorgfalt um die Durchsetzung seiner Ansprüche bemüht hat.

§ 325 Wirkung des Antrages
(1) Berufsausbildungsbeihilfe und Ausbildungsgeld werden rückwirkend längstens vom Beginn des Monats an geleistet, in dem die Leistungen beantragt worden sind.
(2) Arbeitslosengeld und Arbeitslosenhilfe werden nicht rückwirkend geleistet. Ist das zuständige Arbeitsamt an einem Tag, an dem der Arbeitslose Arbeitslosengeld oder Arbeitslosenhilfe beantragen will, nicht dienstbereit, so wirkt ein Antrag auf Arbeitslosengeld oder Arbeitslosenhilfe in gleicher Weise wie eine persönliche Arbeitslosmeldung zurück.
(3) Kurzarbeitergeld ist für den jeweiligen Anspruchszeitraum innerhalb einer Ausschlußfrist von drei Kalendermonaten zu beantragen; die Frist beginnt mit Ablauf des Anspruchszeitraums, für den Kurzarbeitergeld beantragt wird.
(4) Wintergeld, Winterausfallgeld und die Erstattung von 50 Prozent der vom Arbeitgeber allein zu tragenden Beiträge zur Sozialversicherung sind innerhalb einer Ausschlußfrist zu beantragen, die am 15. des übernächsten Kalendermonats nach dem Kalendermonat endet, in dem die Tage liegen, für die die Leistungen beantragt werden.

§ 326 Ausschlußfrist für Gesamtabrechnung
(1) Für Leistungen an Träger hat der Träger der Maßnahme dem Arbeitsamt innerhalb einer Ausschlußfrist von sechs Monaten die Unterlagen vorzulegen, die für eine abschließende Entscheidung über den Umfang der zu erbringenden Leistungen erforderlich sind (Gesamtabrechnung). Die Frist beginnt mit Ablauf des Kalendermonats, in dem die Maßnahme beendet worden ist.
(2) Erfolgt die Gesamtabrechnung nicht rechtzeitig, sind die erbrachten Leistungen von dem Träger in dem Umfang zu erstatten, in dem die Voraussetzungen für die Leistungen nicht nachgewiesen worden sind.

Zweiter Abschnitt
Zuständigkeit

§ 327 Grundsatz
(1)[1)] Für Leistungen an Arbeitnehmer, mit Ausnahme des Kurzarbeitergeldes, des Wintergeldes, des Winterausfallgeldes und des Insolvenzgeldes, ist das Arbeitsamt zuständig, in dessen Bezirk der Arbeitnehmer bei Eintritt der leistungsbegründenden Tatbestände seinen Wohnsitz hat. Solange der Arbeitnehmer sich nicht an seinem Wohnsitz aufhält, ist das Arbeitsamt zuständig, in dessen Bezirk der Arbeitnehmer bei Eintritt der leistungsbegründenden Tatbestände seinen gewöhnlichen Aufenthalt hat.
(2) Auf Antrag des Arbeitslosen hat das Arbeitsamt ein anderes Arbeitsamt für zuständig zu erklären, wenn nach der Arbeitsmarktlage keine Bedenken entgegenstehen oder die Ablehnung für den Arbeitslosen eine unbillige Härte bedeuten würde.
(3)[1)] Für Kurzarbeitergeld, Wintergeld, Winterausfallgeld und Insolvenzgeld ist das Arbeitsamt zuständig, in dessen Bezirk die für den Arbeitgeber zuständige Lohnabrechnungsstelle liegt. Für Insolvenzgeld ist, wenn der Arbeitgeber im Inland keine Lohnabrechnungsstelle hat, das Arbeitsamt zuständig, in dessen Bezirk das Insolvenzgericht seinen Sitz hat.
(4) Für Leistungen an Arbeitgeber ist das Arbeitsamt zuständig, in dessen Bezirk der Betrieb des Arbeitgebers liegt.
(5) Für die Berufsberatung, Arbeitsmarktberatung und Vermittlung kann die Bundesanstalt die Zuständigkeit auf andere Dienststellen übertragen, wenn es zweckmäßig ist.
(6) Für Leistungen an Träger mit Ausnahme der Zuschüsse zu Sozialplanmaßnahmen ist das Arbeitsamt zuständig, in dessen Bezirk das Projekt oder die Maßnahme durchgeführt wird. Für Zuschüsse zu Sozialplanmaßnahmen ist das Landesarbeitsamt zuständig, in dessen Bezirk die Maßnahme durchgeführt wird.

---
1) In Kraft ab 1. 1. 1999.

Dritter Abschnitt
Leistungsverfahren in Sonderfällen
§ 328 Vorläufige Entscheidung
(1) Über die Erbringung von Geldleistungen kann vorläufig entschieden werden, wenn
1. die Vereinbarkeit einer Vorschrift dieses Buches, von der die Entscheidung über den Antrag abhängt, mit höherrangigem Recht Gegenstand eines Verfahrens bei dem Bundesverfassungsgericht oder dem Gerichtshof der Europäischen Gemeinschaften ist,
2. eine entscheidungserhebliche Rechtsfrage von grundsätzlicher Bedeutung Gegenstand eines Verfahrens beim Bundessozialgericht ist oder
3. zur Feststellung der Voraussetzungen des Anspruchs eines Arbeitnehmers auf Geldleistungen voraussichtlich längere Zeit erforderlich ist, die Voraussetzungen für den Anspruch mit hinreichender Wahrscheinlichkeit vorliegen und der Arbeitnehmer die Umstände, die einer sofortigen abschließenden Entscheidung entgegenstehen, nicht zu vertreten hat.

Umfang und Grund der Vorläufigkeit sind anzugeben. In den Fällen des Satzes 1 Nr. 3 ist auf Antrag vorläufig zu entscheiden.
(2) Eine vorläufige Entscheidung ist nur auf Antrag des Berechtigten für endgültig zu erklären, wenn sie nicht aufzuheben oder zu ändern ist.
(3) Auf Grund der vorläufigen Entscheidung erbrachte Leistungen sind auf die zustehende Leistung anzurechnen. Soweit mit der abschließenden Entscheidung ein Leistungsanspruch nicht oder nur in geringerer Höhe zuerkannt wird, sind auf Grund der vorläufigen Entscheidung erbrachte Leistungen zu erstatten; auf Grund einer vorläufigen Entscheidung erbrachtes Kurzarbeitergeld, Winterausfallgeld und Wintergeld ist vom Arbeitgeber zurückzuzahlen. Auf Grund der vorläufigen Entscheidung erbrachtes Unterhaltsgeld ist, soweit es mit der abschließenden Entscheidung nicht zuerkannt wird, nur insoweit zu erstatten, als dem Arbeitnehmer für die gleiche Zeit ohne die Teilnahme an der Maßnahme Arbeitslosengeld oder Arbeitslosenhilfe nicht zugestanden hätte.

§ 329 Einkommensberechnung in besonderen Fällen
Das Arbeitsamt kann das zu berücksichtigende Einkommen nach Anhörung des Leistungsberechtigten schätzen, soweit Einkommen nur für kurze Zeit zu berücksichtigen ist.

§ 330 Sonderregelungen für die Aufhebung von Verwaltungsakten
(1) Liegen die in § 44 Abs. 1 Satz 1 des Zehnten Buches genannten Voraussetzungen für die Rücknahme eines rechtswidrigen nicht begünstigenden Verwaltungsaktes vor, weil er auf einer Rechtsnorm beruht, die nach Erlaß des Verwaltungsaktes für unvereinbar mit dem Grundgesetz erklärt oder in ständiger Rechtsprechung anders als durch das Arbeitsamt ausgelegt worden ist, so ist der Verwaltungsakt, wenn er unanfechtbar geworden ist, nur mit Wirkung für die Zeit nach der Entscheidung des Bundesverfassungsgerichts oder nach dem Entstehen der ständigen Rechtsprechung zurückzunehmen.
(2) Liegen die in § 45 Abs. 2 Satz 3 des Zehnten Buches genannten Voraussetzungen für die Rücknahme eines rechtswidrigen begünstigenden Verwaltungsaktes vor, ist dieser auch mit Wirkung für die Vergangenheit zurückzunehmen.
(3) Liegen die in § 48 Abs. 1 Satz 2 des Zehnten Buches genannten Voraussetzungen für die Aufhebung eines Verwaltungsaktes mit Dauerwirkung vor, ist dieser mit Wirkung vom Zeitpunkt der Änderung der Verhältnisse aufzuheben. Abweichend von § 48 Abs. 1 Satz 1 des Zehnten Buches ist mit Wirkung vom Zeitpunkt der Änderung der Verhältnisse an ein Verwaltungsakt auch aufzuheben, soweit sich das Leistungsentgelt auf Grund einer Rechtsverordnung nach § 152 Abs. 2 Nr. 2 zu Ungunsten des Betroffenen ändert.
(4) Liegen die Voraussetzungen für die Rücknahme eines Verwaltungsaktes vor, mit dem ein Anspruch auf Erstattung des Arbeitslosengeldes oder der Arbeitslosenhilfe durch Arbeitgeber geltend gemacht wird, ist dieser mit Wirkung für die Vergangenheit zurückzunehmen.
(5) Die aufschiebende Wirkung des Widerspruchs und der Anfechtungsklage gegen Verwaltungsakte, die die Erstattung einer Leistung betreffen, entfällt, wenn das Arbeitsamt die sofortige Vollziehung im öffentlichen Interesse besonders anordnet. Das besondere Interesse an der sofortigen Vollziehung ist schriftlich zu begründen. Das Arbeitsamt kann die sofortige Vollziehung ganz oder teilweise aussetzen. Die Entscheidung kann mit Auflagen versehen oder befristet und jederzeit geändert oder

aufgehoben werden. Auf Antrag kann das Sozialgericht die aufschiebende Wirkung ganz oder teilweise wiederherstellen. Der Antrag ist schon vor Erhebung der Klage zulässig.

§ 331 Vorläufige Zahlungseinstellung
(1) Das Arbeitsamt kann die Zahlung einer laufenden Leistung ohne Erteilung eines Bescheides vorläufig einstellen, wenn es Kenntnis von Tatsachen erhält, die kraft Gesetzes zum Ruhen oder zum Wegfall des Anspruchs führen und wenn der Bescheid, aus dem sich der Anspruch ergibt, deshalb mit Wirkung für die Vergangenheit aufzuheben ist. Soweit die Kenntnis nicht auf Angaben desjenigen beruht, der die laufende Leistung erhält, sind ihm unverzüglich die vorläufige Einstellung der Leistung sowie die dafür maßgeblichen Gründe mitzuteilen, und es ist ihm Gelegenheit zu geben, sich zu äußern.
(2) Das Arbeitsamt hat eine vorläufig eingestellte laufende Leistung unverzüglich nachzuzahlen, soweit der Bescheid, aus dem sich der Anspruch ergibt, zwei Monate nach der vorläufigen Einstellung der Zahlung nicht mit Wirkung für die Vergangenheit aufgehoben ist.

§ 332 Übergang von Ansprüchen
(1) Das Arbeitsamt kann durch schriftliche Anzeige an den Leistungspflichtigen bewirken, daß Ansprüche eines Erstattungspflichtigen auf Leistungen zur Deckung des Lebensunterhalts, insbesondere auf
1. Renten der Sozialversicherung,
2. Renten nach dem Bundesversorgungsgesetz sowie Renten, die nach anderen Gesetzen in entsprechender Anwendung des Bundesversorgungsgesetzes gewährt werden,
3. Renten nach dem Gesetz zur Regelung der Rechtsverhältnisse der unter Artikel 131 des Grundgesetzes fallenden Personen,
4. Unterhaltsbeihilfe nach dem Gesetz über die Unterhaltsbeihilfe für Angehörige von Kriegsgefangenen,
5. Unterhaltshilfe nach dem Lastenausgleichsgesetz,
6. Mutterschaftsgeld oder auf Sonderunterstützung nach dem Mutterschutzgesetz,
7. Arbeitsentgelt aus einem Arbeitsverhältnis, das während des Bezugs der zurückzuzahlenden Leistung bestanden hat,

in Höhe der zurückzuzahlenden Leistung auf die Bundesanstalt übergehen, es sei denn, die Bundesanstalt hat insoweit aus dem gleichen Grund einen Erstattungsanspruch nach den §§ 102 bis 105 des Zehnten Buches. Der Übergang beschränkt sich auf Ansprüche, die dem Rückzahlungspflichtigen für den Zeitraum in der Vergangenheit zustehen, für den die zurückzuzahlenden Leistungen gewährt worden sind. Hat der Rückzahlungspflichtige den unrechtmäßigen Bezug der Leistung vorsätzlich oder grob fahrlässig herbeigeführt, so geht in den Fällen nach Satz 1 Nr. 1 bis 5 auch der Anspruch auf die Hälfte der laufenden Bezüge auf das Arbeitsamt insoweit über, als der Rückzahlungspflichtige dieses Teils der Bezüge zur Deckung seines Lebensunterhalts und des Lebensunterhalts seiner unterhaltsberechtigten Angehörigen nicht bedarf.
(2) Der Leistungspflichtige hat seine Leistungen in Höhe des nach Absatz 1 übergegangenen Anspruchs an die Bundesanstalt abzuführen.
(3) Der nach Absatz 1 Satz 1 Nr. 1 bis 5 Leistungspflichtige hat den Eingang eines Antrags auf Rente, Unterhaltsbeihilfe oder Unterhaltshilfe dem Arbeitsamt mitzuteilen, von dem der Antragsteller zuletzt Leistungen nach diesem Buch bezogen hat. Die Mitteilungspflicht entfällt, wenn der Bezug dieser Leistungen im Zeitpunkt der Antragstellung länger als drei Jahre zurückliegt. Bezüge für eine zurückliegende Zeit dürfen an den Antragsteller frühestens zwei Wochen nach Abgang der Mitteilung an die Bundesanstalt ausgezahlt werden, falls bis zur Auszahlung eine Anzeige des Arbeitsamts nach Absatz 1 nicht vorliegt.
(4) Der Rechtsübergang wird nicht dadurch ausgeschlossen, daß der Anspruch nicht übertragen, verpfändet oder gepfändet werden kann.

§ 333 Aufrechnung
(1) Hat ein Bezieher einer Entgeltersatzleistung oder von Winterausfallgeld die Leistung zu Unrecht erhalten, weil der Anspruch wegen der Anrechnung von Nebeneinkommen gemindert war oder wegen einer Sperrzeit oder einer Säumniszeit ruhte, so kann das Arbeitsamt mit dem Anspruch auf Erstattung

gegen einen Anspruch auf die genannten Leistungen abweichend von § 51 Abs. 2 des Ersten Buches in voller Höhe aufrechnen.
(2) Der Anspruch auf Rückzahlung von Leistungen kann gegen einen Anspruch auf Rückzahlung zu Unrecht entrichteter Beiträge zur Arbeitsförderung aufgerechnet werden.

§ 334 Pfändung von Leistungen
Bei Pfändung eines Geldleistungs- oder Erstattungsanspruchs gilt das Arbeitsamt, das über den Anspruch entschieden oder zu entscheiden hat, als Drittschuldner im Sinne der §§ 829 und 845 der Zivilprozeßordnung.

§ 335 Erstattung von Beiträgen zur Kranken-, Renten- und Pflegeversicherung
(1) Wurden von der Bundesanstalt für einen Bezieher von Arbeitslosengeld, Arbeitslosenhilfe oder Unterhaltsgeld Beiträge zur gesetzlichen Krankenversicherung gezahlt, so hat der Bezieher dieser Leistungen der Bundesanstalt die Beiträge zu ersetzen, soweit die Entscheidung über die Leistung rückwirkend aufgehoben und die Leistung zurückgefordert worden ist. Hat für den Zeitraum, für den die Leistung zurückgefordert worden ist, ein weiteres Krankenversicherungsverhältnis bestanden, so erstattet die Krankenkasse, bei der der Bezieher nach § 5 Abs. 1 Nr. 2 des Fünften Buches versicherungspflichtig war, der Bundesanstalt die für diesen Zeitraum entrichteten Beiträge; der Bezieher wird insoweit von der Ersatzpflicht nach Satz 1 befreit; § 5 Abs. 1 Nr. 2, zweiter Halbsatz des Fünften Buches gilt nicht. Werden die beiden Versicherungsverhältnisse bei verschiedenen Krankenkassen durchgeführt und wurden in dem Zeitraum, in dem die Versicherungsverhältnisse nebeneinander bestanden, Leistungen von der Krankenkasse erbracht, bei der der Bezieher nach § 5 Abs. 1 Nr. 2 des Fünften Buches versicherungspflichtig war, so besteht kein Beitragserstattungsanspruch nach Satz 2. Die Bundesanstalt und die Spitzenverbände der Krankenkassen (§ 213 des Fünften Buches) können das Nähere über die Erstattung der Beiträge nach den Sätzen 2 und 3 durch Vereinbarung regeln. Satz 1 gilt entsprechend, soweit die Bundesanstalt Beiträge, die für die Dauer des Leistungsbezuges an ein privates Versicherungsunternehmen zu zahlen sind, übernommen hat.
(2) Beiträge für Versicherungspflichtige nach § 5 Abs. 1 Nr. 2 des Fünften Buches, denen eine Rente aus der gesetzlichen Rentenversicherung oder Übergangsgeld von einem nach § 251 Abs. 1 des Fünften Buches beitragspflichtigen Rehabilitationsträger gewährt worden ist, sind der Bundesanstalt vom Träger der Rentenversicherung oder vom Rehabilitationsträger zu ersetzen, wenn und soweit wegen der Gewährung von Arbeitslosengeld, Arbeitslosenhilfe oder Unterhaltsgeld ein Erstattungsanspruch der Bundesanstalt gegen den Träger der Rentenversicherung oder den Rehabilitationsträger besteht. Satz 1 ist entsprechend anzuwenden in den Fällen, in denen dem Arbeitslosen von einem Träger der gesetzlichen Rentenversicherung wegen einer Maßnahme zur Rehabilitation Übergangsgeld oder eine Rente wegen Berufsunfähigkeit oder Erwerbsunfähigkeit zuerkannt wurde (§ 125 Abs. 3) sowie im Falle des Übergangs von Ansprüchen des Arbeitslosen auf den Bund (§ 201). Zu ersetzen sind
1. vom Rentenversicherungsträger die Beitragsanteile des versicherten Rentners und des Trägers der Rentenversicherung, die diese ohne die Regelung dieses Absatzes für dieselbe Zeit aus der Rente zu entrichten gehabt hätten,
2. vom Rehabilitationsträger der Betrag, den er als Krankenversicherungsbeitrag hätte leisten müssen, wenn der Versicherte nicht nach § 5 Abs. 1 Nr. 2 des Fünften Buches versichert gewesen wäre.

Der Träger der Rentenversicherung und der Rehabilitationsträger sind nicht verpflichtet, für dieselbe Zeit Beiträge zur Krankenversicherung zu entrichten. Der Versicherte ist abgesehen von Satz 3 Nr. 1 nicht verpflichtet, für dieselbe Zeit Beiträge aus der Rente zur Krankenversicherung zu entrichten.
(3) Der Arbeitgeber hat der Bundesanstalt die im Falle des § 143 Abs. 3 geleisteten Beiträge zur Kranken- und Rentenversicherung zu ersetzen, soweit er für dieselbe Zeit Beiträge zur Kranken- und Rentenversicherung des Arbeitnehmers zu entrichten hat. Er wird insoweit von seiner Verpflichtung befreit, Beiträge an die Kranken- und Rentenversicherung zu entrichten. Die Sätze 1 und 2 gelten entsprechend für den Zuschuß nach § 257 des Fünften Buches.
(4) Hat auf Grund des Bezuges von Arbeitslosengeld, Arbeitslosenhilfe oder Unterhaltsgeld nach § 143 Abs. 3 eine andere Krankenkasse die Krankenversicherung durchgeführt als diejenige Kasse, die für das Beschäftigungsverhältnis zuständig ist, aus dem der Leistungsempfänger Arbeitsentgelt

bezieht oder zu beanspruchen hat, so erstatten die Krankenkassen einander Beiträge und Leistungen wechselseitig.

(5) Für die Beiträge der Bundesanstalt zur sozialen Pflegeversicherung für Versicherungspflichtige nach § 20 Abs. 1 Satz 2 Nr. 2 des Elften Buches sind die Absätze 1 bis 3 entsprechend anzuwenden.

§ 336 Leistungsrechtliche Bindung der Bundesanstalt

Stellt die Einzugsstelle (§ 28 i Viertes Buch) oder der Träger der Rentenversicherung, der die ordnungsgemäße Erfüllung der Arbeitgeberpflichten im Zusammenhang mit dem Gesamtsozialversicherungsbeitrag prüft (§ 28 p in Verbindung mit Artikel II § 15 c Viertes Buch), die Versicherungspflicht nach diesem Buch durch Verwaltungsakt fest, so hat die Bundesanstalt auf Antrag des Versicherungspflichtigen zu erklären, ob sie der getroffenen Feststellung zustimmt. Der Antrag ist bei der Versicherungspflicht feststellenden Einzugsstelle oder bei dem die Versicherungspflicht feststellenden Träger der Rentenversicherung zu stellen. Für den Versicherungspflichtigen gilt gegenüber der Bundesanstalt § 60 des Ersten Buches entsprechend. Stimmt die Bundesanstalt der Feststellung zu, ist sie hinsichtlich der Zeiten, für die der die Versicherungspflicht feststellende Verwaltungsakt wirksam ist, längstens jedoch für fünf Jahre, leistungsrechtlich an ihre Zustimmung gebunden. Nach Ablauf der Frist kann die Erklärung der Bundesanstalt für jeweils weitere fünf Jahre beantragt werden.

Vierter Abschnitt
Auszahlung von Geldleistungen

§ 337 Auszahlung im Regelfall

(1) Geldleistungen werden auf das von dem Leistungsberechtigten angegebene inländische Konto bei einem Geldinstitut überwiesen. Geldleistungen, die an den Wohnsitz oder gewöhnlichen Aufenthalt des Leistungsberechtigten übermittelt werden, sind unter Abzug der dadurch veranlaßten Kosten auszuzahlen. Satz 2 gilt nicht, wenn der Leistungsberechtigte nachweist, daß ihm die Einrichtung eines Kontos bei einem Geldinstitut ohne eigenes Verschulden nicht möglich ist.

(2) Laufende Geldleistungen werden regelmäßig monatlich nachträglich ausgezahlt.

(3) Andere als laufende Geldleistungen werden mit der Entscheidung über den Antrag auf Leistung oder, soweit dem Berechtigten Kosten erst danach entstehen, zum entsprechenden Zeitpunkt ausgezahlt. Insolvenzgeld wird nachträglich für den Zeitraum ausgezahlt, für den es beantragt worden ist. Weiterbildungskosten und Teilnahmekosten werden, soweit sie nicht unmittelbar an den Träger der Maßnahme erbracht werden, monatlich im voraus ausgezahlt.

(4) Zur Vermeidung unbilliger Härten können angemessene Abschlagszahlungen geleistet werden.

Fünfter Abschnitt
Berechnungsgrundsätze

§ 338 Allgemeine Berechnungsgrundsätze

(1) Berechnungen werden auf zwei Dezimalstellen durchgeführt, wenn nichts Abweichendes bestimmt ist.

(2) Bei einer auf Dezimalstellen durchgeführten Berechnung wird die letzte Dezimalstelle um 1 erhöht, wenn sich in der folgenden Dezimalstelle eine der Zahlen 5 bis 9 ergeben würde.

(3) Bei der Rundung des für die Höhe des Arbeitslosengeldes oder der Arbeitslosenhilfe maßgebenden Bemessungsentgelts ist der Zehnerwert um 1 zu erhöhen, wenn der Einerwert eine der Zahlen 5 bis 9 ist.

(4) Bei einer Berechnung wird eine Multiplikation vor einer Division durchgeführt.

§ 339 Berechnung von Zeiten

Für die Berechnung von Leistungen wird ein Monat mit 30 Tagen und eine Woche mit sieben Tagen berechnet. Bei der Anwendung der Vorschriften über die Erfüllung der für einen Anspruch auf Arbeitslosengeld erforderlichen Anwartschaftszeit sowie der Vorschriften über die Dauer eines Anspruchs auf Arbeitslosengeld nach dem Zweiten Unterabschnitt des Achten Abschnitts des Vierten Kapitels dieses Buches entspricht ein Monat 30 Kalendertagen. Satz 2 gilt entsprechend bei der Anwendung

1. der Vorschriften über die Erfüllung der erforderlichen Vorbeschäftigungszeiten sowie der Vorschrift über die Dauer des Anspruchs auf Anschlußunterhaltsgeld und des Anspruchs auf Über-

gangsgeld im Anschluß an eine abgeschlossene Maßnahme zur beruflichen Eingliederung Behinderter,
2. der Vorschriften über die Erfüllung der besonderen Anspruchsvoraussetzungen sowie der Vorschriften über die Anspruchsdauer und des Erlöschens des Anspruchs auf Arbeitslosenhilfe nach dem Siebten Unterabschnitt des Achten Abschnitts des Vierten Kapitels dieses Buches.

Zehntes Kapitel
Finanzierung

Erster Abschnitt
Finanzierungsgrundsatz

§ 340 Aufbringung der Mittel
Die Leistungen der Arbeitsförderung und die sonstigen Ausgaben der Bundesanstalt werden durch Beiträge der Versicherungspflichtigen, der Arbeitgeber und Dritter (Beitrag zur Arbeitsförderung), Umlagen, Mittel des Bundes und sonstige Einnahmen finanziert.

Zweiter Abschnitt
Beiträge und Verfahren

Erster Unterabschnitt
Beiträge

§ 341 Beitragssatz und Beitragsbemessung
(1) Die Beiträge werden nach einem Prozentsatz (Beitragssatz) von der Beitragsbemessungsgrundlage erhoben.
(2) Der Beitragssatz beträgt 6,5 Prozent.
(3) Beitragsbemessungsgrundlage sind die beitragspflichtigen Einnahmen, die bis zur Beitragsbemessungsgrenze berücksichtigt werden. Für die Berechnung der Beiträge ist die Woche zu sieben, der Monat zu dreißig und das Jahr zu dreihundertsechzig Tagen anzusetzen, soweit dieses Buch nichts anderes bestimmt. Beitragspflichtige Einnahmen sind bis zu einem Betrag von einem Dreihundertsechzigstel der Beitragsbemessungsgrenze für den Kalendertag zu berücksichtigen. Einnahmen, die diesen Betrag übersteigen, bleiben außer Ansatz, soweit dieses Buch nichts Abweichendes bestimmt.
(4) Beitragsbemessungsgrenze ist die Beitragsbemessungsgrenze der Rentenversicherung der Arbeiter und Angestellten.

§ 342 Beitragspflichtige Einnahmen Beschäftigter
Beitragspflichtige Einnahme ist bei Personen, die beschäftigt sind, das Arbeitsentgelt, bei Personen, die zur Berufsausbildung beschäftigt sind, jedoch mindestens ein Arbeitsentgelt in Höhe von einem Prozent der Bezugsgröße.

§ 343 (aufgehoben)

§ 344 Sonderregelungen für beitragspflichtige Einnahmen Beschäftigter
(1) Für beschäftigte Seeleute gilt als beitragspflichtige Einnahme das amtlich festgesetzte monatliche Durchschnittsentgelt nach dem Siebten Buch der einzelnen Klassen der Schiffsbesatzung und Schiffsgattungen. Die beitragspflichtige Einnahme erhöht sich für Seeleute, die auf Seeschiffen beköstigt werden, um den amtlich festgesetzten Durchschnittssatz für Beköstigung. Ist für Seeleute ein monatliches Durchschnittsentgelt amtlich nicht festgesetzt, bestimmt die Satzung der See-Krankenkasse die beitragspflichtige Einnahme. Die Regelung für einmalig gezahltes Arbeitsentgelt findet keine Anwendung.
(2) Für Personen, die unmittelbar nach einem Versicherungspflichtverhältnis ein freiwilliges soziales Jahr im Sinne des Gesetzes zur Förderung eines freiwilligen sozialen Jahres oder ein freiwilliges ökologisches Jahr im Sinne des Gesetzes zur Förderung eines freiwilligen ökologischen Jahres leisten, gilt als beitragspflichtige Einnahme ein Arbeitsentgelt in Höhe der monatlichen Bezugsgröße.
(3) Für Personen, die als Behinderte in einer anerkannten Werkstätte für Behinderte oder Blindenwerkstätte beschäftigt sind, ist als beitragspflichtige Einnahme das tatsächlich erzielte Arbeitsentgelt,

mindestens jedoch ein Betrag in Höhe von 20 Prozent der monatlichen Bezugsgröße zugrunde zu legen.

§ 345 Beitragspflichtige Einnahmen sonstiger Versicherungspflichtiger
Als beitragspflichtige Einnahmen gilt bei Personen,
1. die in Einrichtungen für Behinderte an Maßnahmen teilnehmen, die ihnen eine Erwerbstätigkeit ermöglichen sollen, oder die in Einrichtungen der Jugendhilfe für eine Erwerbstätigkeit befähigt werden sollen, ein Arbeitsentgelt in Höhe von einem Fünftel der monatlichen Bezugsgröße,
2. die als Wehrdienstleistende oder als Zivildienstleistende versicherungspflichtig sind (§ 25 Abs. 2 Satz 2, § 26 Abs. 1 Nr. 2 und 3), das durchschnittliche Bemessungsentgelt aller Bezieher von Arbeitslosengeld am 1. Juli des Kalenderjahres, in dem der Dienst geleistet worden ist,
3. die als Gefangene versicherungspflichtig sind, ein Arbeitsentgelt in Höhe von 90 Prozent der Bezugsgröße,
4. die als Bezieher von Krankengeld, Versorgungskrankengeld, Verletztengeld oder Übergangsgeld versicherungspflichtig sind, 80 Prozent des der Leistung zugrunde liegenden Arbeitsentgelts oder Arbeitseinkommens, wobei 80 Prozent des beitragspflichtigen Arbeitsentgelts aus einem versicherungspflichtigen Beschäftigungsverhältnis abzuziehen sind; bei gleichzeitigem Bezug von Krankengeld neben einer anderen Leistung ist das dem Krankengeld zugrunde liegende Einkommen nicht zu berücksichtigen,
5. die als Bezieher von Krankentagegeld versicherungspflichtig sind, ein Arbeitsentgelt in Höhe von 70 Prozent der Jahresarbeitsentgeltgrenze der gesetzlichen Krankenversicherung. Für den Kalendermonat ist ein Zwölftel und für den Kalendertag ein Dreihundertsechzigstel des Arbeitsentgelts zugrunde zu legen.

Zweiter Unterabschnitt
Verfahren

§ 346 Beitragstragung bei Beschäftigten
(1) Die Beiträge werden von den versicherungspflichtig Beschäftigten und den Arbeitgebern je zur Hälfte getragen. Arbeitgeber im Sinne der Vorschriften dieses Titels sind auch die Auftraggeber von Heimarbeitern.
(2) Der Arbeitgeber trägt die Beiträge allein für
1. im Rahmen betrieblicher Berufsbildung Beschäftigte, deren monatliches Arbeitsentgelt 630 Deutsche Mark nicht übersteigt,
2. Personen, die als Behinderte in einer nach dem Schwerbehindertengesetz anerkannten Werkstätte für Behinderte oder in einer nach dem Blindenwarenvertriebsgesetz anerkannten Blindenwerkstätte beschäftigt sind und deren monatliches Bruttoarbeitsentgelt ein Fünftel der monatlichen Bezugsgröße nicht übersteigt,
3. Beschäftigte, die ein freiwilliges soziales Jahr im Sinne des Gesetzes zur Förderung eines freiwilligen sozialen Jahres oder ein freiwilliges ökologisches Jahr im Sinne des Gesetzes zur Förderung eines freiwilligen ökologischen Jahres leisten.

Wird infolge einmalig gezahlten Arbeitsentgelts die in Satz 1 Nr. 1 genannte Grenze überschritten, tragen der Versicherungspflichtige und der Arbeitgeber den Beitrag von dem diese Grenze übersteigenden Teil des Arbeitsentgelts jeweils zur Hälfte; im übrigen trägt der Arbeitgeber den Beitrag allein.
(3) Für Beschäftigte, die wegen Vollendung des 65. Lebensjahres versicherungsfrei sind, tragen die Arbeitgeber die Hälfte des Beitrages, der zu zahlen wäre, wenn die Beschäftigten versicherungspflichtig wären. Für den Beitragsanteil gelten die Vorschriften des Dritten Abschnitts des Vierten Buches und die Bußgeldvorschriften des § 111 Abs. 1 Nr. 2 bis 4, 8 und Abs. 4 des Vierten Buches entsprechend.

§ 347 Beitragstragung bei sonstigen Versicherten
Die Beiträge werden getragen
1. für Personen, die in Einrichtungen für Behinderte an Maßnahmen teilnehmen, die eine Erwerbstätigkeit ermöglichen sollen, oder die in Einrichtungen der Jugendhilfe für eine Erwerbstätigkeit befähigt werden sollen, vom Träger der Einrichtung,

2. für Wehrdienstleistende oder für Zivildienstleistende nach der Hälfte des Beitragssatzes vom Bund,
3. für Gefangene von dem für die Vollzugsanstalt zuständigen Land,
4. für Personen, die Krankengeld oder Verletztengeld beziehen, von den Beziehern der Leistung und den Leistungsträgern je zur Hälfte, soweit sie auf die Leistung entfallen, im übrigen von den Leistungsträgern; die Leistungsträger tragen die Beiträge auch allein, soweit sie folgende Leistungen zahlen:
   a) Versorgungskrankengeld oder Übergangsgeld,
   b) Krankengeld oder Verletztengeld in Höhe der Entgeltersatzleistungen nach diesem Buch oder
   c) eine Leistung, die nach einem monatlichen Arbeitsentgelt bemessen wird, das 630 Deutsche Mark nicht übersteigt,
5. für Personen, die Krankentagegeld beziehen, von privaten Krankenversicherungsunternehmen.

§ 348 Beitragszahlung für Beschäftigte
(1) Die Beiträge sind, soweit nichts Abweichendes bestimmt ist, von demjenigen zu zahlen, der sie zu tragen hat.
(2) Für die Zahlung der Beiträge aus Arbeitsentgelt bei einer versicherungspflichtigen Beschäftigung gelten die Vorschriften des Vierten Buches über den Gesamtsozialversicherungsbeitrag.

§ 349 Beitragszahlung für sonstige Versicherungspflichtige
(1) Für die Zahlung der Beiträge für Personen, die in Einrichtungen für Behinderte an einer Maßnahme teilnehmen, die ihnen eine Erwerbstätigkeit ermöglichen soll, oder die in Einrichtungen der Jugendhilfe für eine Erwerbstätigkeit befähigt werden sollen, gelten die Vorschriften über die Beitragszahlung aus Arbeitsentgelt entsprechend.
(2) Die Beiträge für Wehrdienstleistende, für Zivildienstleistende und für Gefangene sind an die Bundesanstalt zu zahlen.
(3) Die Beiträge für Bezieher von Sozialleistungen sind von den Leistungsträgern an die Bundesanstalt zu zahlen. Die Bundesanstalt und die Leistungsträger regeln das Nähere über Zahlung und Abrechnung der Beiträge durch Vereinbarung.
(4) Die Beiträge für Bezieher von Krankentagegeld sind von den privaten Krankenversicherungsunternehmen an die Bundesanstalt zu zahlen. Die Beiträge können durch eine Einrichtung dieses Wirtschaftszweiges gezahlt werden. Mit dieser Einrichtung kann die Bundesanstalt Näheres über Zahlung, Einziehung und Abrechnung vereinbaren; sie kann auch vereinbaren, daß der Beitragsabrechnung statistische Durchschnittswerte über die Zahl der Arbeitnehmer, für die Beiträge zu zahlen sind, und über Zeiten der Arbeitsunfähigkeit zugrunde gelegt werden. Der Bundesanstalt sind Verwaltungskosten für den Einzug der Beiträge in Höhe von zehn Prozent der Beiträge pauschal zu erstatten, wenn die Beiträge nicht nach Satz 2 gezahlt werden.
(5) Für die Zahlung der Beiträge nach den Absätzen 3 und 4 sowie für die Zahlung der Beiträge für Gefangene gelten die Vorschriften für den Einzug der Beiträge, die an die Einzugsstellen zu zahlen sind, entsprechend, soweit die Besonderheiten der Beiträge nicht entgegenstehen; die Bundesanstalt ist zur Prüfung der Beitragszahlung berechtigt.

§ 350 Meldungen der Sozialversicherungsträger
(1) Die Einzugsstellen (§ 28 i Viertes Buch) haben monatlich der Bundesanstalt die Zahl der nach diesem Buch versicherungspflichtigen Personen mitzuteilen. Die Bundesanstalt kann in die Geschäftsunterlagen und Statistiken der Einzugsstellen Einsicht nehmen, soweit dies zur Erfüllung ihrer Aufgaben erforderlich ist.
(2) Die Träger der Sozialversicherung haben der Bundesanstalt auf Verlangen bei ihnen vorhandene Geschäftsunterlagen und Statistiken vorzulegen, soweit dies zur Erfüllung der Aufgaben der Bundesanstalt erforderlich ist.

§ 351 Beitragserstattung
(1) Für die Erstattung zu Unrecht gezahlter Beiträge gilt abweichend von § 26 Abs. 2 des Vierten Buches, daß sich der zu erstattende Betrag um den Betrag der Leistung mindert, der in irrtümlicher Annahme der Versicherungspflicht gezahlt worden ist. § 27 Abs. 2 Satz 2 des Vierten Buches gilt nicht.

(2) Die Beiträge werden erstattet durch
1. das Arbeitsamt, in dessen Bezirk die Stelle ihren Sitz hat, an welche die Beiträge entrichtet worden sind,
2. die Landesarbeitsämter, wenn die Beitragszahlung wegen des Bezuges von Sozialleistungen oder Krankentagegeld erfolgte,
3. die zuständige Einzugsstelle oder den Leistungsträger, soweit die Bundesanstalt dies mit den Einzugsstellen oder den Leistungsträgern vereinbart hat.

Dritter Unterabschnitt
Verordnungsermächtigung und Ermächtigung zum Erlaß von Verwaltungsvorschriften

§ 352 Verordnungsermächtigung
(1) Die Bundesregierung wird ermächtigt, durch Rechtsverordnung nach Maßgabe der Finanzlage der Bundesanstalt sowie unter Berücksichtigung der Beschäftigungs- und Wirtschaftslage sowie deren voraussichtlicher Entwicklung zu bestimmen, daß die Beiträge zeitweise nach einem niedrigeren Beitragssatz erhoben werden.
(2) Das Bundesministerium für Arbeit und Sozialordnung wird ermächtigt, durch Rechtsverordnung
1. im Einvernehmen mit dem Bundesministerium der Finanzen, dem Bundesministerium der Verteidigung und dem Bundesministerium für Familie, Senioren, Frauen und Jugend eine Pauschalberechnung sowie die Fälligkeit, Zahlung und Abrechnung für einen Gesamtbeitrag der Wehrdienstleistenden und für einen Gesamtbeitrag der Zivildienstleistenden vorzuschreiben; es kann dabei eine geschätzte Durchschnittszahl der beitragspflichtigen Dienstleistungen zugrunde legen sowie die Besonderheiten berücksichtigen, die sich aus der Zusammensetzung dieses Personenkreises hinsichtlich der Bemessungsgrundlage und der Regelungen zur Anwartschaftszeit für das Arbeitslosengeld ergeben,
2. das Nähere über die Zahlung, Einziehung und Abrechnung der Beiträge, die von privaten Krankenversicherungsunternehmen zu zahlen sind, zu regeln.
(3) Das Bundesministerium für Arbeit und Sozialordnung wird ermächtigt, durch Rechtsverordnung mit Zustimmung des Bundesrates eine Pauschalberechnung für die Beiträge der Gefangenen und der für die Vollzugsanstalten zuständigen Länder vorzuschreiben und die Zahlungsweise zu regeln.

§ 353 Ermächtigung zum Erlaß von Verwaltungsvorschriften
Das Bundesministerium für Arbeit und Sozialordnung kann mit Zustimmung des Bundesrates zur Durchführung der Meldungen der Sozialversicherungsträger Verwaltungsvorschriften erlassen.

Dritter Abschnitt
Umlagen

Erster Unterabschnitt
Winterbau-Umlage

§ 354 Grundsatz
Die Mittel für das Wintergeld, das Winterausfallgeld bis zur 120. Ausfallstunde und die Erstattung von 50 Prozent der Arbeitgeberbeiträge zur Sozialversicherung werden einschließlich der Verwaltungskosten und der sonstigen Kosten, die mit der Gewährung dieser Leistungen zusammenhängen, von den Arbeitnehmern des Baugewerbes, in deren Betrieben die ganzjährige Beschäftigung zu fördern ist, durch Umlage aufgebracht.

§ 355 Höhe der Umlage
Die Umlage ist in den einzelnen Wirtschaftszweigen des Baugewerbes monatlich nach einem Prozentsatz der Bruttoarbeitsentgelte der in den genannten Betrieben beschäftigten Arbeitnehmer, deren Arbeitsverhältnis in der Schlechtwetterzeit nicht aus witterungsbedingten Gründen gekündigt werden kann, zu erheben. Die Verwaltungskosten und die sonstigen Kosten werden pauschaliert und für die einzelnen Wirtschaftszweige im Verhältnis der Anteile an den Ausgaben berücksichtigt.

§ 356 Umlageabführung
(1) Die Arbeitgeber können ihre Umlagebeträge über eine gemeinsame Einrichtung ihres Wirtschaftszweiges oder über eine Ausgleichskasse abführen. Kosten werden der gemeinsamen Einrich-

tung nicht erstattet. Die Bundesanstalt kann mit der gemeinsamen Einrichtung ein vereinfachtes Abrechnungsverfahren vereinbaren und dabei auf Einzelnachweise verzichten.
(2) Arbeitgeber, die ihre Umlagebeträge nicht über eine gemeinsame Einrichtung oder Ausgleichskasse abführen, haben der Bundesanstalt die Mehraufwendungen für die Einziehung pauschal zu erstatten.

§ 357 Verordnungsermächtigung
Das Bundesministerium für Arbeit und Sozialordnung bestimmt durch Rechtsverordnung den Prozentsatz für die Berechnung der Umlagen, die Höhe der Pauschale für die Mehraufwendungen in Fällen, in denen die Arbeitgeber ihre Umlagebeiträge nicht über eine gemeinsame Einrichtung abführen sowie das Nähere über ihre Zahlung und ihre Einziehung. Bei der Festsetzung des jeweiligen Prozentsatzes ist zu berücksichtigen, welche Leistungen zur Förderung der ganzjährigen Beschäftigung im Baugewerbe in Anspruch genommen werden können. Der jeweilige Prozentsatz ist so festzusetzen, daß das Aufkommen aus der Umlage unter Berücksichtigung von Fehlbeträgen und Überschüssen für die einzelnen Wirtschaftszweige des Baugewerbes aus der Zeit seit dem 1. Januar 1980 ausreicht, um den voraussichtlichen Bedarf der Bundesanstalt für die Aufwendungen nach § 354 zu decken. Die auf die einzelnen Wirtschaftszweige entfallenden Anteile sind für die Zeit bis zum 31. Oktober 1997 zu schätzen.

Zweiter Unterabschnitt
Umlage für das Insolvenzgeld

§ 358 Grundsatz[1]
(1) Die Unfallversicherungsträger erstatten der Bundesanstalt die Aufwendungen für das Insolvenzgeld jeweils bis zum 30. Juni des nachfolgenden Jahres. Erstattungspflichtige Unfallversicherungsträger sind die Berufsgenossenschaften, die Eisenbahn-Unfallkasse, die Unfallkasse Post und Telekom sowie für die nach § 125 Abs. 3, § 128 Abs. 4 und § 129 Abs. 3 des Siebten Buches übernommenen Unternehmen die für diese Unternehmen zuständigen Unfallversicherungsträger.
(2) Zu den Aufwendungen gehören
1. das Insolvenzgeld einschließlich des vom Arbeitsamt entrichteten Gesamtsozialversicherungsbeitrags,
2. die Verwaltungskosten und die sonstigen Kosten, die mit der Erbringung des Insolvenzgeldes zusammenhängen.
Die sonstigen Kosten werden pauschaliert.

§ 359 Aufbringung der Mittel[1]
(1) Die Mittel für die Erstattung der Aufwendungen für das Insolvenzgeld bringen die Unfallversicherungsträger (§ 359 Abs. 1) durch eine Umlage der Unternehmer in ihrem Zuständigkeitsbereich auf.
(2) Der Anteil jeder gewerblichen Berufsgenossenschaft, der Eisenbahn-Unfallkasse und der Unfallkasse Post und Telekom sowie der für die nach § 125 Abs. 3, § 128 Abs. 4 und § 129 Abs. 3 des Siebten Buches übernommenen Unternehmen zuständigen Unfallversicherungsträger entspricht dem Verhältnis seiner Entgeltsumme zu der Gesamtentgeltsumme der Unfallversicherungsträger (§ 359 Abs. 1). Hierbei werden die Entgeltsummen des Bundes, der Länder, der Gemeinden sowie der Körperschaften, Stiftungen und Anstalten des öffentlichen Rechts, über deren Vermögen ein Insolvenzverfahren nicht zulässig ist, und solcher juristischer Personen des öffentlichen Rechts, bei denen der Bund, ein Land oder eine Gemeinde kraft Gesetzes die Zahlungsfähigkeit sichert, nicht berücksichtigt.
(3) Die landwirtschaftlichen Berufsgenossenschaften bringen anteilig die Aufwendungen für das Insolvenzgeld auf, das den bei ihnen versicherten Arbeitnehmern gezahlt worden ist. Der Anteil jeder landwirtschaftlichen Berufsgenossenschaft entspricht dem Verhältnis der Summe der von ihr im abgelaufenen Geschäftsjahr gezahlten Renten zu der Summe der von allen landwirtschaftlichen Berufsgenossenschaften gezahlten Renten. Hierbei werden nur die Summen der Renten zugrunde gelegt, die nicht nach Durchschnittssätzen berechnet worden sind. Die Vertreterversammlungen können durch übereinstimmenden Beschluß einen anderen angemessenen Maßstab für die Ermittlung der Anteile bestimmen.

1) In Kraft ab 1. 1. 1999.

§ 360 Anteile der Unternehmer[1]
(1) Die gewerblichen Berufsgenossenschaften sowie die Eisenbahn-Unfallkasse und die Unfallkasse Post und Telekom legen den jeweils von ihnen aufzubringenden Anteil nach dem Entgelt der Versicherten auf die Unternehmer in ihrem Zuständigkeitsbereich um. Das gleiche gilt für die nach § 125 Abs. 3, § 128 Abs. 4 und § 129 Abs. 3 des Siebten Buches zuständigen Unfallversicherungsträger hinsichtlich der nach diesen Vorschriften übernommenen Unternehmen. Der auf den einzelnen Unternehmer umzulegende Anteil entspricht dem Verhältnis der Entgeltsumme bei diesem Unternehmer zur Gesamtentgeltsumme aller Unternehmer. Unternehmer, über deren Vermögen ein Insolvenzverfahren nicht zulässig ist oder deren Zahlungsfähigkeit gesetzlich gesichert ist, werden nicht berücksichtigt.
(2) Die Satzung kann bestimmen, daß
1. der Anteil nach der Zahl der Versicherten statt nach Entgelten umgelegt wird,
2. die durch die Umlage auf die Unternehmer entstehenden Verwaltungskosten und Kreditzinsen mit umgelegt werden,
3. von einer besonderen Umlage abgesehen wird.

Im übrigen gelten die Vorschriften über den Beitrag zur gesetzlichen Unfallversicherung entsprechend.
(3) Die landwirtschaftlichen Berufsgenossenschaften legen den von ihnen aufzubringenden Anteil nach ihrer Satzung auf ihre Beitragsschuldner um. Absatz 2 Satz 1 Nr. 2 und 3 und Satz 2 gelten entsprechend.

§ 361 Verfahren[1]
(1) Die Unfallversicherungsträger (§ 358 Abs. 1) entrichten zum 25. April, 25. Juli und 25. Oktober eines jeden Jahres Abschlagszahlungen in Höhe der Aufwendungen der Bundesanstalt für das Insolvenzgeld in dem jeweils vorausgegangenen Kalenderquartal. Zum 31. Dezember entrichten sie eine weitere Abschlagszahlung in Höhe der im vierten Kalenderquartal nach einvernehmlicher Schätzung der Bundesanstalt, des Hauptverbandes der gewerblichen Berufsgenossenschaften e. V. und des Bundesverbandes der landwirtschaftlichen Berufsgenossenschaften e. V. zu erwartenden Aufwendungen der Bundesanstalt.
(2) Für die Verwaltungskosten entrichten die Unfallversicherungsträger (§ 358 Abs. 1) zu den genannten Zeitpunkten Abschlagszahlungen in Höhe von jeweils einem Viertel der Aufwendungen der Bundesanstalt für die Verwaltungskosten im vorvergangenen Kalenderjahr.
(3) Zur Berechnung der Abschlagszahlungen übermittelt die Bundesanstalt dem Hauptverband der gewerblichen Berufsgenossenschaften e. V. und dem Bundesverband der landwirtschaftlichen Berufsgenossenschaften e. V. bis zum 5. April, 5. Juli, 5. Oktober und 11. Dezember die erforderlichen Angaben.
(4) Bis zum 31. Mai eines jeden Jahres übermitteln die Unfallversicherungsträger (§ 358 Abs. 1) und die Bundesanstalt dem Hauptverband der gewerblichen Berufsgenossenschaften e. V. und dem Bundesverband der landwirtschaftlichen Berufsgenossenschaften e. V. die Angaben, die für die Berechnung der Anteile der Unfallversicherungsträger (§ 358 Abs. 1) an den für das Vorjahr aufzubringenden Mitteln erforderlich sind. Die Verbände ermitteln die Anteile der Unfallversicherungsträger (§ 358 Abs. 1) und teilen sie diesen und der Bundesanstalt mit. Die Verbände und die Bundesanstalt können ein anderes Verfahren vereinbaren.

§ 362 Verordnungsermächtigung[1]
Das Bundesministerium für Arbeit und Sozialordnung bestimmt die Höhe der Pauschale für die sonstigen Kosten nach Anhörung der Bundesanstalt und der Verbände der Unfallversicherungsträger durch Rechtsverordnung mit Zustimmung des Bundesrates.

Vierter Abschnitt
Beteiligung des Bundes
§ 363 Finanzierung aus Bundesmitteln
(1) Der Bund trägt die Ausgaben der Arbeitnehmerhilfe, der Arbeitslosenhilfe und die Ausgaben für die weiteren Aufgaben, deren Durchführung die Bundesregierung auf Grund dieses Buches der Bundesanstalt übertragen hat. Verwaltungskosten der Bundesanstalt werden nicht erstattet.

---
1) In Kraft ab 1. 1. 1999.

(2) Der Bund trägt die Ausgaben der Förderung von Strukturanpassungsmaßnahmen, die dem Anteil der Arbeitslosenhilfebezieher an der Gesamtzahl der Bezieher von Arbeitslosengeld und Arbeitslosenhilfe und dem Anteil des durchschnittlichen Leistungssatzes für die Arbeitslosenhilfe einschließlich der Beiträge zur Sozialversicherung am pauschalierten Zuschuß im jeweiligen Kalenderjahr entsprechen.
(3) Der Bund trägt die Ausgaben für die weiteren Aufgaben, die er der Bundesanstalt durch Gesetz übertragen hat. Hierfür werden der Bundesanstalt die Verwaltungskosten erstattet, soweit in dem jeweiligen Gesetz nichts Abweichendes bestimmt ist.

§ 364 Liquiditätshilfen
(1) Der Bund leistet die zur Aufrechterhaltung einer ordnungsgemäßen Kassenwirtschaft notwendigen Liquiditätshilfen als zinslose Darlehen, wenn die Mittel der Bundesanstalt zur Erfüllung der Zahlungsverpflichtungen nicht ausreichen.
(2) Die Darlehen sind zurückzuzahlen, sobald und soweit die Einnahmen eines Monats die Ausgaben übersteigen und dieser Überschuß voraussichtlich im nächsten Monat des laufenden Haushaltsjahres nicht zur Deckung der Ausgaben benötigt wird.

§ 365 Bundeszuschuß
Können Darlehen des Bundes zum Schluß des Haushaltsjahres aus den Einnahmen und der Rücklage der Bundesanstalt nicht zurückgezahlt werden, wird aus den die Rücklage übersteigenden Darlehen ein Zuschuß.

Fünfter Abschnitt
Rücklage

§ 366 Bildung und Anlage der Rücklage
(1) Die Bundesanstalt hat aus den Überschüssen der Einnahmen über die Ausgaben eine Rücklage zu bilden.
(2) Die Rücklage ist nach wirtschaftlichen Grundsätzen so anzulegen, daß bis zur vollen Höhe der Rücklage die jederzeitige Zahlungsfähigkeit der Bundesanstalt gewährleistet ist. Die Bundesanstalt kann mit Zustimmung des Bundesministeriums für Arbeit und Sozialordnung sowie des Bundesministeriums der Finanzen Verwaltungsvorschriften über die Anlage der Rücklage erlassen.

Elftes Kapitel
Organisation und Datenschutz

Erster Abschnitt
Bundesanstalt für Arbeit

§ 367 Träger der Arbeitsförderung
Träger der Arbeitsförderung ist die Bundesanstalt für Arbeit als rechtsfähige bundesunmittelbare Körperschaft des öffentlichen Rechts mit Selbstverwaltung (Bundesanstalt). Die Selbstverwaltung wird durch die Arbeitnehmer, die Arbeitgeber und die öffentlichen Körperschaften ausgeübt.

§ 368 Gliederung der Bundesanstalt
(1) Die Bundesanstalt gliedert sich in
1. die Arbeitsämter mit ihren Geschäftsstellen auf der örtlichen Verwaltungsebene,
2. die Landesarbeitsämter auf der mittleren Verwaltungsebene und
3. die Hauptstelle auf der oberen Verwaltungsebene.

(2) Die Geschäftsstellen der Arbeitsämter können die Bezeichnung »Arbeitsamt« führen.
(3) Besondere Dienststellen können errichtet werden, wenn dies zur Erfüllung zentraler oder überbezirklicher Aufgaben der Bundesanstalt zweckmäßig und wirtschaftlich ist. Besondere Bereiche der Beratung und der Vermittlung nimmt eine Zentralstelle für Arbeitsvermittlung wahr.

§ 369 Sitz und bezirkliche Gliederung
(1) Die Bundesanstalt hat ihren Sitz in Nürnberg.

(2) Die Bezirke der Landesarbeitsämter sollen mit den Gebieten der Länder übereinstimmen. Sie sollen mehr als ein Land umfassen, wenn dies unter Berücksichtigung der Anzahl der Arbeitsämter und arbeitsmarktlicher und wirtschaftlicher Zusammenhänge zweckmäßig ist.
(3) Bei der Bildung der Bezirke der Arbeitsämter und der Errichtung von Geschäftsstellen sind die örtlichen Arbeitsmärkte und die Bezirke von Kreisen und Gemeinden sowie die Erfordernisse einer bestmöglichen Dienstleistung zu berücksichtigen.
(4) Die Zentralstelle für Arbeitsvermittlung hat ihren Sitz in Bonn.

§ 370 Aufgaben der Bundesanstalt
(1) Die Bundesanstalt ist der für die Durchführung der Aufgaben nach diesem Buch zuständige Verwaltungsträger. Sie darf ihre Mittel nur für die gesetzlich vorgeschriebenen oder zugelassenen Zwecke verwenden.
(2) Die Bundesregierung kann der Bundesanstalt durch Rechtsverordnung mit Zustimmung des Bundesrates weitere Aufgaben übertragen, die im Zusammenhang mit deren Aufgaben nach diesem Buch stehen. Die Durchführung befristeter Arbeitsmarktprogramme kann sie der Bundesanstalt durch Verwaltungsvereinbarung übertragen.
(3) Die Landesarbeitsämter können durch Verwaltungsvereinbarung die Durchführung befristeter Arbeitsmarktprogramme der Länder übernehmen, wenn
1. die Arbeitsmarktprogramme die Tätigkeiten der Bundesanstalt ergänzen,
2. die Erledigung eigener Aufgaben dadurch nicht wesentlich beeinträchtigt wird und
3. die Hauptstelle zugestimmt hat.
Über den Abschluß von Verwaltungsvereinbarungen mit den Ländern ist das Bundesministerium für Arbeit und Sozialordnung zu unterrichten.
(4) Die Arbeitsämter können die Zusammenarbeit mit Kreisen und Gemeinden, insbesondere zur Abstimmung des Einsatzes arbeitsmarkt- und strukturpolitischer Maßnahmen in Verwaltungsvereinbarungen regeln. Dadurch darf die Erledigung eigener Aufgaben nicht wesentlich beeinträchtigt werden.

§ 371 Wahrnehmung der Aufgaben
(1) Die Arbeitsämter nehmen die Aufgaben der Bundesanstalt wahr, soweit die Wahrnehmung durch andere Dienststellen nicht wirtschaftlicher ist. Aufgaben können von Arbeitsämtern überbezirklich wahrgenommen werden, wenn dies für eine wirtschaftliche Aufgabenerledigung zweckmäßig ist.
(2) Die Landesarbeitsämter nehmen die Aufgaben wahr, die zweckmäßigerweise auf der mittleren Verwaltungsebene erledigt werden müssen.
(3) Die Hauptstelle nimmt die Aufgaben wahr, die zweckmäßig nicht auf der örtlichen oder der mittleren Verwaltungsebene erledigt werden können.
(4) Weisungen zu Ermessensleistungen der aktiven Arbeitsförderung sollen nur zur Beachtung von Gesetz und sonstigem Recht erteilt werden. Gestaltungsspielräume der Arbeitsämter sollen nur aus besonderen Gründen eingeschränkt werden. Die Befugnis zur Ausübung der Fachaufsicht durch übergeordnete Dienststellen bleibt unberührt.

§ 372 Besonderheiten zum Gerichtsstand
Hat eine Klage gegen die Bundesanstalt Bezug auf den Aufgabenbereich eines Landesarbeitsamtes oder Arbeitsamtes, und ist der Sitz der Bundesanstalt maßgebend für die örtliche Zuständigkeit des Gerichts, so kann die Klage auch bei dem Gericht erhoben werden, in dessen Bezirk das Landesarbeitsamt oder das Arbeitsamt seinen Sitz hat.

§ 373 Beteiligung an Gesellschaften
Die Bundesanstalt kann die Mitgliedschaft in Vereinen erwerben und mit Zustimmung des Bundesministeriums für Arbeit und Sozialordnung sowie des Bundesministeriums der Finanzen Gesellschaften gründen oder sich an Gesellschaften beteiligen, wenn dies zur Erfüllung ihrer Aufgaben nach diesem Buch zweckmäßig ist.

Zweiter Abschnitt
Selbstverwaltung

Erster Unterabschnitt
Verfassung

§ 374 Selbstverwaltungsorgane
(1) Als Selbstverwaltungsorgane der Bundesanstalt werden der Verwaltungsrat, der Vorstand und die Verwaltungsausschüsse bei den Landesarbeitsämtern und Arbeitsämtern gebildet.
(2) Die Selbstverwaltungsorgane nehmen im Rahmen ihrer jeweiligen Zuständigkeit die Aufgaben der Selbstverwaltung wahr.
(3) Der Umfang der Aufgaben und Befugnisse der Selbstverwaltungsorgane ergibt sich aus Gesetz, Satzung und sonstigem für die Bundesanstalt maßgebenden Recht. Die Selbstverwaltungsorgane haben alle aktuellen Fragen des Arbeitsmarktes zu beraten und erforderliche Maßnahmen zur bestmöglichen Erledigung der Aufgaben nach diesem Buch und der auf Grund dieses Buches übertragenen Aufgaben zu erörtern. Sie erhalten die für die Wahrnehmung ihrer Aufgaben erforderlichen Informationen.
(4) Die Bundesanstalt wird ohne Selbstverwaltung tätig, soweit eine oberste Bundesbehörde Fachaufsicht auszuüben hat. Werden der Bundesanstalt durch Gesetz weitere Aufgaben übertragen, kann die Zuständigkeit der Selbstverwaltung begründet werden.

§ 375 Satzung und Anordnungen
(1) Die Bundesanstalt gibt sich eine Satzung.
(2) Die Satzung und die Anordnungen des Verwaltungsrats bedürfen der Genehmigung des Bundesministeriums für Arbeit und Sozialordnung.
(3) Die Satzung und die Anordnungen sind öffentlich bekanntzumachen. Sie treten, wenn ein anderer Zeitpunkt nicht bestimmt ist, am Tag nach ihrer Bekanntmachung in Kraft. Die Art der Bekanntmachung wird durch die Satzung geregelt.
(4) Das Bundesministerium für Arbeit und Sozialordnung kann anstelle der nach diesem Gesetz vorgesehenen Anordnungen Rechtsverordnungen erlassen, wenn die Bundesanstalt nicht innerhalb von vier Monaten, nachdem das Bundesministerium für Arbeit und Sozialordnung sie dazu aufgefordert hat, eine Anordnung erläßt oder veränderten Verhältnissen anpaßt.

§ 376 Verwaltungsrat
(1) Der Verwaltungsrat beschließt die Satzung und erläßt die Anordnungen nach diesem Gesetz. Anordnungen sind veränderten Verhältnissen alsbald anzupassen. Anordnungen zu Ermessensleistungen der aktiven Arbeitsförderung sollen Gestaltungsspielräume der Arbeitsämter nur aus besonderen Gründen einschränken.
(2) Der Verwaltungsrat ist zuständig für die Abgrenzung der Bezirke der Landesarbeitsämter und die Errichtung besonderer Dienststellen. Die Abgrenzung erfolgt im Benehmen mit den beteiligten obersten Landesbehörden.
(3) Der Verwaltungsrat besteht aus 51 Mitgliedern.

§ 377 Vorstand
(1) Der Vorstand führt die Geschäfte der Bundesanstalt und vertritt sie gerichtlich und außergerichtlich, soweit dieses Buch oder sonstiges für die Bundesanstalt maßgebendes Recht nichts Abweichendes bestimmt.
(2) Der Vorstand erläßt Richtlinien für die Führung der Verwaltungsgeschäfte, soweit diese dem Präsidenten obliegen.
(3) Der Vorstand besteht aus neun Mitgliedern.

§ 378 Verwaltungsausschüsse
(1) Bei jedem Arbeitsamt und Landesarbeitsamt besteht ein Verwaltungsausschuß. Er wirkt bei der Erfüllung der Aufgaben durch diese Ämter mit. Eine Mitwirkung in Einzelfällen erfolgt nur, soweit dies durch dieses Buch oder die Satzung vorgesehen ist oder die Einzelfälle von wesentlicher Bedeutung für die Arbeitsmarktpolitik sind.

(2) Die Verwaltungsausschüsse der Landesarbeitsämter sind zuständig für die Abgrenzung der Bezirke der Arbeitsämter. Grundsätze für die Abgrenzung der Bezirke können durch den Verwaltungsrat bestimmt werden. Die Abgrenzung erfolgt im Benehmen mit der jeweiligen obersten Landesbehörde.
(3) Die Verwaltungsausschüsse der Arbeitsämter sind insbesondere zuständig für die Aufteilung der im Eingliederungstitel für Ermessensleistungen der aktiven Arbeitsförderung, einschließlich der freien Förderung, veranschlagten Mittel. Sie haben dabei unter Berücksichtigung der Ergebnisse der jährlichen Eingliederungsbilanz zu einer Verbesserung des Ausgleichs am Arbeitsmarkt beizutragen.
(4) Die Zahl der Mitglieder der Verwaltungsausschüsse der Landesarbeitsämter bestimmt die Satzung; die Mitgliederzahl darf höchstens 27 betragen. Die Zahl der Mitglieder der Verwaltungsausschüsse der Arbeitsämter setzt der Verwaltungsausschuß des Landesarbeitsamtes fest; die Mitgliederzahl darf höchstens 21 betragen.

§ 379 Besondere Ausschüsse
Die Selbstverwaltungsorgane können die Erledigung einzelner Aufgaben besonderen Ausschüssen übertragen.

§ 380 Zusammensetzung der Selbstverwaltungsorgane
(1) Die Selbstverwaltungsorgane setzen sich zu gleichen Teilen aus Vertretern der Arbeitnehmer, der Arbeitgeber und der öffentlichen Körperschaften zusammen.
(2) Vertretungen sind nur innerhalb einer Gruppe zulässig. Die Stellvertreter der Mitglieder sind berechtigt, auch an denjenigen Sitzungen des Selbstverwaltungsorgans teilzunehmen, in denen sie ein Mitglied nicht vertreten. Sie können Ausschüssen auch als Mitglieder angehören.
(3) Mitglieder des Verwaltungsrats können nicht gleichzeitig Mitglieder des Vorstands sein.
(4) In den Selbstverwaltungsorganen sollen die regionalen Bereiche, die Wirtschaftszweige und die Berufsgruppen angemessen vertreten sein.

§ 381 Amtsdauer
(1) Die Amtsdauer der Mitglieder der Selbstverwaltungsorgane beträgt sechs Jahre.
(2) Die Mitglieder der Selbstverwaltungsorgane bleiben nach Ablauf ihrer Amtsdauer im Amt, bis ihre Nachfolger berufen sind.
(3) Scheidet ein Mitglied vor Ablauf der Amtsdauer aus, so ist für den Rest der Amtsdauer ein neues Mitglied zu berufen. Bis zur Berufung des Nachfolgers tritt an die Stelle des ausgeschiedenen Mitglieds dessen Stellvertreter.

§ 382 Vorsitzende der Selbstverwaltungsorgane
(1) Die Selbstverwaltungsorgane und ihre Ausschüsse wählen aus ihrer Mitte jeweils für die Dauer eines Jahres einen Vorsitzenden und einen stellvertretenden Vorsitzenden.
(2) Als Vorsitzender und stellvertretender Vorsitzender können nur Vertreter der Arbeitnehmer oder der Arbeitgeber gewählt werden; sie dürfen nicht der gleichen Gruppe angehören. Die beiden Gruppen stellen in regelmäßigem Wechsel den Vorsitzenden oder den stellvertretenden Vorsitzenden. Die Reihenfolge wird durch die Beendigung der Amtsdauer der Mitglieder der Selbstverwaltungsorgane nicht unterbrochen.
(3) Schließen Tatsachen das Vertrauen der Mitglieder eines Selbstverwaltungsorgans zu der Amtsführung eines Vorsitzenden oder eines stellvertretenden Vorsitzenden aus, so kann das Selbstverwaltungsorgan mit einer Mehrheit von zwei Dritteln seiner Mitglieder die Abberufung beschließen.
(4) Scheidet ein Vorsitzender oder ein stellvertretender Vorsitzender aus, so wird der Ausscheidende für den Rest seiner Amtsdauer durch Neuwahl ersetzt. Vor der Neuwahl ist das Selbstverwaltungsorgan zu ergänzen, wenn nicht einvernehmlich auf die vorherige Ergänzung verzichtet wird.

§ 383 Beratung
(1) Jedes Selbstverwaltungsorgan gibt sich eine Geschäftsordnung.
(2) Die Selbstverwaltungsorgane und ihre Ausschüsse werden von ihren Vorsitzenden nach Bedarf einberufen. Sie müssen einberufen werden, wenn ein Drittel der Mitglieder es verlangt.
(3) Die Sitzungen der Selbstverwaltungsorgane und ihrer Ausschüsse sind nicht öffentlich. Dem Bundesministerium für Arbeit und Sozialordnung ist Gelegenheit zu geben, in den Sitzungen des Verwaltungsrats und des Vorstandes sowie der Ausschüsse dieser Selbstverwaltungsorgane seine Auffassung darzulegen.

§ 384 Beschlußfassung

(1) Die Selbstverwaltungsorgane und ihre Ausschüsse sind beschlußfähig, wenn sämtliche Mitglieder ordnungsgemäß geladen sind und die Mehrheit der Mitglieder anwesend ist. Ist ein Selbstverwaltungsorgan nicht beschlußfähig, so kann der Vorsitzende anordnen, daß in der nächsten Sitzung über den Gegenstand der Abstimmung auch dann beschlossen werden kann, wenn die Mehrheit der Mitglieder nicht anwesend ist. Hierauf ist in der Ladung zu der nächsten Sitzung hinzuweisen.
(2) Die Selbstverwaltungsorgane fassen ihre Beschlüsse mit Stimmenmehrheit.
(3) In eiligen Fällen kann ohne Sitzung im schriftlichen Verfahren abgestimmt werden. Das Nähere bestimmt die Satzung.
(4) Die Beschlüsse des Verwaltungsrats sind für die Verwaltungsausschüsse, die Beschlüsse des Verwaltungsausschusses des Landesarbeitsamtes sind für die Verwaltungsausschüsse der Arbeitsämter bindend.

§ 385 Beanstandung von Beschlüssen

(1) Verstößt ein Beschluß eines Selbstverwaltungsorgans gegen Gesetz oder sonstiges für die Bundesanstalt maßgebendes Recht, so ist der Beschluß schriftlich und mit Begründung zu beanstanden und dabei eine angemessene Frist zur erneuten Beschlußfassung zu setzen. Die Beanstandung hat aufschiebende Wirkung.
(2) Zuständig für die Beanstandung ist
1. der Präsident des zuständigen Landesarbeitsamtes für Beschlüsse der Verwaltungsausschüsse der Arbeitsämter,
2. der Präsident der Bundesanstalt für Beschlüsse der Verwaltungsausschüsse der Landesarbeitsämter und des Vorstands.
(3) Wird der beanstandete Beschluß nicht innerhalb eines Monats nach der Beanstandung abgeändert, entscheidet unverzüglich
1. über einen Beschluß des Verwaltungsausschusses eines Arbeitsamtes der Verwaltungsausschuß des Landesarbeitsamtes,
2. über einen Beschluß des Verwaltungsausschusses des Landesarbeitsamtes der Vorstand,
3. über einen Beschluß des Vorstands der Verwaltungsrat.

§ 386 Verfahren bei Versagen von Selbstverwaltungsorganen

(1) Ist die ordnungsgemäße Durchführung der Aufgaben des Verwaltungsausschusses eines Arbeitsamtes nicht gewährleistet, so kann auf Antrag des Verwaltungsausschusses des Landesarbeitsamtes der Vorstand die Befugnisse des Verwaltungsausschusses des Arbeitsamtes einer anderen Stelle übertragen.
(2) Ist die ordnungsgemäße Durchführung der Aufgaben durch den Verwaltungsausschuß eines Landesarbeitsamtes nicht gewährleistet, so kann der Verwaltungsrat dessen Befugnisse auf Antrag des Vorstands dem Vorstand oder einer anderen Stelle der Bundesanstalt übertragen.
(3) Ist die ordnungsgemäße Durchführung der Aufgaben durch den Vorstand nicht gewährleistet, so kann der Verwaltungsrat die Abberufung des Vorstands beim Bundesministerium für Arbeit und Sozialordnung beantragen. Gibt dieser dem Antrag statt, so hat er alsbald einen neuen Vorstand zu berufen.

§ 387 Ehrenämter

(1) Die Mitglieder der Selbstverwaltungsorgane üben ihre Tätigkeit ehrenamtlich aus. Sie dürfen in der Übernahme oder Ausübung des Ehrenamtes nicht behindert oder wegen der Übernahme oder Ausübung eines solchen Amtes nicht benachteiligt werden.
(2) Stellvertreter haben für die Zeit, in der sie die Mitglieder vertreten oder andere ihnen übertragene Aufgaben wahrnehmen, die Rechte und Pflichten eines Mitglieds.

§ 388 Entschädigung der ehrenamtlich Tätigen

(1) Die Bundesanstalt erstattet den Mitgliedern der Selbstverwaltungsorgane und ihren Stellvertretern ihre baren Auslagen. Der Verwaltungsrat kann dafür feste Sätze beschließen. Die Satzung bestimmt, was den Mitgliedern als Entschädigung für entgangenen Arbeitsverdienst oder Zeitverlust zu gewähren ist.

(2) Die Auslagen des Vorsitzenden und des stellvertretenden Vorsitzenden eines Selbstverwaltungsorgans für ihre Tätigkeit außerhalb der Sitzungen können mit einem Pauschbetrag abgegolten werden, den der Verwaltungsrat auf Vorschlag des Vorstands festsetzt.
(3) Die Beschlüsse des Verwaltungsrats nach den Absätzen 1 und 2 bedürfen der Genehmigung des Bundesministeriums für Arbeit und Sozialordnung.

§ 389 Haftung
(1) Die Haftung der Mitglieder der Selbstverwaltungsorgane richtet sich bei Verletzung einer ihnen einem Dritten gegenüber obliegenden Amtspflicht nach § 839 des Bürgerlichen Gesetzbuchs und Artikel 34 des Grundgesetzes.
(2) Die Mitglieder der Selbstverwaltungsorgane haften für den Schaden, der der Bundesanstalt aus einer vorsätzlichen oder grob fahrlässigen Verletzung der ihnen obliegenden Pflichten entsteht.
(3) Auf Ersatz des Schadens aus einer Pflichtverletzung kann die Bundesanstalt nicht im voraus, auf einen entstandenen Schadensersatzanspruch nur mit Genehmigung des Bundesministeriums für Arbeit und Sozialordnung verzichten.

Zweiter Unterabschnitt
Berufung und Abberufung

§ 390 Berufung und Abberufung der Mitglieder
(1) Die Mitglieder der Selbstverwaltung und ihre Stellvertreter werden berufen.
(2) Die Berufung erfolgt bei
1. Mitgliedern des Verwaltungsrats und des Vorstands durch das Bundesministerium für Arbeit und Sozialordnung,
2. Mitgliedern der Verwaltungsausschüsse der Landesarbeitsämter durch den Vorstand,
3. Mitgliedern der Verwaltungsausschüsse der Arbeitsämter durch die Verwaltungsausschüsse der Landesarbeitsämter.

Die berufende Stelle hat Frauen und Männer mit dem Ziel ihrer gleichberechtigten Teilhabe in den Gruppen zu berücksichtigen. Liegen Vorschläge mehrerer Vorschlagsberechtigter vor, so sind die Sitze anteilsmäßig unter billiger Berücksichtigung der Minderheiten zu verteilen.
(3) Ein Mitglied ist abzuberufen, wenn
1. eine Voraussetzung für seine Berufung entfällt oder sich nachträglich herausstellt, daß sie nicht vorgelegen hat,
2. das Mitglied seine Amtspflicht grob verletzt,
3. die vorschlagende Stelle es beantragt oder
4. das Mitglied es beantragt.

Eine Abberufung auf Antrag der vorschlagsberechtigten Gruppe hat bei den Gruppen der Arbeitnehmer oder der Arbeitgeber nur zu erfolgen, wenn die Mitglieder aus ihren Organisationen ausgeschlossen worden oder ausgetreten sind oder die Vorschlagsberechtigung der Stelle, die das Mitglied vorgeschlagen hat, entfallen ist.

§ 391 Berufungsfähigkeit
(1) Als Mitglieder der Selbstverwaltungsorgane können nur Deutsche, die das passive Wahlrecht zum Deutschen Bundestag besitzen, und Ausländer, die ihren gewöhnlichen Aufenthalt rechtmäßig im Bundesgebiet haben und die die Voraussetzungen des § 15 des Bundeswahlgesetzes mit Ausnahme der von der Staatsangehörigkeit abhängigen Voraussetzungen erfüllen, berufen werden. Die Mitglieder der Verwaltungsausschüsse sollen mindestens sechs Monate in dem Bezirk wohnen oder tätig sein, auf den sich die Zuständigkeit des Selbstverwaltungsorgans erstreckt.
(2) Arbeitnehmer und Beamte der Bundesanstalt können nicht Mitglieder von Selbstverwaltungsorganen der Bundesanstalt sein.

§ 392 Vorschlagsberechtigte Stellen
(1) Vorschlagsberechtigt sind für die Vertreter der Gruppen
1. der Arbeitnehmer die Gewerkschaften, die Tarifverträge abgeschlossen haben, sowie ihre Verbände,
2. der Arbeitgeber die Arbeitgeberverbände, die Tarifverträge abgeschlossen haben, sowie ihre Vereinigungen,

die für die Vertretung von Arbeitnehmer- oder Arbeitgeberinteressen wesentliche Bedeutung haben. Für die Verwaltungsausschüsse der Landesarbeitsämter und Arbeitsämter sind nur die für den Bezirk zuständigen Gewerkschaften und ihre Verbände sowie die Arbeitgeberverbände und ihre Vereinigungen vorschlagsberechtigt.

(2) Vorschlagsberechtigt für die Vertreter der Gruppe der öffentlichen Körperschaften im Verwaltungsrat und im Vorstand sind
1. die Bundesregierung für sieben Mitglieder des Verwaltungsrats und für ein Mitglied des Vorstands,
2. der Bundesrat für sieben Mitglieder des Verwaltungsrats und für ein Mitglied des Vorstands,
3. die Spitzenvereinigungen der kommunalen Selbstverwaltungskörperschaften für drei Mitglieder des Verwaltungsrats und für ein Mitglied des Vorstands.

(3) Vorschlagsberechtigt für die Vertreter der Gruppe der öffentlichen Körperschaften in den Verwaltungsausschüssen der Landesarbeitsämter sind die obersten Landesbehörden. Sie haben neben den Vertretern des Landes auch Vertreter der Gemeinden und Gemeindeverbände zu berücksichtigen, deren Bezirk zu dem Bezirk des Landesarbeitsamtes gehört. Gehört der Bezirk eines Landesarbeitsamtes zum Gebiet mehrerer Länder und einigen sich diese über den Vorschlag nicht, so entscheidet das Bundesministerium für Arbeit und Sozialordnung. Vor der Entscheidung hat es die beteiligten obersten Landesbehörden zu hören. Die Vertreter eines Landes müssen dem Dienstbereich des jeweiligen Landes angehören.

(4) Vorschlagsberechtigt für die Vertreter der Gruppe der öffentlichen Körperschaften in den Verwaltungsausschüssen der Arbeitsämter sind die gemeinsamen Gemeindeaufsichtsbehörden. Die beteiligten Gemeinden sowie die gemeinsamen Gemeindeaufsichtsbehörden benennen die Vertreter. Einigen sich die beteiligten Gemeinden im Rahmen ihres Benennungsrechts auf einen Vorschlag, so ist die Gemeindeaufsichtsbehörde an diesen gebunden. Ist eine gemeinsame Gemeindeaufsichtsbehörde nicht vorhanden und einigen sich die beteiligten Gemeindeaufsichtsbehörden nicht, so steht das Vorschlagsrecht der obersten Landesbehörde oder der von ihr bezeichneten Stelle zu. Vertreter der öffentlichen Körperschaften können nur Vertreter der Gemeinden, ihrer Verbände oder der gemeinsamen Gemeindeaufsichtsbehörde sein, in deren Gebiet sich der Arbeitsamtsbezirk befindet, und die bei diesen hauptamtlich oder ehrenamtlich tätig sind.

(5) Die vorschlagsberechtigten Stellen haben unter den Voraussetzungen des § 4 des Bundesgremienbesetzungsgesetzes für jeden auf sie entfallenden Sitz jeweils eine Frau und einen Mann vorzuschlagen.

Dritter Unterabschnitt
Neutralitätsausschuß

§ 393 Neutralitätsausschuß

(1) Der Neutralitätsausschuß, der Feststellungen über bestimmte Voraussetzungen über das Ruhen des Arbeitslosengeldes bei Arbeitskämpfen trifft, besteht aus den Vertretern der Gruppen der Arbeitnehmer und der Arbeitgeber im Vorstand sowie dem Präsidenten der Bundesanstalt. Vorsitzender ist der Präsident. Er vertritt den Neutralitätsausschuß vor dem Bundessozialgericht.

(2) Die Vorschriften, die die Organe der Bundesanstalt betreffen, gelten entsprechend, soweit Besonderheiten des Neutralitätsausschusses nicht entgegenstehen.

Dritter Abschnitt
Verwaltung

§ 394 Präsident der Bundesanstalt

(1) Der Präsident der Bundesanstalt führt die laufenden Verwaltungsgeschäfte, soweit dieses Buch oder sonstiges für die Bundesanstalt maßgebendes Recht nichts Abweichendes bestimmen. Der Präsident vertritt insoweit die Bundesanstalt gerichtlich und außergerichtlich. Beschränkungen der laufenden Geschäftsführung sowie der gerichtlichen und außergerichtlichen Vertretung sind Dritten gegenüber nur wirksam, wenn sie sich aus der Satzung ergeben. Der Präsident wird durch einen Vizepräsidenten vertreten.

(2) Der Präsident und der Vizepräsident werden auf Vorschlag der Bundesregierung nach Anhörung des Verwaltungsrats durch den Bundespräsidenten ernannt. Die Bundesregierung kann von der Stellungnahme des Verwaltungsrats nur aus wichtigem Grund abweichen. Die Amtszeit beträgt acht Jahre. Sie kann für jeweils vier Jahre verlängert werden. Der Präsident und der Vizepräsident sind verpflichtet, nach Ablauf der ersten Amtszeit einer erneuten Berufung Folge zu leisten.

§ 395 Präsidenten der Landesarbeitsämter
(1) Die Landesarbeitsämter werden von Präsidenten geleitet. Die Präsidenten werden durch Vizepräsidenten vertreten.
(2) Die Präsidenten und Vizepräsidenten werden auf Vorschlag der Bundesregierung nach Anhörung des Verwaltungsrats und der beteiligten Landesregierungen durch den Bundespräsidenten ernannt. Der Verwaltungsrat hat vorher den Verwaltungsausschuß des Landesarbeitsamtes anzuhören.

§ 396 Direktoren der Arbeitsämter
(1) Die Arbeitsämter werden von Direktoren geleitet.
(2) Die Direktoren werden auf Vorschlag des Präsidenten der Bundesanstalt und nach Anhörung der Verwaltungsausschüsse der Landesarbeitsämter und Arbeitsämter vom Vorstand bestellt. Der Präsident der Bundesanstalt kann Grundsätze für die Bestellung der Direktoren aufstellen. Der Vorstand hört die Verwaltungsausschüsse zu allen Bewerbern.
(3) Beabsichtigt der Vorstand, einen Direktor zu bestellen, den der Präsident der Bundesanstalt nicht vorgeschlagen hat, so hört er den Präsidenten vor der Bestellung. Der Vorstand kann von der Stellungnahme des Präsidenten nur aus wichtigem Grund abweichen.

§ 397 Beauftragte für Frauenbelange
(1) Bei den Arbeitsämtern, bei den Landesarbeitsämtern und bei der Hauptstelle sind hauptamtliche Beauftragte für Frauenbelange zu bestellen. Sie sind unmittelbar der jeweiligen Dienststellenleitung zugeordnet.
(2) Die Beauftragten für Frauenbelange unterstützen und beraten Arbeitgeber und Arbeitnehmer sowie deren Organisationen in übergeordneten Fragen der Frauenförderung, insbesondere in Fragen der beruflichen Ausbildung, des beruflichen Einstiegs und Fortkommens und des Wiedereinstiegs von Frauen nach einer Familienphase sowie hinsichtlich einer flexiblen Arbeitszeitgestaltung. Zur Sicherung der gleichberechtigten Teilhabe von Frauen am Arbeitsmarkt arbeiten sie mit den in Fragen der Frauenerwerbsarbeit tätigen Stellen ihres Bezirks zusammen.
(3) Die Beauftragten für Frauenbelange sind bei der frauengerechten fachlichen Aufgabenerledigung ihrer Dienststellen zu beteiligen. Sie haben ein Informations-, Beratungs- und Vorschlagsrecht in frauenspezifischen Fragen.
(4) Die Beauftragten für Frauenbelange bei den Arbeitsämtern können mit weiteren Aufgaben beauftragt werden, soweit die Aufgabenerledigung als Beauftragte für Frauenbelange dies zuläßt.

§ 398 Innenrevision
(1) Die Bundesanstalt stellt durch organisatorische Maßnahmen sicher, daß in allen Dienststellen durch eigenes nicht der Dienststelle angehörendes Personal geprüft wird, ob Leistungen unter Beachtung der gesetzlichen Bestimmungen nicht hätten erbracht werden dürfen oder zweckmäßiger hätten eingesetzt werden können. Dabei sind insbesondere die Einhaltung des Vorrangs der Vermittlung und der aktiven Arbeitsförderung, die Überwachung der Verfügbarkeit von arbeitslosen Leistungsbeziehern und die Erteilung von Arbeitsgenehmigungen zu überprüfen.
(2) Das Prüfpersonal ist für die Zeit seiner Prüftätigkeit fachlich unmittelbar dem Leiter der Dienststelle unterstellt, in der es beschäftigt ist.

§ 399 Personal der Bundesanstalt
(1) Das Personal der Bundesanstalt besteht aus Arbeitnehmern und Beamten. Die Beamten der Bundesanstalt sind mittelbare Bundesbeamte.
(2) Der Präsident und der Vizepräsident der Bundesanstalt werden zu Beamten auf Zeit ernannt. Kommen sie der Verpflichtung, einer erneuten Berufung Folge zu leisten, nicht nach, so sind sie mit Ablauf der Amtszeit entlassen.
(3) Oberste Dienstbehörde für den Präsidenten und den Vizepräsidenten der Bundesanstalt ist das Bundesministerium für Arbeit und Sozialordnung, für die übrigen Beamten der Vorstand der Bundes-

anstalt. Der Vorstand kann seine Befugnisse auf den Präsidenten der Bundesanstalt übertragen. Soweit beamtenrechtliche Vorschriften die Übertragung der Befugnisse von obersten Dienstbehörden auf nachgeordnete Behörden zulassen, kann der Präsident der Bundesanstalt seine Befugnisse im Rahmen dieser Vorschriften auf die Präsidenten der Landesarbeitsämter und die Direktoren der Arbeitsämter und der besonderen Dienststellen übertragen. § 187 Abs. 1 des Bundesbeamtengesetzes und § 129 Abs. 1 der Bundesdisziplinarordnung bleiben unberührt.
(4) Auf die Rechtsstellung der Beamten auf Zeit finden die für Beamte auf Lebenszeit geltenden Vorschriften mit Ausnahme der Vorschriften über die Laufbahnen und die Probezeit entsprechende Anwendung. Die Beamten auf Zeit treten mit dem Ablauf der Amtszeit in den Ruhestand, wenn sie nicht für eine weitere Amtszeit in dasselbe Amt berufen werden. Sie treten ferner mit Erreichen der in § 41 Abs. 1 Satz 1, § 42 Abs. 4 Satz 1 des Bundesbeamtengesetzes bestimmten Altersgrenzen in den Ruhestand, wenn sie aus einem Beamtenverhältnis auf Lebenszeit zum Beamten auf Zeit ernannt worden waren oder eine Dienstzeit von mindestens zehn Jahren in einem Beamtenverhältnis mit Dienstbezügen zurückgelegt haben; Zeiten nach § 6 Abs. 3 des Beamtenversorgungsgesetzes stehen der im Beamtenverhältnis zurückgelegten Dienstzeit gleich.
(5) Beamte der Bundesanstalt, die nach Absatz 2 ernannt werden, sind mit der Ernennung aus ihrem bisherigen Beamtenverhältnis entlassen.

§ 400 Ernennung der Beamten
(1) Der Bundespräsident ernennt außer den Präsidenten und Vizepräsidenten auch die Beamten, denen ein in der Besoldungsgruppe B des Bundesbesoldungsgesetzes aufgeführtes Amt übertragen werden soll. Der Vorschlag für die Ernennung erfolgt durch den Vorstand nach Anhörung des Präsidenten der Bundesanstalt. Das Bundesministerium für Arbeit und Sozialordnung legt die Vorschläge dem Bundespräsidenten vor.
(2) Der Vorstand ernennt auf Vorschlag des Präsidenten der Bundesanstalt die übrigen Beamten. Beabsichtigt der Vorstand, einen Beamten zu ernennen, den der Präsident der Bundesanstalt nicht vorgeschlagen hat, so hört er den Präsidenten vor der Ernennung. Der Vorstand kann von der Stellungnahme des Präsidenten nur aus wichtigem Grund abweichen.
(3) Der Vorstand kann seine Befugnisse auf den Präsidenten der Bundesanstalt übertragen. Übertragene Befugnisse kann der Präsident der Bundesanstalt auf andere Bedienstete der Bundesanstalt übertragen. Der Präsident der Bundesanstalt bestimmt im einzelnen, auf wen die Ernennungsbefugnisse übertragen werden.

Vierter Abschnitt
Aufsicht
§ 401 Aufsicht
(1) Die Aufsicht über die Bundesanstalt führt das Bundesministerium für Arbeit und Sozialordnung. Sie erstreckt sich darauf, daß Gesetz und sonstiges Recht beachtet werden, soweit nicht eine weitergehende Aufsichtsbefugnis gesetzlich bestimmt ist.
(2) Dem Bundesministerium für Arbeit und Sozialordnung ist jährlich ein Geschäftsbericht vorzulegen, der vom Vorstand zu erstatten und vom Verwaltungsrat zu genehmigen ist.

Fünfter Abschnitt
Datenschutz
§ 402 Erhebung, Verarbeitung und Nutzung von Daten durch die Bundesanstalt
(1) Die Bundesanstalt darf Sozialdaten nur erheben, verarbeiten und nutzen, soweit dies zur Erfüllung ihrer gesetzlich vorgeschriebenen oder zugelassenen Aufgaben erforderlich ist. Ihre Aufgaben nach diesem Buch sind
1. die Feststellung eines Versicherungspflichtverhältnisses einschließlich einer Versicherungsfreiheit,
2. die Erbringung von Leistungen der Arbeitsförderung an Arbeitnehmer, Arbeitgeber und Träger von Arbeitsförderungsmaßnahmen,
3. die Erstellung von Statistiken, Arbeitsmarkt- und Berufsforschung, Berichterstattung,
4. die Erteilung von Erlaubnissen zur Ausbildungsvermittlung und Arbeitsvermittlung,

5. die Überwachung der Beratung und Vermittlung durch Dritte,
6. die Erteilung von Genehmigungen für die Ausländerbeschäftigung sowie die Zustimmung zur Anwerbung aus und nach dem Ausland,
7. die Bekämpfung von Leistungsmißbrauch und illegaler Beschäftigung,
8. die Unterrichtung der zuständigen Behörden über Anhaltspunkte von Schwarzarbeit, Nichtentrichtung von Sozialversicherungsbeiträgen oder Steuern und Verstößen gegen das Ausländergesetz,
9. die Überwachung der Melde-, Anzeige-, Bescheinigungs- und sonstiger Pflichten nach dem Achten Kapitel sowie die Erteilung von Auskünften,
10.[1)] der Nachweis von Beiträgen sowie die Erhebung von Umlagen für das Wintergeld und das Insolvenzgeld,
11. die Durchführung von Erstattungs- und Ersatzansprüchen.
(2) Eine Verwendung für andere als die in Absatz 1 genannten Zwecke ist nur zulässig, soweit dies durch Rechtsvorschriften des Sozialgesetzbuches angeordnet oder erlaubt ist.

§ 403 Kennzeichnungs- und Maßregelungsverbot
Die Bundesanstalt darf Berechtigte und Arbeitgeber bei der Speicherung oder Übermittlung von Daten nicht in einer aus dem Wortlaut nicht verständlichen oder in einer Weise kennzeichnen, die nicht zur Erfüllung ihrer Aufgaben erforderlich ist. Sie darf an einer Maßregelung von Berechtigten oder an entsprechenden Maßnahmen gegen Arbeitgeber nicht mitwirken.

Zwölftes Kapitel
Straf- und Bußgeldvorschriften

Erster Abschnitt
Bußgeldvorschriften

§ 404 Bußgeldvorschriften
(1) Ordnungswidrig handelt, wer
1. entgegen § 387 Abs. 1 Satz 2 ein Mitglied des Selbstverwaltungsorgans, das Arbeitnehmer, Heimarbeiter oder Arbeitgeber ist, behindert oder benachteiligt oder
2. als Unternehmer Dienst- oder Werkleistungen in erheblichem Umfang ausführen läßt, indem er einen anderen Unternehmer beauftragt, von dem er weiß oder fahrlässig nicht weiß, daß dieser zur Erfüllung dieses Auftrags
   a) entgegen § 284 Abs. 1 Satz 1 Ausländer ohne erforderliche Genehmigung beschäftigt oder
   b) einen Nachunternehmer einsetzt oder zuläßt, daß ein Nachunternehmer tätig wird, der entgegen § 284 Abs. 1 Satz 1 Ausländer ohne erforderliche Genehmigung beschäftigt.
(2) Ordnungswidrig handelt, wer vorsätzlich oder fahrlässig
1.[1)] entgegen § 183 Abs. 4 einen dort genannten Beschluß nicht oder nicht rechtzeitig bekanntgibt,
2. entgegen § 284 Abs. 1 Satz 1 einen Ausländer beschäftigt,
3. ohne Genehmigung nach § 284 Abs. 1 Satz 1 eine Beschäftigung ausübt,
4. entgegen § 284 Abs. 3 eine Auskunft nicht richtig erteilt,
5. entgegen § 287 Abs. 3 sich die dort genannte Gebühr erstatten läßt,
6. einer vollziehbaren Anordnung nach § 288 a Abs. 1 zuwiderhandelt,
7. entgegen § 288 a Abs. 2 Satz 1 eine Auskunft nicht, nicht richtig, nicht vollständig oder nicht rechtzeitig erteilt oder eine Unterlage nicht, nicht richtig, nicht vollständig oder nicht rechtzeitig vorlegt,
8. entgegen § 288 a Abs. 3 Satz 2 oder § 300 Abs. 2 Satz 2 eine Maßnahme nicht duldet,
9. ohne Erlaubnis nach § 291 Abs. 1 Ausbildungsvermittlung oder Arbeitsvermittlung betreibt,
10. einer vollziehbaren Auflage nach § 293 Abs. 2 oder § 302 Abs. 3 zuwiderhandelt,
11. entgegen § 296 Satz 1 eine Vergütung nicht nur vom Arbeitgeber entgegennimmt,
12. entgegen § 298 Abs. 1 als privater Vermittler Daten erhebt, verarbeitet oder nutzt,
13. entgegen § 298 Abs. 2 Satz 1 oder 2 eine Unterlage nicht, nicht richtig, nicht vollständig oder nicht rechtzeitig zurückgibt oder Daten nicht oder nicht rechtzeitig löscht,

---
1) In Kraft ab 1. 1. 1999.

14. entgegen § 299 in Verbindung mit einer Rechtsverordnung nach § 301 Abs. 1 Satz 2 Nr. 4 eine Meldung nicht, nicht richtig, nicht vollständig, nicht in der vorgeschriebenen Weise oder nicht rechtzeitig macht,
15. entgegen § 300 Abs. 1 Satz 1 Nr. 1, auch in Verbindung mit einer Rechtsverordnung nach § 301 Abs. 1, eine Auskunft nicht, nicht richtig, nicht vollständig oder nicht rechtzeitig erteilt oder entgegen § 300 Abs. 1 Satz 1 Nr. 2 eine Unterlage nicht, nicht richtig, nicht vollständig oder nicht rechtzeitig vorlegt,
16. einer Rechtsverordnung nach § 301 Abs. 1 Satz 1 oder 2 Nr. 1, 2 oder 3, § 352 Abs. 2 Nr. 2 oder § 357 Satz 1 zuwiderhandelt, soweit sie für einen bestimmten Tatbestand auf diese Bußgeldvorschrift verweist,
17. entgegen § 306 Abs. 1 Satz 1 oder 2 ein Prüfung oder das Betreten eines Grundstücks oder eines Geschäftsraums nicht duldet oder bei einer Prüfung nicht mitwirkt,
18. entgegen § 306 Abs. 2 Satz 1 Daten nicht, nicht richtig, nicht vollständig, nicht in der vorgeschriebenen Weise oder nicht rechtzeitig zur Verfügung stellt,
19. entgegen § 312 Abs. 1 Satz 1 oder 3, jeweils auch in Verbindung mit Absatz 3, eine Tatsache nicht, nicht richtig, nicht vollständig oder nicht rechtzeitig bescheinigt oder eine Arbeitsbescheinigung nicht oder nicht rechtzeitig aushändigt,
20. entgegen § 313 Abs. 1, auch in Verbindung mit Absatz 3, Art oder Dauer der Beschäftigung oder der selbständigen Tätigkeit oder die Höhe des Arbeitsentgelts oder der Vergütung nicht, nicht richtig, nicht vollständig oder nicht rechtzeitig bescheinigt oder eine Bescheinigung nicht oder nicht rechtzeitig aushändigt,
21. entgegen § 313 Abs. 2, auch in Verbindung mit Absatz 3, einen Vordruck nicht oder nicht rechtzeitig vorlegt,
22.[1]) entgegen § 314 eine Bescheinigung nicht, nicht richtig, nicht vollständig oder nicht rechtzeitig ausstellt,
23.[1]) entgegen § 315 Abs. 1, 2 Satz 1 oder Abs. 3, jeweils auch in Verbindung mit Abs. 4, § 315 Abs. 5 Satz 1, § 316, § 317 oder als privater Arbeitgeber oder Träger entgegen § 318 Satz 1 eine Auskunft nicht, nicht richtig, nicht vollständig oder nicht rechtzeitig erteilt,
24. entgegen § 319 Einsicht nicht oder nicht rechtzeitig gewährt,
25. entgegen § 320 Abs. 1 Satz 1, Abs. 3 Satz 1 oder 2 oder Abs. 5 einen Nachweis nicht, nicht richtig oder nicht vollständig oder nicht rechtzeitig erbringt, eine Aufzeichnung nicht, nicht richtig oder nicht vollständig führt oder eine Anzeige nicht, nicht richtig, nicht vollständig oder nicht rechtzeitig erstattet oder
26. entgegen § 60 Abs. 1 Satz 1 Nr. 2 des Ersten Buches eine Änderung in den Verhältnissen, die für einen Anspruch auf eine laufende Leistung erheblich ist, nicht, nicht richtig, nicht vollständig oder nicht rechtzeitig mitteilt.

(3)[1]) Die Ordnungswidrigkeit kann in den Fällen des Absatzes 1 Nr. 2 und des Absatzes 2 Nr. 2 mit einer Geldbuße bis zu fünfhunderttausend Deutsche Mark, in den Fällen des Absatzes 2 Nr. 4 bis 9, 11 bis 13, 15, 17 und 18 mit einer Geldbuße bis zu fünfzigtausend Deutsche Mark, in den Fällen des Absatzes 2 Nr. 1, 3, 16 und 26 mit einer Geldbuße bis zu zehntausend Deutsche Mark, in den Fällen des Absatzes 1 Nr. 1 und des Absatzes 2 Nr. 10 und 14 mit einer Geldbuße bis zu fünftausend Deutsche Mark, in den übrigen Fällen mit einer Geldbuße bis zu dreitausend Deutsche Mark geahndet werden.

§ 405 Zuständigkeit und Vollstreckung

(1) Verwaltungsbehörden im Sinne des § 36 Abs. 1 Nr. 1 des Gesetzes über Ordnungswidrigkeiten sind die Hauptstelle der Bundesanstalt, die Landesarbeitsämter und die Arbeitsämter jeweils für ihren Geschäftsbereich sowie die Hauptzollämter für Ordnungswidrigkeiten nach § 404 Abs. 2 Nr. 17 und 18.

(2) Die Geldbußen fließen in die Kasse der Verwaltungsbehörde, die den Bußgeldbescheid erlassen hat. § 66 des Zehnten Buches gilt entsprechend.

---

1) In Kraft ab 1. 1. 1999.

(3) Die nach Absatz 2 Satz 1 zuständige Kasse trägt abweichend von § 105 Abs. 2 des Gesetzes über Ordnungswidrigkeiten die notwendigen Auslagen. Sie ist auch ersatzpflichtig im Sinne des § 110 Abs. 4 des Gesetzes über Ordnungswidrigkeiten.
(4) Bei der Verfolgung und Ahndung der Beschäftigung oder Tätigkeit von Ausländern ohne erforderliche Genehmigung nach § 284 Abs. 1 Satz 1 sowie der Verstöße gegen die Mitwirkungspflicht gegenüber einem Arbeitsamt nach § 60 Abs. 1 Satz 1 Nr. 2 des Ersten Buches arbeiten die Behörden nach Absatz 1 mit den in § 304 Abs. 2 genannten Behörden zusammen.
(5) Die Bundesanstalt und die Hauptzollämter unterrichten jeweils für ihren Geschäftsbereich das Gewerbezentralregister über rechtskräftige Bußgeldbescheide nach § 404 Abs. 1 Nr. 2, Abs. 2 Nr. 2 und 4 bis 20, sofern die Geldbuße mehr als zweihundert Deutsche Mark beträgt.

Zweiter Abschnitt
Strafvorschriften

§ 406 Unerlaubte Auslandsvermittlung, Anwerbung und Beschäftigung von Ausländern ohne Genehmigung und zu ungünstigen Arbeitsbedingungen
(1) Wer
1. ohne besondere Erlaubnis nach § 292 Abs. 2 Satz 1 Vermittlung für eine dort genannte Beschäftigung betreibt,
2. entgegen § 302 Abs. 1 eine Anwerbung durchführt oder
3. vorsätzlich eine in § 404 Abs. 2 Nr. 2 bezeichnete Handlung begeht, indem er einen Ausländer, der eine Genehmigung nach § 284 Abs. 1 Satz 1 nicht besitzt, zu Arbeitsbedingungen beschäftigt, die in einem auffälligen Mißverhältnis zu den Arbeitsbedingungen deutscher Arbeitnehmer stehen, die die gleiche oder eine vergleichbare Tätigkeit ausüben,

wird mit Freiheitsstrafe bis zu drei Jahren oder mit Geldstrafe bestraft.
(2) In besonders schweren Fällen ist die Strafe Freiheitsstrafe von sechs Monaten bis zu fünf Jahren. Ein besonders schwerer Fall liegt in der Regel vor, wenn der Täter gewerbsmäßig oder aus grobem Eigennutz handelt.

§ 407 Beschäftigung von Ausländern ohne Genehmigung in größerem Umfang
(1) Wer
1. vorsätzlich eine in § 404 Abs. 2 Nr. 2 bezeichnete Handlung begeht, indem er gleichzeitig mehr als fünf Ausländer, die eine Genehmigung nach § 284 Abs. 1 Satz 1 nicht besitzen, mindestens dreißig Kalendertage beschäftigt oder
2. eine in § 404 Abs. 2 Nr. 2 bezeichnete vorsätzliche Handlung beharrlich wiederholt,

wird mit Freiheitsstrafe bis zu einem Jahr oder mit Geldstrafe bestraft.
(2) Handelt der Täter aus grobem Eigennutz, ist die Strafe Freiheitsstrafe bis zu drei Jahren oder Geldstrafe.

Dreizehntes Kapitel
Sonderregelungen

Erster Abschnitt
Sonderregelungen im Zusammenhang mit der Herstellung der Einheit Deutschlands

§ 408 Besondere Bezugsgröße und Beitragsbemessungsgrenze
Soweit Vorschriften dieses Buches bei Entgelten oder Beitragsbemessungsgrundlagen
1. an die Bezugsgröße anknüpfen, ist die Bezugsgröße für das in Artikel 3 des Einigungsvertrages genannte Gebiet (Beitrittsgebiet),
2. an die Beitragsbemessungsgrenze anknüpfen, ist die Beitragsbemessungsgrenze für das Beitrittsgebiet

maßgebend, wenn der Beschäftigungsort im Beitrittsgebiet liegt.

§ 409 Besondere Leistungsbemessungsgrenze
Bei der Anwendung einer Rechtsverordnung nach § 151 Abs. 2 Nr. 2 ist die jeweilige Leistungsbemessungsgrenze maßgebend, die in dem Gebiet gilt, in dem der Arbeitslose vor Entstehung des Anspruchs zuletzt in einem Versicherungspflichtverhältnis gestanden hat.

§ 410 Besondere Entgeltabzüge
Bei der Anwendung des § 136 Abs. 2 sind Regelungen über die gewöhnlichen gesetzlichen Abzüge vom Entgelt, die im Beitrittsgebiet gelten, nicht zu berücksichtigen, soweit sie von denen im übrigen Bundesgebiet abweichen.

§ 411 Besonderer Anpassungsfaktor
(1) Bei der Anwendung des § 138 Abs. 2 ist bis zur Herstellung einheitlicher Entgeltverhältnisse im gesamten Bundesgebiet der Anpassungsfaktor jeweils gesondert für das Beitrittsgebiet und das übrige Bundesgebiet entsprechend der Entwicklung der Bruttoarbeitsentgelte in dem jeweiligen Gebiet zu bestimmen. Beruht das Bemessungsentgelt überwiegend auf Zeiten mit Entgelten aus dem Beitrittsgebiet, ist der Anpassungsfaktor dieses Gebietes, im übrigen der Anpassungsfaktor des übrigen Bundesgebietes anzuwenden.

(2) Ist Berechnungsgrundlage für das Übergangsgeld ein überwiegend im Beitrittsgebiet erzieltes Arbeitsentgelt, erhöht sich das Übergangsgeld nach dem Ende des Bemessungszeitraums um den gleichen Prozentsatz wie die Renten im Beitrittsgebiet, jedoch ohne Berücksichtigung der Veränderung der Belastung bei Renten und der Veränderung der durchschnittlichen Lebenserwartung der 65jährigen.

§ 412 (aufgehoben)

§ 413 Besonderer Bedarf für den Lebensunterhalt bei der Förderung der Berufsausbildung
(1)[1] Liegt die Ausbildungsstätte im Beitrittsgebiet, werden als Bedarf für den Lebensunterhalt in den Fällen des
1. § 65 Abs. 1
    anstelle des Betrages von
    - 815 Deutsche Mark
      ein Betrag von 655 Deutsche Mark,
    - 860 Deutsche Mark
      ein Betrag von 700 Deutsche Mark,
    - 245 Deutsche Mark
      ein Betrag von 85 Deutsche Mark,
    - 75 Deutsche Mark
      ein Betrag von 235 Deutsche Mark,
2. § 66
   a) Absatz 1
      anstelle des Betrages von
      - 355 Deutsche Mark
        ein Betrag von 330 Deutsche Mark,
      - 695 Deutsche Mark
        ein Betrag von 650 Deutsche Mark;
   b) Absatz 3
      anstelle des Betrages von
      - 640 Deutsche Mark
        ein Betrag von 580 Deutsche Mark,
      - 860 Deutsche Mark
        ein Betrag von 700 Deutsche Mark,
      - 80 Deutsche Mark
        ein Betrag von 30 Deutsche Mark,

---

1) Gemäß Art. 8 i. V. m. Art. 7 des Zwanzigsten Gesetzes zur Änderung des Bundesausbildungsförderungsgesetzes vom 7. 5. 1999 (BGBl. I S. 850) in Kraft am 13. 5. 1999 mit der Maßgabe, daß die Änderungen nur bei Entscheidungen für die Bewilligungszeiträume zu berücksichtigen sind, die nach dem 30. Juni 1999 beginnen. Vom 1. 10. 1999 an sind die bestimmten Änderungen ohne die einschränkende Maßnahme zu berücksichtigen.

- 245 Deutsche Mark
  ein Betrag von 85 Deutsche Mark,
- 75 Deutsche Mark
  ein Betrag von 135 Deutsche Mark in den Fällen des § 66 Abs. 3 Satz 1 und von 235 Deutsche Mark in den Fällen des § 66 Abs. 3 Satz 2

zugrunde gelegt.
(2) Besucht der Auszubildende eine Ausbildungsstätte im Beitrittsgebiet täglich von einer Wohnung aus, die im sonstigen Geltungsbereich dieses Gesetzes liegt, so bemißt sich der Bedarf nach den §§ 65 und 66.

§ 414 Besonderer Bedarf bei der Förderung der beruflichen Eingliederung Behinderter
(1)[1]) Liegt die Ausbildungsstätte im Beitrittsgebiet, werden in den Fällen des
1. § 101 Abs. 2
    anstelle des Betrages von
    - 520 Deutsche Mark
      ein Betrag von 480 Deutsche Mark,
    - 695 Deutsche Mark
      ein Betrag von 650 Deutsche Mark,
2. § 105
    a) Absatz 1
      anstelle des Betrages von
      - 520 Deutsche Mark
        ein Betrag von 480 Deutsche Mark,
      - 695 Deutsche Mark
        ein Betrag von 650 Deutsche Mark,
      - 380 Deutsche Mark
        ein Betrag von 335 Deutsche Mark,
      - 435 Deutsche Mark
        ein Betrag von 390 Deutsche Mark,
      - 815 Deutsche Mark
        ein Betrag von 655 Deutsche Mark,
      - 860 Deutsche Mark
        ein Betrag von 700 Deutsche Mark,
      - 245 Deutsche Mark
        ein Betrag von 85 Deutsche Mark,
      - 75 Deutsche Mark
        ein Betrag von 235 Deutsche Mark,
    b) Absatz 2
      anstelle des Betrages von
      - 520 Deutsche Mark
        ein Betrag von 480 Deutsche Mark,
3. § 106
    a) Absatz 1
      anstelle des Betrages von
      - 355 Deutsche Mark
        ein Betrag von 330 Deutsche Mark,
      - 640 Deutsche Mark
        ein Betrag von 580 Deutsche Mark,
      - 80 Deutsche Mark
        ein Betrag von 30 Deutsche Mark,

---

1) Gemäß Art. 8 i. V. m. Art. 7 des Zwanzigsten Gesetzes zur Änderung des Bundesausbildungsförderungsgesetzes vom 7. 5. 1999 (BGBl. I S. 850) in Kraft am 13. 5. 1999 mit der Maßgabe, daß die Änderungen nur bei Entscheidungen für die Bewilligungszeiträume zu berücksichtigen sind, die nach dem 30. Juni 1999 beginnen. Vom 1. 10. 1999 an sind die bestimmten Änderungen ohne die einschränkende Maßnahme zu berücksichtigen.

- 75 Deutsche Mark
  ein Betrag von 55 Deutsche Mark,
- 285 Deutsche Mark
  ein Betrag von 240 Deutsche Mark,
  b) Absatz 2
  anstelle des Betrages von
  - 335 Deutsche Mark
    ein Betrag von 310 Deutsche Mark,
4. § 107
   anstelle des Betrages von
   - 105 Deutsche Mark
     ein Betrag von 90 Deutsche Mark,
   - 125 Deutsche Mark
     ein Betrag von 110 Deutsche Mark,
5. § 108 Abs. 2
   anstelle des Betrages von
   - 385 Deutsche Mark
     ein Betrag von 360 Deutsche Mark,
   - 195 Deutsche Mark
     ein Betrag von 185 Deutsche Mark,
   - 5110 Deutsche Mark
     ein Betrag von 4595 Deutsche Mark,
   - 3180 Deutsche Mark
     ein Betrag von 2840 Deutsche Mark,
6. § 111
   anstelle des Betrages von
   - 495 Deutsche Mark
     ein Betrag von 440 Deutsche Mark
zugrunde gelegt.

(2) Besucht der Behinderte eine Ausbildungsstätte im Beitrittsgebiet täglich von einer Wohnung aus, die im sonstigen Geltungsbereich dieses Gesetzes liegt, so bemißt sich der Bedarf nach den §§ 101, 105 bis 108 und 111.

§ 415 Besonderheiten bei der Förderungsfähigkeit von Strukturanpassungsmaßnahmen

(1) Die Förderung einer Strukturanpassungsmaßnahme darf bis zu 60 Monate dauern, wenn
1. in die Maßnahme ausschließlich Arbeitnehmer, die das 55. Lebensjahr vollendet haben, zugewiesen sind und
2. die Maßnahme im Beitrittsgebiet oder in einem Arbeitsamtsbezirk durchgeführt wird, dessen Arbeitslosenquote im Durchschnitt der letzten sechs Monate vor der Bewilligung der Förderung mindestens 30 Prozent über der Arbeitslosenquote des Bundesgebietes ohne das Beitrittsgebiet gelegen hat.

(2) Bei der Berechnung des Anteils der Arbeitslosenhilfeempfänger an den zugewiesenen Arbeitnehmern bleiben im Beitrittsgebiet auch Arbeitnehmer in Maßnahmen außer Betracht, die in einem nicht unerheblichen Umfang von einer Einrichtung mitfinanziert werden, die ausschließlich der Förderung von Arbeitnehmern aus ehemaligen Unternehmen der Treuhandanstalt dient.

(3) Als Strukturanpassungsmaßnahmen sind im Beitrittsgebiet und Berlin (West) auch zusätzliche Beschäftigungen arbeitsloser Arbeitnehmer, die zusätzlich zum Vorliegen der Voraussetzungen des § 274 Abs. 1 Nr. 2 und 3
1. das 25. Lebensjahr noch nicht vollendet haben und bei denen mindestens ein Vermittlungserschwernis vorliegt,
2. langzeitarbeitslos sind oder innerhalb der letzten zwölf Monate vor der Förderung mindestens sechs Monate beim Arbeitsamt arbeitslos gemeldet waren,
3. behindert sind oder
4. das 50. Lebensjahr vollendet haben,

in Wirtschaftsunternehmen im gewerblichen Bereich förderungsfähig. Der Arbeitgeber kann den Zuschuß nur erhalten, wenn er

1. in einem Zeitraum von mindestens sechs Monaten vor der Förderung die Zahl der in dem Betrieb bereits beschäftigten Arbeitnehmer nicht verringert hat und während der Dauer der Zuweisung nicht verringert und
2. für die Arbeitnehmer während der Zuweisung eine berufliche Qualifizierung vorsieht, die die Vermittlungschancen der Arbeitnehmer im Anschluß an die Zuweisung verbessern kann.

Die Förderung eines zugewiesenen Arbeitnehmers in demselben Wirtschaftsunternehmen darf zwölf Monate nicht überschreiten. Arbeitnehmer, die in dem Wirtschaftsunternehmen bereits beschäftigt waren, können grundsätzlich nicht gefördert werden. In Wirtschaftsunternehmen mit nicht mehr als zwanzig beschäftigten Arbeitnehmern oder Auszubildenden darf gleichzeitig die zusätzliche Beschäftigung von zwei Arbeitnehmern gefördert werden; in Betrieben mit einer höheren Beschäftigtenzahl dürfen gleichzeitig mehr als zwei Arbeitnehmer gefördert werden, jedoch nicht mehr als zehn Prozent der Beschäftigten und nicht mehr als zehn Arbeitnehmer. Für die Feststellung der Zahl der förderbaren und der beschäftigten Arbeitnehmer gilt bei Teilzeitbeschäftigten die dafür getroffene Regelung beim Einstellungszuschuß bei Neugründungen entsprechend. Die aufgrund eines Eingliederungsvertrages oder in Vergabemaßnahmen nach diesem Buch beschäftigten Arbeitnehmer bleiben bei der Ermittlung der beschäftigten Arbeitnehmer nach Satz 2 Nr. 1 und beim Förderungsausschluß des Satzes 4 außer Betracht. Der Zuschuß wird höchstens bis zur Höhe des monatlich ausgezahlten Arbeitsentgelts gezahlt. Wird dem Arbeitgeber aufgrund eines Ausgleichssystems Arbeitsentgelt erstattet, ist für den Zeitraum der Erstattung der Zuschuß entsprechend zu mindern. Für die Förderung nach diesem Absatz gelten die Vorschriften zum berücksichtigungsfähigen Arbeitsentgelt, zur Dauer der Förderung, zur Vergabe der Arbeiten und zur Rückzahlung erbrachter Zuschüsse nicht.

§ 416 Besonderheiten bei der Förderung von Arbeitsbeschaffungsmaßnahmen

(1) Der Zuschuß kann den Zuschuß nach § 264 Abs. 2 übersteigen, wenn
1. die Bewilligung der Maßnahme und die Arbeitsaufnahme in der Zeit bis zum 31. Dezember 2002 erfolgen,
2. die Maßnahme in einem Arbeitsamtsbezirk durchgeführt wird, dessen Arbeitslosenquote im Durchschnitt der letzten sechs Monate vor der Bewilligung der Förderung mindestens 30 Prozent über der Arbeitslosenquote des Bundesgebietes ohne das Beitrittsgebiet gelegen hat, und
3. der Träger finanziell nicht in der Lage ist, einen höheren Teil des berücksichtigungsfähigen Arbeitsentgelts zu übernehmen.

(2) In den Fällen nach Absatz 1 beträgt der Zuschuß bei Bewilligung der Maßnahme und Arbeitsaufnahme nach dem 31. Dezember 1997 höchstens 90 Prozent des berücksichtigungsfähigen Arbeitsentgelts.

(3) Der Zuschuß kann in den Fällen nach Absatz 1 bis zu 100 Prozent des berücksichtigungsfähigen Arbeitsentgelts betragen, wenn
1. die Bewilligung der Maßnahme und die Arbeitsaufnahme bis zum 31. Dezember 2002 erfolgen, die besondere finanzielle Situation eines Trägers, insbesondere bei Maßnahmen aus dem Bereich der Kinder- und Jugendhilfe oder der sozialen Dienste, dies erfordert und hiervon höchstens 15 Prozent und im Beitrittsgebiet höchstens 30 Prozent aller in einem Kalenderjahr zugewiesenen Arbeitnehmer betroffen sind oder
2. die Bewilligung der Maßnahme und die Arbeitsaufnahme im Beitrittsgebiet bis zum 31. Dezember 2000 erfolgen und die regelmäßige wöchentliche Arbeitszeit der zugewiesenen Arbeitnehmer 90 Prozent der Arbeitszeit einer vergleichbaren Vollzeitbeschäftigung nicht überschreitet.

Das Arbeitsentgelt eines nach Satz 1 Nr. 2 zugewiesenen Arbeitnehmers, dessen regelmäßige wöchentliche Arbeitszeit 90 Prozent der Arbeitszeit einer vergleichbaren Vollzeitbeschäftigung beträgt, ist bis zu 100 Prozent des Arbeitsentgelts für eine gleiche oder vergleichbare ungeförderte Tätigkeit, höchstens jedoch 100 Prozent des tariflichen Arbeitsentgelts berücksichtigungsfähig, soweit das nach § 265 Abs. 1 Satz 1 bis 3 berücksichtigungsfähige Arbeitsentgelt 50 Prozent der Bezugsgröße nach § 18 des Vierten Buches für eine Vollzeitbeschäftigung unterschreitet.

§ 416 a Besonderheiten bei der Bemessung des Arbeitslosengeldes[1]
Zeiten einer Beschäftigung im Beitrittsgebiet, die das Arbeitsamt als Arbeitsbeschaffungsmaßnahme, Strukturanpassungsmaßnahme oder Maßnahme, für die nach Maßgabe des § 426 die Vorschrift des § 249 h des Arbeitsförderungsgesetzes weiter anzuwenden ist, gefördert hat, bleiben bei der Ermittlung des Bemessungszeitraumes außer Betracht, wenn der Arbeitnehmer
1. diese Beschäftigung nahtlos im Anschluß an eine versicherungspflichtige Beschäftigung aufgenommen hat und
2. bis zum 31. Dezember 2001 in die Maßnahme eingetreten ist.

Zweiter Abschnitt
Ergänzungen für übergangsweise mögliche Leistungen

§ 417 Angemessene Dauer beruflicher Weiterbildung in Sonderfällen
Die Dauer einer Vollzeitmaßnahme der beruflichen Weiterbildung, die zu einem Abschluß in einem allgemein anerkannten Ausbildungsberuf führt und gegenüber einer entsprechenden Berufsausbildung nicht um mindestens ein Drittel der Ausbildungszeit verkürzt ist, ist angemessen, wenn
1. in bundes- oder landesgesetzlichen Regelungen über die Dauer von Weiterbildungen eine längere Dauer vorgeschrieben ist und
2. die Maßnahme bis zum 31. Dezember 2001 begonnen hat.

In den Sonderfällen des Satzes 1 ist die Verlängerung der Frist für das Erlöschen des Anspruches auf Arbeitslosenhilfe (§ 196 Abs. 1 Satz 2 Nr. 4) nicht auf längstens zwei Jahre begrenzt.

§ 418 Eingliederungshilfe
Spätaussiedler und ihre Ehegatten und Abkömmlinge im Sinne des § 7 Abs. 2 des Bundesvertriebenengesetzes haben Anspruch auf Eingliederungshilfe, wenn sie
1. arbeitslos sind, sich beim Arbeitsamt arbeitslos gemeldet haben, bedürftig sind und einen Anspruch auf Arbeitslosengeld oder Arbeitslosenhilfe nicht haben und
2. innerhalb eines Jahres vor dem Tag, an dem die sonstigen Voraussetzungen für den Anspruch auf Eingliederungshilfe erfüllt sind (Vorfrist), in den Aussiedlungsgebieten mindestens fünf Monate in einer Beschäftigung gestanden haben, die bei Ausübung im Inland eine versicherungspflichtige Beschäftigung gewesen wäre.

§ 419 Sprachförderung
(1) Spätaussiedler und ihre Ehegatten und Abkömmlinge im Sinne des § 7 Abs. 2 des Bundesvertriebenengesetzes haben Anspruch auf Übernahme der durch die Teilnahme an einem Deutsch-Sprachlehrgang mit ganztägigem Unterricht, der für die berufliche Eingliederung erforderlich ist, entstehenden Kosten für längstens sechs Monate, wenn sie die Voraussetzungen für einen Anspruch auf Eingliederungshilfe erfüllen oder nur deshalb nicht erfüllen, weil sie nicht bedürftig sind.
(2) Spätaussiedlern und deren Ehegatten und Abkömmlingen im Sinne des § 7 Abs. 2 des Bundesvertriebenengesetzes, die einen Anspruch nach Absatz 1 nicht haben und von denen Leistungen nach den Richtlinien des Bundesministeriums für Familie, Senioren, Frauen und Jugend für die Vergabe von Zuwendungen (Beihilfen) zur gesellschaftlichen, das heißt zur sprachlichen, schulischen, beruflichen und damit in Verbindung stehenden sozialen Eingliederung junger Aussiedler und Aussiedlerinnen sowie ausländischer Flüchtlinge »Garantiefonds – Schul- und Berufsbildungsbereich – (RL-GF-SB)« vom 15. April 1996 (Gemeinsames Ministerialblatt S. 265) oder nach den Richtlinien des Bundesministeriums für Familie, Senioren, Frauen und Jugend für die Gewährung von Zuwendungen an die Otto Benecke Stiftung e. V., Bonn, für die Vergabe von Beihilfen durch die Otto Benecke Stiftung e. V. an junge Aussiedler und Aussiedlerinnen sowie junge ausländische Flüchtlinge zur Vorbereitung und Durchführung eines Hochschulstudiums »Garantiefonds – Hochschulbereich (RL-GF-H)« vom 15. April 1996 (Gemeinsames Ministerialblatt S. 274) nicht in Anspruch genommen werden können, werden die Kosten, die durch die Teilnahme an einem Deutsch-Sprachlehrgang entstehen, erstattet. Die Förderung wird für die Teilnahme an Deutsch-Sprachlehrgängen mit ganztägigem Unterricht für längstens sechs Monate, für die Teilnahme an sonstigen Deutsch-Sprachlehrgängen für längstens zwölf Monate gewährt. Satz 1 und 2 gilt für Ausländer, die unanfechtbar als Asylberechtigte anerkannt sind, und Kontingentflüchtlinge entsprechend.

---
1) In Kraft ab 1. 1. 1998.

§ 420 Eingliederungshilfe und Sprachförderung in Sonderfällen

(1) Anspruch auf Eingliederungshilfe haben für die Dauer von sechs Monaten während der Teilnahme an einem ganztägigen Deutsch-Sprachlehrgang
1.[1)] Spätaussiedler und ihre Ehegatten und Abkömmlinge im Sinne des § 7 Abs. 2 des Bundesvertriebenengesetzes, die die Voraussetzungen für einen Anspruch auf Eingliederungshilfe nach § 418 nicht erfüllen,
2. Ausländer, die unanfechtbar als Asylberechtigte anerkannt sind und ihren gewöhnlichen Aufenthalt im Inland haben, und
3. Ausländer, die im Rahmen humanitärer Hilfsaktionen der Bundesrepublik Deutschland durch Erteilung einer Aufenthaltsgenehmigung vor der Einreise in Form eines Sichtvermerks oder durch Übernahmeerklärung nach § 33 Abs. 1 des Ausländergesetzes im Inland aufgenommen worden sind (Kontingentflüchtlinge),

wenn sie die besonderen Voraussetzungen erfüllen.

(2) Die Personen nach Absatz 1 haben die besonderen Voraussetzungen erfüllt, wenn sie
1. bedürftig sind,
2. im Herkunftsland eine Erwerbstätigkeit von mindestens 70 Kalendertagen im letzten Jahr vor der Ausreise ausgeübt haben,
3. die für die berufliche Eingliederung erforderlichen Kenntnisse der deutschen Sprache nicht besitzen und
4. beabsichtigen, nach Abschluß des Deutsch-Sprachlehrgangs eine nicht der Berufsausbildung dienende Erwerbstätigkeit im Inland aufzunehmen.

Die Voraussetzung nach Satz 1 Nr. 2 gilt als erfüllt, wenn eine Erwerbstätigkeit von mindestens 70 Kalendertagen im letzten Jahr vor der Ausreise wegen der besonderen Verhältnisse im Herkunftsland nicht ausgeübt werden konnte und die Nichtgewährung der Eingliederungshilfe eine unbillige Härte darstellen würde.

(3) Die Berechtigten nach Absätzen 1 und 2 haben daneben Anspruch auf Übernahme der durch die Teilnahme an einem Deutsch-Sprachlehrgang mit ganztägigem Unterricht, der für die berufliche Eingliederung erforderlich ist, entstehenden Kosten für längstens sechs Monate.

§ 421 Anwendung von Vorschriften und Maßgaben

(1) Auf die Eingliederungshilfe sind die Vorschriften dieses Buches, des Fünften, des Sechsten und des Elften Buches sowie sonstige Rechtsvorschriften über die Arbeitslosenhilfe oder Empfänger von Arbeitslosenhilfe mit folgenden Maßgaben entsprechend anzuwenden:
1. Bemessungsentgelt ist ein Arbeitsentgelt in Höhe von 60 Prozent der wöchentlichen Bezugsgröße, die bei Entstehung des Anspruchs auf Eingliederungshilfe im Gebiet der Bundesrepublik Deutschland nach dem Stand bis zum 3. Oktober 1990 maßgebend ist. Die Vorschrift über die Verminderung des Bemessungsentgelts wegen tatsächlicher oder rechtlicher Bindungen oder wegen Einschränkung der Leistungsfähigkeit beim Arbeitslosengeld gilt entsprechend; dabei ist als Durchschnitt der regelmäßigen wöchentlichen Arbeitszeit der Beschäftigungsverhältnisse im Bemessungszeitraum die tarifliche regelmäßige wöchentliche Arbeitszeit zugrunde zu legen, die bei Entstehung des Anspruchs für Angestellte im öffentlichen Dienst gilt.
2. Die Dauer des Anspruchs auf Eingliederungshilfe beträgt sechs Monate. Die Vorschrift über die Minderung der Anspruchsdauer beim Arbeitslosengeld gilt entsprechend.
3. Durch den Bezug von Eingliederungshilfe wird ein Anspruch auf andere Leistungen nach diesem Buch nicht begründet.
4. Der Anspruch auf Eingliederungshilfe für Spätaussiedler wird nicht dadurch ausgeschlossen, daß der Spätaussiedler mit Zustimmung des Arbeitsamtes an einem Deutsch-Sprachlehrgang oder einer Maßnahme der beruflichen Weiterbildung teilnimmt, die für seine berufliche Eingliederung erforderlich sind.

(2) Der Anspruch auf Eingliederungshilfe entsteht für jeden Berechtigten nur einmal, er erlischt auch, wenn der Berechtigte die Voraussetzungen für einen Anspruch auf Arbeitslosenhilfe erfüllt oder nur deshalb nicht erfüllt, weil er Arbeitslosenhilfe nicht beantragt hat.

---

1) In Kraft ab 1. 1. 1998.

(3) Die Vorschriften über die Förderung der beruflichen Weiterbildung sind entsprechend anzuwenden, soweit die Besonderheiten der Sprachförderung nicht entgegenstehen.
(4) Der Bund trägt die Ausgaben der Eingliederungshilfe und der Sprachförderung. Verwaltungskosten der Bundesanstalt werden nicht erstattet.

§ 421 a Übernahme von Beiträgen bei Befreiung von der Versicherungspflicht in der Kranken- und Pflegeversicherung in Sonderfällen[1)]

Die Vorschrift über die Übernahme von Beiträgen bei Befreiung von der Versicherungspflicht in der Kranken- und Pflegeversicherung und § 8 Abs. 1 Nr. 1 a des Fünften Buches sind auch auf Bezieher von Arbeitslosengeld, Arbeitslosenhilfe oder Unterhaltsgeld anzuwenden, deren Anspruch vor dem 1. April 1998 entstanden ist. Der Antrag auf Befreiung von der Versicherungspflicht nach § 8 Abs. 1 Nr. 1 a des Fünften Buches ist innerhalb von drei Monaten nach Inkrafttreten dieser Regelung bei der Krankenkasse zu stellen. Die Befreiung wirkt von dem Beginn des Kalendermonats an, der auf die Antragstellung erfolgt.

§ 421 b Sonderregelung zur Arbeitnehmerhilfe für die Jahre 1998 bis 2002

(1) Durch eine Arbeitnehmerhilfe können auch Arbeitnehmer, die Arbeitslosengeld für mindestens sechs Monate für die Zeit unmittelbar vor Beginn einer ihrer Eigenart nach auf längstens drei Monate befristeten, versicherungspflichtigen, mindestens 15 Stunden wöchentlich umfassenden Beschäftigung bezogen haben, gefördert werden. Für die Erbringung der Arbeitnehmerhilfe für Bezieher von Arbeitslosengeld gilt § 56 Abs. 1 bis 3 a. § 363 Abs. 1 findet keine Anwendung.
(2) Die Arbeitnehmerhilfe für Bezieher von Arbeitslosengeld wird für Beschäftigungen in der Zeit vom 1. Januar 1998 bis 31. Dezember 2002 erbracht.

§ 421 c Sonderregelung zur Finanzierung eines befristeten Arbeitsmarktprogramms

Abweichend von § 363 Abs. 1 Satz 1 trägt die Bundesanstalt die Ausgaben für das ihr übertragene Sofortprogramm zum Abbau der Jugendarbeitslosigkeit.

Dritter Abschnitt
Grundsätze bei Rechtsänderungen

§ 422 Leistungen der aktiven Arbeitsförderung

(1) Wird dieses Gesetzbuch geändert, so sind, soweit nichts Abweichendes bestimmt ist, auf Leistungen der aktiven Arbeitsförderung bis zum Ende der Leistungen oder der Maßnahme die Vorschriften in der vor dem Tag des Inkrafttretens der Änderung geltenden Fassung weiter anzuwenden, wenn vor diesem Tag
1. der Anspruch entstanden ist,
2. die Leistung zuerkannt worden ist oder
3. die Maßnahme begonnen hat, wenn die Leistung bis zum Beginn der Maßnahme beantragt worden ist.
(2) Ist eine Leistung nur für einen begrenzten Zeitraum zuerkannt worden, richtet sich eine Verlängerung nach den zum Zeitpunkt der Entscheidung über die Verlängerung geltenden Vorschriften.

§ 423 (aufgehoben)

§ 424 Organisation

Änderungen der Vorschriften über die Selbstverwaltung finden erst für die nach Inkrafttreten der Rechtsänderung beginnende Amtsperiode Anwendung.

Vierter Abschnitt
Sonderregelungen im Zusammenhang mit der Einordnung des Arbeitsförderungsrechts in das Sozialgesetzbuch

§ 425 Übergang von der Beitrags- zur Versicherungspflicht

Zeiten einer die Beitragspflicht begründenden Beschäftigung sowie sonstige Zeiten der Beitragspflicht nach dem Arbeitsförderungsgesetz in der zuletzt geltenden Fassung gelten als Zeiten eines Versicherungspflichtverhältnisses.

---

1) In Kraft ab 1. 4. 1998.

§ 426 Grundsätze für einzelne Leistungen nach dem Arbeitsförderungsgesetz

(1) Auf Leistungen nach dem Vierten bis Achten Unterabschnitt des Zweiten Abschnitts des Arbeitsförderungsgesetzes, auf Leistungen nach dem Dritten Abschnitt des Arbeitsförderungsgesetzes sowie auf Leistungen nach § 242 s, § 249 h des Arbeitsförderungsgesetzes sind, soweit nachfolgend nichts Abweichendes bestimmt ist, bis zum Ende der Leistungen oder der Maßnahme die jeweils maßgeblichen Vorschriften des Arbeitsförderungsgesetzes weiter anzuwenden, wenn vor dem 1. Januar 1998
1. der Anspruch entstanden ist,
2. die Leistung zuerkannt worden ist oder
3. die Maßnahme begonnen hat, wenn die Leistung bis zum Beginn der Maßnahme beantragt worden ist.

(2) Ist eine Leistung nur für einen begrenzten Zeitraum zuerkannt worden, richtet sich eine Verlängerung nach den zum Zeitpunkt der Entscheidung über die Verlängerung geltenden Vorschriften.

(3) Von der Anwendung des § 223 Abs. 2 auf eine Förderung, die nach § 97 des Arbeitsförderungsgesetzes erstmals begonnen worden ist, kann abgesehen werden.

§ 427 Arbeitslosengeld und Arbeitslosenhilfe

(1) Bei Arbeitslosen, deren Anspruch auf Arbeitslosengeld vor dem 1. Januar 1998 entstanden ist, tritt an die Stelle der letzten persönlichen Arbeitslosmeldung nach § 122 Abs. 2 Nr. 3 der Tag, an dem sich der Arbeitslose auf Verlangen des Arbeitsamtes erstmals nach dem 1. Januar 1998 arbeitslos zu melden hatte.

(2) Bei der Anwendung der Regelungen zur Berechnung der Rahmenfrist nach § 124 Abs. 3 Satz 1 Nr. 2, 4 und 5 und der Vorfrist nach § 192 Satz 2 Nr. 3 bis 5 bleiben entsprechende Zeiten, die nach dem Arbeitsförderungsgesetz in der zuletzt geltenden Fassung einer die Beitragspflicht begründenden Beschäftigung gleichstanden, unberücksichtigt.

(3) Bei der Anwendung der Regelungen über die für einen Anspruch auf Arbeitslosengeld erforderliche Anwartschaftszeit und die Dauer des Anspruches auf Arbeitslosengeld stehen Zeiten, die nach dem Arbeitsförderungsgesetz in der zuletzt geltenden Fassung den Zeiten einer die Beitragspflicht begründenden Beschäftigung ohne Beitragsleistung gleichstanden, den Zeiten eines Versicherungspflichtverhältnisses gleich.

(3 a) Ist ein Anspruch auf Arbeitslosengeld unter den Voraussetzungen des § 105 a des Arbeitsförderungsgesetzes in der bis zum 31. Dezember 1997 geltenden Fassung entstanden, gelten die Voraussetzungen des § 125 Abs. 1 bis
1. zur Feststellung des Trägers der gesetzlichen Rentenversicherung, ob Berufsunfähigkeit oder Erwerbsunfähigkeit vorliegt, oder
2. zur Aufnahme einer versicherungspflichtigen Beschäftigung
als erfüllt.

(4) Die Dauer eines Anspruches auf Arbeitslosengeld oder Arbeitslosenhilfe nach § 191 Abs. 1 Nr. 2, Abs. 2, 3 und 4 der vor dem 1. Januar 1998 entstanden ist und am 1. Januar 1998 noch nicht erschöpft oder nach § 147 Abs. 1 Nr. 1 erloschen ist, erhöht sich um jeweils einen Tag für jeweils sechs Tage. Bruchteile von Tagen sind auf volle Tage aufzurunden.

(5) Ist ein Anspruch auf Arbeitslosengeld vor dem 1. Januar 1998 entstanden, ist das Bemessungsentgelt nur dann neu festzusetzen, wenn die Festsetzung auf Grund eines Sachverhaltes erforderlich ist, der nach dem 31. Dezember 1997 eingetreten ist. Satz 1 gilt für die Zuordnung zu einer Leistungsgruppe entsprechend. Ist ein Anspruch auf Arbeitslosengeld oder Arbeitslosenhilfe vor dem 1. Januar 1998 entstanden, ist bei der ersten Anpassung nach dem 31. Dezember 1997 an die Entwicklung der Bruttoarbeitsentgelte abweichend von den §§ 138, 201 von dem gerundeten Bemessungsentgelt auszugehen.

(6) § 242 x Abs. 3 und 4 des Arbeitsförderungsgesetzes in der bis zum 31. Dezember 1997 geltenden Fassung ist weiterhin anzuwenden, soweit es um die Anwendung des § 106 des Arbeitsförderungsgesetzes in der bis zum 31. März 1997 geltenden Fassung geht. Insofern ist § 127 nicht anzuwenden. Ist auf einen Anspruch auf Arbeitslosengeld, der in der Zeit vom 1. April 1997 bis 31. März 1999 entstanden ist, die Vorschrift des § 115 a des Arbeitsförderungsgesetzes in der bis zum 31. Dezember 1997 geltenden Fassung oder des § 140 in der bis zum 31. März 1999 geltenden Fassung angewendet

worden, so ist auf Antrag des Arbeitnehmers über den Anspruch insoweit rückwirkend neu zu entscheiden. Dabei ist anstelle des § 115 a des Arbeitsförderungsgesetzes in der bis zum 31. Dezember 1997 geltenden Fassung oder des § 140 in der bis zum 31. März 1999 geltenden Fassung § 143 a in der ab dem 1. April 1999 geltenden Fassung anzuwenden.
(7) § 242 x Abs. 7 des Arbeitsförderungsgesetzes in der bis zum 31. Dezember 1997 geltenden Fassung ist weiterhin anzuwenden. Insoweit ist § 194 Abs. 3 Nr. 5 nicht anzuwenden.

§ 428 Arbeitslosengeld unter erleichterten Voraussetzungen
(1) Anspruch auf Arbeitslosengeld nach den Vorschriften des Zweiten Unterabschnitts des Achten Abschnitts des Vierten Kapitels haben auch Arbeitnehmer, die das 58. Lebensjahr vollendet haben und die Regelvoraussetzungen des Anspruchs auf Arbeitslosengeld allein deshalb nicht erfüllen, weil sie nicht arbeitsbereit sind und nicht alle Möglichkeiten nutzen und nutzen wollen, um ihre Beschäftigungslosigkeit zu beenden. Der Anspruch besteht auch während der Zeit eines Studiums an einer Hochschule oder einer der fachlichen Ausbildung dienenden Schule. Vom 1. Januar 2001 an gilt Satz 1 nur noch, wenn der Anspruch vor dem 1. Januar 2001 entstanden ist und der Arbeitslose vor diesem Tag das 58. Lebensjahr vollendet hat.
(2) Das Arbeitsamt soll den Arbeitslosen, der nach Unterrichtung über die Regelung des Satzes 2 drei Monate Arbeitslosengeld nach Absatz 1 bezogen hat und in absehbarer Zeit die Voraussetzungen für den Anspruch auf Altersrente voraussichtlich erfüllt, auffordern, innerhalb eines Monats Altersrente zu beantragen; dies gilt nicht für Altersrenten, die vor dem für den Versicherten maßgebenden Rentenalter in Anspruch genommen werden können. Stellt der Arbeitslose den Antrag nicht, ruht der Anspruch auf Arbeitslosengeld vom Tage nach Ablauf der Frist an bis zu dem Tage, an dem der Arbeitslose Altersrente beantragt.
(3) Der Anspruch nach Absatz 1 ist ausgeschlossen, wenn dem Arbeitslosen eine Teilrente wegen Alters aus der gesetzlichen Rentenversicherung oder eine ähnliche Leistung öffentlich-rechtlicher Art zuerkannt ist.
(4) (aufgehoben)

§ 429 Altersübergangsgeld
Für Bezieher von Altersübergangsgeld ist § 249 e des Arbeitsförderungsgesetzes in der zuletzt geltenden Fassung weiterhin anzuwenden; dabei treten an die Stelle der Vorschriften des Arbeitsförderungsgesetzes die entsprechenden Vorschriften dieses Buches.

§ 430 Sonstige Entgeltersatzleistungen
(1) Auf das Unterhaltsgeld, das Übergangsgeld, die Eingliederungshilfe nach § 62 a Abs. 1 und 2 des Arbeitsförderungsgesetzes ist § 426 nicht anzuwenden.
(2) Bei der Anwendung der Regelungen über die für Leistungen zur Förderung der beruflichen Weiterbildung und für Leistungen zur beruflichen Eingliederung Behinderter erforderliche Vorbeschäftigungszeit stehen Zeiten, die nach dem Arbeitsförderungsgesetz in der zuletzt geltenden Fassung den Zeiten einer die Beitragspflicht begründenden Beschäftigung ohne Beitragsleistung gleichstanden, den Zeiten eines Versicherungspflichtverhältnisses gleich.
(3) Ist ein Anspruch auf Unterhaltsgeld vor dem 1. Januar 1998 entstanden, sind das Bemessungsentgelt und der Leistungssatz nicht neu festzusetzen. Satz 1 gilt für die Zuordnung zu einer Leistungsgruppe entsprechend.
(4) Die Dauer eines Anspruchs auf Eingliederungshilfe für Spätaussiedler nach § 62 a Abs. 1 und 2 des Arbeitsförderungsgesetzes, der vor dem 1. Januar 1998 entstanden und am 1. Januar 1998 noch nicht erloschen ist, erhöht sich um jeweils einen Tag für jeweils sechs Tage. Bruchteile von Tagen sind auf volle Tage aufzurunden.
(5) Die Vorschriften des Arbeitsförderungsgesetzes über das Konkursausfallgeld in der bis zum 31. Dezember 1998 geltenden Fassung sind weiterhin anzuwenden, wenn das Insolvenzereignis vor dem 1. Januar 1999 eingetreten ist.
(6) Ist ein Anspruch auf Kurzarbeitergeld von Arbeitnehmern, die zur Vermeidung von anzeigepflichtigen Entlassungen im Sinne des § 17 Abs. 1 des Kündigungsschutzgesetzes in einer betriebsorganisatorisch eigenständigen Einheit zusammengefaßt sind, vor dem 1. Januar 1998 entstanden, sind bei der Anwendung der Regelungen über die Dauer eines Anspruchs auf Kurzarbeitergeld in einer betriebsorganisatorisch eigenständigen Einheit Bezugszeiten, die nach einer auf Grundlage des

§ 67 Abs. 2 Nr. 3 des Arbeitsförderungsgesetzes erlassenen Rechtsverordnung bis zum 1. Januar 1998 nicht ausgeschöpft sind, verbleibende Bezugszeiten eines Anspruchs auf Kurzarbeitergeld in einer betriebsorganisatorisch eigenständigen Einheit.

§ 431 Erstattungsansprüche
(1) § 242 x Abs. 6 des Arbeitsförderungsgesetzes ist auf die dort genannten Fälle weiterhin anzuwenden. Soweit in diesen Fällen eine Erstattungspflicht für Zeiten nach dem 31. Dezember 1997 besteht, verlängert sich der Erstattungszeitraum für jeweils sechs Tage um einen Tag.
(2) Die Anwendung des § 147 a in der ab dem 1. April 1999 geltenden Fassung ist ausgeschlossen, wenn der Anspruch auf Arbeitslosengeld vor dem 1. April 1999 entstanden ist oder das Arbeitsverhältnis vor dem 10. Februar 1999 gekündigt oder die Auflösung des Arbeitsverhältnisses vor diesem Tag vereinbart worden ist.

§ 432 Weitergeltung von Arbeitserlaubnissen
Vor dem 1. Januar 1998 erteilte Arbeitserlaubnisse behalten ihre Gültigkeit bis zum Ablauf ihrer Geltungsdauer. Die Arbeitserlaubnisse, die unabhängig von Lage und Entwicklung des Arbeitsmarktes erteilt worden sind, gelten für ihre Geltungsdauer als Arbeitsberechtigung weiter.

§ 433 Anlage der Rücklage
Das am 31. Dezember 1997 vorhandene Rücklagevermögen ist entsprechend § 366 und den Vorschriften des Vierten Buches Sozialgesetzbuch über die Anlage der Rücklage anzulegen, sobald und soweit dies ohne Störung der wirtschaftlichen Entwicklung sowie des Geld- und Kapitalmarkts möglich ist.

Fünfter Abschnitt
Übergangsregelungen aufgrund von Änderungsgesetzen

§ 434 Zweites SGB III-Änderungsgesetz
(1) § 130 Abs. 1, §§ 131, 133 Abs. 1 sowie die §§ 134 bis 135 und § 141 Abs. 2 und 3 in der vor dem 1. August 1999 geltenden Fassung sind auf Ansprüche auf Arbeitslosengeld, die vor dem 1. August 1999 entstanden sind, weiterhin anzuwenden; insoweit sind die genannten Vorschriften in der vom 1. August 1999 an geltenden Fassung nicht anzuwenden.
(2) § 202 Abs. 2 und § 141 Abs. 2 und Abs. 3 Satz 1 sind in der vor dem 1. August 1999 geltenden Fassung auf Ansprüche auf Arbeitslosenhilfe, die vor dem 1. August 1999 entstanden sind, bis zum Ablauf des in § 190 Abs. 3 Abs. 1 genannten Zeitraumes weiterhin anzuwenden.
(3) § 80 Abs. 1 und § 275 Abs. 1 Satz 2 sind abweichend von § 422 Abs. 1 ab dem 1. August 1999 anzuwenden; dies gilt nicht für die Anpassung des Förderbetrages bei Strukturanpassungsmaßnahmen für das Kalenderjahr 1999.
(4) Abweichend von § 272 gelten für die Fälle des § 415 Abs. 1 die §§ 272 bis 279 bis zum 31. Dezember 2006.

Arbeitslosenhilfe-Verordnung

Vom 7. August 1974 (BGBl. I S. 1929)
(BGBl. III 810-1-18)
zuletzt geändert durch Sechste Verordnung zur Änderung der Arbeitslosenhilfe-Verordnung vom 18. Juni 1999 (BGBl. I S. 1433)[1]
– Auszug –

Auf Grund des § 134 Abs. 3 des Arbeitsförderungsgesetzes wird im Einvernehmen mit dem Bundesminister der Finanzen, dem Bundesminister für Jugend, Familie und Gesundheit und dem Bundesminister des Innern, auf Grund des § 137 Abs. 3 und des § 138 Abs. 4 des Arbeitsförderungsgesetzes wird im Einvernehmen mit dem Bundesminister der Finanzen verordnet:

Erster Abschnitt
Begründung des Anspruchs auf Arbeitslosenhilfe

§§ 1 bis 5 (aufgehoben)

Zweiter Abschnitt
Berücksichtigung von Vermögen

§ 6 Verwertung von Vermögen

(1) Vermögen des Arbeitslosen und seines nicht dauernd getrennt lebenden Ehegatten ist zu berücksichtigen, soweit es verwertbar ist, die Verwertung zumutbar ist und der Wert des Vermögens, dessen Verwertung zumutbar ist, jeweils 8 000 Deutsche Mark übersteigt.

(2) Vermögen ist insbesondere verwertbar, soweit seine Gegenstände verbraucht, übertragen oder belastet werden können. Es ist nicht verwertbar, soweit der Inhaber des Vermögens in der Verfügung beschränkt ist und die Aufhebung der Beschränkung nicht erreichen kann.

(3) Die Verwertung ist zumutbar, wenn sie nicht offensichtlich unwirtschaftlich ist und wenn sie unter Berücksichtigung einer angemessenen Lebenshaltung des Inhabers des Vermögens und seiner Angehörigen billigerweise erwartet werden kann. Nicht zumutbar ist insbesondere die Verwertung

1. von angemessenem Hausrat,
2. von Vermögen, das zur alsbaldigen Gründung eines angemessenen eigenen Hausstandes bestimmt ist,
3. von Vermögen, das für eine alsbaldige Berufsausbildung, zum Aufbau oder zur Sicherung einer angemessenen Lebensgrundlage oder zur Aufrechterhaltung einer angemessenen Alterssicherung bestimmt ist,
4. von Gegenständen, die zur Aufnahme oder Fortsetzung der Berufsausbildung oder der Erwerbstätigkeit unentbehrlich sind,
5. von Gegenständen, die zur Befriedigung geistiger, besonders wissenschaftlicher oder künstlerischer Bedürfnisse dienen und deren Besitz nicht Luxus ist,
6. von Familien- und Erbstücken, deren Veräußerung für den Eigentümer oder seine Angehörigen eine unbillige Härte bedeuten würde,
7. eines Hausgrundstückes von angemessener Größe, das der Eigentümer bewohnt, oder einer entsprechenden Eigentumswohnung oder eines Vermögens, das nachweislich zum alsbaldigen Erwerb eines solchen Hausgrundstückes oder einer solchen Eigentumswohnung bestimmt ist.

(4) Für eine Alterssicherung ist im Sinne von Absatz 3 Satz 2 Nr. 3 Vermögen
1. bestimmt, wenn der Arbeitslose und sein nicht dauernd getrennt lebender Ehegatte dieses nach dem Eintritt in den Ruhestand zur Bestreitung ihres Lebensunterhalts verwenden wollen und eine der Bestimmung entsprechende Vermögensdisposition getroffen haben,
2. angemessen, soweit es 1000 Deutsche Mark je vollendetem Lebensjahr des Arbeitslosen und seines nicht dauernd getrennt lebenden Ehegatten nicht übersteigt.

---

[1] Die Änderung durch das Rentenreformgesetz 1999 vom 16. 12. 1997 (BGBl. I S. 2998, 3029, geä. 1998 I S. 3843) tritt am 1. 1. 2001 in Kraft und ist noch nicht eingearbeitet.

§ 7 Ausnahmen von der Verwertung
(1) Vermögen aus einmaligen Sozialleistungen gilt für die Dauer von fünf Jahren als nicht verwertbar, soweit es zehntausend Deutsche Mark nicht übersteigt.
(2) Vermögen, das aus der prämienbegünstigten Anlage nach dem Wohnungsbau-Prämiengesetz oder aus der zulagebegünstigten Anlage nach dem Fünften Vermögensbildungsgesetz sowie aus den Erträgnissen hieraus herrührt, gilt als nicht verwertbar, solange der Inhaber des Vermögens
1. in der Verfügung beschränkt ist und die Aufhebung dieser Beschränkung nur unter wirtschaftlichen oder rechtlichen Nachteilen erreichen kann oder
2. eine vorzeitige unschädliche Verfügung über das Vermögen nicht trifft.

§ 8 Verkehrswert
Das Vermögen ist ohne Rücksicht auf steuerliche Vorschriften mit seinem Verkehrswert zu berücksichtigen. Für die Bewertung ist der Zeitpunkt maßgebend, in dem der Antrag auf Arbeitslosenhilfe gestellt wird, bei späterem Erwerb von Vermögen der Zeitpunkt des Erwerbs. Änderungen des Verkehrswertes sind nur zu berücksichtigen, wenn sie erheblich sind.

§ 9 Dauer der Berücksichtigung
Bedürftigkeit besteht nicht für die Zahl voller Wochen, die sich aus der Teilung des zu berücksichtigenden Vermögens durch das Arbeitsentgelt ergibt, nach dem sich die Arbeitslosenhilfe richtet.

Dritter Abschnitt
Bestreitung des Lebensunterhalts auf andere Weise

§ 10 Vermutung für die Bestreitung des Lebensunterhalts
Es ist anzunehmen, daß der Arbeitslose seinen Lebensunterhalt und den seines Ehegatten sowie seiner Kinder, für die er Anspruch auf Kindergeld nach dem Bundeskindergeldgesetz oder auf eine das Kindergeld ausschließende Leistung für Kinder hat, im Sinne des § 137 Abs. 1 des Arbeitsförderungsgesetzes auf andere Weise als durch Arbeitslosenhilfe bestreitet oder bestreiten kann,
1. wenn der Arbeitslose eine Tätigkeit als Arbeitnehmer, Selbständiger oder mithelfender Familienangehöriger aufnehmen oder fortsetzen und hierdurch oder durch Wahrnehmung einer sonstigen zumutbaren Möglichkeit Einkommen erzielen könnte, das zur Minderung oder Versagung der Arbeitslosenhilfe führen würde,
2. wenn sich nicht feststellen läßt, ob oder in welcher Höhe der Arbeitslose Einkommen oder Vermögen hat, die Gesamtumstände der Lebensführung des Arbeitslosen jedoch den Schluß zulassen, daß er nicht oder nur teilweise bedürftig ist.

Vierter Abschnitt
Berücksichtigung von Einkommen

§ 11 Einnahmen, die nicht als Einkommen gelten
Außer den in § 138 Abs. 3 des Arbeitsförderungsgesetzes genannten Einnahmen gelten nicht als Einkommen
1. einmalige Einnahmen, soweit sie nach Entstehungsgrund, Zweckbestimmung oder Übung nicht dem laufenden Lebensunterhalt dienen,
2. die Verletztenrente aus der gesetzlichen Unfallversicherung bis zur Höhe des Betrages, der in der Kriegsopferversorgung bei gleicher Minderung der Erwerbsfähigkeit als Grundrente und Schwerstbeschädigtenzulage gewährt würde; bei einer Minderung der Erwerbsfähigkeit um 20 vom Hundert ist ein Betrag von zwei Dritteln, bei einer Minderung der Erwerbsfähigkeit um 10 vom Hundert ist ein Betrag in Höhe von einem Drittel der Mindestgrundrente anzusetzen,
3. die Rente wegen Berufsunfähigkeit und die Rente für Bergleute des Arbeitslosen bis zur Höhe des Unterschiedes zwischen der Arbeitslosenhilfe nach § 136 des Arbeitsförderungsgesetzes und der Arbeitslosenhilfe, die dem Arbeitslosen hiernach zustehen würde, wenn sein Arbeitsentgelt nicht wegen Berufsunfähigkeit, verminderter bergmännischer Berufsfähigkeit oder Verrichtung einer wirtschaftlich nicht gleichwertigen Arbeit gemindert wäre,
4. Einnahmen, soweit mit ihnen unabwendbare Aufwendungen für Maßnahmen zur Erhaltung, Besserung oder Wiederherstellung der Gesundheit bestritten werden und soweit hierfür keine Leistungen Dritter gewährt werden,

5. Einnahmen eines Angehörigen des Arbeitslosen, soweit der Angehörige damit die fälligen Kosten seiner Schul- oder Berufsausbildung bestreitet,
6. die aus sittlichen oder sozialen Gründen gewährten Zuwendungen aus öffentlichen Mitteln, insbesondere solche, die wegen Bedürftigkeit an besonders verdiente Personen oder Künstler oder deren Hinterbliebene gewährt werden,
7. nicht-steuerpflichtige Einnahmen einer Pflegeperson für Leistungen zur Grundpflege oder hauswirtschaftlichen Versorgung,
8. die Übergangsbeihilfe nach
    a) der Nummer 14 der Richtlinien über die Gewährung von Beihilfen für Arbeitnehmer der Eisen- und Stahlindustrie, die von Maßnahmen im Sinne des Artikels 56 § 2 Buchstabe b des Montanunionvertrages betroffen werden, vom 26. April 1978 (BAnz. Nr. 100 vom 2. Juni 1978), zuletzt geändert durch die Richtlinie vom 30. Dezember 1994 (BAnz. 1995 S. 165),
    b) der Nummer 13 der Richtlinien über die Gewährung von Beihilfen für Arbeitnehmer der Eisen- und Stahlindustrie, die von Maßnahmen im Sinne des Artikels 56 § 2 Buchstabe b des Montanunionvertrages betroffen werden, vom 18. Dezember 1995 (BAnz. S. 12 951), zuletzt geändert durch die Richtlinie vom 10. Dezember 1996 (BAnz. S. 13 069),
    c) den Nummern 11 und 15 der Richtlinie über die Gewährung von Beihilfen für Arbeitnehmer der Eisen- und Stahlindustrie, die von Maßnahmen im Sinne des Artikels 56 § 2 Buchstabe b des Montanunionvertrages betroffen werden, vom 25. März 1998 (BAnz. S. 4951);
    hierbei gilt die dem Entlassenen vom Unternehmen gewährte Übergangsbeihilfe jedoch nur in Höhe des Betrages, der dem Unternehmen von der Bundesanstalt für Arbeit erstattet wird, nicht als Einkommen.

Satz 1 Nr. 3 gilt entsprechend für
a) Invalidenrenten und vergleichbare Renten und Versorgungen wegen verminderter Erwerbsfähigkeit, deren Zuerkennung nicht das volle Ruhen des Anspruchs auf Arbeitslosengeld begründet,
b) Übergangsrenten, Invalidenteilrenten und Dienstbeschädigungsteilrenten im Sinne des § 9 Abs. 1 Nr. 1 Buchstabe a und Nr. 2 Satz 1 des Anspruchs- und Anwartschaftsüberführungsgesetzes.

§ 11 a Pauschbetrag

Von den Erwerbsbezügen des vom Arbeitslosen nicht dauernd getrennt lebenden Ehegatten sind als Pauschbetrag nach § 138 Abs. 2 Satz 2 Nr. 4 des Arbeitsförderungsgesetzes 25 vom Hundert des Betrages nach § 32 a Abs. 1 Satz 2 Nr. 1 des Einkommensteuergesetzes abzusetzen.

§ 12 Regelungen in sonstigen Rechtsvorschriften

Vorschriften, nach denen andere als die in § 138 Abs. 3 des Arbeitsförderungsgesetzes und in § 11 genannten Einnahmen nicht als Einkommen im Sinne des § 138 Abs. 2 des Arbeitsförderungsgesetzes gelten oder nicht zu berücksichtigen sind, bleiben unberührt.

...

Sozialgesetzbuch (SGB)
Fünftes Buch (V)
Gesetzliche Krankenversicherung

Vom 20. Dezember 1988 (BGBl. I S. 2477, 2482)[1])
(BGBl. III 860-5)
zuletzt geändert durch Zweites SGB III-Änderungsgesetz
vom 21. Juli 1999 (BGBl. I S. 1648, 1653)[2])
– Auszug –

Inhaltsübersicht

		§§
Erstes Kapitel	**Allgemeine Vorschriften**	1 bis 4
Zweites Kapitel	**Versicherter Personenkreis**	
Erster Abschnitt	Versicherung kraft Gesetzes	5 bis 8
Zweiter Abschnitt	Versicherungsberechtigung	9
Dritter Abschnitt	Versicherung der Familienangehörigen	10
Drittes Kapitel	**Leistungen der Krankenversicherung**	
Erster Abschnitt	Übersicht über die Leistungen	11
Zweiter Abschnitt	Gemeinsame Vorschriften	12 bis 19
Dritter Abschnitt	Leistungen zur Verhütung von Krankheiten	20 bis 24 b
Vierter Abschnitt	Leistungen zur Früherkennung von Krankheiten	25 und 26
Fünfter Abschnitt	Leistungen bei Krankheit	
Erster Titel	Krankenbehandlung	27 bis 43
Zweiter Titel	Krankengeld	44 bis 51
Dritter Titel	Leistungsbeschränkungen	52
Sechster Abschnitt	(aufgehoben)	53 bis 57
Siebter Abschnitt	Sterbegeld	58 und 59
Achter Abschnitt	Fahrkosten	60
Neunter Abschnitt	Härtefälle	61 bis 62 a
Zehnter Abschnitt	Weiterentwicklung der Versorgung	63 bis 68
Viertes Kapitel	**Beziehungen der Krankenkassen zu den Leistungserbringern**	
Erster Abschnitt	Allgemeine Grundsätze	69 bis 71
Zweiter Abschnitt	Beziehungen zu Ärzten und Zahnärzten	
Erster Titel	Sicherstellung der kassenärztlichen und kassenzahnärztlichen Versorgung	72 bis 76
Zweiter Titel	Kassenärztliche und Kassenzahnärztliche Vereinigungen	77 bis 81
Dritter Titel	Verträge auf Bundes- und Landesebene	82 bis 87
Vierter Titel	Zahntechnische Leistungen	88
Fünfter Titel	Schiedswesen	89
Sechster Titel	Landesausschüsse und Bundesausschüsse	90 bis 94
Siebter Titel	Voraussetzungen und Formen der Teilnahme von Ärzten und Zahnärzten an der Versorgung	95 bis 98
Achter Titel	Bedarfsplanung, Unterversorgung, Überversorgung	99 bis 105
Neunter Titel	Wirtschaftlichkeits- und Abrechnungsprüfung	106
Dritter Abschnitt	Beziehungen zu Krankenhäusern und anderen Einrichtungen	107 bis 114
Vierter Abschnitt	Beziehungen zu Krankenhäusern und Vertragsärzten	115 bis 123
Fünfter Abschnitt	Beziehungen zu Leistungserbringern von Heilmitteln	124 und 125
Sechster Abschnitt	Beziehungen zu Leistungserbringern von Hilfsmitteln	126 bis 128
Siebter Abschnitt	Beziehungen zu Apotheken und pharmazeutischen Unternehmern	129 bis 131
Achter Abschnitt	Beziehungen zu sonstigen Leistungserbringern	132 bis 134
Neunter Abschnitt	Sicherung der Qualität der Leistungserbringung	135 bis 139
Zehnter Abschnitt	Eigeneinrichtungen der Krankenkassen	140
Fünftes Kapitel	**Konzertierte Aktion im Gesundheitswesen**	141 und 142

---

1) Verkündet als Artikel 1 des Gesundheits-Reformgesetzes vom 20. 12. 1988 (BGBl. I S. 2477). In Kraft getreten im wesentlichen am 1. 1. 1989. Von diesem Datum abweichende Daten des Inkrafttretens sind in Fußnoten angegeben.
2) Die Änderungen durch das Rentenreformgesetz 1999 vom 16. 12.1997 (BGBl. I S. 2998, 3024, geä. 1998 I S. 3843) treten am 1. 1. 2001 in Kraft und sind noch nicht eingearbeitet.

Sechstes Kapitel	**Organisation der Krankenkassen**	
Erster Abschnitt	Arten der Krankenkassen	
Erster Titel	Ortskrankenkassen	143 bis 146
Zweiter Titel	Betriebskrankenkassen	147 bis 156
Dritter Titel	Innungskrankenkassen	157 bis 164
Vierter Titel	See-Krankenkasse	165
Fünfter Titel	Landwirtschaftliche Krankenkassen	166
Sechster Titel	Bundesknappschaft	167
Siebter Titel	Ersatzkassen	168 bis 171
Achter Titel	Anhörung bei organisatorischen Änderungen	172
Zweiter Abschnitt	Wahlrechte und Zuständigkeit	
Erster Titel	Wahlrechte der Mitglieder	173 bis 175
Zweiter Titel	Zuständigkeit	176 bis 177
		178 bis 185 (weggefallen)
Dritter Abschnitt	Mitgliedschaft und Verfassung	
Erster Titel	Mitgliedschaft	186 bis 193
Zweiter Titel	Satzung, Organe	194 bis 197
Vierter Abschnitt	Meldungen	198 bis 206
Siebtes Kapitel	**Verbände der Krankenkassen**	207 bis 219
Achtes Kapitel	**Finanzierung**	
Erster Abschnitt	Beiträge	
Erster Titel	Aufbringung der Mittel	220 bis 225
Zweiter Titel	Beitragspflichtige Einnahmen der Mitglieder	226 bis 240
Dritter Titel	Beitragssätze	241 bis 248
Vierter Titel	Tragung der Beiträge	249 bis 251
Fünfter Titel	Zahlung der Beiträge	252 bis 256
Zweiter Abschnitt	Beitragszuschüsse	257 und 258
Dritter Abschnitt	Verwendung und Verwaltung der Mittel	259 bis 264
Vierter Abschnitt	Finanz- und Risikostrukturausgleiche	265 bis 267
Zweiter Titel	Finanzausgleich in der Krankenversicherung der Rentner	268 bis 273
Fünfter Abschnitt	Prüfung der Krankenkassen und ihrer Verbände	274
Neuntes Kapitel	**Medizinischer Dienst der Krankenversicherung**	
Erster Abschnitt	Aufgaben	275 bis 277
Zweiter Abschnitt	Organisation	278 bis 283
Zehntes Kapitel	**Versicherungs- und Leistungsdaten, Datenschutz**	
Erster Abschnitt	Informationsgrundlagen	
Erster Titel	Grundsätze der Datenverwendung	284 bis 287
Zweiter Titel	Informationsgrundlagen der Krankenkassen	288 bis 293
Zweiter Abschnitt	Übermittlung von Leistungsdaten	294 bis 303
Dritter Abschnitt	Datenlöschung, Auskunftspflicht	304 und 305
Elftes Kapitel	**Bußgeldvorschriften**	306 und 307
Zwölftes Kapitel	**Überleitungsregelungen aus Anlaß der Herstellung der Einheit Deutschlands**	308 bis 314

Erstes Kapitel
Allgemeine Vorschriften

§ 1 Solidarität und Eigenverantwortung

Die Krankenversicherung als Solidargemeinschaft hat die Aufgabe, die Gesundheit der Versicherten zu erhalten, wiederherzustellen oder ihren Gesundheitszustand zu bessern. Die Versicherten sind für ihre Gesundheit mit verantwortlich; sie sollen durch eine gesundheitsbewußte Lebensführung, durch frühzeitige Beteiligung an gesundheitlichen Vorsorgemaßnahmen sowie durch aktive Mitwirkung an Krankenbehandlung und Rehabilitation dazu beitragen, den Eintritt von Krankheit und Behinderung zu vermeiden oder ihre Folgen zu überwinden. Die Krankenkassen haben den Versicherten dabei durch Aufklärung, Beratung und Leistungen zu helfen und auf gesunde Lebensverhältnisse hinzuwirken.

§ 2 Leistungen

(1) Die Krankenkassen stellen den Versicherten die im Dritten Kapitel genannten Leistungen unter Beachtung des Wirtschaftlichkeitsgebots (§ 12) zur Verfügung, soweit diese Leistungen nicht der Eigenverantwortung der Versicherten zugerechnet werden. Behandlungsmethoden, Arznei- und Heilmittel der besonderen Therapierichtungen sind nicht ausgeschlossen. Qualität und Wirksamkeit der Leistungen haben dem allgemein anerkannten Stand der medizinischen Erkenntnisse zu entsprechen und den medizinischen Fortschritt zu berücksichtigen.

(2) Die Versicherten erhalten die Leistungen als Sach- und Dienstleistungen, soweit dieses Buch nichts Abweichendes vorsieht. Über die Erbringung der Sach- und Dienstleistungen schließen die Krankenkassen nach den Vorschriften des Vierten Kapitels Verträge mit den Leistungserbringern.

(3) Bei der Auswahl der Leistungserbringer ist ihre Vielfalt zu beachten. Den religiösen Bedürfnissen der Versicherten ist Rechnung zu tragen.

(4) Krankenkassen, Leistungserbringer und Versicherte haben darauf zu achten, daß die Leistungen wirksam und wirtschaftlich erbracht und nur im notwendigen Umfang in Anspruch genommen werden.

§ 3 Solidarische Finanzierung

Die Leistungen und sonstigen Ausgaben der Krankenkassen werden durch Beiträge finanziert. Dazu entrichten die Mitglieder und die Arbeitgeber Beiträge, die sich in der Regel nach den beitragspflichtigen Einnahmen der Mitglieder richten. Für versicherte Familienangehörige werden Beiträge nicht erhoben.

§ 4 Krankenkassen

(1) Die Krankenkassen sind rechtsfähige Körperschaften des öffentlichen Rechts mit Selbstverwaltung.

(2) Die Krankenversicherung ist in folgende Kassenarten gegliedert:
Allgemeine Ortskrankenkassen,
Betriebskrankenkassen,
Innungskrankenkassen,
die See-Krankenkasse,
Landwirtschaftliche Krankenkassen,
die Bundesknappschaft als Träger der knappschaftlichen Krankenversicherung,
Ersatzkassen.

(3) Im Interesse der Leistungsfähigkeit und Wirtschaftlichkeit der gesetzlichen Krankenversicherung arbeiten die Krankenkassen und ihre Verbände sowohl innerhalb einer Kassenart als auch kassenartenübergreifend miteinander und mit allen anderen Einrichtungen des Gesundheitswesens eng zusammen.

(4) Die Krankenkassen haben bei der Durchführung ihrer Aufgaben und in ihren Verwaltungsangelegenheiten sparsam und wirtschaftlich zu verfahren.

Zweites Kapitel
Versicherter Personenkreis

Erster Abschnitt
Versicherung kraft Gesetzes

§ 5 Versicherungspflicht

(1) Versicherungspflichtig sind
1. Arbeiter, Angestellte und zu ihrer Berufsausbildung Beschäftigte, die gegen Arbeitsentgelt beschäftigt sind,
2. Personen in der Zeit, für die sie Arbeitslosengeld, Arbeitslosenhilfe oder Unterhaltsgeld nach dem Dritten Buch beziehen oder nur deshalb nicht beziehen, weil der Anspruch ab Beginn des zweiten Monats bis zur zwölften Woche einer Sperrzeit (§ 144 des Dritten Buches) ruht; dies gilt auch, wenn die Entscheidung, die zum Bezug der Leistung geführt hat, rückwirkend aufgehoben oder die Leistung zurückgefordert oder zurückgezahlt worden ist,

3. Landwirte, ihre mitarbeitenden Familienangehörigen und Altenteiler nach näherer Bestimmung des Zweiten Gesetzes über die Krankenversicherung der Landwirte,
4. Künstler und Publizisten nach näherer Bestimmung des Künstlersozialversicherungsgesetzes,
5. Personen, die in Einrichtungen der Jugendhilfe für eine Erwerbstätigkeit befähigt werden sollen,
6. Teilnehmer an berufsfördernden Maßnahmen zur Rehabilitation, sowie an Berufsfindung oder Arbeitserprobung, es sei denn, die Maßnahmen werden nach den Vorschriften des Bundesversorgungsgesetzes erbracht,
7. Behinderte, die in nach dem Schwerbehindertengesetz anerkannten Werkstätten für Behinderte oder in nach dem Blindenwarenvertriebsgesetz anerkannten Blindenwerkstätten oder für diese Einrichtungen in Heimarbeit tätig sind,
8. Behinderte, die in Anstalten, Heimen oder gleichartigen Einrichtungen in gewisser Regelmäßigkeit eine Leistung erbringen, die einem Fünftel der Leistung eines voll erwerbsfähigen Beschäftigten in gleichartiger Beschäftigung entspricht; hierzu zählen auch Dienstleistungen für den Träger der Einrichtung,
9. Studenten, die an staatlichen oder staatlich anerkannten Hochschulen eingeschrieben sind, unabhängig davon, ob sie ihren Wohnsitz oder gewöhnlichen Aufenthalt im Inland haben, wenn für sie auf Grund über- oder zwischenstaatlichen Rechts kein Anspruch auf Sachleistungen besteht, bis zum Abschluß des vierzehnten Fachsemesters, längstens bis zur Vollendung des dreißigsten Lebensjahres; Studenten nach Abschluß des vierzehnten Fachsemesters oder nach Vollendung des dreißigsten Lebensjahres sind nur versicherungspflichtig, wenn die Art der Ausbildung oder familiäre sowie persönliche Gründe, insbesondere der Erwerb der Zugangsvoraussetzungen in einer Ausbildungsstätte des Zweiten Bildungswegs, die Überschreitung der Altersgrenze oder eine längere Fachstudienzeit rechtfertigen,
10. Personen, die eine in Studien- oder Prüfungsordnungen vorgeschriebene berufspraktische Tätigkeit verrichten, sowie zu ihrer Berufsausbildung ohne Arbeitsentgelt Beschäftigte; Auszubildende des Zweiten Bildungswegs, die sich in einem förderungsfähigen Teil eines Ausbildungsabschnitts nach dem Bundesausbildungsförderungsgesetz befinden, sind Praktikanten gleichgestellt,
11. Personen, die die Voraussetzungen für den Anspruch auf eine Rente aus der gesetzlichen Rentenversicherung erfüllen und diese Rente beantragt haben, wenn sie seit der erstmaligen Aufnahme einer Erwerbstätigkeit bis zur Stellung des Rentenantrags mindestens neun Zehntel der zweiten Hälfte des Zeitraums auf Grund einer Pflichtversicherung Mitglied oder auf Grund einer Pflichtversicherung nach § 10 versichert waren; als Zeiten der Pflichtversicherung gelten auch Zeiten, in denen wegen des Bezugs von Anpassungsgeld für entlassene Arbeitnehmer des Bergbaus (§ 38 Nr. 2 des Sechsten Buches) oder des Bezugs von Überbrückungsgeld aus der Seemannskasse (§ 143 des Siebten Buches) eine freiwillige Versicherung bestanden hat,
12. Personen, die die Voraussetzungen für den Anspruch auf eine Rente aus der gesetzlichen Rentenversicherung erfüllen und diese Rente beantragt haben, wenn sie zu den in § 1 oder § 17 a des Fremdrentengesetzes oder zu den in § 20 des Gesetzes zur Wiedergutmachung nationalsozialistischen Unrechts in der Sozialversicherung genannten Personen gehören und ihren Wohnsitz innerhalb der letzten 10 Jahre vor der Stellung des Rentenantrags in das Inland verlegt haben.

(2) Der nach Absatz 1 Nr. 11 erforderlichen Mitgliedszeit steht bis zum 31. Dezember 1988 die Zeit der Ehe mit einem Mitglied gleich, wenn die mit dem Mitglied verheiratete Person nicht mehr als nur geringfügig beschäftigt oder geringfügig selbständig tätig war. Bei Personen, die ihren Rentenanspruch aus der Versicherung einer anderen Person ableiten, gelten die Voraussetzungen des Absatzes 1 Nr. 11 oder 12 als erfüllt, wenn die andere Person diese Voraussetzungen erfüllt hatte.

(3) Als gegen Arbeitsentgelt beschäftigte Arbeiter und Angestellte im Sinne des Absatzes 1 Nr. 1 gelten Bezieher von Vorruhestandsgeld, wenn sie unmittelbar vor Bezug des Vorruhestandsgeldes versicherungspflichtig waren und das Vorruhestandsgeld mindestens in Höhe von 65 vom Hundert des Bruttoarbeitsentgelts im Sinne des § 3 Abs. 2 des Vorruhestandsgesetzes gezahlt wird.

(4) Als Bezieher von Vorruhestandsgeld ist nicht versicherungspflichtig, wer im Ausland seinen Wohnsitz oder gewöhnlichen Aufenthalt in einem Staat hat, mit dem für Arbeitnehmer mit Wohnsitz

oder gewöhnlichem Aufenthalt in diesem Staat keine über- oder zwischenstaatlichen Regelungen über Sachleistungen bei Krankheit bestehen.

(5) Nach Absatz 1 Nr. 1 oder 5 bis 12 ist nicht versicherungspflichtig, wer hauptberuflich selbständig erwerbstätig ist.

(6) Nach Absatz 1 Nr. 5 bis 7 oder 8 ist nicht versicherungspflichtig, wer nach Absatz 1 Nr. 1 versicherungspflichtig ist. Trifft eine Versicherungspflicht nach Absatz 1 Nr. 6 mit einer Versicherungspflicht nach Absatz 1 Nr. 7 oder 8 zusammen, geht die Versicherungspflicht vor, nach der die höheren Beiträge zu zahlen sind.

(7) Nach Absatz 1 Nr. 9 oder 10 ist nicht versicherungspflichtig, wer nach Absatz 1 Nr. 1 bis 8, 11 oder 12 versicherungspflichtig oder nach § 10 versichert ist, es sei denn, der Ehegatte oder das Kind des Studenten oder Praktikanten ist nicht versichert. Die Versicherungspflicht nach Absatz 1 Nr. 9 geht der Versicherungspflicht nach Absatz 1 Nr. 10 vor.

(8) Nach Absatz 1 Nr. 11 oder 12 ist nicht versicherungspflichtig, wer nach Absatz 1 Nr. 1 bis 7 oder 8 versicherungspflichtig ist.

(9) Wer versicherungspflichtig wird und bei einem privaten Krankenversicherungsunternehmen versichert ist, kann den Versicherungsvertrag mit Wirkung vom Eintritt der Versicherungspflicht an kündigen. Dies gilt auch, wenn eine Versicherung nach § 10 eintritt.

§ 6 Versicherungsfreiheit

(1) Versicherungsfrei sind
1. Arbeiter und Angestellte, deren regelmäßiges Jahresarbeitsentgelt 75 vom Hundert der Beitragsbemessungsgrenze in der Rentenversicherung der Arbeiter und Angestellten (Jahresarbeitsentgeltgrenze) übersteigt; dies gilt nicht für Seeleute; Zuschläge, die mit Rücksicht auf den Familienstand gezahlt werden, bleiben unberücksichtigt,
2. Beamte, Richter, Soldaten auf Zeit sowie Berufssoldaten der Bundeswehr und sonstige Beschäftigte des Bundes, eines Landes, eines Gemeindeverbandes, einer Gemeinde, von öffentlich-rechtlichen Körperschaften, Anstalten, Stiftungen oder Verbänden öffentlich-rechtlicher Körperschaften oder deren Spitzenverbänden, wenn sie nach beamtenrechtlichen Vorschriften oder Grundsätzen bei Krankheit Anspruch auf Fortzahlung der Bezüge und auf Beihilfe oder Heilfürsorge haben,
3. Personen, die während der Dauer ihres Studiums als ordentliche Studierende einer Hochschule oder einer der fachlichen Ausbildung dienenden Schule gegen Arbeitsentgelt beschäftigt sind,
4. Geistliche der als öffentlich-rechtliche Körperschaften anerkannten Religionsgesellschaften, wenn sie nach beamtenrechtlichen Vorschriften oder Grundsätzen bei Krankheit Anspruch auf Fortzahlung der Bezüge und auf Beihilfe haben,
5. Lehrer, die an privaten genehmigten Ersatzschulen hauptamtlich beschäftigt sind, wenn sie nach beamtenrechtlichen Vorschriften oder Grundsätzen bei Krankheit Anspruch auf Fortzahlung der Bezüge und auf Beihilfe haben,
6. die in den Nummern 2, 4 und 5 genannten Personen, wenn ihnen ein Anspruch auf Ruhegehalt oder ähnliche Bezüge zuerkannt ist und sie Anspruch auf Beihilfe im Krankheitsfalle nach beamtenrechtlichen Vorschriften oder Grundsätzen haben,
7. satzungsmäßige Mitglieder geistlicher Genossenschaften, Diakonissen und ähnliche Personen, wenn sie sich aus überwiegend religiösen oder sittlichen Beweggründen mit Krankenpflege, Unterricht oder anderen gemeinnützigen Tätigkeiten beschäftigen und nicht mehr als freien Unterhalt oder ein geringes Entgelt beziehen, das nur zur Beschaffung der unmittelbaren Lebensbedürfnisse an Wohnung, Verpflegung, Kleidung und dergleichen ausreicht,
8. Personen, die nach dem Krankheitsfürsorgesystem der Europäischen Gemeinschaften bei Krankheit geschützt sind.

(2) Nach § 5 Abs. 1 Nr. 11 versicherungspflichtige Hinterbliebene der in Absatz 1 Nr. 2 und 4 bis 6 genannten Personen sind versicherungsfrei, wenn sie ihren Rentenanspruch nur aus der Versicherung dieser Personen ableiten und nach beamtenrechtlichen Vorschriften oder Grundsätzen bei Krankheit Anspruch auf Beihilfe haben.

(3) Die nach Absatz 1 oder anderen gesetzlichen Vorschriften mit Ausnahme von Absatz 2 und § 7 versicherungsfreien oder von der Versicherungspflicht befreiten Personen bleiben auch dann versiche-

rungsfrei, wenn sie eine der in § 5 Abs. 1 Nr. 1 oder 5 bis 12 genannten Voraussetzungen erfüllen. Dies gilt nicht für die in Absatz 1 Nr. 3 genannten Personen, solange sie während ihrer Beschäftigung versicherungsfrei sind.
(4) Wird die Jahresarbeitsentgeltgrenze überschritten, endet die Versicherungspflicht mit Ablauf des Kalenderjahres, in dem sie überschritten wird. Dies gilt nicht, wenn das Entgelt die vom Beginn des nächsten Kalenderjahres an geltende Jahresarbeitsentgeltgrenze nicht übersteigt. Bei rückwirkender Erhöhung des Entgelts endet die Versicherungspflicht mit Ablauf des Kalenderjahres, in dem der Anspruch auf das erhöhte Entgelt entstanden ist.
(5) Die Satzung der Bundesknappschaft kann die Versicherungspflicht auf Beschäftigte erstrecken, deren Jahresarbeitsentgelt den nach Absatz 1 Nr. 1 festgesetzten Betrag übersteigt, wenn die Bundesknappschaft für die Versicherung zuständig ist.

§ 7 Versicherungsfreiheit bei geringfügiger Beschäftigung

Wer eine geringfügige Beschäftigung nach § 8 des Vierten Buches ausübt, ist in dieser Beschäftigung versicherungsfrei; dies gilt nicht für eine Beschäftigung
1. im Rahmen betrieblicher Berufsbildung,
2. nach dem Gesetz zur Förderung eines freiwilligen sozialen Jahres,
3. nach dem Gesetz zur Förderung eines freiwilligen ökologischen Jahres.

§ 8 Abs. 2 des Vierten Buches ist mit der Maßgabe anzuwenden, daß eine Zusammenrechnung mit einer nicht geringfügigen Beschäftigung nur erfolgt, wenn diese Versicherungspflicht begründet.

§ 8 Befreiung von der Versicherungspflicht

(1) Auf Antrag wird von der Versicherungspflicht befreit, wer versicherungspflichtig wird
1. wegen Erhöhung der Jahresarbeitsentgeltgrenze,
1 a. durch den Bezug von Arbeitslosengeld, Arbeitslosenhilfe oder Unterhaltsgeld (§ 5 Abs. 1 Nr. 2) und in den letzten fünf Jahren vor dem Leistungsbezug nicht gesetzlich krankenversichert war,
2. durch Aufnahme einer nicht vollen Erwerbstätigkeit nach § 2 des Bundeserziehungsgeldgesetzes während des Erziehungsurlaubs; die Befreiung erstreckt sich nur auf die Zeit des Erziehungsurlaubs,
3. weil seine Arbeitszeit auf die Hälfte oder weniger als die Hälfte der regelmäßigen Wochenarbeitszeit vergleichbarer Vollbeschäftigter des Betriebes herabgesetzt wird; dies gilt auch für Beschäftigte, die im Anschluß an ihr bisheriges Beschäftigungsverhältnis bei einem anderen Arbeitgeber ein Beschäftigungsverhältnis aufnehmen, das die Voraussetzungen des vorstehenden Halbsatzes erfüllt; Voraussetzung ist ferner, daß der Beschäftigte seit mindestens fünf Jahren wegen Überschreitens der Jahresarbeitsentgeltgrenze versicherungsfrei ist,
4. durch den Antrag auf Rente oder den Bezug von Rente oder die Teilnahme an einer berufsfördernden Maßnahme (§ 5 Abs. 1 Nr. 6, 11 oder 12),
5. durch die Einschreibung als Student oder die berufspraktische Tätigkeit (§ 5 Abs. 1 Nr. 9 oder 10),
6. durch die Beschäftigung als Arzt im Praktikum,
7. durch die Tätigkeit in einer Einrichtung für Behinderte (§ 5 Abs. 1 Nr. 7 oder 8).

(2) Der Antrag ist innerhalb von drei Monaten nach Beginn der Versicherungspflicht bei der Krankenkasse zu stellen. Die Befreiung wirkt vom Beginn der Versicherungspflicht an, wenn seit diesem Zeitpunkt noch keine Leistungen in Anspruch genommen wurden, sonst vom Beginn des Kalendermonats an, der auf die Antragstellung folgt. Die Befreiung kann nicht widerrufen werden.

Zweiter Abschnitt
Versicherungsberechtigung

§ 9 Freiwillige Versicherung

(1) Der Versicherung können beitreten
1. Personen, die als Mitglieder aus der Versicherungspflicht ausgeschieden sind und in den letzten fünf Jahren vor dem Ausscheiden mindestens vierundzwanzig Monate oder unmittelbar vor dem Ausscheiden ununterbrochen mindestens zwölf Monate versichert waren; Zeiten der Mitgliedschaft nach § 189 werden nicht berücksichtigt,

2. Personen, deren Versicherung nach § 10 erlischt oder nur deswegen nicht besteht, weil die Voraussetzungen des § 10 Abs. 3 vorliegen,
3. Personen, die erstmals eine Beschäftigung aufnehmen und nach § 6 Abs. 1 Nr. 1 versicherungsfrei sind,
4. Schwerbehinderte im Sinne des § 1 des Schwerbehindertengesetzes, wenn sie, ein Elternteil oder ihr Ehegatte in den letzten fünf Jahren vor dem Beitritt mindestens drei Jahre versichert waren, es sei denn, sie konnten wegen ihrer Behinderung diese Voraussetzung nicht erfüllen; die Satzung kann das Recht zum Beitritt von einer Altersgrenze abhängig machen,
5. Arbeitnehmer, deren Mitgliedschaft durch Beschäftigung im Ausland endete, wenn sie innerhalb von zwei Monaten nach Rückkehr in das Inland wieder eine Beschäftigung aufnehmen.

(2) Der Beitritt ist der Krankenkasse innerhalb von drei Monaten anzuzeigen,
1. im Falle des Absatzes 1 Nr. 1 nach Beendigung der Mitgliedschaft,
2. im Falle des Absatzes 1 Nr. 2 nach Beendigung der Versicherung oder nach Geburt des Kindes,
3. im Falle des Absatzes 1 Nr. 3 nach Aufnahme der Beschäftigung,
4. im Falle des Absatzes 1 Nr. 4 nach Feststellung der Behinderung nach § 4 des Schwerbehindertengesetzes,
5. im Falle des Absatzes 1 Nr. 5 nach Rückkehr in das Inland dieses Gesetzbuchs.

Dritter Abschnitt
Versicherung der Familienangehörigen

§ 10 Familienversicherung
(1) Versichert sind der Ehegatte und die Kinder von Mitgliedern, wenn diese Familienangehörigen
1. ihren Wohnsitz oder gewöhnlichen Aufenthalt im Inland haben,
2. nicht nach § 5 Abs. 1 Nr. 1 bis 8, 11 oder 12 oder nicht freiwillig versichert sind,
3. nicht versicherungsfrei oder nicht von der Versicherungspflicht befreit sind; dabei bleibt die Versicherungsfreiheit nach § 7 außer Betracht,
4. nicht hauptberuflich selbständig erwerbstätig sind und
5. kein Gesamteinkommen haben, das regelmäßig im Monat ein Siebtel der monatlichen Bezugsgröße nach § 18 des Vierten Buches überschreitet; bei Renten wird der Zahlbetrag ohne den auf Entgeltpunkte für Kindererziehungszeiten entfallenden Teil berücksichtigt.
Eine hauptberufliche selbständige Tätigkeit im Sinne des Satzes 1 Nr. 4 ist nicht deshalb anzunehmen, weil eine Versicherung nach § 1 Abs. 3 des Gesetzes über die Alterssicherung der Landwirte vom 29. Juli 1994 (BGBl. I S. 1890, 1891) besteht.

(2) Kinder sind versichert
1. bis zur Vollendung des achtzehnten Lebensjahres,
2. bis zur Vollendung des dreiundzwanzigsten Lebensjahres, wenn sie nicht erwerbstätig sind,
3. bis zur Vollendung des fünfundzwanzigsten Lebensjahres, wenn sie sich in Schul- oder Berufsausbildung befinden oder ein freiwilliges soziales Jahr im Sinne des Gesetzes zur Förderung eines freiwilligen sozialen Jahres oder ein freiwilliges ökologisches Jahr im Sinne des Gesetzes zur Förderung eines freiwilligen ökologischen Jahres leisten; wird die Schul- oder Berufsausbildung durch Erfüllung einer gesetzlichen Dienstpflicht des Kindes unterbrochen oder verzögert, besteht die Versicherung auch für einen der Dauer dieses Dienstes entsprechenden Zeitraum über das fünfundzwanzigste Lebensjahr hinaus,
4. ohne Altersgrenze, wenn sie wegen körperlicher, geistiger oder seelischer Behinderung außerstande sind, sich selbst zu unterhalten; Voraussetzung ist, daß die Behinderung zu einem Zeitpunkt vorlag, in dem das Kind nach Nummer 1, 2 oder 3 versichert war.

(3) Kinder sind nicht versichert, wenn der mit den Kindern verwandte Ehegatte des Mitglieds nicht Mitglied einer Krankenkasse ist und sein Gesamteinkommen regelmäßig im Monat ein Zwölftel der Jahresarbeitsentgeltgrenze übersteigt und regelmäßig höher als das Gesamteinkommen des Mitglieds ist; bei Renten wird der Zahlbetrag berücksichtigt.

(4) Als Kinder im Sinne der Absätze 1 bis 3 gelten auch Stiefkinder und Enkel, die das Mitglied überwiegend unterhält, sowie Pflegekinder (§ 56 Abs. 2 Nr. 2 des Ersten Buches). Kinder, die mit dem Ziel der Annahme als Kind in die Obhut des Annehmenden aufgenommen sind und für die die zur

Annahme erforderliche Einwilligung der Eltern erteilt ist, gelten als Kinder des Annehmenden und nicht mehr als Kinder der leiblichen Eltern.
(5) Sind die Voraussetzungen der Absätze 1 bis 4 mehrfach erfüllt, wählt das Mitglied die Krankenkasse.
(6) Das Mitglied hat die nach den Absätzen 1 bis 4 Versicherten mit den für die Durchführung der Familienversicherung notwendigen Angaben sowie die Änderung dieser Angaben an die zuständige Krankenkasse zu melden. Die Spitzenverbände der Krankenkassen vereinbaren für die Meldung nach Satz 1 ein einheitliches Verfahren und einheitliche Meldevordrucke.

Drittes Kapitel
Leistungen der Krankenversicherung

Erster Abschnitt
Übersicht über die Leistungen

§ 11 Leistungsarten
(1) Versicherte haben nach den folgenden Vorschriften Anspruch auf Leistungen
1. (aufgehoben)
2. zur Verhütung von Krankheiten sowie zur Empfängnisverhütung, bei Sterilisation und bei Schwangerschaftsabbruch (§§ 20 bis 24 b),
3. zur Früherkennung von Krankheiten (§§ 25 und 26),
4. zur Behandlung einer Krankheit (§§ 27 bis 52).

Ferner besteht Anspruch auf Sterbegeld (§§ 58 und 59).
(2) Zu den Leistungen nach Absatz 1 gehören auch medizinische und ergänzende Leistungen zur Rehabilitation, die notwendig sind, um einer drohenden Behinderung oder Pflegebedürftigkeit vorzubeugen, sie nach Eintritt zu beseitigen, zu bessern oder eine Verschlimmerung zu verhüten. Leistungen der aktivierenden Pflege nach Eintritt von Pflegebedürftigkeit werden von den Pflegekassen erbracht.
(3) Bei stationärer Behandlung umfassen die Leistungen auch die aus medizinischen Gründen notwendige Mitaufnahme einer Begleitperson des Versicherten.
(4) Auf Leistungen besteht kein Anspruch, wenn sie als Folge eines Arbeitsunfalls oder einer Berufskrankheit im Sinne der gesetzlichen Unfallversicherung zu erbringen sind.

Zweiter Abschnitt
Gemeinsame Vorschriften

§ 12 Wirtschaftlichkeitsgebot
(1) Die Leistungen müssen ausreichend, zweckmäßig und wirtschaftlich sein; sie dürfen das Maß des Notwendigen nicht überschreiten. Leistungen, die nicht notwendig oder unwirtschaftlich sind, können Versicherte nicht beanspruchen, dürfen die Leistungserbringer nicht bewirken und die Krankenkassen nicht bewilligen.
(2) Ist für eine Leistung ein Festbetrag festgesetzt, erfüllt die Krankenkasse ihre Leistungspflicht mit dem Festbetrag.
(3) Hat die Krankenkasse Leistungen ohne Rechtsgrundlage oder entgegen geltendem Recht erbracht und hat ein Vorstandsmitglied hiervon gewußt oder hätte es hiervon wissen müssen, hat die zuständige Aufsichtsbehörde nach Anhörung des Vorstandsmitglieds den Verwaltungsrat zu veranlassen, das Vorstandsmitglied auf Ersatz des aus der Pflichtverletzung entstandenen Schadens in Anspruch zu nehmen, falls der Verwaltungsrat das Regreßverfahren nicht bereits von sich aus eingeleitet hat.

§ 13 Kostenerstattung
(1) Die Krankenkasse darf anstelle der Sach- oder Dienstleistung (§ 2 Abs. 2) Kosten nur erstatten, soweit es dieses Buch vorsieht.
(2) Freiwillige Mitglieder sowie ihre nach § 10 versicherten Familienangehörigen können für die Dauer der freiwilligen Versicherung anstelle der Sach- oder Dienstleistung Kostenerstattung wählen. Es dürfen nur die im Vierten Kapitel genannten Leistungserbringer in Anspruch genommen werden. Die Inanspruchnahme von Leistungserbringern nach § 95 b Abs. 3 Satz 1 im Wege der Kostenerstattung ist ausgeschlossen. Anspruch auf Erstattung besteht höchstens in Höhe der Vergütung, die die Krankenkasse bei Erbringung als Sachleistung zu tragen hätte. Die Satzung hat das Verfahren der

Kostenerstattung zu regeln. Sie hat dabei ausreichende Abschläge vom Erstattungsbetrag für Verwaltungskosten und fehlende Wirtschaftlichkeitsprüfungen vorzusehen und eine bestimmte Mindestzeit festzulegen, für deren Dauer die Versicherten an die Wahl der Kostenerstattung gebunden sind.
(3) Konnte die Krankenkasse eine unaufschiebbare Leistung nicht rechtzeitig erbringen oder hat sie eine Leistung zu Unrecht abgelehnt und sind dadurch Versicherten für die selbstbeschaffte Leistung Kosten entstanden, sind diese von der Krankenkasse in der entstandenen Höhe zu erstatten, soweit die Leistung notwendig war.
(4) (aufgehoben)

§ 14 Teilkostenerstattung
(1) Die Satzung kann für Angestellte der Krankenkassen und ihrer Verbände, für die eine Dienstordnung nach § 351 der Reichsversicherungsordnung gilt, und für Beamte, die in einer Betriebskrankenkasse oder in der knappschaftlichen Krankenversicherung tätig sind, bestimmen, daß an die Stelle der nach diesem Buch vorgesehenen Leistungen ein Anspruch auf Teilkostenerstattung tritt. Sie hat die Höhe des Erstattungsanspruchs in Vomhundertsätzen festzulegen und das Nähere über die Durchführung des Erstattungsverfahrens zu regeln.
(2) Die in Absatz 1 genannten Versicherten können sich jeweils im voraus für die Dauer von zwei Jahren für die Teilkostenerstattung nach Absatz 1 entscheiden. Die Entscheidung wirkt auch für ihre nach § 10 versicherten Angehörigen.

§ 15 Ärztliche Behandlung, Krankenversichertenkarte
(1) Ärztliche oder zahnärztliche Behandlung wird von Ärzten oder Zahnärzten erbracht. Sind Hilfeleistungen anderer Personen erforderlich, dürfen sie nur erbracht werden, wenn sie vom Arzt (Zahnarzt) angeordnet und von ihm verantwortet werden.
(2) Versicherte, die ärztliche oder zahnärztliche Behandlung in Anspruch nehmen, haben dem Arzt (Zahnarzt) vor Beginn der Behandlung ihre Krankenversichertenkarte (§ 291) oder, soweit sie noch nicht eingeführt ist, einen Krankenschein auszuhändigen.
(3) Für die Inanspruchnahme anderer Leistungen stellt die Krankenkasse den Versicherten Berechtigungsscheine aus, soweit es zweckmäßig ist. Der Berechtigungsschein ist vor der Inanspruchnahme der Leistung dem Leistungserbringer auszuhändigen.
(4) In die Krankenversichertenkarte oder den Kranken- oder Berechtigungsschein sind neben der Bezeichnung der Krankenkasse Familienname, Vorname, Geburtsdatum, Anschrift, Krankenversichertennummer und Status des Versicherten sowie der Tag des Beginns des Versicherungsschutzes, bei befristeter Gültigkeit das Datum des Fristablaufs, aufzunehmen. Weitere Angaben dürfen nicht aufgenommen werden.
(5) In dringenden Fällen kann die Krankenversichertenkarte oder der Kranken- oder Berechtigungsschein nachgereicht werden.
(6) Jeder Versicherte erhält die Krankenversichertenkarte bei der erstmaligen Ausgabe und bei Beginn der Versicherung bei einer Krankenkasse sowie bei jeder weiteren, nicht vom Versicherten verschuldeten erneuten Ausgabe gebührenfrei. Muß die Karte auf Grund von vom Versicherten zu vertretenden Umständen neu ausgestellt werden, wird eine Gebühr von 10 Deutsche Mark erhoben; diese Gebühr ist auch von den nach § 10 Versicherten zu zahlen. Die Krankenkasse kann die Aushändigung der Krankenversichertenkarte vom Vorliegen der Meldung nach § 10 Abs. 6 abhängig machen.

§ 16 Ruhen des Anspruchs
(1) Der Anspruch auf Leistungen ruht, solange Versicherte
1. sich im Ausland aufhalten, und zwar auch dann, wenn sie dort während eines vorübergehenden Aufenthalts erkranken, soweit in diesem Gesetzbuch nichts Abweichendes bestimmt ist,
2. Dienst auf Grund einer gesetzlichen Dienstpflicht oder Dienstleistungen und Übungen nach den §§ 51 und 54 Abs. 5 des Soldatengesetzes leisten,
3. nach dienstrechtlichen Vorschriften Anspruch auf Heilfürsorge haben oder als Entwicklungshelfer Entwicklungsdienst leisten,
4. sich in Untersuchungshaft befinden, nach § 126 a der Strafprozeßordnung einstweilen untergebracht sind oder gegen sie eine Freiheitsstrafe oder freiheitsentziehende Maßregel der Besserung und Sicherung vollzogen wird, soweit die Versicherten als Gefangene Anspruch auf Gesundheitsfürsorge nach dem Strafvollzugsgesetz haben oder sonstige Gesundheitsfürsorge erhalten.

(2) Der Anspruch auf Leistungen ruht, soweit Versicherte gleichartige Leistungen von einem Träger der Unfallversicherung im Ausland erhalten.
(3) Der Anspruch auf Leistungen ruht, soweit durch das Seemannsgesetz für den Fall der Erkrankung oder Verletzung Vorsorge getroffen ist. Er ruht insbesondere, solange sich der Seemann an Bord des Schiffes oder auf der Reise befindet, es sei denn, er hat nach § 44 Abs. 1 des Seemannsgesetzes die Leistungen der Krankenkasse gewählt oder der Reeder hat ihn nach § 44 Abs. 2 des Seemannsgesetzes an die Krankenkasse verwiesen.
(3 a) Der Anspruch auf Leistungen für nach dem Künstlersozialversicherungsgesetz Versicherte, die mit einem Betrag in Höhe von Beitragsanteilen für zwei Monate im Rückstand sind und trotz Mahnung nicht zahlen, ruht nach näherer Bestimmung des § 16 Abs. 2 des Künstlersozialversicherungsgesetzes.
(4) Der Anspruch auf Krankengeld ruht nicht, solange sich Versicherte nach Eintritt der Arbeitsunfähigkeit mit Zustimmung der Krankenkasse im Ausland aufhalten.
(5) (aufgehoben)

§ 17 Leistungen bei Beschäftigung im Ausland
(1) Mitglieder, die im Ausland beschäftigt sind und während dieser Beschäftigung erkranken, erhalten die ihnen nach diesem Kapitel zustehenden Leistungen von ihrem Arbeitgeber. Satz 1 gilt entsprechend für die nach § 10 versicherten Familienangehörigen, soweit sie das Mitglied für die Zeit dieser Beschäftigung begleiten oder besuchen.
(2) Die Krankenkasse hat dem Arbeitgeber die ihm nach Absatz 1 entstandenen Kosten bis zu der Höhe zu erstatten, in der sie ihr im Inland entstanden wären.
(3) Die See-Krankenkasse hat dem Reeder die Aufwendungen zu erstatten, die ihm nach § 48 Abs. 2 des Seemannsgesetzes entstanden sind.

§ 18 Kostenübernahme bei Behandlung im Ausland
(1) Ist eine dem allgemein anerkannten Stand der medizinischen Erkenntnisse entsprechende Behandlung einer Krankheit nur im Ausland möglich, kann die Krankenkasse die Kosten der erforderlichen Behandlung ganz oder teilweise übernehmen. Der Anspruch auf Krankengeld ruht in diesem Fall nicht.
(2) In den Fällen des Absatzes 1 kann die Krankenkasse auch weitere Kosten für den Versicherten und für eine erforderliche Begleitperson ganz oder teilweise übernehmen.
(3) Ist während eines vorübergehenden Auslandsaufenthalts eine Behandlung unverzüglich erforderlich, die auch im Inland möglich wäre, hat die Krankenkasse die Kosten der erforderlichen Behandlung insoweit zu übernehmen, als Versicherte sich hierfür wegen einer Vorerkrankung oder ihres Lebensalters nachweislich nicht versichern können und die Krankenkasse dies vor Beginn des Auslandsaufenthalts festgestellt hat. Die Kosten dürfen nur bis zu der Höhe, in der sie im Inland entstanden wären, und nur für längstens sechs Wochen im Kalenderjahr übernommen werden. Eine Kostenübernahme ist nicht zulässig, wenn Versicherte sich zur Behandlung ins Ausland begeben. Die Sätze 1 und 3 gelten entsprechend für Auslandsaufenthalte, die aus schulischen oder Studiengründen erforderlich sind; die Kosten dürfen nur bis zu der Höhe übernommen werden, in der sie im Inland entstanden wären.

§ 19 Erlöschen des Leistungsanspruchs
(1) Der Anspruch auf Leistungen erlischt mit dem Ende der Mitgliedschaft, soweit in diesem Gesetzbuch nichts Abweichendes bestimmt ist.
(2) Endet die Mitgliedschaft Versicherungspflichtiger, besteht Anspruch auf Leistungen längstens für einen Monat nach dem Ende der Mitgliedschaft, solange keine Erwerbstätigkeit ausgeübt wird.
(3) Endet die Mitgliedschaft durch Tod, erhalten die nach § 10 versicherten Angehörigen Leistungen längstens für einen Monat nach dem Tode des Mitglieds.

Dritter Abschnitt
Leistungen zur Verhütung von Krankheiten

§ 20 Krankheitsverhütung
(1) Die Krankenkassen arbeiten bei der Verhütung arbeitsbedingter Gesundheitsgefahren mit den Trägern der gesetzlichen Unfallversicherung zusammen und unterrichten diese über die Erkenntnisse,

die sie über Zusammenhänge zwischen Erkrankungen und Arbeitsbedingungen gewonnen haben. Ist anzunehmen, daß bei einem Versicherten eine berufsbedingte gesundheitliche Gefährdung oder eine Berufskrankheit vorliegt, hat die Krankenkasse dies unverzüglich den für den Arbeitsschutz zuständigen Stellen und dem Unfallversicherungsträger mitzuteilen.
(2) Die Krankenkasse kann in der Satzung Schutzimpfungen mit Ausnahme von solchen aus Anlaß eines nicht beruflich bedingten Auslandsaufenthalts vorsehen.
(3) Die Krankenkasse kann Selbsthilfegruppen und -kontaktstellen, die sich die Prävention oder Rehabilitation von Versicherten bei einer der im Verzeichnis nach Satz 2 aufgeführten Krankheiten zum Ziel gesetzt haben, durch Zuschüsse fördern. Die Spitzenverbände der Krankenkassen beschließen im Interesse einer einheitlichen Rechtsanwendung gemeinsam und einheitlich ein Verzeichnis der Krankheitsbilder, bei deren Prävention oder Rehabilitation eine Förderung zulässig ist; sie haben die Kassenärztliche Bundesvereinigung zu beteiligen.

§ 21 Verhütung von Zahnerkrankungen (Gruppenprophylaxe)
(1) Die Krankenkassen haben im Zusammenwirken mit den Zahnärzten und den für die Zahngesundheitspflege in den Ländern zuständigen Stellen unbeschadet der Aufgaben anderer gemeinsam und einheitlich Maßnahmen zur Erkennung und Verhütung von Zahnerkrankungen ihrer Versicherten, die das zwölfte Lebensjahr noch nicht vollendet haben, zu fördern und sich an den Kosten der Durchführung zu beteiligen. Diese Maßnahmen sollen vorrangig in Gruppen, insbesondere in Kindergärten und Schulen, durchgeführt werden; sie sollen sich insbesondere auf die Untersuchung der Mundhöhle, Erhebung des Zahnstatus, Zahnschmelzhärtung, Ernährungsberatung und Mundhygiene erstrecken. Für Kinder mit besonders hohem Kariesrisiko sind spezifische Programme zu entwickeln.
(2) Zur Durchführung der Maßnahmen nach Absatz 1 schließen die Landesverbände der Krankenkassen und die Verbände der Ersatzkassen mit den zuständigen Stellen nach Absatz 1 Satz 1 gemeinsame Rahmenvereinbarungen. Die Spitzenverbände der Krankenkassen haben gemeinsam bundeseinheitliche Rahmenempfehlungen insbesondere über Inhalt, Finanzierung, nicht versichertenbezogene Dokumentation und Kontrolle zu beschließen.
(3) Kommt eine gemeinsame Rahmenvereinbarung nach Absatz 2 Satz 1 nicht bis zum 30. Juni 1993 zustande, werden Inhalt, Finanzierung, nicht versichertenbezogene Dokumentation und Kontrolle unter Berücksichtigung der bundeseinheitlichen Rahmenempfehlungen der Spitzenverbände der Krankenkassen durch Rechtsverordnung der Landesregierung bestimmt.

§ 22 Verhütung von Zahnerkrankungen (Individualprophylaxe)
(1) Versicherte, die das sechste, aber noch nicht das achtzehnte Lebensjahr vollendet haben, können sich zur Verhütung von Zahnerkrankungen einmal in jedem Kalenderhalbjahr zahnärztlich untersuchen lassen.
(2) Die Untersuchungen sollen sich auf den Befund des Zahnfleisches, die Aufklärung über Krankheitsursachen und ihre Vermeidung, das Erstellen von diagnostischen Vergleichen zur Mundhygiene, zum Zustand des Zahnfleisches und zur Anfälligkeit gegenüber Karieserkrankungen, auf die Motivation und Einweisung bei der Mundpflege sowie auf Maßnahmen zur Schmelzhärtung der Zähne erstrecken.
(3) Versicherte, die das sechste, aber noch nicht das achtzehnte Lebensjahr vollendet haben, haben Anspruch auf Fissurenversiegelung der Molaren.
(4) Versicherte, die das achtzehnte Lebensjahr vollendet haben, haben Anspruch auf individualprophylaktische Leistungen. Die individualprophylaktischen Leistungen umfassen Maßnahmen zur Schmelzhärtung der Zähne und zur Keimzahlsenkung. Dabei sind Maßnahmen zu bevorzugen, die Versicherte selbst durchführen können.
(5) Der Bundesausschuß der Zahnärzte und Krankenkassen regelt das Nähere über Art, Umfang und Nachweis der individualprophylaktischen Leistungen in Richtlinien nach § 92.

§ 23 Medizinische Vorsorgeleistungen
(1) Versicherte haben Anspruch auf ärztliche Behandlung und Versorgung mit Arznei-, Verband-, Heil- und Hilfsmitteln, wenn diese notwendig sind,
1. eine Schwächung der Gesundheit, die in absehbarer Zeit voraussichtlich zu einer Krankheit führen würde, zu beseitigen,
2. einer Gefährdung der gesundheitlichen Entwicklung eines Kindes entgegenzuwirken oder

3. Pflegebedürftigkeit zu vermeiden.

(2) Reichen bei Versicherten die Leistungen nach Absatz 1 nicht aus, kann die Krankenkasse aus medizinischen Gründen erforderliche Maßnahmen in Form einer ambulanten Vorsorgekur erbringen. Die Satzung der Krankenkasse kann zu den übrigen Kosten der Kur einen Zuschuß von bis zu 15 Deutsche Mark täglich vorsehen.

(3) In den Fällen der Absätze 1 und 2 sind die §§ 31 bis 34 anzuwenden.

(4) Reichen bei Versicherten die Leistungen nach Absatz 1 und 2 nicht aus, kann die Krankenkasse Behandlung mit Unterkunft und Verpflegung in einer Vorsorgeeinrichtung erbringen, mit der ein Vertrag nach § 111 besteht.

(5) Die Leistungen nach Absatz 2 und 4 sollen für längstens drei Wochen erbracht werden, es sei denn, eine Verlängerung der Leistung ist aus gesundheitlichen Gründen dringend erforderlich. Sie können nicht vor Ablauf von vier Jahren nach Durchführung solcher oder ähnlicher Leistungen erbracht werden, deren Kosten auf Grund öffentlich-rechtlicher Vorschriften getragen oder bezuschußt worden sind, es sei denn, eine vorzeitige Leistung ist aus gesundheitlichen Gründen dringend erforderlich. Die jährlichen Ausgaben der Krankenkasse je Mitglied für Leistungen nach Absatz 4 zusammen mit denen nach § 40 Abs. 2 dürfen sich in den Jahren 1993, 1994 und 1995 höchstens um den Vomhundertsatz verändern, um den sich die nach den §§ 270 und 270 a zu ermittelnden beitragspflichtigen Einnahmen der Mitglieder aller Krankenkassen mit Sitz im Bundesgebiet außerhalb des Beitrittsgebietes je Mitglied verändern. Für das Kalenderjahr 1993 sind die in Satz 3 genannten Ausgaben der Krankenkasse im Kalenderjahr 1991 zugrunde zu legen, die entsprechend der Entwicklung der nach den §§ 270 und 270 a zu ermittelnden beitragspflichtigen Einnahmen der Mitglieder aller Krankenkassen mit Sitz im Bundesgebiet außerhalb des Beitrittsgebietes im Kalenderjahr 1992 je Mitglied erhöht werden.

(6) Versicherte, die eine Leistung nach Absatz 4 in Anspruch nehmen und das achtzehnte Lebensjahr vollendet haben, zahlen je Kalendertag den sich nach § 40 Abs. 5 ergebenden Betrag an die Einrichtung. Die Zahlung ist an die Krankenkasse weiterzuleiten.

§ 24 Vorsorgekuren für Mütter

(1) Die Krankenkasse kann unter den in § 23 Abs. 1 genannten Voraussetzungen aus medizinischen Gründen erforderliche Maßnahmen in Form einer Vorsorgekur in einer Einrichtung des Müttergenesungswerks oder einer gleichartigen Einrichtung erbringen. Die Satzung der Krankenkasse kann vorsehen, daß die Kosten der Kur übernommen werden oder dazu ein Zuschuß gezahlt wird.

(2) § 23 Abs. 5 Satz 1 und 2 gilt entsprechend.

(3) Versicherte, die das achtzehnte Lebensjahr vollendet haben und eine Leistung nach Absatz 1, deren Kosten voll von der Krankenkasse übernommen werden, in Anspruch nehmen, zahlen je Kalendertag den sich nach § 39 Abs. 4 ergebenden Betrag an die Einrichtung. Die Zahlung ist an die Krankenkasse weiterzuleiten.

§ 24 a Empfängnisverhütung

(1) Versicherte haben Anspruch auf ärztliche Beratung über Fragen der Empfängnisregelung. Zur ärztlichen Beratung gehören auch die erforderliche Untersuchung und die Verordnung von empfängnisregelnden Mitteln.

(2) Versicherte bis zum vollendeten 20. Lebensjahr haben Anspruch auf Versorgung mit empfängnisverhütenden Mitteln, soweit sie ärztlich verordnet werden; § 31 Abs. 2 bis 4 gilt entsprechend.

§ 24 b Schwangerschaftsabbruch und Sterilisation[1)]

(1) Versicherte haben Anspruch auf Leistungen bei einer nicht rechtswidrigen Sterilisation und bei einem nicht rechtswidrigen Abbruch der Schwangerschaft durch einen Arzt. Der Anspruch auf Leistungen bei einem nicht rechtswidrigen Schwangerschaftsabbruch besteht nur, wenn dieser in einer Einrichtung im Sinne des § 13 Abs. 1 des Schwangerschaftskonfliktgesetzes vorgenommen wird.

(2) Es werden ärztliche Beratung über die Erhaltung und den Abbruch der Schwangerschaft, ärztliche Untersuchung und Begutachtung zur Feststellung der Voraussetzungen für eine nicht rechtswidrige Sterilisation oder für einen nicht rechtswidrigen Schwangerschaftsabbruch, ärztliche Behandlung,

---

1) Hierzu Beschluß des Bundesverfassungsgerichts vom 28. 5.1993 – 2 BvF2/90 u. a. (BGBl. I S.820):
»§ 24 b des Fünften Buches Sozialgesetzbuch ist nach Maßgabe der Urteilsgründe mit Artikel 1 Absatz 1 in Verbindung mit Artikel 2 Absatz 2 Satz 1 des Grundgesetzes vereinbar.«

Versorgung mit Arznei-, Verbands- und Heilmitteln sowie Krankenhauspflege gewährt. Anspruch auf Krankengeld besteht, wenn Versicherte wegen einer nicht rechtswidrigen Sterilisation oder wegen eines nicht rechtswidrigen Abbruchs der Schwangerschaft durch einen Arzt arbeitsunfähig werden, es sei denn, es besteht ein Anspruch nach § 44 Abs. 1.
(3) Im Fall eines unter den Voraussetzungen des § 218 a Abs. 1 des Strafgesetzbuches vorgenommenen Abbruchs der Schwangerschaft haben Versicherte Anspruch auf die ärztliche Beratung über die Erhaltung und den Abbruch der Schwangerschaft, die ärztliche Behandlung mit Ausnahme der Vornahme des Abbruchs und der Nachbehandlung bei komplikationslosem Verlauf, die Versorgung mit Arznei-, Verband- und Heilmitteln sowie auf Krankenhausbehandlung, falls und soweit die Maßnahmen dazu dienen,
1. die Gesundheit des Ungeborenen zu schützen, falls es nicht zum Abbruch kommt,
2. die Gesundheit der Kinder aus weiteren Schwangerschaften zu schützen oder
3. die Gesundheit der Mutter zu schützen, insbesondere zu erwartenden Komplikationen aus dem Abbruch der Schwangerschaft vorzubeugen oder eingetretene Komplikationen zu beseitigen.
(4) Die nach Absatz 3 vom Anspruch auf Leistungen ausgenommene ärztliche Vornahme des Abbruchs umfaßt
1. die Anästhesie,
2. den operativen Eingriff,
3. die vaginale Behandlung einschließlich der Einbringung von Arzneimitteln in die Gebärmutter,
4. die Injektion von Medikamenten,
5. die Gabe eines wehenauslösenden Medikamentes,
6. die Assistenz durch einen anderen Arzt,
7. die körperlichen Untersuchungen im Rahmen der unmittelbaren Operationsvorbereitung und der Überwachung im direkten Anschluß an die Operation.
Mit diesen ärztlichen Leistungen im Zusammenhang stehende Sachkosten, insbesondere für Narkosemittel, Verbandmittel, Abdecktücher, Desinfektionsmittel fallen ebenfalls nicht in die Leistungspflicht der Krankenkassen. Bei vollstationärer Vornahme des Abbruchs übernimmt die Krankenkasse nicht den allgemeinen Pflegesatz für den Tag, an dem der Abbruch vorgenommen wird.

Vierter Abschnitt
Leistungen zur Früherkennung von Krankheiten

§ 25 Gesundheitsuntersuchungen
(1) Versicherte, die das fünfunddreißigste Lebensjahr vollendet haben, haben jedes zweite Jahr Anspruch auf eine ärztliche Gesundheitsuntersuchung zur Früherkennung von Krankheiten, insbesondere zur Früherkennung von Herz-Kreislauf- und Nierenerkrankungen sowie der Zuckerkrankheit.
(2) Versicherte haben höchstens einmal jährlich Anspruch auf eine Untersuchung zur Früherkennung von Krebserkrankungen, Frauen frühestens vom Beginn des zwanzigsten Lebensjahres an, Männer frühestens vom Beginn des fünfundvierzigsten Lebensjahres an.
(3) Voraussetzung für die Untersuchungen nach den Absätzen 1 und 2 ist, daß
1. es sich um Krankheiten handelt, die wirksam behandelt werden können,
2. das Vor- oder Frühstadium dieser Krankheiten durch diagnostische Maßnahmen erfaßbar ist,
3. die Krankheitszeichen medizinisch-technisch genügend eindeutig zu erfassen sind,
4. genügend Ärzte und Einrichtungen vorhanden sind, um die aufgefundenen Verdachtsfälle eingehend zu diagnostizieren und zu behandeln.
(4) Die Untersuchungen nach Absatz 1 und 2 sollen, soweit berufsrechtlich zulässig, zusammen angeboten werden. Der Bundesausschuß der Ärzte und Krankenkassen bestimmt in den Richtlinien nach § 92 das Nähere über Art und Umfang der Untersuchungen sowie die Erfüllung der Voraussetzungen nach Absatz 3. Er kann für geeignete Gruppen von Versicherten eine von Absatz 1 und 2 abweichende Altersgrenze und Häufigkeit der Untersuchungen bestimmen.

§ 26 Kinderuntersuchung
(1) Versicherte Kinder haben bis zur Vollendung des sechsten Lebensjahres Anspruch auf Untersuchungen sowie nach Vollendung des zehnten Lebensjahres auf eine Untersuchung zur Früherkennung von Krankheiten, die ihre körperliche oder geistige Entwicklung in nicht geringfügigem Maße gefährden. Zu den Früherkennungsuntersuchungen auf Zahn-, Mund- und Kieferkrankheiten gehören

insbesondere die Inspektion der Mundhöhle, die Einschätzung oder Bestimmung des Kariesrisikos, die Ernährungs- und Mundhygieneberatung sowie Maßnahmen zur Schmelzhärtung der Zähne und zur Keimzahlsenkung. Die Leistungen nach Satz 2 werden bis zur Vollendung des 6. Lebensjahres erbracht und können von Ärzten oder Zahnärzten erbracht werden.
(2) § 25 Abs. 3 und Abs. 4 Satz 2 gilt entsprechend.

Fünfter Abschnitt
Leistungen bei Krankheit

Erster Titel
Krankenbehandlung

§ 27 Krankenbehandlung
(1) Versicherte haben Anspruch auf Krankenbehandlung, wenn sie notwendig ist, um eine Krankheit zu erkennen, zu heilen, ihre Verschlimmerung zu verhüten oder Krankheitsbeschwerden zu lindern. Die Krankenbehandlung umfaßt
1. Ärztliche Behandlung einschließlich Psychotherapie als ärztliche und psychotherapeutische Behandlung,
2. zahnärztliche Behandlung einschließlich der Versorgung mit Zahnersatz,
3. Versorgung mit Arznei-, Verband-, Heil- und Hilfsmitteln,
4. häusliche Krankenpflege und Haushaltshilfe,
5. Krankenhausbehandlung,
6. medizinische und ergänzende Leistungen zur Rehabilitation sowie Belastungserprobung und Arbeitstherapie.

Bei der Krankenbehandlung ist den besonderen Bedürfnissen psychisch Kranker Rechnung zu tragen, insbesondere bei der Versorgung mit Heilmitteln und bei der medizinischen Rehabilitation. Zur Krankenbehandlung gehören auch Leistungen zur Herstellung der Zeugungs- oder Empfängnisfähigkeit, wenn diese Fähigkeit nicht vorhanden war oder durch Krankheit oder wegen einer durch Krankheit erforderlichen Sterilisation verlorengegangen war.
(2) Versicherte, die sich nur vorübergehend im Inland aufhalten, zur Ausreise verpflichtete Ausländer, deren Aufenthalt aus völkerrechtlichen, politischen oder humanitären Gründen geduldet wird, sowie
1. asylsuchende Ausländer, deren Asylverfahren noch nicht unanfechtbar abgeschlossen ist,
2. Vertriebene im Sinne des § 1 Abs. 2 Nr. 2 und 3 des Gesetzes über die Angelegenheiten der Vertriebenen und Flüchtlinge

mit Anspruch auf laufende Hilfe zum Lebensunterhalt nach dem Bundessozialhilfegesetz haben Anspruch auf Versorgung mit Zahnersatz, wenn sie unmittelbar vor Eintritt der Behandlungsbedürftigkeit mindestens ein Jahr lang Mitglied einer Krankenkasse (§ 4) oder nach § 10 versichert waren oder wenn die Behandlung aus medizinischen Gründen ausnahmsweise unaufschiebbar ist.

§ 27 a Künstliche Befruchtung
(1) Die Leistungen der Krankenhausbehandlung umfassen auch medizinische Maßnahmen zur Herbeiführung einer Schwangerschaft, wenn
1. diese Maßnahmen nach ärztlicher Feststellung erforderlich sind,
2. nach ärztlicher Feststellung hinreichende Aussicht besteht, daß durch die Maßnahmen eine Schwangerschaft herbeigeführt wird; eine hinreichende Aussicht besteht in der Regel nicht mehr, wenn die Maßnahme viermal ohne Erfolg durchgeführt worden ist,
3. die Personen, die diese Maßnahmen in Anspruch nehmen wollen, miteinander verheiratet sind,
4. ausschließlich Ei- und Samenzellen der Ehegatten verwendet werden und
5. sich die Ehegatten vor Durchführung der Maßnahmen von einem Arzt, der die Behandlung nicht selbst durchführt, über eine solche Behandlung unter Berücksichtigung ihrer medizinischen und psychosozialen Gesichtspunkte haben unterrichten lassen und der Arzt sie an einen der Ärzte oder eine der Einrichtungen überwiesen hat, denen eine Genehmigung nach § 121 a erteilt worden ist.

(2) Absatz 1 gilt auch für Inseminationen, die nach Stimulationsverfahren durchgeführt werden und bei denen dadurch ein erhöhtes Risiko von Schwangerschaften mit drei oder mehr Embryonen besteht. Bei anderen Inseminationen ist Absatz 1 Nr. 2 zweiter Halbabsatz und Nr. 5 nicht anzuwenden.

(3) Die Krankenkasse übernimmt nur die Kosten der Maßnahmen nach Absatz 1, die bei ihrem Versicherten durchgeführt werden.
(4) Der Bundesausschuß der Ärzte und Krankenkassen bestimmt in den Richtlinien nach § 92 die medizinischen Einzelheiten zu Voraussetzungen, Art und Umfang der Maßnahmen nach Absatz 1.

§ 28 Ärztliche und zahnärztliche Behandlung
(1) Die ärztliche Behandlung umfaßt die Tätigkeit des Arztes, die zur Verhütung, Früherkennung und Behandlung von Krankheiten nach den Regeln der ärztlichen Kunst ausreichend und zweckmäßig ist. Zur ärztlichen Behandlung gehört auch die Hilfeleistung anderer Personen, die von dem Arzt angeordnet und von ihm zu verantworten ist.
(2) Die zahnärztliche Behandlung umfaßt die Tätigkeit des Zahnarztes, die zur Verhütung, Früherkennung und Behandlung von Zahn-, Mund- und Kieferkrankheiten nach den Regeln der zahnärztlichen Kunst ausreichend und zweckmäßig ist. Wählen Versicherte bei Zahnfüllungen eine darüber hinausgehende Versorgung, haben sie die Mehrkosten selbst zu tragen. In diesen Fällen ist von den Kassen die vergleichbare preisgünstigste plastische Füllung als Sachleistung abzurechnen. In Fällen des Satzes 2 ist vor Beginn der Behandlung eine schriftliche Vereinbarung zwischen dem Zahnarzt und dem Versicherten zu treffen. Die Mehrkostenregelung gilt nicht für Fälle, in denen intakte plastische Füllungen ausgetauscht werden. Nicht zur zahnärztlichen Behandlung gehört die kieferorthopädische Behandlung von Versicherten, die zu Beginn der Behandlung das 18. Lebensjahr vollendet haben. Dies gilt nicht für Versicherte mit schweren Kieferanomalien, die ein Ausmaß haben, das kombinierte kieferchirurgische und kieferorthopädische Behandlungsmaßnahmen erfordert. Ebenso gehören funktionsanalytische und funktionstherapeutische Maßnahmen nicht zur zahnärztlichen Behandlung; sie dürfen von den Krankenkassen auch nicht bezuschußt werden. Das gleiche gilt für implantologische Leistungen einschließlich der Suprakonstruktion, es sei denn, es liegen seltene vom Bundesausschuß der Zahnärzte und Krankenkassen in Richtlinien nach § 92 Abs. 1 festzulegende Ausnahmeindikationen für besonders schwere Fälle vor, in denen die Krankenkasse diese Leistungen als Sachleistung im Rahmen einer medizinischen Gesamtbehandlung erbringt. Absatz 1 Satz 2 gilt entsprechend.
(3) Die psychotherapeutische Behandlung einer Krankheit wird durch Psychologische Psychotherapeuten und Kinder- und Jugendlichenpsychotherapeuten (Psychotherapeuten), soweit sie zur psychotherapeutischen Behandlung zugelassen sind, sowie durch Vertragsärzte entsprechend den Richtlinien nach § 92 durchgeführt. Spätestens nach den probatorischen Sitzungen gemäß § 92 Abs. 6 a hat der Psychotherapeut vor Beginn der Behandlung den Konsiliarbericht eines Vertragsarztes zur Abklärung einer somatischen Erkrankung sowie, falls der somatisch abklärende Vertragsarzt dies für erforderlich hält, eines psychiatrisch tätigen Vertragsarztes einzuholen.

§ 29 Kieferorthopädische Behandlung
(1) Versicherte haben Anspruch auf kieferorthopädische Versorgung in medizinisch begründeten Indikationsgruppen, bei denen eine Kiefer- oder Zahnfehlstellung vorliegt, die das Kauen, Beißen, Sprechen oder Atmen erheblich beeinträchtigt oder zu beeinträchtigen droht.
(2) Versicherte leisten zu der kieferorthopädischen Behandlung nach Absatz 1 einen Anteil in Höhe von 20 vom Hundert der Kosten an den Vertragszahnarzt. Satz 1 gilt nicht für im Zusammenhang mit kieferorthopädischer Behandlung erbrachte konservierend-chirurgische und Röntgenleistungen. Befinden sich mindestens zwei versicherte Kinder, die bei Beginn der Behandlung das 18. Lebensjahr noch nicht vollendet haben und mit ihren Erziehungsberechtigten in einem gemeinsamen Haushalt leben, in kieferorthopädischer Behandlung, beträgt der Anteil nach Satz 1 für das zweite und jedes weitere Kind 10 vom Hundert.
(3) Der Vertragszahnarzt rechnet die kieferorthopädische Behandlung abzüglich des Versichertenanteils nach Absatz 2 Satz 1 und 3 mit der Kassenzahnärztlichen Vereinigung ab. Wenn die Behandlung in dem durch den Behandlungsplan bestimmten medizinisch erforderlichen Umfang abgeschlossen worden ist, zahlt die Kasse den von den Versicherten geleisteten Anteil nach Absatz 2 Satz 1 und 3 an die Versicherten zurück.
(4) Der Bundesausschuß der Zahnärzte und Krankenkassen bestimmt in den Richtlinien nach § 92 Abs. 1 die Indikationsgruppen, bei denen die in Absatz 1 genannten Voraussetzungen vorliegen.

§ 30 Zahnersatz

(1) Versicherte haben Anspruch auf medizinisch notwendige Versorgung mit Zahnersatz (zahnärztliche Behandlung und zahntechnische Leistungen). Der Zahnersatz umfaßt auch Zahnkronen. Bei großen Brücken ist die Versorgung auf den Ersatz von bis zu vier fehlenden Zähnen je Kiefer und bis zu drei fehlenden Zähnen je Seitenzahngebiet begrenzt. Bei Kombinationsversorgungen ist die Versorgung auf zwei Verbindungselemente je Kiefer, bei Versicherten mit einem Restzahnbestand von höchstens drei Zähnen je Kiefer auf drei Verbindungselemente je Kiefer begrenzt.

(2) Versicherte leisten zu der Versorgung mit Zahnersatz nach Absatz 1 einen Anteil von 50 vom Hundert der Kosten auf der Berechnungsgrundlage des Heil- und Kostenplans nach Absatz 4 Satz 3 an den Vertragszahnarzt. Satz 1 gilt nicht für im Zusammenhang mit Zahnersatz erbrachte konservierend-chirurgische und Röntgenleistungen. Für eigene Bemühungen zur Gesunderhaltung der Zähne mindert sich der Anteil um 10 Prozentpunkte. Die Minderung entfällt, wenn der Gebißzustand regelmäßige Zahnpflege nicht erkennen läßt und Versicherte während der letzten fünf Jahre vor Beginn der Behandlung
1. die Untersuchung nach § 22 Abs. 1 nicht in jedem Kalenderhalbjahr in Anspruch genommen haben und
2. sich nach Vollendung des 18. Lebensjahres nicht wenigstens einmal in jedem Kalenderjahr haben zahnärztlich untersuchen lassen.

Der Anteil mindert sich um weitere fünf Prozentpunkte, wenn Versicherte ihre Zähne regelmäßig gepflegt und in den letzten zehn Kalenderjahren vor Beginn der Behandlung die Untersuchungen nach den Nummern 1 und 2 ohne Unterbrechung in Anspruch genommen haben. Für Versicherte, die nach dem 31. Dezember 1978 geboren sind, gilt der Nachweis für eigene Bemühungen zur Gesunderhaltung der Zähne für die Jahre 1997 und 1998 als erbracht.

(3) Wählen Versicherte einen über die Versorgung nach Absatz 1 hinausgehenden Zahnersatz, erhalten sie die Leistungen nach Absatz 1 im Rahmen der vertragszahnärztlichen Versorgung. Die Mehrkosten der zusätzlichen, über die Versorgung nach Absatz 1 hinausgehenden Leistungen haben sie selbst in vollem Umfang zu tragen.

(4) Der Zahnarzt hat vor Beginn der Behandlung einen kostenfreien, die gesamte Behandlung nach den Absätzen 1 und 3 umfassenden Heil- und Kostenplan zu erstellen. Der Heil- und Kostenplan ist von der Krankenkasse vor Beginn der Behandlung insgesamt zu prüfen. Die im Heil- und Kostenplan vorgesehene Versorgung mit Zahnersatz nach Absatz 1 bedarf vor Beginn der Behandlung der Genehmigung. Die Krankenkasse hat den Versichertenanteil an diesen Kosten zu bestimmen. Aufwendige Versorgungen sollen vor der Genehmigung begutachtet werden. Nach Abschluß der Behandlung rechnet der Vertragszahnarzt die von der Krankenkasse zu übernehmenden Kosten nach Absatz 1 mit der Kassenzahnärztlichen Vereinigung ab. Im Fall einer Abrechnungsberichtigung gegenüber der Kassenzahnärztlichen Vereinigung unterrichtet die Krankenkasse die Versicherten. Die Versicherten können die Gesamtrechnung von der Krankenkasse prüfen lassen. Die Versicherten zahlen ihren Anteil für die Leistungen nach den Absätzen 1 und 3 an den Vertragszahnarzt. Dieser hat bei Rechnungslegung eine Durchschrift der Rechnung des gewerblichen oder des praxiseigenen Labors über zahntechnische Leistungen beizufügen. Das Nähere zur Ausgestaltung des Heil- und Kostenplans und zum Verfahren der Abrechnung ist in den Bundesmantelverträgen (§ 87) zu regeln.

§ 30 a (aufgehoben)

§ 31 Arznei- und Verbandmittel

(1) Versicherte haben Anspruch auf Versorgung mit apothekenpflichtigen Arzneimitteln, soweit die Arzneimittel nicht nach § 34 ausgeschlossen sind, und auf Versorgung mit Verbandmitteln, Harn- und Blutteststreifen. Der Bundesausschuß der Ärzte und Krankenkassen hat in den Richtlinien nach § 92 Abs. 1 Satz 2 Nr. 6 festzulegen, in welchen medizinisch notwendigen Fällen Aminosäuremischungen, Eiweißhydrolysate, Elementardiäten und Sondennahrung ausnahmsweise in die Versorgung mit Arzneimitteln einbezogen werden.

(2) Für ein Arznei- oder Verbandmittel, für das ein Festbetrag nach § 35 festgesetzt ist, trägt die Krankenkasse die Kosten bis zur Höhe dieses Betrages, für andere Arznei- oder Verbandmittel die vollen Kosten, jeweils abzüglich der vom Versicherten zu leistenden Zuzahlung.

(3) Versicherte, die das achtzehnte Lebensjahr vollendet haben, leisten an die abgebende Stelle zu jedem zu Lasten der gesetzlichen Krankenversicherung verordneten Arznei- und Verbandmittel als Zuzahlung für kleine Packungsgrößen 8 Deutsche Mark je Packung, für mittlere Packungsgrößen 9 Deutsche Mark je Packung und für große Packungsgrößen 10 Deutsche Mark je Packung, jedoch jeweils nicht mehr als die Kosten des Mittels. Satz 1 findet keine Anwendung bei Harn- und Blutteststreifen. Für Mittel, die nach Absatz 1 Satz 2 in die Versorgung mit Arzneimitteln einbezogen worden sind, tritt an die Stelle der in Satz 1 genannten Beträge ein Betrag von 8 Deutsche Mark je Verordnung.
(4) Das Nähere bestimmt der Bundesminister für Gesundheit durch Rechtsverordnung ohne Zustimmung des Bundesrates.

§ 32 Heilmittel
(1) Versicherte haben Anspruch auf Versorgung mit Heilmitteln, soweit sie nicht nach § 34 ausgeschlossen sind.
(2) Versicherte, die das achtzehnte Lebensjahr vollendet haben, haben zu den Kosten der Heilmittel eine Zuzahlung von 15 vom Hundert an die abgebende Stelle zu leisten. Dies gilt auch, wenn Massagen, Bäder und Krankengymnastik als Bestandteil der ärztlichen Behandlung (§ 27 Satz 2 Nr. 1) oder bei ambulanter Behandlung in Krankenhäusern, Rehabilitations- oder anderen Einrichtungen abgegeben werden. Die Zuzahlung für die in Satz 2 genannten Heilmittel, die als Bestandteil der ärztlichen Behandlung abgegeben werden, errechnet sich nach den Preisen, die für die Krankenkasse des Versicherten nach § 125 für den Bereich des Vertragsarztsitzes vereinbart sind. Bestehen insoweit unterschiedliche Preisvereinbarungen, hat die Krankenkasse einen durchschnittlichen Preis zu errechnen. Die Krankenkasse teilt die anzuwendenden Preise den Kassenärztlichen Vereinigungen mit, die die Vertragsärzte darüber unterrichten.

§ 33 Hilfsmittel
(1) Versicherte haben Anspruch auf Versorgung mit Seh- und Hörhilfen, Körperersatzstücken, orthopädischen und anderen Hilfsmitteln, die im Einzelfall erforderlich sind, um den Erfolg der Krankenbehandlung zu sichern oder eine Behinderung auszugleichen, soweit die Hilfsmittel nicht als allgemeine Gebrauchsgegenstände des täglichen Lebens anzusehen oder nach § 34 Abs. 4 ausgeschlossen sind. Der Anspruch umfaßt auch die notwendige Änderung, Instandsetzung und Ersatzbeschaffung von Hilfsmitteln sowie die Ausbildung in ihrem Gebrauch. Der Anspruch auf Versorgung mit Sehhilfen umfaßt nicht die Kosten des Brillengestells.
(2) Ist für ein erforderliches Hilfsmittel ein Festbetrag nach § 36 festgesetzt, trägt die Krankenkasse die Kosten bis zur Höhe dieses Betrags. Für andere Hilfsmittel übernimmt sie die jeweils vertraglich vereinbarten Preise. Versicherte, die das 18. Lebensjahr vollendet haben, haben zu den Kosten von Bandagen, Einlagen und Hilfsmitteln zur Kompressionstherapie eine Zuzahlung von 20 vom Hundert des von der Krankenkasse zu übernehmenden Betrages an die abgebende Stelle zu leisten; der Vergütungsanspruch nach den Sätzen 1 und 2 verringert sich um diesen Betrag.
(3) Anspruch auf Versorgung mit Kontaktlinsen besteht nur in medizinisch zwingend erforderlichen Ausnahmefällen. Der Bundesausschuß der Ärzte und Krankenkassen bestimmt in den Richtlinien nach § 92, bei welchen Indikationen Kontaktlinsen verordnet werden. Wählen Versicherte statt einer erforderlichen Brille Kontaktlinsen und liegen die Voraussetzungen des Satzes 1 nicht vor, zahlt die Krankenkasse als Zuschuß zu den Kosten von Kontaktlinsen höchstens den Betrag, den sie für eine erforderliche Brille aufzuwenden hätte. Die Kosten für Pflegemittel werden nicht übernommen.
(4) Ein erneuter Anspruch auf Versorgung mit Sehhilfen nach Absatz 1 besteht für Versicherte, die das vierzehnte Lebensjahr vollendet haben, nur bei einer Änderung der Sehfähigkeit um mindestens 0,5 Dioptrien; für medizinisch zwingend erforderliche Fälle kann der Bundesausschuß der Ärzte und Krankenkassen in den Richtlinien nach § 92 Ausnahmen zulassen.
(5) Die Krankenkasse kann den Versicherten die erforderlichen Hilfsmittel auch leihweise überlassen. Sie kann die Bewilligung von Hilfsmitteln davon abhängig machen, daß die Versicherten sich das Hilfsmittel anpassen oder sich in seinem Gebrauch ausbilden lassen.

§ 34 Ausgeschlossene Arznei-, Heil- und Hilfsmittel

(1) Für Versicherte, die das achtzehnte Lebensjahr vollendet haben, sind von der Versorgung nach § 31 folgende Arzneimittel bei Verordnung in den genannten Anwendungsgebieten ausgeschlossen:
1. Arzneimittel zur Anwendung bei Erkältungskrankheiten und grippalen Infekten einschließlich der bei diesen Krankheiten anzuwendenden Schnupfenmittel, Schmerzmittel, hustendämpfenden und hustenlösenden Mittel,
2. Mund- und Rachentherapeutika, ausgenommen bei Pilzinfektionen,
3. Abführmittel,
4. Arzneimittel gegen Reisekrankheit.

(2) Der Bundesminister für Gesundheit kann im Einvernehmen mit dem Bundesminister für Wirtschaft durch Rechtsverordnung mit Zustimmung des Bundesrates von der Versorgung nach § 31 weitere Arzneimittel ausschließen, die ihrer Zweckbestimmung nach üblicherweise bei geringfügigen Gesundheitsstörungen verordnet werden. Dabei ist zu bestimmen, unter welchen besonderen medizinischen Voraussetzungen die Kosten für diese Mittel von der Krankenkasse übernommen werden. Bei der Beurteilung von Arzneimitteln der besonderen Therapierichtungen wie homöopathischen, phytotherapeutischen und anthroposophischen Arzneimitteln ist der besonderen Wirkungsweise dieser Arzneimittel Rechnung zu tragen.

(3) Der Bundesminister für Gesundheit kann im Einvernehmen mit dem Bundesminister für Wirtschaft durch Rechtsverordnung mit Zustimmung des Bundesrates von der Versorgung nach § 31 unwirtschaftliche Arzneimittel ausschließen. Als unwirtschaftlich sind insbesondere Arzneimittel anzusehen, die für das Therapieziel oder zur Minderung von Risiken nicht erforderliche Bestandteile enthalten oder deren Wirkungen wegen der Vielzahl der enthaltenen Wirkstoffe nicht mit ausreichender Sicherheit beurteilt werden können oder deren therapeutischer Nutzen nicht nachgewiesen ist. Absatz 2 Satz 3 gilt entsprechend.

(4) Der Bundesminister für Gesundheit kann durch Rechtsverordnung mit Zustimmung des Bundesrates Heil- und Hilfsmittel von geringem oder umstrittenem therapeutischen Nutzen oder geringem Abgabepreis bestimmen, deren Kosten die Krankenkasse nicht übernimmt. Die Rechtsverordnung kann auch bestimmen, inwieweit geringfügige Kosten der notwendigen Änderung, Instandsetzung und Ersatzbeschaffung sowie der Ausbildung im Gebrauch der Hilfsmittel von der Krankenkasse nicht übernommen werden. Die Sätze 1 und 2 gelten nicht für die Instandsetzung von Hörgeräten und ihre Versorgung mit Batterien bei Versicherten, die das achtzehnte Lebensjahr noch nicht vollendet haben. Absatz 2 Satz 3 gilt entsprechend.

(5) Die Absätze 1 bis 3 gelten entsprechend für Heilmittel nach § 32, wenn sie im Anwendungsgebiet der ausgeschlossenen Arzneimittel verwendet werden.

§ 34 a (aufgehoben)

§ 35 Festbeträge für Arznei- und Verbandmittel

(1) Der Bundesausschuß der Ärzte und Krankenkassen bestimmt in den Richtlinien nach § 92 Abs. 1 Satz 2 Nr. 6, für welche Gruppen von Arzneimitteln Festbeträge festgesetzt werden können. In den Gruppen sollen Arzneimittel mit
1. denselben Wirkstoffen,
2. pharmakologisch-therapeutisch vergleichbaren Wirkstoffen, insbesondere mit chemisch verwandten Stoffen,
3. therapeutisch vergleichbarer Wirkung, insbesondere Arzneimittelkombinationen,

zusammengefaßt werden; unterschiedliche Bioverfügbarkeiten wirkstoffgleicher Arzneimittel sind zu berücksichtigen, sofern sie für die Therapie bedeutsam sind. Die nach Satz 2 Nr. 2 und 3 gebildeten Gruppen müssen gewährleisten, daß Therapiemöglichkeiten nicht eingeschränkt werden und medizinisch notwendige Verordnungsalternativen zur Verfügung stehen; ausgenommen von diesen Gruppen sind Arzneimittel mit patentgeschützten Wirkstoffen, deren Wirkungsweise neuartig ist und die eine therapeutische Verbesserung, auch wegen geringerer Nebenwirkungen, bedeuten. Als neuartig gilt ein Wirkstoff, solange derjenige Wirkstoff, der als erster dieser Gruppe in Verkehr gebracht worden ist, unter Patentschutz steht. Der Bundesausschuß der Ärzte und Krankenkassen ermittelt auch die nach Absatz 3 notwendigen rechnerischen mittleren Tages- oder Einzeldosen oder anderen geeigneten Vergleichsgrößen.

(1 a) Für Arzneimittel mit patentgeschützten Wirkstoffen, die nach dem 31. Dezember 1995 zugelassen worden sind, werden Festbeträge der Gruppen nach Absatz 1 Satz 2 Nr. 2 und 3 nicht gebildet.
(2) Sachverständigen der medizinischen und pharmazeutischen Wissenschaft und Praxis sowie der Arzneimittelhersteller und der Berufsvertretungen der Apotheker ist vor der Entscheidung des Bundesausschusses Gelegenheit zur Stellungnahme zu geben; bei der Beurteilung von Arzneimitteln der besonderen Therapierichtungen sind auch Stellungnahmen von Sachverständigen dieser Therapierichtungen einzuholen. Die Stellungnahmen sind in die Entscheidung einzubeziehen.
(3) Die Spitzenverbände der Krankenkassen setzen gemeinsam und einheitlich den jeweiligen Festbetrag auf der Grundlage von rechnerischen mittleren Tages- oder Einzeldosen oder anderen geeigneten Vergleichsgrößen fest. Die Spitzenverbände der Krankenkassen gemeinsam können einheitliche Festbeträge für Verbandmittel festsetzen. Für die Stellungnahmen der Sachverständigen gilt Absatz 2 entsprechend.
(4) (aufgehoben)
(5) Die Festbeträge sind so festzusetzen, daß sie im allgemeinen eine ausreichende, zweckmäßige und wirtschaftliche sowie in der Qualität gesicherte Versorgung gewährleisten. Sie haben Wirtschaftlichkeitsreserven auszuschöpfen, sollen einen wirksamen Preiswettbewerb auslösen und haben sich deshalb an möglichst preisgünstigen Versorgungsmöglichkeiten auszurichten; soweit wie möglich ist eine für die Therapie hinreichende Arzneimittelauswahl sicherzustellen. Die Festbeträge für Arzneimittel sollen den höchsten Abgabepreis des unteren Drittels des Abstandes zwischen dem niedrigsten und dem höchsten Preis der Arzneimittel der jeweiligen Vergleichsgruppe nicht übersteigen. Die Festbeträge sind mindestens einmal im Jahr zu überprüfen; sie sind in geeigneten Zeitabständen an eine veränderte Marktlage anzupassen.
(6) Für das Verfahren zur Festsetzung der Festbeträge gilt § 213 Abs. 2 und 3.
(7) Die Festbeträge sind im Bundesanzeiger bekanntzumachen. Klagen gegen die Festsetzung der Festbeträge haben keine aufschiebende Wirkung. Ein Vorverfahren findet nicht statt. Eine gesonderte Klage gegen die Gruppeneinteilung nach Absatz 1 Satz 1 bis 3, gegen die rechnerischen mittleren Tages- oder Einzeldosen oder anderen geeigneten Vergleichsgrößen nach Absatz 1 Satz 4 oder gegen sonstige Bestandteile der Festsetzung der Festbeträge ist unzulässig.

§ 36 Festbeträge für Hilfsmittel
(1) Die Spitzenverbände der Krankenkassen bestimmen gemeinsam und einheitlich Hilfsmittel, für die Festbeträge festgesetzt werden. Dabei sollen in ihrer Funktion gleichartige und gleichwertige Mittel in Gruppen zusammengefaßt werden. Den Verbänden der betroffenen Leistungserbringer und den Verbänden der Behinderten ist vor der Entscheidung Gelegenheit zur Stellungnahme zu geben; die Stellungnahmen sind in die Entscheidung einzubeziehen.
(2) Die Landesverbände der Krankenkassen und die Verbände der Ersatzkassen gemeinsam setzen für die nach Absatz 1 bestimmten Hilfsmittel für den Bereich eines Landes einheitliche Festbeträge fest. Absatz 1 Satz 3 gilt entsprechend.
(3) § 35 Abs. 5 Satz 1, 2 und Satz 4 zweiter Halbsatz sowie Abs. 7 gilt.
(4) Für das Verfahren nach Absatz 1 und 2 gilt § 213 Abs. 2 entsprechend.

§ 37 Häusliche Krankenpflege
(1) Versicherte erhalten in ihrem Haushalt oder ihrer Familie neben der ärztlichen Behandlung häusliche Krankenpflege durch geeignete Pflegekräfte, wenn Krankenhausbehandlung geboten, aber nicht ausführbar ist, oder wenn sie durch die häusliche Krankenpflege vermieden oder verkürzt wird. Die häusliche Krankenpflege umfaßt die im Einzelfall erforderliche Grund- und Behandlungspflege sowie hauswirtschaftliche Versorgung. Der Anspruch besteht bis zu vier Wochen je Krankheitsfall. In begründeten Ausnahmefällen kann die Krankenkasse die häusliche Krankenpflege für einen längeren Zeitraum bewilligen, wenn der Medizinische Dienst (§ 275) festgestellt hat, daß dies aus den in Satz 1 genannten Gründen erforderlich ist.
(2) Versicherte erhalten in ihrem Haushalt oder ihrer Familie als häusliche Krankenpflege Behandlungspflege, wenn sie zur Sicherung des Ziels der ärztlichen Behandlung erforderlich ist. Die Satzung kann bestimmen, daß die Krankenkasse zusätzlich zur Behandlungspflege nach Satz 1 als häusliche Krankenpflege auch Grundpflege und hauswirtschaftliche Versorgung erbringt. Die Satzung kann dabei Dauer und Umfang der Grundpflege und der hauswirtschaftlichen Versorgung nach Satz 2 bestim-

men. Leistungen nach den Sätzen 2 und 3 sind nach Eintritt von Pflegebedürftigkeit im Sinne des Elften Buches nicht zulässig.

(3) Der Anspruch auf häusliche Krankenpflege besteht nur, soweit eine im Haushalt lebende Person den Kranken in dem erforderlichen Umfang nicht pflegen und versorgen kann.

(4) Kann die Krankenkasse keine Kraft für die häusliche Krankenpflege stellen oder besteht Grund, davon abzusehen, sind den Versicherten die Kosten für eine selbstbeschaffte Kraft in angemessener Höhe zu erstatten.

§ 38 Haushaltshilfe

(1) Versicherte erhalten Haushaltshilfe, wenn ihnen wegen Krankenhausbehandlung oder wegen einer Leistung nach § 23 Abs. 2 oder 4, §§ 24, 37, 40 oder § 41 die Weiterführung des Haushalts nicht möglich ist. Voraussetzung ist ferner, daß im Haushalt ein Kind lebt, das bei Beginn der Haushaltshilfe das zwölfte Lebensjahr noch nicht vollendet hat oder das behindert und auf Hilfe angewiesen ist.

(2) Die Satzung kann bestimmen, daß die Krankenkasse in anderen als den in Absatz 1 genannten Fällen Haushaltshilfe erbringt, wenn Versicherten wegen Krankheit die Weiterführung des Haushalts nicht möglich ist. Sie kann dabei von Absatz 1 Satz 2 abweichen sowie Umfang und Dauer der Leistung bestimmen.

(3) Der Anspruch auf Haushaltshilfe besteht nur, soweit eine im Haushalt lebende Person den Haushalt nicht weiterführen kann.

(4) Kann die Krankenkasse keine Haushaltshilfe stellen oder besteht Grund, davon abzusehen, sind den Versicherten die Kosten für eine selbstbeschaffte Haushaltshilfe in angemessener Höhe zu erstatten. Für Verwandte und Verschwägerte bis zum zweiten Grad werden keine Kosten erstattet; die Krankenkasse kann jedoch die erforderlichen Fahrkosten und den Verdienstausfall erstatten, wenn die Erstattung in einem angemessenen Verhältnis zu den sonst für eine Ersatzkraft entstehenden Kosten steht.

§ 39 Krankenhausbehandlung

(1) Die Krankenhausbehandlung wird vollstationär, teilstationär, vor- und nachstationär (§ 115 a) sowie ambulant (§ 115 b) erbracht. Versicherte haben Anspruch auf vollstationäre Behandlung in einem zugelassenen Krankenhaus (§ 108), wenn die Aufnahme nach Prüfung durch das Krankenhaus erforderlich ist, weil das Behandlungsziel nicht durch teilstationäre, vor- und nachstationäre oder ambulante Behandlung einschließlich häuslicher Krankenpflege erreicht werden kann. Die Krankenhausbehandlung umfaßt im Rahmen des Versorgungsauftrags des Krankenhauses alle Leistungen, die im Einzelfall nach Art und Schwere der Krankheit für die medizinische Versorgung der Versicherten im Krankenhaus notwendig sind, insbesondere ärztliche Behandlung (§ 28 Abs. 1), Krankenpflege, Versorgung mit Arznei-, Heil- und Hilfsmitteln, Unterkunft und Verpflegung.

(2) Wählen Versicherte ohne zwingenden Grund ein anderes als ein in der ärztlichen Einweisung genanntes Krankenhaus, können ihnen die Mehrkosten ganz oder teilweise auferlegt werden.

(3) Die Landesverbände der Krankenkassen, die Verbände der Ersatzkassen, die Bundesknappschaft und die See-Krankenkasse gemeinsam erstellen unter Mitwirkung der Landeskrankenhausgesellschaft und der Kassenärztlichen Vereinigung ein Verzeichnis der Leistungen und Entgelte für die Krankenhausbehandlung in den zugelassenen Krankenhäusern im Land oder in einer Region und passen es der Entwicklung an (Verzeichnis stationärer Leistungen und Entgelte). Dabei sind die Entgelte so zusammenzustellen, daß sie miteinander verglichen werden können. Die Krankenkassen haben darauf hinzuwirken, daß Vertragsärzte und Versicherte das Verzeichnis bei der Verordnung und Inanspruchnahme von Krankenhausbehandlung beachten.

(4) Versicherte, die das achtzehnte Lebensjahr vollendet haben, zahlen vom Beginn der vollstationären Krankenhausbehandlung an innerhalb eines Kalenderjahres für längstens 14 Tage 17 Deutsche Mark je Kalendertag an das Krankenhaus, das diesen Betrag an die Krankenkasse weiterleitet. Die innerhalb des Kalenderjahres bereits an einen Träger der gesetzlichen Rentenversicherung geleistete Zahlung nach § 32 Abs. 1 Satz 2 des Sechsten Buches sowie die nach § 40 Abs. 5 Satz 2 geleistete Zahlung sind auf die Zahlung nach Satz 1 anzurechnen.

(5) Die See-Krankenkasse kann für kranke Seeleute, die ledig sind und keinen Haushalt haben, über den Anspruch nach Absatz 1 hinaus Unterkunft und Verpflegung in einem Seemannsheim erbringen. Absatz 4 gilt.

§ 39 a Stationäre Hospize

Versicherte, die keiner Krankenhausbehandlung bedürfen, haben im Rahmen der Verträge nach Satz 4 Anspruch auf einen Zuschuß zu stationärer oder teilstationärer Versorgung in Hospizen, in denen palliativ-medizinische Behandlung erbracht wird, wenn eine ambulante Versorgung im Haushalt oder der Familie des Versicherten nicht erbracht werden kann. Die Höhe des Zuschusses ist in der Satzung der Krankenkasse festzulegen. Er darf kalendertäglich 6 vom Hundert der monatlichen Bezugsgröße nach § 18 Abs. 1 des Vierten Buches nicht unterschreiten und unter Anrechnung der Leistungen anderer Sozialleistungsträger die tatsächlichen kalendertäglichen Kosten nach Satz 1 nicht überschreiten. Die Spitzenverbände der Krankenkassen gemeinsam und einheitlich vereinbaren mit den für die Wahrnehmung der Interessen der stationären Hospize maßgeblichen Spitzenorganisationen das Nähere über Art und Umfang der Versorgung nach Satz 1; der Kassenärztlichen Bundesvereinigung ist Gelegenheit zur Stellungnahme zu geben.

§ 40 Medizinische Rehabilitationsmaßnahmen

(1) Reicht bei Versicherten eine ambulante Krankenbehandlung einschließlich ambulanter Rehabilitationsmaßnahmen nicht aus, um die in § 27 Satz 1 und § 11 Abs. 2 beschriebenen Ziele zu erreichen, kann die Krankenkasse aus medizinischen Gründen erforderliche Maßnahmen in Form einer ambulanten Rehabilitationskur erbringen. Die Satzung der Krankenkasse kann zu den übrigen Kosten der Kur einen Zuschuß von bis zu 15 Deutsche Mark täglich vorsehen.
(2) Reicht die Leistung nach Absatz 1 nicht aus, kann die Krankenkasse stationäre Behandlung mit Unterkunft und Verpflegung in einer Rehabilitationseinrichtung erbringen, mit der ein Vertrag nach § 111 besteht.
(3) Leistungen nach den Absätzen 1 und 2 sollen für längstens drei Wochen erbracht werden, es sei denn, eine Verlängerung der Leistung ist aus gesundheitlichen Gründen dringend erforderlich. Leistungen nach Absatz 1 und 2 können nicht vor Ablauf von vier Jahren nach Durchführung solcher oder ähnlicher Leistungen erbracht werden, deren Kosten auf Grund öffentlich-rechtlicher Vorschriften getragen oder bezuschußt worden sind, es sei denn, eine vorzeitige Leistung ist aus gesundheitlichen Gründen dringend erforderlich. § 23 Abs. 5 Satz 3 und 4 gilt.
(4) Leistungen nach Absatz 2, die nicht anstelle einer sonst erforderlichen Krankenhausbehandlung durchgeführt werden, werden nur erbracht, wenn nach den für andere Träger der Sozialversicherung geltenden Vorschriften mit Ausnahme des § 31 des Sechsten Buches solche Leistungen nicht erbracht werden können.
(5) Versicherte, die eine Leistung nach Absatz 2 in Anspruch nehmen und das achtzehnte Lebensjahr vollendet haben, zahlen je Kalendertag 25 Deutsche Mark an die Einrichtung. Die Zahlungen sind an die Krankenkasse weiterzuleiten.
(6) Versicherte, die das achtzehnte Lebensjahr vollendet haben und eine Leistung nach Absatz 2 in Anspruch nehmen, deren unmittelbarer Anschluß an eine Krankenhausbehandlung medizinisch notwendig ist (Anschlußrehabilitation), zahlen den sich nach § 39 Abs. 4 ergebenden Betrag für längstens 14 Tage je Kalenderjahr an die Einrichtung; als unmittelbar gilt der Anschluß auch, wenn die Maßnahme innerhalb von 14 Tagen beginnt, es sei denn, die Einhaltung dieser Frist ist aus zwingenden tatsächlichen oder medizinischen Gründen nicht möglich. Die innerhalb des Kalenderjahres bereits an einen Träger der gesetzlichen Rentenversicherung geleistete kalendertägliche Zahlung nach § 32 Abs. 1 Satz 2 des Sechsten Buches sowie die nach § 39 Abs. 4 geleistete Zahlung sind auf die Zahlung nach Satz 1 anzurechnen. Die Zahlungen sind an die Krankenkasse weiterzuleiten.
(7) Die Spitzenverbände der Krankenkassen legen gemeinsam und einheitlich und unter Beteiligung der Arbeitsgemeinschaft nach § 282 (Medizinischer Dienst der Spitzenverbände der Krankenkassen) Indikationen fest, bei denen für eine medizinisch notwendige Leistung nach Absatz 2 die Zuzahlung nach Absatz 6 Satz 1 Anwendung findet, ohne daß es sich um Anschlußrehabilitation handelt. Vor der Festlegung der Indikationen ist den für die Wahrnehmung der Interessen der stationären Rehabilitation auf Bundesebene maßgebenden Organisationen Gelegenheit zur Stellungnahme zu geben; die Stellungnahmen sind in die Entscheidung einzubeziehen.

§ 41 Müttergenesungskuren

(1) Die Krankenkasse kann unter den in § 27 Satz 1 genannten Voraussetzungen aus medizinischen Gründen erforderliche Maßnahmen in Form einer Rehabilitationskur in einer Einrichtung des Mütter-

genesungswerks oder einer gleichartigen Einrichtung erbringen. Die Satzung der Krankenkasse kann vorsehen, daß die Kosten der Kur übernommen werden oder dazu ein Zuschuß gezahlt wird.
(2) § 40 Abs. 3 Satz 1 und 2 und Absatz 4 gilt entsprechend.
(3) Versicherte, die das achtzehnte Lebensjahr vollendet haben und eine Leistung nach Absatz 1, deren Kosten voll von der Krankenkasse übernommen werden, in Anspruch nehmen, zahlen je Kalendertag den sich nach § 39 Abs. 4 ergebenden Betrag an die Einrichtung. Die Zahlungen sind an die Krankenkasse weiterzuleiten.

§ 42 Belastungserprobung und Arbeitstherapie
Versicherte haben Anspruch auf Belastungserprobung und Arbeitstherapie, wenn nach den für andere Träger der Sozialversicherung geltenden Vorschriften solche Leistungen nicht erbracht werden können.

§ 43 Ergänzende Leistungen zur Rehabilitation
Die Krankenkasse kann als ergänzende Leistungen
1. den Rehabilitationssport fördern, der Versicherten ärztlich verordnet und in Gruppen unter ärztlicher Betreuung ausgeübt wird,
2. solche Leistungen zur Rehabilitation erbringen, die unter Berücksichtigung von Art oder Schwere der Behinderung erforderlich sind, um das Ziel der Rehabilitation zu erreichen oder zu sichern, aber nicht zu den berufsfördernden Leistungen zur Rehabilitation oder den Leistungen zur allgemeinen sozialen Eingliederung gehören,

wenn zuletzt die Krankenkasse Krankenbehandlung geleistet hat oder leistet. § 31 Abs. 3, § 32 Abs. 2 Satz 1 bis 4, § 33 Abs. 2 Satz 3 und § 60 sind auch dann anzuwenden, wenn die in diesen Vorschriften genannten Leistungen nicht jeweils einzeln vergütet werden. Für ambulante Rehabilitationsmaßnahmen, deren unmittelbarer Anschluß an eine stationäre Behandlung medizinisch notwendig ist, gilt § 40 Abs. 6 und 7 entsprechend; Satz 2 gilt nicht.

§ 43 a Nichtärztliche sozialpädiatrische Leistungen
Versicherte Kinder haben Anspruch auf nichtärztliche sozialpädiatrische Leistungen, insbesondere auf psychologische, heilpädagogische und psychosoziale Leistungen, wenn sie unter ärztlicher Verantwortung erbracht werden und erforderlich sind, um eine Krankheit zum frühestmöglichen Zeitpunkt zu erkennen und einen Behandlungsplan aufzustellen.

§ 43 b Zahlungsweg
Leistungserbringer haben Zahlungen, die Versicherte zu entrichten haben, einzuziehen und mit ihrem Vergütungsanspruch gegenüber der Krankenkasse zu verrechnen. Zahlt der Versicherte trotz einer gesonderten schriftlichen Aufforderung durch den Leistungserbringer nicht, hat die Krankenkasse die Zahlung einzuziehen.

Zweiter Titel
Krankengeld

§ 44 Krankengeld
(1) Versicherte haben Anspruch auf Krankengeld, wenn die Krankheit sie arbeitsunfähig macht oder sie auf Kosten der Krankenkasse stationär in einem Krankenhaus, einer Vorsorge- oder Rehabilitationseinrichtung (§ 23 Abs. 4, §§ 24, 40 Abs. 2 und § 41) behandelt werden. Die nach § 5 Abs. 1 Nr. 5, 6, 9 oder 10 sowie die nach § 10 Versicherten haben keinen Anspruch auf Krankengeld; dies gilt nicht für die nach § 5 Abs. 1 Nr. 6 Versicherten, wenn sie Anspruch auf Übergangsgeld haben.
(2) Die Satzung kann für freiwillig Versicherte den Anspruch auf Krankengeld ausschließen oder zu einem späteren Zeitpunkt entstehen lassen.
(3) Der Anspruch auf Fortzahlung des Arbeitsentgelts bei Arbeitsunfähigkeit richtet sich nach arbeitsrechtlichen Vorschriften.

§ 45 Krankengeld bei Erkrankung des Kindes
(1) Versicherte haben Anspruch auf Krankengeld, wenn es nach ärztlichem Zeugnis erforderlich ist, daß sie zur Beaufsichtigung, Betreuung oder Pflege ihres erkrankten und versicherten Kindes der Arbeit fernbleiben, eine andere in ihrem Haushalt lebende Person das Kind nicht beaufsichtigen,

betreuen oder pflegen kann und das Kind das zwölfte Lebensjahr noch nicht vollendet hat. § 10 Abs. 4 und § 44 Abs. 1 Satz 2 gelten.
(2) Anspruch auf Krankengeld nach Absatz 1 besteht in jedem Kalenderjahr für jedes Kind längstens für 10 Arbeitstage, für alleinerziehende Versicherte längstens für 20 Arbeitstage. Der Anspruch nach Satz 1 besteht für Versicherte für nicht mehr als 25 Arbeitstage, für alleinerziehende Versicherte für nicht mehr als 50 Arbeitstage je Kalenderjahr.
(3) Versicherte mit Anspruch auf Krankengeld nach Absatz 1 haben für die Dauer dieses Anspruchs gegen ihren Arbeitgeber Anspruch auf unbezahlte Freistellung von der Arbeitsleistung, soweit nicht aus dem gleichen Grund Anspruch auf bezahlte Freistellung besteht. Wird der Freistellungsanspruch nach Satz 1 geltend gemacht, bevor die Krankenkasse ihre Leistungsverpflichtung nach Absatz 1 anerkannt hat, und sind die Voraussetzungen dafür nicht erfüllt, ist der Arbeitgeber berechtigt, die gewährte Freistellung von der Arbeitsleistung auf einen späteren Freistellungsanspruch zur Beaufsichtigung, Betreuung oder Pflege eines erkrankten Kindes anzurechnen. Der Freistellungsanspruch nach Satz 1 kann nicht durch Vertrag ausgeschlossen oder beschränkt werden.

§ 46 Entstehen des Anspruchs auf Krankengeld
Der Anspruch auf Krankengeld entsteht
1. bei Krankenhausbehandlung oder Behandlung in einer Vorsorge- oder Rehabilitationseinrichtung (§ 23 Abs. 4, §§ 24, 40 Abs. 2 und § 41) von ihrem Beginn an,
2. im übrigen von dem Tag an, der auf den Tag der ärztlichen Feststellung der Arbeitsunfähigkeit folgt.

Für die nach dem Künstlersozialversicherungsgesetz Versicherten entsteht der Anspruch auf Krankengeld von der siebten Woche der Arbeitsunfähigkeit an. Der Anspruch auf Krankengeld für die in Satz 2 genannten Versicherten entsteht bereits vor der siebten Woche der Arbeitsunfähigkeit zu dem von der Satzung bestimmten Zeitpunkt, spätestens jedoch mit Beginn der dritten Woche der Arbeitsunfähigkeit, wenn der Versicherte gegenüber der Künstlersozialkasse eine entsprechende Erklärung abgibt und solange diese Erklärung nicht widerrufen wird. Die Erklärung kann nur mit Wirkung vom Beginn eines auf ihren Eingang folgenden Kalendermonats an abgegeben und nur zum Ende eines Kalendermonats widerrufen werden. Leistungen nach Satz 3 sind nicht für Versicherungsfälle zu erbringen, die vor dem Eingang der Erklärung bei der Künstlersozialkasse eingetreten sind.

§ 47 Höhe und Berechnung des Krankengeldes
(1) Das Krankengeld beträgt 70 vom Hundert des erzielten regelmäßigen Arbeitsentgelts und Arbeitseinkommens, soweit es der Beitragsberechnung unterliegt (Regelentgelt). Das aus dem Arbeitsentgelt berechnete Krankengeld darf 90 vom Hundert des bei entsprechender Anwendung des Absatzes 2 berechneten Nettoarbeitsentgelts nicht übersteigen. Das Regelentgelt wird nach den Absätzen 2, 4 und 6 berechnet. Das Krankengeld wird für Kalendertage gezahlt. Ist es für einen ganzen Kalendermonat zu zahlen, ist dieser mit dreißig Tagen anzusetzen.
(2) Für die Berechnung des Regelentgelts ist das von dem Versicherten im letzten vor Beginn der Arbeitsunfähigkeit abgerechneten Entgeltabrechnungszeitraum, mindestens das während der letzten abgerechneten vier Wochen (Bemessungszeitraum) erzielte und um einmalig gezahltes Arbeitsentgelt verminderte Arbeitsentgelt durch die Zahl der Stunden zu teilen, für die es gezahlt wurde. Das Ergebnis ist mit der Zahl der sich aus dem Inhalt des Arbeitsverhältnisses ergebenden regelmäßigen wöchentlichen Arbeitsstunden zu vervielfachen und durch sieben zu teilen. Ist das Arbeitsentgelt nach Monaten bemessen oder ist eine Berechnung des Regelentgelts nach den Sätzen 1 und 2 nicht möglich, gilt der dreißigste Teil des im letzten vor Beginn der Arbeitsunfähigkeit abgerechneten Kalendermonat erzielten und um einmalig gezahltes Arbeitsentgelt verminderten Arbeitsentgelts als Regelentgelt. Wenn mit einer Arbeitsleistung Arbeitsentgelt erzielt wird, das für Zeiten einer Freistellung vor oder nach dieser Arbeitsleistung fällig wird (Wertguthaben nach § 7 Abs. 1 a des Vierten Buches), ist für die Berechnung des Regelentgelts das im Bemessungszeitraum der Beitragsberechnung zugrundeliegende und um einmalig gezahltes Arbeitsentgelt verminderte Arbeitsentgelt maßgebend; Wertguthaben, die nicht gemäß einer Vereinbarung über flexible Arbeitszeitregelungen verwendet werden (§ 23 b Abs. 2 des Vierten Buches), bleiben außer Betracht. Bei der Anwendung des Satzes 1 gilt als regelmäßige wöchentliche Arbeitszeit die Arbeitszeit, die dem gezahlten Arbeitsentgelt entspricht.

(3) Die Satzung kann bei nicht kontinuierlicher Arbeitsverrichtung und -vergütung abweichende Bestimmungen zur Zahlung und Berechnung des Krankengeldes vorsehen, die sicherstellen, daß das Krankengeld seine Entgeltersatzfunktion erfüllt.
(4) Für Seeleute gelten als Regelentgelt die beitragspflichtigen Einnahmen nach § 233 Abs. 1. Für Versicherte, die nicht Arbeitnehmer sind, gilt als Regelentgelt der kalendertägliche Betrag, der zuletzt vor Beginn der Arbeitsunfähigkeit für die Beitragsbemessung maßgebend war. Für nach dem Künstlersozialversicherungsgesetz Versicherte ist das Regelentgelt aus dem Arbeitseinkommen zu berechnen, das der Beitragsbemessung für die letzten zwölf Kalendermonate vor Beginn der Arbeitsunfähigkeit zugrunde gelegen hat; dabei ist für den Kalendertag der dreihundertsechzigste Teil dieses Betrages anzusetzen. Die Zahl dreihundertsechzig ist um die Zahl der Kalendertage zu vermindern, in denen eine Versicherungspflicht nach dem Künstlersozialversicherungsgesetz nicht bestand oder für die nach § 234 Abs. 1 Satz 3 Arbeitseinkommen nicht zugrunde zu legen ist. Einmalig gezahltes Arbeitsentgelt (§ 23 a des Vierten Buches) und die Beträge nach § 226 Abs. 1 Nr. 2 und 3 bleiben außer Betracht.
(5) Das Krankengeld erhöht sich jeweils nach Ablauf eines Jahres seit dem Ende des Bemessungszeitraums um den Vomhundertsatz, um den die Renten der gesetzlichen Rentenversicherungen zuletzt vor diesem Zeitpunkt unter Berücksichtigung der Veränderung der Belastung bei Renten anzupassen gewesen wären. Ist Berechnungsgrundlage für das Krankengeld ein im Beitrittsgebiet erzieltes Arbeitsentgelt oder Arbeitseinkommen, erhöht sich das Krankengeld nach dem Ende des Bemessungszeitraums jeweils in den Zeitabständen und um den Vomhundertsatz wie bei Renten im Beitrittsgebiet. Es darf nach der Anpassung 80 vom Hundert des Betrages der kalendertäglichen Beitragsbemessungsgrenze (§ 223 Abs. 3) nicht übersteigen.
(6) Das Regelentgelt wird bis zur Höhe des Betrages der kalendertäglichen Beitragsbemessungsgrenze berücksichtigt.

§ 47 a Zusätzliches Krankengeld
Versicherte haben Anspruch auf zusätzliches Krankengeld, soweit allein wegen krankheitsbedingter Arbeitsunfähigkeit einmalig gezahltes Arbeitsentgelt ausfällt und nach § 23 a des Vierten Buches beitragspflichtig gewesen wäre. Der Anspruch nach Satz 1 besteht nicht für den Teil des einmalig gezahlten Arbeitsentgelts, der vom Arbeitgeber wegen krankheitsbedingter Zeiten der Arbeitsunfähigkeit gekürzt worden ist oder nach dem Entgeltfortzahlungsgesetz hätte gekürzt werden können.

§ 47 b Höhe und Berechnung des Krankengeldes bei Beziehern von Arbeitslosengeld, Arbeitslosenhilfe, Unterhaltsgeld, Kurzarbeitergeld oder Winterausfallgeld
(1) Das Krankengeld für Versicherte nach § 5 Abs. 1 Nr. 2 wird in Höhe des Betrages des Arbeitslosengeldes, der Arbeitslosenhilfe oder des Unterhaltsgeldes gewährt, den der Versicherte zuletzt bezogen hat. Das Krankengeld wird vom ersten Tage der Arbeitsunfähigkeit an gewährt. Für die Erhöhung des Krankengeldes gilt § 138 des Dritten Buches entsprechend.
(2) Ändern sich während des Bezuges von Krankengeld die für den Anspruch auf Arbeitslosengeld, Arbeitslosenhilfe oder Unterhaltsgeld maßgeblichen Verhältnisse des Versicherten, so ist auf Antrag des Versicherten als Krankengeld derjenige Betrag zu gewähren, den der Versicherte als Arbeitslosengeld, Arbeitslosenhilfe oder Unterhaltsgeld erhalten würde, wenn er nicht erkrankt wäre. Änderungen, die zu einer Erhöhung des Krankengeldes um weniger als zehn vom Hundert führen würden, werden nicht berücksichtigt.
(3) Für Versicherte, die während des Bezuges von Kurzarbeiter- oder Winterausfallgeld arbeitsunfähig erkranken, wird das Krankengeld nach dem regelmäßigen Arbeitsentgelt, das zuletzt vor Eintritt des Arbeitsausfalls erzielt wurde (Regelentgelt), berechnet.
(4) Für Versicherte, die arbeitsunfähig erkranken, bevor in ihrem Betrieb die Voraussetzungen für den Bezug von Kurzarbeiter- oder Winterausfallgeld nach dem Dritten Buch erfüllt sind, wird, solange Anspruch auf Fortzahlung des Arbeitsentgelts im Krankheitsfalls besteht, neben dem Arbeitsentgelt als Krankengeld der Betrag des Kurzarbeiter- oder Winterausfallgeldes gewährt, den der Versicherte erhielte, wenn er nicht arbeitsunfähig wäre. Der Arbeitgeber hat das Krankengeld kostenlos zu errechnen und auszuzahlen. Der Arbeitnehmer hat die erforderlichen Angaben zu machen.

(5) Bei der Ermittlung der Bemessungsgrundlage für die Leistungen der gesetzlichen Krankenversicherung ist von dem Arbeitsentgelt auszugehen, das bei der Bemessung der Beiträge zur gesetzlichen Krankenversicherung zugrunde gelegt wurde.
(6) In den Fällen des § 232 a Abs. 3 wird das Krankengeld abweichend von Absatz 3 nach dem Arbeitsentgelt unter Hinzurechnung des Winterausfallgeldes berechnet. Die Absätze 4 und 5 gelten entsprechend.

§ 48 Dauer des Krankengeldes

(1) Versicherte erhalten Krankengeld ohne zeitliche Begrenzung, für den Fall der Arbeitsunfähigkeit wegen derselben Krankheit jedoch für längstens achtundsiebzig Wochen innerhalb von je drei Jahren, gerechnet vom Tage des Beginns der Arbeitsunfähigkeit an. Tritt während der Arbeitsunfähigkeit eine weitere Krankheit hinzu, wird die Leistungsdauer nicht verlängert.
(2)[1] Für Versicherte, die im letzten Dreijahreszeitraum wegen derselben Krankheit für achtundsiebzig Wochen Krankengeld bezogen haben, besteht nach Beginn eines neuen Dreijahreszeitraums ein neuer Anspruch auf Krankengeld wegen derselben Krankheit, wenn sie bei Eintritt der erneuten Arbeitsunfähigkeit mit Anspruch auf Krankengeld versichert sind und in der Zwischenzeit mindestens sechs Monate
1. nicht wegen dieser Krankheit arbeitsunfähig waren und
2. erwerbstätig waren oder der Arbeitsvermittlung zur Verfügung standen.
(3) Bei der Feststellung der Leistungsdauer des Krankengeldes werden Zeiten, in denen der Anspruch auf Krankengeld ruht oder für die das Krankengeld versagt wird, wie Zeiten des Bezugs von Krankengeld berücksichtigt. Zeiten, für die kein Anspruch auf Krankengeld besteht, bleiben unberücksichtigt.

§ 49 Ruhen des Krankengeldes

(1) Der Anspruch auf Krankengeld ruht,
1. soweit und solange Versicherte beitragspflichtiges Arbeitsentgelt oder Arbeitseinkommen erhalten; dies gilt nicht für einmalig gezahltes Arbeitsentgelt; Zuschüsse des Arbeitgebers zum Krankengeld gelten nicht als Arbeitsentgelt, soweit sie zusammen mit dem Krankengeld das Nettoarbeitsentgelt nicht übersteigen,
2. solange Versicherte Erziehungsurlaub nach dem Bundeserziehungsgeldgesetz erhalten; dies gilt nicht, wenn die Arbeitsunfähigkeit vor Beginn des Erziehungsurlaubs eingetreten ist oder das Krankengeld aus dem Arbeitsentgelt zu berechnen ist, das aus einer versicherungspflichtigen Beschäftigung während des Erziehungsurlaubs erzielt worden ist,
3. soweit und solange Versicherte Versorgungskrankengeld, Übergangsgeld, Unterhaltsgeld, Kurzarbeitergeld oder Winterausfallgeld beziehen oder der Anspruch wegen einer Sperrzeit nach dem Dritten Buch ruht,
3 a. solange Versicherte Mutterschaftsgeld, Verletztengeld, Arbeitslosengeld oder Arbeitslosenhilfe beziehen,
4. soweit und solange Versicherte Entgeltersatzleistungen, die ihrer Art nach den in Nummer 3 genannten Leistungen vergleichbar sind, von einem Träger der Sozialversicherung oder einer staatlichen Stelle im Ausland erhalten,
5. solange die Arbeitsunfähigkeit der Krankenkasse nicht gemeldet wird; dies gilt nicht, wenn die Meldung innerhalb einer Woche nach Beginn der Arbeitsunfähigkeit erfolgt,
6. soweit und solange für Zeiten einer Freistellung von der Arbeitsleistung (§ 7 Abs. 1 a des Vierten Buches) eine Arbeitsleistung nicht geschuldet wird.
(2) Absatz 1 Nr. 3 und 4 ist auch auf einen Krankengeldanspruch anzuwenden, der für einen Zeitraum vor dem 1. Januar 1990 geltend gemacht wird und über den noch keine nicht mehr anfechtbare Entscheidung getroffen worden ist. Vor dem 23. Februar 1989 ergangene Verwaltungsakte über das

---

1) Hierzu Beschluß des Bundesverfassungsgerichts vom 24. 3. 1998 – 1 BvL 6/92 – BGBl. I S. 1526):
»§ 48 Absatz 2 des Fünften Buches des Sozialgesetzbuchs (SGB V) vom 20. Dezember 1988 (Bundesgesetzblatt I Seite 2477, 2482) ist auch insoweit mit dem Grundgesetz vereinbar, als sich die erneute Gewährung von Krankengeld in einem nach dem 31. Dezember 1988 beginnenden weiteren Dreijahreszeitraum auch für solche Versicherte nach dieser Vorschrift bestimmt, bei denen der Versicherungsfall vor ihrem Inkrafttreten eingetreten ist und die auf Dauer arbeitsunfähig sind.«

Ruhen eines Krankengeldanspruchs sind nicht nach § 44 Abs. 1 des Zehnten Buches zurückzunehmen.

(3) Auf Grund gesetzlicher Bestimmungen gesenkte Entgelt- oder Entgeltersatzleistungen dürfen bei der Anwendung des Absatzes 1 nicht aufgestockt werden.

§ 50 Ausschluß und Kürzung des Krankengeldes

(1) Für Versicherte, die
1. Rente wegen Erwerbsunfähigkeit oder Vollrente wegen Alters aus der gesetzlichen Rentenversicherung,
2. Ruhegehalt, das nach beamtenrechtlichen Vorschriften oder Grundsätzen gezahlt wird,
3. Vorruhestandsgeld nach § 5 Abs. 3,
4. Leistungen, die ihrer Art nach den in den Nummern 1 und 2 genannten Leistungen vergleichbar sind, wenn sie von einem Träger der gesetzlichen Rentenversicherung oder einer staatlichen Stelle im Ausland gezahlt werden,
5. Leistungen, die ihrer Art nach den in den Nummern 1 und 2 genannten Leistungen vergleichbar sind, wenn sie nach den ausschließlich für das in Artikel 3 des Einigungsvertrages genannte Gebiet geltenden Bestimmungen gezahlt werden,

beziehen, endet ein Anspruch auf Krankengeld vom Beginn dieser Leistungen an; nach Beginn dieser Leistungen entsteht ein neuer Krankengeldanspruch nicht. Ist über den Beginn der in Satz 1 genannten Leistungen hinaus Krankengeld gezahlt worden und übersteigt dieses den Betrag der Leistungen, kann die Krankenkasse den überschießenden Betrag vom Versicherten nicht zurückfordern. In den Fällen der Nummer 4 gilt das überzahlte Krankengeld bis zur Höhe der dort genannten Leistungen als Vorschuß des Trägers oder der Stelle; es ist zurückzuzahlen. Wird eine der in Satz 1 genannten Leistungen nicht mehr gezahlt, entsteht ein Anspruch auf Krankengeld, wenn das Mitglied bei Eintritt einer erneuten Arbeitsunfähigkeit mit Anspruch auf Krankengeld versichert ist.

(2) Das Krankengeld wird um den Zahlbetrag
1. der Altersrente, der Rente wegen Erwerbsunfähigkeit oder der Landabgaberente aus der Alterssicherung der Landwirte,
2. der Rente wegen Berufsunfähigkeit oder der Teilrente wegen Alters aus der gesetzlichen Rentenversicherung,
3. der Knappschaftsausgleichsleistung oder der Rente für Bergleute oder
4. einer vergleichbaren Leistung, die von einem Träger oder einer staatlichen Stelle im Ausland gezahlt wird,
5. von Leistungen, die ihrer Art nach den in den Nummern 1 bis 3 genannten Leistungen vergleichbar sind, wenn sie nach den ausschließlich für das in dem in Artikel 3 des Einigungsvertrages genannten Gebiets geltenden Bestimmungen gezahlt werden,

gekürzt, wenn die Leistung von einem Zeitpunkt nach dem Beginn der Arbeitsunfähigkeit oder der stationären Behandlung an zuerkannt wird.

§ 51 Wegfall des Krankengeldes, Antrag auf Rehabilitation

(1) Versicherten, deren Erwerbsfähigkeit nach ärztlichem Gutachten erheblich gefährdet oder gemindert ist, kann die Krankenkasse eine Frist von zehn Wochen setzen, innerhalb der sie einen Antrag auf Maßnahmen zur Rehabilitation zu stellen haben. Haben diese Versicherten ihren Wohnsitz oder gewöhnlichen Aufenthalt im Ausland, kann ihnen die Krankenkasse eine Frist von zehn Wochen setzen, innerhalb der sie entweder einen Antrag auf Maßnahmen zur Rehabilitation bei einem Leistungsträger mit Sitz im Inland oder einen Antrag auf Rente wegen Erwerbsunfähigkeit bei einem Träger der gesetzlichen Rentenversicherung mit Sitz im Inland zu stellen haben.

(2) Erfüllen Versicherte die Voraussetzungen für den Bezug der Regelaltersrente oder Altersrente aus der Alterssicherung der Landwirte bei Vollendung des 65. Lebensjahres, kann ihnen die Krankenkasse eine Frist von zehn Wochen setzen, innerhalb der sie den Antrag auf diese Leistung zu stellen haben.

(3) Stellen Versicherte innerhalb der Frist den Antrag nicht, entfällt der Anspruch auf Krankengeld mit Ablauf der Frist. Wird der Antrag später gestellt, lebt der Anspruch auf Krankengeld mit dem Tag der Antragstellung wieder auf.

Dritter Titel
Leistungsbeschränkungen
§ 52 Leistungsbeschränkung bei Selbstverschulden
Haben sich Versicherte eine Krankheit vorsätzlich oder bei einem von ihnen begangenen Verbrechen oder vorsätzlichen Vergehen zugezogen, kann die Krankenkasse sie an den Kosten der Leistungen in angemessener Höhe beteiligen und das Krankengeld ganz oder teilweise für die Dauer dieser Krankheit versagen und zurückfordern.

Sechster Abschnitt
Gestaltungsleistungen
§§ 53 bis 57 (aufgehoben)

Siebter Abschnitt
Sterbegeld
§ 58 Sterbegeld
Beim Tod eines Versicherten wird ein Zuschuß zu den Bestattungskosten (Sterbegeld) gezahlt, wenn der Verstorbene am 1. Januar 1989 versichert war. Das Sterbegeld wird an denjenigen gezahlt, der die Bestattungskosten trägt.

§ 59 Höhe des Sterbegeldes
Das Sterbegeld beträgt beim Tod eines Mitglieds 2 100 Deutsche Mark, beim Tod eines nach § 10 Versicherten 1 050 Deutsche Mark.

Achter Abschnitt
Fahrkosten
§ 60 Fahrkosten
(1) Die Krankenkasse übernimmt nach den Absätzen 2 und 3 die Kosten für Fahrten einschließlich der Transporte nach § 133 (Fahrkosten), wenn sie im Zusammenhang mit einer Leistung der Krankenkasse notwendig sind. Welches Fahrzeug benutzt werden kann, richtet sich nach der medizinischen Notwendigkeit im Einzelfall.
(2) Die Krankenkasse übernimmt die Fahrkosten in Höhe des 25 Deutsche Mark je Fahrt übersteigenden Betrages
1. bei Leistungen, die stationär erbracht werden,
2. bei Rettungsfahrten zum Krankenhaus auch dann, wenn eine stationäre Behandlung nicht erforderlich ist,
3. bei anderen Fahrten von Versicherten, die während der Fahrt einer fachlichen Betreuung oder der besonderen Einrichtungen eines Krankenkraftwagens bedürfen oder bei denen dies auf Grund ihres Zustandes zu erwarten ist (Krankentransport),
4. bei Fahrten von Versicherten zu einer ambulanten Krankenbehandlung sowie zu einer Behandlung nach § 115 a oder § 115 b, wenn dadurch eine an sich gebotene vollstationäre oder teilstationäre Krankenhausbehandlung (§ 39) vermieden oder verkürzt wird oder diese nicht ausführbar ist, wie bei einer stationären Krankenhausbehandlung.

Im übrigen übernimmt die Krankenkasse die Fahrkosten, wenn der Versicherte durch sie unzumutbar belastet würde (§ 61) oder soweit § 62 dies vorsieht. Soweit Fahrten nach Satz 1 von Rettungsdiensten durchgeführt werden, zieht die Krankenkasse die Zuzahlung von 25 Deutsche Mark je Fahrt von dem Versicherten ein.
(3) Als Fahrkosten werden anerkannt
1. bei Benutzung eines öffentlichen Verkehrsmittels der Fahrpreis unter Ausschöpfen von Fahrpreisermäßigungen,
2. bei Benutzung eines Taxis oder Mietwagens, wenn ein öffentliches Verkehrsmittel nicht benutzt werden kann, der nach § 133 berechnungsfähige Betrag,
3. bei Benutzung eines Krankenkraftwagens oder Rettungsfahrzeugs, wenn ein öffentliches Verkehrsmittel, ein Taxi oder ein Mietwagen nicht benutzt werden kann, der nach § 133 berechnungsfähige Betrag,

4. bei Benutzung eines privaten Kraftfahrzeugs für jeden gefahrenen Kilometer den jeweils auf Grund des Bundesreisekostengesetzes festgesetzten Höchstbetrag für Wegstreckenentschädigung, höchstens jedoch die Kosten, die bei Inanspruchnahme des nach Nummer 1 bis 3 erforderlichen Transportmittels entstanden wären.

(4) Die Kosten des Rücktransports in das Inland werden nicht übernommen. § 18 bleibt unberührt.

Neunter Abschnitt
Härtefälle

§ 61 Vollständige Befreiung

(1) Die Krankenkasse hat
1. Versicherte von der Zuzahlung zu Arznei-, Verband- und Heilmitteln, Hilfsmitteln sowie zu stationären Vorsorge- und Rehabilitationsleistungen nach § 23 Abs. 4, §§ 24, 40 Abs. 2 oder § 41 zu befreien,
2. bei der Versorgung mit Zahnersatz den von den Versicherten zu tragenden Anteil der Kosten nach § 30 Abs. 2 zu übernehmen und
3. die im Zusammenhang mit einer Leistung der Krankenkasse notwendigen Fahrkosten von Versicherten zu übernehmen,

wenn die Versicherten unzumutbar belastet würden.

(2) Eine unzumutbare Belastung liegt vor, wenn
1. die monatlichen Bruttoeinnahmen zum Lebensunterhalt des Versicherten 40 vom Hundert der monatlichen Bezugsgröße nach § 18 des Vierten Buches nicht überschreiten,
2. der Versicherte Hilfe zum Lebensunterhalt nach dem Bundessozialhilfegesetz oder im Rahmen der Kriegsopferfürsorge nach dem Bundesversorgungsgesetz, Arbeitslosenhilfe nach dem Dritten Buch, Ausbildungsförderung nach dem Bundesausbildungsförderungsgesetz oder dem Dritten Buch erhält oder
3. die Kosten der Unterbringung in einem Heim oder einer ähnlichen Einrichtung von einem Träger der Sozialhilfe oder der Kriegsopferfürsorge getragen werden.

(3) Als Einnahmen zum Lebensunterhalt der Versicherten gelten auch die Einnahmen anderer in dem gemeinsamen Haushalt lebender Angehöriger. Zu den Einnahmen zum Lebensunterhalt gehören nicht Grundrenten, die Beschädigte nach dem Bundesversorgungsgesetz oder nach anderen Gesetzen in entsprechender Anwendung des Bundesversorgungsgesetzes erhalten, sowie Renten oder Beihilfen, die nach dem Bundesentschädigungsgesetz für Schäden an Körper und Gesundheit gezahlt werden, bis zur Höhe der vergleichbaren Grundrente nach dem Bundesversorgungsgesetz.

(4) Der in Absatz 2 Nr. 1 genannte Vomhundertsatz erhöht sich für den ersten in dem gemeinsamen Haushalt lebenden Angehörigen des Versicherten um 15 vom Hundert und für jeden weiteren in dem gemeinsamen Haushalt lebenden Angehörigen um 10 vom Hundert der monatlichen Bezugsgröße nach § 18 des Vierten Buches.

(5) Der Bescheid über eine Befreiung nach Absatz 1 darf keine Angaben über das Einkommen des Versicherten oder anderer zu berücksichtigender Personen enthalten.

§ 62 Teilweise Befreiung

(1) Die Krankenkasse hat die dem Versicherten während eines Kalenderjahres entstehenden notwendigen Fahrkosten und Zuzahlungen zu Arznei-, Verband- und Heilmitteln zu übernehmen, soweit sie die Belastungsgrenze übersteigen. Die Belastungsgrenze beträgt 2 vom Hundert der jährlichen Bruttoeinnahmen zum Lebensunterhalt; für Versicherte, die wegen derselben Krankheit in Dauerbehandlung sind und ein Jahr lang Zuzahlungen in Höhe von mindestens 1 vom Hundert der jährlichen Bruttoeinnahmen zum Lebensunterhalt geleistet haben, entfallen die in Satz 1 genannten Zuzahlungen nach Ablauf des ersten Jahres für die weitere Dauer dieser Behandlung, deren weitere Dauer der Krankenkasse jeweils spätestens vor Ablauf des zweiten Kalenderjahres nachzuweisen und vom Medizinischen Dienst der Krankenversicherung soweit erforderlich zu prüfen ist. Die Krankenkasse kann insbesondere bei regelmäßig entstehenden Fahrkosten und Zuzahlungen eine Kostenübernahme in kürzeren Zeitabständen vorsehen. Bei der Ermittlung des von der Krankenkasse zu übernehmenden Anteils an Fahrkosten und Zuzahlungen sowie der Belastungsgrenze nach Satz 1 und 2 werden die Fahrkosten und Zuzahlungen der mit dem Versicherten im gemeinsamen Haushalt lebenden Ange-

hörigen und ihre Bruttoeinnahmen zum Lebensunterhalt jeweils zusammengerechnet mit der Maßgabe, daß die Zuzahlungen nur für denjenigen Versicherten entfallen, der wegen derselben Krankheit in Dauerbehandlung ist.
(2) Bei der Ermittlung der Belastungsgrenze nach Absatz 1 sind die jährlichen Bruttoeinnahmen für den ersten in dem gemeinsamen Haushalt lebenden Angehörigen des Versicherten um 15 vom Hundert und für jeden weiteren in dem gemeinsamen Haushalt lebenden Angehörigen um 10 vom Hundert der jährlichen Bezugsgröße nach § 18 des Vierten Buches zu vermindern.
(2 a) Die Krankenkasse hat bei der Versorgung mit Zahnersatz den von den Versicherten zu tragenden Anteil der Kosten nach § 30 Abs. 2 zu übernehmen, soweit der Anteil das Dreifache der Differenz zwischen den monatlichen Bruttoeinnahmen zum Lebensunterhalt nach § 61 und der zur vollständigen Befreiung nach § 61 maßgebenden Einnahmegrenze übersteigt. Der von den Versicherten zu tragende Anteil erhöht sich, wenn die Voraussetzungen des § 30 Abs. 2 Satz 3 nicht erfüllt sind um 10 Prozentpunkte, im Fall des § 30 Abs. 2 Satz 5 um 15 Prozentpunkte. Der von den Versicherten nach den Sätzen 1 und 2 zu tragende Anteil darf den von den Versicherten nach § 30 Abs. 2 Satz 1 zu tragenden Anteil nicht überschreiten.
(3) § 61 Abs. 3 und 5 gilt.

§ 62 a (aufgehoben)

Zehnter Abschnitt
Weiterentwicklung der Versorgung

§ 63 Grundsätze
(1) Die Krankenkassen und ihre Verbände können im Rahmen ihrer gesetzlichen Aufgabenstellung zur Verbesserung der Qualität und der Wirtschaftlichkeit der Versorgung Modellvorhaben zur Weiterentwicklung der Verfahrens-, Organisations-, Finanzierungs- und Vergütungsformen der Leistungserbringung durchführen oder nach § 64 vereinbaren.
(2) Die Krankenkassen können Modellvorhaben zu Leistungen zur Verhütung und Früherkennung von Krankheiten sowie zur Krankenbehandlung, die nach den Vorschriften dieses Buches oder auf Grund hiernach getroffener Regelungen keine Leistungen der Krankenversicherung sind, durchführen oder nach § 64 vereinbaren.
(3) Bei der Vereinbarung und Durchführung von Modellvorhaben nach Absatz 1 kann von den Vorschriften des Vierten Kapitels dieses Buches und des Krankenhausfinanzierungsgesetzes sowie den nach diesen Vorschriften getroffenen Regelungen abgewichen werden; der Grundsatz der Beitragssatzstabilität gilt entsprechend. Gegen diesen Grundsatz wird insbesondere für den Fall nicht verstoßen, daß durch ein Modellvorhaben entstehende Mehraufwendungen durch nachzuweisende Einsparungen auf Grund der in dem Modellvorhaben vorgesehenen Maßnahmen ausgeglichen werden. Einsparungen nach Satz 2 können, soweit sie die Mehraufwendungen überschreiten, auch an die an einem Modellvorhaben teilnehmenden Versicherten weitergeleitet werden.
(4) Gegenstand von Modellvorhaben nach Absatz 2 können nur solche Leistungen sein, über deren Eignung als Leistung der Krankenversicherung die Bundesausschüsse nach § 91 im Rahmen der Beschlüsse nach § 92 Abs. 1 Satz 2 Nr. 5 keine ablehnende Entscheidung getroffen haben. Fragen der biomedizinischen Forschung sowie Forschungen zur Entwicklung und Prüfung von Arzneimitteln und Medizinprodukten können nicht Gegenstand von Modellvorhaben sein.
(5) Ziele, Dauer, Art und allgemeine Vorgaben zur Ausgestaltung von Modellvorhaben sowie die Bedingungen für die Teilnahme von Versicherten sind in der Satzung festzulegen. Die Modellvorhaben sind im Regelfall auf längstens acht Jahre zu befristen. Verträge nach § 64 Abs. 1 sind den für die Vertragsparteien zuständigen Aufsichtsbehörden vorzulegen.
(6) Modellvorhaben nach den Absätzen 1 und 2 können auch von den Kassenärztlichen Vereinigungen im Rahmen ihrer gesetzlichen Aufgabenstellung mit den Krankenkassen oder ihren Verbänden vereinbart werden. Die Vorschriften dieses Abschnitts gelten entsprechend.

§ 64 Vereinbarungen mit Leistungserbringern
(1) Die Krankenkassen und ihre Verbände können, soweit die ärztliche Behandlung im Rahmen der vertragsärztlichen Versorgung betroffen ist, nur mit den Kassenärztlichen Vereinigungen oder der Kassenärztlichen Bundesvereinigung Vereinbarungen über die Durchführung von Modellvorhaben

nach § 63 Abs. 1 oder Abs. 2 schließen. Im übrigen können die Krankenkassen und ihre Verbände mit den für die Versorgung in der gesetzlichen Krankenversicherung zugelassenen Leistungserbringern oder Gruppen von Leistungserbringern Vereinbarungen über die Durchführung von Modellvorhaben nach § 63 Abs. 1 oder Abs. 2 schließen. Die Vorschriften dieses Abschnitts für Vertragsärzte gelten auch für Vertragszahnärzte.

(2) Die Spitzenverbände der Krankenkassen vereinbaren mit der Kassenärztlichen Bundesvereinigung in den Bundesmantelverträgen Grundsätze zur Durchführung von Modellvorhaben mit Vertragsärzten. Dabei können Regelungen zu den Voraussetzungen und Bedingungen für die Teilnahme von Vertragsärzten sowie zur Festlegung einer Höchstzahl der zu beteiligenden Ärzte getroffen werden. In den Vereinbarungen sind Regelungen zu treffen, daß ein Modellvorhaben zustande kommt, wenn mindestens 50 vom Hundert der Vertragsärzte, die die Voraussetzungen für eine Teilnahme an dem Modellvorhaben erfüllen, die Durchführung des Modellvorhabens befürworten. § 89 Abs. 1 gilt nicht.

(3) Werden in einem Modellvorhaben nach § 63 Abs. 1 Leistungen außerhalb der für diese Leistungen geltenden Gesamtvergütungen oder Budgets nach den §§ 84 und 85 oder außerhalb der Krankenhausbudgets vergütet, sind die Gesamtvergütungen oder Budgets, in denen die Ausgaben für diese Leistungen enthalten sind, entsprechend der Zahl der am Modellvorhaben teilnehmenden Versicherten im Verhältnis zur Gesamtzahl der Versicherten zu verringern; die Budgets der teilnehmenden Krankenhäuser sind dem geringeren Leistungsumfang anzupassen. Kommt eine Einigung der zuständigen Vertragsparteien über die Verringerung der Gesamtvergütungen oder Budgets nach Satz 1 nicht zustande, können auch die Krankenkassen oder ihre Verbände, die Vertragspartner der Vereinbarung nach Absatz 1 sind, das Schiedsamt nach § 89 oder die Schiedsstelle nach § 18 a Abs. 1 des Krankenhausfinanzierungsgesetzes anrufen. Vereinbaren alle gemäß § 18 Abs. 2 des Krankenhausfinanzierungsgesetzes an der Pflegesatzvereinbarung beteiligten Krankenkassen gemeinsam ein Modellvorhaben, das die gesamten mit dem Budget nach § 12 der Bundespflegesatzverordnung vergüteten Leistungen eines Krankenhauses für Versicherte erfaßt, sind die vereinbarten Entgelte für alle Benutzer des Krankenhauses einheitlich zu berechnen.

(4) Die Vertragspartner nach Absatz 1 Satz 1 können Modellvorhaben zur Vermeidung einer unkoordinierten Mehrfachinanspruchnahme von Vertragsärzten durch die Versicherten durchführen. Sie können vorsehen, daß der Vertragsarzt, der vom Versicherten weder als erster Arzt in einem Behandlungsquartal noch mit Überweisung noch zur Einholung einer Zweitmeinung in Anspruch genommen wird, von diesem Versicherten verlangen kann, daß die bei ihm in Anspruch genommenen Leistungen im Wege der Kostenerstattung abgerechnet werden.

§ 65 Auswertung der Modellvorhaben
Die Krankenkassen oder ihre Verbände haben eine wissenschaftliche Begleitung und Auswertung der Modellvorhaben im Hinblick auf die Erreichung der Ziele der Modellvorhaben nach § 63 Abs. 1 oder Abs. 2 nach allgemein anerkannten wissenschaftlichen Standards zu veranlassen. Der von unabhängigen Sachverständigen zu erstellende Bericht über die Ergebnisse der Auswertung ist zu veröffentlichen.

§ 66 Unterstützung der Versicherten bei Behandlungsfehlern
Die Krankenkassen können die Versicherten bei der Verfolgung von Schadensersatzansprüchen, die bei der Inanspruchnahme von Versicherungsleistungen aus Behandlungsfehlern entstanden sind und nicht nach § 116 des Zehnten Buches auf die Krankenkassen übergehen, unterstützen.

§§ 67 und 68 (aufgehoben)

Viertes Kapitel
Beziehungen der Krankenkassen zu den Leistungserbringern
...

Zweiter Abschnitt
Beziehungen zu Ärzten, Zahnärzten und Psychotherapeuten
...

Erster Titel
Sicherstellung der vertragsärztlichen und vertragszahnärztlichen Versorgung
...

§ 73 Kassenärztliche Versorgung
(1) Die vertragsärztliche Versorgung gliedert sich in die hausärztliche und die fachärztliche Versorgung. Die hausärztliche Versorgung beinhaltet insbesondere
1. die allgemeine und fortgesetzte ärztliche Betreuung eines Patienten in Diagnostik und Therapie bei Kenntnis seines häuslichen und familiären Umfeldes,
2. die Koordination diagnostischer, therapeutischer und pflegerischer Maßnahmen,
3. die Dokumentation, insbesondere Zusammenführung, Bewertung und Aufbewahrung der wesentlichen Behandlungsdaten, Befunde und Berichte aus der ambulanten und stationären Versorgung,
4. die Einleitung oder Durchführung präventiver und rehabilitativer Maßnahmen sowie die Integration nichtärztlicher Hilfen und flankierender Dienste in die Behandlungsmaßnahmen.
(1 a) An der hausärztlichen Versorgung nehmen Ärzte für Allgemeinmedizin und Ärzte ohne Gebietsbezeichnung teil. Kinderärzte und Internisten ohne Teilgebietsbezeichnung wählen, ob sie an der hausärztlichen oder an der fachärztlichen Versorgung teilnehmen. Soweit sie bereits am 1. Januar 1993 an der vertragsärztlichen Versorgung teilnehmen, treffen sie ihre Wahl bis zum 31. Dezember 1995. Der Zulassungsausschuß kann eine von Satz 2 abweichende, zeitlich befristete Regelung treffen, wenn eine bedarfsgerechte Versorgung nach Feststellung des Landesausschusses nicht gewährleistet ist. An der fachärztlichen Versorgung nehmen die Ärzte mit Gebietsbezeichnung teil, mit Ausnahme der Ärzte für Allgemeinmedizin sowie derjenigen Internisten und Kinderärzte ohne Teilgebietsbezeichnung, die die Wahrnehmung hausärztlicher Versorgungsaufgaben gewählt haben. Der Zulassungsausschuß kann Ärzten für Allgemeinmedizin und Ärzten ohne Gebietsbezeichnung, die im wesentlichen spezielle Leistungen erbringen, auf deren Antrag die Genehmigung zur ausschließlichen Teilnahme an der fachärztlichen Versorgung erteilen.
(1 b) Ein Hausarzt darf bei Ärzten, die einen seiner Patienten weiterbehandeln, die wesentlichen Behandlungsdaten und Befunde des Versicherten zum Zweck der Dokumentation erheben. Der einen Versicherten weiterbehandelnde Arzt ist verpflichtet, dem Hausarzt dieses Versicherten mit dessen Einverständnis die in Satz 1 genannten Daten zum Zwecke der bei ihm durchzuführenden Dokumentation zu übermitteln. Der Hausarzt darf die ihm nach Satz 1 übermittelten Daten nur zu dem Zweck speichern und nutzen, zu dem sie ihm übermittelt worden sind. Bei einem Hausarztwechsel ist der bisherige Hausarzt des Versicherten verpflichtet, dem neuen Hausarzt die bei ihm über den Versicherten gespeicherten Unterlagen mit dessen Einverständnis vollständig zu übermitteln; der neue Hausarzt darf die in diesen Unterlagen enthaltenen personenbezogenen Daten erheben.
(1 c) Die Spitzenverbände der Krankenkassen vereinbaren mit der Kassenärztlichen Bundesvereinigung gemeinsam und einheitlich das Nähere, insbesondere über Inhalt und Umfang der hausärztlichen Versorgung. Die Vertragsparteien regeln die Bedingungen, zu denen Kinderärzte und Internisten ohne Teilgebietsbezeichnung bis zum 31. Dezember 1995 sowohl an der hausärztlichen als auch an der fachärztlichen Versorgung teilnehmen können.
(2) Die vertragsärztliche Versorgung umfaßt die
1. ärztliche Behandlung,
2. zahnärztliche Behandlung einschließlich der Versorgung mit Zahnersatz; kieferorthopädische Behandlung nach Maßgabe des § 28 Abs. 2,
3. Maßnahmen zur Früherkennung von Krankheiten,
4. ärztliche Betreuung bei Schwangerschaft und Mutterschaft,
5. Verordnung von medizinischen Leistungen der Rehabilitation, Belastungserprobung und Arbeitstherapie,

6. Anordnung der Hilfeleistung anderer Personen,
7. Verordnung von Arznei-, Verband-, Heil- und Hilfsmitteln, Krankentransporten sowie Krankenhausbehandlung oder Behandlung in Vorsorge- oder Rehabilitationseinrichtungen,
8. Verordnung häuslicher Krankenpflege,
9. Ausstellung von Bescheinigungen und Erstellung von Berichten, die die Krankenkassen oder der Medizinische Dienst (§ 275) zur Durchführung ihrer gesetzlichen Aufgaben oder die die Versicherten für den Anspruch auf Fortzahlung des Arbeitsentgelts benötigen,
10. medizinische Maßnahmen zur Herbeiführung einer Schwangerschaft nach § 27 a Abs. 1,
11. ärztlichen Maßnahmen nach den §§ 24 a und 24 b.

Die Nummern 2 bis 8, 10 und 11 sowie 9, soweit sich diese Regelung auf die Feststellung und die Bescheinigung von Arbeitsunfähigkeit bezieht, gelten nicht für Psychotherapeuten.

(3) In den Gesamtverträgen ist zu vereinbaren, inwieweit Maßnahmen zur Vorsorge und Rehabilitation, soweit sie nicht zur kassenärztlichen Versorgung nach Absatz 2 gehören, Gegenstand der kassenärztlichen Versorgung sind.

(4) Krankenhausbehandlung darf nur verordnet werden, wenn eine ambulante Versorgung der Versicherten zur Erzielung des Heil- oder Linderungserfolgs nicht ausreicht. Die Notwendigkeit der Krankenhausbehandlung ist bei der Verordnung zu begründen. In der Verordnung von Krankenhausbehandlung sind in den geeigneten Fällen auch die beiden nächsterreichbaren, für die vorgesehene Krankenhausbehandlung geeigneten Krankenhäuser anzugeben. Das Verzeichnis nach § 39 Abs. 3 ist zu berücksichtigen.

(5) Der an der kassenärztlichen Versorgung teilnehmende Arzt und die ermächtigte ärztlich geleitete Einrichtung sollen bei der Verordnung von Arzneimitteln die Preisvergleichsliste nach § 92 Abs. 2 beachten und auf dem Verordnungsblatt ihre Entscheidung kenntlich machen, ob die Apotheke ein preisgünstigeres wirkstoffgleiches Arzneimittel anstelle des verordneten Mittels abgeben darf. Verordnet der Arzt ein Arzneimittel, dessen Preis den Festbetrag nach § 35 überschreitet, hat der Arzt den Versicherten über die sich aus seiner Verordnung ergebende Pflicht zur Übernahme der Mehrkosten hinzuweisen.

(6) Zur kassenärztlichen Versorgung gehören Maßnahmen zur Früherkennung von Krankheiten nicht, wenn sie im Rahmen der Krankenhausbehandlung oder der stationären Entbindung durchgeführt werden, es sei denn, die ärztlichen Leistungen werden von einem Belegarzt erbracht.

(7) Über die Erbringung der ärztlichen Leistungen nach § 135 Abs. 1 Satz 4, die von einer Krankenkasse nach § 56 Abs. 1 oder 2 als Satzungsleistung vorgesehen sind, schließen die Partner der Gesamtverträge Vereinbarungen.

...

§ 74 Stufenweise Wiedereingliederung

Können arbeitsunfähige Versicherte nach ärztlicher Feststellung ihre bisherige Tätigkeit teilweise verrichten und können sie durch eine stufenweise Wiederaufnahme ihrer Tätigkeit voraussichtlich besser wieder in das Erwerbsleben eingegliedert werden, soll der Arzt auf der Bescheinigung über die Arbeitsunfähigkeit Art und Umfang der möglichen Tätigkeiten angeben und dabei in geeigneten Fällen die Stellungnahme des Betriebsarztes oder mit Zustimmung der Krankenkasse die Stellungnahme des Medizinischen Dienstes (§ 275) einholen.

...

Dritter Abschnitt
Beziehungen zu Krankenhäusern und anderen Einrichtungen

§ 107 Krankenhäuser, Vorsorge- oder Rehabilitationseinrichtungen

(1) Krankenhäuser im Sinne dieses Gesetzbuchs sind Einrichtungen, die
1. der Krankenhausbehandlung oder Geburtshilfe dienen,
2. fachlich-medizinisch unter ständiger ärztlicher Leitung stehen, über ausreichende, ihrem Versorgungsauftrag entsprechende diagnostische und therapeutische Möglichkeiten verfügen und nach wissenschaftlich anerkannten Methoden arbeiten,
3. mit Hilfe von jederzeit verfügbarem ärztlichem, Pflege-, Funktions- und medizinisch-technischem Personal darauf eingerichtet sind, vorwiegend durch ärztliche und pflegerische Hilfeleistung

Krankheiten der Patienten zu erkennen, zu heilen, ihre Verschlimmerung zu verhüten, Krankheitsbeschwerden zu lindern oder Geburtshilfe zu leisten,
und in denen
4. die Patienten untergebracht und verpflegt werden können.
(2) Vorsorge- oder Rehabilitationseinrichtungen im Sinne dieses Gesetzbuchs sind Einrichtungen, die
1. der stationären Behandlung der Patienten dienen, um
   a) eine Schwächung der Gesundheit, die in absehbarer Zeit voraussichtlich zu einer Krankheit führen würde, zu beseitigen oder einer Gefährdung der gesundheitlichen Entwicklung eines Kindes entgegenzuwirken (Vorsorge) oder
   b) eine Krankheit zu heilen, ihre Verschlimmerung zu verhüten oder Krankheitsbeschwerden zu lindern oder im Anschluß an Krankenhausbehandlung den dabei erzielten Behandlungserfolg zu sichern oder zu festigen, auch mit dem Ziel, einer drohenden Behinderung oder Pflegebedürftigkeit vorzubeugen, sie nach Eintritt zu beseitigen, zu bessern oder eine Verschlimmerung zu verhüten (Rehabilitation), wobei Leistungen der aktivierenden Pflege nicht von den Krankenkassen übernommen werden dürfen,
2. fachlich-medizinisch unter ständiger ärztlicher Verantwortung und unter Mitwirkung von besonders geschultem Personal darauf eingerichtet sind, den Gesundheitszustand der Patienten nach einem ärztlichen Behandlungsplan vorwiegend durch Anwendung von Heilmitteln einschließlich Krankengymnastik, Bewegungstherapie, Sprachtherapie oder Arbeits- und Beschäftigungstherapie, ferner durch andere geeignete Hilfen, auch durch geistige und seelische Einwirkungen, zu verbessern und den Patienten bei der Entwicklung eigener Abwehr- und Heilungskräfte zu helfen
und in denen
3. die Patienten untergebracht und verpflegt werden können.
...

Vierter Abschnitt
Beziehungen zu Krankenhäusern und Vertragsärzten
...

§ 121 a Genehmigung zur Durchführung künstlicher Befruchtungen
(1) Die Krankenkassen dürfen Maßnahmen zur Herbeiführung einer Schwangerschaft (§ 27 a Abs. 1) nur erbringen lassen durch
1. Vertragsärzte,
2. ermächtigte Ärzte,
3. ermächtigte ärztlich geleitete Einrichtungen oder
4. zugelassene Krankenhäuser,
denen die zuständige Behörde eine Genehmigung nach Absatz 2 zur Durchführung dieser Maßnahmen erteilt hat. Satz 1 gilt bei Insemination nur dann, wenn sie nach Stimulationsverfahren durchgeführt werden, bei denen dadurch ein erhöhtes Risiko von Schwangerschaften mit drei oder mehr Embryonen besteht.
(2) Die Genehmigung darf den im Absatz 1 genannten Ärzten oder Einrichtungen nur erteilt werden, wenn sie
1. über die für die Durchführung der Maßnahmen zur Herbeiführung einer Schwangerschaft (§ 27 a Abs. 1) notwendigen diagnostischen und therapeutischen Möglichkeiten verfügen und nach wissenschaftlich anerkannten Methoden arbeiten und
2. die Gewähr für eine bedarfsgerechte, leistungsfähige und wirtschaftliche Durchführung von Maßnahmen zur Herbeiführung einer Schwangerschaft (§ 27 a Abs. 1) bieten.
(3) Ein Anspruch auf Genehmigung besteht nicht. Bei notwendiger Auswahl zwischen mehreren geeigneten Ärzten oder Einrichtungen, die sich um die Genehmigung bewerben, entscheidet die zuständige Behörde unter Berücksichtigung der öffentlichen Interessen und der Vielfalt der Bewerber nach pflichtgemäßem Ermessen, welche Ärzte oder welche Einrichtungen den Erfordernissen einer bedarfsgerechten, leistungsfähigen und wirtschaftlichen Durchführung von Maßnahmen zur Herbeiführung einer Schwangerschaft (§ 27 a Abs. 1) am besten gerecht werden.

(4) Die zur Erteilung der Genehmigung zuständigen Behörden bestimmt die nach Landesrecht zuständige Stelle, mangels einer solchen Bestimmung die Landesregierung; diese kann die Ermächtigung weiter übertragen.

...

Fünfter Abschnitt
Beziehungen zu Leistungserbringern von Heilmitteln

§ 124 Zulassung

(1) Heilmittel, die als Dienstleistungen abgegeben werden, insbesondere Leistungen der physikalischen Therapie, der Sprachtherapie oder der Beschäftigungstherapie, dürfen an Versicherte nur von zugelassenen Leistungserbringern abgegeben werden.
(2) Zuzulassen ist, wer
1. die für die Leistungserbringung erforderliche Ausbildung sowie eine entsprechende zur Führung der Berufsbezeichnung berechtigende Erlaubnis besitzt,
2. eine berufspraktische Erfahrungszeit von mindestens zwei Jahren nachweist, die innerhalb von zehn Jahren vor Beantragung der Zulassung in unselbständiger Tätigkeit und in geeigneten Einrichtungen abgeleistet worden sein muß,
3. über eine Praxisausstattung verfügt, die eine zweckmäßige und wirtschaftliche Leistungserbringung gewährleistet, und
4. die für die Versorgung der Versicherten geltenden Vereinbarungen anerkennt.

Ein zugelassener Leistungserbringer von Heilmitteln ist in einem weiteren Heilmittelbereich zuzulassen, sofern er für diesen Bereich die Voraussetzungen des Satzes 1 Nr. 3 und 4 erfüllt und eine oder mehrere Personen beschäftigt, die die Voraussetzungen des Satzes 1 Nr. 1 und 2 nachweisen. Sofern ein zugelassener Leistungserbringer anschließend die Qualifikation zum Physiotherapeuten erwirbt, gilt die berufspraktische Erfahrungszeit nach Absatz 2 Nr. 2 als erfüllt.
(3) Krankenhäuser, Rehabilitationseinrichtungen und ihnen vergleichbare Einrichtungen dürfen die in Absatz 1 genannten Heilmittel durch Personen abgeben, die die Voraussetzungen nach Absatz 2 Nr. 1 und 2 erfüllen; Absatz 2 Nr. 3 und 4 gilt entsprechend.
(4) Die Spitzenverbände der Krankenkassen gemeinsam geben Empfehlungen für eine einheitliche Anwendung der Zulassungsbedingungen nach Absatz 2 ab. Die für die Wahrnehmung der wirtschaftlichen Interessen maßgeblichen Spitzenorganisationen der Leistungserbringer auf Bundesebene sollen gehört werden.
(5) Die Zulassung wird von den Landesverbänden der Krankenkassen, den Verbänden der Ersatzkassen sowie der See-Krankenkasse erteilt. Die Zulassung berechtigt zur Versorgung der Versicherten.
(6) Die Zulassung kann widerrufen werden, wenn der Leistungserbringer nach Erteilung der Zulassung die Voraussetzungen nach Absatz 2 Nr. 1, 3 oder 4 nicht mehr erfüllt. Absatz 5 Satz 1 gilt entsprechend.

§ 125 Rahmenempfehlungen und Verträge

(1) Die Spitzenverbände der Krankenkassen gemeinsam und einheitlich und die für die Wahrnehmung der Interessen der Heilmittelerbringer maßgeblichen Spitzenorganisationen auf Bundesebene sollen unter Berücksichtigung der Richtlinien nach § 92 Abs. 1 Satz 2 Nr. 6 gemeinsam Rahmenempfehlungen über die einheitliche Versorgung mit Heilmitteln abgeben; es kann auch mit den für den jeweiligen Leistungsbereich maßgeblichen Spitzenorganisationen eine gemeinsame entsprechende Rahmenempfehlung abgegeben werden. Vor Abschluß der Rahmenempfehlungen ist der Kassenärztlichen Bundesvereinigung Gelegenheit zur Stellungnahme zu geben. Die Stellungnahme ist in den Entscheidungsprozeß der Partner der Rahmenempfehlungen einzubeziehen. In den Rahmenempfehlungen sind insbesondere zu regeln:
1. Inhalt der einzelnen Heilmittel einschließlich Umfang und Häufigkeit ihrer Anwendungen im Regelfall sowie deren Regelbehandlungszeit,
2. Maßnahmen zur Qualitätssicherung, die die Qualität der Behandlung, der Versorgungsabläufe und der Behandlungsergebnisse umfassen,
3. Inhalt und Umfang der Zusammenarbeit des Heilmittelerbringers mit dem verordnenden Vertragsarzt,

4. Maßnahmen der Wirtschaftlichkeit der Leistungserbringung und deren Prüfung und
5. Vorgaben für Vergütungsstrukturen.

(2) Über die Einzelheiten der Versorgung mit Heilmitteln sowie über die Preise und deren Abrechnung schließen die Landesverbände der Krankenkassen sowie die Verbände der Ersatzkassen auf Landesebene mit Wirkung für ihre Mitgliedskassen Verträge mit Leistungserbringern oder Verbänden der Leistungserbringer. Die Preise dürfen sich gegenüber den am 31. Oktober 1998 geltenden Preisen im Jahr 1999 höchstens um die nach Artikel 18 des GKV-Solidaritätsstärkungsgesetzes festgesetzte Veränderungsrate der beitragspflichtigen Einnahmen der Mitglieder aller Krankenkassen je Mitglied im Jahr 1998 verändern. Die Vomhundertsätze sind für das Beitrittsgebiet und das übrige Bundesgebiet getrennt anzuwenden. Die vereinbarten Preise sind Höchstpreise.

Sechster Abschnitt
Beziehungen zu Leistungserbringern von Hilfsmitteln

§ 126 Zulassung

(1) Hilfsmittel dürfen an Versicherte nur von zugelassenen Leistungserbringern abgegeben werden. Zuzulassen ist, wer eine ausreichende, zweckmäßige, funktionsgerechte und wirtschaftliche Herstellung, Abgabe und Anpassung der Hilfsmittel gewährleistet und die für die Versorgung der Versicherten geltenden Vereinbarungen anerkennt.

(2) Die Spitzenverbände der Krankenkassen gemeinsam geben Empfehlungen für eine einheitliche Anwendung der Zulassungsbedingungen nach Absatz 1 Satz 2 ab.

(3) § 124 Abs. 5 gilt entsprechend.

(4) Die Zulassung kann widerrufen werden, wenn der Leistungserbringer nach Erteilung der Zulassung die Voraussetzungen nach Absatz 1 Satz 2 nicht mehr erfüllt. § 124 Abs. 5 Satz 1 gilt entsprechend.

(5) Für nichtärztliche Dialyseleistungen, die nicht in der vertragsärztlichen Versorgung erbracht werden, gelten die Regelungen dieses Abschnitts entsprechend.

§ 127 Verträge

(1) Über die Einzelheiten der Versorgung mit Hilfsmitteln sowie über die Abrechnung der Festbeträge schließen die Landesverbände der Krankenkassen sowie die Verbände der Ersatzkassen auf Landesebene mit Wirkung für ihre Mitgliedskassen Verträge mit Leistungserbringern oder den Verbänden der Leistungserbringer.

(2) In Verträgen können sich Leistungserbringer bereiterklären, Hilfsmittel zu den festgesetzten Festbeträgen (§ 36) oder zu niedrigeren Beträgen abzugeben. Soweit Festbeträge noch nicht festgelegt sind oder nicht festgelegt werden können, schließen die Krankenkassen oder ihre Verbände mit Leistungserbringern oder Verbänden der Leistungserbringer Vereinbarungen über Preise. Sie dürfen sich gegenüber den am 31. Dezember 1992 geltenden Preisen in den Jahren 1993, 1994 und 1995 höchstens um den Vomhundertsatz verändern, um den sich die nach den §§ 270 und 270 a zu ermittelnden beitragspflichtigen Einnahmen der Mitglieder aller Krankenkassen mit Sitz im Bundesgebiet außerhalb des Beitrittsgebiets je Mitglied verändern. Die vereinbarten Preise sind Höchstpreise.

(3) Die Krankenkassen können bei den Leistungsbringern Preisvergleiche über Hilfsmittel durchführen und die Versicherten sowie die Ärzte über preisgünstige Versorgungsmöglichkeiten und über Leistungserbringer, die bereit sind, zum Festbetrag zu liefern, informieren. Sie können Preisvergleiche auch durch regionale Arbeitsgemeinschaften oder in Zusammenarbeit mit Verbraucherverbänden durchführen.

§ 128 Hilfsmittelverzeichnis

Die Spitzenverbände der Krankenkassen gemeinsam erstellen ein Hilfsmittelverzeichnis. In dem Verzeichnis sind die von der Leistungspflicht umfaßten Hilfsmittel aufzuführen und die dafür vorgesehenen Festbeträge oder vereinbarten Preise anzugeben. Das Hilfsmittelverzeichnis ist regelmäßig fortzuschreiben. Vor Erstellung und Fortschreibung des Verzeichnisses ist den Spitzenorganisationen der betroffenen Leistungserbringer und Hilfsmittelhersteller Gelegenheit zur Stellungnahme zu geben; die Stellungnahmen sind in die Entscheidung einzubeziehen. Das Hilfsmittelverzeichnis ist im Bundesanzeiger bekanntzumachen.

...

Sechstes Kapitel
Organisation der Krankenkassen

...

Zweiter Abschnitt
Wahlrechte und Zuständigkeit

Erster Titel
Wahlrechte der Mitglieder

§ 173 Allgemeine Wahlrechte
(1) Versicherungspflichtige (§ 5) und Versicherungsberechtigte (§ 9) sind Mitglied der von ihnen gewählten Krankenkasse, soweit in den nachfolgenden Vorschriften, im Zweiten Gesetz über die Krankenversicherung der Landwirte oder im Künstlersozialversicherungsgesetz nichts Abweichendes bestimmt ist.
(2) Versicherungspflichtige und Versicherungsberechtigte können wählen
1. die Ortskrankenkasse des Beschäftigungs- oder Wohnorts,
2. jede Ersatzkasse, deren Zuständigkeit sich nach der Satzung auf den Beschäftigungs- oder Wohnort erstreckt,
3. die Betriebs- oder Innungskrankenkasse, wenn sie in dem Betrieb beschäftigt sind, für den die Betriebs- oder die Innungskrankenkasse besteht,
4. die Betriebs- oder Innungskrankenkasse, wenn die Satzung der Betriebs- oder Innungskrankenkasse dies vorsieht,
5. die Krankenkasse, bei der vor Beginn der Versicherungspflicht oder Versicherungsberechtigung zuletzt eine Mitgliedschaft oder eine Versicherung nach § 10 bestanden hat,
6. die Krankenkasse, bei der der Ehegatte versichert ist.

Falls die Satzung eine Regelung nach Nummer 4 enthält, gilt diese für abgegrenzte Regionen im Sinne des § 143 Abs. 1, in denen Betriebe oder Innungsbetriebe bestehen und die Zuständigkeit für diese Betriebe sich aus der Satzung der Betriebs- oder Innungskrankenkasse ergibt; die Satzung darf das Wahlrecht nicht auf bestimmte Personen beschränken oder von Bedingungen abhängig machen.
(3) Studenten können zusätzlich die Ortskrankenkasse oder jede Ersatzkasse an dem Ort wählen, in dem die Hochschule ihren Sitz hat.
(4) Nach § 5 Abs. 1 Nr. 5 bis 8 versicherungspflichtige Jugendliche, Teilnehmer an berufsfördernden Maßnahmen, Behinderte und nach § 5 Abs. 1 Nr. 11 und 12 oder nach § 9 versicherte Rentner sowie nach § 9 Abs. 1 Nr. 4 versicherte Behinderte können zusätzlich die Krankenkasse wählen, bei der ein Elternteil versichert ist.
(5) Versicherte Rentner können zusätzlich die Betriebs- oder Innungskrankenkasse wählen, wenn sie in dem Betrieb beschäftigt gewesen sind, für den die Betriebs- oder Innungskrankenkasse besteht.
(6) Für nach § 10 Versicherte gilt die Wahlentscheidung des Mitglieds.

...

Dritter Abschnitt
Mitgliedschaft und Verfassung

Erster Titel
Mitgliedschaft

§ 186 Beginn der Mitgliedschaft Versicherungspflichtiger
(1) Die Mitgliedschaft versicherungspflichtig Beschäftigter beginnt mit dem Tag des Eintritts in das Beschäftigungsverhältnis.
(2) Die Mitgliedschaft unständig Beschäftigter (§ 179 Abs. 2) beginnt mit dem Tag der Aufnahme der unständigen Beschäftigung, für die die zuständige Krankenkasse erstmalig Versicherungspflicht festgestellt hat, wenn die Feststellung innerhalb eines Monats nach Aufnahme der Beschäftigung erfolgt, andernfalls mit dem Tag der Feststellung. Die Mitgliedschaft besteht auch an den Tagen fort, an denen der unständig Beschäftigte vorübergehend, längstens für drei Wochen, nicht beschäftigt wird.

(2 a) Die Mitgliedschaft der Bezieher von Arbeitslosengeld, Arbeitslosenhilfe oder Unterhaltsgeld nach dem Dritten Buch beginnt mit dem Tag, von dem an die Leistung bezogen wird.
(3) Die Mitgliedschaft der nach dem Künstlersozialversicherungsgesetz Versicherten beginnt mit dem Tage, an dem die Versicherungspflicht auf Grund der Feststellung der Künstlersozialkasse beginnt. Ist die Versicherungspflicht nach dem Künstlersozialversicherungsgesetz durch eine unständige Beschäftigung (§ 179 Abs. 2) unterbrochen worden, beginnt die Mitgliedschaft mit dem Tage nach dem Ende der unständigen Beschäftigung. Kann nach § 9 des Künstlersozialversicherungsgesetzes ein Versicherungsvertrag gekündigt werden, beginnt die Mitgliedschaft mit dem auf die Kündigung folgenden Monat, spätestens zwei Monate nach der Feststellung der Versicherungspflicht.
(4) Die Mitgliedschaft von Personen, die in Einrichtungen der Jugendhilfe für eine Erwerbstätigkeit befähigt werden, beginnt mit dem Beginn der Maßnahme.
(5) Die Mitgliedschaft versicherungspflichtiger Teilnehmer an berufsfördernden Maßnahmen zur Rehabilitation beginnt mit dem Beginn der Maßnahme.
(6) Die Mitgliedschaft versicherungspflichtiger Behinderter beginnt mit dem Beginn der Tätigkeit in den anerkannten Werkstätten für Behinderte, Anstalten, Heimen oder gleichartigen Einrichtungen.
(7) Die Mitgliedschaft versicherungspflichtiger Studenten beginnt mit dem Semester, frühestens mit dem Tag der Einschreibung oder der Rückmeldung an der Hochschule.
(8) Die Mitgliedschaft versicherungspflichtiger Praktikanten beginnt mit dem Tag der Aufnahme der berufspraktischen Tätigkeit. Die Mitgliedschaft von zu ihrer Berufsausbildung ohne Arbeitsentgelt Beschäftigten beginnt mit dem Tag des Eintritts in die Beschäftigung.
(9) Die Mitgliedschaft versicherungspflichtiger Rentner beginnt mit dem Tag der Stellung des Rentenantrags.
(10) Wird die Mitgliedschaft Versicherungspflichtiger zu einer Krankenkasse gekündigt (§ 175), beginnt die Mitgliedschaft bei der neugewählten Krankenkasse abweichend von den Absätzen 1 bis 9 mit dem Tag nach Eintritt der Rechtswirksamkeit der Kündigung.

§ 187 Beginn der Mitgliedschaft bei einer neu errichteten Krankenkasse
Die Mitgliedschaft bei einer neu errichteten Krankenkasse beginnt für Versicherungspflichtige, für die diese Krankenkasse zuständig ist, mit dem Zeitpunkt, an dem die Errichtung der Krankenkasse wirksam wird.

§ 188 Beginn der freiwilligen Mitgliedschaft
(1) Die Mitgliedschaft Versicherungsberechtigter beginnt mit dem Tag ihres Beitritts zur Krankenkasse.
(2) Die Mitgliedschaft der in § 9 Abs. 1 Nr. 1 und 2 genannten Versicherungsberechtigten beginnt mit dem Tag nach dem Ausscheiden aus der Versicherungspflicht oder mit dem Tag nach dem Ende der Versicherung nach § 10.
(3) Der Beitritt ist schriftlich zu erklären.

§ 189 Mitgliedschaft von Rentenantragstellern
(1) Als Mitglieder gelten Personen, die eine Rente der gesetzlichen Rentenversicherung beantragt haben und die Voraussetzungen nach § 5 Abs. 1 Nr. 11 und 12 und Abs. 2, jedoch nicht die Voraussetzungen für den Bezug der Rente erfüllen. Satz 1 gilt nicht für Personen, die nach anderen Vorschriften versicherungspflichtig oder nach § 6 Abs. 1 versicherungsfrei sind.
(2) Die Mitgliedschaft beginnt mit dem Tag der Stellung des Rentenantrags. Sie endet mit dem Tod oder mit dem Tag, an dem der Antrag zurückgenommen oder die Ablehnung des Antrags unanfechtbar wird.

§ 190 Ende der Mitgliedschaft Versicherungspflichtiger
(1) Die Mitgliedschaft Versicherungspflichtiger endet mit dem Tod des Mitglieds.
(2) Die Mitgliedschaft versicherungspflichtig Beschäftigter endet mit Ablauf des Tages, an dem das Beschäftigungsverhältnis gegen Arbeitsentgelt endet.
(3) Die Mitgliedschaft von Personen, deren Versicherungspflicht nach § 6 Abs. 4 erlischt, endet zu dem in dieser Vorschrift vorgesehenen Zeitpunkt nur, wenn das Mitglied innerhalb von zwei Wochen nach Hinweis der Krankenkasse über die Austrittsmöglichkeit seinen Austritt erklärt. Wird der Austritt nicht erklärt, setzt sich die Mitgliedschaft als freiwillige Mitgliedschaft fort, es sei denn, die Voraussetzungen der freiwilligen Versicherung nach § 9 Abs. 1 Nr. 1 sind nicht erfüllt.

(4) Die Mitgliedschaft unständig Beschäftigter endet, wenn das Mitglied die berufsmäßige Ausübung der unständigen Beschäftigung nicht nur vorübergehend aufgibt, spätestens mit Ablauf von drei Wochen nach dem Ende der letzten unständigen Beschäftigung.
(5) Die Mitgliedschaft der nach dem Künstlersozialversicherungsgesetz Versicherten endet mit dem Tage, an dem die Versicherungspflicht auf Grund der Feststellung der Künstlersozialkasse endet; § 192 Abs. 1 Nr. 2 und 3 bleibt unberührt.
(6) Die Mitgliedschaft von Personen, die in Einrichtungen der Jugendhilfe für eine Erwerbstätigkeit befähigt werden, endet mit dem Ende der Maßnahme.
(7) Die Mitgliedschaft versicherungspflichtiger Teilnehmer an berufsfördernden Maßnahmen zur Rehabilitation endet mit dem Ende der Maßnahme, bei Weiterzahlung des Übergangsgeldes mit Ablauf des Tages, bis zu dem Übergangsgeld gezahlt wird.
(8) Die Mitgliedschaft von versicherungspflichtigen Behinderten in anerkannten Werkstätten für Behinderte, Anstalten, Heimen oder gleichartigen Einrichtungen endet mit Aufgabe der Tätigkeit.
(9) Die Mitgliedschaft versicherungspflichtiger Studenten endet einen Monat nach Ablauf des Semesters, für das sie sich zuletzt eingeschrieben oder zurückgemeldet haben.
(10) Die Mitgliedschaft versicherungspflichtiger Praktikanten endet mit dem Tag der Aufgabe der berufspraktischen Tätigkeit. Die Mitgliedschaft von zu ihrer Berufsausbildung ohne Arbeitsentgelt Beschäftigten endet mit dem Tag der Aufgabe der Beschäftigung.
(11) Die Mitgliedschaft versicherungspflichtiger Rentner endet
1. mit Ablauf des Monats, in dem der Anspruch auf Rente wegfällt oder die Entscheidung über den Wegfall oder den Entzug der Rente unanfechtbar geworden ist, frühestens mit Ablauf des Monats, für den letztmalig Rente zu zahlen ist,
2. bei Gewährung einer Rente für zurückliegende Zeiträume mit Ablauf des Monats, in dem die Entscheidung unanfechtbar wird.
(12) Die Mitgliedschaft der Bezieher von Arbeitslosengeld, Arbeitslosenhilfe oder Unterhaltsgeld nach dem Dritten Buch endet mit Ablauf des letzten Tages, für den die Leistung bezogen wird.

§ 191[1]) Ende der freiwilligen Mitgliedschaft

Die freiwillige Mitgliedschaft endet
1. mit dem Tod des Mitglieds,
2. mit Beginn einer Pflichtmitgliedschaft,
3. mit Ablauf des nächsten Zahltages, wenn für zwei Monate die fälligen Beiträge trotz Hinweises auf die Folgen nicht entrichtet wurden, oder
4. mit Ablauf des übernächsten Kalendermonats, gerechnet von dem Monat, in dem das Mitglied den Austritt erklärt, wenn die Satzung nicht einen früheren Zeitpunkt bestimmt; § 175 Abs. 4 Satz 3 gilt entsprechend.

§ 192 Fortbestehen der Mitgliedschaft Versicherungspflichtiger

(1) Die Mitgliedschaft Versicherungspflichtiger bleibt erhalten, solange
1. sie sich in einem rechtmäßigen Arbeitskampf befinden,
2. Anspruch auf Krankengeld oder Mutterschaftsgeld besteht oder eine dieser Leistungen oder nach gesetzlichen Vorschriften Erziehungsgeld bezogen oder Erziehungsurlaub in Anspruch genommen wird,
3. von einem Rehabilitationsträger während einer medizinischen Maßnahme zur Rehabilitation Verletztengeld, Versorgungskrankengeld oder Übergangsgeld gezahlt wird oder
4. Kurzarbeiter- oder Winterausfallgeld nach dem Dritten Buch bezogen wird.
(2) Während der Schwangerschaft bleibt die Mitgliedschaft Versicherungspflichtiger auch erhalten, wenn das Beschäftigungsverhältnis vom Arbeitgeber zulässig aufgelöst oder das Mitglied unter Wegfall des Arbeitsentgelts beurlaubt worden ist, es sei denn, es besteht eine Mitgliedschaft nach anderen Vorschriften.

---

1) Gemäß Artikel 3 des 1. GKV-Neuordnungsgesetzes vom 23.6.1997 (BGBl. I S. 1518), geändert durch das 2. GKV-Neuordnungsgesetz vom 23.6.1997 (BGBl. I S. 1520, 1535), gilt § 191 Nr. 4 entsprechend für Beitragserhöhungen, die nach dem 11. März und vor Inkrafttreten* dieses Gesetzes wirksam werden.
* In Kraft ab 1. Juli 1997.

§ 193 Fortbestehen der Mitgliedschaft bei Wehrdienst oder Zivildienst
(1) Bei versicherungspflichtig Beschäftigten, denen nach § 1 Abs. 2 des Arbeitsplatzschutzgesetzes Entgelt weiterzugewähren ist, gilt das Beschäftigungsverhältnis als durch den Wehrdienst nach § 4 Abs. 1 und § 6 b Abs. 1 des Wehrpflichtgesetzes nicht unterbrochen.
(2) Bei Versicherungspflichtigen, die nicht unter Absatz 1 fallen, sowie bei freiwilligen Mitgliedern berührt der Wehrdienst nach § 4 Abs. 1 und § 6 b Abs. 1 des Wehrpflichtgesetzes eine bestehende Mitgliedschaft bei einer Krankenkasse nicht.
(3) Die Absätze 1 und 2 gelten für den Zivildienst entsprechend.
(4) Die Absätze 1 und 2 gelten für Personen, die Dienstleistungen oder Übungen nach den §§ 51 a und 54 Abs. 5 des Soldatengesetzes leisten. Die Dienstleistungen und Übungen gelten nicht als Beschäftigungen im Sinne des § 5 Abs. 1 Nr. 1 und § 6 Abs. 1 Nr. 3 des Fünften Buches Sozialgesetzbuch.
...

Vierter Abschnitt
Meldungen

§ 198 Meldepflicht des Arbeitgebers für versicherungspflichtig Beschäftigte
Der Arbeitgeber hat die versicherungspflichtig Beschäftigten nach den §§ 28 a bis 28 c des Vierten Buches an die zuständige Krankenkasse zu melden.

§ 199 Meldepflichten bei unständiger Beschäftigung
(1) Unständig Beschäftigte haben der nach § 179 Abs. 1 zuständigen Krankenkasse Beginn und Ende der berufsmäßigen Ausübung von unständigen Beschäftigungen unverzüglich zu melden. Der Arbeitgeber hat die unständig Beschäftigten auf ihre Meldepflicht hinzuweisen.
(2) Gesamtbetriebe, in denen regelmäßig unständig Beschäftigte beschäftigt werden, haben die sich aus diesem Buch ergebenden Pflichten der Arbeitgeber zu übernehmen. Welche Einrichtungen als Gesamtbetriebe gelten, richtet sich nach Landesrecht.

§ 200 Meldepflichten bei sonstigen versicherungspflichtigen Personen
(1) Eine Meldung nach § 28 a Abs. 1 bis 3 des Vierten Buches hat zu erstatten
1. für Personen, die in Einrichtungen der Jugendhilfe für eine Erwerbstätigkeit befähigt werden sollen oder in Werkstätten für Behinderte, Blindenwerkstätten, Anstalten, Heimen oder gleichartigen Einrichtungen tätig sind, der Träger dieser Einrichtung,
2. für Personen, die an berufsfördernden Maßnahmen zur Rehabilitation teilnehmen, der zuständige Rehabilitationsträger,
3. für Personen, die Vorruhestandsgeld beziehen, der zur Zahlung des Vorruhestandsgeldes Verpflichtete.

§ 28 a Abs. 5 sowie die §§ 28 b und 28 c des Vierten Buches gelten entsprechend.
(2) Die staatlichen und die staatlich anerkannten Hochschulen haben versicherte Studenten, die Ausbildungsstätten versicherungspflichtige Praktikanten und zu ihrer Berufsausbildung ohne Arbeitsentgelt Beschäftigte der zuständigen Krankenkasse zu melden. Das Bundesministerium für Gesundheit regelt durch Rechtsverordnung mit Zustimmung des Bundesrates Inhalt, Form und Frist der Meldungen sowie das Nähere über das Meldeverfahren.

§ 201 Meldepflichten bei Rentenantragstellung und Rentenbezug
(1) Wer eine Rente der gesetzlichen Rentenversicherung beantragt, hat mit dem Antrag eine Meldung für die zuständige Krankenkasse einzureichen. Der Rentenversicherungsträger hat die Meldung unverzüglich an die zuständige Krankenkasse weiterzugeben.
(2) Wählen versicherungspflichtige Rentner oder Hinterbliebene eine andere Krankenkasse, hat die gewählte Krankenkasse dies der bisherigen Krankenkasse und dem zuständigen Rentenversicherungsträger unverzüglich mitzuteilen.
(3) Nehmen versicherungspflichtige Rentner oder Hinterbliebene eine versicherungspflichtige Beschäftigung auf, für die eine andere als die bisherige Krankenkasse zuständig ist, hat die für das versicherungspflichtige Beschäftigungsverhältnis zuständige Krankenkasse dies der bisher zuständigen

Krankenkasse und dem Rentenversicherungsträger mitzuteilen. Satz 1 gilt entsprechend, wenn das versicherungspflichtige Beschäftigungsverhältnis endet.
(4) Der Rentenversicherungsträger hat der zuständigen Krankenkasse unverzüglich mitzuteilen
1. Beginn und Höhe einer Rente der gesetzlichen Rentenversicherung, den Monat, für den die Rente erstmalig laufend gezahlt wird,
2. den Tag der Rücknahme des Rentenantrags,
3. bei Ablehnung des Rentenantrags den Tag, an dem über den Rentenantrag verbindlich entschieden worden ist,
4. Ende, Entzug, Wegfall und sonstige Nichtleistung der Rente sowie
5. Beginn und Ende der Beitragszahlung aus der Rente.
(5) Wird der Bezieher einer Rente der gesetzlichen Rentenversicherung versicherungspflichtig, hat die Krankenkasse dies dem Rentenversicherungsträger unverzüglich mitzuteilen. Satz 1 gilt entsprechend, wenn die Versicherungspflicht aus einem anderen Grund als den in Absatz 4 Nr. 4 genannten Gründen endet.
(6) Die Meldungen sind auf maschinell verwertbaren Datenträgern oder durch Datenübertragung zu erstatten. Die Spitzenverbände der Krankenkassen vereinbaren gemeinsam und einheitlich mit dem Verband Deutscher Rentenversicherungsträger das Nähere über das Verfahren im Benehmen mit dem Bundesversicherungsamt. Kommt eine Vereinbarung nach Satz 3 bis zum 31. Dezember 1995 nicht zustande, bestimmt das Bundesministerium für Gesundheit im Einvernehmen mit dem Bundesministerium für Arbeit und Sozialordnung das Nähere über das Verfahren.

§ 202 Meldepflichten bei Versorgungsbezügen
Die Zahlstelle hat bei der erstmaligen Bewilligung von Versorgungsbezügen sowie bei Mitteilung über die Beendigung der Mitgliedschaft eines Versorgungsempfängers die zuständige Krankenkasse des Versorgungsempfängers zu ermitteln und dieser Beginn, Höhe, Veränderungen und Ende der Versorgungsbezüge unverzüglich mitzuteilen. Bei den am 1. Januar 1989 vorhandenen Versorgungsempfängern hat die Ermittlung der Krankenkasse innerhalb von sechs Monaten zu erfolgen. Der Versorgungsempfänger hat der Zahlstelle seine Krankenkasse anzugeben und einen Kassenwechsel sowie die Aufnahme einer versicherungspflichtigen Beschäftigung anzuzeigen. Die Krankenkasse hat der Zahlstelle der Versorgungsbezüge und dem Bezieher von Versorgungsbezügen unverzüglich die Beitragspflicht des Versorgungsempfängers, deren Umfang und den Beitragssatz aus Versorgungsbezügen mitzuteilen. Die Krankenkasse kann mit der Zahlstelle der Versorgungsbezüge Abweichendes vereinbaren.

§ 203 Meldepflichten bei Bezug von Erziehungsgeld
Die Zahlstelle des Erziehungsgeldes hat der zuständigen Krankenkasse Beginn und Ende der Zahlung des Erziehungsgeldes unverzüglich mitzuteilen.

§ 203 a Meldepflicht bei Bezug von Arbeitslosengeld, Arbeitslosenhilfe oder Unterhaltsgeld
Die Arbeitsämter erstatten die Meldungen hinsichtlich der nach § 5 Abs. 1 Nr. 2 Versicherten entsprechend §§ 28 a bis 28 c des Vierten Buches.

§ 204 Meldepflichten bei Einberufung zum Wehrdienst oder Zivildienst
(1) Bei Einberufung zum Wehrdienst von länger als drei Tagen hat bei versicherungspflichtig Beschäftigten der Arbeitgeber und bei Arbeitslosen das Arbeitsamt den Beginn des Wehrdienstes sowie das Ende des Grundwehrdienstes und einer Wehrübung oder einer Dienstleistung oder Übung nach den §§ 51 und 54 Abs. 5 des Soldatengesetzes der zuständigen Krankenkasse unverzüglich zu melden. Das Ende eines Wehrdienstes nach § 4 Abs. 1 Nr. 2 und 4 des Wehrpflichtgesetzes hat der Bundesminister der Verteidigung oder die von ihm bestimmte Stelle zu melden. Sonstige Versicherte haben die Meldungen nach Satz 1 selbst zu erstatten.
(2) Absatz 1 gilt für den Zivildienst entsprechend. An die Stelle des Bundesministers der Verteidigung tritt das Bundesamt für den Zivildienst.

§ 205 Meldepflichten bestimmter Versicherungspflichtiger
Versicherungspflichtige, die eine Rente der gesetzlichen Rentenversicherung oder der Rente vergleichbare Einnahmen (Versorgungsbezüge) beziehen, haben ihrer Krankenkasse unverzüglich zu melden
1. Beginn und Höhe der Rente,

2. Beginn, Höhe, Veränderungen und die Zahlstelle der Versorgungsbezüge sowie
3. Beginn, Höhe und Veränderungen des Arbeitseinkommens.

§ 206 Auskunfts- und Mitteilungspflichten der Versicherten
(1) Wer versichert ist oder als Versicherter in Betracht kommt, hat der Krankenkasse, soweit er nicht nach § 28 o des Vierten Buches auskunftspflichtig ist,
1. auf Verlangen über alle für die Feststellung der Versicherungs- und Beitragspflicht und für die Durchführung der der Krankenkasse übertragenen Aufgaben erforderlichen Tatsachen unverzüglich Auskunft zu erteilen,
2. Änderungen in den Verhältnissen, die für die Feststellung der Versicherungs- und Beitragspflicht erheblich sind und nicht durch Dritte gemeldet werden, unverzüglich mitzuteilen.

Er hat auf Verlangen die Unterlagen, aus denen die Tatsachen oder die Änderung der Verhältnisse hervorgehen, der Krankenkasse in deren Geschäftsräumen unverzüglich vorzulegen.

(2) Entstehen der Krankenkasse durch eine Verletzung der Pflichten nach Absatz 1 zusätzliche Aufwendungen, kann sie von dem Verpflichteten die Erstattung verlangen.

...

Achtes Kapitel
Finanzierung

Erster Abschnitt
Beiträge

Erster Titel
Aufbringung der Mittel

§ 220 Grundsatz
(1) Die Mittel für die Krankenversicherung werden durch Beiträge und sonstige Einnahmen aufgebracht. Die Beiträge sind so zu bemessen, daß sie zusammen mit den sonstigen Einnahmen die im Haushaltsplan vorgesehenen Ausgaben und die vorgeschriebene Auffüllung der Rücklage decken. Für die Bemessung sind der Betrag der vorgesehenen Einnahmen um den zu Beginn des Haushaltsjahres vorhandenen Betriebsmittelüberschuß und der Betrag der vorgesehenen Ausgaben um die erforderliche Auffüllung des Betriebsmittelbestands zu erhöhen.

(2) Ergibt sich während des Haushaltsjahres, daß die Betriebsmittel der Krankenkasse einschließlich der Zuführung aus der Rücklage und der Inanspruchnahme eines Darlehens aus der Gesamtrücklage zur Deckung der Ausgaben nicht ausreichen, sind die Beiträge zu erhöhen. Muß eine Krankenkasse, um ihre Leistungsfähigkeit zu erhalten oder herzustellen, dringend ihre Einnahmen vermehren, hat der Vorstand zu beschließen, daß die Beiträge bis zur satzungsmäßigen Neuregelung erhöht werden; der Beschluß bedarf der Genehmigung der Aufsichtsbehörde. Kommt kein Beschluß zustande, ordnet die Aufsichtsbehörde die notwendige Erhöhung der Beiträge an.

(3) Übersteigen die Einnahmen der Krankenkasse die Ausgaben und ist das gesetzliche Betriebsmittel- und Rücklagesoll erreicht, sind die Beiträge durch Änderung der Satzung zu ermäßigen.

(4) (aufgehoben)

...

§ 223 Beitragspflicht, beitragspflichtige Einnahmen, Beitragsbemessungsgrenze
(1) Die Beiträge sind für jeden Kalendertag der Mitgliedschaft zu zahlen, soweit dieses Buch nichts Abweichendes bestimmt.

(2) Die Beiträge werden nach den beitragspflichtigen Einnahmen der Mitglieder bemessen. Für die Berechnung ist die Woche zu sieben, der Monat zu dreißig und das Jahr zu dreihundertsechzig Tagen anzusetzen.

(3) Beitragspflichtige Einnahmen sind bis zu einem Betrag von einem Dreihundertsechzigstel der Jahresarbeitsentgeltgrenze (§ 6 Abs. 1 Nr. 1) für den Kalendertag zu berücksichtigen (Beitragsbemessungsgrenze). Einnahmen, die diesen Betrag übersteigen, bleiben außer Ansatz, soweit dieses Buch nichts Abweichendes bestimmt.

§ 224 Beitragsfreiheit bei Krankengeld, Mutterschaftsgeld oder Erziehungsgeld
(1) Beitragsfrei ist ein Mitglied für die Dauer des Anspruchs auf Krankengeld oder Mutterschaftsgeld oder des Bezugs von Erziehungsgeld. Die Beitragsfreiheit erstreckt sich nur auf die in Satz 1 genannten Leistungen.
(2) Durch die Beitragsfreiheit wird ein Anspruch auf Schadensersatz nicht ausgeschlossen oder gemindert.

§ 225 Beitragsfreiheit bestimmter Rentenantragsteller
Beitragsfrei ist ein Rentenantragsteller bis zum Beginn der Rente, wenn er
1. als hinterbliebener Ehegatte eines nach § 5 Abs. 1 Nr. 11 oder 12 versicherungspflichtigen Rentners, der bereits Rente bezogen hat, Hinterbliebenenrente beantragt,
2. als Waise eines nach § 5 Abs. 1 Nr. 11 oder 12 versicherungspflichtigen Rentners, der bereits Rente bezogen hat, vor Vollendung des achtzehnten Lebensjahres Waisenrente beantragt oder
3. ohne die Versicherungspflicht nach § 5 Abs. 1 Nr. 11 oder 12 nach § 10 dieses Buches oder nach § 7 des Zweiten Gesetzes über die Krankenversicherung der Landwirte versichert wäre.

Satz 1 gilt nicht, wenn der Rentenantragsteller Arbeitseinkommen oder Versorgungsbezüge erhält. § 226 Abs. 2 gilt entsprechend.

Zweiter Titel
Beitragspflichtige Einnahmen der Mitglieder

§ 226 Beitragspflichtige Einnahmen versicherungspflichtig Beschäftigter
(1) Bei versicherungspflichtig Beschäftigten werden der Beitragsbemessung zugrunde gelegt
1. das Arbeitsentgelt aus einer versicherungspflichtigen Beschäftigung,
2. der Zahlbetrag der Rente der gesetzlichen Rentenversicherung,
3. der Zahlbetrag der der Rente vergleichbaren Einnahmen (Versorgungsbezüge),
4. das Arbeitseinkommen, soweit es neben einer Rente der gesetzlichen Rentenversicherung oder Versorgungsbezügen erzielt wird.

Dem Arbeitsentgelt steht das Vorruhestandsgeld gleich.
(2) Die nach Absatz 1 Satz 1 Nr. 3 und 4 zu bemessenden Beiträge sind nur zu entrichten, wenn die monatlichen beitragspflichtigen Einnahmen nach Absatz 1 Satz 1 Nr. 3 und 4 insgesamt ein Zwanzigstel der monatlichen Bezugsgröße nach § 18 des Vierten Buches übersteigen.
(3) Für Schwangere, deren Mitgliedschaft nach § 192 Abs. 2 erhalten bleibt, gelten die Bestimmungen der Satzung.

§ 227 (aufgehoben)

§ 228 Rente als beitragspflichtige Einnahmen
(1) Als Rente der gesetzlichen Rentenversicherung gelten Renten der Rentenversicherung der Arbeiter und Angestellten sowie Renten der knappschaftlichen Rentenversicherung einschließlich der Steigerungsbeträge aus Beiträgen der Höherversicherung.
(2) Bei der Beitragsbemessung sind auch Nachzahlungen einer Rente aus der gesetzlichen Rentenversicherung zu berücksichtigen, soweit sie auf einen Zeitraum entfallen, in dem der Rentner Anspruch auf Leistungen nach diesem Buch hatte. Die Beiträge aus der Nachzahlung gelten als Beiträge für die Monate, für die die Rente nachgezahlt wird.

§ 229 Versorgungsbezüge als beitragspflichtige Einnahmen
(1) Als der Rente vergleichbare Einnahmen (Versorgungsbezüge) gelten, soweit sie wegen einer Einschränkung der Erwerbsfähigkeit oder zur Alters- oder Hinterbliebenenversorgung erzielt werden,
1. Versorgungsbezüge aus einem öffentlich-rechtlichen Dienstverhältnis oder aus einem Arbeitsverhältnis mit Anspruch auf Versorgung nach beamtenrechtlichen Vorschriften oder Grundsätzen; außer Betracht bleiben
   a) lediglich übergangsweise gewährte Bezüge,
   b) unfallbedingte Leistungen und Leistungen der Beschädigtenversorgung,
   c) bei einer Unfallversorgung ein Betrag von 20 vom Hundert des Zahlbetrags und
   d) bei einer erhöhten Unfallversorgung der Unterschiedsbetrag zum Zahlbetrag der Normalversorgung, mindestens 20 vom Hundert des Zahlbetrags der erhöhten Unfallversorgung,
2. Bezüge aus der Versorgung der Abgeordneten, Parlamentarischen Staatssekretäre und Minister,

3. Renten der Versicherungs- und Versorgungseinrichtungen, die für Angehörige bestimmter Berufe errichtet sind,
4. Renten und Landabgaberenten nach dem Gesetz über die Alterssicherung der Landwirte mit Ausnahme einer Übergangshilfe,
5. Renten der betrieblichen Altersversorgung einschließlich der Zusatzversorgung im öffentlichen Dienst und der hüttenknappschaftlichen Zusatzversorgung.

Satz 1 gilt auch, wenn Leistungen dieser Art aus dem Ausland oder von einer zwischenstaatlichen oder überstaatlichen Einrichtung bezogen werden. Tritt an die Stelle der Versorgungsbezüge eine nicht regelmäßig wiederkehrende Leistung, gilt ein Einhundertzwanzigstel der Leistung als monatlicher Zahlbetrag der Versorgungsbezüge, längstens jedoch für einhundertzwanzig Monate.
(2) Für Nachzahlungen von Versorgungsbezügen gilt § 228 Abs. 2 entsprechend.

§ 230 Rangfolge der Einnahmearten versicherungspflichtig Beschäftigter

Erreicht das Arbeitsentgelt nicht die Beitragsbemessungsgrenze, werden nacheinander der Zahlbetrag der Versorgungsbezüge und das Arbeitseinkommen des Mitglieds bis zur Beitragsbemessungsgrenze berücksichtigt. Der Zahlbetrag der Rente der gesetzlichen Rentenversicherung wird getrennt von den übrigen Einnahmearten bis zur Beitragsbemessungsgrenze berücksichtigt.

§ 231 Erstattung von Beiträgen

(1) Beiträge aus Versorgungsbezügen oder Arbeitseinkommen werden dem Mitglied durch die Krankenkasse auf Antrag erstattet, soweit sie auf Beträge entfallen, um die die Versorgungsbezüge und das Arbeitseinkommen zusammen mit dem Arbeitsentgelt einschließlich des einmalig gezahlten Arbeitsentgelts die anteilige Jahresarbeitsentgeltgrenze überschritten haben.
(2) Die zuständige Krankenkasse erstattet dem Mitglied auf Antrag die von ihm selbst getragenen Anteile an den Beiträgen aus der Rente der gesetzlichen Rentenversicherung, soweit sie auf Beiträge entfallen, um die die Rente zusammen mit den übrigen der Beitragsbemessung zugrunde gelegten Einnahmen des Mitglieds die Beitragsbemessungsgrenze überschritten hat. Die Satzung der Krankenkasse kann Näheres über die Durchführung der Erstattung bestimmen.

§ 232 Beitragspflichtige Einnahmen unständig Beschäftigter

(1) Für unständig Beschäftigte ist als beitragspflichtige Einnahmen ohne Rücksicht auf die Beschäftigungsdauer das innerhalb eines Kalendermonats erzielte Arbeitsentgelt bis zur Höhe von einem Zwölftel der Jahresarbeitsentgeltgrenze (§ 6 Abs. 1 Nr. 1) zugrunde zu legen. Die §§ 226 und 228 bis 231 dieses Buches sowie § 23 a des Vierten Buches gelten.
(2) Bestanden innerhalb eines Kalendermonats mehrere unständige Beschäftigungen und übersteigt das Arbeitsentgelt insgesamt die genannte monatliche Bemessungsgrenze nach Absatz 1, sind bei der Berechnung der Beiträge die einzelnen Arbeitsentgelte anteilmäßig nur zu berücksichtigen, soweit der Gesamtbetrag die monatliche Bemessungsgrenze nicht übersteigt. Auf Antrag des Mitglieds oder eines Arbeitgebers verteilt die Krankenkasse die Beiträge nach den anrechenbaren Arbeitsentgelten.

§ 232 a Beitragspflichtige Einnahmen der Bezieher von Arbeitslosengeld, Arbeitslosenhilfe, Unterhaltsgeld, Kurzarbeitergeld oder Winterausfallgeld

(1) Bei Personen, die Arbeitslosengeld, Arbeitslosenhilfe oder Unterhaltsgeld nach dem Dritten Buch beziehen, gelten als beitragspflichtige Einnahmen 80 vom Hundert des durch sieben geteilten wöchentlichen Arbeitsentgelts nach § 226 Abs. 1 Satz 1 Nr. 1,
1. das der Bemessung des Arbeitslosengeldes oder des Unterhaltsgeldes zugrunde liegt; 80 vom Hundert des beitragspflichtigen Arbeitsentgelts aus einem nicht geringfügigen Beschäftigungsverhältnis sind abzuziehen,
2. das der Bemessung der Arbeitslosenhilfe zugrunde liegt, vervielfältigt mit dem Wert, der sich ergibt, wenn die zu zahlende Arbeitslosenhilfe durch die Arbeitslosenhilfe, die ohne Berücksichtigung von Einkommen zu zahlen wäre, geteilt wird, höchstens jedoch des Arbeitsentgelts, das sich bei entsprechender Anwendung von Nummer 1 ergibt,

soweit es ein Dreihundertsechzigstel der Jahresarbeitsentgeltgrenze der gesetzlichen Krankenversicherung nicht übersteigt. Bei Personen, die Teilarbeitslosengeld oder Teilunterhaltsgeld nach dem Dritten Buch beziehen, ist Satz 1 Nr. 1 zweiter Teilsatz nicht anzuwenden. Ab Beginn des zweiten Monats bis zur zwölften Woche einer Sperrzeit gelten die Leistungen als bezogen.

(2) Soweit Kurzarbeitergeld oder Winterausfall nach dem Dritten Buch gewährt wird, gelten als beitragspflichtige Einnahmen nach § 226 Abs. 1 Satz 1 Nr. 1 80 vom Hundert des Unterschiedsbetrages zwischen dem Sollentgelt und dem Istentgelt nach § 179 des Dritten Buches.
(3) Hat ein Bezieher von Winterausfallgeld nach dem Dritten Buch gegen seinen Arbeitgeber für die Ausfallstunden Anspruch auf Arbeitsentgelt, das unter Anrechnung des Winterausfallgeldes zu zahlen ist, so bemißt sich der Beitrag abweichend von Absatz 2 nach dem Arbeitsentgelt unter Hinzurechnung des Winterausfallgeldes.
(4) § 226 gilt entsprechend.

§ 233 Beitragspflichtige Einnahmen der Seeleute
(1) Für Seeleute gilt als beitragspflichtige Einnahmen der dreißigste Teil des nach § 842 der Reichsversicherungsordnung festgesetzten monatlichen Durchschnittsentgelts der einzelnen Klassen der Schiffsbesatzung und Schiffsgattungen sowie der auf den Kalendertag entfallende Teil des Vorruhestandsgeldes. Die beitragspflichtigen Einnahmen erhöhen sich für Seeleute, die auf den Seeschiffen beköstigt werden, um ein Dreißigstel des nach § 842 der Reichsversicherungsordnung festgesetzten Durchschnittssatzes für Beköstigung.
(2) Ist für Seeleute ein monatlicher Durchschnittsverdienst nach § 842 der Reichsversicherungsordnung nicht festgesetzt, bestimmt die Satzung der See-Krankenkasse die beitragspflichtigen Einnahmen.
(3) § 226 Abs. 1 Satz 1 Nr. 2 bis 4 und Abs. 2 sowie die §§ 228 bis 231 gelten entsprechend.

§ 234 Beitragspflichtige Einnahmen der Künstler und Publizisten
(1) Für die nach dem Künstlersozialversicherungsgesetz versicherungspflichtigen Mitglieder wird der Beitragsbemessung der dreihundertsechzigste Teil des voraussichtlichen Jahresarbeitseinkommens (§ 12 des Künstlersozialversicherungsgesetzes), mindestens jedoch der einhundertachtzigste Teil der monatlichen Bezugsgröße nach § 18 des Vierten Buches Sozialgesetzbuch zugrunde gelegt. Für die Dauer des Bezugs von Erziehungsgeld wird auf Antrag des Mitglieds das in dieser Zeit voraussichtlich erzielte Arbeitseinkommen nach Satz 1 mit dem auf den Kalendertag entfallenden Teil zugrunde gelegt, wenn es im Durchschnitt ein Siebtel der monatlichen Bezugsgröße nach § 18 des Vierten Buches Sozialgesetzbuch übersteigt. Für Kalendertage, für die Anspruch auf Krankengeld oder Mutterschaftsgeld besteht oder für die Beiträge nach § 251 Abs. 1 zu zahlen sind, wird Arbeitseinkommen nicht zugrunde gelegt. Arbeitseinkommen sind auch die Vergütungen für die Verwertung und Nutzung urheberrechtlich geschützter Werke oder Leistungen.
(2) § 226 Abs. 1 Satz 1 Nr. 2 bis 4 und Abs. 2 sowie die §§ 228 bis 231 gelten entsprechend.

§ 235 Beitragspflichtige Einnahmen von Rehabilitanden, Jugendlichen und Behinderten in Einrichtungen
(1) Für die nach § 5 Abs. 1 Nr. 6 versicherungspflichtigen Teilnehmer an berufsfördernden Maßnahmen zur Rehabilitation gilt als beitragspflichtige Einnahmen 80 vom Hundert des Regelentgelts, das der Berechnung des Übergangsgeldes zugrunde liegt. Das Entgelt ist um das Entgelt zu kürzen, das aus einer die Versicherungspflicht begründenden Beschäftigung erzielt wird. Bei Personen, die Teilübergangsgeld nach dem Dritten Buch beziehen, ist Satz 2 nicht anzuwenden. Wird das Übergangsgeld, das Verletztengeld oder das Versorgungskrankengeld angepaßt, ist das Entgelt um den gleichen Vomhundertsatz zu erhöhen. Für Teilnehmer, die kein Übergangsgeld erhalten, sowie für die nach § 5 Abs. 1 Nr. 5 Versicherungspflichtigen gilt als beitragspflichtige Einnahmen ein Arbeitsentgelt in Höhe von 20 vom Hundert der monatlichen Bezugsgröße nach § 18 des Vierten Buches.
(2) Für Personen, deren Mitgliedschaft nach § 192 Abs. 1 Nr. 3 erhalten bleibt, sind die vom zuständigen Rehabilitationsträger nach § 251 Abs. 1 zu tragenden Beiträge nach 80 vom Hundert des Regelentgelts zu bemessen, das der Berechnung des Übergangsgeldes, des Verletztengeldes oder des Versorgungskrankengeldes zugrunde liegt. Absatz 1 Satz 3 gilt.
(3) Für die nach § 5 Abs. 1 Nr. 7 und 8 versicherungspflichtigen Behinderten ist als beitragspflichtige Einnahmen das tatsächlich erzielte Arbeitsentgelt, mindestens jedoch ein Betrag in Höhe von 20 vom Hundert der monatlichen Bezugsgröße nach § 18 des Vierten Buches zugrunde zu legen.
(4) § 226 Abs. 1 Satz 1 Nr. 2 bis 4 und Abs. 2 sowie die §§ 228 bis 231 gelten entsprechend; bei Anwendung des § 230 Satz 1 ist das Arbeitsentgelt vorrangig zu berücksichtigen.

§ 236 Beitragspflichtige Einnahmen der Studenten und Praktikanten

(1) Für die nach § 5 Abs. 1 Nr. 9 und 10 Versicherungspflichtigen gilt als beitragspflichtige Einnahmen ein Dreißigstel des Betrages, der als monatlicher Bedarf nach § 13 Abs. 1 Nr. 2 und Abs. 2 des Bundesausbildungsförderungsgesetzes für Studenten festgesetzt ist, die nicht bei ihren Eltern wohnen. Änderungen des Bedarfsbetrags sind vom Beginn des auf die Änderung folgenden Semesters an zu berücksichtigen.
(2) § 226 Abs. 1 Satz 1 Nr. 2 bis 4 und Abs. 2 sowie die §§ 228 bis 231 gelten entsprechend. Die nach § 226 Abs. 1 Satz 1 Nr. 3 und 4 zu bemessenden Beiträge sind nur zu entrichten, soweit sie die nach Absatz 1 zu bemessenden Beiträge übersteigen.

§ 237 Beitragspflichtige Einnahmen versicherungspflichtiger Rentner

Bei versicherungspflichtigen Rentnern werden der Beitragsbemessung zugrunde gelegt
1. der Zahlbetrag der Rente der gesetzlichen Rentenversicherung,
2. der Zahlbetrag der der Rente vergleichbaren Einnahmen und
3. das Arbeitseinkommen.

§ 226 Abs. 2 und die §§ 228, 229 und 231 gelten entsprechend.

§ 238 Rangfolge der Einnahmearten versicherungspflichtiger Rentner

Erreicht der Zahlbetrag der Rente der gesetzlichen Rentenversicherung nicht die Beitragsbemessungsgrenze, werden nacheinander der Zahlbetrag der Versorgungsbezüge und das Arbeitseinkommen des Mitglieds bis zur Beitragsbemessungsgrenze berücksichtigt.

§ 238 a Rangfolge der Einnahmearten freiwillig versicherter Rentner

Bei freiwillig versicherten Rentnern werden der Beitragsbemessung nacheinander der Zahlbetrag der Rente, der Zahlbetrag der Versorgungsbezüge, das Arbeitseinkommen und die sonstigen Einnahmen, die die wirtschaftliche Leistungsfähigkeit des freiwilligen Mitglieds bestimmen (§ 240 Abs. 1), bis zur Beitragsbemessungsgrenze zugrunde gelegt.

§ 239 Beitragsbemessung bei Rentenantragstellern

Bei Rentenantragstellern wird die Beitragsbemessung für die Zeit der Rentenantragstellung bis zum Beginn der Rente durch die Satzung geregelt. Dies gilt auch für Personen, bei denen die Rentenzahlung eingestellt wird, bis zum Ablauf des Monats, in dem die Entscheidung über Wegfall oder Entzug der Rente unanfechtbar geworden ist. § 240 gilt entsprechend.

§ 240 Beitragspflichtige Einnahmen freiwilliger Mitglieder

(1) Für freiwillige Mitglieder wird die Beitragsbemessung durch die Satzung geregelt. Dabei ist sicherzustellen, daß die Beitragsbelastung die gesamte wirtschaftliche Leistungsfähigkeit des freiwilligen Mitglieds berücksichtigt.
(2) Die Satzung der Krankenkasse muß mindestens die Einnahmen des freiwilligen Mitglieds berücksichtigen, die bei einem vergleichbaren versicherungspflichtig Beschäftigten der Beitragsbemessung zugrunde zu legen sind. Die §§ 223 und 228 Abs. 2, § 229 Abs. 2 und die §§ 238 a und 243 Abs. 2 dieses Buches gelten entsprechend.
(3) Für freiwillige Mitglieder, die neben dem Arbeitsentgelt eine Rente der gesetzlichen Rentenversicherung beziehen, ist der Zahlbetrag der Rente getrennt von den übrigen Einnahmen bis zur Beitragsbemessungsgrenze zu berücksichtigen. Soweit dies insgesamt zu einer über der Beitragsbemessungsgrenze liegenden Beitragsbelastung führen würde, ist statt des entsprechenden Beitrags aus der Rente nur der Zuschuß des Rentenversicherungsträgers einzuzahlen.
(3 a) Für Versicherte, bei denen am 31. Dezember 1992 § 248 Abs. 2 anzuwenden war, gilt für die Beitragsbemessung zu Versorgungsbezügen und Arbeitseinkommen § 248 Abs. 1.
(4) Als beitragspflichtige Einnahmen gilt für den Kalendertag mindestens der neunzigste Teil der monatlichen Bezugsgröße. Für freiwillige Mitglieder, die hauptberuflich selbständig erwerbstätig sind, gilt als beitragspflichtige Einnahmen für den Kalendertag der dreißigste Teil der monatlichen Beitragsbemessungsgrenze (§ 223), bei Nachweis niedrigerer Einnahmen jedoch mindestens der vierzigste Teil der monatlichen Bezugsgröße. Veränderungen der Beitragsbemessung auf Grund eines vom Versicherten geführten Nachweises nach Satz 2 können nur zum ersten Tag des auf die Vorlage dieses Nachweises folgenden Monats wirksam werden. Für freiwillig versicherte Mitglieder,

die Schüler einer Fachschule oder Berufsfachschule sind, gilt § 236 in Verbindung mit § 245 Abs. 1 entsprechend.
(4 a) Für freiwillige Mitglieder kann die Satzung der Krankenkasse die beitragspflichtigen Einnahmen abweichend von Absatz 1 Satz 2 und Absatz 4 regeln, solange für sie und ihre nach § 10 versicherten Familienangehörigen der Anspruch auf Leistungen während eines beruflich bedingten Auslandsaufenthalts oder nach § 16 Abs. 1 Nr. 3 ruht; dabei dürfen 10 vom Hundert der monatlichen Bezugsgröße nach § 18 des Vierten Buches nicht unterschritten werden.
(5) Die Satzung kann auch Beitragsklassen vorsehen.

Dritter Titel
Beitragssätze

§ 241 Allgemeiner Beitragssatz
Die Beiträge sind nach einem Beitragssatz zu erheben, der in Hundertsteln der beitragspflichtigen Einnahmen in der Satzung festgesetzt wird. Soweit nichts Abweichendes bestimmt ist, zahlen Mitglieder Beiträge nach dem allgemeinen Beitragssatz. Dieser Beitragssatz gilt für Mitglieder, die bei Arbeitsunfähigkeit für mindestens sechs Wochen Anspruch auf Fortzahlung ihres Arbeitsentgelts oder auf Zahlung einer die Versicherungspflicht begründenden Sozialleistung haben.

§ 242 Erhöhter Beitragssatz
Für Mitglieder, die bei Arbeitsunfähigkeit nicht für mindestens sechs Wochen Anspruch auf Fortzahlung ihres Arbeitsentgelts oder auf Zahlung einer die Versicherungspflicht begründenden Sozialleistung haben, ist der allgemeine Beitragssatz entsprechend zu erhöhen.

§ 243 Ermäßigter Beitragssatz
(1) Besteht kein Anspruch auf Krankengeld oder beschränkt die Krankenkasse auf Grund von Vorschriften dieses Buches für einzelne Mitgliedergruppen den Umfang der Leistungen, ist der Beitragssatz entsprechend zu ermäßigen.
(2) Absatz 1 gilt nicht für die Beitragsbemessung nach § 240 Abs. 4 a. Beitragsabstufungen nach dem Familienstand oder der Zahl der Angehörigen, für die eine Versicherung nach § 10 besteht, sind unzulässig.

§ 244 Ermäßigter Beitrag für Wehrdienstleistende und Zivildienstleistende
(1) Bei Einberufung zu einem Wehrdienst von länger als drei Tagen wird der Beitrag für
1. Wehrdienstleistende nach § 193 Abs. 1 auf ein Drittel,
2. Wehrdienstleistende nach § 193 Abs. 2 auf ein Zehntel
des Beitrags ermäßigt, der vor der Einberufung zuletzt zu entrichten war. Dies gilt nicht für aus Renten der gesetzlichen Rentenversicherung, Versorgungsbezügen und Arbeitseinkommen zu bemessende Beiträge.
(2) Das Bundesministerium für Gesundheit kann im Einvernehmen mit dem Bundesministerium der Verteidigung und dem Bundesministerium der Finanzen durch Rechtsverordnung mit Zustimmung des Bundesrates für die Beitragszahlung nach Absatz 1 Satz 1 Nr. 2 eine pauschale Beitragsberechnung vorschreiben und die Zahlungsweise regeln.
(3) Die Absätze 1 und 2 gelten für Zivildienstleistende entsprechend. Bei einer Rechtsverordnung nach Absatz 2 tritt an die Stelle des Bundesministeriums der Verteidigung das Bundesministerium für Familie, Senioren, Frauen und Jugend.

§ 245 Beitragssatz für Studenten und Praktikanten
(1) Für die nach § 5 Abs. 1 Nr. 9 und 10 Versicherungspflichtigen gelten als Beitragssatz sieben Zehntel des durchschnittlichen allgemeinen Beitragssatzes der Krankenkassen, den der Bundesminister für Gesundheit jeweils zum 1. Januar feststellt. Der Beitragssatz ist auf eine Stelle nach dem Komma zu runden. Er gilt für Studenten vom Beginn des auf die Feststellung folgenden Wintersemesters, im übrigen jeweils vom 1. Oktober an.
(2) Der Beitragssatz nach Absatz 1 gilt auch für Personen, deren Mitgliedschaft in der studentischen Krankenversicherung nach § 190 Abs. 9 endet und die sich freiwillig weiterversichert haben, bis zu der das Studium abschließenden Prüfung, jedoch längstens für die Dauer von sechs Monaten.

§ 246 (aufgehoben)

§ 247 Beitragssatz aus der Rente
(1) Bei Versicherungspflichtigen gilt für die Bemessung der Beiträge aus Renten der gesetzlichen Rentenversicherung der allgemeine Beitragssatz ihrer Krankenkasse. Der am 1. Januar geltende Beitragssatz gilt jeweils vom 1. Juli des laufenden Kalenderjahres bis zum 30. Juni des folgenden Kalenderjahres.
(2) Für das Verfahren zur Übermittlung der nach Absatz 1 maßgeblichen Beitragssätze gilt § 201 Abs. 6 entsprechend.
(3) Vom 1. Januar 1995 bis zum 30. Juni 1997 tritt an die Stelle des in Absatz 1 Satz 1 genannten Beitragssatzes der durchschnittliche allgemeine Beitragssatz der Krankenkassen, den das Bundesministerium für Gesundheit jeweils zum 1. Januar feststellt. Dieser Beitragssatz ist auf eine Stelle nach dem Komma zu runden.

§ 248 Beitragssatz aus Versorgungsbezügen und Arbeitseinkommen
Bei Versicherungspflichtigen gilt für die Bemessung der Beiträge aus Versorgungsbezügen und Arbeitseinkommen die Hälfte des jeweils am 1. Juli geltenden allgemeinen Beitragssatzes ihrer Krankenkasse für das folgende Kalenderjahr.

Vierter Titel
Tragung der Beiträge

§ 249 Tragung der Beiträge bei versicherungspflichtiger Beschäftigung
(1) Die nach § 5 Abs. 1 Nr. 1 versicherungspflichtig Beschäftigten und ihre Arbeitgeber tragen die nach dem Arbeitsentgelt zu bemessenden Beiträge jeweils zur Hälfte.
(2) Der Arbeitgeber trägt den Beitrag allein
1. für im Rahmen betrieblicher Berufsbildung Beschäftigte, deren monatliches Arbeitsentgelt 630 Deutsche Mark nicht übersteigt,
2. für Personen, die ein freiwilliges soziales Jahr im Sinne des Gesetzes zur Förderung eines freiwilligen sozialen Jahres oder ein freiwilliges ökologisches Jahr im Sinne des Gesetzes zur Förderung eines freiwilligen ökologischen Jahres leisten,
3. für Beschäftigte, soweit Beiträge für Kurzarbeitergeld oder Winterausfallgeld zu zahlen sind.
(3) Wird infolge einmalig gezahlten Arbeitsentgelts (§ 23 des Vierten Buches) die in Absatz 2 Nr. 1 genannte Grenze überschritten, tragen der Versicherungspflichtige und der Arbeitgeber den Beitrag von dem diese Grenze übersteigenden Teil des Arbeitsentgelts jeweils zur Hälfte; im übrigen trägt der Arbeitgeber den Betrag allein.

§ 249 a Tragung der Beiträge bei Versicherungspflichtigen mit Rentenbezug
Versicherungspflichtige, die eine Rente aus der gesetzlichen Rentenversicherung beziehen, und die Träger der Rentenversicherung tragen die nach der Rente zu bemessenden Beiträge jeweils zur Hälfte.

§ 249 b Beitrag des Arbeitgebers bei geringfügiger Beschäftigung
Der Arbeitgeber einer Beschäftigung nach § 8 Abs. 1 Nr. 1 des Vierten Buches hat für Versicherte, die in dieser Beschäftigung versicherungsfrei oder nicht versicherungspflichtig sind, einen Beitrag in Höhe von 10 vom Hundert des Arbeitsentgelts dieser Beschäftigung zu tragen. Für den Beitrag des Arbeitgebers gelten der Dritte Abschnitt des Vierten Buches sowie § 111 Abs. 1 Nr. 2 bis 4, 8 und Abs. 4 des Vierten Buches entsprechend.

§ 250 Tragung der Beiträge durch das Mitglied
(1) Versicherungspflichtige tragen die Beiträge allein
1. aus den Versorgungsbezügen,
2. aus dem Arbeitseinkommen,
3. aus den beitragspflichtigen Einnahmen nach § 236 Abs. 1.
(2) Freiwillige Mitglieder, in § 189 genannte Rentenantragsteller sowie Schwangere, deren Mitgliedschaft nach § 192 Abs. 2 erhalten bleibt, tragen den Beitrag allein.

§ 251 Tragung der Beiträge durch Dritte
(1) Der zuständige Rehabilitationsträger trägt die auf Grund der Teilnahme an berufsfördernden Maßnahmen zur Rehabilitation sowie an Berufsfindung oder Arbeitserprobung (§ 5 Abs. 1 Nr. 6) oder

des Bezugs von Übergangsgeld, Verletztengeld oder Versorgungskrankengeld (§ 192 Abs. 1 Nr. 3) zu zahlenden Beiträge.
(2) Der Träger der Einrichtung trägt den Beitrag allein
1. für die nach § 5 Abs. 1 Nr. 5 versicherungspflichtigen Jugendlichen,
2. für die nach § 5 Abs. 1 Nr. 7 oder 8 versicherungspflichtigen Behinderten, wenn das tatsächliche Arbeitsentgelt den nach § 235 Abs. 3 maßgeblichen Mindestbetrag nicht übersteigt; im übrigen gilt § 249 Abs. 1 entsprechend.
Für die nach § 5 Abs. 1 Nr. 7 versicherungspflichtigen Behinderten sind die Beiträge, die der Träger der Einrichtung zu tragen hat, von den für die Behinderten zuständigen Leistungsträgern zu erstatten.
(3) Die Künstlersozialkasse trägt die Beiträge für die nach dem Künstlersozialversicherungsgesetz versicherungspflichtigen Mitglieder. Hat die Künstlersozialkasse nach § 16 Abs. 2 Satz 2 des Künstlersozialversicherungsgesetzes das Ruhen der Leistungen festgestellt, entfällt für die Zeit des Ruhens die Pflicht zur Entrichtung des Beitrages, es sei denn, das Ruhen endet nach § 16 Abs. 2 Satz 4 des Künstlersozialversicherungsgesetzes. Bei einer Vereinbarung nach § 16 Abs. 2 Satz 5 des Künstlersozialversicherungsgesetzes ist die Künstlersozialkasse zur Entrichtung der Beiträge für die Zeit des Ruhens insoweit verpflichtet, als der Versicherte seine Beitragsanteile zahlt.
(4) Der Bund trägt die Beiträge für Wehrdienst- und Zivildienstleistende im Falle des § 193 Abs. 2 und 3 sowie für die Bezieher von Arbeitslosenhilfe nach dem Dritten Buch.
(4 a) Die Bundesanstalt für Arbeit trägt die Beiträge für die Bezieher von Arbeitslosengeld und Unterhaltsgeld nach dem Dritten Buch.
(5) Die Krankenkassen sind zur Prüfung der Beitragszahlung berechtigt.

Fünfter Titel
Zahlung der Beiträge

§ 252 Beitragszahlung
Soweit gesetzlich nichts Abweichendes bestimmt ist, sind die Beiträge von demjenigen zu zahlen, der sie zu tragen hat. Abweichend von Satz 1 zahlt die Bundesanstalt für Arbeit die Beiträge für die Bezieher von Arbeitslosenhilfe nach dem Dritten Buch.

§ 253 Beitragszahlung aus dem Arbeitsentgelt
Für die Zahlung der Beiträge aus Arbeitsentgelt bei einer versicherungspflichtigen Beschäftigung gelten die Vorschriften über den Gesamtsozialversicherungsbeitrag nach den §§ 28 d bis 28 n und § 28 r des Vierten Buches.

§ 254 Beitragszahlung der Studenten
Versicherungspflichtige Studenten haben vor der Einschreibung oder Rückmeldung an der Hochschule die Beiträge für das Semester im voraus an die zuständige Krankenkasse zu zahlen. Die Satzung der Krankenkasse kann andere Zahlungsweisen vorsehen. Weist ein als Student zu Versichernder die Erfüllung der ihm gegenüber der Krankenkasse auf Grund dieses Gesetzbuchs auferlegten Verpflichtungen nicht nach, verweigert die Hochschule die Einschreibung oder die Annahme der Rückmeldung.

§ 255 Beitragszahlung aus der Rente
(1) Beiträge, die Versicherungspflichtige aus ihrer Rente zu tragen haben, sind von den Trägern der Rentenversicherung bei der Zahlung der Rente einzubehalten und zusammen mit den von den Trägern der Rentenversicherung zu tragenden Beiträgen an die Bundesversicherungsanstalt für Angestellte für die Krankenkassen mit Ausnahme der landwirtschaftlichen Krankenkassen zu zahlen.
(2) Ist bei der Zahlung der Rente die Einbehaltung von Beiträgen nach Absatz 1 unterblieben, sind die rückständigen Beiträge durch den Träger der Rentenversicherung aus der weiterhin zu zahlenden Rente einzubehalten; § 51 Abs. 2 des Ersten Buches gilt entsprechend. Wird die Rente nicht mehr gezahlt, obliegt der Einzug von rückständigen Beiträgen der zuständigen Krankenkasse. Der Träger der Rentenversicherung haftet mit dem von ihm zu tragenden Anteil an den Aufwendungen für die Krankenversicherung.
(3) Die Beiträge nach den Absätzen 1 und 2 stehen den Krankenkassen der Bezieher dieser beitragspflichtigen Renten zu. Die Krankenkassen verrechnen die Beitragsforderungen nach Satz 1 mit ihren Verpflichtungen im Risikostrukturausgleich (§ 266) und mit den für die Bundesversicherungsanstalt

für Angestellte eingezogenen Beiträgen. Die Rentenversicherungsträger haben den Krankenkassen die einbehaltenen Beiträge nachzuweisen. Das Nähere über das Verfahren der Aufteilung der Beiträge vereinbaren die Spitzenverbände der betroffenen Krankenkassen und die Bundesversicherungsanstalt für Angestellte im Benehmen mit dem Bundesversicherungsamt.
(4) Vom 1. Januar 1995 bis zum 30. Juni 1997 teilt das Bundesversicherungsamt die Beiträge nach den Absätzen 1 und 2 auf die Krankenkassen der Bezieher dieser beitragspflichtigen Renten in einem Verhältnis auf, das dem Verhältnis der auf das Kalenderjahr bezogenen Produkte von allgemeinem Beitragssatz und den gemeldeten Renten der Krankenkassen zueinander entspricht. Die Krankenkassen verrechnen die Beitragsforderungen nach Satz 1 mit ihren Verpflichtungen im Risikostrukturausgleich (§ 266) und mit den für die Bundesversicherungsanstalt für Angestellte eingezogenen Beiträgen. Absatz 3 Satz 4 gilt entsprechend.

§ 256 Beitragszahlung aus Versorgungsbezügen
(1) Für Versicherungspflichtige, die eine Rente der gesetzlichen Rentenversicherung beziehen, haben die Zahlstellen der Versorgungsbezüge die Beiträge aus Versorgungsbezügen einzubehalten und an die zuständige Krankenkasse zu zahlen. Die zu zahlenden Beiträge werden fällig mit der Auszahlung der Versorgungsbezüge, von denen sie einzubehalten sind. Die Zahlstellen haben der Krankenkasse die einbehaltenen Beiträge nachzuweisen. Bezieht das Mitglied Versorgungsbezüge von mehreren Zahlstellen und übersteigen die Versorgungsbezüge zusammen mit dem Zahlbetrag der Rente der gesetzlichen Rentenversicherung die Beitragsbemessungsgrenze, verteilt die Krankenkasse auf Antrag des Mitglieds oder einer der Zahlstellen die Beiträge.
(2) § 255 Abs. 2 Satz 1 und 2 gilt entsprechend. Die Krankenkasse zieht die Beiträge aus nachgezahlten Versorgungsbezügen ein. Dies gilt nicht für Beiträge aus Nachzahlungen aufgrund von Anpassungen der Versorgungsbezüge an die wirtschaftliche Entwicklung. Die Erstattung von Beiträgen obliegt der zuständigen Krankenkasse. Die Krankenkassen können mit den Zahlstellen der Versorgungsbezüge Abweichendes vereinbaren.
(3) Die Krankenkasse überwacht die Beitragszahlung. Sind für die Überwachung der Beitragszahlung durch eine Zahlstelle mehrere Krankenkassen zuständig, haben sie zu vereinbaren, daß eine dieser Krankenkassen die Überwachung für die beteiligten Krankenkassen übernimmt. § 98 Abs. 1 Satz 2 des Zehnten Buches gilt entsprechend.
(4) Zahlstellen, die regelmäßig an weniger als dreißig beitragspflichtige Mitglieder Versorgungsbezüge auszahlen, können bei der zuständigen Krankenkasse beantragen, daß das Mitglied die Beiträge selbst zahlt.

Zweiter Abschnitt
Beitragszuschüsse
§ 257 Beitragszuschüsse für Beschäftigte
(1) Freiwillig in der gesetzlichen Krankenversicherung versicherte Beschäftigte, die nur wegen Überschreitens der Jahresarbeitsentgeltgrenze versicherungsfrei sind, erhalten von ihrem Arbeitgeber als Beitragszuschuß die Hälfte des Beitrags, der für einen versicherungspflichtig Beschäftigten bei der Krankenkasse, bei der die Mitgliedschaft besteht, zu zahlen wäre, höchstens jedoch die Hälfte des Betrages, den sie tatsächlich zu zahlen haben. Bestehen innerhalb desselben Zeitraums mehrere Beschäftigungsverhältnisse, sind die beteiligten Arbeitgeber anteilig nach dem Verhältnis der Höhe der jeweiligen Arbeitsentgelte zur Zahlung des Beitragszuschusses verpflichtet. Für Beschäftigte, die Kurzarbeitergeld oder Winterausfallgeld nach dem Dritten Buch beziehen, ist zusätzlich zu dem Zuschuß nach Satz 1 die Hälfte des Betrages zu zahlen, den der Arbeitgeber bei Versicherungspflicht des Beschäftigten bei der Krankenkasse, bei der die Mitgliedschaft besteht, nach § 249 Abs. 2 Nr. 3 als Beitrag zu tragen hätte.
(2) Beschäftigte, die nur wegen Überschreitens der Jahresarbeitsentgeltgrenze (§ 6 Abs. 1 Nr. 1) versicherungsfrei oder die von der Versicherungspflicht befreit und bei einem privaten Krankenversicherungsunternehmen versichert sind und für sich und ihre Angehörigen, die bei Versicherungspflicht des Beschäftigten nach § 10 versichert wären, Vertragsleistungen beanspruchen können, die der Art nach den Leistungen dieses Buches entsprechen, erhalten von ihrem Arbeitgeber einen Beitragszuschuß. Der Zuschuß beträgt die Hälfte des Betrages, der sich unter Anwendung des durchschnitt-

lichen allgemeinen Beitragssatzes der Krankenkassen vom 1. Januar des Vorjahres (§ 245) und der nach § 226 Abs. 1 Satz 1 Nr. 1 und § 232 a Abs. 2 bei Versicherungspflicht zugrunde zu legenden beitragspflichtigen Einnahmen als Beitrag ergibt, höchstens jedoch die Hälfte des Betrages, den der Beschäftigte für seine Krankenversicherung zu zahlen hat. Für Personen, die bei Mitgliedschaft in einer Krankenkasse keinen Anspruch auf Krankengeld hätten, sind bei Berechnung des Zuschusses neun Zehntel des in Satz 2 genannten Beitragssatzes anzuwenden. Für Beschäftigte, die Kurzarbeitergeld oder Winterausfallgeld nach dem Dritten Buch beziehen, gilt Absatz 1 Satz 3 mit der Maßgabe, daß sie höchstens den Betrag erhalten, den sie tatsächlich zu zahlen haben. Absatz 1 Satz 2 gilt.

(2 a) Der Zuschuß nach Absatz 2 wird ab 1. Juli 1994 für eine private Krankenversicherung nur gezahlt, wenn das Versicherungsunternehmen

1. diese Krankenversicherung nach Art der Lebensversicherung betreibt,
2. sich verpflichtet, für versicherte Personen, die das fünfundsechzigste Lebensjahr vollendet haben und über eine Vorversicherungszeit von mindestens zehn Jahren in einem zuschußberechtigten Versicherungsschutz verfügen, einen brancheneinheitlichen Standardtarif anzubieten, dessen Vertragsleistungen den Leistungen dieses Buches bei Krankheit jeweils vergleichbar sind und dessen Beitrag den durchschnittlichen Höchstbeitrag der gesetzlichen Krankenversicherung nicht übersteigt,
3. sich verpflichtet, den überwiegenden Teil der Überschüsse, die sich aus dem selbst abgeschlossenen Versicherungsgeschäft ergeben, zugunsten der Versicherten zu verwenden,
4. vertraglich auf das ordentliche Kündigungsrecht verzichtet und
5. die Krankenversicherung nicht zusammen mit anderen Versicherungssparten betreibt.

Der nach Satz 1 Nr. 2 maßgebliche durchschnittliche Höchstbeitrag der gesetzlichen Krankenversicherung ist jeweils zum 1. Januar nach dem durchschnittlichen allgemeinen Beitragssatz der Krankenkassen vom 1. Januar des Vorjahres (§ 245) und der Beitragsbemessungsgrenze (§ 223 Abs. 3) zu errechnen. Der Versicherungsnehmer hat dem Arbeitgeber eine Bescheinigung des Versicherungsunternehmens darüber vorzulegen, daß die Aufsichtsbehörde dem Versicherungsunternehmen bestätigt hat, daß es die Versicherung, die Grundlage des Versicherungsvertrages ist, nach den in Satz 1 genannten Voraussetzungen betreibt.

(2 b) Zur Gewährleistung der in Absatz 2 a Satz 1 Nr. 2 genannten Begrenzung sind alle Versicherungsunternehmen, die die nach Absatz 2 zuschußberechtigte Krankenversicherung betreiben, verpflichtet, an einem finanziellen Spitzenausgleich teilzunehmen, dessen Ausgestaltung zusammen mit den Einzelheiten des Standardtarifs zwischen dem Bundesaufsichtsamt für das Versicherungswesen und dem Verband der privaten Krankenversicherung mit Wirkung für die beteiligten Unternehmen zu vereinbaren ist.

(2 c) Wer bei einem privaten Krankenversicherungsunternehmen versichert ist, das die Voraussetzungen des Absatzes 2 a nicht erfüllt, kann ab 1. Juli 1994 den Versicherungsvertrag mit sofortiger Wirkung kündigen.

(3) Für Bezieher von Vorruhestandsgeld nach § 5 Abs. 3, die als Beschäftigte bis unmittelbar vor Beginn der Vorruhestandsleistungen Anspruch auf den vollen oder anteiligen Beitragszuschuß nach Absatz 1 hatten, bleibt der Anspruch für die Dauer der Vorruhestandsleistungen gegen den zur Zahlung des Vorruhestandsgeldes Verpflichteten erhalten. Der Zuschuß beträgt die Hälfte des Beitrags, den der Bezieher von Vorruhestandsgeld als versicherungspflichtig Beschäftigter zu zahlen hätte, höchstens jedoch die Hälfte des Betrages, den er zu zahlen hat. Absatz 1 Satz 2 gilt entsprechend.

(4) Für Bezieher von Vorruhestandsgeld nach § 5 Abs. 3, die als Beschäftigte bis unmittelbar vor Beginn der Vorruhestandsleistungen Anspruch auf den vollen oder anteiligen Beitragszuschuß nach Absatz 2 hatten, bleibt der Anspruch für die Dauer der Vorruhestandsleistungen gegen den zur Zahlung des Vorruhestandsgeldes Verpflichteten erhalten. Der Zuschuß beträgt die Hälfte des aus dem Vorruhestandsgeld bis zur Beitragsbemessungsgrenze (§ 223 Abs. 3) und neun Zehntel des durchschnittlichen allgemeinen Beitragssatzes der Krankenkassen als Beitrag errechneten Betrages, höchstens jedoch die Hälfte des Betrages, den der Bezieher von Vorruhestandsgeld für seine Krankenversicherung zu zahlen hat. Absatz 2 Satz 3 gilt entsprechend. Der Beitragssatz ist auf eine Stelle nach dem Komma zu runden.

§ 258 Beitragszuschüsse für Teilnehmer an einer berufsfördernden Maßnahme zur Rehabilitation
Bezieher von Übergangsgeld, die nach § 8 Abs. 1 Nr. 4 von der Versicherungspflicht befreit sind, erhalten vom zuständigen Leistungsträger einen Zuschuß zu ihrem Krankenversicherungsbeitrag. Als Zuschuß ist der Betrag zu zahlen, der von dem Leistungsträger als Beitrag bei Krankenversicherungspflicht zu zahlen wäre, höchstens jedoch der Betrag, der an das private Krankenversicherungsunternehmen zu zahlen ist. § 257 Abs. 2 a bis 2 c gilt entsprechend.

...

Neuntes Kapitel
Medizinischer Dienst der Krankenversicherung

Erster Abschnitt
Aufgaben

§ 275 Begutachtung und Beratung
(1) Die Krankenkassen sind in den gesetzlich bestimmten Fällen oder wenn es nach Art, Schwere, Dauer oder Häufigkeit der Erkrankung oder nach dem Krankheitsverlauf erforderlich ist, verpflichtet,
1. bei Erbringung von Leistungen, insbesondere zur Prüfung von Voraussetzung, Art und Umfang der Leistung,
2. zur Einleitung von Maßnahmen zur Rehabilitation, insbesondere zur Aufstellung eines Gesamtplans nach § 5 Abs. 3 des Gesetzes über die Angleichung der Leistungen zur Rehabilitation, im Benehmen mit dem behandelnden Arzt,
3. bei Arbeitsunfähigkeit
   a) zur Sicherung des Behandlungserfolgs, insbesondere zur Einleitung von Maßnahmen der Leistungsträger für die Wiederherstellung der Arbeitsfähigkeit, oder
   b) zur Beseitigung von Zweifeln an der Arbeitsunfähigkeit
eine gutachtliche Stellungnahme des Medizinischen Dienstes der Krankenversicherung (Medizinischer Dienst) einzuholen.
(1a) Zweifel an der Arbeitsunfähigkeit nach Absatz 1 Nr. 3 Buchstabe b sind insbesondere in Fällen anzunehmen, in denen
a) Versicherte auffällig häufig oder auffällig häufig nur für kurze Dauer arbeitsunfähig sind oder der Beginn der Arbeitsunfähigkeit häufig auf einen Arbeitstag am Beginn oder am Ende einer Woche fällt oder
b) die Arbeitsunfähigkeit von einem Arzt festgestellt worden ist, der durch die Häufigkeit der von ihm ausgestellten Bescheinigungen über Arbeitsunfähigkeit auffällig geworden ist.
Die Prüfung hat unverzüglich nach Vorlage der ärztlichen Feststellung über die Arbeitsunfähigkeit zu erfolgen. Der Arbeitgeber kann verlangen, daß die Krankenkasse eine gutachtliche Stellungnahme des Medizinischen Dienstes zur Überprüfung der Arbeitsunfähigkeit einholt. Die Krankenkasse kann von einer Beauftragung des Medizinischen Dienstes absehen, wenn sich die medizinischen Voraussetzungen der Arbeitsunfähigkeit eindeutig aus den der Krankenkasse vorliegenden ärztlichen Unterlagen ergeben.
(1b) Der Medizinische Dienst überprüft bei Vertragsärzten, die nach § 106 Abs. 2 Satz 1 Nr. 2 geprüft werden, stichprobenartig und zeitnah Feststellungen der Arbeitsunfähigkeit. Die in § 106 Abs. 2 Satz 3 genannten Vertragspartner vereinbaren das Nähere.
(2) Die Krankenkassen haben durch den Medizinischen Dienst prüfen zu lassen
1. die Notwendigkeit der Leistungen nach den §§ 23, 24, 40 und 41 unter Zugrundelegung eines ärztlichen Behandlungsplans vor Bewilligung und bei beantragter Verlängerung; die Spitzenverbände der Krankenkassen können gemeinsam und einheitlich Ausnahmen zulassen, wenn Prüfungen nach Indikation und Personenkreis nicht notwendig erscheinen; dies gilt insbesondere für stationäre Rehabilitationsmaßnahmen im Anschluß an eine Krankenhausbehandlung (Anschlußheilbehandlung),
2. (entfällt)

3. bei Kostenübernahme einer Behandlung im Ausland, ob die Behandlung einer Krankheit nur im Ausland möglich ist (§ 18),
4. ob und für welchen Zeitraum häusliche Krankenpflege länger als vier Wochen erforderlich ist (§ 37 Abs. 1),
5. ob Versorgung mit Zahnersatz aus medizinischen Gründen ausnahmsweise unaufschiebbar ist (§ 27 Abs. 2).

(3) Die Krankenkassen können in geeigneten Fällen durch den Medizinischen Dienst prüfen lassen
1. die medizinischen Voraussetzungen für die Durchführung der kieferorthopädischen Behandlung (§ 29),
2. vor Bewilligung eines Hilfsmittels, ob das Hilfsmittel erforderlich ist (§ 33); der Medizinische Dienst hat hierbei den Versicherten zu beraten; er hat mit den Orthopädischen Versorgungsstellen zusammenzuarbeiten,
3. bei Dialysebehandlung, welche Form der ambulanten Dialysebehandlung unter Berücksichtigung des Einzelfalls notwendig und wirtschaftlich ist.

(3 a) Ergeben sich bei der Auswertung der Unterlagen über die Zuordnung von Patienten zu den Behandlungsbereichen nach § 4 der Psychiatrie-Personalverordnung in vergleichbaren Gruppen Abweichungen, so können die Landesverbände der Krankenkassen und die Verbände der Ersatzkassen die Zuordnungen durch den Medizinischen Dienst überprüfen lassen; das zu übermittelnde Ergebnis der Überprüfung darf keine Sozialdaten enthalten.

(4) Die Krankenkassen und ihre Verbände sollen bei der Erfüllung anderer als der in Absatz 1 bis 3 genannten Aufgaben im notwendigen Umfang den Medizinischen Dienst zu Rate ziehen, insbesondere für allgemeine medizinische Fragen der gesundheitlichen Versorgung und Beratung der Versicherten, für Fragen der Qualitätssicherung, für Vertragsverhandlungen mit den Leistungserbringern und für Beratungen der gemeinsamen Ausschüsse von Ärzten und Krankenkassen, insbesondere der Prüfungsausschüsse.

(5) Die Ärzte des Medizinischen Dienstes sind bei der Wahrnehmung ihrer medizinischen Aufgaben nur ihrem ärztlichen Gewissen unterworfen. Sie sind nicht berechtigt, in die ärztliche Behandlung einzugreifen.

§ 275 a Modellvorhaben zur Prüfung der Notwendigkeit der Krankenhausbehandlung

(1) Die Krankenkassen haben in jedem Land mit Zustimmung des nach Absatz 2 zu bestimmenden Krankenhauses die Notwendigkeit der Krankenhausaufnahme durch den Medizinischen Dienst im Rahmen seiner Aufgaben nach § 275 Abs. 4 als Modellvorhaben prüfen zu lassen. Das Modellvorhaben soll jeweils ein Krankenhaus jeder der nach Landesrecht bestimmten Versorgungsstufen einbeziehen. Das Modellvorhaben ist bis zum 31. Dezember 1996 abzuschließen.

(2) Die an dem Modellvorhaben teilnehmenden Krankenhäuser, die Zahl der zu prüfenden Krankenhausaufnahmen sowie das Prüfverfahren sind durch die Landesverbände der Krankenkassen, die Verbände der Ersatzkassen und die Landeskrankenhausgesellschaft oder die Vereinigungen der Krankenhausträger im Land gemeinsam zu bestimmen. Kommt eine Einigung bis zum 31. März 1993 nicht zustande, entscheidet die Schiedsstelle nach § 114 bis zum 30. Juni 1993.

(3) Die am Modellvorhaben teilnehmenden Krankenkassen und Krankenhäuser haben dem Medizinischen Dienst die für die Prüfung der Notwendigkeit der Krankenhausaufnahme erforderlichen Unterlagen, einschließlich der Krankenunterlagen, zur Verfügung zu stellen und die notwendigen Auskünfte zu erteilen. Die Ärzte des Medizinischen Dienstes sind befugt, zu diesem Zweck zwischen 8.00 und 18.00 Uhr die Räume der am Modellvorhaben teilnehmenden Krankenhäuser zu betreten.

(4) Die Medizinischen Dienste haben das Ergebnis ihrer Prüfung auszuwerten. Die für das Modellvorhaben erhobenen und gespeicherten Sozialdaten sind spätestens ein Jahr nach Abschluß des Modellvorhabens zu löschen. Die Ergebnisse, Empfehlungen und Vorschläge der einzelnen Medizinischen Dienste sind in anonymisierter Form an den Medizinischen Dienst der Spitzenverbände der Krankenkassen weiterzuleiten und von diesem zusammenzufassen. Die Zusammenfassung ist den Spitzenverbänden der Krankenkassen, der Deutschen Krankenhausgesellschaft und ihren Landesverbänden, der Kassenärztlichen Bundesvereinigung sowie den für die Krankenhausplanung zuständigen Landesbehörden zur Verfügung zu stellen. Die Spitzenverbände der Krankenkassen, die Deutsche Krankenhausgesellschaft und die Kassenärztliche Bundesvereinigung haben zu prüfen, inwieweit die

aus dem Modellvorhaben gewonnenen Erkenntnisse durch Empfehlungen an die Mitgliedsverbände umgesetzt werden können.

§ 276 Zusammenarbeit

(1) Die Krankenkassen sind verpflichtet, dem Medizinischen Dienst die für die Beratung und Begutachtung erforderlichen Unterlagen vorzulegen und Auskünfte zu erteilen. Unterlagen, die der Versicherte über seine Mitwirkungspflicht nach den §§ 60 und 65 des Ersten Buches hinaus seiner Krankenkasse freiwillig selbst überlassen hat, dürfen an den Medizinischen Dienst nur weitergegeben werden, soweit der Versicherte eingewilligt hat. Für die Einwilligung gilt § 67 b Absatz 2 des Zehnten Buches.

(2) Der Medizinische Dienst darf Sozialdaten nur erheben und speichern, soweit dies für die Prüfungen, Beratungen und gutachtlichen Stellungnahmen nach § 275 und für die Modellvorhaben nach § 275 a erforderlich ist; haben die Krankenkassen nach § 275 Abs. 1 bis 3 eine gutachtliche Stellungnahme oder Prüfung durch den Medizinischen Dienst veranlaßt, sind die Leistungserbringer verpflichtet, Sozialdaten auf Anforderung des Medizinischen Dienstes unmittelbar an diesen zu übermitteln, soweit dies für die gutachtliche Stellungnahme und Prüfung erforderlich ist. Ziehen die Krankenkassen den Medizinischen Dienst nach § 275 Abs. 4 zu Rate, können sie ihn mit Erlaubnis der Aufsichtsbehörden beauftragen, Datenbestände leistungserbringer- oder fallbezogen für zeitlich befristete und im Umfang begrenzte Aufträge nach § 275 Abs. 4 auszuwerten; Sozialdaten sind vor der Übermittlung an den Medizinischen Dienst zu anonymisieren. Die rechtmäßig erhobenen und gespeicherten Sozialdaten dürfen nur für die in § 275 genannten Zwecke verarbeitet oder genutzt, für andere Zwecke, soweit dies durch Rechtsvorschriften des Sozialgesetzbuchs angeordnet oder erlaubt ist. Die Sozialdaten sind nach fünf Jahren zu löschen. Die §§ 286, 287 und 304 Abs. 1 Satz 2 und 3 und Abs. 2 gelten für den Medizinischen Dienst entsprechend. Der Medizinische Dienst darf in Dateien nur Angaben zur Person und Hinweise auf bei ihm vorhandene Akten aufnehmen.

(2 a) Beauftragt der Medizinische Dienst einen Gutachter (§ 279 Abs. 5), ist die Übermittlung von erforderlichen Daten zwischen Medizinischem Dienst und dem Gutachter zulässig, soweit dies zur Erfüllung des Auftrages erforderlich ist.

(3) Für das Akteneinsichtsrecht des Versicherten gilt § 25 des Zehnten Buches entsprechend.

(4) Wenn es im Einzelfall zu einer gutachtlichen Stellungnahme über die Notwendigkeit und Dauer der stationären Behandlung des Versicherten erforderlich ist, sind die Ärzte des Medizinischen Dienstes befugt, zwischen 8.00 und 18.00 Uhr die Räume der Krankenhäuser und Vorsorge- oder Rehabilitationseinrichtungen zu betreten, um dort die Krankenunterlagen einzusehen und, soweit erforderlich, den Versicherten untersuchen zu können. In den Fällen des § 275 Abs. 3 sind die Ärzte des Medizinischen Dienstes befugt, zwischen 8.00 und 18.00 Uhr die Räume der Krankenhäuser zu betreten, um dort die zur Prüfung erforderlichen Unterlagen einzusehen.

(5) Wenn sich im Rahmen der Überprüfung der Feststellungen von Arbeitsunfähigkeit (§ 275 Abs. 1 Nr. 3 b, Abs. 1 und Abs. 1 b) aus den ärztlichen Unterlagen ergibt, daß der Versicherte auf Grund seines Gesundheitszustandes nicht in der Lage ist, einer Vorladung des Medizinischen Dienstes Folge zu leisten oder wenn der Versicherte einen Vorladungstermin unter Berufung auf seinen Gesundheitszustand absagt und der Untersuchung fernbleibt, soll die Untersuchung in der Wohnung des Versicherten stattfinden. Verweigert er hierzu seine Zustimmung, kann ihm die Leistung versagt werden. Die §§ 65, 66 des Ersten Buches bleiben unberührt.

(6) Die Aufgaben des Medizinischen Dienstes im Rahmen der sozialen Pflegeversicherung ergeben sich zusätzlich zu den Bestimmungen dieses Buches aus den Vorschriften des Elften Buches.

§ 277 Mitteilungspflichten

(1) Der Medizinische Dienst hat dem an der vertragsärztlichen Versorgung teilnehmenden Arzt, sonstigen Leistungserbringern, über deren Leistungen er eine gutachtliche Stellungnahme abgegeben hat, und der Krankenkasse das Ergebnis der Begutachtung und der Krankenkasse die erforderlichen Angaben über den Befund mitzuteilen. Er ist befugt, den an der vertragsärztlichen Versorgung teilnehmenden Ärzten und den sonstigen Leistungserbringern, über deren Leistungen er eine gutachtliche Stellungnahme abgegeben hat, die erforderlichen Angaben über den Befund mitzuteilen. Der Versicherte kann der Mitteilung über den Befund an die Leistungserbringer widersprechen.

(2) Die Krankenkasse hat, solange ein Anspruch auf Fortzahlung des Arbeitsentgelts besteht, dem Arbeitgeber und dem Versicherten das Ergebnis des Gutachtens des Medizinischen Dienstes über

die Arbeitsunfähigkeit mitzuteilen, wenn das Gutachten mit der Bescheinigung des Kassenarztes im Ergebnis nicht übereinstimmt. Die Mitteilung darf keine Angaben über die Krankheit des Versicherten enthalten.

Zweiter Abschnitt
Organisation
§ 278 Arbeitsgemeinschaft
(1) In jedem Land wird eine von den Krankenkassen der in Absatz 2 genannten Kassenarten gemeinsam getragene Arbeitsgemeinschaft »Medizinischer Dienst der Krankenversicherung« errichtet. Die Arbeitsgemeinschaft ist nach Maßgabe des Artikels 73 Abs. 4 Satz 3 und 4 des Gesundheits-Reformgesetzes eine rechtsfähige Körperschaft des öffentlichen Rechts.
(2) Mitglieder der Arbeitsgemeinschaft sind die Landesverbände der Orts-, Betriebs- und Innungskrankenkassen, die landwirtschaftlichen Krankenkassen und die Verbände der Ersatzkassen.
(3) Bestehen in einem Land mehrere Landesverbände einer Kassenart, kann durch Beschluß der Mitglieder der Arbeitsgemeinschaft in einem Land ein weiterer Medizinischer Dienst errichtet werden. Für mehrere Länder kann durch Beschluß der Mitglieder der betroffenen Arbeitsgemeinschaften ein gemeinsamer Medizinischer Dienst errichtet werden. Die Beschlüsse bedürfen der Zustimmung der für die Sozialversicherung zuständigen obersten Verwaltungsbehörden der betroffenen Länder.

§ 279 Verwaltungsrat und Geschäftsführer
(1) Organe des Medizinischen Dienstes sind der Verwaltungsrat und der Geschäftsführer.
(2) Der Verwaltungsrat wird von den Vertreterversammlungen der Mitglieder gewählt. § 51 Abs. 1 Satz 1 Nr. 2 bis 4, Abs. 6 Nr. 2 bis 4, Nr. 5 Buchstabe b und c und Nr. 6 Buchstabe a des Vierten Buches gilt entsprechend. Beschäftigte des Medizinischen Dienstes sind nicht wählbar.
(3) Der Verwaltungsrat hat höchstens sechzehn Vertreter. Sind mehrere Landesverbände einer Kassenart Mitglieder des Medizinischen Dienstes, kann die Zahl der Vertreter im Verwaltungsrat angemessen erhöht werden. Die Mitglieder haben sich über die Zahl der Vertreter, die auf die einzelne Kassenart entfällt, zu einigen. Kommt eine Einigung nicht zustande, entscheidet die für die Sozialversicherung zuständige oberste Verwaltungsbehörde des Landes.
(4) Der Geschäftsführer führt die Geschäfte des Medizinischen Dienstes nach den Richtlinien des Verwaltungsrats. Er stellt den Haushaltsplan auf und vertritt den Medizinischen Dienst gerichtlich und außergerichtlich.
(5) Die Fachaufgaben des Medizinischen Dienstes werden von Ärzten und Angehörigen anderer Heilberufe wahrgenommen; der Medizinische Dienst hat vorrangig Gutachter zu beauftragen.
(6) Folgende Vorschriften des Vierten Buches gelten entsprechend: §§ 34, 37, 38, 40 Abs. 1 Satz 1 und 2 und Abs. 2, §§ 41, 42 Abs. 1 bis 3, § 43 Abs. 2, §§ 58, 59 Abs. 1 bis 3, Abs. 5 und 6, §§ 60, 62 Abs. 1 Satz 2 erster Halbsatz, Abs. 2, Abs. 3 Satz 1 und und Abs. 4 bis 6, § 63 Abs. 1 und 2, Abs. 3 Satz 2 und 3, Abs. 4 und 5, § 64 Abs. 1 und Abs. 2 Satz 2, Abs. 3 Satz 2 und 3 und § 66 Abs. 1 Satz 1 und Abs. 2.

§ 280 Aufgaben des Verwaltungsrats
(1) Der Verwaltungsrat hat
1. die Satzung zu beschließen,
2. den Haushaltsplan festzustellen,
3. die jährliche Betriebs- und Rechnungsführung zu prüfen,
4. Richtlinien für die Erfüllung der Aufgaben des Medizinischen Dienstes unter Berücksichtigung der Empfehlungen der Spitzenverbände der Krankenkassen (§ 282) aufzustellen,
5. Nebenstellen zu errichten und aufzulösen,
6. den Geschäftsführer und seinen Stellvertreter zu wählen und zu entlasten.
§ 210 Abs. 1 gilt entsprechend.
(2) Beschlüsse des Verwaltungsrats werden mit einfacher Mehrheit der Mitglieder gefaßt. Beschlüsse über Haushaltsangelegenheiten und über die Aufstellung und Änderung der Satzung bedürfen einer Mehrheit von zwei Dritteln der Mitglieder.

§ 281 Finanzierung und Aufsicht

(1) Die zur Finanzierung des Medizinischen Dienstes erforderlichen Mittel werden von den Mitgliedern des Medizinischen Dienstes durch eine Umlage aufgebracht. Die Mittel sind im Verhältnis der Zahl der Mitglieder der einzelnen Krankenkassen im Land am 1. Oktober jeden Jahres aufzuteilen. Werden dem Medizinischen Dienst Aufgaben übertragen, die für die Prüfung von Ansprüchen gegenüber Leistungsträgern bestimmt sind, die nicht Mitglied der Arbeitsgemeinschaft nach § 278 sind, sind ihm die hierdurch entstehenden Kosten von den anderen Leistungsträgern zu erstatten. Die Pflegekassen tragen abweichend von Satz 3 die Hälfte der Umlage nach Satz 1.
(2) Für das Haushalts- und Rechnungswesen einschließlich der Statistiken gelten die §§ 67 bis 69, § 70 Abs. 5, § 72 Abs. 1 und Abs. 2 Satz 1 erster Halbsatz, die §§ 73 bis 77 Abs. 1 und § 79 Abs. 1 und 2 in Verbindung mit Abs. 3 a des Vierten Buches sowie die auf Grund des § 78 des Vierten Buches erlassenen Rechtsverordnungen entsprechend. Für das Vermögen gelten die §§ 80 und 85 des Vierten Buches entsprechend.
(3) Der Medizinische Dienst untersteht der Aufsicht der für die Sozialversicherung zuständigen obersten Verwaltungsbehörde des Landes, in dem er seinen Sitz hat. § 87 Abs. 1 Satz 2 und die §§ 88 und 89 des Vierten Buches sowie § 274 gelten entsprechend. § 275 Abs. 5 ist zu beachten.

§ 282 Koordinierung auf Bundesebene

Die Spitzenverbände der Krankenkassen haben die wirksame Durchführung der Aufgaben und die Zusammenarbeit der Medizinischen Dienste zu fördern. Sie bilden zu diesem Zweck eine Arbeitsgemeinschaft. Die Spitzenverbände der Krankenkassen beschließen gemeinsam und einheitlich Richtlinien über die Zusammenarbeit der Krankenkassen mit den Medizinischen Diensten, zur Sicherstellung einer einheitlichen Begutachtung sowie über Grundsätze zur Fort- und Weiterbildung. Im übrigen können sie Empfehlungen abgeben.

§ 283 Ausnahmen

Die Aufgaben des medizinischen Dienstes nehmen für die Bereiche der Bundesbahn-Betriebskrankenkasse sowie der Reichsbahn-Betriebskrankenkasse, auch für den Fall der Vereinigung der beiden Kassen zur Bahnbetriebskrankenkasse, und der Betriebskrankenkasse des Bundesverkehrsministeriums, soweit deren Mitglieder in dem Dienstbezirk der Bahnbetriebskrankenkasse wohnen, die Ärzte des Bundeseisenbahnvermögens wahr. Für die anderen Mitglieder der Betriebskrankenkasse des Bundesverkehrsministeriums und die Betriebskrankenkasse nach § 7 Postsozialversicherungsorganisationsgesetz (DIE BKK Post) schließen diese Betriebskrankenkassen Verträge mit den Medizinischen Diensten. Die Aufgaben des Medizinischen Dienstes nehmen für den Bereich der Bundesknappschaft deren Sozialmedizinischer Dienst und für die See-Krankenkasse der ärztliche Dienst der See-Berufsgenossenschaft wahr.

Zehntes Kapitel
Versicherungs- und Leistungsdaten, Datenschutz

Erster Abschnitt
Informationsgrundlagen

Erster Titel
Grundsätze der Datenverwendung

§ 284 Sozialdaten bei den Krankenkassen

(1) Die Krankenkassen dürfen Sozialdaten für Zwecke der Krankenversicherung nur erheben und speichern, soweit diese für
1. die Feststellung des Versicherungsverhältnisses (§§ 5 bis 10) und der Mitgliedschaft (§§ 186 bis 193),
2. die Ausstellung des Kranken- oder Berechtigungsscheins (§ 15) oder der Krankenversichertenkarte (§ 291),
3. die Feststellung der Beitragspflicht und der Beiträge, deren Tragung und Zahlung (§§ 223 bis 226 und 228 bis 256 sowie § 23 a des Vierten Buches) sowie deren Rückzahlung (§ 65),
4. die Prüfung der Leistungspflicht und die Gewährung von Leistungen an Versicherte (§§ 2 und 11) einschließlich der Verfahren bei Kostenerstattung und in Härtefällen,

5. die Unterstützung der Versicherten bei Behandlungsfehlern (§ 66),
6. die Übernahme der Behandlungskosten in den Fällen des § 264,
7. die Beteiligung des Medizinischen Dienstes (§ 275),
8. die Abrechnung mit den Leistungserbringern,
9. die Überwachung der Wirtschaftlichkeit der Leistungserbringung (§ 106),
10. die Abrechnung mit anderen Leistungsträgern

erforderlich sind. Versichertenbezogene Angaben über ärztliche Leistungen dürfen auch auf Datenbändern oder anderen maschinell verwertbaren Datenträgern gespeichert werden, soweit dies für die Rückzahlung von Beiträgen nach § 65 und für die in Satz 1 Nr. 4, 8 und 9 bezeichneten Zwecke erforderlich ist. Versichertenbezogene Angaben über ärztlich verordnete Leistungen dürfen auf Datenbändern oder anderen maschinell verwertbaren Datenträgern gespeichert werden, soweit dies für die Rückzahlung von Beiträgen sowie für die in Satz 1 Nr. 4, 8, 9 und § 305 Abs. 1 bezeichneten Zwecke erforderlich ist. Die nach Satz 2 und 3 gespeicherten Daten sind zu löschen, sobald sie für die genannten Zwecke nicht mehr benötigt werden. Im übrigen gelten für die Datenerhebung und -speicherung die Vorschriften des Ersten und Zehnten Buches.

(2) Im Rahmen der Überwachung der Wirtschaftlichkeit der vertragsärztlichen Versorgung dürfen versichertenbezogene Leistungs- und Gesundheitsdaten auf maschinell verwertbaren Datenträgern nur gespeichert werden, soweit dies für Stichprobenprüfungen nach § 106 Abs. 2 Satz 1 Nr. 2 erforderlich ist.

(3) Die rechtmäßig erhobenen und gespeicherten versichertenbezogenen Daten dürfen nur für die Zwecke der Aufgaben nach Absatz 1 in dem jeweils erforderlichen Umfang verarbeitet oder genutzt werden, für andere Zwecke, soweit dies durch Rechtsvorschriften des Sozialgesetzbuchs angeordnet oder erlaubt ist.

§ 285 Personenbezogene Daten bei den Kassenärztlichen Vereinigungen

(1) Die Kassenärztlichen Vereinigungen dürfen Einzelangaben über die persönlichen und sachlichen Verhältnisse der Ärzte nur erheben und speichern, soweit dies zur Erfüllung der folgenden Aufgaben erforderlich ist:
1. Führung des Arztregisters (§ 95),
2. Sicherstellung und Vergütung der vertragsärztlichen Versorgung einschließlich der Überprüfung der Zulässigkeit und Richtigkeit der Abrechnung,
3. Vergütung der ambulanten Krankenhausleistungen (§ 120),
4. Vergütung der belegärztlichen Leistungen (§ 121),
5. Durchführung von Wirtschaftlichkeitsprüfungen (§ 106),
6. Durchführung von Qualitätsprüfungen (§ 136).

(2) Einzelangaben über die persönlichen und sachlichen Verhältnisse der Versicherten dürfen die Kassenärztlichen Vereinigungen nur erheben und speichern, soweit dies zur Erfüllung der in Absatz 1 Nr. 5, 6 sowie § 83 Abs. 2 und § 305 genannten Aufgaben erforderlich ist.

(3) Die rechtmäßig erhobenen und gespeicherten Sozialdaten dürfen nur für die Zwecke der Aufgaben nach Absatz 1 in dem jeweils erforderlichen Umfang verarbeitet oder genutzt werden, für andere Zwecke, soweit dies durch Rechtsvorschriften des Sozialgesetzbuchs angeordnet oder erlaubt ist.

(4) Soweit sich die Vorschriften dieses Kapitels auf Ärzte, Psychotherapeuten und Kassenärztliche Vereinigungen beziehen, gelten sie entsprechend für Zahnärzte und Kassenzahnärztliche Vereinigungen.

§ 286 Datenübersicht

(1) Die Krankenkassen und die Kassenärztlichen Vereinigungen erstellen einmal jährlich eine Übersicht über die Art der von ihnen oder in ihrem Auftrag gespeicherten Sozialdaten. Die Übersicht ist der zuständigen Aufsichtsbehörde vorzulegen.

(2) Die Krankenkassen und die Kassenärztlichen Vereinigungen sind verpflichtet, die Übersicht nach Absatz 1 in geeigneter Weise zu veröffentlichen.

(3) Die Krankenkassen und die Kassenärztlichen Vereinigungen regeln in Dienstanweisungen das Nähere insbesondere über
1. die zulässigen Verfahren der Verarbeitung der Daten,
2. Art, Form, Inhalt und Kontrolle der einzugebenden und der auszugebenden Daten,

3. die Abgrenzung der Verantwortungsbereiche bei der Datenverarbeitung,
4. die weiteren zur Gewährleistung von Datenschutz und Datensicherheit zu treffenden Maßnahmen, insbesondere der Maßnahmen nach der Anlage zu § 78 a des Zehnten Buches.

§ 287 Forschungsvorhaben
(1) Die Krankenkassen und die Kassenärztlichen Vereinigungen dürfen mit Erlaubnis der Aufsichtsbehörde die Datenbestände leistungserbringer- oder fallbeziehbar für zeitlich befristete und im Umfang begrenzte Forschungsvorhaben, insbesondere zur Gewinnung epidemiologischer Erkenntnisse, von Erkenntnissen über Zusammenhänge zwischen Erkrankungen und Arbeitsbedingungen oder von Erkenntnissen über örtliche Krankheitsschwerpunkte, selbst auswerten oder über die sich aus § 304 ergebenden Fristen hinaus aufbewahren.
(2) Sozialdaten sind zu anonymisieren.

Zweiter Titel
Informationsgrundlagen der Krankenkassen

§ 288 Versichertenverzeichnis
Die Krankenkasse hat ein Versichertenverzeichnis zu führen. Das Versichertenverzeichnis hat alle Angaben zu enthalten, die zur Feststellung der Versicherungspflicht oder -berechtigung, zur Bemessung und Einziehung der Beiträge, soweit nach der Art der Versicherung notwendig, sowie zur Feststellung des Leistungsanspruchs einschließlich der Versicherung nach § 10 erforderlich sind.

§ 289 Nachweispflicht bei Familienversicherung
Für die Eintragung in das Versichertenverzeichnis hat die Krankenkasse die Versicherung nach § 10 bei deren Beginn festzustellen. Sie kann die dazu erforderlichen Daten vom Angehörigen oder mit dessen Zustimmung vom Mitglied erheben. Der Fortbestand der Voraussetzungen der Versicherung nach § 10 ist auf Verlangen der Krankenkasse nachzuweisen.

§ 290 Krankenversichertennummer
Die Krankenkasse verwendet für jeden Versicherten eine Krankenversichertennummer. Bei Vergabe der Nummer für Versicherte nach § 10 ist sicherzustellen, daß der Bezug zu dem Angehörigen, der Mitglied ist, hergestellt werden kann. Die Rentenversicherungsnummer darf vom 1. Januar 1992 an nicht mehr als Krankenversichertennummer verwendet werden.

§ 291 Krankenversichertenkarte
(1) Die Krankenkasse stellt spätestens bis zum 1. Januar 1995 für jeden Versicherten eine Krankenversichertenkarte aus, die den Krankenschein nach § 15 ersetzt. Die Karte ist von dem Versicherten zu unterschreiben. Sie darf nur für den Nachweis der Berechtigung zur Inanspruchnahme von Leistungen im Rahmen der vertragsärztlichen Versorgung sowie für die Abrechnung mit den Leistungserbringern verwendet werden. Die Karte gilt nur für die Dauer der Mitgliedschaft bei der ausstellenden Krankenkasse und ist nicht übertragbar. Bei Inanspruchnahme ärztlicher Behandlung bestätigt der Versicherte auf dem Abrechnungsschein des Arztes das Bestehen der Mitgliedschaft durch seine Unterschrift. Die Krankenkasse kann die Gültigkeit der Karte befristen.
(2) Die Krankenversichertenkarte enthält neben der Unterschrift des Versicherten in einer für eine maschinelle Übertragung auf die für die kassenärztliche Versorgung vorgesehenen Abrechnungsunterlagen und Vordrucke (§ 295 Abs. 3 Nr. 1 und 2) geeigneten Form ausschließlich folgende Angaben:
1. Bezeichnung der ausstellenden Krankenkasse,
2. Familienname und Vorname des Versicherten,
3. Geburtsdatum,
4. Anschrift,
5. Krankenversichertennummer,
6. Versichertenstatus,
7. Tag des Beginns des Versicherungsschutzes,
8. bei befristeter Gültigkeit der Karte das Datum des Fristablaufs.
(3) Die Spitzenverbände der Krankenkassen und die Kassenärztlichen Bundesvereinigungen vereinbaren in den Verträgen nach § 87 Abs. 1 das Nähere über die bundesweite Einführung und Gestaltung der Krankenversichertenkarte.

(4) Bei Beendigung des Versicherungsschutzes ist die Karte der bisherigen, bei Krankenkassenwechsel der neuen Krankenkasse auszuhändigen.

§ 292 Angaben über Leistungsvoraussetzungen
(1) Die Krankenkasse hat Angaben über Leistungen, die zur Prüfung der Voraussetzungen späterer Leistungsgewährung erforderlich sind, aufzuzeichnen. Hierzu gehören insbesondere Angaben zur Feststellung der Voraussetzungen von Leistungsansprüchen bei Krankenhausbehandlung, medizinischen Leistungen zur Gesundheitsvorsorge und Rehabilitation sowie zur Feststellung der Voraussetzungen der Kostenerstattung und zur Leistung von Zuschüssen. Im Falle der Arbeitsunfähigkeit sind auch die Diagnosen aufzuzeichnen.
(2) Krankenkassen, die an der Erprobung der Beitragsrückzahlung teilnehmen (§ 65), haben für die Prüfung der Voraussetzungen der Beitragsrückzahlung die für jeden Versicherten maßgebliche Betragsgrenze zu ermitteln und die Art und den Wert der nach § 65 Abs. 2 zu berücksichtigenden Leistungen aufzuzeichnen. Die Ermittlung nach Satz 1 muß bis zum Ende des dritten Quartals des Jahres abgeschlossen sein, das auf das Geschäftsjahr folgt, für das die Beitragsrückzahlung durchgeführt wird. Die für die Prüfung der Beitragsrückzahlung nach Satz 1 erhobenen Sozialdaten dürfen nur zu diesem Zweck verarbeitet und genutzt werden.
(3) Krankenkassen, die nicht an der Erprobung der Beitragsrückzahlen teilnehmen, aber im Rahmen der wissenschaftlichen Begleitung der Modellkasse nach § 68 Satz 2 zu Vergleichszwecken beobachtet werden, sind befugt, die erforderlichen Sozialdaten aufzuzeichnen und in anonymisierter Form zu Zwecken der wissenschaftlichen Begleitung zu übermitteln. Absatz 2 Satz 3 gilt entsprechend.
(4) Die Absätze 2 und 3 gelten für den Zeitraum eines Jahres vor der Erprobung der Beitragsrückzahlung und nach der Erprobung der Beitragsrückzahlung entsprechend.

§ 293 Kennzeichen für Leistungsträger und Leistungserbringer
(1) Die Krankenkassen verwenden im Schriftverkehr, einschließlich des Einsatzes von maschinell lesbaren Datenträgern, beim Datenaustausch, für Maßnahmen zur Qualitätssicherung und für Abrechnungszwecke mit den anderen Trägern der Sozialversicherung und der Bundesanstalt für Arbeit sowie mit ihren Vertragspartnern einschließlich deren Mitgliedern bundeseinheitliche Kennzeichen.
(2) Die Spitzenverbände der Krankenkassen und der anderen Träger der Sozialversicherung sowie die Bundesanstalt für Arbeit gemeinsam vereinbaren mit den Spitzenorganisationen der Leistungserbringer einheitlich Art und Aufbau der Kennzeichen und das Verfahren der Vergabe und ihre Verwendung.
(3) Kommt eine Vereinbarung nach Absatz 2 nicht oder nicht innerhalb einer vom Bundesminister für Gesundheit gesetzten Frist zustande, kann dieser im Einvernehmen mit dem Bundesminister für Arbeit und Sozialordnung nach Anhörung der Beteiligten das Nähere der Regelungen über Art und Aufbau der Kennzeichen und das Verfahren der Vergabe und ihre Verwendung durch Rechtsverordnung mit Zustimmung des Bundesrates bestimmen.

Zweiter Abschnitt
Übermittlung von Leistungsdaten

§ 294 Pflichten der Leistungserbringer
Die an der vertragsärztlichen Versorgung teilnehmenden Ärzte und die übrigen Leistungserbringer sind verpflichtet, die für die Erfüllung der Aufgaben der Krankenkassen sowie der Kassenärztlichen Vereinigungen notwendigen Angaben, die aus der Erbringung, der Verordnung sowie der Abgabe von Versicherungsleistungen entstehen, aufzuzeichnen und gemäß den nachstehenden Vorschriften den Krankenkassen, den Kassenärztlichen Vereinigungen oder den mit der Datenverarbeitung beauftragten Stellen mitzuteilen.

§ 295 Abrechnung ärztlicher Leistungen
(1) Die an der vertragsärztlichen Versorgung teilnehmenden Ärzte und ärztlich geleiteten Einrichtungen sind verpflichtet,
1. in dem Abschnitt der Arbeitsunfähigkeitsbescheinigung, den die Krankenkasse erhält, die Diagnosen,

2. in den Abrechnungsunterlagen für die vertragsärztlichen Leistungen die von ihnen erbrachten Leistungen einschließlich des Tages der Behandlung, bei ärztlicher Behandlung mit Diagnosen, bei zahnärztlicher Behandlung mit Zahnbezug und Befunden,
3. in den Abrechnungsunterlagen sowie auf den Vordrucken für die vertragsärztliche Versorgung ihre Arztnummer sowie die Angaben nach § 291 Abs. 2 Nr. 1 bis 8 maschinenlesbar

aufzuzeichnen und zu übermitteln. Die Diagnosen nach Satz 1 Nr. 1 und 2 sind nach dem vierstelligen Schlüssel der Internationalen Klassifikation der Krankheiten in der jeweiligen vom Deutschen Institut für medizinische Dokumentation und Information im Auftrag des Bundesministers für Gesundheit herausgegebenen deutschen Fassung zu verschlüsseln. Der Bundesminister für Gesundheit gibt den Zeitpunkt der Inkraftsetzung der jeweiligen Fassung des Schlüssels für die Anwendung nach Satz 2 im Bundesanzeiger bekannt.

(1 a) Für die Erfüllung der Aufgaben nach § 83 Abs. 2 sind die an der vertragsärztlichen Versorgung teilnehmenden Ärzte verpflichtet und befugt, auf Verlangen der Kassenärztlichen Vereinigungen die für die Prüfung erforderlichen Befunde vorzulegen.

(2) Für die Abrechnung der Vergütung übermitteln die Kassenärztlichen Vereinigungen den Krankenkassen, auf Verlangen auf Datenbändern oder anderen maschinell verwertbaren Datenträgern, für jedes Quartal die für die vertragsärztliche Versorgung erforderlichen Angaben über die abgerechneten Leistungen fallbezogen, nicht versichertenbezogen.

(2 a) Die an der vertragsärztlichen Versorgung teilnehmenden Ärzte und ärztlich geleiteten Einrichtungen sind verpflichtet, die Angaben gemäß § 292 Abs. 1 aufzuzeichnen und den Krankenkassen zu übermitteln.

(3) Die Spitzenverbände der Krankenkassen und die Kassenärztlichen Bundesvereinigungen vereinbaren als Bestandteil der Verträge nach § 82 Abs. 1 und § 87 Abs. 1 das Nähere über
1. Form und Inhalt der Abrechnungsunterlagen für die vertragsärztlichen Leistungen,
2. Form und Inhalt der im Rahmen der vertragsärztlichen Versorgung erforderlichen Vordrucke,
3. die Erfüllung der Pflichten der Vertragsärzte nach Absatz 1,
4. die Erfüllung der Pflichten der Kassenärztlichen Vereinigungen nach Absatz 2, insbesondere auch Form, Frist und Umfang der Weiterleitung der Abrechnungsunterlagen an die Krankenkassen oder deren Verbände,
5. Einzelheiten des Datenträgeraustausches und der gegenseitigen Aufbereitung von Abrechnungsunterlagen nach den §§ 296, 297 und 299.

(4) Bei Einführung der Krankenversichertenkarte (§ 291) ist in den Verträgen nach Absatz 3 auch das Nähere über die Abrechnung ärztlicher Leistungen auf Überweisungsscheinen zu regeln.

(5) Die Vertragspartner nach Absatz 3 können vorsehen, daß die an der kassen- und vertragsärztlichen Versorgung teilnehmenden Ärzte die für die Abrechnung der Leistungen notwendigen Angaben der Kassenärztlichen Vereinigung auf maschinell verwertbaren Datenträgern übermitteln dürfen. Zu diesem Zweck haben die Vertragspartner das Nähere über die Voraussetzungen zur Teilnahme an einem solchen Abrechnungsverfahren, die Vorkehrungen zur Sicherung vor fehlerhafter oder unzulässiger Verarbeitung und Nutzung sowie die Form der Abrechnung zu regeln. Die Kassenärztlichen Vereinigungen können in den Satzungen ergänzende Regelungen treffen.

§ 296 Auffälligkeitsprüfungen

(1) Für die arztbezogene Prüfung nach Durchschnittswerten (§ 106 Abs. 2 Satz 1 Nr. 1) übermitteln die Kassenärztlichen Vereinigungen, auf Verlangen auf Datenbändern oder anderen maschinell verwertbaren Datenträgern, den Krankenkassen aus den Abrechnungen der Vertragsärzte für jedes Quartal folgende Daten:
1. Arztnummer,
2. Kassennummer,
3. Anzahl der abgerechneten Behandlungsfälle, getrennt nach Mitgliedern und Rentnern sowie deren Angehörigen,
4. Anzahl der Überweisungsfälle sowie Anzahl der Notarzt- und Vertreterfälle, jeweils in der Aufschlüsselung nach Nummer 3,
5. durchschnittliche Anzahl der Fälle der vergleichbaren Fachgruppe in der Gliederung nach den Nummern 3 und 4,

6. Häufigkeit der abgerechneten Gebührenpositionen unter Angabe des entsprechenden Fachgruppendurchschnitts.

(2) In Überweisungsfällen übermitteln die Kassenärztlichen Vereinigungen den Krankenkassen auch die Arztnummer des überweisenden Arztes sowie des die Überweisung annehmenden Arztes.

(3) Für die arztbezogene Prüfung nach Durchschnittswerten und Richtgrößen (§ 106 Abs. 2 Satz 1 Nr. 1) übermitteln die Krankenkassen, auf Verlangen auf Datenbändern oder anderen maschinell verwertbaren Datenträgern, den Kassenärztlichen Vereinigungen über die von den Vertragsärzten verordneten Leistungen (Arznei-, Verband-, Heil- und Hilfsmittel, Krankenhausbehandlung) für jedes Quartal folgende Daten:
1. Arztnummer des verordnenden Arztes,
2. Kassennummer,
3. Art, Menge und Kosten verordneter Arznei-, Verband-, Heil- und Hilfsmittel, getrennt nach Mitgliedern und Rentnern sowie deren Angehörigen,
4. Häufigkeit von Krankenhauseinweisungen sowie Dauer der Krankenhausbehandlung.

(4) Die Vertragspartner nach § 106 vereinbaren das Nähere über die nach Absatz 3 Nr. 3 anzugebenden Arten und Gruppen von Arznei-, Verband-, Heil- und Hilfsmitteln. Sie können auch vereinbaren, daß jedes einzelne Mittel oder dessen Kennzeichen angegeben wird.

(5) Die Krankenkassen übermitteln den Kassenärztlichen Vereinigungen aus den Arbeitsunfähigkeitsbescheinigungen für jedes Quartal die Häufigkeit der Arbeitsunfähigkeitsfälle sowie deren Dauer.

§ 297 Zufälligkeitsprüfungen

(1) Für die Stichprobenprüfungen nach § 106 Abs. 2 Satz 1 Nr. 2 bestimmen die Vertragspartner nach § 106 für jedes Quartal, sobald die Abrechnungsunterlagen für die vertragsärztlichen Leistungen bei der Kassenärztlichen Vereinigung vorliegen, gemeinsam die Ärzte, die in die Stichprobenprüfung einbezogen werden.

(2) Die Kassenärztlichen Vereinigungen übermitteln, auf Verlangen auf Datenbändern oder anderen maschinell verwertbaren Datenträgern, den Krankenkassen aus den Belegen über die von den in die Stichprobenprüfung einbezogenen Vertragsärzten zu Lasten der jeweiligen Krankenkasse abgerechneten Leistungen folgende Daten:
1. Arztnummer,
2. Kassennummer,
3. Krankenversichertennummer,
4. abgerechnete Gebührenpositionen je Behandlungsfall einschließlich des Tages der Behandlung, bei ärztlicher Behandlung mit der nach dem in § 295 Abs. 1 Satz 2 genannten Schlüssel verschlüsselten Diagnose, bei zahnärztlicher Behandlung mit Zahnbezug und Befunden.

Die Daten sind jeweils für den Zeitraum eines Jahres zu übermitteln.

(3) Die Krankenkassen übermitteln, auf Verlangen auf Datenbändern oder anderen maschinell verwertbaren Datenträgern, den Kassenärztlichen Vereinigungen aus den Belegen über die von den in die Stichprobenprüfung einbezogenen Vertragsärzten verordneten Leistungen die Angaben nach § 296 Abs. 3 Nr. 1 bis 4 und Abs. 5 versichertenbeziehbar unter Angabe der Krankenversichertennummer. Die Daten sind jeweils für den Zeitraum eines Jahres zu übermitteln.

(4) Daten über kassen- und vertragsärztliche Leistungen und Daten über verordnete Leistungen dürfen, soweit sie versichertenbezogen sind, auf maschinell verwertbaren Datenträgern nur zusammengeführt werden, soweit dies zur Durchführung der Stichprobenprüfung erforderlich ist.

§ 298 Übermittlung versichertenbezogener Daten

Im Rahmen eines Prüfverfahrens ist die versichertenbezogene Übermittlung von Angaben über ärztliche oder ärztlich verordnete Leistungen zulässig, soweit die Wirtschaftlichkeit oder Qualität der ärztlichen Behandlungs- oder Verordnungsweise im Einzelfall zu beurteilen ist.

§ 299 Abrechnungsdaten bei Beitragsrückzahlung

In Fällen, in denen Krankenkassen an Erprobungen zur Beitragsrückzahlung teilnehmen, haben die Kassenärztlichen Vereinigungen sowie die Krankenhäuser und die sonstigen Leistungserbringer den Krankenkassen die Art und den Wert der nach § 65 Abs. 2 für die Beitragsrückzahlung zu berücksichtigenden Leistungen versichertenbezogen zu übermitteln. Das Nähere über Art und Umfang der Datenübermittlung vereinbaren die Landesverbände der Krankenkassen und die Verbände der Ersatzkassen mit den Kassenärztlichen Vereinigungen, der jeweiligen Landeskrankenhausgesellschaft oder den Vereinigungen der Krankenhausträger im Land sowie den Verbänden der sonstigen Leistungserbringer.

§ 300 Arzneimittelabrechnung
(1) Die Apotheken sind verpflichtet,
1. bei Abgabe von Fertigarzneimitteln für Versicherte das nach Absatz 3 Nr. 1 zu verwendende Kennzeichen maschinenlesbar auf das für die kassen- oder vertragsärztliche Versorgung verbindliche Verordnungsblatt zu übertragen,
2. die Verordnungsblätter an die Krankenkassen weiterzuleiten und diesen die nach Maßgabe der nach Absatz 3 Nr. 2 getroffenen Vereinbarungen erforderlichen Abrechnungsdaten zu übermitteln.

(2) Die Apotheken können zur Erfüllung ihrer Verpflichtungen nach Absatz 1 Rechenzentren in Anspruch nehmen.

(3) Die Spitzenverbände der Krankenkassen und die für die Wahrnehmung der wirtschaftlichen Interessen gebildete maßgebliche Spitzenorganisation der Apotheker regeln in einer Arzneimittelabrechnungsvereinbarung das Nähere insbesondere über
1. die Verwendung eines bundeseinheitlichen Kennzeichens für das verordnete Fertigarzneimittel als Schlüssel zu Handelsname, Hersteller, Darreichungsform, Wirkstoffstärke und Packungsgröße des Arzneimittels,
2. die Einzelheiten der Übertragung des Kennzeichens und der Abrechnung, die Voraussetzungen und Einzelheiten der Übermittlung der Abrechnungsdaten auf Datenbändern oder anderen maschinell verwertbaren Datenträgern sowie die Weiterleitung der Verordnungsblätter an die Krankenkassen.

(4) Kommt eine Vereinbarung nach Absatz 3 nicht oder nicht innerhalb einer vom Bundesminister für Gesundheit gesetzten Frist zustande, wird ihr Inhalt durch die Schiedsstelle nach § 129 Abs. 8 festgesetzt.

§ 301 Krankenhäuser
(1) Die nach § 108 zugelassenen Krankenhäuser sind verpflichtet, den Krankenkassen bei Krankenhausbehandlung folgende Angaben maschinenlesbar zu übermitteln:
1. die Angaben nach § 291 Abs. 2 Nr. 1 bis 8 sowie das krankenhausinterne Kennzeichen des Versicherten,
2. das Institutionskennzeichen des Krankenhauses und der Krankenkasse,
3. den Tag, die Uhrzeit und den Grund der Aufnahme sowie die Einweisungsdiagnose, die Aufnahmediagnose, bei einer Änderung der Aufnahmediagnose die nachfolgenden Diagnosen, die voraussichtliche Dauer der Krankenhausbehandlung sowie, falls diese überschritten wird, auf Verlangen der Krankenkasse die medizinische Begründung,
4. bei ärztlicher Verordnung von Krankenhausbehandlung die Arztnummer des einweisenden Arztes, bei Verlegung das Institutionskennzeichen des veranlassenden Krankenhauses, bei Notfallaufnahme die die Aufnahme veranlassende Stelle,
5. die Bezeichnung der aufnehmenden Fachabteilung, bei Verlegung die der weiterbehandelnden Fachabteilungen,
6. Datum und Art der im jeweiligen Krankenhaus durchgeführten Operationen,
7. den Tag, die Uhrzeit und den Grund der Entlassung oder der externen Verlegung sowie die Entlassungs- oder Verlegungsdiagnose; bei externer Verlegung das Institutionskennzeichen der aufnehmenden Institution,
8. Angaben über die im jeweiligen Krankenhaus durchgeführten Rehabilitationsmaßnahmen sowie Vorschläge für die Art der weiteren Behandlung mit Angabe geeigneter Einrichtungen,
9. die nach den §§ 115 a und 115 b sowie nach der Bundespflegesatzverordnung berechneten Entgelte.

Die Übermittlung der medizinischen Begründung von Verlängerungen der Verweildauer nach Satz 1 Nr. 3 sowie der Angaben nach Satz 1 Nr. 8 ist auch in nicht maschinenlesbarer Form zulässig.

(2) Die Diagnosen nach Absatz 1 Satz 1 Nr. 3 und 7 sind nach dem vierstelligen Schlüssel der Internationalen Klassifikation der Krankheiten in der jeweiligen, vom Deutschen Institut für medizinische

Dokumentation und Information im Auftrag des Bundesministeriums für Gesundheit herausgegebenen deutschen Fassung zu verschlüsseln. Die Operationen nach Absatz 1 Satz 1 Nr. 6 sind nach dem vom Deutschen Institut für medizinische Dokumentation und Information im Auftrag des Bundesministeriums für Gesundheit auf der Grundlage der Internationalen Klassifikation der Prozeduren in der Medizin herausgegebenen Schlüssel zu verschlüsseln. Der Bundesminister für Gesundheit gibt den Zeitpunkt der Inkraftsetzung der jeweiligen Fassung des Schlüssels und der Klassifikation für die Anwendung nach Satz 1 im Bundesanzeiger bekannt. Die Fachabteilungen nach Absatz 1 Satz 1 Nr. 5 sind nach der Gliederung in Anhang 1 zum Kosten- und Leitungsnachweis nach § 16 Abs. 4 der Bundespflegesatzverordnung anzugeben.

(3) Das Nähere über Form und Inhalt der erforderlichen Vordrucke, die Zeitabstände für die Übermittlung der Angaben nach Absatz 1 und das Verfahren der Abrechnung auf maschinell verwertbaren Datenträgern vereinbaren die Spitzenverbände der Krankenkassen gemeinsam mit der Deutschen Krankenhausgesellschaft oder den Bundesverbänden der Krankenhausträger gemeinsam.

(4) Vorsorge- oder Rehabilitationseinrichtungen, für die ein Versorgungsvertrag nach § 111 besteht, sind verpflichtet den Krankenkassen bei stationärer Behandlung folgende Angaben maschinenlesbar zu übermitteln:
1. die Angaben nach § 291 Abs. 2 Nr. 1 bis 6 sowie das interne Kennzeichen der Einrichtung für den Versicherten,
2. das Institutionskennzeichen der Vorsorge- oder Rehabilitationseinrichtung und der Krankenkasse,
3. den Tag der Aufnahme, die Einweisungsdiagnose, die Aufnahmediagnose, die voraussichtliche Dauer der Behandlung sowie, falls diese überschritten wird, auf Verlangen der Krankenkasse die medizinische Begründung,
4. bei ärztlicher Verordnung von Vorsorge- oder Rehabilitationsmaßnahmen die Arztnummer des einweisenden Arztes,
5. den Tag, die Uhrzeit und den Grund der Entlassung oder der externen Verlegung sowie die Entlassungs- oder Verlegungsdiagnose; bei externer Verlegung das Institutionskennzeichen der aufnehmenden Institution,
6. Angaben über die durchgeführten Vorsorge- und Rehabilitationsmaßnahmen sowie Vorschläge für die Art der weiteren Behandlung mit Angabe geeigneter Einrichtungen,
7. die berechneten Entgelte.

Die Übermittlung der medizinischen Begründung von Verlängerungen der Verweildauer nach Satz 1 Nr. 3 sowie Angaben nach Satz 1 Nr. 6 ist auch in nicht maschinenlesbarer Form zulässig. Für die Angabe der Diagnosen nach Satz 1 Nr. 3 und 5 gilt Absatz 2 entsprechend. Absatz 3 gilt entsprechend.

(5) Die ermächtigten Krankenhausärzte sind verpflichtet, dem Krankenhausträger im Rahmen des Verfahrens nach § 120 Abs. 1 Satz 3 die für die Abrechnung der vertragsärztlichen Leistungen erforderlichen Unterlagen zu übermitteln; § 295 gilt entsprechend. Der Krankenhausträger hat den Kassenärztlichen Vereinigungen die Abrechnungsunterlagen zum Zweck der Abrechnung vorzulegen. Die Sätze 1 und 2 gelten für die Abrechnung wahlärztlicher Leistungen entsprechend.

§ 301 a Hebammen und Entbindungspfleger
Freiberuflich tätige Hebammen und Entbindungspfleger sind verpflichtet, den Krankenkassen die gemäß der nach § 134 Abs. 1 erlassenen Rechtsverordnung für die Abrechnung vorgeschriebenen Angaben zu übermitteln.

§ 302 Abrechnung der sonstigen Leistungserbringer
(1) Die Leistungserbringer im Bereich der Heil- und Hilfsmittel und die weiteren Leistungserbringer sind verpflichtet, maschinenlesbar in den Abrechnungsbelegen die von ihnen erbrachten Leistungen nach Art, Menge und Preis zu bezeichnen und den Tag der Leistungserbringung sowie die Arztnummer des verordnenden Arztes und die Angaben nach § 291 Abs. 2 Nr. 1 bis 6 anzugeben; bei der Abrechnung über die Abgabe von Hilfsmitteln sind dabei die Bezeichnungen des Hilfsmittelverzeichnisses nach § 128 zu verwenden.

(2) Das Nähere über Form und Inhalt des Abrechnungsverfahrens bestimmen die Spitzenverbände der Krankenkassen in gemeinsam erstellten Richtlinien, die in den Leistungs- oder Lieferverträgen zu beachten sind.

(3) Die Richtlinien haben auch die Voraussetzungen und das Verfahren bei Teilnahme an einer Abrechnung auf Datenbändern oder anderen maschinell verwertbaren Datenträgern zu regeln.

§ 303 Ergänzende Regelungen
(1) Die Landesverbände der Krankenkassen und die Verbände der Ersatzkassen können mit den Leistungserbringern oder ihren Verbänden vereinbaren, daß
1. der Umfang der zu übermittelnden Abrechnungsbelege eingeschränkt,
2. bei der Abrechnung von Leistungen von einzelnen Angaben ganz oder teilweise abgesehen wird, wenn dadurch eine ordnungsgemäße Abrechnung und die Erfüllung der gesetzlichen Aufgaben der Krankenkassen nicht gefährdet werden.

(2) Die Krankenkassen können zur Vorbereitung der Prüfungen nach den §§ 106, 112 Abs. 2 Satz 1 Nr. 2 und § 113 sowie zur Vorbereitung der Unterrichtung der Versicherten nach § 305 Arbeitsgemeinschaften nach § 219 mit der Speicherung und Verarbeitung der dafür erforderlichen Daten beauftragen. Die den Arbeitsgemeinschaften übermittelten versichertenbezogenen Daten sind vor der Übermittlung zu anonymisieren. Die Identifikation des Versicherten durch die Krankenkasse ist dabei zu ermöglichen; sie ist zulässig, soweit sie für die in Satz 1 genannten Zwecke erforderlich ist. § 286 gilt entsprechend.

(3) Die Krankenkassen dürfen Abrechnungen der Leistungserbringer nur vergüten, wenn die Daten nach § 291 Abs. 2 Nr. 1 bis 6, § 295 Abs. 1 und 2, § 296 Abs. 1 und 2, § 297 Abs. 2, § 300 Abs. 1, § 301 Abs. 1 und § 302 Abs. 1, in dem jeweils zugelassenen Umfang maschinenlesbar oder auf maschinell verwertbaren Datenträgern, angegeben oder übermittelt worden sind. Für die Angabe der Diagnosen nach § 295 Abs. 1 gilt Satz 1 ab dem Zeitpunkt der Inkraftsetzung der überarbeiteten Zehnten Fassung des Schlüssels gemäß § 295 Abs. 1 Satz 3.

Dritter Abschnitt
Datenlöschung, Auskunftspflicht

§ 304 Aufbewahrung von Daten bei Krankenkassen und Kassenärztlichen Vereinigungen
(1) Für das Löschen der für Aufgaben der gesetzlichen Krankenversicherung gespeicherten Sozialdaten gilt § 84 Abs. 2 des Zehnten Buches entsprechend mit der Maßgabe, daß
1. die Daten nach § 292 Abs. 1 spätestens nach zehn Jahren,
2. die Daten nach § 292 Abs. 2, § 295 Abs. 2, § 296 Abs. 1 und 3 sowie den §§ 297 und 299 spätestens nach zwei Jahren

zu löschen sind. Die Aufbewahrungsfristen beginnen mit dem Ende des Geschäftsjahres, in dem die Leistungen gewährt oder abgerechnet wurden. Die Krankenkassen können für Zwecke der Krankenversicherung Leistungsdaten länger aufbewahren, wenn sichergestellt ist, daß ein Bezug zum Arzt und Versicherten nicht mehr herstellbar ist.

(2) Im Falle des Wechsels der Krankenkasse ist die bisher zuständige Krankenkasse verpflichtet, die für die Fortführung der Versicherung erforderlichen Angaben nach den §§ 288 und 292 auf Verlangen der neuen Krankenkasse mitzuteilen.

(3) Für die Aufbewahrung der Kranken- und sonstigen Berechtigungsscheine für die Inanspruchnahme von Leistungen einschließlich der Verordnungsblätter für Arznei-, Verband-, Heil- und Hilfsmittel gilt § 84 Abs. 2 und 6 des Zehnten Buches.

§ 305 Auskünfte an Versicherte
(1) Die Krankenkassen unterrichten die Versicherten auf deren Antrag über die im jeweils letzten Geschäftsjahr in Anspruch genommenen Leistungen und deren Kosten. Die Kassenärztlichen und die Kassenzahnärztlichen Vereinigungen übermitteln den Krankenkassen in den Fällen des Satzes 1 die Angaben über die von den Versicherten in Anspruch genommenen ärztlichen und zahnärztlichen Leistungen und deren Kosten für jeden Versicherten gesondert in einer Form, die eine Kenntnisnahme durch die Krankenkassen ausschließt. Die Krankenkassen leiten die Angaben an die Versicherten weiter. Eine Mitteilung an die Leistungserbringer über die Unterrichtung des Versicherten ist nicht zulässig. Die Krankenkassen können in ihrer Satzung das Nähere über das Verfahren der Unterrichtung regeln.

(2) Die an der vertragsärztlichen Versorgung teilnehmenden Ärzte und ärztlich geleiteten Einrichtungen unterrichten die Versicherten schriftlich über die zu Lasten der Krankenkassen abgerechneten

Leistungen und die von den Krankenkassen zu zahlenden Entgelte innerhalb von vier Wochen nach Ablauf des Quartals, in dem die Leistungen in Anspruch genommen worden sind. Satz 1 gilt auch für Vertragszahnärzte. Das Nähere regeln die Vertragspartner nach § 82 in den Bundesmantelverträgen. Die Krankenhäuser unterrichten die Versicherten schriftlich innerhalb von vier Wochen nach Abschluß der Krankenhausbehandlung über die von den Krankenkassen zu zahlenden Entgelte; das Nähere regeln die Spitzenverbände der Krankenkassen gemeinsam und einheitlich und die Deutsche Krankenhausgesellschaft durch Vertrag.

Elftes Kapitel
Bußgeldvorschriften

§ 306 Zusammenarbeit zur Verfolgung und Ahndung von Ordnungswidrigkeiten

Zur Verfolgung und Ahndung von Ordnungswidrigkeiten arbeiten die Krankenkassen insbesondere mit der Bundesanstalt für Arbeit, den Hauptzollämtern, den Rentenversicherungsträgern, den Trägern der Sozialhilfe, den in § 63 des Ausländergesetzes genannten Behörden, den Finanzbehörden, den nach Landesrecht für die Verfolgung und Ahndung von Ordnungswidrigkeiten nach dem Gesetz zur Bekämpfung der Schwarzarbeit zuständigen Behörden, den Trägern der Unfallversicherung und den für den Arbeitsschutz zuständigen Landesbehörden zusammen, wenn sich im Einzelfall konkrete Anhaltspunkte ergeben für

1. Verstöße gegen das Gesetz zur Bekämpfung der Schwarzarbeit,
2. eine Beschäftigung oder Tätigkeit von nichtdeutschen Arbeitnehmern ohne die erforderliche Genehmigung nach § 284 Abs. 1 Satz 1 des Dritten Buches,
3. Verstöße gegen die Mitwirkungspflicht nach § 60 Abs. 1 Satz 1 Nr. 2 des Ersten Buches gegenüber einer Dienststelle der Bundesanstalt für Arbeit, einem Träger der gesetzlichen Unfall- oder Rentenversicherung oder einem Träger der Sozialhilfe oder gegen die Meldepflicht nach § 8 a des Asylbewerberleistungsgesetzes,
4. Verstöße gegen das Arbeitnehmerüberlassungsgesetz,
5. Verstöße gegen die Vorschriften des Vierten und des Siebten Buches über die Verpflichtung zur Zahlung von Beiträgen, soweit sie im Zusammenhang mit den in den Nummern 1 bis 4 genannten Verstößen stehen,
6. Verstöße gegen Steuergesetze,
7. Verstöße gegen das Ausländergesetz.

Sie unterrichten die für die Verfolgung und Ahndung zuständigen Behörden, die Träger der Sozialhilfe sowie die Behörden nach § 63 des Ausländergesetzes. Die Unterrichtung kann auch Angaben über die Tatsachen enthalten, die für die Einziehung der Beiträge zur Kranken- und Rentenversicherung erforderlich sind. Die Übermittlung von Sozialdaten, die nach den §§ 284 bis 302 von Versicherten erhoben werden, ist unzulässig.

§ 307 Bußgeldvorschriften

(1) Ordnungswidrig handelt, wer
1. a) als Arbeitgeber entgegen § 204 Abs. 1 Satz 1, auch in Verbindung mit Absatz 2 Satz 1, oder
   b) entgegen § 204 Abs. 1 Satz 3, auch in Verbindung mit Absatz 2 Satz 1, oder § 205 Nr. 3 oder
   c) als für die Zahlstelle Verantwortlicher entgegen § 202 Satz 1
   eine Meldung nicht, nicht richtig, nicht vollständig oder nicht rechtzeitig erstattet,
2. entgegen § 206 Abs. 1 Satz 1 eine Auskunft oder eine Änderung nicht, nicht richtig, nicht vollständig oder nicht rechtzeitig erteilt oder mitteilt oder
3. entgegen § 206 Abs. 1 Satz 2 die erforderlichen Unterlagen nicht, nicht vollständig oder nicht rechtzeitig vorlegt.

(2) Die Ordnungswidrigkeit kann mit einer Geldbuße bis zu 5 000 Deutsche Mark geahndet werden.

Gesetz zur Hilfe für Frauen bei Schwangerschaftsabbrüchen in besonderen Fällen

Vom 21. August 1995 (BGBl. I S. 1050, 1054)[1)]
(BGBl. III 404-26)
geändert durch Erstes Gesetz zur Änderung des Asylbewerberleistungsgesetzes
vom 26. Mai 1997 (BGBl. I S. 1130, 1133)

§ 1 Berechtigte

(1) Eine Frau hat Anspruch auf Leistungen nach diesem Gesetz, wenn ihr die Aufbringung der Mittel für den Abbruch einer Schwangerschaft nicht zuzumuten ist und sie ihren Wohnsitz oder gewöhnlichen Aufenthalt im Geltungsbereich dieses Gesetzes hat. Für Frauen, die Anspruch auf Leistungen nach dem Asylbewerberleistungsgesetz haben, gilt § 10 a Abs. 3 Satz 4 des Asylbewerberleistungsgesetzes entsprechend.

(2) Einer Frau ist die Aufbringung der Mittel im Sinne des Absatzes 1 nicht zuzumuten, wenn ihre verfügbaren persönlichen Einkünfte in Geld oder Geldeswert eintausendsiebenhundert Deutsche Mark (Einkommensgrenze) nicht übersteigen und ihr persönlich kein kurzfristig verwertbares Vermögen zur Verfügung steht oder der Einsatz des Vermögens für sie eine unbillige Härte bedeuten würde. Die Einkommensgrenze erhöht sich um jeweils vierhundert Deutsche Mark für jedes Kind, dem die Frau unterhaltspflichtig ist, wenn das Kind minderjährig ist und ihrem Haushalt angehört oder wenn es von ihr überwiegend unterhalten wird. Übersteigen die Kosten der Unterkunft für die Frau und die Kinder, für die ihr der Zuschlag nach Satz 2 zusteht, fünfhundert Deutsche Mark, so erhöht sich die Einkommensgrenze um den Mehrbetrag, höchstens jedoch um fünfhundert Deutsche Mark.

(3) Die Voraussetzungen des Absatzes 2 gelten als erfüllt,
1. wenn die Frau laufende Hilfe zum Lebensunterhalt nach dem Bundessozialhilfegesetz, Arbeitslosenhilfe nach dem Arbeitsförderungsgesetz, Ausbildungsförderung im Rahmen der Anordnung der Bundesanstalt für Arbeit über die individuelle Förderung der beruflichen Ausbildung oder über die Arbeits- und Berufsförderung Behinderter, Leistungen nach dem Asylbewerberleistungsgesetz oder Ausbildungsförderung nach dem Bundesausbildungsförderungsgesetz erhält oder
2. wenn Kosten für die Unterbringung der Frau in einer Anstalt, einem Heim oder in einer gleichartigen Einrichtung von einem Träger der Sozialhilfe oder der Jugendhilfe getragen werden.

§ 2 Leistungen

(1) Leistungen sind die in § 24 b Abs. 4 des Fünften Buches Sozialgesetzbuch genannten Leistungen, die von der gesetzlichen Krankenversicherung nur bei einem nicht rechtswidrigen Abbruch einer Schwangerschaft getragen werden.

(2) Die Leistungen werden bei einem nicht rechtswidrigen oder unter den Voraussetzungen des § 218 a Abs. 1 des Strafgesetzbuches vorgenommenen Abbruch einer Schwangerschaft als Sachleistungen gewährt. Leistungen nach dem Fünften Buch Sozialgesetzbuch gehen Leistungen nach diesem Gesetz vor.

§ 3 Durchführung, Zuständigkeit, Verfahren

(1) Die Leistungen werden auf Antrag durch die gesetzliche Krankenkasse gewährt, bei der die Frau gesetzlich krankenversichert ist. Besteht keine Versicherung bei einer gesetzlichen Krankenkasse, kann die Frau einen Träger der gesetzlichen Krankenversicherung am Ort ihres Wohnsitzes oder ihres gewöhnlichen Aufenthaltes wählen.

(2) Das Verfahren wird auf Wunsch der Frau schriftlich durchgeführt. Die Krankenkasse stellt, wenn die Voraussetzungen des § 1 vorliegen, unverzüglich eine Bescheinigung über die Kostenübernahme aus. Tatsachen sind glaubhaft zu machen.

---

1) Verkündet als Artikel 5 des Schwangeren- und Familienhilfeänderungsgesetzes vom 21. 8. 1995 (BGBl. I S. 1050). In Kraft am 1. 1. 1996.

(3) Die Berechtigte hat die freie Wahl unter den Ärzten und Einrichtungen, die sich zur Vornahme des Eingriffs zu der in Satz 2 genannten Vergütung bereit erklären. Ärzte und Einrichtungen haben Anspruch auf die Vergütung, welche die Krankenkasse für ihre Mitglieder bei einem nicht rechtswidrigen Schwangerschaftsabbruch für Leistungen nach § 2 zahlt.

(4) Der Arzt oder die Einrichtung rechnet Leistungen nach § 2 mit der Krankenkasse ab, die die Bescheinigung nach Absatz 2 Satz 2 ausgestellt hat. Mit der Abrechnung ist zu bestätigen, daß der Abbruch der Schwangerschaft in einer Einrichtung nach § 13 Abs. 1 des Schwangerschaftskonfliktgesetzes unter den Voraussetzungen des § 218 a Abs. 1, 2 oder 3 des Strafgesetzbuches vorgenommen worden ist.

(5) Im gesamten Verfahren ist das Persönlichkeitsrecht der Frau unter Berücksichtigung der besonderen Situation der Schwangerschaft zu achten. Die beteiligten Stellen sollen zusammenarbeiten und darauf hinwirken, daß sich ihre Tätigkeiten wirksam ergänzen.

§ 4 Kostenerstattung
Die Länder erstatten den gesetzlichen Krankenkassen die ihnen durch dieses Gesetz entstehenden Kosten. Das Nähere einschließlich des haushaltstechnischen Verfahrens und der Behördenzuständigkeit regeln die Länder.

§ 5 Rechtsweg
Über öffentlich-rechtliche Streitigkeiten in den Angelegenheiten dieses Gesetzes entscheiden die Gerichte der Sozialgerichtsbarkeit.

§ 6 Anpassung
Die in § 1 Abs. 2 genannten Beträge verändern sich um den Vomhundertsatz, um den sich der aktuelle Rentenwert in der gesetzlichen Rentenversicherung verändert; ein nicht auf volle Deutsche Mark errechneter Betrag ist auf- oder abzurunden. Das Bundesministerium für Familie, Senioren, Frauen und Jugend macht die veränderten Beträge im Bundesanzeiger bekannt.

§ 7 Übergangsvorschriften
(1) Abweichend von § 1 Abs. 2 Satz 1 gilt für Frauen, die in dem in Artikel 3 des Einigungsvertrages genannten Gebiet ihren Wohnsitz oder gewöhnlichen Aufenthalt haben, eine Einkommensgrenze in Höhe von eintausendfünfhundert Deutschen Mark; der Zuschlag für Kinder nach § 1 Abs. 2 Satz 2 beträgt dreihundertsiebzig Deutsche Mark; bei den Kosten der Unterkunft nach § 1 Abs. 2 Satz 3 wird ein vierhundert Deutsche Mark übersteigender Mehrbetrag bis zur Höhe von fünfhundert Deutschen Mark berücksichtigt.

(2) Das Bundesministerium für Familie, Senioren, Frauen und Jugend setzt für das in Artikel 3 des Einigungsvertrages genannte Gebiet im Einvernehmen mit dem Bundesministerium für Gesundheit und dem Bundesministerium der Finanzen durch Rechtsverordnung mit Zustimmung des Bundesrates die Beträge nach Absatz 1 unter Berücksichtigung der Einkommensentwicklung in dem bezeichneten Gebiet jährlich zum 1. Juli neu fest, bis Übereinstimmung mit den im übrigen Geltungsbereich des Gesetzes geltenden Beträgen besteht.

Sozialgesetzbuch (SGB)
Elftes Buch (XI)
Soziale Pflegeversicherung

Vom 26. Mai 1994 (BGBl. I S. 1014)[1])
(BGBl. III 860-11)
zuletzt geändert durch 4. SGB XI-Änderungsgesetz vom 21. Juli 1999 (BGBl. I S. 1656)

Inhaltsübersicht

Erstes Kapitel
Allgemeine Vorschriften

- § 1 Soziale Pflegeversicherung
- § 2 Selbstbestimmung
- § 3 Vorrang der häuslichen Pflege
- § 4 Art und Umfang der Leistungen
- § 5 Vorrang von Prävention und Rehabilitation
- § 6 Eigenverantwortung
- § 7 Aufklärung, Beratung
- § 8 Gemeinsame Verantwortung
- § 9 Aufgaben der Länder
- § 10 Aufgaben des Bundes
- § 11 Rechte und Pflichten der Pflegeeinrichtungen
- § 12 Aufgaben der Pflegekassen
- § 13 Verhältnis der Leistungen der Pflegeversicherung zu anderen Sozialleistungen

Zweites Kapitel
Leistungsberechtigter Personenkreis

- § 14 Begriff der Pflegebedürftigkeit
- § 15 Stufen der Pflegebedürftigkeit
- § 16 Verordnungsermächtigung
- § 17 Richtlinien der Pflegekassen
- § 18 Verfahren zur Feststellung der Pflegebedürftigkeit
- § 19 Begriff der Pflegepersonen

Drittes Kapitel
Versicherungspflichtiger Personenkreis

- § 20 Versicherungspflicht in der sozialen Pflegeversicherung für Mitglieder der gesetzlichen Krankenversicherung
- § 21 Versicherungspflicht in der sozialen Pflegeversicherung für sonstige Personen
- § 22 Befreiung von der Versicherungspflicht
- § 23 Versicherungspflicht für Versicherte der privaten Krankenversicherungsunternehmen
- § 24 Versicherungspflicht der Abgeordneten
- § 25 Familienversicherung
- § 26 Weiterversicherung
- § 27 Kündigung eines privaten Pflegeversicherungsvertrages

Viertes Kapitel
Leistungen der Pflegeversicherung

Erster Abschnitt
Übersicht über die Leistungen

- § 28 Leistungsarten, Grundsätze

Zweiter Abschnitt
Gemeinsame Vorschriften

- § 29 Wirtschaftlichkeitsgebot
- § 30 Dynamisierung
- § 31 Vorrang der Rehabilitation vor Pflege
- § 32 Vorläufige Leistungen zur Rehabilitation
- § 33 Leistungsvoraussetzungen
- § 34 Ruhen der Leistungsansprüche
- § 35 Erlöschen der Leistungsansprüche

Dritter Abschnitt
Leistungen

Erster Titel
Leistungen bei häuslicher Pflege

- § 36 Pflegesachleistung
- § 37 Pflegegeld für selbst beschaffte Pflegehilfen
- § 38 Kombination von Geldleistung und Sachleistung (Kombinationsleistung)
- § 39 Häusliche Pflege bei Verhinderung der Pflegeperson
- § 40 Pflegehilfsmittel und technische Hilfen

Zweiter Titel
Teilstationäre Pflege und Kurzzeitpflege

- § 41 Tagespflege und Nachtpflege
- § 42 Kurzzeitpflege

Dritter Titel
Vollstationäre Pflege

- § 43 Inhalt der Leistung

Vierter Titel
Pflege in vollstationären Einrichtungen der Behindertenhilfe

- § 43 a Inhalt der Leistungen

---

1) Verkündet als Artikel 1 des Pflege-Versicherungsgesetzes vom 26. 5. 1994 (BGBl. I S. 1014). In Kraft am 1. 1. 1995. Abweichende Inkrafttretensdaten sind im Text als Fußnoten angegeben.

52 SGB XI

Vierter Abschnitt
Leistungen für Pflegepersonen

- § 44 Leistungen zur sozialen Sicherung der Pflegepersonen
- § 45 Pflegekurse für Angehörige und ehrenamtliche Pflegepersonen

Fünftes Kapitel
Organisation

Erster Abschnitt
Träger der Pflegeversicherung

- § 46 Pflegekassen
- § 47 Satzung

Zweiter Abschnitt
Zuständigkeit, Mitgliedschaft

- § 48 Zuständigkeit für Versicherte einer Krankenkasse und sonstige Versicherte
- § 49 Mitgliedschaft

Dritter Abschnitt
Meldungen

- § 50 Melde- und Auskunftspflichten bei Mitgliedern der sozialen Pflegeversicherung
- § 51 Meldungen bei Mitgliedern der privaten Pflegeversicherung

Vierter Abschnitt
Wahrnehmung der Verbandsaufgaben

- § 52 Aufgaben auf Landesebene
- § 53 Aufgaben auf Bundesebene
- § 53 a Zusammenarbeit der Medizinischen Dienste

Sechstes Kapitel
Finanzierung

Erster Abschnitt
Beiträge

- § 54 Grundsatz
- § 55 Beitragssatz, Beitragsbemessungsgrenze
- § 56 Beitragsfreiheit
- § 57 Beitragspflichtige Einnahmen
- § 58 Tragung der Beiträge bei versicherungspflichtig Beschäftigten
- § 59 Beitragstragung bei anderen Mitgliedern
- § 60 Beitragszahlung

Zweiter Abschnitt
Beitragszuschüsse

- § 61 Beitragszuschüsse für freiwillige Mitglieder der gesetzlichen Krankenversicherung und Privatversicherte

Dritter Abschnitt
Verwendung und Verwaltung der Mittel

- § 62 Mittel der Pflegekasse
- § 63 Betriebsmittel
- § 64 Rücklage

Vierter Abschnitt
Ausgleichsfonds, Finanzausgleich

- § 65 Ausgleichsfonds
- § 66 Finanzausgleich
- § 67 Monatlicher Ausgleich
- § 68 Jahresausgleich

Siebtes Kapitel
Beziehungen der Pflegekassen zu den Leistungserbringern

Erster Abschnitt
Allgemeine Grundsätze

- § 69 Sicherstellungsauftrag
- § 70 Beitragssatzstabilität

Zweiter Abschnitt
Beziehungen zu den Pflegeeinrichtungen

- § 71 Pflegeeinrichtungen
- § 72 Zulassung zur Pflege durch Versorgungsvertrag
- § 73 Abschluß von Versorgungsverträgen
- § 74 Kündigung von Versorgungsverträgen
- § 75 Rahmenverträge und Bundesempfehlungen über die pflegerische Versorgung
- § 76 Schiedsstelle

Dritter Abschnitt
Beziehungen zu sonstigen Leistungserbringern

- § 77 Häusliche Pflege durch Einzelpersonen
- § 78 Verträge über Pflegehilfsmittel

Vierter Abschnitt
Wirtschaftlichkeitsprüfungen und Qualitätssicherung

- § 79 Wirtschaftlichkeitsprüfungen
- § 80 Qualitätssicherung
- § 81 Verfahrensregelungen

Achtes Kapitel
Pflegevergütung

Erster Abschnitt
Allgemeine Vorschriften

- § 82 Finanzierung der Pflegeeinrichtungen
- § 82 a Ausbildungsvergütung
- § 83 Verordnung zur Regelung der Pflegevergütung

Zweiter Abschnitt
Vergütung der stationären Pflegeleistungen

- § 84 Bemessungsgrundsätze
- § 85 Pflegesatzverfahren
- § 86 Pflegesatzkommission
- § 87 Unterkunft und Verpflegung
- § 88 Zusatzleistungen

Dritter Abschnitt
Vergütung der ambulanten Pflegeleistungen

§ 89 Grundsätze für die Vergütungsregelung
§ 90 Gebührenordnung für ambulante Pflegeleistungen

Vierter Abschnitt
Kostenerstattung, Landespflegeausschüsse

§ 91 Kostenerstattung
§ 92 Landespflegeausschüsse

Neuntes Kapitel
Datenschutz und Statistik

Erster Abschnitt
Informationsgrundlagen

Erster Titel
Grundsätze der Datenverwendung

§ 93 Anzuwendende Vorschriften
§ 94 Personenbezogene Daten bei den Pflegekassen
§ 95 Personenbezogene Daten bei den Verbänden der Pflegekassen
§ 96 Gemeinsame Verarbeitung und Nutzung personenbezogener Daten
§ 97 Personenbezogene Daten beim Medizinischen Dienst
§ 98 Forschungsvorhaben

Zweiter Titel
Informationsgrundlagen der Pflegekassen

§ 99 Versichertenverzeichnis
§ 100 Nachweispflicht bei Familienversicherung

§ 101 Pflegeversichertennummer
§ 102 Angaben über Leistungsvoraussetzungen
§ 103 Kennzeichen für Leistungsträger und Leistungserbringer

Zweiter Abschnitt
Übermittlung von Leistungsdaten

§ 104 Pflichten der Leistungserbringer
§ 105 Abrechnung pflegerischer Leistungen
§ 106 Abweichende Vereinbarungen
§ 106 a Mitteilungspflichten

Dritter Abschnitt
Datenlöschung, Auskunftspflicht

§ 107 Löschen von Daten
§ 108 Auskünfte an Versicherte

Vierter Abschnitt
Statistik

§ 109 Pflegestatistiken

Zehntes Kapitel
Private Pflegeversicherung

§ 110 Regelungen für die private Pflegeversicherung
§ 111 Risikoausgleich

Elftes Kapitel
Bußgeldvorschrift

§ 112 Bußgeldvorschrift

Erstes Kapitel
Allgemeine Vorschriften

§ 1 Soziale Pflegeversicherung

(1) Zur sozialen Absicherung des Risikos der Pflegebedürftigkeit wird als neuer eigenständiger Zweig der Sozialversicherung eine soziale Pflegeversicherung geschaffen.
(2) In den Schutz der sozialen Pflegeversicherung sind kraft Gesetzes alle einbezogen, die in der gesetzlichen Krankenversicherung versichert sind. Wer gegen Krankheit bei einem privaten Krankenversicherungsunternehmen versichert ist, muß eine private Pflegeversicherung abschließen.
(3) Träger der sozialen Pflegeversicherung sind die Pflegekassen; ihre Aufgaben werden von den Krankenkassen (§ 4 des Fünften Buches) wahrgenommen.
(4) Die Pflegeversicherung hat die Aufgabe, Pflegebedürftigen Hilfe zu leisten, die wegen der Schwere der Pflegebedürftigkeit auf solidarische Unterstützung angewiesen sind.
(5) Die Leistungen der Pflegeversicherung werden in Stufen eingeführt: die Leistungen bei häuslicher Pflege vom 1. April 1995, die Leistungen bei stationärer Pflege vom 1. Juli 1996 an.
(6) Die Ausgaben der Pflegeversicherung werden durch Beiträge der Mitglieder und der Arbeitgeber finanziert. Die Beiträge richten sich nach den beitragspflichtigen Einnahmen der Mitglieder. Für versicherte Familienangehörige werden Beiträge nicht erhoben.

§ 2 Selbstbestimmung
(1) Die Leistungen der Pflegeversicherung sollen den Pflegebedürftigen helfen, trotz ihres Hilfebedarfs ein möglichst selbständiges und selbstbestimmtes Leben zu führen, das der Würde des Menschen entspricht. Die Hilfen sind darauf auszurichten, die körperlichen, geistigen und seelischen Kräfte der Pflegebedürftigen wiederzugewinnen oder zu erhalten.
(2) Die Pflegebedürftigen können zwischen Einrichtungen und Diensten verschiedener Träger wählen. Ihren Wünschen zur Gestaltung der Hilfe soll, soweit sie angemessen sind, im Rahmen des Leistungsrechts entsprochen werden.
(3) Auf die religiösen Bedürfnisse der Pflegebedürftigen ist Rücksicht zu nehmen. Auf ihren Wunsch hin sollen sie stationäre Leistungen in einer Einrichtung erhalten, in der sie durch Geistliche ihres Bekenntnisses betreut werden können.
(4) Die Pflegebedürftigen sind auf die Rechte nach den Absätzen 2 und 3 hinzuweisen.

§ 3 Vorrang der häuslichen Pflege
Die Pflegeversicherung soll mit ihren Leistungen vorrangig die häusliche Pflege und die Pflegebereitschaft der Angehörigen und Nachbarn unterstützen, damit die Pflegebedürftigen möglichst lange in ihrer häuslichen Umgebung bleiben können. Leistungen der teilstationären Pflege und der Kurzzeitpflege gehen den Leistungen der vollstationären Pflege vor.

§ 4 Art und Umfang der Leistungen
(1) Die Leistungen der Pflegeversicherung sind Dienst-, Sach- und Geldleistungen für den Bedarf an Grundpflege und hauswirtschaftlicher Versorgung sowie Kostenerstattung, soweit es dieses Buch vorsieht. Art und Umfang der Leistungen richten sich nach der Schwere der Pflegebedürftigkeit und danach, ob häusliche, teilstationäre oder vollstationäre Pflege in Anspruch genommen wird.
(2) Bei häuslicher und teilstationärer Pflege ergänzen die Leistungen der Pflegeversicherung die familiäre, nachbarschaftliche oder sonstige ehrenamtliche Pflege und Betreuung. Bei teil- und vollstationärer Pflege werden die Pflegebedürftigen von Aufwendungen entlastet, die für ihre Versorgung nach Art und Schwere der Pflegebedürftigkeit erforderlich sind (pflegebedingte Aufwendungen), die Aufwendungen für Unterkunft und Verpflegung tragen die Pflegebedürftigen selbst.
(3) Pflegekassen, Pflegeeinrichtungen und Pflegebedürftige haben darauf hinzuwirken, daß die Leistungen wirksam und wirtschaftlich erbracht und nur im notwendigen Umfang in Anspruch genommen werden.

§ 5 Vorrang von Prävention und Rehabilitation
(1) Die Pflegekassen wirken bei den zuständigen Leistungsträgern darauf hin, daß frühzeitig alle geeigneten Maßnahmen der Prävention, der Krankenbehandlung und der Rehabilitation eingeleitet werden, um den Eintritt von Pflegebedürftigkeit zu vermeiden.
(2) Die Leistungsträger haben im Rahmen ihres Leistungsrechts auch nach Eintritt der Pflegebedürftigkeit ihre medizinischen und ergänzenden Leistungen zur Rehabilitation in vollem Umfang einzusetzen und darauf hinzuwirken, die Pflegebedürftigkeit zu überwinden, zu mindern sowie eine Verschlimmerung zu verhindern.

§ 6 Eigenverantwortung
(1) Die Versicherten sollen durch gesundheitsbewußte Lebensführung, durch frühzeitige Beteiligung an Vorsorgemaßnahmen und durch aktive Mitwirkung an Krankenbehandlung und medizinischer Rehabilitation dazu beitragen, Pflegebedürftigkeit zu vermeiden.
(2) Nach Eintritt der Pflegebedürftigkeit haben die Pflegebedürftigen an Maßnahmen der medizinischen Rehabilitation und der aktivierenden Pflege mitzuwirken, um die Pflegebedürftigkeit zu überwinden, zu mindern oder eine Verschlimmerung zu verhindern.

§ 7 Aufklärung, Beratung
(1) Die Pflegekassen haben die Eigenverantwortung der Versicherten durch Aufklärung und Beratung über eine gesunde, der Pflegebedürftigkeit vorbeugende Lebensführung zu unterstützen und auf die Teilnahme an gesundheitsfördernden Maßnahmen hinzuwirken.
(2) Die Pflegekassen haben die Versicherten und ihre Angehörigen in den mit der Pflegebedürftigkeit zusammenhängenden Fragen, insbesondere über die Leistungen der Pflegekassen sowie über die Leistungen und Hilfen anderer Träger, zu unterrichten und zu beraten. Mit Einwilligung des Versicherten haben der behandelnde Arzt, das Krankenhaus, die Rehabilitations- und Vorsorgeeinrichtungen

sowie die Sozialleistungsträger unverzüglich die zuständige Pflegekasse zu benachrichtigen, wenn sich der Eintritt von Pflegebedürftigkeit abzeichnet oder wenn Pflegebedürftigkeit festgestellt wird. Für die Beratung erforderliche personenbezogene Daten dürfen nur mit Einwilligung des Versicherten erhoben, verarbeitet und genutzt werden.

§ 8 Gemeinsame Verantwortung
(1) Die pflegerische Versorgung der Bevölkerung ist eine gesamtgesellschaftliche Aufgabe.
(2) Die Länder, die Kommunen, die Pflegeeinrichtungen und die Pflegekassen wirken unter Beteiligung des Medizinischen Dienstes eng zusammen, um eine leistungsfähige, regional gegliederte, ortsnahe und aufeinander abgestimmte ambulante und stationäre pflegerische Versorgung der Bevölkerung zu gewährleisten. Sie tragen zum Ausbau und zur Weiterentwicklung der notwendigen pflegerischen Versorgungsstrukturen bei; das gilt insbesondere für die Ergänzung des Angebots an häuslicher und stationärer Pflege durch neue Formen der teilstationären Pflege und Kurzzeitpflege sowie für die Vorhaltung eines Angebots von die Pflege ergänzenden Maßnahmen der medizinischen Rehabilitation. Sie unterstützen und fördern darüber hinaus die Bereitschaft zu einer humanen Pflege und Betreuung durch hauptberufliche und ehrenamtliche Pflegekräfte sowie durch Angehörige, Nachbarn und Selbsthilfegruppen und wirken so auf eine neue Kultur des Helfens und der mitmenschlichen Zuwendung hin.

§ 9 Aufgaben der Länder
Die Länder sind verantwortlich für die Vorhaltung einer leistungsfähigen, zahlenmäßig ausreichenden und wirtschaftlichen pflegerischen Versorgungsstruktur. Das Nähere zur Planung und zur Förderung der Pflegeeinrichtungen wird durch Landesrecht bestimmt. Zur finanziellen Förderung der Investitionskosten der Pflegeeinrichtungen sollen Einsparungen eingesetzt werden, die den Trägern der Sozialhilfe durch die Einführung der Pflegeversicherung entstehen.

§ 10 Aufgaben des Bundes
(1) Beim Bundesministerium für Arbeit und Sozialordnung wird ein Ausschuß für Fragen der Pflegeversicherung gebildet, dem die beteiligten Bundesressorts, die zuständigen obersten Landesbehörden, die kommunalen Spitzenverbände auf Bundesebene und die Bundesarbeitsgemeinschaft der überörtlichen Träger der Sozialhilfe, die Spitzenverbände der gesetzlichen Krankenversicherung, der Medizinische Dienst der Spitzenverbände der Krankenkassen, der Verband der privaten Krankenversicherung e. V. und die Bundesarbeitsgemeinschaft der Freien Wohlfahrtspflege angehören. Das Bundesministerium für Arbeit und Sozialordnung beruft darüber hinaus Bundesverbände der Behinderten, der privaten ambulanten Dienste und der privaten Alten- und Pflegeheime in den Ausschuß.
(2) Dem Ausschuß obliegt die Beratung der Bundesregierung in allen Angelegenheiten, die einer leistungsfähigen und wirtschaftlichen Versorgung der Pflegebedürftigen dienen, insbesondere mit dem Ziel, die Durchführung dieses Buches zwischen Bund und Ländern abzustimmen und die soziale und private Pflegeversicherung zu verbessern und weiterzuentwickeln.
(3) Den Vorsitz und die Geschäfte führt das Bundesministerium für Arbeit und Sozialordnung.
(4) Das Bundesministerium für Arbeit und Sozialordnung berichtet den gesetzgebenden Körperschaften des Bundes im Abstand von drei Jahren, erstmals im Jahre 1997, über die Entwicklung der Pflegeversicherung, den Stand der pflegerischen Versorgung in der Bundesrepublik Deutschland und die Umsetzung der Empfehlungen und Vorschläge des Ausschusses für Fragen der Pflegeversicherung.

§ 11 Rechte und Pflichten der Pflegeeinrichtungen
(1) Die Pflegeeinrichtungen pflegen, versorgen und betreuen die Pflegebedürftigen, die ihre Leistungen in Anspruch nehmen, entsprechend dem allgemein anerkannten Stand medizinisch-pflegerischer Erkenntnisse. Inhalt und Organisation der Leistungen haben eine humane und aktivierende Pflege unter Achtung der Menschenwürde zu gewährleisten.
(2) Bei der Durchführung dieses Buches sind die Vielfalt der Träger von Pflegeeinrichtungen zu wahren sowie deren Selbständigkeit, Selbstverständnis und Unabhängigkeit zu achten. Dem Auftrag kirchlicher und sonstiger Träger der freien Wohlfahrtspflege, kranke, gebrechliche und pflegebedürftige Menschen zu pflegen, zu betreuen, zu trösten und sie im Sterben zu begleiten, ist Rechnung zu tragen. Freigemeinnützige und private Träger haben Vorrang gegenüber öffentlichen Trägern.
(3) Die Bestimmungen des Heimgesetzes bleiben unberührt.

§ 12 Aufgaben der Pflegekassen

(1) Die Pflegekassen sind für die Sicherstellung der pflegerischen Versorgung ihrer Versicherten verantwortlich. Sie arbeiten dabei mit allen an der pflegerischen, gesundheitlichen und sozialen Versorgung Beteiligten eng zusammen und wirken darauf hin, daß Mängel der pflegerischen Versorgungsstruktur beseitigt werden. Die Pflegekassen sollen zur Durchführung der ihnen gesetzlich übertragenen Aufgaben örtliche und regionale Arbeitsgemeinschaften bilden. § 94 Abs. 2 bis 4 des Zehnten Buches gilt entsprechend.

(2) Die Pflegekassen wirken mit den Trägern der ambulanten und der stationären gesundheitlichen und sozialen Versorgung partnerschaftlich zusammen, um die für den Pflegebedürftigen zur Verfügung stehenden Hilfen zu koordinieren. Sie stellen insbesondere sicher, daß im Einzelfall ärztliche Behandlung, Behandlungspflege, rehabilitative Maßnahmen, Grundpflege und hauswirtschaftliche Versorgung nahtlos und störungsfrei ineinandergreifen.

§ 13 Verhältnis der Leistungen der Pflegeversicherung zu anderen Sozialleistungen

(1) Den Leistungen der Pflegeversicherung gehen die Entschädigungsleistungen wegen Pflegebedürftigkeit
1. nach dem Bundesversorgungsgesetz und nach den Gesetzen, die eine entsprechende Anwendung des Bundesversorgungsgesetzes vorsehen,
2. aus der gesetzlichen Unfallversicherung und
3. aus öffentlichen Kassen auf Grund gesetzlich geregelter Unfallversorgung oder Unfallfürsorge

vor.

(2) Die Leistungen der häuslichen Krankenpflege nach § 37 des Fünften Buches bleiben unberührt.

(3) Die Leistungen der Pflegeversicherung gehen den Fürsorgeleistungen zur Pflege
1. nach dem Bundessozialhilfegesetz,
2. nach dem Lastenausgleichsgesetz, dem Reparationsschädengesetz und dem Flüchtlingshilfegesetz,
3. nach dem Bundesversorgungsgesetz (Kriegsopferfürsorge) und nach den Gesetzen, die eine entsprechende Anwendung des Bundesversorgungsgesetzes vorsehen,

vor. Leistungen zur Pflege nach diesen Gesetzen sind zu gewähren, wenn und soweit Leistungen der Pflegeversicherung nicht erbracht werden oder diese Gesetze dem Grunde oder der Höhe nach weitergehende Leistungen als die Pflegeversicherung vorsehen. Die Leistungen der Eingliederungshilfe für Behinderte nach dem Bundessozialhilfegesetz, dem Bundesversorgungsgesetz und dem Achten Buch bleiben unberührt, sie sind im Verhältnis zur Pflegeversicherung nicht nachrangig; die notwendige Hilfe in den Einrichtungen nach § 71 Abs. 4 ist einschließlich der Pflegeleistungen zu gewähren.

(4) Treffen Pflegeleistungen mit Leistungen der Eingliederungshilfe oder mit weitergehenden Pflegeleistungen nach dem Bundessozialhilfegesetz zusammen, sollen die Pflegekassen und der Träger der Sozialhilfe vereinbaren, daß im Verhältnis zum Pflegebedürftigen nur eine Stelle die Leistungen übernimmt und die andere Stelle die Kosten der von ihr zu tragenden Leistungen erstattet.

(5) Die Leistungen der Pflegeversicherung bleiben als Einkommen bei Sozialleistungen, deren Gewährung von anderen Einkommen abhängig ist, unberücksichtigt. Satz 1 gilt entsprechend bei Vertragsleistungen aus privaten Pflegeversicherungen, die der Art und dem Umfang nach den Leistungen der sozialen Pflegeversicherung gleichwertig sind. Rechtsvorschriften, die weitergehende oder ergänzende Leistungen aus einer privaten Pflegeversicherung von der Einkommensermittlung ausschließen, bleiben unberührt.

(6) Wird Pflegegeld nach § 37 oder eine vergleichbare Geldleistung an eine Pflegeperson (§ 19) weitergeleitet, bleibt dies bei der Ermittlung von Unterhaltsansprüchen und Unterhaltsverpflichtungen der Pflegeperson unberücksichtigt. Dies gilt nicht
1. in den Fällen des § 1361 Abs. 3, der §§ 1579, 1603 Abs. 2 und des § 1611 Abs. 1 des Bürgerlichen Gesetzbuchs,
2. für Unterhaltsansprüche der Pflegeperson, wenn von dieser erwartet werden kann, ihren Unterhaltsbedarf ganz oder teilweise durch eigene Einkünfte zu decken und der Pflegebedürftige mit dem Unterhaltspflichtigen nicht in gerader Linie verwandt ist.

Zweites Kapitel
Leistungsberechtigter Personenkreis

§ 14 Begriff der Pflegebedürftigkeit

(1) Pflegebedürftig im Sinne dieses Buches sind Personen, die wegen einer körperlichen, geistigen oder seelischen Krankheit oder Behinderung für die gewöhnlichen und regelmäßig wiederkehrenden Verrichtungen im Ablauf des täglichen Lebens auf Dauer, voraussichtlich für mindestens sechs Monate, in erheblichem oder höherem Maße (§ 15) der Hilfe bedürfen.

(2) Krankheiten oder Behinderungen im Sinne des Absatzes 1 sind:
1. Verluste, Lähmungen oder andere Funktionsstörungen am Stütz- und Bewegungsapparat,
2. Funktionsstörungen der inneren Organe oder der Sinnesorgane,
3. Störungen des Zentralnervensystems wie Antriebs-, Gedächtnis- oder Orientierungsstörungen sowie endogene Psychosen, Neurosen oder geistige Behinderungen.

(3) Die Hilfe im Sinne des Absatzes 1 besteht in der Unterstützung, in der teilweisen oder vollständigen Übernahme der Verrichtungen im Ablauf des täglichen Lebens oder in Beaufsichtigung oder Anleitung mit dem Ziel der eigenständigen Übernahme dieser Verrichtungen.

(4) Gewöhnliche und regelmäßig wiederkehrende Verrichtungen im Sinne des Absatzes 1 sind:
1. im Bereich der Körperpflege das Waschen, Duschen, Baden, die Zahnpflege, das Kämmen, Rasieren, die Darm- oder Blasenentleerung,
2. im Bereich der Ernährung das mundgerechte Zubereiten oder die Aufnahme der Nahrung,
3. im Bereich der Mobilität das selbständige Aufstehen und Zu-Bett-Gehen, An- und Auskleiden, Gehen, Stehen, Treppensteigen oder das Verlassen und Wiederaufsuchen der Wohnung,
4. im Bereich der hauswirtschaftlichen Versorgung das Einkaufen, Kochen, Reinigen der Wohnung, Spülen, Wechseln und Waschen der Wäsche und Kleidung oder das Beheizen.

§ 15 Stufen der Pflegebedürftigkeit

(1) Für die Gewährung von Leistungen nach diesem Gesetz sind pflegebedürftige Personen (§ 14) einer der folgenden drei Pflegestufen zuzuordnen:
1. Pflegebedürftige der Pflegestufe I (erheblich Pflegebedürftige) sind Personen, die bei der Körperpflege, der Ernährung oder der Mobilität für wenigstens zwei Verrichtungen aus einem oder mehreren Bereichen mindestens einmal täglich der Hilfe bedürfen und zusätzlich mehrfach in der Woche Hilfen bei der hauswirtschaftlichen Versorgung benötigen.
2. Pflegebedürftige der Pflegestufe II (Schwerpflegebedürftige) sind Personen, die bei der Körperpflege, der Ernährung oder der Mobilität mindestens dreimal täglich zu verschiedenen Tageszeiten der Hilfe bedürfen und zusätzlich mehrfach in der Woche Hilfen bei der hauswirtschaftlichen Versorgung benötigen.
3. Pflegebedürftige der Pflegestufe III (Schwerstpflegebedürftige) sind Personen, die bei der Körperpflege, der Ernährung oder der Mobilität täglich rund um die Uhr, auch nachts, der Hilfe bedürfen und zusätzlich mehrfach in der Woche Hilfen bei der hauswirtschaftlichen Versorgung benötigen.

Für die Gewährung von Leistungen nach § 43 a reicht die Feststellung, daß die Voraussetzungen der Pflegestufe I erfüllt sind.

(2) Bei Kindern ist für die Zuordnung der zusätzliche Hilfebedarf gegenüber einem gesunden gleichaltrigen Kind maßgebend.

(3) Der Zeitaufwand, den ein Familienangehöriger oder eine andere nicht als Pflegekraft ausgebildete Pflegeperson für die erforderlichen Leistungen der Grundpflege und hauswirtschaftlichen Versorgung benötigt, muß wöchentlich im Tagesdurchschnitt
1. in der Pflegestufe I mindestens 90 Minuten betragen; hierbei müssen auf die Grundpflege mehr als 45 Minuten entfallen,
2. in der Pflegestufe II mindestens drei Stunden betragen; hierbei müssen auf die Grundpflege mindestens zwei Stunden entfallen,
3. in der Pflegestufe III mindestens fünf Stunden betragen; hierbei müssen auf die Grundpflege mindestens vier Stunden entfallen.

§ 16 Verordnungsermächtigung

Das Bundesministerium für Arbeit und Sozialordnung wird ermächtigt, im Einvernehmen mit dem Bundesministerium für Familie, Senioren, Frauen und Jugend und dem Bundesministerium für Gesundheit durch Rechtsverordnung mit Zustimmung des Bundesrates Vorschriften zur näheren Abgrenzung der in § 14 genannten Merkmale der Pflegebedürftigkeit, der Pflegestufen nach § 15 sowie zur Anwendung der Härtefallregelung des § 36 Abs. 4 und des § 43 Abs. 3 zu erlassen.

§ 17 Richtlinien der Pflegekassen
(1) Die Spitzenverbände der Pflegekassen beschließen im Interesse einer einheitlichen Rechtsanwendung gemeinsam und einheitlich unter Beteiligung des Medizinischen Dienstes der Spitzenverbände der Krankenkassen Richtlinien zur näheren Abgrenzung der in § 14 genannten Merkmale der Pflegebedürftigkeit, der Pflegestufen nach § 15 und zum Verfahren der Feststellung der Pflegebedürftigkeit. Sie haben die Kassenärztliche Bundesvereinigung, die Bundesverbände der Pflegeberufe und der Behinderten, die Bundesarbeitsgemeinschaft der Freien Wohlfahrtspflege, die Bundesarbeitsgemeinschaft der überörtlichen Träger der Sozialhilfe, die kommunalen Spitzenverbände auf Bundesebene, die Bundesverbände privater Alten- und Pflegeheime sowie die Verbände der privaten ambulanten Dienste zu beteiligen. Die Spitzenverbände der Pflegekassen beschließen unter Beteiligung des Medizinischen Dienstes der Spitzenverbände der Krankenkassen gemeinsam und einheitlich Richtlinien zur Anwendung der Härtefallregelungen des § 36 Abs. 4 und des § 43 Abs. 3.
(2) Die Richtlinien nach Absatz 1 werden erst wirksam, wenn das Bundesministerium für Arbeit und Sozialordnung sie genehmigt. Die Genehmigung gilt als erteilt, wenn die Richtlinien nicht innerhalb eines Monats, nachdem sie dem Bundesministerium für Arbeit und Sozialordnung vorgelegt worden sind, beanstandet werden. Beanstandungen des Bundesministeriums für Arbeit und Sozialordnung sind innerhalb der von ihm gesetzten Frist zu beheben.

§ 18 Verfahren zur Feststellung der Pflegebedürftigkeit
(1) Die Pflegekassen haben durch den Medizinischen Dienst der Krankenversicherung prüfen zu lassen, ob die Voraussetzungen der Pflegebedürftigkeit erfüllt sind und welche Stufe der Pflegebedürftigkeit vorliegt. Im Rahmen dieser Prüfungen hat der Medizinische Dienst auch Feststellungen darüber zu treffen, ob und in welchem Umfang Maßnahmen zur Beseitigung, Minderung oder Verhütung einer Verschlimmerung der Pflegebedürftigkeit einschließlich der medizinischen Rehabilitation geeignet, notwendig und zumutbar sind; insoweit haben Versicherte einen Anspruch gegen den zuständigen Träger auf Leistungen zur ambulanten medizinischen Rehabilitation mit Ausnahme von Kuren.
(2) Der Medizinische Dienst hat den Versicherten in seinem Wohnbereich zu untersuchen. Erteilt der Versicherte dazu nicht sein Einverständnis, kann die Pflegekasse die beantragten Leistungen verweigern. Die §§ 65, 66 des Ersten Buches bleiben unberührt. Die Untersuchung im Wohnbereich des Pflegebedürftigen kann ausnahmsweise unterbleiben, wenn auf Grund einer eindeutigen Aktenlage das Ergebnis der medizinischen Untersuchung bereits feststeht. Die Untersuchung ist in angemessenen Zeitabständen zu wiederholen.
(3) Der Medizinische Dienst soll, soweit der Versicherte einwilligt, die behandelnden Ärzte des Versicherten, insbesondere die Hausärzte, in die Begutachtung einbeziehen und ärztliche Auskünfte und Unterlagen über die für die Begutachtung der Pflegebedürftigkeit wichtigen Vorerkrankungen sowie Art, Umfang und Dauer der Hilfebedürftigkeit einholen.
(4) Die Pflege- und Krankenkassen sowie die Leistungserbringer sind verpflichtet, dem Medizinischen Dienst die für die Begutachtung erforderlichen Unterlagen vorzulegen und Auskünfte zu erteilen. § 276 Abs. 1 Satz 2 und 3 des Fünften Buches gilt entsprechend.
(5) Der Medizinische Dienst hat der Pflegekasse das Ergebnis seiner Prüfung mitzuteilen und Maßnahmen zur Rehabilitation, Art und Umfang von Pflegeleistungen sowie einen individuellen Pflegeplan zu empfehlen. Beantragt der Pflegebedürftige Pflegegeld, hat sich die Stellungnahme auch darauf zu erstrecken, ob die häusliche Pflege in geeigneter Weise sichergestellt ist.
(6) Die Aufgaben des Medizinischen Dienstes werden durch Ärzte in enger Zusammenarbeit mit Pflegefachkräften und anderen geeigneten Fachkräften wahrgenommen. Der Medizinische Dienst ist befugt, den Pflegefachkräften oder sonstigen geeigneten Fachkräften, die nicht dem Medizinischen Dienst angehören, die für deren jeweilige Beteiligung erforderlichen personenbezogenen Daten zu übermitteln.

§ 19 Begriff der Pflegepersonen
Pflegepersonen im Sinne dieses Buches sind Personen, die nicht erwerbsmäßig einen Pflegebedürftigen im Sinne des § 14 in seiner häuslichen Umgebung pflegen. Leistungen zur sozialen Sicherung

nach § 44 erhält eine Pflegeperson nur dann, wenn sie eine pflegebedürftige Person wenigstens 14 Stunden wöchentlich pflegt.

Drittes Kapitel
Versicherungspflichtiger Personenkreis
§ 20 Versicherungspflicht in der sozialen Pflegeversicherung für Mitglieder der gesetzlichen Krankenversicherung
(1) Versicherungspflichtig in der sozialen Pflegeversicherung sind die versicherungspflichtigen Mitglieder der gesetzlichen Krankenversicherung. Dies sind:
1. Arbeiter, Angestellte und zu ihrer Berufsausbildung Beschäftigte, die gegen Arbeitsentgelt beschäftigt sind; für die Zeit des Bezugs von Kurzarbeiter- oder Winterausfallgeld nach dem Dritten Buch bleibt die Versicherungspflicht unberührt,
2. Personen in der Zeit, für die sie Arbeitslosengeld, Arbeitslosenhilfe oder Unterhaltsgeld nach dem Dritten Buch beziehen, auch wenn die Entscheidung, die zum Bezug der Leistung geführt hat, rückwirkend aufgehoben oder die Leistung zurückgefordert oder zurückgezahlt worden ist; ab Beginn des zweiten Monats bis zur zwölften Woche einer Sperrzeit (§ 144 des Dritten Buches) gelten die Leistungen als bezogen,
3. Landwirte, ihre mitarbeitenden Familienangehörigen und Altenteiler, die nach § 2 des Zweiten Gesetzes über die Krankenversicherung der Landwirte versicherungspflichtig sind,
4. selbständige Künstler und Publizisten nach näherer Bestimmung des Künstlersozialversicherungsgesetzes,
5. Personen, die in Einrichtungen der Jugendhilfe, in Berufsbildungswerken oder in ähnlichen Einrichtungen für Behinderte für eine Erwerbstätigkeit befähigt werden sollen,
6. Teilnehmer an berufsfördernden Maßnahmen zur Rehabilitation sowie an Berufsfindung oder Arbeitserprobung, es sei denn, die Maßnahmen werden nach den Vorschriften des Bundesversorgungsgesetzes erbracht,
7. Behinderte, die in nach dem Schwerbehindertengesetz anerkannten Werkstätten für Behinderte oder in nach dem Blindenwarenvertriebsgesetz anerkannten Blindenwerkstätten oder für diese Einrichtungen in Heimarbeit tätig sind,
8. Behinderte, die in Anstalten, Heimen oder gleichartigen Einrichtungen in gewisser Regelmäßigkeit eine Leistung erbringen, die einem Fünftel der Leistung eines voll erwerbsfähigen Beschäftigten in gleichartiger Beschäftigung entspricht; hierzu zählen auch Dienstleistungen für den Träger der Einrichtung,
9. Studenten, die an staatlichen oder staatlich anerkannten Hochschulen eingeschrieben sind, soweit sie nach § 5 Abs. 1 Nr. 9 des Fünften Buches der Krankenversicherungspflicht unterliegen,
10. Personen, die zu ihrer Berufsausbildung ohne Arbeitsentgelt beschäftigt sind oder die eine Fachschule oder Berufsfachschule besuchen oder eine in Studien- oder Prüfungsordnungen vorgeschriebene berufspraktische Tätigkeit verrichten (Praktikanten); Auszubildende des Zweiten Bildungsweges, die sich in einem nach dem Bundesausbildungsförderungsgesetz förderungsfähigen Teil eines Ausbildungsabschnittes befinden, sind Praktikanten gleichgestellt,
11. Personen, die die Voraussetzungen für den Anspruch auf eine Rente aus der gesetzlichen Rentenversicherung erfüllen und diese Rente beantragt haben, soweit sie nach § 5 Abs. 1 Nr. 11 oder 12 des Fünften Buches der Krankenversicherungspflicht unterliegen.

(2) Als gegen Arbeitsentgelt beschäftigte Arbeiter und Angestellte im Sinne des Absatzes 1 Nr. 1 gelten Bezieher von Vorruhestandsgeld, wenn sie unmittelbar vor Bezug des Vorruhestandsgeldes versicherungspflichtig waren und das Vorruhestandsgeld mindestens in Höhe von 65 vom Hundert des Bruttoarbeitsentgelts im Sinne des § 3 Abs. 2 des Vorruhestandsgesetzes gezahlt wird. Satz 1 gilt nicht für Personen, die im Ausland ihren Wohnsitz oder gewöhnlichen Aufenthalt in einem Staat haben, mit dem für Arbeitnehmer mit Wohnsitz oder gewöhnlichem Aufenthalt in diesem Staat keine über- oder zwischenstaatlichen Regelungen über Sachleistungen bei Krankheit bestehen.

(3) Freiwillige Mitglieder der gesetzlichen Krankenversicherung sind versicherungspflichtig in der sozialen Pflegeversicherung.

(4) Nehmen Personen, die mindestens zehn Jahre nicht in der sozialen Pflegeversicherung oder der gesetzlichen Krankenversicherung versicherungspflichtig waren, eine dem äußeren Anschein nach versicherungspflichtige Beschäftigung oder selbständige Tätigkeit von untergeordneter wirtschaftlicher Bedeutung auf, besteht die widerlegbare Vermutung, daß eine die Versicherungspflicht begründende Beschäftigung nach Absatz 1 Nr. 1 oder eine versicherungspflichtige selbständige Tätigkeit nach Absatz 1 Nr. 3 oder 4 tatsächlich nicht ausgeübt wird. Dies gilt insbesondere für eine Beschäftigung bei Familienangehörigen.

§ 21 Versicherungspflicht in der sozialen Pflegeversicherung für sonstige Personen
Versicherungspflicht in der sozialen Pflegeversicherung besteht auch für Personen mit Wohnsitz oder gewöhnlichem Aufenthalt im Inland, die
1. nach dem Bundesversorgungsgesetz oder nach Gesetzen, die eine entsprechende Anwendung des Bundesversorgungsgesetzes vorsehen, einen Anspruch auf Heilbehandlung oder Krankenbehandlung haben,
2. Kriegsschadenrente oder vergleichbare Leistungen nach dem Lastenausgleichsgesetz oder dem Reparationsschädengesetz oder laufende Beihilfe nach dem Flüchtlingshilfegesetz beziehen,
3. ergänzende Hilfe zum Lebensunterhalt im Rahmen der Kriegsopferfürsorge nach dem Bundesversorgungsgesetz oder nach Gesetzen beziehen, die eine entsprechende Anwendung des Bundesversorgungsgesetzes vorsehen,
4. laufende Leistungen zum Unterhalt und Leistungen der Krankenhilfe nach dem Achten Buch beziehen,
5. krankenversorgungsberechtigt nach dem Bundesentschädigungsgesetz sind,
6. in das Dienstverhältnis eines Soldaten auf Zeit berufen worden sind,

wenn sie gegen das Risiko Krankheit weder in der gesetzlichen Krankenversicherung noch bei einem privaten Krankenversicherungsunternehmen versichert sind.

§ 22 Befreiung von der Versicherungspflicht
(1) Personen, die nach § 20 Abs. 3 in der sozialen Pflegeversicherung versicherungspflichtig sind, können auf Antrag von der Versicherungspflicht befreit werden, wenn sie nachweisen, daß sie bei einem privaten Versicherungsunternehmen gegen Pflegebedürftigkeit versichert sind und für sich und ihre Angehörigen, die bei Versicherungspflicht nach § 25 versichert wären, Leistungen beanspruchen können, die nach Art und Umfang den Leistungen des Vierten Kapitels gleichwertig sind. Die befreiten Personen sind verpflichtet, den Versicherungsvertrag aufrechtzuerhalten, solange sie krankenversichert sind. Personen, die bei Pflegebedürftigkeit Beihilfeleistungen erhalten, sind zum Abschluß einer entsprechenden anteiligen Versicherung im Sinne des Satzes 1 verpflichtet.

(2) Der Antrag kann nur innerhalb von drei Monaten nach Beginn der Versicherungspflicht bei der Pflegekasse gestellt werden. Die Befreiung wirkt vom Beginn der Versicherungspflicht an, wenn seit diesem Zeitpunkt noch keine Leistungen in Anspruch genommen wurden, sonst vom Beginn des Kalendermonats an, der auf die Antragstellung folgt. Die Befreiung kann nicht widerrufen werden.

§ 23 Versicherungspflicht für Versicherte der privaten Krankenversicherungsunternehmen
(1) Personen, die gegen das Risiko Krankheit bei einem privaten Krankenversicherungsunternehmen mit Anspruch auf allgemeine Krankenhausleistungen versichert sind, sind vorbehaltlich des Absatzes 2 verpflichtet, bei diesem Unternehmen zur Absicherung des Risikos der Pflegebedürftigkeit einen Versicherungsvertrag abzuschließen und aufrechtzuerhalten. Der Vertrag muß ab dem Zeitpunkt des Eintritts der Versicherungspflicht für sie selbst und ihre Angehörigen, für die in der sozialen Pflegeversicherung nach § 25 eine Familienversicherung bestünde, Vertragsleistungen vorsehen, die nach Art und Umfang den Leistungen des Vierten Kapitels gleichwertig sind. Dabei tritt an die Stelle der Sachleistungen eine der Höhe nach gleiche Kostenerstattung.

(2) Der Vertrag nach Absatz 1 kann auch bei einem anderen privaten Versicherungsunternehmen abgeschlossen werden. Das Wahlrecht ist innerhalb von sechs Monaten auszuüben. Die Frist beginnt mit dem Eintritt der individuellen Versicherungspflicht. Das Recht zur Kündigung des Vertrages wird durch den Ablauf der Frist nicht berührt.

(3) Personen, die nach beamtenrechtlichen Vorschriften oder Grundsätzen bei Pflegebedürftigkeit Anspruch auf Beihilfe haben, sind zum Abschluß einer entsprechenden anteiligen beihilfekonformen Versicherung im Sinne des Absatzes 1 verpflichtet, sofern sie nicht nach § 20 Abs. 3 versicherungs-

pflichtig sind. Die beihilfekonforme Versicherung ist so auszugestalten, daß ihre Vertragsleistungen zusammen mit den Beihilfeleistungen, die sich bei Anwendung der in § 14 Abs. 1 und 5 der Beihilfevorschriften des Bundes festgelegten Bemessungssätze ergeben, den in Absatz 1 Satz 2 vorgeschriebenen Versicherungsschutz gewährleisten.

(4) Die Absätze 1 bis 3 gelten entsprechend für
1. Heilfürsorgeberechtigte, die nicht in der sozialen Pflegeversicherung versicherungspflichtig sind,
2. Mitglieder der Postbeamtenkrankenkasse und
3. Mitglieder der Krankenversorgung der Bundesbahnbeamten.

(5) Die Absätze 1, 3 und 4 gelten nicht für Personen, die sich auf nicht absehbare Dauer in stationärer Pflege befinden und bereits Pflegeleistungen nach § 35 Abs. 6 des Bundesversorgungsgesetzes, nach § 44 des Siebten Buches, nach § 34 des Beamtenversorgungsgesetzes oder nach den Gesetzen erhalten, die eine entsprechende Anwendung des Bundesversorgungsgesetzes vorsehen, sofern sie keine Familienangehörigen haben, für die in der sozialen Pflegeversicherung nach § 25 eine Familienversicherung bestünde.

(6) Das private Krankenversicherungsunternehmen oder ein anderes die Pflegeversicherung betreibendes Versicherungsunternehmen sind verpflichtet,
1. für die Feststellung der Pflegebedürftigkeit sowie für die Zuordnung zu einer Pflegestufe dieselben Maßstäbe wie in der sozialen Pflegeversicherung anzulegen und
2. die in der sozialen Pflegeversicherung zurückgelegte Versicherungszeit des Mitglieds und seiner nach § 25 familienversicherten Angehörigen auf die Wartezeit anzurechnen.

§ 24 Versicherungspflicht der Abgeordneten

Mitglieder des Bundestages, des Europäischen Parlaments und der Parlamente der Länder (Abgeordnete) sind unbeschadet einer bereits nach § 20 Abs. 3 oder § 23 Abs. 1 bestehenden Versicherungspflicht verpflichtet, gegenüber dem jeweiligen Parlamentspräsidenten nachzuweisen, daß sie sich gegen das Risiko der Pflegebedürftigkeit versichert haben. Das gleiche gilt für die Bezieher von Versorgungsleistungen nach den jeweiligen Abgeordnetengesetzen des Bundes und der Länder.

§ 25 Familienversicherung

(1) Versichert sind der Ehegatte und die Kinder von Mitgliedern, wenn diese Familienangehörigen
1. ihren Wohnsitz oder gewöhnlichen Aufenthalt im Inland haben,
2. nicht nach § 20 Abs. 1 Nr. 1 bis 8 oder 11 oder nach § 20 Abs. 3 versicherungspflichtig sind,
3. nicht nach § 22 von der Versicherungspflicht befreit oder nach § 23 in der privaten Pflegeversicherung pflichtversichert sind,
4. nicht hauptberuflich selbständig erwerbstätig sind und
5. kein Gesamteinkommen haben, das regelmäßig im Monat ein Siebtel der monatlichen Bezugsgröße nach § 18 des Vierten Buches überschreitet; bei Renten wird der Zahlbetrag berücksichtigt.

§ 7 Abs. 1 Satz 3 und 4 und Abs. 2 des Zweiten Gesetzes über die Krankenversicherung der Landwirte gilt entsprechend.

(2) Kinder sind versichert:
1. bis zur Vollendung des 18. Lebensjahres,
2. bis zur Vollendung des 23. Lebensjahres, wenn sie nicht erwerbstätig sind,
3. bis zur Vollendung des 25. Lebensjahres, wenn sie sich in Schul- oder Berufsausbildung befinden oder ein freiwilliges soziales Jahr im Sinne des Gesetzes zur Förderung eines freiwilligen sozialen Jahres oder ein freiwilliges ökologisches Jahr im Sinne des Gesetzes zur Förderung eines freiwilligen ökologischen Jahres leisten; wird die Schul- oder Berufsausbildung durch Erfüllung einer gesetzlichen Dienstpflicht des Kindes unterbrochen oder verzögert, besteht die Versicherung auch für einen der Dauer dieses Dienstes entsprechenden Zeitraum über das 25. Lebensjahr hinaus,
4. ohne Altersgrenze, wenn sie wegen körperlicher, geistiger oder seelischer Behinderung außerstande sind, sich selbst zu unterhalten; Voraussetzung ist, daß die Behinderung zu einem Zeitpunkt vorlag, in dem das Kind nach Nummer 1, 2 oder 3 versichert war.

§ 10 Abs. 4 und 5 des Fünften Buches gilt entsprechend.

(3) Kinder sind nicht versichert, wenn der mit den Kindern verwandte Ehegatte des Mitglieds nach § 22 von der Versicherungspflicht befreit oder nach § 23 in der privaten Pflegeversicherung pflichtversichert ist und sein Gesamteinkommen regelmäßig im Monat ein Zwölftel der Beitragsbemessungs-

grenze übersteigt und regelmäßig höher als das Gesamteinkommen des Mitglieds ist; bei Renten wird der Zahlbetrag berücksichtigt.
(4) Die Versicherung nach Absatz 2 Nr. 1, 2 und 3 bleibt bei Personen, die auf Grund gesetzlicher Pflicht mehr als drei Tage Wehrdienst oder Zivildienst leisten oder die im Rahmen einer besonderen Auslandsverwendung im Sinne des Soldatengesetzes freiwillig Wehrdienst leisten für die Dauer des Dienstes bestehen.

§ 26 Weiterversicherung

(1) Personen, die aus der Versicherungspflicht nach § 20 oder § 21 ausgeschieden sind und in den letzten fünf Jahren vor dem Ausscheiden mindestens 24 Monate oder unmittelbar vor dem Ausscheiden mindestens zwölf Monate versichert waren, können sich auf Antrag in der sozialen Pflegeversicherung weiterversichern, sofern für sie keine Versicherungspflicht nach § 23 Abs. 1 eintritt. Dies gilt auch für Personen, deren Familienversicherung nach § 25 erlischt oder nur deswegen nicht besteht, weil die Voraussetzungen des § 25 Abs. 3 vorliegen. Der Antrag ist in den Fällen des Satzes 1 innerhalb von drei Monaten nach Beendigung der Mitgliedschaft, in den Fällen des Satzes 2 nach Beendigung der Familienversicherung oder nach Geburt des Kindes bei der zuständigen Pflegekasse zu stellen.
(2) Personen, die wegen der Verlegung ihres Wohnsitzes oder gewöhnlichen Aufenthaltes ins Ausland aus der Versicherungspflicht ausscheiden, können sich auf Antrag weiterversichern. Der Antrag ist bis spätestens einen Monat nach Ausscheiden aus der Versicherungspflicht bei der Pflegekasse zu stellen, bei der die Versicherung zuletzt bestand. Die Weiterversicherung erstreckt sich auch auf die nach § 25 versicherten Familienangehörigen, die gemeinsam mit dem Mitglied ihren Wohnsitz oder gewöhnlichen Aufenthalt in das Ausland verlegen. Für Familienangehörige, die im Inland verbleiben, endet die Familienversicherung nach § 25 mit dem Tag, an dem das Mitglied seinen Wohnsitz oder gewöhnlichen Aufenthalt ins Ausland verlegt.

§ 27 Kündigung eines privaten Pflegeversicherungsvertrages

Personen, die nach den §§ 20 oder 21 versicherungspflichtig werden und bei einem privaten Krankenversicherungsunternehmen gegen Pflegebedürftigkeit versichert sind, können ihren Versicherungsvertrag mit Wirkung vom Eintritt der Versicherungspflicht an kündigen. Das Kündigungsrecht gilt auch für Familienangehörige, wenn für sie eine Familienversicherung nach § 25 eintritt.

Viertes Kapitel
Leistungen der Pflegeversicherung

Erster Abschnitt
Übersicht über die Leistungen

§ 28 Leistungsarten, Grundsätze

(1) Die Pflegeversicherung gewährt folgende Leistungen:
1. Pflegesachleistung (§ 36),
2. Pflegegeld für selbst beschaffte Pflegehilfen (§ 37),
3. Kombination von Geldleistung und Sachleistung (§ 38),
4. häusliche Pflege bei Verhinderung der Pflegeperson (§ 39),
5. Pflegehilfsmittel und technische Hilfen (§ 40),
6. Tagespflege und Nachtpflege (§ 41),
7. Kurzzeitpflege (§ 42),
8. vollstationäre Pflege (§ 43),
9. Pflege in vollstationären Einrichtungen der Behindertenhilfe (§ 43 a),
10. Leistungen zur sozialen Sicherung der Pflegepersonen (§ 44),
11. Pflegekurse für Angehörige und ehrenamtliche Pflegepersonen (§ 45).

(2) Personen, die nach beamtenrechtlichen Vorschriften oder Grundsätzen bei Krankheit und Pflege Anspruch auf Beihilfe oder Heilfürsorge haben, erhalten die jeweils zustehenden Leistungen zur Hälfte; dies gilt auch für den Wert von Sachleistungen.
(3) Die Pflegekassen und die Leistungserbringer haben sicherzustellen, daß die Leistungen nach Absatz 1 nach allgemein anerkanntem Stand medizinisch-pflegerischer Erkenntnisse erbracht werden.

(4) Die Pflege soll auch die Aktivierung des Pflegebedürftigen zum Ziel haben, um vorhandene Fähigkeiten zu erhalten und, soweit dies möglich ist, verlorene Fähigkeiten zurückzugewinnen. Um der Gefahr einer Vereinsamung des Pflegebedürftigen entgegenzuwirken, sollen bei der Leistungserbringung auch die Bedürfnisse des Pflegebedürftigen nach Kommunikation berücksichtigt werden.

Zweiter Abschnitt
Gemeinsame Vorschriften

§ 29 Wirtschaftlichkeitsgebot
(1) Die Leistungen müssen wirksam und wirtschaftlich sein; sie dürfen das Maß des Notwendigen nicht übersteigen. Leistungen, die diese Voraussetzungen nicht erfüllen, können Pflegebedürftige nicht beanspruchen, dürfen die Pflegekassen nicht bewilligen und dürfen die Leistungserbringer nicht zu Lasten der sozialen Pflegeversicherung bewirken.
(2) Leistungen dürfen nur bei Leistungserbringern in Anspruch genommen werden, mit denen die Pflegekassen oder die für sie tätigen Verbände Verträge abgeschlossen haben.

§ 30 Dynamisierung
Die Bundesregierung wird ermächtigt, durch Rechtsverordnung mit Zustimmung des Bundesrates die Höhe der Leistungen sowie die in § 37 Abs. 3 festgelegten Vergütungen im Rahmen des geltenden Beitragssatzes (§ 55 Abs. 1) und der sich daraus ergebenden Einnahmenentwicklung anzupassen.

§ 31 Vorrang der Rehabilitation vor Pflege
(1) Die Pflegekassen prüfen im Einzelfall, welche Leistungen zur Rehabilitation geeignet und zumutbar sind, Pflegebedürftigkeit zu überwinden, zu mindern oder ihre Verschlimmerung zu verhüten. Werden Leistungen nach diesem Buch gewährt, ist bei Nachuntersuchungen die Frage geeigneter und zumutbarer Leistungen zur Rehabilitation mit zu prüfen.
(2) Die Pflegekassen haben bei der Einleitung und Ausführung der Leistungen zur Pflege sowie bei Beratung, Auskunft und Aufklärung mit den Trägern der Rehabilitation eng zusammenzuarbeiten, um Pflegebedürftigkeit zu vermeiden, zu überwinden, zu mindern oder ihre Verschlimmerung zu verhüten.
(3) Wenn eine Pflegekasse feststellt, daß im Einzelfall Leistungen zur Rehabilitation angezeigt sind, hat sie dies dem zuständigen Träger der Rehabilitation unverzüglich mitzuteilen.
(4) Die Pflegekassen unterstützen die Versicherten auch bei der Inanspruchnahme von Leistungen zur Rehabilitation, insbesondere bei der Antragstellung.

§ 32 Vorläufige Leistungen zur Rehabilitation
(1) Die Pflegekasse kann ambulante medizinische Leistungen zur Rehabilitation ausnahmsweise vorläufig erbringen, wenn eine sofortige Leistungserbringung erforderlich ist, um eine unmittelbar drohende Pflegebedürftigkeit zu vermeiden, eine bestehende Pflegebedürftigkeit zu überwinden, zu mindern oder eine Verschlimmerung der Pflegebedürftigkeit zu verhüten, und sonst die sofortige Einleitung der Maßnahmen gefährdet wäre.
(2) Die Pflegekasse hat zuvor den zuständigen Träger zu unterrichten und auf die Eilbedürftigkeit der Leistungsgewährung hinzuweisen; wird dieser nicht rechtzeitig tätig, erbringt die Pflegekasse die Leistungen vorläufig.

§ 33 Leistungsvoraussetzungen
(1) Versicherte erhalten die Leistungen der Pflegeversicherung auf Antrag. Die Leistungen werden ab Antragstellung gewährt, frühestens jedoch von dem Zeitpunkt an, in dem die Anspruchsvoraussetzungen vorliegen. Wird der Antrag später als einen Monat nach Eintritt der Pflegebedürftigkeit gestellt, werden die Leistungen vom Beginn des Monats der Antragstellung an gewährt.
(2) Anspruch auf Leistungen besteht:
1. in der Zeit vom 1. Januar 1996 bis 31. Dezember 1996, wenn der Versicherte vor der Antragstellung mindestens ein Jahr,
2. in der Zeit vom 1. Januar 1997 bis 31. Dezember 1997, wenn der Versicherte vor der Antragstellung mindestens zwei Jahre,
3. in der Zeit vom 1. Januar 1998 bis 31. Dezember 1998, wenn der Versicherte vor der Antragstellung mindestens drei Jahre,

4. in der Zeit vom 1. Januar 1999 bis 31. Dezember 1999, wenn der Versicherte vor der Antragstellung mindestens vier Jahre,
5. in der Zeit ab 1. Januar 2000, wenn der Versicherte in den letzten zehn Jahren vor der Antragstellung mindestens fünf Jahre

als Mitglied versichert oder nach § 25 familienversichert war. Zeiten der Weiterversicherung nach § 26 Abs. 2 werden bei der Ermittlung der nach Satz 1 erforderlichen Vorversicherungszeit mitberücksichtigt. Für versicherte Kinder gilt die Vorversicherungszeit nach Satz 1 als erfüllt, wenn ein Elternteil sie erfüllt.

(3) Personen, die wegen des Eintritts von Versicherungspflicht in der sozialen Pflegeversicherung aus der privaten Pflegeversicherung ausscheiden, ist die dort ununterbrochen zurückgelegte Versicherungszeit auf die Vorversicherungszeit nach Absatz 2 anzurechnen.

(4) Absatz 2 gilt nicht für Personen, für die auf Grund der Regelung des Artikels 28 des Gesetzes zur Sicherung und Strukturverbesserung der gesetzlichen Krankenversicherung vom 21. Dezember 1992 (BGBl. I S. 2266) zum 1. Januar 1997 Versicherungspflicht in der gesetzlichen Krankenversicherung und damit nach § 20 Versicherungspflicht in der sozialen Pflegeversicherung eintritt.

§ 34 Ruhen der Leistungsansprüche

(1) Der Anspruch auf Leistungen ruht:
1. solange sich der Versicherte im Ausland aufhält. Bei vorübergehendem Auslandsaufenthalt von bis zu sechs Wochen im Kalenderjahr ist das Pflegegeld nach § 37 oder anteiliges Pflegegeld nach § 38 weiter zu gewähren. Für die Pflegesachleistung gilt dies nur, soweit die Pflegekraft, die ansonsten die Pflegesachleistung erbringt, den Pflegebedürftigen während des Auslandsaufenthaltes begleitet,
2. soweit Versicherte Entschädigungsleistungen wegen Pflegebedürftigkeit unmittelbar nach § 35 des Bundesversorgungsgesetzes oder nach den Gesetzen, die eine entsprechende Anwendung des Bundesversorgungsgesetzes vorsehen, aus der gesetzlichen Unfallversicherung oder aus öffentlichen Kassen auf Grund gesetzlich geregelter Unfallversorgung oder Unfallfürsorge erhalten. Dies gilt auch, wenn vergleichbare Leistungen aus dem Ausland oder von einer zwischenstaatlichen oder überstaatlichen Einrichtung bezogen werden.

(2) Der Anspruch auf Leistungen bei häuslicher Pflege ruht darüber hinaus, soweit im Rahmen des Anspruchs auf häusliche Krankenpflege (§ 37 des Fünften Buches) auch Anspruch auf Grundpflege und hauswirtschaftliche Versorgung besteht, sowie für die Dauer des stationären Aufenthalts in einer Einrichtung im Sinne des § 71 Abs. 4, soweit § 39 nichts Abweichendes bestimmt. Pflegegeld nach § 37 oder anteiliges Pflegegeld nach § 38 ist in den ersten vier Wochen einer vollstationären Krankenhausbehandlung oder einer stationären medizinischen Rehabilitationsmaßnahme weiter zu zahlen.

(3) Die Leistungen zur sozialen Sicherung nach § 44 ruhen nicht für die Dauer der häuslichen Krankenpflege, bei vorübergehendem Auslandsaufenthalt von bis zu sechs Wochen im Kalenderjahr sowie in den ersten vier Wochen einer vollstationären Krankenhausbehandlung oder einer stationären medizinischen Rehabilitationsmaßnahme.

§ 35 Erlöschen der Leistungsansprüche

Der Anspruch auf Leistungen erlischt mit dem Ende der Mitgliedschaft, soweit in diesem Buch nichts Abweichendes bestimmt ist.

Dritter Abschnitt
Leistungen
Erster Titel
Leistungen bei häuslicher Pflege

§ 36 Pflegesachleistung

(1) Pflegebedürftige haben bei häuslicher Pflege Anspruch auf Grundpflege und hauswirtschaftliche Versorgung als Sachleistung (häusliche Pflegehilfe). Leistungen der häuslichen Pflege sind auch zulässig, wenn Pflegebedürftige nicht in ihrem eigenen Haushalt gepflegt werden; sie sind nicht zulässig, wenn Pflegebedürftige in einer stationären Pflegeeinrichtung oder in einer Einrichtung im Sinne des § 71 Abs. 4 gepflegt werden. Häusliche Pflegehilfe wird durch geeignete Pflegekräfte erbracht, die entweder von der Pflegekasse oder bei ambulanten Pflegeeinrichtungen, mit denen die Pflegekasse

einen Versorgungsvertrag abgeschlossen hat, angestellt sind. Auch durch Einzelpersonen, mit denen die Pflegekasse einen Vertrag nach § 77 Abs. 1 abgeschlossen hat, kann häusliche Pflegehilfe als Sachleistung erbracht werden.

(2) Grundpflege und hauswirtschaftliche Versorgung umfassen Hilfeleistungen bei den in § 14 genannten Verrichtungen.

(3) Der Anspruch auf häusliche Pflegehilfe umfaßt je Kalendermonat:
1. für Pflegebedürftige der Pflegestufe I Pflegeeinsätze bis zu einem Gesamtwert von 750 Deutsche Mark,
2. für Pflegebedürftige der Pflegestufe II Pflegeeinsätze bis zu einem Gesamtwert von 1 800 Deutsche Mark,
3. für Pflegebedürftige der Pflegestufe III Pflegeeinsätze bis zu einem Gesamtwert von 2 800 Deutsche Mark.

(4) Die Pflegekassen können in besonders gelagerten Einzelfällen zur Vermeidung von Härten Pflegebedürftigen der Pflegestufe III weitere Pflegeeinsätze bis zu einem Gesamtwert von 3 750 Deutsche Mark monatlich gewähren, wenn ein außergewöhnlich hoher Pflegeaufwand vorliegt, der das übliche Maß der Pflegestufe III weit übersteigt, beispielsweise wenn im Endstadium von Krebserkrankungen regelmäßig mehrfach auch in der Nacht Hilfe geleistet werden muß. Die Ausnahmeregelung des Satzes 1 darf bei der einzelnen Pflegekasse für nicht mehr als drei vom Hundert der bei ihr versicherten Pflegebedürftigen der Pflegestufe III, die häuslich gepflegt werden, Anwendung finden.

§ 37 Pflegegeld für selbst beschaffte Pflegehilfen

(1) Pflegebedürftige können anstelle der häuslichen Pflegehilfe ein Pflegegeld beantragen. Der Anspruch setzt voraus, daß der Pflegebedürftige mit dem Pflegegeld dessen Umfang entsprechend die erforderliche Grundpflege und hauswirtschaftliche Versorgung in geeigneter Weise selbst sicherstellt. Das Pflegegeld beträgt je Kalendermonat:
1. für Pflegebedürftige der Pflegestufe I 400 Deutsche Mark,
2. für Pflegebedürftige der Pflegestufe II 800 Deutsche Mark,
3. für Pflegebedürftige der Pflegestufe III 1 300 Deutsche Mark.

(2) Besteht der Anspruch nach Absatz 1 nicht für den vollen Kalendermonat, ist der Geldbetrag entsprechend zu kürzen; dabei ist der Kalendermonat mit 30 Tagen anzusetzen. Das Pflegegeld wird bis zum Ende des Kalendermonats geleistet, in dem der Pflegebedürftige gestorben ist.

(3) Pflegebedürftige, die Pflegegeld nach Absatz 1 beziehen, sind verpflichtet,
1. bei Pflegestufe I und II mindestens einmal halbjährlich,
2. bei Pflegestufe III mindestens einmal vierteljährlich

einen Pflegeeinsatz durch eine Pflegeeinrichtung, mit der die Pflegekasse einen Versorgungsvertrag abgeschlossen hat, abzurufen. Die Pflegeeinsätze dienen der Sicherung der Qualität der häuslichen Pflege und der regelmäßigen Hilfestellung und Beratung der häuslich Pflegenden. Die Vergütung des Pflegeeinsatzes ist von der zuständigen Pflegekasse, bei privat Pflegeversicherten von dem zuständigen Versicherungsunternehmen, zu tragen. Sie beträgt in den Pflegestufen I und II bis zu 30 Deutsche Mark und in der Pflegestufe III bis zu 50 Deutsche Mark. Die Pflegedienste haben mit Einverständnis des Pflegebedürftigen der zuständigen Pflegekasse die bei dem Pflegeeinsatz gewonnenen Erkenntnisse zur Qualität der Pflegesituation und zur Notwendigkeit einer Verbesserung mitzuteilen. Die Spitzenverbände der Pflegekassen stellen ihnen für diese Mitteilung ein einheitliches Formular zur Verfügung; der Pflegebedürftige erhält vom Pflegedienst eine Durchschrift der Mitteilung. Ruft der Pflegebedürftige den Pflegeeinsatz nicht ab oder wird das Einverständnis nach Satz 4 nicht erteilt, hat die Pflegekasse das Pflegegeld angemessen zu kürzen und im Wiederholungsfall zu entziehen.

§ 38 Kombination von Geldleistung und Sachleistung (Kombinationsleistung)

Nimmt der Pflegebedürftige die ihm nach § 36 Abs. 3 und 4 zustehende Sachleistung nur teilweise in Anspruch, erhält er daneben ein anteiliges Pflegegeld im Sinne des § 37. Das Pflegegeld wird um den Vomhundertsatz vermindert, in dem der Pflegebedürftige Sachleistungen in Anspruch genommen hat. An die Entscheidung, in welchem Verhältnis er Geld- und Sachleistung in Anspruch nehmen will, ist der Pflegebedürftige für die Dauer von sechs Monaten gebunden.

§ 39 Häusliche Pflege bei Verhinderung der Pflegeperson

Ist eine Pflegeperson wegen Erholungsurlaubs, Krankheit oder aus anderen Gründen an der Pflege gehindert, übernimmt die Pflegekasse die Kosten einer notwendigen Ersatzpflege für längstens vier Wochen je Kalenderjahr; § 34 Abs. 2 Satz 1 gilt nicht. Voraussetzung ist, daß die Pflegeperson den Pflegebedürftigen vor der erstmaligen Verhinderung mindestens zwölf Monate in seiner häuslichen Umgebung gepflegt hat. Die Aufwendungen der Pflegekasse dürfen im Einzelfall 2 800 Deutsche Mark im Kalenderjahr nicht überschreiten. Bei einer Ersatzpflege durch Pflegepersonen, die mit dem Pflegebedürftigen bis zum zweiten Grade verwandt oder verschwägert sind oder mit ihm in häuslicher Gemeinschaft leben, wird vermutet, daß die Ersatzpflege nicht erwerbsmäßig ausgeübt wird; in diesen Fällen dürfen die Aufwendungen der Pflegekasse den Betrag des Pflegegeldes der festgestellten Pflegestufe nach § 37 Abs. 1 nicht überschreiten. Zusätzlich können von der Pflegekasse auf Nachweis notwendige Aufwendungen, die der Pflegeperson im Zusammenhang mit der Ersatzpflege entstanden sind, übernommen werden. Die Aufwendungen der Pflegekasse nach den Sätzen 4 und 5 dürfen zusammen den in Satz 3 genannten Betrag nicht übersteigen.

§ 40 Pflegehilfsmittel und technische Hilfen

(1) Pflegebedürftige haben Anspruch auf Versorgung mit Pflegehilfsmitteln, die zur Erleichterung der Pflege oder zur Linderung der Beschwerden des Pflegebedürftigen beitragen oder ihm eine selbständigere Lebensführung ermöglichen, soweit die Hilfsmittel nicht wegen Krankheit oder Behinderung von der Krankenversicherung oder anderen zuständigen Leistungsträgern zu leisten sind. Die Pflegekasse überprüft die Notwendigkeit der Versorgung mit den beantragten Pflegehilfsmitteln unter Beteiligung einer Pflegefachkraft oder des Medizinischen Dienstes.
(2) Die Aufwendungen der Pflegekassen für zum Verbrauch bestimmte Hilfsmittel dürfen monatlich den Betrag von 60 Deutsche Mark nicht übersteigen.
(3) Die Pflegekassen sollen technische Hilfsmittel in allen geeigneten Fällen vorrangig leihweise überlassen. Sie können die Bewilligung davon abhängig machen, daß die Pflegebedürftigen sich das Pflegehilfsmittel anpassen oder sich selbst oder die Pflegeperson in seinem Gebrauch ausbilden lassen. Der Anspruch umfaßt auch die notwendige Änderung, Instandsetzung und Ersatzbeschaffung von Hilfsmitteln sowie die Ausbildung in ihrem Gebrauch. Versicherte, die das 18. Lebensjahr vollendet haben, haben zu den Kosten der Hilfsmittel mit Ausnahme der Hilfsmittel nach Absatz 2 eine Zuzahlung von zehn vom Hundert, höchstens jedoch 50 Deutsche Mark je Hilfsmittel an die abgebende Stelle zu leisten. Zur Vermeidung von Härten kann die Pflegekasse den Versicherten in entsprechender Anwendung der §§ 61, 62 des Fünften Buches ganz oder teilweise von der Zuzahlung befreien. Lehnen Versicherte die leihweise Überlassung eines Hilfsmittels ohne zwingenden Grund ab, haben sie die Kosten des Hilfsmittels in vollem Umfang selbst zu tragen.
(4) Die Pflegekassen können subsidiär finanzielle Zuschüsse für Maßnahmen zur Verbesserung des individuellen Wohnumfeldes des Pflegebedürftigen gewähren, beispielsweise für technische Hilfen im Haushalt, wenn dadurch im Einzelfall die häusliche Pflege ermöglicht oder erheblich erleichtert oder eine möglichst selbständige Lebensführung des Pflegebedürftigen wiederhergestellt wird. Die Höhe der Zuschüsse ist unter Berücksichtigung der Kosten der Maßnahme sowie eines angemessenen Eigenanteils in Abhängigkeit von dem Einkommen des Pflegebedürftigen zu bemessen. Die Zuschüsse dürfen einen Betrag in Höhe von 5 000 Deutsche Mark je Maßnahme nicht übersteigen.
(5) Das Bundesministerium für Arbeit und Sozialordnung wird ermächtigt, durch Rechtsverordnung im Einvernehmen mit dem Bundesministerium für Familie, Senioren, Frauen und Jugend und dem Bundesministerium für Gesundheit und mit Zustimmung des Bundesrates die im Rahmen der Pflegeversicherung zu gewährenden Pflegehilfsmittel und technischen Hilfen zu bestimmen.

Zweiter Titel
Teilstationäre Pflege und Kurzzeitpflege

§ 41 Tagespflege und Nachtpflege

(1) Pflegebedürftige haben Anspruch auf teilstationäre Pflege in Einrichtungen der Tages- oder Nachtpflege, wenn häusliche Pflege nicht in ausreichendem Umfang sichergestellt werden kann. Die teilstationäre Pflege umfaßt auch die notwendige Beförderung des Pflegebedürftigen von der Wohnung zur Einrichtung der Tagespflege oder der Nachtpflege und zurück.

(2) Die Pflegekasse übernimmt die pflegebedingten Aufwendungen der teilstationären Pflege, die Aufwendungen der sozialen Betreuung sowie in der Zeit vom 1. Juli 1996 bis zum 31. Dezember 1999 die Aufwendungen für die in der Einrichtung notwendigen Leistungen der medizinischen Behandlungspflege:
1. für Pflegebedürftige der Pflegestufe I im Wert bis zu 750 Deutsche Mark,
2. für Pflegebedürftige der Pflegestufe II im Wert bis zu 1 800 Deutsche Mark,
3. für Pflegebedürftige der Pflegestufe III im Wert bis zu 2 800 Deutsche Mark
je Kalendermonat.
(3) Pflegebedürftige erhalten zusätzlich zu den Leistungen nach Absatz 2 ein anteiliges Pflegegeld, wenn der für die jeweilige Pflegestufe vorgesehene Höchstwert der Sachleistung nicht voll ausgeschöpft wird. § 38 Satz 2 gilt entsprechend. Sachleistungen nach § 36 können neben den Leistungen nach Absatz 2 in Anspruch genommen werden, die Aufwendungen dürfen jedoch insgesamt je Kalendermonat den in § 36 Abs. 3 für die jeweilige Pflegestufe vorgesehenen Gesamtwert nicht übersteigen.

§ 42 Kurzzeitpflege
(1) Kann die häusliche Pflege zeitweise nicht, noch nicht oder nicht im erforderlichen Umfang erbracht werden und reicht auch teilstationäre Pflege nicht aus, besteht Anspruch auf Pflege in einer vollstationären Einrichtung. Dies gilt:
1. für eine Übergangszeit im Anschluß an eine stationäre Behandlung des Pflegebedürftigen oder
2. in sonstigen Krisensituationen, in denen vorübergehend häusliche oder teilstationäre Pflege nicht möglich oder nicht ausreichend ist.
(2) Der Anspruch auf Kurzzeitpflege ist auf vier Wochen pro Kalenderjahr beschränkt. Die Pflegekasse übernimmt die pflegebedingten Aufwendungen, die Aufwendungen der sozialen Betreuung sowie in der Zeit vom 1. Juli 1996 bis zum 31. Dezember 1999 die Aufwendungen für Leistungen der medizinischen Behandlungspflege bis zu dem Gesamtbetrag von 2 800 Deutsche Mark im Kalenderjahr.

Dritter Titel
Vollstationäre Pflege

§ 43 Inhalt der Leistung
(1) Pflegebedürftige haben Anspruch auf Pflege in vollstationären Einrichtungen, wenn häusliche oder teilstationäre Pflege nicht möglich ist oder wegen der Besonderheit des einzelnen Falles nicht in Betracht kommt.
(2) Die Pflegekasse übernimmt die pflegebedingten Aufwendungen, die Aufwendungen der sozialen Betreuung sowie in der Zeit vom 1. Juli 1996 bis zum 31. Dezember 1999 die Aufwendungen für Leistungen der medizinischen Behandlungspflege bis zu dem Gesamtbetrag von 2 800 Deutsche Mark monatlich; dabei dürfen die jährlichen Ausgaben der einzelnen Pflegekasse für die bei ihr versicherten stationär Pflegebedürftigen im Durchschnitt 30 000 Deutsche Mark je Pflegebedürftigen nicht übersteigen. Die Pflegekasse hat jeweils zum 1. Januar und 1. Juli zu überprüfen, ob dieser Durchschnittsbetrag eingehalten ist.
(3) Die Pflegekassen können bei Pflegebedürftigen der Pflegestufe III über die Beträge nach Absatz 2 Satz 1 hinaus in besonderen Ausnahmefällen zur Vermeidung von Härten die pflegebedingten Aufwendungen, die Aufwendungen der sozialen Betreuung sowie in der Zeit vom 1. Juli 1996 bis zum 31. Dezember 1999 die Aufwendungen für Leistungen der medizinischen Behandlungspflege bis zu dem Gesamtbetrag von 3 300 Deutsche Mark monatlich übernehmen, wenn ein außergewöhnlich hoher und intensiver Pflegeaufwand erforderlich ist, der das übliche Maß der Pflegestufe III weit übersteigt, beispielsweise bei Apallikern, schwerer Demenz oder im Endstadium von Krebserkrankungen. Die Ausnahmeregelung des Satzes 1 darf bei der einzelnen Pflegekasse für nicht mehr als fünf vom Hundert der bei ihr versicherten Pflegebedürftigen der Pflegestufe III, die stationäre Pflegeleistungen erhalten, Anwendung finden.
(4) Wählen Pflegebedürftige vollstationäre Pflege, obwohl diese nach Feststellung der Pflegekasse nicht erforderlich ist, erhalten sie zu den pflegebedingten Aufwendungen einen Zuschuß in Höhe des in § 36 Abs. 3 für die jeweilige Pflegestufe vorgesehenen Gesamtwertes.

(5) In der Zeit vom 1. Januar 1998 bis 31. Dezember 1999 übernimmt die Pflegekasse abweichend von Absatz 2 Satz 1 und Absatz 3 Satz 1 die pflegebedingten Aufwendungen, die Aufwendungen der medizinischen Behandlungspflege und der sozialen Betreuung pauschal
1. für Pflegebedürftige der Pflegestufe I in Höhe von 2 000 Deutsche Mark monatlich,
2. für Pflegebedürftige der Pflegestufe II in Höhe von 2 500 Deutsche Mark monatlich,
3. für Pflegebedürftige der Pflegestufe III in Höhe von 2 800 Deutsche Mark monatlich,
4. für Pflegebedürftige, die nach Absatz 3 als Härtefall anerkannt sind, in Höhe von 3 300 Deutsche Mark monatlich;

insgesamt darf der von der Pflegekasse zu übernehmende Betrag 75 vom Hundert des Gesamtbetrages aus Pflegesatz, Entgelt für Unterkunft und Verpflegung und gesondert berechenbaren Investitionskosten nach § 82 Abs. 3 und 4 nicht übersteigen. Die jährlichen Ausgaben der einzelnen Pflegekasse für die bei ihr versicherten Pflegebedürftigen in vollstationärer Pflege dürfen ohne Berücksichtigung der Härtefälle im Durchschnitt 30 000 Deutsche Mark je Pflegebedürftigen nicht übersteigen. Höhere Aufwendungen einer einzelnen Pflegekasse sind nur zulässig, wenn innerhalb der Kassenart, der die Pflegekasse angehört, ein Verfahren festgelegt ist, das die Einhaltung der Durchschnittsvorgabe von 30 000 Deutsche Mark je Pflegebedürftigen innerhalb der Kassenart auf Bundesebene sicherstellt.

Vierter Titel
Pflege in vollstationären Einrichtungen der Behindertenhilfe

§ 43 a Inhalt der Leistung
Für Pflegebedürftige in einer vollstationären Einrichtung der Behindertenhilfe, in der die berufliche und soziale Eingliederung, die schulische Ausbildung oder die Erziehung Behinderter im Vordergrund des Einrichtungszwecks stehen (§ 71 Abs. 4), übernimmt die Pflegekasse zur Abgeltung der in § 43 Abs. 2 genannten Aufwendungen zehn vom Hundert des nach § 93 Abs. 2 des Bundessozialhilfegesetzes vereinbarten Heimentgelts. Die Aufwendungen der Pflegekasse dürfen im Einzelfall je Kalendermonat 500 Deutsche Mark nicht überschreiten.

Vierter Abschnitt
Leistungen für Pflegepersonen

§ 44 Leistungen zur sozialen Sicherung der Pflegepersonen
(1) Zur Verbesserung der sozialen Sicherung der Pflegepersonen im Sinne des § 19 entrichten die Pflegekassen und die privaten Versicherungsunternehmen, bei denen eine private Pflege-Pflichtversicherung durchgeführt wird, sowie die sonstigen in § 170 Abs. 1 Nr. 6 des Sechsten Buches genannten Stellen, Beiträge an den zuständigen Träger der gesetzlichen Rentenversicherung, wenn die Pflegeperson regelmäßig nicht mehr als dreißig Stunden wöchentlich erwerbstätig ist. Näheres regeln die §§ 3, 141, 166 und 170 des Sechsten Buches. Der Medizinische Dienst der Krankenversicherung stellt im Einzelfall fest, ob und in welchem zeitlichen Umfang häusliche Pflege durch eine Pflegeperson erforderlich ist. Der Pflegebedürftige oder die Pflegeperson haben darzulegen und auf Verlangen glaubhaft zu machen, daß Pflegeleistungen in diesem zeitlichen Umfang auch tatsächlich erbracht werden. Dies gilt insbesondere, wenn Pflegesachleistungen (§ 36) in Anspruch genommen werden. Während der pflegerischen Tätigkeit sind die Pflegepersonen nach Maßgabe der §§ 2, 4, 105, 106, 129, 185 des Siebten Buches in den Versicherungsschutz der gesetzlichen Unfallversicherung einbezogen. Pflegepersonen, die nach der Pflegetätigkeit ins Erwerbsleben zurückkehren wollen, können bei Teilnahme an Maßnahmen der beruflichen Weiterbildung Unterhaltsgeld nach Maßgabe der §§ 20, 78 und 153 des Dritten Buches erhalten.
(2) Für Pflegepersonen, die wegen einer Pflichtmitgliedschaft in einer berufsständischen Versorgungseinrichtung auch in ihrer Pflegetätigkeit von der Versicherungspflicht in der gesetzlichen Rentenversicherung befreit sind oder befreit wären, wenn sie in der gesetzlichen Rentenversicherung versicherungspflichtig wären und einen Befreiungsantrag gestellt hätten, werden die nach Absatz 1 Satz 1 und 2 zu entrichtenden Beiträge auf Antrag an die berufsständische Versorgungseinrichtung gezahlt.
(3) Die Pflegekasse und das private Versicherungsunternehmen haben die in der Renten- und Unfallversicherung zu versichernde Pflegeperson den zuständigen Renten- und Unfallversicherungsträgern zu melden. Die Meldung für die Pflegeperson enthält:
1. ihre Versicherungsnummer, soweit bekannt,

2. ihren Familien- und Vornamen,
3. ihr Geburtsdatum,
4. ihre Staatsangehörigkeit,
5. ihre Anschrift,
6. Beginn und Ende der Pflegetätigkeit,
7. die Pflegestufe des Pflegebedürftigen und
8. die unter Berücksichtigung des Umfangs der Pflegetätigkeit nach § 166 des Sechsten Buches maßgeblichen beitragspflichtigen Einnahmen.

Die Spitzenverbände der Pflegekassen sowie der Verband der privaten Krankenversicherung e. V. können mit dem Verband Deutscher Rentenversicherungsträger und mit den Trägern der Unfallversicherung Näheres über das Meldeverfahren vereinbaren.

(4) Der Inhalt der Meldung nach Absatz 2 Satz 2 Nr. 1 bis 6 und 8 ist der Pflegeperson, der Inhalt der Meldung nach Absatz 2 Satz 2 Nr. 7 dem Pflegebedürftigen schriftlich mitzuteilen.

§ 45 Pflegekurse für Angehörige und ehrenamtliche Pflegepersonen

(1) Die Pflegekassen sollen für Angehörige und sonstige an einer ehrenamtlichen Pflegetätigkeit interessierte Personen Schulungskurse unentgeltlich anbieten, um soziales Engagement im Bereich der Pflege zu fördern und zu stärken, Pflege und Betreuung zu erleichtern und zu verbessern sowie pflegebedingte und seelische Belastungen zu mindern. Die Kurse sollen Fertigkeiten für eine eigenständige Durchführung der Pflege vermitteln. Die Schulung kann auch in der häuslichen Umgebung des Pflegebedürftigen stattfinden.

(2) Die Pflegekasse kann die Kurse entweder selbst oder gemeinsam mit anderen Pflegekassen durchführen oder geeignete andere Einrichtungen mit der Durchführung beauftragen.

(3) Über die einheitliche Durchführung sowie über die inhaltliche Ausgestaltung der Kurse können die Landesverbände der Pflegekassen und die Verbände der Ersatzkassen, soweit sie Aufgaben der Pflegeversicherung auf Landesebene wahrnehmen, Rahmenvereinbarungen mit den Trägern der Einrichtungen schließen, die die Pflegekurse durchführen.

Fünftes Kapitel
Organisation

Erster Abschnitt
Träger der Pflegeversicherung

§ 46 Pflegekassen

(1) Träger der Pflegeversicherung sind die Pflegekassen. Bei jeder Krankenkasse (§ 4 Abs. 2 des Fünften Buches) wird eine Pflegekasse errichtet. Bei der Seekasse wird die Pflegeversicherung in einer besonderen Abteilung unter dem Namen See-Pflegekasse durchgeführt. Über die Einnahmen und Ausgaben der See-Pflegekasse ist eine gesonderte Rechnung zu führen. Ihre Mittel sind getrennt zu verwalten. Die Bundesknappschaft führt die Pflegeversicherung für die knappschaftlich Versicherten durch.

(2) Die Pflegekassen sind rechtsfähige Körperschaften des öffentlichen Rechts mit Selbstverwaltung. Organe der Pflegekassen sind die Organe der Krankenkassen, bei denen sie errichtet sind. Arbeitgeber (Dienstherr) der für die Pflegekasse tätigen Beschäftigten ist die Krankenkasse, bei der die Pflegekasse errichtet ist. Bei der Ausführung dieses Buches ist das Erste Kapitel des Zehnten Buches anzuwenden.

(3) Die Verwaltungskosten einschließlich der Personalkosten, die den Krankenkassen auf Grund dieses Buches entstehen, werden von den Pflegekassen in Höhe von 3,5 vom Hundert des Mittelwertes von Leistungsaufwendungen und Beitragseinnahmen erstattet. Der Gesamtbetrag der nach Satz 1 zu erstattenden Verwaltungskosten aller Krankenkassen ist nach dem tatsächlich entstehenden Aufwand (Beitragseinzug/Leistungsgewährung) auf die Krankenkassen zu verteilen. Die Spitzenverbände der Krankenkassen bestimmen das Nähere über die Verteilung; § 213 des Fünften Buches gilt. Außerdem übernehmen die Pflegekassen 50 vom Hundert der Kosten des Medizinischen Dienstes der Krankenversicherung. Personelle Verwaltungskosten, die einer Betriebskrankenkasse von der Pflegekasse erstattet werden, sind an den Arbeitgeber weiterzuleiten, wenn er die Personalkosten der Betriebs-

krankenkasse nach § 147 Abs. 2 des Fünften Buches trägt. Der Verwaltungsaufwand in der sozialen Pflegeversicherung ist nach Ablauf von einem Jahr nach Inkrafttreten dieses Gesetzes zu überprüfen.
(4) Das Bundesministerium für Arbeit und Sozialordnung wird ermächtigt, im Einvernehmen mit dem Bundesministerium für Gesundheit durch Rechtsverordnung mit Zustimmung des Bundesrates Näheres über die Erstattung der Verwaltungskosten zu regeln sowie die Höhe der Verwaltungskostenerstattung neu festzusetzen, wenn die Überprüfung des Verwaltungsaufwandes nach Absatz 3 Satz 6 dies rechtfertigt.
(5) Bei Vereinigung, Auflösung und Schließung einer Krankenkasse gelten die §§ 143 bis 172 des Fünften Buches für die bei ihr errichtete Pflegekasse entsprechend.
(6) Die Aufsicht über die Pflegekassen führen die für die Aufsicht über die Krankenkassen zuständigen Stellen. Das Bundesversicherungsamt und die für die Sozialversicherung zuständigen obersten Verwaltungsbehörden der Länder haben mindestens alle fünf Jahre die Geschäfts-, Rechnungs- und Betriebsführung der ihrer Aufsicht unterstehenden Pflegekassen zu prüfen. Das Bundesministerium für Arbeit und Sozialordnung kann im Einvernehmen mit dem Bundesministerium für Gesundheit die Prüfung der bundesunmittelbaren Pflegekassen, die für die Sozialversicherung zuständigen obersten Verwaltungsbehörden der Länder können die Prüfung der landesunmittelbaren Pflegekassen auf eine öffentlich-rechtliche Prüfungseinrichtung übertragen, die bei der Durchführung der Prüfung unabhängig ist. Die Prüfung hat sich auf den gesamten Geschäftsbetrieb zu erstrecken; sie umfaßt die Prüfung seiner Gesetzmäßigkeit und Wirtschaftlichkeit. Die Pflegekassen haben auf Verlangen alle Unterlagen vorzulegen und alle Auskünfte zu erteilen, die zur Durchführung der Prüfung erforderlich sind. § 274 Abs. 2 und 3 des Fünften Buches gilt entsprechend.

§ 47 Satzung
(1) Die Satzung muß Bestimmungen enthalten über:
1. Name und Sitz der Pflegekasse,
2. Bezirk der Pflegekasse und Kreis der Mitglieder,
3. Fälligkeit und Zahlung der Beiträge,
4. Rechte und Pflichten der Organe,
5. Art der Beschlußfassung der Vertreterversammlung,
6. Bemessung der Entschädigungen für Organmitglieder, soweit sie Aufgaben der Pflegeversicherung wahrnehmen,
7. jährliche Prüfung der Betriebs- und Rechnungsführung und Abnahme der Jahresrechnung,
8. Zusammensetzung und Sitz der Widerspruchsstelle und
9. Art der Bekanntmachungen.

(2) Die Satzung und ihre Änderungen bedürfen der Genehmigung der Behörde, die für die Genehmigung der Satzung der Krankenkasse, bei der die Pflegekasse errichtet ist, zuständig ist.

Zweiter Abschnitt
Zuständigkeit, Mitgliedschaft

§ 48 Zuständigkeit für Versicherte einer Krankenkasse und sonstige Versicherte
(1) Für die Durchführung der Pflegeversicherung ist jeweils die Pflegekasse zuständig, die bei der Krankenkasse errichtet ist, bei der eine Pflichtmitgliedschaft oder freiwillige Mitgliedschaft besteht. Für Familienversicherte nach § 25 ist die Pflegekasse des Mitglieds zuständig.
(2) Für Personen, die nach § 21 Nr. 1 bis 5 versichert sind, ist die Pflegekasse zuständig, die bei der Krankenkasse errichtet ist, die mit der Leistungserbringung im Krankheitsfalle beauftragt ist. Ist keine Krankenkasse mit der Leistungserbringung im Krankheitsfall beauftragt, kann der Versicherte die Pflegekasse nach Maßgabe des Absatzes 3 wählen.
(3) Personen, die nach § 21 Nr. 6 versichert sind, können die Mitgliedschaft wählen bei der Pflegekasse, die bei
1. der Krankenkasse errichtet ist, der sie angehören würden, wenn sie in der gesetzlichen Krankenversicherung versicherungspflichtig wären,
2. der Allgemeinen Ortskrankenkasse ihres Wohnsitzes oder gewöhnlichen Aufenthaltes errichtet ist,

3. einer Ersatzkasse errichtet ist, wenn sie zu dem Mitgliederkreis gehören, den die gewählte Ersatzkasse aufnehmen darf.

Ab 1. Januar 1996 können sie die Mitgliedschaft bei der Pflegekasse wählen, die bei der Krankenkasse errichtet ist, die sie nach § 173 Abs. 2 des Fünften Buches wählen könnten, wenn sie in der gesetzlichen Krankenversicherung versicherungspflichtig wären.

§ 49 Mitgliedschaft

(1) Die Mitgliedschaft bei einer Pflegekasse beginnt mit dem Tag, an dem die Voraussetzungen des § 20 oder des § 21 vorliegen. Sie endet mit dem Tod des Mitglieds oder mit Ablauf des Tages, an dem die Voraussetzungen des § 20 oder des § 21 entfallen, sofern nicht das Recht zur Weiterversicherung nach § 26 ausgeübt wird.

(2) Für das Fortbestehen der Mitgliedschaft gelten die §§ 189, 192 des Fünften Buches sowie § 25 des Zweiten Gesetzes über die Krankenversicherung der Landwirte entsprechend.

(3) Die Mitgliedschaft Weiterversicherter endet:
1. mit dem Tod des Mitglieds oder
2. mit Ablauf des übernächsten Kalendermonats, gerechnet von dem Monat, in dem das Mitglied den Austritt erklärt, wenn die Satzung nicht einen früheren Zeitpunkt bestimmt.

Die Mitgliedschaft der nach § 26 Abs. 2 Weiterversicherten endet darüber hinaus mit Ablauf des nächsten Zahltages, wenn für zwei Monate die fälligen Beiträge trotz Hinweises auf die Folgen nicht entrichtet wurden.

Dritter Abschnitt
Meldungen

§ 50 Melde- und Auskunftspflichten bei Mitgliedern der sozialen Pflegeversicherung

(1) Alle nach § 20 versicherungspflichtigen Mitglieder haben sich selbst unverzüglich bei der für sie zuständigen Pflegekasse anzumelden. Dies gilt nicht, wenn ein Dritter bereits eine Meldung nach den §§ 28 a bis 28 c des Vierten Buches, §§ 199 bis 205 des Fünften Buches oder §§ 27 bis 29 des Zweiten Gesetzes über die Krankenversicherung der Landwirte zur gesetzlichen Krankenversicherung abgegeben hat; die Meldung zur gesetzlichen Krankenversicherung schließt die Meldung zur sozialen Pflegeversicherung ein. Bei freiwillig versicherten Mitgliedern der gesetzlichen Krankenversicherung gilt die Beitrittserklärung zur gesetzlichen Krankenversicherung als Meldung zur sozialen Pflegeversicherung.

(2) Für die nach § 21 versicherungspflichtigen Mitglieder haben eine Meldung an die zuständige Pflegekasse zu erstatten:
1. das Versorgungsamt für Leistungsempfänger nach dem Bundesversorgungsgesetz oder nach den Gesetzen, die eine entsprechende Anwendung des Bundesversorgungsgesetzes vorsehen,
2. das Ausgleichsamt für Leistungsempfänger von Kriegsschadenrente oder vergleichbaren Leistungen nach dem Lastenausgleichsgesetz oder dem Reparationsschädengesetz oder von laufender Beihilfe nach dem Flüchtlingshilfegesetz,
3. der Träger der Kriegsopferfürsorge für Empfänger von laufenden Leistungen der ergänzenden Hilfe zum Lebensunterhalt nach dem Bundesversorgungsgesetz oder nach den Gesetzen, die eine entsprechende Anwendung des Bundesversorgungsgesetzes vorsehen,
4. der Leistungsträger der Jugendhilfe für Empfänger von laufenden Leistungen zum Unterhalt nach dem Achten Buch,
5. der Leistungsträger für Krankenversorgungsberechtigte nach dem Bundesentschädigungsgesetz,
6. der Dienstherr für Soldaten auf Zeit.

(3) Personen, die versichert sind oder als Versicherte in Betracht kommen, haben der Pflegekasse, soweit sie nicht nach § 28 o des Vierten Buches auskunftspflichtig sind,
1. auf Verlangen über alle für die Feststellung der Versicherungs- und Beitragspflicht und für die Durchführung der der Pflegekasse übertragenen Aufgaben erforderlichen Tatsachen unverzüglich Auskunft zu erteilen,
2. Änderungen in den Verhältnissen, die für die Feststellung der Versicherungs- und Beitragspflicht erheblich sind und nicht durch Dritte gemeldet werden, unverzüglich mitzuteilen.

Sie haben auf Verlangen die Unterlagen, aus denen die Tatsachen oder die Änderung der Verhältnisse hervorgehen, der Pflegekasse in deren Geschäftsräumen unverzüglich vorzulegen.
(4) Entstehen der Pflegekasse durch eine Verletzung der Pflichten nach Absatz 3 zusätzliche Aufwendungen, kann sie von dem Verpflichteten die Erstattung verlangen.
(5) Die Krankenkassen übermitteln den Pflegekassen die zur Erfüllung ihrer Aufgaben erforderlichen personenbezogenen Daten.
(6) Für die Meldungen der Pflegekassen an die Rentenversicherungsträger gilt § 201 des Fünften Buches entsprechend.

§ 51 Meldungen bei Mitgliedern der privaten Pflegeversicherung

(1) Das private Versicherungsunternehmen hat Personen, die bei ihm gegen Krankheit versichert sind und trotz Aufforderung innerhalb von sechs Monaten nach Inkrafttreten des Pflege-Versicherungsgesetzes, bei Neuabschlüssen von Krankenversicherungsverträgen innerhalb von drei Monaten nach Abschluß des Vertrages, keinen privaten Pflegeversicherungsvertrag abgeschlossen haben, unverzüglich dem Bundesversicherungsamt zu melden. Das Versicherungsunternehmen hat auch Versicherungsnehmer zu melden, die mit der Entrichtung von sechs Monatsprämien in Verzug geraten sind. Das Bundesversicherungsamt kann mit dem Verband der privaten Krankenversicherung e. V. Näheres über das Meldeverfahren vereinbaren.
(2) Der Dienstherr hat für Heilfürsorgeberechtigte, die weder privat krankenversichert noch Mitglied in der gesetzlichen Krankenversicherung sind, eine Meldung an das Bundesversicherungsamt zu erstatten. Die Postbeamtenkrankenkasse und die Krankenversorgung der Bundesbahnbeamten melden die im Zeitpunkt des Inkrafttretens des Gesetzes bei diesen Einrichtungen versicherten Mitglieder und mitversicherten Familienangehörigen an das Bundesversicherungsamt.
(3) Die Meldepflichten bestehen auch für Fälle, in denen eine bestehende private Pflegeversicherung gekündigt und der Abschluß eines neuen Vertrages bei einem anderen Versicherungsunternehmen nicht nachgewiesen wird.

Vierter Abschnitt
Wahrnehmung der Verbandsaufgaben

§ 52 Aufgaben auf Landesebene

(1) Die Landesverbände der Ortskrankenkassen, der Betriebskrankenkassen und der Innungskrankenkassen, die Bundesknappschaft, die nach § 36 des Zweiten Gesetzes über die Krankenversicherung der Landwirte als Landesverband tätigen landwirtschaftlichen Krankenkassen sowie die Verbände der Ersatzkassen nehmen die Aufgaben der Landesverbände der Pflegekassen wahr. § 212 Abs. 5 Satz 4 des Fünften Buches gilt entsprechend.
(2) Für die Aufgaben der Landesverbände nach Absatz 1 gilt § 211 des Fünften Buches entsprechend.
(3) Für die Aufsicht über die Landesverbände im Bereich der Aufgaben nach Absatz 1 gilt § 208 des Fünften Buches entsprechend.

§ 53 Aufgaben auf Bundesebene

(1) Die Bundesverbände der Krankenkassen sowie die Verbände der Ersatzkassen nehmen die Aufgaben der Bundesverbände der Pflegekassen wahr. Für die Aufgaben der Bundesverbände gilt § 217 des Fünften Buches entsprechend.
(2) Für die Aufsicht gilt § 214 des Fünften Buches entsprechend mit der Maßgabe, daß die Aufsicht vom Bundesministerium für Arbeit und Sozialordnung und Bundesministerium für Gesundheit gemeinsam ausgeübt wird, soweit es sich um Aufgaben der Pflegeversicherung handelt.
(3) Die Spitzenverbände der Krankenkassen nehmen die Aufgaben der Spitzenverbände der Pflegekassen wahr. Für die Wahrnehmung der Aufgaben der Spitzenverbände gilt § 213 des Fünften Buches entsprechend; kommen die erforderlichen Beschlüsse nicht oder nicht innerhalb einer vom Bundesministerium für Arbeit und Sozialordnung und vom Bundesministerium für Gesundheit gemeinsam gesetzten Frist zustande, entscheidet das Bundesministerium für Arbeit und Sozialordnung im Einvernehmen mit dem Bundesministerium für Gesundheit.

§ 53 a Zusammenarbeit der Medizinischen Dienste
Die Spitzenverbände der Pflegekassen beschließen für den Bereich der sozialen Pflegeversicherung gemeinsam und einheitlich Richtlinien
1. über die Zusammenarbeit der Pflegekassen mit den Medizinischen Diensten,
2. zur Durchführung und Sicherstellung einer einheitlichen Begutachtung,
3. über die von den Medizinischen Diensten zu übermittelnden Berichte und Statistiken,
4. zur Qualitätssicherung der Begutachtung und Beratung sowie über das Verfahren zur Durchführung von Qualitätsprüfungen,
5. über Grundsätze zur Fort- und Weiterbildung.

Die Richtlinien bedürfen der Zustimmung des Bundesministeriums für Arbeit und Sozialordnung und des Bundesministeriums für Gesundheit. Sie sind für die Medizinischen Dienste verbindlich.

Sechstes Kapitel
Finanzierung

Erster Abschnitt
Beiträge

§ 54 Grundsatz
(1) Die Mittel für die Pflegeversicherung werden durch Beiträge sowie sonstige Einnahmen gedeckt.
(2) Die Beiträge werden nach einem Vomhundertsatz (Beitragssatz) von den beitragspflichtigen Einnahmen der Mitglieder bis zur Beitragsbemessungsgrenze (§ 55) erhoben. Die Beiträge sind für jeden Kalendertag der Mitgliedschaft zu zahlen, soweit dieses Buch nichts Abweichendes bestimmt. Für die Berechnung der Beiträge ist die Woche zu sieben, der Monat zu 30 und das Jahr zu 360 Tagen anzusetzen.
(3) Die Vorschriften des Zwölften Kapitels des Fünften Buches gelten entsprechend.

§ 55 Beitragssatz, Beitragsbemessungsgrenze
(1) Der Beitragssatz beträgt in der Zeit vom 1. Januar 1995 bis zum 30. Juni 1996 bundeseinheitlich 1 vom Hundert, in der Zeit ab 1. Juli 1996 bundeseinheitlich 1,7 vom Hundert der beitragspflichtigen Einnahmen der Mitglieder; er wird durch Gesetz festgesetzt. Für Personen, bei denen § 28 Abs. 2 Anwendung findet, beträgt der Beitragssatz die Hälfte des Beitragssatzes nach Satz 1.
(2) Die Beitragsbemessungsgrenze beträgt 75 vom Hundert der Beitragsbemessungsgrenze der Rentenversicherung der Arbeiter und Angestellten.

§ 56 Beitragsfreiheit
(1) Familienangehörige sind für die Dauer der Familienversicherung nach § 25 beitragsfrei.
(2) Beitragsfreiheit besteht vom Zeitpunkt der Rentenantragstellung bis zum Beginn der Rente einschließlich einer Rente nach dem Gesetz über die Alterssicherung der Landwirte für:
1. den hinterbliebenen Ehegatten eines Rentners, der bereits Rente bezogen hat, wenn Hinterbliebenenrente beantragt wird,
2. die Waise eines Rentners, der bereits Rente bezogen hat, vor Vollendung des 18. Lebensjahres; dies gilt auch für Waisen, deren verstorbener Elternteil eine Rente nach dem Gesetz über die Alterssicherung der Landwirte bezogen hat,
3. den hinterbliebenen Ehegatten eines Beziehers einer Rente nach dem Gesetz über die Alterssicherung der Landwirte, wenn die Ehe vor Vollendung des 65. Lebensjahres des Verstorbenen geschlossen wurde,
4. den hinterbliebenen Ehegatten eines Beziehers von Landabgaberente.

Satz 1 gilt nicht, wenn der Rentenantragsteller eine eigene Rente, Arbeitsentgelt, Arbeitseinkommen oder Versorgungsbezüge erhält.
(3) Beitragsfrei sind Mitglieder für die Dauer des Bezuges von Mutterschafts- oder Erziehungsgeld. Die Beitragsfreiheit erstreckt sich nur auf die in Satz 1 genannten Leistungen.
(4) Beitragsfrei sind auf Antrag Mitglieder, die sich auf nicht absehbare Dauer in stationärer Pflege befinden und bereits Leistungen nach § 35 Abs. 6 des Bundesversorgungsgesetzes, nach § 44 des Siebten Buches, nach § 34 des Beamtenversorgungsgesetzes oder nach den Gesetzen erhalten, die eine

entsprechende Anwendung des Bundesversorgungsgesetzes vorsehen, wenn sie keine Familienangehörigen haben, für die eine Versicherung nach § 25 besteht.

§ 57 Beitragspflichtige Einnahmen
(1) Bei Mitgliedern der Pflegekasse, die in der gesetzlichen Krankenversicherung pflichtversichert sind, gelten für die Beitragsbemessung die §§ 226 und § 228 bis 238 und § 244 des Fünften Buches sowie die §§ 23 a und 23 b Abs. 2 bis 4 des Vierten Buches.
(2) Bei Beziehern von Krankengeld gilt als beitragspflichtige Einnahmen 80 vom Hundert des Arbeitsentgelts, das der Bemessung des Krankengeldes zugrundeliegt. Dies gilt auch für den Krankengeldbezug eines rentenversicherungspflichtigen mitarbeitenden Familienangehörigen eines landwirtschaftlichen Unternehmers. Beim Krankengeldbezug eines nicht rentenversicherungspflichtigen mitarbeitenden Familienangehörigen ist der Zahlbetrag der Leistung der Beitragsbemessung zugrunde zu legen.
(3) Bei landwirtschaftlichen Unternehmern sowie bei mitarbeitenden Familienangehörigen wird auf den Krankenversicherungsbeitrag, der nach den Vorschriften des Zweiten Gesetzes über die Krankenversicherung der Landwirte aus dem Arbeitseinkommen aus Land- und Forstwirtschaft zu zahlen ist, ein Zuschlag erhoben. Die Höhe des Zuschlages ergibt sich aus dem Verhältnis des Beitragssatzes nach § 55 Abs. 1 zu dem nach § 245 des Fünften Buches festgestellten durchschnittlichen allgemeinen Beitragssatz der Krankenkassen. Das Bundesministerium für Arbeit und Sozialordnung stellt die Höhe des Zuschlages zum 1. Januar jeden Jahres fest. Er gilt für das folgende Kalenderjahr. Für die Beitragsbemessung der Altenteiler gilt § 45 des Zweiten Gesetzes über die Krankenversicherung der Landwirte.
(4) Bei freiwilligen Mitgliedern der gesetzlichen Krankenversicherung und bei Mitgliedern der sozialen Pflegeversicherung, die nicht in der gesetzlichen Krankenversicherung versichert sind, ist für die Beitragsbemessung § 240 des Fünften Buches entsprechend anzuwenden. Für die Beitragsbemessung der in der gesetzlichen Krankenversicherung versicherten Rentenantragsteller und freiwillig versicherten Rentner finden darüber hinaus die §§ 238 a und 239 des Fünften Buches entsprechende Anwendung. Abweichend von Satz 1 ist bei Mitgliedern nach § 20 Abs. 1 Nr. 10, die in der gesetzlichen Krankenversicherung freiwillig versichert sind, § 236 des Fünften Buches entsprechend anzuwenden; als beitragspflichtige Einnahmen der satzungsmäßigen Mitglieder geistlicher Genossenschaften, Diakonissen und ähnlicher Personen, die freiwillig in der gesetzlichen Krankenversicherung versichert sind, sind der Wert für gewährte Sachbezüge oder das ihnen zur Beschaffung der unmittelbaren Lebensbedürfnisse an Wohnung, Verpflegung, Kleidung und dergleichen gezahlte Entgelt zugrunde zu legen. Bei freiwilligen Mitgliedern der gesetzlichen Krankenversicherung, die von einem Rehabilitationsträger Verletztengeld, Versorgungskrankengeld oder Übergangsgeld erhalten, gilt für die Beitragsbemessung § 235 Abs. 2 des Fünften Buches entsprechend; für die in der landwirtschaftlichen Krankenversicherung freiwillig Versicherten gilt § 46 des Zweiten Gesetzes über die Krankenversicherung der Landwirte.
(5) Der Beitragsberechnung von Personen, die nach § 26 Abs. 2 weiterversichert sind, werden für den Kalendertag der 180. Teil der monatlichen Bezugsgröße nach § 18 des Vierten Buches zugrunde gelegt.

§ 58 Tragung der Beiträge bei versicherungspflichtig Beschäftigten
(1) Die nach § 20 Abs. 1 Nr. 1 versicherungspflichtig Beschäftigten, die in der gesetzlichen Krankenversicherung pflichtversichert sind, und ihre Arbeitgeber tragen die nach dem Arbeitsentgelt zu bemessenden Beiträge jeweils zur Hälfte. Soweit für Beschäftigte Beiträge für Kurzarbeitergeld oder Winterausfallgeld zu zahlen sind, trägt der Arbeitgeber den Beitrag allein.
(2) Zum Ausgleich der mit den Arbeitgeberbeiträgen verbundenen Belastungen der Wirtschaft werden die Länder einen gesetzlichen landesweiten Feiertag, der stets auf einen Werktag fällt, aufheben.
(3) Die in Absatz 1 genannten Beschäftigten tragen die Beiträge in Höhe von 1 vom Hundert allein, wenn der Beschäftigungsort in einem Land liegt, in dem die am 31. Dezember 1993 bestehende Anzahl der gesetzlichen landesweiten Feiertage nicht um einen Feiertag, der stets auf einen Werktag fiel, vermindert worden ist. In Fällen des § 55 Abs. 1 Satz 2 werden die Beiträge in Höhe von 0,5 vom Hundert allein getragen. Im übrigen findet Absatz 1 Anwendung.

(4) Die Aufhebung eines Feiertages wirkt für das gesamte Kalenderjahr. Handelt es sich um einen Feiertag, der im laufenden Kalenderjahr vor dem Zeitpunkt des Inkrafttretens der Regelung über die Streichung liegt, wirkt die Aufhebung erst im folgenden Kalenderjahr.
(5) § 249 Abs. 2 und 3 des Fünften Buches gilt entsprechend.

§ 59 Beitragstragung bei anderen Mitgliedern
(1) Für die nach § 20 Abs. 1 Nr. 2 bis 11 versicherten Mitglieder der sozialen Pflegeversicherung, die in der gesetzlichen Krankenversicherung pflichtversichert sind, gelten für die Tragung der Beiträge die §§ 249 a, 250 Abs. 1 und § 251 des Fünften Buches sowie § 48 des Zweiten Gesetzes über die Krankenversicherung der Landwirte entsprechend. Bei Beziehern einer Rente nach dem Gesetz über die Alterssicherung der Landwirte, die nach § 20 Abs. 1 Satz 2 Nr. 3 versichert sind, und bei Beziehern von Produktionsaufgaberente oder Ausgleichsgeld, die nach § 14 Abs. 4 des Gesetzes zur Förderung der Einstellung der landwirtschaftlichen Erwerbstätigkeit versichert sind, werden die Beiträge aus diesen Leistungen von den Beziehern der Leistung und der Alterskasse je zur Hälfte getragen; der von der Alterskasse getragene Beitragsanteil gilt als Leistungsaufwendung.
(2) Die Beiträge für Bezieher von Krankengeld werden von den Leistungsbeziehern und den Krankenkassen je zur Hälfte getragen, soweit sie auf das Krankengeld entfallen und dieses nicht in Höhe der Leistungen der Bundesanstalt für Arbeit zu zahlen ist, im übrigen von den Krankenkassen; die Beiträge werden auch dann von den Krankenkassen getragen, wenn das dem Krankengeld zugrunde liegende monatliche Arbeitsentgelt ein Siebtel der monatlichen Bezugsgröße nicht übersteigt.
(3) Die Beiträge für die nach § 21 Nr. 1 bis 5 versicherten Leistungsempfänger werden vom jeweiligen Leistungsträger getragen. Beiträge auf Grund des Leistungsbezugs im Rahmen der Kriegsopferfürsorge gelten als Aufwendungen für die Kriegsopferfürsorge.
(4) Mitglieder der sozialen Pflegeversicherung, die in der gesetzlichen Krankenversicherung freiwillig versichert sind, sowie Mitglieder, deren Mitgliedschaft nach § 49 Abs. 2 Satz 1 erhalten bleibt oder die nach § 26 weiterversichert sind, und die nach § 21 Nr. 6 versicherten Soldaten auf Zeit tragen den Beitrag allein. Abweichend von Satz 1 werden
1. die auf Grund des Bezuges von Verletztengeld, Versorgungskrankengeld oder Übergangsgeld zu zahlenden Beiträge von dem zuständigen Rehabilitationsträger,
2. die Beiträge für satzungsmäßige Mitglieder geistlicher Genossenschaften, Diakonissen und ähnliche Personen einschließlich der Beiträge bei einer Weiterversicherung nach § 26 von der Gemeinschaft
allein getragen.

§ 60 Beitragszahlung
(1) Soweit gesetzlich nichts Abweichendes bestimmt ist, sind die Beiträge von demjenigen zu zahlen, der sie zu tragen hat. Die §§ 252 Satz 2, 253 bis 256 des Fünften Buches und § 50 des Zweiten Gesetzes über die Krankenversicherung der Landwirte gelten entsprechend. Die aus einer Rente nach dem Gesetz über die Alterssicherung der Landwirte und einer laufenden Geldleistung nach für Landwirte und dem Gesetz zur Förderung der Einstellung der landwirtschaftlichen Erwerbstätigkeit zu entrichtenden Beiträge werden von der Alterskasse gezahlt; § 28 g Satz 1 des Vierten Buches gilt entsprechend.
(2) Für Bezieher von Krankengeld zahlen die Krankenkassen die Beiträge; für den Beitragsabzug gilt § 28 g Satz 1 des Vierten Buches entsprechend. Die zur Tragung der Beiträge für die in § 21 Nr. 1 bis 5 genannten Mitglieder Verpflichteten können einen Dritten mit der Zahlung der Beiträge beauftragen und mit den Pflegekassen Näheres über die Zahlung und Abrechnung der Beiträge vereinbaren.
(3) Die Beiträge sind an die Krankenkasse, bei der die zuständige Pflegekasse errichtet ist, zugunsten der Pflegeversicherung zu zahlen. Die nach Satz 1 eingegangenen Beiträge zur Pflegeversicherung sind von der Krankenkasse unverzüglich an die Pflegekasse weiterzuleiten. Die Pflegekassen sind zur Prüfung der ordnungsgemäßen Beitragszahlung berechtigt. § 24 Abs. 1 des Vierten Buches gilt.

52 SGB XI § 61

Zweiter Abschnitt
Beitragszuschüsse

§ 61 Beitragszuschüsse für freiwillige Mitglieder der gesetzlichen Krankenversicherung und Privatversicherte

(1) Beschäftigte, die in der gesetzlichen Krankenversicherung freiwillig versichert sind, erhalten unter den Voraussetzungen des § 58 von ihrem Arbeitgeber einen Beitragszuschuß, der in der Höhe begrenzt ist, auf den Betrag, der als Arbeitgeberanteil nach § 58 zu zahlen wäre. Bestehen innerhalb desselben Zeitraums mehrere Beschäftigungsverhältnisse, sind die beteiligten Arbeitgeber anteilmäßig nach dem Verhältnis der Höhe der jeweiligen Arbeitsentgelte zur Zahlung des Beitragszuschusses verpflichtet. Für Beschäftigte, die Kurzarbeitergeld oder Winterausfallgeld nach dem Dritten Buch beziehen, ist zusätzlich zu dem Zuschuß nach Satz 1 die Hälfte des Betrages zu zahlen, den der Arbeitgeber bei Versicherungspflicht des Beschäftigten nach § 58 Abs. 1 Satz 2 als Beitrag zu tragen hätte.

(2) Beschäftigte, die in Erfüllung ihrer Versicherungspflicht nach den §§ 22 und 23 bei einem privaten Krankenversicherungsunternehmen versichert sind und für sich und ihre Angehörigen, die bei Versicherungspflicht des Beschäftigten in der sozialen Pflegeversicherung nach § 25 versichert wären, Vertragsleistungen beanspruchen können, die nach Art und Umfang den Leistungen dieses Buches gleichwertig sind, erhalten unter den Voraussetzungen des § 58 von ihrem Arbeitgeber einen Beitragszuschuß. Der Zuschuß ist in der Höhe begrenzt auf den Betrag, der als Arbeitgeberanteil bei Versicherungspflicht in der sozialen Pflegeversicherung als Beitragsanteil zu zahlen wäre, höchstens jedoch auf die Hälfte des Betrages, den der Beschäftigte für seine private Pflegeversicherung zu zahlen hat. Für Beschäftigte, die Kurzarbeitergeld oder Winterausfallgeld nach dem Dritten Buch beziehen, gilt Absatz 1 Satz 3 mit der Maßgabe, daß sie höchstens den Betrag erhalten, den sie tatsächlich zu zahlen haben. Bestehen innerhalb desselben Zeitraumes mehrere Beschäftigungsverhältnisse, sind die beteiligten Arbeitgeber anteilig nach dem Verhältnis der Höhe der jeweiligen Arbeitsentgelte zur Zahlung des Beitragszuschusses verpflichtet.

(3) Beschäftigte, die nur wegen Überschreitens der Jahresarbeitsentgeltgrenze in der gesetzlichen Krankenversicherung versicherungsfrei und als landwirtschaftliche Unternehmer nach § 2 Abs. 1 Nr. 1 des Zweiten Gesetzes über die Krankenversicherung der Landwirte versichert sind, erhalten von ihrem Arbeitgeber unter den Voraussetzungen des § 58 einen Beitragszuschuß zu dem nach § 57 Abs. 3 zu zahlenden Zuschlag; der Zuschuß ist in der Höhe begrenzt auf den Betrag, der als Arbeitgeberanteil nach § 58 zu zahlen wäre.

(4) Für Bezieher von Vorruhestandsgeld, die als Beschäftigte bis unmittelbar vor Beginn der Vorruhestandsleistungen Anspruch auf den vollen oder anteiligen Beitragszuschuß nach Absatz 1 oder 2 hatten, sowie für Bezieher von Leistungen nach § 9 Abs. 1 Nr. 1 und 2 des Anspruchs- und Anwartschaftsüberführungsgesetzes und Bezieher einer Übergangsversorgung nach § 7 des Tarifvertrages über einen sozialverträglichen Personalabbau im Bereich des Bundesministers der Verteidigung vom 30. November 1991 bleibt der Anspruch für die Dauer der Vorruhestandsleistungen gegen den zur Zahlung des Vorruhestandsgeldes Verpflichteten erhalten. Der Zuschuß beträgt die Hälfte des Beitrags, den der Bezieher von Vorruhestandsgeld als versicherungspflichtig Beschäftigter zu zahlen hätte, höchstens jedoch die Hälfte des Betrages, den er zu zahlen hat. Absatz 1 Satz 2 gilt entsprechend.

(5) Teilnehmer an berufsfördernden Maßnahmen zur Rehabilitation sowie an Berufsfindung oder Arbeitserprobung, für die nach § 23 Versicherungspflicht in der privaten Pflegeversicherung besteht, erhalten vom zuständigen Leistungsträger einen Zuschuß zu ihrem privaten Pflegeversicherungsbeitrag. Als Zuschuß ist der Betrag zu zahlen, der von dem Leistungsträger als Beitrag bei Versicherungspflicht in der sozialen Pflegeversicherung zu zahlen wäre, höchstens jedoch der Betrag, der an das private Versicherungsunternehmen zu zahlen ist.

(6) Der Zuschuß nach den Absätzen 2, 4 und 5 wird für eine private Pflegeversicherung nur gezahlt, wenn das Versicherungsunternehmen:
1. die Pflegeversicherung nach Art der Lebensversicherung betreibt,
2. sich verpflichtet, den überwiegenden Teil der Überschüsse, die sich aus dem selbst abgeschlossenen Versicherungsgeschäft ergeben, zugunsten der Versicherten zu verwenden.

3. die Pflegeversicherung nur zusammen mit der Krankenversicherung, nicht zusammen mit anderen Versicherungssparten betreibt.

(7) Das Krankenversicherungsunternehmen hat dem Versicherungsnehmer eine Bescheinigung darüber auszuhändigen, daß ihm die Aufsichtsbehörde bestätigt hat, daß es die Versicherung, die Grundlage des Versicherungsvertrages ist, nach den in Absatz 6 genannten Voraussetzungen betreibt. Der Versicherungsnehmer hat diese Bescheinigung dem zur Zahlung des Beitragszuschusses Verpflichteten vorzulegen.

(8) Personen, die nach beamtenrechtlichen Vorschriften oder Grundsätzen bei Krankheit und Pflege Anspruch auf Beihilfe oder Heilfürsorge haben und bei einem privaten Versicherungsunternehmen pflegeversichert sind, sowie Personen, für die der halbe Beitragssatz nach § 55 Abs. 1 Satz 2 gilt, haben gegenüber dem Arbeitgeber oder Dienstherrn, der die Beihilfe und Heilfürsorge zu Aufwendungen aus Anlaß der Pflege gewährt, keinen Anspruch auf einen Beitragszuschuß. Hinsichtlich der Beitragszuschüsse für Abgeordnete, ehemalige Abgeordnete und deren Hinterbliebene wird auf die Bestimmungen in den jeweiligen Abgeordnetengesetzen verwiesen.

Dritter Abschnitt
Verwendung und Verwaltung der Mittel

§ 62 Mittel der Pflegekasse
Die Mittel der Pflegekasse umfassen die Betriebsmittel und die Rücklage.

§ 63 Betriebsmittel
(1) Die Betriebsmittel dürfen nur verwendet werden:
1. für die gesetzlich oder durch die Satzung vorgesehenen Aufgaben sowie für die Verwaltungskosten,
2. zur Auffüllung der Rücklage und zur Finanzierung des Ausgleichsfonds.

(2) Die Betriebsmittel dürfen im Durchschnitt des Haushaltsjahres monatlich das Einfache des nach dem Haushaltsplan der Pflegekasse auf einen Monat entfallenden Betrages der in Absatz 1 Nr. 1 genannten Aufwendungen nicht übersteigen. Bei der Feststellung der vorhandenen Betriebsmittel sind die Forderungen und Verpflichtungen der Pflegekasse zu berücksichtigen, soweit sie nicht der Rücklage zuzuordnen sind. Durchlaufende Gelder bleiben außer Betracht.

(3) Die Betriebsmittel sind im erforderlichen Umfang bereitzuhalten und im übrigen so anzulegen, daß sie für den in Absatz 1 bestimmten Zweck verfügbar sind.

§ 64 Rücklage
(1) Die Pflegekasse hat zur Sicherstellung ihrer Leistungsfähigkeit eine Rücklage zu bilden.

(2) Die Rücklage beträgt 50 vom Hundert des nach dem Haushaltsplan durchschnittlich auf den Monat entfallenden Betrages der Ausgaben (Rücklagesoll).

(3) Die Pflegekasse hat Mittel aus der Rücklage den Betriebsmitteln zuzuführen, wenn Einnahme- und Ausgabeschwankungen innerhalb eines Haushaltsjahres nicht durch die Betriebsmittel ausgeglichen werden können.

(4) Übersteigt die Rücklage das Rücklagesoll, so ist der übersteigende Betrag den Betriebsmitteln bis zu der in § 63 Abs. 2 genannten Höhe zuzuführen. Darüber hinaus verbleibende Überschüsse sind bis zum 15. des Monats an den Ausgleichsfonds nach § 65 zu überweisen.

(5) Die Rücklage ist getrennt von den sonstigen Mitteln so anzulegen, daß sie für den nach Absatz 1 bestimmten Zweck verfügbar ist. Sie wird von der Pflegekasse verwaltet.

Vierter Abschnitt
Ausgleichsfonds, Finanzausgleich

§ 65 Ausgleichsfonds
(1) Das Bundesversicherungsamt verwaltet als Sondervermögen (Ausgleichsfonds) die eingehenden Beträge aus:
1. den Beiträgen aus den Rentenzahlungen,
2. den von den Pflegekassen überwiesenen Überschüssen aus Betriebsmitteln und Rücklage (§ 64 Abs. 4).

(2) Die im Laufe eines Jahres entstehenden Kapitalerträge werden dem Sondervermögen gutgeschrieben.
(3) Die Mittel des Ausgleichsfonds sind so anzulegen, daß sie für den in den §§ 67, 68 genannten Zweck verfügbar sind.

§ 66 Finanzausgleich
(1) Die Leistungsaufwendungen sowie die Verwaltungskosten der Pflegekassen werden von allen Pflegekassen nach dem Verhältnis ihrer Beitragseinnahmen gemeinsam getragen. Zu diesem Zweck findet zwischen allen Pflegekassen ein Finanzausgleich statt. Das Bundesversicherungsamt führt den Finanzausgleich zwischen den Pflegekassen durch. Er hat Näheres zur Durchführung des Finanzausgleichs mit den Spitzenverbänden der Pflegekassen zu vereinbaren. Die Vereinbarung ist für die Pflegekasse verbindlich.
(2) Das Bundesversicherungsamt kann zur Durchführung des Zahlungsverkehrs nähere Regelungen mit der Bundesversicherungsanstalt für Angestellte treffen.

§ 67 Monatlicher Ausgleich
(1) Jede Pflegekasse ermittelt bis zum 15. des Monats
1. die bis zum Ende des Vormonats gebuchten Ausgaben,
2. die bis zum Ende des Vormonats gebuchten Einnahmen (Beitragsist),
3. das Betriebsmittel- und Rücklagesoll,
4. den am Ersten des laufenden Monats vorhandenen Betriebsmittelbestand (Betriebsmittelist) und die Höhe der Rücklage.

(2) Sind die Ausgaben zuzüglich des Betriebsmittel- und Rücklagesolls höher als die Einnahmen zuzüglich des vorhandenen Betriebsmittelbestands und der Rücklage am Ersten des laufenden Monats, erhält die Pflegekasse bis zum Monatsende den Unterschiedsbetrag aus dem Ausgleichsfonds. Sind die Einnahmen zuzüglich des am Ersten des laufenden Monats vorhandenen Betriebsmittelbestands und der Rücklage höher als die Ausgaben zuzüglich des Betriebsmittel- und Rücklagesolls, überweist die Pflegekasse den Unterschiedsbetrag an den Ausgleichsfonds.
(3) Die Pflegekasse hat dem Bundesversicherungsamt die notwendigen Berechnungsgrundlagen mitzuteilen.

§ 68 Jahresausgleich
(1) Nach Ablauf des Kalenderjahres wird zwischen den Pflegekassen ein Jahresausgleich durchgeführt. Nach Vorliegen der Geschäfts- und Rechnungsergebnisse aller Pflegekassen und der Jahresrechnung der Bundesknappschaft als Träger der knappschaftlichen Pflegeversicherung für das abgelaufene Kalenderjahr werden die Ergebnisse nach § 67 bereinigt.
(2) Werden nach Abschluß des Jahresausgleichs sachliche oder rechnerische Fehler in den Berechnungsgrundlagen festgestellt, hat das Bundesversicherungsamt diese bei der Ermittlung des nächsten Jahresausgleichs nach den zu diesem Zeitpunkt geltenden Vorschriften zu berücksichtigen.
(3) Das Bundesministerium für Arbeit und Sozialordnung kann im Einvernehmen mit dem Bundesministerium für Gesundheit durch Rechtsverordnung mit Zustimmung des Bundesrates das Nähere über:
1. die inhaltliche und zeitliche Abgrenzung und Ermittlung der Beträge nach den §§ 66 bis 68,
2. die Fälligkeit der Beträge und der Verzinsung bei Verzug,
3. das Verfahren bei der Durchführung des Finanzausgleichs sowie die hierfür von den Pflegekassen mitzuteilenden Angaben

regeln.

Siebtes Kapitel
Beziehungen der Pflegekassen zu den Leistungserbringern

Erster Abschnitt
Allgemeine Grundsätze

§ 69 Sicherstellungsauftrag
Die Pflegekassen haben im Rahmen ihrer Leistungsverpflichtung eine bedarfsgerechte und gleichmäßige, dem allgemein anerkannten Stand medizinisch-pflegerischer Erkenntnisse entsprechende pfle-

gerische Versorgung der Versicherten zu gewährleisten (Sicherstellungsauftrag). Sie schließen hierzu Versorgungsverträge und Vergütungsvereinbarungen mit den Trägern von Pflegeeinrichtungen (§ 71) und sonstigen Leistungserbringern. Dabei sind die Vielfalt, die Unabhängigkeit und Selbständigkeit sowie das Selbstverständnis der Träger von Pflegeeinrichtungen in Zielsetzung und Durchführung ihrer Aufgaben zu achten.

§ 70 Beitragssatzstabilität

(1) Die Pflegekassen stellen in den Verträgen mit den Leistungserbringern über Art, Umfang und Vergütung der Leistungen sicher, daß ihre Leistungsausgaben die Beitragseinnahmen nicht überschreiten (Grundsatz der Beitragssatzstabilität).

(2) Vereinbarungen über die Höhe der Vergütungen, die dem Grundsatz der Beitragssatzstabilität widersprechen, sind unwirksam.

Zweiter Abschnitt
Beziehungen zu den Pflegeeinrichtungen

§ 71 Pflegeeinrichtungen

(1) Ambulante Pflegeeinrichtungen (Pflegedienste) im Sinne dieses Buches sind selbständig wirtschaftende Einrichtungen, die unter ständiger Verantwortung einer ausgebildeten Pflegefachkraft Pflegebedürftige in ihrer Wohnung pflegen und hauswirtschaftlich versorgen.

(2) Stationäre Pflegeeinrichtungen (Pflegeheime) im Sinne dieses Buches sind selbständig wirtschaftende Einrichtungen, in denen Pflegebedürftige:
1. unter ständiger Verantwortung einer ausgebildeten Pflegefachkraft gepflegt werden,
2. ganztägig (vollstationär) oder nur tagsüber oder nur nachts (teilstationär) untergebracht und verpflegt werden können.

(3) Für die Anerkennung als Pflegefachkraft im Sinne der Absätze 1 und 2 ist neben dem Abschluß einer Ausbildung als Krankenschwester oder Krankenpfleger, als Kinderkrankenschwester oder Kinderkrankenpfleger nach dem Krankenpflegegesetz oder als Altenpflegerin oder Altenpfleger nach Landesrecht eine praktische Berufserfahrung in dem erlernten Pflegeberuf von zwei Jahren innerhalb der letzten fünf Jahre erforderlich. Bei ambulanten Pflegeeinrichtungen, die überwiegend behinderte Menschen pflegen und betreuen, gelten auch nach Landesrecht ausgebildete Heilerziehungspflegerinnen und Heilerziehungspfleger sowie Heilerzieherinnen und Heilerzieher mit einer praktischen Berufserfahrung von zwei Jahren innerhalb der letzten fünf Jahre als ausgebildete Pflegefachkraft.

(4) Stationäre Einrichtungen, in denen die medizinische Vorsorge oder Rehabilitation, die berufliche oder soziale Eingliederung, die schulische Ausbildung oder die Erziehung Kranker oder Behinderter im Vordergrund des Zweckes der Einrichtung stehen, sowie Krankenhäuser sind keine Pflegeeinrichtungen im Sinne des Absatzes 2.

§ 72 Zulassung zur Pflege durch Versorgungsvertrag

(1) Die Pflegekassen dürfen ambulante und stationäre Pflege nur durch Pflegeeinrichtungen gewähren, mit denen ein Versorgungsvertrag besteht (zugelassene Pflegeeinrichtungen). In dem Versorgungsvertrag sind Art, Inhalt und Umfang der allgemeinen Pflegeleistungen (§ 4 Abs. 2) festzulegen, die von der Pflegeeinrichtung während der Dauer des Vertrages für die Versicherten zu erbringen sind (Versorgungsauftrag).

(2) Der Versorgungsvertrag wird zwischen dem Träger der Pflegeeinrichtung oder einer vertretungsberechtigten Vereinigung gleicher Träger und den Landesverbänden der Pflegekassen im Einvernehmen mit den überörtlichen Trägern der Sozialhilfe im Land abgeschlossen, soweit nicht nach Landesrecht der örtliche Träger für die Pflegeeinrichtung zuständig ist. Er ist für die Pflegeeinrichtung und für alle Pflegekassen im Inland unmittelbar verbindlich.

(3) Versorgungsverträge dürfen nur mit Pflegeeinrichtungen abgeschlossen werden, die den Anforderungen des § 71 genügen und die Gewähr für eine leistungsfähige und wirtschaftliche pflegerische Versorgung bieten; ein Anspruch auf Abschluß eines Versorgungsvertrages besteht, soweit und solange die Pflegeeinrichtung diese Voraussetzungen erfüllt. Bei notwendiger Auswahl zwischen mehreren geeigneten Pflegeeinrichtungen sollen die Versorgungsverträge vorrangig mit freigemeinnützigen und privaten Trägern abgeschlossen werden. Bei ambulanten Pflegediensten ist der örtliche Einzugsbereich in den Versorgungsverträgen so festzulegen, daß lange Wege möglichst vermieden werden.

(4) Mit Abschluß des Versorgungsvertrages wird die Pflegeeinrichtung für die Dauer des Vertrages zur pflegerischen Versorgung der Versicherten zugelassen. Die zugelassene Pflegeeinrichtung ist im Rahmen ihres Versorgungsauftrages zur pflegerischen Versorgung der Versicherten verpflichtet; dazu gehört bei ambulanten Pflegediensten auch die Durchführung von Pflegeeinsätzen nach § 37 Abs. 3 auf Anforderung des Pflegebedürftigen. Die Pflegekassen sind verpflichtet, die Leistungen der Pflegeeinrichtung nach Maßgabe des Achten Kapitels zu vergüten.
(5) Zur Förderung des Wettbewerbs und der Überschaubarkeit des vorhandenen Angebots hat die Pflegekasse dem Pflegebedürftigen spätestens mit dem Bescheid über die Bewilligung seines Antrags auf Gewährung häuslicher, teil- oder vollstationärer Pflege eine Preisvergleichsliste über die Leistungen und Vergütungen der zugelassenen Pflegeeinrichtungen zu übermitteln, in deren Einzugsbereich er wohnt. Zugleich ist dem Pflegebedürftigen eine Beratung darüber anzubieten, welche Pflegeleistungen für ihn in seiner persönlichen Situation in Betracht kommen.

§ 73 Abschluß von Versorgungsverträgen
(1) Der Versorgungsvertrag ist schriftlich abzuschließen.
(2) Gegen die Ablehnung eines Versorgungsvertrages durch die Landesverbände der Pflegekassen ist der Rechtsweg zu den Sozialgerichten gegeben. Ein Vorverfahren findet nicht statt; die Klage hat keine aufschiebende Wirkung.
(3) Mit Pflegeeinrichtungen, die vor dem 1. Januar 1995 ambulante Pflege, teilstationäre Pflege oder Kurzzeitpflege auf Grund von Vereinbarungen mit Sozialleistungsträgern erbracht haben, gilt ein Versorgungsvertrag als abgeschlossen. Satz 1 gilt nicht, wenn die Pflegeeinrichtung die Anforderungen nach § 72 Abs. 3 Satz 1 nicht erfüllt und die zuständigen Landesverbände der Pflegekassen dies im Einvernehmen mit dem zuständigen Träger der Sozialhilfe (§ 72 Abs. 2 Satz 1) bis zum 30. Juni 1995 gegenüber dem Träger der Einrichtung schriftlich geltend machen. Satz 1 gilt auch dann nicht, wenn die Pflegeeinrichtung die Anforderungen nach § 72 Abs. 3 Satz 1 offensichtlich nicht erfüllt. Die Pflegeeinrichtung hat bis spätestens zum 31. März 1995 die Voraussetzungen für den Bestandschutz nach den Sätzen 1 und 2 durch Vorlage von Vereinbarungen mit Sozialleistungsträgern sowie geeigneter Unterlagen zur Prüfung und Beurteilung der Leistungsfähigkeit und Wirtschaftlichkeit gegenüber einem Landesverband der Pflegekassen nachzuweisen. Der Versorgungsvertrag bleibt wirksam, bis er durch einen neuen Versorgungsvertrag abgelöst oder gemäß § 74 gekündigt wird.
(4) Für vollstationäre Pflege gilt Absatz 3 entsprechend mit der Maßgabe, daß der für die Vorlage der Unterlagen nach Satz 3 maßgebliche Zeitpunkt der 30. September 1995 und der Stichtag nach Satz 2 der 30. Juni 1996 ist.

§ 74 Kündigung von Versorgungsverträgen
(1) Der Versorgungsvertrag kann von jeder Vertragspartei mit einer Frist von einem Jahr ganz oder teilweise gekündigt werden, von den Landesverbänden der Pflegekassen jedoch nur, wenn die zugelassene Pflegeeinrichtung nicht nur vorübergehend eine der Voraussetzungen des § 72 Abs. 3 Satz 1 nicht oder nicht mehr erfüllt. Vor Kündigung durch die Landesverbände der Pflegekassen ist das Einvernehmen mit dem zuständigen Träger der Sozialhilfe (§ 72 Abs. 2 Satz 1) herzustellen.
(2) Der Versorgungsvertrag kann von den Landesverbänden der Pflegekassen auch ohne Einhaltung einer Kündigungsfrist gekündigt werden, wenn die Einrichtung ihre gesetzlichen oder vertraglichen Verpflichtungen gegenüber den Pflegebedürftigen oder deren Kostenträgern derart gröblich verletzt, daß ein Festhalten an dem Vertrag nicht zumutbar ist. Das gilt insbesondere dann, wenn Pflegebedürftige infolge der Pflichtverletzung zu Schaden kommen oder die Einrichtung nicht erbrachte Leistungen gegenüber den Kostenträgern abrechnet. Das gleiche gilt, wenn dem Träger eines Pflegeheimes nach dem Heimgesetz die Betriebserlaubnis entzogen oder der Betrieb des Heimes untersagt wird. Absatz 1 Satz 2 gilt entsprechend.
(3) Die Kündigung bedarf der Schriftform. Für Klagen gegen die Kündigung gilt § 73 Abs. 2 entsprechend.

§ 75 Rahmenverträge und Bundesempfehlungen über die pflegerische Versorgung
(1) Die Landesverbände der Pflegekassen schließen unter Beteiligung des Medizinischen Dienstes der Krankenversicherung mit den Vereinigungen der Träger der ambulanten oder stationären Pflegeeinrichtungen im Land gemeinsam und einheitlich Rahmenverträge mit dem Ziel, eine wirksame und wirtschaftliche pflegerische Versorgung der Versicherten sicherzustellen. Für Pflegeeinrichtungen, die

einer Kirche oder Religionsgemeinschaft des öffentlichen Rechts oder einem sonstigen freigemeinnützigen Träger zuzuordnen sind, können die Rahmenverträge auch von der Kirche oder Religionsgemeinschaft oder von dem Wohlfahrtsverband abgeschlossen werden, dem die Pflegeeinrichtung angehört. Bei Rahmenverträgen über ambulante Pflege sind die Arbeitsgemeinschaften der örtlichen Sozialhilfeträger, bei Rahmenverträgen über stationäre Pflege die überörtlichen Sozialhilfeträger und die Arbeitsgemeinschaften der örtlichen Sozialhilfeträger als Vertragspartei am Vertragsschluß zu beteiligen. Die Rahmenverträge sind für die Pflegekassen und die zugelassenen Pflegeeinrichtungen im Inland unmittelbar verbindlich.

(2) Die Verträge regeln insbesondere:
1. den Inhalt der Pflegeleistungen sowie bei stationärer Pflege die Abgrenzung zwischen den allgemeinen Pflegeleistungen, den Leistungen bei Unterkunft und Verpflegung und den Zusatzleistungen,
2. die allgemeinen Bedingungen der Pflege einschließlich der Kostenübernahme, der Abrechnung der Entgelte und der hierzu erforderlichen Bescheinigungen und Berichte,
3. Maßstäbe und Grundsätze für eine wirtschaftliche und leistungsbezogene, am Versorgungsauftrag orientierte personelle Ausstattung der Pflegeeinrichtungen,
4. die Überprüfung der Notwendigkeit und Dauer der Pflege,
5. Abschläge von der Pflegevergütung bei vorübergehender Abwesenheit (Krankenhausaufenthalt, Beurlaubung) des Pflegebedürftigen aus dem Pflegeheim,
6. den Zugang des Medizinischen Dienstes und sonstiger von den Pflegekassen beauftragter Prüfer zu den Pflegeeinrichtungen,
7. die Verfahrens- und Prüfungsgrundsätze für Wirtschaftlichkeitsprüfungen einschließlich der Verteilung der Prüfungskosten,
8. die Grundsätze zur Festlegung der örtlichen oder regionalen Einzugsbereiche der Pflegeeinrichtungen, um Pflegeleistungen ohne lange Wege möglichst orts- und bürgernah anzubieten.

(3) Kommt ein Vertrag nach Absatz 1 über Regelungsbereiche, die die ambulante Pflege betreffen, bis zum 31. März 1995 ganz oder teilweise nicht zustande, wird sein Inhalt auf Antrag einer Vertragspartei durch die Schiedsstelle nach § 76 festgesetzt. Für Verträge über Regelungsbereiche, die die stationäre Pflege betreffen, gilt Satz 1 entsprechend mit der Maßgabe, daß Stichtag der 31. Dezember 1995 ist.

(4) Die Verträge nach Absatz 1 können von jeder Vertragspartei mit einer Frist von einem Jahr ganz oder teilweise gekündigt werden. Satz 1 gilt entsprechend für die von der Schiedsstelle nach Absatz 3 getroffenen Regelungen. Diese können auch ohne Kündigung jederzeit durch einen Vertrag nach Absatz 1 ersetzt werden.

(5) Die Spitzenverbände der Pflegekassen und die Vereinigungen der Träger der Pflegeeinrichtungen auf Bundesebene sollen unter Beteiligung des Medizinischen Dienstes der Spitzenverbände der Krankenkassen gemeinsam mit der Bundesvereinigung der kommunalen Spitzenverbände und der Bundesarbeitsgemeinschaft der überörtlichen Träger der Sozialhilfe Empfehlungen zum Inhalt der Verträge nach Absatz 1 abgeben.

§ 76 Schiedsstelle

(1) Die Landesverbände der Pflegekassen und die Vereinigungen der Träger der Pflegeeinrichtungen im Land bilden gemeinsam für jedes Land eine Schiedsstelle. Diese entscheidet in den ihr nach diesem Buch zugewiesenen Angelegenheiten.

(2) Die Schiedsstelle besteht aus Vertretern der Pflegekassen und Pflegeeinrichtungen in gleicher Zahl sowie einem unparteiischen Vorsitzenden und zwei weiteren unparteiischen Mitgliedern. Der Schiedsstelle gehört auch ein Vertreter des Verbandes der privaten Krankenversicherung e. V. sowie der überörtlichen Träger der Sozialhilfe im Land an, die auf die Zahl der Vertreter der Pflegekassen angerechnet werden. Die Vertreter der Pflegekassen und deren Stellvertreter werden von den Landesverbänden der Pflegekassen, die Vertreter der Pflegeeinrichtungen und deren Stellvertreter von den Vereinigungen der Träger der Pflegedienste und Pflegeheime im Land bestellt; bei der Bestellung der Vertreter der Pflegeeinrichtungen ist die Trägervielfalt zu beachten. Der Vorsitzende und die weiteren unparteiischen Mitglieder werden von den beteiligten Organisationen gemeinsam bestellt. Kommt eine Einigung nicht zustande, werden sie durch Los bestimmt. Soweit beteiligte Organisationen kei-

nen Vertreter bestellen oder im Verfahren nach Satz 4 keine Kandidaten für das Amt des Vorsitzenden oder der weiteren unparteiischen Mitglieder benennen, bestellt die zuständige Landesbehörde auf Antrag einer der beteiligten Organisationen die Vertreter und benennt die Kandidaten.

(3) Die Mitglieder der Schiedsstelle führen ihr Amt als Ehrenamt. Sie sind an Weisungen nicht gebunden. Jedes Mitglied hat eine Stimme. Die Entscheidungen werden mit der Mehrheit der Mitglieder getroffen. Ergibt sich keine Mehrheit, gibt die Stimme des Vorsitzenden den Ausschlag.

(4) Die Rechtsaufsicht über die Schiedsstelle führt die zuständige Landesbehörde.

(5) Die Landesregierungen werden ermächtigt, durch Rechtsverordnung das Nähere über die Zahl, die Bestellung, die Amtsdauer und die Amtsführung, die Erstattung der baren Auslagen und die Entschädigung für Zeitaufwand der Mitglieder der Schiedsstelle, die Geschäftsführung, das Verfahren, die Erhebung und die Höhe der Gebühren sowie über die Verteilung der Kosten zu bestimmen.

Dritter Abschnitt
Beziehungen zu sonstigen Leistungserbringern

§ 77 Häusliche Pflege durch Einzelpersonen

(1) Zur Sicherstellung der häuslichen Pflege und hauswirtschaftlichen Versorgung kann die zuständige Pflegekasse einen Vertrag mit einzelnen geeigneten Pflegekräften schließen, soweit und solange eine Versorgung nicht durch einen zugelassenen Pflegedienst gewährleistet werden kann; Verträge mit Verwandten oder Verschwägerten des Pflegebedürftigen bis zum dritten Grad sowie mit Personen, die mit dem Pflegebedürftigen in häuslicher Gemeinschaft leben, sind unzulässig. In dem Vertrag sind Inhalt, Umfang, Vergütung sowie Prüfung der Qualität und Wirtschaftlichkeit der vereinbarten Leistungen zu regeln. In dem Vertrag ist weiter zu regeln, daß die Pflegekräfte mit dem Pflegebedürftigen, dem sie Leistungen der häuslichen Pflege und der hauswirtschaftlichen Versorgung erbringen, kein Beschäftigungsverhältnis eingehen dürfen. Soweit davon abweichend Verträge geschlossen sind, sind sie zu kündigen. Die Sätze 3 und 4 gelten nicht, wenn
1. das Beschäftigungsverhältnis vor dem 1. Mai 1996 bestanden hat und
2. die vor dem 1. Mai 1996 erbrachten Pflegeleistungen von der zuständigen Pflegekasse auf Grund eines von ihr mit der Pflegekraft abgeschlossenen Vertrages vergütet worden sind.

(2) Die Pflegekassen können bei Bedarf einzelne Pflegekräfte zur Sicherstellung der häuslichen Pflege anstellen, für die hinsichtlich der Wirtschaftlichkeit und Qualität ihrer Leistungen die gleichen Anforderungen wie für die zugelassenen Pflegedienste nach diesem Buch gelten.

§ 78 Verträge über Pflegehilfsmittel

(1) Die Spitzenverbände der Pflegekassen schließen mit den Leistungserbringern oder deren Verbänden Verträge über die Versorgung der Versicherten mit Pflegehilfsmitteln, soweit diese nicht nach den Vorschriften des Fünften Buches über die Hilfsmittel zu vergüten sind; dabei ist das Pflegehilfsmittelverzeichnis nach Absatz 2 zu beachten. In den Verträgen sind auch die Grundsätze und Maßstäbe sowie das Verfahren für die Prüfung der Wirtschaftlichkeit und Qualität der Versorgung mit Pflegehilfsmitteln zu regeln.

(2) Die Spitzenverbände der Pflegekassen regeln mit Wirkung für ihre Mitglieder das Nähere zur Bemessung der Zuschüsse für Maßnahmen zur Verbesserung des individuellen Wohnumfeldes der Pflegebedürftigen nach § 40 Abs. 4 Satz 2. Sie erstellen als Anlage zu dem Hilfsmittelverzeichnis nach § 128 des Fünften Buches ein Verzeichnis der von der Leistungspflicht der Pflegeversicherung umfaßten Pflegehilfsmittel (Pflegehilfsmittelverzeichnis), soweit diese nicht bereits im Hilfsmittelverzeichnis nach § 128 des Fünften Buches enthalten sind, und schreiben es regelmäßig fort; darin sind gesondert die Pflegehilfsmittel auszuweisen, die:
1. durch Festbeträge vergütet werden; dabei sollen in ihrer Funktion gleichartige und gleichwertige Mittel in Gruppen zusammengefaßt werden,
2. für eine leihweise Überlassung an die Versicherten geeignet sind.

Die Verbände der betroffenen Leistungserbringer sowie die Verbände der Pflegeberufe und der Behinderten sind vor Erstellung und Fortschreibung des Pflegehilfsmittelverzeichnisses anzuhören. Das Pflegehilfsmittelverzeichnis ist im Bundesanzeiger bekanntzugeben.

(3) Die Spitzenverbände der Pflegekassen setzen für die in Absatz 2 Satz 2 Nr. 1 bestimmten Pflegehilfsmittel einheitliche Festbeträge fest. Absatz 2 Satz 3 und 4 gilt entsprechend.

(4) Die Landesverbände der Pflegekassen vereinbaren untereinander oder mit geeigneten Pflegeeinrichtungen das Nähere zur Ausleihe der hierfür nach Absatz 2 Satz 2 Nr. 2 geeigneten Pflegehilfsmittel einschließlich ihrer Beschaffung, Lagerung und Wartung. Die Pflegebedürftigen und die zugelassenen Pflegeeinrichtungen sind von den Pflegekassen oder deren Verbänden in geeigneter Form über die Möglichkeit der Ausleihe zu unterrichten.

(5) Das Bundesministerium für Arbeit und Sozialordnung wird ermächtigt, das Pflegehilfsmittelverzeichnis nach Absatz 2 und die Festbeträge nach Absatz 3 durch Rechtsverordnung im Einvernehmen mit dem Bundesministerium für Gesundheit und dem Bundesministerium für Familie, Senioren, Frauen und Jugend und mit Zustimmung des Bundesrates zu bestimmen; § 40 Abs. 5 bleibt unberührt.

Vierter Abschnitt
Wirtschaftlichkeitsprüfungen und Qualitätssicherung

§ 79 Wirtschaftlichkeitsprüfungen

(1) Die Landesverbände der Pflegekassen können die Wirtschaftlichkeit und Wirksamkeit der ambulanten, teilstationären und vollstationären Pflegeleistungen durch von ihnen bestellte Sachverständige prüfen lassen; vor Bestellung der Sachverständigen ist der Träger der Pflegeeinrichtung zu hören. Bestehen Anhaltspunkte dafür, daß eine Pflegeeinrichtung die Anforderungen des § 72 Abs. 3 Satz 1 nicht oder nicht mehr erfüllt, sind die Landesverbände zur Einleitung einer Wirtschaftlichkeitsprüfung verpflichtet.

(2) Die Träger der Pflegeeinrichtungen sind verpflichtet, dem Sachverständigen auf Verlangen die für die Wahrnehmung seiner Aufgaben notwendigen Unterlagen vorzulegen und Auskünfte zu erteilen.

(3) Das Prüfungsergebnis ist, unabhängig von den sich daraus ergebenden Folgerungen für eine Kündigung des Versorgungsvertrages nach § 74, in der nächstmöglichen Vergütungsvereinbarung mit Wirkung für die Zukunft zu berücksichtigen.

§ 80 Qualitätssicherung

(1) Die Spitzenverbände der Pflegekassen, die Bundesarbeitsgemeinschaft der überörtlichen Träger der Sozialhilfe, die Bundesvereinigung der kommunalen Spitzenverbände und die Vereinigungen der Träger der Pflegeeinrichtungen auf Bundesebene vereinbaren gemeinsam und einheitlich Grundsätze und Maßstäbe für die Qualität und die Qualitätssicherung der ambulanten und stationären Pflege sowie für das Verfahren zur Durchführung von Qualitätsprüfungen. Sie arbeiten dabei mit dem Medizinischen Dienst der Spitzenverbände der Krankenkassen, den Verbänden der Pflegeberufe und den Verbänden der Behinderten eng zusammen. Die Vereinbarungen sind im Bundesanzeiger zu veröffentlichen; sie sind für alle Pflegekassen und deren Verbände sowie für die zugelassenen Pflegeeinrichtungen unmittelbar verbindlich.

(2) Die zugelassenen Pflegeeinrichtungen sind verpflichtet, sich an Maßnahmen zur Qualitätssicherung zu beteiligen; bei stationärer Pflege erstreckt sich die Qualitätssicherung neben den allgemeinen Pflegeleistungen auch auf die Leistungen bei Unterkunft und Verpflegung (§ 87) sowie auf die Zusatzleistungen (§ 88). Die Pflegeeinrichtungen haben auf Verlangen der Landesverbände der Pflegekassen dem Medizinischen Dienst der Krankenversicherung oder den von den Landesverbänden bestellten Sachverständigen die Prüfung der Qualität ihrer Leistungen durch Einzelprüfungen, Stichproben und vergleichende Prüfungen zu ermöglichen. Die Prüfungen sind auf die Qualität der Pflege, der Versorgungsabläufe und der Pflegeergebnisse zu erstrecken. Für das Löschen der vom Medizinischen Dienst der Krankenversicherung erhobenen Daten gilt § 107 Abs. 1 Satz 1 Nr. 2 und Satz 2 entsprechende.

(3) Das Ergebnis der Prüfung nach Absatz 2 ist der betroffenen Pflegeeinrichtung von den Landesverbänden der Pflegekassen mitzuteilen. Soweit Qualitätsmängel festgestellt werden, entscheiden die Landesverbände der Pflegekassen nach Anhörung der Pflegeeinrichtung und einer Vereinigung, der der Träger angehört, welche Maßnahmen zu treffen sind, erteilen dem Träger der Einrichtung hierüber einen Bescheid und setzen ihm darin zugleich eine angemessene Frist zur Beseitigung der festgestellten Mängel. Werden die Mängel nicht fristgerecht beseitigt, können die Landesverbände gemeinsam den Versorgungsvertrag gemäß § 74 Abs. 1, in schwerwiegenden Fällen nach § 74 Abs. 2 kündigen. § 73 Abs. 2 gilt entsprechend.

(4) Hat der Medizinische Dienst Erkenntnisse über Mängel aus Stichproben nach Absatz 2 Satz 2 gewonnen, ist er zur Übermittlung personenbezogener Daten an die Landesverbände der Pflegekassen befugt, soweit dies jeweils für die Anhörung und Erteilung eines Bescheides nach Absatz 3 Satz 2 erforderlich ist. Die Landesverbände der Pflegekassen sind befugt, die Daten nach Satz 1 der Pflegeeinrichtung zu übermitteln, soweit dies für die Anhörung oder eine Stellungnahme der Pflegeeinrichtung zu dem Bescheid nach Absatz 3 Satz 2 erforderlich ist.
(5) Kommen Vereinbarungen nach Absatz 1 bis zum 30. Juni 1995 nicht zustande, wird ihr Inhalt durch Rechtsverordnung des Bundesministeriums für Arbeit und Sozialordnung im Einvernehmen mit dem Bundesministerium für Familie, Senioren, Frauen und Jugend und dem Bundesministerium für Gesundheit und mit Zustimmung des Bundesrates festgelegt.

§ 81 Verfahrensregelungen

(1) Die Landesverbände der Pflegekassen (§ 52) erfüllen die ihnen nach dem Siebten und Achten Kapitel zugewiesenen Aufgaben gemeinsam. Kommt eine Einigung ganz oder teilweise nicht zustande, gilt § 213 Abs. 2 des Fünften Buches entsprechend. Bei Entscheidungen, die von den Landesverbänden der Pflegekassen mit den Arbeitsgemeinschaften der örtlichen Sozialhilfeträger oder den überörtlichen Sozialhilfeträgern gemeinsam zu treffen sind, werden die Arbeitsgemeinschaften oder die überörtlichen Träger mit zwei Vertretern an der Beschlußfassung nach Satz 1 in Verbindung mit § 213 Abs. 2 des Fünften Buches beteiligt.
(2) Absatz 1 gilt für die den Spitzenverbänden der Pflegekassen (§ 53) nach dem Siebten Kapitel zugewiesenen Aufgaben entsprechend.

Achtes Kapitel
Pflegevergütung

Erster Abschnitt
Allgemeine Vorschriften

§ 82 Finanzierung der Pflegeeinrichtungen

(1) Zugelassene Pflegeheime und Pflegedienste erhalten nach Maßgabe dieses Kapitels
1. eine leistungsgerechte Vergütung für die allgemeinen Pflegeleistungen (Pflegevergütung) sowie
2. bei stationärer Pflege ein angemessenes Entgelt für Unterkunft und Verpflegung.
Die Pflegevergütung umfaßt bei stationärer Pflege auch die medizinische Behandlungspflege und die soziale Betreuung; sie ist von den Pflegebedürftigen oder deren Kostenträgern zu tragen. Für Unterkunft und Verpflegung bei stationärer Pflege hat der Pflegebedürftige selbst aufzukommen.
(2) In der Pflegevergütung und in den Entgelten für Unterkunft und Verpflegung dürfen keine Aufwendungen berücksichtigt werden für
1. Maßnahmen, die dazu bestimmt sind, die für den Betrieb der Pflegeeinrichtung notwendigen Gebäude und sonstigen abschreibungsfähigen Anlagegüter herzustellen, anzuschaffen, wiederzubeschaffen, zu ergänzen, instandzuhalten oder instandzusetzen; ausgenommen sind die zum Verbrauch bestimmten Güter (Verbrauchsgüter), die der Pflegevergütung nach Absatz 1 Satz 1 Nr. 1 zuzuordnen sind,
2. den Erwerb und die Erschließung von Grundstücken,
3. Miete, Pacht, Nutzung oder Mitbenutzung von Grundstücken, Gebäuden oder sonstigen Anlagegütern,
4. den Anlauf oder die innerbetriebliche Umstellung von Pflegeeinrichtungen,
5. die Schließung von Pflegeeinrichtungen oder ihre Umstellung auf andere Aufgaben.
(3) Soweit betriebsnotwendige Investitionsaufwendungen nach Absatz 2 Nr. 1 oder Aufwendungen für Miete, Pacht, Nutzung oder Mitbenutzung von Gebäuden oder sonstige abschreibungsfähige Anlagegüter nach Absatz 2 Nr. 3 durch öffentliche Förderung gemäß § 9 nicht vollständig gedeckt sind, kann die Pflegeeinrichtung diesen Teil der Aufwendungen den Pflegebedürftigen gesondert berechnen. Gleiches gilt, soweit die Aufwendungen nach Satz 1 vom Land durch Darlehen oder sonstige rückzahlbare Zuschüsse gefördert werden. Die gesonderte Berechnung bedarf der Zustimmung der zuständigen Landesbehörde; das Nähere hierzu, insbesondere auch zu Art, Höhe und Laufzeit sowie die Verteilung der gesondert berechenbaren Aufwendungen auf die Pflegebedürftigen, wird durch Landesrecht bestimmt.

(4) Pflegeeinrichtungen, die nicht nach Landesrecht gefördert werden, können ihre betriebsnotwendigen Investitionsaufwendungen den Pflegebedürftigen ohne Zustimmung der zuständigen Landesbehörde gesondert berechnen. Die gesonderte Berechnung ist der zuständigen Landesbehörde mitzuteilen.
(5) Öffentliche Zuschüsse zu den laufenden Aufwendungen einer Pflegeeinrichtung (Betriebskostenzuschüsse) sind von der Pflegevergütung abzuziehen.

§ 82 a Ausbildungsvergütung

(1) Ausbildungsvergütung im Sinne dieser Vorschrift ist die Vergütung, die aufgrund von Rechtsvorschriften, Tarifverträgen, entsprechenden allgemeinen Vergütungsregelungen oder aufgrund vertraglicher Vereinbarungen an Personen, die nach Bundes- oder Landesrecht in der Altenpflege oder Altenpflegehilfe ausgebildet werden, während der Dauer ihrer praktischen oder theoretischen Ausbildung zu zahlen ist.
(2) Soweit eine nach diesem Gesetz zugelassene Pflegeeinrichtung nach Bundes- oder Landesrecht zur Ausbildung in der Altenpflege oder Altenpflegehilfe berechtigt oder verpflichtet ist, ist die Ausbildungsvergütung der Personen, die aufgrund eines entsprechenden Ausbildungsvertrages mit der Einrichtung oder ihrem Träger zum Zwecke der Ausbildung in der Einrichtung tätig sind, während der Dauer des Ausbildungsverhältnisses in der Vergütung der allgemeinen Pflegeleistungen (§ 84 Abs. 1, § 89) berücksichtigungsfähig. Betreut die Einrichtung auch Personen, die nicht pflegebedürftig im Sinne dieses Buches sind, so ist in der Pflegevergütung nach Satz 1 nur der Anteil an der Gesamtsumme der Ausbildungsvergütungen berücksichtigungsfähig, der bei einer gleichmäßigen Verteilung der Gesamtsumme auf alle betreuten Personen auf die Pflegebedürftigen im Sinne dieses Buches entfällt. Soweit die Ausbildungsvergütung im Pflegesatz eines zugelassenen Pflegeheimes zu berücksichtigen ist, ist der Anteil, der auf die Pflegebedürftigen im Sinne dieses Buches entfällt, gleichmäßig auf alle pflegebedürftigen Heimbewohner zu verteilen. Satz 1 gilt nicht, soweit
1. die Ausbildungsvergütung oder eine entsprechende Vergütung nach anderen Vorschriften aufgebracht wird oder
2. die Ausbildungsvergütung durch ein landesrechtliches Umlageverfahren nach Absatz 3 finanziert wird.

Die Ausbildungsvergütung ist in der Vergütungsvereinbarung über die allgemeinen Pflegeleistungen gesondert auszuweisen; die §§ 84 bis 86 und 89 gelten entsprechend.
(3) Wird die Ausbildungsvergütung ganz oder teilweise durch ein landesrechtliches Umlageverfahren finanziert, so ist die Umlage in der Vergütung der allgemeinen Pflegeleistungen nur insoweit berücksichtigungsfähig, als sie auf der Grundlage nachfolgender Berechnungsgrundsätze ermittelt wird:
1. Die Kosten der Ausbildungsvergütung werden nach einheitlichen Grundsätzen gleichmäßig auf alle zugelassenen ambulanten, teilstationären und stationären Pflegeeinrichtungen und die Altenheime im Land verteilt. Bei der Bemessung und Verteilung der Umlage ist sicherzustellen, daß der Verteilungsmaßstab nicht einseitig zu Lasten der zugelassenen Pflegeeinrichtungen gewichtet ist. Im übrigen gilt Absatz 2 Satz 2 und 3 entsprechend.
2. Die Gesamthöhe der Umlage darf den voraussichtlichen Mittelbedarf zur Finanzierung eines angemessenen Angebots an Ausbildungsplätzen nicht überschreiten.
3. Aufwendungen für die Vorhaltung, Instandsetzung oder Instandhaltung von Ausbildungsstätten (§§ 9, 82 Abs. 2 bis 4), für deren laufende Betriebskosten (Personal- und Sachkosten) sowie für die Verwaltungskosten der nach Landesrecht für das Umlageverfahren zuständigen Stelle bleiben unberücksichtigt.

(4) Die Höhe der Umlage nach Absatz 3 sowie ihre Berechnungsfaktoren sind von der dafür nach Landesrecht zuständigen Stelle den Landesverbänden der Pflegekassen rechtzeitig vor Beginn der Pflegesatzverhandlungen mitzuteilen. Es genügt die Mitteilung an einen Landesverband; dieser leitet die Mitteilung unverzüglich an die übrigen Landesverbände und an die zuständigen Träger der Sozialhilfe weiter. Bei Meinungsverschiedenheiten zwischen den nach Satz 1 Beteiligten über die ordnungsgemäße Bemessung und die Höhe des von den zugelassenen Pflegeeinrichtungen zu zahlenden Anteils an der Umlage entscheidet die Schiedsstelle nach § 76 unter Ausschluß des Rechtsweges. Die Entscheidung ist für alle Beteiligten nach Satz 1 sowie für die Parteien der Vergütungsvereinbarungen

nach dem Achten Kapitel verbindlich; § 85 Abs. 5 Satz 1 und 2, erster Halbsatz, sowie Abs. 6 gilt entsprechend.

§ 83 Verordnung zur Regelung der Pflegevergütung
(1) Die Bundesregierung wird ermächtigt, durch Rechtsverordnung mit Zustimmung des Bundesrates Vorschriften zu erlassen über
1. die Pflegevergütung der Pflegeeinrichtungen einschließlich der Verfahrensregelungen zu ihrer Vereinbarung nach diesem Kapitel,
2. den Inhalt der Pflegeleistungen sowie bei stationärer Pflege die Abgrenzung zwischen den allgemeinen Pflegeleistungen (§ 84 Abs. 4), den Leistungen bei Unterkunft und Verpflegung (§ 87) und den Zusatzleistungen (§ 88),
3. die Rechnungs- und Buchführungsvorschriften der Pflegeeinrichtungen,
4. Maßstäbe und Grundsätze für eine wirtschaftliche und leistungsbezogene, am Versorgungsauftrag (§ 72 Abs. 1) orientierte personelle Ausstattung der Pflegeeinrichtungen,
5. die nähere Abgrenzung der Leistungsaufwendungen nach Nummer 2 von den Investitionsaufwendungen und sonstigen Aufwendungen nach § 82 Abs. 2.

§ 90 bleibt unberührt.

(2) Eine Rechtsverordnung nach Absatz 1 Satz 1 Nr. 2 und 4 soll nur erlassen werden, wenn
1. ein Rahmenvertrag nach § 75 Abs. 2 innerhalb der Fristen des § 75 Abs. 3 oder
2. eine Schiedsstellenregelung nach § 75 Abs. 3 innerhalb von sechs Monaten nach Ablauf dieser Fristen

ganz oder teilweise oder nicht in dem für eine wirksame und wirtschaftliche pflegerische Versorgung der Versicherten erforderlichen Umfang zustande kommen. Nach Erlaß der Rechtsverordnung sind ein Rahmenvertrag oder eine Schiedsstellenregelung zu den von der Verordnung erfaßten Regelungsbereichen nicht mehr zulässig.

Zweiter Abschnitt
Vergütung der stationären Pflegeleistungen

§ 84 Bemessungsgrundsätze
(1) Pflegesätze sind die Entgelte der Heimbewohner oder ihrer Kostenträger für die voll- oder teilstationären Pflegeleistungen des Pflegeheimes sowie für medizinische Behandlungspflege und soziale Betreuung.
(2) Die Pflegesätze müssen leistungsgerecht sein. Sie sind nach dem Versorgungsaufwand, den der Pflegebedürftige nach Art und Schwere seiner Pflegebedürftigkeit benötigt, in drei Pflegeklassen einzuteilen. Bei der Zuordnung der Pflegebedürftigen zu den Pflegeklassen sind die Pflegestufen gemäß § 15 zugrunde zu legen, soweit nicht nach der gemeinsamen Beurteilung des Medizinischen Dienstes und der Pflegeleitung des Pflegeheimes die Zuordnung zu einer anderen Pflegeklasse notwendig oder ausreichend ist. Die Pflegesätze müssen einem Pflegeheim bei wirtschaftlicher Betriebsführung ermöglichen, seinen Versorgungsauftrag zu erfüllen. Überschüsse verbleiben dem Pflegeheim; Verluste sind von ihm zu tragen. Der Grundsatz der Beitragssatzstabilität ist zu beachten.
(3) Die Pflegesätze sind für alle Heimbewohner des Pflegeheimes nach einheitlichen Grundsätzen zu bemessen; eine Differenzierung nach Kostenträgern ist unzulässig.
(4) Mit den Pflegesätzen sind alle für die Versorgung der Pflegebedürftigen nach Art und Schwere ihrer Pflegebedürftigkeit erforderlichen Pflegeleistungen der Pflegeeinrichtung (allgemeine Pflegeleistungen) abgegolten. Für die allgemeinen Pflegeleistungen dürfen, soweit nichts anderes bestimmt ist, ausschließlich die nach § 85 oder § 86 vereinbarten oder nach § 85 Abs. 5 festgesetzten Pflegesätze berechnet werden, ohne Rücksicht darauf, wer zu ihrer Zahlung verpflichtet ist.

§ 85 Pflegesatzverfahren
(1) Art, Höhe und Laufzeit der Pflegesätze werden zwischen dem Träger des Pflegeheimes und den Leistungsträgern nach Absatz 2 vereinbart.
(2) Parteien der Pflegesatzvereinbarung (Vertragsparteien) sind der Träger des einzelnen zugelassenen Pflegeheimes sowie
1. die Pflegekassen oder sonstige Sozialversicherungsträger oder von ihnen allein oder gemeinsam gebildete Arbeitsgemeinschaften sowie

2. der für den Sitz des Pflegeheimes zuständige (örtliche oder überörtliche) Träger der Sozialhilfe, soweit auf den jeweiligen Kostenträger oder die Arbeitsgemeinschaft im Jahr vor Beginn der Pflegesatzverhandlungen jeweils mehr als fünf vom Hundert der Berechnungstage des Pflegeheimes entfallen. Die Pflegesatzvereinbarung ist für jedes zugelassene Pflegeheim gesondert abzuschließen; § 86 Abs. 2 bleibt unberührt. Die Vereinigungen der Pflegeheime im Land, die Landesverbände der Pflegekassen sowie der Verband der privaten Krankenversicherung e. V. im Land können sich am Pflegesatzverfahren beteiligen.

(3) Die Pflegesatzvereinbarung ist im voraus, vor Beginn der jeweiligen Wirtschaftsperiode des Pflegeheimes, für einen zukünftigen Zeitraum (Pflegesatzzeitraum) zu treffen. Das Pflegeheim hat Art, Inhalt, Umfang und Kosten der Leistungen, für die es eine Vergütung beansprucht, durch Pflegedokumentationen und andere geeignete Nachweise rechtzeitig vor Beginn der Pflegesatzverhandlungen darzulegen. Soweit dies zur Beurteilung seiner Wirtschaftlichkeit und Leistungsfähigkeit im Einzelfall erforderlich ist, hat das Pflegeheim auf Verlangen einer Vertragspartei zusätzliche Unterlagen vorzulegen und Auskünfte zu erteilen. Hierzu gehören auch pflegesatzerhebliche Angaben zum Jahresabschluß nach der Pflege-Buchführungsverordnung, zur personellen und sachlichen Ausstattung des Pflegeheims einschließlich der Kosten sowie zur tatsächlichen Stellenbesetzung und Eingruppierung. Personenbezogene Daten sind zu anonymisieren.

(4) Die Pflegesatzvereinbarung kommt durch Einigung zwischen dem Träger des Pflegeheimes und der Mehrheit der Kostenträger nach Absatz 2 Satz 1 zustande, die an der Pflegesatzverhandlung teilgenommen haben. Sie ist schriftlich abzuschließen. Soweit Vertragsparteien sich bei den Pflegesatzverhandlungen durch Dritte vertreten lassen, haben diese vor Verhandlungsbeginn den übrigen Vertragsparteien eine schriftliche Verhandlungs- und Abschlußvollmacht vorzulegen.

(5) Kommt eine Pflegesatzvereinbarung innerhalb von sechs Wochen nicht zustande, nachdem eine Vertragspartei schriftlich zu Pflegesatzverhandlungen aufgefordert hat, setzt die Schiedsstelle nach § 76 auf Antrag einer Vertragspartei die Pflegesätze unverzüglich fest. Satz 1 gilt auch, soweit der nach Absatz 2 Satz 1 Nr. 2 zuständige Träger der Sozialhilfe der Pflegesatzvereinbarung innerhalb von zwei Wochen nach Vertragsschluß widerspricht; der Sozialhilfeträger kann im voraus verlangen, daß an Stelle der gesamten Schiedsstelle nur der Vorsitzende und die beiden weiteren unparteiischen Mitglieder oder nur der Vorsitzende allein entscheiden. Gegen die Festsetzung ist der Rechtsweg zu den Sozialgerichten gegeben. Ein Vorverfahren findet nicht statt; die Klage hat keine aufschiebende Wirkung.

(6) Pflegesatzvereinbarungen sowie Schiedsstellenentscheidungen nach Absatz 5 Satz 1 oder 2 treten zu dem darin bestimmten Zeitpunkt in Kraft; sie sind für das Pflegeheim sowie für die in dem Heim versorgten Pflegebedürftigen und deren Kostenträger unmittelbar verbindlich. Ein rückwirkendes Inkrafttreten von Pflegesätzen ist nicht zulässig. Nach Ablauf des Pflegesatzzeitraums gelten die vereinbarten oder festgesetzten Pflegesätze bis zum Inkrafttreten neuer Pflegesätze weiter.

(7) Bei unvorhersehbaren wesentlichen Veränderungen der Annahmen, die der Vereinbarung oder Festsetzung der Pflegesätze zugrunde lagen, sind die Pflegesätze auf Verlangen einer Vertragspartei für den laufenden Pflegesatzzeitraum neu zu verhandeln; die Absätze 3 bis 6 gelten entsprechend.

§ 86 Pflegesatzkommission

(1) Die Landesverbände der Pflegekassen, der Verband der privaten Krankenversicherung e. V., die überörtlichen oder ein nach Landesrecht bestimmter Träger der Sozialhilfe und die Vereinigungen der Pflegeheimträger im Land bilden regional oder landesweit tätige Pflegesatzkommissionen, die anstelle der Vertragsparteien nach § 85 Abs. 2 die Pflegesätze mit Zustimmung der betroffenen Pflegeheimträger vereinbaren können. § 85 Abs. 3 bis 7 gilt entsprechend.

(2) Für Pflegeheime, die in derselben kreisfreien Gemeinde oder in demselben Landkreis liegen, kann die Pflegesatzkommission mit Zustimmung der betroffenen Pflegeheimträger für die gleichen Leistungen einheitliche Pflegesätze vereinbaren. Die beteiligten Pflegeheime sind befugt, ihre Leistungen unterhalb der nach Satz 1 vereinbarten Pflegesätze anzubieten.

(3) Die Pflegesatzkommission oder die Vertragsparteien nach § 85 Abs. 2 können auch Rahmenvereinbarungen abschließen, die insbesondere ihre Rechte und Pflichten, die Vorbereitung, den Beginn und das Verfahren der Pflegesatzverhandlungen sowie Art, Umfang und Zeitpunkt der vom Pflege-

heim vorzulegenden Leistungsnachweise und sonstigen Verhandlungsunterlagen näher bestimmen. Satz 1 gilt nicht, soweit für das Pflegeheim verbindliche Regelungen nach § 75 getroffen worden sind.

§ 87 Unterkunft und Verpflegung
Die als Pflegesatzparteien betroffenen Leistungsträger (§ 85 Abs. 2) vereinbaren mit dem Träger des Pflegeheimes die von den Pflegebedürftigen zu tragenden Entgelte für Unterkunft und Verpflegung. Die Entgelte müssen in einem angemessenen Verhältnis zu den Leistungen stehen. § 84 Abs. 3 und 4 und die §§ 85 und 86 gelten entsprechend; § 88 bleibt unberührt.

§ 88 Zusatzleistungen
(1) Neben den Pflegesätzen nach § 85 und den Entgelten nach § 87 darf das Pflegeheim mit den Pflegebedürftigen über die im Versorgungsvertrag vereinbarten notwendigen Leistungen hinaus (§ 72 Abs. 1 Satz 2) gesondert ausgewiesene Zuschläge für
1. besondere Komfortleistungen bei Unterkunft und Verpflegung sowie
2. zusätzliche pflegerisch-betreuende Leistungen

vereinbaren (Zusatzleistungen). Der Inhalt der notwendigen Leistungen und deren Abgrenzung von den Zusatzleistungen werden in den Rahmenverträgen nach § 75 festgelegt.

(2) Die Gewährung und Berechnung von Zusatzleistungen ist nur zulässig, wenn:
1. dadurch die notwendigen stationären oder teilstationären Leistungen des Pflegeheimes (§ 84 Abs. 4 und § 87) nicht beeinträchtigt werden,
2. die angebotenen Zusatzleistungen nach Art, Umfang, Dauer und Zeitabfolge sowie die Höhe der Zuschläge und die Zahlungsbedingungen vorher schriftlich zwischen dem Pflegeheim und dem Pflegebedürftigen vereinbart worden sind,
3. das Leistungsangebot und die Leistungsbedingungen den Landesverbänden der Pflegekassen und den überörtlichen Trägern der Sozialhilfe im Land vor Leistungsbeginn schriftlich mitgeteilt worden sind.

Dritter Abschnitt
Vergütung der ambulanten Pflegeleistungen
§ 89 Grundsätze für die Vergütungsregelung
(1) Die Vergütung der ambulanten Pflegeleistungen und der hauswirtschaftlichen Versorgung wird, soweit nicht die Gebührenordnung nach § 90 Anwendung findet, zwischen dem Träger des Pflegedienstes und den Leistungsträgern nach Absatz 2 für alle Pflegebedürftigen nach einheitlichen Grundsätzen vereinbart. Sie muß leistungsgerecht sein. Die Vergütung muß einem Pflegedienst bei wirtschaftlicher Betriebsführung ermöglichen, seinen Versorgungsauftrag zu erfüllen; eine Differenzierung in der Vergütung nach Kostenträgern ist unzulässig.

(2) Vertragsparteien der Vergütungsvereinbarung sind der Träger des Pflegedienstes sowie
1. die Pflegekassen oder sonstige Sozialversicherungsträger oder von ihnen allein oder gemeinsam gebildete Arbeitsgemeinschaften sowie
2. der für den Sitz des Pflegedienstes zuständige (örtliche oder überörtliche) Träger der Sozialhilfe, soweit auf den jeweiligen Kostenträger oder die Arbeitsgemeinschaft im Jahr vor Beginn der Vergütungsverhandlungen jeweils mehr als fünf vom Hundert der vom Pflegedienst betreuten Pflegebedürftigen entfallen. Die Vergütungsvereinbarung ist für jeden Pflegedienst gesondert abzuschließen.

(3) Die Vergütungen können, je nach Art und Umfang der Pflegeleistung, nach dem dafür erforderlichen Zeitaufwand oder unabhängig vom Zeitaufwand nach dem Leistungsinhalt des jeweiligen Pflegeeinsatzes, nach Komplexleistungen oder in Ausnahmefällen auch nach Einzelleistungen bemessen werden; sonstige Leistungen wie hauswirtschaftliche Versorgung, Behördengänge oder Fahrkosten können auch mit Pauschalen vergütet werden. § 84 Abs. 4 Satz 2, § 85 Abs. 3 bis 7 und § 86 gelten entsprechend.

§ 90 Gebührenordnung für ambulante Pflegeleistungen
(1) Das Bundesministerium für Arbeit und Sozialordnung wird ermächtigt, im Einvernehmen mit dem Bundesministerium für Familie, Senioren, Frauen und Jugend und dem Bundesministerium für Gesundheit durch Rechtsverordnung mit Zustimmung des Bundesrates eine Gebührenordnung für die Vergütung der ambulanten Pflegeleistungen und der hauswirtschaftlichen Versorgung der Pflegebedürftigen zu erlassen, soweit die Versorgung von der Leistungspflicht der Pflegeversicherung umfaßt

ist. Die Vergütung muß leistungsgerecht sein, den Bemessungsgrundsätzen nach § 89 entsprechen und hinsichtlich ihrer Höhe regionale Unterschiede berücksichtigen. § 82 Abs. 2 gilt entsprechend. In der Verordnung ist auch das Nähere zur Abrechnung der Vergütung zwischen den Pflegekassen und den Pflegediensten zu regeln.
(2) Die Gebührenordnung gilt nicht für die Vergütung von ambulanten Pflegeleistungen und der hauswirtschaftlichen Versorgung durch Familienangehörige und sonstige Personen, die mit dem Pflegebedürftigen in häuslicher Gemeinschaft leben. Soweit die Gebührenordnung Anwendung findet, sind die davon betroffenen Pflegeeinrichtungen und Pflegepersonen nicht berechtigt, über die Berechnung der Gebühren hinaus weitergehende Ansprüche an die Pflegebedürftigen oder deren Kostenträger zu stellen.

Vierter Abschnitt
Kostenerstattung, Landespflegeausschüsse

§ 91 Kostenerstattung
(1) Zugelassene Pflegeeinrichtungen, die auf eine vertragliche Regelung der Pflegevergütung nach den §§ 85 und 89 verzichten oder mit denen eine solche Regelung nicht zustande kommt, können den Preis für ihre ambulanten oder stationären Leistungen unmittelbar mit den Pflegebedürftigen vereinbaren.
(2) Den Pflegebedürftigen werden die ihnen von den Einrichtungen nach Absatz 1 berechneten Kosten für die pflegebedingten Aufwendungen erstattet. Die Erstattung darf jedoch 80 vom Hundert des Betrages nicht überschreiten, den die Pflegekasse für den einzelnen Pflegebedürftigen nach Art und Schwere seiner Pflegebedürftigkeit nach dem Dritten Abschnitt des Vierten Kapitels zu leisten hat. Eine weitergehende Kostenerstattung durch einen Träger der Sozialhilfe ist unzulässig.
(3) Die Absätze 1 und 2 gelten entsprechend für Pflegebedürftige, die nach Maßgabe dieses Buches bei einem privaten Versicherungsunternehmen versichert sind.
(4) Die Pflegebedürftigen und ihre Angehörigen sind von der Pflegekasse und der Pflegeeinrichtung rechtzeitig auf die Rechtsfolgen der Absätze 2 und 3 hinzuweisen.

§ 92 Landespflegeausschüsse
(1) Zur Beratung über Fragen der Finanzierung und des Betriebs von Pflegeeinrichtungen wird für jedes Land oder für Teile des Landes von den Beteiligten nach Absatz 2 ein Landespflegeausschuß gebildet. Der Ausschuß kann einvernehmlich Empfehlungen abgeben, insbesondere zum Aufbau und zur Weiterentwicklung eines regional und fachlich gegliederten Versorgungssystems einander ergänzender Pflegedienste und Pflegeheime, zur Pflegevergütung, zur Gestaltung und Bemessung der Entgelte bei Unterkunft und Verpflegung und zur Berechnung der Zusatzleistungen. Pflegekassen und Pflegeeinrichtungen haben die Empfehlungen nach Satz 2 insbesondere bei dem Abschluß von Versorgungsverträgen und Vergütungsvereinbarungen angemessen zu berücksichtigen.
(2) Der Landespflegeausschuß besteht insbesondere aus Vertretern der Pflegeeinrichtungen und Pflegekassen einschließlich eines Vertreters des Medizinischen Dienstes der Krankenversicherung in gleicher Zahl sowie einem Vertreter der zuständigen Landesbehörde. Dem Ausschuß gehören auch je ein Vertreter der Träger der überörtlichen Sozialhilfe, des Verbandes der privaten Krankenversicherung e. V. und der kommunalen Spitzenverbände im Land an. Die Vertreter der Pflegeeinrichtungen und deren Stellvertreter werden unter Beachtung des Grundsatzes der Trägervielfalt von den Vereinigungen der Träger der Pflegeeinrichtungen im Land, die Vertreter der Pflegekassen und deren Stellvertreter von den Landesverbänden der Pflegekassen bestellt. Die Beteiligten wählen aus ihrer Mitte einen Vorsitzenden. § 76 Abs. 2 Satz 6 gilt entsprechend.
(3) Die zuständige Landesbehörde führt die Geschäfte des Ausschusses.
(4) Die Landesregierungen werden ermächtigt, durch Rechtsverordnung das Nähere über die Zahl, die Bestellung, die Amtsdauer und die Amtsführung, die Erstattung der baren Auslagen und die Entschädigung für den Zeitaufwand der Mitglieder des Landespflegeausschusses, die Berufung weiterer Mitglieder über die in Absatz 2 genannten Organisationen hinaus, die Geschäftsführung, das Verfahren, die Erhebung und die Höhe der Gebühren sowie über die Verteilung der Kosten zu bestimmen.

Neuntes Kapitel
Datenschutz und Statistik

Erster Abschnitt
Informationsgrundlagen

Erster Titel
Grundsätze der Datenverwendung

§ 93 Anzuwendende Vorschriften
Für den Schutz personenbezogener Daten bei der Erhebung, Verarbeitung und Nutzung in der Pflegeversicherung gelten der § 35 des Ersten Buches, die §§ 67 bis 85 des Zehnten Buches sowie die Vorschriften dieses Buches.

§ 94 Personenbezogene Daten bei den Pflegekassen
(1) Die Pflegekassen dürfen personenbezogene Daten für Zwecke der Pflegeversicherung nur erheben, verarbeiten und nutzen, soweit dies für:
1. die Feststellung des Versicherungsverhältnisses (§§ 20 bis 26) und der Mitgliedschaft (§ 49),
2. die Feststellung der Beitragspflicht und der Beiträge, deren Tragung und Zahlung (§§ 54 bis 61),
3. die Prüfung der Leistungspflicht und die Gewährung von Leistungen an Versicherte (§§ 4 und 28),
4. die Beteiligung des Medizinischen Dienstes (§§ 18 und 40),
5. die Abrechnung mit den Leistungserbringern und die Kostenerstattung (§§ 84 bis 91 und 105),
6. die Überwachung der Wirtschaftlichkeit und der Qualität der Leistungserbringung (§§ 79 und 80),
7. die Beratung über Maßnahmen der Prävention und Rehabilitation sowie über die Leistungen und Hilfen zur Pflege (§ 7),
8. die Koordinierung pflegerischer Hilfen (§ 12),
9. die Abrechnung mit anderen Leistungsträgern,
10. statistische Zwecke (§ 109)

erforderlich ist.

(2) Die nach Absatz 1 erhobenen und gespeicherten personenbezogenen Daten dürfen für andere Zwecke nur verarbeitet oder genutzt werden, soweit dies durch Rechtsvorschriften des Sozialgesetzbuches angeordnet oder erlaubt ist.

(3) Versicherungs- und Leistungsdaten der für Aufgaben der Pflegekasse eingesetzten Beschäftigten einschließlich der Daten ihrer mitversicherten Angehörigen dürfen Personen, die kasseninterne Personalentscheidungen treffen oder daran mitwirken können, weder zugänglich sein noch diesen Personen von Zugriffsberechtigten offenbart werden.

§ 95 Personenbezogene Daten bei den Verbänden der Pflegekassen
(1) Die Verbände der Pflegekassen dürfen personenbezogene Daten für Zwecke der Pflegeversicherung nur erheben, verarbeiten und nutzen, soweit diese für:
1. die Überwachung der Wirtschaftlichkeit und der Qualitätssicherung der Leistungserbringung (§§ 79 und 80),
2. den Abschluß und die Kündigung von Versorgungsverträgen (§§ 73 und 74),
3. die Wahrnehmung der ihnen nach §§ 52 und 53 zugewiesenen Aufgaben

erforderlich sind.

(2) § 94 Abs. 2 und 3 gilt entsprechend.

§ 96 Gemeinsame Verarbeitung und Nutzung personenbezogener Daten
(1) Die Spitzenverbände der Pflegekassen und der Krankenkassen können gemeinsam und einheitlich festlegen, daß die nach § 46 Abs. 1 verbundenen Pflegekassen und Krankenkassen
1. die Daten zur Feststellung der Versicherungspflicht und der Familienversicherung, zur Bemessung und Einziehung der Beiträge sowie zur Feststellung des Leistungsanspruchs gemeinsam verarbeiten und nutzen, soweit sie für ihre jeweiligen Aufgaben dieselben Daten benötigen,
2. Angaben über Leistungsvoraussetzungen nach § 102 dieses Buches oder § 292 Abs. 1 des Fünften Buches gemeinsam verarbeiten und nutzen, soweit dies zur Vermeidung von Doppelleistungen erforderlich ist.

Dabei sind die Daten, die gemeinsam verarbeitet und genutzt werden sollen, abschließend unter Beteiligung des Bundesbeauftragten für den Datenschutz und des Bundesministeriums für Arbeit und Sozialordnung festzulegen.
(2) Soweit personenbezogene Daten den Krankenkassen oder Pflegekassen von einem Arzt oder einer anderen in § 203 Abs. 1 oder 3 des Strafgesetzbuches genannten Stelle zugänglich gemacht worden sind, bleibt § 76 des Zehnten Buches unberührt.
(3) § 286 des Fünften Buches gilt für die Pflegekassen entsprechend. In der nach dieser Vorschrift zu veröffentlichenden Datenübersicht ist festzuhalten, welche Daten nur von den Krankenkassen, welche nur von den Pflegekassen und welche gemeinsam verarbeitet oder genutzt werden.
(4) Die Absätze 1 bis 3 gelten entsprechend für die Verbände der Pflege- und Krankenkassen.

§ 97 Personenbezogene Daten beim Medizinischen Dienst
(1) Der Medizinische Dienst darf personenbezogene Daten für Zwecke der Pflegeversicherung nur erheben, verarbeiten und nutzen, soweit dies für die Prüfungen, Beratungen und gutachtlichen Stellungnahmen nach den §§ 18, 40 und 80 erforderlich ist. Die Daten dürfen für andere Zwecke nur verarbeitet und genutzt werden, soweit dies durch Rechtsvorschriften des Sozialgesetzbuches angeordnet oder erlaubt ist.
(2) Der Medizinische Dienst darf personenbezogene Daten, die er für die Aufgabenerfüllung nach dem Fünften oder Elften Buch erhebt, verarbeitet oder nutzt, auch für die Aufgaben des jeweils anderen Buches verarbeiten oder nutzen, wenn ohne die vorhandenen Daten diese Aufgaben nicht ordnungsgemäß erfüllt werden können.
(3) Die personenbezogenen Daten sind nach fünf Jahren zu löschen. § 96 Abs. 3 Satz 1, § 98 und § 107 Abs. 1 Satz 2 und 3 und Abs. 2 gelten für den Medizinischen Dienst entsprechend. Der Medizinische Dienst darf in Dateien nur Angaben zur Person und Hinweise auf bei ihm vorhandene Akten aufnehmen.
(4) Für das Akteneinsichtsrecht des Versicherten gilt § 25 des Zehnten Buches entsprechend.

§ 98 Forschungsvorhaben
(1) Die Pflegekassen dürfen mit der Erlaubnis der Aufsichtsbehörde die Datenbestände leistungserbringer- und fallbeziehbar für zeitlich befristete und im Umfang begrenzte Forschungsvorhaben selbst auswerten und zur Durchführung eines Forschungsvorhabens über die sich aus § 107 ergebenden Fristen hinaus aufbewahren.
(2) Personenbezogene Daten sind zu anonymisieren.

Zweiter Titel
Informationsgrundlagen der Pflegekassen

§ 99 Versichertenverzeichnis
Die Pflegekasse hat ein Versichertenverzeichnis zu führen. Sie hat in das Versichertenverzeichnis alle Angaben einzutragen, die zur Feststellung der Versicherungspflicht oder -berechtigung und des Anspruchs auf Familienversicherung, zur Bemessung und Einziehung der Beiträge sowie zur Feststellung des Leistungsanspruchs erforderlich sind.

§ 100 Nachweispflicht bei Familienversicherung
Die Pflegekasse kann die für den Nachweis einer Familienversicherung (§ 25) erforderlichen Daten vom Angehörigen oder mit dessen Zustimmung vom Mitglied erheben.

§ 101 Pflegeversichertennummer
Die Pflegekasse verwendet für jeden Versicherten eine Versichertennummer, die mit der Krankenversichertennummer ganz oder teilweise übereinstimmen darf. Bei der Vergabe der Nummer für Versicherte nach § 25 ist sicherzustellen, daß der Bezug zu dem Angehörigen, der Mitglied ist, hergestellt werden kann.

§ 102 Angaben über Leistungsvoraussetzungen
Die Pflegekasse hat Angaben über Leistungen, die zur Prüfung der Voraussetzungen späterer Leistungsgewährung erforderlich sind, aufzuzeichnen. Hierzu gehören insbesondere Angaben zur Feststellung der Voraussetzungen von Leistungsansprüchen und zur Leistung von Zuschüssen.

§ 103 Kennzeichen für Leistungsträger und Leistungserbringer
(1) Die Pflegekassen, die anderen Träger der Sozialversicherung und die Vertragspartner der Pflegekassen einschließlich deren Mitglieder verwenden im Schriftverkehr und für Abrechnungszwecke untereinander bundeseinheitliche Kennzeichen.
(2) § 293 Abs. 2 und 3 des Fünften Buches gilt entsprechend.

Zweiter Abschnitt
Übermittlung von Leistungsdaten

§ 104 Pflichten der Leistungserbringer
Die Leistungserbringer sind berechtigt und verpflichtet:
1. im Falle der Überprüfung der Notwendigkeit von Pflegehilfsmitteln (§ 40 Abs. 1),
2. im Falle eines Prüfverfahrens, soweit die Wirtschaftlichkeit oder die Qualität der Leistungen im Einzelfall zu beurteilen sind (§§ 79 und 80),
3. im Falle der Abrechnung pflegerischer Leistungen (§ 105)

die für die Erfüllung der Aufgaben der Pflegekassen und ihrer Verbände erforderlichen Angaben über Versicherungsleistungen aufzuzeichnen und den Pflegekassen sowie den Verbänden oder den mit der Datenverarbeitung beauftragten Stellen zu übermitteln.

§ 105 Abrechnung pflegerischer Leistungen
(1) Die an der Pflegeversorgung teilnehmenden Leistungserbringer sind verpflichtet,
1. in den Abrechnungsunterlagen die von ihnen erbrachten Leistungen nach Art, Menge und Preis einschließlich des Tages und der Zeit der Leistungserbringung aufzuzeichnen,
2. in den Abrechnungsunterlagen ihr Kennzeichen (§ 103) sowie die Versichertennummer des Pflegebedürftigen anzugeben,
3. bei der Abrechnung über die Abgabe von Hilfsmitteln die Bezeichnungen des Hilfsmittelverzeichnisses nach § 78 zu verwenden.

Vom 1. Januar 1996 an sind maschinenlesbare Abrechnungsunterlagen zu verwenden.
(2) Das Nähere über Form und Inhalt der Abrechnungsunterlagen sowie Einzelheiten des Datenträgeraustausches werden von den Spitzenverbänden der Pflegekassen im Einvernehmen mit den Verbänden der Leistungserbringer festgelegt.

§ 106 Abweichende Vereinbarungen
Die Landesverbände der Pflegekassen (§ 52) können mit den Leistungserbringern oder ihren Verbänden vereinbaren, daß
1. der Umfang der zu übermittelnden Abrechnungsbelege eingeschränkt,
2. bei der Abrechnung von Leistungen von einzelnen Angaben ganz oder teilweise abgesehen

wird, wenn dadurch eine ordnungsgemäße Abrechnung und die Erfüllung der gesetzlichen Aufgaben der Pflegekassen nicht gefährdet werden.

§ 106 a Mitteilungspflichten
Die Leistungserbringer sind berechtigt und verpflichtet, bei Pflegeeinsätzen nach § 37 Abs. 3 mit Einverständnis des Versicherten die für die Erfüllung der Aufgaben der Pflegekassen erforderlichen Angaben zur Qualität der Pflegesituation und zur Notwendigkeit einer Verbesserung den Pflegekassen zu übermitteln. Das Formular nach § 37 Abs. 3 Satz 5 wird unter Beteiligung des Bundesbeauftragten für den Datenschutz und des Bundesministeriums für Arbeit und Sozialordnung erstellt.

Dritter Abschnitt
Datenlöschung, Auskunftspflicht

§ 107 Löschen von Daten
(1) Für das Löschen der für Aufgaben der Pflegekassen und ihrer Verbände gespeicherten personenbezogenen Daten gilt § 84 des Zehnten Buches entsprechend mit der Maßgabe, daß
1. die Daten nach § 102 spätestens nach Ablauf von zehn Jahren,
2. sonstige Daten aus der Abrechnung pflegerischer Leistungen (§ 105), aus Wirtschaftlichkeitsprüfungen (§ 79) und aus Prüfungen zur Qualitätssicherung (§ 80) spätestens nach zwei Jahren

zu löschen sind. Die Fristen beginnen mit dem Ende des Geschäftsjahres, in dem die Leistungen gewährt oder abgerechnet wurden. Die Pflegekassen können für Zwecke der Pflegeversicherung Lei-

stungsdaten länger aufbewahren, wenn sichergestellt ist, daß ein Bezug zu natürlichen Personen nicht mehr herstellbar ist.
(2) Im Falle des Wechsels der Pflegekasse ist die bisher zuständige Pflegekasse verpflichtet, auf Verlangen die für die Fortführung der Versicherung erforderlichen Angaben nach den §§ 99 und 102 der neuen Pflegekasse mitzuteilen.

§ 108 Auskünfte an Versicherte
Die Pflegekassen unterrichten die Versicherten auf deren Antrag über die im jeweils letzten Geschäftsjahr in Anspruch genommenen Leistungen und deren Kosten. Eine Mitteilung an die Leistungserbringer über die Unterrichtung des Versicherten ist nicht zulässig. Die Pflegekassen können in ihren Satzungen das Nähere über das Verfahren der Unterrichtung regeln.

Vierter Abschnitt
Statistik

§ 109 Pflegestatistiken
(1) Die Bundesregierung wird ermächtigt, für Zwecke dieses Buches durch Rechtsverordnung mit Zustimmung des Bundesrates jährliche Erhebungen über ambulante und stationäre Pflegeeinrichtungen sowie über die häusliche Pflege als Bundesstatistik anzuordnen. Die Bundesstatistik kann folgende Sachverhalte umfassen:
1. Art der Pflegeeinrichtung und der Trägerschaft,
2. Art des Leistungsträgers und des privaten Versicherungsunternehmens,
3. in der ambulanten und stationären Pflege tätige Personen nach Geschlecht, Beschäftigungsverhältnis, Tätigkeitsbereich, Dienststellung, Berufsabschluß auf Grund einer Ausbildung, Weiterbildung oder Umschulung, Beginn und Ende der Pflegetätigkeit,
4. sachliche Ausstattung und organisatorische Einheiten der Pflegeeinrichtung, Ausbildungsstätten an Pflegeeinrichtungen,
5. betreute Pflegebedürftige nach Geschlecht, Geburtsjahr, Wohnort, Art, Ursache, Grad und Dauer der Pflegebedürftigkeit, Art des Versicherungsverhältnisses,
6. in Anspruch genommene Pflegeleistungen nach Art, Dauer und Häufigkeit sowie nach Art des Kostenträgers,
7. Kosten der Pflegeeinrichtungen nach Kostenarten sowie Erlöse nach Art, Höhe und Kostenträgern.

Auskunftspflichtig sind die Träger der Pflegeeinrichtungen, die Träger der Pflegeversicherung sowie die privaten Versicherungsunternehmen gegenüber den statistischen Ämtern der Länder; die Rechtsverordnung kann Ausnahmen von der Auskunftspflicht vorsehen.
(2) Die Bundesregierung wird ermächtigt, für Zwecke dieses Buches durch Rechtsverordnung mit Zustimmung des Bundesrates jährliche Erhebungen über die Situation Pflegebedürftiger und ehrenamtlich Pflegender als Bundesstatistik anzuordnen. Die Bundesstatistik kann folgende Sachverhalte umfassen:
1. Ursachen von Pflegebedürftigkeit,
2. Pflege- und Betreuungsbedarf der Pflegebedürftigen,
3. Pflege- und Betreuungsleistungen durch Pflegefachkräfte, Angehörige und ehrenamtliche Helfer,
4. Maßnahmen zur Prävention und Rehabilitation,
5. Maßnahmen zur Erhaltung und Verbesserung der Pflegequalität,
6. Bedarf an Pflegehilfsmitteln und technischen Hilfen,
7. Maßnahmen zur Verbesserung des Wohnumfeldes.

Auskunftspflichtig ist der Medizinische Dienst gegenüber den statistischen Ämtern der Länder; Absatz 1 Satz 3 zweiter Halbsatz gilt entsprechend.
(3) Die nach Absatz 1 Satz 2 und Absatz 2 Satz 2 Auskunftspflichtigen teilen die von der jeweiligen Statistik umfaßten Sachverhalte gleichzeitig den für die Planung und Investitionsfinanzierung der Pflegeeinrichtungen zuständigen Landesbehörden mit. Die Befugnis der Länder, zusätzliche, von den Absätzen 1 und 2 nicht erfaßte Erhebungen über Sachverhalte des Pflegewesens als Landesstatistik anzuordnen, bleibt unberührt.

(4) Daten der Pflegebedürftigen, der in der Pflege tätigen Personen, der Angehörigen und ehrenamtlichen Helfer dürfen für Zwecke der Bundesstatistik nur in anonymisierter Form an die statistischen Ämter der Länder übermittelt werden.
(5) Die Statistiken nach den Absätzen 1 und 2 sind für die Bereiche der ambulanten Pflege und der Kurzzeitpflege erstmals im Jahr 1996 für das Jahr 1995 vorzulegen, für den Bereich der stationären Pflege im Jahr 1998 für das Jahr 1997.

Zehntes Kapitel
Private Pflegeversicherung
§ 110 Regelungen für die private Pflegeversicherung

(1) Um sicherzustellen, daß die Belange der Personen, die nach § 23 zum Abschluß eines Pflegeversicherungsvertrages bei einem privaten Krankenversicherungsunternehmen verpflichtet sind, ausreichend gewahrt werden und daß die Verträge auf Dauer erfüllbar bleiben, ohne die Interessen der Versicherten anderer Tarife zu vernachlässigen, werden die im Geltungsbereich dieses Gesetzes zum Betrieb der Pflegeversicherung befugten privaten Krankenversicherungsunternehmen verpflichtet,
1. mit allen in § 22 und § 23 Abs. 1, 3 und 4 genannten versicherungspflichtigen Personen auf Antrag einen Versicherungsvertrag abzuschließen, der einen Versicherungsschutz in dem in § 23 Abs. 1 und 3 festgelegten Umfang vorsieht (Kontrahierungszwang); dies gilt auch für das nach § 23 Abs. 2 gewählte Versicherungsunternehmen,
2. in den Verträgen, die Versicherungspflichtige in dem nach § 23 Abs. 1 und 3 vorgeschriebenen Umfang abschließen,
   a) keinen Ausschluß von Vorerkrankungen der Versicherten,
   b) keinen Ausschluß bereits pflegebedürftiger Personen,
   c) keine längeren Wartezeiten als in der sozialen Pflegeversicherung (§ 33 Abs. 2),
   d) keine Staffelung der Prämien nach Geschlecht und Gesundheitszustand der Versicherten,
   e) keine Prämienhöhe, die den Höchstbeitrag der sozialen Pflegeversicherung übersteigt, bei Personen, die nach § 23 Abs. 3 einen Teilkostentarif abgeschlossen haben, keine Prämienhöhe, die 50 vom Hundert des Höchstbeitrages der sozialen Pflegeversicherung übersteigt,
   f) die beitragsfreie Mitversicherung der Kinder des Versicherungsnehmers unter denselben Voraussetzungen, wie in § 25 festgelegt,
   g) für Ehegatten ab dem Zeitpunkt des Nachweises der zur Inanspruchnahme der Beitragsermäßigung berechtigenden Umstände keine Prämie in Höhe von mehr als 150 vom Hundert des Höchstbeitrages der sozialen Pflegeversicherung, wenn ein Ehegatte kein Gesamteinkommen hat, das regelmäßig im Monat ein Siebtel der monatlichen Bezugsgröße nach § 18 des Vierten Buches überschreitet,
vorzusehen.
(2) Die in Absatz 1 genannten Bedingungen gelten für Versicherungsverträge, die mit Personen abgeschlossen werden, die zum Zeitpunkt des Inkrafttretens dieses Gesetzes Mitglied bei einem privaten Krankenversicherungsunternehmen mit Anspruch auf allgemeine Krankenhausleistungen sind oder sich nach Artikel 41 des Pflege-Versicherungsgesetzes innerhalb von sechs Monaten nach Inkrafttreten dieses Gesetzes von der Versicherungspflicht in der sozialen Pflegeversicherung befreien lassen.
(3) Für Versicherungsverträge, die mit Personen abgeschlossen werden, die erst nach Inkrafttreten dieses Gesetzes Mitglied eines privaten Krankenversicherungsunternehmens mit Anspruch auf allgemeine Krankenhausleistungen werden, gelten, sofern sie in Erfüllung der Vorsorgepflicht nach § 22 Abs. 1 und § 23 Abs. 1, 3 und 4 geschlossen werden und Vertragsleistungen in dem in § 23 Abs. 1 und 3 festgelegten Umfang vorsehen, folgende Bedingungen:
1. Kontrahierungszwang,
2. kein Ausschluß von Vorerkrankungen der Versicherten,
3. keine Staffelung der Prämien nach Geschlecht,
4. keine längeren Wartezeiten als in der sozialen Pflegeversicherung,
5. für Versicherungsnehmer, die über eine Vorversicherungszeit von mindestens fünf Jahren in ihrer privaten Pflegeversicherung oder privaten Krankenversicherung verfügen, keine Prämienhöhe, die den Höchstbeitrag der sozialen Pflegeversicherung übersteigt; Absatz 1 Nr. 2 Buchstabe e gilt,

6. beitragsfreie Mitversicherung der Kinder des Versicherungsnehmers unter denselben Voraussetzungen, wie in § 25 festgelegt.

(4) Rücktritts- und Kündigungsrechte der Versicherungsunternehmen sind ausgeschlossen, solange der Kontrahierungszwang besteht.

§ 111 Risikoausgleich

(1) Die Versicherungsunternehmen, die eine private Pflegeversicherung im Sinne dieses Buches betreiben, müssen sich zur dauerhaften Gewährleistung der Regelungen für die private Pflegeversicherung nach § 110 am Ausgleich der Versicherungsrisiken beteiligen und dazu ein Ausgleichssystem schaffen und erhalten, dem sie angehören. Das Ausgleichssystem muß einen dauerhaften, wirksamen Ausgleich der unterschiedlichen Belastungen gewährleisten; es darf den Marktzugang neuer Anbieter der privaten Pflegeversicherung nicht erschweren und muß diesen eine Beteiligung an dem Ausgleichssystem zu gleichen Bedingungen ermöglichen. In diesem System werden die Beiträge ohne die Kosten auf der Basis gemeinsamer Kalkulationsgrundlagen einheitlich für alle Unternehmen, die eine private Pflegeversicherung betreiben, ermittelt.

(2) Die Errichtung, die Ausgestaltung, die Änderung und die Durchführung des Ausgleichs unterliegen der Aufsicht des Bundesaufsichtsamtes für das Versicherungswesen.

Elftes Kapitel
Bußgeldvorschrift

§ 112 Bußgeldvorschrift

(1) Ordnungswidrig handelt, wer vorsätzlich oder leichtfertig
1. der Verpflichtung zum Abschluß oder zur Aufrechterhaltung des privaten Pflegeversicherungsvertrages nach § 23 Abs. 1 Satz 1 und 2 oder § 23 Abs. 4 oder der Verpflichtung zur Aufrechterhaltung des privaten Pflegeversicherungsvertrages nach § 22 Abs. 1 Satz 2 nicht nachkommt,
2. entgegen § 50 Abs. 1 Satz 1, § 51 Abs. 1 Satz 1 und 2, § 51 Abs. 3 oder entgegen Artikel 42 Abs. 4 Satz 1 oder 2 des Pflege-Versicherungsgesetzes eine Meldung nicht, nicht richtig, nicht vollständig oder nicht rechtzeitig erstattet,
3. entgegen § 50 Abs. 3 Satz 1 Nr. 1 eine Auskunft nicht, nicht richtig, nicht vollständig oder nicht rechtzeitig erteilt oder entgegen § 50 Abs. 3 Satz 1 Nr. 2 eine Änderung nicht, nicht richtig, nicht vollständig oder nicht rechtzeitig mitteilt,
4. entgegen § 50 Abs. 3 Satz 2 die erforderlichen Unterlagen nicht, nicht vollständig oder nicht rechtzeitig vorlegt,
5. entgegen Artikel 42 Abs. 1 Satz 3 des Pflege-Versicherungsgesetzes den Leistungsumfang seines privaten Versicherungsvertrages nicht oder nicht rechtzeitig anpaßt,
6. mit der Entrichtung von sechs Monatsprämien zur privaten Pflegeversicherung in Verzug gerät.

(2) Die Ordnungswidrigkeit kann mit einer Geldbuße bis zu 5 000 Deutsche Mark geahndet werden.

(3) Für die von privaten Versicherungsunternehmen begangenen Ordnungswidrigkeiten nach Absatz 1 Nr. 2 ist das Bundesversicherungsamt die Verwaltungsbehörde im Sinne des § 36 Abs. 1 Nr. 1 des Gesetzes über Ordnungswidrigkeiten.

Sozialgesetzbuch (SGB)
Sechstes Buch (VI)
Gesetzliche Rentenversicherung

Vom 18. Dezember 1989 (BGBl. I S. 2261; 1990 I S. 1337)[1)]
(BGBl. III 860-6)

zuletzt geändert durch Gesetz zur Neuregelung der geringfügigen Beschäftigungsverhältnisse vom 24. März 1999 (BGBl. I S. 388, 390)[2)]

– Auszug –

Inhaltsübersicht

Erstes Kapitel
Versicherter Personenkreis

Erster Abschnitt
Versicherung kraft Gesetzes

- § 1 Beschäftigte
- § 2 Selbständig Tätige
- § 3 Sonstige Versicherte
- § 4 Versicherungspflicht auf Antrag
- § 5 Versicherungsfreiheit
- § 6 Befreiung von der Versicherungspflicht

Zweiter Abschnitt
Freiwillige Versicherung

- § 7 Freiwillige Versicherung

Dritter Abschnitt
Nachversicherung und Versorgungsausgleich

- § 8 Nachversicherung und Versorgungsausgleich

Zweites Kapitel
Leistungen

Erster Abschnitt
Rehabilitation

Erster Unterabschnitt
Voraussetzungen für die Leistungen

- § 9 Aufgabe der Rehabilitation
- § 10 Persönliche Voraussetzungen
- § 11 Versicherungsrechtliche Voraussetzungen
- § 12 Ausschluß von Leistungen

Zweiter Unterabschnitt
Umfang und Ort der Leistungen

Erster Titel
Allgemeines

- § 13 Leistungsumfang
- § 14 Ort der Leistungen

Zweiter Titel
Medizinische und berufsfördernde Leistungen zur Rehabilitation

- § 15 Medizinische Leistungen zur Rehabilitation
- § 16 Berufsfördernde Leistungen zur Rehabilitation
- § 17 Leistungen an Arbeitgeber
- § 18 Leistungen in einer Werkstatt für Behinderte
- § 19 Dauer berufsfördernder Leistungen

Dritter Titel
Übergangsgeld

- § 20 Anspruch
- § 21 Berechnungsgrundlage bei medizinischen Leistungen
- § 22 Berechnungsgrundlage bei berufsfördernden Leistungen
- § 23 Weitergeltung der Berechnungsgrundlage
- § 24 Höhe
- § 25 Dauer
- § 26 Anpassung
- § 27 Anrechnung von Einkommen

Vierter Titel
Ergänzende Leistungen

- § 28 Art der Leistungen
- § 29 Haushaltshilfe
- § 30 Reisekosten

Fünfter Titel
Sonstige Leistungen

- § 31 Sonstige Leistungen

Sechster Titel
Zuzahlung bei medizinischen und bei sonstigen Leistungen

- § 32 Zuzahlung bei medizinischen und bei sonstigen Leistungen

---

1) Verkündet als Artikel 1 des Rentenreformgesetzes 1992 vom 18. 12. 1989 (BGBl. I S. 2261). In Kraft im wesentlichen ab 1. 1. 1992. Abweichende Inkrafttretensdaten sind in Fußnoten vermerkt.
2) Die am 1. 1. 2000 in Kraft tretenden Änderungen durch das Rentenreformgesetz 1999 vom 16. 12. 1997 (BGBl. I S. 2998, geä. 1998 I S. 3843) sind eingearbeitet, während die am 1. 1. 2001 in Kraft tretenden Änderungen durch das Renrenreformgesetz und durch das Gesetz zu Korrekturen in der Sozialversicherung und zur Sicherung der Arbeitnehmerrechte vom 19. 12. 1998 (BGBl. I S. 3843, 3844) noch nicht eingearbeitet sind.

60 SGB VI

Zweiter Abschnitt
Renten

Erster Unterabschnitt
Rentenarten und Voraussetzungen für einen Rentenanspruch

- § 33 Rentenarten
- § 34 Voraussetzungen für einen Rentenanspruch und Hinzuverdienstgrenze

Zweiter Unterabschnitt
Anspruchsvoraussetzungen für einzelne Renten

Erster Titel
Renten wegen Alters

- § 35 Regelaltersrente
- § 36 Altersrente für langjährig Versicherte
- § 37 Altersrente für Schwerbehinderte, Berufsunfähige oder Erwerbsunfähige
- § 38 (aufgehoben)
- § 39 (aufgehoben)
- § 40 Altersrente für langjährig unter Tage beschäftigte Bergleute
- § 41 Altersrente und Kündigungsschutz
- § 42 Vollrente und Teilrente

Zweiter Titel
Renten wegen verminderter Erwerbsfähigkeit

- § 43 Rente wegen Berufsunfähigkeit
- § 44 Rente wegen Erwerbsunfähigkeit
- § 45 Rente für Bergleute

Dritter Titel
Renten wegen Todes

- § 46 Witwenrente und Witwerrente
- § 47 Erziehungsrente
- § 48 Waisenrente
- § 49 Renten wegen Todes bei Verschollenheit

Vierter Titel
Wartezeiterfüllung

- § 50 Wartezeiten
- § 51 Anrechenbare Zeiten
- § 52 Wartezeiterfüllung durch Versorgungsausgleich und Zuschläge an Entgeltpunkten aus Arbeitentgelt aus geringfügiger versicherungsfreier Beschäftigung
- § 53 Vorzeitige Wartezeiterfüllung

Fünfter Titel
Rentenrechtliche Zeiten

- § 54 Begriffsbestimmungen
- § 55 Beitragszeiten
- § 56 Kindererziehungszeiten
- § 57 Berücksichtigungszeiten
- § 58 Anrechnungszeiten
- § 59 Zurechnungszeit
- § 60 Zuordnung beitragsfreier Zeiten zur knappschaftlichen Rentenversicherung
- § 61 Ständige Arbeiten unter Tage
- § 62 Schadensersatz bei rentenrechtlichen Zeiten

Dritter Unterabschnitt
Rentenhöhe und Rentenanpassung

Erster Titel
Grundsätze

- § 63 Grundsätze

Zweiter Titel
Berechnung und Anpassung der Renten

- § 64 Rentenformel für Monatsbetrag der Rente
- § 65 Anpassung der Renten
- § 66 Persönliche Entgeltpunkte
- § 67 Rentenartfaktor
- § 68 Aktueller Rentenwert
- § 69 Verordnungsermächtigung

Dritter Titel
Ermittlung der persönlichen Entgeltpunkte

- § 70 Entgeltpunkte für Beitragszeiten
- § 71 Entgeltpunkte für beitragsfreie und beitragsgeminderte Zeiten (Gesamtleistungsbewertung)
- § 72 Grundbewertung
- § 73 Vergleichsbewertung
- § 74 Begrenzte Gesamtleistungsbewertung
- § 75 Entgeltpunkte für Zeiten nach Rentenbeginn
- § 76 Zuschläge oder Abschläge bei Versorgungsausgleich
- § 76 a Zuschläge an Entgeltpunkten aus Zahlung von Beiträgen bei vorzeitiger Inanspruchnahme einer Rente wegen Alters oder bei Abfindung einer Anwartschaft auf betriebliche Altersversorgung
- § 76 b Zuschläge an Entgeltpunkten für Arbeitsentgelt aus geringfügiger versicherungsfreier Beschäftigung
- § 77 Zugangsfaktor
- § 78 Zuschlag bei Waisenrenten

Vierter Titel
Knappschaftliche Besonderheiten

- § 79 Grundsatz
- § 80 Monatsbetrag der Rente
- § 81 Persönliche Entgeltpunkte
- § 82 Rentenartfaktor
- § 83 Entgeltpunkte für Beitragszeiten
- § 84 Entgeltpunkte für beitragsfreie und beitragsgeminderte Zeiten (Gesamtleistungsbewertung)
- § 85 Entgeltpunkte für ständige Arbeiten unter Tage (Leistungszuschlag)
- § 86 Zuschläge oder Abschläge bei Versorgungsausgleich
- § 87 Zuschlag bei Waisenrenten

Fünfter Titel
Ermittlung des Monatsbetrags der Rente in Sonderfällen

§ 88 Ermittlung des Monatsbetrags der Rente in Sonderfällen

Vierter Unterabschnitt
Zusammentreffen von Renten und von Einkommen

§ 89 Mehrere Rentenansprüche
§ 90 Witwenrente und Witwerrente nach dem vorletzten Ehegatten und Ansprüche infolge Auflösung der letzten Ehe
§ 91 Aufteilung von Witwenrenten und Witwerrenten auf mehrere Berechtigte
§ 92 Waisenrente und andere Leistungen an Waisen
§ 93 Rente und Leistungen aus der Unfallversicherung
§ 94 Rente wegen verminderter Erwerbsfähigkeit und Arbeitsentgelt oder Vorruhestandsgeld
§ 95 (aufgehoben)
§ 96 Nachversicherte Versorgungsbezieher
§ 96 a Rente wegen verminderter Erwerbsfähigkeit und Hinzuverdienst
§ 97 Einkommensanrechnung auf Renten wegen Todes
§ 98 Reihenfolge bei der Anwendung von Berechnungsvorschriften

Fünfter Unterabschnitt
Beginn, Änderung und Ende von Renten

§ 99 Beginn
§ 100 Änderung und Ende
§ 101 Beginn und Änderung in Sonderfällen
§ 102 Befristung und Tod

Sechster Unterabschnitt
Ausschluß und Minderung von Renten

§ 103 Absichtliche Minderung der Erwerbsfähigkeit
§ 104 Minderung der Erwerbsfähigkeit bei einer Straftat
§ 105 Tötung eines Angehörigen

Dritter Abschnitt
Zusatzleistungen

§ 106 Zuschuß zur Krankenversicherung
§ 106 a Zuschuß zur Pflegeversicherung
§ 107 Rentenabfindung bei Wiederheirat von Witwen und Witwern
§ 108 Beginn, Änderung und Ende von Zusatzleistungen

Vierter Abschnitt
Rentenauskunft

§ 109 Rentenauskunft

Fünfter Abschnitt
Leistungen an Berechtigte im Ausland

§ 110 Grundsatz
§ 111 Rehabilitationsleistungen und Krankenversicherungszuschuß
§ 112 Renten bei verminderter Erwerbsfähigkeit
§ 113 Höhe der Rente
§ 114 Besonderheiten für berechtigte Deutsche

Sechster Abschnitt
Durchführung

Erster Unterabschnitt
Beginn und Abschluß des Verfahrens

§ 115 Beginn
§ 116 Besonderheiten bei Rehabilitation
§ 117 Abschluß

Zweiter Unterabschnitt
Auszahlung und Anpassung

§ 118 Auszahlung im voraus
§ 119 Wahrnehmung von Aufgaben durch die Deutsche Post AG
§ 120 Verordnungsermächtigung

Dritter Unterabschnitt
Berechnungsgrundsätze

§ 121 Allgemeine Berechnungsgrundsätze
§ 122 Berechnung von Zeiten
§ 123 Berechnung von Geldbeträgen
§ 124 Berechnung von Durchschnittswerten und Rententeilen

Drittes Kapitel
Organisation und Datenschutz

Erster Abschnitt
Organisation

Erster Unterabschnitt
Allgemeine Zuständigkeitsaufteilung

§ 125 Zuständigkeit der Rentenversicherungsträger
§ 126 Zuständigkeit für Versicherte und Hinterbliebene

Zweiter Unterabschnitt
Rentenversicherung der Arbeiter

§ 127 Versicherungsträger
§ 128 Beschäftigte
§ 129 Selbständig Tätige
§ 130 Örtliche Zuständigkeit der Landesversicherungsanstalten
§ 131 Sonderzuständigkeit der Seekasse für Leistungen

Dritter Unterabschnitt
Rentenversicherung der Angestellten

§ 132 Versicherungsträger
§ 133 Beschäftigte
§ 134 Selbständig Tätige

60 SGB VI

§ 135 Sonderzuständigkeit der Seekasse und Bahnversicherungsanstalt

Vierter Unterabschnitt
Knappschaftliche Rentenversicherung

§ 136 Versicherungsträger
§ 137 Beschäftigte
§ 138 Knappschaftliche Betriebe und Arbeiten
§ 139 Nachversicherung
§ 140 Sonderzuständigkeit für Leistungen
§ 141 Besonderheit bei der Durchführung der Versicherung und bei den Leistungen

Fünfter Unterabschnitt
Zuständigkeit für Mehrfachversicherte

§ 142 Zuständigkeit für Mehrfachversicherte

Sechster Unterabschnitt
Beschäftigte der Versicherungsträger

§ 143 Bundesunmittelbare Versicherungsträger
§ 144 Bahnversicherungsanstalt und Seekasse
§ 145 Landesunmittelbare Versicherungsträger

Siebter Unterabschnitt
Verband Deutscher Rentenversicherungsträger

§ 146 Verband Deutscher Rentenversicherungsträger

Zweiter Abschnitt
Datenschutz

§ 147 Versicherungsnummer
§ 148 Datenerhebung, Datenverarbeitung und Datennutzung beim Rentenversicherungsträger
§ 149 Versicherungskonto
§ 150 Dateien bei der Datenstelle
§ 151 Auskünfte der Deutschen Post AG
§ 152 Verordnungsermächtigung

Viertes Kapitel
Finanzierung

Erster Abschnitt
Finanzierungsgrundsatz und Rentenversicherungsbericht

Erster Unterabschnitt
Umlageverfahren

§ 153 Umlageverfahren

Zweiter Unterabschnitt
Rentenversicherungsbericht und Sozialbeirat

§ 154 Rentenversicherungsbericht
§ 155 Aufgabe des Sozialbeirats
§ 156 Zusammensetzung des Sozialbeirats

Zweiter Abschnitt
Beiträge und Verfahren

Erster Unterabschnitt
Beiträge

Erster Titel
Allgemeines

§ 157 Grundsatz
§ 158 Beitragssätze
§ 159 Beitragsbemessungsgrenzen
§ 160 Verordnungsermächtigung

Zweiter Titel
Beitragsbemessungsgrundlagen

§ 161 Grundsatz
§ 162 Beitragspflichtige Einnahmen Beschäftigter
§ 163 Sonderregelung für beitragspflichtige Einnahmen Beschäftigter
§ 164 (aufgehoben)
§ 165 Beitragspflichtige Einnahmen selbständig Tätiger
§ 166 Beitragspflichtige Einnahmen sonstiger Versicherter
§ 167 Freiwillig Versicherte

Dritter Titel
Verteilung der Beitragslast

§ 168 Beitragstragung bei Beschäftigten
§ 169 Beitragstragung bei selbständig Tätigen
§ 170 Beitragstragung bei sonstigen Versicherten
§ 171 Freiwillig Versicherte
§ 172 Arbeitgeberanteil bei Versicherungsfreiheit

Vierter Titel
Zahlung der Beiträge

§ 173 Grundsatz
§ 174 Beitragszahlung aus dem Arbeitsentgelt und Arbeitseinkommen
§ 175 Beitragszahlung bei Künstlern und Publizisten
§ 176 Beitragszahlung und Abrechnung bei Bezug von Sozialleistungen
§ 176 a Beitragszahlung und Abrechnung bei Pflegepersonen
§ 177 Beitragszahlung für Kindererziehungszeiten
§ 178 Verordnungsermächtigung

Fünfter Titel
Erstattungen

§ 179 Erstattung von Aufwendungen
§ 180 Verordnungsermächtigung

Sechster Titel
Nachversicherung

§ 181 Berechnung und Tragung der Beiträge
§ 182 Zusammentreffen mit vorhandenen Beiträgen

§	Titel
§ 183	Erhöhung und Minderung der Beiträge bei Versorgungsausgleich
§ 184	Fälligkeit der Beiträge und Aufschub
§ 185	Zahlung der Beiträge und Wirkung der Beitragszahlung
§ 186	Zahlung an eine berufsständische Versorgungseinrichtung

Siebter Titel
Zahlung von Beiträgen beim Versorgungsausgleich und bei vorzeitiger Inanspruchnahme einer Rente wegen Alters

§ 187	Zahlung von Beiträgen beim Versorgungsausgleich
§ 187 a	Zahlung von Beiträgen bei vorzeitiger Inanspruchnahme einer Rente wegen Alters
§ 187 b	Zahlung von Beiträgen bei Abfindung von Anwartschaften auf betriebliche Altersversorgung
§ 188	Verordnungsermächtigung

Achter Titel
Berechnungsgrundsätze

§	Titel
§ 189	Berechnungsgrundsätze

Zweiter Unterabschnitt
Verfahren

Erster Titel
Meldungen

§ 190	Meldepflichten bei Beschäftigten und Hausgewerbetreibenden
§ 191	Meldepflichten bei sonstigen versicherungspflichtigen Personen
§ 192	Meldepflichten bei Einberufung zum Wehrdienst oder Zivildienst
§ 193	Meldung von sonstigen rechtserheblichen Zeiten
§ 194	Vorausbescheinigung
§ 195	Verordnungsermächtigung

Zweiter Titel
Auskunfts- und Mitteilungspflichten

§	Titel
§ 196	Auskunfts- und Mitteilungspflichten

Dritter Titel
Wirksamkeit der Beitragszahlung

§ 197	Wirksamkeit von Beiträgen
§ 198	Unterbrechung von Fristen
§ 199	Vermutung der Beitragszahlung
§ 200	Änderung der Beitragsberechnungsgrundlagen
§ 201	Beiträge an nicht zuständige Träger der Rentenversicherung
§ 202	Irrtümliche Pflichtbeitragszahlung
§ 203	Glaubhaftmachung der Beitragszahlung

Vierter Titel
Nachzahlung

§ 204	Nachzahlung von Beiträgen bei Ausscheiden aus einer internationalen Organisation
§ 205	Nachzahlung bei Strafverfolgungsmaßnahmen
§ 206	Nachzahlung für Geistliche und Ordensleute
§ 207	Nachzahlung für Ausbildungszeiten
§ 208	(aufgehoben)
§ 209	Berechtigung und Beitragsberechnung zur Nachzahlung

Fünfter Titel
Beitragserstattung und Beitragsüberwachung

§ 210	Beitragserstattung
§ 211	Sonderregelung bei der Zuständigkeit zu Unrecht gezahlter Beiträge
§ 212	Beitragsüberwachung

Dritter Abschnitt
Beteiligung des Bundes, Finanzbeziehungen und Erstattungen

Erster Unterabschnitt
Beteiligung des Bundes

§ 213	Zuschüsse des Bundes
§ 214	Liquiditätssicherung
§ 215	Beteiligung des Bundes in der knappschaftlichen Rentenversicherung

Zweiter Unterabschnitt
Schwankungsreserve und Finanzausgleich

§ 216	Schwankungsreserve
§ 217	Anlage der Schwankungsreserve
§ 218	Finanzausgleich zwischen der Rentenversicherung der Arbeiter und der Rentenversicherung der Angestellten
§ 219	Finanzverbund in der Rentenversicherung der Arbeiter
§ 220	Aufwendungen für Rehabilitation, Verwaltung und Verfahren
§ 221	Ausgaben für das Anlagevermögen
§ 222	Ermächtigung

Dritter Unterabschnitt
Erstattungen

§	Titel
§ 223	Wanderversicherungsausgleich und Änderungsausgleich
§ 224	entfallen
§ 225	Erstattung durch den Träger der Versorgungslast
§ 226	Verordnungsermächtigung

Vierter Unterabschnitt
Abrechnung der Aufwendungen

§ 227	Abrechnung der Aufwendungen

Fünftes Kapitel
Sonderregelungen

Erster Abschnitt
Ergänzungen für Sonderfälle

Erster Unterabschnitt
Grundsatz

§ 228   Grundsatz
§ 228 a Besonderheiten für das Beitrittsgebiet
§ 228 b Maßgebende Werte in der Anpassungsphase

Zweiter Unterabschnitt
Versicherter Personenkreis

§ 229   Versicherungspflicht
§ 229 a Versicherungspflicht im Beitrittsgebiet
§ 230   Versicherungsfreiheit
§ 231   Befreiung von der Versicherungspflicht
§ 231 a Befreiung von der Versicherungspflicht im Beitrittsgebiet
§ 232   Freiwillige Versicherung
§ 233   Nachversicherung
§ 233 a Nachversicherung im Beitrittsgebiet
§ 234   (aufgehoben)

Dritter Unterabschnitt
Rehabilitation

§ 235   Rehabilitation
§ 235 a Anpassung des Übergangsgeldes im Beitrittsgebiet

Vierter Unterabschnitt
Anspruchsvoraussetzungen für einzelne Renten

§ 236   Altersrente für langjährig Versicherte
§ 237   Altersrente wegen Arbeitslosigkeit oder nach Altersteilzeitarbeit
§ 237 a Altersrente für Frauen
§ 238   Altersrente für langjährig unter Tage beschäftigte Bergleute
§ 239   Knappschaftsausgleichsleistung
§ 240   Rente wegen Berufsunfähigkeit
§ 241   Rente wegen Erwerbsunfähigkeit
§ 242   Rente für Bergleute
§ 243   Witwenrente und Witwerrente an vor dem 1. Juli 1977 geschiedene Ehegatten
§ 243 a Rente wegen Todes an vor dem 1. Juli 1977 geschiedene Ehegatten im Beitrittsgebiet
§ 243 b Wartezeiten
§ 244   Anrechenbare Zeiten
§ 245   Vorzeitige Wartezeiterfüllung
§ 245 a Wartezeiterfüllung bei früherem Anspruch auf Hinterbliebenenrente im Beitrittsgebiet
§ 246   Beitragsgeminderte Zeiten
§ 247   Beitragszeiten
§ 248   Beitragszeiten im Beitrittsgebiet und im Saarland
§ 249   Beitragszeiten wegen Kindererziehung
§ 249 a Beitragszeiten wegen Kindererziehung im Beitrittsgebiet
§ 249 b Berücksichtigungszeiten wegen Pflege

§ 250   Ersatzzeiten
§ 251   Ersatzzeiten bei Handwerkern
§ 252   Anrechnungszeiten
§ 252 a Anrechnungszeiten im Beitrittsgebiet
§ 253   Pauschale Anrechnungszeit
§ 254   Zuordnung beitragsfreier Zeiten zur knappschaftlichen Rentenversicherung
§ 254 a Ständige Arbeiten unter Tage im Beitrittsgebiet

Fünfter Unterabschnitt
Rentenhöhe und Rentenanpassung

§ 254 b Rentenformel für Monatsbetrag der Rente
§ 254 c Anpassung der Renten
§ 254 d Entgeltpunkte (Ost)
§ 255   Rentenartfaktor für Witwenrenten und Witwerrenten an vor dem 1. Juli 1977 geschiedene Ehegatten
§ 255 a Aktueller Rentenwert (Ost)
§ 255 b Verordnungsermächtigung
§ 256   Entgeltpunkte für Beitragszeiten
§ 256 a Entgeltpunkte für Beitragszeiten im Beitrittsgebiet
§ 256 b Entgeltpunkte für glaubhaft gemachte Beitragszeiten
§ 256 c Entgeltpunkte für nachgewiesene Beitragszeiten ohne Beitragsbemessungsgrundlage
§ 256 d Entgeltpunkte für Kindererziehungszeiten bei Rentenbezug vor dem 1. Juli 2000
§ 257   Entgeltpunkte für Berliner Beitragszeiten
§ 258   Entgeltpunkte für saarländische Beitragszeiten
§ 259   Entgeltpunkte für Beitragszeiten mit Sachbezug
§ 259 a Besonderheiten für Versicherte der Geburtsjahrgänge vor 1937
§ 259 b Besonderheiten bei Zugehörigkeit zu einem Zusatz- oder Sonderversorgungssystem
§ 259 c Verordnungsermächtigung
§ 260   Beitragsbemessungsgrenzen
§ 261   Beitragszeiten ohne Entgeltpunkte
§ 262   Mindestentgeltpunkte bei geringem Arbeitsentgelt
§ 263   Gesamtleistungsbewertung für beitragsfreie und beitragsgeminderte Zeiten
§ 263 a Gesamtleistungsbewertung für beitragsfreie und beitragsgeminderte Zeiten mit Entgeltpunkten (Ost)
§ 264   Zuschläge oder Abschläge bei Versorgungsausgleich
§ 264 a Zuschläge oder Abschläge bei Versorgungsausgleich im Beitrittsgebiet
§ 264 b Zuschlag bei Waisenrenten
§ 265   Knappschaftliche Besonderheiten
§ 265 a Knappschaftliche Besonderheiten bei rentenrechtlichen Zeiten im Beitrittsgebiet
§ 265 b Vorläufige Berechnung von Entgeltpunkten (Ost) bei Hinterbliebenenrenten

Sechster Unterabschnitt
Zusammentreffen von Renten und von Einkommen

§ 265 c Mehrere Rentenansprüche
§ 266   Erhöhung des Grenzbetrags
§ 267   Rente und Leistungen aus der Unfallversicherung

Siebter Unterabschnitt
Beginn von Witwenrenten und Witwerrenten an vor dem 1. Juli 1977 geschiedene Ehegatten

§ 268   Beginn von Witwenrenten und Witwerrenten an vor dem 1. Juli 1977 geschiedene Ehegatten

Achter Unterabschnitt
Zusatzleistungen

§ 269   Steigerungsbeträge
§ 270   Kinderzuschuß
§ 270 a Rentenauskunft

Neunter Unterabschnitt
Leistungen an Berechtigte im Ausland

§ 271   Höhe der Rente
§ 272   Besonderheiten für berechtigte Deutsche

Zehnter Unterabschnitt
Organisation, Datenverarbeitung und Datenschutz

Erster Titel
Organisation

§ 273   Zuständigkeit der Bundesknappschaft
§ 273 a Zuständigkeit in Zweifelsfällen
§ 273 b Zuständigkeit der Bahnversicherungsanstalt
§ 274   Besonderheiten bei der Durchführung der Versicherung und bei den Leistungen
§ 274 a Zuständigkeit für selbständig Tätige im Beitrittsgebiet

Zweiter Titel
Datenverarbeitung und Datenschutz

§ 274 b Versicherungskonto

Elfter Unterabschnitt
Finanzierung

Erster Titel
Sozialbeirat

§ 275   (aufgehoben)

Zweiter Titel
Beiträge

§ 275 a Beitragsbemessungsgrenzen im Beitrittsgebiet
§ 275 b Verordnungsermächtigung
§ 276   Beitragspflichtige Einnahmen sonstiger Versicherter
§ 277   Beitragsrecht bei Nachversicherung
§ 277 a Durchführung der Nachversicherung im Beitrittsgebiet
§ 278   Mindestbeitragsbemessungsgrundlage für die Nachversicherung
§ 278 a Mindestbeitragsbemessungsgrundlage für die Nachversicherung im Beitrittsgebiet
§ 279   Beitragspflichtige Einnahmen bei Hebammen und Handwerkern
§ 279 a Beitragspflichtige Einnahmen mitarbeitender Ehegatten im Beitrittsgebiet
§ 279 b Beitragsbemessungsgrundlage für freiwillig Versicherte
§ 279 c Beitragstragung im Beitrittsgebiet
§ 279 d Beitragszahlung im Beitrittsgebiet
§ 279 e Beitragszahlung von Pflegepersonen
§ 279 f Feststellung der für Kindererziehungszeiten zu zahlenden Beiträge
§ 279 g Verordnungsermächtigung
§ 280   Höherversicherung für Zeiten vor 1998
§ 281   Nachversicherung
§ 281 a Zahlung von Beiträgen im Rahmen des Versorgungsausgleichs im Beitrittsgebiet
§ 281 b Verordnungsermächtigung

Dritter Titel
Verfahren

§ 281 c Meldepflichten im Beitrittsgebiet
§ 282   (aufgehoben)
§ 283   (aufgehoben)
§ 284   Nachzahlung für Vertriebene, Flüchtlinge und Evakuierte
§ 284 a Nachzahlung bei anzurechnenden Kindererziehungszeiten
§ 284 b (aufgehoben)
§ 285   Nachzahlung bei Nachversicherung
§ 286   Versicherungskarten
§ 286 a Glaubhaftmachung der Beitragszahlung und Aufteilung von Beiträgen
§ 286 b Glaubhaftmachung der Beitragszahlung im Beitrittsgebiet
§ 286 c Vermutung der Beitragszahlung im Beitrittsgebiet
§ 286 d Beitragserstattung
§ 286 e Ausweis für Arbeit und Sozialversicherung

Vierter Titel
Berechnungsgrundlagen

§ 287   Beitragssatz für 1998 und 1999
§ 287 a Fortgeltung der Beitragssätze
§ 287 b Ausgaben für Rehabilitation
§ 287 c Ausgaben für Bauvorhaben im Beitrittsgebiet
§ 287 d Erstattungen in besonderen Fällen
§ 287 e Veränderung des Bundeszuschusses im Beitrittsgebiet
§ 287 f Getrennte Abrechnung
§ 288   (aufgehoben)

60 SGB VI

Fünfter Titel
Erstattungen

- § 289 Wanderversicherungsausgleich
- § 289 a Besonderheiten beim Wanderversicherungsausgleich
- § 290 Erstattung durch den Träger der Versorgungslast
- § 290 a Erstattung durch den Träger der Versorgungslast im Beitrittsgebiet
- § 291 Erstattung für Kinderzuschüsse
- § 291 a Erstattung von Invalidenrenten und Aufwendungen für Pflichtbeitragszeiten bei Erwerbsunfähigkeit
- § 291 b Erstattung nicht beitragsgedeckter Leistungen
- § 291 c Erstattung von einigungsbedingten Leistungen
- § 292 Verordnungsermächtigung
- § 292 a Verordnungsermächtigung für das Beitrittsgebiet

Sechster Titel
Vermögensanlagen

- § 293 Vermögensanlagen

Zwölfter Unterabschnitt
Leistungen für Kindererziehung an Mütter der Geburtsjahrgänge vor 1921

- § 294 Anspruchsvoraussetzungen
- § 294 a Besonderheiten für das Beitrittsgebiet
- § 295 Höhe der Leistung
- § 295 a Höhe der Leistung im Beitrittsgebiet
- § 296 Beginn und Ende
- § 296 a Beginn der Leistung im Beitrittsgebiet
- § 297 Zuständigkeit
- § 298 Durchführung
- § 299 Anrechnungsfreiheit

Zweiter Abschnitt
Ausnahmen von der Anwendung neuen Rechts

Erster Unterabschnitt
Grundsatz

- § 300 Grundsatz

Zweiter Unterabschnitt
Leistungen zur Rehabilitation

- § 301 Leistungen zur Rehabilitation

Dritter Unterabschnitt
Anspruchsvoraussetzungen für einzelne Renten

- § 302 Anspruch auf Altersrente in Sonderfällen
- § 302 a Renten wegen verminderter Erwerbsfähigkeit und Bergmannsvollrenten
- § 302 b Renten wegen verminderter Erwerbsfähigkeit
- § 303 Witwerrente
- § 304 Waisenrente
- § 305 Wartezeit und sonstige zeitliche Voraussetzungen

Vierter Unterabschnitt
Rentenhöhe

- § 306 Grundsatz
- § 307 Umwertung in persönliche Entgeltpunkte
- § 307 a Persönliche Entgeltpunkte aus Bestandsrenten des Beitrittsgebiets
- § 307 b Bestandsrenten aus überführten Renten des Beitrittsgebiets
- § 307 c Durchführung der Neuberechnung von Bestandsrenten nach § 307 b
- § 307 d Entgeltpunkte für Kindererziehungszeiten
- § 308 Umstellungsrenten
- § 309 Neufeststellung auf Antrag
- § 310 (aufgehoben)
- § 310 a (aufgehoben)

Fünfter Unterabschnitt
Zusammentreffen von Renten und von Einkommen

- § 311 Rente und Leistungen aus der Unfallversicherung
- § 312 Mindestgrenzbetrag bei Versicherungsfällen vor dem 1. Januar 1979
- § 313 Rente wegen Berufsunfähigkeit oder für Bergleute und Arbeitslosengeld
- § 313 a Renten wegen verminderter Erwerbsfähigkeit und Arbeitslosengeld
- § 314 Einkommensanrechnung auf Renten wegen Todes
- § 314 a Einkommensanrechnung auf Renten wegen Todes aus dem Beitrittsgebiet

Sechster Unterabschnitt
Zusatzleistungen

- § 315 Zuschuß zur Krankenversicherung
- § 315 a Auffüllbetrag
- § 315 b Renten aus freiwilligen Beiträgen des Beitrittsgebiet
- § 316 Unterbringung von Rentenberechtigten

Siebter Unterabschnitt
Leistungen an Berechtigte im Ausland

- § 317 Grundsatz
- § 318 Ermessensleistungen an besondere Personengruppen
- § 319 Zusatzleistungen

Achter Unterabschnitt
Zusatzleistungen bei gleichzeitigem Anspruch auf Renten nach dem Übergangsrecht für Renten nach den Vorschriften des Beitrittsgebiets

- § 319 a Rentenzuschlag bei Rentenbeginn in den Jahren 1992 und 1993

Neunter Unterabschnitt
Leistungen bei gleichzeitigem Anspruch auf Renten nach dem Übergangsrecht für Renten nach den Vorschriften des Beitrittsgebiets

§ 319 b Übergangszuschlag

Sechstes Kapitel
Bußgeldvorschriften

§ 320 Bußgeldvorschriften
§ 321 Zusammenarbeit zur Verfolgung und Ahndung von Ordnungswidrigkeiten

Anlagen
Anlage 1 Durchschnittsentgelt in DM/RM
Anlage 2 Jährliche Beitragsbemessungsgrenzen in DM/RM
Anlage 2 a Jährliche Beitragsbemessungsgrenzen des Beitrittsgebiets in DM
Anlage 2 b Jährliche Höchstwerte an Entgeltpunkten
Anlage 3 Entgeltpunkte für Beiträge nach Lohn-, Beitrags- oder Gehaltsklassen
Anlage 4 Beitragsbemessungsgrundlage für Beitragsklassen
Anlage 5 Entgeltpunkte für Berliner Beiträge
Anlage 6 Werte zur Umrechnung der Beitragsbemessungsgrundlagen von Franken in Deutsche Mark
Anlage 7 Entgeltpunkte für saarländische Beiträge
Anlage 8 Lohn-, Beitrags- oder Gehaltsklassen und Beitragsbemessungsgrundlagen in RM/DM für Sachbezugszeiten, in denen der Versicherte nicht Lehrling oder Anlernling war
Anlage 9 Hauerarbeiten
Anlage 10 Werte zur Umrechnung der Beitragsbemessungsgrundlagen des Beitrittsgebiets
Anlage 11 Verdienst für freiwillige Beiträge im Beitrittsgebiet
Anlage 12 Gesamtdurchschnittseinkommen zur Umwertung der anpassungsfähigen Bestandsrenten des Beitrittsgebiets
Anlage 13 Definition der Qualifikationsgruppen
Anlage 14 Bereich
Anlage 15 Entgeltpunkte für glaubhaft gemachte Beitragszeiten mit freiwilligen Beiträgen
Anlage 16 Höchstverdienste bei glaubhaft gemachten Beitragszeiten ohne freiwillige Zusatzrentenversicherung
Anlage 17 Faktoren für die pauschalierte Ermittlung persönlicher Entgeltpunkte aus überführten Bestandsrenten des Beitrittsgebiets (§ 307 b Abs. 5)
Anlage 18 Werte nach § 252 Abs. 4 und § 263
Anlage 19 Anhebung der Altersgrenze bei Altersrente wegen Arbeitslosigkeit oder nach Altersteilzeitarbeit
Anlage 20 Anhebung der Altersgrenze bei der Altersrente für Frauen
Anlage 21 Veränderung der Altersgrenze für langjährig Versicherte

Erstes Kapitel
Versicherter Personenkreis

Erster Abschnitt
Versicherung kraft Gesetzes

§ 1 Beschäftigte

Versicherungspflichtig sind
1. Personen, die gegen Arbeitsentgelt oder zu ihrer Berufsausbildung beschäftigt sind; während des Bezuges von Kurzarbeiter- oder Winterausfallgeld nach dem Dritten Buch besteht die Versicherungspflicht fort,
2. Behinderte, die
    a) in nach dem Schwerbehindertengesetz anerkannten Werkstätten für Behinderte oder in nach dem Blindenwarenvertriebsgesetz anerkannten Blindenwerkstätten oder für diese Einrichtungen in Heimarbeit tätig sind,
    b) in Anstalten, Heimen oder gleichartigen Einrichtungen in gewisser Regelmäßigkeit eine Leistung erbringen, die einem Fünftel der Leistung eines voll erwerbsfähigen Beschäftigten in gleichartiger Beschäftigung entspricht; hierzu zählen auch Dienstleistungen für den Träger der Einrichtung,
3. Personen, die in Einrichtungen der Jugendhilfe oder in Berufsbildungswerken oder ähnlichen Einrichtungen für Behinderte für eine Erwerbstätigkeit befähigt werden sollen,

4. Mitglieder geistlicher Genossenschaften, Diakonissen und Angehörige ähnlicher Gemeinschaften während ihres Dienstes für die Gemeinschaft und während der Zeit ihrer außerschulischen Ausbildung.

Die Versicherungspflicht von Personen, die gegen Arbeitsentgelt oder zu ihrer Berufsausbildung beschäftigt sind, erstreckt sich auch auf Deutsche, die im Ausland bei einer amtlichen Vertretung des Bundes oder der Länder oder bei deren Leitern, deutschen Mitgliedern oder Bediensteten beschäftigt sind. Personen, die im Rahmen einer besonderen Auslandsverwendung freiwillig Wehrdienst leisten oder einen freiwilligen zusätzlichen Wehrdienst im Anschluß an den Grundwehrdienst leisten, sind in dieser Beschäftigung nicht nach Satz 1 Nr. 1 versicherungspflichtig; sie gelten als Wehrdienstleistende im Sinne des § 3 Satz 1 Nr. 2 und Satz 4. Mitglieder des Vorstandes einer Aktiengesellschaft sind nicht versicherungspflichtig. Die in Satz 1 Nr. 2 bis 4 genannten Personen gelten als Beschäftigte im Sinne des Rechts der Rentenversicherung.

§ 2 Selbständig Tätige
Versicherungspflichtig sind selbständig tätige
1. Lehrer und Erzieher, die im Zusammenhang mit ihrer selbständigen Tätigkeit keinen versicherungspflichtigen Arbeitnehmer beschäftigen,
2. Pflegepersonen, die in der Kranken-, Wochen-, Säuglings- oder Kinderpflege tätig sind und im Zusammenhang mit ihrer selbständigen Tätigkeit keinen versicherungspflichtigen Arbeitnehmer beschäftigen,
3. Hebammen und Entbindungspfleger,
4. Seelotsen der Reviere im Sinne des Gesetzes über das Seelotswesen,
5. Künstler und Publizisten nach näherer Bestimmung des Künstlersozialversicherungsgesetzes,
6. Hausgewerbetreibende,
7. Küstenschiffer und Küstenfischer, die zur Besatzung ihres Fahrzeuges gehören oder als Küstenfischer ohne Fahrzeug fischen und regelmäßig nicht mehr als vier versicherungspflichtige Arbeitnehmer beschäftigen,
8. Handwerker, die in die Handwerksrolle eingetragen sind, wobei Eintragungen aufgrund der Führung eines Handwerksbetriebs nach den §§ 2 bis 4 der Handwerksordnung außer Betracht bleiben; ist eine Personengesellschaft in die Handwerksrolle eingetragen, gilt als Handwerker, wer als Gesellschafter in seiner Person die Voraussetzungen für die Eintragung in die Handwerksrolle erfüllt,
9. Personen, die im Zusammenhang mit ihrer selbständigen Tätigkeit mit Ausnahme von Familienangehörigen (§ 7 Abs. 4 Satz 3 Viertes Buch) keinen versicherungspflichtigen Arbeitnehmer beschäftigen sowie regelmäßig und im wesentlichen nur für einen Auftraggeber tätig sind (arbeitnehmerähnliche Selbständige).

Geringfügig Beschäftigte, die nach § 5 Abs. 2 Satz 2 auf die Versicherungsfreiheit verzichtet haben, gelten nicht als versicherungspflichtige Arbeitnehmer im Sinne des Satzes 1 Nr. 1, 2, 7 und 9.

§ 3 Sonstige Versicherte
Versicherungspflichtig sind Personen in der Zeit,
1. für die ihnen Kindererziehungszeiten anzurechnen sind (§ 56),

1 a. in der sie einen Pflegebedürftigen im Sinne des § 14 des Elften Buches nicht erwerbsmäßig wenigstens 14 Stunden wöchentlich in seiner häuslichen Umgebung pflegen (nicht erwerbsmäßig tätige Pflegepersonen), wenn der Pflegebedürftige Anspruch auf Leistungen aus der sozialen oder einer privaten Pflegeversicherung hat,
2. in der sie aufgrund gesetzlicher Pflicht mehr als drei Tage Wehrdienst oder Zivildienst leisten,
3. für die sie von einem Leistungsträger Krankengeld, Verletztengeld, Versorgungskrankengeld, Übergangsgeld, Unterhaltsgeld, Arbeitslosengeld oder Arbeitslosenhilfe beziehen, wenn sie im letzten Jahr vor Beginn der Leistung zuletzt versicherungspflichtig waren,
4. für die sie Vorruhestandsgeld beziehen, wenn sie unmittelbar vor Beginn der Leistung versicherungspflichtig waren.

Pflegepersonen, die für ihre Tätigkeit von dem Pflegebedürftigen ein Arbeitsentgelt erhalten, das das dem Umfang der Pflegetätigkeit entsprechende Pflegegeld im Sinne des § 37 des Elften Buches nicht übersteigt, gelten als nicht erwerbsmäßig tätig; sie sind insoweit nicht nach § 1 Satz 1 Nr. 1 versicherungspflichtig. Nicht erwerbsmäßig tätige Pflegepersonen, die daneben regelmäßig mehr als

30 Stunden wöchentlich beschäftigt oder selbständig tätig sind, sind nicht nach Satz 1 Nr. 1 a versicherungspflichtig. Wehrdienstleistende oder Zivildienstleistende, die für die Zeit ihres Dienstes Arbeitsentgelt weitererhalten oder Leistungen für Selbständige nach § 13 a des Unterhaltssicherungsgesetzes erhalten, sind nicht nach Satz 1 Nr. 2 versicherungspflichtig; die Beschäftigung oder selbständige Tätigkeit gilt in diesen Fällen als nicht unterbrochen. Trifft eine Versicherungspflicht nach Satz 1 Nr. 3 im Rahmen berufsfördernder Maßnahmen zur Rehabilitation mit einer Versicherungspflicht nach § 1 Satz 1 Nr. 2 zusammen, geht die Versicherungspflicht vor, nach der die höheren Beiträge zu zahlen sind. Die Versicherungspflicht nach Satz 1 Nr. 3 und 4 erstreckt sich auch auf Personen, die ihren gewöhnlichen Aufenthalt im Ausland haben.

§ 4 Versicherungspflicht auf Antrag

(1) Auf Antrag versicherungspflichtig sind
1. Entwicklungshelfer im Sinne des Entwicklungshelfer-Gesetzes, die Entwicklungsdienst oder Vorbereitungsdienst leisten,
2. Deutsche, die für eine begrenzte Zeit im Ausland beschäftigt sind,

wenn die Versicherungspflicht von einer Stelle beantragt wird, die ihren Sitz im Inland hat. Personen, denen für die Zeit des Dienstes oder der Beschäftigung im Ausland Versorgungsanwartschaften gewährleistet sind, gelten im Rahmen der Nachversicherung auch ohne Antrag als versicherungspflichtig.

(2) Auf Antrag versicherungspflichtig sind Personen, die nicht nur vorübergehend selbständig tätig sind, wenn sie die Versicherungspflicht innerhalb von fünf Jahren nach der Aufnahme der selbständigen Tätigkeit oder dem Ende einer Versicherungspflicht aufgrund dieser Tätigkeit beantragen.

(3) Auf Antrag versicherungspflichtig sind Personen, die
1. eine der in § 3 Satz 1 Nr. 3 genannten Sozialleistungen beziehen und nicht nach dieser Vorschrift versicherungspflichtig sind,
2. nur deshalb keinen Anspruch auf Krankengeld haben, weil sie nicht in der gesetzlichen Krankenversicherung versichert sind oder in der gesetzlichen Krankenversicherung ohne Anspruch auf Krankengeld versichert sind, für die Zeit der Arbeitsunfähigkeit oder Rehabilitation, wenn sie im letzten Jahr vor Beginn der Arbeitsunfähigkeit oder Rehabilitation zuletzt versicherungspflichtig waren, längstens jedoch für 18 Monate.

Dies gilt auch für Personen, die ihren gewöhnlichen Aufenthalt im Ausland haben.

(3 a) Die Vorschriften über die Versicherungsfreiheit und die Befreiung von der Versicherungspflicht gelten auch für die Versicherungspflicht auf Antrag nach Absatz 3. Bezieht sich die Versicherungsfreiheit oder die Befreiung von der Versicherungspflicht auf jede Beschäftigung oder selbständige Tätigkeit, kann ein Antrag nach Absatz 3 nicht gestellt werden. Bezieht sich die Versicherungsfreiheit oder die Befreiung von der Versicherungspflicht auf eine bestimmte Beschäftigung oder bestimmte Tätigkeit, kann ein Antrag nach Absatz 3 nicht gestellt werden, wenn die Versicherungsfreiheit oder die Befreiung von der Versicherungspflicht auf der Zugehörigkeit zu einem anderweitigen Alterssicherungssystem, insbesondere einem abgeschlossenen Lebensversicherungsvertrag oder der Mitgliedschaft in einer öffentlich-rechtlichen Versicherungseinrichtung oder Versorgungseinrichtung einer Berufsgruppe (§ 6 Abs. 1 Satz 1 Nr. 1), beruht und die Zeit des Bezugs der jeweiligen Sozialleistung in dem anderweitigen Alterssicherungssystem abgesichert ist oder abgesichert werden kann.

(4) Die Versicherungspflicht beginnt
1. in den Fällen des Absatzes 1 und 2 mit dem Tag, der dem Eingang des Antrags folgt, frühestens jedoch mit dem Tag, an dem die Voraussetzungen eingetreten sind,
2. in den Fällen des Absatzes 3 Satz 1 Nr. 1 mit Beginn der Leistung und in den Fällen des Absatzes 3 Satz 1 Nr. 2 mit Beginn der Arbeitsunfähigkeit oder Rehabilitation, wenn der Antrag innerhalb von drei Monaten danach gestellt wird, andernfalls mit dem Tag, der dem Eingang des Antrags folgt, frühestens jedoch mit dem Ende der Versicherungspflicht aufgrund einer vorausgehenden versicherungspflichtigen Beschäftigung oder Tätigkeit.

Sie endet mit Ablauf des Tages, an dem die Voraussetzungen weggefallen sind.

§ 5 Versicherungsfreiheit

(1) Versicherungsfrei sind
1. Beamte und Richter auf Lebenszeit, auf Zeit oder auf Probe, Berufssoldaten und Soldaten auf Zeit sowie Beamte auf Widerruf im Vorbereitungsdienst,
2. sonstige Beschäftigte von Körperschaften, Anstalten oder Stiftungen des öffentlichen Rechts, deren Verbänden einschließlich der Spitzenverbände oder ihrer Arbeitsgemeinschaften, wenn ihnen nach beamtenrechtlichen Vorschriften oder Grundsätzen oder entsprechenden kirchenrechtlichen Regelungen Anwartschaft auf Versorgung bei verminderter Erwerbsfähigkeit und im Alter sowie auf Hinterbliebenenversorgung gewährleistet und die Erfüllung der Gewährleistung gesichert ist,
3. satzungsmäßige Mitglieder geistlicher Genossenschaften, Diakonissen und Angehörige ähnlicher Gemeinschaften, wenn ihnen nach den Regeln der Gemeinschaft Anwartschaft auf die in der Gemeinschaft übliche Versorgung bei verminderter Erwerbsfähigkeit und im Alter gewährleistet und die Erfüllung der Gewährleistung gesichert ist,

in dieser Beschäftigung und in weiteren Beschäftigungen, auf die die Gewährleistung einer Versorgungsanwartschaft erstreckt wird. Über das Vorliegen der Voraussetzungen nach Satz 1 Nr. 2 und 3 und die Erstreckung der Gewährleistung auf weitere Beschäftigungen entscheidet für Beschäftigte beim Bund und bei Dienstherrn oder anderen Arbeitgebern, die der Aufsicht des Bundes unterstehen, der zuständige Bundesminister, im übrigen die oberste Verwaltungsbehörde des Landes, in dem die Arbeitgeber, Genossenschaften oder Gemeinschaften ihren Sitz haben.

(2) Versicherungsfrei sind Personen, die
1. eine geringfügige Beschäftigung (§ 8 Abs. 1 Viertes Buch),
2. eine geringfügige selbständige Tätigkeit (§ 8 Abs. 3 Viertes Buch) oder
3. eine geringfügige nicht erwerbsmäßige Pflegetätigkeit

ausüben, in dieser Beschäftigung, selbständigen Tätigkeit oder Pflegetätigkeit; § 8 Abs. 2 Viertes Buch ist mit der Maßgabe anzuwenden, daß eine Zusammenrechnung mit einer nicht geringfügigen Beschäftigung oder nicht geringfügigen selbständigen Tätigkeit nur erfolgt, wenn diese versicherungspflichtig ist. Satz 1 Nr. 1 gilt nicht für geringfügig Beschäftigte nach § 8 Abs. 1 Nr. 1 des Vierten Buches, die durch schriftliche Erklärung gegenüber dem Arbeitgeber auf die Versicherungsfreiheit verzichten; der Verzicht kann nur mit Wirkung für die Zukunft und bei mehreren geringfügigen Beschäftigungen nur einheitlich erklärt werden und ist für die Dauer der Beschäftigung bindend. Satz 1 Nr. 1 und 2 gilt nicht für Personen, die im Rahmen betrieblicher Berufsbildung, nach dem Gesetz zur Förderung eines freiwilligen sozialen Jahres, nach dem Gesetz zur Förderung eines freiwilligen ökologischen Jahres oder nach § 1 Satz 1 Nr. 2 bis 4 beschäftigt sind oder von der Möglichkeit einer stufenweisen Wiederaufnahme einer nicht geringfügigen Tätigkeit (§ 74 Fünftes Buch) Gebrauch machen. Eine nicht erwerbsmäßige Pflegetätigkeit ist geringfügig, wenn die Beitragsbemessungsgrundlage für die Pflegetätigkeit (§ 166 Abs. 2) auf den Monat bezogen 630 Deutsche Mark nicht übersteigt; mehrere nicht erwerbsmäßige Pflegetätigkeiten sind zusammenzurechnen.

(3) Versicherungsfrei sind Personen, die während der Dauer eines Studiums als ordentliche Studierende einer Fachschule oder Hochschule
1. ein Praktikum ableisten, das in ihrer Studienordnung oder Prüfungsordnung vorgeschrieben ist, oder
2. ein Praktikum ohne Entgelt oder gegen ein Entgelt, das regelmäßig im Monat 630 Deutsche Mark nicht übersteigt, ableisten.

(4) Versicherungsfrei sind Personen, die
1. eine Vollrente wegen Alters beziehen,
2. nach beamtenrechtlichen Vorschriften oder Grundsätzen oder entsprechenden kirchenrechtlichen Regelungen oder nach den Regelungen einer berufsständischen Versorgungseinrichtung eine Versorgung nach Erreichen einer Altersgrenze beziehen oder die in der Gemeinschaft übliche Versorgung im Alter nach Absatz 1 Satz 1 Nr. 3 erhalten oder
3. bis zur Vollendung des 65. Lebensjahres nicht versichert waren oder nach Vollendung des 65. Lebensjahres eine Beitragserstattung aus ihrer Versicherung erhalten haben.

§ 6 Befreiung von der Versicherungspflicht

(1) Von der Versicherungspflicht werden befreit
1. Angestellte und selbständig Tätige für die Beschäftigung oder selbständige Tätigkeit, wegen der sie aufgrund einer durch Gesetz angeordneten oder auf Gesetz beruhenden Verpflichtung Mitglied einer öffentlich-rechtlichen Versicherungseinrichtung oder Versorgungseinrichtung ihrer Berufsgruppe (berufsständische Versorgungseinrichtung) und zugleich kraft gesetzlicher Verpflichtung Mitglied einer berufsständischen Kammer sind, wenn
   a) am jeweiligen Ort der Beschäftigung oder selbständigen Tätigkeit für ihre Berufsgruppe bereits vor dem 1. Januar 1995 eine gesetzliche Verpflichtung zur Mitgliedschaft in der berufsständischen Kammer bestanden hat,
   b) für sie nach näherer Maßgabe der Satzung einkommensbezogene Beiträge unter Berücksichtigung der Beitragsbemessungsgrenze zur berufsständischen Versorgungseinrichtung zu zahlen sind und
   c) aufgrund dieser Beiträge Leistungen für den Fall verminderter Erwerbsfähigkeit und des Alters sowie für Hinterbliebene erbracht und angepaßt werden, wobei auch die finanzielle Lage der berufsständischen Versorgungseinrichtung zu berücksichtigen ist,
2. Lehrer oder Erzieher, die an nicht-öffentlichen Schulen oder Anstalten beschäftigt sind, wenn ihnen nach beamtenrechtlichen Grundsätzen oder entsprechenden kirchenrechtlichen Regelungen Anwartschaft auf Versorgung bei verminderter Erwerbsfähigkeit und im Alter sowie auf Hinterbliebenenversorgung gewährleistet und die Erfüllung der Gewährleistung gesichert ist,
3. nichtdeutsche Besatzungsmitglieder deutscher Seeschiffe, die ihren Wohnsitz oder gewöhnlichen Aufenthalt nicht im Geltungsbereich dieses Gesetzbuchs haben,
4. selbständig tätige Handwerker, wenn für sie mindestens 18 Jahre lang Pflichtbeiträge gezahlt worden sind, ausgenommen Bezirksschornsteinfegermeister.

Die gesetzliche Verpflichtung für eine Berufsgruppe zur Mitgliedschaft in einer berufsständischen Kammer im Sinne des Satzes 1 Nr. 1 gilt mit dem Tag als entstanden, an dem das die jeweilige Kammerzugehörigkeit begründete Gesetz verkündet worden ist. Wird der Kreis der Pflichtmitglieder einer berufsständischen Kammer nach dem 31. Dezember 1994 erweitert, werden diejenigen Pflichtmitglieder der berufsständischen Versorgungswerks nicht nach Satz 1 Nr. 1 befreit, die nur wegen dieser Erweiterung Pflichtmitglieder ihrer Berufskammer geworden sind. Für die Bestimmung des Tages, an dem die Erweiterung des Kreises der Pflichtmitglieder erfolgt ist, ist Satz 2 entsprechend anzuwenden. Personen, die nach bereits am 1. Januar 1995 geltenden versorgungsrechtlichen Regelungen verpflichtet sind, für die Zeit der Ableistung eines gesetzlich vorgeschriebenen Vorbereitungs- oder Anwärterdienstes Mitglied einer berufsständischen Versorgungseinrichtung zu sein, werden auch dann nach Satz 1 Nr. 1 von der Versicherungspflicht befreit, wenn eine gesetzliche Verpflichtung zur Mitgliedschaft in einer berufsständischen Kammer für die Zeit der Ableistung des Vorbereitungs- oder Anwärterdienstes nicht besteht. Satz 1 Nr. 1 gilt nicht für die in Satz 1 Nr. 4 genannten Personen.

(2) Die Befreiung erfolgt auf Antrag des Versicherten, in den Fällen des Absatzes 1 Nr. 2 und 3 auf Antrag des Arbeitgebers.

(3) Über die Befreiung entscheidet der Träger der Rentenversicherung, nachdem in den Fällen
1. des Absatzes 1 Nr. 1 die für die berufsständische Versorgungseinrichtung zuständige oberste Verwaltungsbehörde,
2. des Absatzes 1 Nr. 2 die oberste Verwaltungsbehörde des Landes, in dem der Arbeitgeber seinen Sitz hat,

das Vorliegen der Voraussetzungen bestätigt hat.

(4) Die Befreiung wirkt vom Vorliegen der Befreiungsvoraussetzungen an, wenn sie innerhalb von drei Monaten beantragt wird, sonst vom Eingang des Antrags an.

(5) Die Befreiung ist auf die jeweilige Beschäftigung oder selbständige Tätigkeit beschränkt. Sie erstreckt sich in den Fällen des Absatzes 1 Nr. 1 und 2 auch auf eine andere versicherungspflichtige Tätigkeit, wenn diese infolge ihrer Eigenart oder vertraglich im voraus zeitlich begrenzt ist und der Versorgungsträger für die Zeit der Tätigkeit den Erwerb einkommensbezogener Versorgungsanwartschaften gewährleistet.

Zweiter Abschnitt
Freiwillige Versicherung

§ 7 Freiwillige Versicherung
(1) Personen, die nicht versicherungspflichtig sind, können sich für Zeiten von der Vollendung des 16. Lebensjahres an freiwillig versichern. Dies gilt auch für Deutsche, die ihren gewöhnlichen Aufenthalt im Ausland haben.
(2) Personen, die versicherungsfrei oder von der Versicherung befreit sind, können sich nur dann freiwillig versichern, wenn sie die allgemeine Wartezeit erfüllt haben. Dies gilt nicht für Personen, die wegen Geringfügigkeit einer Beschäftigung oder selbständigen Tätigkeit versicherungsfrei sind.
(3) Nach bindender Bewilligung einer Vollrente wegen Alters oder für Zeiten des Bezugs einer solchen Rente ist eine freiwillige Versicherung nicht zulässig.

Dritter Abschnitt
Nachversicherung und Versorgungsausgleich

§ 8 Nachversicherung und Versorgungsausgleich
(1) Versichert sind auch Personen,
1. die nachversichert sind oder
2. für die aufgrund eines Versorgungsausgleichs Rentenanwartschaften übertragen oder begründet sind.

Nachversicherte stehen den Personen gleich, die versicherungspflichtig sind.
(2) Nachversichert werden Personen, die als
1. Beamte oder Richter auf Lebenszeit, auf Zeit oder auf Probe, Berufssoldaten und Soldaten auf Zeit sowie Beamte auf Widerruf im Vorbereitungsdienst,
2. sonstige Beschäftigte von Körperschaften, Anstalten oder Stiftungen des öffentlichen Rechts, deren Verbänden einschließlich der Spitzenverbände oder ihrer Arbeitsgemeinschaften,
3. satzungsmäßige Mitglieder geistlicher Genossenschaften, Diakonissen oder Angehörige ähnlicher Gemeinschaften oder
4. Lehrer oder Erzieher an nicht-öffentlichen Schulen oder Anstalten

versicherungsfrei waren oder von der Versicherungspflicht befreit worden sind, wenn sie ohne Anspruch oder Anwartschaft auf Versorgung aus der Beschäftigung ausgeschieden sind oder ihren Anspruch auf Versorgung verloren haben und Gründe für einen Aufschub der Beitragszahlung (§ 184 Abs. 2) nicht gegeben sind. Die Nachversicherung erstreckt sich auf den Zeitraum, in dem die Versicherungsfreiheit oder die Befreiung von der Versicherungspflicht vorgelegen hat (Nachversicherungszeitraum). Bei einem Ausscheiden durch Tod erfolgt eine Nachversicherung nur, wenn ein Anspruch auf Hinterbliebenenrente geltend gemacht werden kann.

Zweites Kapitel
Leistungen

Erster Abschnitt
Rehabilitation

Erster Unterabschnitt
Voraussetzungen für die Leistungen

§ 9 Aufgabe der Rehabilitation
(1) Die Rentenversicherung erbringt medizinische, berufsfördernde und ergänzende Leistungen zur Rehabilitation, um
1. den Auswirkungen einer Krankheit oder einer körperlichen, geistigen oder seelischen Behinderung auf die Erwerbsfähigkeit der Versicherten entgegenzuwirken oder sie zu überwinden und
2. dadurch Beeinträchtigungen der Erwerbsfähigkeit der Versicherten oder ihr vorzeitiges Ausscheiden aus dem Erwerbsleben zu verhindern oder sie möglichst dauerhaft in das Erwerbsleben wiedereinzugliedern.

Die Leistungen zur Rehabilitation haben Vorrang vor Rentenleistungen, die bei erfolgreicher Rehabilitation nicht oder voraussichtlich erst zu einem späteren Zeitpunkt zu erbringen sind.

(2) Die Leistungen nach Absatz 1 können erbracht werden, wenn die persönlichen und versicherungsrechtlichen Voraussetzungen dafür erfüllt sind. Die Versicherten sind verpflichtet, an der Rehabilitation aktiv mitzuwirken.

§ 10 Persönliche Voraussetzungen
Für Leistungen zur Rehabilitation haben Versicherte die persönlichen Voraussetzungen erfüllt,
1. deren Erwerbsfähigkeit wegen Krankheit oder körperlicher, geistiger oder seelischer Behinderung erheblich gefährdet oder gemindert ist und
2. bei denen voraussichtlich durch die Leistungen
   a) bei erheblicher Gefährdung der Erwerbsfähigkeit eine Minderung der Erwerbsfähigkeit abgewendet werden kann,
   b) bei geminderter Erwerbsfähigkeit diese wesentlich gebessert oder wiederhergestellt werden kann oder der Eintritt von Erwerbsunfähigkeit, Berufsunfähigkeit oder im Bergbau verminderter Berufsfähigkeit abgewendet werden kann.

§ 11 Versicherungsrechtliche Voraussetzungen
(1) Für Leistungen zur Rehabilitation haben Versicherte die versicherungsrechtlichen Voraussetzungen erfüllt, die bei Antragstellung
1. die Wartezeit von 15 Jahren erfüllt haben oder
2. eine Rente wegen verminderter Erwerbsfähigkeit beziehen.

(2) Für die medizinischen Leistungen zur Rehabilitation haben Versicherte die versicherungsrechtlichen Voraussetzungen auch erfüllt, die
1. in den letzten zwei Jahren vor der Antragstellung sechs Kalendermonate mit Pflichtbeiträgen für eine versicherte Beschäftigung oder Tätigkeit haben,
2. innerhalb von zwei Jahren nach Beendigung einer Ausbildung eine versicherte Beschäftigung oder selbständige Tätigkeit angenommen und bis zum Antrag ausgeübt haben oder nach einer solchen Beschäftigung oder Tätigkeit bis zum Antrag arbeitsunfähig oder arbeitslos gewesen sind oder
3. vermindert erwerbsfähig sind oder bei denen dies in absehbarer Zeit zu erwarten ist, wenn sie die allgemeine Wartezeit erfüllt haben.

§ 38 Satz 2 ist anzuwenden.

(2 a) Berufsfördernde Leistungen zur Rehabilitation werden an Versicherte auch erbracht,
1. wenn ohne diese Leistungen Rente wegen verminderter Erwerbsfähigkeit zu leisten wäre oder
2. wenn sie für eine voraussichtlich erfolgreiche Rehabilitation unmittelbar im Anschluß an medizinische Leistungen der Träger der Rentenversicherung erforderlich sind.

(3) Die versicherungsrechtlichen Voraussetzungen haben auch überlebende Ehegatten erfüllt, die Anspruch auf große Witwenrente oder große Witwerrente wegen verminderter Erwerbsfähigkeit haben. Sie gelten für die Vorschriften dieses Abschnitts als Versicherte.

§ 12 Ausschluß von Leistungen
(1) Leistungen zur Rehabilitation werden nicht für Versicherte erbracht, die
1. wegen eines Arbeitsunfalls, einer Berufskrankheit oder einer Schädigung im Sinne des sozialen Entschädigungsrechts gleichartige Leistungen eines anderen Rehabilitationsträgers erhalten können,
2. eine Rente wegen Alters von wenigstens zwei Dritteln der Vollrente beziehen oder beantragt haben,
3. eine Beschäftigung ausüben, aus der ihnen nach beamtenrechtlichen oder entsprechenden Vorschriften Anwartschaft auf Versorgung gewährleistet ist,
4. als Bezieher einer Versorgung wegen Erreichens einer Altersgrenze versicherungsfrei sind,
4 a. eine Leistung beziehen, die regelmäßig bis zum Beginn einer Rente wegen Alters gezahlt wird, oder
5. sich in Untersuchungshaft oder im Vollzug einer Freiheitsstrafe oder freiheitsentziehenden Maßregel der Besserung und Sicherung befinden oder einstweilig nach § 126 a Abs. 1 der Strafprozeßordnung untergebracht sind. Dies gilt nicht für Versicherte im erleichterten Strafvollzug bei berufsfördernden Leistungen.

(2) Medizinische Leistungen zur Rehabilitation werden nicht vor Ablauf von vier Jahren nach Durchführung solcher oder ähnlicher Leistungen zur Rehabilitation erbracht, deren Kosten aufgrund öffentlich-rechtlicher Vorschriften getragen oder bezuschußt worden sind. Dies gilt nicht, wenn vorzeitige Leistungen aus gesundheitlichen Gründen dringend erforderlich sind.

Zweiter Unterabschnitt
Umfang und Ort der Leistungen
Erster Titel
Allgemeines

§ 13 Leistungsumfang

(1) Der Träger der Rentenversicherung bestimmt im Einzelfall unter Beachtung der Grundsätze der Wirtschaftlichkeit und Sparsamkeit Art, Dauer, Umfang, Beginn und Durchführung dieser Leistungen sowie die Rehabilitationseinrichtung nach pflichtgemäßem Ermessen.
(2) Der Träger der Rentenversicherung erbringt nicht
1. medizinische Leistungen zur Rehabilitation in der Phase akuter Behandlungsbedürftigkeit einer Krankheit, es sei denn, die Behandlungsbedürftigkeit tritt während der medizinischen Leistungen zur Rehabilitation ein,
2. medizinische Leistungen zur Rehabilitation anstelle einer sonst erforderlichen Krankenhausbehandlung,
3. medizinische Leistungen zur Rehabilitation, die dem allgemein anerkannten Stand medizinischer Erkenntnisse nicht entsprechen.

(3) Der Träger der Rentenversicherung erbringt nach Absatz 2 Nr. 1 im Benehmen mit dem Träger der Krankenversicherung für diesen Krankenbehandlung und Leistungen bei Schwangerschaft und Mutterschaft. Der Träger der Rentenversicherung kann von dem Träger der Krankenversicherung Erstattung der hierauf entfallenden Aufwendungen verlangen.
(4) Die Träger der Rentenversicherung vereinbaren mit den Spitzenverbänden der Krankenkassen gemeinsam und einheitlich im Benehmen mit dem Bundesminister für Arbeit und Sozialordnung Näheres zur Durchführung von Absatz 2 Nr. 1 und 2.

§ 14 Ort der Leistungen

Leistungen zur Rehabilitation werden im Inland erbracht. Die Träger der Rentenversicherung können nach gutachterlicher Äußerung des Verbandes Deutscher Rentenversicherungsträger für bestimmte Erkrankungen mit Genehmigung der Aufsichtsbehörde Ausnahmen hiervon zulassen, wenn Leistungen im Ausland aufgrund gesicherter medizinischer Erkenntnisse für diese Erkrankungen einen besseren Rehabilitationserfolg erwarten lassen. Im Rahmen der Vorbereitung einer gutachterlichen Äußerung können Leistungen im Ausland erbracht werden, wenn dies erforderlich ist, um diese Äußerung zu ermöglichen.

Zweiter Titel
Medizinische und berufsfördernde Leistungen zur Rehabilitation

§ 15 Medizinische Leistungen zur Rehabilitation

(1) Die medizinischen Leistungen zur Rehabilitation umfassen insbesondere
1. Behandlung durch Ärzte und Angehörige anderer Heilberufe, soweit deren Leistungen unter ärztlicher Aufsicht oder auf ärztliche Anordnung durchgeführt werden, einschließlich der Anleitung der Versicherten, eigene Abwehr- und Heilungskräfte zu entwickeln,
2. Arznei- und Verbandmittel, Heilmittel einschließlich Krankengymnastik, Bewegungstherapie, Sprachtherapie und Beschäftigungstherapie,
3. Belastungserprobung und Arbeitstherapie,
4. Körperersatzstücke, orthopädische und andere Hilfsmittel einschließlich der notwendigen Änderung, Instandsetzung und Ersatzbeschaffung sowie der Ausbildung im Gebrauch der Hilfsmittel.

(2) Die stationären medizinischen Leistungen zur Rehabilitation werden einschließlich der erforderlichen Unterkunft und Verpflegung in Einrichtungen erbracht, die unter ständiger ärztlicher Verantwortung und unter Mitwirkung von besonders geschultem Personal entweder von dem Träger der Rentenversicherung selbst betrieben werden oder mit denen ein Vertrag besteht. Die Einrichtung

braucht nicht unter ständiger ärztlicher Verantwortung zu stehen, wenn die Art der Behandlung dies nicht erfordert. Die Leistungen der Einrichtungen der medizinischen Rehabilitation müssen nach Art oder Schwere der Erkrankung erforderlich sein.
(3) Die stationären medizinischen Leistungen zur Rehabilitation sollen für längstens drei Wochen erbracht werden. Sie können für einen längeren Zeitraum erbracht werden, wenn dies erforderlich ist, um das Rehabilitationsziel zu erreichen.

§ 16 Berufsfördernde Leistungen zur Rehabilitation
(1) Die berufsfördernden Leistungen zur Rehabilitation umfassen insbesondere
1. Leistungen zur Erhaltung oder Erlangung eines Arbeitsplatzes, einschließlich der Leistungen zur Förderung der Arbeitsaufnahme,
2. Berufsvorbereitung, einschließlich der wegen einer Behinderung erforderlichen Grundausbildung,
3. berufliche Anpassung, Ausbildung und Weiterbildung, einschließlich eines zur Inanspruchnahme dieser Leistungen erforderlichen schulischen Abschlusses,
4. Arbeits- und Berufsförderung im Eingangsverfahren und im Arbeitstrainingsbereich einer anerkannten Werkstatt für Behinderte.

(2) Bei Auswahl der berufsfördernden Leistungen sind Eignung, Neigung und bisherige Tätigkeit angemessen zu berücksichtigen. Das Verfahren zur Auswahl der Leistungen schließt, soweit erforderlich, eine Berufsfindung oder Arbeitserprobung ein. Dabei gelten Absatz 3 sowie § 28 Nr. 1, 2 und 4 entsprechend. Leistungen können auch zum beruflichen Aufstieg erbracht werden.

(3) Die berufsfördernden Leistungen zur Rehabilitation werden stationär in Einrichtungen der beruflichen Rehabilitation erbracht, wenn dies wegen Art oder Schwere der Behinderung oder zur Sicherung des Erfolgs der Rehabilitation erforderlich ist und mit der Einrichtung ein Vertrag über die Ausführung der Leistungen besteht. Sie umfassen die erforderliche Unterkunft und Verpflegung, wenn die Inanspruchnahme der Leistung eine Unterbringung außerhalb des eigenen oder elterlichen Haushalts erfordert.

§ 17 Leistungen an Arbeitgeber
Berufsfördernde Leistungen zur Rehabilitation nach § 16 Abs. 1 Nr. 1 können auch Zuschüsse an Arbeitgeber umfassen, insbesondere für
1. eine dauerhafte berufliche Eingliederung,
2. eine befristete Probebeschäftigung,
3. eine Ausbildung oder Weiterbildung im Betrieb.
Die Zuschüsse können von Auflagen und Bedingungen abhängig gemacht werden.

§ 18 Leistungen in einer Werkstatt für Behinderte
Leistungen für die Teilnahme an Maßnahmen in anerkannten Werkstätten für Behinderte im Sinne des Schwerbehindertengesetzes werden nur erbracht,
1. im Eingangsverfahren bis zur Dauer von vier Wochen, wenn die Leistungen erforderlich sind, um im Zweifelsfalle festzustellen, ob die Werkstatt die geeignete Einrichtung für die Eingliederung des Behinderten in das Arbeitsleben ist, sowie welche Bereiche der Werkstatt und welche berufsfördernden und ergänzenden Maßnahmen zur Eingliederung für den Behinderten in Betracht kommen,
2. im Arbeitstrainingsbereich bis zur Dauer von zwei Jahren, wenn die Maßnahmen erforderlich sind, um die Leistungsfähigkeit oder Erwerbsfähigkeit des Behinderten soweit wie möglich zu entwickeln, zu erhöhen oder wiederzugewinnen und erwartet werden kann, daß der Behinderte nach Teilnahme an diesen Maßnahmen in der Lage ist, wenigstens ein Mindestmaß wirtschaftlich verwertbarer Arbeitsleistung im Sinne des § 54 des Schwerbehindertengesetzes zu erbringen. Über ein Jahr hinaus werden Leistungen nur erbracht, wenn die Leistungsfähigkeit des Behinderten weiterentwickelt oder wiedergewonnen werden kann.

§ 19 Dauer berufsfördernder Leistungen
(1) Die berufsfördernden Leistungen zur Rehabilitation werden für die Zeit erbracht, die vorgeschrieben oder allgemein üblich ist, um das angestrebte Berufsziel zu erreichen. Leistungen für die berufliche Weiterbildung sollen in der Regel nur erbracht werden, wenn die Leistung bei ganztägigem

Unterricht nicht länger als zwei Jahre dauert, es sei denn, daß die Versicherten nur durch eine länger dauernde Leistung eingegliedert werden können.
(2) (aufgehoben)

Dritter Titel
Übergangsgeld

§ 20 Anspruch
(1) Anspruch auf Übergangsgeld haben Versicherte, die
1. von einem Träger der Rentenversicherung berufsfördernde Leistungen nach § 16 Abs. 1 Nr. 2 bis 4 oder stationär medizinische oder stationär sonstige Leistungen zur Rehabilitation erhalten,
2. arbeitsunfähig sind oder wegen dieser Leistungen eine ganztägige Erwerbstätigkeit nicht ausüben können und
3. bei stationären medizinischen oder bei stationär sonstigen Leistungen zur Rehabilitation unmittelbar vor Beginn der Arbeitsunfähigkeit oder, wenn sie nicht arbeitsunfähig sind, unmittelbar vor Beginn der Leistungen
   a) Arbeitsentgelt oder Arbeitseinkommen erzielt und im Bemessungszeitraum Beiträge zur Rentenversicherung gezahlt haben oder
   b) Krankengeld, Verletztengeld, Versorgungskrankengeld, Übergangsgeld, Unterhaltsgeld, Kurzarbeitergeld, Winterausfallgeld, Arbeitslosengeld, Arbeitslosenhilfe oder Mutterschaftsgeld bezogen haben und für die von dem der Sozialleistung zugrundeliegenden Arbeitsentgelt oder Arbeitseinkommen Beiträge zur Rentenversicherung gezahlt worden sind.

Anspruch auf Übergangsgeld wie bei berufsfördernden Leistungen haben auch Versicherte für die Zeit, in der sie wegen Teilnahme an einer Berufsfindung oder Arbeitserprobung kein oder ein geringeres Arbeitsentgelt erzielen. Anspruch auf Übergangsgeld haben auch Versicherte, die medizinische Leistungen anstelle sonst erforderlicher stationärer medizinischer Leistungen erhalten.
(1 a) § 47 a des Fünften Buches gilt entsprechend.
(2) Der Anspruch auf Übergangsgeld ruht, solange die Versicherte einen Anspruch auf Mutterschaftsgeld hat.
(3) Versicherte, die aus Anlaß von medizinischen Leistungen zur Rehabilitation einen Anspruch auf Übergangsgeld nicht haben, aber die Voraussetzungen für einen Anspruch auf Rente wegen verminderter Erwerbsfähigkeit, auf große Witwenrente oder auf große Witwerrente wegen Minderung der Erwerbsfähigkeit erfüllen, erhalten für die Dauer, für die sonst Übergangsgeld zu zahlen wäre, ein Ersatz-Übergangsgeld. Auf diese Leistung finden die Vorschriften Anwendung, die für das Übergangsgeld gelten oder sich auf dieses beziehen.
(4) Erhalten Versicherte, die die Voraussetzungen für einen Anspruch auf Renten wegen verminderter Erwerbsfähigkeit, auf große Witwenrente oder große Witwerrente wegen Minderung der Erwerbsfähigkeit erfüllen, von einem anderen Leistungsträger Rehabilitationsleistungen, durch die die Zahlung einer Rente abgewendet werden kann, ist bis zum Beginn der Rehabilitationsleistung statt der Rente Ersatz-Übergangsgeld zu zahlen. Absatz 3 Satz 2 ist anzuwenden.

§ 21 Berechnungsgrundlage bei medizinischen Leistungen
(1) Die Berechnungsgrundlage für das Übergangsgeld bei medizinischen Leistungen wird für Pflichtversicherte, die Arbeitsentgelt erzielt oder Mutterschaftsgeld bezogen haben, wie das Krankengeld für Arbeitnehmer (§ 47 Abs. 1 und 2 Fünftes Buch) mit der Maßgabe ermittelt, daß der Berechnung 80 vom Hundert des Regelentgelts, höchstens jedoch das bei entsprechender Anwendung des § 47 Abs. 2 des Fünften Buches berechnete Nettoarbeitsentgelt zugrunde zu legen ist; hierbei gilt die Beitragsbemessungsgrenze der Rentenversicherung. Dabei wird für Versicherte, die im Bemessungszeitraum eine Bergmannsprämie bezogen haben, die Berechnungsgrundlage um einen Betrag in Höhe der gezahlten Bergmannsprämie erhöht. Für Versicherte, die Kurzarbeitergeld oder Winterausfallgeld bezogen haben, wird das regelmäßige Arbeitsentgelt zugrunde gelegt, das zuletzt vor dem Arbeitsausfall erzielt wurde.
(2) Für Versicherte, die im Inland nicht einkommensteuerpflichtig sind, werden für die Feststellung des entgangenen Nettoarbeitsentgelts die Steuern berücksichtigt, die bei einer Steuerpflicht im Inland durch Abzug vom Arbeitsentgelt erhoben würden.

(3) Die Berechnungsgrundlage für das Übergangsgeld wird für Versicherte, die Arbeitseinkommen erzielt haben, und für freiwillig Versicherte, die Arbeitsentgelt erzielt haben, aus 80 vom Hundert des Einkommens ermittelt, das den vor Beginn der Leistungen für das letzte Kalenderjahr (Bemessungszeitraum) gezahlten Beiträge zugrunde liegt.

§ 22 Berechnungsgrundlage bei berufsfördernden Leistungen
(1) Die Berechnungsgrundlage für das Übergangsgeld bei berufsfördernden Leistungen wird wie bei medizinischen Leistungen ermittelt, wenn das Ende des Bemessungszeitraums bei Beginn der Leistungen nicht länger als drei Jahre zurückliegt.
(2) Die Berechnungsgrundlage für das Übergangsgeld wird aus 65 vom Hundert des auf ein Jahr bezogenen tariflichen oder, wenn es an einer tariflichen Regelung fehlt, des ortsüblichen Arbeitsentgelts ermittelt, das für den Wohnsitz oder gewöhnlichen Aufenthaltsort der Versicherten gilt, wenn
1. die Berechnung wie bei medizinischen Leistungen zu einem geringeren Betrag führt oder
2. der letzte Tag des Bemessungszeitraums bei Beginn der Leistungen länger als drei Jahre zurückliegt.

Maßgebend ist das Arbeitsentgelt in dem letzten Kalendermonat vor dem Beginn der Leistungen (Bemessungszeitraum) bis zur jeweiligen Beitragsbemessungsgrenze der Rentenversicherung für diejenige Beschäftigung, für die Versicherte ohne die Behinderung nach ihren beruflichen Fähigkeiten und nach ihrem Lebensalter in Betracht kämen.

§ 23 Weitergeltung der Berechnungsgrundlage
Haben Versicherte unmittelbar vor dem Bezug von Verletztengeld, Versorgungskrankengeld, Übergangsgeld oder Krankengeld Pflichtbeiträge gezahlt und im Anschluß an diese Leistungen Anspruch auf Übergangsgeld nach § 20, sind für die Berechnung des Übergangsgeldes bei Versicherungspflichtigen, die Arbeitsentgelt erzielt haben, die Berechnungsgrundlage und der Bemessungszeitraum für die bisher bezogene Sozialleistung bis zur Beitragsbemessungsgrenze der Rentenversicherung weiterhin maßgebend.

§ 24 Höhe
(1) Das Übergangsgeld beträgt
1. für Versicherte,
   a) die ein Kind (§ 46 Abs. 2) haben oder
   b) die pflegebedürftig sind, wenn ihr Ehegatte, mit dem sie in häuslicher Gemeinschaft leben, sie pflegt und deswegen eine Erwerbstätigkeit nicht ausübt,
   c) deren Ehegatte, mit dem sie in häuslicher Gemeinschaft leben, pflegebedürftig ist und keinen Anspruch auf Leistungen aus der Pflegeversicherung hat,
   75 vom Hundert, bei Arbeitslosigkeit im Anschluß an berufsfördernde Leistungen 67 vom Hundert,
2. für die übrigen Versicherten
   68 vom Hundert, bei Arbeitslosigkeit im Anschluß an berufsfördernde Leistungen 60 vom Hundert
der maßgebenden Berechnungsgrundlage.
(1 a) Bei Teilarbeitslosigkeit ist bei der Anwendung des § 21 von dem Arbeitsentgelt auszugehen, das in der infolge der Teilarbeitslosigkeit nicht mehr ausgeübten Beschäftigung erzielt wurde.
(2) Versicherte, die unmittelbar vor Beginn der Arbeitsunfähigkeit oder, wenn sie nicht arbeitsunfähig sind, unmittelbar vor Beginn der medizinischen Leistungen Unterhaltsgeld, Arbeitslosengeld oder Arbeitslosenhilfe bezogen und die zuvor Pflichtbeiträge gezahlt haben, erhalten Übergangsgeld bei medizinischen Leistungen in Höhe des bei Krankheit zu erbringenden Krankengeldes (§ 47 b des Fünften Buches).
(3) (gestrichen)
(4) Versicherte, die wegen der Bewilligung von Leistungen zur Rehabilitation einen Anspruch auf Rente wegen verminderter Erwerbsfähigkeit oder auf große Witwenrente oder große Witwerrente wegen Minderung der Erwerbsfähigkeit nicht haben (§ 116), erhalten Übergangsgeld mindestens in Höhe der Rente einschließlich der Zusatzleistungen, die sich nach Anwendung der Regelungen über das Zusammentreffen von Renten und von Einkommen ergibt.
(5) Das Ersatz-Übergangsgeld wird in Höhe der nach Absatz 4 berechneten Rente gezahlt.

(6) Versicherte, deren Übergangsgeld nach § 22 Abs. 2 berechnet wird und die Rente wegen verminderter Erwerbsfähigkeit beziehen, erhalten Übergangsgeld in Höhe des Betrages, der sich bei Anwendung des für berufsfördernde Leistungen geltenden Vomhundertsatzes auf den Betrag ergibt, um den das Übergangsgeld die Rente übersteigt.

§ 25 Dauer
(1) Das Übergangsgeld wird für die Dauer der medizinischen oder der berufsfördernden Leistungen erbracht.
(2) Ist Rente wegen verminderter Erwerbsfähigkeit beantragt, wird das Übergangsgeld von dem Zeitpunkt an erbracht, von dem an die Rente zu zahlen wäre.
(3) Das Übergangsgeld wird für den Zeitraum weiter erbracht, in dem Versicherte
1. berufsfördernde Leistungen allein aus gesundheitlichen Gründen nicht mehr, aber voraussichtlich wieder in Anspruch nehmen können, bis zum Ende dieser Leistungen, längstens bis zu sechs Wochen,
2. (aufgehoben)
3. im Anschluß an eine abgeschlossene berufsfördernde Leistung arbeitslos sind, bis zu drei Monate, wenn sie sich beim Arbeitsamt arbeitslos gemeldet haben und einen Anspruch auf Arbeitslosengeld von mindestens drei Monaten nicht geltend machen können; die Dauer von drei Monaten vermindert sich um die Anzahl von Tagen, für die Versicherte im Anschluß an eine abgeschlossene berufsfördernde Leistung einen Anspruch auf Arbeitslosengeld geltend machen können, oder
4. nach Abschluß von medizinischen oder berufsfördernden Leistungen
   a) arbeitsunfähig sind und einen Anspruch auf Krankengeld nicht mehr haben oder
   b) in eine zumutbare Beschäftigung nicht vermittelt werden können,
   wenn berufsfördernde Leistungen erforderlich sind, die dem Grunde nach einen Anspruch auf Übergangsgeld bewirken, und aus Gründen, die die Versicherten nicht zu vertreten haben, nicht unmittelbar anschließend erbracht werden können.
(4) Wird Übergangsgeld nach Absatz 3 Nr. 4 länger als vier Monate nach Abschluß der medizinischen Leistungen erbracht und ist für die berufsfördernden Leistungen ein anderer Träger der Rehabilitation zuständig, erstattet dieser dem Träger der Rentenversicherung den auf den Zeitraum vom Beginn des fünften Monats an entfallenden Betrag.

§ 26 Anpassung
(1) Das Übergangsgeld wird jeweils nach Ablauf eines Jahres seit dem Ende des Bemessungszeitraums um den Vomhundertsatz erhöht, um den die Renten zuletzt vor dem Anpassungszeitpunkt ohne Berücksichtigung der Veränderung der Belastung bei Renten anzupassen gewesen wären. Für Versicherte, die Ersatz-Übergangsgeld erhalten, gilt als Ende des Bemessungszeitraums der Tag vor dem Beginn der Leistung.
(2) Das Übergangsgeld wird für Versicherte, die vor einer medizinischen Leistung Unterhaltsgeld, Arbeitslosengeld oder Arbeitslosenhilfe bezogen haben, in der gleichen Weise wie das bei Krankheit zu erbringende Krankengeld angepaßt (§ 47 b des Fünften Buches).
(3) Das Übergangsgeld darf nach der Anpassung 80 vom Hundert der jeweiligen Beitragsbemessungsgrenze der Rentenversicherung nicht übersteigen.

§ 27 Anrechnung von Einkommen
(1) Auf das Übergangsgeld werden von dem gleichzeitig erzielten Einkommen angerechnet:
1. Erwerbseinkommen, das bei Arbeitnehmern um die gesetzlichen Abzüge und um einmalig gezahltes Arbeitsentgelt und bei sonstigen Versicherten um 20 vom Hundert vermindert ist,
2. Leistungen des Arbeitgebers zum Übergangsgeld soweit sie zusammen mit dem Übergangsgeld das vor der Arbeitsunfähigkeit oder vor Beginn der Leistung erzielte, um die gesetzlichen Abzüge verminderte Arbeitsentgelt übersteigen,
3. Rente wegen verminderter Erwerbsfähigkeit oder Verletztenrente in Höhe des aus § 18 a Abs. 3 Satz 1 Nr. 4 des Vierten Buches ergebenden Betrags, wenn sich die Minderung der Erwerbsfähigkeit auf die Höhe der Berechnungsgrundlage für das Übergangsgeld nicht ausgewirkt hat,
4. Rente wegen verminderter Erwerbsfähigkeit, die aus demselben Anlaß wie die Leistungen zur Rehabilitation erbracht wird, wenn die Anrechnung eine unbillige Doppelleistung vermeidet.

5. Rente wegen Alters, die bei der Berechnung des Übergangsgeldes aus einem Teilarbeitsentgelt nicht berücksichtigt wurde,
6. sonstige Geldleistungen, die eine öffentlich-rechtliche Stelle im Zusammenhang mit medizinischen oder mit berufsfördernden Leistungen zur Rehabilitation erbringt.

Satz 1 Nr. 1, 2, 3 und 5 werden auf das nach § 24 Abs. 4 berechnete Übergangsgeld und das Ersatz-Übergangsgeld nicht angewendet.

(2) Soweit der Anspruch der Versicherten auf eine Leistung, die nach Absatz 1 Nr. 6 auf das Übergangsgeld anzurechnen ist, nicht erfüllt wird, geht er mit Zahlung des Übergangsgeldes auf den Träger der Rentenversicherung über. §§ 104 und 115 des Zehnten Buches bleiben unberührt.

Vierter Titel
Ergänzende Leistungen

§ 28 Art der Leistungen
Als ergänzende Leistungen zur Rehabilitation können außer dem Übergangsgeld
1. Haushaltshilfe,
2. Reisekosten,
3. ärztlich verordneter Rehabilitationssport in Gruppen unter ärztlicher Betreuung und
4. Übernahme der Kosten, die mit den berufsfördernden Leistungen in unmittelbarem Zusammenhang stehen, insbesondere für Lehrgangskosten, Prüfungsgebühren, Lernmittel, Arbeitskleidung und Arbeitsgeräte,

erbracht werden.

§ 29 Haushaltshilfe
(1) Haushaltshilfe kann erbracht werden, wenn
1. Versicherte wegen der medizinischen, berufsfördernden oder sonstigen Leistungen außerhalb des eigenen Haushalts untergebracht sind und ihnen deshalb die Weiterführung des Haushalts nicht möglich ist,
2. eine andere im Haushalt lebende Person den Haushalt nicht weiterführen kann und
3. im Haushalt ein Kind lebt, das bei Beginn der Haushaltshilfe
    a) das zwölfte Lebensjahr noch nicht vollendet hat oder
    b) das behindert und auf Hilfe angewiesen ist.

§ 38 Abs. 4 des Fünften Buches ist sinngemäß anzuwenden.

(2) Anstelle der Haushaltshilfe können im besonders begründeten Einzelfall die Kosten für die Mitnahme oder anderweitige Unterbringung des Kindes bis zur Höhe des Aufwandes für die sonst zu erbringende Haushaltshilfe übernommen werden, wenn sich die Mitnahme des Kindes auf den Rehabilitationserfolg voraussichtlich nicht nachteilig auswirkt und die Unterbringung und Betreuung des Kindes sichergestellt ist.

§ 30 Reisekosten
(1) Zu den Reisekosten gehören
1. Fahrkosten und Transportkosten,
2. Verpflegungskosten und Übernachtungskosten,
3. Kosten des Gepäcktransports,
4. Wegstreckenentschädigung und Mitnahmeentschädigung

für die Versicherten und für eine wegen der Behinderung erforderliche Begleitperson.

(2) Reisekosten werden im Regelfall für zwei Familienheimfahrten im Monat oder anstelle von Familienheimfahrten für zwei Fahrten eines Angehörigen zum Aufenthaltsort der Versicherten übernommen. Im Zusammenhang mit medizinischen Leistungen werden Reisekosten übernommen, wenn den Versicherten die Leistungen länger als acht Wochen erbracht werden.

Fünfter Titel
Sonstige Leistungen

§ 31 Sonstige Leistungen

(1) Als sonstige Leistungen zur Rehabilitation können erbracht werden
1. Leistungen zur Eingliederung von Versicherten in das Erwerbsleben, insbesondere nachgehende Leistungen zur Sicherung des Rehabilitationserfolges,
2. stationäre medizinische Leistungen zur Sicherung der Erwerbsfähigkeit für Versicherte, die eine besonders gesundheitsgefährdende, ihre Erwerbsfähigkeit ungünstig beeinflussende Beschäftigung ausüben,
3. Nach- und Festigungskuren wegen Geschwulsterkrankungen für Versicherte, Bezieher einer Rente sowie ihre Angehörigen,
4. stationäre Heilbehandlung für Kinder von Versicherten, Beziehern einer Rente wegen Alters, wegen verminderter Erwerbsfähigkeit oder für Bezieher einer Waisenrente, wenn hierdurch voraussichtlich eine erhebliche Gefährdung der Gesundheit beseitigt oder eine beeinträchtigte Gesundheit wesentlich gebessert oder wiederhergestellt werden kann,
5. Zuwendungen für Einrichtungen, die auf dem Gebiet der Rehabilitation forschen oder die Rehabilitation fördern.

Für Kinderheilbehandlungen findet § 12 Abs. 2 Anwendung.

(2) Die Leistungen nach Absatz 1 Satz 1 Nr. 1 setzen voraus, daß die persönlichen und versicherungsrechtlichen Voraussetzungen, die Leistungen nach Absatz 1 Satz 1 Nr. 2 und die Leistungen für Versicherte nach Absatz 1 Satz 1 Nr. 3, daß die versicherungsrechtlichen Voraussetzungen erfüllt sind, die Leistungen nach Absatz 1 Satz 1 Nr. 4, daß der Versicherte die versicherungsrechtlichen Voraussetzungen für medizinische Leistungen erfüllt. Sie werden nur aufgrund gemeinsamer Richtlinien der Träger der Rentenversicherung erbracht, die im Benehmen mit dem Bundesminister für Arbeit und Sozialordnung erlassen werden.

(3) Die Aufwendungen für nichtstationäre Leistungen nach Absatz 1 Satz 1 Nr. 1 sowie für sonstige Leistungen nach Absatz 1 Satz 1 Nr. 2, 4 und 5 dürfen im Bereich der Träger der Rentenversicherung der Arbeiter sowie im Bereich der Bundesversicherungsanstalt für Angestellte und der Bundesknappschaft im Kalenderjahr 7,5 vom Hundert der Haushaltsansätze für die medizinischen, berufsfördernden und ergänzenden Leistungen zur Rehabilitation nicht übersteigen.

Sechster Titel
Zuzahlung bei medizinischen und bei sonstigen Leistungen

§ 32 Zuzahlung bei medizinischen und bei sonstigen Leistungen

(1) Versicherte, die das achtzehnte Lebensjahr vollendet haben und stationäre medizinische Leistungen in Anspruch nehmen, zahlen für jeden Kalendertag dieser Leistungen den sich nach § 40 Abs. 5 und § 310 Abs. 1 des Fünften Buches ergebenden Betrag. Die Zuzahlung ist für längstens 14 Tage und in Höhe des sich nach § 40 Abs. 6 und § 310 Abs. 1 des Fünften Buches ergebenden Betrags zu leisten, wenn der unmittelbare Anschluß der stationären Heilbehandlung an eine Krankenhausbehandlung medizinisch notwendig ist (Anschlußrehabilitation); als unmittelbar gilt auch, wenn die Maßnahme innerhalb von 14 Tagen beginnt, es sei denn, die Einhaltung dieser Frist ist aus zwingenden tatsächlichen oder medizinischen Gründen nicht möglich. Hierbei ist eine innerhalb eines Kalenderjahres an einen Träger der gesetzlichen Krankenversicherung geleistete Zuzahlung anzurechnen.

(2) Absatz 1 gilt auch für Versicherte oder Bezieher einer Rente, die das 18. Lebensjahr vollendet haben und für sich oder ihre Ehegatten sonstige stationäre Leistungen in Anspruch nehmen.

(3) Bezieht ein Versicherter Übergangsgeld, das nach § 24 Abs. 1 begrenzt ist, hat er für die Zeit des Bezugs von Übergangsgeld eine Zuzahlung nicht zu leisten.

(4) Der Träger der Rentenversicherung bestimmt, unter welchen Voraussetzungen von der Zuzahlung nach Absatz 1 oder 2 abgesehen werden kann, wenn sie den Versicherten oder den Rentner unzumutbar belasten würde.

(5) Die Zuzahlung steht der Annahme einer vollen Übernahme der Rehabilitationsaufwendungen im Sinne arbeitsrechtlicher Vorschriften nicht entgegen.

Zweiter Abschnitt
Renten

Erster Unterabschnitt
Rentenarten und Voraussetzungen für einen Rentenanspruch

§ 33 Rentenarten
(1) Renten werden geleistet wegen Alters, wegen verminderter Erwerbsfähigkeit oder wegen Todes.
(2) Rente wegen Alters wird geleistet als
1. Regelaltersrente,
2. Altersrente für langjährig Versicherte,
3. Altersrente für Schwerbehinderte, Berufsunfähige oder Erwerbsunfähige,
4. Altersrente für langjährig unter Tage beschäftigte Bergleute
sowie nach den Vorschriften des Fünften Kapitels als
5. Altersrente wegen Arbeitslosigkeit und nach Altersteilzeitarbeit,
6. Altersrente für Frauen,
(3) Rente wegen verminderter Erwerbsfähigkeit wird geleistet als
1. Rente wegen Berufsunfähigkeit,
2. Rente wegen Erwerbsunfähigkeit,
3. Rente für Bergleute.
(4) Rente wegen Todes wird geleistet als
1. kleine Witwenrente oder Witwerrente,
2. große Witwenrente oder Witwerrente
3. Erziehungsrente,
4. Waisenrente.
(5) Nach den Vorschriften des Fünften Kapitels werden auch die Knappschaftsausgleichsleistung und Witwenrente und Witwerrente an vor dem 1. Juli 1977 geschiedene Ehegatten geleistet.

§ 34 Voraussetzungen für einen Rentenanspruch und Hinzuverdienstgrenze
(1) Versicherte und ihre Hinterbliebenen haben Anspruch auf Rente, wenn die für die jeweilige Rente erforderliche Mindestversicherungszeit (Wartezeit) erfüllt ist und die jeweiligen besonderen versicherungsrechtlichen und persönlichen Voraussetzungen vorliegen.
(2) Anspruch auf eine Rente wegen Alters besteht vor Vollendung des 65. Lebensjahres nur, wenn die Hinzuverdienstgrenze nicht überschritten wird. Sie wird nicht überschritten, wenn das Arbeitsentgelt oder Arbeitseinkommen aus einer Beschäftigung oder selbständigen Tätigkeit im Monat die in Absatz 3 genannten Beträge nicht übersteigt, wobei ein zweimaliges Überschreiten um jeweils einen Betrag bis zur Höhe der Hinzuverdienstgrenze nach Absatz 3 im Laufe eines jeden Kalenderjahres außer Betracht bleibt. Dem Arbeitsentgelt aus einer Beschäftigung steht der Bezug von Vorruhestandsgeld gleich. Arbeitsentgelt und Arbeitseinkommen aus mehreren Beschäftigungen und selbständigen Tätigkeiten werden zusammengefaßt.
Nicht als Arbeitsentgelt gilt das Entgelt, das
1. eine Pflegeperson von dem Pflegebedürftigen erhält, wenn es das dem Umfang der Pflegetätigkeit entsprechende Pflegegeld im Sinne des § 37 des Elften Buches nicht übersteigt, oder
2. ein Behinderter von dem Träger einer in § 1 Satz 1 Nr. 2 genannten Einrichtung erhält.
(3) Die Hinzuverdienstgrenze beträgt
1. bei einer Rente wegen Alters als Vollrente ein Siebtel der monatlichen Bezugsgröße,
2. bei einer Rente wegen Alters als Teilrente von
   a) einem Drittel der Vollrente das 23,3fache,
   b) der Hälfte der Vollrente das 17,5fache,
   c) zwei Dritteln der Vollrente das 11,7fache
des aktuellen Rentenwerts (§ 68), vervielfältigt mit der Summe der Entgeltpunkte (§ 66 Abs. 1 Nr. 1 bis 3) der letzten drei Kalenderjahre vor Beginn der ersten Rente wegen Alters, mindestens mit 1,5 Entgeltpunkten.
(4) Anspruch auf Rente wegen verminderter Erwerbsfähigkeit oder Erziehungsrente besteht nicht nach bindender Bewilligung einer Rente wegen Alters oder für Zeiten des Bezugs einer solchen Rente.

Zweiter Unterabschnitt
Anspruchsvoraussetzungen für einzelne Renten
Erster Titel
Renten wegen Alters

§ 35 Regelaltersrente
Versicherte haben Anspruch auf Altersrente, wenn sie
1. das 65. Lebensjahr vollendet und
2. die allgemeine Wartezeit erfüllt

haben.

§ 36 Altersrente für langjährig Versicherte
Versicherte können eine Altersrente vor Vollendung des 65. Lebensjahres vorzeitig in Anspruch nehmen, wenn sie
1. das 62. Lebensjahr vollendet und
2. die Wartezeit von 35 Jahren erfüllt

haben.

§ 37 Altersrente für Schwerbehinderte, Berufsunfähige oder Erwerbsunfähige
Versicherte haben Anspruch auf Altersrente, wenn sie
1. das 60. Lebensjahr vollendet haben,
2. bei Beginn der Altersrente als Schwerbehinderte (§ 1 Schwerbehindertengesetz) anerkannt, berufsunfähig oder erwerbsunfähig sind und
3. die Wartezeit von 35 Jahren erfüllt haben.

§§ 38 bis 39 (aufgehoben)[1)]

§ 40 Altersrente für langjährig unter Tage beschäftigte Bergleute
Langjährig unter Tage beschäftigte Versicherte haben Anspruch auf Altersrente, wenn sie
1. das 60. Lebensjahr vollendet und
2. die Wartezeit von 25 Jahren erfüllt

haben.

§ 41 Altersrente und Kündigungsschutz
Der Anspruch des Versicherten auf eine Rente wegen Alters ist nicht als ein Grund anzusehen, der die Kündigung eines Arbeitsverhältnisses durch den Arbeitgeber nach dem Kündigungsschutzgesetz bedingen kann. Eine Vereinbarung, die die Beendigung des Arbeitsverhältnisses eines Arbeitnehmers ohne Kündigung zu einem Zeitpunkt vorsieht, in dem der Arbeitnehmer vor Vollendung des 65. Lebensjahres eine Rente wegen Alters beantragen kann, gilt dem Arbeitnehmer gegenüber als auf die Vollendung des 65. Lebensjahres abgeschlossen, es sei denn, daß die Vereinbarung innerhalb der letzten drei Jahre vor diesem Zeitpunkt abgeschlossen oder von dem Arbeitnehmer bestätigt worden ist.

§ 42 Vollrente und Teilrente
(1) Versicherte können eine Rente wegen Alters in voller Höhe (Vollrente) oder als Teilrente in Anspruch nehmen.
(2) Die Teilrente beträgt ein Drittel, die Hälfte oder zwei Drittel der erreichten Vollrente.
(3) Versicherte, die wegen der beabsichtigten Inanspruchnahme einer Teilrente ihre Arbeitsleistung einschränken wollen, können von ihrem Arbeitgeber verlangen, daß er mit ihnen die Möglichkeiten einer solchen Einschränkung erörtert. Macht der Versicherte hierzu für seinen Arbeitsbereich Vorschläge, hat der Arbeitgeber zu diesen Vorschlägen Stellung zu nehmen.

---

1) Siehe aber §§ 237 und 237 a.

Zweiter Titel
Renten wegen verminderter Erwerbsfähigkeit

§ 43 Rente wegen Berufsunfähigkeit

(1) Versicherte haben bis zur Vollendung des 65. Lebensjahres Anspruch auf Rente wegen Berufsunfähigkeit, wenn sie
1. berufsunfähig sind,
2. in den letzten fünf Jahren vor Eintritt der Berufsunfähigkeit drei Jahre Pflichtbeiträge für eine versicherte Beschäftigung oder Tätigkeit haben und
3. vor Eintritt der Berufsunfähigkeit die allgemeine Wartezeit erfüllt haben.

§ 38 Satz 2 ist anzuwenden.

(2) Berufsunfähig sind Versicherte, deren Erwerbsfähigkeit wegen Krankheit oder Behinderung auf weniger als die Hälfte derjenigen von körperlich, geistig und seelisch gesunden Versicherten mit ähnlicher Ausbildung und gleichwertigen Kenntnissen und Fähigkeiten gesunken ist. Der Kreis der Tätigkeiten, nach denen die Erwerbsfähigkeit von Versicherten zu beurteilen ist, umfaßt alle Tätigkeiten, die ihren Kräften und Fähigkeiten entsprechen und ihnen unter Berücksichtigung der Dauer und des Umfangs ihrer Ausbildung sowie ihres bisherigen Berufs und der besonderen Anforderungen ihrer bisherigen Berufstätigkeit zugemutet werden können. Zumutbar ist stets eine Tätigkeit, für die die Versicherten durch Leistungen zur beruflichen Rehabilitation mit Erfolg ausgebildet oder umgeschult worden sind. Berufsunfähig ist nicht, wer eine zumutbare Tätigkeit vollschichtig ausüben kann; dabei ist die jeweilige Arbeitsmarktlage nicht zu berücksichtigen.

(3) Der Zeitraum von fünf Jahren vor Eintritt der Minderung der Erwerbsfähigkeit verlängert sich um folgende Zeiten, die nicht mit Pflichtbeiträgen für eine versicherte Beschäftigung oder Tätigkeit belegt sind:
1. Anrechnungszeiten und Zeiten des Bezugs einer Rente wegen verminderter Erwerbsfähigkeit,
2. Berücksichtigungszeiten, soweit während dieser Zeiten eine selbständige Tätigkeit nicht ausgeübt worden ist, die mehr als geringfügig war,
3. Zeiten, die nur deshalb keine Anrechnungszeiten sind, weil durch sie eine versicherte Beschäftigung oder selbständige Tätigkeit nicht unterbrochen ist, wenn in den letzten sechs Kalendermonaten vor Beginn dieser Zeiten wenigstens ein Pflichtbeitrag für eine versicherte Beschäftigung oder Tätigkeit oder eine Zeit nach Nummer 1 oder 2 liegt,
4. Zeiten einer schulischen Ausbildung nach Vollendung des 17. Lebensjahrs bis zu sieben Jahren, gemindert um Anrechnungszeiten wegen schulischer Ausbildung.

(4) Eine Pflichtbeitragszeit von drei Jahren für eine versicherte Beschäftigung oder Tätigkeit ist nicht erforderlich, wenn die Minderung der Erwerbsfähigkeit aufgrund eines Tatbestandes eingetreten ist, durch den die allgemeine Wartezeit vorzeitig erfüllt ist.

(5) Eine Rente wegen Berufsunfähigkeit wird abhängig vom erzielten Hinzuverdienst (§ 96 a Abs. 2 Nr. 2) in voller Höhe, in Höhe von zwei Dritteln oder in Höhe von einem Drittel geleistet.

§ 44 Rente wegen Erwerbsunfähigkeit

(1) Versicherte haben bis zur Vollendung des 65. Lebensjahres Anspruch auf Rente wegen Erwerbsunfähigkeit, wenn sie
1. erwerbsunfähig sind,
2. in den letzten fünf Jahren vor Eintritt der Erwerbsunfähigkeit drei Jahre Pflichtbeiträge für eine versicherte Beschäftigung oder Tätigkeit haben und
3. vor Eintritt der Erwerbsunfähigkeit die allgemeine Wartezeit erfüllt haben.

§ 38 Satz 2 ist anzuwenden.

(2) Erwerbsunfähig sind Versicherte, die wegen Krankheit oder Behinderung auf nicht absehbare Zeit außerstande sind, eine Erwerbstätigkeit in gewisser Regelmäßigkeit auszuüben oder Arbeitsentgelt oder Arbeitseinkommen zu erzielen, das monatlich 630 Deutsche Mark übersteigt; erwerbsunfähig sind auch Versicherte nach § 1 Nr. 2, die wegen Art oder Schwere der Behinderung nicht auf dem allgemeinen Arbeitsmarkt tätig sein können. Erwerbsunfähig ist nicht, wer
1. eine selbständige Tätigkeit ausübt oder
2. eine Tätigkeit vollschichtig ausüben kann; dabei ist die jeweilige Arbeitsmarktlage nicht zu berücksichtigen.

(3) Versicherte, die bereits vor Erfüllung der allgemeinen Wartezeit erwerbsunfähig waren und seitdem ununterbrochen erwerbsunfähig sind, haben Anspruch auf Rente wegen Erwerbsunfähigkeit, wenn sie die Wartezeit von 20 Jahren erfüllt haben.
(4) § 43 Abs. 3 und 4 ist anzuwenden.
(5) Wird die Hinzuverdienstgrenze des § 96 a Abs. 2 Nr. 1 überschritten, ist die Rente wegen Erwerbsunfähigkeit unter Beachtung der Hinzuverdienstgrenzen des § 96 a Abs. 2 Nr. 2 in Höhe der Rente wegen Berufsunfähigkeit zu leisten, wenn Erwerbsunfähigkeit nach Absatz 2 weiterhin vorliegt.

§ 45 Rente für Bergleute

(1) Versicherte haben bis zur Vollendung des 65. Lebensjahres Anspruch auf Rente für Bergleute, wenn sie
1. im Bergbau vermindert berufsfähig sind,
2. in den letzten fünf Jahren vor Eintritt der im Bergbau verminderten Berufsfähigkeit drei Jahre knappschaftliche Pflichtbeitragszeiten haben und
3. vor Eintritt der im Bergbau verminderten Berufsfähigkeit die allgemeine Wartezeit in der knappschaftlichen Rentenversicherung erfüllt haben.

(2) Im Bergbau vermindert berufsfähig sind Versicherte, die wegen Krankheit oder Behinderung nicht imstande sind,
1. die von ihnen bisher ausgeübte knappschaftliche Beschäftigung und
2. eine andere wirtschaftlich im wesentlichen gleichwertige knappschaftliche Beschäftigung, die von Personen mit ähnlicher Ausbildung sowie gleichwertigen Kenntnissen und Fähigkeiten ausgeübt wird,

auszuüben. Die jeweilige Arbeitsmarktlage ist nicht zu berücksichtigen. Nicht im Bergbau vermindert berufsfähig sind Versicherte, die eine im Sinne des Satzes 1 Nr. 2 wirtschaftlich und qualitativ gleichwertige Beschäftigung oder selbständige Tätigkeit außerhalb des Bergbaus ausüben.

(3) Versicherte haben bis zur Vollendung des 65. Lebensjahres auch Anspruch auf Rente für Bergleute, wenn sie
1. das 50. Lebensjahr vollendet haben,
2. im Vergleich zu der von ihnen bisher ausgeübten knappschaftlichen Beschäftigung eine wirtschaftlich gleichwertige Beschäftigung oder selbständige Tätigkeit nicht mehr ausüben und
3. die Wartezeit von 25 Jahren erfüllt haben.

(4) § 43 Abs. 3 und 4 ist anzuwenden.
(5) Eine Rente für Bergleute wird abhängig vom erzielten Hinzuverdienst (§ 96 a Abs. 2 Nr. 3) in voller Höhe, in Höhe von zwei Dritteln oder in Höhe von einem Drittel geleistet.

Dritter Titel
Renten wegen Todes

§ 46 Witwenrente und Witwerrente

(1) Witwen oder Witwer, die nicht wieder geheiratet haben, haben nach dem Tode des versicherten Ehegatten Anspruch auf kleine Witwenrente oder kleine Witwerrente, wenn der versicherte Ehegatte die allgemeine Wartezeit erfüllt hat.

(2) Witwen oder Witwer, die nicht wieder geheiratet haben, haben nach dem Tode des versicherten Ehegatten, der die allgemeine Wartezeit erfüllt hat, Anspruch auf große Witwenrente oder große Witwerrente, wenn sie
1. ein eigenes Kind oder ein Kind des versicherten Ehegatten, das das 18. Lebensjahr noch nicht vollendet hat, erziehen,
2. das 45. Lebensjahr vollendet haben oder
3. berufsunfähig oder erwerbsunfähig sind.

Als Kinder werden auch berücksichtigt
1. Stiefkinder und Pflegekinder (§ 56 Abs. 2 Nr. 1 und 2 Erstes Buch), die in den Haushalt der Witwe oder des Witwers aufgenommen sind,
2. Enkel und Geschwister, die in den Haushalt der Witwe oder des Witwers aufgenommen sind oder von diesen überwiegend unterhalten werden.

Der Erziehung steht die in häuslicher Gemeinschaft ausgeübte Sorge für ein eigenes Kind oder ein Kind des versicherten Ehegatten, das wegen körperlicher, geistiger oder seelischer Behinderung außerstande ist, sich selbst zu unterhalten, auch nach dessen vollendetem 18. Lebensjahr gleich.
(3) Überlebende Ehegatten, die wieder geheiratet haben, haben unter den sonstigen Voraussetzungen der Absätze 1 und 2 Anspruch auf kleine oder große Witwenrente oder Witwerrente, wenn die erneute Ehe aufgelöst oder für nichtig erklärt ist (Witwenrente oder Witwerrente nach dem vorletzten Ehegatten).

§ 47 Erziehungsrente
(1) Versicherte haben bis zur Vollendung des 65. Lebensjahres Anspruch auf Erziehungsrente, wenn
1. ihre Ehe nach dem 30. Juni 1977 geschieden und ihr geschiedener Ehegatte gestorben ist,
2. sie ein eigenes Kind oder ein Kind des geschiedenen Ehegatten erziehen (§ 46 Abs. 2),
3. sie nicht wieder geheiratet haben und
4. sie bis zum Tode des geschiedenen Ehegatten die allgemeine Wartezeit erfüllt haben.
(2) Geschiedenen Ehegatten stehen Ehegatten gleich, deren Ehe für nichtig erklärt oder aufgehoben ist.

§ 48 Waisenrente
(1) Kinder haben nach dem Tode eines Elternteils Anspruch auf Halbwaisenrente, wenn
1. sie noch einen Elternteil haben, der unbeschadet der wirtschaftlichen Verhältnisse unterhaltspflichtig ist, und
2. der verstorbene Elternteil die allgemeine Wartezeit erfüllt hat.
(2) Kinder haben nach dem Tode eines Elternteils Anspruch auf Vollwaisenrente, wenn
1. sie einen Elternteil nicht mehr haben, der unbeschadet der wirtschaftlichen Verhältnisse unterhaltspflichtig war, und
2. der verstorbene Elternteil die allgemeine Wartezeit erfüllt hat.
(3) Als Kinder werden auch berücksichtigt
1. Stiefkinder und Pflegekinder (§ 56 Abs. 2 Nr. 1 und 2 Erstes Buch), die in den Haushalt des Verstorbenen aufgenommen waren,
2. Enkel und Geschwister, die in den Haushalt des Verstorbenen aufgenommen waren oder von ihm überwiegend unterhalten wurden.
(4) Der Anspruch auf Halb- oder Vollwaisenrente besteht längstens
1. bis zur Vollendung des 18. Lebensjahres oder
2. bis zur Vollendung des 27. Lebensjahres, wenn die Waise
   a) sich in Schulausbildung oder Berufsausbildung befindet oder ein freiwilliges soziales Jahr im Sinne des Gesetzes zur Förderung eines freiwilligen sozialen Jahres oder ein freiwilliges ökologisches Jahr im Sinne des Gesetzes zur Förderung eines freiwilligen ökologischen Jahres leistet oder
   b) wegen körperlicher, geistiger oder seelischer Behinderung außerstande ist, sich selbst zu unterhalten.
(5) In den Fällen des Absatzes 4 Nr. 2 Buchstabe a erhöht sich die für den Anspruch auf Waisenrente maßgebende Altersbegrenzung bei Unterbrechung oder Verzögerung der Schulausbildung oder Berufsausbildung durch den gesetzlichen Wehrdienst, Zivildienst oder einen gleichgestellten Dienst um die Zeit dieser Dienstleistung, höchstens um einer der Dauer des gesetzlichen Grundwehrdienstes oder Zivildienstes entsprechenden Zeitraum.
(6) Der Anspruch auf Waisenrente endet nicht dadurch, daß die Waise als Kind angenommen wird.

§ 49 Renten wegen Todes bei Verschollenheit
Sind Ehegatten, geschiedene Ehegatten oder Elternteile verschollen, gelten sie als verstorben, wenn die Umstände ihren Tod wahrscheinlich machen und seit einem Jahr Nachrichten über ihr Leben nicht eingegangen sind. Der Träger der Rentenversicherung kann von den Berechtigten die Versicherung an Eides Statt verlangen, daß ihnen weitere als die angezeigten Nachrichten über den Verschollenen nicht bekannt sind. Der Träger der Rentenversicherung ist berechtigt, für die Rentenleistung den nach den Umständen mutmaßlichen Todestag festzustellen.

Vierter Titel
Wartezeiterfüllung

§ 50 Wartezeiten

(1) Die Erfüllung der allgemeinen Wartezeit von fünf Jahren ist Voraussetzung für einen Anspruch auf
1. Regelaltersrente,
2. Rente wegen verminderter Erwerbsfähigkeit und
3. Rente wegen Todes.

Die allgemeine Wartezeit gilt als erfüllt für einen Anspruch auf
1. Regelaltersrente, wenn der Versicherte bis zur Vollendung des 65. Lebensjahres eine Rente wegen verminderter Erwerbsfähigkeit oder eine Erziehungsrente bezogen hat,
2. Hinterbliebenenrente, wenn der verstorbene Versicherte bis zum Tode eine Rente bezogen hat.

(2) (aufgehoben)

(3) Die Erfüllung der Wartezeit von 20 Jahren ist Voraussetzung für einen Anspruch auf Rente wegen Erwerbsunfähigkeit an Versicherte, die die allgemeine Wartezeit vor Eintritt der Erwerbsunfähigkeit nicht erfüllt haben.

(4) Die Erfüllung der Wartezeit von 25 Jahren ist Voraussetzung für einen Anspruch auf
1. Altersrente für langjährig unter Tage beschäftigte Bergleute und
2. Rente für Bergleute vom 50. Lebensjahr an.

(5) Die Erfüllung der Wartezeit von 35 Jahren ist Voraussetzung für einen Anspruch auf
1. Altersrente für langjährig Versicherte und
2. Altersrente für Schwerbehinderte, Berufsunfähige oder Erwerbsunfähige.

§ 51 Anrechenbare Zeiten

(1) Auf die allgemeine Wartezeit und auf die Wartezeit von 20 Jahren werden Kalendermonate mit Beitragszeiten angerechnet.

(2) Auf die Wartezeit von 25 Jahren werden Kalendermonate mit Beitragszeiten aufgrund einer Beschäftigung mit ständigen Arbeiten unter Tage angerechnet.

(3) Auf die Wartezeit von 35 Jahren werden alle Kalendermonate mit rentenrechtlichen Zeiten angerechnet, mit Berücksichtigungszeiten jedoch nur, soweit während dieser Zeit eine selbständige Tätigkeit nicht ausgeübt worden ist, die mehr als geringfügig war.

(4) Auf die Wartezeiten werden auch Kalendermonate mit Ersatzzeiten (Fünftes Kapitel) angerechnet.

§ 52 Wartezeiterfüllung durch Versorgungsausgleich und Zuschläge an Entgeltpunkten für Arbeitsentgelt aus geringfügiger versicherungsfreier Beschäftigung

(1) Ist zugunsten von Versicherten ein Versorgungsausgleich durchgeführt, wird auf die Wartezeit die volle Anzahl an Monaten angerechnet, die sich ergibt, wenn die Entgeltpunkte für übertragene oder begründete Rentenanwartschaften in der Rentenversicherung der Arbeiter und der Angestellten durch die Zahl 0,0625 und in der knappschaftlichen Rentenversicherung durch die Zahl 0,0468 geteilt werden. Die Anrechnung erfolgt nur insoweit, als die in die Ehezeit fallenden Kalendermonate nicht bereits auf die Wartezeit anzurechnen sind.

(2) Sind Zuschläge an Entgeltpunkten für Arbeitsentgelt aus geringfügiger versicherungsfreier Beschäftigung ermittelt, wird auf die Wartezeit die volle Anzahl an Monaten angerechnet, die sich ergibt, wenn die Zuschläge an Entgeltpunkten durch die Zahl 0,0625 geteilt wird. Die Anrechnung erfolgt nur insoweit, als die Kalendermonate einer geringfügigen versicherungsfreien Beschäftigung nicht bereits auf die Wartezeit anzurechnen sind.

§ 53 Vorzeitige Wartezeiterfüllung

(1) Die allgemeine Wartezeit ist vorzeitig erfüllt, wenn Versicherte
1. wegen eines Arbeitsunfalls oder einer Berufskrankheit,
2. wegen einer Wehrdienstbeschädigung nach dem Soldatenversorgungsgesetz als Wehrdienstleistende oder Soldaten auf Zeit,
3. wegen einer Zivildienstbeschädigung nach dem Zivildienstgesetz als Zivildienstleistende oder
4. wegen eines Gewahrsams (§ 1 Häftlingshilfegesetz)

vermindert erwerbsfähig geworden oder gestorben sind. Satz 1 Nr. 1 findet nur Anwendung für Versicherte, die bei Eintritt des Arbeitsunfalls oder der Berufskrankheit versicherungspflichtig waren oder in den letzten zwei Jahren davor mindestens ein Jahr Pflichtbeiträge für eine versicherte Beschäftigung oder Tätigkeit haben. Die Sätze 1 und 2 finden für die Rente für Bergleute nur Anwendung, wenn der Versicherte vor Eintritt der im Bergbau verminderten Berufsfähigkeit zuletzt in der knappschaftlichen Rentenversicherung versichert war.
(2) Die allgemeine Wartezeit ist auch vorzeitig erfüllt, wenn Versicherte vor Ablauf von sechs Jahren nach Beendigung einer Ausbildung erwerbsunfähig geworden oder gestorben sind und in den letzten zwei Jahren vorher mindestens ein Jahr Pflichtbeiträge für eine versicherte Beschäftigung oder Tätigkeit haben. Der Zeitraum von zwei Jahren vor Eintritt der Erwerbsunfähigkeit oder des Todes verlängert sich um Zeiten einer schulischen Ausbildung nach Vollendung des 17. Lebensjahres bis zu sieben Jahren.
(3) Pflichtbeiträge für eine versicherte Beschäftigung oder Tätigkeit im Sinne der Absätze 1 und 2 liegen auch vor, wenn
1. freiwillige Beiträge gezahlt worden sind, die als Pflichtbeiträge gelten, oder
2. Pflichtbeiträge aus den in § 3 oder 4 genannten Gründen gezahlt worden sind oder als gezahlt gelten oder
3. für Anrechnungszeiten Beiträge gezahlt worden sind, die ein Leistungsträger mitgetragen hat.

Fünfter Titel
Rentenrechtliche Zeiten

§ 54 Begriffsbestimmungen
(1) Rentenrechtliche Zeiten sind
1. Beitragszeiten,
    a) als Zeiten mit vollwertigen Beiträgen,
    b) als beitragsgeminderte Zeiten,
2. beitragsfreie Zeiten und
3. Berücksichtigungszeiten.
(2) Zeiten mit vollwertigen Beiträgen sind Kalendermonate, die mit Beiträgen belegt und nicht beitragsgeminderte Zeiten sind.
(3) Beitragsgeminderte Zeiten sind Kalendermonate, die sowohl mit Beitragszeiten als auch Anrechnungszeiten, einer Zurechnungszeit oder Ersatzzeiten (Fünftes Kapitel) belegt sind. Als beitragsgeminderte Zeiten gelten Kalendermonate mit Pflichtbeiträgen für eine Berufsausbildung (Zeiten einer beruflichen Ausbildung). Als solche gelten stets die ersten 36 Kalendermonate mit Pflichtbeiträgen für Zeiten einer versicherten Beschäftigung oder selbständigen Tätigkeit bis zur Vollendung des 25. Lebensjahres. Auf die ersten 36 Kalendermonate werden die im Fünften Kapitel geregelten Anrechnungszeiten wegen einer Lehre angerechnet.
(4) Beitragsfreie Zeiten sind Kalendermonate, die mit Anrechnungszeiten, mit einer Zurechnungszeit oder mit Ersatzzeiten belegt sind, wenn für sie nicht auch Beiträge gezahlt worden sind.

§ 55 Beitragszeiten
(1) Beitragszeiten sind Zeiten, für die nach Bundesrecht Pflichtbeiträge (Pflichtbeitragszeiten) oder freiwillige Beiträge gezahlt worden sind. Pflichtbeitragszeiten sind auch Zeiten, für die Pflichtbeiträge nach besonderen Vorschriften als gezahlt gelten.
(2) Soweit ein Anspruch auf Rente eine bestimmte Anzahl an Pflichtbeiträgen für eine versicherte Beschäftigung oder Tätigkeit voraussetzt, zählen hierzu auch
1. freiwillige Beiträge, die als Pflichtbeiträge gelten, oder
2. Pflichtbeiträge, für die aus den in § 3 oder 4 genannten Gründen Beiträge gezahlt worden sind oder als gezahlt gelten, oder
3. Beiträge für Anrechnungszeiten, die ein Leistungsträger mitgetragen hat.

§ 56 Kindererziehungszeiten
(1) Kindererziehungszeiten sind Zeiten der Erziehung eines Kindes in dessen ersten drei Lebensjahren. Für einen Elternteil (§ 56 Abs. 1 Satz 1 Nr. 3 und Abs. 3 Nr. 2 und 3 Erstes Buch) wird eine Kindererziehungszeit angerechnet, wenn

1. die Erziehungszeit diesem Elternteil zuzuordnen ist,
2. die Erziehung im Gebiet der Bundesrepublik Deutschland erfolgt ist oder einer solchen gleichsteht und
3. der Elternteil nicht von der Anrechnung ausgeschlossen ist.

(2) Eine Erziehungszeit ist dem Elternteil zuzuordnen, der sein Kind erzogen hat. Haben mehrere Elternteile das Kind gemeinsam erzogen, wird die Erziehungszeit einem Elternteil zugeordnet. Haben die Eltern ihr Kind gemeinsam erzogen, können sie durch eine übereinstimmende Erklärung bestimmen, welchem Elternteil sie zuzuordnen ist. Die Zuordnung kann auf einen Teil der Erziehungszeit beschränkt werden. Die übereinstimmende Erklärung der Eltern ist mit Wirkung für künftige Kalendermonate abzugeben. Die Zuordnung kann rückwirkend für bis zu zwei Kalendermonate vor Abgabe der Erklärung erfolgen, es sei denn, für einen Elternteil ist unter Berücksichtigung dieser Zeiten eine Leistung bindend festgestellt oder eine rechtskräftige Entscheidung über einen Versorgungsausgleich durchgeführt. Für die Abgabe der Erklärung gilt § 16 des Ersten Buches über die Antragstellung entsprechend. Haben die Eltern eine übereinstimmende Erklärung nicht abgegeben, ist die Erziehungszeit der Mutter zuzuordnen. Haben mehrere Elternteile das Kind erzogen, ist die Erziehungszeit demjenigen zuzuordnen, der das Kind überwiegend erzogen hat, soweit sich aus Satz 3 nicht etwas anderes ergibt.

(3) Eine Erziehung ist im Gebiet der Bundesrepublik Deutschland erfolgt, wenn der erziehende Elternteil sich mit dem Kind dort gewöhnlich aufgehalten hat. Einer Erziehung im Gebiet der Bundesrepublik Deutschland steht gleich, wenn der erziehende Elternteil sich mit seinem Kind im Ausland gewöhnlich aufgehalten hat und während der Erziehung oder unmittelbar vor der Geburt des Kindes wegen einer dort ausgeübten Beschäftigung oder selbständigen Tätigkeit Pflichtbeitragszeiten hat. Dies gilt bei einem gemeinsamen Aufenthalt von Ehegatten im Ausland auch, wenn der Ehegatte des erziehenden Elternteils solche Pflichtbeitragszeiten hat oder nur deshalb nicht hat, weil er zu den in § 5 Abs. 1 und 4 genannten Personen gehörte oder von der Versicherungspflicht befreit war.

(4) Elternteile sind von der Anrechnung ausgeschlossen, wenn sie
1. während der Erziehungszeit oder unmittelbar vor der Geburt des Kindes eine Beschäftigung oder selbständige Tätigkeit im Gebiet der Bundesrepublik Deutschland ausgeübt haben, die aufgrund
   a) einer zeitlich begrenzten Entsendung in dieses Gebiet (§ 5 Viertes Buch) oder
   b) einer Regelung des zwischen- oder überstaatlichen Rechts oder einer für Bedienstete internationaler Organisationen getroffenen Regelung (§ 6 Viertes Buch)
   den Vorschriften über die Versicherungspflicht nicht unterliegt,
2. während der Erziehungszeit zu den in § 5 Abs. 1 und 4 genannten Personen gehören, eine Teilrente wegen Alters beziehen oder von der Versicherungspflicht befreit waren und nach dieser Zeit nicht nachversichert worden sind oder
3. während der Erziehungszeit Abgeordnete, Minister oder Parlamentarische Staatssekretäre waren und nicht ohne Anspruch auf Versorgung ausgeschieden sind.

(5) Die Kindererziehungszeit beginnt nach Ablauf des Monats der Geburt und endet nach 36 Kalendermonaten. Wird während dieses Zeitraums vom erziehenden Elternteil ein weiteres Kind erzogen, für das ihm eine Kindererziehungszeit anzurechnen ist, wird die Kindererziehungszeit für dieses und jedes weitere Kind um die Anzahl an Kalendermonaten der gleichzeitigen Erziehung verlängert.

§ 57 Berücksichtigungszeiten
Die Zeit der Erziehung eines Kindes bis zu dessen vollendetem zehnten Lebensjahr ist bei einem Elternteil eine Berücksichtigungszeit, soweit die Voraussetzungen für die Anrechnung einer Kindererziehungszeit auch in dieser Zeit vorliegen.

§ 58 Anrechnungszeiten
(1) Anrechnungszeiten sind Zeiten, in denen Versicherte
1. wegen Krankheit arbeitsunfähig gewesen sind oder Leistungen zur Rehabilitation erhalten haben,
2. wegen Schwangerschaft oder Mutterschaft während der Schutzfristen nach dem Mutterschutzgesetz eine versicherte Beschäftigung oder selbständige Tätigkeit nicht ausgeübt haben,
3. wegen Arbeitslosigkeit bei einem deutschen Arbeitsamt als Arbeitsuchende gemeldet waren und eine öffentlich-rechtliche Leistung bezogen oder nur wegen des zu berücksichtigenden Einkommens oder Vermögens nicht bezogen haben,

4. nach dem vollendeten 17. Lebensjahr eine Schule, Fachschule oder Hochschule besucht oder an einer berufsvorbereitenden Bildungsmaßnahme teilgenommen haben (Zeiten einer schulischen Ausbildung), insgesamt jedoch höchstens bis zu drei Jahren,
5. eine Rente bezogen haben, soweit diese Zeiten auch als Zurechnungszeit in der Rente berücksichtigt waren, und die vor dem Beginn dieser Rente liegende Zurechnungszeit.

Berufsvorbereitende Bildungsmaßnahmen sind alle beruflichen Bildungsmaßnahmen, die auf die Aufnahme einer Berufsausbildung vorbereiten oder der beruflichen Eingliederung dienen, sowie Vorbereitungslehrgänge zum nachträglichen Erwerb des Hauptschulabschlusses und allgemeinbildende Kurse zum Abbau von schwerwiegenden beruflichen Bildungsdefiziten. Zeiten, in denen Versicherte wegen des Bezugs von Sozialleistungen versicherungspflichtig waren, sind nicht Anrechnungszeiten.

(2) Anrechnungszeiten nach Absatz 1 Satz 1 Nr. 1 bis 3 liegen nur vor, wenn dadurch eine versicherte Beschäftigung oder selbständige Tätigkeit oder ein versicherter Wehrdienst oder Zivildienst unterbrochen ist. Eine selbständige Tätigkeit ist nur dann unterbrochen, wenn sie ohne die Mitarbeit des Versicherten nicht weiter ausgeübt werden kann.

(3) Anrechnungszeiten wegen Arbeitsunfähigkeit oder Rehabilitation liegen bei Versicherten, die nach § 4 Abs. 3 Satz 1 Nr. 2 versicherungspflichtig werden konnten, erst nach Ablauf der auf Antrag begründeten Versicherungspflicht vor.

(4) Anrechnungszeiten liegen bei Beziehern von Arbeitslosengeld, Arbeitslosenhilfe, Unterhaltsgeld oder Übergangsgeld nicht vor, wenn die Bundesanstalt für Arbeit für sie Beiträge an eine Versicherungseinrichtung oder Versorgungseinrichtung, an ein Versicherungsunternehmen oder an sie selbst gezahlt hat.

(5) Anrechnungszeiten sind nicht für die Zeit der Leistung einer Vollrente wegen Alters zu berücksichtigen.

§ 59 Zurechnungszeit

(1) Zurechnungszeit ist die Zeit, die bei einer Rente wegen Berufsunfähigkeit oder Erwerbsunfähigkeit oder einer Rente wegen Todes hinzugerechnet wird, wenn der Versicherte das 60. Lebensjahr noch nicht vollendet hat.

(2) Die Zurechnungszeit beginnt
1. bei einer Rente wegen Berufsunfähigkeit oder Erwerbsunfähigkeit mit dem Eintritt der hierfür maßgebenden Minderung der Erwerbsfähigkeit,
2. bei einer Rente wegen Erwerbsunfähigkeit, auf die erst nach Erfüllung einer Wartezeit von 20 Jahren ein Anspruch besteht, mit Beginn dieser Rente,
3. bei einer Witwenrente, Witwerrente oder Waisenrente mit dem Tode des Versicherten und
4. bei einer Erziehungsrente mit Beginn dieser Rente.

(3) Die Zurechnungszeit endet mit dem Zeitpunkt, der sich ergibt, wenn die Zeit bis zum vollendeten 55. Lebensjahr in vollem Umfang, die darüber hinausgehende Zeit bis zum vollendeten 60. Lebensjahr zu einem Drittel dem nach Absatz 2 maßgeblichen Zeitpunkt hinzugerechnet wird.

§ 60 Zuordnung beitragsfreier Zeiten zur knappschaftlichen Rentenversicherung

(1) Anrechnungszeiten und eine Zurechnungszeit werden der knappschaftlichen Rentenversicherung zugeordnet, wenn vor dieser Zeit der letzte Pflichtbeitrag zur knappschaftlichen Rentenversicherung gezahlt worden ist.

(2) Anrechnungszeiten wegen einer schulischen Ausbildung werden der knappschaftlichen Rentenversicherung auch dann zugeordnet, wenn während oder nach dieser Zeit die Versicherung beginnt und der erste Pflichtbeitrag zur knappschaftlichen Rentenversicherung gezahlt worden ist.

§ 61 Ständige Arbeiten unter Tage

(1) Ständige Arbeiten unter Tage sind solche Arbeiten nach dem 31. Dezember 1967, die nach ihrer Natur ausschließlich unter Tage ausgeübt werden.

(2) Den ständigen Arbeiten unter Tage werden gleichgestellt:
1. Arbeiten, die nach dem Tätigkeitsbereich der Versicherten sowohl unter Tage als auch über Tage ausgeübt werden, wenn sie während eines Kalendermonats in mindestens 18 Schichten überwiegend unter Tage ausgeübt worden sind; Schichten, die in einem Kalendermonat wegen eines auf einen Arbeitstag fallenden Feiertags ausfallen, gelten als überwiegend unter Tage verfahrene Schichten,

2. Arbeiten als Mitglieder der für den Einsatz unter Tage bestimmten Grubenwehr, mit Ausnahme als Gerätewarte, für die Dauer der Zugehörigkeit,
3. Arbeiten als Mitglieder des Betriebsrats, wenn die Versicherten bisher ständige Arbeiten unter Tage oder nach Nummer 1 oder 2 gleichgestellte Arbeiten ausgeübt haben und im Anschluß daran wegen der Betriebsratstätigkeit von diesen Arbeiten freigestellt worden sind.

(3) Als überwiegend unter Tage verfahren gelten auch Schichten, die in einem Kalendermonat wegen
1. krankheitsbedingter Arbeitsunfähigkeit,
2. bezahlten Urlaubs oder
3. Inanspruchnahme einer Leistung zur Rehabilitation oder einer Vorsorgekur

ausfallen, wenn in diesem Kalendermonat aufgrund von ständigen Arbeiten unter Tage oder gleichgestellten Arbeiten Beiträge gezahlt worden sind und die Versicherten in den drei voraufgegangenen Kalendermonaten mindestens einen Kalendermonat ständige Arbeiten unter Tage oder gleichgestellte Arbeiten ausgeübt haben.

§ 62 Schadensersatz bei rentenrechtlichen Zeiten

Durch die Berücksichtigung rentenrechtlicher Zeiten wird ein Anspruch auf Schadensersatz wegen verminderter Erwerbsfähigkeit nicht ausgeschlossen oder gemindert.

Dritter Unterabschnitt
Rentenhöhe und Rentenanpassung

Erster Titel
Grundsätze

§ 63 Grundsätze

(1) Die Höhe einer Rente richtet sich vor allem nach der Höhe der während des Versicherungslebens durch Beiträge versicherten Arbeitsentgelte und Arbeitseinkommen.

(2) Das in den einzelnen Kalenderjahren durch Beiträge versicherte Arbeitsentgelt und Arbeitseinkommen wird in Entgeltpunkte umgerechnet. Die Versicherung eines Arbeitsentgelts oder Arbeitseinkommens in Höhe des Durchschnittsentgelts eines Kalenderjahres (Anlage 1) ergibt einen vollen Entgeltpunkt.

(3) Für beitragsfreie Zeiten werden Entgeltpunkte angerechnet, deren Höhe von der Höhe der in der übrigen Zeit versicherten Arbeitsentgelte und Arbeitseinkommen anhängig ist.

(4) Das Sicherungsziel der jeweiligen Rentenart im Verhältnis zu einer Altersrente wird durch den Rentenartfaktor bestimmt.

(5) Bei vorzeitiger Inanspruchnahme einer Altersrente oder bei Verzicht auf eine Altersrente nach dem 65. Lebensjahr werden Vorteile oder Nachteile einer unterschiedlichen Rentenbezugsdauer durch einen Zugangsfaktor vermieden.

(6) Der Monatsbetrag einer Rente ergibt sich, indem die unter Berücksichtigung des Zugangsfaktors ermittelten persönlichen Entgeltpunkte mit dem Rentenartfaktor und dem aktuellen Rentenwert vervielfältigt werden.

(7) Der aktuelle Rentenwert wird entsprechend der Entwicklung des Durchschnittsentgelts unter Berücksichtigung der Belastungsveränderung bei Arbeitsentgelten und Renten durch Steuern und Beiträge zur Sozialversicherung und zur Bundesanstalt für Arbeit jährlich angepaßt.

Zweiter Titel
Berechnung und Anpassung der Renten

§ 64 Rentenformel für Monatsbetrag der Rente

Der Monatsbetrag der Rente ergibt sich, wenn
1. die unter Berücksichtigung des Zugangsfaktors ermittelten persönlichen Entgeltpunkte,
2. der Rentenartfaktor und
3. der aktuelle Rentenwert

mit ihrem Wert bei Rentenbeginn miteinander vervielfältigt werden.

§ 65 Anpassung der Renten
Zum 1. Juli eines jeden Jahres werden die Renten angepaßt, indem der bisherige aktuelle Rentenwert durch den neuen aktuellen Rentenwert ersetzt wird.

§ 66 Persönliche Entgeltpunkte
(1) Die persönlichen Entgeltpunkte für die Ermittlung des Monatsbetrags der Rente ergeben sich, indem die Summe aller Entgeltpunkte für
1. Beitragszeiten,
2. beitragsfreie Zeiten,
3. Zuschläge für beitragsgeminderte Zeiten,
4. Zuschläge oder Abschläge aus einem durchgeführten Versorgungsausgleich,
5. Zuschläge aus Zahlung von Beiträgen bei vorzeitiger Inanspruchnahme einer Rente wegen Alters oder bei Abfindung von Anwartschaften auf betriebliche Altersversorgung und
6. Zuschläge an Entgeltpunkten für Arbeitsentgelt aus geringfügiger versicherungsfreier Beschäftigung

mit dem Zugangsfaktor vervielfältigt und bei Waisenrenten um einen Zuschlag erhöht wird.

(2) Grundlage für die Ermittlung der persönlichen Entgeltpunkte sind die Entgeltpunkte
1. des Versicherten bei einer Rente wegen Alters, wegen verminderter Erwerbsfähigkeit und bei einer Erziehungsrente,
2. des verstorbenen Versicherten bei einer Witwenrente, Witwerrente und Halbwaisenrente,
3. der zwei verstorbenen Versicherten mit den höchsten Renten bei einer Vollwaisenrente.

(3) Grundlage für die Ermittlung der persönlichen Entgeltpunkte einer Teilrente ist die Summe aller Entgeltpunkte, die der ersten Rente wegen Alters zugrunde liegt. Der Monatsbetrag einer Teilrente wird aus dem Teil der Summe aller Entgeltpunkte ermittelt, der dem Anteil der Teilrente an der Vollrente entspricht.

(4) Der Monatsbetrag einer nur teilweise zu leistenden Rente wegen Berufsunfähigkeit oder für Bergleute wird aus dem Teil der Summe aller Entgeltpunkte ermittelt, der dem Anteil der teilweise zu leistenden Rente an der vollen Rente entspricht.

§ 67 Rentenartfaktor
Der Rentenartfaktor beträgt für persönliche Entgeltpunkte bei

1.	Renten wegen Alters	1,0
2.	Renten wegen Berufsunfähigkeit	0,6667
3.	Renten wegen Erwerbsunfähigkeit	1,0
4.	Erziehungsrenten	1,0
5.	kleinen Witwenrenten und kleinen Witwerrenten bis zum Ende des dritten Kalendermonats nach Ablauf des Monats, in dem der Ehegatte verstorben ist,	1,0
	anschließend	0,25
6.	großen Witwenrenten und großen Witwerrenten bis zum Ende des dritten Kalendermonats nach Ablauf des Monats, in dem der Ehegatte verstorben ist,	1,0
	anschließend	0,6
7.	Halbwaisenrenten	0,1
8.	Vollwaisenrenten	0,2.

§ 68 Aktueller Rentenwert
(1) Der aktuelle Rentenwert ist bis zum 30. Juni 1992 der Betrag, der einer Rente wegen Alters der Rentenversicherung der Arbeiter und der Angestellten für den Monat Dezember 1991 entspricht, wenn für ein Kalenderjahr Beiträge aufgrund des Durchschnittsentgelts gezahlt worden sind. Er verändert sich zum 1. Juli eines jeden Jahres, indem der bisherige aktuelle Rentenwert mit den Faktoren für die Veränderung
1. der Bruttolohn- und -gehaltssumme je durchschnittlich beschäftigten Arbeitnehmer und
2. der Belastung bei Arbeitsentgelten und Renten

vervielfältigt wird.

(2) Der Faktor für die Veränderung der Bruttolohn- und -gehaltssumme je durchschnittlich beschäftigten Arbeitnehmer wird ermittelt, indem deren Wert für das vergangene Kalenderjahr durch den Wert für das vorvergangene Kalenderjahr geteilt wird.
(3) Der Faktor für die Veränderung der Belastung wird ermittelt, indem die Verhältniswerte
1. aus der Nettoquote für das Arbeitsentgelt des vergangenen Kalenderjahres zur Nettoquote für das Arbeitsentgelt des vorvergangenen Kalenderjahres und
2. aus der Rentennettoquote des vorvergangenen Kalenderjahres zur Rentennettoquote des vergangenen Kalenderjahres

miteinander vervielfältigt werden. Die Nettoquote für das Arbeitsentgelt ist der Verhältniswert aus dem Nettoentgelt und dem Bruttoentgelt als Durchschnittswert aus der Volkswirtschaftlichen Gesamtrechnung. Die Rentennettoquote ist der Verhältniswert aus einer verfügbaren Standardrente und der ihr zugrundeliegenden Bruttostandardrente (Regelaltersrente aus der Rentenversicherung der Arbeiter und der Angestellten mit 45 Entgeltpunkten). Die verfügbare Standardrente ergibt sich, indem die Bruttostandardrente um den durchschnittlichen Beitragsanteil zur Krankenversicherung im Sinne des § 106 Abs. 2, den Beitragsanteil zur Pflegeversicherung und die ohne Berücksichtigung weiterer Einkünfte durchschnittlich auf sie entfallenden Steuern gemindert wird.
(4) Bei der Bestimmung des neuen aktuellen Rentenwerts sind für das vergangene Kalenderjahr die dem Statistischen Bundesamt zu Beginn eines Kalenderjahres vorliegenden Daten und für das vorvergangene Kalenderjahr die bei der Bestimmung des bisherigen aktuellen Rentenwerts verwendeten Daten der Volkswirtschaftlichen Gesamtrechnung zugrunde zu legen.

§ 69 Verordnungsermächtigung

(1) Die Bundesregierung hat durch Rechtsverordnung mit Zustimmung des Bundesrates den zum 1. Juli eines Jahres maßgebenden aktuellen Rentenwert zu bestimmen. Die Bestimmung soll bis zum 31. März des jeweiligen Jahres erfolgen.
(2) Die Bundesregierung hat durch Rechtsverordnung mit Zustimmung des Bundesrates zum Ende eines jeden Jahres
1. für das vergangene Kalenderjahr das auf volle Deutsche Mark gerundete Durchschnittsentgelt in Anlage 1 entsprechend der Entwicklung der Bruttolohn- und -gehaltsumme je durchschnittlich beschäftigten Arbeitnehmer,
2. für das folgende Kalenderjahr das auf volle Deutsche Mark gerundete vorläufige Durchschnittsentgelt, das sich ergibt, wenn das Durchschnittsentgelt für das vergangene Kalenderjahr um das Doppelte des Vomhundertsatzes erhöht wird, um den das Durchschnittsentgelt des vergangenen Kalenderjahres höher ist als das Durchschnittsentgelt des vorvergangenen Kalenderjahres,

zu bestimmen. Die Bestimmung soll bis zum 31. Dezember des jeweiligen Jahres erfolgen.

Dritter Titel
Ermittlung der persönlichen Entgeltpunkte

§ 70 Entgeltpunkte für Beitragszeiten

(1) Für Beitragszeiten werden Entgeltpunkte ermittelt, indem die Beitragsbemessungsgrundlage durch das Durchschnittsentgelt (Anlage 1) für dasselbe Kalenderjahr geteilt wird. Für das Kalenderjahr des Rentenbeginns und für das davorliegende Kalenderjahr wird als Durchschnittsentgelt der Betrag zugrunde gelegt, der für diese Kalenderjahre vorläufig bestimmt ist.
(2) Kindererziehungszeiten erhalten für jeden Kalendermonat 0,0833 Entgeltpunkte (Entgeltpunkte für Kindererziehungszeiten). Entgeltpunkte für Kindererziehungszeiten sind auch Entgeltpunkte, die für Kindererziehungszeiten mit sonstigen Beitragszeiten ermittelt werden, indem die Entgeltpunkte für sonstige Beitragszeiten um 0,0833 erhöht werden, höchstens um die Entgeltpunkte bis zum Erreichen der jeweiligen Höchstwerte nach Anlage 2 b.
(3) (gestrichen)
(4) Ist für eine Rente wegen Alters eine beitragspflichtige Einnahme im voraus bescheinigt worden (§ 194), sind für diese Rente Entgeltpunkte daraus wie aus der Beitragsbemessungsgrundlage zu ermitteln. Weicht die tatsächlich erzielte beitragspflichtige Einnahme von der vorausbescheinigten ab, bleibt sie für diese Rente außer Betracht.

(5) Für Zeiten, für die Beiträge aufgrund der Vorschriften des Vierten Kapitels über die Nachzahlung gezahlt worden sind, werden Entgeltpunkte ermittelt, indem die Beitragsbemessungsgrundlage durch das Durchschnittsentgelt des Jahres geteilt wird, in dem die Beiträge gezahlt worden sind.

§ 71 Entgeltpunkte für beitragsfreie und beitragsgeminderte Zeiten (Gesamtleistungsbewertung)

(1) Beitragsfreie Zeiten erhalten den Durchschnittswert an Entgeltpunkten, der sich aus der Gesamtleistung an Beiträgen im belegungsfähigen Zeitraum ergibt. Dabei erhalten sie den höheren Durchschnittswert aus der Grundbewertung aus allen Beiträgen oder der Vergleichsbewertung aus ausschließlich vollwertigen Beiträgen. Liegen ausschließlich beitragsgeminderte Zeiten vor, werden für die Ermittlung des Durchschnittswertes jedem Kalendermonat mit Zeiten einer beruflichen Ausbildung mindestens 0,0625 Entgeltpunkte zugrunde gelegt und diese Kalendermonate insoweit nicht als beitragsgeminderte Zeiten berücksichtigt.

(2) Für beitragsgeminderte Zeiten ist die Summe der Entgeltpunkte um einen Zuschlag so zu erhöhen, daß mindestens der Wert erreicht wird, den diese Zeiten jeweils als beitragsfreie Anrechnungszeiten wegen Krankheit und Arbeitslosigkeit, wegen einer schulischen Ausbildung und als Zeiten wegen einer beruflichen Ausbildung oder als sonstige beitragsfreie Zeiten nach der Vergleichsbewertung hätten. Diese zusätzlichen Entgeltpunkte werden den jeweiligen Kalendermonaten mit beitragsgeminderten Zeiten zu gleichen Teilen zugeordnet.

(3) Für die Gesamtleistungsbewertung werden jedem Kalendermonat an Berücksichtigungszeit die Entgeltpunkte zugeordnet, die sich ergeben würden, wenn diese Kalendermonate Kindererziehungszeiten wären. Berücksichtigungszeiten, in denen eine selbständige Tätigkeit ausgeübt worden ist, die mehr als geringfügig war, werden Entgeltpunkte nur zugeordnet, soweit für diese Zeiten Pflichtbeiträge gezahlt sind.

(4) Soweit beitragsfreie Zeiten mit Zeiten zusammentreffen, die bei einer Versorgung aus einem
1. öffentlich-rechtlichen Dienstverhältnis oder
2. Arbeitsverhältnis mit Anspruch auf Versorgung nach beamtenrechtlichen Vorschriften oder Grundsätzen oder entsprechenden kirchenrechtlichen Regelungen

ruhegehaltfähig sind oder bei Eintritt des Versorgungsfalls als ruhegehaltfähig anerkannt werden, bleiben sie bei der Gesamtleistungsbewertung unberücksichtigt.

§ 72 Grundbewertung

(1) Bei der Grundbewertung werden für jeden Kalendermonat Entgeltpunkte in der Höhe zugrunde gelegt, die sich ergibt, wenn die Summe der Entgeltpunkte für Beitragszeiten und Berücksichtigungszeiten durch die Anzahl der belegungsfähigen Monate geteilt wird.

(2) Der belegungsfähige Gesamtzeitraum umfaßt die Zeit vom vollendeten 17. Lebensjahr bis zum
1. Kalendermonat vor Beginn der zu berechnenden Rente bei einer Rente wegen Alters, bei einer Rente wegen Erwerbsunfähigkeit, auf die erst nach Erfüllung einer Wartezeit von 20 Jahren ein Anspruch besteht, oder bei einer Erziehungsrente,
2. Eintritt der maßgebenden Minderung der Erwerbsfähigkeit bei einer Rente wegen verminderter Erwerbsfähigkeit,
3. Tod des Versicherten bei einer Hinterbliebenenrente.

Der belegungsfähige Gesamtzeitraum verlängert sich um Kalendermonate mit rentenrechtlichen Zeiten vor Vollendung des 17. Lebensjahres.

(3) Nicht belegungsfähig sind Kalendermonate mit
1. beitragsfreien Zeiten, die nicht auch Berücksichtigungszeiten sind, und
2. Zeiten, in denen eine Rente aus eigener Versicherung bezogen worden ist, die nicht auch Beitragszeiten oder Berücksichtigungszeiten sind.

(4) Bei Renten mit Zurechnungszeit wird die Anzahl der im Gesamtzeitraum belegungsfähigen Monate zusätzlich um einen Lückenausgleich in vollen Monaten gemindert, bei Renten wegen Todes jedoch nur, wenn die Versicherten innerhalb der letzten zwei Jahre vor Beginn der Zurechnungszeit eine rentenrechtliche Zeit haben. Der Lückenausgleich ergibt sich aus dem Unterschied zwischen der Lücke und der nicht ausgleichbaren Lücke. Lücke ist die Anzahl an Kalendermonaten des Gesamtzeitraums, gemindert um die Anzahl an Kalendermonaten mit Beitragszeiten, Berücksichtigungszeiten und nicht belegungsfähigen Zeiten. Die nicht ausgleichbare Lücke ist der volle Wert in Monaten, der

sich ergibt, wenn die Lücke mit dem belegungsfähigen Gesamtzeitraum vervielfältigt und durch einen bis zur Vollendung des 60. Lebensjahres erweiterten belegungsfähigen Gesamtzeitraum geteilt wird.

§ 73 Vergleichsbewertung
Bei der Vergleichsbewertung werden für jeden Kalendermonat Entgeltpunkte in der Höhe zugrunde gelegt, die sich ergibt, wenn die Summe der Entgeltpunkte aus der Grundbewertung ohne Entgeltpunkte für
1. beitragsgeminderte Zeiten,
2. Berücksichtigungszeiten, die auch beitragsfreie Zeiten sind, und
3. Beitragszeiten oder Berücksichtigungszeiten, in denen eine Rente aus eigener Versicherung bezogen worden ist,

durch die Anzahl der belegungsfähigen Monate geteilt wird. Dabei sind von den belegungsfähigen Monaten aus der Grundbewertung die bei der Vergleichsbewertung außer Betracht gebliebenen Kalendermonate mit Entgeltpunkten abzusetzen.

§ 74 Begrenzte Gesamtleistungsbewertung
Der sich aus der Gesamtleistungsbewertung ergebende Wert wird für jeden Kalendermonat mit Zeiten beruflicher oder schulischer Ausbildung auf 75 vom Hundert begrenzt (begrenzte Gesamtleistungsbewertung). Die begrenzte Gesamtleistungsbewertung für Zeiten beruflicher oder schulischer Ausbildung darf für einen Kalendermonat 0,0625 Entgeltpunkte nicht übersteigen. Kalendermonate, die nur deshalb Anrechnungszeiten sind, weil
1. Arbeitslosigkeit nach dem 30. Juni 1978 vorgelegen hat, für die nicht Arbeitslosengeld oder Arbeitslosenhilfe gezahlt worden ist,
2. Krankheit nach dem 31. Dezember 1983 vorgelegen hat und nicht Beiträge gezahlt worden sind,

werden nicht bewertet.

§ 75 Entgeltpunkte für Zeiten nach Rentenbeginn
(1) Für Zeiten nach Beginn der zu berechnenden Rente werden Entgeltpunkte nur für eine Zurechnungszeit ermittelt. Beiträge, die nach dem Beginn der Rente für Wertguthaben, die nicht gemäß einer Vereinbarung über flexible Arbeitszeitregelungen verwendet werden, nachträglich gezahlt worden sind, werden bei der Berechnung der Entgeltpunkte berücksichtigt.
(2) Bei Renten wegen verminderter Erwerbsfähigkeit werden für
1. Beitragszeiten und Anrechnungszeiten, die nach Eintritt der hierfür maßgebenden Minderung der Erwerbsfähigkeit liegen,
2. freiwillige Beiträge, die nach Eintritt der hierfür maßgebenden Minderung der Erwerbsfähigkeit gezahlt worden sind,

Entgeltpunkte nicht ermittelt. Dies gilt nicht für
1. eine Rente wegen Erwerbsunfähigkeit, auf die erst nach Erfüllung einer Wartezeit von 20 Jahren ein Anspruch besteht,
2. freiwillige Beiträge nach Satz 1 Nr. 2, wenn die Minderung der Erwerbsfähigkeit während eines Beitragsverfahrens oder eines Verfahrens über einen Rentenanspruch eingetreten ist.

(3) Für eine Rente wegen Erwerbsunfähigkeit werden auf Antrag Entgeltpunkte auch für Beitragszeiten und Anrechnungszeiten nach Eintritt der Erwerbsunfähigkeit ermittelt, wenn diese Beitragszeiten 20 Jahre umfassen.

§ 76 Zuschläge oder Abschläge bei Versorgungsausgleich
(1) Ein zugunsten oder zu Lasten von Versicherten durchgeführter Versorgungsausgleich wird durch einen Zuschlag oder Abschlag an Entgeltpunkten berücksichtigt.
(2) Die Übertragung oder Begründung von Rentenanwartschaften zugunsten von Versicherten führt zu einem Zuschlag an Entgeltpunkten. Der Begründung von Rentenanwartschaften stehen gleich
1. die Wiederauffüllung geminderter Rentenanwartschaften (§ 187 Abs. 1 Nr. 1),
2. die Abwendung einer Kürzung der Versorgungsbezüge, wenn später eine Nachversicherung durchgeführt worden ist (§ 183 Abs. 1).

Der Zuschlag an Entgeltpunkten darf zusammen mit den in der Ehezeit bereits vorhandenen Entgeltpunkten den Wert nicht übersteigen, der sich ergibt, wenn die Anzahl der Kalendermonate der Ehezeit durch sechs geteilt wird; eine Übertragung oder Begründung von Rentenanwartschaften ist nur bis zu dem entsprechenden Höchstbetrag wirksam.

(3) Die Übertragung von Rentenanwartschaften zu Lasten von Versicherten führt zu einem Abschlag an Entgeltpunkten.
(4) Die Entgeltpunkte werden in der Weise ermittelt, daß der Monatsbetrag der Rentenanwartschaften durch den aktuellen Rentenwert mit seinem Wert bei Ende der Ehezeit geteilt wird.
(5) Ein Zuschlag an Entgeltpunkten, die sich aus der Zahlung von Beiträgen zur Begründung einer Rentenanwartschaft oder zur Wiederauffüllung einer geminderten Rentenanwartschaft ergeben, erfolgt nur, wenn die Beiträge bis zu einem Zeitpunkt gezahlt worden sind, bis zu dem Entgeltpunkte für freiwillig gezahlte Beiträge zu ermitteln sind.
(6) Der Zuschlag an Entgeltpunkten entfällt zu gleichen Teilen auf die in der Ehezeit liegenden Kalendermonate, der Abschlag zu gleichen Teilen auf die in der Ehezeit liegenden Kalendermonate mit Beitragszeiten und beitragsfreien Zeiten.
(7) Ist eine Rente um einen Zuschlag oder Abschlag aus einem durchgeführten Versorgungsausgleich zu verändern, ist von der Summe der bisher der Rente zugrundeliegenden Entgeltpunkte auszugehen.

§ 76 a Zuschläge an Entgeltpunkten aus Zahlung von Beiträgen bei vorzeitiger Inanspruchnahme einer Rente wegen Alters oder bei Abfindung einer Anwartschaft auf betriebliche Altersversorgung

(1) Entgeltpunkte aus der Zahlung von Beiträgen bei vorzeitiger Inanspruchnahme einer Rente wegen Alters werden ermittelt, indem gezahlte Beiträge mit dem im Zeitpunkt der Zahlung maßgebenden Umrechnungsfaktor für die Ermittlung von Entgeltpunkten im Rahmen des Versorgungsausgleichs vervielfältigt werden.
(2) Entgeltpunkte aus der Zahlung von Beiträgen bei Abfindung von Anwartschaften auf betriebliche Altersversorgung werden ermittelt, indem aus dem Abfindungsbetrag gezahlte Beiträge mit dem im Zeitpunkt der Zahlung maßgebenden Umrechnungsfaktor für die Ermittlung von Entgeltpunkten im Rahmen des Versorgungsausgleichs vervielfältigt werden.
(3) Ein Zuschlag aus der Zahlung solcher Beiträge erfolgt nur, wenn sie bis zu einem Zeitpunkt gezahlt worden sind, bis zu dem Entgeltpunkte für freiwillig gezahlte Beiträge zu ermitteln sind.

§ 76 b Zuschläge an Entgeltpunkten für Arbeitsentgelt aus geringfügiger versicherungsfreier Beschäftigung

(1) Für Arbeitsentgelt aus geringfügiger versicherungsfreier Beschäftigung, für das der Arbeitgeber einen Beitragsanteil (§ 172 Abs. 3) getragen hat, werden Zuschläge an Entgeltpunkten ermittelt.
(2) Die Zuschläge an Entgeltpunkten werden ermittelt, indem das Arbeitsentgelt, das beitragspflichtig wäre, wenn die Beschäftigung versicherungspflichtig wäre, durch das Durchschnittsentgelt (Anlage 1) für dasselbe Kalenderjahr geteilt und mit dem Verhältnis vervielfältigt wird, das dem Beitragsanteil in Höhe von 12 vom Hundert des Arbeitsentgelts und dem Beitrag entspricht, der zu zahlen wäre, wenn das Arbeitsentgelt beitragspflichtig wäre. Für das Kalenderjahr des Rentenbeginns und für das davorliegende Kalenderjahr wird als Durchschnittsentgelt der Betrag zugrunde gelegt, der für diese Kalenderjahre vorläufig bestimmt ist.
(3) Für den Zuschlag an Entgeltpunkten gelten die §§ 75 und 124 entsprechend.
(4) Absatz 1 gilt nicht für Beschäftigte, die
1. als Bezieher einer Vollrente wegen Alters,
2. als Versorgungsbezieher,
3. wegen Vollendung des 65. Lebensjahres oder
4. wegen einer Beitragserstattung
versicherungsfrei sind.

§ 77 Zugangsfaktor

(1) Der Zugangsfaktor richtet sich nach dem Alter der Versicherten bei Rentenbeginn und bestimmt, in welchem Umfang Entgeltpunkte bei der Ermittlung des Monatsbetrags der Rente zu berücksichtigen sind. Entgeltpunkte werden
1. bei den Renten wegen verminderter Erwerbsfähigkeit,
2. bei den Renten wegen Todes,
3. bei den Renten wegen Alters, die mit Ablauf des Kalendermonats der Vollendung des 65. Lebensjahres oder eines für den Versicherten maßgebenden niedrigeren Rentenalters beginnen,

in vollem Umfang berücksichtigt (Zugangsfaktor 1,0), es sei denn, sie waren bereits Grundlage von persönlichen Entgeltpunkten einer vorzeitig in Anspruch genommenen Rente wegen Alters oder nach Vollendung des 65. Lebensjahres noch nicht Grundlage von persönlichen Entgeltpunkten.
(2) Der Zugangsfaktor ist bei Entgeltpunkten, die noch nicht Grundlage von persönlichen Entgeltpunkten einer Rente wegen Alters waren, für jeden Kalendermonat, für den Versicherte
1. eine Rente wegen Alters vorzeitig in Anspruch nehmen, um 0,003 niedriger,
2. nach Vollendung des 65. Lebensjahres eine Rente wegen Alters trotz erfüllter Wartezeit nicht in Anspruch nehmen, um 0,005 höher

als 1,0.
(3) Für diejenigen Entgeltpunkte, die bereits Grundlage von persönlichen Entgeltpunkten einer früheren Rente wegen Alters waren, bleibt der frühere Zugangsfaktor maßgebend. Er wird jedoch für Entgeltpunkte, für die Versicherte eine Rente
1. nicht mehr vorzeitig in Anspruch genommen haben, um 0,003,
2. nach Vollendung des 65. Lebensjahres nicht in Anspruch genommen haben, um 0,005
je Kalendermonat erhöht.

§ 78 Zuschlag bei Waisenrenten
(1) Der Zuschlag an persönlichen Entgeltpunkten bei Waisenrenten richtet sich nach der Anzahl an Kalendermonaten mit rentenrechtlichen Zeiten und dem Zugangsfaktor des verstorbenen Versicherten. Dabei wird der Zuschlag für jeden Kalendermonat mit Beitragszeiten in vollem Umfang berücksichtigt. Für jeden Kalendermonat mit sonstigen rentenrechtlichen Zeiten wird der Zuschlag in dem Verhältnis berücksichtigt, in dem die Anzahl der Kalendermonate mit Beitragszeiten und Berücksichtigungszeiten zur Anzahl der für die Grundbewertung belegungsfähigen Monate steht.
(2) Bei einer Halbwaisenrente sind der Ermittlung des Zuschlags für jeden Kalendermonat 0,0833 Entgeltpunkte zugrunde zu legen.
(3) Bei einer Vollwaisenrente sind der Ermittlung des Zuschlags für jeden Kalendermonat des verstorbenen Versicherten mit der höchsten Rente 0,075 Entgeltpunkte zugrunde zu legen. Auf den Zuschlag werden die persönlichen Entgeltpunkte des verstorbenen Versicherten mit der zweithöchsten Rente angerechnet.

Vierter Titel
Knappschaftliche Besonderheiten

§ 79 Grundsatz
Für die Berechnung von Renten mit Zeiten in der knappschaftlichen Rentenversicherung sind die vorangehenden Vorschriften über die Rentenhöhe und die Rentenanpassung anzuwenden, soweit nicht im folgenden etwas anderes bestimmt ist.

§ 80 Monatsbetrag der Rente
Liegen der Rente persönliche Entgeltpunkte sowohl der knappschaftlichen Rentenversicherung als auch der Rentenversicherung der Arbeiter und der Angestellten zugrunde, sind aus den persönlichen Entgeltpunkten der knappschaftlichen Rentenversicherung und denen der Rentenversicherung der Arbeiter und der Angestellten Monatsteilbeträge zu ermitteln, deren Summe den Monatsbetrag der Rente ergibt.

§ 81 Persönliche Entgeltpunkte
(1) Zur Summe aller Entgeltpunkte der knappschaftlichen Rentenversicherung gehören auch Entgeltpunkte aus dem Leistungszuschlag.
(2) Grundlage für die Ermittlung des Monatsbetrags einer Rente für Bergleute sind nur die persönlichen Entgeltpunkte, die auf die knappschaftliche Rentenversicherung entfallen.

§ 82 Rentenartfaktor
Der Rentenartfaktor beträgt für persönliche Entgeltpunkte in der knappschaftlichen Rentenversicherung bei
1. Renten wegen Alters   1,3333
2. Renten wegen Berufsunfähigkeit
   a) solange eine in der knappschaftlichen Rentenversicherung
      versicherte Beschäftigung ausgeübt wird   0,8

b) in den übrigen Fällen	1,2
3. Renten wegen Erwerbsunfähigkeit	1,3333
4. Renten für Bergleute	0,5333
5. Erziehungsrenten	1,3333
6. kleinen Witwenrenten und kleinen Witwerrenten bis zum Ablauf des dritten Kalendermonats nach Ablauf des Monats, in dem der Ehegatte verstorben ist, anschließend	1,3333 0,3333
7. großen Witwenrenten und großen Witwerrenten bis zum Ablauf des dritten Kalendermonats nach Ablauf des Monats, in dem der Ehegatte verstorben ist, anschließend	1,3333 0,8
8. Halbwaisenrenten	0,1333
9. Vollwaisenrenten	0,2667

Der Rentenartfaktor beträgt abweichend von Satz 1 für persönliche Entgeltpunkte aus zusätzlichen Entgeltpunkten für ständige Arbeiten unter Tage bei

1. Renten wegen Berufsunfähigkeit	1,3333
2. Renten für Bergleute	1,3333
3. kleinen Witwenrenten und kleinen Witwerrenten bis zum Ablauf des dritten Kalendermonats nach Ablauf des Monats, in dem der Ehegatte verstorben ist, anschließend	1,3333 0,8

§ 83 Entgeltpunkte für Beitragszeiten

(1) Kindererziehungszeiten erhalten für jeden Kalendermonat 0,0625 Entgeltpunkte (Entgeltpunkte für Kindererziehungszeiten). Entgeltpunkte für Kindererziehungszeiten sind auch Entgeltpunkte, die für Kindererziehungszeiten mit sonstigen Beitragszeiten der knappschaftlichen Rentenversicherung ermittelt werden, indem die Entgeltpunkte für diese sonstigen Beitragszeiten um 0,0625 erhöht werden, höchstens aber um drei Viertel des Unterschiedsbetrages. Der Unterschiedsbetrag ergibt sich, indem die ermittelten Entgeltpunkte für sonstige Beitragszeiten um 0,0833, höchstens aber auf den jeweiligen Höchstbetrag nach Anlage 2 b für die knappschaftliche Rentenversicherung erhöht und um die ermittelten Entgeltpunkte für sonstige Beitragszeiten gemindert werden.

(2) Für Zeiten nach dem 31. Dezember 1971, in denen Versicherte eine Bergmannsprämie bezogen haben, wird die Beitragsbemessungsgrundlage, aus der die Entgeltpunkte ermittelt werden, bis zur Beitragsbemessungsgrenze um einen Betrag in Höhe der gezahlten Bergmannsprämie erhöht. Dies gilt nicht für die Berechnung einer Rente für Bergleute.

§ 84 Entgeltpunkte für beitragsfreie und beitragsgeminderte Zeiten (Gesamtleistungsbewertung)

(1) Für die Gesamtleistungsbewertung werden jedem Kalendermonat mit Beitragszeiten der knappschaftlichen Rentenversicherung, der gleichzeitig Kindererziehungszeit ist, die um ein Drittel erhöhten Entgeltpunkte für Kinderziehungszeiten zugeordnet.

(2) Bei Kalendermonaten mit Beitragszeiten der Rentenversicherung der Arbeiter und der Angestellten, die beitragsgeminderte Zeiten sind, weil sie auch mit Anrechnungszeiten oder einer Zurechnungszeit belegt sind, die der knappschaftlichen Rentenversicherung zugeordnet sind, werden für die Ermittlung des Wertes für beitragsgeminderte Zeiten die Entgeltpunkte für diese Beitragszeiten zuvor mit 0,75 vervielfältigt.

(3) Bei Kalendermonaten mit Beitragszeiten der knappschaftlichen Rentenversicherung, die beitragsgeminderte Zeiten sind, weil sie auch mit Anrechnungszeiten oder einer Zurechnungszeit belegt sind, die der Rentenversicherung der Arbeiter und der Angestellten zugeordnet sind, werden für die Ermittlung des Wertes für beitragsgeminderte Zeiten die ohne Anwendung des Absatzes 1 ermittelten Entgeltpunkte für diese Beitragszeiten zuvor mit 1,3333 vervielfältigt.

§ 85 Entgeltpunkte für ständige Arbeiten unter Tage (Leistungszuschlag)

(1) Versicherte erhalten nach sechs Jahren ständiger Arbeiten unter Tage für jedes volle Jahr mit solchen Arbeiten

vom sechsten bis zum zehnten Jahr	0,125
vom elften bis zum zwanzigsten Jahr	0,25
für jedes weitere Jahr	0,375

zusätzliche Entgeltpunkte. Dies gilt nicht für Zeiten, in denen eine Rente wegen Berufsunfähigkeit oder wegen Erwerbsunfähigkeit bezogen worden ist.

(2) Die zusätzlichen Entgeltpunkte werden den Kalendermonaten mit ständigen Arbeiten unter Tage zu gleichen Teilen zugeordnet.

§ 86 Zuschläge oder Abschläge bei Versorgungsausgleich

(1) Bei der Umrechnung von Rentenanwartschaften in Entgeltpunkte wird der Monatsbetrag der Anwartschaften für den geschiedenen Ehegatten, für den die knappschaftliche Rentenversicherung die Versicherung durchführt, durch das 1,3333fache des aktuellen Rentenwerts geteilt.

(2) Entfallen auf die Ehezeit von Versicherten, zu deren Lasten ein Versorgungsausgleich durchgeführt worden ist, Entgeltpunkte sowohl der knappschaftlichen Rentenversicherung als auch der Rentenversicherung der Arbeiter und der Angestellten, werden übertragene Rentenanwartschaften vor der Umrechnung in Entgeltpunkte in Teilbeträge der knappschaftlichen Rentenversicherung sowie der Rentenversicherung der Arbeiter und der Angestellten entsprechend dem Verhältnis der auf die Ehezeit entfallenden jeweiligen Entgeltpunkte aufgeteilt. Vor Bildung des Verhältnisses werden die Entgeltpunkte der knappschaftlichen Rentenversicherung mit 1,3333 vervielfältigt.

§ 87 Zuschlag bei Waisenrenten

(1) Bei der Ermittlung des Zuschlags bei Waisenrenten mit Entgeltpunkten der knappschaftlichen Rentenversicherung sind für jeden Kalendermonat mit Beitragszeiten des verstorbenen Versicherten

1.	bei einer Halbwaisenrente	0,0625 Entgeltpunkte,
2.	bei einer Vollwaisenrente	0,0563 Entgeltpunkte

zugrunde zu legen.

(2) Sind persönliche Entgeltpunkte der Rentenversicherung der Arbeiter und der Angestellten auf den Zuschlag für eine Vollwaisenrente mit Entgeltpunkten der knappschaftlichen Rentenversicherung anzurechnen, sind sie zuvor mit 0,75 zu vervielfältigen.

(3) Sind persönliche Entgeltpunkte der knappschaftlichen Rentenversicherung auf den Zuschlag für eine Vollwaisenrente mit Entgeltpunkten der Rentenversicherung der Arbeiter und der Angestellten anzurechnen, sind sie zuvor mit 1,3333 zu vervielfältigen.

Fünfter Titel
Ermittlung des Monatsbetrags der Rente in Sonderfällen

§ 88 Ermittlung des Monatsbetrags der Rente in Sonderfällen

(1) Hat ein Versicherter eine Rente wegen Alters bezogen, werden ihm für eine spätere Rente mindestens die bisherigen persönlichen Entgeltpunkte zugrunde gelegt. Hat ein Versicherter eine Rente wegen verminderter Erwerbsfähigkeit oder eine Erziehungsrente bezogen und beginnt spätestens innerhalb von 24 Kalendermonaten nach Ende des Bezugs dieser Rente erneut eine Rente, werden ihm für diese Rente mindestens die bisherigen persönlichen Entgeltpunkte zugrunde gelegt. Satz 2 gilt bei Renten für Bergleute nur, wenn ihnen eine Rente für Bergleute vorausgegangen ist.

(2) Hat der verstorbene Versicherte eine Rente aus eigener Versicherung bezogen und beginnt spätestens innerhalb von 24 Kalendermonaten nach Ende des Bezugs dieser Rente eine Hinterbliebenenrente, werden ihr mindestens die bisherigen persönlichen Entgeltpunkte des verstorbenen Versicherten zugrunde gelegt. Haben eine Witwe, ein Witwer oder eine Waise eine Hinterbliebenenrente bezogen und beginnt spätestens innerhalb von 24 Kalendermonaten nach Ende des Bezugs dieser Rente erneut eine solche Rente, werden ihr mindestens die bisherigen persönlichen Entgeltpunkte zugrunde gelegt.

Vierter Unterabschnitt
Zusammentreffen von Renten und von Einkommen
§ 89 Mehrere Rentenansprüche
(1) Besteht für denselben Zeitraum Anspruch auf mehrere Renten aus eigener Versicherung, wird nur die höchste Rente geleistet. Bei gleich hohen Renten ist folgende Rangfolge maßgebend:
1. Regelaltersrente,
2. Altersrente für langjährig Versicherte,
3. Altersrente für Schwerbehinderte, Berufsunfähige oder Erwerbsunfähige,
4. Altersrente für langjährig unter Tage beschäftigte Bergleute,
5. Rente wegen Erwerbsunfähigkeit
6. Erziehungsrente,
7. Rente wegen Berufsunfähigkeit,
8. Rente für Bergleute.

(2) Für den Zeitraum, für den Anspruch auf große Witwenrente oder große Witwerrente besteht, wird eine kleine Witwenrente oder eine kleine Witwerrente nicht geleistet.
(3) Besteht für denselben Zeitraum Anspruch auf mehrere Waisenrenten, wird nur die höchste Waisenrente geleistet. Bei gleich hohen Waisenrenten wird nur die zuerst beantragte Rente geleistet.

§ 90 Witwenrente und Witwerrente nach dem vorletzten Ehegatten und Ansprüche infolge Auflösung der letzten Ehe
(1) Auf eine Witwenrente oder Witwerrente nach dem vorletzten Ehegatten werden für denselben Zeitraum bestehende Ansprüche auf Witwenrente oder Witwerrente auf Versorgung, auf Unterhalt oder auf sonstige Renten nach dem letzten Ehegatten angerechnet; dabei werden die Vorschriften über die Einkommensanrechnung auf Renten wegen Todes nicht berücksichtigt.
(2) Wurde bei der Wiederheirat eine Rentenabfindung geleistet und besteht nach Auflösung oder Nichtigerklärung der erneuten Ehe Anspruch auf Witwenrente oder Witwerrente nach dem vorletzten Ehegatten, wird für jeden Kalendermonat, der auf die Zeit nach Auflösung oder Nichtigerklärung der erneuten Ehe bis zum Ablauf des 24. Kalendermonats nach Ablauf des Monats der Wiederheirat entfällt, von dieser Rente ein Vierundzwanzigstel der Rentenabfindung in angemessenen Teilbeträgen einbehalten. Wird die Rente verspätet beantragt, mindert sich die einzubehaltende Rentenabfindung um den Betrag, der dem Berechtigten bei frühestmöglicher Antragstellung an Witwenrente oder Witwerrente nach dem vorletzten Ehegatten zugestanden hätte.

§ 91 Aufteilung von Witwenrenten und Witwerrenten auf mehrere Berechtigte
Besteht für denselben Zeitraum aus den Rentenanwartschaften eines Versicherten Anspruch auf Witwenrente oder Witwerrente für mehrere Berechtigte, erhält jeder Berechtigte den Teil der Witwenrente oder Witwerrente, der dem Verhältnis der Dauer seiner Ehe mit dem Versicherten zu der Dauer der Ehen des Versicherten mit allen Berechtigten entspricht. Dies gilt nicht für Witwen oder Witwer, solange der Rentenartfaktor der Witwenrente oder Witwerrente mindestens 1,0 beträgt. Ergibt sich aus der Anwendung des Rechts eines anderen Staates, daß mehrere Berechtigte vorhanden sind, erfolgt die Aufteilung nach § 34 Abs. 2 des Ersten Buches.

§ 92 Waisenrente und andere Leistungen an Waisen
Besteht für denselben Zeitraum Anspruch auf Waisenrente aus der Rentenanwartschaft eines verstorbenen Elternteils und auf eine Leistung an Waisen, weil ein anderer verstorbener Elternteil oder bei einer Vollwaisenrente der Elternteil mit der zweithöchsten Rente zu den in § 5 Abs. 1 oder § 6 Abs. 1 Satz 1 Nr. 1 und 2 genannten Personen gehörte, wird der Zuschlag zur Waisenrente nur insoweit gezahlt, als er diese Leistung übersteigt. Änderungen der Höhe der anrechenbaren Leistung an Waisen aufgrund einer regelmäßigen Anpassung sind erst zum Zeitpunkt der Anpassung der Waisenrente zu berücksichtigen.

§ 93 Rente und Leistungen aus der Unfallversicherung
(1) Besteht für denselben Zeitraum Anspruch
1. auf eine Rente aus eigener Versicherung und auf eine Verletztenrente aus der Unfallversicherung oder

2. auf eine Hinterbliebenenrente und eine entsprechende Hinterbliebenenrente aus der Unfallversicherung,

wird die Rente insoweit nicht geleistet, als die Summe der zusammentreffenden Rentenbeträge vor Einkommensanrechnung den jeweiligen Grenzbetrag übersteigt.

(2) Bei der Ermittlung der Summe der zusammentreffenden Rentenbeträge bleiben unberücksichtigt
1. bei dem Monatsteilbetrag der Rente, der auf persönlichen Entgeltpunkten der knappschaftlichen Rentenversicherung beruht,
    a) der auf den Leistungszuschlag für ständige Arbeiten unter Tage entfallende Anteil und
    b) 15 vom Hundert des verbleibenden Anteils,
2. bei der Verletztenrente aus der Unfallversicherung
    a) der Betrag, der bei gleichem Grad der Minderung der Erwerbsfähigkeit als Grundrente nach dem Bundesversorgungsgesetz geleistet würde, bei einer Minderung der Erwerbsfähigkeit um 20 vom Hundert zwei Drittel der Mindestgrundrente, bei einer Minderung der Erwerbsfähigkeit um zehn vom Hundert ein Drittel der Mindestgrundrente, und
    b) je 16,67 vom Hundert des aktuellen Rentenwerts für jeden Prozentpunkt der Minderung der Erwerbsfähigkeit, wenn diese mindestens 60 vom Hundert beträgt und die Rente aufgrund einer entschädigungspflichtigen Silikose oder Siliko-Tuberkulose geleistet wird.

(3) Der Grenzbetrag beträgt 70 vom Hundert eines Zwölftels des Jahresarbeitsverdienstes, der der Berechnung der Rente aus der Unfallversicherung zugrunde liegt, vervielfältigt mit dem jeweiligen Rentenartfaktor für persönliche Entgeltpunkte der Rentenversicherung der Arbeiter und der Angestellten; bei einer Rente für Bergleute beträgt der Faktor 0,4. Mindestgrenzbetrag ist der Monatsbetrag der Rente ohne die Beträge nach Absatz 2 Nr. 1.

(4) Die Absätze 1 und 3 werden auch angewendet,
1. soweit an die Stelle der Rente aus der Unfallversicherung eine Abfindung getreten ist,
2. soweit die Rente aus der Unfallversicherung für die Dauer einer Heimpflege gekürzt worden ist,
3. wenn nach § 10 Abs. 1 des Entwicklungshelfer-Gesetzes eine Leistung erbracht wird, die einer Rente aus der Unfallversicherung vergleichbar ist,
4. wenn von einem Träger mit Sitz im Ausland eine Rente wegen eines Arbeitsunfalls oder einer Berufskrankheit geleistet wird, die einer Rente aus der Unfallversicherung nach diesem Gesetzbuch vergleichbar ist.

Die Abfindung tritt für den Zeitraum, für den sie bestimmt ist, an die Stelle der Rente. Im Falle des Satzes 1 Nr. 4 wird als Jahresarbeitsverdienst der 18fache Monatsbetrag der Rente wegen Arbeitsunfalls oder Berufskrankheit zugrunde gelegt. Wird die Rente für eine Minderung der Erwerbsfähigkeit von weniger als 100 vom Hundert geleistet, ist von dem Rentenbetrag auszugehen, der sich für eine Minderung der Erwerbsfähigkeit von 100 vom Hundert ergeben würde.

(5) Die Absätze 1 bis 4 werden nicht angewendet, wenn die Rente aus der Unfallversicherung
1. für einen Versicherungsfall geleistet wird, der sich nach Rentenbeginn oder nach Eintritt der für die Rente maßgebenden Minderung der Erwerbsfähigkeit ereignet hat, oder
2. ausschließlich nach dem Arbeitseinkommen des Unternehmers oder seines Ehegatten oder nach einem festen Betrag, der für den Unternehmer oder seinen Ehegatten bestimmt ist, berechnet wird.

Als Zeitpunkt des Versicherungsfalls gilt bei Berufskrankheiten der letzte Tag, an dem der Versicherte versicherte Tätigkeiten verrichtet hat, die ihrer Art nach geeignet waren, die Berufskrankheit zu verursachen. Satz 1 Nr. 1 gilt nicht für Hinterbliebenenrenten.

§ 94 Rente wegen verminderter Erwerbsfähigkeit und Arbeitsentgelt oder Vorruhestandsgeld

(1) Auf eine Rente wegen Berufsunfähigkeit oder Erwerbsunfähigkeit wird das für denselben Zeitraum erzielte Arbeitsentgelt angerechnet, wenn die Beschäftigung vor Rentenbeginn aufgenommen und solange sie danach nicht ausgeübt worden ist. Das Arbeitsentgelt ist um einmalig gezahltes Arbeitsentgelt und um die gesetzlichen Abzüge zu mindern.

(2) Auf eine Rente wegen verminderter Erwerbsfähigkeit wird das für denselben Zeitraum geleistete, um die gesetzlichen Abzüge verminderte Vorruhestandsgeld, das aufgrund einer vor Rentenbeginn begonnenen und danach nicht ausgeübten Beschäftigung geleistet wird, angerechnet.

§ 95 (aufgehoben)

§ 96 Nachversicherte Versorgungsbezieher
Nachversicherten, die ihren Anspruch auf Versorgung ganz und auf Dauer verloren haben, wird die Rente oder die höhere Rente für den Zeitraum nicht geleistet, für den Versorgungsbezüge zu leisten sind.

§ 96 a Rente wegen verminderter Erwerbsfähigkeit und Hinzuverdienst
(1) Eine Rente wegen verminderter Erwerbsfähigkeit wird nur geleistet, wenn die Hinzuverdienstgrenze nicht überschritten wird. Sie wird nicht überschritten, wenn das Arbeitsentgelt oder Arbeitseinkommen aus einer Beschäftigung oder selbständigen Tätigkeit im Monat die in Absatz 2 genannten Beträge nicht übersteigt, wobei ein zweimaliges Überschreiten um jeweils einen Betrag bis zur Höhe der Hinzuverdienstgrenze nach Absatz 2 im Laufe eines jeden Kalenderjahres außer Betracht bleibt. Dem Arbeitsentgelt aus einer Beschäftigung steht der Bezug von Vorruhestandsgeld gleich. Mehrere Beschäftigungen und selbständige Tätigkeiten werden zusammengerechnet. Nicht als Arbeitsentgelt gilt das Entgelt, das
1. eine Pflegeperson von dem Pflegebedürftigen erhält, wenn es das dem Umfang der Pflegetätigkeit entsprechende Pflegegeld im Sinne des § 37 des Elften Buches nicht übersteigt, oder
2. ein Behinderter von dem Träger einer in § 1 Satz 1 Nr. 2 genannten Einrichtung erhält.

(2) Die Hinzuverdienstgrenze beträgt
1. bei einer Rente wegen Erwerbsunfähigkeit 630 Deutsche Mark
2. bei einer Rente wegen Berufsunfähigkeit
   a) in Höhe von einem Drittel das 87,5fache,
   b) in Höhe von zwei Dritteln das 70fache,
   c) in voller Höhe das 52,5fache,

   des aktuellen Rentenwerts (§ 68), vervielfältigt mit den Entgeltpunkten (§ 66 Abs. 1 Nr. 1 bis 3) der letzten Kalenderjahres vor Eintritt der Berufsunfähigkeit, mindestens jedoch mit 0,5 Entgeltpunkten,
3. bei einer Rente für Bergleute
   a) in Höhe von einem Drittel das 116,7fache,
   b) in Höhe von zwei Dritteln das 93,3fache,
   c) in voller Höhe das 70fache

   des aktuellen Rentenwerts (§ 68), vervielfältigt mit den Entgeltpunkten (§ 66 Abs. 1 Nr. 1 bis 3) des letzten Kalenderjahres vor Eintritt der im Bergbau verminderten Berufsfähigkeit oder der Erfüllung der Voraussetzungen nach § 45 Abs. 3, mindestens jedoch mit 0,5 Entgeltpunkten.

(3) Bei der Feststellung eines Hinzuverdienstes, der neben einer Rente wegen Berufsunfähigkeit oder einer Rente für Bergleute erzielt wird, stehen dem Arbeitsentgelt oder Arbeitseinkommen gleich der Bezug von
1. Krankengeld,
   a) das aufgrund einer Arbeitsunfähigkeit geleistet wird, die nach dem Beginn der Rente eingetreten ist, oder
   b) das aufgrund einer stationären Behandlung geleistet wird, die nach dem Beginn der Rente begonnen worden ist,
2. Versorgungskrankengeld,
   a) das aufgrund einer Arbeitsunfähigkeit geleistet wird, die nach dem Beginn der Rente eingetreten ist, oder
   b) das während einer stationären Behandlungsmaßnahme geleistet wird, wenn diesem ein nach Beginn der Rente erzieltes Arbeitsentgelt oder Arbeitseinkommen zugrunde liegt,
3. Übergangsgeld,
   a) dem ein nach Beginn der Rente erzieltes Arbeitsentgelt oder Arbeitseinkommen zugrunde liegt oder
   b) das aus der gesetzlichen Unfallversicherung geleistet wird, und
4. den weiteren in § 18 a Abs. 3 Satz 1 Nr. 1 des Vierten Buches genannten Sozialleistungen.

Bei der Feststellung eines Hinzuverdienstes, der neben einer Rente wegen Erwerbsunfähigkeit erzielt wird, steht dem Arbeitsentgelt oder Arbeitseinkommen das für denselben Zeitraum geleistete
1. Verletztengeld,

2. Übergangsgeld aus der gesetzlichen Unfallversicherung und
3. Arbeitslosengeld, das nicht nur vorläufig bis zur Feststellung der Erwerbsunfähigkeit geleistet wird,

gleich. Als Hinzuverdienst ist das der Sozialleistung zugrundeliegende monatliche Arbeitsentgelt oder Arbeitseinkommen zu berücksichtigen. Die Sätze 1 und 2 sind auch für eine Sozialleistung anzuwenden, die aus Gründen ruht, die nicht in dem Rentenbezug liegen. Absatz 1 Satz 4 ist nicht für geringfügiges Arbeitsentgelt oder Arbeitseinkommen anzuwenden, soweit dieses auf die sonstige Sozialleistung angerechnet wird.

(4) Absatz 3 wird auch für vergleichbare Leistungen einer Stelle mit Sitz im Ausland angewendet.

§ 97 Einkommensanrechnung auf Renten wegen Todes

(1) Einkommen (§§ 18 a bis 18 e Viertes Buch) von Berechtigten, das mit einer
1. Witwenrente oder Witwerrente,
2. Erziehungsrente oder
3. Waisenrente an ein über 18 Jahre altes Kind

zusammentrifft, wird hierauf angerechnet. Dies gilt nicht bei Witwenrenten oder Witwerrenten, solange deren Rentenartfaktor mindestens 1,0 beträgt.

(2) Anrechenbar ist das Einkommen, das monatlich
1. bei Witwenrenten, Witwerrenten oder Erziehungsrenten das 26,4fache des aktuellen Rentenwerts,
2. bei Waisenrenten das 17,6fache des aktuellen Rentenwerts

übersteigt. Das nicht anrechenbare Einkommen erhöht sich um das 5,6fache des aktuellen Rentenwerts für jedes Kind des Berechtigten, das Anspruch auf Waisenrente hat oder nur deshalb nicht hat, weil es nicht ein Kind des Verstorbenen ist. Von dem danach verbleibenden anrechenbaren Einkommen werden 40 vom Hundert angerechnet.

(3) Für die Einkommensanrechnung ist bei Anspruch auf mehrere Renten folgende Rangfolge maßgebend:
1. Waisenrente,
2. Witwenrente oder Witwerrente,
3. Witwenrente oder Witwerrente nach dem vorletzten Ehegatten.

Die Einkommensanrechnung auf eine Hinterbliebenenrente aus der Unfallversicherung hat Vorrang vor der Einkommensanrechnung auf eine entsprechende Rente wegen Todes. Das auf eine Hinterbliebenenrente anzurechnende Einkommen mindert sich um den Betrag, der bereits zu einer Einkommensanrechnung auf eine vorrangige Hinterbliebenenrente geführt hat.

(4) Trifft eine Erziehungsrente mit einer Hinterbliebenenrente zusammen, ist der Einkommensanrechnung auf die Hinterbliebenenrente das Einkommen zugrunde zu legen, das sich nach Durchführung der Einkommensanrechnung auf die Erziehungsrente ergibt.

§ 98 Reihenfolge bei der Anwendung von Berechnungsvorschriften

Für die Berechnung einer Rente, deren Leistung sich aufgrund eines Versorgungsausgleichs, eines Aufenthalts von Berechtigten im Ausland oder aufgrund eines Zusammentreffens mit Renten oder mit sonstigen Einkommen erhöht, mindert oder entfällt, sind, soweit nichts anderes bestimmt ist, die entsprechenden Vorschriften in folgender Reihenfolge anzuwenden:
1. Versorgungsausgleich,
2. Leistungen an Berechtigte außerhalb des Geltungsbereichs dieses Gesetzbuchs,
3. Aufteilung von Witwenrenten oder Witwerrenten auf mehrere Berechtigte,
4. Waisenrente und andere Leistungen an Waisen,
5. Rente und Leistungen aus der Unfallversicherung,
6. Witwenrente und Witwerrente nach dem vorletzten Ehegatten und Ansprüche infolge Auflösung der letzten Ehe,
7. Renten aus eigener Versicherung und sonstiges Einkommen,
7 a. Renten wegen verminderter Erwerbsfähigkeit und Hinzuverdienst,
8. Einkommensanrechnung auf Renten wegen Todes,
9. mehrere Rentenansprüche.

Einkommen, das bei der Berechnung einer Rente aufgrund einer Regelung über das Zusammentreffen von Renten und von Einkommen bereits berücksichtigt wurde, wird bei der Berechnung dieser Rente aufgrund einer weiteren solchen Regelung nicht nochmals berücksichtigt.

Fünfter Unterabschnitt
Beginn, Änderung und Ende von Renten

§ 99 Beginn
(1) Eine Rente aus eigener Versicherung wird von dem Kalendermonat an geleistet, zu dessen Beginn die Anspruchsvoraussetzungen für die Rente erfüllt sind, wenn die Rente bis zum Ende des dritten Kalendermonats nach Ablauf des Monats beantragt wird, in dem die Anspruchsvoraussetzungen erfüllt sind. Bei späterer Antragstellung wird eine Rente aus eigener Versicherung von dem Kalendermonat an geleistet, in dem die Rente beantragt wird.
(2) Eine Hinterbliebenenrente wird von dem Kalendermonat an geleistet, zu dessen Beginn die Anspruchsvoraussetzungen für die Rente erfüllt sind. Sie wird bereits vom Todestag an geleistet, wenn an den Versicherten eine Rente im Sterbemonat nicht zu leisten ist. Eine Hinterbliebenenrente wird nicht für mehr als zwölf Kalendermonate vor dem Monat, in dem die Rente beantragt wird, geleistet.

§ 100 Änderung und Ende
(1) Ändern sich aus tatsächlichen oder rechtlichen Gründen die Voraussetzungen für die Höhe einer Rente nach ihrem Beginn, wird die Rente in neuer Höhe von dem Kalendermonat an geleistet, zu dessen Beginn die Änderung wirksam ist.
(2) Eine höhere Rente als eine bisher bezogene Teilrente wird von dem Kalendermonat an geleistet, zu dessen Beginn die Anspruchsvoraussetzungen hierfür erfüllt sind, wenn sie bis zum Ende des dritten Kalendermonats nach Ablauf des Monats beantragt wird, in dem die Anspruchsvoraussetzungen erfüllt sind, bei späterer Antragstellung von dem Kalendermonat an, in dem sie beantragt wird.
(3) Fallen aus tatsächlichen oder rechtlichen Gründen die Anspruchsvoraussetzungen für eine Rente weg, endet die Rentenzahlung mit dem Beginn des Kalendermonats, zu dessen Beginn der Wegfall wirksam ist. Entfällt ein Anspruch auf Rente, weil sich die Erwerbsfähigkeit der Berechtigten nach einer Leistung zur Rehabilitation gebessert hat, endet die Rentenzahlung erst mit Beginn des vierten Kalendermonats nach der Besserung der Erwerbsfähigkeit. Die Rentenzahlung nach Satz 2 endet mit Beginn eines dem vierten Kalendermonat vorangehenden Monats, wenn zu dessen Beginn eine Beschäftigung oder selbständige Tätigkeit ausgeübt wird, die mehr als geringfügig ist.

§ 101 Beginn und Änderung in Sonderfällen
(1) Befristete Renten wegen verminderter Erwerbsfähigkeit werden nicht vor Beginn des siebten Kalendermonats nach dem Eintritt der Minderung der Erwerbsfähigkeit geleistet.
(2) Befristete große Witwenrenten oder befristete große Witwerrenten wegen Minderung der Erwerbsfähigkeit werden nicht vor Beginn des siebten Kalendermonats nach dem Eintritt der Minderung der Erwerbsfähigkeit geleistet.
(3) Wird nach Beginn der Rente eine Entscheidung des Familiengerichts über den Versorgungsausgleich zu Lasten des Versicherten wirksam, wird die Rente oder eine unmittelbar anschließende gleich hohe oder niedrigere Rente erst zu dem Zeitpunkt um einen Abschlag geändert, zu dem bei einer Rente aus der Versicherung des Ausgleichsberechtigten ein Zuschlag berücksichtigt wird. Bei einer unmittelbar anschließenden höheren Rente wird der Abschlag schon vor diesem Zeitpunkt vorgenommen, soweit dies nicht zu einer Unterschreitung der vorangegangenen Rente führt. Entsprechendes gilt, wenn sich aufgrund einer Abänderung der Entscheidung über den Versorgungsausgleich der Zuschlag des Ausgleichsberechtigten mindert.

§ 102 Befristung und Tod
(1) Sind Renten befristet, enden sie mit Ablauf der Frist. Dies schließt eine vorherige Änderung oder ein Ende der Rente aus anderen Gründen nicht aus. Renten dürfen nur auf das Ende eines Kalendermonats befristet werden.
(2) Renten wegen verminderter Erwerbsfähigkeit werden auf Zeit geleistet, wenn
1. begründete Aussicht besteht, daß die Minderung der Erwerbsfähigkeit in absehbarer Zeit behoben sein kann, oder
2. der Anspruch auch von der jeweiligen Arbeitsmarktlage abhängig ist,

es sei denn, die Versicherten vollenden innerhalb von zwei Jahren nach Rentenbeginn das 60. Lebensjahr. Dies gilt entsprechend für große Witwenrenten oder große Witwerrenten wegen Minderung der Erwerbsfähigkeit. Die Befristung erfolgt für längstens drei Jahre nach Rentenbeginn. Sie kann wiederholt werden, darf jedoch bei sich anschließenden Befristungen nach Satz 1 Nr. 1 die Gesamtdauer von sechs Jahren nicht übersteigen.
(3) Große Witwenrenten oder große Witwerrenten wegen Kindererziehung und Erziehungsrenten werden auf das Ende des Kalendermonats befristet, in dem die Kindererziehung voraussichtlich endet. Die Befristung kann wiederholt werden.
(4) Waisenrenten werden auf das Ende des Kalendermonats befristet, in dem voraussichtlich der Anspruch auf die Waisenrente entfällt. Die Befristung kann wiederholt werden.
(5) Renten werden bis zum Ende des Kalendermonats geleistet, in dem die Berechtigten gestorben sind.

Sechster Unterabschnitt
Ausschluß und Minderung von Renten

§ 103 Absichtliche Minderung der Erwerbsfähigkeit
Anspruch auf Rente wegen verminderter Erwerbsfähigkeit, Altersrente für Schwerbehinderte, Berufsunfähige oder Erwerbsunfähige oder große Witwenrenten oder große Witwerrenten besteht nicht für Personen, die die für die Rentenleistung erforderliche gesundheitliche Beeinträchtigung absichtlich herbeigeführt haben.

§ 104 Minderung der Erwerbsfähigkeit bei einer Straftat
(1) Renten wegen verminderter Erwerbsfähigkeit, Altersrenten für Schwerbehinderte, Berufsunfähige oder Erwerbsunfähige oder große Witwenrenten oder große Witwerrenten können ganz oder teilweise versagt werden, wenn die Berechtigten sich die für die Rentenleistung erforderliche gesundheitliche Beeinträchtigung bei einer Handlung zugezogen haben, die nach strafgerichtlichem Urteil ein Verbrechen oder vorsätzliches Vergehen ist. Dies gilt auch, wenn aus einem in der Person der Berechtigten liegenden Grunde ein strafgerichtliches Urteil nicht ergeht. Zuwiderhandlungen gegen Bergverordnungen oder bergbehördliche Anordnungen gelten nicht als Vergehen im Sinne des Satzes 1.
(2) Soweit die Rente versagt wird, kann sie an unterhaltsberechtigte Ehegatten und Kinder geleistet werden. Die Vorschriften der §§ 48 und 49 des Ersten Buches über die Auszahlung der Rente an Dritte werden entsprechend angewendet.

§ 105 Tötung eines Angehörigen
Anspruch auf Rente wegen Todes besteht nicht für die Personen, die den Tod vorsätzlich herbeigeführt haben.

Dritter Abschnitt
Zusatzleistungen

§ 106 Zuschuß zur Krankenversicherung
(1) Rentenbezieher, die freiwillig in der gesetzlichen Krankenversicherung oder bei einem Krankenversicherungsunternehmen, das der deutschen Aufsicht unterliegt, versichert sind, erhalten zu ihrer Rente einen Zuschuß zu den Aufwendungen für die Krankenversicherung. Dies gilt nicht, wenn sie gleichzeitig in der gesetzlichen Krankenversicherung pflichtversichert sind.
(2) Der monatliche Zuschuß wird in Höhe des halben Betrages geleistet, der sich aus der Anwendung des durchschnittlichen allgemeinen Beitragssatzes der Krankenkassen auf den Zahlbetrag der Rente ergibt. Maßgebend ist der durchschnittliche allgemeine Beitragssatz der Krankenkassen, den das Bundesministerium für Gesundheit jeweils zum 1. Januar eines Jahres einheitlich für das Bundesgebiet feststellt. Der Beitragssatz ist auf eine Stelle nach dem Komma zu runden. Er gilt vom 1. Juli des jeweiligen Kalenderjahres bis zum 30. Juni des folgenden Kalenderjahres. Der monatliche Zuschuß wird auf die Hälfte der tatsächliche Aufwendungen für die Krankenversicherung begrenzt. Beziehen Rentner mehrere Renten, wird ein begrenzter Zuschuß von den Rentenversicherungsträgern anteilig nach dem Verhältnis der Höhen der Renten geleistet. Er kann auch in einer Summe zu einer dieser Renten geleistet werden.

§ 106 a Zuschuß zur Pflegeversicherung

(1) Rentenbezieher, die in der gesetzlichen Krankenversicherung freiwillig versichert oder nach den Vorschriften des Elften Buches verpflichtet sind, bei einem privaten Krankenversicherungsunternehmen einen Versicherungsvertrag zur Absicherung des Risikos der Pflegebedürftigkeit abzuschließen und aufrechtzuerhalten, erhalten zu ihrer Rente einen Zuschuß zu den Aufwendungen für die Pflegeversicherung.

(2) Der monatliche Zuschuß wird in Höhe des Beitrags geleistet, den der Träger der Rentenversicherung als Pflegeversicherungsbeitrag für Rentenbezieher zu tragen hat, die in der sozialen Pflegeversicherung pflichtversichert sind. Beziehen Rentner mehrere Renten, wird ein begrenzter Zuschuß von den Rentenversicherungsträgern anteilig nach dem Verhältnis der Höhen der Renten geleistet. Er kann auch in einer Summe zu einer dieser Renten geleistet werden.

§ 107 Rentenabfindung bei Wiederheirat von Witwen und Witwern

(1) Witwenrente oder Witwerrenten werden bei der ersten Wiederheirat der Berechtigten mit dem 24fachen Monatsbetrag abgefunden. Für die Ermittlung anderer Witwenrenten oder Witwerrenten aus derselben Rentenanwartschaft wird bis zum Ablauf des 24. Kalendermonats nach Ablauf des Kalendermonats der Wiederheirat unterstellt, daß ein Anspruch auf Witwenrente oder Witwerrente besteht.

(2) Monatsbetrag ist der Durchschnitt der für die letzten zwölf Kalendermonate geleisteten Witwenrente oder Witwerrente. Bei Wiederheirat vor Ablauf des 15. Kalendermonats nach dem Tode des Versicherten ist Monatsbetrag der Durchschnittsbetrag der Witwenrente oder Witwerrente, die nach Ablauf des dritten auf den Sterbemonat folgenden Kalendermonats zu leisten war. Bei Wiederheirat vor Ablauf dieses Kalendermonats ist Monatsbetrag der Betrag der Witwenrente oder Witwerrente, der für den vierten auf den Sterbemonat folgenden Kalendermonat zu leisten wäre.

§ 108 Beginn, Änderung und Ende von Zusatzleistungen

Für laufende Zusatzleistungen sind die Vorschriften über Beginn, Änderung und Ende von Renten entsprechend anzuwenden.

Vierter Abschnitt
Rentenauskunft

§ 109 Rentenauskunft

(1) Versicherte, die das 55. Lebensjahr vollendet haben, erhalten von Amts wegen Auskunft über die Höhe der Anwartschaft, die ihnen ohne weitere rentenrechtliche Zeiten als Regelaltersrente zustehen würde. Diese Auskunft kann von Amts wegen oder auf Antrag auch jüngeren Versicherten erteilt werden. Versicherte, die das 54. Lebensjahr vollendet haben, haben Anspruch auf Auskunft über die Höhe der Beitragszahlung, die zum Ausgleich einer Rentenminderung bei vorzeitiger Inanspruchnahme einer Rente wegen Alters erforderlich ist, und über die ihr zugrundeliegende Altersrente; es sei denn, die Erfüllung der versicherungsrechtlichen Voraussetzungen für eine vorzeitige Rente wegen Alters ist offensichtlich ausgeschlossen.

(2) Auf Antrag erhalten Versicherte, die das 55. Lebensjahr vollendet haben, auch Auskunft über die Höhe der Anwartschaft auf Rente, die ihnen bei verminderter Erwerbsfähigkeit oder im Falle ihres Todes ihren Familienangehörigen zustehen würde. Diese Auskunft kann auf Antrag auch jüngeren Versicherten erteilt werden, wenn sie daran ein berechtigtes Interesse haben.

(3) Auf Antrag erhalten Versicherte Auskunft über die Höhe ihrer auf die Ehezeit entfallenden Rentenanwartschaft. Diese Auskunft erhält auf Antrag auch der Ehegatte oder der geschiedene Ehegatte eines Versicherten, wenn der Träger der Rentenversicherung diese Auskunft nach § 74 Nr. 2 Buchstabe b des Zehnten Buches erteilen darf, weil der Versicherte seine Auskunftspflicht gegenüber dem Ehegatten nicht oder nicht vollständig erfüllt hat. Die nach Satz 2 erteilte Auskunft wird auch dem Versicherten mitgeteilt.

(4) Rentenauskünfte sind schriftlich zu erteilen. Sie sind nicht rechtsverbindlich.

Fünfter Abschnitt
Leistungen an Berechtigte im Ausland

§ 110 Grundsatz
(1) Berechtigte, die sich nur vorübergehend im Ausland aufhalten, erhalten für diese Zeit Leistungen wie Berechtigte, die ihren gewöhnlichen Aufenthalt im Inland haben.
(2) Berechtigte, die ihren gewöhnlichen Aufenthalt im Ausland haben, erhalten diese Leistungen, soweit nicht die folgenden Vorschriften über Leistungen an Berechtigte im Ausland etwas anderes bestimmen.
(3) Die Vorschriften dieses Abschnitts sind nur anzuwenden, soweit nicht nach über- oder zwischenstaatlichem Recht etwas anderes bestimmt ist.

§ 111 Rehabilitationsleistungen und Krankenversicherungszuschuß
(1) Berechtigte erhalten die Leistungen zur Rehabilitation nur, wenn für sie für den Kalendermonat, in dem der Antrag gestellt ist, Pflichtbeiträge gezahlt oder nur deshalb nicht gezahlt worden sind, weil sie im Anschluß an eine versicherte Beschäftigung oder selbständige Tätigkeit arbeitsunfähig waren.
(2) Berechtigte erhalten keinen Zuschuß zu den Aufwendungen für die Krankenversicherung und die Pflegeversicherung.

§ 112 Renten bei verminderter Erwerbsfähigkeit
Berechtigte erhalten wegen verminderter Erwerbsfähigkeit eine Rente nur, wenn der Anspruch unabhängig von der jeweiligen Arbeitsmarktlage besteht. Für eine wegen Berufsunfähigkeit zu leistende Rente und eine Rente für Bergleute ist zusätzlich erforderlich, daß die Berechtigten auf diese Rente bereits für die Zeit, in der sie ihren gewöhnlichen Aufenthalt noch im Inland gehabt haben, einen Anspruch hatten.

§ 113 Höhe der Rente
(1) Die persönlichen Entgeltpunkte von Berechtigten werden ermittelt aus
1. Entgeltpunkten für Bundesgebiets-Beitragszeiten,
2. dem Leistungszuschlag für Bundesgebiets-Beitragszeiten,
3. Zuschlägen an Entgeltpunkten aus einem durchgeführten Versorgungsausgleich,
4. Abschlägen an Entgeltpunkten aus einem durchgeführten Versorgungsausgleich, soweit sie auf Bundesgebiets-Beitragszeiten entfallen,
5. Zuschläge aus Zahlung von Beiträgen bei vorzeitiger Inanspruchnahme einer Rente wegen Alters und
6. Zuschläge an Entgeltpunkten für Arbeitsentgelt aus geringfügiger versicherungsfreier Beschäftigung.

Bundesgebiets-Beitragszeiten sind Beitragszeiten, für die Beiträge nach Bundesrecht nach dem 8. Mai 1945 gezahlt worden sind, und die diesen im Fünften Kapitel gleichgestellten Beitragszeiten.
(2) Der Zuschlag an persönlichen Entgeltpunkten bei Waisenrenten von Berechtigten wird allein aus Bundesgebiets-Beitragszeiten ermittelt.
(3) Die persönlichen Entgeltpunkte von Berechtigten, die nicht Deutsche sind, werden zu 70 vom Hundert berücksichtigt.

§ 114 Besonderheiten für berechtigte Deutsche
(1) Die persönlichen Entgeltpunkte von berechtigten Deutschen werden zusätzlich ermittelt aus
1. Entgeltpunkten für beitragsfreie Zeiten,
2. dem Zuschlag an Entgeltpunkten für beitragsgeminderte Zeiten und
3. Abschlägen an Entgeltpunkten aus einem durchgeführten Versorgungsausgleich, soweit sie auf beitragsfreie Zeiten oder einen Zuschlag an Entgeltpunkten für beitragsgeminderte Zeiten entfallen.

Die nach Satz 1 ermittelten Entgeltpunkte werden dabei in dem Verhältnis berücksichtigt, in dem die Entgeltpunkte für Bundesgebiets-Beitragszeiten und die nach § 272 Abs. 1 Nr. 1 sowie § 272 Abs. 3 Satz 1 ermittelten Entgeltpunkte zu allen Entgeltpunkten für Beitragszeiten einschließlich Beschäftigungszeiten nach dem Fremdrentengesetz stehen.

(2) Der Zuschlag an persönlichen Entgeltpunkten bei Waisenrenten von berechtigten Deutschen wird zusätzlich aus
1. beitragsfreien Zeiten in dem sich nach Absatz 1 Satz 2 ergebenden Verhältnis und
2. Berücksichtigungszeiten im Inland
ermittelt.

Sechster Abschnitt
Durchführung

Erster Unterabschnitt
Beginn und Abschluß des Verfahrens

§ 115 Beginn
(1) Das Verfahren beginnt mit dem Antrag, wenn nicht etwas anderes bestimmt ist. Eines Antrags bedarf es nicht, wenn eine Rente wegen der Änderung der tatsächlichen oder rechtlichen Verhältnisse in niedrigerer als der bisherigen Höhe zu leisten ist.
(2) Anträge von Witwen oder Witwern auf Zahlung eines Vorschusses auf der Grundlage der für den Sterbemonat an den verstorbenen Ehegatten geleisteten Rente gelten als Anträge auf Leistung einer Witwenrente oder Witwerrente.
(3) Haben Versicherte bis zur Vollendung des 65. Lebensjahres eine Rente wegen verminderter Erwerbsfähigkeit oder eine Erziehungsrente bezogen, ist anschließend eine Regelaltersrente zu leisten, wenn sie nicht etwas anderes bestimmen. Haben Witwen oder Witwer bis zur Vollendung des 45. Lebensjahres eine kleine Witwenrente oder kleine Witwerrente bezogen, ist anschließend eine große Witwenrente oder Witwerrente zu leisten.
(4) Leistungen zur Rehabilitation können auch von Amts wegen erbracht werden, wenn die Versicherten zustimmen. Die Zustimmung gilt als Antrag auf Leistungen zur Rehabilitation.
(5) Rentenauskünfte werden auch von Amts wegen erteilt.
(6) Die Träger der Rentenversicherung sollen die Berechtigten in geeigneten Fällen darauf hinweisen, daß sie eine Leistung erhalten können, wenn sie diese beantragen. In gemeinsamen Richtlinien der Träger der Rentenversicherung kann bestimmt werden, unter welchen Voraussetzungen solche Hinweise erfolgen sollen.

§ 116 Besonderheiten bei Rehabilitation
(1) Ist ein Antrag auf Rente wegen verminderter Erwerbsfähigkeit oder auf große Witwenrente oder große Witwerrente wegen Minderung der Erwerbsfähigkeit gestellt worden, wird vor Entscheidung über den Rentenantrag geprüft, ob Leistungen zur Rehabilitation voraussichtlich erfolgreich sind. Werden Leistungen zur Rehabilitation bewilligt, besteht während dieser Leistungen neben einem Anspruch auf Übergangsgeld, Verletztengeld oder Versorgungskrankengeld kein Anspruch auf Rente wegen verminderter Erwerbsfähigkeit, auf große Witwenrente oder große Witwerrente wegen verminderter Erwerbsfähigkeit, es sei denn, daß die Rente bereits vor Beginn der Leistungen bewilligt war. Satz 2 wird auch angewendet, wenn Übergangsgeld, Verletztengeld oder Versorgungskrankengeld für einen sonstigen Zeitraum zu zahlen ist.
(2) Der Antrag auf Leistungen zur Rehabilitation gilt als Antrag auf Rente, wenn Versicherte erwerbsunfähig, berufsunfähig oder im Bergbau vermindert berufsfähig sind und
1. eine erfolgreiche Rehabilitation nicht zu erwarten ist oder
2. Leistungen zur Rehabilitation nicht erfolgreich gewesen sind, weil sie die Erwerbsunfähigkeit, Berufsunfähigkeit oder im Bergbau verminderte Berufsfähigkeit nicht verhindert haben.

§ 117 Abschluß
Die Entscheidung über einen Anspruch auf Leistung bedarf der Schriftform.

Zweiter Unterabschnitt
Auszahlung und Anpassung

§ 118 Auszahlung im voraus
(1) Laufende Geldleistungen mit Ausnahme des Übergangsgeldes werden monatlich im voraus ausgezahlt.

(2) Laufende Geldleistungen, die bei Auszahlungen
1. im Inland den aktuellen Rentenwert,
2. im Ausland das Dreifache des aktuellen Rentenwerts
nicht übersteigen, können für einen angemessenen Zeitraum im voraus ausgezahlt werden.
(2 a) Nachzahlungsbeträge, die bei Auszahlungen
1. im Inland ein Zehntel des aktuellen Rentenwerts,
2. im Ausland drei Zehntel des aktuellen Rentenwerts,
nicht übersteigen, werden nicht ausgezahlt.
(3) Geldleistungen, die für die Zeit nach dem Tode des Berechtigten auf ein Konto bei einem Postgiroamt oder einem anderen Geldinstitut im Inland überwiesen wurden, gelten als unter Vorbehalt erbracht. Das Geldinstitut hat sie der überweisenden Stelle oder dem Träger der Rentenversicherung zurückzuüberweisen, wenn diese sie als zu Unrecht erbracht zurückfordern. Eine Verpflichtung zur Rücküberweisung besteht nicht, soweit über den entsprechenden Betrag bei Eingang der Rückforderung bereits anderweitig verfügt wurde, es sei denn, daß die Rücküberweisung aus einem Guthaben erfolgen kann. Das Geldinstitut darf den überwiesenen Betrag nicht zur Befriedigung eigener Forderungen verwenden.
(4) Soweit Geldleistungen für die Zeit nach dem Tode des Berechtigten zu Unrecht erbracht worden sind, sind die Personen, die die Geldleistung in Empfang genommen oder über den entsprechenden Betrag verfügt haben, so daß dieser nicht nach Absatz 3 von dem Geldinstitut zurücküberwiesen wird, dem Träger der Rentenversicherung zur Erstattung des entsprechenden Betrages verpflichtet. Ein Geldinstitut, das eine Rücküberweisung mit dem Hinweis abgelehnt hat, daß über den entsprechenden Betrag bereits anderweitig verfügt wurde, hat der überweisenden Stelle oder dem Träger der Rentenversicherung auf Verlangen Namen und Anschrift der Personen, die über den Betrag verfügt haben, und etwaiger neuer Kontoinhaber zu benennen. Ein Anspruch gegen die Erben nach § 50 des Zehnten Buches bleibt unberührt.

...

Dritter Unterabschnitt
Berechnungsgrundsätze

...

§ 122 Berechnung von Zeiten
(1) Ein Kalendermonat, der nur zum Teil mit rentenrechtlichen Zeiten belegt ist, zählt als voller Monat.
(2) Ein Zeitraum, der in Jahren bestimmt ist, umfaßt für jedes zu berücksichtigende Jahr zwölf Monate. Ist für den Beginn oder das Ende eines Zeitraums ein bestimmtes Ereignis maßgebend, wird auch der Kalendermonat, in den das Ereignis fällt, berücksichtigt.
(3) Sind Zeiten bis zu einer Höchstdauer zu berücksichtigen, werden die am weitesten zurückliegenden Kalendermonate zunächst berücksichtigt.

...

Drittes Kapitel
Organisation und Datenschutz

Erster Abschnitt
Organisation

Erster Unterabschnitt
Allgemeine Zuständigkeitsaufteilung

§ 125 Zuständigkeit der Rentenversicherungsträger
Für die Erfüllung der Aufgaben der Rentenversicherung sind
1. in der Rentenversicherung der Arbeiter die Landesversicherungsanstalten, die Bahnversicherungsanstalt und die Seekasse,
2. in der Rentenversicherung der Angestellten die Bundesversicherungsanstalt für Angestellte und
3. in der knappschaftlichen Rentenversicherung die Bundesknappschaft
zuständig.

§ 126 Zuständigkeit für Versicherte und Hinterbliebene

(1) Für Personen, die aufgrund einer Beschäftigung oder selbständigen Tätigkeit versichert sind, ist der Träger der Rentenversicherung zuständig, der jeweils für die Versicherung dieser Beschäftigung oder selbständigen Tätigkeit zuständig ist. Die Zuständigkeit eines Trägers bleibt erhalten, solange nicht ein anderer Träger aufgrund einer Beschäftigung oder selbständigen Tätigkeit ausschließlich zuständig wird. Ist ein Träger zu Beginn eines Leistungsverfahrens zuständig, bleibt seine Zuständigkeit für dieses Verfahren auch erhalten, wenn ein anderer Träger ausschließlich zuständig wird.

(2) Für Personen, die als Hinterbliebene eines verstorbenen Versicherten Ansprüche gegen die Rentenversicherung geltend machen, ist der Träger der Rentenversicherung zuständig, an den zuletzt Beiträge für den verstorbenen Versicherten gezahlt worden sind. Der so zuständige Träger bleibt auch zuständig, wenn nach dem Tode eines weiteren Versicherten ein anderer Träger zuständig wäre. Bei gleichzeitigem Tode mehrerer Versicherter ist der Träger der Rentenversicherung zuständig, an den der letzte Beitrag gezahlt worden ist. Sind zuletzt an mehrere Träger der Rentenversicherung Beiträge gezahlt worden, ist die Reihenfolge bei Mehrfachversicherten (§ 142) maßgebend.

(3) Für alle übrigen Personen ist die Bundesversicherungsanstalt für Angestellte oder auf Antrag der Träger der Rentenversicherung der Arbeiter zuständig.

(4) Die Absätze 1 bis 3 sind nicht anzuwenden, soweit in diesem Kapitel oder in den Vorschriften über die Kontoführung etwas anderes bestimmt ist.

Zweiter Unterabschnitt
Rentenversicherung der Arbeiter

§ 127 Versicherungsträger
Träger der Rentenversicherung der Arbeiter sind
1. die Landesversicherungsanstalten,
2. die Bahnversicherungsanstalt und
3. die Seekasse.

§ 128 Beschäftigte
Für Beschäftigte sind
1. die Landesversicherungsanstalten, wenn die Versicherten als Arbeiter beschäftigt sind und nicht die Bahnversicherungsanstalt, Seekasse oder Bundesknappschaft zuständig ist,
2. die Bahnversicherungsanstalt, wenn die Versicherten als Arbeiter
   a) beim Bundeseisenbahnvermögen,
   b) bei der Deutsche Bahn Aktiengesellschaft oder den gemäß § 2 Abs. 1 des Deutsche Bahn Gründungsgesetzes vom 27. Dezember 1993 (BGBl. I S. 2378, 2386) ausgegliederten Aktiengesellschaften,
   c) bei Unternehmen, die gemäß § 3 Abs. 3 des genannten Gesetzes aus den Aktiengesellschaften ausgegliedert worden sind, von diesen überwiegend beherrscht werden und unmittelbar und überwiegend Eisenbahnverkehrsleistungen erbringen oder Eisenbahninfrastruktur betreiben,
   d) bei den Bahn-Versicherungsträgern, der Krankenversorgung der Bundesbahnbeamten und dem Bahnsozialwerk

beschäftigt sind oder

3. die Seekasse, wenn die Versicherten als Arbeiter in der Seefahrt (Seeschiffahrt und Seefischerei) beschäftigt sind,

zuständig. Dies gilt auch, wenn die Versicherten zur Ausbildung für den Beruf eines Arbeiters beschäftigt werden.

§ 129 Selbständig Tätige
(1) Für selbständig Tätige, die als Hausgewerbetreibende oder Handwerker versicherungspflichtig sind, sind die Landesversicherungsanstalten zuständig.

(2) Für selbständig Tätige, die als Küstenschiffer oder Küstenfischer versicherungspflichtig sind, ist die Seekasse zuständig.

§ 130 Örtliche Zuständigkeit der Landesversicherungsanstalten
(1) Die örtliche Zuständigkeit der Landesversicherungsanstalten richtet sich, soweit nicht nach über- und zwischenstaatlichem Recht etwas anderes bestimmt ist, nach folgender Reihenfolge:
1. Wohnsitz,
2. gewöhnlicher Aufenthalt,
3. Beschäftigungsort,
4. Tätigkeitsort

der Versicherten oder der Hinterbliebenen im Inland. Bei Leistungsansprüchen ist für die örtliche Zuständigkeit der Zeitpunkt der Antragstellung maßgebend. Bei Halbwaisen ist die für den überlebenden Ehegatten, bei Waisenrenten, bei denen ein überlebender Ehegatte nicht vorhanden ist, die für die jüngste Waise bestimmte Landesversicherungsanstalt zuständig. Wären bei Leistungsansprüchen von Hinterbliebenen mehrere Landesversicherungsanstalten zuständig, ist die Landesversicherungsanstalt zuständig, bei der zuerst ein Antrag gestellt worden ist.
(2) Liegt der nach Absatz 1 maßgebende Ort nicht im Inland, ist die Landesversicherungsanstalt zuständig, die zuletzt nach Absatz 1 zuständig war.
(3) Ist nach den Absätzen 1 und 2 die Zuständigkeit eines Versicherungsträgers nicht gegeben, ist die Landesversicherungsanstalt Rheinprovinz zuständig.

§ 131 Sonderzuständigkeit der Seekasse für Leistungen
Die Seekasse ist für Leistungen zuständig, wenn die Versicherten fünf Jahre Beitragszeiten aufgrund einer in der Seefahrt ausgeübten Beschäftigung oder selbständigen Tätigkeit zurückgelegt haben und nicht die Bahnversicherungsanstalt oder die Bundesknappschaft zuständig ist.

Dritter Unterabschnitt
Rentenversicherung der Angestellten

§ 132 Versicherungsträger
Träger der Rentenversicherung der Angestellten ist die Bundesversicherungsanstalt für Angestellte mit Sitz in Berlin.

§ 133 Beschäftigte
(1) Für Beschäftigte ist die Bundesversicherungsanstalt für Angestellte zuständig, wenn die Versicherten als Angestellte oder zur Ausbildung für den Beruf eines Angestellten beschäftigt werden und nicht die Bundesknappschaft zuständig ist.
(2) Angestellte sind insbesondere
1. Angestellte in leitender Stellung,
2. technische Angestellte in Betrieb, Büro und Verwaltung, Werkmeister und andere Angestellte in einer ähnlich gehobenen oder höheren Stellung,
3. Büroangestellte, soweit sie nicht ausschließlich mit Botengängen, Reinigen, Aufräumen oder ähnlichen Arbeiten beschäftigt werden, einschließlich Werkstattschreibern,
4. Handlungsgehilfen und andere Angestellte für kaufmännische Dienste, auch wenn der Gegenstand des Unternehmens kein Handelsgewerbe ist, Gehilfen und Praktikanten in Apotheken,
5. Bühnenmitglieder und Musiker ohne Rücksicht auf den künstlerischen Wert ihrer Leistungen,
6. Angestellte in Berufen der Erziehung, des Unterrichts, der Fürsorge, der Krankenpflege und Wohlfahrtspflege,
7. Schiffsführer, Offiziere des Decksdienstes und Maschinendienstes, Schiffsärzte, Funkoffiziere, Zahlmeister, Verwalter und Verwaltungsassistenten sowie die in einer ähnlich gehobenen oder höheren Stellung befindlichen Mitglieder der Schiffsbesatzung von Binnenschiffen oder deutschen Seeschiffen,
8. Bordpersonal der Zivilluftfahrt.

§ 134 Selbständig Tätige
Für selbständig Tätige, die als
1. Lehrer oder Erzieher,
2. Pflegepersonen,
3. Hebammen oder Entbindungspfleger,
4. Seelotsen,

5. Künstler oder Publizisten
versicherungspflichtig sind, ist die Bundesversicherungsanstalt für Angestellte zuständig.

§ 135 Sonderzuständigkeit der Seekasse und der Bahnversicherungsanstalt
(1) Für in der Seefahrt beschäftigte Angestellte und für Seelotsen führt die Seekasse die Versicherung für die Bundesversicherungsanstalt für Angestellte durch.
(2) Die Seekasse ist für Leistungen zuständig, wenn ein Beitrag aufgrund einer in der Seefahrt ausgeübten Beschäftigung oder selbständigen Tätigkeit gezahlt worden ist und nicht die Bundesknappschaft zuständig ist.
(3) Für Angestellte, die bei den in § 128 Satz 1 Nr. 2 genannten Arbeitgebern beschäftigt sind, führt die Bahnversicherungsanstalt die Versicherung für die Bundesversicherungsanstalt für Angestellte durch.
(4) Die Bahnversicherungsanstalt ist für die Leistungen zuständig, wenn für den Versicherten zuletzt Beiträge als Angestellter an die Bahnversicherungsanstalt gezahlt worden sind und nicht die Bundesknappschaft oder Seekasse zuständig ist.

Vierter Unterabschnitt
Knappschaftliche Rentenversicherung
§ 136 Versicherungsträger
Träger der knappschaftlichen Rentenversicherung ist die Bundesknappschaft mit Sitz in Bochum.

§ 137 Beschäftigte
Für Beschäftigte ist die Bundesknappschaft zuständig, wenn die Versicherten
1. in einem knappschaftlichen Betrieb oder bei der Bundesknappschaft beschäftigt sind,
2. ausschließlich oder überwiegend knappschaftliche Arbeiten verrichten oder
3. bei Arbeitnehmerorganisationen oder Arbeitgeberorganisationen, die berufsständische Interessen des Bergbaus wahrnehmen, oder bei den Bergämtern, Oberbergämtern oder bergmännischen Prüfstellen, Forschungsstellen oder Rettungsstellen beschäftigt sind und für sie vor Aufnahme dieser Beschäftigung für fünf Jahre Beiträge zur knappschaftlichen Rentenversicherung gezahlt worden sind.

...

Zweiter Abschnitt
Beiträge und Verfahren
Erster Unterabschnitt
Beiträge
...

Zweiter Titel
Beitragsbemessungsgrundlagen
§ 161 Grundsatz
(1) Beitragsbemessungsgrundlage für Versicherungspflichtige sind die beitragspflichtigen Einnahmen.
(2) Beitragsbemessungsgrundlage für freiwillig Versicherte ist jeder Betrag zwischen der Mindestbeitragsbemessungsgrundlage (§ 167) und der Beitragsbemessungsgrenze.

§ 162 Beitragspflichtige Einnahmen Beschäftigter
Beitragspflichtige Einnahmen sind
1. bei Personen, die gegen Arbeitsentgelt beschäftigt werden, das Arbeitsentgelt aus der versicherungspflichtigen Beschäftigung, jedoch bei Personen, die zu ihrer Berufsausbildung beschäftigt werden, mindestens eins vom Hundert der Bezugsgröße,
2. bei Behinderten das Arbeitsentgelt, mindestens 80 vom Hundert der Bezugsgröße,
3. bei Personen, die für eine Erwerbstätigkeit befähigt werden sollen, ein Arbeitsentgelt in Höhe von 20 vom Hundert der monatlichen Bezugsgröße,

4. bei Mitgliedern geistlicher Genossenschaften, Diakonissen und Angehörigen ähnlicher Gemeinschaften die Geld- und Sachbezüge, die sie persönlich erhalten, jedoch bei Mitgliedern, denen nach Beendigung ihrer Ausbildung eine Anwartschaft auf die in der Gemeinschaft übliche Versorgung nicht gewährleistet oder für die die Gewährleistung nicht gesichert ist (§ 5 Abs. 1 Satz 1 Nr. 3), mindestens 40 vom Hundert der Bezugsgröße,
5. bei Personen, deren Beschäftigung nach dem Einkommensteuerrecht als selbständige Tätigkeit bewertet wird, ein Arbeitsentgelt nach § 14 Abs. 4 des Vierten Buches, mindestens monatlich 630 Deutsche Mark.

§ 163 Sonderregelung für beitragspflichtige Einnahmen Beschäftigter

(1) Für unständig Beschäftigte ist als beitragspflichtige Einnahmen ohne Rücksicht auf die Beschäftigungsdauer das innerhalb eines Kalendermonats erzielte Arbeitsentgelt bis zur Höhe der monatlichen Beitragsbemessungsgrenze zugrunde zu legen. Unständig ist die Beschäftigung, die auf weniger als eine Woche entweder nach der Natur der Sache befristet zu sein pflegt oder im voraus durch den Arbeitsvertrag befristet ist. Bestanden innerhalb eines Kalendermonats mehrere unständige Beschäftigungen und übersteigt das Arbeitsentgelt insgesamt die monatliche Beitragsbemessungsgrenze, sind bei der Berechnung der Beiträge die einzelnen Arbeitsentgelte anteilmäßig nur zu berücksichtigen, soweit der Gesamtbetrag die monatliche Beitragsbemessungsgrenze nicht übersteigt. Soweit Versicherte oder Arbeitgeber dies beantragen, verteilt die zuständige Einzugsstelle die Beiträge nach den zu berücksichtigenden Arbeitsentgelten aus unständigen Beschäftigungen.
(2) Für beschäftigte Seeleute gilt als beitragspflichtige Einnahmen das nach dem Siebten Buch amtlich festgesetzte monatliche Durchschnittsentgelt der einzelnen Klassen der Schiffsbesatzung und Schiffsgattungen. Die beitragspflichtigen Einnahmen erhöhen sich für Seeleute, die auf Seeschiffen beköstigt werden, um den amtlich festgesetzten Durchschnittssatz für Beköstigung. Ist für Seeleute ein monatliches Durchschnittsentgelt amtlich nicht gesetzt, bestimmt die Satzung der See-Krankenkasse als zuständige Einzugsstelle die beitragspflichtigen Einnahmen. § 215 Abs. 4 des Siebten Buches gilt entsprechend. Die Regelung für einmalig gezahltes Arbeitsentgelt findet keine Anwendung.
(3) Bei Arbeitnehmern, die ehrenamtlich tätig sind und deren Arbeitsentgelt infolge der ehrenamtlichen Tätigkeit gemindert wird, gilt auch der Betrag zwischen dem tatsächlich erzielten Arbeitsentgelt und dem Arbeitsentgelt, das ohne die ehrenamtliche Tätigkeit erzielt worden wäre, höchstens bis zur Beitragsbemessungsgrenze als Arbeitsentgelt (Unterschiedsbetrag), wenn der Arbeitnehmer dies beim Arbeitgeber beantragt. Satz 1 gilt nur für ehrenamtliche Tätigkeiten für Körperschaften, Anstalten oder Stiftungen des öffentlichen Rechts, deren Verbände einschließlich der Spitzenverbände oder ihrer Arbeitsgemeinschaften, Parteien, Gewerkschaften sowie Körperschaften, Personenvereinigungen und Vermögensmassen, die wegen des ausschließlichen und unmittelbaren Dienstes für gemeinnützige, mildtätige oder kirchliche Zwecke von der Körperschaftsteuer befreit sind. Der Antrag kann nur für laufende und künftige Lohn- und Gehaltsabrechnungszeiträume gestellt werden.
(4) Bei Versicherten, die eine versicherungspflichtige ehrenamtliche Tätigkeit aufnehmen und für das vergangene Kalenderjahr freiwillige Beträge gezahlt haben, gilt jeder Betrag zwischen dem Arbeitsentgelt und der Beitragsbemessungsgrenze als Arbeitsentgelt (Unterschiedsbetrag), wenn die Versicherten dies beim Arbeitgeber beantragen. Satz 1 gilt nur für versicherungspflichtige ehrenamtliche Tätigkeiten für Körperschaften des öffentlichen Rechts. Der Antrag kann nur für laufende und künftige Lohn- und Gehaltszahlungszeiträume gestellt werden.
(5) Bei Arbeitnehmern, die nach dem Altersteilzeitgesetz Aufstockungsbeträge zum Arbeitsentgelt erhalten, gilt auch der Unterschiedsbetrag zwischen dem Arbeitsentgelt für die Altersteilzeitarbeit und mindestens 90 vom Hundert des Vollzeitarbeitsentgelts im Sinne des Altersteilzeitgesetzes, höchstens bis zur Beitragsbemessungsgrenze, als Arbeitsentgelt. Werden bei den Aufstockungsbeträgen einmalig gezahlte Arbeitsentgelte berücksichtigt, sind diese in den Monaten ihrer Zahlung für die Feststellung des Unterschiedsbetrages dem laufenden Arbeitsentgelt für die Altersteilzeitarbeit in tatsächlicher Höhe sowie dem zugrunde gelegten laufenden Vollzeitarbeitsentgelt in der Höhe, in der sie bei Vollzeitarbeit hätten beansprucht werden können, hinzuzurechnen, soweit sich hierdurch nicht eine Beitragsbemessungsgrundlage ergibt, die 90 vom Hundert der auf die Dauer der Altersteilzeitarbeit entfallenden Beitragsbemessungsgrenze übersteigt; eine Hinzurechnung einmalig gezahlter Arbeits-

entgelte kann höchstens bis zu der auf die Dauer der Altersteilzeitarbeit entfallenden Beitragsbemessungsgrenze erfolgen. Für die Zeit des Bezugs von Krankengeld, Versorgungskrankengeld, Verletztengeld oder Übergangsgeld gilt Satz 1 entsprechend.

(6) Soweit Kurzarbeiter- oder Winterausfallgeld geleistet wird, gilt als beitragspflichtige Einnahmen 80 vom Hundert des Unterschiedsbetrages zwischen dem Sollentgelt und dem Istentgelt nach § 179 des Dritten Buches.

(7) Hat ein Bezieher von Winterausfallgeld nach dem Dritten Buch gegen seinen Arbeitgeber für die Ausfallstunden Anspruch auf Arbeitsentgelt, das unter Anrechnung des Winterausfallgeldes zu zahlen ist, so bemißt sich der Beitrag zur Rentenversicherung nach dem Arbeitsentgelt unter Hinzurechnung des Winterausfallgeldes.

(8) Bei Arbeitnehmern, die eine geringfügige Beschäftigung ausüben und in dieser Beschäftigung versicherungspflichtig sind, weil sie nach § 5 Abs. 2 Satz 2 auf die Versicherungsfreiheit verzichtet haben, ist beitragspflichtige Einnahme das Arbeitsentgelt, mindestens jedoch der Betrag in Höhe von 300 Deutsche Mark.

§ 164 (aufgehoben)
§ 165 Beitragspflichtige Einnahmen selbständig Tätiger

(1) Beitragspflichtige Einnahmen sind
1. bei selbständig Tätigen ein Arbeitseinkommen in Höhe der Bezugsgröße, bei Nachweis eines niedrigeren oder höheren Arbeitseinkommens jedoch dieses Arbeitseinkommen, mindestens jedoch monatlich 630 Deutsche Mark,
2. bei Seelotsen das Arbeitseinkommen,
3. bei Künstlern und Publizisten das voraussichtliche Jahresarbeitseinkommen (§ 12 Künstlersozialversicherungsgesetz), mindestens jedoch ein Siebtel der Bezugsgröße, wobei Arbeitseinkommen auch die Vergütung für die Verwertung und Nutzung urheberrechtlich geschützter Werke oder Leistungen sind,
4. bei Hausgewerbetreibenden das Arbeitseinkommen,
5. bei Küstenschiffer und Küstenfischern das in der Unfallversicherung maßgebende beitragspflichtige Arbeitseinkommen,
6. bei Bezirksschornsteinfegermeistern ein Arbeitseinkommen in Höhe der Bezugsgröße, bei Nachweis eines höheren Arbeitseinkommens jedoch dieses Arbeitseinkommen.

Beitragspflichtige Einnahmen sind bei selbständig Tätigen abweichend von Satz 1 Nr. 1 bis zum Ablauf von drei Kalenderjahren nach dem Jahr der Aufnahme der selbständigen Tätigkeit ein Arbeitseinkommen in Höhe von 50 vom Hundert der Bezugsgröße, wenn die Versicherten dies beim Träger der Rentenversicherung beantragen. Für den Nachweis des von der Bezugsgröße abweichenden Arbeitseinkommens nach Satz 1 Nr. 1 und 6 sind die sich aus dem letzten Einkommensteuerbescheid für das zeitnaheste Kalenderjahr ergebenden Einkünfte aus der versicherungspflichtigen selbständigen Tätigkeit so lange maßgebend, bis ein neuer Einkommensteuerbescheid vorgelegt wird. Die Einkünfte sind mit dem Vomhundertsatz zu vervielfältigen, der sich aus dem Verhältnis des vorläufigen Durchschnittsentgelts (Anlage 1) für das Kalenderjahr, für das das Arbeitseinkommen nachzuweisen ist, zu dem Durchschnittsentgelt (Anlage 1) für das maßgebende Veranlagungsjahr des Einkommensteuerbescheides ergibt. Übersteigt das nach Satz 4 festgestellte Arbeitseinkommen die Beitragsbemessungsgrenze des nachzuweisenden Kalenderjahres, wird ein Arbeitseinkommen in Höhe der jeweiligen Beitragsbemessungsgrenze so lange zugrunde gelegt, bis sich aus einem neuen Einkommensteuerbescheid niedrigere Einkünfte ergeben. Der Einkommensteuerbescheid ist dem Träger der Rentenversicherung spätestens zwei Kalendermonate nach seiner Ausfertigung vorzulegen. Statt des Einkommensteuerbescheides kann auch eine Bescheinigung des Finanzamtes vorgelegt werden, die die für den Nachweis des Arbeitseinkommens erforderlichen Daten des Einkommensteuerbescheides enthält. Änderungen des Arbeitseinkommens werden vom Ersten des auf die Vorlage des Bescheides oder der Bescheinigung folgenden Kalendermonats, spätestens aber vom Beginn des dritten Kalendermonats nach Ausfertigung des Einkommensteuerbescheides, an berücksichtigt. Ist eine Veranlagung zur Einkommensteuer aufgrund der versicherungspflichtigen selbständigen Tätigkeit noch nicht erfolgt, sind für das Jahr des Beginns der Versicherungspflicht die Einkünfte zugrunde zu legen, die sich aus den vom Versicherten vorzulegenden Unterlagen ergeben. Für die Folgejahre ist Satz 4 sinngemäß anzuwenden.

(2) Für Hausgewerbetreibende, die ehrenamtlich tätig sind, gelten die Regelungen für Arbeitnehmer, die ehrenamtlich tätig sind, entsprechend.

(3) Bei Selbständigen, die auf Antrag versicherungspflichtig sind, gelten als Arbeitseinkommen im Sinne von § 15 des Vierten Buches auch die Einnahmen, die steuerrechtlich als Einkommen aus abhängiger Beschäftigung behandelt werden.

§ 166 Beitragspflichtige Einnahmen sonstiger Versicherter

(1) Beitragspflichtige Einnahmen sind
1. bei Personen, die als Wehr- oder Zivildienstleistende versichert sind, 80 vom Hundert der Bezugsgröße, jedoch bei Personen, die eine Verdienstausfallentschädigung nach dem Unterhaltssicherungsgesetz erhalten, das Arbeitsentgelt, das dieser Leistung vor Abzug von Steuern und Beitragsanteilen zugrunde liegt,
2. bei Personen, die Arbeitslosengeld, Unterhaltsgeld, Übergangsgeld, Krankengeld, Verletztengeld oder Versorgungskrankengeld beziehen, 80 vom Hundert des der Leistung zugrundeliegenden Arbeitsentgelts oder Arbeitseinkommens, wobei 80 vom Hundert des beitragspflichtigen Arbeitsentgelts aus einem nicht geringfügigen Beschäftigungsverhältnis abzuziehen sind, und bei gleichzeitigem Bezug von Krankengeld neben einer anderen Leistung das dem Krankengeld zugrundeliegende Einkommen nicht zu berücksichtigen ist,
2 a. bei Personen, die Arbeitslosenhilfe beziehen, 80 vom Hundert des dieser Leistung zugrundeliegenden Arbeitsentgelts, vervielfältigt mit dem Wert, der sich ergibt, wenn die zu zahlende Arbeitslosenhilfe durch die ohne Berücksichtigung von Einkommen zu zahlende Arbeitslosenhilfe geteilt wird, höchstens jedoch die sich bei entsprechender Anwendung von Nummer 2 ergebenden Einnahmen,
2 b. bei Personen, die Teilarbeitslosengeld, Teilunterhaltsgeld oder Teilübergangsgeld beziehen, 80 vom Hundert des dieser Leistung zugrundeliegenden Arbeitsentgelts,
3. bei Beziehern von Vorruhestandsgeld das Vorruhestandsgeld,
4. bei Entwicklungshelfern oder bei im Ausland beschäftigten Deutschen das Arbeitsentgelt oder, wenn dies günstiger ist, der Betrag, der sich ergibt, wenn die Beitragsbemessungsgrenze mit dem Verhältnis vervielfältigt wird, in dem die Summe der Arbeitsentgelte oder Arbeitseinkommen für die letzten drei vor Aufnahme der nach § 4 Abs. 1 versicherungspflichtigen Beschäftigung oder Tätigkeit voll mit Pflichtbeiträgen belegten Kalendermonate zur Summe der Beträge der Beitragsbemessungsgrenzen für diesen Zeitraum steht; der Verhältniswert beträgt mindestens 0,6667,
5. bei Personen, die für Zeiten der Arbeitsunfähigkeit oder Rehabilitation ohne Anspruch auf Krankengeld versichert sind, 80 vom Hundert des zuletzt für einen vollen Kalendermonat versicherten Arbeitsentgelts oder Arbeitseinkommens.

(2) Beitragspflichtige Einnahmen sind bei nicht erwerbsmäßig tätigen Pflegepersonen bei Pflege eines
1. Schwerstpflegebedürftigen (§ 15 Abs. 1 Nr. 3 Elftes Buch)
   a) 80 vom Hundert der Bezugsgröße, wenn er mindestens 28 Stunden in der Woche gepflegt wird,
   b) 60 vom Hundert der Bezugsgröße, wenn er mindestens 21 Stunden in der Woche gepflegt wird,
   c) 40 vom Hundert der Bezugsgröße, wenn er mindestens 14 Stunden in der Woche gepflegt wird,
2. Schwerpflegebedürftigen (§ 15 Abs. 1 Nr. 2 Elftes Buch)
   a) 53,3333 vom Hundert der Bezugsgröße, wenn er mindestens 21 Stunden in der Woche gepflegt wird,
   b) 35,5555 vom Hundert der Bezugsgröße, wenn er mindestens 14 Stunden in der Woche gepflegt wird,
3. erheblich Pflegebedürftigen (§ 15 Abs. 1 Nr. 1 Elftes Buch) 26,6667 vom Hundert der Bezugsgröße.

Üben mehrere nicht erwerbsmäßig tätige Pflegepersonen die Pflege gemeinsam aus, sind beitragspflichtige Einnahmen bei jeder Pflegeperson der Teil des Höchstwertes der jeweiligen Pflegestufe, der dem Umfang ihrer Pflegetätigkeit im Verhältnis zum Umfang der Pflegetätigkeit insgesamt entspricht.

§ 167 Freiwillig Versicherte
Die Mindestbeitragsbemessungsgrundlage beträgt für freiwillig Versicherte monatlich 630 Deutsche Mark.

Dritter Titel
Verteilung der Beitragslast

§ 168 Beitragstragung bei Beschäftigten
(1) Die Beiträge werden getragen
1. bei Personen, die gegen Arbeitsentgelt beschäftigt werden, von den Versicherten und den Arbeitgebern je zur Hälfte, jedoch von den Arbeitgebern, wenn Versicherte, die zu ihrer Berufsausbildung beschäftigt sind, ein Arbeitsentgelt erhalten, das auf den Monat bezogen 630 Deutsche Mark nicht übersteigt, oder wenn Versicherte ein freiwilliges soziales Jahr im Sinne des Gesetzes zur Förderung eines freiwilligen sozialen Jahres oder ein freiwilliges ökologisches Jahr im Sinne des Gesetzes zur Förderung eines freiwilligen ökologischen Jahres leisten,

1 a. bei Arbeitnehmern, die Kurzarbeiter- oder Winterausfallgeld beziehen, vom Arbeitgeber,

1 b. bei Personen, die gegen Arbeitsentgelt geringfügig versicherungspflichtig beschäftigt werden, von den Arbeitgebern in Höhe des Betrages, der 12 vom Hundert des der Beschäftigung zugrundeliegenden Arbeitsentgelts entspricht, im übrigen vom Versicherten,

2. bei Behinderten von den Trägern der Einrichtung, wenn ein Arbeitsentgelt nicht bezogen wird oder das monatliche Arbeitsentgelt 20 vom Hundert der monatlichen Bezugsgröße nicht übersteigt, sowie für den Betrag zwischen dem monatlichen Arbeitsentgelt und 80 vom Hundert der monatlichen Bezugsgröße, wenn das monatliche Arbeitsentgelt 80 vom Hundert der monatlichen Bezugsgröße nicht übersteigt, im übrigen von den Versicherten und den Trägern der Einrichtung je zur Hälfte,
3. bei Personen, die für eine Erwerbstätigkeit befähigt werden sollen, von den Trägern der Einrichtung,
4. bei Mitgliedern geistlicher Genossenschaften, Diakonissen und Angehörigen ähnlicher Gemeinschaften von den Genossenschaften oder Gemeinschaften, wenn das monatliche Arbeitsentgelt 40 vom Hundert der monatlichen Bezugsgröße nicht übersteigt, im übrigen von den Mitgliedern und den Genossenschaften oder Gemeinschaften je zur Hälfte,
5. bei Arbeitnehmern, die ehrenamtlich tätig sind, für den Unterschiedsbetrag von ihnen selbst,
6. bei Arbeitnehmern, die nach dem Altersteilzeitgesetz Aufstockungsbeträge zum Arbeitsentgelt erhalten, für den sich jeweils nach § 163 Abs. 5 Satz 1 und 2 ergebenden Unterschiedsbetrag von den Arbeitgebern,
7. bei Arbeitnehmern, die nach dem Altersteilzeitgesetz Aufstockungsbeträge zum Krankengeld, Versorgungskrankengeld, Verletztengeld oder Übergangsgeld erhalten, für den sich nach § 163 Abs. 5 Satz 3 ergebenden Unterschiedsbetrag von der Bundesanstalt für Arbeit, wenn die Voraussetzungen des § 4 Altersteilzeitgesetz vorliegen, ansonsten von den Arbeitgebern.

(2) Wird infolge einmalig gezahlten Arbeitsentgelts die in Absatz 1 Nr. 1 genannte Grenze oder die in Absatz 1 Nr. 2 genannte Grenze von 20 vom Hundert der monatlichen Bezugsgröße überschritten, tragen die Versicherten und die Arbeitgeber die Beiträge von dem diese Grenzen übersteigenden Teil des Arbeitsentgelts jeweils zur Hälfte; im übrigen tragen die Arbeitgeber den Beitrag allein.

(3) Personen, die in der knappschaftlichen Rentenversicherung versichert sind, tragen die Beiträge in Höhe des Vomhundertsatzes, den sie zu tragen hätten, wenn sie in der Rentenversicherung der Arbeiter oder der Angestellten versichert wären; im übrigen tragen die Arbeitgeber die Beiträge.

§ 169 Beitragstragung bei selbständig Tätigen
Die Beträge werden getragen
1. bei selbständig Tätigen von ihnen selbst,
2. bei Künstlern und Publizisten von der Künstlersozialkasse,
3. bei Hausgewerbetreibenden von den Versicherten und den Arbeitgebern je zur Hälfte,

4. bei Hausgewerbetreibenden, die ehrenamtlich tätig sind, für den Unterschiedsbetrag von ihnen selbst.

§ 170 Beitragstragung bei sonstigen Versicherten
(1) Die Beiträge werden getragen
1. bei Wehr- oder Zivildienstleistenden und Beziehern von Arbeitslosenhilfe vom Bund,
2. bei Personen, die
   a) Krankengeld oder Verletztengeld beziehen, von den Beziehern der Leistung und den Leistungsträgern je zur Hälfte, soweit sie auf die Leistung entfallen und diese Leistungen nicht in Höhe der Leistungen der Bundesanstalt für Arbeit zu zahlen sind, im übrigen vom Leistungsträger; die Beiträge werden auch dann von den Leistungsträgern getragen, wenn die Bezieher der Leistung zur Berufsausbildung beschäftigt sind und das der Leistung zugrundeliegende Arbeitsentgelt auf den Monat bezogen 630 Deutsche Mark nicht übersteigt,
   b) Versorgungskrankengeld, Übergangsgeld, Unterhaltsgeld oder Arbeitslosengeld beziehen, von den Leistungsträgern,
3. bei Bezug von Vorruhestandsgeld von den Beziehern und den zur Zahlung des Vorruhestandsgeldes Verpflichteten je zur Hälfte,
4. bei Entwicklungshelfern oder bei im Ausland beschäftigten Deutschen von den antragstellenden Stellen,
5. bei Zeiten der Arbeitsunfähigkeit oder Rehabilitation ohne Anspruch auf Krankengeld von den Versicherten selbst,
6. bei nicht erwerbsmäßig tätigen Pflegepersonen, die einen
   a) in der sozialen Pflegeversicherung versicherten Pflegebedürftigen pflegen, von der Pflegekasse,
   b) in der sozialen Pflegeversicherung versicherungsfreien Pflegebedürftigen pflegen, von dem privaten Versicherungsunternehmen,
   c) Pflegebedürftigen pflegen, der wegen Pflegebedürftigkeit Beihilfeleistungen oder Leistungen der Heilfürsorge und Leistungen einer Pflegekasse oder eines privaten Versicherungsunternehmens erhält, von der Festsetzungsstelle für die Beihilfe oder vom Dienstherrn und der Pflegekasse oder dem privaten Versicherungsunternehmen anteilig;

ist ein Träger der Rentenversicherung Festsetzungsstelle für die Beihilfe, gelten die Beiträge insoweit als gezahlt; dies gilt auch im Verhältnis der Rentenversicherungsträger untereinander.
(2) Bezieher von Krankengeld oder Verletztengeld, die in der knappschaftlichen Rentenversicherung versichert sind, tragen die Beiträge in Höhe des Vomhundertsatzes, den sie zu tragen hätten, wenn sie in der Rentenversicherung der Arbeiter oder der Angestellten versichert wären; im übrigen tragen die Beiträge die Leistungsträger.

§ 171 Freiwillig Versicherte
Freiwillig Versicherte tragen ihre Beiträge selbst.

§ 172 Arbeitgeberanteil bei Versicherungsfreiheit
(1) Für Beschäftigte, die
1. als Bezieher einer Vollrente wegen Alters,
2. als Versorgungsbezieher,
3. wegen Vollendung des 65. Lebensjahres oder
4. wegen einer Beitragserstattung

versicherungsfrei sind, tragen die Arbeitgeber die Hälfte des Beitrags, der zu zahlen wäre, wenn die Beschäftigten versicherungspflichtig wären; in der knappschaftlichen Rentenversicherung ist statt der Hälfte des Beitrags der auf Arbeitgeber entfallende Beitragsanteil zu zahlen. Satz 1 findet keine Anwendung auf versicherungsfrei geringfügig Beschäftigte und Beschäftigte nach § 1 Satz 1 Nr. 2.
(2) Für Beschäftigte, die nach § 6 Abs. 1 Satz 1 Nr. 1 von der Versicherungspflicht befreit sind, tragen die Arbeitgeber die Hälfte des Beitrags zu einer berufsständischen Versorgungseinrichtung, höchstens aber die Hälfte des Beitrags, der zu zahlen wäre, wenn die Beschäftigten nicht von der Versicherungspflicht befreit worden wären.
(3) Für Beschäftigte nach § 8 Abs. 1 Nr. 1 Viertes Buch, die in dieser Beschäftigung versicherungsfrei oder von der Versicherungspflicht befreit sind oder die nach § 5 Abs. 4 versicherungsfrei sind,

tragen die Arbeitgeber einen Beitragsanteil in Höhe von 12 vom Hundert des Arbeitsentgelts, das beitragspflichtig wäre, wenn die Beschäftigten versicherungspflichtig wären. Das gilt nicht für Studierende, die nach § 5 Abs. 3 versicherungsfrei sind.

(4) Für den Beitragsanteil des Arbeitgebers gelten die Vorschriften des Dritten Abschnitts des Vierten Buches sowie die Bußgeldvorschriften des § 111 Abs. 1 Nr. 2 bis 4, 8 und Abs. 4 des Vierten Buches entsprechend.

Vierter Titel
Zahlung der Beiträge

§ 173 Grundsatz
Die Beiträge sind, soweit nicht etwas anderes bestimmt ist, von denjenigen, die sie zu tragen haben (Beitragsschuldner), unmittelbar an die Träger der Rentenversicherung zu zahlen. Die Beiträge für die Bezieher von Arbeitslosenhilfe zahlt die Bundesanstalt für Arbeit.

§ 174 Beitragszahlung aus dem Arbeitsentgelt und Arbeitseinkommen
(1) Für die Zahlung der Beiträge von Versicherungspflichtigen aus Arbeitsentgelt und von Hausgewerbetreibenden gelten die Vorschriften über den Gesamtsozialversicherungsbeitrag (§§ 28 d bis 28 n und 28 r Viertes Buch).
(2) Für die Beitragszahlung
1. aus dem Arbeitseinkommen von Seelotsen,
2. aus Vorruhestandsgeld,
3. aus dem für Entwicklungshelfer und für im Ausland beschäftigte Deutsche maßgebenden Betrag gilt Absatz 1 entsprechend.
(3) Für die Beitragszahlung nach Absatz 2 gelten als Arbeitgeber
1. die Lotsenbrüderschaften,
2. die zur Zahlung des Vorruhestandsgeldes Verpflichteten,
3. die antragstellenden Stellen.

§ 175 Beitragszahlung bei Künstlern und Publizisten
(1) Die Künstlersozialkasse zahlt für nachgewiesene Anrechnungszeiten von Künstlern und Publizisten keine Beiträge.
(2) Die Künstlersozialkasse ist zur Zahlung eines Beitrages für Künstler und Publizisten nur insoweit verpflichtet, als diese ihren Beitragsanteil zur Rentenversicherung nach dem Künstlersozialversicherungsgesetz an die Künstlersozialkasse gezahlt haben.

§ 176 Beitragszahlung und Abrechnung bei Bezug von Sozialleistungen
(1) Soweit Personen, die Krankengeld oder Verletztengeld beziehen, an den Beiträgen zur Rentenversicherung beteiligt sind, zahlen die Leistungsträger die Beiträge an die Träger der Rentenversicherung. Für den Beitragsabzug gilt § 28 g Satz 1 des Vierten Buches entsprechend.
(2) Das Nähere über Zahlung und Abrechnung der Beiträge für Bezieher von Sozialleistungen können die Leistungsträger und die Träger der Rentenversicherung durch Vereinbarung regeln.
(3) Ist ein Träger der Rentenversicherung Träger der Rehabilitation, gelten die Beiträge als gezahlt.

§ 176 a Beitragszahlung und Abrechnung bei Pflegepersonen
Das Nähere über Zahlung und Abrechnung der Beiträge für nicht erwerbsmäßig tätige Pflegepersonen können die Spitzenverbände der Pflegekassen, der Verband der privaten Krankenversicherung e.V., die Festsetzungsstellen für die Beihilfe und der Verband Deutscher Rentenversicherungsträger durch Vereinbarung regeln.

§ 177 Beitragszahlung für Kindererziehungszeiten
Die Beiträge für Kindererziehungszeiten werden vom Bund getragen.

§ 178 Verordnungsermächtigung
(1) Das Bundesministerium für Arbeit und Sozialordnung wird ermächtigt, im Einvernehmen mit dem Bundesministerium der Verteidigung, dem Bundesministerium für Familie, Senioren, Frauen und Jugend und dem Bundesministerium der Finanzen durch Rechtsverordnung mit Zustimmung des Bundesrates
1. eine pauschale Berechnung der Beiträge für Wehrdienstleistende und Zivildienstleistende,

2. die Verteilung des Gesamtbetrags auf die Träger der Rentenversicherung und
3. die Zahlungsweise sowie das Verfahren
zu bestimmen.
(2) Das Bundesministerium für Arbeit und Sozialordnung wird ermächtigt, durch Rechtsverordnung mit Zustimmung des Bundesrates Berechnungs- und Zahlungsweise sowie das Verfahren für die Zahlung der Beiträge außerhalb der Vorschriften über den Einzug des Gesamtsozialversicherungsbeitrags und für die Zahlungsweise von Pflichtbeiträgen und von freiwilligen Beiträgen bei Aufenthalt im Ausland zu bestimmen.

Fünfter Titel
Erstattungen
§ 179 Erstattung von Aufwendungen
(1) Für Behinderte nach § 1 Satz 1 Nr. 2 Buchstabe a erstattet der Bund den Trägern der Einrichtung die Beiträge, die auf den Betrag zwischen dem tatsächlich erzielten monatlichen Arbeitsentgelt und 80 vom Hundert der monatlichen Bezugsgröße entfallen, wenn das tatsächlich erzielte monatliche Arbeitsentgelt 80 vom Hundert der monatlichen Bezugsgröße nicht übersteigt. Im übrigen erstatten die Kostenträger den Trägern der Einrichtung die von diesen getragenen Beiträge für Behinderte.
(2) Bei Entwicklungshelfern und bei im Ausland beschäftigten Deutschen sind unbeschadet der Regelung über die Beitragstragung Vereinbarungen zulässig, wonach Versicherte den antragstellenden Stellen die Beiträge ganz oder teilweise zu erstatten haben. Besteht eine Pflicht zur Antragstellung nach § 11 des Entwicklungshelfer-Gesetzes, so ist eine Vereinbarung zulässig, soweit die Entwicklungshelfer von einer Stelle im Sinne des § 5 Abs. 2 des Entwicklungshelfer-Gesetzes Zuwendungen erhalten, die zur Abdeckung von Risiken bestimmt sind, die von der Rentenversicherung abgesichert werden.

...

Siebter Titel
Zahlung von Beiträgen beim Versorgungsausgleich und bei vorzeitiger Inanspruchnahme einer Rente wegen Alters
§ 187 Zahlung von Beiträgen beim Versorgungsausgleich
(1) Im Rahmen des Versorgungsausgleichs können Beiträge gezahlt werden, um
1. Rentenanwartschaften, die um einen Abschlag an Entgeltpunkten gemindert worden sind, ganz oder teilweise wieder aufzufüllen,
2. aufgrund einer Entscheidung des Familiengerichts oder aufgrund einer vom Familiengericht genehmigten Vereinbarung Rentenanwartschaften zu begründen,
3. die Erstattungspflicht für die Begründung von Rentenanwartschaften zugunsten des ausgleichsberechtigten Ehegatten abzulösen (§ 225 Abs. 2).
(2) Für die Zahlung der Beiträge werden die Rentenanwartschaften in Entgeltpunkte umgerechnet. Die Entgeltpunkte werden in der Weise ermittelt, daß der Monatsbetrag der Rentenanwartschaften durch den aktuellen Rentenwert mit seinem Wert bei Ende der Ehezeit geteilt wird.
(3) Für je einen Entgeltpunkt ist der Betrag zu zahlen, der sich ergibt, wenn der im Zeitpunkt der Beitragszahlung geltende Beitragssatz auf das für das Kalenderjahr der Beitragszahlung bestimmte vorläufige Durchschnittsentgelt angewendet wird.
(4) Nach bindender Bewilligung einer Vollrente wegen Alters ist eine Beitragszahlung zur Wiederauffüllung oder Begründung von Rentenanwartschaften nicht mehr zulässig.
(5) Die Beiträge gelten als im Zeitpunkt des Endes der Ehezeit gezahlt, wenn sie von Personen, die ihren gewöhnlichen Aufenthalt
1. im Inland haben, bis zum Ende des dritten Kalendermonats,
2. im Ausland haben, bis zum Ende des sechsten Kalendermonats
nach Zugang der Mitteilung über die Rechtskraft der Entscheidung des Familiengerichts gezahlt werden. Hat das Familiengericht das Verfahren über den Versorgungsausgleich ausgesetzt, tritt für die Beitragshöhe an die Stelle des Zeitpunkts des Endes der Ehezeit der Zeitpunkt der Wiederaufnahme des Verfahrens über den Versorgungsausgleich.

§ 187 a Zahlung von Beiträgen bei vorzeitiger Inspruchnahme einer Rente wegen Alters

(1) Bis zur Vollendung des 65. Lebensjahres können Rentenminderungen durch die vorzeitige Inanspruchnahme einer Rente wegen Alters durch Zahlung von Beiträgen ausgeglichen werden. Die Berechtigung zur Zahlung setzt voraus, daß der Versicherte erklärt, eine solche Rente zu beanspruchen.
(2) Beiträge können bis zu der Höhe gezahlt werden, die sich nach der Auskunft über die Höhe der zum Ausgleich einer Rentenminderung bei vorzeitiger Inanspruchnahme einer Rente wegen Alters erforderlichen Beitragszahlung als höchstmögliche Minderung an persönlichen Entgeltpunkten durch eine vorzeitige Inanspruchnahme einer Rente wegen Alters ergibt. Diese Minderung wird auf der Grundlage der Summe aller Entgeltpunkte für Beitragszeiten, beitragsfreie Zeiten, Zuschläge für beitragsgeminderte Zeiten und Zuschläge oder Abschläge aus einem durchgeführten Versorgungsausgleich ermittelt, die sich bei Berechnung einer Altersrente unter Zugrundelegung des beabsichtigten Rentenbeginns ergeben würden. Dabei ist für jeden Kalendermonat an bisher nicht bescheinigten künftigen rentenrechtlichen Zeiten bis zum beabsichtigten Rentenbeginn von einer Beitragszahlung nach einem vom Arbeitgeber zu bescheinigenden Arbeitsentgelt auszugehen. Der Bescheinigung ist das gegenwärtige Arbeitsentgelt auf Grund der bisherigen Beschäftigung und der bisherigen Arbeitszeit zugrunde zu legen. Soweit eine Vorausbescheinigung nicht vorliegt, ist von den durchschnittlichen monatlichen Entgeltpunkten der Beitragszeiten des Kalenderjahres auszugehen, für das zuletzt Entgeltpunkte ermittelt werden können.
(3) Für je einen geminderten persönlichen Entgeltpunkt ist der Betrag zu zahlen, der sich ergibt, wenn der zur Wiederauffüllung einer im Rahmen des Versorgungsausgleichs geminderten Rentenanwartschaft für einen Entgeltpunkt zu zahlende Betrag durch den jeweiligen Zugangsfaktor geteilt wird. Teilzahlungen sind zulässig. Eine Erstattung gezahlter Beiträge erfolgt nicht.
...

Zweiter Unterabschnitt
Verfahren

Erster Titel
Meldungen

§ 190 Meldepflichten bei Beschäftigten und Hausgewerbetreibenden
Versicherungspflichtig Beschäftigte und Hausgewerbetreibende sind nach den Vorschriften über die Meldepflichten der Arbeitgeber nach dem Dritten Abschnitt des Vierten Buches zu melden, soweit nicht etwas anderes bestimmt ist.

§ 191 Meldepflichten bei sonstigen versicherungspflichtigen Personen
Eine Meldung nach § 28 a Abs. 1 bis 3 des Vierten Buches haben zu erstatten
1. für Seelotsen die Lotsenbrüderschaften,
2. für Personen, für die Beiträge aus Sozialleistungen zu zahlen sind, die Leistungsträger,
3. für Personen, die Vorruhestandsgeld beziehen, die zur Zahlung des Vorruhestandsgeldes Verpflichteten,
4. für Entwicklungshelfer oder im Ausland beschäftigte Deutsche die antragstellenden Stellen.
§ 28 a Abs. 5 sowie die §§ 28 b und 28 c des Vierten Buches gelten entsprechend.

§ 192 Meldepflichten bei Einberufung zum Wehrdienst oder Zivildienst
(1) Bei Einberufung zu einem Wehrdienst von länger als drei Tagen hat der Bundesminister der Verteidigung oder die von ihm bestimmte Stelle Beginn und Ende des Wehrdienstes zu melden.
(2) Bei Einberufung zu einem Zivildienst von länger als drei Tagen hat das Bundesamt für den Zivildienst Beginn und Ende des Zivildienstes zu melden.
(3) § 28 a Abs. 5 und § 28 c des Vierten Buches gelten entsprechend.

§ 193 Meldung von sonstigen rechtserheblichen Zeiten
Anrechnungszeiten sowie Zeiten, die für die Anerkennung von Anrechnungszeiten erheblich sein können, sind für Versicherte durch die zuständige Krankenkasse oder durch die Bundesanstalt für Arbeit zu melden.

§ 194 Vorausbescheinigung

(1) Arbeitgeber haben auf Verlangen von Versicherten das voraussichtliche Arbeitsentgelt für die Zeit bis zum Ende der Beschäftigung bis zu drei Monaten im voraus zu bescheinigen, wenn von den Versicherten für die Zeit danach eine Rente wegen Alters beantragt wird. Bei der Ermittlung des voraussichtlichen Arbeitsentgelts sind voraussehbare beitragspflichtige Einmalzahlungen zu berücksichtigen. Das vorauszubescheinigende Arbeitsentgelt ist nach dem in den letzten sechs Monaten erzielten Arbeitsentgelt zu berechnen, wenn für den vorauszubescheinigenden Zeitraum die Höhe des Arbeitsentgelts nicht vorhersehbar ist. Die Meldepflicht nach § 28 a des Vierten Buches bleibt unberührt.
(2) Eine Bescheinigung nach Absatz 1 Satz 1 haben auch die Leistungsträger über die beitragspflichtigen Einnahmen von Beziehern von Sozialleistungen und die Pflegekassen sowie die privaten Versicherungsunternehmen über die beitragspflichtigen Einnahmen nicht erwerbsmäßig tätiger Pflegepersonen auszustellen. Die Meldepflicht nach § 191 Satz 1 Nr. 2 und § 44 Abs. 2 des Elften Buches bleibt unberührt.
(3) Die Beitragsberechnung erfolgt nach der tatsächlichen beitragspflichtigen Einnahme.

...

Fünfter Titel
Beitragserstattung und Beitragsüberwachung

§ 210 Beitragserstattung

(1) Beiträge werden auf Antrag erstattet
1. Versicherten, die nicht versicherungspflichtig sind und nicht das Recht zur freiwilligen Versicherung haben,
2. Versicherten, die das 65. Lebensjahr vollendet und die allgemeine Wartezeit nicht erfüllt haben,
3. Witwen, Witwern oder Waisen, wenn wegen nicht erfüllter allgemeiner Wartezeit ein Anspruch auf Rente wegen Todes nicht besteht, Halbwaisen aber nur, wenn eine Witwe oder ein Witwer nicht vorhanden ist. Mehreren Waisen steht der Erstattungsbetrag zu gleichen Teilen zu.

(2) Beiträge werden nur erstattet, wenn seit dem Ausscheiden aus der Versicherungspflicht 24 Kalendermonate abgelaufen sind und nicht erneut Versicherungspflicht eingetreten ist. Die Verjährungsfrist des § 45 des Ersten Buches gilt nicht.
(3) Beiträge werden in der Höhe erstattet, in der die Versicherten sie getragen haben. War mit den Versicherten ein Nettoarbeitsentgelt vereinbart, wird der von den Arbeitgebern getragene Beitragsanteil der Arbeitnehmer erstattet. Beiträge aufgrund einer selbständigen Tätigkeit oder freiwillige Beiträge werden zur Hälfte erstattet. Beiträge der Höherversicherung werden in voller Höhe erstattet. Erstattet werden nur Beiträge, die im Bundesgebiet für Zeiten nach dem 20. Juni 1948, im Land Berlin für Zeiten nach dem 24. Juni 1948 und im Saarland für Zeiten nach dem 19. November 1947 gezahlt worden sind. Beiträge im Beitrittsgebiet werden nur erstattet, wenn sie für Zeiten nach dem 30. Juni 1990 gezahlt worden sind.
(4) Ist zugunsten oder zu Lasten der Versicherten ein Versorgungsausgleich durchgeführt, wird der zu erstattende Betrag um die Hälfte des Betrages erhöht oder gemindert, der bei Eintritt der Rechtskraft der Entscheidung des Familiengerichts als Beitrag für den Zuschlag oder den im Zeitpunkt der Beitragserstattung noch bestehenden Abschlag zu zahlen gewesen wäre.
(5) Haben Versicherte eine Sach- oder Geldleistung aus der Versicherung in Anspruch genommen, werden nur die später entrichteten Beiträge erstattet.
(6) Der Antrag auf Erstattung kann nicht auf einzelne Beitragszeiten oder Teile der Beiträge beschränkt werden. Mit der Erstattung wird das bisherige Versicherungsverhältnis aufgelöst. Ansprüche aus den bis zur Erstattung nach Absatz 1 zurückgelegten rentenrechtlichen Zeiten bestehen nicht mehr.

...

Fünftes Kapitel
Sonderregelungen

Erster Abschnitt
Ergänzungen für Sonderfälle

Erster Unterabschnitt
Grundsatz

§ 228 Grundsatz
Die Vorschriften dieses Abschnitts ergänzen die Vorschriften der vorangehenden Kapitel für Sachverhalte, die von dem Zeitpunkt des Inkrafttretens der Vorschriften der vorangehenden Kapitel an nicht mehr oder nur noch übergangsweise eintreten können.

§ 228 a Besonderheiten für das Beitrittsgebiet
(1) Soweit Vorschriften dieses Buches bei Arbeitsentgelten, Arbeitseinkommen oder Beitragsbemessungsgrundlagen
1. an die Bezugsgröße anknüpfen, ist die Bezugsgröße für das Beitrittsgebiet (Bezugsgröße [Ost]),
2. an die Beitragsbemessungsgrenze anknüpfen, ist die Beitragsbemessungsgrenze für das Beitrittsgebiet (Beitragsbemessungsgrenze [Ost], Anlage 2 a)

maßgebend, wenn die Einnahmen aus einer Beschäftigung oder Tätigkeit im Beitrittsgebiet erzielt werden. Satz 1 gilt für die Ermittlung der Beitragsbemessungsgrundlagen bei sonstigen Versicherten entsprechend.

(2) Soweit Vorschriften dieses Buches bei Hinzuverdienstgrenzen für Renten an den aktuellen Rentenwert anknüpfen, ist der aktuelle Rentenwert (Ost) maßgebend, wenn das Arbeitsentgelt oder Arbeitseinkommen aus der Beschäftigung oder Tätigkeit im Beitrittsgebiet erzielt wird. Wird in einem Kalendermonat Arbeitsentgelt oder Arbeitseinkommen auch im Gebiet der Bundesrepublik Deutschland ohne das Beitrittsgebiet erzielt, ist der aktuelle Rentenwert maßgebend.

(3) Soweit Vorschriften dieses Buches bei Einkommensanrechnung auf Renten wegen Todes an den aktuellen Rentenwert anknüpfen, ist der aktuelle Rentenwert (Ost) maßgebend, wenn der Berechtigte seinen gewöhnlichen Aufenthalt im Beitrittsgebiet hat.

§ 228 b Maßgebende Werte in der Anpassungsphase
Bis zur Herstellung einheitlicher Einkommensverhältnisse im Gebiet der Bundesrepublik Deutschland sind, soweit Vorschriften dieses Buches auf die Veränderung der Bruttolohn- und- gehaltsumme je durchschnittlich beschäftigten Arbeitnehmer oder auf das Durchschnittsentgelt abstellen, die für das Bundesgebiet ohne das Beitrittsgebiet ermittelten Werte maßgebend, sofern nicht in den nachstehenden Vorschriften etwas anderes bestimmt ist.

Zweiter Unterabschnitt
Versicherter Personenkreis

§ 229 Versicherungspflicht
(1) Personen, die am 31. Dezember 1991 als
1. Mitglieder des Vorstandes einer Aktiengesellschaft,
2. selbständig tätige Lehrer, Erzieher oder Pflegepersonen im Zusammenhang mit ihrer selbständigen Tätigkeit keinen Angestellten, aber mindestens einen Arbeiter beschäftigt haben und

versicherungspflichtig waren, bleiben in dieser Tätigkeit versicherungspflichtig. Sie werden jedoch auf Antrag von der Versicherungspflicht befreit. Die Befreiung wirkt vom 1. Januar 1992 an, wenn sie bis zum 31. März 1992 beantragt wird, sonst vom Eingang des Antrags an. Sie ist auf die jeweilige Tätigkeit beschränkt.

(2) Handwerker, die am 31. Dezember 1991 nicht versicherungspflichtig waren, bleiben in dieser Tätigkeit nicht versicherungspflichtig.

(3) Für Personen, die am 31. Dezember 1991 nicht nur vorübergehend selbständig tätig und in dieser Tätigkeit bis dahin versicherungsfrei waren, die Versicherungspflicht zu beantragen, beginnt die Antragsfrist nach § 4 Abs. 2 am 1. Januar 1992.

(4) Bezieher von Sozialleistungen, die am 31. Dezember 1995 auf Antrag versicherungspflichtig waren und nach § 4 Abs. 3 a die Voraussetzungen für die Versicherungspflicht nicht mehr erfüllen, bleiben für die Zeit des Bezugs der jeweiligen Sozialleistung versicherungspflichtig.

§ 229 a Versicherungspflicht im Beitrittsgebiet

(1) Personen, die am 31. Dezember 1991 im Beitrittsgebiet versicherungspflichtig waren und nicht nach §§ 1 bis 3 versicherungspflichtig sind, bleiben in der jeweiligen Tätigkeit oder für die Zeit des jeweiligen Leistungsbezugs versicherungspflichtig. Selbständig Tätige und mitarbeitende Familienangehörige können jedoch bis zum 31. Dezember 1994 beantragen, daß die Versicherungspflicht nach Satz 1 endet. Das Ende der Versicherungspflicht tritt vom 1. Januar 1992 an ein, wenn der Antrag bis zum 30. Juni 1992 gestellt wird, sonst vom Eingang des Antrags an.

(2) Im Beitrittsgebiet selbständig tätige Landwirte, die die Voraussetzungen des § 2 Abs. 1 Nr. 1 des Zweiten Gesetzes über die Krankenversicherung der Landwirte erfüllen, in der Krankenversicherung der Landwirte als Unternehmer versichert sind und am 31. Dezember 1994 im Beitrittsgebiet in dieser Tätigkeit versicherungspflichtig waren, sind ab 1. Januar 1995 nicht versicherungspflichtig, wenn sie nach dem 1. Januar 1945 geboren sind und am 31. Dezember 1994 die versicherungsrechtlichen Voraussetzungen für eine Rente wegen verminderter Erwerbsfähigkeit nicht erfüllt haben. Sind die in Satz 1 genannten Landwirte vor dem 2. Januar 1945 geboren oder haben sie am 31. Dezember 1994 die versicherungsrechtlichen Voraussetzungen für eine Rente wegen verminderter Erwerbsfähigkeit erfüllt, bleiben sie in dieser Tätigkeit versicherungspflichtig; sie können jedoch bis zum 31. Dezember 1995 beantragen, daß die Versicherungspflicht endet. Das Ende der Versicherungspflicht tritt vom 1. Januar 1995 an ein.

§ 230 Versicherungsfreiheit

(1) Personen, die am 31. Dezember 1991 als
1. Polizeivollzugsbeamte auf Widerruf,
2. Handwerker oder
3. Mitglieder der Pensionskasse deutscher Eisenbahnen und Straßenbahnen

versicherungsfrei waren, bleiben in dieser Beschäftigung oder selbständigen Tätigkeit versicherungsfrei. Handwerker, die am 31. Dezember 1991 aufgrund eines Lebensversicherungsvertrags versicherungsfrei waren, und Personen, die am 31. Dezember 1991 als Versorgungsbezieher versicherungsfrei waren, bleiben in jeder Beschäftigung und jeder selbständigen Tätigkeit versicherungsfrei.

(2) Personen, die am 31. Dezember 1991 als versicherungspflichtige
1. Beschäftigte von Körperschaften, Anstalten oder Stiftungen des öffentlichen Rechts oder ihre Verbände
oder
2. satzungsmäßige Mitglieder geistlicher Genossenschaften, Diakonissen oder Angehörige ähnlicher Gemeinschaften,

nicht versicherungsfrei und nicht von der Versicherungspflicht befreit waren, bleiben in dieser Beschäftigung versicherungspflichtig. Sie werden jedoch auf Antrag unter den Voraussetzungen des § 5 Abs. 1 Satz 1 von der Versicherungspflicht befreit. Über die Befreiung entscheidet der Träger der Rentenversicherung, nachdem für Beschäftige beim Bund und bei Arbeitgebern, die der Aufsicht des Bundes unterstehen, der zuständige Bundesminister, im übrigen die oberste Verwaltungsbehörde des Landes, in dem die Arbeitgeber, Genossenschaften oder Gemeinschaften ihren Sitz haben, das Vorliegen der Voraussetzungen bestätigt hat. Die Befreiung wirkt vom 1. Januar 1992 an, wenn sie bis zum 31. März 1992 beantragt wird, sonst vom Eingang des Antrags an. Sie ist auf die jeweilige Beschäftigung beschränkt.

(3) Personen, die am 31. Dezember 1991 als Beschäftigte oder selbständig Tätige nicht versicherungsfrei und nicht von der Versicherungspflicht befreit waren, werden in dieser Beschäftigung oder selbständigen Tätigkeit nicht nach § 5 Abs. 4 Nr. 2 und 3 versicherungsfrei. Sie werden jedoch auf Antrag von der Versicherungspflicht befreit. Die Befreiung wirkt vom 1. Januar 1992 an, wenn sie bis zum 31. März 1992 beantragt wird, sonst vom Eingang des Antrags an. Sie bezieht sich auf jede Beschäftigung oder selbständige Tätigkeit.

(4) Personen, die am 1. Oktober 1996 in einer Beschäftigung oder selbständigen Tätigkeit als ordentliche Studierende einer Fachschule oder Hochschule versicherungsfrei waren, bleiben in dieser

Beschäftigung oder selbständigen Tätigkeit versicherungsfrei. Sie können jedoch beantragen, daß die Versicherungsfreiheit endet.

§ 231 Befreiung von der Versicherungspflicht

(1) Personen, die am 31. Dezember 1991 von der Versicherungspflicht befreit waren, bleiben in derselben Beschäftigung oder selbständigen Tätigkeit von der Versicherungspflicht befreit. Personen, die am 31. Dezember 1991 als
1. Angestellte im Zusammenhang mit der Erhöhung oder dem Wegfall der Jahresarbeitsverdienstgrenze,
2. Handwerker oder
3. Empfänger von Versorgungsbezügen

von der Versicherungspflicht befreit waren, bleiben in jeder Beschäftigung oder selbständigen Tätigkeit und bei Wehrdienstleistungen von der Versicherungspflicht befreit.

(2) Personen, die aufgrund eines bis zum 31. Dezember 1995 gestellten Antrags spätestens mit Wirkung von diesem Zeitpunkt an nach § 6 Abs. 1 Nr. 1 in der zu diesem Zeitpunkt geltenden Fassung von der Versicherungspflicht befreit sind, bleiben in der jeweiligen Beschäftigung oder selbständigen Tätigkeit befreit.

(3) Mitglieder von berufsständischen Versorgungseinrichtungen, die nur deshalb Pflichtmitglied ihrer berufsständischen Kammer sind, weil die am 31. Dezember 1994 für bestimmte Angehörige ihrer Berufsgruppe bestehende Verpflichtung zur Mitgliedschaft in einer berufsständischen Kammer nach dem 31. Dezember 1994 auf weitere Angehörige der jeweiligen Berufsgruppe erstreckt worden ist, werden bei Vorliegen der übrigen Voraussetzungen nach § 6 Abs. 1 von der Versicherungspflicht befreit, wenn
1. die Verkündung des Gesetzes, mit dem die Verpflichtung zur Mitgliedschaft in einer berufsständischen Kammer auf weitere Angehörige der Berufsgruppe erstreckt worden ist, vor dem 1. Juli 1996 erfolgt und
2. mit der Erstreckung der Verpflichtung zur Mitgliedschaft in einer berufsständischen Kammer auf weitere Angehörige der Berufsgruppe hinsichtlich des Kreises der Personen, die der berufsständischen Kammer als Pflichtmitglieder angehören, eine Rechtslage geschaffen worden ist, die am 31. Dezember 1994 bereits in mindestens der Hälfte aller Bundesländer bestanden hat.

Für Personen nach Satz 1, die in der Zeit vom 1. Januar 1996 bis zum 30. Juni 1996 erstmals Pflichtmitglied ihrer berufsständischen Versorgungseinrichtung werden, wirkt die Befreiung vom Vorliegen der Befreiungsvoraussetzungen an, wenn sie innerhalb von sechs Monaten beantragt wird.

(4) Mitglieder von berufsständischen Versorgungseinrichtungen, die nur deshalb Pflichtmitglied einer berufsständischen Versorgungseinrichtung sind, weil eine für ihre Berufsgruppe am 31. Dezember 1994 bestehende Verpflichtung zur Mitgliedschaft in der berufsständischen Versorgungseinrichtung nach dem 31. Dezember 1994 auf diejenigen Angehörigen der Berufsgruppe erstreckt worden ist, die einen gesetzlich vorgeschriebenen Vorbereitungs- oder Anwärterdienst ableisten, werden bei Vorliegen der übrigen Voraussetzungen nach § 6 Abs. 1 von der Versicherungspflicht befreit, wenn
1. die Änderung der versorgungsrechtlichen Regelungen, mit der die Verpflichtung zur Mitgliedschaft in der berufsständischen Versorgungseinrichtung auf Personen erstreckt worden ist, die einen gesetzlich vorgeschriebenen Vorbereitungs- oder Anwärterdienst ableisten, vor dem 1. Juli 1996 erfolgt und
2. mit der Erstreckung der Verpflichtung zur Mitgliedschaft in der berufsständischen Versorgungseinrichtung auf Personen, die einen gesetzlich vorgeschriebenen Vorbereitungs- oder Anwärterdienst ableisten, hinsichtlich des Kreises der Personen, die der berufsständischen Versorgungseinrichtung als Pflichtmitglieder angehören, eine Rechtslage geschaffen worden ist, die für die jeweilige Berufsgruppe bereits am 31. Dezember 1994 in mindestens einem Bundesland bestanden hat.

Für Personen nach Satz 1, die bis zum 30. Juni 1996 erstmals einen gesetzlich vorgeschriebenen Vorbereitungs- oder Anwärterdienst aufnehmen, wirkt die Befreiung vom Vorliegen der Beitragspflicht zur berufsständischen Versorgungseinrichtung an.

(5) Arbeitnehmerähnliche Selbständige, die am 31. Dezember 1998 nicht versicherungspflichtig waren und ab 1. Januar 1999 versicherungspflichtig werden, werden auf Antrag für jede Tätigkeit als arbeitnehmerähnlicher Selbständiger von der Versicherungspflicht befreit, wenn sie
1. vor dem 2. Januar 1949 geboren sind oder
2. vor dem 10. Dezember 1998 mit einem öffentlichen oder privaten Versicherungsunternehmen einen Lebens- oder Rentenversicherungsvertrag abgeschlossen haben, der so ausgestaltet ist oder bis zum 30. Juni 1999 so ausgestaltet wird, daß
   a) Leistungen für den Fall der Invalidität und des Erlebens des 60. oder eines höheren Lebensjahres sowie im Todesfall Leistungen an Hinterbliebene erbracht werden und
   b) für die Versicherung mindestens ebensoviel Beiträge aufzuwenden sind, wie Beiträge zur Rentenversicherung zu zahlen wären.

Satz 1 Nr. 2 gilt entsprechend für eine Zusage auf eine betriebliche Altersversorgung, durch die die leistungsbezogenen und aufwandsbezogenen Voraussetzungen des Satzes 1 Nr. 2 erfüllt werden. Die Befreiung ist bis zum 30. Juni 1999 zu beantragen. Über die Befreiung entscheidet der Träger der Rentenversicherung. Sie wirkt vom 1. Januar 1999 an.

§ 231 a Befreiung von der Versicherungspflicht im Beitrittsgebiet

Selbständig Tätige, die am 31. Dezember 1991 im Beitrittsgebiet aufgrund eines Versicherungsvertrages von der Versicherungspflicht befreit waren, bleiben in jeder Beschäftigung oder selbständigen Tätigkeit und bei Wehrdienstleistungen von der Versicherungspflicht befreit. Sie können jedoch bis zum 31. Dezember 1994 erklären, daß die Befreiung von der Versicherungspflicht enden soll. Die Befreiung endet vom Eingang des Antrags an.

§ 232 Freiwillige Versicherung

(1) Personen, die nicht versicherungspflichtig sind und vor dem 1. Januar 1992 vom Recht der Selbstversicherung, der Weiterversicherung oder der freiwilligen Versicherung Gebrauch gemacht haben, können sich weiterhin freiwillig versichern. Dies gilt für Personen, die
1. von dem Recht der Selbstversicherung oder Weiterversicherung Gebrauch gemacht haben, auch dann, wenn sie nicht Deutsche sind und ihren gewöhnlichen Aufenthalt im Ausland haben,
2. von dem Recht der freiwilligen Versicherung Gebrauch gemacht haben, nur dann, wenn sie dieses Recht nicht bereits vor dem 1. Januar 1992 nach den jeweils geltenden, dem § 7 Abs. 2 sinngemäß entsprechenden Vorschriften verloren haben.

(2) Nach bindender Bewilligung einer Vollrente wegen Alters oder für Zeiten des Bezugs einer solchen Rente ist eine freiwillige Versicherung nicht zulässig.

§ 233 Nachversicherung

(1) Personen, die vor dem 1. Januar 1992 aus einer Beschäftigung ausgeschieden sind, in der sie nach dem jeweils geltenden, dem § 5 Abs. 1, § 6 Abs. 1 Satz 1 Nr. 2, § 230 Abs. 1 Nr. 1 und 3 oder § 231 Abs. 1 Satz 1 sinngemäß entsprechenden Recht nicht versicherungspflichtig, versicherungsfrei oder von der Versicherungspflicht befreit waren, werden weiterhin nach den bisherigen Vorschriften nachversichert, wenn sie ohne Anspruch oder Anwartschaft auf Versorgung aus der Beschäftigung ausgeschieden sind. Dies gilt für Personen, die ihren Anspruch auf Versorgung vor dem 1. Januar 1992 verloren haben, entsprechend. Wehrpflichtige, die während ihres Grundwehrdienstes vom 1. März 1957 bis zum 30. April 1961 nicht versicherungspflichtig waren, werden für die Zeit des Dienstes nachversichert, auch wenn die Voraussetzungen des Satzes 1 nicht vorliegen.

(2) Personen, die nach dem 31. Dezember 1991 aus einer Beschäftigung ausgeschieden sind, in der sie nach § 5 Abs. 1, § 6 Abs. 1 Satz 1 Nr. 2, § 230 Abs. 1 Nr. 1 und 3 oder § 231 Abs. 1 Satz 1 versicherungsfrei oder von der Versicherungspflicht befreit waren, werden nach den vom 1. Januar 1992 an geltenden Vorschriften auch für Zeiträume vorher nachversichert, in denen sie nach dem jeweils geltenden, diesen Vorschriften sinngemäß entsprechenden Recht nicht versicherungspflichtig, versicherungsfrei oder von der Versicherungspflicht befreit waren. Dies gilt für Personen, die ihren Anspruch auf Versorgung nach dem 31. Dezember 1991 verloren haben, entsprechend.

(3) Die Nachversicherung erstreckt sich auch auf Zeiträume, in denen die nachzuversichernden Personen mangels einer dem § 4 Abs. 1 Satz 2 entsprechenden Vorschrift oder in den Fällen des Absatzes 2 wegen Überschreitens der jeweiligen Jahresarbeitsverdienstgrenze nicht versicherungspflichtig oder versicherungsfrei waren.

§ 233 a Nachversicherung im Beitrittsgebiet

(1) Personen, die vor dem 1. Januar 1992 aus einer Beschäftigung im Beitrittsgebiet ausgeschieden sind, in der sie nach dem jeweils geltenden, dem § 5 Abs. 1, § 6 Abs. 1 Satz 1 Nr. 2 und § 230 Abs. 1 Nr. 3 sinngemäß entsprechenden Recht nicht versicherungspflichtig, versicherungsfrei oder von der Versicherungspflicht befreit waren, werden nachversichert, wenn sie
1. ohne Anspruch oder Anwartschaft auf Versorgung aus der Beschäftigung ausgeschieden sind und
2. einen Anspruch auf eine nach den Vorschriften dieses Buches zu berechnende Rente haben oder aufgrund der Nachversicherung erwerben würden.

Der Nachversicherung werden die bisherigen Vorschriften, die im Gebiet der Bundesrepublik Deutschland außerhalb des Beitrittsgebiets anzuwenden sind oder anzuwenden waren, fiktiv zugrunde gelegt; Regelungen, nach denen eine Nachversicherung nur erfolgt, wenn sie innerhalb einer bestimmten Frist oder bis zu einem bestimmten Zeitpunkt beantragt worden ist, finden keine Anwendung. Die Sätze 1 und 2 gelten für Personen, die ihren Anspruch auf Versorgung vor dem 1. Januar 1992 verloren haben, entsprechend.

Die Sätze 1 und 2 gelten entsprechend
1. für Personen, die aus einer Beschäftigung außerhalb des Beitrittsgebiets ausgeschieden sind, wenn sie aufgrund ihres gewöhnlichen Aufenthalts im Beitrittsgebiet nicht nachversichert werden konnten,
2. für Personen, die ihren Anspruch auf Versorgung vor dem 1. Januar 1992 verloren haben.

(2) Personen, die nach dem 31. Dezember 1991 aus einer Beschäftigung im Beitrittsgebiet ausgeschieden sind, in der sie nach § 5 Abs. 1 versicherungsfrei waren, werden nach den vom 1. Januar 1992 an geltenden Vorschriften auch für Zeiten vorher nachversichert, in denen sie nach dieser Vorschrift oder dem jeweils geltenden, dieser Vorschrift sinngemäß entsprechenden Recht nicht versicherungspflichtig, versicherungsfrei oder von der Versicherungspflicht befreit waren, wenn sie einen Anspruch auf eine nach den Vorschriften dieses Buches zu berechnende Rente haben oder aufgrund der Nachversicherung erwerben würden. Dies gilt für Personen, die ihren Anspruch auf Versorgung nach dem 31. Dezember 1991 verloren haben, entsprechend.

(3) Pfarrer, Pastoren, Prediger, Vikare und andere Mitarbeiter von Religionsgesellschaften im Beitrittsgebiet, für die aufgrund von Vereinbarungen zwischen den Religionsgesellschaften und der Deutschen Demokratischen Republik Beiträge zur Sozialversicherung für Zeiten im Dienst der Religionsgesellschaften nachgezahlt wurden, gelten für die Zeiträume, für die Beiträge nachgezahlt worden sind, als nachversichert, wenn sie einen Anspruch auf eine nach den Vorschriften dieses Buches zu berechnende Rente haben oder aufgrund der Nachversicherung erwerben würden.

(4) Diakonissen, für die aufgrund von Vereinbarungen zwischen dem Bund der Evangelischen Kirchen im Beitrittsgebiet und der Deutschen Demokratischen Republik Zeiten einer Tätigkeit in den Evangelischen Diakonissenmutterhäusern und Diakoniewerken vor dem 1. Januar 1985 im Beitrittsgebiet bei der Gewährung und Berechnung von Renten aus der Sozialversicherung zu berücksichtigen waren, werden für diese Zeiträume nachversichert, wenn sie einen Anspruch auf eine nach den Vorschriften dieses Buches zu berechnende Rente haben oder aufgrund der Nachversicherung erwerben würden. Dies gilt entsprechend für Mitglieder geistlicher Genossenschaften, die vor dem 1. Januar 1985 im Beitrittsgebiet eine vergleichbare Tätigkeit ausgeübt haben. Für Personen, die nach dem 31. Dezember 1984 aus der Gemeinschaft ausgeschieden sind, geht die Nachversicherung nach Satz 1 oder 2 für Zeiträume vor dem 1. Januar 1985 der Nachversicherung nach Absatz 1 oder 2 vor.

(5) Die Absätze 1 und 2 gelten nicht für Zeiten, für die Ansprüche oder Anwartschaften aus einem Sonderversorgungssystem des Beitrittsgebiets im Sinne des Artikel 3 § 1 Abs. 3 des Renten-Überleitungsgesetzes erworben worden sind.

§ 234 (aufgehoben)

Dritter Unterabschnitt
Rehabilitation

§ 235 Rehabilitation
Bei der Anrechnung von Verletztenrenten mit Kinderzulage auf das Übergangsgeld bleibt ein Betrag in Höhe des Kindergeldes nach § 66 des Einkommensteuergesetzes oder § 6 des Bundeskindergeldgesetzes außer Ansatz.

Vierter Unterabschnitt
Anspruchsvoraussetzungen für einzelne Renten

§ 235 a Anpassung des Übergangsgeldes im Beitrittsgebiet
Ist Berechnungsgrundlage für das Übergangsgeld ein im Beitrittsgebiet erzieltes Arbeitsentgelt oder Arbeitseinkommen, erhöht sich das Übergangsgeld nach dem Ende des Bemessungszeitraums jeweils in den Zeitabständen und um den Vomhundertsatz wie die Renten im Beitrittsgebiet.

§ 236 Hinzuverdienstgrenze
(1) Für Versicherte, für die am 31. Dezember 1991 Anspruch auf eine Altersrente vor Vollendung des 65. Lebensjahres bestand und die
1. vor dem 2. Dezember 1928 geboren sind oder
2. vor dem 2. Dezember 1929 geboren sind und als Schwerbehinderte (§ 1 Schwerbehindertengesetz) anerkannt, berufsunfähig oder erwerbsunfähig sind,

beträgt die Hinzuverdienstgrenze statt eines Siebtels der monatlichen Bezugsgröße 1000 Deutsche Mark, wenn die Wartezeit von 35 Jahren erfüllt ist.
(2) Bestand am 31. Dezember 1991 Anspruch auf eine Altersrente vor Vollendung des 65. Lebensjahres, wird die Hinzuverdienstgrenze nicht überschritten, wenn eine Beschäftigung oder selbständige Tätigkeit ausgeübt wird, die innerhalb eines Jahres seit ihrem Beginn auf längstens zwei Monate oder 50 Arbeitstage nach ihrer Eigenart begrenzt zu sein pflegt oder im voraus vertraglich begrenzt ist.
(2 a) Bestand am 31. Dezember 1991 Anspruch auf eine Rente wegen Alters vor Vollendung des 65. Lebensjahres nach den bis dahin im Beitrittsgebiet geltenden Vorschriften, besteht eine Hinzuverdienstgrenze nicht.
(3) Bestand am 31. Dezember 1991 Anspruch auf eine Altersrente für langjährig unter Tage beschäftigte Bergleute, tritt an die Stelle der Hinzuverdienstgrenze die Voraussetzung, daß eine Beschäftigung in einem knappschaftlichen Betrieb nicht ausgeübt wird.
(4) Bestand am 31. Dezember 1991 Anspruch auf eine Rente wegen Erwerbsunfähigkeit, die spätestens am 1. Januar 1984 begonnen hat, tritt an die Stelle des Siebtels der monatlichen Bezugsgröße mindestens der Betrag von 625 Deutsche Mark monatlich.

§ 237 Altersrente wegen Arbeitslosigkeit oder nach Altersteilzeitarbeit
(1) Anspruch auf Altersrente wegen Arbeitslosigkeit besteht auch für Versicherte, die während der Arbeitslosigkeit von 52 Wochen nur deshalb der Arbeitsvermittlung nicht zur Verfügung standen, weil sie nicht bereit waren, jede zumutbare Beschäftigung anzunehmen oder an zumutbaren beruflichen Bildungsmaßnahmen teilzunehmen. Der Zeitraum von zehn Jahren, in dem acht Jahre Pflichtbeiträge für eine versicherte Beschäftigung oder Tätigkeit vorhanden sein müssen, verlängert sich auch um
1. Arbeitslosigkeitszeiten nach Satz 1,
2. Ersatzzeiten,

soweit diese Zeiten nicht auch Pflichtbeiträge für eine versicherte Beschäftigung oder Tätigkeit sind. Vom 1. Januar 2001 an werden Arbeitslosigkeitszeiten nach Satz 1 nur berücksichtigt, wenn die Arbeitslosigkeit vor dem 1. Januar 2001 begonnen hat und der Versicherte vor diesem Tage das 58. Lebensjahr vollendet hat.
(2) Die Altersgrenze von 60 Jahren bei der Altersrente wegen Arbeitslosigkeit oder nach Altersteilzeitarbeit wird für Versicherte,
1. die bis zum 14. Februar 1941 geboren sind und
    a) am 14. Februar 1996 arbeitslos waren oder Anpassungsgeld für entlassene Arbeitnehmer des Bergbaus bezogen haben oder
    b) deren Arbeitsverhältnis auf Grund einer Kündigung oder Vereinbarung, die vor dem 14. Februar 1996 erfolgt ist, nach dem 13. Februar 1996 beendet worden ist und die daran anschlie-

ßend arbeitslos geworden sind oder Anpassungsgeld für entlassene Arbeitnehmer des Bergbaus bezogen haben oder
2. die bis zum 14. Februar 1944 geboren sind und auf Grund einer Maßnahme nach Artikel 56 § 2 Buchstabe b des Vertrages über die Gründung der Europäischen Gemeinschaft für Kohle und Stahl (EGKS-V), die vor dem 14. Februar 1996 genehmigt worden ist, aus einem Betrieb der Montanindustrie ausgeschieden sind, oder
3. vor dem 1. Januar 1942 geboren sind und 45 Jahre mit Pflichtbeiträgen für eine versicherte Beschäftigung oder Tätigkeit haben; § 38 Satz 2 ist anzuwenden, wobei dies nicht für Zeiten gilt, in denen Versicherte wegen des Bezugs von Arbeitslosengeld oder Arbeitslosenhilfe versicherungspflichtig waren,

wie folgt angehoben:

Versicherte Geburtsjahr Geburtsmonat	Anhebung um ... Monate	auf Alter		vorzeitige Inanspruchnahme möglich ab Alter	
		Jahr	Monat	Jahr	Monat
1941					
Januar-April	1	60	1	60	0
Mai-August	2	60	2	60	0
September-Dezember	3	60	3	60	0
1942					
Januar-April	4	60	4	60	0
Mai-August	5	60	5	60	0
September-Dezember	6	60	6	60	0
1943					
Januar-April	7	60	7	60	0
Mai-August	8	60	8	60	0
September-Dezember	9	60	9	60	0
1944					
Januar-Februar	10	60	10	60	0

Einer vor dem 14. Februar 1996 abgeschlossenen Vereinbarung über die Beendigung des Arbeitsverhältnisses steht eine vor diesem Tag vereinbarte Befristung des Arbeitsverhältnisses oder Bewilligung einer befristeten arbeitsmarktpolitischen Maßnahme gleich. Ein bestehender Vertrauensschutz wird insbesondere durch die spätere Aufnahme eines Arbeitsverhältnisses oder den Eintritt in eine neue arbeitsmarktpolitische Maßnahme nicht berührt.

§ 237 a Altersrente für Frauen

Die Altersgrenze von 60 Jahren bei der Altersrente für Frauen, die
1. bis zum 7. Mai 1941 geboren sind und
   a) am 7. Mai 1996 arbeitslos waren oder Anpassungsgeld für entlassene Arbeitnehmer des Bergbaus bezogen haben oder
   b) deren Arbeitsverhältnis aufgrund einer Kündigung oder Vereinbarung, die vor dem 7. Mai 1996 erfolgt ist, nach dem 6. Mai 1996 beendet worden ist oder
2. bis zum 7. Mai 1944 geboren sind und auf Grund einer Maßnahme nach Artikel 56 § 2 Buchstabe b des Vertrages über die Gründung der Europäischen Gemeinschaft für Kohle und Stahl (EGKS-V), die vor dem 7. Mai 1996 genehmigt worden ist, aus einem Betrieb der Montanindustrie ausgeschieden sind,

wird wie folgt angehoben:

Versicherte Geburtsjahr Geburtsmonat	Anhebung um ... Monate	auf Alter		vorzeitige Inanspruchnahme möglich ab Alter	
		Jahr	Monat	Jahr	Monat
1941					
Januar-April	1	60	1	60	0
Mai-August	2	60	2	60	0
September-Dezember	3	60	3	60	0
1942					
Januar-April	4	60	4	60	0
Mai-August	5	60	5	60	0
September-Dezember	6	60	6	60	0
1943					
Januar-April	7	60	7	60	0
Mai-August	8	60	8	60	0
September-Dezember	9	60	9	60	0
1944					
Januar-April	10	60	10	60	0
Mai	11	60	11	60	0

Einer vor dem 7. Mai 1996 abgeschlossenen Vereinbarung über die Beendigung des Arbeitsverhältnisses steht eine vor diesem Tag vereinbarte Befristung des Arbeitsverhältnisses oder Bewilligung einer befristeten arbeitsmarktpolitischen Maßnahme gleich. Ein bestehender Vertrauensschutz wird insbesondere durch die spätere Aufnahme eines Arbeitsverhältnisses oder den Eintritt in eine neue arbeitsmarktpolitische Maßnahme nicht berührt.

§ 238 Altersrente für langjährig unter Tage beschäftigte Bergleute

(1) Auf die Wartezeit für eine Rente für langjährig unter Tage beschäftigte Bergleute werden auch Anrechnungszeiten wegen Bezugs von Anpassungsgeld nach Vollendung des 50. Lebensjahres angerechnet, wenn zuletzt vor Beginn dieser Leistung eine Beschäftigung unter Tage ausgeübt worden ist.

(2) Die Wartezeit für die Altersrente für langjährig unter Tage beschäftigte Bergleute ist auch erfüllt, wenn die Versicherten

1. 25 Jahre mit Beitragszeiten aufgrund einer Beschäftigung mit ständigen Arbeiten unter Tage zusammen mit der knappschaftlichen Rentenversicherung zugeordneten Ersatzzeiten haben oder
2. 25 Jahre mit knappschaftlichen Beitragszeiten allein oder zusammen mit der knappschaftlichen Rentenversicherung zugeordneten Ersatzzeiten haben und
   a) 15 Jahre mit Hauerarbeiten (Anlage 9) beschäftigt waren oder
   b) die erforderlichen 25 Jahre mit Beitragszeiten aufgrund einer Beschäftigung mit ständigen Arbeiten unter Tage allein oder zusammen mit der knappschaftlichen Rentenversicherung zugeordneten Ersatzzeiten erfüllen, wenn darauf
      aa) für je zwei volle Kalendermonate mit Hauerarbeiten je drei Kalendermonate und
      bb) für je drei volle Kalendermonate, in denen die Versicherten vor dem 1. Januar 1968 unter Tage mit anderen als Hauerarbeiten beschäftigt waren, je zwei Kalendermonate oder
      cc) die vor dem 1. Januar 1968 verrichteten Arbeiten unter Tage bei Versicherten, die vor dem 1. Januar 1968 Hauerarbeiten verrichtet haben und diese wegen im Bergbau verminderter Berufsfähigkeit aufgeben mußten,
   angerechnet werden.

§ 239 Knappschaftsausgleichsleistung

(1) Versicherte haben Anspruch auf Knappschaftsausgleichsleistung, wenn sie

1. nach Vollendung des 55. Lebensjahres aus einem knappschaftlichen Betrieb ausscheiden, nach dem 31. Dezember 1971 ihre bisherige Beschäftigung unter Tage infolge im Bergbau verminderter Berufsfähigkeit wechseln mußten und die Wartezeit von 25 Jahren mit Beitragszeiten aufgrund einer Beschäftigung mit ständigen Arbeiten unter Tage erfüllt haben,
2. aus Gründen, die nicht in ihrer Person liegen, nach Vollendung des 55. Lebensjahres oder nach Vollendung des 50. Lebensjahres, wenn sie bis zur Vollendung des 55. Lebensjahres Anpassungsgeld für entlassene Arbeitnehmer des Bergbaus bezogen haben, aus einem knappschaftlichen Betrieb ausscheiden und die Wartezeit von 25 Jahren
    a) mit Beitragszeiten aufgrund einer Beschäftigung unter Tage erfüllt haben oder
    b) mit Beitragszeiten erfüllt haben, eine Beschäftigung unter Tage ausgeübt haben und diese Beschäftigung wegen Krankheit oder körperlicher, geistiger oder seelischer Behinderung aufgeben mußten, oder
3. nach Vollendung des 55. Lebensjahres aus einem knappschaftlichen Betrieb ausscheiden und die Wartezeit von 25 Jahren mit knappschaftlichen Beitragszeiten erfüllt haben und
    a) vor dem 1. Januar 1972 15 Jahre mit Hauerarbeiten (Anlage 9) beschäftigt waren, wobei der knappschaftlichen Rentenversicherung zugeordnete Ersatzzeiten infolge einer Einschränkung oder Entziehung der Freiheit oder infolge Verfolgungsmaßnahmen angerechnet werden oder
    b) vor dem 1. Januar 1972 Hauerarbeiten infolge im Bergbau verminderter Berufsfähigkeit aufgeben mußten und mit ständigen Arbeiten unter Tage oder mit Arbeiten unter Tage vor dem 1. Januar 1968 beschäftigt waren oder
    c) mindestens fünf Jahre mit Hauerarbeiten beschäftigt waren und insgesamt 25 Jahre mit ständigen Arbeiten unter Tage oder mit Hauerarbeiten beschäftigt waren, wobei auf diese 25 Jahre für je zwei volle Kalendermonate mit Hauerarbeiten je drei Kalendermonate angerechnet werden.

Dem Bezug von Anpassungsgeld für entlassene Arbeitnehmer des Bergbaus nach Nummer 2 steht der Bezug der Bergmannsvollrente für längstens fünf Jahre gleich.

(2) Auf die Wartezeit nach Absatz 1 werden angerechnet
1. Zeiten, in denen Versicherte vor dem 1. Januar 1968 unter Tage beschäftigt waren,
2. Anrechnungszeiten wegen Bezugs von Anpassungsgeld für entlassene Arbeitnehmer des Bergbaus nur auf die Wartezeit nach Absatz 1 Nr. 2 und 3, auf die Wartezeit nach Absatz 1 Nr. 2 Buchstabe a jedoch nur, wenn zuletzt eine Beschäftigung unter Tage ausgeübt worden ist,
3. Ersatzzeiten, die der knappschaftlichen Rentenversicherung zugeordnet sind, auf die Wartezeit nach Absatz 1 Nr. 2 Buchstabe b und Nr. 3 Buchstabe a.

(3) Für die Feststellung und Zahlung der Knappschaftsausgleichsleistung werden die Vorschriften für die Rente wegen Erwerbsunfähigkeit mit Ausnahme von §§ 59 und 85 angewendet. Grundlage für die Ermittlung des Monatsbetrags der Knappschaftsausgleichsleistung sind nur die persönlichen Entgeltpunkte, die auf die knappschaftliche Rentenversicherung entfallen. An die Stelle des Zeitpunkts von § 99 Abs. 1 tritt der Beginn des Kalendermonats, der dem Monat folgt, in dem die knappschaftliche Beschäftigung endete. Neben der Knappschaftsausgleichsleistung wird eine Rente aus eigener Versicherung nicht geleistet. Für den Hinzuverdienst gilt § 34 Abs. 3 Nr. 1 entsprechend.

§ 240 Rente wegen Berufsunfähigkeit

(1) Der Zeitraum von fünf Jahren vor Eintritt der Berufsunfähigkeit, in dem Versicherte für einen Anspruch auf Rente wegen Berufsunfähigkeit drei Jahre Pflichtbeiträge für eine versicherte Beschäftigung oder Tätigkeit haben müssen, verlängert sich auch um Ersatzzeiten und Zeiten des Bezugs einer Knappschaftsausgleichsleistung vor dem 1. Januar 1992.

(2) Pflichtbeiträge für eine versicherte Beschäftigung oder Tätigkeit vor Eintritt der Berufsunfähigkeit sind für Versicherte nicht erforderlich, die vor dem 1. Januar 1984 die allgemeine Wartezeit erfüllt haben, wenn jeder Kalendermonat vom 1. Januar 1984 bis zum Kalendermonat vor Eintritt der Berufsunfähigkeit mit
1. Beitragszeiten,
2. beitragsfreien Zeiten,
3. Zeiten, die nur deshalb nicht beitragsfreie Zeiten sind, weil durch sie eine versicherte Beschäftigung oder selbständige Tätigkeit nicht unterbrochen ist, wenn in den letzten sechs Kalendermo-

naten vor Beginn dieser Zeiten wenigstens ein Pflichtbeitrag, eine beitragsfreie Zeit oder eine Zeit nach Nummer 4, 5 oder 6 liegt,
4. Berücksichtigungszeiten, soweit während dieser Zeiten eine selbständige Tätigkeit nicht ausgeübt worden ist, die mehr als geringfügig war,
5. Zeiten des Bezugs einer Rente wegen verminderter Erwerbsfähigkeit oder
6. Zeiten des gewöhnlichen Aufenthalts im Beitrittsgebiet vor dem 1. Januar 1992 (Anwartschaftserhaltungszeiten) belegt ist oder wenn die Berufsunfähigkeit vor dem 1. Januar 1984 eingetreten ist. Für Kalendermonate, für die eine Beitragszahlung noch zulässig ist, ist eine Belegung mit Anwartschaftserhaltungszeiten nicht erforderlich.

§ 241 Rente wegen Erwerbsunfähigkeit

(1) Der Zeitraum von fünf Jahren vor Eintritt der Erwerbsunfähigkeit, in dem Versicherte für einen Anspruch auf Rente wegen Erwerbsunfähigkeit drei Jahre Pflichtbeiträge für eine versicherte Beschäftigung oder Tätigkeit haben müssen, verlängert sich auch um Ersatzzeiten und Zeiten des Bezugs einer Knappschaftsausgleichsleistung vor dem 1. Januar 1992.

(2) Pflichtbeiträge für eine versicherte Beschäftigung oder Tätigkeit vor Eintritt der Erwerbsunfähigkeit sind für Versicherte nicht erforderlich, die vor dem 1. Januar 1984 die allgemeine Wartezeit erfüllt haben, wenn jeder Kalendermonat vom 1. Januar 1984 bis zum Kalendermonat vor Eintritt der Erwerbsunfähigkeit mit Anwartschaftserhaltungszeiten belegt ist oder wenn die Erwerbsunfähigkeit vor dem 1. Januar 1984 eingetreten ist. Für Kalendermonate, für die eine Beitragszahlung noch zulässig ist, ist eine Belegung mit Anwartschaftserhaltungszeiten nicht erforderlich.

(3) Eine als Rente wegen Erwerbsunfähigkeit geleistete Rente, die nach dem bis zum 31. Dezember 1956 geltenden Recht festgestellt und aufgrund des Arbeiterrentenversicherungs-Neuregelungsgesetzes oder Angestelltenversicherungs-Neuregelungsgesetzes ohne Neuberechnung nach diesen Gesetzen umgestellt ist (Umstellungsrente), gilt bis zum vollendeten 65. Lebensjahr als Rente wegen Erwerbsunfähigkeit.

§ 242 Rente für Bergleute

(1) Der Zeitraum von fünf Jahren vor Eintritt der im Bergbau verminderten Berufsfähigkeit, in dem Versicherte für einen Anspruch auf Rente wegen im Bergbau verminderter Berufsfähigkeit drei Jahre Pflichtbeiträge für eine knappschaftlich versicherte Beschäftigung oder Tätigkeit haben müssen, verlängert sich auch um Ersatzzeiten und Zeiten des Bezugs einer Knappschaftsausgleichsleistung vor dem 1. Januar 1992.

(2) Pflichtbeiträge für eine knappschaftlich versicherte Beschäftigung oder Tätigkeit vor Eintritt der im Bergbau verminderten Berufsfähigkeit sind für Versicherte nicht erforderlich, die vor dem 1. Januar 1984 die allgemeine Wartezeit erfüllt haben, wenn jeder Kalendermonat vom 1. Januar 1984 bis zum Kalendermonat vor Eintritt der im Bergbau verminderten Berufsfähigkeit mit Anwartschaftserhaltungszeiten belegt ist oder wenn die im Bergbau verminderte Berufsfähigkeit vor dem 1. Januar 1984 eingetreten ist. Für Kalendermonate, für die eine Beitragszahlung noch zulässig ist, ist eine Belegung mit Anwartschaftserhaltungszeiten nicht erforderlich.

(3) Die Wartezeit für die Rente für Bergleute wegen Vollendung des 50. Lebensjahres ist auch erfüllt, wenn die Versicherten
1. 25 Jahre mit Beitragszeiten aufgrund einer Beschäftigung mit ständigen Arbeiten unter Tage zusammen mit der knappschaftlichen Rentenversicherung zugeordneten Ersatzzeiten haben oder
2. 25 Jahre mit knappschaftlichen Beitragszeiten allein oder zusammen mit der knappschaftlichen Rentenversicherung zugeordneten Ersatzzeiten haben und
    a) 15 Jahre mit Hauerarbeiten (Anlage 9) beschäftigt waren oder
    b) die erforderlichen 25 Jahre mit Beitragszeiten aufgrund einer Beschäftigung mit ständigen Arbeiten unter Tage allein oder zusammen mit der knappschaftlichen Rentenversicherung zugeordneten Ersatzzeiten erfüllen, wenn darauf
        aa) für je zwei volle Kalendermonate mit Hauerarbeiten je drei Kalendermonate und
        bb) für je drei volle Kalendermonate, in denen Versicherte vor dem 1. Januar 1968 unter Tage mit anderen als Hauerarbeiten beschäftigt waren, je zwei Kalendermonate oder

cc) die vor dem 1. Januar 1968 verrichteten Arbeiten unter Tage bei Versicherten, die vor dem 1. Januar 1968 Hauerarbeiten verrichtet haben und diese wegen im Bergbau verminderter Berufsfähigkeit aufgeben mußten,
angerechnet werden.

§ 243 Witwenrente und Witwerrente an vor dem 1. Juli 1977 geschiedene Ehegatten
(1) Anspruch auf kleine Witwenrente oder kleine Witwerrente besteht auch für geschiedene Ehegatten,
1. deren Ehe vor dem 1. Juli 1977 geschieden ist,
2. die nicht wieder geheiratet haben und
3. die im letzten Jahr vor dem Tode des geschiedenen Ehegatten (Versicherter) Unterhalt von diesem erhalten haben oder im letzten wirtschaftlichen Dauerzustand vor dessen Tode einen Anspruch hierauf hatten,

wenn der Versicherte die allgemeine Wartezeit erfüllt hat und nach dem 30. April 1942 gestorben ist.
(2) Anspruch auf große Witwenrente oder große Witwerrente besteht auch für geschiedene Ehegatten,
1. deren Ehe vor dem 1. Juli 1977 geschieden ist,
2. die nicht wieder geheiratet haben und
3. die im letzten Jahr vor dem Tode des Versicherten Unterhalt von diesem erhalten haben oder im letzten wirtschaftlichen Dauerzustand vor dessen Tode einen Anspruch hierauf hatten und
4. die entweder
    a) ein eigenes Kind oder ein Kind des Versicherten erziehen (§ 46 Abs. 2),
    b) das 45. Lebensjahr vollendet haben oder
    c) berufsunfähig oder erwerbsunfähig sind,

wenn der Versicherte die allgemeine Wartezeit erfüllt hat und nach dem 30. April 1942 gestorben ist.
(3) Anspruch auf große Witwenrente oder große Witwerrente besteht auch ohne Vorliegen der in Absatz 2 Nr. 3 genannten Unterhaltsvoraussetzungen für geschiedene Ehegatten, die
1. einen Unterhaltsanspruch nach Absatz 2 Nr. 3 wegen eines Arbeitsentgelts oder Arbeitseinkommens aus eigener Beschäftigung oder selbständiger Tätigkeit oder entsprechender Ersatzleistungen oder wegen des Gesamteinkommens des Versicherten nicht hatten und
2. im Zeitpunkt der Scheidung entweder
    a) ein eigenes Kind oder ein Kind des Versicherten erzogen haben (§ 46 Abs. 2) oder
    b) das 45. Lebensjahr vollendet hatten und
3. entweder
    a) ein eigenes Kind oder ein Kind des Versicherten erziehen (§ 46 Abs. 2),
    b) berufsunfähig oder erwerbsunfähig sind oder
    c) das 60. Lebensjahr vollendet haben,

wenn auch vor Anwendung der Vorschriften über die Einkommensanrechnung auf Renten wegen Todes ein Anspruch auf Hinterbliebenenrente für eine Witwe oder einen Witwer des Versicherten aus dessen Rentenanwartschaften nicht besteht.
(4) Anspruch auf kleine oder große Witwenrente oder Witwerrente nach dem vorletzten Ehegatten besteht unter den sonstigen Voraussetzungen der Absätze 1 bis 3 auch für geschiedene Ehegatten, die wieder geheiratet haben, wenn die erneute Ehe aufgelöst oder für nichtig erklärt ist.
(5) Geschiedenen Ehegatten stehen Ehegatten gleich, deren Ehe für nichtig erklärt oder aufgehoben ist.

§ 243 a Rente wegen Todes an vor dem 1. Juli 1977 geschiedene Ehegatten im Beitrittsgebiet
Bestimmt sich der Unterhaltsanspruch des geschiedenen Ehegatten nach dem Recht, das im Beitrittsgebiet gegolten hat, ist § 243 nicht anzuwenden. In diesen Fällen besteht Anspruch auf Erziehungsrente bei Erfüllung der sonstigen Voraussetzungen auch, wenn die Ehe vor dem 1. Juli 1977 geschieden ist.

§ 244 Anrechenbare Zeiten
Sind auf die Wartezeit von 35 Jahren eine pauschale Anrechnungszeit und Berücksichtigungszeiten wegen Kindererziehung anzurechnen die vor dem Ende der Gesamtzeit für die Ermittlung der pau-

schalen Anrechnungszeit liegen, darf die Anzahl an Monaten mit solchen Zeiten nicht die Gesamtlücke für die Ermittlung der pauschalen Anrechnungszeit überschreiten.

§ 245 Vorzeitige Wartezeiterfüllung
(1) Die Vorschrift über die vorzeitige Wartezeiterfüllung findet nur Anwendung, wenn Versicherte nach dem 31. Dezember 1972 vermindert erwerbsfähig geworden oder gestorben sind.
(2) Sind Versicherte vor dem 1. Januar 1992 vermindert erwerbsfähig geworden oder gestorben, ist die allgemeine Wartezeit auch vorzeitig erfüllt, wenn sie
1. nach dem 30. April 1942 wegen eines Arbeitsunfalls oder einer Berufskrankheit,
2. nach dem 31. Dezember 1956 wegen einer Wehrdienstbeschädigung nach dem Soldatenversorgungsgesetz als Wehrdienstleistender oder als Soldat auf Zeit oder wegen einer Zivildienstbeschädigung nach dem Zivildienstgesetz als Zivildienstleistender,
3. während eines aufgrund gesetzlicher Dienstpflicht oder Wehrpflicht oder während eines Krieges geleisteten militärischen oder militärähnlichen Dienstes (§§ 2 und 3 Bundesversorgungsgesetz),
4. nach dem 31. Dezember 1956 wegen eines Dienstes nach Nummer 3 oder während oder wegen einer anschließenden Kriegsgefangenschaft,
5. wegen unmittelbarer Kriegseinwirkung (§ 5 Bundesversorgungsgesetz),
6. nach dem 29. Januar 1933 wegen Verfolgungsmaßnahmen als Verfolgter des Nationalsozialismus (§§ 1 und 2 Bundesentschädigungsgesetz),
7. nach dem 31. Dezember 1956 während oder wegen eines Gewahrsams (§ 1 Häftlingshilfegesetz),
8. nach dem 31. Dezember 1956 während oder wegen Internierung oder Verschleppung (§ 250 Abs. 1 Nr. 2) oder
9. nach dem 30. Juni 1944 wegen Vertreibung oder Flucht als Vertriebener (§§ 1 bis 5 Bundesvertriebenengesetz),

vermindert erwerbsfähig geworden oder gestorben sind.
(3) Sind Versicherte vor dem 1. Januar 1992 und nach dem 31. Dezember 1972 erwerbsunfähig geworden oder gestorben, ist die allgemeine Wartezeit auch vorzeitig erfüllt, wenn sie
1. wegen eines Unfalls und vor Ablauf von sechs Jahren nach Beendigung einer Ausbildung erwerbsunfähig geworden oder gestorben sind und
2. in den zwei Jahren vor Eintritt der Erwerbsunfähigkeit oder des Todes mindestens sechs Kalendermonate mit Pflichtbeiträgen für eine versicherte Beschäftigung oder Tätigkeit haben.

§ 245 a Wartezeiterfüllung bei früherem Anspruch auf Hinterbliebenenrente im Beitrittsgebiet
Die allgemeine Wartezeit gilt für einen Anspruch auf Hinterbliebenenrente als erfüllt, wenn der Berechtigte bereits vor dem 1. Januar 1992 einen Anspruch auf Hinterbliebenenrente nach den Vorschriften des Beitrittsgebiets gehabt hat.

§ 246 Beitragsgeminderte Zeiten
Zeiten, für die für Arbeiter in der Zeit vom 1. Oktober 1921 und für Angestellte in der Zeit vom 1. August 1921 bis zum 31. Dezember 1923 Beiträge gezahlt worden sind, sind beitragsgeminderte Zeiten.

§ 247 Beitragszeiten
(1) Beitragszeiten sind auch Zeiten, für die in der Zeit vom 1. Januar 1984 bis zum 31. Dezember 1991 für Anrechnungszeiten Beiträge gezahlt worden sind, die der Versicherte ganz oder teilweise getragen hat. Die Zeiten sind Pflichtbeitragszeiten, wenn ein Leistungsträger die Beiträge mitgetragen hat.
(2) Pflichtbeitragszeiten aufgrund einer versicherten Beschäftigung sind auch Zeiten, für die die Bundesanstalt für Arbeit in der Zeit vom 1. Juli 1978 bis zum 31. Dezember 1982 oder ein anderer Leistungsträger in der Zeit vom 1. Oktober 1974 bis zum 31. Dezember 1983 wegen des Bezugs von Sozialleistungen Pflichtbeiträge gezahlt hat.
(2 a) Pflichtbeitragszeiten aufgrund einer versicherten Beschäftigung sind auch Zeiten, in denen in der Zeit vom 1. Juni 1945 bis 30. Juni 1965 Personen als Lehrling oder sonst zu ihrer Berufsausbildung beschäftigt waren und grundsätzlich Versicherungspflicht bestand, eine Zahlung von Pflichtbeiträgen für diese Zeiten jedoch nicht erfolgte (Zeiten einer beruflichen Ausbildung).

(3) Beitragszeiten sind auch Zeiten, für die nach den Reichsversicherungsgesetzen Pflichtbeiträge (Pflichtbeitragszeiten) oder freiwillige Beiträge gezahlt worden sind. Zeiten vor dem 1. Januar 1924 sind jedoch nur Beitragszeiten, wenn
1. in der Zeit vom 1. Januar 1924 bis zum 30. November 1948 mindestens ein Beitrag für diese Zeit gezahlt worden ist,
2. nach dem 30. November 1948 bis zum Ablauf von drei Jahren nach dem Ende einer Ersatzzeit mindestens ein Beitrag gezahlt worden ist oder
3. mindestens die Wartezeit von 15 Jahren erfüllt ist.

§ 248 Beitragszeiten im Beitrittsgebiet und im Saarland
(1) Pflichtbeitragszeiten sind auch Zeiten, in denen Personen aufgrund gesetzlicher Pflicht nach dem 8. Mai 1945 mehr als drei Tage Wehrdienst oder Zivildienst im Beitrittsgebiet geleistet haben.
(2) Für Versicherte, die bereits vor Erfüllung der allgemeinen Wartezeit erwerbsunfähig waren und seitdem ununterbrochen erwerbsunfähig sind, gelten Zeiten des gewöhnlichen Aufenthalts im Beitrittsgebiet nach Vollendung des 16. Lebensjahres und nach Eintritt der Erwerbsunfähigkeit in der Zeit vom 1. Juli 1975 bis zum 31. Dezember 1991 als Pflichtbeitragszeiten.
(3) Den Beitragszeiten nach Bundesrecht stehen Zeiten nach dem 8. Mai 1945 gleich, für die Beiträge zu einem System der gesetzlichen Rentenversicherung nach vor dem Inkrafttreten von Bundesrecht geltenden Rechtsvorschriften gezahlt worden sind; dies gilt entsprechend für Beitragszeiten im Saarland bis zum 31. Dezember 1956. Beitragszeiten im Beitrittsgebiet sind nicht
1. Zeiten der Schul-, Fach- oder Hochschulausbildung,
2. Zeiten, in denen wegen des Bezugs einer Rente oder einer Versorgung nach den Vorschriften des Beitrittsgebiets Versicherungs- oder Beitragsfreiheit bestanden hat,
3. Zeiten der freiwilligen Versicherung vor dem 1. Januar 1991 nach der Verordnung über die freiwillige und zusätzliche Versicherung in der Sozialversicherung vom 28. Januar 1947, in denen Beiträge nicht mindestens in der in Anlage 11 genannten Höhe gezahlt worden sind.
(4) Die Beitragszeiten werden abweichend von den Vorschriften des Dritten Kapitels der knappschaftlichen Rentenversicherung zugeordnet, wenn für die versicherte Beschäftigung Beiträge nach einem Beitragssatz für bergbaulich Versicherte gezahlt worden sind. Zeiten der Versicherungspflicht von selbständig Tätigen im Beitrittsgebiet werden
1. der Rentenversicherung der Arbeiter, wenn die Versicherten eine Tätigkeit überwiegend körperlicher Art ausgeübt haben,
2. der Rentenversicherung der Angestellten, wenn die Versicherten eine Tätigkeit überwiegend geistiger Art ausgeübt haben,
zugeordnet.

§ 249 Beitragszeiten und Berücksichtigungszeiten wegen Kindererziehung
(1) Die Kindererziehungszeit für ein vor dem 1. Januar 1992 geborenes Kind endet zwölf Kalendermonate nach Ablauf des Monats der Geburt.
(2) Bei der Anrechnung einer Kindererziehungszeit steht der Erziehung im Inland die Erziehung im jeweiligen Geltungsbereich der Reichsversicherungsgesetze gleich. Dies gilt nicht, wenn Beitragszeiten während desselben Zeitraums aufgrund einer Versicherungslastregelung mit einem anderen Staat nicht in die Versicherungslast der Bundesrepublik Deutschland fallen würden.
(3) Der Ausschluß eines versicherungsfreien oder von der Versicherungspflicht befreiten Elternteils von der Anrechnung einer Kindererziehungszeit gilt nicht, wenn er statt einer Nachversicherung eine Abfindung erhalten oder auf die Befreiung von der Versicherungspflicht verzichtet hat.
(4) Ein Elternteil ist von der Anrechnung einer Kindererziehungszeit ausgeschlossen, wenn er vor dem 1. Januar 1921 geboren ist.
(5) Für die Feststellung der Tatsachen, die für die Anrechnung von Kindererziehungszeiten vor dem 1. Januar 1986 erheblich sind, genügt es, wenn sie glaubhaft gemacht sind.
(6) Ist die Mutter vor dem 1. Januar 1986 gestorben, wird die Kindererziehungszeit insgesamt dem Vater zugeordnet.
(7) (aufgehoben)

§ 249 a Beitragszeiten und Berücksichtigungszeiten wegen Kindererziehung im Beitrittsgebiet

(1) Elternteile, die am 18. Mai 1990 ihren gewöhnlichen Aufenthalt im Beitrittsgebiet hatten, sind von der Anrechnung einer Kindererziehungszeit ausgeschlossen, wenn sie vor dem 1. Januar 1927 geboren sind.

(2) Ist ein Elternteil bis zum 31. Dezember 1996 gestorben, wird die Kindererziehungszeit im Beitrittsgebiet vor dem 1. Januar 1992 insgesamt der Mutter zugeordnet, es sei denn, es wurde eine wirksame Erklärung zugunsten des Vaters abgegeben.

(3) (aufgehoben)

§ 249 b Berücksichtigungszeiten wegen Pflege

Berücksichtigungszeiten sind auf Antrag auch Zeiten der nicht erwerbsmäßigen Pflege eines Pflegebedürftigen in der Zeit vom 1. Januar 1992 bis zum 31. März 1995, solange die Pflegeperson
1. wegen der Pflege berechtigt war, Beiträge zu zahlen oder die Umwandlung von freiwilligen Beiträgen in Pflichtbeiträge zu beantragen, und
2. nicht zu den in § 56 Abs. 4 genannten Personen gehört, die von der Anrechnung einer Kindererziehungszeit ausgeschlossen sind.

Die Zeit der Pflegetätigkeit wird von der Aufnahme der Pflegetätigkeit an als Berücksichtigungszeit angerechnet, wenn der Antrag bis zum Ablauf von drei Kalendermonaten nach Aufnahme der Pflegetätigkeit gestellt wird.

§ 250 Ersatzzeiten

(1) Ersatzzeiten sind Zeiten vor dem 1. Januar 1992, in denen Versicherungspflicht nicht bestanden hat und Versicherte nach vollendetem 14. Lebensjahr
1. militärischen oder militärähnlichen Dienst im Sinne der §§ 2 und 3 des Bundesversorgungsgesetzes aufgrund gesetzlicher Dienstpflicht oder Wehrpflicht oder während eines Krieges geleistet haben oder auf Grund dieses Dienstes kriegsgefangen gewesen sind oder deutschen Minenräumdienst nach dem 8. Mai 1945 geleistet haben oder im Anschluß an solche Zeiten wegen Krankheit arbeitsunfähig oder unverschuldet arbeitslos gewesen sind,
2. interniert oder verschleppt oder im Anschluß an solche Zeiten wegen Krankheit arbeitsunfähig oder unverschuldet arbeitslos gewesen sind, wenn sie als Deutsche wegen ihrer Volks- oder Staatsangehörigkeit oder in ursächlichem Zusammenhang mit den Kriegsereignissen außerhalb des Gebietes der Bundesrepublik Deutschland interniert oder in ein ausländisches Staatsgebiet verschleppt waren, nach dem 8. Mai 1945 entlassen wurden und innerhalb von zwei Monaten nach der Entlassung im Gebiet der Bundesrepublik Deutschland ständigen Aufenthalt genommen haben, wobei in die Frist von zwei Monaten Zeiten einer unverschuldeten Verzögerung der Rückkehr nicht eingerechnet werden,
3. während oder nach dem Ende eines Krieges, ohne Kriegsteilnehmer zu sein, durch feindliche Maßnahmen bis zum 30. Juni 1945 an der Rückkehr aus Gebieten außerhalb des jeweiligen Geltungsbereichs der Reichsversicherungsgesetze oder danach aus Gebieten außerhalb des Geltungsbereichs dieser Gesetze, soweit es sich nicht um das Beitrittsgebiet handelt, verhindert gewesen oder dort festgehalten worden sind,
4. in ihrer Freiheit eingeschränkt gewesen oder ihnen die Freiheit entzogen worden ist (§§ 43 und 47 Bundesentschädigungsgesetz) oder im Anschluß an solche Zeiten wegen Krankheit arbeitsunfähig oder unverschuldet arbeitslos gewesen sind oder infolge Verfolgungsmaßnahmen
   a) arbeitslos gewesen sind, auch wenn sie der Arbeitsvermittlung nicht zur Verfügung gestanden haben, längstens aber die Zeit bis zum 31. Dezember 1946, oder
   b) bis zum 30. Juni 1945 ihren Aufenthalt in Gebieten außerhalb des jeweiligen Geltungsbereichs der Reichsversicherungsgesetze oder danach in Gebieten außerhalb des Geltungsbereich der Reichsversicherungsgesetze nach dem Stand vom 30. Juni 1945 genommen oder einen solchen beibehalten haben, längstens aber die Zeit bis zum 31. Dezember 1949,
   wenn sie zum Personenkreis des § 1 des Bundesentschädigungsgesetzes gehören (Verfolgungszeit),
5. in Gewahrsam genommen worden sind oder im Anschluß daran wegen Krankheit arbeitsunfähig oder unverschuldet arbeitslos gewesen sind, wenn sie zum Personenkreis des § 1 des Häftlings-

hilfegesetzes gehören oder nur deshalb nicht gehören, weil sie vor dem 3. Oktober 1990 ihren gewöhnlichen Aufenthalt im Beitrittsgebiet genommen haben, oder
5 a. im Beitrittsgebiet in der Zeit vom 8. Mai 1945 bis zum 30. Juni 1990 einen Freiheitsentzug erlitten haben, soweit eine auf Rehabilitierung oder Kassation erkennende Entscheidung ergangen ist, oder im Anschluß an solche Zeiten wegen Krankheit arbeitsunfähig oder unverschuldet arbeitslos gewesen sind,
6. vertrieben, umgesiedelt oder ausgesiedelt worden oder auf der Flucht oder im Anschluß an solche Zeiten wegen Krankheit arbeitsunfähig oder unverschuldet arbeitslos gewesen sind, mindestens aber die Zeit vom 1. Januar 1945 bis zum 31. Dezember 1946, wenn sie zum Personenkreis der §§ 1 bis 4 des Bundesvertriebenengesetzes gehören.
(2) Ersatzzeiten sind nicht Zeiten,
1. für die eine Nachversicherung durchgeführt oder nur wegen eines fehlenden Antrags nicht durchgeführt worden ist,
2. in denen außerhalb des Gebietes der Bundesrepublik Deutschland ohne das Beitrittsgebiet eine Rente wegen Alters oder anstelle einer solchen eine andere Leistung bezogen worden ist,
3. in denen nach dem 31. Dezember 1956 die Voraussetzungen nach Absatz 1 Nr. 2, 3 und 5 vorliegen und Versicherte eine Beschäftigung oder selbständige Tätigkeit auch aus anderen als den dort genannten Gründen nicht ausgeübt haben.

§ 251 Ersatzzeiten bei Handwerkern
(1) Ersatzzeiten werden bei versicherungspflichtigen Handwerkern, die in diesen Zeiten in die Handwerksrolle eingetragen waren, berücksichtigt, wenn für diese Zeiten Beiträge nicht gezahlt worden sind.
(2) Zeiten, in denen in die Handwerksrolle eingetragene versicherungspflichtige Handwerker im Anschluß an eine Ersatzzeit arbeitsunfähig krank gewesen sind, sind nur dann Ersatzzeiten, wenn sie in ihrem Betrieb mit Ausnahme von Lehrlingen und des Ehegatten oder eines Verwandten ersten Grades, für Zeiten vor dem 1. Mai 1985 mit Ausnahme eines Lehrlings, des Ehegatten oder eines Verwandten ersten Grades, Personen nicht beschäftigt haben, die wegen dieser Beschäftigung versicherungspflichtig waren.
(3) Eine auf eine Ersatzzeit folgende Zeit der unverschuldeten Arbeitslosigkeit vor dem 1. Juli 1969 ist bei Handwerkern nur dann eine Ersatzzeit, wenn und solange sie in der Handwerksrolle gelöscht waren.

§ 252 Anrechnungszeiten
(1) Anrechnungszeiten sind auch Zeiten, in denen Versicherte
1. Anpassungsgeld für entlassene Arbeitnehmer des Bergbaus bezogen haben,
2. nach dem 31. Dezember 1991 eine Knappschaftsausgleichsleistung bezogen haben,
3. nach dem vollendeten 17. Lebensjahr als Lehrling nicht versicherungspflichtig oder versicherungsfrei waren und die Lehrzeit abgeschlossen haben, längstens bis zum 28. Februar 1957, im Saarland bis zum 31. August 1957,
4. vor dem vollendeten 55. Lebensjahr eine Rente wegen Berufsunfähigkeit oder Erwerbsunfähigkeit oder eine Erziehungsrente bezogen haben, in der eine Zurechnungszeit nicht enthalten war,
5. vor dem vollendeten 55. Lebensjahr eine Invalidenrente, ein Ruhegeld oder eine Knappschaftsvollrente bezogen haben, wenn diese Leistung vor dem 1. Januar 1957 weggefallen ist,
6. Schlechtwettergeld bezogen haben, wenn dadurch eine versicherte Beschäftigung oder selbständige Tätigkeit unterbrochen worden ist, längstens bis zum 31. Dezember 1978.
(2) Anrechnungszeiten sind auch Zeiten, für die
1. die Bundesanstalt für Arbeit in der Zeit vom 1. Januar 1983,
2. ein anderer Leistungsträger in der Zeit vom 1. Januar 1984
bis zum 31. Dezember 1997 wegen des Bezugs von Sozialleistungen Pflichtbeiträge oder Beiträge für Anrechnungszeiten gezahlt hat.
(3) Anrechnungszeiten wegen Arbeitsunfähigkeit oder Leistungen zur Rehabilitation liegen in der Zeit vom 1. Januar 1984 bis zum 31. Dezember 1997 bei Versicherten, die
1. nicht in der gesetzlichen Krankenversicherung versichert waren oder
2. in der gesetzlichen Krankenversicherung ohne Anspruch auf Krankengeld versichert waren,

nur vor, wenn für diese Zeiten, längstens jedoch für 18 Kalendermonate, Beiträge nach mindestens 70 vom Hundert, für die Zeit vom 1. Januar 1995 an 80 vom Hundert des zuletzt für einen vollen Kalendermonat versicherten Arbeitsentgelts oder Arbeitseinkommens gezahlt worden sind.

(4) Anrechnungszeit ist auch die Zeit, in der Versicherte nach dem vollendeten 16. Lebensjahr
1. eine Schule besucht oder eine Fachschule oder Hochschule besucht und abgeschlossen haben höchstens 84 Monate oder
2. vor dem 1. Januar 1992 eine Schule besucht oder eine Fachschule oder Hochschule besucht und abgeschlossen haben, jedoch die Zeit des Schulbesuchs oder Fachschulbesuchs höchstens bis zu vier Jahren und die Zeit des Hochschulbesuchs höchstens bis zu fünf Jahren, insgesamt höchstens 132 Monate,

soweit die Höchstdauer für Anrechnungszeiten wegen schulischer Ausbildung von drei Jahren überschritten ist. Dem Besuch einer Schule ist die Teilnahme an einer berufsvorbereitenden Bildungsmaßnahme gleichgestellt. Die nach Satz 1 ermittelte längere Zeit ist um Zeiten vor Vollendung des 17. Lebensjahres zu mindern und wird in Abhängigkeit vom Beginn der Rente in dem sich aus Anlage 18 ergebenden Umfang in vollen Monaten berücksichtigt, wobei die am weitesten zurückliegenden Kalendermonate nach dem vollendeten 17. Lebensjahr vorrangig berücksichtigt werden.

(5) Zeiten einer Arbeitslosigkeit vor dem 1. Juli 1969 sind bei Handwerkern nur dann Anrechnungszeiten, wenn und solange sie in der Handwerksrolle gelöscht waren.

(6) Bei selbständig Tätigen, die auf Antrag versicherungspflichtig waren, und bei Handwerkern sind Zeiten vor dem 1. Januar 1992, in denen sie
1. wegen Krankheit arbeitsunfähig gewesen sind oder Leistungen zur Rehabilitation erhalten haben,
2. wegen Schwangerschaft oder Mutterschaft während der Schutzfristen nach dem Mutterschutzgesetz eine versicherte selbständige Tätigkeit nicht ausgeübt haben,

nur dann Anrechnungszeiten, wenn sie in ihrem Betrieb mit Ausnahme eines Lehrlings, des Ehegatten oder eines Verwandten ersten Grades Personen nicht beschäftigt haben, die wegen dieser Beschäftigung versicherungspflichtig waren. Anrechnungszeiten nach dem 30. April 1985 liegen auch vor, wenn die Versicherten mit Ausnahme von Lehrlingen und des Ehegatten oder eines Verwandten ersten Grades Personen nicht beschäftigt haben, die wegen dieser Beschäftigung versicherungspflichtig waren.

(7) Zeiten, in denen Versicherte
1. vor dem 1. Januar 1984 arbeitsunfähig geworden sind oder Leistungen zur Rehabilitation erhalten haben,
2. vor dem 1. Januar 1979 Schlechtwettergeld bezogen haben,
3. wegen Arbeitslosigkeit bei einem deutschen Arbeitsamt als Arbeitsuchende gemeldet waren und
   a) vor dem 1. Juli 1978 eine öffentlich-rechtliche Leistung bezogen haben oder
   b) vor dem 1. Januar 1992 eine öffentlich-rechtliche Leistung nur wegen des zu berücksichtigenden Einkommens oder Vermögens nicht bezogen haben,

werden nur berücksichtigt, wenn sie mindestens einen Kalendermonat andauern. Folgen mehrere Zeiten unmittelbar aufeinander, werden sie zusammengerechnet.

§ 252 a Anrechnungszeiten im Beitrittsgebiet

(1) Anrechnungszeiten im Beitrittsgebiet sind auch Zeiten nach dem 8. Mai 1945, in denen Versicherte
1. wegen Schwangerschaft oder Mutterschaft während der jeweiligen Schutzfristen eine versicherte Beschäftigung oder selbständige Tätigkeit unterbrochen und nicht ausgeübt haben,
2. vor dem 1. Januar 1992
   a) Lohnersatzleistungen nach dem Recht der Arbeitsförderung,
   b) Vorruhestandsgeld, Übergangsrente, Invalidenrente bei Erreichen besonderer Altersgrenzen, befristete erweiterte Versorgung oder
   c) Unterstützung während der Zeit der Arbeitsvermittlung
   bezogen haben,
3. vor dem 1. März 1990 arbeitslos waren oder
4. vor dem vollendeten 55. Lebensjahr Invalidenrente, Bergmannsinvalidenrente, Versorgung wegen voller Berufsunfähigkeit oder Teilberufsunfähigkeit, Unfallrente aufgrund eines Körpercha-

dens von 66 2/3 vom Hundert, Kriegsbeschädigtenrente aus dem Beitrittsgebiet, entsprechende Renten aus einem Sonderversorgungssystem oder eine berufsbezogene Zuwendung an Ballettmitglieder in staatlichen Einrichtungen bezogen haben.
Für Zeiten nach den Nummern 2 und 3 gelten die Vorschriften über Anrechnungszeiten wegen Arbeitslosigkeit. Zeiten des Fernstudiums oder des Abendunterrichts in der Zeit vor dem 1. Juli 1990 sind nicht Anrechnungszeiten wegen schulischer Ausbildung, wenn das Fernstudium oder der Abendunterricht neben einer versicherungspflichtigen Beschäftigung oder Tätigkeit ausgeübt worden ist.
(2) Anstelle von Anrechnungszeiten wegen Krankheit, Schwangerschaft oder Mutterschaft vor dem 1. Juli 1990 werden pauschal Anrechnungszeiten für Ausfalltage ermittelt, wenn im Ausweis für Arbeit und Sozialversicherung Arbeitsausfalltage als Summe eingetragen sind. Dazu ist die im Ausweis eingetragenen Anzahl der Arbeitsausfalltage mit der Zahl 7 zu vervielfältigen, durch die Zahl 5 zu teilen und dem Ende der für das jeweilige Kalenderjahr bescheinigten Beschäftigung oder selbständigen Tätigkeit als Anrechnungszeit lückenlos zuzuordnen, wobei Zeiten vor dem 1. Januar 1984 nur berücksichtigt werden, wenn nach der Zuordnung mindestens ein Kalendermonat belegt ist. Insoweit ersetzen sie die für diese Zeit bescheinigten Pflichtbeitragszeiten; dies gilt nicht für die Feststellung von Pflichtbeitragszeiten für einen Anspruch auf Rente.

§ 253 Pauschale Anrechnungszeit
(1) Anrechnungszeit für die Zeit vor dem 1. Januar 1957 ist mindestens die volle Anzahl an Monaten, die sich ergibt, wenn
1. der Zeitraum vom Kalendermonat, für den der erste Pflichtbeitrag gezahlt ist, spätestens vom Kalendermonat, in den der Tag nach der Vollendung des 17. Lebensjahres des Versicherten fällt, bis zum Kalendermonat, für den der letzte Pflichtbeitrag vor dem 1. Januar 1957 gezahlt worden ist, ermittelt wird (Gesamtzeit),
2. die Gesamtzeit um die auf sie entfallenden mit Beiträgen und Ersatzzeiten belegten Kalendermonate zur Ermittlung der verbleibenden Zeit gemindert wird (Gesamtlücke) und
3. die Gesamtlücke, höchstens jedoch ein nach unten gerundetes volles Viertel der auf die Gesamtzeit entfallenden Beitragszeiten und Ersatzzeiten, mit dem Verhältnis vervielfältigt wird, in dem die Summe der auf die Gesamtzeit entfallenden mit Beitragszeiten und Ersatzzeiten belegten Kalendermonate zu der Gesamtzeit steht.

Dabei werden Zeiten, für die eine Nachversicherung nur wegen eines fehlenden Antrags nicht durchgeführt worden ist, wie Beitragszeiten berücksichtigt.
(2) Der Anteil der pauschalen Anrechnungszeit, der auf einen Zeitabschnitt entfällt, ist die volle Anzahl von Monaten, die sich ergibt, wenn die pauschale Anrechnungszeit mit der für ihre Ermittlung maßgebenden verbleibenden Zeit in diesem Zeitabschnitt (Teillücke) vervielfältigt und durch die Gesamtlücke geteilt wird.

§ 254 Zuordnung beitragsfreier Zeiten zur knappschaftlichen Rentenversicherung
(1) Ersatzzeiten werden der knappschaftlichen Rentenversicherung zugeordnet, wenn vor dieser Zeit der letzte Pflichtbeitrag zur knappschaftlichen Rentenversicherung gezahlt worden ist.
(2) Ersatzzeiten und Anrechnungszeiten wegen einer Lehre werden der knappschaftlichen Rentenversicherung auch dann zugeordnet, wenn nach dieser Zeit die Versicherung beginnt und der erste Pflichtbeitrag zur knappschaftlichen Rentenversicherung gezahlt worden ist.
(3) Anrechnungszeiten wegen des Bezugs von Anpassungsgeld und von Knappschaftsausgleichsleistung sind Zeiten der knappschaftlichen Rentenversicherung.
(4) Die pauschale Anrechnungszeit wird der knappschaftlichen Rentenversicherung in dem Verhältnis zugeordnet, in dem die knappschaftlichen Beitragszeiten und die der knappschaftlichen Rentenversicherung zugeordneten Ersatzzeiten bis zur letzten Pflichtbeitragszeit vor dem 1. Januar 1957 zu allen diesen Beitragszeiten und Ersatzzeiten stehen.

§ 254 a Ständige Arbeiten unter Tage im Beitrittsgebiet
Im Beitrittsgebiet vor dem 1. Januar 1992 überwiegend unter Tage ausgeübte Tätigkeiten sind ständige Arbeiten unter Tage.

Elfter Unterabschnitt
Finanzierung

...

Dritter Titel
Verfahren

§§ 282 und 283 (aufgehoben)

§ 284 Nachzahlung für Vertriebene, Flüchtlinge und Evakuierte
Personen im Sinne der §§ 1 bis 4 des Bundesvertriebenengesetzes und des § 1 des Bundesevakuiertengesetzes, die
1. vor der Vertreibung, der Flucht oder der Evakuierung selbständig tätig waren und
2. binnen drei Jahren nach der Vertreibung, der Flucht oder der Evakuierung oder nach Beendigung einer Ersatzzeit wegen Vertreibung, Umsiedlung, Aussiedlung oder Flucht einen Pflichtbeitrag gezahlt haben,

können auf Antrag freiwillige Beiträge für Zeiten vor Vollendung des 65. Lebensjahres bis zur Vollendung des 16. Lebensjahres, längstens aber bis zum 1. Januar 1924 zurück, nachzahlen, sofern diese Zeiten nicht bereits mit Beiträgen belegt sind. Nach bindender Bewilligung einer Vollrente wegen Alters ist eine Nachzahlung nicht zulässig.

§ 284 a Nachzahlung bei anzurechnenden Kindererziehungszeiten
Elternteile, die am 18. Mai 1990 ihren gewöhnlichen Aufenthalt im Beitrittsgebiet hatten und denen eine Kindererziehungszeit anzurechnen ist, können auf Antrag freiwillige Beiträge für so viele Monate nachzahlen, wie zur Erfüllung der Wartezeit von 60 Kalendermonaten noch erforderlich sind, soweit die Wartezeit nicht durch laufende Beitragszahlung vom 1. Januar 1993 an bis zum Monat der Vollendung des 65. Lebensjahres erfüllt werden kann. Beiträge können nur für Zeiten nach dem 31. Dezember 1986 nachgezahlt werden, die noch nicht mit Beiträgen zur gesetzlichen Rentenversicherung belegt sind.

...

Zwölfter Unterabschnitt
Leistungen für Kindererziehung an Mütter der Geburtsjahrgänge vor 1921

§ 294 Anspruchsvoraussetzungen
(1) Eine Mutter, die vor dem 1. Januar 1921 geboren ist, erhält für jedes Kind, das sie im Gebiet der Bundesrepublik Deutschland lebend geboren hat, eine Leistung für Kindererziehung. Der Geburt im Gebiet der Bundesrepublik Deutschland steht die Geburt im jeweiligen Geltungsbereich der Reichversicherungsgesetze gleich. Satz 1 und 2 gilt für
1. Mütter der Geburtsjahrgänge vor 1907
   vom 1. Oktober 1987 an,
2. Mütter der Geburtsjahrgänge 1907 bis 1911
   vom 1. Oktober 1988 an,
3. Mütter der Geburtsjahrgänge 1912 bis 1916
   vom 1. Oktober 1989 an und
4. Mütter der Geburtsjahrgänge 1917 bis 1920
   vom 1. Oktober 1990 an.
(2) Einer Geburt in den in Absatz 1 genannten Gebieten steht die Geburt außerhalb dieser Gebiete gleich, wenn die Mutter im Zeitpunkt der Geburt des Kindes ihren gewöhnlichen Aufenthalt
1. in diesen Gebieten hatte,
2. zwar außerhalb dieser Gebiete hatte, aber im Zeitpunkt der Geburt des Kindes oder unmittelbar vorher entweder sie selbst oder ihr Ehemann, mit dem sie sich zusammen dort aufgehalten hat, wegen einer dort ausgeübten Beschäftigung oder Tätigkeit Pflichtbeitragszeiten hat oder nur deshalb nicht hat, weil sie selbst oder ihr Ehemann versicherungsfrei oder von der Versicherung befreit war oder
3. bei Geburten bis zum 31. Dezember 1949 zwar außerhalb dieser Gebiete hatte, aber der gewöhnliche Aufenthalt in den in Absatz 1 genannten Gebieten aus Verfolgungsgründen im Sinne des § 1

des Bundesentschädigungsgesetzes aufgegeben worden ist; dies gilt auch, wenn bei Ehegatten der gemeinsame gewöhnliche Aufenthalt in den in Absatz 1 genannten Gebieten aufgegeben worden ist und nur beim Ehemann Verfolgungsgründe vorgelegen haben.

(3) Absatz 1 Satz 2 gilt nicht, wenn Beitragszeiten zum Zeitpunkt der Geburt aufgrund einer Versicherungslastregelung mit einem anderen Staat nicht in die Versicherungslast der Bundesrepublik Deutschland fallen würden.

(4) Einer Geburt in den in Absatz 1 genannten Gebieten steht bei einer Mutter, die
1. zu den in § 1 des Fremdrentengesetzes genannten Personen gehört oder
2. ihren gewöhnlichen Aufenthalt vor dem 1. September 1939 aus einem Gebiet, in dem Beiträge an einen nichtdeutschen Träger der gesetzlichen Rentenversicherung bei Eintritt des Versicherungsfalls wie nach den Vorschriften der Reichsversicherungsgesetze entrichtete Beiträge zu behandeln waren, in eines der in Absatz 1 genannten Gebiete verlegt hat,
die Geburt in den jeweiligen Herkunftsgebieten gleich.

(5) Eine Mutter, die ihren gewöhnlichen Aufenthalt im Ausland hat, erhält eine Leistung für Kindererziehung nur, wenn sie zu den in den §§ 18 und 19 des Gesetzes zur Regelung der Wiedergutmachung nationalsozialistischen Unrechts in der Sozialversicherung genannten Personen gehört.

§ 294 a Besonderheiten für das Beitrittsgebiet
Hatte eine Mutter am 18. Mai 1990 ihren gewöhnlichen Aufenthalt im Beitrittsgebiet und bestand für sie am 31. Dezember 1991 ein Anspruch auf eine Altersrente oder Invalidenrente aufgrund des im Beitrittsgebiet geltenden Rechts, ist § 294 nicht anzuwenden. Bestand ein Anspruch auf eine solche Rente nicht, besteht Anspruch auf die Leistung für Kindererziehung bei Erfüllung der sonstigen Voraussetzungen auch, wenn die Mutter vor dem 1. Januar 1927 geboren ist.

§ 295 Höhe der Leistung
Die Leistung für Kindererziehung wird ab 1. Juli 2000 monatlich in Höhe des für die Berechnung von Renten jeweils maßgebenden aktuellen Rentenwerts erbracht. In der Zeit bis zum 30. Juni 1998 beträgt die monatliche Höhe der Leistung für Kindererziehung 75 vom Hundert, in der Zeit vom 1. Juli 1998 bis 30. Juni 1999 85 vom Hundert und in der Zeit vom 1. Juli 1999 bis 30. Juni 2000 90 vom Hundert des jeweils für die Berechnung von Renten maßgebenden aktuellen Rentenwerts. Die Leistung wird auf zehn Deutsche Pfennig nach oben gerundet.

§ 295 a Höhe der Leistung im Beitrittsgebiet
Die Leistung für Kindererziehung wird für Mütter bei Geburten im Beitrittsgebiet und diesen gleichgestellten Gebieten ab 1. Juli 2000 monatlich in Höhe des für die Berechnung von Renten jeweils maßgebenden aktuellen Rentenwerts (Ost) erbracht. In der Zeit bis zum 30. Juni 1998 beträgt die monatliche Höhe 75 vom Hundert, in der Zeit vom 1. Juli 1998 bis 30. Juni 1999 85 vom Hundert und in der Zeit vom 1. Juli 1999 bis 30. Juni 2000 90 vom Hundert des jeweils maßgebenden aktuellen Rentenwerts (Ost). Dies gilt nicht für Mütter, die ihren gewöhnlichen Aufenthalt am 18. Mai 1990 entweder
1. im Gebiet der Bundesrepublik Deutschland ohne das Beitrittsgebiet oder
2. im Ausland hatten und unmittelbar vor Beginn des Auslandsaufenthalts ihren gewöhnlichen Aufenthalt im Gebiet der Bundesrepublik Deutschland ohne das Beitrittsgebiet
hatten. Die Leistung wird auf zehn Deutsche Pfennig nach oben gerundet.

§ 296 Beginn und Ende
(1) Eine Leistung für Kindererziehung wird von dem Kalendermonat an gezahlt, zu dessen Beginn die Anspruchsvoraussetzungen erfüllt sind.
(2) Die Leistung wird monatlich im voraus gezahlt.
(3) Fallen aus tatsächlichen oder rechtlichen Gründen die Anspruchsvoraussetzungen für die Leistung weg, endet sie mit dem Kalendermonat, zu dessen Beginn der Wegfall wirksam ist.
(4) Die Leistung wird bis zum Ende des Kalendermonats gezahlt, in dem die Berechtigte gestorben ist.

§ 296 a Beginn der Leistung im Beitrittsgebiet
Die Leistung für Kindererziehung beginnt für eine Mutter, die am 18. Mai 1990 ihren gewöhnlichen Aufenthalt im Beitrittsgebiet hatte, frühestens am 1. Januar 1992.

§ 297 Zuständigkeit

(1) Zuständig für die Leistung für Kindererziehung ist der Versicherungsträger, der der Mutter eine Versichertenrente zahlt. Bezieht eine Mutter nur Hinterbliebenenrente, ist der Versicherungsträger zuständig, der die Hinterbliebenenrente aus der Versicherung des zuletzt verstorbenen Versicherten zahlt. In den übrigen Fällen ist die Bundesversicherungsanstalt für Angestellte zuständig. Wird für Dezember 1991 eine Leistung für Kindererziehung gezahlt, bleibt der zahlende Versicherungsträger zuständig.

(2) Die Leistung für Kindererziehung wird als Zuschlag zur Rente gezahlt, wenn die Mutter eine Rente bezieht, es sei denn, daß die Rente in vollem Umfang übertragen, verpfändet oder gepfändet ist. Bezieht die Mutter mehrere Renten, wird die Leistung für Kindererziehung als Zuschlag zu der Rente gezahlt, für die die Zuständigkeit nach Absatz 1 maßgebend ist.

(3) In den Fällen des § 104 Abs. 1 Satz 4 des Zehnten Buches ist der Zahlungsempfänger verpflichtet, die Leistung für Kindererziehung an die Mutter weiterzuleiten.

§ 298 Durchführung

(1) Die Mutter hat das Jahr ihrer Geburt, ihren Familiennamen (jetziger und früherer Name mit Namensbestandteilen), ihren Vornamen sowie den Vornamen, das Geburtsdatum und den Geburtsort ihres Kindes nachzuweisen. Für die übrigen anspruchsbegründenden Tatsachen genügt es, wenn sie glaubhaft gemacht werden.

(2) Den Nachweis über den Vornamen, das Geburtsdatum und den Geburtsort ihres Kindes hat die Mutter durch Vorlage einer Personenstandsurkunde oder einer sonstigen öffentlichen Urkunde zu führen. Eine Glaubhaftmachung dieser Tatsachen genügt, wenn die Mutter

1. erklärt, daß sie eine solche Urkunde nicht hat und auch in der Familie nicht beschaffen kann,
2. glaubhaft macht, daß die Anforderung einer Geburtsurkunde bei der für die Führung des Geburtseintrags zuständigen deutschen Stelle erfolglos geblieben ist, wobei die Anforderung auch als erfolglos anzusehen ist, wenn die zuständige Stelle mitteilt, daß für die Erteilung einer Geburtsurkunde der Geburtseintrag erneuert werden müßte, und
3. eine von dem für ihren Wohnort zuständigen Standesbeamten auszustellende Bescheinigung vorlegt, aus der sich ergibt, daß er ein die Geburt ihres Kindes ausweisendes Familienbuch nicht führt und nach seiner Kenntnis bei dem Standesbeamten des Standesamts I in Berlin (West) ein urkundlicher Nachweis über die Geburt ihres Kindes oder eine Mitteilung hierüber nicht vorliegt.

Als Mittel der Glaubhaftmachung können auch Versicherungen an Eides Statt zugelassen werden.

...

Reichsversicherungsordnung

Vom 19. Juli 1911 (RGBl. S. 509)
in der Fassung der Bekanntmachung vom 15. Dezember 1924 (RGBl. I S.779)
(BGBl. III 820-1)
zuletzt geändert durch GKV-Solidaritätsstärkungsgesetz
vom 19. Dezember 1998 (BGBl. I S. 3853, 3857)
– Auszug –

Zweites Buch
Krankenversicherung

...

Zweiter Abschnitt
Gegenstand der Versicherung
I. Leistungen im allgemeinen

§ 179 [Gegenstand der Versicherung]
Gegenstand der Versicherung sind die in diesem Buche vorgeschriebenen Leistungen der Krankenkassen an
1. und 2. (aufgehoben)
3. Leistungen bei Schwangerschaft und Mutterschaft,
4. bis 6. (aufgehoben)

§§ 180 bis 194 (aufgehoben)

III. Leistungen bei Schwangerschaft und Mutterschaft

§ 195 [Umfang der Leistungen]
(1) Die Leistungen bei Schwangerschaft und Mutterschaft umfassen
1. ärztliche Betreuung und Hebammenhilfe,
2. Versorgung mit Arznei-, Verband- und Heilmitteln,
3. stationäre Entbindung,
4. häusliche Pflege,
5. Haushaltshilfe,
6. Mutterschaftsgeld, Entbindungsgeld.
(2) Für die Leistungen nach Absatz 1 gelten die für die Leistungen nach dem Fünften Buch Sozialgesetzbuch geltenden Vorschriften entsprechend, soweit nichts Abweichendes bestimmt ist. § 16 Abs. 1 des Fünften Buches Sozialgesetzbuch gilt nicht für den Anspruch auf Mutterschaftsgeld und Entbindungsgeld. Bei Anwendung des § 65 Abs. 2 des Fünften Buches Sozialgesetzbuch bleiben die Leistungen nach Absatz 1 unberücksichtigt.

§ 196 [Anspruch auf ärztliche Betreuung und Hebammenhilfe]
(1) Die Versicherte hat während der Schwangerschaft, bei und nach der Entbindung Anspruch auf ärztliche Betreuung einschließlich der Untersuchungen zur Feststellung der Schwangerschaft und zur Schwangerenvorsorge sowie auf Hebammenhilfe. Die ärztliche Betreuung umfaßt auch die Beratung der Schwangeren zur Bedeutung der Mundgesundheit für Mutter und Kind einschließlich des Zusammenhangs zwischen Ernährung und Krankheitsrisiko sowie die Einschätzung oder Bestimmung des Übertragungsrisikos von Karies.
(2) Bei Schwangerschaftsbeschwerden und im Zusammenhang mit der Entbindung gelten die § 31 Abs. 3, § 32 Abs. 2 und § 33 Abs. 2 des Fünften Buches Sozialgesetzbuch nicht.

§ 197 [Anspruch auf Unterkunft, Pflege und Verpflegung]
Wird die Versicherte zur Entbindung in ein Krankenhaus oder eine andere Einrichtung aufgenommen, hat sie für sich und das Neugeborene auch Anspruch auf Unterkunft, Pflege und Verpflegung, für die

Zeit nach der Entbindung jedoch für längstens sechs Tage. Für diese Zeit besteht kein Anspruch auf Krankenhausbehandlung. § 39 Abs. 2 des Fünften Buches Sozialgesetzbuch gilt entsprechend.

§ 198 [Anspruch auf häusliche Pflege]
Die Versicherte hat Anspruch auf häusliche Pflege, soweit diese wegen Schwangerschaft oder Entbindung erforderlich ist. § 37 Abs. 3 und 4 des Fünften Buches Sozialgesetzbuch gilt entsprechend.

§ 199 [Anspruch auf Haushaltshilfe]
Die Versicherte erhält Haushaltshilfe, soweit ihr wegen Schwangerschaft oder Entbindung die Weiterführung des Haushalts nicht möglich ist und eine andere im Haushalt lebende Person den Haushalt nicht weiterführen kann. § 38 Abs. 4 des Fünften Buches Sozialgesetzbuch gilt entsprechend.

§ 200 [Mutterschaftsgeld]
(1) Weibliche Mitglieder, die bei Arbeitsunfähigkeit Anspruch auf Krankengeld haben oder denen wegen der Schutzfristen nach § 3 Abs. 2 und § 6 Abs. 1 des Mutterschutzgesetzes kein Arbeitsentgelt gezahlt wird, erhalten Mutterschaftsgeld, wenn sie vom Beginn des zehnten bis zum Ende des vierten Monats vor der Entbindung mindestens zwölf Wochen Mitglieder waren oder in einem Arbeitsverhältnis standen.

(2) Für Mitglieder, die bei Beginn der Schutzfrist nach § 3 Abs. 2 des Mutterschutzgesetzes in einem Arbeitsverhältnis stehen oder in Heimarbeit beschäftigt sind oder deren Arbeitsverhältnis während ihrer Schwangerschaft vom Arbeitgeber zulässig aufgelöst worden ist, wird als Mutterschaftsgeld das um die gesetzlichen Abzüge verminderte durchschnittliche kalendertägliche Arbeitsentgelt der letzten drei abgerechneten Kalendermonate vor Beginn der Schutzfrist nach § 3 Abs. 2 des Mutterschutzgesetzes gezahlt. Es beträgt höchstens 25 Deutsche Mark für den Kalendertag. Einmalig gezahltes Arbeitsentgelt (§ 23 a des Vierten Buches Sozialgesetzbuch) sowie Tage, an denen infolge von Kurzarbeit, Arbeitsausfällen oder unverschuldeter Arbeitsversäumnis kein oder ein vermindertes Arbeitsentgelt erzielt wurde, bleiben außer Betracht. Ist danach eine Berechnung nicht möglich, ist das durchschnittliche kalendertägliche Arbeitsentgelt einer gleichartig Beschäftigten zugrunde zu legen. Übersteigt das Arbeitsentgelt 25 Deutsche Mark kalendertäglich, wird der übersteigende Betrag vom Arbeitgeber oder vom Bund nach den Vorschriften des Mutterschutzgesetzes gezahlt. Für andere Mitglieder wird das Mutterschaftsgeld in Höhe des Krankengeldes gezahlt.

(3) Das Mutterschaftsgeld wird für die letzten sechs Wochen vor der Entbindung, den Entbindungstag und für die ersten acht Wochen, bei Mehrlings- und Frühgeburten für die ersten zwölf Wochen nach der Entbindung gezahlt. Bei Frühgeburten verlängert sich die Bezugsdauer um den Zeitraum, der nach § 3 Abs. 2 des Mutterschutzgesetzes nicht in Anspruch genommen werden konnte. Für die Zahlung des Mutterschaftsgeldes vor der Entbindung ist das Zeugnis eines Arztes oder einer Hebamme maßgebend, in dem der mutmaßliche Tag der Entbindung angegeben ist. Das Zeugnis darf nicht früher als eine Woche vor Beginn der Schutzfrist nach § 3 Abs. 2 des Mutterschutzgesetzes ausgestellt sein. Irrt sich der Arzt oder die Hebamme über den Zeitpunkt der Entbindung, verlängert sich die Bezugsdauer entsprechend.

(4) Der Anspruch auf Mutterschaftsgeld ruht, soweit und solange das Mitglied beitragspflichtiges Arbeitsentgelt oder Arbeitseinkommen erhält. Dies gilt nicht für einmalig gezahltes Arbeitsentgelt.

§ 200 a (aufgehoben)

§ 200 b [Entbindungsgeld]
Versicherte, die keinen Anspruch auf Mutterschaftsgeld nach § 200 haben, erhalten nach der Entbindung ein Entbindungsgeld von 150 Deutsche Mark.

...

Siebtes Buch Sozialgesetzbuch
Gesetzliche Unfallversicherung

Vom 7. August 1996 (BGBl. I S. 1254)[1)]
(BGBl. III 860-7)

zuletzt geändert durch Gesetz über die Berufe des Psychologischen Psychotherapeuten und des Kinder- und Jugendlichenpsychotherapeuten, zur Änderung des Fünften Buches Sozialgesetzbuch und anderer Gesetze vom 16. Juni 1998 (BGBl. I S. 1311, 1319)

– Auszug –

Inhaltsübersicht

Erstes Kapitel
Aufgaben, versicherter Personenkreis, Versicherungsfall

Erster Abschnitt
Aufgaben der Unfallversicherung

§ 1 Prävention, Rehabilitation, Entschädigung

Zweiter Abschnitt
Versicherter Personenkreis

§ 2 Versicherung kraft Gesetzes
§ 3 Versicherung kraft Satzung
§ 4 Versicherungsfreiheit
§ 5 Versicherungsbefreiung
§ 6 Freiwillige Versicherung

Dritter Abschnitt
Versicherungsfall

§ 7 Begriff
§ 8 Arbeitsunfall
§ 9 Berufskrankheit
§ 10 Erweiterung in der See- und Binnenschiffahrt
§ 11 Mittelbare Folgen eines Versicherungsfalls
§ 12 Versicherungsfall einer Leibesfrucht
§ 13 Sachschäden bei Hilfeleistungen

Zweites Kapitel
Prävention

§ 14 Grundsatz
§ 15 Unfallverhütungsvorschriften
§ 16 Geltung bei Zuständigkeit anderer Unfallversicherungsträger und für ausländische Unternehmen
§ 17 Überwachung und Beratung
§ 18 Aufsichtspersonen
§ 19 Befugnisse der Aufsichtspersonen
§ 20 Zusammenarbeit mit Dritten
§ 21 Verantwortung des Unternehmers, Mitwirkung der Versicherten
§ 22 Sicherheitsbeauftragte
§ 23 Aus- und Fortbildung

§ 24 Überbetrieblicher arbeitsmedizinischer und sicherheitstechnischer Dienst
§ 25 Bericht gegenüber dem Bundestag

Drittes Kapitel
Leistungen nach Eintritt eines Versicherungsfalls

Erster Abschnitt
Heilbehandlung, Rehabilitation, Pflege, Geldleistungen

Erster Unterabschnitt
Anspruch und Leistungsarten

§ 26 Grundsatz

Zweiter Unterabschnitt
Heilbehandlung

§ 27 Umfang der Heilbehandlung
§ 28 Ärztliche und zahnärztliche Behandlung
§ 29 Arznei- und Verbandmittel
§ 30 Heilmittel
§ 31 Hilfsmittel
§ 32 Häusliche Krankenpflege
§ 33 Behandlung in Krankenhäusern und Rehabilitationseinrichtungen
§ 34 Durchführung der Heilbehandlung

Dritter Unterabschnitt
Berufsfördernde Leistungen zur Rehabilitation

§ 35 Umfang der berufsfördernden Leistungen zur Rehabilitation
§ 36 Leistungen an Arbeitgeber
§ 37 Leistungen in einer Werkstatt für Behinderte
§ 38 Dauer der berufsfördernden Leistungen

Vierter Unterabschnitt
Leistungen zur sozialen Rehabilitation und ergänzende Leistungen

§ 39 Umfang der Leistungen zur sozialen Rehabilitation und der ergänzenden Leistungen

---

1) Verkündet als Artikel 1 des Unfallversicherungs-Einordnungsgesetzes vom 7. 8. 1996 (BGBl. I S. 1254). In Kraft am 1. 1. 1997.

62 SGB VII

§ 40 Kraftfahrzeughilfe
§ 41 Wohnungshilfe
§ 42 Haushaltshilfe
§ 43 Reisekosten

Fünfter Unterabschnitt
Leistungen bei Pflegebedürftigkeit

§ 44 Pflege

Sechster Unterabschnitt
Geldleistungen während der Heilbehandlung und der beruflichen Rehabilitation

§ 45 Voraussetzungen für das Verletztengeld
§ 46 Beginn und Ende des Verletztengeldes
§ 47 Höhe des Verletztengeldes
§ 48 Verletztengeld bei Wiedererkrankung
§ 49 Voraussetzungen für das Übergangsgeld
§ 50 Beginn und Ende des Übergangsgeldes
§ 51 Höhe des Übergangsgeldes
§ 52 Anrechnung von Einkommen auf Verletzten- und Übergangsgeld

Siebter Unterabschnitt
Besondere Vorschriften für die Versicherten in der Seefahrt

§ 53 Vorrang der Krankenfürsorge für Reeder

Achter Unterabschnitt
Besondere Vorschriften für die Versicherten der landwirtschaftlichen Berufsgenossenschaften

§ 54 Betriebs- und Haushaltshilfe
§ 55 Verletztengeld

Zweiter Abschnitt
Renten, Beihilfen, Abfindungen

Erster Unterabschnitt
Renten an Versicherte

§ 56 Voraussetzungen und Höhe des Rentenanspruchs
§ 57 Erhöhung der Rente bei Schwerverletzten
§ 58 Erhöhung der Rente bei Arbeitslosigkeit
§ 59 Höchstbetrag bei mehreren Renten
§ 60 Minderung bei Heimpflege
§ 61 Renten für Beamte und Berufssoldaten
§ 62 Rente als vorläufige Entschädigung

Zweiter Unterabschnitt
Leistungen an Hinterbliebene

§ 63 Leistungen bei Tod
§ 64 Sterbegeld und Erstattung von Überführungskosten
§ 65 Witwen- und Witwerrente
§ 66 Witwen- und Witwerrente an frühere Ehegatten; mehrere Berechtigte
§ 67 Voraussetzungen der Waisenrente
§ 68 Höhe der Waisenrente
§ 69 Rente an Verwandte der aufsteigenden Linie
§ 70 Höchstbetrag der Hinterbliebenenrenten
§ 71 Witwen-, Witwer- und Waisenbeihilfe

Dritter Unterabschnitt
Beginn, Änderung und Ende von Renten

§ 72 Beginn von Renten
§ 73 Änderungen und Ende von Renten
§ 74 Ausnahmeregelungen für die Änderung von Renten

Vierter Unterabschnitt
Abfindung

§ 75 Abfindung mit einer Gesamtvergütung
§ 76 Abfindung bei Minderung der Erwerbsfähigkeit unter 40 vom Hundert
§ 77 Wiederaufleben der abgefundenen Rente
§ 78 Abfindung bei Minderung der Erwerbsfähigkeit ab 40 vom Hundert
§ 79 Umfang der Abfindung
§ 80 Abfindung bei Wiederheirat

Dritter Abschnitt
Jahresarbeitsverdienst

Erster Unterabschnitt
Allgemeines

§ 81 Jahresarbeitsverdienst als Berechnungsgrundlage

Zweiter Unterabschnitt
Erstmalige Festsetzung

§ 82 Regelberechnung
§ 83 Jahresarbeitsverdienst kraft Satzung
§ 84 Jahresarbeitsverdienst bei Berufskrankheiten
§ 85 Mindest- und Höchstjahresarbeitsverdienst
§ 86 Jahresarbeitsverdienst für Kinder
§ 87 Jahresarbeitsverdienst nach billigem Ermessen
§ 88 Erhöhung des Jahresarbeitsverdienstes für Hinterbliebene
§ 89 Berücksichtigung von Anpassungen

Dritter Unterabschnitt
Neufestsetzung

§ 90 Neufestsetzung nach voraussichtlicher Schul- oder Berufsausbildung oder Altersstufen
§ 91 Mindest- und Höchstjahresarbeitsverdienst, Jahresarbeitsverdienst nach billigem Ermessen bei Neufestsetzung

Vierter Unterabschnitt
Besondere Vorschriften für die Versicherten der See-Berufsgenossenschaft und ihre Hinterbliebenen

§ 92 Jahresarbeitsverdienst für Seeleute

Fünfter Unterabschnitt
Besondere Vorschriften für die Versicherten der landwirtschaftlichen Berufsgenossenschaften und ihre Hinterbliebenen

§ 93 Jahresarbeitsverdienst für landwirtschaftliche Unternehmer, ihre Ehegatten und Familienangehörigen

Vierter Abschnitt
Mehrleistungen

§ 94 Mehrleistungen

Fünfter Abschnitt
Gemeinsame Vorschriften für Leistungen

§ 95 Anpassung von Geldleistungen
§ 96 Auszahlung, Berechnungsgrundsätze
§ 97 Leistungen ins Ausland
§ 98 Geldleistungen aus dem Ausland
§ 99 Wahrnehmung von Aufgaben durch die Deutsche Post AG
§ 100 Verordnungsermächtigung
§ 101 Ausschluß oder Minderung von Leistungen
§ 102 Schriftform
§ 103 Zwischennachricht, Unfalluntersuchung

Viertes Kapitel
Haftung von Unternehmen, Unternehmensangehörigen und anderen Personen

Erster Abschnitt
Beschränkung der Haftung gegenüber Versicherten, ihren Angehörigen und Hinterbliebenen

§ 104 Beschränkung der Haftung der Unternehmer
§ 105 Beschränkung der Haftung anderer im Betrieb tätiger Personen
§ 106 Beschränkung der Haftung anderer Personen
§ 107 Besonderheiten in der Seefahrt
§ 108 Bindung der Gerichte
§ 109 Feststellungsberechtigung von in der Haftung beschränkten Personen

Zweiter Abschnitt
Haftung gegenüber den Sozialversicherungsträgern

§ 110 Haftung gegenüber den Sozialversicherungsträgern
§ 111 Haftung des Unternehmens
§ 112 Bindung der Gerichte
§ 113 Verjährung

Fünftes Kapitel
Organisation

Erster Abschnitt
Unfallversicherungsträger

§ 114 Unfallversicherungsträger
§ 115 Bund als Unfallversicherungsträger
§ 116 Unfallversicherungsträger im Landesbereich
§ 117 Unfallversicherungsträger im kommunalen Bereich
§ 118 Vereinigung von Berufsgenossenschaften
§ 119 Vereinigung landwirtschaftlicher Berufsgenossenschaften durch Verordnung
§ 120 Bundes- und Landesgarantie

Zweiter Abschnitt
Zuständigkeit

Erster Unterabschnitt
Zuständigkeit der gewerblichen Berufsgenossenschaften

§ 121 Zuständigkeit der gewerblichen Berufsgenossenschaften
§ 122 Sachliche und örtliche Zuständigkeit

Zweiter Unterabschnitt
Zuständigkeit der landwirtschaftlichen Berufsgenossenschaften

§ 123 Zuständigkeit der landwirtschaftlichen Berufsgenossenschaften
§ 124 Bestandteile des landwirtschaftlichen Unternehmens

Dritter Unterabschnitt
Zuständigkeit der Unfallversicherungsträger der öffentlichen Hand

§ 125 Zuständigkeit des Bundes als Unfallversicherungsträger
§ 126 Zuständigkeit der Eisenbahn-Unfallkasse
§ 127 Zuständigkeit der Unfallkasse Post und Telekom
§ 128 Zuständigkeit der Unfallversicherungsträger im Landesbereich
§ 129 Zuständigkeit der Unfallversicherungsträger im kommunalen Bereich

Vierter Unterabschnitt
Gemeinsame Vorschriften über die Zuständigkeit

§ 130 Örtliche Zuständigkeit
§ 131 Zuständigkeit für Hilfs- und Nebenunternehmen
§ 132 Zuständigkeit für Unfallversicherungsträger
§ 133 Zuständigkeit für Versicherte
§ 134 Zuständigkeit bei Berufskrankheiten
§ 135 Versicherung nach mehreren Vorschriften
§ 136 Bescheid über die Zuständigkeit, Begriff des Unternehmers
§ 137 Wirkung von Zuständigkeitsänderungen
§ 138 Unterrichtung der Versicherten
§ 139 Vorläufige Zuständigkeit

Dritter Abschnitt
Weitere Versicherungseinrichtungen

§ 140 Haftpflicht- und Auslandsversicherung
§ 141 Träger der Versicherungseinrichtungen, Aufsicht
§ 142 Gemeinsame Einrichtungen
§ 143 Seemannskasse

Vierter Abschnitt
Dienstrecht

§ 144 Dienstordnung
§ 145 Regelungen in der Dienstordnung
§ 146 Verletzung der Dienstordnung
§ 147 Aufstellung und Änderung der Dienstordnung
§ 148 Dienstrechtliche Vorschriften für die Eisenbahn-Unfallkasse
§ 149 Dienstrechtliche Vorschriften für die Unfallkasse Post und Telekom

Sechstes Kapitel
Aufbringung der Mittel

Erster Abschnitt
Allgemeine Vorschriften

Erster Unterabschnitt
Beitragspflicht

§ 150 Beitragspflichtige
§ 151 Beitragserhebung bei überbetrieblichen arbeitsmedizinischen und sicherheitstechnischen Diensten

Zweiter Unterabschnitt
Beitragshöhe

§ 152 Umlage
§ 153 Berechnungsgrundlagen
§ 154 Berechnungsgrundlagen in besonderen Fällen
§ 155 Beiträge nach der Zahl der Versicherten
§ 156 Beiträge nach einem auf Arbeitsstunden aufgeteilten Arbeitsentgelt
§ 157 Gefahrtarif
§ 158 Genehmigung
§ 159 Veranlagung der Unternehmen zu den Gefahrklassen
§ 160 Änderung der Veranlagung
§ 161 Mindestbeitrag
§ 162 Zuschläge, Nachlässe, Prämien
§ 163 Beitragszuschüsse für Küstenfischer

Dritter Unterabschnitt
Vorschüsse und Sicherheitsleistungen

§ 164 Beitragsvorschüsse und Sicherheitsleistungen

Vierter Unterabschnitt
Umlageverfahren

§ 165 Nachweise
§ 166 Auskunftspflicht der Unternehmer und Beitragsüberwachung
§ 167 Beitragsberechnung
§ 168 Beitragsbescheid
§ 169 Beitragseinzug bei der See-Berufsgenossenschaft
§ 170 Beitragszahlung an einen anderen Unfallversicherungsträger

Fünfter Unterabschnitt
Betriebsmittel und Rücklage

§ 171 Betriebsmittel
§ 172 Rücklage

Sechster Unterabschnitt
Zusammenlegung und Teilung der Last, Teilung der Entschädigungslast bei Berufskrankheiten, Erstattungsansprüche der landwirtschaftlichen Berufsgenossenschaften

§ 173 Zusammenlegung und Teilung der Last
§ 174 Teilung der Entschädigungslast bei Berufskrankheiten
§ 175 Erstattungsansprüche der landwirtschaftlichen Berufsgenossenschaften

Siebter Unterabschnitt
Ausgleich unter den gewerblichen Berufsgenossenschaften

§ 176 Ausgleichspflicht
§ 177 Rentenlastsatz und Entschädigungslastsatz
§ 178 Höhe des Ausgleichsanteils
§ 179 Umlegung des Ausgleichsanteils
§ 180 Freibeträge
§ 181 Durchführung des Ausgleichs

Zweiter Abschnitt
Besondere Vorschriften für die landwirtschaftlichen Berufsgenossenschaften

§ 182 Berechnungsgrundlagen
§ 183 Umlageverfahren
§ 184 Rücklage

Dritter Abschnitt
Besondere Vorschriften für die Unfallversicherungsträger der öffentlichen Hand

§ 185 Gemeindeunfallversicherungsverbände, Unfallkassen der Länder und Gemeinden, gemeinsame Unfallkassen, Feuerwehr-Unfallkassen
§ 186 Aufwendungen des Bundes als Unfallversicherugsträger

Vierter Abschnitt
Gemeinsame Vorschriften

§ 187 Berechnungsgrundsätze

Siebtes Kapitel
Zusammenarbeit der Unfallversicherungsträger mit anderen Leistungsträgern und ihre Beziehungen zu Dritten

Erster Abschnitt
Zusammenarbeit der Unfallversicherungsträger mit anderen Leistungsträgern

§ 188 Auskunftspflicht der Krankenkassen
§ 189 Beauftragung einer Krankenkasse
§ 190 Pflicht der Unfallversicherungsträger zur Benachrichtigung der Rentenversicherungsträger beim Zusammentreffen von Renten

Zweiter Abschnitt
Beziehungen der Unfallversicherungsträger zu Dritten

§ 191 Unterstützungspflicht der Unternehmer
§ 192 Mitteilungs- und Auskunftspflichten von Unternehmern und Bauherren
§ 193 Pflicht zur Anzeige eines Versicherungsfalls durch die Unternehmer
§ 194 Meldepflicht der Eigentümer von Seeschiffen
§ 195 Unterstützungs- und Mitteilungspflichten von Kammern und der für die Erteilung einer Gewerbe- oder Bauerlaubnis zuständigen Behörden
§ 196 Mitteilungspflichten der Schiffsvermessungs- und -registerbehörden
§ 197 Übermittlungspflicht der Gemeinden und Finanzbehörden
§ 198 Auskunftspflicht der Grundstückseigentümer

Achtes Kapitel
Datenschutz

Erster Abschnitt
Grundsätze

§ 199 Erhebung, Verarbeitung und Nutzung von Daten durch die Unfallversicherungsträger
§ 200 Einschränkung der Übermittlungsbefugnis

Zweiter Abschnitt
Datenerhebung und -verarbeitung durch Ärzte

§ 201 Datenerhebung und Datenverarbeitung durch Ärzte

§ 202 Anzeigepflicht von Ärzten bei Berufskrankheiten
§ 203 Auskunftspflicht von Ärzten

Dritter Abschnitt
Dateien

§ 204 Errichtung einer Datei für mehrere Unfallversicherungsträger
§ 205 Datenverarbeitung und -übermittlung bei den landwirtschaftlichen Berufsgenossenschaften

Vierter Abschnitt
Sonstige Vorschriften

§ 206 Übermittlung von Daten für die Forschung zur Bekämpfung von Berufskrankheiten
§ 207 Erhebung, Verarbeitung und Nutzung von Daten zur Verhütung von Versicherungsfällen und arbeitsbedingten Gesundheitsgefahren
§ 208 Auskünfte der Deutschen Post AG

Neuntes Kapitel
Bußgeldvorschriften

§ 209 Bußgeldvorschriften
§ 210 Zuständige Verwaltungsbehörde
§ 211 Zusammenarbeit bei der Verfolgung und Ahndung von Ordnungswidrigkeiten

Zehntes Kapitel
Übergangsrecht

§ 212 Grundsatz
§ 213 Weitergeltung des Versicherungsschutzes für bestimmte Unternehmer
§ 214 Geltung auch für frühere Versicherungsfälle
§ 215 Sondervorschriften für Versicherungsfälle in dem in Artikel 3 des Einigungsvertrages genannten Gebiet
§ 216 Bezugsgröße (Ost) und aktueller Rentenwert (Ost)
§ 217 Bestandsschutz
§ 218 Länder und Gemeinden als Unfallversicherungsträger
§ 219 Aufbringung der Mittel
§ 220 Rechtsträgerabwicklung

Anlage 1 Gewerbliche Berufsgenossenschaften
Anlage 2 Landwirtschaftliche Berufsgenossenschaften

Erstes Kapitel
Aufgaben, versicherter Personenkreis, Versicherungsfall

Erster Abschnitt
Aufgaben der Unfallversicherung

§ 1 Prävention, Rehabilitation, Entschädigung

Aufgabe der Unfallversicherung ist es, nach Maßgabe der Vorschriften dieses Buches
1. mit allen geeigneten Mitteln Arbeitsunfälle und Berufskrankheiten sowie arbeitsbedingte Gesundheitsgefahren zu verhüten,
2. nach Eintritt von Arbeitsunfällen oder Berufskrankheiten die Gesundheit und die Leistungsfähigkeit der Versicherten mit allen geeigneten Mitteln wiederherzustellen und sie oder ihre Hinterbliebenen durch Geldleistungen zu entschädigen.

Zweiter Abschnitt
Versicherter Personenkreis

§ 2 Versicherung kraft Gesetzes

(1) Kraft Gesetzes sind versichert
1. Beschäftigte,
2. Lernende während der beruflichen Aus- und Fortbildung in Betriebsstätten, Lehrwerkstätten, Schulungskursen und ähnlichen Einrichtungen,
3. Personen, die sich Untersuchungen, Prüfungen oder ähnlichen Maßnahmen unterziehen, die aufgrund von Rechtsvorschriften zur Aufnahme einer versicherten Tätigkeit oder infolge einer abgeschlossenen versicherten Tätigkeit erforderlich sind, soweit diese Maßnahmen vom Unternehmen oder einer Behörde veranlaßt worden sind,
4. Behinderte, die in nach dem Schwerbehindertengesetz anerkannten Werkstätten für Behinderte oder in nach dem Blindenwarenvertriebsgesetz anerkannten Blindenwerkstätten oder für diese Einrichtungen in Heimarbeit tätig sind,
5. Personen, die
   a) Unternehmer eines landwirtschaftlichen Unternehmens sind und ihre im Unternehmen mitarbeitenden Ehegatten,
   b) im landwirtschaftlichen Unternehmen nicht nur vorübergehend mitarbeitende Familienangehörige sind,
   c) in landwirtschaftlichen Unternehmen in der Rechtsform von Kapital- oder Personenhandelsgesellschaften regelmäßig wie Unternehmer selbständig tätig sind,
   d) ehrenamtlich in Unternehmen tätig sind, die unmittelbar der Sicherung, Überwachung oder Förderung der Landwirtschaft überwiegend dienen,
   e) ehrenamtlich in den Berufsverbänden der Landwirtschaft tätig sind,
   wenn für das Unternehmen eine landwirtschaftliche Berufsgenossenschaft zuständig ist,
6. Hausgewerbetreibende und Zwischenmeister sowie ihre mitarbeitenden Ehegatten,
7. selbständig tätige Küstenschiffer und Küstenfischer, die zur Besatzung ihres Fahrzeugs gehören oder als Küstenfischer ohne Fahrzeug fischen und regelmäßig nicht mehr als vier Arbeitnehmer beschäftigen, sowie ihre mitarbeitenden Ehegatten,
8. a) Kinder während des Besuchs von Tageseinrichtungen, deren Träger für den Betrieb der Einrichtungen der Erlaubnis nach § 45 des Achten Buches oder einer Erlaubnis aufgrund einer entsprechenden landesrechtlichen Regelung bedürfen,
   b) Schüler während des Besuchs von allgemein- oder berufsbildenden Schulen und während der Teilnahme an unmittelbar vor oder nach dem Unterricht von der Schule oder im Zusammenwirken mit ihr durchgeführten Betreuungsmaßnahmen,
   c) Studierende während der Aus- und Fortbildung an Hochschulen,
9. Personen, die selbständig oder unentgeltlich, insbesondere ehrenamtlich im Gesundheitswesen oder in der Wohlfahrtspflege tätig sind,
10. Personen, die für Körperschaften, Anstalten oder Stiftungen des öffentlichen Rechts oder deren Verbände oder Arbeitsgemeinschaften, für öffentlich-rechtliche Religionsgemeinschaften oder

für die in den Nummern 2 und 8 genannten Einrichtungen ehrenamtlich tätig sind oder an Ausbildungsveranstaltungen für diese Tätigkeit teilnehmen,
11. Personen, die
    a) von einer Körperschaft, Anstalt oder Stiftung des öffentlichen Rechts zur Unterstützung einer Diensthandlung herangezogen werden,
    b) von einer dazu berechtigten öffentlichen Stelle als Zeugen zur Beweiserhebung herangezogen werden,
12. Personen, die in Unternehmen zur Hilfe bei Unglücksfällen oder im Zivilschutz unentgeltlich, insbesondere ehrenamtlich tätig sind oder an Ausbildungsveranstaltungen dieser Unternehmen teilnehmen,
13. Personen, die
    a) bei Unglücksfällen oder gemeiner Gefahr oder Not Hilfe leisten oder einen anderen aus erheblicher gegenwärtiger Gefahr für seine Gesundheit retten,
    b) Blut oder körpereigene Organe, Organteile oder Gewebe spenden,
    c) sich bei der Verfolgung oder Festnahme einer Person, die einer Straftat verdächtig ist oder zum Schutz eines widerrechtlich Angegriffenen persönlich einsetzen,
14. Personen, die nach den Vorschriften des Dritten Buches oder des Bundessozialhilfegesetzes der Meldepflicht unterliegen, wenn sie einer besonderen, an sie im Einzelfall gerichteten Aufforderung einer Dienststelle der Bundesanstalt für Arbeit nachkommen, diese oder eine andere Stelle aufzusuchen,
15. Personen, die
    a) auf Kosten einer Krankenkasse oder eines Trägers der gesetzlichen Rentenversicherung oder einer landwirtschaftlichen Alterskasse stationäre oder teilstationäre Behandlung oder Leistungen stationärer oder teilstationärer medizinischer Rehabilitation erhalten,
    b) zur Vorbereitung von berufsfördernden Maßnahmen zur Rehabilitation auf Aufforderung eines Trägers der gesetzlichen Rentenversicherung oder der Bundesanstalt für Arbeit einen dieser Träger oder eine andere Stelle aufsuchen,
    c) auf Kosten eines Unfallversicherungsträgers an vorbeugenden Maßnahmen nach § 3 der Berufskrankheiten-Verordnung teilnehmen,
16. Personen, die bei der Schaffung öffentlich geförderten Wohnraums im Sinne des Zweiten Wohnungsbaugesetzes im Rahmen der Selbsthilfe tätig sind,
17. Pflegepersonen nach § 19 des Elften Buches bei der Pflege eines Pflegebedürftigen im Sinne des § 14 des Elften Buches; die versicherte Tätigkeit umfaßt Pflegetätigkeiten im Bereich der Körperpflege und – soweit diese Tätigkeiten überwiegend Pflegebedürftigen zugute kommen – Pflegetätigkeiten in den Bereichen der Ernährung, der Mobilität sowie der hauswirtschaftlichen Versorgung (§ 14 Abs. 4 des Elften Buches).

(2) Ferner sind Personen versichert, die wie nach Absatz 1 Nr. 1 Versicherte tätig werden. Satz 1 gilt auch für Personen, die während einer aufgrund eines Gesetzes angeordneten Freiheitsentziehung oder aufgrund einer strafrichterlichen, staatsanwaltlichen oder jugendbehördlichen Anordnung wie Beschäftigte tätig werden.

(3) Absatz 1 Nr. 1 gilt auch für
1. Deutsche, die im Ausland bei einer amtlichen Vertretung des Bundes oder der Länder oder bei deren Leitern, deutschen Mitgliedern oder Bediensteten beschäftigt sind,
2. Entwicklungshelfer im Sinne des Entwicklungshelfer-Gesetzes, die Entwicklungsdienst oder Vorbereitungsdienst leisten.

Soweit die Absätze 1 und 2 weder eine Beschäftigung noch eine selbständige Tätigkeit voraussetzen, gelten sie abweichend von § 3 Nr. 2 des Vierten Buches für alle Personen, die die in diesen Absätzen genannten Tätigkeiten im Inland ausüben; § 4 des Vierten Buches gilt entsprechend. Absatz 1 Nr. 13 gilt auch für Personen, die im Ausland tätig werden, wenn sie im Inland ihren Wohnsitz oder gewöhnlichen Aufenthalt haben.

(4) Familienangehörige im Sinne des Absatzes 1 Nr. 5 Buchstabe b sind
1. Verwandte bis zum dritten Grade,
2. Verschwägerte bis zum zweiten Grade,

3. Pflegekinder (§ 56 Abs. 2 Nr. 2 des Ersten Buches)
der Unternehmer oder ihrer Ehegatten.

§ 3 Versicherung kraft Satzung
(1) Die Satzung kann bestimmen, daß und unter welchen Voraussetzungen sich die Versicherung erstreckt auf
1. Unternehmer und ihre im Unternehmen mitarbeitenden Ehegatten,
2. Personen, die sich auf der Unternehmensstätte aufhalten; § 2 Abs. 3 Satz 2 erster Halbsatz gilt entsprechend.

(2) Absatz 1 gilt nicht für
1. Haushaltsführende,
2. Unternehmer von nicht gewerbsmäßig betriebenen Binnenfischereien oder Imkereien und ihre im Unternehmen mitarbeitenden Ehegatten,
3. Personen, die aufgrund einer vom Fischerei- oder Jagdausübungsberechtigten erteilten Erlaubnis als Fischerei- oder Jagdgast fischen oder jagen,
4. Reeder, die nicht zur Besatzung des Fahrzeugs gehören, und ihre im Unternehmen mitarbeitenden Ehegatten.

§ 4 Versicherungsfreiheit
(1) Versicherungsfrei sind
1. Personen, soweit für sie beamtenrechtliche Unfallfürsorgevorschriften oder entsprechende Grundsätze gelten; ausgenommen sind Ehrenbeamte und ehrenamtliche Richter,
2. Personen, soweit für sie das Bundesversorgungsgesetz oder Gesetze, die eine entsprechende Anwendung des Bundesversorgungsgesetzes vorsehen, gelten, es sei denn, daß
   a) der Versicherungsfall zugleich die Folge einer Schädigung im Sinne dieser Gesetze ist oder
   b) es sich um eine Schädigung im Sinne des § 5 Abs. 1 Buchstabe e des Bundesversorgungsgesetzes handelt,
3. satzungsmäßige Mitglieder geistlicher Genossenschaften, Diakonissen und Angehörige ähnlicher Gemeinschaften, wenn ihnen nach den Regeln der Gemeinschaft Anwartschaft auf die in der Gemeinschaft übliche Versorgung gewährleistet und die Erfüllung der Gewährleistung gesichert ist.

(2) Von der Versicherung nach § 2 Abs. 1 Nr. 5 sind frei
1. Personen, die aufgrund einer vom Fischerei- oder Jagdausübungsberechtigten erteilten Erlaubnis als Fischerei- oder Jagdgast fischen oder jagen,
2. Unternehmer von Binnenfischereien, Imkereien und Unternehmen nach § 123 Abs. 1 Nr. 2, wenn diese Unternehmen nicht gewerbsmäßig betrieben werden und nicht Neben- oder Hilfsunternehmen eines anderen landwirtschaftlichen Unternehmens sind, sowie ihre im Unternehmen mitarbeitenden Ehegatten; das gleiche gilt für Personen, die in diesen Unternehmen als Verwandte oder Verschwägerte bis zum zweiten Grad oder als Pflegekind der Unternehmer oder ihrer Ehegatten unentgeltlich tätig sind.

(3) Von der Versicherung nach § 2 Abs. 1 Nr. 9 sind frei selbständig tätige Ärzte, Zahnärzte, Tierärzte, Psychologische Psychotherapeuten, Kinder- und Jugendlichenpsychotherapeuten, Heilpraktiker und Apotheker.

(4) Von der Versicherung nach § 2 Abs. 2 ist frei, wer in einem Haushalt als Verwandter oder Verschwägerter bis zum zweiten Grad oder als Pflegekind der Haushaltsführenden oder der Ehegatten unentgeltlich tätig ist, es sei denn, er ist in einem § 124 Nr. 1 genannten Haushalt tätig.

§ 5 Versicherungsbefreiung
Von der Versicherung nach § 2 Abs. 1 Nr. 5 werden auf Antrag Unternehmer landwirtschaftlicher Unternehmen im Sinne des § 123 Abs. 1 Nr. 1 bis zu einer Größe von 0,12 Hektar und ihre Ehegatten unwiderruflich befreit; dies gilt nicht für Spezialkulturen. Das Nähere bestimmt die Satzung.

§ 6 Freiwillige Versicherung
(1) Auf schriftlichen Antrag können sich versichern
1. Unternehmer und ihre im Unternehmen mitarbeitenden Ehegatten; ausgenommen sind Haushaltsführende, Unternehmer von nicht gewerbsmäßig betriebenen Binnenfischereien oder Imkereien,

von nicht gewerbsmäßig betriebenen Unternehmen nach § 123 Abs. 1 Nr. 2 und ihre Ehegatten sowie Fischerei- und Jagdgäste,
2. Personen, die in Kapital- oder Personenhandelsgesellschaften regelmäßig wie Unternehmer selbständig tätig sind.
(2) Die Versicherung beginnt mit dem Tag, der dem Eingang des Antrags folgt. Die Versicherung erlischt, wenn der Beitrag oder Beitragsvorschuß binnen zwei Monaten nach Fälligkeit nicht gezahlt worden ist. Eine Neuanmeldung bleibt so lange unwirksam, bis der rückständige Beitrag oder Beitragsvorschuß binnen zwei Monaten nach Fälligkeit nicht gezahlt worden ist. Eine Neuanmeldung bleibt so lange unwirksam, bis der rückständige Beitrag oder Beitragsvorschuß entrichtet worden ist.

Dritter Abschnitt
Versicherungsfall

§ 7 Begriff
(1) Versicherungsfälle sind Arbeitsunfälle und Berufskrankheiten.
(2) Verbotswidriges Handeln schließt einen Versicherungsfall nicht aus.

§ 8 Arbeitsunfall
(1) Arbeitsunfälle sind Unfälle von Versicherten infolge einer den Versicherungsschutz nach § 2, 3 oder 6 begründenden Tätigkeit (versicherte Tätigkeit). Unfälle sind zeitlich begrenzte, von außen auf den Körper einwirkende Ereignisse, die zu einem Gesundheitsschaden oder zum Tod führen.
(2) Versicherte Tätigkeiten sind auch
1. das Zurücklegen des mit der versicherten Tätigkeit zusammenhängenden unmittelbaren Weges nach und von dem Ort der Tätigkeit,
2. das Zurücklegen des von einem unmittelbaren Weg nach und von dem Ort der Tätigkeit abweichenden Weges, um
   a) Kinder von Versicherten (§ 56 des Ersten Buches), die mit ihnen in einem gemeinsamen Haushalt leben, wegen ihrer oder ihrer Ehegatten beruflichen Tätigkeit fremder Obhut anzuvertrauen oder
   b) mit anderen Berufstätigen oder Versicherten gemeinsam ein Fahrzeug zu benutzen,
3. das Zurücklegen des von einem unmittelbaren Weg nach und von dem Ort der Tätigkeit abweichenden Weges der Kinder von Personen (§ 56 des Ersten Buches), die mit ihnen in einem gemeinsamen Haushalt leben, wenn die Abweichung darauf beruht, daß die Kinder wegen der beruflichen Tätigkeit dieser Personen oder deren Ehegatten fremder Obhut anvertraut werden,
4. das Zurücklegen des mit der versicherten Tätigkeit zusammenhängenden Weges von und nach der ständigen Familienwohnung, wenn die Versicherten wegen der Entfernung ihrer Familienwohnung von dem Ort der Tätigkeit an diesem oder in dessen Nähe eine Unterkunft haben,
5. das mit einer versicherten Tätigkeit zusammenhängende Verwahren, Befördern, Instandhalten und Erneuern eines Arbeitsgeräts oder einer Schutzausrüstung sowie deren Erstbeschaffung, wenn diese auf Veranlassung der Unternehmer erfolgt.
(3) Als Gesundheitsschaden gilt auch die Beschädigung oder der Verlust eines Hilfsmittels.

§ 9 Berufskrankheit
(1) Berufskrankheiten sind Krankheiten, die die Bundesregierung durch Rechtsverordnung mit Zustimmung des Bundesrates als Berufskrankheiten bezeichnet und die Versicherte infolge einer den Versicherungsschutz nach § 2, 3 oder 6 begründenden Tätigkeit erleiden. Die Bundesregierung wird ermächtigt, in der Rechtsverordnung solche Krankheiten als Berufskrankheiten zu bezeichnen, die nach den Erkenntnissen der medizinischen Wissenschaft durch besondere Einwirkungen verursacht sind, denen bestimmte Personengruppen durch ihre versicherte Tätigkeit in erheblich höherem Grade als die übrige Bevölkerung ausgesetzt sind; sie kann dabei bestimmen, daß die Krankheiten nur dann Berufskrankheiten sind, wenn sie durch Tätigkeiten in bestimmten Gefährdungsbereichen verursacht worden sind oder wenn sie zur Unterlassung aller Tätigkeiten geführt haben, die für die Entstehung, die Verschlimmerung oder das Wiederaufleben der Krankheit ursächlich waren oder sein können. In der Rechtsverordnung kann ferner bestimmt werden, inwieweit Versicherte in Unternehmen der Seefahrt auch in der Zeit gegen Berufskrankheiten versichert sind, in der sie an Land beurlaubt sind.

(2) Die Unfallversicherungsträger haben eine Krankheit, die nicht in der Rechtsverordnung bezeichnet ist oder bei der die dort bestimmten Voraussetzungen nicht vorliegen, wie eine Berufskrankheit als Versicherungsfall anzuerkennen, sofern im Zeitpunkt der Entscheidung nach neuen Erkenntnissen der medizinischen Wissenschaft die Voraussetzungen für eine Bezeichnung nach Absatz 1 Satz 2 erfüllt sind.

(3) Erkranken Versicherte, die infolge der besonderen Bedingungen ihrer versicherten Tätigkeit in erhöhtem Maße der Gefahr der Erkrankung an einer in der Rechtsverordnung nach Absatz 1 genannten Berufskrankheit ausgesetzt waren, an einer solchen Krankheit und können Anhaltspunkte für eine Verursachung außerhalb der versicherten Tätigkeit nicht festgestellt werden, wird vermutet, daß diese infolge der versicherten Tätigkeit verursacht worden ist.

(4) Setzt die Anerkennung einer Krankheit als Berufskrankheit die Unterlassung aller Tätigkeiten voraus, die für die Entstehung, die Verschlimmerung oder das Wiederaufleben der Krankheit ursächlich waren oder sein können, haben die Unfallversicherungsträger vor Unterlassung einer noch verrichteten gefährdenden Tätigkeit darüber zu entscheiden, ob die übrigen Voraussetzungen für die Anerkennung einer Berufskrankheit erfüllt sind.

(5) Soweit Vorschriften über Leistungen auf den Zeitpunkt des Versicherungsfalls abstellen, ist bei Berufskrankheiten auf den Beginn der Arbeitsunfähigkeit oder der Behandlungsbedürftigkeit oder, wenn dies für den Versicherten günstiger ist, auf den Beginn der rentenberechtigenden Minderung der Erwerbsfähigkeit abzustellen.

(6) Die Bundesregierung regelt durch Rechtsverordnung mit Zustimmung des Bundesrates
1. Voraussetzungen, Art und Umfang von Leistungen zur Verhütung des Entstehens, der Verschlimmerung oder des Wiederauflebens von Berufskrankheiten,
2. die Mitwirkung der für den medizinischen Arbeitsschutz zuständigen Stellen bei der Feststellung von Berufskrankheiten sowie von Krankheiten, die nach Absatz 2 wie Berufskrankheiten zu entschädigen sind; dabei kann bestimmt werden, daß die für den medizinischen Arbeitsschutz zuständigen Stellen berechtigt sind, Zusammenhangsgutachten zu erstellen sowie zur Vorbereitung ihrer Gutachten Versicherte zu untersuchen oder auf Kosten der Unfallversichrungsträger andere Ärzte mit der Vornahme der Untersuchungen zu beauftragen,
3. die von den Unfallversicherungsträgern für die Tätigkeit der Stellen nach Nummer 2 zu entrichtenden Gebühren; diese Gebühren richten sich nach dem für die Begutachtung erforderlichen Aufwand und den dadurch entstehenden Kosten.

(7) Die Unfallversicherungsträger haben die für den medizinischen Arbeitsschutz zuständige Stelle über den Ausgang des Berufskrankheitenverfahrens zu unterrichten, soweit ihre Entscheidung von der gutachterlichen Stellungnahme der zuständigen Stelle abweicht.

(8) Die Unfallversicherungsträger wirken bei der Gewinnung neuer medizinisch-wissenschaftlicher Erkenntnisse insbesondere zur Fortentwicklung des Berufskrankheitenrechts mit; sie sollen durch eigene Forschung oder durch Beteiligung an fremden Forschungsvorhaben dazu beitragen, den Ursachenzusammenhang zwischen Erkrankungshäufigkeiten in einer bestimmten Personengruppe und gesundheitsschädlichen Einwirkungen im Zusammenhang mit der versicherten Tätigkeit aufzuklären.

(9) Die für den medizinischen Arbeitsschutz zuständigen Stellen dürfen zur Feststellung von Berufskrankheiten sowie von Krankheiten, die nach Absatz 2 wie Berufskrankheiten zu entschädigen sind, Daten erheben, verarbeiten oder nutzen sowie zur Vorbereitung von Gutachten Versicherte untersuchen, soweit dies im Rahmen ihrer Mitwirkung nach Absatz 6 Nr. 2 erforderlich ist; sie dürfen diese Daten insbesondere an den zuständigen Unfallversicherungsträger übermitteln. Die erhobenen Daten dürfen auch zur Verhütung von Arbeitsunfällen, Berufskrankheiten und arbeitsbedingten Gesundheitsgefahren verarbeitet oder genutzt werden. Soweit die in Satz 1 genannten Stellen andere Ärzte mit der Vornahme von Untersuchungen beauftragen, ist die Übermittlung von Daten zwischen diesen Stellen und den beauftragten Ärzten zulässig, soweit dies im Rahmen des Untersuchungsauftrages erforderlich ist.

§ 10 Erweiterung in der See- und Binnenschiffahrt

(1) In der See- und Binnenschiffahrt sind Versicherungsfälle auch Unfälle infolge
1. von Elementarereignissen,
2. der einem Hafen oder dem Liegeplatz eines Fahrzeugs eigentümlichen Gefahren,

3. der Beförderung von Land zum Fahrzeug oder vom Fahrzeug zum Land.
(2) In Unternehmen der Seefahrt gilt als versicherte Tätigkeit auch die freie Rückbeförderung nach dem Seemannsgesetz oder tariflichen Vorschriften oder die Mitnahme auf deutschen Seeschiffen nach dem Gesetz betreffend die Verpflichtung der Kauffahrteischiffe zur Mitnahme heimzuschaffender Seeleute in der im Bundesgesetzblatt Teil III, Gliederungsnummer 9510-3, veröffentlichten bereinigten Fassung, zuletzt geändert durch Artikel 278 des Einführungsgesetzes zum Strafgesetzbuch vom 2. März 1974 (BGBl. I S. 469).

§ 11 Mittelbare Folgen eines Versicherungsfalls
(1) Folgen eines Versicherungsfalls sind auch Gesundheitsschäden oder der Tod von Versicherten infolge
1. der Durchführung einer Heilbehandlung, berufsfördernder Leistungen zur Rehabilitation oder einer Maßnahme nach § 3 der Berufskrankheiten-Verordnung,
2. der Wiederherstellung oder Erneuerung eines Hilfsmittels,
3. der zur Aufklärung des Sachverhalts eines Versicherungsfalls angeordneten Untersuchung einschließlich der dazu notwendigen Wege.

(2) Absatz 1 gilt entsprechend, wenn die Versicherten auf Aufforderung des Unfallversicherungsträgers diesen oder eine von ihm bezeichnete Stelle zur Vorbereitung von Maßnahmen der Heilbehandlung, der berufsfördernden Leistungen zur Rehabilitation oder von Maßnahmen nach § 3 der Berufskrankheiten-Verordnung aufsuchen. Der Aufforderung durch den Unfallversicherungsträger nach Satz 1 steht eine Aufforderung durch eine mit der Durchführung der genannten Maßnahmen beauftragte Stelle gleich.

§ 12 Versicherungsfall einer Leibesfrucht
Versicherungsfall ist auch der Gesundheitsschaden einer Leibesfrucht infolge eines Versicherungsfalls der Mutter während der Schwangerschaft; die Leibesfrucht steht insoweit einem Versicherten gleich. Bei einer Berufskrankheit als Versicherungsfall genügt, daß der Gesundheitsschaden der Leibesfrucht durch besondere Einwirkungen verursacht worden ist, die generell geeignet sind, eine Berufskrankheit der Mutter zu verursachen.

§ 13 Sachschäden bei Hilfeleistungen
Den nach § 2 Abs. 1 Nr. 11 Buchstabe a und Nr. 13 Buchstabe a und c Versicherten sind auf Antrag Schäden, die infolge einer der dort genannten Tätigkeiten an in ihrem Besitz befindlichen Sachen entstanden sind, sowie die Aufwendungen zu ersetzen, die sie den Umständen nach für erforderlich halten durften. § 116 des Zehnten Buches gilt entsprechend.

Zweites Kapitel
Prävention

§ 14 Grundsatz
(1) Die Unfallversicherungsträger haben mit allen geeigneten Mitteln für die Verhütung von Arbeitsunfällen, Berufskrankheiten und arbeitsbedingten Gesundheitsgefahren und für eine wirksame Erste Hilfe zu sorgen. Sie sollen dabei auch den Ursachen von arbeitsbedingten Gefahren für Leben und Gesundheit nachgehen.
(2) Bei der Verhütung arbeitsbedingter Gesundheitsgefahren arbeiten die Unfallversicherungsträger mit den Krankenkassen zusammen.

§ 15 Unfallverhütungsvorschriften
(1) Die Unfallversicherungsträger erlassen als autonomes Recht Unfallverhütungsvorschriften über
1. Einrichtungen, Anordnungen und Maßnahmen, welche die Unternehmer zur Verhütung von Arbeitsunfällen, Berufskrankheiten und arbeitsbedingten Gesundheitsgefahren zu treffen haben, sowie die Form der Übertragung dieser Aufgaben auf andere Personen,
2. das Verhalten der Versicherten zur Verhütung von Arbeitsunfällen, Berufskrankheiten und arbeitsbedingten Gesundheitsgefahren,
3. vom Unternehmer zu veranlassende arbeitsmedizinische Untersuchungen und sonstige arbeitsmedizinische Maßnahmen vor, während und nach der Verrichtung von Arbeiten, die für Versicherte oder für Dritte mit arbeitsbedingten Gefahren für Leben und Gesundheit verbunden sind,

4. Voraussetzungen, die der Arzt, der mit Untersuchungen oder Maßnahmen nach Nummer 3 beauftragt ist, zu erfüllen hat, sofern die ärztliche Untersuchung nicht durch eine staatliche Rechtsvorschrift vorgesehen ist,
5. die Sicherstellung einer wirksamen Ersten Hilfe durch den Unternehmer,
6. die Maßnahmen, die der Unternehmer zur Erfüllung der sich aus dem Gesetz über Betriebsärzte, Sicherheitsingenieure und andere Fachkräfte für Arbeitssicherheit ergebenden Pflichten zu treffen hat,
7. die Zahl der Sicherheitsbeauftragten, die nach § 22 unter Berücksichtigung der in den Unternehmen für Leben und Gesundheit der Versicherten bestehenden arbeitsbedingten Gefahren und der Zahl der Beschäftigten zu bestellen sind.

In der Unfallverhütungsvorschrift nach Satz 1 Nr. 3 kann bestimmt werden, daß arbeitsmedizinische Vorsorgeuntersuchungen auch durch den Unfallversicherungsträger veranlaßt werden können.
(2) Soweit die Unfallversicherungsträger Vorschriften nach Absatz 1 Satz 1 Nr. 3 erlassen, können sie zu den dort genannten Zwecken auch die Erhebung, Verarbeitung und Nutzung von folgenden Daten über die untersuchten Personen durch den Unternehmer vorsehen:
1. Vor- und Familienname, Geburtsdatum sowie Geschlecht,
2. Wohnanschrift,
3. Tag der Einstellung und des Ausscheidens,
4. Ordnungsnummer,
5. zuständige Krankenkasse,
6. Art der vom Arbeitsplatz ausgehenden Gefährdungen,
7. Art der Tätigkeit mit Angabe des Beginns und des Endes der Tätigkeit,
8. Angaben über Art und Zeiten früherer Tätigkeiten, bei denen eine Gefährdung bestand, soweit dies bekannt ist,
9. Datum und Ergebnis der ärztlichen Vorsorgeuntersuchungen; die Übermittlung von Diagnosedaten an den Unternehmer ist nicht zulässig,
10. Datum der nächsten regelmäßigen Nachuntersuchung,
11. Name und Anschrift des untersuchenden Arztes.

Soweit die Unfallversicherungsträger Vorschriften nach Absatz 1 Satz 2 erfassen, gelten Satz 1 sowie § 24 Abs. 1 Satz 3 und 4 entsprechend.
(3) Absatz 1 Satz 1 Nr. 1 bis 5 gilt nicht für die unter bergbehördlicher Aufsicht stehenden Unternehmen.
(4) Die Vorschriften nach Absatz 1 bedürfen der Genehmigung durch das Bundesministerium für Arbeit und Sozialordnung. Die Entscheidung hierüber wird im Benehmen mit den zuständigen obersten Verwaltungsbehörden der Länder getroffen. Soweit die Vorschriften von einem Unfallversicherungsträger erlassen werden, welcher der Aufsicht eines Landes untersteht, entscheidet die zuständige oberste Landesbehörde über die Genehmigung im Benehmen mit dem Bundesministerium für Arbeit und Sozialordnung.
(5) Die Unternehmer sind über die Vorschriften nach Absatz 1 zu unterrichten und zur Unterrichtung der Versicherten verpflichtet.

§ 16 Geltung bei Zuständigkeit anderer Unfallversicherungsträger und für ausländische Unternehmen
(1) Die Unfallverhütungsvorschriften eines Unfallversicherungsträgers gelten auch, soweit in dem oder für das Unternehmen Versicherte tätig werden, für die ein anderer Unfallversicherungsträger zuständig ist.
(2) Die Unfallverhütungsvorschriften eines Unfallversicherungsträgers gelten auch für Unternehmer und Beschäftigte von ausländischen Unternehmen, die eine Tätigkeit im Inland ausüben, ohne einem Unfallversicherungsträger anzugehören.

§ 17 Überwachung und Beratung
(1) Die Unfallversicherungsträger haben die Durchführung der Maßnahmen zur Verhütung von Arbeitsunfällen, Berufskrankheiten, arbeitsbedingten Gesundheitsgefahren und für eine wirksame Erste

Hilfe in den Unternehmen zu überwachen sowie die Unternehmer und die Versicherten zu beraten. Sie können im Einzelfall anordnen, welche Maßnahmen Unternehmer oder Versicherte zu treffen haben
1. zur Erfüllung ihrer Pflichten aufgrund der Unfallverhütungsvorschriften nach § 15,
2. zur Abwendung besonderer Unfall- und Gesundheitsgefahren.
(2) Soweit in einem Unternehmen Versicherte tätig sind, für die ein anderer Unfallversicherungsträger zuständig ist, kann auch dieser die Durchführung der Maßnahmen zur Verhütung von Arbeitsunfällen, Berufskrankheiten, arbeitsbedingten Gesundheitsgefahren und für eine wirksame Erste Hilfe überwachen. Beide Unfallversicherungsträger sollen, wenn nicht sachliche Gründe entgegenstehen, die Überwachung und Beratung abstimmen und sich mit deren Wahrnehmung auf einen Unfallversicherungsträger verständigen.
(3) Anordnungen nach Absatz 1 können auch gegenüber Unternehmen und Beschäftigten von ausländischen Unternehmen getroffen werden, die eine Tätigkeit im Inland ausüben, ohne einem Unfallversicherungsträger anzugehören.
(4) Erwachsen dem Unfallversicherungsträger durch Pflichtversäumnis eines Unternehmers bare Auslagen für die Überwachung seines Unternehmens, so kann der Vorstand dem Unternehmer diese Kosten auferlegen.
(5) Die Seemannsämter können durch eine Untersuchung der Seeschiffe feststellen, ob die Unfallverhütungsvorschriften befolgt sind.

§ 18 Aufsichtspersonen
(1) Die Unfallversicherungsträger sind verpflichtet, Aufsichtspersonen in der für eine wirksame Überwachung und Beratung gemäß § 17 erforderlichen Zahl zu beschäftigen.
(2) Als Aufsichtsperson darf nur beschäftigt werden, wer seine Befähigung für diese Tätigkeit durch eine Prüfung nachgewiesen hat. Die Unfallversicherungsträger erlassen Prüfungsordnungen. Die Prüfungsordnungen bedürfen der Genehmigung durch die Aufsichtsbehörde.

§ 19 Befugnisse der Aufsichtspersonen
(1) Zur Überwachung der Maßnahmen zur Verhütung von Arbeitsunfällen, Berufskrankheiten, arbeitsbedingten Gesundheitsgefahren und für eine wirksame Erste Hilfe sind die Aufsichtspersonen insbesondere befugt,
1. zu den Betriebs- und Geschäftszeiten Grundstücke und Betriebsstätten zu betreten, zu besichtigen und zu prüfen,
2. von dem Unternehmer die zur Durchführung ihrer Überwachungsaufgabe erforderlichen Auskünfte zu verlangen,
3. geschäftliche und betriebliche Unterlagen des Unternehmers einzusehen, soweit es die Durchführung ihrer Überwachungsaufgabe erfordert,
4. Arbeitsmittel und persönliche Schutzausrüstungen sowie ihre bestimmungsgemäße Verwendung zu prüfen,
5. Arbeitsverfahren und Arbeitsabläufe zu untersuchen und insbesondere das Vorhandensein und die Konzentration gefährlicher Stoffe und Zubereitungen zu ermitteln oder, soweit die Aufsichtspersonen und der Unternehmer die erforderlichen Feststellungen nicht treffen können, auf Kosten des Unternehmers ermitteln zu lassen,
6. gegen Empfangsbescheinigung Proben nach ihrer Wahl zu fordern oder zu entnehmen; soweit der Unternehmer nicht ausdrücklich darauf verzichtet, ist ein Teil der Proben amtlich verschlossen oder versiegelt zurückzulassen,
7. zu untersuchen, ob und auf welche betriebliche Ursachen ein Unfall, eine Erkrankung oder ein Schadensfall zurückzuführen ist,
8. die Begleitung durch den Unternehmer oder eine von ihm beauftragte Person zu verlangen.
Der Unternehmer hat die Maßnahmen nach Satz 1 Nr. 1 und 3 bis 7 zu dulden. Zur Verhütung dringender Gefahren können die Maßnahmen nach Satz 1 auch in Wohnräumen und zu jeder Tages- und Nachtzeit getroffen werden. Das Grundrecht der Unverletzlichkeit der Wohnung (Artikel 13 des Grundgesetzes) wird insoweit eingeschränkt. Die Eigentümer und Besitzer der Grundstücke, auf denen der Unternehmer tätig ist, haben das Betreten der Grundstücke zu gestatten.
(2) Die Aufsichtspersonen sind berechtigt, bei Gefahr im Verzug sofort vollziehbare Anordnungen zur Abwendung von arbeitsbedingten Gefahren für Leben oder Gesundheit zu treffen.

(3) Der Unternehmer hat die Aufsichtsperson zu unterstützen, soweit dies zur Erfüllung ihrer Aufgaben erforderlich ist. Auskünfte auf Fragen, deren Beantwortung den Unternehmer selbst oder einen seiner in § 383 Abs. 1 Nr. 1 bis 3 der Zivilprozeßordnung bezeichneten Angehörigen der Gefahr der Verfolgung wegen einer Straftat oder Ordnungswidrigkeit aussetzen würde, können verweigert werden.

§ 20 Zusammenarbeit mit Dritten

(1) Die Unfallversicherungsträger und die für den Arbeitsschutz zuständigen Landesbehörden wirken bei der Überwachung der Unternehmen eng zusammen und fördern den Erfahrungsaustausch. Sie unterrichten sich gegenseitig über durchgeführte Betriebsbesichtigungen und deren wesentliche Ergebnisse. Durch allgemeine Verwaltungsvorschriften nach Absatz 3 Satz 1 Nr. 2 wird festgelegt, in welchen Fällen und wie eine Abstimmung zwischen den Unfallversicherungsträgern und den für den Arbeitsschutz zuständigen Landesbehörden erfolgt.
(2) Die Unfallversicherungsträger benennen zur Förderung der Zusammenarbeit nach Absatz 1 für jedes Land einen Unfallversicherungsträger oder einen Landesverband (gemeinsame landesbezogene Stelle), über den sie den für den Arbeitsschutz zuständigen obersten Landesbehörden Informationen zu ihrer Überwachungstätigkeit in dem jeweiligen Land zur Verfügung stellen und mit ihnen gemeinsame Überwachungstätigkeiten und Veranstaltungen sowie Maßnahmen des Erfahrungsaustauschs planen und abstimmen.
(3) Durch allgemeine Verwaltungsvorschriften, die der Zustimmung des Bundesrates bedürfen, wird geregelt das Zusammenwirken
1. der Unfallversicherungsträger mit den Betriebsräten oder Personalräten,
2. der Unfallversicherungsträger einschließlich der gemeinsamen landesbezogenen Stellen nach Absatz 2 mit den für den Arbeitsschutz zuständigen Landesbehörden,
3. der Unfallversicherungsträger mit den für die Bergaufsicht zuständigen Behörden.
Die Verwaltungsvorschriften nach Satz 1 Nr. 1 und 2 werden vom Bundesministerium für Arbeit und Sozialordnung, nach Nummer 1 im Einvernehmen mit dem Bundesministerium des Innern, die Verwaltungsvorschriften nach Satz 1 Nr. 3 vom Bundesministerium für Arbeit und Sozialordnung und vom Bundesministerium für Wirtschaft gemeinsam erlassen.

§ 21 Verantwortung des Unternehmers, Mitwirkung der Versicherten

(1) Der Unternehmer ist für die Durchführung der Maßnahmen zur Verhütung von Arbeitsunfällen und Berufskrankheiten, für die Verhütung von arbeitsbedingten Gesundheitsgefahren sowie für eine wirksame Erste Hilfe verantwortlich.
(2) Ist bei einer Schule der Unternehmer nicht Schulhoheitsträger, ist auch der Schulhoheitsträger in seinem Zuständigkeitsbereich für die Durchführung der in Absatz 1 genannten Maßnahmen verantwortlich. Der Schulhoheitsträger ist verpflichtet, im Benehmen mit dem für die Versicherten nach § 2 Abs. 1 Nr. 8 Buchstabe b zuständigen Unfallversicherungsträger Regelungen über die Durchführung der in Absatz 1 genannten Maßnahmen in seinem Schulbereich zu treffen.
(3) Die Versicherten haben nach ihren Möglichkeiten alle Maßnahmen zur Verhütung von Arbeitsunfällen, Berufskrankheiten und arbeitsbedingten Gesundheitsgefahren sowie für eine wirksame Erste Hilfe zu unterstützen und die entsprechenden Anweisungen des Unternehmers zu befolgen.

§ 22 Sicherheitsbeauftragte

(1) In Unternehmen mit regelmäßig mehr als 20 Beschäftigten hat der Unternehmer unter Beteiligung des Betriebsrates oder Personalrates Sicherheitsbeauftragte unter Berücksichtigung der im Unternehmen für die Beschäftigten bestehenden Unfall- und Gesundheitsgefahren und der Zahl der Beschäftigten zu bestellen. Als Beschäftigte gelten auch die nach § 2 Abs. 1 Nr. 2, 8 und 12 Versicherten. In Unternehmen mit besonderen Gefahren für Leben und Gesundheit kann der Unfallversicherungsträger anordnen, daß Sicherheitsbeauftragte auch dann zu bestellen sind, wenn die Mindestbeschäftigtenzahl nach Satz 1 nicht erreicht wird. Für Unternehmen mit geringen Gefahren für Leben und Gesundheit kann der Unfallversicherungsträger die Zahl 20 in seiner Unfallverhütungsvorschrift erhöhen.
(2) Die Sicherheitsbeauftragten haben den Unternehmer bei der Durchführung der Maßnahmen zur Verhütung von Arbeitsunfällen und Berufskrankheiten zu unterstützen, insbesondere sich von dem Vorhandensein und der ordnungsgemäßen Benutzung der vorgeschriebenen Schutzeinrichtungen und

persönlichen Schutzausrüstungen zu überzeugen und auf Unfall- und Gesundheitsgefahren für die Versicherten aufmerksam zu machen.

(3) Die Sicherheitsbeauftragten dürfen wegen der Erfüllung der ihnen übertragenen Aufgaben nicht benachteiligt werden.

§ 23 Aus- und Fortbildung

(1) Die Unfallversicherungsträger haben für die erforderliche Aus- und Fortbildung der Personen in den Unternehmen zu sorgen, die mit der Durchführung der Maßnahmen zur Verhütung von Arbeitsunfällen, Berufskrankheiten und arbeitsbedingten Gesundheitsgefahren sowie mit der Ersten Hilfe betraut sind. Für nach dem Gesetz über Betriebsärzte, Sicherheitsingenieure und andere Fachkräfte für Arbeitssicherheit zu verpflichtende Betriebsärzte und Fachkräfte für Arbeitssicherheit, die nicht dem Unternehmen angehören, können die Unfallversicherungsträger entsprechende Maßnahmen durchführen. Die Unfallversicherungsträger haben Unternehmer und Versicherte zur Teilnahme an Aus- und Fortbildungslehrgängen anzuhalten.

(2) Die Unfallversicherungsträger haben die unmittelbaren Kosten ihrer Aus- und Fortbildungsmaßnahmen sowie die erforderlichen Fahr-, Verpflegungs- und Unterbringungskosten zu tragen. Bei Aus- und Fortbildungsmaßnahmen für Ersthelfer, die von Dritten durchgeführt werden, haben die Unfallversicherungsträger nur die Lehrgangsgebühren zu tragen.

(3) Für die Arbeitszeit, die wegen der Teilnahme an einem Lehrgang ausgefallen ist, besteht gegen den Unternehmer ein Anspruch auf Fortzahlung des Arbeitsentgelts.

(4) Bei der Ausbildung von Sicherheitsbeauftragten und Fachkräften für Arbeitssicherheit sind die für den Arbeitsschutz zuständigen Landesbehörden zu beteiligen.

§ 24 Überbetrieblicher arbeitsmedizinischer und sicherheitstechnischer Dienst

(1) Unfallversicherungsträger können überbetriebliche arbeitsmedizinische und sicherheitstechnische Dienste einrichten; das Nähere bestimmt die Satzung. Die von den Diensten gespeicherten Daten dürfen nur mit Einwilligung des Betroffenen an die Unfallversicherungsträger übermittelt werden; § 203 bleibt unberührt. Die Dienste sind organisatorisch, räumlich und personell von den übrigen Organisationseinheiten der Unfallversicherungsträger zu trennen. Zugang zu den Daten dürfen nur Beschäftigte der Dienste haben.

(2) In der Satzung nach Absatz 1 kann auch bestimmt werden, daß die Unternehmer verpflichtet sind, sich einem überbetrieblichen arbeitsmedizinischen und sicherheitstechnischen Dienst anzuschließen, wenn sie innerhalb einer vom Unfallversicherungsträger gesetzten angemessenen Frist keine oder nicht in ausreichendem Umfang Betriebsärzte und Fachkräfte für Arbeitssicherheit bestellen. Unternehmer sind von der Anschlußpflicht zu befreien, wenn sie nachweisen, daß sie ihre Pflicht nach dem Gesetz über Betriebsärzte, Sicherheitsingenieure und andere Fachkräfte für Arbeitssicherheit erfüllt haben.

§ 25 Bericht gegenüber dem Bundestag

(1) Die Bundesregierung hat dem Deutschen Bundestag und dem Bundesrat alljährlich bis zum 31. Dezember des auf das Berichtsjahr folgenden Jahres einen statistischen Bericht über den Stand von Sicherheit und Gesundheit bei der Arbeit und über das Unfall- und Berufskrankheitengeschehen in der Bundesrepublik Deutschland zu erstatten, der die Berichte der Unfallversicherungsträger und die Jahresberichte der für den Arbeitsschutz zuständigen Landesbehörden zusammenfaßt. Alle vier Jahre hat der Bericht einen umfassenden Überblick über die Entwicklung der Arbeitsunfälle und Berufskrankheiten, ihre Kosten und die Maßnahmen zur Sicherheit und Gesundheit bei der Arbeit zu enthalten.

(2) Die Unfallversicherungsträger haben dem Bundesministerium für Arbeit und Sozialordnung alljährlich bis zum 31. Juli des auf das Berichtsjahr folgenden Jahres über die Durchführung der Maßnahmen zur Sicherheit und Gesundheit bei der Arbeit sowie über das Unfall- und Berufskrankheitengeschehen zu berichten. Landesunmittelbare Versicherungsträger reichen die Berichte über die für sie zuständigen obersten Verwaltungsbehörden der Länder ein.

Drittes Kapitel
Leistungen nach Eintritt eines Versicherungsfalls

Erster Abschnitt
Heilbehandlung, Rehabilitation, Pflege, Geldleistungen

Erster Unterabschnitt
Anspruch und Leistungsarten

§ 26 Grundsatz

(1) Versicherte haben nach Maßgabe der folgenden Vorschriften Anspruch auf Heilbehandlung einschließlich Leistungen der medizinischen Rehabilitation, auf berufsfördernde, soziale und ergänzende Leistungen zur Rehabilitation, auf Leistungen bei Pflegebedürftigkeit sowie auf Geldleistungen.
(2) Der Unfallversicherungsträger hat mit allen geeigneten Mitteln möglichst frühzeitig
1. den durch den Versicherungsfall verursachten Gesundheitsschaden zu beseitigen oder zu bessern, seine Verschlimmerung zu verhüten und seine Folgen zu mildern,
2. die Versicherten nach ihrer Leistungsfähigkeit und unter Berücksichtigung ihrer Eignung, Neigung und bisherigen Tätigkeit möglichst auf Dauer beruflich einzugliedern,
3. Hilfen zur Bewältigung der Anforderungen des täglichen Lebens und zur Teilnahme am Leben in der Gemeinschaft unter Berücksichtigung von Art und Schwere des Gesundheitsschadens bereitzustellen,
4. ergänzende Leistungen zur Heilbehandlung und zur Rehabilitation zu erbringen,
5. Leistungen bei Pflegebedürftigkeit zu erbringen.
(3) Die Leistungen zur Heilbehandlung und zur Rehabilitation haben Vorrang vor Rentenleistungen.
(4) Qualität und Wirksamkeit der Leistungen zur Heilbehandlung und Rehabilitation haben dem allgemein anerkannten Stand der medizinischen Erkenntnisse zu entsprechen und den medizinischen Fortschritt zu berücksichtigen. Sie werden als Dienst- und Sachleistungen zur Verfügung gestellt, soweit dieses Buch keine Abweichungen vorsieht.
(5) Die Unfallversicherungsträger bestimmen im Einzelfall Art, Umfang und Durchführung der Heilbehandlung und Rehabilitation sowie die Einrichtungen, die diese Leistungen erbringen, nach pflichtgemäßem Ermessen. Dabei prüfen sie auch, welche Leistungen geeignet und zumutbar sind, Pflegebedürftigkeit zu vermeiden, zu überwinden, zu mindern oder ihre Verschlimmerung zu verhüten.

Zweiter Unterabschnitt
Heilbehandlung

§ 27 Umfang der Heilbehandlung

(1) Die Heilbehandlung umfaßt insbesondere
1. Erstversorgung,
2. ärztliche Behandlung,
3. zahnärztliche Behandlung einschließlich der Versorgung mit Zahnersatz,
4. Versorgung mit Arznei-, Verband-, Heil- und Hilfsmitteln,
5. häusliche Krankenpflege,
6. Behandlung in Krankenhäusern und Rehabilitationseinrichtungen,
7. Leistungen zur medizinischen Rehabilitation einschließlich Belastungserprobung und Arbeitstherapie.
(2) In den Fällen des § 8 Abs. 3 wird ein beschädigtes oder verlorengegangenes Hilfsmittel wiederhergestellt oder erneuert.
(3) Während einer aufgrund eines Gesetzes angeordneten Freiheitsentziehung wird Heilbehandlung erbracht, soweit Belange des Vollzugs nicht entgegenstehen.

§ 28 Ärztliche und zahnärztliche Behandlung

(1) Die ärztliche und zahnärztliche Behandlung wird von Ärzten oder Zahnärzten erbracht. Sind Hilfeleistungen anderer Personen erforderlich, dürfen sie nur erbracht werden, wenn sie vom Arzt oder Zahnarzt angeordnet und von ihm verantwortet werden.

(2) Die ärztliche Behandlung umfaßt die Tätigkeit der Ärzte, die nach den Regeln der ärztlichen Kunst erforderlich und zweckmäßig ist.
(3) Die zahnärztliche Behandlung umfaßt die Tätigkeit der Zahnärzte, die nach den Regeln der zahnärztlichen Kunst erforderlich und zweckmäßig ist.
(4) Bei Versicherungsfällen, für die wegen ihrer Art oder Schwere besondere unfallmedizinische Behandlung angezeigt ist, wird diese erbracht. Die freie Arztwahl kann insoweit eingeschränkt werden.

§ 29 Arznei- und Verbandmittel
(1) Arznei- und Verbandmittel sind alle ärztlich verordneten, zur ärztlichen und zahnärztlichen Behandlung erforderlichen Mittel. Ist das Ziel der Heilbehandlung mit Arznei- und Verbandmitteln zu erreichen, für die Festbeträge im Sinne des § 35 des Fünften Buches festgesetzt sind, trägt der Unfallversicherungsträger die Kosten bis zur Höhe dieser Beträge. Verordnet der Arzt in diesen Fällen ein Arznei- oder Verbandmittel, dessen Preis den Festbetrag überschreitet, hat der Arzt die Versicherten auf die sich aus seiner Verordnung ergebende Übernahme der Mehrkosten hinzuweisen.
(2) Die Rabattregelung des § 130 des Fünften Buches gilt entsprechend.

§ 30 Heilmittel
Heilmittel sind alle ärztlich verordneten Dienstleistungen, die einem Heilzweck dienen oder einen Heilerfolg sichern und nur von entsprechend ausgebildeten Personen erbracht werden dürfen. Hierzu gehören insbesondere Maßnahmen der physikalischen Therapie sowie der Sprach- und Beschäftigungstherapie.

§ 31 Hilfsmittel
(1) Hilfsmittel sind alle ärztlich verordneten Sachen, die den Erfolg der Heilbehandlung sichern oder die Folgen von Gesundheitsschäden mildern oder ausgleichen. Dazu gehören insbesondere Körperersatzstücke, orthopädische und andere Hilfsmittel einschließlich der notwendigen Änderung, Instandsetzung und Ersatzbeschaffung sowie der Ausbildung im Gebrauch der Hilfsmittel. Soweit für Hilfsmittel Festbeträge im Sinne des § 36 des Fünften Buches festgesetzt sind, gilt § 29 Abs. 1 Satz 2 und 3 entsprechend.
(2) Die Bundesregierung wird ermächtigt, durch Rechtsverordnung mit Zustimmung des Bundesrates die Ausstattung mit Körperersatzstücken, orthopädischen und anderen Hilfsmitteln zu regeln sowie bei bestimmten Gesundheitsschäden eine Entschädigung für Kleider- und Wäscheverschleiß vorzuschreiben. Das Nähere regeln die Verbände der Unfallversicherungsträger durch gemeinsame Richtlinien.

§ 32 Häusliche Krankenpflege
(1) Versicherte erhalten in ihrem Haushalt oder ihrer Familie neben der ärztlichen Behandlung häusliche Krankenpflege durch geeignete Pflegekräfte, wenn Krankenhausbehandlung geboten, aber nicht ausführbar ist oder wenn sie durch die häusliche Krankenpflege vermieden oder verkürzt werden kann und das Ziel der Heilbehandlung nicht gefährdet wird.
(2) Die häusliche Krankenpflege umfaßt die im Einzelfall aufgrund ärztlicher Verordnung erforderliche Grund- und Behandlungspflege sowie hauswirtschaftliche Versorgung.
(3) Ein Anspruch auf häusliche Krankenpflege besteht nur, soweit es einer im Haushalt des Versicherten lebenden Person nicht zuzumuten ist, Krankenpflege zu erbringen. Kann eine Pflegekraft nicht gestellt werden oder besteht Grund, von einer Gestellung abzusehen, sind die Kosten für eine selbstbeschaffte Pflegekraft in angemessener Höhe zu erstatten.
(4) Das Nähere regeln die Verbände der Unfallversicherungsträger durch gemeinsame Richtlinien.

§ 33 Behandlung in Krankenhäusern und Rehabilitationseinrichtungen
(1) Stationäre Behandlung in einem Krankenhaus oder in einer Rehabilitationseinrichtung wird erbracht, wenn die Aufnahme erforderlich ist, weil das Behandlungsziel anders nicht erreicht werden kann. Sie wird voll- oder teilstationär erbracht. Sie umfaßt im Rahmen des Versorgungsauftrags des Krankenhauses oder der Rehabilitationseinrichtung alle Leistungen, die im Einzelfall für die medizinische Versorgung der Versicherten notwendig sind, insbesondere ärztliche Behandlung, Krankenpflege, Versorgung mit Arznei-, Verband-, Heil- und Hilfsmitteln, Unterkunft und Verpflegung.
(2) Krankenhäuser und Rehabilitationseinrichtungen im Sinne des Absatzes 1 sind die Einrichtungen nach § 107 des Fünften Buches.

(3) Bei Gesundheitsschäden, für die wegen ihrer Art oder Schwere besondere unfallmedizinische stationäre Behandlung angezeigt ist, wird diese in besonderen Einrichtungen erbracht.

§ 34 Durchführung der Heilbehandlung

(1) Die Unfallversicherungsträger haben alle Maßnahmen zu treffen, durch die eine möglichst frühzeitig nach dem Versicherungsfall einsetzende und sachgemäße Heilbehandlung und, soweit erforderlich, besondere unfallmedizinische oder Berufskrankheiten-Behandlung gewährleistet wird. Sie können zu diesem Zweck die von den Ärzten und Krankenhäusern zu erfüllenden Voraussetzungen im Hinblick auf die fachliche Befähigung, die sächliche und personelle Ausstattung sowie die zu übernehmenden Pflichten festlegen. Sie können daneben nach Art und Schwere des Gesundheitsschadens besondere Verfahren für die Heilbehandlung vorsehen.
(2) Die Unfallversicherungsträger haben an der Durchführung der besonderen unfallmedizinischen Behandlung die Ärzte und Krankenhäuser zu beteiligen, die den nach Absatz 1 Satz 2 festgelegten Anforderungen entsprechen.
(3) Die Verbände der Unfallversicherungsträger sowie die Kassenärztliche Bundesvereinigung und die Kassenzahnärztliche Bundesvereinigung (Kassenärztliche Bundesvereinigungen) schließen unter Berücksichtigung der von den Unfallversicherungsträgern gemäß Absatz 1 Satz 2 und 3 getroffenen Festlegungen mit Wirkung für ihre Mitglieder Verträge über die Durchführung der Heilbehandlung, die Vergütung der Ärzte und Zahnärzte sowie die Art und Weise der Abrechnung. Dem Bundesbeauftragten für den Datenschutz ist rechtzeitig vor Abschluß Gelegenheit zur Stellungnahme zu geben, sofern in den Verträgen die Erhebung, Verarbeitung oder Nutzung von personenbezogenen Daten geregelt werden sollen.
(4) Die Kassenärztlichen Bundesvereinigungen haben gegenüber den Unfallversicherungsträgern und deren Verbänden die Gewähr dafür zu übernehmen, daß die Durchführung der Heilbehandlung den gesetzlichen und vertraglichen Erfordernissen entspricht.
(5) Kommt ein Vertrag nach Absatz 3 ganz oder teilweise nicht zustande, setzt ein Schiedsamt mit der Mehrheit seiner Mitglieder innerhalb von drei Monaten den Vertragsinhalt fest. Wird ein Vertrag gekündigt, ist dies dem zuständigen Schiedsamt schriftlich mitzuteilen. Kommt bis zum Ablauf eines Vertrags ein neuer Vertrag nicht zustande, setzt ein Schiedsamt mit der Mehrheit seiner Mitglieder innerhalb von drei Monaten nach Vertragsablauf den neuen Inhalt fest. In diesem Fall gelten die Bestimmungen des bisherigen Vertrags bis zur Entscheidung des Schiedsamts vorläufig weiter.
(6) Die Verbände der Unfallversicherungsträger und die Kassenärztlichen Bundesvereinigungen bilden je ein Schiedsamt für die medizinische und zahnmedizinische Versorgung. Das Schiedsamt besteht aus drei Vertretern der Kassenärztlichen Bundesvereinigungen und drei Vertretern der Verbände der Unfallversicherungsträger sowie einem unparteiischen Vorsitzenden und zwei weiteren unparteiischen Mitgliedern. § 89 Abs. 3 des Fünften Buches sowie die aufgrund des § 89 Abs. 6 des Fünften Buches erlassenen Rechtsverordnungen gelten entsprechend.
(7) Die Aufsicht über die Geschäftsführung der Schiedsämter nach Absatz 6 führt das Bundesministerium für Arbeit und Sozialordnung.
(8) Die Beziehungen zwischen den Unfallversicherungsträgern und anderen als den in Absatz 3 genannten Stellen, die Heilbehandlung durchführen oder an ihrer Durchführung beteiligt sind, werden durch Verträge geregelt.

Dritter Unterabschnitt
Berufsfördernde Leistungen zur Rehabilitation

§ 35 Umfang der berufsfördernden Leistungen zur Rehabilitation

(1) Die berufsfördernden Leistungen zur Rehabilitation umfassen insbesondere
1. Leistungen zur Erhaltung oder Erlangung eines Arbeitsplatzes einschließlich der Leistungen zur Förderung der Arbeitsaufnahme,
2. Berufsvorbereitung einschließlich der wegen eines Gesundheitsschadens erforderlichen Grundausbildung,
3. berufliche Anpassung, Fortbildung, Ausbildung und Umschulung einschließlich des zur Inanspruchnahme dieser Leistungen erforderlichen schulischen Abschlusses,

4. Hilfen zu einer angemessenen Schulbildung einschließlich der Vorbereitung hierzu oder zur Entwicklung der geistigen und körperlichen Fähigkeiten vor Beginn der Schulpflicht,
5. Arbeits- und Berufsförderung im Eingangsverfahren und im Arbeitstrainingsbereich einer anerkannten Werkstatt für Behinderte.

Diese Leistungen können auch zum beruflichen Aufstieg erbracht werden.

(2) Das Verfahren zur Auswahl der berufsfördernden Leistungen nach Absatz 1 schließt, soweit erforderlich, eine Berufsfindung oder Arbeitserprobung ein; die Absätze 4 und 5 sowie § 39 gelten entsprechend.

(3) Ist eine von Versicherten angestrebte höherwertige Tätigkeit nach ihrer Leistungsfähigkeit und unter Berücksichtigung ihrer Eignung, Neigung und bisherigen Tätigkeit nicht angemessen, kann eine Berufsförderungsmaßnahme bis zur Höhe des Aufwandes gefördert werden, der bei einer angemessenen Maßnahme entstehen würde.

(4) Die berufsfördernden Leistungen zur Rehabilitation werden in Einrichtungen erbracht, wenn dies wegen Art oder Schwere des Gesundheitsschadens oder zur Sicherung des Erfolgs der Rehabilitation erforderlich ist. Voraussetzung ist, daß
1. die Leistung nach Dauer, Gestaltung des Lehrplans, Unterrichtsmethode, Ausbildung und Berufserfahrung des Leiters und der Lehrkräfte eine erfolgreiche berufliche Rehabilitation erwarten läßt,
2. die Einrichtung angemessene Teilnahmebedingungen bietet und behinderungsgerecht ist,
3. die Grundsätze der Wirtschaftlichkeit und Sparsamkeit beachtet werden, insbesondere die Kostensätze angemessen sind.

(5) Wenn die Inanspruchnahme von berufsfördernden Leistungen zur Rehabilitation eine Unterbringung außerhalb des eigenen oder elterlichen Haushalts erfordert, werden die erforderliche Unterkunft und Verpflegung erbracht.

(6) Während einer aufgrund eines Gesetzes angeordneten Freiheitsentziehung werden berufsfördernde Leistungen zur Rehabilitation erbracht, soweit Belange des Vollzugs nicht entgegenstehen.

§ 36 Leistungen an Arbeitgeber

Berufsfördernde Leistungen umfassen auch Zuschüsse an Arbeitgeber, wenn sie erforderlich sind insbesondere für
1. eine dauerhafte berufliche Eingliederung,
2. eine befristete Probebeschäftigung,
3. eine Ausbildung oder Umschulung im Betrieb.

Die Zuschüsse können von Auflagen und Bedingungen abhängig gemacht werden.

§ 37 Leistungen in einer Werkstatt für Behinderte

Berufsfördernde Leistungen in einer anerkannten Werkstatt für Behinderte im Sinne des Schwerbehindertengesetzes werden erbracht,
1. im Eingangsverfahren, wenn sie erforderlich sind, um im Zweifelsfall festzustellen, ob die Werkstatt die geeignete Einrichtung für die Eingliederung des Behinderten in das Arbeitsleben ist, sowie welche Bereiche der Werkstatt und welche berufsfördernden und ergänzenden Maßnahmen zur Eingliederung für den Behinderten in Betracht kommen,
2. im Arbeitstrainingsbereich, wenn sie erforderlich sind, um die Leistungsfähigkeit oder Erwerbsfähigkeit des Behinderten soweit wie möglich zu entwickeln, zu erhöhen oder wiederzugewinnen, und erwartet werden kann, daß der Behinderte nach Teilnahme an diesen Maßnahmen in der Lage ist, wenigstens ein Mindestmaß wirtschaftlich verwertbarer Arbeitsleistung im Sinne des § 54 des Schwerbehindertengesetzes zu erbringen.

§ 38 Dauer der berufsfördernden Leistungen

(1) Die berufsfördernden Leistungen zur Rehabilitation sollen für die Zeit erbracht werden, die vorgeschrieben oder allgemein üblich ist, um das angestrebte Berufsziel zu erreichen. Leistungen für die berufliche Umschulung und Fortbildung sollen in der Regel nur erbracht werden, wenn die Leistung bei ganztägigem Unterricht nicht länger als zwei Jahre dauert, es sei denn, daß die Versicherten nur durch eine länger dauernde Leistung eingegliedert werden können.

(2) Leistungen in einer Werkstatt für Behinderte werden erbracht
1. im Falle des § 37 Nr. 1 bis zur Dauer von vier Wochen,

2. im Falle des § 37 Nr. 2 bis zur Dauer von zwei Jahren; über ein Jahr hinaus werden Leistungen nur erbracht, wenn die Leistungsfähigkeit des Behinderten weiterentwickelt oder wiedergewonnen werden kann.

Vierter Unterabschnitt
Leistungen zur sozialen Rehabilitation und der ergänzenden Leistungen

§ 39 Umfang der Leistungen zur Sozialen Rehabilitation und der ergänzenden Leistungen
(1) Die Leistungen zur sozialen Rehabilitation und die ergänzenden Leistungen umfassen
1. Kraftfahrzeughilfe,
2. Wohnungshilfe,
3. Beratung sowie sozialpädagogische und psychosoziale Betreuung,
4. Haushaltshilfe,
5. Reisekosten,
6. ärztlich verordneten Rehabilitationssport in Gruppen unter ärztlicher Betreuung,
7. Übernahme der Kosten, die mit den berufsfördernden Leistungen in unmittelbarem Zusammenhang stehen, insbesondere Lehrgangskosten, Prüfungsgebühren, Lernmitteln, Arbeitskleidung und Arbeitsgeräte,
8. sonstige Leistungen zur Erreichung und zur Sicherstellung des Rehabilitationserfolges.

(2) Zum Ausgleich besonderer Härten kann den Versicherten oder deren Angehörigen eine besondere Unterstützung gewährt werden.

§ 40 Kraftfahrzeughilfe
(1) Kraftfahrzeughilfe wird erbracht, wenn die Versicherten infolge Art oder Schwere des Gesundheitsschadens nicht nur vorübergehend auf die Benutzung eines Kraftfahrzeugs angewiesen sind, um die Eingliederung in das Berufsleben oder die Teilnahme am Leben in der Gemeinschaft zu ermöglichen.
(2) Die Kraftfahrzeughilfe umfaßt Leistungen zur Beschaffung eines Kraftfahrzeugs, für eine behinderungsbedingte Zusatzausstattung und zur Erlangung einer Fahrerlaubnis.
(3) Für die Kraftfahrzeughilfe gilt die Verordnung über Kraftfahrzeughilfe zur beruflichen Rehabilitation vom 28. September 1987 (BGBl. I S. 2251), geändert durch Verordnung vom 30. September 1991 (BGBl. I S. 1950), in der jeweils geltenden Fassung. Diese Verordnung ist bei der Kraftfahrzeughilfe zur sozialen Rehabilitation entsprechend anzuwenden.
(4) Der Unfallversicherungsträger kann im Einzelfall zur Vermeidung einer wirtschaftlichen Notlage auch einen Zuschuß zahlen, der über demjenigen liegt, der in den §§ 6 und 8 der Verordnung nach Absatz 3 vorgesehen ist.
(5) Das Nähere regeln die Verbände der Unfallversicherungsträger durch gemeinsame Richtlinien.

§ 41 Wohnungshilfe
(1) Wohnungshilfe wird erbracht, wenn infolge Art oder Schwere des Gesundheitsschadens nicht nur vorübergehend die behindertengerechte Anpassung vorhandenen oder die Bereitstellung behindertengerechten Wohnraums erforderlich ist.
(2) Wohnungshilfe wird ferner erbracht, wenn sie zur Sicherung der beruflichen Eingliederung erforderlich ist.
(3) Die Wohnungshilfe umfaßt auch Umzugskosten sowie Kosten für die Bereitstellung von Wohnraum für eine Pflegekraft.
(4) Das Nähere regeln die Verbände der Unfallversicherungsträger durch gemeinsame Richtlinien.

§ 42 Haushaltshilfe
(1) Haushaltshilfe wird erbracht, wenn
1. Versicherte wegen der medizinischen, berufsfördernden oder sonstigen Leistungen außerhalb des eigenen Haushalts untergebracht sind und ihnen deshalb die Weiterführung des Haushalts nicht möglich ist,
2. eine andere im Haushalt lebende Person den Haushalt nicht weiterführen kann und
3. im Haushalt ein Kind lebt, das bei Beginn der Haushaltshilfe
   a) das zwölfte Lebensjahr noch nicht vollendet hat oder
   b) behindert und auf Hilfe angewiesen ist.

(2) Haushaltshilfe kann bei ambulanter Heilbehandlung erbracht werden, wenn der Haushalt wegen Art oder Schwere des Gesundheitsschadens vom Versicherten oder von einer anderen im Haushalt lebenden Person nicht weitergeführt werden kann.
(3) Kann eine Haushaltshilfe nicht gestellt werden oder besteht Grund, hiervon abzusehen, werden die Kosten für eine selbstbeschaffte Haushaltshilfe oder für die Mitnahme oder anderweitige Unterbringung des Kindes bis zur Höhe des Aufwands für die sonst zu erbringende Haushaltshilfe übernommen. Für Verwandte und Verschwägerte bis zum zweiten Grad werden Kosten nicht erstattet; erforderliche Fahrkosten und Verdienstausfall können jedoch erstattet werden, wenn sie in einem angemessenen Verhältnis zu den sonst für eine Ersatzkraft entstehenden Kosten stehen.

§ 43 Reisekosten
(1) Reisekosten werden erbracht, soweit dies zur Durchführung der Heilbehandlung oder der beruflichen Rehabilitation erforderlich ist.
(2) Zu den Reisekosten gehören
1. Fahr- und Transportkosten,
2. Verpflegungs- und Übernachtungskosten,
3. Kosten des Gepäcktransports,
4. Wegestrecken- und Mitnahmeentschädigung

für die Versicherten und für eine wegen des Gesundheitsschadens erforderliche Begleitperson.
(3) Reisekosten werden im Regelfall für zwei Familienheimfahrten im Monat oder anstelle von Familienheimfahrten für zwei Fahrten eines Angehörigen zum Aufenthaltsort des Versicherten übernommen.
(4) Entgangener Arbeitsverdienst einer Begleitperson wird ersetzt, wenn der Ersatz in einem angemessenen Verhältnis zu den sonst für eine Pflegekraft entstehenden Kosten steht.
(5) Das Nähere regeln die Verbände der Unfallversicherungsträger durch gemeinsame Richtlinien.

Fünfter Unterabschnitt
Leistungen bei Pflegebedürftigkeit

§ 44 Pflege
(1) Solange Versicherte infolge des Versicherungsfalls so hilflos sind, daß sie für die gewöhnlichen und regelmäßig wiederkehrenden Verrichtungen im Ablauf des täglichen Lebens in erheblichem Umfang der Hilfe bedürfen, wird Pflegegeld gezahlt, eine Pflegekraft gestellt oder Heimpflege gewährt.
(2) Das Pflegegeld ist unter Berücksichtigung der Art oder Schwere des Gesundheitsschadens sowie des Umfangs der erforderlichen Hilfe auf einen Monatsbetrag zwischen 527 Deutsche Mark und 2106 Deutsche Mark (Beträge am 1. Juli 1995) festzusetzen. Diese Beträge werden zum 1. Juli jeden Jahres entsprechend der Anpassung des laufenden Pflegegeldes nach Absatz 4 erhöht. Übersteigen die Aufwendungen für eine Pflegekraft das Pflegegeld, kann es angemessen erhöht werden.
(3) Während einer stationären Behandlung oder der Unterbringung der Versicherten in einer Einrichtung der beruflichen Rehabilitation oder einer Werkstatt für Behinderte wird das Pflegegeld bis zum Ende des ersten auf die Aufnahme folgenden Kalendermonats weitergezahlt und mit dem ersten Tag des Entlassungsmonats wieder aufgenommen. Das Pflegegeld kann in den Fällen des Satzes 1 ganz oder teilweise weitergezahlt werden, wenn das Ruhen eine weitere Versorgung der Versicherten gefährden würde.
(4) Mit der Anpassung der Renten wird das Pflegegeld entsprechend dem Faktor angepaßt, der für die Anpassung der vom Jahresarbeitsverdienst abhängigen Geldleistungen maßgeblich ist.
(5) Auf Antrag der Versicherten kann statt des Pflegegeldes eine Pflegekraft gestellt (Hauspflege) oder die erforderliche Hilfe mit Unterkunft und Verpflegung in einer geeigneten Einrichtung (Heimpflege) erbracht werden. Absatz 3 Satz 2 gilt entsprechend.

Sechster Unterabschnitt
Geldleistungen während der Heilbehandlung und der beruflichen Rehabilitation

§ 45 Voraussetzungen für das Verletztengeld

(1) Verletztengeld wird erbracht, wenn Versicherte
1. infolge des Versicherungsfall arbeitsunfähig sind oder wegen einer Maßnahme der Heilbehandlung eine ganztägige Erwerbstätigkeit nicht ausüben können und
2. unmittelbar vor Beginn der Arbeitsunfähigkeit oder der Heilbehandlung Anspruch auf Arbeitsentgelt, Arbeitseinkommen, Krankengeld, Verletztengeld, Versorgungskrankengeld, Übergangsgeld, Unterhaltsgeld, Kurzarbeitergeld, Winterausfallgeld, Arbeitslosengeld, Arbeitslosenhilfe oder Mutterschaftsgeld hatten.

(2) Verletztengeld wird auch erbracht, wenn
1. berufsfördernde Leistungen zur Rehabilitation erforderlich sind,
2. diese Maßnahmen sich aus Gründen, die die Versicherten nicht zu vertreten haben, nicht unmittelbar an die Heilbehandlung anschließen,
3. die Versicherten ihre bisherige berufliche Tätigkeit nicht wieder aufnehmen können oder ihnen eine andere zumutbare Tätigkeit nicht vermittelt werden kann oder sie diese aus wichtigem Grund nicht ausüben können und
4. die Voraussetzungen des Absatzes 1 Nr. 2 erfüllt sind.

Das Verletztengeld wird bis zum Beginn der berufsfördernden Maßnahme erbracht. Die Sätze 1 und 2 geltend entsprechend für die Zeit bis zum Beginn und während der Durchführung einer Maßnahme der Berufsfindung und Arbeitserprobung.

(3) Werden in einer Einrichtung Maßnahmen der Heilbehandlung und gleichzeitig berufsfördernde Maßnahmen für Versicherte erbracht, erhalten Versicherte Verletztengeld, wenn sie arbeitsunfähig sind oder wegen der Maßnahmen eine ganztägige Erwerbstätigkeit nicht ausüben können und die Voraussetzungen des Absatzes 1 Nr. 2 erfüllt sind.

(4) Im Fall der Beaufsichtigung, Betreuung oder Pflege eines durch einen Versicherungsfall verletzten Kindes gilt § 45 des Fünften Buches entsprechend.

§ 46 Beginn und Ende des Verletztengeldes

(1) Verletztengeld wird von dem Tag an gezahlt, ab dem die Arbeitsunfähigkeit ärztlich festgestellt wird, oder mit dem Tag des Beginns einer Heilbehandlungsmaßnahme, die den Versicherten an der Ausübung einer ganztägigen Erwerbstätigkeit hindert.

(2) Die Satzung kann bestimmen, daß für Unternehmer, ihre Ehegatten und für den Unternehmern nach § 6 Abs 1 Nr. 2 Gleichgestellte Verletztengeld längstens für die Dauer der ersten 13 Wochen nach dem sich aus Absatz 1 ergebenden Zeitpunkt ganz oder teilweise nicht gezahlt wird. Satz 1 gilt nicht für Versicherte, die bei einer Krankenkasse mit Anspruch auf Krankengeld versichert sind.

(3) Das Verletztengeld endet
1. mit dem Tag der Arbeitsunfähigkeit oder der Hinderung an einer ganztägigen Erwerbstätigkeit durch eine Heilbehandlungsmaßnahme,
2. mit dem Tag, der dem Tag vorausgeht, an dem ein Anspruch auf Übergangsgeld entsteht.

Wenn mit dem Wiedereintritt der Arbeitsfähigkeit nicht zu rechnen ist und berufsfördernde Leistungen nicht zu erbringen sind, endet das Verletztengeld
1. mit dem Tag, an dem die Heilbehandlung so weit abgeschlossen ist, daß die Versicherten eine zumutbare, zur Verfügung stehende Berufs- oder Erwerbstätigkeit aufnehmen können,
2. mit Beginn der in § 50 Abs. 1 Satz 1 des Fünften Buches genannten Leistungen, es sei denn, daß diese Leistungen mit dem Versicherungsfall im Zusammenhang stehen,
3. im übrigen mit Ablauf der 78. Woche, gerechnet vom Tag des Beginns der Arbeitsunfähigkeit an, jedoch nicht vor dem Ende der stationären Behandlung.

§ 47 Höhe des Verletztengeldes

(1) Versicherte, die Arbeitsentgelt oder Arbeitseinkommen erzielt haben, erhalten Verletztengeld entsprechend § 47 Abs. 1 und 2 des Fünften Buches mit der Maßgabe, daß
1. das Regelentgelt aus dem Gesamtbetrag des regelmäßigen Arbeitsentgelts und des Arbeitseinkommens zu berechnen und bis zu einem Betrag in Höhe des 360. Teils des Höchstjahresarbeitsverdienstes zu berücksichtigen ist,

2. das Verletztengeld 80 vom Hundert des Regelentgelts beträgt und das bei Anwendung des § 47 Abs. 2 des Fünften Buches berechnete Nettoarbeitsentgelt nicht übersteigt.

Arbeitseinkommen ist bei der Ermittlung des Regelentgelts mit dem 360. Teil des im Kalenderjahr vor Beginn der Arbeitsunfähigkeit oder der Maßnahmen der Heilbehandlung erzielten Arbeitseinkommens zugrunde zu legen. Die Satzung kann bei nicht kontinuierlicher Arbeitsverrichtung und -vergütung abweichende Bestimmungen zur Zahlung und Berechnung des Verletztengeldes vorsehen, die sicherstellen, daß das Verletztengeld seine Entgeltersatzfunktion erfüllt.

(2) Versicherte, die Arbeitslosengeld, Arbeitslosenhilfe, Unterhaltsgeld, Kurzarbeitergeld oder Winterausfallgeld bezogen haben, erhalten Verletztengeld in Höhe des Krankengeldes nach § 47b des Fünften Buches.

(3) Versicherte, die als Entwicklungshelfer Unterhaltsleistungen nach § 4 Abs. 1 Nr. 1 des Entwicklungshelfer-Gesetzes bezogen haben, erhalten Verletztengeld in Höhe dieses Betrages.

(4) Bei Versicherten, die unmittelbar vor dem Versicherungsfall Krankengeld, Verletztengeld, Versorgungskrankengeld oder Übergangsgeld bezogen haben, wird bei der Berechnung des Verletztengeldes von dem bisher zugrunde gelegten Regelentgelt ausgegangen.

(5) Abweichend von Absatz 1 erhalten Versicherte, die den Versicherungsfall infolge einer Tätigkeit als Unternehmer oder den Unternehmern nach § 6 Abs. 1 Nr. 2 Gleichgestellte erlitten haben, Verletztengeld je Kalendertag in Höhe des 450. Teils des Jahresarbeitsverdienstes. § 47 Abs. 1 Satz 5 des Fünften Buches gilt entsprechend.

(6) Hat sich der Versicherungsfall während einer aufgrund eines Gesetzes angeordneten Freiheitsentziehung ereignet, gilt für die Berechnung des Verletztengeldes Absatz 1 entsprechend; nach der Entlassung wird die Versicherten Verletztengeld je Kalendertag in Höhe des 450. Teils des Jahresarbeitsverdienstes, wenn dies für die Versicherten günstiger ist.

(7) Das Verletztengeld wird entsprechend § 47 Abs. 5 des Fünften Buches angepaßt.

(8) Die Regelung des § 90 Abs. 1 und 3 über die Neufestsetzung des Jahresarbeitsverdienstes nach voraussichtlicher Beendigung einer Schul- oder Berufsausbildung oder nach tariflichen Berufs- oder Altersstufen gilt für das Verletztengeld entsprechend.

§ 48 Verletztengeld bei Wiedererkrankung
Im Fall der Wiedererkrankung an den Folgen des Versicherungsfalls gelten die §§ 45 bis 47 mit der Maßgabe entsprechend, daß anstelle des Zeitpunkts der ersten Arbeitsunfähigkeit auf den der Wiedererkrankung abgestellt wird.

§ 49 Voraussetzungen für das Übergangsgeld
Übergangsgeld wird erbracht, wenn Versicherte infolge des Versicherungsfalls berufsfördernde Leistungen nach § 35 Abs. 1 erhalten und wegen dieser Leistungen eine ganztägige Erwerbstätigkeit nicht ausüben können.

§ 50 Beginn und Ende des Übergangsgeldes
(1) Übergangsgeld wird für die Dauer der berufsfördernden Leistungen erbracht.

(2) Übergangsgeld wird weitergezahlt
1. bis zu sechs Wochen in dem Zeitraum, in dem Versicherte die berufsfördernden Leistungen aus gesundheitlichen oder aus anderen Gründen, die sie nicht zu vertreten haben, nicht mehr in Anspruch nehmen können, und keinen Anspruch auf Verletzten- oder Krankengeld haben, längstens jedoch bis zum Tage der Beendigung der Leistung,
2. bis zu drei Monaten in dem Zeitraum, in dem Versicherte im Anschluß an eine abgeschlossene berufsfördernde Leistung arbeitslos sind, wenn sie sich beim Arbeitsamt arbeitslos gemeldet haben und einen Anspruch auf Arbeitslosengeld von mindestens drei Monaten nicht geltend machen können und keinen Anspruch auf Verletzten- oder Krankengeld haben; der Zeitraum von drei Monaten vermindert sich um die Anzahl von Tagen, für die die Versicherten im Anschluß an die berufsfördernde Leistung einen Anspruch auf Arbeitslosengeld geltend machen können.

§ 51 Höhe des Übergangsgeldes
(1) Das Übergangsgeld beträgt
1. für Versicherte,
   a) die mindestens ein Kind (§ 65 Abs. 2 Nr. 3 Buchstabe a) haben,

b) die pflegebedürftig sind, wenn ihr Ehegatte, mit dem sie in häuslicher Gemeinschaft leben, sie pflegt und deswegen eine Erwerbstätigkeit nicht ausübt,
c) deren Ehegatte, mit dem sie in häuslicher Gemeinschaft leben, pflegebedürftig ist, 75 vom Hundert,

2. für die übrigen Versicherten 68 vom Hundert

des nach den Absätzen 2 und 3 berechneten Betrages.

(2) Für Versicherte, die in den letzten drei Jahren vor dem Beginn der berufsfördernden Leistung Arbeitsentgelt oder Arbeitseinkommen erzielt haben, gilt § 47 Abs. 1 und 5 entsprechend; Zeiten, in denen die Versicherten wegen des Versicherungsfalls Arbeitsentgelt oder Arbeitseinkommen nicht erzielt haben, bleiben außer Betracht.

(3) Für Versicherte,
1. bei denen der letzte Tag vor dem Beginn der berufsfördernden Leistung, an dem Arbeitsentgelt oder Arbeitseinkommen erzielt wurde, länger als drei Jahre zurückliegt,
2. die vor dem Beginn der berufsfördernden Leistung kein Arbeitsentgelt oder Arbeitseinkommen erzielt haben oder
3. bei denen es unbillig wäre, den nach den Vorschriften für das Verletztengeld errechneten Betrag zugrunde zu legen,

wird das Übergangsgeld aus 65 vom Hundert des auf ein Jahr bezogenen tariflichen oder, wenn es an einer tariflichen Regelung fehlt, des Arbeitsentgelts berechnet, das am Wohnsitz oder gewöhnlichen Aufenthaltsort der Versicherten gilt; maßgebend ist das Arbeitsentgelt in dem letzten Kalendermonat vor dem Beginn der Leistung (Bemessungszeitraum) für diejenige Beschäftigung, für die die Versicherten ohne den Versicherungsfall nach ihren beruflichen Fähigkeiten und ihrem Lebensalter in Betracht kämen. Für den Kalendertag wird der 360. Teil dieses Betrages angesetzt.

(4) Für Versicherte, die im Anschluß an eine abgeschlossene Leistung arbeitslos sind, beträgt das Übergangsgeld
1. unter den Voraussetzungen des Absatzes 1 Nr. 1 67 vom Hundert,
2. im übrigen 60 vom Hundert

des nach den Absätzen 2 und 3 berechneten Betrages.

(5) Im übrigen gelten die Vorschriften für das Verletztengeld entsprechend.

§ 52 Anrechnung von Einkommen auf Verletzten- und Übergangsgeld

Auf das Verletzten- und Übergangsgeld werden von dem gleichzeitig erzielten Einkommen angerechnet
1. Arbeitsentgelt oder Arbeitseinkommen, das bei Arbeitnehmern um die gesetzlichen Abzüge und bei sonstigen Versicherten um 20 vom Hundert vermindert ist; dies gilt nicht für einmalig gezahltes Arbeitsentgelt; Zuschüsse des Arbeitgebers zum Verletzten- oder Übergangsgeld gelten nicht als Arbeitsentgelt, soweit sie zusammen mit dem Verletzten- oder Übergangsgeld das Nettoarbeitsentgelt nicht übersteigen.
2. Mutterschaftsgeld, Versorgungskrankengeld, Unterhaltsgeld, Kurzarbeitergeld, Winterausfallgeld, Arbeitslosengeld, Arbeitslosenhilfe; dies gilt auch, wenn Ansprüche auf Leistungen nach dem Dritten Buch wegen einer Sperrzeit ruhen.

Siebter Unterabschnitt
Besondere Vorschriften für die Versicherten der Seefahrt

§ 53 Vorrang der Krankenfürsorge der Reeder

(1) Der Anspruch von Versicherten in der Seefahrt auf Leistungen nach diesem Abschnitt ruht, soweit und solange die Reeder ihr Verpflichtung zur Krankenfürsorge nach dem Seemannsgesetz erfüllen. Kommen die Reeder der Verpflichtung nicht nach, kann der Unfallversicherungsträger von den Reedern die Erstattung in Höhe der von ihm erbrachten Leistungen verlangen.

(2) Endet die Verpflichtung der Reeder zur Krankenfürsorge, haben sie hinsichtlich der Folgen des Versicherungsfalls die Krankenfürsorge auf Kosten des Unfallversicherungsträgers fortzusetzen, soweit dieser sie dazu beauftragt.

Achter Unterabschnitt
Besondere Vorschriften für die Versicherten der landwirtschaftlichen Berufsgenossenschaften
§ 54 Betriebs- und Haushaltshilfe
(1) Betriebshilfe erhalten landwirtschaftliche Unternehmer mit einem Unternehmen im Sinne des § 1 Abs. 2 des Gesetzes über die Alterssicherung der Landwirte während einer stationären Behandlung, wenn ihnen wegen dieser Behandlung die Weiterführung des Unternehmens nicht möglich ist und in dem Unternehmen Arbeitnehmer und mitarbeitende Familienangehörige nicht ständig beschäftigt werden. Betriebshilfe wird für längstens drei Monate erbracht.
(2) Haushaltshilfe erhalten landwirtschaftliche Unternehmer mit einem Unternehmen im Sinne des § 1 Abs. 2 des Gesetzes über die Alterssicherung der Landwirte oder ihre im Unternehmen mitarbeitenden Ehegatten während einer stationären Behandlung, wenn den Unternehmern oder ihren Ehegatten wegen dieser Behandlung die Weiterführung des Haushalts nicht möglich und diese auf andere Weise nicht sicherzustellen ist. Absatz 1 Satz 2 gilt entsprechend.
(3) Die Satzung kann bestimmen,
1. daß die Betriebshilfe auch an den mitarbeitenden Ehegatten eines landwirtschaftlichen Unternehmers erbracht wird,
2. unter welchen Voraussetzungen und für wie lange Betriebs- und Haushaltshilfe den landwirtschaftlichen Unternehmern und ihren Ehegatten auch während einer nicht stationären Heilbehandlung erbracht wird,
3. unter welchen Voraussetzungen Betriebs- und Haushaltshilfe auch an landwirtschaftliche Unternehmer, deren Unternehmen nicht die Voraussetzungen des § 1 Abs. 2 des Gesetzes über die Alterssicherung der Landwirte erfüllen, und an ihre Ehegatten erbracht wird,
4. daß die Betriebs- und Haushaltshilfe auch erbracht wird, wenn in dem Unternehmen Arbeitnehmer oder mitarbeitende Familienangehörige ständig beschäftigt werden,
5. unter welchen Voraussetzungen die Betriebs- und Haushaltshilfe länger als drei Monate erbracht wird,
6. von welchem Tag der Heilbehandlung an die Betriebs- oder Haushaltshilfe erbracht wird.
(4) Als Betriebs- oder Haushaltshilfe wird eine Ersatzkraft gestellt. Kann eine Ersatzkraft nicht gestellt werden oder besteht Grund, hiervon abzusehen, werden die Kosten für eine selbstbeschaffte betriebsfremde Ersatzkraft in angemessener Höhe erstattet. Die Satzung regelt das Nähere; sie hat dabei die Besonderheiten landwirtschaftlicher Betriebe und Haushalte zu berücksichtigen. Für Verwandte und Verschwägerte bis zum zweiten Grad werden Kosten nicht erstattet; die Berufsgenossenschaft kann jedoch die erforderlichen Fahrkosten und den Verdienstausfall erstatten, wenn die Erstattung in einem angemessenen Verhältnis zu den sonst für eine Ersatzkraft entstehenden Kosten steht.
(5) Die Absätze 1 bis 4 gelten für regelmäßig wie landwirtschaftliche Unternehmer selbständig Tätige, die kraft Gesetzes versichert sind, entsprechend.

§ 55 Verletztengeld
(1) Anstelle der Gestellung einer Ersatzkraft oder einer Kostenerstattung nach § 54 besteht Anspruch auf Verletztengeld, wenn
1. dies im Einzelfall unter Berücksichtigung der Besonderheiten landwirtschaftlicher Betriebe und Haushalte sachgerecht ist oder
2. das Unternehmen nicht die Voraussetzungen des § 1 Abs. 2 des Gesetzes über die Alterssicherung der Landwirte erfüllt.
(2) Für die Höhe des Verletztengeldes gilt bei landwirtschaftlichen Unternehmern, ihren Ehegatten und den im Unternehmen mitarbeitenden Familienangehörigen, soweit diese nicht nach § 2 Abs. 1 Nr. 1 versichert sind, § 13 Abs. 1 des Zweiten Gesetzes über die Krankenversicherung der Landwirte entsprechend. Die Satzung bestimmt, unter welchen Voraussetzungen die in Satz 1 genannten Personen auf Antrag mit einem zusätzlichen Verletztengeld versichert werden.
(3) Die Absätze 1 und 2 gelten für regelmäßig wie landwirtschaftliche Unternehmer selbständig Tätige, die kraft Gesetzes versichert sind, entsprechend.
(4) Abweichend von § 46 Abs. 3 Satz 2 Nr. 3 endet das Verletztengeld bei den in den Absätzen 2 und 3 genannten Personen vor Ablauf der 78. Woche mit dem Tage, an dem abzusehen ist, daß mit

dem Wiedereintritt der Arbeitsfähigkeit nicht zu rechnen ist und berufsfördernde Leistungen nicht zu erbringen sind, jedoch nicht vor dem Ende der stationären Behandlung.

Zweiter Abschnitt
Renten, Beihilfen, Abfindungen

Erster Unterabschnitt
Renten an Versicherte

§ 56 Voraussetzungen und Höhe des Rentenanspruchs
(1) Versicherte, deren Erwerbsfähigkeit infolge eines Versicherungsfalls über die 26. Woche nach dem Versicherungsfall hinaus um wenigstens 20 vom Hundert gemindert ist, haben Anspruch auf eine Rente. Ist die Erwerbsfähigkeit infolge mehrerer Versicherungsfälle gemindert und erreichen die Vomhundertsätze zusammen wenigstens die Zahl 20, besteht für jeden, auch für einen früheren Versicherungsfall, Anspruch auf Rente. Die Folgen eines Versicherungsfalls sind nur zu berücksichtigen, wenn sie die Erwerbsfähigkeit um wenigstens 10 vom Hundert mindern. Den Versicherungsfällen stehen gleich Unfälle oder Entschädigungsfälle nach den Beamtengesetzen, dem Bundesversorgungsgesetz, dem Soldatenversorgungsgesetz, dem Gesetz über den zivilen Ersatzdienst, dem Gesetz über die Abgeltung von Besatzungsschäden, dem Häftlingshilfegesetz und den entsprechenden Gesetzen, die Entschädigung für Unfälle oder Beschädigungen gewähren.

(2) Die Minderung der Erwerbsfähigkeit richtet sich nach dem Umfang der sich aus der Beeinträchtigung des körperlichen und geistigen Leistungsvermögens ergebenden verminderten Arbeitsmöglichkeiten auf dem gesamten Gebiet des Erwerbslebens. Bei jugendlichen Versicherten wird die Minderung der Erwerbsfähigkeit nach den Auswirkungen bemessen, die sich bei Erwachsenen mit gleichem Gesundheitsschaden ergeben würden. Bei der Bemessung der Minderung der Erwerbsfähigkeit werden Nachteile berücksichtigt, die die Versicherten dadurch erleiden, daß sie bestimmte von ihnen erworbene besondere berufliche Kenntnisse und Erfahrungen infolge des Versicherungsfalls nicht mehr oder nur noch in vermindertem Umfang nutzen können, soweit solche Nachteile nicht durch sonstige Fähigkeiten, deren Nutzung ihnen zugemutet werden kann, ausgeglichen werden.

(3) Bei Verlust der Erwerbsfähigkeit wird Vollrente geleistet; sie beträgt zwei Drittel des Jahresarbeitsverdienstes. Bei einer Minderung der Erwerbsfähigkeit wird Teilrente geleistet; sie wird in der Höhe des Vomhundertsatzes der Vollrente festgesetzt, der dem Grad der Minderung der Erwerbsfähigkeit entspricht.

§ 57 Erhöhung der Rente bei Schwerverletzten
Können Versicherte mit Anspruch auf eine Rente nach einer Minderung der Erwerbsfähigkeit von 50 vom Hundert oder mehr oder auf mehrere Renten, deren Vomhundertsätze zusammen wenigstens die Zahl 50 erreichen (Schwerverletzte), infolge des Versicherungsfalls einer Erwerbstätigkeit nicht mehr nachgehen und haben sie keinen Anspruch auf Rente aus der gesetzlichen Rentenversicherung, erhöht sich die Rente um 10 vom Hundert.

§ 58 Erhöhung der Rente bei Arbeitslosigkeit
Solange Versicherte infolge des Versicherungsfalls ohne Anspruch auf Arbeitsentgelt oder Arbeitseinkommen sind und die Rente zusammen mit dem Arbeitslosengeld oder der Arbeitslosenhilfe nicht den sich aus § 51 Abs. 1 ergebenden Betrag des Übergangsgeldes erreicht, wird die Rente längstens für zwei Jahre nach ihrem Beginn um den Unterschiedsbetrag erhöht. Der Unterschiedsbetrag wird bei der Arbeitslosenhilfe nicht als Einkommen berücksichtigt. Satz 1 gilt nicht, solange Versicherte Anspruch auf weiteres Erwerbsersatzeinkommen (§ 18 a Abs. 3 des Vierten Buches) haben, das zusammen mit der Rente das Übergangsgeld erreicht.

§ 59 Höchstbetrag bei mehreren Renten
(1) Beziehen Versicherte mehrere Renten, so dürfen diese ohne die Erhöhung für Schwerverletzte zusammen zwei Drittel des höchsten der Jahresarbeitsverdienste nicht übersteigen, die diesen Renten zugrunde liegen. Soweit die Renten den Höchstbetrag übersteigen, werden sie verhältnismäßig gekürzt.

(2) Haben Versicherte eine Rentenabfindung erhalten, wird bei der Feststellung des Höchstbetrages nach Absatz 1 die der Abfindung zugrunde gelegte Rente so berücksichtigt, wie sie ohne die Abfindung noch zu zahlen wäre.

§ 60 Minderung bei Heimpflege
Für die Dauer einer Heimpflege von mehr als einem Kalendermonat kann der Unfallversicherungsträger die Rente um höchstens die Hälfte mindern, soweit dies nach den persönlichen Bedürfnissen und Verhältnissen der Versicherten angemessen ist.

§ 61 Renten für Beamte und Berufssoldaten
(1) Die Renten von Beamten, die nach § 82 Abs. 4 berechnet werden, werden nur insoweit gezahlt, als sie die Dienst- oder Versorgungsbezüge übersteigen; den Beamten verbleibt die Rente jedoch mindestens in Höhe des Betrages, der bei Vorliegen eines Unfalls als Unfallausgleich zu gewähren wäre. Endet das Dienstverhältnis wegen Dienstunfähigkeit infolge des Versicherungsfalls, wird Vollrente insoweit gezahlt, als sie zusammen mit den Versorgungsbezügen aus dem Dienstverhältnis die Versorgungsbezüge, auf die der Beamte bei Vorliegen eines Dienstunfalls Anspruch hätte, nicht übersteigt. Die Höhe dieser Versorgungsbezüge stellt die Dienstbehörde fest. Für die Hinterbliebenen gilt dies entsprechend.
(2) Absatz 1 gilt für die Berufssoldaten entsprechend. Anstelle des Unfallausgleichs wird der Ausgleich nach § 85 des Soldatenversorgungsgesetzes gezahlt.

§ 62 Rente als vorläufige Entschädigung
(1) Während der ersten drei Jahre nach dem Versicherungsfall soll der Unfallversicherungsträger die Rente als vorläufige Entschädigung festsetzen, wenn der Umfang der Minderung der Erwerbsfähigkeit noch nicht abschließend festgestellt werden kann. Innerhalb dieses Zeitraums kann der Vomhundertsatz der Minderung der Erwerbsfähigkeit jederzeit ohne Rücksicht auf die Dauer der Veränderung neu festsstellt werden.
(2) Spätestens mit Ablauf von drei Jahren nach dem Versicherungsfall wird die vorläufige Entschädigung als Rente auf unbestimmte Zeit geleistet. Bei der erstmaligen Feststellung der Rente nach der vorläufigen Entschädigung kann der Vomhundertsatz der Minderung der Erwerbsfähigkeit abweichend von der vorläufigen Entschädigung festgestellt werden, auch wenn sie die Verhältnisse nicht geändert haben.

Zweiter Unterabschnitt
Leistungen an Hinterbliebene

§ 63 Leistungen bei Tod
(1) Hinterbliebene haben Anspruch auf
1. Sterbegeld,
2. Erstattung der Kosten der Überführung an den Ort der Bestattung,
3. Hinterbliebenenrenten,
4. Beihilfe.

Der Anspruch auf Leistungen nach Satz 1 Nr. 1 bis 3 besteht nur, wenn der Tod infolge eines Versicherungsfalls eingetreten ist.
(2) Dem Tod infolge eines Versicherungsfalls steht der Tod von Versicherten gleich, deren Erwerbsfähigkeit durch die Folgen einer Berufskrankheit nach den Nummern 4101 bis 4104 der Anlage 1 der Berufskrankheiten-Verordnung vom 20. Juni 1968 (BGBl. I S. 721) in der Fassung der Zweiten Verordnung zur Änderung der Berufskrankheiten-Verordnung vom 18. Dezember 1992 (BGBl. I S. 2343) um 50 vom Hundert oder mehr gemindert war. Dies gilt nicht, wenn offenkundig ist, daß der Tod mit der Berufskrankheit nicht in ursächlichem Zusammenhang steht; eine Obduktion zum Zwecke einer solchen Feststellung darf nicht gefordert werden.
(3) Ist ein Versicherter getötet worden, so kann der Unfallversicherungsträger die Entnahme einer Blutprobe zur Feststellung von Tatsachen anordnen, die für die Entschädigungspflicht von Bedeutung sind.
(4) Sind Versicherte im Zusammenhang mit der versicherten Tätigkeit verschollen, gelten sie als infolge eines Versicherungsfalls verstorben, wenn die Umstände ihren Tod wahrscheinlich machen und seit einem Jahr Nachrichten über ihr Leben nicht eingegangen sind. Der Unfallversicherungsträger

kann von den Hinterbliebenen die Versicherung an Eides Statt verlangen, daß ihnen weitere als die angezeigten Nachrichten über die Verschollenen nicht bekannt sind. Der Unfallversicherungsträger ist berechtigt, für die Leistungen den nach den Umständen mutmaßlichen Todestag festzustellen. Bei Versicherten in der Seeschiffahrt wird spätestens der dem Ablauf des Heuerverhältnisses folgende Tag als Todestag festgesetzt.

§ 64 Sterbegeld und Erstattung von Überführungskosten
(1) Das Sterbegeld beträgt ein Siebtel der im Zeitpunkt des Todes geltenden Bezugsgröße.
(2) Kosten der Überführung an den Ort der Bestattung werden erstattet, wenn der Tod nicht am Ort der ständigen Familienwohnung der Versicherten eingetreten ist und die Versicherten sich dort aus Gründen aufgehalten haben, die im Zusammenhang mit der versicherten Tätigkeit oder mit den Folgen des Versicherungsfalls stehen.
(3) Das Sterbegeld und die Überführungskosten werden an denjenigen gezahlt, der die Bestattungs- und Überführungskosten trägt.

§ 65 Witwen und Witwerrente
(1) Witwen oder Witwer von Versicherten erhalten eine Witwen- oder Witwerrente, solange sie nicht wieder geheiratet haben.
(2) Die Rente beträgt
1. zwei Drittel des Jahresarbeitsverdienstes bis zum Ablauf des dritten Kalendermonats nach Ablauf des Monats, in dem der Ehegatte verstorben ist,
2. 30 vom Hundert des Jahresarbeitsverdienstes nach Ablauf des dritten Kalendermonats,
3. 40 vom Hundert des Jahresarbeitsverdienstes nach Ablauf des dritten Kalendermonats,
    a) solange Witwen oder Witwer ein waisenrentenberechtiges Kind erziehen oder für ein Kind sorgen, das wegen körperlicher, geistiger oder seelischer Behinderung Anspruch auf Waisenrente hat oder nur deswegen nicht hat, weil das 27. Lebensjahr vollendet wurde,
    b) wenn Witwen oder Witwer das 45. Lebensjahr vollendet haben oder
    c) solange Witwen oder Witwer berufs- oder erwerbsunfähig im Sinne des Sechsten Buches sind; Entscheidungen des Trägers der Rentenversicherung über Berufs- oder Erwerbsunfähigkeit sind für den Unfallversicherungsträger bindend.
(3) Einkommen (§§ 18 a bis 18 e des Vierten Buches) von Witwen oder Witwern, das mit einer Witwenrente oder Witwerrente nach Absatz 2 Nr. 2 und 3 zusammentrifft, wird hierauf angerechnet. Anrechenbar ist das Einkommen, das monatlich das 26,4fache des aktuellen Rentenwerts der gesetzlichen Rentenversicherung übersteigt. Das nicht anrechenbare Einkommen erhöht sich um das 5,6fache des aktuellen Rentenwerts für jedes waisenrentenberechtigte Kind von Witwen oder Witwern. Von dem danach verbleibenden anrechenbaren Einkommen werden 40 vom Hundert angerechnet.
(4) Für die Einkommensanrechnung ist bei Anspruch auf mehrere Renten folgende Rangfolge maßgebend:
1. Waisenrente,
2. Witwenrente oder Witwerrente,
3. Witwenrente oder Witwerrente nach dem vorletzten Ehegatten.
Das auf eine Rente anrechenbare Einkommen mindert sich um den Betrag, der bereits zu einer Einkommensanrechnung auf eine vorrangige Rente geführt hat.
(5) Witwenrente oder Witwerrente wird auf Antrag auch an überlebende Ehegatten gezahlt, die wieder geheiratet haben, wenn die erneute Ehe aufgelöst oder für nichtig erklärt ist und sie im Zeitpunkt der Wiederheirat Anspruch auf eine solche Rente hatten. Auf eine solche Witwenrente oder Witwerrente nach dem vorletzten Ehegatten werden für denselben Zeitraum bestehende Ansprüche auf Witwenrente oder Witwerrente, auf Versorgung, auf Unterhalt oder auf sonstige Rente nach dem letzten Ehegatten angerechnet, es sei denn, daß die Ansprüche nicht zu verwirklichen sind; dabei werden die Vorschriften über die Einkommensanrechnung auf Renten wegen Todes nicht berücksichtigt.
(6) Witwen oder Witwer haben keinen Anspruch, wenn die Ehe erst nach dem Versicherungsfall geschlossen worden ist und der Tod innerhalb des ersten Jahres dieser Ehe eingetreten ist, es sei denn, daß nach den besonderen Umständen des Einzelfalls die Annahme nicht gerechtfertigt ist, daß es der alleinige oder überwiegende Zweck der Heirat war, einen Anspruch auf Hinterbliebenenversorgung zu begründen.

§ 66 Witwen- und Witwerrente an frühere Ehegatten; mehrere Berechtigte

(1) Frühere Ehegatten von Versicherten, deren Ehe mit ihnen geschieden, für nichtig erklärt oder aufgehoben ist, erhalten auf Antrag eine Rente entsprechend § 65, wenn die Versicherten ihnen während des letzten Jahres vor ihrem Tod Unterhalt geleistet haben oder den früheren Ehegatten im letzten wirtschaftlichen Dauerzustand vor dem Tod der Versicherten ein Anspruch auf Unterhalt zustand; § 65 Abs. 2 Nr. 1 findet keine Anwendung. Beruhte der Unterhaltsanspruch auf § 1572, 1573, 1575 oder 1576 des Bürgerlichen Gesetzbuchs, wird die Rente gezahlt, solange der frühere Ehegatte ohne den Versicherungsfall unterhaltsberechtigt gewesen wäre.
(2) Sind mehrere Berechtigte nach Absatz 1 oder nach Absatz 1 und § 65 vorhanden, erhält jeder von ihnen den Teil der für ihn nach § 65 Abs. 2 zu berechnenden Rente, der im Verhältnis zu den anderen Berechtigten der Dauer seine Ehe mit dem Verletzten entspricht; anschließend ist § 65 Abs. 3 entsprechend anzuwenden.
(3) Renten nach Absatz 1 und § 65 sind gemäß Absatz 2 zu mindern, wenn nach Feststellung der Rente einem weiteren früheren Ehegatten Rente zu zahlen ist.

§ 67 Voraussetzungen der Waisenrente
(1) Kinder von verstorbenen Versicherten erhalten eine
1. Halbwaisenrente, wenn sie noch einen Elternteil haben,
2. Vollwaisenrente, wenn sie keine Eltern mehr haben.
(2) Als Kinder werden auch berücksichtigt
1. Stiefkinder und Pflegekinder (§ 56 Abs. 2 Nr. 1 und 2 des Ersten Buches), die in den Haushalt der Versicherten aufgenommen waren,
2. Enkel und Geschwister, die in den Haushalt der Versicherten aufgenommen waren oder von ihnen überwiegend unterhalten wurden.
(3) Halb- oder Vollwaisenrente wird gezahlt
1. bis zur Vollendung des 18. Lebensjahres,
2. bis zur Vollendung des 27. Lebensjahres, wenn die Waise
   a) sich in Schulausbildung oder Berufsausbildung befindet,
   b) ein freiwilliges soziales oder ökologisches Jahr leistet oder
   c) wegen körperlicher, geistiger oder seelischer Behinderung außerstande ist, sich selbst zu unterhalten.
(4) In den Fällen des Absatzes 3 Nr. 2 Buchstabe a erhöht sich die maßgebende Altersgrenze bei Unterbrechung oder Verzögerung der Schulausbildung oder Berufsausbildung durch den gesetzlichen Wehrdienst, Zivildienst oder einen gleichgestellten Dienst um die Zeit dieser Dienstleistung, höchstens um einen der Dauer des gesetzlichen Grundwehrdienstes oder Zivildienstes entsprechenden Zeitraum.
(5) Der Anspruch auf Waisenrente endet nicht dadurch, daß die Waise als Kind angenommen wird.

§ 68 Höhe der Waisenrente
(1) Die Rente beträgt
1. 20 vom Hundert des Jahresarbeitsverdienstes für eine Halbwaise,
2. 30 vom Hundert des Jahresarbeitsverdienstes für eine Vollwaise.
(2) Einkommen (§§ 18 a bis 18 e des Vierten Buches) einer über 18 Jahre alten Waise, das mit der Waisenrente zusammentrifft, wird auf die Waisenrente angerechnet. Anrechenbar ist das Einkommen, das das 17,6fache des aktuellen Rentenwerts in der gesetzlichen Rentenversicherung übersteigt. Das nicht anrechenbare Einkommen erhöht sich um das 5,6fache des aktuellen Rentenwerts für jedes waisenrentenberechtigte Kind der Berechtigten. Von dem danach verbleibenden anrechenbaren Einkommen werden 40 vom Hundert angerechnet.
(3) Liegen bei einem Kind die Voraussetzungen für mehrere Waisenrenten aus der Unfallversicherung vor, wird nur die höchste Rente gezahlt und bei Renten gleicher Höhe diejenige, die wegen des frühesten Versicherungsfalls zu zahlen ist.

§ 69 Rente an Verwandte der aufsteigenden Linie
(1) Verwandte der aufsteigenden Linie, Stief- oder Pflegeeltern der Verstorbenen, die von den Verstorbenen zur Zeit des Todes aus deren Arbeitsentgelt oder Arbeitseinkommen wesentlich unterhalten worden sind oder ohne den Versicherungsfall wesentlich unterhalten worden wären, erhalten eine

Rente, solange sie ohne den Versicherungsfall gegen die Verstorbenen einen Anspruch auf Unterhalt wegen Unterhaltsbedürftigkeit hätten geltend machen können.
(2) Sind aus der aufsteigenden Linie Verwandte verschiedenen Grades vorhanden, gehen die näheren den entfernteren vor. Den Eltern stehen Stief- oder Pflegeeltern gleich.
(3) Liegen bei einem Elternteil oder bei einem Elternpaar die Voraussetzungen für mehrere Elternrenten aus der Unfallversicherung vor, wird nur die höchste Rente gezahlt und bei Renten gleicher Höhe diejenige, die wegen des frühesten Versicherungsfalls zu zahlen ist.
(4) Die Rente beträgt
1. 20 vom Hundert des Jahresarbeitsverdienstes für einen Elternteil,
2. 30 vom Hundert des Jahresarbeitsverdienstes für ein Elternpaar.
(5) Stirbt bei Empfängern einer Rente für ein Elternpaar ein Ehegatte, wird dem überlebenden Ehegatten anstelle der Rente für einen Elternteil die für den Sterbemonat zustehende Elternrente für ein Elternpaar für die folgenden drei Kalendermonate weitergezahlt.

§ 70 Höchstbetrag der Hinterbliebenenrenten

(1) Die Renten der Hinterbliebenen dürfen zusammen 80 vom Hundert des Jahresarbeitsverdienstes nicht übersteigen, sonst werden sie gekürzt, und zwar bei Witwen und Witwern, früheren Ehegatten und Waisen nach dem Verhältnis ihrer Höhe. Bei Anwendung von Satz 1 wird von der nach § 65 Abs. 2 Nr. 2 und 3 oder § 68 Abs. 1 berechneten Rente ausgegangen; anschließend wird § 65 Abs. 3 oder § 68 Abs. 2 angewendet. § 65 Abs. 2 Nr. 1 bleibt unberührt. Verwandte der aufsteigenden Linie, Stief- oder Pflegeeltern haben nur Anspruch, soweit Witwen und Witwer, frühere Ehegatten oder Waisen den Höchstbetrag nicht ausschöpfen.
(2) Sind für die Hinterbliebenen 80 vom Hundert des Jahresarbeitsverdienstes festgestellt und tritt später ein neuer Berechtigter hinzu, werden die Hinterbliebenenrenten nach Absatz 1 neu berechnet.
(3) Beim Wegfall einer Hinterbliebenenrente erhöhen sich die Renten der übrigen bis zum zulässigen Höchstbetrag.

§ 71 Witwen-, Witwer- und Waisenbeihilfe

(1) Witwen oder Witwer von Versicherten erhalten eine einmalige Beihilfe von 40 vom Hundert des Jahresarbeitsverdienstes, wenn
1. ein Anspruch auf Hinterbliebenenrente nicht besteht, weil der Tod der Versicherten nicht Folge eines Versicherungsfalls war, und
2. die Versicherten zur Zeit ihres Todes Anspruch auf eine Rente nach einer Minderung der Erwerbsfähigkeit von 50 vom Hundert oder mehr oder auf mehrere Renten hatten, deren Vomhundertsätze zusammen mindestens die Zahl 50 erreichen; soweit Renten abgefunden wurden, wird von dem Vomhundertsatz der abgefundenen Rente ausgegangen.

§ 65 Abs. 6 gilt entsprechend.
(2) Beim Zusammentreffen mehrerer Renten oder Abfindungen wird die Beihilfe nach dem höchsten Jahresarbeitsverdienst berechnet, der den Renten oder Abfindungen zugrunde lag. Die Beihilfe zahlt der Unfallversicherungsträger, der die danach berechnete Leistung erbracht hat; bei gleich hohen Jahresarbeitsverdiensten derjenige, der für den frühesten Versicherungsfall zuständig ist.
(3) Für Vollwaisen, die bei Tod der Versicherten infolge eines Versicherungsfalls Anspruch auf Waisenrente hätten, gelten die Absätze 1 und 2 entsprechend, wenn sie zur Zeit des Todes der Versicherten mit ihnen in häuslicher Gemeinschaft gelebt haben und von ihnen überwiegend unterhalten worden sind. Sind mehrere Waisen vorhanden, wird die Waisenbeihilfe gleichmäßig verteilt.
(4) Haben Versicherte länger als zehn Jahre eine Rente nach einer Minderung der Erwerbsfähigkeit von 80 vom Hundert oder mehr bezogen und sind sie nicht an den Folgen eines Versicherungsfalls gestorben, kann anstelle der Beihilfe nach Absatz 1 oder 3 den Berechtigten eine laufende Beihilfe bis zur Höhe einer Hinterbliebenenrente gezahlt werden, wenn die Versicherten infolge des Versicherungsfalls gehindert waren, eine entsprechende Erwerbstätigkeit auszuüben, und wenn dadurch die Versorgung der Hinterbliebenen um mindestens 10 vom Hundert gemindert ist. Auf die laufende Beihilfe finden im übrigen die Vorschriften für Hinterbliebenenrenten Anwendung.

Dritter Unterabschnitt
Beginn, Änderung und Ende von Renten

§ 72 Beginn von Renten
(1) Renten an Versicherte werden von dem Tag an gezahlt, der auf den Tag folgt, an dem
1. der Anspruch auf Verletztengeld endet,
2. der Versicherungsfall eingetreten ist, wenn kein Anspruch auf Verletztengeld entstanden ist.
(2) Renten an Hinterbliebene werden vom Todestag an gezahlt. Hinterbliebenenrenten, die auf Antrag geleistet werden, werden vom Beginn des Monats an gezahlt, der der Antragstellung folgt.
(3) Die Satzung kann bestimmen, daß für Unternehmer, ihre im Unternehmen mitarbeitenden Ehegatten und für den Unternehmern im Versicherungsschutz Gleichgestellte Rente für die ersten 13 Wochen nach dem sich aus § 46 Abs. 1 ergebenden Zeitpunkt ganz oder teilweise nicht gezahlt wird. Die Rente beginnt spätestens am Tag nach Ablauf der 13. Woche, sofern Verletztengeld nicht zu zahlen ist.

§ 73 Änderungen und Ende von Renten
(1) Ändern sich aus tatsächlichen oder rechtlichen Gründen die Voraussetzungen für die Höhe einer Rente nach ihrer Feststellung, wird die Rente in neuer Höhe nach Ablauf des Monats geleistet, in dem die Änderung wirksam geworden ist.
(2) Fallen aus tatsächlichen oder rechtlichen Gründen die Anspruchsvoraussetzungen für eine Rente weg, wird die Rente bis zum Ende des Monats geleistet, in dem der Wegfall wirksam geworden ist. Satz 1 gilt entsprechend, wenn festgestellt wird, daß Versicherte, die als verschollen gelten, noch leben.
(3) Bei der Feststellung der Minderung der Erwerbsfähigkeit ist eine Änderung im Sinne des § 48 Abs. 1 des Zehnten Buches nur wesentlich, wenn sie mehr als 5 vom Hundert beträgt; bei Renten auf unbestimmte Zeit muß die Veränderung der Minderung der Erwerbsfähigkeit länger als drei Monate andauern.
(4) Sind Renten befristet, enden sie mit Ablauf der Frist. Das schließt eine vorherige Änderung oder ein Ende der Rente aus anderen Gründen nicht aus. Renten dürfen nur auf das Ende eines Kalendermonats befristet werden.
(5) Witwen- und Witwerrenten nach § 65 Abs. 2 Nr. 3 Buchstabe a wegen Kindererziehung werden auf das Ende des Kalendermonats befristet, in dem die Kindererziehung voraussichtlich endet. Waisenrenten werden auf das Ende des Kalendermonats befristet, in dem voraussichtlich der Anspruch auf die Waisenrente entfällt. Die Befristung kann wiederholt werden.
(6) Renten werden bis zum Ende des Kalendermonats geleistet, in dem die Berechtigten gestorben sind.

§ 74 Ausnahmeregelungen für die Änderung von Renten
(1) Der Anspruch auf eine Rente, die auf unbestimmte Zeit geleistet wird, kann aufgrund einer Änderung der Minderung der Erwerbsfähigkeit zuungunsten der Versicherten nur in Abständen von mindestens einem Jahr geändert werden. Das Jahr beginnt mit dem Zeitpunkt, von dem an die vorläufige Entschädigung Rente auf unbestimmte Zeit geworden oder die letzte Rentenfeststellung bekanntgegeben worden ist.
(2) Renten dürfen nicht für die Zeit neu festgestellt werden, in der Verletztengeld zu zahlen ist oder ein Anspruch auf Verletztengeld wegen des Bezugs von Einkommen oder des Erhalts von Betriebs- und Haushaltshilfe oder wegen der Erfüllung der Voraussetzungen für den Erhalt von Betriebs- und Haushaltshilfe nicht besteht.

Vierter Unterabschnitt
Abfindung

§ 75 Abfindung mit einer Gesamtvergütung
Ist nach allgemeinen Erfahrungen unter Berücksichtigung der besonderen Verhältnisse des Einzelfalles zu erwarten, daß nur eine Rente in Form der vorläufigen Entschädigung zu zahlen ist, kann der Unfallversicherungsträger die Versicherten nach Abschluß der Heilbehandlung mit einer Gesamtvergütung in Höhe des voraussichtlichen Rentenaufwandes abfinden. Nach Ablauf des Zeitraumes, für

den die Gesamtvergütung bestimmt war, wird auf Antrag Rente als vorläufige Entschädigung oder Rente auf unbestimmte Zeit gezahlt, wenn die Voraussetzungen hierfür vorliegen.

§ 76 Abfindung bei Minderung der Erwerbsfähigkeit unter 40 vom Hundert
(1) Versicherte, die Anspruch auf eine Rente wegen einer Minderung der Erwerbsfähigkeit von weniger als 40 vom Hundert haben, können auf ihren Antrag mit einem dem Kapitalwert der Rente entsprechenden Betrag abgefunden werden. Versicherte, die Anspruch auf mehrere Renten aus der Unfallversicherung haben, deren Vomhundertsätze zusammen die Zahl 40 nicht erreichen, können auf ihren Antrag mit einem Betrag abgefunden werden, der dem Kapitalwert einer oder mehrerer dieser Renten entspricht. Die Bundesregierung bestimmt durch Rechtsverordnung mit Zustimmung des Bundesrates die Berechnung des Kapitalwertes.
(2) Eine Abfindung darf nur bewilligt werden, wenn nicht zu erwarten ist, daß die Minderung der Erwerbsfähigkeit wesentlich sinkt.
(3) Tritt nach der Abfindung eine wesentliche Verschlimmerung der Folgen des Versicherungsfalls (§ 73 Abs. 3) ein, wird insoweit Rente gezahlt.

§ 77 Wiederaufleben der abgefundenen Rente
(1) Werden Versicherte nach einer Abfindung Schwerverletzte, lebt auf Antrag der Anspruch auf Rente in vollem Umfang wieder auf.
(2) Die Abfindungssumme wird auf die Rente angerechnet, soweit sie die Summe der Rentenbeträge übersteigt, die den Versicherten während des Abfindungszeitraumes zugestanden hätten. Die Anrechnung hat so zu erfolgen, daß den Versicherten monatlich mindestens die halbe Rente verbleibt.

§ 78 Abfindung bei Minderung der Erwerbsfähigkeit ab 40 vom Hundert
(1) Versicherte, die Anspruch auf eine Rente wegen einer Minderung der Erwerbsfähigkeit von 40 vom Hundert oder mehr haben, können auf ihren Antrag durch einen Geldbetrag abgefunden werden. Das gleiche gilt für Versicherte, die Anspruch auf mehrere Renten haben, deren Vomhundertsätze zusammen die Zahl 40 erreichen oder übersteigen.
(2) Eine Abfindung kann nur bewilligt werden, wenn
1. die Versicherten das 18. Lebensjahr vollendet haben und
2. nicht zu erwarten ist, daß innerhalb des Abfindungszeitraumes die Minderung der Erwerbsfähigkeit wesentlich sinkt.

§ 79 Umfang der Abfindung
Eine Rente kann in den Fällen einer Abfindung bei einer Minderung der Erwerbsfähigkeit ab 40 vom Hundert bis zur Hälfte für einen Zeitraum von zehn Jahren abgefunden werden. Als Abfindungssumme wird das Neunfache des der Abfindung zugrundeliegenden Jahresbetrages der Rente gezahlt. Der Anspruch auf den Teil der Rente, an dessen Stelle die Abfindung tritt, erlischt mit Ablauf des Monats der Auszahlung für zehn Jahre.

§ 80 Abfindung bei Wiederheirat
(1) Eine Witwenrente oder Witwerrente wird bei der ersten Wiederheirat der Berechtigten mit dem 24fachen Monatsbetrag abgefunden. In diesem Fall werden Witwenrenten und Witwerrenten an früheren Ehegatten, die auf demselben Versicherungsfall beruhen, erst nach Ablauf von 24 Monaten neu festgesetzt.
(2) Monatsbetrag ist der Durchschnitt der für die letzten zwölf Kalendermonate geleisteten Witwenrente oder Witwerrente. Bei Wiederheirat vor Ablauf des 15. Kalendermonats nach dem Tode des Versicherten ist Monatsbetrag der Durchschnittsbetrag der Witwenrente oder Witwerrente, die nach Ablauf des dritten auf den Sterbemonat folgenden Kalendermonats zu leisten war. Bei Wiederheirat vor Ablauf dieses Kalendermonats ist Monatsbetrag der Betrag der Witwenrente oder Witwerrente, der für den vierten auf den Sterbemonat folgenden Kalendermonat zu leisten wäre.
(3) Wurde bei der Wiederheirat eine Rentenabfindung gezahlt und besteht nach Auflösung oder Nichtigerklärung der erneuten Ehe Anspruch auf Witwenrente oder Witwerrente nach dem vorletzten Ehegatten, wird für jeden Kalendermonat, der auf die Zeit nach Auflösung oder Nichtigerklärung der erneuten Ehe bis zum Ablauf des 24. Kalendermonats nach Ablauf des Monats der Wiederheirat entfällt, von dieser Rente ein Vierundzwanzigstel der Rentenabfindung in angemessenen Teilbeträgen einbehalten. Bei verspäteter Antragstellung mindert sich die einzubehaltende Rentenabfindung um

den Betrag, der den Berechtigten bei frühestmöglicher Antragstellung an Witwenrente oder Witwerrente nach dem vorletzten Ehegatten zugestanden hätte.
(4) Die Absätze 1 bis 3 gelten entsprechend für die Bezieher einer Witwen- und Witwerrente an frühere Ehegatten.
...

Vierter Abschnitt
Mehrleistungen
§ 94 Mehrleistungen
(1) Die Satzung kann Mehrleistungen bestimmen für
1. Personen, die für ein in § 2 Abs. 1 Nr. 9 oder 12 genanntes Unternehmen unentgeltlich, insbesondere ehrenamtlich tätig sind,
2. Personen, die nach § 2 Abs. 1 Nr. 10, 11 oder 13 oder Abs. 3 Nr. 2 versichert sind.

Dabei können die Art der versicherten Tätigkeit, insbesondere ihre Gefährlichkeit, sowie Art und Schwere des Gesundheitsschadens berücksichtigt werden.
(2) Die Mehrleistungen zu Renten dürfen zusammen mit
1. Renten an Versicherte ohne die Zulage für Schwerverletzte 85 vom Hundert,
2. Renten an Hinterbliebene 80 vom Hundert
des Höchstjahresarbeitsverdienstes nicht überschreiten.
(3) Die Mehrleistungen werden auf Geldleistungen, deren Höhe vom Einkommen abhängt, nicht angerechnet.
...

Viertes Kapitel
Haftung von Unternehmern, Unternehmensangehörigen und anderen Personen

Erster Abschnitt
Beschränkung der Haftung gegenüber Versicherten, ihren Angehörigen und Hinterbliebenen
§ 104 Beschränkung der Haftung der Unternehmer
(1) Unternehmer sind den Versicherten, die für ihre Unternehmen tätig sind oder zu ihren Unternehmen in einer sonstigen die Versicherung begründenden Beziehung stehen, sowie deren Angehörigen und Hinterbliebenen nach anderen gesetzlichen Vorschriften zum Ersatz des Personenschadens, den ein Versicherungsfall verursacht hat, nur verpflichtet, wenn sie den Versicherungsfall vorsätzlich oder auf einem nach § 8 Abs. 2 Nr. 1 bis 4 versicherten Weg herbeigeführt haben. Ein Forderungsübergang nach § 116 des Zehnten Buches findet nicht statt.
(2) Absatz 1 gilt entsprechend für Personen, die als Leibesfrucht durch einen Versicherungsfall im Sinne des § 12 geschädigt worden sind.
(3) Die nach Absatz 1 oder 2 verbleibenden Ersatzansprüche vermindern sich um die Leistungen, die Berechtigte nach Gesetz oder Satzung infolge des Versicherungsfalls erhalten.

§ 105 Beschränkung der Haftung anderer im Betrieb tätiger Personen
(1) Personen, die durch eine betriebliche Tätigkeit einen Versicherungsfall von Versicherten desselben Betriebs verursachen, sind diesen sowie deren Angehörigen und Hinterbliebenen nach anderen gesetzlichen Vorschriften zum Ersatz des Personenschadens nur verpflichtet, wenn sie den Versicherungsfall vorsätzlich oder auf einem nach § 8 Abs. 2 Nr. 1 bis 4 versicherten Weg herbeigeführt haben. Satz 1 gilt entsprechend bei der Schädigung von Personen, die für denselben Betrieb tätig und nach § 4 Abs. 1 Nr. 1 versicherungsfrei sind. § 104 Abs. 1 Satz 2, Abs. 2 und 3 gilt entsprechend.
(2) Absatz 1 gilt entsprechend, wenn nicht versicherte Unternehmer geschädigt worden sind. Soweit nach Satz 1 eine Haftung ausgeschlossen ist, werden die Unternehmer wie Versicherte, die einen Versicherungsfall erlitten haben, behandelt; es sei denn, ein Ersatzpflicht des Schädigers gegenüber dem Unternehmer ist zivilrechtlich ausgeschlossen. Für die Berechnung von Geldleistungen gilt der Mindestjahresarbeitsverdienst als Jahresarbeitsverdienst. Geldleistungen werden jedoch nur bis zur Höhe eines zivilrechtlichen Schadenersatzanspruchs erbracht.

§ 106 Beschränkung der Haftung anderer Personen
(1) In den in § 2 Abs. 1 Nr. 2, 3 und 8 genannten Unternehmen gelten die §§ 104 und 105 entsprechend für die Ersatzpflicht
1. der in § 2 Abs. 1 Nr. 2, 3 und 8 genannten Versicherten untereinander,
2. der in § 2 Abs. 1 Nr. 2, 3 und 8 genannten Versicherten gegenüber den Betriebsangehörigen desselben Unternehmens,
3. der Betriebsangehörigen desselben Unternehmens gegenüber den in § 2 Abs. 1, Nr. 2, 3 und 8 genannten Versicherten.
(2) Im Fall des § 2 Abs. 1 Nr. 17 gelten die §§ 104 und 105 entsprechend für die Ersatzpflicht
1. der Pflegebedürftigen gegenüber den Pflegepersonen,
2. der Pflegepersonen gegenüber den Pflegebedürftigen,
3. der Pflegepersonen desselben Pflegebedürftigen untereinander.
(3) Wirken Unternehmen zur Hilfe bei Unglücksfällen oder Unternehmen des Zivilschutzes zusammen oder verrichten Versicherte mehrerer Unternehmen vorübergehend betriebliche Tätigkeiten auf einer gemeinsamen Betriebsstätte, gelten die §§ 104 und 105 für die Ersatzpflicht der für die beteiligten Unternehmen Tätigen untereinander.
(4) Die §§ 104 und 105 gelten ferner für die Ersatzpflicht von Betriebsangehörigen gegenüber den nach § 3 Abs. 1 Nr. 2 Versicherten.

§ 107 Besonderheiten in der Seefahrt
(1) Bei Unternehmen der Seefahrt gilt § 104 auch für die Ersatzpflicht anderer das Arbeitsentgelt schuldender Personen entsprechend. § 105 gilt für den Lotsen entsprechend.
(2) Beim Zusammenstoß mehrerer Seeschiffe von Unternehmen, für die die See-Berufsgenossenschaft zuständig ist, gelten die §§ 104 und 105 entsprechend für die Ersatzpflicht, auch untereinander, der Reeder der dabei beteiligten Fahrzeuge, sonstiger das Arbeitsentgelt schuldender Personen, der Lotsen und der auf den beteiligten Fahrzeugen tätigen Versicherten.

§ 108 Bindung der Gerichte
(1) Hat ein Gericht über Ersatzansprüche der in den §§ 104 bis 107 genannten Art zu entscheiden, ist es an eine unanfechtbare Entscheidung nach diesem Buch oder nach dem Sozialgerichtsgesetz in der jeweils geltenden Fassung gebunden, ob ein Versicherungsfall vorliegt, in welchem Umfang Leistungen zu erbringen sind und ob der Unfallversicherungsträger zuständig ist.
(2) Das Gericht hat sein Verfahren auszusetzen, bis eine Entscheidung nach Absatz 1 ergangen ist. Falls ein solches Verfahren noch nicht eingeleitet ist, bestimmt das Gericht dafür eine Frist, nach deren Ablauf die Aufnahme des ausgesetzten Verfahrens zulässig ist.

§ 109 Feststellungsberechtigung von in der Haftung beschränkten Personen
Personen, deren Haftung nach den §§ 104 bis 107 beschränkt ist und gegen die Versicherte, ihre Angehörigen und Hinterbliebene Schadenersatzforderung erheben, können statt der Berechtigten die Feststellungen nach § 108 beantragen oder das entsprechende Verfahren nach dem Sozialgerichtsgesetz betreiben. Der Ablauf von Fristen, die ohne ihr Verschulden verstrichen sind, wirkt nicht gegen sie; dies gilt nicht, soweit diese Personen das Verfahren selbst betreiben.

Zweiter Abschnitt
Haftung gegenüber den Sozialversicherungsträgern
§ 110 Haftung gegenüber den Sozialversicherungsträgern
(1) Haben Personen, deren Haftung nach den §§ 104 bis 107 beschränkt ist, den Versicherungsfall vorsätzlich oder grob fahrlässig herbeigeführt, haften sie den Sozialversicherungsträgern für die infolge des Versicherungsfalls entstandenen Aufwendungen, jedoch nur bis zur Höhe des zivilrechtlichen Schadenersatzanspruchs. Statt der Rente kann der Kapitalwert gefordert werden. Das Verschulden braucht sich nur auf das den Versicherungsfall verursachende Handeln oder Unterlassen zu beziehen.
(2) Die Sozialversicherungsträger können nach billigem Ermessen, insbesondere unter Berücksichtigung der wirtschaftlichen Verhältnisse des Schädigers, auf den Ersatzanspruch ganz oder teilweise verzichten.

§ 111 Haftung des Unternehmens
Haben ein Mitglied eines vertretungsberechtigten Organs, Abwickler oder Liquidatoren juristischer Personen, vertretungsberechtigte Gesellschafter oder Liquidatoren einer Personengesellschaft des Handelsrechts oder gesetzliche Vertreter der Unternehmer in Ausführung ihnen zustehender Verrichtungen den Versicherungsfall vorsätzlich oder grob fahrlässig verursacht, haften nach Maßgabe des § 110 auch die Vertretenen. Eine nach § 110 bestehende Haftung derjenigen, die den Versicherungsfall verursacht haben, bleibt unberührt. Das gleiche gilt für Mitglieder des Vorstandes eines nicht rechtsfähigen Vereins oder für vertretungsberechtigte Gesellschafter einer Personengesellschaft des bürgerlichen Rechts mit der Maßgabe, daß sich die Haftung auf das Vereins- oder das Gesellschaftsvermögen beschränkt.

§ 112 Bindung der Gerichte
§ 108 über die Bindung der Gerichte gilt auch für die Ansprüche nach den §§ 110 und 111.

§ 113 Verjährung
Für die Verjährung der Ansprüche nach den §§ 110 und 111 gilt § 852 Abs. 1 und 2 des Bürgerlichen Gesetzbuchs entsprechend mit der Maßgabe, daß die Frist von dem Tag an gerechnet wird, an dem die Leistungspflicht für den Unfallversicherungsträger bindend festgestellt oder ein entsprechendes Urteil rechtskräftig geworden ist.

Fünftes Kapitel
Organisation

Erster Abschnitt
Unfallversicherungsträger

§ 114 Unfallversicherungsträger
(1) Träger der gesetzlichen Unfallversicherung (Unfallversicherungsträger) sind
1. die in der Anlage 1 aufgeführten gewerblichen Berufsgenossenschaften,
2. die in der Anlage 2 aufgeführten landwirtschaftlichen Berufsgenossenschaften,
3. der Bund,
4. die Eisenbahn-Unfallkasse,
5. die Unfallkasse Post und Telekom,
6. die Unfallkassen der Länder,
7. die Gemeindeunfallversicherungsverbände und Unfallkassen der Gemeinden,
8. die Feuerwehr-Unfallkassen,
9. die gemeinsamen Unfallkassen für den Landes- und den kommunalen Bereich.

(2) Soweit dieses Gesetz die Unfallversicherungsträger ermächtigt, Satzungen zu erlassen, bedürfen diese der Genehmigung der Aufsichtsbehörde. Ergibt sich nachträglich, daß eine Satzung nicht hätte genehmigt werden dürfen, kann die Aufsichtsbehörde anordnen, daß der Unfallversicherungsträger innerhalb einer bestimmten Frist die erforderliche Änderung vornimmt. Kommt der Unfallversicherungsträger der Anordnung nicht innerhalb dieser Frist nach, kann die Aufsichtsbehörde die erforderliche Änderung anstelle des Unfallversicherungsträgers selbst vornehmen.

...

Siebtes Kapitel
Zusammenarbeit der Unfallversicherungsträger mit anderen Leistungsträgern und ihre Beziehungen zu Dritten

Erster Abschnitt
Zusammenarbeit der Unfallversicherungsträger mit anderen Leistungsträgern

§ 188 Auskunftspflicht der Krankenkassen
Die Unfallversicherungsträger können von den Krankenkassen Auskunft über die Behandlung, den Zustand sowie über frühere Erkrankungen und frühere Erkrankungen des Versicherten verlangen, soweit dies für die Feststellung des Versicherungsfalls erforderlich ist. Sie sollen dabei ihr Auskunftsverlangen auf solche Erkrankungen oder auf solche Bereiche von Erkrankungen beschränken, die mit dem Versicherungsfall in einem ursächlichen Zusammenhang stehen können. Der Versicherte kann vom Un-

fallversicherungsträger verlangen, über die von den Krankenkassen übermittelten Daten unterrichtet zu werden; § 25 Abs. 2 des Zehnten Buches gilt entsprechend. Der Unfallversicherungsträger hat den Versicherten auf das Recht, auf Verlangen über die von den Krankenkassen übermittelten Daten unterrichtet zu werden, hinzuweisen.

§ 189 Beauftragung einer Krankenkasse
Unfallversicherungsträger können Krankenkassen beauftragen, die ihnen obliegenden Geldleistungen zu erbringen; die Einzelheiten werden durch Vereinbarung geregelt.

§ 190 Pflicht der Unfallversicherungsträger zur Benachrichtigung der Rentenversicherungsträger beim Zusammentreffen von Renten
Erbringt ein Unfallversicherungsträger für einen Versicherten oder einen Hinterbliebenen, der eine Rente aus der gesetzlichen Rentenversicherung bezieht, Rente oder Heimpflege oder ergeben sich Änderungen bei diesen Leistungen, hat der Unfallversicherungsträger den Rentenversicherungsträger unverzüglich zu benachrichtigen; bei Zahlung einer Rente ist das Maß der Minderung der Erwerbsfähigkeit anzugeben.

...

Achtes Kapitel
Datenschutz

Erster Abschnitt
Grundsätze

§ 199 Erhebung, Verarbeitung und Nutzung von Daten durch die Unfallversicherungsträger
(1) Die Unfallversicherungsträger dürfen Sozialdaten nur erheben und speichern, soweit dies zur Erfüllung ihrer gesetzlich vorgeschriebenen oder zugelassenen Aufgaben erforderlich ist. Ihre Aufgaben sind
1. die Feststellung der Zuständigkeit und des Versicherungsstatus,
2. die Erbringung der Leistungen nach dem Dritten Kapitel,
3. die Berechnung, Festsetzung und Erhebung von Beitragsberechnungsgrundlagen und Beiträgen nach dem Sechsten Kapitel,
4. die Durchführung von Erstattungs- und Ersatzansprüchen,
5. die Verhütung von Versicherungsfällen, die Abwendung von arbeitsbedingten Gesundheitsgefahren sowie die Vorsorge für eine wirksame Erste Hilfe nach dem Zweiten Kapitel,
6. die Erforschung von Risiken und Gesundheitsgefahren für die Versicherten.

(2) Die Sozialdaten dürfen nur für Aufgaben nach Absatz 1 in dem jeweils erforderlichen Umfang verarbeitet oder genutzt werden. Eine Verwendung für andere Zwecke ist nur zulässig, soweit dies durch Rechtsvorschriften des Sozialgesetzbuches angeordnet oder erlaubt ist.

(3) Bei der Feststellung des Versicherungsfalls soll der Unfallversicherungsträger Auskünfte über Erkrankungen und frühere Erkrankungen des Betroffenen von anderen Stellen oder Personen erst einholen, wenn hinreichende Anhaltspunkte für den ursächlichen Zusammenhang zwischen der versicherten Tätigkeit und dem schädigenden Ereignis oder der schädigenden Einwirkung vorliegen.

(4) Die Verbände der Unfallversicherungsträger geben ihren Mitgliedern nach Anhörung des Bundesbeauftragten für den Datenschutz Empfehlungen zur Umsetzung des 84 Abs. 2 des Zehnten Buches.

§ 200 Einschränkung der Übermittlungsbefugnis
(1) § 76 Abs. 2 Nr. 1 des Zehnten Buches gilt mit der Maßgabe, daß der Unfallversicherungsträger auch auf ein gegenüber einem anderen Sozialleistungsträger bestehendes Widerspruchsrecht hinzuweisen hat, wenn dieser nicht selbst zu einem Hinweis nach § 76 Abs. 2 Nr. 1 des Zehnten Buches verpflichtet ist.

(2) Vor Erteilung eines Gutachtenauftrages soll der Unfallversicherungsträger dem Versicherten mehrere Gutachter zur Auswahl benennen; der Betroffene ist außerdem auf sein Widerspruchsrecht nach § 76 Abs. 2 des Zehnten Buches hinzuweisen und über den Zweck des Gutachtens zu informieren.

Zweiter Abschnitt
Datenerhebung und -verarbeitung durch Ärzte

§ 201 Datenerhebung und Datenverarbeitung durch Ärzte

(1) Ärzte und Zahnärzte, die an einer Heilbehandlung nach § 34 beteiligt sind, erheben, speichern und übermitteln an die Unfallversicherungsträger Daten über die Behandlung und den Zustand des Versicherten sowie andere personenbezogene Daten, soweit dies für Zwecke der Heilbehandlung und die Erbringung sonstiger Leistungen erforderlich ist. Ferner erheben, speichern und übermitteln sie die Daten, die für ihre Entscheidung, eine Heilbehandlung nach § 34 durchzuführen, maßgeblich waren. Der Versicherte kann vom Unfallversicherungsträger verlangen, über die von den Ärzten übermittelten Daten unterrichtet zu werden. § 25 Abs. 2 des Zehnten Buches gilt entsprechend. Der Versicherte ist von den Ärzten über den Erhebungszweck, ihre Auskunftspflicht nach den Sätzen 1 und 2 sowie über sein Recht nach Satz 3 zu unterrichten.
(2) Soweit die für den medizinischen Arbeitsschutz zuständigen Stellen und die Krankenkassen Daten nach Absatz 1 zur Erfüllung ihrer Aufgaben benötigen, dürfen die Daten auch an sie übermittelt werden.

§ 202 Anzeigepflicht von Ärzten bei Berufskrankheiten

Haben Ärzte oder Zahnärzte den begründeten Verdacht, daß bei Versicherten eine Berufskrankheit besteht, haben sie dies dem Unfallversicherungsträger oder der für den medizinischen Arbeitsschutz zuständigen Stelle in der für die Anzeige von Berufskrankheiten vorgeschriebenen Form (§ 193 Abs. 8) unverzüglich anzuzeigen. Die Ärzte oder Zahnärzte haben die Versicherten über den Inhalt der Anzeige zu unterrichten und ihnen den Unfallversicherungsträger und die Stelle zu nennen, denen sie die Anzeige übersenden. § 193 Abs. 7 Satz 3 und 4 gilt entsprechend.

§ 203 Auskunftspflicht von Ärzten

(1) Ärzte und Zahnärzte, die nicht an einer Heilbehandlung nach § 34 beteiligt sind, sind verpflichtet, dem Unfallversicherungsträger auf Verlangen Auskunft über die Behandlung, den Zustand sowie über Erkrankungen und frühere Erkrankungen des Versicherten zu erteilen, soweit dies für die Heilbehandlung und die Erbringung sonstiger Leistungen erforderlich ist. Der Unfallversicherungsträger soll Auskunftsverlangen zur Feststellung des Versicherungsfalls auf solche Erkrankungen oder auf solche Bereiche von Erkrankungen beschränken, die mit dem Versicherungsfall in einem ursächlichen Zusammenhang stehen können. § 98 Abs. 2 Satz 2 des Zehnten Buches gilt entsprechend.
(2) Die Unfallversicherungsträger haben den Versicherten auf ein Auskunftsverlangen nach Absatz 1 sowie auf das Recht, auf Verlangen über die von den Ärzten übermittelten Daten unterrichtet zu werden, rechtzeitig hinzuweisen. § 25 Abs. 2 des Zehnten Buches gilt entsprechend.

Dritter Abschnitt
Dateien

§ 204 Errichtung einer Datei für mehrere Unfallversicherungsträger

(1) Die Errichtung einer Datei für mehrere Unfallversicherungsträger bei einem Unfallversicherungsträger oder bei einem Verband der Unfallversicherungsträger ist zulässig,
1. um Daten über Verwaltungsverfahren und Entscheidungen nach § 9 Abs. 2 zu verarbeiten, zu nutzen und dadurch eine einheitliche Beurteilung vergleichbarer Versicherungsfälle durch die Unfallversicherungsträger zu erreichen, gezielte Maßnahmen der Prävention zu ergreifen sowie neue medizinisch-wissenschaftliche Erkenntnisse zur Fortentwicklung des Berufskrankheitenrechts, insbesondere durch eigene Forschung oder durch Mitwirkung an fremden Forschungsvorhaben, zu gewinnen,
2. um Daten in Vorsorgedateien zu erheben, zu verarbeiten oder zu nutzen, damit Versicherten, die bestimmten arbeitsbedingten Gesundheitsgefahren ausgesetzt sind oder waren, Maßnahmen der Prävention oder der Rehabilitation angeboten sowie Erkenntnisse über arbeitsbedingte Gesundheitsgefahren und geeignete Maßnahmen der Prävention und der Rehabilitation gewonnen werden können,
3. um Daten über Arbeits- und Wegeunfälle in einer Unfall-Dokumentation zu verarbeiten, zu nutzen und dadurch Größenordnungen, Schwerpunkte und Entwicklungen der Unfallbelastung in

einzelnen Bereichen darzustellen, damit Erkenntnisse zur Verbesserung der Prävention und der Rehabilitation gewonnen werden können,
4. um Anzeigen, Daten über Verwaltungsverfahren und Entscheidungen über Berufskrankheiten in einer Berufskrankheiten-Dokumentation zu verarbeiten, zu nutzen und dadurch Häufigkeiten und Entwicklungen im Berufskrankheitengeschehen sowie wesentliche Einwirkungen und Erkrankungsfolgen darzustellen, damit Erkenntnisse zur Verbesserung der Prävention und der Rehabilitation gewonnen werden können,
5. um Daten über Entschädigungsfälle, in denen Rehabilitationsleistungen erbracht werden, in einer Rehabilitations-Dokumentation zu verarbeiten, zu nutzen und dadurch Schwerpunkte der Rehabilitation darzustellen, damit Erkenntnisse zur Verbesserung der Prävention und der Rehabilitation gewonnen werden können,
6. um Daten über Entschädigungsfälle, in denen Rentenleistungen oder Leistungen bei Tod erbracht werden, in einer Renten-Dokumentation zu verarbeiten, zu nutzen und dadurch Erkenntnisse über den Rentenverlauf und zur Verbesserung der Prävention und der Rehabilitation zu gewinnen.

In den Fällen des Satzes 1 Nr. 1 und 3 bis 6 findet § 76 des Zehnten Buches keine Anwendung.

(2) In den Dateien nach Absatz 1 dürfen nach Maßgabe der Sätze 2 und 3 nur folgende Daten von Versicherten erhoben, verarbeitet oder genutzt werden:
1. der zuständige Unfallversicherungsträger und die zuständige staatliche Arbeitsschutzbehörde,
2. das Aktenzeichen des Unfallversicherungsträgers,
3. Art und Hergang, Datum und Uhrzeit sowie Anzeige des Versicherungsfalls,
4. Staatsangehörigkeit und Angaben zur regionalen Zuordnung der Versicherten sowie Geburtsjahr und Geschlecht der Versicherten und der Hinterbliebenen,
5. Familienstand und Versichertenstatus der Versicherten,
6. Beruf der Versicherten, ihre Stellung im Erwerbsleben und die Art ihrer Tätigkeit,
7. Angaben zum Unternehmen einschließlich der Mitgliedsnummer,
8. die Arbeitsanamnese und die als Ursache für eine Schädigung vermuteten Einwirkungen am Arbeitsplatz,
9. die geäußerten Beschwerden und die Diagnose,
10. Entscheidungen über Anerkennung oder Ablehnung von Versicherungsfällen und Leistungen,
11. Kosten und Verlauf von Leistungen,
12. Art, Ort, Verlauf und Ergebnis von Vorsorgemaßnahmen oder Leistungen zur Rehabilitation,
13. die Rentenversicherungsnummer, Vor- und Familienname, Geburtsname, Geburtsdatum, Sterbedatum und Wohnanschrift der Versicherten sowie wesentliche Untersuchungsbefunde und die Planung zukünftiger Vorsorgemaßnahmen,
14. Entscheidungen (Nummer 10) mit ihrer Begründung einschließlich im Verwaltungs- oder Sozialgerichtsverfahren erstatteter Gutachten mit Angabe der Gutachter.

In Dateien nach Absatz 1 Satz 1 Nr. 1 dürfen nur Daten nach Satz 1 Nr. 1 bis 4, 6 bis 10 und 14 verarbeitet oder genutzt werden. In Dateien nach Absatz 1 Satz 1 Nr. 3 bis 6 dürfen nur Daten nach Satz 1 Nr. 1 bis 12 verarbeitet oder genutzt werden.

(3) Die Errichtung einer Datei für mehrere Unfallversicherungsträger bei einem Unfallversicherungsträger oder bei einem Verband der Unfallversicherungsträger ist auch zulässig, um die von den Pflegekassen und den privaten Versicherungsunternehmen nach § 44 Abs. 2 des Elften Buches zu übermittelnden Daten zu verarbeiten.

(4) Die Errichtung einer Datei für mehrere Unfallversicherungsträger bei einem Unfallversicherungsträger oder bei einem Verband der Unfallversicherungsträger ist auch zulässig, soweit dies erforderlich ist, um neue Erkenntnisse zur Verhütung von Versicherungsfällen oder zur Abwendung von arbeitsbedingten Gesundheitsgefahren zu gewinnen, und dieser Zweck nur durch eine gemeinsame Datei für mehrere oder alle Unfallversicherungsträger erreicht werden kann. In der Datei nach Satz 1 dürfen personenbezogene Daten nur verarbeitet werden, soweit der Zweck der Datei ohne sie nicht erreicht werden kann. Das Bundesministerium für Arbeit und Sozialordnung bestimmt in einer Rechtsverordnung, die der Zustimmung des Bundesrates bedarf, die Art der zu verhütenden Versicherungsfälle und der abzuwendenden arbeitsbedingten Gesundheitsgefahren sowie die Art der Daten,

die in der Datei nach Satz 1 verarbeitet oder genutzt werden dürfen. In der Datei nach Satz 1 dürfen Daten nach Absatz 2 Satz 1 Nr. 13 nicht gespeichert werden.
(5) Die Unfallversicherungsträger dürfen Daten nach Absatz 2 an den Unfallversicherungsträger oder den Verband, der die Datei führt, übermitteln. Die in der Datei nach Absatz 1 Satz 1 Nr. 1 oder 2 gespeicherten Daten dürfen von der dateiführenden Stelle an andere Unfallversicherungsträger übermittelt werden, soweit es zur Erfüllung ihrer gesetzlichen Aufgaben erforderlich ist.
(6) Der Unfallversicherungsträger oder der Verband, der die Datei errichtet, hat dem Bundesbeauftragten für den Datenschutz oder der nach Landesrecht für die Kontrolle des Datenschutzes zuständigen Stelle rechtzeitig die Errichtung einer Datei nach Absatz 1 oder 4 vorher schriftlich anzuzeigen.
(7) Der Versicherte ist vor der erstmaligen Speicherung seiner Sozialdaten in Dateien nach Absatz 1 Satz 1 Nr. 1 und 2 über die Art der gespeicherten Daten, die speichernde Stelle und den Zweck der Datei durch den Unfallversicherungsträger schriftlich zu unterrichten. Dabei ist er auf sein Auskunftsrecht nach § 83 des Zehnten Buches hinzuweisen.

§ 205 Datenverarbeitung und -übermittlung bei den landwirtschaftlichen Berufsgenossenschaften

(1) Die landwirtschaftliche Berufsgenossenschaft, die landwirtschaftliche Alterskasse, die landwirtschaftliche Krankenkasse und die landwirtschaftliche Pflegekasse desselben Bezirks dürfen personenbezogene Daten in gemeinsamen Dateien verarbeiten, soweit die Daten jeweils zu ihrer Aufgabenerfüllung erforderlich sind. Durch technische und organisatorische Maßnahmen ist sicherzustellen, daß die Daten der Versicherten den einzelnen Trägern nur so weit zugänglich gemacht werden, wie sie zur Erfüllung ihrer gesetzlichen Aufgaben (§ 199) erforderlich sind.
(2) Die Einrichtung eines automatisierten Verfahrens, das die Übermittlung personenbezogener Daten aus Dateien der landwirtschaftlichen Berufsgenossenschaften durch Abruf ermöglicht, ist dort nur zwischen den landwirtschaftlichen Berufsgenossenschaften sowie mit den landwirtschaftlichen Alterskassen, den Trägern der gesetzlichen Rentenversicherung, den Krankenkassen, der Bundesanstalt für Arbeit und der Deutschen Post AG, soweit sie mit der Berechnung oder Auszahlung von Sozialleistungen betraut ist, zulässig; dabei dürfen auch Vermittlungsstellen eingeschaltet werden.

Vierter Abschnitt
Sonstige Vorschriften

§ 206 Übermittlung von Daten für die Forschung zur Bekämpfung von Berufskrankheiten

(1) Ein Arzt oder Angehöriger eines anderen Heilberufes ist befugt, für ein bestimmtes Forschungsvorhaben personenbezogene Daten den Unfallversicherungsträgern und deren Verbänden zu übermitteln, wenn die nachfolgenden Voraussetzungen erfüllt sind und die Genehmigung des Forschungsvorhabens öffentlich bekanntgegeben worden ist. Die Unfallversicherungsträger oder die Verbände haben den Versicherten oder den früheren Versicherten schriftlich über die übermittelten Daten und über den Zweck der Übermittlung zu unterrichten.
(2) Die Unfallversicherungsträger und ihre Verbände dürfen Sozialdaten von Versicherten und früheren Versicherten erheben, verarbeiten und nutzen, soweit dies
1. zur Durchführung eines bestimmten Forschungsvorhabens, das die Erkennung neuer Berufskrankheiten oder die Verbesserung der Prävention oder der Rehabilitation bei Berufskrankheiten zum Ziele hat, erforderlich ist und
2. der Zweck dieses Forschungsvorhabens nicht auf andere Weise, insbesondere nicht durch Erhebung, Verarbeitung und Nutzung anonymisierter Daten, erreicht werden kann.

Voraussetzung ist, daß die zuständige oberste Bundes- oder Landesbehörde die Erhebung, Verarbeitung und Nutzung der Daten für das Forschungsvorhaben genehmigt hat. Erteilt die zuständige oberste Bundesbehörde die Genehmigung, sind die Bundesärztekammer und der Bundesbeauftragte für den Datenschutz anzuhören, in den übrigen Fällen der Landesbeauftragte für den Datenschutz und die Ärztekammer des Landes.
(3) Das Forschungsvorhaben darf nur durchgeführt werden, wenn sichergestellt ist, daß keinem Beschäftigten, der an Entscheidungen über Sozialleistungen oder deren Vorbereitung beteiligt ist, die Daten, die für das Forschungsvorhaben erhoben, verarbeitet oder genutzt werden, zugänglich sind oder von Zugriffsberechtigten weitergegeben werden.

(4) Die Durchführung der Forschung ist organisatorisch und räumlich von anderen Aufgaben zu trennen. Die übermittelten Einzelangaben dürfen nicht mit anderen personenbezogenen Daten zusammengeführt werden. § 67 c Abs. 5 Satz 2 und 3 des Zehnten Buches bleibt unberührt.

(5) Führen die Unfallversicherungsträger oder ihre Verbände das Forschungsvorhaben nicht selbst durch, dürfen die Daten nur anonymisiert an den für das Forschungsvorhaben Verantwortlichen übermittelt werden. Ist nach dem Zweck des Forschungsvorhabens zu erwarten, daß Rückfragen für einen Teil der Betroffenen erforderlich werden, sind sie an die Person zu richten, welche die Daten gemäß Absatz 1 übermittelt hat. Absatz 2 gilt für den für das Forschungsvorhaben Verantwortlichen entsprechend. Die Absätze 3 und 4 gelten entsprechend.

§ 207 Erhebung, Verarbeitung und Nutzung von Daten zur Verhütung von Versicherungsfällen und arbeitsbedingten Gesundheitsgefahren

(1) Die Unfallversicherungsträger und ihre Verbände dürfen
1. Daten zu Stoffen, Zubereitungen und Erzeugnissen,
2. Betriebs- und Expositionsdaten zur Gefährdungsanalyse

erheben, speichern, verändern, löschen, nutzen und untereinander übermitteln, soweit dies zur Verhütung von Versicherungsfällen und arbeitsbedingten Gesundheitsgefahren erforderlich ist.

(2) Daten nach Absatz 1 dürfen an die für den Arbeitsschutz zuständigen Landesbehörden und an die für den Vollzug des Chemikaliengesetzes sowie des Rechts der Bio- und Gentechnologie zuständigen Behörden übermittelt werden.

(3) Daten nach Absatz 1 dürfen nicht an Stellen oder Personen außerhalb der Unfallversicherungsträger und ihrer Verbände sowie der zuständigen Landesbehörden übermittelt werden, wenn der Unternehmer begründet nachweist, daß ihre Verbreitung ihm betrieblich oder geschäftlich schaden könnte, und die Daten auf Antrag des Unternehmers als vertraulich gekennzeichnet sind.

§ 208 Auskünfte der Deutschen Post AG

Soweit die Deutsche Post AG Aufgaben der Unfallversicherung wahrnimmt, gilt § 151 des Sechsten Buches entsprechend.

Neuntes Kapitel
Bußgeldvorschriften

§ 209 Bußgeldvorschriften

(1) Ordnungswidrig handelt, wer vorsätzlich oder fahrlässig
1. einer Unfallverhütungsvorschrift nach § 15 Abs. 1 oder 2 zuwiderhandelt, soweit sie für einen bestimmten Tatbestand auf diese Bußgeldvorschrift verweist,
2. einer vollziehbaren Anordnung nach § 17 Abs. 1 Satz 2, auch in Verbindung mit Abs. 3, oder § 19 Abs. 2 zuwiderhandelt,
3. entgegen § 19 Abs. 1 Satz 2 eine Maßnahme nicht duldet,
4. entgegen § 138 die Versicherten nicht unterrichtet,
5. entgegen § 165 Abs. 1 Satz 1, entgegen § 165 Abs. 1 Satz 1 in Verbindung mit einer Satzung nach Satz 2 oder 3 oder entgegen § 194 eine Meldung nicht, nicht richtig, nicht vollständig, nicht in der vorgeschriebenen Weise oder nicht rechtzeitig macht,
6. entgegen § 165 Abs. 2 Satz 1 einen Nachweis über die sich aus der Satzung ergebenden Berechnungsgrundlagen nicht, nicht vollständig oder nicht rechtzeitig einreicht,
7. entgegen § 165 Abs. 4 eine Aufzeichnung nicht führt oder nicht oder nicht mindestens fünf Jahre aufbewahrt,
8. entgegen § 192 Abs. 1 Nr. 1 bis 3 oder Abs. 4 Satz 1 eine Mitteilung nicht, nicht richtig, nicht vollständig oder nicht rechtzeitig macht,
9. entgegen § 193 Abs. 1 Satz 1, auch in Verbindung mit Satz 2, Abs. 2, 3 Satz 2, Abs. 4 oder 6 eine Anzeige nicht, nicht richtig oder nicht rechtzeitig erstattet,
10. entgegen § 193 Abs. 9 einen Unfall nicht in das Schiffstagebuch einträgt, nicht darstellt oder nicht in einer besonderen Niederschrift nachweist oder
11. entgegen § 198 oder 203 Abs. 1 Satz 1 eine Auskunft nicht, nicht richtig, nicht vollständig oder nicht rechtzeitig erteilt.

(2) Ordnungswidrig handelt, wer als Unternehmer Versicherten Beiträge ganz oder zum Teil auf das Arbeitsentgelt anrechnet.
(3) Die Ordnungswidrigkeit kann in den Fällen des Absatzes 1 Nr. 1 bis 3 mit einer Geldbuße bis zu zwanzigtausend Deutsche Mark, in den Fällen des Absatzes 2 mit einer Geldbuße bis zu zehntausend Deutsche Mark, in den übrigen Fällen mit einer Geldbuße bis zu fünftausend Deutsche Mark geahndet werden.

§ 210 Zuständige Verwaltungsbehörde
(1) Verwaltungsbehörde im Sinne des § 36 Abs. 1 Nr. 1 des Gesetzes über Ordnungswidrigkeiten ist der Unfallversicherungsträger.
(2) Solange die See-Berufsgenossenschaft mit der Verfolgung einer Ordnungswidrigkeit nach § 209 Abs. 1 Nr. 1 noch nicht befaßt ist, ist auch das Seemannsamt für die Verfolgung und Ahndung zuständig.
(3) In den Fällen des Absatzes 2 ist örtlich zuständig das Seemannsamt des Heimathafens im Geltungsbereich des Grundgesetzes. Hat das Schiff keinen Heimathafen im Geltungsbereich des Grundgesetzes, ist das Seemannsamt des Registerhafens örtlich zuständig. Örtlich zuständig ist auch das Seemannsamt, in dessen Bereich der Hafen liegt, den das Schiff nach der Tat zuerst erreicht.

§ 211 Zusammenarbeit bei der Verfolgung und Ahndung von Ordnungswidrigkeiten
Zur Verfolgung und Ahndung von Ordnungswidrigkeiten arbeiten die Unfallversicherungsträger insbesondere mit der Bundesanstalt für Arbeit, den Krankenkassen als Einzugsstellen für die Sozialversicherungsbeiträge, den in § 63 des Ausländergesetzes genannten Behörden, den Finanzbehörden, den nach Landesrecht für die Verfolgung und Ahndung von Ordnungswidrigkeiten nach dem Gesetz zur Bekämpfung der Schwarzarbeit zuständigen Behörden, den Trägern der Sozialhilfe und den für den Arbeitsschutz zuständigen Landesbehörden zusammen, wenn sich im Einzelfall konkrete Anhaltspunkte für
1. Verstöße gegen das Gesetz zur Bekämpfung der Schwarzarbeit,
2. eine Beschäftigung oder Tätigkeit von Ausländern ohne erforderliche Genehmigung nach § 284 Abs. 1 Satz 1 des Dritten Buches,
3. Verstöße gegen die Mitwirkungspflicht nach § 60 Abs. 1 Satz 1 Nr. 2 des Ersten Buches gegenüber einer Dienststelle der Bundesanstalt für Arbeit, einem Träger der gesetzlichen Kranken-, Pflege- oder Rentenversicherung oder einem Träger der Sozialhilfe oder gegen die Meldepflicht nach § 8 a des Asylbewerberleistungsgesetzes,
4. Verstöße gegen das Arbeitnehmerüberlassungsgesetz,
5. Verstöße gegen die Bestimmungen des Vierten und Fünften Buches sowie dieses Buches über die Verpflichtung zur Zahlung von Sozialversicherungsbeiträgen, soweit sie im Zusammenhang mit den in den Nummern 1 bis 4 genannten Verstößen stehen,
6. Verstöße gegen die Steuergesetze,
7. Verstöße gegen das Ausländergesetz

ergeben. Sie unterrichten die für die Verfolgung und Ahndung zuständigen Behörden, die Träger der Sozialhilfe sowie die Behörden nach § 63 des Ausländergesetzes. Die Unterrichtung kann auch Angaben über die Tatsachen, die für die Einziehung der Beiträge zur Unfallversicherung erforderlich sind, enthalten. Medizinische und psychologische Daten, die über einen Versicherten erhoben worden sind, dürfen die Unfallversicherungsträger nicht übermitteln.

...

Anlage 1
(zu § 114)

Gewerbliche Berufsgenossenschaften
1. Bergbau-Berufsgenossenschaft
2. Steinbruchs-Berufsgenossenschaft
3. Berufsgenossenschaft der keramischen und Glasindustrie
4. Berufsgenossenschaft der Gas-, Fernwärme- und Wasserwirtschaft
5. Hütten- und Walzwerks-Berufsgenossenschaft
6. Maschinenbau- und Metall-Berufsgenossenschaft
7. Norddeutsche Metall-Berufsgenossenschaft
8. Süddeutsche Metall-Berufsgenossenschaft
9. Edel- und Unedelmetall-Berufsgenossenschaft
10. Berufsgenossenschaft der Feinmechanik und Elektrotechnik
11. Berufsgenossenschaft der chemischen Industrie
12. Holz-Berufsgenossenschaft
13. Binnenschiffahrts-Berufsgenossenschaft
14. Papiermacher-Berufsgenossenschaft
15. Berufsgenossenschaft Druck und Papierverarbeitung
16. Lederindustrie-Berufsgenossenschaft
17. Textil- und Bekleidungs-Berufsgenossenschaft
18. Berufsgenossenschaft Nahrungsmittel und Gaststätten
19. Fleischerei-Berufsgenossenschaft
20. Zucker-Berufsgenossenschaft
21. Bau-Berufsgenossenschaft Hamburg
22. Bau-Berufsgenossenschaft Hannover
23. Bau-Berufsgenossenschaft Rheinland und Westfalen
24. Bau-Berufsgenossenschaft Frankfurt am Main
25. Südwestliche Bau-Berufsgenossenschaft
26. Württembergische Bau-Berufsgenossenschaft
27. Bau-Berufsgenossenschaft Bayern und Sachsen
28. Tiefbau-Berufsgenossenschaft
29. Großhandels- und Lagerei-Berufsgenossenschaft
30. Berufsgenossenschaft für den Einzelhandel
31. Berufsgenossenschaft der Banken, Versicherungen, Verwaltungen, freien Berufe und besonderer Unternehmen – Verwaltungs-Berufsgenossenschaft
32. Berufsgenossenschaft der Straßen-, U-Bahnen und Eisenbahnen
33. Berufsgenossenschaft für Fahrzeughaltungen
34. Berufsgenossenschaft für Gesundheitsdienst und Wohlfahrtspflege
35. See-Berufsgenossenschaft

Anlage 2
(zu § 114)

Landwirtschaftliche Berufsgenossenschaften
1. Schleswig-Holsteinische landwirtschaftliche Berufsgenossenschaft
2. Landwirtschaftliche Berufsgenossenschaft Oldenburg-Bremen
3. Hannoversche landwirtschaftliche Berufsgenossenschaft
4. Braunschweigische landwirtschaftliche Berufsgenossenschaft
5. Lippische landwirtschaftliche Berufsgenossenschaft
6. Rheinische landwirtschaftliche Berufsgenossenschaft
7. Westfälische landwirtschaftliche Berufsgenossenschaft
8. Land- und forstwirtschaftliche Berufsgenossenschaft Hessen
9. Landwirtschaftliche Berufsgenossenschaft Rheinland-Pfalz
10. Landwirtschaftliche Berufsgenossenschaft für das Saarland
11. Landwirtschaftliche Berufsgenossenschaft Oberfranken und Mittelfranken
12. Landwirtschaftliche Berufsgenossenschaft Niederbayern-Oberpfalz
13. Landwirtschaftliche Berufsgenossenschaft Unterfranken

14. Landwirtschaftliche Berufsgenossenschaft Schwaben
15. Landwirtschaftliche Berufsgenossenschaft Oberbayern
16. Badische landwirtschaftliche Berufsgenossenschaft
17. Landwirtschaftliche Berufsgenossenschaft Württemberg
18. Landwirtschaftliche Berufsgenossenschaft Berlin
19. Sächsische landwirtschaftliche Berufsgenossenschaft
20. Gartenbau-Berufsgenossenschaft

Gesetz
über die Entschädigung für Opfer von Gewalttaten
(Opferentschädigungsgesetz – OEG)

Vom 11. Mai 1976 (BGBl. I S. 1181)
in der Fassung der Bekanntmachung vom 7. Januar 1985 (BGBl. I S. 1)
(BGBl. III 89-8)
zuletzt geändert durch Unfallversicherungs-Einordnungsgesetz
vom 7. August 1996 (BGBl. I S. 1254, 1316)

§ 1 Anspruch auf Versorgung

(1) Wer im Geltungsbereich dieses Gesetzes oder auf einem deutschen Schiff oder Luftfahrzeug infolge eines vorsätzlichen, rechtswidrigen tätlichen Angriffs gegen seine oder eine andere Person oder durch dessen rechtmäßige Abwehr eine gesundheitliche Schädigung erlitten hat, erhält wegen der gesundheitlichen und wirtschaftlichen Folgen auf Antrag Versorgung in entsprechender Anwendung der Vorschriften des Bundesversorgungsgesetzes. Die Anwendung dieser Vorschrift wird nicht dadurch ausgeschlossen, daß der Angreifer in der irrtümlichen Annahme von Voraussetzungen eines Rechtfertigungsgrundes gehandelt hat.

(2) Einem tätlichen Angriff im Sinne des Absatzes 1 stehen gleich
1. die vorsätzliche Beibringung von Gift,
2. die wenigstens fahrlässige Herbeiführung einer Gefahr für Leib und Leben eines anderen durch ein mit gemeingefährlichen Mitteln begangenes Verbrechen.

(3) Einer Schädigung im Sinne des Absatzes 1 stehen Schädigungen gleich, die durch einen Unfall unter den Voraussetzungen des § 1 Abs. 2 Buchstabe e oder f des Bundesversorgungsgesetzes herbeigeführt worden sind; Buchstabe e gilt auch für einen Unfall, den der Geschädigte bei der unverzüglichen Erstattung der Strafanzeige erleidet.

(4) Ausländer haben einen Anspruch auf Versorgung,
1. wenn sie Staatsangehörige eines Mitgliedstaates der Europäischen Gemeinschaften sind oder
2. soweit Rechtsvorschriften der Europäischen Gemeinschaften, die eine Gleichbehandlung mit Deutschen erforderlich machen, auf sie anwendbar sind oder
3. wenn die Gegenseitigkeit gewährleistet ist.

(5) Sonstige Ausländer, die sich rechtmäßig nicht nur für einen vorübergehenden Aufenthalt von längstens sechs Monaten im Bundesgebiet aufhalten, erhalten Versorgung nach folgenden Maßgaben:
1. Leistungen wie Deutsche erhalten Ausländer, die sich seit mindestens drei Jahren ununterbrochen rechtmäßig im Bundesgebiet aufhalten;
2. ausschließlich einkommensunabhängige Leistungen erhalten Ausländer, die sich ununterbrochen rechtmäßig noch nicht drei Jahre im Bundesgebiet aufhalten.

Rechtmäßiger Aufenthalt im Sinne dieses Gesetzes ist auch ein aus humanitären Gründen oder aus erheblichem öffentlichen Interesse geduldeter Aufenthalt. Die in Anlage I Kapitel VIII Sachgebiet K Abschnitt III Nr. 18 des Einigungsvertrages vom 31. August 1990 (BGBl. 1990 II S. 885, 1069) genannten Maßgaben gelten entsprechend für Ausländer, die eine Schädigung im Beitrittsgebiet erleiden, es sei denn, sie haben ihren Wohnsitz, ihren gewöhnlichen Aufenthalt oder ständigen Aufenthalt in dem Gebiet, in dem dieses Gesetz schon vor dem Beitritt gegolten hat.

(6) Versorgung wie die in Absatz 5 Nr. 2 genannten Ausländer erhalten auch ausländische Geschädigte, sie sich rechtmäßig für einen vorübergehenden Aufenthalt von längstens sechs Monaten im Bundesgebiet aufhalten,
1. wenn sie mit einem Deutschen oder einem Ausländer, der zu den in Absatz 4 oder 5 bezeichneten Personen gehört, verheiratet oder in gerader Linie verwandt sind oder
2. wenn sie Staatsangehörige eines Vertragsstaates des Europäischen Übereinkommens vom 24. November 1983 über die Entschädigung für Opfer von Gewalttaten sind, soweit dieser keine Vorbehalte zum Übereinkommen erklärt hat.

(7) Wenn ein Ausländer, der nach Absatz 5 oder 6 anspruchsberechtigt ist,
1. ausgewiesen oder abgeschoben wird oder

2. das Bundesgebiet verlassen hat und seine Aufenthaltsgenehmigung erloschen ist oder
3. ausgereist und nicht innerhalb von sechs Monaten erlaubt wieder eingereist ist,
erhält er für jedes begonnene Jahr seines ununterbrochen rechtmäßigen Aufenthalts im Bundesgebiet eine Abfindung in Höhe des Dreifachen, insgesamt jedoch mindestens in Höhe des Zehnfachen, höchstens in Höhe des Dreißigfachen der monatlichen Grundrente. Dies gilt nicht, wenn er aus einem der in § 46 Nr. 1 bis 4 oder § 47 des Ausländergesetzes genannten Gründe ausgewiesen wird. Mit dem Entstehen des Anspruchs auf die Abfindung nach Satz 1 oder mit der Ausweisung nach Satz 2 erlöschen sämtliche sich aus den Absätzen 5 und 6 ergebenden weiteren Ansprüche; entsprechendes gilt für Ausländer, bei denen die Schädigung nicht zu einer rentenberechtigten Minderung der Erwerbsfähigkeit geführt hat. Die Sätze 1 und 3 gelten auch für heimatlose Ausländer sowie für sonstige Ausländer, die im Bundesgebiet die Rechtsstellung nach dem Abkommen vom 28. Juli 1951 über die Rechtsstellung der Flüchtlinge (BGBl. 1953 II S. 559) oder nach dem Übereinkommen vom 28. September 1954 über die Rechtsstellung der Staatenlosen (BGBl. 1976 II S. 473) genießen, wenn die Tat nach dem 27. Juli 1993 begangen worden ist. Die Sätze 1 bis 4 gelten entsprechend auch für Hinterbliebene, die sich nicht im Geltungsbereich dieses Gesetzes aufhalten.
(8) Die Hinterbliebenen eines Geschädigten erhalten auf Antrag Versorgung in entsprechender Anwendung der Vorschriften des Bundesversorgungsgesetzes. Die in den Absätzen 5 bis 7 genannten Maßgaben sowie § 10 Satz 3 sind anzuwenden. Soweit dies günstiger ist, ist bei der Bemessung der Abfindung nach Absatz 7 auf den Aufenthalt der Hinterbliebenen abzustellen.
(9) Einer Schädigung im Sinne des Absatzes 1 stehen Schädigungen gleich, die ein Berechtigter oder Leistungsempfänger nach Absatz 1 oder 5 in Verbindung mit § 10 Abs. 4 oder 5 des Bundesversorgungsgesetzes, eine Pflegeperson oder eine Begleitperson bei einer notwendigen Begleitung des Geschädigten durch einen Unfall unter den Voraussetzungen des § 8 a des Bundesversorgungsgesetzes erleidet.
(10) Einer gesundheitlichen Schädigung im Sinne des Absatzes 1 steht die Beschädigung eines am Körper getragenen Hilfsmittels, einer Brille, von Kontaktlinsen oder von Zahnersatz gleich.
(11) Dieses Gesetz ist nicht anzuwenden auf Schäden aus einem tätlichen Angriff, die von dem Angreifer durch den Gebrauch eines Kraftfahrzeuges oder eines Anhängers verursacht worden sind.
(12) § 64 e des Bundesversorgungsgesetzes findet keine Anwendung. § 1 Abs. 3, die §§ 64 bis 64 d, 64 f sowie 89 des Bundesversorgungsgesetzes sind mit der Maßgabe anzuwenden, daß an die Stelle der Zustimmung des Bundesministeriums für Arbeit und Sozialordnung die Zustimmung der für die Kriegsopferversorgung zuständigen obersten Landesbehörde tritt, sofern ein Land Kostenträger ist (§ 4). Dabei sind die für deutsche Staatsangehörige geltenden Vorschriften auch für von diesem Gesetz erfaßte Ausländer anzuwenden
(13) § 20 des Bundesversorgungsgesetzes ist mit den Maßgaben anzuwenden, daß an die Stelle der in Absatz 1 Satz 3 genannten Zahl die Zahl der rentenberechtigten Beschädigten und Hinterbliebenen nach diesem Gesetz im Vergleich zur Zahl des Vorjahres tritt, daß in Absatz 1 Satz 4 an die Stelle der dort genannten Ausgaben der Krankenkassen je Rentner die bundesweiten Ausgaben je Mitglied treten, daß Absatz 2 Satz 1 für die oberste Landesbehörde, die für die Kriegsopferversorgung zuständig ist, oder die von ihr bestimmte Stelle gilt und daß in Absatz 3 an die Stelle der in Satz 1 genannten Zahl die Zahl 1, 3 tritt und die Sätze 2 bis 4 nicht gelten.

§ 2 Versagungsgründe
(1) Leistungen sind zu versagen, wenn der Geschädigte die Schädigung verursacht hat oder wenn es aus sonstigen, insbesondere in dem eigenen Verhalten des Anspruchstellers liegenden Gründen unbillig wäre, Entschädigung zu gewähren. Leistungen sind auch zu versagen, wenn der Geschädigte oder Antragsteller
1. an politischen Auseinandersetzungen in seinem Heimatstaat aktiv beteiligt ist oder war und die Schädigung darauf beruht oder
2. an kriegerischen Auseinandersetzungen in seinem Heimatstaat aktiv beteiligt ist oder war und Anhaltspunkte dafür vorhanden sind, daß die Schädigung hiermit in Zusammenhang steht, es sei denn, er weist nach, daß dies nicht der Fall ist oder

3. in die organisierte Kriminalität verwickelt ist oder war oder einer Organisation, die Gewalttaten begeht, angehört oder angehört hat, es sei denn, er weist nach, daß die Schädigung hiermit nicht in Zusammenhang steht.

(2) Leistungen können versagt werden, wenn der Geschädigte es unterlassen hat, das ihm Mögliche zur Aufklärung des Sachverhalts und zur Verfolgung des Täters beizutragen, insbesondere unverzüglich Anzeige bei einer für die Strafverfolgung zuständigen Behörde zu erstatten.

§ 3 Zusammentreffen von Ansprüchen

(1) Treffen Ansprüche nach diesem Gesetz mit Ansprüchen aus einer Schädigung im Sinne des § 1 des Bundesversorgungsgesetzes oder nach anderen Gesetzen, die eine entsprechende Anwendung des Bundesversorgungsgesetzes vorsehen, zusammen, so ist unter Berücksichtigung der durch die gesamten Schädigungsfolgen bedingten Minderung der Erwerbsfähigkeit eine einheitliche Rente festzusetzen.

(2) Die Ansprüche nach diesem Gesetz entfallen, soweit auf Grund der Schädigung Ansprüche nach dem Bundesversorgungsgesetz oder nach einem Gesetz, welches eine entsprechende Anwendung des Bundesversorgungsgesetzes vorsieht, bestehen.

(3) Trifft ein Versorgungsanspruch nach diesem Gesetz mit einem Schadensersatzanspruch auf Grund fahrlässiger Amtspflichtverletzung zusammen, so wird der Anspruch nach § 839 Abs. 1 des Bürgerlichen Gesetzbuchs nicht dadurch ausgeschlossen, daß die Voraussetzungen des § 1 vorliegen.

(4) Bei Schäden nach diesem Gesetz gilt § 4 Abs. 1 Nr. 2 des Siebten Buches Sozialgesetzbuch nicht.

§ 4 Kostenträger

(1) Zur Gewährung der Versorgung ist das Land verpflichtet, in dem die Schädigung eingetreten ist. Sind hierüber Feststellungen nicht möglich, so ist das Land Kostenträger, in dem der Geschädigte zur Tatzeit seinen Wohnsitz oder gewöhnlichen Aufenthalt hatte. Hatte er im Geltungsbereich dieses Gesetzes keinen Wohnsitz oder gewöhnlichen Aufenthalt, oder ist die Schädigung auf einem deutschen Schiff oder Luftfahrzeug außerhalb des Geltungsbereichs dieses Gesetzes eingetreten, so ist der Bund Kostenträger.

(2) Der Bund trägt vierzig vom Hundert der Ausgaben, die den Ländern durch Geldleistungen nach diesem Gesetz entstehen. Zu den Geldleistungen gehören nicht solche Geldbeträge, die zur Abgeltung oder an Stelle einer Sachleistung gezahlt werden.

(3) In den Fällen des § 3 Abs. 1 sind die Kosten, die durch das Hinzutreten der weiteren Schädigung verursacht werden, von dem Leistungsträger zu übernehmen, der für die Versorgung wegen der weiteren Schädigung zuständig ist.

§ 5 Übergang gesetzlicher Schadensersatzansprüche

(1) Ist ein Land Kostenträger (§ 4), so gilt § 81 a des Bundesversorgungsgesetzes mit der Maßgabe, daß der gegen Dritte bestehende gesetzliche Schadensersatzanspruch auf das zur Gewährung der Leistungen nach diesem Gesetz verpflichtete Land übergeht.

(2) Die eingezogenen Beträge, soweit sie auf Geldleistungen entfallen, führt das Land zu vierzig vom Hundert an den Bund ab.

§ 6 Zuständigkeit und Verfahren

(1) Die Versorgung nach diesem Gesetz obliegt den für die Durchführung des Bundesversorgungsgesetzes zuständigen Behörden. Ist der Bund Kostenträger, so sind zuständig
1. wenn der Geschädigte seinen Wohnsitz oder gewöhnlichen Aufenthalt in einem Land hat, die Behörden dieses Landes,
2. wenn der Geschädigte seinen Wohnsitz oder gewöhnlichen Aufenthalt außerhalb des Geltungsbereiches dieses Gesetzes hat, die Behörden des Landes, das die Versorgung von Kriegsopfern in dem Wohnsitz- oder Aufenthaltsland durchführt.

Abweichend von Satz 2 sind, wenn die Schädigung auf einem deutschen Schiff oder Luftfahrzeug eingetreten ist, die Behörden des Landes zuständig, in dem das Schiff in das Schiffsregister eingetragen ist oder in dem der Halter des Luftfahrzeugs seinen Sitz oder Wohnsitz hat.

(2) Die örtliche Zuständigkeit der Behörden bestimmt die Landesregierung durch Rechtsverordnung.

(3) Das Gesetz über das Verwaltungsverfahren der Kriegsopferversorgung, mit Ausnahme der §§ 3 bis 5, sowie die Vorschriften des Sozialgerichtsgesetzes über das Vorverfahren sind anzuwenden.
(4) Absatz 3 gilt nicht, soweit die Versorgung in der Gewährung von Leistungen besteht, die den Leistungen der Kriegsopferfürsorge nach den §§ 25 bis 27 h des Bundesversorgungsgesetzes entsprechen.

§ 7 Rechtsweg
(1) Für öffentlich-rechtliche Streitigkeiten in Angelegenheiten dieses Gesetzes ist, mit Ausnahme der Fälle des Absatzes 2, der Rechtsweg zu den Gerichten der Sozialgerichtsbarkeit gegeben. Soweit das Sozialgerichtsgesetz besondere Vorschriften für die Kriegsopferversorgung enthält, gelten diese auch für Streitigkeiten nach Satz 1.
(2) Soweit die Versorgung in der Gewährung von Leistungen besteht, die den Leistungen der Kriegsopferfürsorge nach den §§ 25 bis 27 h des Bundesversorgungsgesetzes entsprechen, ist der Verwaltungsrechtsweg gegeben.

§ 8 (Änderung der Reichsversicherungsordnung)
§ 9 (Änderung des Pflichtversicherungsgesetzes)
§ 10 Übergangsvorschriften
Dieses Gesetz gilt für Ansprüche aus Taten, die nach seinem Inkrafttreten begangen worden sind. Darüber hinaus gelten die §§ 1 bis 7 für Ansprüche aus Taten, die in der Zeit vom 23. Mai 1949 bis 15. Mai 1976 begangen worden sind, nach Maßgabe der §§ 10 a und 10 c. In den Fällen des § 1 Abs. 5 und 6 findet dieses Gesetz nur Anwendung auf Taten, die nach dem 30. Juni 1990 begangen worden sind.

§ 10 a Härteregelung
(1) Personen, die in der Zeit vom 23. Mai 1949 bis 15. Mai 1976 geschädigt worden sind, erhalten auf Antrag Versorgung, solange sie
1. allein infolge dieser Schädigung schwerbeschädigt sind und
2. bedürftig sind und
3. im Geltungsbereich dieses Gesetzes ihren Wohnsitz oder gewöhnlichen Aufenthalt haben.
§ 31 Abs. 4 Satz 2 erster Halbsatz des Bundesversorgungsgesetzes gilt.
(2) Bedürftig ist ein Anspruchsteller, wenn sein Einkommen im Sinne des § 33 des Bundesversorgungsgesetzes den Betrag, von dem an die nach der Anrechnungsverordnung (§ 33 Abs. 6 Bundesversorgungsgesetz) zu berechnenden Leistungen nicht mehr zustehen, zuzüglich des Betrages der jeweiligen Grundrente, der Schwerstbeschädigtenzulage sowie der Pflegezulage nicht übersteigt.
(3) Übersteigt das Einkommen den Betrag, von dem an die vom Einkommen beeinflußten Versorgungsleistungen nicht mehr zustehen, so sind die Versorgungsbezüge in der Reihenfolge Grundrente, Schwerstbeschädigtenzulage und Pflegezulage um den übersteigenden Betrag zu mindern. Bei der Berechnung des übersteigenden Betrages sind die Einkünfte aus gegenwärtiger Erwerbstätigkeit vor den übrigen Einkünften zu berücksichtigen. § 33 Abs. 4, § 33 a Abs. 2 und § 33 b Abs. 6 des Bundesversorgungsgesetzes gelten nicht.
(4) Die Hinterbliebenen eines Geschädigten erhalten auf Antrag Versorgung in entsprechender Anwendung der §§ 38 bis 52 des Bundesversorgungsgesetzes, solange sie bedürftig sind und im Geltungsbereich dieses Gesetzes ihren Wohnsitz oder ständigen Aufenthalt haben. Die Absätze 2 und 3 gelten entsprechend. Unabhängig vom Zeitpunkt des Todes des Beschädigten sind für die Witwenbeihilfe die Anspruchsvoraussetzungen des § 48 Abs. 1 Satz 1, 5 und 6 des Bundesversorgungsgesetzes in der im Zeitpunkt der Antragstellung geltenden Fassung maßgebend.
(5) Die Versorgung umfaßt alle nach dem Bundesversorgungsgesetz vorgesehenen Leistungen mit Ausnahme von Berufsschadens- und Schadensausgleich.

§ 10 b Härteausgleich
Soweit sich im Einzelfall aus der Anwendung des § 1 Abs. 5 und 6 eine besondere Härte ergibt, kann mit Zustimmung der obersten Landesbehörde im Benehmen mit dem Bundesministerium für Arbeit und Sozialordnung ein Härteausgleich als einmalige Leistung bis zur Höhe des Zwanzigfachen der monatlichen Grundrente entsprechend einer Minderung der Erwerbsfähigkeit um 70 vom Hundert, bei Hinterbliebenen bis zur Höhe des Zehnfachen der Hinterbliebenengrundrente einer Witwe gewährt

werden. Dies gilt für einen Geschädigten nur dann, wenn er durch die Schädigung schwerbeschädigt ist.

§ 10 c Übergangsregelung
Neue Ansprüche, die sich auf Grund einer Änderung dieses Gesetzes ergeben, werden nur auf Antrag festgestellt. Wird der Antrag binnen eines Jahres nach Verkündung des Änderungsgesetzes gestellt, so beginnt die Zahlung mit dem Zeitpunkt des Inkrafttretens, frühestens jedoch mit dem Monat, in dem die Voraussetzungen erfüllt sind.

§ 10 d Übergangsvorschrift
(1) Am 1. Januar 1998 noch nicht gezahlte Erstattungen von Aufwendungen für Leistungen, die vor dem 1. Januar 1998 erbracht worden sind, werden nach den bis dahin geltenden Erstattungsregelungen abgerechnet.

(2) Für das Jahr 1998 wird der Pauschalbetrag wie folgt ermittelt: Aus der Summe der Erstattungen des Landes an die Krankenkassen nach diesem Gesetz in den Jahren 1995 bis 1997, abzüglich der Erstattungen für Leistungen bei Pflegebedürftigkeit nach § 11 Abs. 4 und § 12 Abs. 5 des Bundesversorgungsgesetzes in der bis zum 31. März 1995 geltenden Fassung und abzüglich der Erstattungen nach § 19 Abs. 4 des Bundesversorgungsgesetzes in der bis zum 31. Dezember 1993 geltenden Fassung, wird der Jahresdurchschnitt ermittelt.

§ 11 Berlin-Klausel
(gegenstandslos)

§ 12 (Inkrafttreten)

Bürgerliches Gesetzbuch

Vom 18. August 1896 (RGBl. S. 195)
(BGBl. III 400-2)
zuletzt geändert durch Überweisungsgesetz vom 21. Juli 1999 1999 (BGBl. I S. 1642)
– Auszug –

Gesetzesübersicht

	§§		§§
Erstes Buch **Allgemeiner Teil**		**Zweites Buch** **Recht der Schuldverhältnisse**	
Erster Abschnitt **Personen**		Erster Abschnitt **Inhalt der Schuldverhältnisse**	
Erster Titel Natürliche Personen	1-20	Erster Titel Verpflichtung zur Leistung	241-292
Zweiter Titel Juristische Personen	21- 89	Zweiter Titel Verzug des Gläubigers	293-304
I. Vereine		Zweiter Abschnitt **Schuldverhältnisse aus Verträgen**	
1. Allgemeine Vorschriften	21- 54		
2. Eingetragene Vereine	55- 79		
II. Stiftungen	80- 88	Erster Titel Begründung. Inhalt des Vertrags	305-319
III. Juristische Personen des öffentlichen Rechtes	89		
Zweiter Abschnitt **Sachen. Tiere**	90-103	Zweiter Titel Gegenseitiger Vertrag	320-327
Dritter Abschnitt **Rechtsgeschäfte**		Dritter Titel Versprechen der Leistung an einen Dritten	328-335
Erster Titel Geschäftsfähigkeit	104-115		
Zweiter Titel Willenserklärung	116-144	Vierter Titel Draufgabe. Vertragsstrafe	336-345
Drittel Titel Vertrag	145-157	Fünfter Titel Rücktritt	346-361
Vierter Titel Bedingung. Zeitbestimmung	158-163	Dritter Abschnitt **Erlöschen der Schuldverhältnisse**	
Fünfter Titel Vertretung. Vollmacht	164-181	Erster Titel Erfüllung	362-371
Sechster Titel Einwilligung. Genehmigung	182-185	Zweiter Titel Hinterlegung	372-386
Vierter Abschnitt **Fristen. Termine**	186-193	Dritter Titel Aufrechnung	387-396
Fünfter Abschnitt **Verjährung**	194-225	Vierter Titel Erlaß	397
Sechster Abschnitt **Ausübung der Rechte.** **Selbstverteidigung. Selbsthilfe**	226-231	Vierter Abschnitt **Übertragung der Forderung**	398-413
Siebenter Abschnitt **Sicherheitsleistung**	232-240	Fünfter Abschnitt **Schuldübernahme**	414-419

Bürgerliches Gesetzbuch

§§

Sechster Abschnitt
**Mehrheit von Schuldnern
und Gläubigern** 420-432

Siebenter Abschnitt
Einzelne Schuldverhältnisse

Erster Titel
Kauf. Tausch

I. Allgemeine Vorschriften 433-458
II. Gewährleistung wegen
    Mängel der Sache 459-493
III. Besondere Arten des Kaufes
    1. Kauf nach Probe.
       Kauf auf Probe 494-496
    2. Wiederkauf 497-503
    3. Vorkauf 504-514
IV. Tausch 515

Zweiter Titel
Schenkung 516-534

Dritter Titel
Miete. Pacht

I. Miete 535-580 a
II. Pacht 581-584 b
III. Landpacht 585-597

Vierter Titel
Leihe 598-606

Fünfter Titel
Darlehen 607-610

Sechster Titel
Dienstvertrag 611-630

Siebenter Titel
Werkvertrag und ähnliche
Verträge

I. Werkvertrag 631-651
II. Reisevertrag 651 a-651 l

Achter Titel
Mäklervertrag 652-656

Neunter Titel
Auslobung 657-661

Zehnter Titel
Auftrag und ähnliche Verträge

I. Auftrag 662-674
II. Geschäftsbesorgungsvertrag
    1. Allgemeines 675-676
    2. Überweisungsvertrag 676 a-676 c
    3. Zahlungsvertrag 676 d-676 e
    4. Girovertrag 676 f-676 g

§§

Elfter Titel
Geschäftsführung ohne Auftrag 677-687

Zwölfter Titel
Verwahrung 688-700

Dreizehnter Titel
Einbringung von Sachen bei
Gastwirten 701-704

Vierzehnter Titel
Gesellschaft 705-740

Fünfzehnter Titel
Gemeinschaft 741-758

Sechzehnter Titel
Leibrente 759-761

Siebzehnter Titel
Spiel. Wette 762-764

Achtzehnter Titel
Bürgschaft 765-778

Neunzehnter Titel
Vergleich 779

Zwanzigster Titel
Schuldversprechen.
Schuldanerkenntnis 780-782

Einundzwanzigster Titel
Anweisung 783-792

Zweiundzwanzigster Titel
Schuldverschreibung auf den
Inhaber 793-808 a

Dreiundzwanzigster Titel
Vorlegung von Sachen 809-811

Vierundzwanzigster Titel
Ungerechtfertigte Bereicherung 812-822

Fünfundzwanzigster Titel
Unerlaubte Handlungen 823-853

Drittes Buch
Sachenrecht

Erster Abschnitt
Besitz 854-872

Zweiter Abschnitt
**Allgemeine Vorschriften über
Rechte an Grundstücken** 873-902

Bürgerliches Gesetzbuch

Dritter Abschnitt
Eigentum

Erster Titel
Inhalt des Eigentums — §§ 903-924

Zweiter Titel
Erwerb und Verlust des Eigentums an Grundstücken — §§ 925-928

Dritter Titel
Erwerb und Verlust des Eigentums an beweglichen Sachen

I. Übertragung — §§ 929-936
II. Ersitzung — §§ 937-945
III. Verbindung. Vermischung. Verarbeitung — §§ 946-952
IV. Erwerb von Erzeugnissen und sonstigen Bestandteilen einer Sache — §§ 953-957
V. Aneignung — §§ 958-964
VI. Fund — §§ 965-984

Vierter Titel
Ansprüche aus dem Eigentume — §§ 985-1007

Fünfter Titel
Miteigentum — §§ 1008-1011

Vierter Abschnitt
Erbbaurecht (aufgehoben) — §§ 1012-1017

Fünfter Abschnitt
Dienstbarkeiten

Erster Titel
Grunddienstbarkeiten — §§ 1018-1029

Zweiter Titel
Nießbrauch

I. Nießbrauch an Sachen — §§ 1030-1067
II. Nießbrauch an Rechten — §§ 1068-1084
III. Nießbrauch an einem Vermögen — §§ 1085-1089

Dritter Titel
Beschränkte persönliche Dienstbarkeiten — §§ 1090-1093

Sechster Abschnitt
Vorkaufsrecht — §§ 1094-1104

Siebenter Abschnitt
Reallasten — §§ 1105-1112

Achter Abschnitt
Hypothek. Grundschuld. Rentenschuld

Erster Titel
Hypothek — §§ 1113-1190

Zweiter Titel
Grundschuld. Rentenschuld

I. Grundschuld — §§ 1191-1198
II. Rentenschuld — §§ 1199-1203

Neunter Abschnitt
Pfandrecht an beweglichen Sachen und an Rechten

Erster Titel
Pfandrecht an beweglichen Sachen — §§ 1204-1272

Zweiter Titel
Pfandrecht an Rechten — §§ 1273-1296

Viertes Buch
Familienrecht

Erster Abschnitt
Bürgerliche Ehe

Erster Titel
Verlöbnis — §§ 1297-1302

Zweiter Titel
Eingehung der Ehe

I. Ehefähigkeit — §§ 1303-1305
II. Eheverbote — §§ 1306-1308
III. Ehefähigkeitszeugnis — § 1309
IV. Eheschließung — §§ 1310-1312

Dritter Titel
Aufhebung der Ehe — §§ 1313-1318

Vierter Titel
Wiederverheiratung im Falle der Todeserklärung — §§ 1319-1352

Fünfter Titel
Wirkungen der Ehe im allgemeinen — §§ 1353-1362

Sechster Titel
Eheliches Güterrecht

I. Gesetzliches Güterrecht — §§ 1363-1407
II. Vertragsmäßiges Güterrecht
  1. Allgemeine Vorschriften — §§ 1408-1413
  2. Gütertrennung — § 1414
  3. Gütergemeinschaft
    a) Allgemeine Vorschriften — §§ 1415-1421
    b) Verwaltung des Gesamtgutes durch den Mann oder die Frau — §§ 1422-1449
    c) Gemeinschaftliche Verwaltung des Gesamtgutes durch die Ehegatten — §§ 1450-1470
    d) Auseinandersetzung des Gesamtgutes — §§ 1471-1482

70 Bürgerliches Gesetzbuch

§§

e) Fortgesetzte Gütergemeinschaft	1483-1557
III. Güterrechtsregister	1558-1563

Siebenter Titel
Scheidung der Ehe

I. Scheidungsgründe	1564-1568
II. Unterhalt des geschiedenen Ehegatten	
1. Grundsatz	1569
2. Unterhaltsberechtigung	1570-1580
3. Leistungsfähigkeit und Rangfolge	1581-1584
4. Gestaltung des Unterhaltsanspruchs	1585-1585 c
5. Ende des Unterhaltsanspruchs	1586-1586 b
III. Versorgungsausgleich	
1. Grundsatz	1587
2. Wertausgleich von Anwartschaften oder Aussichten auf eine Versorgung	1587 a-1587 e
3. Schuldrechtlicher Versorgungsausgleich	1587 f-1587 n
4. Parteivereinbarungen	1587 o
5. Schutz des Versorgungsschuldners	1587 p

Achter Titel
Kirchliche Verpflichtungen   1588

Zweiter Abschnitt
Verwandtschaft

Erster Titel
Allgemeine Vorschriften   1589-1590

Zweiter Titel
Abstammung   1591-1600 e

Dritter Titel
Unterhaltspflicht

I. Allgemeine Vorschriften	1601-1615
II. Besondere Vorschriften für das Kind und seine nicht miteinander verheirateten Eltern	1615 a-1615 o

Vierter Titel
Rechtsverhältnis zwischen Eltern und dem Kinde im allgemeinen   1616-1625

Fünfter Titel
Elterliche Sorge   1626-1704

§§

Sechster Titel
(aufgehoben)

Siebenter Titel
Beistandschaft   1712-1718

Achter Titel
(aufgehoben)

Neunter Titel
Annahme als Kind

I. Annahme Minderjähriger	1741-1766
II. Annahme Volljähriger	1767-1772

Dritter Abschnitt
Vormundschaft. Rechtliche Betreuung. Pflegschaft

Erster Titel
Vormundschaft

I. Begründung der Vormundschaft	1773-1792
II. Führung der Vormundschaft	1793-1836 e
III. Fürsorge und Aufsicht des Vormundschaftsgerichts	1837-1848
IV. Mitwirkung des Jugendamts	1849-1851 a
V. Befreite Vormundschaft	1852-1857 a
VI. Familienrat (aufgehoben)	
VII. Beendigung der Vormundschaft	1882-1895

Zweiter Titel
Betreuung   1896-1908 k

Dritter Titel
Pflegschaft   1909-1921

Fünftes Buch
Erbrecht

Erster Abschnitt
Erbfolge   1922-1941

Zweiter Abschnitt
Rechtliche Stellung des Erben

Erster Titel
Annahme und Ausschlagung der Erbschaft. Fürsorge des Nachlaßgerichts   1942-1966

Zweiter Titel
Haftung des Erben für die Nachlaßverbindlichkeiten

I. Nachlaßverbindlichkeiten	1967-1969
II. Aufgebot der Nachlaßgläubiger	1970-1974

III. Beschränkung der Haftung des Erben	1975-1992
IV. Inventarerrichtung. Unbeschränkte Haftung des Erben	1993-2013
V. Aufschiebende Einreden	2014-2017

Dritter Titel
Erbschaftsanspruch 2018-2031

Vierter Titel
Mehrheit von Erben

I. Rechtsverhältnis der Erben untereinander	2032-2057 a
II. Rechtsverhältnis zwischen den Erben und den Nachlaßgläubigern	2058-2063

Dritter Abschnitt
Testament

Erster Titel
Allgemeine Vorschriften 2064-2086

Zweiter Titel
Erbeinsetzung 2087-2099

Dritter Titel
Einsetzung eines Nacherben 2100-2146

Vierter Titel
Vermächtnis 2147-2191

Fünfter Titel
Auflage 2192-2196

Sechster Titel
Testamentsvollstrecker 2197-2228

Siebenter Titel
Errichtung und Aufhebung eines Testaments 2229-2264

Achter Titel
Gemeinschaftliches Testament 2265-2273

Vierter Abschnitt
Erbvertrag 2274-2302

Fünfter Abschnitt
Pflichtteil 2303-2338 a

Sechster Abschnitt
Erbunwürdigkeit 2339-2345

Siebenter Abschnitt
Erbverzicht 2346-2352

Achter Abschnitt
Erbschein 2353-2370

Neunter Abschnitt
Erbschaftskauf 2371-2385

Erstes Buch
Allgemeiner Teil

Erster Abschnitt
Personen

Erster Titel
Natürliche Personen

§ 1 [Rechtsfähigkeit]
Die Rechtsfähigkeit des Menschen beginnt mit der Vollendung der Geburt.

§ 2 [Volljährigkeit]
Die Volljährigkeit tritt mit der Vollendung des achtzehnten Lebensjahres ein.

§§ 3 bis 6 (aufgehoben)

§ 7 [Wohnsitz]
(1) Wer sich an einem Orte ständig niederläßt, begründet an diesem Orte seinen Wohnsitz.
(2) Der Wohnsitz kann gleichzeitig an mehreren Orten bestehen.
(3) Der Wohnsitz wird aufgehoben, wenn die Niederlassung mit dem Willen aufgehoben wird, sie aufzugeben.

§ 8 [Wohnsitz beschränkt Geschäftsfähiger]
(1) Wer geschäftsunfähig oder in der Geschäftsfähigkeit beschränkt ist, kann ohne den Willen seines gesetzlichen Vertreters einen Wohnsitz weder begründen noch aufheben.
(2) Ein Minderjähriger, der verheiratet ist oder war, kann selbständig einen Wohnsitz begründen und aufheben.

§ 9 [Wohnsitz des Soldaten]
(1) Ein Soldat hat seinen Wohnsitz am Standort. Als Wohnsitz eines Soldaten, der im Inland keinen Standort hat, gilt der letzte inländische Standort.
(2) Diese Vorschriften finden keine Anwendung auf Soldaten, die nur auf Grund der Wehrpflicht Wehrdienst leisten oder die nicht selbständig einen Wohnsitz begründen können.

§ 10 (aufgehoben)

§ 11 [Wohnsitz des Kindes]
Ein minderjähriges Kind teilt den Wohnsitz der Eltern; es teilt nicht den Wohnsitz eines Elternteils, dem das Recht fehlt, für die Person des Kindes zu sorgen. Steht keinem Elternteil das Recht zu, für die Person des Kindes zu sorgen, so teilt das Kind den Wohnsitz desjenigen, dem dieses Recht zusteht. Das Kind behält den Wohnsitz, bis es ihn rechtsgültig aufhebt.

§ 12 [Schutz des Namens]
Wird das Recht zum Gebrauch eines Namens dem Berechtigten von einem anderen bestritten oder wird das Interesse des Berechtigten dadurch verletzt, daß ein anderer unbefugt den gleichen Namen gebraucht, so kann der Berechtigte von dem anderen Beseitigung der Beeinträchtigung verlangen. Sind weitere Beeinträchtigungen zu besorgen, so kann er auf Unterlassung klagen.

§§ 13 bis 20 (aufgehoben)

Zweiter Titel
Juristische Personen
I. Vereine
1. Allgemeine Vorschriften

§ 21 [Nichtwirtschaftlicher Verein]
Ein Verein, dessen Zweck nicht auf einen wirtschaftlichen Geschäftsbetrieb gerichtet ist, erlangt Rechtsfähigkeit durch Eintragung in das Vereinsregister des zuständigen Amtsgerichts.

§ 22 [Wirtschaftlicher Verein]
Ein Verein, dessen Zweck auf einen wirtschaftlichen Geschäftsbetrieb gerichtet ist, erlangt in Ermangelung besonderer reichsgesetzlicher Vorschriften Rechtsfähigkeit durch staatliche Verleihung. Die Verleihung steht dem Bundesstaate zu, in dessen Gebiete der Verein seinen Sitz hat.

§ 23 [Ausländischer Verein]
Einem Vereine, der seinen Sitz nicht in einem Bundesstaate hat, kann in Ermangelung besonderer reichsgesetzlicher Vorschriften Rechtsfähigkeit durch Beschluß des Bundesrats verliehen werden.

§ 24 [Vereinssitz]
Als Sitz eines Vereins gilt, wenn nicht ein anderes bestimmt ist, der Ort, an welchem die Verwaltung geführt wird.

§ 25 [Vereinssatzung]
Die Verfassung eines rechtsfähigen Vereins wird, soweit sie nicht auf den nachfolgenden Vorschriften beruht, durch die Vereinssatzung bestimmt.

§ 26 [Vorstand – Vertretungsmacht]
(1) Der Verein muß einen Vorstand haben. Der Vorstand kann aus mehreren Personen bestehen.
(2) Der Vorstand vertritt den Verein gerichtlich und außergerichtlich; er hat die Stellung eines gesetzlichen Vertreters. Der Umfang seiner Vertretungsmacht kann durch die Satzung mit Wirkung gegen Dritte beschränkt werden.

§ 27 [Bestellung – Geschäftsführung]
(1) Die Bestellung des Vorstandes erfolgt durch Beschluß der Mitgliederversammlung.
(2) Die Bestellung ist jederzeit widerruflich, unbeschadet des Anspruchs auf die vertragsmäßige Vergütung. Die Widerruflichkeit kann durch die Satzung auf den Fall beschränkt werden, daß ein wichtiger Grund für den Widerruf vorliegt; ein solcher Grund ist insbesondere grobe Pflichtverletzung oder Unfähigkeit zur ordnungsmäßigen Geschäftsführung.

(3) Auf die Geschäftsführung des Vorstandes finden die für den Auftrag geltenden Vorschriften der §§ 664 bis 670 entsprechende Anwendung.

§ 28 [Beschlußfassung – Passive Vertretung]
(1) Besteht der Vorstand aus mehreren Personen, so erfolgt die Beschlußfassung nach den für die Beschlüsse der Mitglieder des Vereins geltenden Vorschriften der §§ 32, 34.
(2) Ist eine Willenserklärung dem Vereine gegenüber abzugeben, so genügt die Abgabe gegenüber einem Mitgliede des Vorstandes.

§ 29 [Vorstandsbestellung durch Amtsgericht]
Soweit die erforderlichen Mitglieder des Vorstandes fehlen, sind sie in dringenden Fällen für die Zeit bis zur Behebung des Mangels auf Antrag eines Beteiligten von dem Amtsgericht zu bestellen, das für den Bezirk, in dem der Verein seinen Sitz hat, das Vereinsregister führt.

§ 30 [Besondere Vertreter]
Durch die Satzung kann bestimmt werden, daß neben dem Vorstande für gewisse Geschäfte besondere Vertreter zu bestellen sind. Die Vertretungsmacht eines solchen Vertreters erstreckt sich im Zweifel auf alle Rechtsgeschäfte, die der ihm zugewiesene Geschäftskreis gewöhnlich mit sich bringt.

§ 31 [Haftung für Organe]
Der Verein ist für den Schaden verantwortlich, den der Vorstand, ein Mitglied des Vorstandes oder ein anderer verfassungsmäßig berufener Vertreter durch eine in Ausführung der ihm zustehenden Verrichtungen begangene, zum Schadensersatze verpflichtende Handlung einem Dritten zufügt.

§ 32 [Beschlußfassung durch Vereinsmitglieder]
(1) Die Angelegenheiten des Vereins werden, soweit sie nicht von dem Vorstand oder einem anderen Vereinsorgane zu besorgen sind, durch Beschlußfassung in einer Versammlung der Mitglieder geordnet. Zur Gültigkeit des Beschlusses ist erforderlich, daß der Gegenstand bei der Berufung bezeichnet wird. Bei der Beschlußfassung entscheidet die Mehrheit der erschienenen Mitglieder.
(2) Auch ohne Versammlung der Mitglieder ist ein Beschluß gültig, wenn alle Mitglieder ihre Zustimmung zu dem Beschlusse schriftlich erklären.

§ 33 [Satzungs- und Zweckänderung]
(1) Zu einem Beschlusse, der eine Änderung der Satzung enthält, ist eine Mehrheit von drei Vierteln der erschienenen Mitglieder erforderlich. Zur Änderung des Zweckes des Vereins ist die Zustimmung aller Mitglieder erforderlich; die Zustimmung der nicht erschienenen Mitglieder muß schriftlich erfolgen.
(2) Beruht die Rechtsfähigkeit des Vereins auf Verleihung, so ist zu jeder Änderung der Satzung staatliche Genehmigung oder, falls die Verleihung durch den Bundesrat erfolgt ist, die Genehmigung des Bundesrats erforderlich.

§ 34 [Einschränkung des Stimmrechts]
Ein Mitglied ist nicht stimmberechtigt, wenn die Beschlußfassung die Vornahme eines Rechtsgeschäfts mit ihm oder die Einleitung oder Erledigung eines Rechtsstreits zwischen ihm und dem Vereine betrifft.

§ 35 [Sonderrechte eines Mitglieds]
Sonderrechte eines Mitglieds können nicht ohne dessen Zustimmung durch Beschluß der Mitgliederversammlung beeinträchtigt werden.

§ 36 [Einberufung der Mitgliederversammlung]
Die Mitgliederversammlung ist in den durch die Satzung bestimmten Fällen sowie dann zu berufen, wenn das Interesse des Vereins es erfordert.

§ 37 [Einberufung auf Verlangen einer Minderheit]
(1) Die Mitgliederversammlung ist zu berufen, wenn der durch die Satzung bestimmte Teil oder in Ermangelung einer Bestimmung der zehnte Teil der Mitglieder die Berufung schriftlich unter Angabe des Zweckes und der Gründe verlangt.

(2) Wird dem Verlangen nicht entsprochen, so kann das Amtsgericht die Mitglieder, die das Verlangen gestellt haben, zur Berufung der Versammlung ermächtigen; es kann Anordnungen über die Führung des Vorsitzes in der Versammlung treffen. Zuständig ist das Amtsgericht, das für den Bezirk, in dem der Verein seinen Sitz hat, das Vereinsregister führt. Auf die Ermächtigung muß bei der Berufung der Versammlung Bezug genommen werden.

§ 38 [Unübertragbarkeit der Mitgliedschaft]
Die Mitgliedschaft ist nicht übertragbar und nicht vererblich. Die Ausübung der Mitgliedschaftsrechte kann nicht einem anderen überlassen werden.

§ 39 [Austritt]
(1) Die Mitglieder sind zum Austritt aus dem Vereine berechtigt.
(2) Durch die Satzung kann bestimmt werden, daß der Austritt nur am Schlusse eines Geschäftsjahrs oder erst nach dem Ablauf einer Kündigungsfrist zulässig ist; die Kündigungsfrist kann höchstens zwei Jahre betragen.

§ 40 [Abänderbare Vorschriften]
Die Vorschriften des § 27 Abs. 1, 3, des § 28 Abs. 1 und der §§ 32, 33, 38 finden insoweit keine Anwendung, als die Satzung ein anderes bestimmt.

§ 41 [Auflösung]
Der Verein kann durch Beschluß der Mitgliederversammlung aufgelöst werden. Zu dem Beschluß ist eine Mehrheit von drei Vierteilen der erschienenen Mitglieder erforderlich, wenn nicht die Satzung ein anderes bestimmt.

§ 42 [Insolvenz]
(1) Der Verein wird durch die Eröffnung des Insolvenzverfahrens aufgelöst. Wird das Verfahren auf Antrag des Schuldners eingestellt oder nach der Bestätigung eines Insolvenzplans, der den Fortbestand des Vereins vorsieht, aufgehoben, so kann die Mitgliederversammlung die Fortsetzung des Vereins beschließen. Durch die Satzung kann bestimmt werden, daß der Verein im Falle der Eröffnung des Insolvenzverfahrens als nichtrechtsfähiger Verein fortbesteht; auch in diesem Falle kann unter den Voraussetzungen des Satzes 2 die Fortsetzung als rechtsfähiger Verein beschlossen werden.
(2) Der Vorstand hat im Falle der Zahlungsunfähigkeit oder der Überschuldung die Eröffnung des Insolvenzverfahrens zu beantragen. Wird die Stellung des Antrags verzögert, so sind die Vorstandsmitglieder, denen ein Verschulden zur Last fällt, den Gläubigern für den daraus entstehenden Schaden verantwortlich; sie haften als Gesamtschuldner.

§ 43 [Entziehung der Rechtsfähigkeit]
(1) Dem Vereine kann die Rechtsfähigkeit entzogen werden, wenn er durch einen gesetzwidrigen Beschluß der Mitgliederversammlung oder durch gesetzwidriges Verhalten des Vorstandes das Gemeinwohl gefährdet.
(2) Einem Vereine, dessen Zweck nach der Satzung nicht auf einen wirtschaftlichen Geschäftsbetrieb gerichtet ist, kann die Rechtsfähigkeit entzogen werden, wenn er einen solchen Zweck verfolgt.
(3) (aufgehoben)
(4) Einem Vereine, dessen Rechtsfähigkeit auf Verleihung beruht, kann die Rechtsfähigkeit entzogen werden, wenn er einen anderen als den in der Satzung bestimmten Zweck verfolgt.

§ 44 [Zuständigkeit und Verfahren]
(1) Die Zuständigkeit und das Verfahren bestimmen sich in den Fällen des § 43 nach dem Recht des Landes, in dem der Verein seinen Sitz hat.
(2) Beruht die Rechtsfähigkeit auf Verleihung durch den Bundesrat, so erfolgt die Entziehung durch Beschluß des Bundesrats.

§ 45 [Anfall des Vermögens]
(1) Mit der Auflösung des Vereins oder der Entziehung der Rechtsfähigkeit fällt das Vermögen an die in der Satzung bestimmten Personen.
(2) Durch die Satzung kann vorgeschrieben werden, daß die Anfallberechtigten durch Beschluß der Mitgliederversammlung oder eines anderen Vereinsorgans bestimmt werden. Ist der Zweck des Vereins nicht auf einen wirtschaftlichen Geschäftsbetrieb gerichtet, so kann die Mitgliederversammlung auch ohne eine solche Vorschrift das Vermögen einer öffentlichen Stiftung oder Anstalt zuweisen.

(3) Fehlt es an einer Bestimmung der Anfallberechtigten, so fällt das Vermögen, wenn der Verein nach der Satzung ausschließlich den Interessen seiner Mitglieder diente, an die zur Zeit der Auflösung oder der Entziehung der Rechtsfähigkeit vorhandenen Mitglieder zu gleichen Teilen, anderenfalls an den Fiskus des Bundesstaats, in dessen Gebiete der Verein seinen Sitz hatte.

§ 46 [Anfall an den Fiskus]
Fällt das Vereinsvermögen an den Fiskus, so finden die Vorschriften über eine dem Fiskus als gesetzlichem Erben anfallende Erbschaft entsprechende Anwendung. Der Fiskus hat das Vermögen tunlichst in einer den Zwecken des Vereins entsprechenden Weise zu verwenden.

§ 47 [Liquidation]
Fällt das Vereinsvermögen nicht an den Fiskus, so muß eine Liquidation stattfinden, sofern nicht über das Vermögen des Vereins das Insolvenzverfahren eröffnet ist.

§ 48 [Liquidatoren]
(1) Die Liquidation erfolgt durch den Vorstand. Zu Liquidatoren können auch andere Personen bestellt werden; für die Bestellung sind die für die Bestellung des Vorstandes geltenden Vorschriften maßgebend.
(2) Die Liquidatoren haben die rechtliche Stellung des Vorstandes, soweit sich nicht aus dem Zwecke der Liquidation ein anderes ergibt.
(3) Sind mehrere Liquidatoren vorhanden, so ist für ihre Beschlüsse Übereinstimmung aller erforderlich, sofern nicht ein anderes bestimmt ist.

§ 49 [Durchführung der Liquidation]
(1) Die Liquidatoren haben die laufenden Geschäfte zu beendigen, die Forderungen einzuziehen, das übrige Vermögen in Geld umzusetzen, die Gläubiger zu befriedigen und den Überschuß den Anfallberechtigten auszuantworten. Zur Beendigung schwebender Geschäfte können die Liquidatoren auch neue Geschäfte eingehen. Die Einziehung der Forderungen sowie die Umsetzung des übrigen Vermögens in Geld darf unterbleiben, soweit diese Maßregeln nicht zur Befriedigung der Gläubiger oder zur Verteilung des Überschusses unter die Anfallberechtigten erforderlich sind.
(2) Der Verein gilt bis zur Beendigung der Liquidation als fortbestehend, soweit der Zweck der Liquidation es erfordert.

§ 50 [Bekanntmachung]
(1) Die Auflösung des Vereins oder die Entziehung der Rechtsfähigkeit ist durch die Liquidatoren öffentlich bekanntzumachen. In der Bekanntmachung sind die Gläubiger zur Anmeldung ihrer Ansprüche aufzufordern. Die Bekanntmachung erfolgt durch das in der Satzung für Veröffentlichungen bestimmte Blatt, in Ermangelung eines solchen durch dasjenige Blatt, welches für Bekanntmachungen des Amtsgerichts bestimmt ist, in dessen Bezirke der Verein seinen Sitz hatte. Die Bekanntmachung gilt mit dem Ablaufe des zweiten Tages nach der Einrückung oder der ersten Einrückung als bewirkt.
(2) Bekannte Gläubiger sind durch besondere Mitteilung zur Anmeldung aufzufordern.

§ 51 [Sperrfrist]
Das Vermögen darf den Anfallberechtigten nicht vor dem Ablauf eines Jahres nach der Bekanntmachung der Auflösung des Vereins oder der Entziehung der Rechtsfähigkeit ausgeantwortet werden.

§ 52 [Hinterlegung und Sicherheitsleistung]
(1) Meldet sich ein bekannter Gläubiger nicht, so ist der geschuldete Betrag, wenn die Berechtigung zur Hinterlegung vorhanden ist, für den Gläubiger zu hinterlegen.
(2) Ist die Berichtigung einer Verbindlichkeit zur Zeit nicht ausführbar oder ist eine Verbindlichkeit streitig, so darf das Vermögen den Anfallberechtigten nur ausgeantwortet werden, wenn dem Gläubiger Sicherheit geleistet ist.

§ 53 [Haftung der Liquidatoren]
Liquidatoren, welche die ihnen nach dem § 42 Abs. 2 und den §§ 50 bis 52 obliegenden Verpflichtungen verletzen oder vor der Befriedigung der Gläubiger Vermögen den Anfallberechtigten ausantworten, sind, wenn ihnen ein Verschulden zur Last fällt, den Gläubigern für den daraus entstehenden Schaden verantwortlich; sie haften als Gesamtschuldner.

§ 54 [Nichtrechtsfähige Vereine]
Auf Vereine, die nicht rechtsfähig sind, finden die Vorschriften über die Gesellschaft Anwendung. Aus einem Rechtsgeschäft, das im Namen eines solchen Vereins einem Dritten gegenüber vorgenommen wird, haftet der Handelnde persönlich; handeln mehrere, so haften sie als Gesamtschuldner.

2. Eingetragene Vereine

§ 55 [Zuständiges Registergericht]
(1) Die Eintragung eines Vereins der im § 21 bezeichneten Art in das Vereinsregister hat bei dem Amtsgerichte zu geschehen, in dessen Bezirke der Verein seinen Sitz hat.
(2) Die Landesjustizverwaltungen können die Vereinssachen einem Amtsgericht für die Bezirke mehrerer Amtsgerichte zuweisen.

§ 55 a [Automatisierung; Verordnungsermächtigung]
(1) Die Landesregierungen können durch Rechtsverordnung bestimmen, daß und in welchem Umfang das Vereinsregister in maschineller Form als automatisierte Datei geführt wird. Hierbei muß gewährleistet sein, daß
1. die Grundsätze einer ordnungsgemäßen Datenverarbeitung eingehalten, insbesondere Vorkehrungen gegen einen Datenverlust getroffen sowie die erforderlichen Kopien der Datenbestände mindestens tagesaktuell gehalten und die originären Datenbestände sowie deren Kopien sicher aufbewahrt werden;
2. die vorzunehmenden Eintragungen alsbald in einen Datenspeicher aufgenommen und auf Dauer inhaltlich unverändert in lesbarer Form wiedergegeben werden können;
3. die nach der Anlage zu § 126 Abs. 1 Satz 2 Nr. 3 der Grundbuchordnung gebotenen Maßnahmen getroffen werden.

Die Landesregierungen können durch Rechtsverordnung die Ermächtigung nach Satz 1 auf die Landesjustizverwaltungen übertragen.
(2) Die Führung des Vereinsregisters auch in maschineller Form umfaßt die Einrichtung und Führung eines Verzeichnisses der Vereine sowie weiterer, für die Führung des Vereinsregisters erforderlicher Verzeichnisse.
(3) Das maschinell geführte Vereinsregister tritt für eine Seite des Registers an die Stelle des bisherigen Registers, sobald die Eintragungen dieser Seite in den für die Vereinsregistereintragungen bestimmten Datenspeicher aufgenommen und als Vereinsregister freigegeben worden sind. Die entsprechenden Seiten des bisherigen Vereinsregisters sind mit einem Schließungsvermerk zu versehen.
(4) Eine Eintragung wird wirksam, sobald sie in den für die Registereintragungen bestimmten Datenspeicher aufgenommen ist und auf Dauer inhaltlich unverändert in lesbarer Form wiedergegeben werden kann. Durch eine Bestätigungsanzeige oder in anderer geeigneter Weise ist zu überprüfen, ob diese Voraussetzungen eingetreten sind. Jede Eintragung soll den Tag angeben, an dem sie wirksam geworden ist.
(5) Die zum Vereinsregister eingereichten Schriftstücke können zur Ersetzung der Urschrift auch als Wiedergabe auf einem Bildträger oder auf anderen Datenträgern aufbewahrt werden, wenn sichergestellt ist, daß die Wiedergaben oder die Daten innerhalb angemessener Zeit lesbar gemacht werden können. Bei der Herstellung der Bild- oder Datenträger ist ein schriftlicher Nachweis über ihre inhaltliche Übereinstimmung mit der Urschrift anzufertigen.
(6) Wird das Vereinsregister in maschineller Form als automatisierte Datei geführt, so kann die Datenverarbeitung im Auftrag des zuständigen Amtsgerichts auf den Anlagen einer anderen staatlichen Stelle oder auf den Anlagen einer juristischen Person des öffentlichen Rechts vorgenommen werden, wenn die ordnungsgemäße Erledigung der Registersachen sichergestellt ist. Die Landesregierungen werden ermächtigt, durch Rechtsverordnung zu bestimmen, daß die Daten des bei einem Amtsgericht in maschineller Form geführten Vereinsregisters an andere Amtsgerichte übermittelt und dort auch zur Einsicht und zur Erteilung von Ausdrucken bereitgehalten werden, wenn dies der Erleichterung des Rechtsverkehrs dient und mit einer rationellen Registerführung vereinbar ist; die Landesregierungen können durch Rechtsverordnung die Ermächtigung auf die Landesjustizverwaltungen übertragen.

§§ 56–68 Bürgerliches Gesetzbuch

(7) Das Bundesministerium der Justiz wird ermächtigt, durch Rechtsverordnung mit Zustimmung des Bundesrates nähere Vorschriften zu erlassen über die Einzelheiten der Einrichtung und Führung des Vereinsregisters, auch soweit es maschinell geführt wird.

§ 56 [Mindestzahl der Mitglieder]
Die Eintragung soll nur erfolgen, wenn die Zahl der Mitglieder mindestens sieben beträgt.

§ 57 [Mindestinhalt der Satzung]
(1) Die Satzung muß den Zweck, den Namen und den Sitz des Vereins enthalten und ergeben, daß der Verein eingetragen werden soll.
(2) Der Name soll sich von den Namen der an demselben Orte oder in derselben Gemeinde bestehenden eingetragenen Vereine deutlich unterscheiden.

§ 58 [Sollinhalt der Satzung]
Die Satzung soll Bestimmungen enthalten:
1. über den Eintritt und Austritt der Mitglieder;
2. darüber, ob und welche Beiträge von den Mitgliedern zu leisten sind;
3. über die Bildung des Vorstandes;
4. über die Voraussetzungen, unter denen die Mitgliederversammlung zu berufen ist, über die Form der Berufung und über die Beurkundung der Beschlüsse.

§ 59 [Anmeldung zur Eintragung]
(1) Der Vorstand hat den Verein zur Eintragung anzumelden.
(2) Der Anmeldung sind beizufügen:
1. die Satzung in Urschrift und Abschrift;
2. eine Abschrift der Urkunden über die Bestellung des Vorstandes.
(3) Die Satzung soll von mindestens sieben Mitgliedern unterzeichnet sein und die Angabe des Tages der Errichtung enthalten.

§ 60 [Zurückweisung der Anmeldung]
(1) Die Anmeldung ist, wenn den Erfordernissen der §§ 56 bis 59 nicht genügt ist, von dem Amtsgericht unter Angabe der Gründe zurückzuweisen.
(2) (gestrichen)

§§ 61 bis 63 (aufgehoben)

§ 64 [Inhalt der Eintragung]
Bei der Eintragung sind der Name und der Sitz des Vereins, der Tag der Errichtung der Satzung sowie die Mitglieder des Vorstandes im Vereinsregister anzugeben. Bestimmungen, die den Umfang der Vertretungsmacht des Vorstandes beschränken oder die Beschlußfassung des Vorstandes abweichend von der Vorschrift des § 28 Abs. 1 regeln, sind gleichfalls einzutragen.

§ 65 [Zusatz »eingetragener Verein«]
Mit der Eintragung erhält der Name des Vereins den Zusatz »eingetragener Verein«.

§ 66 [Bekanntmachung der Eintragung]
(1) Das Amtsgericht hat die Eintragung durch das für seine Bekanntmachungen bestimmte Blatt zu veröffentlichen.
(2) Die Urschrift der Satzung ist mit der Bescheinigung der Eintragung an versehen und zurückzugeben. Die Abschrift wird von dem Amtsgericht beglaubigt und mit den übrigen Schriftstücken aufbewahrt.

§ 67 [Eintragung von Vorstandsänderungen]
(1) Jede Änderung des Vorstandes ist von dem Vorstand zur Eintragung anzumelden. Der Anmeldung ist eine Abschrift der Urkunde über die Änderung beizufügen.
(2) Die Eintragung gerichtlich bestellter Vorstandsmitglieder erfolgt von Amts wegen.

§ 68 [Öffentlicher Glaube des Vereinsregisters]
Wird zwischen den bisherigen Mitgliedern des Vorstandes und einem Dritten ein Rechtsgeschäft vorgenommen, so kann die Änderung des Vorstandes dem Dritten nur entgegengesetzt werden, wenn sie zur Zeit der Vornahme des Rechtsgeschäfts im Vereinsregister eingetragen oder dem Dritten bekannt

ist. Ist die Änderung eingetragen, so braucht der Dritte sie nicht gegen sich gelten zu lassen, wenn er sie nicht kennt, seine Unkenntnis auch nicht auf Fahrlässigkeit beruht.

§ 69 [Nachweis durch Registerauszug]
Der Nachweis, daß der Vorstand aus den im Register eingetragenen Personen besteht, wird Behörden gegenüber durch ein Zeugnis des Amtsgerichts über die Eintragung geführt.

§ 70 [Beschränkung der Vertretungsmacht]
Die Vorschriften des § 68 gelten auch für Bestimmungen, die den Umfang der Vertretungsmacht des Vorstandes beschränken oder die Beschlußfassung des Vorstandes abweichend von der Vorschrift des § 28 Abs. 1 regeln.

§ 71 [Eintragung von Satzungsänderungen]
(1) Änderungen der Satzung bedürfen zu ihrer Wirksamkeit der Eintragung in das Vereinsregister. Die Änderung ist von dem Vorstande zur Eintragung anzumelden. Der Anmeldung ist der die Änderung enthaltende Beschluß in Urschrift und Abschrift beizufügen.
(2) Vorschriften der §§ 60, 64 und des § 66 Abs. 2 finden entsprechende Anwendung.

§ 72 [Bescheinigung über Mitgliederzahl]
Der Vorstand hat dem Amtsgericht auf dessen Verlangen jederzeit eine von ihm vollzogene Bescheinigung über die Zahl der Vereinsmitglieder einzureichen.

§ 73 [Entziehung der Rechtsfähigkeit]
(1) Sinkt die Zahl der Vereinsmitglieder unter drei herab, so hat das Amtsgericht auf Antrag des Vorstandes und, wenn der Antrag nicht binnen drei Monaten gestellt wird, von Amts wegen nach Anhörung des Vorstandes dem Vereine die Rechtsfähigkeit zu entziehen.
(2) (gestrichen)

§ 74 [Eintragung der Auflösung]
(1) Die Auflösung des Vereins sowie die Entziehung der Rechtsfähigkeit ist in das Vereinsregister einzutragen. Im Falle der Eröffnung des Insolvenzverfahrens unterbleibt die Eintragung.
(2) Wird der Verein durch Beschluß der Mitgliederversammlung oder durch den Ablauf der für die Dauer des Vereins bestimmten Zeit aufgelöst, so hat der Vorstand die Auflösung zur Eintragung anzumelden. Der Anmeldung ist im ersteren Falle eine Abschrift des Auflösungsbeschlusses beizufügen.
(3) Wird dem Verein auf Grund des § 43 die Rechtsfähigkeit entzogen, so erfolgt die Eintragung auf Anzeige der zuständigen Behörde.

§ 75 [Eintragung der Insolvenzeröffnung]
Die Eröffnung des Insolvenzverfahrens ist von Amts wegen einzutragen. Das gleiche gilt für
1. die Aufhebung des Eröffnungsbeschlusses;
2. die Bestellung eines vorläufigen Insolvenzverwalters, wenn zusätzlich dem Schuldner ein allgemeines Verfügungsverbot auferlegt oder angeordnet wird, daß Verfügungen des Schuldners nur mit Zustimmung des vorläufigen Insolvenzverwalters wirksam sind, und die Aufhebung einer derartigen Sicherungsmaßnahme;
3. die Anordnung der Eigenverwaltung durch den Schuldner und deren Aufhebung sowie die Anordnung der Zustimmungsbedürftigkeit bestimmter Rechtsgeschäfte des Schuldners,
4. die Einstellung und die Aufhebung des Verfahrens und
5. die Überwachung der Erfüllung eines Insolvenzplans und die Aufhebung der Überwachung.

§ 76 [Eintragung der Liquidatoren]
(1) Die Liquidatoren sind in das Vereinsregister einzutragen. Das gleiche gilt von Bestimmungen, welche die Beschlußfassung der Liquidatoren abweichend von der Vorschrift des § 48 Abs. 3 regeln.
(2) Die Anmeldung hat durch den Vorstand, bei späteren Änderungen durch die Liquidatoren zu erfolgen. Der Anmeldung der durch Beschluß der Mitgliederversammlung bestellten Liquidatoren ist eine Abschrift des Beschlusses, der Anmeldung einer Bestimmung über die Beschlußfassung der Liquidatoren eine Abschrift der die Bestimmung enthaltenden Urkunde beizufügen.
(3) Die Eintragung gerichtlich bestellter Liquidatoren geschieht von Amts wegen.

§ 77 [Form der Anmeldungen]
Die Anmeldungen zum Vereinsregister sind von den Mitgliedern des Vorstandes sowie von den Liquidatoren mittels öffentlich beglaubigter Erklärungen zu bewirken.

§ 78 [Zwangsgeld]
(1) Das Amtsgericht kann die Mitglieder des Vorstandes zur Befolgung der Vorschriften des § 67 Abs. 1, des § 71 Abs. 1, des § 72, des § 74 Abs. 2 und des § 76 durch Festsetzung von Zwangsgeld anhalten.
(2) In gleicher Weise können die Liquidatoren zur Befolgung der Vorschriften des § 76 angehalten werden.

§ 79 [Registereinsicht – Abschrift]
(1) Die Einsicht des Vereinsregisters sowie der von dem Vereine bei dem Amtsgericht eingereichten Schriftstücke ist jedem gestattet. Von den Eintragungen kann eine Abschrift gefordert werden; die Abschrift ist auf Verlangen zu beglaubigen. Werden die Schriftstücke nach § 55 a Abs. 5 aufbewahrt, so kann eine Abschrift nur von der Wiedergabe gefordert werden. Die Abschrift ist auf Verlangen zu beglaubigen. Eine Einsicht in das Original ist nur gestattet, wenn ein berechtigtes Interesse an der Einsicht darin dargelegt wird.
(2) Die Einrichtung eines automatisierten Verfahrens, das die Übermittlung der Daten aus dem maschinell geführten Vereinsregister durch Abruf ermöglicht, ist zulässig, sofern sichergestellt ist, daß
1. der Abruf von Daten die nach Absatz 1 zulässige Einsicht nicht überschreitet und
2. die Zulässigkeit der Abrufe auf der Grundlage einer Protokollierung kontrolliert werden kann.
(3) Die Einrichtung eines automatisierten Verfahrens nach Absatz 2 bedarf der Genehmigung durch die von der Landesregierung bestimmten Stelle. Die Genehmigung darf erteilt werden
1. öffentlichen Stellen, soweit der Abruf von Daten ausschließlich zur Erfüllung der ihnen gesetzlich zugewiesenen Aufgaben erfolgt,
2. nicht öffentlichen Stellen, soweit der Abruf von Daten zur Wahrnehmung eines berechtigten beruflichen oder gewerblichen Interesses des Empfängers erfolgt und kein Grund zu der Annahme besteht, daß die Daten zu anderen als zu den vom Empfänger dargelegten Zwecken abgerufen werden.
(4) Die Genehmigung setzt ferner voraus, daß
1. diese Form der Datenübermittlung wegen der Vielzahl der Übermittlungen oder wegen ihrer besonderen Eilbedürftigkeit angemessen ist,
2. auf seiten des Empfängers die Grundsätze einer ordnungsgemäßen Datenverarbeitung eingehalten werden und
3. auf seiten der speichernden Stelle die technischen Möglichkeiten der Einrichtung und Abwicklung des Verfahrens gegeben sind und eine Störung ihres Geschäftsbetriebs nicht zu erwarten ist.
(5) Die Genehmigung kann auch für den Abruf der Daten aus mehreren oder allen in einem Land maschinell geführten Vereinsregistern erteilt werden.
(6) Die Genehmigung ist zu widerrufen, wenn eine der Voraussetzungen nach den Absätzen 2 bis 4 weggefallen ist. Sie kann widerrufen werden, wenn die Anlage mißbräuchlich benutzt worden ist.
(7) Anstelle der Genehmigung kann ein öffentlich-rechtlicher Vertrag oder eine Verwaltungsvereinbarung geschlossen werden.
(8) Soweit in dem automatisierten Verfahren personenbezogene Daten übermittelt werden, darf der Empfänger diese nur für den Zweck verwenden, zu dessen Erfüllung sie ihm übermittelt worden sind. Bei der Genehmigung nach Absatz 3 Satz 2 Nr. 2 ist der Empfänger darauf hinzuweisen.
(9) Ist der Empfänger eine nicht öffentliche Stelle, gilt § 38 des Bundesdatenschutzgesetzes mit der Maßgabe, daß die Aufsichtsbehörde die Ausführung der Vorschriften über den Datenschutz auch dann überwacht, wenn keine hinreichenden Anhaltspunkte für eine Verletzung dieser Vorschriften vorliegen.
(10) Das Bundesministerium der Justiz wird ermächtigt, durch Rechtsverordnung mit Zustimmung des Bundesrates Gebühren für die Einrichtung und die Nutzung eines automatisierten Abrufverfahrens nach Absatz 2 zu bestimmen. Die Gebührensätze sind so zu bemessen, daß der mit der Einrichtung und Nutzung des Verfahrens verbundene Personal- und Sachaufwand gedeckt wird; hierbei kann

daneben die Bedeutung, der wirtschaftliche Wert oder der sonstige Nutzen für den Begünstigten angemessen berücksichtigt werden.

II. Stiftungen

§ 80 [Entstehung]
Zur Entstehung einer rechtsfähigen Stiftung ist außer dem Stiftungsgeschäft die Genehmigung des Bundesstaates erforderlich, in dessen Gebiete die Stiftung ihren Sitz haben soll. Soll die Stiftung ihren Sitz nicht in einem Bundesstaate haben, so ist die Genehmigung des Bundesrats erforderlich. Als Sitz der Stiftung gilt, wenn nicht ein anderes bestimmt ist, der Ort, an welchem die Verwaltung geführt wird.

§ 81 [Stiftungsgeschäft unter Lebenden – Widerruf]
(1) Das Stiftungsgeschäft unter Lebenden bedarf der schriftlichen Form.
(2) Bis zur Erteilung der Genehmigung ist der Stifter zum Widerrufe berechtigt. Ist die Genehmigung bei der zuständigen Behörde nachgesucht, so kann der Widerruf nur dieser gegenüber erklärt werden. Der Erbe des Stifters ist zum Widerrufe nicht berechtigt, wenn der Stifter das Gesuch bei der zuständigen Behörde eingereicht oder im Falle der notariellen Beurkundung des Stiftungsgeschäfts den Notar bei oder nach der Beurkundung mit der Einreichung betraut hat.

§ 82 [Vermögensübertragung]
Wird die Stiftung genehmigt, so ist der Stifter verpflichtet, das in dem Stiftungsgeschäfte zugesicherte Vermögen auf die Stiftung zu übertragen. Rechte, zu deren Übertragung der Abtretungsvertrag genügt, gehen mit der Genehmigung auf die Stiftung über, sofern nicht aus dem Stiftungsgeschäfte sich ein anderer Wille des Stifters ergibt.

§ 83 [Stiftungstestament]
Besteht das Stiftungsgeschäft in einer Verfügung von Todes wegen, so hat das Nachlaßgericht die Genehmigung einzuholen, sofern sie nicht von dem Erben oder dem Testamentsvollstrecker nachgesucht wird.

§ 84 [Genehmigung nach Tod des Stifters]
Wird die Stiftung erst nach dem Tode des Stifters genehmigt, so gilt sie für die Zuwendungen des Stifters als schon vor dessen Tode entstanden.

§ 85 [Stiftungsverfassung]
Die Verfassung einer Stiftung wird, soweit sie nicht auf Reichs- oder Landesgesetz beruht, durch das Stiftungsgeschäft bestimmt.

§ 86 [Anwendung von Vereinsrecht]
Die Vorschriften des § 26, des § 27 Abs. 3 und der §§ 28 bis 31, 42 finden auf Stiftungen entsprechende Anwendung, die Vorschriften des § 27 Abs. 3 und des § 28 Abs. 1 jedoch nur insoweit, als sich nicht aus der Verfassung, insbesondere daraus, daß die Verwaltung der Stiftung von einer öffentlichen Behörde geführt wird, ein anderes ergibt. Die Vorschriften des § 28 Abs. 2 und des § 29 finden auf Stiftungen, deren Verwaltung von einer öffentlichen Behörde geführt wird, keine Anwendung.

§ 87 [Zweckumwandlung und Aufhebung]
(1) Ist die Erfüllung des Stiftungszweckes unmöglich geworden oder gefährdet sie das Gemeinwohl, so kann die zuständige Behörde der Stiftung eine andere Zweckbestimmung geben oder sie aufheben.
(2) Bei der Umwandlung des Zweckes ist die Absicht des Stifters tunlichst zu berücksichtigen, insbesondere dafür Sorge zu tragen, daß die Erträge des Stiftungsvermögens dem Personenkreise, dem sie zustatten kommen sollten, im Sinne des Stifters tunlichst erhalten bleiben. Die Behörde kann die Verfassung der Stiftung ändern, soweit die Umwandlung des Zweckes es erfordert.
(3) Vor der Umwandlung des Zweckes und der Änderung der Verfassung soll der Vorstand der Stiftung gehört werden.

§ 88 [Vermögensanfall bei Erlöschen]
Mit dem Erlöschen der Stiftung fällt das Vermögen an die in der Verfassung bestimmten Personen. Die Vorschriften der §§ 46 bis 53 finden entsprechende Anwendung.

III. Juristische Personen des öffentlichen Rechtes
§ 89 [Haftung – Insolvenz]
(1) Die Vorschrift des § 31 findet auf den Fiskus sowie auf die Körperschaften, Stiftungen und Anstalten des öffentlichen Rechtes entsprechende Anwendung.
(2) Das gleiche gilt, soweit bei Körperschaften, Stiftungen und Anstalten des öffentlichen Rechtes das Insolvenzverfahren zulässig ist, von der Vorschrift des § 42 Abs. 2.

Zweiter Abschnitt
Sachen. Tiere

§ 90 [Begriff]
Sachen im Sinne des Gesetzes sind nur körperliche Gegenstände.

§ 90 a [Tiere]
Tiere sind keine Sachen. Sie werden durch besondere Gesetze geschützt. Auf sie sind die für Sachen geltenden Vorschriften entsprechend anzuwenden, soweit nicht etwas anderes bestimmt ist.

...

Dritter Abschnitt
Rechtsgeschäfte

Erster Titel
Geschäftsfähigkeit

§ 104 [Geschäftsunfähigkeit]
Geschäftsunfähig ist:
1. wer nicht das siebente Lebensjahr vollendet hat;
2. wer sich in einem die freie Willensbestimmung ausschließenden Zustande krankhafter Störung der Geistestätigkeit befindet, sofern nicht der Zustand seiner Natur nach ein vorübergehender ist.
3. (aufgehoben)

§ 105 [Nichtigkeit von Willenserklärungen]
(1) Die Willenserklärung eines Geschäftsunfähigen ist nichtig.
(2) Nichtig ist auch eine Willenserklärung, die im Zustande der Bewußtlosigkeit oder vorübergehenden Störung der Geistestätigkeit abgegeben wird.

§ 106 [Geschäftsfähigkeit Minderjähriger]
Ein Minderjähriger, der das siebente Lebensjahr vollendet hat, ist nach Maßgabe der §§ 107 bis 113 in der Geschäftsfähigkeit beschränkt.

§ 107 [Einwilligung des gesetzlichen Vertreters]
Der Minderjährige bedarf zu einer Willenserklärung, durch die er nicht lediglich einen rechtlichen Vorteil erlangt, der Einwilligung seines gesetzlichen Vertreters.

§ 108 [Vertragsschluß ohne Einwilligung]
(1) Schließt der Minderjährige einen Vertrag ohne die erforderliche Einwilligung des gesetzlichen Vertreters, so hängt die Wirksamkeit des Vertrags von der Genehmigung des Vertreters ab.
(2) Fordert der andere Teil den Vertreter zur Erklärung über die Genehmigung auf, so kann die Erklärung nur ihm gegenüber erfolgen; eine vor der Aufforderung dem Minderjährigen gegenüber erklärte Genehmigung oder Verweigerung der Genehmigung wird unwirksam. Die Genehmigung kann nur bis zum Ablaufe von zwei Wochen nach dem Empfange der Aufforderung erklärt werden; wird sie nicht erklärt, so gilt sie als verweigert.
(3) Ist der Minderjährige unbeschränkt geschäftsfähig geworden, so tritt seine Genehmigung an die Stelle der Genehmigung des Vertreters.

§ 109 [Widerrufsrecht des Vertragspartners]
(1) Bis zur Genehmigung des Vertrags ist der andere Teil zum Widerrufe berechtigt. Der Widerruf kann auch dem Minderjährigen gegenüber erklärt werden.
(2) Hat der andere Teil die Minderjährigkeit gekannt, so kann er nur widerrufen, wenn der Minderjährige der Wahrheit zuwider die Einwilligung des Vertreters behauptet hat; er kann auch in diesem

Falle nicht widerrufen, wenn ihm das Fehlen der Einwilligung bei dem Abschlusse des Vertrags bekannt war.

§ 110 [»Taschengeldparagraph«]
Ein von dem Minderjährigen ohne Zustimmung des gesetzlichen Vertreters geschlossener Vertrag gilt als von Anfang an wirksam, wenn der Minderjährige die vertragsmäßige Leistung mit Mitteln bewirkt, die ihm zu diesem Zwecke oder zu freier Verfügung von dem Vertreter oder mit dessen Zustimmung von einem Dritten überlassen worden sind.

§ 111 [Einseitige Rechtsgeschäfte]
Ein einseitiges Rechtsgeschäft, das der Minderjährige ohne die erforderliche Einwilligung des gesetzlichen Vertreters vornimmt, ist unwirksam. Nimmt der Minderjährige mit dieser Einwilligung ein solches Rechtsgeschäft einem anderen gegenüber vor, so ist das Rechtsgeschäft unwirksam, wenn der Minderjährige die Einwilligung nicht in schriftlicher Form vorlegt und der andere das Rechtsgeschäft aus diesem Grunde unverzüglich zurückweist. Die Zurückweisung ist ausgeschlossen, wenn der Vertreter den anderen von der Einwilligung in Kenntnis gesetzt hatte.

§ 112 [Selbständiger Betrieb eines Erwerbsgeschäfts]
(1) Ermächtigt der gesetzliche Vertreter mit Genehmigung des Vormundschaftsgerichts den Minderjährigen zum selbständigen Betrieb eines Erwerbsgeschäfts, so ist der Minderjährige für solche Rechtsgeschäfte unbeschränkt geschäftsfähig, welche der Geschäftsbetrieb mit sich bringt. Ausgenommen sind Rechtsgeschäfte, zu denen der Vertreter der Genehmigung des Vormundschaftsgerichts bedarf.

(2) Die Ermächtigung kann von dem Vertreter nur mit Genehmigung des Vormundschaftsgerichts zurückgenommen werden.

§ 113 [Dienst- oder Arbeitsverhältnis]
(1) Ermächtigt der gesetzliche Vertreter den Minderjährigen, in Dienst oder in Arbeit zu treten, so ist der Minderjährige für solche Rechtsgeschäfte unbeschränkt geschäftsfähig, welche die Eingehung oder Aufhebung eines Dienst- oder Arbeitsverhältnisses der gestatteten Art oder die Erfüllung der sich aus einem solchen Verhältnis ergebenden Verpflichtungen betreffen. Ausgenommen sind Verträge, zu denen der Vertreter der Genehmigung des Vormundschaftsgerichts bedarf.

(2) Die Ermächtigung kann von dem Vertreter zurückgenommen oder eingeschränkt werden.

(3) Ist der gesetzliche Vertreter ein Vormund, so kann die Ermächtigung, wenn sie von ihm verweigert wird, auf Antrag des Minderjährigen durch das Vormundschaftsgericht ersetzt werden. Das Vormundschaftsgericht hat die Ermächtigung zu ersetzen, wenn sie im Interesse des Mündels liegt.

(4) Die für einen einzelnen Fall erteilte Ermächtigung gilt im Zweifel als allgemeine Ermächtigung zur Eingehung von Verhältnissen derselben Art.

§§ 114 und 115 (aufgehoben)

Zweiter Titel
Willenserklärung

§ 116 [Geheimer Vorbehalt]
Eine Willenserklärung ist nicht deshalb nichtig, weil sich der Erklärende insgeheim vorbehält, das Erklärte nicht zu wollen. Die Erklärung ist nichtig, wenn sie einem anderen gegenüber abzugeben ist und dieser den Vorbehalt kennt.

§ 117 [Scheingeschäft]
(1) Wird eine Willenserklärung, die einem anderen gegenüber abzugeben ist, mit dessen Einverständnis nur zum Schein abgegeben, so ist sie nichtig.

(2) Wird durch ein Scheingeschäft ein anderes Rechtsgeschäft verdeckt, so finden die für das verdeckte Rechtsgeschäft geltenden Vorschriften Anwendung.

§ 118 [Scherzerklärung]
Eine nicht ernstlich gemeinte Willenserklärung, die in der Erwartung abgegeben wird, der Mangel der Ernstlichkeit werde nicht verkannt werden, ist nichtig.

§ 119 [Anfechtung wegen Irrtums]
(1) Wer bei der Abgabe einer Willenserklärung über deren Inhalt im Irrtume war oder eine Erklärung dieses Inhalts überhaupt nicht abgeben wollte, kann die Erklärung anfechten, wenn anzunehmen ist, daß er sie bei Kenntnis der Sachlage und bei verständiger Würdigung des Falles nicht abgegeben haben würde.
(2) Als Irrtum über den Inhalt der Erklärung gilt auch der Irrtum über solche Eigenschaften der Person oder der Sache, die im Verkehr als wesentlich angesehen werden.

§ 120 [Anfechtung wegen unrichtiger Übermittlung]
Eine Willenserklärung, welche durch die zur Übermittlung verwendete Person oder Anstalt unrichtig übermittelt worden ist, kann unter der gleichen Voraussetzung angefochten werden wie nach § 119 eine irrtümlich abgegebene Willenserklärung.

§ 121 [Anfechtungsfrist]
(1) Die Anfechtung muß in den Fällen der §§ 119, 120 ohne schuldhaftes Zögern (unverzüglich) erfolgen, nachdem der Anfechtungsberechtigte von dem Anfechtungsgrunde Kenntnis erlangt hat. Die einem Abwesenden gegenüber erfolgte Anfechtung gilt als rechtzeitig erfolgt, wenn die Anfechtungserklärung unverzüglich abgesendet worden ist.
(2) Die Anfechtung ist ausgeschlossen, wenn seit der Abgabe der Willenserklärung dreißig Jahre verstrichen sind.

§ 122 [Schadensersatz]
(1) Ist eine Willenserklärung nach § 118 nichtig oder auf Grund der §§ 119, 120 angefochten, so hat der Erklärende, wenn die Erklärung einem anderen gegenüber abzugeben war, diesem, andernfalls jedem Dritten den Schaden zu ersetzen, den der andere oder der Dritte dadurch erleidet, daß er auf die Gültigkeit der Erklärung vertraut, jedoch nicht über den Betrag des Interesses hinaus, welches der andere oder der Dritte an der Gültigkeit der Erklärung hat.
(2) Die Schadensersatzpflicht tritt nicht ein, wenn der Beschädigte den Grund der Nichtigkeit oder der Anfechtbarkeit kannte oder infolge von Fahrlässigkeit nicht kannte (kennen mußte).

§ 123 [Arglistige Täuschung oder Drohung]
(1) Wer zur Abgabe einer Willenserklärung durch arglistige Täuschung oder widerrechtlich durch Drohung bestimmt worden ist, kann die Erklärung anfechten.
(2) Hat ein Dritter die Täuschung verübt, so ist eine Erklärung, die einem anderen gegenüber abzugeben war, nur dann anfechtbar, wenn dieser die Täuschung kannte oder kennen mußte. Soweit ein anderer als derjenige, welchem gegenüber die Erklärung abzugeben war, aus der Erklärung unmittelbar ein Recht erworben hat, ist die Erklärung ihm gegenüber anfechtbar, wenn er die Täuschung kannte oder kennen mußte.

§ 124 [Anfechtungsfrist]
(1) Die Anfechtung einer nach § 123 anfechtbaren Willenserklärung kann nur binnen Jahresfrist erfolgen.
(2) Die Frist beginnt im Falle der arglistigen Täuschung mit dem Zeitpunkt, in welchem der Anfechtungsberechtigte die Täuschung entdeckt, im Falle der Drohung mit dem Zeitpunkt, in welchem die Zwangslage aufhört. Auf den Lauf der Frist finden die für die Verjährung geltenden Vorschriften des § 203 Abs. 2 und der §§ 206, 207 entsprechende Anwendung.
(3) Die Anfechtung ist ausgeschlossen, wenn seit der Abgabe der Willenserklärung dreißig Jahre verstrichen sind.

§ 125 [Nichtigkeit wegen Formmangels]
Ein Rechtsgeschäft, welches der durch Gesetz vorgeschriebenen Form ermangelt, ist nichtig. Der Mangel der durch Rechtsgeschäft bestimmten Form hat im Zweifel gleichfalls Nichtigkeit zur Folge.

§ 126 [Gesetzliche Schriftform]
(1) Ist durch Gesetz schriftliche Form vorgeschrieben, so muß die Urkunde von dem Aussteller eigenhändig durch Namensunterschrift oder mittels notariell beglaubigten Handzeichens unterzeichnet werden.

(2) Bei einem Vertrage muß die Unterzeichnung der Parteien auf derselben Urkunde erfolgen. Werden über den Vertrag mehrere gleichlautende Urkunden aufgenommen, so genügt es, wenn jede Partei die für die andere Partei bestimmte Urkunde unterzeichnet.
(3) Die schriftliche Form wird durch die notarielle Beurkundung ersetzt.

§ 127 [Vereinbarte Schriftform]
Die Vorschriften des § 126 gelten im Zweifel auch für die durch Rechtsgeschäft bestimmte schriftliche Form. Zur Wahrung der Form genügt jedoch, soweit nicht ein anderer Wille anzunehmen ist, telegraphische Übermittlung und bei einem Vertrage Briefwechsel; wird eine solche Form gewählt, so kann nachträglich eine dem § 126 entsprechende Beurkundung verlangt werden.

§ 127 a [Ersatz der notariellen Beurkundung]
Die notarielle Beurkundung wird bei einem gerichtlichen Vergleich durch die Aufnahme der Erklärungen in ein nach den Vorschriften der Zivilprozeßordnung errichtetes Protokoll ersetzt.

§ 128 [Notarielle Beurkundung]
Ist durch Gesetz notarielle Beurkundung eines Vertrags vorgeschrieben, so genügt es, wenn zunächst der Antrag und sodann die Annahme des Antrags von einem Notar beurkundet wird.

§ 129 [Öffentliche Beglaubigung]
(1) Ist durch Gesetz für eine Erklärung öffentliche Beglaubigung vorgeschrieben, so muß die Erklärung schriftlich abgefaßt und die Unterschrift des Erklärenden von einem Notar beglaubigt werden. Wird die Erklärung von dem Aussteller mittels Handzeichens unterzeichnet, so ist die im § 126 Abs. 1 vorgeschriebene Beglaubigung des Handzeichens erforderlich und genügend.
(2) Die öffentliche Beglaubigung wird durch die notarielle Beurkundung der Erklärung ersetzt.

§ 130 [Erklärung gegenüber Abwesenden]
(1) Eine Willenserklärung, die einem anderen gegenüber abzugeben ist, wird, wenn sie in dessen Abwesenheit abgegeben wird, in dem Zeitpunkte wirksam, in welchem sie ihm zugeht. Sie wird nicht wirksam, wenn dem anderen vorher oder gleichzeitig ein Widerruf zugeht.
(2) Auf die Wirksamkeit der Willenserklärung ist es ohne Einfluß, wenn der Erklärende nach der Abgabe stirbt oder geschäftsunfähig wird.
(3) Diese Vorschriften finden auch dann Anwendung, wenn die Willenserklärung einer Behörde gegenüber abzugeben ist.

§ 131 [Erklärung gegenüber Geschäftsunfähigen]
(1) Wird die Willenserklärung einem Geschäftsunfähigen gegenüber abgegeben, so wird sie nicht wirksam, bevor sie dem gesetzlichen Vertreter zugeht.
(2) Das gleiche gilt, wenn die Willenserklärung einer in der Geschäftsfähigkeit beschränkten Person gegenüber abgegeben wird. Bringt die Erklärung jedoch der in der Geschäftsfähigkeit beschränkten Person lediglich einen rechtlichen Vorteil oder hat der gesetzliche Vertreter seine Einwilligung erteilt, so wird die Erklärung in dem Zeitpunkte wirksam, in welchem sie ihr zugeht.

§ 132 [Zustellung als Zugangsersatz]
(1) Eine Willenserklärung gilt auch dann als zugegangen, wenn sie durch Vermittlung eines Gerichtsvollziehers zugestellt worden ist. Die Zustellung erfolgt nach den Vorschriften der Zivilprozeßordnung.
(2) Befindet sich der Erklärende über die Person desjenigen, welchem gegenüber die Erklärung abzugeben ist, in einer nicht auf Fahrlässigkeit beruhenden Unkenntnis oder ist der Aufenthalt dieser Person unbekannt, so kann die Zustellung nach den für die öffentliche Zustellung einer Ladung geltenden Vorschriften der Zivilprozeßordnung erfolgen. Zuständig für die Bewilligung ist im ersteren Falle das Amtsgericht, in dessen Bezirke der Erklärende seinen Wohnsitz oder in Ermangelung eines inländischen Wohnsitzes seinen Aufenthalt hat, im letzteren Falle das Amtsgericht, in dessen Bezirke die Person, welcher zuzustellen ist, den letzten Wohnsitz oder in Ermangelung eines inländischen Wohnsitzes den letzten Aufenthalt hatte.

§ 133 [Auslegung von Willenserklärungen]
Bei der Auslegung einer Willenserklärung ist der wirkliche Wille zu erforschen und nicht an dem buchstäblichen Sinne des Ausdrucks zu haften.

§ 134 [Nichtigkeit verbotener Rechtsgeschäfte]
Ein Rechtsgeschäft, das gegen ein gesetzliches Verbot verstößt, ist nichtig, wenn sich nicht aus dem Gesetz ein anderes ergibt.

§ 135 [Gesetzliches Veräußerungsverbot]
(1) Verstößt die Verfügung über einen Gegenstand gegen ein gesetzliches Veräußerungsverbot, das nur den Schutz bestimmter Personen bezweckt, so ist sie nur diesen Personen gegenüber unwirksam. Der rechtsgeschäftlichen Verfügung steht eine Verfügung gleich, die im Wege der Zwangsvollstreckung oder der Arrestvollziehung erfolgt.
(2) Die Vorschriften zugunsten derjenigen, welche Rechte von einem Nichtberechtigten herleiten, finden entsprechende Anwendung.

§ 136 [Gerichtliches oder behördliches Veräußerungsverbot]
Ein Veräußerungsverbot, das von einem Gericht oder von einer anderen Behörde innerhalb ihrer Zuständigkeit erlassen wird, steht einem gesetzlichen Veräußerungsverbot der im § 135 bezeichneten Art gleich.

§ 137 [Rechtsgeschäftliches Verfügungsverbot]
Die Befugnis zur Verfügung über ein veräußerliches Recht kann nicht durch Rechtsgeschäft ausgeschlossen oder beschränkt werden. Die Wirksamkeit einer Verpflichtung, über ein solches Recht nicht zu verfügen, wird durch diese Vorschrift nicht berührt.

§ 138 [Sittenwidrige Rechtsgeschäfte – Wucher]
(1) Ein Rechtsgeschäft, das gegen die guten Sitten verstößt, ist nichtig.
(2) Nichtig ist insbesondere ein Rechtsgeschäft, durch das jemand unter Ausbeutung der Zwangslage, der Unerfahrenheit, des Mangels an Urteilsvermögen oder der erheblichen Willensschwäche eines anderen sich oder einem Dritten für eine Leistung Vermögensvorteile versprechen oder gewähren läßt, die in einem auffälligen Mißverhältnis zu der Leistung stehen.

§ 139 [Teilnichtigkeit]
Ist ein Teil eines Rechtsgeschäfts nichtig, so ist das ganze Rechtsgeschäft nichtig, wenn nicht anzunehmen ist, daß es auch ohne den nichtigen Teil vorgenommen sein würde.

§ 140 [Umdeutung]
Entspricht ein nichtiges Rechtsgeschäft den Erfordernissen eines anderen Rechtsgeschäfts, so gilt das letztere, wenn anzunehmen ist, daß dessen Geltung bei Kenntnis der Nichtigkeit gewollt sein würde.

§ 141 [Bestätigung eines nichtigen Rechtsgeschäfts]
(1) Wird ein nichtiges Rechtsgeschäft von demjenigen, welcher es vorgenommen hat, bestätigt, so ist die Bestätigung als erneute Vornahme zu beurteilen.
(2) Wird ein nichtiger Vertrag von den Parteien bestätigt, so sind diese im Zweifel verpflichtet, einander zu gewähren, was sie haben würden, wenn der Vertrag von Anfang an gültig gewesen wäre.

§ 142 [Wirkung der Anfechtung]
(1) Wird ein anfechtbares Rechtsgeschäft angefochten, so ist es als von Anfang an nichtig anzusehen.
(2) Wer die Anfechtbarkeit kannte oder kennen mußte, wird, wenn die Anfechtung erfolgt, so behandelt, wie wenn er die Nichtigkeit des Rechtsgeschäfts gekannt hätte oder hätte kennen müssen.

§ 143 [Erklärung der Anfechtung]
(1) Die Anfechtung erfolgt durch Erklärung gegenüber dem Anfechtungsgegner.
(2) Anfechtungsgegner ist bei einem Vertrage der andere Teil, im Falle des § 123 Abs. 2 Satz 2 derjenige, welcher aus dem Vertrag unmittelbar ein Recht erworben hat.
(3) Bei einem einseitigen Rechtsgeschäft, das einem anderen gegenüber vorzunehmen war, ist der andere der Anfechtungsgegner. Das gleiche gilt bei einem Rechtsgeschäfte, das einem anderen oder einer Behörde gegenüber vorzunehmen war, auch dann, wenn das Rechtsgeschäft der Behörde gegenüber vorgenommen worden ist.
(4) Bei einem einseitigen Rechtsgeschäft anderer Art ist Anfechtungsgegner jeder, der auf Grund des Rechtsgeschäfts unmittelbar einen rechtlichen Vorteil erlangt hat. Die Anfechtung kann jedoch, wenn die Willenserklärung einer Behörde gegenüber abzugeben war, durch Erklärung gegenüber

der Behörde erfolgen; die Behörde soll die Anfechtung demjenigen mitteilen, welcher durch das Rechtsgeschäft unmittelbar betroffen worden ist.

§ 144 [Bestätigung eines anfechtbaren Rechtsgeschäfts]
(1) Die Anfechtung ist ausgeschlossen, wenn das anfechtbare Rechtsgeschäft von dem Anfechtungsberechtigten bestätigt wird.
(2) Die Bestätigung bedarf nicht der für das Rechtsgeschäft bestimmten Form.

Dritter Titel
Vertrag

§ 145 [Bindung an den Antrag]
Wer einem anderen die Schließung eines Vertrags anträgt, ist an den Antrag gebunden, es sei denn, daß er die Gebundenheit ausgeschlossen hat.

§ 146 [Erlöschen des Antrags]
Der Antrag erlischt, wenn er dem Antragenden gegenüber abgelehnt oder wenn er nicht diesem gegenüber nach den §§ 147 bis 149 rechtzeitig angenommen wird.

§ 147 [Annahmefrist]
(1) Der einem Anwesenden gemachte Antrag kann nur sofort angenommen werden. Dies gilt auch von einem mittels Fernsprechers von Person zu Person gemachten Antrage.
(2) Der einem Abwesenden gemachte Antrag kann nur bis zu dem Zeitpunkt angenommen werden, in welchem der Antragende den Eingang der Antwort unter regelmäßigen Umständen erwarten darf.

§ 148 [Fristbestimmung]
Hat der Antragende für die Annahme des Antrages eine Frist bestimmt, so kann die Annahme nur innerhalb der Frist erfolgen.

§ 149 [Verspäteter Zugang der Annahmeerklärung]
Ist eine dem Antragenden verspätet zugegangene Annahmeerklärung dergestalt abgesendet worden, daß sie bei regelmäßiger Beförderung ihm rechtzeitig zugegangen sein würde, und mußte der Antragende dies erkennen, so hat er die Verspätung dem Annehmenden unverzüglich nach dem Empfange der Erklärung anzuzeigen, sofern es nicht schon vorher geschehen ist. Verzögert er die Absendung der Anzeige, so gilt die Annahme als nicht verspätet.

§ 150 [Verspätete und abgeänderte Annahme]
(1) Die verspätete Annahme eines Antrags gilt als neuer Antrag.
(2) Eine Annahme unter Erweiterungen, Einschränkungen oder sonstigen Änderungen gilt als Ablehnung verbunden mit einem neuen Antrage.

§ 151 [Annahme des Antrags ohne Erklärung]
Der Vertrag kommt durch die Annahme des Antrags zustande, ohne daß die Annahme dem Antragenden gegenüber erklärt zu werden braucht, wenn eine solche Erklärung nach der Verkehrssitte nicht zu erwarten ist oder der Antragende auf sie verzichtet hat. Der Zeitpunkt, in welchem der Antrag erlischt, bestimmt sich nach dem aus dem Antrag oder den Umständen zu entnehmenden Willen des Antragenden.

§ 152 [Annahme bei notarieller Beurkundung]
Wird ein Vertrag notariell beurkundet, ohne daß beide Teile gleichzeitig anwesend sind, so kommt der Vertrag mit der nach § 128 erfolgten Beurkundung der Annahme zustande, wenn nicht ein anderes bestimmt ist. Die Vorschrift des § 151 Satz 2 findet Anwendung.

§ 153 [Tod oder Geschäftsunfähigkeit des Antragenden]
Das Zustandekommen des Vertrags wird nicht dadurch gehindert, daß der Antragende vor der Annahme stirbt oder geschäftsunfähig wird, es sei denn, daß ein anderer Wille des Antragenden anzunehmen ist.

§ 154 [Fehlende Einigung – Fehlende Beurkundung]
(1) Solange nicht die Parteien sich über alle Punkte eines Vertrags geeinigt haben, über die nach der Erklärung auch nur einer Partei eine Vereinbarung getroffen werden soll, ist im Zweifel der Vertrag

nicht geschlossen. Die Verständigung über einzelne Punkte ist auch dann nicht bindend, wenn eine Aufzeichnung stattgefunden hat.
(2) Ist eine Beurkundung des beabsichtigten Vertrags verabredet worden, so ist im Zweifel der Vertrag nicht geschlossen, bis die Beurkundung erfolgt ist.

§ 155 [Verdeckte Uneinigkeit]
Haben sich die Parteien bei einem Vertrage, den sie als geschlossen ansehen, über einen Punkt, über den eine Vereinbarung getroffen werden sollte, in Wirklichkeit nicht geeinigt, so gilt das Vereinbarte, sofern anzunehmen ist, daß der Vertrag auch ohne eine Bestimmung über diesen Punkt geschlossen sein würde.

§ 156 [Vertragsabschluß bei Versteigerung]
Bei einer Versteigerung kommt der Vertrag erst durch den Zuschlag zustande. Ein Gebot erlischt, wenn ein Übergebot abgegeben oder die Versteigerung ohne Erteilung des Zuschlags geschlossen wird.

§ 157 [Auslegung von Verträgen]
Verträge sind so auszulegen, wie Treu und Glauben mit Rücksicht auf die Verkehrssitte es erfordern.

Vierter Titel
Bedingung. Zeitbestimmung

§ 158 [Aufschiebende und auflösende Bedingung]
(1) Wird ein Rechtsgeschäft unter einer aufschiebenden Bedingung vorgenommen, so tritt die von der Bedingung abhängig gemachte Wirkung mit dem Eintritte der Bedingung ein.
(2) Wird ein Rechtsgeschäft unter einer auflösenden Bedingung vorgenommen, so endigt mit dem Eintritte der Bedingung die Wirkung des Rechtsgeschäfts; mit diesem Zeitpunkte tritt der frühere Rechtszustand wieder ein.

§ 159 [Rückbeziehung]
Sollen nach dem Inhalte des Rechtsgeschäfts die an den Eintritt der Bedingung geknüpften Folgen auf einen früheren Zeitpunkt zurückbezogen werden, so sind im Falle des Eintritts der Bedingung die Beteiligten verpflichtet, einander zu gewähren, was sie haben würden, wenn die Folgen in dem früheren Zeitpunkt eingetreten wären.

§ 160 [Schutz des bedingten Rechts]
(1) Wer unter einer aufschiebenden Bedingung berechtigt ist, kann im Falle des Eintritts der Bedingung Schadensersatz von dem anderen Teile verlangen, wenn dieser während der Schwebezeit das von der Bedingung abhängige Recht durch sein Verschulden vereitelt oder beeinträchtigt.
(2) Den gleichen Anspruch hat unter denselben Voraussetzungen bei einem unter einer auflösenden Bedingung vorgenommenen Rechtsgeschäfte derjenige, zu dessen Gunsten der frühere Rechtszustand wieder eintritt.

§ 161 [Unwirksamkeit weiterer Verfügungen während der Schwebezeit]
(1) Hat jemand unter einer aufschiebenden Bedingung über einen Gegenstand verfügt, so ist jede weitere Verfügung, die er während der Schwebezeit über den Gegenstand trifft, im Falle des Eintritts der Bedingung insoweit unwirksam, als sie die von der Bedingung abhängige Wirkung vereiteln oder beeinträchtigen würde. Einer solchen Verfügung steht eine Verfügung gleich, die während der Schwebezeit im Wege der Zwangsvollstreckung oder der Arrestvollziehung oder durch den Insolvenzverwalter erfolgt.
(2) Dasselbe gilt bei einer auflösenden Bedingung von den Verfügungen desjenigen, dessen Recht mit dem Eintritte der Bedingung endigt.
(3) Die Vorschriften zugunsten derjenigen, welche Rechte von einem Nichtberechtigten herleiten, finden entsprechende Anwendung.

§ 162 [Verhinderung oder Herbeiführung des Bedingungseintritts]
(1) Wird der Eintritt der Bedingung von der Partei, zu deren Nachteil er gereichen würde, wider Treu und Glauben verhindert, so gilt die Bedingung als eingetreten.
(2) Wird der Eintritt der Bedingung von der Partei, zu deren Vorteil er gereicht, wider Treu und Glauben herbeigeführt, so gilt der Eintritt als nicht erfolgt.

§ 163 [Zeitbestimmung]
Ist für die Wirkung eines Rechtsgeschäfts bei dessen Vornahme ein Anfangs- oder ein Endtermin bestimmt worden, so finden im ersteren Falle die für die aufschiebende, im letzteren Falle die für die auflösende Bedingung geltenden Vorschriften der §§ 158, 160, 161 entsprechende Anwendung.

Fünfter Titel
Vertretung. Vollmacht

§ 164 [Wirkung der Willenserklärung des Vertreters]
(1) Eine Willenserklärung, die jemand innerhalb der ihm zustehenden Vertretungsmacht im Namen des Vertretenen abgibt, wirkt unmittelbar für und gegen den Vertretenen. Es macht keinen Unterschied, ob die Erklärung ausdrücklich im Namen des Vertretenen erfolgt oder ob die Umstände ergeben, daß sie in dessen Namen erfolgen soll.
(2) Tritt der Wille, in fremdem Namen zu handeln, nicht erkennbar hervor, so kommt der Mangel des Willens, im eigenen Namen zu handeln, nicht in Betracht.
(3) Die Vorschriften des Absatzes 1 finden entsprechende Anwendung, wenn eine gegenüber einem anderen abzugebende Willenserklärung dessen Vertreter gegenüber erfolgt.

§ 165 [Vertretung durch beschränkt Geschäftsfähige]
Die Wirksamkeit einer von oder gegenüber einem Vertreter abgegebenen Willenserklärung wird nicht dadurch beeinträchtigt, daß der Vertreter in der Geschäftsfähigkeit beschränkt ist.

§ 166 [Willensmängel, Kenntnis, Kennenmüssen – Vollmacht]
(1) Soweit die rechtlichen Folgen einer Willenserklärung durch Willensmängel oder durch die Kenntnis oder das Kennenmüssen gewisser Umstände beeinflußt werden, kommt nicht die Person des Vertretenen, sondern die des Vertreters in Betracht.
(2) Hat im Falle einer durch Rechtsgeschäft erteilten Vertretungsmacht (Vollmacht) der Vertreter nach bestimmten Weisungen des Vollmachtgebers gehandelt, so kann sich dieser in Ansehung solcher Umstände, die er selbst kannte, nicht auf die Unkenntnis des Vertreters berufen. Dasselbe gilt von Umständen, die der Vollmachtgeber kennen mußte, sofern das Kennenmüssen der Kenntnis gleichsteht.

§ 167 [Erteilung der Vollmacht]
(1) Die Erteilung der Vollmacht erfolgt durch Erklärung gegenüber dem zu Bevollmächtigenden oder dem Dritten, demgegenüber die Vertretung stattfinden soll.
(2) Die Erklärung bedarf nicht der Form, welche für das Rechtsgeschäft bestimmt ist, auf das sich die Vollmacht bezieht.

§ 168 [Erlöschen der Vollmacht]
Das Erlöschen der Vollmacht bestimmt sich nach dem ihrer Erteilung zugrunde liegenden Rechtsverhältnisse. Die Vollmacht ist auch bei dem Fortbestehen des Rechtsverhältnisses widerruflich, sofern sich nicht aus diesem ein anderes ergibt. Auf die Erklärung des Widerrufs findet die Vorschrift des § 167 Abs. 1 entsprechende Anwendung.

§ 169 [Kein Fortbestand gegenüber Bösgläubigen]
Soweit nach den §§ 674, 729 die erloschene Vollmacht eines Beauftragten oder eines geschäftsführenden Gesellschafters als fortbestehend gilt, wirkt sie nicht zugunsten eines Dritten, der bei der Vornahme eines Rechtsgeschäfts das Erlöschen kennt oder kennen muß.

§ 170 [Wirkungsdauer der Vollmacht]
Wird die Vollmacht durch Erklärung gegenüber einem Dritten erteilt, so bleibt sie diesem gegenüber in Kraft, bis ihm das Erlöschen von dem Vollmachtgeber angezeigt wird.

§ 171 [Wirkungsdauer bei Kundgebung]
(1) Hat jemand durch besondere Mitteilung an einen Dritten oder durch öffentliche Bekanntmachung kundgegeben, daß er einen anderen bevollmächtigt habe, so ist dieser auf Grund der Kundgebung im ersteren Falle dem Dritten gegenüber, im letzteren Falle jedem Dritten gegenüber zur Vertretung befugt.
(2) Die Vertretungsmacht bleibt bestehen, bis die Kundgebung in derselben Weise, wie sie erfolgt ist, widerrufen wird.

§ 172 [Vollmachtsurkunde]
(1) Der besonderen Mitteilung einer Bevollmächtigung durch den Vollmachtgeber steht es gleich, wenn dieser dem Vertreter eine Vollmachtsurkunde ausgehändigt hat und der Vertreter sie dem Dritten vorlegt.
(2) Die Vertretungsmacht bleibt bestehen, bis die Vollmachtsurkunde dem Vollmachtgeber zurückgegeben oder für kraftlos erklärt wird.

§ 173 [Kenntnis vom Erlöschen der Vertretungsmacht]
Die Vorschriften des § 170, des § 171 Abs. 2 und des § 172 Abs. 2 finden keine Anwendung, wenn der Dritte das Erlöschen der Vertretungsmacht bei der Vornahme des Rechtsgeschäfts kennt oder kennen muß.

§ 174 [Einseitige Rechtsgeschäfte]
Ein einseitiges Rechtsgeschäft, das ein Bevollmächtigter einem anderen gegenüber vornimmt, ist unwirksam, wenn der Bevollmächtigte eine Vollmachtsurkunde nicht vorlegt und der andere das Rechtsgeschäft aus diesem Grunde unverzüglich zurückweist. Die Zurückweisung ist ausgeschlossen, wenn der Vollmachtgeber den anderen von der Bevollmächtigung in Kenntnis gesetzt hatte.

§ 175 [Rückgabe der Vollmachtsurkunde]
Nach dem Erlöschen der Vollmacht hat der Bevollmächtigte die Vollmachtsurkunde dem Vollmachtgeber zurückzugeben; ein Zurückbehaltungsrecht steht ihm nicht zu.

§ 176 [Kraftloserklärung der Vollmachtsurkunde]
(1) Der Vollmachtgeber kann die Vollmachtsurkunde durch eine öffentliche Bekanntmachung für kraftlos erklären; die Kraftloserklärung muß nach den für die öffentliche Zustellung einer Ladung geltenden Vorschriften der Zivilprozeßordnung veröffentlicht werden. Mit dem Ablauf eines Monats nach der letzten Einrückung in die öffentlichen Blätter wird die Kraftloserklärung wirksam.
(2) Zuständig für die Bewilligung der Veröffentlichung ist sowohl das Amtsgericht, in dessen Bezirke der Vollmachtgeber seinen allgemeinen Gerichtsstand hat, als das Amtsgericht, welches für die Klage auf Rückgabe der Urkunde, abgesehen von dem Werte des Streitgegenstandes, zuständig sein würde.
(3) Die Kraftloserklärung ist unwirksam, wenn der Vollmachtgeber die Vollmacht nicht widerrufen kann.

§ 177 [Vertragsschluß ohne Vertretungsmacht]
(1) Schließt jemand ohne Vertretungsmacht im Namen eines anderen einen Vertrag, so hängt die Wirksamkeit des Vertrags für und gegen den Vertretenen von dessen Genehmigung ab.
(2) Fordert der andere Teil den Vertretenen zur Erklärung über die Genehmigung auf, so kann die Erklärung nur ihm gegenüber erfolgen; eine vor der Aufforderung dem Vertreter gegenüber erklärte Genehmigung oder Verweigerung der Genehmigung wird unwirksam. Die Genehmigung kann nur bis zum Ablaufe von zwei Wochen nach dem Empfange der Aufforderung erklärt werden; wird sie nicht erklärt, so gilt sie als verweigert.

§ 178 [Widerrufsrecht des Vertragspartners]
Bis zur Genehmigung des Vertrags ist der andere Teil zum Widerrufe berechtigt, es sei denn, daß er den Mangel der Vertretungsmacht bei dem Abschlusse des Vertrags gekannt hat. Der Widerruf kann auch dem Vertreter gegenüber erklärt werden.

§ 179 [Haftung des Vertreters ohne Vertretungsmacht]
(1) Wer als Vertreter einen Vertrag geschlossen hat, ist, sofern er nicht seine Vertretungsmacht nachweist, dem anderen Teile nach dessen Wahl zur Erfüllung oder zum Schadensersatze verpflichtet, wenn der Vertretene die Genehmigung des Vertrags verweigert.
(2) Hat der Vertreter den Mangel der Vertretungsmacht nicht gekannt, so ist er nur zum Ersatze desjenigen Schadens verpflichtet, welchen der andere Teil dadurch erleidet, daß er auf die Vertretungsmacht vertraut, jedoch nicht über den Betrag des Interesses hinaus, welches der andere Teil an der Wirksamkeit des Vertrags hat.
(3) Der Vertreter haftet nicht, wenn der andere Teil den Mangel der Vertretungsmacht kannte oder kennen mußte. Der Vertreter haftet auch dann nicht, wenn er in der Geschäftsfähigkeit beschränkt war, es sei denn, daß er mit Zustimmung seines gesetzlichen Vertreters gehandelt hat.

§ 180 [Einseitige Rechtsgeschäfte]
Bei einem einseitigen Rechtsgeschäft ist Vertretung ohne Vertretungsmacht unzulässig. Hat jedoch derjenige, welchem gegenüber ein solches Rechtsgeschäft vorzunehmen war, die von dem Vertreter behauptete Vertretungsmacht bei der Vornahme des Rechtsgeschäfts nicht beanstandet oder ist er damit einverstanden gewesen, daß der Vertreter ohne Vertretungsmacht handele, so finden die Vorschriften über Verträge entsprechende Anwendung. Das gleiche gilt, wenn ein einseitiges Rechtsgeschäft einem Vertreter ohne Vertretungsmacht mit dessem Einverständnisse vorgenommen wird.

§ 181 [Selbstkontrahieren]
Ein Vertreter kann, soweit nicht ein anderes ihm gestattet ist, im Namen des Vertretenen mit sich im eigenen Namen oder als Vertreter eines Dritten ein Rechtsgeschäft nicht vornehmen, es sei denn, daß das Rechtsgeschäft ausschließlich in der Erfüllung einer Verbindlichkeit besteht.

Sechster Titel
Einwilligung. Genehmigung

§ 182 [Erklärung und Form der Zustimmung]
(1) Hängt die Wirksamkeit eines Vertrags oder eines einseitigen Rechtsgeschäfts, das einem anderen gegenüber vorzunehmen ist, von der Zustimmung eines Dritten ab, so kann die Erteilung sowie die Verweigerung der Zustimmung sowohl dem einen als dem anderen Teile gegenüber erklärt werden.
(2) Die Zustimmung bedarf nicht der für das Rechtsgeschäft bestimmten Form.
(3) Wird ein einseitiges Rechtsgeschäft, dessen Wirksamkeit von der Zustimmung eines Dritten abhängt, mit Einwilligung des Dritten vorgenommen, so finden die Vorschriften des § 111 Satz 2, 3 entsprechende Anwendung.

§ 183 [Widerruflichkeit der Einwilligung]
Die vorherige Zustimmung (Einwilligung) ist bis zur Vornahme des Rechtsgeschäfts widerruflich, soweit nicht aus dem ihrer Erteilung zugrunde liegenden Rechtsverhältnisse sich ein anderes ergibt. Der Widerruf kann sowohl dem einen als dem anderen Teile gegenüber erklärt werden.

§ 184 [Rückwirkung der Genehmigung]
(1) Die nachträgliche Zustimmung (Genehmigung) wirkt auf den Zeitpunkt der Vornahme des Rechtsgeschäfts zurück, soweit nicht ein anderes bestimmt ist.
(2) Durch die Rückwirkung werden Verfügungen nicht unwirksam, die vor der Genehmigung über den Gegenstand des Rechtsgeschäfts von dem Genehmigenden getroffen worden oder im Wege der Zwangsvollstreckung oder der Arrestvollziehung oder durch den Insolvenzverwalter erfolgt sind.

§ 185 [Verfügung eines Nichtberechtigten]
(1) Eine Verfügung, die ein Nichtberechtigter über einen Gegenstand trifft, ist wirksam, wenn sie mit Einwilligung des Berechtigten erfolgt.
(2) Die Verfügung wird wirksam, wenn der Berechtigte sie genehmigt oder wenn der Verfügende den Gegenstand erwirbt oder wenn er von dem Berechtigten beerbt wird und dieser für die Nachlaßverbindlichkeiten unbeschränkt haftet. In den beiden letzteren Fällen wird, wenn über den Gegenstand mehrere miteinander nicht in Einklang stehende Verfügungen getroffen worden sind, nur die frühere Verfügung wirksam.

Vierter Abschnitt
Fristen. Termine

§ 186 [Geltungsbereich Auslegungsvorschriften]
Für die in Gesetzen, gerichtlichen Verfügungen und Rechtsgeschäften enthaltenen Frist- und Terminsbestimmungen gelten die Auslegungsvorschriften der §§ 187 bis 193.

§ 187 [Beginn der Frist]
(1) Ist für den Anfang einer Frist ein Ereignis oder ein in den Lauf eines Tages fallender Zeitpunkt maßgebend, so wird bei der Berechnung der Frist der Tag nicht mitgerechnet, in welchen das Ereignis oder der Zeitpunkt fällt.

(2) Ist der Beginn eines Tages der für den Anfang einer Frist maßgebende Zeitpunkt, so wird dieser Tag bei der Berechnung der Frist mitgerechnet. Das gleiche gilt von dem Tage der Geburt bei der Berechnung des Lebensalters.

§ 188 [Ende der Frist]
(1) Eine nach Tagen bestimmte Frist endigt mit dem Ablaufe des letzten Tages der Frist.
(2) Eine Frist, die nach Wochen, nach Monaten oder nach einem mehrere Monate umfassenden Zeitraume – Jahr, halbes Jahr, Vierteljahr – bestimmt ist, endigt im Falle des § 187 Abs. 1 mit dem Ablaufe desjenigen Tages der letzten Woche oder des letzten Monats, welcher durch seine Benennung oder seine Zahl dem Tage entspricht, in den das Ereignis oder der Zeitpunkt fällt, im Falle des § 187 Abs. 2 mit dem Ablaufe desjenigen Tages der letzten Woche oder des letzten Monats, welcher dem Tage vorhergeht, der durch seine Benennung oder seine Zahl dem Anfangstage der Frist entspricht.
(3) Fehlt bei einer nach Monaten bestimmten Frist in dem letzten Monate der für ihren Ablauf maßgebende Tag, so endigt die Frist mit dem Ablaufe des letzten Tages dieses Monats.

§ 189 [Halbes Jahr, Vierteljahr, halber Monat]
(1) Unter einem halben Jahre wird eine Frist von sechs Monaten, unter einem Vierteljahre eine Frist von drei Monaten, unter einem halben Monat eine Frist von fünfzehn Tagen verstanden.
(2) Ist eine Frist auf einen oder mehrere ganze Monate und einen halben Monat gestellt, so sind die fünfzehn Tage zuletzt zu zählen.

§ 190 [Verlängerung der Frist]
Im Falle der Verlängerung einer Frist wird die neue Frist von dem Ablaufe der vorigen Frist an berechnet.

§ 191 [Berechnung der Monats- und Jahresfrist]
Ist ein Zeitraum nach Monaten oder nach Jahren in dem Sinne bestimmt, daß er nicht zusammenhängend zu verlaufen braucht, so wird der Monat zu dreißig, das Jahr zu dreihundertfünfundsechzig Tagen gerechnet.

§ 192 [Monatsanfang, Monatsmitte, Monatsende]
Unter Anfang des Monats wird der erste, unter Mitte des Monats der fünfzehnte, unter Ende des Monats der letzte Tag des Monats verstanden.

§ 193 [Sonn- und Feiertag, Samstag]
Ist an einem bestimmten Tag oder innerhalb einer Frist eine Willenserklärung abzugeben oder eine Leistung zu bewirken und fällt der bestimmte Tag oder der letzte Tag der Frist auf einen Sonntag, einen am Erklärungs- oder Leistungsorte staatlich anerkannten allgemeinen Feiertag oder einen Sonnabend, so tritt an die Stelle eines solchen Tages der nächste Werktag.

Fünfter Abschnitt
Verjährung

§ 194 [Gegenstand der Verjährung]
(1) Das Recht, von einem anderen ein Tun oder ein Unterlassen zu verlangen (Anspruch), unterliegt der Verjährung.
(2) Der Anspruch aus einem familienrechtlichen Verhältnis unterliegt der Verjährung nicht, soweit er auf die Herstellung des dem Verhältnis entsprechenden Zustandes für die Zukunft gerichtet ist.

§ 195 [Regelmäßige Verjährungsfrist]
Die regelmäßige Verjährungfrist beträgt dreißig Jahre.

§ 196 [Zweijährige Verjährungsfrist]
(1) In zwei Jahren verjähren die Ansprüche:
1. der Kaufleute, Fabrikanten, Handwerker und derjenigen, welche ein Kunstgewerbe betreiben, für Lieferung von Waren, Ausführung von Arbeiten und Besorgung fremder Geschäfte, mit Einschluß der Auslagen, es sei denn, daß die Leistung für den Gewerbebetrieb des Schuldners erfolgt;
2. derjenigen, welche Land- oder Forstwirtschaft betreiben, für Lieferung von land- oder forstwirtschaftlichen Erzeugnissen, sofern die Lieferung zur Verwendung im Haushalte des Schuldners erfolgt;

3. der Eisenbahnunternehmungen, Magnetschwebebahnunternehmen, Frachtfuhrleute, Schiffer, Lohnkutscher und Boten wegen des Fahrgeldes, der Fracht, des Fuhr- und Botenlohns, mit Einschluß der Auslagen;
4. der Gastwirte und derjenigen, welche Speisen oder Getränke gewerbsmäßig verabreichen, für Gewährung von Wohnung und Beköstigung sowie für andere den Gästen zur Befriedigung ihrer Bedürfnisse gewährte Leistungen, mit Einschluß der Auslagen;
5. derjenigen, welche Lotterielose vertreiben, aus dem Vertriebe der Lose, es sei denn, daß die Lose zum Weitervertriebe geliefert werden;
6. derjenigen, welche bewegliche Sachen gewerbsmäßig vermieten, wegen des Mietzinses;
7. derjenigen, welche, ohne zu den in Nummer 1 bezeichneten Personen zu gehören, die Besorgung fremder Geschäfte oder die Leistung von Diensten gewerbsmäßig betreiben, wegen der ihnen aus dem Gewerbebetriebe gebührenden Vergütungen, mit Einschluß der Auslagen;
8. derjenigen, welche im Privatdienste stehen, wegen des Gehalts, Lohnes oder anderer Dienstbezüge, mit Einschluß der Auslagen, sowie der Dienstberechtigten wegen der auf solche Ansprüche gewährten Vorschüsse;
9. der gewerblichen Arbeiter – Gesellen, Gehilfen, Lehrlinge, Fabrikarbeiter – , der Tagelöhner und Handarbeiter wegen des Lohnes und anderer anstelle oder als Teil des Lohnes vereinbarter Leistungen, mit Einschluß der Auslagen, sowie der Arbeitgeber wegen der auf solche Ansprüche gewährten Vorschüsse;
10. der Lehrherren und Lehrmeister wegen des Lehrgeldes und anderer im Lehrvertrage vereinbarter Leistungen sowie wegen der für die Lehrlinge bestrittenen Auslagen;
11. der öffentlichen Anstalten, welche dem Unterrichte, der Erziehung, Verpflegung oder Heilung dienen, sowie der Inhaber von Privatanstalten solcher Art für Gewährung von Unterricht, Verpflegung oder Heilung und für die damit zusammenhängenden Aufwendungen;
12. derjenigen, welche Personen zur Verpflegung oder zur Erziehung aufnehmen, für Leistungen und Aufwendungen der in Nummer 11 bezeichneten Art;
13. der öffentlichen Lehrer und der Privatlehrer wegen ihrer Honorare, die Ansprüche der öffentlichen Lehrer jedoch nicht, wenn sie auf Grund besonderer Einrichtungen gestundet sind;
14. der Ärzte, insbesondere auch der Wundärzte, Geburtshelfer, Zahnärzte und Tierärzte, sowie der Hebammen für ihre Dienstleistungen, mit Einschluß der Auslagen;
15. der Rechtsanwälte, Notare sowie aller Personen, die zur Besorgung gewisser Geschäfte öffentlich bestellt oder zugelassen sind, wegen ihrer Gebühren und Auslagen, soweit nicht diese zur Staatskasse fließen;
16. der Parteien wegen der ihren Rechtsanwälten geleisteten Vorschüsse;
17. der Zeugen und Sachverständigen wegen ihrer Gebühren und Auslagen.

(2) Soweit die im Absatz 1 Nr. 1, 2, 5 bezeichneten Ansprüche nicht der Verjährung von zwei Jahren unterliegen, verjähren sie in vier Jahren.

§ 197 [Vierjährige Verjährungsfrist]
In vier Jahren verjähren die Ansprüche auf Rückstände von Zinsen, mit Einschluß der als Zuschlag zu den Zinsen zum Zwecke allmählicher Tilgung des Kapitals zu entrichtenden Beträge, die Ansprüche auf Rückstände von Miet- und Pachtzinsen, soweit sie nicht unter die Vorschrift des § 196 Abs. 1 Nr. 6 fallen, und die Ansprüche auf Rückstände von Renten, Auszugsleistungen, Besoldungen, Wartegeldern, Ruhegehalten, Unterhaltsbeiträgen und allen anderen regelmäßig wiederkehrenden Leistungen.

§ 198 [Beginn der Verjährung]
Die Verjährung beginnt mit der Entstehung des Anspruchs. Geht der Anspruch auf ein Unterlassen, so beginnt die Verjährung mit der Zuwiderhandlung.

§ 199 [Beginn der Verjährung bei Kündigung]
Kann der Berechtigte die Leistung erst verlangen, wenn er dem Verpflichteten gekündigt hat, so beginnt die Verjährung mit dem Zeitpunkte, von welchem an die Kündigung zulässig ist. Hat der Verpflichtete die Leistung erst zu bewirken, wenn seit der Kündigung eine bestimmte Frist verstrichen ist, so wird der Beginn der Verjährung um die Dauer der Frist hinausgeschoben.

§ 200 [Beginn der Verjährung bei Anfechtung]
Hängt die Entstehung eines Anspruchs davon ab, daß der Berechtigte von einem ihm zustehenden Anfechtungsrechte Gebrauch macht, so beginnt die Verjährung mit dem Zeitpunkte, von welchem an die Anfechtung zulässig ist. Dies gilt jedoch nicht, wenn die Anfechtung sich auf ein familienrechtliches Verhältnis bezieht.

§ 201 [Beginn der kurzen Verjährungsfristen]
Die Verjährung der in den §§ 196, 197 bezeichneten Ansprüche beginnt mit dem Schlusse des Jahres, in welchem der nach den §§ 198 bis 200 maßgebende Zeitpunkt eintritt. Kann die Leistung erst nach dem Ablauf einer über diesen Zeitpunkt hinausreichenden Frist verlangt werden, so beginnt die Verjährung mit dem Schlusse des Jahres, in welchem die Frist abläuft.

§ 202 [Verjährungshemmung aus rechtlichen Gründen]
(1) Die Verjährung ist gehemmt, solange die Leistung gestundet oder der Verpflichtete aus einem anderen Grunde vorübergehend zur Verweigerung der Leistung berechtigt ist.
(2) Diese Vorschrift findet keine Anwendung auf die Einrede des Zurückbehaltungsrechts, des nicht erfüllten Vertrags, der mangelnden Sicherheitsleistung, der Vorausklage sowie auf die nach § 770 dem Bürgen und nach den §§ 2014, 2015 dem Erben zustehenden Einreden.

§ 203 [Verjährungshemmung aus tatsächlichen Gründen]
(1) Die Verjährung ist gehemmt, solange der Berechtigte durch Stillstand der Rechtspflege innerhalb der letzten sechs Monate der Verjährungsfrist an der Rechtsverfolgung verhindert ist.
(2) Das gleiche gilt, wenn eine solche Verhinderung in anderer Weise durch höhere Gewalt herbeigeführt wird.

§ 204 [Verjährungshemmung aus familiären Gründen]
Die Verjährung von Ansprüchen zwischen Ehegatten ist gehemmt, solange die Ehe besteht. Das gleiche gilt von Ansprüchen zwischen Eltern und Kindern während der Minderjährigkeit der Kinder und von Ansprüchen zwischen dem Vormund und dem Mündel während der Dauer des Vormundschaftsverhältnisses.

§ 205 [Wirkung der Verjährungshemmung]
Der Zeitraum, während dessen die Verjährung gehemmt ist, wird in die Verjährungsfrist nicht eingerechnet.

§ 206 [Hemmung des Verjährungsablaufs bei nicht voll Geschäftsfähigen]
(1) Ist eine geschäftsunfähige oder in der Geschäftsfähigkeit beschränkte Person ohne gesetzlichen Vertreter, so wird die gegen sie laufende Verjährung nicht vor dem Ablaufe von sechs Monaten nach dem Zeitpunkte vollendet, in welchem die Person unbeschränkt geschäftsfähig wird oder der Mangel der Vertretung aufhört. Ist die Verjährungsfrist kürzer als sechs Monate, so tritt der für die Verjährung bestimmte Zeitraum an die Stelle der sechs Monate.
(2) Die Vorschriften finden keine Anwendung, soweit eine in der Geschäftsfähigkeit beschränkte Person prozeßfähig ist.

§ 207 [Hemmung des Verjährungsablaufs bei Nachlaßsachen]
Die Verjährung eines Anspruchs, der zu einem Nachlasse gehört oder sich gegen einen Nachlaß richtet, wird nicht vor dem Ablaufe von sechs Monaten nach dem Zeitpunkte vollendet, in welchem die Erbschaft von dem Erben angenommen oder das Insolvenzverfahren über den Nachlaß eröffnet wird oder von welchem an der Anspruch von einem Vertreter oder gegen einen Vertreter geltend gemacht werden kann. Ist die Verjährungsfrist kürzer als sechs Monate, so tritt der für die Verjährung bestimmte Zeitraum an die Stelle der sechs Monate.

§ 208 [Verjährungsunterbrechung durch Anerkenntnis]
Die Verjährung wird unterbrochen, wenn der Verpflichtete dem Berechtigten gegenüber den Anspruch durch Abschlagszahlung, Zinszahlung, Sicherheitsleistung oder in anderer Weise anerkennt.

§ 209 [Unterbrechung durch gerichtliche Geltendmachung]
(1) Die Verjährung wird unterbrochen, wenn der Berechtigte auf Befriedigung oder auf Feststellung des Anspruchs, auf Erteilung der Vollstreckungsklausel oder auf Erlassung des Vollstreckungsurteils Klage erhebt.

(2) Der Erhebung der Klage stehen gleich:
1. die Zustellung eines Mahnbescheids im Mahnverfahren;
1 a. die Geltendmachung eines Anspruchs durch Anbringung eines Güteantrags bei einer Gütestelle der im § 794 Abs. 1 Nr. 1 der Zivilprozeßordnung bezeichneten Art;
1 b. die Zustellung eines Antrags im vereinfachten Verfahren zur Festsetzung von Unterhalt;
2. die Anmeldung des Anspruchs im Insolvenzverfahren oder im Schiffahrtsrechtlichen Verteilungsverfahren;
3. die Geltendmachung der Aufrechnung des Anspruchs im Prozesse;
4. die Streitverkündung in dem Prozesse, von dessen Ausgange der Anspruch abhängt;
5. die Vornahme einer Vollstreckungshandlung und, soweit die Zwangsvollstreckung den Gerichten oder anderen Behörden zugewiesen ist, die Stellung des Antrags auf Zwangsvollstreckung.

...

§ 217 [Wirkung der Verjährungsunterbrechung]
Wird die Verjährung unterbrochen, so kommt die bis zur Unterbrechung verstrichene Zeit nicht in Betracht; eine neue Verjährung kann erst nach der Beendigung der Unterbrechung beginnen.

§ 218 [Verjährung rechtskräftig festgestellter Ansprüche]
(1) Ein rechtskräftig festgestellter Anspruch verjährt in dreißig Jahren, auch wenn er an sich einer kürzeren Verjährung unterliegt. Das gleiche gilt von dem Anspruch aus einem vollstreckbaren Vergleich oder einer vollstreckbaren Urkunde sowie von einem Ansprüche, welcher durch die im Insolvenzverfahren erfolgte Feststellung vollstreckbar geworden ist.
(2) Soweit sich die Feststellung auf regelmäßig wiederkehrende, erst künftig fällig werdende Leistungen bezieht, bewendet es bei der kürzeren Verjährungsfrist.

...

§ 222 [Wirkung der Verjährung]
(1) Nach der Vollendung der Verjährung ist der Verpflichtete berechtigt, die Leistung zu verweigern.
(2) Das zur Befriedigung eines verjährten Anspruchs Geleistete kann nicht zurückgefordert werden, auch wenn die Leistung in Unkenntnis der Verjährung bewirkt worden ist. Das gleiche gilt von einem vertragsmäßigen Anerkenntnisse sowie einer Sicherheitsleistung des Verpflichteten.

...

§ 224 [Verjährung der Nebenleistungen]
Mit dem Hauptansprüche verjährt der Anspruch auf die von ihm abhängenden Nebenleistungen, auch wenn die für diesen Anspruch geltende besondere Verjährung noch nicht vollendet ist.

...

Sechster Abschnitt
Ausübung der Rechte. Selbstverteidigung. Selbsthilfe

§ 226 [Schikaneverbot]
Die Ausübung eines Rechtes ist unzulässig, wenn sie nur den Zweck haben kann, einem anderen Schaden zuzufügen.

§ 227 [Notwehr]
(1) Eine durch Notwehr gebotene Handlung ist nicht widerrechtlich.
(2) Notwehr ist diejenige Verteidigung, welche erforderlich ist, um einen gegenwärtigen rechtswidrigen Angriff von sich oder einem anderen abzuwenden.

§ 228 [Notstand]
Wer eine fremde Sache beschädigt oder zerstört, um eine durch sie drohende Gefahr von sich oder einem anderen abzuwenden, handelt nicht widerrechtlich, wenn die Beschädigung oder die Zerstörung zur Abwendung der Gefahr erforderlich ist und der Schaden nicht außer Verhältnis zu der Gefahr steht. Hat der Handelnde die Gefahr verschuldet, so ist er zum Schadensersatze verpflichtet.

§ 229 [Selbsthilfe]
Wer zum Zwecke der Selbsthilfe eine Sache wegnimmt, zerstört oder beschädigt oder wer zum Zwecke der Selbsthilfe einen Verpflichteten, welcher der Flucht verdächtig ist, festnimmt oder den

Widerstand des Verpflichteten gegen eine Handlung, die dieser zu dulden verpflichtet ist, beseitigt, handelt nicht widerrechtlich, wenn obrigkeitliche Hilfe nicht rechtzeitig zu erlangen ist und ohne sofortiges Eingreifen die Gefahr besteht, daß die Verwirklichung des Anspruchs vereitelt oder wesentlich erschwert werde.

§ 230 [Erforderlichkeit – Arrestantrag]
(1) Die Selbsthilfe darf nicht weitergehen, als zur Abwendung der Gefahr erforderlich ist.
(2) Im Falle der Wegnahme von Sachen ist, sofern nicht Zwangsvollstreckung erwirkt wird, der dingliche Arrest zu beantragen.
(3) Im Falle der Festnahme des Verpflichteten ist, sofern er nicht wieder in Freiheit gesetzt wird, der persönliche Sicherheitsarrest bei dem Amtsgerichte zu beantragen, in dessen Bezirke die Festnahme erfolgt ist; der Verpflichtete ist unverzüglich dem Gerichte vorzuführen.
(4) Wird der Arrestantrag verzögert oder abgelehnt, so hat die Rückgabe der weggenommenen Sachen und die Freilassung des Festgenommenen unverzüglich zu erfolgen.

§ 231 [Schadensersatz bei irrtümlicher Selbsthilfe]
Wer eine der im § 229 bezeichneten Handlungen in der irrigen Annahme vornimmt, daß die für den Ausschluß der Widerrechtlichkeit erforderlichen Voraussetzungen vorhanden seien, ist dem anderen Teile zum Schadensersatze verpflichtet, auch wenn der Irrtum nicht auf Fahrlässigkeit beruht.

...

Zweites Buch
Recht der Schuldverhältnisse

Erster Abschnitt
Inhalt der Schuldverhältnisse

Erster Titel
Verpflichtung zur Leistung

§ 241 [Inhalt des Schuldverhältnisses]
Kraft des Schuldverhältnisses ist der Gläubiger berechtigt, von dem Schuldner eine Leistung zu fordern. Die Leistung kann auch in einem Unterlassen bestehen.

§ 242 [Treu und Glauben]
Der Schuldner ist verpflichtet, die Leistung so zu bewirken, wie Treu und Glauben mit Rücksicht auf die Verkehrssitte es erfordern.

§ 243 [Gattungsschuld]
(1) Wer eine nur der Gattung nach bestimmte Sache schuldet, hat eine Sache von mittlerer Art und Güte zu leisten.
(2) Hat der Schuldner das zur Leistung einer solchen Sache seinerseits Erforderliche getan, so beschränkt sich das Schuldverhältnis auf diese Sache.

§ 244 [Geldschuld in ausländischer Währung]
(1) Ist eine in ausländischer Währung ausgedrückte Geldschuld im Inlande zu zahlen, so kann die Zahlung in Reichswährung erfolgen, es sei denn, daß Zahlung in ausländischer Währung ausdrücklich bedungen ist.
(2) Die Umrechnung erfolgt nach dem Kurswerte, der zur Zeit der Zahlung für den Zahlungsort maßgebend ist.

§ 245 [Geldsortenschuld]
Ist eine Geldschuld in einer bestimmten Münzsorte zu zahlen, die sich zur Zeit der Zahlung nicht mehr im Umlauf befindet, so ist die Zahlung so zu leisten, wie wenn die Münzsorte nicht bestimmt wäre.

§ 246 [Gesetzlicher Zinssatz]
Ist eine Schuld nach Gesetz oder Rechtsgeschäft zu verzinsen, so sind vier vom Hundert für das Jahr zu entrichten, sofern nicht ein anderes bestimmt ist.

§ 247 (aufgehoben)[1]

§ 248 [Zinseszinsvereinbarung]
(1) Eine im voraus getroffene Vereinbarung, daß fällige Zinsen wieder Zinsen tragen sollen, ist nichtig.
(2) Sparkassen, Kreditanstalten und Inhaber von Bankgeschäften können im voraus vereinbaren, daß nicht erhobene Zinsen von Einlagen als neue verzinsliche Einlagen gelten sollen. Kreditanstalten, die berechtigt sind, für den Betrag der von ihnen gewährten Darlehen verzinsliche Schuldverschreibungen auf den Inhaber auszugeben, können sich bei solchen Darlehen die Verzinsung rückständiger Zinsen im voraus versprechen lassen.

§ 249 [Schadensersatz durch Naturalherstellung]
Wer zum Schadensersatze verpflichtet ist, hat den Zustand herzustellen, der bestehen würde, wenn der zum Ersatze verpflichtende Umstand nicht eingetreten wäre. Ist wegen Verletzung einer Person oder wegen Beschädigung einer Sache Schadensersatz zu leisten, so kann der Gläubiger statt der Herstellung den dazu erforderlichen Geldbetrag verlangen.

§ 250 [Schadensersatz in Geld nach Fristsetzung]
Der Gläubiger kann dem Ersatzpflichtigen zur Herstellung eine angemessene Frist mit der Erklärung bestimmen, daß er die Herstellung nach dem Ablaufe der Frist ablehne. Nach dem Ablaufe der Frist kann der Gläubiger den Ersatz in Geld verlangen, wenn nicht die Herstellung rechtzeitig erfolgt; der Anspruch auf die Herstellung ist ausgeschlossen.

§ 251 [Schadensersatz in Geld ohne Fristsetzung]
(1) Soweit die Herstellung nicht möglich oder zur Entschädigung des Gläubigers nicht genügend ist, hat der Ersatzpflichtige den Gläubiger in Geld zu entschädigen.
(2) Der Ersatzpflichtige kann den Gläubiger in Geld entschädigen, wenn die Herstellung nur mit unverhältnismäßigen Aufwendungen möglich ist. Die aus der Heilbehandlung eines verletzten Tieres entstandenen Aufwendungen sind nicht bereits dann unverhältnismäßig, wenn sie dessen Wert erheblich übersteigen.

§ 252 [Entgangener Gewinn]
Der zu ersetzende Schaden umfaßt auch den entgangenen Gewinn. Als entgangen gilt der Gewinn, welcher nach dem gewöhnlichen Laufe der Dinge oder nach den besonderen Umständen, insbesondere nach den getroffenen Anstalten und Vorkehrungen, mit Wahrscheinlichkeit erwartet werden konnte.

§ 253 [Immaterieller Schaden]
Wegen eines Schadens, der nicht Vermögensschaden ist, kann Entschädigung in Geld nur in den durch das Gesetz bestimmten Fällen gefordert werden.

§ 254 [Mitverschulden des Beschädigten]
(1) Hat bei der Entstehung des Schadens ein Verschulden des Beschädigten mitgewirkt, so hängt die Verpflichtung zum Ersatze sowie der Umfang des zu leistenden Ersatzes von den Umständen, insbesondere davon ab, inwieweit der Schaden vorwiegend von dem einen oder dem anderen Teile verursacht worden ist.
(2) Dies gilt auch dann, wenn sich das Verschulden des Beschädigten darauf beschränkt, daß er unterlassen hat, den Schuldner auf die Gefahr eines ungewöhnlich hohen Schadens aufmerksam zu

---

1) Aufgehoben durch das Gesetz zur Änderung wirtschafts-, verbraucher-, arbeits- und sozialrechtlicher Vorschriften vom 25. 7. 1986 (BGBl. I S. 1169) mit Wirkung vom 1. 1. 1987. Gemäß Artikel 12 Abs. 2 des genannten Gesetzes bleibt § 247 anwendbar auf Verträge, die vor dem 1. 1. 1987 geschlossen worden sind. § 609 a des Bürgerlichen Gesetzbuchs ist nicht anzuwenden. – § 247 lautet:

»§ 247 [Vereinbarter höherer Zinssatz als 6 vH]
(1) Ist ein höherer Zinssatz als sechs vom Hundert für das Jahr vereinbart, so kann der Schuldner nach dem Ablaufe von sechs Monaten das Kapital unter Einhaltung einer Kündigungsfrist von sechs Monaten kündigen. Das Kündigungsrecht kann nicht durch Vertrag ausgeschlossen oder beschränkt werden.
(2) Diese Vorschriften gelten nicht für Schuldverschreibungen auf den Inhaber und für Orderschuldverschreibungen. Bei Darlehen, die zu einer auf Grund gesetzlicher Vorschriften gebildeten Deckungsmasse für Schuldverschreibungen gehören oder gehören sollen, kann das in Absatz 1 Satz 1 bestimmte Kündigungsrecht durch ausdrückliche Vereinbarung für die Zeit ausgeschlossen werden, während der sie zur Deckungsmasse gehören.«

machen, die der Schuldner weder kannte noch kennen mußte, oder daß er unterlassen hat, den Schaden abzuwenden oder zu mindern. Die Vorschrift des § 278 findet entsprechende Anwendung.

§ 255 [Abtretung der Ersatzansprüche]
Wer für den Verlust einer Sache oder eines Rechtes Schadensersatz zu leisten hat, ist zum Ersatze nur gegen Abtretung der Ansprüche verpflichtet, die dem Ersatzberechtigten auf Grund des Eigentums an der Sache oder auf Grund des Rechtes gegen Dritte zustehen.

§ 256 [Verzinsung von Aufwendungen]
Wer zum Ersatze von Aufwendungen verpflichtet ist, hat den aufgewendeten Betrag oder, wenn andere Gegenstände als Geld aufgewendet worden sind, den als Ersatz ihres Wertes zu zahlenden Betrag von der Zeit der Aufwendung an zu verzinsen. Sind Aufwendungen auf einen Gegenstand gemacht worden, der dem Ersatzpflichtigen herauszugeben ist, so sind Zinsen für die Zeit, für welche dem Ersatzberechtigten die Nutzungen oder die Früchte des Gegenstandes ohne Vergütung verbleiben, nicht zu entrichten.

§ 257 [Anspruch auf Befreiung von Verbindlichkeiten]
Wer berechtigt ist, Ersatz für Aufwendungen zu verlangen, die er für einen bestimmten Zweck macht, kann, wenn er für diesen Zweck eine Verbindlichkeit eingeht, Befreiung von der Verbindlichkeit verlangen. Ist die Verbindlichkeit noch nicht fällig, so kann ihm der Ersatzpflichtige, statt ihn zu befreien, Sicherheit leisten.

...

§ 265 [Unmöglichkeit bei Wahlschuld]
Ist eine der Leistungen von Anfang an unmöglich oder wird sie später unmöglich, so beschränkt sich das Schuldverhältnis auf die übrigen Leistungen. Die Beschränkung tritt nicht ein, wenn die Leistung infolge eines Umstandes unmöglich wird, den der nicht wahlberechtigte Teil zu vertreten hat.

§ 266 [Teilleistung]
Der Schuldner ist zu Teilleistungen nicht berechtigt.

§ 267 [Leistung durch Dritten]
(1) Hat der Schuldner nicht in Person zu leisten, so kann auch ein Dritter die Leistung bewirken. Die Einwilligung des Schuldners ist nicht erforderlich.
(2) Der Gläubiger kann die Leistung ablehnen, wenn der Schuldner widerspricht.

§ 268 [Befriedigungsrecht]
(1) Betreibt der Gläubiger die Zwangsvollstreckung in einen dem Schuldner gehörenden Gegenstand, so ist jeder, der Gefahr läuft, durch die Zwangsvollstreckung ein Recht an dem Gegenstande zu verlieren, berechtigt, den Gläubiger zu befriedigen. Das gleiche Recht steht dem Besitzer einer Sache zu, wenn er Gefahr läuft, durch die Zwangsvollstreckung den Besitz zu verlieren.
(2) Die Befriedigung kann auch durch Hinterlegung oder durch Aufrechnung erfolgen.
(3) Soweit der Dritte den Gläubiger befriedigt, geht die Forderung auf ihn über. Der Übergang kann nicht zum Nachteile des Gläubigers geltend gemacht werden.

§ 269 [Leistungsort]
(1) Ist ein Ort für die Leistung weder bestimmt noch aus den Umständen, insbesondere aus der Natur des Schuldverhältnisses, zu entnehmen, so hat die Leistung an dem Orte zu erfolgen, an welchem der Schuldner zur Zeit der Entstehung des Schuldverhältnisses seinen Wohnsitz hatte.
(2) Ist die Verbindlichkeit im Gewerbebetriebe des Schuldners entstanden, so tritt, wenn der Schuldner seine gewerbliche Niederlassung an einem anderen Orte hatte, der Ort der Niederlassung an die Stelle des Wohnsitzes.
(3) Aus dem Umstand allein, daß der Schuldner die Kosten der Versendung übernommen hat, ist nicht zu entnehmen, daß der Ort, nach welchem die Versendung zu erfolgen hat, der Leistungsort sein soll.

§ 270 [Zahlungsort]
(1) Geld hat der Schuldner im Zweifel auf seine Gefahr und seine Kosten dem Gläubiger an dessen Wohnsitz zu übermitteln.

(2) Ist die Forderung im Gewerbebetriebe des Gläubigers entstanden, so tritt, wenn der Gläubiger seine gewerbliche Niederlassung an einem anderen Orte hat, der Ort der Niederlassung an die Stelle des Wohnsitzes.
(3) Erhöhen sich infolge einer nach der Entstehung des Schuldverhältnisses eintretenden Änderung des Wohnsitzes oder der gewerblichen Niederlassung des Gläubigers die Kosten oder die Gefahr der Übermittelung, so hat der Gläubiger im ersteren Falle die Mehrkosten, im letzteren Falle die Gefahr zu tragen.
(4) Die Vorschriften über den Leistungsort bleiben unberührt.

§ 271 [Leistungszeit]
(1) Ist eine Zeit für die Leistung weder bestimmt noch aus den Umständen zu entnehmen, so kann der Gläubiger die Leistung sofort verlangen, der Schuldner sie sofort bewirken.
(2) Ist eine Zeit bestimmt, so ist im Zweifel anzunehmen, daß der Gläubiger die Leistung nicht vor dieser Zeit verlangen, der Schuldner aber sie vorher bewirken kann.

§ 272 [Keine Zwischenzinsen]
Bezahlt der Schuldner eine unverzinsliche Schuld vor der Fälligkeit, so ist er zu einem Abzuge wegen der Zwischenzinsen nicht berechtigt.

§ 273 [Zurückbehaltungsrecht]
(1) Hat der Schuldner aus demselben rechtlichen Verhältnis, auf dem seine Verpflichtung beruht, einen fälligen Anspruch gegen den Gläubiger, so kann er, sofern nicht aus dem Schuldverhältnisse sich ein anderes ergibt, die geschuldete Leistung verweigern, bis die ihm gebührende Leistung bewirkt wird (Zurückbehaltungsrecht).
(2) Wer zur Herausgabe eines Gegenstandes verpflichtet ist, hat das gleiche Recht, wenn ihm ein fälliger Anspruch wegen Verwendungen auf den Gegenstand oder wegen eines ihm durch diesen verursachten Schadens zusteht, es sei denn, daß er den Gegenstand durch eine vorsätzlich begangene unerlaubte Handlung erlangt hat.
(3) Der Gläubiger kann die Ausübung des Zurückbehaltungsrechts durch Sicherheitsleistung abwenden. Die Sicherheitsleistung durch Bürgen ist ausgeschlossen.

§ 274 [Prozessuale Wirkung]
(1) Gegenüber der Klage des Gläubigers hat die Geltendmachung des Zurückbehaltungsrechts nur die Wirkung, daß der Schuldner zur Leistung gegen Empfang der ihm gebührenden Leistung (Erfüllung Zug um Zug) zu verurteilen ist.
(2) Auf Grund einer solchen Verurteilung kann der Gläubiger seinen Anspruch ohne Bewirkung der ihm obliegenden Leistung im Wege der Zwangsvollstreckung verfolgen, wenn der Schuldner im Verzuge der Annahme ist.

§ 275 [Nachträgliche Unmöglichkeit]
(1) Der Schuldner wird von der Verpflichtung zur Leistung frei, soweit die Leistung infolge eines nach der Entstehung des Schuldverhältnisses eintretenden Umstandes, den er nicht zu vertreten hat, unmöglich wird.
(2) Einer nach der Entstehung des Schuldverhältnisses eintretenden Unmöglichkeit steht das nachträglich eintretende Unvermögen des Schuldners zur Leistung gleich.

§ 276 [Haftung für eigenes Verschulden]
(1) Der Schuldner hat, sofern nicht ein anderes bestimmt ist, Vorsatz und Fahrlässigkeit zu vertreten. Fahrlässig handelt, wer die im Verkehr erforderliche Sorgfalt außer acht läßt. Die Vorschriften der §§ 827, 828 finden Anwendung.
(2) Die Haftung wegen Vorsatzes kann dem Schuldner nicht im voraus erlassen werden.

§ 277 [Eigenübliche Sorgfalt]
Wer nur für diejenige Sorgfalt einzustehen hat, welche er in eigenen Angelegenheiten anzuwenden pflegt, ist von der Haftung wegen grober Fahrlässigkeit nicht befreit.

§ 278 [Haftung für Erfüllungsgehilfen]
Der Schuldner hat ein Verschulden seines gesetzlichen Vertreters und der Personen, deren er sich zur Erfüllung seiner Verbindlichkeit bedient, in gleichem Umfange zu vertreten wie eigenes Verschulden. Die Vorschrift des § 276 Abs. 2 findet keine Anwendung.

§ 279 [Unvermögen bei Gattungsschuld]
Ist der geschuldete Gegenstand nur der Gattung nach bestimmt, so hat der Schuldner, solange die Leistung aus der Gattung möglich ist, sein Unvermögen zur Leistung auch dann zu vertreten, wenn ihm ein Verschulden nicht zur Last fällt.

§ 280 [Schadensersatz bei zu vertretender Unmöglichkeit]
(1) Soweit die Leistung infolge eines von dem Schuldner zu vertretenden Umstandes unmöglich wird, hat der Schuldner dem Gläubiger den durch die Nichterfüllung entstehenden Schaden zu ersetzen.
(2) Im Falle teilweiser Unmöglichkeit kann der Gläubiger unter Ablehnung des noch möglichen Teiles der Leistung Schadensersatz wegen Nichterfüllung der ganzen Verbindlichkeit verlangen, wenn die teilweise Erfüllung für ihn kein Interesse hat. Die für das vertragsmäßige Rücktrittsrecht geltenden Vorschriften der §§ 346 bis 356 finden entsprechende Anwendung.

§ 281 [Herausgabe des Ersatzes]
(1) Erlangt der Schuldner infolge des Umstandes, welcher die Leistung unmöglich macht, für den geschuldeten Gegenstand einen Ersatz oder einen Ersatzanspruch, so kann der Gläubiger Herausgabe des als Ersatz Empfangenen oder Abtretung des Ersatzanspruchs verlangen.
(2) Hat der Gläubiger Anspruch auf Schadensersatz wegen Nichterfüllung, so mindert sich, wenn er von dem im Absatz 1 bestimmten Rechte Gebrauch macht, die ihm zu leistende Entschädigung um den Wert des erlangten Ersatzes oder Ersatzanspruchs.

§ 282 [Beweislast]
Ist streitig, ob die Unmöglichkeit der Leistung die Folge eines von dem Schuldner zu vertretenden Umstandes ist, so trifft die Beweislast den Schuldner.

§ 283 [Fristsetzung nach Verurteilung]
(1) Ist der Schuldner rechtskräftig verurteilt, so kann der Gläubiger ihm zur Bewirkung der Leistung eine angemessene Frist mit der Erklärung bestimmen, daß er die Annahme der Leistung nach dem Ablaufe der Frist ablehne. Nach dem Ablaufe der Frist kann der Gläubiger Schadensersatz wegen Nichterfüllung verlangen, soweit nicht die Leistung rechtzeitig bewirkt wird; der Anspruch auf Erfüllung ist ausgeschlossen. Die Verpflichtung zum Schadensersatze tritt nicht ein, wenn die Leistung infolge eines Umstandes unmöglich wird, den der Schuldner nicht zu vertreten hat.
(2) Wird die Leistung bis zum Ablaufe der Frist nur teilweise nicht bewirkt, so steht dem Gläubiger auch das im § 280 Abs. 2 bestimmte Recht zu.

§ 284 [Schuldnerverzug]
(1) Leistet der Schuldner auf eine Mahnung des Gläubigers nicht, die nach dem Eintritte der Fälligkeit erfolgt, so kommt er durch die Mahnung in Verzug. Der Mahnung steht die Erhebung der Klage auf die Leistung sowie die Zustellung eines Mahnbescheids im Mahnverfahren gleich.
(2) Ist für die Leistung eine Zeit nach dem Kalender bestimmt, so kommt der Schuldner ohne Mahnung in Verzug, wenn er nicht zu der bestimmten Zeit leistet. Das gleiche gilt, wenn der Leistung eine Kündigung vorauszugehen hat und die Zeit für die Leistung in der Weise bestimmt ist, daß sie sich von der Kündigung ab nach dem Kalender berechnen läßt.

§ 285 [Kein Verzug ohne Verschulden]
Der Schuldner kommt nicht in Verzug, solange die Leistung infolge eines Umstandes unterbleibt, den er nicht zu vertreten hat.

§ 286 [Ersatz des Verzugsschadens]
(1) Der Schuldner hat dem Gläubiger den durch den Verzug entstehenden Schaden zu ersetzen.
(2) Hat die Leistung infolge des Verzugs für den Gläubiger kein Interesse, so kann dieser unter Ablehnung der Leistung Schadensersatz wegen Nichterfüllung verlangen. Die für das vertragsmäßige Rücktrittsrecht geltenden Vorschriften der §§ 346 bis 356 finden entsprechende Anwendung.

§ 287 [Erweiterte Haftung]
Der Schuldner hat während des Verzuges jede Fahrlässigkeit zu vertreten. Er ist auch für die während des Verzugs durch Zufall eintretende Unmöglichkeit der Leistung verantwortlich, es sei denn, daß der Schaden auch bei rechtzeitiger Leistung eingetreten sein würde.

§ 288 [Verzugszinsen]
(1) Eine Geldschuld ist während des Verzugs mit vier vom Hundert für das Jahr zu verzinsen. Kann der Gläubiger aus einem anderen Rechtsgrunde höhere Zinsen verlangen, so sind diese fortzuentrichten.
(2) Die Geltendmachung eines weiteren Schadens ist nicht ausgeschlossen.

§ 289 [Keine Verzugszinsen von Zinsen]
Von Zinsen sind Verzugszinsen nicht zu entrichten. Das Recht des Gläubigers auf Ersatz des durch den Verzug entstehenden Schadens bleibt unberührt.

§ 290 [Verzinsung des Wertersatzes]
Ist der Schuldner zum Ersatze des Wertes eines Gegenstandes verpflichtet, der während des Verzugs untergegangen ist oder aus einem während des Verzugs eingetretenen Grunde nicht herausgegeben werden kann, so kann der Gläubiger Zinsen des zu ersetzenden Betrags von dem Zeitpunkt an verlangen, welcher der Bestimmung des Wertes zugrunde gelegt wird. Das gleiche gilt, wenn der Schuldner zum Ersatze der Minderung des Wertes eines während des Verzugs verschlechterten Gegenstandes verpflichtet ist.

§ 291 [Prozeßzinsen]
Eine Geldschuld hat der Schuldner von dem Eintritte der Rechtshängigkeit an zu verzinsen, auch wenn er nicht im Verzug ist; wird die Schuld erst später fällig, so ist sie von der Fälligkeit an zu verzinsen. Die Vorschriften des § 288 Abs. 1 und des § 289 Satz 1 finden entsprechende Anwendung.

§ 292 [Haftung bei Herausgabepflicht]
(1) Hat der Schuldner einen bestimmten Gegenstand herauszugeben, so bestimmt sich von dem Eintritte der Rechtshängigkeit an der Anspruch des Gläubigers auf Schadensersatz wegen Verschlechterung, Unterganges oder einer aus einem anderen Grunde eintretenden Unmöglichkeit der Herausgabe nach den Vorschriften, welche für das Verhältnis zwischen dem Eigentümer und dem Besitzer von dem Eintritte der Rechtshängigkeit des Eigentumsanspruchs an gelten, soweit nicht aus dem Schuldverhältnis oder dem Verzuge des Schuldners sich zugunsten des Gläubigers ein anderes ergibt.
(2) Das gleiche gilt von dem Ansprüche des Gläubigers auf Herausgabe oder Vergütung von Nutzungen und von dem Ansprüche des Schuldners auf Ersatz von Verwendungen.

Zweiter Titel
Verzug des Gläubigers

§ 293 [Annahmeverzug]
Der Gläubiger kommt in Verzug, wenn er die ihm angebotene Leistung nicht annimmt.

§ 294 [Tatsächliches Angebot]
Die Leistung muß dem Gläubiger so, wie sie zu bewirken ist, tatsächlich angeboten werden.

§ 295 [Wörtliches Angebot]
Ein wörtliches Angebot des Schuldners genügt, wenn der Gläubiger ihm erklärt hat, daß er die Leistung nicht annehmen werde, oder wenn zur Bewirkung der Leistung eine Handlung des Gläubigers erforderlich ist, insbesondere wenn der Gläubiger die geschuldete Sache abzuholen hat. Dem Angebote der Leistung steht die Aufforderung an den Gläubiger gleich, die erforderliche Handlung vorzunehmen.

§ 296 [Überflüssiges Angebot]
Ist für die von dem Gläubiger vorzunehmende Handlung eine Zeit nach dem Kalender bestimmt, so bedarf es des Angebots nur, wenn der Gläubiger die Handlung rechtzeitig vornimmt. Das gleiche gilt, wenn der Handlung eine Kündigung vorauszugehen hat und die Zeit für die Handlung in der Weise bestimmt ist, daß sie sich von der Kündigung ab nach dem Kalender berechnen läßt.

§ 297 [Unvermögen des Schuldners]
Der Gläubiger kommt nicht in Verzug, wenn der Schuldner zur Zeit des Angebots oder im Falle des § 296 zu der für die Handlung des Gläubigers bestimmten Zeit außerstande ist, die Leistung zu bewirken.

§ 298 [Leistung Zug um Zug]
Ist der Schuldner nur gegen eine Leistung des Gläubigers zu leisten verpflichtet, so kommt der Gläubiger in Verzug, wenn er zwar die angebotene Leistung anzunehmen bereit ist, die verlangte Gegenleistung aber nicht anbietet.

§ 299 [Vorübergehende Annahmeverhinderung]
Ist die Leistungszeit nicht bestimmt oder ist der Schuldner berechtigt, vor der bestimmten Zeit zu leisten, so kommt der Gläubiger nicht dadurch in Verzug, daß er vorübergehend an der Annahme der angebotenen Leistung verhindert ist, es sei denn, daß der Schuldner ihm die Leistung eine angemessene Zeit vorher angekündigt hat.

§ 300 [Haftungsminderung und Gefahrübergang bei Gläubigerverzug]
(1) Der Schuldner hat während des Verzugs des Gläubigers nur Vorsatz und grobe Fahrlässigkeit zu vertreten.
(2) Wird eine nur der Gattung nach bestimmte Sache geschuldet, so geht die Gefahr mit dem Zeitpunkt auf den Gläubiger über, in welchem er dadurch in Verzug kommt, daß er die angebotene Sache nicht annimmt.

§ 301 [Keine Verzinsung während des Gläubigerverzugs]
Von einer verzinslichen Geldschuld hat der Schuldner während des Verzugs des Gläubigers Zinsen nicht zu entrichten.

§ 302 [Nutzungen]
Hat der Schuldner die Nutzungen eines Gegenstandes herauszugeben oder zu ersetzen, so beschränkt sich seine Verpflichtung während des Verzugs des Gläubigers auf die Nutzungen, welche er zieht.

§ 303 [Recht zur Besitzaufgabe bei Gläubigerverzug]
Ist der Schuldner zur Herausgabe eines Grundstücks oder eines eingetragenen Schiffs oder Schiffsbauwerks verpflichtet, so kann er nach dem Eintritte des Verzugs des Gläubigers den Besitz aufgeben. Das Aufgeben muß dem Gläubiger vorher angedroht werden, es sei denn, daß die Androhung untunlich ist.

§ 304 [Ersatz der Mehraufwendungen bei Gläubigerverzug]
Der Schuldner kann im Falle des Verzugs des Gläubigers Ersatz der Mehraufwendungen verlangen, die er für das erfolglose Angebot sowie für die Aufbewahrung und Erhaltung des geschuldeten Gegenstandes machen mußte.

Zweiter Abschnitt
Schuldverhältnisse aus Verträgen

Erster Titel
Begründung. Inhalt des Vertrags

§ 305 [Begründung]
Zur Begründung eines Schuldverhältnisses durch Rechtsgeschäft sowie zur Änderung des Inhalts eines Schuldverhältnisses ist ein Vertrag zwischen den Beteiligten erforderlich, soweit nicht das Gesetz ein anderes vorschreibt.

§ 306 [Unmögliche Leistung]
Ein auf eine unmögliche Leistung gerichteter Vertrag ist nichtig.

§ 307 [Negatives Interesse]
(1) Wer bei der Schließung eines Vertrags, der auf eine unmögliche Leistung gerichtet ist, die Unmöglichkeit der Leistung kennt oder kennen muß, ist zum Ersatze des Schadens verpflichtet, den der andere Teil dadurch erleidet, daß er auf die Gültigkeit des Vertrags vertraut, jedoch nicht über den Betrag des Interesses hinaus, welches der andere Teil an der Gültigkeit des Vertrags hat. Die Ersatzpflicht tritt nicht ein, wenn der andere Teil die Unmöglichkeit kennt oder kennen muß.
(2) Diese Vorschriften finden entsprechende Anwendung, wenn die Leistung nur teilweise unmöglich und der Vertrag in Ansehung des möglichen Teiles gültig ist oder wenn eine von mehreren wahlweise versprochenen Leistungen unmöglich ist.

§ 308 [Behebbare Unmöglichkeit]
(1) Die Unmöglichkeit der Leistung steht der Gültigkeit des Vertrags nicht entgegen, wenn die Unmöglichkeit behoben werden kann und der Vertrag für den Fall geschlossen ist, daß die Leistung möglich wird.
(2) Wird eine unmögliche Leistung unter einer anderen aufschiebenden Bedingung oder unter Bestimmung eines Anfangstermins versprochen, so ist der Vertrag gültig, wenn die Unmöglichkeit vor dem Eintritte der Bedingung oder des Termins behoben wird.

§ 309 [Gesetzwidriger Vertrag]
Verstößt ein Vertrag gegen ein gesetzliches Verbot, so finden die Vorschriften der §§ 307, 308 entsprechende Anwendung.

§ 310 [Vertrag über die Übertragung künftigen Vermögens]
Ein Vertrag, durch den sich der eine Teil verpflichtet, sein künftiges Vermögen oder einen Bruchteil seines künftigen Vermögens zu übertragen oder mit einem Nießbrauche zu belasten, ist nichtig.

§ 311 [Vertrag über die Übertragung gegenwärtigen Vermögens]
Ein Vertrag, durch den sich der eine Teil verpflichtet, sein gegenwärtiges Vermögen oder einen Bruchteil seines gegenwärtigen Vermögens zu übertragen oder mit einem Nießbrauche zu belasten, bedarf der notariellen Beurkundung.

§ 312 [Vertrag über Nachlaß eines noch lebenden Dritten]
(1) Ein Vertrag über den Nachlaß eines noch lebenden Dritten ist nichtig. Das gleiche gilt von einem Vertrag über den Pflichtteil oder ein Vermächtnis aus dem Nachlaß eines noch lebenden Dritten.
(2) Diese Vorschriften finden keine Anwendung auf einen Vertrag, der unter künftigen gesetzlichen Erben über den gesetzlichen Erbteil oder den Pflichtteil eines von ihnen geschlossen wird. Ein solcher Vertrag bedarf der notariellen Beurkundung.

§ 313 [Vertrag über Grundstücksübereignung]
Ein Vertrag, durch den sich der eine Teil verpflichtet, das Eigentum an einem Grundstück zu übertragen oder zu erwerben, bedarf der notariellen Beurkundung. Ein ohne Beobachtung dieser Form geschlossener Vertrag wird seinem ganzen Inhalte nach gültig, wenn die Auflassung und die Eintragung in das Grundbuch erfolgen.

§ 314 [Erstreckung der Verpflichtung auf Zubehör]
Verpflichtet sich jemand zur Veräußerung oder Belastung einer Sache, so erstreckt sich die Verpflichtung im Zweifel auch auf das Zubehör der Sache.

§ 315 [Bestimmung der Leistung]
(1) Soll die Leistung durch einen der Vertragschließenden bestimmt werden, so ist im Zweifel anzunehmen, daß die Bestimmung nach billigem Ermessen zu treffen ist.
(2) Die Bestimmung erfolgt durch Erklärung gegenüber dem anderen Teile.
(3) Soll die Bestimmung nach billigem Ermessen erfolgen, so ist die getroffene Bestimmung für den anderen Teil nur verbindlich, wenn sie der Billigkeit entspricht. Entspricht sie nicht der Billigkeit, so wird die Bestimmung durch Urteil getroffen; das gleiche gilt, wenn die Bestimmung verzögert wird.

§ 316 [Bestimmung der Gegenleistung]
Ist der Umfang der für eine Leistung versprochenen Gegenleistung nicht bestimmt, so steht die Bestimmung im Zweifel demjenigen Teile zu, welcher die Gegenleistung zu fordern hat.

§ 317 [Bestimmung der Leistung durch Dritte]
(1) Ist die Bestimmung der Leistung einem Dritten überlassen, so ist im Zweifel anzunehmen, daß sie nach billigem Ermessen zu treffen ist.
(2) Soll die Bestimmung durch mehrere Dritte erfolgen, so ist im Zweifel Übereinstimmung aller erforderlich; soll eine Summe bestimmt werden, so ist, wenn verschiedene Summen bestimmt werden, im Zweifel die Durchschnittssumme maßgebend.

§ 318 [Bestimmungserklärung – Anfechtung]
(1) Die einem Dritten überlassene Bestimmung der Leistung erfolgt durch Erklärung gegenüber einem der Vertragschließenden.

(2) Die Anfechtung der getroffenen Bestimmung wegen Irrtums, Drohung oder arglistiger Täuschung steht nur den Vertragschließenden zu; Anfechtungsgegner ist der andere Teil. Die Anfechtung muß unverzüglich erfolgen, nachdem der Anfechtungsberechtigte von dem Anfechtungsgrunde Kenntnis erlangt hat. Sie ist ausgeschlossen, wenn dreißig Jahre verstrichen sind, nachdem die Bestimmung getroffen worden ist.

§ 319 [Unbillige Bestimmung – gerichtliche Ersetzung]
(1) Soll der Dritte die Leistung nach billigem Ermessen bestimmen, so ist die getroffene Bestimmung für die Vertragschließenden nicht verbindlich, wenn sie offenbar unbillig ist. Die Bestimmung erfolgt in diesem Falle durch Urteil; das gleiche gilt, wenn der Dritte die Bestimmung nicht treffen kann oder will oder wenn er sie verzögert.
(2) Soll der Dritte die Bestimmung nach freiem Belieben treffen, so ist der Vertrag unwirksam, wenn der Dritte die Bestimmung nicht treffen kann oder will oder wenn er sie verzögert.

Zweiter Titel
Gegenseitiger Vertrag

§ 320 [Einrede des nichterfüllten Vertrags]
(1) Wer aus einem gegenseitigen Vertrage verpflichtet ist, kann die ihm obliegende Leistung bis zur Bewirkung der Gegenleistung verweigern, es sei denn, daß er vorzuleisten verpflichtet ist. Hat die Leistung an mehrere zu erfolgen, so kann dem einzelnen der ihm gebührende Teil bis zur Bewirkung der ganzen Gegenleistung verweigert werden. Die Vorschrift des § 273 Abs. 3 findet keine Anwendung.
(2) Ist von der einen Seite teilweise geleistet worden, so kann die Gegenleistung insoweit nicht verweigert werden, als die Verweigerung nach den Umständen, insbesondere wegen verhältnismäßiger Geringfügigkeit des rückständigen Teiles, gegen Treu und Glauben verstoßen würde.

§ 321 [Verweigerung der Vorleistung bei Vermögensverschlechterung]
Wer aus einem gegenseitigen Vertrage vorzuleisten verpflichtet ist, kann, wenn nach dem Abschlusse des Vertrags in den Vermögensverhältnissen des anderen Teiles eine wesentliche Verschlechterung eintritt, durch die der Anspruch auf die Gegenleistung gefährdet wird, die ihm obliegende Leistung verweigern, bis die Gegenleistung bewirkt oder Sicherheit für sie geleistet wird.

§ 322 [Verurteilung zur Erfüllung Zug um Zug]
(1) Erhebt aus einem gegenseitigen Vertrage der eine Teil Klage auf die ihm geschuldete Leistung, so hat die Geltendmachung des dem anderen Teile zustehenden Rechtes, die Leistung bis zur Bewirkung der Gegenleistung zu verweigern, nur die Wirkung, daß der andere Teil zur Erfüllung Zug um Zug zu verurteilen ist.
(2) Hat der klagende Teil vorzuleisten, so kann er, wenn der andere Teil im Verzuge der Annahme ist, auf Leistung nach Empfang der Gegenleistung klagen.
(3) Auf die Zwangsvollstreckung findet die Vorschrift des § 274 Abs. 2 Anwendung.

§ 323 [Nicht zu vertretendes Unmöglichwerden]
(1) Wird die aus einem gegenseitigen Vertrage dem einen Teile obliegende Leistung infolge eines Umstandes unmöglich, den weder er noch der andere Teil zu vertreten hat, so verliert er den Anspruch auf die Gegenleistung; bei teilweiser Unmöglichkeit mindert sich die Gegenleistung nach Maßgabe der §§ 472, 473.
(2) Verlangt der andere Teil nach § 281 Herausgabe des für den geschuldeten Gegenstand erlangten Ersatzes oder Abtretung des Ersatzanspruchs, so bleibt er zur Gegenleistung verpflichtet; diese mindert sich jedoch nach Maßgabe der §§ 472, 473 insoweit, als der Wert des Ersatzes oder des Ersatzanspruchs hinter dem Werte der geschuldeten Leistung zurückbleibt.
(3) Soweit die nach diesen Vorschriften nicht geschuldete Gegenleistung bewirkt ist, kann das Geleistete nach den Vorschriften über die Herausgabe einer ungerechtfertigten Bereicherung zurückgefordert werden.

§ 324 [Vom Gläubiger zu vertretendes Unmöglichwerden]
(1) Wird die aus einem gegenseitigen Vertrage dem einen Teile obliegende Leistung infolge eines Umstandes, den der andere Teil zu vertreten hat, unmöglich, so behält er den Anspruch auf die Gegenleistung. Er muß sich jedoch dasjenige anrechnen lassen, was er infolge der Befreiung von der

Leistung erspart oder durch anderweitige Verwendung seiner Arbeitskraft erwirbt oder zu erwerben böswillig unterläßt.

(2) Das gleiche gilt, wenn die dem einen Teile obliegende Leistung infolge eines von ihm nicht zu vertretenden Umstandes zu einer Zeit unmöglich wird, zu welcher der andere Teil im Verzuge der Annahme ist.

§ 325 [Vom Schuldner zu vertretendes Unmöglichwerden]

(1) Wird die aus einem gegenseitigen Vertrage dem einen Teile obliegende Leistung infolge eines Umstandes, den er zu vertreten hat, unmöglich, so kann der andere Teil Schadensersatz wegen Nichterfüllung verlangen oder von dem Vertrage zurücktreten. Bei teilweiser Unmöglichkeit ist er, wenn die teilweise Erfüllung des Vertrags für ihn kein Interesse hat, berechtigt, Schadensersatz wegen Nichterfüllung der ganzen Verbindlichkeit nach Maßgabe des § 280 Abs. 2 zu verlangen oder von dem ganzen Vertrag zurückzutreten. Statt des Anspruchs auf Schadensersatz und des Rücktrittsrechts kann er auch die für den Fall des § 323 bestimmten Rechte geltend machen.

(2) Das gleiche gilt in dem Falle des § 283, wenn nicht die Leistung bis zum Ablaufe der Frist bewirkt wird oder wenn sie zu dieser Zeit teilweise nicht bewirkt ist.

§ 326 [Fristsetzung mit Ablehnungsandrohung bei Verzug]

(1) Ist bei einem gegenseitigen Vertrage der eine Teil mit der ihm obliegenden Leistung im Verzuge, so kann ihm der andere Teil zur Bewirkung der Leistung eine angemessene Frist mit der Erklärung bestimmen, daß er die Annahme der Leistung nach dem Ablaufe der Frist ablehne. Nach dem Ablaufe der Frist ist er berechtigt, Schadensersatz wegen Nichterfüllung zu verlangen oder von dem Vertrage zurückzutreten, wenn nicht die Leistung rechtzeitig erfolgt ist; der Anspruch auf Erfüllung ist ausgeschlossen. Wird die Leistung bis zum Ablaufe der Frist teilweise nicht bewirkt, so findet die Vorschrift des § 325 Abs. 1 Satz 2 entsprechende Anwendung.

(2) Hat die Erfüllung des Vertrages infolge des Verzugs für den anderen Teil kein Interesse, so stehen ihm die im Absatz 1 bezeichneten Rechte zu, ohne daß es der Bestimmung einer Frist bedarf.

§ 327 [Folgen des Rücktritts]

Auf das in den §§ 325, 326 bestimmte Rücktrittsrecht finden die für das vertragsmäßige Rücktrittsrecht geltenden Vorschriften der §§ 346 bis 356 entsprechende Anwendung. Erfolgt der Rücktritt wegen eines Umstandes, den der andere Teil nicht zu vertreten hat, so haftet dieser nur nach den Vorschriften über die Herausgabe einer ungerechtfertigten Bereicherung.

Dritter Titel
Versprechen der Leistung an einen Dritten

§ 328 [Vertrag zugunsten Dritter]

(1) Durch Vertrag kann eine Leistung an einen Dritten mit der Wirkung bedungen werden, daß der Dritte unmittelbar das Recht erwirbt, die Leistung zu fordern.

(2) In Ermangelung einer besonderen Bestimmung ist aus den Umständen, insbesondere aus dem Zwecke des Vertrags, zu entnehmen, ob der Dritte das Recht erwerben, ob das Recht des Dritten sofort oder nur unter gewissen Voraussetzungen entstehen und ob den Vertragschließenden die Befugnis vorbehalten sein soll, das Recht des Dritten ohne dessen Zustimmung aufzuheben oder zu ändern.

§ 329 [Erfüllungsübernahme]

Verpflichtet sich in einem Vertrage der eine Teil zur Befriedigung eines Gläubigers des anderen Teiles, ohne die Schuld zu übernehmen, so ist im Zweifel nicht anzunehmen, daß der Gläubiger unmittelbar das Recht erwerben soll, die Befriedigung von ihm zu fordern.

§ 330 [Lebensversicherungs- oder Leibrentenvertrag]

Wird in einem Lebensversicherungs- oder einem Leibrentenvertrage die Zahlung der Versicherungssumme oder der Leibrente an einen Dritten bedungen, so ist im Zweifel anzunehmen, daß der Dritte unmittelbar das Recht erwerben soll, die Leistung zu fordern. Das gleiche gilt, wenn bei einer unentgeltlichen Zuwendung dem Bedachten eine Leistung an einen Dritten auferlegt oder bei einer Vermögens- oder Gutsübernahme von dem Übernehmer eine Leistung an einen Dritten zum Zwecke der Abfindung versprochen wird.

§ 331 [Leistung nach dem Tode des Versprechensempfängers]
(1) Soll die Leistung an den Dritten nach dem Tode desjenigen erfolgen, welchem sie versprochen wird, so erwirbt der Dritte das Recht auf die Leistung im Zweifel mit dem Tode des Versprechensempfängers.
(2) Stirbt der Versprechensempfänger vor der Geburt des Dritten, so kann das Versprechen, an den Dritten zu leisten, nur dann noch aufgehoben oder geändert werden, wenn die Befugnis dazu vorbehalten worden ist.

§ 332 [Austausch des begünstigten Dritten]
Hat sich der Versprechensempfänger die Befugnis vorbehalten, ohne Zustimmung des Versprechenden an die Stelle des in dem Vertrage bezeichneten Dritten einen anderen zu setzen, so kann dies im Zweifel auch in einer Verfügung von Todes wegen geschehen.

§ 333 [Zurückweisung des Rechts durch den Dritten]
Weist der Dritte das aus dem Vertrag erworbene Recht dem Versprechenden gegenüber zurück, so gilt das Recht als nicht erworben.

§ 334 [Einwendungen aus dem Vertrag]
Einwendungen aus dem Vertrage stehen dem Versprechenden auch gegenüber dem Dritten zu.

§ 335 [Leistungsverlangen auch durch Versprechensempfänger]
Der Versprechensempfänger kann, sofern nicht ein anderer Wille der Vertragschließenden anzunehmen ist, die Leistung an den Dritten auch dann fordern, wenn diesem das Recht auf die Leistung zusteht.

Vierter Titel
Draufgabe. Vertragsstrafe

...

§ 339 [Vertragsstrafe]
Verspricht der Schuldner dem Gläubiger für den Fall, daß er seine Verbindlichkeit nicht oder nicht in gehöriger Weise erfüllt, die Zahlung einer Geldsumme als Strafe, so ist die Strafe verwirkt, wenn er in Verzug kommt. Besteht die geschuldete Leistung in einem Unterlassen, so tritt die Verwirkung mit der Zuwiderhandlung ein.

...

Fünfter Titel
Rücktritt

§ 346 [Wirkung]
Hat sich in einem Vertrag ein Teil den Rücktritt vorbehalten, so sind die Parteien, wenn der Rücktritt erfolgt, verpflichtet, einander die empfangenen Leistungen zurückzugewähren. Für geleistete Dienste sowie für die Überlassung der Benutzung einer Sache ist der Wert zu vergüten oder, falls in dem Vertrag eine Gegenleistung in Geld bestimmt ist, diese zu entrichten.

§ 347 [Haftung bei Rückgewähr]
Der Anspruch auf Schadensersatz wegen Verschlechterung, Unterganges oder einer aus einem anderen Grunde eintretenden Unmöglichkeit der Herausgabe bestimmt sich im Falle des Rücktritts von dem Empfange der Leistung an nach den Vorschriften, welche für das Verhältnis zwischen dem Eigentümer und dem Besitzer von dem Eintritte der Rechtshängigkeit des Eigentumsanspruchs an gelten. Das gleiche gilt von dem Anspruch auf Herausgabe oder Vergütung von Nutzungen und von dem Anspruch auf Ersatz von Verwendungen. Eine Geldsumme ist von der Zeit des Empfanges an zu verzinsen.

§ 348 [Erfüllung Zug um Zug]
Die sich aus dem Rücktritt ergebenden Verpflichtungen der Parteien sind Zug um Zug zu erfüllen. Die Vorschriften der §§ 320, 322 finden entsprechende Anwendung.

§ 349 [Rücktrittserklärung]
Der Rücktritt erfolgt durch Erklärung gegenüber dem anderen Teile.

§ 350 [Zufälliger Untergang]
Der Rücktritt wird nicht dadurch ausgeschlossen, daß der Gegenstand, welchen der Berechtigte empfangen hat, durch Zufall untergegangen ist.

§ 351 [Verschuldeter Untergang]
Der Rücktritt ist ausgeschlossen, wenn der Berechtigte eine wesentliche Verschlechterung, den Untergang oder die anderweitige Unmöglichkeit der Herausgabe des empfangenen Gegenstandes verschuldet hat. Der Untergang eines erheblichen Teiles steht einer wesentlichen Verschlechterung des Gegenstandes, das von dem Berechtigten nach § 278 zu vertretende Verschulden eines anderen steht dem eigenen Verschulden des Berechtigten gleich.

§ 352 [Umgestaltung der Sache]
Der Rücktritt ist ausgeschlossen, wenn der Berechtigte die empfangene Sache durch Verarbeitung oder Umbildung in eine Sache anderer Art umgestaltet hat.

§ 353 [Veräußerung oder Belastung]
(1) Hat der Berechtigte den empfangenen Gegenstand oder einen erheblichen Teil des Gegenstandes veräußert oder mit dem Rechte eines Dritten belastet, so ist der Rücktritt ausgeschlossen, wenn bei demjenigen, welcher den Gegenstand infolge der Verfügung erlangt hat, die Voraussetzungen des § 351 oder des § 352 eingetreten sind.
(2) Einer Verfügung des Berechtigten steht eine Verfügung gleich, die im Wege der Zwangsvollstreckung oder der Arrestvollziehung oder durch den Insolvenzverwalter erfolgt.

§ 354 [Verzug – Fristsetzung für Rückgewähr]
Kommt der Berechtigte mit der Rückgewähr des empfangenen Gegenstandes oder eines erheblichen Teiles des Gegenstandes in Verzug, so kann ihm der andere Teil eine angemessene Frist mit der Erklärung bestimmen, daß er die Annahme nach dem Ablaufe der Frist ablehne. Der Rücktritt wird unwirksam, wenn nicht die Rückgewähr vor dem Ablaufe der Frist erfolgt.

§ 355 [Fristsetzung zur Ausübung des Rücktrittsrechts]
Ist für die Ausübung des Rücktrittsrechts eine Frist nicht vereinbart, so kann dem Berechtigten von dem anderen Teile für die Ausübung eine angemessene Frist bestimmt werden. Das Rücktrittsrecht erlischt, wenn nicht der Rücktritt vor dem Ablaufe der Frist erklärt wird.

§ 356 [Ausübung des Rücktrittsrechts durch mehrere]
Sind bei einem Vertrag auf der einen oder der anderen Seite mehrere beteiligt, so kann das Rücktrittsrecht nur von allen und gegen alle ausgeübt werden. Erlischt das Rücktrittsrecht für einen der Berechtigten, so erlischt es auch für die übrigen.

§ 357 [Unwirksamkeit des Rücktrittsrechts bei Aufrechnung]
Hat sich der eine Teil den Rücktritt für den Fall vorbehalten, daß der andere Teil seine Verbindlichkeit nicht erfüllt, so ist der Rücktritt unwirksam, wenn der andere Teil sich von der Verbindlichkeit durch Aufrechnung befreien konnte und unverzüglich nach dem Rücktritte die Aufrechnung erklärt.

§ 358 [Beweislast]
Hat sich der eine Teil den Rücktritt für den Fall vorbehalten, daß der andere Teil seine Verbindlichkeit nicht erfüllt, und bestreitet dieser die Zulässigkeit des erklärten Rücktritts, weil er erfüllt habe, so hat er die Erfüllung zu beweisen, sofern nicht die geschuldete Leistung in einem Unterlassen besteht.

§ 359 [Rücktritt gegen Reugeld]
Ist der Rücktritt gegen Zahlung eines Reugeldes vorbehalten, so ist der Rücktritt unwirksam, wenn das Reugeld nicht vor oder bei der Erklärung entrichtet wird und der andere Teil aus diesem Grunde die Erklärung unverzüglich zurückweist. Die Erklärung ist jedoch wirksam, wenn das Reugeld unverzüglich nach der Zurückweisung entrichtet wird.

§ 360 [Verwirkungsklausel]
Ist ein Vertrag mit dem Vorbehalte geschlossen, daß der Schuldner seiner Rechte aus dem Vertrage verlustig sein soll, wenn er seine Verbindlichkeit nicht erfüllt, so ist der Gläubiger bei dem Eintritte dieses Falles zum Rücktritte von dem Vertrage berechtigt.

§ 361 [Rücktritt bei Fixgeschäft]
Ist in einem gegenseitigen Vertrage vereinbart, daß die Leistung des einen Teiles genau zu einer festbestimmten Zeit oder innerhalb einer festbestimmten Frist bewirkt werden soll, so ist im Zweifel anzunehmen, daß der andere Teil zum Rücktritte berechtigt sein soll, wenn die Leistung nicht zu der bestimmten Zeit oder innerhalb der bestimmten Frist erfolgt.

Dritter Abschnitt
Erlöschen der Schuldverhältnisse

Erster Titel
Erfüllung

§ 362 [Erlöschen durch Erfüllung]
(1) Das Schuldverhältnis erlischt, wenn die geschuldete Leistung an den Gläubiger bewirkt wird.
(2) Wird an einen Dritten zum Zwecke der Erfüllung geleistet, so finden die Vorschriften des § 185 Anwendung.

§ 363 [Beweislast bei Annahme als Erfüllung]
Hat der Gläubiger eine ihm als Erfüllung angebotene Leistung als Erfüllung angenommen, so trifft ihn die Beweislast, wenn er die Leistung deshalb nicht als Erfüllung gelten lassen will, weil sie eine andere als die geschuldete Leistung oder weil sie unvollständig gewesen sei.

§ 364 [Annahme an Erfüllungs Statt]
(1) Das Schuldverhältnis erlischt, wenn der Gläubiger eine andere als die geschuldete Leistung an Erfüllungs Statt annimmt.
(2) Übernimmt der Schuldner zum Zwecke der Befriedigung des Gläubigers diesem gegenüber eine neue Verbindlichkeit, so ist im Zweifel nicht anzunehmen, daß er die Verbindlichkeit an Erfüllungs Statt übernimmt.

§ 365 [Gewährleistung bei Hingabe an Erfüllungs Statt]
Wird eine Sache, eine Forderung gegen einen Dritten oder ein anderes Recht an Erfüllungs Statt gegeben, so hat der Schuldner wegen eines Mangels im Rechte oder wegen eines Mangels der Sache in gleicher Weise wie ein Verkäufer Gewähr zu leisten.

§ 366 [Tilgung mehrerer Schulden]
(1) Ist der Schuldner dem Gläubiger aus mehreren Schuldverhältnissen zu gleichartigen Leistungen verpflichtet und reicht das von ihm Geleistete nicht zur Tilgung sämtlicher Schulden aus, so wird diejenige Schuld getilgt, welche er bei der Leistung bestimmt.
(2) Trifft der Schuldner keine Bestimmung, so wird zunächst die fällige Schuld, unter mehreren fälligen Schulden diejenige, welche dem Gläubiger geringere Sicherheit bietet, unter mehreren gleich sicheren die dem Schuldner lästigere, unter mehreren gleich lästigen die ältere Schuld und bei gleichem Alter jede Schuld verhältnismäßig getilgt.

§ 367 [Anrechnung von Teilleistungen auf Zinsen und Kosten]
(1) Hat der Schuldner außer der Hauptleistung Zinsen und Kosten zu entrichten, so wird eine zur Tilgung der ganzen Schuld nicht ausreichende Leistung zunächst auf die Kosten, dann auf die Zinsen und zuletzt auf die Hauptleistung angerechnet.
(2) Bestimmt der Schuldner eine andere Anrechnung, so kann der Gläubiger die Annahme der Leistung ablehnen.

§ 368 [Quittung]
Der Gläubiger hat gegen Empfang der Leistung auf Verlangen ein schriftliches Empfangsbekenntnis (Quittung) zu erteilen. Hat der Schuldner ein rechtliches Interesse, daß die Quittung in anderer Form erteilt wird, so kann er die Erteilung in dieser Form verlangen.

§ 369 [Kosten der Quittung]
(1) Die Kosten der Quittung hat der Schuldner zu tragen und vorzuschießen, sofern nicht aus dem zwischen ihm und dem Gläubiger bestehenden Rechtsverhältnisse sich ein anderes ergibt.
(2) Treten infolge einer Übertragung der Forderung oder im Wege der Erbfolge an die Stelle des ursprünglichen Gläubigers mehrere Gläubiger, so fallen die Mehrkosten den Gläubigern zur Last.

§ 370 [Legitimation durch die Quittung]
Der Überbringer einer Quittung gilt als ermächtigt, die Leistung zu empfangen, sofern nicht die dem Leistenden bekannten Umstände der Annahme einer solchen Ermächtigung entgegenstehen.

§ 371 [Rückgabe des Schuldscheins]
Ist über die Forderung ein Schuldschein ausgestellt worden, so kann der Schuldner neben der Quittung Rückgabe des Schuldscheins verlangen. Behauptet der Gläubiger, zur Rückgabe außerstande zu sein, so kann der Schuldner das öffentlich beglaubigte Anerkenntnis verlangen, daß die Schuld erloschen sei.

Zweiter Titel
Hinterlegung

§ 372 [Voraussetzungen]
Geld, Wertpapiere und sonstige Urkunden sowie Kostbarkeiten kann der Schuldner bei einer dazu bestimmten öffentlichen Stelle für den Gläubiger hinterlegen, wenn der Gläubiger im Verzuge der Annahme ist. Das gleiche gilt, wenn der Schuldner aus einem anderen in der Person des Gläubigers liegenden Grunde oder infolge einer nicht auf Fahrlässigkeit beruhenden Ungewißheit über die Person des Gläubigers seine Verbindlichkeit nicht oder nicht mit Sicherheit erfüllen kann.

§ 373 [Leistung Zug um Zug]
Ist der Schuldner nur gegen eine Leistung des Gläubigers zu leisten verpflichtet, so kann er das Recht des Gläubigers zum Empfange der hinterlegten Sache von der Bewirkung der Gegenleistung abhängig machen.

§ 374 [Hinterlegungsort – Anzeige]
(1) Die Hinterlegung hat bei der Hinterlegungsstelle des Leistungsorts zu erfolgen; hinterlegt der Schuldner bei einer anderen Stelle, so hat er dem Gläubiger den daraus entstehenden Schaden zu ersetzen.
(2) Der Schuldner hat dem Gläubiger die Hinterlegung unverzüglich anzuzeigen; im Falle der Unterlassung ist er zum Schadensersatze verpflichtet. Die Anzeige darf unterbleiben, wenn sie untunlich ist.

§ 375 [Postübersendung]
Ist die hinterlegte Sache der Hinterlegungsstelle durch die Post übersendet worden, so wirkt die Hinterlegung auf die Zeit der Aufgabe der Sache zur Post zurück.

§ 376 [Rücknahme]
(1) Der Schuldner hat das Recht, die hinterlegte Sache zurückzunehmen.
(2) Die Rücknahme ist ausgeschlossen:
1. wenn der Schuldner der Hinterlegungsstelle erklärt, daß er auf das Recht zur Rücknahme verzichte;
2. wenn der Gläubiger der Hinterlegungsstelle die Annahme erklärt;
3. wenn der Hinterlegungsstelle ein zwischen dem Gläubiger und dem Schuldner ergangenes rechtskräftiges Urteil vorgelegt wird, das die Hinterlegung für rechtmäßig erklärt.

§ 377 [Unpfändbarkeit des Rücknahmerechts – Insolvenz]
(1) Das Recht zur Rücknahme ist der Pfändung nicht unterworfen.
(2) Wird über das Vermögen des Schuldners das Insolvenzverfahren eröffnet, so kann während des Insolvenzverfahrens das Recht zur Rücknahme auch nicht von dem Schuldner ausgeübt werden.

§ 378 [Wirkung der Hinterlegung bei ausgeschlossener Rücknahme]
Ist die Rücknahme der hinterlegten Sache ausgeschlossen, so wird der Schuldner durch die Hinterlegung von seiner Verbindlichkeit in gleicher Weise befreit, wie wenn er zur Zeit der Hinterlegung an den Gläubiger geleistet hätte.

§ 379 [Wirkung der Hinterlegung bei zulässiger Rücknahme – Gefahrtragung]
(1) Ist die Rücknahme der hinterlegten Sache nicht ausgeschlossen, so kann der Schuldner den Gläubiger auf die hinterlegte Sache verweisen.
(2) Solange die Sache hinterlegt ist, trägt der Gläubiger die Gefahr und ist der Schuldner nicht verpflichtet, Zinsen zu zahlen oder Ersatz für nicht gezogene Nutzungen zu leisten.
(3) Nimmt der Schuldner die hinterlegte Sache zurück, so gilt die Hinterlegung als nicht erfolgt.

§ 380 [Nachweis der Empfangsberechtigung]
Soweit nach den für die Hinterlegungsstelle geltenden Bestimmungen zum Nachweise der Empfangsberechtigung des Gläubigers eine diese Berechtigung anerkennende Erklärung des Schuldners erforderlich oder genügend ist, kann der Gläubiger von dem Schuldner die Abgabe der Erklärung unter denselben Voraussetzungen verlangen, unter denen er die Leistung zu fordern berechtigt sein würde, wenn die Hinterlegung nicht erfolgt wäre.

§ 381 [Hinterlegungskosten]
Die Kosten der Hinterlegung fallen dem Gläubiger zur Last, sofern nicht der Schuldner die hinterlegte Sache zurücknimmt.

§ 382 [Hinterlegungsverjährung]
Das Recht des Gläubigers auf den hinterlegten Betrag erlischt mit dem Ablaufe von dreißig Jahren nach dem Empfange der Anzeige von der Hinterlegung, wenn nicht der Gläubiger sich vorher bei der Hinterlegungsstelle meldet; der Schuldner ist zur Rücknahme berechtigt, auch wenn er auf das Recht zur Rücknahme verzichtet hat.

§ 383 [Versteigerung]
(1) Ist die geschuldete bewegliche Sache zur Hinterlegung nicht geeignet, so kann der Schuldner sie im Falle des Verzugs des Gläubigers am Leistungsorte versteigern lassen und den Erlös hinterlegen. Das gleiche gilt in den Fällen des § 372 Satz 2, wenn der Verderb der Sache zu besorgen oder die Aufbewahrung mit unverhältnismäßigen Kosten verbunden ist.
(2) Ist von der Versteigerung am Leistungsort ein angemessener Erfolg nicht zu erwarten, so ist die Sache an einem geeigneten anderen Orte zu versteigern.
(3) Die Versteigerung hat durch einen für den Versteigerungsort bestellten Gerichtsvollzieher oder zu Versteigerungen befugten anderen Beamten oder öffentlich angestellten Versteigerer öffentlich zu erfolgen (öffentliche Versteigerung). Zeit und Ort der Versteigerung sind unter allgemeiner Bezeichnung der Sache öffentlich bekanntzumachen.
(4) Die Vorschriften der Absätze 1 bis 3 gelten nicht für eingetragene Schiffe und Schiffsbauwerke.

§ 384 [Androhung der Versteigerung]
(1) Die Versteigerung ist erst zulässig, nachdem sie dem Gläubiger angedroht worden ist; die Androhung darf unterbleiben, wenn die Sache dem Verderb ausgesetzt und mit dem Aufschube der Versteigerung Gefahr verbunden ist.
(2) Der Schuldner hat den Gläubiger von der Versteigerung unverzüglich zu benachrichtigen; im Falle der Unterlassung ist er zum Schadensersatze verpflichtet.
(3) Die Androhung und die Benachrichtigung dürfen unterbleiben, wenn sie untunlich sind.

§ 385 [Freihändiger Verkauf aus freier Hand]
Hat die Sache einen Börsen- oder Marktpreis, so kann der Schuldner den Verkauf aus freier Hand durch einen zu solchen Verkäufen öffentlich ermächtigten Handelsmäkler oder durch eine zur öffentlichen Versteigerung befugte Person zum laufenden Preise bewirken.

§ 386 [Kosten]
Die Kosten der Versteigerung oder des nach § 385 erfolgten Verkaufs fallen dem Gläubiger zur Last, sofern nicht der Schuldner den hinterlegten Erlös zurücknimmt.

Dritter Titel
Aufrechnung

§ 387 [Voraussetzungen]
Schulden zwei Personen einander Leistungen, die ihrem Gegenstande nach gleichartig sind, so kann jeder Teil seine Forderung gegen die Forderung des anderen Teiles aufrechnen, sobald er die ihm gebührende Leistung fordern und die ihm obliegende Leistung bewirken kann.

§ 388 [Aufrechnungserklärung]
Die Aufrechnung erfolgt durch Erklärung gegenüber dem anderen Teile. Die Erklärung ist unwirksam, wenn sie unter einer Bedingung oder einer Zeitbestimmung abgegeben wird.

§ 389 [Wirkung der Aufrechnung]
Die Aufrechnung bewirkt, daß die Forderungen, soweit sie sich decken, als in dem Zeitpunkt erloschen gelten, in welchem sie zur Aufrechnung geeignet einander gegenübergetreten sind.

§ 390 [Ausschluß der Aufrechnung]
Eine Forderung, der eine Einrede entgegensteht, kann nicht aufgerechnet werden. Die Verjährung schließt die Aufrechnung nicht aus, wenn die verjährte Forderung zu der Zeit, zu welcher sie gegen die andere Forderung aufgerechnet werden konnte, noch nicht verjährt war.

§ 391 [Aufrechnung bei verschiedenen Leistungsorten]
(1) Die Aufrechnung wird nicht dadurch ausgeschlossen, daß für die Forderungen verschiedene Leistungs- oder Ablieferungsorte bestehen. Der aufrechnende Teil hat jedoch den Schaden zu ersetzen, den der andere Teil dadurch erleidet, daß er infolge der Aufrechnung die Leistung nicht an dem bestimmten Orte erhält oder bewirken kann.
(2) Ist vereinbart, daß die Leistung zu einer bestimmten Zeit an einem bestimmten Orte erfolgen soll, so ist im Zweifel anzunehmen, daß die Aufrechnung einer Forderung, für die ein anderer Leistungsort besteht, ausgeschlossen sein soll.

§ 392 [Aufrechnung gegen beschlagnahmte Forderung]
Durch die Beschlagnahme einer Forderung wird die Aufrechnung einer dem Schuldner gegen den Gläubiger zustehenden Forderung nur dann ausgeschlossen, wenn der Schuldner seine Forderung nach der Beschlagnahme erworben hat oder wenn seine Forderung erst nach der Beschlagnahme und später als die in Beschlag genommene Forderung fällig geworden ist.

§ 393 [Keine Aufrechnung gegen Forderung aus vorsätzlicher unerlaubter Handlung]
Gegen eine Forderung aus einer vorsätzlich begangenen unerlaubten Handlung ist die Aufrechnung nicht zulässig.

§ 394 [Keine Aufrechnung gegen unpfändbare Forderung]
Soweit eine Forderung der Pfändung nicht unterworfen ist, findet die Aufrechnung gegen die Forderung nicht statt. Gegen die aus Kranken-, Hilfs- oder Sterbekassen, insbesondere aus Knappschaftskassen und Kassen der Knappschaftsvereine, zu beziehenden Hebungen können jedoch geschuldete Beiträge aufgerechnet werden.

§ 395 [Aufrechnung gegen öffentlich-rechtliche Forderung]
Gegen eine Forderung des Reichs oder eines Bundesstaats sowie gegen eine Forderung einer Gemeinde oder eines anderen Kommunalverbandes ist die Aufrechnung nur zulässig, wenn die Leistung an dieselbe Kasse zu erfolgen hat, aus der die Forderung des Aufrechnenden zu berichtigen ist.

§ 396 [Mehrere Forderungen]
(1) Hat der eine oder der andere Teil mehrere zur Aufrechnung geeignete Forderungen, so kann der aufrechnende Teil die Forderungen bestimmen, die gegeneinander aufgerechnet werden sollen. Wird die Aufrechnung ohne eine solche Bestimmung erklärt oder widerspricht der andere Teil unverzüglich, so findet die Vorschrift des § 366 Abs. 2 entsprechende Anwendung.
(2) Schuldet der aufrechnende Teil dem anderen Teile außer der Hauptleistung Zinsen und Kosten, so finden die Vorschriften des § 367 entsprechende Anwendung.

Vierter Titel
Erlaß

§ 397 [Erlaßvertrag – negatives Schuldanerkenntnis]
(1) Das Schuldverhältnis erlischt, wenn der Gläubiger dem Schuldner durch Vertrag die Schuld erläßt.
(2) Das gleiche gilt, wenn der Gläubiger durch Vertrag mit dem Schuldner anerkennt, daß das Schuldverhältnis nicht bestehe.

Vierter Abschnitt
Übertragung der Forderung

§ 398 [Abtretung]
Eine Forderung kann von dem Gläubiger durch Vertrag mit einem anderen auf diesen übertragen werden (Abtretung). Mit dem Abschlusse des Vertrags tritt der neue Gläubiger an die Stelle des bisherigen Gläubigers.

§ 399 [Ausschluß der Abtretung]
Eine Forderung kann nicht abgetreten werden, wenn die Leistung an einen anderen als den ursprünglichen Gläubiger nicht ohne Veränderung ihres Inhalts erfolgen kann oder wenn die Abtretung durch Vereinbarung mit dem Schuldner ausgeschlossen ist.

§ 400 [Keine Abtretung unpfändbarer Forderungen]
Eine Forderung kann nicht abgetreten werden, soweit sie der Pfändung nicht unterworfen ist.

§ 401 [Übergang von Pfandrechten und Bürgschaften]
(1) Mit der abgetretenen Forderung gehen die Hypotheken, Schiffshypotheken oder Pfandrechte, die für sie bestehen, sowie die Rechte aus einer für sie bestellten Bürgschaft auf den neuen Gläubiger über.
(2) Ein mit der Forderung für den Fall der Zwangsvollstreckung oder des Insolvenzverfahrens verbundenes Vorzugsrecht kann auch der neue Gläubiger geltend machen.

§ 402 [Auskunft und Urkundenübergabe]
Der bisherige Gläubiger ist verpflichtet, dem neuen Gläubiger die zur Geltendmachung der Forderung nötige Auskunft zu erteilen und ihm die zum Beweise der Forderung dienenden Urkunden, soweit sie sich in seinem Besitze befinden, auszuliefern.

§ 403 [Abtretungsurkunde]
Der bisherige Gläubiger hat dem neuen Gläubiger auf Verlangen eine öffentlich beglaubigte Urkunde über die Abtretung auszustellen. Die Kosten hat der neue Gläubiger zu tragen und vorzuschießen.

§ 404 [Einwendungen des Schuldners]
Der Schuldner kann dem neuen Gläubiger die Einwendungen entgegensetzen, die zur Zeit der Abtretung der Forderung gegen den bisherigen Gläubiger begründet waren.

§ 405 [Keine Berufung auf Scheingeschäft bei Ausstellung einer Schuldurkunde]
Hat der Schuldner eine Urkunde über die Schuld ausgestellt, so kann er sich, wenn die Forderung unter Vorlegung der Urkunde abgetreten wird, dem neuen Gläubiger gegenüber nicht darauf berufen, daß die Eingehung oder Anerkennung des Schuldverhältnisses nur zum Schein erfolgt oder daß die Abtretung durch Vereinbarung mit dem ursprünglichen Gläubiger ausgeschlossen sei, es sei denn, daß der neue Gläubiger bei der Abtretung den Sachverhalt kannte oder kennen mußte.

§ 406 [Aufrechnung gegenüber dem neuen Gläubiger]
Der Schuldner kann eine ihm gegen den bisherigen Gläubiger zustehende Forderung auch dem neuen Gläubiger gegenüber aufrechnen, es sei denn, daß er bei dem Erwerbe der Forderung von der Abtretung Kenntnis hatte oder daß die Forderung erst nach der Erlangung der Kenntnis und später als die abgetretene Forderung fällig geworden ist.

§ 407 [Leistung an den bisherigen Gläubiger]
(1) Der neue Gläubiger muß eine Leistung, die der Schuldner nach der Abtretung an den bisherigen Gläubiger bewirkt, sowie jedes Rechtsgeschäft, das nach der Abtretung zwischen dem Schuldner und dem bisherigen Gläubiger in Ansehung der Forderung vorgenommen wird, gegen sich gelten lassen, es sei denn, daß der Schuldner die Abtretung bei der Leistung oder der Vornahme des Rechtsgeschäfts kennt.
(2) Ist in einem nach der Abtretung zwischen dem Schuldner und dem bisherigen Gläubiger anhängig gewordenen Rechtsstreit ein rechtskräftiges Urteil über die Forderung ergangen, so muß der neue Gläubiger das Urteil gegen sich gelten lassen, es sei denn, daß der Schuldner die Abtretung bei dem Eintritte der Rechtshängigkeit gekannt hat.

§ 408 [Mehrfache Abtretung]
(1) Wird eine abgetretene Forderung von dem bisherigen Gläubiger nochmals an einen Dritten abgetreten, so finden, wenn der Schuldner an den Dritten leistet oder wenn zwischen dem Schuldner und dem Dritten ein Rechtsgeschäft vorgenommen oder ein Rechtsstreit anhängig wird, zugunsten des Schuldners die Vorschriften des § 407 dem früheren Erwerber gegenüber entsprechende Anwendung.
(2) Das gleiche gilt, wenn die bereits abgetretene Forderung durch gerichtlichen Beschluß einem Dritten überwiesen wird oder wenn der bisherige Gläubiger dem Dritten gegenüber anerkennt, daß die bereits abgetretene Forderung kraft Gesetzes auf den Dritten übergegangen sei.

§ 409 [Abtretungsanzeige – Urkundenvorlage]
(1) Zeigt der Gläubiger dem Schuldner an, daß er die Forderung abgetreten habe, so muß er dem Schuldner gegenüber die angezeigte Abtretung gegen sich gelten lassen, auch wenn sie nicht erfolgt oder nicht wirksam ist. Der Anzeige steht es gleich, wenn der Gläubiger eine Urkunde über die Abtretung dem in der Urkunde bezeichneten neuen Gläubiger ausgestellt hat und dieser sie dem Schuldner vorlegt.
(2) Die Anzeige kann nur mit Zustimmung desjenigen zurückgenommen werden, welcher als der neue Gläubiger bezeichnet worden ist.

§ 410 [Aushändigung der Abtretungsurkunde]
(1) Der Schuldner ist dem neuen Gläubiger gegenüber zur Leistung nur gegen Aushändigung einer von dem bisherigen Gläubiger über die Abtretung ausgestellten Urkunde verpflichtet. Eine Kündigung oder eine Mahnung des neuen Gläubigers ist unwirksam, wenn sie ohne Vorlegung einer solchen Urkunde erfolgt und der Schuldner sie aus diesem Grunde unverzüglich zurückweist.
(2) Diese Vorschriften finden keine Anwendung, wenn der bisherige Gläubiger dem Schuldner die Abtretung schriftlich angezeigt hat.

§ 411 [Gehaltsabtretung]
Tritt eine Militärperson, ein Beamter, ein Geistlicher oder ein Lehrer an einer öffentlichen Unterrichtsanstalt den übertragbaren Teil des Diensteinkommens, des Wartegeldes oder des Ruhegehalts ab, so ist die auszahlende Kasse durch Aushändigung einer von dem bisherigen Gläubiger ausgestellten, öffentlich oder amtlich beglaubigten Urkunde von der Abtretung zu benachrichtigen. Bis zur Benachrichtigung gilt die Abtretung als der Kasse nicht bekannt.

§ 412 [Forderungsübertragung kraft Gesetzes]
Auf die Übertragung einer Forderung kraft Gesetzes finden die Vorschriften der §§ 399 bis 404, 406 bis 410 entsprechende Anwendung.

§ 413 [Übertragung anderer Rechte]
Die Vorschriften über die Übertragung von Forderungen finden auf die Übertragung anderer Rechte entsprechende Anwendung, soweit nicht das Gesetz ein anderes vorschreibt.

Fünfter Abschnitt
Schuldübernahme

§ 414 [Schuldübernahmevertrag mit dem Gläubiger]
Eine Schuld kann von einem Dritten durch Vertrag mit dem Gläubiger in der Weise übernommen werden, daß der Dritte an die Stelle des bisherigen Schuldners tritt.

§ 415 [Schuldübernahmevertrag mit dem Schuldner – Genehmigung des Gläubigers]
(1) Wird die Schuldübernahme von dem Dritten mit dem Schuldner vereinbart, so hängt ihre Wirksamkeit von der Genehmigung des Gläubigers ab. Die Genehmigung kann erst erfolgen, wenn der Schuldner oder der Dritte dem Gläubiger die Schuldübernahme mitgeteilt hat. Bis zur Genehmigung können die Parteien den Vertrag ändern oder aufheben.
(2) Wird die Genehmigung verweigert, so gilt die Schuldübernahme als nicht erfolgt. Fordert der Schuldner oder der Dritte den Gläubiger unter Bestimmung einer Frist zur Erklärung über die Genehmigung auf, so kann die Genehmigung nur bis zum Ablaufe der Frist erklärt werden; wird sie nicht erklärt, so gilt sie als verweigert.

(3) Solange nicht der Gläubiger die Genehmigung erteilt hat, ist im Zweifel der Übernehmer dem Schuldner gegenüber verpflichtet, den Gläubiger rechtzeitig zu befriedigen. Das gleiche gilt, wenn der Gläubiger die Genehmigung verweigert.

§ 416 [Übernahme einer Hypothekenschuld]
(1) Übernimmt der Erwerber eines Grundstücks durch Vertrag mit dem Veräußerer eine Schuld des Veräußerers, für die eine Hypothek an dem Grundstücke besteht, so kann der Gläubiger die Schuldübernahme nur genehmigen, wenn der Veräußerer sie ihm mitteilt. Sind seit dem Empfange der Mitteilung sechs Monate verstrichen, so gilt die Genehmigung als erteilt, wenn nicht der Gläubiger sie dem Veräußerer gegenüber vorher verweigert hat; die Vorschrift des § 415 Abs. 2 Satz 2 findet keine Anwendung.
(2) Die Mitteilung des Veräußerers kann erst erfolgen, wenn der Erwerber als Eigentümer im Grundbuch eingetragen ist. Sie muß schriftlich geschehen und den Hinweis enthalten, daß der Übernehmer an die Stelle des bisherigen Schuldners tritt, wenn nicht der Gläubiger die Verweigerung innerhalb der sechs Monate erklärt.
(3) Der Veräußerer hat auf Verlangen des Erwerbers dem Gläubiger die Schuldübernahme mitzuteilen. Sobald die Erteilung oder Verweigerung der Genehmigung feststeht, hat der Veräußerer den Erwerber zu benachrichtigen.

§ 417 [Einwendungen des Übernehmers]
(1) Der Übernehmer kann dem Gläubiger die Einwendungen entgegensetzen, welche sich aus dem Rechtsverhältnisse zwischen dem Gläubiger und dem bisherigen Schuldner ergeben. Eine dem bisherigen Schuldner zustehende Forderung kann er nicht aufrechnen.
(2) Aus dem der Schuldübernahme zugrunde liegenden Rechtsverhältnisse zwischen dem Übernehmer und dem bisherigen Schuldner kann der Übernehmer dem Gläubiger gegenüber Einwendungen nicht herleiten.

§ 418 [Erlöschen von Bürgschaften und Pfandrechten]
(1) Infolge der Schuldübernahme erlöschen die für die Forderung bestellten Bürgschaften und Pfandrechte. Besteht für die Forderung eine Hypothek oder eine Schiffshypothek, so tritt das gleiche ein, wie wenn der Gläubiger auf die Hypothek oder die Schiffshypothek verzichtet. Diese Vorschriften finden keine Anwendung, wenn der Bürge oder derjenige, welchem der verhaftete Gegenstand zur Zeit der Schuldübernahme gehört, in diese einwilligt.
(2) Ein mit der Forderung für den Fall des Insolvenzverfahrens verbundenes Vorzugsrecht kann nicht im Insolvenzverfahren über das Vermögen des Übernehmers geltend gemacht werden.

§ 419 (aufgehoben)

Sechster Abschnitt
Mehrheit von Schuldnern und Gläubigern

§ 420 [Teilbare Leistung]
Schulden mehrere eine teilbare Leistung oder haben mehrere eine teilbare Leistung zu fordern, so ist im Zweifel jeder Schuldner nur zu einem gleichen Anteile verpflichtet, jeder Gläubiger nur zu einem gleichen Anteil berechtigt.

§ 421 [Gesamtschuldner]
Schulden mehrere eine Leistung in der Weise, daß jeder die ganze Leistung zu bewirken verpflichtet, der Gläubiger aber die Leistung nur einmal zu fordern berechtigt ist (Gesamtschuldner), so kann der Gläubiger die Leistung nach seinem Belieben von jedem der Schuldner ganz oder zu einem Teile fordern. Bis zur Bewirkung der ganzen Leistung bleiben sämtliche Schuldner verpflichtet.

§ 422 [Erfüllung durch einen Gesamtschuldner]
(1) Die Erfüllung durch einen Gesamtschuldner wirkt auch für die übrigen Schuldner. Das gleiche gilt von der Leistung an Erfüllungs Statt, der Hinterlegung und der Aufrechnung.
(2) Eine Forderung, die einem Gesamtschuldner zusteht, kann nicht von den übrigen Schuldnern aufgerechnet werden.

70 Bürgerliches Gesetzbuch §§ 423–432

§ 423 [Erlaß zugunsten eines Gesamtschuldners]
Ein zwischen dem Gläubiger und einem Gesamtschuldner vereinbarter Erlaß wirkt auch für die übrigen Schuldner, wenn die Vertragschließenden das ganze Schuldverhältnis aufheben wollten.

§ 424 [Wirkung des Gläubigerverzugs]
Der Verzug des Gläubigers gegenüber einem Gesamtschuldner wirkt auch für die übrigen Schuldner.

§ 425 [Wirkung anderer Tatsachen]
(1) Andere als die in den §§ 422 bis 424 bezeichneten Tatsachen wirken, soweit sich nicht aus dem Schuldverhältnis ein anderes ergibt, nur für und gegen den Gesamtschuldner, in dessen Person sie eintreten.
(2) Dies gilt insbesondere von der Kündigung, dem Verzuge, dem Verschulden, von der Unmöglichkeit der Leistung in der Person eines Gesamtschuldners, von der Verjährung, deren Unterbrechung und Hemmung, von der Vereinigung der Forderung mit der Schuld und von dem rechtskräftigen Urteile.

§ 426 [Verhältnis der Gesamtschuldner untereinander]
(1) Die Gesamtschuldner sind im Verhältnisse zueinander zu gleichen Anteilen verpflichtet, soweit nicht ein anderes bestimmt ist. Kann von einem Gesamtschuldner der auf ihn entfallende Beitrag nicht erlangt werden, so ist der Ausfall von den übrigen zur Ausgleichung verpflichteten Schuldnern zu tragen.
(2) Soweit ein Gesamtschuldner den Gläubiger befriedigt und von den übrigen Schuldnern Ausgleichung verlangen kann, geht die Forderung des Gläubigers gegen die übrigen Schuldner auf ihn über. Der Übergang kann nicht zum Nachteile des Gläubigers geltend gemacht werden.

§ 427 [Gemeinschaftliche Verpflichtung zu teilbarer Leistung]
Verpflichten sich mehrere durch Vertrag gemeinschaftlich zu einer teilbaren Leistung, so haften sie im Zweifel als Gesamtschuldner.

§ 428 [Gesamtgläubiger]
Sind mehrere eine Leistung in der Weise zu fordern berechtigt, daß jeder die ganze Leistung fordern kann, der Schuldner aber die Leistung nur einmal zu bewirken verpflichtet ist (Gesamtgläubiger), so kann der Schuldner nach seinem Belieben an jeden der Gläubiger leisten. Dies gilt auch dann, wenn einer der Gläubiger bereits Klage auf die Leistung erhoben hat.

§ 429 [Verzug – Vereinigung von Forderung und Schuld]
(1) Der Verzug eines Gesamtgläubigers wirkt auch gegen die übrigen Gläubiger.
(2) Vereinigen sich Forderung und Schuld in der Person eines Gesamtgläubigers, so erlöschen die Rechte der übrigen Gläubiger gegen den Schuldner.
(3) Im übrigen finden die Vorschriften der §§ 422, 423, 425 entsprechende Anwendung. Insbesondere bleiben, wenn ein Gesamtgläubiger seine Forderung auf einen anderen überträgt, die Rechte der übrigen Gläubiger unberührt.

§ 430 [Angleichungspflicht]
Die Gesamtgläubiger sind im Verhältnis zueinander zu gleichen Anteilen berechtigt, soweit nicht ein anderes bestimmt ist.

§ 431 [Gesamtschuld bei unteilbarer Leistung]
Schulden mehrere eine unteilbare Leistung, so haften sie als Gesamtschuldner.

§ 432 [Mehrere Gläubiger einer unteilbaren Leistung]
(1) Haben mehrere eine unteilbare Leistung zu fordern, so kann, sofern sie nicht Gesamtgläubiger sind, der Schuldner nur an alle gemeinschaftlich leisten und jeder Gläubiger nur die Leistung an alle fordern. Jeder Gläubiger kann verlangen, daß der Schuldner die geschuldete Sache für alle Gläubiger hinterlegt oder, wenn sie sich nicht zur Hinterlegung eignet, an einen gerichtlich zu bestellenden Verwahrer abliefert.
(2) Im übrigen wirkt eine Tatsache, die nur in der Person eines der Gläubiger eintritt, nicht für und gegen die übrigen Gläubiger.

Siebenter Abschnitt
Einzelne Schuldverhältnisse

Erster Titel
Kauf. Tausch

I. Allgemeine Vorschriften

§ 433 [Hauptpflichten des Verkäufers und des Käufers]
(1) Durch den Kaufvertrag wird der Verkäufer einer Sache verpflichtet, dem Käufer die Sache zu übergeben und das Eigentum an der Sache zu verschaffen. Der Verkäufer eines Rechtes ist verpflichtet, dem Käufer das Recht zu verschaffen und, wenn das Recht zum Besitz einer Sache berechtigt, die Sache zu übergeben.
(2) Der Käufer ist verpflichtet, dem Verkäufer den vereinbarten Kaufpreis zu zahlen und die gekaufte Sache abzunehmen.

§ 434 [Verschaffung frei von Rechten]
Der Verkäufer ist verpflichtet, dem Käufer den verkauften Gegenstand frei von Rechten zu verschaffen, die von Dritten gegen den Käufer geltend gemacht werden können.

§ 435 [Pflicht zur Löschung]
(1) Der Verkäufer eines Grundstücks oder eines Rechtes an einem Grundstück ist verpflichtet, im Grundbuch eingetragene Rechte, die nicht bestehen, auf seine Kosten zur Löschung zu bringen, wenn sie im Falle ihres Bestehens das dem Käufer zu verschaffende Recht beeinträchtigen würden.
(2) Das gleiche gilt beim Verkauf eines eingetragenen Schiffs oder Schiffsbauwerks oder einer Schiffshypothek für die im Schiffsregister eingetragenen Rechte.

§ 436 [Haftungsausschluß für öffentliche Lasten]
Der Verkäufer eines Grundstücks haftet nicht für die Freiheit des Grundstücks von öffentlichen Abgaben und von anderen öffentlichen Lasten, die zur Eintragung in das Grundbuch nicht geeignet sind.

§ 437 [Gewährleistung beim Verkauf von Rechten]
(1) Der Verkäufer einer Forderung oder eines sonstigen Rechtes haftet für den rechtlichen Bestand der Forderung oder des Rechtes.
(2) Der Verkäufer eines Wertpapiers haftet auch dafür, daß es nicht zum Zwecke der Kraftloserklärung aufgeboten ist.

§ 438 [Übernahme der Haftung für Zahlungsfähigkeit]
Übernimmt der Verkäufer einer Forderung die Haftung für die Zahlungsfähigkeit des Schuldners, so ist die Haftung im Zweifel nur auf die Zahlungsfähigkeit zur Zeit der Abtretung zu beziehen.

§ 439 [Kenntnis des Käufers vom Rechtsmangel]
(1) Der Verkäufer hat einen Mangel im Rechte nicht zu vertreten, wenn der Käufer den Mangel bei dem Abschlusse des Kaufes kennt.
(2) Eine Hypothek, eine Grundschuld, eine Rentenschuld, eine Schiffshypothek oder ein Pfandrecht hat der Verkäufer zu beseitigen, auch wenn der Käufer die Belastung kennt. Das gleiche gilt von einer Vormerkung zur Sicherung des Anspruchs auf Bestellung eines dieser Rechte.

§ 440 [Rechte des Käufers bei Nichterfüllung]
(1) Erfüllt der Verkäufer die ihm nach den §§ 433 bis 437, 439 obliegenden Verpflichtungen nicht, so bestimmen sich die Rechte des Käufers nach den Vorschriften der §§ 320 bis 327.
(2) Ist eine bewegliche Sache verkauft und dem Käufer zum Zwecke der Eigentumsübertragung übergeben worden, so kann der Käufer wegen des Rechtes eines Dritten, das zum Besitze der Sache berechtigt, Schadensersatz wegen Nichterfüllung nur verlangen, wenn er die Sache dem Dritten mit Rücksicht auf dieses Recht herausgegeben hat oder sie dem Verkäufer zurückgewährt oder wenn die Sache untergegangen ist.
(3) Der Herausgabe der Sache an den Dritten steht es gleich, wenn der Dritte den Käufer oder dieser den Dritten beerbt oder wenn der Käufer das Recht des Dritten anderweit erwirbt oder den Dritten abfindet.
(4) Steht dem Käufer ein Anspruch auf Herausgabe gegen einen anderen zu, so genügt anstelle der Rückgewähr die Abtretung des Anspruchs.

70 Bürgerliches Gesetzbuch §§ 441–449

§ 441 [Verkauf eines Besitzrechts an einer beweglichen Sache]
Die Vorschriften des § 440 Abs. 2 bis 4 gelten auch dann, wenn ein Recht an einer beweglichen Sache verkauft ist, das zum Besitze der Sache berechtigt.

§ 442 [Beweislast des Käufers für Rechtsmängel]
Bestreitet der Verkäufer den vom Käufer geltend gemachten Mangel im Rechte, so hat der Käufer den Mangel zu beweisen.

§ 443 [Nichtigkeit von Gewährleistungsausschlüssen]
Eine Vereinbarung, durch welche die nach den §§ 433 bis 437, 439 bis 442 wegen eines Mangels im Rechte dem Verkäufer obliegende Verpflichtung zur Gewährleistung erlassen oder beschränkt wird, ist nichtig, wenn der Verkäufer den Mangel arglistig verschweigt.

§ 444 [Auskunftspflicht des Verkäufers]
Der Verkäufer ist verpflichtet, dem Käufer über die den verkauften Gegenstand betreffenden rechtlichen Verhältnisse, insbesondere im Falle des Verkaufs eines Grundstücks über die Grenzen, Gerechtsame und Lasten, die nötige Auskunft zu erteilen und ihm die zum Beweise des Rechtes dienenden Urkunden, soweit sie sich in seinem Besitze befinden, auszuliefern. Erstreckt sich der Inhalt einer solchen Urkunde auch auf andere Angelegenheiten, so ist der Verkäufer nur zur Erteilung eines öffentlich beglaubigten Auszugs verpflichtet.

§ 445 [Anwendung auf kaufähnliche Verträge]
Die Vorschriften der §§ 433 bis 444 finden auf andere Verträge, die auf Veräußerung oder Belastung eines Gegenstandes gegen Entgelt gerichtet sind, entsprechende Anwendung.

§ 446 [Gefahrübergang – Nutzungen – Lasten]
(1) Mit der Übergabe der verkauften Sache geht die Gefahr des zufälligen Unterganges und einer zufälligen Verschlechterung auf den Käufer über. Von der Übergabe an gebühren dem Käufer die Nutzungen und trägt er die Lasten der Sache.
(2) Wird der Käufer eines Grundstücks oder eines eingetragenen Schiffs oder Schiffsbauwerks vor der Übergabe als Eigentümer in das Grundbuch, das Schiffsregister oder das Schiffsbauregister eingetragen, so treten diese Wirkungen mit der Eintragung ein.

§ 447 [Gefahrübergang bei Versendungskauf]
(1) Versendet der Verkäufer auf Verlangen des Käufers die verkaufte Sache nach einem anderen Orte als dem Erfüllungsorte, so geht die Gefahr auf den Käufer über, sobald der Verkäufer die Sache dem Spediteur, dem Frachtführer oder der sonst zur Ausführung der Versendung bestimmten Person oder Anstalt ausgeliefert hat.
(2) Hat der Käufer eine besondere Anweisung über die Art der Versendung erteilt und weicht der Verkäufer ohne dringenden Grund von der Anweisung ab, so ist der Verkäufer dem Käufer für den daraus entstehenden Schaden verantwortlich.

§ 448 [Kosten der Übergabe]
(1) Die Kosten der Übergabe der verkauften Sache, insbesondere die Kosten des Messens und Wägens, fallen dem Verkäufer, die Kosten der Abnahme und der Versendung der Sache nach einem anderen Orte als dem Erfüllungsorte fallen dem Käufer zur Last.
(2) Ist ein Recht verkauft, so fallen die Kosten der Begründung oder Übertragung des Rechtes dem Verkäufer zur Last.

§ 449 [Grundbuch- und Schiffsregisterkosten]
(1) Der Käufer eines Grundstücks hat die Kosten der Auflassung und der Eintragung, der Käufer eines Rechtes an einem Grundstücke hat die Kosten der zur Begründung oder Übertragung des Rechtes nötigen Eintragung in das Grundbuch, mit Einschluß der Kosten der zu der Eintragung erforderlichen Erklärungen, zu tragen. Dem Käufer fallen in beiden Fällen auch die Kosten der Beurkundung des Kaufes zur Last.
(2) Der Käufer eines eingetragenen Schiffs oder Schiffsbauwerks hat die Kosten der Eintragung des Eigentumsübergangs, der Käufer eines Rechts an einem eingetragenen Schiff oder Schiffsbauwerk hat die Kosten einer zur Begründung oder Übertragung nötigen Eintragung in das Schiffsregister oder das Schiffsbauregister mit Einschluß der Kosten der zur Eintragung erforderlichen Erklärungen zu tragen.

§ 450 [Ersatz von Verwendungen]
(1) Ist vor der Übergabe der verkauften Sache die Gefahr auf den Käufer übergegangen und macht der Verkäufer vor der Übergabe Verwendungen auf die Sache, die nach dem Übergange der Gefahr notwendig geworden sind, so kann er von dem Käufer Ersatz verlangen, wie wenn der Käufer ihn mit der Verwaltung der Sache beauftragt hätte.
(2) Die Verpflichtung des Käufers zum Ersatze sonstiger Verwendungen bestimmt sich nach den Vorschriften über die Geschäftsführung ohne Auftrag.

§ 451 [Verkauf des Rechts an einer Sache]
Ist ein Recht an einer Sache verkauft, das zum Besitze der Sache berechtigt, so finden die Vorschriften der §§ 446 bis 450 entsprechende Anwendung.

§ 452 [Verzinsung des Kaufpreises]
Der Käufer ist verpflichtet, den Kaufpreis von dem Zeitpunkt an zu verzinsen, von welchem an die Nutzungen des gekauften Gegenstandes ihm gebühren, sofern nicht der Kaufpreis gestundet ist.

§ 453 [Marktpreis]
Ist als Kaufpreis der Marktpreis bestimmt, so gilt im Zweifel der für den Erfüllungsort zur Erfüllungszeit maßgebende Marktpreis als vereinbart.

§ 454 [Ausschluß des Rücktrittsrechts]
Hat der Verkäufer den Vertrag erfüllt und den Kaufpreis gestundet, so steht ihm das im § 325 Abs. 2 und im § 326 bestimmte Rücktrittsrecht nicht zu.

§ 455 [Eigentumsvorbehalt]
(1) Hat sich der Verkäufer einer beweglichen Sache das Eigentum bis zur Zahlung des Kaufpreises vorbehalten, so ist im Zweifel anzunehmen, daß die Übertragung des Eigentums unter der aufschiebenden Bedingung vollständiger Zahlung des Kaufpreises erfolgt und daß der Verkäufer zum Rücktritte von dem Vertrage berechtigt ist, wenn der Käufer mit der Zahlung in Verzug kommt.
(2) Die Vereinbarung eines Eigentumsvorbehalts ist nichtig, soweit der Eigentumsübergang davon abhängig gemacht wird, daß der Käufer Forderungen eines Dritten, insbesondere eines mit dem Verkäufer verbundenen Unternehmens, erfüllt.

§ 456 [Ausgeschlossene Käufer bei Zwangsvollstreckung]
Bei einem Verkauf im Wege der Zwangsvollstreckung dürfen der mit der Vornahme oder Leitung des Verkaufs Beauftragte und die von ihm zugezogenen Gehilfen, mit Einschluß des Protokollführers, den zum Verkaufe gestellten Gegenstand weder für sich persönlich oder durch einen anderen noch als Vertreter eines anderen kaufen.

§ 457 [Ausgeschlossene Käufer bei Pfandverkauf]
Die Vorschrift des § 456 gilt auch bei einem Verkauf außerhalb der Zwangsvollstreckung, wenn der Auftrag zu dem Verkauf auf Grund einer gesetzlichen Vorschrift erteilt worden ist, die den Auftraggeber ermächtigt, den Gegenstand für Rechnung eines anderen verkaufen zu lassen, insbesondere in den Fällen des Pfandverkaufs und des in den §§ 383, 385 zugelassenen Verkaufs, sowie bei einem Verkaufe aus einer Insolvenzmasse.

§ 458 [Wirksamkeit verbotswidriger Käufe]
(1) Die Wirksamkeit eines den Vorschriften der §§ 456, 457 zuwider erfolgten Kaufes und der Übertragung des gekauften Gegenstandes hängt von der Zustimmung der bei dem Verkauf als Schuldner, Eigentümer oder Gläubiger Beteiligten ab. Fordert der Käufer einen Beteiligten zur Erklärung über die Genehmigung auf, so finden die Vorschriften des § 177 Abs. 2 entsprechende Anwendung.
(2) Wird infolge der Verweigerung der Genehmigung ein neuer Verkauf vorgenommen, so hat der frühere Käufer für die Kosten des neuen Verkaufs sowie für einen Mindererlös aufzukommen.

II. Gewährleistung wegen Mängel der Sache

§ 459 [Haftung für Sachmängel]
(1) Der Verkäufer einer Sache haftet dem Käufer dafür, daß sie zu der Zeit, zu welcher die Gefahr auf den Käufer übergeht, nicht mit Fehlern behaftet ist, die den Wert oder die Tauglichkeit zu dem gewöhnlichen oder dem nach dem Vertrage vorausgesetzten Gebrauch aufheben oder mindern. Eine unerhebliche Minderung des Wertes oder der Tauglichkeit kommt nicht in Betracht.

(2) Der Verkäufer haftet auch dafür, daß die Sache zur Zeit des Überganges der Gefahr die zugesicherten Eigenschaften hat.

§ 460 [Kenntnis des Käufers]
Der Verkäufer hat einen Mangel der verkauften Sache nicht zu vertreten, wenn der Käufer den Mangel bei dem Abschlusse des Kaufes kennt. Ist dem Käufer ein Mangel der im § 459 Abs. 1 bezeichneten Art infolge grober Fahrlässigkeit unbekannt geblieben, so haftet der Verkäufer, sofern er nicht die Abwesenheit des Fehlers zugesichert hat, nur wenn er den Fehler arglistig verschwiegen hat.

§ 461 [Keine Mängelhaftung bei der Pfandversteigerung]
Der Verkäufer hat einen Mangel der verkauften Sache nicht zu vertreten, wenn die Sache auf Grund eines Pfandrechts in öffentlicher Versteigerung unter der Bezeichnung als Pfand verkauft wird.

§ 462 [Wandelung oder Minderung]
Wegen eines Mangels, den der Verkäufer nach den Vorschriften der §§ 459, 460 zu vertreten hat, kann der Käufer Rückgängigmachung des Kaufes (Wandelung) oder Herabsetzung des Kaufpreises (Minderung) verlangen.

§ 463 [Schadensersatz wegen Nichterfüllung]
Fehlt der verkauften Sache zur Zeit des Kaufes eine zugesicherte Eigenschaft, so kann der Käufer statt der Wandelung oder der Minderung Schadensersatz wegen Nichterfüllung verlangen. Das gleiche gilt, wenn der Verkäufer einen Fehler arglistig verschwiegen hat.

§ 464 [Annahme trotz Kenntnis des Mangels]
Nimmt der Käufer eine mangelhafte Sache an, obschon er den Mangel kennt, so stehen ihm die in den §§ 462, 463 bestimmten Ansprüche nur zu, wenn er sich seine Rechte wegen des Mangels bei der Annahme vorbehält.

§ 465 [Vollziehung der Wandelung oder Minderung]
Die Wandelung oder die Minderung ist vollzogen, wenn sich der Verkäufer auf Verlangen des Käufers mit ihr einverstanden erklärt.

§ 466 [Frist zur Erklärung der Wandelung]
Behauptet der Käufer dem Verkäufer gegenüber einen Mangel der Sache, so kann der Verkäufer ihn unter dem Erbieten zur Wandelung und unter Bestimmung einer angemessenen Frist zur Erklärung darüber auffordern, ob er Wandelung verlange. Die Wandelung kann in diesem Falle nur bis zum Ablaufe der Frist verlangt werden.

§ 467 [Anwendung der Rücktrittsvorschriften]
Auf die Wandelung finden die für das vertragsmäßige Rücktrittsrecht geltenden Vorschriften der §§ 346 bis 348, 350 bis 354, 356 entsprechende Anwendung; im Falle des § 352 ist jedoch die Wandelung nicht ausgeschlossen, wenn der Mangel sich erst bei der Umgestaltung der Sache gezeigt hat. Der Verkäufer hat dem Käufer auch die Vertragskosten zu ersetzen.

§ 468 [Zusicherung der Grundstücksgröße]
Sichert der Verkäufer eines Grundstücks dem Käufer eine bestimmte Größe des Grundstücks zu, so haftet er für die Größe wie für eine zugesicherte Eigenschaft. Der Käufer kann jedoch wegen Mangels der zugesicherten Größe Wandelung nur verlangen, wenn der Mangel so erheblich ist, daß die Erfüllung des Vertrags für den Käufer kein Interesse hat.

§ 469 [Wandelung bei Sachmehrheit]
Sind von mehreren verkauften Sachen nur einzelne mangelhaft, so kann nur in Ansehung dieser Wandelung verlangt werden, auch wenn ein Gesamtpreis für alle Sachen festgesetzt ist. Sind jedoch die Sachen als zusammengehörend verkauft, so kann jeder Teil verlangen, daß die Wandelung auf alle Sachen erstreckt wird, wenn die mangelhaften Sachen nicht ohne Nachteil für ihn von den übrigen getrennt werden können.

§ 470 [Erstreckung der Wandelung auf die Nebensache]
Die Wandelung wegen eines Mangels der Hauptsache erstreckt sich auch auf die Nebensache. Ist die Nebensache mangelhaft, so kann nur in Ansehung dieser Wandelung verlangt werden.

§ 471 [Herabsetzung des Gesamtpreises]
Findet im Falle des Verkaufs mehrerer Sachen für einen Gesamtpreis die Wandelung nur in Ansehung einzelner Sachen statt, so ist der Gesamtpreis in dem Verhältnisse herabzusetzen, in welchem zur Zeit des Verkaufs der Gesamtwert der Sachen in mangelfreiem Zustande zu dem Werte der von der Wandelung nicht betroffenen Sachen gestanden haben würde.

§ 472 [Berechnung der Minderung]
(1) Bei der Minderung ist der Kaufpreis in dem Verhältnisse herabzusetzen, in welchem zur Zeit des Verkaufs der Wert der Sache in mangelfreiem Zustande zu dem wirklichen Werte gestanden haben würde.
(2) Findet im Falle des Verkaufs mehrerer Sachen für einen Gesamtpreis die Minderung nur wegen einzelner Sachen statt, so ist bei der Herabsetzung des Preises der Gesamtwert aller Sachen zugrunde zu legen.

§ 473 [Nebenleistungen des Käufers]
Sind neben dem in Geld festgesetzten Kaufpreise Leistungen bedungen, die nicht vertretbare Sachen zum Gegenstande haben, so sind diese Leistungen in den Fällen der §§ 471, 472 nach dem Werte zur Zeit des Verkaufs in Geld zu veranschlagen. Die Herabsetzung der Gegenleistung des Käufers erfolgt an dem in Geld festgesetzten Preise; ist dieser geringer als der abzusetzende Betrag, so hat der Verkäufer den überschießenden Betrag dem Käufer zu vergüten.

§ 474 [Mehrere Beteiligte]
(1) Sind auf der einen oder der anderen Seite mehrere beteiligt, so kann von jedem und gegen jeden Minderung verlangt werden.
(2) Mit der Vollziehung der von einem der Käufer verlangten Minderung ist die Wandelung ausgeschlossen.

§ 475 [Erneute Wandelung oder Minderung wegen weiterer Mängel]
Durch die wegen eines Mangels erfolgte Minderung wird das Recht des Käufers, wegen eines anderen Mangels Wandelung oder von neuem Minderung zu verlangen, nicht ausgeschlossen.

§ 476 [Kein Ausschluß der Mängeleinrede bei arglistigem Verschweigen]
Eine Vereinbarung, durch welche die Verpflichtung des Verkäufers zur Gewährleistung wegen Mängel der Sache erlassen oder beschränkt wird, ist nichtig, wenn der Verkäufer den Mangel arglistig verschweigt.

§ 476 a [Recht auf Nachbesserung]
Ist an Stelle des Rechts des Käufers auf Wandelung oder Minderung ein Recht auf Nachbesserung vereinbart, so hat der zur Nachbesserung verpflichtete Verkäufer auch die zum Zwecke der Nachbesserung erforderlichen Aufwendungen, insbesondere Transport-, Wege-, Arbeits- und Materialkosten, zu tragen. Dies gilt nicht, soweit die Aufwendungen sich erhöhen, weil die gekaufte Sache nach der Lieferung an einen anderen Ort als den Wohnsitz oder die gewerbliche Niederlassung des Empfängers verbracht worden ist, es sei denn, das Verbringen entspricht dem bestimmungsgemäßen Gebrauch der Sache.

§ 477 [Verjährung der Gewährleistungsansprüche]
(1) Der Anspruch auf Wandelung oder auf Minderung sowie der Anspruch auf Schadensersatz wegen Mangels einer zugesicherten Eigenschaft verjährt, sofern nicht der Verkäufer den Mangel arglistig verschwiegen hat, bei beweglichen Sachen in sechs Monaten von der Ablieferung, bei Grundstücken in einem Jahre von der Übergabe an. Die Verjährungsfrist kann durch Vertrag verlängert werden.
(2) Beantragt der Käufer das selbständige Beweisverfahren nach der Zivilprozeßordnung, so wird die Verjährung unterbrochen. Die Unterbrechung dauert bis zur Beendigung des Verfahrens fort. Die Vorschriften des § 211 Abs. 2 und des § 212 finden entsprechende Anwendung.
(3) Die Hemmung oder Unterbrechung der Verjährung eines der im Absatz 1 bezeichneten Ansprüche bewirkt auch die Hemmung oder Unterbrechung der Verjährung der anderen Ansprüche.

§ 478 [Erhaltung der Mängeleinrede durch Anzeige oder Beweissicherung]
(1) Hat der Käufer den Mangel dem Verkäufer angezeigt oder die Anzeige an ihn abgesendet, bevor der Anspruch auf Wandelung oder auf Minderung verjährt war, so kann er auch nach der Vollendung der Verjährung die Zahlung des Kaufpreises insoweit verweigern, als er auf Grund der

Wandelung oder der Minderung dazu berechtigt sein würde. Das gleiche gilt, wenn der Käufer vor der Vollendung der Verjährung das selbständige Beweisverfahren nach der Zivilprozeßordnung beantragt oder in einem zwischen ihm und einem späteren Erwerber der Sache wegen des Mangels anhängigen Rechtsstreite dem Verkäufer den Streit verkündet hat.
(2) Hat der Verkäufer den Mangel arglistig verschwiegen, so bedarf es der Anzeige oder einer ihr nach Absatz 1 gleichstehenden Handlung nicht.

§ 479 [Aufrechnung des Schadensersatzanspruchs nach Verjährung]
Der Anspruch auf Schadensersatz kann nach der Vollendung der Verjährung nur aufgerechnet werden, wenn der Käufer vorher eine der im § 478 bezeichneten Handlungen vorgenommen hat. Diese Beschränkung tritt nicht ein, wenn der Verkäufer den Mangel arglistig verschwiegen hat.

§ 480 [Mängelhaftung beim Gattungskauf]
(1) Der Käufer einer nur der Gattung nach bestimmten Sache kann statt der Wandelung oder der Minderung verlangen, daß ihm an Stelle der mangelhaften Sache eine mangelfreie geliefert wird. Auf diesen Anspruch finden die für die Wandelung geltenden Vorschriften der §§ 464 bis 466, des § 467 Satz 1 und der §§ 469, 470, 474 bis 479 entsprechende Anwendung.
(2) Fehlt der Sache zu der Zeit, zu welcher die Gefahr auf den Käufer übergeht, eine zugesicherte Eigenschaft oder hat der Verkäufer einen Fehler arglistig verschwiegen, so kann der Käufer statt der Wandelung, der Minderung oder der Lieferung einer mangelfreien Sache Schadensersatz wegen Nichterfüllung verlangen.

...

§ 493 [Gewährleistung bei kaufähnlichen Verträgen]
Die Vorschriften über die Verpflichtung des Verkäufers zur Gewährleistung wegen Mängel der Sache finden auf andere Verträge, die auf Veräußerung oder Belastung einer Sache gegen Entgelt gerichtet sind, entsprechende Anwendung.

...

IV. Tausch
§ 515 [Kaufregeln]
Auf den Tausch finden die Vorschriften über den Kauf entsprechende Anwendung.

Zweiter Titel
Schenkung
§ 516 [Begriff – Annahmefrist]
(1) Eine Zuwendung, durch die jemand aus seinem Vermögen einen anderen bereichert, ist Schenkung, wenn beide Teile darüber einig sind, daß die Zuwendung unentgeltlich erfolgt.
(2) Ist die Zuwendung ohne den Willen des anderen erfolgt, so kann ihn der Zuwendende unter Bestimmung einer angemessenen Frist zur Erklärung über die Annahme auffordern. Nach dem Ablaufe der Frist gilt die Schenkung als angenommen, wenn nicht der andere sie vorher abgelehnt hat. Im Falle der Ablehnung kann die Herausgabe des Zugewendeten nach den Vorschriften über die Herausgabe einer ungerechtfertigten Bereicherung gefordert werden.

§ 517 [Unterlassener Vermögenserwerb]
Eine Schenkung liegt nicht vor, wenn jemand zum Vorteil eines anderen einen Vermögenserwerb unterläßt oder auf ein angefallenes, noch nicht endgültig erworbenes Recht verzichtet oder eine Erbschaft oder ein Vermächtnis ausschlägt.

§ 518 [Form des Schenkungsversprechens – Heilung]
(1) Zur Gültigkeit eines Vertrags, durch den eine Leistung schenkweise versprochen wird, ist die notarielle Beurkundung des Versprechens erforderlich. Das gleiche gilt, wenn ein Schuldversprechen oder ein Schuldanerkenntnis der in den §§ 780, 781 bezeichneten Art schenkweise erteilt wird, von dem Versprechen oder der Anerkennungserklärung.
(2) Der Mangel der Form wird durch die Bewirkung der versprochenen Leistung geheilt.

§ 519 [Notbedarfseinrede]

(1) Der Schenker ist berechtigt, die Erfüllung eines schenkweise erteilten Versprechens zu verweigern, soweit er bei Berücksichtigung seiner sonstigen Verpflichtungen außerstande ist, das Versprechen zu erfüllen, ohne daß sein angemessener Unterhalt oder die Erfüllung der ihm kraft Gesetzes obliegenden Unterhaltspflichten gefährdet wird.

(2) Treffen die Ansprüche mehrerer Beschenkten zusammen, so geht der früher entstandene Anspruch vor.

§ 520 [Schenkung in wiederkehrenden Leistungen]

Verspricht der Schenker eine in wiederkehrenden Leistungen bestehende Unterstützung, so erlischt die Verbindlichkeit mit seinem Tode, sofern nicht aus dem Versprechen sich ein anderes ergibt.

§ 521 [Haftung des Schenkers]

Der Schenker hat nur Vorsatz und grobe Fahrlässigkeit zu vertreten.

§ 522 [Keine Verzugszinsen]

Zur Entrichtung von Verzugszinsen ist der Schenker nicht verpflichtet.

§ 523 [Rechtsmängel]

(1) Verschweigt der Schenker arglistig einen Mangel im Rechte, so ist er verpflichtet, dem Beschenkten den daraus entstehenden Schaden zu ersetzen.

(2) Hatte der Schenker die Leistung eines Gegenstandes versprochen, den er erst erwerben sollte, so kann der Beschenkte wegen eines Mangels im Rechte Schadensersatz wegen Nichterfüllung verlangen, wenn der Mangel dem Schenker bei dem Erwerbe der Sache bekannt gewesen oder infolge grober Fahrlässigkeit unbekannt geblieben ist. Die für die Gewährleistungspflicht des Verkäufers geltenden Vorschriften des § 433 Abs. 1, der §§ 434 bis 437, des § 440 Abs. 2 bis 4 und der §§ 441 bis 444 finden entsprechende Anwendung.

§ 524 [Sachmängel]

(1) Verschweigt der Schenker arglistig einen Fehler der verschenkten Sache, so ist er verpflichtet, dem Beschenkten den daraus entstehenden Schaden zu ersetzen.

(2) Hatte der Schenker die Leistung einer nur der Gattung nach bestimmten Sache versprochen, die er erst erwerben sollte, so kann der Beschenkte, wenn die geleistete Sache fehlerhaft und der Mangel dem Schenker bei dem Erwerbe der Sache bekannt gewesen oder infolge grober Fahrlässigkeit unbekannt geblieben ist, verlangen, daß ihm anstelle der fehlerhaften Sache eine fehlerfreie geliefert wird. Hat der Schenker den Fehler arglistig verschwiegen, so kann der Beschenkte statt der Lieferung einer fehlerfreien Sache Schadensersatz wegen Nichterfüllung verlangen. Auf diese Ansprüche finden die für die Gewährleistung wegen Fehler einer verkauften Sache geltenden Vorschriften entsprechende Anwendung.

§ 525 [Schenkung unter Auflage]

(1) Wer eine Schenkung unter einer Auflage macht, kann die Vollziehung der Auflage verlangen, wenn er seinerseits geleistet hat.

(2) Liegt die Vollziehung der Auflage im öffentlichen Interesse, so kann nach dem Tode des Schenkers auch die zuständige Behörde die Vollziehung verlangen.

§ 526 [Verweigerung des Auflagenvollzugs]

Soweit infolge eines Mangels im Rechte oder eines Mangels der verschenkten Sache der Wert der Zuwendung die Höhe der zur Vollziehung der Auflage erforderlichen Aufwendungen nicht erreicht, ist der Beschenkte berechtigt, die Vollziehung der Auflage zu verweigern, bis der durch den Mangel entstandene Fehlbetrag ausgeglichen wird. Vollzieht der Beschenkte die Auflage ohne Kenntnis des Mangels, so kann er von dem Schenker Ersatz der durch die Vollziehung verursachten Aufwendungen insoweit verlangen, als sie infolge des Mangels den Wert der Zuwendung übersteigen.

§ 527 [Rückforderung bei nicht vollzogener Auflage]

(1) Unterbleibt die Vollziehung der Auflage, so kann der Schenker die Herausgabe des Geschenkes unter den für das Rücktrittsrecht bei gegenseitigen Verträgen bestimmten Voraussetzungen nach den Vorschriften über die Herausgabe einer ungerechtfertigten Bereicherung insoweit fordern, als das Geschenk zur Vollziehung der Auflage hätte verwendet werden müssen.

(2) Der Anspruch ist ausgeschlossen, wenn ein Dritter berechtigt ist, die Vollziehung der Auflage zu verlangen.

§ 528 [Rückforderung wegen Verarmung]
(1) Soweit der Schenker nach der Vollziehung der Schenkung außerstande ist, seinen angemessenen Unterhalt zu bestreiten und die ihm seinen Verwandten, seinem Ehegatten oder seinem früheren Ehegatten gegenüber gesetzlich obliegende Unterhaltspflicht zu erfüllen, kann er von dem Beschenkten die Herausgabe des Geschenkes nach den Vorschriften über die Herausgabe einer ungerechtfertigten Bereicherung fordern. Der Beschenkte kann die Herausgabe durch Zahlung des für den Unterhalt erforderlichen Betrags abwenden. Auf die Verpflichtung des Beschenkten finden die Vorschriften des § 760 sowie die für die Unterhaltspflicht der Verwandten geltende Vorschrift des § 1613 und im Falle des Todes des Schenkers auch die Vorschriften des § 1615 entsprechende Anwendung.
(2) Unter mehreren Beschenkten haftet der früher Beschenkte nur insoweit, als der später Beschenkte nicht verpflichtet ist.

§ 529 [Ausschluß des Rückforderungsanspruchs]
(1) Der Anspruch auf Herausgabe des Geschenkes ist ausgeschlossen, wenn der Schenker seine Bedürftigkeit vorsätzlich oder durch grobe Fahrlässigkeit herbeigeführt hat oder wenn zur Zeit des Eintritts seiner Bedürftigkeit seit der Leistung des geschenkten Gegenstandes zehn Jahre verstrichen sind.
(2) Das gleiche gilt, soweit der Beschenkte bei Berücksichtigung seiner sonstigen Verpflichtungen außerstande ist, das Geschenk herauszugeben, ohne daß sein standesmäßiger Unterhalt oder die Erfüllung der ihm kraft Gesetzes obliegenden Unterhaltspflichten gefährdet wird.

§ 530 [Widerruf der Schenkung]
(1) Eine Schenkung kann widerrufen werden, wenn sich der Beschenkte durch eine schwere Verfehlung gegen den Schenker oder einen nahen Angehörigen des Schenkers groben Undankes schuldig macht.
(2) Dem Erben des Schenkers steht das Recht des Widerrufs nur zu, wenn der Beschenkte vorsätzlich und widerrechtlich den Schenker getötet oder am Widerrufe gehindert hat.

§ 531 [Erklärung und Folgen des Widerrufs]
(1) Der Widerruf erfolgt durch Erklärung gegenüber dem Beschenkten.
(2) Ist die Schenkung widerrufen, so kann die Herausgabe des Geschenkes nach den Vorschriften über die Herausgabe einer ungerechtfertigten Bereicherung gefordert werden.

§ 532 [Ausschluß des Widerrufs]
Der Widerruf ist ausgeschlossen, wenn der Schenker dem Beschenkten verziehen hat oder wenn seit dem Zeitpunkt, in welchem der Widerrufsberechtigte von dem Eintritte der Voraussetzungen seines Rechtes Kenntnis erlangt hat, ein Jahr verstrichen ist. Nach dem Tode des Beschenkten ist der Widerruf nicht mehr zulässig.

§ 533 [Verzicht auf das Widerrufsrecht]
Auf das Widerrufsrecht kann erst verzichtet werden, wenn der Undank dem Widerrufsberechtigten bekannt geworden ist.

§ 534 [Pflicht- und Anstandsgeschenke]
Schenkungen, durch die einer sittlichen Pflicht oder einer auf den Anstand zu nehmenden Rücksicht entsprochen wird, unterliegen nicht der Rückforderung und dem Widerrufe.

Dritter Titel
Miete. Pacht
I. Miete

§ 535 [Wesen des Mietvertrages]
Durch den Mietvertrag wird der Vermieter verpflichtet, dem Mieter den Gebrauch der vermieteten Sache während der Mietzeit zu gewähren. Der Mieter ist verpflichtet, dem Vermieter den vereinbarten Mietzins zu entrichten.

§ 536 [Pflichten des Vermieters]
Der Vermieter hat die vermietete Sache dem Mieter in einem zu dem vertragsmäßigen Gebrauche geeigneten Zustande zu überlassen und sie während der Mietzeit in diesem Zustande zu erhalten.

§ 537 [Mängel der Mietsache]
(1) Ist die vermietete Sache zur Zeit der Überlassung an den Mieter mit einem Fehler behaftet, der ihre Tauglichkeit zu dem vertragsmäßigen Gebrauch aufhebt oder mindert, oder entsteht im Laufe der Miete ein solcher Fehler, so ist der Mieter für die Zeit, während deren die Tauglichkeit aufgehoben ist, von der Entrichtung des Mietzinses befreit, für die Zeit, während deren die Tauglichkeit gemindert ist, nur zur Entrichtung eines nach den §§ 472, 473 zu bemessenden Teiles des Mietzinses verpflichtet. Eine unerhebliche Minderung der Tauglichkeit kommt nicht in Betracht.
(2) Absatz 1 Satz 1 gilt auch, wenn eine zugesicherte Eigenschaft fehlt oder später wegfällt. Bei der Vermietung eines Grundstücks steht die Zusicherung einer bestimmten Größe der Zusicherung einer Eigenschaft gleich.
(3) Bei einem Mietverhältnis über Wohnraum ist eine zum Nachteil des Mieters abweichende Vereinbarung unwirksam.

§ 538 [Schadensersatzpflicht des Vermieters]
(1) Ist ein Mangel der im § 537 bezeichneten Art bei dem Abschluß des Vertrages vorhanden oder entsteht ein solcher Mangel später infolge eines Umstandes, den der Vermieter zu vertreten hat, oder kommt der Vermieter mit der Beseitigung eines Mangels in Verzug, so kann der Mieter unbeschadet der im § 537 bestimmten Rechte Schadensersatz wegen Nichterfüllung verlangen.
(2) Im Falle des Verzugs des Vermieters kann der Mieter den Mangel selbst beseitigen und Ersatz der erforderlichen Aufwendungen verlangen.

§ 539 [Kenntnis des Mieters vom Mangel]
Kennt der Mieter bei dem Abschlusse des Vertrages den Mangel der gemieteten Sache, so stehen ihm die in den §§ 537, 538 bestimmten Rechte nicht zu. Ist dem Mieter ein Mangel der im § 537 Abs. 1 bezeichneten Art infolge grober Fahrlässigkeit unbekannt geblieben oder nimmt er eine mangelhafte Sache an, obschon er den Mangel kennt, so kann er diese Rechte nur unter den Voraussetzungen geltend machen, unter welchen dem Käufer einer mangelhaften Sache nach den §§ 460, 464 Gewähr zu leisten ist.

§ 540 [Vertraglicher Ausschluß der Gewährleistung]
Eine Vereinbarung, durch welche die Verpflichtung des Vermieters zur Vertretung von Mängeln der vermieteten Sache erlassen oder beschränkt wird, ist nichtig, wenn der Vermieter den Mangel arglistig verschweigt.

§ 541 [Haftung für Rechtsmangel]
Wird durch das Recht eines Dritten dem Mieter der vertragsmäßige Gebrauch der gemieteten Sache ganz oder zum Teil entzogen, so finden die Vorschriften der §§ 537, 538, des § 539 Satz 1 und des § 540 entsprechende Anwendung.

§ 541 a [Maßnahmen zur Erhaltung]
Der Mieter von Räumen hat Einwirkungen auf die Mietsache zu dulden, die zur Erhaltung der Mieträume oder des Gebäudes erforderlich sind.

§ 541 b [Maßnahmen zur Verbesserung]
(1) Maßnahmen zur Verbesserung der gemieteten Räume oder sonstiger Teile des Gebäudes, zur Einsparung von Heizenergie oder Wasser oder zur Schaffung neuen Wohnraums hat der Mieter zu dulden, es sei denn, daß die Maßnahme für ihn oder seine Familie eine Härte bedeuten würde, die auch unter Würdigung der berechtigten Interessen des Vermieters und anderer Mieter in dem Gebäude nicht zu rechtfertigen ist. Dabei sind insbesondere die vorzunehmenden Arbeiten, die baulichen Folgen, vorausgegangene Verwendungen des Mieters und die zu erwartende Erhöhung des Mietzinses zu berücksichtigen. Die Erhöhung des Mietzinses bleibt außer Betracht, wenn die gemieteten Räume oder sonstigen Teile des Gebäudes lediglich in einen Zustand versetzt werden, wie er allgemein üblich ist.
(2) Der Vermieter hat dem Mieter zwei Monate vor dem Beginn der Maßnahme deren Art, Umfang, Beginn und voraussichtliche Dauer sowie die zu erwartende Erhöhung des Mietzinses schriftlich

mitzuteilen. Der Mieter ist berechtigt, bis zum Ablauf des Monats, der auf den Zugang der Mitteilung folgt, für den Ablauf des nächsten Monats zu kündigen. Hat der Mieter gekündigt, ist die Maßnahme bis zum Ablauf der Mietzeit zu unterlassen. Diese Vorschriften gelten nicht bei Maßnahmen, die mit keiner oder nur mit einer unerheblichen Einwirkung auf die vermieteten Räume verbunden sind und zu keiner oder nur zu einer unerheblichen Erhöhung des Mietzinses führen.
(3) Aufwendungen, die der Mieter infolge der Maßnahme machen mußte, hat der Vermieter in einem den Umständen nach angemessenen Umfang zu ersetzen; auf Verlangen hat der Vermieter Vorschuß zu leisten.
(4) Bei einem Mietverhältnis über Wohnraum ist eine zum Nachteil des Mieters abweichende Vereinbarung unwirksam.

§ 542 [Fristlose Kündigung wegen Nichtgewährung des Gebrauchs]
(1) Wird dem Mieter der vertragsmäßige Gebrauch der gemieteten Sache ganz oder zum Teil nicht rechtzeitig gewährt oder wieder entzogen, so kann der Mieter ohne Einhaltung einer Kündigungsfrist das Mietverhältnis kündigen. Die Kündigung ist erst zulässig, wenn der Vermieter eine ihm von dem Mieter bestimmte angemessene Frist hat verstreichen lassen, ohne Abhilfe zu schaffen. Der Bestimmung einer Frist bedarf es nicht, wenn die Erfüllung des Vertrags infolge des die Kündigung rechtfertigenden Umstandes für den Mieter kein Interesse hat.
(2) Wegen einer unerheblichen Hinderung oder Vorenthaltung des Gebrauchs ist die Kündigung nur zulässig, wenn sie durch ein besonderes Interesse des Mieters gerechtfertigt wird.
(3) Bestreitet der Vermieter die Zulässigkeit der erfolgten Kündigung, weil er den Gebrauch der Sache rechtzeitig gewährt oder vor dem Ablaufe der Frist die Abhilfe bewirkt habe, so trifft ihn die Beweislast.

§ 543 [Anzuwendende Vorschriften]
(1) Auf das dem Mieter nach § 542 zustehende Kündigungsrecht finden die Vorschriften der §§ 539 bis 541 sowie die für die Wandelung bei dem Kaufe geltenden Vorschriften der §§ 469 bis 471 entsprechende Anwendung. Bei einem Mietverhältnis über Wohnraum ist eine Vereinbarung, durch das Kündigungsrecht ausgeschlossen oder eingeschränkt wird, unwirksam.
(2) (gestrichen)

§ 544 [Fristlose Kündigung wegen Gesundheitsgefährdung]
Ist eine Wohnung oder ein anderer zum Aufenthalte von Menschen bestimmter Raum so beschaffen, daß die Benutzung mit einer erheblichen Gefährdung der Gesundheit verbunden ist, so kann der Mieter das Mietverhältnis ohne Einhaltung einer Kündigungsfrist kündigen, auch wenn er die gefahrbringende Beschaffenheit bei dem Abschlusse des Vertrags gekannt oder auf die Geltendmachung der ihm wegen dieser Beschaffenheit zustehenden Rechte verzichtet hat.

§ 545 [Mängelanzeige]
(1) Zeigt sich im Laufe der Miete ein Mangel der gemieteten Sache oder wird eine Vorkehrung zum Schutze der Sache gegen eine nicht vorhergesehene Gefahr erforderlich, so hat der Mieter dem Vermieter unverzüglich Anzeige zu machen. Das gleiche gilt, wenn sich ein Dritter ein Recht an der Sache anmaßt.
(2) Unterläßt der Mieter die Anzeige, so ist er zum Ersatze des daraus entstehenden Schadens verpflichtet; er ist, soweit der Vermieter infolge der Unterlassung der Anzeige Abhilfe zu schaffen außerstande war, nicht berechtigt, die im § 537 bestimmten Rechte geltend zu machen oder nach § 542 Abs. 1 Satz 3 ohne Bestimmung einer Frist zu kündigen oder Schadensersatz wegen Nichterfüllung zu verlangen.

§ 546 [Lasten der Mietsache]
Die auf der vermieteten Sache ruhenden Lasten hat der Vermieter zu tragen.

§ 547 [Ersatz von Verwendungen]
(1) Der Vermieter ist verpflichtet, dem Mieter die auf die Sache gemachten notwendigen Verwendungen zu ersetzen. Der Mieter eines Tieres hat jedoch die Fütterungskosten zu tragen.
(2) Die Verpflichtung des Vermieters zum Ersatze sonstiger Verwendungen bestimmt sich nach den Vorschriften über die Geschäftsführung ohne Auftrag.

§ 547 a [Wegnahmerecht des Mieters]
(1) Der Mieter ist berechtigt, eine Einrichtung, mit der er die Sache versehen hat, wegzunehmen.
(2) Der Vermieter von Räumen kann die Ausübung des Wegnahmerechts des Mieters durch Zahlung einer angemessenen Entschädigung abwenden, es sei denn, daß der Mieter ein berechtigtes Interesse an der Wegnahme hat.
(3) Eine Vereinbarung, durch die das Wegnahmerecht des Mieters von Wohnraum ausgeschlossen wird, ist nur wirksam, wenn ein angemessener Ausgleich vorgesehen ist.

§ 548 [Abnutzung durch vertragsmäßigen Gebrauch]
Veränderungen oder Verschlechterungen der gemieteten Sache, die durch den vertragsmäßigen Gebrauch herbeigeführt werden, hat der Mieter nicht zu vertreten.

§ 549 [Untermiete]
(1) Der Mieter ist ohne die Erlaubnis des Vermieters nicht berechtigt, den Gebrauch der gemieteten Sache einem Dritten zu überlassen, insbesondere die Sache weiter zu vermieten. Verweigert der Vermieter die Erlaubnis, so kann der Mieter das Mietverhältnis unter Einhaltung der gesetzlichen Frist kündigen, sofern nicht in der Person des Dritten ein wichtiger Grund vorliegt.
(2) Entsteht für den Mieter von Wohnraum nach dem Abschluß des Mietvertrages ein berechtigtes Interesse, einen Teil des Wohnraums einem Dritten zum Gebrauch zu überlassen, so kann er von dem Vermieter die Erlaubnis hierzu verlangen; dies gilt nicht, wenn in der Person des Dritten ein wichtiger Grund vorliegt, der Wohnraum übermäßig belegt würde oder sonst dem Vermieter die Überlassung nicht zugemutet werden kann. Ist dem Vermieter die Überlassung nur bei einer angemessenen Erhöhung des Mietzinses zuzumuten, so kann er die Erlaubnis davon abhängig machen, daß der Mieter sich mit einer solchen Erhöhung einverstanden erklärt. Eine zum Nachteil des Mieters abweichende Vereinbarung ist unwirksam.
(3) Überläßt der Mieter den Gebrauch einem Dritten, so hat er ein dem Dritten bei dem Gebrauche zur Last fallendes Verschulden zu vertreten, auch wenn der Vermieter die Erlaubnis zur Überlassung erteilt hat.

§ 549 a [Weitervermietung an Dritte]
(1) Soll der Mieter nach dem Inhalt des Mietvertrages den gemieteten Wohnraum gewerblich einem Dritten weitervermieten, so tritt der Vermieter bei der Beendigung des Mietverhältnisses in die Rechte und Pflichten aus dem Mietverhältnis zwischen dem Mieter und dem Dritten ein. Schließt der Vermieter erneut einen Mietvertrag zum Zwecke der gewerblichen Weitervermietung ab, so tritt der Mieter anstelle des bisherigen Vertragspartners in die Rechte und Pflichten aus dem Mietverhältnis mit dem Dritten ein.
(2) Die §§ 572 bis 576 gelten entsprechend.
(3) Eine zum Nachteil des Dritten abweichende Vereinbarung ist unwirksam.

§ 550 [Vertragswidriger Gebrauch]
Macht der Mieter von der gemieteten Sache einen vertragswidrigen Gebrauch und setzt er den Gebrauch ungeachtet einer Abmahnung des Vermieters fort, so kann der Vermieter auf Unterlassung klagen.

§ 550 a [Unwirksamkeit von Vertragsstrafen]
Eine Vereinbarung, durch die sich der Vermieter von Wohnraum eine Vertragsstrafe vom Mieter versprechen läßt, ist unwirksam.

§ 550 b [Mietkaution]
(1) Hat bei einem Mietverhältnis über Wohnraum der Mieter dem Vermieter für die Erfüllung seiner Verpflichtungen Sicherheit zu leisten, so darf diese das Dreifache des auf einen Monat entfallenden Mietzinses vorbehaltlich der Regelung in Absatz 2 Satz 3 nicht übersteigen. Nebenkosten, über die gesondert abzurechnen ist, bleiben unberücksichtigt. Ist eine Geldsumme bereitzustellen, so ist der Mieter zu drei gleichen monatlichen Teilleistungen berechtigt; die erste Teilleistung ist zu Beginn des Mietverhältnisses fällig.
(2) Ist bei einem Mietverhältnis über Wohnraum eine als Sicherheit bereitzustellende Geldsumme dem Vermieter zu überlassen, so hat er sie von seinem Vermögen getrennt bei einem Kreditinstitut zu

dem für Spareinlagen mit dreimonatiger Kündigungsfrist üblichen Zinssatz anzulegen.[1] Die Zinsen stehen dem Mieter zu. Sie erhöhen die Sicherheit.
(3) Eine zum Nachteil des Mieters abweichende Vereinbarung ist unwirksam.
(4) Bei Wohnraum, der Teil eines Studenten- oder Jugendwohnheims ist, besteht für den Vermieter keine Verpflichtung, die Sicherheitsleistung zu verzinsen.

§ 551 [Fälligkeit des Mietzinses]
(1) Der Mietzins ist am Ende der Mietzeit zu entrichten. Ist der Mietzins nach Zeitabschnitten bemessen, so ist er nach dem Ablaufe der einzelnen Zeitabschnitte zu entrichten.
(2) Der Mietzins für ein Grundstück ist, sofern er nicht nach kürzeren Zeitabschnitten bemessen ist, nach dem Ablaufe je eines Kalendervierteljahrs am ersten Werktage des folgenden Monats zu entrichten.

§ 552 [Persönliche Verhinderung]
Der Mieter wird von der Entrichtung des Mietzinses nicht dadurch befreit, daß er durch einen in seiner Person liegenden Grund an der Ausübung des ihm zustehenden Gebrauchsrechts verhindert wird. Der Vermieter muß sich jedoch den Wert der ersparten Aufwendungen sowie derjenigen Vorteile anrechnen lassen, welche er aus einer anderweitigen Verwertung des Gebrauchs erlangt. Solange der Vermieter infolge der Überlassung des Gebrauchs an einen Dritten außerstande ist, dem Mieter den Gebrauch zu gewähren, ist der Mieter zur Entrichtung des Mietzinses nicht verpflichtet.

§ 552 a [Aufrechnungs- und Zurückbehaltungsrecht]
Der Mieter von Wohnraum kann entgegen einer vertraglichen Bestimmung gegen eine Mietzinsforderung mit einer Forderung auf Grund des § 538 aufrechnen oder wegen einer solchen Forderung ein Zurückbehaltungsrecht ausüben, wenn er seine Absicht dem Vermieter mindestens einen Monat vor der Fälligkeit des Mietzinses schriftlich angezeigt hat.

§ 553 [Fristlose Kündigung bei vertragswidrigem Gebrauch]
Der Vermieter kann ohne Einhaltung einer Kündigungsfrist das Mietverhältnis kündigen, wenn der Mieter oder derjenige, welchem der Mieter den Gebrauch der gemieteten Sache überlassen hat, ungeachtet der Abmahnung des Vermieters einen vertragswidrigen Gebrauch der Sache fortsetzt, der die Rechte des Vermieters in erheblichem Maße verletzt, insbesondere einem Dritten den ihm unbefugt überlassenen Gebrauch beläßt, oder die Sache durch Vernachlässigung der dem Mieter obliegenden Sorgfalt erheblich gefährdet.

§ 554 [Fristlose Kündigung wegen Mietzinsrückstand]
(1) Der Vermieter kann das Mietverhältnis ohne Einhaltung einer Kündigungsfrist kündigen, wenn der Mieter
1. für zwei aufeinanderfolgende Termine mit der Entrichtung des Mietzinses oder eines nicht unerheblichen Teils des Mietzinses im Verzug ist, oder
2. in einem Zeitraum, der sich über mehr als zwei Termine erstreckt, mit der Entrichtung des Mietzinses in Höhe eines Betrages in Verzug gekommen ist, der den Mietzins für zwei Monate erreicht.

Die Kündigung ist ausgeschlossen, wenn der Vermieter vorher befriedigt wird. Sie wird unwirksam, wenn sich der Mieter von seiner Schuld durch Aufrechnung befreien konnte und unverzüglich nach der Kündigung die Aufrechnung erklärt.
(2) Ist Wohnraum vermietet, so gelten ergänzend die folgenden Vorschriften:
1. Im Falle des Absatzes 1 Satz 1 Nr. 1 ist der rückständige Teil des Mietzinses nur dann als nicht unerheblich anzusehen, wenn er den Mietzins für einen Monat übersteigt; dies gilt jedoch nicht, wenn der Wohnraum zu nur vorübergehendem Gebrauch vermietet ist.
2. Die Kündigung wird auch dann unwirksam, wenn bis zum Ablauf eines Monats nach Eintritt der Rechtshängigkeit des Räumungsanspruchs hinsichtlich des fälligen Mietzinses und der fälligen Entschädigung nach § 557 Abs. 1 Satz 1 der Vermieter befriedigt wird oder eine öffentliche Stelle sich zur Befriedigung verpflichtet. Dies gilt nicht, wenn der Kündigung vor nicht länger als zwei Jahren bereits eine nach Satz 1 unwirksame Kündigung vorausgegangen ist.
3. Eine zum Nachteil des Mieters abweichende Vereinbarung ist unwirksam.

---

1) Gemäß Artikel 6, Abs. 3 des Vierten Mietrechtsänderungsgesetzes vom 21. 7. 1993 (BGBl. I S. 1257) ist diese Fassung hinsichtlich der Verzinsung nicht anzuwenden, wenn die Sicherheit auf Grund einer Vereinbarung zu leisten ist, die vor dem 1. Juli 1993 getroffen worden ist. Insoweit verbleibt es bei den bis dahin geltenden Vorschriften.

§ 554 a [Fristlose Kündigung bei unzumutbarem Mietverhältnis]
Ein Mietverhältnis über Räume kann ohne Einhaltung einer Kündigungsfrist gekündigt werden, wenn ein Vertragsteil schuldhaft in solchem Maße seine Verpflichtungen verletzt, insbesondere den Hausfrieden so nachhaltig stört, daß dem anderen Teil die Fortsetzung des Mietverhältnisses nicht zugemutet werden kann. Eine entgegenstehende Vereinbarung ist unwirksam.

§ 554 b [Vereinbarung über fristlose Kündigung]
Eine Vereinbarung, nach welcher der Vermieter von Wohnraum zur Kündigung ohne Einhaltung einer Kündigungsfrist aus anderen als den im Gesetz genannten Gründen berechtigt sein soll, ist unwirksam.

§ 555 (weggefallen)

§ 556 [Rückgabe der Mietsache]
(1) Der Mieter ist verpflichtet, die gemietete Sache nach der Beendigung des Mietverhältnisses zurückzugeben.
(2) Dem Mieter eines Grundstücks steht wegen seiner Ansprüche gegen den Vermieter ein Zurückbehaltungsrecht nicht zu.
(3) Hat der Mieter den Gebrauch der Sache einem Dritten überlassen, so kann der Vermieter die Sache nach der Beendigung des Mietverhältnisses auch von dem Dritten zurückfordern.

§ 556 a [Widerspruch des Mieters gegen die Kündigung]
(1) Der Mieter kann der Kündigung eines Mietverhältnisses über Wohnraum widersprechen und vom Vermieter die Fortsetzung des Mietverhältnisses verlangen, wenn die vertragsmäßige Beendigung des Mietverhältnisses für den Mieter oder seine Familie eine Härte bedeuten würde, die auch unter Würdigung der berechtigten Interessen des Vermieters nicht zu rechtfertigen ist. Eine Härte liegt auch vor, wenn angemessener Ersatzwohnraum zu zumutbaren Bedingungen nicht beschafft werden kann. Bei der Würdigung der berechtigten Interessen des Vermieters werden nur die in dem Kündigungsschreiben nach § 564 a Abs. 1 Satz 2 angegebenen Gründe berücksichtigt, soweit nicht die Gründe nachträglich entstanden sind.
(2) Im Falle des Absatzes 1 kann der Mieter verlangen, daß das Mietverhältnis so lange fortgesetzt wird, wie dies unter Berücksichtigung aller Umstände angemessen ist. Ist dem Vermieter nicht zuzumuten, das Mietverhältnis nach den bisher geltenden Vertragsbedingungen fortzusetzen, so kann der Mieter nur verlangen, daß es unter einer angemessenen Änderung der Bedingungen fortgesetzt wird.
(3) Kommt keine Einigung zustande, so wird über eine Fortsetzung des Mietverhältnisses und über deren Dauer sowie über die Bedingungen, nach denen es fortgesetzt wird, durch Urteil Bestimmung getroffen. Ist ungewiß, wann voraussichtlich die Umstände wegfallen, auf Grund deren die Beendigung des Mietverhältnisses für den Mieter oder seine Familie ein Härte bedeutet, so kann bestimmt werden, daß das Mietverhältnis auf unbestimmte Zeit fortgesetzt wird.
(4) Der Mieter kann eine Fortsetzung des Mietverhältnisses nicht verlangen,
1. wenn er das Mietverhältnis gekündigt hat;
2. wenn ein Grund vorliegt, aus dem der Vermieter zur Kündigung ohne Einhaltung einer Kündigungsfrist berechtigt ist.
3. (aufgehoben)
(5) Die Erklärung des Mieters, mit der er der Kündigung widerspricht und die Fortsetzung des Mietverhältnisses verlangt, bedarf der schriftlichen Form. Auf Verlangen des Vermieters soll der Mieter über die Gründe des Widerspruchs unverzüglich Auskunft erteilen.
(6) Der Vermieter kann die Fortsetzung des Mietverhältnisses ablehnen, wenn der Mieter den Widerspruch nicht spätestens zwei Monate vor der Beendigung des Mietverhältnisses dem Vermieter gegenüber erklärt hat. Hat der Vermieter nicht rechtzeitig vor Ablauf der Widerspruchsfrist den in § 564 a Abs. 2 bezeichneten Hinweis erteilt, so kann der Mieter den Widerspruch noch im ersten Termin des Räumungsrechtsstreits erklären.
(7) Eine entgegenstehende Vereinbarung ist unwirksam.
(8) Diese Vorschriften gelten nicht für Mietverhältnisse der in § 564 b Abs. 7 Nr. 1, 2 und 5 genannten Art.

Bürgerliches Gesetzbuch §§ 556 b–559

§ 556 b [Fortsetzung des befristeten Mietverhältnisses]
(1) Ist ein Mietverhältnis über Wohnraum auf bestimmte Zeit eingegangen, so kann der Mieter die Fortsetzung des Mietverhältnisses verlangen, wenn sie auf Grund des § 556 a im Falle einer Kündigung verlangt werden könnte. Im übrigen gilt § 556 a sinngemäß.
(2) Hat der Mieter die Umstände, welche das Interesse des Vermieters an der fristgemäßen Rückgabe des Wohnraums begründen, bei Abschluß des Mietvertrages gekannt, so sind zugunsten des Mieters nur Umstände zu berücksichtigen, die nachträglich eingetreten sind.

§ 556 c [Weitere Fortsetzung des Mietverhältnisses]
(1) Ist auf Grund der §§ 556 a, 556 b durch Einigung oder Urteil bestimmt worden, daß das Mietverhältnis auf bestimmte Zeit fortgesetzt wird, so kann der Mieter dessen weitere Fortsetzung nach diesen Vorschriften nur verlangen, wenn dies durch eine wesentliche Änderung der Umstände gerechtfertigt ist oder wenn Umstände nicht eingetreten sind, deren vorgesehener Eintritt für die Zeitdauer der Fortsetzung bestimmend gewesen war.
(2) Kündigt der Vermieter ein Mietverhältnis, dessen Fortsetzung auf unbestimmte Zeit durch Urteil bestimmt worden ist, so kann der Mieter der Kündigung widersprechen und vom Vermieter verlangen, das Mietverhältnis auf unbestimmte Zeit fortzusetzen. Haben sich Umstände, die für die Fortsetzung bestimmend gewesen waren, verändert, so kann der Mieter eine Fortsetzung des Mietverhältnisses nur nach § 556 a verlangen; unerhebliche Veränderungen bleiben außer Betracht.

§ 557 [Entschädigung bei verspäteter Rückgabe]
(1) Gibt der Mieter die gemietete Sache nach der Beendigung des Mietverhältnisses nicht zurück, so kann der Vermieter für die Dauer der Vorenthaltung als Entschädigung den vereinbarten Mietzins verlangen; bei einem Mietverhältnis über Räume kann er anstelle dessen als Entschädigung den Mietzins verlangen, der für vergleichbare Räume ortsüblich ist. Die Geltendmachung eines weiteren Schadens ist nicht ausgeschlossen.
(2) Der Vermieter von Wohnraum kann jedoch einen weiteren Schaden nur geltend machen, wenn die Rückgabe infolge von Umständen unterblieben ist, die der Mieter zu vertreten hat; der Schaden ist nur insoweit zu ersetzen, als den Umständen nach die Billigkeit eine Schadloshaltung erfordert. Dies gilt nicht, wenn der Mieter gekündigt hat.
(3) Wird dem Mieter von Wohnraum nach § 721 oder § 794 a der Zivilprozeßordnung eine Räumungsfrist gewährt, so ist er für die Zeit von der Beendigung des Mietverhältnisses bis zum Ablauf der Räumungsfrist zum Ersatz eines weiteren Schadens nicht verpflichtet.
(4) Eine Vereinbarung, die zum Nachteil des Mieters von den Absätzen 2 oder 3 abweicht, ist unwirksam.

§ 557 a [Rückerstattung vorausbezahlter Miete]
(1) Ist der Mietzins für eine Zeit nach der Beendigung des Mietverhältnisses im voraus entrichtet, so hat ihn der Vermieter nach Maßgabe des § 347 oder, wenn die Beendigung wegen eines Umstandes erfolgt, den er nicht zu vertreten hat, nach den Vorschriften über die Herausgabe einer ungerechtfertigten Bereicherung zurückzuerstatten.
(2) Bei einem Mietverhältnis über Wohnraum ist eine zum Nachteil des Mieters abweichende Vereinbarung unwirksam.

§ 558 [Verjährung]
(1) Die Ersatzansprüche des Vermieters wegen Veränderungen oder Verschlechterungen der vermieteten Sache sowie die Ansprüche des Mieters auf Ersatz von Verwendungen oder auf Gestattung der Wegnahme einer Einrichtung verjähren in sechs Monaten.
(2) Die Verjährung der Ersatzansprüche des Vermieters beginnt mit dem Zeitpunkt, in welchem er die Sache zurückerhält, die Verjährung der Ansprüche des Mieters beginnt mit der Beendigung des Mietverhältnisses.
(3) Mit der Verjährung des Anspruchs des Vermieters auf Rückgabe der Sache verjähren auch die Ersatzansprüche des Vermieters.

§ 559 [Vermieterpfandrecht]
Der Vermieter eines Grundstücks hat für seine Forderungen aus dem Mietverhältnis ein Pfandrecht an den eingebrachten Sachen des Mieters. Für künftige Entschädigungsforderungen und für den Mietzins

für eine spätere Zeit als das laufende und das folgende Mietjahr kann das Pfandrecht nicht geltend gemacht werden. Es erstreckt sich nicht auf die der Pfändung nicht unterworfenen Sachen.

§ 560 [Erlöschen des Pfandrechts]
Das Pfandrecht des Vermieters erlischt mit der Entfernung der Sachen von dem Grundstück, es sei denn, daß die Entfernung ohne Wissen oder unter Widerspruch des Vermieters erfolgt. Der Vermieter kann der Entfernung nicht widersprechen, wenn sie im regelmäßigen Betriebe des Geschäfts des Mieters oder den gewöhnlichen Lebensverhältnissen entsprechend erfolgt oder wenn die zurückbleibenden Sachen zur Sicherung des Vermieters offenbar ausreichen.

§ 561 [Selbsthilferecht]
(1) Der Vermieter darf die Entfernung der seinem Pfandrecht unterliegenden Sachen, soweit er ihr zu widersprechen berechtigt ist, auch ohne Anrufen des Gerichts verhindern und, wenn der Mieter auszieht, die Sachen in seinen Besitz nehmen.

(2) Sind die Sachen ohne Wissen oder unter Widerspruch des Vermieters entfernt worden, so kann er die Herausgabe zum Zwecke der Zurückschaffung in das Grundstück und, wenn der Mieter ausgezogen ist, die Überlassung des Besitzes verlangen. Das Pfandrecht erlischt mit dem Ablauf eines Monats, nachdem der Vermieter von der Entfernung der Sachen Kenntnis erlangt hat, wenn nicht der Vermieter diesen Anspruch vorher gerichtlich geltend gemacht hat.

§ 562 [Sicherheitsleistung]
Der Mieter kann die Geltendmachung des Pfandrechts des Vermieters durch Sicherheitsleistung abwenden; er kann jede einzelne Sache dadurch von dem Pfandrecht befreien, daß er in Höhe ihres Wertes Sicherheit leistet.

§ 563 [Pfändungspfandrecht]
Wird eine dem Pfandrechte des Vermieters unterliegende Sache für einen anderen Gläubiger gepfändet, so kann diesem gegenüber das Pfandrecht nicht wegen des Mietzinses für eine frühere Zeit als das letzte Jahr vor der Pfändung geltend gemacht werden.

§ 564 [Ende des Mietverhältnisses]
(1) Das Mietverhältnis endigt mit dem Ablaufe der Zeit, für die es eingegangen ist.

(2) Ist die Mietzeit nicht bestimmt, so kann jeder Teil das Mietverhältnis nach den Vorschriften des § 565 kündigen.

§ 564 a [Schriftform bei Wohnraumkündigung]
(1) Die Kündigung eines Mietverhältnisses über Wohnraum bedarf der schriftlichen Form. In dem Kündigungsschreiben sollen die Gründe der Kündigung angegeben werden.

(2) Der Vermieter von Wohnraum soll den Mieter auf die Möglichkeit des Widerspruchs nach § 556 a sowie auf die Form und die Frist des Widerspruchs rechtzeitig hinweisen.

(3) Die Absätze 1 und 2 gelten nicht für Mietverhältnisse der in § 564 b Abs. 7 Nr. 1 und 2 genannten Art. Absatz 1 Satz 2 und Absatz 2 gelten nicht für Mietverhältnisse der in § 564 b Abs. 7 Nr. 4 und 5 genannten Art.

§ 564 b [Berechtigtes Interesse des Vermieters an der Kündigung]
(1) Ein Mietverhältnis über Wohnraum kann der Vermieter vorbehaltlich der Regelung in Absatz 4 nur kündigen, wenn er ein berechtigtes Interesse an der Beendigung des Mietverhältnisses hat.

(2) Als ein berechtigtes Interesse des Vermieters an der Beendigung des Mietverhältnisses ist es insbesondere anzusehen, wenn
1. der Mieter seine vertraglichen Verpflichtungen schuldhaft nicht unerheblich verletzt hat;
2. der Vermieter die Räume als Wohnung für sich, die zu seinem Hausstand gehörenden Personen oder seine Familienangehörigen benötigt. Ist an den vermieteten Wohnräumen nach der Überlassung an den Mieter Wohnungseigentum begründet und das Wohnungseigentum veräußert worden, so kann sich der Erwerber auf berechtigte Interessen im Sinne des Satzes 1 nicht vor Ablauf von drei Jahren seit der Veräußerung an ihn berufen. Ist die ausreichende Versorgung der Bevölkerung mit Mietwohnungen zu angemessenen Bedingungen in einer Gemeinde oder einem Teil einer Gemeinde besonders gefährdet, so verlängert sich die Frist nach Satz 2 auf fünf Jahre. Diese Gebiete werden durch Rechtsverordnung der Landesregierungen für die Dauer von jeweils höchstens fünf Jahren bestimmt;

3. der Vermieter durch die Fortsetzung des Mietverhältnisses an einer angemessenen wirtschaftlichen Verwertung des Grundstücks gehindert und dadurch erhebliche Nachteile erleiden würde. Die Möglichkeit, im Falle einer anderweitigen Vermietung als Wohnraum eine höhere Miete zu erzielen, bleibt dabei außer Betracht. Der Vermieter kann sich auch nicht darauf berufen, daß er die Mieträume im Zusammenhang mit einer beabsichtigten oder nach Überlassung an den Mieter erfolgten Begründung von Wohnungseigentum veräußern will. Ist an den vermieteten Wohnräumen nach der Überlassung an den Mieter Wohnungseigentum begründet und das Wohnungseigentum veräußert worden, so kann sich der Erwerber in Gebieten, die die Landesregierung nach Nummer 2 Satz 4 bestimmt hat, nicht vor Ablauf von fünf Jahren seit der Veräußerung an ihn darauf berufen, daß er die Mieträume veräußern will[1].
4. der Vermieter nicht zum Wohnen bestimmte Nebenräume oder Teile eines Grundstücks dazu verwenden will,
   a) Wohnraum zum Zwecke der Vermietung zu schaffen oder
   b) den neu zu schaffenden und den vorhandenen Wohnraum mit Nebenräumen und Grundstücksteilen auszustatten,
   und er die Kündigung auf diese Räume oder Grundstücksteile beschränkt. Die Kündigung ist spätestens am dritten Werktag eines Kalendermonats für den Ablauf des übernächsten Monats zulässig. Der Mieter kann eine angemessene Senkung des Mietzinses verlangen. Verzögert sich der Beginn der Bauarbeiten, so kann der Mieter eine Verlängerung des Mietverhältnisses um einen entsprechenden Zeitraum verlangen.

(3) Als berechtigte Interessen des Vermieters werden nur die Gründe berücksichtigt, die in dem Kündigungsschreiben angegeben sind, soweit sie nicht nachträglich entstanden sind.

(4) Ein Mietverhältnis über eine Wohnung in einem vom Vermieter selbst bewohnten Wohngebäude
1. mit nicht mehr als zwei Wohnungen oder
2. mit drei Wohnungen, wenn mindestens eine der Wohnungen durch Ausbau oder Erweiterung eines vom Vermieter selbst bewohnten Wohngebäudes nach dem 31. Mai 1990 und vor dem 1. Juni 1999 fertiggestellt worden ist,

kann der Vermieter kündigen, auch wenn die Voraussetzungen des Absatzes 1 nicht vorliegen, im Falle der Nummer 2 beim Abschluß eines Mietvertrages nach Fertigstellung der Wohnung jedoch nur, wenn er den Mieter bei Vertragsschluß auf diese Kündigungsmöglichkeit hingewiesen hat. Die Kündigungsfrist verlängert sich in diesem Fall um drei Monate. Dies gilt entsprechend für Mietverhältnisse über Wohnraum innerhalb der vom Vermieter selbst bewohnten Wohnung, sofern der Wohnraum nicht nach Absatz 7 von der Anwendung dieser Vorschriften ausgenommen ist. In dem Kündigungsschreiben ist anzugeben, daß die Kündigung nicht auf die Voraussetzungen des Absatzes 1 gestützt wird.

(5) Weitergehende Schutzrechte des Mieters bleiben unberührt.

(6) Eine zum Nachteil des Mieters abweichende Vereinbarung ist unwirksam.

(7) Diese Vorschriften gelten nicht für Mietverhältnisse:
1. über Wohnraum, der zu nur vorübergehendem Gebrauch vermietet ist,
2. über Wohnraum, der Teil der vom Vermieter selbst bewohnten Wohnung ist und den der Vermieter ganz oder überwiegend mit Einrichtungsgegenständen auszustatten hat, sofern der Wohnraum nicht zum dauernden Gebrauch für eine Familie überlassen ist,
3. über Wohnraum, der Teil eines Studenten- oder Jugendwohnheims ist,
4. über Wohnraum in Ferienhäusern und Ferienwohnungen in Ferienhausgebieten, der vor dem 1. Juni 1995 dem Mieter überlassen worden ist, wenn der Vermieter den Mieter bei Vertragsschluß auf die Zweckbestimmung des Wohnraums und die Ausnahme von den Absätzen 1 bis 6 hingewiesen hat,
5. über Wohnraum, den eine juristische Person des öffentlichen Rechts im Rahmen der ihr durch Gesetz zugewiesen Aufgaben angemietet hat, um ihn Personen mit dringendem Wohnungsbedarf oder in Ausbildung befindlichen Personen zu überlassen, wenn sie den Mieter bei Vertragsschluß

---

1) Gemäß Artikel 2 des Gesetzes zur Verbesserung der Rechtsstellung des Mieters bei Begründung von Wohnungseigentum an vermieteten Wohnungen vom 20. 7. 1990 (BGBl. I S. 1456) ist § 564 b Abs. 2 Nr. 3 Satz 4 nicht anzuwenden, wenn der auf die Veräußerung des Wohnungseigentums gerichtete Vertrag vor dem Inkrafttreten dieses Gesetzes abgeschlossen worden ist.

auf die Zweckbestimmung des Wohnraums und die Ausnahme von den Absätzen 1 bis 6 hingewiesen hat.

§ 564 c [Fortsetzung von Mietverhältnissen auf Zeit]

(1) Ist ein Mietverhältnis über Wohnraum auf bestimmte Zeit eingegangen, so kann der Mieter spätestens zwei Monate vor der Beendigung des Mietverhältnisses durch schriftliche Erklärung gegenüber dem Vermieter die Fortsetzung des Mietverhältnisses auf unbestimmte Zeit verlangen, wenn nicht der Vermieter ein berechtigtes Interesse an der Beendigung des Mietverhältnisses hat. § 564 b gilt entsprechend.

(2) Der Mieter kann keine Fortsetzung des Mietverhältnisses nach Absatz 1 oder nach § 556 b verlangen, wenn
1. das Mietverhältnis für nicht mehr als fünf Jahre eingegangen worden ist,
2. der Vermieter nach Ablauf der Mietzeit
   a) die Räume als Wohnung für sich, die zu seinem Hausstand gehörenden Personen oder seine Familienangehörigen nutzen will oder
   b) in zulässiger Weise die Räume beseitigen oder so wesentlich verändern oder instandsetzen will, daß die Maßnahmen durch eine Fortsetzung des Mietverhältnisses erheblich erschwert würden, oder
   c) Räume, die mit Rücksicht auf das Bestehen eines Dienstverhältnisses vermietet worden sind, an einen anderen zur Dienstleistung Verpflichteten vermieten will und
3. der Vermieter dem Mieter diese Absicht bei Vertragsschluß schriftlich mitgeteilt hat.

Verzögert sich die vom Vermieter beabsichtigte Verwendung der Räume ohne sein Verschulden oder teilt der Vermieter dem Mieter nicht drei Monate vor Ablauf der Mietzeit schriftlich mit, daß seine Verwendungsabsicht noch besteht, so kann der Mieter eine Verlängerung des Mietverhältnisses um einen entsprechenden Zeitraum verlangen.

§ 565 [Kündigungsfristen]

(1) Bei einem Mietverhältnis über Grundstücke, Räume oder im Schiffsregister eingetragene Schiffe ist die Kündigung zulässig,
1. wenn der Mietzins nach Tagen bemessen ist, an jedem Tag für den Ablauf des folgenden Tages;
2. wenn der Mietzins nach Wochen bemessen ist, spätestens am ersten Werktag einer Woche für den Ablauf des folgenden Sonnabends;
3. wenn der Mietzins nach Monaten oder längeren Zeitabschnitten bemessen ist, spätestens am dritten Werktag eines Kalendermonats für den Ablauf des übernächsten Monats, bei einem Mietverhältnis über gewerblich genutzte unbebaute Grundstücke oder im Schiffsregister eingetragene Schiffe jedoch nur für den Ablauf eines Kalendervierteljahres.

(1 a) Bei einem Mietverhältnis über Geschäftsräume ist die Kündigung spätestens am dritten Werktag eines Kalendervierteljahres für den Ablauf des nächsten Kalendervierteljahres zulässig.

(2) Bei einem Mietverhältnis über Wohnraum ist die Kündigung spätestens am dritten Werktag eines Kalendermonats für den Ablauf des übernächsten Monats zulässig. Nach fünf, acht und zehn Jahren seit der Überlassung des Wohnraums verlängert sich die Kündigungsfrist um jeweils drei Monate. Eine Vereinbarung, nach welcher der Vermieter zur Kündigung unter Einhaltung einer kürzeren Frist berechtigt sein soll, ist nur wirksam, wenn der Wohnraum zu nur vorübergehendem Gebrauch vermietet ist. Eine Vereinbarung, nach der die Kündigung nur für den Schluß bestimmter Kalendermonate zulässig sein soll, ist unwirksam.

(3) Ist Wohnraum, den der Vermieter ganz oder überwiegend mit Einrichtungsgegenständen auszustatten hat, Teil der vom Vermieter selbst bewohnten Wohnung, jedoch nicht zum dauernden Gebrauch für eine Familie überlassen, so ist die Kündigung zulässig,
1. wenn der Mietzins nach Tagen bemessen ist, an jedem Tag für den Ablauf des folgenden Tages;
2. wenn der Mietzins nach Wochen bemessen ist, spätestens am ersten Werktag einer Woche für den Ablauf des folgenden Sonnabends;
3. wenn der Mietzins nach Monaten oder längeren Zeitabschnitten bemessen ist, spätestens am Fünfzehnten eines Monats für den Ablauf dieses Monats.

(4) Bei einem Mietverhältnis über bewegliche Sachen ist die Kündigung zulässig,
1. wenn der Mietzins nach Tagen bemessen ist, an jedem Tag für den Ablauf des folgenden Tages;

2. wenn der Mietzins nach längeren Zeitabschnitten bemessen ist, spätestens am dritten Tag vor dem Tag, mit dessen Ablauf das Mietverhältnis endigen soll.
(5) Absatz 1 Nr. 3, Absatz 2 Satz 1, Absatz 3 Nr. 3, Absatz 4 Nr. 2 sind auch anzuwenden, wenn ein Mietverhältnis unter Einhaltung der gesetzlichen Frist vorzeitig gekündigt werden kann.

§ 565 a [Verlängerung befristeter oder bedingter Mietverhältnisse]
(1) Ist ein Mietverhätnis über Wohnraum auf bestimmte Zeit eingegangen und ist vereinbart, daß es sich mangels Kündigung verlängert, so tritt die Verlängerung ein, wenn es nicht nach den Vorschriften des § 565 gekündigt wird.
(2) Ist ein Mietverhältnis über Wohnraum unter einer auflösenden Bedingung geschlossen, so gilt es nach Eintritt der Bedingung als auf unbestimmte Zeit verlängert. Kündigt der Vermieter nach Eintritt der Bedingung und verlangt der Mieter auf Grund des § 556 a die Fortsetzung des Mietverhältnisses, so sind zu seinen Gunsten nur Umstände zu berücksichtigen, die nach Abschluß des Mietvertrages eingetreten sind.
(3) Eine zum Nachteil des Mieters abweichende Vereinbarung ist nur wirksam, wenn der Wohnraum zu nur vorübergehendem Gebrauch vermietet ist oder es sich um ein Mietverhältnis der in § 565 Abs. 3 genannten Art handelt.

§ 565 b [Sondervorschriften für Dienstmietwohnungen]
Ist Wohnraum mit Rücksicht auf das Bestehen eines Dienstverhältnisses vermietet, so gelten die besonderen Vorschriften der §§ 565 c und 565 d.

§ 565 c [Kündigung des Vermieters]
Ist das Mietverhältnis auf unbestimmte Zeit eingegangen, so ist nach Beendigung des Dienstverhältnisses eine Kündigung des Vermieters zulässig
1. bei Wohnraum, der weniger als zehn Jahre überlassen war, spätestens am dritten Werktag eines Kalendermonats für den Ablauf des
    a) übernächsten Monats, wenn der Wohnraum für einen anderen zur Dienstleistung Verpflichteten benötigt wird,
    b) nächsten Monats, wenn das Mietverhältnis vor dem 1. September 1993 eingegangen worden ist und der Wohnraum für einen anderen zur Dienstleistung Verpflichteten dringend benötigt wird;
2. spätestens am dritten Werktag eines Kalendermonats für den Ablauf dieses Monats, wenn das Dienstverhältnis seiner Art nach die Überlassung des Wohnraums, der in unmittelbarer Beziehung oder Nähe zur Stätte der Dienstleistung steht, erfordert hat und der Wohnraum aus dem gleichen Grunde für einen anderen zur Dienstleistung Verpflichteten benötigt wird.

Im übrigen bleibt § 565 unberührt.

§ 565 d [Widerspruch des Mieters gegen Kündigung]
(1) Bei Anwendung der §§ 556 a, 556 b sind auch die Belange des Dienstberechtigten zu berücksichtigen.
(2) Hat der Vermieter nach § 565 c Satz 1 Nr. 1 gekündigt, so gilt § 556 a mit der Maßgabe, daß der Vermieter die Einwilligung zur Fortsetzung des Mietverhältnisses verweigern kann, wenn der Mieter den Widerspruch nicht spätestens einen Monat vor Beendigung des Mietverhältnisses erklärt hat.
(3) Die §§ 556 a, 556 b gelten nicht, wenn
1. der Vermieter nach § 565 c Satz 1 Nr. 2 gekündigt hat;
2. der Mieter das Dienstverhältnis gelöst hat, ohne daß ihm von dem Dienstberechtigten gesetzlich begründeter Anlaß gegeben war, oder der Mieter durch sein Verhalten dem Dienstberechtigten gesetzlich begründeten Anlaß zur Auflösung des Dienstverhältnisses gegeben hat.

§ 565 e [Dienstwohnungen]
Ist Wohnraum im Rahmen eines Dienstverhältnisses überlassen, so gelten für die Beendigung des Rechtsverhältnisses hinsichtlich des Wohnraums die Vorschriften über die Miete entsprechend, wenn der zur Dienstleistung Verpflichtete den Wohnraum ganz oder überwiegend mit Einrichtungsgegenständen ausgestattet hat oder in dem Wohnraum mit seiner Familie einen eigenen Hausstand führt.

§ 566 [Schriftform des Mietvertrags]
Ein Mietvertrag über ein Grundstück, der für längere Zeit als ein Jahr geschlossen wird, bedarf der schriftlichen Form. Wird die Form nicht beobachtet, so gilt der Vertrag als für unbestimmte Zeit geschlossen; die Kündigung ist jedoch nicht für eine frühere Zeit als für den Schluß des ersten Jahres zulässig.

§ 567 [Kündigung bei Mietvertrag über 30 Jahre]
Wird ein Mietvertrag für eine längere Zeit als dreißig Jahre geschlossen, so kann nach dreißig Jahren jeder Teil das Mietverhältnis unter Einhaltung der gesetzlichen Frist kündigen. Die Kündigung ist unzulässig, wenn der Vertrag für die Lebenszeit des Vermieters oder des Mieters geschlossen ist.

§ 568 [Stillschweigende Verlängerung]
Wird nach dem Ablaufe der Mietzeit der Gebrauch der Sache von dem Mieter fortgesetzt, so gilt das Mietverhältnis als auf unbestimmte Zeit verlängert, sofern nicht der Vermieter oder der Mieter seinen entgegenstehenden Willen binnen einer Frist von zwei Wochen dem anderen Teile gegenüber erklärt. Die Frist beginnt für den Mieter mit der Fortsetzung des Gebrauchs, für den Vermieter mit dem Zeitpunkt, in welchem er von der Fortsetzung Kenntnis erlangt.

§ 569 [Tod des Mieters]
(1) Stirbt der Mieter, so ist sowohl der Erbe als der Vermieter berechtigt, das Mietverhältnis unter Einhaltung der gesetzlichen Frist zu kündigen. Die Kündigung kann nur für den ersten Termin erfolgen, für die sie zulässig ist.
(2) Die Vorschriften des Absatzes 1 gelten nicht, wenn die Voraussetzungen für eine Fortsetzung des Mietverhältnisses nach den §§ 569 a oder 569 b gegeben sind.

§ 569 a [Eintritt von Familienangehörigen in das Mietverhältnis]
(1) In ein Mietverhältnis über Wohnraum, in dem der Mieter mit seinem Ehegatten den gemeinsamen Hausstand führt, tritt mit dem Tode des Mieters der Ehegatte ein. Erklärt der Ehegatte binnen eines Monats, nachdem er von dem Tode des Mieters Kenntnis erlangt hat, dem Vermieter gegenüber, daß er das Mietverhältnis nicht fortsetzen will, so gilt sein Eintritt in das Mietverhältnis als nicht erfolgt; § 206 gilt entsprechend.
(2) Wird nach dem Wohnraum ein gemeinsamer Hausstand mit einem oder mehreren anderen Familienangehörigen geführt, so treten diese mit dem Tode des Mieters in das Mietverhältnis ein. Das gleiche gilt, wenn der Mieter einen gemeinsamen Hausstand mit seinem Ehegatten und einem oder mehreren anderen Familienangehörigen geführt hat und der Ehegatte in das Mietverhältnis nicht eintritt. Absatz 1 Satz 2 gilt entsprechend; bei mehreren Familienangehörigen kann jeder die Erklärung für sich abgeben. Sind mehrere Familienangehörige in das Mietverhältnis eingetreten, so können sie die Rechte aus dem Mietverhältnis nur gemeinsam ausüben. Für die Verpflichtungen aus dem Mietverhältnis haften sie als Gesamtschuldner.
(3) Der Ehegatte oder die Familienangehörigen haften, wenn sie in das Mietverhältnis eingetreten sind, neben dem Erben für die bis zum Tode des Mieters entstandenen Verbindlichkeiten als Gesamtschuldner; im Verhältnis zu dem Ehegatten oder den Familienangehörigen haftet der Erbe allein.
(4) Hat der Mieter den Mietzins für einen nach seinem Tode liegenden Zeitraum im voraus entrichtet und treten sein Ehegatte oder Familienangehörige in das Mietverhältnis ein, so sind sie verpflichtet, dem Erben dasjenige herauszugeben, was sie infolge der Vorausentrichtung des Mietzinses ersparen oder erlangen.
(5) Der Vermieter kann das Mietverhältnis unter Einhaltung der gesetzlichen Frist kündigen, wenn in der Person des Ehegatten oder Familienangehörigen, der in das Mietverhältnis eingetreten ist, ein wichtiger Grund vorliegt; die Kündigung kann nur für den ersten Termin erfolgen, für den sie zulässig ist. § 556 a ist entsprechend anzuwenden.
(6) Treten in ein Mietverhältnis über Wohnraum der Ehegatte oder andere Familienangehörige nicht ein, so wird es mit dem Erben fortgesetzt. Sowohl der Erbe als der Vermieter sind berechtigt, das Mietverhältnis unter Einhaltung der gesetzlichen Frist zu kündigen; die Kündigung kann nur für den ersten Termin erfolgen, für den sie zulässig ist.
(7) Eine von den Absätzen 1, 2 oder 5 abweichende Vereinbarung ist unwirksam.

§ 569 b [Fortsetzung durch überlebenden Ehegatten bei gemeinschaftlicher Miete]
Ein Mietverhältnis über Wohnraum, den Eheleute gemeinschaftlich gemietet haben und in dem sie den gemeinsamen Hausstand führen, wird beim Tode eines Ehegatten mit dem überlebenden Ehegatten fortgesetzt. § 569 a Abs. 3, 4 gilt entsprechend. Der überlebende Ehegatte kann das Mietverhältnis unter Einhaltung der gesetzlichen Frist kündigen; die Kündigung kann nur für den ersten Termin erfolgen, für den sie zulässig ist.

§ 570 [Versetzung des Mieters]
Militärpersonen, Beamte, Geistliche und Lehrer an öffentlichen Unterrichtsanstalten können im Falle der Versetzung nach einem anderen Orte das Mietverhältnis in Ansehung der Räume, welche sie für sich oder ihre Familie an dem bisherigen Garnison- oder Wohnort gemietet haben, unter Einhaltung der gesetzlichen Frist kündigen. Die Kündigung kann nur für den ersten Termin erfolgen, für den sie zulässig ist.

§ 570 a [Vereinbartes Rücktrittsrecht]
Bei einem Mietverhältnis über Wohnraum gelten, wenn der Wohnraum an den Mieter überlassen ist, für ein vereinbartes Rücktrittsrecht die Vorschriften dieses Titels über die Kündigung und ihre Folgen entsprechend.

§ 570 b [Vorkaufsrecht][1]
(1) Werden vermietete Wohnräume, an denen nach der Überlassung an den Mieter Wohnungseigentum begründet worden ist oder begründet werden soll, an einen Dritten verkauft, so ist der Mieter zum Vorkauf berechtigt. Dies gilt nicht, wenn der Vermieter die Wohnräume an eine zu seinem Hausstand gehörende Person oder an einen Familienangehörigen verkauft.
(2) Die Mitteilung des Verkäufers oder des Dritten über den Inhalt des Kaufvertrages ist mit einer Unterrichtung des Mieters über sein Vorkaufsrecht zu verbinden.
(3) Stirbt der Mieter, so geht das Vorkaufsrecht auf denjenigen über, der das Mietverhältnis nach § 569a Abs. 1 oder 2 fortsetzt.
(4) Eine zum Nachteil des Mieters abweichende Vereinbarung ist unwirksam.

§ 571 [Kauf bricht nicht Miete]
(1) Wird das vermietete Grundstück nach der Überlassung an den Mieter von dem Vermieter an einen Dritten veräußert, so tritt der Erwerber an Stelle des Vermieters in die sich während der Dauer seines Eigentums aus dem Mietverhältnis ergebenden Rechte und Verpflichtungen ein.
(2) Erfüllt der Erwerber die Verpflichtungen nicht, so haftet der Vermieter für den von dem Erwerber zu ersetzenden Schaden wie ein Bürge, der auf die Einrede der Vorausklage verzichtet hat. Erlangt der Mieter von dem Übergange des Eigentums durch Mitteilung des Vermieters Kenntnis, so wird der Vermieter von der Haftung befreit, wenn nicht der Mieter das Mietverhältnis für den ersten Termin kündigt, für den die Kündigung zulässig ist.

§ 572 [Sicherheitsleistung des Mieters]
Hat der Mieter des veräußerten Grundstücks dem Vermieter für die Erfüllung seiner Verpflichtungen Sicherheit geleistet, so tritt der Erwerber in die dadurch begründeten Rechte ein. Zur Rückgewähr der Sicherheit ist er nur verpflichtet, wenn sie ihm ausgehändigt wird oder wenn er dem Vermieter gegenüber die Verpflichtung zur Rückgewähr übernimmt.

§ 573 [Vorausverfügung über den Mietzins]
Hat der Vermieter vor dem Übergang des Eigentums über den Mietzins, der auf die Zeit der Berechtigung des Erwerbers entfällt, verfügt, so ist die Verfügung insoweit wirksam, als sie sich auf den Mietzins für den zur Zeit des Übergangs des Eigentums laufenden Kalendermonat bezieht; geht das Eigentum nach dem fünfzehnten Tage des Monats über, so ist die Verfügung auch insoweit wirksam, als sie sich auf den Mietzins für den folgenden Kalendermonat bezieht. Eine Verfügung über den Mietzins für eine spätere Zeit muß der Erwerber gegen sich gelten lassen, wenn er sie zur Zeit des Überganges des Eigentums kennt.

---

1) Gemäß Artikel 6 Abs. 4 des Vierten Mietrechtsänderungsgesetzes vom 21. 7. 1993 (BGBl. I S. 1257) ist § 570 b nicht anzuwenden, wenn der Kaufvertrag mit dem Dritten vor dem 1. September 1993 abgeschlossen worden ist.

§ 574 [Rechtsgeschäfte über Entrichtung des Mietzinses]
Ein Rechtsgeschäft, das zwischen dem Mieter und dem Vermieter in Ansehung der Mietzinsforderung vorgenommen wird, insbesondere die Entrichtung des Mietzinses, ist dem Erwerber gegenüber wirksam, soweit es sich nicht auf den Mietzins für eine spätere Zeit als den Kalendermonat bezieht, in welchem der Mieter von dem Übergang des Eigentums Kenntnis erlangt; erlangt der Mieter die Kenntnis nach dem fünfzehnten Tage des Monats, so ist das Rechtsgeschäft auch insoweit wirksam, als es sich auf den Mietzins für den folgenden Kalendermonat bezieht. Ein Rechtsgeschäft, das nach dem Übergange des Eigentums vorgenommen wird, ist jedoch unwirksam, wenn der Mieter bei der Vornahme des Rechtsgeschäfts von dem Übergange des Eigentums Kenntnis hat.

§ 575 [Aufrechnung gegenüber dem Erwerber]
Soweit die Entrichtung des Mietzinses an den Vermieter nach § 574 dem Erwerber gegenüber wirksam ist, kann der Mieter gegen die Mietzinsforderung des Erwerbers eine ihm gegen den Vermieter zustehende Forderung aufrechnen. Die Aufrechnung ist ausgeschlossen, wenn der Mieter die Gegenforderung erworben hat, nachdem er von dem Übergange des Eigentums Kenntnis erlangt hat, oder wenn die Gegenforderung erst nach der Erlangung der Kenntnis und später als der Mietzins fällig geworden ist.

§ 576 [Anzeige der Eigentumsübertragung]
(1) Zeigt der Vermieter dem Mieter an, daß er das Eigentum an dem vermieteten Grundstück auf einen Dritten übertragen habe, so muß er in Ansehung der Mietzinsforderung die angezeigte Übertragung dem Mieter gegenüber gegen sich gelten lassen, auch wenn sie nicht erfolgt oder nicht wirksam ist.

(2) Die Anzeige kann nur mit Zustimmung desjenigen zurückgenommen werden, welcher als der neue Eigentümer bezeichnet worden ist.

§ 577 [Belastung des Mietgrundstücks]
Wird das vermietete Grundstück nach der Überlassung an den Mieter von dem Vermieter mit dem Rechte eines Dritten belastet, so finden die Vorschriften der §§ 571 bis 576 entsprechende Anwendung, wenn durch die Ausübung des Rechtes dem Mieter der vertragsmäßige Gebrauch entzogen wird. Hat die Ausübung des Rechtes nur eine Beschränkung des Mieters in dem vertragsmäßigen Gebrauche zur Folge, so ist der Dritte dem Mieter gegenüber verpflichtet, die Ausübung zu unterlassen, soweit sie den vertragsmäßigen Gebrauch beeinträchtigen würde.

§ 578 [Veräußerung oder Belastung vor Überlassung]
Hat vor der Überlassung des vermieteten Grundstücks an den Mieter der Vermieter das Grundstück an einen Dritten veräußert oder mit einem Rechte belastet, durch dessen Ausübung der vertragsmäßige Gebrauch dem Mieter entzogen oder beschränkt wird, so gilt das gleiche wie in den Fällen des § 571 Abs. 1 und des § 577, wenn der Erwerber dem Vermieter gegenüber die Erfüllung der sich aus dem Mietverhältnis ergebenden Verpflichtungen übernommen hat.

§ 579 [Weiterveräußerung oder Belastung durch Grundstückserwerber]
Wird das vermietete Grundstück von dem Erwerber weiterveräußert oder belastet, so finden die Vorschriften des § 571 Abs. 1 und der §§ 572 bis 578 entsprechende Anwendung. Erfüllt der neue Erwerber die sich aus dem Mietverhältnis ergebenden Verpflichtungen nicht, so haftet der Vermieter dem Mieter nach § 571 Abs. 2.

§ 580 [Miete von Räumen]
Die Vorschriften über die Miete von Grundstücken gelten, soweit nicht ein anderes bestimmt ist, auch für die Miete von Wohnräumen und anderen Räumen.

§ 580 a [Veräußerung oder Belastung eines Schiffs]
(1) Die Vorschriften der §§ 571, 572, 576 bis 579 gelten im Fall der Veräußerung oder Belastung eines im Schiffsregister eingetragenen Schiffs sinngemäß.

(2) Eine Verfügung, die der Vermieter vor dem Übergang des Eigentums über den auf die Zeit der Berechtigung des Erwerbers entfallenden Mietzins getroffen hat, ist dem Erwerber gegenüber wirksam. Das gleiche gilt von einem Rechtsgeschäft, das zwischen dem Mieter und dem Vermieter über die Mietzinsforderung vorgenommen wird, insbesondere von der Entrichtung des Mietzinses; ein Rechtsgeschäft, das nach dem Übergang des Eigentums vorgenommen wird, ist jedoch unwirksam,

wenn der Mieter bei der Vornahme des Rechtsgeschäfts von dem Übergang des Eigentums Kenntnis hat. § 575 gilt sinngemäß.

II. Pacht
§ 581 [Wesen des Pachtvertrags – Anwendbarkeit des Mietrechts]
(1) Durch den Pachtvertrag wird der Verpächter verpflichtet, dem Pächter den Gebrauch des verpachteten Gegenstandes und den Genuß der Früchte, soweit sie nach den Regeln einer ordnungsgemäßen Wirtschaft als Ertrag anzusehen sind, während der Pachtzeit zu gewähren. Der Pächter ist verpflichtet, dem Verpächter den vereinbarten Pachtzins zu entrichten.
(2) Auf die Pacht mit Ausnahme der Landpacht sind, soweit sich nicht aus den §§ 582 bis 584 b etwas anderes ergibt, die Vorschriften über die Miete entsprechend anzuwenden.

...

Vierter Titel
Leihe
§ 598 [Wesen]
Durch den Leihvertrag wird der Verleiher einer Sache verpflichtet, dem Entleiher den Gebrauch der Sache unentgeltlich zu gestatten.

...

Fünfter Titel
Darlehen
§ 607 [Wesen]
(1) Wer Geld oder andere vertretbare Sachen als Darlehen empfangen hat, ist verpflichtet, dem Darleiher das Empfangene in Sachen von gleicher Art, Güte und Menge zurückzuerstatten.
(2) Wer Geld oder andere vertretbare Sachen aus einem anderen Grunde schuldet, kann mit dem Gläubiger vereinbaren, daß das Geld oder die Sachen als Darlehen geschuldet werden sollen.

§ 608 [Entrichtung der Zinsen]
Sind für ein Darlehen Zinsen bedungen, so sind sie, sofern nicht ein anderes bestimmt ist, nach dem Ablaufe je eines Jahres und, wenn das Darlehen vor dem Ablauf eines Jahres zurückzuerstatten ist, bei der Rückerstattung zu entrichten.

§ 609 [Kündigung]
(1) Ist für die Rückerstattung eines Darlehens eine Zeit nicht bestimmt, so hängt die Fälligkeit davon ab, daß der Gläubiger oder der Schuldner kündigt.
(2) Die Kündigungsfrist beträgt bei Darlehen von mehr als dreihundert Deutsche Mark drei Monate, bei Darlehen von geringerem Betrag einen Monat.
(3) Sind Zinsen nicht bedungen, so ist der Schuldner auch ohne Kündigung zur Rückerstattung berechtigt.

§ 609 a [Kündigung bei festem Zinssatz][1)]
(1) Der Schuldner kann ein Darlehen, bei dem für einen bestimmten Zeitraum ein fester Zinssatz vereinbart ist, ganz oder teilweise kündigen,
1. wenn die Zinsbindung vor der für die Rückzahlung bestimmten Zeit endet und keine neue Vereinbarung über den Zinssatz getroffen ist, unter Einhaltung einer Kündigungsfrist von einem Monat frühestens für den Ablauf des Tages, an dem die Zinsbindung endet; ist eine Anpassung des Zinssatzes in bestimmten Zeiträumen bis zu einem Jahr vereinbart, so kann der Schuldner jeweils nur für den Ablauf des Tages, an dem die Zinsbindung endet, kündigen;
2. wenn das Darlehen einer natürlichen Person gewährt und nicht durch ein Grund- oder Schiffspfandrecht gesichert ist, nach Ablauf von sechs Monaten nach dem vollständigen Empfang unter Einhaltung einer Kündigungsfrist von drei Monaten; dies gilt nicht, wenn das Darlehen ganz oder überwiegend für Zwecke einer gewerblichen oder beruflichen Tätigkeit bestimmt war;
3. in jedem Falle nach Ablauf von zehn Jahren nach dem vollständigen Empfang unter Einhaltung einer Kündigungsfrist von sechs Monaten; wird nach dem Empfang des Darlehens eine neue

---
1) In Kraft ab 1. 1. 1987. Siehe auch Fußnote zu § 247.

Vereinbarung über die Zeit der Rückzahlung oder den Zinssatz getroffen, so tritt der Zeitpunkt dieser Vereinbarung an die Stelle des Zeitpunkts der Auszahlung.
(2) Der Schuldner kann ein Darlehen mit veränderlichem Zinssatz jederzeit unter Einhaltung einer Kündigungsfrist von drei Monaten kündigen.
(3) Eine Kündigung des Schuldners nach Absätzen 1 oder 2 gilt als nicht erfolgt, wenn er den geschuldeten Betrag nicht binnen zweier Wochen nach Wirksamwerden der Kündigung zurückzahlt.
(4) Das Kündigungsrecht des Schuldners nach den Absätzen 1 und 2 kann nicht durch Vertrag ausgeschlossen oder erschwert werden. Dies gilt nicht bei Darlehen an den Bund, ein Sondervermögen des Bundes, ein Land, eine Gemeinde oder einen Gemeindeverband.

§ 610 [Widerruf des Darlehensversprechens]
Wer die Hingabe eines Darlehens verspricht, kann im Zweifel das Versprechen widerrufen, wenn in den Vermögensverhältnissen des anderen Teiles eine wesentliche Verschlechterung eintritt, durch die der Anspruch auf die Rückerstattung gefährdet wird.

Sechster Titel
Dienstvertrag

§ 611 [Vertragspflichten]
(1) Durch den Dienstvertrag wird derjenige, welcher Dienste zusagt, zur Leistung der versprochenen Dienste, der andere Teil zur Gewährung der vereinbarten Vergütung verpflichtet.
(2) Gegenstand des Dienstvertrags können Dienste jeder Art sein.

§ 611 a [Benachteiligungsverbot][1]
(1) Der Arbeitgeber darf einen Arbeitnehmer bei einer Vereinbarung oder Maßnahme, insbesondere bei der Begründung des Arbeitsverhältnisses, beim beruflichen Aufstieg, bei einer Weisung oder einer Kündigung, nicht wegen seines Geschlechts benachteiligen. Eine unterschiedliche Behandlung wegen des Geschlechts ist jedoch zulässig, soweit eine Vereinbarung oder eine Maßnahme die Art der vom Arbeitnehmer auszuübenden Tätigkeit zum Gegenstand hat und ein bestimmtes Geschlecht unverzichtbare Voraussetzung für diese Tätigkeit ist. Wenn im Streitfall der Arbeitnehmer Tatsachen glaubhaft macht, die eine Benachteiligung wegen des Geschlechts vermuten lassen, trägt der Arbeitgeber die Beweislast dafür, daß nicht auf das Geschlecht bezogene, sachliche Gründe eine unterschiedliche Behandlung rechtfertigen oder das Geschlecht unverzichtbare Voraussetzung für die auszuübende Tätigkeit ist.
(2) Verstößt der Arbeitgeber gegen das in Absatz 1 geregelte Benachteiligungsverbot bei der Begründung eines Arbeitsverhältnisses, so kann der hierdurch benachteiligte Bewerber eine angemessene Entschädigung in Geld verlangen; ein Anspruch auf Begründung eines Arbeitsverhältnisses besteht nicht.
(3) Wäre der Bewerber auch bei benachteiligungsfreier Auswahl nicht eingestellt worden, so hat der Arbeitgeber eine angemessene Entschädigung in Höhe von höchstens drei Monatsverdiensten zu leisten. Als Monatsverdienst gilt, was dem Bewerber bei regelmäßiger Arbeitszeit in dem Monat, in dem das Arbeitsverhältnis hätte begründet werden sollen, an Geld- und Sachbezügen zugestanden hätte.
(4) Ein Anspruch nach den Absätzen 2 und 3 muß innerhalb einer Frist, die mit Zugang der Ablehnung der Bewerbung beginnt, schriftlich geltend gemacht werden. Die Länge der Frist bemißt sich nach einer für die Geltendmachung von Schadenersatzansprüchen im angestrebten Arbeitsverhältnis vorgesehenen Ausschlußfrist; sie beträgt mindestens zwei Monate. Ist eine solche Frist für das angestrebte Arbeitsverhältnis nicht bestimmt, so beträgt die Frist sechs Monate
(5) Die Absätze 2 bis 4 gelten beim beruflichen Aufstieg entsprechend, wenn auf den Aufstieg kein Anspruch besteht.

---

[1] Siehe hierzu Artikel 2 des Arbeitsrechtlichen EG-Anpassungsgesetzes vom 13. 8. 1980 (BGBl. I S. 1308) idF von Art. 9 des 2. GleichBG vom 24. 6. 1994 (BGBl. I S. 1406):
»Aushang
In Betrieben, in denen in der Regel mehr als 5 Arbeitnehmer beschäftigt sind, ist ein Abdruck der §§ 611 a, 611 b, 612 Abs. 3 und § 612 a des Bürgerlichen Gesetzbuches sowie des Arbeitsgerichtsgesetzes an geeigneter Stelle im Betrieb zur Einsicht auszulegen oder auszuhängen.«

Bürgerliches Gesetzbuch §§ 611 b–615

§ 611 b [Ausschreibung][1]
Der Arbeitgeber darf einen Arbeitsplatz weder öffentlich noch innerhalb des Betriebs nur für Männer oder nur für Frauen ausschreiben, es sei denn, daß ein Fall des § 611 a Abs. 1 Satz 2 vorliegt.

§ 612 [Vergütung][2]
(1) Eine Vergütung gilt als stillschweigend vereinbart, wenn die Dienstleistung den Umständen nach nur gegen eine Vergütung zu erwarten ist.
(2) Ist die Höhe der Vergütung nicht bestimmt, so ist bei dem Bestehen einer Taxe die taxmäßige Vergütung, in Ermangelung einer Taxe die übliche Vergütung als vereinbart anzusehen.
(3)[1] Bei einem Arbeitsverhältnis darf für gleiche oder für gleichwertige Arbeit nicht wegen des Geschlechts des Arbeitnehmers eine geringere Vergütung vereinbart werden als bei einem Arbeitnehmer des anderen Geschlechts. Die Vereinbarung einer geringeren Vergütung wird nicht dadurch gerechtfertigt, daß wegen des Geschlechts des Arbeitnehmers besondere Schutzvorschriften gelten. § 611 a Abs. 1 Satz 3 ist entsprechend anzuwenden.

§ 612 a [Maßregelungsverbot][1]
Der Arbeitgeber darf einen Arbeitnehmer bei einer Vereinbarung oder einer Maßnahme nicht benachteiligen, weil der Arbeitnehmer in zulässiger Weise seine Rechte ausübt.

§ 613 [Dienstleistung in Person]
Der zur Dienstleistung Verpflichtete hat die Dienste im Zweifel in Person zu leisten. Der Anspruch auf die Dienste ist im Zweifel nicht übertragbar.

§ 613 a [Betriebsübergang]
(1) Geht ein Betrieb oder Betriebsteil durch Rechtsgeschäft auf einen anderen Inhaber über, so tritt dieser in die Rechte und Pflichten aus den im Zeitpunkt des Übergangs bestehenden Arbeitsverhältnissen ein. Sind diese Rechte und Pflichten durch Rechtsnormen eines Tarifvertrags oder durch eine Betriebsvereinbarung geregelt, so werden sie Inhalt des Arbeitsverhältnisses zwischen dem neuen Inhaber und dem Arbeitnehmer und dürfen nicht vor Ablauf eines Jahres nach dem Zeitpunkt des Übergangs zum Nachteil des Arbeitnehmers geändert werden. Satz 2 gilt nicht, wenn die Rechte und Pflichten bei dem neuen Inhaber durch Rechtsnormen eines anderen Tarifvertrags oder durch eine andere Betriebsvereinbarung geregelt werden. Vor Ablauf der Frist nach Satz 2 können die Rechte und Pflichten geändert werden, wenn der Tarifvertrag oder die Betriebsvereinbarung nicht mehr gilt oder bei fehlender beiderseitiger Tarifgebundenheit im Geltungsbereich eines anderen Tarifvertrags dessen Anwendung zwischen dem neuen Inhaber und dem Arbeitnehmer vereinbart wird.
(2) Der bisherige Arbeitgeber haftet neben dem neuen Inhaber für Verpflichtungen nach Absatz 1, soweit sie vor dem Zeitpunkt des Übergangs entstanden sind und vor Ablauf von einem Jahr nach diesem Zeitpunkt fällig werden, als Gesamtschuldner. Werden solche Verpflichtungen nach dem Zeitpunkt des Übergangs fällig, so haftet der bisherige Arbeitgeber für sie jedoch nur in dem Umfang, der dem im Zeitpunkt des Übergangs abgelaufenen Teil ihres Bemessungszeitraums entspricht.
(3) Absatz 2 gilt nicht, wenn eine juristische Person oder eine Personenhandelsgesellschaft durch Umwandlung erlischt.
(4) Die Kündigung des Arbeitsverhältnisses eines Arbeitnehmers durch den bisherigen Arbeitgeber oder durch den neuen Inhaber wegen des Übergangs eines Betriebs oder eines Betriebsteils ist unwirksam. Das Recht zur Kündigung des Arbeitsverhältnisses aus anderen Gründen bleibt unberührt.

§ 614 [Fälligkeit der Vergütung]
Die Vergütung ist nach der Leistung der Dienste zu entrichten. Ist die Vergütung nach Zeitabschnitten bemessen, so ist sie nach dem Ablaufe der einzelnen Zeitabschnitte zu entrichten.

§ 615 [Annahmeverzug des Dienstberechtigten]
Kommt der Dienstberechtigte mit der Annahme der Dienste in Verzug, so kann der Verpflichtete für die infolge des Verzugs nicht geleisteten Dienste die vereinbarte Vergütung verlangen, ohne zur Nachleistung verpflichtet zu sein. Er muß sich jedoch den Wert desjenigen anrechnen lassen, was

---

1) Siehe Fußnote zu § 611 a.
2) Eine besondere Regelung für den Vergütungsanspruch im Rahmen eines Ausbildungsverhältnisses findet sich in §§ 10 und 11 BBiG vom 14. 8. 1969 (BGBl. I S. 1112).

er infolge des Unterbleibens der Dienstleistung erspart oder durch anderweitige Verwendung seiner Dienste erwirbt oder zu erwerben böswillig unterläßt.

§ 616 [Vorübergehende Dienstverhinderung]
Der zur Dienstleistung Verpflichtete wird des Anspruchs auf die Vergütung nicht dadurch verlustig, daß er für eine verhältnismäßig nicht erhebliche Zeit durch einen in seiner Person liegenden Grund ohne sein Verschulden an der Dienstleistung verhindert wird. Er muß sich jedoch den Betrag anrechnen lassen, welcher ihm für die Zeit der Verhinderung aus einer auf Grund gesetzlicher Verpflichtung bestehenden Kranken- oder Unfallversicherung zukommt.

§ 617 [Pflicht zur Krankenfürsorge]
(1) Ist bei einem dauernden Dienstverhältnisse, welches die Erwerbstätigkeit des Verpflichteten vollständig oder hauptsächlich in Anspruch nimmt, der Verpflichtete in die häusliche Gemeinschaft aufgenommen, so hat der Dienstberechtigte ihm im Falle der Erkrankung die erforderliche Verpflegung und ärztliche Behandlung bis zur Dauer von sechs Wochen, jedoch nicht über die Beendigung des Dienstverhältnisses hinaus, zu gewähren, sofern nicht die Erkrankung von dem Verpflichteten vorsätzlich oder durch grobe Fahrlässigkeit herbeigeführt worden ist. Die Verpflegung und ärztliche Behandlung kann durch Aufnahme des Verpflichteten in eine Krankenanstalt gewährt werden. Die Kosten können auf die für die Zeit der Erkrankung geschuldete Vergütung angerechnet werden. Wird das Dienstverhältnis wegen der Erkrankung von dem Dienstberechtigten nach § 626 gekündigt, so bleibt die dadurch herbeigeführte Beendigung des Dienstverhältnisses außer Betracht.
(2) Die Verpflichtung des Dienstberechtigten tritt nicht ein, wenn für die Verpflegung und ärztliche Behandlung durch eine Versicherung oder durch eine Einrichtung der öffentlichen Krankenpflege Vorsorge getroffen ist.

§ 618 [Pflicht zu Schutzmaßnahmen]
(1) Der Dienstberechtigte hat Räume, Vorrichtungen oder Gerätschaften, die er zur Verrichtung der Dienste zu beschaffen hat, so einzurichten und zu unterhalten und Dienstleistungen, die unter seiner Anordnung oder seiner Leitung vorzunehmen sind, so zu regeln, daß der Verpflichtete gegen Gefahr für Leben und Gesundheit soweit geschützt ist, als die Natur der Dienstleistung es gestattet.
(2) Ist der Verpflichtete in die häusliche Gemeinschaft aufgenommen, so hat der Dienstberechtigte in Ansehung des Wohn- und Schlafraums, der Verpflegung sowie der Arbeits- und Erholungszeit diejenigen Einrichtungen und Anordnungen zu treffen, welche mit Rücksicht auf die Gesundheit, die Sittlichkeit und die Religion des Verpflichteten erforderlich sind.
(3) Erfüllt der Dienstberechtigte die ihm in Ansehung des Lebens und der Gesundheit des Verpflichteten obliegenden Verpflichtungen nicht, so finden auf seine Verpflichtung zum Schadensersatze die für unerlaubte Handlungen geltenden Vorschriften der §§ 842 bis 846 entsprechende Anwendung.

§ 619 [Kein Ausschluß der Fürsorgepflichten]
Die dem Dienstberechtigten nach den §§ 617, 618 obliegenden Verpflichtungen können nicht im voraus durch Vertrag aufgehoben oder beschränkt werden.

§ 620 [Dauer des Dienstverhältnisses]
(1) Das Dienstverhältnis endigt mit dem Ablaufe der Zeit, für die es eingegangen ist.
(2) Ist die Dauer des Dienstverhältnisses weder bestimmt noch aus der Beschaffenheit oder dem Zwecke der Dienste zu entnehmen, so kann jeder Teil das Dienstverhältnis nach Maßgabe der §§ 621, 622 kündigen.

§ 621 [Kündigungsfristen bei freiem Dienstverhältnis]
Bei einem Dienstverhältnis, das kein Arbeitsverhältnis im Sinne des § 622 ist, ist die Kündigung zulässig,
1. wenn die Vergütung nach Tagen bemessen ist, an jedem Tag für den Ablauf des folgenden Tages;
2. wenn die Vergütung nach Wochen bemessen ist, spätestens am ersten Werktag einer Woche für den Ablauf des folgenden Sonnabends;
3. wenn die Vergütung nach Monaten bemessen ist, spätestens am fünfzehnten eines Monats für den Schluß des Kalendermonats;
4. wenn die Vergütung nach Vierteljahren oder längeren Zeitabschnitten bemessen ist, unter Einhaltung einer Kündigungsfrist von sechs Wochen für den Schluß eines Kalendervierteljahres;

5. wenn die Vergütung nicht nach Zeitabschnitten bemessen ist, jederzeit; bei einem die Erwerbsfähigkeit des Verpflichteten vollständig oder hauptsächlich in Anspruch nehmenden Dienstverhältnis ist jedoch eine Kündigungsfrist von zwei Wochen einzuhalten.

§ 622 [Kündigungsfristen bei Arbeitsverhältnissen]

(1) Das Arbeitsverhältnis eines Arbeiters oder eines Angestellten (Arbeitnehmers) kann mit einer Frist von vier Wochen zum Fünfzehnten oder zum Ende eines Kalendermonats gekündigt werden.

(2) Für eine Kündigung durch den Arbeitgeber beträgt die Kündigungsfrist, wenn das Arbeitsverhältnis in dem Betrieb oder Unternehmen
1. zwei Jahre bestanden hat, einen Monat zum Ende eines Kalendermonats,
2. fünf Jahre bestanden hat, zwei Monate zum Ende eines Kalendermonats,
3. acht Jahre bestanden hat, drei Monate zum Ende eines Kalendermonats,
4. zehn Jahre bestanden hat, vier Monate zum Ende eines Kalendermonats,
5. zwölf Jahre bestanden hat, fünf Monate zum Ende eines Kalendermonats,
6. fünfzehn Jahre bestanden hat, sechs Monate zum Ende eines Kalendermonats,
7. zwanzig Jahre bestanden hat, sieben Monate zum Ende eines Kalendermonats.
Bei der Berechnung der Beschäftigungsdauer werden die Zeiten, die vor der Vollendung des fünfundzwanzigsten Lebensjahres des Arbeitnehmers liegen, nicht berücksichtigt.

(3) Während einer vereinbarten Probezeit, längstens für die Dauer von sechs Monaten, kann das Arbeitsverhältnis mit einer Frist von zwei Wochen gekündigt werden.

(4) Von den Absätzen 1 bis 3 abweichende Regelungen können durch Tarifvertrag vereinbart werden. Im Geltungsbereich eines solchen Tarifvertrages gelten die abweichenden tarifvertraglichen Bestimmungen zwischen nicht tarifgebundenen Arbeitgebern und Arbeitnehmern, wenn ihre Anwendung zwischen ihnen vereinbart ist.

(5) Einzelvertraglich kann eine kürzere als die in Absatz 1 genannte Kündigungsfrist nur vereinbart werden,
1. wenn ein Arbeitnehmer zur vorübergehenden Aushilfe eingestellt ist; dies gilt nicht, wenn das Arbeitsverhältnis über die Zeit von drei Monaten hinaus fortgesetzt wird;
2. wenn der Arbeitgeber in der Regel nicht mehr als zwanzig Arbeitnehmer ausschließlich der zu ihrer Berufsbildung Beschäftigten beschäftigt und die Kündigungsfrist vier Wochen nicht unterschreitet. Bei der Feststellung der Zahl der beschäftigten Arbeitnehmer sind teilzeitbeschäftigte Arbeitnehmer mit einer regelmäßigen wöchentlichen Arbeitszeit von nicht mehr als 20 Stunden mit 0,5 und nicht mehr als 30 Stunden mit 0,75 zu berücksichtigen.
Die einzelvertragliche Vereinbarung längerer als der in den Absätzen 1 bis 3 genannten Kündigungsfristen bleibt hiervon unberührt.

(6) Für die Kündigung des Arbeitsverhältnisses durch den Arbeitnehmer darf keine längere Frist vereinbart werden als für die Kündigung durch den Arbeitgeber.

§ 623 (aufgehoben)

§ 624 [Längere Kündigungsfristen]

Ist das Dienstverhältnis für die Lebenszeit einer Person oder für längere Zeit als fünf Jahre eingegangen, so kann es von dem Verpflichteten nach dem Ablaufe von fünf Jahren gekündigt werden. Die Kündigungsfrist beträgt sechs Monate.

§ 625 [Stillschweigende Verlängerung nach Ablauf der Dienstzeit]

Wird das Dienstverhältnis nach dem Ablaufe der Dienstzeit von dem Verpflichteten mit Wissen des anderen Teiles fortgesetzt, so gilt es als auf unbestimmte Zeit verlängert, sofern nicht der andere Teil unverzüglich widerspricht.

§ 626 [Fristlose Kündigung aus wichtigem Grund]

(1) Das Dienstverhältnis kann von jedem Vertragsteil aus wichtigem Grund ohne Einhaltung einer Kündigungsfrist gekündigt werden, wenn Tatsachen vorliegen, auf Grund derer dem Kündigenden unter Berücksichtigung aller Umstände des Einzelfalles und unter Abwägung der Interessen beider Vertragsteile die Fortsetzung des Dienstverhältnisses bis zum Ablauf der Kündigungsfrist oder bis zu der vereinbarten Beendigung des Dienstverhältnisses nicht zugemutet werden kann.

(2) Die Kündigung kann nur innerhalb von zwei Wochen erfolgen. Die Frist beginnt mit dem Zeitpunkt, in dem der Kündigungsberechtigte von den für die Kündigung maßgebenden Tatsachen Kenntnis erlangt. Der Kündigende muß dem anderen Teil auf Verlangen den Kündigungsgrund unverzüglich schriftlich mitteilen.

§ 627 [Fristlose Kündigung bei Vertrauensstellung]
(1) Bei einem Dienstverhältnis, das kein Arbeitsverhältnis im Sinne des § 622 ist, ist die Kündigung auch ohne die im § 626 bezeichnete Voraussetzung zulässig, wenn der zur Dienstleistung Verpflichtete, ohne in einem dauernden Dienstverhältnis mit festen Bezügen zu stehen, Dienste höherer Art zu leisten hat, die auf Grund besonderen Vertrauens übertragen zu werden pflegen.
(2) Der Verpflichtete darf nur in der Art kündigen, daß sich der Dienstberechtigte die Dienste anderweit beschaffen kann, es sei denn, daß ein wichtiger Grund für die unzeitige Kündigung vorliegt. Kündigt er ohne solchen Grund zur Unzeit, so hat er dem Dienstberechtigten den daraus entstehenden Schaden zu ersetzen.

§ 628 [Teilvergütung und Schadensersatz bei fristloser Kündigung]
(1) Wird nach dem Beginne der Dienstleistung das Dienstverhältnis auf Grund des § 626 oder des § 627 gekündigt, so kann der Verpflichtete einen seinen bisherigen Leistungen entsprechenden Teil der Vergütung verlangen. Kündigt er, ohne durch vertragswidriges Verhalten des anderen Teiles dazu veranlaßt zu sein, oder veranlaßt er durch sein vertragswidriges Verhalten die Kündigung des anderen Teiles, so steht ihm ein Anspruch auf die Vergütung insoweit nicht zu, als seine bisherigen Leistungen infolge der Kündigung für den anderen Teil kein Interesse haben. Ist die Vergütung für eine spätere Zeit im voraus entrichtet, so hat der Verpflichtete sie nach Maßgabe des § 347 oder, wenn die Kündigung wegen eines Umstandes erfolgt, den er nicht zu vertreten hat, nach den Vorschriften über die Herausgabe einer ungerechtfertigten Bereicherung zurückzuerstatten.
(2) Wird die Kündigung durch vertragswidriges Verhalten des anderen Teiles veranlaßt, so ist dieser zum Ersatze des durch die Aufhebung des Dienstverhältnisses entstehenden Schadens verpflichtet.

§ 629 [Zeit zur Stellensuche]
Nach der Kündigung eines dauernden Dienstverhältnisses hat der Dienstberechtigte dem Verpflichteten auf Verlangen angemessene Zeit zum Aufsuchen eines anderen Dienstverhältnisses zu gewähren.

§ 630 [Zeugnis]
Bei der Beendigung eines dauernden Dienstverhältnisses kann der Verpflichtete von dem anderen Teile ein schriftliches Zeugnis über das Dienstverhältnis und dessen Dauer fordern. Das Zeugnis ist auf Verlangen auf die Leistungen und die Führung im Dienste zu erstrecken.

Siebenter Titel
Werkvertrag und ähnliche Verträge

I. Werkvertrag

§ 631 [Wesen]
(1) Durch den Werkvertrag wird der Unternehmer zur Herstellung des versprochenen Werkes, der Besteller zur Entrichtung der vereinbarten Vergütung verpflichtet.
(2) Gegenstand des Werkvertrags kann sowohl die Herstellung oder Veränderung einer Sache als ein anderer durch Arbeit oder Dienstleistung herbeizuführender Erfolg sein.

§ 632 [Vergütung]
(1) Eine Vergütung gilt als stillschweigend vereinbart, wenn die Herstellung des Werkes den Umständen nach nur gegen eine Vergütung zu erwarten ist.
(2) Ist die Höhe der Vergütung nicht bestimmt, so ist bei dem Bestehen einer Taxe die taxmäßige Vergütung, in Ermangelung einer Taxe die übliche Vergütung als vereinbart anzusehen.

§ 633 [Nachbesserung – Mängelbeseitigung]
(1) Der Unternehmer ist verpflichtet, das Werk so herzustellen, daß es die zugesicherten Eigenschaften hat und nicht mit Fehlern behaftet ist, die den Wert oder die Tauglichkeit zu dem gewöhnlichen oder dem nach dem Vertrage vorausgesetzten Gebrauch aufheben oder mindern.

(2) Ist das Werk nicht von dieser Beschaffenheit, so kann der Besteller die Beseitigung des Mangels verlangen. § 476 a gilt entsprechend. Der Unternehmer ist berechtigt, die Beseitigung zu verweigern, wenn sie einen unverhältnismäßigen Aufwand erfordert.
(3) Ist der Unternehmer mit der Beseitigung des Mangels im Verzuge, so kann der Besteller den Mangel selbst beseitigen und Ersatz der erforderlichen Aufwendungen verlangen.

§ 634 [Frist zur Mängelbeseitigung – Wandelung oder Minderung]
(1) Zur Beseitigung eines Mangels der im § 633 bezeichneten Art kann der Besteller dem Unternehmer eine angemessene Frist mit der Erklärung bestimmen, daß er die Beseitigung des Mangels nach dem Ablaufe der Frist ablehne. Zeigt sich schon vor der Ablieferung des Werkes ein Mangel, so kann der Besteller die Frist sofort bestimmen; die Frist muß so bemessen werden, daß sie nicht vor der für die Ablieferung bestimmten Frist abläuft. Nach dem Ablaufe der Frist kann der Besteller Rückgängigmachung des Vertrags (Wandelung) oder Herabsetzung der Vergütung (Minderung) verlangen, wenn nicht der Mangel rechtzeitig beseitigt worden ist; der Anspruch auf Beseitigung des Mangels ist ausgeschlossen.
(2) Der Bestimmung einer Frist bedarf es nicht, wenn die Beseitigung des Mangels unmöglich ist oder von dem Unternehmer verweigert wird oder wenn die sofortige Geltendmachung des Anspruchs auf Wandelung oder auf Minderung durch ein besonderes Interesse des Bestellers gerechtfertigt wird.
(3) Die Wandelung ist ausgeschlossen, wenn der Mangel den Wert oder die Tauglichkeit des Werkes nur unerheblich mindert.
(4) Auf die Wandelung und die Minderung finden die für den Kauf geltenden Vorschriften der §§ 465 bis 467, 469 bis 475 entsprechende Anwendung.

§ 635 [Schadensersatz wegen Nichterfüllung]
Beruht der Mangel des Werkes auf einem Umstande, den der Unternehmer zu vertreten hat, so kann der Besteller statt der Wandelung oder der Minderung Schadensersatz wegen Nichterfüllung verlangen.

§ 636 [Rücktritt bei verspäteter Herstellung]
(1) Wird das Werk ganz oder zum Teil nicht rechtzeitig hergestellt, so finden die für die Wandelung geltenden Vorschriften des § 634 Abs. 1 bis 3 entsprechende Anwendung; an die Stelle des Anspruchs auf Wandelung tritt das Recht des Bestellers, nach § 327 von dem Vertrage zurückzutreten. Die im Falle des Verzugs des Unternehmers dem Besteller zustehenden Rechte bleiben unberührt.
(2) Bestreitet der Unternehmer die Zulässigkeit des erklärten Rücktritts, weil er das Werk rechtzeitig hergestellt habe, so trifft ihn die Beweislast.

§ 637 [Vertraglicher Haftungsausschluß]
Eine Vereinbarung, durch welche die Verpflichtung des Unternehmers, einen Mangel des Werkes zu vertreten, erlassen oder beschränkt wird, ist nichtig, wenn der Unternehmer den Mangel arglistig verschweigt.

§ 638 [Kurze Verjährung]
(1) Der Anspruch des Bestellers auf Beseitigung eines Mangels des Werkes sowie die wegen des Mangels dem Besteller zustehenden Ansprüche auf Wandelung, Minderung oder Schadensersatz verjähren, sofern nicht der Unternehmer den Mangel arglistig verschwiegen hat, in sechs Monaten, bei Arbeiten an einem Grundstück in einem Jahre, bei Bauwerken in fünf Jahren. Die Verjährung beginnt mit der Abnahme des Werkes.
(2) Die Verjährungsfrist kann durch Vertrag verlängert werden.

§ 639 [Unterbrechung und Hemmung der Verjährung]
(1) Auf die Verjährung der im § 638 bezeichneten Ansprüche des Bestellers finden die für die Verjährung der Ansprüche des Käufers geltenden Vorschriften des § 477 Abs. 2, 3 und der §§ 478, 479 entsprechende Anwendung.
(2) Unterzieht sich der Unternehmer im Einverständnisse mit dem Besteller der Prüfung des Vorhandenseins des Mangels oder der Beseitigung des Mangels, so ist die Verjährung so lange gehemmt, bis der Unternehmer das Ergebnis der Prüfung dem Besteller mitteilt oder ihm gegenüber den Mangel für beseitigt erklärt oder die Fortsetzung der Beseitigung verweigert.

§ 640 [Abnahme]
(1) Der Besteller ist verpflichtet, das vertragsmäßig hergestellte Werk abzunehmen, sofern nicht nach der Beschaffenheit des Werkes die Abnahme ausgeschlossen ist.
(2) Nimmt der Besteller ein mangelhaftes Werk ab, obschon er den Mangel kennt, so stehen ihm die in den §§ 633, 634 bestimmten Ansprüche nur zu, wenn er sich seine Rechte wegen des Mangels bei der Abnahme vorbehält.

§ 641 [Fälligkeit der Vergütung – Verzinsung]
(1) Die Vergütung ist bei der Abnahme des Werkes zu entrichten. Ist das Werk in Teilen abzunehmen und die Vergütung für die einzelnen Teile bestimmt, so ist die Vergütung für jeden Teil bei dessen Abnahme zu entrichten.
(2) Eine in Geld festgesetzte Vergütung hat der Besteller von der Abnahme des Werkes an zu verzinsen, sofern nicht die Vergütung gestundet ist.

§ 642 [Mitwirkung des Bestellers]
(1) Ist bei der Herstellung des Werkes eine Handlung des Bestellers erforderlich, so kann der Unternehmer, wenn der Besteller durch das Unterlassen der Handlung in Verzug der Annahme kommt, eine angemessene Entschädigung verlangen.
(2) Die Höhe der Entschädigung bestimmt sich einerseits nach der Dauer des Verzugs und der Höhe der vereinbarten Vergütung, andererseits nach demjenigen, was der Unternehmer infolge des Verzugs an Aufwendungen erspart oder durch anderweitige Verwendung seiner Arbeitskraft erwerben kann.

§ 643 [Fristsetzung mit Kündigungsandrohung]
Der Unternehmer ist im Falle des § 642 berechtigt, dem Besteller zur Nachholung der Handlung eine angemessene Frist mit der Erklärung zu bestimmen, daß er den Vertrag kündige, wenn die Handlung nicht bis zum Ablaufe der Frist vorgenommen werde. Der Vertrag gilt als aufgehoben, wenn nicht die Nachholung bis zum Ablaufe der Frist erfolgt.

§ 644 [Gefahrtragung]
(1) Der Unternehmer trägt die Gefahr bis zur Abnahme des Werkes. Kommt der Besteller in Verzug der Annahme, so geht die Gefahr auf ihn über. Für den zufälligen Untergang und eine zufällige Verschlechterung des von dem Besteller gelieferten Stoffes ist der Unternehmer nicht verantwortlich.
(2) Versendet der Unternehmer das Werk auf Verlangen des Bestellers nach einem anderen Orte als dem Erfüllungsorte, so finden die für den Kauf geltenden Vorschriften des § 447 entsprechende Anwendung.

§ 645 [Haftung des Bestellers bei Untergang oder Verschlechterung]
(1) Ist das Werk vor der Abnahme infolge eines Mangels des von dem Besteller gelieferten Stoffes oder infolge einer von dem Besteller für die Ausführung erteilten Anweisung untergegangen, verschlechtert oder unausführbar geworden, ohne daß ein Umstand mitgewirkt hat, den der Unternehmer zu vertreten hat, so kann der Unternehmer einen der geleisteten Arbeit entsprechenden Teil der Vergütung und Ersatz der in der Vergütung nicht inbegriffenen Auslagen verlangen. Das gleiche gilt, wenn der Vertrag in Gemäßheit des § 643 aufgehoben wird.
(2) Eine weitergehende Haftung des Bestellers wegen Verschuldens bleibt unberührt.

§ 646 [Vollendung ersetzt Abnahme]
Ist nach der Beschaffenheit des Werkes die Abnahme ausgeschlossen, so tritt in den Fällen der §§ 638, 641, 644, 645 an die Stelle der Abnahme die Vollendung des Werkes.

§ 647 [Pfandrecht des Unternehmers]
Der Unternehmer hat für seine Forderungen aus dem Vertrag ein Pfandrecht an den von ihm hergestellten oder ausgebesserten beweglichen Sachen des Bestellers, wenn sie bei der Herstellung oder zum Zwecke der Ausbesserung in seinen Besitz gelangt sind.

§ 648 [Bausicherungshypothek]
(1) Der Unternehmer eines Bauwerkes oder eines einzelnen Teiles eines Bauwerkes kann für seine Forderungen aus dem Vertrage die Einräumung einer Sicherungshypothek an dem Baugrundstücke des Bestellers verlangen. Ist das Werk noch nicht vollendet, so kann er die Einräumung der Sicherungshypothek für einen der geleisteten Arbeit entsprechenden Teil der Vergütung und für die in der Vergütung nicht inbegriffenen Auslagen verlangen.

(2) Der Inhaber einer Schiffswerft kann für seine Forderungen aus dem Bau oder der Ausbesserung eines Schiffs die Einräumung einer Schiffshypothek an dem Schiffsbauwerk oder dem Schiff des Bestellers verlangen; Absatz 1 Satz 2 gilt sinngemäß. § 647 findet keine Anwendung.

§ 648 a [Bauhandwerkersicherung]

(1) Der Unternehmer eines Bauwerks, einer Außenanlage oder eines Teils davon kann vom Besteller Sicherheit für die von ihm zu erbringenden Vorleistungen in der Weise verlangen, daß er dem Besteller zur Leistung der Sicherheit eine angemessene Frist mit der Erklärung bestimmt, daß er nach dem Ablauf der Frist seine Leistung verweigere. Sicherheit kann bis zur Höhe des voraussichtlichen Vergütungsanspruchs verlangt werden, wie er sich aus dem Vertrag oder einem nachträglichen Zusatzauftrag ergibt. Sie ist auch dann als ausreichend anzusehen, wenn sich der Sicherungsgeber das Recht vorbehält, sein Versprechen im Falle einer wesentlichen Verschlechterung der Vermögensverhältnisse des Bestellers mit Wirkung für Vergütungsansprüche aus Bauleistungen zu widerrufen, die der Unternehmer bei Zugang der Widerrufserklärung noch nicht erbracht hat.
(2) Die Sicherheit kann auch durch eine Garantie oder ein sonstiges Zahlungsversprechen eines im Geltungsbereich dieses Gesetzes zum Geschäftsbetrieb befugten Kreditinstituts oder Kreditversicherers geleistet werden. Das Kreditinstitut oder der Kreditversicherer darf Zahlungen an den Unternehmer nur leisten, soweit der Besteller den Vergütungsanspruch des Unternehmers anerkennt oder durch vorläufig vollstreckbares Urteil zur Zahlung der Vergütung verurteilt worden ist und die Voraussetzungen vorliegen, unter denen die Zwangsvollstreckung begonnen werden darf.
(3) Der Unternehmer hat dem Besteller die üblichen Kosten der Sicherheitsleistung bis zu einem Höchstsatz von 2 vom Hundert für das Jahr zu erstatten. Dies gilt nicht, soweit eine Sicherheit wegen Einwendungen des Bestellers gegen den Vergütungsanspruch des Unternehmers aufrechterhalten werden muß und die Einwendungen sich als unbegründet erweisen.
(4) Soweit der Unternehmer für seinen Vergütungsanspruch eine Sicherheit nach den Absätzen 1 oder 2 erlangt hat, ist der Anspruch auf Einräumung einer Sicherungshypothek nach § 648 Abs. 1 ausgeschlossen.
(5) Leistet der Besteller die Sicherheit nicht fristgemäß, so bestimmen sich die Rechte des Unternehmers nach den §§ 643 und 645 Abs. 1. Gilt der Vertrag danach als aufgehoben, kann der Unternehmer auch Ersatz des Schadens verlangen, den er dadurch erleidet, daß er auf die Gültigkeit des Vertrags vertraut hat.
(6) Die Vorschriften der Absätze 1 bis 5 finden keine Anwendung, wenn der Besteller
1. eine juristische Person des öffentlichen Rechts oder ein öffentlich-rechtliches Sondervermögen ist oder
2. eine natürliche Person ist und die Bauarbeiten zur Herstellung oder Instandsetzung eines Einfamilienhauses mit oder ohne Einliegerwohnung ausführen läßt; dies gilt nicht bei Betreuung des Bauvorhabens durch einen zur Verfügung über die Finanzierungsmittel des Bestellers ermächtigten Baubetreuer.
(7) Eine von den Vorschriften der Absätze 1 bis 5 abweichende Vereinbarung ist unwirksam.

§ 649 [Kündigung des Bestellers]

Der Besteller kann bis zur Vollendung des Werkes jederzeit den Vertrag kündigen. Kündigt der Besteller, so ist der Unternehmer berechtigt, die vereinbarte Vergütung zu verlangen; er muß sich jedoch dasjenige anrechnen lassen, was er infolge der Aufhebung des Vertrags an Aufwendungen erspart oder durch anderweitige Verwendung seiner Arbeitskraft erwirbt oder zu erwerben böswillig unterläßt.

§ 650 [Überschreitung des Kostenanschlags]

(1) Ist dem Vertrag ein Kostenanschlag zugrunde gelegt worden, ohne daß der Unternehmer die Gewähr für die Richtigkeit des Anschlags übernommen hat, und ergibt sich, daß das Werk nicht ohne eine wesentliche Überschreitung des Anschlags ausführbar ist, so steht dem Unternehmer, wenn der Besteller den Vertrag aus diesem Grunde kündigt, nur der in § 645 Abs. 1 bestimmte Anspruch zu.
(2) Ist eine solche Überschreitung des Anschlags zu erwarten, so hat der Unternehmer dem Besteller unverzüglich Anzeige zu machen.

§ 651 [Werklieferungsvertrag]

(1) Verpflichtet sich der Unternehmer, das Werk aus einem von ihm zu beschaffenden Stoffe herzustellen, so hat er dem Besteller die hergestellte Sache zu übergeben und das Eigentum an der Sache

zu verschaffen. Auf einen solchen Vertrag finden die Vorschriften über den Kauf Anwendung; ist eine nicht vertretbare Sache herzustellen, so treten an die Stelle des § 433, des § 446 Abs. 1 Satz 1 und der §§ 447, 459, 460, 462 bis 464, 477 bis 479 die Vorschriften über den Werkvertrag mit Ausnahme der §§ 647 bis 648 a.
(2) Verpflichtet sich der Unternehmer nur zur Beschaffung von Zutaten oder sonstigen Nebensachen, so finden ausschließlich die Vorschriften über den Werkvertrag Aufwendung.

II. Reisevertrag

§ 651 a [Pflichten der Vertragsparteien]

(1) Durch den Reisevertrag wird der Reiseveranstalter verpflichtet, dem Reisenden eine Gesamtheit von Reiseleistungen (Reise) zu erbringen. Der Reisende ist verpflichtet, dem Reiseveranstalter den vereinbarten Reisepreis zu zahlen.
(2) Die Erklärung, nur Verträge mit den Personen zu vermitteln, welche die einzelnen Reiseleistungen ausführen sollen (Leistungsträger), bleibt unberücksichtigt, wenn nach den sonstigen Umständen der Anschein begründet wird, daß der Erklärende vertraglich vorgesehene Reiseleistungen in eigener Verantwortung erbringt.
(3) Der Reiseveranstalter kann den Reisepreis nur erhöhen, wenn dies mit genauen Angaben zur Berechnung des neuen Preises im Vertrag vorgesehen ist und damit einer Erhöhung der Beförderungskosten, der Abgaben für bestimmte Leistungen, wie Hafen- oder Flughafengebühren, oder einer Änderung der für die betreffende Reise geltenden Wechselkurse Rechnung getragen wird. Eine Preiserhöhung, die ab dem zwanzigsten Tag vor dem vereinbarten Abreisetermin verlangt wird, ist unwirksam. § 11 Nr. 1 des Gesetzes zur Regelung des Rechts der Allgemeinen Geschäftsbedingungen bleibt unberührt.
(4) Der Reiseveranstalter hat eine Änderung des Reisepreises nach Absatz 3, eine zulässige Änderung einer wesentlichen Reiseleistung oder eine zulässige Absage der Reise dem Reisenden unverzüglich nach Kenntnis von dem Änderungs- oder Absagegrund zu erklären. Im Falle einer Erhöhung des Reisepreises um mehr als fünf vom Hundert oder einer erheblichen Änderung einer wesentlichen Reiseleistung kann der Reisende vom Vertrag zurücktreten. Er kann statt dessen, ebenso wie bei einer Absage der Reise durch den Reiseveranstalter, die Teilnahme an einer mindestens gleichwertigen anderen Reise verlangen, wenn der Reiseveranstalter in der Lage ist, eine solche Reise ohne Mehrpreis für den Reisenden aus seinem Angebot anzubieten. Der Reisende hat diese Rechte unverzüglich nach der Erklärung durch den Reiseveranstalter diesem gegenüber geltend zu machen.
(5) Das Bundesministerium der Justiz wird ermächtigt, im Einvernehmen mit dem Bundesministerium für Wirtschaft durch Rechtsverordnung zum Schutz der Verbraucher bei Reisen Festsetzungen zu treffen, durch die sichergestellt wird, daß die Beschreibungen von Reisen keine irreführenden, sondern klare und genaue Angaben enthalten und daß der Reiseveranstalter dem Verbraucher die notwendigen Informationen erteilt. Zu diesem Zweck kann insbesondere bestimmt werden, welche Angaben in einem vom Veranstalter herausgegebenen Prospekt und in dem Reisevertrag enthalten sein müssen sowie welche Informationen der Reiseveranstalter dem Reisenden vor dem Vertragsabschluß und vor dem Antritt der Reise geben muß.

§ 651 b [Eintritt Dritter in den Reisevertrag]

(1) Bis zum Reisebeginn kann der Reisende verlangen, daß statt seiner ein Dritter in die Rechte und Pflichten aus dem Reisevertrag eintritt. Der Reiseveranstalter kann dem Eintritt des Dritten widersprechen, wenn dieser den besonderen Reiseerfordernissen nicht genügt oder seiner Teilnahme gesetzliche Vorschriften oder behördliche Anordnungen entgegenstehen.
(2) Tritt ein Dritter in den Vertrag ein, so haften er und der Reisende dem Reiseveranstalter als Gesamtschuldner für den Reisepreis und die durch den Eintritt des Dritten entstehenden Mehrkosten.

§ 651 c [Gewährleistung und Abhilferecht]

(1) Der Reiseveranstalter ist verpflichtet, die Reise so zu erbringen, daß sie die zugesicherten Eigenschaften hat und nicht mit Fehlern behaftet ist, die den Wert oder die Tauglichkeit zu dem gewöhnlichen oder nach dem Vertrage vorausgesetzten Nutzen aufheben oder mindern.
(2) Ist die Reise nicht von dieser Beschaffenheit, so kann der Reisende Abhilfe verlangen. Der Reiseveranstalter kann die Abhilfe verweigern, wenn sie einen unverhältnismäßigen Aufwand erfordert.

(3) Leistet der Reiseveranstalter nicht innerhalb einer vom Reisenden bestimmten angemessenen Frist Abhilfe, so kann der Reisende selbst Abhilfe schaffen und Ersatz der erforderlichen Aufwendungen verlangen. Der Bestimmung einer Frist bedarf es nicht, wenn die Abhilfe von dem Reiseveranstalter verweigert wird oder wenn die sofortige Abhilfe durch ein besonderes Interesse des Reisenden geboten wird.

§ 651 d [Minderung]
(1) Ist die Reise im Sinne des § 651 c Abs. 1 mangelhaft, so mindert sich für die Dauer des Mangels der Reisepreis nach Maßgabe des § 472.
(2) Die Minderung tritt nicht ein, soweit es der Reisende schuldhaft unterläßt, den Mangel anzuzeigen.

§ 651 e [Kündigung wegen Mangels]
(1) Wird die Reise infolge eines Mangels der in § 651 c bezeichneten Art erheblich beeinträchtigt, so kann der Reisende den Vertrag kündigen. Dasselbe gilt, wenn ihm die Reise infolge eines solchen Mangels aus wichtigem, dem Reiseveranstalter erkennbaren Grund nicht zuzumuten ist.
(2) Die Kündigung ist erst zulässig, wenn der Reiseveranstalter eine ihm vom Reisenden bestimmte angemessene Frist hat verstreichen lassen, ohne Abhilfe zu leisten. Der Bestimmung einer Frist bedarf es nicht, wenn die Abhilfe unmöglich ist oder vom Reiseveranstalter verweigert wird oder wenn die sofortige Kündigung des Vertrages durch ein besonderes Interesse des Reisenden gerechtfertigt wird.
(3) Wird der Vertrag gekündigt, so verliert der Reiseveranstalter den Anspruch auf den vereinbarten Reisepreis. Er kann jedoch für die bereits erbrachten oder zur Beendigung der Reise noch zu erbringenden Reiseleistungen eine nach § 471 zu bemessende Entschädigung verlangen. Dies gilt nicht, soweit diese Leistungen infolge der Aufhebung des Vertrags für den Reisenden kein Interesse haben.
(4) Der Reiseveranstalter ist verpflichtet, die infolge der Aufhebung des Vertrags notwendigen Maßnahmen zu treffen, insbesondere, falls der Vertrag die Rückbeförderung umfaßte, den Reisenden zurückzubefördern. Die Mehrkosten fallen dem Reiseveranstalter zur Last.

§ 651 f [Schadensersatz]
(1) Der Reisende kann unbeschadet der Minderung oder der Kündigung Schadensersatz wegen Nichterfüllung verlangen, es sei denn, der Mangel der Reise beruht auf einem Umstand, den der Reiseveranstalter nicht zu vertreten hat.
(2) Wird die Reise vereitelt oder erheblich beeinträchtigt, so kann der Reisende auch wegen nutzlos aufgewendeter Urlaubszeit eine angemessene Entschädigung in Geld verlangen.

§ 651 g [Ausschlußfrist – Verjährung]
(1) Ansprüche nach den §§ 651 c bis 651 f hat der Reisende innerhalb eines Monats nach der vertraglich vorgesehenen Beendigung der Reise gegenüber dem Reiseveranstalter geltend zu machen. Nach Ablauf der Frist kann der Reisende Ansprüche nur geltend machen, wenn er ohne Verschulden an der Einhaltung der Frist verhindert worden ist.
(2) Ansprüche des Reisenden nach den §§ 651 c bis 651 f verjähren in sechs Monaten. Die Verjährung beginnt mit dem Tage, an dem die Reise dem Vertrage nach enden sollte. Hat der Reisende solche Ansprüche geltend gemacht, so ist die Verjährung bis zu dem Tage gehemmt, an dem der Reiseveranstalter die Ansprüche schriftlich zurückweist.

§ 651 h [Haftungsbeschränkung]
(1) Der Reiseveranstalter kann durch Vereinbarung mit dem Reisenden seine Haftung für Schäden, die nicht Körperschäden sind, auf den dreifachen Reisepreis beschränken,
1. soweit ein Schaden des Reisenden weder vorsätzlich noch grob fahrlässig herbeigeführt wird, oder
2. soweit der Reiseveranstalter für einen dem Reisenden entstehenden Schaden allein wegen eines Verschuldens eines Leistungsträgers verantwortlich ist.
(2) Gelten für eine von einem Leistungsträger zu erbringende Reiseleistung internationale Übereinkommen oder auf solchen beruhende gesetzliche Vorschriften, nach denen ein Anspruch auf Schadensersatz nur unter bestimmten Voraussetzungen oder Beschränkungen entsteht oder geltend gemacht werden kann oder unter bestimmten Voraussetzungen ausgeschlossen ist, so kann sich auch der Reiseveranstalter gegenüber dem Reisenden hierauf berufen.

§ 651 i [Rücktrittsrecht]

(1) Vor Reisebeginn kann der Reisende jederzeit vom Vertrag zurücktreten.

(2) Tritt der Reisende vom Vertrag zurück, so verliert der Reiseveranstalter den Anspruch auf den vereinbarten Reisepreis. Er kann jedoch eine angemessene Entschädigung verlangen. Die Höhe der Entschädigung bestimmt sich nach dem Reisepreis unter Abzug des Wertes der vom Reiseveranstalter ersparten Aufwendungen sowie dessen, was er durch anderweitige Verwendung der Reiseleistungen erwerben kann.

(3) Im Vertrage kann für jede Reiseart unter Berücksichtigung der gewöhnlich ersparten Aufwendungen und des durch anderweitige Verwendung der Reiseleistungen gewöhnlich möglichen Erwerbs ein Vomhundertsatz des Reisepreises als Entschädigung festgesetzt werden.

§ 651 j [Kündigung wegen höherer Gewalt]

(1) Wird die Reise infolge bei Vertragsabschluß nicht voraussehbarer höherer Gewalt erheblich erschwert, gefährdet oder beeinträchtigt, so können sowohl der Reiseveranstalter als auch der Reisende den Vertrag allein nach Maßgabe dieser Vorschrift kündigen.

(2) Wird der Vertrag nach Absatz 1 gekündigt, so finden die Vorschriften des § 651 e Abs. 3 Sätze 1 und 2, Abs. 4 Satz 1 Anwendung. Die Mehrkosten für die Rückbeförderung sind von den Parteien je zur Hälfte zu tragen. Im übrigen fallen die Mehrkosten dem Reisenden zur Last.

§ 651 k [Rückerstattungspflicht bei Zahlungsunfähigkeit oder Insolvenz]

(1) Der Reiseveranstalter hat sicherzustellen, daß dem Reisenden erstattet werden
1. der gezahlte Reisepreis, soweit Reiseleistungen infolge Zahlungsunfähigkeit oder Eröffnung des Insolvenzverfahrens über das Vermögen des Reiseveranstalters ausfallen, und
2. notwendige Aufwendungen, die dem Reisenden infolge Zahlungsunfähigkeit oder Eröffnung des Insolvenzverfahrens über das Vermögen des Reiseveranstalters für die Rückreise entstehen.

Die Verpflichtungen nach Satz 1 kann der Reiseveranstalter nur erfüllen
1. durch eine Versicherung bei einem im Geltungsbereich dieses Gesetzes zum Geschäftsbetrieb befugten Versicherungsunternehmen oder
2. durch ein Zahlungsversprechen eines im Geltungsbereich dieses Gesetzes zum Geschäftsbetrieb befugten Kreditinstituts.

(2) Der Versicherer oder das Kreditinstitut kann seine Haftung für die von ihm in einem Jahr insgesamt nach diesem Gesetz zu erstattenden Beträge jeweils für das erste Jahr nach dem 31. Oktober 1994 auf siebzig, für das zweite Jahr auf einhundert, für das dritte Jahr auf einhundertfünfzig und für die darauffolgende Zeit auf zweihundert Millionen Deutsche Mark begrenzen. Übersteigen die in einem Jahr von einem Versicherer oder einem Kreditinstitut insgesamt nach diesem Gesetz zu erstattenden Beträge die in Satz 1 genannten Höchstbeträge, so verringern sich die einzelnen Erstattungsansprüche in dem Verhältnis, in dem ihr Gesamtbetrag zum Höchstbetrag steht.

(3) Zur Erfüllung seiner Verpflichtung nach Absatz 1 hat der Reiseveranstalter dem Reisenden einen unmittelbaren Anspruch gegen den Versicherer oder das Kreditinstitut zu verschaffen und durch Übergabe einer von diesem Unternehmen ausgestellten Bestätigung (Sicherungsschein) nachzuweisen.

(4) Der Reiseveranstalter darf Zahlungen des Reisenden auf den Reisepreis vor der Beendigung der Reise nur fordern oder annehmen, wenn er dem Reisenden einen Sicherungsschein übergeben hat.

(5) Hat im Zeitpunkt des Vertragsschlusses der Reiseveranstalter seine Hauptniederlassung in einem anderen Mitgliedstaat der Europäischen Gemeinschaften oder in einem anderen Vertragsstaat des Abkommens über den Europäischen Wirtschatsraum, so genügt der Reiseveranstalter seiner Verpflichtung nach Absatz 1 auch dann, wenn er dem Reisenden Sicherheit in Übereinstimmung mit den Vorschriften des anderen Staates leistet und diese den Anforderungen nach Absatz 1 Satz 1 entspricht; Absatz 4 gilt mit der Maßgabe, daß dem Reisenden die Sicherheitsleistung nachgewiesen werden muß.

(6) Die Absätze 1 bis 5 gelten nicht, wenn
1. der Reiseveranstalter nur gelegentlich und außerhalb seiner gewerblichen Tätigkeit Reisen veranstaltet,
2. die Reise nicht länger als 24 Stunden dauert, keine Übernachtung einschließt und der Reisepreis einhundertfünfzig Deutsche Mark nicht übersteigt,
3. der Reiseveranstalter eine juristische Person des öffentlichen Rechts ist.

§ 651 l [Keine Abweichung zum Nachteil der Reisenden]
Von den Vorschriften der §§ 651 a bis 651 k kann nicht zum Nachteil des Reisenden abgewichen werden.

Achter Titel
Mäklervertrag

§ 652 [Anspruch auf Mäklerlohn]
(1) Wer für den Nachweis der Gelegenheit zum Abschluß eines Vertrags oder für die Vermittlung eines Vertrags einen Mäklerlohn verspricht, ist zur Entrichtung des Lohnes nur verpflichtet, wenn der Vertrag infolge des Nachweises oder infolge der Vermittlung des Mäklers zustande kommt. Wird der Vertrag unter einer aufschiebenden Bedingung geschlossen, so kann der Mäklerlohn erst verlangt werden, wenn die Bedingung eintritt.
(2) Aufwendungen sind dem Mäkler nur zu ersetzen, wenn es vereinbart ist. Dies gilt auch dann, wenn ein Vertrag nicht zustande kommt.

§ 653 [Stillschweigende Vereinbarung – Höhe der Vergütung]
(1) Ein Mäklerlohn gilt als stillschweigend vereinbart, wenn die dem Mäkler übertragene Leistung den Umständen nach nur gegen eine Vergütung zu erwarten ist.
(2) Ist die Höhe der Vergütung nicht bestimmt, so ist bei dem Bestehen einer Taxe der taxmäßige Lohn, in Ermangelung einer Taxe der übliche Lohn als vereinbart anzusehen.

§ 654 [Verwirkung des Anspruchs]
Der Anspruch auf den Mäklerlohn und den Ersatz von Aufwendungen ist ausgeschlossen, wenn der Mäkler dem Inhalte des Vertrags zuwider auch für den anderen Teil tätig gewesen ist.

§ 655 [Herabsetzung durch Urteil]
Ist für den Nachweis der Gelegenheit zum Abschluß eines Dienstvertrags oder für die Vermittlung eines solchen Vertrags ein unverhältnismäßig hoher Mäklerlohn vereinbart worden, so kann er auf Antrag des Schuldners durch Urteil auf den angemessenen Betrag herabgesetzt werden. Nach der Entrichtung des Lohnes ist die Herabsetzung ausgeschlossen.

§ 656 [Ehevermittlung]
(1) Durch das Versprechen eines Lohnes für den Nachweis der Gelegenheit zur Eingehung einer Ehe oder für die Vermittlung des Zustandekommens einer Ehe wird eine Verbindlichkeit nicht begründet. Das auf Grund des Versprechens Geleistete kann nicht deshalb zurückgefordert werden, weil eine Verbindlichkeit nicht bestanden hat.
(2) Diese Vorschriften gelten auch für eine Vereinbarung, durch die der andere Teil zum Zwecke der Erfüllung des Versprechens dem Mäkler gegenüber eine Verbindlichkeit eingeht, insbesondere für ein Schuldanerkenntnis.

Neunter Titel
Auslobung

§ 657 [Begriff]
Wer durch öffentliche Bekanntmachung eine Belohnung für die Vornahme einer Handlung, insbesondere für die Herbeiführung eines Erfolges, aussetzt, ist verpflichtet, die Belohnung demjenigen zu entrichten, welcher die Handlung vorgenommen hat, auch wenn dieser nicht mit Rücksicht auf die Auslobung gehandelt hat.
...

Zehnter Titel
Auftrag und ähnliche Verträge
I. Auftrag

§ 662 [Begriff]
Durch die Annahme eines Auftrags verpflichtet sich der Beauftragte, ein ihm von dem Auftraggeber übertragenes Geschäft für diesen unentgeltlich zu besorgen.

§ 663 [Anzeigepflicht bei Ablehnung]
Wer zur Besorgung gewisser Geschäfte öffentlich bestellt ist oder sich öffentlich erboten hat, ist, wenn er einen auf solche Geschäfte gerichteten Auftrag nicht annimmt, verpflichtet, die Ablehnung dem Auftraggeber unverzüglich anzuzeigen. Das gleiche gilt, wenn sich jemand dem Auftraggeber gegenüber zur Besorgung gewisser Geschäfte erboten hat.

§ 664 [Keine Übertragung]
(1) Der Beauftragte darf im Zweifel die Ausführung des Auftrags nicht einem Dritten übertragen. Ist die Übertragung gestattet, so hat er nur ein ihm bei der Übertragung zur Last fallendes Verschulden zu vertreten. Für das Verschulden eines Gehilfen ist er nach § 278 verantwortlich.
(2) Der Anspruch auf Ausführung des Auftrags ist im Zweifel nicht übertragbar.

§ 665 [Abweichung von Weisungen]
Der Beauftragte ist berechtigt, von den Weisungen des Auftraggebers abzuweichen, wenn er den Umständen nach annehmen darf, daß der Auftraggeber bei Kenntnis der Sachlage die Abweichung billigen würde. Der Beauftragte hat vor der Abweichung dem Auftraggeber Anzeige zu machen und dessen Entschließung abzuwarten, wenn nicht mit dem Aufschube Gefahr verbunden ist.

§ 666 [Auskunfts- und Rechenschaftspflicht]
Der Beauftragte ist verpflichtet, dem Auftraggeber die erforderlichen Nachrichten zu geben, auf Verlangen über den Stand des Geschäfts Auskunft zu erteilen und nach der Ausführung des Auftrags Rechenschaft abzulegen.

§ 667 [Herausgabepflicht des Beauftragten]
Der Beauftragte ist verpflichtet, dem Auftraggeber alles, was er zur Ausführung des Auftrags erhält und was er aus der Geschäftsbesorgung erlangt, herauszugeben.

§ 668 [Verzinsung des verwendeten Geldes]
Verwendet der Beauftragte Geld für sich, das er dem Auftraggeber herauszugeben oder für ihn zu verwenden hat, so ist er verpflichtet, es von der Zeit der Verwendung an zu verzinsen.

§ 669 [Vorschuß]
Für die zur Ausführung des Auftrags erforderlichen Aufwendungen hat der Auftraggeber dem Beauftragten auf Verlangen Vorschuß zu leisten.

§ 670 [Aufwendungsersatz]
Macht der Beauftragte zum Zwecke der Ausführung des Auftrags Aufwendungen, die er den Umständen nach für erforderlich halten darf, so ist der Auftraggeber zum Ersatze verpflichtet.

§ 671 [Widerruf und Kündigung]
(1) Der Auftrag kann von dem Auftraggeber jederzeit widerrufen, von dem Beauftragten jederzeit gekündigt werden.
(2) Der Beauftragte darf nur in der Art kündigen, daß der Auftraggeber für die Besorgung des Geschäfts anderweit Fürsorge treffen kann, es sei denn, daß ein wichtiger Grund für die unzeitige Kündigung vorliegt. Kündigt er ohne solchen Grund zur Unzeit, so hat er dem Auftraggeber den daraus entstehenden Schaden zu ersetzen.
(3) Liegt ein wichtiger Grund vor, so ist der Beauftragte zur Kündigung auch dann berechtigt, wenn er auf das Kündigungsrecht verzichtet hat.

§ 672 [Tod oder Geschäftsunfähigkeit des Auftraggebers]
Der Auftrag erlischt im Zweifel nicht durch den Tod oder den Eintritt der Geschäftsunfähigkeit des Auftraggebers. Erlischt der Auftrag, so hat der Beauftragte, wenn mit dem Aufschube Gefahr verbunden ist, die Besorgung des übertragenen Geschäfts fortzusetzen, bis der Erbe oder der gesetzliche Vertreter des Auftraggebers anderweit Fürsorge treffen kann; der Auftrag gilt insoweit als fortbestehend.

§ 673 [Tod des Beauftragten]
Der Auftrag erlischt im Zweifel durch den Tod des Beauftragten. Erlischt der Auftrag, so hat der Erbe des Beauftragten den Tod dem Auftraggeber unverzüglich anzuzeigen und, wenn mit dem Aufschube Gefahr verbunden ist, die Besorgung des übertragenen Geschäfts fortzusetzen, bis der Auftraggeber anderweit Fürsorge treffen kann; der Auftrag gilt insoweit als fortbestehend.

70 Bürgerliches Gesetzbuch §§ 674–676

§ 674 [Fortbestehen des Auftrags]
Erlischt der Auftrag in anderer Weise als durch Widerruf, so gilt er zugunsten des Beauftragten gleichwohl als fortbestehend, bis der Beauftragte von dem Erlöschen Kenntnis erlangt oder das Erlöschen kennen muß.

II. Geschäftsbesorgungsvertrag

1. Allgemeines

§ 675 [Entgeltliche Geschäftsbesorgung]
(1) Auf einen Dienstvertrag oder einen Werkvertrag, der eine Geschäftsbesorgung zum Gegenstande hat, finden, soweit in diesem Untertitel nichts Abweichendes bestimmt wird, die Vorschriften der §§ 663, 665 bis 670, 672 bis 674 und, wenn dem Verpflichteten das Recht zusteht, ohne Einhaltung einer Kündigungsfrist zu kündigen, auch die Vorschriften des § 671 Abs. 2 entsprechende Anwendung.
(2) Wer einem anderen einen Rat oder eine Empfehlung erteilt, ist, unbeschadet der sich aus einem Vertragsverhältnis, einer unerlaubten Handlung oder einer sonstigen gesetzlichen Bestimmung ergebenden Verantwortlichkeit, zum Ersatz des aus der Befolgung des Rates oder der Empfehlung entstehenden Schadens nicht verpflichtet.

§ 675 a [Standardgeschäfte]
(1) Wer zur Besorgung von Geschäften öffentlich bestellt ist oder sich dazu öffentlich erboten hat, stellt für regelmäßig anfallende standardisierte Geschäftsvorgänge (Standardgeschäfte) schriftlich, in geeigneten Fällen auch elektronisch, unentgeltlich Informationen über Entgelte und Auslagen der Geschäftsbesorgung zur Verfügung, soweit nicht eine Preisfestsetzung nach § 315 erfolgt oder die Entgelte und Auslagen gesetzlich verbindlich geregelt sind. Kreditinstitute (§ 1 Abs. 1 des Gesetzes über das Kreditwesen) haben zusätzlich Informationen über Ausführungsfristen, Wertstellungszeitpunkte, Referenzkurse von Überweisungen und weitere in der Verordnung nach Absatz 2 bestimmte Einzelheiten in der dort vorgesehenen Form zur Verfügung zu stellen; dies gilt nicht für Überweisungen der in § 676 c Abs. 3 bezeichneten Art.
(2) Das Bundesministerium der Justiz wird ermächtigt, durch Rechtsverordnung ohne Zustimmung des Bundesrates weitere Angaben festzulegen, über die Unternehmen ihre Kunden zu unterrichten haben, soweit dies zur Erfüllung der Pflichten aus der Richtlinie 97/5/EG des Europäischen Parlaments und des Rates vom 27. Januar 1997 über grenzüberschreitende Überweisungen (ABl. EG Nr. L 43 S. 25) oder anderen Vorschriften des Gemeinschaftsrechts, die den Regelungsbereich des Absatzes 1 betreffen, erforderlich ist oder wird. Hierbei kann auch die Form der Bekanntgabe der Angaben festgelegt werden.
(3) Im Sinne dieses Titels stehen Kreditinstituten gleich:
1. die Deutsche Bundesbank,
2. andere Unternehmen, die gewerbsmäßig Überweisungen ausführen, und
3. inländische Zweigstellen von Kreditinstituten und anderen Unternehmen mit Sitz im Ausland, die gewerbsmäßig Überweisungen ausführen.

§ 676 [Übertragungsvertrag]
Die Kündigung eines Geschäftsbesorgungsvertrags, der die Weiterleitung von Wertpapieren oder Ansprüchen auf Herausgabe von Wertpapieren im Wege der Verbuchung oder auf sonstige Weise zum Gegenstand hat (Übertragungsvertrag), ist nur wirksam, wenn sie dem depotführenden Unternehmen des Begünstigten so rechtzeitig mitgeteilt wird, daß die Kündigung unter Wahrung der gebotenen Sorgfalt noch vor der Verbuchung auf dem Depot des Begünstigten berücksichtigt werden kann. Die Wertpapiere oder die Ansprüche auf Herausgabe von Wertpapieren sind in diesem Fall an das erstbeauftragte Unternehmen zurückzuleiten. Im Rahmen von Wertpapierlieferungs- und Abrechnungssystemen kann ein Übertragungsvertrag abweichend von Satz 1 bereits von dem in den Regeln des Systems bestimmten Zeitpunkt an nicht mehr gekündigt werden.

2. Überweisungsvertrag

§ 676 a [Überweisungsvertrag]
(1) Durch den Überweisungsvertrag wird das Kreditinstitut (überweisendes Kreditinstitut) gegenüber demjenigen, der die Überweisung veranlaßt (Überweisender), verpflichtet, dem Begünstigten einen bestimmten Geldbetrag zur Gutschrift auf dessen Konto beim überweisenden Kreditinstitut zur Verfügung zu stellen (Überweisung) sowie Angaben zur Person des Überweisenden und einen angegebenen Verwendungszweck, soweit üblich, mitzuteilen. Soll die Gutschrift durch ein anderes Kreditinstitut erfolgen, ist das überweisende Kreditinstitut verpflichtet, den Überweisungsbetrag rechtzeitig und, soweit nicht anders vereinbart, ungekürzt dem Kreditinstitut des Begünstigten unmittelbar oder unter Beteiligung zwischengeschalteter Kreditinstitute zu diesem Zweck zu übermitteln und die in Satz 1 bestimmten Angaben weiterzuleiten. Der Überweisende kann, soweit vereinbart, dem Kreditinstitut den zu überweisenden Geldbetrag auch in bar zur Verfügung stellen.
(2) Soweit keine anderen Fristen vereinbart werden, sind Überweisungen baldmöglichst zu bewirken. Es sind
1. grenzüberschreitende Überweisungen in Mitgliedstaaten der Europäischen Union und in Vertragsstaaten des Europäischen Wirtschaftsraums, die auf deren Währung oder Währungseinheit oder auf Euro lauten, soweit nichts anderes vereinbart ist, binnen fünf Werktagen, an denen alle beteiligten Kreditinstitute gewöhnlich geöffnet haben, ausgenommen Sonnabende, (Bankgeschäftstage) auf das Konto des Kreditinstituts des Begünstigten,
2. inländische Überweisungen in Inlandswährung binnen drei Bankgeschäftstagen auf das Konto des Kreditinstituts des Begünstigten und
3. Überweisungen in Inlandswährung innerhalb einer Haupt- oder einer Zweigstelle eines Kreditinstituts längstens binnen eines Bankgeschäftstags, andere institutsinterne Überweisungen längstens binnen zwei Bankgeschäftstagen auf das Konto des Begünstigten
zu bewirken (Ausführungsfrist). Die Frist beginnt, soweit nichts anderes vereinbart ist, mit Ablauf des Tages, an dem der Name des Begünstigten, sein Konto, sein Kreditinstitut und die sonst zur Ausführung der Überweisung erforderlichen Angaben dem überweisenden Kreditinstitut vorliegen und ein zur Ausführung der Überweisung ausreichendes Guthaben vorhanden oder ein ausreichender Kredit eingeräumt ist.
(3) Das überweisende Kreditinstitut kann den Überweisungsvertrag, solange die Ausführungsfrist noch nicht begonnen hat, ohne Angabe von Gründen, danach nur kündigen, wenn ein Insolvenzverfahren über das Vermögen des Überweisenden eröffnet worden oder ein zur Durchführung der Überweisung erforderlicher Kredit gekündigt worden ist. Im Rahmen von Zahlungsverkehrssystemen kann eine Überweisung abweichend von Satz 1 bereits von dem in den Regeln des Systems bestimmten Zeitpunkt an nicht mehr gekündigt werden.
(4) Der Überweisende kann den Überweisungsvertrag vor Beginn der Ausführungsfrist jederzeit, danach nur kündigen, wenn die Kündigung dem Kreditinstitut des Begünstigten bis zu dem Zeitpunkt mitgeteilt wird, in dem der Überweisungsbetrag diesem Kreditinstitut endgültig zur Gutschrift auf dem Konto des Begünstigten zur Verfügung gestellt wird. Im Rahmen von Zahlungsverkehrssystemen kann eine Überweisung abweichend von Satz 1 bereits von dem in den Regeln des Systems bestimmten Zeitpunkt an nicht mehr gekündigt werden. Das überweisende Kreditinstitut hat die unverzügliche Information des Kreditinstituts des Begünstigten über eine Kündigung zu veranlassen.

§ 676 b [Verzinsung bei verspäteter Überweisung]
(1) Wird die Überweisung erst nach Ablauf der Ausführungsfrist bewirkt, so hat das überweisende Kreditinstitut dem Überweisenden den Überweisungsbetrag für die Dauer der Verspätung zu verzinsen, es sei denn, daß der Überweisende oder der Begünstigte die Verspätung zu vertreten hat. Der Zinssatz beträgt fünf Prozentpunkte über dem Basiszinssatz im Jahr.
(2) Das überweisende Kreditinstitut hat von ihm selbst oder von einem der zwischengeschalteten Kreditinstitute entgegen dem Überweisungsvertrag einbehaltene Beträge ohne zusätzliche Entgelte und Auslagen nach Wahl des Überweisenden entweder diesem zu erstatten oder dem Begünstigten zu überweisen.
(3) Der Überweisende kann die Erstattung des Überweisungsbetrags bis zu einem Betrag von 12 500 Euro (Garantiebetrag) zuzüglich bereits für die Überweisung entrichteter Entgelte und Auslagen

verlangen, wenn die Überweisung weder bis zum Ablauf der Ausführungsfrist noch innerhalb einer Nachfrist von 14 Bankgeschäftstagen vom Erstattungsverlangen des Überweisenden an bewirkt worden ist. Der Überweisungsbetrag ist in diesem Fall vom Beginn der Ausführungsfrist bis zur Gutschrift des Garantiebetrags auf dem Konto des Überweisenden mit dem in Absatz 1 Satz 2 bestimmten Zinssatz zu verzinsen. Mit dem Erstattungsverlangen des Überweisenden und dem Ablauf der Nachfrist gilt der Überweisungsvertrag als gekündigt. Das Kreditinstitut ist berechtigt, den Vertrag zu kündigen, wenn die Fortsetzung des Vertrages unter Abwägung der beiderseitigen Interessen für das Kreditinstitut nicht zumutbar ist und es den Garantiebetrag entrichtet hat oder gleichzeitig entrichtet. Der Überweisende hat in den Fällen der Sätze 3 und 4 die vereinbarten Entgelte und Auslagen nicht zu entrichten. Ansprüche nach diesem Absatz bestehen nicht, wenn die Überweisung nicht bewirkt worden ist, weil der Überweisende dem überweisenden Kreditinstitut eine fehlerhafte oder unvollständige Weisung erteilt oder wenn ein von dem Überweisenden ausdrücklich bestimmtes zwischengeschaltetes Kreditinstitut die Überweisung nicht ausgeführt hat. In dem zweiten Fall des Satzes 6 haftet das von dem Überweisenden ausdrücklich bestimmte Kreditinstitut diesem anstelle des überweisenden Kreditinstituts.
(4) Ansprüche nach den Absätzen 1 bis 3 sind ausgeschlossen, wenn die Ursache für den Fehler bei der Abwicklung der Überweisung höhere Gewalt ist.

§ 676 c [Haftungsvoraussetzung – Haftungsbegrenzung]
(1) Die Ansprüche nach § 676 b setzen ein Verschulden nicht voraus. Andere Ansprüche, die ein Verschulden voraussetzen, sowie Ansprüche aus ungerechtfertigter Bereicherung bleiben unberührt. Das überweisende Kreditinstitut hat hierbei ein Verschulden, das einem zwischengeschalteten Kreditinstitut zur Last fällt, wie eigenes Verschulden zu vertreten, es sei denn, daß die wesentliche Ursache bei einem zwischengeschalteten Kreditinstitut liegt, das der Überweisende vorgegeben hat. Die Haftung nach Satz 3 kann bei Überweisungen auf ein Konto im Ausland auf 25 000 Euro begrenzt werden. Die Haftung für durch die Verzögerung oder Nichtausführung der Überweisung entstandenen Schaden kann auf 12 500 Euro begrenzt werden; dies gilt nicht für Vorsatz und grobe Fahrlässigkeit, den Zinsschaden und für Gefahren, die das Kreditinstitut besonders übernommen hat.
(2) In den Fällen des Absatzes 1 Satz 3 Halbsatz 2 haftet das von dem Überweisenden vorgegebene zwischengeschaltete Kreditinstitut anstelle des überweisenden Kreditinstituts.
(3) Von den Vorschriften des § 675 Abs. 1, der §§ 676 a und 676 b und des Absatzes 1 darf, soweit dort nichts anderes bestimmt ist, zum Nachteil des Überweisenden nur bei Überweisungen abgewichen werden,
1. deren Überweisender ein Kreditinstitut ist,
2. die den Betrag von 75 000 Euro übersteigen oder
3. die einem Konto eines Kreditinstituts mit Sitz außerhalb der Europäischen Union und des Europäischen Wirtschaftsraums gutgeschrieben werden sollen.

3. Zahlungsvertrag
§ 676 d [Zahlungsvertrag]
(1) Durch den Zahlungsvertrag verpflichtet sich ein zwischengeschaltetes Kreditinstitut gegenüber einem anderen Kreditinstitut, im Rahmen des Überweisungsverkehrs einen Überweisungsbetrag an ein weiteres Kreditinstitut oder das Kreditinstitut des Begünstigten weiterzuleiten.
(2) Das Kreditinstitut des Begünstigten ist verpflichtet, einen Überweisungsbetrag an das überweisende Kreditinstitut zurückzuleiten, wenn ihm vor dessen Eingang eine entsprechende Mitteilung durch das überweisende Kreditinstitut zugeht. Im Rahmen von Zahlungsverkehrssystemen braucht die Kündigung von dem in den Regeln des Systems festgelegten Zeitpunkt an nicht mehr beachtet zu werden.

§ 676 e [Schadensersatz – Erstattungspflicht]
(1) Liegt die Ursache für eine verspätete Ausführung einer Überweisung in dem Verantwortungsbereich eines zwischengeschalteten Kreditinstituts, so hat dieses den Schaden zu ersetzen, der dem überweisenden Kreditinstitut aus der Erfüllung der Ansprüche des Überweisenden nach § 676 b Abs. 1 entsteht.

(2) Das zwischengeschaltete Kreditinstitut hat die von ihm selbst entgegen dem Überweisungsvertrag einbehaltenen Beträge ohne zusätzliche Entgelte und Auslagen nach Wahl des überweisenden Kreditinstituts entweder diesem zu erstatten oder dem Begünstigten zu überweisen.
(3) Das Kreditinstitut, das mit dem überweisenden Kreditinstitut einen Zahlungsvertrag geschlossen hat, ist verpflichtet, diesem die geleisteten Zahlungen zu erstatten, zu denen dieses nach § 676 b Abs. 3 gegenüber dem Überweisenden verpflichtet war. Jedes zwischengeschaltete Kreditinstitut ist verpflichtet, dem Kreditinstitut, mit dem es einen Zahlungsvertrag zur Weiterleitung der Überweisung abgeschlossen hat, die nach Satz 1 oder nach dieser Vorschrift geleisteten Zahlungen zu erstatten. Wird die Überweisung nicht bewirkt, weil ein Kreditinstitut dem von ihm zwischengeschalteten Kreditinstitut eine fehlerhafte oder unvollständige Weisung erteilt hat, ist der Erstattungsanspruch dieses Kreditinstituts nach den Sätzen 1 und 2 ausgeschlossen. Das Kreditinstitut, das den Fehler zu vertreten hat, hat dem überweisenden Kreditinstitut den ihm aus der Erfüllung seiner Verpflichtungen nach § 676 c Abs. 1 entstehenden weitergehenden Schaden zu ersetzen.
(4) An der Weiterleitung eines Überweisungsbetrags beteiligte Kreditinstitute, die nicht auf Ersatz haften, haben selbständig nach dem Verbleib des Überweisungsbetrags zu forschen und dem Anspruchsberechtigten den von ihnen aufgefundenen Überweisungsbetrag abzüglich einer angemessenen Entschädigung für die Nachforschung zu erstatten.
(5) Entfallen Ansprüche, weil der Überweisende das zur Weiterleitung beauftragte Kreditinstitut vorgegeben hat, so hat dieses den Überweisenden so zu stellen, wie er bei Anwendung des § 676 b Abs. 3 stünde. Im übrigen gilt § 676 b Abs. 4 sinngemäß.

4. Girovertrag

§ 676 f [Girovertrag]
Durch den Girovertrag wird das Kreditinstitut verpflichtet, für den Kunden ein Konto einzurichten, eingehende Zahlungen auf dem Konto gutzuschreiben und abgeschlossene Überweisungsverträge zu Lasten dieses Kontos abzuwickeln. Es hat dem Kunden eine weitergeleitete Angabe zur Person des Überweisenden und zum Verwendungszweck mitzuteilen.

§ 676 g [Fristgerechte Gutschrift]
(1) Ist ein Überweisungsbetrag bei dem Kreditinstitut des Kunden eingegangen, so hat es diesen Betrag dem Kunden innerhalb der vereinbarten Frist, bei Fehlen einer Fristvereinbarung innerhalb eines Bankgeschäftstages nach dem Tag, an dem der Betrag dem Kreditinstitut gutgeschrieben wurde, gutzuschreiben, es sei denn, es hat vor dem Eingang des Überweisungsbetrags eine Mitteilung nach § 676 d Abs. 2 Satz 1 erhalten. Wird der überwiesene Betrag nicht fristgemäß dem Konto des Kunden gutgeschrieben, so hat das Kreditinstitut dem Kunden den Überweisungsbetrag für die Dauer der Verspätung zu verzinsen, es sei denn, daß der Überweisende oder der Kunde die Verspätung zu vertreten hat. § 676 b Abs. 1 Satz 2 ist anzuwenden. Die Gutschrift ist, auch wenn sie nachträglich erfolgt, so vorzunehmen, daß die Wertstellung des eingegangenen Betrags auf dem Konto des Kunden, soweit mit Unternehmen nichts anderes vereinbart ist, unter dem Datum des Tages erfolgt, an dem der Betrag dem Kreditinstitut zur Verfügung gestellt worden ist.
(2) Hat das Kreditinstitut bei der Gutschrift auf dem Konto des Kunden den Überweisungsbetrag vertragswidrig gekürzt, so hat es den Fehlbetrag dem Begünstigten frei von Entgelten und Auslagen gutzuschreiben. Der Anspruch des Kreditinstituts auf ein im Girovertrag vereinbartes Entgelt für die Gutschrift von eingehenden Zahlungen bleibt unberührt.
(3) Ist ein Zahlungsvertrag von einem Kreditinstitut nicht ausgeführt worden, das von dem Kreditinstitut des Begünstigten mit der Entgegennahme beauftragt worden ist, so hat dieses seinem Kunden den Überweisungsbetrag bis zu einem Betrag von 12 500 Euro ohne zusätzliche Entgelte und Kosten gutzuschreiben.
(4) Die Ansprüche nach den Absätzen 1 bis 3 setzen ein Verschulden nicht voraus. Weitergehende Ansprüche, die ein Verschulden voraussetzen, bleiben unberührt. Das Kreditinstitut des Kunden hat hierbei ein Verschulden eines von ihm zwischengeschalteten Kreditinstituts wie eigenes Verschulden zu vertreten. Die Haftung nach Satz 3 kann bei Überweisungen auf ein Konto im Ausland auf 25 000 Euro begrenzt werden. Die Haftung für durch die Verzögerung oder Nichtausführung der Überweisung entstandenen Schaden kann auf 12 500 Euro begrenzt werden; dies gilt nicht für Vorsatz und

grobe Fahrlässigkeit, den Zinsschaden und für Gefahren, die das Kreditinstitut besonders übernommen hat. Die Ansprüche sind ausgeschlossen, soweit der Fehler bei der Ausführung des Vertrages auf höherer Gewalt beruht.
(5) Von den Vorschriften der Absätze 1 bis 4 darf, soweit dort nichts anderes bestimmt ist, zum Nachteil des Begünstigten nur bei Überweisungen der in § 676 c Abs. 3 bezeichneten Art abgewichen werden.

Elfter Titel
Geschäftsführung ohne Auftrag
§ 677 [Pflichten des Geschäftsführers]
Wer ein Geschäft für einen anderen besorgt, ohne von ihm beauftragt oder ihm gegenüber sonst dazu berechtigt zu sein, hat das Geschäft so zu führen, wie das Interesse des Geschäftsherrn mit Rücksicht auf dessen wirklichen oder mutmaßlichen Willen es erfordert.

§ 678 [Entgegenstehender Wille des Geschäftsherrn]
Steht die Übernahme der Geschäftsführung mit dem wirklichen oder dem mutmaßlichen Willen des Geschäftsherrn in Widerspruch und mußte der Geschäftsführer dies erkennen, so ist er dem Geschäftsherrn zum Ersatze des aus der Geschäftsführung entstehenden Schadens auch dann verpflichtet, wenn ihm ein sonstiges Verschulden nicht zur Last fällt.

§ 679 [Unbeachtlichkeit des entgegenstehenden Willens]
Ein der Geschäftsführung entgegenstehender Wille des Geschäftsherrn kommt nicht in Betracht, wenn ohne die Geschäftsführung eine Pflicht des Geschäftsherrn, deren Erfüllung im öffentlichen Interesse liegt, oder eine gesetzliche Unterhaltspflicht des Geschäftsherrn nicht rechtzeitig erfüllt werden würde.

§ 680 [Geschäftsführung im Falle drohender Gefahr]
Bezweckt die Geschäftsführung die Abwendung einer dem Geschäftsherrn drohenden dringenden Gefahr, so hat der Geschäftsführer nur Vorsatz und grobe Fahrlässigkeit zu vertreten.

§ 681 [Anzeigepflicht des Geschäftsführers]
Der Geschäftsführer hat die Übernahme der Geschäftsführung, sobald es tunlich ist, dem Geschäftsherrn anzuzeigen und, wenn nicht mit dem Aufschube Gefahr verbunden ist, dessen Entschließung abzuwarten. Im übrigen finden auf die Verpflichtungen des Geschäftsführers die für einen Beauftragten geltenden Vorschriften der §§ 666 bis 668 entsprechende Anwendung.

§ 682 [Geschäftsunfähiger oder geschäftsbeschränkter Geschäftsführer]
Ist der Geschäftsführer geschäftsunfähig oder in der Geschäftsfähigkeit beschränkt, so ist er nur nach den Vorschriften über den Schadensersatz wegen unerlaubter Handlungen und über die Herausgabe einer ungerechtfertigten Bereicherung verantwortlich.

§ 683 [Aufwendungsersatz]
Entspricht die Übernahme der Geschäftsführung dem Interesse und dem wirklichen oder dem mutmaßlichen Willen des Geschäftsherrn, so kann der Geschäftsführer wie ein Beauftragter Ersatz seiner Aufwendungen verlangen. In den Fällen des § 679 steht dieser Anspruch dem Geschäftsführer zu, auch wenn die Übernahme der Geschäftsführung mit dem Willen des Geschäftsherrn in Widerspruch steht.

§ 684 [Herausgabepflicht des Geschäftsherrn]
Liegen die Voraussetzungen des § 683 nicht vor, so ist der Geschäftsherr verpflichtet, dem Geschäftsführer alles, was er durch die Geschäftsführung erlangt, nach den Vorschriften über die Herausgabe einer ungerechtfertigten Bereicherung herauszugeben. Genehmigt der Geschäftsherr die Geschäftsführung, so steht dem Geschäftsführer der im § 683 bestimmte Anspruch zu.

§ 685 [Ausschluß der Ersatzansprüche]
(1) Dem Geschäftsführer steht ein Anspruch nicht zu, wenn er nicht die Absicht hatte, von dem Geschäftsherrn Ersatz zu verlangen.
(2) Gewähren Eltern oder Voreltern ihren Abkömmlingen oder diese jenen Unterhalt, so ist im Zweifel anzunehmen, daß die Absicht fehlt, von dem Empfänger Ersatz zu verlangen.

§ 686 [Irrtum über die Person des Geschäftsherrn]
Ist der Geschäftsführer über die Person des Geschäftsherrn im Irrtume, so wird der wirkliche Geschäftsherr aus der Geschäftsführung berechtigt und verpflichtet.

§ 687 [Besorgung eines fremden Geschäfts als eigenes]
(1) Die Vorschriften der §§ 677 bis 686 finden keine Anwendung, wenn jemand ein fremdes Geschäft in der Meinung besorgt, daß es sein eigenes sei.
(2) Behandelt jemand ein fremdes Geschäft als sein eigenes, obwohl er weiß, daß er nicht dazu berechtigt ist, so kann der Geschäftsherr die sich aus den §§ 677, 678, 681, 682 ergebenden Ansprüche geltend machen. Macht er sie geltend, so ist er dem Geschäftsführer nach § 684 Satz 1 verpflichtet.

Zwölfter Titel
Verwahrung

§ 688 [Begriff]
Durch den Verwahrungsvertrag wird der Verwahrer verpflichtet, eine ihm von dem Hinterleger übergebene bewegliche Sache aufzubewahren.

...

Vierzehnter Titel
Gesellschaft

§ 705 [Begriff]
Durch den Gesellschaftsvertrag verpflichten sich die Gesellschafter gegenseitig, die Erreichung eines gemeinsamen Zweckes in der durch den Vertrag bestimmten Weise zu fördern, insbesondere die vereinbarten Beiträge zu leisten.

...

Fünfzehnter Titel
Gemeinschaft

§ 741 [Gemeinschaft nach Bruchteilen]
Steht ein Recht mehreren gemeinschaftlich zu, so finden, sofern sich nicht aus dem Gesetz ein anderes ergibt, die Vorschriften der §§ 742 bis 758 Anwendung (Gemeinschaft nach Bruchteilen).

...

Siebzehnter Titel
Spiel. Wette

§ 762 [Keine Verbindlichkeit]
(1) Durch Spiel oder durch Wette wird eine Verbindlichkeit nicht begründet. Das auf Grund des Spieles oder der Wette Geleistete kann nicht deshalb zurückgefordert werden, weil eine Verbindlichkeit nicht bestanden hat.
(2) Diese Vorschriften gelten auch für eine Vereinbarung, durch die der verlierende Teil zum Zwecke der Erfüllung einer Spiel- oder einer Wettschuld dem gewinnenden Teile gegenüber eine Verbindlichkeit eingeht, insbesondere für ein Schuldanerkenntnis.

...

Achtzehnter Titel
Bürgschaft

§ 765 [Begriff]
(1) Durch den Bürgschaftsvertrag verpflichtet sich der Bürge gegenüber dem Gläubiger eines Dritten, für die Erfüllung der Verbindlichkeit des Dritten einzustehen.
(2) Die Bürgschaft kann auch für eine künftige oder eine bedingte Verbindlichkeit übernommen werden.

§ 766 [Schriftform]
Zur Gültigkeit des Bürgschaftsvertrags ist schriftliche Erteilung der Bürgschaftserklärung erforderlich. Soweit der Bürge die Hauptverbindlichkeit erfüllt, wird der Mangel der Form geheilt.

§ 767 [Umfang der Bürgschaftsverpflichtung]
(1) Für die Verpflichtung des Bürgen ist der jeweilige Bestand der Hauptverbindlichkeit maßgebend. Dies gilt insbesondere auch, wenn die Hauptverbindlichkeit durch Verschulden oder Verzug des Hauptschuldners geändert wird. Durch ein Rechtsgeschäft, das der Hauptschuldner nach der Übernahme der Bürgschaft vornimmt, wird die Verpflichtung des Bürgen nicht erweitert.
(2) Der Bürge haftet für die dem Gläubiger von dem Hauptschuldner zu ersetzenden Kosten der Kündigung und der Rechtsverfolgung.

§ 768 [Einreden]
(1) Der Bürge kann die dem Hauptschuldner zustehenden Einreden geltend machen. Stirbt der Hauptschuldner, so kann sich der Bürge nicht darauf berufen, daß der Erbe für die Verbindlichkeit nur beschränkt haftet.
(2) Der Bürge verliert eine Einrede nicht dadurch, daß der Hauptschuldner auf sie verzichtet.

§ 769 [Mehrere Bürgen]
Verbürgen sich mehrere für dieselbe Verbindlichkeit, so haften sie als Gesamtschuldner, auch wenn sie die Bürgschaft nicht gemeinschaftlich übernehmen.

§ 770 [Einrede der Anfechtbarkeit und der Aufrechenbarkeit]
(1) Der Bürge kann die Befriedigung des Gläubigers verweigern, solange dem Hauptschuldner das Recht zusteht, das seiner Verbindlichkeit zugrunde liegende Rechtsgeschäft anzufechten.
(2) Die gleiche Befugnis hat der Bürge, solange sich der Gläubiger durch Aufrechnung gegen eine fällige Forderung des Hauptschuldners befriedigen kann.

§ 771 [Einrede der Vorausklage]
Der Bürge kann die Befriedigung des Gläubigers verweigern, solange nicht der Gläubiger eine Zwangsvollstreckung gegen den Hauptschuldner ohne Erfolg versucht hat (Einrede der Vorausklage).

§ 772 [Pflicht des Gläubigers zur Beitreibung der Hauptschuld]
(1) Besteht die Bürgschaft für eine Geldforderung, so muß die Zwangsvollstreckung in die beweglichen Sachen des Hauptschuldners an seinem Wohnsitz und, wenn der Hauptschuldner an einem anderen Orte eine gewerbliche Niederlassung hat, auch an diesem Orte, in Ermangelung eines Wohnsitzes und einer gewerblichen Niederlassung an seinem Aufenthaltsorte versucht werden.
(2) Steht dem Gläubiger ein Pfandrecht oder ein Zurückbehaltungsrecht an einer beweglichen Sache des Hauptschuldners zu, so muß er auch aus dieser Sache Befriedigung suchen. Steht dem Gläubiger ein solches Recht an der Sache auch für eine andere Forderung zu, so gilt dies nur, wenn beide Forderungen durch den Wert der Sache gedeckt werden.

§ 773 [Ausschluß der Einrede der Vorausklage]
(1) Die Einrede der Vorausklage ist ausgeschlossen:
1. wenn der Bürge auf die Einrede verzichtet, insbesondere wenn er sich als Selbstschuldner verbürgt hat;
2. wenn die Rechtsverfolgung gegen den Hauptschuldner infolge einer nach der Übernahme der Bürgschaft eingetretenen Änderung des Wohnsitzes, der gewerblichen Niederlassung oder des Aufenthaltsorts des Hauptschuldners wesentlich erschwert ist;
3. wenn über das Vermögen des Hauptschuldners das Insolvenzverfahren eröffnet ist;
4. wenn anzunehmen ist, daß die Zwangsvollstreckung in das Vermögen des Hauptschuldners nicht zur Befriedigung des Gläubigers führen wird.
(2) In den Fällen der Nummern 3, 4 ist die Einrede insoweit zulässig, als sich der Gläubiger aus einer beweglichen Sache des Hauptschuldners befriedigen kann, an der er ein Pfandrecht oder ein Zurückbehaltungsrecht hat; die Vorschrift des § 772 Abs. 2 Satz 2 findet Anwendung.

§ 774 [Forderungsübergang auf den Bürgen]
(1) Soweit der Bürge den Gläubiger befriedigt, geht die Forderung des Gläubigers gegen den Hauptschuldner auf ihn über. Der Übergang kann nicht zum Nachteile des Gläubigers geltend gemacht werden. Einwendungen des Hauptschuldners aus einem zwischen ihm und dem Bürgen bestehenden Rechtsverhältnisse bleiben unberührt.
(2) Mitbürgen haften einander nur nach § 426.

§ 775 [Anspruch des Bürgen auf Befreiung]
(1) Hat sich der Bürge im Auftrage des Hauptschuldners verbürgt oder stehen ihm nach den Vorschriften über die Geschäftsführung ohne Auftrag wegen der Übernahme der Bürgschaft die Rechte eines Beauftragten gegen den Hauptschuldner zu, so kann er von diesem Befreiung von der Bürgschaft verlangen:
1. wenn sich die Vermögensverhältnisse des Hauptschuldners wesentlich verschlechtert haben;
2. wenn die Rechtsverfolgung gegen den Hauptschuldner infolge einer nach der Übernahme der Bürgschaft eingetretenen Änderung des Wohnsitzes, der gewerblichen Niederlassung oder des Aufenthaltsorts des Hauptschuldners wesentlich erschwert ist;
3. wenn der Hauptschuldner mit der Erfüllung seiner Verbindlichkeit im Verzug ist;
4. wenn der Gläubiger gegen den Bürgen ein vollstreckbares Urteil auf Erfüllung erwirkt hat.
(2) Ist die Hauptverbindlichkeit noch nicht fällig, so kann der Hauptschuldner dem Bürgen, statt ihn zu befreien, Sicherheit leisten.

§ 776 [Aufgabe von Sicherungsrechten]
Gibt der Gläubiger ein mit der Forderung verbundenes Vorzugsrecht, eine für sie bestehende Hypothek oder Schiffshypothek, ein für sie bestehendes Pfandrecht oder das Recht gegen einen Mitbürgen auf, so wird der Bürge insoweit frei, als er aus dem aufgegebenen Rechte nach § 774 hätte Ersatz erlangen können. Dies gilt auch dann, wenn das aufgegebene Recht erst nach der Übernahme der Bürgschaft entstanden ist.

§ 777 [Bürgschaft auf Zeit]
(1) Hat sich der Bürge für eine bestehende Verbindlichkeit auf bestimmte Zeit verbürgt, so wird er nach dem Ablaufe der bestimmten Zeit frei, wenn nicht der Gläubiger die Einziehung der Forderung unverzüglich nach Maßgabe des § 772 betreibt, das Verfahren ohne wesentliche Verzögerung fortsetzt und unverzüglich nach der Beendigung des Verfahrens dem Bürgen anzeigt, daß er ihn in Anspruch nehme. Steht dem Bürgen die Einrede der Vorausklage nicht zu, so wird er nach dem Ablaufe der bestimmten Zeit frei, wenn nicht der Gläubiger ihm unverzüglich diese Anzeige macht.
(2) Erfolgt die Anzeige rechtzeitig, so beschränkt sich die Haftung des Bürgen im Falle des Absatzes 1 Satz 1 auf den Umfang, den die Hauptverbindlichkeit zur Zeit der Beendigung des Verfahrens hat, im Falle des Absatzes 1 Satz 2 auf den Umfang, den die Hauptverbindlichkeit bei dem Ablaufe der bestimmten Zeit hat.

§ 778 [Kreditauftrag]
Wer einen anderen beauftragt, im eigenen Namen und auf eigene Rechnung einem Dritten Kredit zu geben, haftet dem Beauftragten für die aus der Kreditgewährung entstehende Verbindlichkeit des Dritten als Bürge.

Neunzehnter Titel
Vergleich

§ 779 [Begriff – Unwirksamkeit]
(1) Ein Vertrag, durch den der Streit oder die Ungewißheit der Parteien über ein Rechtsverhältnis im Wege gegenseitigen Nachgebens beseitigt wird (Vergleich), ist unwirksam, wenn der nach dem Inhalte des Vertrags als feststehend zugrunde gelegte Sachverhalt der Wirklichkeit nicht entspricht und der Streit oder die Ungewißheit bei Kenntnis der Sachlage nicht entstanden sein würde.
(2) Der Ungewißheit über ein Rechtsverhältnis steht es gleich, wenn die Verwirklichung eines Anspruchs unsicher ist.

Zwanzigster Titel
Schuldversprechen. Schuldanerkenntnis

§ 780 [Schriftform des Schuldversprechens]
Zur Gültigkeit eines Vertrags, durch den eine Leistung in der Weise versprochen wird, daß das Versprechen die Verpflichtung selbständig begründen soll (Schuld-versprechen), ist, soweit nicht eine andere Form vorgeschrieben ist, schriftliche Erteilung des Versprechens erforderlich.

§ 781 [Schriftform des Schuldanerkenntnisses]
Zur Gültigkeit eines Vertrags, durch den das Bestehen eines Schuldverhältnisses anerkannt wird (Schuldanerkenntnis), ist schriftliche Erteilung der Anerkennungserklärung erforderlich. Ist für die Begründung des Schuldverhältnisses, dessen Bestehen anerkannt wird, eine andere Form vorgeschrieben, so bedarf der Anerkennungsvertrag dieser Form.

§ 782 [Formfreiheit]
Wird ein Schuldversprechen oder ein Schuldanerkenntnis auf Grund einer Abrechnung oder im Wege des Vergleichs erteilt, so ist die Beobachtung der in den §§ 780, 781 vorgeschriebenen schriftlichen Form nicht erforderlich.

...

Dreiundzwanzigster Titel
Vorlegung von Sachen

§ 809 [Vorlegungsanspruch]
Wer gegen den Besitzer einer Sache einen Anspruch in Ansehung der Sache hat oder sich Gewißheit verschaffen will, ob ihm ein solcher Anspruch zusteht, kann, wenn die Besichtigung der Sache aus diesem Grunde für ihn von Interesse ist, verlangen, daß der Besitzer ihm die Sache zur Besichtigung vorlegt oder die Besichtigung gestattet.

§ 810 [Einsicht in Urkunden]
Wer ein rechtliches Interesse daran hat, eine in fremdem Besitze befindliche Urkunde einzusehen, kann von dem Besitzer die Gestattung der Einsicht verlangen, wenn die Urkunde in seinem Interesse errichtet oder in der Urkunde ein zwischen ihm und einem anderen bestehendes Rechtsverhältnis beurkundet ist oder wenn die Urkunde Verhandlungen über ein Rechtsgeschäft enthält, die zwischen ihm und einem anderen oder zwischen einem von beiden und einem gemeinschaftlichen Vermittler gepflogen worden sind.

§ 811 [Ort der Vorlegung – Gefahr und Kosten]
(1) Die Vorlegung hat in den Fällen der §§ 809, 810 an dem Orte zu erfolgen, an welchem sich die vorzulegende Sache befindet. Jeder Teil kann die Vorlegung an einem anderen Orte verlangen, wenn ein wichtiger Grund vorliegt.
(2) Die Gefahr und die Kosten hat derjenige zu tragen, welcher die Vorlegung verlangt. Der Besitzer kann die Vorlegung verweigern, bis ihm der andere Teil die Kosten vorschießt und wegen der Gefahr Sicherheit leistet.

Vierundzwanzigster Titel
Ungerechtfertigte Bereicherung

§ 812 [Herausgabepflicht]
(1) Wer durch die Leistung eines anderen oder in sonstiger Weise auf dessen Kosten etwas ohne rechtlichen Grund erlangt, ist ihm zur Herausgabe verpflichtet. Diese Verpflichtung besteht auch dann, wenn der rechtliche Grund später wegfällt oder der mit einer Leistung nach dem Inhalte des Rechtsgeschäfts bezweckte Erfolg nicht eintritt.
(2) Als Leistung gilt auch die durch Vertrag erfolgte Anerkennung des Bestehens oder des Nichtbestehens eines Schuldverhältnisses.

§ 813 [Erfüllung trotz Einrede]
(1) Das zum Zwecke der Erfüllung einer Verbindlichkeit Geleistete kann auch dann zurückgefordert werden, wenn dem Anspruch eine Einrede entgegenstand, durch welche die Geltendmachung des Anspruchs dauernd ausgeschlossen wurde. Die Vorschrift des § 222 Abs. 2 bleibt unberührt.
(2) Wird eine betagte Verbindlichkeit vorzeitig erfüllt, so ist die Rückforderung ausgeschlossen; die Erstattung von Zwischenzinsen kann nicht verlangt werden.

§ 814 [Ausschluß der Rückforderung]
Das zum Zwecke der Erfüllung einer Verbindlichkeit Geleistete kann nicht zurückgefordert werden, wenn der Leistende gewußt hat, daß er zur Leistung nicht verpflichtet war, oder wenn die Leistung einer sittlichen Pflicht oder einer auf den Anstand zu nehmenden Rücksicht entsprach.

§ 815 [Nichteintritt des Erfolgs]
Die Rückforderung wegen Nichteintritts des mit einer Leistung bezweckten Erfolges ist ausgeschlossen, wenn der Eintritt des Erfolges von Anfang an unmöglich war und der Leistende dies gewußt hat oder wenn der Leistende den Eintritt des Erfolges wider Treu und Glauben verhindert hat.

§ 816 [Verfügung eines Nichtberechtigten]
(1) Trifft ein Nichtberechtigter über einen Gegenstand eine Verfügung, die dem Berechtigten gegenüber wirksam ist, so ist er dem Berechtigten zur Herausgabe des durch die Verfügung Erlangten verpflichtet. Erfolgt die Verfügung unentgeltlich, so trifft die gleiche Verpflichtung denjenigen, welcher auf Grund der Verfügung unmittelbar einen rechtlichen Vorteil erlangt.
(2) Wird an einen Nichtberechtigten eine Leistung bewirkt, die dem Berechtigten gegenüber wirksam ist, so ist der Nichtberechtigte dem Berechtigten zur Herausgabe des Geleisteten verpflichtet.

§ 817 [Verbotene oder sittenwidrige Leistung]
War der Zweck einer Leistung in der Art bestimmt, daß der Empfänger durch die Annahme gegen ein gesetzliches Verbot oder gegen die guten Sitten verstoßen hat, so ist der Empfänger zur Herausgabe verpflichtet. Die Rückforderung ist ausgeschlossen, wenn dem Leistenden gleichfalls ein solcher Verstoß zur Last fällt, es sei denn, daß die Leistung in der Eingehung einer Verbindlichkeit bestand; das zur Erfüllung einer solchen Verbindlichkeit Geleistete kann nicht zurückgefordert werden.

§ 818 [Umfang der Herausgabepflicht]
(1) Die Verpflichtung zur Herausgabe erstreckt sich auf die gezogenen Nutzungen sowie auf dasjenige, was der Empfänger auf Grund eines erlangten Rechtes oder als Ersatz für die Zerstörung, Beschädigung oder Entziehung des erlangten Gegenstandes erwirbt.
(2) Ist die Herausgabe wegen der Beschaffenheit des Erlangten nicht möglich oder ist der Empfänger aus einem anderen Grunde zur Herausgabe außerstande, so hat er den Wert zu ersetzen.
(3) Die Verpflichtung zur Herausgabe oder zum Ersatze des Wertes ist ausgeschlossen, soweit der Empfänger nicht mehr bereichert ist.
(4) Von dem Eintritte der Rechtshängigkeit an haftet der Empfänger nach den allgemeinen Vorschriften.

§ 819 [Verschärfte Haftung bei Kenntnis des Rechtsmangels]
(1) Kennt der Empfänger den Mangel des rechtlichen Grundes bei dem Empfang oder erfährt er ihn später, so ist er von dem Empfang oder der Erlangung der Kenntnis an zur Herausgabe verpflichtet, wie wenn der Anspruch auf Herausgabe zu dieser Zeit rechtshängig geworden wäre.
(2) Verstößt der Empfänger durch die Annahme der Leistung gegen ein gesetzliches Verbot oder gegen die guten Sitten, so ist er von dem Empfange der Leistung an in der gleichen Weise verpflichtet.

§ 820 [Verschärfte Haftung bei ungewissem Erfolgseintritt]
(1) War mit der Leistung ein Erfolg bezweckt, dessen Eintritt nach dem Inhalte des Rechtsgeschäfts als ungewiß angesehen wurde, so ist der Empfänger, falls der Erfolg nicht eintritt, zur Herausgabe so verpflichtet, wie wenn der Anspruch auf Herausgabe zur Zeit des Empfanges rechtshängig geworden wäre. Das gleiche gilt, wenn die Leistung aus einem Rechtsgrunde, dessen Wegfall nach dem Inhalte des Rechtsgeschäfts als möglich angesehen wurde, erfolgt ist und der Rechtsgrund wegfällt.
(2) Zinsen hat der Empfänger erst von dem Zeitpunkt an zu entrichten, in welchem er erfährt, daß der Erfolg nicht eingetreten oder daß der Rechtsgrund weggefallen ist; zur Herausgabe von Nutzungen ist er insoweit nicht verpflichtet, als er zu dieser Zeit nicht mehr bereichert ist.

§ 821 [Einrede der Bereicherung]
Wer ohne rechtlichen Grund eine Verbindlichkeit eingeht, kann die Erfüllung auch dann verweigern, wenn der Anspruch auf Befreiung von der Verbindlichkeit verjährt ist.

§ 822 [Herausgabepflicht des beschenkten Dritten]
Wendet der Empfänger das Erlangte unentgeltlich einem Dritten zu, so ist, soweit infolgedessen die Verpflichtung des Empfängers zur Herausgabe der Bereicherung ausgeschlossen ist, der Dritte zur Herausgabe verpflichtet, wie wenn er die Zuwendung von dem Gläubiger ohne rechtlichen Grund erhalten hätte.

Fünfundzwanzigster Titel
Unerlaubte Handlungen

§ 823 [Schadensersatzpflicht][1)]
(1) Wer vorsätzlich oder fahrlässig das Leben, den Körper, die Gesundheit, die Freiheit, das Eigentum oder ein sonstiges Recht eines anderen widerrechtlich verletzt, ist dem anderen zum Ersatze des daraus entstehenden Schadens verpflichtet.
(2) Die gleiche Verpflichtung trifft denjenigen, welcher gegen ein den Schutz eines anderen bezweckendes Gesetz verstößt. Ist nach dem Inhalte des Gesetzes ein Verstoß gegen dieses auch ohne Verschulden möglich, so tritt die Ersatzpflicht nur im Falle des Verschuldens ein.

§ 824 [Kreditgefährdung]
(1) Wer der Wahrheit zuwider eine Tatsache behauptet oder verbreitet, die geeignet ist, den Kredit eines anderen zu gefährden oder sonstige Nachteile für dessen Erwerb oder Fortkommen herbeizuführen, hat dem anderen den daraus entstehenden Schaden auch dann zu ersetzen, wenn er die Unwahrheit zwar nicht kennt, aber kennen muß.
(2) Durch eine Mitteilung, deren Unwahrheit dem Mitteilenden unbekannt ist, wird dieser nicht zum Schadensersatze verpflichtet, wenn er oder der Empfänger der Mitteilung an ihr ein berechtigtes Interesse hat.

§ 825 [Bestimmung zum außerehelichen Beischlaf]
Wer eine Frauensperson durch Hinterlist, durch Drohung oder unter Mißbrauch eines Abhängigkeitsverhältnisses zur Gestattung der außerehelichen Beiwohnung bestimmt, ist ihr zum Ersatze des daraus entstehenden Schadens verpflichtet.

§ 826 [Vorsätzliche sittenwidrige Schädigung]
Wer in einer gegen die guten Sitten verstoßenden Weise einem anderen vorsätzlich Schaden zufügt, ist dem anderen zum Ersatze des Schadens verpflichtet.

§ 827 [Ausschluß der Verantwortlichkeit]
Wer im Zustande der Bewußtlosigkeit oder in einem die freie Willensbestimmung ausschließenden Zustande krankhafter Störung der Geistestätigkeit einem anderen Schaden zufügt, ist für den Schaden nicht verantwortlich. Hat er sich durch geistige Getränke oder ähnliche Mittel in einen vorübergehenden Zustand dieser Art versetzt, so ist er für einen Schaden, den er in diesem Zustande widerrechtlich verursacht, in gleicher Weise verantwortlich, wie wenn ihm Fahrlässigkeit zur Last fiele; die Verantwortlichkeit tritt nicht ein, wenn er ohne Verschulden in den Zustand geraten ist.

§ 828 [Minderjährige – Taubstumme]
(1) Wer nicht das siebente Lebensjahr vollendet hat, ist für einen Schaden, den er einem anderen zufügt, nicht verantwortlich.

---
1) Vgl. §§ 22-23 Kunsturhebergesetz vom 9. Januar 1907 (RGBl. I S. 7):

§ 22 [Recht am eigenen Bilde]

Bildnisse dürfen nur mit Einwilligung des Abgebildeten verbreitet oder öffentlich zur Schau gestellt werden. Die Einwilligung gilt im Zweifel als erteilt, wenn der Abgebildete dafür, daß er sich abbilden ließ, eine Entlohnung erhielt. Nach dem Tode des Abgebildeten bedarf es bis zum Ablaufe von 10 Jahren der Einwilligung der Angehörigen des Abgebildeten. Angehörige im Sinne dieses Gesetzes sind der überlebende Ehegatte und die Kinder des Abgebildeten, und wenn weder Ehegatte noch Kinder vorhanden sind, die Eltern des Abgebildeten.

§ 23 [Ausnahmen zu § 22]

(1) Ohne die nach § 22 erforderliche Einwilligung dürfen verbreitet und zur Schau gestellt werden:
1. Bildnisse aus dem Bereiche der Zeitgeschichte;
2. Bilder, auf denen die Personen nur als Beiwerk neben einer Landschaft oder sonstigen Örtlichkeit erscheinen;
3. Bilder von Versammlungen, Aufzügen und ähnlichen Vorgängen, an denen die dargestellten Personen teilgenommen haben;
4. Bildnisse, die nicht auf Bestellung angefertigt sind, sofern die Verbreitung oder Schaustellung einem höheren Interesse der Kunst dient.

(2) Die Befugnis erstreckt sich jedoch nicht auf eine Verbreitung und Schaustellung, durch die ein berechtigtes Interesse des Abgebildeten oder, falls dieser verstorben ist, seiner Angehörigen verletzt wird.

(2) Wer das siebente, aber nicht das achtzehnte Lebensjahr vollendet hat, ist für einen Schaden, den er einem anderen zufügt, nicht verantwortlich, wenn er bei der Begehung der schädigenden Handlung nicht die zur Erkenntnis der Verantwortlichkeit erforderliche Einsicht hat. Das gleiche gilt von einem Taubstummen.

§ 829 [Billigkeitshaftung]
Wer in einem der in den §§ 823 bis 826 bezeichneten Fälle für einen von ihm verursachten Schaden auf Grund der §§ 827, 828 nicht verantwortlich ist, hat gleichwohl, sofern der Ersatz des Schadens nicht von einem aufsichtspflichtigen Dritten erlangt werden kann, den Schaden insoweit zu ersetzen, als die Billigkeit nach den Umständen, insbesondere nach den Verhältnissen der Beteiligten, eine Schadloshaltung erfordert und ihm nicht die Mittel entzogen werden, deren er zum angemessenen Unterhalte sowie zur Erfüllung seiner gesetzlichen Unterhaltspflichten bedarf.

§ 830 [Mittäter und Beteiligte]
(1) Haben mehrere durch eine gemeinschaftlich begangene unerlaubte Handlung einen Schaden verursacht, so ist jeder für den Schaden verantwortlich. Das gleiche gilt, wenn sich nicht ermitteln läßt, wer von mehreren Beteiligten den Schaden durch seine Handlung verursacht hat.
(2) Anstifter und Gehilfen stehen Mittätern gleich.

§ 831 [Haftung für den Verrichtungsgehilfen]
(1) Wer einen anderen zu einer Verrichtung bestellt, ist zum Ersatze des Schadens verpflichtet, den der andere in Ausführung der Verrichtung einem Dritten widerrechtlich zufügt. Die Ersatzpflicht tritt nicht ein, wenn der Geschäftsherr bei der Auswahl der bestellten Person und, sofern er Vorrichtungen oder Gerätschaften zu beschaffen oder die Ausführung der Verrichtung zu leiten hat, bei der Beschaffung oder der Leitung die im Verkehr erforderliche Sorgfalt beobachtet oder wenn der Schaden auch bei Anwendung dieser Sorgfalt entstanden sein würde.
(2) Die gleiche Verantwortlichkeit trifft denjenigen, welcher für den Geschäftsherrn die Besorgung eines der im Absatz 1 Satz 2 bezeichneten Geschäfte durch Vertrag übernimmt.

§ 832 [Haftung des Aufsichtspflichtigen]
(1) Wer kraft Gesetzes zur Führung der Aufsicht über eine Person verpflichtet ist, die wegen Minderjährigkeit oder wegen ihres geistigen oder körperlichen Zustandes der Beaufsichtigung bedarf, ist zum Ersatze des Schadens verpflichtet, den diese Person einem Dritten widerrechtlich zufügt. Die Ersatzpflicht tritt nicht ein, wenn er seiner Aufsichtspflicht genügt oder wenn der Schaden auch bei gehöriger Aufsichtsführung entstanden sein würde.
(2) Die gleiche Verantwortlichkeit trifft denjenigen, welcher die Führung der Aufsicht durch Vertrag übernimmt.

§ 833 [Haftung des Tierhalters]
Wird durch ein Tier ein Mensch getötet oder der Körper oder die Gesundheit eines Menschen verletzt oder eine Sache beschädigt, so ist derjenige, welcher das Tier hält, verpflichtet, dem Verletzten den daraus entstehenden Schaden zu ersetzen. Die Ersatzpflicht tritt nicht ein, wenn der Schaden durch ein Haustier verursacht wird, das dem Berufe, der Erwerbstätigkeit oder dem Unterhalte des Tierhalters zu dienen bestimmt ist, und entweder der Tierhalter bei der Beaufsichtigung des Tieres die im Verkehr erforderliche Sorgfalt beobachtet oder der Schaden auch bei Anwendung dieser Sorgfalt entstanden sein würde.

§ 834 [Haftung des Tierhüters]
Wer für denjenigen, welcher ein Tier hält, die Führung der Aufsicht über das Tier durch Vertrag übernimmt, ist für den Schaden verantwortlich, den das Tier einem Dritten in der im § 833 bezeichneten Weise zufügt. Die Verantwortlichkeit tritt nicht ein, wenn er bei der Führung der Aufsicht die im Verkehr erforderliche Sorgfalt beobachtet oder wenn der Schaden auch bei Anwendung dieser Sorgfalt entstanden sein würde.

§ 835 (aufgehoben)

§ 836 [Haftung bei Einsturz eines Gebäudes]
(1) Wird durch den Einsturz eines Gebäudes oder eines anderen mit einem Grundstücke verbundenen Werkes oder durch die Ablösung von Teilen des Gebäudes oder des Werkes ein Mensch getötet, der Körper oder die Gesundheit eines Menschen verletzt oder eine Sache beschädigt, so ist der

Besitzer des Grundstücks, sofern der Einsturz oder die Ablösung die Folge fehlerhafter Errichtung oder mangelhafter Unterhaltung ist, verpflichtet, dem Verletzten den daraus entstehenden Schaden zu ersetzen. Die Ersatzpflicht tritt nicht ein, wenn der Besitzer zum Zwecke der Abwendung der Gefahr die im Verkehr erforderliche Sorgfalt beobachtet hat.
(2) Ein früherer Besitzer des Grundstücks ist für den Schaden verantwortlich, wenn der Einsturz oder die Ablösung innerhalb eines Jahres nach der Beendigung seines Besitzes eintritt, es sei denn, daß er während seines Besitzes die im Verkehr erforderliche Sorgfalt beobachtet hat oder ein späterer Besitzer durch Beobachtung dieser Sorgfalt die Gefahr hätte abwenden können.
(3) Besitzer im Sinne dieser Vorschriften ist der Eigenbesitzer.

§ 837 [Haftung des Gebäudebesitzers]
Besitzt jemand auf einem fremden Grundstück in Ausübung eines Rechtes ein Gebäude oder ein anderes Werk, so trifft ihn an Stelle des Besitzers des Grundstücks die im § 836 bestimmte Verantwortlichkeit.

§ 838 [Haftung des Gebäudeunterhaltspflichtigen]
Wer die Unterhaltung eines Gebäudes oder eines mit einem Grundstück verbundenen Werkes für den Besitzer übernimmt oder das Gebäude oder das Werk vermöge eines ihm zustehenden Nutzungsrechts zu unterhalten hat, ist für den durch den Einsturz oder die Ablösung von Teilen verursachten Schaden in gleicher Weise verantwortlich wie der Besitzer.

§ 839 [Amtspflichtverletzung]
(1) Verletzt ein Beamter vorsätzlich oder fahrlässig die ihm einem Dritten gegenüber obliegende Amtspflicht, so hat er dem Dritten den daraus entstehenden Schaden zu ersetzen. Fällt dem Beamten nur Fahrlässigkeit zur Last, so kann er nur dann in Anspruch genommen werden, wenn der Verletzte nicht auf andere Weise Ersatz zu erlangen vermag.
(2) Verletzt ein Beamter bei dem Urteil in einer Rechtssache seine Amtspflicht, so ist er für den daraus entstehenden Schaden nur dann verantwortlich, wenn die Pflichtverletzung in einer Straftat besteht. Auf eine pflichtwidrige Verweigerung oder Verzögerung der Ausübung des Amtes findet diese Vorschrift keine Anwendung.
(3) Die Ersatzpflicht tritt nicht ein, wenn der Verletzte vorsätzlich oder fahrlässig unterlassen hat, den Schaden durch Gebrauch eines Rechtsmittels abzuwenden.

§ 840 [Haftung mehrerer Verantwortlicher]
(1) Sind für den aus einer unerlaubten Handlung entstehenden Schaden mehrere nebeneinander verantwortlich, so haften sie als Gesamtschuldner.
(2) Ist neben demjenigen, welcher nach den §§ 831, 832 zum Ersatze des von einem anderen verursachten Schadens verpflichtet ist, auch der andere für den Schaden verantwortlich, so ist in ihrem Verhältnisse zueinander der andere allein, im Falle des § 829 der Aufsichtspflichtige allein verpflichtet.
(3) Ist neben demjenigen, welcher nach den §§ 833 bis 838 zum Ersatze des Schadens verpflichtet ist, ein Dritter für den Schaden verantwortlich, so ist in ihrem Verhältnisse zueinander der Dritte allein verpflichtet.

§ 841 [Haftung des Dritten neben dem haftenden Beamten]
Ist ein Beamter, der vermöge seiner Amtspflicht einen anderen zur Geschäftsführung für einen Dritten zu bestellen oder eine solche Geschäftsführung zu beaufsichtigen oder durch Genehmigung von Rechtsgeschäften bei ihr mitzuwirken hat, wegen Verletzung dieser Pflichten neben dem anderen für den von diesem verursachten Schaden verantwortlich, so ist in ihrem Verhältnisse zueinander der andere allein verpflichtet.

§ 842 [Umfang der Ersatzpflicht bei Verletzung einer Person]
Die Verpflichtung zum Schadensersatze wegen einer gegen die Person gerichteten unerlaubten Handlung erstreckt sich auf die Nachteile, welche die Handlung für den Erwerb oder das Fortkommen des Verletzten herbeiführt.

§ 843 [Geldrente oder Kapitalabfindung]
(1) Wird infolge einer Verletzung des Körpers oder der Gesundheit die Erwerbsfähigkeit des Verletzten aufgehoben oder gemindert oder tritt eine Vermehrung seiner Bedürfnisse ein, so ist dem Verletzten durch Entrichtung einer Geldrente Schadensersatz zu leisten.
(2) Auf die Rente finden die Vorschriften des § 760 Anwendung. Ob, in welcher Art und für welchen Betrag der Ersatzpflichtige Sicherheit zu leisten hat, bestimmt sich nach den Umständen.
(3) Statt der Rente kann der Verletzte eine Abfindung in Kapital verlangen, wenn ein wichtiger Grund vorliegt.
(4) Der Anspruch wird nicht dadurch ausgeschlossen, daß ein anderer dem Verletzten Unterhalt zu gewähren hat.

§ 844 [Ersatzansprüche Dritter bei Tötung]
(1) Im Falle der Tötung hat der Ersatzpflichtige die Kosten der Beerdigung demjenigen zu ersetzen, welchem die Verpflichtung obliegt, diese Kosten zu tragen.
(2) Stand der Getötete zur Zeit der Verletzung zu einem Dritten in einem Verhältnisse, vermöge dessen er diesem gegenüber kraft Gesetzes unterhaltspflichtig war oder unterhaltspflichtig werden konnte, und ist dem Dritten infolge der Tötung das Recht auf den Unterhalt entzogen, so hat der Ersatzpflichtige dem Dritten durch Entrichtung einer Geldrente insoweit Schadensersatz zu leisten, als der Getötete während der mutmaßlichen Dauer seines Lebens zur Gewährung des Unterhalts verpflichtet gewesen sein würde; die Vorschriften des § 843 Abs. 2 bis 4 finden entsprechende Anwendung. Die Ersatzpflicht tritt auch dann ein, wenn der Dritte zur Zeit der Verletzung erzeugt, aber noch nicht geboren war.

§ 845 [Ersatzansprüche wegen entgangener Dienste]
Im Falle der Tötung, der Verletzung des Körpers oder der Gesundheit sowie im Falle der Freiheitsentziehung hat der Ersatzpflichtige, wenn der Verletzte kraft Gesetzes einem Dritten zur Leistung von Diensten in dessen Hauswesen oder Gewerbe verpflichtet war, dem Dritten für die entgehenden Dienste durch Entrichtung einer Geldrente Ersatz zu leisten. Die Vorschriften des § 843 Abs. 2 bis 4 finden entsprechende Anwendung.

§ 846 [Mitverschulden des Verletzten]
Hat in den Fällen der §§ 844, 845 bei der Entstehung des Schadens, den der Dritte erleidet, ein Verschulden des Verletzten mitgewirkt, so finden auf den Anspruch des Dritten die Vorschriften des § 254 Anwendung.

§ 847 [Schmerzensgeld]
(1) Im Falle der Verletzung des Körpers oder der Gesundheit sowie im Falle der Freiheitsentziehung kann der Verletzte auch wegen des Schadens, der nicht Vermögensschaden ist, eine billige Entschädigung in Geld verlangen.
(2) Ein gleicher Anspruch steht einer Frauensperson zu, gegen die ein Verbrechen oder Vergehen wider die Sittlichkeit begangen oder die durch Hinterlist, durch Drohung oder unter Mißbrauch eines Abhängigkeitsverhältnisses zur Gestattung der außerehelichen Beiwohnung bestimmt wird.

§ 848 [Haftung für Zufall bei Entziehung einer Sache]
Wer zur Rückgabe einer Sache verpflichtet ist, die er einem anderen durch eine unerlaubte Handlung entzogen hat, ist auch für den zufälligen Untergang, eine aus einem anderen Grunde eintretende zufällige Unmöglichkeit der Herausgabe oder eine zufällige Verschlechterung der Sache verantwortlich, es sei denn, daß der Untergang, die anderweitige Unmöglichkeit der Herausgabe oder die Verschlechterung auch ohne die Entziehung eingetreten sein würde.

§ 849 [Verzinsung der Ersatzsumme]
Ist wegen der Entziehung einer Sache der Wert oder wegen der Beschädigung einer Sache die Wertminderung zu ersetzen, so kann der Verletzte Zinsen des zu ersetzenden Betrags von dem Zeitpunkt an verlangen, welcher der Bestimmung des Wertes zugrunde gelegt wird.

§ 850 [Verwendungsersatz]
Macht der zur Herausgabe einer entzogenen Sache Verpflichtete Verwendungen auf die Sache, so stehen ihm dem Verletzten gegenüber die Rechte zu, die der Besitzer dem Eigentümer gegenüber wegen Verwendungen hat.

§ 851 [Gutgläubige Ersatzleistung an Besitzer]
Leistet der wegen der Entziehung oder Beschädigung einer beweglichen Sache zum Schadensersatze Verpflichtete den Ersatz an denjenigen, in dessen Besitze sich die Sache zur Zeit der Entziehung oder der Beschädigung befunden hat, so wird er durch die Leistung auch dann befreit, wenn ein Dritter Eigentümer der Sache war oder ein sonstiges Recht an der Sache hatte, es sei denn, daß ihm das Recht des Dritten bekannt oder infolge grober Fahrlässigkeit unbekannt ist.

§ 852 [Verjährung]
(1) Der Anspruch auf Ersatz des aus einer unerlaubten Handlung entstandenen Schadens verjährt in drei Jahren von dem Zeitpunkt an, in welchem der Verletzte von dem Schaden und der Person des Ersatzpflichtigen Kenntnis erlangt, ohne Rücksicht auf diese Kenntnis in dreißig Jahren von der Begehung der Handlung an.

(2) Schweben zwischen dem Ersatzpflichtigen und dem Ersatzberechtigten Verhandlungen über den zu leistenden Schadensersatz, so ist die Verjährung gehemmt, bis der eine oder der andere Teil die Fortsetzung der Verhandlungen verweigert.

(3) Hat der Ersatzpflichtige durch die unerlaubte Handlung auf Kosten des Verletzten etwas erlangt, so ist er auch nach der Vollendung der Verjährung zur Herausgabe nach den Vorschriften über die Herausgabe einer ungerechtfertigten Bereicherung verpflichtet.

§ 853 [Arglisteinrede]
Erlangt jemand durch eine von ihm begangene unerlaubte Handlung eine Forderung gegen den Verletzten, so kann der Verletzte die Erfüllung auch dann verweigern, wenn der Anspruch auf Aufhebung der Forderung verjährt ist.

Drittes Buch
Sachenrecht

Erster Abschnitt
Besitz

§ 854 [Besitzerwerb]
(1) Der Besitz einer Sache wird durch die Erlangung der tatsächlichen Gewalt über die Sache erworben.

(2) Die Einigung des bisherigen Besitzers und des Erwerbers genügt zum Erwerbe, wenn der Erwerber in der Lage ist, die Gewalt über die Sache auszuüben.

§ 855 [Besitzdiener]
Übt jemand die tatsächliche Gewalt über eine Sache für einen anderen in dessen Haushalt oder Erwerbsgeschäft oder in einem ähnlichen Verhältnis aus, vermöge dessen er den sich auf die Sache beziehenden Weisungen des anderen Folge zu leisten hat, so ist nur der andere Besitzer.

§ 856 [Beendigung des Besitzes]
(1) Der Besitz wird dadurch beendigt, daß der Besitzer die tatsächliche Gewalt über die Sache aufgibt oder in anderer Weise verliert.

(2) Durch eine ihrer Natur nach vorübergehende Verhinderung in der Ausübung der Gewalt wird der Besitz nicht beendigt.

§ 857 [Vererblichkeit]
Der Besitz geht auf den Erben über.

§ 858 [Verbotene Eigenmacht]
(1) Wer dem Besitzer ohne dessen Willen den Besitz entzieht oder ihn im Besitze stört, handelt, sofern nicht das Gesetz die Entziehung oder die Störung gestattet, widerrechtlich (verbotene Eigenmacht).

(2) Der durch verbotene Eigenmacht erlangte Besitz ist fehlerhaft. Die Fehlerhaftigkeit muß der Nachfolger im Besitze gegen sich gelten lassen, wenn er Erbe des Besitzers ist oder die Fehlerhaftigkeit des Besitzes seines Vorgängers bei dem Erwerbe kennt.

§ 859 [Selbsthilfe des Besitzers]
(1) Der Besitzer darf sich verbotener Eigenmacht mit Gewalt erwehren.
(2) Wird eine bewegliche Sache dem Besitzer mittels verbotener Eigenmacht weggenommen, so darf er sie dem auf frischer Tat betroffenen oder verfolgten Täter mit Gewalt wieder abnehmen.
(3) Wird dem Besitzer eines Grundstücks der Besitz durch verbotene Eigenmacht entzogen, so darf er sofort nach der Entziehung sich des Besitzes durch Entsetzung des Täters wieder bemächtigen.
(4) Die gleichen Rechte stehen dem Besitzer gegen denjenigen zu, welcher nach § 858 Abs. 2 die Fehlerhaftigkeit des Besitzes gegen sich gelten lassen muß.

§ 860 [Selbsthilfe durch Besitzdiener]
Zur Ausübung der dem Besitzer nach § 859 zustehenden Rechte ist auch derjenige befugt, welcher die tatsächliche Gewalt nach § 855 für den Besitzer ausübt.

§ 861 [Anspruch auf Wiedereinräumung des Besitzes]
(1) Wird der Besitz durch verbotene Eigenmacht dem Besitzer entzogen, so kann dieser die Wiedereinräumung des Besitzes von demjenigen verlangen, welcher ihm gegenüber fehlerhaft besitzt.
(2) Der Anspruch ist ausgeschlossen, wenn der entzogene Besitz dem gegenwärtigen Besitzer oder dessen Rechtsvorgänger gegenüber fehlerhaft war und in dem letzten Jahre vor der Entziehung erlangt worden ist.

§ 862 [Anspruch auf Beseitigung der Besitzstörung]
(1) Wird der Besitzer durch verbotene Eigenmacht im Besitze gestört, so kann er von dem Störer die Beseitigung der Störung verlangen. Sind weitere Störungen zu besorgen, so kann der Besitzer auf Unterlassung klagen.
(2) Der Anspruch ist ausgeschlossen, wenn der Besitzer dem Störer oder dessen Rechtsvorgänger gegenüber fehlerhaft besitzt und der Besitz in dem letzten Jahre vor der Störung erlangt worden ist.

§ 863 [Einwendungen bei Besitzentziehung oder -störung]
Gegenüber den in den §§ 861, 862 bestimmten Ansprüchen kann ein Recht zum Besitz oder zur Vornahme der störenden Handlung nur zur Begründung der Behauptung geltend gemacht werden, daß die Entziehung oder die Störung des Besitzes nicht verbotene Eigenmacht sei.

§ 864 [Erlöschen der Ansprüche]
(1) Ein nach den §§ 861, 862 begründeter Anspruch erlischt mit dem Ablauf eines Jahres nach der Verübung der verbotenen Eigenmacht, wenn nicht vorher der Anspruch im Wege der Klage geltend gemacht wird.
(2) Das Erlöschen tritt auch dann ein, wenn nach der Verübung der verbotenen Eigenmacht durch rechtskräftiges Urteil festgestellt wird, daß dem Täter ein Recht an der Sache zusteht, vermöge dessen er die Herstellung eines seiner Handlungsweise entsprechenden Besitzstandes verlangen kann.

§ 865 [Teilbesitz]
Die Vorschriften der §§ 858 bis 864 gelten auch zugunsten desjenigen, welcher nur einen Teil einer Sache, insbesondere abgesonderte Wohnräume oder andere Räume, besitzt.

§ 866 [Mitbesitz]
Besitzen mehrere eine Sache gemeinschaftlich, so findet in ihrem Verhältnisse zueinander ein Besitzschutz insoweit nicht statt, als es sich um die Grenzen des den einzelnen zustehenden Gebrauchs handelt.

§ 867 [Verfolgungsrecht]
Ist eine Sache aus der Gewalt des Besitzers auf ein im Besitz eines anderen befindliches Grundstück gelangt, so hat ihm der Besitzer des Grundstücks die Aufsuchung und die Wegschaffung zu gestatten, sofern nicht die Sache inzwischen in Besitz genommen worden ist. Der Besitzer des Grundstücks kann Ersatz des durch die Aufsuchung und die Wegschaffung entstandenen Schadens verlangen. Er kann, wenn die Entstehung eines Schadens zu besorgen ist, die Gestattung verweigern, bis ihm Sicherheit geleistet wird; die Verweigerung ist unzulässig, wenn mit dem Aufschube Gefahr verbunden ist.

§ 868 [Mittelbarer Besitz]
Besitzt jemand eine Sache als Nießbraucher, Pfandgläubiger, Pächter, Mieter, Verwahrer oder in einem ähnlichen Verhältnisse, vermöge dessen er einem anderen gegenüber auf Zeit zum Besitze berechtigt oder verpflichtet ist, so ist auch der andere Besitzer (mittelbarer Besitz).

§ 869 [Schutz des mittelbaren Besitzers]
Wird gegen den Besitzer verbotene Eigenmacht verübt, so stehen die in den §§ 861, 862 bestimmten Ansprüche auch dem mittelbaren Besitzer zu. Im Falle der Entziehung des Besitzes ist der mittelbare Besitzer berechtigt, die Wiedereinräumung des Besitzes an den bisherigen Besitzer zu verlangen; kann oder will dieser den Besitz nicht wieder übernehmen, so kann der mittelbare Besitzer verlangen, daß ihm selbst der Besitz eingeräumt wird. Unter der gleichen Voraussetzung kann er im Falle des § 867 verlangen, daß ihm die Aufsuchung und Wegschaffung der Sache gestattet wird.

§ 870 [Übertragung des mittelbaren Besitzes]
Der mittelbare Besitz kann dadurch auf einen anderen übertragen werden, daß diesem der Anspruch auf Herausgabe der Sache abgetreten wird.

§ 871 [Mehrstufiger mittelbarer Besitz]
Steht der mittelbare Besitzer zu einem Dritten in einem Verhältnisse der in § 868 bezeichneten Art, so ist auch der Dritte mittelbarer Besitzer.

§ 872 [Eigenbesitz]
Wer eine Sache als ihm gehörend besitzt, ist Eigenbesitzer.

Zweiter Abschnitt
Allgemeine Vorschriften über Rechte an Grundstücken

§ 873 [Einigung und Eintragung]
(1) Zur Übertragung des Eigentums an einem Grundstücke, zur Belastung eines Grundstücks mit einem Rechte sowie zur Übertragung oder Belastung eines solchen Rechtes ist die Einigung des Berechtigten und des anderen Teiles über den Eintritt der Rechtsänderung und die Eintragung der Rechtsänderung in das Grundbuch erforderlich, soweit nicht das Gesetz ein anderes vorschreibt.
(2) Vor der Eintragung sind die Beteiligten an die Einigung nur gebunden, wenn die Erklärungen notariell beurkundet oder vor dem Grundbuchamt abgegeben oder bei diesem eingereicht sind oder wenn der Berechtigte dem anderen Teile eine den Vorschriften der Grundbuchordnung entsprechende Eintragungsbewilligung ausgehändigt hat.

...

Dritter Abschnitt
Eigentum

Erster Titel
Inhalt des Eigentums

§ 903 [Rechte des Eigentümers]
Der Eigentümer einer Sache kann, soweit nicht das Gesetz oder Rechte Dritter entgegenstehen, mit der Sache nach Belieben verfahren und andere von jeder Einwirkung ausschließen. Der Eigentümer eines Tieres hat bei der Ausübung seiner Befugnisse die besonderen Vorschriften zum Schutz der Tiere zu beachten.

§ 904 [Notstand]
Der Eigentümer einer Sache ist nicht berechtigt, die Einwirkung eines anderen auf die Sache zu verbieten, wenn die Einwirkung zur Abwendung einer gegenwärtigen Gefahr notwendig und der drohende Schaden gegenüber dem aus der Einwirkung dem Eigentümer entstehenden Schaden unverhältnismäßig groß ist. Der Eigentümer kann Ersatz des ihm entstehenden Schadens verlangen.

§ 905 [Räumliche Begrenzung des Eigentums]
Das Recht des Eigentümers eines Grundstücks erstreckt sich auf den Raum über der Oberfläche und auf den Erdkörper unter der Oberfläche. Der Eigentümer kann jedoch Einwirkungen nicht verbieten, die in solcher Höhe oder Tiefe vorgenommen werden, daß er an der Ausschließung kein Interesse hat.

§ 906 [Einwirkungen vom Nachbargrundstück]
(1) Der Eigentümer eines Grundstücks kann die Zuführung von Gasen, Dämpfen, Gerüchen, Rauch, Ruß, Wärme, Geräusch, Erschütterungen und ähnliche von einem anderen Grundstück ausgehende Einwirkungen insoweit nicht verbieten, als die Einwirkung die Benutzung seines Grundstücks nicht oder nur unwesentlich beeinträchtigt. Eine unwesentliche Beeinträchtigung liegt in der Regel vor, wenn die in Gesetzen oder Rechtsverordnungen festgelegten Grenz- oder Richtwerte von den nach diesen Vorschriften ermittelten und bewerteten Einwirkungen nicht überschritten werden. Gleiches gilt für Werte in allgemeinen Verwaltungsvorschriften, die nach § 48 des Bundes-Immissionsschutzgesetzes erlassen worden sind und den Stand der Technik wiedergeben.
(2) Das gleiche gilt insoweit, als eine wesentliche Beeinträchtigung durch eine ortsübliche Benutzung des anderen Grundstücks herbeigeführt wird und nicht durch Maßnahmen verhindert werden kann, die Benutzern dieser Art wirtschaftlich zumutbar sind. Hat der Eigentümer hiernach eine Einwirkung zu dulden, so kann er von dem Benutzer des anderen Grundstücks einen angemessenen Ausgleich in Geld verlangen, wenn die Einwirkung eine ortsübliche Benutzung seines Grundstücks oder dessen Ertrag über das zumutbare Maß hinaus beeinträchtigt.
(3) Die Zuführung durch eine besondere Leitung ist unzulässig.

§ 907 [Anlagen auf Nachbargrundstücken]
(1) Der Eigentümer eines Grundstücks kann verlangen, daß auf den Nachbargrundstücken nicht Anlagen hergestellt oder gehalten werden, von denen mit Sicherheit vorauszusehen ist, daß ihr Bestand oder ihre Benutzung eine unzulässige Einwirkung auf sein Grundstück zur Folge hat. Genügt eine Anlage den landesgesetzlichen Vorschriften, die einen bestimmten Abstand von der Grenze oder sonstige Schutzmaßregeln vorschreiben, so kann die Beseitigung der Anlage erst verlangt werden, wenn die unzulässige Einwirkung tatsächlich hervortritt.
(2) Bäume und Sträucher gehören nicht zu den Anlagen im Sinne dieser Vorschriften.

§ 908 [Einsturzgefahr]
Droht einem Grundstücke die Gefahr, daß es durch den Einsturz eines Gebäudes oder eines anderen Werkes, das mit einem Nachbargrundstücke verbunden ist, oder durch die Ablösung von Teilen des Gebäudes oder des Werkes beschädigt wird, so kann der Eigentümer von demjenigen, welcher nach dem § 836 Abs. 1 oder den §§ 837, 838 für den eintretenden Schaden verantwortlich sein würde, verlangen, daß er die zur Abwendung der Gefahr erforderliche Vorkehrung trifft.

§ 909 [Vertiefung]
Ein Grundstück darf nicht in der Weise vertieft werden, daß der Boden des Nachbargrundstücks die erforderliche Stütze verliert, es sei denn, daß für eine genügende anderweitige Befestigung gesorgt ist.

§ 910 [Überhang]
(1) Der Eigentümer eines Grundstücks kann Wurzeln eines Baumes oder eines Strauches, die von einem Nachbargrundstück eingedrungen sind, abschneiden und behalten. Das gleiche gilt von herüberragenden Zweigen, wenn der Eigentümer dem Besitzer des Nachbargrundstücks eine angemessene Frist zur Beseitigung bestimmt hat und die Beseitigung nicht innerhalb der Frist erfolgt.
(2) Dem Eigentümer steht dieses Recht nicht zu, wenn die Wurzeln oder die Zweige die Benutzung des Grundstücks nicht beeinträchtigen.

§ 911 [Hinüberfallende Früchte]
Früchte, die von einem Baume oder einem Strauche auf ein Nachbargrundstück hinüberfallen, gelten als Früchte dieses Grundstücks. Diese Vorschrift findet keine Anwendung, wenn das Nachbargrundstück dem öffentlichen Gebrauche dient.

...

Zweiter Titel
Erwerb und Verlust des Eigentums an Grundstücken

§ 925 [Auflassung]
(1) Die zur Übertragung des Eigentums an einem Grundstück nach § 873 erforderliche Einigung des Veräußerers und des Erwerbers (Auflassung) muß bei gleichzeitiger Anwesenheit beider Teile vor einer zuständigen Stelle erklärt werden. Zur Entgegennahme der Auflassung ist, unbeschadet der Zu-

ständigkeit weiterer Stellen, jeder Notar zuständig. Eine Auflassung kann auch in einem gerichtlichen Vergleich oder in einem rechtskräftig bestätigten Insolvenzplan erklärt werden.
(2) Eine Auflassung, die unter einer Bedingung oder einer Zeitbestimmung erfolgt, ist unwirksam.
...

Dritter Titel
Erwerb und Verlust des Eigentums an beweglichen Sachen
I. Übertragung

§ 929 [Einigung und Übergabe]
Zur Übertragung des Eigentums an einer beweglichen Sache ist erforderlich, daß der Eigentümer die Sache dem Erwerber übergibt und beide darüber einig sind, daß das Eigentum übergehen soll. Ist der Erwerber im Besitze der Sache, so genügt die Einigung über den Übergang des Eigentums.

§ 929 a [Nicht eingetragenes Seeschiff]
(1) Zur Übertragung des Eigentums an einem Seeschiff, das nicht im Schiffsregister eingetragen ist, oder an einem Anteil an einem solchen Schiff ist die Übergabe nicht erforderlich, wenn der Eigentümer und der Erwerber darüber einig sind, daß das Eigentum sofort übergehen soll.
(2) Jeder Teil kann verlangen, daß ihm auf seine Kosten eine öffentlich beglaubigte Urkunde über die Veräußerung erteilt wird.
...

§ 932 [Gutgläubiger Erwerb]
(1) Durch eine nach § 929 erfolgte Veräußerung wird der Erwerber auch dann Eigentümer, wenn die Sache nicht dem Veräußerer gehört, es sei denn, daß er zu der Zeit, zu der er nach diesen Vorschriften das Eigentum erwerben würde, nicht in gutem Glauben ist. In dem Falle des § 929 Satz 2 gilt dies jedoch nur dann, wenn der Erwerber den Besitz von dem Veräußerer erlangt hatte.
(2) Der Erwerber ist nicht in gutem Glauben, wenn ihm bekannt oder infolge grober Fahrlässigkeit unbekannt ist, daß die Sache nicht dem Veräußerer gehört.

§ 932 a [Gutgläubiger Erwerb von Schiffen]
Gehört ein nach § 929 a veräußertes Schiff nicht dem Veräußerer, so wird der Erwerber Eigentümer, wenn ihm das Schiff vom Veräußerer übergeben wird, es sei denn, daß er zu dieser Zeit nicht in gutem Glauben ist; ist ein Anteil an einem Schiff Gegenstand der Veräußerung, so tritt an die Stelle der Übergabe die Einräumung des Mitbesitzes an dem Schiff.
...

§ 935 [Abhanden gekommene Sachen]
(1) Der Erwerb des Eigentums auf Grund der §§ 932 bis 934 tritt nicht ein, wenn die Sache dem Eigentümer gestohlen worden, verlorengegangen oder sonst abhanden gekommen war. Das gleiche gilt, falls der Eigentümer nur mittelbarer Besitzer war, dann, wenn die Sache dem Besitzer abhanden gekommen war.
(2) Diese Vorschriften finden keine Anwendung auf Geld oder Inhaberpapiere sowie auf Sachen, die im Wege öffentlicher Versteigerung veräußert werden.
...

II. Ersitzung

§ 937 [Voraussetzungen]
(1) Wer eine bewegliche Sache zehn Jahre im Eigenbesitze hat, erwirbt das Eigentum (Ersitzung).
(2) Die Ersitzung ist ausgeschlossen, wenn der Erwerber bei dem Erwerbe des Eigenbesitzes nicht in gutem Glauben ist oder wenn er später erfährt, daß ihm das Eigentum nicht zusteht.
...

VI. Fund

§ 965 [Fundanzeige]
(1) Wer eine verlorene Sache findet und an sich nimmt, hat dem Verlierer oder dem Eigentümer oder einem sonstigen Empfangsberechtigten unverzüglich Anzeige zu machen.

(2) Kennt der Finder die Empfangsberechtigten nicht oder ist ihm ihr Aufenthalt unbekannt, so hat er den Fund und die Umstände, welche für die Ermittlung der Empfangsberechtigten erheblich sein können, unverzüglich der zuständigen Behörde anzuzeigen. Ist die Sache nicht mehr als zehn Deutsche Mark wert, so bedarf es der Anzeige nicht.

§ 966 [Verwahrung]
(1) Der Finder ist zur Verwahrung der Sache verpflichtet.
(2) Ist der Verderb der Sache zu besorgen oder ist die Aufbewahrung mit unverhältnismäßigen Kosten verbunden, so hat der Finder die Sache öffentlich versteigern zu lassen. Vor der Versteigerung ist der zuständigen Behörde Anzeige zu machen. Der Erlös tritt an die Stelle der Sache.

§ 967 [Ablieferung]
Der Finder ist berechtigt und auf Anordnung der zuständigen Behörde verpflichtet, die Sache oder den Versteigerungserlös an die zuständige Behörde abzuliefern.

§ 968 [Haftung]
Der Finder hat nur Vorsatz und grobe Fahrlässigkeit zu vertreten.

§ 969 [Herausgabe an Verlierer]
Der Finder wird durch die Herausgabe der Sache an den Verlierer auch den sonstigen Empfangsberechtigten gegenüber befreit.

§ 970 [Aufwendungsersatz]
Macht der Finder zum Zwecke der Verwahrung oder Erhaltung der Sache oder zum Zwecke der Ermittlung eines Empfangsberechtigten Aufwendungen, die er den Umständen nach für erforderlich halten darf, so kann er von dem Empfangsberechtigten Ersatz verlangen.

§ 971 [Finderlohn]
(1) Der Finder kann von dem Empfangsberechtigten einen Finderlohn verlangen. Der Finderlohn beträgt von dem Wert der Sache bis zu eintausend Deutsche Mark fünf vom Hundert, von dem Mehrwert drei vom Hundert, bei Tieren drei vom Hundert. Hat die Sache nur für den Empfangsberechtigten einen Wert, so ist der Finderlohn nach billigem Ermessen zu bestimmen.
(2) Der Anspruch ist ausgeschlossen, wenn der Finder die Anzeigepflicht verletzt oder den Fund auf Nachfrage verheimlicht.

§ 972 [Zurückbehaltungsrecht]
Auf die in den §§ 970, 971 bestimmten Ansprüche finden die für die Ansprüche des Besitzers gegen den Eigentümer wegen Verwendungen geltenden Vorschriften der §§ 1000 bis 1002 entsprechende Anwendung.

§ 973 [Eigentumserwerb des Finders]
(1) Mit dem Ablauf von sechs Monaten nach der Anzeige des Fundes bei der zuständigen Behörde erwirbt der Finder das Eigentum an der Sache, es sei denn, daß vorher ein Empfangsberechtigter dem Finder bekannt geworden ist oder sein Recht bei der zuständigen Behörde angemeldet hat. Mit dem Erwerbe des Eigentums erlöschen die sonstigen Rechte an der Sache.
(2) Ist die Sache nicht mehr als zehn Deutsche Mark wert, so beginnt die sechsmonatige Frist mit dem Fund. Der Finder erwirbt das Eigentum nicht, wenn er den Fund auf Nachfrage verheimlicht. Die Anmeldung eines Rechtes bei der zuständigen Behörde steht dem Erwerbe des Eigentums nicht entgegen.

§ 974 [Aufforderung an die Empfangsberechtigten]
Sind vor dem Ablauf der sechsmonatigen Frist Empfangsberechtigte dem Finder bekannt geworden oder haben sie bei einer Sache, die mehr als zehn Deutsche Mark wert ist, ihre Rechte bei der zuständigen Behörde rechtzeitig angemeldet, so kann der Finder die Empfangsberechtigten nach den Vorschriften des § 1003 zur Erklärung über die ihm nach den §§ 970 bis 972 zustehenden Ansprüche auffordern. Mit dem Ablaufe der für die Erklärung bestimmten Frist erwirbt der Finder das Eigentum und erlöschen die sonstigen Rechte an der Sache, wenn nicht die Empfangsberechtigten sich rechtzeitig zu der Befriedigung der Ansprüche bereit erklären.

§ 975 [Rechte des Finders nach Ablieferung]
Durch die Ablieferung der Sache oder des Versteigerungserlöses an die zuständige Behörde werden die Rechte des Finders nicht berührt. Läßt die zuständige Behörde die Sache versteigern, so tritt der Erlös an die Stelle der Sache. Die zuständige Behörde darf die Sache oder den Erlös nur mit Zustimmung des Finders einem Empfangsberechtigten herausgeben.

§ 976 [Eigentumserwerb der Gemeinde]
(1) Verzichtet der Finder der zuständigen Behörde gegenüber auf das Recht zum Erwerbe des Eigentums an der Sache, so geht sein Recht auf die Gemeinde des Fundorts über.
(2) Hat der Finder nach der Ablieferung der Sache oder des Versteigerungserlöses an die zuständige Behörde auf Grund der Vorschriften der §§ 973, 974 das Eigentum erworben, so geht es auf die Gemeinde des Fundorts über, wenn nicht der Finder vor dem Ablauf einer ihm von der zuständigen Behörde bestimmten Frist die Herausgabe verlangt.

§ 977 [Herausgabeanspruch des Geschädigten]
Wer infolge der Vorschriften der §§ 973, 974, 976 einen Rechtsverlust erleidet, kann in den Fällen der §§ 973, 974 von dem Finder, in den Fällen des § 976 von der Gemeinde des Fundorts die Herausgabe des durch die Rechtsänderung Erlangten nach den Vorschriften über die Herausgabe einer ungerechtfertigten Bereicherung fordern. Der Anspruch erlischt mit dem Ablaufe von drei Jahren nach dem Übergange des Eigentums auf den Finder oder die Gemeinde, wenn nicht die gerichtliche Geltendmachung vorher erfolgt.

§ 978 [Fund in Bahnhöfen und öffentlichen Verkehrsmitteln]
(1) Wer eine Sache in den Geschäftsräumen oder den Beförderungsmitteln einer öffentlichen Behörde oder einer dem öffentlichen Verkehre dienenden Verkehrsanstalt findet und an sich nimmt, hat die Sache unverzüglich an die Behörde oder die Verkehrsanstalt oder an einen ihrer Angestellten abzuliefern. Die Vorschriften der §§ 965 bis 967 und 969 bis 977 finden keine Anwendung.
(2) Ist die Sache nicht weniger als einhundert Deutsche Mark wert, so kann der Finder von dem Empfangsberechtigten einen Finderlohn verlangen. Der Finderlohn besteht in der Hälfte des Betrages, der sich bei Anwendung des § 971 Abs. 1 Satz 2, 3 ergeben würde. Der Anspruch ist ausgeschlossen, wenn der Finder Bediensteter der Behörde oder der Verkehrsanstalt ist oder der Finder die Ablieferungspflicht verletzt. Die für die Ansprüche des Besitzers gegen den Eigentümer wegen Verwendungen geltende Vorschrift des § 1001 findet auf den Finderlohnanspruch entsprechende Anwendung. Besteht ein Anspruch auf Finderlohn, so hat die Behörde oder die Verkehrsanstalt dem Finder die Herausgabe der Sache an einen Empfangsberechtigten anzuzeigen.
(3) Fällt der Versteigerungserlös oder gefundenes Geld an den nach § 981 Abs. 1 Berechtigten, so besteht ein Anspruch auf Finderlohn nach Absatz 2 Satz 1 bis 3 gegen diesen. Der Anspruch erlischt mit dem Ablauf von drei Jahren nach seiner Entstehung gegen den in Satz 1 bezeichneten Berechtigten.

§ 979 [Versteigerung]
(1) Die Behörde oder die Verkehrsanstalt kann die an sie abgelieferte Sache öffentlich versteigern lassen. Die öffentlichen Behörden und die Verkehrsanstalten des Reichs, der Bundesstaaten und der Gemeinden können die Versteigerung durch einen ihrer Beamten vornehmen lassen.
(2) Der Erlös tritt an die Stelle der Sache.

§ 980 [Bekanntmachung]
(1) Die Versteigerung ist erst zulässig, nachdem die Empfangsberechtigten in einer öffentlichen Bekanntmachung des Fundes zur Anmeldung ihrer Rechte unter Bestimmung einer Frist aufgefordert worden sind und die Frist verstrichen ist; sie ist unzulässig, wenn eine Anmeldung rechtzeitig erfolgt ist.
(2) Die Bekanntmachung ist nicht erforderlich, wenn der Verderb der Sache zu besorgen oder die Aufbewahrung mit unverhältnismäßigen Kosten verbunden ist.

§ 981 [Anfall des Versteigerungserlöses]
(1) Sind seit dem Ablaufe der in der öffentlichen Bekanntmachung bestimmten Frist drei Jahre verstrichen, so fällt der Versteigerungserlös, wenn nicht ein Empfangsberechtigter sein Recht angemeldet hat, bei Reichsbehörden und Reichsanstalten an den Reichsfiskus, bei Landesbehörden und

Landesanstalten an den Fiskus des Bundesstaats, bei Gemeindebehörden und Gemeindeanstalten an die Gemeinde, bei Verkehrsanstalten, die von einer Privatperson betrieben werden, an diese.
(2) Ist die Versteigerung ohne die öffentliche Bekanntmachung erfolgt, so beginnt die dreijährige Frist erst, nachdem die Empfangsberechtigten in einer öffentlichen Bekanntmachung des Fundes zur Anmeldung ihrer Rechte aufgefordert worden sind. Das gleiche gilt, wenn gefundenes Geld abgeliefert worden ist.
(3) Die Kosten werden von dem herauszugebenden Betrag abgezogen.

§ 982 [Vorschriften für die Bekanntmachung]
Die in den §§ 980, 981 vorgeschriebene Bekanntmachung erfolgt bei Reichsbehörden und Reichsanstalten nach den von dem Bundesrat, in den übrigen Fällen nach den von der Zentralbehörde des Bundesstaats erlassenen Vorschriften.

§ 983 [Herausgabepflicht einer Behörde]
Ist eine öffentliche Behörde im Besitz einer Sache, zu deren Herausgabe sie verpflichtet ist, ohne daß die Verpflichtung auf Vertrag beruht, so finden, wenn der Behörde der Empfangsberechtigte oder dessen Aufenthalt unbekannt ist, die Vorschriften der §§ 979 bis 982 entsprechende Anwendung.

§ 984 [Schatzfund]
Wird eine Sache, die so lange verborgen gelegen hat, daß der Eigentümer nicht mehr zu ermitteln ist (Schatz), entdeckt und infolge der Entdeckung in Besitz genommen, so wird das Eigentum zur Hälfte von dem Entdecker, zur Hälfte von dem Eigentümer der Sache erworben, in welcher der Schatz verborgen war.

Vierter Titel
Ansprüche aus dem Eigentume

§ 985 [Herausgabeanspruch]
Der Eigentümer kann von dem Besitzer die Herausgabe der Sache verlangen.

§ 986 [Einwendungen des Besitzers]
(1) Der Besitzer kann die Herausgabe der Sache verweigern, wenn er oder der mittelbare Besitzer, von dem er sein Recht zum Besitz ableitet, dem Eigentümer gegenüber zum Besitze berechtigt ist. Ist der mittelbare Besitzer dem Eigentümer gegenüber zur Überlassung des Besitzes an den Besitzer nicht befugt, so kann der Eigentümer von dem Besitzer die Herausgabe der Sache an den mittelbaren Besitzer oder, wenn dieser den Besitz nicht wieder übernehmen kann oder will, an sich selbst verlangen.
(2) Der Besitzer einer Sache, die nach § 931 durch Abtretung des Anspruchs auf Herausgabe veräußert worden ist, kann dem neuen Eigentümer die Einwendungen entgegensetzen, welche ihm gegen den abgetretenen Anspruch zustehen.

...

Viertes Buch
Familienrecht

Erster Abschnitt
Bürgerliche Ehe

Erster Titel
Verlöbnis

§ 1297 [Keine Klage oder Strafe]
(1) Aus einem Verlöbnisse kann nicht auf Eingehung der Ehe geklagt werden.
(2) Das Versprechen einer Strafe für den Fall, daß die Eingehung der Ehe unterbleibt, ist nichtig.

§ 1298 [Ersatzpflicht bei Rücktritt]
(1) Tritt ein Verlobter von dem Verlöbnisse zurück, so hat er dem anderen Verlobten und dessen Eltern sowie dritten Personen, welche an Stelle der Eltern gehandelt haben, den Schaden zu ersetzen, der daraus entstanden ist, daß sie in Erwartung der Ehe Aufwendungen gemacht haben oder Verbindlichkeiten eingegangen sind. Dem anderen Verlobten hat er auch den Schaden zu ersetzen, den dieser

dadurch erleidet, daß er in Erwartung der Ehe sonstige sein Vermögen oder seine Erwerbsstellung berührende Maßnahmen getroffen hat.
(2) Der Schaden ist nur insoweit zu ersetzen, als die Aufwendungen, die Eingehung der Verbindlichkeiten und die sonstigen Maßnahmen den Umständen nach angemessen waren.
(3) Die Ersatzpflicht tritt nicht ein, wenn ein wichtiger Grund für den Rücktritt vorliegt.

§ 1299 [Ersatzpflicht bei schuldhafter Veranlassung des Rücktritts]
Veranlaßt ein Verlobter den Rücktritt des anderen durch ein Verschulden, das einen wichtigen Grund für den Rücktritt bildet, so ist er nach Maßgabe des § 1298 Abs. 1, 2 zum Schadensersatze verpflichtet.

§ 1300 (aufgehoben)

§ 1301 [Rückgabe der Geschenke]
Unterbleibt die Eheschließung, so kann jeder Verlobte von dem anderen die Herausgabe desjenigen, was er ihm geschenkt oder zum Zeichen des Verlöbnisses gegeben hat, nach den Vorschriften über die Herausgabe einer ungerechtfertigten Bereicherung fordern. Im Zweifel ist anzunehmen, daß die Rückforderung ausgeschlossen sein soll, wenn das Verlöbnis durch den Tod eines der Verlobten aufgelöst wird.

§ 1302 [Verjährung]
Die in den §§ 1298 bis 1301 bestimmten Ansprüche verjähren in zwei Jahren von der Auflösung des Verlöbnisses an.

Zweiter Titel
Eingehung der Ehe
I. Ehefähigkeit

§ 1303 [Ehemündigkeit]
(1) Eine Ehe soll nicht vor Eintritt der Volljährigkeit eingegangen werden.
(2) Das Familiengericht kann auf Antrag von dieser Vorschrift Befreiung erteilen, wenn der Antragsteller das 16. Lebensjahr vollendet hat und sein künftiger Ehegatte volljährig ist.
(3) Widerspricht der gesetzliche Vertreter des Antragstellers oder ein sonstiger Inhaber der Personensorge dem Antrag, so darf das Familiengericht die Befreiung nur erteilen, wenn der Widerspruch nicht auf triftigen Gründen beruht.
(4) Erteilt das Familiengericht die Befreiung nach Absatz 2, so bedarf der Antragsteller zur Eingehung der Ehe nicht mehr der Einwilligung des gesetzlichen Vertreters oder eines sonstigen Inhabers der Personensorge.

§ 1304 [Geschäftsfähigkeit]
Wer geschäftsunfähig ist, kann eine Ehe nicht eingehen.

§ 1305 (weggefallen)

II. Eheverbote

§ 1306 [Doppelehe]
Eine Ehe darf nicht geschlossen werden, wenn zwischen einer der Personen, die die Ehe miteinander eingehen wollen, und einer dritten Person eine Ehe besteht.

§ 1307 [Verwandtschaft]
Eine Ehe darf nicht geschlossen werden zwischen Verwandten in gerader Linie sowie zwischen vollbürtigen und halbbürtigen Geschwistern. Dies gilt auch, wenn das Verwandtschaftsverhältnis durch Annahme als Kind erloschen ist.

§ 1308 [Annahme als Kind]
(1) Eine Ehe soll nicht geschlossen werden zwischen Personen, deren Verwandtschaft im Sinne des § 1307 durch Annahme als Kind begründet worden ist. Dies gilt nicht, wenn das Annahmeverhältnis aufgelöst worden ist.
(2) Das Familiengericht kann auf Antrag von dieser Vorschrift Befreiung erteilen, wenn zwischen dem Antragsteller und seinem künftigen Ehegatten durch die Annahme als Kind eine Verwandtschaft in der Seitenlinie begründet worden ist. Die Befreiung soll versagt werden, wenn wichtige Gründe der Eingehung der Ehe entgegenstehen.

III. Ehefähigkeitszeugnis
§ 1309
(1) Wer hinsichtlich der Voraussetzungen der Eheschließung vorbehaltlich des Artikels 13 Abs. 2 des Einführungsgesetzes zum Bürgerlichen Gesetzbuche ausländischem Recht unterliegt, soll eine Ehe nicht eingehen, bevor er ein Zeugnis der inneren Behörde seines Heimatstaates darüber beigebracht hat, daß der Eheschließung nach dem Recht dieses Staates kein Ehehindernis entgegensteht. Als Zeugnis der inneren Behörde gilt auch eine Bescheinigung, die von einer anderen Stelle nach Maßgabe eines mit dem Heimatstaat des Betroffenen geschlossenen Vertrages erteilt ist. Das Zeugnis verliert seine Kraft, wenn die Ehe nicht binnen sechs Monaten seit der Ausstellung geschlossen wird; ist in dem Zeugnis eine kürzere Geltungsdauer angegeben, ist diese maßgebend.
(2) Von dem Erfordernis nach Absatz 1 Satz 1 kann der Präsident des Oberlandesgerichts, in dessen Bezirk der Standesbeamte, bei dem die Eheschließung angemeldet worden ist, seinen Sitz hat, Befreiung erteilen. Die Befreiung soll nur Staatenlosen mit gewöhnlichem Aufenthalt im Ausland und Angehörigen solcher Staaten erteilt werden, deren Behörden keine Ehefähigkeitszeugnisse im Sinne des Absatzes 1 ausstellen. In besonderen Fällen darf sie auch Angehörigen anderer Staaten erteilt werden. Die Befreiung gilt nur für die Dauer von sechs Monaten.

IV. Eheschließung
§ 1310 [Erklärung]
(1) Die Ehe wird nur dadurch geschlossen, daß die Eheschließenden vor dem Standesbeamten erklären, die Ehe miteinander eingehen zu wollen. Der Standesbeamte darf seine Mitwirkung an der Eheschließung nicht verweigern, wenn die Voraussetzungen der Eheschließung vorliegen; er muß seine Mitwirkung verweigern, wenn offenkundig ist, daß die Ehe nach § 1314 Abs. 2 aufhebbar wäre.
(2) Als Standesbeamter gilt auch, wer, ohne Standesbeamter zu sein, das Amt eines Standesbeamten öffentlich ausgeübt und die Ehe in das Heiratsbuch eingetragen hat.
(3) Eine Ehe gilt auch dann als geschlossen, wenn die Ehegatten erklärt haben, die Ehe miteinander eingehen zu wollen, und
1. der Standesbeamte die Ehe in das Heiratsbuch oder in das Familienbuch eingetragen hat,
2. der Standesbeamte im Zusammenhang mit der Beurkundung der Geburt eines gemeinsamen Kindes der Ehegatten einen Hinweis auf die Eheschließung in das Geburtenbuch eingetragen hat oder
3. der Standesbeamte von den Ehegatten eine familienrechtliche Erklärung, die zu ihrer Wirksamkeit eine bestehende Ehe voraussetzt, entgegengenommen hat und den Ehegatten hierüber eine in Rechtsvorschriften vorgesehene Bescheinigung erteilt worden ist

und die Ehegatten seitdem zehn Jahre oder bis zum Tode eines der Ehegatten, mindestens jedoch fünf Jahre, als Ehegatten miteinander gelebt haben.

§ 1311 [Form der Eheschließung]
Die Eheschließenden müssen die Erklärungen nach § 1310 Abs. 1 persönlich und bei gleichzeitiger Anwesenheit abgeben. Die Erklärungen können nicht unter einer Bedingung oder Zeitbestimmung abgegeben werden.

§ 1312 [Trauung]
(1) Der Standesbeamte soll bei der Eheschließung die Eheschließenden einzeln befragen, ob sie die Ehe miteinander eingehen wollen, und, nachdem die Eheschließenden diese Frage bejaht haben, aussprechen, daß sie nunmehr kraft Gesetzes rechtmäßig verbundene Eheleute sind. Die Eheschließung kann in Gegenwart von einem oder zwei Zeugen erfolgen, sofern die Eheschließenden dies wünschen.
(2) Der Standesbeamte soll die Eheschließung in das Heiratsbuch eintragen.

Dritter Titel
Aufhebung der Ehe
§ 1313 [Aufhebung durch gerichtliches Urteil]
Eine Ehe kann nur durch gerichtliches Urteil auf Antrag aufgehoben werden. Die Ehe ist mit der Rechtskraft des Urteils aufgelöst. Die Voraussetzungen, unter denen die Aufhebung begehrt werden kann, ergeben sich aus den folgenden Vorschriften.

Bürgerliches Gesetzbuch §§ 1314–1316

§ 1314 [Aufhebungsgründe]
(1) Eine Ehe kann aufgehoben werden, wenn sie entgegen den Vorschriften der §§ 1303, 1304, 1306, 1307, 1311 geschlossen worden ist.
(2) Eine Ehe kann ferner aufgehoben werden, wenn
1. ein Ehegatte sich bei der Eheschließung im Zustande der Bewußtlosigkeit oder vorübergehender Störung der Geistestätigkeit befand;
2. ein Ehegatte bei der Eheschließung nicht gewußt hat, daß es sich um eine Eheschließung handelt;
3. ein Ehegatte zur Eingehung der Ehe durch arglistige Täuschung über solche Umstände bestimmt worden ist, die ihn bei Kenntnis der Sachlage und bei richtiger Würdigung des Wesens der Ehe von der Eingehung der Ehe abgehalten hätten; dies gilt nicht, wenn die Täuschung Vermögensverhältnisse betrifft oder von einem Dritten ohne Wissen des anderen Ehegatten verübt worden ist;
4. ein Ehegatte zur Eingehung der Ehe widerrechtlich durch Drohung bestimmt worden ist;
5. beide Ehegatten sich bei der Eheschließung darüber einig waren, daß sie keine Verpflichtung gemäß § 1353 Abs. 1 begründen wollen.

§ 1315 [Ausschluß der Aufhebung]
(1) Eine Aufhebung der Ehe ist ausgeschlossen
1. bei Verstoß gegen § 1303, wenn die Voraussetzungen des § 1303 Abs. 2 bei der Eheschließung vorlagen und das Familiengericht, solange der Ehegatte nicht volljährig ist, die Eheschließung genehmigt oder wenn der Ehegatte, nachdem er volljährig geworden ist, zu erkennen gegeben hat, daß er die Ehe fortsetzen will (Bestätigung);
2. bei Verstoß gegen § 1304, wenn der Ehegatte nach Wegfall der Geschäftsunfähigkeit zu erkennen gegeben hat, daß er die Ehe fortsetzen will (Bestätigung);
3. im Falle des § 1314 Abs. 2 Nr. 1, wenn der Ehegatte nach Wegfall der Bewußtlosigkeit oder der Störung der Geistestätigkeit zu erkennen gegeben hat, daß er die Ehe fortsetzen will (Bestätigung);
4. in den Fällen des § 1314 Abs. 2 Nr. 2 bis 4, wenn der Ehegatte nach Entdeckung des Irrtums oder der Täuschung oder nach Aufhören der Zwangslage zu erkennen gegeben hat, daß er die Ehe fortsetzen will (Bestätigung);
5. in den Fällen des § 1314 Abs. 2 Nr. 5, wenn die Ehegatten nach der Eheschließung als Ehegatten miteinander gelebt haben.
Die Bestätigung eines Geschäftsunfähigen ist unwirksam. Die Bestätigung eines Minderjährigen bedarf bei Verstoß gegen § 1304 und im Falle des § 1314 Abs. 2 Nr. 1 der Zustimmung des gesetzlichen Vertreters; verweigert der gesetzliche Vertreter die Zustimmung ohne triftige Gründe, so kann das Familiengericht die Zustimmung auf Antrag des Minderjährigen ersetzen.
(2) Eine Aufhebung der Ehe ist ferner ausgeschlossen
1. bei Verstoß gegen § 1306, wenn vor der Schließung der neuen Ehe die Scheidung oder Aufhebung der früheren Ehe ausgesprochen ist und dieser Ausspruch nach der Schließung der neuen Ehe rechtskräftig wird;
2. bei Verstoß gegen § 1311, wenn die Ehegatten nach der Eheschließung fünf Jahre oder, falls einer von ihnen vorher verstorben ist, bis zu dessen Tode, jedoch mindestens drei Jahre als Ehegatten miteinander gelebt haben, es sei denn, daß bei Ablauf der fünf Jahre oder zur Zeit des Todes die Aufhebung beantragt ist.

§ 1316 [Antragsberechtigte]
(1) Antragsberechtigt
1. sind bei Verstoß gegen die §§ 1303, 1304, 1306, 1307, 1311 sowie in den Fällen des § 1314 Abs. 2 Nr. 1 und 5 jeder Ehegatte, die zuständige Verwaltungsbehörde und in den Fällen des § 1306 auch die dritte Person. Die zuständige Verwaltungsbehörde wird durch Rechtsverordnung der Landesregierungen bestimmt. Die Landesregierungen können die Ermächtigung nach Satz 2 durch Rechtsverordnung auf die zuständigen obersten Landesbehörden übertragen;
2. ist in den Fällen des § 1314 Abs. 2 Nr. 2 bis 4 der dort genannte Ehegatte.

(2) Der Antrag kann für einen geschäftsunfähigen Ehegatten nur von seinem gesetzlichen Vertreter gestellt werden. In den übrigen Fällen kann ein minderjähriger Ehegatte den Antrag nur selbst stellen; er bedarf dazu nicht der Zustimmung seines gesetzlichen Vertreters.
(3) Bei Verstoß gegen die §§ 1304, 1306, 1307 sowie in den Fällen des § 1314 Abs. 2 Nr. 1 und 5 soll die zuständige Verwaltungsbehörde den Antrag stellen, wenn nicht die Aufhebung der Ehe für einen Ehegatten oder für die aus der Ehe hervorgegangenen Kinder eine so schwere Härte darstellen würde, daß die Aufrechterhaltung der Ehe ausnahmsweise geboten erscheint.

§ 1317 [Antragsfrist]
(1) Der Antrag kann in den Fällen des § 1314 Abs. 2 Nr. 2 bis 4 nur binnen eines Jahres gestellt werden. Die Frist beginnt mit der Entdeckung des Irrtums oder der Täuschung oder mit dem Aufhören der Zwangslage; für den gesetzlichen Vertreter eines geschäftsunfähigen Ehegatten beginnt die Frist jedoch nicht vor dem Zeitpunkt, in welchem ihm die den Fristbeginn begründenden Umstände bekannt werden, für einen minderjährigen Ehegatten nicht vor dem Eintritt der Volljährigkeit. Auf den Lauf der Frist sind die §§ 203, 206 Abs. 1 Satz 1 entsprechend anzuwenden.
(2) Hat der gesetzliche Vertreter eines geschäftsunfähigen Ehegatten den Antrag nicht rechtzeitig gestellt, so kann der Ehegatte selbst innerhalb von sechs Monaten nach dem Wegfall der Geschäftsunfähigkeit den Antrag stellen.
(3) Ist die Ehe bereits aufgelöst, so kann der Antrag nicht mehr gestellt werden.

§ 1318 [Folgen der Aufhebung]
(1) Die Folgen der Aufhebung einer Ehe bestimmen sich nur in den nachfolgend genannten Fällen nach den Vorschriften über die Scheidung.
(2) Die §§ 1569 bis 1586 b finden entsprechende Anwendung
1. zugunsten eines Ehegatten, der bei Verstoß gegen die §§ 1303, 1304, 1306, 1307 oder 1311 oder in den Fällen des § 1314 Abs. 2 Nr. 2 die Aufhebbarkeit der Ehe bei der Eheschließung nicht gekannt hat oder der in den Fällen des § 1314 Abs. 2 Nr. 3 oder 4 vom anderen Ehegatten oder mit dessen Wissen getäuscht oder bedroht worden ist;
2. zugunsten beider Ehegatten bei Verstoß gegen die §§ 1306, 1307 oder 1311, wenn beide Ehegatten die Aufhebbarkeit kannten; dies gilt nicht bei Verstoß gegen § 1306, soweit der Anspruch eines Ehegatten auf Unterhalt einen entsprechenden Anspruch der dritten Person beeinträchtigen würde.

Die Vorschriften über den Unterhalt wegen der Pflege oder Erziehung eines gemeinschaftlichen Kindes finden auch insoweit entsprechende Anwendung, als eine Versagung des Unterhalts im Hinblick auf die Belange des Kindes grob unbillig wäre.
(3) Die §§ 1363 bis 1390 und die §§ 1587 bis 1587 p finden entsprechende Anwendung, soweit dies nicht im Hinblick auf die Umstände bei der Eheschließung oder bei Verstoß gegen § 1306 im Hinblick auf die Belange der dritten Person grob unbillig wäre.
(4) Die Vorschriften der Hausratsverordnung finden entsprechende Anwendung; dabei sind die Umstände bei der Eheschließung und bei Verstoß gegen § 1306 die Belange der dritten Person besonders zu berücksichtigen.
(5) § 1931 findet zugunsten eines Ehegatten, der bei Verstoß gegen die §§ 1304, 1306, 1307 oder 1311 oder im Fall des § 1314 Abs. 2 Nr. 1 die Aufhebbarkeit der Ehe bei der Eheschließung gekannt hat, keine Anwendung.

Vierter Titel
Wiederverheiratung im Fall der Todeserklärung

§ 1319 [Keine Aufhebung der neuen Ehe]
(1) Geht ein Ehegatte, nachdem der andere Ehegatte für tot erklärt worden ist, eine neue Ehe ein, so kann, wenn der für tot erklärte Ehegatte noch lebt, die neue Ehe nur dann wegen Verstoßes gegen § 1306 aufgehoben werden, wenn beide Ehegatten bei der Eheschließung wußten, daß der für tot erklärte Ehegatte im Zeitpunkt der Todeserklärung noch lebte.
(2) Mit der Schließung der neuen Ehe wird die frühere Ehe aufgelöst, es sei denn, daß beide Ehegatten der neuen Ehe bei der Eheschließung wußten, daß der für tot erklärte Ehegatte im Zeitpunkt

der Todeserklärung noch lebte. Sie bleibt auch dann aufgelöst, wenn die Todeserklärung aufgehoben wird.

§ 1320 [Aufhebung der neuen Ehe]
(1) Lebt der für tot erklärte Ehegatte noch, so kann unbeschadet des § 1319 sein früherer Ehegatte die Aufhebung der neuen Ehe begehren, es sei denn, daß er bei der Eheschließung wußte, daß der für tot erklärte Ehegatte zum Zeitpunkt der Todeserklärung noch gelebt hat. Die Aufhebung kann nur binnen eines Jahres begehrt werden. Die Frist beginnt mit dem Zeitpunkt, in dem der Ehegatte aus der früheren Ehe Kenntnis davon erlangt hat, daß der für tot erklärte Ehegatte noch lebt. § 1317 Abs. 1 Satz 3, Abs. 2 gilt entsprechend.
(2) Für die Folgen der Aufhebung gilt § 1318 entsprechend.

§§ 1321 bis 1352 (aufgehoben)

Fünfter Titel
Wirkungen der Ehe im allgemeinen

§ 1353 [Eheliche Lebensgemeinschaft]
(1) Die Ehe wird auf Lebenszeit geschlossen. Die Ehegatten sind einander zur ehelichen Lebensgemeinschaft verpflichtet; sie tragen füreinander Verantwortung.
(2) Ein Ehegatte ist nicht verpflichtet, dem Verlangen des anderen Ehegatten nach Herstellung der Gemeinschaft Folge zu leisten, wenn sich das Verlangen als Mißbrauch seines Rechtes darstellt oder wenn die Ehe gescheitert ist.

§ 1354 (aufgehoben)

§ 1355 [Ehe- und Familienname]
(1) Die Ehegatten sollen einen gemeinsamen Familiennamen (Ehenamen) bestimmen. Die Ehegatten führen den von ihnen bestimmten Ehenamen. Bestimmen die Ehegatten keinen Ehenamen, so führen sie ihren zur Zeit der Eheschließung geführten Namen auch nach der Eheschließung.
(2) Zum Ehenamen können die Ehegatten durch Erklärung gegenüber dem Standesbeamten den Geburtsnamen des Mannes oder den Geburtsnamen der Frau bestimmen.
(3) Die Erklärung über die Bestimmung des Ehenamens soll bei der Eheschließung erfolgen. Wird die Erklärung später abgegeben, so muß sie öffentlich beglaubigt werden.
(4) Ein Ehegatte, dessen Geburtsname nicht Ehename wird, kann durch Erklärung gegenüber dem Standesbeamten dem Ehenamen seinen Geburtsnamen oder den zur Zeit der Erklärung über die Bestimmung des Ehenamens geführten Namen voranstellen oder anfügen. Dies gilt nicht, wenn der Ehename aus mehreren Namen besteht. Besteht der Name eines Ehegatten aus mehreren Namen, so kann nur einer dieser Namen hinzugefügt werden. Die Erklärung kann gegenüber dem Standesbeamten widerrufen werden; in diesem Fall ist eine erneute Erklärung nach Satz 1 nicht zulässig. Die Erklärung und der Widerruf müssen öffentlich beglaubigt werden.
(5) Der verwitwete oder geschiedene Ehegatte behält den Ehenamen. Er kann durch Erklärung gegenüber dem Standesbeamten seinen Geburtsnamen oder den Namen wieder annehmen, den er bis zur Bestimmung des Ehenamens geführt hat, oder seinen Geburtsnamen dem Ehenamen voranstellen oder anfügen. Absatz 4 gilt entsprechend.
(6) Geburtsname ist der Name, der in die Geburtsurkunde eines Ehegatten zum Zeitpunkt der Erklärung gegenüber dem Standesbeamten einzutragen ist.

§ 1356 [Haushaltsführung und Erwerbstätigkeit]
(1) Die Ehegatten regeln die Haushaltsführung im gegenseitigen Einvernehmen. Ist die Haushaltsführung einem der Ehegatten überlassen, so leitet dieser den Haushalt in eigener Verantwortung.
(2) Beide Ehegatten sind berechtigt, erwerbstätig zu sein. Bei der Wahl und Ausübung einer Erwerbstätigkeit haben sie auf die Belange des anderen Ehegatten und der Familie die gebotene Rücksicht zu nehmen.

§ 1357 [Geschäfte zur Deckung des Lebensbedarfs]
(1) Jeder Ehegatte ist berechtigt, Geschäfte zur angemessenen Deckung des Lebensbedarfs der Familie mit Wirkung auch für den anderen Ehegatten zu besorgen. Durch solche Geschäfte werden beide Ehegatten berechtigt und verpflichtet, es sei denn, daß sich aus den Umständen etwas anderes ergibt.

(2) Ein Ehegatte kann die Berechtigung des anderen Ehegatten, Geschäfte mit Wirkung für ihn zu besorgen, beschränken oder ausschließen; besteht für die Beschränkung oder Ausschließung kein ausreichender Grund, so hat das Vormundschaftsgericht sie auf Antrag aufzuheben. Dritten gegenüber wirkt die Beschränkung oder Ausschließung nur nach Maßgabe des § 1412.
(3) Absatz 1 gilt nicht, wenn die Ehegatten getrennt leben.

§ 1358 (aufgehoben)

§ 1359 [Umfang der Sorgfaltspflicht]
Die Ehegatten haben bei der Erfüllung der sich aus dem ehelichen Verhältnis ergebenden Verpflichtungen einander nur für diejenige Sorgfalt einzustehen, welche sie in eigenen Angelegenheiten anzuwenden pflegen.

§ 1360 [Verpflichtung zum Familienunterhalt]
Die Ehegatten sind einander verpflichtet, durch ihre Arbeit und mit ihrem Vermögen die Familie angemessen zu unterhalten. Ist einem Ehegatten die Haushaltsführung überlassen, so erfüllt er seine Verpflichtung, durch Arbeit zum Unterhalt der Familie beizutragen, in der Regel durch die Führung des Haushalts.

§ 1360 a [Umfang der Unterhaltspflicht – Prozeßkosten]
(1) Der angemessene Unterhalt der Familie umfaßt alles, was nach den Verhältnissen der Ehegatten erforderlich ist, um die Kosten des Haushalts zu bestreiten und die persönlichen Bedürfnisse der Ehegatten und den Lebensbedarf der gemeinsamen unterhaltsberechtigten Kinder zu befriedigen.
(2) Der Unterhalt ist in der Weise zu leisten, die durch die eheliche Lebensgemeinschaft geboten ist. Die Ehegatten sind einander verpflichtet, die zum gemeinsamen Unterhalt der Familie erforderlichen Mittel für einen angemessenen Zeitraum im voraus zur Verfügung zu stellen.
(3) Die für die Unterhaltspflicht der Verwandten geltenden Vorschriften der §§ 1613 bis 1615 sind entsprechend anzuwenden.
(4) Ist ein Ehegatte nicht in der Lage, die Kosten eines Rechtsstreits zu tragen, der eine persönliche Angelegenheit betrifft, so ist der andere Ehegatte verpflichtet, ihm diese Kosten vorzuschießen, soweit dies der Billigkeit entspricht. Das gleiche gilt für die Kosten der Verteidigung in einem Strafverfahren, das gegen einen Ehegatten gerichtet ist.

§ 1360 b [Kein Ersatz bei Zuvielleistung]
Leistet ein Ehegatte zum Unterhalt der Familie einen höheren Beitrag als ihm obliegt, so ist im Zweifel anzunehmen, daß er nicht beabsichtigt, von dem anderen Ehegatten Ersatz zu verlangen.

§ 1361 [Unterhalt bei Getrenntleben]
(1) Leben die Ehegatten getrennt, so kann ein Ehegatte von dem anderen den nach den Lebensverhältnissen und den Erwerbs- und Vermögensverhältnissen der Ehegatten angemessenen Unterhalt verlangen; für Aufwendungen infolge eines Körper- oder Gesundheitsschadens gilt § 1610 a. Ist zwischen den getrennt lebenden Ehegatten ein Scheidungsverfahren rechtshängig, so gehören zum Unterhalt vom Eintritt der Rechtshängigkeit an auch die Kosten einer angemessenen Versicherung für den Fall des Alters sowie der Berufs- oder Erwerbsunfähigkeit.[1]
(2) Der nichterwerbstätige Ehegatte kann nur dann darauf verwiesen werden, seinen Unterhalt durch eine Erwerbstätigkeit selbst zu verdienen, wenn dies von ihm nach seinen persönlichen Verhältnissen, insbesondere wegen einer früheren Erwerbstätigkeit unter Berücksichtigung der Dauer der Ehe, und nach den wirtschaftlichen Verhältnissen beider Ehegatten erwartet werden kann.
(3) Die Vorschrift des § 1579 Nr. 2 bis 7 über die Herabsetzung des Unterhaltsanspruchs aus Billigkeitsgründen ist entsprechend anzuwenden.
(4) Der laufende Unterhalt ist durch Zahlung einer Geldrente zu gewähren. Die Rente ist monatlich im voraus zu zahlen. Der Verpflichtete schuldet den vollen Monatsbetrag auch dann, wenn der Berechtigte im Laufe des Monats stirbt. § 1360 a Abs. 3, 4 und die §§ 1360 b, 1605 sind entsprechend anzuwenden.

---

1) Mit Wirkung vom 1. 1. 2000 werden die Wörter »Berufs- oder Erwerbsunfähigkeit« durch die Wörter »verminderte Erwerbsfähigkeit« ersetzt.

§ 1361 a [Verteilung der Haushaltsgegenstände bei Getrenntleben]
(1) Leben die Ehegatten getrennt, so kann jeder von ihnen die ihm gehörenden Haushaltsgegenstände von dem anderen Ehegatten herausverlangen. Er ist jedoch verpflichtet, sie dem anderen Ehegatten zum Gebrauch zu überlassen, soweit dieser sie zur Führung eines gesonderten Haushalts benötigt und die Überlassung nach den Umständen des Falles der Billigkeit entspricht.
(2) Haushaltsgegenstände, die den Ehegatten gemeinsam gehören, werden zwischen ihnen nach den Grundsätzen der Billigkeit verteilt.
(3) Können sich die Ehegatten nicht einigen, so entscheidet das zuständige Gericht. Dieses kann eine angemessene Vergütung für die Benutzung der Haushaltsgegenstände festsetzen.
(4) Die Eigentumsverhältnisse bleiben unberührt, sofern die Ehegatten nichts anderes vereinbaren.

§ 1361 b [Überlassung der Ehewohnung bei Getrenntleben]
(1) Leben die Ehegatten getrennt oder will einer von ihnen getrennt leben, so kann ein Ehegatte verlangen, daß ihm der andere die Ehewohnung oder einen Teil zur alleinigen Benutzung überläßt, soweit dies notwendig ist, um eine schwere Härte zu vermeiden. Steht einem Ehegatten allein oder gemeinsam mit einem Dritten das Eigentum, das Erbbaurecht oder der Nießbrauch an dem Grundstück zu, auf dem sich die Ehewohnung befindet, so ist dies besonders zu berücksichtigen; Entsprechendes gilt für das Wohnungseigentum, das Dauerwohnrecht und das dingliche Wohnrecht.
(2) Ist ein Ehegatte verpflichtet, dem anderen Ehegatten die Ehewohnung oder einen Teil zur alleinigen Benutzung zu überlassen, so kann er vom anderen Ehegatten eine Vergütung für die Benutzung verlangen, soweit dies der Billigkeit entspricht.

§ 1362 [Eigentumsvermutung]
(1) Zugunsten der Gläubiger des Mannes und der Gläubiger der Frau wird vermutet, daß die im Besitz eines Ehegatten oder beider Ehegatten befindlichen beweglichen Sachen dem Schuldner gehören. Diese Vermutung gilt nicht, wenn die Ehegatten getrennt leben und sich die Sachen im Besitze des Ehegatten befinden, der nicht Schuldner ist. Inhaberpapiere und Orderpapiere, die mit Blankoindossament versehen sind, stehen den beweglichen Sachen gleich.
(2) Für die ausschließlich zum persönlichen Gebrauch eines Ehegatten bestimmten Sachen wird im Verhältnis der Ehegatten zueinander und zu den Gläubigern vermutet, daß sie dem Ehegatten gehören, für dessen Gebrauch sie bestimmt sind.

Sechster Titel
Eheliches Güterrecht
I. Gesetzliches Güterrecht

§ 1363 [Zugewinngemeinschaft]
(1) Die Ehegatten leben im Güterstand der Zugewinngemeinschaft, wenn sie nicht durch Ehevertrag etwas anderes vereinbaren.
(2) Das Vermögen des Mannes und das Vermögen der Frau werden nicht gemeinschaftliches Vermögen der Ehegatten; dies gilt auch für Vermögen, das ein Ehegatte nach der Eheschließung erwirbt. Der Zugewinn, den die Ehegatten in der Ehe erzielen, wird jedoch ausgeglichen, wenn die Zugewinngemeinschaft endet.

§ 1364 [Selbständige Vermögensverwaltung]
Jeder Ehegatte verwaltet sein Vermögen selbständig; er ist jedoch in der Verwaltung seines Vermögens nach Maßgabe der folgenden Vorschriften beschränkt.

§ 1365 [Rechtsgeschäfte über das Vermögen als Ganzes]
(1) Ein Ehegatte kann sich nur mit Einwilligung des anderen Ehegatten verpflichten, über sein Vermögen im ganzen zu verfügen. Hat er sich ohne Zustimmung des anderen Ehegatten verpflichtet, so kann er die Verpflichtung nur erfüllen, wenn der andere Ehegatte einwilligt.
(2) Entspricht das Rechtsgeschäft den Grundsätzen einer ordnungsmäßigen Verwaltung, so kann das Vormundschaftsgericht auf Antrag des Ehegatten die Zustimmung des anderen Ehegatten ersetzen, wenn dieser sie ohne ausreichenden Grund verweigert oder durch Krankheit oder Abwesenheit an der Abgabe einer Erklärung verhindert und mit dem Aufschub Gefahr verbunden ist.

§ 1366 [Genehmigung von Verträgen]
(1) Ein Vertrag, den ein Ehegatte ohne die erforderliche Einwilligung des anderen Ehegatten schließt, ist wirksam, wenn dieser ihn genehmigt.
(2) Bis zur Genehmigung kann der Dritte den Vertrag widerrufen. Hat er gewußt, daß der Mann oder die Frau verheiratet ist, so kann er nur widerrufen, wenn der Mann oder die Frau wahrheitswidrig behauptet hat, der andere Ehegatte habe eingewilligt; er kann auch in diesem Falle nicht widerrufen, wenn ihm beim Abschluß des Vertrages bekannt war, daß der andere Ehegatte nicht eingewilligt hatte.
(3) Fordert der Dritte den Ehegatten auf, die erforderliche Genehmigung des anderen Ehegatten zu beschaffen, so kann dieser sich nur dem Dritten gegenüber über die Genehmigung erklären; hat er sich bereits vor der Aufforderung seinem Ehegatten gegenüber erklärt, so wird die Erklärung unwirksam. Die Genehmigung kann nur innerhalb von zwei Wochen seit dem Empfang der Aufforderung erklärt werden; wird sie nicht erklärt, so gilt sie als verweigert. Ersetzt das Vormundschaftsgericht die Genehmigung, so ist sein Beschluß nur wirksam wenn der Ehegatte ihn dem Dritten innerhalb der zweiwöchigen Frist mitteilt; andernfalls gilt die Genehmigung als verweigert.
(4) Wird die Genehmigung verweigert, so ist der Vertrag unwirksam.

§ 1367 [Einseitige Rechtsgeschäfte]
Ein einseitiges Rechtsgeschäft, das ohne die erforderliche Einwilligung vorgenommen wird, ist unwirksam.

§ 1368 [Klage des anderen Ehegatten gegen Dritten]
Verfügt ein Ehegatte ohne die erforderliche Zustimmung des anderen Ehegatten über sein Vermögen, so ist auch der andere Ehegatte berechtigt, die sich aus der Unwirksamkeit der Verfügung ergebenden Rechte gegen den Dritten gerichtlich geltend zu machen.

§ 1369 [Verfügung über Haushaltsgegenstände]
(1) Ein Ehegatte kann über ihm gehörende Gegenstände des ehelichen Haushalts nur verfügen und sich zu einer solchen Verfügung auch nur verpflichten, wenn der andere Ehegatte einwilligt.
(2) Das Vormundschaftsgericht kann auf Antrag des Ehegatten die Zustimmung des anderen Ehegatten ersetzen, wenn dieser sie ohne ausreichenden Grund verweigert oder durch Krankheit oder Abwesenheit verhindert ist, eine Erklärung abzugeben.
(3) Die Vorschriften der §§ 1366 bis 1368 gelten entsprechend.

§ 1370 [Eigentum am Hausratsersatz]
Haushaltsgegenstände, die an Stelle von nicht mehr vorhandenen oder wertlos gewordenen Gegenständen angeschafft werden, werden Eigentum des Ehegatten, dem die nicht mehr vorhandenen oder wertlos gewordenen Gegenstände gehört haben.

§ 1371 [Zugewinnausgleich im Todesfall]
(1) Wird der Güterstand durch den Tod eines Ehegatten beendet, so wird der Ausgleich des Zugewinns dadurch verwirklicht, daß sich der gesetzliche Erbteil des überlebenden Ehegatten um ein Viertel der Erbschaft erhöht; hierbei ist unerheblich, ob die Ehegatten im einzelnen Fall einen Zugewinn erzielt haben.
(2) Wird der überlebende Ehegatte nicht Erbe und steht ihm auch kein Vermächtnis zu, so kann er Ausgleich des Zugewinns nach den Vorschriften der §§ 1373 bis 1383, 1390 verlangen; der Pflichtteil des überlebenden Ehegatten oder eines anderen Pflichtteilsberechtigten bestimmt sich in diesem Falle nach dem nicht erhöhten gesetzlichen Erbteil des Ehegatten.
(3) Schlägt der überlebende Ehegatte die Erbschaft aus, so kann er neben dem Ausgleich des Zugewinns den Pflichtteil auch dann verlangen, wenn dieser ihm nach den erbrechtlichen Bestimmungen nicht zustünde; dies gilt nicht, wenn er durch Vertrag mit seinem Ehegatten auf sein gesetzliches Erbrecht oder sein Pflichtteilsrecht verzichtet hat.
(4) Sind erbberechtigte Abkömmlinge des verstorbenen Ehegatten, welche nicht aus der durch den Tod dieses Ehegatten aufgelösten Ehe stammen, vorhanden, so ist der überlebende Ehegatte verpflichtet, diesen Abkömmlingen, wenn und soweit sie dessen bedürfen, die Mittel zu einer angemessenen Ausbildung aus dem nach Absatz 1 zusätzlich gewährten Viertel zu gewähren.

Bürgerliches Gesetzbuch §§ 1372–1377

§ 1372 [Zugewinnausgleich in sonstigen Fällen]
Wird der Güterstand auf andere Weise als durch den Tod eines Ehegatten beendet, so wird der Zugewinn nach den Vorschriften der §§ 1373 bis 1390 ausgeglichen.

§ 1373 [Zugewinn]
Zugewinn ist der Betrag, um den das Endvermögen eines Ehegatten das Anfangsvermögen übersteigt.

§ 1374 [Anfangsvermögen]
(1) Anfangsvermögen ist das Vermögen, das einem Ehegatten nach Abzug der Verbindlichkeiten beim Eintritt des Güterstandes gehört; die Verbindlichkeiten können nur bis zur Höhe des Vermögens abgezogen werden.
(2) Vermögen, das ein Ehegatte nach Eintritt des Güterstandes von Todes wegen oder mit Rücksicht auf ein künftiges Erbrecht, durch Schenkung oder als Ausstattung erwirbt, wird nach Abzug der Verbindlichkeiten dem Anfangsvermögen hinzugerechnet, soweit es nicht den Umständen nach zu den Einkünften zu rechnen ist.

§ 1375 [Endvermögen]
(1) Endvermögen ist das Vermögen, das einem Ehegatten nach Abzug der Verbindlichkeiten bei der Beendigung des Güterstandes gehört. Die Verbindlichkeiten werden, wenn Dritte gemäß § 1390 in Anspruch genommen werden können, auch insoweit abgezogen, als sie die Höhe des Vermögens übersteigen.
(2) Dem Endvermögen eines Ehegatten wird der Betrag hinzugerechnet, um den dieses Vermögen dadurch vermindert ist, daß ein Ehegatte nach Eintritt des Güterstandes
1. unentgeltliche Zuwendungen gemacht hat, durch die er nicht einer sittlichen Pflicht oder einer auf den Anstand zu nehmenden Rücksicht entsprochen hat,
2. Vermögen verschwendet hat oder
3. Handlungen in der Absicht vorgenommen hat, den anderen Ehegatten zu benachteiligen.
(3) Der Betrag der Vermögensminderung wird dem Endvermögen nicht hinzugerechnet, wenn sie mindestens zehn Jahre vor Beendigung des Güterstandes eingetreten ist oder wenn der andere Ehegatte mit der unentgeltlichen Zuwendung oder der Verschwendung einverstanden gewesen ist.

§ 1376 [Berechnung des Anfangs- und des Endvermögens]
(1) Der Berechnung des Anfangsvermögens wird der Wert zugrunde gelegt, den das beim Eintritt des Güterstandes vorhandene Vermögen in diesem Zeitpunkt, das dem Anfangsvermögen hinzuzurechnende Vermögen im Zeitpunkt des Erwerbes hatte.
(2) Der Berechnung des Endvermögens wird der Wert zugrunde gelegt, den das bei Beendigung des Güterstandes vorhandene Vermögen in diesem Zeitpunkt, eine dem Endvermögen hinzuzurechnende Vermögensminderung in dem Zeitpunkt hatte, in dem sie eingetreten ist.
(3) Die vorstehenden Vorschriften gelten entsprechend für die Bewertung von Verbindlichkeiten.
(4)[1] Ein land- oder forstwirtschaftlicher Betrieb, der bei der Berechnung des Anfangsvermögens und des Endvermögens zu berücksichtigen ist, ist mit dem Ertragswert anzusetzen, wenn der Eigentümer nach § 1378 Abs. 1 in Anspruch genommen wird und eine Weiterführung oder Wiederaufnahme des Betriebes durch den Eigentümer oder einen Abkömmling erwartet werden kann; die Vorschrift des § 2049 Abs. 2 ist anzuwenden.

§ 1377 [Verzeichnis des Anfangsvermögens]
(1) Haben die Ehegatten den Bestand und den Wert des einem Ehegatten gehörenden Anfangsvermögens und der diesem Vermögen hinzuzurechnenden Gegenstände gemeinsam in einem Verzeichnis festgestellt, so wird im Verhältnis der Ehegatten zueinander vermutet, daß das Verzeichnis richtig ist.

---

1) Hierzu Beschluß des Bundesverfassungsgerichts vom 16. 10. 1984 – 1 BvL 17/80 – (BGBl. 1985 I S. 99):
»§ 1376 Absatz 4 des Bürgerlichen Gesetzbuchs in der Fassung des Gesetzes über die Gleichberechtigung von Mann und Frau auf dem Gebiete des bürgerlichen Rechts (Gleichberechtigungsgesetz - GleichberG) - vom 18. Juni 1957 (Bundesgesetzbl. I S. 609) ist mit Artikel 3 Absatz 1 in Verbindung mit Artikel 6 Absatz 1 des Grundgesetzes unvereinbar, soweit danach ausnahmslos der Ertragswert als Bewertungsmaßstab anzuwenden ist, wenn sich ein landwirtschaftlicher Betrieb im Anfangs- und Endvermögen befindet. Im übrigen ist die Vorschrift mit dem Grundgesetz vereinbar, und zwar soweit sie über § 2049 Absatz 2 des Bürgerlichen Gesetzbuchs vom 18. August 1896 (Reichsgesetzbl. S. 195) und Artikel 137 des Einführungsgesetzes zum Bürgerlichen Gesetzbuche vom 18. August 1896 (Reichsgesetzbl. S. 604) auf Landesrecht verweist, nach Maßgabe der Gründe.«

(2) Jeder Ehegatte kann verlangen, daß der andere Ehegatte bei der Aufnahme des Verzeichnisses mitwirkt. Auf die Aufnahme des Verzeichnisses sind die für den Nießbrauch geltenden Vorschriften des § 1035 anzuwenden. Jeder Ehegatte kann den Wert der Vermögensgegenstände und der Verbindlichkeiten auf seine Kosten durch Sachverständige feststellen lassen.
(3) Soweit kein Verzeichnis aufgenommen ist, wird vermutet, daß das Endvermögen eines Ehegatten seinen Zugewinn darstellt.

§ 1378 [Ausgleichsforderung]
(1) Übersteigt der Zugewinn des einen Ehegatten den Zugewinn des anderen, so steht die Hälfte des Überschusses dem anderen Ehegatten als Ausgleichsforderung zu.
(2) Die Höhe der Ausgleichsforderung wird durch den Wert des Vermögens begrenzt, das nach Abzug der Verbindlichkeiten bei Beendigung des Güterstandes vorhanden ist.
(3) Die Ausgleichsforderung entsteht mit der Beendigung des Güterstandes und ist von diesem Zeitpunkt an vererblich und übertragbar. Eine Vereinbarung, die die Ehegatten während eines Verfahrens, das auf die Auflösung der Ehe gerichtet ist, für den Fall der Auflösung der Ehe über den Ausgleich des Zugewinns treffen, bedarf der notariellen Beurkundung; § 127 a findet auch auf eine Vereinbarung Anwendung, die in einem Verfahren in Ehesachen vor dem Prozeßgericht protokolliert wird. Im übrigen kann sich kein Ehegatte vor der Beendigung des Güterstandes verpflichten, über die Ausgleichsforderung zu verfügen.
(4) Die Ausgleichsforderung verjährt in drei Jahren; die Frist beginnt mit dem Zeitpunkt, in dem der Ehegatte erfährt, daß der Güterstand beendet ist. Die Forderung verjährt jedoch spätestens dreißig Jahre nach der Beendigung des Güterstandes. Endet der Güterstand durch den Tod eines Ehegatten, so sind im übrigen die Vorschriften anzuwenden, die für die Verjährung eines Pflichtteilsanspruchs gelten.

§ 1379 [Auskunftspflicht]
(1) Nach der Beendigung des Güterstandes ist jeder Ehegatte verpflichtet, dem anderen Ehegatten über den Bestand seines Endvermögens Auskunft zu erteilen. Jeder Ehegatte kann verlangen, daß er bei der Aufnahme des ihm nach § 260 vorzulegenden Verzeichnisses zugezogen und daß der Wert der Vermögensgegenstände und der Verbindlichkeiten ermittelt wird. Er kann auch verlangen, daß das Verzeichnis auf seine Kosten durch die zuständige Behörde oder durch einen zuständigen Beamten oder Notar aufgenommen wird.
(2) Hat ein Ehegatte die Scheidung oder die Aufhebung der Ehe beantragt, gilt Absatz 1 entsprechend.

§ 1380 [Anrechnung von Zuwendungen]
(1) Auf die Ausgleichsforderung eines Ehegatten wird angerechnet, was ihm von dem anderen Ehegatten durch Rechtsgeschäft unter Lebenden mit der Bestimmung zugewendet ist, daß es auf die Ausgleichsforderung angerechnet werden soll. Im Zweifel ist anzunehmen, daß Zuwendungen angerechnet werden sollen, wenn ihr Wert den Wert von Gelegenheitsgeschenken übersteigt, die nach den Lebensverhältnissen der Ehegatten üblich sind.
(2) Der Wert der Zuwendung wird bei der Berechnung der Ausgleichsforderung dem Zugewinn des Ehegatten hinzugerechnet, der die Zuwendung gemacht hat. Der Wert bestimmt sich nach dem Zeitpunkt der Zuwendung.

§ 1381 [Leistungsverweigerung bei grober Unbilligkeit]
(1) Der Schuldner kann die Erfüllung der Ausgleichsforderung verweigern, soweit der Ausgleich des Zugewinns nach den Umständen des Falles grob unbillig wäre.
(2) Grobe Unbilligkeit kann insbesondere dann vorliegen, wenn der Ehegatte, der den geringeren Zugewinn erzielt hat, längere Zeit hindurch die wirtschaftlichen Verpflichtungen, die sich aus dem ehelichen Verhältnis ergeben, schuldhaft nicht erfüllt hat.

§ 1382 [Stundung der Ausgleichsforderung]
(1) Das Familiengericht stundet auf Antrag eine Ausgleichsforderung, soweit sie vom Schuldner nicht bestritten wird, wenn die sofortige Zahlung auch unter Berücksichtigung der Interessen des Gläubigers zur Unzeit erfolgen würde. Die sofortige Zahlung würde auch dann zur Unzeit erfolgen,

wenn sie die Wohnverhältnisse oder sonstigen Lebensverhältnisse gemeinschaftlicher Kinder nachhaltig verschlechtern würde.
(2) Eine gestundete Forderung hat der Schuldner zu verzinsen.
(3) Das Familiengericht kann auf Antrag anordnen, daß der Schuldner für eine gestundete Forderung Sicherheit zu leisten hat.
(4) Über Höhe und Fälligkeit der Zinsen und über Art und Umfang der Sicherheitsleistung entscheidet das Familiengericht nach billigem Ermessen.
(5) Soweit über die Ausgleichsforderung ein Rechtsstreit anhängig wird, kann der Schuldner einen Antrag auf Stundung nur in diesem Verfahren stellen.
(6) Das Familiengericht kann eine rechtskräftige Entscheidung auf Antrag aufheben oder ändern, wenn sich die Verhältnisse nach der Entscheidung wesentlich geändert haben.

§ 1383 [Übertragung von Vermögensgegenständen]
(1) Das Familiengericht kann auf Antrag des Gläubigers anordnen, daß der Schuldner bestimmte Gegenstände seines Vermögens dem Gläubiger unter Anrechnung auf die Ausgleichsforderung zu übertragen hat, wenn dies erforderlich ist, um eine grobe Unbilligkeit für den Gläubiger zu vermeiden, und wenn dies dem Schuldner zugemutet werden kann; in der Entscheidung ist der Betrag festzusetzen, der auf die Ausgleichsforderung angerechnet wird.
(2) Der Gläubiger muß die Gegenstände, deren Übertragung er begehrt, in dem Antrage bezeichnen.
(3) § 1382 Abs. 5 gilt entsprechend.

§ 1384 [Berechnungszeitpunkt bei Scheidung]
Wird die Ehe geschieden, so tritt für die Berechnung des Zugewinns an die Stelle der Beendigung des Güterstandes der Zeitpunkt der Rechtshängigkeit des Scheidungsantrags.

§ 1385 [Klage auf vorzeitigen Zugewinnausgleich bei Getrenntleben]
Leben die Ehegatten seit mindestens drei Jahren getrennt, so kann jeder von ihnen auf vorzeitigen Ausgleich des Zugewinns klagen.

§ 1386 [Sonstige Fälle der Klage auf vorzeitigen Ausgleich]
(1) Ein Ehegatte kann auf vorzeitigen Ausgleich des Zugewinns klagen, wenn der andere Ehegatte längere Zeit hindurch die wirtschaftlichen Verpflichtungen, die sich aus dem ehelichen Verhältnis ergeben, schuldhaft nicht erfüllt hat und anzunehmen ist, daß er sie auch in Zukunft nicht erfüllen wird.
(2) Ein Ehegatte kann auf vorzeitigen Ausgleich des Zugewinns klagen, wenn der andere Ehegatte
1. ein Rechtsgeschäft der in § 1365 bezeichneten Art ohne die erforderliche Zustimmung vorgenommen hat oder
2. sein Vermögen durch eine der in § 1375 bezeichneten Handlungen vermindert hat
und eine erhebliche Gefährdung der künftigen Ausgleichsforderung zu besorgen ist.
(3) Ein Ehegatte kann auf vorzeitigen Ausgleich des Zugewinns klagen, wenn der andere Ehegatte sich ohne ausreichenden Grund beharrlich weigert, ihn über den Bestand seines Vermögens zu unterrichten.

§ 1387 [Berechnungszeitpunkt bei vorzeitigem Ausgleich]
Wird auf vorzeitigen Ausgleich des Zugewinns erkannt, so tritt für die Berechnung des Zugewinns an die Stelle der Beendigung des Güterstandes der Zeitpunkt, in dem die Klage auf vorzeitigen Ausgleich erhoben ist.

§ 1388 [Eintritt der Gütertrennung]
Mit der Rechtskraft des Urteils, durch das auf vorzeitigen Ausgleich des Zugewinns erkannt ist, tritt Gütertrennung ein.

§ 1389 [Sicherheitsleistung]
Ist die Klage auf vorzeitigen Ausgleich des Zugewinns erhoben oder der Antrag auf Scheidung oder Aufhebung der Ehe gestellt, so kann ein Ehegatte Sicherheitsleistung verlangen, wenn wegen des Verhaltens des anderen Ehegatten zu besorgen ist, daß seine Rechte auf den künftigen Ausgleich des Zugewinns erheblich gefährdet werden.

§ 1390 [Ansprüche des Ausgleichsberechtigten gegen Dritte]
(1) Soweit einem Ehegatten gemäß § 1378 Abs. 2 eine Ausgleichsforderung nicht zusteht, weil der andere Ehegatte in der Absicht, ihn zu benachteiligen, unentgeltliche Zuwendungen an einen Dritten gemacht hat, ist der Dritte verpflichtet, das Erlangte nach den Vorschriften über die Herausgabe einer ungerechtfertigten Bereicherung an den Ehegatten zum Zwecke der Befriedigung wegen der ausgefallenen Ausgleichsforderung herauszugeben. Der Dritte kann die Herausgabe durch Zahlung des fehlenden Betrages abwenden.
(2) Das gleiche gilt für andere Rechtshandlungen, wenn die Absicht, den Ehegatten zu benachteiligen, dem Dritten bekannt war.
(3) Der Anspruch verjährt in drei Jahren nach der Beendigung des Güterstandes. Endet der Güterstand durch den Tod eines Ehegatten, so wird die Verjährung nicht dadurch gehemmt, daß der Anspruch erst geltend gemacht werden kann, wenn der Ehegatte die Erbschaft oder ein Vermächtnis ausgeschlagen hat.
(4) Ist die Klage auf vorzeitigen Ausgleich des Zugewinns erhoben oder der Antrag auf Scheidung oder Aufhebung der Ehe gestellt, so kann ein Ehegatte von dem Dritten Sicherheitsleistung wegen der ihm nach den Absätzen 1 und 2 zustehenden Ansprüche verlangen.

§§ 1391 bis 1407   (aufgehoben)

II. Vertragsmäßiges Güterrecht
1. Allgemeine Vorschriften
§ 1408 [Ehevertrag – Grundsatz der Vertragsfreiheit]
(1) Die Ehegatten können ihre güterrechtlichen Verhältnisse durch Vertrag (Ehevertrag) regeln, insbesondere auch nach der Eingehung der Ehe den Güterstand aufheben oder ändern.
(2) In einem Ehevertrag können die Ehegatten durch eine ausdrückliche Vereinbarung auch den Versorgungsausgleich ausschließen. Der Ausschluß ist unwirksam, wenn innerhalb eines Jahres nach Vertragsschluß Antrag auf Scheidung der Ehe gestellt wird.

§ 1409 [Beschränkung der Vertragsfreiheit]
Der Güterstand kann nicht durch Verweisung auf nicht mehr geltendes oder ausländisches Recht bestimmt werden.

§ 1410 [Form des Ehevertrags]
Der Ehevertrag muß bei gleichzeitiger Anwesenheit beider Teile zur Niederschrift eines Notars geschlossen werden.

§ 1411 [Eheverträge beschränkt Geschäftsfähiger und Geschäftsunfähiger]
(1) Wer in der Geschäftsfähigkeit beschränkt ist, kann einen Ehevertrag nur mit Zustimmung seines gesetzlichen Vertreters schließen. Dies gilt auch für einen Betreuten, soweit für diese Angelegenheit ein Einwilligungsvorbehalt angeordnet ist. Ist der gesetzliche Vertreter ein Vormund oder Betreuer, so ist außer der Zustimmung des gesetzlichen Vertreters die Genehmigung des Vormundschaftsgerichts erforderlich, wenn der Ausgleich des Zugewinns ausgeschlossen oder eingeschränkt oder wenn Gütergemeinschaft vereinbart oder aufgehoben wird. Der gesetzliche Vertreter kann für einen in der Geschäftsfähigkeit beschränkten Ehegatten oder einen geschäftsfähigen Betreuten keinen Ehevertrag schließen.
(2) Für einen geschäftsunfähigen Ehegatten schließt der gesetzliche Vertreter den Vertrag; Gütergemeinschaft kann er nicht vereinbaren oder aufheben. Ist der gesetzliche Vertreter ein Vormund oder Betreuer, so kann er den Vertrag nur mit Genehmigung des Vormundschaftsgerichts schließen.

§ 1412 [Wirkung gegenüber Dritten]
(1) Haben die Ehegatten den gesetzlichen Güterstand ausgeschlossen oder geändert, so können sie hieraus einem Dritten gegenüber Einwendungen gegen ein Rechtsgeschäft, das zwischen einem von ihnen und dem Dritten vorgenommen worden ist, nur herleiten, wenn der Ehevertrag im Güterrechtsregister des zuständigen Amtsgerichts eingetragen oder dem Dritten bekannt war, als das Rechtsgeschäft vorgenommen wurde; Einwendungen gegen ein rechtkräftiges Urteil, das zwischen einem der Ehegatten und dem Dritten ergangen ist, sind nur zulässig, wenn der Ehevertrag eingetragen oder dem Dritten bekannt war, als der Rechtsstreit anhängig wurde.

(2) Das gleiche gilt, wenn die Ehegatten eine im Güterrechtsregister eingetragene Regelung der güterrechtlichen Verhältnisse durch Ehevertrag aufheben oder ändern.

§ 1413 [Widerruf der Verwaltungsübertragung]
Überläßt ein Ehegatte sein Vermögen der Verwaltung des anderen Ehegatten, so kann das Recht, die Überlassung jederzeit zu widerrufen, nur durch Ehevertrag ausgeschlossen oder eingeschränkt werden; ein Widerruf aus wichtigem Grunde bleibt gleichwohl zulässig.

2. Gütertrennung

§ 1414 [Eintritt der Gütertrennung]
Schließen die Ehegatten den gesetzlichen Güterstand aus oder heben sie ihn auf, so tritt Gütertrennung ein, falls sich nicht aus dem Ehevertrag etwas anderes ergibt. Das gleiche gilt, wenn der Ausgleich des Zugewinns oder der Versorgungsausgleich ausgeschlossen oder die Gütergemeinschaft aufgehoben wird.

3. Gütergemeinschaft

a) Allgemeine Vorschriften

§ 1415 [Vereinbarung durch Ehevertrag]
Vereinbaren die Ehegatten durch Ehevertrag Gütergemeinschaft, so gelten die nachstehenden Vorschriften.

...

Siebenter Titel
Scheidung der Ehe

I. Scheidungsgründe

§ 1564 [Scheidung durch Urteil]
Eine Ehe kann nur durch gerichtliches Urteil auf Antrag eines oder beider Ehegatten geschieden werden. Die Ehe ist mit der Rechtskraft des Urteils aufgelöst. Die Voraussetzungen, unter denen die Scheidung begehrt werden kann, ergeben sich aus den folgenden Vorschriften.

§ 1565 [Zerrüttungsprinzip – Mindesttrennungsdauer]
(1) Eine Ehe kann geschieden werden, wenn sie gescheitert ist. Die Ehe ist gescheitert, wenn die Lebensgemeinschaft der Ehegatten nicht mehr besteht und nicht erwartet werden kann, daß die Ehegatten sie wiederherstellen.
(2) Leben die Ehegatten noch nicht ein Jahr getrennt, so kann die Ehe nur geschieden werden, wenn die Fortsetzung der Ehe für den Antragsteller aus Gründen, die in der Person des anderen Ehegatten liegen, eine unzumutbare Härte darstellen würde.

§ 1566 [Zerrüttungsvermutung]
(1) Es wird unwiderlegbar vermutet, daß die Ehe gescheitert ist, wenn die Ehegatten seit einem Jahr getrennt leben und beide Ehegatten die Scheidung beantragen oder der Antragsgegner der Scheidung zustimmt.
(2) Es wird unwiderlegbar vermutet, daß die Ehe gescheitert ist, wenn die Ehegatten seit drei Jahren getrennt leben.

§ 1567 [Getrenntleben]
(1) Die Ehegatten leben getrennt, wenn zwischen ihnen keine häusliche Gemeinschaft besteht und ein Ehegatte sie erkennbar nicht herstellen will, weil er die eheliche Lebensgemeinschaft ablehnt. Die häusliche Gemeinschaft besteht auch dann nicht mehr, wenn die Ehegatten innerhalb der ehelichen Wohnung getrennt leben.
(2) Ein Zusammenleben über kürzere Zeit, das der Versöhnung der Ehegatten dienen soll, unterbricht oder hemmt die in § 1566 bestimmten Fristen nicht.

§ 1568 [Härteklausel]
(1) Die Ehe soll nicht geschieden werden, obwohl sie gescheitert ist, wenn und solange die Aufrechterhaltung der Ehe im Interesse der aus der Ehe hervorgegangenen minderjährigen Kinder aus

besonderen Gründen ausnahmsweise notwendig ist oder wenn und solange die Scheidung für den Antragsgegner, der sie ablehnt, auf Grund außergewöhnlicher Umstände eine so schwere Härte darstellen würde, daß die Aufrechterhaltung der Ehe auch unter Berücksichtigung der Belange des Antragstellers ausnahmsweise geboten erscheint.
(2) (aufgehoben)

II. Unterhalt des geschiedenen Ehegatten

1. Grundsatz

§ 1569 [Anspruch auf Unterhalt]
Kann ein Ehegatte nach der Scheidung nicht selbst für seinen Unterhalt sorgen, so hat er gegen den anderen Ehegatten einen Anspruch auf Unterhalt nach den folgenden Vorschriften.

2. Unterhaltsberechtigung

§ 1570 [Unterhalt wegen Betreuung eines Kindes]
Ein geschiedener Ehegatte kann von dem anderen Unterhalt verlangen, solange und soweit von ihm wegen der Pflege oder Erziehung eines gemeinschaftlichen Kindes eine Erwerbstätigkeit nicht erwartet werden kann.

§ 1571 [Unterhalt wegen Alters]
Ein geschiedener Ehegatte kann von dem anderen Unterhalt verlangen, soweit von ihm im Zeitpunkt
1. der Scheidung,
2. der Beendigung der Pflege oder Erziehung eines gemeinschaftlichen Kindes oder
3. des Wegfalls der Voraussetzungen für einen Unterhaltsanspruch nach den §§ 1572 und 1573
wegen seines Alters eine Erwerbstätigkeit nicht mehr erwartet werden kann.

§ 1572 [Unterhalt wegen Krankheit oder Gebrechen]
Ein geschiedener Ehegatte kann von dem anderen Unterhalt verlangen, solange und soweit von ihm vom Zeitpunkt
1. der Scheidung,
2. der Beendigung der Pflege oder Erziehung eines gemeinschaftlichen Kindes,
3. der Beendigung der Ausbildung, Fortbildung oder Umschulung oder
4. des Wegfalls der Voraussetzungen für einen Unterhaltsanspruch nach § 1573
an wegen Krankheit oder anderer Gebrechen oder Schwäche seiner körperlichen oder geistigen Kräfte eine Erwerbstätigkeit nicht erwartet werden kann.

§ 1573 [Unterhalt bis zur Erlangung angemessener Erwerbstätigkeit]
(1) Soweit ein geschiedener Ehegatte keinen Unterhaltsanspruch nach den §§ 1570 bis 1572 hat, kann er gleichwohl Unterhalt verlangen, solange und soweit er nach der Scheidung keine angemessene Erwerbstätigkeit zu finden vermag.
(2) Reichen die Einkünfte aus einer angemessenen Erwerbstätigkeit zum vollen Unterhalt (§ 1578) nicht aus, kann er, soweit er nicht bereits einen Unterhaltsanspruch nach den §§ 1570 bis 1572 hat, den Unterschiedsbetrag zwischen den Einkünften und dem vollen Unterhalt verlangen.
(3) Absätze 1 und 2 gelten entsprechend, wenn Unterhalt nach den §§ 1570 bis 1572, 1575 zu gewähren war, die Voraussetzungen dieser Vorschriften aber entfallen sind.
(4) Der geschiedene Ehegatte kann auch dann Unterhalt verlangen, wenn die Einkünfte aus einer angemessenen Erwerbstätigkeit wegfallen, weil es ihm trotz seiner Bemühungen nicht gelungen war, den Unterhalt durch die Erwerbstätigkeit nach der Scheidung nachhaltig zu sichern. War es ihm gelungen, den Unterhalt teilweise nachhaltig zu sichern, so kann er den Unterschiedsbetrag zwischen dem nachhaltig gesicherten und dem vollen Unterhalt verlangen.
(5) Die Unterhaltsansprüche nach Absatz 1 bis 4 können zeitlich begrenzt werden, soweit insbesondere unter Berücksichtigung der Dauer der Ehe sowie der Gestaltung von Haushaltsführung und Erwerbstätigkeit ein zeitlich unbegrenzter Unterhaltsanspruch unbillig wäre; dies gilt in der Regel nicht, wenn der Unterhaltsberechtigte nicht nur vorübergehend ein gemeinschaftliches Kind allein oder überwiegend betreut hat oder betreut. Die Zeit der Kindesbetreuung steht der Ehedauer gleich.

§ 1574 [Angemessene Erwerbstätigkeit]
(1) Der geschiedene Ehegatte braucht nur eine ihm angemessene Erwerbstätigkeit auszuüben.
(2) Angemessen ist eine Erwerbstätigkeit, die der Ausbildung, den Fähigkeiten, dem Lebensalter und dem Gesundheitszustand des geschiedenen Ehegatten sowie den ehelichen Lebensverhältnissen entspricht; bei den ehelichen Lebensverhältnissen sind die Dauer der Ehe und die Dauer der Pflege oder Erziehung eines gemeinschaftlichen Kindes zu berücksichtigen.
(3) Soweit es zur Aufnahme einer angemessenen Erwerbstätigkeit erforderlich ist, obliegt es dem geschiedenen Ehegatten, sich ausbilden, fortbilden oder umschulen zu lassen, wenn ein erfolgreicher Abschluß der Ausbildung zu erwarten ist.

§ 1575 [Ausbildung, Fortbildung oder Umschulung]
(1) Ein geschiedener Ehegatte, der in Erwartung der Ehe oder während der Ehe eine Schul- oder Berufsausbildung nicht aufgenommen oder abgebrochen hat, kann von dem anderen Ehegatten Unterhalt verlangen, wenn er diese oder eine entsprechende Ausbildung sobald wie möglich aufnimmt, um eine angemessene Erwerbstätigkeit, die den Unterhalt nachhaltig sichert, zu erlangen und der erfolgreiche Abschluß der Ausbildung zu erwarten ist. Der Anspruch besteht längstens für die Zeit, in der eine solche Ausbildung im allgemeinen abgeschlossen wird; dabei sind ehebedingte Verzögerungen der Ausbildung zu berücksichtigen.
(2) Entsprechendes gilt, wenn sich der geschiedene Ehegatte fortbilden oder umschulen läßt, um Nachteile auszugleichen, die durch die Ehe eingetreten sind.
(3) Verlangt der geschiedene Ehegatte nach Beendigung der Ausbildung, Fortbildung oder Umschulung Unterhalt nach § 1573, so bleibt bei der Bestimmung der ihm angemessenen Erwerbstätigkeit (§ 1574 Abs. 2) der erreichte höhere Ausbildungsstand außer Betracht.

§ 1576 [Unterhalt aus Billigkeitsgründen]
Ein geschiedener Ehegatte kann von dem anderen Unterhalt verlangen, soweit und solange von ihm aus sonstigen schwerwiegenden Gründen eine Erwerbstätigkeit nicht erwartet werden kann und die Versagung von Unterhalt unter Berücksichtigung der Belange beider Ehegatten grob unbillig wäre. Schwerwiegende Gründe dürfen nicht allein deswegen berücksichtigt werden, weil sie zum Scheitern der Ehe geführt haben.

§ 1577 [Einkünfte und Vermögen des Unterhaltsberechtigten]
(1) Der geschiedene Ehegatte kann den Unterhalt nach den §§ 1570 bis 1573, 1575 und 1576 nicht verlangen, solange und soweit er sich aus seinen Einkünften und seinem Vermögen selbst unterhalten kann.
(2) Einkünfte sind nicht anzurechnen, soweit der Verpflichtete nicht den vollen Unterhalt (§ 1578) leistet. Einkünfte, die den vollen Unterhalt übersteigen, sind insoweit anzurechnen, als dies unter Berücksichtigung der beiderseitigen wirtschaftlichen Verhältnisse der Billigkeit entspricht.
(3) Den Stamm des Vermögens braucht der Berechtigte nicht zu verwerten, soweit die Verwertung unwirtschaftlich oder unter Berücksichtigung der beiderseitigen wirtschaftlichen Verhältnisse unbillig wäre.
(4) War zum Zeitpunkt der Ehescheidung zu erwarten, daß der Unterhalt des Berechtigten aus seinem Vermögen nachhaltig gesichert sein würde, fällt das Vermögen aber später weg, so besteht kein Anspruch auf Unterhalt. Dies gilt nicht, wenn im Zeitpunkt des Vermögenswegfalls von dem Ehegatten wegen der Pflege oder Erziehung eines gemeinschaftlichen Kindes eine Erwerbstätigkeit nicht erwartet werden kann.

§ 1578 [Maß des Unterhalts – Lebensbedarf]
(1) Das Maß des Unterhalts bestimmt sich nach den ehelichen Lebensverhältnissen. Die Bemessung des Unterhaltsanspruchs nach den ehelichen Lebensverhältnissen kann zeitlich begrenzt und danach auf den angemessenen Lebensbedarf abgestellt werden, soweit insbesondere unter Berücksichtigung der Dauer der Ehe sowie der Gestaltung von Haushaltsführung und Erwerbstätigkeit eine zeitlich unbegrenzte Bemessung nach Satz 1 unbillig wäre; dies gilt in der Regel nicht, wenn der Unterhaltsberechtigte nicht nur vorübergehend ein gemeinschaftliches Kind allein oder überwiegend betreut hat oder betreut. Die Zeit der Kindesbetreuung steht der Ehedauer gleich. Der Unterhalt umfaßt den gesamten Lebensbedarf.

(2)[1] Zum Lebensbedarf gehören auch die Kosten einer angemessenen Versicherung für den Fall der Krankheit sowie die Kosten einer Schul- oder Berufsausbildung, einer Fortbildung oder einer Umschulung nach den §§ 1574, 1575.

(3)[2] Hat der geschiedene Ehegatte einen Unterhaltsanspruch nach den §§ 1570 bis 1573 oder § 1576, so gehören zum Lebensbedarf auch die Kosten einer angemessenen Versicherung für den Fall des Alters sowie der Berufs- oder Erwerbsunfähigkeit.

§ 1578 a [Aufwendungen bei Gesundheitsschaden]
Für Aufwendungen infolge eines Körper- oder Gesundheitsschadens gilt § 1610 a.

§ 1579 [Unterhaltsanspruch bei grober Unbilligkeit]
Ein Unterhaltsanspruch ist zu versagen, herabzusetzen oder zeitlich zu begrenzen, soweit die Inanspruchnahme des Verpflichteten auch unter Wahrung der Belange eines dem Berechtigten zur Pflege oder Erziehung anvertrauten gemeinschaftlichen Kindes grob unbillig wäre, weil
1. die Ehe von kurzer Dauer war; der Ehedauer steht die Zeit gleich, in welcher der Berechtigte wegen der Pflege oder Erziehung eines gemeinschaftlichen Kindes nach § 1570 Unterhalt verlangen konnte,
2. der Berechtigte sich eines Verbrechens oder eines schweren vorsätzlichen Vergehens gegen den Verpflichteten oder einen nahen Angehörigen des Verpflichteten schuldig gemacht hat,
3. der Berechtigte seine Bedürftigkeit mutwillig herbeigeführt hat,
4. der Berechtigte sich über schwerwiegende Vermögensinteressen des Verpflichteten mutwillig hinweggesetzt hat,
5. der Berechtigte vor der Trennung längere Zeit hindurch seine Pflicht, zum Familienunterhalt beizutragen, gröblich verletzt hat,
6. dem Berechtigten ein offensichtlich schwerwiegendes, eindeutig bei ihm liegendes Fehlverhalten gegen den Verpflichteten zur Last fällt oder
7. ein anderer Grund vorliegt, der ebenso schwer wiegt wie die in den Nummern 1 bis 6 aufgeführten Gründe.

§ 1580 [Auskunftspflicht]
Die geschiedenen Ehegatten sind einander verpflichtet, auf Verlangen über ihre Einkünfte und ihr Vermögen Auskunft zu erteilen. § 1605 ist entsprechend anzuwenden.

3. Leistungsfähigkeit und Rangfolge
§ 1581 [Unterhalt nach Leistungsfähigkeit]
Ist der Verpflichtete nach seinen Erwerbs- und Vermögensverhältnissen unter Berücksichtigung seiner sonstigen Verpflichtungen außerstande, ohne Gefährdung des eigenen angemessenen Unterhalts dem Berechtigten Unterhalt zu gewähren, so braucht er nur insoweit Unterhalt zu leisten, als es mit Rücksicht auf die Bedürfnisse und die Erwerbs- und Vermögensverhältnisse der geschiedenen Ehegatten der Billigkeit entspricht. Den Stamm des Vermögens braucht er nicht zu verwerten, soweit die Verwertung unwirtschaftlich oder unter Berücksichtigung der beiderseitigen wirtschaftlichen Verhältnisse unbillig wäre.

§ 1582 [Rangfolge von Ansprüchen eines geschiedenen und eines neuen Ehegatten]
(1) Bei Ermittlung des Unterhalts des geschiedenen Ehegatten geht im Falle des § 1581 der geschiedene Ehegatte einem neuen Ehegatten vor, wenn dieser nicht bei entsprechender Anwendung der §§ 1569 bis 1574, § 1576 und des § 1577 Abs. 1 unterhaltsberechtigt wäre. Hätte der neue Ehegatte nach diesen Vorschriften einen Unterhaltsanspruch, geht ihm der geschiedene Ehegatte gleichwohl vor, wenn er nach § 1570 oder nach § 1576 unterhaltsberechtigt ist oder die Ehe mit dem geschiedenen Ehegatten von langer Dauer war. Der Ehedauer steht die Zeit gleich, in der ein Ehegatte wegen der Pflege oder Erziehung eines gemeinschaftlichen Kindes nach § 1570 unterhaltsberechtigt war.

(2) § 1609 bleibt im übrigen unberührt.

---
1) Mit Wirkung vom 1. 1. 2000 werden nach dem Wort »Krankheit« die Wörter »und der Pflegebedürftigkeit« eingefügt.
2) Mit Wirkung vom 1. 1. 2000 werden die Wörter »Berufs- oder Erwerbsunfähigkeit« durch die Wörter »verminderte Erwerbsfähigkeit« ersetzt.

§ 1583 [Gütergemeinschaft mit neuem Ehegatten]
Lebt der Verpflichtete im Falle der Wiederheirat mit seinem neuen Ehegatten im Güterstand der Gütergemeinschaft, so ist § 1604 entsprechend anzuwenden.

§ 1584 [Rangfolge mehrerer Unterhaltspflichtiger]
Der unterhaltspflichtige geschiedene Ehegatte haftet vor den Verwandten des Berechtigten. Soweit jedoch der Verpflichtete nicht leistungsfähig ist, haften die Verwandten vor dem geschiedenen Ehegatten. § 1607 Abs. 2 und 4 gilt entsprechend.

4. Gestaltung des Unterhaltsanspruchs

§ 1585 [Art der Unterhaltsgewährung]
(1) Der laufende Unterhalt ist durch Zahlung einer Geldrente zu gewähren. Die Rente ist monatlich im voraus zu entrichten. Der Verpflichtete schuldet den vollen Monatsbetrag auch dann, wenn der Unterhaltsanspruch im Laufe des Monats durch Wiederheirat oder Tod des Berechtigten erlischt.
(2) Statt der Rente kann der Berechtigte eine Abfindung in Kapital verlangen, wenn ein wichtiger Grund vorliegt und der Verpflichtete dadurch nicht unbillig belastet wird.

§ 1585 a [Sicherheitsleistung]
(1) Der Verpflichtete hat auf Verlangen Sicherheit zu leisten. Die Verpflichtung, Sicherheit zu leisten, entfällt, wenn kein Grund zu der Annahme besteht, daß die Unterhaltsleistung gefährdet ist oder wenn der Verpflichtete durch die Sicherheitsleistung unbillig belastet würde. Der Betrag, für den Sicherheit zu leisten ist, soll den einfachen Jahresbetrag der Unterhaltsrente nicht übersteigen, sofern nicht nach den besonderen Umständen des Falles eine höhere Sicherheitsleistung angemessen erscheint.
(2) Die Art der Sicherheitsleistung bestimmt sich nach den Umständen; die Beschränkung des § 232 gilt nicht.

§ 1585 b [Unterhalt für die Vergangenheit]
(1) Wegen eines Sonderbedarfs (§ 1613 Abs. 2) kann der Berechtigte Unterhalt für die Vergangenheit verlangen.
(2) Im übrigen kann der Berechtigte für die Vergangenheit Erfüllung oder Schadensersatz wegen Nichterfüllung erst von der Zeit an fordern, in der der Unterhaltspflichtige in Verzug gekommen oder der Unterhaltsanspruch rechtshängig geworden ist.
(3) Für eine mehr als ein Jahr vor der Rechtshängigkeit liegende Zeit kann Erfüllung oder Schadensersatz wegen Nichterfüllung nur verlangt werden, wenn anzunehmen ist, daß der Verpflichtete sich der Leistung absichtlich entzogen hat.

§ 1585 c [Unterhaltsverträge]
Die Ehegatten können über die Unterhaltspflicht für die Zeit nach der Scheidung Vereinbarungen treffen.

5. Ende des Unterhaltsanspruchs

§ 1586 [Wiederheirat oder Tod des Berechtigten]
(1) Der Unterhaltsanspruch erlischt mit der Wiederheirat oder dem Tod des Berechtigten.
(2) Ansprüche auf Erfüllung oder Schadensersatz wegen Nichterfüllung für die Vergangenheit bleiben bestehen. Das gleiche gilt für den Anspruch auf den zur Zeit der Wiederheirat oder des Todes fälligen Monatsbetrag.

§ 1586 a [Aufleben des Unterhaltsanspruchs]
(1) Geht ein geschiedener Ehegatte eine neue Ehe ein und wird die Ehe wieder aufgelöst, so kann er von dem früheren Ehegatten Unterhalt nach § 1570 verlangen, wenn er ein Kind aus der früheren Ehe zu pflegen oder zu erziehen hat. Ist die Pflege oder Erziehung beendet, so kann er Unterhalt nach den §§ 1571 bis 1573, 1575 verlangen.
(2) Der Ehegatte der später aufgelösten Ehe haftet vor dem Ehegatten der früher aufgelösten Ehe.

§ 1586 b [Vererblichkeit der Unterhaltspflicht]
(1) Mit dem Tod des Verpflichteten geht die Unterhaltspflicht auf den Erben als Nachlaßverbindlichkeit über. Die Beschränkungen nach § 1581 fallen weg. Der Erbe haftet jedoch nicht über einen

Betrag hinaus, der dem Pflichtteil entspricht, welcher dem Berechtigten zustände, wenn die Ehe nicht geschieden worden wäre.
(2) Für die Berechnung des Pflichtteils bleiben Besonderheiten auf Grund des Güterstandes, in dem die geschiedenen Ehegatten gelebt haben, außer Betracht.

III. Versorgungsausgleich

1. Grundsatz

§ 1587 [Voraussetzungen]
(1) Zwischen den geschiedenen Ehegatten findet ein Versorgungsausgleich statt, soweit für sie oder einen von ihnen in der Ehezeit Anwartschaften oder Aussichten auf eine Versorgung wegen Alters oder Berufs- oder Erwerbsunfähigkeit der in § 1587 a Abs. 2 genannten Art begründet oder aufrechterhalten worden sind.[1] Außer Betracht bleiben Anwartschaften oder Aussichten, die weder mit Hilfe des Vermögens noch durch Arbeit der Ehegatten begründet oder aufrechterhalten worden sind.
(2) Als Ehezeit im Sinne der Vorschriften über den Versorgungsausgleich gilt die Zeit vom Beginn des Monats, in dem die Ehe geschlossen worden ist, bis zum Ende des Monats, der dem Eintritt der Rechtshängigkeit des Scheidungsantrags vorausgeht.
(3) Für Anwartschaften oder Aussichten, über die der Versorgungsausgleich stattfindet, gelten ausschließlich die nachstehenden Vorschriften; die güterrechtlichen Vorschriften finden keine Anwendung.
...

Achter Titel
Kirchliche Verpflichtungen

§ 1588 [Unberührtbleiben der kirchlichen Verpflichtungen]
Die kirchlichen Verpflichtungen in Ansehung der Ehe werden durch die Vorschriften dieses Abschnitts nicht berührt.

Zweiter Abschnitt
Verwandtschaft

Erster Titel
Allgemeine Vorschriften

§ 1589 [Linien und Grade der Verwandtschaft]
Personen, deren eine von der anderen abstammt, sind in gerader Linie verwandt. Personen, die nicht in gerader Linie verwandt sind, aber von derselben dritten Person abstammen, sind in der Seitenlinie verwandt. Der Grad der Verwandtschaft bestimmt sich nach der Zahl der sie vermittelnden Geburten.
(2) (weggefallen)

§ 1590 [Schwägerschaft]
(1) Die Verwandten eines Ehegatten sind mit dem anderen Ehegatten verschwägert. Die Linie und der Grad der Schwägerschaft bestimmen sich nach der Linie und dem Grade der sie vermittelnden Verwandtschaft.
(2) Die Schwägerschaft dauert fort, auch wenn die Ehe, durch die sie begründet wurde, aufgelöst ist.

Zweiter Titel
Abstammung

§ 1591 [Mutter eines Kindes]
Mutter eines Kindes ist die Frau, die es geboren hat.

§ 1592 [Vater eines Kindes]
Vater eines Kindes ist der Mann,
1. der zum Zeitpunkt der Geburt mit der Mutter des Kindes verheiratet ist,
2. der die Vaterschaft anerkannt hat oder
3. dessen Vaterschaft nach § 1600 d gerichtlich festgestellt ist.

---

[1] Mit Wirkung vom 1. 1. 2000 werden die Wörter »Berufs- oder Erwerbsunfähigkeit« durch die Wörter »verminderte Erwerbsfähigkeit« ersetzt.

§ 1593 [Vaterschaftsvermutung]

§ 1592 Nr. 1 gilt entsprechend, wenn die Ehe durch Tod aufgelöst wurde und innerhalb von dreihundert Tagen nach der Auflösung ein Kind geboren wird. Steht fest, daß das Kind mehr als dreihundert Tage vor seiner Geburt empfangen wurde, so ist dieser Zeitraum maßgebend. Wird von einer Frau, die eine weitere Ehe geschlossen hat, ein Kind geboren, das sowohl nach den Sätzen 1 und 2 Kind des früheren Ehemannes als auch nach § 1592 Nr. 1 Kind des neuen Ehemannes wäre, so ist es nur als Kind des neuen Ehemannes anzusehen. Wird die Vaterschaft angefochten und wird rechtskräftig festgestellt, daß der neue Ehemann nicht Vater des Kindes ist, so ist es Kind des früheren Ehemannes.

§ 1594 [Vaterschaftsanerkennung]

(1) Die Rechtswirkungen der Anerkennung können, soweit sich nicht aus dem Gesetz anderes ergibt, erst von dem Zeitpunkt an geltend gemacht werden, zu dem die Anerkennung wirksam wird.
(2) Eine Anerkennung der Vaterschaft ist nicht wirksam, solange die Vaterschaft eines anderen Mannes besteht.
(3) Eine Anerkennung unter einer Bedingung oder Zeitbestimmung ist unwirksam.
(4) Die Anerkennung ist schon vor der Geburt des Kindes zulässig.

§ 1595 [Zustimmung der Mutter und des Kindes]

(1) Die Anerkennung bedarf der Zustimmung der Mutter.
(2) Die Anerkennung bedarf auch der Zustimmung des Kindes, wenn der Mutter insoweit die elterliche Sorge nicht zusteht.
(3) Für die Zustimmung gilt § 1594 Abs. 3 und 4 entsprechend.

§ 1596 [Anerkennung bei beschränkter Geschäftsfähigkeit oder Geschäftsunfähigkeit]

(1) Wer in der Geschäftsfähigkeit beschränkt ist, kann nur selbst anerkennen. Die Zustimmung des gesetzlichen Vertreters ist erforderlich. Für einen Geschäftsunfähigen kann der gesetzliche Vertreter mit Genehmigung des Vormundschaftsgerichts anerkennen. Für die Zustimmung der Mutter gelten die Sätze 1 und 2 entsprechend.
(2) Für ein Kind, das geschäftsunfähig oder noch nicht vierzehn Jahre alt ist, kann nur der gesetzliche Vertreter der Anerkennung zustimmen. Im übrigen kann ein Kind, das in der Geschäftsfähigkeit beschränkt ist, nur selbst zustimmen; es bedarf hierzu der Zustimmung des gesetzlichen Vertreters.
(3) Ein geschäftsfähiger Betreuter kann nur selbst anerkennen oder zustimmen; § 1903 bleibt unberührt.
(4) Anerkennung und Zustimmung können nicht durch einen Bevollmächtigten erklärt werden.

§ 1597 [Öffentliche Beurkundung von Anerkennung und Zustimmung]

(1) Anerkennung und Zustimmung müssen öffentlich beurkundet werden.
(2) Beglaubigte Abschriften der Anerkennung und aller Erklärungen, die für die Wirksamkeit der Anerkennung bedeutsam sind, sind dem Vater, der Mutter und dem Kind sowie dem Standesbeamten zu übersenden.
(3) Der Mann kann die Anerkennung widerrufen, wenn sie ein Jahr nach der Beurkundung noch nicht wirksam geworden ist. Für den Widerruf gelten die Absätze 1 und 2 sowie § 1594 Abs. 3 und § 1596 Abs. 1, 3 und 4 entsprechend.

§ 1598 [Unwirksamkeit von Anerkennung, Zustimmung und Widerruf]

(1) Anerkennung, Zustimmung und Widerruf sind nur unwirksam, wenn sie den Erfordernissen der vorstehenden Vorschriften nicht genügen.
(2) Sind seit der Eintragung in ein deutsches Personenstandsbuch fünf Jahre verstrichen, so ist die Anerkennung wirksam, auch wenn sie den Erfordernissen der vorstehenden Vorschriften nicht genügt.

§ 1599 [Wirkung einer rechtskräftigen Anfechtung]

(1) § 1592 Nr. 1 und 2 und § 1593 gelten nicht, wenn auf Grund einer Anfechtung rechtskräftig festgestellt ist, daß der Mann nicht der Vater des Kindes ist.
(2) § 1592 Nr. 1 und § 1593 gelten auch nicht, wenn das Kind nach Anhängigkeit eines Scheidungsantrags geboren wird und ein Dritter spätestens bis zum Ablauf eines Jahres nach Rechtskraft des dem Scheidungsantrag stattgebenden Urteils die Vaterschaft anerkennt; § 1594 Abs. 2 ist nicht anzuwenden. Neben den nach den §§ 1595 und 1596 notwendigen Erklärungen bedarf die Anerkennung der Zustimmung des Mannes, der im Zeitpunkt der Geburt mit der Mutter des Kindes verheiratet ist; für

diese Zustimmung gelten § 1594 Abs. 3 und 4, § 1596 Abs. 1 Satz 1 bis 3, Abs. 3 und 4, § 1597 Abs. 1 und 2 und § 1598 Abs. 1 entsprechend. Die Anerkennung wird frühestens mit Rechtskraft des dem Scheidungsantrag stattgebenden Urteils wirksam.

§ 1600 [Anfechtungsberechtigte]
Berechtigt, die Vaterschaft anzufechten, sind der Mann, dessen Vaterschaft nach § 1592 Nr. 1 und 2, § 1593 besteht, die Mutter und das Kind.

§ 1600 a [Höchstpersönliche Anfechtung]
(1) Die Anfechtung kann nicht durch einen Bevollmächtigten erfolgen.
(2) Der Mann, dessen Vaterschaft nach § 1592 Nr. 1 und 2, § 1593 besteht, und die Mutter können die Vaterschaft nur selbst anfechten. Dies gilt auch, wenn sie in der Geschäftsfähigkeit beschränkt sind; sie bedürfen hierzu nicht der Zustimmung ihres gesetzlichen Vertreters. Sind sie geschäftsunfähig, so kann nur ihr gesetzlicher Vertreter anfechten.
(3) Für ein geschäftsunfähiges oder in der Geschäftsfähigkeit beschränktes Kind kann nur der gesetzliche Vertreter anfechten.
(4) Die Anfechtung durch den gesetzlichen Vertreter ist nur zulässig, wenn sie dem Wohl des Vertretenen dient.
(5) Ein geschäftsfähiger Betreuter kann die Vaterschaft nur selbst anfechten.

§ 1600 b [Anfechtungsfrist]
(1) Die Vaterschaft kann binnen zwei Jahren gerichtlich angefochten werden. Die Frist beginnt mit dem Zeitpunkt, in dem der Berechtigte von den Umständen erfährt, die gegen die Vaterschaft sprechen.
(2) Die Frist beginnt nicht vor der Geburt des Kindes und nicht, bevor die Anerkennung wirksam geworden ist. In den Fällen des § 1593 Satz 4 beginnt die Frist nicht vor der Rechtskraft der Entscheidung, durch die festgestellt wird, daß der neue Ehemann der Mutter nicht der Vater des Kindes ist.
(3) Hat der gesetzliche Vertreter eines minderjährigen Kindes die Vaterschaft nicht rechtzeitig angefochten, so kann das Kind nach dem Eintritt der Volljährigkeit selbst anfechten. In diesem Fall beginnt die Frist nicht vor Eintritt der Volljährigkeit und nicht vor dem Zeitpunkt, in dem das Kind von den Umständen erfährt, die gegen die Vaterschaft sprechen.
(4) Hat der gesetzliche Vertreter eines Geschäftsunfähigen die Vaterschaft nicht rechtzeitig angefochten, so kann der Anfechtungsberechtigte nach dem Wegfall der Geschäftsunfähigkeit selbst anfechten. Absatz 3 Satz 2 gilt entsprechend.
(5) Erlangt das Kind Kenntnis von Umständen, auf Grund derer die Folgen der Vaterschaft für es unzumutbar werden, so beginnt für das Kind mit diesem Zeitpunkt die Frist des Absatzes 1 Satz 1 erneut.
(6) Der Fristablauf ist gehemmt, solange der Anfechtungsberechtigte widerrechtlich durch Drohung an der Anfechtung gehindert wird. Im übrigen sind die für die Verjährung geltenden Vorschriften der §§ 203, 206 entsprechend anzuwenden.

§ 1600 c [Vaterschaftsvermutung im Anfechtungsverfahren]
(1) In dem Verfahren auf Anfechtung der Vaterschaft wird vermutet, daß das Kind von dem Mann abstammt, dessen Vaterschaft nach § 1592 Nr. 1 und 2, § 1593 besteht.
(2) Die Vermutung nach Absatz 1 gilt nicht, wenn der Mann, der die Vaterschaft anerkannt hat, die Vaterschaft anficht und seine Anerkennung unter einem Willensmangel nach § 119 Abs. 1, § 123 leidet; in diesem Fall ist § 1600 d Abs. 2 und 3 entsprechend anzuwenden.

§ 1600 d [Gerichtliche Vaterschaftsfeststellung – Empfängniszeit]
(1) Besteht keine Vaterschaft nach § 1592 Nr. 1 und 2, § 1593, so ist die Vaterschaft gerichtlich festzustellen.
(2) Im Verfahren auf gerichtliche Feststellung der Vaterschaft wird als Vater vermutet, wer der Mutter während der Empfängniszeit beigewohnt hat. Die Vermutung gilt nicht, wenn schwerwiegende Zweifel an der Vaterschaft bestehen.
(3) Als Empfängniszeit gilt die Zeit von dem dreihundertsten bis zu dem einhunderteinundachtzigsten Tage vor der Geburt des Kindes, mit Einschluß sowohl des dreihundertsten als auch des einhun-

derteinundachtzigsten Tages. Steht fest, daß das Kind außerhalb des Zeitraums des Satzes 1 empfangen worden ist, so gilt dieser abweichende Zeitraum als Empfängniszeit.
(4) Die Rechtswirkungen der Vaterschaft können, soweit sich nicht aus dem Gesetz anderes ergibt, erst vom Zeitpunkt ihrer Feststellung an geltend gemacht werden.

§ 1600 e [Zuständigkeit des Familiengerichts]
(1) Auf Klage des Mannes gegen das Kind oder auf Klage der Mutter oder des Kindes gegen den Mann entscheidet das Familiengericht über die Feststellung oder Anfechtung der Vaterschaft.
(2) Ist die Person, gegen die die Klage zu richten wäre, verstorben, so entscheidet das Familiengericht auf Antrag der Person, die nach Absatz 1 klagebefugt wäre.

Dritter Titel
Unterhaltspflicht
I. Allgemeine Vorschriften

§ 1601 [Unterhaltspflichtige]
Verwandte in gerader Linie sind verpflichtet, einander Unterhalt zu gewähren.

§ 1602 [Unterhaltsberechtigte]
(1) Unterhaltsberechtigt ist nur, wer außerstande ist, sich selbst zu unterhalten.
(2) Ein minderjähriges unverheiratetes Kind kann von seinen Eltern, auch wenn es Vermögen hat, die Gewährung des Unterhalts insoweit verlangen, als die Einkünfte seines Vermögens und der Ertrag seiner Arbeit zum Unterhalte nicht ausreichen.

§ 1603 [Grenzen der Unterhaltspflicht]
(1) Unterhaltspflichtig ist nicht, wer bei Berücksichtigung seiner sonstigen Verpflichtungen außerstande ist, ohne Gefährdung seines angemessenen Unterhalts den Unterhalt zu gewähren.
(2) Befinden sich die Eltern in dieser Lage, so sind sie ihren minderjährigen unverheirateten Kindern gegenüber verpflichtet, alle verfügbaren Mittel zu ihrem und der Kinder Unterhalte gleichmäßig zu verwenden. Den minderjährigen unverheirateten Kindern stehen volljährige unverheiratete Kinder bis zur Vollendung des 21. Lebensjahres gleich, solange sie im Haushalt der Eltern oder eines Elternteils leben und sich in der allgemeinen Schulausbildung befinden. Diese Verpflichtung tritt nicht ein, wenn ein anderer unterhaltspflichtiger Verwandter vorhanden ist; sie tritt auch nicht ein gegenüber einem Kinde, dessen Unterhalt aus dem Stamme seines Vermögens bestritten werden kann.

§ 1604 [Unterhaltspflicht bei Gütergemeinschaft]
Besteht zwischen Ehegatten Gütergemeinschaft, so bestimmt sich die Unterhaltspflicht des Mannes oder der Frau Verwandten gegenüber so, wie wenn das Gesamtgut dem unterhaltspflichtigen Ehegatten gehörte. Sind bedürftige Verwandte beider Ehegatten vorhanden, so ist der Unterhalt aus dem Gesamtgut so zu gewähren, wie wenn die Bedürftigen zu beiden Ehegatten in dem Verwandtschaftsverhältnis ständen, auf dem die Unterhaltspflicht des verpflichteten Ehegatten beruht.

§ 1605 [Auskunftspflicht]
(1) Verwandte in gerader Linie sind einander verpflichtet, auf Verlangen über ihre Einkünfte und ihr Vermögen Auskunft zu erteilen, soweit dies zur Feststellung eines Unterhaltsanspruchs oder einer Unterhaltsverpflichtung erforderlich ist. Über die Höhe der Einkünfte sind auf Verlangen Belege, insbesondere Bescheinigungen des Arbeitgebers, vorzulegen. Die §§ 260, 261 sind entsprechend anzuwenden.
(2) Vor Ablauf von zwei Jahren kann Auskunft erneut nur verlangt werden, wenn glaubhaft gemacht wird, daß der zur Auskunft Verpflichtete später wesentlich höhere Einkünfte oder weiteres Vermögen erworben hat.

§ 1606 [Rangfolge der Unterhaltspflichtigen]
(1) Die Abkömmlinge sind vor den Verwandten der aufsteigenden Linie unterhaltspflichtig.
(2) Unter den Abkömmlingen und unter den Verwandten der aufsteigenden Linie haften die näheren vor den entfernteren.
(3) Mehrere gleich nahe Verwandte haften anteilig nach ihren Erwerbs- und Vermögensverhältnissen. Der Elternteil, der ein minderjähriges unverheiratetes Kind betreut, erfüllt seine Verpflichtung, zum Unterhalt des Kindes beizutragen, in der Regel durch die Pflege und Erziehung des Kindes.

§ 1607 [Ersatzhaftung]
(1) Soweit ein Verwandter auf Grund des § 1603 nicht unterhaltspflichtig ist, hat der nach ihm haftende Verwandte den Unterhalt zu gewähren.
(2) Das gleiche gilt, wenn die Rechtsverfolgung gegen einen Verwandten im Inland ausgeschlossen oder erheblich erschwert ist. Der Anspruch gegen einen solchen Verwandten geht, soweit ein anderer nach Absatz 1 verpflichteter Verwandter den Unterhalt gewährt, auf diesen über.
(3) Der Unterhaltsanspruch eines Kindes gegen einen Elternteil geht, soweit unter den Voraussetzungen des Absatzes 2 Satz 1 an Stelle des Elternteils ein anderer, nicht unterhaltspflichtiger Verwandter oder der Ehegatte des anderen Elternteils Unterhalt leistet, auf diesen über. Satz 1 gilt entsprechend, wenn dem Kind ein Dritter als Vater Unterhalt gewährt.
(4) Der Übergang des Unterhaltsanspruchs kann nicht zum Nachteil des Unterhaltsberechtigten geltend gemacht werden.

§ 1608 [Vorrangige Unterhaltspflicht des Ehegatten]
Der Ehegatte des Bedürftigen haftet vor dessen Verwandten. Soweit jedoch der Ehegatte bei Berücksichtigung seiner sonstigen Verpflichtungen außerstande ist, ohne Gefährdung seines angemessenen Unterhalts, den Unterhalt zu gewähren, haften die Verwandten vor dem Ehegatten. § 1607 Abs. 2 und 4 gilt entsprechend.

§ 1609 [Rangfolge der Unterhaltsberechtigten]
(1) Sind mehrere Bedürftige vorhanden und ist der Unterhaltspflichtige außerstande, allen Unterhalt zu gewähren, so gehen die Kinder im Sinne des § 1603 Abs. 2 den anderen Kindern, die Kinder den übrigen Abkömmlingen, die Abkömmlinge den Verwandten der aufsteigenden Linie und unter den Verwandten der aufsteigenden Linie die näheren den entfernteren vor.
(2) Der Ehegatte steht den Kindern im Sinne des § 1603 Abs. 2 gleich; er geht den anderen Kindern und den übrigen Verwandten vor. Ist die Ehe geschieden oder aufgehoben, so geht der unterhaltsberechtigte Ehegatte den anderen Kindern im Sinne des Satzes 1 sowie den übrigen Verwandten des Unterhaltspflichtigen vor.

§ 1610 [Angemessener Unterhalt]
(1) Das Maß des zu gewährenden Unterhalts bestimmt sich nach der Lebensstellung des Bedürftigen (angemessener Unterhalt).
(2) Der Unterhalt umfaßt den gesamten Lebensbedarf einschließlich der Kosten einer angemessenen Vorbildung zu einem Beruf, bei einer der Erziehung bedürftigen Person auch die Kosten der Erziehung.
(3) (aufgehoben)

§ 1610 a [Sozialleistungen bei Gesundheitsschaden]
Werden für Aufwendungen infolge eines Körper- oder Gesundheitsschadens Sozialleistungen in Anspruch genommen, wird bei der Feststellung eines Unterhaltsanspruchs vermutet, daß die Kosten der Aufwendungen nicht geringer sind als die Höhe dieser Sozialleistungen.

§ 1611 [Verwirkung]
(1) Ist der Unterhaltsberechtigte durch sein sittliches Verschulden bedürftig geworden, hat er seine eigene Unterhaltspflicht gegenüber dem Unterhaltspflichtigen gröblich vernachlässigt oder sich vorsätzlich einer schweren Verfehlung gegen den Unterhaltspflichtigen oder einen nahen Angehörigen des Unterhaltspflichtigen schuldig gemacht, so braucht der Verpflichtete nur einen Beitrag zum Unterhalt in der Höhe zu leisten, die der Billigkeit entspricht. Die Verpflichtung fällt ganz weg, wenn die Inanspruchnahme des Verpflichteten grob unbillig wäre.
(2) Die Vorschriften des Absatzes 1 sind auf die Unterhaltspflicht von Eltern gegenüber ihren minderjährigen unverheirateten Kindern nicht anzuwenden.
(3) Der Bedürftige kann wegen einer nach diesen Vorschriften eintretenden Beschränkung seines Anspruchs nicht andere Unterhaltspflichtige in Anspruch nehmen.

§ 1612 [Geldrente]
(1) Der Unterhalt ist durch Entrichtung einer Geldrente zu gewähren. Der Verpflichtete kann verlangen, daß ihm die Gewährung des Unterhalts in anderer Art gestattet wird, wenn besondere Gründe es rechtfertigen.

(2) Haben Eltern einem unverheirateten Kinde Unterhalt zu gewähren, so können sie bestimmen, in welcher Art und für welche Zeit im voraus der Unterhalt gewährt werden soll, wobei auf die Belange des Kindes die gebotene Rücksicht zu nehmen ist. Aus besonderen Gründen kann das Familiengericht auf Antrag des Kindes die Bestimmung der Eltern ändern. Ist das Kind minderjährig, so kann ein Elternteil, dem die Sorge für die Person des Kindes nicht zusteht, eine Bestimmung nur für die Zeit treffen, in der das Kind in seinen Haushalt aufgenommen ist.
(3) Eine Geldrente ist monatlich im voraus zu zahlen. Der Verpflichtete schuldet den vollen Monatsbetrag auch dann, wenn der Berechtigte im Laufe des Monats stirbt.

§ 1612 a [Wahlrecht]
(1) Ein minderjähriges Kind kann von einem Elternteil, mit dem es nicht in einem Haushalt lebt, den Unterhalt als Vomhundertsatz eines oder des jeweiligen Regelbetrages nach der Regelbetrag-Verordnung verlangen.
(2) Der Vomhundertsatz ist auf eine Dezimalstelle zu begrenzen; jede weitere sich ergebende Dezimalstelle wird nicht berücksichtigt. Der sich bei der Berechnung des Unterhalts ergebende Betrag ist auf volle Deutsche Mark aufzurunden.
(3) Die Regelbeträge werden in der Regelbetrag-Verordnung nach dem Alter des Kindes für die Zeit bis zur Vollendung des sechsten Lebensjahres (erste Altersstufe), die Zeit vom siebten bis zur Vollendung des zwölften Lebensjahres (zweite Altersstufe) und für die Zeit vom dreizehnten Lebensjahr an (dritte Altersstufe) festgesetzt. Der Regelbetrag einer höheren Altersstufe ist ab dem Beginn des Monats maßgebend, in dem das Kind das betreffende Lebensjahr vollendet.
(4) Die Regelbeträge verändern sich erstmals zum 1. Juli 1999 und danach zum 1. Juli jeden zweiten Jahres. Die neuen Regelbeträge ergeben sich durch Vervielfältigung der zuletzt geltenden Regelbeträge nach der Regelbetrag-Verordnung mit den Vomhundertsätzen, um welche die Renten der gesetzlichen Rentenversicherung nach § 68 des Sechsten Buches Sozialgesetzbuch im laufenden und im vergangenen Kalenderjahr ohne Berücksichtigung der Veränderung der Belastung bei Renten und der Veränderung der durchschnittlichen Lebenserwartung der 65jährigen anzupassen gewesen wären; das Ergebnis ist auf volle Deutsche Mark aufzurunden. Das Bundesministerium der Justiz hat die Regelbetrag-Verordnung durch Rechtsverordnung, die nicht der Zustimmung des Bundesrates bedarf, rechtzeitig anzupassen.

§ 1612 b [Anrechnung des Kindergeldes]
(1) Das auf das Kind entfallende Kindergeld ist zur Hälfte anzurechnen, wenn an den barunterhaltspflichtigen Elternteil Kindergeld nicht ausgezahlt wird, weil ein anderer vorrangig berechtigt ist.
(2) Sind beide Elternteile zum Barunterhalt verpflichtet, so erhäht sich der Unterhaltsanspruch gegen den das Kindergeld beziehenden Elternteil um die Hälfte des auf das Kind entfallenden Kindergeldes.
(3) Hat nur der barunterhaltspflichtige Elternteil Anspruch auf Kindergeld, wird es aber nicht an ihn ausgezahlt, ist es in voller Höhe anzurechnen.
(4) Ist das Kindergeld wegen Berücksichtigung eines nicht gemeinschaftlichen Kindes erhöht, ist es im Umfang der Erhöhung nicht anzurechnen.
(5) Eine Anrechnung des Kindergeldes unterbleibt, soweit der Unterhaltspflichtige außerstande ist, Unterhalt in Höhe des Regelbetrages nach der Regelbetrag-Verordnung zu leisten.

§ 1612 c [Anrechnung regelmäßig wiederkehrender kindbezogener Leistungen]
§ 1612 b gilt entsprechend für regelmäßig wiederkehrende kindbezogene Leistungen, soweit sie den Anspruch auf Kindergeld ausschließen.

§ 1613 [Unterhalt für die Vergangenheit]
(1) Für die Vergangenheit kann der Berechtigte Erfüllung oder Schadensersatz wegen Nichterfüllung nur von dem Zeitpunkt an fordern, zu welchem der Verpflichtete zum Zwecke der Geltendmachung des Unterhaltsanspruchs aufgefordert worden ist, über seine Einkünfte und sein Vermögen Auskunft zu erteilen, zu welchem der Verpflichtete in Verzug gekommen oder der Unterhaltsanspruch rechtshängig geworden ist. Der Unterhalt wird ab dem Ersten des Monats, in den die bezeichneten Ereignisse fallen, geschuldet, wenn der Unterhaltsanspruch dem Grunde nach zu diesem Zeitpunkt bestanden hat.

(2) Der Berechtigte kann für die Vergangenheit ohne die Einschränkung des Absatzes 1 Erfüllung verlangen
1. wegen eines unregelmäßigen außergewöhnlich hohen Bedarfs (Sonderbedarf); nach Ablauf eines Jahres seit seiner Entstehung kann dieser Anspruch nur geltend gemacht werden, wenn vorher der Verpflichtete in Verzug gekommen oder der Anspruch rechtshängig geworden ist;
2. für den Zeitraum, in dem er
   a) aus rechtlichen Gründen oder
   b) aus tatsächlichen Gründen, die in den Verantwortungsbereich des Unterhaltspflichtigen fallen,
   an den Geltendmachung des Unterhaltsanspruchs gehindert war.
(3) In den Fällen des Absatzes 2 Nr. 2 kann Erfüllung nicht, nur in Teilbeträgen oder erst zu einem späteren Zeitpunkt verlangt werden, soweit die volle oder die sofortige Erfüllung für den Verpflichteten eine unbillige Härte bedeuten würde. Dies gilt auch, soweit ein Dritter vom Verpflichteten Ersatz verlangt, weil er an Stelle des Verpflichteten Unterhalt gewährt hat.

§ 1614 [Kein Unterhaltsverzicht für die Zukunft – Vorausleistung]
(1) Für die Zukunft kann auf den Unterhalt nicht verzichtet werden.
(2) Durch eine Vorausleistung wird der Verpflichtete bei erneuter Bedürftigkeit des Berechtigten nur für den im § 760 Abs. 2 bestimmten Zeitabschnitt oder, wenn er selbst den Zeitabschnitt zu bestimmen hatte, für einen den Umständen nach angemessenen Zeitabschnitt befreit.

§ 1615 [Erlöschen des Unterhaltsanspruchs]
(1) Der Unterhaltsanspruch erlischt mit dem Tode des Berechtigten oder des Verpflichteten, soweit er nicht auf Erfüllung oder Schadensersatz wegen Nichterfüllung für die Vergangenheit oder auf solche im voraus zu bewirkende Leistungen gerichtet ist, die zur Zeit des Todes des Berechtigten oder des Verpflichteten fällig sind.
(2) Im Falle des Todes des Berechtigten hat der Verpflichtete die Kosten der Beerdigung zu tragen, soweit ihre Bezahlung nicht von den Erben zu erlangen ist.

II. Besondere Vorschriften für das Kind und seine nicht miteinander verheirateten Eltern

§ 1615 a [Geltung von Vorschriften]
Besteht für ein Kind keine Vaterschaft nach § 1592 Nr. 1, § 1593 und haben die Eltern das Kind auch nicht während ihrer Ehe gezeugt oder nach seiner Geburt die Ehe miteinander geschlossen, gelten die allgemeinen Vorschriften, soweit sich nicht anderes aus den folgenden Vorschriften ergibt.

§§ 1615 b bis 1615 k (aufgehoben)

§ 1615 l [Unterhaltsanspruch vor und nach der Geburt]
(1) Der Vater hat der Mutter für die Dauer von sechs Wochen vor und acht Wochen nach der Geburt des Kindes Unterhalt zu gewähren. Dies gilt auch hinsichtlich der Kosten, die infolge der Schwangerschaft oder der Entbindung außerhalb dieses Zeitraums entstehen.
(2) Soweit die Mutter einer Erwerbstätigkeit nicht nachgeht, weil sie infolge der Schwangerschaft oder einer durch die Schwangerschaft oder die Entbindung verursachten Krankheit dazu außerstande ist, ist der Vater verpflichtet, ihr über die in Absatz 1 Satz 1 bezeichnete Zeit hinaus Unterhalt zu gewähren. Das gleiche gilt, soweit von der Mutter wegen der Pflege oder Erziehung des Kindes eine Erwerbstätigkeit nicht erwartet werden kann. Die Unterhaltspflicht beginnt frühestens vier Monate vor der Geburt; sie endet drei Jahre nach der Geburt, sofern es nicht insbesondere unter Berücksichtigung der Belange des Kindes grob unbillig wäre, einen Unterhaltsanspruch nach Ablauf dieser Frist zu versagen.
(3) Die Vorschriften über die Unterhaltspflicht zwischen Verwandten sind entsprechend anzuwenden. Die Verpflichtung des Vaters geht der Verpflichtung der Verwandten der Mutter vor. Die Ehefrau und minderjährige unverheiratete Kinder des Vaters gehen bei Anwendung des § 1609 der Mutter vor; die Mutter geht den übrigen Verwandten des Vaters vor. § 1613 Abs. 2 gilt entsprechend. Der Anspruch erlischt nicht mit dem Tode des Vaters.
(4) Der Anspruch verjährt in vier Jahren. Die Verjährung beginnt, soweit sie nicht gehemmt oder unterbrochen ist, mit dem Schluß des auf die Entbindung folgenden Jahres.
(5) Wenn der Vater das Kind betreut, steht ihm der Anspruch nach Absatz 2 Satz 2 gegen die Mutter zu. In diesem Fall gelten die Absätze 3 und 4 entsprechend.

§ 1615 m [Beerdigungskosten für die Mutter]
Stirbt die Mutter infolge der Schwangerschaft oder der Entbindung, so hat der Vater die Kosten der Beerdigung zu tragen, soweit ihre Bezahlung nicht von dem Erben der Mutter zu erlangen ist.

§ 1615 n [Tod des Vaters – Tot- und Fehlgeburt]
Die Ansprüche nach den §§ 1615 l, 1615 m bestehen auch dann, wenn der Vater vor der Geburt des Kindes gestorben oder wenn das Kind tot geboren ist. Bei einer Fehlgeburt gelten die Vorschriften der §§ 1615 l, 1615 m sinngemäß.

§ 1615 o [Einstweilige Verfügung]
(1) Auf Antrag des Kindes kann durch einstweilige Verfügung angeordnet werden, daß der Mann, der die Vaterschaft anerkannt hat oder der nach § 1600 d Abs. 2 als Vater vermutet wird, den für die ersten drei Monate dem Kinde zu gewährenden Unterhalt zu zahlen hat. Der Antrag kann bereits vor der Geburt des Kindes durch die Mutter oder einen für die Leibesfrucht bestellten Pfleger gestellt werden; in diesem Falle kann angeordnet werden, daß der erforderliche Betrag angemessene Zeit vor der Geburt zu hinterlegen ist.
(2) Auf Antrag der Mutter kann durch einstweilige Verfügung angeordnet werden, daß der Mann, der die Vaterschaft anerkannt hat oder der nach § 1600 d Abs. 2 als Vater vermutet wird, die nach § 1615 l Abs. 1 voraussichtlich zu leistenden Beträge an die Mutter zu zahlen hat; auch kann die Hinterlegung eines angemessenen Betrages angeordnet werden.
(3) Eine Gefährdung des Anspruchs braucht nicht glaubhaft gemacht zu werden.

Vierter Titel
Rechtsverhältnis zwischen den Eltern und dem Kinde im allgemeinen

§ 1616 [Geburtsname]
Das Kind erhält den Ehenamen seiner Eltern als Geburtsnamen.

§ 1617 [Bestimmung des Geburtsnamens]
(1) Führen die Eltern keinen Ehenamen und steht ihnen die Sorge gemeinsam zu, so bestimmen sie durch Erklärung gegenüber den Standesbeamten den Namen, den der Vater oder die Mutter zur Zeit der Erklärung führt, zum Geburtsnamen des Kindes. Eine nach der Beurkundung der Geburt abgegebene Erklärung muß öffentlich beglaubigt werden. Die Bestimmung der Eltern gilt auch für ihre weiteren Kinder.
(2) Treffen die Eltern binnen eines Monats nach der Geburt des Kindes keine Bestimmung, überträgt das Familiengericht das Bestimmungsrecht einem Elternteil. Absatz 1 gilt entsprechend. Das Gericht kann dem Elternteil für die Ausübung des Bestimmungsrechts eine Frist setzen. Ist nach Ablauf der Frist das Bestimmungsrecht nicht ausgeübt worden, so erhält das Kind den Namen des Elternteils, dem das Bestimmungsrecht übertragen ist.
(3) Ist ein Kind nicht im Inland geboren, so überträgt das Gericht einem Elternteil das Bestimmungsrecht nach Absatz 2 nur dann, wenn ein Elternteil oder das Kind dies beantragt oder die Eintragung des Namens des Kindes in ein deutsches Personenstandsbuch oder in ein amtliches deutsches Identitätspapier erforderlich wird.

§ 1617 a [Geburtsname bei alleinigem Sorgerecht eines Elternteils]
(1) Führen die Eltern keinen Ehenamen und steht die elterliche Sorge nur einem Elternteil zu, so erhält das Kind den Namen, den dieser Elternteil im Zeitpunkt der Geburt des Kindes führt.
(2) Der Elternteil, dem die elterliche Sorge für ein unverheiratetes Kind allein zusteht, kann dem Kind durch Erklärung gegenüber dem Standesbeamten den Namen des anderen Elternteils erteilen. Die Erteilung des Namens bedarf der Einwilligung des anderen Elternteils und, wenn das Kind das fünfte Lebensjahr vollendet hat, auch der Einwilligung des Kindes. Die Erklärungen müssen öffentlich beglaubigt werden. Für die Einwilligung des Kindes gilt § 1617 c Abs. 1 entsprechend.

§ 1617 b [Namensänderung]
(1) Wird eine gemeinsame Sorge der Eltern erst begründet, wenn das Kind bereits einen Namen führt, so kann der Name des Kindes binnen drei Monaten nach der Begründung der gemeinsamen Sorge neu bestimmt werden. Die Frist endet, wenn ein Elternteil bei Begründung der gemeinsamen Sorge seinen gewöhnlichen Aufenthalt nicht im Inland hat, nicht vor Ablauf eines Monats nach

Rückkehr in das Inland. Hat das Kind das fünfte Lebensjahr vollendet, so ist die Bestimmung nur wirksam, wenn es sich der Bestimmung anschließt. § 1617 Abs. 1 und § 1617 c Abs. 1 Satz 2 und 3 und Abs. 3 gelten entsprechend.
(2) Wird rechtskräftig festgestellt, daß ein Mann, dessen Familienname Geburtsname des Kindes geworden ist, nicht der Vater des Kindes ist, so erhält das Kind auf seinen Antrag oder, wenn das Kind das fünfte Lebensjahr noch nicht vollendet hat, auch auf Antrag des Mannes den Namen, den die Mutter im Zeitpunkt der Geburt des Kindes führt, als Geburtsnamen. Der Antrag erfolgt durch Erklärung gegenüber dem Standesbeamten, die öffentlich beglaubigt werden muß. Für den Antrag des Kindes gilt § 1617 c Abs. 1 Satz 2 und 3 entsprechend.

§ 1617 c [Zustimmmung des Kindes bei Namensänderung]
(1) Bestimmen die Eltern einen Ehenamen, nachdem das Kind das fünfte Lebensjahr vollendet hat, so erstreckt sich der Ehename auf den Geburtsnamen des Kindes nur dann, wenn es sich der Namensgebung anschließt. Ein in der Geschäftsfähigkeit beschränktes Kind, welches das vierzehnte Lebensjahr vollendet hat, kann die Erklärung nur selbst abgeben; es bedarf hierzu der Zustimmung seines gesetzlichen Vertreters. Die Erklärung ist gegenüber dem Standesbeamten abzugeben; sie muß öffentlich beglaubigt werden.
(2) Absatz 1 gilt entsprechend,
1. wenn sich der Ehename, der Geburtsname eines Kindes geworden ist, ändert oder
2. wenn sich in den Fällen der §§ 1617, 1617 a und 1617 b der Familienname eines Elternteils, der Geburtsname eines Kindes geworden ist, auf andere Weise als durch Eheschließung ändert.
(3) Eine Änderung des Geburtsnamens erstreckt sich auf den Ehenamen des Kindes nur dann, wenn sich auch der Ehegatte der Namensänderung anschließt; Absatz 1 Satz 3 gilt entsprechend.

§ 1618 [Einwilligung des Elternteils zur Namensänderung des Kindes bei Heirat des anderen Elternteils]
Der Elternteil, dem die elterliche Sorge für ein unverheiratetes Kind allein zusteht, und sein Ehegatte, der nicht Elternteil des Kindes ist, können dem Kind durch Erklärung gegenüber dem Standesbeamten ihren Ehenamen erteilen. Sie können diesen Namen auch dem von dem Kind zur Zeit der Erklärung geführten Namen voranstellen oder anfügen; ein bereits zuvor nach Halbsatz 1 vorangestellter oder angefügter Ehename entfällt. Die Erteilung, Voranstellung oder Anfügung des Namens bedarf, wenn das Kind den Namen des anderen Elternteils führt, der Einwilligung des anderen Elternteils und, wenn das Kind das fünfte Lebensjahr vollendet hat, auch der Einwilligung des Kindes. Das Familiengericht kann die Einwilligung des anderen Elternteils ersetzen, wenn die Erteilung, Voranstellung oder Anfügung des Namens zum Wohl des Kindes erforderlich ist. Die Erklärungen müssen öffentlich beglaubigt werden. § 1617 c gilt entsprechend.

§ 1618 a [Gegenseitige Beistandspflicht]
Eltern und Kinder sind einander Beistand und Rücksicht schuldig.

§ 1619 [Dienstleistungspflicht hausangehöriger Kinder]
Das Kind ist, solange es dem elterlichen Hausstand angehört und von den Eltern erzogen oder unterhalten wird, verpflichtet, in einer seinen Kräften und seiner Lebensstellung entsprechenden Weise den Eltern in ihrem Hauswesen und Geschäfte Dienste zu leisten.

§ 1620 [Schenkungsvermutung bei Beitragsleistung des Kindes]
Macht ein dem elterlichen Hausstand angehörendes volljähriges Kind zur Bestreitung der Kosten des Haushalts aus seinem Vermögen eine Aufwendung oder überläßt es den Eltern zu diesem Zwecke etwas aus seinem Vermögen, so ist im Zweifel anzunehmen, daß die Absicht fehlt, Ersatz zu verlangen.

§§ 1621 bis 1623 (aufgehoben)

§ 1624 [Ausstattung aus dem Elternvermögen]
(1) Was einem Kinde mit Rücksicht auf seine Verheiratung oder auf die Erlangung einer selbständigen Lebensstellung zur Begründung oder zur Erhaltung der Wirtschaft oder der Lebensstellung von dem Vater oder der Mutter zugewendet wird (Ausstattung), gilt, auch wenn eine Verpflichtung nicht besteht, nur insoweit als Schenkung, als die Ausstattung das den Umständen, insbesondere den Vermögensverhältnissen des Vaters oder der Mutter, entsprechende Maß übersteigt.

(2) Die Verpflichtung des Ausstattenden zur Gewährleistung wegen eines Mangels im Rechte oder wegen eines Fehlers der Sache bestimmt sich, auch soweit die Ausstattung nicht als Schenkung gilt, nach den für die Gewährleistungspflicht des Schenkers geltenden Vorschriften.

§ 1625 [Ausstattung aus dem Kindesvermögen]
Gewährt der Vater einem Kinde, dessen Vermögen kraft elterlicher Sorge, Vormundschaft oder Betreuung seiner Verwaltung unterliegt, eine Ausstattung, so ist im Zweifel anzunehmen, daß er sie aus diesem Vermögen gewährt. Diese Vorschrift findet auf die Mutter entsprechende Anwendung.

Fünfter Titel
Elterliche Sorge

§ 1626 [Elterliche Sorge – Berücksichtigung der zunehmenden Selbständigkeit – Mitspracherecht]
(1) Die Eltern haben die Pflicht und das Recht, für das minderjährige Kind zu sorgen (elterliche Sorge). Die elterliche Sorge umfaßt die Sorge für die Person des Kindes (Personensorge) und das Vermögen des Kindes (Vermögenssorge).
(2) Bei der Pflege und Erziehung berücksichtigen die Eltern die wachsende Fähigkeit und das wachsende Bedürfnis des Kindes zu selbständigem verantwortungsbewußtem Handeln. Sie besprechen mit dem Kind, soweit es nach dessen Entwicklungsstand angezeigt ist, Fragen der elterlichen Sorge und streben Einvernehmen an.
(3) Zum Wohl des Kindes gehört in der Regel der Umgang mit beiden Elternteilen. Gleiches gilt für den Umgang mit anderen Personen, zu denen das Kind Bindungen besitzt, wenn ihre Aufrechterhaltung für seine Entwicklung förderlich ist.

§ 1626 a [Gemeinsame elterliche Sorge nichtverheirateter Eltern]
(1) Sind die Eltern bei der Geburt des Kindes nicht miteinander verheiratet, so steht ihnen die elterliche Sorge dann gemeinsam zu, wenn sie
1. erklären, daß sie die Sorge gemeinsam übernehmen wollen (Sorgeerklärungen), oder
2. einander heiraten.
(2) Im übrigen hat die Mutter die elterliche Sorge.

§ 1626 b [Unwirksamkeit der Sorgeerklärung]
(1) Eine Sorgeerklärung unter einer Bedingung oder einer Zeitbestimmung ist unwirksam.
(2) Die Sorgeerklärung kann schon vor der Geburt des Kindes abgegeben werden.
(3) Eine Sorgeerklärung ist unwirksam, soweit eine gerichtliche Entscheidung über die elterliche Sorge nach den §§ 1671, 1672 getroffen oder eine solche Entscheidung nach § 1696 Abs. 1 geändert wurde.

§ 1626 c [Höchstpersönliche Sorgeerklärung]
(1) Die Eltern können die Sorgeerklärungen nur selbst abgeben.
(2) Die Sorgeerklärung eines beschränkt geschäftsfähigen Elternteils bedarf der Zustimmung seines gesetzlichen Vertreters. Die Zustimmung kann nur von diesem selbst abgegeben werden; § 1626 b Abs. 1 und 2 gilt entsprechend. Das Familiengericht hat die Zustimmung auf Antrag des beschränkt geschäftsfähigen Elternteils zu ersetzen, wenn die Sorgeerklärung dem Wohl dieses Elternteils nicht widerspricht.

§ 1626 d [Öffentliche Beurkundung von Sorgeerklärung und Zustimmung]
(1) Sorgeerklärungen und Zustimmungen müssen öffentlich beurkundet werden.
(2) Die beurkundende Stelle teilt die Abgabe von Sorgeerklärungen und Zustimmungen unter Angabe des Geburtsorts des Kindes sowie des Namens, den das Kind zur Zeit der Beurkundung seiner Geburt geführt hat, dem nach § 87 c Abs. 6 Satz 2 des Achten Buches Sozialgesetzbuch zuständigen Jugendamt zum Zwecke der Auskunftserteilung nach § 58 a des Achten Buches Sozialgesetzbuch unverzüglich mit.

§ 1626 e [Unwirksamkeit von Sorgeerklärung und Zustimmung]
Sorgeerklärungen und Zustimmungen sind nur unwirksam, wenn sie den Erfordernissen der vorstehenden Vorschriften nicht genügen.

§ 1627 [Ausübung der elterlichen Sorge]
Die Eltern haben die elterliche Sorge in eigener Verantwortung und in gegenseitigem Einvernehmen zum Wohle des Kindes auszuüben. Bei Meinungsverschiedenheiten müssen sie versuchen, sich zu einigen.

§ 1628 [Entscheidungsrecht]
Können sich die Eltern in einer einzelnen Angelegenheit oder in einer bestimmten Art von Angelegenheiten der elterlichen Sorge, deren Regelung für das Kind von erheblicher Bedeutung ist, nicht einigen, so kann das Familiengericht auf Antrag eines Elternteils die Entscheidung einem Elternteil übertragen. Die Übertragung kann mit Beschränkungen oder mit Auflagen verbunden werden.

§ 1629 [Vertretung des Kindes]
(1)[1] Die elterliche Sorge umfaßt die Vertretung des Kindes. Die Eltern vertreten das Kind gemeinschaftlich; ist eine Willenserklärung gegenüber dem Kind abzugeben, so genügt die Abgabe gegenüber einem Elternteil. Ein Elternteil vertritt das Kind allein, soweit er die elterliche Sorge allein ausübt oder ihm die Entscheidung nach § 1628 übertragen ist. Bei Gefahr im Verzug ist jeder Elternteil dazu berechtigt, alle Rechtshandlungen vorzunehmen, die zum Wohl des Kindes notwendig sind; der andere Elternteil ist unverzüglich zu unterrichten.
(2) Der Vater und die Mutter können das Kind insoweit nicht vertreten, als nach § 1795 ein Vormund von der Vertretung des Kindes ausgeschlossen ist. Steht die elterliche Sorge für ein Kind den Eltern gemeinsam zu, so kann der Elternteil, in dessen Obhut sich das Kind befindet, Unterhaltsansprüche des Kindes gegen den anderen Elternteil geltend machen. Das Familiengericht kann dem Vater und der Mutter nach § 1796 die Vertretung entziehen; dies gilt nicht für die Feststellung der Vaterschaft.
(3) Sind die Eltern des Kindes miteinander verheiratet, so kann ein Elternteil, solange die Eltern getrennt leben oder eine Ehesache zwischen ihnen anhängig ist, Unterhaltsansprüche des Kindes gegen den anderen Elternteil nur im eigenen Namen geltend machen. Eine von einem Elternteil erwirkte gerichtliche Entscheidung und ein zwischen den Eltern geschlossener gerichtlicher Vergleich wirken auch für und gegen das Kind.

§ 1629 a [Haftungsbeschränkung]
(1) Die Haftung für Verbindlichkeiten, die die Eltern im Rahmen ihrer gesetzlichen Vertretungsmacht oder sonstige vertretungsberechtigte Personen im Rahmen ihrer Vertretungsmacht durch Rechtsgeschäft oder eine sonstige Handlung mit Wirkung für das Kind begründet haben, oder die auf Grund eines während der Minderjährigkeit erfolgten Erwerbs von Todes wegen entstanden sind, beschränkt sich auf den Bestand des bei Eintritt der Volljährigkeit vorhandenen Vermögens des Kindes; dasselbe gilt für Verbindlichkeiten aus Rechtsgeschäften, die der Minderjährige gemäß §§ 107, 108 oder § 111 mit Zustimmung seiner Eltern vorgenommen hat oder für Verbindlichkeiten aus Rechtsgeschäften, zu denen die Eltern die Genehmigung des Vormundschaftsgerichts erhalten haben. Beruft sich der volljährig Gewordene auf die Beschränkung der Haftung, so finden die für die Haftung des Erben geltenden Vorschriften der §§ 1990, 1991 entsprechende Anwendung.
(2) Absatz 1 gilt nicht für Verbindlichkeiten aus dem selbständigen Betrieb eines Erwerbsgeschäfts, soweit der Minderjährige hierzu nach § 112 ermächtigt war, und für Verbindlichkeiten aus Rechtsgeschäften, die allein der Befriedigung seiner persönlichen Bedürfnisse dienten.
(3) Die Rechte der Gläubiger gegen Mitschuldner und Mithaftende, sowie deren Rechte aus einer für die Forderung bestellten Sicherheit oder aus einer deren Bestellung sichernden Vormerkung werden von Absatz 1 nicht berührt.
(4) Hat das volljährig gewordene Mitglied einer Erbengemeinschaft oder Gesellschaft nicht binnen drei Monaten nach Eintritt der Volljährigkeit die Auseinandersetzung des Nachlasses verlangt oder die Kündigung der Gesellschaft erklärt, ist im Zweifel anzunehmen, daß die aus einem solchen Verhältnis

---

1) Hierzu Beschluß des Bundesverfassungsgerichts vom 13. 5. 1986 – 1 BvR 1542/84 – (BGBl. I S. 863):
»§ 1629 Absatz 1 in Verbindung mit § 1643 Absatz 1 des Bürgerlichen Gesetzbuches in der Fassung des Gesetzes zur Neuregelung des Rechts der elterlichen Sorge vom 18. 7. 1979 (BGBl. I S. 1061) ist insoweit mit Artikel 2 Absatz 1 in Verbindung mit Artikel 1 Absatz 1 des Grundgesetzes nicht vereinbar, als danach Eltern im Zusammenhang mit der Fortführung eines zu einem Nachlaß gehörenden Handelsgeschäfts ohne vormundschaftsgerichtliche Genehmigung Verbindlichkeiten zu Lasten ihrer minderjährigen Kinder eingehen können, die über deren Haftung mit dem ererbten Vermögen hinausgehen.«

herrührende Verbindlichkeit nach dem Eintritt der Volljährigkeit entstanden ist; entsprechendes gilt für den volljährig gewordenen Inhaber eines Handelsgeschäfts, der dieses nicht binnen drei Monaten nach Eintritt der Volljährigkeit einstellt. Unter den in Satz 1 bezeichneten Voraussetzungen wird ferner vermutet, daß das gegenwärtige Vermögen des volljährig Gewordenen bereits bei Eintritt der Volljährigkeit vorhanden war.

§ 1630 [Einschränkung der elterlichen Sorge bei Pflegerbestellung]
(1) Die elterliche Sorge erstreckt sich nicht auf Angelegenheiten des Kindes, für die ein Pfleger bestellt ist.
(2) Steht die Personensorge oder die Vermögenssorge einem Pfleger zu, so entscheidet das Familiengericht, falls sich die Eltern und der Pfleger in einer Angelegenheit nicht einigen können, die sowohl die Person als auch das Vermögen des Kindes betrifft.
(3) Geben die Eltern das Kind für längere Zeit in Familienpflege, so kann das Familiengericht auf Antrag der Eltern oder der Pflegeperson Angelegenheiten der elterlichen Sorge auf die Pflegeperson übertragen. Für die Übertragung auf Antrag der Pflegeperson ist die Zustimmung der Eltern erforderlich. Im Umfang der Übertragung hat die Pflegeperson die Rechte und Pflichten eines Pflegers.

§ 1631 [Inhalt der Personensorge]
(1) Die Personensorge umfaßt insbesondere die Pflicht und das Recht, das Kind zu pflegen, zu erziehen, zu beaufsichtigen und seinen Aufenthalt zu bestimmen.
(2) Entwürdigende Erziehungsmaßnahmen, insbesondere körperliche und seelische Mißhandlungen, sind unzulässig.
(3) Das Familiengericht hat die Eltern auf Antrag bei der Ausübung der Personensorge in geeigneten Fällen zu unterstützen.

§ 1631 a [Ausbildung und Beruf]
In Angelegenheiten der Ausbildung und des Berufes nehmen die Eltern insbesondere auf Eignung und Neigung des Kindes Rücksicht. Bestehen Zweifel, so soll der Rat eines Lehrers oder einer anderen geeigneten Person eingeholt werden.

§ 1631 b [Unterbringung mit Freiheitsentziehung]
Eine Unterbringung des Kindes, die mit Freiheitsentziehung verbunden ist, ist nur mit Genehmigung des Familiengerichts zulässig. Ohne die Genehmigung ist die Unterbringung nur zulässig, wenn mit dem Aufschub Gefahr verbunden ist; die Genehmigung ist unverzüglich nachzuholen. Das Gericht hat die Genehmigung zurückzunehmen, wenn das Wohl des Kindes die Unterbringung nicht mehr erfordert.

§ 1631 c [Sterilisation des Kindes]
Die Eltern können nicht in eine Sterilisation des Kindes einwilligen. Auch das Kind selbst kann nicht in die Sterilisation einwilligen. § 1909 findet keine Anwendung.

§ 1632 [Herausgabe – Bestimmung des Umgangs – Wegnahme von Pflegeperson]
(1) Die Personensorge umfaßt das Recht, die Herausgabe des Kindes von jedem zu verlangen, der es den Eltern oder einem Elternteil widerrechtlich vorenthält.
(2) Die Personensorge umfaßt ferner das Recht, den Umgang des Kindes auch mit Wirkung für und gegen Dritte zu bestimmen.
(3) Über Streitigkeiten, die eine Angelegenheit nach Absatz 1 oder 2 betreffen, entscheidet das Familiengericht auf Antrag eines Elternteils.
(4) Lebt das Kind seit längerer Zeit in Familienpflege und wollen die Eltern das Kind von der Pflegeperson wegnehmen, so kann das Familiengericht von Amts wegen oder auf Antrag der Pflegeperson anordnen, daß das Kind bei der Pflegeperson verbleibt, wenn und solange das Kindeswohl durch die Wegnahme gefährdet würde.

§ 1633 [Verheiratete Minderjährige]
Die Personensorge für einen Minderjährigen, der verheiratet ist oder war, beschränkt sich auf die Vertretung in den persönlichen Angelegenheiten.

§§ 1634 bis 1637 (aufgehoben)

§ 1638 [Der Vermögenssorge entzogenes Kindesvermögen]
(1) Die Vermögenssorge erstreckt sich nicht auf das Vermögen, welches das Kind von Todes wegen erwirbt oder welches ihm unter Lebenden unentgeltlich zugewendet wird, wenn der Erblasser durch letztwillige Verfügung, der Zuwendende bei der Zuwendung bestimmt hat, daß die Eltern das Vermögen nicht verwalten sollen.
(2) Was das Kind auf Grund eines zu einem solchen Vermögen gehörenden Rechtes oder als Ersatz für die Zerstörung, Beschädigung oder Entziehung eines zu dem Vermögen gehörenden Gegenstandes oder durch ein Rechtsgeschäft erwirbt, das sich auf das Vermögen bezieht, können die Eltern gleichfalls nicht verwalten.
(3) Ist durch letztwillige Verfügung oder bei der Zuwendung bestimmt, daß ein Elternteil das Vermögen nicht verwalten soll, so verwaltet es der andere Elternteil. Insoweit vertritt dieser das Kind.

§ 1639 [Anordnungen des Erblassers oder des Schenkenden]
(1) Was das Kind von Todes wegen erwirbt oder was ihm unter Lebenden unentgeltlich zugewendet wird, haben die Eltern nach den Anordnungen zu verwalten, die durch letztwillige Verfügung oder bei der Zuwendung getroffen worden sind.
(2) Die Eltern dürfen von den Anordnungen insoweit abweichen, als es nach § 1803 Abs. 2, 3 einem Vormunde gestattet ist.

§ 1640 [Vermögensverzeichnis]
(1) Die Eltern haben das ihrer Verwaltung unterliegende Vermögen, welches das Kind von Todes wegen erwirbt, zu verzeichnen, das Verzeichnis mit der Versicherung der Richtigkeit und Vollständigkeit zu versehen und dem Familiengericht einzureichen. Gleiches gilt für Vermögen, welches das Kind sonst anläßlich eines Sterbefalles erwirbt, sowie für Abfindungen, die anstelle von Unterhalt gewährt werden, und unentgeltliche Zuwendungen. Bei Haushaltsgegenständen genügt die Angabe des Gesamtwertes.
(2) Absatz 1 gilt nicht,
1. wenn der Wert eines Vermögenserwerbes 30 000 Deutsche Mark nicht übersteigt oder
2. soweit der Erblasser durch letztwillige Verfügung oder der Zuwendende bei der Zuwendung eine abweichende Anordnung getroffen hat.
(3) Reichen die Eltern entgegen Absatz 1, 2 ein Verzeichnis nicht ein oder ist das eingereichte Verzeichnis ungenügend, so kann das Familiengericht anordnen, daß das Verzeichnis durch eine zuständige Behörde oder einen zuständigen Beamten oder Notar aufgenommen wird.
(4) (aufgehoben)

§ 1641 [Schenkungsverbot]
Die Eltern können nicht in Vertretung des Kindes Schenkungen machen. Ausgenommen sind Schenkungen, durch die einer sittlichen Pflicht oder einer auf den Anstand zu nehmenden Rücksicht entsprochen wird.

§ 1642 [Anlegung von Geld]
Die Eltern haben das ihrer Verwaltung unterliegende Geld des Kindes nach den Grundsätzen einer wirtschaftlichen Vermögensverwaltung anzulegen, soweit es nicht zur Bestreitung von Ausgaben bereitzuhalten ist.

§ 1643 [Genehmigungspflichtige Rechtsgeschäfte]
(1)[1]) Zu Rechtsgeschäften für das Kind bedürfen die Eltern der Genehmigung des Familiengerichts in den Fällen, in denen nach § 1821 und nach § 1822 Nr. 1, 3, 5, 8 bis 11 ein Vormund der Genehmigung bedarf.
(2) Das gleiche gilt für die Ausschlagung einer Erbschaft oder eines Vermächtnisses sowie für den Verzicht auf einen Pflichtteil. Tritt der Anfall an das Kind erst infolge der Ausschlagung eines Elternteils ein, der das Kind allein oder gemeinsam mit dem anderen Elternteil vertritt, so ist die Genehmigung nur erforderlich, wenn dieser neben dem Kinde berufen war.
(3) Die Vorschriften der §§ 1825, 1828 bis 1831 sind entsprechend anzuwenden.

---
1) Siehe Fußnote zu § 1629 Abs. 1.

§ 1644 [Überlassung von Gegenständen an das Kind]
Die Eltern können Gegenstände, die sie nur mit Genehmigung des Familiengerichts veräußern dürfen, dem Kinde nicht ohne diese Genehmigung zur Erfüllung eines von dem Kinde geschlossenen Vertrages oder zu freier Verfügung überlassen.

§ 1645 [Beginn eines Erwerbsgeschäfts]
Die Eltern sollen nicht ohne Genehmigung des Familiengerichts ein neues Erwerbsgeschäft im Namen des Kindes beginnen.

§ 1646 [Erwerb mit Mitteln des Kindes – Surrogation]
(1) Erwerben die Eltern mit Mitteln des Kindes bewegliche Sachen, so geht mit dem Erwerb das Eigentum auf das Kind über, es sei denn, daß die Eltern nicht für Rechnung des Kindes erwerben wollen. Dies gilt insbesondere auch von Inhaberpapieren und von Orderpapieren, die mit Blankoindossament versehen sind.
(2) Die Vorschriften des Absatzes 1 sind entsprechend anzuwenden, wenn die Eltern mit Mitteln des Kindes ein Recht an Sachen der bezeichneten Art oder ein anderes Recht erwerben, zu dessen Übertragung der Abtretungsvertrag genügt.

§ 1647 (entfällt)

§ 1648 [Aufwendungsersatz]
Machen die Eltern bei der Ausübung der Personensorge oder der Vermögenssorge Aufwendungen, die sie den Umständen nach für erforderlich halten dürfen, so können sie von dem Kinde Ersatz verlangen, sofern nicht die Aufwendungen ihnen selbst zur Last fallen.

§ 1649 [Verwendung der Einkünfte des Kindesvermögens]
(1) Die Einkünfte des Kindesvermögens, die zur ordnungsmäßigen Verwaltung des Vermögens nicht benötigt werden, sind für den Unterhalt des Kindes zu verwenden. Soweit die Vermögenseinkünfte nicht ausreichen, können die Einkünfte verwendet werden, die das Kind durch seine Arbeit oder durch den ihm nach § 112 gestatteten selbständigen Betrieb eines Erwerbsgeschäfts erwirbt.
(2) Die Eltern können die Einkünfte des Vermögens, die zur ordnungsmäßigen Verwaltung des Vermögens und für den Unterhalt des Kindes nicht benötigt werden, für ihren eigenen Unterhalt und für den Unterhalt der minderjährigen unverheirateten Geschwister des Kindes verwenden, soweit dies unter Berücksichtigung der Vermögens- und Erwerbsverhältnisse der Beteiligten der Billigkeit entspricht. Diese Befugnis erlischt mit der Eheschließung des Kindes.

§§ 1650 bis 1663 (entfallen)

§ 1664 [Haftung der Eltern]
(1) Die Eltern haben bei der Ausübung der elterlichen Sorge dem Kinde gegenüber nur für die Sorgfalt einzustehen, die sie in eigenen Angelegenheiten anzuwenden pflegen.
(2) Sind für einen Schaden beide Eltern verantwortlich, so haften sie als Gesamtschuldner.

§ 1665 (entfällt)

§ 1666 [Maßnahmen des Familiengerichts]
(1) Wird das körperliche, geistige oder seelische Wohl des Kindes oder sein Vermögen durch mißbräuchliche Ausübung der elterlichen Sorge, durch Vernachlässigung des Kindes, durch unverschuldetes Versagen der Eltern oder durch das Verhalten eines Dritten gefährdet, so hat das Familiengericht, wenn die Eltern nicht gewillt oder nicht in der Lage sind, die Gefahr abzuwenden, die zur Abwendung der Gefahr erforderlichen Maßnahmen zu treffen.
(2) In der Regel ist anzunehmen, daß das Vermögen des Kindes gefährdet ist, wenn der Inhaber der Vermögenssorge seine Unterhaltspflicht gegenüber dem Kind oder seine mit der Vermögenssorge verbundenen Pflichten verletzt oder Anordungen des Gerichts, die sich auf die Vermögenssorge beziehen, nicht befolgt.
(3) Das Gericht kann Erklärungen des Inhabers der elterlichen Sorge ersetzen.
(4) In Angelegenheiten der Personensorge kann das Gericht auch Maßnahmen mit Wirkung gegen einen Dritten treffen.

§ 1666 a [Trennung des Kindes von der Familie, Entziehung der Personensorge]

(1) Maßnahmen, mit denen eine Trennung des Kindes von der elterlichen Familie verbunden ist, sind nur zulässig, wenn der Gefahr nicht auf andere Weise, auch nicht durch öffentliche Hilfen, begegnet werden kann.

(2) Die gesamte Personensorge darf nur entzogen werden, wenn andere Maßnahmen erfolglos geblieben sind oder wenn anzunehmen ist, daß sie zur Abwendung der Gefahr nicht ausreichen.

§ 1667 [Gefährdung des Kindesvermögens]

(1) Das Familiengericht kann anordnen, daß die Eltern ein Verzeichnis des Vermögens des Kindes einreichen und über die Verwaltung Rechnung legen. Die Eltern haben das Verzeichnis mit der Versicherung der Richtigkeit und Vollständigkeit zu versehen. Ist das eingereichte Verzeichnis ungenügend, so kann das Familiengericht anordnen, daß das Verzeichnis durch eine zuständige Behörde oder durch einen zuständigen Beamten oder Notar aufgenommen wird.

(2) Das Familiengericht kann anordnen, daß das Geld des Kindes in bestimmter Weise anzulegen und daß zur Abhebung seine Genehmigung erforderlich ist. Gehören Wertpapiere, Kostbarkeiten oder Buchforderungen gegen den Bund oder ein Land zum Vermögen des Kindes, so kann das Familiengericht dem Elternteil, der das Kind vertritt, die gleichen Verpflichtungen auferlegen, die nach §§ 1814 bis 1816, 1818 einem Vormund obliegen; die §§ 1819, 1820 sind entsprechend anzuwenden.

(3) Das Familiengericht kann dem Elternteil, der das Vermögen des Kindes gefährdet, Sicherheitsleistung für das seiner Verwaltung unterliegende Vermögen auferlegen. Die Art und den Umfang der Sicherheitsleistung bestimmt das Familiengericht nach seinem Ermessen. Bei der Bestellung und Aufhebung der Sicherheit wird die Mitwirkung des Kindes durch die Anordnung des Familiengerichts ersetzt. Die Sicherheitsleistung darf nur dadurch erzwungen werden, daß die Vermögenssorge gemäß § 1666 Abs. 1 ganz oder teilweise entzogen wird.

(4) Die Kosten der angeordneten Maßnahmen trägt der Elternteil, der sie veranlaßt hat.

§§ 1668 bis 1670 (aufgehoben)

§ 1671 [Antrag auf Übertragung der elterlichen Sorge]

(1) Leben Eltern, denen die elterliche Sorge gemeinsam zusteht, nicht nur vorübergehend getrennt, so kann jeder Elternteil beantragen, daß ihm das Familiengericht die elterliche Sorge oder einen Teil der elterlichen Sorge allein überträgt.

(2) Dem Antrag ist stattzugeben, soweit
1. der andere Elternteil zustimmt, es sei denn, daß das Kind das vierzehnte Lebensjahr vollendet hat und der Übertragung widerspricht, oder
2. zu erwarten ist, daß die Aufhebung der gemeinsamen Sorge und die Übertragung auf den Antragsteller dem Wohl des Kindes am besten entspricht.

(3) Dem Antrag ist nicht stattzugeben, soweit die elterliche Sorge auf Grund anderer Vorschriften abweichend geregelt werden muß.

§ 1672 [Antrag des Vaters auf Übertragung der elterlichen Sorge]

(1) Leben die Eltern nicht nur vorübergehend getrennt und steht die elterliche Sorge nach § 1626 a Abs. 2 der Mutter zu, so kann der Vater mit Zustimmung der Mutter beantragen, daß ihm das Familiengericht die elterliche Sorge oder einen Teil der elterlichen Sorge allein überträgt. Dem Antrag ist stattzugeben, wenn die Übertragung dem Wohl des Kindes dient.

(2) Soweit eine Übertragung nach Absatz 1 stattgefunden hat, kann das Familiengericht auf Antrag eines Elternteils mit Zustimmung des anderen Elternteils entscheiden, daß die elterliche Sorge den Eltern gemeinsam zusteht, wenn dies dem Wohl des Kindes nicht widerspricht. Das gilt auch, soweit die Übertragung nach Absatz 1 wieder aufgehoben wurde.

§ 1673 [Ruhen der elterlichen Sorge bei rechtlichem Hindernis]

(1) Die elterliche Sorge eines Elternteils ruht, wenn er geschäftsunfähig ist.

(2) Das gleiche gilt, wenn er in der Geschäftsfähigkeit beschränkt ist. Die Personensorge für das Kind steht ihm neben dem gesetzlichen Vertreter des Kindes zu; zur Vertretung des Kindes ist er nicht berechtigt. Bei einer Meinungsverschiedenheit geht die Meinung des minderjährigen Elternteils vor, wenn der gesetzliche Vertreter des Kindes ein Vormund oder Pfleger ist; andernfalls gelten § 1627 Satz 2 und § 1628.

Bürgerliches Gesetzbuch §§ 1674–1683

§ 1674 [Ruhen bei tatsächlichem Hindernis]
(1) Die elterliche Sorge eines Elternteils ruht, wenn das Familiengericht feststellt, daß er auf längere Zeit die elterliche Sorge tatsächlich nicht ausüben kann.
(2) Die elterliche Sorge lebt wieder auf, wenn das Familiengericht feststellt, daß der Grund des Ruhens nicht mehr besteht.

§ 1675 [Wirkung des Ruhens]
Solange die elterliche Sorge ruht, ist ein Elternteil nicht berechtigt, sie auszuüben.

§ 1676 (aufgehoben)

§ 1677 [Ende der elterlichen Sorge durch Todeserklärung]
Die elterliche Sorge eines Elternteils endet, wenn er für tot erklärt oder seine Todeszeit nach den Vorschriften des Verschollenheitsgesetzes festgestellt wird, mit dem Zeitpunkt, der als Zeitpunkt des Todes gilt.

§ 1678 [Alleinige Ausübung bei tatsächlicher Verhinderung oder Ruhen]
(1) Ist ein Elternteil tatsächlich verhindert, die elterliche Sorge auszuüben, oder ruht seine elterliche Sorge, so übt der andere Teil die elterliche Sorge allein aus; dies gilt nicht, wenn die elterliche Sorge dem Elternteil nach § 1626 a Abs. 2, § 1671 oder 1672 Abs. 1 allein zustand.
(2) Ruht die elterliche Sorge des Elternteils, dem sie nach § 1626 a Abs. 2 allein zustand, und besteht keine Aussicht, daß der Grund des Ruhens wegfallen werde, so hat das Familiengericht die elterliche Sorge dem anderen Elternteil zu übertragen, wenn dies dem Wohl des Kindes dient.

§ 1679 (aufgehoben)

§ 1680 [Alleinige elterliche Sorge des überlebenden Elternteils]
(1) Stand die elterliche Sorge den Eltern gemeinsam zu und ist ein Elternteil gestorben, so steht die elterliche Sorge dem überlebenden Elternteil zu.
(2) Ist ein Elternteil, dem die elterliche Sorge gemäß § 1671 oder 1672 Abs. 1 allein zustand, gestorben, so hat das Familiengericht die elterliche Sorge dem überlebenden Elternteil zu übertragen, wenn dies dem Wohl des Kindes nicht widerspricht. Stand die elterliche Sorge der Mutter gemäß § 1626 a Abs. 2 allein zu, so hat das Familiengericht die elterliche Sorge dem Vater zu übertragen, wenn dies dem Wohl des Kindes dient.
(3) Absatz 1 und Absatz 2 Satz 2 gelten entsprechend, soweit einem Elternteil, dem die elterliche Sorge gemeinsam mit dem anderen Elternteil oder gemäß § 1626 a Abs. 2 allein zustand, die elterliche Sorge entzogen wird.

§ 1681 [Elterliche Sorge bei Feststellung des Todes eines Elternteils]
(1) § 1680 Abs. 1 und 2 gilt entsprechend, wenn die elterliche Sorge eines Elternteils endet, weil er für tot erklärt oder seine Todeszeit nach den Vorschriften des Verschollenheitsgesetzes festgestellt worden ist.
(2) Lebt dieser Elternteil noch, so hat ihm das Familiengericht auf Antrag die elterliche Sorge in dem Umfang zu übertragen, in dem sie ihm vor dem nach § 1677 maßgebenden Zeitpunkt zustand, wenn dies dem Wohl des Kindes nicht widerspricht.

§ 1682 [Entscheidung des Familiengerichts über den Aufenthalt des Kindes bei Gefährdung des Kindeswohls]
Hat das Kind seit längerer Zeit in einem Haushalt mit einem Elternteil und dessen Ehegatten gelebt und will der andere Elternteil, der nach den §§ 1678, 1680, 1681 den Aufenthalt des Kindes nunmehr allein bestimmen kann, das Kind von dem Ehegatten wegnehmen, so kann das Familiengericht von Amts wegen oder auf Antrag des Ehegatten anordnen, daß das Kind bei dem Ehegatten verbleibt, wenn und solange das Kindeswohl durch die Wegnahme gefährdet würde. Satz 1 gilt entsprechend, wenn das Kind seit längerer Zeit in einem Haushalt mit einem Elternteil und einer nach § 1685 Abs. 1 umgangsberechtigten volljährigen Person gelebt hat.

§ 1683 [Vermögensverzeichnis bei Wiederheirat]
(1) Sind die Eltern des Kindes nicht oder nicht mehr miteinander verheiratet und will der Elternteil, dem die Vermögenssorge zusteht, die Ehe mit einem Dritten schließen, so hat er dies dem Familiengericht anzuzeigen, auf seine Kosten ein Verzeichnis des Kindesvermögens einzureichen und, soweit

eine Vermögensgemeinschaft zwischen ihm und dem Kinde besteht, die Auseinandersetzung herbeizuführen.
(2) Das Familiengericht kann gestatten, daß die Auseinandersetzung erst nach der Eheschließung vorgenommen wird.
(3) Das Familiengericht kann ferner gestatten, daß die Auseinandersetzung ganz oder teilweise unterbleibt, wenn dies den Vermögensinteressen des Kindes nicht widerspricht.
(4) (aufgehoben)

§ 1684 [Umgangsrecht mit den Eltern]
(1) Das Kind hat das Recht auf Umgang mit jedem Elternteil; jeder Elternteil ist zum Umgang mit dem Kind verpflichtet und berechtigt.
(2) Die Eltern haben alles zu unterlassen, was das Verhältnis des Kindes zum jeweils anderen Elternteil beeinträchtigt oder die Erziehung erschwert. Entsprechendes gilt, wenn sich das Kind in der Obhut einer anderen Person befindet.
(3) Das Familiengericht kann über den Umfang des Umgangsrechts entscheiden und seine Ausübung, auch gegenüber Dritten, näher regeln. Es kann die Beteiligten durch Anordnungen zur Erfüllung der in Absatz 2 geregelten Pflicht anhalten.
(4) Das Familiengericht kann das Umgangsrecht oder den Vollzug früherer Entscheidungen über das Umgangsrecht einschränken oder ausschließen, soweit dies zum Wohl des Kindes erforderlich ist. Eine Entscheidung, die das Umgangsrecht oder seinen Vollzug für längere Zeit oder auf Dauer einschränkt oder ausschließt, kann nur ergehen, wenn andernfalls das Wohl des Kindes gefährdet wäre. Das Familiengericht kann insbesondere anordnen, daß der Umgang nur stattfinden darf, wenn ein mitwirkungsbereiter Dritter anwesend ist. Dritter kann auch ein Träger der Jugendhilfe oder ein Verein sein; dieser bestimmt dann jeweils, welche Einzelperson die Aufgabe wahrnimmt.

§ 1685 [Umgangsrecht von Großeltern und Geschwistern]
(1) Großeltern und Geschwister haben ein Recht auf Umgang mit dem Kind, wenn dieser dem Wohl des Kindes dient.
(2) Gleiches gilt für den Ehegatten oder früheren Ehegatten eines Elternteils, der mit dem Kind längere Zeit in häuslicher Gemeinschaft gelebt hat, und für Personen, bei denen das Kind längere Zeit in Familienpflege war.
(3) § 1684 Abs. 2 bis 4 gilt entsprechend.

§ 1686 [Auskunftsanspruch eines Elternteils über die persönlichen Verhältnisse des Kindes]
Jeder Elternteil kann vom anderen Elternteil bei berechtigtem Interesse Auskunft über die persönlichen Verhältnisse des Kindes verlangen, soweit dies dem Wohl des Kindes nicht widerspricht. Über Streitigkeiten entscheidet das Familiengericht.

§ 1687 [Gegenseitiges Einvernehmen bei dauernd getrenntlebenden Eltern]
(1) Leben Eltern, denen die elterliche Sorge gemeinsam zusteht, nicht nur vorübergehend getrennt, so ist bei Entscheidungen in Angelegenheiten, deren Regelung für das Kind von erheblicher Bedeutung ist, ihr gegenseitiges Einvernehmen erforderlich. Der Elternteil, bei dem sich das Kind mit Einwilligung des anderen Elternteils oder auf Grund einer gerichtlichen Entscheidung gewöhnlich aufhält, hat die Befugnis zur alleinigen Entscheidung in Angelegenheiten des täglichen Lebens. Entscheidungen in Angelegenheiten des täglichen Lebens sind in der Regel solche, die häufig vorkommen und die keine schwer abzuändernden Auswirkungen auf die Entwicklung des Kindes haben. Solange sich das Kind mit Einwilligung dieses Elternteils oder auf Grund einer gerichtlichen Entscheidung bei dem anderen Elternteil aufhält, hat dieser die Befugnis zur alleinigen Entscheidung in Angelegenheiten der tatsächlichen Betreuung. § 1629 Abs. 1 Satz 4 und § 1684 Abs. 2 Satz 1 gelten entsprechend.
(2) Das Familiengericht kann die Befugnisse nach Absatz 1 Satz 2 und 4 einschränken oder ausschließen, wenn dies zum Wohl des Kindes erforderlich ist.

§ 1687 a [Alleinige Entscheidung in Angelegenheiten der tatsächlichen Betreuung]
Für jeden Elternteil, der nicht Inhaber der elterlichen Sorge ist und bei dem sich das Kind mit Einwilligung des anderen Elternteils oder eines sonstigen Inhabers der Sorge oder auf Grund einer gerichtlichen Entscheidung aufhält, gilt § 1687 Abs. 1 Satz 4 und 5 und Abs. 2 entsprechend.

§ 1688 [Familienpflege]

(1) Lebt ein Kind für längere Zeit in Familienpflege, so ist die Pflegeperson berechtigt, in Angelegenheiten des täglichen Lebens zu entscheiden sowie den Inhaber der elterlichen Sorge in solchen Angelegenheiten zu vertreten. Sie ist befugt, den Arbeitsverdienst des Kindes zu verwalten sowie Unterhalts-, Versicherungs-, Versorgungs- und sonstige Sozialleistungen für das Kind geltend zu machen und zu verwalten. § 1629 Abs. 1 Satz 4 gilt entsprechend.

(2) Der Pflegeperson steht eine Person gleich, die im Rahmen der Hilfe nach den §§ 34, 35 und 35 a Abs. 1 Satz 2 Nr. 3 und 4 des Achten Buches Sozialgesetzbuch die Erziehung und Betreuung eines Kindes übernommen hat.

(3) Die Absätze 1 und 2 gelten nicht, wenn der Inhaber der elterlichen Sorge etwas anderes erklärt. Das Familiengericht kann die Befugnisse nach den Absätzen 1 und 2 einschränken oder ausschließen, wenn dies zum Wohl des Kindes erforderlich ist.

(4) Für eine Person, bei der sich das Kind auf Grund einer gerichtlichen Entscheidung nach § 1632 Abs. 4 oder § 1682 aufhält, gelten die Absätze 1 und 3 mit der Maßgabe, daß die genannten Befugnisse nur das Familiengericht einschränken oder ausschließen kann.

§§ 1689 bis 1692 (aufgehoben)

§ 1693 [Verhinderung der Eltern]

Sind die Eltern verhindert, die elterliche Sorge auszuüben, so hat das Familiengericht die im Interesse des Kindes erforderlichen Maßregeln zu treffen.

§§ 1694 und 1695 (aufgehoben)

§ 1696 [Änderung von gerichtlichen Anordnungen]

(1) Das Vormundschaftsgericht und das Familiengericht haben ihre Anordnungen zu ändern, wenn dies aus triftigen, das Wohl des Kindes nachhaltig berührenden Gründen angezeigt ist.

(2) Maßnahmen nach den §§ 1666 bis 1667 sind aufzuheben, wenn eine Gefahr für das Wohl des Kindes nicht mehr besteht.

(3) Länger dauernde Maßnahmen nach den §§ 1666 bis 1667 hat das Gericht in angemessenen Zeitabständen zu überprüfen.

§ 1697 [Anordnung von Vormundschaft oder Pflegschaft]

Ist auf Grund einer Maßnahme des Familiengerichts eine Vormundschaft oder Pflegschaft anzuordnen, so kann das Familiengericht auch diese Anordnung treffen und den Vormund oder Pfleger auswählen.

§ 1697 a [Entscheidung entsprechend dem Kindeswohl]

Soweit nicht anderes bestimmt ist, trifft das Gericht in Verfahren über die in diesem Titel geregelten Angelegenheiten diejenige Entscheidung, die unter Berücksichtigung der tatsächlichen Gegebenheiten und Möglichkeiten sowie der berechtigten Interessen der Beteiligten dem Wohl des Kindes am besten entspricht.

§ 1698 [Herausgabe des Kindesvermögens – Rechenschaft]

(1) Endet oder ruht die elterliche Sorge der Eltern oder hört aus einem anderen Grunde ihre Vermögenssorge auf, so haben sie dem Kinde das Vermögen herauszugeben und auf Verlangen über die Verwaltung Rechenschaft abzulegen.

(2) Über die Nutzungen des Kindesvermögens brauchen die Eltern nur insoweit Rechenschaft abzulegen, als Grund zu der Annahme besteht, daß sie die Nutzungen entgegen den Vorschriften des § 1649 verwendet haben.

§ 1698 a [Fortführung der Geschäfte]

(1) Die Eltern dürfen die mit der Personensorge und mit der Vermögenssorge für das Kind verbundenen Geschäfte fortführen, bis sie von der Beendigung der elterlichen Sorge Kenntnis erlangen oder sie kennen müssen. Ein Dritter kann sich auf diese Befugnis nicht berufen, wenn er bei der Vornahme eines Rechtsgeschäfts die Beendigung kennt oder kennen muß.

(2) Diese Vorschriften sind entsprechend anzuwenden, wenn die elterliche Sorge ruht.

§ 1698 b [Geschäftsbesorgung nach Tod des Kindes]

Endet die elterliche Sorge durch den Tod des Kindes, so haben die Eltern die Geschäfte, die nicht ohne Gefahr aufgeschoben werden können, zu besorgen, bis der Erbe anderweit Fürsorge treffen kann.

§§ 1699 bis 1704   (aufgehoben)

Sechster Titel

§§ 1705 bis 1711   (aufgehoben)

Siebenter Titel
Beistandschaft

§ 1712 [Beistandschaft]
(1) Auf schriftlichen Antrag eines Elternteils wird das Jugendamt Beistand des Kindes für folgende Aufgaben:
1. die Feststellung der Vaterschaft,
2. die Geltendmachung von Unterhaltsansprüchen einschließlich der Ansprüche auf eine an Stelle des Unterhalts zu gewährende Abfindung sowie die Verfügung über diese Ansprüche; ist das Kind bei einem Dritten entgeltlich in Pflege, so ist der Beistand berechtigt, aus dem vom Unterhaltspflichtigen Geleisteten den Dritten zu befriedigen.

(2) Der Antrag kann auf einzelne der in Absatz 1 bezeichneten Aufgaben beschränkt werden.

§ 1713 [Antragsberechtigte]
(1) Den Antrag kann ein Elternteil stellen, dem für den Aufgabenkreis der beantragten Beistandschaft die alleinige elterliche Sorge zusteht oder zustünde, wenn das Kind bereits geboren wäre. Der Antrag kann auch von einem nach § 1776 berufenen Vormund gestellt werden. Er kann nicht durch einen Vertreter gestellt werden.

(2) Vor der Geburt des Kindes kann die werdende Mutter den Antrag auch dann stellen, wenn das Kind, sofern es bereits geboren wäre, unter Vormundschaft stünde. Ist die werdende Mutter in der Geschäftsfähigkeit beschränkt, so kann sie den Antrag nur selbst stellen; sie bedarf hierzu nicht der Zustimmung ihres gesetzlichen Vertreters. Für eine geschäftsunfähige werdende Mutter kann nur ihr gesetzlicher Vertreter den Antrag stellen.

§ 1714 [Eintritt der Beistandschaft]
Die Beistandschaft tritt ein, sobald der Antrag dem Jugendamt zugeht. Dies gilt auch, wenn der Antrag vor der Geburt des Kindes gestellt wird.

§ 1715 [Beendigung der Beistandschaft]
(1) Die Beistandschaft endet, wenn der Antragsteller dies schriftlich verlangt. § 1712 Abs. 2 und § 1714 gelten entsprechend.

(2) Die Beistandschaft endet auch, sobald der Antragsteller keine der in § 1713 genannten Voraussetzungen mehr erfüllt.

§ 1716 [Keine Einschränkung der elterlichen Sorge]
Durch die Beistandschaft wird die elterliche Sorge nicht eingeschränkt. Im übrigen gelten die Vorschriften über die Pflegschaft mit Ausnahme derjenigen über die Aufsicht des Vormundschaftsgerichts und die Rechnungslegung sinngemäß; die §§ 1791, 1791 c Abs. 3 sind nicht anzuwenden.

§ 1717 [Beistandschaft bei gewöhnlichem Aufenthalt im Inland]
Die Beistandschaft tritt nur ein, wenn das Kind seinen gewöhnlichen Aufenthalt im Inland hat; sie endet, wenn das Kind seinen gewöhnlichen Aufenthalt im Ausland begründet. Dies gilt für die Beistandschaft vor der Geburt des Kindes entsprechend.

§ 1718 (entfallen)

Achter Titel

§§ 1719 bis 1740 g   (aufgehoben)

Neunter Titel
Annahme als Kind
I. Annahme Minderjähriger

§ 1741 [Zulässigkeit der Annahme]
(1) Die Annahme als Kind ist zulässig, wenn sie dem Wohl des Kindes dient und zu erwarten ist, daß zwischen dem Annehmenden und dem Kind ein Eltern-Kind-Verhältnis entsteht. Wer an einer gesetzes- oder sittenwidrigen Vermittlung oder Verbringung eines Kindes zum Zwecke der Annahme mitgewirkt oder einen Dritten hiermit beauftragt oder hierfür belohnt hat, soll ein Kind nur dann annehmen, wenn dies zum Wohl des Kindes erforderlich ist.
(2) Wer nicht verheiratet ist, kann ein Kind nur allein annehmen. Ein Ehepaar kann ein Kind nur gemeinschaftlich annehmen. Ein Ehegatte kann ein Kind seines Ehegatten allein annehmen. Er kann ein Kind auch dann allein annehmen, wenn der andere Ehegatte das Kind nicht annehmen kann, weil er geschäftsunfähig ist oder das einundzwanzigste Lebensjahr noch nicht vollendet hat.
(3) (aufgehoben)

§ 1742 [Annahme als gemeinschaftliches Kind]
Ein angenommenes Kind kann, solange das Annahmeverhältnis besteht, bei Lebzeiten eines Annehmenden nur von dessen Ehegatten angenommen werden.

§ 1743 [Mindestalter des Annehmenden]
Der Annehmende muß das fünfundzwanzigste, in den Fällen des § 1741 Abs. 2 Satz 3 das einundzwanzigste Lebensjahr vollendet haben. In den Fällen des § 1741 Abs. 2 Satz 2 muß ein Ehegatte das fünfundzwanzigste Lebensjahr, der andere Ehegatte das einundzwanzigste Lebensjahr vollendet haben.

§ 1744 [Probezeit vor Annahme]
Die Annahme soll in der Regel erst ausgesprochen werden, wenn der Annehmende das Kind eine angemessene Zeit in Pflege gehabt hat.

§ 1745 [Berücksichtigung der Kindesinteressen]
Die Annahme darf nicht ausgesprochen werden, wenn ihr überwiegende Interessen der Kinder des Annehmenden oder des Anzunehmenden entgegenstehen oder wenn zu befürchten ist, daß Interessen des Anzunehmenden durch Kinder des Annehmenden gefährdet werden. Vermögensrechtliche Interessen sollen nicht ausschlaggebend sein.

§ 1746 [Einwilligung des Kindes]
(1) Zur Annahme ist die Einwilligung des Kindes erforderlich. Für ein Kind, das geschäftsunfähig oder noch nicht vierzehn Jahre alt ist, kann nur sein gesetzlicher Vertreter die Einwilligung erteilen. Im übrigen kann das Kind die Einwilligung nur selbst erteilen; es bedarf hierzu der Zustimmung seines gesetzlichen Vertreters. Die Einwilligung bedarf bei unterschiedlicher Staatsangehörigkeit des Annehmenden und des Kindes der Genehmigung des Vormundschaftsgerichts; dies gilt nicht, wenn die Annahme deutschem Recht unterliegt.
(2) Hat das Kind das vierzehnte Lebensjahr vollendet und ist es nicht geschäftsunfähig, so kann es die Einwilligung bis zum Wirksamwerden des Ausspruchs der Annahme gegenüber dem Vormundschaftsgericht widerrufen. Der Widerruf bedarf der öffentlichen Beurkundung. Eine Zustimmung des gesetzlichen Vertreters ist nicht erforderlich.
(3) Verweigert der Vormund oder Pfleger die Einwilligung oder Zustimmung ohne triftigen Grund, so kann das Vormundschaftsgericht sie ersetzen; einer Erklärung nach Absatz 1 durch die Eltern bedarf es nicht, soweit diese nach den §§ 1747, 1750 unwiderruflich in die Annahme eingewilligt haben oder ihre Einwilligung nach § 1748 durch das Vormundschaftsgericht ersetzt worden ist.

§ 1747 [Einwilligung der Eltern]
(1) Zur Annahme eines Kindes ist die Einwilligung der Eltern erforderlich. Sofern kein anderer Mann nach § 1592 als Vater anzusehen ist, gilt im Sinne des Satzes 1 und des § 1748 Abs. 4 als Vater, wer die Voraussetzung des § 1600 d Abs. 2 Satz 1 glaubhaft macht.
(2) Die Einwilligung kann erst erteilt werden, wenn das Kind acht Wochen alt ist. Sie ist auch dann wirksam, wenn der Einwilligende die schon feststehenden Annehmenden nicht kennt.

(3) Sind die Eltern nicht miteinander verheiratet und haben sie keine Sorgeerklärungen abgegeben,
1. kann die Einwilligung des Vaters bereits vor der Geburt erteilt werden;
2. darf, wenn der Vater die Übertragung der Sorge nach § 1672 Abs. 1 beantragt hat, eine Annahme erst ausgesprochen werden, nachdem über den Antrag des Vaters entschieden worden ist;
3. kann der Vater darauf verzichten, die Übertragung der Sorge nach § 1672 Abs. 1 zu beantragen. Die Verzichtserklärung muß öffentlich beurkundet werden. § 1750 gilt sinngemäß mit Ausnahme von Absatz 4 Satz 1.
(4) Die Einwilligung eines Elternteils ist nicht erforderlich, wenn er zur Abgabe einer Erklärung dauernd außerstande oder sein Aufenthalt dauernd unbekannt ist.

§ 1748 [Ersetzung der Einwilligung eines Elternteils]

(1) Das Vormundschaftsgericht hat auf Antrag des Kindes die Einwilligung eines Elternteils zu ersetzen, wenn dieser seine Pflichten gegenüber dem Kind anhaltend gröblich verletzt hat oder durch sein Verhalten gezeigt hat, daß ihm das Kind gleichgültig ist, und wenn das Unterbleiben der Annahme dem Kind zu unverhältnismäßigem Nachteil gereichen würde. Die Einwilligung kann auch ersetzt werden, wenn die Pflichtverletzung zwar nicht anhaltend, aber besonders schwer ist und das Kind voraussichtlich dauernd nicht mehr der Obhut des Elternteils anvertraut werden kann.
(2) Wegen Gleichgültigkeit, die nicht zugleich eine anhaltende gröbliche Pflichtverletzung ist, darf die Einwilligung nicht ersetzt werden, bevor der Elternteil vom Jugendamt über die Möglichkeit ihrer Ersetzung belehrt und nach Maßgabe des § 51 Abs. 2 des Achten Buches Sozialgesetzbuch beraten worden ist und seit der Belehrung wenigstens drei Monate verstrichen sind; in der Belehrung ist auf die Frist hinzuweisen. Der Belehrung bedarf es nicht, wenn der Elternteil seinen Aufenthaltsort ohne Hinterlassung seiner neuen Anschrift gewechselt hat und der Aufenthaltsort vom Jugendamt während eines Zeitraums von drei Monaten trotz angemessener Nachforschungen nicht ermittelt werden konnte; in diesem Fall beginnt die Frist mit der ersten auf die Belehrung und Beratung oder auf die Ermittlung des Aufenthaltsorts gerichteten Handlung des Jugendamts. Die Fristen laufen frühestens fünf Monate nach der Geburt des Kindes ab.
(3) Die Einwilligung eines Elternteils kann ferner ersetzt werden, wenn er wegen einer besonders schweren psychischen Krankheit oder einer besonders schweren geistigen oder seelischen Behinderung zur Pflege und Erziehung des Kindes dauernd unfähig ist und wenn das Kind bei Unterbleiben der Annahme nicht in einer Familie aufwachsen könnte und dadurch in seiner Entwicklung schwer gefährdet wäre.
(4) In den Fällen des § 1626 a Abs. 2 hat das Vormundschaftsgericht die Einwilligung des Vaters zu ersetzen, wenn das Unterbleiben der Annahme dem Kind zu unverhältnismäßigem Nachteil gereichen würde.

§ 1749 [Einwilligung des Ehegatten]

(1) Zur Annahme eines Kindes durch einen Ehegatten allein ist die Einwilligung des anderen Ehegatten erforderlich. Das Vormundschaftsgericht kann auf Antrag des Annehmenden die Einwilligung ersetzen. Die Einwilligung darf nicht ersetzt werden, wenn berechtigte Interessen des anderen Ehegatten und der Familie der Annahme entgegenstehen.
(2) Zur Annahme eines Verheirateten ist die Einwilligung seines Ehegatten erforderlich.
(3) Die Einwilligung des Ehegatten ist nicht erforderlich, wenn er zur Abgabe der Erklärung dauernd außerstande oder sein Aufenthalt dauernd unbekannt ist.

§ 1750 [Einwilligungserklärung]

(1) Die Einwilligung nach §§ 1746, 1747 und 1749 ist dem Vormundschaftsgericht gegenüber zu erklären. Die Erklärung bedarf der notariellen Beurkundung. Die Einwilligung wird in dem Zeitpunkt wirksam, in dem sie dem Vormundschaftsgericht zugeht.
(2) Die Einwilligung kann nicht unter einer Bedingung oder einer Zeitbestimmung erteilt werden. Sie ist unwiderruflich; die Vorschrift des § 1746 Abs. 2 bleibt unberührt.
(3) Die Einwilligung kann nicht durch einen Vertreter erteilt werden. Ist der Einwilligende in der Geschäftsfähigkeit beschränkt, so bedarf seine Einwilligung nicht der Zustimmung seines gesetzlichen Vertreters. Die Vorschriften des § 1746 Abs. 1 Satz 2, 3 bleiben unberührt.

(4) Die Einwilligung verliert ihre Kraft, wenn der Antrag zurückgenommen oder die Annahme versagt wird. Die Einwilligung eines Elternteils verliert ferner ihre Kraft, wenn das Kind nicht innerhalb von drei Jahren seit dem Wirksamwerden der Einwilligung angenommen wird.

§ 1751 [Ruhen der elterlichen Sorge und der Unterhaltspflicht]
(1) Mit der Einwilligung eines Elternteils in die Annahme ruht die elterliche Sorge dieses Elternteils; die Befugnis zum persönlichen Umgang mit dem Kinde darf nicht ausgeübt werden. Das Jugendamt wird Vormund; dies gilt nicht, wenn der andere Elternteil die elterliche Sorge allein ausübt oder wenn bereits ein Vormund bestellt ist. Eine bestehende Pflegschaft bleibt unberührt. Das Vormundschaftsgericht hat dem Jugendamt unverzüglich eine Bescheinigung über den Eintritt der Vormundschaft zu erteilen; § 1791 ist nicht anzuwenden. Für den Annehmenden gilt während der Zeit der Adoptionspflege § 1688 Abs. 1 und 3 entsprechend. Hat die Mutter in die Annahme eingewilligt, so bedarf ein Antrag des Vaters nach § 1672 Abs. 1 nicht ihrer Zustimmung.
(2) Absatz 1 ist nicht anzuwenden auf einen Ehegatten, dessen Kind vom anderen Ehegatten angenommen wird.
(3) Hat die Einwilligung eines Elternteils ihre Kraft verloren, so hat das Vormundschaftsgericht die elterliche Sorge dem Elternteil zu übertragen, wenn und soweit dies dem Wohl des Kindes nicht widerspricht.
(4) Der Annehmende ist dem Kind vor den Verwandten des Kindes zur Gewährung des Unterhalts verpflichtet, sobald die Eltern des Kindes die erforderliche Einwilligung erteilt haben und das Kind in die Obhut des Annehmenden mit dem Ziel der Annahme aufgenommen ist. Will ein Ehegatte ein Kind seines Ehegatten annehmen, so sind die Ehegatten dem Kind vor den anderen Verwandten des Kindes zur Gewährung des Unterhalts verpflichtet, sobald die erforderliche Einwilligung der Eltern des Kindes erteilt und das Kind in die Obhut der Ehegatten aufgenommen ist.

§ 1752 [Beschluß des Vormundschaftsgerichts – Antrag]
(1) Die Annahme als Kind wird auf Antrag des Annehmenden vom Vormundschaftsgericht ausgesprochen.
(2) Der Antrag kann nicht unter einer Bedingung oder einer Zeitbestimmung oder durch einen Vertreter gestellt werden. Er bedarf der notariellen Beurkundung.

§ 1753 [Annahme nach dem Tod]
(1) Der Ausspruch der Annahme kann nicht nach dem Tod des Kindes erfolgen.
(2) Nach dem Tod des Annehmenden ist der Ausspruch nur zulässig, wenn der Annehmende den Antrag beim Vormundschaftsgericht eingereicht oder bei oder nach der notariellen Beurkundung des Antrags den Notar damit betraut hat, den Antrag einzureichen.
(3) Wird die Annahme nach dem Tod des Annehmenden ausgesprochen, so hat sie die gleiche Wirkung, wie wenn sie vor dem Tod erfolgt wäre.

§ 1754 [Rechtliche Stellung des Kindes]
(1) Nimmt ein Ehepaar ein Kind an oder nimmt ein Ehegatte ein Kind des anderen Ehegatten an, so erlangt das Kind die rechtliche Stellung eines gemeinschaftlichen Kindes der Ehegatten.
(2) In den anderen Fällen erlangt das Kind die rechtliche Stellung eines Kindes des Annehmenden.
(3) Die elterliche Sorge steht in den Fällen des Absatzes 1 den Ehegatten gemeinsam, in den Fällen des Absatzes 2 dem Annehmenden zu.

§ 1755 [Verhältnis zu den bisherigen Verwandten]
(1) Mit der Annahme erlöschen das Verwandtschaftsverhältnis des Kindes und seiner Abkömmlinge zu den bisherigen Verwandten und die sich aus ihm ergebenden Rechte und Pflichten. Ansprüche des Kindes, die bis zur Annahme entstanden sind, insbesondere auf Renten, Waisengeld und andere entsprechende wiederkehrende Leistungen, werden durch die Annahme nicht berührt; dies gilt nicht für Unterhaltsansprüche.
(2) Nimmt ein Ehegatte das Kind seines Ehegatten an, so tritt das Erlöschen nur im Verhältnis zu dem anderen Elternteil und dessen Verwandten ein.

§ 1756 [Bestehenbleibende Verwandtschaftsverhältnisse]
(1) Sind die Annehmenden mit dem Kind im zweiten oder dritten Grad verwandt oder verschwägert, so erlöschen nur das Verwandtschaftsverhältnis des Kindes und seiner Abkömmlinge zu den Eltern des Kindes und die sich aus ihm ergebenden Rechte und Pflichten.
(2) Nimmt ein Ehegatte das Kind seines Ehegatten an, so erlischt das Verwandtschaftsverhältnis nicht im Verhältnis zu den Verwandten des anderen Elternteils, wenn dieser die elterliche Sorge hatte und verstorben ist.

§ 1757 [Name des Kindes]
(1) Das Kind erhält als Geburtsnamen den Familiennamen des Annehmenden. Als Familienname gilt nicht der nach § 1355 Abs. 4 dem Ehenamen hinzugefügte Name.
(2) Nimmt ein Ehepaar ein Kind an oder nimmt ein Ehegatte ein Kind des anderen Ehegatten an und führen die Ehegatten keinen Ehenamen, so bestimmen sie den Geburtsnamen des Kindes vor dem Ausspruch der Annahme durch Erklärung gegenüber dem Vormundschaftsgericht; § 1617 Abs. 1 gilt entsprechend. Hat das Kind das fünfte Lebensjahr vollendet, so ist die Bestimmung nur wirksam, wenn es sich der Bestimmung vor dem Ausspruch der Annahme durch Erklärung gegenüber dem Vormundschaftsgericht anschließt; § 1617 c Abs. 1 Satz 2 gilt entsprechend.
(3) Die Änderung des Geburtsnamens erstreckt sich auf den Ehenamen des Kindes nur dann, wenn sich auch der Ehegatte der Namensänderung vor dem Ausspruch der Annahme durch Erklärung gegenüber dem Vormundschaftsgericht anschließt; die Erklärung muß öffentlich beglaubigt werden.
(4) Das Vormundschaftsgericht kann auf Antrag des Annehmenden mit Einwilligung des Kindes mit dem Ausspruch der Annahme
1. Vornamen des Kindes ändern oder ihm einen oder mehrere neue Vornamen beigeben, wenn dies dem Wohl des Kindes entspricht;
2. dem neuen Familiennamen des Kindes den bisherigen Familiennamen voranstellen oder anfügen, wenn dies aus schwerwiegenden Gründen zum Wohl des Kindes erforderlich ist.

§ 1746 Abs. 1 Satz 2, 3, Abs. 3 erster Halbsatz ist entsprechend anzuwenden.

§ 1758 [Geheimhaltung der Adoption]
(1) Tatsachen, die geeignet sind, die Annahme und ihre Umstände aufzudecken, dürfen ohne Zustimmung des Annehmenden und des Kindes nicht offenbart oder ausgeforscht werden, es sei denn, daß besondere Gründe des öffentlichen Interesses dies erfordern.
(2) Absatz 1 gilt sinngemäß, wenn die nach § 1747 erforderliche Einwilligung erteilt ist. Das Vormundschaftsgericht kann anordnen, daß die Wirkungen des Absatzes 1 eintreten, wenn ein Antrag auf Ersetzung der Einwilligung eines Elternteils gestellt worden ist.

§ 1759 [Aufhebung der Adoption]
Das Annahmeverhältnis kann nur in den Fällen der §§ 1760, 1763 aufgehoben werden.

§ 1760 [Aufhebung auf Grund fehlenden Antrags]
(1) Das Annahmeverhältnis kann auf Antrag vom Vormundschaftsgericht aufgehoben werden, wenn es ohne Antrag des Annehmenden, ohne die Einwilligung des Kindes oder ohne die erforderliche Einwilligung eines Elternteils begründet worden ist.
(2) Der Antrag oder eine Einwilligung ist nur dann unwirksam, wenn der Erklärende
a) zur Zeit der Erklärung sich im Zustand der Bewußtlosigkeit oder vorübergehenden Störung der Geistestätigkeit befand, wenn der Antragsteller geschäftsunfähig war oder das geschäftsunfähige oder noch nicht vierzehn Jahre alte Kind die Einwilligung selbst erteilt hat,
b) nicht gewußt hat, daß es sich um eine Annahme als Kind handelt, oder wenn er dies zwar gewußt hat, aber einen Annahmeantrag nicht hat stellen oder eine Einwilligung zur Annahme nicht hat abgeben wollen oder wenn sich der Annehmende in der Person des anzunehmenden Kindes oder wenn sich das anzunehmende Kind in der Person des Annehmenden geirrt hat,
c) durch arglistige Täuschung über wesentliche Umstände zur Erklärung bestimmt worden ist,
d) widerrechtlich durch Drohung zur Erklärung bestimmt worden ist,
e) die Einwilligung vor Ablauf der in § 1747 Abs. 2 Satz 1 bestimmten Frist erteilt hat.
(3) Die Aufhebung ist ausgeschlossen, wenn der Erklärende nach Wegfall der Geschäftsunfähigkeit, der Bewußtlosigkeit, der Störung der Geistestätigkeit, der durch die Drohung bestimmten Zwangslage, nach der Entdeckung des Irrtums oder nach Ablauf der in § 1747 Abs. 2 Satz 1 bestimmten Frist den Antrag oder die Einwilligung nachgeholt oder sonst zu erkennen gegeben hat, daß das Annahme-

verhältnis aufrechterhalten werden soll. Die Vorschriften des § 1746 Abs. 1 Satz 2, 3 und des § 1750 Abs. 3 Satz 1, 2 sind entsprechend anzuwenden.
(4) Die Aufhebung wegen arglistiger Täuschung über wesentliche Umstände ist ferner ausgeschlossen, wenn über Vermögensverhältnisse des Annehmenden oder des Kindes getäuscht worden ist oder wenn die Täuschung ohne Wissen eines Antrags- oder Einwilligungsberechtigten von jemand verübt worden ist, der weder antrags- noch einwilligungsberechtigt noch zur Vermittlung der Annahme befugt war.
(5) Ist beim Ausspruch der Annahme zu Unrecht angenommen worden, daß ein Elternteil zur Abgabe der Erklärung dauernd außerstande oder sein Aufenthalt dauernd unbekannt sei, so ist die Aufhebung ausgeschlossen, wenn der Elternteil die Einwilligung nachgeholt oder sonst zu erkennen gegeben hat, daß das Annahmeverhältnis aufrechterhalten werden soll. Die Vorschriften des § 1750 Abs. 3 Satz 1, 2 sind entsprechend anzuwenden.

§ 1761 [Keine Aufhebung bei Ersetzungsmöglichkeit oder Kindeswohlgefährdung]
(1) Das Annahmeverhältnis kann nicht aufgehoben werden, weil eine erforderliche Einwilligung nicht eingeholt worden oder nach § 1760 Abs. 2 unwirksam ist, wenn die Voraussetzungen für die Ersetzung der Einwilligung beim Ausspruch der Annahme vorgelegen haben oder wenn sie zum Zeitpunkt der Entscheidung über den Aufhebungsantrag vorliegen; dabei ist es unschädlich, wenn eine Belehrung oder Beratung nach § 1748 Abs. 2 nicht erfolgt ist.
(2) Das Annahmeverhältnis darf nicht aufgehoben werden, wenn dadurch das Wohl des Kindes erheblich gefährdet würde, es sei denn, daß überwiegende Interessen des Annehmenden die Aufhebung erfordern.

§ 1762 [Antragsrecht – Antragsfrist]
(1) Antragsberechtigt ist nur derjenige, ohne dessen Antrag oder Einwilligung das Kind angenommen worden ist. Für ein Kind, das geschäftsunfähig oder noch nicht vierzehn Jahre alt ist, und für den Annehmenden, der geschäftsunfähig ist, können die gesetzlichen Vertreter den Antrag stellen. Im übrigen kann der Antrag nicht durch einen Vertreter gestellt werden. Ist der Antragsberechtigte in der Geschäftsfähigkeit beschränkt, so ist die Zustimmung des gesetzlichen Vertreters nicht erforderlich.
(2) Der Antrag kann nur innerhalb eines Jahres gestellt werden, wenn seit der Annahme noch keine drei Jahre verstrichen sind. Die Frist beginnt
a) in den Fällen des § 1760 Abs. 2 Buchstabe a mit dem Zeitpunkt, in dem der Erklärende zumindest die beschränkte Geschäftsfähigkeit erlangt hat oder in dem dem gesetzlichen Vertreter des geschäftsunfähigen Annehmenden oder des noch nicht vierzehn Jahre alten oder geschäftsunfähigen Kindes die Erklärung bekannt wird;
b) in den Fällen des § 1760 Abs. 2 Buchstaben b, c mit dem Zeitpunkt, in dem der Erklärende den Irrtum oder die Täuschung entdeckt;
c) in dem Fall des § 1760 Abs. 2 Buchstabe d mit dem Zeitpunkt, in dem die Zwangslage aufhört;
d) in dem Fall des § 1760 Abs. 2 Buchstabe e nach Ablauf der in § 1747 Abs. 2 Satz 1 bestimmten Frist;
e) in den Fällen des § 1760 Abs. 5 mit dem Zeitpunkt, in dem dem Elternteil bekannt wird, daß die Annahme ohne seine Einwilligung erfolgt ist. Die für die Verjährung geltenden Vorschriften der §§ 203, 206 sind entsprechend anzuwenden.
(3) Der Antrag bedarf der notariellen Beurkundung.

§ 1763 [Aufhebung von Amts wegen]
(1) Während der Minderjährigkeit des Kindes kann das Vormundschaftsgericht das Annahmeverhältnis von Amts wegen aufheben, wenn dies aus schwerwiegenden Gründen zum Wohl des Kindes erforderlich ist.
(2) Ist das Kind von einem Ehepaar angenommen, so kann auch das zwischen dem Kind und einem Ehegatten bestehende Annahmeverhältnis aufgehoben werden.
(3) Das Annahmeverhältnis darf nur aufgehoben werden,
a) wenn in dem Fall des Absatzes 2 der andere Ehegatte oder wenn ein leiblicher Elternteil bereit ist, die Pflege und Erziehung des Kindes zu übernehmen, und wenn die Ausübung der elterlichen Sorge durch ihn dem Wohl des Kindes nicht widersprechen würde oder
b) wenn die Aufhebung eine erneute Annahme des Kindes ermöglichen soll.

§ 1764 [Wirkung der Aufhebung]
(1) Die Aufhebung wirkt nur für die Zukunft. Hebt das Vormundschaftsgericht das Annahmeverhältnis nach dem Tod des Annehmenden auf dessen Antrag oder nach dem Tod des Kindes auf dessen Antrag auf, so hat dies die gleiche Wirkung, wie wenn das Annahmeverhältnis vor dem Tod aufgehoben worden wäre.
(2) Mit der Aufhebung der Annahme als Kind erlöschen das durch die Annahme begründete Verwandtschaftsverhältnis des Kindes und seiner Abkömmlinge zu den bisherigen Verwandten und die sich aus ihm ergebenden Rechte und Pflichten.
(3) Gleichzeitig leben das Verwandtschaftsverhältnis des Kindes und seiner Abkömmlinge zu den leiblichen Verwandten des Kindes und die sich aus ihm ergebenden Rechte und Pflichten, mit Ausnahme der elterlichen Sorge, wieder auf.
(4) Das Vormundschaftsgericht hat den leiblichen Eltern die elterliche Sorge zurückzuübertragen, wenn und soweit dies dem Wohl des Kindes nicht widerspricht; andernfalls bestellt es einen Vormund oder Pfleger.
(5) Besteht das Annahmeverhältnis zu einem Ehepaar und erfolgt die Aufhebung nur im Verhältnis zu einem Ehegatten, so treten die Wirkungen des Absatzes 2 nur zwischen dem Kind und seinen Abkömmlingen und diesem Ehegatten und dessen Verwandten ein; die Wirkungen des Absatzes 3 treten nicht ein.

§ 1765 [Verlust des Familiennamens]
(1) Mit der Aufhebung der Annahme als Kind verliert das Kind das Recht, den Familiennamen des Annehmenden als Geburtsnamen zu führen. Satz 1 ist in den Fällen des § 1754 Abs. 1 nicht anzuwenden, wenn das Kind einen Geburtsnamen nach § 1757 Abs. 1 führt und das Annahmeverhältnis zu einem Ehegatten allein aufgehoben wird. Ist der Geburtsname zum Ehenamen des Kindes geworden, so bleibt dieser unberührt.
(2) Auf Antrag des Kindes kann das Vormundschaftsgericht mit der Aufhebung anordnen, daß das Kind den Familiennamen behält, den es durch die Annahme erworben hat, wenn das Kind ein berechtigtes Interesse an der Führung dieses Namens hat. § 1764 Abs. 1 Satz 2, 3 ist entsprechend anzuwenden.
(3) Ist der durch die Annahme erworbene Name zum Ehenamen geworden, so hat das Vormundschaftsgericht auf gemeinsamen Antrag der Ehegatten mit der Aufhebung anzuordnen, daß die Ehegatten als Ehenamen den Geburtsnamen führen, den das Kind vor der Annahme geführt hat.

§ 1766 [Eheschließung des Annehmenden mit dem Angenommenen]
Schließt ein Annehmender mit dem Angenommenen oder einem seiner Abkömmlinge den eherechtlichen Vorschriften zuwider die Ehe, so wird mit der Eheschließung das durch die Annahme zwischen ihnen begründete Rechtsverhältnis aufgehoben. §§ 1764, 1765 sind nicht anzuwenden.

II. Annahme Volljähriger

§ 1767 [Zulässigkeit – Anzuwendende Vorschriften]
(1) Ein Volljähriger kann als Kind angenommen werden, wenn die Annahme sittlich gerechtfertigt ist; dies ist insbesondere anzunehmen, wenn zwischen dem Annehmenden und dem Anzunehmenden ein Eltern-Kind-Verhältnis bereits entstanden ist.
(2) Für die Annahme Volljähriger gelten die Vorschriften über die Annahme Minderjähriger sinngemäß, soweit sich aus den folgenden Vorschriften nichts anderes ergibt.

§ 1768 [Annahmeantrag]
(1) Die Annahme eines Volljährigen wird auf Antrag des Annehmenden und des Anzunehmenden vom Vormundschaftsgericht ausgesprochen. §§ 1742, 1744, 1745, 1746 Abs. 1, 2, § 1747 sind nicht anzuwenden.
(2) Für einen Anzunehmenden, der geschäftsunfähig ist, kann der Antrag nur von seinem gesetzlichen Vertreter gestellt werden.

Bürgerliches Gesetzbuch §§ 1769–1774

§ 1769 [Entgegenstehende Interessen]
Die Annahme eines Volljährigen darf nicht ausgesprochen werden, wenn ihr überwiegende Interessen der Kinder des Annehmenden oder des Anzunehmenden entgegenstehen.

§ 1770 [Wirkungen der Annahme]
(1) Die Wirkungen der Annahme eines Volljährigen erstrecken sich nicht auf die Verwandten des Annehmenden. Der Ehegatte des Annehmenden wird nicht mit dem Angenommenen, dessen Ehegatte wird nicht mit dem Annehmenden verschwägert.
(2) Die Rechte und Pflichten aus dem Verwandtschaftsverhältnis des Angenommenen und seiner Abkömmlinge zu ihren Verwandten werden durch die Annahme nicht berührt, soweit das Gesetz nichts anderes vorschreibt.
(3) Der Annehmende ist dem Angenommenen und dessen Abkömmlingen vor den leiblichen Verwandten des Angenommenen zur Gewährung des Unterhalts verpflichtet.

§ 1771 [Aufhebung des Annahmeverhältnisses]
Das Vormundschaftsgericht kann das Annahmeverhältnis, das zu einem Volljährigen begründet worden ist, auf Antrag des Annehmenden und des Angenommenen aufheben, wenn ein wichtiger Grund vorliegt. Im übrigen kann das Annahmeverhältnis nur in sinngemäßer Anwendung der Vorschriften des § 1760 Abs. 1 bis 5 aufgehoben werden. An die Stelle der Einwilligung des Kindes tritt der Antrag des Anzunehmenden.

§ 1772 [Wirkungen der Annahme wie bei Minderjährigenadoption]
(1) Das Vormundschaftsgericht kann beim Ausspruch der Annahme eines Volljährigen auf Antrag des Annehmenden und des Anzunehmenden bestimmen, daß sich die Wirkungen der Annahme nach den Vorschriften über die Annahme eines Minderjährigen oder eines verwandten Minderjährigen richten (§§ 1754 bis 1756), wenn
a) ein minderjähriger Bruder oder eine minderjährige Schwester des Anzunehmenden von dem Annehmenden als Kind angenommen worden ist oder gleichzeitig angenommen wird oder
b) der Anzunehmende bereits als Minderjähriger in die Familie des Annehmenden aufgenommen worden ist oder
c) der Annehmende das Kind seines Ehegatten annimmt oder
d) der Anzunehmende in dem Zeitpunkt, in dem der Antrag auf Annahme bei dem Vormundschaftsgericht eingereicht wird, noch nicht volljährig ist.
Eine solche Bestimmung darf nicht getroffen werden, wenn ihr überwiegende Interessen der Eltern des Anzunehmenden entgegenstehen.
(2) Das Annahmeverhältnis kann in den Fällen des Absatzes 1 nur in sinngemäßer Anwendung der Vorschriften des § 1760 Abs. 1 bis 5 aufgehoben werden. An die Stelle der Einwilligung des Kindes tritt der Antrag des Anzunehmenden.

Dritter Abschnitt
Vormundschaft. Rechtliche Betreuung. Pflegschaft

Erster Titel
Vormundschaft

I. Begründung der Vormundschaft

§ 1773 [Voraussetzungen]
(1) Ein Minderjähriger erhält einen Vormund, wenn er nicht unter elterlicher Sorge steht oder wenn die Eltern weder in den die Person noch in den das Vermögen betreffenden Angelegenheiten zur Vertretung des Minderjährigen berechtigt sind.
(2) Ein Minderjähriger erhält einen Vormund auch dann, wenn sein Familienstand nicht zu ermitteln ist.

§ 1774 [Anordnung von Amts wegen]
Das Vormundschaftsgericht hat die Vormundschaft von Amts wegen anzuordnen. Ist anzunehmen, daß ein Kind mit seiner Geburt eines Vormunds bedarf, so kann schon vor der Geburt des Kindes ein Vormund bestellt werden; die Bestellung wird mit der Geburt des Kindes wirksam.

§ 1775 [Bestellung der Vormundschaft]
Das Vormundschaftsgericht kann ein Ehepaar gemeinschaftlich zu Vormündern bestellen. Im übrigen soll das Vormundschaftsgericht, sofern nicht besondere Gründe für die Bestellung mehrerer Vormünder vorliegen, für den Mündel und, wenn Geschwister zu bevormunden sind, für alle Mündel nur einen Vormund bestellen.

§ 1776 [Benennung durch die Eltern]
(1) Als Vormund ist berufen, wer von den Eltern des Mündels als Vormund benannt ist.
(2) Haben der Vater und die Mutter verschiedene Personen benannt, so gilt die Benennung durch den zuletzt verstorbenen Elternteil.

§ 1777 [Voraussetzungen des Benennungsrechts]
(1) Die Eltern können einen Vormund nur benennen, wenn ihnen zur Zeit ihres Todes die Sorge für die Person und das Vermögen des Kindes zusteht.
(2) Der Vater kann für ein Kind, das erst nach seinem Tode geboren wird, einen Vormund benennen, wenn er dazu berechtigt sein würde, falls das Kind vor seinem Tode geboren wäre.
(3) Der Vormund wird durch letztwillige Verfügung benannt.

§ 1778 [Übergehung des berufenen Vormunds]
(1) Wer nach § 1776 als Vormund berufen ist, darf ohne seine Zustimmung nur übergangen werden,
1. wenn er nach den §§ 1780 bis 1784 nicht zum Vormund bestellt werden kann oder soll;
2. wenn er an der Übernahme der Vormundschaft verhindert ist;
3. wenn er die Übernahme verzögert;
4. wenn seine Bestellung das Wohl des Mündels gefährden würde;
5. wenn der Mündel, der das vierzehnte Lebensjahr vollendet hat, der Bestellung widerspricht, es sei denn, der Mündel ist geschäftsunfähig.
(2) Ist der Berufene nur vorübergehend verhindert, so hat ihn das Vormundschaftsgericht nach dem Wegfall des Hindernisses auf seinen Antrag an Stelle des bisherigen Vormundes zum Vormund zu bestellen.
(3) Für einen minderjährigen Ehegatten darf der andere Ehegatte vor den nach § 1776 Berufenen zum Vormund bestellt werden.
(4) Neben dem Berufenen darf nur mit dessen Zustimmung ein Mitvormund bestellt werden.

§ 1779 [Auswahl durch Vormundschaftsgericht]
(1) Ist die Vormundschaft nicht einem nach § 1776 Berufenen zu übertragen, so hat das Vormundschaftsgericht nach Anhörung des Jugendamts den Vormund auszuwählen.
(2) Das Vormundschaftsgericht soll eine Person auswählen, die nach ihren persönlichen Verhältnissen und ihrer Vermögenslage sowie nach den sonstigen Umständen zur Führung der Vormundschaft geeignet ist. Bei der Auswahl unter mehreren geeigneten Personen sind der mutmaßliche Wille der Eltern, die persönlichen Bindungen des Mündels, die Verwandtschaft oder Schwägerschaft mit dem Mündel sowie das religiöse Bekenntnis des Mündels zu berücksichtigen.
(3) Das Vormundschaftsgericht soll bei der Auswahl des Vormunds Verwandte oder Verschwägerte des Mündels hören, wenn dies ohne erhebliche Verzögerung und ohne unverhältnismäßige Kosten geschehen kann. Die Verwandten und Verschwägerten können von dem Mündel Ersatz ihrer Auslagen verlangen; der Betrag der Auslagen wird von dem Vormundschaftsgericht festgesetzt.

§ 1780 [Unfähigkeit zur Vormundschaft]
Zum Vormunde kann nicht bestellt werden, wer geschäftsunfähig ist.

§ 1781 [Untauglichkeit zur Vormundschaft]
Zum Vormunde soll nicht bestellt werden:
1. wer minderjährig ist;
2. derjenige, für den ein Betreuer bestellt ist.

§ 1782 [Ausschließung durch die Eltern]
(1) Zum Vormund soll nicht bestellt werden, wer durch Anordnung der Eltern des Mündels von der Vormundschaft ausgeschlossen ist. Haben die Eltern einander widersprechende Anordnungen getroffen, so gilt die Anordnung des zuletzt verstorbenen Elternteils.
(2) Auf die Ausschließung sind die Vorschriften des § 1777 anzuwenden.

§ 1783 (aufgehoben)

§ 1784 [Beamte oder Religionsdiener]
(1) Ein Beamter oder Religionsdiener, der nach den Landesgesetzen einer besonderen Erlaubnis zur Übernahme einer Vormundschaft bedarf, soll nicht ohne die vorgeschriebene Erlaubnis zum Vormunde bestellt werden.

(2) Diese Erlaubnis darf nur versagt werden, wenn ein wichtiger dienstlicher Grund vorliegt.

§ 1785 [Übernahmepflicht]
Jeder Deutsche hat die Vormundschaft, für die er von dem Vormundschaftsgericht ausgewählt wird, zu übernehmen, sofern nicht seiner Bestellung zum Vormund einer der in den §§ 1780 bis 1784 bestimmten Gründe entgegensteht.

§ 1786 [Ablehnungsgründe]
(1) Die Übernahme der Vormundschaft kann ablehnen:
1. ein Elternteil, welcher zwei oder mehr noch nicht schulpflichtige Kinder überwiegend betreut oder glaubhaft macht, daß die ihm obliegende Fürsorge für die Familie die Ausübung des Amtes dauernd besonders erschwert;
2. wer das sechzigste Lebensjahr vollendet hat;
3. wem die Sorge für die Person oder das Vermögen von mehr als drei minderjährigen Kindern zusteht;
4. wer durch Krankheit oder durch Gebrechen verhindert ist, die Vormundschaft ordnungsmäßig zu führen;
5. wer wegen Entfernung seines Wohnsitzes von dem Sitze des Vormundschaftsgerichts die Vormundschaft nicht ohne besondere Belästigung führen kann;
6. (aufgehoben)
7. wer mit einem anderen zur gemeinschaftlichen Führung der Vormundschaft bestellt werden soll;
8. wer mehr als eine Vormundschaft, Betreuung oder Pflegschaft führt; die Vormundschaft oder Pflegschaft über mehrere Geschwister gilt nur als eine; die Führung von zwei Gegenvormundschaften steht der Führung einer Vormundschaft gleich.

(2) Das Ablehnungsrecht erlischt, wenn es nicht vor der Bestellung bei dem Vormundschaftsgerichte geltend gemacht wird.

§ 1787 [Haftung bei grundloser Ablehnung]
(1) Wer die Übernahme der Vormundschaft ohne Grund ablehnt, ist, wenn ihm ein Verschulden zur Last fällt, für den Schaden verantwortlich, der dem Mündel dadurch entsteht, daß sich die Bestellung des Vormundes verzögert.

(2) Erklärt das Vormundschaftsgericht die Ablehnung für unbegründet, so hat der Ablehnende, unbeschadet der ihm zustehenden Rechtsmittel, die Vormundschaft auf Erfordern des Vormundschaftsgerichts vorläufig zu übernehmen.

§ 1788 [Zwangsgeld]
(1) Das Vormundschaftsgericht kann den zum Vormund Ausgewählten durch Festsetzung von Zwangsgeld zur Übernahme der Vormundschaft anhalten.

(2) Die Zwangsgelder dürfen nur in Zwischenräumen von mindestens einer Woche festgesetzt werden. Mehr als drei Zwangsgelder dürfen nicht festgesetzt werden.

§ 1789 [Bestellung des Vormunds]
Der Vormund wird von dem Vormundschaftsgerichte durch Verpflichtung zu treuer und gewissenhafter Führung der Vormundschaft bestellt. Die Verpflichtung soll mittels Handschlags an Eides Statt erfolgen.

§ 1790 [Bestellung unter Vorbehalt]
Bei der Bestellung des Vormundes kann die Entlassung für den Fall vorbehalten werden, daß ein bestimmtes Ereignis eintritt oder nicht eintritt.

§ 1791 [Bestallungsurkunde]
(1) Der Vormund erhält eine Bestallung.

(2) Die Bestallung soll enthalten den Namen und die Zeit der Geburt des Mündels, die Namen des Vormundes, des Gegenvormundes und der Mitvormünder sowie im Falle der Teilung der Vormundschaft die Art der Teilung.

§ 1791 a [Verein als Vormund]
(1) Ein rechtsfähiger Verein kann zum Vormund bestellt werden, wenn er vom Landesjugendamt hierzu für geeignet erklärt worden ist. Der Verein darf nur zum Vormund bestellt werden, wenn eine als Einzelvormund geeignete Person nicht vorhanden ist oder wenn er nach § 1776 als Vormund berufen ist; die Bestellung bedarf der Einwilligung des Vereins.
(2) Die Bestellung erfolgt durch schriftliche Verfügung des Vormundschaftsgerichts; die §§ 1789, 1791 sind nicht anzuwenden.
(3) Der Verein bedient sich bei der Führung der Vormundschaft einzelner seiner Mitglieder oder Mitarbeiter; eine Person, die den Mündel in einem Heim des Vereins als Erzieher betreut, darf die Aufgaben des Vormunds nicht ausüben. Für ein Verschulden des Mitglieds oder des Mitarbeiters ist der Verein dem Mündel in gleicher Weise verantwortlich wie für ein Verschulden eines verfassungsmäßig berufenen Vertreters.
(4) Will das Vormundschaftsgericht neben dem Verein einen Mitvormund oder will es einen Gegenvormund bestellen, so soll es vor der Entscheidung den Verein hören.

§ 1791 b [Jugendamt als bestellter Amtsvormund]
(1) Ist eine als Einzelvormund geeignete Person nicht vorhanden, so kann auch das Jugendamt zum Vormund bestellt werden. Das Jugendamt kann von den Eltern des Mündels weder benannt noch ausgeschlossen werden.
(2) Die Bestellung erfolgt durch schriftliche Verfügung des Vormundschaftsgerichts; die §§ 1789, 1791 sind nicht anzuwenden.

§ 1791 c [Jugendamt als gesetzlicher Amtsvormund]
(1) Mit der Geburt eines Kindes, dessen Eltern nicht miteinander verheiratet sind und das eines Vormunds bedarf, wird das Jugendamt Vormund, wenn das Kind seinen gewöhnlichen Aufenthalt im Geltungsbereich dieses Gesetzes hat; dies gilt nicht, wenn bereits vor der Geburt des Kindes ein Vormund bestellt ist. Wurde die Vaterschaft nach § 1592 Nr. 1 oder 2 durch Anfechtung beseitigt und bedarf das Kind eines Vormunds, so wird das Jugendamt in dem Zeitpunkt Vormund, in dem die Entscheidung rechtskräftig wird.
(2) War das Jugendamt Pfleger eines Kindes, dessen Eltern nicht miteinander verheiratet sind, endet die Pflegschaft kraft Gesetzes und bedarf das Kind eines Vormunds, so wird das Jugendamt Vormund, das bisher Pfleger war.
(3) Das Vormundschaftsgericht hat dem Jugendamt unverzüglich eine Bescheinigung über den Eintritt der Vormundschaft zu erteilen; § 1791 ist nicht anzuwenden.

§ 1792 [Gegenvormund]
(1) Neben dem Vormunde kann ein Gegenvormund bestellt werden. Ist das Jugendamt Vormund, so kann kein Gegenvormund bestellt werden; das Jugendamt kann Gegenvormund sein.
(2) Ein Gegenvormund soll bestellt werden, wenn mit der Vormundschaft eine Vermögensverwaltung verbunden ist, es sei denn, daß die Verwaltung nicht erheblich oder daß die Vormundschaft von mehreren Vormündern gemeinschaftlich zu führen ist.
(3) Ist die Vormundschaft von mehreren Vormündern nicht gemeinschaftlich zu führen, so kann der eine Vormund zum Gegenvormunde des anderen bestellt werden.
(4) Auf die Berufung und Bestellung des Gegenvormunds sind die für die Begründung der Vormundschaft geltenden Vorschriften anzuwenden.

II. Führung der Vormundschaft

§ 1793 [Aufgaben des Vormunds]
(1) Der Vormund hat das Recht und die Pflicht, für die Person und das Vermögen des Mündels zu sorgen, insbesondere den Mündel zu vertreten. § 1626 Abs. 2 gilt entsprechend. Ist der Mündel auf längere Dauer in den Haushalt des Vormundes aufgenommen, so gelten auch die §§ 1618 a, 1619, 1664 entsprechend.

(2) Für Verbindlichkeiten, die im Rahmen der Vertretungsmacht nach Absatz 1 gegenüber dem Mündel begründet werden, haftet das Mündel entsprechend § 1629 a.

§ 1794 [Beschränkung durch Pflegschaft]
Das Recht und die Pflicht des Vormunds, für die Person und das Vermögen des Mündels zu sorgen, erstreckt sich nicht auf Angelegenheiten des Mündels, für die ein Pfleger bestellt ist.

§ 1795 [Von der Vertretung ausgenommene Rechtsgeschäfte]
(1) Der Vormund kann den Mündel nicht vertreten:
1. bei einem Rechtsgeschäfte zwischen seinem Ehegatten oder einem seiner Verwandten in gerader Linie einerseits und dem Mündel anderseits, es sei denn, daß das Rechtsgeschäft ausschließlich in der Erfüllung einer Verbindlichkeit besteht;
2. bei einem Rechtsgeschäfte, das die Übertragung oder Belastung einer durch Pfandrecht, Hypothek, Schiffshypothek oder Bürgschaft gesicherten Forderung des Mündels gegen den Vormund oder die Aufhebung oder Minderung dieser Sicherheit zum Gegenstande hat oder die Verpflichtung des Mündels zu einer solchen Übertragung, Belastung, Aufhebung oder Minderung begründet;
3. bei einem Rechtsstreite zwischen den in Nummer 1 bezeichneten Personen sowie bei einem Rechtsstreit über eine Angelegenheit der in Nummer 2 bezeichneten Art.

(2) Die Vorschrift des § 181 bleibt unberührt.

§ 1796 [Entziehung der Vertretungsmacht]
(1) Das Vormundschaftsgericht kann dem Vormunde die Vertretung für einzelne Angelegenheiten oder für einen bestimmten Kreis von Angelegenheiten entziehen.
(2) Die Entziehung soll nur erfolgen, wenn das Interesse des Mündels zu dem Interesse des Vormundes oder eines von diesem vertretenen Dritten oder einer der in § 1795 Nr. 1 bezeichneten Personen in erheblichem Gegensatze steht.

§ 1797 [Mehrere Vormünder]
(1) Mehrere Vormünder führen die Vormundschaft gemeinschaftlich. Bei einer Meinungsverschiedenheit entscheidet das Vormundschaftsgericht, sofern nicht bei der Bestellung ein anderes bestimmt wird.
(2) Das Vormundschaftsgericht kann die Führung der Vormundschaft unter mehrere Vormünder nach bestimmten Wirkungskreisen verteilen. Innerhalb des ihm überwiesenen Wirkungskreises führt jeder Vormund die Vormundschaft selbständig.
(3) Bestimmungen, die der Vater oder die Mutter für die Entscheidung von Meinungsverschiedenheiten zwischen den von ihnen benannten Vormündern und für die Verteilung der Geschäfte unter diese nach Maßgabe des § 1777 getroffen hat, sind von dem Vormundschaftsgerichte zu befolgen, sofern nicht ihre Befolgung das Interesse des Mündels gefährden würde.

§ 1798 [Meinungsverschiedenheiten unter den Vormündern]
Steht die Sorge für die Person und die Sorge für das Vermögen des Mündels verschiedenen Vormündern zu, so entscheidet bei einer Meinungsverschiedenheit über die Vornahme einer sowohl die Person als das Vermögen des Mündels betreffenden Handlung das Vormundschaftsgericht.

§ 1799 [Pflichten des Gegenvormunds]
(1) Der Gegenvormund hat darauf zu achten, daß der Vormund die Vormundschaft pflichtmäßig führt. Er hat dem Vormundschaftsgerichte Pflichtwidrigkeiten des Vormundes sowie jeden Fall unverzüglich anzuzeigen, in welchem das Vormundschaftsgericht zum Einschreiten berufen ist, insbesondere den Tod des Vormundes oder den Eintritt eines anderen Umstandes, infolge dessen das Amt des Vormundes endigt oder die Entlassung des Vormundes erforderlich wird.
(2) Der Vormund hat dem Gegenvormund auf Verlangen über die Führung der Vormundschaft Auskunft zu erteilen und die Einsicht der sich auf die Vormundschaft beziehenden Papiere zu gestatten.

§ 1800 [Personensorge]
Das Recht und die Pflicht des Vormunds, für die Person des Mündels zu sorgen, bestimmen sich nach §§ 1631 bis 1633.

§ 1801 [Religiöse Erziehung]
(1) Die Sorge für die religiöse Erziehung des Mündels kann dem Einzelvormund von dem Vormundschaftsgericht entzogen werden, wenn der Vormund nicht dem Bekenntnis angehört, in dem der Mündel zu erziehen ist.
(2) Hat das Jugendamt oder ein Verein als Vormund über die Unterbringung des Mündels zu entscheiden, so ist hierbei auf das religiöse Bekenntnis oder die Weltanschauung des Mündels und seiner Familie Rücksicht zu nehmen.

§ 1802 [Vermögensverzeichnis]
(1) Der Vormund hat das Vermögen, das bei der Anordnung der Vormundschaft vorhanden ist oder später dem Mündel zufällt, zu verzeichnen und das Verzeichnis, nachdem er es mit der Versicherung der Richtigkeit und Vollständigkeit versehen hat, dem Vormundschaftsgericht einzureichen. Ist ein Gegenvormund vorhanden, so hat ihn der Vormund bei der Aufnahme des Verzeichnisses zuzuziehen; das Verzeichnis ist auch von dem Gegenvormunde mit der Versicherung der Richtigkeit und Vollständigkeit zu versehen.
(2) Der Vormund kann sich bei der Aufnahme des Verzeichnisses der Hilfe eines Beamten, eines Notars oder eines anderen Sachverständigen bedienen.
(3) Ist das eingereichte Verzeichnis ungenügend, so kann das Vormundschaftsgericht anordnen, daß das Verzeichnis durch eine zuständige Behörde oder durch einen zuständigen Beamten oder Notar aufgenommen wird.

§ 1803 [Anordnungen des Erblassers oder des Schenkenden]
(1) Was der Mündel von Todes wegen erwirbt oder was ihm unter Lebenden von einem Dritten unentgeltlich zugewendet wird, hat der Vormund nach den Anordnungen des Erblassers oder des Dritten zu verwalten, wenn die Anordnungen von dem Erblasser durch letztwillige Verfügung, von dem Dritten bei der Zuwendung getroffen worden sind.
(2) Der Vormund darf mit Genehmigung des Vormundschaftsgerichts von den Anordnungen abweichen, wenn ihre Befolgung das Interesse des Mündels gefährden würde.
(3) Zu einer Abweichung von den Anordnungen die ein Dritter bei einer Zuwendung unter Lebenden getroffen hat, ist, solange er lebt, seine Zustimmung erforderlich und genügend. Die Zustimmung des Dritten kann durch das Vormundschaftsgericht ersetzt werden, wenn der Dritte zur Abgabe einer Erklärung dauernd außerstande oder sein Aufenthalt dauernd unbekannt ist.

§ 1804 [Schenkungen in Vertretung des Mündels]
Der Vormund kann nicht in Vertretung des Mündels Schenkungen machen. Ausgenommen sind Schenkungen, durch die einer sittlichen Pflicht oder einer auf den Anstand zu nehmenden Rücksicht entsprochen wird.

§ 1805 [Verwendung für den Vormund]
Der Vormund darf Vermögen des Mündels weder für sich noch für den Gegenvormund verwenden. Ist das Jugendamt Vormund oder Gegenvormund, so ist die Anlegung von Mündelgeld gemäß § 1807 auch bei der Körperschaft zulässig, bei der das Jugendamt errichtet ist.

§ 1806 [Anlegung von Mündelgeld]
Der Vormund hat das zum Vermögen des Mündels gehörende Geld verzinslich anzulegen, soweit es nicht zur Bestreitung von Ausgaben bereit zu halten ist.

§ 1807 [Mündelsichere Anlagen]
(1) Die im § 1806 vorgeschriebene Anlegung von Mündelgeld soll nur erfolgen:
1. in Forderungen, für die eine sichere Hypothek an einem inländischen Grundstücke besteht, oder in sicheren Grundschulden oder Rentenschulden an inländischen Grundstücken;
2. in verbrieften Forderungen gegen das Reich oder einen Bundesstaat sowie in Forderungen, die in das Reichsschuldbuch oder in das Staatsschuldbuch eines Bundesstaats eingetragen sind;
3. in verbrieften Forderungen, deren Verzinsung von dem Reiche oder einem Bundesstaate gewährleistet ist;
4. in Wertpapieren, insbesondere Pfandbriefen, sowie in verbrieften Forderungen jeder Art gegen eine inländische kommunale Körperschaft oder die Kreditanstalt einer solchen Körperschaft, so-

fern die Wertpapiere oder die Forderungen von der Bundesregierung mit Zustimmung des Bundesrats zur Anlegung von Mündelgeld für geeignet erklärt sind;
5. bei einer inländischen öffentlichen Sparkasse, wenn sie von der zuständigen Behörde des Bundesstaats, in welchem sie ihren Sitz hat, zur Anlegung von Mündelgeld geeignet erklärt ist, oder bei einem anderen Kreditinstitut, das einer für die Anlage ausreichenden Sicherungseinrichtung angehört.

(2) Die Landesgesetze können für die innerhalb ihres Geltungsbereichs belegenen Grundstücke die Grundsätze bestimmen, nach denen die Sicherheit einer Hypothek, einer Grundschuld oder einer Rentenschuld festzustellen ist.

§ 1808 (aufgehoben)

§ 1809 [Versperrte Anlegung]
Der Vormund soll Mündelgeld nach § 1807 Abs. 1 Nr. 5 nur mit der Bestimmung anlegen, daß zur Erhebung des Geldes die Genehmigung des Gegenvormundes oder des Vormundschaftsgerichts erforderlich ist.

§ 1810 [Genehmigung des Gegenvormunds oder Vormundschaftsgerichts]
Der Vormund soll die in den §§ 1806, 1807 vorgeschriebene Anlegung nur mit Genehmigung des Gegenvormundes bewirken; die Genehmigung des Gegenvormundes wird durch die Genehmigung des Vormundschaftsgerichts ersetzt. Ist ein Gegenvormund nicht vorhanden, so soll die Anlegung nur mit Genehmigung des Vormundschaftsgerichts erfolgen, sofern nicht die Vormundschaft von mehreren Vormündern gemeinschaftlich geführt wird.

§ 1811 [Andere Anlegung]
Das Vormundschaftsgericht kann dem Vormund eine andere Anlegung als die in § 1807 vorgeschriebene gestatten. Die Erlaubnis soll nur verweigert werden, wenn die beabsichtigte Art der Anlegung nach Lage des Falles den Grundsätzen einer wirtschaftlichen Vermögensverwaltung zuwiderlaufen würde.

§ 1812 [Verfügungen über Forderungen und Wertpapiere]
(1) Der Vormund kann über eine Forderung oder über ein anderes Recht, kraft dessen der Mündel eine Leistung verlangen kann, sowie über ein Wertpapier des Mündels nur mit Genehmigung des Gegenvormundes verfügen, sofern nicht nach den §§ 1819 bis 1822 die Genehmigung des Vormundschaftsgerichts erforderlich ist. Das gleiche gilt von der Eingehung der Verpflichtung zu einer solchen Verfügung.
(2) Die Genehmigung des Gegenvormundes wird durch die Genehmigung des Vormundschaftsgerichts ersetzt.
(3) Ist ein Gegenvormund nicht vorhanden, so tritt an die Stelle der Genehmigung des Gegenvormundes die Genehmigung des Vormundschaftsgerichts, sofern nicht die Vormundschaft von mehreren Vormündern gemeinschaftlich geführt wird.

§ 1813 [Annahme einer geschuldeten Leistung]
(1) Der Vormund bedarf nicht der Genehmigung des Gegenvormundes zur Annahme einer geschuldeten Leistung:
1. wenn der Gegenstand der Leistung nicht in Geld oder Wertpapieren besteht;
2. wenn der Anspruch nicht mehr als fünftausend Deutsche Mark beträgt;
3. wenn Geld zurückgezahlt wird, das der Vormund angelegt hat;
4. wenn der Anspruch zu den Nutzungen des Mündelvermögens gehört;
5. wenn der Anspruch auf Erstattung von Kosten der Kündigung oder der Rechtsverfolgung oder auf sonstige Nebenleistungen gerichtet ist.
(2) Die Befreiung nach Absatz 1 Nr. 2, 3 erstreckt sich nicht auf die Erhebung von Geld, bei dessen Anlegung ein anderes bestimmt worden ist. Die Befreiung nach Absatz 1 Nr. 3 gilt auch nicht für die Erhebung von Geld, das nach § 1807 Abs. 1 Nr. 1 bis 4 angelegt ist.

§ 1814 [Hinterlegung von Inhaberpapieren]
Der Vormund hat die zu dem Vermögen des Mündels gehörenden Inhaberpapiere nebst den Erneuerungsscheinen bei einer Hinterlegungsstelle oder bei einem der in § 1807 Abs. 1 Nr. 5 genannten Kreditinstitute mit der Bestimmung zu hinterlegen, daß die Herausgabe der Papiere nur mit Genehmigung

des Vormundschaftsgerichts verlangt werden kann. Die Hinterlegung von Inhaberpapieren, die nach § 92 zu den verbrauchbaren Sachen gehören, sowie von Zins-, Renten- oder Gewinnanteilscheinen ist nicht erforderlich. Den Inhaberpapieren stehen Orderpapiere gleich, die mit Blankoindossament versehen sind.

§ 1815 [Umschreibung von Inhaberpapieren]
(1) Der Vormund kann die Inhaberpapiere, statt sie nach § 1814 zu hinterlegen, auf den Namen des Mündels mit der Bestimmung umschreiben lassen, daß er über sie nur mit Genehmigung des Vormundschaftsgerichts verfügen kann. Sind die Papiere von dem Reiche oder einem Bundesstaat ausgestellt, so kann er sie mit der gleichen Bestimmung in Buchforderungen gegen das Reich oder den Bundesstaat umwandeln lassen.
(2) Sind Inhaberpapiere zu hinterlegen, die in Buchforderungen gegen das Reich oder einen Bundesstaat umgewandelt werden können, so kann das Vormundschaftsgericht anordnen, daß sie nach Absatz 1 in Buchforderungen umgewandelt werden.

§ 1816 [Sperrung von Buchforderungen]
Gehören Buchforderungen gegen das Reich oder gegen einen Bundesstaat bei der Anordnung der Vormundschaft zu dem Vermögen des Mündels oder erwirbt der Mündel später solche Forderungen, so hat der Vormund in das Schuldbuch den Vermerk eintragen zu lassen, daß er über die Forderungen nur mit Genehmigung des Vormundschaftsgerichts verfügen kann.

§ 1817 [Befreiung]
(1) Das Vormundschaftsgericht kann den Vormund auf dessen Antrag von den ihm nach den §§ 1806 bis 1816 obliegenden Verpflichtungen entbinden, soweit
1. der Umfang der Vermögensverwaltung dies rechtfertigt und
2. eine Gefährdung des Vermögens nicht zu besorgen ist.
Die Voraussetzungen der Nummer 1 liegen im Regelfall vor, wenn der Wert des Vermögens ohne Berücksichtigung von Grundbesitz zehntausend Deutsche Mark nicht übersteigt.
(2) Das Vormundschaftsgericht kann aus besonderen Gründen den Vormund von den ihm nach den §§ 1814, 1816 obliegenden Verpflichtungen auch dann entbinden, wenn die Voraussetzungen des Absatzes 1 Nr. 1 nicht vorliegen.

§ 1818 [Anordnung der Hinterlegung]
Das Vormundschaftsgericht kann aus besonderen Gründen anordnen, daß der Vormund auch solche zu dem Vermögen des Mündels gehörende Wertpapiere, zu deren Hinterlegung er nach § 1814 nicht verpflichtet ist, sowie Kostbarkeiten des Mündels in der im § 1814 bezeichneten Weise zu hinterlegen hat; auf Antrag des Vormundes kann die Hinterlegung von Zins-, Renten- und Gewinnanteilscheinen angeordnet werden, auch wenn ein besonderer Grund nicht vorliegt.

§ 1819 [Genehmigung zur Verfügung bei Hinterlegung]
Solange die nach § 1814 oder nach § 1818 hinterlegten Wertpapiere oder Kostbarkeiten nicht zurückgenommen sind, bedarf der Vormund zu einer Verfügung über sie und, wenn Hypotheken-, Grundschuld- oder Rentenschuldbriefe hinterlegt sind, zu einer Verfügung über die Hypothekenforderung, die Grundschuld oder die Rentenschuld der Genehmigung des Vormundschaftsgerichts. Das gleiche gilt von der Eingehung der Verpflichtung zu einer solchen Verfügung.

§ 1820 [Genehmigung nach Umschreibung und Umwandlung]
(1) Sind Inhaberpapiere nach § 1815 auf den Namen des Mündels umgeschrieben oder in Buchforderungen umgewandelt, so bedarf der Vormund auch zur Eingehung der Verpflichtung zu einer Verfügung über die sich aus der Umschreibung oder der Umwandlung ergebenden Stammforderungen der Genehmigung des Vormundschaftsgerichts.
(2) Das gleiche gilt, wenn bei einer Buchforderung des Mündels der im § 1816 bezeichnete Vermerk eingetragen ist.

§ 1821 [Genehmigung für Grundstücksgeschäfte]
(1) Der Vormund bedarf der Genehmigung des Vormundschaftsgerichts:
1. zur Verfügung über ein Grundstück oder über ein Recht an einem Grundstück;

2. zur Verfügung über eine Forderung, die auf Übertragung des Eigentums an einem Grundstück oder auf Begründung oder Übertragung eines Rechts an einem Grundstück oder auf Befreiung eines Grundstücks von einem solchen Recht gerichtet ist;
3. zur Verfügung über ein eingetragenes Schiff oder Schiffsbauwerk oder über eine Forderung, die auf Übertragung des Eigentums an einem eingetragenen Schiff oder Schiffsbauwerk gerichtet ist;
4. zur Eingehung einer Verpflichtung zu einer der in den Nummern 1 bis 3 bezeichneten Verfügungen;
5. zu einem Vertrage, der auf den entgeltlichen Erwerb eines Grundstücks, eines eingetragenen Schiffs oder Schiffsbauwerks oder eines Rechts an einem Grundstück gerichtet ist.

(2) Zu den Rechten an einem Grundstück im Sinne dieser Vorschriften gehören nicht Hypotheken, Grundschulden und Rentenschulden.

§ 1822 [Genehmigung für sonstige Geschäfte]
Der Vormund bedarf der Genehmigung des Vormundschaftsgerichts:
1. zu einem Rechtsgeschäfte, durch das der Mündel zu einer Verfügung über sein Vermögen im ganzen oder über eine ihm angefallene Erbschaft oder über seinen künftigen gesetzlichen Erbteil oder seinen künftigen Pflichtteil verpflichtet wird, sowie zu einer Verfügung über den Anteil des Mündels an einer Erbschaft;
2. zur Ausschlagung einer Erbschaft oder eines Vermächtnisses, zum Verzicht auf einen Pflichtteil sowie zu einem Erbteilungsvertrage;
3. zu einem Vertrage, der auf den entgeltlichen Erwerb oder die Veräußerung eines Erwerbsgeschäfts gerichtet ist, sowie zu einem Gesellschaftsvertrage, der zum Betrieb eines Erwerbsgeschäfts eingegangen wird;
4. zu einem Pachtvertrag über ein Landgut oder einen gewerblichen Betrieb;
5. zu einem Miet- oder Pachtvertrag oder einem anderen Vertrage, durch den der Mündel zu wiederkehrenden Leistungen verpflichtet wird, wenn das Vertragsverhältnis länger als ein Jahr nach dem Eintritt der Volljährigkeit des Mündels fortdauern soll;
6. zu einem Lehrvertrage, der für längere Zeit als ein Jahr geschlossen wird;
7. zu einem auf die Eingehung eines Dienst- oder Arbeitsverhältnisses gerichteten Vertrage, wenn der Mündel zu persönlichen Leistungen für längere Zeit als ein Jahr verpflichtet werden soll;
8. zur Aufnahme von Geld auf den Kredit des Mündels;
9. zur Ausstellung einer Schuldverschreibung auf den Inhaber oder zur Eingehung einer Verbindlichkeit aus einem Wechsel oder einem anderen Papiere, das durch Indossament übertragen werden kann;
10. zur Übernahme einer fremden Verbindlichkeit, insbesondere zur Eingehung einer Bürgschaft;
11. zur Erteilung einer Prokura;
12. zu einem Vergleich oder einem Schiedsvertrag, es sei denn, daß der Gegenstand des Streites oder der Ungewißheit in Geld schätzbar ist und den Wert von fünftausend Deutsche Mark nicht übersteigt oder der Vergleich einem schriftlichen oder protokollierten gerichtlichen Vergleichsvorschlag entspricht;
13. zu einem Rechtsgeschäfte, durch das die für eine Forderung des Mündels bestehende Sicherheit aufgehoben oder gemindert oder die Verpflichtung dazu begründet wird.

§ 1823 [Beginn oder Auflösung eines Erwerbsgeschäftes]
Der Vormund soll nicht ohne Genehmigung des Vormundschaftsgerichts ein neues Erwerbsgeschäft im Namen des Mündels beginnen oder ein bestehendes Erwerbsgeschäft des Mündels auflösen.

§ 1824 [Überlassung von Gegenständen an den Mündel]
Der Vormund kann Gegenstände, zu deren Veräußerung die Genehmigung des Gegenvormundes oder des Vormundschaftsgerichts erforderlich ist, dem Mündel nicht ohne diese Genehmigung zur Erfüllung eines von diesem geschlossenen Vertrags oder zu freier Verfügung überlassen.

§ 1825 [Allgemeine Ermächtigung]
(1) Das Vormundschaftsgericht kann dem Vormunde zu Rechtsgeschäften, zu denen nach § 1812 die Genehmigung des Gegenvormundes erforderlich ist, sowie zu den im § 1822 Nr. 8 bis 10 bezeichneten Rechtsgeschäften eine allgemeine Ermächtigung erteilen.

(2) Die Ermächtigung soll nur erteilt werden, wenn sie zum Zwecke der Vermögensverwaltung, insbesondere zum Betrieb eines Erwerbsgeschäfts, erforderlich ist.

§ 1826 [Anhörung des Gegenvormundes]
Das Vormundschaftsgericht soll vor der Entscheidung über die zu einer Handlung des Vormundes erforderliche Genehmigung den Gegenvormund hören, sofern ein solcher vorhanden und die Anhörung tunlich ist.

§ 1827 (aufgehoben)

§ 1828 [Erklärung der Genehmigung]
Das Vormundschaftsgericht kann die Genehmigung zu einem Rechtsgeschäfte nur dem Vormunde gegenüber erklären.

§ 1829 [Nachträgliche Genehmigung des Vormundschaftsgerichts]
(1) Schließt der Vormund einen Vertrag ohne die erforderliche Genehmigung des Vormundschaftsgerichts, so hängt die Wirksamkeit des Vertrags von der nachträglichen Genehmigung des Vormundschaftsgerichts ab. Die Genehmigung sowie deren Verweigerung wird dem anderen Teile gegenüber erst wirksam, wenn sie ihm durch den Vormund mitgeteilt wird.
(2) Fordert der andere Teil den Vormund zur Mitteilung darüber auf, ob die Genehmigung erteilt sei, so kann die Mitteilung der Genehmigung nur bis zum Ablaufe von zwei Wochen nach dem Empfange der Aufforderung erfolgen; erfolgt sie nicht, so gilt die Genehmigung als verweigert.
(3) Ist der Mündel volljährig geworden, so tritt seine Genehmigung an die Stelle der Genehmigung des Vormundschaftsgerichts.

§ 1830 [Widerrufsrecht des Geschäftsgegners]
Hat der Vormund dem anderen Teile gegenüber der Wahrheit zuwider die Genehmigung des Vormundschaftsgerichts behauptet, so ist der andere Teil bis zur Mitteilung der nachträglichen Genehmigung des Vormundschaftsgerichts zum Widerrufe berechtigt, es sei denn, daß ihm das Fehlen der Genehmigung bei dem Abschlusse des Vertrags bekannt war.

§ 1831 [Einseitiges Rechtsgeschäft ohne Genehmigung]
Ein einseitiges Rechtsgeschäft, das der Vormund ohne die erforderliche Genehmigung des Vormundschaftsgerichts vornimmt, ist unwirksam. Nimmt der Vormund mit dieser Genehmigung ein solches Rechtsgeschäft einem anderen gegenüber vor, so ist das Rechtsgeschäft unwirksam, wenn der Vormund die Genehmigung nicht in schriftlicher Form vorlegt und der andere das Rechtsgeschäft aus diesem Grunde unverzüglich zurückweist.

§ 1832 [Genehmigung des Gegenvormundes]
Soweit der Vormund zu einem Rechtsgeschäfte der Genehmigung des Gegenvormundes bedarf, finden die Vorschriften der §§ 1828 bis 1831 entsprechende Anwendung.

§ 1833 [Haftung des Vormunds]
(1) Der Vormund ist dem Mündel für den aus einer Pflichtverletzung entstehenden Schaden verantwortlich, wenn ihm ein Verschulden zur Last fällt. Das gleiche gilt von dem Gegenvormunde.
(2) Sind für den Schaden mehrere nebeneinander verantwortlich, so haften sie als Gesamtschuldner. Ist neben dem Vormunde für den von diesem verursachten Schaden der Gegenvormund oder ein Mitvormund nur wegen Verletzung seiner Aufsichtspflicht verantwortlich, so ist in ihrem Verhältnisse zueinander der Vormund allein verpflichtet.

§ 1834 [Verzinsung verwendeten Geldes]
Verwendet der Vormund Geld des Mündels für sich, so hat er es von der Zeit der Verwendung an zu verzinsen.

§ 1835 [Aufwendungsersatz]
(1) Macht der Vormund zum Zwecke der Führung der Vormundschaft Aufwendungen, so kann er nach den für den Auftrag geltenden Vorschriften der §§ 669, 670 von dem Mündel Vorschuß oder Ersatz verlangen; für den Ersatz von Fahrtkosten gilt die in § 9 des Gesetzes über die Entschädigung von Zeugen und Sachverständigen für Sachverständige getroffene Regelung entsprechend. Das gleiche Recht steht dem Gegenvormunde zu. Ersatzansprüche erlöschen, wenn sie nicht binnen 15 Monaten nach ihrer Entstehung gerichtlich geltend gemacht werden; die Geltendmachung des Anspruchs beim

Vormundschaftsgericht gilt dabei auch als Geltendmachung gegenüber dem Mündel. Das Vormundschaftsgericht kann in sinngemäßer Anwendung von § 15 Abs. 3 Satz 1 bis 5 des Gesetzes über die Entschädigung von Zeugen und Sachverständigen eine abweichende Frist bestimmen.
(2) Aufwendungen sind auch die Kosten einer angemessenen Versicherung gegen Schäden, die dem Mündel durch den Vormund oder Gegenvormund zugefügt werden können oder die dem Vormund oder Gegenvormund dadurch entstehen können, daß er einem Dritten zum Ersatz eines durch die Führung der Vormundschaft verursachten Schadens verpflichtet ist; dies gilt nicht für die Kosten der Haftpflichtversicherung des Halters eines Kraftfahrzeugs. Satz 1 ist nicht anzuwenden, wenn der Vormund oder Gegenvormund eine Vergütung nach § 1836 Abs. 2 erhält.
(3) Als Aufwendungen gelten auch solche Dienste des Vormundes oder des Gegenvormundes, die zu seinem Gewerbe oder seinem Berufe gehören.
(4) Ist der Mündel mittellos, so kann der Vormund Vorschuß und Ersatz aus der Staatskasse verlangen. Absatz 1 Satz 3 und 4 gilt entsprechend.
(5) Das Jugendamt oder ein Verein kann als Vormund oder Gegenvormund für Aufwendungen keinen Vorschuß und Ersatz nur insoweit verlangen, als das einzusetzende Einkommen und Vermögen des Mündels ausreicht. Allgemeine Verwaltungskosten einschließlich der Kosten nach Absatz 2 werden nicht ersetzt.

§ 1835 a [Aufwandsentschädigung]

(1) Zur Abgeltung seines Anspruchs auf Aufwendungsersatz kann der Vormund als Aufwandsentschädigung für jede Vormundschaft, für die ihm keine Vergütung zusteht, einen Geldbetrag verlangen, der für ein Jahr dem Vierundzwanzigfachen dessen entspricht, was einem Zeugen als Höchstbetrag der Entschädigung für eine Stunde versäumter Arbeitszeit gewährt werden kann (Aufwandsentschädigung). Hat der Vormund für solche Aufwendungen bereits Vorschuß oder Ersatz erhalten, so verringert sich die Aufwandsentschädigung entsprechend.
(2) Die Aufwandsentschädigung ist jährlich zu zahlen, erstmals ein Jahr nach Bestellung des Vormunds.
(3) Ist der Mündel mittellos, so kann der Vormund die Aufwandsentschädigung aus der Staatskasse verlangen; Unterhaltsansprüche des Mündels gegen den Vormund sind insoweit bei der Bestimmung des Einkommens nach § 1836 c Nr. 1 nicht zu berücksichtigen.
(4) Der Anspruch auf Aufwandsentschädigung erlischt, wenn er nicht binnen drei Monaten nach Ablauf des Jahres, in dem der Anspruch entsteht, geltend gemacht wird; die Geltendmachung des Anspruchs beim Vormundschaftsgericht gilt auch als Geltendmachung gegenüber dem Mündel.
(5) Dem Jugendamt oder einem Verein kann keine Aufwandsentschädigung gewährt werden.

§ 1836 [Vergütung der Vormundschaft]

(1) Die Vormundschaft wird unentgeltlich geführt. Sie wird ausnahmsweise entgeltlich geführt, wenn das Gericht bei der Bestellung des Vormundes feststellt, daß der Vormund die Vormundschaft berufsmäßig führt. Das Gericht hat diese Feststellung zu treffen, wenn dem Vormund in einem solchen Umfang Vormundschaften übertragen sind, daß er sie nur im Rahmen seiner Berufsausübung führen kann, oder wenn zu erwarten ist, daß dem Vormund in absehbarer Zeit Vormundschaften in diesem Umfang übertragen sein werden. Die Voraussetzungen des Satzes 3 erste Alternative liegen im Regelfall vor, wenn der Vormund
   a) mehr als zehn Vormundschaften führt oder
   b) die für die Führung der Vormundschaften erforderliche Zeit voraussichtlich 20 Wochenstunden nicht unterschreitet.
(2) Liegen die Voraussetzungen des Absatzes 1 Satz 2 vor, so hat das Vormundschaftsgericht dem Vormund oder Gegenvormund eine Vergütung zu bewilligen. Die Höhe der Vergütung bestimmt sich nach den für die Führung der Vormundschaft nutzbaren Fachkenntnissen des Vormundes sowie nach dem Umfang und der Schwierigkeit der vormundschaftlichen Geschäfte. Der Vormund kann Abschlagszahlungen verlangen. Der Vergütungsanspruch erlischt, wenn er nicht binnen 15 Monaten nach seiner Entstehung beim Vormundschaftsgericht geltend gemacht wird; das Vormundschaftsgericht kann in sinngemäßer Anwendung von § 15 Abs. 3 Satz 1 bis 5 des Gesetzes über die Entschädigung von Zeugen und Sachverständigen eine abweichende Frist bestimmen.

(3) Trifft das Gericht keine Feststellung nach Absatz 1 Satz 2, so kann es dem Vormund und aus besonderen Gründen auch dem Gegenvormund gleichwohl eine angemessene Vergütung bewilligen, soweit der Umfang oder die Schwierigkeit der vormundschaftlichen Geschäfte dies rechtfertigen; dies gilt nicht, wenn der Mündel mittellos ist.
(4) Dem Jugendamt oder einem Verein kann keine Vergütung bewilligt werden.

§ 1836 a [Vergütung aus der Staatskasse]
Ist der Mündel mittellos, so kann der Vormund die nach § 1836 Abs. 1 Satz 2, Abs. 2 zu bewilligende Vergütung nach Maßgabe des § 1 des Gesetzes über die Vergütung von Berufsvormündern aus der Staatskasse verlangen.

§ 1836 b [Zubilligung eines festen Geldbetrages]
In den Fällen des § 1836 Abs. 1 Satz 2 kann das Vormundschaftsgericht
1. dem Vormund einen festen Geldbetrag als Vergütung zubilligen, wenn die für die Führung der vormundschaftlichen Geschäfte erforderliche Zeit vorhersehbar und ihre Ausschöpfung durch den Vormund gewährleistet ist. Bei der Bemessung des Geldbetrags ist die voraussichtlich erforderliche Zeit mit den in § 1 Abs. 1 des Gesetzes über die Vergütung von Berufsvormündern bestimmten Beträgen zu vergüten. Einer Nachweisung der vom Vormund aufgewandten Zeit bedarf es in diesem Falle nicht; weitergehende Vergütungsansprüche des Vormundes sind ausgeschlossen;
2. die für die Führung der vormundschaftlichen Geschäfte erforderliche Zeit begrenzen. Eine Überschreitung der Begrenzung bedarf der Genehmigung des Vormundschaftsgerichts.

Eine Entscheidung nach Satz 1 kann zugleich mit der Bestellung des Vormundes getroffen werden.

§ 1836 c [Einsatz von Einkommen und Vermögen]
Der Mündel hat einzusetzen
1. nach Maßgabe des § 84 des Bundessozialhilfegesetzes sein Einkommen, soweit es zusammen mit dem Einkommen seines nicht getrennt lebenden Ehegatten die nach den §§ 76, 79 Abs. 1, 3, § 81 Abs. 1 und § 82 des Bundessozialhilfegesetzes maßgebende Einkommensgrenze für Hilfe in besonderen Lebenslagen übersteigt; wird im Einzelfall der Einsatz eines Teils des Einkommens zur Deckung eines bestimmten Bedarfs im Rahmen der Hilfe in besonderen Lebenslagen nach dem Bundessozialhilfegesetz zugemutet oder verlangt, darf dieser Teil des Einkommens bei der Prüfung, inwieweit der Einsatz des Einkommens zur Deckung der Kosten der Vormundschaft einzusetzen ist, nicht mehr berücksichtigt werden. Als Einkommen gelten auch Unterhaltsansprüche sowie die wegen Entziehung einer solchen Forderung zu entrichtenden Renten;
2. sein Vermögen nach Maßgabe des § 88 des Bundessozialhilfegesetzes.

§ 1836 d [Mittellosigkeit des Mündels]
Der Mündel gilt als mittellos, wenn er den Aufwendungsersatz oder die Vergütung aus seinem einzusetzenden Einkommen oder Vermögen
1. nicht oder nur zum Teil oder nur in Raten oder
2. nur im Wege gerichtlicher Geltendmachung von Unterhaltsansprüchen
aufbringen kann.

§ 1836 e [Übergang von Ansprüchen]
(1) Soweit die Staatskasse den Vormund oder Gegenvormund befriedigt, gehen Ansprüche des Vormundes oder Gegenvormundes gegen den Mündel auf die Staatskasse über. Der übergegangene Anspruch erlischt in zehn Jahren vom Ablauf des Jahres an, in dem die Staatskasse die Aufwendungen oder die Vergütung bezahlt hat. Nach dem Tode des Mündels haftet sein Erbe nur mit dem Wert des im Zeitpunkt des Erbfalles vorhandenen Nachlasses; § 92 c Abs. 3 und 4 des Bundessozialhilfegesetzes gilt entsprechend, § 1836 c findet auf den Erben keine Anwendung.
(2) Soweit Ansprüche gemäß § 1836 c Nr. 1 Satz 2 einzusetzen sind, findet zugunsten der Staatskasse § 850 b der Zivilprozeßordnung keine Anwendung.

III. Fürsorge und Aufsicht des Vormundschaftsgerichts
§ 1837 [Aufsicht des Vormundschaftsgerichts]
(1) Das Vormundschaftsgericht berät die Vormünder. Es wirkt dabei mit, sie in ihre Aufgaben einzuführen.

(2) Das Vormundschaftsgericht hat über die gesamte Tätigkeit des Vormundes und des Gegenvormundes die Aufsicht zu führen und gegen Pflichtwidrigkeiten durch geeignete Gebote und Verbote einzuschreiten. Es kann dem Vormund und dem Gegenvormund aufgeben, eine Versicherung gegen Schäden, die sie dem Mündel zufügen können, einzugehen.
(3) Das Vormundschaftsgericht kann den Vormund und den Gegenvormund zur Befolgung seiner Anordnungen durch Festsetzung von Zwangsgeld anhalten. Gegen das Jugendamt oder einen Verein wird kein Zwangsgeld festgesetzt.
(4) §§ 1666, 1666 a und 1696 gelten entsprechend.

§ 1838 (aufgehoben)
§ 1839 [Auskunftspflicht]
Der Vormund sowie der Gegenvormund hat dem Vormundschaftsgericht auf Verlangen jederzeit über die Führung der Vormundschaft und über die persönlichen Verhältnisse des Mündels Auskunft zu erteilen.

§ 1840 [Rechnungslegung]
(1) Der Vormund hat über die persönlichen Verhältnisse des Mündels dem Vormundschaftsgericht mindestens einmal jährlich zu berichten.
(2) Der Vormund hat über seine Vermögensverwaltung dem Vormundschaftsgerichte Rechnung zu legen.
(3) Die Rechnung ist jährlich zu legen. Das Rechnungsjahr wird von dem Vormundschaftsgerichte bestimmt.
(4) Ist die Verwaltung von geringem Umfange, so kann das Vormundschaftsgericht, nachdem die Rechnung für das erste Jahr gelegt worden ist, anordnen, daß die Rechnung für längere, höchstens dreijährige Zeitabschnitte zu legen ist.

§ 1841 [Inhalt]
(1) Die Rechnung soll eine geordnete Zusammenstellung der Einnahmen und Ausgaben enthalten, über den Ab- und Zugang des Vermögens Auskunft geben und, soweit Belege erteilt zu werden pflegen, mit Belegen versehen sein.
(2) Wird ein Erwerbsgeschäft mit kaufmännischer Buchführung betrieben, so genügt als Rechnung ein aus den Büchern gezogener Jahresabschluß. Das Vormundschaftsgericht kann jedoch die Vorlegung der Bücher und sonstigen Belege verlangen.

§ 1842 [Mitwirkung des Gegenvormunds]
Ist ein Gegenvormund vorhanden oder zu bestellen, so hat ihm der Vormund die Rechnung unter Nachweisung des Vermögensbestandes vorzulegen. Der Gegenvormund hat die Rechnung mit den Bemerkungen zu versehen, zu denen die Prüfung ihm Anlaß gibt.

§ 1843 [Prüfung durch das Vormundschaftsgericht]
(1) Das Vormundschaftsgericht hat die Rechnung rechnungsmäßig und sachlich zu prüfen und, soweit erforderlich, ihre Berichtigung und Ergänzung herbeizuführen.
(2) Ansprüche, die zwischen dem Vormund und dem Mündel streitig bleiben, können schon vor der Beendigung des Vormundschaftsverhältnisses im Rechtswege geltend gemacht werden.

§ 1844 (aufgehoben)
§ 1845 [Eheschließung des zum Vormund bestellten Elternteils]
Will der zum Vormunde bestellte Vater oder die zum Vormunde bestellte Mutter des Mündels eine Ehe eingehen, so gilt § 1683 entsprechend.

§ 1846 [Einstweilige Maßregeln]
Ist ein Vormund noch nicht bestellt oder ist der Vormund an der Erfüllung seiner Pflichten verhindert, so hat das Vormundschaftsgericht die im Interesse des Betroffenen erforderlichen Maßregeln zu treffen.

§ 1847 [Anhörung von Verwandten]
(1) Das Vormundschaftsgericht soll in wichtigen Angelegenheiten Verwandte oder Verschwägerte des Mündels hören, wenn dies ohne erhebliche Verzögerung und ohne unverhältnismäßige Kosten geschehen kann. § 1779 Abs. 3 Satz 2 gilt entsprechend.
(2) (weggefallen)

§ 1848 (weggefallen)

IV. Mitwirkung des Jugendamts
§§ 1849 und 1850   (aufgehoben)

§ 1851 [Mitteilungspflicht]
(1) Das Vormundschaftsgericht hat dem Jugendamt die Anordnung der Vormundschaft unter Bezeichnung des Vormunds und des Gegenvormunds sowie einen Wechsel in der Person und die Beendigung der Vormundschaft mitzuteilen.
(2) Wird der gewöhnliche Aufenthalt eines Mündels in den Bezirk eines anderen Jugendamts verlegt, so hat der Vormund dem Jugendamt des bisherigen gewöhnlichen Aufenthalts und dieses dem Jugendamt des neuen gewöhnlichen Aufenthalts die Verlegung mitzuteilen.
(3) Ist ein Verein Vormund, so sind die Absätze 1 und 2 nicht anzuwenden.

§ 1851 a   (aufgehoben)

V. Befreite Vormundschaft
§ 1852 [Befreiung durch den Vater]
(1) Der Vater kann, wenn er einen Vormund benennt, die Bestellung eines Gegenvormundes ausschließen.
(2) Der Vater kann anordnen, daß der von ihm benannte Vormund bei der Anlegung von Geld den in den §§ 1809, 1810 bestimmten Beschränkungen nicht unterliegen und zu den im § 1812 bezeichneten Rechtsgeschäften der Genehmigung des Gegenvormundes oder des Vormundschaftsgerichts nicht bedürfen soll. Diese Anordnungen sind als getroffen anzusehen, wenn der Vater die Bestellung eines Gegenvormundes ausgeschlossen hat.

§ 1853 [Befreiung von Hinterlegung und Sperrvermerk]
Der Vater kann den von ihm benannten Vormund von der Verpflichtung entbinden, Inhaber- und Orderpapiere zu hinterlegen und den im § 1816 bezeichneten Vermerk in das Reichsschuldbuch oder das Staatsschuldbuch eintragen zu lassen.

§ 1854 [Befreiung von Rechnungslegung]
(1) Der Vater kann den von ihm benannten Vormund von der Verpflichtung entbinden, während der Dauer seines Amtes Rechnung zu legen.
(2) Der Vormund hat in einem solchen Falle nach dem Ablaufe von je zwei Jahren eine Übersicht über den Bestand des seiner Verwaltung unterliegenden Vermögens dem Vormundschaftsgericht einzureichen. Das Vormundschaftsgericht kann anordnen, daß die Übersicht in längeren, höchstens fünfjährigen Zwischenräumen einzureichen ist.
(3) Ist ein Gegenvormund vorhanden oder zu bestellen, so hat ihm der Vormund die Übersicht unter Nachweisung des Vermögensbestandes vorzulegen. Der Gegenvormund hat die Übersicht mit den Bemerkungen zu versehen, zu denen die Prüfung ihm Anlaß gibt.

§ 1855 [Befreiung durch die Mutter]
Benennt die Mutter einen Vormund, so kann sie die gleichen Anordnungen treffen wie nach den §§ 1852 bis 1854 der Vater.

§ 1856 [Voraussetzungen der Befreiung]
Auf die nach den §§ 1852 bis 1855 zulässigen Anordnungen sind die Vorschriften des § 1777 anzuwenden. Haben die Eltern denselben Vormund benannt, aber einander widersprechende Anordnungen getroffen, so gelten die Anordnungen des zuletzt verstorbenen Elternteils.

§ 1857 [Aufhebung der Befreiung durch Gericht]
Die Anordnungen des Vaters oder der Mutter können von dem Vormundschaftsgericht außer Kraft gesetzt werden, wenn ihre Befolgung das Interesse des Mündels gefährden würde.

§ 1857 a [Befreiung für Jugendamt und Verein]
Dem Jugendamt und einem Verein als Vormund stehen die nach § 1852 Abs. 2, §§ 1853, 1854 zulässigen Befreiungen zu.

VI. Familienrat
§§ 1858 bis 1881   (aufgehoben)

VII. Beendigung der Vormundschaft
§ 1882 [Wegfall der Voraussetzungen]
Die Vormundschaft endigt mit dem Wegfalle der im § 1773 für die Begründung der Vormundschaft bestimmten Voraussetzungen.

§ 1883 (aufgehoben)

§ 1884 [Verschollenheit oder Todeserklärung des Mündels]
(1) Ist der Mündel verschollen, so endigt die Vormundschaft erst mit der Aufhebung durch das Vormundschaftsgericht. Das Vormundschaftsgericht hat die Vormundschaft aufzuheben, wenn ihm der Tod des Mündels bekannt wird.
(2) Wird der Mündel für tot erklärt oder wird seine Todeszeit nach den Vorschriften des Verschollenheitsgesetzes festgestellt, so endigt die Vormundschaft mit der Rechtskraft des Beschlusses über die Todeserklärung oder die Feststellung der Todeszeit.

§ 1885 (aufgehoben)

§ 1886 [Entlassung des Einzelvormunds]
Das Vormundschaftsgericht hat den Einzelvormund zu entlassen, wenn die Fortführung des Amtes, insbesondere wegen pflichtwidrigen Verhaltens des Vormundes, das Interesse des Mündels gefährden würde oder wenn in der Person des Vormundes einer der im § 1781 bestimmten Gründe vorliegt.

§ 1887 [Entlassung des Jugendamts oder Vereins]
(1) Das Vormundschaftsgericht hat das Jugendamt oder den Verein als Vormund zu entlassen und einen anderen Vormund zu bestellen, wenn dies dem Wohle des Mündels dient und eine andere als Vormund geeignete Person vorhanden ist.
(2) Die Entscheidung ergeht von Amts wegen oder auf Antrag. Zum Antrag ist berechtigt der Mündel, der das vierzehnte Lebensjahr vollendet hat, sowie jeder, der ein berechtigtes Interesse des Mündels geltend macht. Das Jugendamt oder der Verein sollen den Antrag stellen, sobald sie erfahren, daß die Voraussetzungen des Absatzes 1 vorliegen.
(3) Das Vormundschaftsgericht soll vor seiner Entscheidung auch das Jugendamt oder den Verein hören.

§ 1888 [Entlassung von Beamten oder Religionsdienern]
Ist ein Beamter oder Religionsdiener zum Vormunde bestellt, so hat ihn das Vormundschaftsgericht zu entlassen, wenn die Erlaubnis, die nach den Landesgesetzen zur Übernahme der Vormundschaft oder zur Fortführung der vor dem Eintritt in das Amts- oder Dienstverhältnis übernommenen Vormundschaft erforderlich ist, versagt oder zurückgenommen wird oder wenn die nach den Landesgesetzen zulässige Untersagung der Fortführung der Vormundschaft erfolgt.

§ 1889 [Entlassung auf eigenen Antrag]
(1) Das Vormundschaftsgericht hat den Einzelvormund auf seinen Antrag zu entlassen, wenn ein wichtiger Grund vorliegt; ein wichtiger Grund ist insbesondere der Eintritt eines Umstandes, der den Einzelvormund nach § 1786 Abs. 1 Nr. 2 bis 7 berechtigen würde, die Übernahme der Vormundschaft abzulehnen.
(2) Das Vormundschaftsgericht hat das Jugendamt oder den Verein als Vormund auf seinen Antrag zu entlassen, wenn eine andere als Vormund geeignete Person vorhanden ist und das Wohl des Mündels dieser Maßnahme nicht entgegensteht. Ein Verein ist auf seinen Antrag ferner zu entlassen, wenn ein wichtiger Grund vorliegt.

§ 1890 [Herausgabe und Rechnungslegung]
Der Vormund hat nach der Beendigung seines Amtes dem Mündel das verwaltete Vermögen herauszugeben und über die Verwaltung Rechenschaft abzulegen. Soweit er dem Vormundschaftsgerichte Rechnung gelegt hat, genügt die Bezugnahme auf diese Rechnung.

§ 1891 [Mitwirkung des Gegenvormunds]
(1) Ist ein Gegenvormund vorhanden, so hat ihm der Vormund die Rechnung vorzulegen. Der Gegenvormund hat die Rechnung mit den Bemerkungen zu versehen, zu denen die Prüfung ihm Anlaß gibt.
(2) Der Gegenvormund hat über die Führung der Gegenvormundschaft und, soweit er dazu imstande ist, über das von dem Vormunde verwaltete Vermögen auf Verlangen Auskunft zu erteilen.

§ 1892 [Rechnungsprüfung und -abnahme]
(1) Der Vormund hat die Rechnung, nachdem er sie dem Gegenvormunde vorgelegt hat, dem Vormundschaftsgericht einzureichen.
(2) Das Vormundschaftsgericht hat die Rechnung rechnungsmäßig und sachlich zu prüfen und deren Abnahme durch Verhandlung mit den Beteiligten unter Zuziehung des Gegenvormundes zu vermitteln. Soweit die Rechnung als richtig anerkannt wird, hat das Vormundschaftsgericht das Anerkenntnis zu beurkunden.

§ 1893 [Geschäftsführung nach Beendigung der Vormundschaft]
(1) Im Falle der Beendigung der Vormundschaft oder des vormundschaftlichen Amtes finden die Vorschriften der §§ 1698 a, 1698 b entsprechende Anwendung.
(2) Der Vormund hat nach Beendigung seines Amtes die Bestallung dem Vormundschaftsgericht zurückzugeben. In den Fällen der §§ 1791 a, 1791 b ist die schriftliche Verfügung des Vormundschaftsgerichts, im Falle des § 1791 c die Bescheinigung über den Eintritt der Vormundschaft zurückzugeben.

§ 1894 [Anzeige bei Tod des Vormunds]
(1) Den Tod des Vormundes hat dessen Erbe dem Vormundschaftsgericht unverzüglich anzuzeigen.
(2) Den Tod des Gegenvormundes oder eines Mitvormundes hat der Vormund unverzüglich anzuzeigen.

§ 1895 [Anwendung auf Gegenvormund]
Die Vorschriften der §§ 1886 bis 1889, 1893, 1894 finden auf den Gegenvormund entsprechende Anwendung.

Zweiter Titel
Rechtliche Betreuung

§ 1896 [Bestellung eines Betreuers]
(1) Kann ein Volljähriger auf Grund einer psychischen Krankheit oder einer körperlichen, geistigen oder seelischen Behinderung seine Angelegenheiten ganz oder teilweise nicht besorgen, so bestellt das Vormundschaftsgericht auf seinen Antrag oder von Amts wegen für ihn einen Betreuer. Den Antrag kann auch ein Geschäftsunfähiger stellen. Soweit der Volljährige auf Grund einer körperlichen Behinderung seine Angelegenheiten nicht besorgen kann, darf der Betreuer nur auf Antrag des Volljährigen bestellt werden, es sei denn, daß dieser seinen Willen nicht kundtun kann.
(2) Ein Betreuer darf nur für Aufgabenkreise bestellt werden, in denen die Betreuung erforderlich ist. Die Betreuung ist nicht erforderlich, soweit die Angelegenheiten des Volljährigen durch einen Bevollmächtigten, der nicht zu den in § 1897 Abs. 3 bezeichneten Personen gehört, oder durch andere Hilfen, bei denen kein gesetzlicher Vertreter bestellt wird, ebenso gut wie durch einen Betreuer besorgt werden können.
(3) Als Aufgabenkreis kann auch die Geltendmachung von Rechten des Betreuten gegenüber seinem Bevollmächtigten bestimmt werden.
(4) Die Entscheidung über den Fernmeldeverkehr des Betreuten und über die Entgegennahme, das Öffnen und das Anhalten seiner Post werden vom Aufgabenkreis des Betreuers nur dann erfaßt, wenn das Gericht dies ausdrücklich angeordnet hat.

§ 1897 [Person des Betreuers]
(1) Zum Betreuer bestellt das Vormundschaftsgericht eine natürliche Person, die geeignet ist, in dem gerichtlich bestimmten Aufgabenkreis die Angelegenheiten des Betreuten rechtlich zu besorgen und ihn in dem hierfür erforderlichen Umfang persönlich zu betreuen.
(2) Der Mitarbeiter eines nach § 1908 f anerkannten Betreuungsvereins, der dort ausschließlich oder teilweise als Betreuer tätig ist (Vereinsbetreuer), darf nur mit Einwilligung des Vereins bestellt werden. Entsprechendes gilt für den Mitarbeiter einer in Betreuungsangelegenheiten zuständigen Behörde, der dort ausschließlich oder teilweise als Betreuer tätig ist (Behördenbetreuer).
(3) Wer zu einer Anstalt, einem Heim oder einer sonstigen Einrichtung, in welcher der Volljährige untergebracht ist oder wohnt, in einem Abhängigkeitsverhältnis oder in einer anderen engen Beziehung steht, darf nicht zum Betreuer bestellt werden.
(4) Schlägt der Volljährige eine Person vor, die zum Betreuer bestellt werden kann, so ist diesem Vorschlag zu entsprechen, wenn es dem Wohl des Volljährigen nicht zuwiderläuft. Schlägt er vor, eine

bestimmte Person nicht zu bestellen, so soll hierauf Rücksicht genommen werden. Die Sätze 1 und 2 gelten auch für Vorschläge, die der Volljährige vor dem Betreuungsverfahren gemacht hat, es sei denn, daß er an diesen Vorschlägen erkennbar nicht festhalten will.
(5) Schlägt der Volljährige niemanden vor, der zum Betreuer bestellt werden kann, so ist bei der Auswahl des Betreuers auf die verwandtschaftlichen und sonstigen persönlichen Bindungen des Volljährigen, insbesondere auf die Bindungen zu Eltern, Kindern und zum Ehegatten, sowie auf die Gefahr von Interessenkonflikten Rücksicht zu nehmen.
(6) Wer Betreuungen im Rahmen seiner Berufsausübung führt, soll nur dann zum Betreuer bestellt werden, wenn keine andere geeignete Person zur Verfügung steht, die zur ehrenamtlichen Führung der Betreuung bereit ist. Werden dem Betreuer Umstände bekannt, aus denen sich ergibt, daß der Volljährige durch eine oder mehrere andere geeignete Personen außerhalb einer Berufsausübung betreut werden kann, so hat er dies dem Gericht mitzuteilen.
(7) Wird eine Person unter den Voraussetzungen des Absatzes 6 Satz 1 erstmals in dem Bezirk des Vormundschaftsgerichts zum Betreuer bestellt, soll das Gericht zuvor die zuständige Behörde zur Eignung des ausgewählten Betreuers und zu den nach § 1836 Abs. 1 Satz 3 zweite Alternative zu treffenden Feststellungen anhören.

§ 1898 [Voraussetzungen der Bestellung]
(1) Der vom Vormundschaftsgericht Ausgewählte ist verpflichtet, die Betreuung zu übernehmen, wenn er zur Betreuung geeignet ist und ihm die Übernahme unter Berücksichtigung seiner familiären, beruflichen und sonstigen Verhältnisse zugemutet werden kann.
(2) Der Ausgewählte darf erst dann zum Betreuer bestellt werden, wenn er sich zur Übernahme der Betreuung bereit erklärt hat.

§ 1899 [Mehrere Betreuer]
(1) Das Vormundschaftsgericht kann mehrere Betreuer bestehen, wenn die Angelegenheiten des Betreuten hierdurch besser besorgt werden können. In diesem Fall bestimmt es, welcher Betreuer mit welchem Aufgabenkreis betraut wird.
(2) Für die Entscheidung über die Einwilligung in eine Sterilisation des Betreuten ist stets ein besonderer Betreuer zu bestellen.
(3) Soweit mehrere Betreuer mit demselben Aufgabenkreis betraut werden, können sie die Angelegenheiten des Betreuten nur gemeinsam besorgen, es sei denn, daß das Gericht etwas anderes bestimmt hat oder mit dem Aufschub Gefahr verbunden ist.
(4) Das Gericht kann mehrere Betreuer auch in der Weise bestellen, daß der eine die Angelegenheiten des Betreuten nur zu besorgen hat, soweit der andere verhindert ist oder ihm die Besorgung überträgt.

§ 1900 [Betreuungsverein]
(1) Kann der Volljährige durch eine oder mehrere natürliche Personen nicht hinreichend betreut werden, so bestellt das Vormundschaftsgericht einen anerkannten Betreuungsverein zum Betreuer. Die Bestellung bedarf der Einwilligung des Vereins.
(2) Der Verein überträgt die Wahrnehmung der Betreuung einzelnen Personen. Vorschlägen des Volljährigen hat er hierbei zu entsprechen, soweit nicht wichtige Gründe entgegenstehen. Der Verein teilt dem Gericht alsbald mit, wem er die Wahrnehmung der Betreuung übertragen hat.
(3) Werden dem Verein Umstände bekannt, aus denen sich ergibt, daß der Volljährige durch eine oder mehrere natürliche Personen hinreichend betreut werden kann, so hat er dies dem Gericht mitzuteilen.
(4) Kann der Volljährige durch eine oder mehrere natürliche Personen oder durch einen Verein nicht hinreichend betreut werden, so bestellt das Gericht die zuständige Behörde zum Betreuer. Die Absätze 2 und 3 gelten entsprechend.
(5) Vereinen oder Behörden darf die Entscheidung über die Einwilligung in eine Sterilisation des Betreuten nicht übertragen werden.

§ 1901 [Aufgaben des Betreuers]
(1) Die Betreuung umfaßt alle Tätigkeiten, die erforderlich sind, um die Angelegenheiten des Betreuten nach Maßgabe der folgenden Vorschriften rechtlich zu besorgen.

(2) Der Betreuer hat die Angelegenheiten des Betreuten so zu besorgen, wie es dessen Wohl entspricht. Zum Wohl des Betreuten gehört auch die Möglichkeit, im Rahmen seiner Fähigkeiten sein Leben nach seinen eigenen Wünschen und Vorstellungen zu gestalten.
(3) Der Betreuer hat Wünschen des Betreuten zu entsprechen, soweit dies dessen Wohl nicht zuwiderläuft und dem Betreuer zuzumuten ist. Dies gilt auch für Wünsche, die der Betreute vor der Bestellung des Betreuers geäußert hat, es sei denn, daß er an diesen Wünschen erkennbar nicht festhalten will. Ehe der Betreuer wichtige Angelegenheiten erledigt, bespricht er sie mit dem Betreuten, sofern dies dessen Wohl nicht zuwiderläuft.
(4) Innerhalb seines Aufgabenkreises hat der Betreuer dazu beizutragen, daß Möglichkeiten genutzt werden, die Krankheit oder Behinderung des Betreuten zu beseitigen, zu bessern, ihre Verschlimmerung zu verhüten oder ihre Folgen zu mildern.
(5) Werden dem Betreuer Umstände bekannt, die eine Aufhebung der Betreuung ermöglichen, so hat er dies dem Vormundschaftsgericht mitzuteilen. Gleiches gilt für Umstände, die eine Einschränkung des Aufgabenkreises ermöglichen oder dessen Erweiterung, die Bestellung eines weiteren Betreuers oder die Anordnung eines Einwilligungsvorbehalts (§ 1903) erfordern.

§ 1901 a [Schriftstücke]
Wer ein Schriftstück besitzt, in dem jemand für den Fall seiner Betreuung Vorschläge zur Auswahl des Betreuers oder Wünsche zur Wahrnehmung der Betreuung geäußert hat, hat es unverzüglich an das Vormundschaftsgericht abzuliefern, nachdem er von der Einleitung eines Verfahrens über die Bestellung eines Betreuers Kenntnis erlangt hat.

§ 1902 [Vertretung des Betreuten]
In seinem Aufgabenkreis vertritt der Betreuer den Betreuten gerichtlich und außergerichtlich.

§ 1903 [Einwilligungsvorbehalt]
(1) Soweit dies zur Abwendung einer erheblichen Gefahr für die Person oder das Vermögen des Betreuten erforderlich ist, ordnet das Vormundschaftsgericht an, daß der Betreute zu einer Willenserklärung, die den Aufgabenkreis des Betreuers betrifft, dessen Einwilligung bedarf (Einwilligungsvorbehalt). Die §§ 108 bis 113, 131 Abs. 2 und § 206 gelten entsprechend.
(2) Ein Einwilligungsvorbehalt kann sich nicht erstrecken auf Willenserklärungen, die auf Eingehung einer Ehe gerichtet sind, auf Verfügungen von Todes wegen und auf Willenserklärungen, zu denen ein beschränkt Geschäftsfähiger nach den Vorschriften des Vierten und Fünften Buches nicht der Zustimmung seines gesetzlichen Vertreters bedarf.
(3) Ist ein Einwilligungsvorbehalt angeordnet, so bedarf der Betreute dennoch nicht der Einwilligung seines Betreuers, wenn die Willenserklärung dem Betreuten lediglich einen rechtlichen Vorteil bringt. Soweit das Gericht nichts anderes anordnet, gilt dies auch, wenn die Willenserklärung eine geringfügige Angelegenheit des täglichen Lebens betrifft.
(4) § 1901 Abs. 4 gilt entsprechend.

§ 1904 [Genehmigungsvorbehalt]
(1) Die Einwilligung des Betreuers in eine Untersuchung des Gesundheitszustandes, eine Heilbehandlung oder einen ärztlichen Eingriff bedarf der Genehmigung des Vormundschaftsgerichts, wenn die begründete Gefahr besteht, daß der Betreute auf Grund der Maßnahme stirbt oder einen schweren und länger dauernden gesundheitlichen Schaden erleidet. Ohne die Genehmigung darf die Maßnahme nur durchgeführt werden, wenn mit dem Aufschub Gefahr verbunden ist.
(2) Absatz 1 gilt auch für die Einwilligung eines Bevollmächtigten. Sie ist nur wirksam, wenn die Vollmacht schriftlich erteilt ist und die in Absatz 1 Satz 1 genannten Maßnahmen ausdrücklich umfaßt.

§ 1905 [Sterilisation]
(1) Besteht der ärztliche Eingriff in einer Sterilisation des Betreuten, in die dieser nicht einwilligen kann, so kann der Betreuer nur einwilligen, wenn
1. die Sterilisation dem Willen des Betreuten nicht widerspricht,
2. der Betreute auf Dauer einwilligungsunfähig bleiben wird,
3. anzunehmen ist, daß es ohne die Sterilisation zu einer Schwangerschaft kommen würde,

4. infolge dieser Schwangerschaft eine Gefahr für das Leben oder die Gefahr einer schwerwiegenden Beeinträchtigung des körperlichen oder seelischen Gesundheitszustandes der Schwangeren zu erwarten wäre, die nicht auf zumutbare Weise abgewendet werden könnte, und
5. die Schwangerschaft nicht durch andere zumutbare Mittel verhindert werden kann.
Als schwerwiegende Gefahr für den seelischen Gesundheitszustand der Schwangeren gilt auch die Gefahr eines schweren und nachhaltigen Leides, das ihr drohen würde, weil vormundschaftsgerichtliche Maßnahmen, die mit ihrer Trennung vom Kind verbunden wären (§§ 1666, 1666 a), gegen sie ergriffen werden müßten.
(2) Die Einwilligung bedarf der Genehmigung des Vormundschaftsgerichts. Die Sterilisation darf erst zwei Wochen nach Wirksamkeit der Genehmigung durchgeführt werden. Bei der Sterilisation ist stets der Methode der Vorzug zu geben, die eine Refertilisierung zuläßt.

§ 1906 [Unterbringung mit Freiheitsentziehung]
(1) Eine Unterbringung des Betreuten durch den Betreuer, die mit Freiheitsentziehung verbunden ist, ist nur zulässig, solange sie zum Wohl des Betreuten erforderlich ist, weil
1. auf Grund einer psychischen Krankheit oder geistigen oder seelischen Behinderung des Betreuten die Gefahr besteht, daß er sich selbst tötet oder erheblichen gesundheitlichen Schaden zufügt, oder
2. eine Untersuchung des Gesundheitszustandes, eine Heilbehandlung oder ein ärztlicher Eingriff notwendig ist, ohne die Unterbringung des Betreuten nicht durchgeführt werden kann und der Betreute auf Grund einer psychischen Krankheit oder geistigen oder seelischen Behinderung die Notwendigkeit der Unterbringung nicht erkennen oder nicht nach dieser Einsicht handeln kann.
(2) Die Unterbringung ist nur mit Genehmigung des Vormundschaftsgerichts zulässig. Ohne die Genehmigung ist die Unterbringung nur zulässig, wenn mit dem Aufschub Gefahr verbunden ist; die Genehmigung ist unverzüglich nachzuholen.
(3) Der Betreuer hat die Unterbringung zu beenden, wenn ihre Voraussetzungen wegfallen. Er hat die Beendigung der Unterbringung dem Vormundschaftsgericht anzuzeigen.
(4) Die Absätze 1 bis 3 gelten entsprechend, wenn dem Betreuten, der sich in einer Anstalt, einem Heim oder einer sonstigen Einrichtung aufhält, ohne untergebracht zu sein, durch mechanische Vorrichtungen, Medikamente oder auf andere Weise über einen längeren Zeitraum oder regelmäßig die Freiheit entzogen werden soll.
(5) Die Unterbringung durch einen Bevollmächtigten und die Einwilligung eines Bevollmächtigten in Maßnahmen nach Absatz 4 setzt voraus, daß die Vollmacht schriftlich erteilt ist und die in den Absätzen 1 und 4 genannten Maßnahmen ausdrücklich umfaßt. Im übrigen gelten die Absätze 1 bis 4 entsprechend.

§ 1907 [Beendigung des Mietverhältnisses des Betreuten]
(1) Zur Kündigung eines Mietverhältnisses über Wohnraum, den der Betreute gemietet hat, bedarf der Betreuer der Genehmigung des Vormundschaftsgerichts. Gleiches gilt für eine Willenserklärung, die auf die Aufhebung eines solchen Mietverhältnisses gerichtet ist.
(2) Treten andere Umstände ein, auf Grund derer die Beendigung des Mietverhältnisses in Betracht kommt, so hat der Betreuer dies dem Vormundschaftsgericht unverzüglich mitzuteilen, wenn sein Aufgabenkreis das Mietverhältnis oder die Aufenthaltsbestimmung umfaßt. Will der Betreuer Wohnraum des Betreuten auf andere Weise als durch Kündigung oder Aufhebung eines Mietverhältnisses aufgeben, so hat er dies gleichfalls unverzüglich mitzuteilen.
(3) Zu einem Miet- oder Pachtvertrag oder zu einem anderen Vertrag, durch den der Betreute zu wiederkehrenden Leistungen verpflichtet wird, bedarf der Betreuer der Genehmigung des Vormundschaftsgerichts, wenn das Vertragsverhältnis länger als vier Jahre dauern oder vom Betreuer Wohnraum vermietet werden soll.

§ 1908 [Ausstattung des Betreuten]
Der Betreuer kann eine Ausstattung aus dem Vermögen des Betreuten nur mit Genehmigung des Vormundschaftsgerichts versprechen oder gewähren.

§ 1908 a [Minderjährige]
Maßnahmen nach den §§ 1896, 1903 können auch für einen Minderjährigen, der das siebzehnte Lebensjahr vollendet hat, getroffen werden, wenn anzunehmen ist, daß sie bei Eintritt der Volljährigkeit erforderlich werden. Die Maßnahmen werden erst mit dem Eintritt der Volljährigkeit wirksam.

§ 1908 b [Entlassung des Betreuers]
(1) Das Vormundschaftsgericht hat den Betreuer zu entlassen, wenn seine Eignung, die Angelegenheiten des Betreuten zu besorgen, nicht mehr gewährleistet ist oder ein anderer wichtiger Grund für die Entlassung vorliegt. Das Gericht soll den nach § 1897 Abs. 6 bestellten Betreuer entlassen, wenn der Betreute durch eine oder mehrere andere Personen außerhalb einer Berufsausübung betreut werden kann.
(2) Der Betreuer kann seine Entlassung verlangen, wenn nach seiner Bestellung Umstände eintreten, auf Grund derer ihm die Betreuung nicht mehr zugemutet werden kann.
(3) Das Gericht kann den Betreuer entlassen, wenn der Betreute eine gleich geeignete Person, die zur Übernahme bereit ist, als neuen Betreuer vorschlägt.
(4) Der Vereinsbetreuer ist auch zu entlassen, wenn der Verein dies beantragt. Ist die Entlassung nicht zum Wohl des Betreuten erforderlich, so kann das Vormundschaftsgericht statt dessen mit Einverständnis des Betreuers aussprechen, daß dieser die Betreuung künftig als Privatperson weiterführt. Die Sätze 1 und 2 gelten für den Behördenbetreuer entsprechend.
(5) Der Verein oder die Behörde ist zu entlassen, sobald der Betreute durch eine oder mehrere natürliche Personen hinreichend betreut werden kann.

§ 1908 c [Neuer Betreuer]
Stirbt der Betreuer oder wird er entlassen, so ist ein neuer Betreuer zu bestellen.

§ 1908 d [Aufhebung der Betreuung]
(1) Die Betreuung ist aufzuheben, wenn ihre Voraussetzungen wegfallen. Fallen diese Voraussetzungen nur für einen Teil der Aufgaben des Betreuers weg, so ist dessen Aufgabenkreis einzuschränken.
(2) Ist der Betreuer auf Antrag des Betreuten bestellt, so ist die Betreuung auf dessen Antrag aufzuheben, es sei denn, daß eine Betreuung von Amts wegen erforderlich ist. Den Antrag kann auch ein Geschäftsunfähiger stellen. Die Sätze 1 und 2 gelten für die Einschränkung des Aufgabenkreises entsprechend.
(3) Der Aufgabenkreis des Betreuers ist zu erweitern, wenn dies erforderlich wird. Die Vorschriften über die Bestellung des Betreuers gelten hierfür entsprechend.
(4) Für den Einwilligungsvorbehalt gelten die Absätze 1 und 3 entsprechend.

§ 1908 e [Aufwendungsersatz und Vergütung für Vereinsbetreuer]
(1) Ist ein Vereinsbetreuer bestellt, so kann der Verein Vorschuß und Ersatz für Aufwendungen nach § 1835 Abs. 1 und 4 und eine Vergütung nach § 1836 Abs. 2, §§ 1836 a, 1836 b verlangen; § 1836 Abs. 1 Satz 2 und 3 findet keine Anwendung. Allgemeine Verwaltungskosten werden nicht ersetzt.
(2) Der Vereinsbetreuer selbst kann keine Rechte nach den §§ 1835 bis 1836 b geltend machen.

§ 1908 f [Anerkennung als Betreuungsverein]
(1) Ein rechtsfähiger Verein kann als Betreuungsverein anerkannt werden, wenn er gewährleistet, daß er
1. eine ausreichende Zahl geeigneter Mitarbeiter hat und diese beaufsichtigen, weiterbilden und gegen Schäden, die diese anderen im Rahmen ihrer Tätigkeit zufügen können, angemessen versichern wird,
2. sich planmäßig um die Gewinnung ehrenamtlicher Betreuer bemüht, diese in ihre Aufgaben einführt, fortbildet und berät,
2 a. planmäßig über Vorsorgevollmachten und Betreuungsverfügungen informiert,
3. einen Erfahrungsaustausch zwischen den Mitarbeitern ermöglicht.
(2) Die Anerkennung gilt für das jeweilige Bundesland; sie kann auf einzelne Landesteile beschränkt werden. Sie ist widerruflich und kann unter Auflagen erteilt werden.
(3) Das Nähere regelt das Landesrecht. Es kann auch weitere Voraussetzungen für die Anerkennung vorsehen.

§ 1908 g [Behördenbetreuer]
(1) Gegen einen Behördenbetreuer wird kein Zwangsgeld nach § 1837 Abs. 3 Satz 1 festgesetzt.
(2) Der Behördenbetreuer kann Geld des Betreuten gemäß § 1807 auch bei der Körperschaft anlegen, bei der er tätig ist.

§ 1908 h [Kostenersatz für Behördenbetreuer]
(1) Ist ein Behördenbetreuer bestellt, so kann die zuständige Behörde Ersatz für Aufwendungen nach § 1835 Abs. 1 Satz 1 und 2 verlangen, soweit eine Inanspruchnahme des Betreuten nach § 1836 c zulässig ist. § 1835 Abs. 5 Satz 2 gilt entsprechend.
(2) Der zuständigen Behörde kann eine Vergütung nach § 1836 Abs. 3 bewilligt werden, soweit eine Inanspruchnahme des Betreuten nach § 1836 c zulässig ist.
(3) Der Behördenbetreuer selbst kann keine Rechte nach den §§ 1835 bis 1836 b geltend machen.

§ 1908 i [Anwendbarkeit anderer Vorschriften]
(1) Im übrigen sind auf die Betreuung § 1632 Abs. 1 bis 3, §§ 1784, 1787 Abs. 1, § 1791 a Abs. 3 Satz 1 zweiter Halbsatz und Satz 2, §§ 1792, 1795 bis 1797 Abs. 1 Satz 2, §§ 1798, 1799, 1802 Abs. 1 Satz 1, Abs. 2 und 3, §§ 1803, 1805 bis 1821, 1822 Nr. 1 bis 4, 6 bis 13, §§ 1823 bis 1825, 1828 bis 1831, 1833 bis 1836 e, 1837 Abs. 1 bis 3, §§ 1839 bis 1841, 1843, 1845, 1846, 1857 a, 1888, 1890, 1892 bis 1894 sinngemäß anzuwenden. Durch Landesrecht kann bestimmt werden, daß Vorschriften, welche die Aufsicht des Vormundschaftsgerichts in vermögensrechtlicher Hinsicht sowie beim Abschluß von Lehr- und Arbeitsverträgen betreffen, gegenüber der zuständigen Behörde außer Anwendung bleiben.
(2) § 1804 ist sinngemäß anzuwenden, jedoch kann der Betreuer in Vertretung des Betreuten Gelegenheitsgeschenke auch dann machen, wenn dies dem Wunsch des Betreuten entspricht und nach seinen Lebensverhältnissen üblich ist. § 1857 a ist auf die Betreuung durch den Vater, die Mutter, den Ehegatten oder einen Abkömmling des Betreuten sowie auf den Vereinsbetreuer und den Behördenbetreuer sinngemäß anzuwenden, soweit das Vormundschaftsgericht nichts anderes anordnet.

§ 1908 k [Mitteilungspflicht bei entgeltlicher Betreuung]
(1) Wer Betreuungen entgeltlich führt, hat der Betreuungsbehörde, in deren Bezirk er seinen Sitz oder Wohnsitz hat, kalenderjährlich
1. die Zahl der von ihm im Kalenderjahr geführten Betreuungen,
2. die von ihm für die Führung dieser Betreuungen insgesamt in Rechnung gestellte Zeit,
3. den von ihm für die Führung dieser Betreuungen insgesamt in Rechnung gestellten Geldbetrag und
4. den von ihm für die Führung von Betreuungen im Kalenderjahr erhaltenen Geldbetrag
mitzuteilen.
(2) Die Mitteilung erfolgt jeweils bis spätestens 31. März für den Schluß des vorangegangenen Kalenderjahres. Die Betreuungsbehörde kann verlangen, daß der Betreuer die Richtigkeit der Mitteilung an Eides Statt versichert.
(3) Die Betreuungsbehörde ist berechtigt und auf Verlangen des Vormundschaftsgerichts verpflichtet, dem Vormundschaftsgericht diese Mitteilung zu übermitteln.

Dritter Titel
Pflegschaft

§ 1909 [Ergänzungspflegschaft]
(1) Wer unter elterlicher Sorge oder unter Vormundschaft steht, erhält für Angelegenheiten, an deren Besorgung die Eltern oder der Vormund verhindert sind, einen Pfleger. Er erhält insbesondere einen Pfleger zur Verwaltung des Vermögens, das er von Todes wegen erwirbt oder das ihm unter Lebenden unentgeltlich zugewendet wird, wenn der Erblasser durch letztwillige Verfügung, der Zuwendende bei der Zuwendung bestimmt hat, daß die Eltern oder der Vormund das Vermögen nicht verwalten sollen.
(2) Wird eine Pflegschaft erforderlich, so haben die Eltern oder der Vormund dies dem Vormundschaftsgericht unverzüglich anzuzeigen.
(3) Die Pflegschaft ist auch dann anzuordnen, wenn die Voraussetzungen für die Anordnung einer Vormundschaft vorliegen, ein Vormund aber noch nicht bestellt ist.

§ 1910 (aufgehoben)

§ 1911 [Abwesenheitspflegschaft]
(1) Ein abwesender Volljähriger, dessen Aufenthalt unbekannt ist, erhält für seine Vermögensangelegenheiten, soweit sie der Fürsorge bedürfen, einen Abwesenheitspfleger. Ein solcher Pfleger ist ihm insbesondere auch dann zu bestellen, wenn er durch Erteilung eines Auftrags oder einer Vollmacht

Fürsorge getroffen hat, aber Umstände eingetreten sind, die zum Widerrufe des Auftrags oder der Vollmacht Anlaß geben.
(2) Das gleiche gilt von einem Abwesenden, dessen Aufenthalt bekannt, der aber an der Rückkehr und der Besorgung seiner Vermögensangelegenheiten verhindert ist.

§ 1912 [Pflegschaft für eine Leibesfrucht]
(1) Eine Leibesfrucht erhält zur Wahrung ihrer künftigen Rechte, soweit diese einer Fürsorge bedürfen, einen Pfleger.
(2) Die Fürsorge steht jedoch den Eltern insoweit zu, als ihnen die elterliche Sorge zustünde, wenn das Kind bereits geboren wäre.

§ 1913 [Pflegschaft für unbekannte Beteiligte]
Ist unbekannt oder ungewiß, wer bei einer Angelegenheit der Beteiligte ist, so kann dem Beteiligten für diese Angelegenheit, soweit eine Fürsorge erforderlich ist, ein Pfleger bestellt werden. Insbesondere kann einem Nacherben, der noch nicht erzeugt ist oder dessen Persönlichkeit erst durch ein künftiges Ereignis bestimmt wird, für die Zeit bis zum Eintritte der Nacherbfolge ein Pfleger bestellt werden.

§ 1914 [Pflegschaft für Sammelvermögen]
Ist durch öffentliche Sammlung Vermögen für einen vorübergehenden Zweck zusammengebracht worden, so kann zum Zwecke der Verwaltung und Verwendung des Vermögens ein Pfleger bestellt werden, wenn die zu der Verwaltung und Verwendung berufenen Personen weggefallen sind.

§ 1915 [Anwendung von Vormundschaftsrecht]
(1) Auf die Pflegschaft finden die für die Vormundschaft geltenden Vorschriften entsprechende Anwendung, soweit sich nicht aus dem Gesetz ein anderes ergibt.
(2) Die Bestellung eines Gegenvormundes ist nicht erforderlich.
(3) § 1793 Abs. 2 findet auf die Pflegschaft für Volljährige keine Anwendung.

§ 1916 [Berufung als Ergänzungspfleger]
Für die nach § 1909 anzuordnende Pflegschaft gelten die Vorschriften über die Berufung zur Vormundschaft nicht.

§ 1917 [Benennung durch Erblasser und Dritte]
(1) Wird die Anordnung einer Pflegschaft nach § 1909 Abs. 1 Satz 2 erforderlich, so ist als Pfleger berufen, wer durch letztwillige Verfügung oder bei der Zuwendung benannt worden ist; die Vorschriften des § 1778 sind entsprechend anzuwenden.
(2) Für den benannten Pfleger können durch letztwillige Verfügung oder bei der Zuwendung die in den §§ 1852 bis 1854 bezeichneten Befreiungen angeordnet werden. Das Vormundschaftsgericht kann die Anordnungen außer Kraft setzen, wenn sie das Interesse des Pfleglings gefährden.
(3) Zu einer Abweichung von den Anordnungen des Zuwendenden ist, solange er lebt, seine Zustimmung erforderlich und genügend. Ist er zur Abgabe einer Erklärung dauernd außerstande oder ist sein Aufenthalt dauernd unbekannt, so kann das Vormundschaftsgericht die Zustimmung ersetzen.

§ 1918 [Ende der Pflegschaft kraft Gesetzes]
(1) Die Pflegschaft für eine unter elterlicher Sorge oder unter Vormundschaft stehende Person endigt mit der Beendigung der elterlichen Sorge oder der Vormundschaft.
(2) Die Pflegschaft für eine Leibesfrucht endigt mit der Geburt des Kindes.
(3) Die Pflegschaft zur Besorgung einer einzelnen Angelegenheit endigt mit deren Erledigung.

§ 1919 [Aufhebung bei Wegfall des Grundes]
Die Pflegschaft ist von dem Vormundschaftsgericht aufzuheben, wenn der Grund für die Anordnung der Pflegschaft weggefallen ist.

§ 1920 (aufgehoben)

§ 1921 [Aufhebung der Abwesenheitspflegschaft]
(1) Die Pflegschaft für einen Abwesenden ist von dem Vormundschaftsgericht aufzuheben, wenn der Abwesende an der Besorgung seiner Vermögensangelegenheiten nicht mehr verhindert ist.
(2) Stirbt der Abwesende, so endigt die Pflegschaft erst mit der Aufhebung durch das Vormundschaftsgericht. Das Vormundschaftsgericht hat die Pflegschaft aufzuheben, wenn ihm der Tod des Abwesenden bekannt wird.

(3) Wird der Abwesende für tot erklärt oder wird seine Todeszeit nach den Vorschriften des Verschollenheitsgesetzes festgestellt, so endigt die Pflegschaft mit der Rechtskraft des Beschlusses über die Todeserklärung oder die Feststellung der Todeszeit.

Fünftes Buch
Erbrecht

Erster Abschnitt
Erbfolge

§ 1922 [Gesamtrechtsnachfolge]
(1) Mit dem Tode einer Person (Erbfall) geht deren Vermögen (Erbschaft) als Ganzes auf eine oder mehrere andere Personen (Erben) über.
(2) Auf den Anteil eines Miterben (Erbteil) finden die sich auf die Erbschaft beziehenden Vorschriften Anwendung.

§ 1923 [Erbfähigkeit]
(1) Erbe kann nur werden, wer zur Zeit des Erbfalls lebt.
(2) Wer zur Zeit des Erbfalls noch nicht lebte, aber bereits erzeugt war, gilt als vor dem Erbfalle geboren.

§ 1924 [Gesetzliche Erben erster Ordnung]
(1) Gesetzliche Erben der ersten Ordnung sind die Abkömmlinge des Erblassers.
(2) Ein zur Zeit des Erbfalls lebender Abkömmling schließt die durch ihn mit dem Erblasser verwandten Abkömmlinge von der Erbfolge aus.
(3) An die Stelle eines zur Zeit des Erbfalls nicht mehr lebenden Abkömmlinges treten die durch ihn mit dem Erblasser verwandten Abkömmlinge (Erbfolge nach Stämmen).
(4) Kinder erben zu gleichen Teilen.

§ 1925 [Gesetzliche Erben zweiter Ordnung]
(1) Gesetzliche Erben der zweiten Ordnung sind die Eltern des Erblassers und deren Abkömmlinge.
(2) Leben zur Zeit des Erbfalls die Eltern, so erben sie allein und zu gleichen Teilen.
(3) Lebt zur Zeit des Erbfalls der Vater oder die Mutter nicht mehr, so treten an die Stelle des Verstorbenen dessen Abkömmlinge nach den für die Beerbung in der ersten Ordnung geltenden Vorschriften. Sind Abkömmlinge nicht vorhanden, so erbt der überlebende Teil allein.
(4) In den Fällen des § 1756 sind das angenommene Kind und die Abkömmlinge der leiblichen Eltern oder des anderen Elternteils des Kindes im Verhältnis zueinander nicht Erben der zweiten Ordnung.

§ 1926 [Gesetzliche Erben dritter Ordnung]
(1) Gesetzliche Erben der dritten Ordnung sind die Großeltern des Erblassers und deren Abkömmlinge.
(2) Leben zur Zeit des Erbfalls die Großeltern, so erben sie allein und zu gleichen Teilen.
(3) Lebt zur Zeit des Erbfalls von einem Großelternpaar der Großvater oder die Großmutter nicht mehr, so treten an die Stelle des Verstorbenen dessen Abkömmlinge. Sind Abkömmlinge nicht vorhanden, so fällt der Anteil des Verstorbenen dem anderen Teile des Großelternpaars und, wenn dieser nicht mehr lebt, dessen Abkömmlingen zu.
(4) Lebt zur Zeit des Erbfalls ein Großelternpaar nicht mehr und sind Abkömmlinge der Verstorbenen nicht vorhanden, so erben die anderen Großeltern oder ihre Abkömmlinge allein.
(5) Soweit Abkömmlinge an die Stelle ihrer Eltern oder ihrer Voreltern treten, finden die für die Beerbung in der ersten Ordnung geltenden Vorschriften Anwendung.

§ 1927 [Mehrfache Verwandtschaft]
Wer in der ersten, der zweiten oder der dritten Ordnung verschiedenen Stämmen angehört, erhält den in jedem dieser Stämme ihm zufallenden Anteil. Jeder Anteil gilt als besonderer Erbteil.

§ 1928 [Gesetzliche Erben vierter Ordnung]
(1) Gesetzliche Erben der vierten Ordnung sind die Urgroßeltern des Erblassers und deren Abkömmlinge.
(2) Leben zur Zeit des Erbfalls Urgroßeltern, so erben sie allein; mehrere erben zu gleichen Teilen, ohne Unterschied, ob sie derselben Linie oder verschiedenen Linien angehören.

(3) Leben zur Zeit des Erbfalls Urgroßeltern nicht mehr, so erbt von ihren Abkömmlingen derjenige, welcher mit dem Erblasser dem Grade nach am nächsten verwandt ist; mehrere gleich nahe Verwandte erben zu gleichen Teilen.

§ 1929 [Gesetzliche Erben der fünften und fernerer Ordnungen]
(1) Gesetzliche Erben der fünften Ordnung und der ferneren Ordnungen sind die entfernteren Voreltern des Erblassers und deren Abkömmlinge.
(2) Die Vorschriften des § 1928 Abs. 2, 3 finden entsprechende Anwendung.

§ 1930 [Rangfolge der Ordnungen]
Ein Verwandter ist nicht zur Erbfolge berufen, solange ein Verwandter einer vorhergehenden Ordnung vorhanden ist.

§ 1931 [Gesetzliches Erbrecht des Ehegatten]
(1) Der überlebende Ehegatte des Erblassers ist neben Verwandten der ersten Ordnung zu einem Vierteile, neben Verwandten der zweiten Ordnung oder neben Großeltern zur Hälfte der Erbschaft als gesetzlicher Erbe berufen. Treffen mit Großeltern Abkömmlinge von Großeltern zusammen, so erhält der Ehegatte auch von der anderen Hälfte den Anteil, der nach § 1926 den Abkömmlingen zufallen würde.
(2) Sind weder Verwandte der ersten oder der zweiten Ordnung noch Großeltern vorhanden, so erhält der überlebende Ehegatte die ganze Erbschaft.
(3) Die Vorschriften des § 1371 bleiben unberührt.
(4) Bestand beim Erbfall Gütertrennung und sind als gesetzliche Erben neben dem überlebenden Ehegatten ein oder zwei Kinder des Erblassers berufen, so erben der überlebende Ehegatte und jedes Kind zu gleichen Teilen; § 1924 Abs. 3 gilt auch in diesem Falle.

§ 1932 [Voraus des überlebenden Ehegatten]
(1) Ist der überlebende Ehegatte neben Verwandten der zweiten Ordnung oder neben Großeltern gesetzlicher Erbe, so gebühren ihm außer dem Erbteil die zum ehelichen Haushalt gehörenden Gegenstände, soweit sie nicht Zubehör eines Grundstücks sind, und die Hochzeitsgeschenke als Voraus. Ist der überlebende Ehegatte neben Verwandten der ersten Ordnung gesetzlicher Erbe, so gebühren ihm diese Gegenstände, soweit er sie zur Führung eines angemessenen Haushalts benötigt.
(2) Auf den Voraus sind die für Vermächtnisse geltenden Vorschriften anzuwenden.

§ 1933 [Fortfall des Ehegattenerbrechts]
Das Erbrecht des überlebenden Ehegatten sowie das Recht auf den Voraus ist ausgeschlossen, wenn zur Zeit des Todes des Erblassers die Voraussetzungen für die Scheidung der Ehe gegeben waren und der Erblasser die Scheidung beantragt oder ihr zugestimmt hatte. Das gleiche gilt, wenn der Erblasser berechtigt war, die Aufhebung der Ehe zu beantragen, und den Antrag gestellt hatte. In diesen Fällen ist der Ehegatte nach Maßgabe der §§ 1569 bis 1586 b unterhaltsberechtigt.

§ 1934 [Mehrfaches Erbrecht des verwandten Ehegatten]
Gehört der überlebende Ehegatte zu den erbberechtigten Verwandten, so erbt er zugleich als Verwandter. Der Erbteil, der ihm auf Grund der Verwandtschaft zufällt, gilt als besonderer Erbteil.

§§ 1934 a bis 1934 e (aufgehoben)

§ 1935 [Folgen der Erbteilserhöhung]
Fällt ein gesetzlicher Erbe vor oder nach dem Erbfalle weg und erhöht sich infolgedessen der Erbteil eines anderen gesetzlichen Erben, so gilt der Teil, um welchen sich der Erbteil erhöht, in Ansehung der Vermächtnisse und Auflagen, mit denen dieser Erbe oder der wegfallende Erbe beschwert ist, sowie in Ansehung der Ausgleichungspflicht als besonderer Erbteil.

§ 1936 [Erbrecht des Fiskus]
(1) Ist zur Zeit des Erbfalls weder ein Verwandter noch ein Ehegatte des Erblassers vorhanden, so ist der Fiskus des Bundesstaats, dem der Erblasser zur Zeit des Todes angehört hat, gesetzlicher Erbe. Hat der Erblasser mehreren Bundesstaaten angehört, so ist der Fiskus eines jeden dieser Staaten zu gleichem Anteile zur Erbfolge berufen.
(2) War der Erblasser ein Deutscher, der keinem Bundesstaat angehörte, so ist der Reichsfiskus gesetzlicher Erbe.

Bürgerliches Gesetzbuch §§ 1937–1947

§ 1937 [Erbeinsetzung durch Testament]
Der Erblasser kann durch einseitige Verfügung von Todes wegen (Testament, letztwillige Verfügung) den Erben bestimmen.

§ 1938 [Enterbung]
Der Erblasser kann durch Testament einen Verwandten oder den Ehegatten von der gesetzlichen Erbfolge ausschließen, ohne einen Erben einzusetzen.

§ 1939 [Vermächtnis]
Der Erblasser kann durch Testament einem anderen, ohne ihn als Erben einzusetzen, einen Vermögensvorteil zuwenden (Vermächtnis).

§ 1940 [Auflage]
Der Erblasser kann durch Testament den Erben oder einen Vermächtnisnehmer zu einer Leistung verpflichten, ohne einem anderen ein Recht auf die Leistung zuzuwenden (Auflage).

§ 1941 [Erbvertrag]
(1) Der Erblasser kann durch Vertrag einen Erben einsetzen sowie Vermächtnisse und Auflagen anordnen (Erbvertrag).
(2) Als Erbe (Vertragserbe) oder als Vermächtnisnehmer kann sowohl der andere Vertragschließende als ein Dritter bedacht werden.

Zweiter Abschnitt
Rechtliche Stellung des Erben
Erster Titel
Annahme und Ausschlagung der Erbschaft. Fürsorge des Nachlaßgerichts

§ 1942 [Anfall der Erbschaft]
(1) Die Erbschaft geht auf den berufenen Erben unbeschadet des Rechtes über, sie auszuschlagen (Anfall der Erbschaft).
(2) Der Fiskus kann die ihm als gesetzlichem Erben angefallene Erbschaft nicht ausschlagen.

§ 1943 [Annahme der Erbschaft]
Der Erbe kann die Erbschaft nicht mehr ausschlagen, wenn er sie angenommen hat oder wenn die für die Ausschlagung vorgeschriebene Frist verstrichen ist; mit dem Ablaufe der Frist gilt die Erbschaft als angenommen.

§ 1944 [Ausschlagungsfrist]
(1) Die Ausschlagung kann nur binnen sechs Wochen erfolgen.
(2) Die Frist beginnt mit dem Zeitpunkt, in welchem der Erbe von dem Anfall und dem Grunde der Berufung Kenntnis erlangt. Ist der Erbe durch Verfügung von Todes wegen berufen, so beginnt die Frist nicht vor der Verkündung der Verfügung. Auf den Lauf der Frist finden die für die Verjährung geltenden Vorschriften der §§ 203, 206 entsprechende Anwendung.
(3) Die Frist beträgt sechs Monate, wenn der Erblasser seinen letzten Wohnsitz nur im Auslande gehabt hat oder wenn sich der Erbe bei dem Beginne der Frist im Ausland aufhält.

§ 1945 [Form der Ausschlagung]
(1) Die Ausschlagung erfolgt durch Erklärung gegenüber dem Nachlaßgerichte; die Erklärung ist zur Niederschrift des Nachlaßgerichts oder in öffentlich beglaubigter Form abzugeben.
(2) Die Niederschrift des Nachlaßgerichts wird nach den Vorschriften des Beurkundungsgesetzes errichtet.
(3) Ein Bevollmächtigter bedarf einer öffentlich beglaubigten Vollmacht. Die Vollmacht muß der Erklärung beigefügt oder innerhalb der Ausschlagungsfrist nachgebracht werden.

§ 1946 [Zeitpunkt der Erklärung]
Der Erbe kann die Erbschaft annehmen oder ausschlagen, sobald der Erbfall eingetreten ist.

§ 1947 [Bedingungsfeindlichkeit]
Die Annahme und die Ausschlagung können nicht unter einer Bedingung oder einer Zeitbestimmung erfolgen.

§ 1948 [Mehrfache Berufung]
(1) Wer durch Verfügung von Todes wegen als Erbe berufen ist, kann, wenn er ohne die Verfügung als gesetzlicher Erbe berufen sein würde, die Erbschaft als eingesetzter Erbe ausschlagen und als gesetzlicher Erbe annehmen.
(2) Wer durch Testament und durch Erbvertrag als Erbe berufen ist, kann die Erbschaft aus dem einen Berufungsgrund annehmen und aus dem anderen ausschlagen.

§ 1949 [Irrtum über den Berufungsgrund]
(1) Die Annahme gilt als nicht erfolgt, wenn der Erbe über den Berufungsgrund im Irrtume war.
(2) Die Ausschlagung erstreckt sich im Zweifel auf alle Berufungsgründe, die dem Erben zur Zeit der Erklärung bekannt sind.

§ 1950 [Keine Teilannahme oder Teilausschlagung]
Die Annahme und die Ausschlagung können nicht auf einen Teil der Erbschaft beschränkt werden. Die Annahme oder Ausschlagung eines Teiles ist unwirksam.

§ 1951 [Mehrere Erbteile]
(1) Wer zu mehreren Erbteilen berufen ist, kann, wenn die Berufung auf verschiedenen Gründen beruht, den einen Erbteil annehmen und den anderen ausschlagen.
(2) Beruht die Berufung auf demselben Grunde, so gilt die Annahme oder Ausschlagung des einen Erbteils auch für den anderen, selbst wenn der andere erst später anfällt. Die Berufung beruht auf demselben Grunde auch dann, wenn sie in verschiedenen Testamenten oder vertragsmäßig in verschiedenen zwischen denselben Personen geschlossenen Erbverträgen angeordnet ist.
(3) Setzt der Erblasser einen Erben auf mehrere Erbteile ein, so kann er ihm durch Verfügung von Todes wegen gestatten, den einen Erbteil anzunehmen und den anderen auszuschlagen.

§ 1952 [Vererblichkeit des Ausschlagungsrechts]
(1) Das Recht des Erben, die Erbschaft auszuschlagen, ist vererblich.
(2) Stirbt der Erbe vor dem Ablaufe der Ausschlagungsfrist, so endigt die Frist nicht vor dem Ablaufe der für die Erbschaft des Erben vorgeschriebenen Ausschlagungsfrist.
(3) Von mehreren Erben des Erben kann jeder den seinem Erbteil entsprechenden Teil der Erbschaft ausschlagen.

§ 1953 [Wirkungen der Ausschlagung]
(1) Wird die Erbschaft ausgeschlagen, so gilt der Anfall an den Ausschlagenden als nicht erfolgt.
(2) Die Erbschaft fällt demjenigen an, welcher berufen sein würde, wenn der Ausschlagende zur Zeit des Erbfalls nicht gelebt hätte; der Anfall gilt als mit dem Erbfall erfolgt.
(3) Das Nachlaßgericht soll die Ausschlagung demjenigen mitteilen, welchem die Erbschaft infolge der Ausschlagung angefallen ist. Es hat die Einsicht der Erklärung jedem zu gestatten, der ein rechtliches Interesse glaubhaft macht.

§ 1954 [Anfechtungsfrist]
(1) Ist die Annahme oder die Ausschlagung anfechtbar, so kann die Anfechtung nur binnen sechs Wochen erfolgen.
(2) Die Frist beginnt im Falle der Anfechtbarkeit wegen Drohung mit dem Zeitpunkt, in welchem die Zwangslage aufhört, in den übrigen Fällen mit dem Zeitpunkt, in welchem der Anfechtungsberechtigte von dem Anfechtungsgrunde Kenntnis erlangt. Auf den Lauf der Frist finden die für die Verjährung geltenden Vorschriften der §§ 203, 206, 207 entsprechende Anwendung.
(3) Die Frist beträgt sechs Monate, wenn der Erblasser seinen Wohnsitz nur im Auslande gehabt hat oder wenn sich der Erbe bei dem Beginne der Frist im Ausland aufhält.
(4) Die Anfechtung ist ausgeschlossen, wenn seit der Annahme oder der Ausschlagung dreißig Jahre verstrichen sind.

§ 1955 [Form der Anfechtung]
Die Anfechtung der Annahme oder der Ausschlagung erfolgt durch Erklärung gegenüber dem Nachlaßgerichte. Für die Erklärung gelten die Vorschriften des § 1945.

§ 1956 [Anfechtung der Fristversäumung]
Die Versäumung der Ausschlagungsfrist kann in gleicher Weise wie die Annahme angefochten werden.

§ 1957 [Wirkung der Anfechtung]
(1) Die Anfechtung der Annahme gilt als Ausschlagung, die Anfechtung der Ausschlagung gilt als Annahme.
(2) Das Nachlaßgericht soll die Anfechtung der Ausschlagung demjenigen mitteilen, welchem die Erbschaft infolge der Ausschlagung angefallen war. Die Vorschrift des § 1953 Abs. 3 Satz 2 findet Anwendung.

§ 1958 [Erbschaftsannahme als Prozeßvoraussetzung]
Vor der Annahme der Erbschaft kann ein Anspruch, der sich gegen den Nachlaß richtet, nicht gegen den Erben gerichtlich geltend gemacht werden.

§ 1959 [Geschäftsführung vor der Ausschlagung]
(1) Besorgt der Erbe vor der Ausschlagung erbschaftliche Geschäfte, so ist er demjenigen gegenüber, welcher Erbe wird, wie ein Geschäftsführer ohne Auftrag berechtigt und verpflichtet.
(2) Verfügt der Erbe vor der Ausschlagung über einen Nachlaßgegenstand, so wird die Wirksamkeit der Verfügung durch die Ausschlagung nicht berührt, wenn die Verfügung nicht ohne Nachteil für den Nachlaß verschoben werden konnte.
(3) Ein Rechtsgeschäft, das gegenüber dem Erben als solchem vorgenommen werden muß, bleibt, wenn es vor der Ausschlagung dem Ausschlagenden gegenüber vorgenommen wird, auch nach der Ausschlagung wirksam.

§ 1960 [Sicherung des Nachlasses]
(1) Bis zur Annahme der Erbschaft hat das Nachlaßgericht für die Sicherung des Nachlasses zu sorgen, soweit ein Bedürfnis besteht. Das gleiche gilt, wenn der Erbe unbekannt oder wenn ungewiß ist, ob er die Erbschaft angenommen hat.
(2) Das Nachlaßgericht kann insbesondere die Anlegung von Siegeln, die Hinterlegung von Geld, Wertpapieren und Kostbarkeiten sowie die Aufnahme eines Nachlaßverzeichnisses anordnen und für denjenigen, welcher Erbe wird, einen Pfleger (Nachlaßpfleger) bestellen.
(3) Die Vorschrift des § 1958 findet auf den Nachlaßpfleger keine Anwendung.

...

Zweiter Titel
Haftung des Erben für die Nachlaßverbindlichkeiten
I. Nachlaßverbindlichkeiten

§ 1967 [Erbenhaftung]
(1) Der Erbe haftet für die Nachlaßverbindlichkeiten.
(2) Zu den Nachlaßverbindlichkeiten gehören außer den vom Erblasser herrührenden Schulden die den Erben als solchen treffenden Verbindlichkeiten, insbesondere die Verbindlichkeiten aus Pflichtteilsrechten, Vermächtnissen und Auflagen.

...

III. Beschränkung der Haftung des Erben

§ 1975 [Nachlaßverwaltung – Nachlaßinsolvenz]
Die Haftung des Erben für die Nachlaßverbindlichkeiten beschränkt sich auf den Nachlaß, wenn eine Nachlaßpflegschaft zum Zwecke der Befriedigung der Nachlaßgläubiger (Nachlaßverwaltung) angeordnet oder das Nachlaßinsolvenzverfahren eröffnet ist.

...

§ 1986 [Herausgabe des Nachlasses]
(1) Der Nachlaßverwalter darf den Nachlaß dem Erben erst ausantworten, wenn die bekannten Nachlaßverbindlichkeiten berichtigt sind.
(2) Ist die Berichtigung einer Verbindlichkeit zur Zeit nicht ausführbar oder ist eine Verbindlichkeit streitig, so darf die Ausantwortung des Nachlasses nur erfolgen, wenn dem Gläubiger Sicherheit geleistet wird. Für eine bedingte Forderung ist Sicherheitsleistung nicht erforderlich, wenn die Möglichkeit des Eintritts der Bedingung eine so entfernte ist, daß die Forderung einen gegenwärtigen Vermögenswert nicht hat.

…

Dritter Titel
Erbschaftsanspruch

§ 2018 [Herausgabeanspruch gegen Erbschaftsbesitzer]
Der Erbe kann von jedem, der auf Grund eines ihm in Wirklichkeit nicht zustehenden Erbrechts etwas aus der Erbschaft erlangt hat (Erbschaftsbesitzer), die Herausgabe des Erlangten verlangen.

…

Vierter Titel
Mehrheit von Erben
I. Rechtsverhältnis der Erben untereinander

§ 2032 [Erbengemeinschaft]
(1) Hinterläßt der Erblasser mehrere Erben, so wird der Nachlaß gemeinschaftliches Vermögen der Erben.
(2) Bis zur Auseinandersetzung gelten die Vorschriften der §§ 2033 bis 2041.

…

Dritter Abschnitt
Testament
Erster Titel
Allgemeine Vorschriften

§ 2064 [Persönliche Testamentserrichtung]
Der Erblasser kann ein Testament nur persönlich errichten.

§ 2065 [Keine Bestimmung durch einen anderen]
(1) Der Erblasser kann eine letztwillige Verfügung nicht in der Weise treffen, daß ein anderer zu bestimmen hat, ob sie gelten oder nicht gelten soll.
(2) Der Erblasser kann die Bestimmung der Person, die eine Zuwendung erhalten soll, sowie die Bestimmung des Gegenstandes der Zuwendung nicht einem anderen überlassen.

§ 2066 [Gesetzliche Erben]
Hat der Erblasser seine gesetzlichen Erben ohne nähere Bestimmung bedacht, so sind diejenigen, welche zur Zeit des Erbfalls seine gesetzlichen Erben sein würden, nach dem Verhältnis ihrer gesetzlichen Erbteile bedacht. Ist die Zuwendung unter einer aufschiebenden Bedingung oder unter Bestimmung eines Anfangstermins gemacht und tritt die Bedingung oder der Termin erst nach dem Erbfall ein, so sind im Zweifel diejenigen als bedacht anzusehen, welche die gesetzlichen Erben sein würden, wenn der Erblasser zur Zeit des Eintritts der Bedingung oder des Termins gestorben wäre.

§ 2067 [Verwandte]
Hat der Erblasser seine Verwandten oder seine nächsten Verwandten ohne nähere Bestimmung bedacht, so sind im Zweifel diejenigen Verwandten, welche zur Zeit des Erbfalls seine gesetzlichen Erben sein würden, als nach dem Verhältnis ihrer gesetzlichen Erbteile bedacht anzusehen. Die Vorschrift des § 2066 Satz 2 findet Anwendung.

§ 2068 [Kinder]
Hat der Erblasser seine Kinder ohne nähere Bestimmung bedacht und ist ein Kind vor der Errichtung des Testaments mit Hinterlassung von Abkömmlingen gestorben, so ist im Zweifel anzunehmen, daß die Abkömmlinge insoweit bedacht sind, als sie bei der gesetzlichen Erbfolge an die Stelle des Kindes treten würden.

§ 2069 [Abkömmlinge]
Hat der Erblasser einen seiner Abkömmlinge bedacht und fällt dieser nach der Errichtung des Testaments weg, so ist im Zweifel anzunehmen, daß dessen Abkömmlinge insoweit bedacht sind, als sie bei der gesetzlichen Erbfolge an dessen Stelle treten würden.

§ 2070 [Abkömmlinge eines Dritten]
Hat der Erblasser die Abkömmlinge eines Dritten ohne nähere Bestimmung bedacht, so ist im Zweifel anzunehmen, daß diejenigen Abkömmlinge nicht bedacht sind, welche zur Zeit des Erbfalls oder, wenn die Zuwendung unter einer aufschiebenden Bedingung oder unter Bestimmung eines Anfangstermins gemacht ist und die Bedingung oder der Termin erst nach dem Erbfall eintritt, zur Zeit des Eintritts der Bedingung oder des Termins noch nicht erzeugt sind.

§ 2071 [Personengruppe]
Hat der Erblasser ohne nähere Bestimmung eine Klasse von Personen oder Personen bedacht, die zu ihm in einem Dienst- oder Geschäftsverhältnisse stehen, so ist im Zweifel anzunehmen, daß diejenigen bedacht sind, welche zur Zeit des Erbfalls der bezeichneten Klasse angehören oder in dem bezeichneten Verhältnisse stehen.

§ 2072 [Zuwendung an Arme]
Hat der Erblasser die Armen ohne nähere Bestimmung bedacht, so ist im Zweifel anzunehmen, daß die öffentliche Armenkasse der Gemeinde, in deren Bezirk er seinen letzten Wohnsitz gehabt hat, unter der Auflage bedacht ist, das Zugewendete unter Arme zu verteilen.

§ 2073 [Mehrdeutige Bezeichnung des Bedachten]
Hat der Erblasser den Bedachten in einer Weise bezeichnet, die auf mehrere Personen paßt, und läßt sich nicht ermitteln, wer von ihnen bedacht werden sollte, so gelten sie als zu gleichen Teilen bedacht.

§ 2074 [Aufschiebend bedingte Zuwendung]
Hat der Erblasser eine letztwillige Zuwendung unter einer aufschiebenden Bedingung gemacht, so ist im Zweifel anzunehmen, daß die Zuwendung nur gelten soll, wenn der Bedachte den Eintritt der Bedingung erlebt.

§ 2075 [Auflösend bedingte Zuwendung]
Hat der Erblasser eine letztwillige Zuwendung unter der Bedingung gemacht, daß der Bedachte während eines Zeitraums von unbestimmter Dauer etwas unterläßt oder fortgesetzt tut, so ist, wenn das Unterlassen oder das Tun lediglich in der Willkür des Bedachten liegt, im Zweifel anzunehmen, daß die Zuwendung von der auflösenden Bedingung abhängig sein soll, daß der Bedachte die Handlung vornimmt oder das Tun unterläßt.

§ 2076 [Bedingung zum Vorteil eines Dritten]
Bezweckt die Bedingung, unter der eine letztwillige Zuwendung gemacht ist, den Vorteil eines Dritten, so gilt sie im Zweifel als eingetreten, wenn der Dritte die zum Eintritte der Bedingung erforderliche Mitwirkung verweigert.

§ 2077 [Unwirksamkeit von Zuwendungen an Ehegatten oder Verlobten]
(1) Eine letztwillige Verfügung, durch die der Erblasser seinen Ehegatten bedacht hat, ist unwirksam, wenn die Ehe vor dem Tode des Erblassers aufgelöst worden ist. Der Auflösung der Ehe steht es gleich, wenn zur Zeit des Todes des Erblassers die Voraussetzungen für die Scheidung der Ehe gegeben waren und der Erblasser die Scheidung beantragt oder ihr zugestimmt hatte. Das gleiche gilt, wenn der Erblasser zur Zeit seines Todes berechtigt war, die Aufhebung der Ehe zu beantragen, und den Antrag gestellt hatte.
(2) Eine letztwillige Verfügung, durch die der Erblasser seinen Verlobten bedacht hat, ist unwirksam, wenn das Verlöbnis vor dem Tode des Erblassers aufgelöst worden ist.
(3) Die Verfügung ist nicht unwirksam, wenn anzunehmen ist, daß der Erblasser sie auch für einen solchen Fall getroffen haben würde.

§ 2078 [Anfechtung wegen Irrtums oder Drohung]
(1) Eine letztwillige Verfügung kann angefochten werden, soweit der Erblasser über den Inhalt seiner Erklärung im Irrtume war oder eine Erklärung dieses Inhalts überhaupt nicht abgeben wollte und anzunehmen ist, daß er die Erklärung bei Kenntnis der Sachlage nicht abgegeben haben würde.
(2) Das gleiche gilt, soweit der Erblasser zu der Verfügung durch die irrige Annahme oder Erwartung des Eintritts oder Nichteintritts eines Umstandes oder widerrechtlich durch Drohung bestimmt worden ist.
(3) Die Vorschriften des § 122 finden keine Anwendung.

§ 2079 [Anfechtung wegen Übergehens eines Pflichtteilsberechtigten]
Eine letztwillige Verfügung kann angefochten werden, wenn der Erblasser einen zur Zeit des Erbfalls vorhandenen Pflichtteilsberechtigten übergangen hat, dessen Vorhandensein ihm bei der Errichtung der Verfügung nicht bekannt war oder der erst nach der Errichtung geboren oder pflichtteilsberechtigt geworden ist. Die Anfechtung ist ausgeschlossen, soweit anzunehmen ist, daß der Erblasser auch bei Kenntnis der Sachlage die Verfügung getroffen haben würde.

§ 2080 [Anfechtungsberechtigung]
(1) Zur Anfechtung ist derjenige berechtigt, welchem die Aufhebung der letztwilligen Verfügung unmittelbar zustatten kommen würde.
(2) Bezieht sich in den Fällen des § 2078 der Irrtum nur auf eine bestimmte Person und ist diese anfechtungsberechtigt oder würde sie anfechtungsberechtigt sein, wenn sie zur Zeit des Erbfalls gelebt hätte, so ist ein anderer zur Anfechtung nicht berechtigt.
(3) Im Falle des § 2079 steht das Anfechtungsrecht nur dem Pflichtteilsberechtigten zu.

§ 2081 [Anfechtungserklärung]
(1) Die Anfechtung einer letztwilligen Verfügung, durch die ein Erbe eingesetzt, ein gesetzlicher Erbe von der Erbfolge ausgeschlossen, ein Testamentsvollstrecker ernannt oder eine Verfügung solcher Art aufgehoben wird, erfolgt durch Erklärung gegenüber dem Nachlaßgerichte.
(2) Das Nachlaßgericht soll die Anfechtungserklärung demjenigen mitteilen, welchem die angefochtene Verfügung unmittelbar zustatten kommt. Es hat die Einsicht der Erklärung jedem zu gestatten, der ein rechtliches Interesse glaubhaft macht.
(3) Die Vorschrift des Absatzes 1 gilt auch für die Anfechtung einer letztwilligen Verfügung, durch die ein Recht für einen anderen nicht begründet wird, insbesondere für die Anfechtung einer Auflage.

§ 2082 [Anfechtungsfrist]
(1) Die Anfechtung kann nur binnen Jahresfrist erfolgen.
(2) Die Frist beginnt mit dem Zeitpunkt, in welchem der Anfechtungsberechtigte von dem Anfechtungsgrunde Kenntnis erlangt. Auf den Lauf der Frist finden die für die Verjährung geltenden Vorschriften der §§ 203, 206, 207 entsprechende Anwendung.
(3) Die Anfechtung ist ausgeschlossen, wenn seit dem Erbfalle dreißig Jahre verstrichen sind.

§ 2083 [Einrede der Anfechtbarkeit]
Ist eine letztwillige Verfügung, durch die eine Verpflichtung zu einer Leistung begründet wird, anfechtbar, so kann der Beschwerte die Leistung verweigern, auch wenn die Anfechtung nach § 2082 ausgeschlossen ist.

§ 2084 [Auslegung einer letztwilligen Verfügung]
Läßt der Inhalt einer letztwilligen Verfügung verschiedene Auslegungen zu, so ist im Zweifel diejenige Auslegung vorzuziehen, bei welcher die Verfügung Erfolg haben kann.

§ 2085 [Unwirksamkeit einer von mehreren Verfügungen]
Die Unwirksamkeit einer von mehreren in einem Testament enthaltenen Verfügungen hat die Unwirksamkeit der übrigen Verfügungen nur zur Folge, wenn anzunehmen ist, daß der Erblasser diese ohne die unwirksame Verfügung nicht getroffen haben würde.

...

Zweiter Titel
Erbeinsetzung

...

§ 2096 [Ersatzerbe]
Der Erblasser kann für den Fall, daß ein Erbe vor oder nach dem Eintritte des Erbfalls wegfällt, einen anderen als Erben einsetzen (Ersatzerbe).

...

Dritter Titel
Einsetzung eines Nacherben
§ 2100 [Begriff]
Der Erblasser kann einen Erben in der Weise einsetzen, daß dieser erst Erbe wird, nachdem zunächst ein anderer Erbe geworden ist (Nacherbe).

...

Vierter Titel
Vermächtnis
§ 2147 [Beschwerter]
Mit einem Vermächtnisse kann der Erbe oder ein Vermächtnisnehmer beschwert werden. Soweit nicht der Erblasser ein anderes bestimmt hat, ist der Erbe beschwert.

...

Fünfter Titel
Auflage
§ 2192 [Anzuwendende Vorschriften]
Auf eine Auflage finden die für letztwillige Zuwendungen geltenden Vorschriften der §§ 2065, 2147, 2148, 2154 bis 2156, 2161, 2171, 2181 entsprechende Anwendung.

...

Sechster Titel
Testamentsvollstrecker
§ 2197 [Ernennung durch Testament]
(1) Der Erblasser kann durch Testament einen oder mehrere Testamentsvollstrecker ernennen.
(2) Der Erblasser kann für den Fall, daß der ernannte Testamentsvollstrecker vor oder nach der Annahme des Amtes wegfällt, einen anderen Testamentsvollstrecker ernennen.

...

Siebenter Titel
Errichtung und Aufhebung eines Testaments
§ 2229 [Testierfähigkeit]
(1) Ein Minderjähriger kann ein Testament erst errichten, wenn er das sechzehnte Lebensjahr vollendet hat.
(2) Der Minderjährige bedarf zur Errichtung eines Testaments nicht der Zustimmung seines gesetzlichen Vertreters.
(3) (aufgehoben)
(4) Wer wegen krankhafter Störung der Geistestätigkeit, wegen Geistesschwäche oder wegen Bewußtseinsstörung nicht in der Lage ist, die Bedeutung einer von ihm abgegebenen Willenserklärung einzusehen und nach dieser Einsicht zu handeln, kann ein Testament nicht errichten.

§ 2230 (aufgehoben)

§ 2231 [Form der Testamentserrichtung]
Ein Testament kann in ordentlicher Form errichtet werden:
1. zur Niederschrift eines Notars;
2. durch eine vom Erblasser nach § 2247 abgegebene Erklärung.

§ 2232[1] [Öffentliches Testament]
Zur Niederschrift eines Notars wird ein Testament errichtet, indem der Erblasser dem Notar seinen letzten Willen mündlich erklärt oder ihm eine Schrift mit der Erklärung übergibt, daß die Schrift seinen letzten Willen enthalte. Der Erblasser kann die Schrift offen oder verschlossen übergeben; sie braucht nicht von ihm geschrieben zu sein.

§ 2233[2] [Sonderfälle der Errichtung]
(1) Ist der Erblasser minderjährig, so kann er das Testament nur durch mündliche Erklärung oder durch Übergabe einer offenen Schrift errichten.
(2) Ist der Erblasser nach seinen Angaben oder nach der Überzeugung des Notars nicht imstande, Geschriebenes zu lesen, so kann er das Testament nur durch mündliche Erklärung errichten.
(3) Vermag der Erblasser nach seinen Angaben oder nach der Überzeugung des Notars nicht hinreichend zu sprechen, so kann er das Testament nur durch Übergabe einer Schrift errichten.

§§ 2234 bis 2246 (weggefallen)

§ 2247 [Eigenhändiges Testament]
(1) Der Erblasser kann ein Testament durch eine eigenhändig geschriebene und unterschriebene Erklärung errichten.
(2) Der Erblasser soll in der Erklärung angeben, zu welcher Zeit (Tag, Monat und Jahr) und an welchem Ort er sie niedergeschrieben hat.
(3) Die Unterschrift soll den Vornamen und den Familiennamen des Erblassers enthalten. Unterschreibt der Erblasser in anderer Weise und reicht diese Unterzeichnung zur Feststellung der Urheberschaft des Erblassers und der Ernstlichkeit seiner Erklärung aus, so steht eine solche Unterzeichnung der Gültigkeit des Testaments nicht entgegen.
(4) Wer minderjährig ist oder Geschriebenes nicht zu lesen vermag, kann ein Testament nicht nach obigen Vorschriften errichten.
(5) Enthält ein nach Absatz 1 errichtetes Testament keine Angabe über die Zeit der Errichtung und ergeben sich hieraus Zweifel über seine Gültigkeit, so ist das Testament nur dann als gültig anzusehen, wenn sich die notwendigen Feststellungen über die Zeit der Errichtung anderweit treffen lassen. Dasselbe gilt entsprechend für ein Testament, das keine Angabe über den Ort der Errichtung enthält.
...

Achter Titel
Gemeinschaftliches Testament

§ 2265 [Errichtung nur durch Ehegatten]
Ein gemeinschaftliches Testament kann nur von Ehegatten errichtet werden.

§ 2266 [Gemeinschaftliches Nottestament]
Ein gemeinschaftliches Testament kann nach den §§ 2249, 2250 auch dann errichtet werden, wenn die dort vorgesehenen Voraussetzungen nur bei einem der Ehegatten vorliegen.

§ 2267 [Gemeinschaftliches eigenhändiges Testament]
Zur Errichtung eines gemeinschaftlichen Testaments nach § 2247 genügt es, wenn einer der Ehegatten das Testament in der dort vorgeschriebenen Form errichtet und der andere Ehegatte die gemeinschaftliche Erklärung eigenhändig mitunterzeichnet. Der mitunterzeichnende Ehegatte soll hierbei angeben, zu welcher Zeit (Tag, Monat und Jahr) und an welchem Ort er seine Unterschrift beigefügt hat.

---

1) Hierzu Beschluß des Bundesverfassungsgerichts vom 19. 1. 1999 – 1 BvR 2161/94 – (BGBl. I S. 699):
 »1. Die §§ 2232, 2233 des Bürgerlichen Gesetzbuches in der Fassung des Beurkundungsgesetzes vom 28. August 1969 (Bundesgesetzblatt I Seite 1513) und § 31 dieses Gesetzes sind mit Artikel 3 Absatz 1 und Absatz 3 Satz 2 sowie mit Artikel 14 Absatz 1 des Grundgesetzes unvereinbar, soweit sie testierfähigen Personen, die weder schreiben noch sprechen können, die Möglichkeit der Testamentserrichtung verwehren.
 ...
 4. Bis zum Inkrafttreten einer gesetzlichen Neuregelung können Personen, die weder schreiben noch sprechen können, aber testierfähig sind, ein notarielles Testament im Sinne des § 2231 Nummer 1 des Bürgerlichen Gesetzbuches nach Maßgabe der Entscheidungsgründe errichten. Die vorstehende Entscheidungsformel hat nach § 31 Abs. 2 des Gesetzes über das Bundesverfassungsgericht Gesetzeskraft.«
2) Siehe Fußnote zu § 2232.

Bürgerliches Gesetzbuch §§ 2268–2273

§ 2268 [Nichtigkeit oder Auflösung der Ehe]
(1) Ein gemeinschaftliches Testament ist in den Fällen des § 2077 seinem ganzen Inhalte nach unwirksam.
(2) Wird die Ehe vor dem Tode eines der Ehegatten aufgelöst oder liegen die Voraussetzungen des § 2077 Abs. 1 Satz 2 oder 3 vor, so bleiben die Verfügungen insoweit wirksam, als anzunehmen ist, daß sie auch für diesen Fall getroffen sein würden.

§ 2269 [Berliner Testament]
(1) Haben die Ehegatten in einem gemeinschaftlichen Testamente, durch das sie sich gegenseitig als Erben einsetzen, bestimmt, daß nach dem Tode des Überlebenden der beiderseitige Nachlaß an einen Dritten fallen soll, so ist im Zweifel anzunehmen, daß der Dritte für den gesamten Nachlaß als Erbe des zuletzt versterbenden Ehegatten eingesetzt ist.
(2) Haben die Ehegatten in einem solchen Testament ein Vermächtnis angeordnet, das nach dem Tode des Überlebenden erfüllt werden soll, so ist im Zweifel anzunehmen, daß das Vermächtnis dem Bedachten erst mit dem Tode des Überlebenden anfallen soll.

§ 2270 [Wechselbezügliche Verfügungen]
(1) Haben die Ehegatten in einem gemeinschaftlichen Testamente Verfügungen getroffen, von denen anzunehmen ist, daß die Verfügung des einen nicht ohne die Verfügung des anderen getroffen sein würde, so hat die Nichtigkeit oder der Widerruf der einen Verfügung die Unwirksamkeit der anderen zur Folge.
(2) Ein solches Verhältnis der Verfügungen zueinander ist im Zweifel anzunehmen, wenn sich die Ehegatten gegenseitig bedenken oder wenn dem einen Ehegatten von dem anderen eine Zuwendung gemacht und für den Fall des Überlebens des Bedachten eine Verfügung zugunsten einer Person getroffen wird, die mit dem anderen Ehegatten verwandt ist oder ihm sonst nahe steht.
(3) Auf andere Verfügungen als Erbeinsetzungen, Vermächtnisse oder Auflagen findet die Vorschrift des Absatzes 1 keine Anwendung.

§ 2271 [Widerruf wechselbezüglicher Verfügungen]
(1) Der Widerruf einer Verfügung, die mit einer Verfügung des anderen Ehegatten in dem im § 2270 bezeichneten Verhältnis steht, erfolgt bei Lebzeiten der Ehegatten nach den für den Rücktritt von einem Erbvertrage geltenden Vorschriften des § 2296. Durch eine neue Verfügung von Todes wegen kann ein Ehegatte bei Lebzeiten des anderen seine Verfügung nicht einseitig aufheben.
(2) Das Recht zum Widerruf erlischt mit dem Tode des anderen Ehegatten; der Überlebende kann jedoch seine Verfügung aufheben, wenn er das ihm Zugewendete ausschlägt. Auch nach der Annahme der Zuwendung ist der Überlebende zur Aufhebung nach Maßgabe des § 2294 und des § 2336 berechtigt.
(3) Ist ein pflichtteilsberechtigter Abkömmling der Ehegatten oder eines der Ehegatten bedacht, so findet die Vorschrift des § 2289 Abs. 2 entsprechende Anwendung.

§ 2272 [Rücknahme aus amtlicher Verwahrung]
Ein gemeinschaftliches Testament kann nach § 2256 nur von beiden Ehegatten zurückgenommen werden.

§ 2273 [Eröffnung]
(1) Bei der Eröffnung eines gemeinschaftlichen Testaments sind die Verfügungen des überlebenden Ehegatten, soweit sie sich sondern lassen, weder zu verkünden noch sonst zur Kenntnis der Beteiligten zu bringen.
(2) Von den Verfügungen des verstorbenen Ehegatten ist eine beglaubigte Abschrift anzufertigen. Das Testament ist wieder zu verschließen und in die besondere amtliche Verwahrung zurückzubringen.
(3) Die Vorschriften des Absatzes 2 gelten nicht, wenn das Testament nur Anordnungen enthält, die sich auf den Erbfall beziehen, der mit dem Tode des erstversterbenden Ehegatten eintritt, insbesondere wenn das Testament sich auf die Erklärung beschränkt, daß die Ehegatten sich gegenseitig zu Erben einsetzen.

Vierter Abschnitt
Erbvertrag

§ 2274 [Persönlicher Abschluß]
Der Erblasser kann einen Erbvertrag nur persönlich schließen.

§ 2275 [Voraussetzungen]
(1) Einen Erbvertrag kann als Erblasser nur schließen, wer unbeschränkt geschäftsfähig ist.
(2) Ein Ehegatte kann als Erblasser mit seinem Ehegatten einen Erbvertrag schließen, auch wenn er in der Geschäftsfähigkeit beschränkt ist. Er bedarf in diesem Falle der Zustimmung seines gesetzlichen Vertreters; ist der gesetzliche Vertreter ein Vormund, so ist auch die Genehmigung des Vormundschaftsgerichts erforderlich.
(3) Die Vorschriften des Absatzes 2 gelten auch für Verlobte.

§ 2276 [Form]
(1) Ein Erbvertrag kann nur zur Niederschrift eines Notars bei gleichzeitiger Anwesenheit beider Teile geschlossen werden. Die Vorschriften der § 2231 Nr. 1, §§ 2232, 2233 sind anzuwenden; was nach diesen Vorschriften für den Erblasser gilt, gilt für jeden der Vertragschließenden.
(2) Für einen Erbvertrag zwischen Ehegatten oder zwischen Verlobten, der mit einem Ehevertrag in derselben Urkunde verbunden wird, genügt die für den Ehevertrag vorgeschriebene Form.

§ 2277 [Amtliche Verwahrung]
Wird ein Erbvertrag in besondere amtliche Verwahrung genommen, so soll jedem der Vertragschließenden ein Hinterlegungsschein erteilt werden.

§ 2278 [Vertragsmäßige Verfügungen]
(1) In einem Erbvertrage kann jeder der Vertragschließenden vertragsmäßige Verfügungen von Todes wegen treffen.
(2) Andere Verfügungen als Erbeinsetzungen, Vermächtnisse und Auflagen können vertragsmäßig nicht getroffen werden.

§ 2279 [Vertragsmäßige Zuwendungen und Auflagen]
(1) Auf vertragsmäßige Zuwendungen und Auflagen finden die für letztwillige Zuwendungen und Auflagen geltenden Vorschriften entsprechende Anwendung.
(2) Die Vorschriften des § 2077 gelten für einen Erbvertrag zwischen Ehegatten oder Verlobten auch insoweit, als ein Dritter bedacht ist.

§ 2280 [Auslegungsregeln bei Ehegattenerbvertrag]
Haben Ehegatten in einem Erbvertrage, durch den sie sich gegenseitig als Erben einsetzen, bestimmt, daß nach dem Tode des Überlebenden der beiderseitige Nachlaß an einen Dritten fallen soll, oder ein Vermächtnis angeordnet, das nach dem Tode des Überlebenden zu erfüllen ist, so finden die Vorschriften des § 2269 entsprechende Anwendung.

§ 2281 [Anfechtung durch den Erblasser]
(1) Der Erbvertrag kann auf Grund der §§ 2078, 2079 auch von dem Erblasser angefochten werden; zur Anfechtung auf Grund des § 2079 ist erforderlich, daß der Pflichtteilsberechtigte zur Zeit der Anfechtung vorhanden ist.
(2) Soll nach dem Tode des anderen Vertragschließenden eine zugunsten eines Dritten getroffene Verfügung von dem Erblasser angefochten werden, so ist die Anfechtung dem Nachlaßgerichte gegenüber zu erklären. Das Nachlaßgericht soll die Erklärung dem Dritten mitteilen.

§ 2282 [Form der Anfechtung]
(1) Die Anfechtung kann nicht durch einen Vertreter des Erblassers erfolgen. Ist der Erblasser in der Geschäftsfähigkeit beschränkt, so bedarf er zur Anfechtung nicht der Zustimmung seines gesetzlichen Vertreters.
(2) Für einen geschäftsunfähigen Erblasser kann sein gesetzlicher Vertreter mit Genehmigung des Vormundschaftsgerichts den Erbvertrag anfechten.
(3) Die Anfechtungserklärung bedarf der notariellen Beurkundung.

§ 2283 [Anfechtungsfrist]
(1) Die Anfechtung durch den Erblasser kann nur binnen Jahresfrist erfolgen.

(2) Die Frist beginnt im Falle der Anfechtbarkeit wegen Drohung mit dem Zeitpunkt, in welchem die Zwangslage aufhört, in den übrigen Fällen mit dem Zeitpunkt, in welchem der Erblasser von dem Anfechtungsgrunde Kenntnis erlangt. Auf den Lauf der Frist finden die für die Verjährung geltenden Vorschriften der §§ 203, 206 entsprechende Anwendung.
(3) Hat im Falle des § 2282 Abs. 2 der gesetzliche Vertreter den Erbvertrag nicht rechtzeitig angefochten, so kann nach dem Wegfalle der Geschäftsunfähigkeit der Erblasser selbst den Erbvertrag in gleicher Weise anfechten, wie wenn er ohne gesetzlichen Vertreter gewesen wäre.

§ 2284 [Bestätigung]
Die Bestätigung eines anfechtbaren Erbvertrags kann nur durch den Erblasser persönlich erfolgen. Ist der Erblasser in der Geschäftsfähigkeit beschränkt, so ist die Bestätigung ausgeschlossen.

§ 2285 [Anfechtung durch Dritte]
Die im § 2080 bezeichneten Personen können den Erbvertrag auf Grund der §§ 2078, 2079 nicht mehr anfechten, wenn das Anfechtungsrecht des Erblassers zur Zeit des Erbfalls erloschen ist.

§ 2286 [Verfügungen unter Lebenden]
Durch den Erbvertrag wird das Recht des Erblassers, über sein Vermögen durch Rechtsgeschäft unter Lebenden zu verfügen, nicht beschränkt.

§ 2287 [Schenkungen in Beeinträchtigungsabsicht]
(1) Hat der Erblasser in der Absicht, den Vertragserben zu beeinträchtigen, eine Schenkung gemacht, so kann der Vertragserbe, nachdem ihm die Erbschaft angefallen ist, von dem Beschenkten die Herausgabe des Geschenkes nach den Vorschriften über die Herausgabe einer ungerechtfertigten Bereicherung fordern.
(2) Der Anspruch verjährt in drei Jahren von dem Anfalle der Erbschaft an.

§ 2288 [Beeinträchtigung des Vermächtnisnehmers]
(1) Hat der Erblasser den Gegenstand eines vertragsmäßig angeordneten Vermächtnisses in der Absicht, den Bedachten zu beeinträchtigen, zerstört, beiseite geschafft oder beschädigt, so tritt, soweit der Erbe dadurch außerstande gesetzt ist, die Leistung zu bewirken, an die Stelle des Gegenstandes der Wert.
(2) Hat der Erblasser den Gegenstand in der Absicht, den Bedachten zu beeinträchtigen, veräußert oder belastet, so ist der Erbe verpflichtet, dem Bedachten den Gegenstand zu verschaffen oder die Belastung zu beseitigen; auf diese Verpflichtung finden die Vorschriften des § 2170 Abs. 2 entsprechende Anwendung. Ist die Veräußerung oder die Belastung schenkweise erfolgt, so steht dem Bedachten, soweit er Ersatz nicht von dem Erben erlangen kann, der im § 2287 bestimmte Anspruch gegen den Beschenkten zu.

§ 2289 [Frühere Verfügungen]
(1) Durch den Erbvertrag wird eine frühere letztwillige Verfügung des Erblassers aufgehoben, soweit sie das Recht des vertragsmäßig Bedachten beeinträchtigen würde. In dem gleichen Umfang ist eine spätere Verfügung von Todes wegen unwirksam, unbeschadet der Vorschrift des § 2297.
(2) Ist der Bedachte ein pflichtteilsberechtigter Abkömmling des Erblassers, so kann der Erblasser durch eine spätere letztwillige Verfügung die nach § 2338 zulässigen Anordnungen treffen.

§ 2290 [Aufhebung durch Vertrag]
(1) Ein Erbvertrag sowie eine einzelne vertragsmäßige Verfügung kann durch Vertrag von den Personen aufgehoben werden, die den Erbvertrag geschlossen haben. Nach dem Tode einer dieser Personen kann die Aufhebung nicht mehr erfolgen.
(2) Der Erblasser kann den Vertrag nur persönlich schließen. Ist er in der Geschäftsfähigkeit beschränkt, so bedarf er nicht der Zustimmung seines gesetzlichen Vertreters.
(3) Steht der andere Teil unter Vormundschaft oder wird die Aufhebung vom Aufgabenkreis eines Betreuers erfaßt, so ist die Genehmigung des Vormundschaftsgerichts erforderlich. Das gleiche gilt, wenn er unter elterlicher Sorge steht, es sei denn, daß der Vertrag unter Ehegatten oder unter Verlobten geschlossen wird.
(4) Der Vertrag bedarf der im § 2276 für den Erbvertrag vorgeschriebenen Form.

§ 2291 [Aufhebung durch Testament]
(1) Eine vertragsmäßige Verfügung, durch die ein Vermächtnis oder eine Auflage angeordnet ist, kann von dem Erblasser durch Testament aufgehoben werden. Zur Wirksamkeit der Aufhebung ist die Zustimmung des anderen Vertragschließenden erforderlich; die Vorschriften des § 2290 Abs. 3 finden Anwendung.
(2) Die Zustimmungserklärung bedarf der notariellen Beurkundung; die Zustimmung ist unwiderruflich.

§ 2292 [Aufhebung durch gemeinschaftliches Testament]
Ein zwischen Ehegatten geschlossener Erbvertrag kann auch durch ein gemeinschaftliches Testament der Ehegatten aufgehoben werden; die Vorschriften des § 2290 Abs. 3 finden Anwendung.

§ 2293 [Rücktritt bei Vorbehalt]
Der Erblasser kann von dem Erbvertrage zurücktreten, wenn er sich den Rücktritt im Vertrage vorbehalten hat.

§ 2294 [Rücktritt bei Verfehlungen des Bedachten]
Der Erblasser kann von einer vertragsmäßigen Verfügung zurücktreten, wenn sich der Bedachte einer Verfehlung schuldig macht, die den Erblasser zur Entziehung des Pflichtteils berechtigt oder, falls der Bedachte nicht zu den Pflichtteilsberechtigten gehört, zu der Entziehung berechtigen würde, wenn der Bedachte ein Abkömmling des Erblassers wäre.

§ 2295 [Rücktritt bei Aufhebung der Gegenverpflichtung]
Der Erblasser kann von einer vertragsmäßigen Verfügung zurücktreten, wenn die Verfügung mit Rücksicht auf eine rechtsgeschäftliche Verpflichtung des Bedachten, dem Erblasser für dessen Lebenszeit wiederkehrende Leistungen zu entrichten, insbesondere Unterhalt zu gewähren, getroffen ist und die Verpflichtung vor dem Tode des Erblassers aufgehoben wird.

§ 2296 [Höchstpersönlichkeit – Form]
(1) Der Rücktritt kann nicht durch einen Vertreter erfolgen. Ist der Erblasser in der Geschäftsfähigkeit beschränkt, so bedarf er nicht der Zustimmung seines gesetzlichen Vertreters.
(2) Der Rücktritt erfolgt durch Erklärung gegenüber dem anderen Vertragschließenden. Die Erklärung bedarf der notariellen Beurkundung.

§ 2297 [Rücktritt durch Testament]
Soweit der Erblasser zum Rücktritt berechtigt ist, kann er nach dem Tode des anderen Vertragschließenden die vertragsmäßige Verfügung durch Testament aufheben. In den Fällen des § 2294 finden die Vorschriften des § 2336 Abs. 2 bis 4 entsprechende Anwendung.

§ 2298 [Gegenseitiger Erbvertrag]
(1) Sind in einem Erbvertrage von beiden Teilen vertragsmäßige Verfügungen getroffen, so hat die Nichtigkeit einer dieser Verfügungen die Unwirksamkeit des ganzen Vertrags zur Folge.
(2) Ist in einem solchen Vertrage der Rücktritt vorbehalten, so wird durch den Rücktritt eines der Vertragschließenden der ganze Vertrag aufgehoben. Das Rücktrittsrecht erlischt mit dem Tode des anderen Vertragschließenden. Der Überlebende kann jedoch, wenn er das ihm durch den Vertrag Zugewendete ausschlägt, seine Verfügung durch Testament aufheben.
(3) Die Vorschriften des Absatzes 1 und des Absatzes 2 Satz 1, 2 finden keine Anwendung, wenn ein anderer Wille der Vertragschließenden anzunehmen ist.

§ 2299 [Einseitige Verfügungen]
(1) Jeder der Vertragschließenden kann in dem Erbvertrag einseitig jede Verfügung treffen, die durch Testament getroffen werden kann.
(2) Für eine Verfügung dieser Art gilt das gleiche, wie wenn sie durch Testament getroffen worden wäre. Die Verfügung kann auch in einem Vertrage aufgehoben werden, durch den eine vertragsmäßige Verfügung aufgehoben wird.
(3) Wird der Erbvertrag durch Ausübung des Rücktrittsrechts oder durch Vertrag aufgehoben, so tritt die Verfügung außer Kraft, sofern nicht ein andere Wille des Erblassers anzunehmen ist.

§ 2300 [Amtliche Verwahrung – Eröffnung des Erbvertrages]
Die für die amtliche Verwahrung und die Eröffnung eines Testaments geltenden Vorschriften der §§ 2258 a bis 2263, 2273 sind auf den Erbvertrag entsprechend anzuwenden, die Vorschriften des § 2273 Abs. 2, 3 jedoch nur dann, wenn sich der Erbvertrag in besonderer amtlicher Verwahrung befindet.

§ 2300 a [Eröffnungsfrist]
Befindet sich ein Erbvertrag seit mehr als fünfzig Jahren in amtlicher Verwahrung, so ist § 2263 a entsprechend anzuwenden.

§ 2301 [Schenkungsversprechen von Todes wegen]
(1) Auf ein Schenkungsversprechen, welches unter der Bedingung erteilt wird, daß der Beschenkte den Schenker überlebt, finden die Vorschriften über Verfügungen von Todes wegen Anwendung. Das gleiche gilt für ein schenkweise unter dieser Bedingung erteiltes Schuldversprechen oder Schuldanerkenntnis der in den §§ 780, 781 bezeichneten Art.
(2) Vollzieht der Schenker die Schenkung durch Leistung des zugewendeten Gegenstandes, so finden die Vorschriften über Schenkungen unter Lebenden Anwendung.

§ 2302 [Unbeschränkbare Testierfreiheit]
Ein Vertrag, durch den sich jemand verpflichtet, eine Verfügung von Todes wegen zu errichten oder nicht zu errichten, aufzuheben oder nicht aufzuheben, ist nichtig.

Fünfter Abschnitt
Pflichtteil

§ 2303 [Pflichtteilberechtigte – Höhe]
(1) Ist ein Abkömmling des Erblassers durch Verfügung von Todes wegen von der Erbfolge ausgeschlossen, so kann er von dem Erben den Pflichtteil verlangen. Der Pflichtteil besteht in der Hälfte des Wertes des gesetzlichen Erbteils.
(2) Das gleiche Recht steht den Eltern und dem Ehegatten des Erblassers zu, wenn sie durch Verfügung von Todes wegen von der Erbfolge ausgeschlossen sind. Die Vorschriften des § 1371 bleiben unberührt.

§ 2304 [Auslegungsregel]
Die Zuwendung des Pflichtteils ist im Zweifel nicht als Erbeinsetzung anzusehen.

...

§ 2333 [Pflichtteilsentzug bei Abkömmling]
Der Erblasser kann einem Abkömmlinge den Pflichtteil entziehen:
1. wenn der Abkömmling dem Erblasser, dem Ehegatten oder einem anderen Abkömmlinge des Erblassers nach dem Leben trachtet;
2. wenn der Abkömmling sich einer vorsätzlichen körperlichen Mißhandlung des Erblassers oder des Ehegatten des Erblassers schuldig macht, im Falle der Mißhandlung des Ehegatten jedoch nur, wenn der Abkömmling von diesem abstammt;
3. wenn der Abkömmling sich eines Verbrechens oder eines schweren vorsätzlichen Vergehens gegen den Erblasser oder dessen Ehegatten schuldig macht;
4. wenn der Abkömmling die ihm dem Erblasser gegenüber gesetzlich obliegende Unterhaltspflicht böswillig verletzt;
5. wenn der Abkömmling einen ehrlosen oder unsittlichen Lebenswandel wider den Willen des Erblassers führt.

§ 2334 [Entzug des Elternpflichtteils]
Der Erblasser kann dem Vater den Pflichtteil entziehen, wenn dieser sich einer der im § 2333 Nr. 1, 3, 4 bezeichneten Verfehlungen schuldig macht. Das gleiche Recht steht dem Erblasser der Mutter gegenüber zu, wenn diese sich einer solchen Verfehlung schuldig macht.

§ 2335 [Entzug des Ehegattenpflichtteils]
Der Erlasser kann dem Ehegatten den Pflichtteil entziehen:
1. wenn der Ehegatte dem Erblasser oder einem Abkömmling des Erblassers nach dem Leben trachtet;

2. wenn der Ehegatte sich einer vorsätzlichen körperlichen Mißhandlung des Erblassers schuldig macht;
3. wenn der Ehegatte sich eines Verbrechens oder eines schweren vorsätzlichen Vergehens gegen den Erblasser schludig macht;
4. wenn der Ehegatte die ihm dem Erblasser gegenüber gesetzlich obliegende Unterhaltspflicht böswillig verletzt.
...

Sechster Abschnitt
Erbunwürdigkeit

§ 2339 [Erbunwürdigkeitsgründe]
(1) Erbunwürdig ist:
1. wer den Erblasser vorsätzlich und widerrechtlich getötet oder zu töten versucht oder in einen Zustand versetzt hat, infolgedessen der Erblasser bis zu seinem Tode unfähig war, eine Verfügung von Todes wegen zu errichten oder aufzuheben;
2. wer den Erblasser vorsätzlich und widerrechtlich verhindert hat, eine Verfügung von Todes wegen zu errichten oder aufzuheben;
3. wer den Erblasser durch arglistige Täuschung oder widerrechtlich durch Drohung bestimmt hat, eine Verfügung von Todes wegen zu errichten oder aufzuheben;
4. wer sich in Ansehung einer Verfügung des Erblassers von Todes wegen einer Straftat nach den §§ 267, 271 bis 274 des Strafgesetzbuches schuldig gemacht hat.
(2) Die Erbunwürdigkeit tritt in den Fällen des Absatzes 1 Nr. 3, 4 nicht ein, wenn vor dem Eintritte des Erbfalls die Verfügung, zu deren Errichtung der Erblasser bestimmt oder in Ansehung deren die Straftat begangen worden ist, unwirksam geworden ist, oder die Verfügung, zu deren Aufhebung er bestimmt worden ist, unwirksam geworden sein würde.

§ 2340 [Geltendmachung durch Anfechtung]
(1) Die Erbunwürdigkeit wird durch Anfechtung des Erbschaftserwerbes geltend gemacht.
(2) Die Anfechtung ist erst nach dem Anfalle der Erbschaft zulässig. Einem Nacherben gegenüber kann die Anfechtung erfolgen, sobald die Erbschaft dem Vorerben angefallen ist.
(3) Die Anfechtung kann nur innerhalb der im § 2082 bestimmten Fristen erfolgen.
...

Siebenter Abschnitt
Erbverzicht

§ 2346 [Wirkung]
(1) Verwandte sowie der Ehegatte des Erblassers können durch Vertrag mit dem Erblasser auf ihr gesetzliches Erbrecht verzichten. Der Verzichtende ist von der gesetzlichen Erbfolge ausgeschlossen, wie wenn er zur Zeit des Erbfalls nicht mehr lebte; er hat kein Pflichtteilsrecht.
(2) Der Verzicht kann auf das Pflichtteilsrecht beschränkt werden.
...

Achter Abschnitt
Erbschein

§ 2353 [Erbscheinerteilung]
Das Nachlaßgericht hat dem Erben auf Antrag ein Zeugnis über sein Erbrecht und, wenn er nur zu einem Teile der Erbschaft berufen ist, über die Größe des Erbteils zu erteilen (Erbschein).
...

Einführungsgesetz zum Bürgerlichen Gesetzbuche

Vom 18. August 1896 (RGBl. I S. 604)
in der Fassung der Bekanntmachung vom 21. September 1994 (BGBl. I S. 2494, ber. 1997 I S. 1061)
(BGBl. III 400-1)
zuletzt geändert durch Überweisungsgesetz vom 21. Juli 1999 (BGBl. I S. 1642, 1645)
– Auszug –

Erster Teil
Allgemeine Vorschriften

...

Zweites Kapitel
Internationales Privatrecht

...

Dritter Abschnitt
Familienrecht

Artikel 13 Eheschließung
(1) Die Voraussetzungen der Eheschließung unterliegen für jeden Verlobten dem Recht des Staates, dem er angehört.
(2) Fehlt danach eine Voraussetzung, so ist insoweit deutsches Recht anzuwenden, wenn
1. ein Verlobter seinen gewöhnlichen Aufenthalt im Inland hat oder Deutscher ist,
2. die Verlobten die zumutbaren Schritte zur Erfüllung der Voraussetzung unternommen haben und
3. es mit der Eheschließungsfreiheit unvereinbar ist, die Eheschließung zu versagen; insbesondere steht die frühere Ehe eines Verlobten nicht entgegen, wenn ihr Bestand durch eine hier erlassene oder anerkannte Entscheidung beseitigt oder der Ehegatte des Verlobten für tot erklärt ist.
(3) Eine Ehe kann im Inland nur in der hier vorgeschriebenen Form geschlossen werden. Eine Ehe zwischen Verlobten, von denen keiner Deutscher ist, kann jedoch vor einer von der Regierung des Staates, dem einer der Verlobten angehört, ordnungsgemäß ermächtigten Person in der nach dem Recht dieses Staates vorgeschriebenen Form geschlossen werden; eine beglaubigte Abschrift der Eintragung der so geschlossenen Ehe in das Standesregister, das von der dazu ordnungsgemäß ermächtigten Person geführt wird, erbringt vollen Beweis der Eheschließung.

Artikel 14 Allgemeine Ehewirkungen
(1) Die allgemeinen Wirkungen der Ehe unterliegen
1. dem Recht des Staates, dem beide Ehegatten angehören oder während der Ehe zuletzt angehörten, wenn einer von ihnen diesem Staat noch angehört, sonst
2. dem Recht des Staates, in dem beide Ehegatten ihren gewöhnlichen Aufenthalt haben oder während der Ehe zuletzt hatten, wenn einer von ihnen dort noch seinen gewöhnlichen Aufenthalt hat, hilfsweise
3. dem Recht des Staates, mit dem die Ehegatten auf andere Weise gemeinsam am engsten verbunden sind.
(2) Gehört ein Ehegatte mehreren Staaten an, so können die Ehegatten ungeachtet des Artikels 5 Abs. 1 das Recht eines dieser Staaten wählen, falls ihm auch der andere Ehegatte angehört.
(3) Ehegatten können das Recht des Staates wählen, dem ein Ehegatte angehört, wenn die Voraussetzungen des Absatzes 1 Nr. 1 nicht vorliegen und
1. kein Ehegatte dem Staat angehört, in dem beide Ehegatten ihren gewöhnlichen Aufenthalt haben, oder
2. die Ehegatten ihren gewöhnlichen Aufenthalt nicht in demselben Staat haben.
Die Wirkungen der Rechtswahl enden, wenn die Ehegatten eine gemeinsame Staatsangehörigkeit erlangen.

(4) Die Rechtswahl muß notariell beurkundet werden. Wird sie nicht im Inland vorgenommen, so genügt es, wenn sie den Formerfordernissen für einen Ehevertrag nach dem gewählten Recht oder am Ort der Rechtswahl entspricht.

Artikel 15 Güterstand
(1) Die güterrechtlichen Wirkungen der Ehe unterliegen dem bei der Eheschließung für die allgemeinen Wirkungen der Ehe maßgebenden Recht.
(2) Die Ehegatten können für die güterrechtlichen Wirkungen ihrer Ehe wählen
1. das Recht des Staates, dem einer von ihnen angehört,
2. das Recht des Staates, in dem einer von ihnen seinen gewöhnlichen Aufenthalt hat, oder
3. für unbewegliches Vermögen das Recht des Lageorts.
(3) Artikel 14 Abs. 4 gilt entsprechend.
(4) Die Vorschriften des Gesetzes über den ehelichen Güterstand von Vertriebenen und Flüchtlingen bleiben unberührt.

Artikel 16 Schutz Dritter
(1) Unterliegen die güterrechtlichen Wirkungen einer Ehe dem Recht eines anderen Staates und hat einer der Ehegatten seinen gewöhnlichen Aufenthalt im Inland oder betreibt er hier ein Gewerbe, so ist § 1412 des Bürgerlichen Gesetzbuchs entsprechend anzuwenden; der fremde gesetzliche Güterstand steht einem vertragsmäßigen gleich.
(2) Auf im Inland vorgenommene Rechtsgeschäfte ist § 1357, auf hier befindliche bewegliche Sachen § 1362, auf ein hier betriebenes Erwerbsgeschäft sind die §§ 1431 und 1456 des Bürgerlichen Gesetzbuchs sinngemäß anzuwenden, soweit diese Vorschriften für gutgläubige Dritte günstiger sind als das fremde Recht.

Artikel 17 Scheidung
(1) Die Scheidung unterliegt dem Recht, das im Zeitpunkt des Eintritts der Rechtshängigkeit des Scheidungsantrags für die allgemeinen Wirkungen der Ehe maßgebend ist. Kann die Ehe hiernach nicht geschieden werden, so unterliegt die Scheidung dem deutschen Recht, wenn der die Scheidung begehrende Ehegatte in diesem Zeitpunkt Deutscher ist oder dies bei der Eheschließung war.
(2) Eine Ehe kann im Inland nur durch ein Gericht geschieden werden.
(3) Der Versorgungsausgleich unterliegt dem nach Absatz 1 Satz 1 anzuwendenden Recht; er ist nur durchzuführen, wenn ihn das Recht eines der Staaten kennt, denen die Ehegatten im Zeitpunkt des Eintritts der Rechtshängigkeit des Scheidungsantrags angehören. Kann ein Versorgungsausgleich danach nicht stattfinden, so ist er auf Antrag eines Ehegatten nach deutschem Recht durchzuführen,
1. wenn der andere Ehegatte in der Ehezeit eine inländische Versorgungsanwartschaft erworben hat oder
2. wenn die allgemeinen Wirkungen der Ehe während eines Teils der Ehezeit einem Recht unterlagen, das den Versorgungsausgleich kennt,

soweit seine Durchführung im Hinblick auf die beiderseitigen wirtschaftlichen Verhältnisse auch während der nicht im Inland verbrachten Zeit der Billigkeit nicht widerspricht.

Artikel 18 Unterhalt
(1) Auf Unterhaltspflichten sind die Sachvorschriften des am jeweiligen gewöhnlichen Aufenthalt des Unterhaltsberechtigten geltenden Rechts anzuwenden. Kann der Berechtigte nach diesem Recht vom Verpflichteten keinen Unterhalt erhalten, so sind die Sachvorschriften des Rechts des Staates anzuwenden, dem sie gemeinsam angehören.
(2) Kann der Berechtigte nach dem gemäß Absatz 1 Satz 1 oder 2 anzuwendenden Recht vom Verpflichteten keinen Unterhalt erhalten, so ist deutsches Recht anzuwenden.
(3) Bei Unterhaltspflichten zwischen Verwandten in der Seitenlinie oder Verschwägerten kann der Verpflichtete dem Anspruch des Berechtigten entgegenhalten, daß nach den Sachvorschriften des Rechts des Staates, dem sie gemeinsam angehören, oder, mangels einer gemeinsamen Staatsangehörigkeit, des am gewöhnlichen Aufenthalt des Verpflichteten geltenden Rechts eine solche Pflicht nicht besteht.
(4) Wenn eine Ehescheidung hier ausgesprochen oder anerkannt worden ist, so ist für die Unterhaltspflichten zwischen den geschiedenen Ehegatten und die Änderung von Entscheidungen über diese

Pflichten das auf die Ehescheidung angewandte Recht maßgebend. Dies gilt auch im Fall einer Trennung ohne Auflösung des Ehebandes und im Fall einer für nichtig oder als ungültig erklärten Ehe.
(5) Deutsches Recht ist anzuwenden, wenn sowohl der Berechtigte als auch der Verpflichtete Deutsche sind und der Verpflichtete seinen gewöhnlichen Aufenthalt im Inland hat.
(6) Das auf eine Unterhaltspflicht anzuwendende Recht bestimmt insbesondere,
1. ob, in welchem Ausmaß und von wem der Berechtigte Unterhalt verlangen kann,
2. wer zur Einleitung des Unterhaltsverfahrens berechtigt ist und welche Fristen für die Einleitung gelten,
3. das Ausmaß der Erstattungspflicht des Unterhaltsverpflichteten, wenn eine öffentliche Aufgaben wahrnehmende Einrichtung der ihr nach dem Recht, dem sie untersteht, zustehenden Erstattungsanspruch für die Leistungen geltend macht, die sie dem Berechtigten erbracht hat.
(7) Bei der Bemessung des Unterhaltsbetrags sind die Bedürfnisse des Berechtigten und die wirtschaftlichen Verhältnisse des Unterhaltsverpflichteten zu berücksichtigen, selbst wenn das anzuwendende Recht etwas anderes bestimmt.

Artikel 19 Abstammung
(1) Die Abstammung eines Kindes unterliegt dem Recht des Staates, in dem das Kind seinen gewöhnlichen Aufenthalt hat. Sie kann im Verhältnis zu jedem Elternteil auch nach dem Recht des Staates bestimmt werden, dem dieser Elternteil angehört. Ist die Mutter verheiratet, so kann die Abstammung ferner nach dem Recht bestimmt werden, dem die allgemeinen Wirkungen ihrer Ehe bei der Geburt nach Artikel 14 Abs. 1 unterliegen; ist die Ehe vorher durch Tod aufgelöst worden, so ist der Zeitpunkt der Auflösung maßgebend.
(2) Sind die Eltern nicht miteinander verheiratet, so unterliegen Verpflichtungen des Vaters gegenüber der Mutter auf Grund der Schwangerschaft dem Recht des Staates, in dem die Mutter ihren gewöhnlichen Aufenthalt hat.

Artikel 20 Anfechtung der Abstammung
Die Abstammung kann nach jedem Recht angefochten werden, aus dem sich ihre Voraussetzungen ergeben. Das Kind kann die Abstammung in jedem Fall nach dem Recht des Staates anfechten, in dem es seinen gewöhnlichen Aufenthalt hat.

Artikel 21 Wirkungen des Eltern-Kind-Verhältnisses
Das Rechtsverhältnis zwischen einem Kind und seinen Eltern unterliegt dem Recht des Staates, in dem das Kind seinen gewöhnlichen Aufenthalt hat.

Artikel 22 Annahme als Kind
Die Annahme als Kind unterliegt dem Recht des Staates, dem der Annehmende bei der Annahme angehört. Die Annahme durch einen oder beide Ehegatten unterliegt dem Recht, das nach Artikel 14 Abs. 1 für die allgemeinen Wirkungen der Ehe maßgebend ist.

Artikel 23 Zustimmung
Die Erforderlichkeit und die Erteilung der Zustimmung des Kindes und einer Person, zu der das Kind in einem familienrechtlichen Verhältnis steht, zu einer Abstammungserklärung, Namenserteilung oder Annahme als Kind unterliegen zusätzlich dem Recht des Staates, dem das Kind angehört. Soweit es zum Wohl des Kindes erforderlich ist, ist statt dessen das deutsche Recht anzuwenden.

Artikel 24 Vormundschaft, Betreuung und Pflegschaft
(1) Die Entstehung, die Änderung und das Ende der Vormundschaft, Betreuung und Pflegschaft sowie der Inhalt der gesetzlichen Vormundschaft und Pflegschaft unterliegen dem Recht des Staates, dem der Mündel, Betreute oder Pflegling angehört. Für einen Angehörigen eines fremden Staates, der seinen gewöhnlichen Aufenthalt oder, mangels eines solchen, seinen Aufenthalt im Inland hat, kann ein Betreuer nach deutschem Recht bestellt werden.
(2) Ist eine Pflegschaft erforderlich, weil nicht feststeht, wer an einer Angelegenheit beteiligt ist, oder weil ein Beteiligter sich in einem anderen Staat befindet, so ist das Recht anzuwenden, das für die Angelegenheit maßgebend ist.
(3) Vorläufige Maßregeln sowie der Inhalt der Betreuung und der angeordneten Vormundschaft und Pflegschaft unterliegen dem Recht des anordnenden Staates.

Vierter Abschnitt
Erbrecht

Artikel 25 Rechtsnachfolge von Todes wegen
(1) Die Rechtsnachfolge von Todes wegen unterliegt dem Recht des Staates, dem der Erblasser im Zeitpunkt seines Todes angehörte.
(2) Der Erblasser kann für im Inland belegenes unbewegliches Vermögen in der Form einer Verfügung von Todes wegen deutsches Recht wählen.

Artikel 26 Verfügungen von Todes wegen
(1) Eine letztwillige Verfügung ist, auch wenn sie von mehreren Personen in derselben Urkunde errichtet wird, hinsichtlich ihrer Form gültig, wenn diese den Formerfordernissen entspricht
1. des Rechts eines Staates, dem der Erblasser ungeachtet des Artikels 5 Abs. 1 im Zeitpunkt, in dem er letztwillig verfügt hat, oder im Zeitpunkt seines Todes angehörte,
2. des Rechts des Ortes, an dem der Erblasser letztwillig verfügt hat,
3. des Rechts eines Ortes, an dem der Erblasser im Zeitpunkt, in dem er letztwillig verfügt hat, oder im Zeitpunkt seines Todes seinen Wohnsitz oder gewöhnlichen Aufenthalt hatte,
4. des Rechts des Ortes, an dem sich unbewegliches Vermögen befindet, soweit es sich um dieses handelt, oder
5. des Rechts, das auf die Rechtsnachfolge von Todes wegen anzuwenden ist oder im Zeitpunkt der Verfügung anzuwenden wäre.

Ob der Erblasser an einem bestimmten Ort einen Wohnsitz hatte, regelt das an diesem Ort geltende Recht.
(2) Absatz 1 ist auch auf letztwillige Verfügungen anzuwenden, durch die eine frühere letztwillige Verfügung widerrufen wird. Der Widerruf ist hinsichtlich seiner Form auch dann gültig, wenn diese einer der Rechtsordnungen entspricht, nach denen die widerrufene letztwillige Verfügung gemäß Absatz 1 gültig war.
(3) Die Vorschriften, welche die für letztwillige Verfügungen zugelassenen Formen mit Beziehung auf das Alter, die Staatsangehörigkeit oder andere persönliche Eigenschaften des Erblassers beschränken, werden als zur Form gehörend angesehen. Das gleiche gilt für Eigenschaften, welche die für die Gültigkeit einer letztwilligen Verfügung erforderlichen Zeugen besitzen müssen.
(4) Die Absätze 1 bis 3 gelten für andere Verfügungen von Todes wegen entsprechend.
(5) Im übrigen unterliegen die Gültigkeit der Errichtung einer Verfügung von Todes wegen und die Bindung an sie dem Recht, das im Zeitpunkt der Verfügung auf die Rechtsnachfolge von Todes wegen anzuwenden wäre. Die einmal erlangte Testierfähigkeit wird durch Erwerb oder Verlust der Rechtsstellung als Deutscher nicht beeinträchtigt.

...

Verordnung über die Behandlung der Ehewohnung und des Hausrats

Vom 21. Oktober 1944 (RGBl. I S. 256)
(BGBl. III 404-3)

zuletzt geändert durch Gesetz zur Änderung der Bundesrechtsanwaltsordnung, der Patentanwaltsordnung und anderer Gesetze vom 31. August 1998 (BGBl. I S. 2600, 2607)

1. Abschnitt
Allgemeine Vorschriften

§ 1 Aufgabe des Richters
(1) Können sich die Ehegatten anläßlich der Scheidung nicht darüber einigen, wer von ihnen die Ehewohnung künftig bewohnen und wer die Wohnungseinrichtung und den sonstigen Hausrat erhalten soll, so regelt auf Antrag der Richter die Rechtsverhältnisse an der Wohnung und am Hausrat.
(2) Die in Absatz 1 genannten Streitigkeiten werden nach den Vorschriften dieser Verordnung und den Vorschriften des Zweiten und des Dritten Abschnitts im Sechsten Buch der Zivilprozeßordnung behandelt und entschieden.

§ 2 Grundsätze für die rechtsgestaltende Entscheidung
Soweit der Richter nach dieser Verordnung Rechtsverhältnisse zu gestalten hat, entscheidet er nach billigem Ermessen. Dabei hat er alle Umstände des Einzelfalls, insbesondere das Wohl der Kinder und die Erfordernisse des Gemeinschaftslebens, zu berücksichtigen.

2. Abschnitt
Besondere Vorschriften für die Wohnung

§ 3 Wohnung im eigenen Hause eines Ehegatten
(1) Ist einer der Ehegatten allein oder gemeinsam mit einem Dritten Eigentümer des Hauses, in dem sich die Ehewohnung befindet, so soll der Richter die Wohnung dem anderen Ehegatten nur zuweisen, wenn dies notwendig ist, um eine unbillige Härte zu vermeiden.
(2) Das gleiche gilt, wenn einem Ehegatten allein oder gemeinsam mit einem Dritten der Nießbrauch, das Erbbaurecht oder ein dingliches Wohnrecht an dem Grundstück zusteht, auf dem sich die Ehewohnung befindet.

§ 4 Dienst- und Werkwohnung
Eine Wohnung, die die Ehegatten auf Grund eines Dienst- oder Arbeitsverhältnisses innehaben, das zwischen einem von ihnen und einem Dritten besteht, soll der Richter dem anderen Ehegatten nur zuweisen, wenn der Dritte einverstanden ist.

§ 5 Gestaltung der Rechtsverhältnisse
(1) Für eine Mietwohnung kann der Richter bestimmen, daß ein von beiden Ehegatten eingegangenes Mietverhältnis von einem Ehegatten allein fortgesetzt wird oder daß ein Ehegatte an Stelle des anderen in ein von diesem eingegangenes Mietverhältnis eintritt. Der Richter kann den Ehegatten gegenüber Anordnungen treffen, die geeignet sind, die aus dem Mietverhältnis herrührenden Ansprüche des Vermieters zu sichern.
(2) Besteht kein Mietverhältnis an der Ehewohnung, so kann der Richter zugunsten eines Ehegatten ein Mietverhältnis an der Wohnung begründen. Hierbei setzt der Richter den Mietzins fest. Ist dieser neu zu bilden, so soll der Richter vorher die Preisbehörde hören.

§ 6 Teilung der Wohnung
(1) Ist eine Teilung der Wohnung möglich und zweckmäßig, so kann der Richter auch anordnen, daß die Wohnung zwischen den Ehegatten geteilt wird. Dabei kann er bestimmen, wer die Kosten zu tragen hat, die durch die Teilung und ihre etwaige spätere Wiederbeseitigung entstehen.
(2) Für die Teilwohnungen kann der Richter neue Mietverhältnisse begründen, die, wenn ein Mietverhältnis schon bestand, an dessen Stelle treten. § 5 Abs. 2 Sätze 2 und 3 gelten sinngemäß.

§ 7 Beteiligte
Außer den Ehegatten sind im gerichtlichen Verfahren auch der Vermieter der Ehewohnung, der Grundstückseigentümer, der Dienstherr (§ 4) und Personen, mit denen die Ehegatten oder einer von ihnen hinsichtlich der Wohnung in Rechtsgemeinschaft stehen, Beteiligte.

3. Abschnitt
Besondere Vorschriften für den Hausrat
§ 8 Gemeinsames Eigentum beider Ehegatten
(1) Hausrat, der beiden Ehegatten gemeinsam gehört, verteilt der Richter gerecht und zweckmäßig.
(2) Hausrat, der während der Ehe für den gemeinsamen Haushalt angeschafft ist, gilt für die Verteilung (Absatz 1) auch dann, wenn er nicht zum Gesamtgut einer Gütergemeinschaft gehört, als gemeinsames Eigentum, es sei denn, daß das Alleineigentum eines Ehegatten feststeht.
(3) Die Gegenstände gehen in das Alleineigentum des Ehegatten über, dem sie der Richter zuteilt. Der Richter soll diesem Ehegatten zugunsten des anderen eine Ausgleichszahlung auferlegen, wenn dies der Billigkeit entspricht.

§ 9 Alleineigentum eines Ehegatten
(1) Notwendige Gegenstände, die im Alleineigentum eines Ehegatten stehen, kann der Richter dem anderen Ehegatten zuweisen, wenn dieser auf ihre Weiterbenutzung angewiesen ist und es dem Eigentümer zugemutet werden kann, sie dem anderen zu überlassen.
(2) Im Falle des Absatzes 1 kann der Richter ein Mietverhältnis zwischen dem Eigentümer und dem anderen Ehegatten begründen und den Mietzins festsetzen. Soweit im Einzelfall eine endgültige Auseinandersetzung über den Hausrat notwendig ist, kann er statt dessen das Eigentum an den Gegenständen auf den anderen Ehegatten übertragen und dafür ein angemessenes Entgelt festsetzen.

§ 10 Gläubigerrechte
(1) Haftet ein Ehegatte allein oder haften beide Ehegatten als Gesamtschuldner für Schulden, die mit dem Hausrat zusammenhängen, so kann der Richter bestimmen, welcher Ehegatte im Innenverhältnis zur Bezahlung der Schuld verpflichtet ist.
(2) Gegenstände, die einem der Ehegatten unter Eigentumsvorbehalt geliefert sind, soll der Richter dem anderen nur zuteilen, wenn der Gläubiger einverstanden ist.

4. Abschnitt
Verfahrensvorschriften
§ 11 Zuständigkeit
(1) Zuständig ist das Gericht der Ehesache des ersten Rechtszuges (Familiengericht).
(2) Ist eine Ehesache nicht anhängig, so ist das Familiengericht zuständig, in dessen Bezirk sich die gemeinsame Wohnung der Ehegatten befindet. § 606 Abs. 2, 3 der Zivilprozeßordnung gilt entsprechend.
(3) Wird, nachdem ein Antrag bei dem nach Absatz 2 zuständigen Gericht gestellt worden ist, eine Ehesache bei einem anderen Familiengericht rechtshängig, so gibt das Gericht im ersten Rechtszug das bei ihm anhängige Verfahren von Amts wegen an das Gericht der Ehesache ab. § 281 Abs. 2, 3 Satz 1 der Zivilprozeßordnung gilt entsprechend.

§ 12 Zeitpunkt der Antragstellung
Wird der Antrag auf Auseinandersetzung über die Ehewohnung später als ein Jahr nach Rechtskraft des Scheidungsurteils gestellt, so darf der Richter in die Rechte des Vermieters oder eines anderen Drittbeteiligten nur eingreifen, wenn dieser einverstanden ist.

§ 13 Allgemeine Verfahrensvorschriften
(1) Das Verfahren ist unbeschadet der besonderen Vorschrift des § 621 a der Zivilprozeßordnung eine Angelegenheit der freiwilligen Gerichtsbarkeit.
(2) Der Richter soll mit den Beteiligten in der Regel mündlich verhandeln und hierbei darauf hinwirken, daß sie sich gütlich einigen.
(3) Kommt eine Einigung zustande, so ist hierüber eine Niederschrift aufzunehmen, und zwar nach den Vorschriften, der für die Niederschrift über einen Vergleich im bürgerlichen Rechtsstreit gelten.

(4) Der Richter kann einstweilige Anordnungen treffen.
(5) (gegenstandslos)

§ 14 Rechtsmittel
Eine Beschwerde nach § 621 e der Zivilprozeßordnung, die sich lediglich gegen die Entscheidung über den Hausrat richtet, ist nur zulässig, wenn der Wert des Beschwerdegegenstandes eintausendzweihundert Deutsche Mark übersteigt.

§ 15 Durchführung der Entscheidung
Der Richter soll in seiner Entscheidung die Anordnungen treffen, die zu ihrer Durchführung nötig sind.

§ 16 Rechtskraft und Vollstreckbarkeit
(1) Die Entscheidungen des Richters werden mit der Rechtskraft wirksam. Sie binden Gerichte und Verwaltungsbehörden.
(2) Die Änderung und die Begründung von Mietverhältnissen durch den Richter bedarf nicht der nach anderen Vorschriften etwa notwendigen Genehmigung.
(3) Aus rechtskräftigen Entscheidungen, gerichtlichen Vergleichen und einstweiligen Anordnungen (§ 13 Abs. 4) findet die Zwangsvollstreckung nach den Vorschriften der Zivilprozeßordnung statt.

§ 17 Änderung der Entscheidung
(1) Haben sich die tatsächlichen Verhältnisse wesentlich geändert, so kann der Richter seine Entscheidung ändern, soweit dies notwendig ist, um eine unbillige Härte zu vermeiden. In Rechte Dritter darf der Richter durch die Änderung der Entscheidung nur eingreifen, wenn diese einverstanden sind.
(2) Haben die Beteiligten einen gerichtlichen Vergleich (§ 13 Abs. 3) geschlossen, so gilt Absatz 1 sinngemäß.
(3) Will der Richter auf Grund der Absätze 1 oder 2 eine Wohnungsteilung (§ 6) wieder beseitigen, so soll er vorher die Gemeinde hören.

§ 18 Rechtsstreit über Ehewohnung und Hausrat
(1) Macht ein Beteiligter Ansprüche hinsichtlich der Ehewohnung oder des Hausrats (§ 1) in einem Rechtsstreit geltend, so hat das Prozeßgericht die Sache insoweit an das nach § 11 zuständige Familiengericht abzugeben. Der Abgabebeschluß kann nach Anhörung der Parteien auch ohne mündliche Verhandlung ergehen. Er ist für das in ihm bezeichnete Gericht bindend.
(2) Im Falle des Absatzes 1 ist für die Berechnung der in § 12 bestimmten Frist der Zeitpunkt der Klageerhebung maßgebend.

§ 18 a Getrenntleben des Ehegatten
Die vorstehenden Verfahrensvorschriften sind sinngemäß auf die Verteilung des Hausrats im Falle des § 1361 a und auf die Regelung über die Benutzung der Ehewohnung im Falle des § 1361 b des Bürgerlichen Gesetzbuchs anzuwenden.

§ 19 (aufgehoben)

5. Abschnitt
Kostenvorschriften

§ 20 Kostenentscheidung
Welcher Beteiligte die Gerichtskosten zu tragen hat, bestimmt der Richter nach billigem Ermessen. Dabei kann der Richter auch bestimmen, daß die außergerichtlichen Kosten ganz oder teilweise zu erstatten sind.

§ 21 Kosten des Verfahrens
(1) Für das gerichtliche Verfahren wird die volle Gebühr erhoben. Kommt es zur richterlichen Entscheidung, so erhöht sich die Gebühr auf das Dreifache der vollen Gebühr. Wird der Antrag zurückgenommen, bevor es zu einer Entscheidung oder einer vom Gericht ermittelten Einigung gekommen ist, so ermäßigt sich die Gebühr auf die Hälfte der vollen Gebühr.
(2) Sind für Teile des Gegenstands verschiedene Gebührensätze anzuwenden, so sind die Gebühren für die Teile gesondert zu berechnen; die aus dem Gesamtbetrag der Wertteile nach dem höchsten Gebührensatz berechnete Gebühr darf jedoch nicht überschritten werden.

(3) Der Geschäftswert bestimmt sich, soweit der Streit die Wohnung betrifft, nach dem einjährigen Mietwert, soweit der Streit den Hausrat betrifft, nach dem Wert des des Hausrats. Betrifft jedoch der Streit im wesentlichen nur die Benutzung des Hausrats, so ist das Interesse der Beteiligten an der Regelung maßgebend. Der Richter setzt den Wert in jedem Falle von Amts wegen fest.
(4) In Verfahren über die Beschwerde gegen eine den Rechtszug beendende Entscheidung werden die gleichen Gebühren wie im ersten Rechtszug erhoben.

§ 22 (aufgehoben)
§ 23 Kosten des Verfahrens vor dem Prozeßgericht
Gibt das Prozeßgericht die Sache nach § 18 an das nach dieser Verordnung zuständige Familiengericht ab, so ist das bisherige Verfahren vor dem Prozeßgericht für die Erhebung der Gerichtskosten als Teil des Verfahrens vor dem übernehmenden Gericht zu behandeln.

6. Abschnitt
Schlußvorschriften

§ 24 (aufgehoben)
§ 25 Aufhebung und Nichtigerklärung der Ehe
Wird eine Ehe aufgehoben, so gelten die §§ 1 bis 23 sinngemäß.
§ 26 (aufgehoben)
§ 27 Inkrafttreten
(1) Diese Verordnung tritt am 1. November 1944 in Kraft.
(2) (aufgehoben)

Regelbetrag-Verordnung

Vom 6. April 1998 (BGBl. I S. 668)[1)]
(BGBl. III 404-18-3)

zuletzt geändert durch Erste Verordnung zur Änderung der Regelbetrag-Verordnung vom 28. Mai 1999 (BGBl. I S. 1100)

§ 1 Festsetzung der Regelbeträge

Die Regelbeträge für den Unterhalt eines minderjährigen Kindes gegenüber dem Elternteil, mit dem es nicht in einem Haushalt lebt, betragen monatlich
1. in der ersten Altersstufe
    a) für die Zeit vom 1. Juli 1998 bis zum 30. Juni 1999 349 Deutsche Mark,
    b) ab 1. Juli 1999 355 Deutsche Mark;
2. in der zweiten Altersstufe
    a) für die Zeit vom 1. Juli 1998 bis zum 30. Juni 1999 424 Deutsche Mark,
    b) ab 1. Juli 1999 431 Deutsche Mark;
3. in der dritten Altersstufe
    a) für die Zeit vom 1. Juli 1998 bis zum 30. Juni 1999 502 Deutsche Mark,
    b) ab 1. Juli 1999 510 Deutsche Mark.

§ 2 Festsetzung der Regelbeträge für das in Artikel 3 des Einigungsvertrages genannte Gebiet

Die Regelbeträge für den Unterhalt eines minderjährigen Kindes gegenüber dem Elternteil, mit dem es nicht in einem Haushalt lebt, betragen in dem in Artikel 3 des Einigungsvertrages genannten Gebiet monatlich
1. in der ersten Altersstufe
    a) für die Zeit vom 1. Juli 1998 bis zum 30. Juni 1999 314 Deutsche Mark,
    b) ab 1. Juli 1999 324 Deutsche Mark;
2. in der zweiten Altersstufe
    a) für die Zeit vom 1. Juli 1998 bis zum 30. Juni 1999 380 Deutsche Mark,
    b) ab 1. Juli 1999 392 Deutsche Mark;
3. in der dritten Altersstufe
    a) für die Zeit vom 1. Juli 1998 bis zum 30. Juni 1999 451 Deutsche Mark,
    b) ab 1. Juli 1999 465 Deutsche Mark.

---

1) Verkündet als Artikel 2 des Kindesunterhaltsgesetzes vom 6. 4. 1998 (BGBl. I S. 666). In Kraft ab 1. 6. 1998.

Regelberung-Verordnung

vom 9. April 1992 (BGBl. I S. 865)*
(BGBl. III 10320-8)*

zuletzt geändert durch Erste Verordnung zur Änderung der Regelbetrag-Verordnung
vom 28. Mai 1999 (BGBl. I S. 1100)

§ 1 Festsetzung der Regelbeträge

Die Regelbeträge für den Unterhalt eines minderjährigen Kindes, das nicht mit dem Unterhaltspflichtigen in einem Haushalt lebt, betragen monatlich

1. in der ersten Altersstufe
   a) für die Zeit vom 1. Juli 1999 bis zum 30. Juni 1999 295 Deutsche Mark,
   b) ab 1. Juli 1999 355 Deutsche Mark,

2. in der zweiten Altersstufe
   a) für die Zeit vom 1. Juli 1998 bis zum 30. Juni 1999 357 Deutsche Mark,
   b) ab 1. Juli 1999 431 Deutsche Mark,

3. in der dritten Altersstufe
   a) für die Zeit vom 1. Juli 1998 bis zum 30. Juni 1999 423 Deutsche Mark,
   b) ab 1. Juli 1999 510 Deutsche Mark.

§ 2 Festsetzung der Regelbeträge für das in Artikel 3 des Einigungsvertrages genannte Gebiet

Die Regelbeträge für den Unterhalt eines minderjährigen Kindes, das aber in dem Bereich, mit dem es nicht mit ihm in einem Haushalt lebt, betragen in dem in / ... el 3 des Einigungsvertrages genannten Gebiet monatlich

1. in der ersten Altersstufe
   a) für die Zeit vom 1. Juli 1998 bis zum 30. Juni 1999 247 Deutsche Mark,
   b) ab 1. Juli 1999 298 Deutsche Mark,

2. in der zweiten Altersstufe
   a) für die Zeit vom 1. Juli 1998 bis zum 30. Juni 1999 299 Deutsche Mark,
   b) ab 1. Juli 1998 361 Deutsche Mark,

3. in der dritten Altersstufe
   a) für die Zeit vom 1. Juli 1998 bis zum 30. Juni 1999 355 Deutsche Mark,
   b) ab 1. Juli 1999 361 Deutsche Mark.

Düsseldorfer Tabelle
Stand: 1. Juli 1999[1)]

A. Kindesunterhalt

	Nettoeinkommen des Barunterhaltspflichtigen	Altersstufen in Jahren (§ 1612 a Abs. 3 BGB)				Vomhundertsatz	Bedarfskontrollbetrag (Anm. 6)
	(Anm. 3, 4)	0–5	6–11	12–17	ab 18		
1.	bis 2400	355	431	510	589	100	1300/1500
2.	2400 – 2700	380	462	546	631	107	1600
3.	2700 – 3100	405	492	582	672	114	1700
4.	3100 – 3500	430	522	618	713	121	1800
5.	3500 – 3900	455	552	653	754	128	1900
6.	3900 – 4300	480	582	689	796	135	2000
7.	4300 – 4700	505	613	725	837	142	2100
8.	4700 – 5100	533	647	765	884	150	2200
9.	5100 – 5800	568	690	816	943	160	2350
10.	5800 – 6500	604	733	867	1.002	170	2500
11.	6500 – 7200	639	776	918	1.061	180	2650
12.	7200 – 8000	675	819	969	1.120	190	2800
	über 8000	nach den Umständen des Falles					

Anmerkungen:
1. Die Tabelle weist monatliche Unterhaltsrichtsätze aus, bezogen auf einen gegenüber einem Ehegatten und zwei Kindern Unterhaltspflichtigen.
Bei einer größeren/geringeren Anzahl Unterhaltsberechtigter sind **Ab- oder Zuschläge** in Höhe eines Zwischenbetrages oder durch Einstufung in niedrigere/höhere Gruppen angemessen. Bei überdurchschnittlicher Unterhaltslast ist Anmerkung 6 zu beachten. Zur Deckung des notwendigen Mindestbedarfs aller Beteiligten – einschließlich des Ehegatten – ist gegebenenfalls eine Herabstufung bis in die unterste Tabellengruppe vorzunehmen. Reicht das verfügbare Einkommen auch dann nicht aus, erfolgt eine Mangelberechnung nach Abschnitt C.
2. Die Richtsätze der 1. Einkommensgruppe entsprechen dem **Regelbetrag** nach der Regelbetrag-VO für den Westteil der Bundesrepublik in der ab 01. 07. 1999 geltenden Fassung. Der Vomhundertsatz drückt die Steigerung des Richtsatzes der jeweiligen Einkommensgruppe gegenüber dem Regelbetrag (= 1. Einkommensgruppe) aus. Die durch Multiplikation des Regelbetrages mit dem Vomhundertsatz errechneten Richtsätze sind entsprechend § 1612 a Abs. 2 BGB aufgerundet.
3. **Berufsbedingte Aufwendungen**, die sich von den privaten Lebenshaltungskosten nach objektiven Merkmalen eindeutig abgrenzen lassen, sind vom Einkommen abzuziehen, wobei bei entsprechenden Anhaltspunkten eine Pauschale von 5 % des Nettoeinkommens – mindestens 90 DM, bei geringfügiger Teilzeitarbeit auch weniger, und höchstens 260 DM monatlich – geschätzt werden kann. Übersteigen die berufsbedingten Aufwendungen die Pauschale, sind sie insgesamt nachzuweisen.
4. Berücksichtigungsfähige **Schulden** sind in der Regel vom Einkommen abzuziehen.

[1)] Die neue Tabelle nebst Anmerkungen beruht auf Koordinierungsgesprächen, die zwischen Richtern der Familiensenate der Oberlandesgerichte Düsseldorf, Köln und Hamm sowie der Unterhaltskommission des Deutschen Familiengerichtstages e. V. unter Berücksichtigung des Ergebnisses einer Umfrage bei allen Oberlandesgerichten stattgefunden haben.

84 Düsseldorfer Tabelle

5. Der **notwendige Eigenbedarf (Selbstbehalt)**
   - gegenüber minderjährigen unverheirateten Kindern,
   - gegenüber volljährigen unverheirateten Kindern bis zur Vollendung des 21. Lebensjahres, die im Haushalt der Eltern oder eines Elternteils leben und sich in der allgemeinen Schulausbildung befinden,

   beträgt beim nicht erwerbstätigen Unterhaltspflichtigen monatlich 1300 DM, beim erwerbstätigen Unterhaltspflichtigen monatlich 1500 DM. Hierin sind bis 650 DM für Unterkunft einschließlich umlagefähiger Nebenkosten und Heizung (Warmmiete) enthalten. Der Selbstbehalt kann angemessen erhöht werden, wenn dieser Betrag im Einzelfall erheblich überschritten wird und dies nicht vermeidbar ist.

   Der **angemessene Eigenbedarf**, insbesondere gegenüber anderen volljährigen Kindern, beträgt in der Regel mindestens monatlich 1800 DM. Darin ist eine Warmmiete bis 800 DM enthalten.

6. Der **Bedarfskontrollbetrag** des Unterhaltspflichtigen ab Gruppe 2 ist nicht identisch mit dem Eigenbedarf. Er soll eine ausgewogene Verteilung des Einkommens zwischen dem Unterhaltspflichtigen und den unterhaltsberechtigten Kindern gewährleisten. Wird er unter Berücksichtigung auch des Ehegattenunterhalts (vgl. auch B V und VI) unterschritten, ist der Tabellenbetrag der nächst niedrigeren Gruppe, deren Bedarfskontrollbetrag nicht unterschritten wird, oder ein Zwischenbetrag anzusetzen.

7. Bei **volljährigen Kindern**, die noch im Haushalt der Eltern oder eines Elternteils wohnen, bemißt sich der Unterhalt nach der 4. Altersstufe der Tabelle.

   Der angemessene Gesamtunterhaltsbedarf eines **Studierenden**, der nicht bei seinen Eltern oder einem Elternteil wohnt, beträgt in der Regel monatlich 1120 DM. Dieser Bedarfssatz kann auch für ein Kind mit eigenem Haushalt angesetzt werden.

8. Die **Ausbildungsvergütung** eines in der Berufsausbildung stehenden Kindes, das im Haushalt der Eltern oder eines Elternteils wohnt, ist vor ihrer Anrechnung in der Regel um einen ausbildungsbedingten Mehrbedarf von monatlich 150 DM zu kürzen.

9. In den Unterhaltsbeträgen (Anmerkungen 1 und 7) sind **Beiträge zur Kranken- und Pflegeversicherung** nicht enthalten.

B. Ehegattenunterhalt

I. Monatliche Unterhaltsrichtsätze des berechtigten Ehegatten ohne gemeinsame unterhaltsberechtigte Kinder (§§ 1361, 1569, 1578, 1581 BGB):

1. gegen einen **erwerbstätigen Unterhaltspflichtigen:**

   a) wenn der Berechtigte kein Einkommen hat: 3/7 des anrechenbaren Erwerbseinkommens zuzüglich 1/2 der anrechenbaren sonstigen Einkünfte des Pflichtigen, nach oben begrenzt durch den vollen Unterhalt, gemessen an den zu berücksichtigenden ehelichen Verhältnissen;

   b) wenn der Berechtigte ebenfalls Einkommen hat:

   aa) Doppelverdienerehe: 3/7 der Differenz zwischen den anrechenbaren Erwerbseinkommen der Ehegatten, insgesamt begrenzt durch den vollen ehelichen Bedarf; für sonstige anrechenbare Einkünfte gilt der Halbteilungsgrundsatz;

   bb) Alleinverdienerehe: Unterschiedsbetrag zwischen dem vollen ehelichen Bedarf und dem anrechenbaren Einkommen des Berechtigten wobei Erwerbseinkommen um 1/7 zu kürzen ist; der Unterhaltsanspruch darf jedoch nicht höher sein als bei einer Berechnung nach aa);

     c)   wenn der Berechtigte erwerbstätig ist, gemäß § 1577 Abs. 2 BGB; obwohl ihn keine Erwerbsobliegenheit trifft:

2. gegen einen **nicht erwerbstätigen Unterhaltspflichtigen** (z. B. Rentner):   wie zu 1 a, b oder c, jedoch 50 %.

II. Fortgeltung früheren Rechts:

1. Monatliche Unterhaltsrichtsätze des nach dem Ehegesetz berechtigten Ehegatten **ohne gemeinsame unterhaltsberechtigte Kinder:**
   a) §§ 58, 59 EheG: in der Regel wie I,
   b) § 60 EheG: in der Regel 1/2 des Unterhalts zu I,
   c) § 61 EheG: nach Billigkeit bis zu den Sätzen I.
2. Bei Ehegatten, die vor dem 03. 10. 1990 in der früheren DDR geschieden worden sind, ist das DDR-FGB in Verbindung mit dem Einigungsvertrag zu berücksichtigen (Art. 234 § 5 EGBGB).

III. Monatliche Unterhaltsrichtsätze des berechtigten Ehegatten bei Vorhandensein gemeinsamer unterhaltsberechtigter minderjähriger Kinder und ihnen gleichgestellter volljähriger Kinder im Sinne des § 1603 Abs. 2 Satz 2 BGB:
Wie zu I bzw. II 1, jedoch wird vorab der Kindesunterhalt (Tabellenbetrag ohne Abzug von Kindergeld) vom Nettoeinkommen des Pflichtigen abgezogen.

IV. **Monatlicher notwendiger Eigenbedarf (Selbstbehalt) gegenüber dem getrennt lebenden und dem geschiedenen Berechtigten:**
1. wenn der Unterhaltspflichtige **erwerbstätig** ist: 1500 DM,
2. wenn der Unterhaltspflichtige **nicht erwerbstätig** ist: 1300 DM.

Dem geschiedenen Unterhaltspflichtigen ist nach Maßgabe des § 1581 BGB u. U. ein höherer Betrag zu belassen.

V. **Monatlicher notwendiger Eigenbedarf (Existenzminimum) des unterhaltsberechtigten Ehegatten einschließlich des trennungsbedingten Mehrbedarfs in der Regel:**
1. falls erwerbstätig: 1500 DM,
2. falls nicht erwerbstätig: 1300 DM.

VI. Monatlicher notwendiger Eigenbedarf (Existenzminimum) des Ehegatten, der in einem **gemeinsamen Haushalt mit dem Unterhaltspflichtigen lebt:**
1. falls erwerbstätig: 1100 DM,
2. falls nicht erwerbstätig: 950 DM.

Anmerkung zu I–III:

Hinsichtlich **berufsbedingter Aufwendungen** und **berücksichtigungsfähiger Schulden** gelten Anmerkungen A. 3 und 4 – auch für den erwerbstätigen Unterhaltsberechtigten – entsprechend. Diejenigen berufsbedingten Aufwendungen, die sich nicht nach objektiven Merkmalen eindeutig von den privaten Lebenshaltungskosten abgrenzen lassen, sind pauschal im Erwerbstätigenbonus von 1/7 enthalten.

C. Mangelfälle

Reicht das Einkommen zur Deckung des Bedarfs des Unterhaltspflichtigen und der gleichrangigen Unterhaltsberechtigten nicht aus (sog. Mangelfälle), ist die nach Abzug des notwendigen Eigenbedarfs (Selbstbehalts) des Unterhaltspflichtigen verbleibende Verteilungsmasse auf die Unterhaltsberechtigten im Verhältnis ihrer jeweiligen Bedarfssätze gleichmäßig zu verteilen.
Der Einsatzbetrag für den **Kindesunterhalt** entspricht in der Regel dem Regelbetrag (= 1. Einkommensgruppe), da der Bedarfskontrollbetrag einer höheren Gruppe nicht gewahrt ist.

Der Einsatzbetrag für den **Ehegattenunterhalt** wird mit einer Quote des Einkommens des Unterhaltspflichtigen angenommen. Trennungsbedingter Mehrbedarf kommt ggf. hinzu. Der Erwerbstätigenbonus von 1/7 kann ermäßigt werden (BGH FamRZ 1997, 806) oder entfallen, wenn berufsbedingte Aufwendungen berücksichtigt worden sind (BGH FamRZ 1992, 539, 541).

Eine Anrechnung des **Kindergeldes** unterbleibt, soweit der Unterhaltspflichtige außerstande ist, den Unterhalt in Höhe des Regelbetrages zu leisten (§ 1612 b Abs. 5 BGB).

Beispiel:
Bereinigtes Nettoeinkommen des Unterhaltspflichtigen (V): 2250 DM. Drei unterhaltsberechtigte Kinder: K 1 (Schüler, 18 Jahre), K 2 (11 Jahre), K 3 (5 Jahre), die beim wiederverheirateten, nicht leistungsfähigen anderen Elternteil (M) leben. M bezieht das Kindergeld von 800 DM.

Notwendiger Eigenbedarf des V: 1500 DM.
Verteilungsmasse: 2250 DM – 1500 DM =   750 DM,
Notwendiger Gesamtbedarf der berechtigten Kinder:
589 DM (K 1) + 431 DM (K 2) + 355 DM (K 3) = 1375 DM.

Unterhalt:
K 1: 589 x 750/1375 = 321 DM
K 2: 431 x 750/1375 = 235 DM
K 3: 355 x 750/1375 = 194 DM.

Zahlbeträge nach Anrechnung des Kindergeldes (§ 1612 b Abs. 1, 5 BGB):
K 1: 321 – 0 = 321 DM, da weniger als 464 DM (589 – 125 DM Kindergeldanteil)
K 2: 235 – 0 = 235 DM, da weniger als 306 DM (431 – 125 DM Kindergeldanteil)
K 3: 194 – 0 = 194 DM, da weniger als 205 DM (355 – 150 DM Kindergeldanteil)

V zahlt insgesamt 750 DM. Die Kindergeldanteile des V von 125 + 125 + 150 = 400 DM dienen zur Aufstockung des Kindesunterhalts auf die Regelbeträge.

D. Verwandtenunterhalt und Unterhalt nach § 1615 l BGB

1. **Angemessener Selbstbehalt gegenüber den Eltern:** mindestens monatlich 2250 DM (einschließlich 800 DM Warmmiete). Der angemessene Unterhalt des mit dem Unterhaltspflichtigen zusammenlebenden Ehegatten beträgt mindestens 1.750 DM (einschließlich 600 DM Warmmiete).
2. **Bedarf der Mutter und des Vaters eines nichtehelichen Kindes** (§ 1615 l Abs. 1, 2, 5 BGB): nach der Lebensstellung des betreuenden Elternteils, mindestens aber 1.300 DM, bei Erwerbstätigkeit 1.500 DM.
Angemessener Selbstbehalt gegenüber der Mutter und dem Vater eines nichtehelichen Kindes (§§ 1615 l Abs. 3 Satz 1, 5, 1603 Abs. 1 BGB): mindestens monatlich 1.800 DM.

Berliner Tabelle ab 1. Juli 1999 als Vortabelle zur Düsseldorfer Tabelle

Die neue Tabelle geht aus von den in § 2 der Ersten Verordnung zur Änderung der Regelbetrag-Verordnung festgesetzten Regelbeträgen ab 1. Juli 1999 für das *in Artikel 3 des Einigungsvertrages genannte Gebiet* und nennt in Ergänzung der *Düsseldorfer Tabelle* (Stand: 1. Juli 1999) die monatlichen Unterhaltsrichtsätze der im Beitrittsteil des Landes Berlin wohnenden unverheirateten Kinder, deren Unterhaltsschuldner gegenüber insgesamt drei Personen (einem Ehegatten und zwei Kindern) unterhaltspflichtig ist und ebenfalls im Beitrittsteil wohnt. Die Vomhundertsätze Ost sind ab Gruppe b) nicht mehr ausgewiesen, da der Gesetzgeber die Regelbeträge Ost und West in der 2. und 3. Altersstufe nicht mathematisch exakt aufeinander abgestimmt hat und wegen der doppelt so hohen Ost-Dynamisierung zum 1. Juli 1999 keine gleichbleibenden Prozentzahlen für die einzelnen Altersstufen mehr genannt werden können. Bei der Ermittlung der Prozentsätze gemäß § 1612 a Abs. 2 S. 1 BGB sollte genau gerechnet werden (z. B. 689 : 465 = 148,1 %). **Die 150 %-Grenze Ost für das Vereinfachte Verfahren** (§ 645 Abs. 1 ZPO) beträgt in den drei Altersstufen **486 DM** bzw. **588 DM** bzw. **698 DM**.

Falls der Unterhalt im erforderlichen Einverständnis beider Parteien vor dem 1. Januar 2002 bargeldlos in Euro beglichen werden soll, ist der DM-Betrag durch 1,95583 zu dividieren und das Ergebnis kaufmännisch auf den nächstliegenden Cent auf- oder abzurunden (z.B. 600,00 DM : 1,95583 = 306,77512 gerundet 306,78 EUR).

Altersstufen in Jahren (Der Regelbetrag einer höheren Altersstufe ist ab dem Beginn des Monats maßgebend, in der den 6. bzw. 12. Geburtstag fällt.)		0 – 5 (Geburt bis 6. Geburtstag)	6 – 11 (6. bis 12. Geburtstag)	12 – 17 [- 20]" (12. bis 18. Geburtstag) * [18. bis 21. Geburtstag, wenn noch in der allg. Schulausbildung und im Elternhaushalt lebend]	Vomhundert-satz Ost	Vomhundert-satz West
Nettoeinkommen des Barunterhaltspflichtigen in DM						
Gruppe						
a)	bis 1800	324	392	465	**100**	
b)	1800 – 2100	342	414	491		
	ab 2100	wie Düsseldorfer Tabelle (aber ohne 4. Altersstufe und ohne Bedarfskontrollbetrag)				
Gruppe						
1	bis 2400	355	431	510		**100**
2	2400 – 2700	380	462	546		107
3	2700 – 3100	405	492	582		114
4	3100 – 3500	430	522	618		121
5	3500 – 3900	455	552	653		128
6	3900 – 4300	480	582	689		135
7	4300 – 4700	505	613	725		142

85 Berliner Tabelle

Altersstufen in Jahren (Der Regelbetrag einer höheren Altersstufe ist ab dem Beginn des Monats maßgebend, in den der 6. bzw. 12. Geburtstag fällt.)	0 – 5 (Geburt bis 6. Geburtstag)	6 – 11 (6. bis 12. Geburtstag)	12 – 17 [- 20]° (12. bis 18. Geburtstag) * [18. bis 21. Geburtstag, wenn noch in der allg. Schulausbildung und im Elternhaushalt lebend]	Vomhundert-satz Ost	Vomhundert-satz West
Nettoeinkommen des Barunterhaltspflichtigen in DM					
Gruppe					
8 4700 – 5100	533	647	765		150
9 5100 – 5800	568	690	816		160
10 5800 – 6500	604	733	867		170
11 6500 – 7200	639	776	918		180
12 7200 – 8000	675	819	969		190
über 8000	nach den Umständen des Falles				

Anmerkungen zur Berliner Tabelle:

I. Der monatliche *Selbstbehalt* des Unterhaltspflichtigen beträgt gegenüber *minderjährigen Kindern und gleichgestellten volljährigen Schülern* (s. o.*)   (West)
1. wenn der Unterhaltspflichtige erwerbstätig ist: 1370 DM   (1500 DM)
2. wenn der Unterhaltspflichtige nicht erwerbstätig ist: 1190 DM   (1300 DM)

II. Der monatliche *Selbstbehalt* des Unterhaltspflichtigen beträgt gegenüber *volljährigen Kindern*
1. wenn der Unterhaltspflichtige erwerbstätig ist: 1645 DM   (1800 DM)
2. wenn der Unterhaltspflichtige nicht erwerbstätig ist: 1460 DM   (1600 DM)

III. Der monatliche *Selbstbehalt* des Unterhaltspflichtigen beträgt gegenüber dem *getrenntlebenden* und dem *geschiedenen Ehegatten*
1. wenn der Unterhaltspflichtige erwerbstätig ist: 1550 DM   (1700 DM)
2. wenn der Unterhaltspflichtige nicht erwerbstätig ist: 1370 DM   (1500 DM)

IV. Der angemessene *Bedarf* (samt Wohnbedarf und üblicher berufsbedingter Aufwendungen, aber ohne Beiträge zur Kranken- und Pflegeversicherung) eines *volljährigen Kindes,* welches nicht gemäß § 1603 Abs. 2 S. 2 BGB gleichgestellt ist, beträgt in der Regel monatlich: 1020 DM   (1120 DM)

V. Der angemessene *Selbstbehalt* des Unterhaltspflichtigen gegenüber *seinen Eltern* beträgt mindestens monatlich: 2055 DM   (2250 DM)

VI. Der angemessene *Selbstbehalt* des Unterhaltspflichtigen gegenüber der *Mutter* oder dem *Vater* (§ 1615 l BGB) beträgt mindestens monatlich: 1645 DM   (1800 DM)

Die *Berliner Tabelle als Vortabelle zur Düsseldorfer Tabelle* ist anzuwenden, wenn sowohl der Unterhaltsgläubiger als auch der Unterhaltsschuldner im Beitrittsgebiet wohnen. Sie ist nur differenziert anzuwenden in den sog. Ost-West-Fällen, in denen nicht alle Beteiligten im Beitrittsgebiet wohnen. In diesen Mischfällen ist wegen der Regelbeträge der Kinder nach Gruppe a oder Gruppe 1 und wegen des Bedarfs laut Anmerkung IV auf den Kindeswohnsitz und wegen des Selbstbehalts des Unterhaltspflichtigen auf dessen Wohnsitz abzustellen. Die Bestimmung eines höheren Unterhaltsbedarfs des Kindes richtet sich – ohne einen Abschlag von den Sätzen der Tabelle – nach den allgemeinen Grundsätzen. Der besseren Übersicht halber sind oben in Klammern die West-Beträge des OLG Düsseldorf bzw. bei den Anmerkungen II und III die West-Beträge des Kammergerichts genannt.

(Verfaßt in Abstimmung mit der Unterhaltskommission des DFGT und mit dem Kammergericht und mitgeteilt von RiAG *Rudolf Vossenkämper*, Berlin)

Gesetz
zur Sicherung des Unterhalts von Kindern alleinstehender Mütter und Väter durch Unterhaltsvorschüsse oder -ausfalleistungen (Unterhaltsvorschußgesetz)

Vom 23. Juli 1979 (BGBl. I S. 1184)
in der Fassung der Bekanntmachung vom 19. Januar 1994 (BGBl. I S. 165)
(BGBl. III 2163-1)

zuletzt geändert durch Kindesunterhaltsgesetz vom 6. April 1998 (BGBl. I S. 666, 673)

§ 1 Berechtigte

(1) Anspruch auf Unterhaltsvorschuß oder -ausfalleistung nach diesem Gesetz (Unterhaltsleistung) hat, wer
1. das zwölfte Lebensjahr noch nicht vollendet hat,
2. im Geltungsbereich dieses Gesetzes bei einem seiner Elternteile lebt, der ledig, verwitwet oder geschieden ist oder von seinem Ehegatten dauernd getrennt lebt, und
3. nicht oder nicht regelmäßig
   a) Unterhalt von dem anderen Elternteil oder,
   b) wenn dieser oder ein Stiefelternteil gestorben ist, Waisenbezüge
   mindestens in der in § 2 Abs. 1 und 2 bezeichneten Höhe erhält.

(2) Als dauernd getrennt lebend im Sinne des Absatzes 1 Nr. 2 gilt ein verheirateter Elternteil, bei dem das Kind lebt, auch dann, wenn sein Ehegatte wegen Krankheit oder Behinderung oder auf Grund gerichtlicher Anordnung für voraussichtlich wenigstens sechs Monate in einer Anstalt untergebracht ist.

(2 a) Ein Ausländer hat einen Anspruch nach diesem Gesetz nur, wenn er oder der in Absatz 1 Nr. 2 bezeichnete Elternteil im Besitz einer Aufenthaltsberechtigung oder Aufenthaltserlaubnis ist. Der Anspruch auf Unterhaltsvorschußleistung beginnt mit dem Ausstellungsdatum der Aufenthaltsberechtigung oder der Aufenthaltserlaubnis. Abweichend von Satz 1 besteht der Anspruch für Angehörige eines Mitgliedstaates der Europäischen Union oder eines anderen Vertragsstaates des Abkommens über den Europäischen Wirtschaftsraum mit Beginn des Aufenthaltsrechts. Auch bei Besitz einer Aufenthaltserlaubnis hat ein Ausländer keinen Anspruch auf Unterhaltsleistung nach diesem Gesetz, wenn der in Absatz 1 Nr. 2 bezeichnete Elternteil als Arbeitnehmer von seinem im Ausland ansässigen Arbeitgeber zur vorübergehenden Dienstleistung in den Geltungsbereich des Gesetzes entsandt ist.

(3) Anspruch auf Unterhaltsleistung nach diesem Gesetz besteht nicht, wenn der in Absatz 1 Nr. 2 bezeichnete Elternteil mit dem anderen Elternteil zusammenlebt oder sich weigert, die Auskünfte, die zur Durchführung dieses Gesetzes erforderlich sind, zu erteilen oder bei der Feststellung der Vaterschaft oder des Aufenthalts des anderen Elternteils mitzuwirken.

(4) Anspruch auf Unterhaltsleistung nach diesem Gesetz besteht nicht für Monate, für die der andere Elternteil seine Unterhaltspflicht gegenüber dem Berechtigten durch Vorausleistung erfüllt hat.

§ 2 Umfang der Unterhaltsleistung

(1) Die Unterhaltsleistung wird vorbehaltlich der Absätze 2 und 3 monatlich in Höhe der für Kinder der ersten und zweiten Altersstufe jeweils geltenden Regelbeträge (§ 1 oder 2 der Regelbetrag-Verordnung) gezahlt. Liegen die Voraussetzungen des § 1 Abs. 1 Nr. 1 bis 3, Abs. 2 bis 4 nur für den Teil eines Monats vor, wird die Unterhaltsleistung anteilig gezahlt.

(2) Wenn der Elternteil, bei dem der Berechtigte lebt, für den Berechtigten Anspruch auf volles Kindergeld nach dem Einkommensteuergesetz oder nach dem Bundeskindergeldgesetz in der jeweils geltenden Fassung oder auf eine der in § 65 Abs. 1 des Einkommensteuergesetzes oder § 4 Abs. 1 des Bundeskindergeldgesetzes bezeichneten Leistungen hat, mindert sich die Unterhaltsleistung um die Hälfte des für ein erstes Kind zu zahlenden Kindergeldes nach § 66 des Einkommensteuergesetzes oder § 6 des Bundeskindergeldgesetzes. Dasselbe gilt, wenn ein Dritter mit Ausnahme des anderen Elternteils diesen Anspruch hat.

(3) Auf die sich nach den Absätzen 1 und 2 ergebende Unterhaltsleistung werden folgende in demselben Monat erzielte Einkünfte des Berechtigten angerechnet:
1. Unterhaltszahlungen des Elternteils, bei dem der Berechtigte nicht lebt,
2. Waisenbezüge einschließlich entsprechender Schadensersatzleistungen, die wegen des Todes des in Nummer 1 bezeichneten Elternteils oder eines Stiefelternteils gezahlt werden.

§ 3 Dauer der Unterhaltsleistung
Die Unterhaltsleistung wird längstens für insgesamt 72 Monate gezahlt.

§ 4 Beschränkte Rückwirkung
Die Unterhaltsleistung wird rückwirkend längstens für den letzten Monat vor dem Monat gezahlt, in dem der Antrag hierauf bei der zuständigen Stelle oder bei einer der in § 16 Abs. 2 Satz 1 des Ersten Buches Sozialgesetzbuch bezeichneten Stellen eingegangen ist; dies gilt nicht, soweit es an zumutbaren Bemühungen des Berechtigten gefehlt hat, den in § 1 Abs. 1 Nr. 3 bezeichneten Elternteil zu Unterhaltszahlungen zu veranlassen.

§ 5 Ersatz- und Rückzahlungspflicht
(1) Haben die Voraussetzungen für die Zahlung der Unterhaltsleistung in dem Kalendermonat, für den sie gezahlt worden ist, nicht vorgelegen, so hat der Elternteil, bei dem der Berechtigte lebt, oder der gesetzliche Vertreter des Berechtigten den geleisteten Betrag insoweit zu ersetzen, als er
1. die Zahlung der Unterhaltsleistung dadurch herbeigeführt hat, daß er vorsätzlich oder fahrlässig falsche oder unvollständige Angaben gemacht oder eine Anzeige nach § 6 unterlassen hat, oder
2. gewußt oder infolge Fahrlässigkeit nicht gewußt hat, daß die Voraussetzungen für die Zahlung der Unterhaltsleistung nicht erfüllt waren.
(2) Haben die Voraussetzungen für die Zahlung der Unterhaltsleistung in dem Kalendermonat, für den sie gezahlt worden ist, nicht vorgelegen, weil der Berechtigte nach Stellung des Antrages auf Unterhaltsleistung Einkommen im Sinne des § 2 Abs. 3 erzielt hat, das bei der Bewilligung der Unterhaltsleistung nicht berücksichtigt worden ist, so hat der Berechtigte insoweit den geleisteten Betrag zurückzuzahlen.

§ 6 Auskunfts- und Anzeigepflicht
(1) Der Elternteil, bei dem der Berechtigte nicht lebt, ist verpflichtet, der zuständigen Stelle auf Verlangen die Auskünfte zu erteilen, die zur Durchführung dieses Gesetzes erforderlich sind.
(2) Der Arbeitgeber des in Absatz 1 bezeichneten Elternteils ist verpflichtet, der zuständigen Stelle auf Verlangen über die Art und Dauer der Beschäftigung, die Arbeitsstätte und den Arbeitsverdienst des in Absatz 1 bezeichneten Elternteils Auskunft zu geben, soweit die Durchführung dieses Gesetzes es erfordert. Versicherungsunternehmen sind auf Verlangen der zuständigen Stellen zu Auskünften über den Wohnort und über die Höhe von Einkünften des in Absatz 1 bezeichneten Elternteils verpflichtet, soweit die Durchführung dieses Gesetzes es erfordert.
(3) Die nach den Absätzen 1 und 2 zur Erteilung einer Auskunft Verpflichteten können die Auskunft auf solche Fragen verweigern, deren Beantwortung sie selbst oder einen der in § 383 Abs. 1 Nr. 1 bis 3 der Zivilprozeßordnung bezeichneten Angehörigen der Gefahr strafgerichtlicher Verfolgung oder eines Verfahrens nach dem Gesetz über Ordnungswidrigkeiten aussetzen würde.
(4) Der Elternteil, bei dem der Berechtigte lebt, und der gesetzliche Vertreter des Berechtigten sind verpflichtet, der zuständigen Stelle die Änderungen in den Verhältnissen, die für die Leistung erheblich sind oder über die im Zusammenhang mit der Leistung Erklärungen abgegeben worden sind, unverzüglich mitzuteilen.
(5) Die nach § 69 des Zehnten Buches Sozialgesetzbuch zur Auskunft befugten Sozialleistungsträger und anderen Stellen sind verpflichtet, der zuständigen Stelle auf Verlangen Auskünfte über den Wohnort und die Höhe der Einkünfte des in Absatz 1 bezeichneten Elternteils zu erteilen, soweit die Durchführung dieses Gesetzes es erfordert.

§ 7 Übergang von Ansprüchen des Berechtigten
(1) Hat der Berechtigte für die Zeit, für die ihm die Unterhaltsleistung nach diesem Gesetz gezahlt wird, einen Unterhaltsanspruch gegen den Elternteil, bei dem er nicht lebt, oder einen Anspruch auf eine sonstige Leistung, die bei rechtzeitiger Gewährung nach § 2 Abs. 3 als Einkommen anzurechnen wäre, so geht dieser Anspruch in Höhe der Unterhaltsleistung nach diesem Gesetz zusammen mit dem

unterhaltsrechtlichen Auskunftsanspruch auf das Land über. Satz 1 gilt nicht, soweit ein Erstattungsanspruch nach den §§ 102 bis 105 des Zehnten Buches Sozialgesetzbuch besteht.
(2) Für die Vergangenheit kann der in Absatz 1 bezeichnete Elternteil nur von dem Zeitpunkt an in Anspruch genommen werden, in dem
1. die Voraussetzungen des § 1613 des Bürgerlichen Gesetzbuchs vorgelegen haben oder
2. der in Absatz 1 bezeichnete Elternteil von dem Antrag auf Unterhaltsleistung Kenntnis erhalten hat und er darüber belehrt worden ist, daß er für den geleisteten Unterhalt nach diesem Gesetz in Anspruch genommen werden kann.
(3) Ansprüche nach Absatz 1 sind rechtzeitig und vollständig nach den Bestimmungen des Haushaltsrechts durchzusetzen. Der Übergang eines Unterhaltsanspruchs kann nicht zum Nachteil des Unterhaltsberechtigten geltend gemacht werden, soweit dieser für eine spätere Zeit, für die er keine Unterhaltsleistung nach diesem Gesetz erhalten hat oder erhält, Unterhalt von dem Unterhaltspflichtigen verlangt.
(4) Wenn die Unterhaltsleistung voraussichtlich auf längere Zeit gewährt werden muß, kann das Land bis zur Höhe der bisherigen monatlichen Aufwendungen auch auf künftige Leistungen klagen. Das Land kann den auf ihn übergegangenen Unterhaltsanspruch im Einvernehmen mit dem Unterhaltsleistungsempfänger auf diesen zur gerichtlichen Geltendmachung rückübertragen und sich den geltend gemachten Unterhaltsanspruch abtreten lassen. Kosten, mit denen der Unterhaltsleistungsempfänger dadurch selbst belastet wird, sind zu übernehmen.

§ 8 Auftragsverwaltung, Aufbringung der Mittel
(1) Dieses Gesetz wird im Auftrag des Bundes von den Ländern ausgeführt.
(2) Die Geldleistungen, die nach dem Gesetz zu zahlen sind, werden zu 50 vom Hundert vom Bund, im übrigen von den Ländern getragen.
(3) Die nach § 7 eingezogenen Beträge führen die Länder zu 50 vom Hundert an den Bund ab.

§ 9 Verfahren und Zahlungsweise
(1) Über die Zahlung der Unterhaltsleistung wird auf schriftlichen Antrag des Elternteils, bei dem der Berechtigte lebt, oder des gesetzlichen Vertreters des Berechtigten entschieden. Der Antrag soll an die durch Landesrecht bestimmte Stelle, in deren Bezirk der Berechtigte seinen Wohnsitz hat (zuständige Stelle), gerichtet werden.
(2) Die Entscheidung ist dem Antragsteller schriftlich mitzuteilen. In dem Bescheid sind die nach § 2 Abs. 2 und 3 angerechneten Beträge anzugeben.
(3) Die Unterhaltsleistung ist monatlich im voraus zu zahlen. Auszuzahlende Beträge sind auf volle Deutsche Mark aufzurunden. Beträge unter 5 Deutsche Mark werden nicht geleistet.

§ 10 Bußgeldvorschriften
(1) Ordnungswidrig handelt, wer vorsätzlich oder fahrlässig
1. entgegen § 6 Abs. 1 oder 2 auf Verlangen eine Auskunft nicht, nicht richtig, nicht vollständig oder nicht innerhalb der von der zuständigen Stelle gesetzten Frist erteilt oder
2. entgegen § 6 Abs. 4 eine Änderung in den dort bezeichneten Verhältnissen nicht richtig, nicht vollständig oder nicht unverzüglich mitteilt.
(2) Die Ordnungswidrigkeit kann mit einer Geldbuße geahndet werden.
(3) Verwaltungsbehörde im Sinne des § 36 Abs. 1 Nr. 1 des Gesetzes über Ordnungswidrigkeiten ist die durch Landesrecht bestimmte Stelle.

§ 11 (Änderung des Sozialgesetzbuches)

§ 12 Anwendung im Beitrittsgebiet
Dieses Gesetz gilt in dem in Artikel 3 des Einigungsvertrages genannten Gebiet mit der Maßgabe, daß die von der Landesregierung für das Wohnland des Berechtigten festgesetzten Regelbedarfsätze maßgeblich sind, solange in diesem Gebiet die in § 2 Abs. 1 genannte Regelunterhalt-Verordnung nicht gilt.

§ 12 a (Gegenstandslose Übergangsvorschrift)
§ 13 (Inkrafttreten)

Gesetz
über die Vermittlung der Annahme als Kind und über das Verbot der Vermittlung von Ersatzmüttern
(Adoptionsvermittlungsgesetz – AdVermiG)

Vom 2. Juli 1976 (BGBl. I S. 1762)
in der Fassung der Bekanntmachung vom 27. November 1989 (BGBl. I S. 2016)
(BGBl. III 404-21)
zuletzt geändert durch Sechstes Gesetz zur Reform des Strafrechts
vom 26. Januar 1998 (BGBl. I S. 164, 187)

– Auszug –

Erster Abschnitt
Adoptionsvermittlung

§ 1 Adoptionsvermittlung
Adoptionsvermittlung ist das Zusammenführen von Kindern unter achtzehn Jahren und Personen, die ein Kind annehmen wollen (Adoptionsbewerber), mit dem Ziel der Annahme als Kind. Adoptionsvermittlung ist auch der Nachweis der Gelegenheit, ein Kind anzunehmen oder annehmen zu lassen, und zwar auch dann, wenn das Kind noch nicht geboren oder noch nicht gezeugt ist. Die Ersatzmuttervermittlung gilt nicht als Adoptionsvermittlung.

§ 2 Adoptionsvermittlungsstellen
(1) Die Adoptionsvermittlung ist Aufgabe des Jugendamtes und des Landesjugendamtes. Das Jugendamt darf die Adoptionsvermittlung nur durchführen, wenn es eine Adoptionsvermittlungsstelle eingerichtet hat, das Landesjugendamt nur, wenn es über eine zentrale Adoptionsstelle verfügt. Jugendämter benachbarter Gemeinden oder Kreise können, soweit die ihnen bei der Adoptionsvermittlung obliegenden Aufgaben hierdurch nicht beeinträchtigt werden, eine gemeinsame Adoptionsvermittlungsstelle errichten; die Errichtung bedarf der Zulassung durch die oberste Landesjugendbehörde. Landesjugendämter können eine gemeinsame zentrale Adoptionsstelle bilden. In den Ländern Berlin und Hamburg können dem Landesjugendamt die Aufgaben der Adoptionsvermittlungsstelle des Jugendamtes übertragen werden.
(2) Zur Adoptionsvermittlung sind auch die örtlichen und zentralen Stellen des Diakonischen Werks, des Deutschen Caritasverbandes, der Arbeiterwohlfahrt und der diesen Verbänden angeschlossenen Fachverbände sowie sonstiger Organisationen berechtigt, wenn die Stellen von der nach Landesrecht zuständigen Behörde als Adoptionsvermittlungsstellen anerkannt worden sind.
(3) Die Adoptionsvermittlungsstellen der Jugendämter und die zentralen Adoptionsstellen der Landesjugendämter arbeiten mit den in Absatz 2 genannten Adoptionsvermittlungsstellen partnerschaftlich zusammen.

§ 3 Vermittlung durch Fachkräfte
Mit der Adoptionsvermittlung dürfen nur Fachkräfte betraut werden, die dazu auf Grund ihrer Ausbildung und ihrer beruflichen Erfahrung geeignet sind. Die Adoptionsvermittlungsstellen (§ 2 Abs. 1 und 2) sind mit mindestens einer hauptamtlichen Fachkraft zu besetzen.

§ 4 Anerkennung als Adoptionsvermittlungsstelle
(1) Die Anerkennung als Adoptionsvermittlungsstelle (§ 2 Abs. 2) ist zu erteilen, wenn der Nachweis erbracht wird, daß die Stelle die Voraussetzungen des § 3 erfüllt.
(2) Die Anerkennung ist zurückzunehmen, wenn die Voraussetzungen für ihre Erteilung nicht vorgelegen haben. Sie ist zu widerrufen, wenn die Voraussetzungen nachträglich weggefallen sind.

§ 5 Vermittlungsverbote
(1) Die Adoptionsvermittlung ist nur den nach § 2 Abs. 1 befugten Jugendämtern und Landesjugendämtern und den nach § 2 Abs. 2 berechtigten Stellen gestattet; anderen ist die Adoptionsvermittlung untersagt.

(2) Das Vermittlungsverbot gilt nicht
1. für Personen, die mit dem Adoptionsbewerber oder dem Kind bis zum dritten Grad verwandt oder verschwägert sind;
2. für andere Personen, die in einem Einzelfall und unentgeltlich die Gelegenheit nachweisen, ein Kind anzunehmen oder annehmen zu lassen, sofern sie eine Adoptionsvermittlungsstelle oder ein Jugendamt hiervon unverzüglich benachrichtigen.

(3) Es ist untersagt, Schwangere, die ihren Wohnsitz oder gewöhnlichen Aufenthalt im Geltungsbereich dieses Gesetzes haben, gewerbs- oder geschäftsmäßig durch Gewähren oder Verschaffen von Gelegenheit zur Entbindung außerhalb des Geltungsbereichs dieses Gesetzes
1. zu bestimmen, dort ihr Kind zur Annahme als Kind wegzugeben,
2. ihnen zu einer solchen Weggabe Hilfe zu leisten.

(4) Es ist untersagt, Vermittlungstätigkeiten auszuüben, die zum Ziel haben, daß ein Dritter ein Kind auf Dauer bei sich aufnimmt, insbesondere dadurch, daß ein Mann die Vaterschaft für ein Kind, das er nicht gezeugt hat, anerkennt. Vermittlungsbefugnisse, die sich aus anderen Rechtsvorschriften ergeben, bleiben unberührt.

§ 6 Adoptionsanzeigen

(1) Es ist untersagt, Kinder zur Annahme als Kind oder Adoptionsbewerber durch öffentliche Erklärungen, insbesondere durch Zeitungsanzeigen oder Zeitungsberichte, zu suchen oder anzubieten. Dies gilt nicht, wenn
1. die Erklärung den Hinweis enthält, daß Angebote oder Anfragen an eine durch Angabe der Anschrift bezeichnete Adoptionsvermittlungsstelle (§ 2 Abs. 1 und 2) zu richten sind und
2. in der Erklärung eine Privatanschrift nicht angegeben wird.

§ 5 bleibt unberührt.

(2) Die Veröffentlichung der in Absatz 1 bezeichneten Erklärung unter Angabe eines Kennzeichens ist untersagt.

(3) Absatz 1 Satz 1 gilt entsprechend für öffentliche Erklärungen, die sich auf Vermittlungstätigkeiten nach § 5 Abs. 4 Satz 1 beziehen.

(4) Die Absätze 1 bis 3 gelten auch, wenn das Kind noch nicht geboren oder noch nicht gezeugt ist, es sei denn, daß sich die Erklärung auf eine Ersatzmutterschaft bezieht.

§ 7 Vorbereitung der Vermittlung

(1) Wird der Adoptionsvermittlungsstelle bekannt, daß für ein Kind die Adoptionsvermittlung in Betracht kommt, so führt sie zur Vorbereitung der Vermittlung unverzüglich die sachdienlichen Ermittlungen bei den Adoptionsbewerbern, bei dem Kind und seiner Familie durch. Dabei ist insbesondere zu prüfen, ob die Adoptionsbewerber unter Berücksichtigung der Persönlichkeit des Kindes und seiner besonderen Bedürfnisse für die Annahme des Kindes geeignet sind. Mit den Ermittlungen bei den Adoptionsbewerbern soll schon vor der Geburt des Kindes begonnen werden, wenn zu erwarten ist, daß die Einwilligung zur Annahme als Kind erteilt wird.

(2) Das Bundesministerium für Familie, Senioren, Frauen und Jugend regelt durch Rechtsverordnung mit Zustimmung des Bundesrates das Nähere über die Durchführung der sachdienlichen Ermittlungen und der Adoptionshilfe (§ 9) sowie die von den Adoptionsvermittlungsstellen dabei zu beachtenden Grundsätze.

§ 8 Beginn der Adoptionspflege

Das Kind darf erst dann zur Eingewöhnung bei den Adoptionsbewerbern in Pflege gegeben werden (Adoptionspflege), wenn feststeht, daß die Adoptionsbewerber für die Annahme des Kindes geeignet sind.

§ 9 Adoptionshilfe

(1) Im Zusammenhang mit der Vermittlung und der Annahme hat die Adoptionsvermittlungsstelle jeweils mit Einverständnis die Annehmenden, das Kind und seine Eltern eingehend zu beraten und zu unterstützen, insbesondere bevor das Kind in Pflege genommen wird und während der Eingewöhnungszeit.

(2) Die Jugendämter haben sicherzustellen, daß die gebotene vor- und nachgehende Beratung und Unterstützung geleistet wird.

§ 10 Unterrichtung der zentralen Adoptionsstelle des Landesjugendamtes
(1) Die Adoptionsvermittlungsstelle hat die zentrale Adoptionsstelle des Landesjugendamtes zu unterrichten, wenn ein Kind nicht innerhalb von drei Monaten nach Abschluß der bei ihm durchgeführten Ermittlungen Adoptionsbewerbern mit dem Ziel der Annahme als Kind in Pflege gegeben werden kann. Die Unterrichtung ist nicht erforderlich, wenn bei Fristablauf sichergestellt ist, daß das Kind in Adoptionspflege gegeben wird.
(2) Absatz 1 gilt entsprechend, wenn Adoptionsbewerbern nicht innerhalb von sechs Monaten nach Abschluß der bei ihnen durchgeführten Ermittlungen ein Kind vermittelt werden kann, sofern die Adoptionsbewerber der Unterrichtung der zentralen Adoptionsstelle zustimmen und ihren Wohnsitz oder gewöhnlichen Aufenthalt im Bereich der Adoptionsvermittlungsstelle haben.
(3) In den Fällen des Absatzes 1 Satz 1 sucht die Adoptionsvermittlungsstelle und die zentrale Adoptionsstelle nach geeigneten Adoptionsbewerbern. Sie unterrichten sich gegenseitig vom jeweiligen Stand ihrer Bemühungen. In den Fällen des Absatzes 2 ist entsprechend zu verfahren.

§ 11 Aufgaben der zentralen Adoptionsstelle des Landesjugendamtes
(1) Die zentrale Adoptionsstelle des Landesjugendamtes unterstützt die Adoptionsvermittlungsstelle bei ihrer Arbeit, insbesondere durch fachliche Beratung,
1. wenn ein Kind schwer zu vermitteln ist,
2. wenn ein Adoptionsbewerber oder das Kind eine ausländische Staatsangehörigkeit besitzt oder staatenlos ist,
3. wenn ein Adoptionsbewerber oder das Kind seinen Wohnsitz oder gewöhnlichen Aufenthalt außerhalb des Geltungsbereichs dieses Gesetzes hat,
4. in sonstigen schwierigen Einzelfällen.

(2) In den Fällen des Absatzes 1 Nr. 2 und 3 ist die zentrale Adoptionsstelle des Landesjugendamtes vom Beginn der Ermittlungen (§ 7 Abs. 1) an durch die Adoptionsvermittlungsstellen ihres Bereiches zu beteiligen.

§ 12 Ermittlungen bei Kindern in Heimen
Unbeschadet der Verantwortlichkeit des Jugendamtes prüft die zentrale Adoptionsstelle des Landesjugendamtes in Zusammenarbeit mit der für die Heimaufsicht zuständigen Stelle, für welche Kinder in den Heimen ihres Bereiches die Annahme als Kind in Betracht kommt. Zu diesem Zweck kann sie die sachdienlichen Ermittlungen und Untersuchungen bei den Heimkindern veranlassen oder durchführen. Das Grundrecht der Unverletzlichkeit der Wohnung (Artikel 13 Abs. 1 des Grundgesetzes) wird insoweit eingeschränkt. Bei Kindern aus dem Bereich der zentralen Adoptionsstelle eines anderen Landesjugendamtes ist diese zu unterrichten. § 46 Abs. 1 Satz 2 des Achten Buches Sozialgesetzbuch gilt entsprechend.

§ 13 Ausstattung der zentralen Adoptionsstelle des Landesjugendamtes
Zur Erfüllung ihrer Aufgaben sollen der zentralen Adoptionsstelle mindestens ein Kinderarzt oder Kinderpsychiater, ein Psychologe mit Erfahrungen auf dem Gebiet der Kinderpsychologie und ein Jurist sowie Sozialpädagogen oder Sozialarbeiter mit mehrjähriger Berufserfahrung zur Verfügung stehen.

Zweiter Abschnitt
Ersatzmutterschaft

§ 13 a Ersatzmutter
Ersatzmutter ist eine Frau, die auf Grund einer Vereinbarung bereit ist,
1. sich einer künstlichen oder natürlichen Befruchtung zu unterziehen oder
2. einen nicht von ihr stammenden Embryo auf sich übertragen zu lassen oder sonst auszutragen

und das Kind nach der Geburt Dritten zur Annahme als Kinder oder zur sonstigen Aufnahme auf Dauer zu überlassen.

§ 13 b Ersatzmuttervermittlung
Ersatzmuttervermittlung ist das Zusammenführen von Personen, die das aus einer Ersatzmutterschaft entstandene Kind annehmen oder in sonstiger Weise auf Dauer bei sich aufnehmen wollen (Bestellel-

tern), mit einer Frau, die zur Übernahme einer Ersatzmutterschaft bereit ist. Ersatzmuttervermittlung ist auch der Nachweis der Gelegenheit zu einer in § 13 a bezeichneten Vereinbarung.

§ 13 c Verbot der Ersatzmuttervermittlung
Die Ersatzmuttervermittlung ist untersagt.

§ 13 d Anzeigenverbot
Es ist untersagt, Ersatzmütter oder Besteileltern durch öffentliche Erklärungen, insbesondere durch Zeitungsanzeigen oder Zeitungsberichte, zu suchen oder anzubieten.

Dritter Abschnitt
Straf- und Bußgeldvorschriften

§ 14 Bußgeldvorschriften
(1) Ordnungswidrig handelt, wer
1. entgegen § 5 Abs. 1 oder 4 Satz 1 eine Vermittlungstätigkeit ausübt oder
2. entgegen § 6 Abs. 1 Satz 1; auch in Verbindung mit Abs. 2 oder 3, oder § 13 d durch öffentliche Erklärungen
   a) Kinder zur Annahme als Kind oder Adoptionsbewerber,
   b) Kinder oder Dritte zu den in § 5 Abs. 4 Satz 1 genannten Zwecken oder
   c) Ersatzmütter oder Besteileltern
   sucht oder anbietet.
(2) Ordnungswidrig handelt auch, wer
1. entgegen § 5 Abs. 1 oder 4 Satz 1 eine Vermittlungstätigkeit ausübt und dadurch bewirkt, daß das Kind in den Geltungsbereich dieses Gesetzes oder aus dem Geltungsbereich dieses Gesetzes verbracht wird, oder
2. gewerbs- oder geschäftsmäßig
   a) entgegen § 5 Abs. 3 Nr. 1 eine Schwangere zu der Weggabe ihres Kindes bestimmt oder
   b) entgegen § 5 Abs. 3 Nr. 2 einer Schwangeren zu der Weggabe ihres Kindes Hilfe leistet.
(3) Die Ordnungswidrigkeit kann in den Fällen des Absatzes 1 mit einer Geldbuße bis zu zehntausend Deutsche Mark, in den Fällen des Absatzes 2 mit einer Geldbuße bis zu fünfzigtausend Deutsche Mark geahndet werden.

§ 14 a (aufgehoben)

§ 14 b Strafvorschriften gegen Ersatzmuttervermittlung
(1) Wer entgegen § 13 c Ersatzmuttervermittlung betreibt, wird mit Freiheitsstrafe bis zu einem Jahr oder mit Geldstrafe bestraft.
(2) Wer für eine Ersatzmuttervermittlung einen Vermögensvorteil erhält oder sich versprechen läßt, wird mit Freiheitsstrafe bis zu zwei Jahren oder Geldstrafe bestraft. Handelt der Täter gewerbs- oder geschäftsmäßig, so ist die Strafe Freiheitsstrafe bis zu drei Jahren oder Geldstrafe.
(3) In den Fällen der Absätze 1 und 2 werden die Ersatzmutter und die Besteileltern nicht bestraft.

Vierter Abschnitt
Übergangs- und Schlußvorschriften

§ 15 (Weitergeltung der Berechtigung zur Adoptionsvermittlung)

§ 16 Anzuwendendes Recht
Die weitere Durchführung einer vor dem Inkrafttreten dieses Gesetzes begonnenen Vermittlung richtet sich vom Zeitpunkt des Inkrafttretens an nach den Vorschriften dieses Gesetzes.

...

Gesetz über die religiöse Kindererziehung

Vom 15. Juli 1921 (RGBl. S. 939)
(BGBl. III 404-9)

geändert durch Betreuungsgesetz vom 12. September 1990 (BGBl. I S.2002)

§ 1 [Freie Einigung der Eltern über die religiöse Erziehung eines Kindes]
Über die religiöse Erziehung eines Kindes bestimmt die freie Einigung der Eltern, soweit ihnen das Recht und die Pflicht zusteht, für die Person des Kindes zu sorgen. Die Einigung ist jederzeit widerruflich und wird durch den Tod eines Ehegatten gelöst.

§ 2 [Vorschriften bei fehlender Einigung – Religionswechsel des Kindes]
(1) Besteht eine solche Einigung nicht oder nicht mehr, so gelten auch für die religiöse Erziehung die Vorschriften des Bürgerlichen Gesetzbuchs über das Recht und die Pflicht, für die Person des Kindes zu sorgen.
(2) Es kann jedoch während bestehender Ehe von keinem Elternteil ohne die Zustimmung des anderen bestimmt werden, daß das Kind in einem anderen als dem zur Zeit der Eheschließung gemeinsamen Bekenntnis oder in einem anderen Bekenntnis als bisher erzogen, oder daß ein Kind vom Religionsunterricht abgemeldet werden soll.
(3) Wird die Zustimmung nicht erteilt, so kann die Vermittlung oder Entscheidung des Vormundschaftsgerichts beantragt werden. Für die Entscheidung sind, auch soweit ein Mißbrauch im Sinne des § 1666 des Bürgerlichen Gesetzbuchs nicht vorliegt, die Zwecke der Erziehung maßgebend. Vor der Entscheidung sind die Ehegatten sowie erforderlichenfalls Verwandte, Verschwägerte und die Lehrer des Kindes zu hören, wenn es ohne erhebliche Verzögerung oder unverhältnismäßige Kosten geschehen kann. Der § 1779 Abs. 3 Satz 2 des Bürgerlichen Gesetzbuchs findet entsprechende Anwendung. Das Kind ist zu hören, wenn es das zehnte Jahr vollendet hat.

§ 3 [Bestimmung des Religionsverhältnisses bei Vormundschaft oder Pflegschaft]
(1) Steht dem Vater oder der Mutter das Recht und die Pflicht, für die Person des Kindes zu sorgen, neben einem dem Kinde bestellten Vormund oder Pfleger zu, so geht bei einer Meinungsverschiedenheit über die Bestimmung des religiösen Bekenntnisses, in dem das Kind erzogen werden soll, die Meinung des Vaters oder der Mutter vor, es sei denn, daß dem Vater oder der Mutter das Recht der religiösen Erziehung auf Grund des § 1666 des Bürgerlichen Gesetzbuchs entzogen ist.
(2) Steht die Sorge für die Person eines Kindes einem Vormund oder Pfleger allein zu, so hat dieser auch über die religiöse Erziehung des Kindes zu bestimmen. Er bedarf dazu der Genehmigung des Vormundschaftsgerichts. Vor der Genehmigung sind die Eltern sowie erforderlichenfalls Verwandte, Verschwägerte und die Lehrer des Kindes zu hören, wenn es ohne erhebliche Verzögerung oder unverhältnismäßige Kosten geschehen kann. Der § 1779 Abs. 3 Satz 2 des Bürgerlichen Gesetzbuchs findet entsprechende Anwendung. Auch ist das Kind zu hören, wenn es das zehnte Lebensjahr vollendet hat. Weder der Vormund noch der Pfleger können eine schon erfolgte Bestimmung über die religiöse Erziehung ändern.

§ 4 [Nichtigkeit von Verträgen über die religiöse Erziehung]
Verträge über die religiöse Erziehung eines Kindes sind ohne bürgerliche Wirkung.

§ 5 [Entscheidung des Kindes über sein religiöses Bekenntnis]
Nach der Vollendung des vierzehnten Lebensjahrs steht dem Kinde die Entscheidung darüber zu, zu welchem religiösen Bekenntnis es sich halten will. Hat das Kind das zwölfte Lebensjahr vollendet, so kann es nicht gegen seinen Willen in einem anderen Bekenntnis als bisher erzogen werden.

§ 6 [Erziehung in einer nicht bekenntnismäßigen Weltanschauung]
Die vorstehenden Bestimmungen finden auf die Erziehung der Kinder in einer nicht bekenntnismäßigen Weltanschauung entsprechende Anwendung.

§ 7 [Zuständigkeit des Vormundschaftsgerichts bei Streitigkeiten]
Für Streitigkeiten aus diesem Gesetz ist das Vormundschaftsgericht zuständig. Ein Einschreiten von Amts wegen findet dabei nicht statt, es sei denn, daß die Voraussetzungen des § 1666 des Bürgerlichen Gesetzbuchs vorliegen.

§ 8 [Aufhebung entgegenstehender Bestimmungen der Landesgesetze]
Alle diesem Gesetz entgegenstehenden Bestimmungen der Landesgesetze . . . werden aufgehoben.

§§ 9 bis 10   (überholt)

§ 11 [Inkrafttreten]
Das Gesetz tritt am 1. Januar 1922 in Kraft.

Personenstandsgesetz

Vom 3. November 1937 (RGBl. I S. 1146)
in der Fassung der Bekanntmachung vom 8. August 1957 (BGBl. I S. 1125)[1)]
(BGBl. III 211-1)
zuletzt geändert durch Gesetz zur Reform des Staatsangehörigkeitsrechts
vom 15. Juli 1999 (BGBl. I S. 1618, 1622)

– Auszug –

Inhaltsübersicht

Erster Abschnitt	
Allgemeine Bestimmungen	1 und 2
Zweiter Abschnitt	
Eheschließung, Heiratsbuch und Familienbuch	
a) Eheschließung	3 bis 8
b) Heiratsbuch	9, 11
c) Familienbuch	12 bis 15 d
Dritter Abschnitt	
Geburtenbuch und Sterbebuch	
a) Geburtenbuch	16 bis 31 a
b) Sterbebuch	32 bis 40
Vierter Abschnitt	
Beurkundung des Personenstandes in besonderen Fällen und Entscheidung bei Zweifeln über die örtliche Zuständigkeit	41 bis 43 f
Fünfter Abschnitt	
Zweitbuch und Erneuerung von Personenstandsbüchern	44 bis 44 b
Sechster Abschnitt	
Gerichtliches Verfahren	45 bis 50
Siebenter Abschnitt	
Standesamtsbezirk und Standesbeamter	51 bis 59
Achter Abschnitt	
Beweiskraft der Personenstandsbücher und -urkunden	60 bis 66
Neunter Abschnitt	
Schlußbestimmungen	67 bis 71

Erster Abschnitt
Allgemeine Bestimmungen

§ 1 [Aufgaben des Standesbeamten]

(1) Die Beurkundung des Personenstandes liegt dem Standesbeamten ob.
(2) Der Standesbeamte führt ein Heiratsbuch, ein Familienbuch, ein Geburtenbuch und ein Sterbebuch (Personenstandsbücher).

...

Zweiter Abschnitt
Eheschließung, Heiratsbuch und Familienbuch
a) Eheschließung

...

§ 5 [Prüfung der Ehefähigkeit]

(1) Die Verlobten haben bei der Anmeldung der Eheschließung dem Standesbeamten ihre Abstammungsurkunden, beglaubigte Abschriften des Familienbuchs oder Auszüge aus diesem vorzulegen.
(2) Der Standesbeamte hat zu prüfen, ob der Eheschließung ein Ehehindernis entgegensteht. Reichen die nach Absatz 1 vorgelegten Urkunden nicht aus, so hat der Standesbeamte weitere Urkunden zu fordern.

(3) Ist den Verlobten die Beschaffung der erforderlichen Urkunden nicht oder nur mit erheblichen Schwierigkeiten oder unverhältnismäßig hohen Kosten möglich, so kann der Standesbeamte sich mit der Vorlage kirchlicher oder anderer beweiskräftiger Bescheinigungen begnügen. Der Standesbeamte kann die Verlobten von der Beibringung von Urkunden und Bescheinigungen befreien, wenn er die zu beweisenden Tatsachen kennt oder sich davon auf andere Weise Gewißheit verschafft hat. Notfalls kann er zum Nachweis eidesstattliche Versicherungen der Verlobten oder anderer Personen verlangen.
(4) Bestehen konkrete Anhaltspunkte dafür, daß die zu schließende Ehe nach § 1314 Abs. 2 des Bürgerlichen Gesetzbuchs aufhebbar wäre, so kann der Standesbeamte die Verlobten in dem hierzu erforderlichen Umfang einzeln oder gemeinsam befragen und ihnen die Beibringung geeigneter Nachweise aufgeben; notfalls kann er auch eine eidesstattliche Versicherung über Tatsachen verlangen, die für das Vorliegen oder Nichtvorliegen von Aufhebungsgründen von Bedeutung sind.
(5) Hat ein Verlobter für sein Kind die Vermögenssorge, so hat der Standesbeamte dem Familiengericht die Eheschließung mitzuteilen. Satz 1 gilt entsprechend, wenn der Verlobte zum Betreuer seines Kindes in Vermögensangelegenheiten bestellt ist oder wenn er mit einem Abkömmling, der minderjährig oder für den in Vermögensangelegenheiten ein Betreuer bestellt ist, in fortgesetzter Gütergemeinschaft lebt. In den Fällen des Satzes 2 tritt an die Stelle des Familiengerichts das Vormundschaftsgericht; das gleiche gilt in den Fällen des Satzes 1, wenn der Verlobte Vormund seines Kindes ist.

...

§ 6 [Eheschließung]

(1) Stellt der Standesbeamte ein Ehehindernis nicht fest, so teilt er den Verlobten mit, daß er die Eheschließung vornehmen kann. Sind seit der Mitteilung an die Verlobten mehr als sechs Monate vergangen, ohne daß die Ehe geschlossen wurde, so bedarf die Eheschließung erneut der Anmeldung (§ 4) und der Prüfung der Voraussetzungen für die Eheschließung (§ 5). Vor der Eheschließung soll der Standesbeamte die Verlobten befragen, ob sie einen Ehenamen bestimmen wollen.
(2) Zuständig ist der Standesbeamte, in dessen Bezirk einer der Verlobten seinen Wohnsitz oder seinen gewöhnlichen Aufenthalt hat. Unter mehreren zuständigen Standesbeamten haben die Verlobten die Wahl.
(3) Hat keiner der Verlobten seinen Wohnsitz oder seinen gewöhnlichen Aufenthalt im Inland, so ist für die Eheschließung der Standesbeamte des Standesamts I in Berlin oder der Hauptstandesämter in München, Baden-Baden und Hamburg zuständig.
(4) Wollen die Verlobten vor einem Standesbeamten heiraten, der für die Eheschließung nicht zuständig ist, so bescheinigt der zuständige Standesbeamte in der von ihm auszustellenden Ermächtigung zur Vornahme der Eheschließung, daß bei der Prüfung nach § 5 kein Ehehindernis festgestellt worden ist.
(5) Wollen die Verlobten vor einem Standesbeamten heiraten, der für die Eheschließung zwar zuständig ist, bei dem die Eheschließung aber nicht angemeldet worden ist, so bescheinigt der Standesbeamte, der die Anmeldung entgegengenommen hat, daß bei der Prüfung nach § 5 kein Ehehindernis festgestellt worden ist.

...

Dritter Abschnitt
Geburtenbuch und Sterbebuch
a) Geburtenbuch

§ 16 [Geburtsanzeige]
Die Geburt eines Kindes muß dem Standesbeamten, in dessen Bezirk es geboren ist, binnen einer Woche angezeigt werden. Ist ein Kind totgeboren oder in der Geburt verstorben, so muß die Anzeige spätestens am folgenden Werktag erstattet werden.

§ 17 [Anzeigepflichtige]
(1) Zur Anzeige sind, und zwar in nachstehender Reihenfolge, verpflichtet
1. der Vater des Kindes, wenn er Mitinhaber der elterlichen Sorge ist,
2. die Hebamme, die bei der Geburt zugegen war,

3. der Arzt, der dabei zugegen war,
4. jede andere Person, die dabei zugegen war oder von der Geburt aus eigener Wissenschaft unterrichtet ist,
5. die Mutter, sobald sie dazu imstande ist.

Eine Anzeigepflicht besteht nur, wenn eine in der Reihenfolge früher genannte Person nicht vorhanden oder an der Anzeige verhindert ist.
(2) Die Anzeige ist mündlich zu erstatten.

§ 18 [Geburten in öffentlichen Anstalten]
(1) Bei Geburten in öffentlichen Entbindungs-, Hebammen-, Kranken- und ähnlichen Anstalten trifft die Verpflichtung zur Anzeige ausschließlich den Leiter der Anstalt oder den von der zuständigen Behörde ermächtigten Beamten oder Angestellten.
(2) Das gleiche gilt für Geburten in öffentlichen Heil-, Pflege- und Entziehungsanstalten, in Gefangenenanstalten, Einrichtungen der Träger der öffentlichen Jugendhilfe und Anstalten, in denen eine mit Freiheitsentziehung verbundene Maßregel der Besserung und Sicherung vollzogen wird.
(3) In den Fällen des Absatzes 1 genügt eine schriftliche Anzeige in amtlicher Form.
(4) In den Fällen des Absatzes 2 kann der Leiter oder der ermächtigte Beamte oder Angestellte einen Arzt oder eine Hebamme mit der Anzeige betrauen, sofern die betraute Person aus eigener Wissenschaft von der Geburt unterrichtet ist; alsdann trifft sie die Anzeigepflicht. Die Freiheitsentziehung und das Verhältnis des Anzeigenden zu der Anstalt dürfen in der Eintragung nicht ersichtlich gemacht werden.

§ 19 [Geburten in privaten Anstalten]
Die zuständige Verwaltungsbehörde kann auch den Leitern privater Entbindungs-, Hebammen- und Krankenanstalten sowie von Einrichtungen der Träger der freien Jugendhilfe widerruflich gestatten, die in den Anstalten und Einrichtungen erfolgten Geburten schriftlich anzuzeigen. In diesem Falle trifft die Anzeigepflicht ausschließlich den Leiter der Anstalt oder Einrichtung und im Falle der Verhinderung seinen allgemeinen Vertreter.

...

§ 21 [Die Eintragungen im Geburtenbuch]
(1) In das Geburtenbuch werden eingetragen
1. die Vor- und Familiennamen der Eltern, ihr Beruf und Wohnort, im Falle ihres Einverständnisses ihre rechtliche Zugehörigkeit oder ihre Nichtzugehörigkeit zu einer Kirche, Religionsgesellschaft oder Weltanschauungsgemeinschaft sowie ihre Staatsangehörigkeit, wenn sie nicht Deutsche sind und ihre ausländische Staatsangehörigkeit nachgewiesen ist,
2. Ort, Tag und Stunde der Geburt,
3. Geschlecht des Kindes,
4. die Vornamen und der Familienname des Kindes,
5. Vor- und Familienname des Anzeigenden, sein Beruf und Wohnort.

(2) Ist ein Kind totgeboren oder in der Geburt verstorben, so werden nur die in Absatz 1 Nr. 1 bis 3 und 5 vorgeschriebenen Angaben und der Vermerk eingetragen, daß das Kind totgeboren oder in der Geburt verstorben ist. Auf Wunsch einer Person, der bei Lebendgeburt des Kindes die Personensorge zugestanden hätte, sind auch Angaben nach Absatz 1 Nr. 4 einzutragen. Sind die Eltern verheiratet und führen sie keinen Ehenamen, kann ein Familienname für das Kind nur eingetragen werden, wenn sich die Eltern auf den Namen eines Elternteils einigen.
(3) Die Eintragung ist von dem zur Anzeige Erschienenen und von dem Standesbeamten zu unterschreiben.

§ 21 a [Mitteilung an das Familiengericht bei fehlendem Geburtsnamen]
Führen Eltern, denen die elterliche Sorge für ein Kind gemeinsam zusteht, keinen Ehenamen und ist von ihnen binnen eines Monats nach der Geburt des Kindes der Geburtsname des Kindes nicht bestimmt worden, so teilt der Standesbeamte dies dem für den Wohnsitz oder gewöhnlichen Aufenthalt des Kindes zuständigen Familiengericht mit.

...

§ 29 [Anerkennung der Vaterschaft]
(1) Wird die Vaterschaft nach der Beurkundung der Geburt des Kindes anerkannt oder gerichtlich festgestellt, so ist dies am Rande des Geburtseintrags zu vermerken.
(2) Dem Standesbeamten, der die Geburt des Kindes beurkundet hat, ist eine beglaubigte Abschrift der Anerkennungserklärung oder der Entscheidung zu übersenden. Ist die Geburt des Kindes nicht im Geltungsbereich dieses Gesetzes beurkundet, so ist die beglaubigte Abschrift dem Standesbeamten des Standesamts I in Berlin (West) zu übersenden.

§ 29 a [Beurkundung der Anerkenntniserklärung und der Zustimmungserklärung]
(1) Die Erklärung, durch welche die Vaterschaft anerkannt wird, sowie die Zustimmungserklärung der Mutter können auch von den Standesbeamten beurkundet werden. Gleiches gilt für die etwa erforderliche Zustimmung des Kindes, des gesetzlichen Vertreters oder des Ehemannes der Mutter zu einer solchen Erklärung sowie für den Widerruf der Anerkennung.
(2) Dem Standesbeamten, der die Geburt des Kindes beurkundet hat, sind beglaubigte Abschriften der Erklärungen nach Absatz 1 zu übersenden. § 29 Abs. 2 Satz 2 gilt entsprechend.

§ 29 b [Anerkennung der Mutterschaft]
(1) Die Anerkennung der Mutterschaft zu einem Kinde wird auf Antrag der Mutter oder des Kindes am Rande des Geburtseintrags vermerkt, wenn geltend gemacht wird, daß die Mutter oder der Mann, dessen Vaterschaft anerkannt oder rechtskräftig festgestellt ist oder von dem das Kind nach Angabe der Mutter stammt, eine fremde Staatsangehörigkeit besitzt, und wenn das Heimatrecht dieses Elternteils eine Anerkennung der Mutterschaft vorsieht.
(2) Dem Standesbeamten, der die Geburt des Kindes beurkundet hat, ist eine beglaubigte Abschrift der Anerkennungserklärung zu übersenden. § 29 Abs. 2 Satz 2 gilt entsprechend.
(3) Die Anerkennungserklärung und die etwa erforderliche Zustimmungserklärung des gesetzlichen Vertreters der Mutter können im Geltungsbereich dieses Gesetzes von denselben Stellen beurkundet werden, die eine Anerkennung der Vaterschaft beurkunden können.

...

§ 31 a [Erklärungen zur Namensführung des Kindes]
(1) Die Erklärung, durch die
1. Eltern den Geburtsnamen eines ehelichen Kindes bestimmen,
2. ein Kind sich der Bestimmung seines Geburtsnamens durch die Eltern anschließt,
3. ein Kind die Erteilung des von seiner Mutter zur Zeit der Geburt geführten Namens anstelle des Namens eines Mannes beantragt, von dem rechtskräftig festgestellt wird, daß er nicht Vater des Kindes ist,
4. ein Mann den Antrag nach Nummer 3 stellt, wenn das Kind das fünfte Lebensjahr noch nicht vollendet hat,
5. ein Kind sich der Änderung des Familiennamens der Eltern oder eines Elternteils anschließt,
6. der Elternteil, dem die elterliche Sorge allein zusteht, und sein Ehegatte, der nicht Elternteil des Kindes ist, dem Kind ihren Ehenamen erteilen oder diesen Namen dem von dem Kind zur Zeit der Erklärung geführten Namen voranstellen oder anfügen,
7. der Elternteil, dem die elterliche Sorge allein zusteht, dem Kind den Namen des anderen Elternteils erteilt,

sowie die zu den Nummern 6 und 7 erforderlichen Einwilligungen eines Elternteils oder des Kindes können auch von den Standesbeamten beglaubigt oder beurkundet werden. Gleiches gilt für die etwa erforderliche Zustimmung des gesetzlichen Vertreters zu einer in Satz 1 genannten Erklärung.
(2) Zur Entgegennahme der Erklärungen ist der Standesbeamte zuständig, der die Geburt des Kindes beurkundet hat. Er trägt auf Grund der Erklärungen einen Randvermerk in das Geburtenbuch ein; ein Randvermerk ist nicht einzutragen, wenn in den Fällen des Absatzes 1 Nr. 1 die Erklärung vor der Beurkundung der Geburt des Kindes abgegeben worden ist. Ist die Geburt des Kindes nicht im Geltungsbereich dieses Gesetzes beurkundet, so ist auch der Standesbeamte des Standesamts I in Berlin (West) zuständig.

b) Sterbebuch

§ 32 [Anzeige des Sterbefalls]
Der Tod eines Menschen muß dem Standesbeamten, in dessen Bezirk er gestorben ist, spätestens am folgenden Werktage angezeigt werden.

§ 33 [Anzeigepflichtige]
(1) Zur Anzeige sind, und zwar in nachstehender Reihenfolge, verpflichtet
1. das Familienhaupt,
2. derjenige, in dessen Wohnung sich der Sterbefall ereignet hat,
3. jede Person, die bei dem Tode zugegen war oder von dem Sterbefall aus eigener Wissenschaft unterrichtet ist.

Eine Anzeigepflicht besteht nur, wenn eine in der Reihenfolge früher genannte Person nicht vorhanden oder an der Anzeige verhindert ist.
(2) Die Anzeige ist mündlich zu erstatten.

§ 34 [Sterbefälle in öffentlichen und privaten Anstalten]
Für die Anzeige von Sterbefällen in öffentlichen Entbindungs-, Hebammen-, Kranken- und ähnlichen Anstalten, in öffentlichen Heil-, Pflege- und Entziehungsanstalten, in Gefangenenanstalten und Anstalten, in denen eine mit Freiheitsentziehung verbundene Maßregel der Besserung und Sicherung vollzogen wird, sowie in Einrichtungen der öffentlichen Jugendhilfe gilt § 18 entsprechend. Für Sterbefälle, die sich in privaten Entbindungs-, Hebammen- und Krankenanstalten sowie in Einrichtungen der Träger der freien Jugendhilfe ereignen, gilt § 19 entsprechend.
...

Sechster Abschnitt
Gerichtliches Verfahren

§ 45 [Gerichtliche Kontrolle der Amtshandlungen]
(1) Lehnt der Standesbeamte die Vornahme einer Amtshandlung ab, so kann er auf Antrag der Beteiligten oder der Aufsichtsbehörde durch das Amtsgericht dazu angehalten werden.
(2) Der Standesbeamte kann in Zweifelsfällen auch von sich aus die Entscheidung des Amtsgerichts darüber herbeiführen, ob eine Amtshandlung vorzunehmen ist. Für das weitere Verfahren gilt dies als Ablehnung der Amtshandlung.
...

§ 48 [Gerichtliches Verfahren]
(1) Auf das gerichtliche Verfahren sind die Vorschriften des Gesetzes über die Angelegenheiten der freiwilligen Gerichtsbarkeit anzuwenden.
(2) Die Aufsichtsbehörde und die Beteiligten können in jeder Lage des Verfahrens diesem beitreten; sie können ihren Beitritt auch durch Einlegung eines Rechtsmittels erklären.
...

Achter Abschnitt
Beweiskraft der Personenstandsbücher und -urkunden

§ 60 [Öffentlicher Glaube der Personenstandsbücher]
(1) Die Personenstandsbücher beweisen bei ordnungsgemäßer Führung Eheschließung, Geburt und Tod und die darüber gemachten näheren Angaben. Vermerke über die Staatsangehörigkeit oder eine Änderung der Staatsangehörigkeit haben diese Beweiskraft nicht.
(2) Der Nachweis der Unrichtigkeit der beurkundeten Tatsachen ist zulässig. Der Nachweis der Unrichtigkeit eines Eintrags im Familienbuch kann auch durch Vorlage einer beglaubigten Abschrift aus dem Heirats-, Geburten- oder Sterbebuch geführt werden.

§ 61 [Beschränkte Benutzbarkeit]
(1) Einsicht in die Personenstandsbücher, Durchsicht dieser Bücher und Erteilung von Personenstandsurkunden kann nur von den Behörden im Rahmen ihrer Zuständigkeit und von Personen verlangt werden, auf die sich der Eintrag bezieht, sowie von deren Ehegatten, Vorfahren und Abkömmlin-

gen. Behörden haben den Zweck anzugeben. Andere Personen haben nur dann ein Recht auf Einsicht in die Personenstandsbücher, auf Durchsicht dieser Bücher und auf Erteilung von Personenstandsurkunden, wenn sie ein rechtliches Interesse glaubhaft machen.

(2) Ist ein Kind angenommen, so darf nur Behörden, den Annehmenden, deren Eltern, dem gesetzlichen Vertreter des Kindes und dem über sechzehn Jahre alten Kind selbst Einsicht in den Geburtseintrag gestattet oder eine Personenstandsurkunde aus dem Geburtbuch erteilt werden. Ist ein angenommenes Kind im Familienbuch der Annehmenden eingetragen, so gilt hinsichtlich des dieses Kind betreffenden Eintrags für die Einsicht in das Familienbuch sowie für die Erteilung einer Personenstandsurkunde aus dem Familienbuch Satz 1 entsprechend. Diese Beschränkungen entfallen mit dem Tod des Kindes; § 1758 des Bürgerlichen Gesetzbuchs bleibt unberührt.

(3) Sind bei einer Person auf Grund des Gesetzes über die Änderung der Vornamen und die Feststellung der Geschlechtszugehörigkeit in besonderen Fällen vom 10. September 1980 (BGBl. I S. 1654) die Vornamen geändert oder ist festgestellt worden, daß diese Person als dem anderen Geschlecht zugehörig anzusehen ist, so darf nur Behörden und der betroffenen Person selbst Einsicht in den Geburtseintrag gestattet oder eine Personenstandsurkunde aus dem Geburtbuch erteilt werden. Ist die betroffene Person in einem Familienbuch eingetragen, so gilt hinsichtlich des sie betreffenden Eintrags für die Einsichtnahme in das Familienbuch und für die Erteilung einer Personenstandsurkunde aus diesem Familienbuch Satz 1 entsprechend. Diese Beschränkungen entfallen mit dem Tod dieser Person; § 5 Abs. 1 und § 10 Abs. 2 in Verbindung mit § 5 Abs. 1 des Gesetzes über die Änderung der Vornamen und die Feststellung der Geschlechtszugehörigkeit in besonderen Fällen bleiben unberührt.

...

Gesetz zur Vermeidung und Bewältigung von Schwangerschaftskonflikten (Schwangerschaftskonfliktgesetz – SchKG)

Vom 27. Juli 1992 (BGBl. I S. 1398)[1]
(BGBl. III 404-25)
geändert durch Schwangeren- und Familienhilfeänderungsgesetz vom 21. August 1995 (BGBl. I S. 1050)

Abschnitt 1
Aufklärung, Verhütung, Familienplanung und Beratung

§ 1 Aufklärung

(1) Die für gesundheitliche Aufklärung und Gesundheitserziehung zuständige Bundeszentrale für gesundheitliche Aufklärung erstellt unter Beteiligung der Länder und in Zusammenarbeit mit Vertretern der Familienberatungseinrichtungen aller Träger zum Zwecke der gesundheitlichen Vorsorge und der Vermeidung und Lösung von Schwangerschaftskonflikten Konzepte zur Sexualaufklärung, jeweils abgestimmt auf die verschiedenen Alters- und Personengruppen.

(2) Die Bundeszentrale für gesundheitliche Aufklärung verbreitet zu den in Absatz 1 genannten Zwecken die bundeseinheitlichen Aufklärungsmaterialien, in denen Verhütungsmethoden und Verhütungsmittel umfassend dargestellt werden.

(3) Die Aufklärungsmaterialien werden unentgeltlich an Einzelpersonen auf Aufforderung, ferner als Lehrmaterial an schulische und berufsbildende Einrichtungen, an Beratungsstellen sowie an alle Institutionen der Jugend- und Bildungsarbeit abgegeben.

§ 2 Beratung

(1) Jede Frau und jeder Mann hat das Recht, sich zu den in § 1 Abs. 1 genannten Zwecken in Fragen der Sexualaufklärung, Verhütung und Familienplanung sowie in allen eine Schwangerschaft unmittelbar oder mittelbar berührenden Fragen von einer hierfür vorgesehenen Beratungsstelle informieren und beraten zu lassen.

(2) Der Anspruch auf Beratung umfaßt Informationen über
1. Sexualaufklärung, Verhütung und Familienplanung,
2. bestehende familienfördernde Leistungen und Hilfen für Kinder und Familien, einschließlich der besonderen Rechte im Arbeitsleben,
3. Vorsorgeuntersuchungen bei Schwangerschaft und die Kosten der Entbindung,
4. soziale und wirtschaftliche Hilfen für Schwangere, insbesondere finanzielle Leistungen sowie Hilfen bei der Suche nach Wohnung, Arbeits- oder Ausbildungsplatz oder deren Erhalt,
5. die Hilfsmöglichkeiten für behinderte Menschen und ihre Familien, die vor und nach der Geburt eines in seiner körperlichen, geistigen oder seelischen Gesundheit geschädigten Kindes zur Verfügung stehen,
6. die Methoden zur Durchführung eines Schwangerschaftsabbruchs, die physischen und psychischen Folgen eines Abbruchs und die damit verbundenen Risiken,
7. Lösungsmöglichkeiten für psychosoziale Konflikte im Zusammenhang mit einer Schwangerschaft,
8. die rechtlichen und psychologischen Gesichtspunkte im Zusammenhang mit einer Adoption.

Die Schwangere ist darüber hinaus bei der Geltendmachung von Ansprüchen sowie bei der Wohnungssuche, bei der Suche nach einer Betreuungsmöglichkeit für das Kind und bei der Fortsetzung ihrer Ausbildung zu unterstützen. Auf Wunsch der Schwangeren sind Dritte zur Beratung hinzuzuziehen.

---

[1] Verkündet als Artikel 1 des Schwangeren- und Familienhilfegesetzes vom 27. 7. 1992 (BGBl. I S. 1398). In Kraft am 5. 8.1992.

(3) Zum Anspruch auf Beratung gehört auch die Nachbetreuung nach einem Schwangerschaftsabbruch oder nach der Geburt des Kindes.

§ 3 Beratungsstellen
Die Länder stellen ein ausreichendes Angebot wohnortnaher Beratungsstellen für die Beratung nach § 2 sicher. Dabei werden auch Beratungsstellen freier Träger gefördert. Die Ratsuchenden sollen zwischen Beratungsstellen unterschiedlicher weltanschaulicher Ausrichtung auswählen können.

§ 4 Öffentliche Förderung der Beratungsstellen
(1) Die Länder tragen dafür Sorge, daß den Beratungsstellen nach den §§ 3 und 8 für je 40 000 Einwohner mindestens eine Beraterin oder ein Berater vollzeitbeschäftigt oder eine entsprechende Zahl von Teilzeitbeschäftigten zur Verfügung steht. Von diesem Schlüssel soll dann abgewichen werden, wenn die Tätigkeit der Beratungsstellen mit dem vorgesehenen Personal auf Dauer nicht ordnungsgemäß durchgeführt werden kann. Dabei ist auch zu berücksichtigen, daß Schwangere in angemessener Entfernung von ihrem Wohnort eine Beratungsstelle aufsuchen können.
(2) Die zur Sicherstellung eines ausreichenden Angebotes nach den §§ 3 und 8 erforderlichen Beratungsstellen haben Anspruch auf eine angemessene öffentliche Förderung der Personal- und Sachkosten.
(3) Näheres regelt das Landesrecht.

Abschnitt 2
Schwangerschaftskonfliktberatung

§ 5 Inhalt der Schwangerschaftskonfliktberatung
(1) Die nach § 219 des Strafgesetzbuches notwendige Beratung ist ergebnisoffen zu führen. Sie geht von der Verantwortung der Frau aus. Die Beratung soll ermutigen und Verständnis wecken, nicht belehren oder bevormunden. Die Schwangerschaftskonfliktberatung dient dem Schutz des ungeborenen Lebens.
(2) Die Beratung umfaßt:
1. das Eintreten in eine Konfliktberatung; dazu wird erwartet, daß die schwangere Frau der sie beratenden Person die Gründe mitteilt, derentwegen sie eine Abbruch der Schwangerschaft erwägt; der Beratungscharakter schließt aus, daß die Gesprächs- und Mitwirkungsbereitschaft der schwangeren Frau erzwungen wird;
2. jede nach Sachlage erforderliche medizinische, soziale und juristische Information, die Darlegung der Rechtsansprüche von Mutter und Kind und der möglichen praktischen Hilfen, insbesondere solcher, die die Fortsetzung der Schwangerschaft und die Lage von Mutter und Kind erleichtern;
3. das Angebot, die schwangere Frau bei der Geltendmachung von Ansprüchen, bei der Wohnungssuche, bei der Suche nach einer Betreuungsmöglichkeit für das Kind und bei der Fortsetzung ihrer Ausbildung zu unterstützen, sowie das Angebot einer Nachbetreuung.

Die Beratung unterrichtet auf Wunsch der Schwangeren auch über Möglichkeiten, ungewollte Schwangerschaften zu vermeiden.

§ 6 Durchführung der Schwangerschaftskonfliktberatung
(1) Eine ratsuchende Schwangere ist unverzüglich zu beraten.
(2) Die Schwangere kann auf ihren Wunsch gegenüber der sie beratenden Person anonym bleiben.
(3) Soweit erforderlich, sind zur Beratung im Einvernehmen mit der Schwangeren
1. andere, insbesondere ärztlich, fachärztlich, psychologisch, sozialpädagogisch, sozialarbeiterisch oder juristisch ausgebildete Fachkräfte,
2. Fachkräfte mit besonderer Erfahrung in der Frühförderung behinderter Kinder und
3. andere Personen, insbesondere der Erzeuger sowie nahe Angehörige,
hinzuzuziehen.
(4) Die Beratung ist für die Schwangere und die nach Absatz 3 Nr. 3 hinzugezogenen Personen unentgeltlich.

§ 7 Beratungsbescheinigung
(1) Die Beratungsstelle hat nach Abschluß der Beratung der Schwangeren eine mit Namen und Datum versehene Bescheinigung darüber auszustellen, daß eine Beratung nach den §§ 5 und 6 stattgefunden hat.
(2) Hält die beratende Person nach dem Beratungsgespräch eine Fortsetzung dieses Gesprächs für notwendig, soll diese unverzüglich erfolgen.
(3) Die Ausstellung einer Beratungsbescheinigung darf nicht verweigert werden, wenn durch eine Fortsetzung des Beratungsgesprächs die Beachtung der in § 218 a Abs. 1 des Strafgesetzbuches vorgesehenen Fristen unmöglich werden könnte.

§ 8 Schwangerschaftskonfliktberatungsstellen
Für die Beratung nach den §§ 5 und 6 haben die Länder ein ausreichendes plurales Angebot wohnortnaher Beratungsstellen sicherzustellen. Diese Beratungsstellen bedürfen besonderer staatlicher Anerkennung nach § 9. Als Beratungsstellen können auch Einrichtungen freier Träger und Ärzte anerkannt werden.

§ 9 Anerkennung von Schwangerschaftskonfliktberatungsstellen
Eine Beratungsstelle darf nur anerkannt werden, wenn sie die Gewähr für eine fachgerechte Schwangerschaftskonfliktberatung nach § 5 bietet und zur Durchführung der Schwangerschaftskonfliktberatung nach § 6 in der Lage ist, insbesondere
1. über hinreichend persönlich und fachlich qualifiziertes und der Zahl nach ausreichendes Personal verfügt,
2. sicherstellt, daß zur Durchführung der Beratung erforderlichenfalls kurzfristig eine ärztlich, fachärztlich, psychologisch, sozialpädagogisch, sozialarbeiterisch oder juristisch ausgebildete Fachkraft hinzugezogen werden kann,
3. mit allen Stellen zusammenarbeitet, die öffentliche und private Hilfen für Mutter und Kind gewähren, und
4. mit keiner Einrichtung, in der Schwangerschaftsabbrüche vorgenommen werden, derart organisatorisch oder durch wirtschaftliche Interessen verbunden ist, daß hiernach ein materielles Interesse der Beratungseinrichtung an der Durchführung von Schwangerschaftsabbrüchen nicht auszuschließen ist.

§ 10 Berichtspflicht und Überprüfung der Schwangerschaftskonfliktberatungsstellen
(1) Die Beratungsstellen sind verpflichtet, die ihrer Beratungstätigkeit zugrundeliegenden Maßstäbe und die dabei gesammelten Erfahrungen jährlich in einem schriftlichen Bericht niederzulegen.
(2) Als Grundlage für den schriftlichen Bericht nach Absatz 1 hat die beratende Person über jedes Beratungsgespräch eine Aufzeichnung zu fertigen. Diese darf keine Rückschlüsse auf die Identität der Schwangeren und der zum Beratungsgespräch hinzugezogenen weiteren Personen ermöglichen. Sie hält den wesentlichen Inhalt der Beratung und angebotene Hilfsmaßnahmen fest.
(3) Die zuständige Behörde hat mindestens im Abstand von drei Jahren zu überprüfen, ob die Voraussetzungen für die Anerkennung nach § 9 noch vorliegen. Sie kann sich zu diesem Zweck die Berichte nach Absatz 1 vorlegen lassen und Einsicht in die nach Absatz 2 anzufertigenden Aufzeichnungen nehmen. Liegt eine der Voraussetzungen des § 9 nicht mehr vor, ist die Anerkennung zu widerrufen.

§ 11 Übergangsregelung
Die Anerkennung einer Beratungsstelle auf Grund II.4 der Entscheidungsformel des Urteils des Bundesverfassungsgerichts vom 28. Mai 1993 (BGBl. I S. 820) steht einer Anerkennung auf Grund der §§ 8 und 9 dieses Gesetzes gleich.

Abschnitt 3
Vornahme von Schwangerschaftsabbrüchen

§ 12 Weigerung
(1) Niemand ist verpflichtet, an einem Schwangerschaftsabbruch mitzuwirken.
(2) Absatz 1 gilt nicht, wenn die Mitwirkung notwendig ist, um von der Frau eine anders nicht abwendbare Gefahr des Todes oder einer schweren Gesundheitsschädigung abzuwenden.

§ 13 Einrichtungen zur Vornahme von Schwangerschaftsabbrüchen

(1) Ein Schwangerschaftsabbruch darf nur in einer Einrichtung vorgenommen werden, in der auch die notwendige Nachbehandlung gewährleistet ist.
(2) Die Länder stellen ein ausreichendes Angebot ambulanter und stationärer Einrichtungen zur Vornahme von Schwangerschaftsabbrüchen sicher.

§ 14 Bußgeldvorschriften

(1) Ordnungswidrig handelt, wer entgegen § 13 Abs. 1 einen Schwangerschaftsabbruch vornimmt.
(2) Die Ordnungswidrigkeit kann mit einer Geldbuße bis zu zehntausend Deutsche Mark geahndet werden.

Abschnitt 4
Bundesstatistik über Schwangerschaftsabbrüche

§ 15 Anordnung als Bundesstatistik

Über die unter den Voraussetzungen des § 218 a Abs. 1 bis 3 des Strafgesetzbuches vorgenommenen Schwangerschaftsabbrüche wird eine Bundesstatistik durchgeführt. Die Statistik wird vom Statistischen Bundesamt erhoben und aufbereitet.

§ 16 Erhebungsmerkmale, Berichtszeit und Periodizität

(1) Die Erhebung wird auf das Kalendervierteljahr bezogen durchgeführt und umfaßt folgende Erhebungsmerkmale:
1. Vornahme von Schwangerschaftsabbrüchen im Berichtszeitraum (auch Fehlanzeige),
2. rechtliche Voraussetzungen des Schwangerschaftsabbruchs (Beratungsregelung oder nach Indikationsstellung),
3. Familienstand und Alter der Schwangeren sowie die Zahl ihrer Kinder,
4. Dauer der abgebrochenen Schwangerschaft,
5. Art des Eingriffs und beobachtete Komplikationen,
6. Bundesland, in dem der Schwangerschaftsabbruch vorgenommen wird, und Bundesland oder Staat im Ausland, in dem die Schwangere wohnt,
7. Vornahme in Arztpraxis oder Krankenhaus und im Falle der Vornahme des Eingriffs im Krankenhaus die Dauer des Krankenhausaufenthaltes.

Der Name der Schwangeren darf dabei nicht angegeben werden.
(2) Die Angaben nach Absatz 1 sowie Fehlanzeigen sind dem Statistischen Bundesamt vierteljährlich zum jeweiligen Quartalsende mitzuteilen.

§ 17 Hilfsmerkmale

Hilfsmerkmale der Erhebung sind:
1. Name und Anschrift der Einrichtung nach § 13 Abs. 1;
2. Telefonnummer der für Rückfragen zur Verfügung stehenden Person.

§ 18 Auskunftspflicht

(1) Für die Erhebung besteht Auskunftspflicht. Auskunftspflichtig sind die Inhaber der Arztpraxen und die Leiter der Krankenhäuser, in denen innerhalb von zwei Jahren vor dem Quartalsende Schwangerschaftsabbrüche durchgeführt wurden.
(2) Die Angabe zu § 17 Nr. 2 ist freiwillig.
(3) Zur Durchführung der Erhebung übermitteln dem Statistischen Bundesamt auf dessen Anforderung
1. die Landesärztekammern die Anschriften der Ärzte, in deren Einrichtungen nach ihren Erkenntnissen Schwangerschaftsabbrüche vorgenommen worden sind oder vorgenommen werden sollen,
2. die zuständigen Gesundheitsbehörden die Anschriften der Krankenhäuser, in denen nach ihren Erkenntnissen Schwangerschaftsabbrüche vorgenommen worden sind oder vorgenommen werden sollen.

Gesetz zum Schutze der erwerbstätigen Mutter (Mutterschutzgesetz – MuSchG)

Vom 24. Januar 1952 (BGBl. I S. 69)
in der Fassung der Bekanntmachung vom 17. Januar 1997 (BGBl. I S. 22, ber. S. 293)
(BGBl. III 8052-1)

Inhaltsübersicht

Erster Abschnitt
Allgemeine Vorschriften

	§§
Geltungsbereich	1
Gestaltung des Arbeitsplatzes	2

Zweiter Abschnitt
Beschäftigungsverbote

Beschäftigungsverbote für werdende Mütter	3
Weitere Beschäftigungsverbote	4
Mitteilungspflicht, ärztliches Zeugnis	5
Beschäftigungsverbote nach der Entbindung	6
Stillzeit	7
Mehrarbeit, Nacht- und Sonntagsarbeit	8

Abschnitt 2 a
Mutterschaftsurlaub

(weggefallen)	8 a–8 d

Dritter Abschnitt
Kündigung

Kündigungsverbot	9
(weggefallen)	9 a
Erhaltung von Rechten	10

Vierter Abschnitt
Leistungen

Arbeitsentgelt bei Beschäftigungsverboten	11
(weggefallen)	12
Mutterschaftsgeld	13
Zuschuß zum Mutterschaftsgeld	14
Sonstige Leistungen bei Schwangerschaft und Mutterschaft	15
Freizeit für Untersuchungen	16
(weggefallen)	17

Fünfter Abschnitt
Durchführung des Gesetzes

Auslage des Gesetzes	18
Auskunft	19
Aufsichtsbehörden	20

Sechster Abschnitt
Straftaten und Ordnungswidrigkeiten

Straftaten und Ordnungswidrigkeiten	21
(weggefallen)	22, 23

Siebter Abschnitt
Schlußvorschriften

In Heimarbeit Beschäftigte	24
(weggefallen)	25

Erster Abschnitt
Allgemeine Vorschriften

§ 1 Geltungsbereich
Dieses Gesetz gilt
1. für Frauen, die in einem Arbeitsverhältnis stehen,
2. für weibliche in Heimarbeit Beschäftigte und ihnen Gleichgestellte (§ 1 Abs. 1 und 2 des Heimarbeitsgesetzes vom 14. März 1951, BGBl. I S. 191), soweit sie am Stück mitarbeiten.

§ 2 Gestaltung des Arbeitsplatzes
(1) Wer eine werdende oder stillende Mutter beschäftigt, hat bei der Einrichtung und der Unterhaltung des Arbeitsplatzes einschließlich der Maschinen, Werkzeuge und Geräte und bei der Regelung der Beschäftigung die erforderlichen Vorkehrungen und Maßnahmen zum Schutze von Leben und Gesundheit der werdenden oder stillenden Mutter zu treffen.
(2) Wer eine werdende oder stillende Mutter mit Arbeiten beschäftigt, bei denen sie ständig stehen oder gehen muß, hat für sie eine Sitzgelegenheit zum kurzen Ausruhen bereitzustellen.

(3) Wer eine werdende oder stillende Mutter mit Arbeiten beschäftigt, bei denen sie ständig sitzen muß, hat ihr Gelegenheit zu kurzen Unterbrechungen ihrer Arbeit zu geben.
(4) Die Bundesregierung wird ermächtigt, durch Rechtsverordnung mit Zustimmung des Bundesrates
1. den Arbeitgeber zu verpflichten, zur Vermeidung von Gesundheitsgefährdungen der werdenden oder stillenden Mütter oder ihrer Kinder Liegeräume für diese Frauen einzurichten und sonstige Maßnahmen zur Durchführung des in Absatz 1 enthaltenen Grundsatzes zu treffen,
2. nähere Einzelheiten zu regeln wegen der Verpflichtung des Arbeitgebers zur Beurteilung einer Gefährdung für die werdenden oder stillenden Mütter, zur Durchführung der notwendigen Schutzmaßnahmen und zur Unterrichtung der betroffenen Arbeitnehmerinnen nach Maßgabe der insoweit umzusetzenden Artikel 4 bis 6 der Richtlinie 92/85/EWG des Rates vom 19. Oktober 1992 über die Durchführung von Maßnahmen zur Verbesserung der Sicherheit und des Gesundheitsschutzes von schwangeren Arbeitnehmerinnen, Wöchnerinnen und stillenden Arbeitnehmerinnen am Arbeitsplatz (ABl. EG Nr. L 348 S. 1).
(5) Unabhängig von den auf Grund des Absatzes 4 erlassenen Vorschriften kann die Aufsichtsbehörde in Einzelfällen anordnen, welche Vorkehrungen und Maßnahmen zur Durchführung des Absatzes 1 zu treffen sind.

Zweiter Abschnitt
Beschäftigungsverbote

§ 3 Beschäftigungsverbote für werdende Mütter
(1) Werdende Mütter dürfen nicht beschäftigt werden, soweit nach ärztlichem Zeugnis Leben oder Gesundheit von Mutter oder Kind bei Fortdauer der Beschäftigung gefährdet ist.
(2) Werdende Mütter dürfen in den letzten sechs Wochen vor der Entbindung nicht beschäftigt werden, es sei denn, daß sie sich zur Arbeitsleistung ausdrücklich bereit erklären; die Erklärung kann jederzeit widerrufen werden.

§ 4 Weitere Beschäftigungsverbote
(1) Werdende Mütter dürfen nicht mit schweren körperlichen Arbeiten und nicht mit Arbeiten beschäftigt werden, bei denen sie schädlichen Einwirkungen von gesundheitsgefährdenden Stoffen oder Strahlen, von Staub, Gasen oder Dämpfen, von Hitze, Kälte oder Nässe, von Erschütterungen oder Lärm ausgesetzt sind.
(2) Werdende Mütter dürfen insbesondere nicht beschäftigt werden
1. mit Arbeiten, bei denen regelmäßig Lasten von mehr als 5 kg Gewicht oder gelegentlich Lasten von mehr als 10 kg Gewicht ohne mechanische Hilfsmittel von Hand gehoben, bewegt oder befördert werden. Sollen größere Lasten mit mechanischen Hilfsmitteln von Hand gehoben, bewegt oder befördert werden, so darf die körperliche Beanspruchung der werdenden Mutter nicht größer sein als bei Arbeiten nach Satz 1,
2. nach Ablauf des fünften Monats der Schwangerschaft mit Arbeiten, bei denen sie ständig stehen müssen, soweit diese Beschäftigung täglich vier Stunden überschreitet,
3. mit Arbeiten, bei denen sie sich häufig erheblich strecken oder beugen oder bei denen sie dauernd hocken oder sich gebückt halten müssen,
4. mit der Bedienung von Geräten und Maschinen aller Art mit hoher Fußbeanspruchung, insbesondere von solchen mit Fußantrieb,
5. mit dem Schälen von Holz,
6. mit Arbeiten, bei denen sie infolge ihrer Schwangerschaft in besonderem Maße der Gefahr, an einer Berufskrankheit zu erkranken, ausgesetzt sind oder bei denen durch das Risiko der Entstehung einer Berufskrankheit eine erhöhte Gefährdung für die werdende Mutter oder eine Gefahr für die Leibesfrucht besteht,
7. nach Ablauf des dritten Monats der Schwangerschaft auf Beförderungsmitteln,
8. mit Arbeiten, bei denen sie erhöhten Unfallgefahren, insbesondere der Gefahr auszugleiten, zu fallen oder abzustürzen, ausgesetzt sind.

(3) Die Beschäftigung von werdenden Müttern mit
1. Akkordarbeit und sonstigen Arbeiten, bei denen durch ein gesteigertes Arbeitstempo ein höheres Entgelt erzielt werden kann,
2. Fließarbeit mit vorgeschriebenem Arbeitstempo

ist verboten. Die Aufsichtsbehörde kann Ausnahmen bewilligen, wenn die Art der Arbeit und das Arbeitstempo eine Beeinträchtigung der Gesundheit von Mutter oder Kind nicht befürchten lassen. Die Aufsichtsbehörde kann die Beschäftigung für alle werdenden Mütter eines Betriebes oder einer Betriebsabteilung bewilligen, wenn die Voraussetzungen des Satzes 2 für alle im Betrieb oder in der Betriebsabteilung beschäftigten Frauen gegeben sind.

(4) Die Bundesregierung wird ermächtigt, zur Vermeidung von Gesundheitsgefährdungen der werdenden oder stillenden Mütter und ihrer Kinder durch Rechtsverordnung mit Zustimmung des Bundesrates
1. Arbeiten zu bestimmen, die unter die Beschäftigungsverbote der Absätze 1 und 2 fallen,
2. weitere Beschäftigungsverbote für werdende und stillende Mütter vor und nach der Entbindung zu erlassen.

(5) Die Aufsichtsbehörde kann in Einzelfällen bestimmen, ob eine Arbeit unter die Beschäftigungsverbote der Absätze 1 bis 3 oder einer von der Bundesregierung gemäß Absatz 4 erlassenen Verordnung fällt. Sie kann in Einzelfällen die Beschäftigung mit bestimmten anderen Arbeiten verbieten.

§ 5 Mitteilungspflicht, ärztliches Zeugnis

(1) Werdende Mütter sollen dem Arbeitgeber ihre Schwangerschaft und den mutmaßlichen Tag der Entbindung mitteilen, sobald ihnen ihr Zustand bekannt ist. Auf Verlangen des Arbeitgebers sollen sie das Zeugnis eines Arztes oder einer Hebamme vorlegen. Der Arbeitgeber hat die Aufsichtsbehörde unverzüglich von der Mitteilung der werdenden Mutter zu benachrichtigen. Er darf die Mitteilung der werdenden Mutter Dritten nicht unbefugt bekanntgeben.

(2) Für die Berechnung der in § 3 Abs. 2 bezeichneten Zeiträume vor der Entbindung ist das Zeugnis eines Arztes oder einer Hebamme maßgebend; das Zeugnis soll den mutmaßlichen Tag der Entbindung angeben. Irrt sich der Arzt oder die Hebamme über den Zeitpunkt der Entbindung, so verkürzt oder verlängert sich diese Frist entsprechend.

(3) Die Kosten für die Zeugnisse nach den Absätzen 1 und 2 trägt der Arbeitgeber.

§ 6 Beschäftigungsverbote nach der Entbindung

(1) Wöchnerinnen dürfen bis zum Ablauf von acht Wochen nach der Entbindung nicht beschäftigt werden. Für Mütter nach Früh- und Mehrlingsgeburten verlängert sich diese Frist auf zwölf Wochen, bei Frühgeburten zusätzlich um den Zeitraum, der nach § 3 Abs. 2 nicht in Anspruch genommen werden konnte. Beim Tode ihres Kindes kann die Mutter auf ihr ausdrückliches Verlangen schon vor Ablauf dieser Fristen wieder beschäftigt werden, wenn nach ärztlichem Zeugnis nichts dagegen spricht. Sie kann ihre Erklärung jederzeit widerrufen.

(2) Frauen, die in den ersten Monaten nach der Entbindung nach ärztlichem Zeugnis nicht voll leistungsfähig sind, dürfen nicht zu einer ihre Leistungsfähigkeit übersteigenden Arbeit herangezogen werden.

(3) Stillende Mütter dürfen mit den in § 4 Abs. 1, 2 Nr. 1, 3, 4, 5, 6 und 8 sowie Abs. 3 Satz 1 genannten Arbeiten nicht beschäftigt werden. Die Vorschriften des § 4 Abs. 3 Satz 2 und 3 sowie Abs. 5 gelten entsprechend.

§ 7 Stillzeit

(1) Stillenden Müttern ist auf ihr Verlangen die zum Stillen erforderliche Zeit, mindestens aber zweimal täglich eine halbe Stunde oder einmal täglich eine Stunde freizugeben. Bei einer zusammenhängenden Arbeitszeit von mehr als acht Stunden soll auf Verlangen zweimal eine Stillzeit von mindestens fünfundvierzig Minuten oder, wenn in der Nähe der Arbeitsstätte keine Stillgelegenheit vorhanden ist, eine Stillzeit von mindestens neunzig Minuten gewährt werden. Die Arbeitszeit gilt als zusammenhängend, soweit sie nicht durch eine Ruhepause von mindestens zwei Stunden unterbrochen wird.

(2) Durch die Gewährung der Stillzeit darf ein Verdienstausfall nicht eintreten. Die Stillzeit darf von stillenden Müttern nicht vor- oder nachgearbeitet und nicht auf die in dem Arbeitszeitgesetz oder in anderen Vorschriften festgesetzten Ruhepausen angerechnet werden.

(3) Die Aufsichtsbehörde kann in Einzelfällen nähere Bestimmungen über Zahl, Lage und Dauer der Stillzeiten treffen; sie kann die Einrichtung von Stillräumen vorschreiben.
(4) Der Auftraggeber oder Zwischenmeister hat den in Heimarbeit Beschäftigten und den ihnen Gleichgestellten für die Stillzeit ein Entgelt von 75 vom Hundert eines durchschnittlichen Stundenverdienstes, mindestens aber 0,75 Deutsche Mark für jeden Werktag zu zahlen. Ist die Frau für mehrere Auftraggeber oder Zwischenmeister tätig, so haben diese das Entgelt für die Stillzeit zu gleichen Teilen zu gewähren. Auf das Entgelt finden die Vorschriften der §§ 23 bis 25 des Heimarbeitsgesetzes vom 14. März 1951 (BGBl. I S. 191) über den Entgeltschutz Anwendung.

§ 8 Mehrarbeit, Nacht- und Sonntagsarbeit
(1) Werdende und stillende Mütter dürfen nicht mit Mehrarbeit, nicht in der Nacht zwischen 20 und 6 Uhr und nicht an Sonn- und Feiertagen beschäftigt werden.
(2) Mehrarbeit im Sinne des Absatzes 1 ist jede Arbeit, die
1. von Frauen unter 18 Jahren über 8 Stunden täglich oder 80 Stunden in der Doppelwoche,
2. von sonstigen Frauen über $8^{1}/_{2}$ Stunden täglich oder 90 Stunden in der Doppelwoche
hinaus geleistet wird. In die Doppelwoche werden die Sonntage eingerechnet.
(3) Abweichend vom Nachtarbeitsverbot des Absatzes 1 dürfen werdende Mütter in den ersten vier Monaten der Schwangerschaft und stillende Mütter beschäftigt werden
1. in Gast- und Schankwirtschaften und im übrigen Beherbergungswesen bis 22 Uhr,
2. in der Landwirtschaft mit dem Melken von Vieh ab 5 Uhr,
3. als Künstlerinnen bei Musikaufführungen, Theatervorstellungen und ähnlichen Aufführungen bis 23 Uhr.
(4) Im Verkehrswesen, in Gast- und Schankwirtschaften und im übrigen Beherbergungswesen, im Familienhaushalt, in Krankenpflege- und in Badeanstalten, bei Musikaufführungen, Theatervorstellungen, anderen Schaustellungen, Darbietungen oder Lustbarkeiten dürfen werdende oder stillende Mütter, abweichend von Absatz 1, an Sonn- und Feiertagen beschäftigt werden, wenn ihnen in jeder Woche einmal eine ununterbrochene Ruhezeit von mindestens 24 Stunden im Anschluß an eine Nachtruhe gewährt wird.
(5) An in Heimarbeit Beschäftigte und ihnen Gleichgestellte, die Werdende oder stillende Mütter sind, darf Heimarbeit nur in solchem Umfang und mit solchen Fertigungsfristen ausgegeben werden, daß sie von der werdenden Mutter voraussichtlich während einer achtstündigen Tagesarbeitszeit, von der stillenden Mutter voraussichtlich während einer $7^{1}/_{4}$stündigen Tagesarbeitszeit an Werktagen ausgeführt werden kann. Die Aufsichtsbehörde kann in Einzelfällen nähere Bestimmungen über die Arbeitsmenge treffen; falls ein Heimarbeitsausschuß besteht, hat sie diesen vorher zu hören.
(6) Die Aufsichtsbehörde kann in begründeten Einzelfällen Ausnahmen von den vorstehenden Vorschriften zulassen.

Abschnitt 2 a
Mutterschaftsurlaub
§§ 8 a bis 8 d (weggefallen)

Dritter Abschnitt
Kündigung

§ 9 Kündigungsverbot
(1) Die Kündigung gegenüber einer Frau während der Schwangerschaft und bis zum Ablauf von vier Monaten nach der Entbindung ist unzulässig, wenn dem Arbeitgeber zur Zeit der Kündigung die Schwangerschaft oder Entbindung bekannt war oder innerhalb zweier Wochen nach Zugang der Kündigung mitgeteilt wird; das Überschreiten dieser Frist ist unschädlich, wenn es auf einem von der Frau nicht zu vertretenden Grund beruht und die Mitteilung unverzüglich nachgeholt wird. Die Vorschrift des Satzes 1 gilt für Frauen, die den in Heimarbeit Beschäftigten gleichgestellt sind, nur, wenn sich die Gleichstellung auch auf den Neunten Abschnitt – Kündigung – des Heimarbeitsgesetzes vom 14. März 1951 (BGBl. I S. 191) erstreckt.
(2) Kündigt eine schwangere Frau, gilt § 5 Abs. 1 Satz 3 entsprechend.

(3) Die für den Arbeitsschutz zuständige oberste Landesbehörde oder die von ihr bestimmte Stelle kann in besonderen Fällen, die nicht mit dem Zustand einer Frau während der Schwangerschaft oder ihrer Lage bis zum Ablauf von vier Monaten nach der Entbindung in Zusammenhang stehen, ausnahmsweise die Kündigung für zulässig erklären. Die Kündigung bedarf der schriftlichen Form und sie muß den zulässigen Kündigungsgrund angeben.
(4) In Heimarbeit Beschäftigte und ihnen Gleichgestellte dürfen während der Schwangerschaft und bis zum Ablauf von vier Monaten nach der Entbindung nicht gegen ihren Willen bei der Ausgabe von Heimarbeit ausgeschlossen werden; die Vorschriften der §§ 3, 4, 6 und 8 Abs. 5 bleiben unberührt.

§ 9 a (weggefallen)
§ 10 Erhaltung von Rechten
(1) Eine Frau kann während der Schwangerschaft und während der Schutzfrist nach der Entbindung (§ 6 Abs. 1) das Arbeitsverhältnis ohne Einhaltung einer Frist zum Ende der Schutzfrist nach der Entbindung kündigen.
(2) Wird das Arbeitsverhältnis nach Absatz 1 aufgelöst und wird die Frau innerhalb eines Jahres nach der Entbindung in ihrem bisherigen Betrieb wieder eingestellt, so gilt, soweit Rechte aus dem Arbeitsverhältnis von der Dauer der Betriebs- oder Berufszugehörigkeit oder von der Dauer der Beschäftigungs- oder Dienstzeit abhängen, das Arbeitsverhältnis als nicht unterbrochen. Dies gilt nicht, wenn die Frau in der Zeit von der Auflösung des Arbeitsverhältnisses bis zur Wiedereinstellung bei einem anderen Arbeitgeber beschäftigt war.

Vierter Abschnitt
Leistungen
§ 11 Arbeitsentgelt bei Beschäftigungsverboten
(1) Den unter den Geltungsbereich des § 1 fallenden Frauen ist, soweit sie nicht Mutterschaftsgeld nach den Vorschriften der Reichsversicherungsordnung beziehen können, vom Arbeitgeber mindestens der Durchschnittsverdienst der letzten dreizehn Wochen oder der letzten drei Monate vor Beginn des Monats, in dem die Schwangerschaft eingetreten ist, weiter zu gewähren, wenn sie wegen eines Beschäftigungsverbots nach § 3 Abs. 1, §§ 4, 6 Abs. 2 oder 3 oder wegen des Mehr-, Nacht- oder Sonntagsarbeitsverbots nach § 8 Abs. 1, 3 oder 5 teilweise oder völlig mit der Arbeit aussetzen. Dies gilt auch, wenn wegen dieser Verbote die Beschäftigung oder die Entlohnungsart wechselt. Wird das Arbeitsverhältnis erst nach Eintritt der Schwangerschaft begonnen, so ist der Durchschnittsverdienst aus dem Arbeitsentgelt der ersten dreizehn Wochen oder drei Monate der Beschäftigung zu berechnen. Hat das Arbeitsverhältnis nach Satz 1 oder 3 kürzer gedauert, so ist der kürzere Zeitraum der Berechnung zugrunde zu legen. Zeiten, in denen kein Arbeitsentgelt erzielt wurde, bleiben außer Betracht.
(2) Bei Verdiensterhöhungen nicht nur vorübergehender Natur, die während oder nach Ablauf des Berechnungszeitraums eintreten, ist von dem erhöhten Verdienst auszugehen. Verdienstkürzungen, die im Berechnungszeitraum infolge von Kurzarbeit, Arbeitsausfällen oder unverschuldeter Arbeitsversäumnis eintreten, bleiben für die Berechnung des Durchschnittsverdienstes außer Betracht.
(3) Die Bundesregierung wird ermächtigt, durch Rechtsverordnung mit Zustimmung des Bundesrates Vorschriften über die Berechnung des Durchschnittsverdienstes im Sinne der Absätze 1 und 2 zu erlassen.

§ 12 (weggefallen)
§ 13 Mutterschaftsgeld
(1) Frauen, die Mitglied einer Krankenkasse sind, erhalten für die Zeit der Schutzfristen des § 3 Abs. 2 und des § 6 Abs. 1 sowie für den Entbindungstag Mutterschaftsgeld nach den Vorschriften der Reichsversicherungsordnung oder des Gesetzes über die Krankenversicherung der Landwirte über das Mutterschaftsgeld.
(2) Frauen, die nicht Mitglied einer Krankenkasse sind, erhalten, wenn sie bei Beginn der Schutzfrist nach § 3 Abs. 2 in einem Arbeitsverhältnis stehen oder in Heimarbeit beschäftigt sind oder ihr Arbeitsverhältnis während ihrer Schwangerschaft vom Arbeitgeber zulässig aufgelöst worden ist, für die Zeit der Schutzfristen des § 3 Abs. 2 und des § 6 Abs. 1 sowie für den Entbindungstag Mutterschaftsgeld zu Lasten des Bundes in entsprechender Anwendung der Vorschriften der Reichsversicherungsord-

nung über das Mutterschaftsgeld, höchstens jedoch insgesamt vierhundert Deutsche Mark. Das Mutterschaftsgeld wird diesen Frauen vom Bundesversicherungsamt gezahlt.

§ 14 Zuschuß zum Mutterschaftsgeld

(1) Frauen, die Anspruch auf Mutterschaftsgeld nach § 200 Abs. 1, 2 Satz 1 bis 4 und Abs. 3 der Reichsversicherungsordnung, § 29 Abs. 1, 2 und 4 des Gesetzes über die Krankenversicherung der Landwirte oder § 13 Abs. 2 haben, erhalten für die Zeit der Schutzfristen des § 3 Abs. 2 und § 6 Abs. 1 sowie für den Entbindungstag von ihrem Arbeitgeber einen Zuschuß in Höhe des Unterschiedsbetrages zwischen 25 Deutsche Mark und dem um die gesetzlichen Abzüge verminderten durchschnittlichen kalendertäglichen Arbeitsentgelt. Das durchschnittliche kalendertägliche Arbeitsentgelt ist aus den letzten drei abgerechneten Kalendermonaten, bei wöchentlicher Abrechnung aus den letzten dreizehn abgerechneten Wochen vor Beginn der Schutzfrist nach § 3 Abs. 2 zu berechnen. Nicht nur vorübergehende Erhöhungen des Arbeitsentgeltes, die während der Schutzfristen des § 3 Abs. 2 und § 6 Abs. 1 wirksam werden, sind ab diesem Zeitpunkt in die Berechnung einzubeziehen. Einmalig gezahltes Arbeitsentgelt (§ 23 a des Vierten Buches Sozialgesetzbuch) sowie Tage, an denen infolge von Kurzarbeit, Arbeitsausfällen oder unverschuldeter Arbeitsversäumnis kein oder ein vermindertes Arbeitsentgelt erzielt wurde, bleiben außer Betracht. Ist danach eine Berechnung nicht möglich, so ist das durchschnittliche kalendertägliche Arbeitsentgelt einer gleichartig Beschäftigten zugrunde zu legen.

(2) Frauen, deren Arbeitsverhältnis während ihrer Schwangerschaft oder während der Schutzfrist des § 6 Abs. 1 vom Arbeitgeber zulässig aufgelöst worden ist, erhalten den Zuschuß nach Absatz 1 zu Lasten des Bundes von der für die Zahlung des Mutterschaftsgeldes zuständigen Stelle.

(3) Kann der Arbeitgeber seine Verpflichtung zur Zahlung des Zuschusses nach Absatz 1 für die Zeit nach Eröffnung des Insolvenzverfahrens oder nach rechtskräftiger Abweisung des Antrags auf Eröffnung des Insolvenzverfahrens mangels Masse bis zur zulässigen Auflösung des Arbeitsverhältnisses wegen Zahlungsunfähigkeit nicht erfüllen, erhalten die Frauen den Zuschuß zu Lasten des Bundes von der für die Zahlung des Mutterschaftsgeldes zuständigen Stelle.

(4) Der Zuschuß nach den Absätzen 1 bis 3 entfällt für die Zeit, in der Frauen den Erziehungsurlaub nach dem Bundeserziehungsgeldgesetz in Anspruch nehmen oder in Anspruch genommen hätten, wenn deren Arbeitsverhältnis nicht während ihrer Schwangerschaft oder während der Schutzfrist des § 6 Abs. 1 vom Arbeitgeber zulässig aufgelöst worden wäre. Dies gilt nicht, soweit sie eine zulässige Teilzeitarbeit leisten.

§ 15 Sonstige Leistungen bei Schwangerschaft und Mutterschaft

Frauen, die in der gesetzlichen Krankenversicherung versichert sind, erhalten auch die folgenden Leistungen bei Schwangerschaft und Mutterschaft nach den Vorschriften der Reichsversicherungsordnung oder des Gesetzes über die Krankenversicherung der Landwirte:
1. ärztliche Betreuung und Hebammenhilfe,
2. Versorgung mit Arznei-, Verband- und Heilmitteln,
3. stationäre Entbindung,
4. häusliche Pflege,
5. Haushaltshilfe,
6. Entbindungsgeld.

§ 16 Freizeit für Untersuchungen

Der Arbeitgeber hat der Frau die Freizeit zu gewähren, die zur Durchführung der Untersuchungen im Rahmen der Leistungen der gesetzlichen Krankenversicherung bei Schwangerschaft und Mutterschaft erforderlich ist. Entsprechendes gilt zugunsten der Frau, die nicht in der gesetzlichen Krankenversicherung versichert ist. Ein Entgeltausfall darf hierdurch nicht eintreten.

§ 17 (weggefallen)

Fünfter Abschnitt
Durchführung des Gesetzes

§ 18 Auslage des Gesetzes
(1) In Betrieben und Verwaltungen, in denen regelmäßig mehr als drei Frauen beschäftigt werden, ist ein Abdruck dieses Gesetzes an geeigneter Stelle zur Einsicht auszulegen oder auszuhängen.
(2) Wer Heimarbeit ausgibt oder abnimmt, hat in den Räumen der Ausgabe und Abnahme einen Abdruck dieses Gesetzes an geeigneter Stelle zur Einsicht auszulegen oder auszuhängen.

§ 19 Auskunft
(1) Der Arbeitgeber ist verpflichtet, der Aufsichtsbehörde auf Verlangen
1. die zur Erfüllung der Aufgaben dieser Behörde erforderlichen Angaben wahrheitsgemäß und vollständig zu machen,
2. die Unterlagen, aus denen Namen, Beschäftigungsart und -zeiten der werdenden und stillenden Mütter sowie Lohn- und Gehaltszahlungen ersichtlich sind, und alle sonstigen Unterlagen, die sich auf die zu Nummer 1 zu machenden Angaben beziehen, zur Einsicht vorzulegen oder einzusenden.

(2) Die Unterlagen sind mindestens bis zum Ablauf von zwei Jahren nach der letzten Eintragung aufzubewahren.

§ 20 Aufsichtsbehörden
(1) Die Aufsicht über die Ausführung der Vorschriften dieses Gesetzes und der auf Grund dieses Gesetzes erlassenen Vorschriften obliegt den nach Landesrecht zuständigen Behörden (Aufsichtsbehörden).
(2) Die Aufsichtsbehörden haben dieselben Befugnisse und Obliegenheiten wie nach § 139 b der Gewerbeordnung die dort genannten besonderen Beamten. Das Grundrecht der Unverletzlichkeit der Wohnung (Artikel 13 des Grundgesetzes) wird insoweit eingeschränkt.

Sechster Abschnitt
Straftaten und Ordnungswidrigkeiten

§ 21 Straftaten und Ordnungswidrigkeiten
(1) Ordnungswidrig handelt der Arbeitgeber, der vorsätzlich oder fahrlässig
1. den Vorschriften der §§ 3, 4 Abs. 1 bis 3 Satz 1 oder § 6 Abs. 1 bis 3 Satz 1 über die Beschäftigungsverbote vor und nach der Entbindung,
2. den Vorschriften des § 7 Abs. 1 Satz 1 oder Abs. 2 Satz 2 über die Stillzeit,
3. den Vorschriften des § 8 Abs. 1 oder 3 bis 5 Satz 1 über Mehr-, Nacht- oder Sonntagsarbeit,
4. den auf Grund des § 4 Abs. 4 erlassenen Vorschriften, soweit sie für einen bestimmten Tatbestand auf diese Bußgeldvorschrift verweisen,
5. einer vollziehbaren Verfügung der Aufsichtsbehörde nach § 2 Abs. 5, § 4 Abs. 5, § 6 Abs. 3 Satz 2, § 7 Abs. 3 oder § 8 Abs. 5 Satz 2 Halbsatz 1,
6. den Vorschriften des § 5 Abs. 1 Satz 3 über die Benachrichtigung,
7. der Vorschrift des § 16 Satz 1, auch in Verbindung mit Satz 2, über die Freizeit für Untersuchungen oder
8. den Vorschriften des § 18 über die Auslage des Gesetzes oder des § 19 über die Einsicht, Aufbewahrung und Vorlage der Unterlagen und über die Auskunft
zuwiderhandelt.
(2) Die Ordnungswidrigkeit nach Absatz 1 Nr. 1 bis 5 kann mit einer Geldbuße bis zu dreißigtausend Deutsche Mark, die Ordnungswidrigkeit nach Absatz 1 Nr. 6 bis 8 mit einer Geldbuße bis zu fünftausend Deutsche Mark geahndet werden.
(3) Wer vorsätzlich eine der in Absatz 1 Nr. 1 bis 5 bezeichneten Handlungen begeht und dadurch die Frau in ihrer Arbeitskraft oder Gesundheit gefährdet, wird mit Freiheitsstrafe bis zu einem Jahr oder mit Geldstrafe bestraft.
(4) Wer in den Fällen des Absatzes 3 die Gefahr fahrlässig verursacht, wird mit Freiheitsstrafe bis zu sechs Monaten oder mit Geldstrafe bis zu einhundertachtzig Tagessätzen bestraft.

§§ 22 und 23 (weggefallen)

Siebter Abschnitt
Schlußvorschriften

§ 24 In Heimarbeit Beschäftigte
Für die in Heimarbeit Beschäftigten und die ihnen Gleichgestellten gelten
1. die §§ 3, 4 und 6 mit der Maßgabe, daß an die Stelle der Beschäftigungsverbote das Verbot der Ausgabe von Heimarbeit tritt,
2. § 2 Abs. 4, § 5 Abs. 1 und 3, § 9 Abs. 1, § 11 Abs. 1, § 13 Abs. 2, die §§ 14, 16, 19 Abs. 1 und § 21 Abs. 1 mit der Maßgabe, daß an die Stelle des Arbeitgebers der Auftraggeber oder Zwischenmeister tritt.

§ 25 (weggefallen)

Gesetz zur Errichtung einer Stiftung »Mutter und Kind – Schutz des ungeborenen Lebens«

Vom 13. Juli 1984 (BGBl. I S. 880)
in der Fassung der Bekanntmachung vom 19. März 1993 (BGBl. I S. 406)
(BGBl. III 2172-3)
zuletzt geändert durch Sechste Zuständigkeitsanpassungs-Verordnung
vom 21. September 1997 (BGBl. I S. 2390, 2392)

– Auszug –

§ 1 Errichtung und Sitz
(1) Es wird eine rechtsfähige Stiftung des öffentlichen Rechts »Mutter und Kind – Schutz des ungeborenen Lebens« errichtet. Die Stiftung entsteht mit dem Inkrafttreten dieses Gesetzes.
(2) Der Sitz der Stiftung ist Bonn.

§ 2 Stiftungszweck
(1) Zweck der Stiftung ist es, Mittel für ergänzende Hilfen zur Verfügung zu stellen, die werdenden Müttern, die sich wegen einer Notlage an eine Schwangerschaftsberatungsstelle wenden, gewährt oder für die Zeit nach der Geburt zugesagt werden, um ihnen die Fortsetzung der Schwangerschaft zu erleichtern.
(2) Auf Leistungen auf Grund dieses Gesetzes besteht kein Rechtsanspruch.

§ 3 Zuwendungsempfänger
Die Stiftung vergibt die Mittel nach Maßgabe des Satzes 2 an Einrichtungen in den Ländern, die im Rahmen des Stiftungszweckes (§ 2 Abs. 1) landesweit tätig sind und dabei keine hoheitlichen Befugnisse wahrnehmen. Die auf die einzelnen Länder entfallenden Mittel erhält entweder ein Zusammenschluß solcher Einrichtungen aus mehreren Ländern oder eine Einrichtung je Land.

§ 4 Verwendung der Stiftungsmittel
(1) Aus Mitteln der Stiftung können für Aufwendungen, die im Zusammenhang mit der Schwangerschaft und der Geburt sowie der Pflege und Erziehung eines Kleinkindes entstehen, Hilfen gewährt werden, insbesondere für
1. die Erstausstattung des Kindes,
2. die Weiterführung des Haushalts,
3. die Wohnung und Einrichtung,
4. die Betreuung des Kleinkindes.
(2) Leistungen aus Mitteln der Stiftung dürfen nur gewährt oder zugesagt werden, wenn die Hilfe auf andere Weise nicht oder nicht rechtzeitig möglich ist oder nicht ausreicht.
(3) Nähere Einzelheiten regeln die Richtlinien.

§ 5 Pfändungsfreiheit, Verhältnis zu anderen Sozialleistungen
(1) Leistungen, die dem in § 2 Abs. 1 genannten Personenkreis aus Mitteln der Stiftung im Rahmen des Stiftungszweckes gewährt werden, sind nicht pfändbar. Das gleiche gilt für Leistungen, die aus Mitteln anderer Stiftungen des öffentlichen Rechts oder aus Mitteln von Stiftungen, die von einer Körperschaft des öffentlichen Rechts errichtet wurden, zur Erreichung des in § 2 Abs. 1 genannten Zwecks gewährt werden. Wird die Geldleistung auf das Konto der werdenden Mutter bei einem Geldinstitut überwiesen, gilt § 55 des Ersten Buches Sozialgesetzbuch entsprechend.
(2) Leistungen der in Absatz 1 Satz 1 und Satz 2 genannten Art bleiben als Einkommen unberücksichtigt, wenn bei Sozialleistungen auf Grund von Rechtsvorschriften die Gewährung oder die Höhe dieser Leistungen von anderem Einkommen abhängig ist.

§ 6 Stiftungsvermögen
(1) Der Bund stellt der Stiftung jährlich Mittel in Höhe der für diesen Zweck im Haushaltsplan veranschlagten Mittel, mindestens 180 Millionen Deutsche Mark, für die Erfüllung des Stiftungszweckes zur Verfügung.
(2) Von den ab 1985 der Stiftung zufließenden Bundesmitteln können jährlich bis zu 1 Million Deutsche Mark zum Aufbau eines Stiftungsvermögens verwendet werden. Bundesmittel, die von

der Stiftung bis zum Abschluß eines Haushaltsjahres nicht für die Erfüllung des Stiftungszweckes ausgegeben worden sind, sind zusätzlich für den Aufbau des Stiftungsvermögens zu verwenden.
(3) Die Stiftung ist berechtigt, Zuwendungen von dritter Seite anzunehmen.

§ 7 Satzung
Die Stiftung kann eine Satzung erlassen, die vom Stiftungsrat beschlossen wird.

§ 8 Stiftungsorgane
Organe der Stiftung sind der Stiftungsrat, der Geschäftsführer und das Kuratorium.

§ 9 Stiftungsrat
(1) Der Stiftungsrat besteht aus
1. drei Vertretern des Bundesministeriums für Familie, Senioren, Frauen und Jugend,
2. einem Vertreter des Bundesministeriums für Familie, Senioren, Frauen und Jugend,
3. einem Vertreter des Bundesministeriums der Finanzen,
4. vier Mitgliedern, die vom Bundesministerium für Familie, Senioren, Frauen und Jugend auf Vorschlag der in § 3 genannten Zuwendungsempfänger berufen werden.

(2) Der Stiftungsrat wählt aus den Vertretern des Bundesministeriums für Familie, Senioren, Frauen und Jugend seinen Vorsitzenden und dessen Stellvertreter.
(3) Für jedes Mitglied ist ein Vertreter zu bestellen.
(4) Die Mitglieder des Stiftungsrates nach Absatz 1 Nr. 3 und deren Vertreter werden auf die Dauer von zwei Jahren berufen. Wiederholte Berufung ist zulässig. Scheidet ein Mitglied vorzeitig aus, ist für den Rest seiner Amtszeit ein Nachfolger zu berufen.
(5) Der Stiftungsrat beschließt über alle grundsätzlichen Fragen, die zum Aufgabenbereich der Stiftung gehören, insbesondere über die Feststellung des Haushaltsplans und die Jahresrechnung. Er stellt nach Anhörung der in § 3 genannten Zuwendungsempfänger Richtlinien für die Vergabe und Verwendung der Stiftungsmittel auf und überwacht die Tätigkeit des Geschäftsführers. Er wählt für die Dauer von zwei Jahren zwei Rechnungsprüfer.
(6) Der Stiftungsrat ist beschlußfähig, wenn mehr als die Hälfte seiner Mitglieder anwesend ist.
(7) Der Stiftungsrat faßt seine Beschlüsse mit einfacher Mehrheit; bei Stimmengleichheit entscheidet die Stimme des Vorsitzenden.

§ 10 Geschäftsführer
(1) Der Vorsitzende des Stiftungsrates bestellt einen Geschäftsführer.
(2) Der Geschäftsführer führt die laufenden Geschäfte der Stiftung, insbesondere führt er die Beschlüsse des Stiftungsrates aus. Er ist ferner für die Vergabe der Stiftungsmittel und für die Überwachung ihrer zweckentsprechenden und wirtschaftlichen Verwendung verantwortlich. Er vertritt die Stiftung gerichtlich und außergerichtlich.

§ 11 Kuratorium
(1) Das Kuratorium besteht aus
1. zwei Vertretern der Kirchen,
2. sechs Vertretern der Bundesverbände der Freien Wohlfahrtspflege,
3. je einem Vertreter der Stiftungen in den Ländern, die im Rahmen des Stiftungszweckes (§ 2 Abs. 1) landesweit tätig sind,
4. je einem Vertreter der Kommunalen Spitzenverbände,
5. einem Vertreter der Arbeitsgemeinschaft der Deutschen Familienorganisationen,
6. einem Vertreter des Deutschen Frauenrates,
7. einem Vertreter der Ärzteschaft,
8. bis zu acht weiteren Mitgliedern.

(2) Die Mitglieder des Kuratoriums werden vom Vorsitzenden des Stiftungsrates für die Dauer von vier Jahren berufen. Das Kuratorium wählt aus seiner Mitte den Vorsitzenden.
(3) Das Kuratorium berät den Stiftungsrat bei der Erfüllung seiner Aufgaben.

§ 12 Aufsicht
Die Stiftung untersteht der Rechtsaufsicht des Bundesministeriums für Familie, Senioren, Frauen und Jugend.

...

Gesetz
über die Gewährung von Erziehungsgeld und Erziehungsurlaub (Bundeserziehungsgeldgesetz – BErzGG)

Vom 6. Dezember 1985 (BGBl. I S. 2154)
in der Fassung der Bekanntmachung vom 31. Januar 1994 (BGBl. I S. 180)
(BGBl. III 85-3)
zuletzt geändert durch Sechste Zuständigkeitsanpassungs-Verordnung vom 21. September 1997 (BGBl. I S. 2390, 2394)

– Auszug –

Erster Abschnitt
Erziehungsgeld

§ 1 Berechtigte
(1) Anspruch auf Erziehungsgeld hat, wer
1. einen Wohnsitz oder seinen gewöhnlichen Aufenthalt im Geltungsbereich dieses Gesetzes hat,
2. mit einem Kind, für das ihm die Personensorge zusteht, in einem Haushalt lebt,
3. dieses Kind selbst betreut und erzieht und
4. keine oder keine volle Erwerbstätigkeit ausübt.

(1 a) Für den Anspruch eines Ausländers ist Voraussetzung, daß er im Besitz einer Aufenthaltsberechtigung oder Aufenthaltserlaubnis ist. Auch bei Besitz einer Aufenthaltserlaubnis haben ein Arbeitnehmer, der von seinem im Ausland ansässigen Arbeitgeber zur vorübergehenden Dienstleistung nach Deutschland entsandt ist, und sein Ehepartner keinen Anspruch auf Erziehungsgeld.

(2) Anspruch auf Erziehungsgeld hat auch, wer, ohne eine der Voraussetzungen des Absatzes 1 Nr. 1 zu erfüllen,
1. von seinem im Geltungsbereich dieses Gesetzes ansässigen Arbeitgeber oder Dienstherrn zur vorübergehenden Dienstleistung in ein Gebiet außerhalb dieses Geltungsbereiches entsandt, abgeordnet, versetzt oder kommandiert ist,
2. (weggefallen)
3. Versorgungsbezüge nach beamten- oder soldatenrechtlichen Vorschriften oder Grundsätzen oder eine Versorgungsrente von einer Zusatzversorgungsanstalt für Arbeitnehmer des öffentlichen Dienstes erhält oder
4. Entwicklungshelfer im Sinne des § 1 des Entwicklungshelfer-Gesetzes ist.

Dies gilt auch für den Ehegatten einer hiernach berechtigten Person, wenn die Ehegatten in einem Haushalt leben.

(3) Einem in Absatz 1 Nr. 2 genannten Kind steht gleich
1. ein Kind, das mit dem Ziel der Annahme als Kind in die Obhut des Annehmenden aufgenommen ist,
2. ein Kind des Ehepartners, das der Antragsteller in seinen Haushalt aufgenommen hat,
3. ein nach dem 31. Dezember 1991 geborenes leibliches Kind des nicht sorgeberechtigten Antragstellers, mit dem dieser in einem Haushalt lebt.

(4) Anspruch auf Erziehungsgeld hat auch, wer als
1. Angehöriger eines Mitgliedstaates der Europäischen Gemeinschaften oder
2. Grenzgänger aus an die Bundesrepublik Deutschland unmittelbar angrenzenden Staaten, die nicht Mitglied der Europäischen Gemeinschaften sind,

ein Arbeitsverhältnis im Geltungsbereich dieses Gesetzes hat, bei dem die wöchentliche Arbeitszeit die Grenze für geringfügige Beschäftigungen gemäß § 8 des Vierten Buches Sozialgesetzbuch übersteigt, und die Voraussetzungen des Absatzes 1 Nr. 2 bis 4 erfüllt.

(5) Der Anspruch auf Erziehungsgeld bleibt unberührt, wenn der Antragsteller aus einem wichtigen Grund die Betreuung und Erziehung des Kindes nicht sofort aufnehmen kann oder sie unterbrechen muß.

(6) Anspruch auf Erziehungsgeld für nach dem 30. Juni 1990 geborene Kinder hat unter den Voraussetzungen des Absatzes 1 auch der Ehegatte eines Mitglieds der Truppe oder des zivilen Gefolges eines NATO-Mitgliedstaates, der
1. Deutscher im Sinne des Artikels 116 des Grundgesetzes ist oder die Staatsangehörigkeit eines Mitgliedstaates der Europäischen Gemeinschaft besitzt; dies gilt nicht, wenn er als dessen Ehegatte in den Geltungsbereich dieses Gesetzes eingereist ist, es sei denn, daß er in den letzten zwei Jahren vor der Einreise einen Wohnsitz oder seinen gewöhnlichen Aufenthalt im Geltungsbereich dieses Gesetzes hatte; oder
2. in einer versicherungspflichtigen Beschäftigung nach dem Dritten Buch Sozialgesetzbuch begründenden Beschäftigung oder in einem öffentlich-rechtlichen Dienst- oder Amtsverhältnis steht oder bis zur Geburt des Kindes Arbeitslosengeld, Mutterschaftsgeld, Unterhaltsgeld, Übergangsgeld, Eingliederungsgeld oder Arbeitslosenhilfe bezogen hat.

(7) In Fällen besonderer Härte, insbesondere durch den Tod eines Elternteils, kann von den Voraussetzungen des Absatzes 1 Nr. 3 und 4 abgesehen werden. Wird der Härtefall durch Tod, schwere Krankheit oder schwere Behinderung eines Elternteils verursacht, kann vom Erfordernis der Personensorge abgesehen werden, wenn die sonstigen Voraussetzungen des Absatzes 1 erfüllt sind, das Kind mit einem Verwandten zweiten oder dritten Grades oder dessen Ehegatten in einem Haushalt lebt und kein Erziehungsgeld für dasselbe Kind von einem Personensorgeberechtigten in Anspruch genommen wird.

§ 2 Nicht volle Erwerbstätigkeit

(1) Der Antragsteller übt keine volle Erwerbstätigkeit aus, wenn
1. die wöchentliche Arbeitszeit 19 Stunden nicht übersteigt,
2. bei einer Beschäftigung, die nicht die Versicherungspflicht nach dem Dritten Buch Sozialgesetzbuch begründet, die durch Gesetz oder auf Grund eines Gesetzes festgelegte Mindestdauer einer Teilzeitbeschäftigung nicht überschritten wird, oder
3. eine Beschäftigung zur Berufsbildung ausgeübt wird.

(2) Einer vollen Erwerbstätigkeit stehen gleich:
1. der Bezug von Arbeitslosengeld, Arbeitslosenbeihilfe und Eingliederungsgeld,
2. der Bezug von Krankengeld, Verletztengeld, Versorgungskrankengeld, Übergangsgeld und Unterhaltsgeld, wenn der Bemessung dieser Leistung ein Arbeitsentgelt für eine Beschäftigung mit einer wöchentlichen Arbeitszeit von mehr als 19 Stunden oder ein entsprechendes Arbeitseinkommen zugrunde liegt; diese Regelung gilt nicht für die zu ihrer Berufsbildung Beschäftigten.

(3) Während des Bezugs von Arbeitslosengeld wird Erziehungsgeld gewährt, wenn dem Arbeitnehmer nach der Geburt eines Kindes aus einem Grund gekündigt worden ist, den er nicht zu vertreten hat, die Kündigung nach § 9 des Mutterschutzgesetzes oder § 18 zulässig war und der Wegfall des Erziehungsgeldes für ihn eine unbillige Härte bedeuten würde.

(4) (aufgehoben)

§ 3 Zusammentreffen von Ansprüchen

(1) Für die Betreuung und Erziehung eines Kindes wird nur einer Person Erziehungsgeld gewährt. Werden in einem Haushalt mehrere Kinder betreut und erzogen, wird für jedes Kind Erziehungsgeld gewährt.

(2) Erfüllen beide Ehegatten die Anspruchsvoraussetzungen, so wird das Erziehungsgeld demjenigen gewährt, den sie zum Berechtigten bestimmen. Wird die Bestimmung nicht im Antrag auf Erziehungsgeld getroffen, ist die Ehefrau die Berechtigte. Die Bestimmung kann nur geändert werden, wenn die Betreuung und Erziehung des Kindes nicht mehr sichergestellt werden kann.

(3) Einem nicht sorgeberechtigten Elternteil kann Erziehungsgeld nur mit Zustimmung des sorgeberechtigten Elternteils gewährt werden.

(4) Ein Wechsel in der Anspruchsberechtigung wird mit Beginn des folgenden Lebensmonats des Kindes wirksam.

§ 4 Beginn und Ende des Anspruchs

(1) Erziehungsgeld wird vom Tag der Geburt bis zur Vollendung des achtzehnten Lebensmonats gewährt. Für Kinder, die nach dem 31. Dezember 1992 geboren werden, wird Erziehungsgeld bis zur Vollendung des vierundzwanzigsten Lebensmonats gewährt. Für angenommene und Kinder im

Sinne des § 1 Abs. 3 Nr. 1 wird Erziehungsgeld von der Inobhutnahme an für die jeweils geltende Bezugsdauer, längstens bis zur Vollendung des dritten Lebensjahres gewährt, wenn das Kind nach dem 30. Juni 1989 geboren ist, und längstens bis zur Vollendung des siebten Lebensjahres, wenn das Kind nach dem 31. Dezember 1991 geboren ist.

(2) Erziehungsgeld ist schriftlich für jeweils ein Lebensjahr zu beantragen. Der Antrag für das zweite Lebensjahr kann frühestens ab dem neunten Lebensmonat des Kindes gestellt werden. Rückwirkend wird Erziehungsgeld höchstens für sechs Monate vor der Antragstellung bewilligt. Für die ersten sechs Lebensmonate kann Erziehungsgeld unter dem Vorbehalt der Rückforderung bewilligt werden, wenn das Einkommen nach den Angaben des Antragstellers unterhalb der Einkommensgrenze nach § 5 Abs. 2 Satz 1 und 3 liegt und die voraussichtlichen Einkünfte im Kalenderjahr der Geburt nicht ohne weitere Prüfung abschließend ermittelt werden können.

(3) Vor Erreichen der Altersgrenze (Absatz 1) endet der Anspruch mit dem Ablauf des Lebensmonats, in dem eine der Anspruchsvoraussetzungen entfallen ist. In den Fällen des § 16 Abs. 4 wird das Erziehungsgeld bis zur Beendigung des Erziehungsurlaubs weitergewährt.

§ 5 Höhe des Erziehungsgeldes; Einkommensgrenze

(1) Das Erziehungsgeld beträgt 600 Deutsche Mark monatlich.

(2) In den ersten sechs Lebensmonaten des Kindes entfällt das Erziehungsgeld, wenn das Einkommen nach § 6 bei Verheirateten, die von ihrem Ehepartner nicht dauernd getrennt leben, 100 000 Deutsche Mark und bei anderen Berechtigten 75 000 Deutsche Mark übersteigt. Vom Beginn des siebten Lebensmonats an wird das Erziehungsgeld gemindert, wenn das Einkommen nach § 6 bei Verheirateten, die von ihrem Ehegatten nicht dauernd getrennt leben, 29 400 Deutsche Mark und bei anderen Berechtigten 23 700 Deutsche Mark übersteigt. Die Beträge der Einkommensgrenzen in Satz 1 und Satz 2 erhöhen sich um 4 200 Deutsche Mark für jedes weitere Kind des Berechtigten oder seines nicht dauernd von ihm getrennt lebenden Ehegatten, für das ihm oder seinem Ehegatten Kindergeld gewährt wird oder ohne die Anwendung des § 65 Abs. 1 des Einkommensteuergesetzes oder des § 4 Abs. 1 des Bundeskindergeldgesetzes gewährt würde. Maßgeblich sind die Verhältnisse zum Zeitpunkt der Antragstellung. Leben die Eltern in einer eheähnlichen Gemeinschaft, gilt die Einkommensgrenze für Verheiratete, die nicht dauernd getrennt leben.

(3) Übersteigt das Einkommen die Grenze nach Absatz 2 Satz 2, mindert sich das Erziehungsgeld um den zwölften Teil von 40 vom Hundert des die Grenze übersteigenden Einkommens (§ 6).

(4) Das Erziehungsgeld wird im Laufe des Lebensmonats gezahlt, für den es bestimmt ist. Soweit Erziehungsgeld für Teile von Monaten zu leisten ist, beträgt es für einen Kalendertag ein Dreißigstel von 600 Deutsche Mark. Ein Betrag von monatlich weniger als 40 Deutsche Mark wird ab dem siebten Lebensmonat des Kindes nicht gewährt. Auszuzahlende Beträge sind auf Deutsche Mark zu runden, und zwar unter 50 Deutsche Pfennig nach unten, sonst nach oben.

§ 6 Einkommen

(1) Als Einkommen gilt die nicht um Verluste in einzelnen Einkommensarten zu vermindernde Summe der positiven Einkünfte im Sinne des § 2 Abs. 1 und 2 des Einkommensteuergesetzes abzüglich folgender Beträge:
1. 27 vom Hundert der Einkünfte, bei Personen im Sinne des § 10 c Abs. 3 des Einkommensteuergesetzes 22 vom Hundert der Einkünfte;
2. Unterhaltsleistungen an Kinder, für die die Einkommensgrenze nicht nach § 5 Abs. 2 Satz 3 erhöht worden ist, bis zu dem durch Unterhaltstitel oder durch Vereinbarung festgelegten Betrag und an sonstige Personen, soweit die Leistungen nach § 10 Abs. 1 Nr. 1 oder § 33 a Abs. 1 des Einkommensteuergesetzes berücksichtigt werden;
3. ein Betrag entsprechend § 33 b Abs. 1 bis 3 des Einkommensteuergesetzes für ein Kind, das nach § 5 Abs. 2 zu berücksichtigen ist.

(2) Für die Minderung im ersten bis zwölften Lebensmonat des Kindes ist das voraussichtliche Einkommen im Kalenderjahr der Geburt des Kindes maßgebend, für die Minderung im dreizehnten bis vierundzwanzigsten Lebensmonat des Kindes das voraussichtliche Einkommen des folgenden Jahres. Bei angenommenen Kindern ist das voraussichtliche Einkommen im Kalenderjahr der Inobhutnahme sowie im folgenden Kalenderjahr maßgeblich.

(3) Zu berücksichtigen ist das Einkommen des Berechtigten und seines Ehepartners, soweit sie nicht dauernd getrennt leben. Leben die Eltern in einer eheähnlichen Gemeinschaft, ist auch das Einkommen des Partners zu berücksichtigen.

(4) Soweit ein ausreichender Nachweis der voraussichtlichen Einkünfte in dem maßgebenden Kalenderjahr nicht möglich ist, werden der Ermittlung die Einkünfte in dem Kalenderjahr davor zugrunde gelegt. Dabei können die Einkünfte des vorletzten Jahres berücksichtigt werden.

(5) Bei Einkünften aus nichtselbständiger Arbeit, die allein nach ausländischem Steuerrecht zu versteuern sind oder keiner staatlichen Besteuerung unterliegen, ist von dem um 2 000 Deutsche Mark verminderten Bruttobetrag auszugehen. Andere Einkünfte, die allein nach ausländischem Steuerrecht zu versteuern sind oder keiner staatlichen Besteuerung unterliegen, sind entsprechend § 2 Abs. 1 und 2 des Einkommensteuergesetzes zu ermitteln. Beträge in ausländischer Währung werden in Deutsche Mark umgerechnet.

(6) Ist der Berechtigte in der Zeit des Erziehungsgeldbezugs nicht erwerbstätig, werden seine vorher erzielten Einkünfte aus Erwerbstätigkeit nicht berücksichtigt. Bei Aufnahme einer Teilzeittätigkeit werden die Einkünfte, soweit sie im Bescheid noch nicht berücksichtigt sind, neu ermittelt.

(7) Sind die voraussichtlichen Einkünfte auf Grund eines Härtefalles geringer als in der Bewilligung zugrunde gelegt, werden sie auf Antrag berücksichtigt.

§ 7 Anrechnung von Mutterschaftsgeld und entsprechenden Bezügen

(1) Für die Zeit nach der Geburt laufend zu zahlendes Mutterschaftsgeld, das der Mutter nach der Reichsversicherungsordnung, dem Gesetz über der Reichsversicherungsordnung, dem Gesetz über die Krankenversicherung der Landwirte oder dem Mutterschutzgesetz gewährt wird, wird mit Ausnahme des Mutterschaftsgeldes nach § 13 Abs. 2 des Mutterschutzgesetzes auf das Erziehungsgeld angerechnet. Das gleiche gilt für die Dienstbezüge, Anwärterbezüge und Zuschüsse, die nach beamten- oder soldatenrechtlichen Vorschriften für die Zeit der Beschäftigungsverbote gezahlt werden.

(2) Die Anrechnung ist auf 20 Deutsche Mark kalendertäglich begrenzt. Nicht anzurechnen ist laufend zu zahlendes Mutterschaftsgeld, das die Mutter auf Grund einer Teilzeitarbeit oder anstelle von Arbeitslosenhilfe während des Bezugs von Erziehungsgeld erhält.

§ 8 Andere Sozialleistungen

(1) Das Erziehungsgeld und vergleichbare Leistungen der Länder sowie das Mutterschaftsgeld nach § 7 Abs. 1 Satz 1 und vergleichbare Leistungen nach § 7 Abs. 1 Satz 2, soweit sie auf das Erziehungsgeld angerechnet worden sind, bleiben als Einkommen bei Sozialleistungen, deren Gewährung von anderen Einkommen abhängig ist, unberücksichtigt. Bei gleichzeitiger Gewährung von Erziehungsgeld und vergleichbaren Leistungen der Länder sowie von Sozialhilfe findet § 15 b des Bundessozialhilfegesetzes keine Anwendung.

(2) Auf Rechtsvorschriften beruhende Leistungen anderer, auf die kein Anspruch besteht, dürfen nicht deshalb versagt werden, weil in diesem Gesetz Leistungen vorgesehen sind.

(3) Leistungen, die außerhalb des Geltungsbereiches dieses Gesetzes in Anspruch genommen werden und dem Erziehungsgeld oder dem Mutterschaftsgeld vergleichbar sind, schließen Erziehungsgeld aus.

§ 9 Unterhaltspflichten

Unterhaltsverpflichtungen werden durch die Gewährung des Erziehungsgeldes und anderer vergleichbarer Leistungen der Länder nicht berührt. Dies gilt nicht in den Fällen des § 1361 Abs. 3, der §§ 1579, 1603 Abs. 2 und des § 1611 Abs. 1 des Bürgerlichen Gesetzbuchs.

§ 10 Zuständigkeit, Verfahren bei der Ausführung

(1) Die Landesregierungen oder die von ihnen bestimmten Stellen bestimmen die für die Ausführung dieses Gesetzes zuständigen Behörden.[1] Diesen Behörden obliegt auch die Beratung zum Erziehungsurlaub.

(2) Soweit dieses Gesetz keine ausdrückliche Regelung trifft, ist bei der Ausführung des Ersten Abschnitts das Erste Kapitel des Zehnten Buches Sozialgesetzbuch anzuwenden.

---

[1] Land	Zuständige Stelle
Baden-Württemberg	Landeskreditbank – Förderungsanstalt – in Karlsruhe
Bayern	Ämter für Versorgung und Familienförderung

§ 11 Kostentragung
Der Bund trägt die Ausgaben für das Erziehungsgeld.

§ 12 Einkommens- und Arbeitszeitnachweis; Auskunftspflicht des Arbeitgebers
(1) § 60 Abs. 1 des Ersten Buches Sozialgesetzbuch gilt auch für den Ehepartner des Antragstellers und für den Partner der eheähnlichen Gemeinschaft.

(2) Soweit es zum Nachweis des Einkommens oder der wöchentlichen Arbeitszeit erforderlich ist, hat der Arbeitgeber dem Arbeitnehmer dessen Arbeitslohn, die einbehaltenen Steuern und Sozialabgaben und die Arbeitszeit zu bescheinigen.

(3) Arbeitnehmer im Erziehungsurlaub haben im sechzehnten Lebensmonat des Kindes eine Bescheinigung des Arbeitgebers darüber vorzulegen, ob der Erziehungsurlaub andauert und ob eine Teilzeitarbeit nach § 2 Abs. 1 Nr. 1 ausgeübt wird. Der Arbeitgeber hat eine Bescheinigung hierüber auszustellen. Die Erziehungsgeldstelle kann bei hinreichendem Anlaß auch zu anderen Zeitpunkten die Vorlage einer Bescheinigung des Arbeitgebers verlangen. Selbständige haben im sechzehnten Lebensmonat des Kindes eine Erklärung darüber abzugeben, ob die Unterbrechung der Erwerbstätigkeit andauert oder ob eine Teilzeittätigkeit nach § 2 Abs. 1 Nr. 1 ausgeübt wird.

§ 13 Rechtsweg
Über öffentlich-rechtliche Streitigkeiten in Angelegenheiten der §§ 1 bis 12 entscheiden die Gerichte der Sozialgerichtsbarkeit. Die für Rechtsstreitigkeiten in Angelegenheiten der Rentenversicherung anzuwendenden Vorschriften gelten entsprechend. § 85 Abs. 2 Nr. 2 des Sozialgerichtsgesetzes gilt mit der Maßgabe, daß die zuständige Stelle nach § 10 Abs. 1 Satz 1 bestimmt wird. Entscheidungen, die abweichend von den Regelungen in den Sätzen 2 und 3 vor dem 31. Dezember 1986 ergangen sind, können deswegen nicht angefochten werden.

§ 14 Bußgeldvorschrift
(1) Ordnungswidrig handelt, wer vorsätzlich oder fahrlässig entgegen
1. § 60 Abs. 1 Nr. 1 oder 3 des Ersten Buches Sozialgesetzbuch in Verbindung mit § 12 Abs. 1 auf Verlangen die leistungserheblichen Tatsachen nicht angibt oder Beweisurkunden nicht vorlegt,
2. § 60 Abs. 1 Nr. 2 des Ersten Buches Sozialgesetzbuch eine Änderung in den Verhältnissen, die für den Anspruch auf Erziehungsgeld erheblich ist, der nach § 10 zuständigen Behörde nicht, nicht richtig, nicht vollständig oder nicht rechtzeitig mitteilt oder
3. § 12 Abs. 2 oder 3 Satz 2 auf Verlangen eine Bescheinigung nicht, nicht richtig oder nicht vollständig ausfüllt.

(2) Die Ordnungswidrigkeit kann mit einer Geldbuße geahndet werden.

(3) Verwaltungsbehörden im Sinne des § 36 Abs. 1 Nr. 1 des Gesetzes über Ordnungswidrigkeiten sind die nach § 10 zuständigen Behörden.

Berlin	Bezirksämter (Jugendamt)
Brandenburg	kreisfreie Städte und Landkreise (Jugendamt)
Bremen	Amt für soziale Dienste (in Bremerhaven: Amt für Familie und Jugend)
Hamburg	Bezirksamt (Einwohneramt)
Hessen	Ämter für Versorgung und Soziales
Mecklenburg-Vorpommern	Versorgungsamt (Erziehungsgeldabschnitt)
Niedersachsen	kreisfreie Städte, Landkreise, in einigen Fällen kreisangehörige Gemeinden (Jugendamt)
Nordrhein-Westfalen	Versorgungsämter
Rheinland-Pfalz	kreisfreie Städte und große kreisangehörige Städte und Landkreise (Jugendamt)
Saarland	Landesamt für Soziales und Versorgung
Sachsen	Ämter für Familie und Soziales (Sachgebiet Familienhilfe)
Sachsen-Anhalt	Ämter für Versorgung und Soziales
Schleswig-Holstein	Versorgungsämter
Thüringen	Ämter für Soziales und Familie

Zweiter Abschnitt
Erziehungsurlaub für Arbeitnehmer
§ 15 Anspruch auf Erziehungsurlaub
(1) Arbeitnehmer haben Anspruch auf Erziehungsurlaub bis zur Vollendung des dritten Lebensjahres eines Kindes, das nach dem 31. Dezember 1991 geboren ist, wenn sie
1. mit einem Kind, für das ihnen die Personensorge zusteht, einem Kind des Ehepartners, einem Kind, das sie mit dem Ziel der Annahme als Kind in ihre Obhut aufgenommen haben, einem Kind, für das sie ohne Personensorgerecht in einem Härtefall Erziehungsgeld gemäß § 1 Abs. 7 Satz 2 beziehen können, oder als Nichtsorgeberechtigte mit ihrem leiblichen Kind in einem Haushalt leben und
2. dieses Kind selbst betreuen und erziehen.

Bei einem angenommenen Kind und bei einem Kind in Adoptionspflege kann Erziehungsurlaub von insgesamt drei Jahren ab der Inobhutnahme, längstens bis zur Vollendung des siebten Lebensjahres des Kindes genommen werden. Bei einem leiblichen Kind eines nicht sorgeberechtigten Elternteils ist die Zustimmung des sorgeberechtigten Elternteils erforderlich.
(2) Ein Anspruch auf Erziehungsurlaub besteht nicht, solange
1. die Mutter als Wöchnerin bis zum Ablauf von acht Wochen, bei Früh- und Mehrlingsgeburten von zwölf Wochen oder durch Gesetz oder aufgrund eines Gesetzes länger nicht beschäftigt werden darf,
2. der mit dem Arbeitnehmer in einem Haushalt lebende andere Elternteil nicht erwerbstätig ist, es sei denn, dieser ist arbeitslos oder befindet sich in Ausbildung, oder
3. der andere Elternteil Erziehungsurlaub in Anspruch nimmt,

es sei denn, die Betreuung und Erziehung des Kindes kann nicht sichergestellt werden. Satz 1 Nr. 1 gilt nicht, wenn ein Kind in Adoptionspflege genommen ist oder wegen eines anderen Kindes Erziehungsurlaub in Anspruch genommen wird.
(3) Der Anspruch kann nicht durch Vertrag ausgeschlossen oder beschränkt werden.
(4) Während des Erziehungsurlaubs ist Erwerbstätigkeit zulässig, wenn die wöchentliche Arbeitszeit 19 Stunden nicht übersteigt. Teilerwerbstätigkeit bei einem anderen Arbeitgeber oder als Selbständiger bedarf der Zustimmung des Arbeitgebers. Die Ablehnung seiner Zustimmung kann der Arbeitgeber nur mit entgegenstehenden betrieblichen Interessen innerhalb einer Frist von vier Wochen schriftlich begründen.

§ 16 Inanspruchnahme des Erziehungsurlaubs
(1) Der Arbeitnehmer muß den Erziehungsurlaub spätestens vier Wochen vor dem Zeitpunkt, von dem ab er ihn in Anspruch nehmen will, vom Arbeitgeber verlangen und gleichzeitig erklären, für welchen Zeitraum oder für welche Zeiträume er Erziehungsurlaub in Anspruch nehmen will. Eine Inanspruchnahme von Erziehungsurlaub oder ein Wechsel unter den Berechtigten ist dreimal zulässig. Bei Zweifeln hat die Erziehungsgeldstelle auf Antrag des Arbeitgebers mit Zustimmung des Arbeitnehmers zu der Frage Stellung zu nehmen, ob die Voraussetzungen für den Erziehungsurlaub vorliegen. Dazu kann sie von den Beteiligten die Abgabe von Erklärungen und die Vorlage von Bescheinigungen verlangen.
(2) Kann der Arbeitnehmer aus einem von ihm nicht zu vertretenden Grund einen sich unmittelbar an das Beschäftigungsverbot des § 6 Abs. 1 des Mutterschutzgesetzes anschließenden Erziehungsurlaub nicht rechtzeitig verlangen, kann er dies innerhalb einer Woche nach Wegfall des Grundes nachholen.
(3) Der Erziehungsurlaub kann vorzeitig beendet oder im Rahmen des § 15 Abs. 1 verlängert werden, wenn der Arbeitgeber zustimmt. Eine Verlängerung kann verlangt werden, wenn ein vorgesehener Wechsel in der Anspruchsberechtigung aus einem wichtigen Grund nicht erfolgen kann.
(4) Stirbt das Kind während des Erziehungsurlaubs, endet dieser spätestens drei Wochen nach dem Tod des Kindes.
(5) Eine Änderung in der Anspruchsberechtigung hat der Arbeitnehmer dem Arbeitgeber unverzüglich mitzuteilen.

§ 17 Erholungsurlaub

(1) Der Arbeitgeber kann den Erholungsurlaub, der dem Arbeitnehmer für das Urlaubsjahr aus dem Arbeitsverhältnis zusteht, für jeden vollen Kalendermonat, für den der Arbeitnehmer Erziehungsurlaub nimmt, um ein Zwölftel kürzen. Satz 1 gilt nicht, wenn der Arbeitnehmer während des Erziehungsurlaubs bei seinem Arbeitgeber Teilzeitarbeit leistet.
(2) Hat der Arbeitnehmer den ihm zustehenden Urlaub vor dem Beginn des Erziehungsurlaubs nicht oder nicht vollständig erhalten, so hat der Arbeitgeber den Resturlaub nach dem Erziehungsurlaub im laufenden oder im nächsten Urlaubsjahr zu gewähren.
(3) Endet das Arbeitsverhältnis während des Erziehungsurlaubs oder setzt der Arbeitnehmer im Anschluß an den Erziehungsurlaub das Arbeitsverhältnis nicht fort, so hat der Arbeitgeber den noch nicht gewährten Urlaub abzugelten.
(4) Hat der Arbeitnehmer vor dem Beginn des Erziehungsurlaubs mehr Urlaub erhalten, als ihm nach Absatz 1 zusteht, so kann der Arbeitgeber den Urlaub, der dem Arbeitnehmer nach dem Ende des Erziehungsurlaubs zusteht, um die zuviel gewährten Urlaubstage kürzen.

§ 18 Kündigungsschutz

(1) Der Arbeitgeber darf das Arbeitsverhältnis ab dem Zeitpunkt, von dem an Erziehungsurlaub verlangt worden ist, höchstens jedoch sechs Wochen vor Beginn des Erziehungsurlaubs, und während des Erziehungsurlaubs nicht kündigen. In besonderen Fällen kann ausnahmsweise eine Kündigung für zulässig erklärt werden. Die Zulässigkeitserklärung erfolgt durch die für den Arbeitsschutz zuständige oberste Landesbehörde oder die von ihr bestimmte Stelle. Das Bundesministerium für Familie, Senioren, Frauen und Jugend wird ermächtigt, mit Zustimmung des Bundesrates allgemeine Verwaltungsvorschriften zur Durchführung des Satzes 2 zu erlassen.
(2) Absatz 1 gilt entsprechend, wenn der Arbeitnehmer
1. während des Erziehungsurlaubs bei seinem Arbeitgeber Teilzeitarbeit leistet oder
2. ohne Erziehungsurlaub in Anspruch zu nehmen, bei seinem Arbeitgeber Teilzeitarbeit leistet und Anspruch auf Erziehungsgeld hat oder nur deshalb nicht hat, weil das Einkommen (§ 6) die Einkommensgrenzen (§ 5 Abs. 2) übersteigt. Der Kündigungsschutz nach Nummer 2 besteht nicht, solange kein Anspruch auf Erziehungsurlaub nach § 15 besteht.

§ 19 Kündigung zum Ende des Erziehungsurlaubs

Der Arbeitnehmer kann das Arbeitsverhältnis zum Ende des Erziehungsurlaubs nur unter Einhaltung einer Kündigungsfrist von drei Monaten kündigen.

§ 20 Zur Berufsbildung Beschäftigte; in Heimarbeit Beschäftigte

(1) Die zu ihrer Berufsbildung Beschäftigten gelten als Arbeitnehmer im Sinne dieses Gesetzes. Die Zeit des Erziehungsurlaubs wird auf Berufsbildungszeiten nicht angerechnet.
(2) Anspruch auf Erziehungsurlaub haben auch die in Heimarbeit Beschäftigten und die ihnen Gleichgestellten (§ 1 Abs. 1 und 2 des Heimarbeitsgesetzes), soweit sie am Stück mitarbeiten. Für sie tritt an die Stelle des Arbeitgebers der Auftraggeber oder Zwischenmeister und an die Stelle des Arbeitsverhältnisses das Beschäftigungsverhältnis.

§ 21 Befristete Arbeitsverträge

(1) Ein sachlicher Grund, der die Befristung eines Arbeitsverhältnisses rechtfertigt, liegt vor, wenn ein Arbeitnehmer zur Vertretung eines anderen Arbeitnehmers für Zeiten eines Beschäftigungsverbotes nach dem Mutterschutzgesetz, eines Erziehungsurlaubs, einer auf Tarifvertrag, Betriebsvereinbarung oder einzelvertraglicher Vereinbarung beruhenden Arbeitsfreistellung zur Betreuung eines Kindes oder für diese Zeiten zusammen oder für Teile davon eingestellt wird.
(2) Über die Dauer der Vertretung nach Absatz 1 hinaus ist die Befristung für notwendige Zeiten einer Einarbeitung zulässig.
(3) Die Dauer der Befristung des Arbeitsvertrages muß kalendermäßig bestimmt oder bestimmbar oder den in den Absätzen 1 und 2 genannten Zwecken zu entnehmen sein.
(4) Das befristete Arbeitsverhältnis kann unter Einhaltung einer Frist von drei Wochen gekündigt werden, wenn der Erziehungsurlaub ohne Zustimmung des Arbeitgebers vorzeitig beendet werden kann und der Arbeitnehmer dem Arbeitgeber die vorzeitige Beendigung seines Erziehungsurlaubs mitgeteilt hat; die Kündigung ist frühestens zu dem Zeitpunkt zulässig, zu dem der Erziehungsurlaub endet.

(5) Das Kündigungsschutzgesetz ist im Falle des Absatzes 4 nicht anzuwenden.
(6) Absatz 4 gilt nicht, soweit seine Anwendung vertraglich ausgeschlossen ist.
(7) Wird im Rahmen arbeitsrechtlicher Gesetze oder Verordnungen auf die Zahl der beschäftigten Arbeitnehmer abgestellt, so sind bei der Ermittlung dieser Zahl Arbeitnehmer, die sich im Erziehungsurlaub befinden oder zur Betreuung eines Kindes freigestellt sind, nicht mitzuzählen, solange für sie auf Grund von Absatz 1 ein Vertreter eingestellt ist. Dies gilt nicht, wenn der Vertreter nicht mitzuzählen ist. Die Sätze 1 und 2 gelten entsprechend, wenn im Rahmen arbeitsrechtlicher Gesetze oder Verordnungen auf die Zahl der Arbeitsplätze abgestellt wird.

Dritter Abschnitt
(Änderung von Gesetzen)
§§ 22 bis 38

Vierter Abschnitt
Übergangs- und Schlußvorschriften
§ 39 Übergangsvorschrift
(1) Auf Berechtigte, die Anspruch auf Erziehungsgeld oder Erziehungsurlaub für ein vor dem 1. Januar 1992 geborenes Kind haben, sind die Vorschriften dieses Gesetzes in der bis zum 31. Dezember 1991 geltenden Fassung weiter anzuwenden.
(2) Für die vor dem 1. Juli 1993 geborenen Kinder sind die Vorschriften des § 4 Abs. 2, § 5 Abs. 2, § 6 und § 12 Abs. 1 in der bis zum 26. Juni 1993 geltenden Fassung weiter anzuwenden; bei Adoptivkindern ist der Zeitpunkt der Inobhutnahme maßgebend. Für die vor dem 1. Januar 1994 geborenen Kinder sind die Vorschriften des § 7 in der bis 26. Juni 1993 geltenden Fassung weiter anzuwenden. Für die vor dem 1. Januar 1994 geborenen Kinder ist § 5 Abs. 2 Satz 1 nicht anzuwenden.

§ 40 (Inkrafttreten)

Anhang: Landeserziehungsgeld

In fünf Bundesländern wird im Anschluß an das Bundeserziehungsgeld ein Landeserziehungsgeld gezahlt.

Baden-Württemberg

In Baden-Württemberg gibt es ein Landeserziehungsgeld nach Richtlinien des Ministeriums für Arbeit, Gesundheit, Familie und Sozialordnung in der Fassung vom 26. 7. 1989.
Das Landeserziehungsgeld wird anschließend an das Bundeserziehungsgeld für zwölf Monate gezahlt. Es beträgt bis zu 400,- DM monatlich. Bei Mehrlingsgeburten wird es entsprechend mehrfach gezahlt.
Das Landeserziehungsgeld ist einkommensabhängig. Als Einkommen wird die Summe der in dem Kalenderjahr vor der Geburt erzielten Einkünfte zugrundegelegt. Die Einkommensgrenzen weichen vom Bundeserziehungsgeldgesetz ab. Beim ersten Kind lag die Familieneinkommensgrenze bei 2.000,- DM monatlich, bei Geburten ab 1. Januar 1994 wurde sie auf 2.200 DM und bei Geburten ab 1. Januar 1996 auf 2.450 DM erhöht. Sie erhöht sich für das zweite und jedes weitere Kind um jeweils 300 DM. Werden die Einkommensgrenzen überschritten, vermindert sich das Landeserziehungsgeld in Stufen.

Bayern

Das bayerische Landeserziehungsgeld ist im Bayerischen Landeserziehungsgeldgesetz geregelt.
Das Landeserziehungsgeld wird anschließend an das Bundeserziehungsgeld für die Dauer von sechs Monaten, für Geburten ab 8. 12. 1994 für 12 Monate gezahlt. Es beträgt 500,- DM monatlich. Bei Mehrlingsgeburten wird es entsprechend mehrfach gezahlt.
Das Landeserziehungsgeld ist vom Einkommen abhängig. Einkommen und Einkommensgrenzen werden wie beim Bundeserziehungsgeld berechnet.

Mecklenburg-Vorpommern

Mecklenburg-Vorpommern gewährt ein Landeserziehungsgeld nach dem Landeserziehungsgeldgesetz. Im Anschluß an das Bundeserziehungsgeld wird für die Dauer von 6 Monaten ein Landeserziehungsgeld von monatlich 600 DM gezahlt. Bei Mehrlingsgeburten wird es entsprechend mehrfach gewährt.
Auch im übrigen entspricht das Landeserziehungsgeld den Voraussetzungen und der Höhe nach dem Bundeserziehungsgeld. Es ist vom Einkommen abhängig. Einkommen und Einkommensgrenzen werden wie beim Bundeserziehungsgeld berechnet.
Eine Besonderheit ist, daß der Antrag frühestens ab dem 21. Lebensmonat des Kindes gestellt werden kann.

Sachsen

Das Sächsische Landeserziehungsgeldgesetz sieht für Geburten ab 1. 1. 1992 im Anschluß an das Bundeserziehungsgeld ein Landeserziehungsgeld von 400,- DM monatlich vor, für Geburten ab 1. Januar 1995 600 DM.
Das Landeserziehungsgeld wird für Geburten bis 31.12.1993 für sechs Monate, für Geburten ab dem 1. 1. 1994 für zwölf Monate bewilligt. Die Voraussetzungen für das Landeserziehungsgeld sind dieselben wie beim Bundeserziehungsgeld ab dem 7. Lebensmonat des Kindes, d. h. das Landeserziehungsgeld ist einkommensabhängig. Bei der Berechnung des Einkommens gelten die gleichen Grundsätze wie beim Bundeserziehungsgeld. Eine Novellierung ist vorgesehen.
Kein Landeserziehungsgeld wird gewährt, wenn in der Bezugszeit ein staatlich geförderter Kindertagesstättenplatz oder eine Tagespflegestelle beansprucht werden.

103 BErzGG Anhang

Thüringen

In Thüringen ist das Landeserziehungsgeld im Thüringer Landeserziehungsgeldgesetz geregelt.
Das Landeserziehungsgeld wird für Kinder, die vom 1. 7. 1992 bis 31. 12. 1992 geboren sind, für die Dauer von 12 Monaten, für Geburten ab 1. 1. 1993 für sechs Monate gewährt. Das Landeserziehungsgeld ist einkommensabhängig. Das Einkommen wird wie beim Bundeserziehungsgeld berechnet. Auch die Einkommensgrenzen des Bundeserziehungsgeldes ab dem 7. Lebensmonat gelten.
Die Höhe des Landeserziehungsgeldes beträgt 600,- DM monatlich. Bei Mehrlingsgeburten wird es mehrfach geleistet.
Aus: Bundesministerium für Arbeit und Sozialordnung (Hrsg.), Übersicht über das Sozialrecht, 5. Auflage 1998, S. 615 f

Bundeskindergeldgesetz (BKGG)

Vom 11. Oktober 1995 (BGBl. I S. 1250, 1378, ber. I 1996 S. 714)
in der Fassung der Bekanntmachung vom 22. April 1999 (BGBl. I S. 770, ber. S. 1062)
(BGBl. III 85-4)

Erster Abschnitt
Leistungen

§ 1 Anspruchsberechtigte

(1) Kindergeld nach diesem Gesetz für seine Kinder erhält, wer nach § 1 Abs. 1 und 2 des Einkommensteuergesetzes nicht unbeschränkt steuerpflichtig ist und auch nicht nach § 1 Abs. 3 des Einkommensteuergesetzes als unbeschränkt steuerpflichtig behandelt wird und
1. in einem Versicherungspflichtverhältnis zur Bundesanstalt für Arbeit nach § 24 des Dritten Buches Sozialgesetzbuch steht oder versicherungsfrei nach § 28 Nr. 1 des Dritten Buches Sozialgesetzbuch ist oder
2. als Entwicklungshelfer Unterhaltsleistungen im Sinne des § 4 Abs. 1 Nr. 1 des Entwicklungshelfer-Gesetzes erhält oder als Missionar der Missionswerke und -gesellschaften, die Mitglieder oder Vereinbarungspartner des Evangelischen Missionswerkes Hamburg, der Arbeitsgemeinschaft Evangelikaler Missionen e.V. oder des Deutschen Katholischen Missionsrates sind, tätig ist oder
3. eine nach § 123 a des Beamtenrechtsrahmengesetzes bei einer Einrichtung außerhalb Deutschlands zugewiesene Tätigkeit ausübt oder
4. als Ehegatte eines Mitglieds der Truppe oder des zivilen Gefolges eines NATO-Mitgliedstaates die Staatsangehörigkeit eines EU/EWR-Mitgliedstaates besitzt und in Deutschland seinen Wohnsitz oder gewöhnlichen Aufenthalt hat.

(2) [1]Kindergeld für sich selbst erhält, wer
1. in Deutschland einen Wohnsitz oder seinen gewöhnlichen Aufenthalt hat,
2. Vollwaise ist oder den Aufenthalt seiner Eltern nicht kennt und
3. nicht bei einer anderen Person als Kind zu berücksichtigen ist.
[2]§ 2 Abs. 2 und 3 sowie die §§ 4 und 5 sind entsprechend anzuwenden. [3]Im Fall des § 2 Abs. 2 Satz 1 Nr. 6 wird Kindergeld längstens bis zur Vollendung des 27. Lebensjahres gewährt.

(3) [1]Ein Ausländer erhält Kindergeld nur, wenn er im Besitz einer Aufenthaltsberechtigung oder Aufenthaltserlaubnis ist. [2]Ein ausländischer Arbeitnehmer, der zur vorübergehenden Dienstleistung nach Deutschland entsandt ist, erhält kein Kindergeld; sein Ehegatte erhält Kindergeld, wenn er im Besitz einer Aufenthaltsberechtigung oder Aufenthaltserlaubnis ist und in einem Versicherungspflichtverhältnis zur Bundesanstalt für Arbeit nach § 24 des Dritten Buches Sozialgesetzbuch steht oder versicherungsfrei nach § 28 Nr. 1 des Dritten Buches Sozialgesetzbuch ist.

§ 2 Kinder

(1) Als Kinder werden auch berücksichtigt
1. vom Berechtigten in seinen Haushalt aufgenommene Kinder seines Ehegatten,
2. Pflegekinder (Personen, mit denen der Berechtigte durch ein familienähnliches, auf längere Dauer berechnetes Band verbunden ist, sofern er sie in seinen Haushalt aufgenommen hat und mindestens zu einem nicht unwesentlichen Teil auf seine Kosten unterhält und ein Obhuts- und Pflegeverhältnis zwischen diesen Personen und ihren Eltern nicht mehr besteht),
3. vom Berechtigten in seinen Haushalt aufgenommene Enkel.

(2) [1]Kinder, die das 18. Lebensjahr vollendet haben, werden nur berücksichtigt, wenn sie
1. für einen Beruf ausgebildet werden oder
2. sich in einer Übergangszeit zwischen zwei Ausbildungsabschnitten von höchstens vier Monaten befinden oder
3. eine Berufsausbildung mangels Ausbildungsplatzes nicht beginnen oder fortsetzen können oder

4. ein Freiwilliges Soziales Jahr im Sinne des Gesetzes zur Förderung eines Freiwilligen Sozialen Jahres oder ein Freiwilliges Ökologisches Jahr im Sinne des Gesetzes zur Förderung eines Freiwilligen Ökologischen Jahres leisten oder
5. als Arbeitslose in Deutschland der Arbeitsvermittlung zur Verfügung stehen oder
6. wegen körperlicher, geistiger oder seelischer Behinderung außerstande sind, sich selbst zu unterhalten.

²Außer in den Fällen des Satzes 1 Nr. 6 werden Kinder nicht berücksichtigt, denen Einkünfte und Bezüge, die zur Bestreitung ihres Unterhalts oder ihrer Berufsausbildung bestimmt oder geeignet sind, in Höhe von mehr als 13 020 Deutsche Mark im Kalenderjahr zustehen; dieser Betrag ist zu kürzen, soweit es nach den Verhältnissen im Wohnsitzstaat des Kindes notwendig und angemessen ist. ³Bezüge, die für besondere Ausbildungszwecke bestimmt sind, bleiben hierbei außer Ansatz; Entsprechendes gilt für Einkünfte, soweit sie für solche Zwecke verwendet werden. ⁴Der Betrag nach Satz 2 wird für jeden Monat, in dem die Voraussetzungen nach Satz 1 nicht vorliegen, um ein Zwölftel gemindert. ⁵Einkünfte und Bezüge des Kindes, die auf diese Kalendermonate entfallen, bleiben außer Ansatz. ⁶Ein Verzicht auf Teile der zustehenden Einkünfte und Bezüge steht der Anwendung der Sätze 2 und 4 nicht entgegen. ⁷Für die Umrechnung ausländischer Einkünfte und Bezüge in Deutsche Mark ist der Mittelkurs der jeweils anderen Währung maßgeblich, der an der Frankfurter Devisenbörse für Ende September des Jahres vor dem Kalenderjahr amtlich festgestellt ist. ⁸Wird diese Währung an der Frankfurter Devisenbörse nicht amtlich notiert, so ist der Wechselkurs maßgeblich, der sich zu demselben Termin aus dem dem Internationalen Währungsfonds gemeldeten repräsentativen Kurs der anderen Währung und der Deutschen Mark ergibt.

(3) ¹In den Fällen des Absatzes 2 Satz 1 Nr. 1 bis 4 werden die Kinder nur berücksichtigt, wenn sie noch nicht das 27., im Fall des Absatzes 2 Satz 1 Nr. 5 noch nicht das 21. Lebensjahr vollendet haben. ²Im Fall des Absatzes 2 Satz 1 Nr. 1 wird ein Kind über das 27., im Fall des Absatzes 2 Satz 1 Nr. 5 über das 21. Lebensjahr hinaus höchstens für einen der Dauer des gesetzlichen Grundwehrdienstes, bei anerkannten Kriegsdienstverweigerern der Dauer des gesetzlichen Zivildienstes, entsprechenden Zeitraum berücksichtigt, wenn es
1. den gesetzlichen Grundwehrdienst oder Zivildienst geleistet hat oder
2. sich freiwillig für eine Dauer von nicht mehr als drei Jahren zum Wehrdienst oder zum Polizeivollzugsdienst, der anstelle des gesetzlichen Grundwehrdienstes oder Zivildienstes abgeleistet wird, verpflichtet hat, oder
3. eine vom gesetzlichen Grundwehrdienst und Zivildienst befreiende Tätigkeit als Entwicklungshelfer im Sinne des § 1 Abs. 1 des Entwicklungshelfer-Gesetzes ausgeübt hat.

³Dem gesetzlichen Grundwehrdienst oder Zivildienst steht der entsprechende Dienst, der in dem in Artikel 3 des Einigungsvertrages genannten Gebiet geleistet worden ist, gleich.

(4) Kinder, für die einer anderen Person nach dem Einkommensteuergesetz Kindergeld oder ein Kinderfreibetrag zusteht, werden nicht berücksichtigt.

(5) ¹Kinder, die weder einen Wohnsitz noch ihren gewöhnlichen Aufenthalt in Deutschland haben, werden nicht berücksichtigt. ²Dies gilt nicht gegenüber Berechtigten nach § 1 Abs. 1 Nr. 2 und 3, wenn sie die Kinder in ihren Haushalt aufgenommen haben.

(6) Die Bundesregierung wird ermächtigt, durch Rechtsverordnung, die nicht der Zustimmung des Bundesrates bedarf, zu bestimmen, daß einem Berechtigten, der in Deutschland erwerbstätig ist oder sonst seine hauptsächlichen Einkünfte erzielt, für seine in Absatz 5 Satz 1 bezeichneten Kinder Kindergeld ganz oder teilweise zu leisten ist, soweit dies mit Rücksicht auf die durchschnittlichen Lebenshaltungskosten für Kinder in deren Wohnland und auf die dort gewährten dem Kindergeld vergleichbaren Leistungen geboten ist.

§ 3 Zusammentreffen mehrerer Ansprüche

(1) Für jedes Kind wird nur einer Person Kindergeld gewährt.

(2) ¹Erfüllen für ein Kind mehrere Personen die Anspruchsvoraussetzungen, so wird das Kindergeld derjenigen Person gewährt, die das Kind in ihren Haushalt aufgenommen hat. ²Ist ein Kind in den gemeinsamen Haushalt von Eltern, einem Elternteil und dessen Ehegatten, Pflegeeltern oder Großeltern aufgenommen worden, bestimmen diese untereinander den Berechtigten. ³Wird eine Bestimmung nicht getroffen, bestimmt das Vormundschaftsgericht auf Antrag den Berechtigten. ⁴Antragsberechtigt ist, wer ein berechtigtes Interesse an der Leistung des Kindergeldes hat. ⁵Lebt ein Kind im gemeinsa-

men Haushalt von Eltern und Großeltern, wird das Kindergeld vorrangig einem Elternteil gezahlt; es wird an einen Großelternteil gezahlt, wenn der Elternteil gegenüber der zuständigen Stelle auf seinen Vorrang schriftlich verzichtet hat.

(3) ¹Ist das Kind nicht in den Haushalt einer der Personen aufgenommen, die die Anspruchsvoraussetzungen erfüllen, wird das Kindergeld derjenigen Person gewährt, die dem Kind eine Unterhaltsrente zahlt. ²Zahlen mehrere anspruchsberechtigte Personen dem Kind Unterhaltsrenten, wird das Kindergeld derjenigen Person gewährt, die dem Kind laufend die höchste Unterhaltsrente zahlt. ³Werden gleich hohe Unterhaltsrenten gezahlt, so bestimmen die anspruchsberechtigten Personen untereinander den Berechtigten. ⁴Wird eine Bestimmung nicht getroffen oder zahlt keine der anspruchsberechtigten Personen dem Kind Unterhalt, gilt Absatz 2 Satz 3 und 4 entsprechend.

§ 4 Andere Leistungen für Kinder

(1) ¹Kindergeld wird nicht für ein Kind gewährt, für das eine der folgenden Leistungen zu zahlen ist oder bei entsprechender Antragstellung zu zahlen wäre:
1. Kinderzulagen aus der gesetzlichen Unfallversicherung oder Kinderzuschüsse aus den gesetzlichen Rentenversicherungen,
2. Leistungen für Kinder, die außerhalb Deutschlands gewährt werden und dem Kindergeld oder einer der unter Nummer 1 genannten Leistungen vergleichbar sind,
3. Leistungen für Kinder, die von einer zwischen- oder überstaatlichen Einrichtung gewährt werden und dem Kindergeld vergleichbar sind.

²Steht ein Berechtigter in einem Versicherungspflichtverhältnis zur Bundesanstalt für Arbeit nach § 24 des Dritten Buches Sozialgesetzbuch oder ist er versicherungsfrei nach § 28 Nr. 1 des Dritten Buches Sozialgesetzbuch oder steht er in Deutschland in einem öffentlich-rechtlichen Dienst- oder Amtsverhältnis, so wird sein Anspruch auf Kindergeld für ein Kind nicht nach Satz 1 Nr. 3 mit Rücksicht darauf ausgeschlossen, daß sein Ehegatte als Beamter, Ruhestandsbeamter oder sonstiger Bediensteter der Europäischen Gemeinschaften für das Kind Anspruch auf Kinderzulage hat.

(2) ¹Ist in den Fällen des Absatzes 1 Satz 1 Nr. 1 der Bruttobetrag der anderen Leistung niedriger als das Kindergeld nach § 6, wird Kindergeld in Höhe des Unterschiedsbetrages gezahlt. ²Ein Unterschiedsbetrag unter 10 Deutsche Mark wird nicht geleistet.

§ 5 Beginn und Ende des Anspruchs

(1) Das Kindergeld wird vom Beginn des Monats an gewährt, in dem die Anpruchsvoraussetzungen erfüllt sind; es wird bis zum Ende des Monats gewährt, in dem die Anspruchsvoraussetzungen wegfallen.
(2) (weggefallen)
(3) (weggefallen)

§ 6 Höhe des Kindergeldes

(1) Das Kindergeld beträgt für das erste und zweite Kind je 250 Deutsche Mark, für das dritte Kind 300 Deutsche Mark und das vierte und jedes weitere Kind je 350 Deutsche Mark monatlich.
(2) In den Fällen des § 1 Abs. 2 beträgt das Kindergeld 250 Deutsche Mark monatlich.

Zweiter Abschnitt
Organisation und Verfahren

§ 7 Beauftragung der Bundesanstalt für Arbeit

(1) Die Bundesanstalt für Arbeit (Bundesanstalt) führt dieses Gesetz nach fachlichen Weisungen des Bundesministeriums für Arbeit und Sozialordnung durch.
(2) Die Bundesanstalt führt bei der Durchführung dieses Gesetzes die Bezeichnung »Familienkasse«.

§ 8 Aufbringung der Mittel durch den Bund

(1) Die Aufwendungen der Bundesanstalt für die Durchführung dieses Gesetzes trägt der Bund.
(2) Der Bund stellt der Bundesanstalt nach Bedarf die Mittel bereit, die sie für die Zahlung des Kindergeldes benötigt.
(3) Der Bund erstattet die Verwaltungskosten, die der Bundesanstalt aus der Durchführung dieses Gesetzes entstehen, in einem Pauschbetrag, der zwischen der Bundesregierung und der Bundesanstalt vereinbart wird.

§ 9 Antrag

(1) ¹Das Kindergeld ist schriftlich zu beantragen. ²Der Antrag soll bei der nach § 13 zuständigen Familienkasse gestellt werden. ³Den Antrag kann außer dem Berechtigten auch stellen, wer ein berechtigtes Interesse an der Leistung des Kindergeldes hat.

(2) ¹Vollendet ein Kind das 18. Lebensjahr, so wird es nur dann weiterhin berücksichtigt, wenn der Berechtigte anzeigt, daß die Voraussetzungen des § 2 Abs. 2 vorliegen. ²Absatz 1 gilt entsprechend.

§ 10 Auskunftspflicht

(1) § 60 Abs. 1 des Ersten Buches Sozialgesetzbuch gilt auch für die bei dem Antragsteller oder Berechtigten berücksichtigten Kinder, für den nicht dauernd getrenntlebenden Ehegatten des Antragstellers oder Berechtigten und für die sonstigen Personen, bei denen die bezeichneten Kinder berücksichtigt werden.

(2) Soweit es zur Durchführung des § 2 erforderlich ist, hat der jeweilige Arbeitgeber der in diesen Vorschriften bezeichneten Personen auf Verlangen der zuständigen Stelle eine Bescheinigung über den Arbeitslohn, die einbehaltenen Steuern und Sozialabgaben sowie den auf der Lohnsteuerkarte eingetragenen Freibetrag auszustellen.

(3) Die Familienkassen können den nach Absatz 2 Verpflichteten eine angemessene Frist zur Erfüllung der Pflicht setzen.

§ 11 Zahlung des Kindergeldes

(1) Das Kindergeld wird monatlich gezahlt.

(2) Auszuzahlende Beträge sind auf Deutsche Mark abzurunden, und zwar unter 50 Deutsche Pfennige nach unten, sonst nach oben.

(3) § 45 Abs. 3 des Zehnten Buches Sozialgesetzbuch findet keine Anwendung.

(4) Ein rechtswidriger nicht begünstigender Verwaltungsakt ist abweichend von § 44 Abs. 1 des Zehnten Buches Sozialgesetzbuch für die Zukunft zurückzunehmen; er kann ganz oder teilweise auch für die Vergangenheit zurückgenommen werden.

§ 12 Aufrechnung

§ 51 des Ersten Buches Sozialgesetzbuch gilt für die Aufrechnung eines Anspruchs auf Erstattung von Kindergeld gegen einen späteren Kindergeldanspruch des nicht dauernd von dem Erstattungspflichtigen getrennt lebenden Ehegatten entsprechend.

§ 13 Zuständiges Arbeitsamt

(1) ¹Für die Entgegennahme des Antrages und die Entscheidungen über den Anspruch ist das Arbeitsamt zuständig, in dessen Bezirk der Berechtigte seinen Wohnsitz hat. ²Hat der Berechtigte keinen Wohnsitz im Geltungsbereich dieses Gesetzes, so ist das Arbeitsamt zuständig, in dessen Bezirk er seinen gewöhnlichen Aufenthalt hat. ³Hat der Berechtigte im Geltungsbereich dieses Gesetzes weder seinen Wohnsitz noch seinen gewöhnlichen Aufenthalt, so ist das Arbeitsamt zuständig, in dessen Bezirk er erwerbstätig ist. ⁴In den übrigen Fällen ist das Arbeitsamt Nürnberg zuständig.

(2) Die Entscheidungen über den Anspruch trifft der Direktor des Arbeitsamtes.

(3) Der Präsident der Bundesanstalt kann für bestimmte Bezirke oder Gruppen von Berechtigten die Entscheidungen über den Anspruch auf Kindergeld einem anderen Arbeitsamt übertragen.

§ 14 Bescheid

(1) Wird der Antrag auf Kindergeld abgelehnt oder das Kindergeld entzogen, so ist ein schriftlicher Bescheid zu erteilen.

(2) Von der Erteilung eines Bescheides kann abgesehen werden, wenn
1. der Berechtigte anzeigt, daß die Voraussetzungen für die Berücksichtigung eines Kindes nicht mehr erfüllt sind, oder
2. das Kind das 18. Lebensjahr vollendet, ohne daß eine Anzeige nach § 9 Abs. 2 erstattet ist.

§ 15 Rechtsweg

Für Streitigkeiten nach diesem Gesetz sind die Gerichte der Sozialgerichtsbarkeit zuständig.

Dritter Abschnitt
Bußgeldvorschriften

§ 16 Ordnungswidrigkeiten

(1) Ordnungswidrig handelt, wer vorsätzlich oder leichtfertig
1. entgegen § 60 Abs. 1 Nr. 1 oder 3 des Ersten Buches Sozialgesetzbuch in Verbindung mit § 10 Abs. 1 auf Verlangen nicht die leistungserheblichen Tatsachen angibt oder Beweisurkunden vorlegt,
2. entgegen § 60 Abs. 1 Nr. 2 des Ersten Buches Sozialgesetzbuch eine Änderung in den Verhältnissen, die für einen Anspruch auf Kindergeld erheblich ist, nicht, nicht richtig, nicht vollständig oder nicht unverzüglich mitteilt oder
3. entgegen § 10 Abs. 2 oder 3 auf Verlangen eine Bescheinigung nicht, nicht richtig, nicht vollständig oder nicht rechtzeitig ausstellt.

(2) Die Ordnungswidrigkeit kann mit einer Geldbuße geahndet werden.

(3) § 66 des Zehnten Buches Sozialgesetzbuch gilt entsprechend.

(4) Verwaltungsbehörden im Sinne des § 36 Abs. 1 Nr. 1 des Gesetzes über Ordnungswidrigkeiten sind die Familienkassen.

Vierter Abschnitt
Übergangs- und Schlußvorschriften

§ 17 Recht der Europäischen Gemeinschaft

[1]Soweit in diesem Gesetz Ansprüche Deutschen vorbehalten sind, haben Angehörige der anderen Mitgliedstaaten der Europäischen Union, Flüchtlinge und Staatenlose nach Maßgabe des Vertrages zur Gründung der Europäischen Gemeinschaft und der auf seiner Grundlage erlassenen Verordnungen die gleichen Rechte. [2]Auch im übrigen bleiben die Bestimmungen der genannten Verordnungen unberührt.

§ 18 Anwendung des Sozialgesetzbuches

Soweit dieses Gesetz keine ausdrückliche Regelung trifft, ist bei der Ausführung das Sozialgesetzbuch anzuwenden.

§ 19 Übergangsvorschriften

(1) [1]Abweichend von § 2 Abs. 1 Nr. 3 steht Berechtigten, die für Dezember 1995 für Enkel und Geschwister Kindergeld bezogen haben, das Kindergeld für diese Kinder zu, solange die Voraussetzungen nach § 2 Abs. 1 Nr. 3 in der bis zum 31. Dezember 1995 geltenden Fassung und die weiteren Anspruchsvoraussetzungen erfüllt sind, längstens bis zum 31. Dezember 1996. [2]Sind diese Kinder auch bei anderen Personen zu berücksichtigen, gilt die Rangfolge nach § 3 Abs. 2 in der bis zum 31. Dezember 1995 geltenden Fassung.

(2) Auf ein Kind, das am 31. Dezember 1995 das 16. Lebensjahr vollendet hatte, ist zugunsten des Berechtigten, dem für dieses Kind ein Kindergeldanspruch zuerkannt war, § 2 Abs. 2 in der bis zum 31. Dezember 1995 geltenden Fassung anzuwenden, solange die entsprechenden Anspruchsvoraussetzungen ununterbrochen weiter erfüllt sind, längstens bis zum 31. Dezember 1996.

(3) Ist für die Nachzahlung und Rückforderung von Kindergeld und Zuschlag zum Kindergeld für Berechtigte mit geringem Einkommen der Anspruch eines Jahres vor 1996 maßgeblich, finden die §§ 10, 11 und 11a in der bis zum 31. Dezember 1995 geltenden Fassung Anwendung.

(4) Verfahren, die am 1. Januar 1996 anhängig sind, werden nach den Vorschriften des Sozialgesetzbuches und des Bundeskindergeldgesetzes in der bis zum 31. Dezember 1995 geltenden Fassung zu Ende geführt, soweit in § 78 des Einkommensteuergesetzes nichts anderes bestimmt ist.

§ 20 Anwendungsvorschrift

(1) § 2 Abs. 2 Satz 2 ist mit der Maßgabe anzuwenden, daß an die Stelle des Betrages von 13 020 Deutsche Mark ab dem 1. Januar 2000 bis zum 31. Dezember 2001 der Betrag von 13 500 Deutsche Mark und ab dem 1. Januar 2002 der Betrag von 14 040 Deutsche Mark tritt.

(2) § 5 Abs. 2 des Bundeskindergeldgesetzes in der Fassung der Bekanntmachung vom 23. Januar 1997 (BGBl. I S. 46) ist letztmals für das Kalenderjahr 1997 anzuwenden, so daß Kindergeld auf einen nach dem 31. Dezember 1997 gestellten Antrag rückwirkend längstens bis einschließlich Juli 1997 gezahlt werden kann.

Bundesgesetz über individuelle Förderung der Ausbildung (Bundesausbildungsförderungsgesetz – BAföG)

Vom 26. August 1971 (BGBl. I S. 1409)
in der Fassung der Bekanntmachung vom 6. Juni 1983 (BGBl. I S. 645, 1680)
(BGBl. III 2212-2)
zuletzt geändert durch Zwanzigstes Gesetz zur Änderung des Bundesausbildungsförderungsgesetzes vom 7. Mai 1999 (BGBl. I S. 850)

– Auszug –

§ 1 Grundsatz
Auf individuelle Ausbildungsförderung besteht für eine der Neigung, Eignung und Leistung entsprechende Ausbildung ein Rechtsanspruch nach Maßgabe dieses Gesetzes, wenn dem Auszubildenden die für seinen Lebensunterhalt und seine Ausbildung erforderlichen Mittel anderweitig nicht zur Verfügung stehen.

Abschnitt 1
Förderungsfähige Ausbildung

§ 2 Ausbildungsstätten
(1) Ausbildungsförderung wird geleistet für den Besuch von
1. weiterführenden allgemeinbildenden Schulen und Berufsfachschulen, einschließlich der Klassen aller Formen der beruflichen Grundbildung, ab Klasse 10 sowie von Fach- und Fachoberschulklassen, deren Besuch eine abgeschlossene Berufsausbildung nicht voraussetzt, wenn der Auszubildende die Voraussetzungen des Absatzes 1 a erfüllt,
2. Berufsfachschulklassen und Fachschulklassen, deren Besuch eine abgeschlossene Berufsausbildung nicht voraussetzt, sofern sie in einem zumindest zweijährigen Bildungsgang einen berufsqualifizierenden Abschluß vermitteln,
3. Fach- und Fachoberschulklassen, deren Besuch eine abgeschlossene Berufsausbildung voraussetzt,
4. Abendhauptschulen, Berufsaufbauschulen, Abendrealschulen, Abendgymnasien und Kollegs,
5. Höheren Fachschulen und Akademien,
6. Hochschulen.

Maßgebend für die Zuordnung sind Art und Inhalt der Ausbildung. Ausbildungsförderung wird geleistet, wenn die Ausbildung an einer öffentlichen Einrichtung – mit Ausnahme nichtstaatlicher Hochschulen – oder einer genehmigten Ersatzschule durchgeführt wird.

(1 a) Für den Besuch der in Absatz 1 Nr. 1 bezeichneten Ausbildungsstätten wird Ausbildungsförderung nur geleistet, wenn der Auszubildende nicht bei seinen Eltern wohnt und
1. von der Wohnung seiner Eltern aus eine entsprechende zumutbare Ausbildungsstätte nicht erreichbar ist,
2. einen eigenen Haushalt führt und verheiratet ist oder war,
3. einen eigenen Haushalt führt und mit mindestens einem Kind zusammenlebt.

Die Bundesregierung kann durch Rechtsverordnung mit Zustimmung des Bundesrates bestimmen, daß über Satz 1 hinaus Ausbildungsförderung für den Besuch der in Absatz 1 Nr. 1 bezeichneten Ausbildungsstätten auch in Fällen geleistet wird, in denen die Verweisung des Auszubildenden auf die Wohnung der Eltern aus schwerwiegenden sozialen Gründen unzumutbar ist.

(2) Für den Besuch von Ergänzungsschulen und nichtstaatlichen Hochschulen wird Ausbildungsförderung nur geleistet, wenn die zuständige Landesbehörde anerkennt, daß der Besuch der Ausbildungsstätte dem Besuch einer in Absatz 1 bezeichneten Ausbildungsstätte gleichwertig ist. Die Prüfung der Gleichwertigkeit nach Satz 1 erfolgt von Amts wegen im Rahmen des Bewilligungsverfahrens oder auf Antrag der Ausbildungsstätte.

(3) Das Bundesministerium für Bildung und Forschung kann durch Rechtsverordnung mit Zustimmung des Bundesrates bestimmen, daß Ausbildungsförderung geleistet wird für den Besuch von
1. Ausbildungsstätten, die nicht in den Absätzen 1 und 2 bezeichnet sind,
2. Ausbildungsstätten, an denen Schulversuche durchgeführt werden,

wenn er dem Besuch der in den Absätzen 1 und 2 bezeichneten Ausbildungsstätten gleichwertig ist.
(4) Ausbildungsförderung wird auch für die Teilnahme an einem Praktikum geleistet, das in Zusammenhang mit dem Besuch einer der in den Absätzen 1 und 2 bezeichneten oder nach Absatz 3 bestimmten Ausbildungsstätten gefordert wird und dessen Inhalt in Ausbildungsbestimmungen geregelt ist. Wird das Praktikum im Zusammenhang mit dem Besuch einer in Absatz 1 Nr. 1 bezeichneten Ausbildungsstätte gefordert, wird Ausbildungsförderung nur geleistet, wenn der Auszubildende nicht bei seinen Eltern wohnt.
(5) Ausbildungsförderung wird nur geleistet, wenn der Ausbildungsabschnitt mindestens ein Schul- oder Studienhalbjahr dauert und die Ausbildung die Arbeitskraft des Auszubildenden im allgemeinen voll in Anspruch nimmt. Ausbildungsabschnitt im Sinne dieses Gesetzes ist die Zeit, die an Ausbildungsstätten einer Ausbildungsstättenart einschließlich der im Zusammenhang hiermit geforderten Praktika bis zu einem Abschluß oder Abbruch verbracht wird.
(6)[1] Ausbildungsförderung wird nicht geleistet, wenn der Auszubildende
1. Unterhaltsgeld nach dem Dritten Buch Sozialgesetzbuch erhält,
2. Leistungen nach den Regelungen der Länder über die Förderung des wissenschaftlichen und künstlerischen Nachwuchses oder von den Begabtenförderungswerken erhält,
3. als Beschäftigter im öffentlichen Dienst Anwärterbezüge oder ähnliche Leistungen aus öffentlichen Mitteln erhält oder
4. als Gefangener Anspruch auf Ausbildungsbeihilfe nach den §§ 44, 176 Abs. 4 des Strafvollzugsgesetzes hat.

§ 3 Fernunterricht

(1) Ausbildungsförderung wird für die Teilnahme an Fernunterrichtslehrgängen geleistet, soweit sie unter denselben Zugangsvoraussetzungen auf denselben Abschluß vorbereiten, wie die in § 2 Abs. 1 bezeichneten oder nach § 2 Abs. 3 bestimmten Ausbildungsstätten.
(2) Ausbildungsförderung wird nur für die Teilnahme an Lehrgängen geleistet, die nach § 12 des Fernunterrichtsschutzgesetzes zugelassen sind oder, ohne unter die Bestimmungen des Fernunterrichtsschutzgesetzes zu fallen, von einem öffentlich-rechtlichen Träger veranstaltet werden.
(3) Ausbildungsförderung wird nur geleistet, wenn
1. der Auszubildende in den sechs Monaten vor Beginn des Bewilligungszeitraumes erfolgreich an dem Lehrgang teilgenommen hat und er die Vorbereitung auf den Ausbildungsabschluß in längstens 12 Monaten beenden kann,
2. die Teilnahme an dem Lehrgang die Arbeitskraft des Auszubildenden voll in Anspruch nimmt und diese Zeit zumindest drei aufeinanderfolgende Kalendermonate dauert.

Das ist durch eine Bescheinigung des Fernlehrinstituts nachzuweisen.
(4) Die zuständige Landesbehörde entscheidet, den Auszubildenden welcher Ausbildungsstättenart die Teilnehmer an dem jeweiligen Fernunterrichtslehrgang gleichzustellen sind. Auszubildende, die an Lehrgängen teilnehmen, die
1. auf den Hauptschulabschluß vorbereiten, werden nach Vollendung des 17. Lebensjahres den Schülern von Abendhauptschulen,
2. auf den Realschulabschluß vorbereiten, werden nach Vollendung des 18. Lebensjahres den Schülern von Abendrealschulen,
3. auf die Fachhochschulreife vorbereiten, werden nach Vollendung des 19. Lebensjahres den Schülern von Fachoberschulklassen, deren Besuch eine abgeschlossene Berufsausbildung voraussetzt,
4. auf die allgemeine oder eine fachgebundene Hochschulreife vorbereiten, werden nach Vollendung des 21. Lebensjahres den Schülern von Abendgymnasien

gleichgestellt.
(5) § 2 Abs. 4 und 6 ist entsprechend anzuwenden.

---

1) Gemäß Artikel 5 Abs. 2 des Siebzehnten Änderungsgesetzes vom 24. Juli 1995 (BGBl. I S. 976) in Kraft seit 25. 7. 1995 mit der Maßgabe, daß die geänderte Bestimmung nur bei Entscheidungen für die Bewilligungszeiträume zu berücksichtigen ist, die nach dem 25. 7.1995 beginnen.

§ 4 Ausbildung im Inland
Ausbildungsförderung wird vorbehaltlich der §§ 5 und 6 für die Ausbildung im Inland geleistet.

§ 5 Ausbildung im Ausland
(1) Den in § 8 Abs. 1 Nr. 1, 7 und 8 bezeichneten Auszubildenden wird Ausbildungsförderung geleistet, wenn sie täglich von ihrem ständigen Wohnsitz im Inland aus eine im Ausland gelegene Ausbildungsstätte besuchen. Der ständige Wohnsitz im Sinne dieses Gesetzes ist an dem Ort begründet, der nicht nur vorübergehend Mittelpunkt der Lebensbeziehungen ist, ohne daß es auf den Willen zur ständigen Niederlassung ankommt; wer sich lediglich zum Zwecke der Ausbildung an einem Ort aufhält, hat dort nicht seinen ständigen Wohnsitz begründet.
(2) Auszubildenden, die ihren ständigen Wohnsitz im Inland haben, wird Ausbildungsförderung geleistet für den Besuch einer im Ausland gelegenen Ausbildungsstätte, wenn
1. er der Ausbildung im Inland nach dem Ausbildungsstand förderlich ist und zumindest ein Teil dieser Ausbildung auf die vorgeschriebene oder übliche Ausbildungszeit angerechnet werden kann oder
2. die Ausbildung im Inland nicht durchgeführt werden kann und sie vor dem 1. Juli 1990 aufgenommen wurde

und ausreichende Sprachkenntnisse vorhanden sind. Bei Berufsfachschulen gilt nur Satz 1, wenn der Besuch im Unterrichtsplan zur Vermittlung von Kenntnissen der Sprache des jeweiligen Landes vorgeschrieben ist. Die Ausbildung muß mindestens sechs Monate dauern; findet sie im Rahmen einer mit der besuchten Ausbildungsstätte vereinbarten Kooperation statt, muß sie mindestens drei Monate dauern. Satz 1 gilt für die in § 8 Abs. 2 bezeichneten Auszubildenden nur, wenn der Auslandsaufenthalt in Ausbildungsbestimmungen als ein notwendig im Ausland durchzuführender Teil der Ausbildung vorgeschrieben ist.
(3) Deutschen im Sinne des Grundgesetzes, die ihren ständigen Wohnsitz im Inland haben und der dänischen Minderheit angehören, wird Ausbildungsförderung für den Besuch einer in Dänemark gelegenen Ausbildungsstätte geleistet, wenn die Ausbildung im Inland nicht durchgeführt werden kann.
(4) Absatz 1 gilt nur für den Besuch von Ausbildungsstätten, der dem Besuch einer der in § 2 Abs. 1 und 2 bezeichneten oder nach § 2 Abs. 3 bestimmten, im Inland gelegenen Ausbildungsstätten gleichwertig ist. Absatz 2 gilt nur für den Besuch von Ausbildungsstätten, der dem Besuch der im Inland gelegenen Gymnasien ab Klasse 11 oder, soweit der Auszubildende die Hochschulzugangsberechtigung nach zwölf Schuljahren erwerben kann, ab Klasse 10, Berufsfachschulklassen als § 2 Abs. 1 Nr. 2, Höheren Fachschulen, Akademien und Hochschulen gleichwertig ist. Absatz 3 gilt nur für den Besuch von Ausbildungsstätten, der dem Besuch der im Inland gelegenen Höheren Fachschulen oder Hochschulen gleichwertig ist. Die Prüfung der Gleichwertigkeit erfolgt von Amts wegen im Rahmen des Bewilligungsverfahrens.
(5) Wird im Zusammenhang mit dem Besuch einer im Inland gelegenen Höheren Fachschule, Akademie oder Hochschule ein Praktikum gefordert, so wird für die Teilnahme an einem Praktikum im Ausland Ausbildungsförderung nur geleistet, wenn die im Inland gelegene Ausbildungsstätte oder oder die zuständige Prüfungsstelle anerkennt, daß diese fachpraktische Ausbildung den Anforderungen der Prüfungsordnung an die Praktikantenstelle genügt, und ausreichende Sprachkenntnisse vorhanden sind. Das Praktikum im Ausland muß der Ausbildung nach dem Ausbildungsstand förderlich sein und mindestens drei Monate dauern. Für die Teilnahme an einem Praktikum außerhalb Europas, das nach dem 30. Juni 1990 beginnt, wird Ausbildungsförderung nur geleistet, wenn eine der in Satz 1 bezeichneten Stellen zusätzlich bestätigt, daß der Aufenthalt außerhalb Europas nach dem Ausbildungsstand besonders förderlich ist. Absatz 2 Satz 4 findet entsprechende Anwendung.

§ 5 a Unberücksichtigte Ausbildungszeiten
Bei der Leistung von Ausbildungsförderung für eine Ausbildung im Inland bleibt die Zeit einer Ausbildung, die der Auszubildende im Ausland durchgeführt hat, längstens jedoch bis zu einem Jahr, unberücksichtigt. Dies gilt nicht, wenn der Auslandsaufenthalt in Ausbildungsbestimmungen als ein notwendig im Ausland durchzuführender Teil der Ausbildung vorgeschrieben ist oder die Förderungshöchstdauer des Auszubildenden vor dem 1. Juli 1999 endet.

§ 6 Förderung der Deutschen im Ausland
Deutschen im Sinne des Grundgesetzes, die ihren ständigen Wohnsitz in einem ausländischen Staat haben und dort oder von dort aus in einem Nachbarstaat eine Ausbildungsstätte besuchen, kann Ausbildungsförderung geleistet werden, wenn die besonderen Umstände des Einzelfalles dies rechtfertigen. Art und Dauer der Leistungen sowie die Anrechnung des Einkommens und Vermögens richten sich nach den besonderen Verhältnissen im Aufenthaltsland. § 9 Abs. 1 und 2 sowie § 48 sind entsprechend, die §§ 36 bis 38 sind nicht anzuwenden.

§ 6 a (aufgehoben)

§ 7 Erstausbildung, weitere Ausbildung
(1) Ausbildungsförderung wird für die weiterführende allgemeinbildende und zumindest für drei Schul- oder Studienjahre berufsbildender Ausbildung im Sinne der §§ 2 und 3 bis zu einem daran anschließenden berufsqualifizierenden Abschluß geleistet. Berufsqualifizierend ist ein Ausbildungsabschluß auch dann, wenn er im Ausland erworben wurde und dort zur Berufsausübung befähigt. Satz 2 ist nicht anzuwenden, wenn der Auszubildende eine im Inland begonnene Ausbildung fortsetzt, nachdem er im Zusammenhang mit einer nach § 5 Abs. 2 Nr. 1 dem Grunde nach förderungsfähigen Ausbildung einen berufsqualifizierenden Abschluß erworben hat.

(1 a) Für einen Master- oder Magisterstudiengang im Sinne des § 19 des Hochschulrahmengesetzes oder für einen postgradualen Diplomstudiengang im Sinne des § 18 Abs. 1 Satz 1 bis 3 des Hochschulrahmengesetzes wird Ausbildungsförderung geleistet, wenn er auf einem Bachelor- oder Bakkalaureusstudiengang aufbaut und diesen in derselben Fachrichtung ergänzt.

(2) Für eine einzige weitere Ausbildung wird Ausbildungsförderung längstens bis zu einem berufsqualifizierenden Abschluß geleistet,
1. wenn sie eine Hochschulausbildung oder eine dieser nach Landesrecht gleichgestellte Ausbildung in einem längstens zwei Jahre dauernden Ausbildungsgang entweder in derselben Richtung fachlich, insbesondere wissenschaftlich vertieft, weiterführt oder in einem für den angestrebten Beruf besonders förderlichen Maß ergänzt; der Auszubildende muß die vorhergehende Hochschulausbildung vor Ablauf eines Jahres nach dem Ende der Förderungshöchstdauer oder der Förderungsdauer nach § 15 Abs. 3 Nr. 1, 3 oder 5 abgeschlossen und die weitere Ausbildung vor dem 1. Januar 1997 aufgenommen haben,
2. wenn sie eine Hochschulausbildung oder eine dieser nach Landesrecht gleichgestellte Ausbildung insoweit ergänzt, als dies für die Aufnahme des angestrebten Berufs rechtlich erforderlich ist,
3. wenn im Zusammenhang mit der vorhergehenden Ausbildung der Zugang zu ihr eröffnet worden ist, sie in sich selbständig ist und in derselben Richtung fachlich weiterführt,
4. wenn der Auszubildende
   a) eine Fachoberschulklasse, deren Besuch eine abgeschlossene Berufsausbildung voraussetzt, eine Abendhauptschule, eine Berufsaufbauschule, eine Abendrealschule, ein Abendgymnasium oder ein Kolleg besucht oder
   b) die Zugangsvoraussetzungen für die zu fördernde weitere Ausbildung an einer der in Buchstabe a genannten Ausbildungsstätten erworben hat, auch durch eine Nichtschülerprüfung oder eine Zugangsprüfung zu einer Hochschule, oder
5. wenn der Auszubildende als erste berufsbildende eine zumindest dreijährige Ausbildung an einer Berufsfachschule oder in einer Fachschulklasse, deren Besuch eine abgeschlossene Berufsausbildung nicht voraussetzt, abgeschlossen hat.

Im übrigen wird Ausbildungsförderung für eine einzige weitere Ausbildung nur geleistet, wenn die besonderen Umstände des Einzelfalles, insbesondere das angestrebte Ausbildungsziel, dies erfordern.

(3) Hat der Auszubildende
1. aus wichtigem Grund oder
2. aus unabweisbarem Grund

die Ausbildung abgebrochen oder die Fachrichtung gewechselt, so wird Ausbildungsförderung für eine andere Ausbildung geleistet; bei Auszubildenden an Höheren Fachschulen, Akademien und Hochschulen gilt Nummer 1 nur bis zum Beginn des vierten Fachsemesters. Ein Auszubildender wechselt die Fachrichtung, wenn er einen anderen berufsqualifizierenden Abschluß oder ein anderes bestimmtes Ausbildungsziel eines rechtlich geregelten Ausbildungsganges an einer Ausbildungsstätte derselben Ausbildungsstättenart anstrebt.

Abschnitt II
Persönliche Voraussetzungen

§ 8 Staatsangehörigkeit
(1) Ausbildungsförderung wird geleistet
1. Deutschen im Sinne des Grundgesetzes,
2. heimatlosen Ausländern im Sinne des Gesetzes über die Rechtsstellung heimatloser Ausländer im Bundesgebiet vom 25. April 1951 (BGBl. I S. 269), zuletzt geändert durch Artikel 4 Nr. 1 des Gesetzes vom 13. Juni 1980 (BGBl. I S. 677),
3. Ausländern, die ihren gewöhnlichen Aufenthalt im Inland haben und als Asylberechtigte nach dem Asylverfahrensgesetz anerkannt sind,
4. Ausländern, die ihren gewöhnlichen Aufenthalt im Inland haben und Flüchtlinge nach § 1 des Gesetzes über Maßnahmen für im Rahmen humanitärer Hilfsaktionen aufgenommene Flüchtlinge vom 22. Juli 1980 (BGBl. I S. 1057), zuletzt geändert durch Artikel 5 des Gesetzes vom 9. Juli 1990 (BGBl. I S. 1354), sind,
5. Ausländern, die ihren gewöhnlichen Aufenthalt im Inland haben und auf Grund des Abkommens vom 28. Juli 1951 über die Rechtsstellung der Flüchtlinge (BGBl. 1953 II S. 559) oder nach dem Protokoll über die Rechtsstellung der Flüchtlinge vom 31. Januar 1967 (BGBl. 1969 II S. 1293) außerhalb der Bundesrepublik Deutschland als Flüchtlinge anerkannt und im Gebiet der Bundesrepublik Deutschland nicht nur vorübergehend zum Aufenthalt berechtigt sind,
6. Ausländern, die ihren ständigen Wohnsitz im Inland haben, wenn ein Elternteil Deutscher im Sinne des Grundgesetzes ist,
7. Auszubildenden, denen nach dem Aufenthaltsgesetz/EWG als Kindern Freizügigkeit gewährt wird, die danach als Kinder verbleibeberechtigt sind oder denen danach als Kindern Freizügigkeit oder Verbleiberecht nur deshalb nicht zustehen, weil sie 21 Jahre alt oder älter sind und von ihren Eltern oder ihrem Ehegatten keinen Unterhalt erhalten,
8. Auszubildenden, die die Staatsangehörigkeit eines anderen EG-Mitgliedstaates oder eines anderen Vertragsstaates des Abkommens über den Europäischen Wirtschaftsraum haben und im Inland vor Beginn der Ausbildung in einem Beschäftigungsverhältnis gestanden haben; zwischen der darin ausgeübten Tätigkeit und dem Gegenstand der Ausbildung muß grundsätzlich ein inhaltlicher Zusammenhang bestehen.

(2) Anderen Ausländern wird Ausbildungsförderung geleistet, wenn
1. sie selbst vor Beginn des förderungsfähigen Teils des Ausbildungsabschnitts insgesamt fünf Jahre sich im Geltungsbereich dieses Gesetzes aufgehalten haben und rechtmäßig erwerbstätig gewesen sind oder
2. zumindest ein Elternteil während der letzten sechs Jahre vor Beginn des förderungsfähigen Teils des Ausbildungsabschnitts sich insgesamt drei Jahre im Geltungsbereich dieses Gesetzes aufgehalten hat und rechtmäßig erwerbstätig gewesen ist, im übrigen von dem Zeitpunkt an, in dem im weiteren Verlauf des Ausbildungsabschnitts diese Voraussetzungen vorgelegen haben. Die Voraussetzungen gelten auch für einen einzigen weiteren Ausbildungsabschnitt als erfüllt, wenn der Auszubildende in dem vorhergehenden Ausbildungsabschnitt die Zugangsvoraussetzungen erworben hat und danach unverzüglich den Ausbildungsabschnitt beginnt. Von dem Erfordernis der Erwerbstätigkeit des Elternteils während der letzten sechs Jahre kann abgesehen werden, wenn sie aus einem von ihm nicht zu vertretenden Grunde nicht ausgeübt worden ist und er im Inland mindestens sechs Monate erwerbstätig gewesen ist.

(3) Rechts- und Verwaltungsvorschriften, nach denen anderen Ausländern Ausbildungsförderung zu leisten ist, bleibt unberührt.

§ 9 Eignung
(1) Die Ausbildung wird gefördert, wenn die Leistungen des Auszubildenden erwarten lassen, daß er das angestrebte Ausbildungsziel erreicht.

(2) Dies wird in der Regel angenommen, solange der Auszubildende die Ausbildungsstätte besucht oder an dem Praktikum teilnimmt und bei dem Besuch einer Höheren Fachschule, Akademie oder Hochschule die den jeweiligen Ausbildungs- und Prüfungsordnungen entsprechenden Studienfortschritte erkennen läßt. Hierüber sind die nach § 48 erforderlichen Nachweise zu erbringen.
(3) Bei der Teilnahme an Fernunterrichtslehrgängen wird dies angenommen, wenn der Auszubildende die Bescheinigung nach § 3 Abs. 3 beigebracht hat.

§ 10 Alter
(1) und (2) (aufgehoben)
(3)[1] Ausbildungsförderung wird nicht geleistet, wenn der Auszubildende bei Beginn des Ausbildungsabschnitts, für den er Ausbildungsförderung beantragt, das 30. Lebensjahr vollendet hat. Satz 1 gilt nicht, wenn
1. der Auszubildende die Zugangsvoraussetzungen für die zu fördernde Ausbildung in einer Fachoberschulklasse, deren Besuch eine abgeschlossene Berufsausbildung voraussetzt, an einer Abendhauptschule, einer Berufsaufbauschule, einer Abendrealschule, einem Abendgymnasium, einem Kolleg oder durch eine Nichtschülerprüfung oder eine Zugangsprüfung zu einer Hochschule erworben hat,
1a. der Auszubildende ohne Hochschulzugangsberechtigung auf Grund seiner beruflichen Qualifikation an einer Hochschule eingeschrieben worden ist,
2. die Art einer vor dem 1. Juli 1995 aufgenommenen Ausbildung die Überschreitung der Altersgrenze rechtfertigt,
3. der Auszubildende aus persönlichen oder familiären Gründen, insbesondere der Erziehung von Kindern bis zu 10 Jahren, gehindert war, den Ausbildungsabschnitt rechtzeitig zu beginnen oder
4. der Auszubildende infolge einer einschneidenden Veränderung seiner persönlichen Verhältnisse bedürftig geworden ist und noch keine Ausbildung, die nach diesem Gesetz gefördert werden kann, berufsqualifizierend abgeschlossen hat.
Satz 2 Nr. 1, 3 und 4 gilt nur, wenn der Auszubildende die Ausbildung unverzüglich nach Erreichen der Zugangsvoraussetzungen, dem Wegfall der Hinderungsgründe oder dem Eintritt einer Bedürftigkeit infolge einschneidender Veränderungen seiner persönlichen Verhältnisse aufnimmt.

Abschnitt III
Leistungen

§ 11 Umfang der Ausbildungsförderung
(1) Ausbildungsförderung wird für den Lebensunterhalt und die Ausbildung geleistet (Bedarf).
(2)[2] Auf den Bedarf sind nach Maßgabe der folgenden Vorschriften Einkommen und Vermögen des Auszubildenden, seines Ehegatten und seiner Eltern in dieser Reihenfolge anzurechnen; die Anrechnung erfolgt zunächst auf den nach § 17 Abs. 2 Satz 1 als Zuschuß und Darlehen zu leistenden Teil des Bedarfs. Ehegatte im Sinne dieses Gesetzes ist der nicht dauernd getrennt lebende Ehegatte, sofern dieses Gesetz nicht anderes bestimmt.
(2 a) Einkommen und Vermögen der Eltern bleiben außer Betracht, wenn ihr Aufenthaltsort nicht bekannt ist oder sie rechtlich oder tatsächlich gehindert sind, im Inland Unterhalt zu leisten.
(3) Einkommen und Vermögen der Eltern bleiben ferner außer Betracht, wenn der Auszubildende
1. ein Abendgymnasium oder Kolleg besucht,

---
1) Gemäß Artikel 5 Abs. 2 des Siebzehnten Änderungsgesetzes vom 24. Juli 1995 (BGBl. I S. 976) in Kraft seit 25. 7. 1995 mit der Maßgabe, daß die geänderte Bestimmung nur bei Entscheidungen für die Bewilligungszeiträume zu berücksichtigen ist, die nach dem 25. 7.1995 beginnen.
2) Hierzu Beschluß des Bundesverfassungsgerichts vom 10. 1. 1995 – 1 BvL 20/87, 1 BvL 20/88 – (BGBl. I S. 478):
»1. § 11 Absatz 2 erster Halbsatz des Bundesgesetzes über individuelle Förderung der Ausbildung (Bundesausbildungsförderungsgesetz – BAföG) vom 26. August 1971 (BGBl. I S. 1409) in der Fassung des Siebenten Gesetzes zur Änderung des Bundesausbildungsförderungsgesetzes vom 13. Juli 1981 (BGBl. I S. 625) ist mit Artikel 3 Absatz 1 des Grundgesetzes unvereinbar, soweit auf den Bedarf des Auszubildenden Einkommen und Vermögen des nicht dauernd getrennt lebenden Ehegatten anzurechnen sind.
2. Bis zu einer gesetzlichen Neuregelung sind die dem Auszubildenden zufließenden Unterhaltsleistungen seines Ehegatten als eigenes Einkommen anzurechnen. Im übrigen darf bis dahin die Gewährung der Ausbildungsförderung von der Abtretung etwaiger Unterhaltsansprüche gegen den Ehegatten abhängig gemacht werden.«

2. bei Beginn des Ausbildungsabschnitts das 30. Lebensjahr vollendet hat,
3. bei Beginn des Ausbildungsabschnitts nach Vollendung des 18. Lebensjahres fünf Jahre erwerbstätig war,
4. bei Beginn des Ausbildungsabschnitts nach Abschluß einer vorhergehenden, zumindest dreijährigen berufsqualifizierenden Ausbildung drei Jahre oder im Falle einer kürzeren Ausbildung entsprechend länger erwerbstätig war oder
5. eine weitere in sich selbständige Ausbildung beginnt, nachdem seine Eltern ihm gegenüber ihre Unterhaltspflicht erfüllt haben, und die Voraussetzungen des Satzes 3 vorliegen.

Satz 1 Nr. 3 und 4 gilt nur, wenn der Auszubildende in den Jahren seiner Erwerbstätigkeit in der Lage war, sich aus deren Ertrag selbst zu unterhalten. Satz 1 Nr. 5 gilt nur für Auszubildende, deren Ausbildungsabschnitt vor dem 1. Juli 1990 begonnen hat, sowie auf besonderen Antrag für Auszubildende, die zu diesem Zeitpunkt wegen der Ableistung eines der in § 66 a Abs. 4 Nr. 1 bis 4 genannten Dienste gehindert waren, den Ausbildungsabschnitt zu beginnen, aber in unmittelbarem Anschluß hieran diese Ausbildung aufnehmen.[1]

(4)[2] Ist Einkommen des Ehegatten, der Eltern oder eines Elternteils außer auf den Bedarf des Antragstellers auch auf den Bedarf anderer Auszubildender, für die ein Freibetrag nach § 25 Abs. 3 Satz 1 Nr. 1 und 2 gewährt wird, anzurechnen, so wird es zu gleichen Teilen angerechnet; dabei sind auch Auszubildende zu berücksichtigen, die Ausbildungsförderung ohne Anrechnung des Einkommens der Eltern erhalten können und nicht in § 25 Abs. 3 Satz 4 bezeichnet sind. Soweit dabei der Bedarf anderer Auszubildender nach § 12 Abs. 1 und 2, § 13 Abs. 1 und 2 und § 14 dieses Gesetzes oder nach § 59 des Dritten Buches Sozialgesetzbuch überschritten würde, werden die übersteigenden Einkommensanteile zu gleichen Teilen auf den noch ungedeckten Bedarf des Antragstellers und anderer Auszubildender angerechnet. Diese Aufteilung ist gegebenenfalls mehrfach durchzuführen.

§ 12 Bedarf für Schüler
(1)[3] Als monatlicher Bedarf gelten für Schüler
1. von Berufsfachschulen und Fachschulklassen, deren Besuch eine abgeschlossene Berufsausbildung nicht voraussetzt, soweit die Ausbildungsstätte
   a) in den Ländern Brandenburg, Mecklenburg-Vorpommern, Sachsen, Sachsen-Anhalt, Thüringen oder in dem Teil des Landes Berlin, in dem das Gesetz bisher nicht galt, liegt, 330 DM,
   b) im sonstigen Geltungsbereich des Gesetzes oder im Ausland liegt, 355 DM,
2. von Abendhauptschulen, Berufsaufbauschulen, Abendrealschulen und von Fachoberschulklassen, deren Besuch eine abgeschlossene Berufsausbildung voraussetzt, soweit die Ausbildungsstätte
   a) in dem in Nummer 1 Buchstabe a bezeichneten Gebiet liegt, 605 DM,
   b) im sonstigen Geltungsbereich des Gesetzes oder im Ausland liegt, 640 DM.

---

1) Hierzu Beschluß des Bundesverfassungsgerichts vom 10. November 1998 – 1 BvL 50/92 – (BGBl. 1999 I S. 79):
»§ 11 Absatz 3 Satz 3 in Verbindung mit § 36 Absatz 1 Satz 2 des Bundesgesetzes über individuelle Förderung der Ausbildung (Bundesausbildungsförderungsgesetz – BAföG -) in der Fassung des Zwölften Gesetzes zur Änderung des Bundesausbildungsförderungsgesetzes (12. BAföGÄndG) vom 22. Mai 1990 (Bundesgesetzblatt I Seite 936) sowie in Verbindung mit § 36 Absatz 1 Satz 3 des Bundesausbildungsförderungsgesetzes in der Fassung des Achtzehnten Gesetzes zur Änderung des Bundesausbildungsförderungsgesetzes (18. BAföGÄndG) vom 17. Juli 1996 (Bundesgesetzblatt I Seite 1006) ist mit Artikel 3 Absatz 1 des Grundgesetzes unvereinbar.
Bis zu einer gesetzlichen Neuregelung ist § 36 Absatz 1 Satz 1 des Bundesausbildungsförderungsgesetzes in der Fassung des Zwölften Gesetzes zur Änderung des Bundesausbildungsförderungsgesetzes ohne die Einschränkung des Satzes 2 und in der Fassung des Achtzehnten Gesetzes zur Änderung des Bundesausbildungsförderungsgesetzes ohne die Einschränkung des Satzes 3 anzuwenden.«
2) Gemäß Artikel 5 Abs. 2 des Siebzehnten Änderungsgesetzes vom 24. Juli 1995 (BGBl. I S. 976) in Kraft seit 25. 7. 1995 mit der Maßgabe, daß die geänderte Bestimmung nur bei Entscheidungen für die Bewilligungszeiträume zu berücksichtigen ist, die nach dem 25. 7.1995 beginnen.
3) Gemäß Art. 8 des Zwanzigsten Änderungsgesetzes vom 7. 5. 1999 (BGBl. I S. 850) in Kraft am 13. 5. 1999 mit der Maßgabe, daß die Änderungen nur bei Entscheidungen für die Bewilligungszeiträume zu berücksichtigen sind, die nach dem 30. Juni 1999 beginnen. Vom 1. 10. 1999 an sind die bestimmten Änderungen ohne die einschränkende Maßnahme zu berücksichtigen.

(2)[1] Als monatlicher Bedarf gelten, wenn der Auszubildende nicht bei seinen Eltern wohnt, für Schüler
1. von weiterführenden allgemeinbildenden Schulen und Berufsfachschulen sowie von Fach- und Fachoberschulklassen, deren Besuch eine abgeschlossene Berufsausbildung nicht voraussetzt, soweit die Ausbildungsstätte
   a) in dem in Absatz 1 Nr. 1 Buchstabe a bezeichneten Gebiet liegt, 580 DM,
   b) im sonstigen Geltungsbereich des Gesetzes oder im Ausland liegt, 640 DM,
2. von Abendhauptschulen, Berufsaufbauschulen, Abendrealschulen und von Fachoberschulklassen, deren Besuch eine abgeschlossene Berufsausbildung voraussetzt, soweit die Ausbildungsstätte
   a) in dem in Absatz 1 Nr. 1 Buchstabe a bezeichneten Gebiet liegt, 665 DM,
   b) im sonstigen Geltungsbereich des Gesetzes oder im Ausland liegt, 770 DM.

Satz 1 gilt nur, wenn
1. von der Wohnung der Eltern aus eine entsprechende zumutbare Ausbildungsstätte nicht erreichbar ist,
2. der Auszubildende einen eigenen Haushalt führt und verheiratet ist oder war,
3. der Auszubildende einen eigenen Haushalt führt und mit mindestens einem Kind zusammenlebt,
4. eine Verordnung nach § 2 Abs. 1a Satz 2 erlassen worden ist und die Verweisung des Auszubildenden auf die Wohnung der Eltern aus einem dort aufgeführten schwerwiegenden sozialen Grund unzumutbar ist.

(3) (aufgehoben)

(3 a) Ein Auszubildender wohnt auch dann bei seinen Eltern, wenn der von ihm bewohnte Raum im Eigentum der Eltern steht.

(4) Bei einer Ausbildung im europäischen Ausland werden Schülern von Gymnasien und von Berufsfachschulen innerhalb eines Kalenderjahres die notwendigen Aufwendungen für vier Hin- und Rückfahrten zu der Ausbildungsstätte geleistet.

§ 12 a (aufgehoben)

§ 13 Bedarf für Studierende

(1)[1] Als monatlicher Bedarf gelten für Auszubildende in
1. Fachschulklassen, deren Besuch eine abgeschlossene Berufsausbildung voraussetzt, Abendgymnasien und Kollegs 570 DM,
2. Höhere Fachschulen, Akademien und Hochschulen 615 DM.

(2)[1] Die Beträge nach Absatz 1 erhöhen sich für die Unterkunft, wenn der Auszubildende
1. bei seinen Eltern wohnt, soweit die Ausbildungsstätte
   a) in dem in § 12 Abs. 1 Nr. 1 Buchstabe a bezeichneten Gebiet liegt, um monatlich 35 DM,
   b) im sonstigen Geltungsbereich des Gesetzes oder im Ausland liegt, um monatlich 80 DM,
2. nicht bei seinen Eltern wohnt, soweit die Ausbildungsstätte
   a) in dem in § 12 Abs. 1 Nr. 1 Buchstabe a bezeichneten Gebiet liegt, um monatlich 85 DM,
   b) im sonstigen Geltungsbereich des Gesetzes oder im Ausland liegt, um monatlich 245 DM.

(2 a)[1] Für Auszubildende an Hochschulen, die
1. nach § 5 Abs. 1 Nr. 9 oder 10 des Fünften Buches Sozialgesetzbuch versichert sind,
2. der gesetzlichen Krankenversicherung freiwillig beigetreten sind oder
3. bei einem Krankenversicherungsunternehmen, das die in § 257 Abs. 2 a und 2 b des Fünften Buches Sozialgesetzbuch genannten Voraussetzungen erfüllt, versichert sind und aus dieser Versicherung Leistungen beanspruchen können, die der Art nach den Leistungen des Fünften Buches Sozialgesetzbuch mit Ausnahme des Krankengeldes entsprechen,

erhöht sich der Betrag nach Absatz 1 Nr. 2 für die Krankenversicherung. Er erhöht sich, soweit die Ausbildungsstätte
1. in dem in § 12 Abs. 1 Nr. 1 Buchstabe a bezeichneten Gebiet liegt, um monatlich 70 DM,
2. im sonstigen Geltungsbereich des Gesetzes oder im Ausland liegt, um monatlich 80 DM.

---

1) Gemäß Art. 8 des Zwanzigsten Änderungsgesetzes vom 7. 5. 1999 (BGBl. I S. 850) in Kraft am 13. 5. 1999 mit der Maßgabe, daß die Änderungen nur bei Entscheidungen für die Bewilligungszeiträume zu berücksichtigen sind, die nach dem 30. Juni 1999 beginnen. Vom 1. 10. 1999 an sind die bestimmten Änderungen ohne die einschränkende Maßnahme zu berücksichtigen.

§ 257 Abs. 2 c des Fünften Buches Sozialgesetzbuch gilt entsprechend.
(3) (aufgehoben)
(3 a) Ein Auszubildender wohnt auch dann bei seinen Eltern, wenn der von ihm bewohnte Raum im Eigentum der Eltern steht.
(4) Bei einer Ausbildung im Ausland nach § 5 Abs. 2 und 3 wird, soweit die Lebens- und Ausbildungsverhältnisse im Ausbildungsland dies erfordern, bei dem Bedarf ein Zu- oder Abschlag vorgenommen, dessen Höhe die Bundesregierung durch Rechtsverordnung mit Zustimmung des Bundesrates bestimmt.

§ 13 a Pflegeversicherungszuschlag
Für Auszubildende, die beitragspflichtig
1. in der sozialen Pflegeversicherung oder
2. bei einem privaten Versicherungsunternehmen, das die in § 61 Abs. 6 des Elften Buches Sozialgesetzbuch genannten Voraussetzungen erfüllt, nach § 23 des Elften Buches Sozialgesetzbuch versichert sind, erhöhen sich die Beträge nach § 12 Abs. 1 und 2, § 13 Abs. 1 für die Pflegeversicherung ab 1. Januar 1995 um monatlich 10 Deutsche Mark, ab 1. Juli 1996 um monatlich 15 Deutsche Mark. Satz 1 ist bei Entscheidungen für Bewilligungszeiträume, die nach dem 31. Dezember 1994 beginnen, oder auf Antrag von Beginn des Antragsmonats an zu berücksichtigen.

§ 14 Bedarf für Praktikanten
Als monatlicher Bedarf für Praktikanten gelten die Beträge, die für Schüler und Studenten der Ausbildungsstätten geleistet werden, mit deren Besuch das Praktikum in Zusammenhang steht. § 13 Abs. 4 ist entsprechend anzuwenden.

§ 14 a Zusatzleistungen in Härtefällen
Die Bundesregierung kann durch Rechtsverordnung mit Zustimmung des Bundesrates bestimmen, daß bei einer Ausbildung im Inland sowie in den Fällen des § 5 Abs. 1 Ausbildungsförderung über die Beträge nach § 12 Abs. 1 und 2, § 13 Abs. 1 bis 2 a sowie § 13 a hinaus geleistet wird zur Deckung besonderer Aufwendungen des Auszubildenden
1. für seine Ausbildung, wenn sie hiermit in unmittelbarem Zusammenhang stehen und soweit dies zur Erreichung des Ausbildungszieles notwendig ist,
2. für seine Unterkunft, soweit dies zur Vermeidung unbilliger Härten erforderlich ist.
In der Rechtsverordnung können insbesondere Regelungen getroffen werden über
1. die Ausbildungsgänge, für die ein zusätzlicher Bedarf gewährt wird,
2. die Arten der Aufwendungen, die allgemein als bedarfserhöhend berücksichtigt werden,
3. die Arten der Lern- und Arbeitsmittel, deren Anschaffungskosten als zusätzlicher Bedarf anzuerkennen sind,
4. die Verteilung des zusätzlichen Bedarfs auf den Ausbildungsabschnitt,
5. die Höhe oder die Höchstbeträge des zusätzlichen Bedarfs und die Höhe einer Selbstbeteiligung.

§ 15 Förderungsdauer
(1) Ausbildungsförderung wird vom Beginn des Monats an geleistet, in dem die Ausbildung aufgenommen wird, frühestens jedoch vom Beginn des Antragsmonats an.
(2) Ausbildungsförderung wird für die Dauer der Ausbildung – einschließlich der unterrichts- und vorlesungsfreien Zeit – geleistet, bei Ausbildungs- und Studiengängen, für die eine Förderungshöchstdauer festgelegt ist, jedoch nicht über die Förderungsdauer hinaus. Für die Teilnahme an Einrichtungen des Fernunterrichts wird Ausbildungsförderung höchstens für 12 Kalendermonate geleistet.
(2 a) Ausbildungsförderung wird auch geleistet, solange die Auszubildenden infolge von Erkrankung oder Schwangerschaft gehindert sind, die Ausbildung durchzuführen, nicht jedoch über das Ende des dritten Kalendermonats hinaus.
(3) Über die Förderungshöchstdauer hinaus wird für eine angemessene Zeit Ausbildungsförderung geleistet, wenn sie
1. aus schwerwiegenden Gründen,
2. (aufgehoben)[1]

---
1) Gemäß Art. 8 des Zwanzigsten Änderungsgesetzes vom 7. 5. 1999 (BGBl. I S. 850) in Kraft am 13. 5. 1999 mit der Maßgabe, daß die Änderungen nur bei Entscheidungen für die Bewilligungszeiträume zu berücksichtigen sind, die

3. infolge einer Mitwirkung in gesetzlich vorgesehenen Gremien und satzungsmäßigen Organen der Höheren Fachschulen, Akademien, Hochschulen und der Länder sowie in satzungsmäßigen Organen der Selbstverwaltung der Studierenden an diesen Ausbildungsstätten sowie der Studentenwerke,
4. infolge des erstmaligen Nichtbestehens der Abschlußprüfung,
5. infolge einer Behinderung, einer Schwangerschaft oder der Pflege und Erziehung eines Kindes bis zu fünf Jahren

überschritten worden ist.

(3 a) Auszubildenden an Hochschulen, die sich in einem in sich selbständigen Studiengang befinden, wird bis zum 30. September 2001 für höchstens zwölf Monate Ausbildungsförderung über die Förderungshöchstdauer oder die Förderungsdauer nach Absatz 3 Nr. 1, 2, 3 oder 5 hinaus geleistet, wenn der Auszubildende innerhalb dieser Förderungszeiten zur Abschlußprüfung zugelassen worden ist und die Prüfungsstelle bescheinigt, daß er die Ausbildung innerhalb der verlängerten Förderungsdauer abschließen kann. Ist eine Abschlußprüfung nicht vorgesehen, gilt Satz 1 unter der Voraussetzung, daß der Auszubildende eine Bestätigung der Ausbildungsstätte darüber vorlegt, daß er die Ausbildung innerhalb der verlängerten Förderungsdauer abschließen kann.

(4) Das Bundesministerium für Bildung und Forschung bestimmt durch Rechtsverordnung mit Zustimmung des Bundesrates unter besonderer Berücksichtigung der Ausbildungs- und Prüfungsordnungen für jede Ausbildung an den in § 2 Abs. 1 Nr. 5 und 6 bezeichneten oder diesen nach § 2 Abs. 3 als gleichwertig bestimmten Ausbildungsstätten die Förderungsdauer. Die Rechtsverordnung nach Satz 1 gilt nur für Auszubildende an Höheren Fachschulen und Hochschulen, die vor dem 1. Oktober 1996 das vierte Fachsemester beendet oder die Zusatzausbildung begonnen haben.

§ 15 a Förderungshöchstdauer

(1) Die Förderungshöchstdauer, einschließlich Prüfungs- und praktischer Studienzeiten, beträgt – vorbehaltlich der Absätze 2 bis 5 und des § 15 Abs. 4 – für die Ausbildung an
1. Höheren Fachschulen 6 Semester,
2. Hochschulen
   a) bei Universitätsstudiengängen und entsprechenden
      Gesamthochschulstudiengängen 9 Semester,
   b) bei Fachhochschulstudiengängen und entsprechenden
      Gesamthochschulstudiengängen
      aa) ohne Praxiszeiten 7 Semester,
      bb) mit Praxiszeiten 8 Semester,
   c) bei Zusatz-, Ergänzungs- und Aufbaustudiengängen 2 Semester,
   d) bei Lehramtsstudiengängen für die Primarstufe und die
      Sekundarstufe I 7 Semester.

(2) Abweichend von Absatz 1 beträgt die Förderungshöchstdauer für die Universitätsstudiengänge
1. Ingenieurwissenschaften, einschließlich Wirtschaftsingenieurwesen,
   Biologie und Physik 10 Semester,
2. Zahn- und Tiermedizin 11 Semester,
3. Medizin, mit Ausnahme von Zahn- und Tiermedizin, 12 Semester und 3 Monate.

(3) Für künstlerische Ausbildungs- und Studiengänge sowie für Studiengänge nach § 7 Abs. 1 a wird die Förderungshöchstdauer durch Rechtsverordnung unter besonderer Berücksichtigung der Ausbildungs- und Prüfungsordnungen bestimmt.

(4) Für die in den Absätzen 1 und 2 bezeichneten Ausbildungs- und Studiengänge kann durch Rechtsverordnung die Förderungshöchstdauer
1. entsprechend den landesrechtlich vorgeschriebenen Ausbildungs- oder Regelstudienzeiten niedriger festgesetzt werden,
2. höher festgesetzt werden, wenn dies nach den landesrechtlich vorgeschriebenen Ausbildungs- oder Regelstudienzeiten und der vermittelten besonderen Stoffülle unabweisbar ist.

---

nach dem 30. Juni 1999 beginnen. Vom 1. 10. 1999 an sind die bestimmten Änderungen ohne die einschränkende Maßnahme zu berücksichtigen.

Eine Förderungshöchstdauer von mehr als vier Semestern kann für Zusatz-, Ergänzungs- und Aufbaustudiengänge nur festgelegt werden, wenn sie eine Hochschulausbildung insoweit ergänzen, als dies für die Aufnahme des angestrebten Berufs rechtlich erforderlich ist. Soweit die Festsetzung zu einer Verkürzung der Förderungshöchstdauer führt, können aus Gründen des Vertrauensschutzes Übergangsregelungen für Auszubildende höherer Fachsemester getroffen werden.
(5) Durch Rechtsverordnung werden die Anrechnung früherer Ausbildungszeiten und die Bemessung der Förderungshöchstdauer nach Ausbildungsabbruch oder Fachrichtungswechsel geregelt. Durch die Rechtsverordnung kann eine Verlängerung der Förderungshöchstdauer für den Erwerb von Fremdsprachenkenntnissen, die ein Ausbildungsgang voraussetzt, vorgesehen werden.
(6) Die Rechtsverordnung nach den Absätzen 3, 4 und 5 wird vom Bundesministerium für Bildung und Forschung mit Zustimmung des Bundesrates erlassen.

§ 15 b Aufnahme und Beendigung der Ausbildung
(1) Die Ausbildung gilt im Sinne dieses Gesetzes als mit dem Anfang des Monats aufgenommen, in dem Unterricht oder Vorlesungen tatsächlich begonnen werden.
(2) Liegt zwischen dem Ende eines Ausbildungsabschnitts und dem Beginn eines anderen nur ein Monat, so gilt die Ausbildung abweichend von Absatz 1 als bereits zu Beginn dieses Monats aufgenommen. Der Kalendermonat ist in den ersten Bewilligungszeitraum des späteren Ausbildungsabschnitts einzubeziehen.
(2 a) Besucht ein Auszubildender zwischen dem Ende einer Ausbildung im Ausland und dem frühestmöglichen Beginn der anschließenden Ausbildung im Inland für längstens vier Monate keine Ausbildungsstätte, so wird ihm längstens für die Dauer der beiden Monate vor Beginn der anschließenden Ausbildung Ausbildungsförderung geleistet. Die beiden Kalendermonate sind in den folgenden Bewilligungszeitraum einzubeziehen.
(3) Die Ausbildung endet mit dem Bestehen der Abschlußprüfung des Ausbildungsabschnitts oder, wenn eine solche nicht vorgesehen ist, mit der tatsächlichen planmäßigen Beendigung des Ausbildungsabschnitts. Abweichend von Satz 1 ist, sofern ein Prüfungs- oder Abgangszeugnis erteilt wird, das Datum dieses Zeugnisses maßgebend; für den Abschluß einer Hochschulausbildung ist stets der Zeitpunkt des letzten Prüfungsteils maßgebend.
(4) Die Ausbildung ist ferner beendet, wenn der Auszubildende die Ausbildung abbricht (§ 7 Abs. 3 Satz 2) und sie nicht an einer Ausbildungsstätte einer anderen Ausbildungsstättenart weiterführt.

§ 16 Förderungsdauer im Ausland
(1) Für eine Ausbildung im Ausland nach § 5 Abs. 2 oder 5 wird Ausbildungsförderung längstens für die Dauer eines Jahres geleistet. Innerhalb eines Ausbildungsabschnitts gilt Satz 1 nur für einen einzigen zusammenhängenden Zeitraum, soweit nicht der Besuch von Ausbildungsstätten in mehreren Ländern für die Ausbildung von besonderer Bedeutung ist.
(2) Darüber hinaus kann während drei weiterer Semester[1] Ausbildungsförderung geleistet werden für den Besuch einer Ausbildungsstätte, die den im Inland gelegenen Hochschulen gleichwertig ist, wenn er für die Ausbildung von besonderer Bedeutung ist.
(3) In den Fällen des § 5 Abs. 1, Abs. 2 Nr. 2 und Abs. 3 wird Ausbildungsförderung ohne die zeitliche Begrenzung der Absätze 1 und 2 geleistet. In den Fällen nach § 5 Abs. 2 Nr. 2, in denen im Inland für die jeweilige Fachrichtung ein zentrales Auswahlverfahren durchgeführt wird, gilt Satz 1 nur für eine Ausbildung in Europa.

§ 17 Förderungsarten[1]
(1) Ausbildungsförderung wird vorbehaltlich der Absätze 2 und 3 als Zuschuß geleistet.
(2)[2] Bei dem Besuch von Höheren Fachschulen, Akademien und Hochschulen sowie bei der Teilnahme an einem Praktikum, das im Zusammenhang mit dem Besuch dieser Ausbildungsstätten steht,

---
1) Gemäß Art. 6 Abs. 2 des Achtzehnten Änderungsgesetzes vom 17. 7. 1996 (BGBl. I S. 1006) in Kraft seit 1. 8. 1996 mit der Maßgabe, daß die geänderte Bestimmung nur bei Entscheidungen für die Bewilligungszeiträume zu berücksichtigen sind, die nach dem 31. 7. 1996 beginnen.
2) Hierzu Entscheidung des Bundesverfassungsgerichts vom 6. 2.1998 (BGBl. I S. 427):
Aus dem Beschluß des Bundesverfassungsgerichts vom 14. Oktober 1997 – 1 BvL 5/93 – wird die Entscheidungsformel veröffentlicht:
»§ 17 Absatz 2 des Bundesgesetzes über individuelle Förderung der Ausbildung (Bundesausbildungsförderungsgesetz – BAföG) in der Fassung des Artikel 16 Absatz 1 Nummer 5 des Gesetzes zur Wiederbelebung der Wirtschaft und

wird der monatliche Förderungsbetrag vorbehaltlich des Absatzes 3 zur Hälfte als Darlehen geleistet. Satz 1 gilt nicht
1. für den Zuschlag zum Bedarf nach § 13 Abs. 4,
2. für die Ausbildungsförderung, die nach § 15 Abs. 3 Nr. 5 über die Förderungshöchstdauer hinaus geleistet wird.

(3) Bei dem Besuch von Höheren Fachschulen, Akademien und Hochschulen sowie bei der Teilnahme an einem Praktikum, das im Zusammenhang mit dem Besuch dieser Ausbildungsstätten steht, erhält der Auszubildende Ausbildungsförderung als Bankdarlehen nach § 18 c
1. für eine weitere Ausbildung nach § 7 Abs. 2 Satz 1 Nr. 1 bis 3 und Satz 2,
2. für eine andere Ausbildung nach § 7 Abs. 3, soweit die Semesterzahl der hierfür maßgeblichen Förderungshöchstdauer, die um die Fachsemester der vorangegangenen, nicht abgeschlossenen Ausbildung zu kürzen ist, überschritten wird,
3.[1]) nach Überschreiten der Förderungshöchstdauer in den Fällen des § 15 Abs. 3 Nr. 4 und Abs. 3 a.
Nummer 2 gilt nicht, wenn der Auszubildende aus unabweisbarem Grund die Ausbildung abgebrochen oder die Fachrichtung gewechselt hat.

§ 18 Darlehensbedingungen

(1) Für Darlehen, die nach § 17 Abs. 2 Satz 1 geleistet werden, gelten die Absätze 2 bis 6 sowie die §§ 18 a und 18 b.

(2) Das Darlehen ist nicht zu verzinsen. Abweichend von Satz 1 ist das Darlehen – vorbehaltlich des Gleichbleibens der Rechtslage – mit 6 vom Hundert für das Jahr zu verzinsen, wenn der Darlehensnehmer den Zahlungstermin um mehr als 45 Tage überschritten hat. Aufwendungen für die Geltendmachung der Darlehensforderung sind hierdurch nicht abgegolten.

(3) Das Darlehen und die Zinsen nach der bis zum 31. März 1976 geltenden Fassung des Absatzes 2 Nr. 1 sind – vorbehaltlich des Gleichbleibens der Rechtslage – in gleichbleibenden monatlichen Raten, mindestens solchen von 200 DM innerhalb von 20 Jahren zurückzuzahlen. Für die Rückzahlung gelten alle nach Absatz 1 an einen Auszubildenden geleisteten Darlehensbeträge als ein Darlehen. Die erste Rate ist fünf Jahre nach dem Ende der Förderungshöchstdauer oder bei Ausbildungen an Akademien fünf Jahre nach dem Ende der in der Ausbildungs- und Prüfungsordnung vorgesehenen Ausbildungszeit des zuerst mit Darlehen geförderten Ausbildungs- oder Studienganges zu leisten. Von der Verpflichtung zur Rückzahlung ist der Darlehensnehmer auf Antrag freizustellen, solange er Leistungen nach diesem Gesetz erhält.

(4) Nach Aufforderung durch das Bundesverwaltungsamt sind die Raten für jeweils drei aufeinanderfolgende Monate in einer Summe zu entrichten.

(5) Die Zinsen nach Absatz 2 sind sofort fällig.

(5 a) Nach dem Ende der Förderungshöchstdauer erteilt das Bundesverwaltungsamt dem Darlehensnehmer – unbeschadet der Fälligkeit nach Absatz 3 Satz 3 – einen Bescheid, in dem die Höhe der Darlehensschuld und die Förderungshöchstdauer festgestellt werden. Eine Überprüfung dieser Feststellungen findet nach Eintritt der Unanfechtbarkeit des Bescheides nicht mehr statt; insbesondere gelten die Vorschriften des § 44 des Zehnten Buches Sozialgesetzbuch nicht. Ist ein Darlehensbetrag für ein Kalenderjahr geleistet worden, auf das sich die Feststellung der Höhe der Darlehensschuld nach Satz 1 nicht erstreckt, so wird diese insoweit durch einen ergänzenden Bescheid festgestellt; Satz 2 gilt entsprechend.

(5 b) Das Darlehen kann – auch in größeren Teilbeträgen – vorzeitig zurückgezahlt werden. Wird ein Darlehen vorzeitig getilgt, so ist auf Antrag ein Nachlaß von der Darlehens(rest)schuld zu gewähren.

Beschäftigung und zur Entlastung des Bundeshaushalts (Haushaltsbegleitgesetz 1983) vom 20. Dezember 1982 (Bundesgesetzblatt I Seite 1857) verstieß nicht gegen das Grundgesetz, soweit danach Ausbildungsförderung für den Besuch von Hochschulen auch hinsichtlich der zur Deckung der Unterkunftskosten vorgesehenen Leistung als Darlehen gewährt wurde.«
Die vorstehende Entscheidungsformel hat gemäß § 31 Abs. 2 des Gesetzes über das Bundesverfassungsgericht Gesetzeskraft.

1) Gemäß Art. 8 des Zwanzigsten Änderungsgesetzes vom 7. 5. 1999 (BGBl. I S. 850) in Kraft am 13. 5. 1999 mit der Maßgabe, daß die Änderungen nur bei Entscheidungen für die Bewilligungszeiträume zu berücksichtigen sind, die nach dem 30. Juni 1999 beginnen. Vom 1. 10. 1999 an sind die bestimmten Änderungen ohne die einschränkende Maßnahme zu berücksichtigen.

(5 c) Mit dem Tod des Darlehensnehmers erlischt die Darlehens(rest)schuld, soweit sie noch nicht fällig ist. Ist der Darlehensnehmer vor dem 1. Juli 1990 verstorben, erlischt die Darlehens(rest)schuld, soweit sie zu diesem Zeitpunkt noch nicht fällig ist.
(6) Das Bundesministerium für Bildung und Forschung bestimmt durch Rechtsverordnung mit Zustimmung des Bundesrates das Nähere über
1. Beginn und Ende der Verzinsung sowie den Verzicht auf Zinsen aus besonderen Gründen,
2. die Verwaltung und Einziehung der Darlehen – einschließlich der Maßnahmen zur Sicherung der Rückzahlungsansprüche – sowie ihre Rückleitung an Bund und Länder und über
3. die pauschale Erhebung der Kosten für die Ermittlung der Anschrift des Darlehensnehmers und für das Mahnverfahren.

§ 18 a[1]) Einkommensabhängige Rückzahlung

(1) Von der Verpflichtung zur Rückzahlung ist der Darlehensnehmer auf Antrag freizustellen, soweit sein Einkommen monatlich den Betrag von 1 475 DM nicht übersteigt. Der in Satz 1 bezeichnete Betrag erhöht sich für
1. den Ehegatten um 665 DM,
2. jedes Kind des Darlehensnehmers, das zu Beginn des in Satz 1 bezeichneten Monats
   a) das 15. Lebensjahr noch nicht vollendet hat, um 665 DM,
   b) das 15. Lebensjahr vollendet hat, um 515 DM.

Die Beträge nach Satz 2 mindern sich um das Einkommen des Ehegatten und des Kindes. Als Kinder des Darlehensnehmers gelten außer seinen eigenen Kindern die in § 25 Abs. 5 Nr. 1 bis 3 bezeichneten Personen. § 47 Abs. 4 und 5 gilt entsprechend. Auf besonderen Antrag erhöht sich der in Satz 1 bezeichnete Betrag bei Behinderten um den Betrag der behinderungsbedingten Aufwendungen entsprechend § 33 b des Einkommensteuergesetzes, bei Alleinstehenden um den Betrag der Kinderbetreuungskosten entsprechend § 33 c des Einkommensteuergesetzes.
(2) Auf den Antrag nach Absatz 1 Satz 1 erfolgt die Freistellung vom Beginn des Antragsmonats an in der Regel für ein Jahr, rückwirkend erfolgt sie für längstens vier Monate vor dem Antragsmonat (Freistellungszeitraum). Das im Antragsmonat erzielte Einkommen gilt vorbehaltlich des Absatzes 3 als monatliches Einkommen für alle Monate des Freistellungszeitraums. Der Darlehensnehmer hat das Vorliegen der Freistellungsvoraussetzungen glaubhaft zu machen.
(3) Ändert sich ein für die Freistellung maßgeblicher Umstand nach der Antragstellung, so wird der Bescheid vom Beginn des Monats an geändert, in dem die Änderung eingetreten ist. Nicht als Änderung im Sinne des Satzes 1 gelten Regelanpassungen gesetzlicher Renten und Versorgungsbezüge. Der Änderungsbescheid ergeht unter dem Vorbehalt der abschließenden Feststellung nach Absatz 4.
(4) Ist eine Änderung im Sinne des Absatzes 3 eingetreten, so wird über den gesamten Freistellungszeitraum abschließend entschieden, sobald sich das Einkommen in diesem Zeitraum endgültig feststellen läßt. Dabei gilt als monatliches Einkommen im Sinne des Absatzes 1 der Betrag, der sich ergibt, wenn die Summe der Monatseinkommen des Freistellungszeitraums durch die Zahl der Kalendermonate dieses Zeitraums geteilt wird. Als Monatseinkommen gilt ein Zwölftel des jeweiligen Kalenderjahreseinkommens.
(5) Der Ablauf der Frist von 20 Jahren nach § 18 Abs. 3 wird, höchstens jedoch bis zu 10 Jahren, durch Zeiten gehemmt, in denen der Darlehensnehmer von der Rückzahlungspflicht freigestellt worden ist. Dies gilt nicht, soweit das Darlehen nach § 18 b Abs. 5 erlassen worden ist.

§ 18 b Teilerlaß des Darlehens

(1) Dem Auszubildenden, dessen Förderungshöchstdauer nach dem 1. Oktober 1993 endet, der die Abschlußprüfung bestanden hat und nach ihrem Ergebnis zu den ersten 30 vom Hundert aller Prüfungsabsolventen gehört, die diese Prüfung in demselben Kalenderjahr abgeschlossen haben, werden auf Antrag 25 vom Hundert des nach dem 31. Dezember 1983 für diesen Ausbildungsabschnitt geleisteten Darlehensbetrages erlassen. Der Antrag ist innerhalb eines Monats nach der Bekanntgabe des Bescheides nach § 18 Abs. 5 a zu stellen. Abweichend von Satz 1 erhält der Auszubildende, der zu

---

1) In Kraft ab 1. 10. 1998.

den ersten 30 vom Hundert der Geförderten gehört, unter den dort genannten Voraussetzungen den Erlaß
a) in Ausbildungs- und Studiengängen, in denen als Gesamtergebnis der Abschlußprüfung nur das Bestehen festgestellt wird, nach den in dieser Prüfung erbrachten Leistungen,
b) in Ausbildungs- und Studiengängen ohne Abschlußprüfung nach den am Ende der planmäßig abgeschlossenen Ausbildung ausgewiesenen Leistungen; dabei ist eine differenzierte Bewertung über die Zuordnung zu den ersten 30 vom Hundert der Geförderten hinaus nicht erforderlich,
c) in den Fällen, in denen der Auszubildende nach § 5 Abs. 1 oder § 6 gefördert worden ist und die Abschlußprüfung an einer im Ausland gelegenen Ausbildungsstätte bestanden hat, deren Besuch dem einer im Inland gelegenen Höheren Fachschule, Akademie oder Hochschule gleichwertig ist. Die Funktion der Prüfungsstelle nimmt in diesen Fällen das nach § 45 zuständige Amt für Ausbildungsförderung wahr.

Auszubildende, die ihre Abschlußprüfung an einer im Ausland gelegenen Ausbildungsstätte bestanden haben, erhalten den Teilerlaß nicht, es sei denn, daß sie nach § 5 Abs. 1, 3 oder § 6 gefördert worden sind. Das Bundesministerium für Bildung und Forschung bestimmt durch Rechtsverordnung mit Zustimmung des Bundesrates das Nähere über das Verfahren, insbesondere über die Mitwirkung der Prüfungsstellen. Diese sind zur Auskunft und Mitwirkung verpflichtet, soweit dies für die Durchführung dieses Gesetzes erforderlich ist.

(2) Dem Auszubildenden, dessen Förderungshöchstdauer nach dem 30. September 1993 endet, der die Abschlußprüfung bestanden hat und nach ihrem Ergebnis zu den ersten 30 vom Hundert aller Prüfungsabsolventen gehört, die diese Prüfung in demselben Kalenderjahr abgeschlossen haben, wird auf Antrag ein Teilerlaß gewährt. Der Erlaß beträgt von dem nach dem 31. Dezember 1983 für diesen Ausbildungsabschnitt geleisteten Darlehensbetrag
1. 25 vom Hundert, wenn er innerhalb der Förderungshöchstdauer,
2. 20 vom Hundert, wenn er innerhalb von sechs Monaten nach dem Ende der Förderungshöchstdauer,
3. 15 vom Hundert, wenn er innerhalb von zwölf Monaten nach dem Ende der Förderungshöchstdauer
die Abschlußprüfung bestanden hat. Absatz 1 Satz 2 bis 7 findet entsprechende Anwendung.

(2 a)[1] Für Auszubildende an Akademien gilt Absatz 2 mit der Maßgabe, daß der Teilerlaß unabhängig vom Zeitpunkt des Bestehens der Abschlußprüfung 20 vom Hundert beträgt.

(3) Beendet der Auszubildende die Ausbildung vier Monate vor dem Ende der Förderungshöchstdauer mit dem Bestehen der Abschlußprüfung oder, wenn eine solche nicht vorgesehen ist, nach den Ausbildungsvorschriften planmäßig, so werden auf seinen Antrag 5 000 DM des Darlehens erlassen. Beträgt der in Satz 1 genannte Zeitraum nur zwei Monate, werden 2 000 DM erlassen. Der Antrag ist innerhalb eines Monats nach Bekanntgabe des Bescheides nach § 18 Abs. 5 a zu stellen.

(4) Das Darlehen wird dem Auszubildenden auf Antrag in Höhe der Ausbildungsförderung erlassen, die ihm nach dem 31. Dezember 1983 wegen einer Behinderung nach § 15 Abs. 3 Nr. 1 über die Förderungshöchstdauer hinaus geleistet worden ist. Satz 1 gilt nur, wenn die Ausbildung mit dem Bestehen der Abschlußprüfung oder, falls eine solche nicht vorgesehen ist, nach den Ausbildungsvorschriften planmäßig beendet worden ist. Der Antrag ist innerhalb eines Monats nach Bekanntgabe des Bescheides nach § 18 Abs. 5 a zu stellen.

(5) Für jeden Monat, in dem
1. das Einkommen des Darlehensnehmers den Betrag nach § 18 a Abs. 1 nicht übersteigt,
2. er ein Kind bis zu 10 Jahren pflegt und erzieht oder ein behindertes Kind betreut und
3. er nicht oder nur unwesentlich erwerbstätig ist,
wird auf Antrag das Darlehen in Höhe der nach § 18 Abs. 3 festgesetzten Rückzahlungsrate erlassen. Unwesentlich ist eine Erwerbstätigkeit, wenn die wöchentliche Arbeitszeit nicht mehr als zehn Stunden beträgt. Das Vorliegen der Voraussetzungen nach Satz 1 ist glaubhaft zu machen. Als Kinder des Darlehensnehmers gelten außer seinen eigenen Kindern die in § 25 Abs. 5 Nr. 1 bis 3 bezeichneten Personen.

---

1) In Kraft ab 1. 8. 1996.

§ 18 c Bankdarlehen

(1) Die Deutsche Ausgleichsbank schließt in den Fällen des § 17 Abs. 3 mit dem Auszubildenden auf dessen Antrag einen privatrechtlichen Darlehensvertrag über die im Bewilligungsbescheid genannte Darlehenssumme nach Maßgabe der Absätze 2 bis 11. Der Auszubildende und die Deutsche Ausgleichsbank können von den Absätzen 2 bis 11 abweichende Darlehensbedingungen vereinbaren.

(2) Das Bankdarlehen nach Absatz 1 ist von der Auszahlung an zu verzinsen. Bis zum Beginn der Rückzahlung werden die Zinsen gestundet. Die Darlehensschuld erhöht sich jeweils zum 31. März und 30. September um die gestundeten Zinsen.

(3) Als Zinssatz für den jeweiligen Darlehensgesamtbetrag gilt — vorbehaltlich des Gleichbleibens der Rechtslage – ab 1. April und 1. Oktober jeweils für ein halbes Jahr die Frankfurt Interbank Offered Rate für die Geldbeschaffung von ersten Adressen auf dem deutschen Markt (FIBOR) mit einer Laufzeit von sechs Monaten zuzüglich eines Aufschlags von eins vom Hundert. Falls die in Satz 1 genannten Termine nicht auf einen Tag fallen, an dem ein FIBOR-Satz ermittelt wird, so gilt der nächste festgelegte FIBOR-Satz.

(4) Vom Beginn der Rückzahlung an ist auf Antrag des Darlehensnehmers ein Festzins für die (Rest-)Laufzeit, längstens jedoch für zehn Jahre zu vereinbaren. Der Antrag kann jeweils zum 1. April und 1. Oktober gestellt werden und muß einen Monat im voraus bei der Deutschen Ausgleichsbank eingegangen sein. Es gilt – vorbehaltlich des Gleichbleibens der Rechtslage – der Zinssatz für Bankschuldverschreibungen mit entsprechender Laufzeit, zuzüglich eines Aufschlags von eins vom Hundert.

(5) § 18 Abs. 3 Satz 2 und 4 Abs. 5 c ist entsprechend anzuwenden.

(6) Das Bankdarlehen ist einschließlich der Zinsen – vorbehaltlich des Gleichbleibens der Rechtslage – in möglichst gleichbleibenden monatlichen Raten von mindestens 200 DM innerhalb von 20 Jahren zurückzuzahlen. Die erste Rate ist sechs Monate nach dem Ende des Monats, für den der Auszubildende zuletzt mit Bankdarlehen gefördert worden ist, zu zahlen.

(7) Hat der Darlehensnehmer Darlehen nach § 18 Abs. 1 und Absatz 1 erhalten, ist deren Rückzahlung so aufeinander abzustimmen, daß Darlehen nach Absatz 1 vor denen nach § 18 Abs. 1 und beide Darlehen einschließlich der Zinsen in möglichst gleichbleibenden monatlichen Raten von – vorbehaltlich des Gleichbleibens der Rechtslage – mindestens 200 DM innerhalb von 22 Jahren zurückzuzahlen sind. Die erste Rate des Darlehens nach § 18 Abs. 1 ist in dem Monat zu leisten, der auf die Fälligkeit der letzten Rate des Darlehens nach Absatz 1 folgt. Wird das Darlehen nach Absatz 1 vor diesem Zeitpunkt getilgt, ist die erste Rate des Darlehens nach § 18 Abs. 1 am Ende des Monats zu leisten, der auf den Monat der Tilgung folgt. § 18 Abs. 3 Satz 3 bleibt unberührt.

(8) Vor Beginn der Rückzahlung teilt die Deutsche Ausgleichsbank dem Darlehensnehmer – unbeschadet der Fälligkeit nach Absatz 6 — die Höhe der Darlehensschuld und der gestundeten Zinsen, die für ihn geltende Zinsregelung, die Höhe der monatlichen Zahlungsbeträge sowie den Rückzahlungszeitraum mit. Nach Aufforderung durch die Deutsche Ausgleichsbank sind die Raten für jeweils drei aufeinanderfolgende Monate in einer Summe zu entrichten.

(9) Das Darlehen kann jederzeit voll oder teilweise in Beträgen von vollen tausend Deutschen Mark, mindestens jedoch viertausend Deutschen Mark zurückgezahlt werden.

(10) Auf Verlangen der Deutschen Ausgleichsbank ist ihr die Darlehens- und Zinsschuld eines Darlehensnehmers zu zahlen, von dem eine termingerechte Zahlung nicht zu erwarten ist. Dies ist insbesondere der Fall, wenn

1. der Darlehensnehmer fällige Rückzahlungsraten für sechs aufeinanderfolgende Monate nicht geleistet hat oder für diesen Zeitraum mit einem Betrag in Höhe des Vierfachen der monatlichen Rückzahlungsrate im Rückstand ist,
2. der Darlehensvertrag von der Deutschen Ausgleichsbank entsprechend den gesetzlichen Bestimmungen wirksam gekündigt worden ist,
3. die Rückzahlung des Darlehens infolge der Erwerbs- oder Arbeitsunfähigkeit oder einer Erkrankung des Darlehensnehmers von mehr als einem Jahr Dauer nachhaltig erschwert oder unmöglich geworden ist,
4. der Darlehensnehmer zahlungsunfähig geworden ist oder Hilfe zum Lebensunterhalt nach dem Bundessozialhilfegesetz oder Arbeitslosenhilfe nach dem Dritten Buch Sozialgesetzbuch erhält, oder

5. der Aufenthalt des Darlehensnehmers seit mehr als sechs Monaten nicht ermittelt werden konnte.
Mit der Zahlung nach Satz 1 geht der Anspruch aus dem Darlehensvertrag auf den Bund über.
(11) Das Bundesministerium für Bildung und Forschung bestimmt durch Rechtsverordnung mit Zustimmung des Bundesrates das Nähere über die Anpassung der Höhe der Aufschläge nach den Absätzen 3 und 4 an die tatsächlichen Kosten.

§ 18 d Deutsche Ausgleichsbank
(1) Die nach § 18 c Abs. 10 auf den Bund übergegangenen Darlehensbeträge werden von der Deutschen Ausgleichsbank verwaltet und eingezogen.
(2) Der Deutschen Ausgleichsbank werden erstattet:
1. die Darlehensbeträge, die in entsprechender Anwendung von § 18 Abs. 5 c erlöschen, und
2. die Darlehens- und Zinsbeträge nach § 18 c Abs. 10 Satz 1.
(3) Verwaltungskosten werden der Deutschen Ausgleichsbank nur für die Verwaltung der nach § 18 c Abs. 10 auf den Bund übergegangenen Darlehensbeträge erstattet, soweit die Kosten nicht von den Darlehensnehmern getragen werden.
(4) Die Deutsche Ausgleichsbank übermittelt den Ländern nach Ablauf eines Kalenderjahres eine Aufstellung über die Höhe der nach Absatz 1 für den Bund eingezogenen Beträge und Zinsen sowie über deren Aufteilung nach Maßgabe des § 56 Abs. 2 a. Sie zahlt zum Ende des jeweiligen Kalenderjahres jedem Land einen Abschlag in Höhe des ihm voraussichtlich zustehenden Betrages, bis zum 30. Juni des folgenden Jahres den Restbetrag.

§ 19 Aufrechnung
Mit einem Anspruch auf Erstattung von Ausbildungsförderung (§ 50 des Zehnten Buches Sozialgesetzbuch und § 20) kann gegen den Anspruch auf Ausbildungsförderung für abgelaufene Monate abweichend von § 51 des Ersten Buches Sozialgesetzbuch in voller Höhe aufgerechnet werden. Ist der Anspruch auf Ausbildungsförderung von einem Auszubildenden an einen Träger der Sozialhilfe zum Ausgleich seiner Aufwendungen abgetreten worden, kann das Amt für Ausbildungsförderung gegenüber dem Träger der Sozialhilfe mit einem Anspruch auf Erstattung von Ausbildungsförderung nicht aufrechnen. Die Sätze 1 und 2 gelten nicht für Bankdarlehen nach § 18 c.

§ 20 Rückzahlungspflicht
(1) Haben die Voraussetzungen für die Leistung von Ausbildungsförderung an keinem Tage des Kalendermonats vorgelegen, für den sie gezahlt worden ist, so ist – außer in den Fällen der §§ 44 bis 50 des Zehnten Buches Sozialgesetzbuch – insoweit der Bewilligungsbescheid aufzuheben und der Förderungsbetrag zu erstatten, als
1. und 2. (aufgehoben)
3. der Auszubildende Einkommen im Sinne des § 21 erzielt hat, das bei der Bewilligung der Ausbildungsförderung nicht berücksichtigt worden ist; Regelanpassungen gesetzlicher Renten und Versorgungsbezüge bleiben hierbei außer Betracht,
4. Ausbildungsförderung unter dem Vorbehalt der Rückforderung geleistet worden ist.
Die Regelung über die Erstattungspflicht gilt nicht für Bankdarlehen nach § 18 c.
(2) Der Förderungsbetrag ist für den Kalendermonat oder den Teil eines Kalendermonats zurückzuzahlen, in dem der Auszubildende die Ausbildung aus einem von ihm vertretenen Grund unterbrochen hat. Die Regelung über die Erstattungspflicht gilt nicht für Bankdarlehen nach § 18 c.

Abschnitt IV
Einkommensanrechnung

§ 21 Einkommensbegriff
(1) Als Einkommen gilt – vorbehaltlich der Sätze 3 und 4, der Absätze 2 a, 3 und 4 – die Summe der positiven Einkünfte im Sinne des § 2 Abs. 1 und 2 des Einkommensteuergesetzes. Ein Ausgleich mit Verlusten aus anderen Einkunftsarten und mit Verlusten des zusammenveranlagten Ehegatten ist nicht zulässig. Abgezogen werden können:
1. der Altersentlastungsbetrag (§ 24 a des Einkommensteuergesetzes)[1]

---
d) Gemäß Art. 6 Abs. 2 des Achtzehnten Änderungsgesetzes vom 17. 7. 1996 (BGBl. I S. 1006) in Kraft seit 1. 8. 1996 mit der Maßgabe, daß die geänderte Bestimmung nur bei Entscheidungen für die Bewilligungszeiträume zu berücksichtigen sind, die nach dem 31. 7. 1996 beginnen.

2. die Beträge, die für ein selbstgenutztes Einfamilienhaus oder eine selbstgenutzte Eigentumswohnung als Sonderausgaben nach § 10 e oder § 10 i[1)] des Einkommensteuergesetzes berücksichtigt werden; diese Beträge können auch von der Summe der positiven Einkünfte des nicht dauernd getrennt lebenden Ehegatten abgezogen werden,
3. die für den Berechnungszeitraum zu leistende Einkommensteuer, Kirchensteuer und
4. die für den Berechnungszeitraum zu leistenden Pflichtbeiträge zur Sozialversicherung und zur Bundesanstalt für Arbeit sowie die geleisteten freiwilligen Aufwendungen zur Sozialversicherung und für eine private Kranken-, Pflege-, Unfall- oder Lebensversicherung in angemessenem Umfang.

Der Abzug nach Satz 3 Nr. 2 ist bei Eltern, die nicht geschieden sind oder getrennt leben, nur für ein Objekt zulässig; bei der Ermittlung des Einkommens des Auszubildenden, des Darlehensnehmers sowie deren Ehegatten ist er nicht zulässig. Leibrenten, einschließlich Unfallrenten, mit dem Betrag, der nicht steuerlich als Ertragsanteil erfaßt ist, und Versorgungsrenten gelten als Einnahmen aus nichtselbständiger Arbeit.

(1 a) (aufgehoben)

(2)[1)] Zur Abgeltung der Abzüge nach Absatz 1 Nr. 4 wird von der – um die Beträge nach Absatz 1 Nr. 1 und 2 und Absatz 4 Nr. 4 geminderten – Summe der positiven Einkünfte ein Betrag in Höhe folgender Vomhundertsätze dieses Gesamtbetrages abgesetzt:

1. für rentenversicherungspflichtige Arbeitnehmer und für
   Auszubildende   22,1 vom Hundert,
   höchstens jedoch ein Betrag
   von jährlich   20 300 DM,
2. für nichtrentenversicherungspflichtige Arbeitnehmer und für Personen im Ruhestandsalter, die einen Anspruch auf Alterssicherung aus einer renten- oder nichtrentenversicherungspflichtigen Beschäftigung oder Tätigkeit haben   13 vom Hundert,
   höchstens jedoch ein Betrag
   von jährlich   9 800 DM,
3. für Nichtarbeitnehmer und auf Antrag von der Versicherungspflicht befreite oder wegen geringfügiger Beschäftigung versicherungsfreie Arbeitnehmer   36,1 vom Hundert,
   höchstens jedoch ein Betrag
   von jährlich   32 600 DM,
4. für Personen im Ruhestandsalter, soweit sie nicht erwerbstätig sind, und für sonstige Nichterwerbstätige   13 vom Hundert,
   höchstens jedoch ein Betrag
   von jährlich   9 800 DM.

Jeder Einkommensbezieher ist nur einer der in den Nummern 1 bis 4 bezeichneten Gruppen zuzuordnen; dies gilt auch, wenn er die Voraussetzungen nur für einen Teil des Berechnungszeitraums erfüllt. Einer Gruppe kann nur zugeordnet werden, wer nicht unter eine in den jeweils vorhergehenden Nummern bezeichnete Gruppe fällt.

(2 a) Als Einkommen gelten auch nur ausländischem Steuerrecht unterliegende Einkünfte eines Einkommensbeziehers, der seinen ständigen Wohnsitz im Ausland hat. Von dem Bruttobetrag sind in entsprechender Anwendung des Einkommensteuergesetzes Beträge entsprechend der jeweiligen Einkunftsart, gegebenenfalls mindestens Beträge in Höhe der Pauschbeträge für Werbungskosten nach § 9 a des Einkommensteuergesetzes, abzuziehen. Die so ermittelte Summe der positiven Einkünfte vermindert sich um die gezahlten Steuern und den nach Absatz 2 entsprechend zu bestimmenden Pauschbetrag für die soziale Sicherung.

(3) Als Einkommen gelten ferner in Höhe der tatsächlich geleisteten Beträge
1. Waisenrente und Waisengelder, die der Antragsteller bezieht,
2. Ausbildungsbeihilfen und gleichartige Leistungen mit Ausnahme der Leistungen nach diesem Gesetz,

---

1) Gemäß Artikel 6 Abs. 4 des Neunzehnten Änderungsgesetzes vom 25. Juni 1998 (BGBl. I S. 1609), in Kraft ab 30. 6. 1998 mit der Maßgabe, daß die geänderte Bestimmung nur bei Entscheidungen für die Bewilligungszeiträume zu berücksichtigen ist, die nach dem 30. Juni 1998 beginnen. Vom 1. 10. 1998 an ist die Bestimmung ohne die einschränkende Maßgabe des Satzes 1 zu berücksichtigen.

3. Kindergeld nach dem Bundeskindergeldgesetz oder dem Einkommensteuergesetz, es sei denn, der Auszubildende erhält das Kindergeld für seine Kinder[1],
3 a. (aufgehoben)
4. sonstige Einnahmen, die zur Deckung des Lebensbedarfs bestimmt sind, mit Ausnahme der Unterhaltsleistungen der Eltern des Auszubildenden und seines Ehegatten, soweit sie das Bundesministerium für Bildung und Forschung in einer Rechtsverordnung mit Zustimmung des Bundesrates bezeichnet hat.

Die Erziehungsbeihilfe, die ein Beschädigter für ein Kind erhält (§ 27 des Bundesversorgungsgesetzes), gilt als Einkommen des Kindes. In den Fällen des § 11 Abs. 3 gelten das auf den Antragsteller entfallende Kindergeld nach dem Bundeskindergeldgesetz oder dem Einkommensteuergesetz, Kinderzulagen aus der gesetzlichen Unfallversicherung sowie Kinderzuschüsse aus den gesetzlichen Rentenversicherungen als sein Einkommen.

(4) Nicht als Einkommen gelten
1. Grundrenten und Schwerbeschädigtenzulage nach dem Bundesversorgungsgesetz und nach den Gesetzen, die das Bundesversorgungsgesetz für anwendbar erklären,
2. ein der Grundrente und der Schwerstbeschädigtenzulage nach dem Bundesversorgungsgesetz entsprechender Betrag, wenn diese Leistungen nach § 65 des Bundesversorgungsgesetzes ruhen,
3. Renten, die den Opfern nationalsozialistischer Verfolgung wegen einer durch die Verfolgung erlittenen Gesundheitsschädigung geleistet werden, bis zur Höhe des Betrages, der in der Kriegsopferversorgung bei gleicher Minderung der Erwerbsfähigkeit als Grundrente und Schwerstbeschädigtenzulage geleistet würde,
4. Einnahmen, deren Zweckbestimmungen einer Anrechnung auf den Bedarf entgegensteht; dies gilt insbesondere für Einnahmen, die für einen anderen Zweck als für die Deckung des Bedarfs im Sinne dieses Gesetzes bestimmt sind.

§ 22 Berechnungszeitraum für das Einkommen des Auszubildenden

(1)[2] Für die Anrechnung des Einkommens des Auszubildenden sind die Einkommensverhältnisse im Bewilligungszeitraum maßgebend. Sind bei ihrer Ermittlung Pauschbeträge für Werbungskosten nach § 9 a des Einkommensteuergesetzes zu berücksichtigen, so ist der Betrag abzuziehen, der sich ergibt, wenn ein Zwölftel des Jahrespauschbetrages mit der Zahl der Kalendermonate des Bewilligungszeitraumes vervielfacht wird.

(2) Auf den Bedarf jedes Kalendermonats des Bewilligungszeitraums wird der Betrag angerechnet, der sich ergibt, wenn das Gesamteinkommen durch die Zahl der Kalendermonate des Bewilligungszeitraums geteilt wird.

(3) Die Absätze 1 und 2 gelten entsprechend für die Berücksichtigung des Einkommens
1. der Kinder nach § 23 Abs. 2,
2. der Kinder, der in § 25 Abs. 5 Nr. 1 bis 3 bezeichneten Personen und der sonstigen Unterhaltsberechtigten nach § 25 Abs. 3.

§ 23 Freibeträge vom Einkommen des Auszubildenden

(1)[3] Vom Einkommen des Auszubildenden bleiben monatlich anrechnungsfrei
1. für den Auszubildenden selbst bei dem Besuch von
   a) weiterführenden allgemeinbildenden Schulen und Berufsfachschulen sowie Fach- und Fachoberschulklassen, deren Besuch eine abgeschlossene Berufsausbildung
      nicht voraussetzt,   200 DM,

---

1) Gemäß Art. 6 Abs. 2 des Achtzehnten Änderungsgesetzes vom 17. 7. 1996 (BGBl. I S. 1006) in Kraft seit 1. 8. 1996 mit der Maßgabe, daß die geänderte Bestimmung nur bei Entscheidungen für die Bewilligungszeiträume zu berücksichtigen sind, die nach dem 31. 7. 1996 beginnen.
2) Gemäß Artikel 5 Abs. 2 des Siebzehnten Änderungsgesetzes vom 24. Juli 1995 (BGBl. I S. 976) in Kraft seit 25. 7. 1995 mit der Maßgabe, daß die geänderte Bestimmung nur bei Entscheidungen für die Bewilligungszeiträume zu berücksichtigen ist, die nach dem 25. 7.1995 beginnen.
3) Gemäß Art. 8 des Zwanzigsten Änderungsgesetzes vom 7. 5. 1999 (BGBl. I S. 850) in Kraft am 13. 5. 1999 mit der Maßgabe, daß die Änderungen nur bei Entscheidungen für die Bewilligungszeiträume zu berücksichtigen sind, die nach dem 30. Juni 1999 beginnen. Vom 1. 10. 1999 an sind die bestimmten Änderungen ohne die einschränkende Maßnahme zu berücksichtigen.

b) Abendhauptschulen, Berufsaufbauschulen und Abendrealschulen sowie von Fachoberschulklassen, deren Besuch eine abgeschlossene Berufsausbildung voraussetzt, 275 DM,
c) Fachschulklassen, deren Besuch eine abgeschlossene Berufsausbildung voraussetzt, Abendgymnasien, Kollegs, Höhere Fachschulen, Akademien und Hochschulen 385 DM,
2. für den Ehegatten des Auszubildenden, es sei denn, er befindet sich in einer nach diesem Gesetz oder § 59 des Dritten Buches Sozialgesetzbuch förderungsfähigen Ausbildung, 675 DM,
3. für jedes Kind
des Auszubildenden 600 DM.

Bei verheirateten Auszubildenden mit mindestens einem Kind unter 10 Jahren, das sich im Haushalt des Auszubildenden befindet, erhöht sich der Freibetrag nach Satz 1 Nr. 2 auf 940 Deutsche Mark.

(2) Die Freibeträge nach Absatz 1 Nr. 2 und Satz 2 sowie nach Absatz 1 Nr. 3 mindern sich um Einnahmen des Auszubildenden sowie Einkommen des Ehegatten und des Kindes, die dazu bestimmt sind oder üblicher- oder zumutbarerweise dazu verwendet werden, den Unterhaltsbedarf des Ehegatten und der Kinder des Auszubildenden zu decken.

(3) Die Vergütung aus einem Ausbildungsverhältnis wird abweichend von den Absätzen 1 und 2 voll angerechnet.

(4) Abweichend von Absatz 1 werden
1. von der Waisenrente und dem Waisengeld der Auszubildenden, deren Bedarf sich nach § 12 Abs. 1 Nr. 1 bemißt, monatlich 275 DM, anderer Auszubildender 200 DM monatlich nicht angerechnet,
2. Ausbildungshilfen und gleichartige Leistungen aus öffentlichen Mitteln oder von Förderungseinrichtungen, die hierfür öffentliche Mittel erhalten, sowie Förderungsleistungen ausländischer Staaten voll auf den Bedarf angerechnet. Das gilt auch für Einkommen, das aus öffentlichen Mitteln zum Zwecke der Ausbildung bezogen wird,
3. Kindergeld nach dem Bundeskindergeldgesetz oder dem Einkommensteuergesetz, Kinderzulagen aus der gesetzlichen Unfallversicherung sowie Kinderzuschüsse aus den gesetzlichen Rentenversicherungen, die an den Auszubildenden ausgezahlt werden oder die nach § 21 Abs. 3 Satz 3 als sein Einkommen gelten, voll auf den Bedarf angerechnet,
4. Unterhaltsleistungen des geschiedenen oder dauernd getrennt lebenden Ehegatten voll auf den Bedarf angerechnet.

(5) Zur Vermeidung unbilliger Härten kann auf besonderen Antrag, der vor dem Ende des Bewilligungszeitraums zu stellen ist, abweichend von den Absätzen 1 und 4 ein weiterer Teil des Einkommens des Auszubildenden anrechnungsfrei gestellt werden, soweit er zur Deckung besonderer Kosten der Ausbildung erforderlich ist, die nicht durch den Bedarfssatz gedeckt sind, höchstens jedoch bis zu einem Betrag von 400 DM monatlich.

§ 24 Berechnungszeitraum für das Einkommen der Eltern und des Ehegatten

(1) Für die Anrechnung des Einkommens der Eltern und des Ehegatten des Auszubildenden sind die Einkommensverhältnisse im vorletzten Kalenderjahr vor Beginn des Bewilligungszeitraums maßgebend.

(1 a) (aufgehoben)[1]

(2) Ist der Einkommensbezieher für diesen Zeitraum zur Einkommensteuer zu veranlagen, liegt jedoch der Steuerbescheid dem Amt für Ausbildungsförderung noch nicht vor, so wird unter Berücksichtigung der glaubhaft gemachten Einkommensverhältnisse über den Antrag entschieden. Ausbildungsförderung wird insoweit unter dem Vorbehalt der Rückforderung geleistet. Sobald der Steuerbescheid dem Amt für Ausbildungsförderung vorliegt, wird über den Antrag abschließend entschieden.

(3) Ist das Einkommen im Bewilligungszeitraum voraussichtlich wesentlich niedriger als in dem nach Absatz 1 maßgeblichen Zeitraum, so ist auf besonderen Antrag des Auszubildenden bei der Anrechnung von den Einkommensverhältnissen im Bewilligungszeitraum auszugehen; nach dessen Ende gestellte Anträge werden nicht berücksichtigt. Der Auszubildende hat das Vorliegen der Voraussetzungen des Satzes 1 glaubhaft zu machen. Ausbildungsförderung wird insoweit unter dem Vorbehalt

---

1) Gemäß Art. 6 Abs. 4 des Achtzehnten Änderungsgesetzes vom 17. 7. 1996 (BGBl. I S. 1006) in Kraft ab 1. 7. 1997 mit der Maßgabe, daß sie nur bei Entscheidungen für die Bewilligungszeiträume zu berücksichtigen sind, die nach dem 30. Juni 1996 beginnen.

der Rückforderung geleistet. Sobald sich das Einkommen in dem Bewilligungszeitraum endgültig feststellen läßt, wird über den Antrag abschließend entschieden.
(4) Auf den Bedarf für jeden Kalendermonat des Bewilligungszeitraums ist ein Zwölftel des im Berechnungszeitraum erzielten Jahreseinkommens anzurechnen. Abweichend von Satz 1 ist in den Fällen des Absatzes 3 der Betrag anzurechnen, der sich ergibt, wenn die Summe der Monatseinkommen des Bewilligungszeitraums durch die Zahl der Kalendermonate des Bewilligungszeitraums geteilt wird; als Monatseinkommen gilt ein Zwölftel des jeweiligen Kalenderjahreseinkommens.

§ 25 Freibeträge vom Einkommen der Eltern und des Ehegatten

(1)[1] Es bleiben monatlich anrechnungsfrei
1. vom Einkommen der Eltern, sofern sie nicht geschieden sind oder dauernd getrennt leben, 2 270 DM,
2. vom Einkommen eines alleinstehenden oder dauernd getrennt lebenden Elternteils oder des Ehegatten 1 565 DM.

Der Freibetrag von 1 565 Deutsche Mark gilt auch für den Elternteil, dessen Ehegatte nicht in Eltern-Kind-Beziehung zum Auszubildenden steht.

(2) (aufgehoben)
(3)[1] Die Freibeträge des Absatzes 1 erhöhen sich für
1. jedes Kind des Einkommensbeziehers um 195 DM und
2. den Ehegatten des Einkommensbeziehers um 125 DM, wenn sie in einer Ausbildung stehen, die nach diesem Gesetz oder nach § 59 des Dritten Buches Sozialgesetzbuch gefördert werden kann,
3. für andere Kinder des Einkommensbeziehers, die bei Beginn des Bewilligungszeitraums
   a) das 15. Lebensjahr noch nicht vollendet haben, um je 600 DM,
   b) das 15. Lebensjahr vollendet haben, um je 765 DM.
4. für weitere dem Einkommensbezieher gegenüber nach dem bürgerlichen Recht Unterhaltsberechtigte um je 705 DM.

Der Freibetrag nach Satz 1 Nr. 1 wird bei nicht miteinander verheirateten oder dauernd getrennt lebenden Eltern bei jedem Elternteil voll berücksichtigt. Die Beträge nach Satz 1 Nr. 3 und 4 mindern sich um das Einkommen des Kindes oder des sonstigen Unterhaltsberechtigten. Freibeträge nach Satz 1 werden nicht gewährt für Kinder und den Ehegatten des Einkommensbeziehers, die eine Universität der Bundeswehr oder eine Verwaltungsfachhochschule besuchen, sowie für Kinder, die ein Abendgymnasium oder Kolleg besuchen oder bei Beginn der Ausbildung im Sinne des Satzes 1 das 30. Lebensjahr vollendet haben.[2]

(4) Das die Freibeträge nach den Absätzen 1, 3 und 6 übersteigende Einkommen der Eltern und des Ehegatten bleibt anrechnungsfrei
1. zu 50 vom Hundert und
2. zu 5 vom Hundert für jedes Kind, für das ein Freibetrag nach Absatz 3 gewährt wird.

(5) Als Kinder des Einkommensbeziehers gelten außer seinen eigenen Kindern
1. Pflegekinder (Personen, mit denen er durch ein familienähnliches, auf längere Dauer berechnetes Band verbunden ist, sofern er sie in seinen Haushalt aufgenommen hat und das Obhuts- und Pflegeverhältnis zu den Eltern nicht mehr besteht und er sie mindestens zu einem nicht unwesentlichen Teil auf seine Kosten unterhält),
2. in seinen Haushalt aufgenommene Kinder seines Ehegatten,
3. in seinen Haushalt aufgenommene Enkel.

---

1) Gemäß Art. 8 des Zwanzigsten Änderungsgesetzes vom 7. 5. 1999 (BGBl. I S. 850) in Kraft am 13. 5. 1999 mit der Maßgabe, daß die Änderungen nur bei Entscheidungen für die Bewilligungszeiträume zu berücksichtigen sind, die nach dem 30. Juni 1999 beginnen. Vom 1. 10. 1999 an sind die bestimmten Änderungen ohne die einschränkende Maßnahme zu berücksichtigen.
2) Gemäß Artikel 5 Abs. 2 des Siebzehnten Änderungsgesetzes vom 24. Juli 1995 (BGBl. I S. 976) in Kraft seit 25. 7. 1995 mit der Maßgabe, daß die geänderte Bestimmung nur bei Entscheidungen für die Bewilligungszeiträume zu berücksichtigen ist, die nach dem 25. 7.1995 beginnen.

(6) Zur Vermeidung unbilliger Härten kann auf besonderen Antrag, der vor dem Ende des Bewilligungszeitraums zu stellen ist, abweichend von den vorstehenden Vorschriften ein weiterer Teil des Einkommens anrechnungsfrei bleiben. Hierunter fallen insbesondere außergewöhnliche Belastungen nach den §§ 33 bis 33 c des Einkommensteuergesetzes sowie Aufwendungen für behinderte Personen, denen der Einkommensbezieher nach dem bürgerlichen Recht unterhaltspflichtig ist.

§ 25 a Freibeträge vom Einkommen der Eltern in besonderen Fällen
(1) Die Freibeträge vom Einkommen der Eltern nach § 25 Abs. 1 erhöhen sich – nach Maßgabe des Absatzes 3 um 25 vom Hundert, wenn der Auszubildende
1. bei Beginn des Ausbildungsabschnitts das 27. Lebensjahr vollendet hat,
2. eine weitere in sich selbständige Ausbildung beginnt und seine Eltern ihm gegenüber ihre Unterhaltspflicht noch nicht erfüllt haben.

(2) In den vorbezeichneten Fällen findet § 25 Abs. 4 und 6 Anwendung.

(3) Absatz 1 gilt nur für Auszubildende, deren Ausbildungsabschnitt vor dem 1. Juli 1990 begonnen hat, sowie auf besonderen Antrag für Auszubildende, die zu diesem Zeitpunkt wegen der Ableistung eines der in § 66 a Abs. 4 Nr. 1 bis 4 genannten Dienste gehindert waren, den Ausbildungsabschnitt zu beginnen, aber in unmittelbarem Anschluß hieran diese Ausbildung aufgenommen haben.

§ 25 b (aufgehoben)

Abschnitt V
Vermögensanrechnung

§ 26 Umfang der Vermögensanrechnung
(1) Vermögen des Auszubildenden wird nach Maßgabe der §§ 27 bis 30 angerechnet.

(2) Vermögen des Ehegatten und der Eltern des Auszubildenden wird mit der Maßgabe angerechnet, daß der Bedarf des Auszubildenden als gedeckt gilt, wenn der Ehegatte oder zumindest ein Elternteil für das vorletzte Kalenderjahr vor Beginn des Bewilligungszeitraumes im Inland Vermögenssteuer nach dem Vermögensteuergesetz der Bundesrepublik Deutschland zu entrichten haben. Abweichend von Satz 1 gilt der Bedarf durch die Anrechnung des Vermögens einer der vorgenannten Personen nicht als gedeckt, wenn
1. diese einer Veranlagungsgemeinschaft angehört und ihr eigenes Vermögen eine Vermögensteuerzahlungspflicht nicht begründen würde,
2. ihr Vermögen nach Abzug des Teils, dessen Einsatz oder Verwertung zu einer unbilligen Härte führen würde, eine Vermögensteuerzahlungspflicht nicht begründen würde, oder
3. zu Beginn des Bewilligungszeitraums eine Vermögenssteuerzahlungspflicht nicht mehr besteht.

§ 27 Vermögensbegriff
(1) Als Vermögen gelten alle
1. beweglichen und unbeweglichen Sachen,
2. Forderungen und sonstige Rechte.

Ausgenommen sind Gegenstände, soweit der Auszubildende sie aus rechtlichen Gründen nicht verwerten kann.

(2) Nicht als Vermögen gelten
1. Rechte auf Versorgungsbezüge, auf Renten und andere wiederkehrende Leistungen,
2. Übergangsbeihilfen nach den §§ 12 und 13 des Soldatenversorgungsgesetzes in der Fassung der Bekanntmachung vom 21. April 1983 (BGBl. I S. 457) sowie nach § 13 Abs. 1 Satz 1 des Bundespolizeibeamtengesetzes in der Fassung des Artikels 1 des Gesetzes über die Personalstruktur des Bundesgrenzschutzes vom 3. Juni 1976 (BGBl. I S. 1357), geändert durch § 94 des Gesetzes vom 24. August 1976 (BGBl. I S. 2485), in Verbindung mit § 18 dieses Gesetzes in der bis zum 30. Juni 1976 geltenden Fassung und die Wiedereingliederungshilfe nach § 4 Abs. 1 Nr. 2 des Entwicklungshelfer-Gesetzes,
3. Nießbrauchsrechte,
4. Haushaltsgegenstände.

§ 28 Wertbestimmung des Vermögens

(1) Der Wert eines Gegenstandes ist zu bestimmen
1. bei Grundstücken, die nach dem Bewertungsgesetz als zum Betrieb der Land- und Forstwirtschaft gehörig bewertet sind, auf die Höhe des Einheitswertes auf der Grundlage der Wertverhältnisse vom 1. Januar 1964,
2. bei nicht unter Nummer 1 fallenden Grundstücken auf 140 vom Hundert des Einheitswertes auf der Grundlage der Wertverhältnisse vom 1. Januar 1964,
3. bei Betriebsvermögen, mit Ausnahme der Grundstücke, auf die Höhe des Einheitswertes,
4. bei Wertpapieren auf die Höhe des Kurswertes,
5. bei sonstigen Gegenständen auf die Höhe des Zeitwertes.[1]

Grundstücke und Betriebsvermögen werden, soweit sie in dem in § 12 Abs. 1 Nr. 1 Buchstabe a bezeichneten Gebiet liegen, nur bei Entscheidungen für die Bewilligungszeiträume berücksichtigt, die nach dem 31. Dezember 1999 beginnen.

(2) Maßgebend ist der Wert im Zeitpunkt der Antragstellung, bei Wertpapieren der Kurswert am 31. Dezember des Jahres vor der Antragstellung.

(3) Von dem nach den Absätzen 1 und 2 ermittelten Betrag sind die im Zeitpunkt der Antragstellung bestehenden Schulden und Lasten abzuziehen. Dies gilt nicht für das nach diesem Gesetz erhaltene Darlehen.

(4) Veränderungen zwischen Antragstellung und Ende des Bewilligungszeitraums bleiben unberücksichtigt.

§ 29 Freibeträge vom Vermögen

(1) Von dem Vermögen bleiben anrechnungsfrei
1. für den Auszubildenden selbst — 6 000 Deutsche Mark,
2. für den Ehegatten des Auszubildenden — 2 000 Deutsche Mark,
3. für jedes Kind des Auszubildenden — 2 000 Deutsche Mark.

Maßgebend sind die Verhältnisse im Zeitpunkt der Antragstellung.

(2) (aufgehoben)

(3) Zur Vermeidung unbilliger Härten kann ein weiterer Teil des Vermögens anrechnungsfrei bleiben.

§ 30 Monatlicher Anrechnungsbetrag

Auf den monatlichen Bedarf des Auszubildenden ist der Betrag anzurechnen, der sich ergibt, wenn der Betrag des anzurechnenden Vermögens durch die Zahl der Kalendermonate des Bewilligungszeitraums geteilt wird.

§§ 31 bis 34 (aufgehoben)

Abschnitt VI

§ 35 Anpassung der Bedarfssätze und Freibeträge

Die Bedarfssätze, Freibeträge sowie die Vomhundertsätze und Höchstbeträge nach § 21 Abs. 2 sind alle zwei Jahre zu überprüfen und durch Gesetz gegebenenfalls neu festzusetzen. Dabei ist der Entwicklung der Einkommensverhältnisse und der Vermögensbildung, den Veränderungen der Lebenshaltungskosten sowie der finanzwirtschaftlichen Entwicklung Rechnung zu tragen. Die Bundesregierung hat hierüber dem Deutschen Bundestag und dem Bundesrat zu berichten.

---

1) Hierzu der Beschluß des Bundesverfassungsgerichts vom 2.2.1999 – 1 BvL 8/97 – (BGBl. I S. 699):
»§ 28 Absatz 1 Satz 1 des Bundesausbildungsförderungsgesetzes in der Fassung des Vierzehnten Gesetzes zur Änderung des Bundesausbildungsförderungsgesetzes (14. BAföGÄndG) vom 30. Juli 1991 (Bundesgesetzblatt I Seite 1732) ist insoweit mit Artikel 3 Absatz 1 des Grundgesetzes unvereinbar, als bei der Berechnung des auf den Bedarf anzurechnenden Vermögens des Auszubildenden Grundstücke mit dem Einheitswert auf der Grundlage der Wertverhältnisse vom 1. Januar 1964 (§ 28 Absatz 1 Satz 1 Nummer 1 Bundesausbildungsförderungsgesetz) oder 140 vom Hundert dieses Einheitswertes (§ 28 Absatz 1 Satz 1 Nummer 2 Bundesausbildungsförderungsgesetz) berücksichtigt werden, während Wertpapiere mit dem Kurswert am 31. Dezember des Jahres vor der Antragstellung (§ 28 Absatz 1 Satz 1 Nummer 4 und Absatz 2 Bundesausbildungsförderungsgesetz) und sonstige Gegenstände mit dem Zeitwert im Zeitpunkt der Antragstellung (§ 28 Absatz 1 Satz 1 Nummer 5 und Absatz 2 Bundesausbildungsförderungsgesetz) angesetzt werden.
Die Vorschrift darf bis zum Erlaß einer verfassungsgemäßen Regelung, längstens bis zum 31. Dezember 2000, angewandt werden.«

Abschnitt VII
Vorausleistung und Anspruchsübergang
§ 36 Vorausleistung von Ausbildungsförderung

(1)[1] Macht der Auszubildende glaubhaft, daß seine Eltern den nach den Vorschriften dieses Gesetzes angerechneten Unterhaltsbetrag nicht leisten, und ist die Ausbildung – auch unter Berücksichtigung des Einkommens und Vermögens des Ehegatten im Bewilligungszeitraum – gefährdet, so wird auf Antrag nach Anhörung der Eltern Ausbildungsförderung ohne Anrechnung dieses Betrages geleistet; nach Ende des Bewilligungszeitraums gestellte Anträge werden nicht berücksichtigt. Ausbildungsförderung nach Satz 1 wird nicht geleistet, soweit der Auszubildende über eigenes Einkommen oder Vermögen verfügt, auch wenn diese die Freibeträge nach den §§ 23 und 29 nicht übersteigen[2]. Satz 1 gilt nicht für Auszubildende, die bereits eine Ausbildung berufsqualifizierend abgeschlossen haben. Satz 3 gilt nicht für Auszubildende, die für den Monat Juni 1990 Vorausleistung erhalten haben.
(2) Absatz 1 ist entsprechend anzuwenden, wenn
1. der Auszubildende glaubhaft macht, daß seine Eltern den Bedarf nach den §§ 12 bis 14 a nicht leisten, und die Eltern entgegen § 47 Abs. 4 die für die Anrechnung ihres Einkommens und Vermögens erforderlichen Auskünfte nicht erteilen oder Urkunden nicht vorlegen und darum ihr Einkommen und Vermögen nicht angerechnet werden können, und wenn
2. Bußgeldfestsetzung oder Einleitung des Verwaltungszwangsverfahrens nicht innerhalb zweier Monate zur Erteilung der erforderlichen Auskünfte geführt haben oder rechtlich unzulässig sind, insbesondere weil die Eltern ihren ständigen Wohnsitz im Ausland haben.

Haben die Eltern ihren ständigen Wohnsitz im Ausland, ist weitere Voraussetzung, daß der Auszubildende seinen Unterhaltsanspruch an das Land abgetreten hat.
(3) Ausbildungsförderung wird nicht vorausgeleistet,
1. soweit die Eltern bereit sind, Unterhalt entsprechend einer gemäß § 1612 Abs. 2 des Bürgerlichen Gesetzbuchs getroffenen Bestimmung zu leisten, oder
2. soweit die Unterhaltsleistung der Eltern hinter dem auf den Antragsteller entfallenden Kindergeld nach dem Bundeskindergeldgesetz oder dem Einkommensteuergesetz, den Kinderzulagen aus der gesetzlichen Unfallversicherung oder Kinderzuschüssen aus den gesetzlichen Rentenversicherungen, die sie für den Antragsteller erhalten, zurückbleibt.

(4) Von der Anhörung der Eltern kann aus wichtigem Grund oder, wenn der Auszubildende in demselben Ausbildungsabschnitt für den vorhergehenden Bewilligungszeitraum Leistungen nach Absatz 1 oder 2 erhalten hat, abgesehen werden.

§ 37 Übergang von Unterhaltsansprüchen

(1) Hat der Auszubildende für die Zeit, für die ihm Ausbildungsförderung gezahlt wird, nach bürgerlichem Recht einen Unterhaltsanspruch gegen seine Eltern, so geht dieser zusammen mit dem unterhaltsrechtlichen Auskunftsanspruch mit der Zahlung bis zur Höhe der geleisteten Aufwendungen auf das Land über, jedoch nur soweit auf den Bedarf des Auszubildenden das Einkommen und Vermögen der Eltern nach diesem Gesetz anzurechnen ist. Die Zahlungen, welche die Eltern auf Grund der Mitteilung über den Anspruchsübergang erbringen, werden entsprechend § 11 Abs. 2 angerechnet. Die Sätze 1 und 2 gelten nicht, soweit der Auszubildende Ausbildungsförderung als Bankdarlehen nach § 18 c erhalten hat.
(2) und (3) (aufgehoben)
(4) Für die Vergangenheit können die Eltern des Auszubildenden nur von dem Zeitpunkt an in Anspruch genommen werden, in dem
1. die Voraussetzungen des bürgerlichen Rechts vorgelegen haben oder
2. sie bei dem Antrag auf Ausbildungsförderung mitgewirkt haben oder von ihm Kenntnis erhalten haben und darüber belehrt worden sind, unter welchen Voraussetzungen dieses Gesetz eine Inanspruchnahme von Eltern ermöglicht.

---
1) Siehe Fußnote zu § 11 Abs. 3.
2) Gemäß Art. 6 Abs. 2 des Achtzehnten Änderungsgesetzes vom 17. 7. 1996 (BGBl. I S. 1006) in Kraft seit 1. 8. 1996 mit der Maßgabe, daß die geänderte Bestimmung nur bei Entscheidungen für die Bewilligungszeiträume zu berücksichtigen sind, die nach dem 31. 7. 1996 beginnen.

(5) (aufgehoben)
(6) Der Anspruch ist von der Fälligkeit an mit 6 vom Hundert zu verzinsen. Zinsen werden jedoch erst vom Beginn des Monats an erhoben, der auf die Mitteilung des Amtes für Ausbildungsförderung über den erfolgten Anspruchsübergang folgt.

§ 38 Übergang von anderen Ansprüchen
Hat der Auszubildende für die Zeit, für die ihm Ausbildungsförderung gezahlt wird, gegen eine öffentlich-rechtliche Stelle, die nicht Leistungsträger ist, Anspruch auf Leistung, die auf den Bedarf anzurechnen ist oder eine Leistung nach diesem Gesetz ausschließt, geht dieser mit der Zahlung in Höhe der geleisteten Aufwendungen auf das Land über. Die §§ 104 und 115 des Zehnten Buches Sozialgesetzbuch bleiben unberührt.

Abschnitt VIII
Organisation

§ 39 Auftragsverwaltung
(1) Dieses Gesetz wird vorbehaltlich des Absatzes 2 im Auftrag des Bundes von den Ländern ausgeführt.
(2) Die nach § 18 Abs. 1 geleisteten Darlehen werden durch das Bundesverwaltungsamt verwaltet und eingezogen. Die Bundeskasse Düsseldorf nimmt die Aufgaben der Kasse beim Einzug der Darlehen und deren Anmahnung für das Bundesverwaltungsamt wahr.
(3) Jedes Land bestimmt die Behörden, die für die Entscheidungen nach § 2 Abs. 2, § 3 Abs. 4 sowie § 42 Abs. 3 hinsichtlich der Ausbildungsstätten und Fernlehrinstitute, die ihren Sitz in diesem Land haben, zuständig sind.
(4) Das Bundesministerium für Bildung und Forschung kann durch Allgemeine Verwaltungsvorschrift mit Zustimmung des Bundesrates eine einheitliche maschinelle Berechnung, Rückrechnung und Abrechnung der Leistungen nach diesem Gesetz in Form einer algorithmischen Darstellung materiellrechtlicher Regelungen (Programmablaufplan) regeln.

§ 40 Ämter für Ausbildungsförderung
(1) Die Länder errichten für jeden Kreis und jede kreisfreie Stadt ein Amt für Ausbildungsförderung. Die Länder können für mehrere Kreise und/oder kreisfreie Städte ein gemeinsames Amt für Ausbildungsförderung errichten. Im Land Berlin können mehrere Ämter für Ausbildungsförderung errichtet werden. In den Ländern Berlin, Bremen und Hamburg kann davon abgesehen werden, Ämter für Ausbildungsförderung zu errichten.
(2) Für Auszubildende, die eine im Inland gelegene Hochschule besuchen, richten die Länder abweichend von Absatz 1 Ämter für Ausbildungsförderung bei staatlichen Hochschulen oder bei Studentenwerken ein. Die Länder können bestimmen, daß ein bei einer staatlichen Hochschule errichtetes Amt für Ausbildungsförderung ein Studentenwerk zur Durchführung seiner Aufgaben heranzieht. Ein Studentenwerk kann Amt für Ausbildungsförderung nur sein, wenn
1. es eine Anstalt des öffentlichen Rechts ist und
2. ein Bediensteter die Befähigung zu einem Richteramt nach dem Deutschen Richtergesetz oder für den höheren allgemeinen Verwaltungsdienst hat.

(3) Für Auszubildende, die eine im Ausland gelegene Ausbildungsstätte besuchen, können die Länder abweichend von Absatz 1 Ämter für Ausbildungsförderung bei staatlichen Hochschulen, Studentenwerken oder Landesämtern für Ausbildungsförderung einrichten.

§ 40 a Landesämter für Ausbildungsförderung
Die Länder können Landesämter für Ausbildungsförderung errichten. Mehrere Länder können ein gemeinsames Landesamt für Ausbildungsförderung errichten. Im Falle der Errichtung eines Landesamtes für Ausbildungsförderung nach Satz 1 findet § 40 Abs. 2 Satz 3 Nr. 2 keine Anwendung.

§ 41 Aufgaben der Ämter für Ausbildungsförderung
(1) Das Amt für Ausbildungsförderung nimmt die zur Durchführung dieses Gesetzes erforderlichen Aufgaben wahr, soweit sie nicht anderen Stellen übertragen sind. Bei der Bearbeitung der Anträge können zentrale Verwaltungsstellen herangezogen werden.

(2) Es trifft die zur Entscheidung über den Antrag erforderlichen Feststellungen, entscheidet über den Antrag und erläßt den Bescheid hierüber. Es wirkt bei Abschluß der Darlehensverträge der Auszubildenden mit der Deutschen Ausgleichsbank durch Entgegennahme und Übermittlung der für die Durchführung dieses Gesetzes erforderlichen Daten und Willenserklärungen mit.

(3) Das Amt für Ausbildungsförderung hat die Auszubildenden und ihre Eltern über die individuelle Förderung der Ausbildung nach bundes- und landesrechtlichen Vorschriften zu beraten.

§ 42 Förderungsausschüsse

(1) Die Länder können Förderungsausschüsse bei Hochschulen errichten. Bei einer Hochschule können mehrere Förderungsausschüsse eingerichtet werden. Jedem Förderungsausschuß gehören an ein hauptamtliches Mitglied des Lehrkörpers und ein Vertreter der Auszubildenden der Hochschule sowie ein Vertreter des zuständigen Amtes für Ausbildungsförderung. Für jedes Mitglied ist mindestens ein Ersatzmitglied zu bestellen.

(2) (aufgehoben)

(3) Die Wahl des Mitgliedes des Lehrkörpers und des Vertreters der Auszubildenden sowie der entsprechenden Ersatzmitglieder erfolgt nach Landesrecht. Die Berufung aller Mitglieder und Ersatzmitglieder erfolgt durch die zuständige Landesbehörde.

(4) Das Mitglied des Lehrkörpers hat im Förderungsausschuß den Vorsitz. Der Vertreter des Amtes für Ausbildungsförderung führt die Geschäfte des Förderungsausschusses.

(5) Die Mitglieder des Förderungsausschusses sind bei der Wahrnehmung ihrer Aufgaben an Weisungen nicht gebunden; sie dürfen mit einem Förderungsfall, an dem der Ausschuß mitwirkt, anderweitig nicht befaßt sein. Sie haben das Recht der Akteneinsicht. Der Förderungsausschuß hat das Recht, den Auszubildenden zu hören.

§ 43 Aufgaben der Förderungsausschüsse

(1) Die Förderungsausschüsse wirken auf Anforderung in folgenden Fällen durch gutachtliche Stellungnahmen zu den besonderen Leistungsvoraussetzungen mit an der Entscheidung über die Leistung von Ausbildungsförderung für
1. (aufgehoben)
2. eine weitere Ausbildung nach § 7 Abs. 2 Satz 2,
3. eine andere Ausbildung nach § 7 Abs. 3,
4. eine Ausbildung, die nach Vollendung des 30. Lebensjahres begonnen wird, nach § 10 Abs. 3,
5. (aufgehoben)
6. eine angemessene Zeit nach Überschreiten der Förderungshöchstdauer nach § 15 Abs. 3.

(2) Die Erteilung eines ablehnenden Bescheids ist in den Fällen des Absatzes 1 nur zulässig, wenn eine Stellungnahme des Förderungsausschusses eingeholt worden ist.

(3) Ist ein Förderungsausschuß nicht berufen oder gibt er binnen einer Frist von vier Wochen eine Stellungnahme nicht ab, so entscheidet das Amt für Ausbildungsförderung ohne Vorliegen der gutachtlichen Stellungnahme.

(4) Das Amt für Ausbildungsförderung kann von einer gutachtlichen Stellungnahme des Förderungsausschusses nur aus wichtigem Grund abweichen, der dem Auszubildenden und dem Förderungsausschuß schriftlich mitzuteilen ist.

§ 44 Beirat für Ausbildungsförderung

(1) Das Bundesministerium für Bildung und Forschung kann durch Rechtsverordnung mit Zustimmung des Bundesrates einen Beirat für Ausbildungsförderung bilden, der es bei
1. der Durchführung des Gesetzes,
2. der weiteren Ausgestaltung der gesetzlichen Regelung der individuellen Ausbildungsförderung und
3. der Berücksichtigung neuer Ausbildungsformen

berät.

(2) In den Beirat sind Vertreter der an der Ausführung des Gesetzes beteiligten Landes- und Gemeindebehörden, des Deutschen Studentenwerkes e. V., der Bundesanstalt für Arbeit, der Lehrkörper der Ausbildungsstätten, der Auszubildenden, der Elternschaft, der Rechts-, Wirtschafts- oder Sozialwissenschaften, der Arbeitgeber sowie der Arbeitnehmer zu berufen.

Abschnitt IX
Verfahren

§ 45 Örtliche Zuständigkeit

(1) Für die Entscheidung über die Ausbildungsförderung ist das Amt für Ausbildungsförderung zuständig, in dessen Bezirk die Eltern des Auszubildenden oder, wenn nur noch ein Elternteil lebt, dieser den ständigen Wohnsitz haben. Das Amt für Ausbildungsförderung, in dessen Bezirk der Auszubildende seinen ständigen Wohnsitz hat, ist zuständig, wenn
1. der Auszubildende verheiratet ist oder war,
2. seine Eltern nicht mehr leben,
3. dem überlebenden Elternteil die elterliche Sorge nicht zusteht oder bei Erreichen der Volljährigkeit des Auszubildenden nicht zustand,
4. nicht beide Elternteile ihren ständigen Wohnsitz in dem Bezirk desselben Amtes für Ausbildungsförderung haben,
5. kein Elternteil einen Wohnsitz im Inland hat,
6. der Auszubildende von seinem ständigen Wohnsitz im Inland aus eine im Ausland gelegene Ausbildungsstätte besucht (§ 5 Abs. 1),
7. der Auszubildende Ausbildungsförderung für die Teilnahme an Fernunterrichtslehrgängen erhält (§ 3).

Hat in den Fällen des Satzes 2 der Auszubildende im Inland keinen ständigen Wohnsitz, so ist das Amt für Ausbildungsförderung zuständig, in dessen Bezirk die Ausbildungsstätte liegt.

(2) Abweichend von Absatz 1 ist für die Auszubildenden an
1. Abendgymnasien und Kollegs,
2. Höheren Fachschulen und Akademien

das Amt für Ausbildungsförderung zuständig, in dessen Bezirk die Ausbildungsstätte gelegen ist, die der Auszubildende besucht.

(3) Abweichend von den Absätzen 1 und 2 ist das bei einer staatlichen Hochschule errichtete Amt für Ausbildungsförderung für die an dieser Hochschule immatrikulierten Auszubildenden zuständig; diese Zuständigkeit gilt auch für Auszubildende, die im Zusammenhang mit dem Hochschulbesuch ein Vor- oder Nachpraktikum ableisten.[1] Die Länder können bestimmen, daß das an einer staatlichen Hochschule errichtete Amt für Ausbildungsförderung auch für Auszubildende zuständig ist, die an anderen Hochschulen immatrikuliert sind. Ist das Amt für Ausbildungsförderung bei einem Studentenwerk errichtet, so wird dessen örtliche Zuständigkeit durch das Land bestimmt.

(4) Für die Entscheidung über Ausbildungsförderung für eine Ausbildung im Ausland nach § 5 Abs. 2, 3 und 5 sowie § 6 ist ausschließlich das durch das zuständige Land bestimmte Amt für Ausbildungsförderung örtlich zuständig. Das Bundesministerium für Bildung und Forschung bestimmt durch Rechtsverordnung mit Zustimmung des Bundesrates, welches Land das für alle Auszubildenden, die die in einem anderen Staat gelegenen Ausbildungsstätten besuchen, örtlich zuständige Amt bestimmt.

§ 45 a Wechsel in der Zuständigkeit

(1) Wird ein anderes Amt für Ausbildungsförderung zuständig, so tritt dieses Amt für sämtliche Verwaltungshandlungen einschließlich des Vorverfahrens an die Stelle des bisher zuständigen Amtes. § 2 Abs. 2 des Zehnten Buches Sozialgesetzbuch bleibt unberührt.
(2) Hat die örtliche Zuständigkeit gewechselt, muß das bisher zuständige Amt die Leistungen noch solange erbringen, bis sie von dem nunmehr zuständigen Amt fortgesetzt werden.
(3) Sobald ein Amt zuständig ist, das in einem anderen Land liegt, gehen die Ansprüche nach § 50 Abs. 1 des Zehnten Buches Sozialgesetzbuch und § 20 auf dieses Land über.

§ 46 Antrag

(1) Über die Leistung von Ausbildungsförderung sowie über die Höhe der Darlehenssumme nach § 18 c wird auf schriftlichen Antrag entschieden. Der Auszubildende kann die Höhe des Darlehens nach § 18 c begrenzen; die Erklärung ist für den Bewilligungszeitraum unwiderruflich.

---

[1] Gemäß Art. 6 Abs. 2 des Achtzehnten Änderungsgesetzes vom 17. 7. 1996 (BGBl. I S. 1006) in Kraft seit 1. 8. 1996 mit der Maßgabe, daß die geänderte Bestimmung nur bei Entscheidungen für die Bewilligungszeiträume zu berücksichtigen sind, die nach dem 31. 7. 1996 beginnen.

(2) Der Antrag ist an das örtlich zuständige Amt für Ausbildungsförderung zu richten.
(3) Die zur Feststellung des Anspruchs erforderlichen Tatsachen sind auf den Formblättern anzugeben, die das Bundesministerium für Bildung und Forschung durch Allgemeine Verwaltungsvorschrift mit Zustimmung des Bundesrates bestimmt hat.
(4) (aufgehoben)
(5) Auf Antrag hat das Amt für Ausbildungsförderung dem Grunde nach vorab zu entscheiden, ob die Förderungsvoraussetzungen für eine nach Fachrichtung und Ausbildungsstätte bestimmt bezeichnete
1. Ausbildung im Ausland nach § 5 Abs. 2, 3 und 5
2. weitere Ausbildung nach § 7 Abs. 2,
3. andere Ausbildung nach § 7 Abs. 3,
4. Ausbildung nach Überschreiten der Altersgrenze nach § 10 Abs. 3
vorliegen. Die Entscheidung nach den Nummern 2 bis 4 ist für den ganzen Ausbildungsabschnitt zu treffen. Das Amt ist an die Entscheidung nicht mehr gebunden, wenn der Auszubildende die Ausbildung nicht binnen eines Jahres nach Antragstellung beginnt.

§ 47 Auskunftspflichten

(1) Ausbildungsstätten, Fernlehrinstitute und Prüfungsstellen sind verpflichtet, die nach § 3 Abs. 3, § 15 Abs. 3 a sowie den §§ 48 und 49 erforderlichen Bescheinigungen, Bestätigungen und gutachterlichen Stellungnahmen abzugeben. Eine Eignungsbescheinigung nach § 48 ist von dem hauptamtlichen Mitglied des Lehrkörpers der Ausbildungsstätte auszustellen, das nach dem jeweiligen Landesrecht als zuständig bestimmt ist.
(2) Ausbildungsstätten und Fernlehrinstitute sowie deren Träger sind verpflichtet, den zuständigen Behörden auf Verlangen alle Auskünfte zu erteilen und Urkunden vorzulegen sowie die Besichtigung der Ausbildungsstätte zu gestatten, soweit die Durchführung dieses Gesetzes, insbesondere des § 2 Abs. 2 und des § 3 Abs. 2 es erfordert.
(3) Ist dem Auszubildenden von einer der in § 2 Abs. 1 Nr. 1 bis 4 bezeichneten oder diesen nach § 2 Abs. 3 als gleichwertig bestimmten Ausbildungsstätten für Zwecke dieses Gesetzes bescheinigt worden, daß er sie besucht, so unterrichtet die Ausbildungsstätte das Amt für Ausbildungsförderung unverzüglich, wenn der Auszubildende die Ausbildung abbricht.
(4) § 60 des Ersten Buches Sozialgesetzbuch gilt auch für die Eltern und Ehegatten, auch den dauernd getrennt lebenden, des Auszubildenden.
(5) Soweit dies zur Durchführung des Gesetzes erforderlich ist, hat
1. der jeweilige Arbeitgeber auf Verlangen dem Auszubildenden, seinen Eltern und seinem Ehegatten sowie dem Amt für Ausbildungsförderung eine Bescheinigung über den Arbeitslohn und den auf der Lohnsteuerkarte eingetragenen steuerfreien Jahresbetrag auszustellen,
2. die jeweilige Zusatzversorgungseinrichtung des öffentlichen Dienstes oder öffentlich-rechtliche Zusatzversorgungseinrichtung dem Amt für Ausbildungsförderung Auskünfte über die von ihr geleistete Alters- und Hinterbliebenenversorgung des Auszubildenden, seiner Eltern und seines Ehegatten zu erteilen.
(6) Das Amt für Ausbildungsförderung kann den in den Absätzen 2, 4 und 5 bezeichneten Institutionen und Personen eine angemessene Frist zur Erteilung von Auskünften und Vorlage von Urkunden setzen.

§ 47 a Ersatzpflicht des Ehegatten und der Eltern

Haben der Ehegatte oder die Eltern des Auszubildenden die Leistung von Ausbildungsförderung an den Auszubildenden dadurch herbeigeführt, daß sie vorsätzlich oder fahrlässig falsche oder unvollständige Angaben gemacht oder eine Anzeige nach § 60 Abs. 1 Nr. 2 des Ersten Buches Sozialgesetzbuch unterlassen haben, so haben sie den Betrag, der nach § 17 Abs. 1 und 2 für den Auszubildenden als Förderungsbetrag zu Unrecht geleistet worden ist, dem Land zu ersetzen. Der Betrag ist vom Zeitpunkt der zu Unrecht erfolgten Leistungen an mit 6 vom Hundert für das Jahr zu verzinsen.

§ 48 Mitwirkung von Ausbildungsstätten

(1) Vom fünften Fachsemester an wird Ausbildungsförderung für den Besuch einer Höheren Fachschule, Akademie oder einer Hochschule nur von dem Zeitpunkt an geleistet, in dem der Auszubildende vorgelegt hat

1. ein Zeugnis über eine bestandene Zwischenprüfung, die nach den Ausbildungsbestimmungen erst vom Ende des dritten Fachsemesters an abgeschlossen werden kann und vor dem Ende des vierten Fachsemesters abgeschlossen worden ist, oder
2. eine nach Beginn des vierten Fachsemesters ausgestellte Bescheinigung der Ausbildungsstätte darüber, daß er die bei geordnetem Verlauf seiner Ausbildung bis zum Ende des jeweils erreichten Fachsemesters üblichen Leistungen erbracht hat.

Wenn die Ausbildungs- und Prüfungsordnungen eine Zwischenprüfung oder einen entsprechenden Leistungsnachweis bereits vor Beginn des dritten Fachsemesters verbindlich vorschreiben, wird abweichend von Satz 1 für das dritte und vierte Fachsemester Ausbildungsförderung nur geleistet, wenn die entsprechenden Nachweise vorgelegt werden. Die Nachweise gelten als zum Ende des vorhergehenden Semesters vorgelegt, wenn sie innerhalb der ersten vier Monate des folgenden Semesters vorgelegt werden und sich aus ihnen ergibt, daß die darin ausgewiesenen Leistungen bereits in dem vorhergehenden Semester erbracht worden sind.

(2) Liegen Tatsachen vor, die voraussichtlich eine spätere Überschreitung der Förderungshöchstdauer nach § 15 Abs. 3 rechtfertigen, kann das Amt für Ausbildungsförderung die Vorlage der Bescheinigung zu einem entsprechend späteren Zeitpunkt zulassen.

(3) Während des Besuchs einer Höheren Fachschule, Akademie und Hochschule kann das Amt für Ausbildungsförderung bei begründeten Zweifeln an der Eignung (§ 9) des Auszubildenden für die gewählte Ausbildung eine gutachtliche Stellungnahme der Ausbildungsstätte einholen, die der Auszubildende besucht.

(4) In den Fällen des § 5 Abs. 1, Abs. 2 Nr. 2 und Abs. 3 sind die Absätze 1 und 2 entsprechend anzuwenden.

(5) In den Fällen des § 7 Abs. 2 Satz 2 und Abs. 3 kann das Amt für Ausbildungsförderung, wenn der Auszubildende eine Ausbildungsstätte besuchen will, für die ein Förderungsausschuß nicht errichtet ist, eine gutachtliche Stellungnahme dieser Ausbildungsstätte einholen.

(6) Das Amt für Ausbildungsförderung kann von der gutachtlichen Stellungnahme nur aus wichtigem Grund abweichen, der dem Auszubildenden schriftlich mitzuteilen ist.

§ 49 Feststellung der Voraussetzungen der Förderung im Ausland

(1) Der Auszubildende hat auf Verlangen des Amtes für Ausbildungsförderung eine gutachtliche Stellungnahme der Ausbildungsstätte, die er bisher besucht hat, darüber beizubringen, daß
1. die fachlichen Voraussetzungen für eine Ausbildung im Ausland vorliegen (§ 5 Abs. 2 Nr. 1),
2. (aufgehoben)
3. der Besuch einer im Ausland gelegenen Hochschule während drei weiterer Semester für die Ausbildung von besonderer Bedeutung ist (§ 16 Abs. 2).

(1 a) Der Auszubildende hat eine Bescheinigung der Ausbildungsstätte, die er besuchen will oder besucht hat, oder der zuständigen Prüfungsstelle darüber beizubringen, daß das von ihm beabsichtigte Auslandspraktikum den Erfordernissen des § 5 Abs. 5 entspricht.

(2) § 48 Abs. 6 ist anzuwenden.

(3) Das Amt für Ausbildungsförderung kann den Nachweis der für eine Ausbildung im Ausland ausreichenden Sprachkenntnisse verlangen.

§ 50 Bescheid

(1) Die Entscheidung, einschließlich der Bestimmung der Höhe der Darlehenssumme nach § 18 c, ist dem Antragsteller schriftlich mitzuteilen (Bescheid). In den Fällen des § 18 c wird der Bescheid unwirksam, wenn der Darlehensvertrag innerhalb eines Monats nach Bekanntgabe des Bescheids nicht wirksam zustande kommt. Unter dem Vorbehalt der Rückforderung kann ein Bescheid nur ergehen, soweit dies in diesem Gesetz vorgesehen ist. Ist in einem Bescheid dem Grunde nach über
1. eine weitere Ausbildung nach § 7 Abs. 2,
2. eine andere Ausbildung nach § 7 Abs. 3 oder
3. eine Ausbildung nach Überschreiten der Altersgrenze nach § 10 Abs. 3
entschieden worden, so gilt diese Entscheidung für den ganzen Ausbildungsabschnitt.

(2) In dem Bescheid sind anzugeben
1. die Höhe und Zusammensetzung des Bedarfs,

2. die Höhe des Einkommens des Auszubildenden, seines Ehegatten und seiner Eltern sowie des Vermögens des Auszubildenden,
3. die Höhe der bei der Ermittlung des Einkommens berücksichtigten Steuern und Abzüge zur Abgeltung der Aufwendungen für die soziale Sicherung,
4. die Höhe der gewährten Freibeträge und des nach § 11 Abs. 4 auf den Bedarf anderer Auszubildender angerechneten Einkommens des Ehegatten und der Eltern,
5. die Höhe der auf den Bedarf angerechneten Beträge von Einkommen und Vermögen des Auszubildenden sowie vom Einkommen seines Ehegatten und seiner Eltern.

Satz 1 gilt nicht, wenn der Antrag auf Ausbildungsförderung dem Grunde nach oder nach § 26 Abs. 2 Satz 1 abgelehnt wird. Auf Verlangen eines Elternteils oder des Ehegatten, für die Gründe anzugeben sind, entfallen die Angaben über das Einkommen dieser Personen mit Ausnahme des Betrages des angerechneten Einkommens; dies gilt nicht, soweit der Auszubildende im Zusammenhang mit der Geltendmachung seines Anspruchs auf Leistungen nach diesem Gesetz ein besonderes berechtigtes Interesse an der Kenntnis hat. Besucht der Auszubildende eine Höhere Fachschule oder Hochschule, so ist in jedem Bescheid das Ende der Förderungshöchstdauer anzugeben.

(3) Über die Ausbildungsförderung wird in der Regel für ein Jahr (Bewilligungszeitraum) entschieden.
(4) Endet ein Bewilligungszeitraum und ist ein neuer Bescheid nicht ergangen, so wird innerhalb desselben Ausbildungsabschnitts Ausbildungsförderung nach Maßgabe des früheren Bewilligungsbescheids unter dem Vorbehalt der Rückforderung geleistet. Dies gilt nur, wenn der neue Antrag im wesentlichen vollständig zwei Kalendermonate vor Ablauf des Bewilligungszeitraums gestellt war und ihm die erforderlichen Nachweise beigefügt wurden.

§ 51 Zahlweise
(1) Der Förderungsbetrag ist unbar monatlich im voraus zu zahlen. Die Auszahlung der Bankdarlehen nach § 18 c erfolgt durch die Deutsche Ausgleichsbank.
(2) Können bei der erstmaligen Antragstellung in einem Ausbildungsabschnitt oder nach einer Unterbrechung der Ausbildung die zur Entscheidung über den Antrag erforderlichen Feststellungen nicht binnen sechs Kalenderwochen getroffen oder Zahlungen nicht binnen zehn Kalenderwochen geleistet werden, so wird für vier Monate Ausbildungsförderung bis zur Höhe von 700 Deutsche Mark monatlich unter dem Vorbehalt der Rückforderung geleistet.
(3) Monatliche Förderungsbeträge werden auf volle Deutsche Mark abgerundet.
(4) Nicht geleistet werden monatliche Förderungsbeträge
1. unter 20 DM bei Auszubildenden, deren Bedarf sich nach § 12 bestimmt,
2. unter 30 DM bei Auszubildenden, deren Bedarf sich nach § 13 bestimmt.

§ 52 (aufgehoben)

§ 53 Änderung des Bescheides
Ändert sich ein für die Leistung der Ausbildungsförderung maßgeblicher Umstand, so wird der Bescheid geändert
1. zugunsten des Auszubildenden vom Beginn des Monats, in dem die Änderung eingetreten ist, rückwirkend jedoch höchstens für die drei Monate vor dem Monat, in dem sie dem Amt mitgeteilt wurde,
2. zuungunsten des Auszubildenden vom Beginn des Monats an, der auf den Eintritt der Änderung folgt.

Nicht als Änderung im Sinne des Satzes 1 gelten Regelanpassungen gesetzlicher Renten und Versorgungsbezüge. § 48 des Zehnten Buches Sozialgesetzbuch findet keine Anwendung; Erstattungen richten sich nach § 50 des Zehnten Buches Sozialgesetzbuch. Abweichend von Satz 1 wird der Bescheid vom Beginn des Bewilligungszeitraums an geändert, wenn in den Fällen des § 22 und des § 24 Abs. 3 eine Änderung des Einkommens oder in den Fällen des § 25 Abs. 6 eine Änderung des Freibetrages eingetreten ist.

§ 54 Rechtsweg
(1) Für öffentlich-rechtliche Streitigkeiten aus diesem Gesetz ist der Verwaltungsrechtsweg gegeben.
(2) (aufgehoben)

§ 55 Statistik
(1) Über die Ausbildungsförderung nach diesem Gesetz wird eine Bundesstatistik durchgeführt.
(2) Die Statistik erfaßt jährlich für das vorausgegangene Kalenderjahr für jeden geförderten Auszubildenden folgende Erhebungsmerkmale:
1. von dem Auszubildenden: Geschlecht, Geburtsjahr, Staatsangehörigkeit, Familienstand, Unterhaltsberechtigtenverhältnis der Kinder, Wohnung während der Ausbildung, Art eines berufsqualifizierenden Ausbildungsabschlusses, Ausbildungsstätte nach Art und rechtlicher Stellung, Klasse bzw. (Fach-)Semester, Monat und Jahr des Endes der Förderungshöchstdauer, Höhe und Zusammensetzung des Einkommens nach § 21 und den Freibetrag nach § 23 Abs. 1 Satz 2 sowie, wenn eine Vermögensanrechnung erfolgt, die Höhe des Vermögens nach § 27 und des Härtefreibetrags nach § 29 Abs. 3,
2. von dem Ehegatten des Auszubildenden: Berufstätigkeit oder Art der Ausbildung, Höhe und Zusammensetzung des Einkommens nach § 21 und des Härtefreibetrags nach § 25 Abs. 6, Unterhaltsberechtigtenverhältnis der Kinder und der weiteren nach dem bürgerlichen Recht Unterhaltsberechtigten, für die ein Freibetrag nach diesem Gesetz gewährt wird,
3. von den Eltern des Auszubildenden: Familienstand, Bestehen einer Ehe zwischen den Eltern, Berufstätigkeit, Höhe und Zusammensetzung des Einkommens nach § 21 und des Härtefreibetrags nach § 25 Abs. 6, Unterhaltsberechtigtenverhältnis und Art der Ausbildung der weiteren unterhaltsberechtigten Kinder sowie der nach dem bürgerlichen Recht Unterhaltsberechtigten, für die ein Freibetrag nach diesem Gesetz gewährt wird,
4. Höhe und Zusammensetzung des monatlichen Gesamtbedarfs des Auszubildenden, auf den Bedarf anzurechnende Beträge vom Einkommen und Vermögen des Auszubildenden sowie vom Einkommen seines Ehegatten und seiner Eltern, von den Eltern tatsächlich geleistete Unterhaltsbeträge, Monat und Jahr des Beginns und Endes des Bewilligungszeitraumes, Monat des Zuständigkeitswechsels im Berichtszeitraum sowie Art und Höhe des Förderungsbetrags, gegliedert nach Monaten.

(3) Hilfsmerkmale sind Name und Anschrift der Ämter für Ausbildungsförderung.
(4) Für die Durchführung der Statistik besteht Auskunftspflicht. Auskunftspflichtig sind die Ämter für Ausbildungsförderung.

Abschnitt X

§ 56 Aufbringung der Mittel
(1) Die Ausgaben, die bei der Ausführung dieses Gesetzes entstehen, einschließlich der Erstattungsbeträge an die Deutsche Ausgleichsbank nach § 18 d Abs. 2, tragen der Bund zu 65 vom Hundert, die Länder zu 35 vom Hundert.
(2) Das Bundesverwaltungsamt führt 35 vom Hundert des in einem Kalenderjahr eingezogenen Darlehensbetrages in dem Verhältnis an die Länder ab, in dem die in den drei vorangegangenen Jahren an das Bundesverwaltungsamt gemeldeten Darlehensleistungen der einzelnen Länder zueinander stehen.
(2 a) Die Deutsche Ausgleichsbank führt 35 vom Hundert der von ihr nach § 18 d Abs. 1 für den Bund eingezogenen Darlehens- und Zinsbeträge in dem Verhältnis an die Länder ab, in dem die in den drei vorangegangenen Jahren auf Bewilligungsbescheide von Ämtern für Ausbildungsförderung der einzelnen Länder gezahlten Darlehensbeträge zueinander stehen.
(3) Das Land führt 65 vom Hundert der auf Grund des § 50 des Zehnten Buches Sozialgesetzbuch sowie der §§ 20, 37, 38 und 47 a eingezogenen Beträge an den Bund ab.
(4) Die Länder untereinander führen bei der Ausführung dieses Gesetzes keine Einnahmen ab; sie erstatten vorbehaltlich des Satzes 2 keine Ausgaben. Im Falle der Förderung nach § 5 Abs. 2 bis 5 erstattet das Land, in dem der Auszubildende seinen ständigen Wohnsitz hat, dem nach der Rechtsverordnung auf Grund des § 45 Abs. 4 Satz 2 zuständigen Land 35 vom Hundert der Ausgaben.

Abschnitt XI
Bußgeldvorschriften, Übergangs- und Schlußvorschriften

§ 57 (aufgehoben)

§ 58 Ordnungswidrigkeiten

(1) Ordnungswidrig handelt, wer vorsätzlich oder fahrlässig
1. entgegen § 60 Abs. 1 des Ersten Buches Sozialgesetzbuch, jeweils auch in Verbindung mit § 47 Abs. 4, die dort bezeichneten Tatsachen auf Verlangen nicht angibt oder eine Änderung in den Verhältnissen nicht unverzüglich mitteilt oder auf Verlangen Beweisurkunden nicht vorlegt;
2. entgegen § 47 Abs. 2, 5 oder 6 auf Verlangen eine Auskunft nicht, nicht richtig, nicht vollständig oder nicht rechtzeitig erteilt oder eine Urkunde nicht oder nicht rechtzeitig vorlegt oder
3. einer Rechtsverordnung nach § 18 Abs. 6 Nr. 2 zuwiderhandelt, soweit sie für einen bestimmten Tatbestand auf diese Bußgeldvorschrift verweist.

(2) Die Ordnungswidrigkeit kann mit einer Geldbuße bis zu fünftausend Deutsche Mark geahndet werden.

(3) Verwaltungsbehörde im Sinne des § 36 Abs. 1 Nr. 1 des Gesetzes über Ordnungswidrigkeiten ist in den Fällen des Absatzes 1 Nr. 1 und 2 das Amt für Ausbildungsförderung, in den Fällen des Absatzes 1 Nr. 3 das Bundesverwaltungsamt.

§ 59 (aufgehoben)

§ 60[1)] Opfer politischer Verfolgung durch SED-Unrecht

Verfolgten nach § 1 des Beruflichen Rehabilitierungsgesetzes oder verfolgten Schülern nach § 3 des Beruflichen Rehabilitierungsgesetzes vom 23. Juni 1994 (BGBl. I S. 1311, 1314) wird für Ausbildungsabschnitte, die vor dem 1. Januar 2001 beginnen,
1. Ausbildungsförderung ohne Anwendung der Altersgrenze des § 10 Abs. 3 Satz 1 geleistet, sofern sie eine Bescheinigung nach § 17 oder § 18 des Beruflichen Rehabilitierungsgesetzes erhalten haben; § 10 Abs. 3 Satz 2 Nr. 3 bleibt unberührt,
2. auf Antrag der nach dem 31. Dezember 1990 nach § 17 Abs. 2 geleistete Darlehensbetrag erlassen, sofern in der Bescheinigung nach § 17 des Beruflichen Rehabilitierungsgesetzes eine Verfolgungszeit oder verfolgungsbedingte Unterbrechung der Ausbildung vor dem 3. Oktober 1990 von insgesamt mehr als drei Jahren festgestellt wird; der Antrag ist innerhalb eines Monats nach Bekanntgabe des Bescheides nach § 18 Abs. 5 a zu stellen,
3. auf Antrag der nach dem 31. Juli 1996 nach § 17 Abs. 3 geleistete Darlehensbetrag unter den Voraussetzungen der Nummer 2 erlassen; der Antrag ist innerhalb eines Monats nach Erhalt der Mitteilung nach § 18 c Abs. 8 an die Deutsche Ausgleichsbank zu richten.

§§ 61 bis 62 (aufgehoben)

§ 63 Aufgabenübertragung auf das Bundesverwaltungsamt

(1) Vom 1. April 1972 an werden die Darlehen, die auf Grund des Ersten Gesetzes über individuelle Förderung der Ausbildung vom 19. September 1969 (BGBl. I S. 1719), zuletzt geändert durch das Gesetz vom 14. Mai 1971 (BGBl. I S. 666), geleistet worden sind, nach Beendigung der Ausbildung durch das Bundesverwaltungsamt verwaltet und eingezogen.

(2) Für die auf Grund der Besonderen Bewilligungsbedingungen für die Vergabe von Bundesmitteln zur Förderung von Studenten an wissenschaftlichen Hochschulen in der Bundesrepublik Deutschland einschließlich des Landes Berlin des Bundesministers für Bildung und Wissenschaft vom 19. November 1970 geleisteten Darlehen bleibt es bei der Verwaltung und Einziehung durch das Deutsche Studentenwerk e.V.

(3) Das Deutsche Studentenwerk e.V. führt den jeweils eingezogenen Darlehensbetrag, der auf Grund der in Absatz 2 bezeichneten Besonderen Bewilligungsbedingungen geleistet worden ist, zu 50 vom Hundert an den Bund und zu 50 vom Hundert an das Land ab, in dem die Hochschule ihren Sitz hat, die den Darlehensbetrag geleistet hat. Vom 1. Januar 1997 an führt das Deutsche Studentenwerk e. V. den in Satz 1 genannten Darlehensbetrag nach Abzug der ihm durch den Einzug entstandenen Verwaltungskosten dem Härtefonds des Deutschen Studentenwerks e. V. zu. Dem Bundesministerium für Bildung und Forschung ist auf Anforderung ein Nachweis über die Rückflüsse, die durch die

---
1) In Kraft ab 1. 1. 1998.

Einziehung verursachten Verwaltungskosten und die Verwendung der Zuführungen durch den Härtefonds vorzulegen. Die Einziehung der Darlehen wird durch das Bundesministerium für Bildung und Forschung am 30. Juni des dem Kalenderjahr folgenden Jahres beendet, in dem die Verwaltungskosten die eingezogenen Darlehensbeträge erstmals übersteigen.

§ 64 Übernahme von Bediensteten durch das Bundesverwaltungsamt
(1) Auf ihr Verlangen sind die Bediensteten des Deutschen Studentenwerkes e.V., Bonn, die mit Aufgaben der Studienförderung nach den in § 63 Abs. 2 bezeichneten Besonderen Bewilligungsbedingungen beschäftigt waren, nach Erledigung ihrer Aufgaben von dem Bundesverwaltungsamt in der Vergütungsgruppe zu übernehmen, die sie zum Zeitpunkt ihrer Übernahme für diese Tätigkeit haben. Beschäftigungszeiten, die vom Deutschen Studentenwerk e.V. anerkannt sind, gelten als bei dem Bundesverwaltungsamt zurückgelegt.
(2) Die Übernahme kann abgelehnt werden, wenn der Bedienstete nicht in eine Beschäftigung am Dienstsitz des Bundesverwaltungsamtes einwilligt.

§ 65 Weitergeltende Vorschriften
(1) Die Vorschriften über die Leistung individueller Förderung der Ausbildung nach
1. dem Bundesversorgungsgesetz,
2. den Gesetzen, die das Bundesversorgungsgesetz für anwendbar erklären,
3. (aufgehoben)
4. dem Bundesentschädigungsgesetz sowie
5. dem Häftlingshilfegesetz in der Fassung der Bekanntmachung vom 29. September 1969 (BGBl. I S. 1793), zuletzt geändert durch Artikel II § 19 des Gesetzes vom 18. August 1980 (BGBl. I S. 1469)

werden durch dieses Gesetz nicht berührt.
(2) Die in Absatz 1 bezeichneten Vorschriften haben Vorrang vor diesem Gesetz.
(3) (aufgehoben)

Sozialgesetzbuch (SGB)
Achtes Buch (VIII)
Kinder- und Jugendhilfe

Vom 26. Juni 1990 (BGBl. I S. 1163, 1166)
in der Fassung der Bekanntmachung vom 8. Dezember 1998 (BGBl. I S. 3546)
(BGBl. III 860-8)

Inhaltsübersicht

Erstes Kapitel
Allgemeine Vorschriften

- § 1 Recht auf Erziehung, Elternverantwortung, Jugendhilfe
- § 2 Aufgaben der Jugendhilfe
- § 3 Freie und öffentliche Jugendhilfe
- § 4 Zusammenarbeit der öffentlichen Jugendhilfe mit der freien Jugendhilfe
- § 5 Wunsch- und Wahlrecht
- § 6 Geltungsbereich
- § 7 Begriffsbestimmungen
- § 8 Beteiligung von Kindern und Jugendlichen
- § 9 Grundrichtung der Erziehung, Gleichberechtigung von Mädchen und Jungen
- § 10 Verhältnis zu anderen Leistungen und Verpflichtungen

Zweites Kapitel
Leistungen der Jugendhilfe

Erster Abschnitt
Jugendarbeit, Jugendsozialarbeit, erzieherischer Kinder- und Jugendschutz

- § 11 Jugendarbeit
- § 12 Förderung der Jugendverbände
- § 13 Jugendsozialarbeit
- § 14 Erzieherischer Kinder- und Jugendschutz
- § 15 Landesrechtsvorbehalt

Zweiter Abschnitt
Förderung der Erziehung in der Familie

- § 16 Allgemeine Förderung der Erziehung in der Familie
- § 17 Beratung in Fragen der Partnerschaft, Trennung und Scheidung
- § 18 Beratung und Unterstützung bei der Ausübung der Personensorge
- § 19 Gemeinsame Wohnformen für Mütter/Väter und Kinder
- § 20 Betreuung und Versorgung des Kindes in Notsituationen
- § 21 Unterstützung bei notwendiger Unterbringung zur Erfüllung der Schulpflicht

Dritter Abschnitt
Förderung von Kindern in Tageseinrichtungen und in Tagespflege

- § 22 Grundsätze der Förderung von Kindern in Tageseinrichtungen
- § 23 Tagespflege
- § 24 Ausgestaltung des Förderungsangebots in Tageseinrichtungen
- § 24 a Übergangsregelung zum Anspruch auf den Besuch eines Kindergartens
- § 25 Unterstützung selbstorganisierter Förderung von Kindern
- § 26 Landesrechtsvorbehalt

Vierter Abschnitt
Hilfe zur Erziehung, Eingliederungshilfe für seelisch behinderte Kinder und Jugendliche, Hilfe für junge Volljährige

Erster Unterabschnitt
Hilfe zur Erziehung

- § 27 Hilfe zur Erziehung
- § 28 Erziehungsberatung
- § 29 Soziale Gruppenarbeit
- § 30 Erziehungsbeistand, Betreuungshelfer
- § 31 Sozialpädagogische Familienhilfe
- § 32 Erziehung in einer Tagesgruppe
- § 33 Vollzeitpflege
- § 34 Heimerziehung, sonstige betreute Wohnform
- § 35 Intensive sozialpädagogische Einzelbetreuung

Zweiter Unterabschnitt
Eingliederungshilfe für seelisch behinderte Kinder und Jugendliche

- § 35 a Eingliederungshilfe für seelisch behinderte Kinder und Jugendliche

Dritter Unterabschnitt
Gemeinsame Vorschriften für die Hilfe zur Erziehung und die Eingliederungshilfe für seelisch behinderte Kinder und Jugendliche

- § 36 Mitwirkung, Hilfeplan
- § 37 Zusammenarbeit bei Hilfen außerhalb der eigenen Familie
- § 38 Vermittlung bei der Ausübung der Personensorge

110 SGB VIII

§ 39 Leistungen zum Unterhalt des Kindes oder des Jugendlichen
§ 40 Krankenhilfe

Vierter Unterabschnitt
Hilfe für junge Volljährige

§ 41 Hilfe für junge Volljährige, Nachbetreuung

Drittes Kapitel
Andere Aufgaben der Jugendhilfe

Erster Abschnitt
Vorläufige Maßnahmen zum Schutz von Kindern und Jugendlichen

§ 42 Inobhutnahme von Kindern und Jugendlichen
§ 43 Herausnahme des Kindes oder des Jugendlichen ohne Zustimmung des Personensorgeberechtigten

Zweiter Abschnitt
Schutz von Kindern und Jugendlichen in Familienpflege und in Einrichtungen

§ 44 Pflegeerlaubnis
§ 45 Erlaubnis für den Betrieb einer Einrichtung
§ 46 Örtliche Prüfung
§ 47 Meldepflichten
§ 48 Tätigkeitsuntersagung
§ 48 a Sonstige betreute Wohnform
§ 49 Landesrechtsvorbehalt

Dritter Abschnitt
Mitwirkung in gerichtlichen Verfahren

§ 50 Mitwirkung in Verfahren vor den Vormundschafts- und den Familiengerichten
§ 51 Beratung und Belehrung in Verfahren zur Annahme als Kind
§ 52 Mitwirkung in Verfahren nach dem Jugendgerichtsgesetz

Vierter Abschnitt
Beistandschaft, Pflegschaft und Vormundschaft für Kinder und Jugendliche, Auskunft über Nichtabgabe von Sorgeerklärungen

§ 52 a Beratung und Unterstützung bei Vaterschaftsfeststellung und Geltendmachung von Unterhaltsansprüchen
§ 53 Beratung und Unterstützung von Pflegern und Vormündern
§ 54 Erlaubnis zur Übernahme von Vereinsvormundschaften
§ 55 Beistandschaft, Amtspflegschaft und Amtsvormundschaft
§ 56 Führung der Beistandschaft, der Amtspflegschaft und der Amtsvormundschaft
§ 57 Mitteilungspflicht des Jugendamts
§ 58 Gegenvormundschaft des Jugendamts
§ 58 a Auskunft über Nichtabgabe von Sorgeerklärungen

Fünfter Abschnitt
Beurkundung und Beglaubigung, vollstreckbare Urkunden

§ 59 Beurkundung und Beglaubigung
§ 60 Vollstreckbare Urkunden

Viertes Kapitel
Schutz von Sozialdaten

§ 61 Anwendungsbereich
§ 62 Datenerhebung
§ 63 Datenspeicherung
§ 64 Datenübermittlung und -nutzung
§ 65 Besonderer Vertrauensschutz in der persönlichen und erzieherischen Hilfe
§ 66 (weggefallen)
§ 67 Auskunft an den Betroffenen
§ 68 Sozialdaten im Bereich der Beistandschaft, der Amtspflegschaft und der Amtsvormundschaft

Fünftes Kapitel
Träger der Jugendhilfe, Zusammenarbeit, Gesamtverantwortung

Erster Abschnitt
Träger der öffentlichen Jugendhilfe

§ 69 Träger der öffentlichen Jugendhilfe, Jugendämter, Landesjugendämter
§ 70 Organisation des Jugendamts und des Landesjugendamts
§ 71 Jugendhilfeausschuß, Landesjugendhilfeausschuß
§ 72 Mitarbeiter, Fortbildung

Zweiter Abschnitt
Zusammenarbeit mit der freien Jugendhilfe, ehrenamtliche Tätigkeit

§ 73 Ehrenamtliche Tätigkeit
§ 74 Förderung der freien Jugendhilfe
§ 75 Anerkennung als Träger der freien Jugendhilfe
§ 76 Beteiligung anerkannter Träger der freien Jugendhilfe an der Wahrnehmung anderer Aufgaben
§ 77 Vereinbarungen über die Höhe der Kosten
§ 78 Arbeitsgemeinschaften

Dritter Abschnitt
Vereinbarung über Leistungsangebote, Entgelte und Qualitätsentwicklung

§ 78 a Anwendungsbereich
§ 78 b Voraussetzungen für die Übernahme des Leistungsentgelts
§ 78 c Inhalt der Leistungs- und Entgeltvereinbarungen
§ 78 d Vereinbarungszeitraum
§ 78 e Örtliche Zuständigkeit für den Abschluß von Vereinbarungen
§ 78 f Rahmenverträge
§ 78 g Schiedsstelle

Vierter Abschnitt
Gesamtverantwortung, Jugendhilfeplanung

§ 79 Gesamtverantwortung, Grundausstattung
§ 80 Jugendhilfeplanung
§ 81 Zusammenarbeit mit anderen Stellen und öffentlichen Einrichtungen

Sechstes Kapitel
Zentrale Aufgaben

§ 82 Aufgaben der Länder
§ 83 Aufgaben des Bundes, Bundesjugendkuratorium
§ 84 Jugendbericht

Siebtes Kapitel
Zuständigkeit, Kostenerstattung

Erster Abschnitt
Sachliche Zuständigkeit

§ 85 Sachliche Zuständigkeit

Zweiter Abschnitt
Örtliche Zuständigkeit

Erster Unterabschnitt
Örtliche Zuständigkeit für Leistungen

§ 86 Örtliche Zuständigkeit für Leistungen an Kinder, Jugendliche und ihre Eltern
§ 86 a Örtliche Zuständigkeit für Leistungen an junge Volljährige
§ 86 b Örtliche Zuständigkeit für Leistungen in gemeinsamen Wohnformen für Mütter/Väter und Kinder
§ 86 c Fortdauernde Leistungsverpflichtung beim Zuständigkeitswechsel
§ 86 d Verpflichtung zum vorläufigen Tätigwerden

Zweiter Unterabschnitt
Örtliche Zuständigkeit für andere Aufgaben

§ 87 Örtliche Zuständigkeit für vorläufige Maßnahmen zum Schutz von Kindern und Jugendlichen
§ 87 a Örtliche Zuständigkeit für Erlaubnis, Meldepflichten und Untersagung
§ 87 b Örtliche Zuständigkeit für die Mitwirkung in gerichtlichen Verfahren
§ 87 c Örtliche Zuständigkeit für die Beistandschaft, die Amtspflegschaft, die Amtsvormundschaft und die Auskunft nach § 58 a
§ 87 d Örtliche Zuständigkeit für weitere Aufgaben im Vormundschaftswesen
§ 87 e Örtliche Zuständigkeit für Beurkundung und Beglaubigung

Dritter Unterabschnitt
Örtliche Zuständigkeit bei Aufenthalt im Ausland

§ 88 Örtliche Zuständigkeit bei Aufenthalt im Ausland

Dritter Abschnitt
Kostenerstattung

§ 89 Kostenerstattung bei fehlendem gewöhnlichen Aufenthalt
§ 89 a Kostenerstattung bei fortdauernder Vollzeitpflege
§ 89 b Kostenerstattung bei vorläufigen Maßnahmen zum Schutz von Kindern und Jugendlichen
§ 89 c Kostenerstattung bei fortdauernder oder vorläufiger Leistungsverpflichtung
§ 89 d Kostenerstattung bei Gewährung von Jugendhilfe nach der Einreise
§ 89 e Schutz der Einrichtungsorte
§ 89 f Umfang der Kostenerstattung
§ 89 g Landesrechtsvorbehalt
§ 89 h Übergangsvorschrift

Achtes Kapitel
Teilnahmebeiträge, Heranziehung zu den Kosten, Überleitung von Ansprüchen

Erster Abschnitt
Erhebung von Teilnahmebeiträgen

§ 90 Erhebung von Teilnahmebeiträgen

Zweiter Abschnitt
Heranziehung zu den Kosten

§ 91 Grundsätze der Heranziehung zu den Kosten
§ 92 Formen der Kostentragung durch die öffentliche Jugendhilfe
§ 93 Umfang der Heranziehung
§ 94 Sonderregelungen für die Heranziehung der Eltern

Dritter Abschnitt
Überleitung von Ansprüchen

§ 95 Überleitung von Ansprüchen
§ 96 Überleitung von Ansprüchen gegen einen nach bürgerlichem Recht Unterhaltspflichtigen

Vierter Abschnitt
Ergänzende Vorschriften

§ 97 Feststellung der Sozialleistungen
§ 97 a Pflicht zur Auskunft

Neuntes Kapitel
Kinder- und Jugendhilfestatistik

§ 98 Zweck und Umfang der Erhebung
§ 99 Erhebungsmerkmale
§ 100 Hilfsmerkmale
§ 101 Periodizität und Berichtszeitraum
§ 102 Auskunftspflicht
§ 103 Übermittlung

Zehntes Kapitel
Straf- und Bußgeldvorschriften

§ 104 Bußgeldvorschriften
§ 105 Strafvorschriften

Erstes Kapitel
Allgemeine Vorschriften
§ 1 Recht auf Erziehung, Elternverantwortung, Jugendhilfe
(1) Jeder junge Mensch hat ein Recht auf Förderung seiner Entwicklung und auf Erziehung zu einer eigenverantwortlichen und gemeinschaftsfähigen Persönlichkeit.
(2) Pflege und Erziehung der Kinder sind das natürliche Recht der Eltern und die zuvörderst ihnen obliegende Pflicht. Über ihre Betätigung wacht die staatliche Gemeinschaft.
(3) Jugendhilfe soll zur Verwirklichung des Rechts nach Absatz 1 insbesondere
1. junge Menschen in ihrer individuellen und sozialen Entwicklung fördern und dazu beitragen, Benachteiligungen zu vermeiden oder abzubauen,
2. Eltern und andere Erziehungsberechtigte bei der Erziehung beraten und unterstützen,
3. Kinder und Jugendliche vor Gefahren für ihr Wohl schützen,
4. dazu beitragen, positive Lebensbedingungen für junge Menschen und ihre Familien sowie eine kinder- und familienfreundliche Umwelt zu erhalten oder zu schaffen.

§ 2 Aufgaben der Jugendhilfe
(1) Die Jugendhilfe umfaßt Leistungen und andere Aufgaben zugunsten junger Menschen und Familien.
(2) Leistungen der Jugendhilfe sind:
1. Angebote der Jugendarbeit, der Jugendsozialarbeit und des erzieherischen Kinder- und Jugendschutzes (§§ 11 bis 14),
2. Angebote zur Förderung der Erziehung in der Familie (§§ 16 bis 21),
3. Angebote zur Förderung von Kindern in Tageseinrichtungen und in Tagespflege (§§ 22 bis 25),
4. Hilfe zur Erziehung und ergänzende Leistungen (§§ 27 bis 35, 36, 37, 39, 40),
5. Hilfe für seelisch behinderte Kinder und Jugendliche und ergänzende Leistungen (§§ 35 a bis 37, 39, 40),
6. Hilfe für junge Volljährige und Nachbetreuung (§ 41).
(3) Andere Aufgaben der Jugendhilfe sind
1. die Inobhutnahme von Kindern und Jugendlichen (§ 42),
2. die Herausnahme des Kindes oder des Jugendlichen ohne Zustimmung des Personensorgeberechtigten (§ 43),
3. die Erteilung, der Widerruf und die Zurücknahme der Pflegeerlaubnis (§ 44),
4. die Erteilung, der Widerruf und die Zurücknahme der Erlaubnis für den Betrieb einer Einrichtung sowie die Erteilung nachträglicher Auflagen und die damit verbundenen Aufgaben (§§ 45 bis 47, 48 a),
5. die Tätigkeitsuntersagung (§§ 48, 48 a),
6. die Mitwirkung in Verfahren vor den Vormundschafts- und den Familiengerichten (§ 50),
7. die Beratung und Belehrung in Verfahren zur Annahme als Kind (§ 51),
8. die Mitwirkung in Verfahren nach dem Jugendgerichtsgesetz (§ 52),
9. die Beratung und Unterstützung von Müttern bei Vaterschaftsfeststellung und Geltendmachung von Unterhaltsansprüchen sowie von Pflegern und Vormündern (§§ 52 a,53),
10. die Erteilung, der Widerruf und die Zurücknahme der Erlaubnis zur Übernahme von Vereinsvormundschaften (§ 54),
11. Beistandschaft, Amtspflegschaft, Amtsvormundschaft und Gegenvormundschaft des Jugendamts (§§ 55 bis 58),
12. Beurkundung und Beglaubigung (§ 59),
13. die Aufnahme von vollstreckbaren Urkunden (§ 60).

§ 3 Freie und öffentliche Jugendhilfe
(1) Die Jugendhilfe ist gekennzeichnet durch die Vielfalt von Trägern unterschiedlicher Wertorientierungen und die Vielfalt von Inhalten, Methoden und Arbeitsformen.
(2) Leistungen der Jugendhilfe werden von Trägern der freien Jugendhilfe und von Trägern der öffentlichen Jugendhilfe erbracht. Leistungsverpflichtungen, die durch dieses Buch begründet werden, richten sich an die Träger der öffentlichen Jugendhilfe.

(3) Andere Aufgaben der Jugendhilfe werden von Trägern der öffentlichen Jugendhilfe wahrgenommen. Soweit dies ausdrücklich bestimmt ist, können Träger der freien Jugendhilfe diese Aufgaben wahrnehmen oder mit ihrer Ausführung betraut werden.

§ 4 Zusammenarbeit der öffentlichen Jugendhilfe mit der freien Jugendhilfe
(1) Die öffentliche Jugendhilfe soll mit der freien Jugendhilfe zum Wohl junger Menschen und ihrer Familien partnerschaftlich zusammenarbeiten. Sie hat dabei die Selbständigkeit der freien Jugendhilfe in Zielsetzung und Durchführung ihrer Aufgaben sowie in der Gestaltung ihrer Organisationsstruktur zu achten.
(2) Soweit geeignete Einrichtungen, Dienste und Veranstaltungen von anerkannten Trägern der freien Jugendhilfe betrieben werden oder rechtzeitig geschaffen werden können, soll die öffentliche Jugendhilfe von eigenen Maßnahmen absehen.
(3) Die öffentliche Jugendhilfe soll die freie Jugendhilfe nach Maßgabe dieses Buches fördern und dabei die verschiedenen Formen der Selbsthilfe stärken.

§ 5[1] Wunsch- und Wahlrecht
(1) Die Leistungsberechtigten haben das Recht, zwischen Einrichtungen und Diensten verschiedener Träger zu wählen und Wünsche hinsichtlich der Gestaltung der Hilfe zu äußern. Sie sind auf dieses Recht hinzuweisen.
(2) Der Wahl und den Wünschen soll entsprochen werden, sofern dies nicht mit unverhältnismäßigen Mehrkosten verbunden ist. Wünscht der Leistungsberechtigte die Erbringung einer in § 78 a genannten Leistung in einer Einrichtung, mit deren Träger keine Vereinbarungen nach § 78 b bestehen, so soll der Wahl nur entsprochen werden, wenn die Erbringung der Leistung in dieser Einrichtung im Einzelfall oder nach Maßgabe des Hilfeplanes (§ 36) geboten ist.

§ 6 Geltungsbereich
(1) Leistungen nach diesem Buch werden jungen Menschen, Müttern, Vätern und Personensorgeberechtigten von Kindern und Jugendlichen gewährt, die ihren tatsächlichen Aufenthalt im Inland haben. Für die Erfüllung anderer Aufgaben gilt Satz 1 entsprechend.
(2) Ausländer können Leistungen nach diesem Buch nur beanspruchen, wenn sie rechtmäßig oder aufgrund einer ausländerrechtlichen Duldung ihren gewöhnlichen Aufenthalt im Inland haben.
(3) Deutschen können Leistungen nach diesem Buch auch gewährt werden, wenn sie ihren Aufenthalt im Ausland haben und soweit sie nicht Hilfe vom Aufenthaltsland erhalten.
(4) Regelungen des über- und zwischenstaatlichen Rechts bleiben unberührt.

§ 7 Begriffsbestimmungen
(1) Im Sinne dieses Buches ist
1. Kind, wer noch nicht 14 Jahre alt ist, soweit nicht die Absätze 2 bis 4 etwas anderes bestimmen,
2. Jugendlicher, wer 14, aber noch nicht 18 Jahre alt ist,
3. junger Volljähriger, wer 18, aber noch nicht 27 Jahre alt ist,
4. junger Mensch, wer noch nicht 27 Jahre alt ist,
5. Personensorgeberechtigter, wem allein oder gemeinsam mit einer anderen Person nach den Vorschriften des Bürgerlichen Gesetzbuchs die Personensorge zusteht,
6. Erziehungsberechtigter, der Personensorgeberechtigte und jede sonstige Person über 18 Jahre, soweit sie aufgrund einer Vereinbarung mit dem Personensorgeberechtigten nicht nur vorübergehend und nicht nur für einzelne Verrichtungen Aufgaben der Personensorge wahrnimmt.

(2) Kind im Sinne des § 1 Abs. 2 ist, wer noch nicht 18 Jahre alt ist.
(3) (weggefallen)
(4) Die Bestimmungen dieses Buches, die sich auf die Annahme als Kind beziehen, gelten nur für Personen, die das 18. Lebensjahr noch nicht vollendet haben.

§ 8 Beteiligung von Kindern und Jugendlichen
(1) Kinder und Jugendliche sind entsprechend ihrem Entwicklungsstand an allen sie betreffenden Entscheidungen der öffentlichen Jugendhilfe zu beteiligen. Sie sind in geeigneter Weise auf ihre Rechte im Verwaltungsverfahren sowie im Verfahren vor dem Familiengericht, dem Vormundschaftsgericht und dem Verwaltungsgericht hinzuweisen.

---
1) In Kraft ab 1. 1. 1999.

(2) Kinder und Jugendliche haben das Recht, sich in allen Angelegenheiten der Erziehung und Entwicklung an das Jugendamt zu wenden.
(3) Kinder und Jugendliche können ohne Kenntnis des Personensorgeberechtigten beraten werden, wenn die Beratung aufgrund einer Not- und Konfliktlage erforderlich ist und solange durch die Mitteilung an den Personensorgeberechtigten der Beratungszweck vereitelt würde.

§ 9 Grundrichtung der Erziehung, Gleichberechtigung von Mädchen und Jungen
Bei der Ausgestaltung der Leistungen und der Erfüllung der Aufgaben sind
1. die von den Personensorgeberechtigten bestimmte Grundrichtung der Erziehung sowie die Rechte der Personensorgeberechtigten und des Kindes oder des Jugendlichen bei der Bestimmung der religiösen Erziehung zu beachten,
2. die wachsende Fähigkeit und das wachsende Bedürfnis des Kindes oder des Jugendlichen zu selbständigem, verantwortungsbewußtem Handeln sowie die jeweiligen besonderen sozialen und kulturellen Bedürfnisse und Eigenarten junger Menschen und ihrer Familien zu berücksichtigen,
3. die unterschiedlichen Lebenslagen von Mädchen und Jungen zu berücksichtigen, Benachteiligungen abzubauen und die Gleichberechtigung von Mädchen und Jungen zu fördern.

§ 10 Verhältnis zu anderen Leistungen und Verpflichtungen
(1) Verpflichtungen anderer, insbesondere Unterhaltspflichtiger oder der Träger anderer Sozialleistungen, werden durch dieses Buch nicht berührt. Leistungen anderer dürfen nicht deshalb versagt werden, weil nach diesem Buch entsprechende Leistungen vorgesehen sind.
(2) Die Leistungen nach diesem Buch gehen Leistungen nach dem Bundessozialhilfegesetz vor. Maßnahmen der Eingliederungshilfe nach dem Bundessozialhilfegesetz für junge Menschen, die körperlich oder geistig behindert oder von einer solchen Behinderung bedroht sind, gehen Leistungen nach diesem Buch vor. Landesrecht kann regeln, daß Maßnahmen der Frühförderung für Kinder unabhängig von der Art der Behinderung vorrangig von anderen Leistungsträgern gewährt werden.

Zweites Kapitel
Leistungen der Jugendhilfe

Erster Abschnitt
Jugendarbeit, Jugendsozialarbeit, erzieherischer Kinder- und Jugendschutz

§ 11 Jugendarbeit
(1) Jungen Menschen sind die zur Förderung ihrer Entwicklung erforderlichen Angebote der Jugendarbeit zur Verfügung zu stellen. Sie sollen an den Interessen junger Menschen anknüpfen und von ihnen mitbestimmt und mitgestaltet werden, sie zur Selbstbestimmung befähigen und zu gesellschaftlicher Mitverantwortung und zu sozialem Engagement anregen und hinführen.
(2) Jugendarbeit wird angeboten von Verbänden, Gruppen und Initiativen der Jugend, von anderen Trägern der Jugendarbeit und den Trägern der öffentlichen Jugendhilfe. Sie umfaßt für Mitglieder bestimmte Angebote, die offene Jugendarbeit und gemeinwesenorientierte Angebote.
(3) Zu den Schwerpunkten der Jugendarbeit gehören:
1. außerschulische Jugendbildung mit allgemeiner, politischer, sozialer, gesundheitlicher, kultureller, naturkundlicher und technischer Bildung,
2. Jugendarbeit in Sport, Spiel und Geselligkeit,
3. arbeitswelt-, schul- und familienbezogene Jugendarbeit,
4. internationale Jugendarbeit,
5. Kinder- und Jugenderholung,
6. Jugendberatung.
(4) Angebote der Jugendarbeit können auch Personen, die das 27. Lebensjahr vollendet haben, in angemessenem Umfang einbeziehen.

§ 12 Förderung der Jugendverbände
(1) Die eigenverantwortliche Tätigkeit der Jugendverbände und Jugendgruppen ist unter Wahrung ihres satzungsgemäßen Eigenlebens nach Maßgabe des § 74 zu fördern.
(2) In Jugendverbänden und Jugendgruppen wird Jugendarbeit von jungen Menschen selbst organisiert, gemeinschaftlich gestaltet und mitverantwortet. Ihre Arbeit ist auf Dauer angelegt und in der

Regel auf die eigenen Mitglieder ausgerichtet, sie kann sich aber auch an junge Menschen wenden, die nicht Mitglieder sind. Durch Jugendverbände und ihre Zusammenschlüsse werden Anliegen und Interessen junger Menschen zum Ausdruck gebracht und vertreten.

§ 13 Jugendsozialarbeit
(1) Jungen Menschen, die zum Ausgleich sozialer Benachteiligungen oder zur Überwindung individueller Beeinträchtigungen in erhöhtem Maße auf Unterstützung angewiesen sind, sollen im Rahmen der Jugendhilfe sozialpädagogische Hilfen angeboten werden, die ihre schulische und berufliche Ausbildung, Eingliederung in die Arbeitswelt und ihre soziale Integration fördern.
(2) Soweit die Ausbildung dieser jungen Menschen nicht durch Maßnahmen und Programme anderer Träger und Organisationen sichergestellt wird, können geeignete sozialpädagogisch begleitete Ausbildungs- und Beschäftigungsmaßnahmen angeboten werden, die den Fähigkeiten und dem Entwicklungsstand dieser jungen Menschen Rechnung tragen.
(3) Jungen Menschen kann während der Teilnahme an schulischen oder beruflichen Bildungsmaßnahmen oder bei der beruflichen Eingliederung Unterkunft in sozialpädagogisch begleiteten Wohnformen angeboten werden. In diesen Fällen sollen auch der notwendige Unterhalt des jungen Menschen sichergestellt und Krankenhilfe nach Maßgabe des § 40 geleistet werden.
(4) Die Angebote sollen mit den Maßnahmen der Schulverwaltung, der Bundesanstalt für Arbeit, der Träger betrieblicher und außerbetrieblicher Ausbildung sowie der Träger von Beschäftigungsangeboten abgestimmt werden.

§ 14 Erzieherischer Kinder- und Jugendschutz
(1) Jungen Menschen und Erziehungsberechtigten sollen Angebote des erzieherischen Kinder- und Jugendschutzes gemacht werden.
(2) Die Maßnahmen sollen
1. junge Menschen befähigen, sich vor gefährdenden Einflüssen zu schützen und sie zu Kritikfähigkeit, Entscheidungsfähigkeit und Eigenverantwortlichkeit sowie zur Verantwortung gegenüber ihren Mitmenschen führen,
2. Eltern und andere Erziehungsberechtigte besser befähigen, Kinder und Jugendliche vor gefährdenden Einflüssen zu schützen.

§ 15 Landesrechtsvorbehalt
Das Nähere über Inhalt und Umfang der in diesem Abschnitt geregelten Aufgaben und Leistungen regelt das Landesrecht.

Zweiter Abschnitt
Förderung der Erziehung in der Familie

§ 16 Allgemeine Förderung der Erziehung in der Familie
(1) Müttern, Vätern, anderen Erziehungsberechtigten und jungen Menschen sollen Leistungen der allgemeinen Förderung der Erziehung in der Familie angeboten werden. Sie sollen dazu beitragen, daß Mütter, Väter und andere Erziehungsberechtigte ihre Erziehungsverantwortung besser wahrnehmen können.
(2) Leistungen zur Förderung der Erziehung in der Familie sind insbesondere
1. Angebote der Familienbildung, die auf Bedürfnisse und Interessen sowie auf Erfahrungen von Familien in unterschiedlichen Lebenslagen und Erziehungssituationen eingehen, die Familie zur Mitarbeit in Erziehungseinrichtungen und in Formen der Selbst- und Nachbarschaftshilfe besser befähigen sowie junge Menschen auf Ehe, Partnerschaft und das Zusammenleben mit Kindern vorbereiten,
2. Angebote der Beratung in allgemeinen Fragen der Erziehung und Entwicklung junger Menschen,
3. Angebote der Familienfreizeit und der Familienerholung, insbesondere in belastenden Familiensituationen, die bei Bedarf die erzieherische Betreuung der Kinder einschließen.
(3) Das Nähere über Inhalt und Umfang der Aufgaben regelt das Landesrecht.

§ 17 Beratung in Fragen der Partnerschaft, Trennung und Scheidung
(1) Mütter und Väter haben im Rahmen der Jugendhilfe Anspruch auf Beratung in Fragen der Partnerschaft, wenn sie für ein Kind oder einen Jugendlichen zu sorgen haben oder tatsächlich sorgen. Die Beratung soll helfen,
1. ein partnerschaftliches Zusammenleben in der Familie aufzubauen,
2. Konflikte und Krisen in der Familie zu bewältigen,
3. im Falle der Trennung oder Scheidung die Bedingungen für eine dem Wohl des Kindes oder des Jugendlichen förderliche Wahrnehmung der Elternverantwortung zu schaffen.

(2) Im Falle der Trennung oder Scheidung sind Eltern unter angemessener Beteiligung des betroffenen Kindes oder Jugendlichen bei der Entwicklung eines einvernehmlichen Konzepts für die Wahrnehmung der elterlichen Sorge zu unterstützen; dieses Konzept kann auch als Grundlage für die richterliche Entscheidung über die elterliche Sorge nach der Trennung oder Scheidung dienen.

(3) Die Gerichte teilen die Rechtshängigkeit von Scheidungssachen, wenn gemeinschaftliche minderjährige Kinder vorhanden sind (§ 622 Abs. 2 Satz 1 der Zivilprozeßordnung), sowie Namen und Anschriften der Parteien dem Jugendamt mit, damit dieses die Eltern über das Leistungsangebot der Jugendhilfe nach Absatz 2 unterrichtet.

§ 18 Beratung und Unterstützung bei der Ausübung der Personensorge
(1) Mütter und Väter, die allein für ein Kind oder einen Jugendlichen zu sorgen haben oder tatsächlich sorgen, haben Anspruch auf Beratung und Unterstützung bei der Ausübung der Personensorge einschließlich der Geltendmachung von Unterhalts- oder Unterhaltsersatzansprüchen des Kindes oder Jugendlichen.

(2) Die Mutter, der die elterliche Sorge nach § 1626 a Abs. 2 des Bürgerlichen Gesetzbuchs zusteht, hat Anspruch auf Beratung und Unterstützung bei der Geltendmachung ihrer Unterhaltsansprüche nach § 1615 l des Bürgerlichen Gesetzbuchs.

(3) Kinder und Jugendliche haben Anspruch auf Beratung und Unterstützung bei der Ausübung des Umgangsrechts nach § 1684 Abs. 1 des Bürgerlichen Gesetzbuchs. Sie sollen darin unterstützt werden, daß die Personen, die nach Maßgabe der §§ 1684 und 1685 des Bürgerlichen Gesetzbuchs zum Umgang mit ihnen berechtigt sind, von diesem Recht zu ihrem Wohl Gebrauch machen. Eltern, andere Umgangsberechtigte sowie Personen, in deren Obhut sich das Kind befindet, haben Anspruch auf Beratung und Unterstützung bei der Ausübung des Umgangsrechts. Bei der Befugnis, Auskunft über die persönlichen Verhältnisse des Kindes zu verlangen, bei der Herstellung von Umgangskontakten und bei der Ausführung gerichtlicher oder vereinbarter Umgangsregelungen soll vermittelt und in geeigneten Fällen Hilfestellung geleistet werden.

(4) Ein junger Volljähriger hat bis zur Vollendung des 21. Lebensjahres Anspruch auf Beratung und Unterstützung bei der Geltendmachung von Unterhalts- oder Unterhaltsersatzansprüchen.

§ 19 Gemeinsame Wohnformen für Mütter/Väter und Kinder
(1) Mütter oder Väter, die allein für ein Kind unter sechs Jahren zu sorgen haben, sollen gemeinsam mit dem Kind in einer geeigneten Wohnform betreut werden, wenn und solange sie aufgrund ihrer Persönlichkeitsentwicklung dieser Form der Unterstützung bei der Pflege und Erziehung des Kindes bedürfen. Die Betreuung schließt auch ältere Geschwister ein, sofern die Mutter oder der Vater für sie allein zu sorgen hat. Eine schwangere Frau kann auch vor der Geburt des Kindes in der Wohnform betreut werden.

(2) Während dieser Zeit soll darauf hingewirkt werden, daß die Mutter oder der Vater eine schulische oder berufliche Ausbildung beginnt oder fortführt oder eine Berufstätigkeit aufnimmt.

(3) Die Leistung soll den notwendigen Unterhalt der betreuten Personen sowie die Krankenhilfe nach Maßgabe des § 40 umfassen.

§ 20 Betreuung und Versorgung des Kindes in Notsituationen
(1) Fällt der Elternteil, der die überwiegende Betreuung des Kindes übernommen hat, für die Wahrnehmung dieser Aufgabe aus gesundheitlichen oder anderen zwingenden Gründen aus, so soll der andere Elternteil bei der Betreuung und Versorgung des im Haushalt lebenden Kindes unterstützt werden, wenn
1. er wegen berufsbedingter Abwesenheit nicht in der Lage ist, die Aufgabe wahrzunehmen,
2. die Hilfe erforderlich ist, um das Wohl des Kindes zu gewährleisten,

3. Angebote der Förderung des Kindes in Tageseinrichtungen oder in Tagespflege nicht ausreichen.
(2) Fällt ein alleinerziehender Elternteil oder fallen beide Elternteile aus gesundheitlichen oder anderen zwingenden Gründen aus, so soll unter der Voraussetzung des Absatzes 1 Nr. 3 das Kind im elterlichen Haushalt versorgt und betreut werden, wenn und solange es für sein Wohl erforderlich ist.

§ 21 Unterstützung bei notwendiger Unterbringung zur Erfüllung der Schulpflicht
Können Personensorgeberechtigte wegen des mit ihrer beruflichen Tätigkeit verbundenen ständigen Ortswechsels die Erfüllung der Schulpflicht ihres Kindes oder Jugendlichen nicht sicherstellen und ist deshalb eine anderweitige Unterbringung des Kindes oder des Jugendlichen notwendig, so haben sie Anspruch auf Beratung und Unterstützung. In geeigneten Fällen können die Kosten der Unterbringung in einer für das Kind oder den Jugendlichen geeigneten Wohnform einschließlich des notwendigen Unterhalts sowie die Krankenhilfe übernommen werden, wenn und soweit dies dem Kind oder dem Jugendlichen und seinen Eltern aus ihren Einkommen und Vermögen nach Maßgabe der §§ 91 bis 93 nicht zuzumuten ist. Die Kosten können über das schulpflichtige Alter hinaus übernommen werden, sofern eine begonnene Schulausbildung noch nicht abgeschlossen ist, längstens aber bis zur Vollendung des 21. Lebensjahres.

Dritter Abschnitt
Förderung von Kindern in Tageseinrichtungen und in Tagespflege

§ 22 Grundsätze der Förderung von Kindern in Tageseinrichtungen
(1) In Kindergärten, Horten und anderen Einrichtungen, in denen sich Kinder für einen Teil des Tages oder ganztags aufhalten (Tageseinrichtungen), soll die Entwicklung des Kindes zu einer eigenverantwortlichen und gemeinschaftsfähigen Persönlichkeit gefördert werden.
(2) Die Aufgabe umfaßt die Betreuung, Bildung und Erziehung des Kindes. Das Leistungsangebot soll sich pädagogisch und organisatorisch an den Bedürfnissen der Kinder und ihrer Familien orientieren.
(3) Bei der Wahrnehmung ihrer Aufgaben sollen die in den Einrichtungen tätigen Fachkräfte und anderen Mitarbeiter mit den Erziehungsberechtigten zum Wohl der Kinder zusammenarbeiten. Die Erziehungsberechtigten sind an den Entscheidungen in wesentlichen Angelegenheiten der Tageseinrichtung zu beteiligen.

§ 23 Tagespflege
(1) Zur Förderung der Entwicklung des Kindes, insbesondere in den ersten Lebensjahren, kann auch eine Person vermittelt werden, die das Kind für einen Teil des Tages oder ganztags entweder im eigenen oder im Haushalt des Personensorgeberechtigten betreut (Tagespflegeperson).
(2) Die Tagespflegeperson und der Personensorgeberechtigte sollen zum Wohl des Kindes zusammenarbeiten. Sie haben Anspruch auf Beratung in allen Fragen der Tagespflege.
(3) Wird eine geeignete Tagespflegeperson vermittelt und ist die Förderung des Kindes in Tagespflege für sein Wohl geeignet und erforderlich, so sollen dieser Person die entstehenden Aufwendungen einschließlich der Kosten der Erziehung ersetzt werden. Die entstehenden Aufwendungen einschließlich der Kosten der Erziehung sollen auch ersetzt werden, wenn das Jugendamt die Geeignetheit und Erforderlichkeit der Tagespflege für das Wohl des Kindes und die Eignung einer von den Personensorgeberechtigten nachgewiesenen Pflegeperson feststellt.
(4) Zusammenschlüsse von Tagespflegepersonen sollen beraten und unterstützt werden.

§ 24 Ausgestaltung des Förderungsangebots in Tageseinrichtungen
Ein Kind hat vom vollendeten dritten Lebensjahr bis zum Schuleintritt Anspruch auf den Besuch eines Kindergartens. Für Kinder im Alter unter drei Jahren und für Kinder im schulpflichtigen Alter sind nach Bedarf Plätze in Tageseinrichtungen vorzuhalten. Die Träger der öffentlichen Jugendhilfe haben darauf hinzuwirken, daß ein bedarfsgerechtes Angebot an Ganztagsplätzen zur Verfügung steht.

§ 24 a Übergangsregelung zum Anspruch auf den Besuch eines Kindergartens
(1) Kann zum 1. Januar 1996 in einem Land das zur Erfüllung des Rechtsanspruchs nach § 24 Satz 1 erforderliche Angebot nicht gewährleistet werden, so gelten die nachfolgenden Regelungen.

110 SGB VIII §§ 25–29

(2) Landesrecht kann einen allgemeinen Zeitpunkt, spätestens den 1. August 1996, festlegen und bestimmen, daß erst ab diesem festgelegten Zeitpunkt der Anspruch eines Kindes, das bis zu diesem Tag das dritte Lebensjahr vollendet hat, besteht.

(3) Landesrecht kann für die Zeit ab dem 1. August 1996 bis zum 31. Dezember 1998 eine Regelung treffen, die die örtlichen Träger, die den Rechtsanspruch nach § 24 Satz 1 noch nicht erfüllen können, auf Antrag befugt, für ihren Bereich allgemeine Zeitpunkte festzulegen, ab denen der Rechtsanspruch auf den Besuch des Kindergartens besteht. Diese Zeitpunkte dürfen höchstens sechs Monate und für das Jahr 1998 höchstens vier Monate auseinanderliegen. Voraussetzung für die Befugnis ist, daß der örtliche Träger vorab im Rahmen der Jugendhilfeplanung das noch bestehende Versorgungsdefizit festgestellt und verbindliche Ausbaustufen zur Verwirklichung des Angebots, das eine Erfüllung des Rechtsanspruchs nach § 24 Satz 1 zum frühestmöglichen Zeitpunkt, spätestens zum 31. Dezember 1998, gewährleistet, beschlossen hat.

(4) Landesrecht kann auch regeln, daß der Anspruch im Rahmen der Absätze 2 und 3 bis zum 31. Dezember 1998 auch durch ein anderes geeignetes Förderungsangebot erfüllt werden kann.

(5) Besteht eine landesrechtliche Regelung nach den Absätzen 2 bis 4, so hat der örtliche Träger der Jugendhilfe im Rahmen seiner Gewährleistungspflicht nach § 79 sicherzustellen, daß ein Kind vom vollendeten dritten Lebensjahr an auch vor den jeweiligen allgemeinen Zeitpunkten einen Kindergartenplatz oder ein anderes geeignetes Förderungsangebot erhält, wenn die Ablehnung für das Kind oder seine Eltern eine besondere Härte bedeuten würde.

§ 25 Unterstützung selbstorganisierter Förderung von Kindern
Mütter, Väter und andere Erziehungsberechtigte, die die Förderung von Kindern selbst organisieren wollen, sollen beraten und unterstützt werden.

§ 26 Landesrechtsvorbehalt
Das Nähere über Inhalt und Umfang der in diesem Abschnitt geregelten Aufgaben und Leistungen regelt das Landesrecht. Am 31. Dezember 1990 geltende landesrechtliche Regelungen, die das Kindergartenwesen dem Bildungsbereich zuweisen, bleiben unberührt.

Vierter Abschnitt
Hilfe zur Erziehung, Eingliederungshilfe für seelisch behinderte Kinder und Jugendliche, Hilfe für junge Volljährige

Erster Unterabschnitt
Hilfe zur Erziehung

§ 27 Hilfe zur Erziehung
(1) Ein Personensorgeberechtigter hat bei der Erziehung eines Kindes oder eines Jugendlichen Anspruch auf Hilfe (Hilfe zur Erziehung), wenn eine dem Wohl des Kindes oder des Jugendlichen entsprechende Erziehung nicht gewährleistet ist und die Hilfe für seine Entwicklung geeignet und notwendig ist.

(2) Hilfe zur Erziehung wird insbesondere nach Maßgabe der §§ 28 bis 35 gewährt. Art und Umfang der Hilfe richten sich nach dem erzieherischen Bedarf im Einzelfall; dabei soll das engere soziale Umfeld des Kindes oder des Jugendlichen einbezogen werden.

(3) Hilfe zur Erziehung umfaßt insbesondere die Gewährung pädagogischer und damit verbundener therapeutischer Leistungen. Sie soll bei Bedarf Ausbildungs- und Beschäftigungsmaßnahmen im Sinne des § 13 Abs. 2 einschließen.

§ 28 Erziehungsberatung
Erziehungsberatungsstellen und andere Beratungsdienste und -einrichtungen sollen Kinder, Jugendliche, Eltern und andere Erziehungsberechtigte bei der Klärung und Bewältigung individueller und familienbezogener Probleme und der zugrundeliegenden Faktoren, bei der Lösung von Erziehungsfragen sowie bei Trennung und Scheidung unterstützen. Dabei sollen Fachkräfte verschiedener Fachrichtungen zusammenwirken, die mit unterschiedlichen methodischen Ansätzen vertraut sind.

§ 29 Soziale Gruppenarbeit
Die Teilnahme an sozialer Gruppenarbeit soll älteren Kindern und Jugendlichen bei der Überwindung von Entwicklungsschwierigkeiten und Verhaltensproblemen helfen. Soziale Gruppenarbeit soll auf

der Grundlage eines gruppenpädagogischen Konzepts die Entwicklung älterer Kinder und Jugendlicher durch soziales Lernen in der Gruppe fördern.

§ 30 Erziehungsbeistand, Betreuungshelfer
Der Erziehungsbeistand und der Betreuungshelfer sollen das Kind oder den Jugendlichen bei der Bewältigung von Entwicklungsproblemen möglichst unter Einbeziehung des sozialen Umfelds unterstützen und unter Erhaltung des Lebensbezugs zur Familie seine Verselbständigung fördern.

§ 31 Sozialpädagogische Familienhilfe
Sozialpädagogische Familienhilfe soll durch intensive Betreuung und Begleitung Familien in ihren Erziehungsaufgaben, bei der Bewältigung von Alltagsproblemen, der Lösung von Konflikten und Krisen sowie im Kontakt mit Ämtern und Institutionen unterstützen und Hilfe zur Selbsthilfe geben. Sie ist in der Regel auf längere Dauer angelegt und erfordert die Mitarbeit der Familie.

§ 32 Erziehung in einer Tagesgruppe
Hilfe zur Erziehung in einer Tagesgruppe soll die Entwicklung des Kindes oder des Jugendlichen durch soziales Lernen in der Gruppe, Begleitung der schulischen Förderung und Elternarbeit unterstützen und dadurch den Verbleib des Kindes oder des Jugendlichen in seiner Familie sichern. Die Hilfe kann auch in geeigneten Formen der Familienpflege geleistet werden.

§ 33 Vollzeitpflege
Hilfe zur Erziehung in Vollzeitpflege soll entsprechend dem Alter und Entwicklungsstand des Kindes oder des Jugendlichen und seinen persönlichen Bindungen sowie den Möglichkeiten der Verbesserung der Erziehungsbedingungen in der Herkunftsfamilie Kindern und Jugendlichen in einer anderen Familie eine zeitlich befristete Erziehungshilfe oder eine auf Dauer angelegte Lebensform bieten. Für besonders entwicklungsbeeinträchtigte Kinder und Jugendliche sind geeignete Formen der Familienpflege zu schaffen und auszubauen.

§ 34 Heimerziehung, sonstige betreute Wohnform
Hilfe zur Erziehung in einer Einrichtung über Tag und Nacht (Heimerziehung) oder in einer sonstigen betreuten Wohnform soll Kinder und Jugendliche durch eine Verbindung von Alltagserleben mit pädagogischen und therapeutischen Angeboten in ihrer Entwicklung fördern. Sie soll entsprechend dem Alter und Entwicklungsstand des Kindes oder des Jugendlichen sowie den Möglichkeiten der Verbesserung der Erziehungsbedingungen in der Herkunftsfamilie
1. eine Rückkehr in die Familie zu erreichen versuchen oder
2. die Erziehung in einer anderen Familie vorbereiten oder
3. eine auf längere Zeit angelegte Lebensform bieten und auf ein selbständiges Leben vorbereiten.

Jugendliche sollen in Fragen der Ausbildung und Beschäftigung sowie der allgemeinen Lebensführung beraten und unterstützt werden.

§ 35 Intensive sozialpädagogische Einzelbetreuung
Intensive sozialpädagogische Einzelbetreuung soll Jugendlichen gewährt werden, die einer intensiven Unterstützung zur sozialen Integration und zu einer eigenverantwortlichen Lebensführung bedürfen. Die Hilfe ist in der Regel auf längere Zeit angelegt und soll den individuellen Bedürfnissen des Jugendlichen Rechnung tragen.

Zweiter Unterabschnitt
Eingliederungshilfe für seelisch behinderte Kinder und Jugendliche

§ 35 a Eingliederungshilfe für seelisch behinderte Kinder und Jugendliche
(1) Kinder und Jugendliche, die seelisch behindert oder von einer solchen Behinderung bedroht sind, haben Anspruch auf Eingliederungshilfe. Die Hilfe wird nach dem Bedarf im Einzelfall
1. in ambulanter Form,
2. in Tageseinrichtungen für Kinder oder in anderen teilstationären Einrichtungen,
3. durch geeignete Pflegepersonen und
4. in Einrichtungen über Tag und Nacht sowie sonstigen Wohnformen geleistet.

110 SGB VIII §§ 36–37

(2) Aufgabe und Ziel der Hilfe, die Bestimmung des Personenkreises sowie die Art der Maßnahmen richten sich nach folgenden Bestimmungen des Bundessozialhilfegesetzes, soweit diese auf seelisch behinderte oder von einer solchen Behinderung bedrohte Personen Anwendung finden:
1. § 39 Abs. 3 und § 40,
2. § 41 Abs. 1 bis 3 Satz 2 und Abs. 4 mit der Maßgabe, daß an die Stelle der Vereinbarungen nach § 93 des Bundessozialhilfegesetzes Vereinbarungen nach § 77 dieses Buches treten,
3. die Verordnung nach § 47 des Bundessozialhilfegesetzes.

(3) Ist gleichzeitig Hilfe zur Erziehung zu leisten, so sollen Einrichtungen, Dienste und Personen in Anspruch genommen werden, die geeignet sind, sowohl die Aufgaben der Eingliederungshilfe zu erfüllen als auch den erzieherischen Bedarf zu decken. Sind heilpädagogische Maßnahmen für Kinder, die noch nicht im schulpflichtigen Alter sind, in Tageseinrichtungen für Kinder zu gewähren und läßt der Hilfebedarf es zu, so sollen Einrichtungen in Anspruch genommen werden, in denen behinderte und nichtbehinderte Kinder gemeinsam betreut werden.

Dritter Unterabschnitt
Gemeinsame Vorschriften für die Hilfe zur Erziehung und die Eingliederungshilfe für seelisch behinderte Kinder und Jugendliche

§ 36 Mitwirkung, Hilfeplan

(1) Der Personensorgeberechtigte und das Kind oder der Jugendliche sind vor der Entscheidung über die Inanspruchnahme einer Hilfe und vor einer notwendigen Änderung von Art und Umfang der Hilfe zu beraten und auf die möglichen Folgen für die Entwicklung des Kindes oder des Jugendlichen hinzuweisen. Vor und während einer langfristig zu leistenden Hilfe außerhalb der eigenen Familie ist zu prüfen, ob die Annahme als Kind in Betracht kommt. Ist Hilfe außerhalb der eigenen Familie erforderlich, so sind die in Satz 1 genannten Personen bei der Auswahl der Einrichtung oder der Pflegestelle zu beteiligen. Der Wahl und den Wünschen ist zu entsprechen, sofern sie nicht mit unverhältnismäßigen Mehrkosten verbunden sind. Wünschen die in Satz 1 genannten Personen die Erbringung einer in § 78 a genannten Leistung in einer Einrichtung, mit deren Träger keine Vereinbarungen nach § 78 b bestehen, so soll der Wahl nur entsprochen werden, wenn die Erbringung der Leistung in dieser Einrichtung nach Maßgabe des Hilfeplanes nach Absatz 2 geboten ist.[1]

(2) Die Entscheidung über die im Einzelfall angezeigte Hilfeart soll, wenn Hilfe voraussichtlich für längere Zeit zu leisten ist, im Zusammenwirken mehrerer Fachkräfte getroffen werden. Als Grundlage für die Ausgestaltung der Hilfe sollen sie zusammen mit dem Personensorgeberechtigten und dem Kind oder dem Jugendlichen einen Hilfeplan aufstellen, der Feststellungen über den Bedarf, die zu gewährende Art der Hilfe sowie die notwendigen Leistungen enthält; sie sollen regelmäßig prüfen, ob die gewählte Hilfeart weiterhin geeignet und notwendig ist. Werden bei der Durchführung der Hilfe andere Personen, Dienste oder Einrichtungen tätig, so sind sie oder deren Mitarbeiter an der Aufstellung des Hilfeplans und seiner Überprüfung zu beteiligen.

(3) Erscheinen Hilfen nach § 35 a erforderlich, so soll bei der Aufstellung und Änderung des Hilfeplans sowie bei der Durchführung der Hilfe ein Arzt, der über besondere Erfahrungen in der Hilfe für Behinderte verfügt, beteiligt werden. Erscheinen Maßnahmen der beruflichen Eingliederung erforderlich, so sollen auch die Stellen der Bundesanstalt für Arbeit beteiligt werden.

§ 37 Zusammenarbeit bei Hilfen außerhalb der eigenen Familie

(1) Bei Hilfen nach §§ 32 bis 34 und § 35 a Abs. 1 Satz 2 Nr. 3 und 4 soll darauf hingewirkt werden, daß die Pflegeperson oder die in der Einrichtung für die Erziehung verantwortlichen Personen und die Eltern zum Wohl des Kindes oder des Jugendlichen zusammenarbeiten. Durch Beratung und Unterstützung sollen die Erziehungsbedingungen in der Herkunftsfamilie innerhalb eines im Hinblick auf die Entwicklung des Kindes oder Jugendlichen vertretbaren Zeitraums so weit verbessert werden, daß sie das Kind oder den Jugendlichen wieder selbst erziehen kann. Während dieser Zeit soll durch begleitende Beratung und Unterstützung der Familien darauf hingewirkt werden, daß die Beziehung des Kindes oder Jugendlichen zur Herkunftsfamilie gefördert wird. Ist eine nachhaltige Verbesserung der Erziehungsbedingungen in der Herkunftsfamilie innerhalb dieses Zeitraums nicht erreichbar, so

---
[1] In Kraft ab 1. 1. 1999.

soll mit den beteiligten Personen eine andere, dem Wohl des Kindes oder des Jugendlichen förderliche und auf Dauer angelegte Lebensperspektive erarbeitet werden.
(2) Die Pflegeperson hat vor der Aufnahme des Kindes oder des Jugendlichen und während der Dauer der Pflege Anspruch auf Beratung und Unterstützung; dies gilt auch in den Fällen, in denen dem Kind oder dem Jugendlichen weder Hilfe zur Erziehung noch Eingliederungshilfe gewährt wird oder die Pflegeperson der Erlaubnis nach § 44 nicht bedarf. § 23 Abs. 4 gilt entsprechend.
(3) Das Jugendamt soll den Erfordernissen des Einzelfalls entsprechend an Ort und Stelle überprüfen, ob die Pflegeperson eine dem Wohl des Kindes oder des Jugendlichen förderliche Erziehung gewährleistet. Die Pflegeperson hat das Jugendamt über wichtige Ereignisse zu unterrichten, die das Wohl des Kindes oder des Jugendlichen betreffen.

§ 38 Vermittlung bei der Ausübung der Personensorge
Sofern der Inhaber der Personensorge durch eine Erklärung nach § 1688 Abs. 3 Satz 1 des Bürgerlichen Gesetzbuchs die Vertretungsmacht der Pflegeperson soweit einschränkt, daß dies eine dem Wohl des Kindes oder des Jugendlichen förderliche Erziehung nicht mehr ermöglicht, sowie bei sonstigen Meinungsverschiedenheiten sollen die Beteiligten das Jugendamt einschalten.

§ 39 Leistungen zum Unterhalt des Kindes oder des Jugendlichen
(1) Wird Hilfe nach den §§ 32 bis 35 oder nach § 35 a Abs. 1 Satz 2 Nr. 2 bis 4 gewährt, so ist auch der notwendige Unterhalt des Kindes oder Jugendlichen außerhalb des Elternhauses sicherzustellen. Er umfaßt auch die Kosten der Erziehung.
(2) Der gesamte regelmäßig wiederkehrende Bedarf soll durch laufende Leistungen gedeckt werden. Sie umfassen außer im Fall des § 32 und des § 35 a Abs. 1 Satz 2 Nr. 2 auch einen angemessenen Barbetrag zur persönlichen Verfügung des Kindes oder des Jugendlichen. Die Höhe des Betrages wird in den Fällen der §§ 34, 35, 35 a Abs. 1 Satz 2 Nr. 4 von der nach Landesrecht zuständigen Behörde festgesetzt; die Beträge sollen nach Altersgruppen gestaffelt sein. Die laufenden Leistungen im Rahmen der Hilfe in Vollzeitpflege (§ 33) oder bei einer geeigneten Pflegeperson (§ 35 a Abs. 2 Satz 2 Nr. 3) sind nach den Absätzen 4 bis 6 zu bemessen.
(3) Einmalige Beihilfen oder Zuschüsse können insbesondere zur Erstausstattung einer Pflegestelle, bei wichtigen persönlichen Anlässen sowie für Urlaubs- und Ferienreisen des Kindes oder des Jugendlichen gewährt werden.
(4) Die laufenden Leistungen sollen auf der Grundlage der tatsächlichen Kosten gewährt werden, sofern sie einen angemessenen Umfang nicht übersteigen. Sie sollen in einem monatlichen Pauschalbetrag gewährt werden, soweit nicht nach der Besonderheit des Einzelfalls abweichende Leistungen geboten sind. Wird ein Kind oder ein Jugendlicher im Bereich eines anderen Jugendamts untergebracht, so soll sich die Höhe des zu gewährenden Pauschalbetrages nach den Verhältnissen richten, die am Ort der Pflegestelle gelten.
(5) Die Pauschalbeträge für laufende Leistungen zum Unterhalt sollen von den nach Landesrecht zuständigen Behörden festgesetzt werden. Dabei ist dem altersbedingt unterschiedlichen Unterhaltsbedarf von Kindern und Jugendlichen durch eine Staffelung der Beträge nach Altersgruppen Rechnung zu tragen. Das Nähere regelt Landesrecht.
(6) Wird das Kind oder der Jugendliche im Rahmen des Familienleistungsausgleichs nach § 31 des Einkommensteuergesetzes bei der Pflegeperson berücksichtigt, so ist ein Betrag in Höhe der Hälfte des Betrages, der nach § 66 des Einkommensteuergesetzes für ein erstes Kind zu zahlen ist, auf die laufenden Leistungen anzurechnen. Ist das Kind oder der Jugendliche nicht das älteste Kind in der Pflegefamilie, so ermäßigt sich der Anrechnungsbetrag für dieses Kind oder diesen Jugendlichen auf ein Viertel des Betrages, der für ein erstes Kind zu zahlen ist.

§ 40 Krankenhilfe
Wird Hilfe nach den §§ 33 bis 35 oder nach § 35 a Abs. 1 Satz 2 Nr. 3 oder 4 gewährt, so ist auch Krankenhilfe zu leisten; für den Umfang der Hilfe gelten die §§ 36 und 37 Abs. 2 bis 4 sowie die §§ 37 a, 37 b und 38 des Bundessozialhilfegesetzes entsprechend. Das Jugendamt kann in geeigneten Fällen die Beiträge für eine freiwillige Krankenversicherung übernehmen, soweit sie angemessen sind.

Vierter Unterabschnitt
Hilfe für junge Volljährige
§ 41 Hilfe für junge Volljährige, Nachbetreuung
(1) Einem jungen Volljährigen soll Hilfe für die Persönlichkeitsentwicklung und zu einer eigenverantwortlichen Lebensführung gewährt werden, wenn und solange die Hilfe aufgrund der individuellen Situation des jungen Menschen notwendig ist. Die Hilfe wird in der Regel nur bis zur Vollendung des 21. Lebensjahres gewährt; in begründeten Einzelfällen soll sie für einen begrenzten Zeitraum darüber hinaus fortgesetzt werden.
(2) Für die Ausgestaltung der Hilfe gelten § 27 Abs. 3 sowie die §§ 28 bis 30, 33 bis 36, 39 und 40 entsprechend mit der Maßgabe, daß an die Stelle des Personensorgeberechtigten oder des Kindes oder des Jugendlichen der junge Volljährige tritt.
(3) Der junge Volljährige soll auch nach Beendigung der Hilfe bei der Verselbständigung im notwendigen Umfang beraten und unterstützt werden.

Drittes Kapitel
Andere Aufgaben der Jugendhilfe

Erster Abschnitt
Vorläufige Maßnahmen zum Schutz von Kindern und Jugendlichen
§ 42 Inobhutnahme von Kindern und Jugendlichen
(1) Inobhutnahme eines Kindes oder eines Jugendlichen ist die vorläufige Unterbringung des Kindes oder des Jugendlichen bei
1. einer geeigneten Person oder
2. in einer Einrichtung oder
3. in einer sonstigen betreuten Wohnform.

Während der Inobhutnahme sind der notwendige Unterhalt des Kindes oder des Jugendlichen und die Krankenhilfe sicherzustellen. Mit der Inobhutnahme ist dem Kind oder dem Jugendlichen unverzüglich Gelegenheit zu geben, eine Person seines Vertrauens zu benachrichtigen. Während der Inobhutnahme übt das Jugendamt das Recht der Beaufsichtigung, Erziehung und Aufenthaltsbestimmung aus; der mutmaßliche Wille des Personensorgeberechtigten oder des Erziehungsberechtigten ist dabei angemessen zu berücksichtigen. Es hat für das Wohl des Kindes oder des Jugendlichen zu sorgen, das Kind oder den Jugendlichen in seiner gegenwärtigen Lage zu beraten und Möglichkeiten der Hilfe und Unterstützung aufzuzeigen.
(2) Das Jugendamt ist verpflichtet, ein Kind oder einen Jugendlichen in seine Obhut zu nehmen, wenn das Kind oder der Jugendliche um Obhut bittet. Das Jugendamt hat den Personensorge- oder Erziehungsberechtigten unverzüglich von der Inobhutnahme zu unterrichten. Widerspricht der Personensorge- oder Erziehungsberechtigte der Inobhutnahme, so hat das Jugendamt unverzüglich
1. das Kind oder den Jugendlichen dem Personensorge- oder Erziehungsberechtigten zu übergeben oder
2. eine Entscheidung des Familiengerichts über die erforderlichen Maßnahmen zum Wohl des Kindes oder des Jugendlichen herbeizuführen.

Ist der Personensorge- oder Erziehungsberechtigte nicht erreichbar, so gilt Satz 3 Nr. 2 entsprechend.
(3) Das Jugendamt ist verpflichtet, ein Kind oder einen Jugendlichen in seine Obhut zu nehmen, wenn eine dringende Gefahr für das Wohl des Kindes oder des Jugendlichen die Inobhutnahme erfordert. Freiheitsentziehende Maßnahmen sind dabei nur zulässig, wenn und soweit sie erforderlich sind, um eine Gefahr für Leib oder Leben des Kindes oder des Jugendlichen oder eine Gefahr für Leib oder Leben Dritter abzuwenden. Die Freiheitsentziehung ist ohne gerichtliche Entscheidung spätestens mit Ablauf des Tages nach ihrem Beginn zu beenden. Absatz 2 Satz 2 bis 4 gilt entsprechend.

§ 43 Herausnahme des Kindes oder des Jugendlichen ohne Zustimmung des Personensorgeberechtigten
(1) Hält sich ein Kind oder ein Jugendlicher mit Zustimmung des Personensorgeberechtigten bei einer anderen Person oder in einer Einrichtung auf und werden Tatsachen bekannt, die die Annahme rechtfertigen, daß die Voraussetzungen des § 1666 des Bürgerlichen Gesetzbuchs vorliegen, so ist

das Jugendamt bei Gefahr im Verzug befugt, das Kind oder den Jugendlichen von dort zu entfernen und bei einer geeigneten Person, in einer Einrichtung oder in einer sonstigen betreuten Wohnform vorläufig unterzubringen. Das Jugendamt hat den Personensorgeberechtigten unverzüglich von den getroffenen Maßnahmen zu unterrichten. Stimmt der Personensorgeberechtigte nicht zu, so hat das Jugendamt unverzüglich eine Entscheidung des Familiengerichts herbeizuführen.
(2) § 42 Abs. 1 Satz 2 bis 5 gilt entsprechend.

Zweiter Abschnitt
Schutz von Kindern und Jugendlichen in Familienpflege und in Einrichtungen

§ 44 Pflegeerlaubnis
(1) Wer ein Kind oder einen Jugendlichen außerhalb des Elternhauses in seiner Familie regelmäßig betreuen oder ihm Unterkunft gewähren will (Pflegeperson), bedarf der Erlaubnis. Einer Erlaubnis bedarf nicht, wer ein Kind oder einen Jugendlichen
1. im Rahmen von Hilfe zur Erziehung oder von Eingliederungshilfe für seelisch behinderte Kinder und Jugendliche aufgrund einer Vermittlung durch das Jugendamt,
2. als Vormund oder Pfleger im Rahmen seines Wirkungskreises,
3. als Verwandter oder Verschwägerter bis zum dritten Grad,
4. bis zur Dauer von acht Wochen,
5. im Rahmen eines Schüler- oder Jugendaustausches

betreut oder ihm Unterkunft gewährt. Einer Erlaubnis bedarf ferner nicht, wer
1. ein Kind oder einen Jugendlichen in Adoptionspflege (§ 1744 des Bürgerlichen Gesetzbuchs) aufnimmt oder
2. ein Kind während des Tages betreut, sofern im selben Haushalt nicht mehr als zwei weitere Kinder in Tagespflege oder über Tag und Nacht betreut werden.

(2) Die Erlaubnis ist zu versagen, wenn das Wohl des Kindes oder des Jugendlichen in der Pflegestelle nicht gewährleistet ist.
(3) Das Jugendamt soll den Erfordernissen des Einzelfalls entsprechend an Ort und Stelle überprüfen, ob die Voraussetzungen für die Erteilung der Erlaubnis weiterbestehen. Ist das Wohl des Kindes oder des Jugendlichen in der Pflegestelle gefährdet und ist die Pflegeperson nicht bereit oder in der Lage, die Gefährdung abzuwenden, so ist die Erlaubnis zurückzunehmen oder zu widerrufen.
(4) Wer ein Kind oder einen Jugendlichen in erlaubnispflichtige Familienpflege aufgenommen hat, hat das Jugendamt über wichtige Ereignisse zu unterrichten, die das Wohl des Kindes oder des Jugendlichen betreffen.

§ 45 Erlaubnis für den Betrieb einer Einrichtung
(1) Der Träger einer Einrichtung, in der Kinder oder Jugendliche ganztägig oder für einen Teil des Tages betreut werden oder Unterkunft erhalten, bedarf für den Betrieb der Einrichtung der Erlaubnis. Einer Erlaubnis bedarf nicht, wer
1. eine Jugendfreizeiteinrichtung, eine Jugendbildungseinrichtung, eine Jugendherberge oder ein Schullandheim betreibt,
2. ein Schülerheim betreibt, das landesgesetzlich der Schulaufsicht untersteht,
3. eine Einrichtung betreibt, die
   a) außerhalb der Jugendhilfe liegende Aufgaben für Kinder oder Jugendliche wahrnimmt, wenn für sie eine entsprechende gesetzliche Aufsicht besteht oder
   b) im Rahmen des Hotel- und Gaststättengewerbes nicht überwiegend der Aufnahme von Kindern oder Jugendlichen dient.

(2) Die Erlaubnis kann mit Nebenbestimmungen versehen werden. Sie ist zu versagen, wenn die Betreuung der Kinder oder der Jugendlichen durch geeignete Kräfte nicht gesichert oder in sonstiger Weise das Wohl der Kinder oder der Jugendlichen in der Einrichtung nicht gewährleistet ist. Über die Voraussetzungen der Eignung sind Vereinbarungen mit den Trägern der Einrichtungen anzustreben. Die Erlaubnis ist zurückzunehmen oder zu widerrufen, wenn das Wohl der Kinder oder der Jugendlichen in der Einrichtung gefährdet und der Träger der Einrichtung nicht bereit oder in der Lage ist, die Gefährdung abzuwenden. Zur Sicherung des Wohles der Kinder und der Jugendlichen können auch

nachträgliche Auflagen erteilt werden. Widerspruch und Anfechtungsklage gegen die Rücknahme oder den Widerruf der Erlaubnis haben keine aufschiebende Wirkung.
(3) Sind in einer Einrichtung Mängel festgestellt worden, so soll die zuständige Behörde zunächst den Träger der Einrichtung über die Möglichkeiten zur Abstellung der Mängel beraten. Wenn die Abstellung der Mängel Auswirkungen auf Entgelte oder Vergütungen nach § 93 des Bundessozialhilfegesetzes haben kann, so ist der Träger der Sozialhilfe an der Beratung zu beteiligen, mit dem Vereinbarungen nach dieser Vorschrift bestehen. Werden festgestellte Mängel nicht abgestellt, so können den Trägern der Einrichtung Auflagen erteilt werden, die zur Beseitigung einer eingetretenen oder Abwendung einer drohenden Beeinträchtigung oder Gefährdung des Wohls der Kinder oder Jugendlichen erforderlich sind. Wenn sich die Auflage auf Entgelte oder Vergütungen nach § 93 des Bundessozialhilfegesetzes auswirkt, so entscheidet über die Erteilung die zuständige Behörde nach Anhörung des Trägers der Sozialhilfe, mit dem Vereinbarungen nach dieser Vorschrift bestehen. Die Auflage ist nach Möglichkeit in Übereinstimmung mit Vereinbarungen nach den §§ 93 bis 94 des Bundessozialhilfegesetzes auszugestalten.
(4) Besteht für eine erlaubnispflichtige Einrichtung eine Aufsicht nach anderen Rechtsvorschriften, so hat die zuständige Behörde ihr Tätigwerden zuvor mit der anderen Behörde abzustimmen. Sie hat den Träger der Einrichtung rechtzeitig auf weitergehende Anforderungen nach anderen Rechtsvorschriften hinzuweisen.

§ 46 Örtliche Prüfung
(1) Die zuständige Behörde soll nach den Erfordernissen des Einzelfalls an Ort und Stelle überprüfen, ob die Voraussetzungen für die Erteilung der Erlaubnis weiterbestehen. Sie soll das Jugendamt und einen zentralen Träger der freien Jugendhilfe, wenn diesem der Träger der Einrichtung angehört, an der Überprüfung beteiligen.
(2) Die von der zuständigen Behörde mit der Überprüfung der Einrichtung beauftragten Personen sind berechtigt, die für die Einrichtung benutzten Grundstücke und Räume, soweit diese nicht einem Hausrecht der Bewohner unterliegen, während der Tageszeit zu betreten, dort Prüfungen und Besichtigungen vorzunehmen, sich mit den Kindern und Jugendlichen in Verbindung zu setzen und die Beschäftigten zu befragen. Zur Abwehr von Gefahren für das Wohl der Kinder und der Jugendlichen können die Grundstücke und Räume auch außerhalb der in Satz 1 genannten Zeit und auch, wenn sie zugleich einem Hausrecht der Bewohner unterliegen, betreten werden. Der Träger der Einrichtung hat die Maßnahmen nach den Sätzen 1 und 2 zu dulden.

§ 47 Meldepflichten
(1) Der Träger einer erlaubnispflichtigen Einrichtung hat der zuständigen Behörde
1. die Betriebsaufnahme unter Angabe von Name und Anschrift des Trägers, Art und Standort der Einrichtung, der Zahl der verfügbaren Plätze sowie der Namen und der beruflichen Ausbildung des Leiters und der Betreuungskräfte sowie
2. die bevorstehende Schließung der Einrichtung

unverzüglich anzuzeigen. Änderungen der in Nummer 1 bezeichneten Angaben sind der zuständigen Behörde unverzüglich, die Zahl der belegten Plätze ist jährlich einmal zu melden.
(2) Der Träger einer erlaubnispflichtigen Einrichtung, in der Kinder dauernd ganztägig betreut werden, hat der zuständigen Behörde jeweils bei der Aufnahme eines Kindes in die Einrichtung
1. Angaben zur Person,
2. Angaben über den bisherigen Aufenthalt,
3. die Bezeichnung der einweisenden Stelle oder Person sowie
4. eine Äußerung, ob für das Kind die Annahme als Kind in Betracht kommt und ob Vermittlungsbemühungen bereits unternommen werden,

zu übermitteln. Die Angaben nach Nummer 4 sind jährlich einmal für alle Kinder zu wiederholen.
(3) Die zuständige Behörde kann Einrichtungen oder Gruppen von Einrichtungen von der Meldepflicht nach Absatz 2 ausnehmen. Sie kann ferner bestimmen, daß von der wiederholten Meldung desselben Kindes abgesehen werden kann.

§ 48 Tätigkeitsuntersagung
Die zuständige Behörde kann dem Träger einer erlaubnispflichtigen Einrichtung die weitere Beschäftigung des Leiters, eines Beschäftigten oder sonstigen Mitarbeiters ganz oder für bestimmte Funk-

tionen oder Tätigkeiten untersagen, wenn Tatsachen die Annahme rechtfertigen, daß er die für seine Tätigkeit erforderliche Eignung nicht besitzt.

§ 48 a Sonstige betreute Wohnform
(1) Für den Betrieb einer sonstigen Wohnform, in der Kinder oder Jugendliche betreut werden oder Unterkunft erhalten, gelten die §§ 45 bis 48 entsprechend.
(2) Ist die sonstige Wohnform organisatorisch mit einer Einrichtung verbunden, so gilt sie als Teil der Einrichtung.

§ 49 Landesrechtsvorbehalt
Das Nähere über die in diesem Abschnitt geregelten Aufgaben regelt das Landesrecht.

Dritter Abschnitt
Mitwirkung in gerichtlichen Verfahren

§ 50 Mitwirkung in Verfahren vor den Vormundschafts- und den Familiengerichten
(1) Das Jugendamt unterstützt das Vormundschaftsgericht und das Familiengericht bei allen Maßnahmen, die die Sorge für die Person von Kindern und Jugendlichen betreffen. Es hat in Verfahren vor dem Vormundschafts- und dem Familiengericht mitzuwirken, die in den §§ 49 und 49 a des Gesetzes über die Angelegenheiten der freiwilligen Gerichtsbarkeit genannt sind.
(2) Das Jugendamt unterrichtet insbesondere über angebotene und erbrachte Leistungen, bringt erzieherische und soziale Gesichtspunkte zur Entwicklung des Kindes oder des Jugendlichen ein und weist auf weitere Möglichkeiten der Hilfe hin.
(3) Hält das Jugendamt zur Abwendung einer Gefährdung des Wohls des Kindes oder des Jugendlichen das Tätigwerden des Gerichts für erforderlich, so hat es das Gericht anzurufen. Absatz 2 gilt entsprechend.

§ 51 Beratung und Belehrung in Verfahren zur Annahme als Kind
(1) Das Jugendamt hat im Verfahren zur Ersetzung der Einwilligung eines Elternteils in die Annahme nach § 1748 Abs. 2 Satz 1 des Bürgerlichen Gesetzbuchs den Elternteil über die Möglichkeit der Ersetzung der Einwilligung zu belehren. Es hat ihn darauf hinzuweisen, daß das Vormundschaftsgericht die Einwilligung erst nach Ablauf von drei Monaten nach der Belehrung ersetzen darf. Der Belehrung bedarf es nicht, wenn der Elternteil seinen Aufenthaltsort ohne Hinterlassung seiner neuen Anschrift gewechselt hat und der Aufenthaltsort vom Jugendamt während eines Zeitraums von drei Monaten trotz angemessener Nachforschungen nicht ermittelt werden konnte; in diesem Fall beginnt die Frist mit der ersten auf die Belehrung oder auf die Ermittlung des Aufenthaltsorts gerichteten Handlung des Jugendamts. Die Fristen laufen frühestens fünf Monate nach der Geburt des Kindes ab.
(2) Das Jugendamt soll den Elternteil mit der Belehrung nach Absatz 1 über Hilfen beraten, die die Erziehung des Kindes in der eigenen Familie ermöglichen könnten. Einer Beratung bedarf es insbesondere nicht, wenn das Kind seit längerer Zeit bei den Annehmenden in Familienpflege lebt und bei seiner Herausgabe an den Elternteil eine schwere und nachhaltige Schädigung des körperlichen und seelischen Wohlbefindens des Kindes zu erwarten ist. Das Jugendamt hat dem Vormundschaftsgericht im Verfahren mitzuteilen, welche Leistungen erbracht oder angeboten worden sind oder aus welchem Grund davon abgesehen wurde.
(3) Sind die Eltern nicht miteinander verheiratet und haben sie keine Sorgeerklärungen abgegeben, so hat das Jugendamt den Vater bei der Wahrnehmung seiner Rechte nach § 1747 Abs. 1 und 3 des Bürgerlichen Gesetzbuchs zu beraten.

§ 52 Mitwirkung in Verfahren nach dem Jugendgerichtsgesetz
(1) Das Jugendamt hat nach Maßgabe der §§ 38 und 50 Abs. 3 Satz 2 des Jugendgerichtsgesetzes im Verfahren nach dem Jugendgerichtsgesetz mitzuwirken.
(2) Das Jugendamt hat frühzeitig zu prüfen, ob für den Jugendlichen oder den jungen Volljährigen Leistungen der Jugendhilfe in Betracht kommen. Ist dies der Fall oder ist eine geeignete Leistung bereits eingeleitet oder gewährt worden, so hat das Jugendamt den Staatsanwalt oder den Richter umgehend davon zu unterrichten, damit geprüft werden kann, ob diese Leistung ein Absehen von der Verfolgung (§ 45 JGG) oder eine Einstellung des Verfahrens (§ 47 JGG) ermöglicht.

(3) Der Mitarbeiter des Jugendamts oder des anerkannten Trägers der freien Jugendhilfe, der nach § 38 Abs. 2 Satz 2 des Jugendgerichtsgesetzes tätig wird, soll den Jugendlichen oder den jungen Volljährigen während des gesamten Verfahrens betreuen.

Vierter Abschnitt
Beistandschaft, Pflegschaft und Vormundschaft für Kinder und Jugendliche, Auskunft über Nichtabgabe von Sorgeerklärungen

§ 52 a Beratung und Unterstützung bei Vaterschaftsfeststellung und Geltendmachung von Unterhaltsansprüchen

(1) Das Jugendamt hat unverzüglich nach der Geburt eines Kindes, dessen Eltern nicht miteinander verheiratet sind, der Mutter Beratung und Unterstützung insbesondere bei der Vaterschaftsfeststellung und der Geltendmachung von Unterhaltsansprüchen des Kindes anzubieten. Hierbei hat es hinzuweisen auf
1. die Bedeutung der Vaterschaftsfeststellung,
2. die Möglichkeiten, wie die Vaterschaft festgestellt werden kann, insbesondere bei welchen Stellen die Vaterschaft anerkannt werden kann,
3. die Möglichkeit, die Verpflichtung zur Erfüllung von Unterhaltsansprüchen oder zur Leistung einer an Stelle des Unterhalts zu gewährenden Abfindung nach § 59 Abs. 1 Satz 1 Nr. 3 beurkunden zu lassen,
4. die Möglichkeit, eine Beistandschaft zu beantragen, sowie auf die Rechtsfolgen einer solchen Beistandschaft,
5. die Möglichkeit der gemeinsamen elterlichen Sorge.

Das Jugendamt hat der Mutter ein persönliches Gespräch anzubieten. Das Gespräch soll in der Regel in der persönlichen Umgebung der Mutter stattfinden, wenn diese es wünscht.
(2) Das Angebot nach Absatz 1 kann vor der Geburt des Kindes erfolgen, wenn anzunehmen ist, daß seine Eltern bei der Geburt nicht miteinander verheiratet sein werden.
(3) Wurde eine nach § 1592 Nr. 1 oder 2 des Bürgerlichen Gesetzbuchs bestehende Vaterschaft zu einem Kind oder Jugendlichen durch eine gerichtliche Entscheidung beseitigt, so hat das Gericht dem Jugendamt Mitteilung zu machen. Absatz 1 gilt entsprechend.

§ 53 Beratung und Unterstützung von Pflegern und Vormündern

(1) Das Jugendamt hat dem Vormundschaftsgericht Personen und Vereine vorzuschlagen, die sich im Einzelfall zum Pfleger oder Vormund eignen.
(2) Pfleger und Vormünder haben Anspruch auf regelmäßige und dem jeweiligen erzieherischen Bedarf des Mündels entsprechende Beratung und Unterstützung.
(3) Das Jugendamt hat darauf zu achten, daß die Vormünder und Pfleger für die Person der Mündel, insbesondere ihre Erziehung und Pflege, Sorge tragen. Es hat beratend darauf hinzuwirken, daß festgestellte Mängel im Einvernehmen mit dem Vormund oder dem Pfleger behoben werden. Soweit eine Behebung der Mängel nicht erfolgt, hat es dies dem Vormundschaftsgericht mitzuteilen. Es hat dem Vormundschaftsgericht über das persönliche Ergehen und die Entwicklung eines Mündels Auskunft zu erteilen. Erlangt das Jugendamt Kenntnis von der Gefährdung des Vermögens eines Mündels, so hat es dies dem Vormundschaftsgericht anzuzeigen.
(4) Für die Gegenvormundschaft gelten die Absätze 1 und 2 entsprechend. Ist ein Verein Vormund, so findet Absatz 3 keine Anwendung.

§ 54 Erlaubnis zur Übernahme von Vereinsvormundschaften

(1) Ein rechtsfähiger Verein kann Pflegschaften oder Vormundschaften übernehmen, wenn ihm das Landesjugendamt dazu eine Erlaubnis erteilt hat. Er kann eine Beistandschaft übernehmen, soweit Landesrecht dies vorsieht.
(2) Die Erlaubnis ist zu erteilen, wenn der Verein gewährleistet, daß er
1. eine ausreichende Zahl geeigneter Mitarbeiter hat und diese beaufsichtigen, weiterbilden und gegen Schäden, die diese anderen im Rahmen ihrer Tätigkeit zufügen können, angemessen versichern wird,
2. sich planmäßig um die Gewinnung von Einzelvormündern und Einzelpflegern bemüht und sie in ihre Aufgaben einführt, fortbildet und berät,

3. einen Erfahrungsaustausch zwischen den Mitarbeitern ermöglicht.
(3) Die Erlaubnis gilt für das jeweilige Bundesland, in dem der Verein seinen Sitz hat. Sie kann auf den Bereich eines Landesjugendamts beschränkt werden.
(4) Das Nähere regelt das Landesrecht. Es kann auch weitere Voraussetzungen für die Erteilung der Erlaubnis vorsehen.

§ 55 Beistandschaft, Amtspflegschaft und Amtsvormundschaft
(1) Das Jugendamt wird Beistand, Pfleger oder Vormund in den durch das Bürgerliche Gesetzbuch vorgesehenen Fällen (Beistandschaft, Amtspflegschaft, Amtsvormundschaft).
(2) Das Jugendamt überträgt die Ausübung der Aufgaben des Beistands, des Amtspflegers oder des Amtsvormunds einzelnen seiner Beamten oder Angestellten. Die Übertragung gehört zu den Angelegenheiten der laufenden Verwaltung. In dem durch die Übertragung umschriebenen Rahmen ist der Beamte oder Angestellte gesetzlicher Vertreter des Kindes oder des Jugendlichen.

§ 56 Führung der Beistandschaft, der Amtspflegschaft und der Amtsvormundschaft
(1) Auf die Führung der Beistandschaft, der Amtspflegschaft und der Amtsvormundschaft sind die Bestimmungen des Bürgerlichen Gesetzbuchs anzuwenden, soweit dieses Gesetz nicht etwas anderes bestimmt.
(2) Gegenüber dem Jugendamt als Amtsvormund und Amtspfleger werden die Vorschriften des § 1802 Abs. 3 und des § 1818 des Bürgerlichen Gesetzbuchs nicht angewandt. In den Fällen des § 1803 Abs. 2, des § 1811 und des § 1822 Nr. 6 und 7 des Bürgerlichen Gesetzbuchs ist eine Genehmigung des Vormundschaftsgerichts nicht erforderlich. Landesrecht kann für das Jugendamt als Amtspfleger oder als Amtsvormund weitergehende Ausnahmen von der Anwendung der Bestimmungen des Bürgerlichen Gesetzbuchs über die Vormundschaft über Minderjährige (§§ 1773 bis 1895) vorsehen, die die Aufsicht des Vormundschaftsgerichts in vermögensrechtlicher Hinsicht sowie beim Abschluß von Lehr- und Arbeitsverträgen betreffen.
(3) Mündelgeld kann mit Genehmigung des Vormundschaftsgerichts auf Sammelkonten des Jugendamts bereitgehalten und angelegt werden, wenn es den Interessen des Mündels dient und sofern die sichere Verwaltung, Trennbarkeit und Rechnungslegung des Geldes einschließlich der Zinsen jederzeit gewährleistet ist; Landesrecht kann bestimmen, daß eine Genehmigung des Vormundschaftsgerichts nicht erforderlich ist. Die Anlegung von Mündelgeld gemäß § 1807 des Bürgerlichen Gesetzbuchs ist auch bei der Körperschaft zulässig, die das Jugendamt errichtet hat.
(4) Das Jugendamt hat in der Regel jährlich zu prüfen, ob im Interesse des Kindes oder des Jugendlichen seine Entlassung als Amtspfleger oder Amtsvormund und die Bestellung einer Einzelperson oder eines Vereins angezeigt ist, und dies dem Vormundschaftsgericht mitzuteilen.

§ 57 Mitteilungspflicht des Jugendamts
Das Jugendamt hat dem Vormundschaftsgericht unverzüglich den Eintritt einer Vormundschaft mitzuteilen.

§ 58 Gegenvormundschaft des Jugendamts
Für die Tätigkeit des Jugendamts als Gegenvormund gelten die §§ 55 und 56 entsprechend.

§ 58 a Auskunft über Nichtabgabe von Sorgeerklärungen
Sind keine Sorgeerklärungen nach § 1626 a Abs. 1 Nr. 1 des Bürgerlichen Gesetzbuchs abgegeben worden, so kann die Mutter vom Jugendamt unter Angabe des Geburtsorts des Kindes oder des Jugendlichen sowie des Namens, den das Kind oder der Jugendliche zur Zeit der Beurkundung seiner Geburt geführt hat, darüber eine schriftliche Auskunft verlangen.

Fünfter Abschnitt
Beurkundung und Beglaubigung, vollstreckbare Urkunden

§ 59 Beurkundung und Beglaubigung
(1) Die Urkundsperson beim Jugendamt ist befugt,
1. die Erklärung, durch die die Vaterschaft anerkannt wird, die Zustimmungserklärung der Mutter sowie die etwa erforderliche Zustimmung des Mannes, der im Zeitpunkt der Geburt mit der Mutter verheiratet ist, des Kindes, des Jugendlichen oder eines gesetzlichen Vertreters zu einer solchen Erklärung (Erklärungen über die Anerkennung der Vaterschaft) zu beurkunden,

2. die Erklärung, durch die die Mutterschaft anerkannt wird, sowie die etwa erforderliche Zustimmung des gesetzlichen Vertreters der Mutter zu beurkunden (§ 29 b des Personenstandsgesetzes),
3. die Verpflichtung zur Erfüllung von Unterhaltsansprüchen eines Abkömmlings oder zur Leistung einer an Stelle des Unterhalts zu gewährenden Abfindung zu beurkunden, sofern die unterhaltsberechtigte Person zum Zeitpunkt der Beurkundung das 21. Lebensjahr noch nicht vollendet hat,
4. die Verpflichtung zur Erfüllung von Ansprüchen auf Unterhalt (§ 1615 l des Bürgerlichen Gesetzbuchs) zu beurkunden,
5. (weggefallen)
6. den Widerruf der Einwilligung des Kindes in die Annahme als Kind (§ 1746 Abs. 2 des Bürgerlichen Gesetzbuchs) zu beurkunden,
7. die Erklärung, durch die der Vater auf die Übertragung der Sorge verzichtet (§ 1747 Abs. 3 Nr. 3 des Bürgerlichen Gesetzbuchs), zu beurkunden,
8. die Sorgeerklärungen (§ 1626 a Abs. 1 Nr. 1 des Bürgerlichen Gesetzbuchs) zu beurkunden,
9. eine Erklärung des auf Unterhalt in Anspruch genommenen Elternteils nach § 648 der Zivilprozeßordnung aufzunehmen; § 129 a der Zivilprozeßordnung gilt entsprechend.

Die Zuständigkeit der Notare, anderer Urkundspersonen oder sonstiger Stellen für öffentliche Beurkundungen und Beglaubigungen bleibt unberührt.

(2) Die Urkundsperson soll eine Beurkundung nicht vornehmen, wenn ihr in der betreffenden Angelegenheit die Vertretung eines Beteiligten obliegt.

(3) Das Jugendamt hat geeignete Beamte und Angestellte zur Wahrnehmung der Aufgaben nach Absatz 1 zu ermächtigen. Die Länder können Näheres hinsichtlich der fachlichen Anforderungen an diese Personen regeln.

§ 60 Vollstreckbare Urkunden

Aus Urkunden, die eine Verpflichtung nach § 59 Abs. 1 Satz 1 Nr. 3 oder 4 zum Gegenstand haben und die von einem Beamten oder Angestellten des Jugendamts innerhalb der Grenzen seiner Amtsbefugnisse in der vorgeschriebenen Form aufgenommen worden sind, findet die Zwangsvollstreckung statt, wenn die Erklärung die Zahlung einer bestimmten Geldsumme betrifft und der Schuldner sich in der Urkunde der sofortigen Zwangsvollstreckung unterworfen hat. Die Zustellung kann auch dadurch vollzogen werden, daß der Beamte oder Angestellte dem Schuldner eine beglaubigte Abschrift der Urkunde aushändigt; § 212 b Satz 2 der Zivilprozeßordnung gilt entsprechend. Auf die Zwangsvollstreckung sind die Vorschriften, die für die Zwangsvollstreckung aus gerichtlichen Urkunden nach § 794 Abs. 1 Nr. 5 der Zivilprozeßordnung gelten, mit folgenden Maßgaben entsprechend anzuwenden:
1. Die vollstreckbare Ausfertigung wird von den Beamten oder Angestellten des Jugendamts erteilt, denen die Beurkundung der Verpflichtungserklärung übertragen ist.
2. Über Einwendungen, die die Zulässigkeit der Vollstreckungsklausel betreffen, und über die Erteilung einer weiteren vollstreckbaren Ausfertigung entscheidet das für das Jugendamt zuständige Amtsgericht

Viertes Kapitel
Schutz von Sozialdaten

§ 61 Anwendungsbereich

(1) Für den Schutz von Sozialdaten bei ihrer Erhebung, Verarbeitung und Nutzung in der Jugendhilfe gelten § 35 des Ersten Buches, §§ 67 bis 85 a des Zehnten Buches sowie die nachfolgenden Vorschriften. Sie gelten für alle Stellen des Trägers der öffentlichen Jugendhilfe, soweit sie Aufgaben nach diesem Buch wahrnehmen. Für die Wahrnehmung von Aufgaben nach diesem Buch durch kreisangehörige Gemeinden und Gemeindeverbände, die nicht örtliche Träger sind, gelten die Sätze 1 und 2 entsprechend.

(2) Für den Schutz von Sozialdaten bei ihrer Erhebung, Verarbeitung und Nutzung im Rahmen der Tätigkeit des Jugendamts als Amtspfleger, Amtsvormund, Beistand und Gegenvormund gilt nur § 68.

(3) Für die Erhebung, Verarbeitung und Nutzung von Sozialdaten durch das Jugendamt bei der Mitwirkung im Jugendstrafverfahren gelten die Vorschriften des Jugendgerichtsgesetzes.

(4) Werden Einrichtungen und Dienste der Träger der freien Jugendhilfe in Anspruch genommen, so ist sicherzustellen, daß der Schutz von Sozialdaten bei ihrer Erhebung, Verarbeitung und Nutzung in entsprechender Weise gewährleistet ist.

§ 62 Datenerhebung
(1) Sozialdaten dürfen nur erhoben werden, soweit ihre Kenntnis zur Erfüllung der jeweiligen Aufgabe erforderlich ist.
(2) Sozialdaten sind beim Betroffenen zu erheben. Er ist über die Rechtsgrundlage der Erhebung, den Erhebungszweck und Zweck der Verarbeitung oder Nutzung aufzuklären, soweit diese nicht offenkundig sind.
(3) Ohne Mitwirkung des Betroffenen dürfen Sozialdaten nur erhoben werden, wenn
1. eine gesetzliche Bestimmung dies vorschreibt oder erlaubt oder
2. ihre Erhebung beim Betroffenen nicht möglich ist oder die jeweilige Aufgabe ihrer Art nach eine Erhebung bei anderen erfordert, die Kenntnis der Daten aber erforderlich ist für
   a) die Feststellung der Voraussetzungen oder für die Erfüllung einer Leistung nach diesem Buch oder
   b) die Feststellung der Voraussetzungen für die Erstattung einer Leistung nach § 50 des Zehnten Buches oder
   c) die Wahrnehmung einer Aufgabe nach den §§ 42 bis 48 a oder
   d) eine gerichtliche Entscheidung, die Voraussetzung für die Gewährung einer Leistung nach diesem Buch ist, oder
3. die Erhebung beim Betroffenen einen unverhältnismäßigen Aufwand erfordern würde und keine Anhaltspunkte dafür bestehen, daß schutzwürdige Interessen des Betroffenen beeinträchtigt werden.
(4) Ist der Betroffene nicht zugleich Leistungsberechtigter oder sonst an der Leistung beteiligt, so dürfen die Daten auch beim Leistungsberechtigten oder einer anderen Person, die sonst an der Leistung beteiligt ist, erhoben werden, wenn die Kenntnis der Daten für die Gewährung einer Leistung nach diesem Buch notwendig ist. Satz 1 gilt bei der Erfüllung anderer Aufgaben im Sinne des § 2 Abs. 3 entsprechend.

§ 63 Datenspeicherung
(1) Sozialdaten dürfen in Akten und auf sonstigen Datenträgern gespeichert werden, soweit dies für die Erfüllung der jeweiligen Aufgabe erforderlich ist.
(2) Daten, die zur Erfüllung unterschiedlicher Aufgaben der öffentlichen Jugendhilfe erhoben worden sind, dürfen in Akten oder auf sonstigen Datenträgern nur zusammengeführt werden, wenn und solange dies wegen eines unmittelbaren Sachzusammenhangs erforderlich ist. Daten, die zu Leistungszwecken im Sinne des § 2 Abs. 2 und Daten, die für andere Aufgaben im Sinne des § 2 Abs. 3 erhoben worden sind, dürfen nur zusammengeführt werden, soweit dies zur Erfüllung der jeweiligen Aufgabe erforderlich ist.

§ 64 Datenübermittlung und -nutzung
(1) Sozialdaten dürfen zu dem Zweck übermittelt oder genutzt werden, zu dem sie erhoben worden sind.
(2) Eine Übermittlung für die Erfüllung von Aufgaben nach § 69 des Zehnten Buches ist abweichend von Absatz 1 nur zulässig, soweit dadurch der Erfolg einer zu gewährenden Leistung nicht in Frage gestellt wird.
(3) Sozialdaten dürfen beim Träger der öffentlichen Jugendhilfe zum Zwecke der Planung im Sinne des § 80 gespeichert oder genutzt werden; sie sind unverzüglich zu anonymisieren.

§ 65 Besonderer Vertrauensschutz in der persönlichen und erzieherischen Hilfe
(1) Sozialdaten, die dem Mitarbeiter eines Trägers der öffentlichen Jugendhilfe zum Zweck persönlicher und erzieherischer Hilfe anvertraut worden sind, dürfen von diesem nur weitergegeben werden
1. mit der Einwilligung dessen, der die Daten anvertraut hat, oder
2. dem Vormundschafts- oder dem Familiengericht zur Erfüllung der Aufgaben nach § 50 Abs. 3, wenn angesichts einer Gefährdung des Wohls eines Kindes oder eines Jugendlichen ohne diese Mitteilung eine für die Gewährung von Leistungen notwendige gerichtliche Entscheidung nicht ermöglicht werden könnte, oder

3. unter den Voraussetzungen, unter denen eine der in § 203 Abs. 1 oder 3 des Strafgesetzbuches genannten Personen dazu befugt wäre.

Gibt der Mitarbeiter anvertraute Sozialdaten weiter, so dürfen sie vom Empfänger nur zu dem Zweck weitergegeben werden, zu dem er diese befugt erhalten hat.

(2) § 35 Abs. 3 des Ersten Buches gilt auch, soweit ein behördeninternes Weitergabeverbot nach Absatz 1 besteht.

§ 66 (weggefallen)

§ 67 Auskunft an den Betroffenen

Dem Betroffenen ist auf Antrag Auskunft über die zu seiner Person in Akten oder auf sonstigen Datenträgern gespeicherten Daten nach Maßgabe des § 83 des Zehnten Buches zu erteilen.

§ 68 Sozialdaten im Bereich der Beistandschaft, Amtspflegschaft und der Amtsvormundschaft

(1) Der Beamte oder Angestellte, dem die Ausübung der Beistandschaft, Amtspflegschaft oder Amtsvormundschaft übertragen ist, darf Sozialdaten nur erheben, verarbeiten oder nutzen, soweit dies zur Erfüllung seiner Aufgaben erforderlich ist. Die Nutzung dieser Sozialdaten zum Zweck der Aufsicht, Kontrolle oder Rechnungsprüfung durch die dafür zuständigen Stellen sowie die Übermittlung an diese ist im Hinblick auf den Einzelfall zulässig.

(2) Für die Löschung und Sperrung der Daten gilt § 84 Abs. 2 und 3 des Zehnten Buches entsprechend.

(3) Wer unter Beistandschaft, Amtspflegschaft oder Amtsvormundschaft gestanden hat, hat nach Vollendung des 18. Lebensjahres ein Recht auf Kenntnis der zu seiner Person in Akten oder auf sonstigen Datenträgern gespeicherten Informationen, soweit nicht berechtigte Interessen Dritter entgegenstehen. Vor Vollendung des 18. Lebensjahres können ihm die gespeicherten Informationen bekanntgegeben werden, soweit er die erforderliche Einsichts- und Urteilsfähigkeit besitzt und keine berechtigten Interessen Dritter entgegenstehen.

(4) Personen oder Stellen, an die Sozialdaten übermittelt worden sind, dürfen diese nur zu dem Zweck verarbeiten oder nutzen, zu dem sie ihnen nach Absatz 1 befugt weitergegeben worden sind.

(5) Für die Tätigkeit des Jugendamts als Gegenvormund gelten die Absätze 1 bis 4 entsprechend.

Fünftes Kapitel
Träger der Jugendhilfe, Zusammenarbeit, Gesamtverantwortung

Erster Abschnitt
Träger der öffentlichen Jugendhilfe

§ 69 Träger der öffentlichen Jugendhilfe, Jugendämter, Landesjugendämter

(1) Träger der öffentlichen Jugendhilfe sind die örtlichen und überörtlichen Träger. Örtliche Träger sind die Kreise und die kreisfreien Städte. Landesrecht regelt, wer überörtlicher Träger ist.

(2) Landesrecht kann regeln, daß auch kreisangehörige Gemeinden auf Antrag zu örtlichen Trägern bestimmt werden, wenn ihre Leistungsfähigkeit zur Erfüllung der Aufgaben nach diesem Buch gewährleistet ist. Landesrecht bestimmt, in welcher Weise die Erfüllung der Aufgaben nach diesem Buch in den anderen Gemeinden des Kreises sichergestellt wird, falls der Kreis dazu nicht in der Lage ist; wird durch kreisangehörige Gemeinden als örtliche Träger das gesamte Gebiet eines Kreises abgedeckt, so ist dieser Kreis nicht örtlicher Träger.

(3) Für die Wahrnehmung der Aufgaben nach diesem Buch errichtet jeder örtliche Träger ein Jugendamt, jeder überörtliche Träger ein Landesjugendamt.

(4) Mehrere örtliche Träger und mehrere überörtliche Träger können, auch wenn sie verschiedenen Ländern angehören, zur Durchführung einzelner Aufgaben gemeinsame Einrichtungen und Dienste errichten.

(5) Kreisangehörige Gemeinden und Gemeindeverbände, die nicht örtliche Träger sind, können für den örtlichen Bereich Aufgaben der Jugendhilfe wahrnehmen. Die Planung und Durchführung dieser Aufgaben ist in den wesentlichen Punkten mit dem örtlichen Träger abzustimmen; dessen Gesamtverantwortung bleibt unberührt. Für die Zusammenarbeit mit den Trägern der freien Jugendhilfe gelten die §§ 4, 74, 76 und 77 entsprechend. Landesrecht kann Näheres regeln.

§ 70 Organisation des Jugendamts und des Landesjugendamts

(1) Die Aufgaben des Jugendamts werden durch den Jugendhilfeausschuß und durch die Verwaltung des Jugendamts wahrgenommen.
(2) Die Geschäfte der laufenden Verwaltung im Bereich der öffentlichen Jugendhilfe werden vom Leiter der Verwaltung der Gebietskörperschaft oder in seinem Auftrag vom Leiter der Verwaltung des Jugendamts im Rahmen der Satzung und der Beschlüsse der Vertretungskörperschaft und des Jugendhilfeausschusses geführt.
(3) Die Aufgaben des Landesjugendamts werden durch den Landesjugendhilfeausschuß und durch die Verwaltung des Landesjugendamts im Rahmen der Satzung und der dem Landesjugendamt zur Verfügung gestellten Mittel wahrgenommen. Die Geschäfte der laufenden Verwaltung werden von dem Leiter der Verwaltung des Landesjugendamts im Rahmen der Satzung und der Beschlüsse des Landesjugendhilfeausschusses geführt.

§ 71 Jugendhilfeausschuß, Landesjugendhilfeausschuß

(1) Dem Jugendhilfeausschuß gehören als stimmberechtigte Mitglieder an
1. mit drei Fünfteln des Anteils der Stimmen Mitglieder der Vertretungskörperschaft des Trägers der öffentlichen Jugendhilfe oder von ihr gewählte Frauen und Männer, die in der Jugendhilfe erfahren sind,
2. mit zwei Fünfteln des Anteils der Stimmen Frauen und Männer, die auf Vorschlag der im Bereich des öffentlichen Trägers wirkenden und anerkannten Träger der freien Jugendhilfe von der Vertretungskörperschaft gewählt werden; Vorschläge der Jugendverbände und der Wohlfahrtsverbände sind angemessen zu berücksichtigen.

(2) Der Jugendhilfeausschuß befaßt sich mit allen Angelegenheiten der Jugendhilfe, insbesondere mit
1. der Erörterung aktueller Problemlagen junger Menschen und ihrer Familien sowie mit Anregungen und Vorschlägen für die Weiterentwicklung der Jugendhilfe,
2. der Jugendhilfeplanung und
3. der Förderung der freien Jugendhilfe.

(3) Er hat Beschlußrecht in Angelegenheiten der Jugendhilfe im Rahmen der von der Vertretungskörperschaft bereitgestellten Mittel, der von ihr erlassenen Satzung und der von ihr gefaßten Beschlüsse. Er soll vor jeder Beschlußfassung der Vertretungskörperschaft in Fragen der Jugendhilfe und vor der Berufung eines Leiters des Jugendamts gehört werden und hat das Recht, an die Vertretungskörperschaft Anträge zu stellen. Er tritt nach Bedarf zusammen und ist auf Antrag von mindestens einem Fünftel der Stimmberechtigten einzuberufen. Seine Sitzungen sind öffentlich, soweit nicht das Wohl der Allgemeinheit, berechtigte Interessen einzelner Personen oder schutzbedürftiger Gruppen entgegenstehen.
(4) Dem Landesjugendhilfeausschuß gehören mit zwei Fünfteln des Anteils der Stimmen Frauen und Männer an, die auf Vorschlag der im Bereich des Landesjugendamts wirkenden und anerkannten Träger der freien Jugendhilfe von der obersten Landesjugendbehörde zu berufen sind. Die übrigen Mitglieder werden durch Landesrecht bestimmt. Absatz 2 gilt entsprechend.
(5) Das Nähere regelt das Landesrecht. Es regelt die Zugehörigkeit beratender Mitglieder zum Jugendhilfeausschuß. Es kann bestimmen, daß der Leiter der Verwaltung der Gebietskörperschaft oder der Leiter der Verwaltung des Jugendamts nach Absatz 1 Nr. 1 stimmberechtigt ist.

§ 72 Mitarbeiter, Fortbildung

(1) Die Träger der öffentlichen Jugendhilfe sollen bei den Jugendämtern und Landesjugendämtern hauptberuflich nur Personen beschäftigen, die sich für die jeweilige Aufgabe nach ihrer Persönlichkeit eignen und eine dieser Aufgabe entsprechende Ausbildung erhalten haben (Fachkräfte) oder aufgrund besonderer Erfahrungen in der sozialen Arbeit in der Lage sind, die Aufgabe zu erfüllen. Soweit die jeweilige Aufgabe dies erfordert, sind mit ihrer Wahrnehmung nur Fachkräfte oder Fachkräfte mit entsprechender Zusatzausbildung zu betrauen. Fachkräfte verschiedener Fachrichtungen sollen zusammenwirken, soweit die jeweilige Aufgabe dies erfordert.
(2) Leitende Funktionen des Jugendamts oder des Landesjugendamts sollen in der Regel nur Fachkräften übertragen werden.

(3) Die Träger der öffentlichen Jugendhilfe haben Fortbildung und Praxisberatung der Mitarbeiter des Jugendamts und des Landesjugendamts sicherzustellen.

Zweiter Abschnitt
Zusammenarbeit mit der freien Jugendhilfe, ehrenamtliche Tätigkeit

§ 73 Ehrenamtliche Tätigkeit
In der Jugendhilfe ehrenamtlich tätige Personen sollen bei ihrer Tätigkeit angeleitet, beraten und unterstützt werden.

§ 74 Förderung der freien Jugendhilfe
(1) Die Träger der öffentlichen Jugendhilfe sollen die freiwillige Tätigkeit auf dem Gebiet der Jugendhilfe anregen; sie sollen sie fördern, wenn der jeweilige Träger
1. die fachlichen Voraussetzungen für die geplante Maßnahme erfüllt,
2. die Gewähr für eine zweckentsprechende und wirtschaftliche Verwendung der Mittel bietet,
3. gemeinnützige Ziele verfolgt,
4. eine angemessene Eigenleistung erbringt und
5. die Gewähr für eine den Zielen des Grundgesetzes förderliche Arbeit bietet.

Eine auf Dauer angelegte Förderung setzt in der Regel die Anerkennung als Träger der freien Jugendhilfe nach § 75 voraus.

(2) Soweit von der freien Jugendhilfe Einrichtungen, Dienste und Veranstaltungen geschaffen werden, um die Gewährung von Leistungen nach diesem Buch zu ermöglichen, kann die Förderung von der Bereitschaft abhängig gemacht werden, diese Einrichtungen, Dienste und Veranstaltungen nach Maßgabe der Jugendhilfeplanung und unter Beachtung der in § 9 genannten Grundsätze anzubieten. § 4 Abs. 1 bleibt unberührt.

(3) Über die Art und Höhe der Förderung entscheidet der Träger der öffentlichen Jugendhilfe im Rahmen der verfügbaren Haushaltsmittel nach pflichtgemäßem Ermessen. Entsprechendes gilt, wenn mehrere Antragsteller die Förderungsvoraussetzungen erfüllen und die von ihnen vorgesehenen Maßnahmen gleich geeignet sind, zur Befriedigung des Bedarfs jedoch nur eine Maßnahme notwendig ist. Bei der Bemessung der Eigenleistung sind die unterschiedliche Finanzkraft und die sonstigen Verhältnisse zu berücksichtigen.

(4) Bei sonst gleich geeigneten Maßnahmen soll solchen der Vorzug gegeben werden, die stärker an den Interessen der Betroffenen orientiert sind und ihre Einflußnahme auf die Ausgestaltung der Maßnahme gewährleisten.

(5) Bei der Förderung gleichartiger Maßnahmen mehrerer Träger sind unter Berücksichtigung ihrer Eigenleistungen gleiche Grundsätze und Maßstäbe anzulegen. Werden gleichartige Maßnahmen von der freien und der öffentlichen Jugendhilfe durchgeführt, so sind bei der Förderung die Grundsätze und Maßstäbe anzuwenden, die für die Finanzierung der Maßnahmen der öffentlichen Jugendhilfe gelten.

(6) Die Förderung von anerkannten Trägern der Jugendhilfe soll auch Mittel für die Fortbildung der haupt-, neben- und ehrenamtlichen Mitarbeiter sowie im Bereich der Jugendarbeit Mittel für die Errichtung und Unterhaltung von Jugendfreizeit- und Jugendbildungsstätten einschließen.

§ 75 Anerkennung als Träger der freien Jugendhilfe
(1) Als Träger der freien Jugendhilfe können juristische Personen und Personenvereinigungen anerkannt werden, wenn sie
1. auf dem Gebiet der Jugendhilfe im Sinne des § 1 tätig sind,
2. gemeinnützige Ziele verfolgen,
3. aufgrund der fachlichen und personellen Voraussetzungen erwarten lassen, daß sie einen nicht unwesentlichen Beitrag zur Erfüllung der Aufgaben der Jugendhilfe zu leisten imstande sind, und
4. die Gewähr für eine den Zielen des Grundgesetzes förderliche Arbeit bieten.

(2) Einen Anspruch auf Anerkennung als Träger der freien Jugendhilfe hat unter den Voraussetzungen des Absatzes 1, wer auf dem Gebiet der Jugendhilfe mindestens drei Jahre tätig gewesen ist.

(3) Die Kirchen und Religionsgemeinschaften des öffentlichen Rechts sowie die auf Bundesebene zusammengeschlossenen Verbände der freien Wohlfahrtspflege sind anerkannte Träger der freien Jugendhilfe.

§ 76 Beteiligung anerkannter Träger der freien Jugendhilfe an der Wahrnehmung anderer Aufgaben

(1) Die Träger der öffentlichen Jugendhilfe können anerkannte Träger der freien Jugendhilfe an der Durchführung ihrer Aufgaben nach den §§ 42, 43, 50 bis 52 a und 53 Abs. 2 bis 4 beteiligen oder ihnen diese Aufgaben zur Ausführung übertragen.
(2) Die Träger der öffentlichen Jugendhilfe bleiben für die Erfüllung der Aufgaben verantwortlich.

§ 77 Vereinbarungen über die Höhe der Kosten

Werden Einrichtungen und Dienste der Träger der freien Jugendhilfe in Anspruch genommen, so sind Vereinbarungen über die Höhe der Kosten der Inanspruchnahme zwischen der öffentlichen und der freien Jugendhilfe anzustreben. Das Nähere regelt das Landesrecht. Die §§ 78 a bis 78 g bleiben unberührt.

§ 78 Arbeitsgemeinschaften

Die Träger der öffentlichen Jugendhilfe sollen die Bildung von Arbeitsgemeinschaften anstreben, in denen neben ihnen die anerkannten Träger der freien Jugendhilfe sowie die Träger geförderter Maßnahmen vertreten sind. In den Arbeitsgemeinschaften soll darauf hingewirkt werden, daß die geplanten Maßnahmen aufeinander abgestimmt werden und sich gegenseitig ergänzen.

Dritter Abschnitt
Vereinbarungen über Leistungsangebote, Entgelte und Qualitätsentwicklung

§ 78 a Anwendungsbereich

(1) Die Regelungen der §§ 78 b bis 78 g gelten für die Erbringung von
1. Leistungen für Betreuung und Unterkunft in einer sozialpädagogisch begleiteten Wohnform (§ 13 Abs. 3),
2. Leistungen in gemeinsamen Wohnformen für Mütter/Väter und Kinder (§ 19),
3. Leistungen zur Unterstützung bei notwendiger Unterbringung des Kindes oder Jugendlichen zur Erfüllung der Schulpflicht (§ 21 Satz 2),
4. Hilfe zur Erziehung
   a) in einer Tagesgruppe (§ 32),
   b) in einem Heim oder einer sonstigen betreuten Wohnform (§ 34) sowie
   c) in intensiver sozialpädagogischer Einzelbetreuung (§ 35), sofern sie außerhalb der eigenen Familie erfolgt,
5. Eingliederungshilfe für seelisch behinderte Kinder und Jugendliche in
   a) anderen teilstationären Einrichtungen (§ 35 a Abs. 1 Satz 2 Nr. 2 Alternative 2),
   b) Einrichtungen über Tag und Nacht sowie sonstigen Wohnformen (§ 35 a Abs. 1 Satz 2 Nr. 4),
6. Hilfe für junge Volljährige (§ 41), sofern diese den in den Nummern 4 und 5 genannten Leistungen entspricht, sowie
7. Leistungen zum Unterhalt (§ 39), sofern diese im Zusammenhang mit Leistungen nach den Nummern 4 bis 6 gewährt werden; § 39 Abs. 2 Satz 3 bleibt unberührt.

(2) Landesrecht kann bestimmen, daß die §§ 78 b bis 78 g auch für andere Leistungen nach diesem Buch sowie für vorläufige Maßnahmen zum Schutz von Kindern und Jugendlichen (§§ 42, 43) gelten.

§ 78 b Voraussetzungen für die Übernahme des Leistungsentgelts

(1) Wird die Leistung ganz oder teilweise in einer Einrichtung erbracht, so ist der Träger der öffentlichen Jugendhilfe zur Übernahme des Entgelts gegenüber dem Leistungsberechtigten verpflichtet, wenn mit dem Träger der Einrichtung oder seinem Verband Vereinbarungen über
1. Inhalt, Umfang und Qualität der Leistungsangebote (Leistungsvereinbarung),
2. differenzierte Entgelte für die Leistungsangebote und die betriebsnotwendigen Investitionen (Entgeltvereinbarung) und
3. Grundsätze und Maßstäbe für die Bewertung der Qualität der Leistungsangebote sowie über geeignete Maßnahmen zu ihrer Gewährleistung (Qualitätsentwicklungsvereinbarung)
abgeschlossen worden sind.
(2) Die Vereinbarungen sind mit den Trägern abzuschließen, die unter Berücksichtigung der Grundsätze der Leistungsfähigkeit, Wirtschaftlichkeit und Sparsamkeit zur Erbringung der Leistung geeignet sind.

(3) Ist eine der Vereinbarungen nach Absatz 1 nicht abgeschlossen, so ist der Träger der öffentlichen Jugendhilfe zur Übernahme des Leistungsentgelts nur verpflichtet, wenn dies insbesondere nach Maßgabe der Hilfeplanung (§ 36) im Einzelfall geboten ist.

§ 78 c Inhalt der Leistungs- und Entgeltvereinbarungen
(1) Die Leistungsvereinbarung muß die wesentlichen Leistungsmerkmale, insbesondere
1. Art, Ziel und Qualität des Leistungsangebots,
2. den in der Einrichtung zu betreuenden Personenkreis,
3. die erforderliche sächliche und personelle Ausstattung,
4. die Qualifikation des Personals sowie
5. die betriebsnotwendigen Anlagen der Einrichtung

festlegen. In die Vereinbarung ist aufzunehmen, unter welchen Voraussetzungen der Träger der Einrichtung sich zur Erbringung von Leistungen verpflichtet. Der Träger muß gewährleisten, daß die Leistungsangebote zur Erbringung von Leistungen nach § 78 a Abs. 1 geeignet sowie ausreichend, zweckmäßig und wirtschaftlich sind.

(2) Die Entgelte müssen leistungsgerecht sein. Grundlage der Entgeltvereinbarung sind die in der Leistungs- und der Qualitätsentwicklungsvereinbarung festgelegten Leistungs- und Qualitätsmerkmale. Eine Erhöhung der Vergütung für Investitionen kann nur dann verlangt werden, wenn der zuständige Träger der öffentlichen Jugendhilfe der Investitionsmaßnahme vorher zugestimmt hat. Förderungen aus öffentlichen Mitteln sind anzurechnen.

§ 78 d Vereinbarungszeitraum
(1) Die Vereinbarungen nach § 78 b Abs. 1 sind für einen zukünftigen Zeitraum (Vereinbarungszeitraum) abzuschließen. Nachträgliche Ausgleiche sind nicht zulässig.

(2) Die Vereinbarungen treten zu dem darin bestimmten Zeitpunkt in Kraft. Wird ein Zeitpunkt nicht bestimmt, so werden die Vereinbarungen mit dem Tage ihres Abschlusses wirksam. Eine Vereinbarung, die vor diesen Zeitpunkt zurückwirkt, ist nicht zulässig; dies gilt nicht für Vereinbarungen vor der Schiedsstelle für die Zeit ab Eingang des Antrages bei der Schiedsstelle. Nach Ablauf des Vereinbarungszeitraums gelten die vereinbarten Vergütungen bis zum Inkrafttreten neuer Vereinbarungen weiter.

(3) Bei unvorhersehbaren wesentlichen Veränderungen der Annahmen, die der Entgeltvereinbarung zugrunde lagen, sind die Entgelte auf Verlangen einer Vertragspartei für den laufenden Vereinbarungszeitraum neu zu verhandeln. Die Absätze 1 und 2 gelten entsprechend.

(4) Vereinbarungen über die Erbringung von Leistungen nach § 78 a Abs. 1, die vor dem 1. Januar 1999 abgeschlossen worden sind, gelten bis zum Inkrafttreten neuer Vereinbarungen weiter.

§ 78 e Örtliche Zuständigkeit für den Abschluß von Vereinbarungen
(1) Soweit Landesrecht nicht etwas anderes bestimmt, ist für den Abschluß von Vereinbarungen nach § 78 b Abs. 1 der örtliche Träger der Jugendhilfe zuständig, in dessen Bereich die Einrichtung gelegen ist. Die von diesem Träger abgeschlossenen Vereinbarungen sind für alle örtlichen Träger bindend.

(2) Werden in der Einrichtung Leistungen erbracht, für deren Gewährung überwiegend ein anderer örtlicher Träger zuständig ist, so hat der nach Absatz 1 zuständige Träger diesen Träger zu hören.

(3) Die kommunalen Spitzenverbände auf Landesebene und die Verbände der Träger der freien Jugendhilfe sowie die Vereinigungen sonstiger Leistungserbringer im jeweiligen Land können regionale oder landesweite Kommissionen bilden. Die Kommissionen können im Auftrag der Mitglieder der in Satz 1 genannten Verbände und Vereinigungen Vereinbarungen nach § 78 b Abs. 1 schließen. Landesrecht kann die Beteiligung der für die Wahrnehmung der Aufgaben nach § 85 Abs. 2 Nr. 5 und 6 zuständigen Behörde vorsehen.

§ 78 f Rahmenverträge
Die kommunalen Spitzenverbände auf Landesebene schließen mit den Verbänden der Träger der freien Jugendhilfe und den Vereinigungen sonstiger Leistungserbringer auf Landesebene Rahmenverträge über den Inhalt der Vereinbarungen nach § 78 b Abs. 1. Die für die Wahrnehmung der Aufgaben nach § 85 Abs. 2 Nr. 5 und 6 zuständigen Behörden sind zu beteiligen.

§ 78 g Schiedsstelle

(1) In den Ländern sind Schiedsstellen für Streit- und Konfliktfälle einzurichten. Sie sind mit einem unparteiischen Vorsitzenden und mit einer gleichen Zahl von Vertretern der Träger der öffentlichen Jugendhilfe sowie von Vertretern der Träger der Einrichtungen zu besetzen. Der Zeitaufwand der Mitglieder ist zu entschädigen, bare Auslagen sind zu erstatten. Für die Inanspruchnahme der Schiedsstellen können Gebühren erhoben werden.

(2) Kommt eine Vereinbarung nach § 78 b Abs. 1 innerhalb von sechs Wochen nicht zustande, nachdem eine Partei schriftlich zu Verhandlungen aufgefordert hat, so entscheidet die Schiedsstelle auf Antrag einer Partei unverzüglich über die Gegenstände, über die keine Einigung erreicht werden konnte. Gegen die Entscheidung ist der Rechtsweg zu den Verwaltungsgerichten gegeben. Die Klage richtet sich gegen eine der beiden Vertragsparteien, nicht gegen die Schiedsstelle. Einer Nachprüfung der Entscheidung in einem Vorverfahren bedarf es nicht.

(3) Entscheidungen der Schiedsstelle treten zu dem darin bestimmten Zeitpunkt in Kraft. Wird ein Zeitpunkt für das Inkrafttreten nicht bestimmt, so werden die Festsetzungen der Schiedsstelle mit dem Tag wirksam, an dem der Antrag bei der Schiedsstelle eingegangen ist. Die Festsetzung einer Vergütung, die vor diesen Zeitpunkt zurückwirkt, ist nicht zulässig. Im übrigen gilt § 78 d Abs. 2 Satz 4 und Abs. 3 entsprechend.

(4) Die Landesregierungen werden ermächtigt, durch Rechtsverordnung das Nähere zu bestimmen über
1. die Errichtung der Schiedsstellen,
2. die Zahl, die Bestellung, die Amtsdauer und die Amtsführung ihrer Mitglieder,
3. die Erstattung der baren Auslagen und die Entschädigung für ihren Zeitaufwand,
4. die Geschäftsführung, das Verfahren, die Erhebung und die Höhe der Gebühren sowie die Verteilung der Kosten und
5. die Rechtsaufsicht.

Vierter Abschnitt
Gesamtverantwortung, Jugendhilfeplanung

§ 79 Gesamtverantwortung, Grundausstattung

(1) Die Träger der öffentlichen Jugendhilfe haben für die Erfüllung der Aufgaben nach diesem Buch die Gesamtverantwortung einschließlich der Planungsverantwortung.

(2) Die Träger der öffentlichen Jugendhilfe sollen gewährleisten, daß die zur Erfüllung der Aufgaben nach diesem Buch erforderlichen und geeigneten Einrichtungen, Dienste und Veranstaltungen den verschiedenen Grundrichtungen der Erziehung entsprechend rechtzeitig und ausreichend zur Verfügung stehen; hierzu zählen insbesondere auch Pfleger, Vormünder und Pflegepersonen. Von den für die Jugendhilfe bereitgestellten Mitteln haben sie einen angemessenen Anteil für die Jugendarbeit zu verwenden.

(3) Die Träger der öffentlichen Jugendhilfe haben für eine ausreichende Ausstattung der Jugendämter und der Landesjugendämter zu sorgen; hierzu gehört auch eine dem Bedarf entsprechende Zahl von Fachkräften.

§ 80 Jugendhilfeplanung

(1) Die Träger der öffentlichen Jugendhilfe haben im Rahmen ihrer Planungsverantwortung
1. den Bestand an Einrichtungen und Diensten festzustellen,
2. den Bedarf unter Berücksichtigung der Wünsche, Bedürfnisse und Interessen der jungen Menschen und der Personensorgeberechtigten für einen mittelfristigen Zeitraum zu ermitteln und
3. die zur Befriedigung des Bedarfs notwendigen Vorhaben rechtzeitig und ausreichend zu planen; dabei ist Vorsorge zu treffen, daß auch ein unvorhergesehener Bedarf befriedigt werden kann.

(2) Einrichtungen und Dienste sollen so geplant werden, daß insbesondere
1. Kontakte in der Familie und im sozialen Umfeld erhalten und gepflegt werden können,
2. ein möglichst wirksames, vielfältiges und aufeinander abgestimmtes Angebot von Jugendhilfeleistungen gewährleistet ist,
3. junge Menschen und Familien in gefährdeten Lebens- und Wohnbereichen besonders gefördert werden.

4. Mütter und Väter Aufgaben in der Familie und Erwerbstätigkeit besser miteinander vereinbaren können.

(3) Die Träger der öffentlichen Jugendhilfe haben die anerkannten Träger der freien Jugendhilfe in allen Phasen ihrer Planung frühzeitig zu beteiligen. Zu diesem Zweck sind sie vom Jugendhilfeausschuß, soweit sie überörtlich tätig sind, im Rahmen der Jugendhilfeplanung des überörtlichen Trägers vom Landesjugendhilfeausschuß zu hören. Das Nähere regelt das Landesrecht.

(4) Die Träger der öffentlichen Jugendhilfe sollen darauf hinwirken, daß die Jugendhilfeplanung und andere örtliche und überörtliche Planungen aufeinander abgestimmt werden und die Planungen insgesamt den Bedürfnissen und Interessen der jungen Menschen und ihrer Familien Rechnung tragen.

§ 81 Zusammenarbeit mit anderen Stellen und öffentlichen Einrichtungen

Die Träger der öffentlichen Jugendhilfe haben mit anderen Stellen und öffentlichen Einrichtungen, deren Tätigkeit sich auf die Lebenssituation junger Menschen und ihrer Familien auswirkt, insbesondere mit

1. Schulen und Stellen der Schulverwaltung,
2. Einrichtungen und Stellen der beruflichen Aus- und Weiterbildung,
3. Einrichtungen und Stellen des öffentlichen Gesundheitsdienstes und sonstigen Einrichtungen des Gesundheitsdienstes,
4. den Stellen der Bundesanstalt für Arbeit,
5. den Trägern anderer Sozialleistungen,
6. der Gewerbeaufsicht,
7. den Polizei- und Ordnungsbehörden,
8. den Justizvollzugsbehörden und
9. Einrichtungen der Ausbildung für Fachkräfte, der Weiterbildung und der Forschung

im Rahmen ihrer Aufgaben und Befugnisse zusammenzuarbeiten.

Sechstes Kapitel
Zentrale Aufgaben

§ 82 Aufgaben der Länder

(1) Die oberste Landesjugendbehörde hat die Tätigkeit der Träger der öffentlichen und der freien Jugendhilfe und die Weiterentwicklung der Jugendhilfe anzuregen und zu fördern.

(2) Die Länder haben auf einen gleichmäßigen Ausbau der Einrichtungen und Angebote hinzuwirken und die Jugendämter und Landesjugendämter bei der Wahrnehmung ihrer Aufgaben zu unterstützen.

§ 83 Aufgaben des Bundes, Bundesjugendkuratorium

(1) Die fachlich zuständige oberste Bundesbehörde soll die Tätigkeit der Jugendhilfe anregen und fördern, soweit sie von überregionaler Bedeutung ist und ihrer Art nach nicht durch ein Land allein wirksam gefördert werden kann.

(2) Die Bundesregierung wird in grundsätzlichen Fragen der Jugendhilfe von einem Sachverständigengremium (Bundesjugendkuratorium) beraten. Das Nähere regelt die Bundesregierung durch Verwaltungsvorschriften.

§ 84 Jugendbericht

(1) Die Bundesregierung legt dem Deutschen Bundestag und dem Bundesrat in jeder Legislaturperiode einen Bericht über die Lage junger Menschen und die Bestrebungen und Leistungen der Jugendhilfe vor. Neben der Bestandsaufnahme und Analyse sollen die Berichte Vorschläge zur Weiterentwicklung der Jugendhilfe enthalten; jeder dritte Bericht soll einen Überblick über die Gesamtsituation der Jugendhilfe vermitteln.

(2) Die Bundesregierung beauftragt mit der Ausarbeitung der Berichte jeweils eine Kommission, der bis zu sieben Sachverständige (Jugendberichtskommission) angehören. Die Bundesregierung fügt eine Stellungnahme mit den von ihr für notwendig gehaltenen Folgerungen bei.

Siebtes Kapitel
Zuständigkeit, Kostenerstattung

Erster Abschnitt
Sachliche Zuständigkeit

§ 85 Sachliche Zuständigkeit

(1) Für die Gewährung von Leistungen und die Erfüllung anderer Aufgaben nach diesem Buch ist der örtliche Träger sachlich zuständig, soweit nicht der überörtliche Träger sachlich zuständig ist.

(2) Der überörtliche Träger ist sachlich zuständig für
1. die Beratung der örtlichen Träger und die Entwicklung von Empfehlungen zur Erfüllung der Aufgaben nach diesem Buch,
2. die Förderung der Zusammenarbeit zwischen den örtlichen Trägern und den anerkannten Trägern der freien Jugendhilfe, insbesondere bei der Planung und Sicherstellung eines bedarfsgerechten Angebots an Hilfen zur Erziehung, Eingliederungshilfen für seelisch behinderte Kinder und Jugendliche und Hilfen für junge Volljährige,
3. die Anregung und Förderung von Einrichtungen, Diensten und Veranstaltungen sowie deren Schaffung und Betrieb, soweit sie den örtlichen Bedarf übersteigen; dazu gehören insbesondere Einrichtungen, die eine Schul- oder Berufsausbildung anbieten, sowie Jugendbildungsstätten,
4. die Planung, Anregung, Förderung und Durchführung von Modellvorhaben zur Weiterentwicklung der Jugendhilfe,
5. die Beratung der örtlichen Träger bei der Gewährung von Hilfe nach den §§ 32 bis 35 a, insbesondere bei der Auswahl einer Einrichtung oder der Vermittlung einer Pflegeperson in schwierigen Einzelfällen,
6. die Wahrnehmung der Aufgaben zum Schutz von Kindern und Jugendlichen in Einrichtungen (§§ 45 bis 48 a),
7. die Beratung der Träger von Einrichtungen während der Planung und Betriebsführung,
8. die Fortbildung von Mitarbeitern in der Jugendhilfe,
9. die Gewährung von Leistungen an Deutsche im Ausland (§ 6 Abs. 3), soweit es sich nicht um die Fortsetzung einer bereits im Inland gewährten Leistung handelt,
10. die Erteilung der Erlaubnis zur Übernahme von Pflegschaften oder Vormundschaften durch einen rechtsfähigen Verein (§ 54).

(3) Für den örtlichen Bereich können die Aufgaben nach Absatz 2 Nr. 3, 4, 7 und 8 auch vom örtlichen Träger wahrgenommen werden.

(4) Unberührt bleiben die am Tage des Inkrafttretens dieses Gesetzes geltenden landesrechtlichen Regelungen, die die in den §§ 45 bis 48 a bestimmten Aufgaben einschließlich der damit verbundenen Aufgaben nach Absatz 2 Nr. 2 bis 5 und 7 mittleren Landesbehörden oder, soweit sie sich auf Kindergärten und andere Tageseinrichtungen für Kinder beziehen, unteren Landesbehörden zuweisen.

(5) Ist das Land überörtlicher Träger, so können durch Landesrecht bis zum 30. Juni 1993 einzelne seiner Aufgaben auf andere Körperschaften des öffentlichen Rechts, die nicht Träger der öffentlichen Jugendhilfe sind, übertragen werden.

Zweiter Abschnitt
Örtliche Zuständigkeit

Erster Unterabschnitt
Örtliche Zuständigkeit für Leistungen

§ 86 Örtliche Zuständigkeit für Leistungen an Kinder, Jugendliche und ihre Eltern

(1) Für die Gewährung von Leistungen nach diesem Buch ist der örtliche Träger zuständig, in dessen Bereich die Eltern ihren gewöhnlichen Aufenthalt haben. An die Stelle der Eltern tritt die Mutter, wenn und solange die Vaterschaft nicht anerkannt oder gerichtlich festgestellt ist. Lebt nur ein Elternteil, so ist dessen gewöhnlicher Aufenthalt maßgebend.

(2) Haben die Elternteile verschiedene gewöhnliche Aufenthalte, so ist der örtliche Träger zuständig, in dessen Bereich der personensorgeberechtigte Elternteil seinen gewöhnlichen Aufenthalt hat; dies gilt auch dann, wenn ihm einzelne Angelegenheiten der Personensorge entzogen sind. Steht die

Personensorge im Fall des Satzes 1 den Eltern gemeinsam zu, so richtet sich die Zuständigkeit nach dem gewöhnlichen Aufenthalt des Elternteils, bei dem das Kind oder der Jugendliche vor Beginn der Leistung zuletzt seinen gewöhnlichen Aufenthalt hatte. Hatte das Kind oder der Jugendliche im Fall des Satzes 2 zuletzt bei beiden Elternteilen seinen gewöhnlichen Aufenthalt, so richtet sich die Zuständigkeit nach dem gewöhnlichen Aufenthalt des Elternteils, bei dem das Kind oder der Jugendliche vor Beginn der Leistung zuletzt seinen tatsächlichen Aufenthalt hatte. Hatte das Kind oder der Jugendliche im Fall des Satzes 2 während der letzten sechs Monate vor Beginn der Leistung bei keinem Elternteil einen gewöhnlichen Aufenthalt, so ist der örtliche Träger zuständig, in dessen Bereich das Kind oder der Jugendliche vor Beginn der Leistung zuletzt seinen gewöhnlichen Aufenthalt hatte; hatte das Kind oder der Jugendliche während der letzten sechs Monate keinen gewöhnlichen Aufenthalt, so richtet sich die Zuständigkeit nach dem tatsächlichen Aufenthalt des Kindes oder des Jugendlichen vor Beginn der Leistung.
(3) Haben die Elternteile verschiedene gewöhnliche Aufenthalte und steht die Personensorge keinem Elternteil zu, so gilt Absatz 2 Satz 2 und 4 entsprechend.
(4) Haben die Eltern oder der nach den Absätzen 1 bis 3 maßgebliche Elternteil im Inland keinen gewöhnlichen Aufenthalt, oder ist ein gewöhnlicher Aufenthalt nicht feststellbar, oder sind sie verstorben, so richtet sich die Zuständigkeit nach dem gewöhnlichen Aufenthalt des Kindes oder des Jugendlichen vor Beginn der Leistung. Hatte das Kind oder der Jugendliche während der letzten sechs Monate vor Beginn der Leistung keinen gewöhnlichen Aufenthalt, so ist der örtliche Träger zuständig, in dessen Bereich sich das Kind oder der Jugendliche vor Beginn der Leistung tatsächlich aufhält.
(5) Begründen die Elternteile nach Beginn der Leistung verschiedene gewöhnliche Aufenthalte, so wird der örtliche Träger zuständig, in dessen Bereich der personensorgeberechtigte Elternteil seinen gewöhnlichen Aufenthalt hat; dies gilt auch dann, wenn ihm einzelne Angelegenheiten der Personensorge entzogen sind. Solange die Personensorge beiden Elternteilen gemeinsam oder keinem Elternteil zusteht, bleibt die bisherige Zuständigkeit bestehen. Absatz 4 gilt entsprechend.
(6) Lebt ein Kind oder ein Jugendlicher zwei Jahre bei einer Pflegeperson und ist sein Verbleib bei dieser Pflegeperson auf Dauer zu erwarten, so ist oder wird abweichend von den Absätzen 1 bis 5 der örtliche Träger zuständig, in dessen Bereich die Pflegeperson ihren gewöhnlichen Aufenthalt hat. Er hat die Eltern und, falls den Eltern die Personensorge nicht oder nur teilweise zusteht, den Personensorgeberechtigten über den Wechsel der Zuständigkeit zu unterrichten. Endet der Aufenthalt bei der Pflegeperson, so endet die Zuständigkeit nach Satz 1.
(7) Für Leistungen an Kinder oder Jugendliche, die um Asyl nachsuchen oder einen Asylantrag gestellt haben, ist der örtliche Träger zuständig, in dessen Bereich sich die Person vor Beginn der Leistung tatsächlich aufhält; geht der Leistungsgewährung eine Inobhutnahme voraus, so bleibt die nach § 87 begründete Zuständigkeit bestehen. Unterliegt die Person einem Verteilungsverfahren, so richtet sich die örtliche Zuständigkeit nach der Zuweisungsentscheidung der zuständigen Landesbehörde; bis zur Zuweisungsentscheidung gilt Satz 1 entsprechend. Die nach Satz 1 oder 2 begründete örtliche Zuständigkeit bleibt auch nach Abschluß des Asylverfahrens so lange bestehen, bis die für die Bestimmung der örtlichen Zuständigkeit maßgebliche Person einen gewöhnlichen Aufenthalt im Bereich eines anderen Trägers der öffentlichen Jugendhilfe begründet. Eine Unterbrechung der Leistung von bis zu drei Monaten bleibt außer Betracht.

§ 86 a Örtliche Zuständigkeit für Leistungen an junge Volljährige

(1) Für Leistungen an junge Volljährige ist der örtliche Träger zuständig, in dessen Bereich der junge Volljährige vor Beginn der Leistung seinen gewöhnlichen Aufenthalt hat.
(2) Hält sich der junge Volljährige in einer Einrichtung oder sonstigen Wohnform auf, die der Erziehung, Pflege, Betreuung, Behandlung oder dem Strafvollzug dient, so richtet sich die örtliche Zuständigkeit nach dem gewöhnlichen Aufenthalt vor der Aufnahme in eine Einrichtung oder sonstige Wohnform.
(3) Hat der junge Volljährige keinen gewöhnlichen Aufenthalt, so richtet sich die Zuständigkeit nach seinem tatsächlichen Aufenthalt zu dem in Absatz 1 genannten Zeitpunkt; Absatz 2 bleibt unberührt.
(4) Wird eine Leistung nach § 13 Abs. 3 oder nach § 21 über die Vollendung des 18. Lebensjahres hinaus weitergeführt oder geht der Hilfe für junge Volljährige nach § 41 eine dieser Leistungen, eine Leistung nach § 19 oder eine Hilfe nach den §§ 27 bis 35 a voraus, so bleibt der örtliche Träger

zuständig, der bis zu diesem Zeitpunkt zuständig war. Eine Unterbrechung der Hilfeleistung von bis zu drei Monaten bleibt dabei außer Betracht. Die Sätze 1 und 2 gelten entsprechend, wenn eine Hilfe für junge Volljährige nach § 41 beendet war und innerhalb von drei Monaten erneut Hilfe für junge Volljährige nach § 41 erforderlich wird.

§ 86 b Örtliche Zuständigkeit für Leistungen in gemeinsamen Wohnformen für Mütter/Väter und Kinder
(1) Für Leistungen in gemeinsamen Wohnformen für Mütter oder Väter und Kinder ist der örtliche Träger zuständig, in dessen Bereich der nach § 19 Leistungsberechtigte vor Beginn der Leistung seinen gewöhnlichen Aufenthalt hat. § 86 a Abs. 2 gilt entsprechend.
(2) Hat der Leistungsberechtigte keinen gewöhnlichen Aufenthalt, so richtet sich die Zuständigkeit nach seinem tatsächlichen Aufenthalt zu dem in Absatz 1 genannten Zeitpunkt.
(3) Geht der Leistung Hilfe nach den §§ 27 bis 35 a oder eine Leistung nach § 13 Abs. 3, § 21 oder § 41 voraus, so bleibt der örtliche Träger zuständig, der bisher zuständig war. Eine Unterbrechung der Hilfeleistung von bis zu drei Monaten bleibt dabei außer Betracht.

§ 86 c Fortdauernde Leistungsverpflichtung beim Zuständigkeitswechsel
Wechselt die örtliche Zuständigkeit, so bleibt der bisher zuständige örtliche Träger so lange zur Gewährung der Leistung verpflichtet, bis der nunmehr zuständige örtliche Träger die Leistung fortsetzt. Der örtliche Träger, der von den Umständen Kenntnis erhält, die den Wechsel der Zuständigkeit begründen, hat den anderen davon unverzüglich zu unterrichten.

§ 86 d Verpflichtung zum vorläufigen Tätigwerden
Steht die örtliche Zuständigkeit nicht fest oder wird der zuständige örtliche Träger nicht tätig, so ist der örtliche Träger vorläufig zum Tätigwerden verpflichtet, in dessen Bereich sich das Kind oder der Jugendliche, der junge Volljährige oder bei Leistungen nach § 19 der Leistungsberechtigte vor Beginn der Leistung tatsächlich aufhält.

Zweiter Unterabschnitt
Örtliche Zuständigkeit für andere Aufgaben

§ 87 Örtliche Zuständigkeit für vorläufige Maßnahmen zum Schutz von Kindern und Jugendlichen
Für die Inobhutnahme eines Kindes oder eines Jugendlichen (§ 42) und die Herausnahme eines Kindes oder eines Jugendlichen ohne Zustimmung des Personensorgeberechtigten (§ 43) ist der örtliche Träger zuständig, in dessen Bereich sich das Kind oder der Jugendliche vor Beginn der Maßnahme tatsächlich aufhält.

§ 87 a Örtliche Zuständigkeit für Erlaubnis, Meldepflichten und Untersagung
(1) Für die Erteilung der Pflegeerlaubnis sowie deren Rücknahme oder Widerruf (§ 44) ist der örtliche Träger zuständig, in dessen Bereich die Pflegeperson ihren gewöhnlichen Aufenthalt hat.
(2) Für die Erteilung der Erlaubnis zum Betrieb einer Einrichtung oder einer selbständigen sonstigen Wohnform sowie für die Rücknahme oder den Widerruf dieser Erlaubnis (§ 45 Abs. 1 und 2, § 48 a), die örtliche Prüfung (§§ 46, 48 a), die Entgegennahme von Meldungen (§ 47 Abs. 1 und 2, § 48 a) und die Ausnahme von der Meldepflicht (§ 47 Abs. 3, § 48 a) sowie die Untersagung der weiteren Beschäftigung des Leiters oder eines Mitarbeiters (§§ 48, 48 a) ist der überörtliche Träger oder die nach Landesrecht bestimmte Behörde zuständig, in dessen oder deren Bereich die Einrichtung oder die sonstige Wohnform gelegen ist.
(3) Für die Mitwirkung an der örtlichen Prüfung (§§ 46, 48 a) ist der örtliche Träger zuständig, in dessen Bereich die Einrichtung oder die selbständige sonstige Wohnform gelegen ist.

§ 87 b Örtliche Zuständigkeit für die Mitwirkung in gerichtlichen Verfahren
(1) Für die Zuständigkeit des Jugendamts zur Mitwirkung in gerichtlichen Verfahren (§§ 50 bis 52) gilt § 86 Abs. 1 bis 4 entsprechend. Für die Mitwirkung im Verfahren nach dem Jugendgerichtsgesetz gegen einen jungen Menschen, der zu Beginn des Verfahrens das 18. Lebensjahr vollendet hat, gilt § 86 a Abs. 1 und 3 entsprechend.
(2) Die nach Absatz 1 begründete Zuständigkeit bleibt bis zum Abschluß des Verfahrens bestehen. Hat ein Jugendlicher oder ein junger Volljähriger in einem Verfahren nach dem Jugendgerichtsgesetz

die letzten sechs Monate vor Abschluß des Verfahrens in einer Justizvollzugsanstalt verbracht, so dauert die Zuständigkeit auch nach der Entlassung aus der Anstalt so lange fort, bis der Jugendliche oder junge Volljährige einen neuen gewöhnlichen Aufenthalt begründet hat, längstens aber bis zum Ablauf von sechs Monaten nach dem Entlassungszeitpunkt.
(3) Steht die örtliche Zuständigkeit nicht fest oder wird der zuständige örtliche Träger nicht tätig, so gilt § 86 d entsprechend.

§ 87 c Örtliche Zuständigkeit für die Beistandschaft, die Amtspflegschaft, die Amtsvormundschaft und die Auskunft nach § 58 a
(1) Für die Vormundschaft nach § 1791 c des Bürgerlichen Gesetzbuchs ist das Jugendamt zuständig, in dessen Bereich die Mutter ihren gewöhnlichen Aufenthalt hat. Wurde die Vaterschaft nach § 1592 Nr. 1 oder 2 des Bürgerlichen Gesetzbuchs durch Anfechtung beseitigt, so ist der gewöhnliche Aufenthalt der Mutter zu dem Zeitpunkt maßgeblich, zu dem die Entscheidung rechtskräftig wird. Ist ein gewöhnlicher Aufenthalt der Mutter nicht festzustellen, so richtet sich die örtliche Zuständigkeit nach ihrem tatsächlichen Aufenthalt.
(2) Sobald die Mutter ihren gewöhnlichen Aufenthalt im Bereich eines anderen Jugendamts nimmt, hat das die Amtsvormundschaft führende Jugendamt bei dem Jugendamt des anderen Bereichs die Weiterführung der Amtsvormundschaft zu beantragen; der Antrag kann auch von dem anderen Jugendamt, von jedem Elternteil und von jedem, der ein berechtigtes Interesse des Kindes oder des Jugendlichen geltend macht, bei dem die Amtsvormundschaft führenden Jugendamt gestellt werden. Die Vormundschaft geht mit der Erklärung des anderen Jugendamts auf dieses über. Das abgebende Jugendamt hat den Übergang dem Vormundschaftsgericht und jedem Elternteil unverzüglich mitzuteilen. Gegen die Ablehnung des Antrags kann das Vormundschaftsgericht angerufen werden.
(3) Für die Pflegschaft oder Vormundschaft, die durch Bestellung des Vormundschaftsgerichts eintritt, ist das Jugendamt zuständig, in dessen Bereich das Kind oder der Jugendliche seinen gewöhnlichen Aufenthalt hat. Hat das Kind oder der Jugendliche keinen gewöhnlichen Aufenthalt, so richtet sich die Zuständigkeit nach seinem tatsächlichen Aufenthalt zum Zeitpunkt der Bestellung. Sobald das Kind oder der Jugendliche seinen gewöhnlichen Aufenthalt wechselt oder im Fall des Satzes 2 das Wohl des Kindes oder Jugendlichen es erfordert, hat das Jugendamt beim Vormundschaftsgericht einen Antrag auf Entlassung zu stellen. Die Sätze 1 bis 3 gelten für die Gegenvormundschaft des Jugendamts entsprechend.
(4) Für die Vormundschaft, die im Rahmen des Verfahrens zur Annahme als Kind eintritt, ist das Jugendamt zuständig, in dessen Bereich die annehmende Person ihren gewöhnlichen Aufenthalt hat.
(5) Für die Beratung und Unterstützung nach § 52 a sowie für die Beistandschaft gilt Absatz 1 Satz 1 und 3 entsprechend. Sobald der allein sorgeberechtigte Elternteil seinen gewöhnlichen Aufenthalt im Bereich eines anderen Jugendamts nimmt, hat das die Beistandschaft führende Jugendamt bei dem Jugendamt des anderen Bereichs die Weiterführung der Beistandschaft zu beantragen; Absatz 2 Satz 2 und § 86 c gelten entsprechend.
(6) Für die Erteilung der schriftlichen Auskunft nach § 58 a gilt Absatz 1 entsprechend. Die Mitteilung nach § 1626 d Abs. 2 des Bürgerlichen Gesetzbuchs ist an das für den Geburtsort des Kindes zuständige Jugendamt zu richten; § 88 Abs. 1 Satz 2 gilt entsprechend. Auf Verlangen des nach Satz 1 zuständigen Jugendamts teilt das nach Satz 2 zuständige Jugendamt mit, ob eine Mitteilung nach § 1626 d Abs. 2 des Bürgerlichen Gesetzbuchs vorliegt.

§ 87 d Örtliche Zuständigkeit für weitere Aufgaben im Vormundschaftswesen
(1) Für die Wahrnehmung der Aufgaben nach § 53 ist der örtliche Träger zuständig, in dessen Bereich der Pfleger oder Vormund seinen gewöhnlichen Aufenthalt hat.
(2) Für die Erteilung der Erlaubnis zur Übernahme von Pflegschaften oder Vormundschaften durch einen rechtsfähigen Verein (§ 54) ist der überörtliche Träger zuständig, in dessen Bereich der Verein seinen Sitz hat.

§ 87 e Örtliche Zuständigkeit für Beurkundung und Beglaubigung
Für Beurkundungen und Beglaubigungen nach § 59 ist die Urkundsperson bei jedem Jugendamt zuständig.

Dritter Unterabschnitt
Örtliche Zuständigkeit bei Aufenthalt im Ausland
§ 88 Örtliche Zuständigkeit bei Aufenthalt im Ausland
(1) Für die Gewährung von Leistungen der Jugendhilfe im Ausland ist der überörtliche Träger zuständig, in dessen Bereich der junge Mensch geboren ist. Liegt der Geburtsort im Ausland oder ist er nicht zu ermitteln, so ist das Land Berlin zuständig.
(2) Wurden bereits vor der Ausreise Leistungen der Jugendhilfe gewährt, so bleibt der örtliche Träger zuständig, der bisher tätig geworden ist; eine Unterbrechung der Hilfeleistung von bis zu drei Monaten bleibt dabei außer Betracht.

Dritter Abschnitt
Kostenerstattung
§ 89 Kostenerstattung bei fehlendem gewöhnlichen Aufenthalt
Ist für die örtliche Zuständigkeit nach den §§ 86, 86 a oder 86 b der tatsächliche Aufenthalt maßgeblich, so sind die Kosten, die ein örtlicher Träger aufgewendet hat, von dem überörtlichen Träger zu erstatten, zu dessen Bereich der örtliche Träger gehört.
§ 89 a Kostenerstattung bei fortdauernder Vollzeitpflege
(1) Kosten, die ein örtlicher Träger aufgrund einer Zuständigkeit nach § 86 Abs. 6 aufgewendet hat, sind von dem örtlichen Träger zu erstatten, der zuvor zuständig war oder gewesen wäre. Die Kostenerstattungspflicht bleibt bestehen, wenn die Pflegeperson ihren gewöhnlichen Aufenthalt ändert oder wenn die Leistung über die Volljährigkeit hinaus nach § 41 fortgesetzt wird.
(2) Hat oder hätte der nach Absatz 1 kostenerstattungspflichtig werdende örtliche Träger während der Gewährung einer Leistung selbst einen Kostenerstattungsanspruch gegen einen anderen örtlichen oder den überörtlichen Träger, so bleibt oder wird abweichend von Absatz 1 dieser Träger dem nunmehr nach § 86 Abs. 6 zuständig gewordenen örtlichen Träger kostenerstattungspflichtig.
(3) Ändert sich während der Gewährung der Leistung nach Absatz 1 der für die örtliche Zuständigkeit nach § 86 Abs. 1 bis 5 maßgebliche gewöhnliche Aufenthalt, so wird der örtliche Träger kostenerstattungspflichtig, der ohne Anwendung des § 86 Abs. 6 örtlich zuständig geworden wäre.
§ 89 b Kostenerstattung bei vorläufigen Maßnahmen zum Schutz von Kindern und Jugendlichen
(1) Kosten, die ein örtlicher Träger im Rahmen der Inobhutnahme von Kindern und Jugendlichen (§ 42) oder der Herausnahme des Kindes oder des Jugendlichen ohne Zustimmung des Personensorgeberechtigten (§ 43) aufgewendet hat, sind von dem örtlichen Träger zu erstatten, dessen Zuständigkeit durch den gewöhnlichen Aufenthalt nach § 86 begründet wird.
(2) Ist ein kostenerstattungspflichtiger örtlicher Träger nicht vorhanden, so sind die Kosten von dem überörtlichen Träger zu erstatten, zu dessen Bereich der örtliche Träger gehört.
(3) Eine nach Absatz 1 oder 2 begründete Pflicht zur Kostenerstattung bleibt bestehen, wenn und solange nach der Inobhutnahme Leistungen aufgrund einer Zuständigkeit nach § 86 Abs. 7 Satz 1 Halbsatz 2 gewährt werden.
§ 89 c Kostenerstattung bei fortdauernder oder vorläufiger Leistungsverpflichtung
(1) Kosten, die ein örtlicher Träger im Rahmen seiner Verpflichtung nach § 86 c aufgewendet hat, sind von dem örtlichen Träger zu erstatten, der nach dem Wechsel der örtlichen Zuständigkeit zuständig geworden ist. Kosten, die ein örtlicher Träger im Rahmen seiner Verpflichtung nach § 86 d aufgewendet hat, sind von dem örtlichen Träger zu erstatten, dessen Zuständigkeit durch den gewöhnlichen Aufenthalt nach den §§ 86, 86 a und 86 b begründet wird.
(2) Hat der örtliche Träger die Kosten deshalb aufgewendet, weil der zuständige örtliche Träger pflichtwidrig gehandelt hat, so hat dieser zusätzlich einen Betrag in Höhe eines Drittels der Kosten, mindestens jedoch 100 Deutsche Mark, zu erstatten.
(3) Ist ein kostenerstattungspflichtiger örtlicher Träger nicht vorhanden, so sind die Kosten vom überörtlichen Träger zu erstatten, zu dessen Bereich der örtliche Träger gehört, der nach Absatz 1 tätig geworden ist.

§ 89 d Kostenerstattung bei Gewährung von Jugendhilfe nach der Einreise

(1) Kosten, die ein örtlicher Träger aufwendet, sind vom Land zu erstatten, wenn
1. innerhalb eines Monats nach der Einreise eines jungen Menschen oder eines Leistungsberechtigten nach § 19 Jugendhilfe gewährt wird und
2. sich die örtliche Zuständigkeit nach dem tatsächlichen Aufenthalt dieser Person oder nach der Zuweisungsentscheidung der zuständigen Landesbehörde richtet.

Als Tag der Einreise gilt der Tag des Grenzübertritts, sofern dieser amtlich festgestellt wurde, oder der Tag, an dem der Aufenthalt im Inland erstmals festgestellt wurde, andernfalls der Tag der ersten Vorsprache bei einem Jugendamt. Die Erstattungspflicht nach Satz 1 bleibt unberührt, wenn die Person um Asyl nachsucht oder einen Asylantrag stellt.

(2) Ist die Person im Inland geboren, so ist das Land erstattungspflichtig, in dessen Bereich die Person geboren ist.

(3) Ist die Person im Ausland geboren, so wird das erstattungspflichtige Land auf der Grundlage eines Belastungsvergleichs vom Bundesverwaltungsamt bestimmt. Maßgeblich ist die Belastung, die sich pro Einwohner im vergangenen Haushaltsjahr
1. durch die Erstattung von Kosten nach dieser Vorschrift und
2. die Gewährung von Leistungen für Deutsche im Ausland durch die überörtlichen Träger im Bereich des jeweiligen Landes nach Maßgabe von § 6 Abs. 3, § 85 Abs. 2 Nr. 9 ergeben hat.

(4) Die Verpflichtung zur Erstattung der aufgewendeten Kosten entfällt, wenn inzwischen für einen zusammenhängenden Zeitraum von drei Monaten Jugendhilfe nicht zu gewähren war.

(5) Kostenerstattungsansprüche nach den Absätzen 1 bis 3 gehen Ansprüchen nach den §§ 89 bis 89 c und § 89 e vor.

§ 89 e Schutz der Einrichtungsorte

(1) Richtet sich die Zuständigkeit nach dem gewöhnlichen Aufenthalt der Eltern, eines Elternteils, des Kindes oder des Jugendlichen und ist dieser in einer Einrichtung, einer anderen Familie oder sonstigen Wohnform begründet worden, die der Erziehung, Pflege, Betreuung, Behandlung oder dem Strafvollzug dient, so ist der örtliche Träger zur Erstattung der Kosten verpflichtet, in dessen Bereich die Person vor der Aufnahme in eine Einrichtung, eine andere Familie oder sonstige Wohnform den gewöhnlichen Aufenthalt hatte.

(2) Ist ein kostenerstattungspflichtiger örtlicher Träger nicht vorhanden, so sind die Kosten von dem überörtlichen Träger zu erstatten, zu dessen Bereich der erstattungsberechtigte örtliche Träger gehört.

§ 89 f Umfang der Kostenerstattung

(1) Die aufgewendeten Kosten sind zu erstatten, soweit die Erfüllung der Aufgaben den Vorschriften dieses Buches entspricht. Dabei gelten die Grundsätze, die im Bereich des tätig gewordenen örtlichen Trägers zur Zeit des Tätigwerdens angewandt werden.

(2) Kosten unter 2 000 Deutsche Mark werden nur bei vorläufigen Maßnahmen zum Schutz von Kindern und Jugendlichen (§ 89 b), bei fortdauernder oder vorläufiger Leistungsverpflichtung (§ 89 c) und bei Gewährung von Jugendhilfe nach der Einreise (§ 89 d) erstattet. Verzugszinsen können nicht verlangt werden.

§ 89 g Landesrechtsvorbehalt

Durch Landesrecht können die Aufgaben des Landes und des überörtlichen Trägers nach diesem Abschnitt auf andere Körperschaften des öffentlichen Rechts übertragen werden.

§ 89 h Übergangsvorschrift

(1) Für die Erstattung von Kosten für Maßnahmen der Jugendhilfe nach der Einreise gemäß § 89 d, die vor dem 1. Juli 1998 begonnen haben, gilt die nachfolgende Übergangsvorschrift.

(2) Kosten, für deren Erstattung das Bundesverwaltungsamt vor dem 1. Juli 1998 einen erstattungspflichtigen überörtlichen Träger bestimmt hat, sind nach den bis zu diesem Zeitpunkt geltenden Vorschriften zu erstatten. Erfolgt die Bestimmung nach dem 30. Juni 1998, so sind § 86 Abs. 7, § 89 b Abs. 3, die §§ 89 d und 89 g in der ab dem 1. Juli 1998 geltenden Fassung anzuwenden.

Achtes Kapitel
Teilnahmebeiträge, Heranziehung zu den Kosten, Überleitung von Ansprüchen

Erster Abschnitt
Erhebung von Teilnahmebeiträgen

§ 90 Erhebung von Teilnahmebeiträgen

(1) Für die Inanspruchnahme von Angeboten
1. der Jugendarbeit nach § 11,
2. der allgemeinen Förderung der Erziehung in der Familie nach § 16 Abs. 1, Abs. 2 Nr. 1 und 3 und
3. der Förderung von Kindern in Tageseinrichtungen nach den §§ 22, 24

können Teilnahmebeiträge oder Gebühren festgesetzt werden. Landesrecht kann eine Staffelung der Teilnahmebeiträge und Gebühren, die für die Inanspruchnahme der Tageseinrichtungen für Kinder zu entrichten sind, nach Einkommensgruppen und Kinderzahl oder der Zahl der Familienangehörigen vorschreiben oder selbst entsprechend gestaffelte Beträge festsetzen.

(2) In den Fällen des Absatzes 1 Nr. 1 und 2 kann der Teilnahmebeitrag oder die Gebühr auf Antrag ganz oder teilweise erlassen oder vom Träger der öffentlichen Jugendhilfe übernommen werden, wenn
1. die Belastung
    a) dem Kind oder dem Jugendlichen und seinen Eltern oder
    b) dem jungen Volljährigen nicht zuzumuten ist und
2. die Förderung für die Entwicklung des jungen Menschen erforderlich ist.

Lebt das Kind oder der Jugendliche nur mit einem Elternteil zusammen, so tritt dieser an die Stelle der Eltern.

(3) Im Fall des Absatzes 1 Nr. 3 soll der Teilnahmebeitrag oder die Gebühr auf Antrag ganz oder teilweise erlassen oder vom Träger der öffentlichen Jugendhilfe übernommen werden, wenn die Belastung den Eltern und dem Kind nicht zuzumuten ist. Absatz 2 Satz 2 gilt entsprechend.

(4) Für die Feststellung der zumutbaren Belastung gelten die §§ 76 bis 79, 84 und 85 des Bundessozialhilfegesetzes entsprechend, soweit nicht Landesrecht eine andere Regelung trifft.

Zweiter Abschnitt
Heranziehung zu den Kosten

§ 91 Grundsätze der Heranziehung zu den Kosten

(1) Das Kind oder der Jugendliche und dessen Eltern werden zu den Kosten
1. der Unterkunft eines Kindes oder Jugendlichen in einer sozialpädagogisch begleiteten Wohnform (§ 13 Abs. 3),
2. der Betreuung und Versorgung des Kindes in Notsituationen (§ 20),
3. der Unterstützung bei notwendiger Unterbringung des Kindes oder des Jugendlichen zur Erfüllung der Schulpflicht (§ 21),
4. der Hilfe zur Erziehung in
    a) einer Tagesgruppe (§ 32),
    b) Vollzeitpflege (§ 33),
    c) einem Heim oder in einer sonstigen betreuten Wohnform (§ 34),
    d) intensiver sozialpädagogischer Einzelbetreuung (§ 35), sofern sie außerhalb der eigenen Familie erfolgt,
5. der Eingliederungshilfe für seelisch behinderte Kinder und Jugendliche in
    a) Tageseinrichtungen und anderen teilstationären Einrichtungen (§ 35 a Abs. 1 Satz 2 Nr. 2),
    b) Einrichtungen über Tag und Nacht, sonstigen Wohnformen und durch geeignete Pflegepersonen (§ 35 a Abs. 1 Satz 2 Nr. 3 und 4),
6. der Inobhutnahme des Kindes oder des Jugendlichen (§ 42),
7. der vorläufigen Unterbringung des Kindes oder des Jugendlichen (§ 43)

herangezogen.

(2) Die Eltern und das Kind werden zu den Kosten der Leistungen zur Förderung von Kindern in Tagespflege (§ 23) herangezogen. Lebt das Kind nur mit einem Elternteil zusammen, so werden dieser

und das Kind zu den Kosten herangezogen. Landesrecht kann die Beteiligung an den Kosten auch entsprechend den Bestimmungen für die Förderung von Kindern in Tageseinrichtungen nach § 90 Abs. 1, 3 und 4 regeln.
(3) Der junge Volljährige wird zu den Kosten
1. der Unterkunft in einer sozialpädagogisch begleiteten Wohnform (§ 13 Abs. 3),
2. der Unterstützung bei notwendiger Unterbringung zum Abschluß der Schulausbildung (§ 21 Satz 3) und
3. der Hilfe für junge Volljährige (§ 41), soweit diese den in Absatz 1 Nr. 4 und 5 genannten Leistungen entspricht,
herangezogen.
(4) Bei der Gewährung von Leistungen nach § 19 werden herangezogen
1. zu den Kosten der Betreuung und Unterkunft der Kinder diese selbst und ihre Eltern,
2. zu den Kosten der Betreuung und Unterkunft des Elternteils dieser selbst und sein Ehegatte,
3. zu den Kosten der Betreuung und Unterkunft der schwangeren Frau diese selbst und ihr Ehegatte.
Der Ehegatte wird nicht zu den Kosten herangezogen, wenn der leistungsberechtigte Elternteil oder die schwangere Frau volljährig ist; in diesem Fall kann der Träger der öffentlichen Jugendhilfe den Unterhaltsanspruch des Elternteils oder der schwangeren Frau nach Maßgabe der §§ 95, 96 auf sich überleiten.
(5) Die Eltern des Kindes oder Jugendlichen werden nur dann zu den Kosten herangezogen, wenn das Kind oder der Jugendliche die Kosten nicht selbst tragen kann.
(6) Die Kosten umfassen auch die Aufwendungen für den notwendigen Unterhalt und die Krankenhilfe.
(7) Verwaltungskosten bleiben außer Betracht.

§ 92 Formen der Kostentragung durch die öffentliche Jugendhilfe
(1) Die Träger der öffentlichen Jugendhilfe tragen die Kosten der in § 91 genannten Leistungen und anderen Aufgaben, soweit den dort genannten Personen die Aufbringung der Mittel aus ihren Einkommen und Vermögen nach Maßgabe der §§ 93, 94 nicht zuzumuten ist.
(2) In begründeten Fällen können die Träger der öffentlichen Jugendhilfe die Kosten auch insoweit tragen, als den Personen die Aufbringung der Mittel aus ihren Einkommen und Vermögen nach Maßgabe der §§ 93, 94 zuzumuten ist; in diesem Umfang werden diese Personen zu den Kosten herangezogen.
(3) Die Kosten der in § 91 Abs. 1 Nr. 2, 4, 5, 6, 7, Abs. 3 Nr. 3 und Abs. 4 genannten Leistungen und anderen Aufgaben tragen die Träger der öffentlichen Jugendhilfe auch insoweit, als den dort genannten Personen die Aufbringung der Mittel aus ihren Einkommen und Vermögen nach Maßgabe der §§ 93, 94 zuzumuten ist oder ein Unterhaltsanspruch besteht, der nach § 94 Abs. 3 übergeht; in diesem Umfang werden diese Personen zu den Kosten herangezogen oder wird der Unterhaltsanspruch geltend gemacht.

§ 93 Umfang der Heranziehung
(1) Die Heranziehung zu den Kosten der in § 91 genannten Aufgaben erfolgt durch Erhebung eines Kostenbeitrags, soweit nicht nach § 94 Abs. 3 der Unterhaltsanspruch des Kindes oder des Jugendlichen übergeht. Der Kostenbeitrag wird nach Maßgabe der Absätze 2 bis 4 sowie des § 94 ermittelt und durch Leistungsbescheid festgesetzt. Zusammenlebende Eltern haften als Gesamtschuldner.
(2) Die Eltern, von denen nach Absatz 1 ein Kostenbeitrag erhoben wird, sowie der junge Volljährige und der Leistungsberechtigte nach § 19 werden aus ihren Einkommen nach den §§ 79, 84, 85 und ihren Vermögen nach den §§ 88 und 89 des Bundessozialhilfegesetzes zu den Kosten herangezogen; lebten die Eltern oder ein Elternteil vor Beginn der Leistung nicht mit dem Kind oder dem Jugendlichen zusammen, so ist zur Ermittlung der für sie maßgeblichen Einkommensgrenze § 79 Abs. 1 des Bundessozialhilfegesetzes anzuwenden.
(3) Das Kind oder der Jugendliche soll nur aus seinem Einkommen nach Maßgabe der §§ 79, 84 und 85 des Bundessozialhilfegesetzes zu den Kosten herangezogen werden.
(4) Für die Ermittlung des Einkommens gelten die §§ 76 bis 78 des Bundessozialhilfegesetzes entsprechend. Als gleichartige Einrichtung im Sinne des § 85 des Bundessozialhilfegesetzes gilt auch eine selbständige sonstige Wohnform nach § 13 Abs. 3, §§ 19, 21, 34, die Tagespflege nach § 23,

die Vollzeitpflege nach § 33, die intensive sozialpädagogische Einzelbetreuung nach § 35 sowie die Eingliederungshilfe bei einer geeigneten Pflegeperson nach § 35 a Abs. 1 Satz 2 Nr. 3.

(5) Mittel in Höhe der Geldleistungen, die dem gleichen Zweck wie die jeweilige Leistung der Jugendhilfe dienen, sind neben dem Kostenbeitrag einzusetzen.

(6) Von der Heranziehung der Eltern zu den Kosten ist abzusehen, wenn das Kind oder die Jugendliche schwanger ist oder ein leibliches Kind bis zur Vollendung seines sechsten Lebensjahres betreut. Von der Heranziehung soll im Einzelfall ganz oder teilweise abgesehen werden, wenn sonst Ziel und Zweck der Leistung gefährdet würden, sich aus der Heranziehung eine besondere Härte ergäbe oder wenn anzunehmen ist, daß der damit verbundene Verwaltungsaufwand in keinem angemessenen Verhältnis zu dem Kostenbeitrag stehen wird.

§ 94 Sonderregelungen für die Heranziehung der Eltern

(1) Wird Hilfe zur Erziehung (§ 91 Abs. 1 Nr. 4) oder Eingliederungshilfe für seelisch behinderte Kinder und Jugendliche (§ 91 Abs. 1 Nr. 5) gewährt, so gelten abweichend von § 93 Abs. 2 bis 4 für die Heranziehung der Eltern oder Elternteile die nachfolgenden besonderen Vorschriften.

(2) Lebten die Eltern oder Elternteile vor Beginn der Hilfe mit dem Kind oder dem Jugendlichen zusammen, so sind sie in der Regel in Höhe der durch die auswärtige Unterbringung ersparten Aufwendungen zu den Kosten heranzuziehen. Für diese ersparten Aufwendungen sollen nach Einkommensgruppen gestaffelte Pauschalbeträge festgelegt werden.

(3) Lebten die Eltern oder Elternteile zu dem in Absatz 2 genannten Zeitpunkt nicht mit dem Kind oder dem Jugendlichen zusammen, so wird von ihnen kein Kostenbeitrag erhoben. Wird Hilfe zur Erziehung oder Eingliederungshilfe gewährt, zu deren Kosten die Eltern nach § 91 Abs. 1 Nr. 4 Buchstabe b bis d oder Nr. 5 Buchstabe b beizutragen haben, so geht der Unterhaltsanspruch des Kindes oder des Jugendlichen in Höhe des Betrages, der zu zahlen wäre, wenn die Leistung der Jugendhilfe und der sie veranlassende besondere Bedarf außer Betracht bleibt, zusammen mit dem unterhaltsrechtlichen Auskunftsanspruch auf den Träger der öffentlichen Jugendhilfe über, höchstens jedoch in Höhe der geleisteten Aufwendungen. Für die Vergangenheit können die Eltern oder Elternteile außer unter den Voraussetzungen des bürgerlichen Rechts nur in Anspruch genommen werden, wenn ihnen die Gewährung von Jugendhilfe unverzüglich schriftlich mitgeteilt worden ist. Über die Ansprüche nach den Sätzen 2 und 3 ist im Zivilrechtsweg zu entscheiden.

(4) Der Träger der öffentlichen Jugendhilfe kann den auf ihn nach Absatz 3 übergegangenen Unterhaltsanspruch im Einvernehmen mit der Person, die zur gerichtlichen Geltendmachung des Unterhaltsanspruchs berechtigt wäre, zu diesem Zweck auf das Kind oder den Jugendlichen zurückübertragen und sich den geltend gemachten Anspruch abtreten lassen. Kosten, mit denen diese Person dadurch selbst belastet wird, sind zu übernehmen.

Dritter Abschnitt
Überleitung von Ansprüchen

§ 95 Überleitung von Ansprüchen

(1) Hat eine der in § 91 genannten Personen für die Zeit, für die Jugendhilfe gewährt wird, einen Anspruch gegen einen anderen, der kein Leistungsträger im Sinne des § 12 des Ersten Buches ist, so kann der Träger der öffentlichen Jugendhilfe durch schriftliche Anzeige an den anderen bewirken, daß dieser Anspruch bis zur Höhe seiner Aufwendungen auf ihn übergeht.

(2) Der Übergang darf nur insoweit bewirkt werden, als bei rechtzeitiger Leistung des anderen entweder Jugendhilfe nicht gewährt worden oder ein Kostenbeitrag zu leisten wäre. Der Übergang ist nicht dadurch ausgeschlossen, daß der Anspruch nicht übertragen, verpfändet oder gepfändet werden kann.

(3) Die schriftliche Anzeige bewirkt den Übergang des Anspruchs für die Zeit, für die die Hilfe ohne Unterbrechung gewährt wird; als Unterbrechung gilt ein Zeitraum von mehr als zwei Monaten.

(4) Widerspruch und Anfechtungsklage gegen den Verwaltungsakt, der den Übergang des Anspruchs bewirkt, haben keine aufschiebende Wirkung.

§ 96 Überleitung von Ansprüchen gegen einen nach bürgerlichem Recht Unterhaltspflichtigen

(1) Der Träger der öffentlichen Jugendhilfe darf den Übergang eines Anspruchs nach § 95 gegen einen nach bürgerlichem Recht Unterhaltspflichtigen nur bewirken,
1. wenn einem Volljährigen
   a) eine Leistung nach § 13 Abs. 3, § 19 oder § 21 Satz 3 gewährt wird oder
   b) eine Leistung nach § 41 gewährt wird, zu deren Kosten dieser nach § 91 Abs. 3 Nr. 3 beizutragen hat, und
2. sofern der Unterhaltspflichtige mit dem Volljährigen im ersten Grad verwandt oder dessen Ehegatte ist.

Ist die Leistungsberechtigte schwanger oder betreut ihr leibliches Kind bis zur Vollendung seines sechsten Lebensjahres, so darf der Unterhaltsanspruch gegen Verwandte ersten Grades nicht übergeleitet werden.

(2) Der Träger der öffentlichen Jugendhilfe darf den Übergang des Unterhaltsanspruchs nur in Höhe des Betrages bewirken, der zu zahlen wäre, wenn die Leistung der Jugendhilfe und der sie veranlassende besondere Bedarf außer Betracht bleiben, höchstens jedoch in Höhe der geleisteten Aufwendungen. Wurde der Unterhaltspflichtige vor dem Eintritt der Volljährigkeit des Unterhaltsberechtigten nach § 94 Abs. 2 zu den Kosten herangezogen, so darf der örtliche Träger den Übergang nur in Höhe des Betrages bewirken, der auf Grund der durch die auswärtige Unterbringung ersparten Aufwendungen verlangt werden könnte.

(3) Für die Vergangenheit kann ein Unterhaltspflichtiger außer unter den Voraussetzungen des bürgerlichen Rechts nur in Anspruch genommen werden, wenn ihm die Gewährung der Leistung unverzüglich schriftlich mitgeteilt worden ist.

(4) Der öffentliche Träger soll von der Überleitung absehen, soweit dies eine Härte bedeuten oder der mit der Inanspruchnahme verbundene Verwaltungsaufwand in keinem angemessenen Verhältnis zu der Unterhaltsleistung stehen würde.

Vierter Abschnitt
Ergänzende Vorschriften

§ 97 Feststellung der Sozialleistungen

Der erstattungsberechtigte Träger der öffentlichen Jugendhilfe kann die Feststellung einer Sozialleistung betreiben sowie Rechtsmittel einlegen. Der Ablauf der Fristen, die ohne sein Verschulden verstrichen sind, wirkt nicht gegen ihn. Dies gilt nicht für die Verfahrensfristen, soweit der Träger der öffentlichen Jugendhilfe das Verfahren selbst betreibt.

§ 97 a Pflicht zur Auskunft

(1) Soweit dies für die Berechnung, die Übernahme oder den Erlaß eines Teilnahmebeitrags nach § 90 oder die Ermittlung eines Kostenbeitrags nach den §§ 93, 94 Abs. 1 und 2 erforderlich ist, sind Eltern oder Elternteile sowie junge Volljährige verpflichtet, dem örtlichen Träger über ihre Einkommens- und Vermögensverhältnisse Auskunft zu geben. Eltern oder Elternteile, denen die Sorge für das Vermögen des Kindes oder des Jugendlichen zusteht, sind auch zur Auskunft über dessen Einkommen verpflichtet. Ist die Sorge über das Vermögen des Kindes oder des Jugendlichen anderen Personen übertragen, so treten diese an die Stelle der Eltern.

(2) Soweit dies für die Geltendmachung eines nach § 94 Abs. 3 übergegangenen Unterhaltsanspruchs oder die Überleitung eines Unterhaltsanspruchs nach § 96 erforderlich ist, sind die Eltern oder Elternteile eines Kindes, Jugendlichen oder jungen Volljährigen sowie der Ehegatte des jungen Volljährigen verpflichtet, dem örtlichen Träger über ihre Einkommens- und Vermögensverhältnisse Auskunft zu geben.

(3) Die Pflicht zur Auskunft nach den Absätzen 1 und 2 umfaßt auch die Verpflichtung, Name und Anschrift des Arbeitgebers zu nennen, über die Art des Beschäftigungsverhältnisses Auskunft zu geben sowie auf Verlangen Beweisurkunden vorzulegen oder ihrer Vorlage zuzustimmen. Sofern landesrechtliche Regelungen nach § 90 Abs. 1 Satz 2 bestehen, in denen nach Einkommensgruppen gestaffelte Pauschalbeträge vorgeschrieben oder festgesetzt sind, ist hinsichtlich der Höhe des Einkommens die Auskunftspflicht und die Pflicht zur Vorlage von Beweisurkunden für die Berechnung

des Teilnahmebeitrags nach § 90 Abs. 1 Nr. 3 auf die Angabe der Zugehörigkeit zu einer bestimmten Einkommensgruppe beschränkt.

(4) Kommt eine der nach den Absätzen 1 und 2 zur Auskunft verpflichteten Personen ihrer Pflicht nicht nach oder bestehen tatsächliche Anhaltspunkte für die Unrichtigkeit ihrer Auskunft, so ist der Arbeitgeber dieser Person verpflichtet, dem örtlichen Träger über die Art des Beschäftigungsverhältnisses und den Arbeitsverdienst dieser Person Auskunft zu geben; Absatz 3 Satz 2 gilt entsprechend. Der zur Auskunft verpflichteten Person ist vor einer Nachfrage beim Arbeitgeber eine angemessene Frist zur Erteilung der Auskunft zu setzen. Sie ist darauf hinzuweisen, daß nach Fristablauf die erforderlichen Auskünfte beim Arbeitgeber eingeholt werden.

(5) Die nach den Absätzen 1 und 2 zur Erteilung einer Auskunft Verpflichteten können die Auskunft verweigern, soweit sie sich selbst oder einen der in § 383 Abs. 1 Nr. 1 bis 3 der Zivilprozeßordnung bezeichneten Angehörigen der Gefahr aussetzen würden, wegen einer Straftat oder einer Ordnungswidrigkeit verfolgt zu werden. Die Auskunftspflichtigen sind auf ihr Auskunftsverweigerungsrecht hinzuweisen.

Neuntes Kapitel
Kinder- und Jugendhilfestatistik

§ 98 Zweck und Umfang der Erhebung

Zur Beurteilung der Auswirkungen der Bestimmungen dieses Buches und zu seiner Fortentwicklung sind laufende Erhebungen über
1. die Empfänger
    a) der Hilfe zur Erziehung,
    b) der Hilfe für junge Volljährige und
    c) der Eingliederungshilfe für seelisch behinderte Kinder und Jugendliche,
2. Kinder und Jugendliche, zu deren Schutz vorläufige Maßnahmen getroffen worden sind,
3. Kinder und Jugendliche, die als Kind angenommen worden sind,
4. Kinder und Jugendliche, die unter Amtspflegschaft, Amtsvormundschaft oder Beistandschaft des Jugendamts stehen,
5. Kinder und Jugendliche, für die eine Pflegeerlaubnis erteilt worden ist,
6. sorgerechtliche Maßnahmen,
7. Vaterschaftsfeststellungen,
8. mit öffentlichen Mitteln geförderte Angebote der Jugendarbeit,
9. die Einrichtungen, Behörden und Geschäftsstellen in der Jugendhilfe und die dort tätigen Personen sowie
10. die Ausgaben und Einnahmen der öffentlichen Jugendhilfe

als Bundesstatistik durchzuführen.

§ 99 Erhebungsmerkmale

(1) Erhebungsmerkmale bei den Erhebungen über Hilfe zur Erziehung, Eingliederungshilfe für seelisch behinderte Kinder und Jugendliche und Hilfe für junge Volljährige sind
1. Kinder, Jugendliche und Familien als Empfänger von Hilfe zur Erziehung nach den §§ 29 bis 31 sowie junge Volljährige nach § 41, gegliedert
    a) nach Art des Trägers und der Hilfe, Institution oder Personenkreis, die oder der die Hilfe angeregt hat, Monat und Jahr des Beginns und Endes sowie Fortdauer der Hilfe und Art des Hilfeanlasses,
    b) bei Kindern, Jugendlichen und jungen Volljährigen zusätzlich zu den unter Buchstabe a genannten Merkmalen nach Geschlecht, Geburtsjahr, Staatsangehörigkeit, Kindschaftsverhältnis und Art des Aufenthaltes während der Hilfe,
    c) bei Familien zusätzlich zu den unter Buchstabe a genannten Merkmalen nach Zusammensetzung der Familie, Staatsangehörigkeit der Eltern oder des sorgeberechtigten Elternteils, Zahl der in und außerhalb der Familie lebenden Kinder und Jugendlichen, Geburtsjahr des jüngsten und ältesten in der Familie lebenden Kindes oder Jugendlichen,
2. Kinder, Jugendliche und junge Volljährige, für die nach § 28, § 35 a oder § 41 eine Beratung durch Beratungsdienste oder -einrichtungen erfolgt, gegliedert

a) nach Art des Trägers und der Kontaktaufnahme zur Beratungsstelle, Form und Schwerpunkt der Beratung und der Therapie, Monat und Jahr des Beratungsbeginns und -endes, Beendigungsgrund sowie Art des Beratungsanlasses,
b) bei Kindern, Jugendlichen und jungen Volljährigen, derentwegen die Beratung erfolgt, zusätzlich nach Geschlecht, Altersgruppe, Staatsangehörigkeit, Zahl der Geschwister und Art des Aufenthalts zu Beginn der Beratung,

3. Empfänger von Hilfe zur Erziehung nach den §§ 32 bis 35, von Eingliederungshilfe für seelisch behinderte Kinder und Jugendliche nach § 35 a sowie junge Volljährige nach § 41, gegliedert
   a) nach Geschlecht, Geburtsjahr, Staatsangehörigkeit und Kindschaftsverhältnis,
   b) nach Familienstand der Eltern oder des sorgeberechtigten Elternteils, Sorgerechtsentzug oder Tod der Eltern, Art des Aufenthalts sowie Schul- und Ausbildungsverhältnis vor der Hilfegewährung,
   c) nach Art der gegenwärtigen und vorangegangenen Hilfe, Monat und Jahr des Hilfebeginns,
   d) nach Form der Unterbringung während der Hilfe und vormundschaftsrichterlicher Entscheidung zur Unterbringung,
   e) bei Unterbringungswechseln während der Hilfegewährung zusätzlich zu den unter Buchstabe a genannten Merkmalen nach Datum des Unterbringungswechsels, bisheriger und gegenwärtiger Form der Unterbringung sowie Art der Hilfe,
   f) bei Ende einer Hilfeart zusätzlich zu den unter den Buchstaben a bis d genannten Merkmalen nach letztem Stand des Schul- und Ausbildungsverhältnisses sowie Änderung der Form der Unterbringung, Monat, Jahr und Ursache des Hilfeendes, Art des anschließenden Aufenthalts; bei Unterbringung in einer Einrichtung oder in Vollzeitpflege ferner die Zahl und Dauer der Unterbringungen.

(2) Erhebungsmerkmale bei den Erhebungen über vorläufige Maßnahmen zum Schutz von Kindern und Jugendlichen sind Kinder und Jugendliche, zu deren Schutz Maßnahmen nach den §§ 42 und 43 getroffen worden sind, gegliedert nach
1. Art des Trägers der Maßnahme, Art der Maßnahme, Form der Unterbringung während der Maßnahme, Institution oder Personenkreis, die oder der die Maßnahme angeregt hat, Zeitpunkt des Beginns und Dauer der Maßnahme, Maßnahmeanlaß, Art der anschließenden Hilfe,
2. bei Kindern und Jugendlichen zusätzlich zu den unter Nummer 1 genannten Merkmalen nach Geschlecht, Altersgruppe, Staatsangehörigkeit, Art des Aufenthalts vor Beginn der Maßnahme.

(3) Erhebungsmerkmale bei den Erhebungen über die Annahme als Kind sind
1. angenommene Kinder und Jugendliche, gegliedert
   a) nach Geschlecht, Geburtsjahr, Staatsangehörigkeit, Kindschaftsverhältnis und Art des Trägers des Adoptionsvermittlungsdienstes,
   b) nach Herkunft des angenommenen Kindes, Art der Unterbringung vor der Adoptionspflege, Familienstand der Eltern oder des sorgeberechtigten Elternteils oder Tod der Eltern zu Beginn der Adoptionspflege sowie Ersetzung der Einwilligung zur Annahme als Kind,
   c) nach Staatsangehörigkeit der oder des Annehmenden und Verwandtschaftsverhältnis zu dem Kind,
2. die Zahl der
   a) ausgesprochenen und aufgehobenen Annahmen sowie der abgebrochenen Adoptionspflegen, gegliedert nach Art des Trägers des Adoptionsvermittlungsdienstes,
   b) vorgemerkten Adoptionsbewerber, die zur Annahme als Kind vorgemerkten und in Adoptionspflege untergebrachten Kinder und Jugendlichen zusätzlich nach ihrem Geschlecht, gegliedert nach Art des Trägers des Adoptionsvermittlungsdienstes.

(4) Erhebungsmerkmal bei den Erhebungen über die Amtspflegschaft und die Amtsvormundschaft sowie die Beistandschaft ist die Zahl der Kinder und Jugendlichen unter
1. gesetzlicher Amtsvormundschaft,
2. bestellter Amtsvormundschaft,
3. bestellter Amtspflegschaft sowie
4. Beistandschaft,

gegliedert nach Geschlecht, Art des Tätigwerdens des Jugendamts sowie nach deutscher und ausländischer Staatsangehörigkeit (Deutsche/Ausländer).

(5) Erhebungsmerkmal bei den Erhebungen über Kinder und Jugendliche, für die eine Pflegeerlaubnis nach § 44 erteilt worden ist, ist die Zahl der Kinder und Jugendlichen, gegliedert nach Geschlecht und Art der Pflege.

(6) Erhebungsmerkmal bei den Erhebungen über sorgerechtliche Maßnahmen ist die Zahl der Kinder und Jugendlichen, bei denen
1. zum vollständigen oder teilweisen Entzug des elterlichen Sorgerechts
   a) nach § 50 Abs. 3 Anzeigen erstattet,
   b) gerichtliche Maßnahmen erfolgt sind,
2. das Personensorgerecht ganz oder teilweise auf das Jugendamt übertragen worden ist,
gegliedert nach Geschlecht und Umfang der übertragenen Angelegenheit.

(7) Erhebungsmerkmale bei den Erhebungen über Vaterschaftsfeststellungen sind die Zahl der Vaterschaftsfeststellungen nach ihrer Art sowie die Zahl der nicht festgestellten Vaterschaften.

(8) Erhebungsmerkmale bei den Erhebungen über die Angebote der Jugendarbeit nach § 11 sind die mit öffentlichen Mitteln geförderten Maßnahmen im Bereich
1. der außerschulischen Jugendbildung (§ 11 Abs. 3 Nr. 1),
2. der Kinder- und Jugenderholung (§ 11 Abs. 3 Nr. 5),
3. der internationalen Jugendarbeit (§ 11 Abs. 3 Nr. 4) sowie
4. der Fortbildungsmaßnahmen für Mitarbeiter (§ 74 Abs. 6),
gegliedert nach Art des Trägers, Dauer der Maßnahme sowie Zahl und Geschlecht der Teilnehmer, zusätzlich bei der internationalen Jugendarbeit nach Partnerländern und Maßnahmen im In- und Ausland.

(9) Erhebungsmerkmale bei den Erhebungen über die Einrichtungen, Behörden und Geschäftsstellen in der Jugendhilfe und die dort tätigen Personen sind
1. die Einrichtungen, gegliedert nach der Art der Einrichtung, der Art des Trägers sowie der Art und Zahl der verfügbaren Plätze,
2. die Behörden der öffentlichen Jugendhilfe und die Geschäftsstellen der Träger der freien Jugendhilfe, gegliedert nach der Art des Trägers,
3. für jede haupt- und nebenberuflich tätige Person
   a) die Art der Einrichtung, Behörde, Geschäftsstelle,
   b) die Art des Trägers der Einrichtung und die dort verfügbaren Plätze,
   c) Geschlecht und Geburtsjahr,
   d) die Art des Berufsausbildungsabschlusses, Stellung im Beruf, Art der Beschäftigung und des Arbeitsbereiches.

(10) Erhebungsmerkmale bei der Erhebung der Ausgaben und Einnahmen der öffentlichen Jugendhilfe sind
1. die Art des Trägers,
2. die Ausgaben für Einzel- und Gruppenhilfen, gegliedert nach Ausgabe- und Hilfeart sowie die Einnahmen nach Einnahmeart,
3. die Ausgaben und Einnahmen für Einrichtungen nach Arten gegliedert nach der Einrichtungsart,
4. die Ausgaben für das Personal, das bei den örtlichen und den überörtlichen Trägern sowie den kreisangehörigen Gemeinden und Gemeindeverbänden, die nicht örtliche Träger sind, Aufgaben der Jugendhilfe wahrnimmt.

§ 100 Hilfsmerkmale
Hilfsmerkmale sind
1. Name und Anschrift des Auskunftspflichtigen,
2. für die Erhebungen nach § 99 Abs. 1, 2 und 3 Nr. 1 die Kenn-Nummer der hilfeleistenden Stelle,
3. Name und Telefonnummer der für eventuelle Rückfragen zur Verfügung stehenden Person.

§ 101 Periodizität und Berichtszeitraum
(1) Die Erhebungen nach § 99 Abs. 1 bis 7 und 10 sind jährlich durchzuführen, die Erhebungen nach Absatz 1, soweit sie die Eingliederungshilfe für seelisch behinderte Kinder und Jugendliche betreffen, beginnend 2000, die Erhebungen nach Absatz 2 beginnend 1995. Die übrigen Erhebungen nach § 99

sind alle vier Jahre, die Erhebungen nach Absatz 8 beginnend 1992, die Erhebungen nach Absatz 9 beginnend 1994 durchzuführen.
(2) Die Angaben für die Erhebung nach
1. § 99 Abs. 1 Nr. 1 sind zu dem Zeitpunkt, zu dem die Hilfe endet, bei fortdauernder Hilfe zum 31. Dezember,
2. § 99 Abs. 1 Nr. 2 sind zum Beratungsende,
3. § 99 Abs. 1 Nr. 3 Buchstabe a bis d sind zum Zeitpunkt des Beginns einer Hilfeart,
4. § 99 Abs. 1 Nr. 3 Buchstabe e sind zum Zeitpunkt des Unterbringungswechsels während der Hilfegewährung,
5. § 99 Abs. 1 Nr. 3 Buchstabe f sind zum Zeitpunkt des Endes einer Hilfeart,
6. § 99 Abs. 2 sind zum Zeitpunkt des Endes einer vorläufigen Maßnahme,
7. § 99 Abs. 3 Nr. 1 sind zum Zeitpunkt der rechtskräftigen gerichtlichen Entscheidung über die Annahme als Kind,
8. § 99 Abs. 3 Nr. 2 Buchstabe a und Abs. 6 bis 8 und 10 sind für das abgelaufene Kalenderjahr,
9. § 99 Abs. 3 Nr. 2 Buchstabe b und Abs. 4, 5 und 9 sind zum 31. Dezember
zu erteilen.
(3) Für eine Bestandserhebung werden die Erhebungsmerkmale nach § 99 Abs. 1 Nr. 3 Buchstabe a bis d fünfjährlich, beginnend 1991, erfaßt. Die Bestandserhebung wird erstmalig zum 1. Januar 1991 und ab 1995 jeweils zum 31. Dezember durchgeführt. In den Zwischenjahren erfolgt eine Fortschreibung mit den Erhebungsmerkmalen nach § 99 Abs. 1 Nr. 3 Buchstabe a bis f.

§ 102 Auskunftspflicht
(1) Für die Erhebungen besteht Auskunftspflicht. Die Angaben zu § 100 Nr. 3 sind freiwillig.
(2) Auskunftspflichtig sind
1. die örtlichen Träger der Jugendhilfe für die Erhebungen nach § 99 Abs. 1 bis 10, nach Absatz 8 nur, soweit eigene Maßnahmen durchgeführt werden,
2. die überörtlichen Träger der Jugendhilfe für die Erhebungen nach § 99 Abs. 3 und 8 bis 10, nach Absatz 8 nur, soweit eigene Maßnahmen durchgeführt werden,
3. die obersten Landesjugendbehörden für die Erhebungen nach § 99 Abs. 8 bis 10,
4. die fachlich zuständige oberste Bundesbehörde für die Erhebung nach § 99 Abs. 10,
5. die kreisangehörigen Gemeinden und die Gemeindeverbände, soweit sie Aufgaben der Jugendhilfe im Sinne des § 69 Abs. 5 wahrnehmen, für die Erhebungen nach § 99 Abs. 8 bis 10,
6. die Träger der freien Jugendhilfe für die Erhebungen nach § 99 Abs. 1 Nr. 1 und 2, Abs. 2, 3, 8 und 9,
7. die Leiter der Einrichtungen, Behörden und Geschäftsstellen in der Jugendhilfe für die Erhebungen nach § 99 Abs. 9.
(3) Zur Durchführung der Erhebungen nach § 99 Abs. 1, 2, 3, 8 und 9 übermitteln die Träger der öffentlichen Jugendhilfe den statistischen Ämtern der Länder auf Anforderung die erforderlichen Anschriften der übrigen Auskunftspflichtigen.

§ 103 Übermittlung
(1) An die fachlich zuständigen obersten Bundes- oder Landesbehörden dürfen für die Verwendung gegenüber den gesetzgebenden Körperschaften und für Zwecke der Planung, jedoch nicht für die Regelung von Einzelfällen, vom Statistischen Bundesamt und den statistischen Ämtern der Länder Tabellen mit statistischen Ergebnissen übermittelt werden, auch soweit Tabellenfelder nur einen einzigen Fall ausweisen. Tabellen, deren Tabellenfelder nur einen einzigen Fall ausweisen, dürfen nur dann übermittelt werden, wenn sie nicht differenzierter als auf Regierungsbezirksebene, im Fall der Stadtstaaten auf Bezirksebene, aufbereitet sind.
(2) Für ausschließlich statistische Zwecke dürfen den zur Durchführung statistischer Aufgaben zuständigen Stellen der Gemeinden und Gemeindeverbände für ihren Zuständigkeitsbereich Einzelangaben aus der Erhebung nach § 99 mit Ausnahme der Hilfsmerkmale übermittelt werden, soweit die Voraussetzungen nach § 16 Abs. 5 des Bundesstatistikgesetzes gegeben sind.

Zehntes Kapitel
Straf- und Bußgeldvorschriften

§ 104 Bußgeldvorschriften

(1) Ordnungswidrig handelt, wer
1. ohne Erlaubnis nach § 44 Abs. 1 Satz 1 ein Kind oder einen Jugendlichen betreut oder ihm Unterkunft gewährt,
2. entgegen § 45 Abs. 1 Satz 1, auch in Verbindung mit § 48 a Abs. 1, ohne Erlaubnis eine Einrichtung oder eine sonstige Wohnform betreibt oder
3. entgegen § 47 Abs. 1 oder 2 eine Meldung nicht, nicht richtig oder nicht rechtzeitig vornimmt oder
4. entgegen § 97 a Abs. 4 vorsätzlich oder fahrlässig als Arbeitgeber eine Auskunft nicht, nicht richtig oder nicht vollständig erteilt.

(2) Die Ordnungswidrigkeiten nach Absatz 1 Nr. 1, 3 und 4 können mit einer Geldbuße bis zu 1 000 Deutsche Mark, die Ordnungswidrigkeit nach Absatz 1 Nr. 2 kann mit einer Geldbuße bis zu 30 000 Deutsche Mark geahndet werden.

§ 105 Strafvorschriften

Mit Freiheitsstrafe bis zu einem Jahr oder mit Geldstrafe wird bestraft, wer
1. eine in § 104 Abs. 1 Nr. 1 oder 2 bezeichnete Handlung begeht und dadurch leichtfertig ein Kind oder einen Jugendlichen in seiner körperlichen, geistigen oder sittlichen Entwicklung schwer gefährdet oder
2. eine in § 104 Abs. 1 Nr. 1 oder 2 bezeichnete vorsätzliche Handlung beharrlich wiederholt.

# Ausführungsgesetze zum KJHG **111**

Ausführungsgesetze der Länder zum KJHG (Fundstellenverzeichnis)

Baden-Württemberg:
Gesetz zur Ausführung des Kinder- und Jugendhilfegesetzes vom 4.06.1991 (GBl. Nr. 12 S. 299), in der Neufassung des Kinder- und Jugendhilfegesetzes für Baden-Württemberg (LKJHG) vom 19. 4. 1996 (GBl. Nr. 17 S. 457)

Bayern:
Bayerisches Kinder- und Jugendhilfegesetz (BayKJHG) vom 18. 06. 1993 (GVBl. Nr. 14 S. 391)

Berlin:
Gesetz zur Ausführung des Kinder- und Jugendhilfegesetzes (AG KJHG) vom 9. 05. 1995 (GVBl. Nr. 24 S. 300)

Gesetz zur Förderung und Betreuung von Kindern in Tageseinrichtungen und Tagespflege (Kindertagesbetreuungsgesetz – KitaG) vom 19. 10. 1995 (GVBl. Nr. 60 S. 681)

Brandenburg:
Erstes Gesetz zur Ausführung des Achten Buches Sozialgesetzbuch – Kinder- und Jugendhilfeorgane und Rahmenbedingungen (AGKJHG – Org) vom 19.12.1991 (GVBl. Nr. 47 S. 676), geändert durch das Gesetz zur Änderung des Ersten Gesetzes ... vom 6. 6. 1997 (GVBl. Nr. 5 S. 58)

Zweites Gesetz zur Ausführung des Achten Buches des Sozialgesetzbuches – Kinder- und Jugendhilfe – Kindertagesstättengesetz (Kita-Gesetz) vom 10.06.1992 (GVBl. Nr. 10 S. 178)

Bremen:
Erstes Gesetz zur Ausführung des Achten Buches Sozialgesetzbuch – Gesetz zur Ausführung des Kinder- und Jugendhilfegesetzes im Lande Bremen (BremAGKJHG) vom 17.09.1991 (GBl. Nr. 40 S. 318)

Drittes Gesetz zur Ausführung des Achten Buches Sozialgesetzbuch – Kindergarten- und Hortgesetz im Lande Bremen (BremKgHG) vom 16.07.1979 (GBl. S. 278), geändert durch § 18 des Gesetzes vom 17.09.1991 (GBl. S. 318, 323), zuletzt geändert durch das Gesetz zur Änderung des Dritten Gesetzes zur Ausführung des Achten Buches Sozialgesetzbuch vom 31.03.1992 (GBl. Nr. 14 S. 55)

Hessen:
Gesetz zur Ausführung des Kinder- und Jugendhilfegesetzes und zur Änderung des Finanzausgleichsgesetzes vom 18.12.1992 (GVBl. Nr. 31 S. 655), geändert durch Gesetz zur Änderung der Ausführungsvorschriften zum Kinder- und Jugendhilfegesetz, zum Jugendschutzgesetz und des Jugendbildungsförderungsgesetz vom 13. 02. 1996 (GVBl. Nr. 4 S. 58)

Mecklenburg-Vorpommern:
Gesetz zur Förderung von Kindern in Tageseinrichtungen und Tagespflege – Erstes Ausführungsgesetz zum Kinder- und Jugendhilfegesetz (KitaG) vom 19.05.1992 (GVBl. Nr. 14 S. 270), geändert durch Gesetz vom 28. 02. 1993 (GVBl. Nr. 5 S. 169) und durch Gesetz vom 1. 11. 1995 (GVBl. Nr. 19 S. 553)

Gesetz zur Ausführung des Achten Buches des Sozialgesetzbuches – Kinder- und Jugendhilfe – (AGKJHG-Org) vom 23. 02. 1993 (GVBl. Nr. 5 S. 158)

Niedersachsen:
Gesetz zur Ausführung des Kinder- und Jugendhilfegesetzes (AG-KJHG) vom 5. 02. 1993 (GVBl. Nr. 7 S. 45), geändert durch Gesetz vom 31. 01. 1994 (GVBl. Nr. 3 S. 63) und durch Gesetz vom 8. 06. 1995 (GVBl. Nr. 12 S. 156)

Gesetz über Tageseinrichtungen für Kinder (KitaG) vom 16.12.1992 (GVBl. Nr. 49 S. 353), geändert durch Gesetz vom 31. 01. 1994 (GVBl. Nr. 3 S. 63) und durch Gesetz vom 8. 06. 1995 (GVBl. Nr. 12 S. 156)

111 Ausführungsgesetze zum KJHG

Nordrhein-Westfalen:
Erstes Gesetz zur Ausführung des Kinder- und Jugendhilfegesetzes – AG-KJHG vom 12.12.1990 (GVBl. Nr. 75 S. 664) geändert durch Gesetz vom 20. 12. 1994 (GVBl. Nr. 88 S. 1115)

Zweites Gesetz zur Ausführung des Gesetzes zur Neuordnung des Kinder- und Jugendhilferechtes (Gesetz über Tageseinrichtungen für Kinder – GTK) vom 29.10.1991 (GVBl. Nr. 46 S. 380)

Rheinland-Pfalz:
Kindertagesstättengesetz vom 15.03.1991 (GVBl. Nr. 6 S. 79)

Landesgesetz zur Ausführung des Kinder- und Jugendhilfegesetzes (AGKJHG) vom 21. 12. 1993 (GVBl. Nr. 33 S. 632)

Landesgesetz zur Förderung der Jugendarbeit und Jugendsozialarbeit (Jugendförderungsgesetz) vom 30. 12. 1993 (GVBl. Nr. 33 S. 629)

Saarland:
Gesetz Nr. 1317. Erstes Gesetz zur Ausführung des Kinder- und Jugenhilfegesetzes vom 9. 07. 1993 (ABl. Nr. 39 S. 807)

Gesetz Nr. 1339 zur Förderung der Kinder- und Jugendarbeit, der Jugendsozialarbeit und des erzieherischen Kinder- und Jugendschutzes (Kinder- und Jugendförderungsgesetz – 2.AG KJHG) V. 1. 06. 1994 (ABl. Nr. 46 S. 1258)

Sachsen:
Gesetz zur Förderung von Kindern in Tageseinrichtungen im Freistaat Sachsen (Gesetz über Kindertageseinrichtungen – SäKitaG) vom 3.07.1991 (GVBl. Nr. 16 S. 237), Neufassung vom 10. 9. 1993 (GVBl. Nr. 46)

Ausführungsgesetz zum Sozialgesetzbuch Achtes Buch (SGBVIII) – Kinder- und Jugendhilfe vom 4. 03. 1992 (GVBl. Nr. 7 S. 57)

Sachsen-Anhalt:
Gesetz zur Förderung von Kindern in Tageseinrichtungen (KiTAG) vom 26.06.1991 (GVBl. Nr. 14 S. 126)

Gesetz zur Ausführung des Kinder- und Jugendhilfegesetzes (AG KJHG) vom 26. 08. 1991 (GVBl. Nr. 25 S. 297)

Schleswig-Holstein:
Gesetz zur Förderung von Kindern in Tageseinrichtungen und Tagespflegestellen – KiTaG vom 12. 12. 1991 (GVOBl. Nr. 25 S. 651), zuletzt geändert durch Gesetz vom 3. 11. 1993 (GVOBl. Nr. 18 S. 518)

Erstes Gesetz zur Ausführung des Kinder- und Jugendhilfegesetzes (Jugendförderungsgesetz – JuFöG) vom 5. 02. 1992 (GVBl. Nr. 7 S. 158), berichtigt am 22. 04. 1992 (GVBl. Nr. 10 S. 226), zuletzt geändert durch Gesetz vom 3. 11. 1993 (GVOBl. Nr. 18 S. 517)

Thüringen:
Thüringer Gesetz über Tageseinrichtungen für Kinder als Landesausführungsgesetz zum Kinder- und Jugendhilfegesetz (Kindertageseinrichtungsgesetz – KitaG) vom 25.06.1991 (GVBl. Nr. 11 S. 113), geändert durch Gesetz vom 12. 01. 1993 (GVBl. Nr. 3 S. 52) und vom 2. 11. 1993 (GVBl. Nr. 31 S. 641)

Thüringer Gesetz zur Ausführung des Achten Buches Sozialgesetzbuch – Kinder- und Jugendhilfe (Kinder- und Jugendhilfe-Ausführungsgesetz – KJHAG) vom 12.01.1993 (GVBl. Nr. 3 S. 45)

Gesetz zum Schutze der Jugend in der Öffentlichkeit[1]
(Jugendschutzgesetz – JÖSchG)

Vom 25. Februar 1985 (BGBl. I S. 425)
(BGBl. III 2161-5)
zuletzt geändert durch Verbrechensbekämpfungsgesetz vom 28. Oktober 1994
(BGBl. I S. 3186, 3197)

§ 1 [Aufenthalt an jugendgefährdenden Orten]

Halten sich Kinder oder Jugendliche an Orten auf, an denen ihnen eine unmittelbare Gefahr für ihr körperliches, geistiges oder seelisches Wohl droht, so haben die zuständigen Behörden oder Stellen die zur Abwendung der Gefahr erforderlichen Maßnahmen zu treffen. Wenn nötig, haben sie die Kinder oder Jugendlichen
1. zum Verlassen des Ortes anzuhalten,
2. einem Erziehungsberechtigten zuzuführen oder, wenn kein Erziehungsberechtigter erreichbar ist, in die Obhut des Jugendamtes zu bringen.

In schwierigen Fällen haben die zuständigen Behörden oder Stellen das Jugendamt über den jugendgefährdenden Ort zu unterrichten.

§ 2 [Legaldefinitionen]

(1) Kind im Sinne des Gesetzes ist, wer noch nicht vierzehn, Jugendlicher, wer vierzehn, aber noch nicht achtzehn Jahre alt ist.
(2) Erziehungsberechtigter im Sinne dieses Gesetzes ist
1. jede Person, der allein oder gemeinsam mit einer anderen Person nach den Vorschriften des Bürgerlichen Gesetzbuches die Personensorge zusteht,
2. jede sonstige Person über achtzehn Jahre, soweit sie auf Grund einer Vereinbarung mit dem Personensorgeberechtigten Aufgaben der Personensorge wahrnimmt oder soweit sie das Kind oder den Jugendlichen im Rahmen der Ausbildung oder mit Zustimmung des Personensorgeberechtigten im Rahmen der Jugendhilfe betreut.

(3) Soweit es nach diesem Gesetz auf die Begleitung durch einen Erziehungsberechtigten ankommt, haben die in Absatz 2 Nr. 2 genannten Personen ihre Berechtigung auf Verlangen darzulegen. Veranstalter und Gewerbetreibende haben in Zweifelsfällen die Berechtigung zu überprüfen.
(4) Soweit nach diesem Gesetz Altersgrenzen zu beachten sind, haben Kinder und Jugendliche ihr Lebensalter auf Verlangen in geeigneter Weise nachzuweisen. Veranstalter und Gewerbetreibende haben in Zweifelsfällen das Lebensalter zu überprüfen.
(5) Dieses Gesetz gilt nicht für verheiratete Jugendliche.

§ 3 [Aufenthalt in Gaststätten]

(1) Der Aufenthalt in Gaststätten darf Kindern und Jugendlichen unter sechzehn Jahren nur gestattet werden, wenn ein Erziehungsberechtigter sie begleitet. Dies gilt nicht, wenn Kinder oder Jugendliche
1. an einer Veranstaltung eines anerkannten Trägers der Jugendhilfe teilnehmen,
2. sich auf Reisen befinden oder
3. eine Mahlzeit oder ein Getränk einnehmen.

(2) Jugendlichen ab sechzehn Jahren ist der Aufenthalt in Gaststätten ohne Begleitung eines Erziehungsberechtigten bis 24 Uhr gestattet.
(3) Der Aufenthalt in Gaststätten, die als Nachtbar oder Nachtclub geführt werden, und in vergleichbaren Vergnügungsbetrieben darf Kindern und Jugendlichen nicht gestattet werden.

§ 4 [Verzehr und Abgabe von alkoholischen Getränken]

(1) In Gaststätten, Verkaufsstellen oder sonst in der Öffentlichkeit dürfen
1. Branntwein, branntweinhaltige Getränke oder Lebensmittel, die Branntwein in nicht nur geringfügiger Menge enthalten, an Kinder und Jugendliche,

---

[1] Als Artikel 1 des Gesetzes zur Neuregelung des Jugendschutzes in der Öffentlichkeit vom 25.2.1985 (BGBl. I S. 425) vom Bundestag mit Zustimmung des Bundesrates beschlossen. Tritt an die Stelle des aufgehobenen Gesetzes

2. andere alkoholische Getränke an Kinder und Jugendliche unter sechzehn Jahren weder abgegeben noch darf ihnen der Verzehr gestattet werden.
(2) Absatz 1 Nr. 2 gilt nicht, wenn Jugendliche von einem Personensorgeberechtigten (§ 2 Abs. 2 Nr. 1) begleitet werden.
(3) In der Öffentlichkeit dürfen alkoholische Getränke nicht in Automaten angeboten werden. Dies gilt nicht, wenn ein Automat in einem gewerblich genutzten Raum aufgestellt und durch Vorrichtungen oder durch ständige Aufsicht sichergestellt ist, daß Kinder und Jugendliche unter sechzehn Jahren alkoholische Getränke nicht aus dem Automaten entnehmen können. § 20 Nr. 1 des Gaststättengesetzes bleibt unberührt.

§ 5 [Öffentliche Tanzveranstaltungen]
(1) Die Anwesenheit bei öffentlichen Tanzveranstaltungen ohne Begleitung eines Erziehungsberechtigten darf Kindern und Jugendlichen unter sechzehn Jahren nicht und Jugendlichen ab sechzehn Jahren längstens bis 24 Uhr gestattet werden.
(2) Abweichend von Absatz 1 darf die Anwesenheit Kindern bis 22 Uhr und Jugendlichen unter sechzehn Jahren bis 24 Uhr gestattet werden, wenn die Tanzveranstaltung von einem anerkannten Träger der Jugendhilfe durchgeführt wird oder der künstlerischen Betätigung oder der Brauchtumspflege dient.
(3) Ausnahmen von Absatz 1 können auf Vorschlag des Jugendamtes erlassen werden.

§ 6 [Öffentliche Filmveranstaltungen]
(1) Die Anwesenheit bei öffentlichen Filmveranstaltungen darf Kindern und Jugendlichen nur gestattet werden, wenn die Filme von der obersten Landesbehörde zur Vorführung vor ihnen freigegeben worden sind. Kindern unter sechs Jahren darf die Anwesenheit nur gestattet werden, wenn sie von einem Erziehungsberechtigten begleitet sind.
(2) Filme, die geeignet sind, das körperliche, geistige oder seelische Wohl von Kindern und Jugendlichen zu beeinträchtigen, dürfen nicht zur Vorführung vor ihnen freigegeben werden.
(3) Die oberste Landesbehörde kennzeichnet die Filme mit
1. »Freigegeben ohne Altersbeschränkung«,
2. »Freigegeben ab sechs Jahren«,
3. »Freigegeben ab zwölf Jahren«,
4. »Freigegeben ab sechzehn Jahren«,
5. »Nicht freigegeben unter achtzehn Jahren«.
Kommt in Betracht, daß ein nach Satz 1 Nr. 5 gekennzeichneter Film den Tatbestand des § 130 Abs. 2, des § 131 oder des § 184 des Strafgesetzbuches erfüllt, ist dies der zuständigen Strafverfolgungsbehörde mitzuteilen.
(4) Im Rahmen der Absätze 1 und 3 Satz 1 darf die Anwesenheit bei öffentlichen Filmveranstaltungen ohne Begleitung eines Erziehungsberechtigten nur gestattet werden
1. Kindern, wenn die Vorführung bis 20 Uhr,
2. Jugendlichen unter sechzehn Jahren, wenn die Vorführung bis 22 Uhr,
3. Jugendlichen über sechzehn Jahren, wenn die Vorführung bis 24 Uhr beendet ist.
(5) Die Absätze 1 bis 4 gelten für die öffentliche Vorführung von Filmen unabhängig von der Art der Aufzeichnung und Wiedergabe. Sie gelten auch für Werbevorspanne und Beiprogramme.
(6) Die Absätze 1 bis 5 gelten nicht für Filme, die zu nichtgewerblichen Zwecken hergestellt werden, solange die Filme nicht gewerblich genutzt werden.
(7) Auf Filme, die von der obersten Landesbehörde nach Absatz 3 Satz 1 gekennzeichnet worden sind, finden die §§ 1 und 11 des Gesetzes über die Verbreitung jugendgefährdender Schriften keine Anwendung.

§ 7 [Videokassetten, Bildplatten und vergleichbare Bildträger]
(1) Bespielte Videokassetten, Bildplatten und vergleichbare Bildträger dürfen Kindern und Jugendlichen in der Öffentlichkeit nur zugänglich gemacht werden, wenn die Programme von der obersten Landesbehörde für ihre Altersstufe freigegeben und gekennzeichnet worden sind.
(2) Für die Freigabe und Kennzeichnung findet § 6 Abs. 2 und 3 Satz 1 und Abs. 6 entsprechende Anwendung. Auf die Alterseinstufung ist mit einem fälschungssicheren Zeichen hinzuweisen. Das Zeichen ist vom Inhaber der Nutzungsrechte auf dem Bildträger und auf der Hülle in einer deutlich

sichtbaren Form anzubringen, bevor der Bildträger an den Handel geliefert oder in sonstiger Weise gewerblich gewertet wird.
(3) Bildträger, die von der obersten Landesbehörde nicht oder mit »Nicht freigegeben unter achtzehn Jahren« gekennzeichnet worden sind, dürfen
1. einem Kind oder Jugendlichen nicht angeboten, überlassen oder sonst zugänglich gemacht werden,
2. nicht im Einzelhandel außerhalb von Geschäftsräumen, in Kiosken oder anderen Verkaufsstellen, die der Kunde nicht zu betreten pflegt oder im Versandhandel angeboten oder überlassen werden.
(4) In der Öffentlichkeit dürfen bespielte Bildträger nicht in Automaten angeboten werden.
(5) Auf Bildträger, die von der obersten Landesbehörde nach Absatz 2 in Verbindung mit § 6 Abs. 3 Satz 1 Nr. 1 bis 4 gekennzeichnet worden sind, finden die §§ 1 und 11 des Gesetzes über die Verbreitung jugendgefährdender Schriften keine Anwendung.
(6) § 6 Abs. 3 Satz 2 findet entsprechende Anwendung.

§ 8 [Glücksspiele]
(1) Die Anwesenheit in öffentlichen Spielhallen oder ähnlichen vorwiegend dem Spielbetrieb dienenden Räumen darf Kindern und Jugendlichen nicht gestattet werden.
(2) Die Teilnahme an Spielen mit Gewinnmöglichkeit in der Öffentlichkeit darf Kindern und Jugendlichen nur auf Volksfesten, Schützenfesten, Jahrmärkten, Spezialmärkten oder ähnlichen Veranstaltungen gestattet werden, wenn der Gewinn in Waren von geringem Wert besteht.
(3) Elektronische Bildschirm-Unterhaltungsspielgeräte ohne Gewinnmöglichkeit dürfen zur entgeltlichen Benutzung
1. auf Kindern und Jugendlichen zugänglichen öffentlichen Verkehrsflächen,
2. außerhalb von gewerblich oder in sonstiger Weise beruflich oder geschäftsmäßig genutzten Räumen oder
3. in deren unbeaufsichtigten Zugängen, Vorräumen oder Fluren
nicht aufgestellt werden.
(4) Das Spielen an elektronischen Bildschirm-Unterhaltungsspielgeräten ohne Gewinnmöglichkeit, die zur entgeltlichen Benutzung öffentlich aufgestellt sind, darf Kindern und Jugendlichen unter sechzehn Jahren ohne Begleitung eines Erziehungsberechtigten nicht gestattet werden.
(5) Unterhaltungsspielgeräte, mit denen sexuelle Handlungen oder Gewalttätigkeiten gegen Menschen oder Tiere dargestellt werden oder die eine Verherrlichung oder Verharmlosung des Krieges zum Gegenstand haben, dürfen in der Öffentlichkeit an Kindern und Jugendlichen zugänglichen Orten nicht aufgestellt werden.

§ 9 [Rauchen in der Öffentlichkeit]
Das Rauchen in der Öffentlichkeit darf Kindern und Jugendlichen unter sechzehn Jahren nicht gestattet werden.

§ 10 [Einzelfallregelungen]
Geht von einer öffentlichen Veranstaltung oder einem Gewerbebetrieb eine Gefährdung im Sinne des § 1 Satz 1 aus, die durch Anwendung der §§ 3 bis 8 nicht ausgeschlossen oder wesentlich gemindert werden kann, so kann die zuständige Behörde anordnen, daß der Veranstalter oder Gewerbetreibende Kindern und Jugendlichen die Anwesenheit nicht gestatten darf. Die Anordnung kann Alters- oder Zeitbegrenzungen enthalten, wenn dadurch die Gefährdung ausgeschlossen oder wesentlich gemindert wird.

§ 11 [Bekanntmachung der Jugendschutzvorschriften; Werbung]
Veranstalter und Gewerbetreibende haben die nach den §§ 3 bis 10 für ihre Betriebseinrichtungen und Veranstaltungen geltenden Vorschriften sowie die Alterseinstufung von Filmen durch deutlich sichtbaren und gut lesbaren Aushang bekanntzumachen. Zur Bekanntmachung der Alterseinstufung von Filmen und Bildträgern dürfen sie nur die Kennzeichnungen des § 6 Abs. 3 Satz 1 verwenden. Wer einen Film für öffentliche Filmveranstaltungen weitergibt, ist verpflichtet, den Veranstalter auf die Alterseinstufung hinzuweisen. Für Filme und Bildträger, die von der obersten Landesbehörde nach § 6 Abs. 3 Satz 1 gekennzeichnet worden sind, darf bei der Ankündigung und bei der Werbung weder auf jugendgefährdende Inhalte hingewiesen werden noch darf die Ankündigung oder die Werbung in jugendgefährdender Weise erfolgen.

§ 12 [Ordnungswidrigkeiten]

(1) Ordnungswidrig handelt, wer als Veranstalter oder Gewerbetreibender vorsätzlich oder fahrlässig

1. entgegen § 3 einem Kind oder einem Jugendlichen den Aufenthalt in einer Gaststätte gestattet,
2. entgegen § 4 Abs. 1 ein alkoholisches Getränk oder Lebensmittel an ein Kind oder einen Jugendlichen abgibt oder ihm den Verzehr gestattet,
3. entgegen § 4 Abs. 3 Satz 1 ein alkoholisches Getränk in einem Automaten anbietet,
4. entgegen § 5 Abs. 1 einem Kind oder einem Jugendlichen die Anwesenheit bei einer öffentlichen Tanzveranstaltung gestattet,
5. entgegen § 6 Abs. 1 oder 4 einem Kind oder einem Jugendlichen die Anwesenheit bei einer öffentlichen Filmveranstaltung gestattet,
6. entgegen § 7 Abs. 1 einem Kind oder einem Jugendlichen einen bespielten Bildträger, der nicht für seine Altersstufe freigegeben ist, zugänglich macht,
7. entgegen § 7 Abs. 2 Satz 2 und 3 ein Zeichen nicht, nicht in der dort bezeichneten Form oder in einer der Alterseinstufung durch die oberste Landesbehörde nicht entsprechenden Weise anbringt,
8. entgegen § 7 Abs. 3 Nr. 2 einen nicht freigegebenen Bildträger anbietet oder überläßt,
9. entgegen § 7 Abs. 4 einen bespielten Bildträger in einem Automaten anbietet,
10. entgegen § 8 Abs. 1 einem Kind oder einem Jugendlichen die Anwesenheit in einer öffentlichen Spielhalle oder einem dort bezeichneten Raum gestattet,
11. entgegen § 8 Abs. 2 einem Kind oder einem Jugendlichen die Teilnahme an einem Spiel mit Gewinnmöglichkeit gestattet,
12. entgegen § 8 Abs. 3 oder 5 ein Unterhaltungsspielgerät aufstellt,
13. entgegen § 8 Abs. 4 einem Kind oder einem Jugendlichen unter sechzehn Jahren die Benutzung eines Unterhaltungsspielgeräts gestattet,
14. entgegen § 9 einem Kind oder einem Jugendlichen unter sechzehn Jahren das Rauchen in der Öffentlichkeit gestattet oder
15. einer vollziehbaren Anordnung nach § 10 zuwiderhandelt,
16. entgegen § 11 Satz 1 für seine Betriebseinrichtung oder Veranstaltung geltenden Vorschriften nicht durch den dort bezeichneten Aushang bekanntmacht,
17. entgegen § 11 Satz 2 nicht die Kennzeichnungen des § 6 Abs. 3 Satz 1 verwendet,
17 a. entgegen § 11 Satz 3 einen Film für eine öffentliche Filmveranstaltung weitergibt, ohne den Veranstalter auf die Alterseinstufung hinzuweisen,
18. entgegen § 11 Satz 4 der Ankündigung oder bei der Werbung auf jugendgefährdende Inhalte hinweist oder in jugendgefährdender Weise ankündigt oder wirbt.

(2) Ordnungswidrig handelt auch, wer als Person über achtzehn Jahre ein Verhalten eines Kindes oder eines Jugendlichen herbeiführt oder fördert, das durch ein in Absatz 1 Nr. 1 bis 14 bezeichnetes oder in § 7 Abs. 3 Nr. 1 enthaltenes Verbot oder durch eine vollziehbare Anordnung nach § 10 verhindert werden soll. Hinsichtlich des Verbots in § 7 Abs. 3 Nr. 1 gilt dies nicht für den Personensorgeberechtigten.

(3) Die Ordnungswidrigkeit kann mit einer Geldbuße bis zu dreißigtausend Deutsche Mark geahndet werden.

(4) Mit Freiheitsstrafe bis zu einem Jahr oder mit Geldstrafe wird bestraft, wer als Veranstalter oder Gewerbetreibender

1. eine in Absatz 1 bezeichnete vorsätzliche Zuwiderhandlung begeht und dadurch wenigstens leichtfertig ein Kind oder einen Jugendlichen in seiner körperlichen, geistigen oder sittlichen Entwicklung schwer gefährdet oder
2. eine in Absatz 1 bezeichnete vorsätzliche Zuwiderhandlung aus Gewinnsucht begeht oder beharrlich wiederholt.

Gesetz
über die Verbreitung jugendgefährdender Schriften und Medieninhalte

Vom 9. Juni 1953 (BGBl. I S. 377)
in der Fassung der Bekanntmachung vom 12. Juli 1985 (BGBl. I S. 1502)
(BGBl. III 2161-1)
zuletzt geändert durch Sechste Zuständigkeitsanpassungs-Verordnung
vom 21. September 1997 (BGBl. I S. 2390, 2391)

Inhaltsübersicht §§ §§

Erster Abschnitt:
Jugendgefährdende Schriften 1 bis 7

Zweiter Abschnitt:
Bundesprüfstelle 8 bis 10

Dritter Abschnitt:
Zuständigkeit 11

Vierter Abschnitt:
Verfahren
1. Allgemeine Verfahrensvorschriften 12 bis 15 a
2. Führung der Liste 16 bis 18 a
3. Bekanntmachungen 19

Fünfter Abschnitt:
Rechtsweg 20

Sechster Abschnitt:
Strafvorschriften 21 und 21 a

Siebenter Abschnitt:
Schlußvorschriften 22 bis 25

Zum Schutz der heranwachsenden Jugend werden die im Grundgesetz Artikel 5 Abs. 1 genannten Grundrechte folgenden Beschränkungen unterworfen:

Erster Abschnitt
Jugendgefährdende Schriften

§ 1 [Begriff der jugendgefährdenden Schrift]
(1) Schriften, die geeignet sind, Kinder oder Jugendliche sittlich zu gefährden, sind in eine Liste aufzunehmen. Dazu zählen vor allem unsittliche, verrohend wirkende, zu Gewalttätigkeit, Verbrechen oder Rassenhaß anreizende sowie den Krieg verherrlichende Schriften. Die Aufnahme ist bekanntzumachen.
(2) Eine Schrift darf nicht in die Liste aufgenommen werden
1. allein wegen ihres politischen, sozialen, religiösen oder weltanschaulichen Inhalts;
2. wenn sie der Kunst oder der Wissenschaft, der Forschung oder der Lehre dient;
3. wenn sie im öffentlichen Interesse liegt, es sei denn, daß die Art der Darstellung zu beanstanden ist.
(3) Den Schriften stehen Ton- und Bildträger, Datenspeicher, Abbildungen und andere Darstellungen gleich. Schriften im Sinne dieses Gesetzes sind nicht Rundfunksendungen nach § 2 des Rundfunkstaatsvertrages sowie inhaltliche Angebote bei Verteildiensten und Abrufdiensten, soweit die redaktionelle Gestaltung zur Meinungsbildung für die Allgemeinheit im Vordergrund steht, nach § 2 des Mediendienste-Staatsvertrages in der Fassung vom 20. Januar bis 7. Februar 1997.
(4) Kind im Sinne des Gesetzes ist, wer noch nicht vierzehn, Jugendlicher, wer vierzehn, aber noch nicht achtzehn Jahre alt ist.

§ 2 [Fälle geringerer Bedeutung]
(1) In Fällen von geringer Bedeutung kann davon abgesehen werden, die Schrift in die Liste aufzunehmen.
(2) Kommt eine Listenaufnahme offensichtlich nicht in Betracht, so kann der Vorsitzende das Verfahren einstellen.

113 Verbreitung jugendgefährdender Schriften §§ 3–7 a

§ 3 [Verbot des Anbietens, Überlassens oder sonst Zugänglichmachens]
(1) Eine Schrift, deren Aufnahme in die Liste bekanntgemacht ist, darf nicht
1. einem Kind oder Jugendlichen angeboten, überlassen oder zugänglich gemacht werden,
2. an einem Ort, der Kindern oder Jugendlichen zugänglich ist oder von ihnen eingesehen werden kann, ausgestellt, angeschlagen, vorgeführt oder sonst zugänglich gemacht werden,
3. im Wege gewerblicher Vermietung oder vergleichbarer gewerblicher Gewährung des Gebrauchs, ausgenommen in Ladengeschäften, die Kindern und Jugendlichen nicht zugänglich sind und von ihnen nicht eingesehen werden können, einem anderen angeboten oder überlassen werden,
4. durch elektronische Informations- und Kommunikationsdienste verbreitet, bereitgehalten oder sonst zugänglich gemacht werden.

(2) Absatz 1 Nr. 3 gilt nicht, wenn die Handlung im Geschäftsverkehr mit gewerblichen Entleihern erfolgt. Absatz 1 Nr. 4 gilt nicht, wenn durch technische Vorkehrungen Vorsorge getroffen ist, daß das Angebot oder die Verbreitung im Inland auf volljährige Nutzer beschränkt werden kann.

§ 4 [Verbreitungsverbot außerhalb von Geschäftsräumen]
(1) Eine Schrift, deren Aufnahme in die Liste bekanntgemacht ist, darf nicht
1. im Einzelhandel außerhalb von Geschäftsräumen,
2. in Kiosken oder anderen Verkaufsstellen, die der Kunde nicht zu betreten pflegt,
3. im Versandhandel oder
4. in gewerblichen Leihbüchereien oder Lesezirkeln

vertrieben, verbreitet oder verliehen oder zu diesen Zwecken vorrätig gehalten werden.

(2) Verleger und Zwischenhändler dürfen eine solche Schrift nicht an Personen liefern, soweit diese einen Handel nach Absatz 1 Nr. 1 betreiben oder Inhaber von Betrieben der in Absatz 1 Nr. 2 bis 4 bezeichneten Art sind. Soweit die Lieferung erfolgen darf, haben Verleger, Zwischenhändler und Personen, die Schriften in den räumlichen Geltungsbereich dieses Gesetzes einführen, ihre Abnehmer auf die Vertriebsbeschränkungen hinzuweisen.

(3) Eine Schrift, deren Aufnahme in die Liste bekanntgemacht ist, darf nicht im Wege des Versandhandels in den räumlichen Geltungsbereich dieses Gesetzes eingeführt werden.

§ 5 [Werbeverbot]
(1) Bei geschäftlicher Werbung darf nicht darauf hingewiesen werden, daß ein Verfahren zur Aufnahme einer Schrift in die Liste anhängig ist oder gewesen ist.

(2) Eine Schrift, deren Aufnahme in die Liste bekanntgemacht ist, darf nicht öffentlich oder durch Verbreiten von Schriften angeboten, angekündigt oder angepriesen werden.

(3) Absatz 2 gilt nicht,
1. wenn die Handlung im Geschäftsverkehr mit dem einschlägigen Handel erfolgt oder
2. wenn durch technische Vorkehrungen oder in sonstiger Weise eine Übermittlung an oder Kenntnisnahme durch Kinder oder Jugendliche ausgeschlossen ist.

§ 6 [Offensichtlich sittlich schwer jugendgefährdende Medien]
Den Beschränkungen der §§ 3 bis 5 unterliegen, ohne daß es einer Aufnahme in die Liste und einer Bekanntmachung bedarf,
1. Schriften, die den in § 130 Abs. 2 oder § 131 des Strafgesetzbuches bezeichneten Inhalt haben,
2. pornographische Schriften (§ 184 des Strafgesetzbuches),
3. sonstige Schriften, die offensichtlich geeignet sind, Kinder oder Jugendliche sittlich schwer zu gefährden.

§ 7 [Vorausindizierung periodischer Druckschriften]
Eine periodische Druckschrift kann auf die Dauer von drei bis zwölf Monaten in die Liste aufgenommen werden, wenn innerhalb von zwölf Monaten mehr als zwei ihrer Nummern in die Liste aufgenommen worden sind. Dies gilt nicht für Tageszeitungen und politische Zeitschriften.

§ 7 a Jugendschutzbeauftragte
Wer gewerbsmäßig elektronische Informations- und Kommunikationsdienste, denen eine Übermittlung mittels Telekommunikation zugrunde liegt, zur Nutzung bereithält, hat einen Jugendschutzbeauftragten zu bestellen, wenn diese allgemein angeboten werden und jugendgefährdende Inhalte enthalten können. Er ist Ansprechpartner für Nutzer und berät den Diensteanbieter in Fragen des Jugend-

schutzes. Er ist von dem Diensteanbieter an der Angebotsplanung und der Gestaltung der Allgemeinen Nutzungsbedingungen zu beteiligen. Er kann dem Diensteanbieter eine Beschränkung von Angeboten vorschlagen. Die Verpflichtung des Diensteanbieters nach Satz 1 kann auch dadurch erfüllt werden, daß er eine Organisation der freiwilligen Selbstkontrolle zur Wahrnehmung der Aufgaben nach den Sätzen 2 bis 4 verpflichtet.

Zweiter Abschnitt
Bundesprüfstelle

§ 8 [Errichtung, Sitz und Kosten der Bundesprüfstelle]
(1) Zur Durchführung der Aufgaben dieses Gesetzes wird eine Bundesprüfstelle errichtet.
(2) Die Bundesregierung bestimmt den Sitz der Bundesprüfstelle durch Rechtsverordnung mit Zustimmung des Bundesrates.
(3) Die Kosten der Errichtung und der Verfahren der Bundesprüfstelle fallen dem Bund zu.

§ 9 [Personelle Besetzung der Bundesprüfstelle]
(1) Die Bundesprüfstelle besteht aus einem vom Bundesministerium für Familie, Senioren, Frauen und Jugend ernannten Vorsitzenden, je einem von jeder Landesregierung zu ernennenden Beisitzer und weiteren vom Bundesministerium für Familie, Senioren, Frauen und Jugend zu ernennenden Beisitzern. Für den Vorsitzenden und die Beisitzer ist mindestens je ein Stellvertreter zu ernennen.
(2) Die vom Bundesministerium für Familie, Senioren, Frauen und Jugend zu ernennenden Beisitzer sind den Kreisen
1. der Kunst,
2. der Literatur,
3. des Buchhandels,
4. der Verlegerschaft,
5. der Träger der freien Jugendhilfe,
6. der Träger der öffentlichen Jugendhilfe,
7. der Lehrerschaft und
8. der Kirchen, der jüdischen Kultusgemeinden und anderer Religionsgemeinschaften, die Körperschaften des öffentlichen Rechts sind,

auf Vorschlag der genannten Gruppen zu entnehmen. Dem Buchhandel und der Verlegerschaft stehen diejenigen Kreise gleich, die eine vergleichbare Tätigkeit bei der Auswertung und beim Vertrieb von Bildträgern unabhängig von der Art der Aufzeichnung und der Wiedergabe ausüben.
(3) Die Bundesprüfstelle entscheidet in der Besetzung von zwölf Mitgliedern, die aus dem Vorsitzenden, drei Beisitzern der Länder und je einem Beisitzer aus den in Absatz 2 genannten Gruppen bestehen. Erscheinen zur Sitzung einberufene Beisitzer oder ihre Stellvertreter nicht, so ist die Bundesprüfstelle auch in einer Besetzung von mindestens neun Mitgliedern beschlußfähig, von denen mindestens zwei den in Absatz 2 Nr. 1 bis 4 genannten Gruppen angehören müssen.
(4) Der Vorsitzende und die Beisitzer werden auf die Dauer von drei Jahren bestimmt. Sie können von der Stelle, die sie bestimmt hat, vorzeitig abberufen werden, wenn sie der Verpflichtung zur Mitarbeit in der Bundesprüfstelle nicht nachkommen.

§ 9 a [Vorschlagsberechtigte]
(1) Das Vorschlagsrecht nach § 9 Abs. 2 wird innerhalb der nachfolgenden Kreise durch folgende Organisationen für je einen Beisitzer und Stellvertreter ausgeübt:
1. für die Kreise der Kunst durch
   Deutscher Kulturrat,
   Bund Deutscher Kunsterzieher e. V.,
   Künstlergilde e. V.,
   Bund Deutscher Grafik-Designer,
2. für die Kreise der Literatur durch
   Verband Deutscher Schriftsteller,
   Freier Deutscher Autorenverband,
   Deutscher Autorenverband e. V.,
   PEN-Zentrum,

3. für die Kreise des Buchhandels durch
   Börsenverein des Deutschen Buchhandels e. V.,
   Verband Deutscher Bahnhofsbuchhändler,
   Bundesverband Deutscher Buch-, Zeitungs- und Zeitschriftengrossisten e. V.,
   IVD Interessengemeinschaft der Videothekare Deutschlands e. V.,
4. für die Kreise der Verlegerschaft durch
   Bundesverband Deutscher Zeitungsverleger e. V.,
   Verband Deutscher Zeitschriftenverleger e. V.,
   Börsenverein des Deutschen Buchhandels e. V. – Verlegerausschuß,
   Arbeitsgemeinschaft der Zeitschriftenverlage (AGZV) im Börsenverein des Deutschen Buchhandels,
   Bundesverband Video,
5. für die Kreise der Träger der freien Jugendhilfe durch
   Bundesarbeitsgemeinschaft der freien Wohlfahrtspflege,
   Deutscher Bundesjugendring,
   Deutsche Sportjugend,
   Bundesarbeitsgemeinschaft Aktion Jugendschutz,
6. für die Kreise der Träger der öffentlichen Jugendhilfe durch
   Deutscher Landkreistag,
   Deutscher Städtetag,
   Deutscher Städte- und Gemeindebund,
7. für die Kreise der Lehrerschaft durch
   Gewerkschaft Erziehung und Wissenschaft im Deutschen Gewerkschaftsbund,
   Deutscher Lehrerverband,
   Verband Bildung und Erziehung,
   Verein Katholischer deutscher Lehrerinnen und
8. für die Kreise der in § 9 Abs. 2 Nr. 8 genannten Körperschaften des öffentlichen Rechts durch
   Bevollmächtigter des Rates der EKD am Sitz der Bundesrepublik Deutschland,
   Kommissariat der deutschen Bischöfe – Katholisches Büro Bonn,
   Zentralrat der Juden in Deutschland.

Für jede Organisation, die ihr Vorschlagsrechts ausübt, ist ein Beisitzer und ein stellvertretender Beisitzer zu ernennen. Reicht eine der in Satz 1 genannten Organisationen mehrere Vorschläge ein, wählt das Bundesministerium für Familie, Senioren, Frauen und Jugend einen Beisitzer aus.

(2) Für die in § 9 Abs. 2 genannten Gruppen können Beisitzer und stellvertretende Beisitzer auch durch namentlich nicht bestimmte Organisationen vorgeschlagen werden. Das Bundesministerium für Familie, Senioren, Frauen und Jugend fordert im Januar jedes Jahres im Bundesanzeiger dazu auf, innerhalb von sechs Wochen derartige Vorschläge einzureichen. Aus den fristgerecht eingegangenen Vorschlägen hat er je Gruppe je einen zusätzlichen Beisitzer und stellvertretenden Beisitzer zu ernennen. Vorschläge von Organisationen, die kein eigenes verbandliches Gewicht besitzen oder eine dauerhafte Tätigkeit nicht erwarten lassen, sind nicht zu berücksichtigen. Zwischen den Vorschlägen mehrerer Interessenten entscheidet das Los, sofern diese sich auf einen Vorschlag einigen; Absatz 1 Satz 3 gilt entsprechend. Sofern es unter Berücksichtigung der Geschäftsbelastung der Bundesprüfstelle erforderlich erscheint oder sofern die Vorschläge der innerhalb einer Gruppe namentlich bestimmten Organisationen zahlenmäßig nicht ausreichen, kann der Bundesminister für Frauen und Jugend auch mehrere Beisitzer und stellvertretende Beisitzer ernennen; Satz 5 gilt entsprechend.

§ 10 [Weisungsfreiheit der Mitglieder der Bundesprüfstelle, Abstimmungs- und Beratungsfreiheit]
Die Mitglieder der Bundesprüfstelle sind nicht an Weisungen gebunden.

Dritter Abschnitt
Zuständigkeit

§ 11 [Sachliche Zuständigkeit]
(1) Die Bundesprüfstelle entscheidet über die Aufnahme in die Liste.

(2) Die Bundesprüfstelle wird nur auf Antrag tätig. Das Bundesministerium für Familie, Senioren, Frauen und Jugend wird ermächtigt, durch Rechtsverordnung mit Zustimmung des Bundesrates zu bestimmen, wer antragsberechtigt ist.

Vierter Abschnitt
Verfahren
1. Allgemeine Verfahrensvorschriften

§ 12 [Anhörung der Verfahrensbeteiligten]
Dem Verleger und dem Verfasser der Schrift ist, soweit möglich, in dem Verfahren vor der Bundesprüfstelle Gelegenheit zur Äußerung zu geben.

§ 13 [Mehrheitserfordernis für Listeneintragung durch das 2er-Gremium]
In den Fällen des § 9 Abs. 3 bedarf es zur Anordnung der Aufnahme in die Liste einer Mehrheit von zwei Dritteln, mindestens aber von sieben der an der Entscheidung mitwirkenden Mitglieder der Bundesprüfstelle.

§ 14 [Zustellung]
(1) Die Entscheidungen der Bundesprüfstelle sind
1. dem Bundesministerium für Familie, Senioren, Frauen und Jugend,
2. jedem Land,
3. soweit möglich, dem Verleger und Verfasser der Schrift und
4. anderen am Verfahren beteiligten Behörden, Verbänden und Personen zuzustellen.
(2) Die Begründung ist beizufügen oder innerhalb einer Woche durch Zustellung nachzureichen.

§ 15 [Listenaufnahme durch vorläufige Anordnung]
(1) Die Bundesprüfstelle kann die Aufnahme einer Schrift in die Liste vorläufig anordnen, wenn die endgültige Anordnung der Aufnahme der Schrift in die Liste offenbar zu erwarten ist und die Gefahr besteht, daß die Schrift kurzfristig in großem Umfange vertrieben wird.
(2) Die vorläufige Anordnung wird von dem Vorsitzenden und zwei weiteren Mitgliedern einstimmig erlassen. Ein Mitglied muß einer der in § 9 Abs. 2 Nr. 1 bis 4 genannten Gruppen angehören.
(3) Die vorläufige Anordnung tritt außer Kraft
1. nach Ablauf eines Monats seit ihrer Bekanntmachung oder
2. mit der Bekanntmachung der abschließenden Entscheidung der Bundesprüfstelle über die Schrift.
Die Frist der Nummer 1 kann vor ihrem Ablauf um höchstens einen Monat verlängert werden. Absatz 2 gilt entsprechend. Die Verlängerung ist bekanntzumachen.

§ 15 a [Listenaufnahme im vereinfachten Verfahren]
(1) Die Bundesprüfstelle kann die Aufnahme einer Schrift in die Liste im vereinfachten Verfahren anordnen, wenn die Voraussetzungen des § 1 offenbar gegeben sind.
(2) Die Entscheidung wird von dem Vorsitzenden und zwei weiteren Mitgliedern, von denen eines den in § 9 Abs. 2 Nr. 1 bis 4 genannten Gruppen angehören muß, einstimmig erlassen. Kommt eine Einigung, die Schrift in die Liste aufzunehmen, nicht zustande, so entscheidet die Bundesprüfstelle in der Besetzung nach § 9 Abs. 3.
(3) Eine Anordnung nach § 7 ist im vereinfachten Verfahren nicht zulässig.
(4) Gegen die Entscheidung im vereinfachten Verfahren können die Betroffenen (§ 12) innerhalb eines Monats nach Zustellung bei der Bundesprüfstelle Antrag auf Entscheidung in der Besetzung nach § 9 Abs. 3 stellen.

2. Führung der Liste

§ 16 [Führung der Liste]
Die Liste wird von dem Vorsitzenden der Bundesprüfstelle geführt.

§ 17 [Aufnahme und Streichung]
Eine Schrift, deren Aufnahme in die Liste angeordnet ist, ist unverzüglich in die Liste aufzunehmen. Sie ist unverzüglich von der Liste zu streichen, wenn die Anordnung aufgehoben wird oder nach § 15 Abs. 3 Nr. 1 außer Kraft tritt.

Verbreitung jugendgefährdender Schriften §§ 18-21

§ 18 [Listenaufnahme gerichtlich für rassenhetzerisch, gewaltverherrlichend oder pornographisch erklärter Medien]
(1) Eine Schrift unterliegt den Beschränkungen der §§ 3 bis 5, ohne daß es einer Aufnahme in die Liste und einer Bekanntmachung bedarf, wenn sie ganz oder im wesentlichen inhaltsgleich mit einer in die Liste aufgenommenen Schrift ist. Das gleiche gilt, wenn ein Gericht in einer rechtskräftigen Entscheidung festgestellt hat, daß eine Schrift pornographisch ist oder den in § 130 Abs. 2 oder § 131 des Strafgesetzbuches bezeichneten Inhalt hat.
(2) Ist es zweifelhaft, ob die Voraussetzungen des Absatzes 1 erfüllt sind, so führt der Vorsitzende eine Entscheidung der Bundesprüfstelle herbei. Eines Antrages (§ 11 Abs. 2 Satz 1) bedarf es nicht. § 12 gilt entsprechend.
(3) Wird die Schrift in die Liste aufgenommen, so gilt § 19 entsprechend.

§ 18 a (aufgehoben)

3. Bekanntmachungen

§ 19 [Bekanntmachung im Bundesanzeiger]
(1) Wird eine Schrift in die Liste aufgenommen oder von ihr gestrichen, so ist dies unter Hinweis auf die zugrunde liegende Entscheidung für das Bundesgebiet bekanntzumachen.
(2) Die Bekanntmachungen für das Bundesgebiet erfolgen im Bundesanzeiger.

Fünfter Abschnitt
Rechtsweg

§ 20 [Rechtsmittel]
Vor Erhebung einer Klage im Verwaltungsrechtsweg bedarf es keiner Nachprüfung in einem Vorverfahren oder in einem Verfahren nach § 15 a Abs. 4. Die Klage hat keine aufschiebende Wirkung. Sie ist gegen den Bund, vertreten durch die Bundesprüfstelle, zu richten.

Sechster Abschnitt
Strafvorschriften

§ 21 [Strafen, Nebenstrafen, Maßnahmen gegen Jugendliche]
(1) Wer eine Schrift, deren Aufnahme in die Liste bekanntgemacht ist, oder eine der in § 6 bezeichneten Schriften
1. entgegen § 3 Abs. 1 Nr. 1 einem Kind oder Jugendlichen anbietet, überläßt oder zugänglich macht,
2. entgegen § 3 Abs. 1 Nr. 2 an den dort bezeichneten Orten ausstellt, anschlägt, vorführt oder sonst zugänglich macht,
3. entgegen § 3 Abs. 1 Nr. 3 im Wege gewerblicher Vermietung oder vergleichbarer Gewährung des Gebrauchs einem anderen anbietet oder überläßt,
3 a. entgegen § 3 Abs. 1 Nr. 4 verbreitet, bereithält oder sonst zugänglich macht,
4. entgegen § 4 Abs. 1 in den dort bezeichneten Fällen vertreibt, verbreitet, verleiht oder vorrätig hält,
5. entgegen § 4 Abs. 2 Satz 1 an die dort bezeichneten Personen liefert,
6. entgegen § 4 Abs. 3 einzuführen unternimmt oder
7. entgegen § 5 Abs. 2 anbietet, ankündigt oder anpreist,
wird mit Freiheitsstrafe bis zu einem Jahr oder mit Geldstrafe bestraft.
(2) Ebenso wird bestraft, wer
1. entgegen § 5 Abs. 1 geschäftlich wirbt oder
2. die Liste zum Zwecke der geschäftlichen Werbung abdruckt oder veröffentlicht.
(3) Handelt der Täter fahrlässig, so ist die Strafe Freiheitsstrafe bis zu sechs Monaten oder Geldstrafe bis zu einhundertachtzig Tagessätzen.
(4) Die Absätze 1 bis 3 sind nicht anzuwenden, wenn der zur Sorge für die Person Berechtigte die Schrift einem Kind oder Jugendlichen anbietet, überläßt oder zugänglich macht.
(5) Das Gericht kann von einer Bestrafung nach den Absätzen 1 bis 3 absehen, wenn der Täter, der die Schrift einem Kind oder Jugendlichen angeboten, überlassen oder zugänglich gemacht hat, ein Jugendlicher oder ein Angehöriger im Sinne des § 11 Abs. 1 Nr. 1 des Strafgesetzbuches ist.

(6) Hat ein Kind oder Jugendlicher die Schrift einem anderen Kind oder Jugendlichen angeboten, überlassen oder zugänglich gemacht, so leitet das Jugendamt die auf Grund der bestehenden Vorschriften zulässigen Maßnahmen ein. Der Vormundschaftsrichter kann auf Antrag des Jugendamtes oder von Amts wegen Weisungen erteilen.

§ 21 a [Ordnungswidrigkeiten]
(1) Ordnungswidrig handelt, wer
1. entgegen § 4 Abs. 2 Satz 2 einen Abnehmer nicht auf die Vertriebsbeschränkungen hinweist oder
2. entgegen § 7 a Abs. 1 Satz 1 einen Jugendschutzbeauftragten nicht bestellt oder eine Organisation der freiwilligen Selbstkontrolle zur Wahrnehmung dieser Aufgaben nicht verpflichtet.
(2) Die Ordnungswidrigkeit kann mit einer Geldbuße bis zu dreißigtausend Deutsche Mark geahndet werden.

Siebenter Abschnitt
Schlußvorschriften

§ 22 (Außerkrafttreten von Rechtsvorschriften)

§ 23 [Erlaß von Rechtsverordnungen]
Die Bundesregierung wird ermächtigt, durch Rechtsverordnung mit Zustimmung des Bundesrates das Verfahren der Bundesprüfstelle näher zu regeln.

§ 24 [Berlin Klausel]
(gegenstandslos)

§ 25 (Inkrafttreten)

§ 21 a – 25 Verbreitung jugendgefährdender Schriften 113

(6) Hat ein Kind oder Jugendlicher die Schrift einem anderen Kind oder Jugendlichen angeboten, überlassen or zugänglich gemacht, so kann das Jugendamt die auf Grund der bestehenden Vorschriften zulässigen Maßnahmen ein. Der Normalschutzantrag kann auf Anregung des Jugendamts oder von Amts wegen Weisungen erteilen.

§ 24 a (Ordnungswidrigkeiten)

(1) Ordnungswidrig handelt, wer
1. entgegen § 4 Abs. 2 einen Abnehmer nicht auf die Vertriebsbeschränkung hinweist oder
2. entgegen § 7 Abs. 1 Satz 2 Nr. 1 in gedachten Beratungen nicht beschließegter Organisation der mutwilligen Sachsembloße auf Wüten häufig dieser Aufgaben nicht verfolgt.

(2) Die Ordnungswidrigkeit kann mit einer Geldbuße bis zu fünftausend Deutsche Mark geahndet werden.

Siebenter Abschnitt
Schlußvorschriften

§ 25 (Veröffentlichen von Rechtsvorschriften)

§ 22 (Erlaß von Rechtsverordnungen)
Die Bundesregierung wird ermächtigt, durch Rechtsverordnung mit Zustimmung des Bundesrates das Verfahren der Bundesprüfstelle näher zu regeln.

§ 24 (Berlin Klausel)

§ 25 (Inkrafttreten)

Verbraucherkreditgesetz (VerbrKrG)

Vom 17. Dezember 1990 (BGBl. I S. 2840)[1)2)]
(BGBl. III 402-6)
zuletzt geändert durch Teilzeit-Wohnrechtegesetz vom 20. Dezember 1996
(BGBl. I S. 2154, 2156)

Erster Abschnitt
Anwendungsbereich

§ 1 Anwendungsbereich
(1) Dieses Gesetz gilt für Kreditverträge und Kreditvermittlungsverträge zwischen einer Person, die in Ausübung ihrer gewerblichen oder beruflichen Tätigkeit einen Kredit gewährt (Kreditgeber) oder vermittelt oder nachweist (Kreditvermittler), und einer natürlichen Person, es sei denn, daß der Kredit nach dem Inhalt des Vertrages für ihre bereits ausgeübte gewerbliche oder selbständige berufliche Tätigkeit bestimmt ist (Verbraucher).
(2) Kreditvertrag ist ein Vertrag, durch den ein Kreditgeber einem Verbraucher einen entgeltlichen Kredit in Form eines Darlehens, eines Zahlungsaufschubs oder einer sonstigen Finanzierungshilfe gewährt oder zu gewähren verspricht.
(3) Kreditvermittlungsvertrag ist ein Vertrag, nach dem ein Kreditvermittler es unternimmt, einem Verbraucher gegen Entgelt einen Kredit zu vermitteln oder ihm die Gelegenheit zum Abschluß eines Kreditvertrages nachzuweisen.

§ 2 Lieferung in Teilleistungen oder wiederkehrenden Leistungen
Die Vorschriften des § 4 Abs. 1 Satz 1 und Abs. 3, des § 7 Abs. 1, 2 und 4 und des § 8 gelten entsprechend, wenn die Willenserklärung des Verbrauchers auf den Abschluß eines Vertrages gerichtet ist, der
1. die Lieferung mehrerer als zusammengehörend verkaufter Sachen in Teilleistungen zum Gegenstand hat und bei dem das Entgelt für die Gesamtheit der Sachen in Teilleistungen zu entrichten ist;
2. die regelmäßige Lieferung von Sachen gleicher Art zum Gegenstand hat;
3. die Verpflichtung zum wiederkehrenden Erwerb oder Bezug von Sachen zum Gegenstand hat.

§ 3 Ausnahmen
(1) Dieses Gesetz findet keine Anwendung auf Kreditverträge und auf Verträge über die Vermittlung oder den Nachweis von Kreditverträgen,
1. bei denen der auszuzahlende Kreditbetrag (Nettokreditbetrag) oder Barzahlungspreis vierhundert Deutsche Mark nicht übersteigt;
2. wenn der Kredit für die Aufnahme einer gewerblichen oder selbständigen beruflichen Tätigkeit bestimmt ist und der Nettokreditbetrag oder Barzahlungspreis 100 000 Deutsche Mark übersteigt;
3. durch die dem Verbraucher ein Zahlungsaufschub von nicht mehr als drei Monaten eingeräumt wird;
4. die ein Arbeitgeber mit seinem Arbeitnehmer zu Zinsen abschließt, die unter den marktüblichen Sätzen liegen;
5. die im Rahmen der Förderung des Wohnungswesens und des Städtebaus auf Grund öffentlich-rechtlicher Bewilligungsbescheide oder auf Grund von Zuwendungen aus öffentlichen Haushalten unmittelbar zwischen der die Fördermittel vergebenden öffentlich-rechtlichen Anstalt und dem Verbraucher zu Zinssätzen abgeschlossen werden, die unter den marktüblichen Sätzen liegen.

---

1) Verkündet als Artikel 1 des Gesetzes über Verbraucherkredite, zur Änderung der Zivilprozeßordnung und anderer Gesetze vom 17. 12. 1990 (BGBl. I S. 2840). In Kraft ab 1. 1. 1991.
2) Gemäß Artikel 9 Abs. 1 des Gesetzes über Verbraucherkredite, zur Änderung der Zivilprozeßordnung und anderer Gesetze vom 17.12.1990 (BGBl. I S. 2840) ist auf Kreditverträge, die vor dem Inkrafttreten dieses Gesetzes geschlossen worden sind, weiterhin das bisherige Recht mit Ausnahme der §§ 6 a und 6 b des Gesetzes betreffend die Abzahlungsgeschäfte (ausschließlicher Gerichtsstand) anzuwenden.

(2) Keine Anwendung finden ferner:
1. § 4 Abs. 1 Satz 4 und 5, § 6, § 13 Abs. 3 und § 14 auf Finanzierungsleasingverträge;
2. § 4 Abs. 1 Satz 4 Nr. 1 Buchstabe b und die §§ 7, 9 und 11 bis 13 auf Kreditverträge, nach denen der Kredit von der Sicherung durch ein Grundpfandrecht abhängig gemacht und zu für grundpfandrechtlich abgesicherte Kredite und deren Zwischenfinanzierung üblichen Bedingungen gewährt wird; der Sicherung durch ein Grundpfandrecht steht es gleich, wenn von einer solchen Sicherung gemäß § 7 Abs. 3 bis 5 des Gesetzes über Bausparkassen abgesehen wird;
3. die §§ 4 bis 7 und 9 Abs. 2 auf Kreditverträge, die in ein nach den Vorschriften der Zivilprozeßordnung errichtetes gerichtliches Protokoll aufgenommen oder notariell beurkundet sind, wenn das Protokoll oder die notarielle Urkunde den Jahreszins, die bei Abschluß des Vertrages in Rechnung gestellten Kosten des Kredits sowie die Voraussetzungen enthält, unter denen der Jahreszins oder die Kosten geändert werden können;
4. § 9 auf Kreditverträge, die der Finanzierung des Erwerbs von Wertpapieren, Devisen oder Edelmetallen dienen.

Zweiter Abschnitt
Kreditvertrag

§ 4 Schriftform; erforderliche Angaben

(1) Der Kreditvertrag bedarf der schriftlichen Form. Der Form ist genügt, wenn Antrag und Annahme durch die Vertragsparteien jeweils getrennt schriftlich erklärt werden. Die Erklärung des Kreditgebers bedarf keiner Unterzeichnung, wenn sie mit Hilfe einer automatischen Einrichtung erstellt wird. Die vom Verbraucher zu unterzeichnende Erklärung muß angeben
1. bei Kreditverträgen im allgemeinen
   a) den Nettokreditbetrag, gegebenenfalls die Höchstgrenze des Kredits;
   b) den Gesamtbetrag aller vom Verbraucher zur Tilgung des Kredits sowie zur Zahlung der Zinsen und sonstigen Kosten zu entrichtenden Teilzahlungen, wenn der Gesamtbetrag bei Abschluß des Kreditvertrags für die gesamte Laufzeit der Höhe nach feststeht. Ferner ist bei Krediten mit veränderlichen Bedingungen, die in Teilzahlungen getilgt werden, ein Gesamtbetrag auf der Grundlage der bei Abschluß des Vertrags maßgeblichen Kreditbedingungen anzugeben. Kein Gesamtbetrag ist anzugeben bei Krediten, bei denen die Inanspruchnahme bis zu einer Höchstgrenze freigestellt ist;
   c) die Art und Weise der Rückzahlung des Kredits oder, wenn eine Vereinbarung hierüber nicht vorgesehen ist, die Regelung der Vertragsbeendigung;
   d) den Zinssatz und alle sonstigen Kosten des Kredits, die, soweit ihre Höhe bekannt ist, im einzelnen zu bezeichnen, im übrigen dem Grunde nach anzugeben sind, einschließlich etwaiger vom Verbraucher zu tragender Vermittlungskosten;
   e) den effektiven Jahreszins oder, wenn eine Änderung des Zinssatzes oder anderer preisbestimmender Faktoren vorbehalten ist, den anfänglichen effektiven Jahreszins; zusammen mit dem anfänglichen effektiven Jahreszins ist auch anzugeben, unter welchen Voraussetzungen preisbestimmende Faktoren geändert werden können und auf welchen Zeitraum Belastungen, die sich aus einer nicht vollständigen Auszahlung oder aus einem Zuschlag zu dem Kreditbetrag ergeben, bei der Berechnung des effektiven Jahreszinses verrechnet werden;
   f) die Kosten einer Restschuld- oder sonstigen Versicherung, die im Zusammenhang mit dem Kreditvertrag abgeschlossen wird;
   g) zu bestellende Sicherheiten;
2. bei Kreditverträgen, die die Lieferung einer bestimmten Sache oder die Erbringung einer bestimmten anderen Leistung gegen Teilzahlungen zum Gegenstand haben,
   a) den Barzahlungspreis;
   b) den Teilzahlungspreis (Gesamtbetrag von Anzahlung und allen vom Verbraucher zu entrichtenden Teilzahlungen einschließlich Zinsen und sonstiger Kosten);
   c) Betrag, Zahl und Fälligkeit der einzelnen Teilzahlungen;
   d) den effektiven Jahreszins;

e) die Kosten einer Versicherung, die im Zusammenhang mit dem Kreditvertrag abgeschlossen wird;
f) die Vereinbarung eines Eigentumsvorbehalts oder einer anderen zu bestellenden Sicherheit.

Der Angabe eines Barzahlungspreises und eines effektiven Jahreszinses bedarf es nicht, wenn der Kreditgeber nur gegen Teilzahlungen Sachen liefert oder Leistungen erbringt.
(2) Effektiver Jahreszins ist die in einem Vomhundertsatz des Nettokreditbetrages oder des Barzahlungspreises anzugebende Gesamtbelastung pro Jahr. Die Berechnung des effektiven und des anfänglichen effektiven Jahreszinses richtet sich nach § 4 der Verordnung zur Regelung der Preisangaben.
(3) Der Kreditgeber hat dem Verbraucher eine Abschrift der Vertragserklärungen auszuhändigen.

§ 5 Überziehungskredit

(1) Die Bestimmungen des § 4 gelten nicht für Kreditverträge, bei denen ein Kreditinstitut einem Verbraucher das Recht einräumt, sein laufendes Konto in bestimmter Höhe zu überziehen, wenn außer den Zinsen für den in Anspruch genommenen Kredit keine weiteren Kosten in Rechnung gestellt werden und die Zinsen nicht in kürzeren Perioden als drei Monaten belastet werden. Das Kreditinstitut hat den Verbraucher vor der Inanspruchnahme eines solchen Kredits zu unterrichten über
1. die Höchstgrenze des Kredits;
2. den zum Zeitpunkt der Unterrichtung geltenden Jahreszins;
3. die Bedingungen, unter denen der Zinssatz geändert werden kann;
4. die Regelung der Vertragsbeendigung.

Die Vertragsbedingungen der Nummern 1 bis 4 sind dem Verbraucher spätestens nach der ersten Inanspruchnahme des Kredits schriftlich zu bestätigen. Ferner ist der Verbraucher während der Inanspruchnahme des Kredits über jede Änderung des Jahreszinses zu unterrichten. Die Bestätigung nach Satz 3 und die Unterrichtung nach Satz 4 können auch in Form eines Ausdrucks auf einem Kontoauszug erfolgen.
(2) Duldet das Kreditinstitut die Überziehung eines laufenden Kontos und wird das Konto länger als drei Monate überzogen, so hat das Kreditinstitut den Verbraucher über den Jahreszins, die Kosten sowie die diesbezüglichen Änderungen zu unterrichten; dies kann in Form eines Ausdrucks auf einem Kontoauszug erfolgen.

§ 6 Rechtsfolgen von Formmängeln

(1) Der Kreditvertrag ist nichtig, wenn die Schriftform insgesamt nicht eingehalten ist oder wenn eine der in § 4 Abs. 1 Satz 4 Nr. 1 Buchstabe a bis f und Nr. 2 Buchstabe a bis e vorgeschriebenen Angaben fehlt.
(2) Ungeachtet eines Mangels nach Absatz 1 wird der Kreditvertrag in den Fällen des § 4 Abs. 1 Satz 4 Nr. 1 gültig, soweit der Verbraucher das Darlehen empfängt oder den Kredit in Anspruch nimmt. Jedoch ermäßigt sich der dem Kreditvertrag zugrunde gelegte Zinssatz (§ 4 Abs. 1 Satz 4 Nr. 1 Buchstabe d) auf den gesetzlichen Zinssatz, wenn seine Angabe, die Angabe des effektiven oder anfänglichen effektiven Jahreszinses oder die Angabe des Gesamtbetrages nach Buchstabe b fehlt. Nicht angegebene Kosten werden vom Verbraucher nicht geschuldet. Vereinbarte Teilzahlungen sind unter Berücksichtigung der verminderten Zinsen oder Kosten neu zu berechnen. Ist nicht angegeben, unter welchen Voraussetzungen preisbestimmende Faktoren geändert werden können, so entfällt die Möglichkeit, diese zum Nachteil des Verbrauchers zu ändern. Sicherheiten können bei fehlenden Angaben hierüber nicht gefordert werden; dies gilt nicht, wenn der Nettokreditbetrag 100 000 Deutsche Mark übersteigt.
(3) Ungeachtet eines Mangels nach Absatz 1 wird der Kreditvertrag in den Fällen des § 4 Abs. 1 Satz 4 Nr. 2 gültig, wenn dem Verbraucher die Sache übergeben oder die Leistung erbracht wird. Jedoch ist der Barzahlungspreis höchstens mit dem gesetzlichen Zinssatz zu verzinsen, wenn die Angabe des Teilzahlungspreises oder des effektiven Jahreszinses fehlt. Ist ein Barzahlungspreis nicht genannt, so gilt im Zweifel der Marktpreis als Barzahlungspreis. Die Bestellung von Sicherheiten kann bei fehlenden Angaben hierüber nicht gefordert werden.
(4) Ist der effektive oder der anfängliche effektive Jahreszins zu niedrig angegeben, so vermindert sich in den Fällen des § 4 Abs. 1 Satz 4 Nr. 1 der dem Kreditvertrag zugrunde gelegte Zinssatz, in den Fällen des § 4 Abs. 1 Satz 4 Nr. 2 der Teilzahlungspreis um den Vomhundertsatz, um den der effektive oder anfängliche effektive Jahreszins zu niedrig angegeben ist.

§ 7 Widerrufsrecht

(1) Die auf den Abschluß eines Kreditvertrages gerichtete Willenserklärung des Verbrauchers wird erst wirksam, wenn der Verbraucher sie nicht binnen einer Frist von einer Woche schriftlich widerruft.
(2) Zur Wahrung der Frist genügt die rechtzeitige Absendung des Widerrufs. Der Lauf der Frist beginnt erst, wenn dem Verbraucher eine drucktechnisch deutlich gestaltete und vom Verbraucher gesondert zu unterschreibende Belehrung über die Bestimmung nach Satz 1, sein Recht zum Widerruf, dessen Wegfall nach Absatz 3 sowie Namen und Anschrift des Widerrufsempfängers ausgehändigt worden ist. Wird der Verbraucher nicht nach Satz 2 belehrt, so erlischt das Widerrufsrecht erst nach beiderseits vollständiger Erbringung der Leistung, spätestens jedoch ein Jahr nach Abgabe der auf den Abschluß des Kreditvertrages gerichteten Willenserklärung des Verbrauchers.
(3) Hat der Verbraucher in den Fällen des § 4 Abs. 1 Satz 4 Nr. 1 das Darlehen empfangen, gilt der Widerruf als nicht erfolgt, wenn er das Darlehen nicht binnen zweier Wochen entweder nach Erklärung des Widerrufs oder nach Auszahlung des Darlehens zurückzahlt.
(4) Auf den Widerruf findet im übrigen § 3 des Gesetzes über den Widerruf von Haustürgeschäften und ähnlichen Geschäften Anwendung.
(5) Die Absätze 1 bis 4 finden keine Anwendung auf die in § 5 Abs. 1 Satz 1 genannten Kreditverträge, wenn der Verbraucher nach dem Kreditvertrag den Kredit jederzeit ohne Einhaltung einer Kündigungsfrist und ohne zusätzliche Kosten zurückzahlen kann. Sie finden ferner keine Anwendung, wenn der Kreditvertrag der Finanzierung des Erwerbs eines Teilzeitnutzungsrechtes an einem Wohngebäude dient und mit dem Erwerbsvertrag eine wirtschaftliche Einheit bildet.

§ 8 Sondervorschrift für Versandhandel

(1) Hat ein Kreditvertrag die Lieferung einer Sache oder die Erbringung einer anderen Leistung zum Gegenstand und gibt der Verbraucher das auf den Vertragsschluß gerichtete Angebot auf Grund eines Verkaufsprospektes ab, aus dem die in § 4 Abs. 1 Satz 4 Nr. 2 Buchstabe a bis e bezeichneten Angaben mit Ausnahme des Betrages der einzelnen Teilzahlungen ersichtlich sind, so findet § 4 keine Anwendung, wenn der Verbraucher den Verkaufsprospekt in Abwesenheit der anderen Vertragspartei eingehend zur Kenntnis nehmen konnte.
(2) Räumt in den Fällen des Absatzes 1 der Kreditgeber dem Verbraucher das uneingeschränkte Recht ein, die Sache innerhalb einer Woche nach Erhalt zurückzugeben, so entfällt das Widerrufsrecht nach § 7. Das Rückgaberecht wird durch den Verbraucher durch Rücksendung der Sache, bei nicht postpaketversandfähigen Sachen durch schriftliches Rücknahmeverlangen ausgeübt. Rücksendung und Rücknahme erfolgen auf Kosten und Gefahr des Kreditgebers. Zur Wahrung der Frist genügt die rechtzeitige Absendung der Sache oder des Rücknahmeverlangens. Der Lauf der Frist beginnt nur, wenn entweder der Verkaufsprospekt und das Bestellformular oder eine dem Verbraucher ausgehändigte besondere Urkunde eine drucktechnisch deutlich gestaltete Belehrung des Verbrauchers über das Rückgaberecht enthalten. Im übrigen finden § 2 Abs. 1 Satz 4 und § 3 des Gesetzes über den Widerruf von Haustürgeschäften und ähnlichen Geschäften Anwendung.

§ 9 Verbundene Geschäfte

(1) Ein Kaufvertrag bildet ein mit dem Kreditvertrag verbundenes Geschäft, wenn der Kredit der Finanzierung des Kaufpreises dient und beide Verträge als wirtschaftliche Einheit anzusehen sind. Eine wirtschaftliche Einheit ist insbesondere anzunehmen, wenn der Kreditgeber sich bei der Vorbereitung oder dem Abschluß des Kreditvertrages der Mitwirkung des Verkäufers bedient.
(2) Die auf den Abschluß des verbundenen Kaufvertrages gerichtete Willenserklärung des Verbrauchers wird erst wirksam, wenn der Verbraucher seine auf den Abschluß des Kreditvertrages gerichtete Willenserklärung nicht gemäß § 7 Abs. 1 widerruft. Die nach § 7 Abs. 2 Satz 2 erforderliche Belehrung über das Widerrufsrecht hat den Hinweis zu enthalten, daß im Falle des Widerrufs auch der verbundene Kaufvertrag nicht wirksam zustande kommt. § 7 Abs. 3 findet keine Anwendung. Ist der Nettokreditbetrag dem Verkäufer bereits zugeflossen, so tritt der Kreditgeber im Verhältnis zum Verbraucher hinsichtlich der Rechtsfolgen des Widerrufs (§ 7 Abs. 4) in die Rechte und Pflichten des Verkäufers aus dem Kaufvertrag ein.
(3) Der Verbraucher kann die Rückzahlung des Kredits verweigern, soweit Einwendungen aus dem verbundenen Kaufvertrag ihn gegenüber dem Verkäufer zur Verweigerung seiner Leistung berechtigen würden. Dies gilt nicht, wenn der finanzierte Kaufpreis vierhundert Deutsche Mark nicht über-

schreitet sowie bei Einwendungen, die auf einer zwischen dem Verkäufer und dem Verbraucher nach Abschluß des Kreditvertrages vereinbarten Vertragsänderung beruhen. Beruht die Einwendung des Verbrauchers auf einem Mangel der gelieferten Sache und verlangt der Verbraucher auf Grund vertraglicher oder gesetzlicher Bestimmungen Nachbesserung oder Ersatzlieferung, so kann er die Rückzahlung des Kredits erst verweigern, wenn die Nachbesserung oder Ersatzlieferung fehlgeschlagen ist.

(4) Die Absätze 1 bis 3 gelten entsprechend für Kredite, die zur Finanzierung des Entgelts für eine andere Leistung als die Lieferung einer Sache gewährt werden.

§ 10 Einwendungsverzicht; Wechsel- und Scheckverbot

(1) Eine Vereinbarung, durch die der Verbraucher auf das Recht verzichtet, Einwendungen, die ihm gegenüber dem Kreditgeber zustehen, gemäß § 404 des Bürgerlichen Gesetzbuchs einem Abtretungsgläubiger entgegenzusetzen oder eine ihm gegen den Kreditgeber zustehende Forderung gemäß § 406 des Bürgerlichen Gesetzbuchs auch dem Abtretungsgläubiger gegenüber aufzurechnen, ist unwirksam.

(2) Der Verbraucher darf nicht verpflichtet werden, für die Ansprüche des Kreditgebers aus dem Kreditvertrag eine Wechselverbindlichkeit einzugehen. Der Kreditgeber darf vom Verbraucher zur Sicherung seiner Ansprüche aus dem Kreditvertrag einen Scheck nicht entgegennehmen. Der Verbraucher kann vom Kreditgeber jederzeit die Herausgabe eines Wechsels oder Schecks, der entgegen Satz 1 oder 2 begeben worden ist, verlangen. Der Kreditgeber haftet für jeden Schaden, der dem Verbraucher aus einer solchen Wechsel- oder Scheckbegebung entsteht.

§ 11 Verzugszinsen; Anrechnung von Teilleistungen

(1) Soweit der Verbraucher mit Zahlungen, die er auf Grund des Kreditvertrages schuldet, in Verzug kommt, ist der geschuldete Betrag mit fünf vom Hundert über dem jeweiligen Diskontsatz der Deutschen Bundesbank zu verzinsen, wenn nicht im Einzelfall der Kreditgeber einen höheren oder der Verbraucher einen niedrigeren Schaden nachweist.

(2) Nach Eintritt des Verzugs anfallende Zinsen sind auf einem gesonderten Konto zu verbuchen und dürfen nicht in ein Kontokorrent mit dem geschuldeten Betrag oder anderen Forderungen des Kreditgebers eingestellt werden. Hinsichtlich dieser Zinsen gilt § 289 Satz 2 des Bürgerlichen Gesetzbuchs mit der Maßgabe, daß der Kreditgeber Schadensersatz nur bis zur Höhe des gesetzlichen Zinssatzes verlangen kann.

(3) Zahlungen des Verbrauchers, die zur Tilgung der gesamten fälligen Schuld nicht ausreichen, werden abweichend von § 367 Abs. 1 des Bürgerlichen Gesetzbuchs zunächst auf die Kosten der Rechtsverfolgung, dann auf den übrigen geschuldeten Betrag (Absatz 1) und zuletzt auf die Zinsen (Absatz 2) angerechnet. Der Kreditgeber darf Teilzahlungen nicht zurückweisen. Auf die Ansprüche auf Zinsen finden die §§ 197 und 218 Abs. 2 des Bürgerlichen Gesetzbuchs keine Anwendung. Die Sätze 1 bis 3 sind nicht anzuwenden, soweit Zahlungen auf Vollstreckungstitel geleistet werden, deren Hauptforderung auf Zinsen lautet.

§ 12 Gesamtfälligstellung bei Teilzahlungskrediten

(1) Der Kreditgeber kann bei einem Kredit, der in Teilzahlungen zu tilgen ist, den Kreditbetrag wegen Zahlungsverzugs des Verbrauchers nur kündigen, wenn

1. der Verbraucher mit mindestens zwei aufeinanderfolgenden Teilzahlungen ganz oder teilweise und mindestens zehn vom Hundert, bei einer Laufzeit des Kreditvertrages über drei Jahre mit fünf vom Hundert des Nennbetrages des Kredits oder des Teilzahlungspreises in Verzug ist und
2. der Kreditgeber dem Verbraucher erfolglos eine zweiwöchige Frist zur Zahlung des rückständigen Betrags mit der Erklärung gesetzt hat, daß er bei Nichtzahlung innerhalb der Frist die gesamte Restschuld verlange.

Der Kreditgeber soll dem Verbraucher spätestens mit der Fristsetzung ein Gespräch über die Möglichkeiten einer einverständlichen Regelung anbieten.

(2) Kündigt der Kreditgeber den Kreditvertrag, so vermindert sich die Restschuld um die Zinsen und sonstigen laufzeitabhängigen Kosten des Kredits, die bei staffelmäßiger Berechnung auf die Zeit nach Wirksamwerden der Kündigung entfallen.

§ 13 Rücktritt des Kreditgebers
(1) Der Kreditgeber kann von einem Kreditvertrag, der die Lieferung einer Sache oder die Erbringung einer anderen Leistung gegen Teilzahlungen zum Gegenstand hat, wegen Zahlungsverzugs des Verbrauchers nur unter den in § 12 Abs. 1 bezeichneten Voraussetzungen zurücktreten.
(2) Auf den Rücktritt finden die für das vertragsmäßige Rücktrittsrecht geltenden Vorschriften der §§ 346 bis 354 und 356 des Bürgerlichen Gesetzbuchs entsprechende Anwendung. Der Verbraucher hat dem Kreditgeber auch die infolge des Vertrages gemachten Aufwendungen zu ersetzen. Bei der Bemessung der Vergütung von Nutzungen einer zurückzugewährenden Sache ist auf die inzwischen eingetretene Wertänderung Rücksicht zu nehmen.
(3) Nimmt der Kreditgeber die auf Grund des Kreditvertrages gelieferte Sache wieder an sich, gilt dies als Ausübung des Rücktrittsrechts, es sei denn, der Kreditgeber einigt sich mit dem Verbraucher, diesem den gewöhnlichen Verkaufswert der Sache im Zeitpunkt der Wegnahme zu vergüten. Satz 1 gilt auch dann, wenn ein Vertrag über die Lieferung einer Sache mit einem Kreditvertrag zu einer wirtschaftlichen Einheit verbunden ist (§ 9 Abs. 1) und der Kreditgeber die Sache an sich nimmt; im Falle des Rücktritts bestimmt sich das Rechtsverhältnis zwischen dem Kreditgeber und dem Verbraucher nach Absatz 2.

§ 14 Vorzeitige Zahlung
Erfüllt der Verbraucher vorzeitig seine Verbindlichkeiten aus einem Kreditvertrag, der die Lieferung einer Sache oder die Erbringung einer anderen Leistung gegen Teilzahlungen zum Gegenstand hat, so vermindert sich der Teilzahlungspreis um die Zinsen und sonstigen laufzeitabhängigen Kosten, die bei staffelmäßiger Berechnung auf die Zeit nach der vorzeitigen Erfüllung entfallen. Ist bei einem Kreditvertrag ein Barzahlungspreis gemäß § 4 Abs. 1 Satz 5 nicht anzugeben, so ist der gesetzliche Zinssatz zugrunde zu legen. Zinsen und sonstige laufzeitabhängige Kosten kann der Kreditgeber jedoch für die ersten neun Monate der ursprünglich vorgesehenen Laufzeit auch dann verlangen, wenn der Verbraucher seine Verbindlichkeiten vor Ablauf dieses Zeitraums erfüllt.

Dritter Abschnitt
Kreditvermittlungsvertrag

§ 15 Schriftform
(1) Der Kreditvermittlungsvertrag bedarf der schriftlichen Form. In der Vertragsurkunde ist insbesondere die Vergütung des Kreditvermittlers in einem Vomhundertsatz des Darlehensbetrags anzugeben; hat der Kreditvermittler auch mit dem Kreditgeber eine Vergütung vereinbart, so ist auch diese anzugeben. Die Vertragsurkunde darf nicht mit dem Antrag auf Hingabe des Darlehens verbunden werden. Der Kreditvermittler hat dem Verbraucher eine Abschrift der Urkunde auszuhändigen.
(2) Ein Kreditvermittlungsvertrag, der den Anforderungen des Absatzes 1 Satz 1 bis 3 nicht genügt, ist nichtig.

§ 16 Vergütung
Der Verbraucher ist zur Zahlung der Vergütung nur verpflichtet, wenn infolge der Vermittlung oder des Nachweises des Kreditvermittlers das Darlehen an den Verbraucher geleistet wird und ein Widerruf des Verbrauchers nach § 7 Abs. 1 nicht mehr möglich ist. Soweit das Darlehen mit Wissen des Kreditvermittlers der vorzeitigen Ablösung eines anderen Kredits (Umschuldung) dient, entsteht ein Anspruch auf die Vergütung nur, wenn sich der effektive Jahreszins oder der anfängliche effektive Jahreszins nicht erhöht, bei der Berechnung des effektiven oder des anfänglichen effektiven Jahreszinses für den abzulösenden Kredit bleiben etwaige Vermittlungskosten außer Betracht.

§ 17 Nebenentgelte
Der Kreditvermittler darf für Leistungen, die mit der Vermittlung des Darlehens oder dem Nachweis der Gelegenheit zum Abschluß eines Darlehensvertrages zusammenhängen, außer der Vergütung nach § 16 Satz 1 ein Entgelt nicht vereinbaren. Jedoch kann vereinbart werden, daß dem Kreditvermittler entstandene, erforderliche Auslagen zu erstatten sind.

Vierter Abschnitt
Allgemeine und Schlußvorschriften

§ 18 Unabdingbarkeit; Umgehungsverbot

Eine von den Vorschriften dieses Gesetzes zum Nachteil des Verbrauchers abweichende Vereinbarung ist unwirksam. Dieses Gesetz ist auch anzuwenden, wenn seine Vorschriften durch anderweitige Gestaltungen umgangen werden.

Gesetz
über den Widerruf von Haustürgeschäften und ähnlichen Geschäften

Vom 16. Januar 1986 (BGBl. I S. 122)
(BGBl. III 402–30)
zuletzt geändert durch Teilzeit-Wohnrechtegesetz vom 20. Dezember 1996
(BGBl. I S. 2154, 2156)
– Auszug –

§ 1 Widerrufsrecht
(1) Eine auf den Abschluß eines Vertrags über eine entgeltliche Leistung gerichtete Willenserklärung, zu der der Erklärende (Kunde)
1. durch mündliche Verhandlungen an seinem Arbeitsplatz oder im Bereich einer Privatwohnung,
2. anläßlich einer von der anderen Vertragspartei oder von einem Dritten zumindest auch in ihrem Interesse durchgeführten Freizeitveranstaltung oder
3. im Anschluß an ein überraschendes Ansprechen in Verkehrsmitteln oder im Bereich öffentlich zugänglicher Verkehrswege

bestimmt worden ist, wird erst wirksam, wenn der Kunde sie nicht binnen einer Frist von einer Woche schriftlich widerruft.
(2) Ein Recht auf Widerruf besteht nicht, wenn
1. im Fall von Absatz 1 Nr. 1 die mündlichen Verhandlungen, auf denen der Abschluß des Vertrags beruht, auf vorhergehende Bestellung des Kunden geführt worden sind oder
2. die Leistung bei Abschluß der Verhandlungen sofort erbracht und bezahlt wird und das Entgelt achtzig Deutsche Mark nicht übersteigt oder
3. die Willenserklärung von einem Notar beurkundet worden ist.

§ 2 Ausübung des Widerrufsrechts; Belehrung
(1) Zur Wahrung der Frist genügt die rechtzeitige Absendung des Widerrufs. Der Lauf der Frist beginnt erst, wenn die andere Vertragspartei dem Kunden eine drucktechnisch deutlich gestaltete schriftliche Belehrung über sein Recht zum Widerruf einschließlich Namen und Anschrift des Widerrufsempfängers sowie einschließlich der Bestimmung des Satzes 1 ausgehändigt hat. Die Belehrung darf keine anderen Erklärungen enthalten und ist vom Kunden zu unterschreiben. Unterbleibt diese Belehrung, so erlischt das Widerrufsrecht des Kunden erst einen Monat nach beiderseits vollständiger Erbringung der Leistung.
(2) Ist streitig, ob oder zu welchem Zeitpunkt die Belehrung dem Kunden ausgehändigt worden ist, so trifft die Beweislast die andere Vertragspartei.

§ 3 Rechtsfolgen des Widerrufs
(1) Im Falle des Widerrufs ist jeder Teil verpflichtet, dem anderen Teil die empfangenen Leistungen zurückzugewähren. Der Widerruf wird durch eine Verschlechterung, den Untergang oder die anderweitige Unmöglichkeit der Herausgabe des empfangenen Gegenstands nicht ausgeschlossen. Hat der Kunde die Verschlechterung, den Untergang oder die anderweitige Unmöglichkeit zu vertreten, so hat er der anderen Vertragspartei die Wertminderung oder den Wert zu ersetzen.
(2) Ist der Kunde nicht nach § 2 belehrt worden und hat er auch nicht anderweitig Kenntnis von seinem Recht zum Widerruf erlangt, so hat er eine Verschlechterung, den Untergang oder die anderweitige Unmöglichkeit nur dann zu vertreten, wenn er diejenige Sorgfalt nicht beachtet hat, die er in eigenen Angelegenheiten anzuwenden pflegt.
(3) Für die Überlassung des Gebrauchs oder die Benutzung einer Sache sowie für sonstige Leistungen bis zu dem Zeitpunkt der Ausübung des Widerrufs ist deren Wert zu vergüten; die durch die bestimmungsmäße Ingebrauchnahme einer Sache oder Inanspruchnahme einer sonstigen Leistung eingetretene Wertminderung bleibt außer Betracht.
(4) Der Kunde kann für die auf die Sache gemachten notwendigen Aufwendungen Ersatz von der anderen Vertragspartei verlangen.

§ 4 Zug-um-Zug-Verpflichtung
Die sich nach § 3 ergebenden Verpflichtungen der Vertragsparteien sind Zug um Zug zu erfüllen.

§ 5 Umgehungsverbot; Unabdingbarkeit

(1) Dieses Gesetz findet auch Anwendung, wenn seine Vorschriften durch anderweitige Gestaltungen umgangen werden.

(2) Erfüllt ein Geschäft im Sinne des § 1 Abs. 1 zugleich die Voraussetzungen eines Geschäfts nach dem Verbraucherkreditgesetz, nach § 11 des Gesetzes über den Vertrieb ausländischer Investmentanteile und über die Besteuerung der Erträge aus ausländischen Investmentanteilen, nach § 23 des Gesetzes über Kapitalanlagegesellschaften oder nach § 4 des Gesetzes zum Schutz der Teilnehmer am Fernunterricht, so sind nur die Vorschriften dieser Gesetze anzuwenden.

(3) Erfüllt ein Geschäft im Sinne des § 1 Abs. 1 zugleich die Voraussetzungen eines Geschäftes nach dem Teilzeit-Wohnrechtegesetz, so sind in bezug auf das Widerrufsrecht nur die Vorschriften des Teilzeit-Wohnrechtegesetzes anzuwenden.

(4) Von den Vorschriften dieses Gesetzes zum Nachteil des Kunden abweichende Vereinbarungen sind unwirksam. Beim Abschluß eines Kaufvertrags auf Grund eines Verkaufsprospekts kann das Widerrufsrecht nach § 1 Abs. 1 durch ein schriftlich eingeräumtes, uneingeschränktes Rückgaberecht entsprechend § 8 Abs. 2 Satz 1 bis 5 des Verbraucherkreditgesetzes ersetzt werden; Voraussetzung ist, daß der Kunde den Verkaufsprospekt in Abwesenheit der anderen Vertragspartei eingehend zur Kenntnis nehmen konnte und zwischen dem Kunden und der anderen Vertragspartei im Zusammenhang mit diesem oder einem späteren Geschäft eine ständige Verbindung aufrechterhalten werden soll.

§ 6 Anwendungsbereich

Die Vorschriften dieses Gesetzes finden keine Anwendung,
1. wenn der Kunde den Vertrag in Ausübung einer selbständigen Erwerbstätigkeit abschließt oder die andere Vertragspartei nicht geschäftsmäßig handelt,
2. beim Abschluß von Versicherungsverträgen.

§ 7 Ausschließlicher Gerichtsstand

(1) Für Klagen aus Geschäften im Sinne des § 1 ist das Gericht ausschließlich zuständig, in dessen Bezirk der Kunde zur Zeit der Klageerhebung seinen Wohnsitz, in Ermangelung eines solchen seinen gewöhnlichen Aufenthaltsort hat.

(2) Eine abweichende Vereinbarung ist jedoch zulässig für den Fall, daß der Kunde nach Vertragsschluß seinen Wohnsitz oder gewöhnlichen Aufenthaltsort aus dem Geltungsbereich dieses Gesetzes verlegt oder sein Wohnsitz oder gewöhnlicher Aufenthaltsort im Zeitpunkt der Klageerhebung nicht bekannt ist.

...

Gesetz
zur Regelung des Rechts der Allgemeinen Geschäftsbedingungen (AGB-Gesetz)

Vom 9. Dezember 1976 (BGBl. I S. 3317)
(BGBl. III 402-28)
zuletzt geändert durch Überweisungsgesetz vom 21. Juli 1999 (BGBl. I S. 1642, 1645)
– Auszug –

Erster Abschnitt
Sachlich-rechtliche Vorschriften

Erster Unterabschnitt
Allgemeine Vorschriften

§ 1 Begriffsbestimmung

(1) Allgemeine Geschäftsbedingungen sind alle für eine Vielzahl von Verträgen vorformulierten Vertragsbedingungen, die eine Vertragspartei (Verwender) der anderen Vertragspartei bei Abschluß eines Vertrages stellt. Gleichgültig ist, ob die Bestimmungen einen äußerlich gesonderten Bestandteil des Vertrages bilden oder in die Vertragsurkunde selbst aufgenommen werden, welchen Umfang sie haben, in welcher Schriftart sie verfaßt sind und welche Form der Vertrag hat.

(2) Allgemeine Geschäftsbedingungen liegen nicht vor, soweit die Vertragsbedingungen zwischen den Vertragsparteien im einzelnen ausgehandelt sind.

§ 2 Einbeziehung in den Vertrag

(1) Allgemeine Geschäftsbedingungen werden nur dann Bestandteil eines Vertrages, wenn der Verwender bei Vertragsabschluß
1. die andere Vertragspartei ausdrücklich oder, wenn ein ausdrücklicher Hinweis wegen der Art des Vertragsabschlusses nur unter unverhältnismäßigen Schwierigkeiten möglich ist, durch deutlich sichtbaren Aushang am Ort des Vertragsabschlusses auf sie hinweist und
2. der anderen Vertragspartei die Möglichkeit verschafft, in zumutbarer Weise von ihrem Inhalt Kenntnis zu nehmen,

und wenn die andere Vertragspartei mit ihrer Geltung einverstanden ist.

(2) Die Vertragsparteien können für eine bestimmte Art von Rechtsgeschäften die Geltung bestimmter Allgemeiner Geschäftsbedingungen unter Beachtung der in Absatz 1 bezeichneten Erfordernisse im voraus vereinbaren.

§ 3 Überraschende Klauseln

Bestimmungen in Allgemeinen Geschäftsbedingungen, die nach den Umständen, insbesondere nach dem äußeren Erscheinungsbild des Vertrags, so ungewöhnlich sind, daß der Vertragspartner des Verwenders mit ihnen nicht zu rechnen braucht, werden nicht Vertragsbestandteil.

§ 4 Vorrang der Individualabrede

Individuelle Vertragsabreden haben Vorrang vor Allgemeinen Geschäftsbedingungen.

§ 5 Unklarheitenregel

Zweifel bei der Auslegung Allgemeiner Geschäftsbedingungen gehen zu Lasten des Verwenders.

§ 6 Rechtsfolgen bei Nichteinbeziehung und Unwirksamkeit

(1) Sind Allgemeine Geschäftsbedingungen ganz oder teilweise nicht Vertragsbestandteil geworden oder unwirksam, so bleibt der Vertrag im übrigen wirksam.

(2) Soweit die Bestimmungen nicht Vertragsbestandteil geworden oder unwirksam sind, richtet sich der Inhalt des Vertrages nach den gesetzlichen Vorschriften.

(3) Der Vertrag ist unwirksam, wenn das Festhalten an ihm auch unter Berücksichtigung der nach Absatz 2 vorgesehenen Änderung eine unzumutbare Härte für eine Vertragspartei darstellen würde.

§ 7 Umgehungsverbot

Dieses Gesetz findet auch Anwendung, wenn seine Vorschriften durch anderweitige Gestaltungen umgangen werden.

Zweiter Unterabschnitt
Unwirksame Klauseln

§ 8 Schranken der Inhaltskontrolle
Die §§ 9 bis 11 gelten nur für Bestimmungen in Allgemeinen Geschäftsbedingungen, durch die von Rechtsvorschriften abweichende oder diese ergänzende Regelungen vereinbart werden.

§ 9 Generalklausel
(1) Bestimmungen in Allgemeinen Geschäftsbedingungen sind unwirksam, wenn sie den Vertragspartner des Verwenders entgegen den Geboten von Treu und Glauben unangemessen benachteiligen.
(2) Eine unangemessene Benachteiligung ist im Zweifel anzunehmen, wenn eine Bestimmung
1. mit wesentlichen Grundgedanken der gesetzlichen Regelung, von der abgewichen wird, nicht zu vereinbaren ist, oder
2. wesentliche Rechte oder Pflichten, die sich aus der Natur des Vertrages ergeben, so einschränkt, daß die Erreichung des Vertragszwecks gefährdet ist.

§ 10 Klauselverbote mit Wertungsmöglichkeit
In Allgemeinen Geschäftsbedingungen ist insbesondere unwirksam
1. (Annahme- und Leistungsfrist)
   eine Bestimmung, durch die sich der Verwender unangemessen lange oder nicht hinreichend bestimmte Fristen für die Annahme oder Ablehnung eines Angebots oder die Erbringung einer Leistung vorbehält;
2. (Nachfrist)
   eine Bestimmung, durch die sich der Verwender für die von ihm zu bewirkende Leistung entgegen § 326 Abs. 1 des Bürgerlichen Gesetzbuchs eine unangemessen lange oder nicht hinreichend bestimmte Nachfrist vorbehält;
3. (Rücktrittsvorbehalt)
   die Vereinbarung eines Rechts des Verwenders, sich ohne sachlich gerechtfertigten und im Vertrag angegebenen Grund von seiner Leistungspflicht zu lösen; dies gilt nicht für Dauerschuldverhältnisse;
4. (Änderungsvorbehalt)
   die Vereinbarung eines Rechts des Verwenders, die versprochene Leistung zu ändern oder von ihr abzuweichen, wenn nicht die Vereinbarung der Änderung oder Abweichung unter Berücksichtigung der Interessen des Verwenders für den anderen Vertragsteil zumutbar ist;
5. (Fingierte Erklärungen)
   eine Bestimmung, wonach eine Erklärung des Vertragspartners des Verwenders bei Vornahme oder Unterlassung einer bestimmten Handlung als von ihm abgegeben oder nicht abgegeben gilt, es sei denn, daß
   a) dem Vertragspartner eine angemessene Frist zur Abgabe einer ausdrücklichen Erklärung eingeräumt ist und
   b) der Verwender sich verpflichtet, den Vertragspartner bei Beginn der Frist auf die vorgesehene Bedeutung seines Verhaltens besonders hinzuweisen;
6. (Fiktion des Zugangs)
   eine Bestimmung, die vorsieht, daß eine Erklärung des Verwenders von besonderer Bedeutung dem anderen Vertragsteil als zugegangen gilt;
7. (Abwicklung von Verträgen)
   eine Bestimmung, nach der der Verwender für den Fall, daß eine Vertragspartei vom Vertrage zurücktritt oder den Vertrag kündigt,
   a) eine unangemessen hohe Vergütung für die Nutzung oder den Gebrauch einer Sache oder eines Rechts oder für erbrachte Leistungen oder
   b) einen unangemessen hohen Ersatz von Aufwendungen verlangen kann;
8. (aufgehoben)

§ 11 Klauselverbote ohne Wertungsmöglichkeit
In Allgemeinen Geschäftsbedingungen ist unwirksam
1. (Kurzfristige Preiserhöhungen)

eine Bestimmung, welche die Erhöhung des Entgelts für Waren oder Leistungen vorsieht, die innerhalb von vier Monaten nach Vertragsabschluß geliefert oder erbracht werden sollen; dies gilt nicht bei Waren oder Leistungen, die im Rahmen von Dauerschuldverhältnissen geliefert oder erbracht werden;

2. (Leistungsverweigerungsrechte)
   eine Bestimmung, durch die
   a) das Leistungsverweigerungsrecht, das dem Vertragspartner des Verwenders nach § 320 des Bürgerlichen Gesetzbuchs zusteht, ausgeschlossen oder eingeschränkt wird, oder
   b) ein dem Vertragspartner des Verwenders zustehendes Zurückbehaltungsrecht, soweit es auf demselben Vertragsverhältnis beruht, ausgeschlossen oder eingeschränkt, insbesondere von der Anerkennung von Mängeln durch den Verwender abhängig gemacht wird;

3. (Aufrechnungsverbot)
   eine Bestimmung, durch die dem Vertragspartner des Verwenders die Befugnis genommen wird, mit einer unbestrittenen oder rechtskräftig festgestellten Forderung aufzurechnen;

4. (Mahnung, Fristsetzung)
   eine Bestimmung, durch die der Verwender von der gesetzlichen Obliegenheit freigestellt wird, den anderen Vertragsteil zu mahnen oder ihm eine Nachfrist zu setzen;

5. (Pauschalierung von Schadensersatzansprüchen)
   die Vereinbarung eines pauschalierten Anspruchs des Verwenders auf Schadensersatz oder Ersatz einer Wertminderung, wenn
   a) die Pauschale den in den geregelten Fällen nach dem gewöhnlichen Lauf der Dinge zu erwartenden Schaden oder die gewöhnlich eintretende Wertminderung übersteigt, oder
   b) dem anderen Vertragsteil der Nachweis abgeschnitten wird, ein Schaden oder eine Wertminderung sei überhaupt nicht entstanden oder wesentlich niedriger als die Pauschale;

6. (Vertragsstrafe)
   eine Bestimmung, durch die dem Verwender für den Fall der Nichtabnahme oder verspäteten Abnahme der Leistung, des Zahlungsverzugs oder für den Fall, daß der andere Vertragsteil sich vom Vertrag löst, Zahlung einer Vertragsstrafe versprochen wird;

7. (Haftung bei grobem Verschulden)
   ein Ausschluß oder eine Begrenzung der Haftung für einen Schaden, der auf einer grob fahrlässigen Vertragsverletzung des Verwenders oder auf einer vorsätzlichen oder grob fahrlässigen Vertragsverletzung eines gesetzlichen Vertreters oder Erfüllungsgehilfen des Verwenders beruht; dies gilt auch für Schäden aus der Verletzung von Pflichten bei den Vertragsverhandlungen;

8. (Verzug, Unmöglichkeit)
   eine Bestimmung, durch die für den Fall des Leistungsverzugs des Verwenders oder der von ihm zu vertretenden Unmöglichkeit der Leistung
   a) das Recht des anderen Vertragsteils, sich vom Vertrag zu lösen, ausgeschlossen oder eingeschränkt oder
   b) das Recht des anderen Vertragsteils, Schadensersatz zu verlangen, ausgeschlossen oder entgegen Nummer 7 eingeschränkt wird;

9. (Teilverzug, Teilunmöglichkeit)
   eine Bestimmung, die für den Fall des teilweisen Leistungsverzugs des Verwenders oder bei von ihm zu vertretender teilweiser Unmöglichkeit der Leistung das Recht der anderen Vertragspartei ausschließt, Schadensersatz wegen Nichterfüllung der ganzen Verbindlichkeit zu verlangen oder von dem ganzen Vertrag zurückzutreten, wenn die teilweise Erfüllung des Vertrages für ihn kein Interesse hat;

10. (Gewährleistung)
    eine Bestimmung, durch die bei Verträgen über Lieferungen neu hergestellter Sachen und Leistungen
    a) (Ausschluß und Verweisung auf Dritte)
       die Gewährleistungsansprüche gegen den Verwender einschließlich etwaiger Nachbesserungs- und Ersatzlieferungsansprüche insgesamt oder bezüglich einzelner Teile ausgeschlossen, auf

die Einräumung von Ansprüchen gegen Dritte beschränkt oder von der vorherigen gerichtlichen Inanspruchnahme Dritter abhängig gemacht werden;

b) (Beschränkung auf Nachbesserung)
die Gewährleistungsansprüche gegen den Verwender insgesamt oder bezüglich einzelner Teile auf ein Recht auf Nachbesserung oder Ersatzlieferung beschränkt werden, sofern dem anderen Vertragsteil nicht ausdrücklich das Recht vorbehalten wird, bei Fehlschlagen der Nachbesserung oder Ersatzlieferung Herabsetzung der Vergütung oder, wenn nicht eine Bauleistung Gegenstand der Gewährleistung ist, nach seiner Wahl Rückgängigmachung des Vertrags zu verlangen;

c) (Aufwendungen bei Nachbesserung)
die Verpflichtung des gewährleistungspflichtigen Verwenders ausgeschlossen oder beschränkt wird, die Aufwendungen zu tragen, die zum Zweck der Nachbesserung erforderlich werden, insbesondere Transport-, Wege-, Arbeits- und Materialkosten;

d) (Vorenthalten der Mängelbeseitigung)
der Verwender die Beseitigung eines Mangels oder die Ersatzlieferung einer mangelfreien Sache von der vorherigen Zahlung des vollständigen Entgelts oder eines unter Berücksichtigung des Mangels unverhältnismäßig hohen Teils des Entgelts abhängig macht;

e) (Ausschlußfrist für Mängelanzeige)
der Verwender dem anderen Vertragsteil für die Anzeige nicht offensichtlicher Mängel eine Ausschlußfrist setzt, die kürzer ist als die Verjährungsfrist für den gesetzlichen Gewährleistungsanspruch;

f) (Verkürzung von Gewährleistungsfristen)
die gesetzlichen Gewährleistungsfristen verkürzt werden;

11. (Haftung für zugesicherte Eigenschaften)
eine Bestimmung, durch die bei einem Kauf-, Werk- oder Werklieferungsvertrag Schadensersatzansprüche gegen den Verwender nach den §§ 463, 480 Abs. 2, § 635 des Bürgerlichen Gesetzbuchs wegen Fehlens zugesicherter Eigenschaften ausgeschlossen oder eingeschränkt werden;

12. (Laufzeit bei Dauerschuldverhältnissen)
bei einem Vertragsverhältnis, das die regelmäßige Lieferung von Waren oder die regelmäßige Erbringung von Dienst- oder Werkleistungen durch den Verwender zum Gegenstand hat,
   a) eine den anderen Vertragsteil länger als zwei Jahre bindende Laufzeit des Vertrags,
   b) eine den anderen Vertragsteil bindende stillschweigende Verlängerung des Vertragsverhältnisses um jeweils mehr als ein Jahr oder
   c) zu Lasten des anderen Vertragsteils eine längere Kündigungsfrist als drei Monate vor Ablauf der zunächst vorgesehenen oder stillschweigend verlängerten Vertragsdauer;

13. (Wechsel des Vertragspartners)
eine Bestimmung, wonach bei Kauf-, Dienst- oder Werkverträgen ein Dritter an Stelle des Verwenders in die sich aus dem Vertrag ergebenden Rechte und Pflichten eintritt oder eintreten kann, es sei denn, in der Bestimmung wird
   a) der Dritte namentlich bezeichnet, oder
   b) dem anderen Vertragsteil das Recht eingeräumt, sich vom Vertrag zu lösen;

14. (Haftung des Abschlußvertreters)
eine Bestimmung, durch die der Verwender einem Vertreter, der den Vertrag für den anderen Vertragsteil abschließt,
   a) ohne hierauf gerichtete ausdrückliche und gesonderte Erklärung eine eigene Haftung oder Einstandspflicht oder
   b) im Falle vollmachtsloser Vertretung eine über § 179 des Bürgerlichen Gesetzbuchs hinausgehende Haftung
   auferlegt;

15. (Beweislast)
eine Bestimmung, durch die der Verwender die Beweislast zum Nachteil des anderen Vertragsteils ändert, insbesondere indem er

a) diesem die Beweislast für Umstände auferlegt, die im Verantwortungsbereich des Verwenders liegen;
b) den anderen Vertragsteil bestimmte Tatsachen bestätigen läßt.
Buchstabe b gilt nicht für gesondert unterschriebene Empfangsbekenntnisse;
16. (Form von Anzeigen und Erklärungen)
eine Bestimmung, durch die Anzeigen oder Erklärungen, die dem Verwender oder einem Dritten gegenüber abzugeben sind, an eine strengere Form als die Schriftform oder an besondere Zugangserfordernisse gebunden werden.

Zweiter Abschnitt
Kollisionsrecht

§ 12 Internationaler Geltungsbereich
Unterliegt ein Vertrag ausländischem Recht, so sind die Vorschriften dieses Gesetzes gleichwohl anzuwenden, wenn der Vertrag einen engen Zusammenhang mit dem Gebiet der Bundesrepublik Deutschland aufweist. Ein enger Zusammenhang ist insbesondere anzunehmen, wenn
1. der Vertrag auf Grund eines öffentlichen Angebots, einer öffentlichen Werbung oder einer ähnlichen im Geltungsbereich dieses Gesetzes entfalteten geschäftlichen Tätigkeit des Verwenders zustandekommt und
2. der andere Vertragsteil bei Abgabe seiner auf den Vertragsschluß gerichteten Erklärung seinen Wohnsitz oder gewöhnlichen Aufenthalt im Geltungsbereich dieses Gesetzes hat und seine Willenserklärung im Geltungsbereich dieses Gesetzes abgibt.

Dritter Abschnitt
Verfahren

§ 13 Unterlassungs- und Widerrufsanspruch
(1) Wer in Allgemeinen Geschäftsbedingungen Bestimmungen, die nach §§ 9 bis 11 dieses Gesetzes unwirksam sind, verwendet oder für den rechtsgeschäftlichen Verkehr empfiehlt, kann auf Unterlassung und im Fall des Empfehlens auch auf Widerruf in Anspruch genommen werden.
(2) Die Ansprüche auf Unterlassung und auf Widerruf können nur geltend gemacht werden
1. von rechtsfähigen Verbänden, zu deren satzungsgemäßen Aufgaben es gehört, die Interessen der Verbraucher durch Aufklärung und Beratung wahrzunehmen, wenn sie in diesem Aufgabenbereich tätige Verbände oder mindestens fünfundsiebzig natürliche Personen als Mitglieder haben,
2. von rechtsfähigen Verbänden zur Förderung gewerblicher Interessen oder
3. von den Industrie- und Handelskammern oder den Handwerkskammern.
(3) Die in Absatz 2 Nr. 1 bezeichneten Verbände können Ansprüche auf Unterlassung und auf Widerruf nicht geltend machen, wenn Allgemeine Geschäftsbedingungen gegenüber einem Unternehmer (§ 24 Satz 1 Nr. 1) verwendet oder wenn Allgemeine Geschäftsbedingungen zur ausschließlichen Verwendung zwischen Unternehmern empfohlen werden.
(4) Die Ansprüche nach Absatz 1 verjähren in zwei Jahren von dem Zeitpunkt an, in welchem der Anspruchsberechtigte von der Verwendung oder Empfehlung der unwirksamen Allgemeinen Geschäftsbedingungen Kenntnis erlangt hat, ohne Rücksicht auf diese Kenntnis in vier Jahren von der jeweiligen Verwendung oder Empfehlung an.

§ 14 Zuständigkeit[1]
(1) Für Klagen nach § 13 dieses Gesetzes ist das Landgericht ausschließlich zuständig, in dessen Bezirk der Beklagte seine gewerbliche Niederlassung oder in Ermangelung einer solchen seinen Wohnsitz hat. Hat der Beklagte im Inland weder eine gewerbliche Niederlassung noch einen Wohnsitz, so ist das Gericht des inländischen Aufenthaltsorts zuständig, in Ermangelung eines solchen das Gericht, in dessen Bezirk die nach §§ 9 bis 11 dieses Gesetzes unwirksamen Bestimmungen in Allgemeinen Geschäftsbedingungen verwendet wurden.

---

1) Mit Wirkung vom 1.1.2000 tritt in den Ländern Baden-Württemberg, Bayern, Berlin, Bremen, Hamburg, Hessen, Niedersachsen, Nordrhein-Westfalen, Rheinland-Pfalz, Saarland und Schleswig-Holstein folgende Änderung in Kraft:
»1. Absatz 3 wird aufgehoben.
2. Absatz 4 wird Absatz 3. Die Worte nach »Absatz 3« werden gestrichen.«
In den übrigen Ländern tritt die Änderung am 1.1.2005 in Kraft.

(2) Die Landesregierungen werden ermächtigt, zur sachdienlichen Förderung oder schnelleren Erledigung der Verfahren durch Rechtsverordnung einem Landgericht für die Bezirke mehrerer Landgerichte Rechtsstreitigkeiten nach diesem Gesetz zuzuweisen. Die Landesregierungen können die Ermächtigung durch Rechtsverordnung auf die Landesjustizverwaltungen übertragen.
(3) Die Parteien können sich vor den nach Absatz 2 bestimmten Gerichten auch durch Rechtsanwälte vertreten lassen, die bei dem Gericht zugelassen sind, vor das der Rechtsstreit ohne die Regelung nach Absatz 2 gehören würde.
(4) Die Mehrkosten, die einer Partei dadurch erwachsen, daß sie sich nach Absatz 3 durch einen nicht beim Prozeßgericht zugelassenen Rechtsanwalt vertreten läßt, sind nicht zu erstatten.

§ 15 Verfahren
(1) Auf das Verfahren sind die Vorschriften der Zivilprozeßordnung anzuwenden, soweit sich aus diesem Gesetz nicht etwas anderes ergibt.
(2) Der Klageantrag muß auch enthalten:
1. den Wortlaut der beanstandeten Bestimmungen in Allgemeinen Geschäftsbedingungen;
2. die Bezeichnung der Art der Rechtsgeschäfte, für die die Bestimmungen beanstandet werden.

§ 16 Anhörung
Das Gericht hat vor der Entscheidung über eine Klage nach § 13 zu hören
1. die zuständige Aufsichtsbehörde für das Versicherungswesen, wenn Gegenstand der Klage Bestimmungen in Allgemeinen Versicherungsbestimmungen sind, oder
2. das Bundesaufsichtsamt für das Kreditwesen, wenn Gegenstand der Klage Bestimmungen in Allgemeinen Geschäftsbedingungen sind, die das Bundesaufsichtsamt für das Kreditwesen nach Maßgabe des Gesetzes über Bausparkassen, des Gesetzes über Kapitalanlagegesellschaften, des Hypothekenbankgesetzes oder des Gesetzes über Schiffspfandbriefbanken zu genehmigen hat.

§ 17 Urteilsformel
Erachtet das Gericht die Klage für begründet, so enthält die Urteilsformel auch:
1. die beanstandeten Bestimmungen der Allgemeinen Geschäftsbedingungen im Wortlaut;
2. die Bezeichnung der Art der Rechtsgeschäfte, für die die den Unterlassungsanspruch begründenden Bestimmungen der Allgemeinen Geschäftsbedingungen nicht verwendet werden dürfen;
3. das Gebot, die Verwendung inhaltsgleicher Bestimmungen in Allgemeinen Geschäftsbedingungen zu unterlassen;
4. für den Fall der Verurteilung zum Widerruf das Gebot, das Urteil in gleicher Weise bekanntzugeben, wie die Empfehlung verbreitet wurde.

§ 18 Veröffentlichungsbefugnis
Wird der Klage stattgegeben, so kann dem Kläger auf Antrag die Befugnis zugesprochen werden, die Urteilsformel mit der Bezeichnung des verurteilten Verwenders oder Empfehlers auf Kosten des Beklagten im Bundesanzeiger, im übrigen auf eigene Kosten bekanntzumachen. Das Gericht kann die Befugnis zeitlich begrenzen.

§ 19 Einwendung bei abweichender Entscheidung
Der Verwender, dem die Verwendung einer Bestimmung untersagt worden ist, kann im Wege der Klage nach § 767 ZPO einwenden, daß nachträglich eine Entscheidung des Bundesgerichtshofs oder des Gemeinsamen Senats der Obersten Gerichtshöfe des Bundes ergangen ist, welche die Verwendung dieser Bestimmung für dieselbe Art von Rechtsgeschäften nicht untersagt, und daß die Zwangsvollstreckung aus dem Urteil gegen ihn in unzumutbarer Weise seinen Geschäftsbetrieb beeinträchtigen würde.

§ 20 Register
(1) Das Gericht teilt dem Bundeskartellamt von Amts wegen mit
1. Klagen, die nach § 13 oder nach § 19 anhängig werden,
2. Urteile, die im Verfahren nach § 13 oder nach § 19 ergehen, sobald sie rechtskräftig sind,
3. die sonstige Erledigung der Klage.
(2) Das Bundeskartellamt führt über die nach Absatz 1 eingehenden Mitteilungen ein Register.
(3) Die Eintragung ist nach zwanzig Jahren seit dem Schluß des Jahres zu löschen, in dem die Eintragung in das Register erfolgt ist. Die Löschung erfolgt durch Eintragung eines Löschungsvermerks; mit

der Löschung der Eintragung einer Klage ist die Löschung der Eintragung ihrer sonstigen Erledigung (Absatz 1 Nr. 3) zu verbinden.

(4) Über eine bestehende Eintragung ist jedermann auf Antrag Auskunft zu erteilen. Die Auskunft enthält folgende Angaben:
1. für Klagen nach Absatz 1 Nr. 1
   a) die beklagte Partei,
   b) das angerufene Gericht samt Geschäftsnummer,
   c) den Klageantrag;
2. für Urteile nach Absatz 1 Nr. 2
   a) die verurteilte Partei,
   b) das entscheidende Gericht samt Geschäftsnummer,
   c) die Urteilsformel;
3. für die sonstige Erledigung nach Absatz 1 Nr. 3 die Art der Erledigung.

§ 21 Wirkungen des Urteils
Handelt der verurteilte Verwender dem Unterlassungsgebot zuwider, so ist die Bestimmung in den Allgemeinen Geschäftsbedingungen als unwirksam anzusehen, soweit sich der betroffene Vertragsteil auf die Wirkung des Unterlassungsurteils beruft. Er kann sich jedoch auf die Wirkung des Unterlassungsurteils nicht berufen, wenn der verurteilte Verwender gegen das Urteil die Klage nach § 19 erheben könnte.

§ 22 (aufgehoben)

Vierter Abschnitt
Anwendungsbereich

§ 23 Sachlicher Anwendungsbereich
(1) Dieses Gesetz findet keine Anwendung bei Verträgen auf dem Gebiet des Arbeits-, Erb-, Familien- und Gesellschaftsrechts.
(2) Keine Anwendung finden ferner
1. § 2 für die mit Genehmigung der zuständigen Verkehrsbehörde oder auf Grund von internationalen Übereinkommen erlassenen Tarife und Ausführungsbestimmungen der Eisenbahnen und die nach Maßgabe des Personenbeförderungsgesetzes genehmigten Beförderungsbedingungen der Straßenbahnen, Obusse und Kraftfahrzeuge im Linienverkehr;
1 a. § 2 für die Allgemeinen Geschäftsbedingungen und Entgelte der Anbieter von Telekommunikationsdienstleistungen über das Angebot von Telekommunikationsdienstleistungen für die Öffentlichkeit nach dem Telekommunikationsgesetz, sofern sie in ihrem Wortlaut im Amtsblatt der Regulierungsbehörde veröffentlicht worden sind und bei den Geschäftsstellen der Anbieter zur Einsichtnahme bereitgehalten werden;
1 b. § 2 für die Allgemeinen Geschäftsbedingungen der Deutschen Post AG für Leistungen im Rahmen des Beförderungsvorbehalts nach dem Postgesetz, sofern sie in ihrem Wortlaut im Amtsblatt der Regulierungsbehörde veröffentlicht worden sind und bei den Geschäftsstellen der Deutschen Post AG zur Einsichtnahme bereitgehalten werden;
2. die §§ 10 und 11 für Verträge der Elektrizitäts- und der Gasversorgungsunternehmen über die Versorgung von Sonderabnehmern mit elektrischer Energie und mit Gas aus dem Versorgungsnetz, soweit die Versorgungsbedingungen nicht zum Nachteil der Abnehmer von den auf Grund des § 7 des Energiewirtschaftsgesetzes erlassenen Allgemeinen Bedingungen für die Versorgung mit elektrischer Arbeit aus dem Niederspannungsnetz der Elektrizitätsversorgungsunternehmen und Allgemeinen Bedingungen für die Versorgung mit Gas aus dem Versorgungsnetz der Gasversorgungsunternehmen abweichen;
3. § 11 Nr. 7 und 8 für die nach Maßgabe des Personenbeförderungsgesetzes genehmigten Beförderungsbedingungen und Tarifvorschriften der Straßenbahnen, Obusse und Kraftfahrzeuge im Linienverkehr, soweit sie nicht zum Nachteil des Fahrgastes von der Verordnung über die Allgemeinen Beförderungsbedingungen für den Straßenbahn- und Obusverkehr sowie den Linienverkehr mit Kraftfahrzeugen vom 27. Februar 1970 abweichen;
4. § 11 Nr. 7 für staatlich genehmigte Lotterieverträge oder Ausspielverträge;

5. § 10 Nr. 5 und § 11 Nr. 10 Buchstabe f für Leistungen, für die die Verdingungsordnung für Bauleistungen (VOB) Vertragsgrundlage ist;
6. § 11 Nr. 12 für Verträge über die Lieferung als zusammengehörig verkaufter Sachen, für Versicherungsverträge sowie für Verträge zwischen den Inhabern urheberrechtlicher Rechte und Ansprüche und Verwertungsgesellschaften im Sinne des Gesetzes über die Wahrnehmung von Urheberrechten und verwandten Schutzrechten.

(3) Ein Bausparvertrag, ein Versicherungsvertrag sowie das Rechtsverhältnis zwischen einer Kapitalanlagegesellschaft und einem Anteilinhaber unterliegen den von der zuständigen Behörde genehmigten Allgemeinen Geschäftsbedingungen der Bausparkasse, des Versicherers sowie der Kapitalanlagegesellschaft auch dann, wenn die in § 2 Abs. 1 Nr. 1 und 2 bezeichneten Erfordernisse nicht eingehalten sind.

§ 24 Persönlicher Anwendungsbereich

Die Vorschriften der §§ 2, 10, 11 und 12 finden keine Anwendung auf Allgemeine Geschäftsbedingungen,
1. die gegenüber einer Person verwendet werden, die bei Abschluß des Vertrages in Ausübung ihrer gewerblichen oder selbständigen beruflichen Tätigkeit handelt (Unternehmer);
2. die gegenüber einer juristischen Person des öffentlichen Rechts oder einem öffentlich-rechtlichen Sondervermögen verwendet werden.

§ 9 ist in den Fällen des Satzes 1 auch insoweit anzuwenden, als dies zur Unwirksamkeit von in den §§ 10 und 11 genannten Vertragsbestimmungen führt; auf die im Handelsverkehr geltenden Gewohnheiten und Gebräuche ist angemessen Rücksicht zu nehmen.

§ 24 a Verbraucherverträge

Bei Verträgen zwischen einem Unternehmer und einer natürlichen Person, die den Vertrag zu einem Zweck abschließt, der weder einer gewerblichen noch einer selbständigen beruflichen Tätigkeit zugerechnet werden kann (Verbraucher), sind die Vorschriften dieses Gesetzes mit folgenden Maßgaben anzuwenden:
1. Allgemeine Geschäftsbedingungen gelten als vom Unternehmer gestellt, es sei denn, daß sie durch den Verbraucher in den Vertrag eingeführt wurden;
2. die §§ 5, 6 und 8 bis 12 sind auf vorformulierte Vertragsbedingungen auch dann anzuwenden, wenn diese nur zur einmaligen Verwendung bestimmt sind und soweit der Verbraucher auf Grund der Vorformulierung auf ihren Inhalt keinen Einfluß nehmen konnte;
3. bei der Beurteilung der unangemessenen Benachteiligung nach § 9 sind auch die den Vertragsabschluß begleitenden Umstände zu berücksichtigen.

Fünfter Abschnitt
Schluß- und Übergangsvorschriften

...

§ 29 Kundenbeschwerden

(1) Bei Streitigkeiten aus der Anwendung der §§ 675 a bis 676 g des Bürgerlichen Gesetzbuchs können die Beteiligten unbeschadet ihres Rechts, die Gerichte anzurufen, eine Schlichtungsstelle anrufen, die bei der Deutschen Bundesbank einzurichten ist. Die Deutsche Bundesbank kann mehrere Schlichtungsstellen einrichten. Sie bestimmt, bei welcher ihrer Dienststellen die Schlichtungsstellen eingerichtet werden.
(2) Das Bundesministerium der Justiz regelt durch Rechtsverordnung die näheren Einzelheiten des Verfahrens der nach Absatz 1 einzurichtenden Stellen nach folgenden Grundsätzen:
1. Durch die Unabhängigkeit der Einrichtung muß unparteiisches Handeln sichergestellt sein.
2. Die Verfahrensregeln müssen für Interessierte zugänglich sein.
3. Die Beteiligten müssen Tatsachen und Bewertungen vorbringen können, und sie müssen rechtliches Gehör erhalten.
4. Das Verfahren muß auf die Verwirklichung des Rechts ausgerichtet sein.

Die Rechtsverordnung soll bis zum Ablauf des 31. Oktober 1999 erlassen werden. Sie regelt in Anlehnung an § 51 des Gesetzes über das Kreditwesen auch die Pflicht der Kreditinstitute, sich an den Kosten des Verfahrens zu beteiligen.

(3) Das Bundesministerium der Justiz wird ermächtigt, im Einvernehmen mit den Bundesministerien der Finanzen und für Wirtschaft und Technologie durch Rechtsverordnung mit Zustimmung des Bundesrates die Streitschlichtungsaufgabe nach Absatz 1 auf eine oder mehrere geeignete Stellen zu übertragen, wenn die Aufgabe dort zweckmäßiger erledigt werden kann.

...

Insolvenzordnung (InsO)

Vom 5. Oktober 1994 (BGBl. I S. 2866)
(BGBl. III 311-13)
zuletzt geändert durch Überweisungsgesetz vom 21. Juli 1999 (BGBl. I S. 1642, 1645)
– Auszug –

Erster Teil
Allgemeine Vorschriften

§ 1 Ziele des Insolvenzverfahrens
Das Insolvenzverfahren dient dazu, die Gläubiger eines Schuldners gemeinschaftlich zu befriedigen, indem das Vermögen des Schuldners verwertet und der Erlös verteilt oder in einem Insolvenzplan eine abweichende Regelung insbesondere zum Erhalt des Unternehmens getroffen wird. Dem redlichen Schuldner wird Gelegenheit gegeben, sich von seinen restlichen Verbindlichkeiten zu befreien.

§ 2 Amtsgericht als Insolvenzgericht
(1) Für das Insolvenzverfahren ist das Amtsgericht, in dessen Bezirk ein Landgericht seinen Sitz hat, als Insolvenzgericht für den Bezirk dieses Landgerichts ausschließlich zuständig.
(2) Die Landesregierungen werden ermächtigt, zur sachdienlichen Förderung oder schnelleren Erledigung der Verfahren durch Rechtsverordnung andere oder zusätzliche Amtsgerichte zu Insolvenzgerichten zu bestimmen und die Bezirke der Insolvenzgerichte abweichend festzulegen. Die Landesregierungen können die Ermächtigung auf die Landesjustizverwaltungen übertragen.

§ 3 Örtliche Zuständigkeit
(1) Örtlich zuständig ist ausschließlich das Insolvenzgericht, in dessen Bezirk der Schuldner seinen allgemeinen Gerichtsstand hat. Liegt der Mittelpunkt einer selbständigen wirtschaftlichen Tätigkeit des Schuldners an einem anderen Ort, so ist ausschließlich das Insolvenzgericht zuständig, in dessen Bezirk dieser Ort liegt.
(2) Sind mehrere Gerichte zuständig, so schließt das Gericht, bei dem zuerst die Eröffnung des Insolvenzverfahrens beantragt worden ist, die übrigen aus.

§ 4 Anwendbarkeit der Zivilprozeßordnung
Für das Insolvenzverfahren gelten, soweit dieses Gesetz nichts anderes bestimmt, die Vorschriften der Zivilprozeßordnung entsprechend.

§ 5 Verfahrensgrundsätze
(1) Das Insolvenzgericht hat von Amts wegen alle Umstände zu ermitteln, die für das Insolvenzverfahren von Bedeutung sind. Es kann zu diesem Zweck insbesondere Zeugen und Sachverständige vernehmen.
(2) Die Entscheidungen des Gerichts können ohne mündliche Verhandlung ergehen. Findet eine mündliche Verhandlung statt, so ist § 227 Abs. 3 Satz 1 der Zivilprozeßordnung nicht anzuwenden.
(3) Tabellen und Verzeichnisse können maschinell hergestellt und bearbeitet werden.

§ 6 Sofortige Beschwerde
(1) Die Entscheidungen des Insolvenzgerichts unterliegen nur in den Fällen einem Rechtsmittel, in denen dieses Gesetz die sofortige Beschwerde vorsieht.
(2) Die Beschwerdefrist beginnt mit der Verkündung der Entscheidung oder, wenn diese nicht verkündet wird, mit deren Zustellung. Das Insolvenzgericht kann der Beschwerde abhelfen.
(3) Die Entscheidung des Landgerichts über die Beschwerde wird erst mit der Rechtskraft wirksam. Das Landgericht kann jedoch die sofortige Wirksamkeit der Entscheidung anordnen.

§ 7 Weitere Beschwerde
(1) Gegen die Entscheidung des Landgerichts läßt das Oberlandesgericht auf Antrag die sofortige weitere Beschwerde zu, wenn diese darauf gestützt wird, daß die Entscheidung auf einer Verletzung des Gesetzes beruht, und die Nachprüfung der Entscheidung zur Sicherung einer einheitlichen Rechtsprechung geboten ist. Für den Zulassungsantrag gelten die Vorschriften über die Einlegung der so-

fortigen weiteren Beschwerde entsprechend, für die Prüfung der Verletzung des Gesetzes die §§ 550, 551, 561 und 563 der Zivilprozeßordnung.
(2) Will das Oberlandesgericht bei der Entscheidung über die weitere Beschwerde in einer Frage aus dem Insolvenzrecht von der auf weitere Beschwerde ergangenen Entscheidung eines anderen Oberlandesgerichts abweichen, so hat es die weitere Beschwerde dem Bundesgerichtshof zur Entscheidung vorzulegen. Ist über die Rechtsfrage bereits eine Entscheidung des Bundesgerichtshofs ergangen, so gilt das gleiche, wenn das Oberlandesgericht von dieser Entscheidung abweichen will. Der Vorlagebeschluß ist zu begründen; ihm ist die Stellungnahme des Beschwerdeführers beizufügen.
(3) Sind in einem Land mehrere Oberlandesgerichte errichtet, so kann die Entscheidung über die weitere Beschwerde in Insolvenzsachen von den Landesregierungen durch Rechtsverordnung einem der Oberlandesgerichte oder dem Obersten Landesgericht zugewiesen werden, sofern die Zusammenfassung der Rechtspflege in Insolvenzsachen, insbesondere der Sicherung einer einheitlichen Rechtsprechung, dienlich ist. Die Landesregierungen können die Ermächtigung auf die Landesjustizverwaltungen übertragen. Absatz 2 bleibt unberührt.

§ 8 Zustellungen
(1) Die Zustellungen geschehen von Amts wegen. Sie können durch Aufgabe zur Post erfolgen. Einer Beglaubigung des zuzustellenden Schriftstücks bedarf es nicht.
(2) An Personen, deren Aufenthalt unbekannt ist, wird nicht zugestellt. Haben sie einen zur Entgegennahme von Zustellungen berechtigten Vertreter, so wird dem Vertreter zugestellt.
(3) Das Insolvenzgericht kann den Insolvenzverwalter beauftragen, die Zustellungen durchzuführen.

§ 9 Öffentliche Bekanntmachung
(1) Die öffentliche Bekanntmachung erfolgt durch Veröffentlichung in dem für amtliche Bekanntmachungen des Gerichts bestimmten Blatt; die Veröffentlichung kann auszugsweise geschehen. Dabei ist der Schuldner genau zu bezeichnen, insbesondere sind seine Anschrift und sein Geschäftszweig anzugeben. Die Bekanntmachung gilt als bewirkt, sobald nach dem Tag der Veröffentlichung zwei weitere Tage verstrichen sind.
(2) Das Insolvenzgericht kann weitere und wiederholte Veröffentlichungen veranlassen.
(3) Die öffentliche Bekanntmachung genügt zum Nachweis der Zustellung an alle Beteiligten, auch wenn dieses Gesetz neben ihr eine besondere Zustellung vorschreibt.

§ 10 Anhörung des Schuldners
(1) Soweit in diesem Gesetz eine Anhörung des Schuldners vorgeschrieben ist, kann sie unterbleiben, wenn sich der Schuldner im Ausland aufhält und die Anhörung das Verfahren übermäßig verzögern würde oder wenn der Aufenthalt des Schuldners unbekannt ist. In diesem Fall soll ein Vertreter oder Angehöriger des Schuldners gehört werden.
(2) Ist der Schuldner keine natürliche Person, so gilt Absatz 1 entsprechend für die Anhörung von Personen, die zur Vertretung des Schuldners berechtigt oder an ihm beteiligt sind.

Zweiter Teil
Eröffnung des Insolvenzverfahrens.
Erfaßtes Vermögen und Verfahrensbeteiligte

Erster Abschnitt
Eröffnungsvoraussetzungen und Eröffnungsverfahren

§ 11 Zulässigkeit des Insolvenzverfahrens
(1) Ein Insolvenzverfahren kann über das Vermögen jeder natürlichen und jeder juristischen Person eröffnet werden. Der nicht rechtsfähige Verein steht insoweit einer juristischen Person gleich.
(2) Ein Insolvenzverfahren kann ferner eröffnet werden:
1. über das Vermögen einer Gesellschaft ohne Rechtspersönlichkeit (offene Handelsgesellschaft, Kommanditgesellschaft, Partnerschaftsgesellschaft, Gesellschaft des Bürgerlichen Rechts, Partenreederei, Europäische wirtschaftliche Interessenvereinigung);

2. nach Maßgabe der §§ 315 bis 334 über einen Nachlaß, über das Gesamtgut einer fortgesetzten Gütergemeinschaft oder über das Gesamtgut einer Gütergemeinschaft, das von den Ehegatten gemeinschaftlich verwaltet wird.

(3) Nach Auflösung einer juristischen Person oder einer Gesellschaft ohne Rechtspersönlichkeit ist die Eröffnung des Insolvenzverfahrens zulässig, solange die Verteilung des Vermögens nicht vollzogen ist.

§ 12 Juristische Personen des öffentlichen Rechts
(1) Unzulässig ist das Insolvenzverfahren über das Vermögen
1. des Bundes oder eines Landes;
2. einer juristischen Person des öffentlichen Rechts, die der Aufsicht eines Landes untersteht, wenn das Landesrecht dies bestimmt.

(2) Hat ein Land nach Absatz 1 Nr. 2 das Insolvenzverfahren über das Vermögen einer juristischen Person für unzulässig erklärt so können im Falle der Zahlungsunfähigkeit oder der Überschuldung dieser juristischen Person deren Arbeitnehmer von dem Land die Leistungen verlangen, die sie im Falle der Eröffnung eines Insolvenzverfahrens nach den Vorschriften des Dritten Buches Sozialgesetzbuch über das Insolvenzgeld vom Arbeitsamt und nach den Vorschriften des Gesetzes zur Verbesserung der betrieblichen Altersversorgung vom Träger der Insolvenzsicherung beanspruchen könnten.

§ 13 Eröffnungsantrag
(1) Das Insolvenzverfahren wird nur auf Antrag eröffnet. Antragsberechtigt sind die Gläubiger und der Schuldner.
(2) Der Antrag kann zurückgenommen werden, bis das Insolvenzverfahren eröffnet oder der Antrag rechtskräftig abgewiesen ist.

§ 14 Antrag eines Gläubigers
(1) Der Antrag eines Gläubigers ist zulässig, wenn der Gläubiger ein rechtliches Interesse an der Eröffnung des Insolvenzverfahrens hat und seine Forderung und den Eröffnungsgrund glaubhaft macht.
(2) Ist der Antrag zulässig, so hat das Insolvenzgericht den Schuldner zu hören.

§ 15 Antragsrecht bei juristischen Personen und Gesellschaften ohne Rechtspersönlichkeit
(1) Zum Antrag auf Eröffnung eines Insolvenzverfahrens über das Vermögen einer juristischen Person oder einer Gesellschaft ohne Rechtspersönlichkeit ist außer den Gläubigern jedes Mitglied des Vertretungsorgans, bei einer Gesellschaft ohne Rechtspersönlichkeit oder bei einer Kommanditgesellschaft auf Aktien jeder persönlich haftende Gesellschafter, sowie jeder Abwickler berechtigt.
(2) Wird der Antrag nicht von allen Mitgliedern des Vertretungsorgans, allen persönlich haftenden Gesellschaftern oder allen Abwicklern gestellt, so ist er zulässig, wenn der Eröffnungsgrund glaubhaft gemacht wird. Das Insolvenzgericht hat die übrigen Mitglieder des Vertretungsorgans, persönlich haftenden Gesellschafter oder Abwickler zu hören.
(3) Ist bei einer Gesellschaft ohne Rechtspersönlichkeit kein persönlich haftender Gesellschafter eine natürliche Person, so gelten die Absätze 1 und 2 entsprechend für die organschaftlichen Vertreter und die Abwickler der zur Vertretung der Gesellschaft ermächtigten Gesellschafter. Entsprechendes gilt, wenn sich die Verbindung von Gesellschaften in dieser Art fortsetzt.

§ 16 Eröffnungsgrund
Die Eröffnung des Insolvenzverfahrens setzt voraus, daß ein Eröffnungsgrund gegeben ist.

§ 17 Zahlungsunfähigkeit
(1) Allgemeiner Eröffnungsgrund ist die Zahlungsunfähigkeit.
(2) Der Schuldner ist zahlungsunfähig, wenn er nicht in der Lage ist, die fälligen Zahlungspflichten zu erfüllen. Zahlungsunfähigkeit ist in der Regel anzunehmen, wenn der Schuldner seine Zahlungen eingestellt hat.

§ 18 Drohende Zahlungsunfähigkeit
(1) Beantragt der Schuldner die Eröffnung des Insolvenzverfahrens, so ist auch die drohende Zahlungsunfähigkeit Eröffnungsgrund.
(2) Der Schuldner droht zahlungsunfähig zu werden, wenn er voraussichtlich nicht in der Lage sein wird, die bestehenden Zahlungspflichten im Zeitpunkt der Fälligkeit zu erfüllen.

(3) Wird bei einer juristischen Person oder einer Gesellschaft ohne Rechtspersönlichkeit der Antrag nicht von allen Mitgliedern des Vertretungsorgans, allen persönlich haftenden Gesellschaftern oder allen Abwicklern gestellt, so ist Absatz 1 nur anzuwenden, wenn der oder die Antragsteller zur Vertretung der juristischen Person oder der Gesellschaft berechtigt sind.

§ 19 Überschuldung
(1) Bei einer juristischen Person ist auch die Überschuldung Eröffnungsgrund.
(2) Überschuldung liegt vor, wenn das Vermögen des Schuldners die bestehenden Verbindlichkeiten nicht mehr deckt. Bei der Bewertung des Vermögens des Schuldners ist jedoch die Fortführung des Unternehmens zugrunde zu legen, wenn diese nach den Umständen überwiegend wahrscheinlich ist.
(3) Ist bei einer Gesellschaft ohne Rechtspersönlichkeit kein persönlich haftender Gesellschafter eine natürliche Person, so gelten die Absätze 1 und 2 entsprechend. Dies gilt nicht, wenn zu den persönlich haftenden Gesellschaftern eine andere Gesellschaft gehört, bei der ein persönlich haftender Gesellschafter eine natürliche Person ist.

§ 20 Auskunftspflicht im Eröffnungsverfahren
Ist der Antrag zulässig, so hat der Schuldner dem Insolvenzgericht die Auskünfte zu erteilen, die zur Entscheidung über den Antrag erforderlich sind. Die §§ 97, 98, 101 Abs. 1 Satz 1, 2, Abs. 2 gelten entsprechend.

§ 21 Anordnung von Sicherungsmaßnahmen
(1) Das Insolvenzgericht hat alle Maßnahmen zu treffen, die erforderlich erscheinen, um bis zur Entscheidung über den Antrag eine den Gläubigern nachteilige Veränderung in der Vermögenslage des Schuldners zu verhüten.
(2) Das Gericht kann insbesondere
1. einen vorläufigen Insolvenzverwalter bestellen, für den § 8 Abs. 3 und die §§ 56, 58 bis 66 entsprechend gelten;
2. dem Schuldner ein allgemeines Verfügungsverbot auferlegen oder anordnen, daß Verfügungen des Schuldners nur mit Zustimmung des vorläufigen Insolvenzverwalters wirksam sind;
3. Maßnahmen der Zwangsvollstreckung gegen den Schuldner untersagen oder einstweilen einstellen, soweit nicht unbewegliche Gegenstände betroffen sind;
4. eine vorläufige Postsperre anordnen, für die die §§ 99, 101 Abs. 1 Satz 1 entsprechend gelten.

(3) Reichen andere Maßnahmen nicht aus, so kann das Gericht den Schuldner zwangsweise vorführen und nach Anhörung in Haft nehmen lassen. Ist der Schuldner keine natürliche Person, so gilt entsprechendes für seine organschaftlichen Vertreter. Für die Anordnung von Haft gilt § 98 Abs. 3 entsprechend.

§ 22 Rechtsstellung des vorläufigen Insolvenzverwalters
(1) Wird ein vorläufiger Insolvenzverwalter bestellt und dem Schuldner ein allgemeines Verfügungsverbot auferlegt, so geht die Verwaltungs- und Verfügungsbefugnis über das Vermögen des Schuldners auf den vorläufigen Insolvenzverwalter über. In diesem Fall hat der vorläufige Insolvenzverwalter:
1. das Vermögen des Schuldners zu sichern und zu erhalten;
2. ein Unternehmen, das der Schuldner betreibt, bis zur Entscheidung über die Eröffnung des Insolvenzverfahrens fortzuführen, soweit nicht das Insolvenzgericht einer Stillegung zustimmt, um eine erhebliche Verminderung des Vermögens zu vermeiden;
3. zu prüfen, ob das Vermögen des Schuldners die Kosten des Verfahrens decken wird; das Gericht kann ihn zusätzlich beauftragen, als Sachverständiger zu prüfen, ob ein Eröffnungsgrund vorliegt und welche Aussichten für eine Fortführung des Unternehmens des Schuldners bestehen.

(2) Wird ein vorläufiger Insolvenzverwalter bestellt, ohne daß dem Schuldner ein allgemeines Verfügungsverbot auferlegt wird, so bestimmt das Gericht die Pflichten des vorläufigen Insolvenzverwalters. Sie dürfen nicht über die Pflichten nach Absatz 1 Satz 2 hinausgehen.
(3) Der vorläufige Insolvenzverwalter ist berechtigt, die Geschäftsräume des Schuldners zu betreten und dort Nachforschungen anzustellen. Der Schuldner hat dem vorläufigen Insolvenzverwalter Einsicht in seine Bücher und Geschäftspapiere zu gestatten. Er hat ihm alle erforderlichen Auskünfte zu erteilen; die §§ 97, 98, 101 Abs. 1 Satz 1, 2, Abs. 2 gelten entsprechend.

§ 23 Bekanntmachung der Verfügungsbeschränkungen

(1) Der Beschluß, durch den eine der in § 21 Abs. 2 Nr. 2 vorgesehenen Verfügungsbeschränkungen angeordnet und ein vorläufiger Insolvenzverwalter bestellt wird, ist öffentlich bekanntzumachen. Er ist dem Schuldner, den Personen, die Verpflichtungen gegenüber dem Schuldner haben, und dem vorläufigen Insolvenzverwalter besonders zuzustellen. Die Schuldner des Schuldners sind zugleich aufzufordern, nur noch unter Beachtung des Beschlusses zu leisten.

(2) Ist der Schuldner im Handels-, Genossenschafts-, Partnerschafts- oder Vereinsregister eingetragen, so hat die Geschäftsstelle des Insolvenzgerichts dem Registergericht eine Ausfertigung des Beschlusses zu übermitteln.

(3) Für die Eintragung der Verfügungsbeschränkung im Grundbuch, im Schiffsregister, im Schiffsbauregister und im Register über Pfandrechte an Luftfahrzeugen gelten die 32, 33 entsprechend.

§ 24 Wirkungen der Verfügungsbeschränkungen

(1) Bei einem Verstoß gegen eine der in § 21 Abs. 2 Nr. 2 vorgesehenen Verfügungsbeschränkungen gelten die §§ 81, 82 entsprechend.

(2) Ist die Verfügungsbefugnis über das Vermögen des Schuldners auf einen vorläufigen Insolvenzverwalter übergegangen, so gelten für die Aufnahme anhängiger Rechtsstreitigkeiten § 85 Abs. 1 Satz 1 und § 86 entsprechend.

§ 25 Aufhebung der Sicherungsmaßnahmen

(1) Werden die Sicherungsmaßnahmen aufgehoben, so gilt für die Bekanntmachung der Aufhebung einer Verfügungsbeschränkung § 23 entsprechend.

(2) Ist die Verfügungsbefugnis über das Vermögen des Schuldners auf einen vorläufigen Insolvenzverwalter übergegangen, so hat dieser vor der Aufhebung seiner Bestellung aus dem von ihm verwalteten Vermögen die entstandenen Kosten zu berichtigen und die von ihm begründeten Verbindlichkeiten zu erfüllen. Gleiches gilt für die Verbindlichkeiten aus einem Dauerschuldverhältnis, soweit der vorläufige Insolvenzverwalter für das von ihm verwaltete Vermögen die Gegenleistung in Anspruch genommen hat.

§ 26 Abweisung mangels Masse

(1) Das Insolvenzgericht weist den Antrag auf Eröffnung des Insolvenzverfahrens ab, wenn das Vermögen des Schuldners voraussichtlich nicht ausreichen wird, um die Kosten des Verfahrens zu decken. Die Abweisung unterbleibt, wenn ein ausreichender Geldbetrag vorgeschossen wird.

(2) Das Gericht hat die Schuldner, bei denen der Eröffnungsantrag mangels Masse abgewiesen worden ist, in ein Verzeichnis einzutragen (Schuldnerverzeichnis). Die Vorschriften über das Schuldnerverzeichnis nach der Zivilprozeßordnung gelten entsprechend; jedoch beträgt die Löschungsfrist fünf Jahre.

(3) Wer nach Absatz 1 Satz 2 einen Vorschuß geleistet hat, kann die Erstattung des vorgeschossenen Betrages von jeder Person verlangen, die entgegen den Vorschriften des Gesellschaftsrechts den Antrag auf Eröffnung des Insolvenzverfahrens pflichtwidrig und schuldhaft nicht gestellt hat. Ist streitig, ob die Person pflichtwidrig und schuldhaft gehandelt hat, so trifft sie die Beweislast. Der Anspruch verjährt in fünf Jahren.

§ 27 Eröffnungsbeschluß

(1) Wird das Insolvenzverfahren eröffnet, so ernennt das Insolvenzgericht einen Insolvenzverwalter. Die §§ 270, 313 Abs. 1 bleiben unberührt.

(2) Der Eröffnungsbeschluß enthält:
1. Firma oder Namen und Vornamen, Geschäftszweig oder Beschäftigung, gewerbliche Niederlassung oder Wohnung des Schuldners;
2. Namen und Anschrift des Insolvenzverwalters,
3. die Stunde der Eröffnung.

(3) Ist die Stunde der Eröffnung nicht angegeben, so gilt als Zeitpunkt der Eröffnung die Mittagsstunde des Tages, an dem der Beschluß erlassen worden ist.

§ 28 Aufforderungen an die Gläubiger und die Schuldner
(1) Im Eröffnungsbeschluß sind die Gläubiger aufzufordern, ihre Forderungen innerhalb einer bestimmten Frist unter Beachtung des § 174 beim Insolvenzverwalter anzumelden. Die Frist ist auf einen Zeitraum von mindestens zwei Wochen und höchstens drei Monaten festzusetzen.
(2) Im Eröffnungsbeschluß sind die Gläubiger aufzufordern, dem Verwalter unverzüglich mitzuteilen, welche Sicherungsrechte sie an beweglichen Sachen oder an Rechten des Schuldners in Anspruch nehmen. Der Gegenstand, an dem das Sicherungsrecht beansprucht wird, die Art und der Entstehungsgrund des Sicherungsrechts sowie die gesicherte Forderung sind zu bezeichnen. Wer die Mitteilung schuldhaft unterläßt oder verzögert, haftet für den daraus entstehenden Schaden.
(3) Im Eröffnungsbeschluß sind die Personen, die Verpflichtungen gegenüber dem Schuldner haben, aufzufordern, nicht mehr an den Schuldner zu leisten, sondern an den Verwalter.

§ 29 Terminbestimmungen
(1) Im Eröffnungsbeschluß bestimmt das Insolvenzgericht Termine für:
1. eine Gläubigerversammlung, in der auf der Grundlage eines Berichts des Insolvenzverwalters über den Fortgang des Insolvenzverfahrens beschlossen wird (Berichtstermin); der Termin soll nicht über sechs Wochen und darf nicht über drei Monate hinaus angesetzt werden;
2. eine Gläubigerversammlung, in der die angemeldeten Forderungen geprüft werden (Prüfungstermin); der Zeitraum zwischen dem Ablauf der Anmeldefrist und dem Prüfungstermin soll mindestens eine Woche und höchstens zwei Monate betragen.

(2) Die Termine können verbunden werden.

§ 30 Bekanntmachung des Eröffnungsbeschlusses. Hinweis auf Restschuldbefreiung
(1) Die Geschäftsstelle des Insolvenzgerichts hat den Eröffnungsbeschluß sofort öffentlich bekanntzumachen. Die Bekanntmachung ist, unbeschadet des § 9, auszugsweise im Bundesanzeiger zu veröffentlichen.
(2) Den Gläubigern und Schuldnern des Schuldners und dem Schuldner selbst ist der Beschluß besonders zuzustellen.
(3) Ist der Schuldner eine natürliche Person, so soll er bei der Eröffnung des Insolvenzverfahrens darauf hingewiesen werden, daß er nach Maßgabe der §§ 286 bis 303 Restschuldbefreiung erlangen kann.

§ 31 Handels-, Genossenschafts-, Partnerschafts- und Vereinsregister
Ist der Schuldner im Handels-, Genossenschafts-, Partnerschafts- oder Vereinsregister eingetragen, so hat die Geschäftsstelle des Insolvenzgerichts dem Registergericht zu übermitteln:
1. im Falle der Eröffnung des Insolvenzverfahrens eine Ausfertigung des Eröffnungsbeschlusses;
2. im Falle der Abweisung des Eröffnungsantrags mangels Masse eine Ausfertigung des abweisenden Beschlusses, wenn der Schuldner eine juristische Person oder eine Gesellschaft ohne Rechtspersönlichkeit ist, die durch die Abweisung mangels Masse aufgelöst wird.

§ 32 Grundbuch
(1) Die Eröffnung des Insolvenzverfahrens ist in das Grundbuch einzutragen:
1. bei Grundstücken, als deren Eigentümer der Schuldner eingetragen ist;
2. bei den für den Schuldner eingetragenen Rechten an Grundstücken und an eingetragenen Rechten, wenn nach der Art des Rechts und den Umständen zu befürchten ist, daß ohne die Eintragung die Insolvenzgläubiger benachteiligt würden.

(2) Soweit dem Insolvenzgericht solche Grundstücke oder Rechte bekannt sind, hat es das Grundbuchamt von Amts wegen um die Eintragung zu ersuchen. Die Eintragung kann auch vom Insolvenzverwalter beim Grundbuchamt beantragt werden.
(3) Werden ein Grundstück oder ein Recht, bei denen die Eröffnung des Verfahrens eingetragen worden ist, vom Verwalter freigegeben oder veräußert, so hat das Insolvenzgericht auf Antrag das Grundbuchamt um Löschung der Eintragung zu ersuchen. Die Löschung kann auch vom Verwalter beim Grundbuchamt beantragt werden.

§ 33 Register für Schiffe und Luftfahrzeuge
Für die Eintragung der Eröffnung des Insolvenzverfahrens in das Schiffsregister, das Schiffsbauregister und das Register für Pfandrechte an Luftfahrzeugen gilt § 32 entsprechend. Dabei treten an die

Stelle der Grundstücke die in diese Register eingetragenen Schiffe, Schiffsbauwerke und Luftfahrzeuge, an die Stelle des Grundbuchamts das Registergericht.

§ 34 Rechtsmittel
(1) Wird die Eröffnung des Insolvenzverfahrens abgelehnt, so steht dem Antragsteller und, wenn die Abweisung des Antrags nach § 26 erfolgt, dem Schuldner die sofortige Beschwerde zu.
(2) Wird das Insolvenzverfahren eröffnet, so steht dem Schuldner die sofortige Beschwerde zu.
(3) Sobald eine Entscheidung, die den Eröffnungsbeschluß aufhebt, Rechtskraft erlangt hat, ist die Aufhebung des Verfahrens öffentlich bekanntzumachen. § 200 Abs. 2 Satz 2 und 3 gilt entsprechend. Die Wirkungen der Rechtshandlungen, die vom Insolvenzverwalter oder ihm gegenüber vorgenommen worden sind, werden durch die Aufhebung nicht berührt.

Zweiter Abschnitt
Insolvenzmasse.
Einteilung der Gläubiger

§ 35 Begriff der Insolvenzmasse
Das Insolvenzverfahren erfaßt das gesamte Vermögen, das dem Schuldner zur Zeit der Eröffnung des Verfahrens gehört und das er während des Verfahrens erlangt (Insolvenzmasse).

§ 36 Unpfändbare Gegenstände
(1) Gegenstände, die nicht der Zwangsvollstreckung unterliegen, gehören nicht zur Insolvenzmasse.
(2) Zur Insolvenzmasse gehören jedoch
1. die Geschäftsbücher des Schuldners; gesetzliche Pflichten zur Aufbewahrung von Unterlagen bleiben unberührt;
2. die Sachen, die nach § 811 Abs. 1 Nr. 4 und 9 der Zivilprozeßordnung nicht der Zwangsvollstreckung unterliegen.

(3) Sachen, die zum gewöhnlichen Hausrat gehören und im Haushalt des Schuldners gebraucht werden, gehören nicht zur Insolvenzmasse, wenn ohne weiteres ersichtlich ist, daß durch ihre Verwertung nur ein Erlös erzielt werden würde, der zu dem Wert außer allem Verhältnis steht.

§ 37 Gesamtgut bei Gütergemeinschaft
(1) Wird bei dem Güterstand der Gütergemeinschaft das Gesamtgut von einem Ehegatten allein verwaltet und über das Vermögen dieses Ehegatten das Insolvenzverfahren eröffnet, so gehört das Gesamtgut zur Insolvenzmasse. Eine Auseinandersetzung des Gesamtguts findet nicht statt. Durch das Insolvenzverfahren über das Vermögen des anderen Ehegatten wird das Gesamtgut nicht berührt.
(2) Verwalten die Ehegatten das Gesamtgut gemeinschaftlich, so wird das Gesamtgut durch das Insolvenzverfahren über das Vermögen eines Ehegatten nicht berührt.
(3) Absatz 1 ist bei der fortgesetzten Gütergemeinschaft mit der Maßgabe anzuwenden, daß an die Stelle des Ehegatten, der das Gesamtgut allein verwaltet, der überlebende Ehegatte, an die Stelle des anderen Ehegatten die Abkömmlinge treten.

§ 38 Begriff der Insolvenzgläubiger
Die Insolvenzmasse dient zur Befriedigung der persönlichen Gläubiger, die einen zur Zeit der Eröffnung des Insolvenzverfahrens begründeten Vermögensanspruch gegen den Schuldner haben (Insolvenzgläubiger).

§ 39 Nachrangige Insolvenzgläubiger
(1) Im Rang nach den übrigen Forderungen der Insolvenzgläubiger werden in folgender Rangfolge, bei gleichem Rang nach dem Verhältnis ihrer Beträge, berichtigt:
1. die seit der Eröffnung des Insolvenzverfahrens laufenden Zinsen der Forderungen der Insolvenzgläubiger;
2. die Kosten, die den einzelnen Insolvenzgläubigern durch ihre Teilnahme am Verfahren erwachsen;
3. Geldstrafen, Geldbußen, Ordnungsgelder und Zwangsgelder sowie solche Nebenfolgen einer Straftat oder Ordnungswidrigkeit, die zu einer Geldzahlung verpflichten;
4. Forderungen auf eine unentgeltliche Leistung des Schuldners;

5. Forderungen auf Rückgewähr des kapitalersetzenden Darlehens eines Gesellschafters oder gleichgestellte Forderungen.
(2) Forderungen, für die zwischen Gläubiger und Schuldner der Nachrang im Insolvenzverfahren vereinbart worden ist, werden im Zweifel nach den in Absatz 1 bezeichneten Forderungen berichtigt.
(3) Die Zinsen der Forderungen nachrangiger Insolvenzgläubiger und die Kosten, die diesen Gläubigern durch ihre Teilnahme am Verfahren entstehen, haben den gleichen Rang wie die Forderungen dieser Gläubiger.

§ 40 Unterhaltsansprüche
Familienrechtliche Unterhaltsansprüche gegen den Schuldner können im Insolvenzverfahren für die Zeit nach der Eröffnung nur geltend gemacht werden, soweit der Schuldner als Erbe des Verpflichteten haftet. § 100 bleibt unberührt.

§ 41 Nicht fällige Forderungen
(1) Nicht fällige Forderungen gelten als fällig.
(2) Sind sie unverzinslich, so sind sie mit dem gesetzlichen Zinssatz abzuzinsen. Sie vermindern sich dadurch auf den Betrag, der bei Hinzurechnung der gesetzlichen Zinsen für die Zeit von der Eröffnung des Insolvenzverfahrens bis zur Fälligkeit dem vollen Betrag der Forderung entspricht.

§ 42 Auflösend bedingte Forderungen
Auflösend bedingte Forderungen werden, solange die Bedingung nicht eingetreten ist, im Insolvenzverfahren wie unbedingte Forderungen berücksichtigt.

§ 43 Haftung mehrerer Personen
Ein Gläubiger, dem mehrere Personen für dieselbe Leistung auf das Ganze haften, kann im Insolvenzverfahren gegen jeden Schuldner bis zu seiner vollen Befriedigung den ganzen Betrag geltend machen, den er zur Zeit der Eröffnung des Verfahrens zu fordern hatte.

§ 44 Rechte der Gesamtschuldner und Bürgen
Der Gesamtschuldner und der Bürge können die Forderung, die sie durch eine Befriedigung des Gläubigers künftig gegen den Schuldner erwerben könnten, im Insolvenzverfahren nur dann geltend machen, wenn der Gläubiger seine Forderung nicht geltend macht.

§ 45 Umrechnung von Forderungen
Forderungen, die nicht auf Geld gerichtet sind oder deren Geldbetrag unbestimmt ist, sind mit dem Wert geltend zu machen, der für die Zeit der Eröffnung des Insolvenzverfahrens geschätzt werden kann. Forderungen, die in ausländischer Währung oder in einer Rechnungseinheit ausgedrückt sind, sind nach dem Kurswert, der zur Zeit der Verfahrenseröffnung für den Zahlungsort maßgeblich ist, in inländische Währung umzurechnen.

§ 46 Wiederkehrende Leistungen
Forderungen auf wiederkehrende Leistungen, deren Betrag und Dauer bestimmt sind, sind mit dem Betrag geltend zu machen, der sich ergibt, wenn die noch ausstehenden Leistungen unter Abzug des in § 41 bezeichneten Zwischenzinses zusammengerechnet werden. Ist die Dauer der Leistungen unbestimmt, so gilt § 45 Satz 1 entsprechend.

§ 47 Aussonderung
Wer auf Grund eines dinglichen oder persönlichen Rechts geltend machen kann, daß ein Gegenstand nicht zur Insolvenzmasse gehört, ist kein Insolvenzgläubiger. Sein Anspruch auf Aussonderung des Gegenstands bestimmt sich nach den Gesetzen, die außerhalb des Insolvenzverfahrens gelten.

§ 48 Ersatzaussonderung
Ist ein Gegenstand, dessen Aussonderung hätte verlangt werden können, vor der Eröffnung des Insolvenzverfahrens vom Schuldner oder nach der Eröffnung vom Insolvenzverwalter unberechtigt veräußert worden, so kann der Aussonderungsberechtigte die Abtretung des Rechts auf die Gegenleistung verlangen, soweit diese noch aussteht. Er kann die Gegenleistung aus der Insolvenzmasse verlangen, soweit sie in der Masse unterscheidbar vorhanden ist.

§ 49 Abgesonderte Befriedigung aus unbeweglichen Gegenständen
Gläubiger, denen ein Recht auf Befriedigung aus Gegenständen zusteht, die der Zwangsvollstreckung in das unbewegliche Vermögen unterliegen (unbewegliche Gegenstände), sind nach Maßgabe des

Gesetzes über die Zwangsversteigerung und die Zwangsverwaltung zur abgesonderten Befriedigung berechtigt.

§ 50 Abgesonderte Erledigung der Pfandgläubiger
(1) Gläubiger, die an einem Gegenstand der Insolvenzmasse ein rechtsgeschäftliches Pfandrecht, ein durch Pfändung erlangtes Pfandrecht oder ein gesetzliches Pfandrecht haben, sind nach Maßgabe der §§ 166 bis 173 für Hauptforderung, Zinsen und Kosten zur abgesonderten Befriedigung aus dem Pfandgegenstand berechtigt.

(2) Das gesetzliche Pfandrecht des Vermieters oder Verpächters kann im Insolvenzverfahren wegen des Miet- oder Pachtzinses für eine frühere Zeit als die letzten zwölf Monate vor der Eröffnung des Verfahrens sowie wegen der Entschädigung, die infolge einer Kündigung des Insolvenzverwalters zu zahlen ist, nicht geltend gemacht werden. Das Pfandrecht des Verpächters eines landwirtschaftlichen Grundstücks unterliegt wegen des Pachtzinses nicht dieser Beschränkung.

§ 51 Sonstige Absonderungsberechtigte
Den in § 50 genannten Gläubigern stehen gleich:
1. Gläubiger, denen der Schuldner zur Sicherung eines Anspruchs eine bewegliche Sache übereignet oder ein Recht übertragen hat;
2. Gläubiger, denen ein Zurückbehaltungsrecht an einer Sache zusteht, weil sie etwas zum Nutzen der Sache verwendet haben, soweit ihre Forderung aus der Verwendung den noch vorhandenen Vorteil nicht übersteigt;
3. Gläubiger, denen nach dem Handelsgesetzbuch ein Zurückbehaltungsrecht zusteht;
4. Bund, Länder, Gemeinden und Gemeindeverbände, soweit ihnen zoll- und steuerpflichtige Sachen nach gesetzlichen Vorschriften als Sicherheit für öffentliche Abgaben dienen.

§ 52 Ausfall der Absonderungsberechtigten
Gläubiger, die abgesonderte Befriedigung beanspruchen können, sind Insolvenzgläubiger, soweit ihnen der Schuldner auch persönlich haftet. Sie sind zur anteilsmäßigen Befriedigung aus der Insolvenzmasse jedoch nur berechtigt, soweit sie auf eine abgesonderte Befriedigung verzichten oder bei ihr ausgefallen sind.

§ 53 Massegläubiger
Aus der Insolvenzmasse sind die Kosten des Insolvenzverfahrens und die sonstigen Masseverbindlichkeiten vorweg zu berichtigen.

§ 54 Kosten des Insolvenzverfahrens
Kosten des Insolvenzverfahrens sind:
1. die Gerichtskosten für das Insolvenzverfahren;
2. die Vergütungen und die Auslagen des vorläufigen Insolvenzverwalters, des Insolvenzverwalters und der Mitglieder des Gläubigerausschusses.

§ 55 Sonstige Masseverbindlichkeiten
(1) Masseverbindlichkeiten sind weiter die Verbindlichkeiten:
1. die durch Handlungen des Insolvenzverwalters oder in anderer Weise durch die Verwaltung, Verwertung und Verteilung der Insolvenzmasse begründet werden, ohne zu den Kosten des Insolvenzverfahrens zu gehören;
2. aus gegenseitigen Verträgen, soweit deren Erfüllung zur Insolvenzmasse verlangt wird oder für die Zeit nach der Eröffnung des Insolvenzverfahrens erfolgen muß;
3. aus einer ungerechtfertigten Bereicherung der Masse.

(2) Verbindlichkeiten, die von einem vorläufigen Insolvenzverwalter begründet worden sind, auf den die Verfügungsbefugnis über das Vermögen des Schuldners übergegangen ist, gelten nach der Eröffnung des Verfahrens als Masseverbindlichkeiten. Gleiches gilt für Verbindlichkeiten aus einem Dauerschuldverhältnis, soweit der vorläufige Insolvenzverwalter für das von ihm verwaltete Vermögen die Gegenleistung in Anspruch genommen hat.

...

Insolvenzordnung §§ 89; 114; 130

Dritter Teil
Wirkungen der Eröffnung des Insolvenzverfahrens

Erster Abschnitt
Allgemeine Wirkungen

...

§ 89 Vollstreckungsverbot
(1) Zwangsvollstreckungen für einzelne Insolvenzgläubiger sind während der Dauer des Insolvenzverfahrens weder in die Insolvenzmasse noch in das sonstige Vermögen des Schuldners zulässig.
(2) Zwangsvollstreckungen in künftige Forderungen auf Bezüge aus einem Dienstverhältnis des Schuldners oder an deren Stelle tretende laufende Bezüge sind während der Dauer des Verfahrens auch für Gläubiger unzulässig, die keine Insolvenzgläubiger sind. Dies gilt nicht für die Zwangsvollstreckung wegen eines Unterhaltsanspruchs oder einer Forderung aus einer vorsätzlichen unerlaubten Handlung in den Teil der Bezüge, der für andere Gläubiger nicht pfändbar ist.
(3) Über Einwendungen, die auf Grund des Absatzes 1 oder 2 gegen die Zulässigkeit einer Zwangsvollstreckung erhoben werden, entscheidet das Insolvenzgericht. Das Gericht kann vor der Entscheidung eine einstweilige Anordnung erlassen; es kann insbesondere anordnen, daß die Zwangsvollstreckung gegen oder ohne Sicherheitsleistung einstweilen einzustellen oder nur gegen Sicherheitsleistung fortzusetzen sei.

...

Zweiter Abschnitt
Erfüllung der Rechtsgeschäfte. Mitwirkung des Betriebsrats

...

§ 114 Bezüge aus einem Dienstverhältnis
(1) Hat der Schuldner vor der Eröffnung des Insolvenzverfahrens eine Forderung für die spätere Zeit auf Bezüge aus einem Dienstverhältnis oder an deren Stelle tretende laufende Bezüge abgetreten oder verpfändet, so ist diese Verfügung nur wirksam, soweit sie sich auf die Bezüge für die Zeit vor Ablauf von drei Jahren[1] nach dem Ende des zur Zeit der Eröffnung des Verfahrens laufenden Kalendermonats bezieht.
(2) Gegen die Forderung auf die Bezüge für den in Absatz 1 bezeichneten Zeitraum kann der Verpflichtete eine Forderung aufrechnen, die ihm gegen den Schuldner zusteht. Die §§ 95 und 96 Nr. 2 bis 4 bleiben unberührt.
(3) Ist vor der Eröffnung des Verfahrens im Wege der Zwangsvollstreckung über die Bezüge für die spätere Zeit verfügt worden, so ist diese Verfügung nur wirksam, soweit sie sich auf die Bezüge für den zur Zeit der Eröffnung des Verfahrens laufenden Kalendermonat bezieht. Ist die Eröffnung nach dem fünfzehnten Tag des Monats erfolgt, so ist die Verfügung auch für den folgenden Kalendermonat wirksam. § 88 bleibt unberührt; § 89 Abs. 2 Satz 2 gilt entsprechend.

...

Dritter Abschnitt
Insolvenzanfechtung

...

§ 130 Kongruente Deckung
(1) Anfechtbar ist eine Rechtshandlung, die einem Insolvenzgläubiger eine Sicherung oder Befriedigung gewährt oder ermöglicht hat,

---

1) Siehe Artikel 107 des Einführungsgesetzes zur Insolvenzordnung vom 5. 11. 1994 (BGBl. I S. 2911):
   Artikel 107 Restschuldbefreiung
   War der Schuldner bereits vor dem 1. Januar 1997 zahlungsunfähig, so verkürzt sich die Laufzeit der Abtretung nach § 287 Abs. 2 Satz 1 der Insolvenzordnung von sieben auf fünf Jahre, die Dauer der Wirksamkeit von Verfügungen nach § 114 Abs. 1 der Insolvenzordnung von drei auf zwei Jahre.

1. wenn sie in den letzten drei Monaten vor dem Antrag auf Eröffnung des Insolvenzverfahrens vorgenommen worden ist, wenn zur Zeit der Handlung der Schuldner zahlungsunfähig war und wenn der Gläubiger zu dieser Zeit die Zahlungsunfähigkeit kannte oder
2. wenn sie nach dem Eröffnungsantrag vorgenommen worden ist und wenn der Gläubiger zur Zeit der Handlung die Zahlungsunfähigkeit oder den Eröffnungsantrag kannte.

(2) Der Kenntnis der Zahlungsunfähigkeit oder des Eröffnungsantrags steht die Kenntnis von Umständen gleich, die zwingend auf die Zahlungsunfähigkeit oder den Eröffnungsantrag schließen lassen.

(3) Gegenüber einer Person, die dem Schuldner zur Zeit der Handlung nahestand (§ 138), wird vermutet, daß sie die Zahlungsunfähigkeit oder den Eröffnungsantrag kannte.

§ 131 Inkongruente Deckung

(1) Anfechtbar ist eine Rechtshandlung, die einem Insolvenzgläubiger eine Sicherung oder Befriedigung gewährt oder ermöglicht hat, die er nicht oder nicht in der Art oder nicht zu der Zeit zu beanspruchen hatte,
1. wenn die Handlung im letzten Monat vor dem Antrag auf Eröffnung des Insolvenzverfahrens oder nach diesem Antrag vorgenommen worden ist,
2. wenn die Handlung innerhalb des zweiten oder dritten Monats vor dem Eröffnungsantrag vorgenommen worden ist und der Schuldner zur Zeit der Handlung zahlungsunfähig war oder
3. wenn die Handlung innerhalb des zweiten oder dritten Monats vor dem Eröffnungsantrag vorgenommen worden ist und dem Gläubiger zur Zeit der Handlung bekannt war, daß sie die Insolvenzgläubiger benachteiligte.

(2) Für die Anwendung des Absatzes 1 Nr. 3 steht der Kenntnis der Benachteiligung der Insolvenzgläubiger die Kenntnis von Umständen gleich, die zwingend auf die Benachteiligung schließen lassen. Gegenüber einer Person, die dem Schuldner zur Zeit der Handlung nahestand (§ 138), wird vermutet, daß sie die Benachteiligung der Insolvenzgläubiger kannte.

§ 132 Unmittelbar nachteilige Rechtshandlungen

(1) Anfechtbar ist ein Rechtsgeschäft des Schuldners, das die Insolvenzgläubiger unmittelbar benachteiligt,
1. wenn es in den letzten drei Monaten vor dem Antrag auf Eröffnung des Insolvenzverfahrens vorgenommen worden ist, wenn zur Zeit des Rechtsgeschäfts der Schuldner zahlungsunfähig war und wenn der andere Teil zu dieser Zeit die Zahlungsunfähigkeit kannte oder
2. wenn es nach dem Eröffnungsantrag vorgenommen worden ist und wenn der andere Teil zur Zeit des Rechtsgeschäfts die Zahlungsunfähigkeit oder den Eröffnungsantrag kannte.

(2) Einem Rechtsgeschäft, das die Insolvenzgläubiger unmittelbar benachteiligt, steht eine andere Rechtshandlung des Schuldners gleich, durch die der Schuldner ein Recht verliert oder nicht mehr geltend machen kann oder durch die ein vermögensrechtlicher Anspruch gegen ihn erhalten oder durchsetzbar wird.

(3) § 130 Abs. 2 und 3 gilt entsprechend.

§ 133 Vorsätzliche Benachteiligung

(1) Anfechtbar ist eine Rechtshandlung, die der Schuldner in den letzten zehn Jahren vor dem Antrag auf Eröffnung des Insolvenzverfahrens oder nach diesem Antrag mit dem Vorsatz, seine Gläubiger zu benachteiligen, vorgenommen hat, wenn der andere Teil zur Zeit der Handlung den Vorsatz des Schuldners kannte. Diese Kenntnis wird vermutet, wenn der andere Teil wußte, daß die Zahlungsunfähigkeit des Schuldners drohte und daß die Handlung die Gläubiger benachteiligte.

(2) Anfechtbar ist ein vom Schuldner mit einer nahestehenden Person (§ 138) geschlossener entgeltlicher Vertrag, durch den die Insolvenzgläubiger unmittelbar benachteiligt werden. Die Anfechtung ist ausgeschlossen, wenn der Vertrag früher als zwei Jahre vor dem Eröffnungsantrag geschlossen worden ist oder wenn dem anderen Teil zur Zeit des Vertragsschlusses ein Vorsatz des Schuldners, die Gläubiger zu benachteiligen, nicht bekannt war.

§ 134 Unentgeltliche Leistung

(1) Anfechtbar ist eine unentgeltliche Leistung des Schuldners, es sei denn, sie ist früher als vier Jahre vor dem Antrag auf Eröffnung des Insolvenzverfahrens vorgenommen worden.

(2) Richtet sich die Leistung auf ein gebräuchliches Gelegenheitsgeschenk geringen Werts, so ist sie nicht anfechtbar.

...

Achter Teil
Restschuldbefreiung

§ 286 Grundsatz
Ist der Schuldner eine natürliche Person, so wird er nach Maßgabe der §§ 287 bis 303 von den im Insolvenzverfahren nicht erfüllten Verbindlichkeiten gegenüber den Insolvenzgläubigern befreit.

§ 287 Antrag des Schuldners
(1) Die Restschuldbefreiung setzt einen Antrag des Schuldners voraus. Der Antrag ist spätestens im Berichtstermin entweder schriftlich beim Insolvenzgericht einzureichen oder zu Protokoll der Geschäftsstelle zu erklären. Er kann mit dem Antrag auf Eröffnung des Insolvenzverfahrens verbunden werden.

(2) Dem Antrag ist die Erklärung beizufügen, daß der Schuldner seine pfändbaren Forderungen auf Bezüge aus einem Dienstverhältnis oder an deren Stelle tretende laufende Bezüge für die Zeit von sieben Jahren[1] nach der Aufhebung des Insolvenzverfahrens an einen vom Gericht zu bestimmenden Treuhänder abtritt. Hatte der Schuldner diese Forderungen bereits vorher an einen Dritten abgetreten oder verpfändet, so ist in der Erklärung darauf hinzuweisen.

(3) Vereinbarungen, die eine Abtretung der Forderungen des Schuldners auf Bezüge aus einem Dienstverhältnis oder an deren Stelle tretende laufende Bezüge ausschließen, von einer Bedingung abhängig machen oder sonst einschränken, sind insoweit unwirksam, als sie die Abtretungserklärung nach Absatz 2 Satz 1 vereiteln oder beeinträchtigen würden.

§ 288 Vorschlagsrecht
Der Schuldner und die Gläubiger können dem Insolvenzgericht als Treuhänder eine für den jeweiligen Einzelfall geeignete natürliche Person vorschlagen.

§ 289 Entscheidung des Insolvenzgerichts
(1) Die Insolvenzgläubiger und der Insolvenzverwalter sind im Schlußtermin zu dem Antrag des Schuldners zu hören. Das Insolvenzgericht entscheidet über den Antrag des Schuldners durch Beschluß.

(2) Gegen den Beschluß steht dem Schuldner und jedem Insolvenzgläubiger, der im Schlußtermin die Versagung der Restschuldbefreiung beantragt hat, die sofortige Beschwerde zu. Das Insolvenzverfahren wird erst nach Rechtskraft des Beschlusses aufgehoben. Der rechtskräftige Beschluß ist zusammen mit dem Beschluß über die Aufhebung des Insolvenzverfahrens öffentlich bekanntzumachen.

(3) Im Falle der Einstellung des Insolvenzverfahrens kann Restschuldbefreiung nur erteilt werden, wenn nach Anzeige der Masseunzulänglichkeit die Insolvenzmasse nach § 209 verteilt worden ist und die Einstellung nach § 211 erfolgt. Absatz 2 gilt mit der Maßgabe, daß an die Stelle der Aufhebung des Verfahrens die Einstellung tritt.

§ 290 Versagung der Restschuldbefreiung
(1) In dem Beschluß ist die Restschuldbefreiung zu versagen, wenn dies im Schlußtermin von einem Insolvenzgläubiger beantragt worden ist und wenn
1. der Schuldner wegen einer Straftat nach den §§ 283 bis 283 c des Strafgesetzbuchs rechtskräftig verurteilt worden ist,
2. der Schuldner in den letzten drei Jahren vor dem Antrag auf Eröffnung des Insolvenzverfahrens oder nach diesem Antrag vorsätzlich oder grob fahrlässig schriftlich unrichtige oder unvollständige Angaben über seine wirtschaftlichen Verhältnisse gemacht hat, um einen Kredit zu erhalten,

---

1) Siehe Artikel 107 des Einführungsgesetzes zur Insolvenzordnung vom 5. 11. 1994 (BGBl. I S. 2911):

Artikel 107 Restschuldbefreiung

War der Schuldner bereits vor dem 1. Januar 1997 zahlungsunfähig, so verkürzt sich die Laufzeit der Abtretung nach § 287 Abs. 2 Satz 1 der Insolvenzordnung von sieben auf fünf Jahre, die Dauer der Wirksamkeit von Verfügungen nach § 114 Abs. 1 der Insolvenzordnung von drei auf zwei Jahre.

Leistungen aus öffentlichen Mitteln zu beziehen oder Leistungen an öffentliche Kassen zu vermeiden,
3. in den letzten zehn Jahren vor dem Antrag auf Eröffnung des Insolvenzverfahrens oder nach diesem Antrag dem Schuldner Restschuldbefreiung erteilt oder nach § 296 oder § 297 versagt worden ist,
4. der Schuldner im letzten Jahr vor dem Antrag auf Eröffnung des Insolvenzverfahrens oder nach diesem Antrag vorsätzlich oder grob fahrlässig die Befriedigung der Insolvenzgläubiger dadurch beeinträchtigt hat, daß er unangemessene Verbindlichkeiten begründet oder Vermögen verschwendet oder ohne Aussicht auf eine Besserung seiner wirtschaftlichen Lage die Eröffnung des Insolvenzverfahrens verzögert hat,
5. der Schuldner während des Insolvenzverfahrens Auskunfts- oder Mitwirkungspflichten nach diesem Gesetz vorsätzlich oder grob fahrlässig verletzt hat oder
6. der Schuldner in den nach § 305 Abs. 1 Nr. 3 vorzulegenden Verzeichnissen seines Vermögens und seines Einkommens, seiner Gläubiger und der gegen ihn gerichteten Forderungen vorsätzlich oder grob fahrlässig unrichtige oder unvollständige Angaben gemacht hat.
(2) Der Antrag des Gläubigers ist nur zulässig, wenn ein Versagungsgrund glaubhaft gemacht wird.

§ 291 Ankündigung der Restschuldbefreiung
(1) Sind die Voraussetzungen des § 290 nicht gegeben, so stellt das Gericht in dem Beschluß fest, daß der Schuldner Restschuldbefreiung erlangt, wenn er den Obliegenheiten nach § 295 nachkommt und die Voraussetzungen für eine Versagung nach § 297 oder § 298 nicht vorliegen.
(2) Im gleichen Beschluß bestimmt das Gericht den Treuhänder, auf den die pfändbaren Bezüge des Schuldners nach Maßgabe der Abtretungserklärung (§ 287 Abs. 2) übergehen.

§ 292 Rechtsstellung des Treuhänders
(1) Der Treuhänder hat den zur Zahlung der Bezüge Verpflichteten über die Abtretung zu unterrichten. Er hat die Beträge, die er durch die Abtretung erlangt, und sonstige Leistungen des Schuldners oder Dritter von seinem Vermögen getrennt zu halten und einmal jährlich auf Grund des Schlußverzeichnisses an die Insolvenzgläubiger zu verteilen. Von den Beträgen, die er durch die Abtretung erlangt, und den sonstigen Leistungen hat er an den Schuldner nach Ablauf von vier Jahren seit der Aufhebung des Insolvenzverfahrens zehn vom Hundert, nach Ablauf von fünf Jahren seit der Aufhebung fünfzehn vom Hundert und nach Ablauf von sechs Jahren seit der Aufhebung zwanzig vom Hundert abzuführen.
(2) Die Gläubigerversammlung kann dem Treuhänder zusätzlich die Aufgabe übertragen, die Erfüllung der Obliegenheiten des Schuldners zu überwachen. In diesem Fall hat der Treuhänder die Gläubiger unverzüglich zu benachrichtigen, wenn er einen Verstoß gegen diese Obliegenheiten feststellt. Der Treuhänder ist nur zur Überwachung verpflichtet, soweit die ihm dafür zustehende zusätzliche Vergütung gedeckt ist oder vorgeschossen wird.
(3) Der Treuhänder hat bei der Beendigung seines Amtes dem Insolvenzgericht Rechnung zu legen. Die §§ 58 und 59 gelten entsprechend, § 59 jedoch mit der Maßgabe, daß die Entlassung von jedem Insolvenzgläubiger beantragt werden kann und daß die sofortige Beschwerde jedem Insolvenzgläubiger zusteht.

§ 293 Vergütung des Treuhänders
(1) Der Treuhänder hat Anspruch auf Vergütung für seine Tätigkeit und auf Erstattung angemessener Auslagen. Dabei ist dem Zeitaufwand des Treuhänders und dem Umfang seiner Tätigkeit Rechnung zu tragen.
(2) Die §§ 64 und 65 gelten entsprechend.

§ 294 Gleichbehandlung der Gläubiger
(1) Zwangsvollstreckungen für einzelne Insolvenzgläubiger in das Vermögen des Schuldners sind während der Laufzeit der Abtretungserklärung nicht zulässig.
(2) Jedes Abkommen des Schuldners oder anderer Personen mit einzelnen Insolvenzgläubigern, durch das diesen ein Sondervorteil verschafft wird, ist nichtig.
(3) Gegen die Forderung auf die Bezüge, die von der Abtretungserklärung erfaßt werden, kann der Verpflichtete eine Forderung gegen den Schuldner nur aufrechnen, soweit er bei einer Fortdauer des Insolvenzverfahrens nach § 114 Abs. 2 zur Aufrechnung berechtigt wäre.

§ 295 Obliegenheiten des Schuldners
(1) Dem Schuldner obliegt es, während der Laufzeit der Abtretungserklärung
1. eine angemessene Erwerbstätigkeit auszuüben und, wenn er ohne Beschäftigung ist, sich um eine solche zu bemühen und keine zumutbare Tätigkeit abzulehnen;
2. Vermögen, das er von Todes wegen oder mit Rücksicht auf ein künftiges Erbrecht erwirbt, zur Hälfte des Wertes an den Treuhänder herauszugeben;
3. jeden Wechsel des Wohnsitzes oder der Beschäftigungsstelle unverzüglich dem Insolvenzgericht und dem Treuhänder anzuzeigen, keine von der Abtretungserklärung erfaßten Bezüge und kein von Nummer 2 erfaßtes Vermögen zu verheimlichen und dem Gericht und dem Treuhänder auf Verlangen Auskunft über seine Erwerbstätigkeit oder seine Bemühungen um eine solche sowie über seine Bezüge und sein Vermögen zu erteilen;
4. Zahlungen zur Befriedigung der Insolvenzgläubiger nur an den Treuhänder zu leisten und keinem Insolvenzgläubiger einen Sondervorteil zu verschaffen.
(2) Soweit der Schuldner eine selbständige Tätigkeit ausübt, obliegt es ihm, die Insolvenzgläubiger durch Zahlungen an den Treuhänder so zu stellen, wie wenn er ein angemessenes Dienstverhältnis eingegangen wäre.

§ 296 Verstoß gegen Obliegenheiten
(1) Das Insolvenzgericht versagt die Restschuldbefreiung auf Antrag eines Insolvenzgläubigers, wenn der Schuldner während der Laufzeit der Abtretungserklärung eine seiner Obliegenheiten verletzt und dadurch die Befriedigung der Insolvenzgläubiger beeinträchtigt; dies gilt nicht, wenn den Schuldner kein Verschulden trifft. Der Antrag kann nur binnen eines Jahres nach dem Zeitpunkt gestellt werden, in dem die Obliegenheitsverletzung dem Gläubiger bekanntgeworden ist. Er ist nur zulässig, wenn die Voraussetzungen der Sätze 1 und 2 glaubhaft gemacht werden.
(2) Vor der Entscheidung über den Antrag sind der Treuhänder, der Schuldner und die Insolvenzgläubiger zu hören. Der Schuldner hat über die Erfüllung seiner Obliegenheiten Auskunft zu erteilen und, wenn es der Gläubiger beantragt, die Richtigkeit dieser Auskunft an Eides Statt zu versichern. Gibt er die Auskunft oder die eidesstattliche Versicherung ohne hinreichende Entschuldigung nicht innerhalb der ihm gesetzten Frist ab oder erscheint er trotz ordnungsgemäßer Ladung ohne hinreichende Entschuldigung nicht zu einem Termin, den das Gericht für die Erteilung der Auskunft oder die eidesstattliche Versicherung anberaumt hat, so ist die Restschuldbefreiung zu versagen.
(3) Gegen die Entscheidung steht dem Antragsteller und dem Schuldner die sofortige Beschwerde zu. Die Versagung der Restschuldbefreiung ist öffentlich bekanntzumachen.

§ 297 Insolvenzstraftaten
(1) Das Insolvenzgericht versagt die Restschuldbefreiung auf Antrag eines Insolvenzgläubigers, wenn der Schuldner in dem Zeitraum zwischen Schlußtermin und Aufhebung des Insolvenzverfahrens oder während der Laufzeit der Abtretungserklärung wegen einer Straftat nach den §§ 283 bis 283 c des Strafgesetzbuchs rechtskräftig verurteilt wird.
(2) § 296 Abs. 1 Satz 2 und 3, Abs. 3 gilt entsprechend.

§ 298 Deckung der Mindestvergütung des Treuhänders
(1) Das Insolvenzgericht versagt die Restschuldbefreiung auf Antrag des Treuhänders, wenn die an diesen abgeführten Beträge für das vorangegangene Jahr seiner Tätigkeit die Mindestvergütung nicht decken und der Schuldner den fehlenden Betrag nicht einzahlt, obwohl ihn der Treuhänder schriftlich zur Zahlung binnen einer Frist von mindestens zwei Wochen aufgefordert und ihn dabei auf die Möglichkeit der Versagung der Restschuldbefreiung hingewiesen hat.
(2) Vor der Entscheidung ist der Schuldner zu hören. Die Versagung unterbleibt, wenn der Schuldner binnen zwei Wochen nach Aufforderung durch das Gericht den fehlenden Betrag einzahlt.
(3) § 296 Abs. 3 gilt entsprechend.

§ 299 Vorzeitige Beendigung
Wird die Restschuldbefreiung nach § 296, 297 oder 298 versagt, so enden die Laufzeit der Abtretungserklärung, das Amt des Treuhänders und die Beschränkung der Rechte der Gläubiger mit der Rechtskraft der Entscheidung.

§ 300 Entscheidung über die Restschuldbefreiung
(1) Ist die Laufzeit der Abtretungserklärung ohne eine vorzeitige Beendigung verstrichen, so entscheidet das Insolvenzgericht nach Anhörung der Insolvenzgläubiger, des Treuhänders und des Schuldners durch Beschluß über die Erteilung der Restschuldbefreiung.
(2) Das Insolvenzgericht versagt die Restschuldbefreiung auf Antrag eines Insolvenzgläubigers, wenn die Voraussetzungen des § 296 Abs. 1 oder 2 Satz 3 oder des § 297 vorliegen, oder auf Antrag des Treuhänders, wenn die Voraussetzungen des § 298 vorliegen.
(3) Der Beschluß ist öffentlich bekanntzumachen. Wird die Restschuldbefreiung erteilt, so ist die Bekanntmachung, unbeschadet des § 9, auszugsweise im Bundesanzeiger zu veröffentlichen. Gegen den Beschluß steht dem Schuldner und jedem Insolvenzgläubiger, der bei der Anhörung nach Absatz 1 die Versagung der Restschuldbefreiung beantragt hat, die sofortige Beschwerde zu.

§ 301 Wirkung der Restschuldbefreiung
(1) Wird die Restschuldbefreiung erteilt, so wirkt sie gegen alle Insolvenzgläubiger. Dies gilt auch für Gläubiger, die ihre Forderungen nicht angemeldet haben.
(2) Die Rechte der Insolvenzgläubiger gegen Mitschuldner und Bürgen des Schuldners sowie die Rechte dieser Gläubiger aus einer zu ihrer Sicherung eingetragenen Vormerkung oder aus einem Recht, das im Insolvenzverfahren zur abgesonderten Befriedigung berechtigt, werden durch die Restschuldbefreiung nicht berührt. Der Schuldner wird jedoch gegenüber dem Mitschuldner, dem Bürgen oder anderen Rückgriffsberechtigten in gleicher Weise befreit wie gegenüber den Insolvenzgläubigern.
(3) Wird ein Gläubiger befriedigt, obwohl er auf Grund der Restschuldbefreiung keine Befriedigung zu beanspruchen hat, so begründet dies keine Pflicht zur Rückgewähr des Erlangten.

§ 302 Ausgenommene Forderungen
Von der Erteilung der Restschuldbefreiung werden nicht berührt:
1. Verbindlichkeiten des Schuldners aus einer vorsätzlich begangenen unerlaubten Handlung;
2. Geldstrafen und die diesen in § 39 Abs. 1 Nr. 3 gleichgestellten Verbindlichkeiten des Schuldners.

§ 303 Widerruf der Restschuldbefreiung
(1) Auf Antrag eines Insolvenzgläubigers widerruft das Insolvenzgericht die Erteilung der Restschuldbefreiung, wenn sich nachträglich herausstellt, daß der Schuldner eine seiner Obliegenheiten vorsätzlich verletzt und dadurch die Befriedigung der Insolvenzgläubiger erheblich beeinträchtigt hat.
(2) Der Antrag des Gläubigers ist nur zulässig, wenn er innerhalb eines Jahres nach der Rechtskraft der Entscheidung über die Restschuldbefreiung gestellt wird und wenn glaubhaft gemacht wird, daß die Voraussetzungen des Absatzes 1 vorliegen und daß der Gläubiger bis zur Rechtskraft der Entscheidung keine Kenntnis von ihnen hatte.
(3) Vor der Entscheidung sind der Schuldner und der Treuhänder zu hören. Gegen die Entscheidung steht dem Antragsteller und dem Schuldner die sofortige Beschwerde zu. Die Entscheidung, durch welche die Restschuldbefreiung widerrufen wird, ist öffentlich bekanntzumachen.

Neunter Teil
Verbraucherinsolvenzverfahren und sonstige Kleinverfahren

Erster Abschnitt
Anwendungsbereich

§ 304 Grundsatz
(1) Ist der Schuldner eine natürliche Person, die keine oder nur eine geringfügige selbständige wirtschaftliche Tätigkeit ausübt, so gelten für das Verfahren die allgemeinen Vorschriften, soweit in diesem Teil nichts anderes bestimmt ist.
(2) Eine selbständige wirtschaftliche Tätigkeit ist insbesondere dann geringfügig im Sinne des Absatzes 1, wenn sie nach Art oder Umfang einen in kaufmännischer Weise eingerichteten Geschäftsbetrieb nicht erfordert.

Zweiter Abschnitt
Schuldenbereinigungsplan

§ 305 Eröffnungsantrag des Schuldners

(1) Mit dem schriftlich einzureichenden Antrag auf Eröffnung des Insolvenzverfahrens (§ 311) oder unverzüglich nach diesem Antrag hat der Schuldner vorzulegen:
1. eine Bescheinigung, die von einer geeigneten Person oder Stelle ausgestellt ist und aus der sich ergibt, daß eine außergerichtliche Einigung mit den Gläubigern über die Schuldenbereinigung auf der Grundlage eines Plans innerhalb der letzten sechs Monate vor dem Eröffnungsantrag erfolglos versucht worden ist; die Länder können bestimmen, welche Personen oder Stellen als geeignet anzusehen sind;
2. den Antrag auf Erteilung von Restschuldbefreiung (§ 287) oder die Erklärung, daß Restschuldbefreiung nicht beantragt werden soll,
3. ein Verzeichnis des vorhandenen Vermögens und des Einkommens (Vermögensverzeichnis), ein Verzeichnis der Gläubiger und ein Verzeichnis der gegen ihn gerichteten Forderungen; den Verzeichnissen ist die Erklärung beizufügen, daß die in diesen enthaltenen Angaben richtig und vollständig sind;
4. einen Schuldenbereinigungsplan; dieser kann alle Regelungen enthalten, die unter Berücksichtigung der Gläubigerinteressen sowie der Vermögens-, Einkommens- und Familienverhältnisse des Schuldners geeignet sind, zu einer angemessenen Schuldenbereinigung zu führen; in den Plan ist aufzunehmen, ob und inwieweit Bürgschaften, Pfandrechte und andere Sicherheiten der Gläubiger vom Plan berührt werden sollen.

(2) In dem Verzeichnis der Forderungen nach Absatz 1 Nr. 3 kann auch auf beigefügte Forderungsaufstellungen der Gläubiger Bezug genommen werden. Auf Aufforderung des Schuldners sind die Gläubiger verpflichtet, auf ihre Kosten dem Schuldner zur Vorbereitung des Forderungsverzeichnisses eine schriftliche Aufstellung ihrer gegen diesen gerichteten Forderungen zu erteilen; insbesondere haben sie ihm die Höhe ihrer Forderungen und deren Aufgliederung in Hauptforderung, Zinsen und Kosten anzugeben. Die Aufforderung des Schuldners muß einen Hinweis auf einen bereits bei Gericht eingereichten oder in naher Zukunft beabsichtigten Antrag auf Eröffnung eines Insolvenzverfahrens enthalten.

(3) Hat der Schuldner die in Absatz 1 genannten Erklärungen und Unterlagen nicht vollständig abgegeben, so fordert ihn das Insolvenzgericht auf, das Fehlende unverzüglich zu ergänzen. Kommt der Schuldner dieser Aufforderung nicht binnen eines Monats nach, so gilt sein Antrag auf Eröffnung des Insolvenzverfahrens als zurückgenommen.

(4) Der Schuldner kann sich im Verfahren nach diesem Abschnitt vor dem Insolvenzgericht von einer geeigneten Person oder einem Angehörigen einer als geeignet anerkannten Stelle im Sinne des Absatzes 1 Nr. 1 vertreten lassen. § 157 Abs. 1 der Zivilprozeßordnung findet keine Anwendung.

(5) Das Bundesministerium der Justiz wird ermächtigt, durch Rechtsverordnung mit Zustimmung des Bundesrates zur Vereinfachung des Verbraucherinsolvenzverfahrens für die Beteiligten Vordrucke für die nach Absatz 1 Nr. 1 bis 4 vorzulegenden Bescheinigungen, Anträge, Verzeichnisse und Pläne einzuführen. Soweit nach Satz 1 Vordrucke eingeführt sind, muß sich der Schuldner ihrer bedienen. Für Verfahren bei Gerichten, die die Verfahren maschinell bearbeiten, und für Verfahren bei Gerichten, die die Verfahren nicht maschinell bearbeiten, können unterschiedliche Vordrucke eingeführt werden.

§ 306 Ruhen des Verfahrens

(1) Das Verfahren über den Antrag auf Eröffnung des Insolvenzverfahrens ruht bis zur Entscheidung über den Schuldenbereinigungsplan. Dieser Zeitraum soll drei Monate nicht überschreiten.

(2) Absatz 1 steht der Anordnung von Sicherungsmaßnahmen nicht entgegen.

(3) Beantragt ein Gläubiger die Eröffnung des Verfahrens, so hat das Insolvenzgericht vor der Entscheidung über die Eröffnung dem Schuldner Gelegenheit zu geben, ebenfalls einen Antrag zu stellen. Stellt der Schuldner einen Antrag, so gilt Absatz 1 auch für den Antrag des Gläubigers.

§ 307 Zustellung an die Gläubiger

(1) Das Insolvenzgericht stellt den vom Schuldner genannten Gläubigern das Vermögensverzeichnis, das Gläubigerverzeichnis, das Forderungsverzeichnis sowie den Schuldenbereinigungsplan zu

und fordert die Gläubiger zugleich auf, binnen einer Notfrist von einem Monat zu den Verzeichnissen und zu dem Schuldenbereinigungsplan Stellung zu nehmen. Zugleich ist jedem Gläubiger mit ausdrücklichem Hinweis auf die Rechtsfolgen des § 308 Abs. 3 Satz 2 Gelegenheit zu geben, binnen der Frist nach Satz 1 die Angaben über seine Forderungen in dem Forderungsverzeichnis zu überprüfen und erforderlichenfalls zu ergänzen. Auf die Zustellung nach Satz 1 ist § 8 Abs. 1 Satz 2, 3, Abs. 2 und 3 nicht anzuwenden.
(2) Geht binnen der Frist nach Absatz 1 Satz 1 bei Gericht die Stellungnahme eines Gläubigers nicht ein, so gilt dies als Einverständnis mit dem Schuldenbereinigungsplan. Darauf ist in der Aufforderung hinzuweisen.
(3) Nach Ablauf der Frist nach Absatz 1 Satz 1 ist dem Schuldner Gelegenheit zu geben, den Schuldenbereinigungsplan binnen einer vom Gericht zu bestimmenden Frist zu ändern oder zu ergänzen, wenn dies auf Grund der Stellungnahme eines Gläubigers erforderlich oder zur Förderung einer einverständlichen Schuldenbereinigung sinnvoll erscheint. Die Änderungen oder Ergänzungen sind den Gläubigern zuzustellen, soweit dies erforderlich ist. Absatz 1 Satz 1, 3 und Absatz 2 gelten entsprechend.

§ 308 Annahme des Schuldenbereinigungsplans
(1) Hat kein Gläubiger Einwendungen gegen den Schuldenbereinigungsplan erhoben oder wird die Zustimmung nach § 309 ersetzt, so gilt der Schuldenbereinigungsplan als angenommen; das Insolvenzgericht stellt dies durch Beschluß fest. Der Schuldenbereinigungsplan hat die Wirkung eines Vergleichs im Sinne des § 794 Abs. 1 Nr. 1 der Zivilprozeßordnung. Den Gläubigern und dem Schuldner ist eine Ausfertigung des Schuldenbereinigungsplans und des Beschlusses nach Satz 1 zuzustellen.
(2) Die Anträge auf Eröffnung des Insolvenzverfahrens und auf Erteilung von Restschuldbefreiung gelten als zurückgenommen.
(3) Soweit Forderungen in dem Verzeichnis des Schuldners nicht enthalten sind und auch nicht nachträglich bei dem Zustandekommen des Schuldenbereinigungsplans berücksichtigt worden sind, können die Gläubiger von dem Schuldner Erfüllung verlangen. Dies gilt nicht, soweit ein Gläubiger die Angaben über seine Forderung in dem Forderungsverzeichnis, das ihm nach § 307 Abs. 1 vom Gericht übersandt worden ist, nicht innerhalb der gesetzten Frist ergänzt hat, obwohl die Forderung vor dem Ablauf der Frist entstanden war; insoweit erlischt die Forderung.

§ 309 Ersetzung der Zustimmung
(1) Hat dem Schuldenbereinigungsplan mehr als die Hälfte der benannten Gläubiger zugestimmt und beträgt die Summe der Ansprüche der zustimmenden Gläubiger mehr als die Hälfte der Summe der Ansprüche der benannten Gläubiger, so ersetzt das Insolvenzgericht auf Antrag eines Gläubigers oder des Schuldners die Einwendungen eines Gläubigers gegen den Schuldenbereinigungsplan durch eine Zustimmung. Dies gilt nicht, wenn
1. der Gläubiger, der Einwendungen erhoben hat, im Verhältnis zu den übrigen Gläubigern nicht angemessen beteiligt wird oder
2. dieser Gläubiger durch den Schuldenbereinigungsplan voraussichtlich wirtschaftlich schlechter gestellt wird, als er bei Durchführung des Verfahrens über die Anträge auf Eröffnung des Insolvenzverfahrens und Erteilung von Restschuldbefreiung stünde; hierbei ist im Zweifel zugrunde zu legen, daß die Einkommens-, Vermögens- und Familienverhältnisse des Schuldners zum Zeitpunkt des Antrags nach Satz 1 während der gesamten Dauer des Verfahrens maßgeblich bleiben.
(2) Vor der Entscheidung ist der Gläubiger zu hören. Die Gründe, die gemäß Absatz 1 Satz 2 einer Ersetzung seiner Einwendungen durch eine Zustimmung entgegenstehen, hat er glaubhaft zu machen. Gegen den Beschluß steht dem Antragsteller und dem Gläubiger, dessen Zustimmung ersetzt wird, die sofortige Beschwerde zu.
(3) Macht ein Gläubiger Tatsachen glaubhaft, aus denen sich ernsthafte Zweifel ergeben, ob eine vom Schuldner angegebene Forderung besteht oder sich auf einen höheren oder niedrigeren Betrag richtet als angegeben, und hängt vom Ausgang des Streits ab, ob der Gläubiger im Verhältnis zu den übrigen Gläubigern angemessen beteiligt wird (Absatz 1 Satz 2 Nr. 1), so kann die Zustimmung dieses Gläubigers nicht ersetzt werden.

§ 310 Kosten
Die Gläubiger haben gegen den Schuldner keinen Anspruch auf Erstattung der Kosten, die ihnen im Zusammenhang mit dem Schuldenbereinigungsplan entstehen.

Dritter Abschnitt
Vereinfachtes Insolvenzverfahren

§ 311 Aufnahme des Verfahrens über den Eröffnungsantrag
Werden Einwendungen gegen den Schuldenbereinigungsplan erhoben, die nicht gemäß § 309 durch gerichtliche Zustimmung ersetzt werden, so wird das Verfahren über den Eröffnungsantrag von Amts wegen wieder aufgenommen.

§ 312 Allgemeine Verfahrensvereinfachungen
(1) Bei der Eröffnung des Insolvenzverfahrens wird abweichend von § 29 nur der Prüfungstermin bestimmt.
(2) Sind die Vermögensverhältnisse des Schuldners überschaubar und die Zahl der Gläubiger oder die Höhe der Verbindlichkeiten gering, so kann das Insolvenzgericht anordnen, daß das Verfahren oder einzelne seiner Teile schriftlich durchgeführt werden. Es kann diese Anordnung jederzeit aufheben oder abändern.
(3) Die Vorschriften über den Insolvenzplan (§§ 217 bis 269) und über die Eigenverwaltung (§§ 270 bis 285) sind nicht anzuwenden.

§ 313 Treuhänder
(1) Die Aufgaben des Insolvenzverwalters werden von dem Treuhänder (§ 292) wahrgenommen. Dieser wird abweichend von § 291 Abs. 2 bereits bei der Eröffnung des Insolvenzverfahrens bestimmt. Die §§ 56 bis 66 gelten entsprechend.
(2) Zur Anfechtung von Rechtshandlungen nach den §§ 129 bis 147 ist nicht der Treuhänder, sondern jeder Insolvenzgläubiger berechtigt. Aus dem Erlangten sind dem Gläubiger die ihm entstandenen Kosten vorweg zu erstatten. Hat die Gläubigerversammlung den Gläubiger mit der Anfechtung beauftragt, so sind diesem die entstandenen Kosten, soweit sie nicht aus dem Erlangten gedeckt werden können, aus der Insolvenzmasse zu erstatten.
(3) Der Treuhänder ist nicht zur Verwertung von Gegenständen berechtigt, an denen Pfandrechte oder andere Absonderungsrechte bestehen. Das Verwertungsrecht steht dem Gläubiger zu.

§ 314 Vereinfachte Verteilung
(1) Auf Antrag des Treuhänders ordnet das Insolvenzgericht an, daß von einer Verwertung der Insolvenzmasse ganz oder teilweise abgesehen wird. In diesem Fall hat es dem Schuldner zusätzlich aufzugeben, binnen einer vom Gericht festgesetzten Frist an den Treuhänder einen Betrag zu zahlen, der dem Wert der Masse entspricht, die an die Insolvenzgläubiger zu verteilen wäre. Von der Anordnung soll abgesehen werden, wenn die Verwertung der Insolvenzmasse insbesondere im Interesse der Gläubiger geboten erscheint.
(2) Vor der Entscheidung sind die Insolvenzgläubiger zu hören.
(3) Die Entscheidung über einen Antrag des Schuldners auf Erteilung von Restschuldbefreiung (§§ 289 bis 291) ist erst nach Ablauf der nach Absatz 1 Satz 2 festgesetzten Frist zu treffen. Das Gericht versagt die Restschuldbefreiung auf Antrag eines Insolvenzgläubigers, wenn der nach Absatz 1 Satz 2 zu zahlende Betrag auch nach Ablauf einer weiteren Frist von zwei Wochen, die das Gericht unter Hinweis auf die Möglichkeit der Versagung der Restschuldbefreiung gesetzt hat, nicht gezahlt ist. Vor der Entscheidung ist der Schuldner zu hören.

Wohngeldgesetz (WoGG)

Vom 14. Dezember 1970 (BGBl. I S. 1637)
in der Fassung der Bekanntmachung vom 1. Februar 1993 (BGBl. I S. 183)
(BGBl. III 402-27)

zuletzt geändert durch Gesetz zur Änderung des § 42 Abs. 2 des Wohngeldgesetzes und des § 9 Abs. 3 und 4 des Eigenheimzulagengesetzes vom 16. Juli 1998 (BGBl. I S. 1860)

Inhaltsübersicht

Erster Teil
Allgemeine Grundsätze

- § 1   Zweck des Wohngeldes
- § 2   Art und Umfang des Wohngeldanspruchs
- § 3   Antragberechtigte
- § 4   Familienmitglieder
- § 5   Miete
- § 6   Belastung
- § 7   Zu berücksichtigende Miete oder Belastung
- § 8   Höchstbeträge für Miete und Belastung

Zweiter Teil
Einkommensermittlung

- § 9   Familieneinkommen
- § 10 Begriff des Jahreseinkommens
- § 11 Ermittlung des Jahreseinkommens
- § 12 Aufwendungen zur Erwerbung, Sicherung und Erhaltung der Einnahmen
- § 12 a Aufwendungen zur Erfüllung gesetzlicher Unterhaltsverpflichtungen
- § 13 Einnahmen zur Verringerung der Miete oder Belastung
- § 14 Außer Betracht bleibende Einnahmen
- § 15 Familienfreibeträge
- § 16 Freibeträge für besondere Personengruppen
- § 17 Pauschaler Abzug

Dritter Teil
Allgemeine Ablehnungsgründe

- § 18
- §§ 19 bis 22 (weggefallen)

Vierter Teil
Bewilligung, Erhöhung, Wegfall des Wohngeldes

- § 23 Antrag
- § 24 (weggefallen)
- § 25 Auskunftspflicht
- § 26 Entscheidung über den Antrag
- § 27 Bewilligungszeitraum
- § 28 Zahlung des Wohngeldes
- § 29 Änderung des Wohngeldes
- § 30 Wegfall des Wohngeldanspruchs

Fünfter Teil
Wohngeld für Empfänger von Leistungen der Sozialhilfe und Kriegsopferfürsorge

- § 31 Anwendungsbereich
- § 32 Bemessung, Bewilligung, Zahlung und Wegfall des Wohngeldes, Belehrungspflicht
- § 33 Anzuwendende Vorschriften

Sechster Teil
Erstattung des Wohngeldes

- § 34

Siebenter Teil
Wohngeld-Statistik

- § 35

Achter Teil
Schlußvorschriften

- § 36 Durchführungsvorschriften
- § 37 Zuständigkeit
- § 37 a (aufgehoben)
- § 37 b Übermittlung von Wohngelddaten
- § 38 Sonstige laufende Leistungen zur Senkung der Miete und Belastung
- § 39 (weggefallen)
- § 40 Überleitungsvorschrift
- § 41 Gesetzeskonkurrenz
- § 42 Überleitungsregelungen nach Auslaufen des Wohngeldsondergesetzes
- § 43 Bußgeldvorschrift

Anlagen 1 bis 8 (hier nicht abgedruckt)

130 Wohngeldgesetz §§ 1–3

Erster Teil
Allgemeine Grundsätze

§ 1 Zweck des Wohngeldes
Zur wirtschaftlichen Sicherung angemessenen und familiengerechten Wohnens wird im Geltungsbereich und nach Maßgabe dieses Gesetzes auf Antrag Wohngeld als Zuschuß zu den Aufwendungen für den Wohnraum gewährt.

§ 2 Art und Umfang des Wohngeldanspruchs
(1) Wohngeld wird als Miet- oder Lastenzuschuß zu der zu berücksichtigenden Miete oder Belastung (§ 7) nach Maßgabe der Anlagen 1 bis 8[1)] gewährt. Satz 1 gilt nicht, wenn oder soweit § 18 anzuwenden ist oder wenn Wohngeld nach dem Fünften Teil dieses Gesetzes für diesen oder anderen Wohnraum gewährt wird.

(2) Ergibt die Anwendung der Anlagen 1 bis 8[1)] im Einzelfall, daß das Familieneinkommen (§ 9) den monatlichen Höchstbetrag nach der maßgebenden Anlage übersteigt, wird Wohngeld nicht gewährt.

§ 3 Antragberechtigte
(1) Für einen Mietzuschuß ist antragberechtigt
1. der Mieter von Wohnraum,
2. der Nutzungsberechtigte von Wohnraum bei einem dem Mietverhältnis ähnlichen Nutzungsverhältnis (mietähnlich Nutzungsberechtigter), insbesondere der Inhaber eines mietähnlichen Dauerwohnrechts,
3. (weggefallen)
4. der Bewohner von Wohnraum im eigenen Haus, wenn er nicht nach Absatz 2 oder Absatz 3 antragberechtigt ist,
5. der Bewohner eines Heimes im Sinne des Heimgesetzes, soweit er nicht nur vorübergehend aufgenommen wird.

(2) Für einen Lastenzuschuß ist antragberechtigt
1. der Eigentümer eines Eigenheims, einer Kleinsiedlung oder einer landwirtschaftlichen Nebenerwerbsstelle,
2. der Eigentümer einer Eigentumswohnung,
3. der Inhaber eines eigentumsähnlichen Dauerwohnrechts

für den eigengenutzten Wohnraum. Dem Eigentümer steht der Erbbauberechtigte, dem Wohnungseigentümer der Wohnungserbbauberechtigte gleich.

(3) Für einen Lastenzuschuß ist ferner antragberechtigt
1. derjenige, der Anspruch auf Übereignung des Gebäudes als Eigenheim, Kleinsiedlung oder landwirtschaftliche Nebenerwerbsstelle hat,
2. derjenige, der Anspruch auf Bestellung oder Übertragung des Wohnungseigentums hat,
3. derjenige, der Anspruch auf Bestellung oder Übertragung eines eigentumsähnlichen Dauerwohnrechts hat,

für den von ihm genutzten Wohnraum, wenn er dafür die Belastung aufbringt. Dem Anspruch auf Übereignung des Gebäudes steht der Anspruch auf Einräumung oder Übertragung des Erbbaurechts, dem Anspruch auf Bestellung oder Übertragung des Wohnungseigentums der Anspruch auf Einräumung oder Übertragung des Wohnungserbbaurechts gleich.

(4) Kommen nach den Absätzen 1 bis 3 mehrere Familienmitglieder in Betracht, so ist nur der Haushaltsvorstand antragberechtigt. Haushaltsvorstand im Sinne dieses Gesetzes ist das Familienmitglied, das im Zeitpunkt der Antragstellung den größten Teil der Unterhaltskosten für die zum Haushalt rechnenden Familienmitglieder trägt. Ein zum Haushalt des Antragberechtigten rechnendes Familienmitglied ist nicht selbst antragberechtigt.

---

1) Aus Platzgründen muß auf den Abdruck der Anlagen 1 bis 8 verzichtet werden. Die Tabellen für Haushalte bis vier Personen sind abgedruckt in der Broschüre »Wohngeld«, kostenlos zu erhalten beim Bundesministerium für Verkehr, Bau- und Wohnungswesen, Deichmanns Aue 31-37, 53179 Bonn. Dort gibt es kostenlos auch die Broschüre »Neue Miete und neues Wohngeld«, die die Sonderbestimmungen in den fünf neuen Bundesländern und den elf östlichen Bezirken von Berlin darstellt.

§ 4 Familienmitglieder
(1) Familienmitglieder im Sinne dieses Gesetzes sind der Antragberechtigte und seine folgenden Angehörigen:
1. der Ehegatte,
2. Verwandte in gerader Linie sowie Verwandte zweiten und dritten Grades in der Seitenlinie,
3. Verschwägerte in gerader Linie sowie Verschwägerte zweiten und dritten Grades in der Seitenlinie,
4. bis 6. (weggefallen)
7. Pflegekinder ohne Rücksicht auf ihr Alter und Pflegeeltern.

(2) Familienmitglieder rechnen zum Haushalt des Antragberechtigten, wenn sie mit ihm eine Wohn- und Wirtschaftsgemeinschaft führen. Familienmitglieder führen eine Wohn- und Wirtschaftsgemeinschaft, wenn sie Wohnraum gemeinsam bewohnen und sich ganz oder teilweise gemeinsam mit dem täglichen Lebensbedarf versorgen.

(3) Familienmitglieder rechnen auch dann zum Haushalt, wenn sie vorübergehend abwesend sind. Vorübergehend abwesend sind Familienmitglieder, wenn der Familienhaushalt auch während der Abwesenheit Mittelpunkt ihrer Lebensbeziehungen bleibt. Eine vorübergehende Abwesenheit von Familienmitgliedern wird zum Beispiel vermutet, solange sie noch für ihre Lebenshaltung überwiegend von anderen zum Haushalt rechnenden Familienmitgliedern unterstützt werden.

§ 5 Miete
(1) Miete im Sinne dieses Gesetzes ist das Entgelt für die Gebrauchsüberlassung von Wohnraum auf Grund von Mietverträgen oder ähnlichen Nutzungsverhältnissen einschließlich Umlagen, Zuschlägen und Vergütungen.

(2) Außer Betracht bleiben
1. Kosten des Betriebs zentraler Heizungs- und Warmwasserversorgungsanlagen sowie zentraler Brennstoffversorgungsanlagen,
2. Kosten der eigenständig gewerblichen Lieferung von Wärme und Warmwasser, soweit sie den in Nummer 1 bezeichneten Kosten entsprechen,
3. Untermietzuschläge,
4. Zuschläge für die Benutzung von Wohnraum zu anderen als Wohnzwecken,
5. Vergütungen für die Überlassung von Möbeln, Kühlschränken und Waschmaschinen mit Ausnahme von Vergütungen für die Überlassung von Einbaumöbeln, soweit sie üblich sind.

(3) Im Falle des § 3 Abs. 1 Nr. 4 tritt an die Stelle der Miete der Mietwert des Wohnraums.

§ 6 Belastung
(1) Belastung im Sinne dieses Gesetzes ist die Belastung aus dem Kapitaldienst und aus der Bewirtschaftung.

(2) Die Belastung wird in einer Wohngeld-Lastenberechnung ermittelt.

§ 7 Zu berücksichtigende Miete oder Belastung
(1) Bei der Gewährung des Wohngeldes wird die Miete oder Belastung berücksichtigt, die sich nach § 5 oder § 6 ergibt, soweit sie nicht nach Absatz 2 oder Absatz 3 außer Betracht bleibt, höchstens jedoch der nach § 8 maßgebende Betrag.

(2) Die Miete oder Belastung bleibt insoweit außer Betracht,
1. als sie auf Wohnraum entfällt, der ausschließlich gewerblich oder beruflich benutzt wird;
2. als sie auf Wohnraum entfällt, der einem anderen unentgeltlich oder entgeltlich zum Gebrauch überlassen ist; übersteigt das Entgelt für die Gebrauchsüberlassung die auf diesen Wohnraum entfallende anteilige Miete oder Belastung, so wird das Entgelt in voller Höhe abgesetzt;
3. als ihr Beiträge Dritter zur Bezahlung der Miete oder zur Aufbringung der Belastung gegenüberstehen.

(3) Wird der Wohnraum von Personen mitbewohnt, die keine Familienmitglieder im Sinne des § 4 und nicht antragberechtigt sind, ist bei der Gewährung des Wohngeldes nur der Anteil der Miete oder Belastung zu berücksichtigen, der dem Anteil der Familienmitglieder an der Gesamtzahl der Bewohner entspricht. In diesen Fällen ist Absatz 2 Nr. 2 und hinsichtlich der Beiträge von Mitbewohnern auch Absatz 2 Nr. 3 nicht anzuwenden.

§ 8 Höchstbeträge für Miete und Belastung

(1) Bei der Gewährung des Wohngeldes wird die Miete oder Belastung insoweit nicht berücksichtigt, als sie monatlich folgende Höchstbeträge übersteigt:

bei einem Haushalt mit	in Gemeinden mit Mieten der Stufe	für Wohnraum, der bezugsfertig geworden ist					
		bis zum 31. Dezember 1965			ab 1. Januar 1966 bis zum 31. Dezember 1977		ab 1. Januar 1978 bis zum 31. Dezember 1991	ab 1. Januar 1992
		ohne Sammelheizung und ohne Bad oder Duschraum	mit Sammelheizung oder mit Bad oder Duschraum	mit Sammelheizung und mit Bad oder Duschraum	sonstiger Wohnraum	Wohnraum mit Sammelheizung und mit Bad oder Duschraum		
		Deutsche Mark						
einem Alleinstehenden	I	220	255	310	275	355	380	445
	II	235	270	335	295	380	405	475
	III	250	290	355	315	405	430	505
	IV	270	315	380	340	435	465	545
	V	290	335	410	365	470	500	585
	VI	310	360	440	390	500	535	625
zwei Familienmitgliedern	I	285	330	400	360	460	490	575
	II	305	350	430	380	490	525	615
	III	325	375	455	405	525	555	655
	IV	350	405	495	440	565	600	705
	V	375	435	530	470	605	645	760
	VI	400	465	565	505	650	690	810
drei Familienmitgliedern	I	340	395	480	425	550	585	690
	II	360	420	515	455	585	625	740
	III	385	445	545	485	625	665	785
	IV	415	480	590	525	675	715	850
	V	445	520	635	560	725	770	910
	VI	475	555	675	600	775	825	970
vier Familienmitgliedern	I	395	455	560	495	640	680	800
	II	420	485	595	530	680	725	855
	III	445	520	635	565	725	770	910
	IV	485	560	685	610	785	835	985
	V	520	600	735	655	840	895	1 055
	VI	555	645	785	700	900	955	1 130
fünf Familienmitgliedern	I	450	520	635	565	730	775	910
	II	480	555	680	605	775	825	975
	III	510	590	725	640	825	880	1 035
	IV	550	640	780	695	895	950	1 120
	V	590	685	840	745	960	1 020	1 200
	VI	630	735	895	795	1 025	1 090	1 285
Mehrbetrag für jedes weitere Familienmitglied	I	55	65	80	70	90	95	110
	II	60	70	85	75	100	105	120
	III	65	75	90	80	105	110	125
	IV	70	80	95	85	110	120	135
	V	75	85	105	90	120	125	145
	VI	80	90	110	100	125	135	155

(2) Die Zugehörigkeit einer Gemeinde zu einer Mietenstufe richtet sich nach dem Mietenniveau von Wohnraum der Hauptmieter und der vergleichbar mietähnlich Nutzungsberechtigten, die Wohngeld nach Maßgabe der Anlagen 1 bis 8[1]) beziehen.
(3) Als Mietenniveau ist zugrunde zu legen die durchschnittliche prozentuale Abweichung der Quadratmetermieten von Wohnraum in Gemeinden (Absatz 4 Satz 1) vom Durchschnitt der Quadratmetermieten vergleichbaren Wohnraums im Bundesgebiet. Zu berücksichtigen sind nur Quadratmetermieten von Wohnraum im Sinne des Absatzes 2. Maßgebend ist das Mietenniveau, das auf der Grundlage der Ergebnisse der Wohngeld-Statistik (§ 35) zum 31. Dezember des dem Tage des Inkrafttretens einer Anpassung der Höchstbeträge nach Absatz 1 vorausgehenden vorletzten Kalenderjahres festgestellt wird. Kann das Mietenniveau nicht nach Satz 3 festgestellt werden, so sind der Feststellung die letzten verfügbaren Ergebnisse der jährlichen Wohngeld-Statistik zugrunde zu legen.
(4) Das Mietenniveau wird festgestellt für Gemeinden mit
1. 10 000 und mehr Einwohnern gesondert,
2. weniger als 10 000 Einwohnern und gemeindefreie Gebiete nach Kreisen zusammengefaßt.
Maßgebend ist die Einwohnerzahl, die das statistische Landesamt auf der Grundlage des § 5 des Gesetzes über die Statistik der Bevölkerungsbewegung und die Fortschreibung des Bevölkerungsstandes zum 30. Juni des dem Tage des Inkrafttretens einer Anpassung der Höchstbeträge nach Absatz 1 vorausgehenden vorletzten Kalenderjahres festgestellt hat.
(5) Den Mietenstufen nach Absatz 1 sind folgende Mietenniveaus zugeordnet:

Mietenstufe	Mietenniveau
I	niedriger als minus 15 vom Hundert
II	minus 15 vom Hundert bis niedriger als minus 5 vom Hundert
III	minus 5 vom Hundert bis niedriger als 5 vom Hundert
IV	5 vom Hundert bis niedriger als 15 vom Hundert
V	15 vom Hundert bis niedriger als 25 vom Hundert
VI	25 vom Hundert und höher

(6) Hat sich die Zahl der zum Haushalt rechnenden Familienmitglieder durch Tod verringert, so ist dies für die Dauer von 24 Monaten nach dem Sterbemonat ohne Einfluß auf die nach Absatz 1 maßgebende Haushaltsgröße und die Anwendung der bisher maßgebenden Wohngeldtabellen. Satz 1 ist nicht mehr anzuwenden, wenn innerhalb dieses Zeitraumes
1. die Wohnung aufgegeben wird oder
2. die Zahl der zum Haushalt rechnenden Familienmitglieder sich wieder auf den Stand vor dem Todesfall erhöht.
(7) Die Bundesregierung berichtet dem Deutschen Bundestag alle zwei Jahre bis zum 31. März über die Durchführung dieses Gesetzes und über die Entwicklung der Mieten für Wohnraum.

Zweiter Teil
Einkommensermittlung

§ 9 Familieneinkommen
(1) Familieneinkommen im Sinne dieses Gesetzes ist der Gesamtbetrag der Jahreseinkommen der zum Haushalt rechnenden Familienmitglieder. Bei Alleinstehenden tritt an die Stelle des Familieneinkommens das Jahreseinkommen.
(2) Monatliches Familieneinkommen im Sinne dieses Gesetzes ist der zwölfte Teil des Familieneinkommens.

§ 10 Begriff des Jahreseinkommens
(1) Jahreseinkommen im Sinne dieses Gesetzes sind alle Einnahmen in Geld oder Geldeswert ohne Rücksicht auf ihre Quelle und ohne Rücksicht darauf, ob sie als Einkünfte im Sinne des Einkommen-

---
1) Siehe Fußnote zu § 2.

steuergesetzes steuerpflichtig sind oder nicht, abzüglich der nach den §§ 12 bis 17 nicht zu berücksichtigenden Beträge.

(2) Für Einnahmen, die nicht in Geld bestehen (Kost, Waren und andere Sachbezüge), sind die nach § 8 Abs. 2 des Einkommensteuergesetzes anzusetzenden Werte maßgebend.

(3) Als Einnahme gilt auch der Mietwert des von den in § 3 Abs. 1 Nr. 4 genannten Personen eigengenutzten Wohnraums.

§ 11 Ermittlung des Jahreseinkommens

(1) Bei der Ermittlung des Jahreseinkommens sind unbeschadet des Absatzes 2 die im Bewilligungszeitraum zu erwartenden Einnahmen zugrunde zu legen. Eine nicht erhebliche Erhöhung der Einnahmen nach der Antragstellung ist bei der Ermittlung der zu erwartenden Einnahmen nicht zu berücksichtigen. Kann bei einer Erhöhung der Einnahmen nach der Antragstellung deren Beginn oder Ausmaß nicht ermittelt werden, so sind die unabhängig davon zu erwartenden Einnahmen zugrunde zu legen.

(2) Kann die Höhe der im Bewilligungszeitraum zu erwartenden Einnahmen nicht nach Absatz 1 ermittelt werden, so sind grundsätzlich die Einnahmen der letzten zwölf Monate vor der Antragstellung zugrunde zu legen. Bei Personen, die zur Einkommensteuer veranlagt werden, können die Einkünfte berücksichtigt werden, die sich aus dem letzten Einkommensteuerbescheid, Vorauszahlungsbescheiden oder der letzten Einkommensteuererklärung ergeben.

(3) Einmalige Einnahmen, die in einem nach Absatz 1 oder Absatz 2 maßgebenden Zeitraum anfallen, aber einem anderen Zeitraum zuzurechnen sind, sind so zu behandeln, als ob sie während des anderen Zeitraums angefallen wären.

§ 12 Aufwendungen zur Erwerbung, Sicherung und Erhaltung der Einnahmen

(1) Bei der Ermittlung des Jahreseinkommens werden die zur Erwerbung, Sicherung und Erhaltung der Einnahmen notwendigen Aufwendungen abgesetzt.

(2) Zur Abgeltung der Aufwendungen nach Absatz 1 wird bei Einnahmen
1. aus nichtselbständiger Arbeit der nach § 9 a Satz 1 Nr. 1 Buchstabe a des Einkommensteuergesetzes,
2. aus Kapitalvermögen der nach § 9 a Satz 1 Nr. 1 Buchstabe b des Einkommensteuergesetzes

vorgeschriebene Pauschbetrag abgesetzt, wenn nicht höhere Werbungskosten im Sinne des § 9 des Einkommensteuergesetzes nachgewiesen werden. Bei anderen Einnahmen werden als Aufwendungen die Werbungskosten oder die Betriebsausgaben im Sinne des § 4 des Einkommensteuergesetzes abgesetzt, jedoch mit Ausnahme von erhöhten Absetzungen und Sonderabschreibungen, soweit sie die nach § 7 Abs. 1 oder 4 des Einkommensteuergesetzes zulässigen Absetzungen für Abnutzung übersteigen, sowie von Rücklagen nach § 3 des Zonenrandförderungsgesetzes.

§ 12 a Aufwendungen zur Erfüllung gesetzlicher Unterhaltsverpflichtungen

Bei der Ermittlung des Jahreseinkommens werden Aufwendungen zur Erfüllung gesetzlicher Unterhaltsverpflichtungen wie folgt abgesetzt:
1. für ein zum Haushalt rechnendes Familienmitglied, das sich in Brufsausbildung befindet und auswärtig untergebracht ist, bis zu einem Betrag von 2400 Deutsche Mark,
2. für eine nicht zum Haushalt rechnende Person, für die Kindergeld nach dem Bundeskindergeldgesetz oder dem Einkommensteuergesetz oder eine Leistung im Sinne des § 4 Abs. 1 des Bundeskindergeldgesetzes oder des § 65 Abs. 1 des Einkommensteuergesetzes erbracht wird,
   a) bis zu einem Betrag von 2400 Deutsche Mark,
   b) bis zu einem Betrag von 4200 Deutsche Mark, sofern die Person sich in Berufsausbildung befindet und auswärtig untergebracht ist,
3. für eine nicht zum Haushalt rechnende Person, für die weder Kindergeld nach dem Bundeskindergeldgesetz oder dem Einkommensteuergesetz noch eine Leistung im Sinne des § 4 Abs. 1 des Bundeskindergeldgesetzes oder des § 65 Abs. 1 des Einkommensteuergesetzes erbracht wird,
   a) bis zu einem Betrag von 3600 Deutsche Mark,
   b) bis zu einem Betrag von 9000 Deutsche Mark, wenn die Aufwendungen für einen geschiedenen oder dauernd getrennt lebenden Ehegatten bestimmt sind; Entsprechendes gilt bei Nichtigkeit oder Aufhebung der Ehe.

§ 13 Einnahmen zur Verringerung der Miete oder Belastung
Bei der Ermittlung des Jahreseinkommens bleiben Beiträge Dritter zur Bezahlung der Miete oder zur Aufbringung der Belastung sowie Einnahmen aus Vermietung oder Verpachtung eines Teils des Wohnraums, für den Wohngeld beantragt wird, außer Betracht.

§ 14 Außer Betracht bleibende Einnahmen
(1) Bei der Ermittlung des Jahreseinkommens bleiben folgende Einnahmen außer Betracht, soweit sie steuerfrei sind:
1. Geburtsbeihilfen der Arbeitgeber für ihre Arbeitnehmer, soweit sie den Betrag von 700 Deutsche Mark nicht übersteigen;
2. Leistungen aus der gesetzlichen Kranken- und Unfallversicherung sowie vergleichbare vertragliche Leistungen, soweit sie nicht zur Deckung des Lebensunterhalts bestimmt sind;
3. bei Angehörigen des öffentlichen Dienstes der Geldwert der freien ärztlichen Behandlung, der freien Krankenhauspflege, des freien Gebrauchs von Kur- und Heilmitteln und der freien ärztlichen Behandlung erkrankter Ehefrauen und unterhaltsberechtigter Kinder;
4. Leistungen zur Heilbehandlung nach den §§ 10 ff. des Bundesversorgungsgesetzes, soweit sie nicht zur Deckung des Lebensunterhalts bestimmt sind;
5. Leistungen im Heilverfahren, die auf Grund gesetzlicher Vorschriften zur Wiedergutmachung nationalsozialistischen Unrechts gewährt werden, soweit sie nicht zur Deckung des Lebensunterhalts bestimmt sind;
6. Grundrenten an Witwen, Witwer und Waisen der Beschädigten nach dem Bundesversorgungsgesetz und den Gesetzen, die das Bundesversorgungsgesetz für anwendbar erklären;
7. sonstige Bezüge, die auf Grund gesetzlicher Vorschriften aus öffentlichen Kassen versorgungshalber an Wehrdienstbeschädigte und Zivildienstbeschädigte oder ihre Hinterbliebenen, an Kriegsbeschädigte, Kriegshinterbliebene und ihnen Gleichgestellte gezahlt werden, soweit es sich nicht um Bezüge handelt, die auf Grund der Dienstzeit gezahlt werden oder zur Deckung des Lebensunterhalts bestimmt sind;
8. Heiratsbeihilfen der Arbeitgeber für ihre Arbeitnehmer, soweit sie den Betrag von 700 Deutsche Mark nicht übersteigen;
9. Leistungen zur Förderung der beruflichen Bildung (Ausbildung, Fortbildung, Umschulung), zur Berufsfürsorge, zur Förderung der Arbeitsaufnahme und zur Arbeits- und Berufsförderung, soweit sie nicht zur Deckung des Lebensunterhalts bestimmt sind;
10. Beihilfen, die aus öffentlichen Kassen oder aus Mitteln einer öffentlichen Stiftung gezahlt werden, um Wissenschaft oder Kunst unmittelbar zu fördern;
11. Zuwendungen, die auf Grund des Fulbright-Abkommens gezahlt werden, soweit sie nicht zur Deckung des Lebensunterhalts bestimmt sind;
12. Aufwandsentschädigung auf Grund des § 17 des Bundesbesoldungsgesetzes und entsprechender landesrechtlicher Besoldungsvorschriften sowie vergleichbare Leistungen an Arbeitnehmer;
13. bei Angehörigen des öffentlichen Dienstes
    a) der Geldwert der ihnen aus Dienstbeständen überlassenen Dienstkleidung,
    b) Einkleidungsbeihilfen und Abnutzungsentschädigungen für die Dienstkleidung der zum Tragen oder Bereithalten von Dienstkleidung Verpflichteten und für dienstlich notwendige Kleidungsstücke,
    c) Verpflegungs- und Beköstigungszuschüsse und der Geldwert der im Einsatz unentgeltlich abgegebenen Verpflegung;
14. die aus öffentlichen Kassen gezahlten Reisekostenvergütungen, Umzugskostenvergütungen, Beschäftigungsvergütungen und Trennungsentschädigungen;
15. Beträge, die den im privaten Dienst angestellten Personen für dienstlich veranlaßte Reisekosten und Umzugskosten sowie als Auslösungen gezahlt werden;
16. die Geld- und Sachbezüge sowie die Heilfürsorge, die Soldaten auf Grund des Wehrsoldgesetzes, Grenzschutzdienstleistenden auf Grund des Bundesgrenzschutzgesetzes vom 18. August 1972 (BGBl. I S. 1834), das zuletzt durch Artikel 3 des Gesetzes vom 19. Oktober 1994 (BGBl. I S. 2978) geändert worden ist, und Zivildienstleistenden auf Grund des Zivildienstgesetzes gewährt werden;

17. Leistungen aus öffentlichen Kassen oder aus Mitteln einer öffentlichen Stiftung, die wegen Hilfsbedürftigkeit gewährt werden, soweit sie nicht zur Deckung des Lebensunterhalts bestimmt sind;
17a. einmalige Leistungen eines Landes, einer Gemeinde oder eines Gemeindeverbandes zur Förderung von Familien mit Kindern;
18. Leistungen nach den Vorschriften des Bundessozialhilfegesetzes, des Asylbewerberleistungsgesetzes und des Bundesversorgungsgesetzes über die Kriegsopferfürsorge mit Ausnahme laufender Leistungen für den Lebensunterhalt, soweit diese die bei ihrer Berechnung berücksichtigten Kosten für den Wohnraum übersteigen;
19. Leistungen der freien Wohlfahrtspflege, soweit sie nicht die Lage des Empfängers so günstig beeinflussen, daß daneben Sozialhilfe nach dem Bundessozialhilfegesetz ungerechtfertigt wäre;
20. Beihilfen und Unterstützungen, die auf Grund eines bestehenden oder früheren Dienst- oder Arbeitsverhältnisses in besonderen Notfällen gezahlt werden;
21. Jubiläumszuwendungen, die auf Grund eines Dienst- oder Arbeitsverhältnisses gegeben werden;
22. Übergangsgelder und Übergangsbeihilfen auf Grund gesetzlicher Vorschriften wegen Entlassung aus einem Dienstverhältnis;
23. einmalige Leistungen auf Grund des Gesetzes über die Heimkehrerstiftung, des Bundesvertriebenengesetzes, des Häftlingshilfegesetzes, des Strafrechtlichen Rehabilitierungsgesetzes und des Kriegsgefangenentschädigungsgesetzes;
24. Beträge, die an einen Arbeitnehmer vom Arbeitgeber gezahlt werden, um sie für ihn auszugeben (durchlaufende Gelder), und Beträge, durch die Auslagen des Arbeitnehmers für den Arbeitgeber ersetzt werden (Auslagenersatz);
25. pauschale Fehlgeldentschädigungen (Zählgelder, Mankogelder) der im Kassen- oder Zähldienst beschäftigten Arbeitnehmer;
26. Kapitalabfindungen aus der gesetzlichen Renten- und Unfallversicherung auf Grund des Bundesversorgungsgesetzes und von Gesetzen, die dieses für entsprechend anwendbar erklären, einschließlich der entsprechenden Leistungen nach dem Gesetz zur Sicherstellung der Grundrentenabfindung in der Kriegsopferversorgung sowie der Beamten-(Pensions-)gesetze, soweit sie nicht zur Deckung des Lebensunterhalts bestimmt sind;
27. Kapitalentschädigung auf Grund von Vorschriften zur Wiedergutmachung nationalsozialistischen Unrechts, soweit sie nicht zur Deckung des Lebensunterhalts bestimmt ist;
28. Hauptentschädigung, Entschädigungsrente und besondere laufende Beihilfe auf Grund des Lastenausgleichsgesetzes, besondere laufende Beihilfe auf Grund des Flüchtlingshilfegesetzes sowie Entschädigung und Entschädigungsrente auf Grund des Reparationsschädengesetzes;
29. der halbe Betrag der Unterhaltshilfe, der Unterhaltsbeihilfe oder der Beihilfe zum Lebensunterhalt auf Grund des Lastenausgleichsgesetzes, des Reparationsschädengesetzes, des § 10 des Vierzehnten Gesetzes zur Änderung des Lastenausgleichsgesetzes oder des Flüchtlingshilfegesetzes;
30. Prämien auf Grund des Wohnungsbau-Prämiengesetzes;
31. Zulagen nach dem Berlinförderungsgesetz;
32. Sonderleistungen nach § 7 des Unterhaltssicherungsgesetzes, soweit sie nicht zur Deckung des Lebensunterhalts bestimmt sind, und Leistungen nach § 14 a Abs. 4 und § 14 b des Arbeitsplatzschutzgesetzes;
33. die Eigenheimzulage nach dem Eigenheimzulagengesetz.

(2) Bei der Ermittlung des Jahreseinkommens bleiben vermögenswirksame Leistungen im Rahmen der nach dem Fünften Vermögensbildungsgesetz begünstigten Höchstbeträge außer Betracht mit Ausnahme

1. der nach § 11 des Fünften Vermögensbildungsgesetzes vereinbarten Leistungen,
2. der nicht über den geschuldeten Arbeitslohn hinaus erbrachten Leistungen.

(3) Bei der Ermittlung des Jahreseinkommens bleiben gesetzlich vorgesehene Zuschüsse zu den Aufwendungen für die Krankenversicherung und die Pflegeversicherung außer Betracht.

§ 15 Familienfreibeträge

(1) Bei der Ermittlung des Jahreseinkommens werden bei Kindern im Sinne des § 1 Abs. 2 des Bundeskindergeldgesetzes oder für die zum Haushalt rechnenden Kinder, für die Kindergeld nach dem Bundeskindergeldgesetz oder dem Einkommensteuergesetz oder eine Leistung im Sinne des § 4 Abs. 1 des Bundeskindergeldgesetzes oder des § 65 Abs. 1 des Einkommensteuergesetzes gewährt wird, Beträge in Höhe des gesetzlichen Kindergeldes abgesetzt.

(2) Wohnt ein Antragberechtigter allein mit Kindern zusammen, wird bei der Ermittlung des Jahreseinkommens für jedes Kind unter 12 Jahren, für das eine Leistung im Sinne des Absatzes 1 gewährt wird, ein Freibetrag in Höhe von 1200 Deutsche Mark abgesetzt, wenn der Antragberechtigte wegen Erwerbstätigkeit oder Ausbildung nicht nur kurzfristig vom Haushalt abwesend ist.

(3) Bei der Ermittlung des Jahreseinkommens eines zum Haushalt rechnenden Kindes werden dessen Einnahmen bis zu einem Betrag von 1 200 Deutsche Mark abgesetzt, wenn das Kind das 16. und noch nicht das 25. Lebensjahr vollendet hat.

(4) Bei der Ermittlung des Jahreseinkommens von Familienmitgliedern, die das 62. Lebensjahr vollendet haben, wird ein Freibetrag von 2400 Deutsche Mark abgesetzt, solange sie mit Verwandten oder Verschwägerten in gerader absteigender Linie, von denen einer das 25. Lebensjahr vollendet hat, einen Familienhaushalt führen. Als Verwandte in gerader Linie gelten auch Pflegeeltern und Pflegekinder (§ 4 Abs. 1 Nr. 7). Erreichen die nach Anwendung der §§ 10 bis 14 sowie der Absätze 1 und 2 zu berücksichtigenden Einnahmen nicht die Höhe des Freibetrages, so ist dieser insoweit bei der Ermittlung des Jahreseinkommens des Familienmitgliedes abzusetzen, das nach Anwendung der §§ 10 bis 14, der Absätze 1 bis 3 sowie der Sätze 1 und 2 die höchsten zu berücksichtigenden Einnahmen erzielt.

§ 16 Freibeträge für besondere Personengruppen

(1) Bei der Ermittlung des Jahreseinkommens von
1. (weggefallen)
2. Opfern der nationalsozialistischen Verfolgung und ihnen Gleichgestellten im Sinne des Bundesentschädigungsgesetzes

bleiben Einnahmen bis zu einem Betrag von 1 500 Deutsche Mark außer Betracht.

(2) Bei der Ermittlung des Jahreseinkommens eines Schwerbehinderten wird abgesetzt
1. ein Freibetrag von 3 000 Deutsche Mark bei einem Grad der Behinderung
    a) von 100 oder
    b) von wenigstens 80, wenn der Schwerbehinderte häuslich pflegebedürftig im Sinne des § 14 des Elften Buches Sozialgesetzbuch ist;
2. ein Freibetrag von 2 400 Deutsche Mark bei einem Grad der Behinderung
    a) von 80 bis unter 100 oder
    b) von 50 bis unter 80, wenn der Schwerbehinderte häuslich pflegebedürftig im Sinne des § 14 des Elften Buches Sozialgesetzbuch ist.

Erreichen die nach Anwendung der §§ 10 bis 15 zu berücksichtigenden Einnahmen des Schwerbehinderten nicht den Freibetrag nach Satz 1, so ist dieser insoweit bei der Ermittlung des Jahreseinkommens des Familienmitglieds abzusetzen, das nach Anwendung der §§ 10 bis 15, der Absätze 1 und 4 sowie des Satzes 1 die höchsten zu berücksichtigenden Einnahmen hat.

(3) Der Freibetrag nach Absatz 1, Absatz 2 oder Absatz 4 wird zugunsten eines zum Haushalt rechnenden Familienmitgliedes nur einmal abgesetzt, auch wenn es mehreren der genannten Personengruppen angehört.

§ 17 Pauschaler Abzug

(1) Zur Feststellung des Jahreseinkommens wird von der Summe der nach den §§ 10 bis 16 ermittelten Einnahmen ein Betrag in Höhe von 6 vom Hundert abgezogen.

(2) Der Abzug erhöht sich auf 12,5 vom Hundert, wenn das Familienmitglied
1. a) Pflichtbeiträge zur gesetzlichen Krankenversicherung oder zur gesetzlichen Rentenversicherung oder
   b) solche nicht nur geringfügige laufende Beiträge zu öffentlichen oder privaten Versicherungen oder ähnlichen Einrichtungen, die hinsichtlich ihrer Zweckbestimmung einem dieser Pflichtbeiträge entsprechen,
   oder

2. Steuern vom Einkommen

entrichtet.

(3) Der Abzug erhöht sich auf 20 vom Hundert, wenn das Familienmitglied
1. a) Pflichtbeiträge zur gesetzlichen Krankenversicherung und zur gesetzlichen Rentenversicherung oder
   b) diesen beiden Pflichtbeiträgen entsprechende laufende Beiträge zu Einrichtungen nach Absatz 2 Nr. 1 Buchstabe b
   oder
2. Steuern vom Einkommen und
   a) Pflichtbeiträge zur gesetzlichen Krankenversicherung oder zur gesetzlichen Rentenversicherung oder
   b) einem dieser Pflichtbeiträge entsprechende laufende Beiträge zu den Einrichtungen nach Absatz 2 Nr. 1 Buchstabe b

entrichtet.

(4) Der Abzug erhöht sich auf 30 vom Hundert, wenn für das Familienmitglied die Voraussetzungen des Absatzes 3 Nr. 1 vorliegen und es Steuern vom Einkommen entrichtet.

Dritter Teil
Allgemeine Ablehnungsgründe

§ 18 [Allgemeine Ablehnungsgründe]

(1) Wohngeld wird nicht gewährt, wenn
1. für die wirtschaftliche Sicherung von Wohnraum andere Leistungen aus öffentlichen Kassen erbracht werden, die mit dem Wohngeld vergleichbar sind; nicht mit dem Wohngeld vergleichbar sind insbesondere die Leistungen für die Unterkunft nach den Vorschriften des Bundessozialhilfegesetzes und des Bundesversorgungsgesetzes über die Kriegsopferfürsorge;
2. für eine von mehreren Wohnungen bereits Wohngeld gewährt oder eine vergleichbare Leistung erbracht wird oder
3. ein zum Haushalt rechnendes Familienmitglied im Jahr der Stellung des Antrages auf Wohngeld Vermögensteuer zu entrichten hat.

(2) Wohngeld wird nicht gewährt
1. für Wohnraum, der von Personen während der Zeit benutzt wird, in der sie vom Familienhaushalt vorübergehend abwesend sind (§ 4 Abs. 3), oder
2. soweit ein Antragberechtigter, der mit Personen, die keine Familienmitglieder im Sinne des § 4 sind, eine Wohn- und Wirtschaftsgemeinschaft führt, besser gestellt wäre als im Rahmen eines Familienhaushalts entsprechender Größe; das Bestehen einer Wirtschaftsgemeinschaft wird vermutet, wenn der Antragberechtigte und die Personen Wohnraum gemeinsam bewohnen.

(3) Wohngeld wird nicht gewährt, soweit die Inanspruchnahme mißbräuchlich wäre.

§§ 19 bis 22 (weggefallen)

Vierter Teil
Bewilligung, Erhöhung, Wegfall des Wohngeldes

§ 23 Antrag

(1) Der Antrag auf Wohngeld ist von dem Antragberechtigten an die nach Landesrecht zuständige Stelle zu richten. Der Antrag kann für die Zeit nach Ablauf des Bewilligungszeitraums wiederholt werden. Wird der Wiederholungsantrag früher als zwei Monate vor Ablauf des laufenden Bewilligungszeitraums gestellt, so gilt der Erste des zweiten Monats vor Ablauf des Bewilligungszeitraums als Zeitpunkt der Antragstellung im Sinne des § 11.

(2) § 65 a des Ersten und § 115 des Zehnten Buches Sozialgesetzbuch sind nicht anzuwenden.

§ 24 (weggefallen)

§ 25 Auskunftspflicht

(1) Wenn und soweit die Durchführung dieses Gesetzes es erfordert, sind
1. die zum Haushalt des Antragberechtigten rechnenden Familienmitglieder,

2. sonstige Personen, die mit dem Antragberechtigten Wohnraum gemeinsam bewohnen, und
3. bei einer Prüfung nach § 18 Abs. 3 zur Feststellung eines Unterhaltsanspruchs auch der nicht zum Haushalt rechnende Ehegatte, der frühere Ehegatte, die Kinder und die Eltern der Familienmitglieder

verpflichtet, der zuständigen Stelle Auskunft über ihre Einnahmen und über andere für das Wohngeld maßgebende Umstände zu geben.

(2) Wenn und soweit die Durchführung dieses Gesetzes es erfordert, sind die Arbeitgeber des Antragberechtigten und der in Absatz 1 bezeichneten Personen verpflichtet, der zuständigen Stelle über Art und Dauer des Arbeitsverhältnisses sowie über Arbeitsstätte und Arbeitsverdienst Auskunft zu geben.

(3) Der Empfänger der Miete ist verpflichtet, der zuständigen Stelle über Höhe und Zusammensetzung der Miete, über Bezugsfertigkeit des Wohnraums sowie über andere ihm bekannte, das Miet- oder Nutzungsverhältnis betreffende Umstände Auskunft zu geben, wenn und soweit die Durchführung dieses Gesetzes es erfordert.

(4) Auf die nach den Absätzen 1 bis 3 Auskunftspflichtigen sind § 60 sowie § 65 Abs. 1 und 3 des Ersten Buches Sozialgesetzbuch entsprechend anzuwenden.

§ 26 Entscheidung über den Antrag

(1) Die zuständige Stelle entscheidet über den Antrag auf Wohngeld.
(2) (weggefallen)
(3) Die Entscheidung ist dem Antragsteller schriftlich mitzuteilen.
(4) Der Bewilligungsbescheid muß die in § 29 Abs. 4 Satz 1 Nr. 1 und 2 genannten Beträge ausweisen und eine Belehrung über die Mitteilungspflicht nach § 29 Abs. 4 Satz 1 und § 30 Abs. 1 Satz 2 enthalten. Er soll eine Belehrung darüber enthalten, daß der Antrag auf Wohngeld für die Zeit nach Ablauf des Bewilligungszeitraum wiederholt werden kann.

§ 27 Bewilligungszeitraum

(1) Das Wohngeld wird in der Regel für zwölf Monate bewilligt (Bewilligungszeitraum). Ist zu erwarten, daß die für Gewährung des Wohngeldes maßgeblichen Verhältnisse sich vor Ablauf von zwölf Monaten erheblich verändern, so ist der Bewilligungszeitraum entsprechend zu verkürzen.

(2) Der Bewilligungszeitraum beginnt am Ersten des Monats, in dem der Antrag gestellt worden ist. Treten die Voraussetzungen für die Bewilligung des Wohngeldes erst in einem späteren Monat ein, so beginnt der Bewilligungszeitraum am Ersten dieses Monats.

(3) Wird das Wohngeld nach § 29 Abs. 2 rückwirkend bewilligt, so beginnt der Bewilligungszeitraum am Ersten des Monats, von dem an eine erhöhte Miete oder Belastung berücksichtigt werden darf.

(4) Der Bewilligungszeitraum beginnt am Ersten des Monats,
1. in dem Leistungen im Sinne des § 31 Abs. 1 Satz 1 Nr. 1 beantragt oder die Prüfung eines Anspruchs auf solche Leistungen von Amts wegen eingeleitet worden ist, sofern Leistungen nach dem Fünften Teil nicht gewährt werden,
2. der auf den Monat folgt, in dem Wohngeld nach dem Fünften Teil dieses Gesetzes eingestellt worden ist,
3. für den nach dem Fünften Teil dieses Gesetzes zu Unrecht erbrachtes Wohngeld zu erstatten ist, wenn der Antrag vor Ablauf des auf die Kenntnis der Entscheidung folgenden Kalendermonats gestellt wird.

§ 28 Zahlung des Wohngeldes

(1) Das Wohngeld wird an den Antragberechtigten gezahlt (Wohngeldempfänger). Der Mietzuschuß kann mit schriftlicher Einwilligung des Antragberechtigten oder, wenn dies unter Berücksichtigung der Besonderheit des Einzelfalles geboten ist, auch ohne diese Einwilligung an eine zu seinem Familienhaushalt rechnende Person oder an den Empfänger der Miete gezahlt werden. Wird der Mietzuschuß an den Empfänger der Miete gezahlt, ist der Antragberechtigte hiervon zu unterrichten.

(2) Das Wohngeld wird in der Regel im voraus gezahlt. Es soll monatlich oder für jeweils zwei Monate (Zahlungsabschnitt) gezahlt werden.

§ 29 Änderung des Wohngeldes

(1) Hat sich im laufenden Bewilligungszeitraum
1. die Zahl der zum Haushalt rechnenden Familienmitglieder erhöht oder
2. die zu berücksichtigende Miete oder Belastung um mehr als 15 vom Hundert erhöht oder
3. das Familieneinkommen um mehr als 15 vom Hundert verringert,

so wird das Wohngeld auf Antrag neu bewilligt, wenn dies zu einer Erhöhung des Wohngeldes führt.

(2) Hat sich rückwirkend die zu berücksichtigende Miete oder Belastung um mehr als 15 vom Hundert erhöht und haben die zum Haushalt rechnenden Familienmitglieder die rückwirkende Erhöhung nicht zu vertreten, so wird Wohngeld auf Antrag auch für den Zeitraum bewilligt, für den rückwirkend die erhöhte Miete zu bezahlen oder die erhöhte Belastung aufzubringen ist. Das rückwirkend zu bewilligende Wohngeld darf den Betrag nicht übersteigen, um den sich die Miete oder Belastung erhöht hat. Der Anspruch ist ausgeschlossen, wenn er nicht vor Ablauf des auf die Kenntnis von der Erhöhung der Miete oder Belastung folgenden Kalendermonats geltend gemacht wird.

(3) Hat sich im laufenden Bewilligungszeitraum
1. die Miete oder Belastung so verringert, daß sich dadurch die zu berücksichtigende Miete oder Belastung um mehr als 15 vom Hundert verringert, oder haben sich
2. die Einnahmen so erhöht, daß sich dadurch das Familieneinkommen um mehr als 15 vom Hundert erhöht,

so ist über die Gewährung von Wohngeld von Amts wegen vom Zeitpunkt der Änderung der Verhältnisse an, bei Änderungen im Laufe eines Monats vom auf die Änderung der Verhältnisse folgenden nächsten Ersten eines Monats neu zu entscheiden, wenn dies zu einem Wegfall oder zu einer Verringerung des Wohngeldes führt.

(4) Der Wohngeldempfänger hat der zuständigen Stelle unverzüglich Mitteilung zu machen, wenn sich im laufenden Bewilligungszeitraum
1. die monatliche Miete (§ 5) oder die monatliche Belastung (§ 6) nicht nur vorübergehend um mehr als 15 vom Hundert gegenüber der im Wohngeldbescheid genannten Miete oder Belastung verringert oder
2. die monatlichen Einnahmen (§ 10) der zum Haushalt rechnenden Familienmitglieder nicht nur vorübergehend um mehr als 15 vom Hundert gegenüber den im Wohngeldbescheid genannten Einnahmen erhöhen.

Die zum Haushalt des Wohngeldempfängers rechnenden Familienangehörigen sind verpflichtet, ihm Änderungen ihrer Einnahmen mitzuteilen.

§ 30 Wegfall des Wohngeldanspruchs

(1) Wird der Wohnraum, für den Wohngeld bewilligt ist, vor Ablauf des Bewilligungszeitraums von keinem zum Haushalt rechnenden Familienmitglied mehr benutzt, so entfällt der Anspruch von dem folgenden Zahlungsabschnitt an. Der Antragberechtigte hat Änderungen im Sinne des Satzes 1 der zuständigen Stelle unverzüglich mitzuteilen.

(2) Wird das Wohngeld nicht zur Bezahlung der Miete oder zur Aufbringung der Belastung verwendet, so entfällt der Anspruch auf Wohngeld unbeschadet der Sätze 2 und 3 von dem folgenden Zahlungsabschnitt an. Wird der Mietzuschuß nicht zur Bezahlung der Miete verwendet, entfällt der Wohngeldanspruch nur bis zu dem Zahlungsabschnitt, von dem an das Wohngeld von der nach Landesrecht zuständigen Stelle an den Empfänger der Miete gezahlt wird. Satz 1 gilt nicht, soweit der Wohngeldanspruch Gegenstand einer Aufrechnung, Verrechnung oder Pfändung ist oder auf einen Leistungsträger (§ 12 des Ersten Buches Sozialgesetzbuch) übergegangen ist.

(3) Ist ein alleinstehender Antragberechtigter nach der Antragstellung verstorben, so entfällt der Anspruch auf Wohngeld von dem auf den Sterbemonat folgenden Zahlungsabschnitt an. Rechnen zum Haushalt des verstorbenen Antragstellers mehrere Familienmitglieder, so entfällt der Anspruch auf Wohngeld erst mit Ablauf des Bewilligungszeitraums.

(4) Wird nach dem Antrag auf Wohngeld eine Sozialleistung zur Deckung des Lebensunterhalts oder der Miete oder der Belastung bewilligt, bei deren Bemessung das Wohngeld als Einnahme nicht zu berücksichtigen ist, hat die Wohngeldstelle einen Erstattungsanspruch nach dem Zehnten Buch des Sozialgesetzbuchs, soweit bei Anrechnung der Sozialleistung als Einnahme der Wohngeldanspruch

sich verringert oder entfällt. Satz 1 gilt entsprechend, wenn Wohngeld nach dem Fünften Teil dieses Gesetzes gewährt worden ist.
(5) Wegen anderer als der in § 29 und den vorstehenden Absätzen 1 bis 3 genannten Umstände ändert sich der Anspruch auf Wohngeld nicht.

Fünfter Teil
Wohngeld für Empfänger von Leistungen der Sozialhilfe und Kriegsopferfürsorge
§ 31 Anwendungsbereich
(1) Einem Mieter oder mietähnlich Nutzungsberechtigten (§ 3 Abs. 1 Nr. 1 und 2) wird unbeschadet der Absätze 3 und 4 im Geltungsbereich dieses Gesetzes ohne Antrag Wohngeld nach § 32 als Zuschuß zu den Aufwendungen für Wohnraum gewährt,
1. wenn und solange
   a) er als Alleinstehender oder
   b) er und seine mit ihm in Haushaltsgemeinschaft lebenden Angehörigen im Sinne des § 4 Abs. 1 laufende Leistungen der Hilfe zum Lebensunterhalt nach dem Bundessozialhilfegesetz oder der ergänzenden Hilfe zum Lebensunterhalt nach dem Bundesversorgungsgesetz oder nach einem Gesetz, das dieses für anwendbar erklärt, außerhalb von Einrichtungen erhalten und
2. wenn bei Einsetzen der in Nummer 1 genannten Leistungen zu erwarten ist, daß sie für wenigstens einen Monat gewährt werden.

Bei mehreren Mietern oder mietähnlich Nutzungsberechtigten einer Haushaltsgemeinschaft wird Wohngeld nur einmal gewährt.
(2) Erhalten der mit dem Mieter oder mietähnlich Nutzungsberechtigten in Haushaltsgemeinschaft lebende Ehegatte oder minderjährige unverheiratete Angehörige im Sinne des § 4 Abs. 1 keine der in Absatz 1 Satz 1 Nr. 1 genannten Leistungen, gelten auch diese Personen als Empfänger der Hilfe. Satz 1 gilt entsprechend, wenn der Mieter oder mietähnlich Nutzungsberechtigte selbst keine Leistungen nach Absatz 1 Satz 1 Nr. 1 erhält, jedoch sein Ehegatte.
(3) Werden die in Absatz 1 Satz 1 Nr. 1 genannten Leistungen als Darlehen gewährt, ist Absatz 1 nur in den Fällen der §§ 15 b und 89 des Bundessozialhilfegesetzes anzuwenden.
(4) Wohngeld nach § 32 wird nicht gewährt,
1. wenn es gleich hoch oder höher wäre als eine in Absatz 1 Satz 1 Nr. 1 genannte monatliche, nicht um das Wohngeld gekürzte Leistung oder
2. wenn und solange dem Mieter oder mietähnlich Nutzungsberechtigten bereits Wohngeld nach Maßgabe der Anlagen 1 bis 8, nach § 32 für anderen Wohnraum oder nach dem Wohngeldsondergesetz für diesen oder anderen Wohnraum gewährt wird.

§ 32 Bemessung, Bewilligung, Zahlung und Wegfall des Wohngeldes, Belehrungspflicht
(1) Das Wohngeld wird nach dem durch Rechtsverordnung auf Grund des § 36 Abs. 2 Nr. 1 für das Land oder für nach Mietenstufen zusammengefaßte Gemeinden des Landes festgelegten Vomhundertsatz der im Sinne des Bundessozialhilfegesetzes anerkannten laufenden Aufwendungen für die Unterkunft, soweit es sich um Wohnraum handelt, bemessen und auf volle Deutsche Mark gerundet. Eine Vergütung für die Überlassung von Möbeln ist von den Aufwendungen für Wohnraum abzusetzen. Ist hierfür ein besonderer Betrag nicht angegeben, sind von den in Satz 1 genannten Aufwendungen 80 vom Hundert zu berücksichtigen.
(2) Das Wohngeld wird vom Ersten des Monats an gewährt, in dem die in § 31 Abs. 1 Satz 1 Nr. 1 genannten Leistungen einsetzen. Beträge unter 10 Deutsche Mark werden nicht gewährt. Die Entscheidung über die Bewilligung, Nichtgewährung oder die Einstellung von Wohngeld ist dem Mieter oder mietähnlich Nutzungsberechtigten schriftlich mitzuteilen.
(3) Erhalten Mieter oder mietähnlich Nutzungsberechtigte, die in einer Wohn- und Wirtschaftsgemeinschaft im Sinne des § 122 des Bundessozialhilfegesetzes leben, sowie mit ihnen lebende Angehörige (§ 4 Abs. 1 Nr. 2 bis 7) auf Grund eines einheitlichen Bescheides laufende Leistungen der Hilfe zum Lebensunterhalt nach dem Bundessozialhilfegesetz, kann auch das Wohngeld auf Grund eines einheitlichen Bescheides gewährt werden. Erhält einer der Mieter oder mietähnlich Nutzungsberechtigten keine der genannten Leistungen, gilt auch diese Person als Empfänger der Hilfe.

(4) Das Wohngeld ist in der Regel an den Mieter oder mietähnlich Nutzungsberechtigten zu zahlen. Bei mehreren Mietern oder mietähnlich Nutzungsberechtigten bestimmt die zuständige Stelle den Zahlungsempfänger nach pflichtgemäßem Ermessen. Das Wohngeld kann an eine andere in der Haushaltsgemeinschaft (§ 31 Abs. 1 Satz 1 Nr. 1 Buchstabe b) oder in der Wohn- und Wirtschaftsgemeinschaft (Absatz 3 Satz 1) lebende Person oder an den Empfänger der Miete gezahlt werden, wenn dies unter Berücksichtigung der Besonderheit des Einzelfalles geboten ist. Wird das Wohngeld an den Empfänger der Miete gezahlt, ist der Mieter oder mietähnlich Nutzungsberechtigte hiervon schriftlich zu unterrichten.

(5) Ein Anspruch auf Wohngeld entfällt mit Ablauf des Monats, in dem die Voraussetzungen für die Gewährung von Wohngeld nach § 31 entfallen sind.

(6) Wird Wohngeld nach dem Fünften Teil nicht gewährt oder eingestellt oder ist nach diesem Teil zu Unrecht erbrachtes Wohngeld zu erstatten, ist der Mieter oder mietähnlich Nutzungsberechtigte über die Antragfrist des § 27 Abs. 4 für das nach Maßgabe der Anlagen 1 bis 8[1)] zu gewährende Wohngeld schriftlich zu belehren. Satz 1 gilt entsprechend für die Antragfrist nach § 16 Abs. 4 des Wohngeldsondergesetzes.

§ 33 Anzuwendende Vorschriften

Von den anderen Teilen dieses Gesetzes sind § 8 Abs. 7, die §§ 25, 34 Abs. 1, 37 b und § 41 sowie die auf Bestimmungen des Fünften Teils dieses Gesetzes Bezug nehmenden Vorschriften mit Ausnahme des § 27 Abs. 4 anzuwenden.

Sechster Teil
Erstattung des Wohngeldes

§ 34

(1) Wohngeld, das von einem Land gezahlt worden ist, wird ihm vom Bund zur Hälfte erstattet.

(2) Von der nach Absatz 1 einem Land verbleibenden Hälfte übernimmt der Bund ab dem 1. Januar 1985 jährlich folgenden Festbetrag:

Bayern	35 000 000 DM
Berlin	25 000 000 DM
Bremen	3 000 000 DM
Hamburg	18 000 000 DM
Hessen	25 000 000 DM
Niedersachsen	27 000 000 DM
Nordrhein-Westfalen	122 000 000 DM
Rheinland-Pfalz	10 000 000 DM
Saarland	6 000 000 DM
Schleswig-Holstein	11 000 000 DM

Der Festbetrag wird jeweils in vier gleichhohen Beträgen zum 1. Februar, 1. Mai, 1. August und 1. November gezahlt.

Siebenter Teil
Wohngeld-Statistik

§ 35

(1) Über die Anträge und Entscheidungen nach diesem Gesetz sowie über die persönlichen und sachlichen Verhältnisse der Wohngeldempfänger, die für die Berichterstattung (§ 8 Abs. 7), die Beurteilung der Auswirkungen dieses Gesetzes und zu seiner Fortentwicklung erforderlich sind, ist eine Bundesstatistik durchzuführen.

(2) Erhebungsmerkmale sind
1. bei Anträgen und Entscheidungen nach Maßgabe der Anlagen 1 bis 8
   a) Art des Antrags und der Entscheidung;
   b) Zahl der unerledigten Bearbeitungsfälle am Ende des Berichtszeitraums; Betrag des im Berichtszeitraum gezahlten Wohngeldes;

---

1) Siehe Fußnote zu § 2.

c) Beginn und Ende des Bewilligungszeitraums nach Monat und Jahr; Art und Höhe des monatlichen Wohngeldes;
   d) Beteiligung des Wohngeldempfängers am Erwerbsleben und dessen Stellung im Beruf sowie Zahl der zum Haushalt rechnenden Familienmitglieder;
   e) die bei der Berechnung des Wohngeldes zu berücksichtigenden Höchstbeträge für Miete und Belastung (§ 8 Abs. 1);
   f) die Wohnverhältnisse der Wohngeldempfänger nach Ausstattung, Größe und Jahr der Bezugsfertigkeit der Wohnung, Höhe der monatlichen Miete oder Belastung, öffentlicher Förderung der Wohnung, Grund der Antragberechtigung (§ 3) sowie die Gemeinde und deren Mietenstufe (§ 8 Abs. 2 bis 5);
   g) die Einnahmen des Wohngeldempfängers und der übrigen zum Haushalt rechnenden Familienmitglieder nach Art und Höhe, die bei der Ermittlung des Jahreseinkommens nicht zu berücksichtigenden Beträge und die dafür maßgebenden Umstände (§§ 12 bis 17) sowie das monatliche Familieneinkommen;
   h) Monat und Jahr der Wohngeldberechnung und die angewandte Gesetzesfassung;
2. bei der Wohngeldgewährung nach dem Fünften Teil
   a) Beginn, Änderung und Ende der Wohngeldgewährung nach Monat und Jahr;
   b) Höhe des monatlichen Wohngeldes sowie Zahl der zur Haushaltsgemeinschaft (§ 31 Abs. 1 Satz 1 Nr. 1) oder Wohn- und Wirtschaftsgemeinschaft (§ 32 Abs. 3) rechnenden Personen;
   c) die tatsächlichen und die anerkannten laufenden monatlichen Aufwendungen für den Wohnraum (§ 32 Abs. 1 Satz 1 und 2);
   d) die Wohnverhältnisse der Wohngeldempfänger nach Ausstattung und Größe der Wohnung sowie die Gemeinde;
   e) Betrag des im Berichtszeitraum gezahlten Wohngeldes.

(3) Hilfsmerkmale sind Name und Anschrift der auskunftspflichtigen Stelle.

(4) Zur Prüfung der Richtigkeit der Statistik dienen Wohngeldnummern, die keine Angaben über persönliche oder sachliche Verhältnisse der Wohngeldempfänger sowie der in § 25 bezeichneten Personen enthalten oder einen Rückschluß auf solche zulassen. Die Wohngeldnummern sind spätestens nach Ablauf von fünf Jahren seit dem Zeitpunkt, zu dem die Erhebung durchgeführt worden ist (Absatz 5), zu löschen.

(5) Die Erhebung der Angaben nach Absatz 2 Nr. 1 und 2 wird vierteljährlich für das jeweils abgelaufene Kalendervierteljahr durchgeführt. Im Falle einer nach § 36 Abs. 2 Nr. 2 angeordneten Berechnung des Wohngeldes ist eine Erhebung mit den Angaben nach Absatz 2 Nr. 1 Buchstaben c bis h zu dem in der Rechtsverordnung angegebenen Zeitpunkt durchzuführen. Die statistischen Landesämter stellen dem Statistischen Bundesamt unverzüglich nach Ablauf des Berichtszeitraums oder zu dem in der Rechtsverordnung angegebenen Zeitpunkt folgende Angaben zur Verfügung:
1. vierteljährlich
   a) für den Berichtszeitraum die Angaben nach Absatz 2 Nr. 1 Buchstaben a bis c und Nr. 2;
   b) für den vergleichbaren Berichtszeitraum des vorausgehenden Kalenderjahres die Angaben nach Absatz 2 Nr. 1 Buchstaben a und c unter Berücksichtigung der rückwirkenden Entscheidungen aus den folgenden zwölf Monaten;
2. jährlich die Angaben nach Absatz 2 Nr. 1 Buchstaben c bis h und Nr. 2 für den Monat Dezember unter Berücksichtigung der rückwirkenden Entscheidungen aus dem folgenden Kalendervierteljahr;
3. die Angaben nach Satz 2 zu dem in der Rechtsverordnung angegebenen Zeitpunkt.

(6) Einzelangaben aus einer Zufallsstichprobe mit einem Auswahlsatz von 25 vom Hundert der Wohngeldempfänger nach Absatz 2 Nr. 1 sind dem Statistischen Bundesamt jährlich unverzüglich nach Ablauf des Berichtszeitraums für Zusatzaufbereitungen zur Verfügung zu stellen. Für diesen Zweck dürfen die Einzelangaben, bei denen Haushalte mit mehr als fünf Familienmitgliedern in einer Gruppe zusammenzufassen sind, ohne Wohngeldnummer auch der fachlich zuständigen obersten Bundesbehörde übermittelt werden. Bei der empfangenden Stelle wird eine Organisationseinheit eingerichtet, die räumlich, organisatorisch und personell von anderen Aufgabenbereichen zu trennen ist. Die in dieser Organisationseinheit tätigen Personen müssen Amtsträger oder für den öffentlichen

Dienst besonders Verpflichtete sein. Sie dürfen aus ihrer Tätigkeit gewonnene Erkenntnisse nur für Zwecke des Absatzes 1 verwenden. Die nach Satz 2 übermittelten Einzelangaben dürfen nicht mit anderen Daten zusammengeführt werden.

(7) Auf Anforderung stellen die statistischen Landesämter die von ihnen erfaßten Einzelangaben dem Statistischen Bundesamt für Sonderaufbereitungen des Bundes zur Verfügung.

(8) Für die Erhebung besteht Auskunftspflicht. Auskunftspflichtig sind die für die Gewährung von Wohngeld zuständigen Stellen. Die Angaben des Antragstellers und der in § 25 bezeichneten Personen für die Wohngeldbewilligung dienen zur Ermittlung der statistischen Daten im Rahmen der Erhebungsmerkmale. Das gilt für die Angaben des Mieters oder mietähnlich Nutzungsberechtigten im Anwendungsbereich des Fünften Teils und für die Angaben im Falle einer Erhebung nach Absatz 5 Satz 2 entsprechend.

(9) Der Antragsteller sowie im Anwendungsbereich des Fünften Teils und im Falle einer Erhebung nach Absatz 5 Satz 2 der Mieter oder mietähnlich Nutzungsberechtigte ist über die Verwendung der auf Grund der Bearbeitung bekannten Daten für die Wohngeldstatistik und die Möglichkeit der Übermittlung nach Absatz 6 Satz 2 zu belehren.

Achter Teil
Schlußvorschriften

§ 36 Durchführungsvorschriften

(1) Die Bundesregierung wird ermächtigt, durch Rechtsverordnung mit Zustimmung des Bundesrates
1. nähere Vorschriften zur Durchführung dieses Gesetzes zu erlassen über die Ermittlung
   a) der zu berücksichtigenden Miete oder Belastung (§§ 5 bis 8 Abs. 1) und
   b) des Einkommens (§§ 9 bis 17).
   Hierbei dürfen pauschalierende Regelungen getroffen werden, soweit die Ermittlung im einzelnen nicht oder nur mit unverhältnismäßig großen Schwierigkeiten möglich ist;
2. die Mietenstufen für Gemeinden festzulegen (§ 8 Abs. 1 bis 5).

(2) Die Bundesregierung wird ermächtigt, durch Rechtsverordnung mit Zustimmung des Bundesrates
1. für jedes Land oder nach Maßgabe des Satzes 2 für nach Mietenstufen zusammengefaßte Gemeinden den Vomhundertsatz zur Bemessung des Wohngeldes nach § 32 Abs. 1 festzulegen, dessen Höhe dem durchschnittlichen Anteil des Wohngeldes an den Mieten der in § 31 Abs. 1 Satz 1 Nr. 1 genannten Empfänger von Sozialhilfe oder Kriegsopferfürsorge entspricht, der im Zeitraum bis zu einer neuen Festlegung des Vomhundertsatzes nach Maßgabe der Anlagen 1 bis 8[1)] zu erwarten wäre. Weicht der für nach Mietenstufen zusammengefaßte Gemeinden ermittelte Vomhundertsatz erheblich von dem des Landes ab, können unterschiedliche Vomhundertsätze festgelegt werden. Der jeweilige Vomhundertsatz ist nach einer wesentlichen Änderung des § 8 Abs. 1 bis 5, der Vorschriften über die Einkommensermittlung oder der Anlagen 1 bis 8[1)] neu festzulegen. Grundlage ist dabei
   a) eine Berechnung des Wohngeldes nach Maßgabe der Anlagen 1 bis 8 für Empfänger von Wohngeld nach dem Fünften Teil, die durch eine Zufallsstichprobe ausgewählt worden sind, oder
   b) das Verhältnis, in dem sich der Anteil des nach Maßgabe der Anlagen 1 bis 8[1)] bewilligten Wohngeldes an den Mieten im Vergleich zu diesem Anteil nach Inkrafttreten der vorangegangenen Änderung der Anlagen 1 bis 10 geändert hat.
   Weicht der tatsächliche Anteil von dem bei der vorangegangenen Festlegung des Vomhundertsatzes erwarteten durchschnittlichen Anteil des Wohngeldes an den Mieten ab, ist der darauf beruhende Unterschiedsbetrag des Wohngeldes durch entsprechende Festlegung des Vomhundertsatzes auszugleichen. Die Neufestlegung des Vomhundertsatzes nach dem Buchstaben a ist auch dann zulässig, wenn keine der in Satz 3 genannten Änderungen dieses Gesetzes vorangegangen ist;

---

1) Siehe Fußnote zu § 2.

2. die für die Neufestlegung des Vomhundertsatzes nach Nummer 1 Satz 4 Buchstabe a erforderliche Zufallsstichprobe anzuordnen und nähere Vorschriften zur Durchführung zu erlassen, insbesondere den Stichtag, den Umfang der Stichprobe und die Auswahl durch die statistischen Landesämter zu bestimmen. Die §§ 60, 61 und 65 Abs. 1 und 3 des Ersten Buches Sozialgesetzbuch sowie die Vorschriften dieses Gesetzes über die Auskunftspflicht (§ 25) sind entsprechend anzuwenden.

§ 37 Zuständigkeit
Über das Wohngeld nach dem Fünften Teil dieses Gesetzes entscheidet die in Angelegenheiten der laufenden Leistungen zum Lebensunterhalt (§ 31 Abs. 1 Satz 1 Nr. 1) zuständige oder zur Durchführung herangezogene Stelle. Über den Widerspruch gegen den Wohngeldbescheid entscheidet die Stelle, die in den in Satz 1 genannten Angelegenheiten für die Entscheidung über den Widerspruch zuständig ist. Abweichend von Satz 2 entscheidet im Land Berlin über den Widerspruch gegen den Wohngeldbescheid die nach dem Gesetz über die Zuständigkeiten in der allgemeinen Berliner Verwaltung zuständige Stelle.

§ 37 a (aufgehoben)

§ 37 b Übermittlung von Wohngelddaten
Die Wohngeldstelle ist verpflichtet, auf Ersuchen der für die Erhebung der Ausgleichszahlungen nach dem Gesetz über den Abbau der Fehlsubventionierungen im Wohnungswesen (AFWoG) vom 22. Dezember 1981 (BGBl. I S. 1523, 1542), zuletzt geändert durch Gesetz vom 8. Juni 1989 (BGBl. I S. 1058), und den hierzu erlassenen landesrechtlichen Vorschriften zuständigen Stelle mitzuteilen, ob der betroffene Wohnungsinhaber Wohngeld erhält. Maßgebend hierfür ist der Zeitraum, der zwischen den Aufforderungen nach § 5 Abs. 1 AFWoG oder entsprechender landesrechtlicher Vorschriften und der Erteilung der Bescheide über die Ausgleichszahlung liegt. Zulässig ist auch ein automatisierter Datenabgleich zwischen der Wohngeldstelle und der für die Einziehung der Ausgleichszahlungen zuständigen Stelle. Für die Überprüfung nach Satz 1 dürfen nur Name, Vorname (Rufname), Anschrift und die Tatsache des Wohngeldbezuges übermittelt werden. Die übermittelten Daten dürfen nur für den Zweck der Überprüfung nach Satz 1 genutzt werden und sind anschließend unverzüglich zu löschen. Die Betroffenen sind von der Wohngeldstelle in geeigneter Weise auf die Datenübermittlungen hinzuweisen.

§ 38 Sonstige laufende Leistungen zur Senkung der Miete und Belastung
Die Vorschriften des § 10 Abs. 1, des § 18 Abs. 1 Nr. 1 und des § 34 sind nicht auf sonstige laufende Leistungen einer Gemeinde oder eines Gemeindeverbandes anzuwenden, die einem Wohngeldempfänger zur Senkung der Miete oder Belastung bis auf den nach § 8 Abs. 1 bis 6 maßgebenden Höchstbetrag gewährt werden. Auf laufende Leistungen zur Senkung der Miete oder Belastung öffentlich geförderter Wohnungen sind die bezeichneten Vorschriften gleichfalls nicht anzuwenden.

§ 39 (weggefallen)

§ 40 Überleitungsvorschrift
(1) Ist im Zeitpunkt des Inkrafttretens von Vorschriften dieses Gesetzes über einen Antrag auf Wohngeld noch nicht entschieden, so ist das Wohngeld für die Zeit bis zum Inkrafttreten der Änderung jeweils nach dem bis dahin geltenden Recht, für die darauf folgende Zeit nach neuem Recht zu bewilligen.
(2) (aufgehoben)
(3) Ist vor Inkrafttreten von Vorschriften, die dieses Gesetz ändern, über einen Antrag auf Wohngeld entschieden, so verbleibt es für die Gewährung des Wohngeldes auf Grund dieses Antrages bei der Anwendung des jeweils bis zu der Entscheidung geltenden Rechts.

§ 41 Gesetzeskonkurrenz
(1) Auf alleinstehende Wehrpflichtige im Sinne des § 7 a Abs. 1 des Unterhaltssicherungsgesetzes ist das Wohngeldgesetz für die Dauer ihres Grundwehrdienstes nicht anzuwenden. Ist dem Wehrpflichtigen Wohngeld für einen Zeitraum bewilligt, in den der Beginn des Grundwehrdienstes fällt, wird das Wohngeld bis zum Ablauf des Bewilligungszeitraums in gleicher Höhe weitergewährt; § 30 bleibt unberührt.
(2) Absatz 1 gilt auch für die Personen, auf die § 7 a Abs. 1 des Unterhaltssicherungsgesetzes entsprechende Anwendung findet.

(3)[1]) Auf Haushalte, zu denen ausschließlich Familienmitglieder rechnen, denen Leistungen zur Förderung der Ausbildung nach dem Bundesausbildungsförderungsgesetz oder dem § 59 des Dritten Buches Sozialgesetzbuch dem Grunde nach zustehen oder im Falle eines Antrages dem Grunde nach zustehen würden, ist dieses Gesetz nicht anzuwenden. Das gilt auch, wenn dem Grunde nach förderungsberechtigte Familienmitglieder der Höhe nach keinen Anspruch auf Ausbildungsförderung haben. Ist Wohngeld für einen Zeitraum bewilligt, in den der Beginn der Ausbildung fällt, wird das Wohngeld bis zum Ablauf des Bewilligungszeitraums in gleicher Höhe weitergewährt; § 30 bleibt unberührt.

§ 42 Überleitungsregelungen nach Auslaufen des Wohngeldsondergesetzes

(1) In dem in Artikel 3 des Einigungsvertrages genannten Gebiet gelten die folgenden Maßgaben:
1. § 8 ist mit folgenden Maßgaben anzuwenden:
   a) Absatz 1 ist bis zum 31. Dezember 1998 in folgender Fassung anzuwenden:
   »(1) Bei der Gewährung des Wohngeldes wird die Miete oder Belastung insoweit nicht berücksichtigt, als sie monatlich folgende Höchstbeträge übersteigt:

bei einem Haushalt mit	für Wohnraum, der bezugsfertig geworden ist		
	bis zum 31. Dezember 1991		ab 1. Januar 1992
	ohne Sammelheizung	mit Sammelheizung	
	Deutsche Mark		
einem Alleinstehenden	360	455	505
zwei Familienmitgliedern	465	590	650
drei Familienmitgliedern	555	700	775
vier Familienmitgliedern	645	820	905
fünf Familienmitgliedern	735	930	1030
Mehrbetrag für jedes weitere Familienmitglied	90	115	125«.

   b) Die Absätze 2 bis 5 sind nicht anzuwenden.
2. § 17 Abs. 1 ist vom 1. Januar 1997 bis 31. Dezember 1998 mit der Maßgabe anzuwenden, daß ein Betrag in Höhe von 10 vom Hundert abgezogen wird.
3. Von dem nach den §§ 9 bis 17 ermittelten Familieneinkommen ist vom 1. Januar 1997 bis zum 31. Dezember 1998 bei der Berechnung eines Mietzuschusses vor Anwendung der Anlagen 1 bis 8 bei Alleinstehenden ein Freibetrag von 1200 Deutsche Mark im Jahr abzusetzen, wenn das Jahreseinkommen 12 000 Deutsche Mark nicht übersteigt. Für das zweite und jedes weitere Familienmitglied erhöhen sich, der Freibetrag um 300 Deutsche Mark im Jahr und die Einkommensgrenze um 4 800 Deutsche Mark im Jahr. Bei Überschreitung der in den Sätzen 1 und 2 bestimmten Einkommensgrenzen wird der Freibetrag für jeweils 1200 Deutsche Mark der Überschreitung um 300 Deutsche Mark gekürzt.
4. § 29 Abs. 2 ist mit der Maßgabe anzuwenden, daß über einen nach dem 31. Dezember 1996 gestellten Antrag nach den Vorschriften des für den betroffenen Zeitraum jeweils geltenden Rechts zu entscheiden ist.

---

1) Siehe hierzu Entscheidung des Bundesverfassungsgerichts vom 27. 3. 1998 (BGBl. I S. 703):
»Aus dem Beschluß des Bundesverfassungsgerichts vom 14. Oktober 1997 – 1 BvL 5/89 – wird die Entscheidungsformel veröffentlicht:

§ 41 Absatz 3 Satz 1 des Wohngeldgesetzes in der Fassung des Artikels 1 Nummer 10 des Sechsten Gesetzes zur Änderung des Wohngeldgesetzes vom 11. Juli 1985 (Bundesgesetzblatt I Seite 1318) war nach Maßgabe der Gründe mit dem Grundgesetz vereinbar.

Die vorstehende Entscheidungsformel hat gemäß § 31 Abs. 2 des Gesetzes über das Bundesverfassungsgericht Gesetzeskraft.«

5. § 32 Abs. 1 Satz 1 ist in folgender Fassung anzuwenden:
»Das Wohngeld wird auf 47 vom Hundert der im Sinne des Bundessozialhilfegesetzes anerkannten laufenden Aufwendungen für die Unterkunft, soweit es sich um Wohnraum handelt, bemessen und auf volle Deutsche Mark gerundet.«
6. Erhebungsmerkmal nach § 35 Abs. 2 Nr. 1 Buchstabe g ist bis zum 31. Dezember 1998 auch die Höhe des abgesetzten Freibetrages nach Nummer 3.
7. § 36 Abs. 2 ist nicht anzuwenden.

(2) Die Bundesregierung wird ermächtigt, durch Rechtsverordnung mit Zustimmung des Bundesrates für das in Artikel 3 des Einigungsvertrages genannte Gebiet die in Absatz 1 Nr. 1 Buchstabe a, Nr. 2, 3 Satz 1 und Nr. 6 bestimmte Geltungsdauer längstens bis zum Ablauf des 31. Dezember 2000 zu verlängern.

(3) Nach Ablauf der Geltungsdauer der Maßgabe nach Absatz 1 Nr. 1 Buchstabe a ist in dem in Artikel 3 des Einigungsvertrages genannten Gebiet anstelle des § 8 Abs. 1 dieses Gesetzes der § 2 der Überleitungsverordnung zum Wohngeldgesetz vom 17. Dezember 1990 (BGBl. I S. 2830) in der am 1. Oktober 1991 geltenden Fassung anzuwenden.

§ 43 Bußgeldvorschrift

(1) Ordnungswidrig handelt, wer handelt wer vorsätzlich oder leichtfertig
1. entgegen § 29 Abs. 4 Satz 1 oder § 30 Abs. 1 Satz 2 eine Änderung in den Verhältnissen, die für den Anspruch auf Wohngeld erheblich ist, nicht, nicht richtig, nicht vollständig oder nicht rechtzeitig mitteilt oder
2. entgegen § 25 Abs. 1 bis 3 auf Verlangen eine Auskunft nicht, nicht richtig, nicht vollständig oder nicht rechtzeitig gibt.

(2) Die Ordnungswidrigkeit kann mit einer Geldbuße geahndet werden.

(3) Verwaltungsbehörden im Sinne des § 36 Abs. 1 Nr. 1 des Gesetzes über Ordnungswidrigkeiten sind die nach § 23 Abs. 1 Satz 1 zuständigen Behörden.

Wohngeldverordnung (WoGV)

Vom 21. Dezember 1971 (BGBl. I S. 2065)
in der Fassung der Bekanntmachung vom 30. September 1992 (BGBl. I S. 1686)
(BGBl. III 402-27-1)
geändert durch Fünfte Verordnung zur Änderung wohnungsrechtlicher Vorschriften vom 23. Juli 1996 (BGBl. I S. 1167)
– Auszug –

Inhaltsübersicht

Erster Teil
§ 1 Anwendungsbereich
§ 1 a Bezugsfertigkeit des Wohnraums

Zweiter Teil
Wohngeld-Mietenermittlung
§ 2 Miete
§ 3 Mietvorauszahlungen und Mieterdarlehen
§ 4 Sach- und Dienstleitungen des Mieters
§ 5 Nicht feststehende Betriebskosten
§ 6 Außer Betracht bleibende Kosten, Zuschläge und Vergütungen
§ 7 Miete und Einkommensermittlung bei Wohnraumnutzung in Heimen
§ 8 Mietwert

Dritter Teil
Wohngeld-Lastenberechnung
§ 9 Aufstellung der Wohngeld-Lastenberechnung
§ 10 Gegenstand und Inhalt der Wohngeld-Lastenberechnung
§ 11 Fremdmittel
§ 12 Ausweisung der Fremdmittel

§ 13 Belastung aus dem Kapitaldienst
§ 14 Belastung aus der Bewirtschaftung
§ 15 Nutzungsentgelt und Wärmelieferungskosten
§ 16 Außer Betracht bleibende Belastung

Vierter Teil
Schlußvorschriften

§ 17 Überleitungsvorschrift
§ 18 Überleitungsregelungen aus Anlaß der Herstellung der Einheit Deutschlands

Anlage 1
Mietenstufen der Gemeinden
(§ 8 Abs. 1 bis 5 des Wohngeldgesetzes)
nach Ländern ab 1. Oktober 1990

Anlage 2
Vomhundertsätze zur Bemessung des Wohngeldes für Empfänger von Sozialhilfe und Kriegsopferfürsorge
(§ 32 Abs. 1 WoGG)

Erster Teil

§ 1 Anwendungsbereich

(1) Die Miete und der Mietwert im Sinne des Wohngeldgesetzes sind nach den Vorschriften des Zweiten Teils dieser Verordnung zu ermitteln.
(2) Die Belastung im Sinne des Wohngeldgesetzes ist nach den Vorschriften des Dritten Teils dieser Verordnung zu berechnen.
(3) Die Mietenstufen für Gemeinden (§ 8 Abs. 1 bis 5 des Wohngeldgesetzes) ergeben sich aus der dieser Verordnung beigefügten Anlage 1.
(4) Die Vomhundertsätze zur Bemessung des Wohngeldes für Empfänger von Sozialhilfe und Kriegsopferfürsorge (§ 32 Abs. 1 des Wohngeldgesetzes) ergeben sich aus der dieser Verordnung beigefügten Anlage 2.

§ 1 a Bezugsfertigkeit des Wohnraums

(1) Die Bezugsfertigkeit (§ 8 Abs. 1 des Wohngeldgesetzes) ist für den Wohnraum festzustellen, für den Wohngeld beantragt ist. Wohnraum wird durch Neubau, Wiederaufbau, Wiederherstellung, Ausbau oder Erweiterung im Sinne der §§ 2, 16 und 17 des Zweiten Wohnungsbaugesetzes und der §§ 2, 10 und 11 des Wohnungsbaugesetzes für das Saarland geschaffen. Wird durch eine Modernisierung

(§ 12 Abs. 1 Satz 1 Nr. 2) ein Ausbau im Sinne des § 17 Abs. 1 Satz 2 des Zweiten Wohnungsbaugesetzes und des § 11 Abs. 1 Satz 2 des Wohnungsbaugesetzes für das Saarland bewirkt, so sind die durch den Ausbau modernisierten Wohnungen neu geschaffener Wohnraum.

(2) Wohnraum gilt in dem Zeitpunkt als bezugsfertig, in dem er so weit fertiggestellt ist, daß den Bewohnern zugemutet werden kann, ihn zu beziehen. Die Genehmigung der Bauaufsicht zum Beziehen ist nicht entscheidend.

(3) Enthält der Wohnraum Teile, die zu verschiedenen Zeitpunkten bezugsfertig geworden sind, so ist für den gesamten Wohnraum der Zeitpunkt maßgebend, zu dem der erste Teil bezugsfertig geworden ist. Überwiegt die Wohnfläche des später bezugsfertig gewordenen Teils, so ist der Zeitpunkt seiner Bezugsfertigkeit maßgebend. Ohne Einfluß auf den Zeitpunkt der Bezugsfertigkeit ist es, wenn Räume, deren Grundfläche nach § 42 Abs. 4 der Zweiten Berechnungsverordnung nicht zur Wohnfläche rechnet, neu geschaffen werden.

Zweiter Teil
Wohngeld-Mietenermittlung

§ 2 Miete
(1) Als Miete ist der Betrag zugrunde zu legen, der für die Gebrauchsüberlassung von Wohnraum auf Grund eines Mietvertrages oder einer ähnlichen Nutzungsvereinbarung zu bezahlen ist einschließlich der vom Mieter zu bezahlenden Umlagen, Zuschläge und Vergütungen; dazu gehören auch Beträge, die auf Grund eines Mietvertrages oder einer ähnlichen Nutzungsvereinbarung an einen Dritten zu bezahlen sind.

(2) Zur Miete gehören nicht Vergütungen für Leistungen, die nicht die eigentliche Wohnraumnutzung betreffen, namentlich Vergütungen für die Überlassung einer Garage, eines Stellplatzes oder eines Hausgartens.

§ 3 Mietvorauszahlungen und Mieterdarlehen
(1) Ist die Miete ganz oder teilweise im voraus bezahlt worden (Mietvorauszahlung), sind die im voraus bezahlten Beträge so zu behandeln, als ob sie jeweils in dem Zeitraum bezahlt worden wären, für den sie bestimmt sind.

(2) Hat der Mieter dem Vermieter ein Mieterdarlehen gegeben und wird die Forderung des Mieters aus dem Mieterdarlehen ganz oder teilweise mit der Miete verrechnet, so gehören zur Miete auch die Beträge, um die sich die Miete hierdurch tatsächlich vermindert.

§ 4 Sach- und Dienstleistungen des Mieters
(1) Erbringt der Mieter Sach- oder Dienstleistungen für den Vermieter und wird deshalb die Miete ermäßigt, so ist die ermäßigte Miete zugrunde zu legen.

(2) Erbringt der Mieter Sach- oder Dienstleistungen für den Vermieter und erhält er dafür von diesem eine bestimmte Vergütung, so ist diese Vergütung ohne Einfluß auf die Miete.

§ 5 Nicht feststehende Betriebskosten
Stehen bei der Entscheidung über den Antrag auf Mietzuschuß die Umlagen für Betriebskosten ganz oder teilweise nicht fest, so sind Erfahrungswerte als Pauschbeträge anzusetzen.

§ 6 Außer Betracht bleibende Kosten, Zuschläge und Vergütungen
(1) Sind in § 5 Abs. 2 des Wohngeldgesetzes bezeichnete Kosten, Zuschläge und Vergütungen in der Miete enthalten, ohne daß ein besonderer Betrag hierfür angegeben ist, oder können in § 5 Abs. 2 Nr. 1 oder 2 des Wohngeldgesetzes bezeichnete Betriebskosten im einzelnen nicht oder nur mit unverhältnismäßig großen Schwierigkeiten ermittelt werden, so sind von der Miete zunächst folgende Pauschbeträge abzusetzen:
1. für Kosten des Betriebs zentraler Heizungsanlagen, zentraler Brennstoffversorgungsanlagen oder der eigenständig gewerblichen Lieferung von Wärme 1,60 Deutsche Mark monatlich je Quadratmeter Wohnfläche;
2. für Kosten des Betriebs zentraler Warmwasserversorgungsanlagen oder der eigenständig gewerblichen Lieferung von Warmwasser 0,30 Deutsche Mark monatlich je Quadratmeter Wohnfläche;

3. für Untermietzuschläge je Untermietverhältnis 5 Deutsche Mark monatlich, wenn der untervermietete Wohnraum von einer Person benutzt wird, oder 10 Deutsche Mark monatlich, wenn der untervermietete Wohnraum von 2 oder mehr Personen benutzt wird;
4. für Vergütungen für die Überlassung von
   a) Kühlschränken 8 Deutsche Mark monatlich,
   b) Waschmaschinen 12 Deutsche Mark monatlich.

Von der sich danach ergebenden Miete sind abzusetzen:
1. für Vergütungen für die Überlassung von Möbeln, ausgenommen übliche Einbaumöbel,
   a) bei Teilmöblierung 10 vom Hundert der auf den teilmöbliert gemieteten Wohnraum entfallenden Miete,
   b) bei Vollmöblierung 20 vom Hundert der auf den vollmöbliert gemieteten Wohnraum entfallenden Miete;
2. für Zuschläge für die Benutzung von Wohnraum zu anderen als Wohnzwecken, insbesondere zu gewerblichen oder beruflichen Zwecken, 30 vom Hundert der auf diesen Raum entfallenden Miete.

(2) Folgende Kosten fallen unter § 5 Abs. 2 Nr. 1 und 2 des Wohngeldgesetzes:
1. Kosten des Betriebs zentraler Heizungs- und Brennstoffversorgungsanlagen sowie zentraler Warmwasserversorgungsanlagen im Sinne der Nummer 4 Buchstaben a, b und d sowie der Nummer 5 Buchstaben a und c der Anlage 3 (zu § 27 Abs. 1) der Zweiten Berechnungsverordnung;
2. Kosten der eigenständig gewerblichen Lieferung von Wärme und Warmwasser im Sinne der Nummer 4 Buchstabe c und Nummer 5 Buchstabe b der Anlage 3 (zu § 27 Abs. 1) der Zweiten Berechnungsverordnung. In den Kosten der Lieferung enthaltene Beträge für Kapitalkosten, Abschreibungen sowie für Verwaltungs- und Instandhaltungskosten, werden der Miete zugerechnet.

(3) Bei der Ermittlung des Mietwertes nach § 8 und der Untermiete sind die Absätze 1 und 2 entsprechend anzuwenden.

§ 7 Miete und Einkommensermittlung bei Wohnraumnutzung in Heimen

(1) Von dem Gesamtentgelt, das der Bewohner eines Heimes für die Gebrauchsüberlassung von Wohnraum und andere Leistungen erheblichen Umfangs wie Beköstigung und Pflege entrichtet, sind bei der Belegung eines Raumes mit einem Bewohner 20 vom Hundert, mit mehreren Bewohnern 15 vom Hundert als Miete anzusetzen. Sind in dem Gesamtentgelt gesondert erhobene Zulagen, insbesondere für erhöhte Pflege, enthalten, die erkennbar nicht auf die Gebrauchsüberlassung von Wohnraum entfallen, so ist der nach Satz 1 maßgebende Vomhundertsatz nur auf das übrige Entgelt anzuwenden. Können solche im Gesamtentgelt enthaltene Zulagen im einzelnen nicht oder nur mit unverhältnismäßig großen Schwierigkeiten ermittelt werden, so sind hierfür Beträge in Höhe entsprechender Zulagen vergleichbarer Heime abzusetzen. Können auch entsprechende Zulagen vergleichbarer Heime nicht oder nur mit unverhältnismäßig großen Schwierigkeiten ermittelt werden, so sind hierfür Beträge in Höhe von 40 vom Hundert des Gesamtentgelts abzusetzen.

(1 a) Zur Feststellung der nach Maßgabe des § 14 Abs. 1 Nr. 18 des Wohngeldgesetzes bei der Ermittlung des Jahreseinkommens als Einnahme zu berücksichtigenden laufenden Leistungen für den Lebensunterhalt an Bewohner eines Heimes sind von den Leistungen nach Abschnitt 3 des Bundessozialhilfegesetzes und den entsprechenden Leistungen nach den Vorschriften des Bundesversorgungsgesetzes über die Kriegsopferfürsorge einmalige Leistungen sowie die über den für laufenden Lebensunterhalt (§ 27 Abs. 3 des Bundessozialhilfegesetzes, § 25 b Abs. 1 Satz 2 des Bundesversorgungsgesetzes) hinaus zur Deckung des Bedarfs in besonderen Lebenslagen dienenden Leistungen abzusetzen. Soweit der auf die Deckung dieses Bedarfs, insbesondere auf erhöhte Pflege, entfallende Betrag im einzelnen nicht oder nur mit unverhältnismäßig großen Schwierigkeiten ermittelt werden kann, ist Absatz 1 Sätze 3 und 4 entsprechend anzuwenden. Von den laufenden Leistungen für den Lebensunterhalt bleiben die nach Absatz 1 ermittelten Kosten der Unterkunft als Einnahme außer Betracht.

(2) § 6 ist nicht anzuwenden.

§ 8 Mietwert
(1) Als Mietwert für Wohnraum soll der Betrag zugrunde gelegt werden, der der Miete für vergleichbaren Wohnraum entspricht. Dabei sind Unterschiede des Wohnwertes, insbesondere in der Größe, Lage und Ausstattung des Wohnraums, durch angemessene Zu- oder Abschläge zu berücksichtigen.
(2) Der Mietwert ist zu schätzen, wenn ein der Miete für vergleichbaren Wohnraum entsprechender Betrag nicht zugrunde gelegt werden kann.

Dritter Teil
Wohngeld-Lastenberechnung

§ 9 Aufstellung der Wohngeld-Lastenberechnung
(1) Die Wohngeld-Lastenberechnung ist aufzustellen zur Ermittlung der Belastung aus dem Kapitaldienst und der Bewirtschaftung, die auf den eigengenutzten Wohnraum entfällt. Als eigengenutzter Wohnraum ist der Wohnraum anzusehen, der vom Antragberechtigten und den zu seinem Haushalt rechnenden Familienmitgliedern zu Wohnzwecken benutzt wird.
(2) Bei der Aufstellung der Wohngeld-Lastenberechnung ist von der im Bewilligungszeitraum zu erwartenden Belastung auszugehen. Ist die Belastung für das dem Bewilligungszeitraum vorangegangene Kalenderjahr feststellbar und ist eine Änderung im Bewilligungszeitraum nicht zu erwarten, so ist von dieser Belastung auszugehen.

§ 10 Gegenstand und Inhalt der Wohngeld-Lastenberechnung
(1) Die Wohngeld-Lastenberechnung ist aufzustellen
1. bei einem Eigenheim, einer Kleinsiedlung oder einer landwirtschaftlichen Nebenerwerbsstelle für das Gebäude,
2. bei einer Eigentumswohnung für den im Sondereigentum stehenden Wohnraum und den damit verbundenen Miteigentumsanteil an dem gemeinschaftlichen Eigentum,
3. bei einer Wohnung in der Rechtsform des eigentumsähnlichen Dauerwohnrechts für den Wohnraum und den Teil des Grundstücks, auf den sich das Dauerwohnrecht erstreckt,
4. bei einem landwirtschaftlichen Betrieb für den Wohnteil.

(2) In die Wohngeld-Lastenberechnung sind in den Fällen des Absatzes 1 Nr. 1 bis 3 auch zugehörige Nebengebäude, Anlagen und bauliche Einrichtungen sowie das Grundstück einzubeziehen. Das Grundstück besteht aus den überbauten und den dazugehörigen Flächen.
(3) In der Wohngeld-Lastenberechnung sind die Fremdmittel und die Belastung auszuweisen.

§ 11 Fremdmittel
Fremdmittel im Sinne dieser Verordnung sind
1. Darlehen,
2. gestundete Restkaufgelder,
3. gestundete öffentliche Lasten des Grundstücks
ohne Rücksicht darauf, ob sie dinglich gesichert sind oder nicht.

§ 12 Ausweisung der Fremdmittel
(1) In der Wohngeld-Lastenberechnung sind Fremdmittel mit dem Nennbetrag auszuweisen, wenn sie der Finanzierung folgender Zwecke gedient haben:
1. des Neubaus, des Wiederaufbaus, der Wiederherstellung, des Ausbaus oder der Erweiterung des Gebäudes oder des Wohnraums im Sinne der §§ 2, 16 und 17 des Zweiten Wohnungsbaugesetzes und der §§ 2, 10 und 11 des Wohnungsbaugesetzes für das Saarland;
2. der Verbesserung des Gegenstandes der Wohngeld-Lastenberechnung durch bauliche Maßnahmen, die den Gebrauchswert des Wohnraums nachhaltig erhöhen oder nachhaltig Einsparungen von Heizenergie bewirken (Modernisierung im Sinne dieser Verordnung). Hierunter fallen auch Maßnahmen der Instandsetzung, wenn sie durch bauliche Maßnahmen zur Verbesserung von Wohnraum oder zur Einsparung von Heizenergie verursacht werden;
3. der nachträglichen Errichtung oder des nachträglichen Ausbaus einer dem öffentlichen Verkehr dienenden Verkehrsfläche oder des nachträglichen Anschlusses an Versorgungs- und Entwässerungsanlagen;
4. des Kaufpreises und der Erwerbskosten für den Gegenstand der Wohngeld-Lastenberechnung.

Zu den mit dem Nennbetrag auszuweisenden Fremdmitteln gehören auch Darlehen zur Deckung der laufenden Aufwendungen sowie Annuitätsdarlehen aus Mitteln öffentlicher Haushalte.
(2) Sind die in Absatz 1 bezeichneten Fremdmittel durch andere Fremdmittel ersetzt worden, so sind in der Wohngeld-Lastenberechnung die anderen Mittel an Stelle der ersetzten Mittel höchstens mit dem Betrag auszuweisen, der bis zur Ersetzung noch nicht getilgt war, im Falle der Ablösung im Sinne der Ablösungsverordnung jedoch nur mit dem Ablösungsbetrag. Eine Ersetzung liegt nicht vor, wenn Dauerfinanzierungsmittel an die Stelle von Zwischenfinanzierungsmitteln treten.
(3) Ist für die in den Absätzen 1 und 2 bezeichneten Fremdmittel Kapitaldienst nicht, noch nicht oder nicht mehr zu leisten, sind sie in der Wohngeld-Lastenberechnung nicht auszuweisen.

§ 13 Belastung aus dem Kapitaldienst

(1) Als Belastung aus dem Kapitaldienst sind auszuweisen
1. die Zinsen und laufenden Nebenleistungen, insbesondere Verwaltungskostenbeiträge der ausgewiesenen Fremdmittel,
2. die Tilgungen der ausgewiesenen Fremdmittel,
3. die laufenden Bürgschaftskosten der ausgewiesenen Fremdmittel,
4. die Erbbauzinsen, Renten und sonstigen wiederkehrenden Leistungen zur Finanzierung der in § 12 genannten Zwecke.

Als Tilgungen sind auch die
a) Prämien für Personenversicherungen zur Rückzahlung von Festgeldhypotheken und
b) Bausparbeiträge, wenn der angesparte Betrag für die Rückzahlung von Fremdmitteln zweckgebunden ist,

in Höhe von 2 vom Hundert dieser Fremdmittel auszuweisen.
(2) Für die in Absatz 1 Nr. 1 und 2 genannten Belastung aus dem Kapitaldienst darf höchstens die vereinbarte Jahresleistung angesetzt werden. Ist die tatsächliche Leistung geringer, so ist die geringere Leistung anzusetzen.

§ 14 Belastung aus der Bewirtschaftung

(1) Als Belastung aus der Bewirtschaftung sind Instandhaltungskosten, Betriebskosten und Verwaltungskosten auszuweisen.
(2) Als Instandhaltungs- und Betriebskosten sind im Jahr 36 Deutsche Mark je Quadratmeter Wohnfläche und je Quadratmeter Nutzfläche der Geschäftsräume sowie die für den Gegenstand der Wohngeld-Lastenberechnung entrichtete Grundsteuer anzusetzen. Als Verwaltungskosten sind die für den Gegenstand der Wohngeld-Lastenberechnung an einen Dritten für die Verwaltung geleisteten Beträge anzusetzen. Über die in den Sätzen 1 und 2 genannten Beträge hinaus dürfen Bewirtschaftungskosten nicht angesetzt werden.

§ 15 Nutzungsentgelte und Wärmelieferungskosten

(1) Leistet der Antragberechtigte an Stelle des Kapitaldienstes, der Instandhaltungskosten, der Betriebskosten und der Verwaltungskosten ein Nutzungsentgelt an einen Dritten, so ist das Nutzungsentgelt in der Wohngeld-Lastenberechnung in Höhe der nach den §§ 13 und 14 ansetzbaren Beträge anzusetzen. Soweit die nach den §§ 13 und 14 ansetzbaren Beträge im Nutzungsentgelt nicht enthalten sind und vom Antragberechtigten unmittelbar an den Gläubiger entrichtet werden, sind diese Beträge dem Nutzungsentgelt hinzuzurechnen. Soweit eine Aufgliederung des Nutzungsentgelts nicht möglich ist, ist in der Wohngeld-Lastenberechnung das gesamte Nutzungsentgelt anzusetzen.
(2) Bezahlt der Antragberechtigte Beträge zur Deckung der Kosten der eigenständig gewerblichen Lieferung von Wärme und Warmwasser, so sind diese Beträge mit Ausnahme der in § 16 Abs. 2 Satz 1 Nr. 2 bezeichneten Kosten in der Wohngeld-Lastenberechnung anzusetzen. § 6 Abs. 1 Satz 1 Nr. 1 und 2 ist entsprechend anzuwenden.

§ 16 Außer Betracht bleibende Belastung

(1) In den Fällen des § 7 Abs. 2 Nr. 1 des Wohngeldgesetzes bleibt die Belastung insoweit außer Betracht, als sie auf die in § 10 Abs. 1 und 2 dieser Verordnung bezeichneten Räume oder Flächen entfällt, die von dem Antragberechtigten oder einem zu seinem Haushalt rechnenden Familienmitglied ausschließlich gewerblich oder beruflich benutzt werden. Soweit die Belastung auf Räume oder Flächen entfällt, die zum Wirtschaftsteil einer Kleinsiedlung oder einer landwirtschaftlichen Nebenerwerbsstelle gehören, wird sie jedoch berücksichtigt, es sei denn, diese Räume oder Flächen werden

von anderen Personen als dem Antragberechtigten und seinen zum Haushalt rechnenden Familienmitgliedern benutzt.

(2) In den Fällen des § 7 Abs. 2 Nr. 2 des Wohngeldgesetzes sind von dem Entgelt für die Gebrauchsüberlassung von Räumen oder Flächen an einen anderen die darin enthaltenen Beträge
1. zur Deckung der Kosten des Betriebs zentraler Heizungs- und Warmwasserversorgungsanlagen sowie zentraler Brennstoffversorgungsanlagen,
2. zur Deckung der Kosten der eigenständig gewerblichen Lieferung von Wärme und Warmwasser, soweit sie den in Nummer 1 bezeichneten Kosten entsprechen, und
3. für die Überlassung von Möbeln, Kühlschränken und Waschmaschinen
abzusetzen. § 6 Abs. 1 und 2 dieser Verordnung ist entsprechend anzuwenden.

(3) Für eine Garage, die Gegenstand der Wohngeld-Lastenberechnung ist, soll ein Betrag von 480 Deutsche Mark im Jahr von der Belastung abgesetzt werden. Wenn für die Überlassung einer Garage an einen anderen ein geringeres Entgelt ortsüblich ist, kann ein Betrag von weniger als 480, aber mindestens von 360 Deutsche Mark im Jahr abgesetzt werden. Ist die Garage einem anderen gegen ein höheres Entgelt als den in Satz 1 genannten Betrag überlassen, so ist das Entgelt in voller Höhe abzusetzen.

(4) Beiträge Dritter zur Aufbringung der Belastung im Sinne des § 7 Abs. 2 Nr. 3 des Wohngeldgesetzes sind insbesondere Darlehen oder Zuschüsse zur Deckung der laufenden Aufwendungen, Zinszuschüsse oder Annuitätsdarlehen. Als Dritter gilt auch der Miteigentümer, der nicht zum Haushalt des Antragberechtigten rechnet.

Vierter Teil
Schlußvorschriften

§ 17 Überleitungsvorschrift
Ist im Zeitpunkt des Inkrafttretens von Vorschriften dieser Verordnung über einen Antrag auf Wohngeld noch nicht entschieden, so ist für den Zeitraum bis zum Inkrafttreten der Änderung das bis dahin geltende Recht anzuwenden.

§ 18 Überleitungsregelungen aus Anlaß der Herstellung der Einheit Deutschlands
In dem in Artikel 3 des Einigungsvertrages genannten Gebiet ist § 6 Abs. 1 Satz 1 in folgender Fassung anzuwenden:
»Sind die in § 5 Abs. 2 des Wohngeldgesetzes bezeichneten Kosten, Zuschläge und Vergütungen oder bei Einzelraumheizung die Kosten der Brennstoffe und der elektrischen Energie in der Miete enthalten, ohne daß ein besonderer Betrag hierfür angegeben ist, oder können in § 5 Abs. 2 Nr. 1 und 2 des Wohngeldgesetzes bezeichnete Betriebskosten oder bei Einzelraumheizung die Kosten der Brennstoffe und der elektrischen Energie im einzelnen nicht oder nur mit unverhältnismäßig großen Schwierigkeiten ermittelt werden, so sind von der Miete zunächst folgende Pauschbeträge abzusetzen:
1. als Kosten für Wärme und Warmwasser, soweit sie auf Brennstoffe und elektrische Energie oder auf Kosten des Betriebs von Heizungs- und Warmwasserversorgungsanlagen entfallen, je Quadratmeter Wohnfläche folgende monatliche Beträge:
    a) bei Einzelraumheizung 1,20 Deutsche Mark;
    b) bei Zentralheizung 1,80 Deutsche Mark;
    c) bei Fernheizung 2,30 Deutsche Mark;
2. für Untermietzuschläge je Untermietverhältnis 5 Deutsche Mark monatlich, wenn der untervermietete Wohnraum von einer Person benutzt wird, oder 10 Deutsche Mark monatlich, wenn der untervermietete Wohnraum von zwei oder mehr Personen benutzt wird;
3. für Vergütungen für die Überlassung von
    a) Kühlschränken 8 Deutsche Mark monatlich,
    b) Waschmaschinen 12 Deutsche Mark monatlich.

Anlage 2
(zu § 1 Abs. 4)

Vomhundertsätze zur Bemessung des Wohngeldes für Empfänger von Sozialhilfe und Kriegsopferfürsorge (§ 32 Abs. 1 WoGG)

Land	Gemeinden/Kreise*) mit der Mietenstufe	Vomhundertsatz zur Bemessung des Wohngeldes (§ 32 Abs. 1 WoGG)
Baden-Württemberg	I–V	46,0
Bayern	I	48,2
	II–IV	47,0
	V–VI	41,8
Berlin	II	43,4**)
Bremen	IV	48,3
Hamburg	V	49,5
Hessen	I–VI	47,2
Niedersachsen	I–V	50,8
Nordrhein-Westfalen	I–V	49,2
Rheinland-Pfalz	I–V	47,8
Saarland	I	41,3
	II–IV	48,3
Schleswig-Holstein	II–VI	53,0

*) Gemeinden: Gemeinden mit 10 000 und mehr Einwohnern (§ 8 Abs. 4 Satz 1 Nr. 1 WoGG) – Stand 30. Juni 1988 –,
   Kreise: nach Kreisen zusammengefaßte Gemeinden mit weniger als 10 000 Einwohnern und gemeindefreie Gebiete (§ 8 Abs. 4 Satz 1 Nr. 2 WoGG).
**) Der Vomhundertsatz gilt nur in Berlin (West).

Anlage 2
(zu § 1* Abs. 4)

Vombundersätze zur Bemessung des Wohngeldes für Empfänger von Sozialhilfe und Kriegsopferfürsorge (§ 32 Abs. 1 WoGG)

Land	Gemeinden/Kreise*) mit der Mietenstufe	Vombundersätze zur Bemessung des Wohngeldes i.v.H. der WoGH)
Baden-Württemberg	I–V	60,0
Bayern	I	48,2
	II–IV	47,0
	V–VI	41,8
Berlin	II	43,0
Bremen	IV	49,0
Hamburg	V	49,0
Hessen	I–VI	41,8
Niedersachsen	I–V	50,4
Nordrhein-Westfalen	I–V	48,2
Rheinland-Pfalz	I–VI	47,8
Saarland	I–II	47,8
	II–IV	48,3
Schleswig-Holstein	II–VI	53,0

*) Gemeinden mit 10 000 und mehr Einwohnern (§ 8 Abs. 1 Satz 1 Nr. 1 WoGG) – Stand 30. Juni 1988 –, Kreise, zusammengefaßte Gemeinden mit weniger als 10 000 Einwohnern und deren der Gebiete (§ 8 Abs. 1 Satz 1 Nr. 2 WoGG)

*) Der Vombundersatz richtet in Berlin (West)

Gesetz zur Regelung der Miethöhe

Vom 18. Dezember 1974 (BGBl. I S. 3603, 3604)[1]
(BGBl. III 402-12-5)
zuletzt geändert durch Euro-Einführungsgesetz vom 9. Juni 1998 (BGBl. I S. 1242, 1254)
– Auszug –

§ 1 [Verbot der Kündigung zwecks Mieterhöhung]
Die Kündigung eines Mietverhältnisses über Wohnraum zum Zwecke der Mieterhöhung ist ausgeschlossen. Der Vermieter kann eine Erhöhung des Mietzinses nach Maßgabe der §§ 2 bis 7 verlangen. Das Recht steht dem Vermieter nicht zu, soweit und solange eine Erhöhung durch Vereinbarung ausgeschlossen ist oder der Ausschluß sich aus den Umständen, insbesondere der Vereinbarung eines Mietverhältnisses auf bestimmte Zeit mit festem Mietzins ergibt.

§ 2 [Anspruch auf Mieterhöhung zur Anpassung an den ortsüblichen Mietzins]
(1) Der Vermieter kann die Zustimmung zu einer Erhöhung des Mietzinses verlangen, wenn
1. der Mietzins, von Erhöhungen nach den §§ 3 bis 5 abgesehen, seit einem Jahr unverändert ist,
2. der verlangte Mietzins die üblichen Entgelte nicht übersteigt, die in der Gemeinde oder in vergleichbaren Gemeinden für nicht preisgebundenen Wohnraum vergleichbarer Art, Größe, Ausstattung, Beschaffenheit und Lage in den letzten vier Jahren[2][3] vereinbart oder, von Erhöhungen nach § 4 abgesehen, geändert worden sind, und
3. der Mietzins sich innerhalb eines Zeitraums von drei Jahren, von Erhöhungen nach den §§ 3 bis 5 abgesehen, nicht um mehr als 30 vom Hundert erhöht. Der Vomhundertsatz beträgt bei Wohnraum, der vor dem 1. Januar 1981 fertiggestellt worden ist, 20 vom Hundert, wenn
    a) das Mieterhöhungsverlangen dem Mieter vor dem 1. September 1998 zugeht und
    b) der Mietzins, dessen Erhöhung verlangt wird, ohne Betriebskostenanteil monatlich mehr als 8,00 Deutsche Mark je Quadratmeter Wohnfläche beträgt. Ist der Mietzins geringer, so verbleibt es bei 30 vom Hundert; jedoch darf in diesem Fall der verlangte Mietzins ohne Betriebskostenanteil monatlich 9,60 Deutsche Mark je Quadratmeter Wohnfläche nicht übersteigen.[2]

Von dem Jahresbetrag des nach Satz 1 Nr. 2 zulässigen Mietzinses sind die Kürzungsbeträge nach § 3 Abs. 1 Satz 3 bis 7 abzuziehen, im Fall des § 3 Abs. 1 Satz 6 mit 11 vom Hundert des Zuschusses.

(1 a) Absatz 1 Satz 1 Nr. 3 ist nicht anzuwenden,
1. wenn eine Verpflichtung des Mieters zur Ausgleichszahlung nach den Vorschriften über den Abbau der Fehlsubventionierung im Wohnungswesen wegen des Wegfalls der öffentlichen Bindung erloschen ist und
2. soweit die Erhöhung den Betrag der zuletzt zu entrichtenden Ausgleichszahlung nicht übersteigt.

Der Mieter hat dem Vermieter auf dessen Verlangen, das frühestens vier Monate vor dem Wegfall der öffentlichen Bindung gestellt werden kann, innerhalb eines Monats über die Verpflichtung zur Ausgleichszahlung und über deren Höhe Auskunft zu erteilen.

(2) Der Anspruch nach Absatz 1 ist dem Mieter gegenüber schriftlich geltend zu machen und zu begründen. Dabei kann insbesondere Bezug genommen werden auf eine Übersicht über die üblichen Entgelte nach Absatz 1 Satz 1 Nr. 2 in der Gemeinde oder in einer vergleichbaren Gemeinde, soweit die Übersicht von der Gemeinde oder von Interessenvertretern der Vermieter und der Mieter gemeinsam erstellt oder anerkannt worden ist (Mietspiegel); enthält die Übersicht Mietzinsspannen, so genügt es, wenn der verlangte Mietzins innerhalb der Spanne liegt. Ferner kann auf ein mit Gründen versehenes Gutachten eines öffentlich bestellten oder vereidigten Sachverständigen verwiesen wer-

---
1) Als Artikel 3 des Zweiten Wohnraumkündigungsschutzgesetzes vom 18. 12. 1974 (BGBl. I S. 3603) vom Bundestag beschlossen. In Kraft ab 1. 1. 1975.
2) Gemäß Artikel 6 Abs. 1 des Vierten Mietrechtsänderungsgesetzes vom 21. 7. 1993 (BGBl. I S. 1257) sind die Erhöhungsvorlagen, die dem Mieter vor dem 1. September 1993 zugegangen sind, nicht anzuwenden.
3) Gemäß Artikel 6 Abs. 2 des Vierten Mietrechtsänderungsgesetzes vom 21. 7. 1993 (BGBl. I S. 1257) gelten Mietspiegel, die ohne Berücksichtigung der Änderung erstellt worden sind, als veraltete Mietspiegel im Sinne des § 2 Abs. 6 des Gesetzes zur Regelung der Miethöhe.

den. Begründet der Vermieter sein Erhöhungsverlangen mit dem Hinweis auf entsprechende Entgelte für einzelne vergleichbare Wohnungen, so genügt die Benennung von drei Wohnungen.
(3) Stimmt der Mieter dem Erhöhungsverlangen nicht bis zum Ablauf des zweiten Kalendermonats zu, der auf den Zugang des Verlangens folgt, so kann der Vermieter bis zum Ablauf von weiteren zwei Monaten auf Erteilung der Zustimmung klagen. Ist die Klage erhoben worden, jedoch kein wirksames Erhöhungsverlangen vorausgegangen, so kann der Vermieter das Erhöhungsverlangen im Rechtsstreit nachholen; dem Mieter steht auch in diesem Fall die Zustimmungsfrist nach Satz 1 zu.
(4) Ist die Zustimmung erteilt, so schuldet der Mieter den erhöhten Mietzins von dem Beginn des dritten Kalendermonats ab, der auf den Zugang des Erhöhungsverlangens folgt.
(5) Gemeinden sollen, soweit hierfür ein Bedürfnis besteht und dies mit einem für sie vertretbaren Aufwand möglich ist, Mietspiegel erstellen. Bei der Aufstellung von Mietspiegeln sollen Entgelte, die auf Grund gesetzlicher Bestimmungen an Höchstbeträge gebunden sind, außer Betracht bleiben. Die Mietspiegel sollen im Abstand von zwei Jahren der Marktentwicklung angepaßt werden. Die Bundesregierung wird ermächtigt, durch Rechtsverordnung mit Zustimmung des Bundesrates Vorschriften über den näheren Inhalt und das Verfahren zur Aufstellung und Anspassung von Mietspiegeln zu erlassen. Die Mietspiegel und ihre Änderungen sollen öffentlich bekanntgemacht werden.
(6) Liegt im Zeitpunkt des Erhöhungsverlangens kein Mietspiegel nach Absatz 5 vor, so führt die Verwendung anderer Mietspiegel, insbesondere auch die Verwendung veralteter Mietspiegel, nicht zur Unwirksamkeit des Miethöhungsverlangens.

§ 3 [Anspruch auf Mieterhöhung wegen baulicher Änderungen]

(1) Hat der Vermieter bauliche Maßnahmen durchgeführt, die den Gebrauchswert der Mietsache nachhaltig erhöhen, die allgemeinen Wohnverhältnisse auf die Dauer verbessern nachhaltig Einsparungen von Heizenergie oder Wasser bewirken (Modernisierung), oder hat er andere bauliche Änderungen auf Grund von Umständen, die er nicht zu vertreten hat, durchgeführt, so kann er eine Erhöhung der jährlichen Miete um elf vom Hundert der für die Wohnung aufgewendeten Kosten verlangen. Sind die baulichen Änderungen für mehrere Wohnungen durchgeführt worden, so sind die dafür aufgewendeten Kosten vom Vermieter angemessen auf die einzelnen Wohnungen aufzuteilen. Werden die Kosten für die baulichen Änderungen ganz oder teilweise durch zinsverbilligte oder zinslose Darlehen aus öffentlichen Haushalten gedeckt, so verringert sich der Erhöhungsbetrag nach Satz 1 um den Jahresbetrag der Zinsermäßigung, der sich für den Ursprungsbetrag des Darlehens aus dem Unterschied im Zinssatz gegenüber dem marktüblichen Zinssatz für erststellige Hypotheken zum Zeitpunkt der Beendigung der Maßnahmen ergibt; werden Zuschüsse oder Darlehen zur Deckung von laufenden Aufwendungen gewährt, so verringert sich der Erhöhungsbetrag um den Jahresbetrag des Zuschusses oder Darlehens. Ein Mietdarlehen, eine Mietvorauszahlung oder eine von einem Dritten für den Mieter erbrachte Leistung für die baulichen Änderungen steht einem Darlehen aus öffentlichen Haushalten gleich. Kann nicht festgestellt werden, in welcher Höhe Zuschüsse oder Darlehen für die einzelnen Wohnungen gewährt worden sind, so sind sie nach dem Verhältnis der für die einzelnen Wohnungen aufgewendeten Kosten aufzuteilen. Kosten, die vom Mieter oder für diesen von einem Dritten übernommen oder die mit Zuschüssen aus öffentlichen Haushalten gedeckt werden, gehören nicht zu den aufgewendeten Kosten im Sinne des Satzes 1. Mittel der Finanzierungsinstitute des Bundes oder eines Landes gelten als Mittel aus öffentlichen Haushalten.
(2) (aufgehoben)
(3) Der Anspruch nach Absatz 1 ist vom Vermieter durch schriftliche Erklärung gegenüber dem Mieter geltend zu machen. Die Erklärung ist nur wirksam, wenn in ihr die Erhöhung auf Grund der entstandenen Kosten berechnet und entsprechend den Voraussetzungen nach Absatz 1 erläutert wird.
(4) Die Erklärung des Vermieters hat die Wirkung, daß von dem Beginn des auf die Erklärung folgenden übernächsten Monats an der erhöhte Mietzins an die Stelle des bisher zu entrichtenden Mietzinses tritt. Diese Frist verlängert sich um sechs Monate, wenn der Vermieter dem Mieter die zu erwartende Erhöhung des Mietzinses nicht nach § 541 b Abs. 2 Satz 1 des Bürgerlichen Gesetzbuchs mitgeteilt hat oder wenn die tatsächliche Mieterhöhung gegenüber dieser Mitteilung um mehr als zehn vom Hundert nach oben abweicht.

§ 4 [Umlegung der Betriebskosten]

(1) Für Betriebskosten im Sinne des § 27 der Zweiten Berechnungsverordnung dürfen Vorauszahlungen nur in angemessener Höhe vereinbart werden. Über die Vorauszahlungen ist jährlich abzurechnen.

(2) Der Vermieter ist berechtigt, Erhöhungen der Betriebskosten durch schriftliche Erklärung anteilig auf den Mieter umzulegen. Die Erklärung ist nur wirksam, wenn in ihr der Grund für die Umlage bezeichnet und erläutert wird.

(3) Der Mieter schuldet den auf ihn entfallenden Teil der Umlage vom Ersten des auf die Erklärung folgenden Monats oder, wenn die Erklärung erst nach dem Fünfzehnten eines Monats abgegeben worden ist, vom Ersten des übernächsten Monats an. Soweit die Erklärung darauf beruht, daß sich die Betriebskosten rückwirkend erhöht haben, wirkt sie auf den Zeitpunkt der Erhöhung der Betriebskosten, höchstens jedoch auf den Beginn des der Erklärung vorausgehenden Kalenderjahres zurück, sofern der Vermieter die Erklärung innerhalb von drei Monaten nach Kenntnis von der Erhöhung abgibt.

(4) Ermäßigen sich die Betriebskosten, so ist der Mietzins vom Zeitpunkt der Ermäßigung ab entsprechend herabzusetzen. Die Ermäßigung ist dem Mieter unverzüglich mitzuteilen.

(5) Der Vermieter kann durch schriftliche Erklärung bestimmen,
1. daß die Kosten der Wasserversorgung und der Entwässerung ganz oder teilweise nach dem erfaßten unterschiedlichen Wasserverbrauch der Mieter und die Kosten der Müllabfuhr nach einem Maßstab umgelegt werden dürfen, der der unterschiedlichen Müllverursachung Rechnung trägt, oder
2. daß die in Nummer 1 bezeichneten Kosten unmittelbar zwischen den Mietern und denjenigen abgerechnet werden, die die entsprechenden Leistungen erbringen.

Die Erklärung kann nur für künftige Abrechnungszeiträume abgegeben werden und ist nur mit Wirkung zum Beginn eines Abrechnungszeitraums zulässig. Sind die Kosten im Mietzins enthalten, so ist dieser entsprechend herabzusetzen.

§ 5 [Umlegung erhöhter Kapitalkosten]

(1) Der Vermieter ist berechtigt, Erhöhungen der Kapitalkosten, die nach Inkrafttreten dieses Gesetzes infolge einer Erhöhung des Zinssatzes aus einem dinglich gesicherten Darlehen fällig werden, durch schriftliche Erklärung anteilig auf den Mieter umzulegen, wenn
1. der Zinssatz sich
   a) bei Mietverhältnissen, die vor dem 1. Januar 1973 begründet worden sind, gegenüber dem am 1. Januar 1973 maßgebenden Zinssatz,
   b) bei Mietverhältnissen, die nach dem 31. Dezember 1972 begründet worden sind, gegenüber dem bei Begründung maßgebenden Zinssatz
   erhöht hat,
2. die Erhöhung auf Umständen beruht, die der Vermieter nicht zu vertreten hat,
3. das Darlehen der Finanzierung des Neubaues, des Wiederaufbaues, der Wiederherstellung, des Ausbaues, der Erweiterung oder des Erwerbs des Gebäudes oder des Wohnraumes oder von baulichen Maßnahmen im Sinne des § 3 Abs. 1 gedient hat.

(2) § 4 Abs. 2 Satz 2 und Absatz 3 Satz 1 gilt entsprechend.

(3) Ermäßigt sich der Zinssatz nach einer Erhöhung des Mietzinses nach Absatz 1, so ist der Mietzins vom Zeitpunkt der Ermäßigung ab entsprechend, höchstens aber um die Erhöhung nach Absatz 1, herabzusetzen. Ist das Darlehen getilgt, so ist der Mietzins um den Erhöhungsbetrag herabzusetzen. Die Herabsetzung ist dem Mieter unverzüglich mitzuteilen.

(4) Das Recht nach Absatz 1 steht dem Vermieter nicht zu, wenn er die Höhe der dinglich gesicherten Darlehen, für die sich der Zinssatz erhöhen kann, auf eine Anfrage des Mieters nicht offengelegt hat.

(5) Geht das Eigentum an dem vermieteten Wohnraum von dem Vermieter auf einen Dritten über und tritt dieser anstelle des Vermieters in das Mietverhältnis ein, so darf der Mieter durch die Ausübung des Rechts nach Absatz 1 nicht höher belastet werden, als dies ohne den Eigentumsübergang möglich gewesen wäre.

...

§ 8 [Automatisch gefertigte Vermietererklärungen]
Hat der Vermieter seine Erklärungen nach den §§ 2 bis 7 mit Hilfe automatischer Einrichtungen gefertigt, so bedarf es nicht seiner eigenhändigen Unterschrift.

§ 9 [Kündigung des Mieters bei Mieterhöhung und des Vermieters bei Zahlungsverzug]
(1) Verlangt der Vermieter eine Mieterhöhung nach § 2, so ist der Mieter berechtigt, bis zum Ablauf des zweiten Monats, der auf den Zugang des Erhöhungsverlangens folgt, für den Ablauf des übernächsten Monats zu kündigen. Verlangt der Vermieter eine Mieterhöhung nach den §§ 3, 5 bis 7, so ist der Mieter berechtigt, das Mietverhältnis spätestens am dritten Werktag des Kalendermonats, von dem an der Mietzins erhöht werden soll, für den Ablauf des übernächsten Monats zu kündigen. Kündigt der Mieter, so tritt die Mieterhöhung nicht ein.
(2) Ist der Mieter rechtskräftig zur Zahlung eines erhöhten Mietzinses nach den §§ 2 bis 7 verurteilt worden, so kann der Vermieter das Mietverhältnis wegen Zahlungsverzugs des Mieters nicht vor Ablauf von zwei Monaten nach rechtskräftiger Verurteilung kündigen, wenn nicht die Voraussetzungen des § 554 des Bürgerlichen Gesetzbuchs schon wegen des bisher geschuldeten Mietzinses erfüllt sind.

§ 10 [Abweichende Vereinbarungen; Anwendungsbereich]
(1) Vereinbarungen, die zum Nachteil des Mieters von den Vorschriften der §§ 1 bis 9 abweichen, sind unwirksam, es sei denn, daß der Mieter während des Bestehens des Mietverhältnisses einer Mieterhöhung um einen bestimmten Betrag zugestimmt hat.
(2) Abweichend von Absatz 1 kann der Mietzins für bestimmte Zeiträume in unterschiedlicher Höhe schriftlich vereinbart werden. Die Vereinbarung eines gestaffelten Mietzinses darf nur einen Zeitraum bis zu jeweils zehn Jahren umfassen. Während dieser Zeit ist eine Erhöhung des Mietzinses nach den §§ 2, 3 und 5 ausgeschlossen. Der Mietzins muß jeweils mindestens ein Jahr unverändert bleiben. Der jeweilige Mietzins oder die jeweilige Erhöhung muß betragsmäßig ausgewiesen sein. Eine Beschränkung des Kündigungsrechts des Mieters ist unwirksam, soweit sich auf einen Zeitraum von mehr als vier Jahren seit Abschluß der Vereinbarung erstreckt.
(3) Die Vorschriften der §§ 1 bis 9 gelten nicht für Mietverhältnisse
1. über preisgebundenen Wohnraum, soweit nicht in § 2 Abs. 1 a Satz 2 etwas anderes bestimmt ist,
2. über Wohnraum, der zu nur vorübergehendem Gebrauch vermietet ist,
3. über Wohnraum, der Teil der vom Vermieter selbst bewohnten Wohnung ist und den der Vermieter ganz oder überwiegend mit Einrichtungsgegenständen auszustatten hat, sofern der Wohnraum nicht zum dauernden Gebrauch für eine Familie überlassen ist,
4. über Wohnraum, der Teil eines Studenten- oder Jugendwohnheims ist.

...

AUSGEWÄHLTE TITEL FÜR SOZIALBERUFE

Neuerscheinung

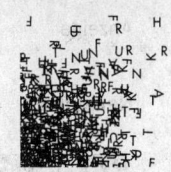

Johann Schneider:
Gut und Böse – Falsch und Richtig
Zu Ethik und Moral der sozialen Berufe

Während ethische Problematiken in Wissenschaft, Technik und Medizin vielfältig diskutiert werden, herrscht unter Sozialarbeitern/Sozialpädagogen eine verwunderliche Diskursstille in Fragen der Ethik und Moral.
Die Welt erscheint ganz selbstverständlich in Profit- und Non-Profitzonen, in Gut und Böse geteilt, wobei kein Zweifel darüber besteht, welchem Bereich man selbst zugehört.
Schneider sinnt – ohne moralsauer gereckten Zeigefinger – auf Abhilfe. Er gibt eine systematische Einführung in die ethischen Begründungsversuche von Moral in ihrem historischen Kontext und verbindet die aktuelle Debatte über das Gute und Gerechte mit den verschiedenen Dimensionen sozialer Berufspraxis.
Im Anhang werden eine Reihe aktueller Ethik-Codes abgedruckt. An ihnen zeigt sich, daß sie oftmals moralische Probleme mehr zudecken, als daß sie im Sinne ethischer Reflexion über diese Probleme aufklären.
»Für jeden, der einen sozialen Beruf ausübt oder sich mit der Thematik dieser Berufe beschäftigt, wird das Buch ein unentbehrlicher Ratgeber sein.«
(Horst Marburger im »Zentralblatt für Sozialversicherung, Sozialhilfe und Versorgung«, 8/1999)

Band 77, 221 Seiten, 1999, DM 29,–

Friedrich K. Barabas
Sexualität und Recht
Ein Leitfaden für Sozialarbeiter, Pädagogen, Juristen, Jugendliche und Eltern

In diesem Buch werden rechtliche Probleme, die in den vielfältigen Professionen der sozialen Arbeit und in den Schulen immer wieder auftauchen, behandelt. Die Bandbreite reicht vom Zivil- über das Strafrecht bis zu den Disziplinarordnungen, vom Kinder- und Jugendhilfegesetz über die Strafprozeßordnung bis hin zum Arbeitsrecht.

Band 71, 163 Seiten, 1998, DM 24,–

Im November 1999:
Friedrich K. Barabas: **Beratung, Therapie, Krisenintervention und Recht,**
Eine Einführung

Band 72, ca. 200 Seiten, DM 29,–

Fachhochschulverlag
DER VERLAG FÜR ANGEWANDTE WISSENSCHAFTEN

Anzeige

Neuauflage

Neuauflage

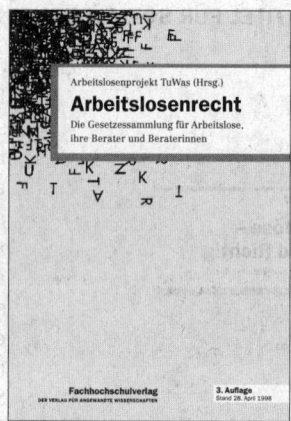

Arbeitslosenprojekt TuWas:
Leitfaden für Arbeitslose
Der Rechtsratgeber zum SGB III

Wer glaubte, mit dem SGB III kehre endlich Ruhe im Arbeitslosenrecht ein, hat sich getäuscht. Seit der 15. Auflage des Leitfadens für Arbeitslose wurde das SGB III wiederholt geändert, zuletzt durch das Entlassungsentschädigungs-Änderungsgesetz (in Kraft ab 1.4.1999) und das 2. SGB III-Änderungsgesetz (in Kraft ab 1.8.1999).
Die 16. Auflage, in Inhalt und Umfang deutlich erweitert, bringt den Leitfaden auf den Stand vom 1.8.1999.
Neben der Einarbeitung aller Neuregelungen informiert der Leitfaden auch über das »Sofortprogramm zum Abbau der Jugendarbeitslosigkeit« und über die sogenannte »Freie Förderung«.
Außerdem wurde das Kapitel »Sozialhilfe für Arbeitslose« erheblich ausgebaut.

Band 3, 528 Seiten, 16. Auflage,
Stand 1.8.1999, DM 20,–

Arbeitslosenprojekt TuWas:
Arbeitslosenrecht
Die Gesetzessammlung für Arbeitslose, ihre Berater und Beraterinnen

Die Sammlung enthält neben dem SGB III in der Fassung des 2. SGB III-Änderungsgesetzes auf dem Stand 1.8.1999 alle weiteren für Arbeitslose wichtigen Gesetze, Verordnungen und Anordnungen.
Auch Richtlinien, ohne die an Leistungen der aktiven Arbeitsmarktförderung nicht heranzukommen ist, sind aufgenommen (z.B. ESF-Richtlinien; Sofortprogramm-Richtlinien;
AQJ-Richtlinien; Richtlinien der Aktion Beschäftigungshilfen für Langzeitarbeitslose).
Ebenso sind die Leistungstabellen, z.B. für Arbeitslosengeld, Arbeitslosenhilfe, Unterhaltsgeld, Kurzarbeitergeld und Winterausfallgeld aufgenommen.

Band 40, 500 Seiten, 4. Auflage,
Stand 1.8.1999, DM 29,–

Anzeige

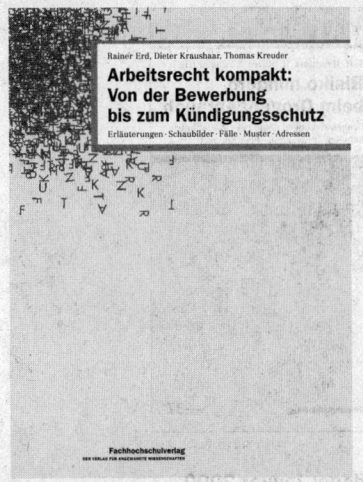 

Neuauflage
Rainer Erd, Dieter Kraushaar, Thomas Kreuder: **Arbeitsrecht kompakt: Von der Bewerbung bis zum Kündigungsschutz,** Erläuterungen · Schaubilder · Fälle Muster · Adressen

Das Buch informiert anhand strukturierter Texte, Schaubilder und Musterschreiben zu: Wie kommt man zu einem Arbeitsplatz? · Rechte und Pflichten am Arbeitsplatz · Beendigung des Arbeitsverhältnisses · Änderungen in Betrieb und Unternehmen · Rechte von Arbeitnehmern · Wie löst man einen arbeitsrechtlichen Streit?

Band 35.1, Buchausgabe, 200 Seiten, 4. neu verfaßte Auflage 1999, Format 21 x 28 cm, DM 38,–

Foliensatz: Für Unterricht und Weiterbildung gibt es die Schaubilder als Folien. Band 35.0, 4. neu verfaßte Aufl. 1999, 55 hochwertige Overhead-Folien im Ringordner, DM 165,–

Matthias Frommann:
Kommentierte Juragramme zum Sozialhilferecht · Hilfe zum Lebensunterhalt

Die Kennzeichnung Juragramm steht für eine in der ›Studienliteratur zum Recht‹ neuartige Darstellung. Rechtliche Regelungen und Zusammenhänge werden überschaubar dargestellt. Die Juragramme bilden einzeln aufeinander aufbauend und im Zusammenhang stringent das Sozialhilferecht in seinen Grundzügen, Aufgaben und Grundsätzen graphisch ab. Begleitet wird jedes einzelne Juragramm von einer vertiefenden Beschreibung, die sowohl der Erläuterung der graphischen Abbildung als auch der weiteren Ausdifferenzierung ihrer inhaltlichen Aussagen dient.

Band 54, 138 Seiten, 29 Juragramme, 2farbig, Format 21 x 28 cm, 1998, DM 29,–

Anzeige

Lorenz Böllinger, Heino Stöver, Lothar Fietzek:
Drogenpraxis, Drogenrecht, Drogentherapie, Ein Leitfaden für Drogenbenutzer, Eltern, Drogenberater, Ärzte und Juristen

Der Leitfaden informiert auf 472 Seiten umfassend und interdisziplinär zum aktuellen Diskussionsstand in Drogenpraxis und Drogenpolitik. Er versucht die Gedankengefängnisse des Abstinenzparadigmas, der totalen Therapeutisierung und Kriminalisierung für mögliche Alternativen im Umgang mit Drogen und Drogengebrauchern aufzuschließen.
Themenschwerpunkte sind: Drogenmarkt, Abhängigkeit, Aids, Drogenhilfe, Drogentherapie, Drogen(Un)-Recht, Drogensozialrecht. Tips zum »safer use«, Materialien, Formulare u.a. ergänzen das Buch.

Band 12, 472 Seiten,
4. vollständig überarbeitete Auflage 1995, DM 28,–,

Neuauflage: Januar 2000
Jan-Hendrik Heudtlass, Heino Stöver, Petra Winkler (Hrsg.):
Risiko mindern beim Drogengebrauch,
Drogenwirkungen · Safer Use · Notfallhilfe · Safe Sex · Prävention · Peer Support

In dieser Broschüre geht es um den risikoarmen Gebrauch von Drogen; riskante Gebrauchsmuster, bedingt durch Illegalität und ungenügende Information werden diskutiert und Alternativen und Vorsichtsmaßnahmen beschrieben.

Band 37, ca. 288 Seiten, 2. vollständig überarb. und erweiterte Auflage 1999, 2farbig., zahlreiche Zeichnungen und Abbildungen, DM 29,–

Anzeige

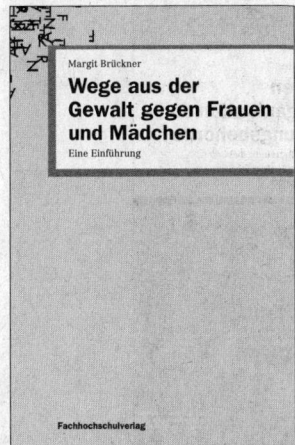

Margrit Brückner:
Wege aus der Gewalt gegen Frauen und Mädchen,
Eine Einführung

Aus dem Inhalt: Geschlechterverhältnisse und Gewalt gegen Frauen und Mädchen · Gewalt und Liebe · Entwicklung der Frauenhausbewegung von der Selbsthilfe zur Professionalität · Organisationsaufgaben und praktische soziale Arbeit im Antigewaltbereich heute · Möglichkeiten und Grenzen gesellschaftspolitischer und praktischer Ansätze gegen Gewalt an Frauen und Mädchen · Allgemeine Grundsätze und Verhaltensregeln · Gewalt gegen Frauen in der Ehe · Sexueller Mißbrauch · Sexuelle Belästigung am Arbeitsplatz

Band 51, 160 Seiten, 1998, DM 24,–;

Neuauflage: November 1999
Dagmar Oberlies, Simone Holler, Margrit Brückner:
Ratgeberin: Recht
Für Frauen, die sich trennen wollen, und für Mitarbeiterinnen in Frauenhäusern und Frauenberatungsstellen

30 Stichworte – auf aktuellstem Stand: Anwaltliche Hilfe · Arbeit · Arbeitslosigkeit · Erziehungsgeld/-urlaub · Kinder · Krankenversicherung · Migrantinnen · Nichteheliche Lebensgemeinschaften · Rente · Scheidung · Sorgerecht · Sozialhilfe · Steuern · Strafanzeige · Trennung · Unterhalt · Wohngeld · Zugewinn
Die zweite Auflage bringt das Buch vollständig auf den neuesten Rechtsstand. Tabellen zur vereinfachten Berechnung von Prozeßkostenhilfe, Erziehungsgeld, Unterhalt, Sozialhilfe und Krankengeld wurden neu aufgenommen.

Band 52, ca. 230 Seiten, 2. aktualisierte und erweiterte Auflage 1999, DM 20,–

Anzeige

Vorsorgevollmacht · Betreuungsverfügung
»Selbstbewußt die Zukunft gestalten, solange ich gesund bin« · Mit Bausteinen als Formulierungshilfe für Vorsorgeregelungen

»Wer entscheidet, wer handelt für mich, wenn mir etwas zustößt, ich auf die Fürsorge anderer angewiesen bin?« – Kaum jemand bedenkt, daß auch Familienangehörige nur mit Vollmacht rechtlich stellvertretend handeln können. Die Broschüre erläutert die rechtlichen Vorsorgemöglichkeiten – Vorsorgevollmacht und Betreuungsverfügung – und bietet zu der Vielzahl zu regelnder Angelegenheiten – Vermögensangelegenheiten, Verträgen, Wohnungsangelegenheiten, Gesundheits- und Behandlungsvorsorge (»Patiententestament«) etc. – Muster und Formulierungsvorschläge an, die ganz nach den persönlichen Bedürfnissen als Bausteine benutzt werden können. Die Broschüre eignet sich hervorragend als Information zur Selbstaufklärung und in der Betreuungsarbeit und Pflege.

Band 69, 48 Seiten, 4fbg., 1998, DM 8,–

Uwe Brucker (Hg.): **Aufgaben und Organisation der Betreuungsbehörde,** Praxishilfe für Betreuungsbehörden, Betreuungsvereine, Berufsbetreuer und Bevollmächtigte

Am 1.1.1999 ist das Betreuungsrechtsänderungsgesetz in Kraft getreten. Die Änderungen und Konsequenzen für die Beratungsarbeit diskutieren ausgewiesene Theoretiker und Praktiker. Im Mittelpunkt der Betrachtungen stehen die örtliche Betreuungsbehörde, ihre Aufgabenstellungen, deren organisatorische Umsetzung und das streitige Thema Datenschutz. Weitere Beiträge widmen sich diversen Aspekten der Betreuungsbehördenarbeit: Handlungskonzepte und ihre Realisierung, Vorsorgevollmacht und Betreuungsverfügung, Ehrenamt, Zusammenarbeit Betreuungsbehörden/-vereine, betreuungsbehördliche Statistik u.a.

Band 68, 215 Seiten, Stand 1.1.1999, DM 32,–

Anzeige

Sportjugend Hessen (Hrsg.):
Anstösse 7: **Projekt »Auszeit«**
Sport mit gewaltbereiten Jugendlichen

Das Projekt »Auszeit« der hessischen Sportjugend, das in diesem Buch dargestellt wird, spiegelt über drei Jahre Praxiserfahrungen mit gewaltbereiten Jugendlichen wider und zeigt, daß es möglich ist, diese Jugendlichen zu erreichen und mit ihnen in einem gewaltpräventiven Sinne zu arbeiten. Damit ist das Projekt gleichzeitig eine Dokumentation über ein Sportverständnis, das über Freizeitorganisation und Medaillenspiegel hinaus das gesellschaftspolitische Potential des Sportes und damit auch die gesellschaftspolitische Verantwortung des organisierten Sports in den Blick nimmt. Schließlich ist das Projekt »Auszeit«, das sich stets auf der Schwelle zwischen Sport und Sozialarbeit bewegte, auch als längst überfälliger Brückenschlag zwischen Sport und Jugendhilfe gedacht und interessant für JugendleiterInnen, SozialarbeiterInnen, SozialpädagogInnen, Sportvereinsvorstände, SportlehrerInnen.

Anstösse 7: 116 Seiten, 1998, DM 18,–

Sportjugend Hessen (Hrsg.):
Anstösse 8:
Körpermarkt und Körperbildung
Zur Entwicklung eines bewegungspädagogischen Konzepts in Schule und Sportverein

Ziel der diesem Buch zugrundeliegenden Projekte war die Entwicklung, Erprobung und Dokumentation von Bewegungsthemen, die über die Inhalte des üblichen Sportunterrichts hinausgingen und die vor allem eine Antwort auf gewandelte Lebensbedingungen von Jugendlichen zu geben versuchten. Das Buch stellt die gegenwärtige bewegungskulturelle Situation sowie deren mögliche Konsequenzen für Jugendliche dar, es begründet ein bewegungspädagogisches Konzept, das sich auf leibanthropologische, identitätsstrukturelle und lernkonzeptionelle Ansätze stützt und gibt Empfehlungen zur Umsetzung einer reformierten Körper- und Bewegungserziehung.

Anstösse 8/9: 191 Seiten, 1998, DM 27,–

Anzeige

Gerd Stüwe, Rainer Dilcher (Hg.):
»**Tatort**« **Erlebnispädagogik**, Spurensuche · Qualifizierung · Einsatzorte · Handwerkszeug

Das Buch formuliert eine aktuelle Standortbestimmung der Erlebnispädagogik. Die Möglichkeiten und Grenzen erlebnispädagogischer Projekte werden aufgezeigt sowie die zu verantwortenden Risiken und rechtlichen Probleme diskutiert. Qualifikationsprofile, Material-Checklisten, Reflexionsmethoden und Evaluierungsinstrumente empfehlen die Anschaffung des Readers.

Band 50, 208 Seiten, 22 Fotos, 1998, DM 29,–

Magistrat der Stadt Hanau – Jugendamt (Hg.): **Zukunft gestalten**
Jugendhilfeplanung für die Stadt Hanau

Der Jugendhilfeplan, der in enger Ko-operation von der Stadt Hanau und der Fachhochschule Frankfurt am Main entstanden ist, stellt nicht nur Daten und Hinweise zur aktuellen Gestaltung der Jugendhilfe in Hanau bereit, sondern ist zugleich Grundlage und Rahmen für die Fortschreibung des sich dynamisch entwickelnden Jugendhilfebedarfs.

Band 48, 371 Seiten, Format 21 x 28 cm, zahlreiche Abbildungen, 1996, DM 54,-

Videos im Fachhochschulverlag:

Gregor von Sievers:
Jugendarbeit on the rocks
Rap- und Rockmusikprojekte in der Jugendkulturarbeit
Band 49, VHS, 40 Minuten, 1995, DM 39,–

Andreas Bürger, Anouschka Allende, Dieter Hansen:
Überleben für den Moment
Jugendliche AusreißerInnen und obdachlose junge Erwachsene in Frankfurt am Main
Band 32, VHS, 80 Minuten, 1991, DM 49,–

Bestellungen an:

Fachhochschulverlag
Kleiststraße 31
60318 Frankfurt am Main
Fax (069) 15 33 28 40
Tel. (069) 15 33 28 20
e-mail: fhverlag@verlag.fh-frankfurt.de

Alle Preise beinhalten das Porto und die Versandkosten